Ferozsons

ENGLISH TO ENGLISH
AND
URDU DICTIONARY

NEW EDITION

Ferozsons (Pvt.) *Ltd.*

LAHORE—RAWALPINDI—KARACHI

NEW EDITION

ISBN: 969 0 00510 3

Printed by : A. Salam
at
FEROZSONS (Pvt.) LTD.
LAHORE–RAWALPINDI–KARACHI

PREFACE

During the last eighty years, Ferozsons have steadily and studiously built up new traditions in the presentation, projection and publication of standard dictionaries. This completely revised and reset edition "English to English and Urdu Dictionary" bears the stamp of Ferozsons latest contribution to the art and technique of dictionary production. It is designed as a dictionary, and not as an encyclopaedia; it is a living aid to understanding things around us. In compiling it pains have been taken to press into service latest techniques developed to make dictionaries useful as works of reference.

One of the chief peculiarities of this dictionary is that it is really a combination of two works namely an English to English dictionary and an English to Urdu dictionary. It is a valuable storehouse of 50,000 words, phrases, idioms, terms and expressions in English with their synonyms in English and equivalents in Urdu. Words are arranged in alphabetic order, and derivatives and phrases follow the main headwords. Pronunciation is given immediately after the word in parentheses. Long vowels and dipthongs are marked with diacritical tags. Neutral vowels in unaccented syllables are shown in 'reverse'.

One of the peculiarities is the large amount of space given to the common words which are usually omitted in other dictionaries on the ground that they are plain and simple and that every one knows all about them and also care taken to ensure that no words are left out. The words included cover a wide field of vocabulary, besides words of continental languages used in law, fiction, poetry and drama. Latin, Greek and modern foreign language words commonly used in current English as well as new words which have found acceptance have also been included. Mythological terms in common use and words in general use in English for literary and conversational purposes also find their due place in this dictionary.

While the uses of words and phrases are the subject matter of this edition, efforts have also been made to project the various shades of their meanings. The etymology, the regular function of various words and abbreviations, if any, are also given. Extra pains have been taken to present Urdu equivalents for English words and phrases. This obviously was a laborious process entailing considerable thought and skill. Pakistan is in the process of switching over to Urdu as the official language. This dictionary will materially help in this process of change over, for it will bring to every desk a ready answer to any difficulty that one may encounter in rendering an English word or term into Urdu.

In the compilation of this entirely new monumental work cooperation and collaboration of eminent scholars and specialists was sought. It will be an indispensable work of reference for students, teachers, officials, scholars and will meet at once the national needs. Men and women of all walks of life will find it reliable, dependable and authentic.

FEROZSONS

IN THE NAME OF ALLAH, THE MOST GRACIOUS AND MERCIFUL

A

A (a) n. First letter of the English alphabet, انگریزی حروف تہجی کا پہلا حرف : one, any one, per

Give me a rupee ایک - فقط ایک

Give me a book کوئی ایک

Five rupees a yard ایک ایک - فی - ہر ایک

A few men کچھ - کئی ایک - چند

A (ə) *prep : prefix*. on, to, into پر - اوپر - میں

Afield کھیت میں

Ashore: کنارے پر

The post is going a-begging خاطر - واسطے - لیے

A I (a-wun) *adj*. Top-class, excellent لائڈ کمپنی کا بہترین جہاز - (بول چال) نہایت اعلیٰ - بہترین - چوٹی کا -

Aard-vark (ard-vark) *n*. A South African quadruped, ant-bear جنوبی افریقہ کا سؤر کی قسم کا سور خور جانور -

Aardwolf (ard-woolf) *n*. A hyaena-like South African carnivore جنوبی افریقہ کا لگڑ بگڑ کی قسم کا گوشت خور جانور -

Aaronic-al (a-ron-ik) *adj*. pertaining to Aaron, the Jewish high priest حضرت ہارون کے متعلق جو یہود کے مفتی اعظم تھے یا ان کے عہد امامت کے متعلق -

Aaron's beard / **Aaron's rod** } Kinds of plants like St. John's wort and golden rod گچھے دار پتے اور لمبے لمبے ریشے والے درخت - ریشے دار درخت - عصائے ہارون -

Aasvogel (as-fo-gil) *n*. South African vulture جنوبی افریقی گدھ - کرگس -

Ab (ab) *n*. Eleventh civil and fifth ecclesiastical month of Jewish Calendar پانچواں کلیسائی اور گیارہواں موسوی مہینہ -

Aback (ə-bak) *adv*. Backward وہ حالت جب ہوا کے دباؤ سے بادبان مستول سے چمٹ جاتے ہیں اور جہاز کو آگے بڑھنے سے روکتے ہیں - پشت کی جانب - پیچھے کو -

Abacus (ab-ə-kəs) *n*. بال فریم - گنتارا - ایک چوکھٹا جس میں تاروں پر گولیاں لگی ہوتی ہیں - گنتی سکھانے کا آلہ - شمار آموز -

Abaddon (əba-də-n) *n*. Hell, the Devil دوزخ - جہنم ابلیس -

Abaft (ə-baft) *adv. prep.* : Behind جہاز کے پچھلے حصے کی طرف - سُکّان رخ -

Abandon (ə-ban-dən) *v.t.* To give up چھوڑ دینا - ہاتھ اُٹھانا - دست بردار ہونا - دست کشی کرنا - دعویٰ چھوڑ بیٹھنا - دست کش ہونا -

Abandon (ə-bandən) *n*. Careless freedom بے انتہا لاپروائی - لاابالی پن -

Abandoned (ə-bandond) *adj*. Profligate - آوارہ بدمعاش - بدکار - بے حیا - خراباتی -

Abandon-ment *n*. State of careless freedom ترک - دست کشی - تیاگ - دست برداری -

Abase (a-bas') *v.t.* Humiliate ذلیل کرنا - بے عزت کرنا - خفیف کرنا -

Abasement *n*. ذلت - خواری - بے قدری - تحقیر - خِفّت -

Abash (ə-bash) *v.t & i.* To put out of countenance شرمندہ کرنا - شرمسار کرنا - خجل کرنا - شرمندہ ہونا - شرمانا - شرم محسوس کرنا - پانی پانی ہونا -

Abashment *n*. خجالت - شرمندگی - شرمساری - شرم -

Abate (ə-bat) *v.t. & i.* Diminish کم کرنا - گھٹانا - تخفیف کرنا - کم ہونا - مدھم پڑنا -

Abatement *n*. کمی - گھٹاؤ - تخفیف - کٹوتی -

Abated arms *n.* وہ تلواریں یا نیزے جو کند ہونے کی وجہ سے معرکہ آرائی کے قابل نہ ہوں ۔

Abatis / Abattis (abə-tis) *n.* Defence made of felled trees درختوں کو گرا کر ایسا مورچہ بنانا کہ شاخوں کا رخ دشمن کی جانب ہو تاکہ دشمن کو فوجی نقل و حرکت کا پتہ نہ چل سکے ۔

Abattoir (a-ba-twar) *n.* Slaughter house ۔ مسلخ مذبح ۔ بُوچڑ خانہ ۔ کمیلا ۔

Abb (ab) n. Woof-yarn جولاہے کا تانا بانا ۔

Abba (ab-a) *n.* Father والد ۔ اَبّا ۔ باپ ۔ آسمانی باپ ۔

Abbacy, (ab-ə-si) *n.* Office or tenure of an abbot صاحب خانقاہ یا دیر کا منصب یا زمانۂ تولیت ۔

Abbe (ab'-a) *n.* Frenchmen entitled to wear ecclesiastical dress without any official duty فرانسیسی شہری جن کو مذہبی لباس پہننے کا حق ہو لیکن ان کے ذمّے کوئی فرض منصبی نہ ہو ۔

Abbess (ab-es) *n.* Female head of an abbey صدر راہبہ ۔ راہبات کی افسر اعلیٰ ۔

Abbey (ab-i) *n.* Building occupied by monks or nuns خانقاہ ۔ دیر ۔ کلیسا ۔ گرجا ۔

Abbreviate (ə-brevi-at) *v.t.* To make short اختصار کرنا ۔ خلاصہ کرنا ۔ چھوٹا کرنا ۔

Abbreviation / Abbreviature *n.* اختصار ۔ خلاصہ ۔ کمی ۔ اِیجاز ۔

Abderian (ab-deri-an) *n.* A native of Greek city Abdera یونان کے شہر ابدیرا کا باشندہ جہاں یونانی فلسفی دیمقراطیس پیدا ہوًا تھا جو رجائی فلسفی تھا ۔

Abdicate (ab-di-kat) *v.t.* Renounce formally or by default تخت چھوڑنا ۔ دست بردار ہونا ۔ حق چھوڑ بیٹھنا ۔ علیحدہ ہونا ۔ کنارہ کش ہونا ۔

Abdication *n.* دست برداری (حق یا تخت سے) ۔ علیحدگی ۔

Abdomen (ab-do-men) n. Belly, stomach-پیٹ شکم ۔ کیڑے مکوڑوں کا پچھلا حصہ ۔

Abdomenal *adj.* پیٹ کا ۔ معدہ کا ۔ شکم کا ۔

Abdominous *adj.* بڑے پیٹ والا ۔ توندل ڈھینڈس ۔ موٹا ۔

Abduct (ab-dukt) *v.t.* Kidnap, take away, draw from natural position اغوا کرنا ۔ بھگا لے جانا ۔ کسی عضو کا اس کے فطری مقام سے کھینچنا یا بڑھانا ۔ پھیلانا ۔

Abduction *n.* اغوا ۔ (منطق) قیاسِ احتمالی ۔ زخم کے کناروں کی سُکڑن ۔

Abductor *n.* مغوی ۔ اغوا کرنے والا ۔ بھگا لے جانے والا ۔ زخم کو سُکیڑنے والی نس ۔

Abeam (a-beam) *adv.* At right angle to a ship's length, abreast عرضاً ۔ جہاز کے طول سے زاویہ قائمہ بناتے ہوئے ۔

Abed (a-bed') *adv.* In bed بستر پر ۔ پلنگ پر ۔ خوابیدہ ۔ سوتا ہُوا ۔

Abele(a-bal) *n.* White poplar سفیدہ (درخت)

Aberate (ab-er-at) *v.i* To wander or deviate from the right way بھٹکنا ۔ گمراہ ہونا ۔ کجروی اختیار کرنا ۔

Aberrance / Aberrancy *n.* گمراہی ۔ فساد ۔ بگاڑ ۔ کجروی ۔ خلافِ معمول ہونا ۔

Aberration *n.* چُوک ۔ کجروی ۔ مغالطہ ۔ قاعدہ کی خلاف ورزی ۔ فتور ذہنی ۔ خلل دماغ ۔

Aberration of Light بوجہ گردش زمین اجرام فلکی کا اپنی جگہ سے ہٹا ہُوا نظر آنا ۔

Abet (a-bett) *v.t.* To countenance or assist (offender) اعانت کرنا ۔ مدد کرنا (مُجرم کے جُرم میں)

Abetment *n.* (ارتکاب جرم میں) اعانت ۔ مدد ۔

Abetter *n.* معاون جُرم ۔ مدد گار جُرم ۔ مُعِین ۔

Abeyance (a-ba-ence) *n.* State of suspension التوا ۔ تعطل ۔

Abhor (ab-hor) *v.t.* Regard with hatred and disgust نفرت کرنا ۔ کراھت کرنا ۔ حقارت سے دیکھنا ۔ گِھن کرنا ۔

Abhorrence *n.* نفرت ۔ کراہت ۔ چڑ ۔ حقارت ۔

Abhorrent *adj.* مکروہ ۔ گھناؤنا ۔ قابل نفرت ۔

Abhorrer *n.* نفرت کرنے والا ۔ ان لوگوں کے چڑانے کا نام جنھوں نے ۱۶۸۰ء میں چارلس دوم کے سپاسنامے پر دستخط کئے تھے ۔ تبرّائی گروہ ۔

Abide (a-bid) *n.* First month of the Jewish year موسوی سال کا پہلا مہینہ

Abide (ə-bid) *v.t. & i.* : To stand firm بنا رہنا ۔ برقرار رہنا ۔ حاوی رہنا ۔ باقی رہنا ۔ مستقل رہنا ۔ مضبوط رہنا ۔ قائم رہنا ۔ جمے رہنا ۔ منتظر رہنا ۔ تاک میں رہنا ۔ راہ دیکھنا ۔ تسلیم کرنا ۔ ماننا ۔ اطاعت کرنا ۔ برداشت کرنا ۔ ضبط کرنا ۔ تحمّل کرنا ۔ مُتحمِّل ہونا ۔

Abiding *adj.* پائدار - دوامی - مستقل - دیرپا -

Abidingly *adv.* دواماً - مستقل طور پر -

Abigail (ab-e-gal) *n.* Lady's maid خواص - پیش خدمت - نوکرانی -

Ability (ə-bili-ti) *n.* Power, competency
قابلیت - صلاحیت - لیاقت - قوت -
استعداد - اختیار - مقدور -
مالی حیثیت - ذریعہ - وسیلہ -

Ab-initio (ab-ini-tio) *adv.* From the beginning ابتدا سے - اول سے -

Abintestate (ab-int-estat) *v.t.* To obtain a claim on the estate of one who died without making a will کسی مرنے والے کی وراثت حاصل کرنا جو بلا وصیت انتقال کر گیا ہو -

Abiogenesis (ab-i-o-gen-isis) *n.* Spontaneous generation - بے جان مادے سے جاندار کا پیدا ہونا خود بخود پیدا ہونا -

Abiogenist *n.* خود زائی کا عقیدہ رکھنے والا -

Abject (ab-jekt) *adj.* Degraded کمینہ - فرومایہ - ذلیل - پست - سفلہ -

Abjectly *adv.* کمینگی سے - رذالت سے - فرومائگی سے -

Abjectness *n.* ذلت خواری - کمینہ پن - رذالت - پستی -

Abjection *n.* تذلیل - تحقیر - کمینگی - زبوں حالی -

Abjuration (ab-joora-shən) *n.* ction or form of renunciation on oath - سوگند - حلفیہ دست برداری دعویٰ سے دست بردار ہونا -

Abjure (ab-joor) *v.t.* Renounce on oath حلف پر دست بردار ہونا - توبہ کرنا - ترک وطن وغیرہ کی قسم کھانا - تج دینا - چھوڑ دینا -

Ablactation (ab-lak-ta-shen) *n.* Weaning from the mother دودھ بڑھائی - دودھ چھٹائی -

Ablation (ab-la-shen) *n.* Removal of any part of body, wastage by melting - علیحدہ کرنا - کاٹنا نکالنا (عمل جراحی سے) -
گھلنا - تحلیل ہونا - گھسنا (چٹان کا یا تودہ برف کا)

Ablative (ab·la-tiv) *adj.* The case in Latin nouns expressing source or cause مفعول لہٗ - اسم کی اخراجی حالت -

Ablaut (ap-lowt) / (ab-lowt) *n.* Vowel changes in the parent Indo-European language
انڈو یورپی زبان میں لب و لہجہ کے فرق کی وجہ سے حروف علت میں تبدیلی -

Ablaze (ə-blaz) *adj.* & *adv.* on fire, excited جلتا ہوا - فروزاں - دھکتا ہوا - بھڑکتا ہوا - نعل درآتش - مشتعل - بپھرا ہوا -

Able (a-bl) *adj.* Talented, competent - قابل - لائق - ہوشیار - قادر - صلاحیت والا -

Able-bodied *adj.* قوی - مضبوط جسم والا - تنو مند جسیم - کار آزمودہ -

Abloom (ə-bloom) *adv.* In or into bloom - پُر بہار شگفتہ - شاداب - جوبن پر -

Ablution (əblooshon) *n.* Ceremonial washing of hands, face and feet طہارت - وضو - غسل - جسم یا متبرک برتنوں کو پاک صاف کرنا -

Ablutionary *adj,* - طہارت - غسل یا وضو کے متعلق

Abnegate (ab-ni-gat) *v.t.* Deny oneself, renounce ترک کرنا - نفس کُشی کرنا - پرہیز کرنا - چھوڑ دینا -

Abnegation *n.* - ترک شے - نفس کشی - انکار - پرہیز - دست کشی -
ایثار - ضبط نفس - کسی عقیدے سے انحراف - جی مارنا -

Abnormal (ab-nor-ml) *adj.* Exceptional, deviating from type - بے قاعدہ - خلافِ معمول خلافِ عادت - نوع سے دور - نقطہ اعتدال. سے دُور -

Abnormality *n.* - خلاف معمول واقعہ - غیر معمولی پن

Abnormally *adv.* - خلاف معمول طریقہ پر

Abnormity *n.* -عجیب و غریب - وحشت انگیز (شے) بے قاعدگی - بے اعتدالی -

Aboard (ə-bord) *adv.* & *prep*: on or into ship or train جہاز پر - کشتی یا ریل میں -

Fall aboard دوسرے جہاز سے ٹکرا جانا -

Lay aboard (جنگ میں) اپنے جہاز کو لا کر دوسرے جہاز سے بھڑا دینا -

Abode (ə-bod) *n.* Dwelling place, house رہنے کی جگہ - مسکن - مکاں - فرود گاہ - قیام گاہ -

Aboil (ə-boil) *adv.* Boiling - ابلتا ہوا - کھولتا ہوا جوش میں آیا ہوا -

Abolish (ə-bolish) *v.t.* Do away with - موقوف کرنا منسوخ کرنا - توڑ دینا (رسم و رواج وغیرہ کو) -

Abolishable *adj*. قابل ترک و تنسیخ - موقوف کرنے کے قابل -

Abolition *n*. تنسیخ - موقوفی - انسداد - استرداد -

Abolitionist *n*. انسداد غلامی کا حامی - حامی انسدادیت -

A-bomb (ə-bom) *n*. Atomic bomb جوہری بم -

Abominable (ə-bom-in-able) *adj*. Detestable, odious مکروہ - قابل نفرت - حقیر - نفرت انگیز -

Abominableness *n*. مکروہ پن - نفرت انگیزی -

Abominably *adv*. حقیرانہ - رذیلانہ یا قابل نفرت طور پر -

Abominate (ə-bom-in-at) *v.t.* Loathe,dislike نفرت کرنا - کراہت کرنا - حقیر جاننا -

Abomination *n*. نفرت - کراہت - حقارت -

Aboriginal (ab-ə-rigin-al) *adj*. Indigenous - اصل قدیم - پہلے کا باشندہ - قدیم رہنے والا -

Aborigines (ab-ə-rigin-ez) *n*. First inhabitants قدیم یا اصلی باشندے - جنگلی باشندے -

Abort (ə-birt) *v.i.* Miscarry اسقاط حمل ہونا - حمل گر جانا - ادھ کچا رہ جانا -

Abortion *n*. پیٹ گر جانا - کچا بچہ پیدا ہونا - حمل کا گر جانا - اسقاط ہونا -

Abortionist *n*. حمل گرانے والا - اسقاط کرانے والا -

Abortive *adj*. ناکام - لاحاصل - اکارت - ناقص - کچا غیر مکمل - حمل گرانے کی دوا - مسقط -

Abortively *adv*. بے سود - خام کارانہ - کچے پن سے - ناقص طور سے -

Abortiveness *n*. ناکامی - افسردگی - خامی - مرجھاہٹ -

Abound (ə-bownd) *v.i.* Be plentiful بھر پور ہونا - بہت ہونا - وافر ہونا - کثرت سے ہونا -

About (ə-bowt) *adv. & prep.* All round from outside چاروں طرف - کسی مرکز کے ارد گرد -

The bees buzzed about my head مکھیاں میرے سر کے گرد بھنبھناتی تھیں -

Hang about the door دروازے کے آس پاس رہو -

Walking about the streets سڑکوں پر ادھر ادھر پھرنا -

About 4 o'clock تخمیناً - تقریباً - لگ بھگ - چار بجے

Right about turn پھر کر - گھوم کر - داہنی طرف

What are you about? تم مشغول - مصروف - کس کام میں؟

We talked about many things متعلق - بابت - بارے میں - بہت سی باتوں کے -

Bring about کروانا - بر لانا -

Come about ہونا - واقع ہونا - ظہور پذیر ہونا -

Go about a work کسی کام میں مشغول ہونا - مصروف ہونا -

Put about - مضطرب ہونا - بے قرار ہونا - برافروختہ ہونا

To be about چلتا پھرتا ہونا -

Above (ə-bov) *adv. & prep.* On high, over head - اونچا - اوپر - بلند - بالاتر - پرے - دور - باہر - بعد - بڑھ کر - اوپر زیادہ - آسمان پر - عالم بالا میں - دوسری دنیا میں -

Above all اول - مقدم - سب سے زیادہ -

Above board - پاک صاف - کھلم کھلا - سب کے سامنے کھرا کھرا -

Above cited or mentioned محولہ بالا - مذکورہ بالا

Above ground زمین پر - بقید حیات - زندہ -

Above measure ناپ سے زائد - بے اندازہ - بے حد - بے شمار -

Above stairs زینہ کے اوپر - بالا خانے پر -

Above par اوسط سے زیادہ - مساوات کے اوپر -

Over and above علاوہ - مزید برآں -

Abracadabra (ab-rə-kə-dubra) *n*. Spell, magic, amulet جادو - منتر - ٹونا - تعویز جو تکنی شکل میں پہنے جائیں -

Abrade (ə-brad) *v.t.* Scrap off, injure - رگڑنا - گھسنا چھیلنا - کھرچنا - رگڑ ڈالنا -

Abranchial / Abranchiate (ə-brang-ki-ət) *adj*. Without gills گلپھڑے کے بغیر -

Abrasion (ə-bra-zhan) *n*. Scrapping off (the skin) رگڑ - رگڑا - خراش - کھرچ - جلدی زخم -

Abreast (ə-brest) *adv*. On a level and facing the same way - ہم قدم - دوش بدوش - پہلو بہ پہلو -

Abridge (ə-brij) *v.t.* Shorten, curtail خلاصہ کرنا - مختصر کرنا - گھٹانا - کم کر دینا -

Abridgement *n*. خلاصہ - ملخص - لب لباب -

Abroad (ə-brawd) *adv*. Broadly, In different directions دور دراز - سب طرف پھیلا ہوا - باہر پردیس میں - غیر ملک میں -

All abroad - کہیں کا کہیں - غلط - خیالات میں انتشار

Abrogate (ab-ro-gat) *v.t.* Repeal, cancel منسوخ کرنا - توڑنا - ترک کرنا - فسخ کرنا -

Abrogation *n.* ترک - موقوفی - فسخ - تنسیخ -

Abrupt (ə-brupt) *adj.* All of a sudden - ناگہاں ایکا ایکی - اچانک - بے ربط - بے جوڑ -

Abruption *n.* - یکایک علیحدگی - انقطاع - پھٹ پڑنا - جھڑ پڑنا -

Abruptly *adv.* ایکا ایکی - ناگہانی طور پر - دفعتہً

Abscess (ab-ses) *n.* Puss formed in the cavity of body پھوڑا - دنبل - جسم میں کہیں پیپ پڑنا -

Abscind (ab-sind) *v.t.* To cut off, operate چیرنا پھاڑنا - کاٹ ڈالنا - عمل جراحی کرنا -

Abscission *n.* - عمل جراحی چیر پھاڑ } خطابت میں مقرر کا بعض باتوں پر سے اس طرح گزر جانا کہ سامعین خود سمجھ جائیں -

Abscond (ab-skond) *v.i.* To fly secretly بھاگ جانا - فرار ہونا - روپوش ہو جانا -

Abscondence *n.* روپوشی - گرفتاری سے بچنے کے لیے فرار -

Absconder *n.* فراری - مفرور -

Absence (əb-sens) *n.* Being away from a place } غیر حاضری - عدم موجودگی - پیچھے - جدائی - فقدان - فراق

Absent *adj.* - غیر حاضر - غیر موجود - غائب - غافل - کھویا ہوا -

Absently *n.* منتشر خیالی سے - پراگندگی سے - بے خیالی سے -

Absent-minded *adj.* کھویا ہوا - بے خیال - پراگندہ دماغ -

Absent-mindedly *adv.* بے خیالی سے - پراگندہ خیالی سے -

Absent-mindedness *n.* - انتشار ذہنی - پریشان خیالی

Absent (ab-sent) *v.* اپنے آپ کو غیر حاضر رکھنا - غیر حاضر رہنا -

Absentee *n.* غیر حاضر شخص - وقت پر غائب ہو جانے والا -

Absinth (ab-sinth) *n.* Worm-wood افسنتین - افسنتینی شراب - جوہر افسنتین - دونا مروا (درخت)

Absolute (absəl-(y) oot) *adj.* Perfect, pure, above time and space غیر مشروط - واجب الوجود کامل - حاکم علی الاطلاق - قائم بالذات - مطلق -

Absolutely *adv.* بلا قید یا شرط - بالکل - سراسر - قطعاً ضرور بالضرور - البتہ -

Absolution (absel-u-shon) *n.* Setting free from guilt رہائی - خلاصی - چھٹکارا - مغفرت - نجات - مکتی - اعلان نجات -

Absolutism *n.* یہ عقیدہ کہ نجات کے بارے میں خدا مالک مطلق ہے - مطلق العنانی - استبداد پسندی - شخصی حکومت کا نظریہ -

Absolutist *n.* - استبدادی حکومت کا حامی - استبداد پسند

Absolve (əb-zolv) *v.t.* Set, pronounce, free بری کرنا - چھوڑنا - رہا کرنا - مخلصی دینا - بخشنا - بے گناہ قرار دینا -

Absonant (əb-sən-ənt) *adj.* Unreasonable, discordant - غیر معقول - بے محل - بے سر - بے تال - بے جوڑ

Absorb (ab-zorb) *v.t.* Suck in, take in - جذب کر لینا چوسنا - گھل مل جانا - مدغم کرنا -

Absorbable *adj.* - انجذاب پذیر - جذب ہونے کے قابل

Absorbability *n.* انجذاب - جذب ہونے کی قابلیت -

Asorbed *adj.* دھن میں لگا ہوا - مشغول - منہمک -

Absorbent *adj.* چوسنے والا - جاذب - درختوں کے جاذب غذا رگ و ریشے -

Absorbing *adj.* دلچسپ - منہمک رکھنے والا - جاذب توجہ - دلکش -

Absorption *n.* - عمل انجذاب - جذب - مشغولیت - دھن انہماک -

Absorptive *adj.* - چوسنے والا - کھینچنے والا - جاذب -

Absorptiveness *n.* کھینچنے ، چوسنے کی قابلیت - صلاحیت انجذاب - قوت جذب -

Abstain (ab-stan) *v.t.* Keep oneself away - باز رہنا الگ رہنا - پرہیز کرنا - اجتناب کرنا -

Abstainer *n.* - پرہیز کرنے والا - مجتنب - احتراز کرنے والا

Abstemious (ab-stemi-əs) *adj.* Sparing, not self indulgent محتاط (کھانے پینے میں) متقی - روکھی سوکھی کھانے والا -

Abstemiously *adv.* - پرہیز گارانہ - محتاط طریقے سے

Abstemiousness *n.* پرہیزگاری ۔ احتیاط ۔

Abstention (absten-shon) *n.* Keeping away from pleasures لذات سے پرہیز ۔ اجتناب ۔ بچتے رہنا ۔

Absterge (abs-tarj) *v.t.* clean (wounds), wipe, purge صاف کرنا ۔ دھونا ۔ میل نکالنا ۔ زخم دھونا ۔

Abstergent *n. & adj.* صاف کرنے والا ۔ میل نکالنے والا ۔

Abstersion *n.* دھلائی ۔ تنقیح ۔ صفائی ۔

Abstersive *adj* میل یا کھوٹ نکالنے والی ۔ صاف کرنے والی ۔ مصفی ۔

Abstinence (abstin-əns) / **Abstinency** (abstin-ənsi) *n.* Refraining from pleasures پرہیزگاری ۔ نفس کشی ۔ احتراز ۔ اجتناب ۔

Total abstinence منشیات سے کلی پرہیز ۔

Abstinent *adj.* زاہد ۔ کم خور ۔ محتاط ۔ پرہیزگار ۔

Abstinently *adv.* متقیانہ ۔ پرہیزگاری کے ساتھ ۔

Abstract (ab-strakt) *v.t.* Deduct, remove
الگ کرنا ۔ جدا کرنا ۔ علیحدہ کرنا ۔
نکال لینا ۔ چرا رکھنا ۔ چھپا رکھنا ۔
خلاصہ کرنا ۔ مختصر کرنا ۔
ہٹانا ۔ بٹانا ۔ مصروف رکھنا (توجہ) ۔

Abstract (ab-strakt) *adj.* غیر مرئی ۔ قائم بالغیر ۔
ذہنی ۔ قیاسی ۔ خیالی ۔ دقیق ۔ مشکل ۔ پوشیدہ ۔

Abstract (ab-strakt) *n.* خلاصہ ۔ ست ۔ جوہر ۔ روح ۔ ماحصل ۔ مغز ۔

Abstracted *adj.* غافل ۔ ڈوبا ہوا ۔ غرق ۔ محو ۔

Abstractness *n.* انہماک ۔ دھن ۔ محویت ۔ استغراق ۔

Abstractedly *adv.* دھن میں ۔ انہماک میں ۔ محویت کے عالم میں ۔

Abstraction *n.* علیحدگی ۔ الگ کرنا ۔ سرقہ ۔ استغراق ۔
محویت ۔ بے خبری ۔ خالی الذہن ہونا ۔ خیالی ۔ تصوری ۔
قیاسی حالت ۔ خیال پرستی ۔

Abstruse (abs-troos) *adj.* Profound کٹھن ۔ مشکل ۔ دقیق ۔ پیچیدہ ۔

Abstrusely *adv.* مشکل سے ۔ دقت کے ساتھ ۔

Abstruseness *n.* دقت ۔ پیچیدگی ۔ باریکی ۔ مشکل ۔

Absurd (ab-surd) *adj.* Unreasonable, silly نامعقول ۔
بعید از قیاس ۔ بیہودہ ۔ لغو ۔ بے سر و پا ۔ خلاف عقل ۔
غیر موزوں ۔ نامناسب ۔

Absurdly *adv.* بے سر و پا طور پر ۔ احمقانہ طور پر ۔

Absurdity *n.* بیہودگی ۔ لغویت ۔ خرافات ۔

Abundance (ə-bundəns) *n.* Plenty بہتات ۔
افراط ۔ زیادتی ۔ کثرت وفور ۔ شدت (جذبات) ۔
ہجوم ۔ انبوہ ۔ اِزدحام ۔ دولت اور مال کی کثرت ۔

Abundant *adj.* بہت سا ۔ کثیر ۔ وافر ۔ زیادہ ۔

Abundantly *adv.* کثرت سے ۔ افراط سے ۔ بہتات سے ۔

Abuse (ə-buz) *v.t.* Make bad use of بدسلوکی کرنا ۔
گالی دینا ۔ غلط استعمال کرنا ۔ بیجا صرف کرنا ۔ بے جا
فائدہ اُٹھانا ۔ ناجائز برتاؤ کرنا ۔

Abuse (ə-buz) *n.* بُرا برتاؤ ۔ برا دستور ۔ برا رواج ۔ بُری ریت ۔
ناجائز فائدہ ۔ بیجا صرف ۔ غلط استعمال ۔
گالی گلوچ ۔ دشنام ۔ سخت کلامی ۔
بُری حرکت ۔ بدفعلی ۔ بے حرمتی ۔ ناجائز مباشرت ۔ زنا ۔

Abuses *n. & p.* بُرائیاں ۔ اندھیر ۔ خرابیاں ۔ ظلم ۔ تعدی

Abusive *adj.* منہ پھٹ ۔ بد زبان ۔ بے لگام ۔ آبرو ریز ۔

Abusiveness *n.* بد لگامی ۔ بد زبانی ۔ دشنام دہی ۔
ہتک آمیزی ۔ سب و شتم ۔

Abut (ə-but) *v.t.* Have a common boundary
ہم سرحد ہونا ۔ ملا ہوا ہونا ۔ متصل ہونا ۔
کسی چیز کے سہارے ہونا ۔ ٹکا ہوا ہونا ۔ کسی
چیز پر ختم ہونا ۔

Abutment *n.* پایۂ ستون ۔ جس پر کوئی محراب قائم ہو ۔

Abutter *n.* جائداد متصلہ کا مالک جس کو حق شفع حاصل ہو ۔

Abysmal (ə-biz-mal) *adj.* Bottomless, very deep
بے انتہا گہرا ۔ عمیق ۔ اتھاہ ۔

Abyss *n.* (ə-bis) Deep gorge, depth غار ۔ بہت گہری
گھاٹی یا کھڈ ۔ زمین کی اندرونی گہرائی ۔ پاتال ۔

Abyssal *adj.* گہرے سمندر کے (جاندار) بے اندازہ گہرا ۔

Abyssinian (abi-sin-ian) *adj.* An inhabitant of Abyssinia ملک حبش کا باشندہ ۔ حبشی ۔

Acacia (ə-ka shyə) *n.* Shrub or tree of mimosa tribe کیکر ۔ ببول ۔

Academic (əkad-emik) *adj.* Belonging to philosophic school of Plato قدیم افلاطونی فلسفہ کا پیرو ۔
اشراق ۔ علمی ۔ عالمانہ ۔ خشک منطقی ۔ کسی علمی
جماعت کے اصول کا اندھا پیرو ۔ جامعہ علمی کا لباس ۔
قبائے جامعہ ۔

Academical *adj.* جامعہ ، کالج یا کسی علمی ادارہ کے متعلق ۔

Academician *n.* مجلس علمی کا رکن ۔

Academy *n.* افلاطون کا مدرسہ ۔ درسگاہ ۔ جامعہ ۔ اعلیٰ مجلس کا رکن ہونا ۔

Acadian (əkadiən) *adj.* Nova Scotian نوا اسکوٹیا (امریکہ) کا باشندہ ۔

Acanthus (ə-kan-thus) *n.* Kinds of prickly-leaved plants ایک قسم کا خار دار درخت ۔ ایسے درختوں کی پتیوں کے نقش و نگار جن کی نقل یونانی عمارتوں پر کی جاتی تھی ۔

Acardiac (akar-diak) *adj.* Without heart ۔ بے قلب دل نہ ہونا ۔

Acarpous (əkar-pus) *adj.* Without carpels ۔ بے ثمر جس میں پھل نہ لگے ۔

Acatalectic (akatəlaktic) *adj.* Complete verse غیر محذوف ۔ سالم بحر جس کے سب ارکان پورے ہوں (علم عرو

Acatalepsy (akatəlepsi) *n.* Incomprehensibility دشواری ۔ ناقابل فہم ہونا ۔

Acataleptic *adj.* جو یہ سمجھے کہ ہم کچھ نہیں جانتے اور جو جانتے ہیں وہ بھی صحیح نہیں ۔ ارتیابی ۔

Acaulescent, Acauline, Acaulose, Acaulous } (ak-au-lis-ənt) *adj.* Apparently stemless بعید از فہم ۔ خارج از عقل بے تنا ۔ چھوٹے تنے والا (پودا) صغیرالساق ۔

Accadian (ə-ka-di-ən) *n.* Language of Accad in Shinar عکادی زبان جو پیکانی خط میں لکھی جاتی تھی ۔ عکادی ۔

Accede (ak-sed) *v.i.* Enter upon an office, assent to an opinion منظور کرنا ۔ قبول کرنا ۔ راضی ہونا ۔ تسلیم کرنا ۔

Accelerate (ak-sel-ər-at) *v.t.* Make quicker, increase speed جلدی کرنا ۔ تیز کرنا ۔ رفتار بڑھانا ۔

Acceleration *n.* تیزی ۔ تیز رفتاری ۔

Accelerative *adj.* تیز کرنے والا ۔ رفتار بڑھانے والا ۔

Accelerator *n.* مسرع ۔ رفتار تیز کرنے والا آلہ ۔ موٹر کا آلہ جو رفتار بڑھانے کے لیے استعمال ہوتا ہے ۔

Accent (ak-sənt) *n.* Prominence given to a syllable لہجہ ۔ تلفظ ۔ دباؤ ۔ آواز کا اتار چڑھاؤ ۔ تاکید ۔ زور ۔ لوچ ۔

Accent (ak-sənt) *v.t.* Pronounce with accent, emphasis بعض آوازوں کو زوردار لہجہ میں ادا کرنا ۔ تاکیدی علامتیں لگانا ۔

Accentor (ak-sənt-or) *n.* A kind of small bird ایک قسم کی چھوٹی چڑیا ۔ گوریا ۔

Accentual (ak-sənt-ual) *adj.* Of accent آواز کے اتار چڑھاؤ کے متعلق ۔ لب و لہجہ کے متعلق ۔

Accentually *adv.* تاکیداً ۔ تاکید کے طور پر ۔

Accentuate *v.t.* زور دار لہجے میں ادا کرنا ۔ تلفظ پورے دباؤ سے کرنا ۔

Accentuation *n.* کسی حرف پر پورا دباؤ ۔ تاکید ۔ زور ۔

Accept (ak-sept) *v.t.* Consent to receive, agree قبول کرنا ۔ راضی ہونا ۔ منظور کرنا ۔ اچھا لگنا ۔ لے لینا ۔ پسند کرنا ۔ نظر عنایت سے دیکھنا ۔ مہربانی کرنا ۔

Accepter *n.* منظور کرنے والا ۔ قبول کرنے والا ۔

Acceptable *adj.* قابل منظوری ۔ قابل قبول ۔

Acceptability, Acceptableness } *n.* قبولیت ۔ پسندیدگی ۔ منظوری ۔

Acceptance *n.* پسند ۔ منظوری ۔ رضا مندی ۔

Acceptation *n.* عرف عام کے مطابق معنی ۔ عام معنی ۔

Accepted *adj.* مقبول ۔ تسلیم شدہ ۔ مسلمہ ۔ مانا ہوا ۔

Acceptedly *adv.* مسلمہ طور پر ۔

Acceptor *n.* سکھاریا ۔ ہنڈی سکھارنے والا ۔ قبول کرنے والا ۔

Access (ak-sis) *n.* Passage, door way رسائی ۔ گزر ۔ وسیلہ ۔ سبیل ۔ آمد و رفت ۔ پہنچ ۔ باریابی ۔ دخل ۔ اضافہ ۔ بڑھوتی ۔ رستہ ۔ نالی ۔ دروازہ ۔ حملہ ۔ جوش ۔ ہیجان ۔ شدت (مرض ، جذبے یا غصہ کی) ۔

Accessary, Accessory } *n. adv.* معاون ۔ مدد گار ۔ شریک ۔ راز دار ۔ ساتھی ۔

Accessary after the fact راز دار مابعد واقعہ ۔ وقوعہ کے بعد کا شریک ۔

Accessary before the fact شریک ماقبل وقوع ۔

Accessary to a crime ہم جرم ۔ شریک جرم ۔

Accessible *adj.* پہنچ سکنے کے قابل ۔ رسائی کے قابل ۔ قابل باریابی ۔

Accession *n.* تخت نشینی ۔ جلوس تاجپوشی ۔ بڑھوتی ۔ اضافہ ۔ افزائش ۔ افزونی ۔ تقرب ۔ رسائی ۔ باریابی ۔

Accidence (ak-sed-əns) The part of grammar dealing with variable forms of words, elements of any subject - تصریف - گردان - کسی علم کے مبادیات -

Accident (ak-sid-ənt) *n,* Un-expected event
نا گہانی واقعہ - واردات - حادثہ - غیر ارادی فعل - اتفاق - عارضہ - واقعہ - قسمت -

Accidental *adj.* - نا گہانی - اتفاق - غیر متوقع - ہنگامی -

Accidental qualities خواص عارضی -

Accidentally *adv.* - غیر متوقع طور پر - اچانک - یکایک -

Accipiter (ak-sipit-er) *n.* Hawk, falcon - شکرا - شاہین -

Accipitral *adj.* - عقابی - دوربین - شاہین صفت - باز جیسا - شکرے کی طرح - تیز نظر - عقاب نگہ - خونخوار -

Acclaim (ək-ləm) *v.t.* Applaud loudly نعرہ ہائے مسرت بلند کرنا - خوشی میں تالیاں بجانا - خوش آمدید کہنا - استقبال کرنا -

Acclamation *n.* - مدحیہ استقبال - نعرہ مسرت و تحسین - پرجوش تائید -

Acclimation / Acclimatation / Acclimatization (ak-lim-eshon) *n.* Habituation to new climate مزاج کا آب و ہوا کے موافق ہو جانا - آب و ہوا کا راس آنا - موافقت آب و ہوا -

Acclimate (a-klim-at) *v.t.* Habituate to new climate جانور ، درخت یا انسان کو نئی آب و ہوا کا راس آنا -

Acclimatize *v.t.* & *i.* - آب و ہوا کا موافق ہو جانا -

Acclivity (ə-kliv-i-ti) *n.* Upward slope of a hill پہاڑ کی چڑھائی - ارتفاع - بلندی -

Accolade (ek-ol-ad) *n.* Sign at bestowal of knighthood وہ رسم جو خطاب دیتے وقت بادشاہ ادا کرتا ہے مثلاً بوسہ دینا ، معانقہ کرنا یا آڑی تلوار کندھے پر رکھنا -

Accommodate (ək-omə-dat) *v.t.* Adapt, reconcile or harmonize, find lodging - موافق کرنا - مطابق کرنا - میل ملاپ کرنا - صلح صفائی کرنا - رفع فساد کرنا - ممنون کرنا - مرھون منت کرنا - عنایت کرنا - ٹھہرانا - قیام کا انتظام کرنا - مہمان کو جگہ دینا -

Accommodating *adj.* - مان لینے والا - آشتی پذیر - صلح جو - بامروت - نرم طبیعت -

Accommodatingly *adv.* - صلح پسندانہ - مصالحانہ - مروت سے -

Accommodation *n,* جگہ - گنجائش - ٹھہرنے کی جگہ - میل - یک رنگی - موافقت - مطابقت - صفائی - تصفیہ - سمجھوتا - سامان - اسباب - آرام کی چیزیں -

Accompaniment (ekampəni-ment) *n.* Appendage, thing that attends another - ضمیمہ - رفاقت - سنجوگ - لوازمہ آواز یا سر جو راگ کے ساتھ ملایا جائے - گانے کے ساتھ کا ساز -

Accompany (ekumpəni) *v.t.* To go with - ہمراہ ہونا - ساتھ ہونا - ہم سفر ہونا - سر ملانا - ساز ملانا -

Accompanist *n.* سر ملانے والا - گانے کے مطابق ساز بجانے والا - سازندہ -

Accomplice (ə-kom-plis) *n.* Partne in crime رفیق جُرم ساتھی جُرم کا مُعاون یا شریک -

Accomplish (ə-kum-plish) *v.t.* Fulfil, perform, finish - پورا کرنا کمل کرنا - انجام دینا - تہذیب اور آداب میں مکمل کرنا - شائستہ بنانا - آداب مجلس سکھانا -

Accomplished *adj.* - شائستہ - مہذب - ہنر مند - باکمال -

Accomplishment *n.* - ظاھری ٹیپ ٹاپ - شائستگی - کمال - جوہر - ہنر - فضیلت - تکمیل -

Accord (ə-kord) *n.* Consent, mutual agreement تال میل - باھمی رضامندی - یکدلی - میل ملاپ - موافقت - معاھدہ - راضی نامہ - اقرار نامہ -

Accord (ə-kord) *v. t.* & *i.* Be in harmony - سر ملانا - ہم نوا ہونا - ہم آہنگ ہونا - منظور کرنا - قبول کرنا - عطا کرنا -

Accordance *n.* - مناسبت - موافقت - مطابقت -

Accordant *adj.* - ہم ساز - ہم آواز - ہم نوا - موزوں -

Accordantly *adv.* - ہم نوائی سے - ہم آھنگی سے -

According *adv.* - ہم نوایانہ - موافقانہ - مطابقانہ -

According as - جوں جوں - جیسے - مطابق - حسب - بقدر -

According to - حسب الحکم - بموجب - بلحاظ -

Accordingly *adv.* - لہذا - پس - حسب حال - اندریں حال - چنانچہ -

Accordion (ə-kordiən) *n.* A portable musical instrument having bellows ایک قسم کا سفری ہلکا پردے دار باجا - دھونکنی کا باجا -

Accordianist *n.* پردے دار باجا بجانے والا - ارگن باجا بجانے والا -

Accost (ə-kost) *v.t.* Make up to and open conversation بولنا - مخاطب کرنا - کسی فاحشہ کا راہ چلتوں کو مخاطب کرنا - فاحشہ کی چھیڑ چھاڑ -

Account (ə-kownt) *n.* Calculation and reckoning شمار - حساب کتاب - میزان - سرگزشت - تفصیل - کیفیت بیان - جانچ پرتال - امتحان - لیے - خاطر - سبب - باعث -

Call to account جواب طلب کرنا -

Give an account حساب دینا -

Of no account نکما - نا چیز - حقیر -

On your account آپ کے حساب میں -

Suspense account پیشگی - دوامی - علی الحساب -

To settle an account حساب بے باق کرنا -

To turn to account نفع اٹھانا - نفع بخش بنانا -

Money of account جو سکہ رائج الوقت نہ ہو مگر حساب میں شامل کیا جائے - زر حسابی -

Square accounts جمع خرچ کا حساب پورا کرنا - حساب برابر کرنا -

Sale for the account آئندہ وعدے پر سودا کرنا -

To be in account with کسی کے ساتھ لین دین کا کھاتا کھولنا -

On one's own account اپنے حساب میں - اپنی ذمہ داری پر -

On account of اس بابت - اس واسطے - اس وجہ سے -

The great account آخرت - یوم الحساب - اعمال کا حساب -

Gone to his account اس کا انتقال ہوگیا -

Give a good account کامیاب رہنا - ہنر مندی، مشق و مہارت کا ثبوت دینا -

Take into account خاطر میں لانا - اہمیت دینا -

Leave out of account نظر انداز کرنا - قطع نظر کرنا - خارج از بحث سمجھنا

Account (ə-kownt) *v.t.* لحاظ کرنا - جانچنا - سمجھنا - شمار کرنا -

Account for حساب دینا - جواب دہی کرنا -

Accountable *adj.* ضامن - ذمہ دار - جواب دہ -

Accountability / Accountableness } *n.* کفالت - ضمانت - ذمہ داری - جواب دہی -

Accountant *n.* حساب لکھنے والا - منیب - محاسب -

Accountant General صیغہ حساب کا اعلیٰ عہدہ دار - صدر محاسب -

Accountantship *n.* حساب دانی - محاسبی کا عہدہ -

Accoutre (ə-koot-ər) *v.t.* Attire, equip سجانا - وردی پہنانا - آراستہ کرنا - ملبوس کرنا -

Accoutrement (əkootərment) *n.* ہتھیار اور وردی کے علاوہ سپاہی کا دوسرا سامان ، تھیلا وغیرہ -

Accredit (ə-kred-it) *v.t.* Send out with credentials مختار کرنا - اختیار دینا - کسی کو سفیر یا نمائندہ مقرر کرنا -

Accredited *adj.* معتمد کلی - مسلمہ نمائندہ - مختار کل - تسلیم کردہ -

Accrete (ak-ret) *v.i.* To grow in a bunch اکٹھا اگنا - ساتھ ساتھ اگنا - کسی مرکز کے چاروں طرف بڑھنا - پھیلنا -

Accretion *n.* اضافہ - الحاق - افزونی - نشو و نما -

Accrue (ək-roo) *v.i.* To fall as an advantage بڑھنا - نکلنا - کسی فائدہ یا نتیجہ کا حاصل ہونا -

Accumulate (ə-kum-ul-at) *v.t. & i.* Heap up, grow numerous اکٹھا کرنا - جمع کرنا - فراہم کرنا -

Accumulation *n.* روپیہ کی زیادتی - مال کی فراوانی - تودہ - ڈھیر -

Accumulative *adj.* جمع شدہ - اجتماعی - مجموعی -

Accumulatively *adv.* مجموعی طور پر - اجتماعی طور پر -

Accumulator *n.* جمع کرنے والا - جوڑنے والا - اکٹھا کرنے والا - روپیہ جمع کرنے والا - سرمایہ اندوز - مخزن برق - وہ آلہ جو بجلی کی قوت محفوظ رکھتا ہے -

Accurate (aku-rit) *adj.* محتاط - صحیح - ٹھیک - درست

Accuracy *n.* درستی - صحت -

Accurately درستی سے - صحت کے ساتھ

Accursed / **Accurst** } (əkurs-d) *adj.* منحوس - بدبخت - راندہ درگاہ - مردود - لعنتی -

Accusation (ə-kuza-shon) *n.* اتہام - شکایت - تہمت - الزام -

Accusative (ə-kuzat-iv) *n.* اسم منصوب - صیغہ مفعول -

Accusatival *adj.* مفعولی -

Accusatively *adv.* مفعول کے طور پر -

Accusatorial (ə-kuz-atorial) *adj.* A case in which prosecutor and judge are not the same ایسا مقدمہ جس میں عدالت کو صرف جُرم کا فیصلہ کرنا ہو اور تحقیقات مقصود نہ ہو -

Accusatory *adj.* الزام آمیز - اتہامی - الزامی -

Accuse (ə-kuz) *v.t.* الزام لگانا - متہم کرنا - قصور وار قرار دینا - کسی کے سر تھوپنا (جرم) -

Accused *n.* شخص ماخوذ - ملزم -

Accuser *n.* الزام لگانے والا - مستغیث - مدعی -

Accusingly *adv.* مستغیثانہ طریقہ پر - مدعیانہ طور پر -

Accustom (ə-kus-təm) *v.t.* Habituate عادت ڈالنا - عادی بنانا - خوگر بنانا -

Accustomed *adj.* معتاد - عادی - خوگر -

Ace (as) *n.* One who excels at something, the one on card اکا - تین کانے (گنجفے کا نشان) - ایک فرانسیسی ہوا باز جس نے دشمن کے دس جہاز گرائے - نمایاں کام کرنے والا - بہت بڑا اور مشکل کام کرنے والا -

With an ace of بال برابر فاصلے پر -

Ace point پچیسی اور چو سر میں نرد لینے کا خانہ - نرد کا پہلا خانہ جہاں سے چال شروع ہوتی ہے -

Aceldama (ə-kel-dama) *n.* Field of blood وہ کھیت جو یہودیؔ نے حضرت مسیحؑ سے غداری کے عوض تیس سکوں میں حاصل کیا تھا - مقتل -

Acephalous (asef-ə-ləs) *adj.* Headless, recognising no chief بے سرا - وہ حیوانات جو بے سرے معلوم ہوتے ہیں - خود مُختار -

Acerbate (a-sər-bat) *v.t.* To embitter, to irritate تیز کرنا - مشتعل کرنا - بڑھا دینا -

Acerbity *n.* آتش مزاجی - درشتی - تندی - تیزی - ترش روئی -

Acerose (as-ər-os) *adj.* Needle-pointed تیز نوک والا - نوکیلا -

Acervate (ə-ser-vat) *adj.* Growing in compact clusters - گچھوں کی شکل میں اگنے والا پودا - گچھیلا - یک مشت -

Acervation (a-sər-vashon) *n.* Bunch, heap ڈھیر - تودہ - انبار -

Acescent (as-es-ənt) *adj.* Sour کھٹا - ترشی مائل - قدرے ترش -

Acescence (as-es-əns) *n.* Sourness- تھوڑی سی ترشی - کھٹائی -

Acetabulum (as-et-abu-ləm) Cup to hold vinegar سرکہ کا پیالہ - قفل ہڈی جس میں ران یا کسی اور جوڑ کی ہڈی بیٹھتی ہے -

Acetarious (ə-set-arus) *adj.* About those herbs or vegetables used in salad ان سبزیوں کے متعلق جو رائتے یا سلاد میں استعمال ہوں - سلادی -

Acetic (a-sitik) *adj.* Pertaining to vinegar سرکے کے متعلق - سرکے کا - خلی -

Acetify (a-set-ifi) *v.t. & i.* ترش ہو جانا - ترش کرنا - سرکہ بنانا -

Acetification *n.* کھٹا پن - ترشی -

Acetifier *n.* وہ چیز جس سے سرکہ بنایا جاتا ہے - سرکہ ساز -

Acetous *adj.* کھٹا - ترش - سرکہ کی طرح -

Acetylene (a-set-i-len) *n.* A colourless gas which burns with a brilliant flame ایک بے رنگ گیس جس کا شعلہ روشن ہوتا ہے -

Achates (a-ka-tez) Faithful friend of Aeneas— Sincere friend ورجل کی نظم اینیڈ میں اینیس کا سچا دوست اخاتیس - مخلص دوست -

Ache (ak) *v.i.* To suffer continuous pain درد کرنا - دکھنا -

Ache (ak) *n.* Continuous pain دکھ-درد - کرب - ٹیس -

Achieve (ə-chev) *v.t.* Acquire, accomplish پورا کرنا - انجام دینا - تکمیل کرنا - حاصل کرنا - کامیاب ہونا - مقصود پا لینا -

Achievable *adj.* قابل حصول - حاصل ہونے کے قابل -

Achievement *n.* امتیازی نشان - کامرانی - نمایاں کامیابی - کار نمایاں -

Achiever *n.* امتیازی نشان حاصل کرنے والا - نمایاں کام کرنے والا -

Achillean (ak-ile-ən) *adj.* About Achilles, indomitable اکلیس کی طرح - ناقابل تسخیر -

Heel of Achilles - عضو ضعیف - جسم کا کمزور حصہ

Achilous (ak-ilous) *adv.* Without lips (نباتیات) بے لبے
فاقدالشفتین ۔ وہ پودے جن کے لب نہ ہوں ۔

Ack Ack (ak-ak) *adj.* Anti air craft ہواسار ۔ طیارہ سار توپ ۔ طیارہ شکن ۔

Achlamydeous (aklə-miduəs) *adj.* Without corolla پھول جن میں نہ مسند گل ہو نہ چہرہ گل ۔

Achromatic (akro-mat-ik) *adj.* Free from colour, transmitting light without decomposing
بے رنگ ۔ وہ شیشہ جس میں سے روشنی بغیر رنگ دئے گزرے ۔

Achromatically *adv.* بے رنگ طریقہ پر ۔

Achromaticity *n.* بے رنگی ۔

Achromatism *n.* بے رنگ پنا ۔

Achromatize *v.t.* بے رنگ کرنا ۔

Acid (as-id) *n.* A sour substance ترشی ۔ تیزاب ۔ ترشہ ۔

Acid (as-id) *adj.* کھٹا ۔ ترش ۔ تیزابی ۔

Acidity (ac-ed-iti) *n.* Sourness ترشویت ۔ حموضیت ۔ تیزابیت ۔

Acidify *v.t.* & *i.* تیزابی بنانا ۔ ترش کرنا یا ہونا ۔ ترشہ بنانا

Acidifiable *adj.* کھٹا کرنے کے لائق ۔ ترشہ بنانے کے قابل ۔

Acidification *n.* ترشائیت ۔ ترشہ بنانے کا عمل ۔ تحمیض ۔

Acidifier *n.* تیزابی کیفیت پیدا کرنے والا ۔ ترشہ بنانے والا ۔

Acidi-meter *n.* تیزابی حالت معلوم کرنے کا آلہ ۔ تیزابیت پیما ۔ ترشویت پیما ۔

Acidulated *adj.* جو کسی قدر تیزاب بن گیا ہو ۔
جو کسی قدر ترش ہو گیا ہو ۔ ترشایا ہُوا ۔

Acidulous *adj.* ہلکی سی کھٹاس رکھنے والی چیز ۔

Acinus (asi-nəs) *n.* Seed of a berry or grape
مکو یا شہتوت کی قسم کے پھل کا دانہ یا بیج ۔

Acknowledge (ak-nol-ij) *v.t.* Announce receipt, accept the truth ماننا ۔ قبول کرنا ۔ منظور کرنا ۔
تسلیم کرنا ۔ وصولی کی رسید یا اطلاع دینا ۔

Acknowledgement *n.* قبض الوصول ۔ اقبال ۔ اقرار ۔
منظوری ۔ قبولیت ۔ رسید ۔

Aclinic (ak-lin-ik) *adj.* Magnetic مقناطیسی

Aclinic line خط استوا جہاں مقناطیسی سوئی نہیں جھکتی ۔

Acme (ak-mi) *n.* Highest point نقطہ عروج ۔ اوج ۔ انتہا ۔

Acme of perfection اعلیٰ درجے کی ۔

Acme of life عروج زندگی ۔

Acne (ak-ni) *n.* Pimple پھنسی ۔ دنبل ۔ دانہ

Acock (ə-kok) *adv.* In cocked fashion (hat)
ٹیڑھی ترچھی ٹوپی پہنے ہوئے ۔ بانکے انداز سے ۔
جنگجویانہ انداز سے ۔

Acolyte (ak-ə-lit) *n.* An inferior church officer
گرجا کا ادنیٰ ملازم ۔ مددگار ملازم ۔

Aconite (ak-ə-nit) *n.* Monk's hood or wolf's bane a poisonous plant بس ۔ زہر ۔ جدوار
(ایک زہریلا درخت) ۔ زُوحِ جدوار ۔

Aconitic (ak-e-nitik) *adj.* extracted from aconite زہریلا ۔ جدواری ۔

Aconitive *n.* جدوار ۔ مہلک زہر ۔

Acorn (akorn) *n.* Fruit of oak tree شاہ بلوط کا پھل ۔ بلُوط ۔

Acotyledon (akot-i-ledən) *n.* A plant with no distinct seed lobes بے دیالا ۔ بے دیولا پودا ۔ پودا
جس کے بیج میں دیولا نہ ہو ۔ بے دالا پودا ۔

Acotyledonous *adj.* بے دالا ۔ بے دیولا ۔

Acoustic (e-koostik) *adj.* Relating to the sense of hearing سماعتی ۔ صوتی ۔

Acoustical *adj.* سماعیاتی ۔ متعلق بہ سماعت ۔ اصواتی ۔

Acoustically *adv.* سماعت یا سننے کے لحاظ سے ۔

Acoustician *n.* ماہر سمعیات ۔

Acoustics *n.* سمعیات ۔

Acquaint (ə-kevant) *v.t.* Make aware or familiar
اطلاع دینا ۔ آگاہ کرنا ۔ خبر دینا ۔ بتانا ۔ آگاہ ہونا ۔
واقف یا شناسا ہونا ۔ جانا بوجھا یا دیکھا بھالا ہونا ۔

Acquaintance *n.* ملاقات ۔ شناسائی ۔ جان پہچان ۔
ملاقاتی ۔ شناسا ۔ واقف کار ۔

Acquaintanceship *n.* جان پہچان ۔ شناسائی ۔

Acquainted *adj.* جان پہچان والا ۔ محرم ۔ واقف ۔ آگاہ ۔

Acquiesce (ak-wi-es) *v.i.* & *t.* Agree tacitly ماننا ۔
راضی کرنا ۔ تسلیم کرنا ۔ منظور کرنا ۔ رضامند ہونا ۔
متفق ہونا ۔ چُپ چاپ مان لینا ۔

Acquiescence *n.* رضامندی ۔ منظوری ۔

Acquiescent *adj.* چپ چاپ مان لینے والا ۔

Acquire (ə-kwir) *v.t.* Come into possession of, gain حاصل کرنا ۔ پانا ۔ پیدا کرنا ۔ مالک بننا ۔ قابض ہونا ۔

Acquirement *n.* اکتسابی استعداد ۔ اکتساب ۔ حصول ۔

Acquisition *n.* اکتساب ۔ تحصیل ۔ حُصُول ۔

Acquisitive *adj.* حاصل کرنے والا ۔ حصول کا شوق یا خواہش رکھنے والا ۔

Acquisitiveness *n.* ہوسناکی ۔ اکتساب کا شوق

Acquit (ə-kwit) *v.t.* To discharge, set free رہا کرنا ۔ چھوڑنا ۔ بے گناہ قرار دینا ۔ سرخرو کرنا ۔ ادا کرنا ۔ بے باق کرنا ۔ فرض بجا لانا ۔ پورا کرنا ۔

Acquittal *n.* فرض کی انجام دہی ۔ قرضہ کی ادائی ۔ بریت ۔ چھٹکارا ۔ رہائی ۔

Acquittance *n.* رہائی ۔ مخلصی ۔ چکوتہ ۔ بے باق ۔ قرض کی ادائی ۔ فارغ خطی ۔ بھرپائی ۔

Acre (aker) *n.* Measure of land—4840 sq. yards ۴۸۴۰ مربع گز ۔ ایکڑ ۔ مزروعہ زمین ۔ مزرع ۔

A man of many acres بہت زمین کا مالک ۔

or

A man of broad acres بڑا زمیندار ۔

God's acre قبرستان ۔

Acreage *n.* زرعی زمین ایکڑوں میں ۔ رقبہ ایکڑوں کے حساب سے ۔

Acrid (ak-rid) *adj.* Bitterly pungent تیز ۔ تلخ ۔ چڑچڑا ۔ تند مزاج ۔ تند ۔

Acridity *n.* درشتی ۔ چڑچڑاپن ۔ تیزی ۔ تندی ۔

Acrimony (ak-rim-ə-ni) *n.* Bitterness of temper or manner مزاج کی ترشی ۔ تیزی ۔ تندی ۔ لہجہ کی سختی ۔

Acrimonious *adj.* درشت طبع ۔ تند مزاج ۔ تیز

Acrimoniously *adv.* تیزی اور سختی سے ۔ تند مزاجی سے

Acrobat t(ak-ro-bat) *n.* Tumbler, rope dancer, نٹ ۔ قلاباز ۔ رسے پر ناچنے والا ۔ سیاسی گرگٹ ۔ نئے نئے رنگ بدلنے والا ۔

Acrobatic *adj.* نٹوں کا ۔ نٹوں کی طرح کا ۔

Acrobatically *adv.* نٹوں کی طرح ۔ نٹ پنے سے ۔

Acrobatism *n.* قلا بازی کا فن ۔ نٹ پنا ۔

Acrogen (ak-ro-jen) *n.* Plant having perennial stem with growing point at extremity ایسا پودا جس کا تنا مدامی ہو اور نقطہ نمو سرے پر ہو ۔ سرنمو ۔ سرخیز پودا ۔

Acrogenous *adj.* سرنمو ۔ سرخیز ۔

Acrolith (ak-ro-lith) *n,* Statue with head and extremities of stone لکڑی کا بت جس کا سر اور ہاتھ پیر پتھر کے ہوں ۔

Acropetal (ə-kropi-tl) *adj.* Growing from below upwards پودا جو نیچے سے اوپر کی طرف بڑھے یا اگے ۔ بالارو ۔

Acropolis (a-kropol-is)*n.* Citadel or elevated part of a Greek city specially Athens یونانی شہروں کا بالا حصار ۔ کوٹ (خاص کر شہر ایتھنس کا) ۔

Across (ə-kros) prep. & *adv.* Forming a cross with آڑا ۔ آرپار ۔ صلیب نما ۔ پاس ۔ نزدیک

To come across دوچار ہونا ۔ مڈ بھیڑ ہونا

To go across پار ہونا ۔ پار جانا

Acrostic (ə-krostik) *n.* A short poem in which the initial, the last or the middle letters of the lines form a name, a phrase or a sentence. صنعت توشیح ۔ ایسی نظم جس کے اشعار کے ابتدائی درمیانی یا آخری حروف سے کوئی نام ، جُزوِ کلام یا جُملہ بن جائے ۔

Acrostically *adv.* چلیپائی طور پر ۔ صنعت توشیح کے ساتھ ۔

Act (akt) *v.t.&i.* Carry out, perform کرنا ۔ کام کرنا ۔ عمل کرنا ۔ حرکت کرنا ۔ نقل کرنا ۔ روپ یا سوانگ بھرنا ۔ کردار ادا کرنا ۔ کارگر ہونا ۔ اثر کرنا ۔

Acting *adj.* کارگزار ۔ قائم مقام ۔ منصرم ۔

Act (akt) *n.* Thing done, deed کام کاج ۔ عمل ۔ کارگزاری ۔ کرتب ۔ فعل ۔ قانون جو قانون ساز مجلس نے منظور کیا ہو ۔ ناٹک کا حصہ ۔ ایک باب ۔ ایک منظر ۔

Actinia (Ak-tinia) See onemone لالہ دریائی

Actinism (Ak-tinezm) *n.* That property in light-rays which produces chemical changes. سورج کی کرنوں کا اثر ، وہ اثر جس سے کیمیاوی تبدیلیاں واقع ہوتی ہیں ۔

Actino-meter *n.* درن پیما ۔ شُعاع پیما ۔

Action (akshən) *n.* Process of acting, thing done چال - حرکت - فعل - عمل - کام -
لڑائی - جنگ - میدان کارزار -
دعویٰ - مقدمہ - نالش -
To be slain in action لڑائی میں مارا جانا -
Men of action مردانِ میدان - مردان کار - مردان عمل

Action (akshən) *v.t.* To exert energy, to do things in court دعویٰ کرنا - مقدمہ چلانا -
قانونی چارہ جوئی کرنا -
Actionable *adj.* قابل مواخذہ - قابل دست اندازی -
قابل گرفت - **قانونی گرفت کے قابل** -
Actionably *adv.* دست اندازانہ - قابل گرفت طریقہ پر

Active (ak-tiv) *adj.* Effective, working, given to outward action کرتا - کام کا جی - عملی - محنتی -
پھرتیلا - مستعد - سرگرم - خود بخود حرکت کرنے والا -
فعل معروف (قواعد) -
Acting *adj.* قائم مقام - نگران کار - منصرم -
Actively *adv.* مستعدانہ - سرگرمی سے - پھرتی سے -
Activity *n.* حرکت - جوش - مستعدی - تیزی -
پھرتی - **سرگرمی** -
Activities *n. & p.* دلچسپیاں - مساعی - مشاغل -
کوششیں - سرگرمیاں -

Acton (ak-tən) *n.* Jacket of quilted cotton روئی کی صدری جو زرہ بکتر کے نیچے پہنتے ہیں -

Actor (ak-ter) *n.* Dramatic performer ڈراما کرنے والا - اداکار - فاعل - عامل -

Actress (akter-es) Female performer in a drama تمثیل میں حصہ لینے والی اداکارہ -

Actual (aktu-əl) *adj.* Existing in fact, real - واقعی
اصلی - حقیقی -
Actuality *n.* واقعیت - حقیقت - اصلیت -
Actualise *v.t.* جیتا جاگتا بنا کر پیش کرنا - جان ڈالنا - **قوۃ سے فعل میں لانا** -
Actualization *n.* **قوۃ** سے فعل میں لانے کا عمل -
تکمیل -

Actuary (akt-u-ər-i) *n.* Registrar or clerk who makes calculations about insurance بیمہ کا ماہر جو آگ ، **موت اور حادثات کے بیمے کی ماہرانہ** قابلیت رکھتا ہو -

Acturial *adj.* مہارت بیمہ کے متعلق -

Actuate (aktu-at) *v.t.* Communicate motion to, serve as motive اکسانا - ترغیب دینا - برانگیختہ
کرنا - حرکت میں لانا -
Actuation *n.* انتقال حرکت - ترغیب - تحریک -
اشتعال -

Acuity (ə-ku-i- ti) Sharpness, acuteness - حدّت
چُبھن - شِدّت - تیزی (سُوئی ، تیزاب ، عقل وغیرہ کی) -

Aculeate } (əku-li-at) *adj.* Having sting ڈنک
Aculeated } مارنے والا - نیشدار-

Aculeus (əku-les) *n.* Sting, prickle - ڈنک
نیش (حیوانیات) - کانٹا - خار (نباتات) -

Acumen (əku-men) *n.* Penetration, discernment
زیرکی - فراست - تیز فہمی - ذکا - دقیقہ رسی -

Acuminate (əku-min-et) *adj.* Tapering to a point نوکدار - نکیلا -

Acuminate (əku-min-et) *v.t.* Sharpen **دھار**
رکھنا - نوک تیز کرنا - نوکدار بنانا -
Acumination *n.* نکیلا پن - شدت - زیادتی -

Acute (ə-kut) *adj.* Sharp, pointed تیز - نوکدار-
نکیلا - بہت سخت - **شدید** -
تیز - ذکی - صاحب فراست -
کرخت - سخت - اونچی (آواز)
Acutely *adj.* سختی سے - تیزی سے - شِدّت سے-
Acuteness *n.* فراست - ذہانت - تیزی - سختی - شِدّت -

Adage (ad-ij) *n.* maxim, proverb کہاوت -
مثل - مقولہ - ضرب‌المثل -

Adagio (adaj(y)o) *adv.* Slowly آہستگی اور دھیمے
پن سے -
Adagio (adaj(y)o) *adj.* مدّھم -
Adagio (adaj(y)o) *n.* دھیمی تال - دھیما سُر-

Adam (ad-am) *n.* The first man باوا آدم - حضرت آدم
Adam's ale or wine پانی -
Adam's apple کنٹھ - کنٹھا جو جوان ہونے پر گلے
میں نکلتا ہے -
Old Adam حالتِ جاہلیت - دقیانوسی حالت -
غیر ترق یافتہ -

Adamant (ad-ə-ment) *n.* A thing very hard
سنگ خارا - سخت پتھر - سنگ مقناطیس - الماس - ہیرا -

Adamantine *adj.* الماسی - کڑا - سخت

Adamite (ad-e-mit) *adj.* & *n.* ۱- آدم زاد - بنی آدم - انسان - آدمی - اولادِ آدم -
۲- ننگا - عریاں - برہنہ - ایک طبقہ جو برہنگی پسند ہے -

Adapt (ə-dapt) *v.t.* Fit, make suitable مطابق کرنا موافق کرنا - ویسا ہی کرنا یا بنانا -

Adaptability *n.* جیسا دیس ویسا بھیس - ویسا ہی بننے کی قابلیت - مطابقت پذیری -

Adaptable *adj.* تصرف پذیر - گھُلنے ملنے کی قابلیت رکھنے والا - بدلنے کی صلاحیت رکھنے والا -

Adaptation *n.* گھُل مل جانے کی قابلیت - تصرف - مناسبت - موافقت -

Adaptive *adj.* حالات کے مطابق رنگ اختیار کرنے والا -

Adapter *n.* تصرف کرنے والا - بدلنے والا - گھُل مل جانے والا -

Add (ad) *v.t.* Join (one thing to another) جوڑنا - جمع کرنا - شامل کرنا - اضافہ کرنا -

Add little to a little and it will be a great heap } دانے دانے سے خرمن - پھویں پھویں کر کے تالاب بھرتا ہے - قطرے قطرے سے دریا بن جاتا ہے -

Addenda, Addendum } (ad-en-da) Thing to be added, appendix قابل اضافہ چیز - اضافہ - تتمہ - ضمیمہ -

Adder (ad-ər) *n.* small venomous snake افعی - سانپ -

Adder's tongue فرن کی ایک قسم

Death adder بڑا زہریلا سانپ -

Horned adder سینگ والا سانپ - شاخدار سانپ -

Puff adder وہ سانپ جو غصہ میں سانس لے کر موٹا ہو جاتا ہے - پھنکار مار -

Addict (ə-dict) *v.t.* Devote, apply habitually عادی ہونا - لت لگ جانا - لتی ہو جانا -

Addiction *n.* عادت - لت - ذھت -

Addition (ə-di-shon) *n.* Process of adding - میزان جمع کرنے کا عمل - بیشی - اضافہ -

In addition to اس کے علاوہ - مزید برآں -

Additional *adj.* ضِمنی - فالتو - زیادہ -

Additionally *adv.* بالائی طور پر - ازدیاداً - ضمنی طور پر - ضِمناً - الحاق طور پر -

Addle (ad-l) *adj.* Rotten (egg) گندا - گندا انڈا جس سے بچہ نہیں نکلتا -

Addle (ad-l) *v.t.* Muddle, confuse بوکھلا جانا - گھبرا جانا - گندا ہو جانا - خراب ہو جانا -

Addled *adj.* گندا - گھبرایا ہوا - پریشان - مختل -

Address (ə-dres) *v.t.* Direct in speech or writing خطاب کرنا - مخاطب کرنا - تقریر کرنا -(خط پر) پتا لکھنا - مصروف ہونا -

Address (ə-dres) *n.* خطبہ - سپاسنامہ - تقریر - بیان
نام و نشان و پتا -
ہوشیاری - چالاکی - چابکدستی -
خطاب - طور طریقہ - انداز گفتگو - آداب مجلس - معاشقہ-دربار داری -

A man of pleasing address خوش وضع - خوش رویہ آدمی -

Addressee *n.* جس کو خط لکھا جائے - مکتوب الیہ -

Adduce (ə-dus) *v.t.* cite as proof or instance دلیل یا ثبوت پیش کرنا - نظیر پیش کرنا - حجت یا سند پیش کرنا -

Adducible *adj.* ثبوت یا دلیل کے طور پر پیش کرنے کے قابل -

Adducent *adj.* اعصاب یا پٹھے جو ایک ہی مرکز کی طرف کھنچ جائیں -

Adduct (ə-duct) *v.t.* Draw to a common centre اعصاب کا ایک ہی مرکز کی طرف کھینچنا -

Adduction *n.* ایک ہی مرکز کی طرف پٹھوں کا کھنچاؤ - حجت - دلیل - نظیر کا اظہار -

Adductive *adj.* پٹھوں کو مرکز کی طرف کھینچنے والی (طاقت)

Adenoids (ade-nodz) *n.&p.* Mass of spongy tissues between the back of nose and throat گلے کے غدود جو ناک اور حلق کی پشت پر ہوتے ہیں -

Adept (ə-dept) *adj.* Thoroughly proficient and skilled ہنر مند - ماہر - مشاق - فاضل -

Adequate (ad-i-kwat) *adj.* Sufficient, satisfactory موزوں - مناسب - کافی - قابل - برابر -

Adequacy *n.* موزونیت - اکتفا -

Adequately *adv.* مناسب طریقے پر - پورے طور پر - ٹھیک ٹھیک -

Adhere (ad-her) *v.t.* stick fast - جا رہنا - چپک جانا - جڑا رہنا - پابند رہنا - وفادار رہنا - ثابت قدم رہنا -
  Adherent *adj.* - چسپاں - چپکا ہوا - لگا ہوا - وابستہ - رفیق - حمائتی - طرفدار - پیرو - بہی خواہ -
  Adherence *n.* - وفاداری - استقامت - استقلال - ثابت قدمی - حمایت -
Adhesion (əd-he-zhən) *n.* Adhering - لگاؤ - وابستگی - پیروی - پابندی -
  Adhesive *adj.* - لیسدار چپکانے والا - جوڑنے والا - ثابت قدم -
  Adhesively *adv.* - جڑے ہوئے - وابستہ رہتے ہوئے - چپکتے ہوئے -
Adiabatic (ad-i-ə-batik) *adj.* impassable to heat یکساں درجے کی حرارت رکھنے والا -
Adiantum (ad-i-an-təm) *n.* kinds of ferns سنبل سیاہ - بالچھڑ - سنبل الطیب -
Adiaphorism (adi-af-ərism) *n.* Tolerance and indifference to non-essential points in theology - بے تعصبی - آزاد مشربی - آزاد خیالی - روشن خیالی -
  Adiaphorist *n.* بے تعصب آدمی - آزاد خیال - وسیع المشرب - روشن خیال -
Adieu (ə-du) *n.&v.t.* Good bye, say good bye خدا حافظ - الوداع کرنا - فی امان اللہ -
  Ad infinitum *adv.* - ہمیشہ کے لئے - لامتناھی - دوامی - غیر مختتم
  Ad interim *adv.* عارضی مدت کے لئے - اس اثنا میں - فی الحال -
Adipose (adi-pos) *adj.* fatty موٹا - چربیلا - چکنائی دار - روغنی -
Adiposity. } *n.* موٹا پا - چکنائی - چربیلا پن
Adiposeness }
Adit (ad-it) *n.* Approach, horizontal entrance سرنگ - زیر زمین راستہ (معدن میں) افقی راستہ -
Adjacent (ə-ja-sənt) *adj.* Close to - متصل - ملحق - ملا ہوا - نزدیک -
  Adjacency *n.* - نزدیکی - اتصال - الحاق - قرب -
Adjective (aj-ik-tiv) *n.* A part of speech,-additional - اضافی - صفت - زائد - ضمنی - عوضی -
  Adjectival *adj.* - صفاتی - صفتی - توصیفی -
  Adjectively } *adv.* - اضافی طور پر - ضمنی طور پر - بطور صفت
  Adjectivally }
Adjoin (ə-join) *v.t. & i.* to join, unite, be contiguous - جوڑنا - ملانا - جڑا ہوا ہونا - متصل ہونا - ملحق ہونا -
Adjourn (ə-jərn) *v.t. & i.* put off, postpone ملتوی کرنا - روک دینا - برآئندہ کرنا - برخاست کرنا - التوا میں ڈالنا -
  Adjournment *n.* - برآئندگی - التوا - برخاستگی -
Adjudge (ə-juj) *v.t.* pronounce judicially - قراردینا تجویز کرنا - فیصلہ کرنا - حکم دینا - ملزم کے متعلق فیصلہ کرنا - سزا دینا -
  Adjudgement *n.* - تصفیہ - فیصلہ - حکم -
  Adjudicate *v.t.* - بری کرنا یا مجرم ٹھہرانا - تجویز کرنا حکم دینا - فیصلہ نافذ کرنا -
  Adjudication *n.* - دیوالیہ قرار دینے کی تجویز - فیصلہ - حکم - تصفیہ -
  Adjudicative *adj.* - انفصالی - عدالتی -
  Adjudicator *n.* - حاکم مجاز - فیصلہ کرنے والا - قاضی - حاکم عدالت - منصف - حاکم -
Adjunct (aj-ung(k)t) *n.* Accompaniment متعلقہ چیزیں - ملحقات - زوائد - اضافہ -
  Adjunctive *adj.* - زائد - الحاقی -
  Adjunctively *adv.* - الحاقی طور پر - بطور زوائد -
Adjure (ə-joor) *v.t.* Charge under oath - قسم دینا حلف دینا - واسطہ دلانا - التجا کرنا - درخواست کرنا - منت ساجت کرنا -
  Adjuration *n.* - منت ساجت - واسطہ - قسم - حلف
Adjust (ə-just) *v.t.* arrange-put in order ترتیب دینا - آراستہ کرنا - قرینہ سے لگانا - صفائی کرانا - ٹھیک ٹھاک کرانا - راضی کرنا - توازن پیدا کرنا - جھگڑا چکانا -
  Adjustable *adj.* - قابل فیصلہ - سلجھانے کے قابل - آراستگی کے قابل - ترتیب پذیر -
  Adjustment *n.* - فیصلہ - ہم آہنگی - ترتیب - تصفیہ -
Adjutant (ajoo-tant) *n.* An officer specially appointed to assist commander - نائب - مدد گار - اجیٹن جو افسر اعلیٰ کا مدد گار ہوتا ہے - لم ڈھینگ - لم ٹنگا - سارس -

Adjutancy *n.* اجیٹن کا عہدہ ۔

Administer (ad-minis-tər) *v.t.* Manage affairs and dispense justice - انتظام کرنا - بندوبست کرنا انصاف کرنا - مذہبی رسوم وغیرہ ادا کرنا - حلف اٹھوانا - مدد پہنچانا - سہارا دینا - اعانت کرنا - نظم و نسق قائم رکھنا ۔

Administrable *adj.* بندوبست اور انتظام کے قابل ۔

Administration *n.* - انتظام - بندوبست - نظم و نسق وزارت - حکومت - مرحومین کی جائداد کا انتظام - حلف کا اٹھوانا - دوا کی مالش ۔

Administrative *adj.* متعلق نظم و نسق - انتظامی عمل ۔

Administratively *adv.* منتظمانہ طور پر ۔

Administrator *n.* منتظم - مہتمم - ناظم - انتظامی قابلیت رکھنے والا - دینے والا ۔ نابالغوں کی جائداد کی نگرانی کرنے والا ۔

Administratorship *n.* انتظامی عہدہ - نظامت ۔

Administratrix *n.* منتظمہ - ناظمہ ۔

Admirable (əd-mir-abl) *adj.* Surprisingly good خوب-بہت عمدہ - نفیس - قابل تعریف ۔

Admirably *adv.* - قابل تعریف طور پر - خوبی کے ساتھ ۔

Admiral (ad-mirəl) *n.* - امیرالبحر - بحریہ کا اعلیٰ افسر

Admiralship *n.* امیرالبحر کا عہدہ ۔

Admiralty *n.* نظامت بحری - امیرالبحر کا دفتر - دفتر بحریہ - محکمہ بحریہ ۔

Admiration (əd-mer-ashon) *n.* Pleased contemplation - تحسین ۔ اچنبھا - تعجب - پسندیدگی - مدح

Admire (əd-mir) *v.t.* Regard with approval تعریف کرنا - پسند کرنا - آفرین کہنا - حیرت کی نظر سے دیکھنا - تعجب کرنا ۔

Admirer *n.* - تعریف کرنے والا - پسند کرنے والا مداح ۔ شیدائی ۔

Admissible (əd-mis-abl) *adj.* Capable of being admitted - قابل قبول - شنوائی کے قابل - لائق سماعت ۔

Admissibility *n.* قابل تسلیم واقعہ - جواز - منظوری کی قابلیت - سماعت پذیری ۔

Admission (ə ..shon) *n.* Admitting, acknowledgemen اعتراف - رسائی - گزر- داخلہ - شمولیت شرکت ۔

Admissive *adj.* مائل بہ اعتراف ۔

Admit (əd-mit) *v.t.* Allow entrance or excess, agree, accept داخل کرنا - شامل کرنا - داخلہ کی اجازت دینا - ماننا - قبول کرنا - اعتراف کرنا ۔

Admittedly *adv.* بے شک و شبہ - مسلمہ طور پر ۔

Admittable *adj.* روا - جائز - شرکت کے قابل ۔

Admittance *n.* داخل ہونے کی اجازت - شرکت - داخلہ ۔

Admix (əd-miks) *v.t.* & *i.* Mingle, add as an ingredient - ملنا - ملانا - آمیزش کرنا - ملاوٹ کرنا - حل کرنا ۔

Admixture *n.* میل - ملاوٹ ۔ آمیزش ۔

Admonish (əd-mon-ish) *v.t.* Warn, give advice متنبہ کرنا - دھمکانا - ہدایت کرنا - سرزنش کرنا - نصیحت کرنا - مشورہ دینا - سمجھانا - نشیب و فراز دکھانا ۔

Admonition *n.* شرم دلانا - ملامت - تنبیہ - فہمائش

Admonitory *adj.* فہمائشی - نصیحت آمیز ۔

Ad nauseam (ad-nas-əm) *adv.* To a disgusting extent قابل نفرت حد تک ۔

Ado (a-doo) *n.* Fuss, difficulty - درد سری - جھنجٹ تکلیف - پریشانی - مشکل - بکھیڑا ۔ کھکھیڑ ۔

Adobe (a-dobi) *n.* Unburnt sun-dried brick کچی اینٹ - دھوپ میں سکھائی ہوئی ۔

Adolescent (ado-lesənt) *n.* & *adj.* Growing up, between childhood and manhood - نوجوان بالغ - عنفوان شباب - آغاز شباب ۔

Adolescence (ado-les-ens) Period before manhood - اٹھتی جوانی - عنفوان شباب - بلوغ ۔

Adonis (ə-do-nis) *n.* Beautiful youth loved by Venus حسین نوجوان جو زہرہ کا منظور نظر تھا - بانکا چھیلا - رنگیلا - خوبرو - ایک قسم کا پودا (نباتیات) ۔

Adonize (əd-o-niz) *v.t.* & *i.* Adorn - سنوارنا - بنانا آراستہ کرنا - مانگ پٹی کرنا ۔

Adopt (ə-dopt) *v.t.* Take a person into relationship متبنیٰ بنانا - گود لینا - منہ بولا بیٹا بنانا - قبول کرنا - پسند کرنا - اختیار کرنا ۔ انتخاب کرنا ۔

Adoptable *adj.* - تسلیم کرنے کے قابل - قابلِ قبول متبنیٰ بنانے کے قابل ۔

Adoption *n.* لے پالک لینا - متبنیٰ بنانا - گود لینا - تسلیم - اختیار -

Adoptive *adj.* گودلیا ہُوا - لے پالک - متبنیٰ -

Adore (ə-dor) *v.t.* Regard with the utmost respect and affection پوجنا - پرستش کرنا - عزت و احترام کرنا - ادب اور محبت کرنا -

Adorable *adj.* لائق احترام - قابل پرستش -

Adorably *adv.* عزت و محبت کے ساتھ - محترمانہ -

Adoration n. عشق - عزت - احترام - بندگی - پرستش -

Adorer *n.* پجاری - پرستار - عاشق - شیدائی - مداح -

Adorn (ə-dorn) *v.t.* Furnish with ornaments سجانا - آرائش کرنا - آراستہ کرنا - سج دھج کرنا - زینت دینا -

Adornment *n.* سج دھج - سنگھار - آرائش - زیبائش -

Adrift (ə-drift) *adv.* In a drifting condition بہتا ہوا - آوارہ - بے ٹھکانے - بے کس - ہدفِ روزگار -

Adroit (ə-droit) *adj.* Dexterous پھرتیلا - چابکدست - چالاک - ہوشیار - شاطِر - مُستعد -

Adroitly *adv.* ہوشیاری سے - چالاکی سے - چابکدستی سے -

Adroitness *n.* چالاکی - مہارت - چابکدستی -

Adulate (ad-u-lat) *v.t.* Flatter basely چاپلوسی کرنا - خوشامد کرنا -

Adulation *n.* تملّق - خوشامد - چاپلوسی -

Adulator *n.* چکنی چپڑی باتیں کرنے والا - روغن قاز ملنے والا - چاپلوس - خوشامدی -

Adullamite (ə-dul-em-it) *n.* Members seceding from Liberal party in 1866 قدیم شہر ادلام کا باشندہ- پارلیمان کے وہ رکن جو ۱۸۶۶ء میں لبرل پارٹی سے علیحدہ ہو گئے -

Adult (ə-dult) *n.* & *adj.* Mature سیانا - جوان - بالغ - جوان آدمی - چودہ برس کا لڑکا اور بارہ برس کی لڑکی -

Adulterant (ə-dult-rənt) *adj.* & *n.* A thing employed in adulterating ملونی - میل - ملاوٹ - جس چیز سے ملاوٹ کی جائے -

Adulterate (ə-dult-ər-at) *v.t.* Falsify by admixture ملانا - آمیزش کرنا - بگاڑنا - خراب کرنا -

Adulteration *n.* آمیزش - ملاوٹ - کھوٹ -

Adulterator *n.* ملاوٹ کرنے والا - آمیزش کرنے والا -

Adulterer (ə-dult-ər-er) *n.* One guilty of adultery and lewdness بدکار - زانی - زنا کار -

Adulteress (ə-dult-əres) *n.* A woman who indulges in adultery زانیہ - فاحشہ - قحبہ - بے عصمت - چھنال -

Adulterine (ə-dult-er-in) *adj.* Born of adultery حرامی - نطفہ حرام - ولدالزنا - جعلی - ناجائز - زنا کے متعلق - ممنوعہ - خلاف قانون -

Adulterous *adj.* فاحشہ - فاسق - زنا کار - بدکار -

Adultery *n.* فسق - حرام کاری - بدکاری - زنا -

Adumbrate (adum-brat) *v.t.* Represent in outline خاکہ تیار کرنا - جھلک دکھانا - پہلے سے ایک اندازہ لگانا - چھا جانا - چھپا لینا - ڈھانک لینا -

Adumbration *n.* جھلک - سایہ - پرچھائیں - اشارہ - خاکہ -

Adumbrative *adj.* جھلک دکھانے والا - مظہر

Advance (əd-vans) *n.* Going forward, progress ترقی - بیعانہ - حملہ - چڑھائی - اقدام - پیش قدمی - پیشگی - سائی - قرض - ادھار - پیشگی ادائی -

Advance (əd-vans) *v.t.* & *i.* Move or put forward آگے بڑھانا - ترقی دینا - سبقت کرنا - ممتاز کرنا - قیمت بڑھانا - پیشگی دینا - سائی دینا - اُدھار دینا - قرض دینا - آگے بڑھانا - کوچ کرنا - حملہ کرنا - اقدام کرنا -

Advanced *adj.* روشن خیال - ممتاز - اعلیٰ - ترقی یافتہ -

Advancement *n.* ترقی - آزاد خیالی - سرفرازی - اضافہ -

Advances *n.* & *p.* اقدام - بیعانہ - زرپیشگی - پیشگی -

Advantage (əd-vant-ij) *n.* Better position, superiority بہتری - فائدہ - بھلائی - منفعت - محفوظ حالت - برتری -

Advantage (əd-vant-ij) *v.t.* Be beneficial to مفید ہونا - سود مند ہونا - ترقی دینا - بڑھانا - مناسب صورت پیدا کرنا - حسب حال موقع تلاش کرنا -

Advantageous *adj.* بہتر - فائدہ مند - مفید -

Advantageously *adv.* سود مندانہ - بہتر طریقے سے - فائدہ کے طور پر -

Advent (ad-vənt) *n.* Coming of Christ, arrival آمد - آنا - بعثت مسیح - حضرت عیسٰی کا ظہور ثانی -

Adventitious (ad-vənt-ishəs) *adj.* Accidental, casual عارضی - اتفاقی - خارجی - بیرونی -

Adventitiously *adv.* عارضی طور پر - خارجی طور پر - بیرونی طور پر -

Adventure (ad-vənt-ur) *n.* Daring, enterprise, risk جان جوکھوں کا کام - اہم سرگزشت - اہم واقعہ - مہم - کار نمایاں - اولولعزمی کا کام - ستّا -

Adventure (ad-vənt-ur) *v.t.* & *i.* Incur risk, imperil جان جوکھوں میں ڈالنا - خطرے میں پڑنا - جان پر کھیلنا - مصیبت مول لینا - اوکھلی میں سر دینا -

Adventurer *n.* زمانہ ساز - عیار - سٹّے باز - قسمت آزما - خطرے میں پڑنے والا - جان باز - باہمّت -

Adventuresome *adj.* سرفروش - جان باز - باہمت -

Adventurous *n.* جیالا - جان باز - من چلا - سورما - جری -

Adventurously *adv.* سرفروشانہ - جرأت اور جیالے پن سے -

Adverb (ad-verb) *n.* A word that qualifies a verb adjective or adverb متعلق فعل - تابع فعل -

Adverbial *adj.* توسیع فعل کا - متعلق فعل کا -

Adverbially *adv.* متعلق فعل کے طور پر -

Ad verbum لفظ بہ لفظ - حرف بحرف -

Adversary (adver-sər-i) *n.* Opponent, enemy حریف - مخالف - دشمن - رقیب - مدِّ مقابل -

Adverse *adj.* اُلٹا - برعکس - برخلاف - ناموافق - نقصان دِہ - مضر - بدبخت - بدنصیب -

Adversely *adv.* مخالفانہ - رقیبانہ - حریفانہ -

Adversity (advers-iti) *n.* Misfortune نحوست - مصیبت - آفت - بدبختی - ادبار - بپتا - اُفتاد -

Advert (ad-vərt) *v.i.* Refer to ذکر کرنا - توجہ کرنا - بیان کرنا - حوالہ دینا -

Advertance } *n.* پاس - لحاظ - رعایت - دھیان - توجہ -
Advertancy

Advertant *n.* توجہ کرنے والا - خیال رکھنے والا -

Advertise (ad-vert-iz) *v.t.* Notify, inform خبر دار کرنا - اشتہار دینا - اعلان کرنا - مشتہر کرنا - مطلع کرنا - آگاہ کرنا -

Advertisement *n.* صلائے عام - منادی - اعلان - اشتہار - اِطّلاع عام -

Advice (əd-vis) *n.* Opinion given خبر - اِطّلاع - رائے - صلاح - نصیحت - مشورہ -

Advise (əd-viz) *v.t.* Offer counsel to نصیحت کرنا - مشورہ دینا - سمجھانا -

Advices (əd-vises) *n.* Opinions, counsels اطلاعیں - خبریں - پیامات -

Advisability } (əd-vis-abliti *n.* قرین مصلحت ہونا -
Advisableness } (əd-vis-abl-nes) *n.* مناسب ہونا -

Advisably (əd-vis-ab-li) *adv.* Expediently مصلحت کے رو سے - حسبِ اقتضا -

Adviser *n.* مشیر - ناصح - صلاح کار -

Advisedly *adv.* عمداً - قصداً - دانستہ - احتیاط سے - سوچ بچار کرکے -

Advisory *adj.* ماہرانہ - نصیحت آمیز - صلاح کار - مشاورتی -

Advocacy (ad-vo-kəsi) *n.* Pleading in support of عدالتی جواب دہی - پیروکاری - وکالت - حمایت -

Advocate *v.t.* وکالت کرنا - پیروی کرنا - سوال و جواب کرنا - حمایت کرنا -

Advocate *n.* قانونی مشیر - مختار - وکیل -

Advocateship *n.* ایڈووکیٹ کا عہدہ - وکالت - مختاری -

Advocatory *adj.* وکالت کے متعلق -

Adowee (ədo-wi) *n.* One who has the right to appoint a benefice پادری مقرر کرنے کا اختیار اور حق رکھنے والا عہدہ دار -

Adowson (əd-vow-zən) *n.* Right of presentation to a benefice پادری مقرر کرنے کا حق - کسی معبد کی سرپرستی یا وقف کرنے کا حق -

Adynamia (adi-na-mia) *n.* Want of vital force حرارت غریزی کی کمی - ضعف باہ - ضعف - کمزوری -

Adytum (adi-təm) *n.* (pl. ta.) Inner-most part of a temple خانقاہ یا مندر کا اندرونی حصہ - زیارت گاہ - خلوت گاہ -

Adze (adz) *n.* & *v.t.* Axe, tool for cutting wood کلھاڑی - تیشہ - کلھاڑی سے کاٹنا -

Aedile (e-dil) *n.* Roman Magistrate who supervised public shows, buildings, police etc. قدیم روما کا مجسٹریٹ جو تماشا گاہوں اور عمارتوں کی نگرانی کرتا تھا اور پولیس کی نگرانی کے فرائض بھی انجام دیتا تھا - اس کے مکان کے دروازے فریادیوں کے لیے ہر وقت کھلے رہتے تھے -

Aedileship *n.* مجسٹریٹی - ایڈائل کا عہدہ -

Aegis (e-gis) *n.* Protection قیادت - سرپرستی - پناہ -

Aeolian (e-o-li-ən) *adj.* An old district in Asia minor Aeolia ایشیائے کوچک کے قدیم ضلع ایولیس کا -

Aeolic *adj.* ایولیسی ۔ ایولوی (بولی) ۔
Aeon, Eon (e-on) *n.* Age, Eternity زمانہ ۔ جگ ۔ مظہرالوھیت ۔ وہ قوت جو ابتدائے کائنات سے موجود ہے ۔
Aerate (a-ər-at) *v.t.* Charge with carbonic acid gas ہوا بھرنا ۔ کاربونک ایسڈ گیس بھرنا ۔
Aerated *adj.* گیس سے بھرا ہوا ۔ ہوا سے بھرا ہوا ۔
Aeration *n.* گیس بھرنے کا عمل ۔
Aerial (a-ri-əl) *n.* & *adj.* Of air, imaginary, wire or antenna used in wireless ہوائی ۔ اکاشی ۔ لاسلکی کا وہ تار جو صوتی اور برق لہریں کھینچتا ہے ۔
Aerially *adv.* موہوم طور پر ۔ لطافت سے ۔ ہوا کی طرح ۔
Aerie / Aery / Eyrie / Eyry (a-ri, eri) *n.* Nests of birds of prey شکاری پرندوں مثلاً عقاب ، باز وغیرہ کے گھونسلے ۔ وہ مکان جو پہاڑ کی چوٹی پر بنا ہو ۔
Aeriform (a-ər-iform) *adj.* Gaseous, airy ہوائی ۔ غیر مادی ۔ خیالی ۔ موہوم ۔
Aero (a-ər-o) *prefix.* Pertaining to air یہ سابقہ کسی لفظ سے پہلے لگایا جاتا ہے جس کا تعلق ہوا سے ہو ۔
Aero-batics (a-ər-o-bətiks) *n.* Feats performed with an aeroplane ہوائی جہاز کی قلا بازی ۔ ہوائی کرتب
Aero-bomb (e-ər-o-bom) *n.* Bomb dropped from a plane ہوائی جہاز سے گرایا جانے والا بم ۔
Aero-camera (a-ər-o-kam-ra) *n.* Camera for taking photos from planes فضائی کیمرہ جو ہوائی جہاز سے ارضی تصویریں لینے کے لیے استعمال ہوتا ہے ۔
Aero-drome (a-ər-o-drom) *n,* Large tract of prepared ground and buildings for the operation of aircraft ہوائی میدان ۔ طیارہ گاہ ۔
Aero-dynamics (a-ər-o-dynamiks) Physics of gases in motion and their mechanical effect چلنے والی ہواؤں کے دباؤ کا علم ۔ ہوائی حرکات ۔
Aero-engine (a-ər-o-enjin) Engines used in planes ہوائی جہاز کے انجن ۔
Aero-foil (a-ər-o-fa-il) air plane wings ہوائی جہاز کا بازو ۔
Aerogram (a-ər-o-gram) *n.* Wireless message لاسلکی پیغام ۔ ہوائی تار ۔

Aerolite / Aerolith (a-əro-lit) Meteor rock سنگ شہاب وہ پتھر جو ستارہ ٹوٹنے سے زمین پر گرے ۔
Aero-meter (a-ər-o-meter) Instrument for measuring air pressure ہوا کا دباؤ معلوم کرنے کا آلہ ۔ ہوا پیما ۔
Aero-naut (a-ər-o-nat) Pilot of a plane ۔ طیارچی ہواباز ۔
Aeronautical *adj.* ہوابازی کے متعلق ۔
Aeronautics *n.* علم ہوابازی ۔
Aeroplane (a-əro-plan) *n.* A flying machine. طیّارہ ہوائی جہاز ۔
Aerostat (a-er-o-stat) *n.* Air-plane غبارہ ۔ طیّارہ ۔
Aerostatstics (e-ər-o-statiks *n.*) Science of air navigation ہوائی پرواز کا علم ۔
Aerostation (a-ər-o-sta-shon) *n.* Science of balooning علم غبارہ بازی ۔
Aesculapius (əs-ku- lapius) *n.* God of medicine in Roman mythology قدیم رومیوں میں طب کا دیوتا ۔ طبیب ۔ حکیم ۔
Aesculapian *adj.* حکیمانہ ۔ طبی ۔
Aesthete (es-thət) *n.* Appreciator of the beautiful حُسن پرست ۔ حُسن شناس ۔ جمال پسند ۔
Aesthetic-al *adj.* حُسن کے متعلق ۔ جمالیاتی ۔
Aesthetically *adv.* جمالیاتی حیثیت سے ۔
Aestheticism *n.* حسن شناسی ۔ جمالیات ۔
Aestivate (es-ti-vat) *v.i.* Spend the summer in a state of torpor بعض جانوروں مثلاً مگرمچھ کا کیچڑ اور دلدل میں سخت گرمیاں گزارنا ۔
Aestivation *n.* جانوروں کا چھپ‌چھپا کر موسم گرما کاٹنا ۔ موسم گرما کی بے حسی ۔
Aetiology (eti-olo-ji) *n.* Philosophy of causation فلسفۂ علت و معلول ۔
Aetiological *adj.* علت یا اسباب‌الامراض کے متعلق ۔
Aetiologically *adv.* ۔ علت یا اسباب‌الامراض کی رو سے
Afar (ə-far) *adv.* at a distance فاصلہ پر ۔ دور سے ۔
Affable (af-ə-bl) *adj.* courteous ۔ خوش اخلاق خلیق ۔ خندہ جبیں ۔ کشادہ پیشانی ۔
Affability *n.* تلطف ۔ اخلاق ۔ مروت ۔ خوش خلقی ۔

Affably *adv.* خندہ پیشانی سے ۔ مروت سے ۔ خوش خلقی سے ۔ اخلاق سے ۔

Affair (ə-far') *n.* Business, concern, matter واقعہ ماجرا ۔ کام ۔ بات ۔ قضیہ ۔ مصنوعی جنگ ۔

Affair (ə-far') *n.* امور ۔ دھندے ۔ کاروبار

An affair of honour عزت کا معاملہ ۔ عزت و ناموس کے لیے جنگ ۔

Delicate affair نازک معاملہ ۔

Affaire de coeur عشق و محبت ۔ دل کا معاملہ ۔

Affect (ə-fekt) *v.t., v.i.&n.* Practise, use, pretend, feeling, emotion دل کو لگنا ۔ کاری ہونا ۔ دل میں اتر جانا ۔
کھینچنا ۔ چبھنا ۔ دل پر اثر کرنا ۔
ارادہ کرنا ۔ قصد کرنا ۔ سعی کرنا ۔
دکھانا ۔ ظاہرداری کرنا ۔ تصنع کرنا ۔
اترانا ۔ بننا ۔ چوچلے کرنا ۔
رجوع کرنا ۔ متوجہ ہونا ۔ جذبہ ۔ مائل ہونا ۔
احساس ۔ آرزو ۔ تمنا ۔

Affectation *n.* اوپری باتیں ۔ مصنوعی اخلاق ۔ بناوٹ ۔ تصنع ۔ ظاہرداری ۔

Affected *n. & adj.* متاثر ۔ جھوٹ موٹ کا۔مصنوعی ۔ بناوٹی ۔ ظاہردار ۔ مائل ۔ راغب ۔ آسیب زدہ ۔

Affectedly *adv.* جذباتی طور پر ۔ ظاہرداری سے ۔

Affectedness *n.* تاثر ۔ تصنع ۔ ظاہرداری ۔

Affectingly *adv.* جذباتی طرز سے ۔ پراثر طریقے سے ۔ موثر طور پر ۔

Affection (ə-fek-shen) *n.* Mental state, emotion الفت ۔ محبت ۔ مہر ۔ چاہ ۔ جذبہ ۔ میلان ۔ روگ ۔ بیماری ۔

Affectional *adj.* پر احساس ۔ جذباتی ۔

Affectionate *adj.* شفقت آمیز۔دلدادہ ۔ شیدائی ۔ محبت والا ۔ پیار کرنے والا ۔

Affectionately *adv.* دلدادگی سے ۔ پیار سے ۔ محبت سے ۔

Affectionateness *n.* شیدائیت ۔ محبت ۔ دلدادگی ۔

Affective (ə-fekt-iv) *adj.* Emotional قلبی کیفیات سے متعلق ۔ پر احساس ۔ جذباتی ۔

Afferent (af-ər-ənt) *adj.* Conducting inwards or towards اندر پہنچنے والا ۔ اندر کی طرف جانے والا ۔

Affiance (ə-fi-əns) *n.* Pledging of faith آسرا ۔ بھروسا ۔ اعتماد ۔ نسبت ۔ منگنی ۔

Affiance (ə-fi-əns) *v.t.* Promise solemnly in marriage منگنی کرنا ۔ نسبت ٹھیرانا ۔ نکاح یا شادی کا عہد کرنا ۔

Affidavit (ef-i-davit) *n.* Written statement confirmed by oath اظہار حلفی ۔ مصدقہ بیان حلفی ۔ حلف نامہ ۔

Affiliate (ə-fil-i-at) *v.t.* attach, connect الحاق کرنا ۔ شامل کرنا ۔ تعلق قائم کرنا ۔

Affiliation *n.* تعلق ۔ نسبت ۔ الحاق ۔

Affined (ə-fin') *adj.* علاقہ دار ۔ تعلق رکھنے والا ۔ رشتہ دار ۔

Affinity *n.* مشابہت ۔ نسبت ۔ لگاؤ ۔ تعلق ۔ رشتہ داری ۔
میل ۔ رشتہ ۔ سروکار ۔ نسبت ۔ واسطہ ۔ تعلق ۔
چاہ ۔ میلان ۔ رغبت ۔ انس ۔ کشش ۔

Affirm (ə-fərm) *v.t.* Assert strongly دعوی سے کہنا ۔ زور کے ساتھ کہنا ۔
باضابطہ اعلان کرنا ۔
قائم رکھنا ۔ برقرار رکھنا ۔ بحال رکھنا ۔

Affirmable *adj.* ایجاب پذیر ۔ قابل تائید ۔ قابل قبول ۔

Affirmatory *adj.* تصدیقی ۔ توثیقی ۔ ایجابی ۔

Affirmation *n.* اثباتی اقرار ۔ قول ۔ توثیق ۔ تصدیق ۔

Affirmative *adj.* تصدیقی ۔ اقراری ۔ اثباتی ۔

Affix (ə-fiks) *v.t.* Fix, fasten, impress ملانا ۔ لگانا ۔ جوڑنا ۔ شامل کرنا ۔ نتھی کرنا ۔
کسی تحریر کے آخر میں عبارت کا اضافہ کرنا ۔ لفظ کی آخری علامت۔لاحقہ ۔
تہمت لگانا ۔ الزام دینا ۔

Affixture *n.* رشتہ ۔ تعلق ۔ جوڑ ۔ میل ۔

Afflatus (ə-fla-tus) *n.* Inspiration وحی ۔ الہام ۔ کشف ۔ القا ۔ علم حضوری ۔

Afflict (ə-flikt) *v.t.* Distress with bodily or mental suffering تکلیف میں ڈالنا ۔ مصیبت نازل کرنا ۔ ایذا پہنچانا ۔

Affliction *n.* بلا ۔ مصیبت ۔ دکھ ۔ درد ۔ تکلیف ۔

Afflictive *adj.* بلاخیز ۔ دردناک ۔ تکلیف دہ ۔

Affluent (af-loo-ənt) *adj.* Flowing freely, abundant بہتا ہوا ۔ جاری ۔ رواں ۔ متمول ۔ دولت مند ۔

Affluence *n.* دولتمندی ۔ مرفہ الحالی ۔ تونگری ۔ دولت کی بہتات ۔ کثرت ۔

Affluently *adv.* بہتات سے - کثرت سے - افراط سے -

Afflux (əf-luks) *n.* Flow towards a point بہاؤ - رجحان - رغبت - میلان - زیادتی -

Afford (ə-ford) *v.t.* Have the means ذرائع رکھنا - مالی طاقت رکھنا - مقدور رکھنا - گنجائش نکالنا - بہم پہنچانا -

Afforest (ə-for-ist) *v.t.* Convert into forest کسی زمین میں درخت اُگا کر جنگل بنا دینا -

Afforestation *n.* جنگل بنانا - جنگل لگانے کا عمل -

Affranchise (ə-fran-shiz) *v.t.* Free from servitude غلامی یا قرض وغیرہ سے خلاصی دینا -

Affray (ə-fra) *n.* Breach of peace - مار کٹائی - ہنگامہ بلوہ - دنگا فساد -

Affright (ə-frit) *v.t.* Frighten ڈرانا - خوفزدہ کرنا - دہشت زدہ کرنا -

Affright (ə-frit) *n.* Alarm, terror - ڈر - خوف - دہشت - ہول -

Affront (ə-frunt) *v.t.* Insult openly برملا ہتک کرنا - بے عزتی کرنا - مقابلہ کرنا - سامنے آنا - گستاخی کرنا -

Affront (ə-frunt) *n.* Open Insult بے عزتی - سبکی - ہتک - اہانت -

Affusion (ə-fu-zhən) *n.* Pouring of water on body in a form of baptism بپتسمہ کے وقت سر پر پانی ڈالنا - بخار میں مریض پر کنکنا پانی ڈالنا -

Afield (ə-feld) *adv.* On or in the field - میدان میں کھیت میں - گھر سے دور -

Afire (ə-fir) *adv.* & *adj.* On fire جلتا ہوا - مشتعل -

Aflame (ə-flam) *adv.* & *adj.* In flame, in a glow of light بھڑکتا ہوا - شعلوں میں -

Afloat (ə-flot) *adv.* & *adj.* In a floating condition تیرتا ہوا - بہتا ہوا - پانی پر - سمندر میں - جہاز میں - قرض وغیرہ سے سبکدوش - زوروں سے - پوری شدت کے ساتھ - مذبذب - بے ٹھکانے - ادھر ادھر بہنے والا -

Afoot (ə-foot) *adv.* & *adj.* On one's own feet کام میں - حرکت میں - چلتا ہوا - پیادہ پا - پیدل -

Afore (ə-for) *adv.* In front of آگے - اوپر -

A fortori *adv.* یقیناً - زیادہ مدلل - بڑے وثوق سے -

Afraid (ə-frad) *adj.* Alarmed, frightened دہشت زدہ - خائف - ڈرا ہوا - سہما ہوا -

Afreet (ə-frit) *n.* Evil demon الف لیلہ کا خوفناک جن - عفریت -

Afresh (ə-fresh) *adv.* With fresh beginning نئے طریقے سے - نئے انداز سے - از سر نو -

Africander (af-ri-kan-der) *adj.* A white (esp. Dutch) native of South Africa جنوبی افریقہ کا ولندیزی نژاد باشندہ - یورپی نژاد افریقی -

Aft (aft) *adv.* *adj.* Toward the stern سکان رخ - جہاز کے عقبی حصہ میں

After (aft-or) *adv.*, *prep.* & *conj.* Behind in place, later in time پیچھے - بعد - عقب میں - پیچھے پیچھے - لیے - واسطے - مطابق -

After all پھر بھی - یہ سب کچھ سہی، تاہم - بہر حال

After one's own heart - حسبِ دلخواہ - حسبِ مراد حسبِ منشا -

Day after day یکساں - ہر روز - روز روز -

After-birth (aft-or-birt) *n.* Membrane enveloping the foetus in the womb - جھلی کا برقعہ وہ جھلی جس کے اندر بچہ رحم میں لپٹا رہتا ہے - آنول نال -

After crop (aftər-krop) *n.* A second crop after the hay is harvested فصل اول کے بعد چارہ کی دوسری فصل -

Afterdamp (aftər-damp) *n.* Gas left in mine after explosion کاربالک گیس جو کسی کان میں دھماکے کے بعد رہ جاتی ہے، اس سے کان کنوں کا دم گھٹتا ہے -

Afterglow (aftər-glo) *n.* Glow in the west after sunset - شفق - غروب کے وقت آفتاب کی سرخ روشنی -

Aftermath (aftər-math) *n.* Grass that grows after the crop is harvested, fruits, results کسی عمل کے عواقب اور نتائج - پچھیتی گھاس -

Aftermost (aftər-mos-t) *adj.* Nearest the stern جہاز کا پچھلا حصہ - جہاز کا سکانی حصہ -

Afternoon (aftər-noon) *n.* Time between noon and evening سہ پہر - تیسرے پہر -

Afterpiece (aftər-pees) *n.* Farce after main play ناٹک کے بعد کی مزاحیہ نقل -

After-thought (aftər-thawt) *n.* Reflection after the act پس اندیشی ۔ مُشتے بعد از جنگ ۔ بعد کا خیال ۔ کام کے بعد کا خیال ۔ بعد کی توجیہ ۔

Afterwards (aftər-wardz) *adv.* اس سے پیچھے ۔ اس کے بعد ۔ بعد کو ۔

Aga (a-ga) *n.* An officer of the Turkish army ترکی فوج کا افسر ۔ آغا ۔

Again (ə-gan) *adv.* Once more, another time ۔ پھر دوبارہ ۔ پھر سے۔ایک دفعہ اور ۔ علاوہ ازیں ۔ مزید برآں اس کے علاوہ ۔ نیز ۔

again and again, time and again کئی بار ۔ بار بار ۔

as much again المضاعف ۔ دگنا ۔ اتنا ہی اور۔

over and again, now and again گاہے گاہے۔ کبھی کبھی۔

half as much again ڈیوڑھا ۔

Against (ə-genst) *prep.* In opposition to ۔ برخلاف بمقابلہ ۔ خلاف ۔ الٹا ۔ برعکس ۔ آمنے سامنے ۔ مقابل میں ۔

Agami (agəmi) *n.* Tropical American bird پالتو اگامی کتے کی طرح مالک کے آگے آگے چلتا ہے ۔ ایک امریکن پرندہ جو کبوتر جیسا ہوتا ہے، زور سے بولتا ہے ، اُڑتا کم اور بھاگتا بہت ہے ۔

Agamic *adj.* (حیوانیات) بے جنسا ۔جس میں مباشرت کی صلاحیت نہ ہو ۔ بے جنسی ۔

Agamous (agəmus) *adj.* Without distinctive sexual organs وہ جانور جس میں نر یا مادہ کی کوئی علامت نہ ہو ۔

Agape (agəpe) *adj.* & *adv.* Open-mouthed, with expectation مبہوت ۔ حیران ۔ ششدر ۔ متحیر ۔ بھوچکا ۔

Agape (agəpe) *n.* Love feast held in connection with Lord's supper وہ دعوت جو قدیم عیسائی عشائے ربانی کے سلسلے میں کرتے تھے ۔

Agaric (agər-ik) *n.* Mushroom, name of various fungi کھمبی ۔ سانپ جیسی چھتری نما کھمبی جو زہریلی ہوتی ہے ۔

Agate (ag-at) Name of several varieties of precious stone سنگ سلیمانی ۔ عقیق ۔ آب دار قیمتی پتھر ۔ سوے کے تار دمکانے کا ایک اوزار ۔

Agave (a-gav) *n.* Genus of plants including American aloe ایک قسم کی جھاڑی جو جنگلے کے طور پر اگائی جاتی ہے ۔ امریکی ایلوا ۔

Agaze (ə-gaz) *adv.* On the gaze ۔ آنکھیں پھاڑے ہوئے ٹکٹکی باندھے ہوئے ۔ گھورتا ہوا ۔

Age (aj') *n.* Length of life, later part of life عمر ۔ عرصہ حیات ۔ پیری ۔ ضعیفی ۔ زمانہ ۔ عہد ۔ عصر ۔ دور ۔ عرصہ زمانہ دراز ۔ بلوغت ۔ سن ۔ رشد ۔

Age (aj') *v.i.* Grow old بوڑھا ہو جانا ۔ بوڑھا کر دینا ۔

Aged *adj.* فرسودہ ۔ کہن سال ۔ سن رسیدہ ۔ بوڑھا ۔

Agedness *n.* بڑھاپا ۔ پیری ۔ پیرانہ سالی ۔

Ageless *adi.* کبھی بوڑھا نہ ہونے والا ۔ ہرا بھرا ۔ سدا جوان ۔ سدا بہار ۔

Agency (ajənsi) *n.* Active operation, establishment for business purpose وسیلہ ۔ ذریعہ ۔ واسطہ ۔ معرفت ۔ آڑھت ۔ مختاری ۔ ایجنسی ۔ کارخانہ ۔دوکان

Agenda (a-gen-da) *n.* Items of business for a meeting جلسہ کا نظام العمل ۔ ایجنڈا ۔

Agent (a-jənt) *n.* Efficient cause, a person who represents a firm فاعل ۔ عامل ۔ کرنے والا ۔ ایجنٹ ۔ گماشتہ ۔ تجارتی نمائندہ ۔ کارکن ۔

Agent provocateur *n* خفیہ پولیس کا گوئندہ جو اشتعال دلا کر کسی گرفت نہ آنے والے سے کوئی خلاف قانون حرکت کرائے ۔ اشتعال دلانے والا ۔

Agglomerate (ə-glomər-at) *v.t.* To collect, assimilate a mass اکٹھا کرنا ۔ یکجا کرنا ۔ مجتمع کرنا

Agglomerate (e-glom-ər-at) *n.* جڑا ہوا ۔ آتش فشاں مادہ ۔ ڈھیری ۔ ڈلا ۔ پھولوں کا گچھا ۔

Agglomeration *n.* اجتماع ۔ ڈھیر ۔ گولا ۔ ڈلا ۔

Agglomerative *adj.* جمع کرنے کی قابلیت رکھنے والا ۔

Agglutinate (ə-gloot-in-at) *adj.* Glued together چپکا ہوا ۔ جڑا ہوا ۔ چسپیدہ ۔ الفاظ کو اس طرح جوڑنا کہ ان کی شکل اور معنی میں تبدیلی نہ ہو جیسے "تیز رو" ، "زود رنج" ، "تیرانداز" وغیرہ ۔

Agglutinate (ə-gloot-in-at) *v.t.* (الفاظ کو) ترتیب دینا ۔ جوڑنا ۔ چپکانا ۔

Agglutination *n.* ۔ چیپ ۔ لیس ۔ چپک جانا ۔ چسپیدگی

Agglutinative *adj.* چپچپا ۔ لیسدار۔

Aggrandize (ag-rən-diz) *v.t.* Increase the rank
and power سرفراز کرنا ۔ ترقی دینا ۔ درجہ، مرتبہ
یا رتبہ بڑھانا ۔ زیادہ کرنا ۔ بڑا کرنا ۔

Aggrandizement *n.* عظمت ۔ سرفرازی ۔ اضافہ ۔ توقیر
ترقی ۔ توسیع ۔

Aggravate (ag-rə-vat) *v.t.* Increase the gravity of
زیادہ کرنا ۔ شدید کرنا ۔ سنگین کرنا ۔ خراب کرنا ۔ بھڑکانا ۔
کسی شخص کو زچ کرنا ۔ قافیہ تنگ کرنا ۔

Aggravation *n.* برافروختگی ۔ اشتعال ۔ تشدد ۔ شدت ۔
زیادتی ۔

Aggregate (ag-ri-gat) *adj. & n.* Collective, total
اکٹھّا ۔ مجموعی ۔ مجموعہ ۔ کل میزان ۔

Aggregate (ag-ri-gat) *v.t.* To collect ملانا ۔
جمع کرنا ۔ اکٹھّا کرنا ۔

Aggregation *n.* ڈھیر ۔ حاصل جمع ۔ مجموعہ ۔ میزان ۔
Aggregative *adj.* اجتماعی ۔ مجموعی ۔

Aggress (ə-gres) *v.t.* Begin a quarrel جھگڑنا ۔ لڑائی
میں پہل کرنا ۔ چڑھائی کرنا ۔ جھگڑے کی ابتدا کرنا ۔

Aggression *n.* آغاز جنگ ۔ حملہ ۔ چڑھائی ۔

Aggressor *n.* جارح ۔ چڑھائی کرنے والا ۔ حملہ کرنے
والا ۔ لڑائی میں پہل کرنے والا ۔

Aggressive *adj.* ناگوار ۔ آمادہ پیکار ۔ جارحانہ ۔
جنگ جو ۔ حملہ آور ۔

Aggressively *adv.* حملہ آورانہ طور پر ۔ جارحانہ طور پر ۔

Aggressiveness *n.* جارحانہ کاروائی ۔ جارحیت ۔ جنگجوئی ۔

Aggrieve (ə-grev) *v.t.* Oppress, distress دکھ
پہنچانا ۔ دق کرنا ۔ رنج دینا ۔ تکلیف دینا ۔

Aghast (ə-gast) *adj.* Terrified, amazed ہکابکا ۔ ششدر ۔
سہما ہوا ۔ خوف زدہ ۔ متحیر ۔

Agile (aj-il) *adj.* active, nimble چست چالاک ۔ پھرتیلا ۔
Agilely *adv.* چالاکی سے ۔ مستعدی سے ۔ پھرتی سے ۔
Agility *n.* چستی ۔ تیزی ۔ چالاکی ۔ پھرتی ۔

Agio (aj-i-o) *n.* Extra money charged on ex-
change of one currency with another بٹہ
سکے کی بدلائی پر جو زائد رقم دی جائے ۔ بھنوائی ۔
بدلوائی ۔ بٹاون ۔

Agiotage *n.* صراف ۔ سکوں کا لین دین ۔ بٹاون کا بیوپار ۔
سٹّا ۔

Agist (ə-jist) *v.t.* Take in livestock to feed
مویشیوں کی چرائی کرانا ۔ حصول رقم ۔ چرائی ۔ چرنے کے
لیے چراگاہ کرایہ پر دینا ۔

Agistment *n.* چرائی کی رقم ۔ چرائی ۔

Agitate (aj-i-tat) *v.t.* Excite, disturb حرکت میں لانا ۔
بیجان پیدا کرنا ۔ بھڑکانا ۔ ہلچل پیدا کرنا ۔ مشتعل
کرنا ۔ اکسانا ۔ جدوجہد کرنا ۔ ہلچل جاری رکھنا ۔
ہر پہلو سے غور کرنا ۔ سوچ بچار کرنا ۔ اپنے خیالات میں
الجھنا ۔

Agitation *n.* خیالات کا الجھاؤ ۔ ہل چل ۔ جنبش ۔
اشتعال ۔ اضطراب ۔ پریشانی ۔ شورش ۔

Agitator *n.* ہل چل پیدا کرنے والا ۔ مشتعل کرنے
والا ۔ زور شور سے تحریک چلانے والا ۔ شورشی ۔

Aglet, aiglet (ag-lit) *n.* Metal tag of a lace
زنانہ لباس کی چمکدار ٹکلیاں ۔ سلمہ ستارہ ۔ وردی کا
پھندنا ۔ جھالر ۔ چاندی اور ریشم کے پھول ۔

Aglow (ə-glo) *adv.* Shining درخشاں ۔ تابندہ ۔ چمکتا ہوا ۔

Agnail (ag-nal) *n.* Torn skin at the root of
finger nail ناخن کی جڑ کے پاس کا باریک کھال کا
ٹکڑا ۔

Agnate (ag-nat) *n.* Sprung from same forefathers
ایک ہی نسل کے لوگ ۔ ہم آبا و اجداد ۔ ہم قبیلہ
باشندے ۔ ایک ہی خاندان کے افراد ۔

Agnatic *adj.* خاندانی ۔ جدی ۔ نسلی ۔
Agnation *n.* خاندان ۔ برادری ۔ ہم نسبتی افراد ۔

Agnomen (əg-no-min) *n.* Nick-name جس نام سے
لوگ پکاریں ۔ عرف نام ۔

Agnostic (ag-nos-tik) *n. & adj.* One who holds that
nothing can be known about the existence
of God beyond material phenomena وہ جس کا
عقیدہ ہے کہ ہم کو خدا یا دوسری غیر مادی قوتوں
کا شعور یا علم نہیں ہو سکتا اور نہ ہے ۔ لا ادری ۔

Agnosticism *n.* وجوب پرستی ۔ مادہ پرستی ۔ مادیت ۔
یہ عقیدہ کہ ہم کو وجود باری تعالیٰ کا علم و ادراک
نہیں ہو سکتا ۔ لا ادریّت ۔

Agnus Dei (ag-nəs) *n.* Figure of lamb bearing
cross or flag خدا کا برّہ جس سے مراد حضرت مسیح
علیہ السلام ہیں ۔ بھیڑ کا بچہ جو صلیب یا جھنڈا لیے
ہوئے ہے ۔

Ago (ə-go) *adv. & adj.* گذرا ہوا ۔ گزشتہ ۔ بیتا ہوا ۔

Agog (ə-gog) *adv. & adj.* Eager, expectant بے تابی سے متوقع - سر گرمی سے - اشتیاق سے -

Agonize (agə-niz) *v.t. & i.* Torture, suffer agony تکلیف دینا - ستانا - تڑپنا - درد سے بے چین ہونا - تلملانا - تڑپانا -

Agony (agə-ni) *n.* Mental anguish نزع - جان کنی - دماغی الجھن - ذہنی کرب -

Agoraphobia (agəra-fobia) Dread of open spaces کھلے مقامات پر جانے سے ڈرنا -

Agouti, Agouty (ə-goo-ti) *n.* Rodents of guinea pig family غرب‌الہند کا ایک خرگوش سے ملتا جلتا جانور جس کا من بھاتا کھاجا گنا اور کیلا ہے -

Agrarian (ag-ra-ri-ən) *adj. & n.* Relating to cultivators and landlords زمینداری - جاگیر اور زمین سے متعلق - زرعی زمین کی از سر نو تقسیم کا حامی -

Agrarianism *n.* مساوی تقسیم اراضی کا نظریہ - از سر نو تقسیم اراضی کے نظریہ کا حامی ہونا -

Agrarianize *v.t.* اصلاح اراضی کی ترغیب دلانا - زمین کی از سر نو تقسیم کرنا -

Agree (ə-gre) *v.t. & i.* Consent, be in harmony with یک رنگ ہونا - یکساں ہونا - موافق ہونا - متفق ہونا - ہم خیال ہونا - ملنا - ہم شکل ہونا - مشابہ ہونا - راضی ہونا - اقرار کرنا - راس آنا - مزاج کے موافق ہونا - ایک صیغہ یا حالت میں ہونا -

Agreeable *adj.* خوشگوار - سہانا - دلپذیر - موافق - مطابق -

Agreeableness *n.* دلپذیری - خوشگواری - موافقت -

Agreement *n.* میل ملاپ - میل جول - رضا مندی - سمجھوتا - مفاہمت - اقرار نامہ - راضی نامہ - ہم خیالی - اتفاق رائے - ہم آہنگی - تال میل -

Agriculture (ag-ri-kult-yer) *n.* Cultivation of the soil کھیتی باڑی - کاشتکاری - کشا ورزی - زراعت -

Agricultural *adj* کھیتی باڑی کا - زراعتی - کاشت کا - زرعی -

Agriculturist *n.* زراعت کا ماہر - کاشتکار - زراعت کا حامی - مزارع - کسان -

Agrimony (ag-ri-mən-i) *n.* A kind of plant ایک قسم کی زرد پتوں کی جھاڑی جو انگلستان میں عام طور پر پائی جاتی ہے -

Agronomy (ag-ron-əmi) *n.* Rural economy فلاحت - دیہی معاشیات -

Aground (ə-grownd) *adv. & adj.* On ground in shallow water خشکی پر جہاز یا کشتی کا چڑھ جانا - ریت اور مٹی میں پھنس جانا -

Ague (a-gu) *n.* Shivering fit, malarial fever تپ لرزہ - جاڑے کا بخار - کپکپی - لرزہ - سردی سے بخار -

Aguish *adj.* جاڑے کے ساتھ - کپکپی کے ساتھ - تپ لرزہ کا - سردی کا -

Ah (a') *Interj.* ماشاء اللہ - واہ - خوب - آہا - ہائے اللہ - آہ آہ - ہائے ہائے - تف - ہشت - ہوں - اے ہے -

Aha (ə-ha) *Interj.* اخاہ - بہت خوب - خوب (طنز) ماشاء اللہ سبحان اللہ - واہ وا -

Ahead (ə-hed) *adj.* In front, in advance آگے آگے - پیش پیش - سیدھے - آگے -

Ahem (əh (e) m) *Interj.* Used to attract attention or gain time کھنکھارنے کی سی آواز (متوجہ کرنے یا روکنے کے لیے) اوہم - اہم -

Ahoy (ə-hoi) *Interj.* Nautical call in hailing اے ہو - ہوت - ارے ہوت -

Ahull (e-hul) *adv.* With sails taken in جہاز کی وہ حالت جب بادبان اتار لیے جاتے ہیں اور پتوار اس طرف کر لیے جاتے ہیں جدھر کی ہوا نہ ہو -

Ai (ə-i) *n.* Three-toed animal of America, slow moving ای - امریکہ کا سست رفتار تین انگلیوں والا جانور -

Aid (ad) *v.t.* Give help امداد دینا - اعانت کرنا - دستگیری کرنا - سہارا دینا - مدد دینا -

Aid (ad) *n.* Help, grant, subsidy امداد - اعانت - دستگیری - سہارا - وہ رقم جو پارلیمنٹ بادشاہ کو بہ وقت ضرورت دیتی ہے - مالی یا فنی امداد - مدد دینے والا - معاون - مددگار -

Aid-de-camp (ad-de-kamp) *n.* Officer assisting the general by carrying orders اے - ڈی - کانگ - مصاحب - مددگار - وہ افسر جو جنرل کے احکام کی ترسیل میں مدد کرے -

Aigrette (a-gret) *n.* Lesser white heron, tuft of feathers بگلا - چھوٹی قسم کا سارس - اس کے پروں کی کلغی جو زیبائش کے لیے لگائی جاتی ہے -

Aiguille (e-gwel) *n.* Pointed peak of a rock- سرکوہ
راس‌الجبل - پہاڑ کی نوکدار چوٹی -

Ail (a'l) *v.t.* & *i.* Be ill, afflict - بیمار ہونا - علیل ہونا -
ستانا - تکلیف دینا - دق کرنا -

Ailment *n.* تکلیف - دکھ - مرض - علالت -

Aileron (elə-ron) *n.* Lateral control flaps at the rear of aeroplane's wing tips ہوائی جہاز کے پنکھ کے پچھلے حصہ کا پنکھا -

Aim (am) *v.t.* & *i.* Form, design, discharge towards, direct blow
نشانہ باندھنا - تاکنا - شست لینا -
قصد کرنا - ارادہ کرنا - منصوبہ باندھنا - نصب‌العین -
قرار دینا - ضرب لگانا - مارنا - وار کرنا - پھینکنا -

Aim (am) *n.* Purpose, object نشانہ - سیدھ -
ارادہ - نیت - قصد - مراد - غرض - مقصد - منصوبہ -
نصب العین -

Aimless *adj.* تیر تکا - اٹکل پچو - بے سر و پا -
بے مقصد -

Aimlessly *adv.* بغیر سوچے سمجھے - بے توجہی سے -
بے مقصد -

Aimlessness *n.* بے تکا پن - بے مقصدی - بے حاصلی -

Air (aer) *n.* Gaseous substance enveloping earth, mixture of oxygen and nitrogen ہوا - باد -
کرہ ہوا - فضا -

Castles in the air خیالی پلاؤ - شیخ چلی جیسے منصوبے -
In the air خبر گرم ہونا - افواہ اڑنا -
Open air میدان - کھلی جگہ -
Take air چرچا ہونا - شائع ہونا - پھیل جانا -
To take the air ہوا کھانا - ہوا خوری کرنا -

Air (ar) *v.t.* To go out into fresh air, expose to open air ہوا میں رکھنا - ہوا دینا - ہوا کھلانا -
تازہ ہوا لینا - دکھانا - ظاہر کرنا - مشہور کرنا - اشاعت
کرنا - پھیلانا -

Air-ball (oon) (ar-bal) *n.* Bladder filled with air
غبارہ - ہوا بھری گیند -

Air-base (ar-bos) *n.* Place where aircrafts are kept ہوائی اڈہ -

Air-bed (ar-bed) *n.* Inflated mattress ہوا توشک
ہوا گدا -

Air-bladder (ar-bləd-er) *n.* Animals or plants having air organs پودوں اور جانوروں کے جسم کا
وہ حصہ جس میں ہوا بھری ہوتی ہے - پھکنا -

Air-brake (ar-brək) Brake that works by air pressure روک پرزہ - بریک جو ہوا کے دباؤ سے کام
کرتا ہو -

Air-bricks (ar-briks) *n.* Perforated bricks سوراخ
دار، جالیدار، اینٹیں -

Air-chamber (ar-chembr) *n.* Machine for equalising air pressure ہوادان - وہ کلیں جن میں ہوا
بھر کر دباؤ کو یکساں رکھا جاتا ہے -

Air-craft (ar-krəft) *n.* Aeroplane غبارہ - طیارہ -
ہوائی جہاز -

Air-cushion (ar-ku-shon) *n.* Inflated cushion
ہوا بھرا ہوا تکیہ -

Air-drain (ar-d-rən) *n.* A cavity in external walls of building to prevent damp from getting through نمی کو کمروں سے دور رکھنے کا خلائی
حصہ -

Air-eddy (ar-edi) *n.* Circle of compressed air
ہوائی گرداب - بھنور -

Air-engine (ar-en-gin) *n.* Engine driven by heated air ہوائی انجن - گرم ہوا سے چلنے والا انجن -

Air-gun (ar-gun) *n.* A gun that fires by air pressure ہوائی بندوق -

Air-jacket (ar-jackət) *n.* A garment with air-tight cavities ہوائی صدری - ہوا سے بھری ہوئی بنڈی جو
ڈوبنے سے بچاتی ہے -

Air-line (ar-lin) *n.* A route for aircrafts ہوائی راستہ

Air-lock (ar-lok) *n.* A small chamber in which pressure of air is raised or lowered ہوائی
دباؤ کا کمرہ -

Air-man (ar-man) *n.* An aviator ہوا باز -

Air-marshal (ar-mar-shəl) *n.* An air-force officer
ہوائی فوج کا افسر جو لفٹیننٹ جنرل کے برابر ہوتا ہے -

Air-mechanic (ar-mekan-ik) *n.* One who tends and repairs aircrafts ہوائی جہازوں کا مستری -
ہوائی مشینوں کا ماہر -

Air-pistol (ar-pist-l) *n.* A pistol that fires by air pressure ہوائی پستول -

Air-plane (ar-plən) *n.* An aeroplane (Am) ہوائی جہاز (امریکہ)۔

Air-pocket (ar-poket) *n.* A region of down flowing air ہوائی تھیلا ۔ فضا کا وہ مقام جہاں ہوا زور سے زمین کی طرف گرتی ہے ۔

Air-pump (ar-pump) *n.* An instrument for pumping air out or in ہوا نکاس ۔ ہوا کش ۔ آلہ جس سے ہوا باہر خارج کی جائے یا اندر بھری جائے۔

Air-raid (ar-rəd) *n.* An attack by aircrafts ہوائی حملہ ۔

Air-scout (ar- skot) *n.* Air men who look for the enemy in the air ہوا باز جو دشمن کی نقل و حرکت پر نظر رکھتے ہیں ۔

Air-ship (ar-ship) *n.* A dirigible aircraft lighter than air غبارہ کی قسم کا ہوائی جہاز جو ہوا سے ہلکا ہوتا ہے ۔ اب یہ نہیں بنایا جاتا ۔

Air-thermometer (ar-therm-o-meter) *n.* A thermometer for taking the heat degree of air ہوائی حرارت پیما ۔ اس میں پارے کی جگہ ہوا ہوتی ہے ۔

Air-threads (ar-th-rəds) *n.* Gossamer ہوائی مکڑی کا جالا ۔ شیطان کی ڈور۔

Air-tight (ar-tite) *n.* Having an air seal ہوا بستہ وہ چیز جس میں ہوا نہ جا سکے ۔

Air-truck (ar- trok) *n.* Part of a plane for carrying luggage ہوائی جہاز کا سامان رکھنے کا حصہ ۔

Air-way (ar-way) *n.* Ventillating passage in mines کانوں کے اندر ہوا آنے کے راستے ۔ ہوا رستہ ۔ ہوا گزار۔

Air-worthy (ar-vərthi) *adj.* Fit to fly اڑنے کے قابل

Air-less (ar-les) *adj.* stuffy, Breezeless بے ہوا ۔ ایسی جگہ جہاں ہوا نہ ہونے سے دم گھٹے ۔

Airy (ar-y) *adj.* Aerial, breezy کھلا ۔ ہوادار ۔ کشادہ ۔ باریک ہلکا ۔ خوش طبع ۔ زندہ دل ۔ رنگیلا ۔ خوش ادا ۔ خوشنما ۔ لطیف ۔ سبک ۔ نازک ۔ بے بنیاد ۔ بے سروپا ۔ بے حقیقت ۔ ہیچ ۔ ہوائی۔

Airily *adv.* خوش مزاجی سے ۔ زندہ دلی سے ۔ اوچھے پن سے ۔ نمائشی طور پر۔

Airiness *n.* کشادگی ۔ لطافت ۔ خوش ادائی ۔

Aisle (il) *n.* Division of church گرجا کی نشستوں کا درمیانی راستہ ۔ بغلی راستہ۔

Ait (at) *n.* Small isle in a river دریائی جزیرہ ۔ ٹاپو جو دریا یا جھیل میں ہو ، جیسے چک وٹ ٹاپو جو دریائے ٹیمز میں واقع ہے ۔

Aitch-bone (achbon) *n.* Buttock of rump bone پیٹھ کے نیچے کی ہڈی ۔ کولھے کی ہڈی ۔

Ajar (ə-jar) *adv.* Slightly open (دروازہ) نیم وا ۔ آدھا کھلا ہوا ۔ تھوڑا کھلا ہوا ۔

Akimbo (ə-kum-bo) *adv.* With hands on hip and elbow turned up-ward کھڑے ہونے کا ایک خاص انداز، کمر پر ہاتھ اور کہنیاں اوپر کی جانب ۔

Akin (ə-kin) *adj* Related by blood خون کا رشتہ دار ۔ قریبی ۔ سگا ۔ ملتا جلتا ۔ ایک طرح کا ۔ ملتا جلتا ۔ برادری کا ۔

Alabaster (alə-bas-tər) *n.* Name used for several varieties of carbonate or sulphate of lime سنگجراحت ۔ سفید اور چکنا سنگ مرمر جیسا پتھر ۔

Alack (ə-lak) *interj.* Expressing regret and surprise افسوس ۔ وائے افسوس ۔ دریغا ۔ واحسرتا واویلا ۔ واہ۔خوب ۔ سبحان اللہ ۔

Alacrity (ə-lekri-ti) *n.* Briskness پھرتی ۔ چالاکی ۔ تندی ۔ مستعدی ۔ شوق ۔

Alamode, (a-la-mod) *adv.* In the fashion وضعداری سے ۔ خوش وضعی سے ۔ اچھے ڈھنگ سے ۔ قاعدے سے ۔

Alarm (ə-larm) *n.* Warning sound ڈر ۔ خطرے کا گھنٹہ ۔ انتباہ ۔ دہشت ۔

Alarm (ə-larm) *v.t.* Excite with fear چوکس یا چوکنا کرنا ۔ ڈرانا ۔ خطرے سے خبردار کرنا ۔ گھبرا دینا ۔ پریشان کرنا ۔ دہشت زدہ کرنا ۔

Alarm-bell *n.* خطرہ کی خبر دینے والی گھنٹی

Alarming *adj.* ڈراؤنی ۔ دہشتناک ۔ خوفناک ۔ ہوشربا ۔

Alarmist *n.* ہولا ۔ وہ شخص جو ذرا سی بات پر شور مچائے ۔

Alarmism *n.* ذرا سی بات پر شور مچانے کی عادت ۔ دہشت زدگی ۔ ہولا پن ۔

Alas (ə-las) *Interj.* Expressing grief, pity ہائے ہائے ۔ افسوس، صد افسوس ۔ حیف ۔

Alastor (ə-laster) *n.* Avenging deity انتقام کی دیوی - قدیم یونانیوں کا خیال تھا کہ ہر گناہ گار کو سزا ملتی ہے اور اس کے لیے ایک دیوی مقرر ہے - اس کا نام السٹر ہے جو بخشتی نہیں -

Alb (alb) *n.* پادریوں کا سفید لمبا لباس -

Albata (al-ba-ta) *n.* White metal, German silver ایک چمکدار سفید مرکب دھات - تانبے ، جست اور نکل سے بنائی ہوئی دھات -

Albatross (alb-bə-tros) *n.* Species of birds inhabiting Pacific and southern ocean بحرالکاہل اور جنوبی سمندروں کا ایک پرندہ جس کے پر سیاہ سفید اور پنکھ لمبے ہوتے ہیں -

Albeit (awl-beit) *conj.* Though, اگرچہ - البتہ - حالانکہ - باوجودیکہ -

Albert chain (al-bərt chain) *n.* A kind of watch chain گھڑی کی ایسی زنجیر جو ملکہ وکٹوریہ کے شوہر شاہزادہ البرٹ پہنا کرتے تھے -

Albescent (al-besənt) *adj.* Growing white سفیدی مائل - وہ چیز جو سفید ہو رہی ہو -

Albigenses (al-bi-jen-sez) *n.* & *p.* Heretics of 12th to 14th cc. in South France جنوبی فرانس کے وہ لوگ جنہوں نے رومن چرچ کے خلاف بغاوت کی اور پادریوں کی پول کھول دی - ان کی بد اخلاقیوں کو الم نشرح کیا -

Albino (al-bi-no) *n.* Human beings who have no colouring pegment in skin or hair. Their eyes can not bear light بھورا - چندھا - بھورا رنگ اور بھورے بالوں والے آدمی جو دھوپ میں چندھیا جاتے ہیں -

Albiness (al-bines) *n.* Brown woman - بھوری عورت بھورا پن - چندھا پن -

Albinism *n.* بے لونی حالت - بھورے پن کی کیفیت -

Albite (albit) *n.* white or soda feldspar ایک قسم کی سفید رنگ کی پتھریلی دھات -

Album (albəm) *n.* Book of photographs and names تصویروں اور دستخط کی کتاب - بیاض - مرقع - اشعار اور نام لکھنے کی بیاض -

Albumen (al-bu-mən) *n.* White of egg انڈے کی سفیدی - ایک قسم کا سفید مادہ جو بیجوں اور گودے دار جوڑوں میں پایا جاتا ہے (نباتیات) گری - مغز - گودا -

Albuminous (əlbu-mi-nus) / **Albuminose** (əl-bu-mi-nos) *adj.* Having albumen مغز دار - گودے دار -

Albuminoid / **Albuminoidal** *n.* & *adj.* انڈے کی سفیدی جیسا -

Albumenize *v.t.* تصویروں کو چمکدار بنانا - کاغذ پر بیضوی روغن چڑھانا -

Alburnum / **Alburn** (al-burn-əm) *n.* Sap wood ایسے درخت جن کی چھال کے نیچے رسیلی لکڑی ہوتی ہے -

Alcahest دیکھو Alkahest

Alcaic (al-ka-ik) *adj.* Pertaining to Alcacus or the metre he invented یونانی شاعر القیوس کے متعلق یا جو بحر اس نے ایجاد کی -

Alchemic (al-ki-mik) *adj* Pertaining to Alchemy کیمیا گری کے متعلق -

Alchemical *adj.* کیمیا کے بارے میں - الکیمیائی -

Alchemist *n.* مہوس - کیمیا گر -

Alchemistic *adj.* کیمیا گرانہ -

Alchemize *v.t.* ماہیت تبدیل کرنا - کیمیا بنانا -

Alchemy *n.* الکیمیا - علم کیمیا - کیمیا گری -

Alcohol (alkə-hol) *n.* Pure spirit of wine الکحل الغول - روح شراب - وہ عرق جس میں الکحل ہو -

Alcoholate *n.* الکحل کا ایک مرکب -

Alcoholic *adj.* الکحلی - الغولی -

Alcoholism *n.* انسانی جسم پر شراب کے اثرات - الکحلیت -

Alcoholize *v.t.* الکحل سے اثر پذیر ہونا - الکحل ملانا - روح شراب کی آمیزش کرنا -

Alcoholization *n.* الکحل سے اثر پذیری - الکحل میں ڈبونا یا تر کرنا -

Alcoholometer *n.* وہ آلہ جو مسکر عرق میں الکحل کی مقدار بتائے - الکحل پیما -

Alcoholometry *n.* الکحل پیمائی -

Alcoran (Al-kor-an) *n.* قرآن جو بذریعہ وحی حضرت محمد صلی اللہ علیہ وسلم پر نازل ہوا -

Alcoranic *adj.* قرآنی -

Alcove (Alkou) *n.* Vaulted recess in room wall طاقچہ - محراب - آرام گاہ - خواب گاہ - گرمیوں میں سونے کا مختصر کمرہ -

Aldehyde (aldi-hid) *n.* Colourless fluid of suffocating smell ایک بے رنگ اڑ جانے والا "مرکب" مادہ جو الکحل پر آکسیجن کے اثر سے پیدا ہوتا ہے -

Alder (awl-dər) *n.* Tree related to birch بید کی قسم کا ایک درخت -

Alderman (awl-dər-mən) *n.* Co-opted member of an English county next to mayor میر بلدیہ کا نائب - دوسرے درجہ کا عہدہ دار -

Aldermanry *n.* الڈر مین کا عہدہ - وہ علاقہ جو الڈر مین کے ماتحت ہو -

Alderney (awlder-ni) *n.* & *adj.* Cattle bred in the channel island ایک قسم کی پستہ قد بھورے رنگ کی گائے جو بہت زیادہ دودھ دیتی ہے -

Aldine (awl-din) *adj.* Printed by Alduss Manutius الدوسی - الدوس کا چھاپا ہوا جو وینس کا مطبع والا تھا - خاص طرز کے ٹائپ کے حرفوں کا نام -

Ale (al) *n.* Liquor made for an infusion of malt جوکی شراب - شراب جو جو کے خمیر سے تیار کی جاتی ہے- رنگ رلیاں - مجلس شراب - بزم عشرت -

Ale-bench *n.* وہ بنچ جو گاہکوں کے لئے شراب خانہ کے دروازہ پر رکھی ہو -

Ale-house شراب خانہ - میخانہ -

Ale-conner *n.* انسپکٹر آبکاری - وہ عہدہ دار جو شراب پر نگرانی رکھے -

Ale-wife *n.* شراب بیچنے والی عورت - ساقن - شراب پلانے والی عورت -

Ale-gar *n.* جو کے خمیر سے تیار کیا ہوا سرکہ - جو کی ترش شراب -

Alembic (ə-lem-bik) *n.* Apparatus formerly used in distilling قرنبیق - شراب کشید کرنے کا قدیم آلہ - بھبکا -

Alembic of happiness سر چشمہ راحت -

Alembic of imagination مصدر تخیل -

Alert (ə'-lərt) *adj.* Watchful, nimble چوکس - ہوشیار - چست - کمر بستہ - خطرے کی سیٹی - تیاری کی اطلاعی گھنٹی -

Alertly *adv.* ہوشیاری سے - مستعدی سے -

Alertness *n.* آمادگی - چستی - ہوشیاری - مستعدی -

Aleuron } Aleurone } (a-lurən) *n.* Albuminoid substance found in seeds وہ سفید مادہ جو بیجوں کے مغز میں پایا جاتا ہے -

Alexanderine (al-ig-zander-in) *adj.* *n.* Line of twelve syllables فرانسیسی چھ رکنی بحر - بحر طویل -

Alfalfa (al-fal-fa) *n.* Lucerne لوسن - ایک قسم کی گھاس جو ایک بار کاشت کرنے کے بعد چھ فصلیں دیتی ہے -

Alfresco (al-fresko) *adv.* & *adj.* In the open air کھلی ہوا میں - میدان میں - کھلا میدان - زیر سماء -

Alga (al-ga) *n.* Sea-weed سمندری کائی - بحری گھاس - اُشنہ -

Algal-algoid *adj.* اُشنہ نما - کائی سا -

Algological *adj.* اُشنئی - کائی کے متعلق -

Algologist *n.* سمندری کائی کا ماہر - اُشنیات کا ماہر -

Algology *n.* بحری نباتیات کا علم - اُشنیات -

Algebra (al-ji-brə) *n.* Investigation of properties of numbers and quantities الجبرا - جبر و مقابلہ -

Algebraic-al *adj.* الجبرے کا - الجبری -

Algebraically *adv.* الجبری طریقے سے - الجبرے سے -

Algebraist } Algebrist } جبردان - عالم الجبرا

Algid (aljid) *adj.* Of cold stage of ague جوڑی میں مبتلا - سردی زدہ -

Algedity *n.* لرزہ - کپکپی - سردی -

Algorism (al-go-rism) *n.* Arabic decimal notation عربی اعشاریہ -

Algum (algəm) *n.* Tree mentioned in Bible, a kind of sandal wood سرخ صندل جس کا ذکر انجیل میں ہے - اس کے ستون گرجا میں لگائے جاتے تھے -

Al-hambra (Al-ham-bra) *n.* Palace of Muslim Kings in Granada قصر - غرناطہ میں اسلامی دور کا محل - الحمرا -

Al-hambresque *a.* الحمرائی نقش و نگار - الحمرائی طرز کی -

Alias (a-li-as) *n.* & *adv.* Name by which people call عرف - عرفی نام - مشہور نام -

Alibi (al-i-bi) *n* & *adv.* the plea that one was elsewhere موقع واردات پر غیر موجودگی کا عذر - عدم موجودگی کی شہادت - دوسری جگہ ہونا -

Alidade (al-i-dad) *n.* Index of astrolabe اصطرلاب کا درجہ نما ۔ زاویہ ۔

Alien (ali-ən) *n. adj.* **Foreign** غیر ۔ غیر ملکی ۔ پردیسی ۔ الگ ۔ مختلف ۔ علیحدہ ۔ بے جوڑ ۔ جدا ۔ نفرت انگیز ۔ برا ۔

Alienism *n.* دماغی امراض کا مطالعہ ۔ معالجہ ۔ بدیسی پن ۔ غیریت ۔ اجنبی پن ۔

Alienist دماغی امراض کا معالج ۔

Alien (ali-ən) *v.t.* **Estrange, transfer ownership** الگ کرنا ۔ ملکیت منتقل کرنا ۔ بیگانہ بنانا ۔ منتقل کرنا ۔

Alienable *adj.* قابل منتقلی ۔ انتقال پذیر ۔

Alienability *n.* انتقال پذیری ۔

Alienate *v.t.* بیگانہ کرنا ۔ منحرف کرنا ۔ برگشتہ کرنا ۔ منتقل یا بیع کر دینا ۔ پھیر دینا ۔ موڑ دینا ۔ روگرداں کر دینا ۔

Alienator *n.* علیحدہ کرنے والا ۔ منتقل کرنے والا ۔

Alienation *n.* اجنبیت ۔ بیگانگی ۔ ہبہ ۔ فروخت ۔ انتقال ۔

Mental alienation پاگل پن ۔ خلل دماغ ۔ جنون ۔

Alienee منتقل الیہ ۔ جس کے ہاتھ فروخت کیا جائے ۔ جس کو بیع کیا جائے ۔ مشتری ۔

Aliform (əli-fər-m) *adj.* **Wing-shaped** - پنکھ کی طرح بازو نما ۔

Alight (e-lit) *v.t.* **Dismount,** اترنا ۔ نیچے آنا ۔ سواری سے اُترنا ۔

Align / Aline (ə-lin) *v.t.& i.* **Bring in line, place in line** صف باندھنا ۔ قطار باندھنا ۔ ایک خط میں لانا ۔

Alignment *n.* عمارت کا خاکہ ۔ قطار ۔ صف بندی ۔

Alike (ə-lik) *adj. adv.* **Similar** یکساں ۔ ہم رنگ ۔ ہم شکل ۔ مشابہ ۔

Aliment (ali-mənt) *n.* **Food, sustenance** - غذا خوراک ۔ قوت (مجازاً) سہارا ۔ گزارا ۔ تقویت ۔ دماغی غذا ۔

Alimental *adj.* غذائیت یا طاقت بخش ۔ مقوی ۔

Alimentally *adv* قوت بخش طریقہ پر ۔ غذائیت کے طور پر ۔

Alimentary *adj.* غذائیت سے بھرپور ۔ مقوی ۔ تقویت پہنچانے والی ۔ کھانے کے قابل ۔

Alimentary canal معدہ تک غذا پہنچانے والی ۔ غذا کی نالی ۔

Alimentation (əlimentə-shon) *n.* **Nourishment** عمل تغذیہ ۔ گذارا ۔

Alimony (ali-mən-i) *n.* **Maintenance, allowance due to wife from husband** پرورش ۔ گزارا ۔ سہارا ۔ نان و نفقہ جو شوہر پر بیوی کی طرف سے واجب ہے ۔

Aliquot (Ali-kwot) *n.* **Integral factor** وہ عدد جو پورا پورا تقسیم ہو جائے اور کچھ باقی نہ بچے ۔ مقسوم علیہ ۔ عاد ۔

Alive (ə-liv) *adj. adv.* **In life, living** جیتا جاگتا ۔زندہ باخبر ۔ احساس رکھنے والا ۔ خوش مزاج ۔ پھرتیلا ۔ چالاک ۔ ہوشیار ۔ مستعد ۔ تیار ۔

Alizarin (a-liz-ə-rin) *n.* **Red colouring matter of madder** مجیٹھ ۔ مجیٹھے کا رنگ ۔

Alkahest (al-kə-hest) *n.* **Alchemists, supposed universal solvent** محلل ۔ کیمیا گروں کی اصطلاح میں وہ چیز جو ہر مادہ کو تحلیل کر دے ۔ **محلل کل** ۔

Alkali (al-kə-li) *n.* **Compounds called bases like soda, ammonia** سجی ۔ جوا کھار ۔ القلی ۔ شورہ ۔

Alkaline *adj.* قلمی صفت ۔ **قلمی** شورہ کی طرح ۔ سجی کی طرح ۔ کھاری ۔

Alkalescent *adj.* شورہ ساں ۔ کھاری ۔ سجی جیسی ۔

Alkalescence *n.* شوریت ۔ کھار ۔ کھارا پن ۔

Alkalize *v.t.* شورہ کی طرح بنانا ۔ کھاری بنانا ۔

Alkalization *n.* سجی جیسا بنانا ۔ شورہ سازی ۔

Alkaloid *n.* سخت قسم کی سجی یا شورہ کا جز رکھنے والی چیزیں ۔

Alkalify *v.t.* سجی یا شورہ میں تبدیل کرنا ۔ سجی شورہ بنانا ۔

Alkalifiable *adj.* شورہ بنائے جانے کے قابل ۔

Alkalimetry *n.* شورہ یا سجی کی تیزی کا اندازہ ۔

Alkaltimetrical *adj.* شورہ سجی کی تیزی کی پیمائش کے متعلق ۔

Alkanet (al-kə-net) *n.* **Plant whose leaves yield a red dye** مہندی ۔ حنا ۔

All (awl) *n., adj. & adv.* **The whole amount or quantity, entire number** سب ۔ سارا ۔ تمام ۔ پورا ۔ کل ۔ سب کا سب ۔ جملہ ۔ سب کے سب ۔ ہر قسم کے ۔ ہر طرح کے ۔

All in all مختار و مقتدر ۔ **سب کچھ** ۔

All the year round سال بھر ۔
And all that اور وہ سب ۔ وغیرہ وغیرہ ۔
At all events ہر صورت میں ۔
At all times ہر دم ۔ ہر وقت ۔
By all means ہر طرح سے ۔ بہر صورت ۔ بہر حال ۔
All very fine or well ۔ مانا کہ یہ سب درست ہے مگر ۔ یہ سب ٹھیک سہی لیکن ۔ یہ سب کچھ سہی ۔
In all سب ملا کر ۔ کلھم ۔
One and all / All and some / All and sundry انفرادی اور مجموعی طور پر ۔ سب اور ہر ایک ۔ سب کے سب ۔
All at once / All of a sudden دفعتہً ۔ یکایک ۔ اک دم ۔
All right ٹھیک ۔ درست ۔ قابل اطمینان ۔
All the better اور بھی اچھا ۔
All too soon وقت سے پہلے ۔ قبل از وقت ۔
All the same ۔ ویسا ہی ۔ ایک سا ۔ باوجودیکہ ۔ با این ہمہ ۔
All along پہلے سے ۔ ہمیشہ سے ۔
All over ہر جگہ ۔ ہر مقام پر ۔
Not at all بالکل نہیں ۔
That is all یہی سب ہے ۔ فقط ۔ بس اتنا ہی ۔
To be all over with one قصہ ختم ہو جانا ۔ کام تمام ہونا ۔
All-absorbing پورا استغراق ۔ انہاک کلی ۔
All-absorbed منہمک ۔ مستغرق ۔ ڈوبا ہوا ۔
All-accomplished گیانی ۔ کامل ۔ عالم و فاضل ۔
All-atoning سب گناہ دور کرنے والا ۔
All-conquering ۔ ہر ملک فتح کرنے والا ۔ فاتح عالم ۔
All-devouring / All-consuming بلا چٹ ۔ بلا نوش ۔
All Fools' Day, ۔ یوم مزاح ۔ یوم سادہ لوحاں ۔ یکم اپریل
All fours (to go on) گھٹنوں کے بل چلنا ۔
All fours (on) بالکل برابر ۔ ایک جیسا ۔ ویسا ہی ۔
All-giver ۔ کریم ۔ رب العالمین ۔ سب کچھ دینے والا ۔ رب
All-glorious جل جلالہٗ ۔ نورالسمٰوات والارض ۔ بڑی شان والا ۔
All-good خیر مطلق ۔ بہترین ۔ بہت اچھا ۔
All-hail رخصتی ۔ مبارک سلامت ۔
All-healing ۔ اکسیر ۔ شافی مطلق ۔ شافی ۔ ہر مرض کی دوا
All-holy ۔ صمد ۔ ذات پاک ۔ روح مقدس ۔ ذات اقدس
All-honoured ۔ بڑی عزت والا ۔ معزز ۔ ذی عزت
All-illuminating ہر چیز کو منور کرنے والا ۔
All-knowing ۔ علیم کل ۔ عالم الغیب و الشہادۃ
All-loving ۔ عام رحمت والا ۔ ہر ایک کی خبر رکھنے والا ۔ رحیم ۔ ہر ایک کا محبوب ۔ محب خلق ۔
All-merciful رحم کرنے والا ۔ رحیم ۔
All-pervading ہر جگہ موجود ۔ محیط ۔ سب کا احاطہ کرنے والا ۔
All-powerful قادر مطلق ۔
All Saints' Day یکم نومبر ۔ یوم الاولیا ۔
All-searching ۔ عالم کل ۔ خبیر ۔ ہر چیز کا جاننے والا ۔ با خبر ۔
All-seeing بصیر و علیم ۔ حاضر و ناظر ۔
All Souls' Day دوسری نومبر (یوم فاتحہ اولیا) ۔
All-sufficient کفواً احد ۔ کافی و وافی ۔
All-sustaining ۔ ہر چیز کو قائم رکھنے والا ۔ قیوم
All-wise دانائے کل ۔
All-worshipped معبود کل ۔
Allah (al-a) *n.* God اللہ ۔
Allay (ə-la) *v.t.* To reduce ۔ زور کم کرنا ۔ دھیما کرنا ۔ گھٹانا ۔ تخفیف کرنا ۔
Allegation (al-i-ga-shən) *n.* The act of alleging دعویٰ ۔ الزام ۔ قضیہ ۔ عذر ۔ حتمی بیان ۔
Allege (ə-lej) *v.t.* To declare upon oath ۔ الزام دینا ۔ بیان حلفی دینا ۔ منسوب کرنا ۔ بطور دلیل پیش کرنا ۔
Alleged *adj.* منسوب کردہ ۔ بیان کردہ ۔
Allegable *adj.* پیش کرنے کے قابل ۔ قابل بیان ۔ قابل اظہار ۔
Allegeance *n.* جان نثاری ۔ نمک حلالی ۔ اتباع ۔ انقیاد ۔ اطاعت ۔
Allegory (al-i-gə-ri) *n.* Symbolical narration کسی موضوع کا بیان ، دوسرے مضمون کے پردے میں مثالیہ ۔ تمثیل ۔ مجازیہ ۔ علامت ۔ شان ۔ پیکر ۔
Allegoric *adj.* مجازی ۔ مثالی ۔
Allegorical *adj* پیرایۂ مجاز میں ۔ مثالی ۔
Allegorically *adv.* تمثیلاً ۔ مجازاً ۔
Allegorist *n.* ۔ مجاز میں بیان کرنے والا ۔ تمثیل نگار
Allegorize *v.t.* ۔ مجاز کے طور پر پیش کرنا ۔ تمثیل بنانا

Alleluia (al-i-loo-ya) Praise of God (عبرانی) سب تعریف تجھ کو اے اللہ ۔ خدا کی تعریف ۔ حمد و ثنا ۔

Alleviate (ə-levi-at) *v.t.* Relieve, mitigate ہلکا کرنا ۔ کم کرنا ۔ تخفیف کرنا ۔ آرام دینا ۔

Alleviation *n.* تخفیف ۔ کمی ۔ تسکین ۔

Alleviative / **Alleviatory** *adj.* (دوا) تسکین دینے والی ۔ مسکن ۔

Alleviator تسکین دینے والا ۔ درد کم کرنے والا ۔

Alley (al-i) *n.* Passage, narrow street روش ۔ پٹری ۔ تنگ راستہ ۔ تنگ گلی ۔

Blind alley *n.* سکٹلز (ایک انگریزی کھیل) کھیلنے کا میدان ۔ اندھی گلی ۔ تنگ گلی ۔ سربستہ گلی ۔

Alliance (ali-əns) *n.* Relationship, union by marriage ۔ رشتہ ۔ تعلق ۔ نسبت ۔ ناطہ ۔ رشتہ داری قرابت ۔ معاہدہ ۔

Alligation (ali-ga-shən) *n.* Binding together, conjunction, calculation of values مختلف قدروں کا حساب ۔ درکھاتہ ۔ جوڑائی ۔ حساب تجارت ۔

Alligator (ali-ga-tər) *n.* Crocodile ۔ گھڑیال ۔ نہنگ ۔ مگرمچھ ۔

Alliterate (ə-litərat) *v.t.* Use words of common letters e.g., fine, fresh, fish etc. ۔ تجنیس کرنا تجنیس حرفی یا لفظی بنانا ۔

Alliteration *n.* سہ حرفی صنعت ۔ تجنیس حرفی ۔ تجنیسِ خطی ۔

Alliterative *adj.* سہ حرفی صنعت کا ۔ تجنیس سے متعلق ۔

Alliteratively *adv.* تجنیسی طور پر ۔ سہ حرفی صنعت کے طور پر ۔

Allocate (al-o-kat) *v.t.* Assign, devote ۔ مقرر کرنا تجویز کرنا ۔ متعین کرنا ۔ قائم کرنا ۔

Allocation *n.* تعین ۔ استقرار ۔ نامزدگی ۔

Allodium (a-lo-di-əm) *n.* Estate held in absolute ownership آزاد زمینداری ۔ کل ملکیت ۔ زمین زراعت جو زمیندار کی ملکیت ہو ۔

Allodial *adj.* آزاد اور مالکانہ زمینداری کے متعلق ۔

Allodialism *n.* آزاد زمینداری کی حمایت ۔

Allodialist *n.* آزادانہ زمینداری کے نظریہ کو ماننے والا ۔

Allodially *adv.* آزادانہ طور پر ۔ خود مختارانہ طور پر ۔

Allogamy (al-og-ə-mi) *n.* Cross fertilization پیوند لگانا ۔ قلم باندھنا ۔ مختلف نوع کے درختوں کو ملانا اور ان پر قلم باندھنا ۔

Allopathy (al-op-ə-thi) *n.* Curing a disease by another kind of action امراض کا علاج مخالف اثرات سے کرنا ۔ علاج بالضد ۔

Allopathic *adj.* علاج بالضد سے متعلق ۔

Allopathically علاج بالضد کے اصول کے مطابق ۔

Allot (a-lot) *v.t.* Distribute by lot with authority بانٹنا ۔ تقسیم کرنا ۔ حصہ دینا ۔ مقرر کرنا ۔ متعین کرنا ۔ نامزد کرنا ۔

Allottee *n.* وہ شخص جس کو جائداد دی جائے ۔

Allotment *n.* تقسیم ۔ حصہ ۔ بخرا ۔ بٹوارہ ۔ تعین ۔ حصہ مقررہ ۔

Allowance (a-low-əns) *n.* & *v.t.* Permission, supply وظیفہ دینا ۔ خوراک دینا ۔ وظیفہ ۔ یومیہ ۔ منصب ۔ درماہی گزارا ۔

Alloy (ə-loi) *n.* Mixture of inferior metal ملاوٹ کھوٹ ۔ مختلف دھاتوں کا مرکب ۔

Alloy (ə-loi) *v.t.* Mix with baser metal آمیزش کرنا ۔ قیمتی دھات کے ساتھ معمولی دھات ملا دینا ۔

Allseed (awl-seed) *n.* The name of various plants producing much seed جنوبی انگلستان کا ساحلی پودا جو تقریباً چار پانچ انچ کا ہوتا ہے ، اس میں خوبصورت پھول لگتے ہیں ۔ مختلف پودوں کے نام جن میں بیج کثرت سے ہوتے ہیں ۔

Allspice (awl-spis) *n.* Jamaican pepper supposed to combine flavour of cinnamon, nutmeg and cloves خوشبو دارجھاڑیاں ۔ جمیکا کی ایک خاص فلفل جس میں الائچی ، دار چینی اور لونگ کی خوشبو ہوتی ہے ۔

Allude (ə-lood) *v.i.* Refer indirectly to اشارے کنائے میں کہنا ۔

Allure (əl-y-oor) *v.t.* Tempt, entice, win over لبھانا ۔ موہ لینا ۔ سبز باغ دکھانا ۔ ورغلانا ۔

Allurement *n.* اغوا ۔ ترغیب ۔ لبھاؤ ۔ لالچ ۔

Alluring *adj.* دل موہنے والی ۔ دل لبھانے والی ۔

Alluringly *adv.* ترغیب دلاتے ہوئے ۔ ورغلانے کے طور پر ۔

Allusion (əlo-zhən) *n.* Indirect reference ایما ۔ رمز ۔ اشارہ ۔ کنایہ ۔ حوالہ ۔ تلمیح ۔

Allusive *adj.* کنایہ آمیز ۔ پر اشارہ ۔ رغبت آمیز ۔

Allusively *adv.* بالکنایہ ۔ تلمیحاً ۔ اشارتاً ۔

Allusiveness *n.* کنایہ آمیزی ۔

Alluvion (əl(y)oovian) *n.* Wash of sea, river, matter deposited by flood وہ مٹی جو بہاؤ کے ساتھ آتی اور جم جاتی ہے ۔ وہ نئی زمین جو پانی کے عمل سے بنی ہو ۔ نئی زمین ۔

Alluvium (əl(y)oo-vi-em) *n.* Deposit of earth سیلاب سے آئی ہوئی مٹی ۔

Alluvial *adj.* زرخیز ۔ سیلابی ۔

Ally (a-li) *n.* Person allied with another ساتھی ۔ دوست ۔ رفیق ۔ حلیف ۔ سنگ مرمر کی گولی (کوئیل)۔

Ally (a-li) *v.t.* Combine or unite with a special object ملانا ۔ متفق کرنا ۔ رشتہ جوڑنا ۔

Alma (al-ma) *n.* Egyptian dancing girl مصری رقاصہ ۔

Almagest (al-mə-jest) *n.* Great astronomical treatise of Ptolemy بطلیموس کی کتاب کیمیا اور فلکیات پر جو آج تک مفید کتاب سمجھی جاتی ہے ۔

Alma Mater (al-ma-met-ər) *n.* Name used for learning institutions مادر علمی ۔ اعلیٰ علمی درسگاہ یا جامعہ ۔

Almanac (awl-mə-nak) Annual calendar with estronomical data جنتری ۔ تقویم ۔ کیلنڈر ۔

Almandine (al-man-din) *n.* A garnet of violet tint سرخ رنگ کا قیمتی پتھر جس میں بنفشی رنگ جھلکتا ہے۔

Almighty (awl-mit-i) *n.* All-powerful حق تعالیٰ ۔ قادر مطلق ۔

Almightiness *n.* قدرت کاملہ ۔ قدرت مطلقہ ۔

Almond (a-mənd) *n.* Kernal of a stone fruit بادام نما پھل ۔ بادام ۔

Almoner (al-mən-ər) *n.* Official distributor of alms ۔ سرکاری شعبہ خیرات و صدقات کا کارکن

Almost (awl-most) *adv.* All but, very nearly قریب قریب ۔

Alms (amz) *n.* Charitable relief of the poor خیرات ۔ خدا کے نام پر دی ہوئی چیز ۔

Aloe (əlo-e) *n.* Plants of bitter juice تھوہر کی قسم کا پودا ۔ ایلوا ۔

Aloes (alo-es) *n.* دست آور دوا ۔

Aloetic *adj.* ایلوا کا اثر رکھنے والی ۔

Aloft (ə-loft) *adv.* & *prep.* High up, upward اوپر کی طرف ۔ اونچا ۔ بلند ۔

Alone (ə-lon) *adv.* & *prep.* Solitary صرف ۔ تنہا ۔ اکیلا ۔

Along (a-long) *adv.* & *prep.* From end to end ایک سرے سے دوسرے سرے تک ۔ ساتھ ساتھ ۔

Along-side ساتھ ساتھ ۔ پہلو بہ پہلو ۔

Aloof (a-loof) *adv.* & *prep.* Away, apart بے واسطہ ۔ بے تعلق ۔ الگ تھلگ ۔

Aloofness *n.* بے تعلقی ۔ بے ربطی ۔ تنہائی ۔ بے وابستگی

Aloud (ə-lowd) *adv.* Loudly بہ آواز بلند

Alp (alp) *n.* Mountain peak, green pasture land پہاڑی کی چوٹی ۔ سبز چراگاہ ۔

Alpaca (al-pa-ka) *n.* Lama with long woolly hair لاما جس کے لمبے نرم بال ہوتے ہیں ۔ کپڑے جو لاما کی اون سے بنائے جائیں ۔

Alpenstock (alpen-stok) *n.* Long iron shod staff used in mountain climbing لمبی مضبوط چھڑی جو پہاڑ کی چڑھائی میں استعمال ہوتی ہے ۔

Alpha (al-fa) *n.* The first letter of Greek language یونانی زبان کا پہلا حرف ۔

Alphabet (al-fa-bet) *n.* Set of letters used in a language حروف تہجی ۔

Alphabetic / **Alphabetical** } *adj.* حروف تہجی کے متعلق ۔

Alpine (alp-in) *adj.* Pertaining to Alps mountain کوہ الپس کے متعلق ۔

Alpinist (alp-in-ist) *n.* One who climbs Alps mountain کوہ الپس پر چڑھنے والا ۔

Already (awl-red-i) *adv.* Before hand ایک وقت تک کیا ہوا ۔ وقت مقررہ تک ۔ اب تک ۔

Alsatia (al-sa-sh(y)a) *n.* a German province west of Rhine : White Friars in London once a sanctuary for law breakers ۔ جرمنی کا ایک صوبہ لندن کی ایک خانقاہ جہاں کسی زمانے میں مجرم پناہ لیتے تھے

Alsation *n. adj.* کتوں کی ایک نسل ۔

Also (awl-so) *adv.* In addition مزید برآں ۔ ساتھ ساتھ ۔ بھی ۔ علاوہ ۔

Altar (awltər) *n.* Flat-topped block for offerings قربان گاہ ۔ نذر نیاز چڑھانے کا چبوترہ ۔

Altar cloth *n.* قربان گاہ کا غلاف ۔

Altar-wise *adv.* قربان گاہ کی طرح ۔

Altazimuth (alta-zi-məth) *n.* Instrument for determining altitude of heavenly bodies
ایک آلہ جس سے اجرامِ فلکی کی سمت اور بلندی معلوم کرتے ہیں ۔

Alter (awl-tər) *v.t.* Change بدلنا ۔ تبدیل کرنا ۔ ترمیم کرنا ۔ تغیر کرنا ۔ مرمت کرنا ۔ اصلاح کرنا ۔ صحیح کرنا ۔ درست کرنا ۔

Alterability *n.* اصلاح اور تبدیلی کی صلاحیت ۔ تغیر پذیری ۔

Alteration *n.* تغیر و تبدل ۔ تبدیلی ۔ رد و بدل ۔

Alterative (awl-tər-a-tiv) *adj.* & *n.* Tending to alter ۔ وہ دوا جو آہستہ آہستہ مرض کو دور کردے ۔ وہ دوا یا علاج جس سے عمل ہضم درست ہو ۔

Altercate (awl-tər-kat) *v.i.* Dispute hotly ۔ جھگڑنا بحث و تکرار کرنا ۔ تو تو میں میں کرنا ۔

Altercation *n.* حجت ۔ تو تو میں میں ۔ جھگڑا ۔ بحث ۔ تکرار ۔

Alternant (awl-tərn-ant) *adj.* & *n.* of alternating layers دھات جس میں مختلف قسم کی تہیں ہوں ۔

Alternate (awl-tər-nat) *v.i.* Of things of two kinds coming one after the other دو چیزوں کا یکے بعد دیگرے آنا ۔ ادل بدل کرنا ۔ باری باری لانا ۔

Alternation *n.* ہیرا پھیری ۔ ادل بدل ۔

Alternately *adv.* اپنی اپنی باری سے ۔ ایک کے بعد دوسرا ۔ ایک ایک کرکے ۔ باری باری سے ۔

Alternative *adj.* & *n.* سبیل ۔ راستہ ۔ صورت ۔ یہ یا وہ ۔ چارہ کار ۔ دو میں سے ایک یہ یا وہ ۔

Alternating *adj.* بطریق آخر ۔ بصورت دیگر ۔ ایک کے بعد ایک ۔ باری باری سے ۔

Although (awl-dho) *conj.* Though ۔ اس کے برعکس باوحودیکہ ۔ ہر چند ۔ اگرچہ ۔

Altimeter (al-timi-tər) *n.* Instrument for measuring height above sea level بلندی کی پیمائش کا آلہ ۔ ارتفاع پیما ۔

Altitude (al-ti-tud) *n.* Height, depth ۔ اونچائی ارتفاع ۔ بلندی ۔ گہرائی ۔ اونچی جگہیں ۔ رفعت ۔ عظمت ۔ بزرگی ۔

Alto (al-to) *n.* Highest male voice, female voice of similar range پاٹ دار آواز میں گانے والا ۔ پنچم ۔ بلند ۔ پاٹ دار آواز ۔

Altogether (awl-too-gethər) *adv.* & *n.* Totally سب کو ملا کر ۔ جملہ ۔ بحیثیت مجموعی ۔ بالکل ۔ تمام تر ۔

Alto-relievo (al-to-rel-ye-vo) *n.* High relief ابھری ہوئی تصویر یا مورت ۔ نمایاں ۔

Altruism (al-troo-izm) *n.* Regard for others as a principle of action ایثار ۔ بے نفسی ۔ دوسروں کی بہبودی کا جذبہ ۔

Altruist *n.* عوام کا بہی خواہ ۔ صاحب ایثار ۔

Altruistic *adj.* فیاضانہ ۔ ایثار آمیز ۔ بے غرضانہ ۔

Altruistically *adv.* رضائے الٰہی کے لیے ۔ حسبتہ اللہ ۔ بے غرضانہ طور پر ۔

Alum (al-əm) *n.* A double sulphate of aluminium and potasium پھٹکری ۔ پھٹکری ملا ہوا نمک

Alumina (ə-lu-mi-na) *n.* The only oxide of aluminium الومنیم اور آکسیجن کا مرکب جو ایک قسم کا سفید سفوف ہوتا ہے ۔

Aluminium (əlu-minəm) *n.* White light metal not tarnished by air الومنیم ۔ ایک قسم کی ہلکی دھات جس کے برتن بنتے ہیں ۔ اس میں زنگ نہیں لگتا ۔

Aluminous (a-lu-minəs) *adj.* Of the nature of alum پھٹکری جیسا ۔

Alumnus (alumnəs) *n.* Pupil, student ۔ شاگرد طالب علم ۔

Alveolate (al-vi-ə-lat) *adj.* Honey combed مشبک ۔ شہد کی مکھیوں کے چھتے کی طرح ۔ خانہ دار ۔

Alveolus *n.* دانت کی قفلی ۔ دانت کا گھر ۔ جبڑے کی ہڈی میں دانت کی جگہ ۔ چھوٹا خانہ ۔

Alveolar *adj.* دانت کی قفلی جیسا ۔ شہد کے چھتے کی طرح ۔

Always (awl-wes) *adv.* At all times ہمیشہ ۔ سدا ۔ مدام ۔ برابر ۔ ہر دم ۔ ہر وقت ۔ بلا ناغہ ۔ متواتر ۔ لگا تار ۔

Am (am) *v.* ہوں ۔ دیکھو be ۔

Amadou (am-ə-doo) *n.* German tinder used as a match خشک مادہ جو جلانے اور خون بند کرنے کے کام آتا ہے ۔

Amain (ə-man) *adv.* Vehemently بے تحاشا - بڑے زور سے - شدت سے - جلدی سے -

Amalgum (ə-mal-gəm) *n.* Mixture of a metal with mercury پارہ کے ساتھ کسی دوسری دھات کا میل -

Amalgamate (ə-mal-gəm-at) *v.t.&i.* Mix آمیزش ہونا - ملانا - آمیزش کرنا - پارے کے ساتھ دھاتوں کو ملانا -

Amalgamation *n.* امتزاج - آمیزش - اختلاط - میل -

Amalgamative *adj.* سمونے والا - امتزاج کرنے والا - جس میں ملانے کی خاصیت ہو -

Amalgamator *n.* ملانے والا - خلط کرنے والا - آمیزش کرنے والا - آمیزندہ -

Amanuensis (ə-men-u-en-sis) *n.* One who writes from dictation املا نویس - سن کر لکھنے والا - نقل نویس - کاتب -

Amarant (h) (am-ər-ant) *n.* Unfading flower سدا بہار پھول جس کے متعلق خیال ہے کہ وہ کبھی نہیں مرجھاتا - گل اشرفی -

Amaranthus
Amarantus } *adj.* سدا بہار - سدا شاداب -
Amaranthine

Amaryllis (am-e-ril-is) *n.* A kinds of bulbous plant نرگس کی قسم کا ایک پھول - (یونانی) دیہاتی لڑکی -

Amass (ə-mass) *v.t.* Heap together جمع کرنا - اکٹھا کرنا - ڈھیر کرنا - فراہم کرنا -

Amateur (am-ə-tər-tur) *n.* One who takes to a thing as a pastime شائق - شوقین - غیر پیشہ ور - کسی فن کو شوقیہ سیکھنے والا -

Amateurish *adj.* شوقیہ -

Amateurishly *adv.* شوقیہ طور پر -

Amateurishness *n.* شائقیت - شوقیت -

Amateurism *n.* شائقیت - شوقینی -

Amative (am-ə-tiv) *adj.* Disposed to loving عاشقانہ

Amativeness *n.* عشق - پریت - عاشق مزاجی -

Amatory *adj.* شہوانی - عاشقانہ - عشقیہ -

Amatorial *adj.* شہوانی - عشقیہ - عشق انگیز -

Amaurosis (am-aw-ro-sis) *n.* Partial or total loss of sight ضعف بصر - بینائی کی کمزوری - بینائی کی پوری یا تھوڑی کمی - اندھا پن -

Amaurotic *adj.* اندھے پن کا - نابینائی کا - ضعف بصر کا -

Amaze (e-maz) *v.i. & t.* Overwhelm with wonder متعجب کرنا - متحیر کرنا - متحیر ہونا - حیران کرنا -

Amazedly *adv.* حیرت انگیز انداز سے - متحیرانہ -

Amazement *n.* تعجب - حیرت - اچنبھا - تحیر -

Amazing *adj.* متعجب - تعجب انگیز - حیران کن - عجیب و غریب -

Amazingly *adv.* تعجب سے - حیرت انگیز طور پر

Amazon (amə-zən) *n.* Masculine sturdy woman (یونانی) تاتاری جنگجو عورت - جنوبی امریکہ کی جنگجو عورت - تنومند بہادر عورت -

Amazonian *adj.* گراں ڈیل - بھاری بھرکم - قوی ہیکل عورت - مردانہ عورت -

Ambages (am-ba-jəz) *n.* Roundabout ways چکر دار راستے - ہیر پھیر کے طریقے -

Ambassador (am-basə-dər) *n.* Minister sent by one state to another one توتصل - ایلچی - سفیر -

Ambassador plenipotentiary *n.* وہ سفیر جس کو اس کی حکومت نے خاص اختیارات دیے ہوں - با اختیار سفیر -

Ambassadorial *adj.* ایلچی کی طرح سے - سفارتی طور پر -

Ambassadress (am-basə-dər-es) *n.* سفیر کی بیوی - خاتون ایلچی - سفیرہ -

Amber (am-bər) *n.* Yellow translucent fossil resin عنبر - کہربا -

Ambergres (am-bər-gres) *n.* ایک قسم کا مومی مادہ جس میں سرخ دھاریں نظر آتی ہیں اور جو گرم ملکوں میں تیرتا ہوا پایا جاتا ہے - کچا عنبر - یہ ویل اور دوسری مچھلیوں کی آنتوں میں بھی پایا جاتا ہے اور خوشبو بنانے کے کام آتا ہے -

Ambidexter (am-bi-deks-tər) *n.* One who can use both hands equally well جو دونوں ہاتھ مساوی طور پر استعمال کرے - دو ہتھا - دغا باز -

Ambidexterity *n.* دونوں ہاتھوں کا یکساں چلنا - دو ہتھا پن -

Ambidextrous *adj.* دغا باز - بایاں ہاتھ بھی چلانے والا - دو ہتھا -

Ambidextrously *adv.* دونوں ہاتھوں سے - دو ہتھے پن سے -

Ambidextrousness *n.* دوہرے ہاتھوں کی مشاق - دو ہتھا پن -

Ambient (am-bi-ənt) *adj.* Surrounding expression گھرا ہوا - چہار طرف - محیط - محفوظ - محصور -

Ambiguity (am-big-iti) *n.* Capable of more than one meaning ابہام - ذو معنی لفظ یا جملہ - مبہم بات -

Ambiguous *adj.* مشکوک - گول مول - مبہم -

Ambiguously *adv.* غیر واضح طور پر - مبہم طور پر -

Ambiguousness *n.* مشکوکیت - ابہام -

Ambit (am-bit) *n.* extent حد - وسعت - پھیلاؤ - گھیرا -

Ambition (am-bish-ən) *n.* حب جاہ - ہوس - عالی حوصلگی - اولوالعزمی -

Ambitious *adj.* آرزو مند - مشتاق - بوالہوس - جاہ طلب - اولوالعزم - عالی حوصلہ - عالی ہمت - بلند نظر -

Ambitiously *adv.* بلند نظری سے - عالی حوصلگی سے - اولوالعزمانہ طور پر -

Ambitiousness *n.* عالی حوصلگی - بلند نظری - آرزو مندی - اولوالعزمی -

Amble (am-bl) *v.i.* Move by lifting two feet together دوگامہ - دلکی چلنا - گھوڑے کی چال جس میں دونوں پاؤں ایک طرف کے ایک ساتھ اٹھتے ہیں -

Amble (an-bl) *n.* گھوڑے کی چال - سبک رفتاری - دلکی - دوگامہ چال -

Ambrosia (ambro-z(h) ia) *n.* Food of the gods دیوتاؤں کی خوراک -

Ambrosial *adj.* مہکتی ہوئی - معطر - خدائی - دیوتاؤں کی یا ان کے لائق -

Ambulance (am-bu-ləns) *n.* مریض ڈولی یا گاڑی - بیماروں یا زخمیوں کی گاڑی - سفری شفاخانہ -

Ambuscade (am-bəs-kad) *n.* Ambush کمین گاہ - گھات کی جگہ - گھات -

Ambuscade (am-bəs-kad) *v.t. & i.* Lie or conceal, in ambush حملہ کرنے کے لیے چھپ جانا - تاک لگانا - گھات میں بیٹھنا - گھات لگانا -

Ambush (am-boosh) *n.* Concealment of soldiers, troops concealed چھپی ہوئی فوج - فوج کا چھپ کر انتظار کرنا -

Ambush (am-boosh) *v.t. & i.* Lie in wait دشمن کے انتظار میں چھپ کر بیٹھنا -

Ameer, amir (a-mir) *n.* Title of various Muslim rulers امیر - سردار - حاکم -

Ameliorate (əme-lyə-rat) *v.t. & i.* Cause to be better بہتر بنانا - بہتر ہونا - سدھارنا -

Amelioration *n.* بہتری - درستی - اصلاح و فلاح - رفاہ -

Ameliorator *n.* ترقی دینے والا - بہتر بنانے والا - اصلاح کرنے والا -

Ameliorative *adj.* اصلاحی - رفاہی - موجب فلاح -

Amen (a-men) *Int.* So be it خدا ایسا ہی کرے - آمین -

Amenable (ə-men-ə-bl) *adj.* Responsive اطاعت پذیر ماننے والا - بخوشی قبول کرنے والا -

Amenability *n.* معقولیت - جواب دہی -

Amenableness *n.* صلاحیت - اطاعت پذیری - اثر پذیری -

Amenably *adv.* اثر پذیری سے -

Amend (ə-mend) *v.t. & i.* improve, correct, give up evil ways سیدھی راہ پر آنا - تائب ہونا - اصلاح کرنا - ترمیم کرنا - درست کرنا - سدھارنا -

Amendable *adj.* ترمیم پذیر - قابل اصلاح -

Amendment *n.* درستی - ترمیم - اصلاح -

Amends (ə-mends) *n.* Compensation, penalties باز دہی - تلافی - خمیازہ - بحالی -

Amenity (ə-men-iti) *n.* Pleasant ways. خوشگواری - سہولت - آرام پہنچانے والی چیز -

American (ə-mer-ikan) A native of America امریکہ سے تعلق رکھنے والا - امریکہ کا باشندہ -

Americanism *n.* امریکہ پسندی - امریکہ پرستی - امریکی محاورہ -

Americanize *v.t.* امریکی محاورات بولنا - امریکی بن جانا - امریکانا - امریکی بننا یا بنانا -

Amethyst (am-e-thist) *n.* A precious stone of purple or violet strains ارغوانی یا بنفشی رنگ کا قیمتی پتھر - یاقوتِ جمری -

Amethystive *adj.* سرخ یا بنفشی رنگ کے پتھر کا بنا ہوا - یاقوتی -

Amiable (am-i-ə-bl) *adj.* Feeling and inspiring friendship. ملنسار ۔ خوش خلق ۔ دلاویز ۔ دلکش ۔ قابل محبت ۔

Amiability *n.* دل نوازی ۔ خوش خلقی ۔ ملنساری ۔

Amiableness *n.* محبت ۔ تلطف ۔

Amiably *adv.* ملنساری سے ۔ دلاویزانہ طور پر ۔ از راہ لطف ۔

Amice (am-is) *n.* Square of white linen worn on head or shoulder, cap, head مذہبی لباس کا ایک حصہ ۔ پادریوں کے سر یا کندھے کی پوشش ۔ عصابہ ۔ کلاہ ۔ ردا ۔ چادر ۔ فرانسیسی قسیس کا پلّا ۔

Amid (st) (ə-mid) *prep.* In the middle of ۔ بیچ میں ۔ درمیان میں ۔

Amidin (ə-mid-in) *n.* Soluble matter of starch نشاستہ کا حل ہوجانے والا حصہ ۔

Amidships (ə-mid-ship) *adv.* In the middle of the ship جہاز کے وسط میں ۔

Amiss (a-miss) *adv.* & *adj.* Astray ۔ غلط ۔ بیجا ۔ اپنی جگہ سے ہٹا ہوا ۔

Amity (am-i-ti) *n.* Friendship مشفقانہ تعلق ۔ بھائی چارہ ۔ دوستی ۔

Ammeter (am-i-tər) *n.* Instrument for measuring electric current ۔ بجلی کی رو ناپنے کا آلہ برق پیما ۔

Ammonia (am-on-ia) *n.* A colourless gas with pungent smell ایک بے رنگ گیس جو ناک اور آنکھ پر تیز اثر کرتی ہے ۔

Ammunition (am-un-ish-ən) *n.* Military stores of all kinds گولہ بارود ۔ فوجی سامان ۔

Amnesia (am-ne-zi-a) *n.* Loss of memory یادداشت خراب ہونے کی بیماری ۔ نسیان ۔ بھول ۔

Amnesty (am-nest-i) *n.v.&t.* General pardon, act of oblivion ۔ عام معافی ۔ معافی دینا ۔ نظر انداز کرنا

Amoeba (e-me-ba) Microscopic animal perpetually changing پانی کا ابتدائی ذی روح ۔ پانی کا ایسا کیڑا جو خردبین سے دیکھا جا سکتا ہے ۔ امیبا ۔

Among / **Amongst** (ə-mong) *prep.* Within the limits (ə-mungst) مقابلہ میں ۔ نسبت سے ۔ درمیان بیچ ۔ مابین ۔ مجمع میں ۔ گروہ میں ۔ منجملہ ۔ شامل ۔ داخل ۔

Amorous (am-ər-es) *adj.* Inclined to love عشق باز ۔ عاشق ۔ محبت پر مائل ۔

Amorously *adv.* عاشقانہ طور پر ۔

Amorousness *n.* عاشق مزاجی ۔

Amorphous (ə-mer-fəs) *adj.* Shapeless ۔ خلاف قاعدہ بے شکلا ۔ جسکی کوئی شکل نہ ہو ۔ نقلیا (جس سے قلم نہ بن سکے) بے ترتیب ۔ بے ہنگم ۔

Amount (ə-mount) *n.* Quantity مقدار ۔ معانی ۔

Amount (ə-mount) *v.* Be equivalent to کسی وزن کا ہونا ۔ کسی مقدار کا ہونا ۔

Amour (ə-moor) *n.* Love affair عاشقانہ لگاؤ ۔ عشق و محبت کا معاملہ ۔

Amphibian (am-fib-i-ən) *n.* *adj.* Living both on land and water خشکی اور تری دونوں کا ۔ وہ جانور جو خشکی اور پانی دونوں میں رہے ۔ جل تھلی ۔

Amphibious *adj.* جل بھوسی ۔ جسکا تعلق خشکی اور تری دونوں سے ہو ۔

Amphitheatre (am-fi-thətər) : *n.* Oval or circular building with rising seats گول تماشا گہ جس میں چاروں طرف نشستیں ہوں ۔ گول گھر ۔ اکھاڑا ۔ دنگل ۔

Ample (am-pl) *adj.* Spacious, extensive ۔ کھلا ہوا فراخ ۔ کشادہ ۔ وسیع ۔

Amplify *v.t.* & *i.* ۔ بڑا کرنا ۔ آواز بلند کرنا ۔ طول دینا اضافہ کرنا ۔ بڑہانا ۔

Amplification *n.* پھیلاؤ ۔ بڑہاوا ۔ توسیع ۔

Amplitude *n.* شان ۔ عزت ۔ وقار ۔ زیادتی ۔ بہتات ۔ وسعت ۔ حد ۔

Amputate (am-put-at) *v.t.* Cut off کاٹ دینا ۔ قطع کرنا ۔ کاٹنا (عضو کا) ۔

Amputation *n.* قطع و برید ۔ قطع عضو ۔

Amuck (ə-muk) *adv.* Blood-thirsty پاگل ہو کر لوگوں پر حملہ کرنا ۔

Amulet (am-u-let) *n.* Thing worn as a charm تعویذ ۔

Amuse (ə-muz) *v.t.* Divert from serious business دلچسپی پیدا کرنا ۔ ہنسانا ۔ تفریح کرانا ۔ دل بہلانا ۔ خوش کرنا ۔

Amusement *n.* دل بہلاوا ۔ کھیل ۔ تفنن ۔ تفریح ۔

An (ən) *adj.* One ایک ۔ واحد ۔

Anabaptism (an-ə-baptizm) *n.* Re-baptism, doctrine of anabaptists باز اصطباغ ۔ ایک عیسائی فرقہ کا مذہبی عقیدہ ۔

Anabaptist *n.* دوبارہ بپتسمہ دینے والا ۔

Anachronic (a-nak-rə-nik) *adj.* Out of date جس میں غلط وقت کا حوالہ دیا جائے ۔

Anachronism *n.* زمانہ کا حساب لگانے میں غلطی ۔

Anaconda (an-əkon-da) *n.* Large snake of Ceylon لنکا کا بڑا اژدھا ۔ اخگر ۔ اژدھے کی قسم کا سانپ ۔

Anaemia (an-ami-a) *n.* Lack of blood خون کی کمی کا مرض ۔ خون کی کمی ۔

Anaesthesia (an-es-the-zia) *n.& adj.* Insensibility بے حسی ۔ غفلت ۔ بیہوشی ۔

Anaesthetic *adj. & n.* بیہوشی پیدا کرنے والی ۔ وہ چیز جو بے ہوش کر دے۔

Anagram (anəgram) *n.* Changing position of letters to form new words حروف آگے پیچھے کرکے نیا لفظ بنانا ۔ اس طرح لفظ کے معنی بدل دینا ۔

Anal (ə-nal) *adj.* Pertaining to anus مقعد کے متعلق

Analogy (an-alə-ji) *n.* Similarity, agreement ایک جیسا ہونا ۔ تناسب ۔ متوازی ہونا ۔ نسبت ۔ مطابقت ۔

Analogic *adj.* مثالی ۔ تمثیلی ۔ قیاسی ۔

Analogist *n.* نظیر دینےوالا ۔ تمثیل پسند. جو مثالوں کے دینے کا شائق ہو ۔

Analogous *adj.* ملتا جلتا ۔ مشابہ ۔ ہم شکل ۔ مثل ۔

Analyse (əna-lawiz) *v.t.* Examine minutely تشریح کرنا ۔ تجزیہ کرنا ۔ چھان بین کرنا ۔ خلاصہ بیان کرنا ۔ جملہ کی ترتیب کرنا ۔

Analysis *n.* تحلیل ۔ تجزیہ ۔

Analyst *n.* فن تحلیل کا ماہر ۔ محلل ۔ تجزیہ کرنے والا ۔

Analytic *a.* تحلیلی ۔ تجزیہ کے متعلق ۔ تشریحی ۔

Analytical *adj.* جس میں تحلیلی اسلوب سے کام لیا جائے ۔ تحلیلی ۔

Anamnesis (an-am-nes-is) *n.* Recollection پچھلے جنم کی یاد ۔ یاد داشت ۔

Anarchy (anər-ki) *n.* Disorder, confusion قانونی حکومت کا تعطل ۔ نراج ۔

Anarchic } **Anarchical** } *adj.* بے قانون ۔ بے نظم و ضبط ۔ نراجی ۔

Anarchist (anər-kist) *n.* Advocate of anarchy نراج کا حامی ۔ لا قانونیت کا حامی ۔

Anathema (əna-thi-ma) *n.* Accursed thing ملعون چیز ۔ نفرت انگیز شے ۔

Anathematize *v.t.&i.* Curse برا کہنا ۔ لعنت بھیجنا ۔

Anatomy (ə-natə-mi) *n.* Science of body structure, dissection علم الاعضا ۔ چیر پھاڑ ۔ طب کی ایک شاخ ۔

Anatomical *adj.* علم الاعضا سے متعلق ۔

Anatomist *n.* علم الاعضا کا ماہر ۔

Anatomize *v.t.* اعضا کا تجزیہ کرنا ۔ اعضا کو علیحدہ کرنا ۔

Ancestor (an-ses-tər) Those from whom one is descended آبا و اجداد ۔ باپ دادا ۔ خاندان کے لوگ ۔

Ancestral *adj.* نسلی ۔ آبائی ۔

Ancestry *n.* خاندانی حالت ۔ نسب ۔

Anchor (ang-ker) *n.* Heavy iron composed of long shank جہاز کا لنگر ۔

Anchorage *n.* لنگر اندازی ۔

Anchoret-ite (an-koret) *n.* Hermit گوشہ نشین ۔ تارک الدنیا ۔ جوگی ۔ سادھو ۔

Anchovy (anko-vi) *n.* A small fish like herring ایک چھوٹی مچھلی ۔

Ancient (an-shənt) *adj. & n.* Belonging to past قدیم ۔ پرانا (زمانہ) پرانی ۔ پرانی چیز ۔

Ancillary (an-sil-ə-ri) *adj.* Subordinate معمولی ۔ گھٹیا ۔ ماتحت ۔ ذیلی ۔ ضمنی ۔

And (ənd) *conj.* اور بھی ۔ اس کے ساتھ اور ۔ اور ۔

Anecdote (an-ik-dot) *n.* Narration of detached incident واقعہ ۔ قصہ ۔ روایت ۔ بے ربط قصہ ۔

Anecdotal *adj.* روایت کے متعلق ۔

Anecdotist *n.* داستان گو ۔ قصہ گو ۔ قصہ بیان کرنے والا ۔ راوی ۔

Anemograph (ə-nemograf) Instrument for recording on paper force of wind ایسا آلہ جو کاغذ پر ہوا کی رفتار اور اُس کے رخ کا خاکہ بنائے ۔

Anemometer (ə-nemomi-tər) *n.* Instrument for measuring force of wind ہوا کا زور دریافت کرنے کا آلہ ۔ ہوا پیما ۔

Anemone (ə-nem-ən) *n.* A Kind of plants ایک قسم کے پودے ۔

Aneroid (an-ə-rod) *n.* & *adj.* One that measures air pressure ہوا کے دباؤ کے متعلق ۔ ہوا کا دباؤ معلوم کرنے کا آلہ ۔

Anew (ə-nu) *adv.* In a different way, again نئے سرے سے ۔ از سر نو ۔

Angel (an-jl) *n.* Divine messenger ملکوتی صفات کا حامل ۔ فرشتہ ۔

Angelic *adj.* معصوم ۔ فرشتہ صفت ۔ فرشتہ سیرت ۔

Anger (ang-gər) *n.* Rage, hot displeasure غصہ ۔ خشم ۔ گرم مزاجی ۔ غضب ۔ ناراضی ۔

Angina (an-ji-na) *n.* Spasm of chest resulting from over-exertion ۔ ضعف قلب ۔ دل کی کمزوری ۔ دل کی بیماری ۔ صدری مرض ۔

Angle (ang-gl) *n.* Space between two meeting lines زاویہ ۔ کونہ ۔ گوشہ ۔

Angle (ang-gl) *v.i.* To catch fish with a hook کانٹے سے مچھلی پکڑنا ۔ کانٹا ڈالنا ۔

Angler *n.* مچھلی کا شکاری ۔ ڈگن اور بنسی سے مچھلی پکڑنے والا ۔

Anglican (ang-li-kan) *adj.* & *n.* Followers of the reformed Church of England انگلستان کے گرجا کا رکن ۔

Anglicism *n.* انگریزی سیاسی نظریہ ۔ انگریزی محاورہ ۔

Anglicize *v.t.* انگریزیانا ۔ انگریزی بنانا ۔

Angiomania (ənglomania) Excessive admiration of English customs انتہائی انگریزیت پسندی ۔

Angola } **Angora** } (əng-o-la) *n.* A fine fabric of Angola wool ایک نفیس کپڑا جو انگولا اون سے بنایا جاتا ہے ۔

Angry (əng-ri) *adj.* Enraged خشم آلود ۔ غصہ میں ۔ طیش میں آیا ہوا

Anguish (əng-ish) *n.* Severe bodily or mental pain انتہائی جسمانی یا ذہنی تکلیف ۔ روحانی اذیت

Angular (ang-gulər) *adj.* Having angles کونے رکھنے والا ۔ زاویہ دار ۔ گوشہ دار ۔

Anhydrous (an-hy-drus) *a.* without water بغیر پانی کے ۔ خشک ۔

Aniline (ani-lin) *n.* A chemical base, source of many dyes ایک کیمیائی مرکب جو رنگ سازی میں استعمال ہوتا ہے ۔

Animadversion (animədversion) Criticism برا بھلا کہنا ۔ تنقید ۔ سرزنش ۔ ملامت ۔

Animadvert (an-məd-vert) *v.t.* Pass criticism or censure on ۔ تنقید کرنا ۔ کسی چیز میں نقص نکالنا ۔ عیب ظاہر کرنا ۔ سرزنش کرنا ۔

Animal (an-i-ml) *n.* & *adj.* Quadruped جانور ۔ جاندار ۔ متحرک ۔ چوپایہ ۔ حیوانی ۔

Animalism *n.* حیوانیت ۔ حیوانی حرکت ۔

Anamality *n.* حیوان پن ۔ نظامِ حیوانی ۔

Animate (an-im-at) *adj.* Living زندہ ۔ جاندار ۔

Animate (an-im-at) *v.t.* حرکت پیدا کرنا ۔ جان ڈالنا ۔ زندہ کرنا ۔

Animism (an-im-izm) *n.* The doctrine that the phenomena of animal life are produced by an immaterial soul یہ عقیدہ کہ حیوانی مظاہر ایک غیر مادی روح سے پیدا ہوتے ہیں ۔ بے جان چیزوں میں بھی روح کے ہونے کا اعتقاد ۔ مظاہر پرستی ۔

Animist *n.* بے جان چیزوں کو ذی روح ماننے والا ۔ بھوت پریت کا ماننے والا ۔ مظاہر پرست ۔

Animosity (an-m-ositi) *n.* Active enmity خصومت ۔ دشمنی ۔ بیر ۔ عداوت ۔

Animus (an-m-əs) *n.* Animating spirit, روح رواں ۔ دشمنی ۔

Aniseed (ani-i-sid) Seed of anise بادیان ۔ انیسون ۔ سونف ۔

Anker (angkər) *n.* Measure of wine شراب کا پیمانہ

Ankle (ank-l) *n.* Joint connecting foot with leg ٹخنہ ۔ گٹا ۔

Anklet (ank-let) *n.* Ornament worn on ankle پائل ۔ پازیب ۔

Anna (an-a) *n.* Sixteenth part of a rupee آنہ ۔
Annalist *n.* وقائع نگار ۔ مورخ ۔ تاریخی واقعات ترتیب دینے والا ۔
Annals (anəls) *n.* Historical Records مرتب تاریخی واقعات ۔ تاریخی مواد ۔
Annex (ə-neks) *v.t.* Add as subordinate part ساتھ ملانا ۔ شامل کرنا ۔ توسیع کرنا ۔
Annexation *n.* (عمارت) اضافہ ۔ توسیع ۔ اشتمال ۔
Annihilate (əni(h)il-at) *v.t.* Blot out of existence فنا کر دینا ۔ مٹا دینا ۔ منہدم کر دینا ۔
Annihilation *n.* کالعدم ہونا ۔ نیست و نابود ہونا ۔ فنا ۔ انہدام ۔ ہلاکت ۔
Anniversary (ani-vərsəri) *n.* The yearly celebration of any remarkable event سالگرہ ۔ برسی ۔ سالانہ رسم ۔
Anno Domini (əno-domi-ni) In the year of our Lord, in the Christian era ولادت حضرت عیسیٰ علیہ السلام (کے بعد) ۔ سن عیسوی میں ۔
Annotate (an-o-tat) *v.t.* & *i.* Furnish with notes کتاب کی تفصیل لکھنا ۔ کسی کتاب کی تشریح کرنا ۔ شرح لکھنا ۔ حاشیہ لکھنا ۔
Annotation *n.* حاشیہ ۔ شرح ۔
Annotator *n.* شارح ۔ حاشیہ نگار ۔
Announce (ə-nowns) *v.t.* Proclaim تشہیر کرنا ۔ اعلان کرنا ۔
Annoy (ə-noi) *v.t.* Irritate ناراض کرنا ۔
Annoyance *n.* ناراضی ۔
Annual (an-u-əl) *adj.* yearly سال بہ سال ۔ سالانہ ۔
Annually *adv.* ہر سال پر ۔ ہر سال ۔ سال بہ سال ۔
Annuity (ənu-iti) *n.* سالانہ وظیفہ ۔
Annul (ə-nul) *v.t.* Abolish منسوخ کرنا ۔
Annulment *n.* منسوخی ۔ تنسیخ
Annunciate (ə-nuns(h)i-at) *v.t.* Proclaim مشہور کرنا ۔ اعلان کرنا ۔
Annunciation *n.* شہرت ۔ اعلان ۔
Annunciator *n.* اعلان کرنے والا ۔ مشتہر ۔ معلن
Anodyne (ano-din) *adj.* & *n.* Able to sooth pain مسکن ۔ درد کم کرنے والی دوا ۔ سکون ۔
Anomaly (ə-noməli) *n.* Irregularity غلطی ۔ بے قاعدگی ۔ بے ربطی ۔
Anomalous *adj.* نامناسب ۔ غلط ۔ بے قاعدہ ۔
Anonymous (ə-nonimәs) *adj.* Unknown, undeclared بے نام ۔ گمنام ۔ مجہول ۔
Anonymity *n.* بے عنوانی ۔ گمنامی ۔
Anopheles (an-of-elez) *n.* A malarial mosquito ایک قسم کا مچھر جس سے ملیریا پیدا ہوتا ہے ۔
Another (e-nudh-ər) *pren.* & *adj.* An additional one ایک اور۔مزید ۔ ایک دوسرا ۔
Answer (an-sər) *v.t.* & *i.* Reply to جواباً کارروائی کرنا ۔ جواب دینا ۔
Answer (an-sər) *n.* جوابی کارروائی ۔ جواب ۔
Ant (ant) *n.* A small insect چیونٹی ۔
Antagonism (antag-ə-nism) *n.* Enmity مخالفت ۔ دشمنی ۔
Antagonist *n.* دشمن ۔ حریف ۔ مخالف ۔
Antagonistic *a.* مخالفانہ ۔ حریفانہ ۔
Antagonize *v.t.* مخالفت کرنا ۔ دشمن بنانا ۔
Antarctic (ant-ark-tik) *adj.* Of south polar region قطب جنوبی سے متعلق ۔
Antecedent (anti-si-dent) *n.* & *adj.* Precedence پہلے واقع ہونے والا ۔ قبل آنے والا ۔ مقدم ۔
Antecedence *n.* اولیت ۔ سبقت ۔ تقدم ۔
Antechamber (anti-cham-bər) *n.* Room leading to chief apartment بڑے کمرے کے ساتھ کا چھوٹا کمرہ ۔ پیش دالان ۔ ڈیوڑھی ۔
Antechapel (anti-chapl) *n.* Outer part of west end of chapel گرجے کی مغربی جانب کا بیرونی حصہ ۔
Antedate (anti-dat) *v.t.* To fix previous date اصلی تاریخ سے پہلے کی تاریخ ڈالنا ۔
Antediluvian (anti-dil(y)ooiən) *adj.* Utterly out of date طوفان نوح سے پہلے کا ۔ پرانا ۔ دقیانوسی ۔
Antelope (anti-lop) *n.* Deer-like animal آہو کی ایک قسم ۔ مرگ ۔
Ante-meridiem (anti-mərediəm) *adv.* Between noon and midnight دوپہر سے نصف شب تک ۔
Antenatal (anti-na-tl) *adj.* Previous to birth پیدائش سے پہلے ۔

Antenna (an-tina) *n.* Sensory organs of insects کیڑوں کے حساس اعضا یا بال - قرن - آھنی مینار جو نشریات کے لیے استعمال کئے جاتے ہیں - محاس -

Anterior (anti-ri-ər) *adj.* More to the front پیشتر - آگے کا - سامنے کا -

Anthem (an-thəm) *n.* Sacred or national music قومی ترانہ - ترانہ - حمد - مناجات - خوشی کا ترانہ -

Anther (an-thər) *n.* Pollen زیرہ - زیرہ گل -

Antheral *adj.* زیرہ گل کے متعلق -

Antheriferous *adj.* زیرہ دار -

Antheroid *adj.* زیرہ نما -

Anthology (antha-loji) *n.* A choice collection of literature بیاض اشعار - کلام منتخب - منتخب فقرے - گلدستہ نظم - ادبی کشکول - بیاض -

Anthologist *n.* منتخب اشعار کا مولف -

Anthony (an-then-i) *n.* Patron of swineherds سینٹ انتھنی جو سور کے چرواھوں کا سرپرست مانا جاتا تھا -

St. Athony's fire *n.* ایک مرض جس سے جسم کا متاثر حصہ سرخ ہو جاتا ہے - سرخ بادہ -

Anthracite (anthrə-sit) *n.* Coal of ordinary quality وہ کوئلہ جس میں پتھر کا جز زیادہ ہوتا ہے - جھوٹا کوئلہ -

Anthrax (an-thraks) *n.* Melignant boil پھوڑا - پھنسی - دنبل - پھنسی جو بھیڑوں کی تپ کی وجہ سے انسان میں پیدا ہو جائے -

Anthropocentric (an-thro-posentrik) *adj.* About man-مرکوز بالبشر-متعلق بہ انسان بحیثیت مرکز کائنات اس عقیدہ سے متعلق کہ انسان ہی کائنات کا مرکز ہے -

Anthropogeny (anthropojəni) Science of creation of man آفرینش انسان کا علم -

Anthropography (anthro-pog-rəfi) *n.* Science of geographical distribution of mankind انسان کی نسل اور مختلف قوموں کی جغرافیائی تعلیم کا علم -

Anthropoid (authro-pod) *adj.* انسان جیسا - آدم نما -

Anthropology (anthropoliji) *n.* Whole science of man علم الانسان - بشریات - انسان کا فعلیاتی اور نفسیاتی علم -

Anthropologist *n.* انسانیات دان - علم الانسان کا عالم -

Anthropomorphism (anthropo-mərfisz) *n.* Attributing human form to God مذھب تشبیہ - تنزل جسمی - جسم انسان میں روح مقدس کا حلول کرنا -

Anthropophagous (anthropofəgəs) *adj.* Man-eating آدم خور -

Anti (ant-i) *prefix*: Opposite, against - مخالف - حریف مقابل - جواب - ضد -

Anti-billious (anti-bil-yes) *adj.* Of use against billiousness قاطع صفرا - صفرا شکن -

Antics (ant-iks) *n. & adj.* Grotesque - تماشا - کھیل ہنسی ٹھٹھا - عجیب و غریب وضع - نقل -

Anti-Christ (anti-krist) *n.* Enemy of Chirst - دجال دشمن حضرت مسیح -

Anti-Christian متعلق بہ دجال - عیسائیت کا مخالف -

Anticipate (an-tis-ip-at) *v.t.* Use in advance, know beforehand پیش بینی کرنا - پہل کرنا - پیش قدمی کرنا - پہلے سے سمجھ لینا - انسداد کرنا -

Anticipant *adj.* &*n.* پہل کرنے والا- پیش بندی کرنے والا - متوقع -

Anticipation *n.* سبقت - پیش بندی - پیش بینی

Anticipator *n.* قبل از وقت سمجھنے والا - پیش بینی کرنے والا -

Anticipatory *adj.* توقع کا - متوقعانہ -

Anticlimax (anti-kli-maks) opposite of climax عروج کی ضد - تنزل - اتار -

Anti-dote (an-ti-dot) *n.* Medicine given to counteract poison تریاق - زہر کا توڑ - زہر مار - بس مار -

Anti-dotal *adj.* زہر اتار - زہر مار - تریاق -

Antimasque (anti-mask) *n.* Grotesque interlude نقل - ظریفانہ اداکاری - کسی کھیل کے بیچ میں مضحکہ خیز نقلیں داخل کرنا -

Antimony (anti-mə-ni) *n.* A metallic substance انجن - کحل - سرمہ -

Antinomian (anti-ne-mi-ən) *adj.* &*n.* Opposed to moral law اخلاق قانون کا منکر - وہ جس کا عقیدہ ہے کہ عیسائی اخلاق قانون سے آزاد ہیں -

Antipathy (anti-pa-thi) *n.* Aversion بیر - دشمنی - نفرت - اکراہ -

Antipathetical *adj.* بہ اکراہ - متنفرانہ -

Antipathetically *adv.* - تنفر سے - اکراہ سے - دشمنی سے

Antiphlogistic } (anti-flojəs-tic) *adj.* & n.(Reduc-
Antiphlogistire } anti-flojes-tine)ing inflammation
ورم کو تحلیل کرنے والا - وہ دوا جس سے ورم اور سوزش کم ہو۔

Antipodes (anti-pə-dz) *n.* Regions opposite to our own وہ مقامات جو ایک دوسرے کے مقابل ہوں - وہ مقامات جو کرہ زمین کے مقابل ہیں - برعکس - مقابل -

Antipole (anti-pol) *n.* Opposite pole - بالکل برعکس قطب مخالف - قطب مقابل -

Antipope (anti-pop) *n.* Pope elected in opposition to one chosen پاپائے منتخبہ کے مقابلے میں کسی دوسرے کا انتخاب کرنا - پاپا کا حریف -

Antiquarian (antikwe-ri-ən) *adj.* & *n.* Connected with the study of antiquities آثار قدیمہ سے متعلق - آثار قدیمہ کا ماہر -

Antiquary (anti-kwe-ri) *n.* - قدیم تاریخی اشیا' کا مبصر - پرانی چیزیں جمع کرنے والا -

Antiquate (anti-kw-ət) *v.t.* Make obsolete متروک قرار دینا - پرانا قرار دینا -

Antique (an-tik) *adj.* & *n.*Of old time - پرانا - قدیم اگلے وقتوں کا - کہنہ - دقیانوسی - دیرینہ -

Antiquity *n.* - قدیم رسوم یا آثار - کہنگی - قدامت -

Antiscriptural (anti-skrip-tər-əl) *adj.* Opposed to scripture - منکر وحی - الہامی اور آسمانی کتاب کا منکر -

Anti-Semite (anti-sem-it) *adj.* & *n.* Hostile to jews یہودیوں کا مخالف - یہودیوں کا دشمن -

Anti-Semitic (anti-simitik) *adj.* Hostile to semitic tribes - سامی نسل کا مخالف - یہودیوں کے خلاف -

Antiseptic (anti-septik) *adj.* Agent counteracting putrefaction سڑن روکنے والا - صاف کرنے والا جراثیم کش - دافع عفونت - مصفی -

Anti-social (anti-so-shl) *adj.* Opposed to social principles سماج دشمن - اصول معاشرت کا مخالف -

Anti-theist (anti-thest) *adj.* *n.* Opposed to belief in God - دھریہ - خدا کا منکر - وجود خدا کا منکر -

Anti-theism *n.* - دہریت - خدا کے وجود سے انکار -

Anti-thesis (anti-thi-sis) *n.* Contrast of ideas صنعت تضاد - تضاد تقابل - ضد - برعکس - الٹا - نقیض -

Antithetic *adj.* - مقابل - نقیض - ضدیں رکھنے والا - تضادی - صنعت تضاد سے متعلق -

Anti-type (anti-tip) *n.* Different from usual type اصل - اساس - جس کا نمائندہ کوئی نمونہ یا علامت ہو -

Antler (ant-lər) *n.* Branched horn of a stag بارہ سنگھے کا سینگ - شاخدار سینگ -

Antonym (ant-o-nim) *n.* A word of contrary meaning ضد - اضداد (الفاظ)

Anvil (an-vil) *n.* Block on which smith works سندان - نہائی - اھرن - وہ لوہا جس پر لوہار گرم لوہے کو پیٹتے ہیں -

Anxiety (ang-zi-ti) *n.* Uneasiness - فکر - تشویش پریشانی - بے چینی - اضطراب -

Anxious *adj.* - تردد خیز - تشویش ناک - پریشان کن - بے چین - متفکر - بے تاب -

Any (ən-i) *adj.*, *pron.* & *adverb* One, some کوئی کوئی سا - جون سا - کچھ بھی - کسی قسم کا - کچھ ایک - کسی قدر -

Anywise *adv.* جس طرح بھی ہو - بہر حال - کسی نہ کسی طرح -

Anything *n.* & *pr.* کوئی ایک چیز - ہر چیز - کوئی چیز

Any wise *adv.* - جس طرح ہو سکے - کسی صورت سے -

Anzac (an-zak) *n.* & *adj.* A soldier of Australia or New-zealand in the war of 1914-18 آسٹریلیا یا نیوزی لینڈ کی فوج کا سپاہی - (۱۹۱۴-۱۸ء کی جنگ میں)

Aorist (aər-ist) *adj.* & *n.* Indefinite مضارع - جس میں کسی زمانہ کا تعین نہ ہو -

Aorta (a-or-ta) *n.* Great artery بڑی رگ جو دل سے نکلتی ہے - رگ جان - شاہ رگ -

Aortic *adj.* - شہ رگ سے متعلق - شریان اعظم سے متعلق

Apace (ə-pas) *adv.* Swiftly - جلدی سے - تیزی سے - جلدی - شتابی سے -

Apache (ap-a-cha) *n.* A member of N. American native tribe - شمالی امریکہ کے قدیم قبیلہ کا آدمی - پیرس کا شہدا - غنڈا -

Apanage } (əpa-naje) *n.* Provision for main-
Appanage } tenance of younger children of king
بادشاہ کے چھوٹے بچوں کا وظیفہ - مشاہرہ وغیرہ - وظیفہ شہزادگی - باج گزار علاقہ -

Apart (ə-part) *adv.* Aside, separately - الگ - علیحدہ
جدا - یکطرفہ - جداگانہ -
Jesting apart مذاق بالائے طاق - مذاق بر طرف -
Set apart محفوظ کر لینا - الگ نکال رکھنا -
Apartment (ə-part-ment) *n.* Single big room of a house کمرہ - حجرہ - خانہ -
Apathetic (apəthe-tik) *adj.* Indifferent - بے حس
لا ابالی - بے پروا - مردہ دل -
Apathetically *adv.* لا پروائی سے - سرد مہری سے -
مردہ دلی سے -
Apathy (apəth-i) *n.* Indolence of mind - بے اعتنائی
سرد مہری - مردہ دلی -
Ape (ap) *n.* A tail-less monkey - بے چمپینزی - گوریلا
دم کا بندر -
Ape (ap) *v.t.* Imitate, mimic - ریس کرنا - نقل کرنا
نقل اتارنا -
Aperient (əpe-ri-ənt) *adj.* & *n.* Laxative medicine
ملین دوا - منضج - دست آور -
Aperture (aper-tyər) *n.* Opening - سوراخ - شگاف
موکھا - روشن دان - روزن -
Apery (ap-ri) *n.* Ape-house بندر خانہ - بندر کی سی
حرکتیں - نقالی -
Apetalous (ə-petəl-əs) *adj.* A flower without petals - وہ پھول جس میں پنکھڑی یا چہرہ گل نہ ہو -
Apex (a-peks) *n.* Tip top, peak نوک - سرا - چوٹی
Aphasia (a-fa-z (h) ia) *n.* Loss of speech بے معنی
باتیں - بات نہ کر سکنا - (مرض) گویائی میں نقص آ جانا -
Aphelion (a-feliən) *n.* Point farthest from the sun
اجرام فلکی کے مدار کا وہ مقام جب وہ سورج سے بہت دور
ہوتے ہیں -
Apheliotropic (a-fe-lio-tropik) *adj.* Turning away from the sun - آفتاب کی طرف سے مڑ جانے والا -
مہر گریز - شمس گریز .
Aphonia (afo-ni-a) *n.* Total loss of voice آواز کا
بالکل جاتے رہنا - انقطاع صوت - گلا بیٹھنا - آواز کا نہ
نکلنا -
Aphonus *adj.* بے آواز - بے زبان -
Aphony *n.* بے زبانی - گلا بیٹھ جانا - آواز غائب
ہو جانا -

Aphorism (af-ər-izm) *n.* Short maxims - کہاوت
مقولہ - ضرب المثل -
Aphorismic } *adj.* پر حکمت (مقولے)
Aphoristic } حکیمانہ - حکمت آموز -
Aphoristically *adv.* مقولے کے طور پر - مثل کے طور پر
Aphrodisiac (af-ro-diz-i-ak) *n.* & *adj.* Producing venereal desire شہوت انگیز (غذا یا دوا)
Aphyllous (a-fel-əs) *adj.* Naturally leafless trees
بے برگ - ایسے درخت یا پودے جو قدرتی طور پر بے
برگ ہوں -
Apiary (əpi-ər-i) *n.* Place where bees are kept
مہال - چھتا - وہ جگہ جہاں شہد کی مکھیاں پالی جاتی ہیں
Apiarist *n.* شہد کی مکھیاں پالنے والا - نحل پرور -
Apiarian *adj.* پرورش نحل کے متعلق -
Api-culture *n.* نحل پروری کا فن - شہد کی مکھیاں
پالنا - نحل پروری -
Apiece (ə-pis) *adv.* Severally فی - فرداً فرداً - ہر -
ایک - ایک ایک -
Apish (ap-ish) *adj.* Monkey-like - بوزنہ صفت - میمونی
میمون خصلت -
Apishly *adv.* میمونی طرح پر - بندر کی طرح -
Apishness *n.* ریس - بندرپن - میمونیت -
Aplomb (a-plom) *n.* Prependicularity - ضبط نفس
سیدھا کھڑا ہونا - اپنے اوپر پورا پورا قابو -
Apocalypse (a-pokəl-ips) *n.* Revelation الہام
بالخصوص وہ جو یوحنا کو جزیرہ پتموس میں ہوا -
Apocalyptic *adj.* کشفی - الہامی
Apocalyptically *adv.* مکشفانہ طور پر - کشفی طریقہ
سے - الہامی طور پر -
Apocope (ə-pokop-e) *n.* Cutting off of last letter
کسی لفظ کا آخری حرف حذف کر دینا - صنعت ترخیم -
آخری رکن کا حذف کرنا -
Apocopate *v.t.* زحافات لگانا - حذف کرنا - محذوف کرنا
Apocrypha (ə-pokrif-a) *n.* Books of old Testament included in Septuagint but not originally in Hebrew اسفار محرفہ - وہ الہامی پارے جو عبرانی
میں نہیں پائے جاتے لیکن لاطینی عہدناموں میں ہیں -
Apocryphal *adj.* غیر مستند - وضعی - نقلی - عہد
نامہ قدیم کے محرف حصوں کے متعلق -

Apod (ap-od) *n.* Bird, reptile or fish without feet or ventral fins وہ مچھلی جس کے پیٹ پر پر نہیں ہوتے - بے پیرا - بے پرا -

Apodal *adj.* بے پیرا - بے پرا -

Apogee (apo-ji) Greatest distance of sun from earth بلند ترین مقام - زمین کا سورج سے بعید ترین فاصلہ - اوج مدار قمر -

Apogean *adj.* اوج - انتہائی بلند -

Apolaustic (apo-laustik) *adj.* Self-indulgent نفس پرست -

Apollo (ə-pol-o) *n.* Greek sun-god سوریا دیوتا - سورج کا دیوتا -

Apollyon (a-polyən) *n.* The Devil - ابلیس - شیطان

Apologetic (ə-pol-ə-jetik) *adj.* & *n.* Regretfully acknowledging - عذرخواہ - شرمندہ - نادم - منفعل تائیدی - حمایتی -

Apologetical *adj.* - عذر خواہانہ - نادمانہ - منفعلانہ

Apologetically *adv.* نادمانہ طور پر -

Apologist *n.* دلائل سے ثابت کرنے والا - عذر خواہ -

Apologize *v.i.* نادم ہونا - معذرت چاہنا - معافی چاہنا -

Apologue (apə-log) *n.* Moral fable اخلاقی قصہ - اخلاقی تمثیل - اخلاقی حکایت -

Apology (ə-polə-ji) *n.* Assurance that no offence was intended - عذر خواہی - اظہار ندامت - معذرت معافی -

Apophthegm (ap-o-them) *n.* Terse saying- جامع کلمہ کہاوت - پر مغز بات -

Apophthegmatic *adj.* جامع و مانع -

Apophthegmatically *adv.* جامع و مانع طریقہ پر -

Apoplectic (ap-oplek-tik) *adj.* Suffering from apoplexy لقوہ زدہ - مرگی کا مریض -

Apoplexy *n.* لقوہ - سکتہ - صرع - مرگی -

Apostasy (ə-postə-si) *n.* Abandonment of religious faith - خدا سے انکار - مذہب سے برگشتگی ارتداد - الحاد -

Apostate *n.* & *adj.* - مذہب سے منحرف - مرتد - ملحد

Apostatize *n.* مرتد ہونا - مذہب ترک کرنا -

A posteriori(aposte-ri-o-ri) *adj.* Reasoning from effect to causes, inductive نتائج سے اسباب معلوم کرنا - معلول سے علت معلوم کرنا - اِستقرائی -

Apostil (ə-postil) *n.* Marginal notes حاشیہ کتاب پر لکھی ہوئی یادداشت -

Apostle (ə-posl) *n.* Messenger - رسول - پیغمبر - نبی حضرت عیسیٰ کے حواریوں میں سے ایک - عیسائیت کا مبلغ - عیسائیت کا پہلا کامیاب مبلغ -

Apostolate *n.* حواری - مبلغ -

Apostolic *adj.* حواریانہ - ہادیانہ -

Apostolical *adj.* ہادیانہ - پیغمبرانہ - رہبرانہ -

Apostolically *adv.* حواریوں یا ہادیوں کی طرح -

Apastrophe (ə-pastrə-fi) *n.* Exclamatory address تقریر یا نظم میں کسی مرحوم سے خطاب - وہ نشان (') جو محذوف حرف کی جگہ لگایا جائے - علامت حذف - حذفیہ -

Apostrophic *adj.* حذفی -

Apothecary (ə-pothi-keri) *n.* Druggist - دوا ساز دوا فروش - عطار -

Apotheosis (ə-po-the-i-o-sis) *n.* Deification حیات ارضی سے آزادی - مجازی خدا بنانا - دیوتا بنانا -

Appal (ə-pawl) *v.t.* Terrify ہیبت زدہ کرنا - خوف دلانا - ڈرانا -

Apparatus (ap-ə-ratəs) *n.* Instrument - ضروری سواد ساز و سامان - اوزار - آلات -

Apparel (ə-parl) *v.* & *n.* - زریں مذہبی پوشاک - پوشاک لباس - لباس پہننا -

Apparent (ə-par-ənt) *adj.* Manifest - آشکارا - عیاں نمایاں - ظاہر -

Heir apparent *n.* ریاست کا وارث - ولی عہد -

Apparently *adv.* - بظاہر - نمایاں طور پر - ظاہر طریقے سے صاف طور پر -

Apparition (ap-ə-rishan) *n.* Ghost - سایہ - وہمی صورت بھوت - آسیب -

Appeal (ə-pel) *v.i.* Call to higher court, make earnest request نئے ممبروں کے انتخاب کے لیے پارلیمنٹ برخاست کرنا - بالاتر عدالت سے فریاد کرنا - مرافعہ کرنا - پرجوش درخواست - توجہ منعطف کرانا - دلکش ہونا - بھلا معلوم ہونا -

Appealable *adj.* قابل مرافعہ -

Appear (ə-per) Become, present oneself دکھائی دینا - نظر آنا - شائع ہونا - چھپنا - نمایاں ہونا - کھل جانا - عیاں ہونا -

Appearance *n.* باریابی ۔ آمد ۔ حاضری ۔ موجودگی ۔ ظہور ۔ روایت ۔ اظہار ۔ بھیس ۔ شکل ۔ سایہ ۔ آثار ۔ علامت ۔

Save, keep up, appearances اپنی وضع یا ظاہری حالت کو قائم رکھنا ۔ نبھانا ۔

To all appearance جہاں تک معلوم ہے ۔ بظاہر حالات ۔ جہاں تک اندازہ لگایا جا سکتا ہے ۔

Appease (ə-piz) *v.t.* Pacify رفع کرنا ۔ فرو کرنا ۔ کم کرنا ۔ ٹھنڈا کرنا ۔ اطمینان دلانا ۔ ڈھارس بندھانا ۔ تسکین دینا ۔

Appeasable *adj.* قابل تسکین ۔ اطمینان دلانے کے قابل ۔ روک تھام کرنے کے قابل ۔

Appeasement *n.* طمانیت ۔ ڈھارس ۔ روک تھام ۔

Appellant (ə-pil-ənt) *n.* & *adj.* One who appeals التجا کرنے والا ۔ مرافعہ کرنے والا ۔

Appellate *adj.* وہ حاکم جس کو مرافعہ کی سماعت کا اختیار ہو ۔ عدالت مجاز سماعت مرافعہ ۔

Appellation *n.* اصطلاحی نام ۔ اسم ۔ خطاب ۔ نام ۔ لقب ۔

Appellative *adj.* لقب ۔ نام ۔ اسم نکرہ ۔ عام ۔ نکرہ ۔

Append (ə-pend) *v.t.* Annex, add لگانا ۔ ملحق کرنا ۔ وصل کرنا ۔ شامل کرنا ۔ جوڑنا ۔

Appendage *n.* ملحقہ چیز ۔ تتمہ ۔ ضمیمہ ۔

Appendant *n.* & *adj.* کوئی چیز یا شخص جو بطور ماتحت دوسرے کے ساتھ ہو ۔

Appendix *n.* چھوٹی سی چیز جو کسی عضو بدن سے پھوٹے ۔ ذیلی شے ۔ تتمہ ۔ ضمیمہ ۔

Appendicitis *n.* التہاب زائدہ ۔ وہ مرض جس میں زائد آنت سوج جاتی ہے ۔

Apperception (ap-ər-sep-shən) *n.* Mental perception درک ۔ ادراک ذہنی ۔ ذہن کا کسی تاثر سے خارجی شے کا ادراک کرنا ۔

Appertain (ap-ər-tan) *v.t.* Belong as possession تعلق یا لگاؤ رکھنا ۔ متعلق ہونا ۔ وابستہ ہونا ۔

Appetence-cy (ap-i-tens) *n.* Desire خواہش ۔ آرزو ۔ چاہ ۔ اشتیاق ۔

Appetent *adj.* تمنائی ۔ آرزو مند ۔ نہایت خواہشمند ۔ مشتاق ۔

Appetite (ap-i-tit) *n.* Inclination, hunger خواہش ۔ رغبت ۔ بھوک ۔ میلان ۔

Appetize *v.t.* رغبت دلانا ۔ اشتہا پیدا کرنا ۔

Appetizer *n.* بھوک تیز کرنے والی چیز ۔ اشتہا پیدا کرنے والی چیز ۔

Applaud (ə-plawd) *v.t.&i.* Express approval loudly اظہار پسندیدگی کرنا ۔ تالی بجانا ۔ مرحبا کہنا ۔ زور سے تحسین و آفرین کہنا ۔

Applause (ə-plawz) *n.* Marked approval تعریف ۔ آفرین ۔ پر زور تحسین ۔ نمایاں اظہار مسرت ۔

Apple (apl) *n.* Round firm sweet fruit سیب ۔

Apple-green سیب جیسا سبز ۔

Apple-john ایک قسم کا سیب جو دو سال تک رہتا ہے اور خراب نہیں ہوتا ۔

Apple of discord فساد کی جڑ ۔ لڑائی کا گھر ۔

Apple of the eye محبوب ۔ آنکھ کی پتلی ۔

Apple-pie order بہترین انتظام و ترتیب ۔ بہترین حالت میں ۔

Upset a person's apple-cart کسی کے منصوبوں کو درہم برہم کر دینا ۔

Appliances (ap-liəncez) *n.* Things applied as means اوزار ۔ سامان ۔ اشیا جو کسی مقصد کے لیے کام میں لائی جائیں ۔

Applicable *adj.* ضروری ۔ قابل استعمال ۔ صحیح ۔ موزوں ۔ برمحل ۔

Applicability *v.* صحت استعمال ۔ موزونیت ۔

Application (ə-pli-kashen) *n.* Employment of means وسائل کو کام میں لانا ۔ استعمال کرنا ۔ مناسبت ۔ موزونیت ۔ درخواست ۔ مشقت ۔ تندہی ۔ مصروفیت ۔

Applicant سائل ۔ درخواست کرنے والا ۔ امیدوار ۔

Apply (ə-pli) *v.t.& i.* Devote درخواست دینا ۔ وسائل کو کام میں لانا ۔ محنت کرنا ۔ دھن میں لگے رہنا ۔ کامل توجہ کرنا ۔ درخواست کرنا ۔

Appoint (ə-point) *v.t.* Fix, prescribe مقرر کرنا ۔ وقت یا مقام کا تعین کرنا ۔ نامزد کرنا ۔ تعینات کرنا ۔ تقرر کرنا ۔

Appointee *n.* تقرر شدہ شخص ۔ ملازم مامور ۔ وہ شخص جس کا تقرر کیا جائے ۔

Appointment *n.* ماموری ۔ تعیناتی ۔ تقرر ۔ مقام اور وقت کا تعین ۔ وعدہ ۔ قول قرار ۔ اسامی ۔ عہدہ ۔ منصب ۔ لوازمہ ۔

pportion (ə-por-shon) *v.t.* Assign as due share بانٹنا - جائز حق دینا - حصہ تقسیم کرنا -

Apportionment *n.* تقسیم حصص - بٹائی - تقسیم - حصہ دہی -

pposite (əpo-zit) *adj.* Well-put - موزوں - بر موقع برجستہ - برمحل - ٹھیک -

Appositely *adv.* مناسب طور پر - موزوں طریقہ پر -

Appositeness *n.* مناسبت - مطابقت -

Apposition *n.* پہلو بہ پہلو رکھنا - مہر زدہ کاغذ - جڑائی -

ppraise (ə-praz) *v.t.* Estimate اندازہ کرنا - تخمینہ کرنا - جانچنا - قیمت لگانا -

Appraisable *adj.* قیمت لگانے کے قابل - قابل تخمینہ - قابل اندازہ -

Appraisal / Appraisement } *n.* تخمینہ - جانچ - اندازہ - تشخیص -

ppreciable (ə-pri-shabl) *adj.* Capable of being estimated پسندیدہ - عمدہ - قابل قدر - نمایاں - کافی -

Appreciably *adv.* نمایاں طور پر - پسندیدگی سے -

ppreciate (ə-pri-si-ət) *v.t.* & *i.* Estimate worth قدردانی کرنا - داد دینا - اندازہ لگانا - پرکھنا - نرخ بالا کرنا - قیمت بڑھانا - دام زیادہ ہونا -

Appreciative *adj.* قدر دان - قدر افزا -

Appreciatively قدر دانی سے - قدر افزائی سے -

Appreciatory *adj.* بطور قدر دانی - تعریفی - مبصرانہ -

Appreciation *n.* قدر شناسی - قدردانی - تخمینہ - جانچ - پرکھ - حالات کا صحیح اندازہ - اضافہ قیمت - داد دہی -

pprehend (ap-ri-hend) *v.t.* Seize, arrest پکڑنا - گرفتار کرنا - زیر حراست لینا - سمجھ لینا - بات کی تہہ کو پہنچ جانا - ڈرنا - خائف ہونا -

Apprehensible *adj.* جسے عقل قبول کرے - جو سمجھ میں آ سکے - معقول - قابل فہم -

Apprehensibility *n.* نکتہ پذیری - معقولیت -

Apprehension *n.* سمجھ بوجھ - خوف - خدشہ - فہم - حراست - گرفتاری -

Apprehensive *adj.* ذہین - خائف - سمجھنے والا - صاحب فراست - اندیشناک -

Apprehensively *adv.* پریشانی کے ساتھ - تشویش سے -

Apprehensiveness *n.* فہم - ادراک - اندیشہ مندی - فکر مندی -

Apprentice (ə-pren-tis) *n.* Learner of a craft شاگرد - امیدوار - کارآموز -

Apprenticeship *n.* شاگردی - میعاد کارآموزی - نوآموزی -

Apprise (ə-priz) *v.t.& i.* Inform, be aware of خبردار ہونا - آگاہ کرنا - مطلع کرنا - واقف ہونا - خبردار کرنا -

Apprize (ə-priz) *v.t.* Appreciate - اندازہ لگانا - جانچنا - پرکھنا - قدردانی کرنا -

Approach (ə-proch) *v.t.i.* Come nearer قریب آنا - پاس آنا - گفت و شنید کرنا - ملنا - خندق کھودنا - مورچہ بندی کرنا -

Approachable *adj.* پاس جانے کے قابل - قابل رسائی -

Approbate (ap-ro-bat) *v.t.* Approve formally خوشی کا اظہار کرنا - پسند کرنا - منظوری دینا -

Approbation *n.* استحسان - اجازت - پسندیدگی - قبولیت - منظوری -

Approbatory *adj.* جس سے پسندیدگی ظاہر ہو - تعریفی -

Appropriate (ə-pro-pri-at) *adj.* Suitable مناسب - موزوں - برمحل - ٹھیک -

Appropriately *adv.* مناسب طور پر -

Appropriateness *n.* مناسب - موزونیت -

Appropriate (ə-pro-pri-at) *v.t.* Take possession of قبضہ کرنا - زبردستی رکھ لینا - ہتھیا لینا - علیحدہ اٹھا رکھنا - کسی مقصد کے لیے مخصوص کرنا -

Appropriation *n.* کسی مقصد کے لیے مختص کرنا - تصرف - قبضہ -

Appropriative *adj.* متصرفانہ - غاصبانہ - قابضانہ -

Appropriator *n.* تصرف میں لانے والا - قبضہ کرنے والا -

Approval (ə-prooval) *n.* Sanction پسندیدگی - منظوری -

Approve (ə-proov) *v. t.* Confirm, Sanction پسند کرنا - اچھی نظر سے دیکھنا - تعریف کرنا - تصدیق کرنا - سراہنا - اجازت دینا - منظور کرنا -

Approver *n.* سرکاری گواہ - تعریف کرنے والا - پسند کرنے والا -

Approximate (ə-proks-im-at) *adj.* Very near اندازاً - مشابہ - قریب قریب - لگ بھگ -

Approximately *adv.* قریب قریب - تقریباً - اندازاً -

Approximate (ə-proks-im-at) *v.t.* & *i.* Bring, come near نزدیک کرنا یا ہونا - لگ بھگ ہونا - قریب قریب ہونا -

Approximation *n.* مشابہت ۔ قربت ۔ نزدیکی ۔
Approximative *adj.* قریب قریب ۔ لگ بھگ ۔
Approximatively *adv.* اندازاً ۔ تخمیناً ۔
Appulse (ə-puls) *n.* Striking against something ٹکر ۔ ٹھوکر ۔ صدمہ ۔
Appurtenance (ə-pur-ten-əns) *n.* Belongings متعلقات ۔ ساز و سامان ۔ اثاثہ ۔
Appurtenant *adj.* مشتمل ۔ مناسب ۔ موزوں ۔ متعلق ۔
Apricot (a-pri-kot) *n.* Stone-fruit allied to plum زرد آلو ۔ خوبانی ۔
April (a-pril) *n.*The fourth month of the year اپریل
April-fool پہلی اپریل کو مذاق کرتے ہیں ۔ اپریل کا احمق
April-fool-day یکم اپریل ۔
A priori (a-pri-o-ri) *adv.* & *adj.* Reasoning from cause to effect آپ ہی آپ ۔ از خود ۔ بذات خود ۔ علت سے معلول کا پتہ چلانا ۔ استخراجاً ۔ قیاساً ۔
Apron (a-prən) *n.* Garment worn in front of the body پیش بند ۔ جو کپڑا لباس کے بچاؤ کے لیے سامنے پہنا جائے ۔
Tied to apron اشارے پر ناچنے والا ۔ کٹھ پتلی ۔ پلو سے بندھا ہوا ۔
Aproned *adj.* لباس پوش پہنے ہوئے ۔ پیش بند باندھے ہوئے ۔
Apronful دامن بھر ۔ پلو بھر ۔
Apropos (a-pro-po) *adv.*, *adj.* & n. In respect of درباره ۔ متعلق ۔ موزوں ۔ برمحل ۔
Apsides (ap-sids) *n.* Semi-circular or polygonal recess کسی سیارے کے نقاط اوج و حضیض ۔ اوج اور حضیض کا محور ۔
Apt (apt) *adj.* Suitable جھکا ہوا ۔ آمادہ ۔ لائق ۔ درست ۔ موزوں ۔ چسپاں ۔
Aptly *adv.* رغبت سے ۔ موزوں طریقہ پر ۔
Aptness *n.* معقولیت ۔ موزونیت ۔ رجحان ۔ میلان ۔
Aptera (ap-tər-a) *n.* Insects without wings بے پر کیڑے ۔
Apterous *adj.* بغیر پروں کے ۔ بے پنکھ ۔ بے پر ۔
Apteryx (aptər-iks) *n.* A New Zealand bird with rudimentary wings and no tail نیوزی لینڈ کا ایک پرندہ جو لنڈورا اور بے دُم ہوتا ہے ۔
Aptitude (əp-ti-tud) *n.* Inclination, fitness صلاحیت موزونیت ۔ میلان طبع ۔
Aqua (ek-wə) *n*, Water پانی ۔
Aquamarine (ekwe-mə-rin) *n.* A bluish-green variety of beryl ۔ نیلگون سبز رنگ والا ۔ نیلگون بلور ۔
Aquarium (əkwa-ri-əm) *n.* Artificial tank for keeping fish or water plants مچھلی گھر ۔ مچھلی پالنے کا حوض ۔ آبی پودے پالنے کا حوض ۔
Aquarius (ə-kwa-ri-əs) *n.* برج آبی ۔ قوس آبی ۔ کنبھ ۔ گیارھواں برج ۔
Aquatic (ə-kwat-ik) *adj*, & *n.* پانی میں پیدا ہونے والے ۔ پانی کا ۔ آبی ۔
Aqua-vitae (əkwa-vi-ta) *n.*Ardent spirits یک آتشہ شراب ۔
Aqueduct (ak-wi-dukt) *n.* Artifical channel نہر ۔ پکا نالہ ۔ چھوٹی نالی ۔ مہری یا موری ۔
Aqueous (a-kwi-əs) *adj.* Of water, produced by water ۔ مرطوب ۔ آبی ۔ پانی کے عمل سے بنی ہوئی ۔
Aquiline (ak-wi-lin) *adj.* Eagle-like عقابی ۔ عقاب کی مانند ۔ طوطے کی سی (ناک) ۔
Aquilon (ak-wi-lon) *n.* North wind اتر کی ہوا ۔ شمالی ہوا ۔
Aquosity (ak-wa- siti) *n.*Wateriness ۔ رطوبت ۔ تری ۔ نمی ۔
Arab (ar-əb) *adj.* & *n.* One of the Semitic races inhabiting Arabia عرب ۔ عرب کا باشندہ ۔ عربی گھوڑا ۔ اسپ تازی ۔
Street-arab *n.* ۔ گلیوں میں مارا مارا پھرنے والا ۔ آوارہ گرد
Arabesque (ar-ə-bisk) *adj.* & *n.* Arabian decoration in colour ۔ عربی آرائش کا کام ۔ عربی گلکاری ۔ بیل بوٹے دار رنگین کام ۔
Arabian *adj.* ملک عرب کا ۔ عربی ۔
Arabian bird *n.* عنقا ۔
Arabian Nights *n.* الف لیلہ ۔
Arabic *adj.* & *n.* ۔ عربی زبان سے متعلق ۔ عربی زبان
Arabic numerals *n.* عربی ہندسے ۔
Gum Arabic *n.* ۔ ایک قسم کا گوند ۔ صمغ عربی
Arabist *adj. n.* عربی زبان کا ماہر ۔ عربی دان ۔

Arable (ar-abl) *adj.* & *n.* Fit for tillage کاشت کے قابل - قابل زراعت -

Aramaic (ar-ə-me-ik) *adj.* & *n.* Language of Aram and Syria آرامی زبان -

Arbiter (ar-bi-tər) *n.* A judge appointed by two parties - فیصلہ کرنے والا - ثالث - منصف - جج - حاکم

Arbitrage (ar-bi-trij) *n.* Trade in bills of exchange - سکوں کے بٹاون کا کاروبار - ہنڈی کا کاروبار -

Arbitral (ar-bi-tral) *adj.* Pertaining to arbitration ثالثی کے متعلق -

Arbitrament *n.* پنچائتی فیصلہ - ثالثی فیصلہ -

Arbitrary (ar-bi-trər-i) *adj.* Despotic من مانی - بے قاعدہ - بے باکانہ - آمرانہ - خود مختارانہ -

Arbitrarily *adv.* ظالمانہ انداز سے - خود مختارانہ طور پر آمرانہ - بے اصولی سے -

Arbitrariness *n.* آمریت - استبدادیت -

Arbitrate *v.t.* پنچائتی فیصلہ کرانا - ثالث سے فیصلہ کرانا -

Arbitration *n.* پنچائتی فیصلہ - ثالثی -

Arbor (ar-bər) *n.* The main support of a machine دھرا - محور - مشین کا سہارا -

Arboraceous (ar-bəra-sius) *adj.* Tree like شجر جیسا درخت کی طرح -

Arboreal *adj.* درخت کا - درختوں پر رہنے والا -

Arboreous *adj.* درخت کے متعلق - شجردار - درخت کی طرح -

Arborescent *adj.* شاخدار - درخت جیسا - شجر نما -

Arboriculture *n.* علم الاشجار - درخت لگانے کا علم -

Arborviate (ar-bər-vita) *n.* Tree of life - سدا بہار

Arbour (ar-bər) *n.* Shady retreat, Bower سایہ دار راستہ - کنج - منڈوا -

Arboured *adj.* شجر بند - درختوں سے ڈھکا ہوا -

Arc (ark) *n.* A part of circumference of a circle قوس - دائرے کا حصہ - دھنک - کمان -

Arcade (ark-ad) *n.* Passage arched above وہ راستہ جس پر محرابی چھت ہو - چھت دار راستہ جس کے ایک طرف یا دونوں طرف دکانیں ہوں -

Arcaded *adj.* محراب دار - محرابی -

Arcadian (ark-adi-ən) *n.* Ideally rustic - پکا دیہاتی دہقانی -

Arch (arch) *n.* A curved sturcture supporting a bridge محراب کمان - قوس - قالب دار چھت - لداؤ کی چھت

Archwise کمان یا محراب کی طرح -

Arch (arch) *v.t.* & *i.* Form into an arch محراب بنانا - ڈاٹ لگانا -

Arch (arch) *adj.* عیّار - چالاک - چھٹا ہوا - مکّار -

Archly *adv.* مکّاری سے - عیّارانہ طور پر -

Archness *n.* مکّاری - چالاکی - عیّاری -

Arch (arch) *adj.* بڑا - چوٹی کا - لا جواب -

Archaeology (ark-i-oləji) *n.* Study of antiquities قدیم چیزوں کا علم - علم آثار قدیمہ -

Archaeological *adj.* آثار قدیمہ کے متعلق -

Archaeologically آثار قدیمہ کے علم کی رو سے -

Archaeologist *n.* ماہر آثار قدیمہ -

Archaic (ar-ka-ik) *adj.* Primitive - دقیانوسی - قدیم - پرانا

Archaism *n.* پرانے محاورے - قدیمیت - دقیانوسیت -

Archaist *n.* - متروک پسند - پرانے الفاظ استعمال کرنے والا

Archaistic *adj.* پرانی چیزوں کے متعلق - متروکات کے متعلق -

Archangel (ark-an-jl) *n.* Angel of highest rank رئیس الملائکہ - فرشتوں میں سب سے بڑا - ایک قسم کا کبوتر - خاردار پودا جس کے چھونے سے جلن ہوتی ہے -

Archbishop (arch-bishəp) *n.* Chief bishop لاٹ پادری - اسقف اعظم -

Archbishopric *n.* حلقہ اسقف اعظم - اسقف اعظم کی جائے سکونت -

Archdeacon (arch-de-kn) *n.* Religious dignitary next below bishop مذہبی عہدہ دار جو اسقف کے نیچے ہوتا ہے -

Archdeaconship *n.* آرچ ڈیکن کا عہدہ -

Archdeaconry *n.* آرچ ڈیکن کی جائے سکونت یا عہدہ یا اس کا حلقہ اقتدار -

Archdiocese (arch-diə-ses) *n.* The see or jurisdiction of an archbishop - آرچ ڈیکن کا ماتحت علاقہ

Archduchess (arch-duch-is) *n.* The wife of an archduke - آرچ ڈیوک کی بیوی - شاہ اسٹریا کی بیوی

Archduke (arch-duk) *n.* Heir to the Emperor of Austria شاہ آسٹریا کا بیٹا -
Archducal *adj.* آرچ ڈیوک کا -
Archduchy *n.* آرچ ڈیوک کا علاقہ -
Arch-enemy (arch-enemi) *n.* Chief enemy پکا دشمن بڑا دشمن - شیطان -
Archer (archər) *n.* One that shoots with bow and arrow تیر انداز - تیر کمان رکھنے والا -
Archery *n.* فن تیر اندازی -
Arches court *n.* امور مذہبی کی عدالت عالیہ -
Archetype (ark-i-tip) *n.* Original model ابتدائی - نمونہ - اصلی نمونہ -
Architypal *adj.* بنیادی - اصلی - اولین -
Architypally *adv.* ابتداءً - اولین طور پر - بنیادی طور پر -
Arch-fiend (arch-fend) *n.* Satan ابلیس - شیطان -
Archiepiscopal (ar-ki-e-piskəp-l) *adj.* Pertaining to an archbishop اسقف اعظم کے متعلق -
Archipelago (ark-i-peləgo) *n.* Group of Islands سمندر میں جزیروں کا سلسلہ - مجمع الجزائر -
Architect (ark-i-tekt) *n.* Designer of buildings فن تعمیر کا ماہر - میر عمارات - معمار - موجد -
Architectonic *adj.* تعمیر یا معماری کی بابت - فن تعمیر کے متعلق -
Architecture *n.* فن تعمیر - عمارت سازی - عمارت -
Architectural *adj.* تعمیری - عمارتی -
Architecturally *adv.* فن تعمیر کی رو سے -
Architrave (arki-trav) *n.* Main beam on columns عمارت کا بڑا شہتیر - مرغول - محراب کے بیرونی نقش و نگار -
Archive (ark-iv) *n.* Place in which public records are kept محافظ خانہ - سرکاری اسناد کے رکھنے کی جگہ -
Archivist - مہتمم دفتر - محافظ دفتر - پُرانے دفتر کا ناظم -
Arctic (ark-tik) *adj.* Of the North pole - شمالی - اتری - قطب شمالی کا -
Arctic circle دائرہ قطب شمالی -
Ardent (ard-ənt) *adj.* Burning, red hot - پرجوش - گرم - جلتا ہوا - پرشوق - سرگرم -
Ardour (ard-ər) *n.* warm emotion - سرگرمی - اشتیاق - گرم جوشی - گرمیٔ جذبات - لگن - دھن -
Arduous (Ard-u-əs) *adj.* Hard to climb, hard to achieve دشوار - کٹھن - سخت مشکل - جوشیلا - محنتی - تن دہی سے کام کرنے والا -
Are (ar) *n.* & *v.* French metric unit ایک فرانسیسی اکائی -
Area (a-ri-a) *n.* Vacant ground ہموار زمین - زمین - طول و عرض - رقبہ -
Areca (ə-re-ca) *n.* A kind of palm - پام کی ایک قسم - کھجور کی ایک قسم - سپاری کا درخت -
Arena (ə-re-na) *n.* Combating place اکھاڑا - دنگل - میدان جنگ - میدان عمل -
Arenaceous (ar-i-na-shəs) *adj.* Sandy ریگستانی - خشک - ریتیلا -
Arenation *n.* نیمم - ریت کا غسل - بالو اشنان - گرم ریت جسم پر ملنا -
Areo-metre (ar-o-me-tər) *n.* An instrument for measuring the depth and weight of water آلہ جس سے پانی کی گہرائی اور وزن دریافت کرتے ہیں - مقیاس الماء -
Areopagus (ari-opəgəs) *n.* Highest judicial court of Athens on a hill ایتھنس کی عدالت عالیہ فوجداری جس کا اجلاس پہاڑی پر ہوتا تھا -
Argala (ar-gə-la) *n.* A gigantic Indian stork ایک بڑا آبی پرندہ - سارس -
Argali (ar-gəli) *n.* Asian wild sheep ایشیائی جنگلی بھیڑ -
Argand lamp (ar-gad-lamp) *n.* Gas lamp ارگنڈی گیس لیمپ جس کی بتی اور چمنی گول ہوتی ہے -
Argent (arj-ənt) *n.* & *adj.* Silver-bearing - چاندی - چاندی کا - نقرئی - سیمیں -
Argentiferous *adj.* جس سے چاندی نکلتی ہو -
Argil (ar-jil) *n.* Clay - کمہار کی مٹی - برتن بنانے کی مٹی - چکنی مٹی -
Argle-bargle (ar-jil-bar-jil) *n.* & *v.* Debate, discussion بحث کرنا - بحث مباحثہ -
Argol (ar-gol) *n.* The tartar deposited from wines شراب کی تلچھٹ جو پیپوں کے کناروں پر جم کر سخت ہو جاتی ہے -
Argon (ar-gon) *n.* A gas in the atmosphere ایک گیس ارگون جو آکسیجن اور نائٹروجن کے علاوہ ہوا میں پائی جاتی ہے -

Argonaut (ar-go-nawt) n. Legendary hero ان بہادروں میں سے ایک جو سنہری اون کی تلاش میں ارگو جہاز میں روانہ ہوئے تھے -

Argosy (ar-gə-si) n. Large merchant vessel بڑا تجارتی جہاز (وینس یا گوسا کا)-

Argot (ar-go) n. Slang بازاری زبان - لہجہ - بولی - خاص کر چوروں کی زبان -

Argue (arg-u) v.t. & i. Maintain by reasoning ثابت کرنا - دلائل پیش کرنا - ظاہر کرنا - ٹھیرانا - دعوی کرنا - بحث و تمحیص کرنا - کٹ حجتی کرنا - بحث کے قابل - ثابت کیے جانے کے قابل -

Arguable adj.

Argument n. استدلال - وجہ - حجت - مناظرہ - ثبوت - دلیل - برہان -

Argumentation n. مقابلہ - مناظرہ - سوال جواب - بحث مباحثہ -

Argumentative adj. منطق چھانٹنے والا - مدلل - بحث کا شوقین - منطقی -

Argumentum ad hominem دلیل لا حاصل - دلیل الزامی -

Argumentum ad ignorantiam بھلاوا - مغالطہ -

Argumentum baculinum ڈنڈے کی دلیل - زبردستی -

Argumentatively adv. منطقی طریقے سے - مدلل طور پر -

Argumentativeness n. مناظرہ - بحث کا شوق -

Argus (ar-ges) n. Fabulous person with a hundred eyes صد چشم - سو آنکھوں والا فرضی شخص - چوکس - چوکنا -

Arian (ari-ən) n. Holder of the doctrine of Arius آریوس کا پیرو جو اس مسئلے کا منکر ہے کہ عشائے ربانی میں حضرت عیسیٰ جسماً موجود ہوتے ہیں -

Arianism n. آریوسیت -

Arid (ar-id) adj. Dry, parched - بنجر زمین - خشک - بے برگ و گیاہ -

Aridity } n. سوکھا پن - بنجر پن - خشکی -
Aridness }

Ariel (ari-əl) n. Species of deer in Western Asia ایک قسم کا ہرن جو مغربی ایشیا اور افریقہ میں پایا جاتا ہے -

Aries (ari-ez) n. The first zodiacal constellation برج حمل - میگھ -

Aright (ə-rit) adv. Rightly درست طریقے سے - ٹھیک ٹھیک - صحیح طور پر -

Aril-arillus (ar-il) n. Seed-covering بیج کا پوست - چھلکا -

Arilate } adj. پرت دار
Arilated } چھلکے والا

Arise (ə-riz) v.i. Rise, get up اٹھنا - اٹھ کھڑے ہونا - بیدار ہونا - پھر زندہ ہونا - پیدا ہونا - تولد ہونا - نظر میں آنا - منتج ہونا - جلوہ گر ہونا - ظہور کرنا -

Aristocracy (ar-is-tokrə-si) n. Ruling body of nobles حکومت امرا - مخصوص طبقہ کی حکومت - اعلیٰ طبقہ کی حکمرانی - خاص افراد کی حکومت -

Aristocrat n. حکومت امرا کا طرفدار - مغرور انسان - طبقہ امرا کا رکن -

Aristocratism n. امارت پسندی - امیرانہ -

Aristocratic adj. شاہانہ - امیرانہ

Aristotelian (ar-is-to-tele-ən) n. & adj. Disciple of the Greek philosopher Aristotle - مشائی فلسفہ ارسطو کا قائل -

Arithmetic (ə-rith-mə-tik) Science of numbers علم اعداد - علم حساب -

Arithmetician n. علم حساب کا عالم - حساب دان -

Arithmetical adj. حسابی -

Arithmetically adv. حساب سے - از روئے حساب -

Ark (ark) n. Chest, box-boat تابوت - صندوق - کشتی - جائے پناہ -

Ark of the Covenant لکڑی کا صندوق جس میں توریت کی لوحیں محفوظ تھیں -

Noah's ark کشتی نوح -

Arm (arm) n. Upper limb from hand to shoulder بازو - دست - آستین -

Arm hole n. آستین کا کھلا حصہ جس میں ہاتھ ڈالا جاتا ہے -

Arm of the sea n. سمندر کی شاخ -

Armpit بغل -

Infant in arms وہ بچہ جو ابھی چل نہیں سکتا - شیر خوار بچہ -

Keep, hold at arm's length - دور کی صاحب سلامت دور دور رہنا - دور رکھنا -

With open arms صاف دلی سے ۔ کھلے دل سے ۔
Armful اتنی چیز جو ہاتھ میں لے سکیں ۔
Arms (arm) *n.* Weapons ہتھیار ۔ آلات حرب ۔ فوج ۔ اسلحہ ۔ سپاہگری ۔
Bear-arms ہتھیار سنبھالنا ۔ مسلح ہونا ۔ سپاہی کا پیشہ اختیار کرنا ۔
Coat of arms فوجی نشان ۔
Fire-arms آتشیں اسلحہ ۔
Small-arms ہلکے ہتیار ۔ چھوٹا اسلحہ ۔
Up in arms جنگ پر اتر آنا ۔ کھلم کھلا بغاوت ۔
Armless خالی ہاتھ ۔ بے اسلحہ ۔ نہتا ۔

Arm (arm) *v.t.&i.* Furnish with arms مسلح کرنا یا ہونا ۔ ہتھیار فراہم کرنا ۔

Armada (ar-mada) *n.* Fleet of ships of war جنگی جہازوں کا بیڑا ۔ ہسپانوی بحری بیڑا جو انگلستان پر حملہ کرنے کے لیے بھیجا گیا تھا ۔

Armadillo (armə-dil-o) *n.* Burrowing animal of South America جنوبی امریکہ کا ایک جانور جس پر ہڈی کا خول ہوتا ہے ۔

Armament (armə-mənt) *n.* Force equipped for war مسلح فوج ۔ فوجی ساز و سامان ۔ بڑی توپیں ۔

Armature (armə-tur) *n.* Arm, armour ۔ اسلحہ۔ ہتھیار نباتات یا حیوانات کا بالائی حفاظتی خول ۔ سخت غلاف یا چھال ۔

Armenian (ar-mi-nyən) *n.* Native of Armenia آرمینیا کا باشندہ ۔ آرمینی مٹی ۔

Armillary (ar-mil-a-ri) *adj.* Pertaining to bracelets کنگنی ۔ جوشنی ۔ چوڑیدار ۔

Armistice (ar-mis-tis) *n.* Short truce of war عارضی صلح ۔ التوائے جنگ ۔

Armlet (arm-let) *n.* Band worn round the arm بازو بند ۔ کڑا ۔ جوشن ۔ سمندر کی شاخ ۔

Armorial (arm-o-rial) *adj.& n.* خاندانی نشان ۔ خاندانی نشان کے متعلق ۔

Armory (ar-mory) *n.* Heraldry ۔ فن اسلحہ۔علم تقابت
Armorist *n.* ماہر اسلحہ ۔ ماہر علم نقابت ۔

Armour (ar-mər) *n.* Protective covering زرہ بکتر ۔ لباس آہن ۔ فوجی گاڑیوں اور جہازوں پر آہنی چادر ۔ حیوانات کا بیرونی خول ۔

Armour (ar-mər) *v.t.* Furnish with protective covering آہن پوش کرنا ۔ محفوظ کرنا ۔ فولادی چادر چڑہانا ۔
Armourer *n.* محافظ سلاح خانہ ۔ ہتھیاروں کی مرمت کرنے والا ۔ اسلحہ ساز ۔
Armoury *n.* کارخانہ اسلحہ سازی ۔ اسلحہ خانہ ۔

Army (arm-i) *n.* Body of men armed for war فوج ۔ لشکر ۔ سپاہ ۔ منظم جمعیت ۔ انبوہ ۔
Army broker فوجی ٹھیکہ دار ۔ فوجی دلال ۔
Army-corps رسالہ ۔ فوج کی جماعت ۔ فوج کا حصہ ۔
Salvation Army نجات دہندہ فوج ۔ مکتی فوج ۔
Standing army وہ فوج جو ہر وقت جنگ کے لیے تیار رہے ۔ مستقل فوج ۔

Aroma (a-ro-ma) *n.* Sweet smell عطر ۔ خوشبو ۔ مہک ۔ پھولوں کی باس ۔
Aromatic *adj.* چٹ پٹا ۔ مسالہ دار ۔ مہک دار ۔ معطر ۔ خوشبودار ۔
Aromatize *v.t.* خوشبودار بنانا ۔ معطر کرنا ۔

Around (ə-rownd) *adv.* All round ادھر ادھر ۔ ہرطرف۔ چار سو ۔ چاروں طرف ۔
Fool around ادھر ادھر مارے مارے پھرنا ۔

Arouse (ə-rowz) *v.t.* Stir up for activity جگانا ۔ ہوشیار کرنا ۔ اکسانا ۔ ابھارنا ۔

Arrack (arak) *n.* Any spirituous liquor دیسی شراب ۔ ناریل کی شراب ۔

Arraign (ə-ran) *v.t.* Find fault, indict مجرم ٹھیرانا ۔ الزام لگانا ۔ نقص نکالنا ۔ عیب جوئی کرنا ۔ جواب طلب کرنا ۔ اس کے لیے عدالت میں پیش کرنا ۔
Arraignment *n.* عیب جوئی ۔ الزام ۔ تہمت ۔

Arrange (ə-ranj) *v.t.& i.* Put into order ۔ لگانا ۔ جمانا ترتیب دینا ۔ قطار میں کھڑا کرنا ۔
Arrangement *n.* انتظام ۔ بندوبست ۔ ترتیب ۔

Arrant (ar-ənt) *adj.* notorious رسوا ۔ بدنام ۔ چھٹا ہوا ۔ پرلے درجے کا (بدمعاش) ۔

Arras (ar-əs) *n.* Rich tapestry تصویریں لگانے کا زرین کپڑا ۔ مشجر اور کمخواب کا پردہ ۔

Array (ə-ra) *n.* Military force, imposing lines of men قطار۔ صف در صف لوگ ۔ انسانوں کا مؤثر جمگھٹا ۔

Array (ə-ra) *v.t.* صف آرائی کرنا ۔ ترتیب دینا ۔ قاعدے سے کھڑا کرنا ۔ سنوارنا ۔ لباس فاخرہ یا فوجی لباس میں لوگوں کو کھڑا کرنا ۔

Battle array سپاہیوں کی صفیں ۔ فوجی ترتیب ۔

Arrear (ə-rer) *n.* & *p.* Outstanding debt جلوس کا پچھلا حصہ ۔ وصول طلب قرضہ ۔ بقایا ۔

Arrearage *n.* پس ماندگی ۔ وصول طلب رقم ۔ بقایا ۔

Arrest (ə-rest) *v.t.* Seize a person by legal authority گرفتار کرنا ۔ روکنا ۔ تھامنا ۔ باز رکھنا ۔ حراست میں لینا ۔

Arrestive *adj.* روکنے والا ۔ امتناعی ۔

Arrestment *n.* ٹھہراؤ ۔ روک ۔ گرفتاری ۔ حراست ۔

Arrest (ə-rest) *n.* stoppage ٹھہراؤ ۔ رکاؤ ۔ روک ۔ گرفتاری ۔

Arrival (ə-riv-al) *n.* Act of coming to end of journey or destination آمد ۔ ورود ۔ تشریف آوری ۔ جہاز پر لادنے کا سامان ۔

Arrive (ə-riv) *v.i.* Come to destination آنا ۔ پہنچنا ۔ وارد ہونا ۔ منزل مقصود کو پہنچنا ۔

Arrogant (aro-gent) *adj.* Haughty گستاخ ۔ متکبر ۔ مُدِمّغ ۔ مغرور ۔ دیدہ دلیر ۔

Arrogance (y) *n.* بدماغی ۔ گستاخی ۔ تکبر ۔ غرور ۔

Arrogantly *adv.* متکبرانہ ۔ گستاخانہ ۔

Arrogate (ar-o-gat) *v.t.* Claim a thing unduly ناجائز طور پر کسی چیز پر قبضہ کرنا ۔ غرور میں آ کر اختیارات کو ہاتھ میں لے لینا ۔ ناجائز طور پر کسی حق کا دعویٰ کرنا ۔

Arrogation *n.* جھوٹا دعویٰ ۔ بے جا دعویٰ ۔ خلاف قانون حق ۔

Arrow (ar-o) *n.* A slender pointed missile shot from a bow تیر ۔ پیکاں ۔ ناوک ۔

Arrowroot *n.* بیماروں کے لیے ایک ہلکی غذا ۔ اراروٹ ۔

Arse (ars) *n.* (not now in polite use) Buttock, rump سرین ۔ چوتڑ ۔ پٹھا ۔

Arsenal (ars (i) nl) *n.* Storage of arms and ammunition اسلحہ خانہ ۔ میگزین ۔ ہتھیار گھر ۔

Arsenic (ars (ə) nik) *n.* Semi-metallic substance سنکھیا ۔ سم الفار ۔

Arsenious *adj.* سنکھیا ملا ہوا ۔ سنکھیا کا جز رکھنے والا ۔

Arson (ar-sn) *n.* Wilful setting on fire عمداً آگ لگانا ۔ آتش زنی ۔

Art (art) *n.* Skill فن ۔ ہنر ۔ ہوشیاری ۔ صنعت ۔ کاریگری ۔ تراش خراش ۔ بات نکالنا ۔ صنعت و حرفت ۔ پیشہ ۔ عیاری ۔ چال ۔ فریب ۔ حکمت عملی ۔

Black art سحر ۔ جادو ۔

Fine arts مجسمہ سازی ۔ مصوری ۔ موسیقی ۔ شاعری ۔ فنون لطیفہ ۔

The arts and sciences ہنر اور علم ۔ علوم و فنون ۔ وہ

The mechanical arts فنون جن کا تعلق مشینوں سے ہو ۔ میکانی فن ۔ دستکاری ۔

Artemisia (arte-miz-i-a) *n.* A kind of plant دونا مروا افسنطین ۔

Arterial (ar-ti-ri-əl) *adj.* Belonging to an artery شریان کے متعلق ۔

Artery (ar-tər-i) *n.* Blood-tubes نس ۔ شریان ۔ جسم کے ہر حصہ میں خون پہنچانے والی نالی ۔

Arteritis *n.* سوزش شریان کا مرض ۔ ورم شریان ۔

Artesian (ar-te-zyen) *adj.* Perpendicular boring برما کیا ہوا (پمپ) ۔ فواری (ایسا پمپ جس سے فوارے کی طرح پانی نکلے) ۔

Artesian well فواری کنواں ۔

Artful (art-ful) *adj.* Clever ہوشیار ۔ چلتا ہوا ۔ چلتا پرزہ ۔ چالاک عیار ۔

Artfully *adv.* عیاری سے ۔ ہوشیاری سے ۔ چالاکی سے ۔

Artfulness *n.* مکاری ۔ چالاکی ۔ عیاری ۔

Article (ar-ti-kl) *n.* Separate portion of anything written کسی تحریر کا جز یا حصہ ۔ مضمون ۔ دفعہ ۔ شرط ۔ مخصوص حصہ ۔ خاص جملہ ۔ خاص چیز ۔ خاص مضمون ۔ حرف تنکیر ۔

Article (ar-ti-kl) *v.t.* Set forth in articles دفعہ وار لکھنا ۔ پابند کرنا ۔ پابند شرائط کرنا ۔

Articulate / **Articular** } (arti-ku-lət) *adj.* & *n.* Distinctly (arti-kulər) jointed جوڑا ہوا ۔ جوڑ دار گٹھیلا ۔ گرہ دار ۔ جوڑوں اور مفاصل کے متعلق ۔

Articulately *adv.* صاف ۔ واضح طور پر ۔

Articulateness *n.* گرہ دار ہونا ۔ صاف ہونا ۔ وضاحت ۔

Articulate (ar-tiku-lət) *v.t.& i.* Connect by joints
گرہ یا جوڑ دے کر ملانا - حرف بہ حرف بولنا -

Articulation *n.* صاف تلفظ - لہجہ - گرہ جوڑ - گرہ بندی -

Artifice (ar-ti-fis) *n.* Device - چال - چالاکی - ہنر - حکمت - ترکیب - کمال -

Artificer *n.* صناع - دستکار - موجد -

Artificial *adv.* نقلی - ساختہ - بناوٹی - مصنوعی -

Artificially *adv.* مصنوعی طور پر -

Artificiality *n.* بناوٹ - تصنع -

Artificialness *n.* نقلی پن - بناوٹی پن -

Artillery (ar-til-əri) n. Guns : gunners - توپ خانہ - توپیں جو ٹینک اور طیاروں پر گولے پھینکیں -

Artillerist *n.* گولہ اندازی کا ماہر - گولہ انداز - توپچی -

Artilleryman توپچی - توپ خانہ کا سپاہی -

Artisan (art-i-zan) Handicraft man - کاریگر - دستکار - صناع - اہل حرفہ -

Artist (art-ist) *n.* One who practises a fine art
فنون لطیفہ کا ماہر - صناع - باکمال - کسی فن لطیف کا شوقین -

Artistic (al) *adj.* فنون لطیفہ کے متعلق - پرصنعت - فنی -

Artistically *adv.* مہارت فن کے ساتھ - ماہرانہ طور پر - استادانہ طریقہ سے -

Artistry *n.* فنی استعداد - فنی حسن - فنی مشاق -

Artless *adj.* بھونڈا - بھدا - بے ہنر - اناڑی -

Artlessly *adv.* بھونڈے پن سے - بے ہنری سے - بے تکے پن سے - اناڑی پن سے -

Artlessness *n.* بھونڈا پن - بے ہنری

Aryan (ari-ən) *adj. & n.* One of the human tribes as opposed to Semitics آریائی زبانیں - آریائی نسل - آریائی -

As (az) *adv., conj. & pron.* Expressing manner
جونہی کہ - جیسے ہی - جیسا کہ - جس طرح - ویسا - مثل - مانند - اس لئے کہ - چونکہ - تاکہ - اس طرح - جبکہ - کیونکہ - لئے - واسطے -

As before پہلے کی طرح - جیسا پہلے تھا -

As far as جس حد تک - جہاں تک -

As far as to بابت - درباره - نسبت - حق میں -

As if, as though گویا کہ - جیسا کہ -

As good as dead گویا کہ مردہ ہی ہے - مردہ ہی - ایسا جیسے مردہ -

As it were جیسا واقع ہوا - جیسا کہ تھا - جیسا کہ ہوا -

As long as جب تک - تب تک -

As usual حسب معمول -

As well as اور - نیز - بھی -

As yet تاہنوز - اب تک -

Such as جیسا کہ -

Asafoetida (as-ə-fet-i-da) *n.* Resinous gum with strong smell حلتیت - ہینگ -

Asbestos (az-best-os) *n.* Fibrous mineral
اسبستاس - ریشہ دار معدنی مادہ -

Ascend (ə-send) *v.t. & i.* Rise, be raised, - ترقی کرنا - چڑھنا - بلند ہونا - صعود کرنا -

Ascendancy-ency *n.* غلبہ - عروج - بلندی -

Ascendant-ent *adj.* فائق - سرفراز - غالب - افضل - اعلیٰ -

Be in the ascendant بلند ہونا - چڑھتا ہوا ہونا - عروج پر ہونا - غالب ہونا -

Ascending *adj.* اٹھتا ہوا - بلند ہوتا ہوا - چڑھتا ہوا

Ascension *n.* حضرت عیسیٰ علیہ السلام کا آسمان پر جانا - بلندی - چڑھاؤ - صعود - عروج -

Ascent (ə-sent) *n.* Rising - زینہ - ترقی - بلندی - ارتفاع - چڑھاؤ - سیڑھی - وہ راستہ جس سے اوپر جا سکیں -

Ascertain (as-er-tan) *v.t.* Find out, - تشخیص کرنا - جانچنا - پکا کرنا - تحقیق کرنا - معلوم کرنا -

Ascertainable *adj.* دریافت طلب - قابل تحقیق -

Ascertainment *n.* تشخیص - تفتیش - تحقیقات - تحقیق -

Ascetic (ə-set-ik) *n. & adj.* austere - تارک لذات - سنیاسی - زاہد - عابد - فقیر -

Ascetical *adj.* زاہدانہ - درویشانہ - راہبانہ -

Ascetically *adv.* - راہبانہ طریقے سے - زاہدانہ طرز سے - درویشانہ طور پر -

Asceticism *n.* - پرہیزگاری - تقویٰ - زہد - رہبانیت -

Ascribe (a-skrib) *v.t.* Attribute - اسباب سمجھنا یا جاننا تعلق ظاہر کرنا - ٹھیرانا - منسوب کرنا -

Ascribable *adj.* منسوب کرنے کے قابل -

Ascription *n.* تعلق - لگاؤ - نسبت -

Aseptic (ə-sep-tik) *adj. & n.* Surgically sterile غیر عفونت پذیر- جس میں مواد نہ پڑے- جس کے سڑنے کا اندیشہ نہ ہو - غیر متعفن - غیر سمی -

Asexual (ə-seks-u-əl) *adj.* Without sex جس میں نر و مادہ کا امتیاز نہ ہو - بے جنس -

Ash (ash) *n.* A kind of tree - جنگلی درخت کی ایک قسم -

Ash (ash) *n.* Powder left after burning راکھ - خاک - بھبوت -

Ash Wednesday عیسائی چلے کا پہلا دن - سر پر راکھ ڈالنے کا دن -

Ashamed (ə-shamd) *adj.* Disconcerted خفیف - پریشان - شرمندہ - خجل - نادم - منفعل -

Ashen (ash-en) *adj.* ایشن درخت کا - ایشن لکڑی کا بنا ہوا -

Ashen (ash-en) *adj.* خاکستری رنگ کا - راکھ کا -

Ashore (ə-shor) *adj.* On the shore لب آب - کنارے پر - ساحل پر -

Ashy (ashi) *adj.* Of ashes, پیلا - زرد - راکھ کی طرح راکھ سا -

Asiatic (ash-i-atik) *adj.* Of Asia ایشیا کا رہنے والا - ایشیائی -

Aside (ə-sid) *adv.* to or one side الگ - ایک طرف - جدا -

Set aside باطل کرنا - الگ کرنا - منسوخ کرنا -

Speak aside - علیحدہ ہو کر بات کرنا - تخلیہ میں بات کرنا -

Asinine (as-in-in) *adj.* Pertaining to asses, stupid گدھا-بیوقوف -

Asininity بیوقوفی - گدھا پن -

Ask (ask) *v.t. & i.* To call for an answer - پوچھنا استفسار کرنا - پرسش کرنا - سوال کرنا - باز پرس کرنا - درخواست کرنا - عرض کرنا - طلب کرنا - مانگنا - دعویٰ کرنا -

Askance (ə-skans) *adv.* Sideway ترچھی نظر سے

Look askance at - مشتبہ نظروں سے دیکھنا - شک کرنا -

Askew (ə-sku) *adv.* Oblique y ترچھا - ٹیڑھا - حقارت سے -

Look askew - آنکھیں چار نہ کرنا - نظر چرا کر دیکھنا -

Aslant (ə-slant) *adv. & prep.* Slantingly across ترچھا - ٹیڑھا - آڑا -

Asleep (ə-slep) *adv. & adj.* Sleeping سویا ہوا - نیند میں - خُفتہ -

Aslope (ə-slop) *adv. & adj.* - ڈھلاؤ - سلامی - ڈھلوان -

Asp (asp) *n.* Venomous snake - چھوٹا زہریلا .. افعی - زہریلا سانپ -

Asp (asp) *n.* A kind of poplar ایک قسم کا سفیدے کا درخت جس کی پتیاں ہلتی رہتی ہیں -

Asparagus (as-parə-gəs) *n.* - مارچوبا - موصلی سفید - ایک قسم کی مزیدار ترکاری (سرد ملکوں میں)

Aspect (as-pekt) *n.* Look, expression - صورت - شکل ہیئت - منظر - طرف - پہلو - رخ - حالت - کیفیت - تصور -

Aspen (asp-en) *adj. & n.* Like the asp. ایک قسم کا درخت - بید مجنون -

Asperate (aspər-at) *v.i.* To make rough کھردرا کرنا - ناہموار کرنا -

Asperity *n.* سختی - تلخی - کھردرا پن - رکھائی -

Asperse (as-pərs) *v.t.* Caluminate - تہمت لگانا - عیب لگانا - الزام دینا -

Aspersion *n.* کلنک کا ٹیکہ - الزام - تہمت - بہتان -

Asphalt (as-falt) *n.* A hard bituminous substance - رال - فرش یا سڑک بنانے کا مسالا- تارکول ریت کا مرکب -

Asphalt (as-falt) *v.t.* To lay road with تارکول اور ریت بچھا کر فرش بنانا -

Asphyxia-xy (as-fik-si-a) *n.* Suffocation سانس کا رکنا- سکتہ - چکر - غشی -

Asphyxial *adj.* غشی یا سکتے کا -

Asphyxiate *v.t.* گلا گھونٹنا -

Aspirant (əs-pirant) *adj. & n.* One who aspires آرزو مند - طالب-امیدوار -

Aspirate (əs-piret) *v.t.* Pronounce with breathing آواز کو سانس کے ساتھ ادا کرنا جس سے "ہ" کی آواز نکلے -

Aspiration *n.* انتہائی آرزو یا تمنا - سانس لینا - سانس کھینچنا -

Aspirator *n.* ریم کش۔آلہ جس سے زخم سے پیپ نکالتے ہیں ۔ آلہ جس سے ہوا یا گیس کھینچتے ہیں ۔ باد کش ۔

Aspire (əs-pir) *v.t. n.* چھاج ۔ سوپ ۔ پھٹکنی ۔ چاہنا ۔ آرزو کرنا ۔ تمنا کرنا ۔

Aspiring *adj.* عالی دماغ ۔ بلند حوصلہ ۔ عالی ہمت ۔ بلند نظر ۔

Aspirin (as-pir-in) *n.* An analgic medicine اسپرین ۔ بخار اور درد کم کرنے کی دوا ۔

Asquint (ə-skwint) *adv.* & *adj.* Obliquely بھینگے پن سے ۔ ترچھی نظر سے ۔

Ass (as) *n.* Quadruped of horse family noted for stupidity احمق ۔ بیوقوف ۔ گدھا ۔ خر ۔ حمار ۔

Make an ass of ۔ بیوقوف بننا ۔ حماقت کرنا ۔ بیوقوف بنانا

Assail (ə-sal) Make hostile attack upon مارنا ۔ حملہ کرنا ۔ چڑھ دوڑنا ۔ کسی کام کو ہمت سے کرنا ۔ بوچھاڑ کرنا ۔ ناک میں دم کر دینا ۔

Assailable *adj.* چڑھائی کرنے کے قابل ۔ جس پر حملہ ہو سکے ۔

Assailant *n.* چڑھائی کرنے والا ۔ حملہ آور ۔

Assassine (ə-sasin) *n.* Treacherous killer فریب سے مارنے والا ۔ مکار قاتل ۔

Aasassination *n.* فریب کا قتل ۔ خفیہ قتل ۔

Assassinator *n.* دغا سے قتل کرنے والا ۔

Assassinate *v.t.* چھپ کر قتل کرنا ۔ فریب سے مارنا ۔ دغا سے مارنا ۔

Assault (ə-sawlt) *n.* Hostile attack چڑھائی ۔ حملہ ۔ حملہ مجرمانہ ۔ زد و کوب ۔

Assault (ə-sawlt) *v.t.* Make violent attack حملہ کرنا ۔ زد و کوب کرنا ۔

Assaultable *adj.* جس پر حملہ ہو سکے ۔

Assay (ə-sa) *v.t.* & *i.* Try the purity of جانچنا ۔ پرکھنا ۔کسوٹی پر گھسنا ۔ جد و جہد کرنا ۔

Assay (ə-sa) *n.* Trial of metal کھرا کھوٹا معلوم کرنے کا عمل ۔

Assayable *adj.* کسوٹی پر گھسنے کے قابل ۔ پرکھنے کے قابل ۔

Assemblage (ə-sembləg) *n.* Gathering of persons ہجوم ۔ اجتماع ۔ مجمع ۔ جمگھٹا ۔ انبوہ ۔

Assemble (ə-semble) *v.t.* & *i.* Gather together اکٹھا ہونا یا کرنا ۔ جمع کرنا ۔ فراہم کرنا ۔ جوڑنا ۔ ملانا ۔

Assembly *n.* فوجوں کا اجتماع ۔ انجمن وضع قوانین ۔ مجلس ۔ انجمن ۔

Assent (ə-sent) *v.t.* To accept منظور کرنا ۔ تسلیم کرنا ۔ قبول کرنا ۔ راضی ہونا ۔ ہم خیال ہونا ۔

Assentor ماننے والا ۔ تسلیم کرنے والا ۔

Assent (ə-sent) *n.* Acceptance خوشنودی ۔ رضا مندی ۔ منظوری۔موافقت ۔

Assentation *n.* مسلّمیت ۔ قبولیت ۔

Assentient *adj.* & *n.* ماننے والا ۔ تسلیم کرنے والا ۔ قبول کرنے والا ۔ رضامند ۔

Assert (ə-sərt) *v.t.* Declare حق جتانا ۔ دعویٰ سے کہنا ۔ وثوق سے کہنا ۔

Assert oneself اپنے دعوے پر جمے رہنا ۔ اپنی بات پر قائم رہنا ۔

Assertable *adj.* زور سے کہنے کے لائق ۔ دعوے کے قابل ۔

Assertive *adj.* زور سے حق جتانے والا ۔ دعوے سے کہنے والا ۔

Assertively *adv.* بد کر ۔ قطعی طور پر ۔ دعوے کے طور پر ۔

Assertiveness *n.* محکمیت ۔ قطعیت ۔

Assertion *n.* ادعا ۔ بیان بالیقین ۔ دعویٰ ۔

Self-assertion *n.* اپنی بات پر اصرار ۔

Assertor *n.* حامی ۔ حق جتانے والا ۔ دعویٰ کرنے والا ۔

Assess (ə-ses) *v.* Fix amount اندازہ کرنا ۔ آنکنا ۔ قیمت لگانا ۔ تخمینہ کرنا ۔ ٹیکس لگانا ۔ رقم کا تعین کرنا ۔

Assessable *adj.* قابل تخمینہ ۔ ٹیکس لگانے کے قابل ۔ قابل محصول ۔

Assessably *adj.* تشخیصاً ۔ تخمیناً ۔ اندازاً ۔

Assessment *n.* تعین۔ تشخیص ۔

Assessor *n.* ٹیکس مقرر کرنے والا ۔ محصول قائم کرنے والا ۔ تعین کرنے والا ۔

Assets (as-ets) *n.* Property of a person or company پونجی ۔ اثاثہ ۔ جائداد ۔ مجموعی قیمت املاک ۔ ایسی جائداد جس سے قرض ادا ہو سکے ۔

Asseverate (a-sevərat) *v.t.* Solemnly declare قول و قرار کرنا ۔ حتمی طور پر کہنا ۔

Asseveration *n.* حلفیہ بیان ۔ اقرار واثق ۔

Assiduity (as-id-ui-ti) *n.* Constant attention گہری توجہ ۔ انہاک ۔ سخت محنت ۔

Assiduous *adj.* گہری توجہ کرنے والا ۔ منہمک ۔ سخت محنتی ۔ پختہ ارادے والا ۔

Assiduously *adv.* انہاک کے ساتھ ۔ گہری توجہ کے ساتھ ۔ عزم بالجزم کے ساتھ ۔

Assiduousness *n.* محنت شاقہ ۔ تندہی ۔ پیہم ۔ توجہ ۔ انہاک ۔

Assign (ə-sin) *v.t.* Appoint, ascribe لگانا ۔ منسوب کرنا ۔ حصے مقرر کرنا ۔ تفویض کرنا ۔ مقرر کرنا ۔ حوالے کرنا ۔ محمول کرنا ۔ وجہ بتانا ۔

Assignable *adj.* قابل تفویض ۔ قابل حوالگی ۔

Assignor *n.* ٹھیرانے والا ۔ مقرر کرنے والا ۔ سپرد کرنے والا ۔

Assign (ə-sin) *n.* One to whom property is legally transferred جس کے نام قانونی طور پر جائداد منتقل کی جائے ۔

Assignation *n.* خفیہ ملاقات کا وعدہ ۔ منتقلی ۔ سپردگی ۔ انتقال جائداد ۔

Assignee *n.* منتظم ۔ کارکن ۔ عوضی ۔ ولی ۔ مختار ۔

Assignment *n.* اظہار وجوہ ۔ توجیہ ۔ سپردگی ۔ تفویض ۔ انتقال نامہ ۔

Assimilate (ə-simil-at) *v.t.* & *i.* Make like, absorb into, ملا دینا ۔ یکساں کرنا ۔ مشابہ کرنا ۔ مل جانا ۔ یکساں ہونا ۔ ہم شکل ہونا ۔ ہضم ہونا ۔ جذب کرنا ۔

Assimilability *n.* جذب کرنے کی قابلیت ۔ ہضم کرنے کی طاقت ۔

Assimilation *n.* ہضم ۔ جذب ۔

Assimilable *adj.* جذب کرنے کے قابل ۔ ہضم کے قابل ۔

Assimilative *adj.* ہضم کرنے والا ۔ جذب کرنے والا ۔ محلل ۔

Assimilator *n.* یکساں کرنے والا ۔ مشابہ بنانے والا ۔ جاذب ۔

Assimilatory *adj.* ہضم کرنے والا ۔ ہاضم ۔ جذب کے متعلق ۔

Assist (ə-sist) *v.t.* & *i.* Help مدد کرنا ۔ دستگیری کرنا ۔ ہاتھ بٹانا ۔ اعانت کرنا ۔ تائید کرنا ۔

Assistance *n.* مدد ۔ دستگیری ۔ اعانت ۔

Assistant *adj.* & *n.* مدد گار ۔ ہاتھ بٹانے والا ۔ معاون ۔

Assize (ə-siz) *n.* Periodical session of courts of justice تحقیقات جیوری ۔ عدالت فوجداری ۔

Associable (əso-shi-əbl) *adj.* Allied in thought جو خیال میں کسی دوسری چیز کے ساتھ ملایا جا سکے ۔

Associability *n.* تلازم پذیری ۔

Associate (ə-so-shi-at) *adj.* & *n.* Joined in companionship ساتھی ۔ رفیق ۔ شریک ۔ ہم نشین ۔ جلیس ۔ ساتھی ۔ ساجھی ۔ ہم صحبت ۔ کسی ادارہ کا معمولی رکن ۔ تعلق رکھنے والی چیز ۔

Associate (ə-so-shi-at) *v.t.* & *i.* Join, connect, کسی خیال کے ساتھ مربوط کرنا ۔ ساتھی بنانا ۔ رفیق بنانا ۔ ملنا ۔ ایک ہو جانا ۔ یکدل ہونا ۔ متفق ہو جانا ۔

Associative-tory *adj.* ربط قائم کرنے والا ۔ ملانے والا ۔

Associator *n.* راہ و رسم رکھنے والا ۔ رفیق ۔ شریک ۔

Association *n.* بے تکلفی ۔ دوستی ۔ مجلس ۔ انجمن ۔ باہمی میل جول ۔

Assonance (asən-əns) *n.* Resemblance of sound ہم آوازی ۔ ہم آہنگی ۔ مشابہت ۔ قافیہ بندی ۔ یکسانی ۔

Assonant *adj.* مماثل ۔ ہم آہنگ ۔ ہم آواز ۔

Assort (ə-sort) *v. t.* & *i.* Arrange in sorts چھانٹ کر یکساں چیزوں کو ترتیب دینا ۔ ساتھ ساتھ رکھنا ۔ ایک قسم کا مال الگ الگ کرنا یا سجانا ۔ ساتھی ہونا ۔ شریک ہونا ۔

Assortment *n.* چیزوں یا مال کی ترتیب ۔ درجہ بندی ۔

Assuage (ə-swaj) *v.t.* Calm, sooth, تسلی دینا ۔ کم کرنا ۔ ہلکا کرنا ۔ اطمینان دلانا ۔

Assuagement *n.* تخفیف ۔ دلاسا ۔ تسکین ۔ تسلی ۔

Assume (ə-soom) *v.t.* Take upon oneself اختیار کرنا ۔ قبول کرنا ۔ عائد کرنا ۔

Assuming *adj.* برخود غلط ۔ تعلی کرنے والا ۔ ڈینگیا ۔ مغرور ۔

Assumable *adj.* فرض کرنے کے قابل ۔

Assumably *adv.* بالفرض ۔ مفروضانہ ۔

Assumption *n.* استقبال مریم رض (بہشت میں) ۔ ذمہ داری ۔ شیخی ۔ مفروضہ ۔

Assumptive *adj.* - فرضی - تعلی باز - خودبین - شیخی خورہ

Assurance (ə-shoor-ans) *n.* Formal guarantee بھروسا - طمانیت - ضمانت - یقین - اعتبار - بیمہ - خود اعتمادی - دیدہ دلیری - گستاخی - تقویٰ -

Assure (ə-shoor) *v.t.* make certain - وثوق سے کہنا - اطمینان کر لینا - بھروسا دلانا - یقین دلانا - مطمئن کرنا - حتمی طور پر کہنا -

Assuredly *adv.* بے شک - بلاشبہ - یقیناً -

Assurer *n.* اطمینان دلانے والا - ٹھیکہ لینے والا - بیمہ کرنے والا -

Assuredness *n.* یقینی ہونا - تیقن -

Assurgent (ə-sur-jent) *adj.* Rising - ٹھاٹھیں مارتا ہوا - حملہ آور - ابھرتا ہوا - چڑھتا ہوا -

Astatic (a-stat-ik) *adj.* Not tending to keep one position متزلزل - متحرک - جو ایک مقام پر نہ رہ سکے -

Aster (as-tər) *n.* Plants with showy radiated flowers ایک پودا جس میں تاروں جیسے پھول آتے ہیں - بھڑکیلے پھول - رنگین پھول -

Asterisk (astər-isk) *n.* & *v.t.* To put star (*) عبارت پر ستارے کا نشان لگانا -

Astern (ə-stərn) *adv.* At the stern - عقب میں - جہاز کی پچھلی طرف -

Asteroid (astər-oid) *adj.* & *n.* Star like ایک قسم کی آتش بازی - ستارے کی شکل کا - ستارہ نما -

Asthma (as-ma) *n.* Respiratory disease سانس کا رکنا - ضیق النفس - دمہ -

Asthmatic *adj.* دمے میں مبتلا - دمے والا - دمے کے متعلق - دمے کا -

Astir (a-stər) *adv.* & *adj.* In motion - حرکت میں - چلتا پھرتا - بیدار - سراسیمہ -

Astonish (əs-ton-ish) *v.t.* Surprise, - ششدر کرنا - حیرت میں ڈالنا - حیران کرنا -

Astonishment *n.* - حیرانی - حیرت - تعجب - اچنبھا

Astound (əs-townd) *v.t.* Shock with surprise حیران کر دینا - ہکا بکا کر دینا - اچنبھے میں ڈالنا - دنگ کر دینا -

Astounding *adj.* اچنبھے میں ڈالنے والی - دنگ کرنے والی - نہایت عجیب -

Astraddle (ə-stradl) *adv.* & *adj.* In a straddling position ٹانگیں لٹکائے ہوئے - گھوڑے پر بغیر زین کے سواری کرنا -

Astrakhan (as-trə-kan) *n.* Skin of lambs from Astrakhan in Russia استرا خانی ٹوپی - استرا خانی پوستین -

Astral (as-trəl) *adj.* Connected with stars تاروں جیسا - ستاروں کے متعلق -

Astray (ə-stra) *adv.* & *adj.* Out of the right way غلط راستے پر - بھولا ہوا - بھٹکا ہوا - گم کردہ راہ - گمراہ -

Astrict (ə-strikt) *v.t.* Bind tightly - مضبوط باندھنا پابند کرنا - جکڑنا - اخلاق یا قانونی ذمہ داری عائد کرنا -

Astriction *n.* - اخلاق یا قانونی دباؤ - بندش - پابندی

Astrictive *adj.* سکیڑنے والا - قابض -

Astride (ə-strid) *adv.* & *prep.* in striding position پیر لٹکا کر بیٹھے ہوئے - گھوڑے پر ٹانگیں لٹکا کر بیٹھے ہوئے - گھوڑے پر آسن مارے ہوئے -

Astringe (əst-ring) *v.t.* Bind together قبض پیدا کرنا - جکڑنا - مضبوط باندھنا -

Astringent *adj.* & *v.* - تیز - خشک - سکیڑنے والا - قابض -

Astringently *adv.* تندی سے - تیزی سے - سختی سے -

Astrolabe (astro-lab) *n.* Instrument formerly used for taking altitudes آفتاب اور ستاروں کی بلندی معلوم کرنے کا آلہ - اُصطرلاب -

Astrology (as-treloji) *n.* Practical astronomy جوتش - نجوم - ستارہ شناسی -

Astrologer *n.* نجومی - جوتشی - منجم -

Astronomy (astrə-nomie) *n.* science of the heavenly bodies ستاروں کا علم - علم ہیئت -

Astronomer *n.* علم فلکیات کا عالم - علم ہیئت جاننے والا -

Astronomical *adj.* اجرام فلکی کا - علم ہیئت کے متعلق - فلکیاتی -

Astronomically *adv.* علم ہیئت کے طریقے پر - فلکیاتی طور پر - علم ہیئت کی رو سے -

Astute (əs-tut) *adj*. Shrewd - عیار - چالاک - ہوشیار - سیانا - زیرک - تیز فہم -

Astutely *adv.* - چالاکی سے - ہوشیاری سے - عیاری سے -

Astuteness *n.* - عیاری - زیر کی - چالاکی -

Asunder (ə-sun-der) *adv.* In pieces, apart جدا - جدا - علیحدہ - الگ الگ -

Asylum (ə-silem) *n.* sanctuary - پناہ - غریب خانہ - جائے پناہ - دارالامان -

At (ət) *prep.* Expressing position - میں - پر - کے - سے - طرف - جانب - اوپر -

At all events - ہر حالت میں - بہر صورت -

At best - بہترین حالت میں -

At most - زیادہ سے زیادہ -

At random - اٹکل پچو -

At worst - بدترین حالت میں -

Atheism (a-thi-izm) *n.* Godlessness - بے دینی - کفر - دھریت - خدا کو نہ ماننا -

Atheist *n.* - بے دین - کافر - دھریہ - ملحد -

Atheistic *adj.* - بے دینوں جیسا - کافرانہ - ملحدانہ -

Atheistically *adv.* - بے دینی کی رو سے - کافرانہ طور پر - دھریت کے ساتھ -

Athirst (ə-thərst) *adj.* Thirsty - آرزو مند - تشنہ - تشنہ کام -

Athlete (ath-let) *n.* & *adj.* Robust, vigorous قوی ہیکل - کھلاڑی - پہلوان - کسرتی - ورزشی -

Athletic *adj.* - کھیل کے متعلق - ورزشی - ہٹا کٹا - توانا - قوی -

Athletically *adv.* - ورزشی طور پر - کھلاڑیوں کی طرح

Athleticism *n.* - جسمانی تنو مندی کا نظریہ - کسرتی بننے کی مشق - جسم کو اچھی حالت میں رکھنے کا فن -

At-home (ət-hom) *n.* Reception of visitors at a certain time of the day - بے تکلفی - دعوت - گھر پر رہنا - ملنا -

Athwart (əth-wart) *adv.* & *prep.* Across, from side to side - آڑ میں - ترچھا - آر پار - بیڑے بیڑے -

Atlantic (at-lan-tik) *n.* & *adj.* About atlas in Lybia کوہ اطلس کے متعلق - بحرِاوقیانوس

Atlas (at-les) *n.* A mountain range in North Africa, volume of maps - نقشوں کی کتاب - کوہ اطلس

Atmosphere (at-mos-fər) *n.* Gaseous envelope surrounding earth - فضا - ماحول - ہوا - کرہ باد -

Atmospherical *adj.* - ہوائی - فضائی -

Atmospherically *adv.* - فضائی طور سے - بہ اعتبار ماحول -

Atom (at-em) *n.* Indivisible particle of matter چھوٹا سا - چھوٹا نا قابل تقسیم ذرّہ - جوہر -

Atomic - ایٹمی - جوہری -

Atomical *adj.* - ایٹم کی بابت - جوہر کے متعلق -

Atomically *adv.* - ایٹمی طریقے سے - جوہری طور پر -

Atomism (at-emizm) *n.* - نظریہ جوھر - جوہری عمل کا نظریہ -

Atomist *n.* - جوہری نظریہ کا قائل -

Atomize *v.t.* - سالمہ کو جوہردار بنانا - ناقابل تقسیم ذرات میں تبدیل کرنا -

Atomizer *n.* - ایسا آلہ جس سے سیّال مادہ چھڑکا جا سکے -

Atomy *adv.* - سالمہ - چھوٹا ذرہ -

Atone (ə-ton) *v.t.* & *i.* Make amends دشمنوں سے صلح کرنا - تلافی مافات کرنا - کفّارہ دینا -

Atonement *n.* - کفارہ -

Atop (ə-top) *adj.* On the top - اوپر - چوٹی پر - سر پر - بالا -

Atrabilious (at-rə-bil-yəs) *adj.* Affected by black bile - ترش مزاج - خبطی - چڑ چڑا - سوداوی مزاج کا -

Atrocious (ə-troshəs) *adj.* Wicked, very bad ظالم - نابکار - خبیث - نہایت برا - بد ذات -

Atrociously *adv.* - نہایت بری طرح - خباثت سے -

Atrociousness *n.* - پاجی پن - خباثت -

Atrocity *n.* - انتہائی حماقت - بد تہذیبی - پاجی پن - شرارت -

Atrophy (at-rəf-i) *n.* Emaciation - سوکھا - خرابی ہاضمہ کی وجہ سے دبلا پن - لاغری -

Atrophy (at-rəf-i) *v.t.* & *i.* - سوکھے کے مرض میں مبتلا ہونا - لاغر ہونا - دبلا ہونا -

Atropine (atro-pin) *n.* Poisonous alkaloid found in night shade ایک زہریلا مادہ جو مکو سے نکلتا ہے - عرق مکو -

Attach (ə-tach) *v.t. & i.* Make devoted نتھی کرنا - عائد کرنا - ملانا - منسلک کرنا - شامل کرنا - شریک ہونا - کسی جماعت سے وابستہ ہونا - قرق کرنا - ضبط کرنا - ملحق کرنا -

Attache (ə-tashi) *n.* One attached to ambassador's staff نائب ایلچی - عملہ سفارت کا رکن -

Attache case چمڑے کا چھوٹا بکس -

Attachment (ə-tach-ment) *n.* Act of attaching محبت - پیار - انس - وابستگی - اشتراک - منسلک ہونا - قرق - ضبطی -

Attack (ə-tak) *v.t.* Fall upon, ٹوٹ پڑنا - دھاوا بولنا - چڑھائی کرنا - حملہ کرنا - ضرر پہنچانا - اذیت دینا - برا اثر کرنا -

Attackable *adj.* حرف گیری کے قابل - قابل اعتراض - قابل گرفت -

Attack (ə-tak) *n.* Offensive operation دھاوا - یلغار - یورش - حملہ - چڑھائی -

Attain (ə-tan) *v.t. & i.* Acquire تکمیل کو پہنچانا - پورا کرنا - پہنچنا - حاصل کرنا -

Attainability } *n.* حاصل کرنے کا امکان -
Attainableness } حاصل ہونے کی صلاحیت -

Attainable *adj.* جسکا حاصل ہونا ممکن ہو - قابل حصول -

Attainder (ə-tan-dər) *n.* Consequences of the sentence of death or outlawry وراثت سے محرومی - سزائے موت یا شہر بدر ہونے کا انجام - شہری حقوق سے محرومی -

Attainment (ə-tan-ment) *n.* Act of attaining قابلیت - اکتساب - ہنر - حصول -

Attar (at-er) *n.* Perfume عطر -

Attemper (ət-emper) *v.i.* Modify temperature آمیزش کرنا - ملانا - معتدل بنانا - حرارت معتدل کرنا - ٹھنڈا کرنا - تسکین دینا - مناسب حال کر لینا - سازگار بنا لینا -

Attemperment *n.* ہم آہنگی - اعتدال - مطابقت -

Attempt (ə-temt) *v.t.* Try جد و جہد کرنا - قصد کرنا - کوشش یا سعی کرنا - اقدام کرنا - چڑھائی کرنا - حملہ کرنا - دشمن یا قلعہ کو فتح کرنے کی کوشش کرنا -

Attemptable *adj.* سعی کرنے کے قابل -

Attend (ə-tend) *v.t. & i.* Turn the mind to مشغول ہونا - غور کرنا - توجہ کرنا - خدمت میں حاضر ہونا - رفاقت کرنا - ساتھ جانا - ملازمت کرنا -

Attendance (ə-tend-ans) *n.* Act of attending حاضری - سیوا - خدمت - حاضر باشی - حضوری - موجودگی - شرکت - حاضرین کی تعداد -

Dance attendance on کسی کے پاس ہر وقت جانا - مسلسل حاضر باشی کرنا -

Attendant *n. & adj.* خدمت گزار - خدمتگار - حاضر رہنے والا - حاشیہ بردار - متعلقہ واقعات -

Attention (ə-ten-shen) *n.* Act of attending توجہ - دھیان - التفات - خیال -

Stand at attention سیدھے کھڑے ہونا -

Attention (ə-ten-shen) *n.* Ceremonious politeness تکلفانہ آداب - خاطر مدارات -

Attentively *adv.* پوری توجہ سے -

Attentiveness *n.* توجہ - دھیان - التفات -

Attenuate (ə-tenu-at) *adj.* Slender. rarefied پتلا - رقیق - ہلکا کیا ہوا -

Attenuate (ə-tenu-at) *v.t.* Make slender تخفیف کرنا - گھٹانا (قیمت) - رقیق کرنا - پتلا کرنا -

Attenuation *n.* پتلا ہونا - کمی - تخفیف -

Attest (ə-test) *v.t. & i.* Testify, certify گواہ ہونا - حلفیہ اقرار لینا - توثیق کرنا - تصدیق کرنا -

Attestor *n.* تصدیق کنندہ حاکم - حلف لینے والا - تصدیق کرنے والا -

Attestation *n.* حلفیہ اقرار - تحریری اقرار - حلفیہ بیان - شہادت - تصدیق - توثیق -

Attic (at-ik) *n.* Highest storey of house اٹاری - بالاخانہ -

Attic (at-ik) *adj.* Of Athens or Attica شہر ایتھنس کا - کھرا - اصلی -

Atticism *n.* شیرینی گفتار - فصاحت - ایتھنس کے آداب - طریقے -

Attire (ə-tire) *v.t. & n.* Dress, array, سنوارنا - کپڑے پہننا - لباس پہننا - ملبوس - لباس - کپڑے - پوشاک -

Attitude (at-i-tud) *n.* Posture of body رویّہ - انداز - طرز - وضع - چہرہ مہرہ - حالت -

Attitudinize (atitud-iniz) *v.t.* Practise attitudes تصنع سے پیش آنا ۔ بناوٹ سے بولنا ۔ ٹھاٹھ یا وضع دکھانا ۔

Attorn (ə-torn) *v.t. & i.* Transfer ۔ پٹہ تبدیل کرنا ۔ قانونی طور پر منتقل کرنا ۔

Attornment *n.* تبدیلی پٹہ ۔

Attorney (ə-torn-i) *n.* One appointed to act for another وکیل ۔ مختار ۔

Attorney ship *n.* مختاری ۔ وکالت ۔

Letter, warant of attorney مختار نامہ ۔

Power of attorney بہ حیثیت مختار ۔ مختاری یا وکالت کا اختیار ۔

Attract (ə-tract) *v.t.* Draw to oneself گرویدہ کرنا ۔ کھینچنا ۔ کشش کرنا ۔ متوجہ کرنا ۔ دلپسند ہونا ۔ اچھا معلوم ہونا ۔

Attractability *n.* کھینچنے کی قوت یا صلاحیت ۔ کشش ۔

Attractable *adj.* کشش سے متاثر ہونے والا ۔

Attraction *n.* دوسروں کو کھینچ لینے کی قابلیت ۔ دلکشی ۔ کشش ۔

Attractive *adj.* گرویدہ کرنے والا ۔ دلربا ۔ دلکش ۔

Attractively *adv.* جاذبیت سے ۔ دلکشی سے ۔

Attractiveness *n.* کشش ۔ دلفریبی ۔ دلکشی ۔

Attribute (ə-trib-ut) *n.* Quality ascribed to anything لواحق ۔ لوازم ۔ خاصہ ۔ گن ۔ خاصیت ۔ وصف ۔ صفت ۔

Attribute (ə-trib-ut) *v.t.* منسوب کرنا ۔ سبب قرار دینا ۔ خصوصیت قرار دینا ۔ صفت قرار دینا ۔

Attributable *adj.* منسوبی ۔ نسبت پذیر ۔

Aattribution *n.* خاصیت ۔ انتساب ۔ نسبت ۔ لگاؤ ۔

Attributive *adj.* صفاتی ۔ وصفی ۔ توصیفی ۔

Attributively *adv.* از روئے اوصاف ۔ بلحاظ صفات ۔

Attrition (ə-tri-shen) *n.* Friction ۔ ندامت ۔ پچھتاوا ۔ فرسودگی ۔ گھسائی ۔ رگڑ ۔

Attune (ə-tun) *v.t.* Bring into musical accords ہم آہنگ کرنا ۔ سُر ملانا ۔ ساز ملانا ۔ سُر ٹھیک کرنا ۔

Auburn (aw-bern) *adj.* Golden brown ۔ سرخی مائل سنہری بھورا ۔ سنہری ۔

Auction (awk-shen) *n.* Public sale by bidding نیلام ۔

Auction bridge *n.* برج کھیل جس میں ہر کھیلنے والا بولی بولتا ہے ۔ ایک قسم کا پتوں کا کھیل ۔

Dutch auction *n.* ولندیزی نیلام جس میں قیمت گھٹاتے چلے جاتے ہیں ۔

Auctioneer *n.* نیلام کرنے والا ۔

Audacious (āw-dae-shes) *adj.* Daring ۔ بے ادب ۔ شوخ ۔ گستاخ ۔ جی دار ۔ جری ۔ بہادر ۔

Audaciously *adv.* جرات سے ۔ گستاخانہ ۔ دلیرانہ ۔

Audaciousness } *n.* دلیری ۔ جرات ..
Audacity } جی داری ۔ بہادری ۔

Audible (awd-i-bl) *adj.* Perceptible to the ear جو سنائی دے سکے ۔ سنائی دینے والا ۔

Audibility } *n.*
Audibleness } سننے جانے کی صلاحیت ۔

Audibly *adv.* اس طرح سے کہ سنا جا سکے ۔ بلند آواز سے ۔

Audience (awd-ens) *n.* Hearing, formal interview باریابی ۔ رسمی ملاقات ۔ سامعین ۔ حاضرین جلسہ ۔ سننے والے ۔

Audit (awd-it) *n.* Examination of accounts حساب کی جانچ پڑتال ۔ تنقیح ۔ باز پرس ۔

Audit-room حساب کتاب کے دفتر کا کمرہ جو گرجاؤں میں ہوتا ہے ۔

Audit-office دفتر تنقیح ۔ محاسب کا دفتر ۔

Audition (aw-dish-ən) *n.* Power of hearing کان لگا کر سننا ۔ سننے کی قوت ۔ سماعت ۔

Auditive *adj.* سماعت کے متعلق ۔

Auditor (awd-it-ər) *n.* حساب کی جانچ کرنے والا ۔ تنقیح کنندہ ۔ تنقیح ساز ۔

Auditorship *n.* عہدہ تنقیح ساز ۔

Auditress *n.* تنقیح ساز خاتون ۔

Auditorial *adj.* تنقیح ۔ حسابات کے متعلق ۔ محاسبانہ ۔

Auditory (awd-it-əri) *adj. & n.* مجمع سامعین ۔ گوش رس ۔ مسموع ۔ سمعی ۔

Auditorium سامعین کے بیٹھنے کی جگہ ۔ وہ عمارت جہاں درس ہوتا ہے ۔ سماعت خانہ ۔

Augean (aw-jiən) *adj.* Filthy- کثیف ۔ گندہ ۔ غلیظ ۔ جیسے اجیس کے اصطبل ۔ ہرقل نے دریائے الفیوس کو بہا کر اجیس کے اصطبل صاف کیے تھے ۔

Auger (aw-gər) *n.* Tool for boring holes in wood سوراخ کرنے کا آلہ ۔ برما ۔

Aught (awt) *n. & adv.* Anything کوئی بات ۔ کچھ ۔ کوئی چیز ۔

Augment (awg-ment) *v.t. & i.* Increase کسی لفظ کے آگے حرف بڑھانا ۔ زیادہ کرنا ۔ بڑھانا ۔

Augmentation *n.* سر کو کھینچنا ۔ تان ۔ اٹھان ۔ نشو و نما۔توسیع ۔ بڑھوتی ۔ اضافہ ۔

Augmentative *n. & adj.* بڑھنے والا ۔ مبالغہ ۔ جس میں بڑھنے کی صلاحیت ہو ۔ (نحو) حرفِ مبالغہ ۔

Augur (aw-ger) *n.* Sooth saying, foretelling رومی پیشین گو جو پرندوں سے فال لیتے تھے ۔ رمال ۔ نجومی ۔ پیشین گو ۔

Augurship *n.* فال کھولنے والا ۔ عہدہ پیشین گوئی ۔

Augur (aw-ger) *v.t. & i.* فال کھولنا ۔ پیشین گوئی کرنا ۔ شگون لینا ۔

It augurs well اچھا شگون ہے ۔

Augural *adj.* پیشین گویانہ ۔ شگون کے متعلق ۔

Augury *n.* پیشین گوئی ۔ فال ۔ شگون ۔

August (aw-gust) *n.* Eighth month سنہ عیسوی کا آٹھواں مہینہ ۔ اگست ۔

August (aw-gust) *adj.* Majestic بلند پایہ ۔ عالی شان ۔ جلیل القدر ۔

Augustly *adv.* شاہانہ طور پر ۔ محترمانہ طور پر ۔ شاندار طرح سے ۔

Augustness *n.* بڑائی ۔ بڑی شان ۔ اعلیٰ مرتبہ ۔

Auk (awk) *n.* A sea-bird of small wings شمالی ممالک کا پرندہ جو اڑ نہیں سکتا اور چھوٹے پروں سے تیرنے کا کام لیتا ہے ۔

Aunt (ant) *n.* Uncle's wife, mother's sister خالہ ۔ پھوپھی ۔ ممانی ۔ چچی ۔

Aunt Sally ایک کھیل جس میں ایک کاٹھ کی عورت کے منہ میں پائپ ہوتا ہے اور کھیلنے والے اس کو لکڑیاں مارتے ہیں ۔

Aura (aw-ra) *n.* Subtle emanation from flowers مہک ۔ پھولوں کی خوشبو ۔ بھینی بھینی خوشبو ۔ جسم میں سردی کی لہر ۔ چہرے کے گرد کا ہالہ ۔

Aural *adj.* تموج جسمی ۔

Aural (aw-ral) *adj.* ۔ کان میں پڑی ہوئی ۔ سماعت کے متعلق ۔ سمعی ۔

Aurally *adv.* سماعی طور پر ۔ مسموعاً ۔

Aureola (aw-ri-ola) *n.* Celestial crown شعاعوں کا حلقہ ۔ نورانی تاج جو شہدا ، حکماء اور کسی دوشیزہ کو دنیا اور لذات نفس پر فتح پانے کے صلے میں دیا جاتا ہے

Aureole (awri-ol) *n.* Gold disc سنہری حلقہ ۔ نورانی تاج ۔

Au-revoir (ə-re-vər) *adv.* Farewell, good-bye پھر ملیں گے ۔ خدا حافظ ۔ فی امان اللہ ۔

Auric (aw-rik) *adj.* Pertaining to gold ۔ سونے کا طلائی ۔ سنہری ۔

Auricle (aw-rikil) *n.* External ear of animals دل کے خانوں کے پردے ۔ کان ۔ گوش ۔

Auricular *adj.* ۔ راز کے طور پر کہا ہوا ۔ کان کے متعلق ۔

Auriferous (awri-fəres) *adj.* Yielding gold جس سے سونا نکلے ۔ طلا خیز ۔

Aurist (awr-ist) *n.* Ear-specialist کان کے امراض کا ماہر ۔

Auriform *adj.* گوش پیکر ۔ کان کی شکل کا ۔

Aurora (au-ro-ra) *n.* Dawn سپیدہ سحر ۔ طلوع صبح ۔ قطبین کی روشنی ۔ نور کا تڑکا ۔ صبح کی دیوی ۔

Auroral *adj.* صبح گاہی ۔ سحری ۔ نوری ۔

Auspicate (aws-pi-kat) *v.t. & i.* Initiate نیک فال ہونا ۔ ابتدا کرنا ۔ بنیاد رکھنا ۔

Auspice (aws-pis) *n.* Prosperous lead فال ۔ سرپرستی ۔ پرندوں سے شگون ۔ زیر سرپرستی ۔

Auspicious *adj.* آسودہ ۔ خوشحال ۔ مبارک ۔

Auspiciously *adv.* مقدس طور پر ۔ نیک ساعت میں ۔ مبارک گھڑی میں ۔

Auspiciousness *n.* تقدیس ۔ برکت ۔ نیک شگون ۔ نیک فال ۔

Aussies (aw-si) *n.* Australians آسٹریلیا کے باشندے ۔

Austere (aws-tər) *adj.* Harsh, stern سادگی پسند ۔ سخت ۔ تیز و تند ۔

Austerely *adv.* کٹر پن سے ۔ سختی کے ساتھ ۔

Austerity } *n.* زہد ۔ سادگی ۔
Austereness

Australasian (awstrelezhən) *n.* An inhabitant of Australia آسٹریلیا یا ملحقہ جزائر کا باشندہ ۔

Australian آسٹریلیا کا رہنے والا ۔

Authentic (aw-thent-ik) *adj*. Reliable - تحقیق شده - مصدقہ - اصلی - مستند - قابل اعتماد - معتبر -

Authentically *adj*. قابل اعتماد طریقے سے - ٹھیک ٹھیک -

Authenticity *n*. تحقیق شدہ ہونا - مستند ہونا - تصدیق -

Authenticate *v.t.* صداقت ثابت کرنا - اصلیت دریافت کرنا - تصدیق کرنا -

Authentication n. تحقیق - توثیق - تصدیق -

Authenticator محقق - تصدیق کرنے والا -

Author (aw-thər) *n*. writer of books - مؤلف - مصنف - بانی - موجد -

Authoress *n*. مؤلفہ - مصنفہ -

Authorial *n*. موجدانہ - مصنفانہ -

Authoritative (awthoritetive) *adj*. Commanding مستند - معتبر - تحکمانہ - حاکمانہ -

Authoritatively *adv*. مستند طرح پر - مصدقہ طور پر -

Authoritativeness *n*. مستند - معتبر ہونا -

Authority (awth-or-ity) *n*. Power, right. - عہدہ - منصب - اختیار - حکومت - عہدہ دار - حاکم - اثر - وقعت - وہ جس کی رائے سند سمجھی جائے -

Authorize (awth-riz) *v.t.* Sanction - جواز نکالنا - اختیار دینا - اجازت دینا -

Authorizable *adj*. قابل جواز -

Authorization *n*. جواز - حکم - اجازت -

Authorized *adj*. مستند - مختار - مجاز -

Authorship (awthər-ship) *n*. Occupation or career as a writer - تالیف و تصنیف کا پیشہ - کتابیں لکھنے کا پیشہ -

Auto-biographer (aw-to-bi-ogrə-fər) *n*.Writer of his own history of life آپ اپنی زندگی کے سوانح لکھنے والا - خود نوشت سوانح نگار -

Autobiographic *adj*. اپنے سوانح کے متعلق - خود نوشتگی کے متعلق -

Autobiographical *adj*. خود نوشت سوانح عمری کے متعلق -

Autobiographically *adv*. - سوانح نگاری کے طور پر - آپ بیتی کی طرح سے -

Auto car (awto-kar) *n*. Vehicle driven by mechanical power - انجن سے چلنے والی گاڑی - موٹر کار -

Autocracy (awtok-rəsi) *n*.Absolute government خود مختاری - مطلق العنان حکومت -

Autocrat *n*. جابر - خود مختار - مطلق العنان -

Autocratic *adj*. استبدادی - جابرانہ -

Autocratically *adv*. ظالمانہ طریقے سے - جابرانہ طور پر -

Autocratrix خود مختار رانی - خود مختار ملکہ -

Autograph (awto-graph) *n*. A person's own handwriting - مصنف کا قلمی مسودہ - اپنے ہاتھ کی تحریر - قلمی تحریر -

Auto-graphic *adj*. - مصنف کی دستخطی - خود نوشتہ دستخطی -

Auto-graphically *adv*. خود نوشتگی کے متعلق - تحریر سے - اپنے قلم سے -

Autograph (awto-graf) *v.t.* Sign, write the name اپنے ہاتھ سے لکھنا - دستخط کرنا -

Autography *n*. خود نوشتگی - تحریر یا تصویر کی مطبوعہ نقل - اپنی تحریر -

Autogiro (awto-ji-ro) *n*. Gyroplane ایک ہوائی جہاز جو اپنے دھرے پر گھومتا ہے -

Automatic (aw-tomat-ik) *adj*. & *n*. Self-acting خود کار - غیر شعوری طور پر کام کرنے والا - خود بخود کام کرنے والا -

Automatical *adj*. خود بخود کام کرنے والا - خود کارا -

Automatically *adv*. آپ سے آپ - خود بخود - خودکارانہ طور پر -

Automaticity *n*. آپ چالو پن - خود کاریت -

Automatism (awtomə-tizm) *n*. یہ نظریہ کہ جانور غیر ارادی حرکات کرتے ہیں - جبلی حرکت - غیر ارادی حرکت -

Automation *n*. - کٹھ پتلی - خود بخود چلنے والی مشین - خود حرکت کرنے والی چیز - وہ شخص جس کے افعال غیر ارادی ہوں - بے عقل شخص -

Automobile (aw-to-mo-bele) *n*. Motor-car موٹر گاڑی - ہوا گاڑی -

Autonomous (awtonom-ous) *adj*. Self-governing خور مختار - خود اختیاری -

Autonomy *n*. - اختیار - آزادی - حکومت خود اختیاری -

Autonomic *adj.* خود اختیاری ۔

Autonomist *n.* نظریہ خود اختیاری کا پیرو ۔ حکومت خود اختیاری کا حامی ۔

Autopsy (aw-top-si) *n.* Personal inspection ذاتی نگرانی ۔ لاش کی چیر پھاڑ ۔

Auto-type(aw-to-tip) *n.* Facsimile عکس یا چربا ۔ ہو بہو نقل ۔

Autumn (aw-təm) *n.* Season of decay پت جھڑ ۔ خزاں ۔ عہد زوال ۔

Autumnal *adj.* خزاں کے متعلق ۔

Auxiliary (awg-zil-yeri) *adj.* Supporting, helping مددگار۔ معاون ۔ امدادی فوج ۔

Avail (ə-val) *n.* use, مدد ۔ مطلب ۔ حصول ۔ فائدہ ۔ کام ۔

Avail (ə-val) *v.t.* & *i.* Afford help کام میں لانا ۔ فائدہ اٹھانا ۔ مدد پہنچانا ۔ مدد دینا ۔ کام آنا ۔ سود مند ہونا ۔

Available *adj.* کارآمد ۔ قابل دستیابی ۔ ممکن الحصول ۔

Availability / **Availableness** } *n.* دستیابی ۔

Availably *adv.* پر امید طور پر ۔ کار آمد طور پر ۔

Avalanche (avə-lansh) *n.* Mass of snow or earth برف یا مٹی کا طوفان ۔ برف یا مٹی کا تودہ جو پہاڑ سے پھسلے ۔

Avarice (avər-is) *n.* Greed لالچ ۔ طمع ۔ حرص ۔

Avaricious *adj.* طامع ۔ حریص ۔ لالچی ۔

Avariciously *adv.* حریفانہ ۔ طمع سے ۔ لالچ سے ۔

Avatar (a-və-tar) *n.* Incarnation ۔ دیوتا ۔ اوتار۔ مظہر ۔

Avaunt (ə-vawnt) *Interj.* Be gone ۔ ہٹو ۔ بھاگو ۔ دہت ۔ دفع ہو ۔ دور ہو ۔

Avenge (ə-venj) *v.t.* Take revenge بدلہ لینا ۔ انتقام لینا ۔

Avenue (av-ən-u) *n.* Opening marked by trees راستہ ۔ راہ ۔ سڑک ، خصوصاً وہ جس کے دو رویہ درخت ہوں ۔

Aver (ə-vər) *v.t.* Affirm حتمی طور پر بیان کرنا ۔ زور سے کہنا ۔ دعوے سے کہنا ۔

Averable *adj.* دعوے سے کہے جانے کے قابل ۔ ثابت شدہ ۔

Average (av-ər-ij) *adj.* Of ordinary standard اوسط درجے کا ۔ متوسط ۔ اوسط ۔

Averagely *adv.* اوسطاً ۔

Average (av-ər-ij) *v.t.* Estimate the general standard اوسط نکالنا ۔

Averment (əvər-mint) *n.* Forceful declaration دعویٰ ۔ حتمی بیان ۔

Averse (ə-vər-s) *adj.* Opposed ناخوش ۔ ناراض ۔ متنفر ۔ خلاف ۔ مخالف ۔

Averseness *n.* تنفر ۔ بیزاری ۔

Aversion *n.* نفرت ۔ کراہت ۔ ناپسندیدگی ۔

Avert (əvər-t) *v.t.* Turn away پھیرنا ۔ موڑ دینا ۔ ہٹانا ۔ دور کرنا ۔

Avertible / **Avertable** } *adj.* دور کئے جانے کے قابل ۔

Aviary (ə-vi-əri) *n.* Place for keeping birds چڑیا خانہ ۔ چڑیا گھر ۔

Aviate (əvi-at) *v.t.* Fly or pilot an aircraft ہوا بازی کرنا ۔ طیارہ اڑانا ۔

Aviation *n.* طیارہ رانی ۔ ہوا بازی ۔

Aviator *n.* طیارہ ران ۔ طیارچی ۔ ہوا باز ۔

Avid (av-id) *adj.* Eager مشتاق ۔ حریص ۔ شوقین ۔ آرزو مند ۔

Avidly *adv.* مشتاقانہ ۔ آرزو مندانہ ۔ شوق سے ۔ لالچ سے ۔

Avidity *n.* آرزو ۔ لالچ ۔ حرص ۔ شوق

Avocate (av-o-kat) *v.t.* Distract عدالت عالیہ میں مرافعہ کرنا ۔

Avocation (av-o-kəshon) *n.* Minor occupation کام ۔ پیشہ ۔ شغل ۔ دھندا ۔ مشغلہ ۔

Avoid (ə-void) *v.t.* To keep away ۔ پرہیز کرنا ۔ بچنا ۔ باز رہنا ۔ الگ رہنا ۔ اجتناب کرنا ۔ کسی عذر کو رد کرنا ۔ کسی حکم کو توڑنا ۔ منسوخ کرانا ۔

Avoidable *adj.* احتراز کے قابل ۔ قابل پرہیز

Avoidance *n.* بچاؤ ۔ احتراز ۔ کنارہ کشی ۔

Avouch (ə-vowch) *v.t.* & *i.* Guarantee ۔ اقبال کرنا ۔ تسلیم کرنا ۔ دعوے سے کہنا ۔ ضمانت لینا یا دینا ۔

Avouchment *n.* اقرار ۔ اقبال ۔ ضمانت ۔ ذمہ ۔

Avow (ə-vow) *v.t.* Confess, admit اقرار کرنا ۔ مان لینا ۔ تسلیم کرنا ۔ اعتراف کرنا ۔

Avowable *adj.* ‌ـ ماننے کے قابل ـ قابل تسلیم ـ

Avowal *n.* ‌ـ اقبال ـ اعتراف ـ

Avowedly *adv.* ‌ مسلمہ طور پر ـ علی الاعلان ـ

Await (ə-wat) *v.t.* To wait for ‌ راہ دیکھنا ـ منتظر
رہنا ـ انتظار کرنا ـ

Awake (ə-wak) *v.t. & i.* Cease to sleep ‌ـ اٹھنا ـ جاگنا
بیدار ہونا ـ خبردار کرنا یا ہونا ـ ہوشیار کرنا ـ کان
کھولنا ـ آگاہ کرنا ـ

Awake (ə-wak) *adj.* Roused from sleep ‌ـ چوکس
چوکنا ـ جاگا ہوا ـ بیدار ـ

Awaken (ə-waken) *v.t. & i* ‌ Awake ‌ دیکھو

Award (ə-ward) *v.t.* Adjudge, grant ‌ حکم دینا
بخشنا ـ فتویٰ دینا ـ فیصلہ کرنا ـ

Award (ə-ward) *n.* ‌ـ عطا کرنا ـ فیصلہ ثالثی ـ حکم
فیصلہ ـ فتویٰ ـ

Aware (ə-war) *adj.* Knowing ‌ آگاہ ـ واقف ـ باخبر ـ

Away (ə-wa) *adv.* At a distance, ‌ فوراً ـ غائب ـ باہر
ایک طرف ـ دور ـ الگ ـ بلا تاخیر ـ بہت جلد ـ چلو
ہٹو ـ دور رہو ـ الگ رہو ـ ہٹو ـ

Awe (aw) *n.* Reverential fear or wonder ‌ـ خوف
دہشت ـ احترام ـ ڈر ـ رعب ـ جلال ـ

Aweless *adj.* ‌ـ بے خوف ـ بے رعب ـ

Awfulness *n.* ‌ـ جلال ـ رعب ـ وقار ـ

Awhile (ə-hwil) *adv.* For some time ‌ کچھ عرصے
کے لیے ـ تھوڑی دیر کے لیے ـ

Awkward (awk-wərd) *adj.* Clumzy ‌ـ بد سلیقہ
بے ہنکم ـ ناکارہ ـ بھدا ـ ناموزوں ـ پریشان کرنے
والا ـ خطرناک ـ ٹیڑھا ـ مشکل ـ

Awkwardish *adj.* ‌ـ بھدا سا ـ بد وضع ـ

Awkwardly *adv.* ‌ـ بھونڈے پن سے ـ

Awkwardness *n.* ‌ـ ناکارہ پن ـ بد سلیقگی ـ

Awl (awl) *n.* Pricker ‌ موچیوں کا سینے کا اوزار ـ سوآ ـ
ستاری ـ

Awn (awn) *n.* The spinous process ‌ اناج کی بالی کے
بال ـ جوار یا مکئی کے ریشے ـ

Awned *adj.* ‌ـ روئیں دار ـ ریشے دار ـ بال دار ـ

Awnless *adj.* ‌ـ بے ریشہ ـ بے بال ـ

Awning (awn-ing) *n.* Canvas roof on the deck
of a ship ‌ سایہ بان ـ نمگیرہ ـ عرشہ کی نمگیرہ کی
چھت ـ

Awned *adj.* ‌ـ شامیانہ دار ـ

Awro (ə-ri) *adj. & adv.* Crooked ‌ـ کج ـ ٹیڑھا
ترچھا ـ

Ax (e) (aks) *n. & v.t.* Chopping tool ‌ـ تیشہ ـ تبر
کلھاڑی ـ

An ax to grind ‌ اپنا کام پورا کرنا ـ اپنا مطلب نکالنا ـ

Put the ax in the helve ‌ مشکل حل کرنا ـ عقدہ
کشائی کرنا ـ

Axil (ak-sil) *n.* Upper angle between trunk and
upper branch ‌ بغل ـ

Axillary *adj.* ‌ـ بغلی ـ بغل کے متعلق ـ

Axiom (aks-iəm) *n.* Established principle ‌ مسلمہ
بات ـ جامع کلمہ ـ اصولی بات ـ بدیہی حقیقت ـ

Axiomatic-al ‌ـ بدیہی ـ پر از نکات ـ بااصول ـ

Axiomatically *adv.* ‌ـ ظاہرا طریقے سے ـ بدیہی طرز سے ـ
بدیہی طور پر ـ

Axis (aks-is) *n.* Imaginary line about which a
body rotates ‌ محور ـ دُھرا ـ وہ فرضی خط جس پر
کوئی چیز گردش کرتی ہے ـ دو نیم کرنے والا خط ـ

Axle (aks-l) *n.* Spindle on which a wheel revol-
ves ‌ دُھرا ـ گول لکڑی ـ

Ay (a) *Inter. n.* Affirmative answer ‌ ہاں

Aye (a) *adv.* Ever, always ‌ـ ہر موقع پر ـ ہر وقت
بیشک ـ ہمیشہ ـ

Aye-aye *n.* ‌ـ ایک جانور جس کی آواز اے اے ہے
ایک دم دار بلی جیسا جانور جو اے اے بولتا ہے ـ

Azimuth *n.* Arc of the heaven extending from
zenith to horizon ‌ قوس آسمانی جو افق کو زاویہ
قائمہ پر کاٹتی ہے ـ

Azoic (azoik) *adj.* Lifeless ‌ـ مردہ ـ بے جان ـ

Azote (a-zot) *n.* Former name of nitrogen ‌
نائٹروجن کا قدیم نام ـ

Azotic *adj.* ‌ـ نائٹروجنی ـ

Azotize *v.t.* ‌ـ نائٹروجن سے ملانا یا بھرنا ـ

Azure (azhər) *adj., n. & v.t.* Sky blue, Blue ‌ـ آسمانی
نیلا آسمانی ـ آبی ـ نیلگوں ـ لاجوردی ـ صاف شفاف ـ
نیلا رنگنا ـ آسمانی رنگ دینا ـ

B

B. (be) Second letter of the English alphabet, seventh note, second known quantity انگریزی حروف تہجی کا دوسرا حرف - سرگم کا ساتواں سر - دوسری قدر معلومہ -

Baa (b-a) *v. i.* & *n.* Bleat بھیڑ کی طرح بھیں بھیں کرنا - بھیڑ کی آواز -

Baal (ba-ab) *n.* Phoenician god بعل - سریانیوں کا ایک دیوتا - معبود باطل -

Baalism *n.* باطل معبود کی پرستش - باطل پرستی -

Baalist *n.* معبود باطل کی پرستش کرنے والا -

Babacoote (Bəba-koot) *n.* Species of lemur مڈگا سکر کا ایک لنگور-

Babble (bab-l) *v.t.* & *i.* Talk incoherently بکنا - بچے کی طرح بولنا - بک بک کرنا - راز افشا کر دینا -

Babblement *n.* بڑبڑ - بڑبڑاہٹ - بک بک -

Babble (bab-l) *n.* Idle talk پانی بہنے کی آواز - بکواس - یاوہ گوئی -

Babbler *n.* فضول گو - یاوہ گو - لمبی ٹانگوں کا طوطا - پیٹ کا ہلکا - بکواسی -

Babbling *n.* خرافات - بیہودہ گوئی - بکواس -

Babe (bab-i) *n.* Young child ناتجربہ کار شخص - دودھ پیتا بچہ - شیر خوار -

Babel (ba-bl) *n.* Tower of Shinar, scene of confusion بابل کا بڑا مینار - بلند عمارت - گڑ بڑ - ہنگامہ - خیالی پلاؤ - شور انگیز مجمع -

Baboo (Babu) (ba-boo) *n.* Indian English clerk انگریزی داں - ہندوستانی اہلکار - انگریزی داں ہندوستانی -

Baboon (bə-boon) *n.* Large monkey بڑا بندر - بن مانس -

Babouche (bə-boosh) *n.* Oriental slipper زیر پائی - پاپوش - چپل - جوتی -

Baby (bab-i) *n.* Young child دودھ پیتا بچہ - بچہ - وہ شخص جو بچوں کا سا مزاج رکھتا ہو - چلبلا -

Baby-farmer *n.* معاوضہ لے کر بچوں کو پالنے والا -

Baby-farming *n.* معاوضے پر بچوں کی خفیہ پرورش کرنا -

Babyhood *n.* عہد طفولیت - بچپن -

Babishness *n.* بچوں جیسا طرز عمل - بچپنا -

Babylon (bab-i-lon) *n.* Capital of Chaldean empire بابل - کوئی بڑی سلطنت جس میں بدکاری کا زور ہو -

Bacchanal (Bak-ənl) *adj.* & *n.* Of Bacchus شراب کا دیوتا - باخوس کے متعلق - باخوسی - عیاش - اوباش - بدمست - باخوس کا پجاری -

Bacchanalia *n.* & *p.* رنگ رلیاں - عیاشی - جشن باخوس -

Bacchanalian *adj.* & *n.* بادہ پرست - بدمست - مدہوش -

Bacchant *n.* بے نوش - مے پرست - شرابی - جشن باخوس میں حصّہ لینے والا -

Bacchus *n.* یونانیوں کا - شراب کا دیوتا - باخوس -

Bacciferous (Baki-fərəs) *adj.* Berry bearing انگور نما پھلوں کا درخت - گچھے دار پھلوں والا درخت - گھونگروؤں جیسے پھل دینے والا -

Bacciform (Baksi-fərm) *adj.* Like grape انگور جیسا - انگور نما -

Bachelor (Bachə-lər) *n.* Young knight serving under another's banner بانکا سپاہی - شوقین جنگجو - کنوارا - ناکتخدا - سند رکھنے والا -

Bachelorship-hood *n.* ناکتخدائی - کنوارا پن -

Back (bak) *n.* & *adj,* Hinder part of human body پیٹھ - پشت - فٹ بال اور ہاکی ٹیم کا وہ کھلاڑی جو پیچھے کھیلتا ہے - کسی چیز کے پیچھے کا حصہ - پس افتادہ - الٹی - پوشیدہ - خفیہ -

Back-bone *n.* اہم شخصیت - ہمت - ریڑھ کی ہڈی -

Back-boned *adj.* ہمت والا - مضبوط -

Back-door *n.* خفیہ حصہ - چور دروازہ -

Back-end *n.* خزاں کا آخری زمانہ -

Backfriend *n.* چھپا دشمن -

Background *n.* گوشہ گمنامی - پس منظر -

Back-handed *adj.* ناگہانی - ٹینس کے کھیل میں گیند کو الٹا مارنے والا - الٹے ہاتھ کا -

Back-number *n.* دقیانوسی - رسالے یا اخبار کا پچھلا پرچہ -

Backside *n.* پٹھا - سرین -

Backstairs *n.* پوشیدہ سیڑھیاں - چور زینہ -

Backwash *n.* وہ لہر جو سمندر کی طرف جائے - پس رو موج -

Backwater *n.* ٹھہرا ہوا پانی - بند کھاڑی -

At the back of پشت پناہ - مدد پر - پشت پر -

Behind one's back پیٹھ پیچھے - غائبانہ -

Break one's back کمر توڑ دینا - حد سے زیادہ بوجھ ڈالنا -

Have on one's back ذمہ دار ہونا - گراں بار ہونا -

To the back-bone ایسا جیسا کہ حق ہے - پوری طرح مدد کرنا -

Turn one's back upon مصیبت کے وقت ساتھ چھوڑنا - عین وقت پر بھاگ نکلنا - پیٹھ دکھانا -

With one's back to the wall مجبور ہو کر جانفشانی دکھانا - نازک حالات میں - مشکل حالت میں -

Back (Bak) *v.t. & i.* Help مدد کرنا - امداد دینا - تائید کرنا - شرط لگانا - شکاری کتوں کے پیچھے چلنا - دستخط کرنا - تصدیق کرنا -

Back out of اپنی بات سے پھر جانا

Back up تائید کرنا - ہمت دلانا - دل بڑھانا - حوصلہ بڑھانا -

Back (Bak) *adv.* پیچھے - خلاف وعدہ - گزشتہ زمانے میں -

Back and forth آگے پیچھے -

Backbite چغلی کھانا - غیبت کرنا ..

Backbiter چغل خور -

Backslide برائیوں میں پھنس جانا - توبہ توڑنا - برگشتہ ہونا -

Backslider برگشتہ ہونے والا - توبہ شکن -

Back-stich بخیہ کرنا - بخیہ -

Backgammon (Bak-gamən)*n.* A game played on double board تختہ نرد - چوسر کا کھیل جو دہری بساط پر کھیلا جاتا ہے -

Backing (Bak-ing) *n.* Support تائید کرنے والوں کی جماعت - مدد - تائید - سہارا -

Backward (Bak-wərd) *adj. & adv.* Away from one's front پیچھے - پھسڈی - نارضامند - مخالف سمت میں - پیچھے کی طرف - تنزل کی طرف -

Backwardness *n.* نا رضا مندی - سستی - ڈھیل - نا ترقی پذیری - پھسڈی پن -

Bacon (Bak-n) *n.* Salted pork سور کا نمکین گوشت -

Save one's bacon نقصان سے بچنا - اپنی جان بچانا -

Baconian (bak-o-niən) *n.* Follower of Francis Bacon بیکن کے فلسفہ کے متعلق -

Bacterium (Bak-triəm) *n.* Species of vegetable germs نباتاتی جراثیم کی ایک قسم -

Bacterial *adj.* جراثیم کے متعلق - جراثیمی -

Bacteriologist *n.* علم جراثیم کا ماہر -

Bacteriology *n.* علم جراثیم -

Baculine (Bak-u-lin) *adj.* Of the stick or flogging چھڑی یا چھڑی کی مار کے متعلق -

Baculine argument زبردست کا ٹھینگا سر پر - زبردستی کی دلیل - ڈنڈے کی دلیل -

Bad (bad) *adj. & n.* Worthless, inferior نکما - خراب - ناکارہ - ناقص - ادھورا - تکلیف دہ - ناگوار - شریر - مریض - بیمار - بدقسمتی - تباہی -

Bad air گندی ہوا - ناپاک ہوا -

Bad blood دشمنی کے جذبات -

Bad debt ڈوبا ہوا قرضہ - ناقابل وصول قرض -

Bad law جابرانہ قانون - مضرت رساں قانون -

Bad shot غلط اندازہ - غلط قیاس - غلط نشانہ -

Go bad خراب ہونا - گھٹنا - بگڑ جانا -

In a bad sense برے معنوں میں -

With bad grace منہ بنا کر - طوعاً و کرہاً - بے دلی سے -

Baddish *adj.* ذلیل سا - گھٹیا سا -

Badge (baj) *n.* Distinctive mark علامت - نشانی - امتیازی نشان - کسی عہدہ دار کا امتیازی نشان -

Badger (bajər) *n.* Hawker پھیری والا - خوانچے والا -

Badger (bajər) *n.* Grey-coated animal between weasels and bears مچھلی پکڑنے کا مکھی کی شکل کا کانٹا - بجو -

Badger-legged *adj.* بجو کی سی ٹانگوں والا - چھوٹی بڑی ٹانگوں والا -

Badly (bad-li) *adj.* In A bad way اناڑی پن سے - بری طرح سے - خطرناک طور پر - سخت ضرورت سے -

Badminton (bad-min-tən) *n.* A game played with feathered and woollen ball and racket ایک کھیل جو پروں اور اون کی گیند سے کھیلا جاتا ہے -

Badness (bad-nes) *n.* Defect برائی - کھوٹا پن - نقص - عیب -

Baffle (baf-l) *v. t.* Foil دھوکا دینا - چکرا دینا - بہکانا مات کرنا -

Baft (baft) n. **Low quality cotton cloth** ادنیٰ درجے کا سوتی کپڑا ۔

Bag (bag) *n.* **Receptacle of flexible material** تھیلا ۔ بورا ۔ کیسہ ۔ گائے کا تھن ۔ آنکھ کا حلقہ ۔

Bag and baggage جملہ سامان ۔ کھاٹ کھٹولا ۔ بدھنا بوریا ۔ انگڑ کھنگڑ ۔

Bagman خوانچہ والا ۔ پھیری والا ۔

Bag of bones قاق ۔ ہڈی چمڑا ۔ دبلا پتلا ۔

Bag pipe ۔ بین باجا یہ منہ سے ہوا بھر کر بجایا جاتا ہے ۔

Bags پاجامہ ۔

Bag sleeves ڈھیلی آستین جو کلائی پر تنگ ہو ۔

Game bag شکار کا تھیلا ۔

Let cat out of bag ۔ بے خیالی میں راز افشاء کر دینا ۔

Money-bag روپے پیسے رکھنے کا بٹوہ ۔

Whole bag of tricks ۔ تمام ترکیبیں ۔ ساری عیاریاں ۔

Waterman's bag پکھال ۔ مشک ۔

Bag (bag) *v.t. & i.* **Swell, hang loosely** پھولنا ۔ پھول جانا ۔ تھیلے میں رکھنا ۔ ہتھیا لینا ۔ شکار کرنا ۔

Bagatelle (bage-tel) *n.* **Negligible amount** حقیر رقم ۔ بلیرڈ کی قسم کا ایک کھیل جس میں گولے گڑھوں میں ڈالے جاتے ہیں ۔ ان گڑھوں پر اعداد لکھے ہوتے ہیں ۔ ان سے کھیل کے نمبر لیے جاتے ہیں ۔

Baggage (Bag-ij) *n.* **Luggage** کھاٹ کھٹولا ۔ سفری سامان ۔ جملہ سامان ۔ پھوہڑ عورت ۔ چنچل لڑکی ۔

Baggy (bag-i) *adj.* **Swelled** ڈھیلا ڈھالا ۔ پھولا ہوا ۔

Bah (Ba) *Interj.* **of contempt** تحقیری کلمہ ۔

Bail (bal) *n.* **Security** ذمہ داری ۔ کفالت ۔ ضمانت ۔

Bail (bal) *v.t.* **Release on security** ضمانت پر رہا کرانا یا کرنا ۔ مچلکہ لینا ۔ ضمانت قبول کرنا ۔ ضمانت داخل کرنا ۔

Bail (bal) *n.* **Outer line of fortification** فوجی استحکامات کی آخری حد جہاں میخوں کی باڑہ ہوتی ہے کرکٹ کی گلیاں جو لکڑیوں پر رکھی جاتی ہیں ۔ کیتلی کا دستہ ۔ گائے کے چارہ ڈالنے کے برتن کا کٹہرا ۔

Bailable *adj.* قابل ضمانت ۔

Bailee (ba-li) *n.* **One to whom goods are entrusted** وہ شخص جس کی تحویل میں خاص غرض سے سامان رکھا جائے ۔ محافظ ۔ ناظر ۔

Bailey (bal-i) *n.* **Outer wall of castle** قلعہ کی بیرونی فصیل ۔

Old Bailey ...دن کی قدیم فوجداری عدالت ۔

Bailiff (bal-if) *n.* **Officer for writs, processes arrests** ...رکاری افسر ۔ میئر ۔ ناظر ۔ قرق امین ۔

Bailment *n.* ...دی کی ضمانت دینا ۔ قیدی کی ضمانت ...اخل کرنا ۔

Bailsman *n.* ...ہانت دینے والا ضامن ۔

Bait (bat) *v.t. & i.* **Cause to bite** ...ارہ یا دانہ جو شکار ...کے لیے ڈالا جاتا ہے ۔ جس سے ترغیب دی جائے ۔

Bake (bak) *v.t. & i.* **Cook in a closed place** ...چیز ...نور یا توے پر پکانا ۔ دم دینا ۔ دم ہونا ۔ ...ک جانا ۔

Bakehouse ...ھٹی ۔ تنور خانہ ۔

Bakestone ...وہے یا پتھر کا توا جس پر پکاتے ہیں ۔

Baking-powder ...خمیر اٹھانے کا سفوف ۔

Half-baked ...دھورا ۔ کچا ۔ ناتجربہ کار ۔ ادھ کچی ...روٹی) ۔

Baker *n.* ...ان ساز ۔ روٹی پکانے والا ۔ تنور والا ۔ ...ان بائی ۔

Baker's dozen *n.* ...ان بائی کا درجن جو تیرہ روٹیوں ...کا ہوتا ہے ۔

Pull baker ...کسی مقابلہ میں دونوں فریقوں کی ہمت ...ڑھانا ۔

Bakhsheesh (Buk-shish) *n.* **Tip,** ...انعام ۔ بخشش ۔

Balance (baləns) *n.* **Weighing apparatus** ...ترازو ۔ کانٹا ۔ تکڑی ۔ بچت ۔ میزان ۔ تناسب ۔ موازنہ ۔ باقی ۔ ...سلک ۔

Balance of power ...فوجی یا سیاسی قوت کا توازن ۔

Lose one's balance ...گھبرا جانا ۔ جھونک نکل جانا ۔ ...توازن قائم نہ رکھ سکنا ۔

Strike a balance ...میزان لگانا (جمع خرچ کی) ۔ ...خرچ کا بقایا نکالنا ۔

Balance (baləns) *v.t. & i.* **Weigh, match** ...موازنہ کرنا ۔ مقابلہ کرنا ۔ شش و پنج میں ہونا ۔

Balcony (balkəni) *n.* **Ontside balustrated platform** ...شہ نشین ۔ بالاخانہ کا برآمدہ ۔

Bald (bowld) *adj.* **Hairless,** ...بے پر ۔ لنڈورا ۔ گنجا ۔ گھوڑا جس کے جسم یا چہرے پر سفید داغ ہوں ۔ ...ننگا ۔ نمایاں برائیاں ۔ روکھا پھیکا (بیان) ۔

Baldly *adv.* ...صاف صاف ۔ کھلم کھلا ۔

Baldness *n.* لنڈورا پن ۔ گنجا پن ۔

Balderdash (bawldərdash) *n.* Nonsense کئی شرابوں کا مرکب ۔ واہیات حرکات ۔ بکواس ۔ فحش کلامی ۔

Bale (bal) *n.* Evil, destruction مضرت ۔ تکلیف ۔ تباہی ۔

Baleful *adj.* مضرت رساں ۔ تباہ کن ۔

Balefully *adv.* ظالمانہ ۔ تباہی کے ساتھ ۔

Bale (bal) *n.* Package رسی یا لوہے کی پٹیوں سے بندھی ہوئی گانٹھ ۔

Balk-Baulk (bawk) *v.t.* & *i.* Shirk, miss روکنا ۔ روڑے اٹکانا ۔ مایوس کرنا ۔

Balk-Baulk (bawk) *n.* Stumbling block مانع چیز ۔ روک ۔ رستے کا روڑا ۔ چھت کا آڑا شہتیر ۔ مچھیروں کے جال کا ڈنڈا ۔

Ball (bawl) *n.* Solid or hollow sphere گولا (اون یا سوت کا) ۔گیند ۔ بندوق کی گولی ۔ توپ کا گولا ۔ کرہ ۔

Ball of thread سوت کا گولا ۔

Ball and socket گولا اور خانہ دار جوڑ ۔ آسانی سے حرکت کرنے والی قفلی ۔

Ball-bearings گولیاں بھرا ہوا چکر ۔ گولی دار دھرا ۔ دھرا جس میں رگڑ کو کم کرنے اور رفتار تیز کرنے کے لیے گولیاں لگائی جائیں ۔

Ball of eye دیدہ ۔ آنکھ کا ڈھیلا ۔

Have the ball at one's feet ۔ کامیابی کا قریب ہونا ۔ بازی ہاتھ میں ہونا ۔

Keep the ball rolling } سعی کرتے رہنا ۔ کام کو بہر
Keep up the ball } حال جاری رکھنا ۔

Ball (bawl) *n.* Social assembly for dancing سماجی رقص ۔ مجلس رقص ۔

Ball-room *n.* ناچ گھر ۔ رقص گاہ ۔

Give a ball *v.t.* ناچ کی محفل منعقد کرنا ۔ ناچ کے لیے مدعو کرنا ۔

Open the ball رقص کا افتتاح کرنا ۔ ناچ کا آغاز کرنا ۔

Ball (bawl) *v.t.* & *i.* Squeeze into a ball دبا دبا کر گولا بنا دینا ۔ گولا بنا دینا ۔

Ballad (bal-əd) *n.* A simple sentimental song چھوٹے چھوٹے بندوں کی رزمیہ نظم ۔ ساکھا ۔ جذباتی گیت ۔

Ballad-singer *n.* بھاٹ ۔ بہادروں کی تعریفی نظمیں گانے والا ۔ جذباتی گیت گانے والا ۔

Balladry *n.* چاربیت گوئی ۔ جذباتی گیت ۔

Ballast (bal-əst) *n.* Heavy material placed in ship's hold for stability جہاز کو متوازن کرنے والا وزنی سامان ۔ کنکر جو ریل کی سڑک پر ڈالے جائیں ۔ اخلاقی قوت ۔ متانت ۔

Ballast (bal-əst) *v.t.* Render steady سڑک پر کنکر بچھانا ۔ توازن قائم رکھنا ۔ پختہ کرنا ۔

Ballasting *n.* سڑک پر کنکر بچھانے کا عمل ۔ پختہ کرنے کا عمل ۔ بھرائی ۔ پٹائی ۔ توازن ۔

Ballerina (bal-lə-rena) *n.* Dancing girl ناچنے والی ۔ رقاصہ ۔

Ballet (bal-a) *n.* Combined dance on the stage ناٹک کا ناچ ۔ متفقہ ناچ ۔ رقص ۔ سنگت ناچ ۔

Balloon (bə-loon) *n.* Inflated with gas (envelop) rising in the air مینار یا ستون کا کلس ۔ قبہ ۔ ہوائی برج ۔ غبارہ ۔

Balloonist *n.* غبارہ باز ۔ غبارہ اڑانے والا ۔

Balloon (bə-loon) *v.t.* Ascend in balloon غبارے کی طرح پھول جانا ۔ غبارے میں اڑنا

Ballooner *n.* غبارے میں اڑنے والا ۔ غبارہ باز ۔

Ballot (bal-ət) *n.* Secret voting انتخاب ۔ قرعہ اندازی ۔ پوشیدہ رائے شماری ۔

Ballot-box قرعہ اندازی کا صندوق ۔ پرچیاں ڈالنے کا ڈبّا ۔ رائے شماری کا صندوق ۔

Ballot (bal-ət) *v.i.* Give secret vote پوشیدہ طور پر رائے دینا ۔

Bally (bal-i) *adj.* & *adv.* Speaker's disgust or satisfaction وہ لفظ جس سے متکلم بیزاری یا پسندیدگی کا اظہار کرتا ہے (جیسے کم بخت!) ۔

Ballyrag (bal-i-rag) *v.t.* & *i.* Maltreat by hustling or jeering مذاق میں ہاتھا پائی کرنا یا چڑھانا ۔

Ballyragging دھینگا مشتی ۔ مذاق میں ہاتھا پائی ۔

Balm (bam) *n.* Ointment for soothing pain خوشبودار مرہم یا لیپ ۔بعض درختوں کا خوشبودار پانی ۔ مہک ۔ خوشبو ۔

Balm-cricket ٹڈی ۔ ایک قسم کا جھینگر ۔

Balmy *adj.* صحت بخش ۔ تسکین دینے والا ۔ مفرح ۔ خوشبو دار ۔

Balmily *adv.* تسکین دہ طور پر -
Balminess *n.* فرحت - عطر بیزی - سکون بخشی -
Balsam (bawl-səm) *n.* A resinuous product روغن بلسان - گل مہندی - مرہم - طلا -
Balsamic *adj.* بلسانی -
Balsamically *adv.* بلسان کی طرح -
Balsamiferous بلسان وش - بلسان دار -
Baluster (Baləstər) *n.* A short pillar جنگلے یا کٹھرے کا ستون -
Balustrade *n.* A row of balusters جنگلے یا کٹھرے کے چھوٹے ستونوں کا سلسلہ -
Bamboo (bam-boo) *n.* A kind of tropical long grass بانس -
Bamboozle (bam-boo-zl) *v.t.* Hook, cheat دم یا جھانسا دینا - دھوکا دینا -
Bamboozlement فریب - جھانسا - دھوکا -
Ban (ban) *v.t.* & *i.* Prohibit, curse منع کرنا - لعنت بھیجنا - ممانعت کرنا -
Ban (ban) *n.* Formal prohibition بد دعا - لعنت - با ضابطہ ممانعت - قانونی حق سے محرومی -
Banal (banəl) *adj.* Commonplace بالکل عیاں - پیش پا افتادہ - معمولی -
Banality *n.* کھلی ہوئی حقیقت - پیش پا افتادہ امر - معمولی بات -
Banana (Ba-na-na) *n.* A tropical fruit موز - کیلا -
Band (band) *n.* A thing that bands together پٹی - بندھن - فیتہ - تسمہ - ڈوری - گروہ - منڈلی - جتھا -
Bandbox کاغذ کا ڈبّا -
Bandmaster بینڈ باجے کا افسر -
Band-saw پہئیے پر چلنے والا گول آرا -
Bandsman بینڈ والا - باجے والا -
Bandstand چبوترہ جہاں باجے والے بیٹھتے ہیں -
Band (band) *v.t.* Form into a league, put a band on رسی یا پٹی باندھنا - جماعت بندی کرنا -
Bandage (Bandaje) *n.* & *v.t.* A strip of material for binding up wounds - زخم پر باندھنے کی پٹی مرہم پٹی کرنا - پٹی سے باندھنا -
Bandicoot (Ban-di-kwt) *n.* Australian rat as large as a cat بڑا چوہا - آسٹریلیا کا کھیت تباہ کرنے والا بڑا چوہا - ایک کرم خور جانور -

Bandit (ban-dit) *n.* An outlaw, robber ڈاکو - لٹیرا - رہزن - قزاق -
Bandoleer-ier (bandolər) *n.* A shoulder belt with cartridge-loops کارتوس کی پیٹی جو شانے پر لٹکائی جائے -
Bandoline (ban-do-len) *n.* A gummy preparation for fixing hair ایک قسم کا لیس دار روغن جس سے بال جمائے جاتے ہیں -
Bandy (ban-di) *v.t.* Throw, pass to, ادھر سے ادھر اچھالنا - ایک دوسرے کو مارنا -
Bandy about کسی چیز پر بحث کرنا -
Bandy words with تو تو میں میں کرنا - حجت کرنا - تکرار کرنا -
Bandy (ban-di) *n.* باکی کا ڈنڈا - گھوڑا گاڑی - چھکڑا -
Bandy (ban-di) *adj.* - جس کے گھٹنوں میں زیادہ فاصلہ ہو - ٹیڑھا - مڑا ہوا -
Bane (ban) *n.* Poison مصیبت - بربادی - وبال - زہر ہلاہل -
Baneful *adj.* مضر - قاتل - مہلک - خطرناک -
Banefully *adv.* خطرناک طور پر -
Banefulness *n.* مضرت - ہلاکت - تباہی - بربادی -
Bang (bang) *v.t.* & *i.* Strike, make sound of blow ٹھونکنا - زور سے مارنا - دھماکا پیدا کرنا -
Bang (bang) *int.*, *adj.* & *adv.* Abruptly, completely دفعتاً - مکمل طور پر - دھماکے سے -
Go bang دھماکا ہونا - پھٹنا -
Bang (bang) *n.* A sounding blow بندوق کی آواز دھماکا - بالوں کی ایسی تراش کہ بال پیشانی پر لٹکتے رہیں -
Bang-tail دم کٹا گھوڑا -
Bangle (bang-gle) *n.* Ring, bracelets - پہنچی - چوڑی - کڑا -
Banian, Banyan (ban-yan) *n.* Hindu traders صراف ساہوکار - مہاجن - بنیا -
Banian-day گوشت کے ناغے کا دن -
Banian-hospital - شفاخانہ حیوانات - شفاخانہ مویشیاں
Banish (ban-ish) *v.t.* Condemn to exile شہر بدر کرنا - دیس نکالا دینا - دل سے کسی خیال کا نکال دینا -
Banishment *n.* جلا وطنی - دیس نکالا -

Banister (ban-is-tər) *n.* Hand-rail of stairs
زینے کا کٹھرا جس کے سہارے زینہ پر چڑھتے ہیں -

Banjo (banjo) *n.* A musical instrument بچتارا - ستار کی قسم کا ایک ساز -

Banjoist بچتارا بجانے والا -

Bank (bangk) *n.* Elevation, slope ساحل - کنارا - پشتہ - انبار - تودا - ڈھیر - ابر کا ٹکڑا - برف کا تودا -

Bank (bangk) *v.t.* & *i.* انبار ہونا - تودہ بن جانا - بند باندھنا - پشتہ بندی کرنا -

Bank (bangk) *n.* A place of exchange بنک - صرافہ - ساہوکارا - روپیہ کے لین دین کا ادارہ - لین دین کی کوٹھی -

Bank (bangk) *v.t.* & *i.* Deposit money in a bank
بنک میں روپیہ جمع کرنا -

Banking House تجارتی دوکان جو بنک کا کام بھی کرتی ہے - تجارتی کوٹھی -

Banker (bangker) *n.* A proprietor or partner of a bank مہاجن - صراف - ساہوکار - پتے بانٹنے والا - جوا کھلانے والا -

Banking (bangking) *n.* ندی یا سمندر کے کنارے مچھلی کا شکار - دھن بیوپار - ساہوکاری - صرافہ -

Bankrupt (Bangk-rupt) *n.* & *adj.* Insolvent person
ٹٹ پونجیا - دیوالیا -

Bankrupt (Bangk-rupt) *v.t.* Declare as insolvent
دیوالہ نکالنا - دیوالیا بنانا -

Bankrupt (Bangk-rupt) *adj.* A person whose case of bankruptcy is in court مہاجن یا بیوپاری جس کی دیوالیا ہونے کی کارروائی عدالت میں زیر ساعت ہو-

Bankruptcy *n.* دیوالیا پن - دیوالا - محرومی -

Banner (banər) *n.* Flag علم - پھریرا - جھنڈا - نشان - علم -

Bannock (banək) *n.* Home-made loaf پھلکا - چپاتی - انگلستان کا خانہ ساز نانپاؤ -

Banns (ban-z) *n.* & *p.* Notice of intended marraige in church اعلان شادی - اعلان نکاح جو گرجے میں شادی سے پہلے کیا جاتا ہے -

Banquet (Bangk-wet) *n.* Sumptuous feast شاہی ضیافت - اعزازی دعوت -

Banquet (Bangk-wet) *v.t.* Regale, feast بے نوشی کی دعوت دینا - ضیافت میں بلانا - دعوت کرنا -

Bantam (bantəm) *n.* A small kind of domestic fowl چھوٹی قسم کا اصیل مرغ - پستہ قد مگر زور آور تیز مزاج آدمی -

Bantam-weight, A low weight in boxing
گھونسے بازی میں ہلکا وزن - ۱۱۸ پونڈ کا گھونسے باز -

Banter (bantər) *n.v.t.* & *i.* Humorous ridicule, a good-humoured personality ٹھٹھا کرنا - چھیڑ خانی کرنا - مذاق کرنا - دل لگی کرنا - ظریف -

Bantling (bant-ling) *n.* A young child - بچہ - بچونگڑا - چھوٹا لڑکا - طفل - چھوکرا -

Baptism (bap-tizm) *n.* Religious rite اصطباغ - بپتسمہ - عیسائیت میں داخل کرنے کی رسم - جہاز کی نام رکھائی -

Baptismal اصطباغی -

Baptismally بپتسمہ کے طور پر -

Baptist (Bap-tist) *n.* One who baptises بپتسمہ دینے والا - عیسائیوں کا ایک فرقہ جو بچوں کے اصطباغ کا مخالف تھا -

Baptistry (baptistri) *n.* A part of a church used for baptism بپتسمہ دینے کا حوض - اصطباغ خانہ جو گرجا میں علیحدہ ہوتا ہے -

Baptise (Bap-t-ize) *v.t.* To perform the rite of baptism پاک پانی میں غوطہ دینا - بپتسمہ دینا - اصطباغ کرنا - نام رکھنا - عیسائیت میں شامل کرنا -

Bar (bar) *n.* Barrier سلاخ - سیخ - سریا - دروازے کی بلی - چاندی سونے کی پٹی - ہوٹل میں شراب بکنے کی جگہ - جماعت وکلا - ملزم کا کٹہرا -

Barman, Barmaid شراب فروخت کرنے والا یا والی - شراب خانے کا خادم یا خادمہ -

To be called to the bar وکالت کی سند پانا -

The bar شراب خانہ -

Bar (bar) *v.t.* Obstruct دروازے کی بلی لگانا - خارج کرنا - مستثنیٰ کرنا - نکالنا - قانونی عذرات سے کسی کارروائی کو روکنا - نا پسند کرنا -

Barb (barb) *n.* A curved point of arrow, fish-hook خار - کانٹا - آنکڑہ - راہبہ عورتوں کے لباس کا وہ حصہ جو ٹھوڑی پر رہتا ہے - تیر یا نیزے کا تیز پھل - نیش - چبھن -

Barbarian (bar-bər-ən) *n. & adj.* Rude, wild, uncultured وحشی - ناشائستہ - غیر مہذب - غیر عیسائی - جاہل -

Barbaric *adj.* وحشیانہ -

Barbarism *n.* سوقیانہ الفاظ کا استعمال - اکھڑ پن - جہالت - وحشت -

Barbarity *n.* ظلم و تعدی - وحشیانہ طرز عمل -

Barbarize *v.t. & i.* بد تمیز یا بد اخلاق بنانا - وحشی بنانا یا ہونا -

Barbarous (bar-bə-rəs) *adj.* Uncivilized, coarse وحشی - بے رحم - اکھڑ - وحشیانہ -

Barbarously *adv.* بری طرح سے - بے رحمی سے - وحشیانہ طور پر -

Barbarousness *n.* اکھڑپن - جاہلیت - بربریت -

Barber (barbər) *n.* One who shaves and trims hair نائی - حجام - خاص تراش -

Barber's itch وہ جلدی بیماری جو استرا خراب ہونے سے ہوتی ہے -

Barber-surgeon فصد کھولنے والا - جراح -

Barber-surgery جراحی -

Barbet (barb-et) *n.* A bird with bristle tuft at the base of bill ایک پرندہ جس کی چونچ کے نیچے بالوں کا گچھا ہوتا ہے -

Barbette (bar-bet) *n.* A platform from which guns are fired - دمدمہ - قلعہ میں گولہ اندازی کا برج جہاز میں توپ کی جگہ -

Barbican (bar-bi-ken) *n.* Outer defence to city or castle فصیل کا برج - پل یا پھاٹک کا دہرا مینار -

Bard (bard) *n.* Poet, lyric poet بھاٹ - شاعر - مطرب - گویا شاعر -

Bardic *adj.* گویے شاعر یا بھاٹ کے متعلق -

Bardling *n.* بھاٹ - گویا - شاعر -

Bard (bard) *n.* گھوڑوں کی زرہ -

Barded *adj.* زرہ پوش -

Bare (bar) *adj.* Unclothed, undisguised ننگا - عریاں - بے حجاب - مفلس - غیر محفوظ - غیر آراستہ -

Barefaced *adj.* گستاخ - ڈھیٹ - بے حیا - بے شرم - منہ پھٹ -

Barefacedly *adv.* بے حیائی سے - بے باکانہ -

Barefacedness *n.* عریانی - بے حجابی - بے حیائی - بے شرمی - بے باکی - ڈھٹائی -

Bare (bar) *v.t.* Uncover ننگا کرنا - بے نقاب کرنا -

Barely *adv.* محض - فقط - صرف - مشکل سے -

Bareness *n.* سادگی - برہنگی - عریانی -

Bargain (bar-gən) *n.* Compact بھاؤ تاؤ - سودا - معاملہ - چیز جو خریدی جائے -

A bargain فائدے کا سودا - اچھا سودا -

Dutch-wet bargain - سودا جس کے بعد شراب پی جائے -

Make the best of a bad bargain جیسا کیا ویسا بھگتنا - سر پڑی نباہنا -

To conclude a bargain معاملہ پکا کرنا -

Bargain (bar-gen) *v.t. & i.* Haggle - معاملہ طے کرنا - قیمت چکانا - سودا چکانا -

Bargain away فروخت کردینا - مہنگا سستا کسی چیز کو نکال دینا -

Bargain for کسی چیز کی توقع کرنا - سودے کے لیے تیار رہنا -

Bargain with کسی چیز کے بدلے کوئی چیز دینا -

Barge (barj) *n. & v.i.* A house-boat, ornamental vessel - ناؤ - کشتی - امیروں کا بجرا - کشتی لڑا دینا -

Bargee (barji) *n.* The man in charge of a barge کشتی کھینے والا - بجرے کا محافظ - کھویّا - ناؤ کھویّا -

Barge-man *n.* کھینے والا - ملاح -

Bark (bark) *n.* Outer sheath of trees چھال - چھلکا - پوست - کنین (بخار کی دوا) -

Bark (bark) *v.t.* Strip bark from a tree درخت کی چھال چھیلنا -

Bark, barque (bark) *n.* A boat or ship کشتی یا جہاز -

Bark (bark) *n.* Usual cry of dogs or sound of a gun fire گھیری - کتے - لومڑی - سیار وغیرہ کی آواز - بندوق کی آواز - بھونکنے کی آواز -

Bark worse than bite ایسے لوگ جو جھلائیں مگر نقصان نہ پہنچائیں - کاٹے کم بھونکے زیادہ -

Bark (bark) *v.t. & i.* Utter explosive cry بھونکنا - غصہ یا تحکمانہ لہجے میں بولنا -

Barker - بھونکنے والا - چیخنے والا - پستول - بندوق - توپ -

Barley (bar-li) *n.* Hard cereal, its grain جَو- جَو کی گری -

Barley-mow کھلیان - خرمن -

Barley-sugar دانہ دار شکر - دانہ دار مصری -

Barley-water جَو کا پانی - آش جو

Pearl barley جَو کی سفید گری - جو کا دلیا -

Pot barley چھڑے ہوئے جو -

Barley-beer جَو کی ہلکی شراب - بیر -

Barley-meal جَو کا آٹا -

Barm (barm) *n.* Yeast, froth on fermenting malt liquor خمیر - شراب کا جھاگ -

Barmy *adj.* بے مغز - سنکی - جھاگدار -

Barn (barn) *n.* Covered building for storing grain کھلیان - کھتا - پیو - بے آرائش عمارت - غلہ گودام -

Barnacle (barnə-kl) *n.* Pincers on horse's nose, Arctic goose چشمہ - عینک - شمالی منطقہ کی قاز - صدف ماہی - نک چمٹا -

Barometer (bər-om-i-tər) *n.* Instrument for measuring atmospheric pressure باد پیما - مقیاس‌الباد - ہوا کا دباؤ معلوم کرنے کا آلہ -

Barometer of opinion عوام کی رائے معلوم کرنے کا عمل - مقیاس الرائے -

Barometric-al *adj.* پیمائش ہوا کے متعلق -

Barometry *n.* باد پیمائی کا علم - باد پیمائی -

Baron (borən) *n.* Titled noble, peer انگلستان کا امیر - نواب - تعلقدار - ٹھاکر -

Baronage *n.* طبقہ امرا -

Baroness *n.* امیر زادی - نواب کی بیوی - بیگم -

Baronet (Barənət) *n.* A member of lowest titled order چھوٹا نواب - جاگیر دار - موروثی نواب -

Baronet (Barən-ət) *v.t.* تعلقدار یا نواب بنانا - جاگیر دار بنانا - بیرونٹ کا خطاب دینا -

Baronetage (Berənətaj) *n.* Order of baronets نوابوں کے حالات کی سرکاری کتاب -

Baronetcy (Barənətsi) *n.* بیرونٹ کا خطاب - نوابی اعزاز -

Baronial *adj.* جاگیر دارانہ - نوابی -

Barony *n.* نوابی اعزاز - تعلقہ - جاگیر - نوابی علاقہ - نواب کا محل -

Barouche (bə-ro-sh) *n.* Four-wheeled carriage چار پہیوں کی کھلی ہوئی گھوڑا گاڑی - بگھی جس کا ٹپ گرایا جاسکتا ہو -

Barrack (bar-ek) *n.* Permanent building for lodging soldiers فوجیوں کے رہنے کا مکان - قطار در قطار حجرے - چھاؤنی - بھدی عمارت -

Barrack (Bar-ək) *v.t.* Lodge soldiers in barracks سپاہیوں کو فوجی عمارت میں رکھنا - کھیل میں کسی پر آوازے کسنا -

Barrage (bar-ij) *n.* Dam, barrier کٹا - پشتہ - بند -

Barrator-er (barətor) *n.* Vexatious litigant مقدمہ باز - مقدمہ لڑنے والا - فسادی - جھگڑالو - جہاز کے ملازموں کی مجرمانہ غفلت جس سے ان کو نقصان پہنچے -

Barratory *n.* پریشان کن - مقدمہ بازی -

Barred (bard) *adj.* Blocked بند - رکا ہوا - ریت سے اٹا ہوا -

Barrel (barəl) *n.* Cylindrical wooden vessel لکڑی کا پیپا - مشین کا سلنڈر - بندوق کی نالی -

Barrel (barəl) *v.t.* To store in barrels پیپوں میں رکھنا - پیپوں میں بھرنا -

Barren (barən) *adj.* Infertile - شور(زمین) بنجر - پڑت - بانجھ -

Barrenness *n.* بے لطفی - محرومی - شوریت - غیر زرخیزی - بانجھ پن -

Barret (barit) *n.* Flat cap, barita ایک قسم کی چپٹی ٹوپی -

Barricade (bar-ik-ad) *n.* Hastily erected rampart کچا پشتہ - کچی مورچہ بندی - عارضی روک - عجلت میں تیار کیا ہوا مورچہ -

Barricade (bar-ik-ad) *v.t.* Block with barricade کچا پشتہ بنانا - مورچہ بندی کرنا - مدافعت کرنا -

Barrier (bar-i-ər) *n.* Fence barring advance - روک آڑ - باڑ - جنگی ناکہ کا پھاٹک - نیزہ بازی کے میدان کا کٹھرہ -

Barring (bar-ing) *perp.* Except - بجز - سوا - اِلّا -

Barrister-at-law (baris-tər) *n.* - عدالت‌العالیہ کا وکیل - کونسلی وکیل - وکیل - بیرسٹر -

Barrow (bar-o) *n.* Hand-cart سامان لے جانے کی گاڑی - ہاتھ گاڑی - ٹھیلہ - مٹی کا ڈھیر جس کے نیچے لاشوں کو دبا دیتے تھے - بچوں کا بغیر آستین کا لمبا کوٹ -

Barter (bartər) *v.t.* Exchange one thing with another - چیز کے بدلے چیز دینا - چیزوں کا لین دین ادلا بدلی کرنا -

Barter (bartər) *n.* Exchange of one thing with another ایک چیز کا دوسری چیز سے تبادلہ - مال کے بدلے مال -

Bartizan (barti-zan) *n.* Battlemented parapet چھجا - کنگوریدار برج جو فصیل کے کونے میں آگے کو نکلا ہوا ہو -

Barytone (bar-i-ton) *n. & adj.* A word with grave accent on the last syllable گہری آواز - بھاری آواز - کھرج - درمیانی آواز والی نفیری -

Basal (basəl) *adj.* Of the base. اساسی - بنیادی -

Base (bas) *n.* That on which anything stands بنیاد - نیو - اساس - پیندا - تلا - پایہ - کرسی - قاعدہ - جو چیز تیزاب سے مل کر نمک سی بن جائے -

Base-ball ایک کھیل جو موٹے بلے اور گیند سے کھیلا جاتا ہے (امریکہ)

Base (bas) *v.t.* To lay foundation بنیاد رکھنا - اساس قائم کرنا - اعتماد کرنا -

Base (bas) *adj.* Mean, useless ہیچ - نکما - ناچیز - کمینہ - سفلہ - پست قد - بونا -

Base-minded کمینہ - کم ذات - اوچھا - سفلہ مزاج -

Base-born کم اصل - نیچ - بد نسلا - بد ذات -

Basely *adv.* کمینہ پن سے -

Baseness *n.* حرامی پن - پاجی پن - کمینہ پن -

Baseless *adj.* بے تکی - بے پر کی - بے بُنیاد - بے اصل -

Baselessness *n.* - کمینگی - بے اصلیت - بے بُنیاد ہونا

Basement (bas-ment) *n.* Foundation تہ خانہ - پایہ کے اوپر کا حصہ - بنیاد - پایہ -

Bash (bash) *v.t.* Shatter پاش پاش کرنا -

Bashful *adj.* نظر چور - حیا دار - لجیلا - شرمیلا -

Bashfully *adv.* حیا داری سے - شرمیلے پن سے -

Bashfulness لاج - شرم - حیا - شرمیلا پن -

Basic (Bəsik) *adj.* Fundamental اساسی - بنیادی - زیرین -

Basil (bazil) *n.* A kind of aromatic herb کالی تلسی - نازبو - ریحان - سبزہ -

Basilisk (baz-il-isk) *n.* A venomous short snake بالشتیا سانپ - افعی - ایک افسانوی سانپ جس کی پھنکار سے آگ لگ جاتی تھی - امریکی گرگٹ -

Basin (ba-sn) *n.* Hollow round vessel, depression برتن - ظرف - سیلابچی - تسلا - چھوٹا تالاب - حوض - رودبار - طاس - مصنوعی بندرگاہ - چلمچی -

Basinful اتنی چیز جس سے چلمچی بھر جائے - کشکول بھر -

Basis (bas-is) *n.* Foundation بنیاد - اساس - ابتدا - مول - بنا - اصول -

Bask (bask) *v.i.* Revel in warmth دھوپ کھانا - دھوپ میں پڑے رہنا -

Basket (basket) *n.* A vessel of cane or rushes ٹوکرا- ٹوکری - پٹارا - ڈِبّا -

Basketry *n.* ٹوکریاں بننا - ٹوکریاں بنانے کا کام -

Basket (basket) *v.t.* To put in a basket ٹوکری کی نذر کرنا - ٹوکری میں ڈالنا -

Bason (Basən) *n. & v.t.* Bench for felting hat, felt نمدہ جمانا - ٹوپی بنانے کی تپائی -

Bas-relief or Basso-rilievo (bas-releef) *n.* Carving or sculptor تراشا ہوا یا کھدا ہوا - نقشی - برتن کے اوپر نقاشی -

Bass *n.* Inner bark of lime, fish - ایک قسم کی مچھلی - پانی کا بھیڑیا - بن بھیڑیا - ایک درخت کی چھال جو چٹائی بنانے کے کام آتی ہے -

Bass (bas) *adj. & n.* Deep sounding نیچی گہری آواز والا - نیچا سر - نیچی آواز -

Basset (bas-it) *n.* A short-legged hunting dog چھوٹے پاؤں کا شکاری کُتّا -

Bastard (bas-tərd) *n. & adj.* Illegitimate حرامی - ولدالزنا - ناجائز اولاد -

Bastardize *v.t.* ناجائز یا حرامی قرار دینا -

Bastardy *n.* حرامی پن -

Bastardy order وہ حکم جس کے روسے حرامی بچے کی پرورش مفروضہ باپ کے ذمے کی جائے ۔

Baste (bast) v.t. Trash ٹپا ڈالنا ۔ بھونتے وقت گوشت پر گھی یا مکھن ڈالنا ۔ پیٹنا ۔ ڈنڈے سے مارنا ۔

Bastille (bas-tel) n. Paris prisoner-fortress قلعہ ۔ قید خانہ ۔ پیرس کا قلعہ جہاں شاہی مجرم رکھے جاتے تھے ۔

Bastinado (Bast-in-ad (o) n. & v.t. Caning on soles of feet پا کوبی ۔ تلووں پر بید مار کر سزا دینا ۔

Bastion (bast-yən) n. Protecting part of fortification برج ۔ قلعہ کا برج ۔

Bastioned adj. فصیل دار ۔ برج دار ۔

Bat (bat) n. A nocturnal bird-چمگادڑ ۔ کرکٹ کا بلا ۔

Carry one's bat کھیل کے آخر تک آؤٹ نہ ہونا ۔

Off one's own bat کسی کی مدد کے بغیر ۔ اپنے بل بوتے پر ۔

Batch (bach) n. Loaves of one baking ایک گھان کی روٹیاں ۔ جتھا ۔

Bate (bat) v.t. & i. Let down, کم کرنا ۔ گھٹانا ۔ زور گھٹ جانا ۔ چمڑے کی دباغت کا محلول ۔ اس محلول میں چمڑے کو ڈبونا ۔ چمڑا رنگنے کا محلول ۔

Batfowling n. Catching fowls at night in lamp light رات کو مشعل جلا کر پرند پکڑنا ۔

Bath (Bath) n. Washing of body غسل خانہ ۔ حمام ۔ نہانے کا برتن ۔ گرم پانی کے چشمے ۔ ایک اعزازی درجہ ۔

Bath chair مریضوں کی کرسی ۔

Bath of blood. خون کی ندی ۔ لہو لہان ۔ خون خرابہ

Air bath کھلی ہوا میں ننگے بدن پھرنا ۔

Mud-bath جسم پر گیلی مٹی کا لیپ کرنا ۔

Sponge-bath گیلے اسفنج سے بدن صاف کرنا ۔

Vapour-bath حمام میں بھاپ سے پسینہ لانا ۔

Bath (Bath) v.t. Subject to washing غسل کرنا ۔ غسل دینا ۔ نہانا ۔ نہلانا ۔

Bathe (Badh) v.t. & i. Bath in water or dust and sand پانی یا ریت میں نہلانا یا نہانا ۔

Bathe (Badh) n. Bath of water غسل ۔

Bathos (bathos) n. Fall from great height, absurd performance بلندی سے یکایک پستی میں گرنا ۔ موقع اور محل سے گری ہوئی بات ۔

Baton (bat-n) n. Staff of office, constable's truncheon سونٹا ۔ کانسٹیبل کا ڈنڈا ۔ بینڈ ماسٹر کی چھڑی ۔ نشان عہدہ داری ۔

Battalion (bə-talyən) n. Large body of men in battle array پلٹن ۔ فوج ۔ فوجی دستہ ۔

God is for the big battalions خدا جمعیت کے ساتھ ہے ۔ جماعت میں کرامت ہے ۔ خدا جماعت کا حامی ہے ۔

Batten (bat-n) n., v.t. & i. Strip of wood carrying electric wire or clamping board of doors لکڑی کی پٹی جو فرش بنانے کے کام آتی ہے ، دروازوں پر جڑی جاتی ہے ۔ لکڑی کو پٹیوں سے مضبوط کرنا ۔

Batten (bat-n) v.t. & i. Feed for fattening تیار ہونا ۔ فربہ کرنا ۔ موٹا کرنا ۔

Batter (batər) v.t. & i. Strike repeatedly مار مار کر گرا دینا ۔ مسمار کرنا ۔ صورت بگاڑ دینا ۔ پیٹھی یا لیٹی بنانا ۔

Battery (batər-i) n. Infliction of blows, artillery unit زدو کوب ۔ مار پیٹ ۔ توپیں ۔ توپ خانہ ۔ دھاتوں کا تیزابی سلسلہ ۔ پیتل یا تانبے کے گھڑے ہوئے برتن ۔ بیٹری ۔

Turn a man's battery against himself کسی کے عذرات اور دلیل کو اسی کے خلاف استعمال کرنا ۔

Batting (bat-ing) n. Cotton sheets for quilts روئی کا پہل جو لحاف میں بھرتے ہیں ۔

Battle (bat-l) n. Combat رزم ۔ جنگ ۔ لڑائی ۔ معرکہ کارزار ۔

Battle royal بہت بڑی لڑائی ۔ معرکہ عظیم ۔

Pitched battle جنگ صف بستہ ۔ وہ لڑائی جو جم کر لڑی جائے ۔

General's battle وہ لڑائی جس کا فیصلہ حکمت اور تدبیر سے ہو ۔

Soldier's battle وہ لڑائی جس کا فیصلہ سپاہیوں کی بہادری سے ہو ۔

Battle (bat-l) v.t. Fight مقابلہ کرنا ۔ جنگ کرنا ۔ لڑنا ۔

Battledore (bat-l-dor) n. wooden instrument used in washing بیڈ منٹن کھیلنے کا بلا ۔ کپڑے دھونے کی تھاپی ۔

Battlement (bat-l-ment) *n.* **Dented parapet** قلعہ کی کھانچے دار فصیل یا برج نما دیوار -

Battlemented *adj.* کھانچے دار فصیل کے اندر محفوظ -

Bauble (bow-bl) *n.* **Showy trinkets** کھلونا - دکھاوے کی چیز - سستا نمائشی زیور -

Bawd (bawd) *n.* **Procuress** فحش کلام - بھڑوا - دلالہ - کٹنی -

Bawdy-house *n.* رنڈی کا مکان - چکلا -

Bawdy *adj.* فحش - بیہودہ - واہیات -

Bawl (bowl) *v.t. & i.* **Shout** - چیخنا - چلانا - شور مچانا - اودھم مچانا -

Bawler *n.* آواز لگانے والا - غل یا شور مچانے والا -

Bawn (bow-n) *n.* **Courtyard of a castle** مویشیوں کا باڑہ - قلعہ کا صحن -

Bay (ba) *n.* **A kind of tree. The wreath of its leaves were worn by conquerors and poets** تیج پات کا سہرا جو بہادروں کے سر پر رکھا جاتا ہے -

Bay (ba) *n.* **A part of sea filling, wide-mouthed opening of land** خلیج - کھاڑی -

Bay (ba) *n.* **Division of wall between columns** برآمدے کی دیوار سے آگے نکلا ہوا اضافہ - شکاری کتوں کا بھونکنا -

Bay (ba) *v. t. & i.* **Barking** چلانا - بھونکنا -

Bayonet (bo-ə-nit)*n.* **A stabbing blade attached to rifle** - سنگین جو بندوق کے سامنے لگائی جاتی ہے -

Bazar (ba-zər) *n.* **Market place or gathering of people** بازار - میلا - مینا بازار -

Bdellium (d-el-i-em) *n.* **Balsam-bearing tree** گوگل یا بلسان کا درخت -

Be (be) *v.* **Exist, occur, live** ہونا - موجد ہونا - زندہ ہونا - باقی رہنا - کسی حالت میں ہونا -

Be-all سب کچھ - نچوڑ -

Be off ہٹو - چلے جاؤ - دور ہو - نو دو گیارہ ہو جاؤ -

If it so be اگر ایسا ہو - دریں حالات -

Do not be long زیادہ دیر نہ لگانا -

Let it be اس کا ذکر نہ کرو - چھوڑو - رہنے دو -

The to-be آئندہ زمانہ - مستقبل -

Beach (bech) *n.* **The Shore of the Sea or of a lake** جھیل کا کنارہ - سمندر کا کنارہ -

Beach (bech) *v.t.* **To run ashore** ساحل پر لنگر انداز ہونا - ساحل پر اترنا - ساحل پر فوج اتارنا -

Beacon (be-kn) *n.* **Signal, signal light** - روشنی کا مینار - سمندری راستہ بتانے والا روشن مینار - چراغ راہ - خطرہ کا اشارہ - سگنل اسٹیشن - بلند مقام پر روشن آگ -

Beacon (be-kn) *v.* **Give light, guide** - روشنی دکھانا - رہنمائی کرنا -

Bead (bad) *n.* **Small perforated balls for threading** گول دانے - موتی - تسبیح کے دانے - بندوق کی مکھی -

Bead roll - طومار - ناموں کی طویل فہرست -

Beadsman بھکاری - وظیفہ خوار -

Tell one's beads تسبیح پڑھنا - مالا جپنا -

Bead (bad) *v.t.* **Furnish with beads, string together** منکے پرونا - لڑی بنانا - مالا بنانا - تسبیح بنانا -

Beading (bad-ing) *n.* **Ornamental work** مہرہ دار آرائش - کپڑوں کے کناروں پر آرائش کا کام کرنا -

Beadle (bed-l) *n.* **Ceremonial officer** عدالت کا چپراسی - کارندہ - گرجے کا جمعدار -

Beadledom (bed-l-dəm) *n.* **Stupid officiousness** فضول اور بے معنی مستعدی -

Beady (Bed-i) *adj.* **Covered with beads, small and bright eyes** منکوں سے لدا ہوا - چھوٹی چمکدار آنکھیں -

Beagle (be-gl) *n.* **A small English hound** شکاری کتا - کھوج لگانے والا کتا -

Beak (bek) *n.* **Bird's bill,** چونچ - منقار - شکاری پرندوں کی چونچ - طوطے کی چونچ -

Beaked *adj.* خم دار - تھوتھن دار - چونچ دار -

Beak (bek) *n.* **Magistrate** ناظم عدالت - معلم -

Beaker (beker) *n.* **Drinking bowl** مے نوشی کا بڑا پیالہ - مے ریز بادیہ -

Beam (bem) *n.* **Long piece of squared timber** شہتیر - تیر - ترازو کی ڈنڈی - کنارہ - پہلو - روشنی کی شعاع - تبسم،شگفتگی - بشاشت -

Kick the beam ہار جانا - ہلکا ثابت ہونا - پلڑا ڈنڈی کو لگنا -

Beam (bem) *v.t. & i.* Smile - مسکرانا - شگفتہ ہونا
Beaming *adj.* - چمکدار - منور - شگفتہ - روشن - دمکتا ہوا -
Beamy (bemi) *adj.* Radiant - چمکدار - تابندہ - روشن
Bean (ben) *n.* kind of plants bearing kidney shaped seeds in pods, - باقلا - لوبیا - پھلی
Bean feast, Beano سالانہ دعوت جو کارخانہ دار مزدوروں کو دیتے ہیں - کھیل کود - خوش وقتی -
Bear (bar) *n.* Heavy hairy quadruped, rough person - ریچھ - بھالو - بدتمیز آدمی - کندۂ ناتراش - سٹے باز - وعدے پر سودا کرنے والا - قیمت گرانے والا - ہنگامہ کی جگہ - بھنگڑ خانہ -
Bear-garden ہنگامہ کی جگہ - بھنگڑ خانہ -
Bearskin ریچھ کی کھال کا لبادہ - محافظ فوجی دستے کی پشم دار ٹوپی -
Great Bear - بڑا کھٹولا - بنات النعش کبریٰ - دب اکبر -
Little Bear - چھوٹا کھٹولا - بنات النعش صغریٰ - دب اصغر -
Bearish (bar-ish) *adj.* Like a bear - بھالو کی طرح ریچھ جیسا -
Bearishness *n.* - ریچھ کی طرح ہونا - اجڈ پن - بدتمیزی
Bear (bar) *v. t. & i.* Carry away لے جانا - اٹھا لے جانا - سنبھالنا - سہنا - دل میں رکھنا - برداشت کرنا - اپنے ذمے لینا - جننا - زور ڈالنا -
Bear a grudge - بغض رکھنا - کینہ رکھنا -
Bear oneself well اچھے طریقے سے کام لینا - شرافت کا اظہار کرنا - رکھ رکھاؤ -
Bear away the palm - سر-سہرا ہونا - بازی لے جانا
Bear out - قول کو سچ کر دکھانا - تصدیق کرنا -
Bear up - حمایت کرنا - ہمت نہ ہارنا - مایوس نہ ہونا -
Bear with - در گزر کرنا - برداشت کرنا -
Bring to bear - اثر ڈالنا یا کام میں لانا -
Does not bear repeating - اعادہ کے قابل نہیں -
Bearable *adj.* - قابل برداشت -
Beard (be-rd) Hair of lower face - ڈاڑھی - ریش پھلیوں کے لمبے بال - اناج کے بھٹے یا بالیوں کے مہین ریشے -
Bearded *adj.* - ریش دار - ڈاڑھی والا -
Beardless *adj* - بے ریش - ان ڈاڑھیا -
Beardlessness *n.* - بے ڈاڑھی ہونا - بے ریش پن -
Beard (be-rd) *v.t.* Oppose openly - علانیہ مقابلہ کرنا مخالفت کرنا -
Beard the lion in his den شیر کو اس کے بھٹ میں للکارنا - کسی کے گھر یا محلہ میں اس کو دھمکانا -
Bearer (ber-er) *n.* Carrier of coffin - لے جانے والا - جنازہ بردار - عامل - خدمت گار -
Bearing *n.* - برتاؤ - طرز عمل - ڈھنگ - سمت - رخ -
Lose one's bearing - بھٹک جانا - شعور کھو بیٹھنا - سدھ نہ رہنا -
Beast (be-st) *n.* Animal قابل نفرت آدمی - وحشی انسان - چوپایہ - حیوان -
Beastliness *n.* - بسیار خوری - شہوت پرستی - بدمستی - حیوانیت -
Beastly *adj.* جانور جیسا - نفرت انگیز - نجس - حیوان خصلت -
Beat (bet) *v. t. & i.* Strike repeatedly - پیٹنا - مارنا - غالب آنا - سبقت لے جانا - دل کا دھڑکنا - گھڑی کا چلنا - زد و کوب کرنا - ہانکا کرنا - ہانک کر لانا -
Beat about the bush - اصل معاملہ سے دور رہنا - بات اڑا دینا - ہیر پھیر کرنا - ٹامک ٹوئیاں مارنا -
Beat a retreat - پسپا ہونا -
Beat black and blue - مارتے مارتے نیل ڈال دینا -
Beat down, back, away, off - مار بھگانا -
Beat hollow - مد مقابل کو پوری شکست دینا -
Beat one's brains - سر کھپانا - دماغ سوزی کرنا -
Beat the air لا حاصل کام کرنا - بے فائدہ کوشش کرنا - ہوا کو مٹھی میں تھامنے کی کوشش کرنا -
Beat up eggs انڈے (وغیرہ) پھینٹنا -
Beats cock fighting بہت خوب ہے - نہایت دلچسپ ہے -
Beat an alarm مقابلہ کی تیاری کرنا - خطرے کی اطلاع دینا -
Beat into one's head سر میں ٹھونسنا - دماغ میں اتارنا -
Beat (bet) *n.* Stroke - ضرب - چوٹ - گھڑی کی ٹک ٹک - دل کی دھڑکن - بندوق وغیرہ کی زد - مقررہ گشت -

Beaten (bat-en) *adj.* Dejected, exhausted - پٹا ہوا - ہارا ہوا - تھکا ہوا - پا مال - پرانا -

Beater (bat-er) *n.* Man employed to rouse game ہانکا کرنے والا - درمٹ - موگری - تھاپی -

Beatific (bətifik) *adj.* Making blessed - بشیر - مبارک - روحانی خوشی بخشنے والا -

Beatify (bətifi) *v.t.* Make happy روحانی خوشی سے نہال کرنے والا -

Beating (bating) *n.* Chastisement, defeat - مار - سزا - ہار - شکست -

Beau (bo) *n.* Dandy, lady's man - البیلا - بانکا - چھیلا - رنگیلا - عاشق -

Beau geste (bozhest) *n.* بڑائی کا دکھاوا - امارت کی نمائش - بڑ بھس - نواب بے طبل و علم -

Beauideal (bo-idəl) *n.* one's highest type of beauty - حسن کا انتہائی معیار - خوب سے خوب تر -

Beauteous *adj.* - حسین - دلکش - جمیل - خوبصورت -

Beautiful *adj.* - حسین - دلکش - خوشنما - دلپذیر -

Beautify *v.t.* - سجانا - آراستہ کرنا - خوبصورت بنانا - مزین کرنا -

Beautifier *n.* - مشاطہ - سجانے والا - مزین کرنے والا -

Beauty (buti) *n.* Combination of attractive qualities روپ - خوبصورتی - حسن - جمال - دلکشی - خوش ادائی -

Beauty is but skin deep صورت سے سیرت کا اندازہ نہیں لگایا جا سکتا -

Beauty.sleep حسن افزا نیند -

Beauty-spot مصنوعی خال - دلکش منظر -

A beauty - (طنزاً) دیدنی - دیکھنے کے قابل - قابل دید -

That is the beauty of it - یہی تو مزے کی بات ہے - یہی تو اس کی خوبی ہے -

Beaver (bevər) *n.* Soft-furred rodent - سنجاب - اود بلاؤ - سگ آبی - اونی ٹوپی -

Beaver (bevər) *n.* lower faceguard of helmet خود کا اگلا حصہ -

Becalm (be-kam) *v.t.* Make calm چپ کرنا - خاموش کرنا - دلاسا دینا -

Because (bi-kaz) *conj. & adv.* For the reason اس لیے کہ - کیونکہ - بدیں وجہ - بہ سبب - اینکہ -

Beck (bek) *n.* Mountain Stream - چشمہ - پہاڑی نالہ اشارہ - معنی خیز اشارہ - سر کی جنبش -

Be at a person's beck and call کسی کے اشارے پر چلنا -

Beck (bek) *v.t. & i.* Make mute signal - اشارے کرنا

Beckon (bekən) *v.t. & i.* Call attention by gesture اشارے سے اپنی طرف متوجہ کرنا - اشارے کرنا - اطلاع دینا -

Becloud (bi-clowd) *v.t.* Cover with clouds ابر سے ڈھک دینا - پردہ ڈالنا - چھپا دینا -

Become (bi-kum) *v.t. & i.* Come into being - ہونا ہو جانا - ٹھیک ہونا - شایان ہونا - زیب دینا -

Becoming *adj.* - زیبا - مناسب - موزوں - شایان شان - سزا وار -

Becomingly *adv.* - موزونیت سے -

Becomingness *n.* - زیبائش - موزونیت -

Bed (bed) *n.* Thing to sleep on - پلنگ - چارپائی - بستر - بچھونا - فرش - بنیاد - کیاری - تختہ - سمندر اور دریا کی تہہ -

Bed and board - زن و شوہر کے تعلقات - مہانداری - قیام و طعام -

Bedchamber خواب گاہ -

Bedfellow - ایک ہی رنگ کے - ساتھی - رفیق -

Bedmaker - جامعہ آکسفورڈ اور کیمرج کا خادم یا خادمہ

Bed of downs, flowers, roses } آرام کی زندگی - پھولوں کی سیج -

Bed of sickness بستر علالت -

Bedpost - مسہری کے ڈنڈے - پلنگ کے پائے -

Bed ridden - نحیف - کمزور - صاحب فراش -

Bed-side manner مریض کو تسلی دینے کا ڈھب -

Bed.sore ایک عرصے تک لیٹے رہنے سے مریض کے جو زخم پڑ جاتے ہیں - زخم بستر -

Bedspread - بستر کی چادر - پلنگ پوش -

Bedstead - مسہری - پلنگ -

Between you and me and the bed post - راز - خفیہ مشورہ -

Die in one's bed - طبعی موت مرنا -

Lie in the bed one has made - چاہ کن را چاہ درپیش - اپنے اعمال کی سزا بھگتنا -

d (bed) *v.t.* & *i.* Put or go to bed - بستر پر سونا
سلانا - گاڑنا - نصب کرنا - تہ جانا - کیاری بنانا -

dabble (bi-dab-l) *v.t.* Stain, splash, لتھیڑنا - دھبے
ڈالنا - چھڑکنا - گیلا کرنا -

daub (bi-dawb) *v.t.* Smear with paint - رنگنا
میلا کرنا - رنگ چڑھانا -

dding (bed-ing) *n.* Mattress, bed cloths - بچھونا
بستر - توشک - گدا - نچلی تہہ -

deck (bi-dek) *v.t.* Adorn - آراستہ کرنا - سنگھارنا
سجانا -

devil (bi-dev-l) *v.t.* Treat with diabolical violence - کسی پر سایہ آسیب ہونا - ظلم کرنا
ابتری پھیلانا - کسی کو شیطان کہہ کر پکارنا -

devilment (bi-devl-ment) *n.* Possession by devil, confusion - آسیب کا خلل - ناقابل برداشت
مصیبت - ابتری -

edew (bi-deu) *v.t.* Cover with drops, - چھڑکنا
بھگونا - شبنم سے گیلا کرنا -

edim (bi-dim) *v.t.* Make dim دھندلا کرنا - بینائی
یا دماغ کو دھندلانا -

edizen (bi-dizn) *n.* & *v.t.* Dress out gaudily
آرائش میں شوخ اور بھدے رنگ استعمال کرنا - پھوہڑ
پن سے آرائش کرنا -

edlam (bed-lam) *n.* Lunatic asylum غل غپاڑے کی
جگہ - پاگل خانہ -

Bedlamite *adj.* & *n.* دیوانہ - پاگل - سودائی -

edouin (bedoo-in) *n.* Arab of the desert خانہ
بدوش - بدو - صحرائی -

edrabbled (bi-drəbld) *adj.* Dirty with rain and mud کیچڑ پانی میں لتھڑا ہوا -

edraggle (bi-dragl) *v.t.* Wet by trailing کیچڑ پانی
میں لتھڑنا - لباس کا مٹی میں خراب ہو جانا -

ee (be) *n.* Stinging social insect شہد کی مہال یا
مکھی - نحل - بڑے انہماک سے کام کرنے والا - کام یا
تفریح کا مجمع -

To have bees in the head بے کل ہونا - بے آرام
ہونا - بے چین ہونا -

Bee-bread پھول کا زیرا جو شہد کی مکھی کھاتی ہے -

Bee-eater *n.* ایک پرند جو شہد کی مکھیاں کھاتا ہے -

Beehive شہد کی مکھیوں کا چھتہ -

Have a bee in one's bonnet کسی چیز کا خبط ہو
جانا -

Beech (bech) *n.* Smooth-barked glossy leaved forest tree سفیدے کی قسم کا ایک درخت جس
کی چھال چکنی اور پتے چمکدار ہوتے ہیں -

Beef (bef) *n.* Flesh of ox or cow - گائے کا گوشت
جسامت - جسم کا گتھا ہوا حصہ -

Beefeater لندن برج کا نگران سپاہی - انگریز -

Beef tea گائے کے گوشت کی یخنی یا شوربا -

Beefy *adj.* بے وقوف - گاودی - ٹھوس جسم کا - بیل
کی طرح -

Beefiness *n.* گٹھیلا پن - مضبوطی -

Been (ben) *pa.p.* Of be ہوا تھا - ہو گیا تھا -

Beer (bar) *n.* Wine of fermented malt - ہلکی شراب
جو کی شراب -

Beery *adj.* بوزہ باز - نشہ میں مست - جو کی شراب کی
طرح -

Beet (bet) *n.* A plant with succulent roots - چقندر
گدے دار پودے -

Beetroot شکر قند - چقندر -

Beetle (bi-tl) *n.* Insects having upper wings converted to hard wing cases - دھمس - ہتھوڑا
بھونرا - موگری - کھرپا -

Beetle-brain بے وقوف - بے مغز - کودن -

Beetle' (bi-tl) *adj.* Projecting brows باہر کو نکلی
ہوئی بھویں - تیوری چڑھائے ہوئے - غصہ سے بھرا ہوا -

Beetle (bi-tl) *v.i.* Project, overhang باہر کو نکلا
ہوا ہونا - لٹکتا ہوا ہونا - بد مستی کا منڈلانا -

Befall (bi-fawl) *v.t.* & *i.* Happen, نازل ہونا - گرنا
پڑنا - بیتنا - واقع ہونا -

Befit (bi-fit) *v.t.* Suit پھبنا - شایان شان ہونا - موزوں
ہونا -

Befitting *adj.* شایان شان - مناسب - موزوں -

Befittingly *adv.* شایان شان طور پر - موزونیت سے -

Befog (bi-fog) *v.t.* Envelop in fog کہر یا غبار سے
ڈھانپنا - تاریک کرنا - دھندلا کرنا -

Befool (bi-fool) *v.t.* Dupe - الو بنانا - احمق بنانا
بیوقوف بنانا -

Before (bi-for) *adv. prep. & conj.* In front of - آگے
پہلے - قبل - اگلے وقتوں میں - رو برو - قبل اس کے کہ -

Before-hand (bi-for-hand) *adv.* In anticipation
آگے سے - پہلے سے - پیشتر سے -

Befoul (bi-fowl) *v.t.* Make foul خراب کرنا - گندہ
کرنا -

Befriend (bi-frend) *v.t.* Help, favour - دوستی کرنا
دستگیری کرنا -

Beg (beg) *v.t. & i.* Ask for - مانگنا - عاجزی سے مانگنا
بھیک مانگنا - بھیک پر گزر کرنا -

Begad (bi-gad) *Interj.* By God - خدا کی قسم - واللہ

Beget (bi-get) *v.t.* Give rise to - جننا - پیدا کرنا
بانی ہونا - باعث ہونا -

Begetter پیدا کرنے والا - بانی -

Beggar (be-gar) *n.* One who begs - بھکاری - منگتا
فقیر - بھک منگا -

It beggars description - بیان کرنے سے زبان قاصر ہے
ناقابل بیان - بیان سے باہر -

Beggarly *adj.* - کنگال - کمینہ - نادار - مفلس - غریب

Beggarliness *n.* - بے عقلی - کمینگی - ناداری - کنگال پن

Beggary *n.* ناداری - افلاس - محتاجی - بھیک -

Begin (bi-gin) *v.t. & i.* Commence, آغاز کرنا - پہل
کرنا - پیدا کرنا - وجود میں لانا - شروع ہونا -

Beginner *n.* - شروع کرنے والا - موجد - ابجد خوان
نو آموز - مبتدی -

Beginning *n.* منبع - اصل مرکز - آغاز - ابتدا

The beginning of the end انجام کے آثار -

Begird (Bi-gerd) *v.t.* Encircle احاطہ کرنا - حلقہ
ڈالنا - گھیر لینا - گھیرنا -

Begone (bi-gon) *v. imp.* Get away چل ہٹ - دور
ہو - اپنا رستہ لے -

Begrime (bi-grim) *v.t.* Soil deeply - خراب کرنا
بھرنا - گیلی مٹی میں ملانا - آلودہ کرنا -

Beguile (bi-gil) *v.t.* Delude - دم دینا - دھوکا دینا
گمراہ کرنا - بہلانا - تفریح طبع کا باعث ہونا - تفریح
کرنا -

Beguilment *n.* - چکمہ - بہلاوا . فریب دہی

Beguiler *n.* دغا دینے والا - دھوکے باز - فریبی -

Begum (bi-gum) *n.* Wife of a noble یر یا نواب کی
وی - بیگم -

Behalf (bi-haf) *n.* On account of - چھے - لئے
انب - طرف - واسطے - خاطر -

Behave (bi-hav) *v.i.* Conduct with propriet
یش آنا - سلیقہ برتنا - آداب کا خیال رکھنا - کسی
دمی یا مشین کا اچھی طرح کام دینا -

Well-behaved تمیز - مہذب - خوش اخلاق -

Behaviour (bi-hav-yer) *n.* Deportment - پال ڈھال
لور طریقہ - چال چلن - لچھن - اچھی یا بری طرح کام
کرنا - کردار -

Be on one's good behaviour یک نامی پیدا کرنے
کے لئے جان توڑ کوشش کرنا -

Behaviourism یہ نظریہ کہ انسان کا کردار جوابی
حرکت کے عمل پر مبنی ہے ، ہر انسان کے کردار کا تجزیہ
نفسیاتی طور پر کیا جا سکتا ہے اور اس کے عمل کے
متعلق پیشین گوئی کی جا سکتی ہے -

Behead (bi-had) *v.t.* Kill by cutting the head
گردن مارنا - قتل کرنا - سر اڑا دینا -

Behest (bi-hest) *n.* Command - امر - ہدایت - حکم
فرمان -

Behind (bi-hind) *adv.* In or to the rear - پیچھے
پشت پر - عقب میں - دیر کر کے - پیچھے کی طرف -
کسی کی پشت پر - تائید میں -

Behind one's back پیٹھ پیچھے -

Behind the scene پس پردہ - راز میں - مخفی -

Behind time زمانے سے پیچھے - بعد از وقت -

Fall behind پس ماندہ ہونا - پیچھے رہ جانا -

Go behind one's words وعدے کے مطابق عہدہ
برآ ہونا -

Behindhand (behind-hand) *adj. & adv.* out of date - پیچھے رہنے والا - پھسڈی - پیچھے

Behold (be-hold) *v.t.* Become aware - لیجئے - لو
اے لو - دیکھنا - دیکھو -

Beholder *n.* نظارگی - تماشائی - دیکھنے والا -

Beholden (bi-holden) *adj.* Under obligation
مرہون منت - زیر بار احسان - ممنون -

Behoof (bi-hoof) *n.* Advantage - خاطر - غرض - واسطہ
فائدہ -

ehove (bi-hoov) *v.i.* Be uncumbent on واجب ہونا - مناسب ہونا - لازم ہونا - فرض ہونا -

eing (be-ing) *n.* Existence - وجود - مخلوق - شخص - زندگی - ہستی -

elabour (bi-la-bər) *v.t.* Thrash - ٹھونکنا - پیٹنا - مارنا - بری طرح مارنا -

elated (bi-lated) *adj.* Overtaken by darkness راستہ میں رات ہو جانا - دیر رس - دیر میں پہنچنے والا -

elaud (bi-lawd) *v.t.* Load with praise حد سے زیادہ تعریف کرنا - آسمان پر چڑھانا -

elch (belch) *v.t.* & *i.* Emit wind noisily from throat شعلے بھڑکنا - آتش فشاں ہونا - توپ کا گرجنا - بکواس کرنا - فحش بکنا - ڈکار لینا -

elch (belch) *n.* ڈکار - فحش بکواس - توپ کی گرج - آتش فشانی - شعلوں کی بھڑک -

elcher (belcher) *n.* Coloured handkerchiefs رنگ برنگے رومال - گلو بند -

eldam (beldəm) *n.* Old woman لڑاکا عورت - ڈائن - بڑھیا -

eleaguer (bi-legər) *v.t.* Besiege نرغے میں لینا - ناکہ بندی کرنا - محاصرہ کرنا -

elfry (bel-fri) *n.* Bell town گھنٹہ گھر - گرجے کا گھنٹہ گھر -

Belfried وہ عمارت جس میں گھنٹہ لگا ہو -

elgian (bel-giən) *n.* A native of Belgium ملک بلجیم کا باشندہ -

elgravia (bel-gravia) *n.* Fashionable part of London - لندن کا مغربی حصہ جہاں اُمرا رہتے ہیں -

Belgravian *adj.* لندن کے فیشن ایبل حصہ کا رہنے والا -

elial (Belyəl) *n.* The Devil شیطان - ابلیس -

Man of Belial لعنتی - مردود - بدبخت -

elie (bi-li) *v.t.* Give false notion - جھوٹا - جھٹلانا - بنانا - وفا نہ کرنا - تکذیب کرنا -

elief (bi-lif) *n.* Trust, confidence - اعتبار - بھروسا - یقین - عقیدہ - رائے - اعتماد -

To the best of my belief پورے یقین کے ساتھ -

Believe (bi-lev) *v.t.* & *i.* Have faith in سمجھنا - اعتماد کرنا - ایمان لانا - مان لینا - یقین کرنا -

Make believe - تصنع کرنا - جھوٹ موٹ سمجھ لینا -

Believable *adj.* قابل اعتبار - قابل یقین -

Believer *n.* - ماننے والا - معتقد - صاحب ایمان - مومن -

Believing *adj.* اعتقاد کرنے والا - خوش عقیدہ - ایمان والا -

Belittle (bi-litl) *v.t.* Depreciate کم کرنا - تحقیر کرنا - گھٹانا - بے وقعتی کرنا -

Bell (bel) *n.* Hollow thing of cast iron - گھنٹا - گھنٹی - گھونگھرو - ناقوس -

Bell-flower گھنٹی نما پھول -

Bell-weather وہ بھیڑ جو سب سے آگے چلتی ہے اس کے گلے میں گھنٹی بندھی ہوتی ہے - اگواکار بھیڑ -

To bear the bell خطرے کا کام انجام دینا - بازی یا سبقت لے جانا -

Belladona (bel-a-don-a) *n.* A poisonous plant with purple flowers بلاذر - بھلاواں - مکو -

Belle (bel) *n.* A handsome woman - گوری - البیلی - حسینوں کی سرتاج - حسینہ -

Belles-lettres (belis-leters) *n.* Literary books ادب - خالص ادبی کتابیں -

Belletrist *n.* ادیب -

Belletristic *adj.* ادبی - ادیبانہ -

Bellicose (bel-ik-os) *adj.* Inclined to fighting جھگڑالو - لڑاکا -

Bellicosity لڑاکا پن -

Belligerency (bel-ij-ərənsi) *n.* st·us of a belligerent شریک جنگ کی حیثیت (ریاست)

Belligerent (bel-ij-ər-ənt) *adj.* محارب حکومت - شریک جنگ - جو ریاست جنگ میں شریک ہو -

Bellow (Bel-o) *v.t.,i* & *n.* Roar as a bull - بیل کی طرح ڈکرانا - گونجنا - چیخنا - توپ کی آواز - گونجدار آواز -

Bellows (Bel-oz) *n.* Contrivance for driving air into the fire - دھونکنی - بھٹی - اشتعال - پھیپھڑے -

Belly (bel-i) *n.* Abdomen - پیٹ - شکم - معدہ - رحم - بسیار خوری -

Belly-pinched فاقہ مست - بھوکا -

Belly-timber غذا - کھانا - پیٹ کا ایندھن -

Bellyful (bel-i-ful) *n.* As much as one wants

بیٹ بھرکے ۔ جی بھر کے ۔

Belong (bi-long) *v.i.* Pertain, be proper, کسی کا

ہونا ۔ کسی کی ملکیت ہونا ۔ لگاؤ رکھنا ۔ تعلق ہونا ۔

ملا ہوا ہونا ۔

Belongings *n.* لوازمات ۔ مال و اسباب ۔ چیز بست ۔

Beloved (bi-lov-ed) *n.* Dearly-loved one محبوب ۔

پیارا ۔ معشوق ۔ دلدار ۔ عزیز ۔

Below (bi-lo) *adv. & prep.* At or to lower level

زمین پر ۔ نیچے ۔ تلے ۔ مکان کی نچلی منزل میں ۔ درجے

میں کم ۔ زیر ۔ تحت ۔ نالائق ۔ نامناسب ۔ ادنیٰ ۔

ذیل میں ۔ آگے ۔

Below one's breath بہت آہستہ سے ۔ دھیمی آواز سے ۔

Belt (belt) *n.* A strip of leather کمر بند ۔ پیٹی ۔

پٹکا ۔ دھات کا کمر پٹہ ۔ آبنائے ۔ منطقہ حارہ ۔ زخم

کی ہٹی ۔ درختوں کی قطار ۔

Hit below the belt قاعدے کے خلاف وار ۔ ناجائز

وار کرنا ۔

Belt (belt) *v.i.* Encircle گھیرنا ۔ احاطہ کرنا ۔ حلقہ

باندھنا ۔ تسمے سے مارنا ۔

Bemire (bi-mir) *v.t.* stain with mud کیچڑ میں

لت پت کرنا ۔ دلدل میں پھنس جانا ۔

Bemoan (bi-mon) *v.t.* Weep or express sorrow

for گریہ و زاری کرنا ۔ رونا ۔ آہیں بھرنا ۔ فریاد

کرنا ۔ ماتم کرنا ۔

Bemuse (bi-muz) *v.t.* Stupefy دماغ مختل کر دینا ۔

Bench (bench) *n. & v.t.* Long seat of wood or

stone بنچ ۔ تختہ ۔ ججوں کا اجلاس متفقہ ۔ پارلیمنٹ

میں کسی سیاسی جماعت کی نشست ۔ کتوں یا دوسرے

جانوروں کو نمائش میں پیش کرنا ۔

Be raised to the bench جج بنایا جانا ۔

Bend (bend) *n.* Curve, knot گرہ ۔ گانٹھ ۔ موڑ ۔ خم ۔

پیچ ۔ کجی ۔ چکر ۔ کھنی ہوئی کھال کا آدھا ٹکڑا ۔

Bend (bend) *v.t. & i* Give an angular shape موڑنا ۔

خم کرنا ۔ جھکنا ۔ جھکانا ۔ رجوع کرنا ۔ گرہ لگانا ۔

ٹل جانا ۔ مصمم ارادہ کرنا ۔ اپنی بات منوانا ۔

Beneath (bi-nith) *adv. & prep.* Below, under

نیچے ۔ تلے ۔ تحت میں ۔ زیر ۔ کمتر ۔ نازیبا ۔

Benedict (beni-dikt)
Benedick *n.* Newly-married man

نیا شادی شدہ ۔ نیا بیاہا ہوا ۔

جو کنوارہ رہنے کا عہد کرکے

اس پر قائم نہ رہا ۔

Benediction *n.* شیر باد ۔ برکت ۔ دعا ۔ دعائے خیر ۔

Benedictory *adj.* تہناجاتی ۔ دعائیہ ۔

Benefaction (bene-fak-shən) *n.* Doing good دان ۔

خیرات ۔ عطیہ ۔ بخشش ۔ احسان ۔

Benefactor (bene-faktər) *n.* Patron, donor کریم ۔

محسن ۔ فیاض ۔ مربی ۔ سرپرست ۔

Benefice (bene-fis) *n.* Church-living وظیفہ خانقاہی ۔

جاگیر ۔ کلیسائی وقف ۔

Beneficence (benefi-səns) *n.* Doing good کرم فرمائی ۔

نیک ۔ احسان ۔ بھلائی ۔

Beneficent *adj.* کرم فرما ۔ مہربان ۔ سخی ۔ فیاض ۔

Beneficently *adv.* معطیانہ طریقے سے ۔ فیاضانہ طور پر ۔

Beneficial (benefisəl) *adj.* Advantageous انتفاعی ۔

مفید ۔ سود مند ۔ فائدہ مند ۔

Beneficially *adv.* حق انتفاع کے طور پر ۔ سود مندی

سے ۔ فائدے سے ۔

Beneficiary (benefisəri) *n.* Reciever of benefits

وظیفہ خوار ۔ کلیسائی جاگیردار ۔

Benefit (beni-fit) *n.* Advantage فائدہ ۔ احسان ۔ بخشش ۔

الطاف ۔ وظیفہ ۔ گزارا ۔ زحمت ۔ تکلیف ۔ وہ کھیل یا

تماشا جس کی آمدنی کسی ادارہ یا شخص کو دی جائے ۔

Benefit societies, clubs ایسی انجمنیں یا ادارے جو

اپنے ملازمین کی زندگیوں کا بیمہ کراتی ہیں اور بیماری یا

حادثہ کی صورت میں امداد دیتی ہیں ۔

Benefit (ben-i-fit) *v.t. & i.* Do good, recieve

benefits بھلا کرنا ۔ فائدہ کرنا ۔ فائدہ اٹھانا ۔ فائدہ

پہنچانا ۔

Benevolence (bi-nevələns) *n.* Desire to do good

بھی خواہی ۔ خیر خواہی ۔ خیر اندیشی ۔ کرم ۔ فیض رسانی ۔

Benevolent *adj.* فیض رساں ۔ کریم النفس ۔ نیک نہاد ۔

بھی خواہ ۔ خیر خواہ ۔ مُخَیَّر ۔

Benevolently *adj.* خیر خواہی سے ۔ کریم النفسی سے ۔

خیرانہ ۔

Benighted (bi-nited) *adj.* Overtaken by night

گمراہ ۔ جاہل ۔ شب گرفتہ ۔ دماغی تاریکی کا شکار ۔

Benign (bi-nin) *adj.* Gracious, gentle - شفیق - خلیق - حلیم - نیک دل - مہربان -

Benignly *adv.* مہربانی سے - شفقت سے -

Benignant *adj.* کرم فرما - مہربان -

Benignancy *n.* کرم فرمائی - مہربانی -

Benignantly *adv.* کرم فرمائی کے طور پر - مشفقانہ

Benignity *n.* کرم فرمائی - بزرگانہ عنایت - مہربانی - شفقت - الطاف -

Benison (bini-zən) *n.* A blessing - اسیس - خیر خواہی - برکت - دعا -

Benjamin (benjə-min) *n* Youngest child- چھوٹا بچہ

Bent (bent) *n.* Stiff grass - ایک سخت قسم کی گھاس - چراگاہ -

Bent (bent) *n.* Twist - مستعدی - ارادہ - رجحان - میلان - رغبت - جھکاؤ -

To the top of one's bent جی بھر کے -

Benumb (bi-num) *v.t.* & *i.* Make insensible - ٹھٹھرنا - بے حس کرنا - سن کرنا - اکڑا دینا -

Benzene (ben-zin) *n.* An aromatic hydrocarbon ایک خوشبو دار ہائیڈرو کاربن جو تارکول سے حاصل کیا جاتا ہے اور صنعتی اغراض کے لیے استعمال ہوتا ہے -

Benzine (ben-zine) *n.* Mixture of liquid hydrocarbons got from mineral oils ہائیڈرو کاربن کا مرکب محلول جو معدنی تیلوں سے حاصل کیا جاتا ہے اور جس سے کپڑوں کے دھبے صاف کیے جاتے ہیں -

Benzoin (ben-zo-in) *n.* Aromatic resin of Java trees ملک جاوا کا لوبان -

Benzolin (ben-zo-lin) *n.* Mixture of impure benzine غیر خالص بنزین -

Bequeath (*bi*-kwedh) *v.t.* Leave by will مرتے وقت چھوڑنا - وصیت کے ذریعے سے دینا - میراث کے طور پر دینا -

Bequest (bi-kwest) *n.* Things left at death ترکہ و میراث - مال جو وصیت کی رو سے پہنچے -

Bereave (bi-riv) *v.t.* Rob dispossess کسی کی چیز کو زبردستی چھین لینا - محروم کرنا - کسی عزیز کا مر جانا -

Bereavement *n.* کسی عزیز کی وفات -

Bergamot (bergə-mot) *n.* A kind of pear, a tree of citrus family لیمو یا سنترے کا عطر - لیمو کی قسم کا ایک درخت -

Berkeleian (bark-le-ən) *n.* & *adj.* Philosophy of Berkeley which denies the objective existence of the material world برکلے کا فلسفہ - برکلے کا پیرو جو مادی عالم کے خارجی وجود کا قائل نہ ہو -

Berlin (bər-lin) *n.* Four-wheeled roofed carriage مغربی جرمنی کا صدر مقام - چار پہیوں کی بند چھت والی گاڑی -

Berry (be-ri) *n.* Any small juicy fruit کوئی چھوٹا بغیر گٹھلی کا پھل - گوندنی - رس بھری - پیلی - پیلو کا پھل - کرونده وغیرہ -

Berry (ber-i) *v.t.* Go gathering berries درختوں میں پھل لگنا - پھل چننا -

Berth (bərth) *n.* Ship s place at wharf, ship's cabin - جہاز کھڑے ہونے کی گودی - جہاز کا کمرہ - ریل میں سونے کا جگہ -

Berth (bərth) *v.t.* Provide sleeping place جہاز کو گودی میں ٹھہرانا - سونے کی جگہ مہیا کرنا -

Beseech (bi-sech) *v.t.* Ask earnestly for, entreat منت کرنا - عاجزی کرنا - التجا کرنا -

Beseeching *adj.* منت یا التجا کرتے ہوئے - گڑگڑاتے ہوئے - عاجزانہ -

Beseechingly *adv.* منت سماجت سے - عاجزانہ طور پر -

Beseem (bi-sem) *v.t.* Suit, be creditable - زیبا ہونا - لائق ہونا - مناسب ہونا - شایان شان ہونا -

Beseemingly *adv.* موزوں طور پر - مناسب طور پر -

Beset (bi-set) *v.t.* Hem in - گھیر لینا - نرغے میں لینا - محاصرہ کرنا - ٹوٹ پڑنا - راستہ روکنا -

Besetting sin. وہ اخلاق کمزوری جو باوجود کوشش کے نہ جائے -

Beshrew (bi-shroo) *v.t.* Plague on - بد دعا دینا - کوسنا - خدا کی مار ہونا -

Beside (bi-sid) *prep.* close to - پاس - نزدیک - قریب - متصل - پہلو میں - ہٹا ہوا -

Be beside oneself خوشی یا غمی میں آپے سے باہر ہونا -

Besides اور - مزید برآں - علاوہ ازیں -

Besiege (bi-sij) *v.t.* Crowd round گھیر لینا - گھیرا ڈالنا - محاصرہ کرنا -

Besieged *adj.* گھرا ہوا - محصور -

Besieger *n.* محاصرہ کرنے والا -

Besmear (bi-smir) *v.t.* Smear with greasy stuff ملنا - لیپ کرنا - بے عزتی کرنا -

Besmirch (bi-smərch) *v.t.* Soil, discolour میلا کرنا - بد رنگ کرنا - رسوا کرنا -

Besom (be-zəm) *n.* & *v.t.* A kind of broom, sweep جھاڑو - جاروب - جھاڑو دینا - جاروب کشی کرنا -

Besot (bi-sot) *v.t.* Stupefy mentally or morally پاگل بنانا - نشہ میں مدھوش کرنا - نشہ میں اُلّو بنانا - دماغ خراب کر دینا -

Bespangle (bi-spang-gl) *v.t.* Set about with spangles ستارے لگانا - جگمگانا - افشاں لگانا - افشاں چُننا -

Bespatter (bi-spatər) *v.t.* Spatter all over بگاڑنا - خراب کرنا - گندہ کرنا - دھبے ڈالنا - گالیوں یا خوشامد کی بھر مار کرنا -

Bespeak (bi-spek) *v.t.* Order, speak to حکم دینا - فرمانا - فرمائش کرنا - منگانا - پہلے سے ٹھیرا لینا - مشروط کرنا -

Besprinkle (bi-spring-kl) *v.t.* Sprinkle or strew over چھڑکنا - چھڑکاؤ کرنا - بکھیرنا - چھینٹے ڈالنا -

Best (best) *adj.* & *adv.* most excellent بہترین - افضل - اچھے سے اچھا - اعلیٰ - بہت عمدہ -

Best abused سب سے زیادہ بدنام -

Best man شہ بالا - دولھا کا ساتھی -

Best seller خوب بکنے والی کتاب - عام پسند -

At best بہترین حالت میں - زیادہ سے زیادہ -

Bad is the best جو ملے وہی غنیمت ہے -

Be at one's best پوری بہار پر ہونا - دلفریب ہونا - کمال پر ہونا - عروج پر ہونا -

Did it for the best بہتری کے لیے کیا - نیک نیتی سے کیا -

Do one's best جان لڑا دینا - انتہائی کوشش کرنا -

Have the best of it پلہ بھاری ہونا - غالب آنا -

Make the best of things جو موجود یا ممکن ہو اسی پر قناعت کرنا -

To the best of one's power انتہائی کوشش - مقدور بھر -

Best (best) *v.t.* Get the better of فریب سے قابو پانا - دھوکے سے کامیاب ہونا - چالاکی سے غالب آنا -

Bestead (bi-sted) *v.t.* & *i.* Avail, help ہاتھ بٹانا - مدد کرنا - کام کرنا -

Bested (best-ed) *p.p.* & *adj.* Pressed مشکلات میں گھرا ہوا - پھنسا ہوا -

Bestial (besti-əl) *adj.* Brutish شہوت پرست - نجس - ناپاک - حیوان سا - غیر مہذب - وحشی -

Bestiality *n.* نفسانیت - حیوانیت -

Bestialize *v.t.* بگاڑنا - وحشی بنانا - حیوان بنانا -

Bestially *adv.* شہوت پرستی سے - وحشیانہ طور پر -

Bestir (bi-stər) *v. i.* & *t.* Exert, rouse دوڑ دھوپ کرنا - ہاتھ پیر مارنا - جد و جہد کرنا - خوب کوشش کرنا -

Bestow (bi-sto) *v.t.* Deposit ٹھہرانا - قیام کا انتظام کرنا - سرفراز کرنا - عطا کرنا -

Bestowal *n.* دان - عطیہ - بخشش -

Bestrew (Bi-stroo) *v.t.* Scatter about کھنڈانا - پھیلانا - بکھیرنا - چھڑکنا -

Bestride (bi-strid) *v.t.* Mount دونوں پیر پھیلا کر کھڑے ہونا - چڑھ بیٹھنا - سوار کرنا - سوار ہونا -

Bet (bet) *n., v.t.* & *i.* Risk one's money شرط لگانا - بازی - داؤں - شرط - داؤں پر لگانا - جوا کھیلنا - گھوڑے پر ٹکٹ لینا -

You bet (بول چال) تم یقین جانو -

Betake (bi-tək) *v.t.* Commit oneself to متوجہ ہونا - لگنا - رجوع کرنا - ذریعہ یا طریقہ اختیار کرنا - جانا -

Betel (be-tl) *n.* Leaf of piper betel برگ تنبول - پان -

Betel-nut *n.* ڈلی - سپاری - چھالیا -

Bethel (bethəl) *n.* Nonconformist Chapel مقدس مقام - انگلستان کے غیر مقلد عیسائیوں کا عبادت خانہ -

Bethink (bi-thingk) *v.t.* Reflect, stop to think غور کرنا - یاد کرنا - بوجھنا - سوچنا -

Betide (bi-tid) *v.i.* & *t.* Happen - نازل ہونا - آن پڑنا - واقع ہونا - پیش آنا -

Betimes (bi-timz) *adv.* In good time - سویرے - آگے - پہلے - برمحل - بروقت -

Betoken (bi-tokn) *v.t.* Indicate دلالت کرنا - آثار ظاہر کرنا - جتانا - بتلانا -

Betray (bi-tra) *v.t.* Be disloyal to دغا سے دشمن کے حوالے کرنا - دغا کرنا - راز ظاہر کر دینا - پکڑوا دینا - دھوکا دینا -

Betrayal *n.* - دھوکہ دہی - افشائے راز - بے وفائی - دغا

Betrayer *n.* بے وفا - راز افشا کرنے والا - غدار -

Betroth (bi-troth) *v.t.* Bind with a promise to marry - منگنی کرنا - سگائی کرنا - نسبت قرار دینا - منسوب کرنا -

Betrothal *n.* منگنی - سگائی - نسبت -

Betrothed *adj.* منسوب - منگیتر -

Better (betər) *n., adj.* & *adv.* In a more excellent way اس سے اچھا - بہتر - بھلا - اولیٰ تر - مناسب تر -

Better off آسودہ - خوش حال -

Better than one's word جتنا کہنا اس سے زیادہ کرنا - وعدے سے بڑھ کر کرنے والا -

For better for worse فراغت اور تنگدستی دونوں میں راضی - ہر حال میں راضی -

Get the better of شکست دینا - زک دینا -

Had better بہتر ہوتا کہ - بہتر یہی ہے کہ -

I know better میں اتنا بے وقوف نہیں ہوں - میں نہیں مان سکتا -

One's betters اپنے سے بہتر - اپنے سے زیادہ لائق (لوگ)

Think better of it ارادہ یا خیال بدل دینا -

Better (Betər) *v.t.* & *i.* Improve سبقت لے جانا - اصلاح کرنا - بنانا - سنوارنا -

Better oneself بہتر معاوضہ یا خدمت حاصل کرنا - ترقی کرنا -

Betterment *n.* سدھار - اصلاح - درستی -

Better-or (betər) *n.* One who bets جواری - بازی لگانے والا - شرط لگانے والا -

Between (bi-twen) *adv.* & *prep.* In, into, across اندر - بیچ - بیچ میں - درمیان میں - مابین -

Between the cup and the lip آسمان سے گرا کھجور میں اٹکا - امیدوں پر پانی پھرنا - کسی کام میں آخری وقت اڑچن ہونا -

Between two stools پریشانی میں - تحیر میں - شش و پنج میں -

Between wind and water نازک حال میں - نازک جگہ پر -

Between you and me کسی کو کانوں کان خبر نہ ہو - ہمارے تمہارے درمیان - یہ بات خفیہ رہے -

Stand between لڑائی جھگڑے کا فیصلہ کرانا - بیچ بچاؤ کرنا -

Betwixt (bi-twikst) *adv.* & *prep.* In, into - درمیان - بیچ (قدیم) -

Beverage (bev-ər-ij) *n.* Drinking-liquor کوئی دل پسند عرق - مشروب -

Bevy (bev-i) *n.* Company of ladies - جھنڈ - پرا - ٹکڑی - جھرمٹ عورتوں کا - عورتوں، بھیڑوں، یا ہرنوں کی ٹکڑی -

Bewail (bi-wal) *v.t.* & *i.* Mourn افسوس کرنا - ہاتھ ملنا - ماتم کرنا - رونا -

Beware (bi-war) *v.t.* & *i.* Be cautious خبردار ہونا یا رہنا - چوکس ہونا - ہوشیار ہونا -

Bewilder (bi-wil-dər) *v.t.* Confuse - گمراہ کرنا - پریشان کرنا - حواس باختہ کرنا -

Bewilderingly *adv.* حیرانی سے - پریشانی سے -

Bewilderment *n.* - پراگندگی - بوکھلاہٹ - پریشانی - حیرانی - گھبراہٹ -

Bewitch (bi-wich) *v.t.* Delight exceedingly سحر کرنا - جادو کرنا - فریفتہ کرنا - موہ لینا - افسوں کرنا -

Bewitching *adj.* دلربا - دلفریب - من ہرن -

Bewitchingly *adv.* - دلفریبی سے - غمزے سے - ناز سے - شوخی سے -

Bewitchment دلفریبی - دلکشی -

Bey (ba) *n.* Turkish governor ترکی گورنر - بے -

Beyond (bi-yond) *n., pp.* & *adv.* The further side دوسری طرف - اس پار - دور - بالا - بڑھ کر -

Bezel (bez-l) *n.* Face of cut gem ترشے ہوئے نگینے کا پہلو - کگر -

Bezique (bi-zek) *n.* A card game - تاش کا ایک کھیل -

Bezoat (bi-zot) *n.* Anti-poison - زہر مار - تریاق - زہر مہرہ -

Bhang (bang) *n.* Indian hemp used as narcotic بھنگ ۔ حشیش ۔

Bias (biəs) *n.* Inclination گیند کا چپٹا پن جس کی وجہ سے وہ ادھر ادھر جاتی ہے ۔ میلان ۔ طرفداری ۔ التفات ۔ رجحان ۔ تعصب ۔

Bias (biəs) *v.t.* Influence راغب کرنا ۔ ایک طرف جھکانا ۔ تعصب پیدا کرنا ۔ ناجائز اثر ڈالنا ۔

Bib (bib) *n.* Child's chin cloth بچوں کے کپڑوں کو بچانے کے لیے ٹھوڑی کی گدی ۔ اوپری لباس کا اوپر کا حصہ ۔ گدی ۔

Bib (bib) *v.t.* Drink much or often کثرت سے شراب پینا ۔ بار بار گھونٹ لینا ۔ چسکی لگانا ۔

Bibasic (bi-bə-sik) *adj.* Having two chemical bases دو اساسی ۔ وہ چیز جس کی دو کیمیائی بنیادیں ہوں ۔

Bibber (bib-er) *n.* Drunkard کثرت سے پینے والا ۔ عادی شرابی ۔ پکا شرابی ۔

Bibbing کثرت سے شراب پینا ۔

Bible (bi-bl) *n.* Scripture of the Old and New Testament کتاب مقدس۔ توریت اور انجیل کا مجموعہ۔ آسمانی کتاب ۔ انجیل ۔ الہام ۔ صحیفہ آسمانی ۔

Biblical (bi-bli-kal) *adj.* Pertaining to Bible کتاب مقدس کا ۔ توریت اور انجیل سے متعلق ۔

Bibliography (bibli-og-rəfi) *n.* History or description of books علم الکتاب ۔ کتابوں اور ان کے مصنفوں کی تاریخ ۔

Bibliolater (biblio-lətər) *n.*
Bibliolatrous (biblio-lətərus) *a* } Worshipper of books کتاب پرست ۔ کتابوں یا انجیل کا پجاری ۔ انجیل پرست ۔

Bibliolatry *n.* انجیل پرستی ۔ کتاب پرستی ۔

Bibliomania (biblio-məniə) *n.* Rage for collection of books کتابوں کا حد سے زیادہ شوق ۔ کتابوں کا جنون ۔

Bibliomaniac *n.* کتابوں کا دیوانہ ۔

Bibliophil (bib-liofil)
Bibliophilist (bib-lio-filist) } *n.* کتابوں کا مبصر ۔ کتابوں کا شوقین ۔ کتابوں پر تبصرہ کرنے والا ۔

Bibliophilism *n.* تبصرہ نگاری ۔ کتابوں کا عشق ۔

Bibliotheca (biblio-theka) *n.* A collection of books مخزن العلوم ۔

Bibliothecary *n.* مہتمم کتب خانہ ۔ محافظ کتب خانہ ۔

Bibulous (bib-u-ləs) *n.* Addicted to drinking مے پرست ۔ شرابی ۔ مے نوشی ۔ آب کش ۔ جاذب ۔ پانی چوسنے والی چیز ۔

Bibulously *adv.* شرابیوں کی طرح ۔ جاذبیت کے ساتھ ۔

Bicameral (bi-kamərəl) *adj.* A government with two houses or chambers دومجلسی ۔ دو ایوانی (حکومت) ۔

Bicapsular (bi-kapslər) *adj.* Having double carpals دو ڈوڈے والا ۔ دو غنچہ ۔

Bicentinary (bi-sentin-ər-i) *adj.* Two hundredth anniversary دو صد سالہ جوبلی ۔

Bicentennial (bisentinəl) *adj.* Occurring every two hundred years دو صد سالہ ۔

Bicephalous (bisi-fələs) *adj.* Two-headed دو سروں والا ۔ دو سرا ۔ دو مغزا ۔

Biceps (bi-seps) *n.* Muscle with double head دو سروں والا پٹھا ۔ جسم کی مضبوطی ۔ جسم کا گٹھا ہوا ہونا ۔

Bicker (bik-ər) *v.i.* Quarrel, تکرار کرنا ۔ نوک جھوک کرنا ۔ چشمے کا شور کرتے ہوئے بہنا ۔ مینہ کا ٹپکا لگا کر برسنا ۔ شعلے یا روشنی کا چمکنا ۔

Bickering *n.* جھڑپ ۔ نوک جھوک ۔ جھگڑا ۔ ٹنٹا ۔

Bicycle (bi-sikl) *n.* & *v.t.* A two-wheeled vehicle پیر گاڑی ۔ بائیسکل ۔ بائیسکل چلانا ۔

Bid (bid) *v. t.* & *i.* Command دعوت دینا ۔ بولی دینا ۔ حکم دینا ۔ اعلان کرنا ۔ خوش آمدید یا خدا حافظ کہنا ۔

Bidder *n.* خریدار ۔ خواست گار ۔ حکم دینے والا ۔ بولی دینے والا ۔

Bid (bid) *n.* Offer of price دام ۔ بولی ۔

Make a bid for کسی چیز کے حاصل کرنے کی کوشش کرنا ۔

Bidding *n.* اعلان ۔ حکم ۔ نیلام کی بولی ۔

Bide (bid) *v. t.* & *i.* Await best opportunity برداشت کرنا ۔ بہترین موقع کا انتظار کرنا ۔ سکوت اختیار کرنا ۔ موقع کی تاک میں رہنا ۔

Bide one's time موقع کا منتظر رہنا ۔

Biennial (bie-nyəl) *adj.* & *n.* Two-yearly ہر دو برس بعد ہونے والا ۔ دو سال رہنے والا ۔ دو برسی ۔

Bier (bir) *n.*Coffin bearing vehicle ۔ ارتھی ۔ تابوت جنازہ ۔

Biff (bif) *n.* A smart blow ۔ چانٹا ۔ تھپڑ ۔ گھونسا ۔ سکا ۔

Biflorous (biflərəs) *adj.* Having two flowers دو پھول والا ۔ دو پھولیا ۔ دو غنچہ ۔

Bifold (bi-fold) *adj.* Having two layers ۔ دہرا ۔ دو تہوں والا ۔

Bifoliate (bi-foli-at) *adj.*Of two leaves ۔ دو پتی والا ۔ دو پتیا ۔ دو برگہ ۔

Bifurcate (bifur-kat) *adj.* Forked دو سینگھا ۔ دو شاخہ ۔

Bifurcation *n.* دو شاخی تقسیم ۔ دو شاخہ ہونا ۔

Big (big) *adv.* & *adj.* Large ۔ بڑا بھاری ۔ بھاری بھرکم ۔ لمبا چوڑا ۔ فراخ ۔ کشادہ ۔ بڑے بڑے رقبے کا ۔ ممتاز ۔ سرکردہ ۔ حاملہ ۔

Bigwig بہت بڑا آدمی ۔

Grow too big for one's boots دماغ ہونا ۔ حیثیت سے بڑھ کر سمجھنا ۔ اپنے آپ کو بڑا آدمی سمجھنا ۔

Bigamist (bigəmist)*n.*A man with two wives or a woman with two husbands دو جورو والا ۔ دو شوہر والی ۔

Bigamous *adj.* دو شوہر والی ۔ دو جورو والا ۔ دو جورو رکھنے والا مرد یا دو شوہر رکھنے والی بیوی ۔

Bigamy *n.* ایک وقت میں دو شوہروں یا دو بیویوں کو رکھنا ۔

Bight (bit) *n.*Curve of a coast ۔ کھاڑی ۔ خلیج ۔

Bigot (bigət) *n.* One who gives unreasonable weight to his views ۔ ہٹ دہرم ۔ متعصب ۔ کٹر ۔ تنگ نظر ۔

Bigotry تعصب ۔ ہٹ دھرمی ۔

Bike (bik) *v.t.* To ride on bicycle ۔ بائیسکل چلانا ۔

Bilateral (bi-latər-əl) Of on, with two sides دو رویہ ۔ دو رُخا ۔ دو پہلو ۔

Bilaterally دو جماعتی وفا داری سے ۔ دو رخی سے ۔

Bilbo (bil-bo) *n.* Sword کرچ ۔ تلوار ۔

Bile (bil) *n.*A yellow bitter fluid ۔ چڑ چڑا پن ۔ غصہ ۔ صفرا ۔ پت ۔ زرد آب ۔

Bile.stone پتے کی پتھری ۔ سنگریزہ ۔

Bilge (bilj) *n.* Nearly horizontal part of a ship's bottom جہاز کا پیندا ۔ گندہ پانی جو جہاز کی تہہ میں جم جاتا ہے ۔ پیپے کا پیٹ ۔

Bilge (bilj) *v. t.* & *i.* Spring a leak in the bilge جہاز میں سوراخ کرنا یا ہونا ۔ پیندا اٹھنا ۔

Biliary (Biləri) *adj.*Of the bile ۔ ترش مزاج ۔ صفراوی ۔

Bilingual (Biling-gəl) *adj.* In two languages, دو زبانوں کا بولنے والا ۔ دو زبانوں میں ۔

Bilious (bi li əs) *adj.* Affected by bile چڑچڑا ۔ ترش مزاج ۔ صفراوی ۔

Biliously چڑچڑے پن سے ۔ ترش مزاجی سے ۔

Biliousness استلا ۔ متلی ۔ چڑچڑا پن ۔ ترش مزاجی ۔

Bilk (bilk) *v.t.* Evade payment ۔ ٹھگنا ۔ ادا نہ کرنا ۔ دھوکا دینا ۔ فریب دینا ۔ قرض لے کر ادا نہ کرنا ۔

Bill (bil) *v.t.* ۔ چونچ سے چونچ ملانا ۔ چڑیوں کا دانہ بدلنا ۔

Bill (bil) *n.* Draft of law ۔ پروگرام ۔ مسودہ قانون ۔ چونچ

Bill (bil) *v.t.* Announce, put in the programme پروگرام میں داخل کرنا ۔ اعلان کرنا ۔ اشتہار لگانا ۔

Billet (bilit) *n.* Order to board and lodge the soldiers چٹھی ۔ پروانہ ۔ سپاہیوں کے قیام و طعام کا حکم ۔ منزل مقصود ۔ خدمت ۔ نوکری ۔

Billet.doux محبت نامہ ۔ عشقیہ خط ۔

Billiards (bil-yərds) *n.* A game played with cues and ivory balls on a table ۔ انٹا ۔ انٹے کا کھیل ۔ بلیرڈ ۔

Billingsgate (bil-ingz-gat) *n.* Abuse ۔ سب وشتم ۔ بد زبانی ۔ گالی گلوچ ۔

Billion (bilyən) *n.* A million millions ۔ دس کھرب

Billow (bil-o) *n.*A great wave لہر کی طرح چلنے والی کوئی شے ۔ لہر ۔ بڑی موج ۔

Billowy *adj.* موجزن ۔ مواج ۔ متلاطم ۔

Billow (bil-o) *v. t.* Rise, move, in billows ۔ لہرانا ۔ موجیں مارنا ۔ ہلکورے لینا ۔

Billy-goat (bili-got) *n.* Male goat ۔ بکرا ۔

Bimanal (bim-ə-nal) / **Bimanous** *adj.* Two-handed دو ہتھا (دودھ پلانے والا جانور) ۔ دو دستہ ۔

Bimetallic (bi-mi-tal-ik) *adj.* Using gold and silver as legal tender دو دھات کا - دو دھاتی -

Bimetallism *n.* یہ نظریہ کہ سونا اور چاندی دونوں کے سکوں کا رواج ہو - دو دھاتی اصول -

Bimetallist *n.* دو دھاتی اصول کا حامی -

Bin (bin) *n.* Recepticle of corn, coal and dust ٹوکرا - پیپا - کوڑا کرکٹ ڈالنے کا بڑا برتن -

Binary (binəri) *adj.* Dual دہرا - جوڑا - جوڑے دار -

Binary compound دو عنصر - دو عنصری مرکب -

Binary measure دو تال - دو تالا -

Binate, Binous جڑواں - جوڑ دار -

Bind (bind) *v.t.* Tie, Fasten باندھنا - گٹھری یا گٹھا باندھنا - جکڑنا - لپیٹنا - لازم ہونا یا قرار دینا - کوئی فرض یا قید عائد کرنا - پابند مچلکہ کرنا - قبض پیدا کرنا - مچلکہ لینا - پٹی باندھنا -

Half-bound *adj.* کتاب کی جلد جس میں جلدی پٹی اور کونے چمڑے کے ہوں -

Bind (bind) *n.* Clay between coal strata کوئلے کی تہوں کے درمیان کی سخت مٹی - میل - چوڑائی -

Binder (binder) *n.* One who binds - جلد ساز - بندھن - پٹی - لانبا پتھر (حیدر) جو دیوار میں دیں - چوڑی پیٹی جو زچہ کے پیٹ پر باندھتے ہیں - کاغذ رکھنے کا گتہ - قابض دوا -

Binding (bind-ing) *adj.* Obligatory - واجب - لازم - ضروری - واثق -

Binding (bind-ing) *n.* Book-cover, braid - بندھن - کتاب کی جلد - حاشیہ - مغزی -

Bindweed bind-weed) *n.* Different kinds of creepers مختلف قسم کی بیلیں - جیسے عشق پیچاں

Bine (bin) Flexible snoot اوپر جانے والی بیل کی نئی شاخ -

Binocular (s) (benokl-ər) Two-eyed field glass دو آنکھا - دو چشم - دو آنکھیں - دور بین -

Binomial (bi-nomi-əl)*adj.* Consisting of two terms دو حصوں کا بنا ہوا - دو عددی -

Binominal (bi-nom-inəl) *adj.* Of two names دو اسمی -

Biogenesis (biojenesis) *n.* Hypothesis that living matter arises from living matter یہ نظریہ کہ زندہ مادہ ہمیشہ زندہ مادے سے پیدا ہوتا ہے - نظریۂ حیات -

Biographee (bio-grwfi) *n.* Person whose biography is written وہ شخص جس کا تذکرہ لکھا گیا ہو -

Biographer (bio-grəfer) *n.* One who writes the life of a person سوانح نگار - تذکرہ نویس -

Biography (bio-grəfi) Written life of a person سوانح عمری - سرگزشت - تذکرہ -

Biographic (al) *adj.* سوانح عمری کے متعلق -

Biographically *adv.* سوانح عمری کے طور پر - تذکرہ نویسی کے انداز سے -

Biology (bio-loji) *n.* Science of physical life جسموں کی زندگی کا علم - علم الحیات -

Biologic (al) *adj.* علم حیات کے متعلق -

Biologically *adv.* از روئے علم حیات -

Biologist *n.* حیات اجسام کے علم کا ماہر - حیاتیات کا ماہر -

Bioscope (bioskop) *n.* Cinema بائسکوپ - متحرک تصاویر دکھانے والا -

Biparous (bi-pərəs) *adj.* Bearing two at a birth دو بچے دینے والے -

Biped (bi-ped) *adj.* & *n.* Two-footed - دو پاؤں والا - دو پایہ -

Biplane (bi-plan) *n.* Two winged aeroplane دو پنکھی ہوائی جہاز -

Biquadrate (bikwood-rat) *n.* Square of square چوگنی قوت مثلاً ب۴ -

Biquadratic *adj.* مربع کا مربع - چوگنی قوت کا عدد -

Birch (bərch) *n.* A kind of forest tree - چھڑی - بید - صنوبر کا درخت -

Birch-rod *n.* صنوبر کی پتلی ٹہنیوں کا مٹھا جس سے بچوں کو مارتے تھے -

Birchen *adj.* صنوبر کا - صنوبری -

Birch (bərch) *v.t.* Flog with a birch - سزا دینا - چھڑی سے مارنا - چھڑی سے سزا دینا -

Bird (bərd) *n.* Feathered vertibrate - چڑیا پنچھی - پرندہ -

Bird-fancier پرندوں کا ماہر - پرندے بیچنے والا -

Bird in bush خیالی یا احتمالی نفع -

Bird in hand یقینی فائدہ -

Bird of paradise نیوگنی کا پرندہ جس کے پر بہت خوبصورت ہوتے ہیں -

Bird of passage - وقتی فائدہ اٹھانے والے - ہری چگ - مقام تبدیل کرنے والے پرند -

Bird of prey شاہین - باز - بہری - شکرا - شکاری پرندہ -

Bird-seed چڑیوں کا دانہ -

Bird's eye view مجمل نظر - طائرانہ نظر -

Birds of a feather ایک ہی قماش کے - ایک ہی تھیلی کے چٹے بٹے -

Kill two birds with one stone - ایک پنتھ دو کاج

Little bird جس کا نام بتانا منظور نہ ہو - مخبر -

Old bird - بے سوچے سمجھے اعتبار نہ کرنے والا چوکس - چوکنا - تجربہ کار - خرانٹ -

Biscuit (bisket) *n.* Dry, round cake - میٹھی ٹکیہ میٹھے یا نمکین بسکٹ - بادامی رنگ کی چیز -

Bisect (bi-sekt) *v.t.* Cut or divide into two parts آدھا آدھا کرنا - بیچ سے کاٹنا - نصف کرنا -

Bisector *n.* دو حصوں میں تقسیم کرنے والا (خط)

Bisexual (biseksuəl) *adj.* Of both sexes نر مادہ ملے ہوئے - دو جنسی -

Bishop (bishəp) *n.* Governor of a diocese شطرنج کا رخ یا فیل - لاٹ پادری - مسالہ دار شراب -

Bishopric (bishəprik) *n.* Office of a bishop لاٹ پادری کا عہدہ یا حلقہ اقتدار -

Bismuth (bisməth) *n.* A reddish white metal ایک قسم کی دھات - پھول کانسی -

Bison (bi-sn) *n.* Wild ox of two species - ارنا بھینا

Bisque (bisk) *n.* A handicap of plus fifteen in tennis (ٹینس) گیم کے چار پوائنٹ میں سے ایک پوائنٹ بغیر جیتے ہوئے پانا -

Bissextile (bisekst-il) *adj.* & *n.* Leap year لیپ کا سال - سال کبیسہ -

Bistoury (bistər-i) *n.* Surgeon's scarpel جراح یا یا سرجن کی چھری - چاقو - نشتر -

Bit (bit) *n.* Mouthpiece of bridle, something to eat لگام کا دہانہ - کنجی کی جڑ - رندے کا لوہا - نوالہ - ٹکڑا - برزہ - پارہ -

Draw bit لگام کھینچے رکھنا - باگ کھینچنا -

Take bit between teeth بے قابو ہو جانا -

Do one's bit غریبانہ اپنا حق ادا کرنا - کسی کام میں اپنا حصہ پورا کرنا - جو کر سکتا ہو وہ کرنا

Give a bit of one's mind کھری کھری سنانا -

Not a bit ہرگز نہیں - بالکل نہیں -

Wait a bit ذرا ٹھہرو -

Two annas bit دو آنے کا سکہ - دونی -

Bit (bit) *v.t.* Put bit into mouth لگام لگانا - دہانہ چڑھانا - روکنا - تھامنا - لگام کا عادی بنانا -

Bitch (bich) *n.* Female of dog, fox, or wolf - کتیا بھیڑیے یا لومڑی کی مادہ - فاحشہ عورت -

Bite (bit) *v.t.* & *i.* Cut into or nip with the teeth کاٹ کھانا - دانت سے کاٹنا - ڈسنا - چبھنا - لگنا (مرچیں) - پکڑنا - پکڑ لینا - دھوکا دینا - پھنس جانا - جھانسے میں آنا -

Bite off more than one can chew اپنی طاقت سے بڑھکر کام کا ذمہ لینا -

Bite one's lips ہونٹ چبا کر رہ جانا - غصہ ضبط کرنا -

Bite the dust or ground کھیت رہنا - کام آنا - مر جانا -

Frost-bitten برفباری کی وجہ سے جسم پر زخم آنا -

Bite (bit) *n.*Wound made by biting - دانت کا زخم کٹا ہوا ٹکڑا - لقمہ - مچھلی کا چارہ نگلنا - قابو - گرفت -

Biter (bitər) *n.* Swindler کاٹنے والا - دغا باز - دھوکا دینے والا -

Biting (bit-ing) *adj.* Stinging طنزیہ - طعنہ آمیز - چبھتی ہوئی - سخت - تیز

Bitingly *adv.* طعنہ آمیزی سے - طنز سے - سختی سے - تیزی سے -

Bitter (bitər) *adj.*, *adv.* & *n.* Relentless, biting, harsh کڑوا - تلخ - تند - تیز - ناگوار - مہلک - کڑاکے کا (جاڑا) -

To the bitter end تلخ انجام تک - آخر وقت تک -

Bitterish *adj.* تلخی آمیز ۔ قدرے تلخ ۔

Bitterness *n.* عداوت ۔ بغض ۔ کینہ ۔ کڑوا پن ۔ تلخی ۔

Bittern (bitərn) *n.* Marsh birds like heron ۔ بگلا بزہ ۔ کالی ۔ لال سر ۔

Bitumen (bitu-mən) *n.* Asphalt ۔ رال ۔ نفط ۔

Bituminous *adj.* رال دار ۔ نفطی ۔

Bituminize رال بنانا ۔ رال سے رنگنا ۔

Bitumination *n.* رال ملانے کا عمل ۔ رال کی رنگائی ۔

Bivalve (bi-valv) *adj.* With two valve دو پلڑا ۔ دو دہانہ ۔ گھونگھا سیپی وغیرہ کی قسم کے جانور ۔

Bivouac (bivooak) *v.i.* & *n.* Temporary encampment without tents کھلی جگہ پر فوج کا پڑاؤ ۔ پڑاؤ کرنا ۔ شب بھر کھلی ہوا میں سستانا ۔

Bizarre (bi-zar) *adj.* Fantastic عجیب ۔ بے سروپا ۔ اوٹ پٹانگ ۔ نیم وحشی ۔ گنوار ۔ آدھا تیتر آدھا بٹیر ۔

Blab *v.t.* & *i.* Talk foolishly پیٹ کا ہلکا ہونا ۔ راز افشا کرنا ۔ بے تکی باتیں کرنا ۔ نا گفتنی بات کہہ دینا ۔

Black (blak) *adj.* Very dark-coloured کالا کلوٹا ۔ سیا فام ۔ سیاہ ۔ تاریک ۔ وحشت ناک ۔ شدید ۔ سنگین ۔ نہایت برا ۔ بھیانک ۔ ماتمی ۔ ذلت کا ۔ رسوائی کا ۔

Black and white سیاہ و سفید ۔ تحریر ۔

Black art ٹونا ۔ سحر ۔ جادو ۔

Black-beetle بھونرا ۔

Blackbird یورپ کا ایک خوش آواز پرند ۔ کوئل ۔ پپیہا ۔

Black-board تختہ سیاہ ۔

Black despair دلشکنی ۔ نا امیدی ۔ شدید مایوسی ۔

Black dog بد مزاجی کا دورہ ۔

Black eye نیل پڑنا ۔ چوٹ سے آنکھ کے گرد سیاہی آ جانا ۔

Black-face کالے منہ کی بھیڑ ۔

Blackguard فحش کلام ۔ بدمعاش ۔ لچا ۔

Black-hearted سنگدل ۔ سیاہ قلب ۔

Black ingratitude شرمناک محسن کشی ۔

Black leg دھوکا دینے والا ۔

Black looks تیوری چڑھائے ہوئے ۔ غصہ سے بھرا ہوا ۔

Blackmail دھمکی دیکر روپیہ وصول کرنا ۔ راز چھپانے کے لئے دباؤ ڈال کر رقم لینا ۔

Black Maria جیل گاڑی ۔ قیدیوں کی گاڑی ۔

Black mark بدنامی ۔ بدنما داغ ۔ کلنک کا ٹیکا ۔

Black sheep پاجی ۔ بدمعاش ۔ دغا باز ۔

Black-water fever ایسا بخار جس میں پیشاب میں خون آتا ہے ۔ کالا بخار ۔

Crimes of blackest dye ہولناک جرائم ۔

Black-ball (blək-bal) *v.t.* Disqualify the person who is seeking election in a ballot نا منظور کرنا ۔ خلاف رائے دینا ۔ نارضامندی کا اظہار کرنا ۔

Blackness (bləckness) *n.* Dark colour سیاہی ۔ اندھیرا ۔ کالا پن ۔

Black (blak) *v.t.* & *n.* Make black, black paint, blake dye کالا کرنا ۔ سیاہ کرنا ۔ روسیاہ کرنا ۔ سیاہ پوشاک حبشی ۔ سیاہ وارنش روغن ۔

Blackage حبشی ۔

Blackamoor (blackəmoor) *n.* کالا ۔ حبشی ۔ زنگی ۔

Blacken (blaken) *v.t.* & *i.* Become black, کالا ہو جانا ۔ سیاہ پڑنا ۔ کسی کو بدنام کرنا ۔

Blacking (black-ing) *n.* Black shoe polish جوتوں کا سیاہ روغن ۔

Bladder (bladər) *n.* Anything hollow and inflated پھکنا ۔ مثانہ ۔ ہوا سے پھولی ہوئی چیز ۔ ربڑ کا پھکنا ۔

Bladdery *adj.* پھکنے دار ۔ لفاظ ۔ یاتونی ۔

Blade (blad) *n.* Cutting piece of an edged tool برگ ۔ پتا ۔ چاقو کا پھل ۔ ڈاڑھی بنانے کی فولادی پتی ۔ خوش طبع ۔ بانکا ۔ سیانا ۔

Blain (blan) *n.* Inflamed sore on skin چھالا ۔ پھوڑا ۔ پھنسی ۔

Blame (blam) *v.t.* Find fault with الزام لگانا ۔ ملامت کرنا ۔ عیب جوئی کرنا ۔

Blamable *adj.* قابل ملامت ۔ مستوجب سزا ۔ قصور وار ۔

Blameful *adj.* قابل ملامت ۔ ملزمانہ ۔ مجرمانہ ۔

Blameless *adj.* معصوم ۔ بے گناہ ۔ بے قصور ۔

Blamelessly *adv.* معصومانہ ۔ بے گناہی سے ۔

Blamelessness معصومیت ۔ بے گناہی ۔

Blameworthy (blam-wərthi) *adj.* قابل ملامت ۔ گنہگار ۔ مجرم ۔

Blameworthiness *n.* جرم ۔ قابل ملامت ہونا ۔ گنہگاری ۔

Blanch (blənch) *v.t.* Make white مقشر کرنا ۔ چھیلنا ۔ سفید کرنا ۔ اجلا کرنا ۔

Bland (blənd) *adj.* Gentle, polite نرم ۔ ملائم ۔ نازک ۔ خوش اخلاق ۔ خوشگوار ۔

Blandly *adv.* نرمی سے ۔ خوش اخلاقی سے ۔

Blandness *n.* ملائمت ۔ نرمی ۔ خوش اخلاقی ۔

Blandish (blənd-ish) *v.t.* Flatter چاپلوسی کرنا ۔ خوشامد کرنا ۔ ناز دکھانا ۔ غمزے کرنا ۔

Blandishment *n.* شیریں زبانی ۔ غمزے ۔ نخرے ۔ ناز و ادا ۔

Blank (blangk) *adj.* Not written or printed کورا ۔ سادہ ۔ بے معنی چیز ۔ گھبرایا ہوا ۔ ہوش باختہ ۔ حیران پریشان ۔ ہکا بکا ۔ غیر مقفیٰ ۔ بے قافیہ ۔

Blank look بغلیں جھانکنا ۔ ہکا بکا ہونا ۔ دیکھتے رہ جانا ۔

Look blank گھبرایا ہوا دکھائی دینا ۔ خالی الذہن ہونا ۔

Blankness گھبراہٹ ۔ ہوش باختگی ۔

Blank (blangk) *n.* Empty surface خالی جگہ ۔ سادہ کاغذ ۔ خالی خط ۔ قرعہ اندازی کا خالی ٹکٹ ۔ عبارت کے درمیان خالی جگہ ۔

Blanket (blangk-it) *n.* Woollen sheet کمبل ۔ کملی ۔ لوئی ۔ دھسا ۔ پشمینے کی چادر ۔

Born on wrong side of blanket حرامی ۔ ولدالزنا ۔

Wet blanket عیش گھٹا کرنے والا ۔ رنگ میں بھنگ ڈالنے والا ۔

Blanket (blangk-it) *v.t.* Cover with a blanket کمبل اوڑھانا ۔ کمبل لپیٹنا ۔ معاملے کو دبا دینا ۔

Blankly (blangk-li) *adv.* Without expression خالی الذہن ہو کر ۔ خالی نظر سے ۔

Blarney (blar-ni) *n.,v.t. & i.* Cajoling talk پھسلانا ۔ بہلانا ۔ للو پتو کرنا ۔ چکنی چپڑی باتیں ۔

Blaspheme (blas-fem) *v.t. & i.* Talk impiously, کفر بکنا ۔ اللہ کی بے ادبی کرنا ۔ بے ادبی کے کلمات کہنا ۔

Blasphemer *n.* بے ادب ۔ منکر ۔ کفر بکنے والا ۔

Blasphemous *adj.* کافر ۔ ملحد ۔ کفر گو ۔

Blasphemously *adv.* کافرانہ طور پر ۔ ملحدانہ ۔

Blasphemy کلمہ کفر ۔ مذمت دین ۔

Blast (blast) *n.* Strong gust of wind ہوا ۔ گرم ہوا کا جھونکا ۔ دھماکہ ۔ غضب ۔ آفت ۔ طوفان ۔ پالا ۔

Blast (blast) *v.t.* Blow up with an explosive بارود سے اڑانا ۔ غارت کرنا ۔ ملیا میٹ کرنا ۔ جھلس دینا ۔ بٹا لگانا ۔ خاک میں ملانا ۔

Blasted لعنتی ۔ جھلسا ہوا ۔ غارت شدہ ۔

Blasting ستیاناس کرنا ۔ بارود سے اڑانا ۔

Blastoderm (blasto-derm) *n.* Hollow ball of cells جنین کی جھلی ۔ پردہ جنین ۔

Blatant (blatənt) *adj.* Noisy اودھم مچانے والا ۔ غل غپاڑا کرنے والا ۔

Blatancy *n.* شوریدہ سری ۔ غل غپاڑا ۔ اودھم ۔

Blatantly *adv.* شوریدہ سری سے ۔ چیخ پکار کر ۔ اودھم مچا کر ۔ وحشیانہ طور پر ۔

Blaze (blaz) *n.* Bright flame or fire تیز شعلہ ۔ بھڑک ۔ جوش ۔ اشتعال ۔ آب و تاب ۔ بھڑکے ہوئے جذبات ۔ اشاعت ۔ شہرت ۔ افشا ۔

Blaze (blaz) *v.i.* Proclaim بھڑکنا ۔ شعلہ زن ہونا ۔ روشن ہونا ۔ چمکنا ۔ ظاہر ہونا ۔

Blazing indiscretion بد احتیاطی ۔ کھلی بے شعوری ۔ سخت نادانی ۔ بہت بڑی لغزش ۔

Blazing scent شکار یا شکاری کی تیز بو ۔

Blaze (blaz) *v.t.* Mark or number trees by chipping the bark درختوں پر نشان اندازی کرنا ۔

Blazer (blazer) *n.* Coloured coat of players کھلاڑیوں کے پہننے کا رنگین کوٹ ۔ کذب و افترا ۔ سفید جھوٹ ۔

Blazon (bla-zn) *n.* Coat of arms خاندانی نشان ۔ نشان امارت ۔ آب و تاب ۔

Blazon (bla-zn) *v.t.* Describe or paint names heraldically خاندانی نشانات کا حال آب و تاب کے ساتھ بیان کرنا ۔ اعزازی نشان بنانا ۔ جھنڈے کا نشان بنانا ۔

Blazonry (blazr-ri) *n.* Brightly-coloured display خاندانی یا ذاتی نشان ۔ ان نشانوں کے بنانے اور ان کی تاریخ بیان کرنے کا فن ۔ شوخ رنگوں کی نمائش ۔

Bleach (blech) *v.t.* & i. Whiten سفید کرنا ۔ دھوپ میں رکھ کر یا کیمیاوی طریقے سے سفید کرنا ۔

Bleak (blek) *adj.* Wanting colour, chilly روکھا ۔ بے رنگ ۔ سنسان ۔ ویران ۔ نہایت سرد ۔ ٹھٹھرا دینے والا ۔ اکڑا دینے والا ۔

Blear (bler) *v.t. adj.* Dim-sighted, make indistinct دھندلا ۔ تاریک ۔ دھندلا کرنا ۔ تاریک کرنا ۔

Blear-eyed *adj.* عاقبت نااندیش ۔ چندھا ۔ کم بین ۔

Blearedness *n.* دھندلا پن ۔ چندھا پن ۔ عاقبت نا اندیشی ۔

Bleat (blet) *v.t.* & i, *n.* Goat's cry, make goat's cry, speak feebly بھیں بھیں ۔ میں میں ۔ بھیں بھیں کرنا ۔ دھیرے دھیرے بولنا ۔ بے عقلی کی باتیں کرنا ۔

Bleed (bled) *v.t.* & i. Emit blood, suffer wounds خون نکالنا ۔ خون بہنا ۔ قتل ہونا ۔ ذبح ہونا ۔ خون بہنے سے مرجانا ۔ پودوں سے دودھ یا پانی نکالنا ۔ دل خون ہونا ۔ فضول خرچی کرنا ۔

Blemish (blem-ish) *v.t.* Spoil the beauty or perfection دھبّا لگانا ۔ داغ لگانا ۔ بگاڑنا ۔ بدنام کرنا ۔ بد صورت بنانا ۔ کلنک کا ٹیکا لگانا ۔

Blemish (blem-ish) *n.* Defect دھبّا ۔ داغ ۔ بدنامی ۔ عیب ۔ نقص ۔

Blench (blench) *v.t.* & i. Start aside, close the eyes to. ہچکچانا ۔ سہم جانا ۔ جھجکنا ۔ جان بوجھ کر انجان بننا ۔ تجاہل عارفانہ کرنا ۔ قصداً آنکھ بند کر لینا ۔

Blend (blend) *v.t.* & i. Mix together, ملانا ۔ خلط ملط کرنا ۔ گھل مل جانا ۔ ایک ہونا ۔ دو چیزوں کا گھل مل جانا ۔

Blend (blend) *n.* Mixture ترکیب دی ہوئی چیز ۔ آمیزش والی چیز ۔ مرکب ۔

Blenheim (blen-əm) *n.* & *adj.* A kind of spaniel ایک قسم کا کتا ۔ بلنہیم کی نسل کا کتا ۔

Bless (bles) *v.t.* Call holy, adore, اقبال مندی کی دعا کرنا ۔ برکت کی دعا کرنا ۔ دعا دینا ۔ مقدس بنانا ۔ پاک صاف بنانا ۔ حمد و ثنا کرنا ۔ گن گانا ۔

Blessed- (blesed) / Blest } *adj.* Consecrated متبرک ۔ مقدس ۔ مبارک ۔ خوش و خرم ۔ باغ باغ ۔

Blessed ignorance مبارک لاعلمی ۔

Blessedness خرمی ۔ خوشی ۔ فضل ۔ تقدس ۔

Blessing (bles-ing) *n.* Bestowal of divine favour فضل رب ۔ خدا کی بخشش ۔ رحمت ۔ نعمت ۔ برکت ۔ دعائے طعام ۔

Blessing in disguise زحمت کے بھیس میں رحمت ۔

Blight (blit) *n.* Disease affecting plants کیڑا لگنا ۔ پالے سے مرجھا جانا ۔

Blighty (bliti) *n.* Returning home (England) after foreign service ملازمت کے بعد وطن یعنی انگلستان کو واپسی ۔

Blimey (blimi) *Interj.* Of surprise کمبخت ۔ مردود ۔

Blimp (blimp) *n.* Small non-rigid airship چھوٹا ہوائی جہاز ۔

Blind (blind) *adj.* Without sight اندھا ۔ نابینا ۔ عاقبت نااندیش ۔ کم عقل ۔ بے بصیرت ۔ بے باک ۔ اندھا دھند ۔ اندھیری گلی ۔ پوشیدہ ۔

Blind-door اینٹوں سے چنا ہوا دروازہ ۔

Blind-letter خط جس پر پورا پتہ درج نہ ہو ۔

Blind reader نامکمل پتے کے خط پڑھنے والا ڈاک خانے کا ملازم ۔

Blind man's buff آنکھ مچولی ۔

Blind to کسی چیز سے بے خبر ہونا ۔

One's blind side غیر محفوظ سمت ۔ غیر محفوظ پہلو ۔

Blind at night جسے رات کو دکھائی نہ دے ۔ شب کور ۔ رتوندے کا مریض ۔

Blind of an eye یکچشم ۔ کانا ۔

Blind (blind) *v.t.* Deprive of sight اندھا کرنا ۔ آنکھیں پھوڑنا ۔ دھوکا دینا ۔

Blind (blind) *n.* Obstruction to sight or light پردہ ۔ جھلمل ۔ آڑ ۔ ٹٹی ۔ دھوکے کی ٹٹی ۔ فریب ۔ مغالطہ ۔

Blindage *n.* آڑ ۔ ٹٹی ۔ محاصرے میں فوج کی آڑ ۔

Blindfold (blind-fold) *v.t.* Deprive of sight with bandage آنکھوں پر پٹی باندھنا ۔ آنکھوں پر پردہ ڈالنا ۔

Blindfold (blind-fold) *adj.* & *adv.* With eyes bandaged آنکھوں پر پٹی بندھی ہوئی ۔ آنکھوں پر پردہ پڑا ہوا ۔ اندھا دھند ۔ بے سوچے سمجھے ۔ آنکھ بند کر کے ۔

Blindly (blindli) *adv.* Without seeing اندھوں کی طرح ۔ بے سوچے سمجھے ۔

Blindness (blind-nes) *n.* Want of sight اندھا پن ۔ انجان پن ۔ بے بصری ۔ نادانی ۔ جہالت ۔

link (blingk) *v.t. & i.* Move the eyelids پلک جھپکانا ۔ آنکھ جھپکانا ۔ منہ پھیر لینا ۔ توجہ نہ کرنا ۔ نظر انداز کرنا ۔ اغماض کرنا ۔

link (blingk) *n.* Momentary glimpse ایک نگاہ ۔ ایک نظر ۔ جھلک ۔ روشنی ۔ افق کی سپیدی ۔

Blinker *n.* اندھیاری جو گھوڑوں کی آنکھ پر چڑھاتے ہیں ۔

liss (Blis) *n.* Gladness مسرت کامل ۔ روحانی مسرت ۔

Blissful *adj.* مگن ۔ خوش ۔ فرحت بخش ۔

Blissfully *adv.* کامل مسرت سے ۔ بے حد خوشی سے ۔

Blissfulness *n.* انتہائی خوشی ۔ شادمانی ۔ سعادت ۔

lister (blis-ter) *n.,v.t. & i.* Vesicle on skin آبلہ چھالا ۔ وہ دوا جس سے آبلہ آجائے ۔ آبلے پڑنا ۔ آبلہ خیز ۔ چھالوں سے بھرجانا ۔

lithe (blidh) *adj.* Gay, joyous خوش دل ۔ خوش و خرم ۔ زندہ دل ۔

Blithely خوشدلی سے ۔ خوش مزاجی سے ۔ زندہ دلی سے

lithesome(blidh-səm) *adj.* Full of joy خوش و خرم ۔

Blithesomeness *n.* خوش مزاجی ۔ نشاط ۔

lizzard (blizərd) *n.* Blinding snow-storm برف کا بھاری طوفان ۔

loat (blot) *v.t. & i.* Cure herring by salting and smoking, inflate پھولنا ۔ پھلانا ۔ نمک اور دھوئیں سے مچھلی پکانا ۔

Bloated *adj.* پھولا ہوا ۔ ابھرا ہوا ۔

Blob (blob) *n.* Drop of liquid قطرہ ۔ گولا (کرکٹ) صفر ۔ انڈا ۔

Blobber-lipped (bləber-lipd) *adj.* With thick lips موٹے ہونٹوں والا ۔

Block (blok) *n.* Combination of parties, log of wood لکڑی کا کندا ۔ گولا ۔ کابوت ۔ قالب ۔ تختہ ۔ مکانوں کی قطار ۔ چھپائی کا سانچا ۔ پتھر کا بڑا ٹکڑا ۔ بھدا آدمی ۔ جماعتوں کا اتحاد ۔ سڑک پر گاڑیوں کا رکنا ۔ سواریوں کا رکا ہوا سلسلہ ۔

Block-chain بائیسکل کی زنجیر ۔

Blockhead بے عقل ۔ ڈھس ۔ بے مغز آدمی ۔

Chip of old block بڑے باپ کا بڑا بیٹا ۔

Blockish *adj.* سخت دل ۔ بھدا انسان ۔

Block (blok) *v.t.* Obstruct passage روکنا ۔ بند کرنا ۔ گھیرنا ۔ روڑے اٹکانا ۔

Blockade (blokəd) *n.* Shutting up برفباری سے رکا ہوا راستہ ۔ ناکہ بندی ۔ گھیرا ۔

Blockade-runner جہاز جو ناکہ بندی سے بچ نکلے ۔

Blockade (blokəd) *v.t.* Subject to blockade ناکہ بندی کرنا ۔ گھیرا ڈالنا ۔ گھیرنا ۔

Blockader *n.* ناکہ بندی کرنے والا ۔

Bloke (blok) *n.* Man, fellow, chap, (بول چال) ۔ گنوار ۔ مرد آدمی ۔

Blond-e (blond) *n. & adj.* Of light auburn-coloured hair سنہرے یا بھورے بالوں والی ۔

Blood (blud) *n.* Red liquid circulating in veins لہو ۔ خون ۔ گھرانا ۔ خاندان ۔ اعلیٰ نسل یا ذات ۔ جوش ۔ غصہ ۔ خون بہا ۔ قتل ۔ خون کے رنگ کا عرق ۔ لال پانی ۔

Blood ally بچوں کے کھیلنے کی سرخ دھاری دار گولی ۔

Blood-heat حرارت غریزی ۔ طبعی حرارت ۔

Blood-hound بڑا شکاری کتا ۔ سراغرساں کتا ۔

Blood is thicker than water خونی رشتہ ۔ اپنا اپنا ، غیر غیر ۔ خون خون ہے پانی پانی ہے ۔

Blood-letting خون خرابہ ہونا ۔ فصد کھولنا ۔

Blood-money خون بہا ۔

Blood orange لال گودے کی نارنگی ۔ مالٹا ۔

Blood-relation خون کا رشتہ ۔ ایک ہی خاندان کے ۔ یک جدی ۔

Blood royal شاہی نسل ۔

Blood-thirsty خونخوار ۔ ظالم ۔ خون کا پیاسا ۔

Bad blood ناراضی ۔ رنجش ۔ دشمنی ۔ برافروختگی ۔

Blue blood اعلیٰ خاندان ۔ اعلیٰ نسل ۔

Cannot get blood out of stone سنگدل سے رحم کی امید نہیں ۔

His blood is up وہ لڑنے مرنے پر آمادہ ہے ۔

In cold blood بغیر کسی اشتعال کے ۔ دیدہ و دانستہ ۔ عمداً ۔ قصداً

Runs in the blood یہ چیز اس کے خون میں ہے ۔

To be full-blooded سرخ و سفید ہونا ۔

Bloodshed *n.* قتل و غارت ۔ خونریزی ۔

Bloodless *adj.* بے خون کے ۔ بے درد ۔ بے حس ۔ بغیر خون خرابے کے ۔

Bloody (bludi) *adj. & adv.* Like blood لہو لہان - خون جیسا - خون آلودہ - خونخوار - ظالم - خونی - (گالی کے طور پر بھی استعمال ہوتا ہے) -

Bloody (bludi) *v.t.* Stain with blood خون آلود کرنا - خُون میں رنگنا -

Bloom (bloom) *n.* Flower پھول - کلی - گل - لالی - سرخی - گال کی سرخی - جوانی - بہار - عنفوان شباب - رونق - تازگی - کشش -

Bloom (bloom) *v.i.* Bear flowers عروج پر پہنچنا - جوبن پر آنا - شگفتہ ہونا - کھلنا -

Bloom (bloom) *n.* Mass of heated iron hammered into thick bar پگھلے ہوئے لوہے کی بھدی موٹی سلاخ -

Bloomer *n.* (بول چال) فاش غلطی - ایک نسوانی لباس جس کی موجد مسز بلومر تھی -

Blooming *adj.* اٹھتی جوانی - شباب پر - پھولا پھلا - ہرا بھرا -

Bloomsbury (blooms-beri) *n.* A fashionable part of London لندن کا محلہ جہاں پہلے فیشن پرست رہتے تھے مگر اب وہاں اہل علم رہتے ہیں -

Blossom (blosəm) *n.* Flowers on fruit-trees نمو کی ابتدا - ہونہار پن - شگوفے - پھول -

Blossomy *adj.* شگوفوں سے بھرا ہوا - پھولوں سے لدا ہوا درخت -

Blot (blot) *n.* Spot of ink etc. دھبّہ - داغ - کلنک - عیب - نقص - کلنک کا ٹیکا -

Blotch (bloch) *n.* Inflamed patch سوجن - پھوڑا - ددوڑا - سیاہی کا دھبّا -

Blouse (blowz) *n.* Women's loose light bodice زنانہ جیکٹ - یورپی عورتوں کی قمیص - پاکستانی بلوز - کام کرنے والے مزدوروں کا لمبا کرتا جس کی کمر میں پٹی لگی ہو -

Blow (blo) *v.t. & i.* Move along ہوا کا چلنا - زور زور سے سانس لینا - پھونک مارنا - ہوا سے اڑ جانا - پھنکارنا - بھک سے اڑا دینا - روپیہ پیسہ پھونکنا -

Blow hot and cold دو دلا ہونا - کبھی کچھ کبھی کچھ - مذبذب ہونا -

Blow one's own trumpet اپنی تعریف آپ کرنا - اپنے منہ میاں مٹھو بننا -

Blow-pipe تیر نلکی جس سے امریکی انڈین تیر کا نشانہ لگاتے ہیں - دھونکنی - پھونکنی -

Blow me مجھ سے جو چاہے سلوک کرنا - میری ناک کاٹ ڈالنا -

Blow (blo) *n.* Hard stroke, blowing چوٹ - ضرب - گھونسا - صدمہ - دھچکا - تباہی - بربادی - منہ سے باجا بجانا - ہوا کا جھکڑ -

A blow for a blow مار کے بدلے مار -

An unexpected blow بلائے بے درمان - آفت ناگہانی -

To come to blows دھینگا مشتی کرنا - مکہ بازی کرنا - مار دھاڑ پر اتر آنا -

Blower (bloer) *n.* Apparatus for increasing fire's draught منہ سے پھونک مارنے والا - دھونکنی - دھونکنے والا -

Blowy (blo-i) *adj.* Windy آندھی کا - ہوادار -

Blub (blub) *v.i.* Shed tears رونا - ٹسوے بہانا -

Blubber (blub-er) *n.* Whale fat ویل مچھلی کی چربی - رونا - گریہ و زاری -

Blubber (bluber) *adj.* Swollen باہر نکلے ہوئے - پھولے ہوئے - متورم -

Blubber (bluber) *v.t. & i.* Utter with sobs دھاڑیں مار کر رونا - آواز چھوڑ کر رونا - رو رو کر آنکھیں سجا لینا -

Bludgeon (bluj-n) *n. & v.t.* Strike with heavy headed stick لوہے کی شام کا بھاری ڈنڈا - بھاری ڈنڈے یا سونٹے سے بار بار مارنا -

Blue (bl-oo) *adj.* Sky colour آسمانی رنگ - نیلا رنگ - کسی سیاسی جماعت کا - نیلی پوشاک کا - علم کی مدعی عورت کا - ناشائستہ (گفتگو) -

Blue blood عالی خاندان - عالی نسب -

Blue-book پارلیمنٹ کی رپورٹ - روداد -

Blue-coat boy یتیم خانہ کا طالبعلم - خیراتی مدرسے کا طالبعلم -

Blue pills صفرا شکن گولیاں -

Blue ribbon شراب سے پرہیز - اعلیٰ ترین اعزاز - گارٹر کا فیتہ -

Drink till all is blue شراب سے مدہوش ہو جانا - پیتے پیتے مست ہو جانا -

Look blue نڈھال یا اداس نظر آنا ۔
Once in a blue moon گہے گاہے ۔ شاذو نادر ۔
Blueness *n.* نیلاہٹ ۔ نیلا پن ۔
Bluish *adj.* ہلکا آسانی ۔ نیلگون ۔

Blue (bloo) *n.* Blue colour آسمان ۔ سمندر ۔ نیل ۔ نیلا رنگ ۔ جامعہ کی ٹیم کا کھلاڑی ۔ ایسے کھلاڑی کا بلا ۔

Blue (bloo) *v.t.* Make blue, squander money نیلا کرنا ۔ نیل دینا ۔ روپیہ پیسہ اڑانا ۔

Blue-beard (bloo-bərd) *n.* Husband of many wives بہت سی بیویوں والا شوہر ۔

Bluff (bluf) *adj.* Blunt and frank ۔ صاف گو ۔ اکھڑ صاف دل ۔ کھرا ۔

Bluff (bluf) *v.t. & i.* Impose upon (opponent) as to the value of his hand دھونس دینا ۔ معمولی پتوں پر بڑی چال چلنا ۔ کھیل میں دھونس جمانا ۔

Bluff (bluf) *n.* Overbearing demeanour گیدڑ بھپکی ۔ خالی دھمکی ۔ دھونس ۔

Blunder (blundər) *n.* Stupid mistake ۔ فاش غلطی چوک ۔ خطا ۔

Blunder (blunder) *v.t. & i.* Move blindly, stumble اندھا دھند چلنا ۔ فاش غلطی کرنا ۔
Blunder away چوپٹ کرنا ۔ خراب کرنا ۔
Blunder upon اتفاق سے کسی چیز کا پا جانا ۔
Blunder out بے سوچے سمجھے بات کہ دینا ۔
Blunderer *n.* فاش غلطی کرنے والا ۔
Blunderingly *adv.* غلط کاری سے ۔

Blunderbuss (blundər-bus) *n.* Ancient short gun with large bore قرابین ۔ بڑے منہ کی چھوٹی بندوق ۔

Blunt (blunt) *adj. & n.* Dull, without edge ۔ کند کودن ۔ غبی ۔ نا شائستہ ۔ منہ پھٹ ۔ صاف گو ۔
Bluntish *adj.* صاف گوئی پر مائل ۔ ذرا منہ پھٹ ۔

Blunt (blunt) *v.t* Make less sharp ۔ دھار موڑ دینا کند کر دینا ۔ دھار مار دینا ۔
Bluntly *adv.* ناشائستگی سے ۔ بدتمیزی سے ۔ اکھڑ پن سے ۔
Bluntness *n.* دھار کا کند ہونا ۔ اکھڑ پن ۔

Blur (blur) *n.* Smear of ink etc. ۔ داغ دھبا دھندلا پن ۔ روشنائی کا دھبا ۔

Blur (blur) *v.t.* Smear, disfigure دھبے ڈالنا ۔ صورت بگاڑنا ۔ دھندلا کرنا ۔

Blurt (blur-t) *v.t.* Utter abruptly ۔ بے تامل کہہ دینا پھوٹ پڑنا ۔ بک دینا ۔

Blush (blush) *v.i.* Become red شرم سے گال سرخ ہو جانا ۔ شرمانا ۔ شرما جانا ۔
Blush at sight کچھ دیکھ کر چہرہ سرخ ہو جانا ۔
Blushingly *adv.* شرمسار ہو کر ۔ لجا کر ۔ شرمیلے پن سے ۔

Blush (blush) *n.* Reddening of face in shame لاج ۔ حیا ۔ چہرہ کی لالی ۔ شرم ۔ جھلک ۔ تابش ۔ شفق کی سی سرخی ۔
At the first blush پہلی نظر میں ۔ دیکھتے ہی ۔ پہلی نگاہ میں ۔

Bluster (blustər) *v.t & i.* Storm boisterously دھمکانا ۔ ہنگامہ برپا کرنا ۔ تلخ لہجہ میں گفتگو کرنا ۔ بھوں بھوں کرنا ۔
Blusterer *n.* بدتمیزی سے پیش آنے والا ۔ ہنگامہ کرنے والا ۔ کلہ دراز ۔
Blusteringly *adv.* ۔ پھوہڑ پن سے ۔ بدتمیزی سے شوخ چشمی سے ۔

Bluster (blustər) *n.* دھمکی ۔ تندی سے چلانا ۔ بڑ ۔
Blusterous, Blustery *adj.* ۔ بڑ ہانکنے والا ۔ تند کلہ دراز ۔

Bo, boh (bo-bo) *Interj.* Used to startle ۔ ہوا ہو ہش ۔ دوسروں کو چونکانے کی آواز ۔

Boa, *n.* constrictor (boakanstricter) Python بڑا سانپ جو شکار کو دبا کر مارتا ہے ۔ اژدھا ۔ اجگر ۔ عورتوں کا بالوں والا کوٹ ۔ پروں کا گلوبند ۔

Boar (bor) *n.* Male uncastrated pig بغیر خصی کیا ہوا سور ۔ سور ۔ سور کا گوشت ۔ جنگلی سور ۔
Boar's head سور کا سر جو کسی تہوار کو پکایا جاتا ہے ۔

Board (bord) *n.* Long thin piece of timber ۔ تختہ لکڑی کا لمبا تختہ ۔ دستر خوان ۔ کھانا ۔ ارکان کونسل ۔ کمیٹی ۔
Above board شبہ سے بالاتر ۔ علانیہ ۔ صاف صاف ۔ کھلے طور پر ۔

Bed and board زن و شو کے تعلقات ۔ میاں بیوی کا رہن سہن ۔ قیام و طعام ۔

Groaning board مختلف کھانوں سے لدا ہوا دسترخوان ۔

Sweep the board سب کچھ جیت لینا ۔

Board (bord) *v.t.* & *i.* Cover with boards تختے لگانا ۔ تختہ بندی کرنا ۔ تختے جوڑنا ۔ جہاز یا گاڑی پر سوار ہونا ۔ ٹھیکے پر کھانا دینا ۔

Board with کسی کے گھر میں خرچ دے کر کھانا کھانا ۔

Boarder (boarder) *n.* One who boards with some one خرچ دے کر کھانا کھانے والا ۔

Boarding (board-ing) *n.* The action of covering with boards تختے لگانا ۔ کھانا کھانا اور رہنا ۔

Boarding-house A house in which boys and other persons board طالب علموں کے رہنے اور کھانے کا مکان ۔ دارالاقامہ ۔

Board out غریب لڑکوں کا دوسروں کے پاس کھانے کا انتظام کرنا ۔ گھر چھوڑ کر کہیں اور کھانا ۔

Boast (bost) *n.* Vain-glorious talk, شیخی ۔ لن ترانی ۔ لاف زنی ۔ ڈینگ ۔

Make boast of شیخی بگھارنا ۔ فخریہ بیان کرنا ۔

Boastful *adj.* لاف زن ۔ ڈینگیا ۔ شیخی خورا ۔

Boastfully *adv.* لاف زنی سے ۔ شیخی سے ۔ فخریہ ۔

Boastfulness *n.* لن ترانی ۔ لاف زنی ۔ ڈینگ ۔ شیخی ۔ تفاخر ۔

Boast (bost) *v.i.* & *t.* Extol oneself شیخی بگھارنا ۔ ڈینگ مارنا ۔ خود ستائی کرنا ۔

Boaster *n.* شیخی خورا ۔ بڑ بولا ۔ خود ستا ۔

Boat (bot) *n.* Small open oared or sailing vessel ناؤ ۔ کشتی ۔ سفینہ ۔ شکارا ۔

Have oar in every one's boat ہر جگہ ٹانگ اڑانا ۔

In the same boat ایک ہی مصیبت میں گرفتار ۔ ایک ہی کشتی کے سوار ۔

Boatage کشتی کا کرایہ ۔

Boatful اتنا سامان یا اتنے آدمی جو ایک کشتی میں آ سکیں ۔ ناؤ بھر ۔

Boat (bot) *v.t.* & *i.* Go in a boat کشتی میں سیر کرنا ۔ کشتی کھینا ۔

Boating *n.* ناؤ کی تفریح ۔ کشتی چلانا ۔ کشتی کی سیر ۔

Bob (bob) *n.,v.* & *t.* Kite tail, weight on pendulum لٹکن ۔ جھمکا ۔ بندا ۔ بالوں کی لٹ ۔ گھڑی کا لٹکن ۔ گھوڑے کی کٹی ہوئی دم ۔ اوپر نیچے کرنا ۔ طمانچہ مارنا ۔

Bob (bab) *v.i.* & *t.* لٹکتے پھل کو منہ سے پکڑنا ۔ اچھالنا ۔ کیچوے کا چارہ لگا کر بام مچھلی پکڑنا ۔ ناچنا ۔ عورت کا گھٹنوں کو جھکا کر تعظیمی سلام کرنا ۔

Bob up like a cork شکست کے بعد کسی کا پھر میدان میں آنا ۔

Bob (bob) *n.* Jerk, curtsy ۔ جھٹکا ۔ با ادب سلامی ۔ اچھال ۔ ایٹن مدرسہ کا کرکٹ کھیلنے والا طالبعلم ۔

Bob (bob) *v.t.* Rap, jerk, کھٹکھٹانا ۔ جھٹکا دینا ۔ کھٹ کھٹ کرنا ۔

Bobtailed *adj.* لنڈورا ۔ دم کٹا کتا یا گھوڑا ۔

Bobbery *n.* شور و غل ۔ فساد ۔ ٹنٹا ۔ جھگڑا ۔

Bobbin (bob-in) *n.* Cylinder for holding thread چرخی ۔ ریل ۔ جال بُننے کی سلائی ۔

Bobbinet (bobinet) *n.* Lace made with bobbins on pillow تکیے کے اوپر کی جالی دار بیل جو سلائی سے بنائی جائے ۔

Bobbish (bob-ish) *adj.* Brisk, well خوش ۔ پھرتیلا ۔ خاصا ۔ بھلا چنگا ۔

Bobby (bobi) *n.* Police-man ڈنڈے والا ۔ پولیس والا ۔ پولیس کا آدمی ۔

Bode (bod) *v.t.* & *i.* Foretell, foresee شگون دینا ۔ پیشین گوئی کرنا ۔ آئندہ کا حال بتانا ۔

Bodement *n.* پیشین گوئی ۔

Bodingly *adv.* پیشین گوئی کے طور پر ۔

Bodeful *n.* منحوس ۔ برے شگون والا ۔

Bodice (Bodis) *n.* Close fitting upper part of woman's dress انگیا ۔ چولی ۔ سینہ بند ۔ چھوٹے کپڑے ۔

Bodied (bodied) *adj.* Embodied جسم والا ۔

Able bodied *adj.* تنو مند ۔ اچھے جسم والا ۔

Bodiless *adj.* لطیف ۔ جسمیت سے بالاتر ۔ نرنکار ۔

Bodily *adj.* بدنی ۔ جسمی ۔ جسمانی ۔

Bodkin (Bod-kin) *n.* Long pin for fastening hair سوا ۔ بڑی سوئی ۔ ٹانپ نکالنے کی چمٹی ۔ بالوں میں لگانے کی پن ۔

dy (bodi) *n.* Man or animal as material organism ساده - وجود - جسم - بدن - لاش - اکثریت - آدمی - شخص - جماعت - گروہ - انجمن - جمعیت - مقدار - طاقت -
Body politic مملکت - دولت - سماج - جماعتی سیاست -
In a body سب اکٹھے ہو کر - سب ملکر -
Keep body and soul together برے بھلے گزر کرنا -
dy (bod-i) *v.t.* Provide with body مجسم کرنا - تصور میں لانا - مثال یا نمونہ ہونا -
g (bog) *n.* Wet spongy ground- پانک - دھسن - دلدل -
Boggy *adj.* دلدلی -
g (bog) *v.t.* Submerge in bog دلدل میں پھنسنا -
ggle (bog-l) *v.i.* Start with fright جھجھکنا - ہچکچانا - پس و پیش کرنا - سہم جانا -
gie (bogi) *n.* Under-carriage ریل کے ڈبے کا نچلا حصہ - بوگی -
gle (bo-gl) *n.* Scarecrow چڑیوں کو ڈرانے کا پتلا - ڈراوا -
gus (bogəs) *adj.* Sham جعلی - بناوٹی - مصنوعی - غیر حقیقی -
gy-ey (bog-i) *n.* The devil, goblin بھوت پریت - شیطان - ہوا -
hemian (bo-he-mi-ən) *adj.* & *n.* Of free and easy habits بوہیمیا کا باشندہ - اوباش - آزاد - لا ابالی طبیعت والا - آزاد مشرب -
Bohemianism *n.* اوباشی - آزادانہ مشرب -
Bohemianize *v.t.* آزاد مشرب بنانا - اوباش بنانا -
il (boil) *n.* Hard inflamed tumour دنبل - پھوڑا - پھنسی -
il (boil) *v.t.* & *i.* Bubble up ابالنا - ابل جانا - کھولنا - گرم ہونا - جوش کھانا -
Boil down, away پانی کو بھاپ بنا کر اڑا دینا -
Blood boils غصے سے خون کھولتا ہے -
Keep the pot boiling گزران کرنا - ضرورت بھر کما لینا - کام چلانا -
il (boil) *n.* ابال - گرمی کا نقطہ تبخیر - تبخیر -
iler (boiler) *n.* One who boils, vessel for boiling دیگ - پتیلا - کڑھاؤ - کارخانوں کا بائلر - ابالنے والا - دھوبی کی بھٹی - ترکاریاں جو ابال کر کھائی جائیں -

Boiling (boil-ing) *adj.* & *n.* Temperature at which water boils ابال - جوش -
Boisterous (boistər-əs) *adj.* Violent, rough تیز - تند - شور کرنے والا - اودھم مچانے والا -
Boisterously *adv.* غل غپاڑے کے ساتھ - تیزی سے -
Bold (bold) *adj.* Courageous نڈر - دلیر - شیر دل - بہادر - باعزم - ہمت والا -
Boldly *adv.* دلیری سے - جرأت سے - بے باکانہ -
Boldness *n.* دلیری - جرأت - ہمت - شجاعت -
Bole (bol) *n.* Stem, trunk لال مٹی - ڈلا - ڈھیلا - تنا -
Bolero (Bo-le-ro) *n.* Spanish dance, woman's short jacket ایک ہسپانوی ناچ - یورپی عورتوں کی جاکٹ -
Boletus (bole-təs) *n.* A kind of mushroom ایک قسم کی کھمبی یا چھتری -
Bolshevik (bol-shə-vik) *n.* Advocate of proletarian dictatorship in Russia انقلاب پسند - انتہا پسند - عوامی آمریت کا حامی -
Bolster (bolstər) *n.* Long-stuffed pillow, pad گول لمبا تکیہ - تکیہ - گول تکیہ - مشینوں کی گدی -
Bolster (bolstər) *v.t.* & *i.* Support with pad or pillow تکیہ لگانا - سہارا دینا - اعانت مجرمانہ کرنا - شہ دینا - ایک دوسرے کو تکیے مارنا - تکیہ بازی -
Bolster-fight تکیہ بازی -
Bolt (bolt) *n.* Sliding piece of lock تیر - بان - خدنگ - بلی - کھٹکا - چٹخنی - بجلی کی کوند - چھلانگ - کرمچ کا تھان -
Bolt from the blue سانحہ - ناگہانی مصیبت -
Fool's bolt soon shot بیوقوف جلد بولتا اور جلد چپ ہو جاتا ہے -
Bolt (bolt) *v.t.* & *i.* Dart off or away بھاگ جانا - فرار ہو جانا - رفو چکر ہو جانا - چھلانگ مارنا - پیچوں سے کسنا - دروازے کی چٹخنی چڑھانا - بند کر لینا -
Bolt out دروازے بند کر لینا - اندر نہ آنے دینا -
Bolt (bolt) *n.* Sudden start گریز - فرار -
Bolt (bolt) *adv.* کھونٹے کی طرح سیدھا (بیٹھنا) -
Bolt, boult (bolt) *v.t.* Sift, investigate چھان بین کرنا - پرکھنا - تولنا -

Bolter (bolter) *n.* Horse given to bolting پرکھنے والا ۔ تحقیق کرنے والا ۔ منہ زور گھوڑا ۔

Bolus (bo-ləs) *n.* Large pill بڑی گولی ۔ حب ۔ قرص ۔

Bomb (bom) *n., v.t. & i.* An explosive projectile بم ۔ بم کا گولا ۔ بم گرانا ۔ بم پھینکنا ۔ بم چلانا ۔ بم مارنا ۔

Bomb-proof جس پر بم اثر نہ کر سکے ۔ بم روک ۔

Bomb-shell توپ کا گولا ۔

Bomber بم مارنے والا سپاہی ۔ بم برسانے والا ہوائی جہاز ۔ جہاز جو بمباری کرتا ہے ۔

Bombard (bombard) *v.t.* Batter with shot and shells گولہ باری کرنا ۔ گولے برسانا ۔ بحث میں مخالف پر دلیلوں اور گالیوں کی بوچھار کرنا ۔

Bombardment *n.* گولہ باری

Bombardier توپ خانہ کا ماتحت افسر ۔

Bombasine (bum-bə-zen) *n.* Black cloth much used in mourning کالا باریک ریشمی کپڑا جو ماتمی لباس کے طور پر استعمال ہوتا ہے ۔

Bombast (bum-bast) *n.* Tall talk لچھے دار باتیں ۔ عبارت آرائی ۔ لفاظی ۔

Bombastic *adj.* تبخترانہ ۔ عبارت آرائی کے متعلق ۔ لفاظی کا ۔

Bombastically *adv.* لفاظی کے ساتھ ۔ بیجا عبارت آرائی سے ۔

Bonafide (bona-fid) *adj. & adv.* Sincerely اصلی ۔ اصل میں ۔ حقیقت میں ۔

Bonafides (bona-fids) *n.* Honest intention خلوص نیت ۔ نیک نیتی ۔

Bon-bon (bonbon) *n.* Sweetmeat کھانڈ کے کھلونے ۔ مٹھائی کی گولیاں ۔

Bond (bond) *n.* Binding engagement بند ۔ بندھن ۔ جوڑ ۔ میل ۔ دستاویز ۔ اقرار نامہ ۔ اقرار واثق ۔ تحریری معاہدہ ۔

Bond street (bond-stret) *n.* A street of London visited by fashionable gents and ladies بانڈ اسٹریٹ جہاں فیشن ایبل لوگ سیر کو جاتے ہیں ۔

Bond (bond) *v.t.* Bind together کروڑ گیروں کی تحویل میں مال رکھنا ۔ جوڑنا ۔ ملانا ۔

Bond (bond) *adj.* In slavery زر خرید (غلام یا باندی) ۔

Bondman لام

Bond maid نڈی ۔ باندی ۔

Bond servant خرید غلام ۔ حلقہ بگوش ۔

Bondage (bondəj) *n.* Serfdom لامی ۔ قید ۔ پابندی ۔ یری ۔

Bone (bon) *n.* Body's hard, solid essential par تخوان ۔ ہڈی ۔ مچھلی کا کانٹا ۔ جسم ۔ لاش ۔ ہڈی ی کی بنی ہوئی چیز ۔ جھگڑے کی چیز ۔

Bone-dry رک شراب ۔ بالکل خشک ۔

Bone of contention ختلاف کی جڑ ۔ بنائے فساد ۔ عث نزاع ۔

Bone-setter ی کے اکھڑے ہوئے جوڑ درست کرنے لا ۔ ہڈی بٹھانے والا ۔

Bone to pick with some one کسی معاملے میں سی سے جھگڑا کرنا ۔

Feel in one's bones وری طرح یقین رکھنا ۔

Horse with plenty of bones وٹی ہڈی کا گھوڑا ۔ ی کاٹھی کا گھوڑا ۔

Make no bones of, about س و پیش نہ کرنا ۔

Will never make old bones ی عمر تک نہیں چے گا ۔

Bone (bon) *v.t.* Take out the bones from fis and meat وشت سے ہڈی الگ کرنا ۔ مچھلی کے انٹے نکالنا ۔

Bonfire (bonefir) *n.* A large open-air fire آگ و کسی تقریب میں جلائی جائے ۔ خوشی کا الاؤ ۔

To make a bonfire of لا ڈالنا ۔ تلف کرنا ۔

Bon-mot (Bon-mət) *n.* Witty saying کتہ ۔ لطیفہ ۔ ٹکلا ۔

Bonne-bouche (bon-boosh) *n.* Tit-bit مال ۔ نوالہ ۔ چکنی چپڑی ۔ لذیذ کھانا جو آخر میں کھایا ائے ۔

Bonnet (bon-it) *n.* Scotch cap, woman's head dress ورتوں کی بے چھجے کی ٹوپی ۔ اسکاٹ لینڈ کی ردانہ ٹوپی ۔ موٹر کار کے انجن کا ڈھکن ۔ انقلابیوں کی ل ٹوپی ۔

Bonny (bon-i) *adj.* Comely ندر ۔ خوبصورت ۔ چنچل ۔ شاش بشاش ۔

Bonus (bon-əs) *n.* Something into the bargain انعام ۔ عطیہ ۔ زائد تنخواہ ۔ زائد منافع ۔ بیمہ کرانے والوں کا منافع ۔ مزدوروں کو انعام جو اجرت کے علاوہ دیا جائے ۔

Bony (bon-i) *adj.* Of, like bones دبلا پتلا ۔ سوکھا ہوا ۔ ہڈی دار ۔ استخوانی ۔

Boo (bo) *n., v.t. & i.* Sound of disapproval ۔ نفرت ناراضگی کی آواز ۔ لو لو ۔

Booby (boo-bi) *n.* Silly, dull-witted, fool ۔ الو احمق ۔ بے وقوف ۔ مورکھ ۔ گاودی ۔

Booby-trap دروازے سے لگا کر اس طرح کوئی چیز رکھنا کہ کھلتے ہی اوپر گر پڑے ۔

Boobyish *adj.* بے وقوفانہ ۔ احمقانہ ۔

Book (book) *n.* Written or printed matter ۔کتاب بیاض ۔ بہی کھاتہ ۔ پوتھی ۔ پستک ۔ خیالی صحیفہ یا تحریر ۔ گھڑ دوڑ کی شرط لینے والے ۔

Book learning کتابی علم ۔

Book worm کتاب کا کیڑا ۔

Bring to book ۔ حساب کتاب لینا ۔ مواخذہ کرنا جواب طلب کرنا ۔

In one's bad books ۔ رائے خراب ہونا ۔ معتوب ہونا

Speak like a book کتابی زبان بولنا ۔ کتابی معلومات کا اظہار کرنا ۔

Take a leaf out of one's book کسی کو نمونہ بنانا ۔ کسی کی تقلید کرنا ۔

Bookish *adj.* کتابی ۔ کتابی کیڑا ۔

Bookishly *adv.* کتابی کیڑے کی طرح ۔

Bookishness *n.*۔کتابی علمیت۔کتابیت ۔کتابی کیڑا ہونا

Booklet *n.* کتابچہ ۔

Book (book) *v.t.* Enter in a book or list نشست محفوظ کرانا یا فہرست میں اندراج کرانا ۔

Boom (bom) *n.* Floating barrier of timber کسی ندی یا بندرگاہ پر لکڑی کی روک ۔ بادبانی شہتیر ۔ بادبان کے نیچے کی لکڑی ۔

Boom (bom) *v.i. & n.* Make deep resonant sound گرجنا ۔ بھنبھنانا ۔ سارس کی سی آواز نکلنا ۔ سارس کی آواز ۔

Boom (bom) *v.t. & n.* Sudden activity ۔ بازاری ہل چل تجارتی گرم بازاری ۔ کسی ایجاد کی وجہ سے مشہور ہو جانا ۔ کسی چیز کی غیر معمولی مانگ ۔

Boomerang (boom-ə-rang) *n.* Australian curved hard-wood missile آسٹریلیا کے قدیم باشندوں کا ہتھیار جو پھینکنے والے کے پاس واپس آتا ہے ۔ تجویز یا دلیل جو پیش کرنے والے ہی کو نقصان پہنچائے ۔

Boon (bon) *n.* Request, thing asked for ۔ دان بخشش ۔ عطیہ ۔ التجا ۔ استدعا ۔ درخواست ۔ برکت ۔ نعمت ۔

Boon (bon) *adj.* Bounteous, benign ۔ خوش مزاج یار باش ۔ فیاض ۔ دریا دل ۔ سازگار ۔ موافق ۔

Boor (boor) *n.* Clumsy, ill-bred fellow ۔ دیہاتی دہقان ۔ جاہل ۔ ناشائستہ ۔ غیر مہذب ۔ گنوار ۔

Boorish *adj.* اجڈ ۔ گنوار ۔

Boorishly *adv.* گنوار پنے سے ۔ اجڈ پنے سے ۔

Boorishness *n.* پھوہڑ پن ۔ گنوار پن ۔

Boose-ze (booz) *v.i.* Drink liquor شراب پینا ۔ شراب سے بد مست ہو جانا ۔

Boost (boost) *v.i.* Increase the value ناجائز طور پر طرفداری کرکے ۔ حمایت کرنا ۔ مشہور کرنا ۔ قیمت بڑھانا ۔

Booster *n.* ناجائز حمایت کرنے والا ۔

Boot (boot) *n.* Footwear, foot-covering ۔ موزہ جوتا جو ٹخنے تک ہو ۔ کوچبان کی نشست کے نیچے اسباب کا صندوق ۔

Boot is on the other leg یہ بات حقیقت کے خلاف ہے ۔ غلطی دوسرے کی ہے ۔

Boot-jack بوٹ اتارنے کا آلہ ۔

Boot-legger چوری سے شراب کا بیوپار کرنے والا ۔

Boot-trees جوتوں کا سانچہ ۔ جوتوں کا کالبد ۔

Get, give, the boot ۔ ملازمت سے برخاست ہونا یا کرنا

Heart in one's boots ۔ خوف و ہراس کی وجہ سے دہشت سے ۔

Boot (boot) *n.* Advantage نفع ۔ فائدہ ۔ منفعت ۔

Boot (boot) *v.t.* Do good نفع ہونا ۔ سود مند ۔ بھلا کرنا ۔ فائدہ پہنچانا ۔

Booth (boodh) *n.* Temporary stall عارضی دوکان جو سائبان کے نیچے میلے میں لگائی جائے ۔ عارضی دوکان ۔

Polling-booth کسی انتخاب میں ووٹ ڈالنے کا مرکز

Bootless (boot-les) *adj.* Unavailing ۔ بے سود بے فائدہ ۔ لا حاصل ۔

Booty (boot-i) *n.* A prize لوٹ ـ ڈاکے کا مال ـ مال غنیمت ـ

Booze (booz) *v.t.* & *n.* Drink deeply مسلسل پینے والا ـ شراب پی کر مست ہو جانا ـ

Boozy *adj.* شرابی ـ بدمست ـ

Bo-peep (bo-pep) *n.* Hiding and suddenly appearing to child ـ آنکھ مچولی ـ جھانکا جھانکی چور چور ـ

Play bo-peep ـ سیاسی معاملات میں چالبازی کرنا ـ آنکھ مچولی کھیلنا ـ

Boracic (bo-ra-sik) *adj.* Of borax سہاگے کا ـ

Borax (bo-raks) *n.* A native salt of Boron ـ سہاگہ ـ بورق ـ

Bordeaux (bor-do) claret *n.* A sea-port of France فرانس کی ایک بندر گاہ ـ جنوبی فرانس کی شراب ـ

Border (bordər) *n.* & *adj.* Side, boundary ـ کنارہ حاشیہ ـ سرحد ـ حد ـ باغ کی چمن بندی ـ

Border (bordər) *v.t.* & *i.* Put a border, adjoin حاشیہ لگانا ـ گوٹ لگانا ـ سنجاف لگانا ـ حد بندی کرنا ـ متصل ہونا ـ

Bordering *n.* اتصال ـ حد بندی ـ

Borderer (bordərer) *n.* Dweller near frontier انگلستان اور اسکاٹ لینڈ کا سرحدی باشندہ ـ

Bore (bor) *n.* Hollow of gun barrel ـ چھید سوراخ ـ خانہ ـ روزن ـ بندوق کی نالی کا قطر ـ

Bore (bor) *v.t.* & *i.* Make hole ـ چھیدنا ـ بیدھنا برمانا ـ برمے سے سوراخ کرنا ـ رستہ نکالنا ـ مشین سے کنواں کھودنا ـ گھوڑے کا آگے سر پھینکنا ـ ایک گھوڑے کا دوڑ میں دوسرے گھوڑے کو دھکا دینا ـ

Bore (bor) *n.* Nuisance ـ کان کھاؤ ـ مغز چاٹ ـ اجیرن ـ وبال جان ـ

Bore (bor) *v.t.* Weary by tedious talk ـ تنگ کرنا بیزار کرنا ـ بے کیف کرنا ـ کان کھانا ـ مغز چاٹنا ـ دکھ دینا ـ

Boreal (borəal) *adj.* Of the north wind ـ شمالی اتری ـ باد شمال کے متعلق ـ

Boreas (bori-as) *n.* God of the north wind اتری ہوا کا دیوتا ـ

Borecole (bor-kol) *n.* Peasant's cabbage گانٹھ گوبھی ـ کرم کلاّ ـ گوبھی ـ

Boredom (boredəm) *n.* Being bored ـ سستی ـ بیزاری

Borer (bor-er) *n.* Person, tool or machine that bores سوراخ کرنے والا ـ برمانے والا ـ آگے کو سر پھینکنے والا گھوڑا ـ

Born (born) *adj.* Come by birth ـ پیدا ہوا ـ پیدا شدہ ـ نو مولود ـ پیدا ـ

Born with silver spoon in mouth خوشحال گھر میں پیدا ہوا ـ قسمت کا دھنی ـ کھاتے پیتے گھر میں ـ

Born under lucky star خوش نصیب ـ اچھے ستاروں والا ـ سعد ستاروں کے زیر اثر پیدا ہونا ـ

Borough (bor-ə) *n.* Town sending member to parliament وہ قصبہ جس کو پارلیمنٹ میں اپنا نمائندہ بھیجنے کا حق ملا ہو ـ ایسا قصبہ جس کا اپنا بلدیہ ہو ـ

Borrow (bor-o) *v.t.* & *i.* Get temporary use of ادھار لینا ـ قرض لینا ـ عاریتاً یا مستعار لینا ـ کسی دوسرے کی چیز استعمال کرنا ـ

Borrower قرض لینے والا ـ

Borrowing قرض لینا ـ

Borstal (borstəl) system *n.* Imprisonment of young criminals کمسن مجرموں کی قید کا نظام جس میں سزا کا تعین نہیں ہوتا ـ

Borstal Association *n.* وہ انجمن جو رہائی کے بعد کمسن مجرموں کو مدد دیتی ہے ـ

Bosh (bo-sh) *n.* & *Interj.* Nonsense, foolish talk بیہودہ گفتگو ـ واہیات ـ حماقت ـ

Bosom (boozəm) *n.* Person's breast, breast of dress چھاتی ـ گود ـ قمیص کا سینہ ـ سینہ ـ بغل گیری ـ آغوش ـ دل ـ خیالات اور خواہشات ـ

Bosom friend دلی دوست ـ یار غار ـ

Boss (bos) *n.* Master, person in authority ـ آقا مالک ـ حاکم ـ افسر ـ

Boss (bos) *n.* Protuberance ـ ابھار ـ ڈھال کے پھول آرائشی ابھرے ہوئے نقوش ـ

Boss (bos) *v.t.* Be master or manager کسی دفتر یا ادارہ کا منتظم ہونا ـ کسی دوکان یا کارخانہ کا مالک ہونا ـ کارندوں پر نگرانی رکھنا ـ

otanist (botənist) *n.* Student of botany علم نباتات کا عالم یا ماہر - علم نباتات کا طالب علم -

otanize (botəniz) *v.t.* Seeking and collecting plants for study مطالعہ اور مشاہدہ کی غرض سے نباتات کو تلاش کرنا اور جمع کرنا -

otany (botəni) *n.* Science of plants - علم نباتات

Botanical *adj.* نباتیاتی -

Botanically *adv.* نباتیاتی نقطہ نظر سے - علم نباتات کے رو سے -

otch (boch) *n., v.t. & i.* Clumsy patch, repair badly - پیوند لگانا - بھدا پیوند - اناڑی پن سے کرنا - بگاڑنا - خراب مرمت کرنا -

Botcher اناڑی - پھوہڑ -

oth (both) *adj., prep. & adv.* The two - ہر دو - دونوں -

Have it both ways - چت بھی میری پٹ بھی میری

other (bodhər) *v.t. & i.* Pester, worry - دق کرنا جان کھانا - مغز کھانا - ناک میں دم آنا -

other (bodhər) *n.* Petty trouble - زحمت - تکلیف - پریشانی - بکھیڑا (بول چال) چھوڑو! مارو گولی!

otheration *n. & Interj.* Worry, confound it جھمیلا - بکھیڑا - ''جہنم میں جائے'' (بول چال)

othersome (bodhərsum) *adj.* Annoying بکھیڑے والا - تکلیف دہ -

ottle (bot-l) *n.* Narrow-necked vessel - بوتل شیشہ - قرابہ - شراب کی عادت -

Bottle-green گہرا سبز -

Bottle-neck آمد و رفت کا تنگ راستہ -

Bring up on the bottle بوتل کے دودھ سے بچے کی پرورش کرنا -

Over a bottle شراب نوشی کے درمیان -

ottle (bot-l) *v.t.* Store in bottles, conceal شیشے میں بھرنا - چھپانا - غلطی کرتے ہوئے پکڑے جانا -

Bottle up چھپانا - ضبط کرنا -

ottle (bot-l) *n.* Bundle of hay سوکھی گھاس کا گٹھا -

Look for a needle in a bottle of hay گھاس کے ڈھیر میں سوئی تلاش کرنا - سعی لا حاصل -

Bottom (bot-əm) *n. & adj.* Lowest part - تلا - پیندا تہہ - چوتڑ - بنیاد - اصلیت - حقیقت - تلچھٹ - کدورت میل - زمین کا نشیب - دم خم - قوت برداشت - بات کی تہہ -

Be at the bottom of کسی چیز کا سبب باعث ہونا - ہونا -

Stand on one's own bottom اپنے پیروں پر کھڑا ہونا - اپنے بل پر کھڑا ہونا -

Touch bottom اصل بات دریافت کرنا - بات کی تہہ تک پہنچنا -

Bottom (bot-əm) *v.t. & i.* Put bottom to, - پیندا لگانا تہہ تک پہنچنا - کسی چیز کی حقیقت دریافت کرنا -

Bottomless (botəm-les) *adj.* Very deep بغیر پیندے کا - عمیق - حد سے زیادہ گہرا - اتھاہ -

Boudoir (Bood-wer) *n.* Lady's private room خلوت گہ - زنان خانہ - حجلہ -

Bough (bow) *n.* Branch ڈالی - شاخ - ٹہنی -

Bougie (boozhe) *n.* Wax-candle زخم کی بتی - موم بتی - سلائی (جراح کی) -

Bouilli (boo-lye) *n.* Stewed or boiled meat شوربہ دار گوشت - ابلا ہوا یا دم کیا ہوا گوشت -

Boulder (boldər) *n.* Water-worn round stone گول پتھر - بٹا - روڑا -

Bounce (bowns) *v.t. & i.* Burst noisily - چھلانگ لگانا پھلانگنا - زقند بھرنا - جوش اور غصہ میں اندر گھس آنا - ڈرا دھمکا کر کام کرانا -

Bouncing girl گداز جسم کی لڑکی - موٹی تازی شوخ دیدہ لڑکی -

Bounce (bowns) *n.* Boast, exaggeration - لاف زنی ڈینگ - مبالغہ - شیخی - نمود -

Bounce (bowns) *adv.* Suddenly, Noisily - دفعتہً - شور و غل کے ساتھ -

Bouncer (bownser) *n.* Unblushing lie - گپی - شیخی باز - بے باکانہ جھوٹ - سفید جھوٹ -

Bound (bownd) *n.* Limit - روک - بندش - حد - سرحد

Bound (bownd) *v.t. & i.* Set bounds to, bounce حد باندھنا - حد بندی کرنا - محدود کرنا - گھیرا ڈالنا - قید لگانا - سرحد ہونا - چھلانگ لگانا - اچھلنا - ٹکرا کر واپس آنا - سبک رفتاری سے چلنا -

Bound (Bownd) *n.* Springy movement upward or forward - پھلانگ - چھلانگ - زقند - طرارہ - چوکڑی -
Advance by leaps and bounds - تیزی سے آگے بڑھنا
On the first bound پہلی جست میں - پہلی ہی پھلانگ میں -

Bound (Bownd) *p.p.* Closely connected - بندھا ہوا - پابند - وابستہ - مقید - مجبور-

Bound (Bownd) *adj.* Ready to start, having started عازم سفر - روانہ ہونے والا - جانے والا -
Bound to win یقینی طور پر جیتے گا - ضرور جیتے گا -

Boundary (bowndəri) *n.* Limit line حد بندی کرنے والی چیز - حدیں - حدود - حد بندی - حد بندی کرنے والا خط -

Bounder (bound-ər) *n.* Ill-bred - اچھلنے والا - شہدا - بدمعاش - غنڈا -

Boundless (bownd-les) *adj.* Unlimited بے حد - بے انت - بے انتہا - بے پایاں - بے شمار -

Bounteous (Bowntiəs) *adj.* Beneficent - سخی - کریم - فیاض - داتا - مخیر - کریمانہ - فیاضانہ -

Bounteously *adv.* - کریمانہ طور پر - حاتمانہ انداز سے - فیاضانہ طریقہ پر -

Bounteousness *n.* - فیاضی - سخاوت - کریمی -

Bountiful (bownti-fl) *adj.* - کثرت سے - افراط سے - فیاض - سخی - کریم -

Bountifully *adv.* - کریمانہ انداز سے - فیاضانہ طور پر -

Bountifulness *n.* - فیاضی - بخشش -

Bounty (Bownti) *n.* Munificence - سخاوت - فیاضی - عطیہ - سرکاری امداد جو تاجروں ، کارخانہ داروں کو فروغ تجارت کی غرض سے دی جاتی ہے -

Bouquet (Book-a) *n.* Bunch of flowers شراب کی خوشبو - پھولوں کا گلدستہ -

Bourgeois (Boorzh-wa) *n. & adj.* Of middle class شہری متوسط طبقہ-ادنی درجہ کے خیالات والا انسان -

Bourgeois (bur-jois) *n.* A kind of printing type ایک قسم کے چھاپے کا ٹائپ -

Bourn (boorn) *n.* Small stream - نالہ - چھوٹی ندی -

Bourn-e (boorn) *n.* Limit, goal - حد - مقصد - منزل - منزل مقصود

Bout (bowt) *n.* Spell of exercise - باری - چکر - آزمائش - مقابلہ - ورزش اور کام کا ہلہ - مے نوشی کا دور - مرض کا حملہ -

Bovine (bo-vin) *adj.* Like an ox - احمق - بیل کی طرح - ڈنگر جیسا -

Bovril (bov-ril) *n.* Meat extract ماءاللحم جو یخنی کی طرح استعمال کیا جاتا ہے - ایک قسم کی گائے کے گوشت کی یخنی کا تجارتی نام -

Bow (bow) *n.* Weapon for shooting arrows - کمان - غلیل - قوس قزح - سارنگی کا گز - فیتہ کا پھول - فیتہ کا پھندا -
Draw the long bow - مبالغہ کرنا - لمبی چوڑی ہانکنا - دون کی لینا -
Two strings to one's bow آمدنی کا ایک سے زیادہ ذریعہ

Bow (bow) *v.t.* Use the bow on سارنگی کے تاروں پر گز کو حرکت دینا - سارنگی پر گز پھیرنا -

Bow (bow) *v.t. & i.* Submit - شکریہ ادا کرنا - جھکنا - سر تسلیم خم کرنا - آداب بجا لانا -

Bow (bow) *n.* Bending in salutation - نیاز مندی - سلام - بندگی - تسلیمات -
Make one's bow - رخصتی سلام کرنا - رخصت ہونا -

Bow (bow) *n.* Front part of a boat or ship جہاز کی پیشانی - جہاز کا سامنے کا حصہ -

Bowdlerize (bowdlər-iz) *v.t.* Expurgate a book کسی کتاب سے فحش باتوں کو خارج کرنا -
Bowdlerism *n.* کتابوں سے فحش باتوں کے خارج کرنے کا اصول -
Bowdlerisation *n.* کتابوں سے فحش باتوں کا اخراج

Bowel (bowel) *n.* Division of alimentry canal below stomach انتڑیاں - آنت - کسی شے کا اندرونی حصہ - ترس - رحم - ہمدردی -

Bower (bower) *n.* Dwelling - خلوت خانہ - گوشہ - کنج - بیٹھک جو بیلوں اور پھولوں سے ڈھکی ہو - کنج -
Bowery *adj.* - بیٹھک جیسا - ہرا بھرا - خلوت گاہی -

Bowie-knife (boi-nif) *n.* A long knife with a double-edged blade بڑا چاقو جس کے دونوں طرف دھار ہو - ایک طرف پوری دھار دوسری طرف آدھی -

Bowl (bol) *n.* Drinking vessel - کشکول - پیمانہ - کاسہ - پیالہ - ساغر - جام -

Bowlful (bol-ful) *n.* & *adj.* So much that it fills the bowl کشکول بھر ۔ پیالہ بھر ۔

Bowl (bol) *n.* Wooden ball made slightly out of spherical shape بیضوی شکل کی گیند ۔ سکٹِلز کھیل کی گیند ۔ سکٹِلز کا کھیل ۔

Bowl (bol) *v.t.* & *i.* Play bowl, throw a cricket ball گیند لڑھکانا ۔ گیند پھینکنا ۔ گیند پھنک کر کھلاڑی کو آؤٹ کرنا ۔

Bowler (bolər) *n.* One who bowls گیند پھینکنے والا کھلاڑی ۔

Bowling (bol-ing) *n.* (کرکٹ) گیند پھینکنا ۔

Bowling green گیند کھیلنے کا سبزہ زار ۔

Bowman (bowmən) *n.* Archer ۔ کشتی کا آخری ملاح تیر انداز ۔

Bowsprit (bow-sprit) *n.* Spar to which forestays are fastened شہتیر جو کشتی میں بادبانوں کو تھامنے کے لیے لگایا جاتا ہے ۔

Bow-street (bow-stret) *n.* لندن کی کوتوالی ۔

Bow wow (bo-wo) *n.* & *Interj.* Barking sound of dogs کُتّے کی آواز کی نقل ۔ بھوں بھوں ۔

Box (boks) *n.* A kind of ever-green shrub ایک ہری جھاڑی جو کثرت سے باغات کے کنارے لگائی جاتی ہے ۔ اس جھاڑی کی لکڑی ۔

Box (boks) *n.* Receptacle ۔ صندوق ۔ صندوقچہ ۔ ڈِبّا پیٹی ۔ تھیٹر میں علیحدہ نشست ۔ سنتری یا سگنل والے کی کاٹھ کوٹھری ۔

Box-office ۔ ناچ گھر یا ناٹک کا ٹکٹ خریدنے کی جگہ

In the same or wrong box ۔ ایک ہی کشتی میں یکساں مصیبت میں ۔

Box (boks) *v.t.*, Put into a box ۔ صندوق میں بند کرنا پٹاری میں رکھنا ۔ کوئی دستاویز عدالت میں داخل کرنا ۔

Box (boks) *v.t.* & *i.* Slap a person's ears ۔ مُکّے مارنا گھونسے مارنا ۔ مُکّے بازی کرنا ۔

Box on the ear کان پر تھپّڑ مارنا ۔

Boxer (bokser) *n.* Pugilist ۔ گھونسہ باز ۔ مکہ باز مکہ بازی کرنے والا ۔

Boy (boi) *n.* Male child لڑکا ۔ طفل ۔ لڑکوں جیسی طبیعت رکھنے والا ۔ نوکر ۔ غلام ۔

Old boy, my boy ارے میاں ۔ ارے یار ۔

Boycott (boi-kot) *v.t.* & *n.* Cut off social and commercial relations ملنا جلنا ترک کرنا ۔ مقاطعہ کرنا ۔ کاروبار چھوڑ دینا ۔ لین دین ترک کرنا ۔

Boyhood (boi-hud) *n.* Boyish age, boys ۔ لڑکپن طفلی ۔ بال پن ۔ بچپن ۔ بچے ۔

Boyish (boi-sh) *adj.* Pertaining to boys ۔ بچے کا بچپن کا۔جوشیلا ۔ طفلانہ ۔

Boyishly *adv.* جوشیلے طور پر ۔ بچوں کی طرح ۔ طفلانہ طریق سے ۔

Boyishness *n.* جوشیلا پن ۔ طفلی ۔ لڑکپن ۔

Brace (bras) *n.* A thing that unites, tightens پیچ برما ۔ کسنے والی چیز ۔ پتلون کے لچکدار فیتے ۔ طبلے یا ڈھول کی ڈوری ۔ جوڑا ۔ چھوٹی بڑی بریکٹ ۔

Brace (bras) *v.t.* & *i.* Fasten tightly جکڑنا ۔ کس کر باندھنا ۔ مضبوط کرنا ۔ سنبھالنا ۔

Brace oneself up تیار ہونا ۔ مستعد ہونا ۔

Bracing air جانفزا ہوا ۔ فرحت بخش ہوا ۔

Bracer *n.* مفرح ۔ شراب یا دیگر مشروبات ۔ کسنے والی چیز ۔

Bracelet (bras-lit) *n.* Ornamental band ۔ کڑا کنگن ۔ جوشن ۔ بازو بند ۔ چُوڑی ۔ پُہنچی ۔

Bracer (bras-er) *n.* Wrist guard تیر اندازی یا شمشیر زنی کے لیے کلائی کا تسمہ ۔

Bracket (Brak-it) n. Projection from wall دیوار کی ٹیڑھا کیل ۔ دیوار گیری ۔ دیوار میں لگانے کی چھوٹی الماری ۔ خطوط وحدانی ۔ قوس ۔

Bracket (Brak-it) *v.t.* Enclose in brackets خطوط وحدانی لگانا ۔ قوسین میں بند کرنا ۔ گولہ کی زد معلوم کرنے کے لئے ایک گولہ نشانہ کے آگے اور ایک پیچھے مارنا ۔

Brackish (brak-ish) *adj.* Somewhat salty ۔ کھاری نمکین ۔ شور ۔

Brackishness *n.* نمکین ۔ شوریت ۔

Brag (brag) *n.v.* & *i.* Boast, boastful talk ۔ شیخی ڈینگ ۔ لاف ۔ شیخی مارنا ۔ ڈینگ مارنا ۔ لاف زنی کرنا ۔ تاش کا ایک کھیل ۔

Braggadocio (Brag-ə-doshio) *n.* Empty talk ۔ ڈینگ لاف ۔ شیخی ۔

Bragger (Brager) (Braggart) *n.* A person given to bragging ڈینگیا - لاف زن - لپاڑیا - شیخی باز -

Braid (brad) *n.* Entwined hair بالوں کا جوڑا - گندھے ہوئے بال - مینڈھی - بانکڑی -

Braid (brad) *v.t.* Interweave hair جوڑا باندھنا - چوٹی ڈالنا - بال گوندھنا -

Brail (bral) *n.* & *v.t.* Small ropes on sail edges رسیوں سے بادبان سمیٹنا - بادبان کی رسی -

Braille (bral) *n.* Writing and printing for the blind اندھوں کو پڑھنا لکھنا سکھانے کا طریقہ - ابھرے ہوئے حروف -

Brain (bran) *n.* & *v.t.* Convoluted nervous system in the skull مغز - بھیجا - دماغ - مرکز شعور - عقل -

Brain-fag اعصابی تھکن - دماغی تکان -

Brain-fever سرسام -

Brain-sick پاگل - خبطی -

Blow out one's brains سر میں گولی مار کر بھیجا نکال دینا -

Cudgel one's brain دماغ سوزی کرنا -

Have something on the brain کسی چیز کا خبط ہونا -

Brainless بے و قوف - کوڑھ مغز - بے مغز -

Brainy (bran-i) *adj.* Clever تیزفہم - ذہین - ہوشیار -

Brake (brak) *n.* Apparatus for checking wheel's motion موٹر یا موٹر گاڑی کی روک کا آلہ - پہیہ روک - بریک کا ڈبہ -

Brake (brak) n. Thicket, brushwood - جھاڑی کانٹے خار دار جھاڑی - اون یا سن صاف کرنے کا آلہ - گھوڑے سدھانے کی کھڑکھڑیا - سن کوٹنے کی موگری - بید کی چھال اتارنے کی چھری -

Brake (brak) *v.t.* پہیا روکنا - بریک لگانا - موگری سے سن کوٹنا -

Bramble (bram-bl) *n.* Rough prickly shrubs جھاڑ بیری - کٹیلے پودے - خار دار جھاڑی -

Bran (bran) *n.* Husk separated from flour - بھوسی بورا - چوکر - بھوسا -

Branch (bransh) *n.* A limb springing from tree ڈالی - شاخ - ٹہنی - سینگ - حصہ اولاد - نسل -

Branchless *adj.* بے ڈال کا - بے شاخ - بے شاخہ -

Branchlet *n.* کونلی ڈالی - چھوٹی شاخ -

Branch (Bransh) *v.t.* Put branches out - بھبھکنا شاخیں نکالنا - پھوٹنا -

Branchy (Bransh-i) *adj.* With many branches شاخ در شاخ - پھیلا ہوا - شاخیلا -

Brand (brand) *n.* Burning or charred stick جلتی ہوئی لکڑی - جلتی ہوئی لکڑی کا داغ - داغنے کا لوہا - سوداگروں کا نشان - تلوار - کرچ - کانک کا ٹیکا -

Brand (brand) *v.t.* Burn a sign with hot iron, burn داغنا - داغ کر نشان بنانا - حروف بنانا - کلنک کا ٹیکا لگانا - بدنام کرنا -

Brandish *v.t.* Wave about - ہلانا - چمکانا - گھمانا پھرانا - پھینکنا (تلوار)-چکر دینا -

Brand-new (brand-new) *adj.* Quite new - بالکل نیا

Brandreth (brand-reth) *n.* Wooden stand for a cask چوکھٹا - پیپا رکھنے کی گھڑونچی -

Brandy (brand-i) *n.* Strong spirit distilled from wine برانڈی-شراب -

Brass (bras) *n.* & *adj.* Alloy of copper with tin روپیہ پیسا - پیتل - شوخی - بے باکی - بے شرمی - مزار پر پیتل کا کتبہ -

Brass band پیتل کا ساز بجانے والوں کا طائفہ -

Brass farthing عالمگیری - پائی - چھوٹا پیسہ - پھوٹی کوڑی -

Brass tacks سچی سچی بات - اصل معاملہ - حقیقی تفصیل -

Brassy (bras-i) *adj.* Like brass - بے حیا - گستاخ جھوٹے دعوے کرنے والا - پیتل کے مانند - پیتل کا سا -

Brassily *adv.* - گستاخی سے - ڈھٹائی سے - بے حیائی سے

Brassiness ڈھٹائی -

Brassiere (bras-i-er) *n.* Women's breast garment چولی - سینہ بند -

Brat (brat) *n.* Child - پھونسڑا - چیتھڑا - لونڈا چھوکرا -

Bravado (brav-a-do) *n.* Show of courage - ڈینگ دھمکی - بھبکی - دکھاوے کی بہادری -

Brave (brav) *adj.* & *n.* Courageous - بہادر - دلیر جواں مرد - سورما - دلاور - جانباز - شجاع - خوشپوش - چھیلا - بھلا آدمی - معقول آدمی -

Brave (brave) *v.t.* Defy سامنا یا مقابلہ کرنا ۔ شجاعت ۔ مردانگی دکھانا ۔ خاطر میں نہ لانا ۔

Brave it out بدگمانی یا الزام کا بے باکی سے مقابلہ کرنا ۔

Bravery (braveri) *n.* Daring جرأت ۔ بہادری ۔ دلیری ۔ جوانمردی ۔ بے خوفی ۔ شان ۔ خود نمائی ۔

Bravo (bra-vo) *n.* Hired assassin نڈر ۔ بے خوف آدمی ۔ پیشہ ور قاتل ۔

Bravo (bra-vo) *n.* & *Interj.* Well done واہ وا ۔ شاباش ۔ بہت اچھے ۔ مرحبا ۔

Brawl (brawl) *n.* & *v. i.* Noisy quarrel جھگڑا ۔ جھگڑا کرنا ۔ غل غپاڑا مچانا ۔ شور و غل ۔ ندی کے بہاؤ کی آواز ۔

Brawler *n.* شور و غل مچانے والا ۔ جھگڑالو ۔ دنگا فساد کرنے والا ۔ دنگئی ۔

Brawn (brawn) *n.* Muscle, pickled flesh پٹھے ۔ پٹھوں کا زور ۔ شہ زور ۔ قوی ۔ نمک لگایا ہوا سور کا گوشت ۔

Brawny *adj.* ہٹا کٹا ۔ سنڈا ۔ مسٹنڈا ۔ کسرتی ۔ مضبوط ۔

Brawniness *n.* کسرتی پن ۔ قوی جسم ۔ مضبوطی ۔

Bray (bra) *n., v.t.* & *i.* Sound of an ass ڈھینچوں ڈھینچوں کرنا ۔ گدھے یا ترم کی آواز ۔

Bray out دلخراش آواز نکالنا ۔ ناگوار آواز پیدا کرنا ۔ کریہہ آواز نکالنا ۔

Bray (bra) *v.t.* Pound کوٹنا ۔ پیٹنا ۔ مارنا ۔ ہاون دستے سے کوٹنا ۔

Braze (braz) *v.t.* Colour like brass, پیتل کا سا رنگ دینا ۔ پیتل کی جھال لگانا ۔ بے حیا بنانا ۔

Brazen (brazen) *adj.* Made of brass بے حیا ۔ بے عزت ۔ مضبوط ۔ پیتل کا بنا ہوا ۔ پیتل کا ۔

Brazen-faced بے شرم ۔ بے حیا ۔ بے غیرت ۔

Brazenly *adv.* بے عزتی سے ۔ بے حیائی سے ۔

Brazen (out) (brazen) *v.t.* Carry off impudently بے شرم بنانا ۔ ڈھٹائی سے کام نکالنا ۔

Brazier (brazyer) n. Worker in brass کسیرا ۔ ٹھٹھیرا ۔ پیتل کا کام کرنے والا ۔

Braziery *n.* ٹھٹھیرے کا کام اور اس کی دوکان ۔

Breach (brech) *n.* Gap شگاف ۔ رخنہ ۔ دراز ۔ سوراخ ۔ پھوٹ ۔ بگاڑ ۔ ان بن ۔ قطع تعلق ۔ موجوں کا جہاز سے ٹکرانا ۔ ویل مچھلی کا پانی کے اوپر اچھلنا ۔

Breach of peace نقض امن ۔

Stand in the breach میدان جنگ میں خطرے کی جگہ پر ہونا ۔

Criminal breach of trust خیانت مجرمانہ ۔

Breach (brech) *v.t.* & *i.* Break through توڑ کر نکل جانا ۔ رخنہ ڈالنا ۔ ویل مچھلی کا اچھلنا ۔

Bread (brəd) *n.* Baked flour cake, روٹی ۔ چپاتی ۔ نان ۔ پھلکا ۔ دال روٹی ۔ کھانا ۔ روزی ۔

Bread and butter روزی ۔ روٹی۔مکھن ۔

Bread and butter miss اسکول کی لڑکی ۔

Bread buttered on both sides آسودہ حالی ۔

Bread winner کنبہ پروری کرنے والا ۔ روزی کمانے والا ۔

Break bread کسی کے ساتھ کھانا کھانا ۔

Know which side one's bread is buttered اپنے نفع نقصان کو سمجھنا ۔

Plain bread روکھی روٹی ۔

Fight with one's bread and butter رزق سے لڑنا ۔

Breadth (bredth) *n.* Broadness چوڑائی ۔ عرض ۔ پاٹ ۔ گنجائش ۔ جگہ ۔ فاصلہ ۔ فیاضی ۔ رواداری ۔ وسعت نظر ۔

Breadth of mind or view فراخدلی ۔ وسیع النظری ۔

Break (brak) *v.t.* & *i.* Divide into parts توڑنا ۔ پھوڑنا ۔ ٹکڑے ٹکڑے کرنا ۔ برباد کرنا ۔ زور گھٹانا ۔ قوت توڑنا ۔ روکنا ۔ حائل ہونا ۔ بھانڈا پھوڑنا ۔ سدھانا ۔

Break bread with کسی کے ہاں کھانا کھانا ۔

Break down ہار کر بیٹھ جانا ۔ ہارنا ۔ کمر ٹوٹ جانا ۔

Break ground کام شروع کرنا ۔ ڈول ڈالنا ۔ زمین جوتنا ۔ ہل چلانا ۔

Break off چھوڑنا ۔ ختم کرنا ۔ ترک کرنا ۔

Break the ice جھجھک دور کرنا ۔ حجاب اٹھانا ۔ سب سے پہلے گفتگو کا آغاز کرنا ۔

Break the neck or back of سخت صدمہ پہنچانا ۔ کمر توڑ دینا ۔

Break through obstacles سد راہ کو توڑ کر نکل جانا - راستہ کی رکاوٹ دور کرنا -

Clouds break ابر کا بکھر جانا - بادلوں کا پھٹنا -

Voice breaks آواز کا پختہ ہونا - سن بلوغت میں آواز کا بھر جانا - آواز کا بھّرا جانا -

Breakable (brak-able) *adj.* Anything which can be reduced to pieces - ٹوٹنے والا - ٹوٹنے والی چیز -

Breakage شکست و ریخت - ٹوٹ پھوٹ -

Break (brak) *n.* Deviation - ٹوٹ پھوٹ - شگاف - رخنہ - خالی جگہ - فاصلہ - وقفہ - کرکٹ میں گیند کا مڑنا - بلیرڈ میں ایک وقت میں مجموعی نشانات -

Break down(brak-down) *n.* Collapse - ڈوب جانا - بیٹھ جانا - رک جانا - ٹوٹ جانا - حبشیوں کا ایک ناچ -

Breaker (brak-ər) *n.* Heavy ocean wave breaking on reefs or coast سمندر کی لہر جو چٹان سے ٹکرا کر بکھر جائے - توڑنے پھوڑنے والا - گھوڑے سدھانے والا -

Breakfast (brek-fest) *v.t., i. & n.* First meal of the day - ناشتا کرانا - ناشتا کرنا - حاضری - ناشتا -

Breakneck (brek-nek) *adj.* Dangerous, - گردن توڑ - خطرناک - مخدوش -

Breakwater (brek-wəter) *n.* Object breaking, force of waves لہر توڑ - بند - پشتہ (لہروں کو روکنے اور ان کا زور توڑنے کے لیے) -

Breast (brest) *n.* Milk secreting organ in woman چھاتی - سینہ - چھاتیاں - پستان - وہ شے جس سے جسمانی یا روحانی غذا ملے - جذبات - خیالات -

Breastbone سینے کی ہڈی -

Make clean breast of - صاف صاف ہر بات کہہ دینا - اقبال کر لینا - صاف صاف اقرار کر لینا -

Breast (brest) *v.t.* Face سامنا کرنا - مقابلہ کرنا - جد و جہد کرنا - سینہ سپر ہونا -

Breath (brəth) *n.* Exhalation سانس - دم - نفس - ہوا کی خوشبو - خوشبو کی لپٹ -

Out of breath سانس پھول جانا -

Take away person's breath دنگ کردینا - حیرت میں ڈالنا - دم بخود ہونا -

Breathe (bredh) *v.t. & i.* Take breath, live - سانس لینا - بقید حیات ہونا - چپکے سے کہنا - دم لینے دینا -

Breather (brether) *n.* Short spell, brief pause لیل عرصے کا آرام - سانس لینے والا - گھڑی بھر کی ورزش - تھوڑی دیر سستانا -

Breathing (brath-ing) *adj.* Alive سانس لیتا ہوا - جیتا جاگتا -

Breathing (brathing) *n.* Taking breath - خواہش - چاہ - دل کی آواز - تنفس - دم کشی -

Breathing-space - دم لینے کی فرصت - دم بھر کی مہلت -

Breathless (breth les) *adj.* Lifeless, panting دم چڑھا ہوا - سانس پھولی ہوئی -

Breathlessly (breth les-li) *adv.* Pantingly انپتے ہوئے -

Breech (brech) *n. & v.t.* Short trousers fastened below سرین - بندوق یا توپ کا گڈا جہاں کارتوس ڈالا جاتا ہے - برجس - شگاف - سوراخ -

Breech-loader - کارتوسی بندوق - توڑے دار بندوق -

Wear the breeches عورت کے متعلق جو خاوند کو دبا کر رکھے -

Breed (bred) *v.t. & i.* Bear, generate جننا - بچے پیدا کرنا - نسل بڑھانا - پیدا کرنا - سدھانا - تیار کرنا - ترتیب دینا - پرورش کرنا - پھیلنا -

Breed in and in - اپنے ہی لوگوں میں شادی کرنا - کف میں شادی کرنا -

Breeder *n.* - نسل کو پھیلانے والا - نسل بڑھانے والا - پالنے والا -

Breed (bred) *n.* Race, strain نسلی صفات قائم رکھنے والا خاندان - ذات - نسل - جھول -

Breeding (bred-ing) *n.* Good manners اچھی تعلیم - نسل - اچھی پرورش - نسل - تربیت -

Breeze (brez) *n.* Gentle wind - جھگڑا (بول چال) تکرار - بری بحری ہوا - باد سحر - نسیم -

Breezeless *adj.* - وہ جگہ جہاں ہوا بالکل بند ہو -

Breezy (brezi) *adj.* Jovial - لہلہاتی ہوئی ہوا دار - تر و تازہ - خوش طبع - زندہ دل -

Breezily *adv.* - خوش طبعی سے - زندہ دلی سے -

Breeziness *n.* - تر و تازگی - خوش طبعی - زندہ دلی -

Brethren (bredh-rən) *n. & p.* Brothers ہم ذات - ہم پیشہ - برادری - بھائی بند - بھائی -

Brevity (brev-i-ti) *n.* Conciseness - لفظ کم معنی بہت - بلاغت - اختصار - ایجاز - عمر دو روزہ -

Brew (Broo) *v.t. & i.* Make by fermentation بوزہ کشی کرنا ۔ شراب کشید کرنا ۔ شراب ترکیب دینا ۔ منصوبہ باندھنا ۔ پیدا کرنا ۔ فساد پیدا کرنا ۔ سازش کا زور پکڑنا ۔

Brewage (Brooəg) *n.* Concocted drink ترکیب دی ہوئی شراب ۔ منصوبہ ۔ سازش ۔

Bribe (brib) *n.* Money offered to procure action in favour of the giver رشوت ۔ منہ بھرائی ۔

Bribable *adj.* وہ جس کو رشوت دی جا سکے ۔

Bribee *n.* رشوت خور ۔ رشوت لینے والا ۔ راشی ۔

Briber *n.* رشوت دینے والا ۔ مرتشی ۔

Bribery *n.* رشوت ستانی ۔ رشوت ۔

Brick (Brik) *adj. & n.* Clay baked by fire اینٹ ۔ خشت ۔ خشت نما روٹی ۔ (بول چال) یاروں کا یار ۔ با وفا ۔ نیک دل ۔

Brick-bat اینٹ کا ٹکڑا ۔

Brick-layer عمارت بنانے والا ۔ معمار ۔ راج ۔

Brick-work اینٹوں کی عمارت ۔

Brick (Brik) Brick up *v.t.* Block with bricks تیغہ کرنا ۔ اینٹوں سے چن دینا ۔

Bridal (bridəl) *n. & adj.* Wedding ۔ بیاہ ۔ عروسی ۔ شادی ۔ جشن عروسی ۔

Bride (brid) *n.* Woman on her wedding day دولہن ۔ عروس ۔

Bridegroom (brid-groom) *n.* Man at his marriage دولہا ۔ نوشہ ۔

Bridesmaid (brid-med) *n.* دولہن کی سہیلی ۔

Bridesman (brid-man) *n.* شہ بالا ۔

Bridewell (brid-well) *n.* ۔ قید خانہ ۔ جیل خانہ ۔ زنداں ۔ حوالات ۔

Bridge (brij) *n.* Structure across a stream ۔ پل ۔ تختہ کا پل ۔ ناک کا بانسہ ۔

Bridge (brij) *v.t.* Span with a structure ۔ پل باندھنا ۔ پل بنانا ۔ پل بندی کرنا ۔ کشتیوں کا پل تیار کرنا ۔

Bridge (brij) *n.* A game of cards ۔ پتوں کا کھیل ۔ آکشن برج ۔ کانٹریکٹ برج ۔

Bridle (bri-dl) *v.t. & i.* Put bridle on ۔ روکنا ۔ تھامنا ۔ باز رکھنا ۔ لگام لگانا ۔ لگام دینا ۔

Brief (bref) *n.* Counsel, summary of facts of the lawsuit انتخاب ۔ خلاصہ ۔ مقدمہ کا خلاصہ ۔ مقدمہ جو وکیل کے لیے تیار کیا جاتا ہے ۔

Hold brief for کسی کا وکیل ہونا ۔

Briefbag چمڑے کا دستی بیگ ۔

Briefless وکیل جس کی وکالت نہ چلے ۔ بے کار وکیل ۔

Brief (bref) *v.t.* Reduce facts to a brief مقدمے کے واقعات کا خلاصہ کرنا ۔ وکیل کو مقدمہ کے حالات سے آگاہ کرنا ۔ مقدمے کے لیے وکیل کرنا ۔

Brief (bref) *adj. & n.* Concise ۔ مختصر ۔ قلیل ۔ خلاصہ ۔ مجمل ۔ تھوڑا ۔ کم ۔ تھوڑی دیر کا ۔

Briefly *adv.* مختصراً ۔ اختصار سے ۔

Briefness اجمال ۔ اختصار ۔

Brier/Briar (Brir) *n.* Prickly bush especially of wild rose خار دار جھاڑی ، بالخصوص جنگلی گلاب کی ۔

Brig (brig) *n.* Two-masted vessel دو مستول والی کشتی ۔ دو مستولی جہاز ۔

Brigade (brig-ad) *n.* Sub-division of army فوج کا بڑا دستہ ۔ توپخانہ ۔ رسالہ اور پیدل فوج ۔ کوئی منظم جماعت ۔

Brigade (brig-ad) *v.t.* Form a brigade ۔ فوج تیار کرنا ۔

Brigadier (brig-ad-er) *n.* Commanding officer of a brigade برگیڈ کا اعلیٰ افسر ۔ تمن دار ۔

Brigand (brig-ənd) *n.* Bandit ڈاکو ۔ رہزن ۔ لٹیرا ۔ قزاق ۔

Brigandage *n.* لوٹ مار ۔ قزاقی ۔ رہزنی ۔

Brigandish *adj.* لٹیروں جیسا ۔ لٹیروں سے متعلق ۔

Brigandism *n.* رہزنی ۔ قزاقی ۔ ڈکیتی ۔

Bright (brit) *adj.* Shining روشن ۔ چمکدار ۔ منور ۔ تاباں ۔ شوخ رنگ کا ۔ ہشاش بشاش ۔ شفاف ۔ آئینہ کی طرح ۔ تابان ۔ منور ۔ نامی گرامی ۔

Brighten (briten) *v.t.* Shine, light خوش کرنا ۔ جگمگانا ۔ روشن کرنا ۔ چمکانا ۔ اجالا کرنا ۔

Brightish *adj.* چمکیلا ۔

Brightly *adv.* کروفر سے ۔ درخشاں طور پر ۔ آب و تاب سے ۔

Brightness *n.* تابانی ۔ آب و تاب ۔ چمک دمک ۔

Bright (Brit) *adv.* **Brightly** تابانی کے ساتھ ۔ درخشاں طور پر ۔

Brilliant (bril-yent) *adj.* **Sparkling, Bright** ۔ روشن تاباں ۔ چمک دار ۔ چمکتا ہوا ۔ شوخ ۔ چمک دمک والا ۔ تیز طبع ۔ ذہین ۔ نامی گرامی ۔

Brilliance *n.* ذکاوت ۔ تیز طبعی ۔ چمک دمک ۔ آب و تاب ۔

Brilliantly *adv.* ذہانت سے ۔ چمک دمک سے ۔ نمایاں طور پر ۔

Brilliant (bril-yent) *n.* **Diamond of finest cut** سب سے چھوٹا باریک ٹائپ ۔ بہترین تراش کا ہیرا ۔

Brilliantine (bril-yent-in) *n.* **Cosmetic for hair** بالوں کا خوشبو دار روغن ۔

Brim (brim) *n.* **Edge of cup** کنارہ ۔ چھجا ۔ کور ۔ لب ساغر ۔

Brimful *adj.* لبالب ۔ لبریز ۔ پیالہ بھر ۔

Brimless *adj.* بے لب ۔ بے کور ۔

Brimmed *adj.* کنارہ دار ۔ لب دار ۔

Brim (brim) *v.t. & i.* **Fill, be full to the brim** لبریز کرنا ۔ لبا لب بھرنا ۔ لبالب ہونا ۔

Brim over چھلک جانا ۔

Brimmer (brimer) *n.* **Full cup** لبریز پیالہ ۔ چھلکتا ہوا ساغر ۔

Brimstone (brimstən) *n.* **Old name for sulphur, fuel of hell-fire** (پرانا نام) گندھک ۔ دوزخ کا ایندھن ۔

Brindled, Brindle (brindəl) *adj.* **Brownish with steaks of other colour** ۔ چت کبرا ۔ لہرئیے دار ۔

Brine (brin) *n.* **Salt water, the sea** ۔ کھاری پانی آب شور ۔ سمندر ۔آنسو ۔

Brine (brin) *v.t.* **Steep in brine** کھاری پانی میں رکھنا ۔ نمک میں رکھنا ۔

Bring (bring) *v.t. & i.* **Cause to come** ۔ لانا ۔ لے آنا ۔ لیتے آنا ۔ اٹھا لانا ۔ آمادہ کرنا ۔ راغب کرنا ۔ مائل کرنا ۔ راضی کرنا ۔ حاصل کرنا ۔

Bring down مار ڈالنا ۔ سزا دلانا ۔ نیچا دکھانا ۔ قیمت گرانا ۔

Bring down the house پرجوش تالیوں اور مرحبا کا شور ہونا ۔ پر جوش تحسین حاصل کرنا ۔

Bring home to ثابت کر دینا ۔ قائل کر دینا ۔ ذہن نشین کرنا ۔

Bring into play کام میں لانا (تدبیر)

Bring out جوان لڑکی کا سماج میں تعارف کرانا ۔ واضح کرنا ۔ شائع کرنا ۔ ظاہر کرنا ۔

Bring round متفق کر لینا ۔ ہم رائے بنا لینا ۔

Bring to book مواخذہ کرنا ۔ جواب طلب کرنا ۔

Bring to bear (اثر) کام میں لانا ۔

Bring up the rear سب سے پیچھے آنا ۔

Bring to light فاش کرنا ۔ افشا کرنا ۔ ظاہر کرنا ۔

Bring to one's senses سیدھا کر دینا ۔ ہوش میں لانا ۔ حواس درست کر دینا ۔

Brink (brink) *n.* **Edge or border** کنارہ ۔ ساحل ۔ لب آب ۔

Brink of grave قبر کے کنارے ۔ لب گور ۔

Shiver on the brink وقت پر پس و پیش کرنا ۔ ہاتھ ڈالتے ہوئے ہچکچانا ۔

Briny (Brini) *adj.* **Saltish** نمکین ۔ کھاری ۔ شور ۔

Brisk (brisk) *adj.* **Active** نشاط افزا ۔ فرحت بخش ۔ چست و چالاک ۔ تیز ۔ پھرتیلا ۔

Briskly *adv.* تیزی سے ۔ پھرتی سے ۔

Briskness *n.* چستی ۔ تیزی ۔ پھرتی ۔

Brisket (bris-kit) *n.* **Breast of animals** جانوروں کا سینہ ۔ سینے کا گوشت ۔

Bristle (Bris-l) *n.* **Stiff hair on hog's back and side** سور کا سخت بال ۔ کڑا بال ۔ خشخشی ڈاڑھی کے بال ۔

Set up another's bristles بھڑکانا ۔ جوش دلانا ۔ تاؤ دلانا ۔

Set up one's bristles جوش میں آنا ۔ تاؤ میں آنا ۔

Bristle (Bris-l) *v.t. & i.* **Cause the hair to stand upright** سور کے بال کی طرح کھڑا کرنا ۔ تاؤ میں آنا ۔ رونگٹے کھڑے ہونا ۔ مشکلات سے اٹا ہوا ہونا ۔

Bristol-board (bristəl-bord) *n.* **A kind of card-board for drawing** ڈرائنگ کے لیے ایک قسم کا مقویٰ ۔

Bristol fashion بالکل ٹھیک ٹھاک ۔

Britain (Brit-an) *n.* **England** ۔ سلطنت برطانیہ ۔ برطانیہ

itannia (Brit-an-ia) *n.* Personification of Britain برطانیہ کی خیالی شکل ۔

itannic (Brit-an-ik) *adj.* Of Britain برطانوی ۔

itish (Brit-ish)*adj.* Of Britons انگریزی ۔ برطانویوں کا ۔ انگلستان کا ۔

itisher (Britishər) *n.* Of Britain برطانیہ کا رہنے والا ۔ برطانوی ۔

iton (Britən) *n.* Natives of Great Britain رومی عہد کے برطانیہ کے قدیم باشندے ۔

ittle (Brit-l) *adj.* Apt to break خشک ۔ خستہ ۔ ٹوٹ جانے والا ۔ پھوٹک ۔ بے لوچ ۔

Brittleness *n.* نزاکت ۔ خستہ پن ۔ بے لوچ پن ۔ پھوٹک پن ۔

oach (broch) *n.* Roasting spit, spire الاؤ ۔ برما ۔ سیخ ۔ گرجا ۔ مندر یا مسجد کا کلس ۔

oach (broch) *v.i.* & *t.* Pierce a cask to draw wine پیپے میں سوراخ کر کے شراب نکالنا ۔ کھولنا ۔ نکالنا بحث کرنا ۔

oach (broch) *v.t.* & *i.* Cause a ship to veer and present side to wind and waves جہاز کا رخ پھیرنا ۔

oad (brawd) *n., adv.* & *adj.* Large, wide کشادہ ۔ چوڑا چکلا ۔ واضح ۔ کھلا ہوا ۔ صاف صاف ۔

Broad distinction نمایاں فرق ۔ واضح فرق ۔ موٹا فرق ۔

Broad facts کھلے واقعات ۔ موٹی موٹی باتیں ۔

Broad hint کھلا اشارہ ۔

Broad rule عام قاعدہ ۔ کھلا قاعدہ ۔

roaden (braden) *v.t.* To make broad وسیع کرنا ۔ چوڑا کرنا ۔

Broadly *adv.* وسیع نظر سے ۔

Broadish *adj.* کچھ چوڑا ۔ چوڑا سا ۔

roadcast (brawd-kast) *adj., adv., v.t.* & *i.* Scatter, disseminate news by wireless پھیلا ہوا ۔ بکھرا ہوا ۔ بکھیرنا ۔ اشاعت کرنا ۔ چرچا کرنا ۔ نشر کرنا ۔ مشہور کرنا ۔ شہرت دینا ۔ پرچار کرنا ۔ پھیلانا ۔

roadness (brawd-nes) *n.* Indelicacy چوڑائی ۔ عرض ۔ بھونڈا پن ۔ پھوہڑ زبان ۔

Brobdingnag (brob-ding-nag) *n.* Land of giants راکشسوں کی راجدھانی ۔ دیووں کا ملک ۔ راکشسوں کا ملک ۔

Brobdingnagian *adj.* بہت بڑا ۔ راکشسوں جیسا ۔ دیو سا ۔

Brocade (Brok-ad) *n.* Women cloth with gold and silver کمخواب ۔ زر بفت ۔ دیبا ۔

Brocade (Brok-ad) *v.t.* Work with raised pattern کمخواب یا زربفت بنانا ۔

Broccoli (brokə-li) *n.* A kind of cabbage گوبھی کی ایک قسم ۔

Brochure (Bro-shoor) *n.* Stitched booklet اشتہاری تحریر ۔ کتابچہ ۔ رسالہ ۔

Brock (brock) *n.* Badger وہ جس کے بدن سے بو آئے ۔ گندہ آدمی ۔

Brocket (brok-it) *n.* Two-years old stage دو سال کا سیدھے سینگوں والا بارہ سنگھا ۔

Brogue (brog) *n.* Rude shoe of untanned leather بے کمائے ہوئے چمڑے کا جوتا ۔ آئرلینڈ اور اسکاٹ لینڈ کا بھدا گنوارو جوتا ۔ گف کھیلنے کا موزہ ۔

Broil (broil) *n.* Quarrel جھگڑا ۔ لڑائی ۔ دنگا ۔ ہنگمہ ۔

Broil (broil) *v.t.* & *i.* Cook or be cooked on fire بھوننا ۔ بھننا ۔ کباب کرنا ۔ سینکنا ۔ دھوپ سے تپنا ۔

Broke (brok) *p.p.* Ruined قلاش ۔ دیوالیہ ۔ تباہ حال ۔

Broken (brok-en) *adj.* Beaten ٹوٹا ہوا ۔ شکستہ ۔ دیوالیہ ۔

Broken English ٹوٹی پھوٹی انگریزی ۔ غلط ساط انگریزی ۔

Broken ground ناہموار زمین ۔

Broken man نامراد ۔ مردہ سا ۔ دیوالیہ ۔

Broken meat بچا کھچا کھانا یا گوشت ۔

Broken money خردہ ۔ ریزگاری ۔

Broken tea چائے کا چورا ۔

Broken weather گھڑی گھڑی بدلنے والا ، موسم یا مطلع ۔

Broken down with misfortune شکستہ حالی ۔ خراب ۔ خستہ ۔

Broker (brok-ər) Middle man, dealer in second-hand goods دلال ۔ کباڑی ۔ فرق شدہ مال کا بیچنے والا ۔

Brokerage دلالی کی فیس - دلالی - دستوری -

Broking دلالی -

Bronchial (bronk-ial) *adj.* Pertaining to lungs and throat پھیپھڑے یا گلے کے متعلق -

Bronchitis (bronk-itis) *n.* Inflammation of bronchial mucus membrane حلق کی سوجن - نرخرے کی نالیوں کا ورم -

Bronze (bronz) *n. & adj.* Alloy of copper and tin کانسی - کانسی کے مجسمے - کانسی کا رنگ -

Bronzy کانسی کے رنگ کا - کانسی کا بنا ہوا -

Bronze (bronz) *v.i. & t.* Become brown tan دھوپ سے کالا ہو جانا - کانسی کے رنگ کا ہو جانا -

Brooch (Brooch) *n.* Jewelled safety pin for female dress جڑاؤ پن - جگنو - دگدگی - طرہ امتیاز -

Brood (brood) *n.* Human family, hatch of birds بچے - جھول - بیانت -

Brood (brood) *v.i.* Sit as hen on eggs اندیشہ کرنا - انڈوں پر بیٹھنا - خیال میں غرق رہنا - منصوبے باندھنا -

Broody *adj.* مغموم - اندیشہ میں غرق - کڑک -

Brook (Brook) *n.* Small stream چشمہ - ندی - نالہ -

Brooklet چشمہ - چھوٹا نالہ -

Brook (brook) *v.t.* Tolerate تکلیف برداشت کرنا - جھیلنا - برداشت کرنا -

Broom (broom) *v.t. & n.* Sweeping implement of long handle لمبی جھاڑو - جھاڑو دینا - صفائی کرنا -

Marry over the broomstick جھوٹ موٹ کی شادی کرنا -

New broom نیا نوکر جو مستعدی دکھائے -

Brose (broz) *n.* Dish of oatmeal جو کی روٹی جو دودھ کے ساتھ پکائی جائے -

Broth (broth) *n.* Water in which meat has been boiled یخنی - شوربا -

Brothel (Broth-l) *n.* House of ill fame طوائف کا گھر - رنڈی کا مکان - چکلا -

Brother (bra-dhər) *n.* Son of same parents ساتھی - سگا بھائی - برادر حقیقی - ہم پیشہ - ہم مذہب - ہم وطن - یار غار -

Brotherless *adj.* جس کا کوئی بھائی نہ ہو -

Brotherliness *n.* واخات - بھائی پنا - بھائی چارہ -

Brotherly *adj. & adv.* بھائی چارے سے - برادرانہ طریقہ سے - برادرانہ -

Brotherhood (Brodhər-hud) Fraternal tie بھائی بندی - بھائی چارہ - برادری - ہم خیالی - ہم عقیدگی -

Brougham (Broo-əm) *n.* One-horse carriage ایک گھوڑے کی بند گاڑی -

Brow (brow) *n.* Arch of hairs over eye ابرو - پیشانی - بھوں - جبیں - کنارا - چھجا -

Browbeat گھڑکنا - ڈانٹنا - دھمکانا - ڈرانا -

Brown (brown) *adj.* Of the colour given by mixing orange with black بھورا - بادامی - خاکی - سانولا - ملیح -

Brown bread بے چھنے آٹے کی روٹی -

Brown sugar کچی شکر - لال شکر - دیسی کھانڈ -

Brownish سانولے رنگ کا - بھورا سا -

Brown (brown) *n.* Brown colour بھورا رنگ یا روغن - بھورے رنگ کے یا خاکی کپڑے - تانبے کا سکہ -

Brown (brown) *v.t. & i.* Make or become brown دھوپ یا آگ میں رکھ کر بھورا کرنا -

Browse (browz) *n., v.t. & i.* Twigs, young shoots feed on them چارا - گھاس - ساگ پات - چرنا - چرانا - چارا کھلانا -

Bruin (broo-in) *n.* Bear بھالو - ریچھ - ریچھ کا نام -

Bruise (brooz) *n.* Injury to body داغ - ہلکا زخم - چوٹ - خراش -

Bruised *adj.* خراشوں والا - رگڑ کھایا ہوا - کچلا ہوا -

Bruiser (brooz-er) *n.* A prize-fighter ڈاکو - مارنے والا - مکہ باز -

Bruit (broot) *n.* Rumour, report شہرت - چرچا - خبر - افواہ -

Bruit (broot) *v.t.* Spread rumour مشہور کرنا - شہرت دینا - افواہ اڑانا -

Brunette (broon-et) *n. & adj.* Dark-skinned and black-haired woman عورت جس کا رنگ گندمی اور بال سیاہ ہوں -

Brunt (brunt) *n.* Chief stress of the attack صدمہ - ضرب - چوٹ - شدید حملہ -

Brush (brush) *n.* Implement of bristles, shrub بالوں کا قلم ۔ موقلم ۔ برش ۔ مڈ بھیڑ ۔ جھڑپ ۔ جھاڑ جھنکار ۔
The brush فن مصوری ۔
Brushy کھردرا ۔ جھاڑیلا ۔ گچھے دار ۔ گھنا ۔
Brush (brush) *v.t. & i.* Move quickly, sweep پھرتی سے چلنا ۔ صاف کرنا ۔ جھاڑنا ۔ رگڑنا ۔
Brusque (broosk) *adj.* Blunt خُشک کلام ۔ صاف گو ۔ منہ پھٹ ۔ اکھڑ ۔ اجڈ ۔
Brusquely *adv.* اجڈ پنے سے ۔ اکھڑ پن سے ۔
Brusqueness *n.* خشک کلامی ۔ اجڈ پن ۔ اکھڑ پن ۔
Brutal (brootəl) *adj.* Rude, coarse ہوس پرست ۔ بے رحم ۔ جانور ۔ جنگلی ۔ وحشی ۔
Brutalism, Brutality *n.* ہوس پرستی ۔ بے دردی ۔ وحشیانہ پن ۔
Brutally *adv.* حیوانوں کی طرح ۔ بے رحمی سے ۔
Brutalize (brootəl-iz) *v.t. & i.* Make brutal ظالم اور ہوس پرست بنانا ۔ حیوان بنانا ۔ بے رحم بنانا ۔
Brute (broot) *n. & adj.* Beast-like, sexual وحشی ۔ بے رحم ۔ سنگدل ۔ ہوس پرست ۔ شہوت پرست ۔ کند ذہن ۔ غبی ۔ احمق ۔
Brutehood *n.* حیوانیت ۔ جانور پن ۔
Brutification (broot-ifi-kashon) *n.* حیوان بن جانا یا بنانا ۔ حیوان بنانے کا عمل ۔
Brutify (brootifi) *v.t.* Turn into a beast سنگدل یا شہوت پرست بنانا ۔ حیوان بنا دینا ۔
Brutishly (brootishli) *adv.* In a beastlike manner حیوانوں کی طرح ۔
Brutishness (brootish-nes) *n.* حیوانیت ۔ سنگدلی ۔
Bubble (bub-l) *n.* Envelope of liquid closing air بلبلا ۔ حباب ۔ نقش برآب ۔ پانی کا بلبلا ۔ بے حقیقت چیز ۔ دھوکے کی ٹٹی ۔ شیخ چلی کے منصوبے ۔ خیالی منصوبے ۔ ابلنے کی آواز ۔
Bubble and squeak ٹھنڈا ترکاری دار گوشت ۔
Prick the bubble پردہ فاش کرنا ۔ بھانڈا پھوڑنا ۔
Bubbly *adj.* حباب آور ۔ بلبلے دار ۔
Bubble (bub-l) *v.t.&i.* Send up bubbles فریب دینا ۔ بلبلے کی آواز پیدا کرنا ۔ بلبلے اٹھانا ۔
Bubble over or bubble with laughter کھلکھلا کر ہنسنا ۔
Bubble with wrath غصے میں آپے سے باہر ہو جانا ۔
Bubbling بلبلے اٹھتے ہوئے ۔ آپے سے باہر ۔
Bubby (bub-i) *n.* Breast پستان ۔
Bubo (bu-bo) *n.* An inflamed swelling in glandular part of the body گلٹی ۔
Bubonic گلٹی والا ۔
Bucaneer (Bukən-er) *n. & v.i.* Sea-pirate بحری قزاق سمندری چور ۔ بحری ڈاکو ۔
Bucaneering *n. & v.i.* بحری ڈاکو کا پیشہ ۔ سمندر میں ڈاکہ ڈالنا ۔
Bucaneerish *adj.* بحری ڈاکو کی طرح ۔ قزاق صفت ۔
Buck (buk) *n.* Male deer بانکا چھیلا ۔ خرگوش ۔ کالا مرگ ۔ نر ہرن ۔
Buck-shot بٹانے ۔ موٹے چھرے ۔
Buck-shot rule مسلح پولیس کی حکومت ۔
Buck-tooth آگے کو نکلا ہوا دانت ۔
Buckish *adj.* جوان ۔ چھیل چھبیلا ۔ بانکا چھیلا ۔
Buckishly *adv.* عاشقانہ انداز سے ۔ بانکپن سے ۔
Buck (buk) *v.i. & t.* Jump like a buck گھوڑے کا کودنا ۔ چھلانگ مارنا ۔
Buck jump گھوڑے کا دولتّیاں جھاڑنا ۔ چھلانگ ۔
Buck off گھوڑے کا الف ہو کر سوار کو گرا دینا ۔
Buck, Buck up (buk) *v.i. & t.* Make haste, be cheerful بشاش ہونا ۔ چاق و چوبند ہونا ۔ جلدی کرنا ۔
Bucket (buk-it) *n.* A wooden or other vessel for drawing water بالٹی ۔ ڈولچی ۔ ڈول ۔ چمڑے کا ڈول ۔
Kick the bucket فوت ہو جانا ۔ مر جانا ۔
Buckle (buk-l) *n.* Metal rim for securing strap بکسوا ۔ بکلس ۔ بگلوس ۔
Buckle (bukl) *v.t. & i.* Fasten with buckle بکسوا لگانا ۔ جوڑنا ۔ بکلس لگانا ۔
Buckler (buk-ler) *n. & v.t.* Small round shield ڈھال ۔ سپر ۔ بچاؤ ۔ روک ۔ پناہ دینا ۔ حفاظت کرنا ۔
Buckram (bukrəm) *n.* Coarse linen or cloth stiffened with paste موٹی قسم کا کپڑا جس کو کلف لگا کر سخت کیا جائے ۔ بُکرم ۔

Bud (bud) *n.* Leaf cluster or flower کلی - غنچہ - شگوفہ - کونپل -
Nip in the bud ترق نہ کرنے دینا - ابھرنے نہ دینا - ابتدا ہی میں کام خراب ہو جانا -
  Budless *adj.* بے کلی دار - بے شگوفہ -
  Budlet *n.* چھوٹی کلی -
Bud (bud) *v.t. & i.* Begin to grow پھوٹنا - نکلنا - بڑھنا - نشو و نما پانا - کلیوں کا نکلنا -
  Budded *p.p.* کونپل دار - کلی دار - غنچہ دار -
  Budding lawyer نیا نیا وکیل - ابھرتا ہوا وکیل -
Buddha (bood-a) *n.* The Enlightened گوتم بدھ - بدھ -
  Buddhism *n.* بدھ مت -
  Buddhist *n.* گوتم بدھ کو ماننے والا - بدھ مت کا پیرو -
  Buddhistical *adj.* بدھ مت سے متعلق -
  Buddhistically *adv.* بدھ مت کے طریقے پر -
Budge (buj) *v.t. & i.* Make the slightest movement ہٹنا - سرکنا - ٹلنا - سرکانا -
Budget (buj-it) *n. & v. i.* Annual estimate of revenue and expenditure تھیلی - کیسہ زر - آمدنی کا تخمینہ - آمدنی اور خرچ کا تخمینہ کرنا - میزانیہ - بجٹ -
  Budgetary *adj.* میزانیہ سے متعلق -
Buff (buf) *n. & adj.* Stout velvety dull yellow leather of buffalo پیلے رنگ کا بھینس کا چمڑا - ادھوڑی -
Buff (buf) *v.t.* Polish with buff, make leather soft چمڑے کو کما کر نرم کرنا - چمڑے سے دھات پر صیقل کرنا -
Buffalo (buf-e-lo) *n.* A kind of animal بھینس - بھینسا -
Buffer (buf-er) *n.* Old-fashioned incompetent fellow پرانی وضع کا آدمی - دقیانوسی - نکما -
Buffer (buf-er) *n.* Apparatus for deadening by spring or padding ریل گاڑی کے ڈبوں کا ٹکراؤ روکنے کا پرزہ - ٹکر روک -
Buffer state دو بڑی سلطنتوں کے بیچ کی ریاست -
Buffet (bufi-et) *n. v.t. i.* Strike with hands, knock, hurt گھونسا - مکا - طمانچہ - موجوں کا تھپیڑا - برتنوں کی الماری - مکا مارنا - مقابلہ کرنا -

Buffoon (buf-oon) *n. & v. i.* Jester, play-mocke[r] [مس]خرہ - دل لگی کرنے والا - مسخرہ پن کرنا - دل لگی [-]نقل کرنا -
  Buffoonery *n.* [مس]خرہ پن - دل لگی -
Bug (bug) *n.* Ill smelling blood-sucking insect [کھ]ٹمل - کھاٹ کیڑا - چھوٹے کیڑے -
  Big bug [...] چال) - بڑا آدمی -
  Buggy [کھ]ٹملوں سے اٹا ہوا -
Bug-bear (bug-ber) n. Fancied object of fear [...] - بیچا - لو لو -
Bugger (bug-ər) *n.* Sodomite [لونڈ]ے باز - اغلامی - [...] چال) شیطان - بد معاش -
  Buggery *n.* [...]ت - لونڈے بازی - خلاف وضع فطری [حر]کت - اغلام -
Buggy (bugi) *n.* Carriage [...]ی -
Bugle (bu-gl) *n., & v.t. i.* Brass instrument us[ed] for sound signals [...] - بگل بجانا -
  Bugler *n.* [...] یا فوج کا نرسنگا بجانے والا - بگلچی -
Build (Bild) *v.t. & i.* Construct [...]ا - بنانا - مکان یا [عما]رت بنانا -
  Build upon [...]ید لگا بیٹھنا - آس لگانا - بھروسا کرنا -
Build (bild) *n.* Make [...]ع - بناوٹ - ساخت - انسان کی [...]ھی -
Builder (bilder) *n.* [...]ار - مستری - عمارت بنانے والا -
Building (bild-ing) *n.* House, edifice [...]ل - عمارت [...]ان - حویلی -
Bulb (bulb) *n.* Nearly spherical undergroun[d] stem [...]گنٹھی - گانٹھ - کسی عضو کی پھولی ہوئی [...]ز - بصلہ -
  Bulbed, bulbiferous *adj.* [...]صلہ دار - گنٹھی دار -
  Bulbiform *adj.* [...]صلہ نما - پیاز نما -
Bulbous (bulbəs) *adj.* [...]صلے والا - گڈے والا - گانٹھ [وا]لا -
Bulbul (bool-bool) *n.* A singing bird [...]اعر - مغنی - [گا]نے والا پرند - بلبل -
Bulge (bulj) *n.* Irregular swelling [ا]بھار -
  Bulgy *adj.* [نک]لا ہوا - ابھرا ہوا -
  Bulginess *n.* [ا]بھار - ابھار پن -

Bulge (bulj) *v.t.* & *i.* Swell outward ۔ ابھرنا ۔ پھولنا ۔ پھلانا ۔ باہر کو نکلنا ۔

Bulk (bulk) *n.* Cargo, کثیر تعداد ۔ بڑی تعداد ۔ ڈیل ڈول ۔ حجم ۔ جہاز کا بار ۔

Bulk (bulk)*v.t.* & *i.* Seem big in respect of size and importance بڑا نظر آنا ۔ ڈھیر لگانا ۔ انبار کرنا ۔ اہم نظر آنا ۔

Bulkhead (bulk-had) *n.* Upright partition dividing ship's cabins تختوں کی دیوار ۔ خانہ ۔ ڈبا ۔ جہاز کے کمروں کی درمیانی دیوار ۔

Bulky (bulki) *adj.* Big-looking قد آور ۔ جسیم ۔ بڑا ۔ بھاری ۔

Bulkiness *n.* بھاری پن ۔ جسامت ۔

Bull (bool) *n.* & *adj.* Male ox, reckless destroyer سانڈ ۔ نر گاؤ ۔ بیل ۔ تباہی مچانے والا ۔ وہ شخص جو منڈی میں قیمت چڑھاتا ہے ۔

Bullfrog امریکہ کا بڑا مینڈک ۔

Bullheaded سر پھرا ۔ ضدی ۔

Bull in china shop وہ شخص جو بدتمیزی سے چیزوں کو توڑ پھوڑ کر رکھ دے ۔

Bull-puncher (آسٹریلیا) بیلوں کا گلہ بان ۔

Bull-roarer ایک کھلونا جس میں سے بلند آواز نکلتی ہے ۔

Bull's eye چاند ماری کا نشانہ ۔ جہاز میں موٹے شیشے کا تابدان ۔

Take bull by the horns مشکلات کا مستعدی سے مقابلہ کرنا ۔

Bull (bool) *v.t.* & *i.* Raise the price of stocks etc. اسٹاک کا نرخ بڑھانے کی کوشش کرنا ۔ نرخ بڑھانا ۔

Bull (bool) *n.* An intelligent statement made absurd by compression کسی بیان یا عبارت کا ایسا اختصار کرنا کہ وہ مہمل ہو جائے ۔

Bullet (bool-it) *n.* Missile of lead گولی ۔ بندوق کی گولی ۔ رائفل کی گولی ۔

Bulletin (bool-ə-tin) *n.* Short official statement سرکاری اعلان ۔ اہم واقعات کی اطلاع ۔

Bullion (bool-yen) *n.* & *adj.* Gold or silver, made of gold or silver ۔ چاندی سونے کی سلاخیں یا اینٹیں ڈلے ۔ چاندی سونے کے سکے ۔

Bullionist (bool yen-ist) *n.* One who supports the currency of gold and silver سونے چاندی کے سکوں کے اجرا کا حامی ۔

Bullock (boolək) *n.* Castrated bull ۔ آختہ کیا ہوا بیل بدھیا ۔ بیل ۔

Bully (bool-i) *n.* Tyrant دنگا کرنے والا ۔ رعب گانٹھنے والا ۔ لڑاکا ۔ اکڑ باز ۔ اینٹھے خان ۔ غنڈا ۔ بھڑوا ۔

Bully (bool-i) *v. t.* Oppress, ستانا ۔ دھمکانا ۔ دباؤ ڈالنا ۔ دق کرنا ۔ ظلم کرنا ۔ ہاکی میں بُلی کرنا ۔

Bully (bool-i) *n.* Concerted attack of players فٹ بال میں کھلاڑیوں کا نرغہ ۔

Bully (bool-i) *n.* Corned-beef گائے کا گوشت جو ڈبوں میں بکتا ہے ۔

Bulrush (bool-ruch) *n.* A kind of tall rush ایک قسم کی لمبی گھاس جو پانی یا دلدل میں اگتی ہے ۔ ناگر موتھا ۔

Bulwark (bool-wərk) *n.* Rampart, ۔ قلعہ ۔ چاردیواری شہر پناہ ۔ فصیل ۔

Bum (bum) *n.* Backside چوتڑ ۔ سرین ۔ پشت ۔

Bumble-bee (bum-bl-bi) *n.* Large kind of bee سارنگ ۔ شہد کی بڑی مکھی ۔

Bump (bump) *v.t., i* & *adv.* Push, throw down, rise abruptly ٹکرانا ۔ دھکادینا ۔ دھکیلنا ۔ دے مارنا ۔ کرکٹ میں گیند کو پٹک کر اچھالنا ۔ گیند کا اچھلنا ۔

Bump (bump) *n.* & *v. i.* Bittern's cry, collision ٹکر ۔ دھکا ۔ صدمہ ۔ چوٹ ۔ پچھلی کشتی کا اگلی کو چھولینا ۔ بگلے کی آواز نکالنا ۔

Bumper (bump-er) *n.* Rising ball ۔ (بول چال) لبالب لبریز ۔ (کرکٹ) سر کے برابر اچھلی ہوئی گیند ۔ وافر ۔ کثیر فصل ۔ غیر معمولی پیدا وار ۔ موٹر کی ٹکر روک ۔

Bumpkin (bump-kin) *n.* Awkward bashful fellow گنوار ۔ کندہ نا تراش ۔ گھامڑ ۔ گنوار کا لٹھ ۔ جھینپو ۔ گدھا ۔

Bumptious (bump-shəs) *adj.* Self-assertive ۔ خردماغ خود پسند ۔ خود بیں ۔

Bumptiously *adv.* خود پسندی سے ۔ خر دماغی سے ۔

Bumptiousness *n.* خود پسندی ۔ خودبینی ۔

Bumpy (bump-i) *adj.* Rough اچھالنے والی ۔ روڑے دار ۔ ناہموار ۔

Bumpiness *n.* روڑے دار ہونا ۔ خرابی ۔ ناہمواری ۔

Bun (bun) *n.* Sweet cake میٹھی روٹی ۔ میٹھا کلچہ ۔ میٹھا (سموسہ)

Bun (bun) *n.* Squirrel, Rabbit خرگوش ۔ گلہری

Bunch (bunch) *n.* Cluster, group ۔ خوشہ ۔ جُھنڈ ۔ ڈار گپھا ۔ گچھا ۔

Bunchy *adj.* خوشہ دار ۔ گچھے دار ۔

Bunch (bunch) *v.t. & i.* Cling together, gather in a bunch ۔ گچھے یا خوشے بننا یا بنانا ۔ جمع کرنا اکٹھا کرنا ۔

Bund (bund) *n.* Dam بند ۔ پشتہ ۔

Bundle (bun-dl) *n.* Things fastened together گٹھری ۔ پوٹلی ۔ بقچہ ۔ بستہ ۔ پلندا ۔ گٹھا ۔ سوت کے لچھوں کا گچھا ۔

Bundle (bun-dl) *v. t. & i.* Fasten together گٹھری باندھنا ۔ عجلت میں چیزیں باندھنا ۔ بے قاعدگی سے باندھنا ۔

Bung (bung) *n.* Stopper جھوٹ ۔ گٹھا ۔ ڈاٹ ۔

Bung (bung) *v.t.* Stop with bung ۔ پیپے میں ڈاٹ لگانا ڈاٹ لگا کر بند کرنا ۔

Bungalow (bung-gə-lo) *n.* One-storeyed house بنگلہ ۔ کوٹھی ۔ مکان ۔

Bungle (bung-gl) *v.t. & i. n.* Confusion, clumsy work ۔ اناڑی پن سے کام خراب کرنا ۔ کام بگاڑ دینا ۔ خراب ۔ بگڑا ہوا کام ۔

Bungler *n.* اناڑی ۔ پھوہڑ ۔ نا اہل ۔ کام بگاڑو ۔

Bunion (bun-yen) *n.* Inflamed swelling on foot پاؤں کے انگوٹھے کی سوجن ۔

Bunk (bungk) *n.* Sleeping berth ۔ بکواس ۔ مہمل دیوار سے لگا ہوا سونے کا تختہ ۔

Bunk (bungk) Do a bunk *v. i.* (بول چال) ۔ رفو چکر ہو جانا ۔

Bunker (bungker) *n. & v.t.* Ship's coal-bin جہاز کی کوئلہ کوٹھری ۔ کوئلہ خانہ ۔ گاف کے میدان میں ریت بھرے گڑھے ۔ گیند کا گڑھے میں ڈالنا ۔ مشکل میں پھنسا دینا ۔

Bunkum (bungkəm) *n.* Humbug ڈھکوسلا ۔ فضول بکواس ۔ ابلہ فریبی ۔

Bunt (bunt) *n.* Baggy part of sail and net بادبان کا جھولدار حصہ ۔ گیہوں کا ایک روگ ۔

Bunting (bunt-ing) *n.* Worsted stuff used for flags جھنڈے ۔ جھنڈیاں ۔ باریک اونی کپڑا جس کے جھنڈے اور پھریرے جہاز کے لئے بنتے ہیں ۔ چڑیوں کی ایک جنس ۔ جھینگے کی قسم کی ایک مچھلی یا جانور ۔

Buoy (boi) *n.* Anchored float showing navigable course پانی پر تیرنے والے نشان جو جہازوں کو راستہ بتاتے ہیں ۔ پیپے جو چٹانوں سے خبر دار کرنے کے لئے تیرتے رہتے ہیں ۔

Life-buoy وہ چیز جس کی مدد سے آدمی تیرتا رہے اور ڈوبنے سے بچے ۔

Buoyage (boiyəg) *n.* Series of buoys تیرتے ہوئے پیپوں کا سلسلہ ۔ پیپوں کی فراہمی ۔

Buoyancy (boi-yənci) *n.* Floating power ۔ اچھال ہلکا پن ۔ زندہ دلی ۔ خوش طبعی ۔ لوچ ۔ لچک ۔ ابھرنے کی صلاحیت ۔

Buoyant (boiyənti) *adj.* Apt to float ۔ خوش طبع زندہ دل ۔ تیرنے والا ۔ سبک ۔ ہلکا ۔ لچکدار ۔ لوچدار ۔

Buoyantly *adj.* خوش دلی سے ۔ آزادی سے ۔ آسانی سے ۔

Burden (bur-dn) *n.* Load بوجھ ۔ وزن ۔ بار ۔ مصارف کا بار ۔ وعید ۔ عذاب کی خبر ۔ ٹیپ کا بند ۔ موضوع ۔

Burden (bur-dn) *v.t.* Load, encumber ۔ بوجھ ڈالنا عذاب کی خبر سنانا ۔

Burdensome *adj.* اجیرن ۔ بوجھل ۔ بھاری ۔ تکلیف دہ ۔

Burdensomeness *n.* بار ہونا ۔ سختی ۔ بار ۔ گرانی ۔

Bureau (Bu-ro) *n.* Office ۔ سرکاری دفتر ۔ سرکاری محکمہ دفتر ۔ محافظ خانہ ۔

Bureaucracy (bu-rok-rəsi) *n.* Officialism, centralisation ۔ دفتر والوں کی حکومت ۔ اہلکاروں کا راج دفتری حکومت ۔ ضرورت سے زیادہ ضابطہ کی پابندی ۔ ضابطہ پرستی ۔

Bureaucrat *n.* ہر بات میں ضابطہ کی پابندی کرنے والا ۔ ضابطہ پرست حاکم ۔

Bureaucratic *adj.* دفتری ۔ ضابطہ پرست ۔

Bureaucratically *adv.* دفتری طریقے سے ۔ ضابطہ پرستی کے طور پر ۔

Bureaucratism *n.* دفتری نظام حکومت ۔ ضابطہ پرستی

Bureaucratist *n.* دفتری حکومت کا حامی - ضابطہ پرستی کا حامی -

Burgess (bur-gis) *n.* Member of parliament from a borough کسی حلقہ یا جامعہ کی طرف سے پارلیمنٹ کا نمائندہ -

Burglar (burglər) *n.* One who breaks into house to commit felony نقب لگانے والا - سیندھ پھوڑنے والا - نقب زن - چور -

Burglarious *adj.* نقب لگانے والا -

Burglariously *adv.* نقب لگانے والوں کی طرح -

Burglary *adj.* نقب زنی -

Burgle (burgl) commit burglary نقب لگانے والا - چور -

Burgomaster (burgo-mastər) *n.* Mayer of a town سر پنچ - قصبہ کا مجسٹریٹ - ولندیزی شہروں میں صدر بلدیہ -

Burgundy (bur-gən-di) *n.* Wine of burgundy برگنڈی کی ارغوانی شراب -

Burial (ber-i-əl) *n.* Depositing under earth کفن دفن - تجہیز و تکفین - جنازہ - قبر میں اُتارنا -

Burial-Service نماز جنازہ -

Christian burial عیسائی طریقے سے کفن دفن کرنا -

Burk (e) (burk) *v.t.* Smother اشاعت روک دینا - دبانا - چھپانا - گلا گھونٹ کر مارنا -

Burlesque (bur-lesk) *n., adj. & v.t.* Imitation ہنسی اڑانے یا مزاح کے طور پر نقل کرنا - ہنسی کی نقل - تمسخر آمیز - مضحکہ خیز - مزاح کے طور پر -

Burly (Bur-li) *adj.* Sturdy ہٹا کٹا - موٹا تازہ - جسیم - طاقتور -

Burliness *n.* تنو مندی -

Burn (burn) *v.t. & i.* Consume by fire, جلا دینا - پھونکنا - جلنا - آگ لگانا - بھڑکنا - پکانے میں جل جانا یا جلا دینا - جھلسنا - جلن یا سوزش ہونا - غصے سے آگ بگولا ہونا - کسی خواہش کے پورا کرنے کے لئے تڑپنا -

Burn candle at both ends (روپیہ یا جوانی) - ہاتھوں ہاتھ لٹانا -

Burn one's boats کسی کام کا ذمہ لینا جس سے علیحدہ ہونے کی گنجائش نہ رہے -

Burn one's fingers اپنی حماقت سے خواہ مخواہ نقصان اٹھانا -

Burnt child dreads fire دودھ کا جلا چھانچھ پھونک پھونک کر پیتا ہے -

Ears burn یاد سے ہچکی آنا - یہ وہم کہ کسی کے یاد کرنے سے کان جلتے ہیں -

Money burns hole in pocket روپیہ خرچ کرنے کے لئے بے تاب ہے -

Burn (burn) *n.* Sore, mark of burning چھالہ - گل - جلنے کا داغ -

Burner (burner) *n.* Part of the lamp or stove چراغ - دیپک - دیا - چراغ کی بتی - لیمپ کی بتی - لیمپ کا گڈا - تیل کے چولہے کا آگ روک پرزہ جلانے والا -

Burning (burn-ing) *adj. & n.* Ardent, hotly discussed جلن - جلتا ہوا - جوش انگیز -

Burnish (barn-ish) *v. t. & i.* Polish اجلا کرنا - جلا کرنا - چمکانا - صیقل ہونا -

Burnisher *n.* چمکانے والا - قلعی گر - صیقل گر - جلا کرنے والا -

Burrow (bur-o) *n., v.t. & i.* Make, line in, a hole بل میں گھس جانا - بل کھودنا - کھوج لگانا - بھٹ - بل -

Burrower *n.* کرید کرنے والا - بل بنانے والا - کھو دنے والا -

Bursar (bursar) *n.* College treasurer مدرسہ کا خزانچی - وظیفہ خوار طالب علم -

Burst (burst) *v. t. & i.* Split, express feeling forcibly ٹوٹنا - پھٹنا - پھوٹنا - شق ہونا - پھوٹ کر اڑ جانا - اڑا دینا - جذبات کا اظہار شدید طور پر کرنا -

Burst in مخل ہونا - زبردستی داخل ہونا - گھس آنا -

Burst into flame شعلوں کا بھڑک اٹھنا - شعلہ افشاں ہونا -

Burst out زور سے بول اٹھنا - پھوٹ پڑنا - یکایک ظاہر ہونا -

Burst sides with laughing ہنستے ہنستے پیٹ میں بل پڑجانا -

Burst with envy حسد سے جل بھن جانا -

Burst with joy خوشی سے پھولے نہ سمانا ۔

Burst (burst) *n.* Spurt, out break نعرہ تعریف ۔ سرپٹ دوڑ ۔ اشتعال ۔ شعلہ افشانی ۔ غیر متوقع وقوع ۔

Bury (ber-i) *v.t.* Deposit in earth ۔ دفن کرنا ۔ دفنانا ۔ تجہیز و تدفین کرنا ۔ بھلا دینا ۔ دور کر دینا ۔

Bury the hatchet مخالفت دور کرنا ۔

Buried *p.p.* ۔ غرق شدہ ۔ ڈوبا ہوا ۔ بھولا ہوا ۔ مرحوم ۔ دفن شدہ ۔

Bush (boosh) *n.* Clumps of shrubs ۔ جھاڑی ۔ جھاڑ ۔ جھاڑیوں کے جھنڈ ۔ گھنے بال ۔ گھنی مونچھیں ۔

Bush fighter چھپ کر وار کرنے والا ۔ کمین گاہ میں بیٹھ کر حملہ کرنے والا ۔

Bush fighting چور لڑائی ۔

Good wine needs no bush اچھی چیز خود سے بول اٹھتی ہے ۔

Bushel (boosh-el) *n.* Measure of corn ۔ غلہ کا پیمانہ ۔ بتیس سیر کا ناپ ۔ پائلی ۔

Measure others corn } اپنے نفس پر دوسروں کا قیاس کرنا ۔

By one's own bushel } اپنے معیار سے دوسروں کا اندازہ کرنا ۔

Bushy (boosh-i) *adj.* Growing thickly ۔ جھاڑی دار ۔ جھاڑ دار ۔ گھنا ۔

Bushiness *n.* جھاڑیلا پن ۔ گھنا پن ۔

Business (biz-nes) *n.* Occupation ۔ کام کاج ۔ شغل ۔ کاروبار ۔ بیوپار ۔ پیشہ ۔ سروکار ۔ فرض منصبی ۔ دائرہ عمل ۔ مشکل کام ۔ نظام العمل ۔

Go about your business چلو ۔ اپنا کام کرو ۔

Means business مذاق نہیں ۔ دل لگی نہیں ۔ کام کا معاملہ ہے ۔

Mind your own business دخل درمعقولات نہ کرو ۔ اپنے کام سے کام رکھو ۔

Business like خاصہ اچھا ۔ خوب ۔ منظم طور پر ۔ کام کی طرح ۔ معاملے کے ڈھنگ سے ۔

Buskin (bus-kin) *n.* Boots reaching to knee موٹے تلے کا جوتا ۔ گرگابی ۔ گھٹنوں تک کا جوتا ۔

Buss (bus) *n.* & *v.t.* Kiss بوسہ ۔ بوسہ لینا ۔

Bust (bust) *n.* Sculpture of upper part of body اوپر کا دھڑ ۔ عورت کی چھاتی ۔ نیم مجسمہ ۔

Bustard (bus-tərd) *n.* a Kind of large swift running bird ۔ شتر مرغ کے قسم کا ایک پرند ۔ تغدار ۔ کلڈوگ ۔

Bustle (bus-l) *n.* Excited activity ۔ ہل چل ۔ سرگرمی ۔ تگ و دو ۔ دوڑ دھوپ ۔

Bustle (bus-l) *v. t.* & *i.* Hurry, bestir oneself دوڑ دھوپ کرنا ۔ سرگرمی دکھانا ۔ کھلبلی پڑنا ۔

Busy (buz-i) *adj.* & *n.* Occupied ۔ سرگرم ۔ محنتی ۔ منہمک ۔ مصروف ۔ مشغول ۔ دخل در معقولات کرنے والا ۔

Busy body مفلس ۔ فسادی ۔ خدائی فوجدار ۔ ہر کام میں دینے والا ۔

Busy idle (ness) فضول کاموں میں مصروفیت ۔

Busily *adv.* گرمی سے ۔ مصروفیت سے ۔

Busy (biz-i) *v.t.* Occupy ۔ مشغول رکھنا ۔ مصروف رکھنا ۔ کام میں لگائے رکھنا ۔

Busyness (bizi-nes) *n.* Quality of being busy مصروفیت ۔ مشغولیت ۔ انہاک کی حالت ۔

But (but) *adv., prep., conj.,* & *re-pro.* Outside, without ۔ لیکن ۔ بجز ۔ پر ۔ مگر ۔ صرف ۔ فقط ۔ سوا ۔ چھوڑ کر ۔ بلکہ ۔ علاوہ بریں ۔ بہ ایں ہمہ ۔

But me no buts کا استعمال بحیثیت فعل ۔ صاف But صاف کہو ۔ اگر مگر نہ کرو ۔

But for this یہ نہ ہوتا تو ۔ اگر ایسا نہ ہوتا ۔

But then ۔ مگر اس کے مقابلہ میں ۔ مگر یہ بھی تو ہے ۔

Butcher (booch-er) *n.* Dealer in meat گوشت فروش ۔ قصائی ۔ قصاب ۔ وہ جابر حاکم جس نے بہت سی جانیں لی ہوں ۔ ظالم سنگدل انسان ۔

Butcherly *adj.* ۔ جلادانہ ۔ ظالمانہ ۔ قصائیوں کی طرح ۔

Butchery *n.* ۔ خون خرابہ ۔ قتل و غارت ۔ قصائی پنا ۔ خونریزی ۔

Butler (but-lər) *n.* Principal man servant داروغہ توشہ خانہ ۔ خانسامہ ۔ بھنڈاری ۔ جمعدار ۔

Butt (but) *n.* Cask of wine ۔ گوئے محفل ۔ نقل محفل ۔ نشانہ ۔ مسخرہ ۔ شراب کا پیپا ۔

Butt (but) *n.* Trunk of tree, stock of gun بندوق کا کندا ۔ تنے کا موٹا حصہ ۔ دباغت کیا ہوا چمڑا ۔ سب سے موٹا چمڑا ۔ وہ جگہ جہاں دو تختے جڑے ہوں ۔

Butt end آخری حصہ ۔ موٹا حصہ ۔

Butter (butər) *n.* Fatty substance made from cream مکھن ۔ مسکا ۔ گھی ۔ روغن زرد ۔ چکنی چپڑی باتیں ۔ چاپلوسی ۔ خوشامد ۔
  Butteriness *n.* چکنا پن ۔ چکنائی ۔ چکناہٹ ۔
  Buttery *adj.* چکنا چپڑا ۔
Butter (but-ər) *v.t.* Spread, cook with butter چاپلوسی کرنا ۔ گھی میں پکانا ۔ مکھن لگانا ۔
  Butter up چکنی چپڑی باتیں کرنا ۔
  Fine words butter no parsnips خالی باتوں سے کام نہیں چلتا ۔
Butterfly (butər-fli) *n.* & *adj.* An insect, showy تتلی ۔ چھچھورا ۔ نمائشی ۔
Butterine (butər-in) *n.* Imitation butter مصنوعی مکھن ۔
Buttery (butər-i) *n.* Provision room in colleges کالجوں کا بھنڈار ۔ مودی خانہ ۔ توشہ خانہ ۔
Buttock (but-ək) *n.* Rump چوتڑ ۔ سرین ۔ پٹھا ۔ پٹھے کا گوشت ۔
Buttock (but-ək) *v.t.* Throw by using buttock کولھے پر لاد کر نیچے گرانا ۔
Button (but-n) *n.* Knob or disc sewn to garments بوتام ۔ تکمہ ۔ گھنڈی ۔ گولا ۔ کلی ۔ غنچہ ۔ کوئی چھوٹی سی گول چیز ۔
  Button boots بٹن کے جوتے ۔ بوتام دار جوتے ۔
  Button hole پھول جو کاج میں لگاتے ہیں ۔ کاج ۔
  Buttoned بٹن لگے ہوئے ۔
  Buttonless بے بوتام کا ۔
Button (but-n) *v.t.* & *i.* Furnish with buttons لباس میں بوتام لگانا ۔ لباس کے اندر یا جیب میں کوئی چیز رکھ کر بٹن لگانا ۔ بٹن بند کرنا ۔
Buttons (but-nz) *n.* Servants in uniform وردی پوش ۔ کم عمر خادم ۔
Buttress (but-ris) *n.* & *v.t.* Support built against wall پشتہ ۔ پشتہ بندی کرنا ۔ پشتہ بنانا ۔
Buxom (Buk-sum) *adj.* Plump, comely, قبول صورت ۔ شکیل ۔ گداز جسم کی ۔ خوش طبع ۔
Buy (bi) *v.t.* & *i.* Obtain by paying a price خریدنا ۔ مول لینا ۔ لین دین ۔ خرید فروخت کرنا ۔ معاملہ کرنا ۔ مہیا کرنا ۔ کسی کو رشوت دے کر کام نکالنا ۔ کچھ کھو کر حاصل کرنا ۔
  Buyable خرید کے قابل ۔
  Buyer مشتری ۔ گاہک ۔ خریدار ۔
Buzz (buz) *v.t.* & *i.* Make humming sound کانا پھوسی کرنا ۔ بھنبھنانا ۔ سر ہونا ۔ کسی مقام سے ایسی آوازوں کا آنا جو سمجھ میں نہ آئیں ۔ ایک ساتھ بولنا ۔
Buzz (buz) *n.* Humming sound ہل چل ۔ بھنبھناہٹ ۔
Buzz (buz) *n.* Fishing fly روئیں دار بھونرہ ۔ مچھلی کا چارہ ۔
Buzz (buz) *v.t.* Finish a bottle شراب کی پوری بوتل چڑھا جانا ۔
Buzzer (buzer) *n.* Steam whistle (فوج) سگنل دینے والی مشین ۔ بھنبھنانے والا ۔ ریل کی بھاپ سیٹی ۔
By̆ (bi) *adv.* & *prep.* Near, at, to side of, پاس ۔ قریب ۔ سامنے ۔ طرف ۔ ساتھ ۔ میں سے ۔ پاس سے ۔ وساطت سے ۔ ذریعے سے ۔ یوں ۔ جونہی ۔ تک ۔ بقدر ۔ علیحدہ ۔
  By the by گریز کے طور پر دوسری بات شروع کرنا
  By way of بطور ۔
  By the way برسبیل تذکرہ ۔ اس ضمن میں ۔ اس سلسلہ میں ۔
  Lead by the hand ہاتھ پکڑ کر رہنمائی کرنا ۔
  Set by the ears کان بھرنا ۔ بھڑکانا ۔ لڑا دینا ۔ شہ دینا ۔
  Stand by مدد دینا ۔ ساتھ دینا ۔
  By hook or by crook کھینچ تان کے ۔ جوں توں ۔ کسی نہ کسی طرح ۔
  By reason of اس سبب سے ۔ بدیں وجہ ۔
  By your bounty آپ کی مہربانی سے ۔
  By and by تھوڑے عرصہ میں ۔ عنقریب ۔
Bye (bi) *n.* Extra runs (cricket) ضمنی چیز ۔ زائد ۔
Bye bye (bi-bi) *Interj.* Good bye فی امان اللہ ۔ خدا حافظ ۔
By gone (bi-gon) *adj.* & *n.* Past, departed رفت گزشت ۔ گیا گزرا ۔
  Let by gones be by gones گزشتہ را صلوات ۔
By-lane (bi-lən) *n.* Side street چھوٹی گلی جو بڑی گلی سے جا ملے ۔
By pass (bi-pas) *n.* Road passing round, بھاپ کے نکلنے کا ضمنی راستہ ۔ گیس لیمپ کی چھوٹی نلکی ۔ ایسی سڑک جس پر شاہراہ کو چھوڑ کر آگے جا سکیں ۔

By path (bi-path) *n.* Retired path پگڈنڈی - غیر معروف راستہ -

By play (bi-pla) *n.* Minor show on stage ڈرامے میں ضمنی حصہ -

By-product (bi-produkt) *n.* ضمنی پیداوار -

Byre (bir) *n.* Cow house گائے استھان - گئو شالہ -

By-road (bi-rod) *n.* Little frequented road چور سڑک - سونی سڑک -

By stander (bi-stander) *n.* Spectator پاس کھڑا ہونے والا - تماشائی - دیکھنے والا -

By word (bi-wurd) *n.* Proverb ضرب المثل - زبان زد -

By-work (bi-wərk) *n.* Work done by the way ضمنی کام -

Byzantine (bi-zan-tin) *adj.* & *n.* Inhabitant of Byzantium بازنطینی باشندہ - بازنطینی طرز تعمیر -

Byzantinize (biz-an-tin-iz) *v.t.* Make in the style of Byzantine بازنطینی وضع میں ڈھالنا - بازنطینی طرز کی عمارت بنانا -

C

C (se) Third letter of the English alphabet انگریزی حروف تہجی کا تیسرا حرف - طبعی میجر اسکیل کا پہلا سر - منطق میں مفروضہ شخص یا شے - الجبرا میں تیسری مقدار معلومہ -

Caaba (ka-ba) *n.* Sacred building at Mecca بیت اللہ - خانہ کعبہ - بلدالامین - مکہ معظمہ -

Cab (kab) *n.* & *v.i.* Hackney carriage ایک گھوڑے کی گاڑی - یکہ گاڑی - گاڑی میں جانا -

Cab-runner گاڑی سے سامان اتارنے اور گاڑی میں رکھنے والے مزدور قلی -

Cab-stand گاڑی کا اڈا -

Cabal (ka-bal) *n.* & *v.i.* Intrigue, faction سازش - بندش - ساز باز کرنا - خفیہ طور پر جھتہ بندی کرنا -

Cabaret (kab-a-rra) *n.* French tavern : English entertainment in restaurant شراب خانہ - سے خانہ - طعام خانوں کا تفریحی رقص و سرود -

Cabbage (kab-ij) *n.* Kinds of cultivated vegetable کتر بیونت - چھانٹن - کترن - کرم کلہ - گوبھی -

Cabby (ka-bi) *n.* Cab driver کوچوان - گاڑی چلانے والا - بگھی چلانے والا -

Cabin (kab-in) *n.* Small building, room in a ship جھونپڑی - کٹی - کٹیا - کوٹھری - حجرہ - جہاز کا کمرہ -

Cabin-boy جہاز کا خادم -

Cabinet (kab-i-net) *n.* & *adj.* Small private room چھوٹا کمرہ - کوٹھری - حجرہ - باب حکومت - کابینہ - جماعت وزرا -

Cable (ka-bl) *n.* Strong thick rope or chain جہاز کا رسہ یا زنجیر - سہاس - سمندر کا برق تار - بحری تار - لنگر کی زنجیر - تین بٹ کی رسی -

Cable (ka-bl) *v.t.* & *i.* Fasten with cable سہاس سے باندھنا - لنگر کی رسی سے باندھنا - سہاس ڈھیلی کرنا - رسی چھوڑنا - بحری تار دینا -

Cable gram (ka-bl-grəm) *n.* Message by submarine cable بحری تار - بحری تار کے ذریعے پیغام کی ترسیل -

Caboose (ka-boos) *n.* Kitchen of ship جہاز کا باورچی خانہ -

Cabotage (ka-bo-tig) *n.* Coasting trade ساحلی تجارت -

Cacao-Cocoa (ka-ka-o) *n.* & *adj.* Seed of American tropical tree giving cocoa منطقہ حارہ کا ایک درخت جسکے بیج سے کوکو تیار ہوتا ہے - کوکو - کوکو کا درخت -

Cachinnate (kaki-na-at) *v. i.* Laugh loudly زور سے ہنسنا - قہقہے لگانا -

Cachinnation *n.* زور کی ہنسی - کھلکھلاہٹ - قہقہہ -

Cackle (kakl) *n., v. t.* & *i.* Indulge in boast, chuckle مرغی یا بط کی طرح بولنا - بیہودہ بک بک کرنا - بکواس کرنا - مرغی یا بط کی آواز - کڑ کڑ - کٹ کٹ -

Cackler *n.* بکواسی - کٹ کٹ کرنے والا - بک بک کرنے والا -

Cacography (kak-og-rəfi) *n.* Bad hand writing or spelling غلط اسلا - بد خطی

Cacographer *n.* بگڑی ہوئی بری تحریر - غلط املا لکھنے والا - بد خطی کا مرتکب -

Cacology (kak-ol-əgi) *n.* Bad choice of words and pronunciation الفاظ کا غلط انتخاب - غلط تلفظ -

Cacophonous (kako-fo-nəs) *adj*. Ill sounding بری آواز والا - کریہ‌الصوت -

Cacophony (kako-foni) *n*. Ill sound بے سراپن - بے آہنگی - کریہ‌الصوتی - بری آواز -

Cactus (kak-tus) *n*. Kinds of plant with fleshy stem and no leaves ایک قسم کا خار دار پودا - ناگ پھنی - تھوہر -

Cactaceous *adj*. کٹیلا - تھوہر کے مانند - ناگ پھنی کی طرح -

Cactal *adj*. ناگ پھنی کے متعلق -

Cactoid *adj*. ناگ پھنی کے مانند - تھوہر جیسا -

Cad (kad) *n*. Person of low manners, گاڑیبان - اومنی بس چلانے والا - کمینہ - پاجی - سفلہ - ادنیٰ درجے کا انسان -

Caddish *adj*. پاجی - رذیلانہ - کمینہ سا - سفلانہ -

Cadastral (ka-das-trəl) *adj*. Of land for taxation جائداد غیر منقولہ کے متعلق -زمین کی پیمائش - مالیت اور منافع کے تعین کے متعلق - مالگزاری کا -

Cadaverous (kə-da-və-rəs) *adj*. Corpse like مردار سا - زرد - پیلا - مردوں جیسا -

Caddie (Kad-i) *n*. Golf players attendant carrying clubs گاف کھیلنے والوں کا ملازم جو ڈنڈے وغیرہ لیکر ساتھ چلتا ہے - گاف خادم -

Caddy (ka-di) *n*. Small box of tea چائے رکھنے کا چھوٹا صندوق - چائے کا صندوقچہ -

Cadence (ka-dəns) *n*. Rhythm سر - لہجہ - آواز کا اتار چڑھاؤ - آواز کا زیر و بم - جچی تلی آواز - لحن - خوش نوائی -

Cadency (ka-densi) *n*. Rhythm . Relative status of younger sons آواز کا آتار چڑھاؤ - الحان - چھوٹے لڑکوں کی حیثیت کا تعین -

Cadent (ka-dent) *n*. Slow descent آسانی سے گرتا ہوا - دھیرے دھیرے گرتا ہوا - آواز کا آہستہ اتار -

Cadet (ke-dit) *n*. Younger son, student of military school چھوٹا بیٹا - چھوٹا بھائی - فوجی مدرسہ کا طالب علم - وظیفہ یاب طالب علم -

Cadge (kaj) *v.t. & i*. Go about peddling or begging گداگری کرتے پھرنا - پھیری لگانا - گھر گھر بیچتے پھرنا -

Cadger (ka-jer) *n*. Street hawker دور دور سے انڈے مکھن وغیرہ لا کر بیچنے والا - پھیری والا - بھک منگا -

Cadi (kadi) *n*. Civil judge in Muslim rule منصف - قاضی -

Cadre (kad-r) *n*. Framework ڈھانچہ - لائحہ - کسی محکمہ کا مستقل عملہ -

Caducity (ka-du-siti) *n*. Perishableness تلون - اعضا کا جھڑ جانا - پھرتیلی طبیعت - ناپائداری -

Caesar (se-zer) *n*. Roman emperor روم کے بادشاہوں کا خطاب - قیصر روم - قیصر -

Caesarizm (se-zer-izm) *n*. Autocracy شخصی حکومت - قیصریت -

Cafe (kafa) *n*. Coffee house, restaurant قہوہ خانہ - چائے خانہ - طعام خانہ -

Caftan (kaftan) *n*. Long undertunic خافتان - ایرانی جامہ - خفتان -

Cage (kaj) *n*. & *v.t*. Fixed or portable prison of wire قفس - پنجرا - قید خانہ - پنجرے میں بند کرنا - قید میں ڈالنا -

Cain (kan) *n*. Murderer بھائی کا قاتل - قاتل - برادر کش - قابیل جس نے اپنے بھائی ہابیل کو مار ڈالا -

Cairn (kar-n) *n*. Memorial قبر پر پتھروں کا لانبا ڈھیر- مزار - سنگی قبر -

Caitiff (ka-tif) *n*. & *adj*. Despicable حرامزادہ - اوباش - پاجی - کمینہ - بزدل -

Cajole (kajol) *v.t*. Pursuade by flattery چاپلوسی کرنا - خوشامد کرنا - پھسلانا - دھوکا دینا - جھانسا دینا - میٹھی میٹھی باتوں سے مطلب براری کرنا -

Cajolement *n*. کاسہ لیسی - مدح برائے کار براری - خوشامد - چاپلوسی -

Cajoler *n*. چاپلوس - خوشامدی -

Cajolery *n*. دغا - فریب - چرب زبانی - دم بازی - چاپلوسی - خوشامد -

Cajolingly *adv*. چاپلوسی سے - خوشامد سے - چرب زبانی سے -

Cake (kak) *n*. & *v.t*. Small flattish loaf of bread نان نما مٹھائی - میٹھی نان - میوہ دار نان یا کلچہ - کیک - کسی چیز کی ٹکیہ جیسے صابن کی - ٹکیہ بنانا - پپڑی جانا -

Cake and wine } رنگ رلیاں منانا ۔ مجلس عیش و طرب ۔
Cake and ale } شراب و گزک ۔ شراب و کباب ۔
A cake of soap صابن کی بٹی ۔ صابن کی ٹکیہ ۔

Calabash (kala-bash) *n.* Kinds of gourds ۔ کچکول ۔ تونبا ۔ سوکھا کدو ۔ خشک کدو جس میں شراب بھر کر رکھتے تھے ۔ کدو کا برتن ۔

Calamander (kal-a-mander) *n.* Hard wood جنوبی ہند اور لنکا کی ایک سخت لکڑی جس سے میز کرسی وغیرہ بناتے ہیں ۔

Calamitous (ka-lamites) *adj.* Causing calamity آفت زدہ ۔ مصیبت کا مارا ۔ قہر آلود ۔ بلا خیز ۔ پر آفت ۔

Calamity (kalam-i-ti) *n.* Adversity ۔ قہر ۔ مصیبت ۔ آفت بلا ۔ بد بختی ۔ آسانی مصیبت ۔ مصیبت ناگہانی ۔

Calash (ka-lash) *n.* Light low wheeled carriage چھوٹے پہیوں کی تپال دار گاڑی ہلکی ٹپ دار گاڑی ۔ ایک قسم کی چھجے دار ریشمی زنانی ٹوپی ۔

Calcareous (kal-kare-us) *adj.* Containing carbonate of lime چونا صفت ۔ کھریا کا ۔ چونے کا آہک صفت ۔ آہکی ۔

Calceated (kal-sia-ted) *adj.* نعل جڑا ہوا ۔

Calcify (kal-si-fi) *v.t.* & *i.* Convert into lime چونے کی تہہ جما کر پتھر بنا دینا ۔ چونا بنانا ۔ چونا بن جانا ۔

Calcification (kalsi-fi-kashun) *n.* Convertion into lime آہک سنگ ۔ چونے میں تبدیلی ۔ تکلیس ۔

Calcine (kal-sin) *v.t.* & *i.* Reduce to quick lime جلا کر چونا بنانا ۔ کشتہ کرنا ۔ راکھ کرنا ۔ جلا کر خاک کر دینا ۔ پھونک دینا ۔

Calcination *n.* راکھ بنانے ۔ کشتہ کرنے کا عمل ۔ تکلیس ۔
Calciner *n.* ۔ خاکستر کرنے والا ۔ کشتہ بنانے والا ۔

Calcium (kal-si-am) *n.* Basis of lime ۔ کیلشیم ۔ چونے کا بنیادی عنصر ۔ چونا ۔

Calculable (kal-ku-la-bl) *adj.* That may be reckoned ۔ جو گنتی اور شمار میں آ سکے ۔ گنتی کے قابل ۔ قابل شمار ۔

Calculate (kal-ku-lat) *v.t.* & *i.* Compute ۔ گننا ۔ حساب کرنا ۔ شمار کرنا ۔ گنتی کرنا ۔ اندازہ کرنا ۔ آنکنا ۔ جانچنا ۔ ترتیب دینا ۔ جانا ۔ لگانا ۔

Calculated واجب ۔ صحیح ۔ موزوں ۔ مناسب ۔
Calculative حساب کے متعلق ۔ آنکنے والا ۔ درست اندازہ کرنے والا ۔ حسابی ۔

Calculation (kal-ku-la-shun) *n.* Reckoning ۔ قیاس ۔ حساب ۔ شمار ۔ گنتی ۔ کسی چیز کا قبل از وقت اندازہ ۔

Calculator (kal-kul-ə-tər) *n.* One who reckons, or a machine محاسب ۔ حساب لگانے والا ۔ حساب لگانے والی کتاب یا مشین ۔ حساب کن مشین ۔

Calculus (kal-kul-us) *n.* Stone formation ۔ پتھری ۔ سنگ گردہ ۔ سنگ مثانہ ۔ سنگریزہ ۔

Caldron-cauldron (kol-drun) *n.* Large boiling vessel ابالنے کا بڑا برتن ۔ پتیلا ۔ کڑھاؤ ۔ دیگ ۔

Calefacient (kale-fa-shent) *adj.* & *n.* Producing warmth حار ۔ گرم ۔ گرمی پہنچانے والی چیز ۔

Calefaction *n.* جوشش ۔ حرارت ۔ گرمی ۔ تپش ۔
Calefactive *adj.* گرم ۔ گرمی پیدا کرنے والا ۔
Calefactory ۔ خانقاہ کا گرم کمرہ ۔ گرمی پہنچانے والی ۔

Calendar (kalən-dər) *n.* System of fixing seasons, months and dates ۔ جنتری ۔ پترا ۔ تقویم ۔ فہرست ۔ نظام تقویم ۔

Calendar (kalən-dər) *v.t.* Register, arrange ترتیب دینا ۔ فہرست بنانا ۔

Calender (kalen-der) *v. t.* & *i.* Press ۔ استری کرنا ۔ مشین میں دبا کر شکن وغیرہ درست کرنا ۔

Calendry *n.* ۔ استری کرنے کی جگہ ۔ استری خانہ ۔

Calends (kal-ənds) *n.* First of month in Roman calendar ۔ رومیوں کے ہر مہینے کا پہلا دن ۔ پہلی تاریخ ۔

Calf (kaf) *n.* Young of bovine animal ۔ گائے کا بچہ ۔ بچھڑا ۔ گئو سالہ ۔ گاؤدی ۔ احمق ۔ بے وقوف ۔ ہاتھی ہرن وغیرہ کا بچہ ۔ برف کا بہتا ہوا ٹکڑا ۔

Calf love ۔ بڑی عمر کی عورت کا نو عمر سے محبت کرنا ۔ یا نو عمر کا بڑی عمر والی سے طفلانہ محبت ۔
Calf teeth دودھ کے دانت ۔
Golden calf زر طلبی ۔ زرپرستی ۔
Calf hood *n.* ۔ بچھڑا پن ۔
Calfish *adj.* ۔ بے وقوف ۔ سادہ لوح ۔ بچھڑے کی طرح ۔

Calf (kaf) *n.* Hinder part of leg shank ۔ پنڈلی ۔ ساق ۔

Caliban (kali-ban) *n.* Man of bestial nature حیوان صفت انسان ۔

Calibre (kali-bər) *n.* Internal diametre of gun بندوق یا توپ کی اندرونی گولائی کا نمبر - بندوق کا قطر - رسائی - ادراک - ذھانت - قابلیت - لیاقت -

Calibred *adj.* ذہین - لائق - ذی وقعت - ذی اثر -

Calico (kal-i-ko) *n.* Plain white cotton cloth چھپا ہوا - چھینٹ - سفید سوتی کپڑا -

Calico printer چھیپرا - چھینٹ بنانے والا - کپڑا چھاپنے والا -

Calico printing چھینٹ بنانا - رنگائی - کپڑا چھاپنا -

Calipers (kali-pers) *n.* Compasses for measuring inside diametres خمدار یا دونو کی پرکار - اندرونی گولائی یا قطر ناپنے کی پرکار -

Caliph (ka-lif) *n.* Chief civil and religious ruler خلیفہ -

Caliphate (ka-li-fət) *n.* Office of caliph خلافت -

Calisthenics (kalis-theniks) *n.* Science of body development جسم کی طاقت اور خوبصورتی بڑھانے کے لیے ورزش - زنانی کسرت -

Call (kal) *v.t. & i.* Shout, speak loudly نام رکھنا - بولنا - کہنا - بلانا - بھیجنا - طلب کرنا - یاد کرنا - پکارنا - پکار کر کہنا - زور سے بولنا - چیخنا - چلانا - مخصوص آوازیں نکالنا - سیٹی بجانا - تاش میں بولی بولنا - ترپ بتانا - ملاقات کو جانا - دعوت دینا -

Call a spade a spade بلا رو رعایت حق بات کہنا - برے کو برا کہنا -

Call attention to توجہ دلانا -

Call cousins with قرابت داری بتانا - رشتہ جوڑنا -

Call in question شک و شبہ کرنا - اعتراض کرنا -

Call into being پیدا کرنا - معرض وجود میں لانا -

Call into play مختلف ذرائع سے کام لینا - اظہار کا موقع دینا - اپنی استعداد سے کام لینا -

Call names برا بھلا کہنا - نام رکھنا - گالی دینا -

Calls things ones own مالک ہونا - چیزوں کو اپنی ملکیت میں لینا -

Call over the coals ملامت کرنا - زجر و توبیخ کرنا -

Call to mind یاد کرنا -

Call (kal) *n.* Shout, cry حاجت - سیٹی - بگل - چیخ پکار - بانگ - ضرورت - حکم - ارشاد - بلاوا - دعوت آواز - حکم قضاو قدر -

Call boys وہ لڑکے جو تھیٹروں میں اداکاروں کو بلاتے ہیں -

Within call حاضر - نزدیک - پاس -

House of call خاص کر وہ جگہ جہاں گھر کے ملازمین خالی اوقات میں بیٹھتے ہیں - کمرہ ملازمین - خادم خانہ -

Caller (kal-er) *n.* Visitor بلانے والا - وہ شخص جو ملنے کے لیے کسی کے گھر جائے - ملاقاتی -

Calligraghy (kə-ligrəfi) *n.* Beautiful hand writing خطاطی - خوش خطی - خوش نویسی -

Calligrapher *n.* خوش نویس -

Calligraphic *adj.* خوش نویسانہ -

Calligraphist *n.* خوش خطی کا استاد - فن خطاطی کا ماہر -

Calling (kal-ing) *n.* Profession بیوپار - کسب - حرفہ - پیشہ - کام - دھندا - کوئی خاص کاروبار کرنے والے لوگ - پیشہ ور -

Callosity (kalos-iti) *n.* Thickness of skin گٹی - ابھار - جلد کی سختی موٹاپا -

Callous (kaləs) *adj.* Heartless بیدرد - بے حس - کٹھور - بے رحم - سنگدل - کڑا - سخت -

Callousness *n.* سختی - بے رحمی - کساوٹ - سنگ دلی -

Callow (kal-o) *adj.* Inexperienced, unfledged بے بال و پر - نرم - روئیں دار - منڈا ہوا - ناتجربہ کار - خام کار -

Calm (kam) *n.* Serenity اطمینان - خاطر جمعی - سکون - قرار -

Calm (kam) *adj, v.t. & i.* Quiet, pacify مطمئن - پرسکون - خاموش - سنسان - امس کا موسم - تسکین دینا - تسلی دینا -

Calmly *adj.* ٹھنڈے دل سے - اطمینان سے - سکون سے -

Calmness *n.* قرار - اطمینان - سکون - خاموشی -

Calomel (kal-o-mel) *n.* Purgative medicine جلاب کی دوا - مرکیوریل کلورائڈ -

Caloric (ka-lor-ik) *n.* Heat حرارت - گرمی -

Calorific (ka-lori-fik) *adj.* Heat producing حرارت یا گرمی پیدا کرنے والا -

Calorification (ka-lori-fikəshən) *n.* Heat generation حرارت انگیزی -

Calorify (Kal-or-ifi) *v.t.* Heat - گرمانا - حرارت پہنچانا

Calorimeter *n.* - گرمی ناپنے کا آلہ - حرارت پیما

Calorimetric *adj.* - حرارت پیمائی کے متعلق

Calorimetry *n.* - حرارت پیمائی

Caltrop (kal-trop) *n.* ہاتھی چنگھاڑ - گوکھرو - لوہے کی خاردار نکیلی گیند - لوہے کی خاردار گیند جو گھوڑوں کو زخمی کرنے کے لیے ان کے آگے پھینکی جاتی تھی -

Calumet (kal-u-met) Tobacco pipe with reeds, symbol of peace فرشی حقہ - پیچوان - نیچے والی چلم - صلح کی علامت -

Calumniate (kalum-ni-at) *v.t.* slander افترا پردازی کرنا - بہتان باندھنا - تہمت لگانا - بدنام کرنا - بدگوئی کرنا -

Calumniation *n.* - بدگوئی - افترا - تہمت - بہتان

Calumniator *n.* بدگو - مفتری - طوفان اٹھانا - الزام لگانے والا -

Calumniatory *adj.* - پرافترا - تہمت آمیز

Calumnious (kalum-ni-əs) *adj.* - افترا پرداز - مفسد

Calumny (kal-um-ni) *n.* Slanderous report - افترا بہتان - تہمت - بدگوئی -

Calve (kav) *v.t.* & *i.* Give birth to a calf (جانوروں کا) بچہ دینا - بیانہ -

Calx (kalks) *n.* Metal reduced to dust پھونکی ہوئی دھات - دھات کا کشتہ -

Calyx (kal-iks) *n.* Flower cup with stamens and petals - پھول کا کٹورا - مسند گل

Cambric (kam-brik) *n.* Fine white linen مہین سفید سوتی کپڑا - سفید سوتی رومال -

Camel (kam-əl) *n.* Long necked cushion footed animal اونٹ - شتر - ناقہ - سانڈنی - اونٹنی - ناقابل یقین بات - ناقابل برداشت بات -

Cameleer *n.* - شتر سوار - شتربان

Camellia (ka-mel-ia) *n.* Flowering evergreen from Japan and China چین اور جاپان کی پھول دینے والی سدا بہار جھاڑی -

Camelry (kəmel-ri) *n.* Troops of camels اونٹوں کا رسالہ - شتر سوار فوج -

Camelion (kame-liən) *n.* Chamelion - دیکھو

Camelopard (kamelo-pard) *n.* Giraffe شترگاؤ - افریقہ کا ایک جانور جس کی اگلی ٹانگیں پچھلی سے بڑی ہوتی ہیں - زرافہ -

Cameo (kam-i-o) *n.* Relief work on stone ابھروان نقش - پتھر یا جواہر پر ابھروان نقش - منبت کاری -

Camera (kam-ər-a) *n.* Photographing apparatus تصویر کھینچنے کا آلہ - جج کا علیحدہ کمرہ -

In camera جج کا پوشیدہ اجلاس - کسی جماعت کا پوشیدہ جلسہ -

Cameronion (kaməron-ən) *adj.* Follower of Richard Cameron or his doctrine رچرڈ کیمرن کے نظریات کے متعلق - اس کے نظریات کا حامی اور پیرو -

Camlet (kam-let) *n.* Light cloths for cloaks اونی ریشمی کپڑا - اونٹ کی اون اور ریشم کا بنا ہوا کپڑا جس سے جبے بنائے جاتے ہیں -

Camomile (kamo-mil) *n.* Aromatic creeping plant - بابونہ کے قسم کے پودے - بابونہ

Camp (kamp) *n.* Lodging in tents خیمہ خرگاہ - فوجی ڈیرہ - فوجی پڑاؤ - لشکر گاہ - فوج - لشکر - عسکر - سپاہ (پڑاؤ میں) -

Camp (kamp) *v.t.* & *i.* Lodge in camp - چھاؤنی ڈالنا خیمہ زن ہونا - خیمے کھڑے کرنا - پڑاؤ ڈالنا -

Campaign (kam-pan) *n.* & *v.i.* Series of military operations میدان کارزار - رزم - جنگ کرنا - باقاعدہ لڑائی - مہم میں شریک ہونا - آویزشوں میں حصہ لینا -

Camphor (kam-fər) *n.* White substance with aromatic smell - رس کپور - کافور

Camphoric *adj.* - کافور کے متعلق - کافوری

Camphorate *v.t.* - کافور سے بھرنا یا بسانا - کافور گھولنا

Campus (kam-pus) *n.* Grounds of a college or university - کسی کالج یا جامعہ کا علاقہ

Can (kan) *n.* & *v.t.* Vessel for liquids - لوٹا - ڈبا - بالٹی ڈونگا - پیپا - کپا - کپی میں بھرنا - پیپے میں رکھنا -

Canful *adj.* - پیپا بھر - بالٹی بھر - کپی بھر

Canner *n.* - ڈبوں میں بند کرنے والا

Can (kan) *v.* & *aux* ہو سکنا - ممکن ہونا - قابل یا لائق ہونا - سکنا -

Canaan (kan-an) *n.* Promised land وہ سر زمین جس کا وعدہ یہودیوں سے کیا گیا تھا - کنعان -

Canaille (ka-na-e) *n.* The rabble بدتمیز - نیچ ذات والے - سفلے - رذیل - کمینے -

Canal (kə-nal) *n.* & *v.t.* Artificial water course نہر - آب گذار - نہر کھودنا - نالی بنانا - جسم کے اندر ہوا اور غذا کی نالی - نہر بنانا - نہر جاری کرنا -

Canalize (kanaliz) *v.t.* Make canals نہریں جاری کرنا - دریا سے نہریں نکالنا - کسی راہ پر لگانا -

Canalization *n.* کسی علاقہ میں نہریں نکالنا - نہریں جاری کرنا -

Canard (ka-nard) *n.* Hoax, false report بے پر کی بات - جھوٹی بات - بے بنیاد افواہ -

Canary (ka-na-ri) *adj.* & *n.* Song bird زرد رنگ کی گانے والی چڑیا - گانے والا پرند - جزیرہ کناری کا پرند - زرد رنگ کی مچھلی جو مچھلی پکڑنے میں چارہ کا کام دیتی ہے -

Canary bird گانے والی چڑیا -

Canary creeper زرد پھولوں کی بیل -

Canary seed کنگنی

Canaster (ke-nas-ter) *n.* Broken leaves of tobacco تمباکو کا چورا -

Cancan (kan-kan) *n.* High kicking French dance ایک فرانسیسی فحش ناشائستہ ناچ -

Cancel (kan-sl) *n.* Crossing out, قلم زدہ یا دوبارہ چھاپا ہوا ورق - قلم زدگی - تنسیخ - رد -

Cancer (kan-ser) Malignant tumour, fourth sign of zodiac کیکڑا - برج سرطان - خط سرطان - راج پھوڑا - بھگندر - سرطان کی بیماری - خراب عادت جو ناسور بن گئی ہو -

Cancered *adj.* ناسور صفت - سرطانی -

Cancerous *adj.* سرطان کی طرح بڑھنے پھیلنے والی - سرطان صفت -

Candelabrum (kande-la-brəm) *n.* Branched candlestick روشنی کا - فرشی جھاڑ -

Candescent (kan-des-ənt) *adj.* Glowing white سفید روشنی دینے والا - اس قدر گرم کہ سفید روشنی دے -

Candescene گرم تابانی - گرم سفید روشنی -

Candid (kan-did) *adj.* Frank صادق - راست باز - صاف گو - مخلص - بے تعصب - صاف دل - کھلا -

Candidly *adv.* راست بازی سے - صاف صاف - کھلم کھلا -

Candidness *n.* راست گوئی - صاف دلی -

Candidate (kan-di-dat) *n.* One who puts himself for appointment امیدوار (کسی جگہ یا عہدے کے لیے) طالب - خواستگار -

Candidature *n.* خواستگاری - امیدواری -

Candle (Can-dl) *n.* Cylinder of wax with a wick روشنی - شمع - موم بتی -

Candle ends موم بتی کے بچے کھچے ٹکڑے -

Candlestick شمعدان - موم بتی -

Bell, book, and candle ناقوس انجیل اور شمع - گرجے کے لوازمات ثلاثہ -

Burn candle at both ends دن دیوالی کرنا - دونوں ہاتھوں سے روپیہ اڑانا -

Cannot, is not, fit to hold a candle on مقابل کے آگے پانی بھرنا - مقابلے کی طاقت نہ رکھنا - کہاں وہ کہاں یہ - کوئی مقابلہ ہی نہیں - کچھ نسبت ہی نہیں -

Hide candle under bushel اپنے گن چھپانا -

Candour (kan-dər) *n.* Freedom from malice کھرا پن - صاف دلی - صفائی - غیر جانب داری - اخلاص مندی - راست بازی -

Candy (kandi) *n.* & *v.t.* Crystallised sugar made by repeated boiling قند - مصری - قند کے قوام میں پکانا - مربہ پکانا -

Cane (kan) *n.* Stick لاٹھی - عصا - جریب - چھڑی - بید -

Canine (kan-in) *adj.* & n. Of a dog کتے کے بارے میں - کتے کے متعلق - کلبی -

Caning (kan-ing) *n.* Beating with a cane بید مارنا - بید سے سزا دینا -

Canister (kan-is-tər) *n.* Small box for tea کنستر - چائے کی پتی کا ڈبہ - گرجا کا نیاز دان -

Canker (kang-kər) *n.* & *v.t.* Ulcerous disease of mouth انسانی منہ کے آبلے - ناسور - سڑنے والے گھاؤ - گھوڑے کے پیر کا زخم - درختوں کی بیماری جس سے پتے گل سڑ جاتے ہیں -

Cankerous *adj.* سڑا دینے والا - گھن لگا دینے والا -

Cannibal (kan-i-bl) *n.* & *adj.* Man who eats human flesh آدم خور انسان - ہم جنس خور - آدم خوری کے متعلق -

Cannibalism *n.* ہم جنس خوری - مردم خوری - آدم خوری -

Cannon (kan-en) *n.* Mounted big gun کنجی کا سوراخ - دھلہ - توپ - (بلیرڈس) اپنی گیند سے سفید اور سرخ گولوں کو ٹکرانا - دو گیندی ضرب -

Cannonade (kan-ən-əd) *n.*, *v.t.* & *i.* Continuous gunfire مسلسل گولہ باری - مسلسل توپ چلانا - گولہ اندازی کرنا - توپوں سے گولہ باری کرنا -

Canny (kan-i) *adj.* Shrewd کفایت شعار - کائیاں - چالاک - چوکس - ہوشیار - سیانا -

Canniness *n.* کفایت شعاری - عیاری - ہوشیاری - چوکسی -

Canoe (ka-no) *n.* & *v.i.* Small boat ڈونگے میں سوار ہونا - چھوٹی کشتی - ڈونگا -

Canon (kan-ən) *n.* Church decree شرع - آئین - قانون - مذہبی فتویٰ - مذہبی حکم - عیسائیوں کی نماز کا مقدس حصہ - سب سے بڑا ٹائپ - پادریوں کی مجلس کا رکن -

Canonical (ka-noni-kal) *adj.* & *n.* Appointed by canon law شرعی - قانونی - مذہبی - مذہبی قانون کا مقرر کردہ - پادریوں کی مجلس یا اس کے ممبر کے متعلق -

Canonize (ka-non-iz) *v.t.* Admit formally to calendar of saints فہرست اولیا میں داخل کرنا - بزرگان دین کی فہرست میں شامل کرنا -

Canonization (ka-noni-za-shun) *n.* Appointment by canon law سند ولایت - کسی کو فہرست ولایت میں شریک کرنا - صحت کتاب - کسی کتاب کو مذہبی تسلیم کرنا -

Canopy (kan-opi) *v.t.* & *n.* Covering suspended overhead سائبان - شامیانہ - چھتر - سہر گیر - طاق کا چھجا - شامیانہ بنانا - لگانا -

Canorus (kan-o-rus) *adj.* Melodious سریلی آواز والا - خوش الحان -

Cant (kant) *n.* Oblique face of crystal زاویہ - ترچھا رخ - دھکا جس سے کوئی چیز الٹ جائے - پہلو - ضلع -

Cant (kant) *v.t.* & *i.* Tilt, turn over الٹ دینا - زاویہ بنانا - ڈھلوان کرنا - ٹیڑھا کرنا - جھکا دینا - مائل ہونا - جھک جانا - ترچھا ہو جانا -

Cant (kant) *n.* & *v.i.* Peculiar language of a sect کسی فرقہ یا جماعت کی مخصوص بولی - بازاری زبان - اوپری باتیں - دکھاوا - ظاہر داری - ریا کاری - منافقت - ریا کاری کرنا -

Cant phrase دکھاوے کی باتیں - ظاہر داری - ریا کاری -

Cantab (kantab) *n.* A member of Cambridge University جامعہ کیمبرج کا رکن -

Cantankerous (kən-tang-kərəs) *adj.* Quarrelsome حجتی - تکرار کرنے والا - جھگڑالو -

Cantankerousness *n.* حجت بازی - جھگڑالو پن -

Canteen (kan-tin) *n.* Provision and liquor shop in a camp خانہ دار صندوق یا ٹین - لکڑی کا پانی پینے کا برتن - پلٹن کا شراب خانہ اور دار طعام خانہ -

Canter (kan-ter) *v.t.* & *i.* *n.* Easy gallop مکار - ریاکار - پویہ - گھوڑے کا پویہ چلنا یا چلانا -

Cantharides (kan-thəri-ds) *n.* Dried Spanishfly سکھائی ہوئی ہسپانوی مکھی جس کا لیپ بنتا ہے -

Canticle (kan-ti-kl) *n.* Little song or hymn بھجن - چھوٹی چھوٹی دعائیہ نظمیں مختصر گیت - مثلاً حضرت سلیمان کا گیت -

Canto (kanto) *n.* Division of long poem into parts کسی طویل نظم کا ایک بند یا حصہ - کھنڈ -

Canton (kan-tən) *n.* Subdivision of country ذات - فرقہ - قوم - پرگنہ - ضلع - صوبہ -

Canton (kan-tən) *v.t.* Divide into districts چھاؤنی ڈالنا - ضلعوں میں تقسیم کرنا -

Cantonment (kan-tən-ment) *n.* Lodging assigned to troops اُردو بازار - لشکر - چھاؤنی - صدر -

Canty (kanti) *adj.* Happy خوش و خرم - خوش -

Canvas (kan-vəs) *n.* Strong cloth of hemp or flax کرمچ - ولائتی ٹاٹ - بادبان - دوڑ کی کشتی کا چھت دار کنارہ -

Under canvas بادبان کھولے ہوئے - خیمہ میں - خیمے تلے -

Canvass (kanvəs) *v.t.*, *i.* & *n.* Solicit votes جانچنا - امتحان لینا - آزمائش کرنا - کلام کرنا - بحث کرنا - ووٹ حاصل کرنے کی کوشش کرنا - حصول رائے - رائے طلبی -

Canvasser *n.* ووٹ کے حصول کے لیے کوشش کرنے والا - خریدار رائے - طالب رائے -

Canyon (kan-yən) *n.* Deep gorge with a stream گہری وادی یا کھڈ جس میں نالہ بہتا ہو - درہ جس میں چشمہ بہتا ہو - آبی درہ -

Cap (kap) *n.* Head-dress مکھیا - سردار - کن ٹوپ - ٹوپ - کلاہ - ٹوپی -

The cap fits کسی پر کسی بات کا صادق آنا -

Cap in hand عاجزانہ طور پر - انکسار کے ساتھ -

Knee cap گھٹنے کی ہڈی - چپنی -

Cap (kap) *v.t.* & *i.* Put cap upon ٹوپی پہنانا - سر پر کلاہ رکھنا - ٹوپی یا ٹوپ پہننا -دستار باندھنا - تعلیمی سند عطا کرنا - بندوق پر پھول چڑھانا - چھڑی پر شام لگوانا - سلام کے لیے ٹوپی کو چھونا -

Capability (kapə-biliti) *n.* Undeveloped faculty طاقت - بل - زور - استعداد - قابلیت -

Capable (kapəble) *adj.* Having the power or fitness for قابل - لائق - تیز فہم - بڑا کام کر گزرنے والا -

Capacious (kapə-shəs) *adj.* Roomy چوڑا چکلا - لمبا چوڑا - فراخ - کشادہ -

Capaciousness کشادگی - وسعت - پھیلاؤ -

Capacitate (kapə-sitat) *v.t.* Render capable لائق بنانا - لائق کرنا - قابل کرنا -

Capacity (kapa-siti) *n.* Holding-power استعداد - قابلیت - وسعت - جگہ - گنجائش - پہنچ - لیاقت - حیثیت -

Caparison (kəpari-sn) *n.* & *v.t.* Horses outfit گھوڑے کو سجانا - گھوڑے کا ساز - زین پوش - جھول -

Cape (kap) *n.* short sleeveless cloak بے آستین کی قبا - گریبان - بینی کرہ - راس جیسے راس اُمید -

Caper (keper) *n.* Bramble like S. European shrub جنوبی یورپ کی خار دار جھاڑی - جس کی کلیوں کا اچار ڈالا جاتا ہے -

Caper (kepər) *n.* & *v.i.* Frisky movement کلیل کرنا - کدکڑی مارنا - کود پھاند - اُچھل کود -

Cut a caper پھاندنا - اُچھلنا - کودنا -

Caperer ایک قسم کی تیتری - اُچھلنے کودنے والا -

Capillaments (kəpi-la-mənts) *n.* Hair in flowers پھول کے روئیں -

Capillaceous (kəpi-lə-shəs) *adj.* Thin like hair بال کی طرح مہین -

Capillary (kapi-lari) *adj.* & *n.* Of hair بال کی طرح مہین - باریک - روئیں - بال کی طرح -

Capital (kap-it-l) *n.* Head of pillar پونجی - سرمایہ - راجدھانی - دارالسلطنت - ستون کی چوٹی -

Capital (kap-it-l) *adj.* & *n.* involving loss of life کبیر - بڑا - سنگین - سخت - گردن زدنی - واجب القتل - مضر - نقصان رساں - خاص - اہم - عمدہ - اعلیٰ - اصل - سرمایہ -

Capital error مہلک غلطی - فاش غلطی -

Capital offence قتل - سنگین جرم -

Capital sentence پھانسی - سزائے موت - سب سے بڑی سزا -

Make capital out of فائدہ کا پہلو نکالنا - کسی چیز سے فائدہ حاصل کرنا -

Capitally (kapi-təli) *adv.* In the best manner نہایت اچھی طرح سے - بطریق احسن -

Capitalism (kapi-təlism) *n.* Possession of capital سرمایہ داری کے اصول - سرمایہ داری -

Capitalist (kapi-təl-ist) *n.* Possessor of capital پونجی والا - دھنی - ساہوکار - سرمایہ دار -

Capitalistic *adj.* ساہوکارانہ - سرمایہ دارانہ -

Capitalize (kapi-təliz) *v.t.* Convert into capital مال وغیرہ بیچ کر روپیہ رکھنا - بطور اصل کے استعمال کرنا - قیمت شخص کرنا -

Capitalization *n.* قیمت کی تشخیص کرنا - اصل بتانا -

Capitate (kap-it-at) *adj.* Having distinct head گچھے دار - سر والا -

Capitation (kapi-ta-shən) *n.* Levying of tax pe head آدمیوں کی گنتی - فی کس محصول - سر گنتی -

Capitation grant امداد فی کس کے حساب سے -

Capitulate (kə-pitu-lat) *v.i.* Surrender قلعہ یا حوالے کر دینا شرط کے ساتھ اطاعت قبول کرنا - ہتھیار ڈال دینا -

Capitulation (kəpi-tu-la-shən) *n.* Surrender on terms معاہدہ - مشروط اطاعت -

Capon (ka-pn) *n.* Castrated cock خصی مرغا - آختہ مرغ -

Capote (kəpot) *n.* Soldiers cloak with head سپاہیوں یا مسافروں کا کلاہ دار لبادہ -

Caprice (kəpris) *n.* Change of mind and conduct وشواس - گمان - وھم - ترنگ - امنگ - من کی موج - تلون مزاجی - مت - وھمی پن - تخیل کی جولانی -

Capricious (kəprishəs) *adj.* Guided by whim موجی - لہری - متلون مزاج - وھمی -

Capriciously *adv.* تلون مزاجی سے -

Capriciousness *n.* موج - اوندھی مت - وھم -

Capricorn (kapri-korn) *n.* Tenth sign of zodiac مکر راس - برج جدی - دسواں برج -

Caprine (kap-rin) *adj.* Of, or, like a got بکرا یا بکری کے مانند - مانند گو سفند -

Capsicum (kap-si-kəm) *n.* Plant with hot capsules ایسے ہی پودے - پسی ہوئی لال مرچ - سرخ مرچ -

Capsize (kap-siz) *n., v.t. & i.* Overturn, upset اوندھا ہونا - الٹنا - کشتی یا جہاز کا الٹ جانا -

Capsizal الٹاؤ - کسی چیز کا الٹ جانا -

Capstan (kap-stən) *n.* Revolving barrel لنگر کی چرخی - جہاز میں چیزیں اٹھانے کی چرخ یا کل -

Capsule (kap-sul) *n.* Membranous envelope جھلی دار لفافہ - ڈوڈا - خانہ - گھر - غلاف - بیج کا خانہ جو پکنے کے بعد کھل جاتا ہے - گولیاں یا دوا رکھنے کی جھلی دار تھیلی -

Capsular *adj.* غلافی - ڈوڈیا - جھلی دار -

Captain (kap-tin) Chief leader, commander کپتان - لیڈر - مکھیا - سردار - جنگی جہاز کا کپتان - جہاز کا کپتان - کھیلوں میں ٹیم کا کپتان - فوج میں میجر کے نیچے اور لفٹیننٹ کے اوپر کا عہدہ دار -

Captaincy, captainship قائد - کپتان کا عہدہ - کپتانی -

Captain (kap-tin) *v.t.* Lead کپتان بننا - سرداری کرنا - قیادت کرنا - رہنمائی کرنا -

Captation (kap-tə-shən) *n.* Use of misleading arguments عوام فریبی - ابلہ فریب - دلائل کا استعمال -

Caption (kap-shun) *n.* Legal arrest کسی مضمون یا کتاب کا عنوان - قانونی گرفتاری -

Captious (kap-shəs) *adj.* Fond of taking exception حجتی - تکراری - چڑ چڑا - حرف گیر - عادتاً معترض - دھوکہ دینے والا - خوردہ گیر -

Captiously *adv.* نکتہ چینی سے - حرف گیرانہ -

Captiousness *n.* نکتہ چینی - عیب جوئی - خوردہ گیری -

Captivate (kap-tiv-at) *v.t.* Fascinate دل لے لینا - عاشق بنا لینا - فریفتہ کرنا - دل موہ لینا -

Captivation *n.* دل فریبی - دلبری - دلربائی -

Captive (kap-tiv) *adj. & n.* one who is taken prisoner اسیر - قیدی - گرفتار - مفتون - شیدا - قیدی کا - قیدی کی طرح - اسیرانہ -

Captivity *n.* نظر بندی - گرفتاری - قید - اسیری -

Captor (kap-tər) *n.* One who takes a captive or prize پکڑنے والا - گرفتار کرنے والا - انعام جیتنے والا -

Capture (kap-chur) *n. & v.t.* Taking a prisoner, thing or person seized گرفتاری - قبضہ - تسخیر - مال غنیمت - پکڑنا - گرفتار کرنا - فتح کرنا - سر کرنا -

Capuchin (kap-u-chin) *n. & adj.* Woman's cloak or hood لبادہ - چوغہ - زنانہ لبادہ - زاہد - درویش - عابد - فرانسسکی پادری -

Caput mortum (kaput mortum) Worthless residue فضلہ - پھوک - تلچھٹ -

Car (kar) *n.* Wheeled vehicle ریل کا ڈبہ - چھکڑا - اکہ - گاڑی - غبارے کا جھولا - موٹر گاڑی - موٹر کار -

Carabine (kar-bin) *n.* A kind of gun ایک قسم کی بندوق - قرابین -

Carabineer (kar-biner) *n.* Soldier with carabine قرابین سے مسلح سپاہی -

Caracole (kar-ə-kol) *n. & v.t.* Execute half turns (گھوڑی یا آدمی کا) کادہ کاٹنا - کادہ -

Carafe (karaf) *n.* Glass water bottle مینا - قرابہ - شیشے کی صراحی -

Carat (karət) *n.* Measure of weight for precious stones and gold سونا اور جواہرات کا وزن - قراط (پانچ رتی کے قریب) -

Caravan (karə-van) *n.* Company of travellers بند گاڑی - قافلہ - کارواں - جانوروں کو ایک جگہ سے دوسری جگہ لے جانے والی بند گاڑی -

Caravan serai (karə-van-seri) *n.* Building for housing travellers - کاروان سرائے - مسافروں یاتریوں کے ٹھہرنے کی عمارت -

Caraway (kara-wa) *n.* A plant with fruits used in cakes - زیرہ - زیرہ روسی -

Carbine (kar-bin) *n.* Short gun for cavalry قرابین - سوار کی چھوٹی بندوق -

Carbon (kar-bən) *n.* Non-metallic element ایک عنصر جو کوئلے ، ہیرے کی - کوئلے کی اصل - کوئلہ - شکل میں پایا جاتا ہے - برقی لمپوں میں کاربن کی قلم -

Carbonic (kar-bon-ik) *adj.* کاربن کا - کاربنی -

Carboniferous (kar-bən-ifer-əs) *adj.* Producing carbon - کاربن زا - کوئلہ پیدا کرنے والا -

Carbonize (kar-boniz) *v.t.* Convert into carbon جلا کر کوئلہ بنانا - کوئلہ کر دینا - کاربن بنانا -

Carbonization *n.* - کوئلہ بنانے کا عمل - کاربن سازی -

Carbuncle (kar-bung-kl) *n.* Red precious stone ایک مہلک پھوڑا - لال - چکتا - راج پھوڑا - ایک خوش رنگ پتھر -

Carcass (kar-kəs) *n.* Dead body جانوروں کی بے سری لاش - لاشہ - لاش - مردہ یا زندہ جسم - عمارتوں میں آگ لگانے کے لیے آتشیں گولے -

Card (kard) *v.t.* Cleanse, comb wool and hump etc. - دھننا - دھنکنا - تومنا - بننا - اون صاف کرنا - فولادی کنگھے سے چھیلنا - تکلیف دینا -

Card (kard) *n.* Game of cards - موٹے کاغذ کا ٹکڑا - گتہ - تاش کے پتے - تاش - گھڑ دوڑ یا کرکٹ کا مطبوعہ پروگرام -

House of cards - کاغذ کی ناؤ - نقش برآب - بے بنیاد منصوبہ -

Knowing card - راز دان - واقف حال -

Queer card - عجیب آدمی -

Cardamom (kar-di-məm)*n.* Spice from seed capsules - الائچی -

Carder (kar-der) *n.* One who cards wool and cotton - روئی دھننے والا - دھنیا -

Cardiac (kar-di-ek) *adj.* & *n.* Of the heart - مفرح - طاقت بخش - مقوی - فم معدہ کے متعلق - کلبی - دل کے متعلق -

Cardinal (kar-di-nl) *adj.* & *n.* Fundamental - بڑا - عظیم - اصلی - بنیادی - گہرے سرخ رنگ کا - عورتوں کی قبا - چھوٹی سرخ رنگ کی چڑیا -

Cardinal numbers - جیسے ۱ - ۲ - ۳ اعداد ذاتی -

Cardinal virtues - خلق عظیم - اخلاق حمیدہ -

Care (kar) *n.* Serious attention - پروا - اندیشہ - چنتا - تردد - فکر - توجہ - غور و خوض - خبرداری - ہوشیاری - احتیاط - فرض - ذمہ داری - محافظت - معرفت -

Cares of state - حکومت کی ذمہ داریاں - حکومت کے فرائض -

Care (kar) *v.i.* Feel concern for - پریشان ہونا - متفکر ہونا - سوچ میں ہونا - پروا کرنا - تیار داری کرنا - پیار کرنا - عزت کرنا - لحاظ کرنا - خیال کرنا - التفات کرنا -

Career (kərer) *n.* & *v.t.* Swift course - رفتار - طرز زندگی - دوڑ دھوپ - رفتار حیات - چال - روش - معاش - اندھا دھند چلنا -

Careful (kar-fl) *adj.* Watchful - فکرمند - محتاط - چوکس - خبر دار - ہوشیار -

Carefully *adj.* - چوکسی سے - ہوشیاری سے -

Carefulness *n.* - ہوشیاری - فکرمندی - احتیاط -

Careless (kar-les) *adj.* Unconcerned - اٹکل پچو - بے پروا - لاپروا - بے فکر - غافل - سہل انگار -

Carelessly *adv.* - بے احتیاطی سے - بے پروائی سے -

Carelessness *n.* - بے فکری - بے احتیاطی - بے پروائی -

Caress (ka-res) *v.t.* & *n.* Fondling touch, kiss - پچکارنا - پیار کرنا - ہاتھ پھیرنا - سینے سے لگانا - بوسہ لینا - ناز برداری کرنا - پیار - ناز و ادا - ملاطفت - چوما چاٹی - بوسہ بازی -

Caressingly - اختلاط سے - ناز برداری سے - ملاطفت سے - پیار سے -

Caret (kar-et) *n.* Mark placed below line (^) نشان جو سطر کے نیچے - چوک نشان - لگاتے ہیں یہ ظاہر کرنے کے لئے کہ یہاں کوئی لفظ رہ گیا ہے -

Cargo (kar-go) *n.* Freight of ship - بار جہاز - جہاز کا سامان - جہاز پر لادنے کا مال اسباب -

Caricature (kar-i-kətur) *v.t.* & *n.* Grotesque representation of a person کسی شخص کی ایسی تصویر بنانا کہ اس کے عیوب نمایاں ہوں - بگاڑی ہوئی تصویر - تحریر یا بیان کے ذریعے مذاق اڑانا - ہجویہ تصویر -

Caricaturable *adj.* خاکہ اڑانے کے قابل - ہجویہ تصویر بنانے کے قابل -

Caricaturist *n.* ہزلیہ تصویر بنانے والا - خاکہ اڑانے والا -

Carius (kariəs) *adj.* Decayed بوسیدہ - سڑا ہوا -

Cark (kark) *n.* Concern فکر - خدشہ - کھٹکا - دغدغہ -

Carking (kar-king) *adj.* Burdensome جانگداز - روح فرسا -

Carman (kar-man) *n.* Driver گاڑی والا - گاڑی بان -

Carminative (kar-mi-nativ) *adj.&n.* Curing flatulence ریح کم کرنے والی باؤ ہرن - دافع ریاح -

Carmine (kar-min) *n.* & *adj.* Crimson pigment قرمزی یا لال رنگ - گہرے سرخ رنگ کا -

Carnage (kar-nij) *n.* Great slaughter کشت و خون - قتل و غارت - خونریزی -

Carnal (kar-nl) *adj.* Sensual بدنی - جسمانی - حیوانی - نفسانی - دنیاوی - مادی - ناپاک - شہوانی - شہوت پرست -

Carnalism, carnality *n.* مستی - شہوت - نفسانیت - شہوت پرستی -

Carnalize *v.t.* شہوانی لذات میں محو کرنا -

Carnally *adv.* نفسانی نقطہ نظر سے - شہوت پرستی سے -

Carnation (kar-na-shən) *n.* & *adj.* Of rosy pink colour گلناری - گوشت کے رنگ کا - گلابی - پیازی رنگ - گلابی رنگ کا - پنک قسم کا پھول - گلنار -

Carnival (kar-ni-vl) *n.* Riotous revelry رنگ رلیاں - جشن - عیش و عشرت - کیتھولک عیسائیوں کی ہولی -

Carnival of bloodshed خونریزی میں دل کھول کر حصہ لینا - خون کی ہولی - جشن خونریزی -

Carnivore (kar-ni-vor) *n.* Flesh eating animals or plants گوشت خور جانور یا پودے -

Carnivorous (kar-niv-o-rəs) *adj.* درندہ - گوشت خور -

Carol (karol) *v.t.,i.* & *n.* Joyous song ولادت حضرت عیسیٰ کے گیت - خوشی کا گیت - نغمہ - عیسائیوں کے بڑے دن کے گیت - خوشی کے گیت گانا - نغمہ سرائی کرنا -

Caroline (kar-o-lin) *adj.* Of Charlemagne شارل مان کے متعلق - شاہ چارلس اول و دوم کے زمانے کا -

Carouse (ka-rowz) *n.* & *v.i.* Drink deep بلانوشی - بد مستی - ڈٹ کر شراب پینا -

Carousal *n.* بد مستی - بلا نوشی - بے نوشی -

Carp (karp) *n.* A fresh water fish ایک مچھلی جو عام طور پر تالابوں میں پائی جاتی ہے - سیم ماہی -

Carp (karp) *v.i.* Find fault حرف گیری کرنا - خوردہ گیری کرنا - عیب جوئی کرنا -

Carper *n.* نکتہ چیں - عیب جو -

Carping criticism نکتہ چینی - عیب جوئی کی طرح تنقید -

Carping tongue حرف گیر - کالی زبان والا - عیب جو -

Carpenter (kar-pən-tər) *n.*, *v.t.* & *i.* Artificer in wood work بڑھئی - نجار - لکڑی کا کام کرنا - بڑھئی کا کام کرنا -

Carpet (kar-pit) *v.t.* & *n.* Felted fabric for covering floor فرش - قالین - غالیچہ - پھولوں کا تختہ - فرش بچھانا - قالین بچھانا - نوکر کو کمرے کے اندر بلا کر جھڑکنا -

Carpet dance وہ ناچ جس کے لئے پہلے سے کوئی تیار ہی نہ ہو - سادہ ناچ - معمولی ناچ -

Carpet knight وہ سپاہی جو کبھی میدان جنگ میں نہ گیا ہو - گھر بیٹھے کا سورما - شیر قالین -

On the carpet زیر غور چیز - زیر بحث مسئلہ -

Carpetting *n.* فرش کا کپڑا -

Carpetless *adj.* بے قالین - بے فرش -

Carriage (kar-ij) *n.* Conveying, transport بار برداری کا خرچ - بھاڑا - بار برداری - کسی مہم کا بندوبست - پارلیمنٹ میں کسی تحریک کا پاس ہونا - چال - ڈھنگ - وضع قطع - روش - طریق - انداز - سواری گاڑی -

Carriagable (kar-ij-əbl) *adj.* (Road) available for carriages گاڑیوں کی آمد و رفت کے قابل سڑک -

Carrier (kar-ier) *n.* Person that carries luggage بوجھ لے جانے والا - باربردار - بارکش - کرایہ لے کر اسباب ڈھونے والا - حمال - مزدور - بائیسکل کا پچھلا حصہ جس پر اسباب باندھتے ہیں - بیماری کے جراثیم پھیلانے والا -

Carrier nation تاجر قوم - تجارت پیشہ قوم جو دوسری قوموں کے لیے بحری تجارت کرے -

Carrion (kari-ən) *n.* & *adj.* Dead flesh, garbage مردہ یا سڑا ہوا گوشت - مرا ہوا جانور - گلی سڑی لاش - مردار - سڑا ہوا - متعفن - گھناؤنا - مکروہ -

Carrot (kar-ut) *n*. Plant with edible root
گذر ۔ گاجر ۔

Carry (kar-i) *v.t.* & *i*. Convey things and persons
لے جانا ۔ لے چلنا ۔ اُٹھانا ۔ ڈھونا ۔ پہنچانا ۔ حساب جمع کو آگے بڑھانا ۔ حاصل گننا ۔ اپنا خیال دوسروں کے دلوں میں بٹھانا ۔ کام دینا ۔ کافی ہونا ۔ جیتنا ۔ سر کرنا ۔ تسلیم کرانا ۔ پہننا ۔ پاس رکھنا ۔ تھامنا ۔

Carry all before one بازی لے جانا ۔

Carry conviction منوا لینا ۔ اپنا خیال دوسروں کے ذہن نشین کرنا ۔

Carry into effect عمل میں لانا ۔ پورا کرنا ۔

Principles carry consequences اصولی آدمیوں کو انجام بھی برداشت کرنا پڑتا ہے ۔ عواقب ۔ اصولوں کے نتائج بھی ہوتے ہیں ۔

Cart (kart) *n.*, *v.t.* & *i*. Two-wheeled vehicle.
چھکڑے پر لاد کے لے جانا ۔ چھکڑا ۔ گاڑی ۔ چھکڑے پر کام کرنا (بول چال) کسی کھیل وغیرہ میں بہ آسانی ہرا دینا ۔

Cart wright چھکڑا بنانے والا ۔

Put cart before horse اُلٹی گنگا بہانا ۔ اُلٹی بات کرنا ۔

Cartage *n*. باربرداری کا خرچ ۔ باربرداری ۔ گاڑی لادوا کر بھیجنا ۔

Carter *n*. گاڑی والا ۔ چھکڑے والا ۔ گاڑی بان ۔

Cartfil جتنا گاڑی میں آ سکے ۔ چھکڑا بھر ۔

Carte (kart) *n*. Fencing position ہول پیدا کرنے والا پینترا ۔ تیغ بازی کا پینترا ۔

Carte blanche (kart-blansh) *n*. Full power سیاہ و سفید کا اختیار ۔ کلی اختیار دینا ۔ کورا چک دینا ۔

Cartel (kar-tel) *n*. Written challenge to duel
تحریری دعوت مبارزت ۔ قیدیوں کے تبادلے کا معاہدہ ۔

Cartomancy (kar-to-man-si) *n*. Fortune telling by playing cards تاش کے پتوں سے فال نکالنا ۔ تاش جوتش ۔

Cartoon (kar-toon) *n.*, *v.t.* & *i*. Design for painting, draw a picture ۔ خاکہ کس کی ہجویہ تصویر ۔ خاکہ اڑانا ۔ تصویر کے ذریعے مذاق اڑانا ۔ کارٹون بنانا ۔

Cartoonist ہجویہ تصویریں سزاحیہ چربے آتارنے والا ۔ بنانے والا ۔ کارٹون بنانے والا ۔

Cartouch (kar-toosh) *n*. Scroll ornament ستون کے کارنس پر بیل تختی ۔ توشہ دان ۔ کار توس کی پیٹی ۔

Cartridge (kar-trij) *n*. Charge of explosive for fare arms کارتوس ۔

Carve (karv) *v.t.* & *i*. Produce by cutting کاٹ کر نقش بنانا ۔ تراشنا ۔ مورت بنانا ۔ نقش و نگار کھودنا ۔ منبت کاری کرنا ۔ کھاتے وقت گوشت کے چھوٹے چھوٹے ٹکڑے کرنا ۔

Carve ones way اپنے بل بوتے پر ترقی کرنا ۔ اپنی طاقت سے بڑھنا ۔

Carving *n*. منبت کاری ۔ مجسمہ سازی ۔ بت سازی ۔ سنگ تراشی ۔

Carver *n*. سنگ تراش ۔ بت تراش ۔ مجسمہ ساز ۔

Cascade (kas-kəd) *n*. & *v.i*. Waterfall ندی یا چشمے کا اونچی جگہ سے نیچے کرنا ۔ دریا ۔ آبشار ۔ پانی کی چادر ۔

Case (kas) *n*. Enclosure of something ماجرا ۔ معاملہ ۔ وقوعہ ۔ حالات ۔ کیفیت ۔ مقدمہ ۔ دعویٰ ۔ نالش ۔ عرضی دعویٰ ۔ مریض جو ڈاکٹر کے زیر علاج ہو ۔ کسی مریض کے حالات کی تفصیل ۔

Case of conscience وہ معاملہ جس میں ضمیر کو دو باتوں میں فیصلہ کرنا ہو ضمیر کا معاملہ ۔

In any case بہ ہر صورت ۔ بہر کیف ۔ بہر حال ۔

Leading case وہ مقدمہ جو دوسرے مقدموں میں نظیر بنے ۔ نظیری مقدمہ ۔

Make out one's case اپنا دعویٰ ثابت کرنا ۔

That is our case ہمارا یہ دعویٰ ہے ۔

Case (kas) *n*. & *v.t*. Enclosure of something
غلاف ۔ خول ۔ میان ۔ خانہ ۔ پیٹی ۔ صندوق ۔ ڈبیہ ۔ گملا ۔ چیزوں کی نمائش کی الماری ۔ صندوق میں رکھنا ۔ صندوق میں بند کرنا ۔ غلاف چڑھانا ۔ میان میں رکھنا ۔

Casing صندوق ۔ غلاف ۔

Casemate (kas-mət) *n*. Vaulted chambers in the wall of fortress قلعے کا قبہ جس میں بیٹھ کر دشمن پر گولیاں برساتے ہیں ۔ گڑھ گج ۔

Casement (kas-mənt) *n*. Glass window دریچہ ۔ آئینہ دار کھڑکی ۔ جھروکہ ۔ کھڑکی ۔

Caseous (ka-se-əs) *adj*. Of, like cheese پنیر صفت ۔ پنیر کی مانند ۔

Cash (kash) *n. & v.t.* Ready money ٹھپہ دار سکہ ۔ روپیہ پیسہ وغیرہ ۔ زرنقد ۔ نوٹ یا روپیہ بھنانا ۔ نقدی کرنا ۔ نقد قیمت ادا کرنا ۔

Cash down نقد قیمت ادا کرنا ۔

Cashew (kashoo) / Cashew nut *n.* Tree with kidney shaped nuts کاجو کا درخت ۔ کاجو ۔

Cashier (kash-er) *n.* Person incharge of cash منیم ۔ خزانچی ۔ صراف ۔

Cashier (kash-er) *v. t.* Dismiss from service نکال دینا ۔ موقوف کرنا ۔ معزول کرنا ۔ برطرف کرنا ۔

Cask (kask) *n.* Wooden barrel لکڑی کا پیپا ۔

Casket (kas-kit) *n.* Ornamented small box زیور کا ڈبہ ۔ چاندی سونے کی ڈبیا ۔ صندوقچہ ۔

Casque (kask) *n.* Helmet فوجی ٹوپ ۔ مغفر ۔ خود ۔

Cassation (ka-sa-shən) *n.* Annulment ابطال ۔ قلم زد ہونا ۔ تنسیخ ۔ منسوخی ۔

Cassia (kash-i) *n.* Kinds of plants yielding Senna leaves تج ۔ تیج پات ۔ املتاس ۔ دار چینی۔

Cast (kast) *v.t. & i.* Throw ۔ بہانا ۔ مقدمہ میں ہرا دینا ۔ دے مارنا ۔ پھینکنا (پانسہ) ۔ کھو دینا ۔ ہار دینا ۔ شمار کرنا ۔ حساب لگانا ۔ ترتیب دینا ۔ سانچے میں ڈھالنا ۔ کچا حمل گرانا ۔

Cast a blame upon کسی کو ملزم گردانتا ۔ الزام لگانا ۔

Cast down اداس یا دلگیر ہونا ۔ افسردہ خاطر ہونا ۔

Cast in one's lot with کام میں شریک ہونا ۔ نفع نقصان میں شریک ہونا ۔ کسی کے ساتھ شریک ہونا ۔

Cast lots نام نکالنا ۔ قرعہ اندازی کرنا ۔

Cast off ترک کرنا ۔ برطرف کرنا ۔ نکال دینا ۔

Cost one's cares upon ۔ اپنی بلا دوسرے کے سر ڈالنا

Horse has cast its shoe ۔ گھس جانا ۔ نال کا گر جانا ۔ گھوڑے کی نال نکل گئی ہے ۔

Tree cast fruits پک کر گرنا ۔ درخت کے پھل ٹپک گئے ۔

Casting *n.* قالب ۔ سانچہ ۔ سانچے میں ڈھلی ہوئی شے ۔

Cast (kast) *n.* Throw of missile پٹہ ۔ بلا ۔ مار ۔ دوری ۔ فاصلہ ۔ پانسہ کی پھینک ۔ قرعہ اندازی ۔ پھینکا ہوا جال ۔ گرایا ہوا لنگر ۔ ادا کاروں میں تمثیل کا تعین ۔ سانچہ ۔ قالب ۔ ہیئت ۔ صورت ۔ شکل۔ ڈھنگ۔ طور طریقہ ۔ بھینگا پن ۔

Cast in eye آنکھ میں بھینگا پن ۔

Cast of features چہرے کی ساخت ۔ ناک نقشہ ۔

Cast of mind مزاج کی ساخت ۔ طبیعت کی افتاد ۔ مزاج کی افتاد ۔

Castanet (kastə-net) *n.* Hardwood or ivory instrument لکڑی کے مجیرے ۔ جھانجھ ۔ کھرتال ۔ یہ آلات ناچ کے ساتھ بجائے جاتے ہیں ۔

Cast away (kast-əwa) *n. & adj.* Reprobate ۔ مردود نکالا ہوا ۔ نالائق ۔ ناکارہ ۔ نکما ۔ گیا گزرا ۔

Caste (kast) *n.* Hindu hereditary class ہندوؤں میں ذات پات کا نظام ۔ جماعت ۔ فرقہ ۔ ذات پات ۔

Lose caste ذات برادری کا قصور وار ہونا ۔ ذات کا جاتے رہنا ۔ برادری باہر ۔ ذات باہر ۔

Renounce caste ذات پات کے بندھنوں سے آزاد ہونا ۔

Castellan (kastə-lan) *n.* Governor of castle قلعہ کا حاکم ۔ قلعہ دار ۔

Castellated (kastə-iated) *adj.* Castle-like حصن حصین ۔ برجوں سے گھرا ہوا ۔ قلعے کی طرح ۔ قلعے کے مانند ۔

Castigate (kasti-gat) *v.t.* Chastise تنبیہ کرنا ۔ گوشمالی کرنا ۔ سزا دینا ۔ سرزنش کرنا ۔ کوڑے مارنا ۔ کتاب وغیرہ کی تصحیح و ترمیم کرنا ۔

Cast iron (kast-irən) *adj. & n.* Iron put in moulds انتھک ۔ ڈھلے ہوئے لوہے کا ۔ سخت ۔ ڈھلا ہوا لوہا ۔

Castle (kas-l) *n.* Fortified building ۔ شطرنج کا رخ گڑھی ۔ بالا حصار ۔ قلعہ ۔

Castle builder خیالی پلاؤ پکانے والا ۔

Castle in the air ۔ خام خیالی ۔ ہوائی قلعے باندھنا

Englishman's house is his castle انگریز کا گھر ہی اس کا قلعہ ہے ۔ انگریز کے گھر میں کوئی آ نہیں سکتا ۔

Castle (kas-l) *v.t. & i.* Move castle next to king شطرنج میں بادشاہ اور رخ سے حریف کے بادشاہ کو گھیرنا ۔ مقابل کے بادشاہ کو رخ بند کرنا ۔

Castle the king رخ کی کشت دے کر مات کرنا ۔ رخ سے کشت دینا ۔

Castor (kas-tor) *n.* Substance obtained from beaver جند بید ستر ۔ اود بلاؤ ۔ ایک لیسدار مادہ جو اود بلاؤ سے حاصل کیا جاتا ہے اور دوا کے طور پر استعمال ہوتا ہے ۔

Castor-er (kas-tor) *n.* Condiment bottle for table
دسترخوان کی مصالحہ دانی - اچار دانی - سرکہ دان - پہیہ دار کرسی یا میز جس کو بہ آسانی دوسری جگہ لے جایا جا سکے -

Castor oil (kaster-əl) *n.* Nauseous vegetable oil
روغن بید انجیر - ارنڈی کا تیل -

Castrate (kas-trat) *v.t.* Remove testicles آختہ کرنا - ہیجڑا بنانا - نامرد بنانا - خصی کرنا - کتاب کے نقائص دور کرنا - کتاب کی اصلاح کرنا -

Castration *n.* کتاب کی اصلاح - نامرد بنانا - آختہ کرنا -

Casual (kazhu-əl) *adj.* & *n.* Accidental عارضی - اتفاق - بے ڈھنگا - بے اصول - لاپروا -

Casual labourer کبھی کبھی کام کرنے والا - بے قاعدہ مزدور - ہنگامی مزدور -

Casual poor ہنگامی امداد خواہ - وہ غریب جس کو کبھی کبھی امداد کی ضرورت ہو -

Casually *adv.* بلا ارادہ - اتفاقاً - ناگہان - اچانک -

Casualty (kazhu-əlti) *n.* Mishap سانحہ - مصیبت - موت - حادثہ -

Casuist (kazhu-ist) *n.* Theologian مذہبی مفکر - مرشد - مجتہد - فقیہہ - وہ فقیہہ جو مذہبی احکام کا اطلاق خاص خاص صورتوں میں کرتا اور مستثنیات پر غور کرتا ہے -

Casuistically *adv.* سخن سازی کے طور پر - بات بنا کر - مجتہدانہ - فقیہانہ -

Casuistry *n.* سخن سازی - غلط اجتہاد - فقیہانہ فکر - اجتہاد -

Cat (kat) *n.* Small domesticated carnivorous quadruped بلی - بلا - گربہ - جھلانے والی ترش مزاج عورت - نوچنے کھسوٹنے والا بچہ - گربہ خاندان کے جانور - شیر چیتا - مشک بلاؤ - تیندوا - لگڑ بگھا وغیرہ -

Cat and mouse act ۱۹۱۳ء کا قانون جس کی رو سے انگلستان کے معتمد داخلہ کو اختیار دیا گیا تھا کہ جب چاہیں مقاطعہ اور ہڑتال کرنے والوں کو گرفتار کر لیں -

Cat call سیٹیاں بجا کر تھیئیٹر میں اظہار ناراضگی کرنا - سیٹی -

Cat eyed کیرا - کنجا - گربہ چشم -

Cat may look at king ایک گدا بھی بادشاہ کو جھڑک سکتا ہے -

Cat nap کرسی پر بیٹھے بیٹھے سو جانا - تھوڑی دیر سونا -

Cat's meat بلی کا راتب - گھوڑے کا گوشت جو بلیوں کو کھلایا جاتا ہے -

Cat's paw ایسا شخص جس سے دوسرے اپنا مطلب نکال لیں - آلہ کار -

Bell the cat جان جوکھوں کا کام کرنا - بلی کی گردن میں گھنٹی باندھنا -

Care killed the cat فکر سے ہاتھی بھی گھل گیا -

Fight like kelkenny cats جان کی پروا نہ کرنا - بے وقوفی میں لڑنا - لڑتے لڑتے کٹ مرنا -

Not room to swing a cat تل دھرنے کی جگہ نہیں -

Rain cats and dogs زور کی بارش ہونا - موسلا دھار مینہ برسنا -

Turn cat in pan منافقت کرنا - زمانہ سازی کرنا -

Wait for the cat to jump } دیکھو اونٹ کس کروٹ بیٹھتا ہے -
Cult of the jumping cat } حالات کا انتظار کرنا -

Wild cat جنگلی بلی -

Cat-like بلی کی طرح - دبے پاؤں -

Catachresis (katə-kre-sis) Perversion تحریف لفظی - لفظوں کے معنی میں رد و بدل -

Cataclasm (katə-klazm) *n.* Deluge, political or social upheaval, disruption ہیجان - زبردست سماجی یا سیاسی انقلاب - زور سے پھٹ پڑنا - زبردست دھاکا -

Cataclysm (katə-klizm) *n.* Destruction of life یہ عقیدہ کہ دنیا میں بار بار طوفان آئے - پرانی زندگی تباہ ہو گئی اور پھر نئی زندگی وجود میں آئی - سیاسی یا سماجی انقلاب -

Cataclysmic *adj.* ارتقائے زندگی کے بارے میں - انقلاب حیات کے متعلق -

Cataclysmist *n.* انقلاب پسند -

Catacomb (kata-kom) *n.* Subterranean cemetry تہ خانہ کی قبریں - زمین دوز قبرستان - تہ خانہ - شراب رکھنے کا تہ خانہ -

Catadromus (kata-dromǝs) *adj.* Descending to lower depth to spawn مچھلیوں کی قسم جو انڈے دینے کے لیے دریا کی تہ میں اتر جاتی ہیں -

Catalepsy (katə-lep-si) *n.* Suspension of consciousness سکتہ - بے ہوشی - بے ہوشی کا دورہ جس میں ہاتھ پاؤں اکڑ جاتے ہیں - بے ادراک -

Cataleptic (katə-lep-tik) *adj.* ہسٹیریا یا اختناق الرحم کی مریضہ - بے ہوشی کے دورے کا مریض - سکتے کا مریض -

Catalogue (kat-ə-log) *v.t.* & *n.* Classified list of books or other things - فہرست - فرد - الفہرست فہرست تیار کرنا -

Catamite (kat-ə-mit) *n.* Sodomites minion - لونڈا مفعول - مابون - علتی -

Catapult (kat-ə-pult) *n.*, *v.t.* & *i.* Ancient engine worked by lever and ropes پتھر پھینکنے کا آلہ - گوپھن - فلاخن سے پتھر پھینکنا - منجنیق -

Cataract (kat-ə-rakt) *n.* Waterfall آنکھ میں پانی اترنا - موتیا بند - پانی کی چادر - جھرنا - آبشار -

Catarrh (ka-tər) *n.* Cold نزلہ - زکام -

Catastrophe (kat-as-trəfi) *n.* Disastrous end - آفت مصیبت - انقلاب عظیم - ہلاکت - عظیم تباہی -

Catastrophic-al *adj.* سانحہ عظیم کے متعلق - برباد کن - تباہ کن -

Catch (kach) *v.t.* & *i.* overtake, capture گرفتار کرنا - پھانسنا - تھامنا - پکڑ لینا - پکڑنا - باندھ لینا - بے خبری میں پکڑنا - لپکنا - جھپلنا - اچک لینا - کسی چیز کو سمجھ لینا - اپنی طرف کھینچ لینا - مفتوں بنانا - گرویدہ کر لینا -

Catch at a tartar اپنے سے زبردست سے مقابلہ کرنا -

Catch one's breath سانس روک لینا - حیرت زدہ ہونا - دم سادھ لینا -

Catchpenny سادہ لوح آدمیوں سے روپیہ وصول کرنے کے لیے نمائشی چیزیں -

Catch up a habit عادت ڈالنا - عادی ہو جانا -

Catch up speaker مقرر کی تقریر کے دوران میں بول اٹھنا -

Bolt catches چٹخنی نہیں لگتی -

Catch (kach) *n.* Act of catching - پکڑ - گرفت - قبضہ شکار - کریکٹ میں ہوائی گیند روکنا - مغالطہ دینے والا سوال - دروازے کی بلی - پھانسنے کے قابل شخص - موٹا شکار - سونے کی چڑیا - اچھا مال -

Catching (kach-ing) *adj.* Attractive - دلکش - متعدی -

Catchy (kach-i) *adj.* Easily caught up آسانی سے پکڑ لینے کے لائق -

Catechism (kat-i-kizm) *n.* Instruction by questions and answers سوالیہ طریقہ تعلیم - سوال و جواب کے ذریعے سے تعلیم - سقراطی طریقہ -

Catechise (kati-kiz) *v.t.* Teach by questions and answers, follow Socratic method سوال و جواب کے ذریعے تعلیم دینا - سوال و جواب کرنا - امتحان لینا -

Catechu (kat-ichoo) *n.* Tanninfrom bark and wood کتھہ -

Categorical (kate-gə-rikəl) *adj.* Unconditional, absolute - صاف - سیدھا - قطعی - بالتفصیل - مطلق -

Categorical imperative ضمیر کا آخری فیصلہ - قطعی حکم -

Categorically *adv.* صاف صاف - غیر مشروط طور پر -

Category (kat-i-gə-ri) *n.* Exhaustive set in which things may be placed قسم - زمرہ - درجہ - سلسلہ - نوع و جنس کا سلسلہ - خیالات - مقولہ -

Categorize - جنس وار تیار کرنا - جنسوں میں تقسیم کرنا -

Cater (kater) *v. i.* Provide تعلیم کا انتظام کرنا - تفریح کا سامان کرنا - کھانے کا بندوبست کرنا - کھانا دینا -

Caterer - تعلیم - کھانے - اور تفریح کا انتظام کرنے والا -

Caterpillar (kater-pilər) *n.* Larva, butterfly - کیڑا - جھانجھا - تتلی یا پتنگے کا پہلا روپ - غارت گر - لٹیرا -

Cates (kats) *n.* & *p.* Good things - نعمت - نقد مال -

Catgut (kat-gut) *n.* guts made of twisted intestines تانت - رودہ - تانت والے آلات موسیقی -

Cathartic (kath-a-r-tik) *adj.* & *n.* Purgative تلئین - ملین - مسہل - دست آور -

Catherine wheel (kathə-rin-whel) circular spoked wheel, or window آتشبازی کی چرخی - سورج مکھی - کھڑکی -

Catholic (katho-lik) *adj.* & *n.* Universal - کشادہ دل سب انسانوں کے لیے - عالمگیر - آفاقی - بے تعصب - روا دار - راسخ الاعتقاد عیسائی - رومن کیتھلک مذہب کا پیرو -

Catholicism *n.* - رومن کلیسا کے اصول - عدم عصبیت - بے تعصبی - کٹر عیسائی پن -

Catholicity (katholisi-ti) *n.* Freedom from prejudice آفاقیت - ہمہ گیری - وسیع المشربی - روا داری - رومن کیتھلک مذہب پر اعتقاد -

Catkin (kat-kin) *n.* Downy hanging inflorescence of willow and hazel آویزہ - بید مجنوں اور صنوبر کے غنچے اور پھول بالیاں - جھمکے -

Cattle (kat-l) *n.* Livestock پالتو جانور - گائے بیل - ڈھور ڈنگر - مویشی -

Caucasian (kaw-kez (h)i-ən *n. & adj.* Inhabitant of Caucasus, of white race کاکیشیا کا باشندہ - سفید نسل کا -

Caucus (ko-kəs) *n., v.t. & i.* Local political party for fighting elections انتخابی جماعت کی کمیٹی جو انتخابی جد و جہد کرے - انتخاب لڑنا - جماعتی نظام سے کام لینا - اپنی شرائط منوانا -

Caudle (kə-dl) *adj. & n.* Warm gruel with spice, sugar and wine دم کی مانند - جانوروں کی دم کی طرح - زچہ کو پلانے کی اچھوانی - مسالے - شکر اور شراب کا حریرہ -

Caul (kawl) *n.* Membrane enclosing foetus رحم کی جھلی - پیٹ کا پردہ - بال جھلی - وہ جھلی جس میں بچہ لپٹا ہوا پیدا ہوتا ہے - اس جالی کا وہ حصہ جو بچے کے سر پر ہوتا ہے -

Cauldron (kawl-drən) *n.* Large boiling vessel پتیلا - ہنڈا - کڑھاؤ - دیگ -

Cauliflower (kawli-flower) *n.* Cabbage with large flower and head گوبھی - پھول گوبھی -

Causal (kaw-zl) *adj.* Due to a cause موجب - سبب کا - علت کے متعلق - علت و معلول کے تعلق کے متعلق - سببی - علتی -

Causality (kaw-zli-ti) *n.* Relation of cause and effect علیت - سببیت - سبب جاننے کی قوت - علت و معلول کا تعلق -

Causation (kaw-za-shən) *n.* Producing an effect سبب بننا - سبب ہونا - سببیت - یہ نظریہ کہ ہر شے کی علت ہوتی ہے -

Causative (kaw-zə-tiv) *adj.* Acting as cause کسی معلول کی علت ہونا - سبب -

Cause (kawz) *n.* What produces an effect ظہور میں لانا - پیدا کرنا - موجد ہونا - سبب ہونا - باعث ہونا - ترغیب دینا - بروئے کار لانا - برپا کرنا - سبب وجہ - علت -

Causeless (kawz-les) *adj.* Groundless بلا ناحق - واسطے - بے وجہ - بے سبب -

Causelessly (kawz-les-li) *adv.* Unjustifiably نامعقول طریقہ سے - ناحق - یوں ہی - بلاوجہ -

Causeway (koz-wa) *n. & v.t.* Raised foot way by road سڑک کے کنارے پیدل چلنے والوں کے لیے راستہ -

Causey (kawz-i) *n. & v.t.* سنگ بستہ رستہ - سنگ بستہ راستہ بنانا -

Caustic (kaws-tik) *n. & adj.* Substance that burns جلانے والی چیز - تیزاب - چبھتی ہوئی - طعن آمیز - جلی کٹی باتیں -

Caustically *adv.* جل بھن کر - طعنہ آمیز طریقے سے - طنزاً -

Causticity *n.* سوزش - تیزابیت - جلانے کی قوت - حدت -

Causterize *v.t.* داغ یا چرکہ دینا - گرم لوہے سے داغنا -

Caution (kaw-shən) *n. & v.t.* Prudence چوکسی - خبر داری - ہوشیاری - احتیاط - تاکید - ہدایت - حکم - تنبیہ - عبرت - ہدایت کرنا - خبردار کرنا - ہوشیار کرنا - منع کرنا - آگاہ کرنا - متنبہ کرنا -

Caution money زر ضمانت نیک چلنی جو درسگاہ میں داخل کی جائے -

Cautionary *adj.* نصیحت آمیز - خبر دار کرنے والا - آگاہ کرنے والا -

Cautious *adj.* دور اندیش - محتاط - ہوشیار - خبردار -

Cautiously *adv.* خبرداری سے - احتیاط سے - ہوشیاری سے -

Cavalcade (kavəl-kad) *n.* Company of riders سواروں کا جلوس - سواروں کا دستہ -

Cavalier (kavə-ler) *n. & adj.* Horseman بہادر - حسن پرست - بانکا گھڑ چڑھا - جنگی سوار - سوار -

Cavalry (kavəl-ri) *n.* Horse soldiers گھوڑے سوار فوج - سواروں کا رسالہ - رسالہ -

Cave (kav) Den (ہولینڈ) کسی مسئلے پر ایک جماعت کا علیحدہ ہونا - کھوہ - گپھا - غار -

Idols of the cave مغالطے - غلط تصورات -

Cavelet *n.* چھوٹا غار -

Cave (kav) *v.t.* & *i.* Make into a cave غار میں رہنا - غار بنانا - غار کھودنا - ہار ماننا - گردن جھکا دینا - اطاعت قبول کرنا - لاچاری سے قبول کرنا - توڑ پھوڑ ڈالنا - شکل بگاڑ دینا -

Caveat (kave-iat) *n.* Process to suspend proceedings عدالت کا حکم امتناعی - مقدمہ کی کاروائی اور تجویز کی ممانعت - اعتراض - امتناع - تنبیہہ -

Cavendish (kavən-dish) *n.* sweetened tobacco دورسا - گڑاکو - خمیرہ تمباکو -

Cavern (kav-ərn) *n.* Underground hollow - کہف کھوہ - غار -

Cavernous (kav-ər-nəs) *adj.* Underground بہت گہرا - غاروں سے بھرا ہوا - گپھا دار - زمین دوز -

Cavernous darkness گھٹا ٹوپ - غار کا اندھیرا - گھپ اندھیرا -

Cavernous eyes اندر کو دھنسی ہوئی آنکھیں -

Cavil-cavill (kav-il) *v.i.* & *n.* Raise captions objection خواہ مخواہ کا اعتراض - بے وجہ عیب گیری کرنا - tion بے جاحجت - بے معنی عیب جوئی - فضول نکتہ چینی -

Caviller *n.* حجتی - کھوٹ نکالنے والا - نکتہ چیں - عیب جو -

Cavity (kavi-ti) *n.* A hollow place ٹھوس جسم میں خالی جگہ - سوراخ - خلا - غار - گڑھا -

Cease (ses) *v.t.* & *i.* Stop doing باز رہنا - ترک کرنا - ہاتھ اٹھانا - چھوڑ دینا - دست بردار ہونا - نیست و نابود ہونا - ہو چکنا - آخر ہونا - ختم ہونا - ختم کرنا - انجام پذیر ہونا - تمام کرنا - چکانا -

Ceaseless *adj.* بے در پے - دوامی - مسلسل - لگا دار -

Ceaselessness *n.* دوام - تواتر -

Ceaselessly *adv.* بغیر رکے ہوئے - متواتر - لگا تار -

Cedar (se-dər) *n.* A cone bearing tree دیو دار کی لکڑ - دیو دار کا درخت -

Cede (sed) *v.t.* Give up ملک حوالے کرنا - تفویض کرنا - دے ڈالنا - سونپنا - دے دینا -

Cell (sel) *v.t.* Line roof of چھت گیری لگانا - چھت کے نیچے لکڑی لگانا - چھت ڈالنا -

Ceiling سقف - چادر کی چھت - چھت -

Celebrate (sele-brat) *v.t.* & *i.* Perform publicly جشن منانا - مجمع میں مذہبی رسومات ادا کرنا - رنگ رلیاں رچانا - تہوار منانا - شہرت دینا - مشہور کرنا - تعریف کے پل باندھنا -

Celebrated *adj.* مشہور - نامی - نامی گرامی -

Celebration ستائش - سپاس - تعریف - شہرت - ذکر - یادگار -

Celebrity (seleb-ri-ti) *n.* Being famous, well known ناموری - مشہور معروف -

Celerity (se-ləri-ti) *n.* Swiftness سبک روی - تیز روی - عجلت - سرعت - شتابی - تیزی - جلدی -

Celery (selə-ri) *n.* Plant of which blanched stem is used as salad اجوائن خراسانی -

Celestial (se-les-yəl) *adj.* & *n.* Divine پاک - مقدس - جنتی - بہشتی - سماوی - آسمانی -

Celestial چینی - چین کا باشندہ -

Celestial empire آسمانی بادشاہت یعنی مملکت چین -

Celestially *adj.* متبرکانہ - مقدسانہ -

Celibate (seli-bət) *adj.* & *n.* Not married غیر متاہل مجرد - وہ جس نے کنوارا رہنے کا عہد کیا ہو - کنوارا -

Celibacy *n.* کنوارا پن - تجرد -

Cell (sel) *n.* Small room in a monastry خانقاہ - حجرہ - کوٹھڑی - گھر - پرانے زمانہ میں راہبہ عورتوں کی خانقاہ - تارک الدنیا کا حجرہ - قبر - لحد - کسی قید خانہ کا حجرہ - شہد کی مکھیوں کے چھتے کا خانہ -

Cellar (sel-ər) *n.* & *v.t.* Underground room گودام - سرداب - تہہ خانہ -

Cellar flap تہہ خانہ کا چور دروازہ -

Keeps a good cellar شراب کا اچھا ذخیرہ رکھتا ہے -

Cellarer *n.* شراب خانہ کا نگران - تہہ خانہ کا محافظ

Cellaret (sel-ə-ret) *n.* Case or side board for wine in dining room کھانے کے کمرے میں شراب رکھنے کی الماری یا صندوق -

Cellular (sel-i-ler) *adj.* Of small rooms or cavities جالی نما - حرف دار - خانہ دار -

Cellular shirt جالی دار قمیض -

Celluloid (sel-i-ləid) *n.* Plastic made from camphor خانہ دار مسالہ جو ہاتھی دانت کی طرح کا ہوتا ہے اور مختلف چیزیں بنانے کے کام آتا ہے -

Cellulose (sel-i-ləs) *n.* Made of cells خانوں سے بنا ہوا ۔ خانہ دار ۔

Celt (selt) *n.* A branch of Gauls کلٹی ۔ قدیم گال قوم کی ایک شاخ ۔

Celtic (sel-tik) *adj.* & *n.* Language of Celts کلٹی قوم کی ۔ کلٹی زبان ۔

Cement (si-ment) *n.* & *v.t.* Substance applied as paste and hardening into story consistence گچ ۔ چونا ۔ سریش ۔ سیمنٹ ۔ ایک مسالہ جس سے جوڑنے کا کام لیا جاتا ہے ۔ کوئی چیز جو دو چیزوں کو جوڑ دے ۔ سیمنٹ سے جوڑنا ۔ رشتہ مضبوط کرنا ۔ **Hydraulic cement** وہ سیمنٹ جو پانی میں سخت ہو جائے ۔

Cemetery (seme-tr-i) *n.* Place for burial وہ قبرستان جو گرجا کے حدود میں ہو ۔ قبرستان ۔ گورستان ۔

Cenotaph (seno-taf) *n.* Monument to person whose body is elsewhere مقبرہ بلا قبر جو محض یادگار کے لیے بنایا جائے ۔ خالی قبر جس میں کوئی مدفون نہ ہو ۔ یادگار گنبد ۔

Cense (sens) *v.t.* Perfume, worship with burning incense اگربتیاں جلانا ۔ عبادت کے وقت خوشبو کا انتظام کرنا ۔

Censer (sen-ser) *n.* Vessel in which incense is burned عود سوز ۔ عود دان ۔ اگردان ۔

Censor (sen-sər) *n.* & *v.t.* Official licensing or suppressing ملامت کرنے والا ۔ الزام لگانے والا ۔ نکتہ چین ۔ عیب گیر ۔ سرکاری طور پر کتابوں یا اخبار سے نامناسب اور باغیانہ حصہ کو حذف کرنا ۔ جامعات میں مختلف شعبوں کے ناظر ۔

Censorial *adj.* احتسابی ۔

Censorship *n.* نظارت ۔ محتسب ہونا ۔ احتساب ۔

Censorious (sen-sə-ri-əs) *adj.* Over critical عیب جو ۔ ناقدانہ ۔ محتسبانہ ۔

Censoriously *adv.* نکتہ گیری سے ۔ عیب جویانہ ۔

Censoriousness *n.* حرف گیری ۔ نکتہ چینی ۔ عیب جوئی ۔

Censure (sen-sər) *n.* & *v.t.* Expression of disapproval ڈانٹ ۔ اظہار ناراضگی ۔ الزام لگانا ۔ ملامت کرنا ۔

Census (sen-sus) *n.* Numbering of population with various statistics مردم شماری ۔ عورت ، مرد ، تعلیم ، پیشہ وغیرہ کی فہرست کی تیاری ۔

Cent (sent) Hundredth of a dollar (سکہ) امریکہ میں سنٹ ڈالر کا سواں حصہ ہوتا ہے ۔ سو ۔ سیکڑہ ۔ فی صد ۔

Centaur (sen-tawr) *n.* Horse with human head and arms یونانی ادب میں ایک خیالی مخلوق جس کا جسم گھوڑے کا اور اوپر کا دھڑ آدمی کا ہوتا تھا ۔ ستاروں کا ایک جھرمٹ ۔ شہسوار ۔

Centenarian (sen-ti-nəri-ən) *adj.* & *n.* A hundred years old صد سالہ ۔ سو برس کا ۔

Centenary (sen-ti-nəri) *adj.* & *n.* Of hundred years صد سالہ برسی یا سالگرہ ۔ صد سالہ تقریب ۔ سو سال کا جلسہ یادگار ۔

Centennial (sen-tin-iəl) *adj.* *n.* Having lived a hundred years سو برس کا ۔ سو سال کے بعد ہونے والا ۔ سو برسی کے متعلق ۔

Centesimal (sen-tesi-məl) *adj.* Reckoning by hundredth سواں حصہ کے حساب سے ۔ سواں ۔

Centesimally *adv.* صدی کے سویں حصے کے متعلق ۔ ایک صدی کی ۔

Centigrade (sen-ti-grad) *adj.* Having a hundred degrees سو درجے کا ۔

Centipede (sen-ti-ped) *n.* Many footed crawling animal ہزارپا ۔ کنکھجورا ۔

Central (sen-trəl) *adj.* Of, in, at the centre مرکز کا ۔ مرکزی ۔ مرکز کے متعلق ۔ جس میں مرکز واقع یا شامل ہو ۔ نمایاں ۔ ممتاز ۔ خاص ۔

Centrally *adv.*- مرکزی حیثیت سے ۔ مرکز کے اختیار سے ۔ بالا اور اعلیٰ اختیار ۔

Centralness *n.* مرکز میں ہونے کی حالت ۔ مرکزیت ۔

Centralism (sen-trə-lism) *n.* Centralized system مرکزیت ۔ مرکزی نظام ۔

Centralist (sen-trə-list) *n.* Upholder of centralized system مرکزی نظام کا حامی ۔

Centralize (sen-trə-liz) *v.t.* & *i.* Concentrate at a single centre مرکز میں لانا ۔ مرکز میں جمع کرنا ۔ اختیار مرکز کے سپرد کرنا ۔

Centralization مرکزیت - مرکزی نظام حکومت - حکومتی اختیارات مرکز میں رکھنا -

Centre, center (sen-tər) *n. & adj.* Middle point گردش کا نقطہ - وسطی نقطہ - مرکز - وہ جس کے گرد اور چیزیں جمع ہوں - چاند ماری کا ہدف - قلب فوج -

Centre of attraction *n.* مرکز توجہ - جاذب توجہ -

Centreless *adj.* کسی مرکز کا نہ ہونا - بے مرکز - لا مرکز -

Centre most *adj.* مرکز سے قریب ترین -

Centrically *adv.* مرکز میں - وسط میں - بیچوں بیچ -

Centricity *n.* مرگز میں ہونا - مرکز پر ہونا -

Centre (sen-tər) *v.t.* Concentrate in centre مرکز میں ہونا - مرکز کے گرد جمع ہونا - مرکز میں رکھنا - مرکز معلوم کرنا -

Centrifugal (sen-tri-fu-gəl) *adj.* Flying from centre بعید از مرکز - مرکز گریز - دافع المرکز - مرکز سے دور - مرکزیت کے خلاف -

Centrifugally *adv.* مرکز گریزانہ - مرکز سے گریز کرتے ہوئے - لامرکزی طور پر -

Centripetal (sen-tri-petəl) *adj.* Tending towards centre مائل بہ مرکز - مرکز جو -

Centuple (sen-tu-pl) *adj., n. & v.t.* Multiply by hundred سوگنا - سوگنا کرنا -

Centuplicate (sen-tu-pli-kət) *adj., n. & v.t.* Of things of which a hundred copies are produced جس کی سو نقلیں کی جائیں - سو نقلیں کرنا - سو نقلیں -

Centurion (sen-tu-riən) *n.* Commander of century in Roman army وہ افسر جس کے تحت سو سپاہی ہوتے تھے - تمندار -

Century (sen-turi) *n.* Hundred of something صدی - سو برس - سو سال - کوئی سو - کریکٹ میں کسی کھلاڑی کی سو دوڑیں - مسلسل سو سال -

Cephalalgic (se-fəl-al-gik) *adj.* Of head درد سر کی (دوا) - درد سر کی -

Cephalic (se-fə-lik) *adj.* Pertaining to head سر کے متعلق -

Ceraceous (se-rə-shəs) *adj.* Waxlike موم کی طرح - موم جسا -

Cerate (se-rət) *n.* Wax ointment موم کا مرہم - موم روغن -

Cerberus (ser-bər-əs) *n.* Hell dog دوزخ کا کتا -

Cereal (seri-əl) *n. & adj.* Of corn غلہ - اناج - اناج کے متعلق - غلہ یا اناج کا -

Cerebral (sere-brəl) *adj.* Of the brain دمیغ کا - مغز کے متعلق - دماغ کا - دماغی -

Cerebrum (sere-brəm) *n.* Brain proper in front of cerebellum دماغ کا اگلا حصہ - اصل دماغ - دماغ جو دمیغ کے اوپر ہوتا ہے - بڑا دماغ -

Ceremonial (seri-mo-niəl) *n. & adj.* formal, with rituals رسومات کے ساتھ - رسم کا - ریت کا - ظاہر داری - رسمی آداب کی پابندی - آداب کی کتاب - رسم ریت - دستور - چال -

Ceremonialism *n.* تکلف - رسمیت - آداب - رسم و رواج کی پابندی -

Ceremonialist *n.* پابند رسوم و رواج - رسم پرست -

Ceremonially *adv.* رسمی پابندیوں کے ساتھ - رسمی طور پر - ظاہر دارانہ -

Ceremonious *adj.* پابند رسوم - رسم پرست - پر تکلف -

Ceremoniously *adv.* پورے آداب کے ساتھ - تکلف سے -

Ceremoniousness *n.* آداب کی نگہداشت - رسم پرستی تکلف

Ceremony (sere-məni) *n.* Polite observance مذہبی رسم - رسم - ریت - ظاہر داری - ظاہری اخلاق - رسوم کی پابندی - آداب مجلس کی پابندی - رسوم پرستی -

Master of the ceremonies وہ افسر جو آداب و رسوم بجالانے کی نگرانی کرتا ہے -

Stand upon ceremony حفظ مراتب میں مبالغہ کرنا - تکلفات برتنا - تکلف کرنا -

Without ceremony سادگی سے - بے تکلفی سے -

Ceroplastic (sero-plas-tik) *adj.* Modelled in wax موسی ڈھلائی کے متعلق - موم کی بنی ہوئی -

Certain (sər-tin) *adj.* Settled طے شدہ - صحیح - موثر - لازمی - پکا یقینی - قابل اعتبار - کوئی - کچھ - کسی قدر - ایک -

For certain قطعی طور پر - بلا شبہ - یقیناً -

Certainly (sər-tin-li) *adv.* Confidently قابل اطمینا ن طور پر - بلا شبہ - بالیقین- بالضرور - لازمی - یقیناً - بے شک - ھاں اور کیا -

Certainty (sur-tin-ti) *n.* Undoubted fact - ایقان یقین - یقینی امر - یقینی - متحقق -

Bet on the certainty - یقینی جیتنے والے پر بازی لگانا کسی قابل اطمینان امر پر شرط باندھنا -

Certificate (sər-tif-ikit) *n.* & *v. t.* Document formally attesting a fact صداقت نامہ - خوشنودی کی چٹھی - اچھے کام کی تصدیق- سند - سند دینا - نیک نامی کی تصدیق کرنا -

Certification *n.* صداقت - تصدیق - سند دینا -

Certify (ser-tif-i) *v. t.* Attest formally یقین کے ساتھ اطلاع دینا - گواہی دینا - تصدیق کرنا -

Certifiable *adj.* - یقین دلانے کے قابل - تصدیق کے قابل

Certifier *n.* صداقت نامہ دینے والا - مصدق - تصدیق کرنے والا -

Certitude (sur-ti-tud) *n.* Feeling certain - تحقق ایقان - یقین -

Cerulean (Se-roo-liən) *adj.* Deep blue - لاجوردی آسمانی - نیلگوں - گہرے نیلے رنگ کا -

Cerumen (se-roo-men) *n.* Ear wax کان میں جمع کیا ہوا میل - کان کا میل -

Ceruse (se-roos) *n.* White paint made of lead سیسے سے بنا ہوا سفید مسالہ جسے بطور غازہ استعمال کیا جاتا ہے -

Cervine (sur-vin) *adj.* Like deer ہرن سے متعلق - ہرن کی مانند - ہرن کا سا

Cess (ses) *n.* Tax - خراج - لگان - ٹیکس چنگی محصول -

Cessation (se-sa-shən) *n.* Ceasing - آرام - التوا - توقف - موقوفی - خاتمہ -

Cession (se-shən) *n.* Ceding, giving up - تفویض حوالگی - سپردگی -

Cess pool (ses-pool) *n.* Well sunk for soil from water closet وہ گڑھا جس میں گندہ پانی جمع رہتا ہے - گڑھا - گندی نالی - پاخانے کی موری -

Cesspool of iniquity جورو شر کا گڑھا - ظلم و تشدد کی گہرائی -

Cetacea (si-ta-shia) *adj.* & *n.* Of the mamalian order including whale دودھ پلانے والے آبی جانوروں کے متعلق - دودھ پلانے والے آبی جانور -

Cetaceous *adj.* دودھ پلانے والے آبی جانوروں کے سلسلے کا -

Chafe (chaf) *n.*, *v. t.* & *i.* Rub, make sore مل کر گرمی پہنچانا - مالش کرنا - ملنا - کھجلانا - رگڑنا - کھجانا - بھڑکانا - مشتعل کرنا - غصہ ہونا - پیچ و تاب کھانا - غیض و غضب - پیچ و تاب -

In a chafe - غیض و غضب میں - لال پیلا - غصہ میں -

Chaff (chaf) *n.* & *v. t.* Seperated grain husk, Banter چھلکا - بھوسہ - سبوش - چوکر - کٹی ہوئی گھاس یا چری - گھاس پھوس - فضلہ - مذاق ٹھٹھا کرنا - نوک جھونک کرنا - پھبتی کسنا -

Chaff cutter *n.* - گنڈاسا - چارہ کاٹنے کی مشین -

Caught with chaff - آسانی سے دام میں آگیا -

Chaffy *adj.* - سبوسی - بھوسادار -

Chaffer *v. t.*, *i.* & *n.* Haggle - خریدتے وقت تکرار کرنا جھگڑ جھگڑ کر سودا لینا - سسک سسک کر دام لگانا - جھگڑالو گاہک -

Chafferer *n.* - تکرار کرنے والا خریدار - جھگڑالو گاہک

Chagrin (shəg-rin) *v. t.* & *n.* Acute disappointment - برہمی-خفگی - جھنجھلاہٹ - طیش - طیش دلانا - ناراض کرنا - خفا کرنا - دق کرنا -

Chain (chan) *n.* & *v. t.* Connected series of links ہتھکڑی - سلسلہ - لڑی - زنجیر - بیڑی - توڑا - گلو بند - کنٹھا - جولان - مستول بند - زنجیر سے باندھنا - جکڑنا - حلقہ بگوش کرنا - غلام بنانا -

Chain bridge - جھولے کا پل - زنجیری جھولا - زنجیری پل

Chair (char) *n.* & *v. t.* Seperate seat, seat of authority کرسی - چوکی - کرسی عدالت - اجلاس کی کرسی - صدر کی کرسی - پروفیسر کا عہدہ - کرسی علوم - صدرنشین - میر مجلس - کرسی صدارت پر بٹھانا - مسند نشین کرنا - جیتنے والے کو کرسی پر بٹھا کر کندھوں پر اٹھانا -

Chairman (char-mən) *n.* Person chosen to preside مریضوں کی کرسی کا محافظ - میر مجلس - صدر -

Chairmanship *n.* - میر مجلسی - عہدہ صدارت

Chaise (shaz) *n.* Carriage - اکا - اکا گاڑی - سیج گاڑی کھلی ہوئی بگھی - سیر گاڑی -

Post chaise - ڈاک لانے اور لیجانے والی گاڑی

Chalcography (kal-kogrə-fi) *n.* Art of copper engraving مس نگاری - تانبے پر نقش و نگار بنانا -

Chaldean (kal-diən) *adj.* & *n.* Native of Babylon کلدانی قوم کا - بابل کا باشندہ - نجومی - جوتشی -

Chalice (chal-is) *n.* Goblet جام شراب - پھول کٹورا - ساغر - کاسہ - جام - پیالہ -

Chalk (chawk) *n.* White soft limestone - گوپی چندن - گل سپید - کھریا مٹی - کھریا -

Chalk (chawk) *v.t.* Mark with کھریا مٹی ملنا - تختہ سیاہ پر لکھنا - کھریا مٹی سے نشان ڈالنا -

Chalky (chawk-i) *adj.* White as chalk کھریا سے بھرا ہوا - کھریا کی طرح سفید -

Challenge (chal-inj) *n.* Calling to account - بدابدی مبارزت کی دعوت - للکارنا - مقابلہ کے لیے بلانا - سنتری کی روک ٹوک - انکار - اعتراض - عذر - للکار - رجز - تعلی -

Challenge (chal-inj) *v.t.* Call to account - ٹوکنا چنوتی دینا - مقابلہ کے لیے بلانا - للکارنا - اعتراض کرنا - مبارزت طلبی کرنا -

Challengable *adj.* قابل عذر - قابل اعتراض -

Challenger - مبارزت طلب - مقابلے کے لیے للکارنے والا

Chalybeate (ka-libe-ət) *adj.* Impregnated with iron لوہا ملا ہوا (پانی) - لوہا ملا ہوا -

Chamber (cham-ber) *n.* Room, specially bed room کمرہ - کوٹھری - چوبارہ - خوابگاہ - حجرہ - ایوان عدالت یا مجلس قانون ساز - ایوان تجارت - ایوان دارالعوام - جوف - سوراخ - شگاف -

Chamberlain (cham-berlin-in) Officer managing household of king وہ افسر جو بادشاہ کے امور خانہ داری کا انتظام کرے - حاجب - مدارالمہام - دیوان - بخشی - افسر اعلیٰ -

Chameleon (ka-mely-n) *n.* Small lizard with long tail گرگٹ -

Chameleonic *adj.* متلون مزاج - بے اصل - رنگ بدلنے والا - رنگ برنگ - بوقلموں -

Chameleon-like *adj.* رنگ بدلنے والا - بے اصولا - گرگٹ صفت - گرگٹ کی طرح -

Chamois (sham-wa) *n.* Wild antelope or goat جنگلی بکرا - مرگ - ہرن - سانبھر - نیل گائے - روہی -

Champ (champ) *v.t.*, *i.* & *n.* Munch noisily - چبانا چابنا - چپڑ چپڑ چبانا - چبانے کی آواز -

Champagne (sham-pan) *n.* Kinds of wine from E. France - فرانس کی اچھی قسم کی شراب

Champaign (cham-pan) *n.* Open country کشادہ وسیع میدان - کھلی ہوئی جگہ -

Champerty (cham-per-ti) *n.* The offence of assisting a party in which one is not naturally interested کسی فریق مقدمہ کی مدد اس شرط پر کرنا کہ ڈگری میں اس کا حصہ بھی رہے - بعض وکیل اسی شرط پر مقدمہ لیتے ہیں -

Champion (cham-piən) *n.*, *adj.* & *v.t.* Person who fights for a cause سور - ویر - بہادر - پہلوان غازی مرد - حامی - مددگار - نمائش میں اول آنے والے جانور یا پودے - حمایت کرنا - حامی بننا -

Champion blunder - فاش غلطی - سنگین غلطی

Champion idiot - سخت بے وقوف - نرا احمق

Championless - بے حمائتی - بے یار و مددگار

Championship - اول آنا - جیت - بہادری

Chance (chans) *n.* & *adj.* Undesigned occurrence واقعہ - حادثہ - اتفاق - موقع - امکان - احتمال - گمان - ظن - قسمت -

Chance sown tree - خود رو درخت

A chance companion, meeting - اتفاقی رفیق

On the chance - بدیں خیال - بہ ایں امید

Take one's chance - قسمت آزمائی کرنا

Chance (chans) *v.t.* & *i.* Happen, risk - واقع ہونا صادر ہونا - وارد ہونا - قسمت آزمائی کرنا - اتفاقات سے فائدہ اٹھانا -

Chance upon - اتفاقیہ پا لینا - اتفاقیہ ملنا

Chancel (chan-sl) *n.* Eastern part of church reserved for clergy گرجا کا مشرقی حصہ جہاں پادری کھڑا ہوتا ہے یہاں کٹہرا لگا ہوتا ہے - صدر کلیسا -

Chancellery (chan-se-leri) *n.* Official residences of chanceller عہدہ وزارت - وزیر کا دفتر - عملہ وغیرہ - سفارت یا قونصل خانے کا دفتر -

Chancellor (chan-se-lər) *n.* State officials of various kinds -نواب صدر المہام بہادر - وزیر - مشیر امیر جامعہ - افسر اعلیٰ - صدر اعظم - وزیراعظم -

Vice-chancellor معین امیر جامعہ ۔
Chancellorship عہدہ امیر جامعہ ۔
Chancery (chan-sər-i) *n.* Lord chancellor's court محافظ خانہ ۔ لارڈ چانسلر کی عدالت ۔
Chandelier (shan-di-ler) *n.* Branched support for several lights شیشے کا جھاڑ جس میں متعدد چراغ ہوں ۔ فانوس ۔ چھل چراغ ۔ چل چراغ ۔
Chandler (chan-dler) *n.* Dealer in candles موم بتیاں بنانے والا ۔ شمع ساز ۔ شمع فروش ۔ بتی ۔ روغن تیل بیچنے والا ۔ شمع ڈھالنے والا ۔
Change (chanj) *n.* Alteration اختلاف ۔ انقلاب ۔ فرق ۔ تغیر ۔ تبدیلی ۔ ادل بدل ۔ تحویل قمر ۔ چاند کا گھٹنا بڑھنا ۔ سودا لینے کے بعد بقیہ چلٹر ۔ ریز گاری ۔ خوردہ ۔
Change of clothes کپڑوں کا فالتو جوڑا ۔
For a change تبدیل آب و ہوا کی غرض سے ۔
Changeful *adj.* متلون۔کبھی کچھ کبھی کچھ ۔
Changeless *adj.* ثابت ۔ غیر متبدل ۔ ابدی ۔ پائدار ۔
Change (chanj) *v.t.* Take another instead of تبدیل کرنا ۔ ادل بدل کرنا ۔ تغیر و تبدل کرنا ۔ پلٹنا ۔ بھنانا ۔ تڑانا ۔ بدلوانا ۔ خوردہ کرنا ۔ موڑ بدلنا ۔ گھوڑا بدلنا ۔ متغیر ہونا ۔ چاند کا ہلال کی صورت میں نمودار ہونا ۔
Change colour شرما جانا ۔ رنگ زرد پڑ جانا ۔ چہرے کا رنگ فق جانا ۔
Change front بحث میں پہلو بدلنا ۔ محاذ بدلنا ۔
Changeable (chanjə-bl) *adj.* Alterable بدل دینے کے قابل ۔ غیر مستقل ۔ تغیر پذیر ۔
Changeability *n.* بے ثباتی ۔ تغیر پذیری ۔
Changeableness *n.* تلون ۔ ناپائداری ۔ بے ثباتی ۔
Changeling (chanj-ling) *n.* Child substituted for another بدلی ہوئی چیز ۔ وہ بچہ جو دوسرے سے بدل دیا گیا ہو ۔ غیر مستقل مزاج ۔ احمق ۔ یہ وہم کہ بعض وقت پریاں بچہ اُٹھا کر دوسرا ڈال جاتی ہیں ۔
Channel (chan-el) *n.* & *v.t.* Artificial or natural bed of running water نہر ۔ نالہ ۔ پانی کا دھارا ۔ خلیج ۔ کھاڑی ۔ رودبار ۔ راہ ۔ راستہ ۔ سبیل ۔ واسطہ ۔ ذریعہ ۔ نہر بنانا ۔ راستہ نکالنا ۔
Chant (chant) *n.*, *v.t.* & *i.* Song, sing, ۔ نغمہ ترنم ۔ بھجن ۔ گیت ۔ راگ ۔ ترانہ ۔ قوالی ۔ گنگنانا ۔ گانا ۔ الاپنا ۔
Chant the praises of مالک کے گن گاتے رہو ۔ اللہ کی حمد و ثنا کرتے رہو ۔
Chanter (chan-ter) *n.* Singer ۔ مطرب ۔ کلاکار ۔ گلاونت ۔ قوال ۔ گویا ۔ نغمہ خوان ۔ گانے والا ۔ گا کر پڑھنے والا ۔
Horse chanter فریب سے گھوڑے بیچنے والا ۔ دھوکا دے کر گھوڑے بیچنے والا ۔
Chanticleer (chan-ti-kler) Personal name for domestic cock گھریلو مرغ کا شخصی نام ۔ مرغ ۔ مرغ سحر ۔ صبح خوان ۔
Chantry (chan-tri) Endowment for priest پادریوں کو مرحوموں کے لیے دعائے مغفرت کرنے کا وظیفہ ۔ خانقاہ ۔ چھوٹا گرجا ۔ دعا مانگنے کی جگہ ۔
Chanty (chan-ti) *n.* Sailors song ملاحوں کا گیت جو وہ بوجھ اٹھاتے وقت گاتے ہیں ۔
Chaos (ka-os) *n.* Utter confusion دنیا بننے سے پہلے کا مادہ یا ہیولہ ۔ بے ترتیب مجموعہ ۔ ابتری ۔ گڈمڈ ۔ درہم برہم ۔ یونانیوں کا خدائے اعظم ۔ خالق اکبر ۔
Chaotic *adj.* بے ترتیب مادہ ۔ بے شکل و صورت ۔ منتشر ۔
Chaotically *adv.* حالت انتشار میں ۔ ابتری سے ۔ بے ترتیبی سے ۔
Chap (chap) *v.t.*, *i.* & *n.* Crack چاک کرنا ۔ شق ہونا ۔ تڑکنا ۔ پھٹنا ۔ چاک ۔ شگاف ۔ رختہ ۔ دراڑ ۔
Chap chop (chap) *n.* Jaws of beasts رخسار ۔ گال ۔ جانوروں کے جبڑے ۔ سور کا آدھا گال جو کھایا جاتا ہے ۔
Chap-fallen اندوہ ناک ۔ مغموم ۔ غمگین ۔ غم زدہ ۔
Chap (chap) n. Good fellow (بول چال) ۔ مرد آدمی ۔ بھلا مانس ۔
Chapel (chap-l) Church of a private house خانہ گرجا ۔ عبادت گاہ ۔ رومن کیتھولک گرجا ۔
Chaperon (shap-ər-on) *v.t.* & *n.* Elderly woman incharge of girl on social occasion کنواری لڑکی کی نگرانی کرنے والی مسن عورت ۔ سن رسیدہ اتالیق جو کنواری لڑکیوں کو آداب مجلس سکھاتی ہے ۔ نگرانی کرنا ۔ آداب سکھانا ۔ اتون جی ۔ اتالیقہ ۔
Chaperonage *n.* اتالیقی ۔ نگرانی ۔

Chaplain (chap-lin) *n.* Clergyman officiating in private chapels - کسی خاندان کا پادری - راہبہ جو راہبہ گھر میں نماز پڑھائے -

Chaplaincy *n.* خاندانی پادری کا عہدہ -

Chaplet (chap-lit) *n.* Wreath of flowers - کنٹھا - تسبیح - مالا - سہرا - ہار - پھولوں کا گجرا -

Chapman (chap-mən) *n.* pedlar - چیزیں بدلنے والا - بیوپاری - پھیری والا - بساطی -

Chapter (chap-tər) *n.* Main divisions of a book کتاب کی فصل - کتاب کا باب - کوئی خاص مضمون - پادریوں کی مجلس -

Chapter and verse کسی اقتباس کا پوری پوری سند - پورا حصہ - سورت و آیت -

Charabanc (shar-ə-bang) *n.* Long vehicle with many seats - بہت سی نشستوں والی لمبی گاڑی - سیر گاڑی - تفریحی گاڑی جس میں سیر کے لیے مضافات میں جاتے ہیں -

Character (kar-ək-tər) *n.* & *v.t.* Distinctive mark - علامت - نشانی - امتیازی نشان - آنکڑا - ہندسہ - حرف - سبھاؤ - گن - خاصیت - خصلت - سیرت - چال چلن کسی قوم یا شخص کی خصوصیت - اخلاقی قوت - مستقل مزاجی - شہرت - ناموری - نیک نامی - معروف آدمی - ناول یا ڈرامہ کا کردار - وہمی شخص - کندہ کرنا - نقش کرنا - بیان کرنا -

Characteristic (kar-ək-tər-is-tik) *n.* & *adj.* Distinctive - طبعی خصوصیت - نمایاں صفت - گن - خصوصیت - خاصہ - خصوصیت ظاہر کرنے والا - فطرت - خو - عادت -

Characteristically *adv.* - عادتاً - فطرتاً - امتیازی طور پر -

Characterize (kar-ək-ter-iz) *v.t.* Describe character of - خصلت بیان کرنا - سیرت یا عادت بیان کرنا - موسوم کرنا - مشہور کرنا - خاصیت بیان کرنا - کسی وصف سے متصف کرنا -

Characterization سیرت یا خصلت نگاری -

Charcoal (char-kol) *n.* Form of carbon کوئلہ کی گیس سے خود کشی - لکڑی کا کوئلہ - کوئلہ -

Charge (charj) *n.* Material load - قیمت - لاگت - خرچ - بار - بوجھ - دام - محنتانہ - امر مفوضہ - فریضہ - عہدہ - منصب - حفاظت - نگرانی - حوالگی - امانت - وہ شخص جو کسی کی نگرانی میں ہو - الزام - تہمت - افترا - حملہ - دھاوا - یورش -

Charge (charj) *v.t.* & *i.* Load, - بھر دینا - لبالب بھرنا - بار ڈالنا - لادنا - ہوا کا بخارات سے بھر جانا - حوالے کرنا - سونپنا - حکم دینا - تاکید کرنا - ہدایت کرنا - الزام لگانا - متہم کرنا - ذمہ داری عاید کرنا - مطالبہ کرنا - قیمت لگانا - حملہ کرنا - دھاوا کرنا - یورش کرنا -

Chargeable (charj-ə-bl) *adj.* Expensive - قابل وضع - ادائی کے قابل - باز پرس کے قابل - قابل مواخذہ - قابل انتساب - حساب میں شمار کئے جانے کے قابل -

Charge d' affaires (sharzh-da-fers) *n.* Diplomatic agent - مدارالمہام - نائب سفیر - ایلچی -

Charger (charj-er) *n.* Large flat dish, officers horse - جنگی گھوڑا - صف جنگ کا گھوڑا - فوجی افسر کا گھوڑا - سونپنے والا - تفویض کرنے والا - تحویل میں دینے والا - بڑی مشقاب (متروک) -

Chariot (chari-ət) *v.t.* & *n.* Stately vehicle اٹھارویں صدی کی جنگی رتھ - گاڑی - رتھ - جلوسی گاڑی - رتھ میں لے جانا - جلوسی گاڑی میں لے جانا -

Charioteer *n.* رتھ بان - گاڑی بان -

Charitable (chari-tə-bl) *adj.* Liberal - خیراتی - مخیر - کریم النفس - سخی - خیر خواہ - فیاض -

Charitableness *n.* - کریم النفسی - نیک دلی - سخاوت - فیاضی -

Charitably *adv.* - کریمانہ - فیاضانہ - نیک نیتی سے -

Charity (char-i-ti) *n.* Kindness - مہربانی - سخاوت - خیرات - محبت - انسانی ہمدردی - نرم دلی - رافت - اخلاص - نیک خیالی - محتاج خانہ - خیرات خانہ -

Charlatan (char-lə-tən) *n.* Quack - ڈھونگیا - ڈینگیا - جھوٹا مدعی - عطائی - نیم حکیم -

Charm (charm) *v.t.* Bewitch موہ لینا - جادو منتر پھونکنا - موٹھ چلانا - جادو کرنا - فریفتہ کرنا - مفتوں کرنا - مسرور کرنا -

Charmed *pp.* مسرور - خوش - جادو کیا ہوا - سحر زدہ - مسحور -

Charming *adj.* - دل پسند - دلفریب - من موہنی - دلربا

Charmingly *adv.* - دلربائی سے - دلاویزی سے - دلکشی سے

Charmer (charm-er) *n.* Beautiful woman - نازنین - حسینہ - دلربا - افسوں گر - جادوگر -

Charmless (charm-les) *n.* Unattractive - قبیح صورت - بد صورت - ان بھاؤنی -

Charnel-house (char-nəl-hows) *n.* A place for piling dead bodies and bones مردوں کی ہڈیاں رکھنے کی جگہ ۔ مردہ خانہ ۔ مگاں جہاں ہڈیاں اور لاشیں رکھی جائیں ۔

Chart (chart) *n.* & *v.t.* Sea map نقشہ ۔ جہاز رانوں کا نقشہ جس میں ساحل ، چٹانیں وغیرہ دکھائی جاتی ہیں ۔ خاص حالات ظاہر کرنے والا نقشہ ۔ دستاویز ۔ نقشہ بنانا ۔

Charter (char-tər) *n.* Grant of rights - فرمان ۔ پروانہ منشور ۔ سند ۔ اجازت نامہ ۔ انتقال اراضی ۔ معاہدہ ۔

Charter (char-tər) *v.t.* Give privilege to منشور جاری کرنا ۔ پروانہ دینا ۔ سند دینا ۔ قول قرار کرکے گاڑی یا جہاز کرایہ پر لینا ۔

Chartered (char-tərd) *n.* Holder of a charter مختار و مجاز ۔ سندیافتہ ۔

Charterer (char-tə-rer) *n.* One who grants privileges سند عطا کرنے والا ۔ جہاز کرایہ پر لینے والا ۔

Chary (chari) *adj.* Cautious پھونک پھونک کر قدم رکھنے والا ۔ محتاط ۔ خبردار ۔ ہوشیار ۔ متامل ۔ کنجوس ۔ کفایت شعار ۔ بخیل ۔

Chary of praise - تعریف کرنے میں تامل کرنے والا ۔

Charily *adv.* کفایت سے ۔ ہوشیاری سے ۔

Chariness *n.* تامل ۔ بخل ۔ چوکسی ۔ احتیاط ۔

Charybdis (kə-rib-dis) *n.* Scylla ۔ دیکھو

Chase (chas) *n.* Pursuit چھاپے کے حروف کسنے کا سانچہ ۔ شکار گاہ ۔ شکار کا تعاقب ۔ تعاقب کردہ جہاز ۔

Chase (chas) *v.t.* Pursue شکار کرنا ۔ دور کرنا ۔ پیچھا کرنا ۔ تعاقب کرنا ۔ نقش بنانا ۔

Chase (chas) *n.* بندوق کی نال ۔ نال رکھنے کی نالی ۔ چھاپے کا فرمہ ۔

Chasm (kazm) *n.* Deep fissure رخنہ ۔ خالی جگہ ۔ درز ۔ شگاف ۔ تسلسل کا ٹوٹ جانا ۔ دو شخصوں یا جماعتوں میں اختلاف جذبات و اغراض وغیرہ ۔

Chaste (chast) *adj.* Abstaining from immoral intercourse پاک ۔ پاکدامن ۔ حیادار ۔ پارسا ۔ عفیف ۔ پرہیزگار ۔ معصوم ۔ شستہ ۔ (تقریر) ضابط ۔ خود دار ۔ محتاط ۔

Chastely *adv.* پاکدامنی سے ۔

Chasten (chaz-en) *v.t.* Correct by suffering تزکیہ کرنا ۔ روحانی بھلائی کے لیے مجاہدہ کرنا ۔ اپنے نفس کو تکلیف دینا ۔ تکلیف میں ڈال کر سدھارنا ۔ نفس کو رام کرنا ۔

Chastener *n.* سدھارنے والا ۔ مجاہدات سے نفس کو رام کرنے والا ۔ تزکیہ نفس کرنے والا ۔

Chastise (Chas-tiz) *v.t.* Punish سرزنش کرنا ۔ گوشمالی کرنا ۔ تادیب کرنا ۔ سزا دینا ۔

Chastisement *n.* تادیب ۔ سرزنش ۔ سزا ۔

Chastiser *n.* سرزنش کرنے والا ۔ سزا دینے والا ۔

Chastity (Chas-ti-ti) *n.* Continence, virginity پاکیزگی ۔ عفت ۔ عصمت ۔ پاکدامنی ۔ پارسائی ۔ کنوار پن ۔ تجرد ۔ سادگی ۔ سادہ مزاجی ۔

Chat (chat) *v.i.* & *n.* Talk in a familiar manner بات چیت کرنا ۔ گپ شپ اُڑانا ۔ بے تکلف گفتگو کرنا ۔ بات چیت ۔ گپ شپ ۔

Chatty گپی ۔ گپ باز ۔ باتونی ۔

Chat (chat) *n.* Kinds of singing birds گانے والی خوش آواز چڑیاں ۔

Chateau (sha-to) *n.* Country house جاگیرداروں کی دیہاتی رہائش گاہ ۔

Chattel (chat-l) *n.* Movable possession - مال متاع ۔ مال منقولہ ۔ اثاثہ ۔ اسباب ۔ اشیاء ۔

Chatter (chat-ər) *v.i.* & *n.* Talk quickly - دانت بجنا ۔ بولنا ۔ پرندوں کا چوں چوں کرنا ۔ بک بک کرنا ۔ بکواس کرنا ۔ ہرزہ سرائی کرنا ۔ یاوہ گوئی کرنا ۔ کسی مشین کے پرزوں کا کھٹ کھٹ کرنا ۔ ڈھیلے پرزوں کی کھڑ کھڑ ۔

Chatter box بک بک کرنے والا ۔ گپی ۔ باتونی ۔

Chauffer (show-fər) *n.* Metal fire basket - آتشدان ۔ انگیٹھی ۔ منقل ۔

Chauffeur (sho-fər) *n.* Motor car driver موٹر گاڑی چلانے والا ۔ موٹر ڈرائیور ۔

Chauvinism (sho-vin-izm) *n.* Bellicose patriotism شاون جیسی وطن دوستی ۔ جنگجویانہ وطن پرستی ۔

Chauvinist *n. adj.* جنگجو وطن پرست ۔

Chauvinistic *adj.* - جنگجوئی کی ذہنیت سے ۔ وطن پرستانہ

Chaw (cho) *v.t., i. & n.* Chew, utterly defeat تمبا کو کا انٹا چبانا - چابنا - شکست کھا جانا -

Cheap (chep) *adj.* Inexpensive سستا - کم قیمت - ارزاں - آسانی سے حاصل ہونے والا - نکما - فرسودہ - سستے داموں کا - کم دام کا -

Cheap and nasty سستا اور نکما -

Cheap jack پھیری والا -

Cheap trip کم کرایہ دیکر تفریحی سفر کرنا - ارزاں سفر -

Feel cheap حقیر - شرمندہ - افسردہ - پژمردہ -

Hold cheap ادنی' سمجھنا - بے قدر جاننا - حقیر جاننا -

Cheapish *adj.* نکما - ارزاں - گھٹیا -

Cheaply *adv.* سستا - کم قیمت پر -

Cheapness *n.* ارزانی - بے قدری - سستا پن -

Cheapen (chep-en) *v.t. & i.* Lower price گھٹانا - سستا کرنا - قیمت کم کرنا - ارزاں کرنا -

Cheat (chet) *n.v., t. & i.* Trick. fraud, swindle چال - دھوکا - جھانسا - دم - دغا - عیاری - دھوکے باز - جعلساز - ٹھگ - چالباز - تاش کے کھیل میں دھوکا دینا - ٹھگنا - دغابازی کرنا - خرید و فروخت میں بے ایمانی کرنا - ڈنڈی مارنا - تکان یا وقت کو بھلاوا دینا - اس طرح مشغول ہونا کہ تکان محسوس نہ ہو -

Check (chek) *interj. & n.* Exposure of king to attack (chess) (شطرنج) شہ - کشت - کشت کہنا - حرکت میں رکاوٹ - ناگہانی روک - اڑچن - خفیف فوجی شکست - روک - تعرض - سدباب - مزاحمت کرنے والا - رکھنے والا - جانچ پڑتال - مقابلہ (تاش) شرط کا روپیہ رکھنے کا تختہ -

Check (chek) *v. t. & i.* Threaten opponent's king (شطرنج) شہ دینا - کشت دینا - یکایک روک دینا - شکاری کتوں کا بو نہ پا کر رک جانا - روکنا - باز رکھنا - جانچنا - جائزہ لینا - مقابلہ کرنا - تنقیح کرنا -

Check (chek) *n.* Cross lined fabric خانہ دار وضع کا کپڑا - چوخانہ کپڑا -

Checkmate (chek-mat) *interj., n. & v.* check to king (شطرنج) ایسی شہ جس سے مات ہو جائے - شکست دینا - ہرا دینا - مات دینا -

Checker board (chekər-bord) *n.* Board for playing chess شطرنج کا تختہ - شطرنج کی بساط -

Cheddar (ched-ər) *n.* Kind of cheese ولایتی پنیر - ایک قسم کا پنیر -

Cheek (chek) *n. & v. t.* Side of face below eyes عارض - رخسار - گال - شوخ چشمی - گستاخی - گستاخانہ گفتگو - شکنجہ یا زنبور کے دندانے جو ایک دوسرے میں بیٹھ جائیں -

Cheekily *adv.* گستاخی سے - ڈھٹائی سے - شوخ چشمی سے -

Cheekiness *n.* شوخی - گستاخی - جسارت -

Cheeky *adj.* شوخ - گستاخ - ڈھیٹ -

Cheep (chep) *n. & v.i.* Shrill feeble note چیں چیں کرنا - پرندوں کے بچوں کی باریک آواز -

Cheeper چوزہ - تیتر کا بچہ -

Cheer (cher) *n.* Frame of mind دل و دماغ اور مزاج کی کیفیت - خوشی - مزاج - ضیافت - تواضع - طعام - خوراک - کھانا - نعرہ تحسین - واہ وا - شاباش -

Be of good cheer دل کڑا رکھنا - جی نہ ہارنا -

Make good cheer خوب کھاؤ پیو - مزے اڑاؤ -

The fewer the better cheer جتنے آدمی کم اتنا ہی کھانے کو زیادہ -

Cheer (cher) *v. t. & i.* Comfort دلاسا دینا - دلجمعی کرنا - تسلی دینا - جی خوش کرنا - دلداری کرنا - دل بڑھانا - ہمت بندھانا - ترغیب دینا - تحسین و آفرین کرنا - مرحبا کہنا - ہمت بندھی رکھنا -

Cheerful (cher-ful) *adj.* In good spirits خوش گوار - شادمان - خوش - شاد - فرحت بخش - زندہ دل - روح پرور - خوش مزاج -

Cheerfully *adv.* خندہ پیشانی سے - زندہ دلی سے - خوش دلی سے -

Cheerfulness *n.* شادمانی - خوش مزاجی - زندہ دلی -

Cheerless (cher-les) *adj.* Gloomy بے رونق - شکستہ حال - افسردہ دل - تیرہ و تار - بے نور -

Cheerlessly *adj.* افسردہ دلی سے - مردہ دلی سے -

Cheerlessness *n.* بے نوری - بے رونقی - افسردگی -

Cheery (cher-i) *adj.* Lively in spirits - خندہ رو
شادمان - خوش و خرم - ہنس مکھ - زندہ دل - ہشاش
بشاش -
Cheerily *adv.* - خوش مزاجی سے - زندہ دلی سے -
Cheeriness *n.* - خندہ روئی - خوش مزاجی - زندہ دلی -
Cheese (chez) *n.* Cake or ball of pressed curd
خطمی کا پھول - پنیر -
Bread and cheese - سادہ غذا - دال روٹی -
Chalk and cheese - واضح اختلاف - گدھے گھوڑے
کا سا فرق -
Cheese, cheese it (chez) *v.t.* Give over - ٹھہرو -
جانے دو - چھوڑ دو -
Cheesy (chez-i) *adj.* Like cheese - بانکا - طرح دار -
پنیر کی طرح پنیر سا - چھیلا - بنا ٹھنا - وضعدار -
Cheetah (cheta) *n.* Kind of leopard - چیتا - تیندوا -
Cheiropterous (ke-rop-ter-əs) *adj.* With membraned hands serving as wings چمگادڑوں کی
قسم کا - خفاشی -
Chela (chəla) *n.* Disciple - ہندو اور بدھ مت کا پیرو -
چیلا - نو آموز شاگرد -
Chemical (kemi-kəl) *adj.* & *n.* Of relating to chemistry
گیمیا کے متعلق - کیمیاوی اشیاء - وہ اشیاء جو
کیمیاوی اعمال سے حاصل ہوں یا ان میں استعمال کی جائیں -
Chemically *adv.* - از روئے کیمیا - کیمیاوی طریقہ سے -
Chemise (shi-mez) *n.* Woman's body under garment
عورتوں کا زیر جامہ -
Chemist (kem-ist) *n.* Person skilled in chemistry
کیمیا دان - دوا ساز - دوا فروش -
Chemistry *n.* - علم کیمیا - رسائن و دیا -
Chenille (she-nəl) *n.* Velvetty cord - مخمل کی جھالر -
مخمل کی ڈوری -
Cheque (chek) *n.* Written order to banker to pay
چیک - ہنڈی -
Chequer (chek-er) *v.t.* Mark with squares چو خانہ
کپڑا بنانا - بساط کی طرح بنانا - رنگ برنگ بنانا -
گونا گوں کرنا -
Chequer (chek-er) *n.* Chessboard - چارخانہ دار کپڑا -
بساط - بساط شطرنج - شطرنجی کپڑا - چو خانہ کپڑا -
رنگ برنگ کا کپڑا -

Chequered lot, fortune, life رنگ - بوقلموں زندگی -
برنگی زندگی -
Cherish (cher-ish) *v.t.* Foster : پالنا پوسنا - پرورش
کرنا - عزیز جاننا - لو لگائے رکھنا -
Cheroot (shə-root) *n.* Cigar with both ends open
چرٹ - وہ سگار جسکے دونوں سرے کھلے ہوں -
Cherry (cher-i) *n.* Small Stone fruit - گیلاس - سرخی -
آلو بالو - شاہ دانہ -
Cherry lips - لال لب - سرخ لب -
Cherry ribbon - سرخ فیتہ -
Make two bites at a cherry - پس و پیش کرنا -
جھجکنا -
Cherub (cher-əb) *n.* Angelic being - خوبصورت لڑکا -
معصوم بچہ - فرشتہ - جسکو علم عطا کیا گیا - فرشتہ -
پردار بچہ -
Chess (ches) *n.* Game of board with pieces شطرنج
Chess-men - شطرنج کے مہرے -
Chess-board - شطرنج کی بساط -
Chest (chest) *n.* Strong box - لوہے کی پیٹی - پیٹی -
صندق - بڑا مضبوط صندوق -
Carpenter's chest - بڑھئی کا اوزار رکھنے کا صندوق -
Medicine chest - دواؤں کا صندوق -
Chestnut (ches-nut) *n.* & *adj.* Nut bearing tree
شاہ بلوط کا درخت - شاہ بلوط - شاہ بلوط کا پھل - سرخی
مائل بھورا - کمیت گھوڑا - فرسودہ قصہ -
Chevalier (she-vəl-er) *n.* Member of certain orders of knighthood امرا - بہادر طبقہ - ویر - سور
کا نوجوان سپاہی - ایک قسم کا خطاب یافتہ نائٹ -
Chew (choo) *v.t., i.* & *n.* Work about between teeth
چابنا - چبانا - جگالی کرنا - متفرق رہنا - غور
کرنا - سو چنا - سوچ بچار کرنا - جگالی - تمبا کو کا انٹا -
Chianti (ke-anti) *n.* An Italian wine سرخ اطالوی
شراب -
Chicanery (shi-kan-eri) *n.* Legal trickery - ٹال مٹول -
ہیر پھیر - بے معنی بحث - لفظی بحث
Chick (chik) *n.* Young bird - چوزہ - مرغی کا چوزا -
پٹھا -
The chicks - کسی خاندان کے ننھے ننھے بچے -

Chicken (chik-en) *n.* Young domestic fowl مرغ بچہ - چوزے کا گوشت - چوزہ -

No chicken, not a chicken - کوئی بچہ نہیں ہے -

Chide (chid) *v t. & i.* Speak scoldingly - ملامت کرنا - سرزنش - جھڑکنا - برا بھلا کہنا - صلواتیں سنانا -

Chief (chef) *n.* Head man, leader رہنما - قوم کا سردار حاکم - امیر - سردار - مکھیا - چودھری - قبیلہ کا بڑا آدمی - بڑا افسر -

Chief (chef) *adj. & adv.* Prominent - بڑا اہم - صدر بلحاظ خطاب و اہمیت - اعلیٰ - پیش پیش - سر بر آوردہ - خاص طور سے - بالخصوص - اولاً -

Chiefly (chef-li) *adj.* سردارانہ - امیرانہ -

Chiefly (chef-li) *adv.* - غالباً - خاص طور پر - بالخصوص خصوصاً - اولاً -

Chieftain (chef-tən) *n.* Military leader, captain of robbers - مکھیا - سالار - سردار - سر خیل - قائد فوجی سردار - ڈاکوؤں کا سرغنہ - غیر متمدن قبائل کا سردار -

Chieftaincy - سردار کا علاقہ - سردار کا حلقہ اثر - چودھراہٹ -

Chieftainship, chieftainry - سرداری -

Chiffonier (shifə-ner) *n.* Low cupboard - ششدرہ خانہ دار - چھوٹی الماری -

Chilblain (chil-blan) *n.* Itching sore on hand, foot etc. - سردی سے ہاتھ پاؤں کا پھٹنا -

Chilblained } Chilblainy } - سردی سے ہاتھ پاؤں پھٹے ہوئے - زخمی -

Child (child) *n.* New born human being بچہ - بالک طفل مزاج - شخص - سادہ لوح - بیٹا - بیٹی - اولاد - آل اولاد - نسل -

Child's play - آسان کام - بچوں کا کھیل -

Burnt child dreads fire دودھ کا جلا چھاچھ پھونک پھونک کر پیتا ہے -

Fancy's child - تخیل کا نتیجہ - نتیجہ - فکر -

Childless *adj.* - بے اولاد - لاولد -

Childlessness *n.* - بے اولادی - لاولدی -

Childhood (child-hood) *n.* Child state بچپن کا زمانہ بچپن - طفلی -

Second childhood - سترا بہترا - بڈھا پھوس -

Childish (child-ish) *adj.* Proper to a child طفل مزاج - بچوں جیسا - بچوں کی طرح -

Childlike (child-lik) *adj.* Having innocence, frankness - صاف دل - مخلص - معصوم -

Childly (child-li) *adj.* Like a child طفلانہ - بچے کی مانند طور پر - بچے کی مثل -

Chill (chil) *n.* Cold sensation - لرزہ - تھر تھراہٹ - کپکپی - سردی - پانی یا ہوا کی ناگوار خنکی - افسردگی پژمردگی - سرد مہری - رکھائی -

Cast a chill over - اداسی چھا جانا -

Take chill off water پانی کی - پانی شیر گرم کرنا ٹھنڈک مارنا -

Chill (chil) *adj.* Very cold بے حس - برف - جاڑے کا مارا - یخ بستہ - بہت ٹھنڈا - ٹھنڈے خون کا - سرد مزاج -

Chillness - ٹھنڈک - خنکی - ٹھرن -

Chill (chil) *v.t. & i.* Make cold, - سرد ہو جانا - سرد کرنا - ٹھنڈا کرنا - سردی سے ٹھٹھر جانا - افسردہ کرنا یا ہونا - دل توڑنا - نا امید کرنا یا ہونا -

Chilli (chili) *n.* Dried pod of capsicum - سرخ مرچ - لال مرچ - فلفل سرخ -

Chilly (chili) *adj.* Feeling rather cold - سرد مہر - سرد مزاج - ٹھنڈا ٹھنڈا -

Chillness - بے رخی - رکھائی - سرد مہری - سرد مزاجی - سردی - خنکی -

Chime (chim) *n.* Set of attuned bells - ہم نوائی - موافقت - ہم آہنگی - گھنٹوں کی سریلی جھنکار -

Chime (chim) *v.t. & i.* Make bell sounds گھنٹوں سے سریلی آواز نکالنا - گھنٹوں کا بجنا یا بجانا - گھنٹہ بجا کر وقت بتانا - گجر بجانا - بے ارادہ کسی چیز کا بار بار دھرانا - رٹ لگانا - ہم نوا ہونا - ہاں میں ہاں ملانا - سر میں سر ملانا -

Chimera (kime-ra) *n.* Monster عجیب الخلقت - خیال باطل - وہم - ہوا -

Chimerical *adj.* - بے اصل - موہوم - وہمی - بے بنیاد -

Chimerically *adv.* - خیالی طور پر - متوہمانہ -

Chimney (chim-ni) *n.* Flue carrying off smoke, steam آتشدان - دود کش - لیمپ کی چمنی - مل کی چمنی - آتش فشاں کا دہانہ - نلوا -

Chimpanzee (chim-pən-ze) *n.* African ape چمپنزی - بوزنہ - بن مانس - افریقی بندر جو انسان سے مشابہ ہوتا ہے -

Chin (chin) n. Front of lower jaw ٹھوڑی - ٹھڈی -

Up to the chin, chin deep از سر تا پا ڈوبا ہوا - گلے گلے تک -

China (chi-na) *n. & adj.* From China چینی کے برتن - چینی مٹی کا - چین کا - چینی -

Chinaman *n.* (کریکٹ) بائیں ہاتھ سے آف بریک گیند جو دھوکا دے - چین کا رہنے والا -

Chinamania *n.* ملک چین کا خبط - چین پرستی -

Chinamaniac *n.* چین کا دیوانہ - چین پرستی کرنے والا -

Chine (chin) *n.* Backbone or part of it ریڑھ کے دونوں طرف کا گوشت - ریڑھ کا بانس - ریڑھ کی ہڈی -

Chinee (chini) *n.* Chinese چین کا باشندہ -

Chinese (chi-nez) *n. & adj.* Of China چینی زبان - چینی- چین کے رہنے والے -

Chinese Lantern رنگ برنگی فانوس - چینی قندیل -

Chink (chingk) *n.* Crevice چھید - دراز - رخنہ - سوراخ - شگاف -

Chink (chingk) *n., v.t. & i.* Sound as of glasses or coins چھن چھنا کا - چھن چھن - جھنجھلاہٹ - کانچ کے برتنوں کی جھنکار - روپیہ بجانے کی آواز - نقد روپیہ

Chintz (chints) *n. & adj.* Cotton cloth printed with patterns چھینٹ - چھپا ہوا کپڑا - چھینٹ کا -

Chip (chip) *n.* Small piece of wood or stone پرزہ - پتھر یا لکڑی کا ٹکڑا - قاش - قتلہ - لکڑی کی کھپچی - چینی کے برتن کا ٹوٹا ہوا ٹکڑا -

Chip of old block جیسا باپ ویسا بیٹا -

Dry as a chip غیر دلچسپ - خشک - پھیکا - بے مزا -

Chip (chip) *v.t. & i.* Cut wood, break stone پتھر توڑنا - کاٹنا - چھیلنا - لکڑی کا کاٹنا - لکڑی چھیلنا - چپٹی اُتارنا - کمزور ہونا - خستہ ہونا - نقش تراشنا - انڈے پھوڑنا - جیسے چوزے انڈے پھوڑ کر نکلتے ہیں -

Chippy (chip-i) *adj.* Dry, uninteresting بے لطف - بے مزہ - خشک - نشے کے بعد پیاسا - تشنہ اور متلی کرتا ہوا - تنک مزاج - زود رنج - چڑ چڑا -

Chirognomy (kirəg-nə-mi) *n.* Palmistry ہاتھ دیکھ کر غیب کا حال بتانا - ہاتھ دیکھنا - دست شناسی -

Chirograph (ki-rəg-raf) *n.* Documents of various kinds دستاویز - تحریر - مختلف قسم کی دستاویزیں -

Chirography (ki-rəg-rafi) *n.* Art of writings دستاویز نویسی کا علم - علم تحریر -

Chirology (ki-ro-lə-gi) *n.* Language of gestures اشاروں سے باتیں کرنے کا علم - اشاروں کی زبان -

Chiropodist (kiro-pə-dist) *n.* Treater of hands and feet ہاتھ پاؤں کے علاج کا ماہر - ہاتھ پاؤں ناخن اور گھٹنوں کا معالج -

Chiropody *n.* ہاتھ پاؤں ناخنوں اور گھٹنوں کا علاج -

Chirp (ch-ərp) *n., v.t. & i.* Make short sharp notes چوں چوں کرنا - چڑیوں کی چوں چوں - چہچہانا - خوشی کا اظہار کرنا - خوش ہو کر باتیں کرنا - دھیمی آواز سے بولنا -

Chirpy *adj.* خوش و خرم - شادمان - زندہ دل -

Chirpiness *n.* زندہ دلی - شادمانی - بشاشت -

Chirr (chər) *n. & v.i.* Make prolong trilling sound ٹڈے کی سی آواز نکالنا - دیر تک چہچہانا - چیں چیں کرنا -

Chirrup (chir-əp) *v.i. & n.* Make series of chirps چوں چوں کرنا - چرکنا - آغوں آغوں کرنا - تھیٹر میں تنخواہ لے کر تعریف کرنا -

Chisel (chiz-l) *n. & v.t.* Cut with tool with square bevelled end چھینی - ٹانکی - بولی - چیھنی سے لکڑی، پتھر توڑنا - دھوکا دینا - دغا دینا - ٹھگنا -

Chiselled features تراشے ہوئے نقوش - خوبصورت ناک نقشہ -

Chit (chit) *n.* Young child پست قد نازک عورت - کمسن - ننھا - ننھا بچہ -

Chit-chiti (chit) *n.* Written paper یاد داشت - پرچہ - رقعہ - چٹھی -

Chit chat (chit-chət) *n.* Light conversation باتیں - بات چیت - گپ شپ -

Chivalrous (shiv-əl-rəs) *adj.* Gallant - عالی حوصلہ - اولوالعزم - نڈر - بہادر - بااخلاق - جاں باز - خبطی - وہمی - شیخ چلی کا سا -

Chivalrously *adv.* - بے غرضانہ - اولوالعزمی سے - جانبازی سے -

Chivalry (shiv-əl-ri) *n.* Gallantry - بانک پن - دلاوری - بہادری - اولوالعزمی - نائٹوں کی سی خوبیاں - زیر دستوں کی حمایت - صنف نازک کے لیے جانبازی -

Flower of chivalry - کسی قوم کے جانباز سپاہی -

Chloroform (klo-ro-form) *n.* Anaesthetic liquid بے ہوشی کی دوا - بے ہوش کر دینے والی دوا -

Chloroformist *n.* دوا سنگھانے والا - دوا دے کر بے ہوش کرنے والا - کلوروفارم دینے والا -

Chocolate (chokə-lit) *adj.* & *n.* Cake of cacao-seed paste, dark brown - کاکریزی - لاکھی - ایک قسم کی انگریزی مٹھائی -

Choice (chois) *n.* Selection پسند کرنے کا حق - پسندیدگی - پسند - انتخاب - چیدہ - برگزیدہ - منتخب - ممتاز - چارہ - علاج - متبادل صورت -

At choice - حسب مرضی -

Have no choice پسند نا پسند کی بات نہیں جو بھی مل جائے -

Have one's choice - اپنی مرضی سے انتخاب کرنا -

Holeson's choice لو تو یہ نہیں تو چھوڑ دو - یہ لو ورنہ کچھ نہیں - لو تو یہ لو - ورنہ نہیں -

Choice (chois) *adj.* Of picked quality - پسندیدہ - منتخب - عمدہ - نہایت اعلیٰ - نہایت موزوں -

Choicely *adv.* - مناسب طریقے سے - کمال احتیاط سے -

Choiceness *n.* - خوبی - عمدگی - نفاست -

Choir (kwir) *n., v.t.* & *i.* Band of singers in church service - گرجوں میں گانے والوں کا طائفہ - عبادت کے وقت گانے والوں کی منڈلی - سرودگاہ - مذہبی گیت گانا - سماع خانہ -

Choke (chok) *v.t., i.* & *n.* Suffocate - ٹیٹوا دبانا - گلا گھٹنا - گلا گھونٹنا - دم رکنا - دم گھٹنا - دم رک جانا - جذبات کو روکنا - ضبط کرنا - چھروں کی بندوق کی تنگ نال - خلیج یا کھاڑی کا ریت سے بھر جانا - اٹ جانا - کھچا کھچ بھرنا -

Choker (chok-ər) *n.* Stand-up collar - گلا دبانے والا - گلا گھونٹنے والا - سخت کھڑا کالر - ضبط کرنے والا - باز رکھنے والا -

Choler (kol-ər) *n.* One of the four humours, bile - صفرا - پت - غصہ - طیش - بد مزاجی - چڑچڑا پن -

Cholera (kol-ər-a) Disorder with diarrhoea and vomitting - ہیضہ - تخمہ - قے دست کی بیماری -

Choleric (kol-ər-ik) *adj.* Angry - چڑچڑا - تیز مزاج - غصیلا -

Cholerine (kol-ər-in) *n.* Summer cholera بد ہضمی - سوئے ہضم - تخمہ -

Choose (chooz) *v.t.* & *i.* Select - چھانٹنا - منتخب کرنا - پسند کرنا - چن لینا - کسی صفت کی وجہ سے چن لینا - کسی کام کرنے کا فیصلہ کرنا یا آمادہ ہونا -

Pick and choose - ہوشیاری سے چھانٹنا -

Chop (chop) *v.t.* & *i.* Cut by a blow - اڑا دینا - قلم کرنا - کاٹ ڈالنا - الگ کرنا - پارہ پارہ کرنا - قیمہ کرنا - چورا چورا کرنا -

Chop (chop) *n.* Slice of meat - ٹکڑا - پارہ - تکا بوٹی - ضرب - چوٹ - وار - ہاتھ - سمندر کی طوفانی فوج - جھٹکے دار حرکت -

Chop (chop) *v.t.* & *i., n.* Be inconstant ادل بدل کرنا - قائم نہ رہنا - ڈگمگانا - رخ بدلنا - بحث میں گریز کرنا -

Chopper (chop-ər) *n.* One who chops - تیشہ - تبر - قطع کرنے والا - کاٹنے والا - قصائی کی چوڑی تبر - بغدا - چھرا -

Chopsticks (chop-stiks) *n.* Small slips of ivory or bamboo for eating rice دو پتلی تتلیاں جن سے چینی چاول کھاتے ہیں -

Choral (ko-rəl) *adj.* Of song by choir سرود خوانوں کا - قوالوں کا - گیت کا - راگ کا -

Chorally *adv.* مل کر گاتے ہوئے - ساز کے ساتھ گاتے ہوئے - ہم آہنگی کے ساتھ - آواز ملا کر -

Choralist (kor-əl-ist) *n.* Chorus singer مل کر گانے والا - طائفے میں گانے والا - طائفے کا گویا -

Chord (kord) *n.* String - کمان کا چلہ - وتر - ہم آہنگی - دھن - سر - تار - تانت -

Chord (kord) *n.* Notes sounded together رنگوں کا موزوں امتزاج ۔ تین یا زیادہ سروں کا ملاپ ۔

Chorister (kor-is-tər) *n.* Member of choir ۔ گویا ۔ کلاونت ۔ قوال ۔ نغمہ سرا ۔ کلیسائی سرود خواں جماعت کا بچہ ۔

Chorus (ko-rəs) *n., v.t. & i.* Band of singers and dancers گیت کا وہ حصہ جس کو سب مل کر گاتے ہیں ہم آہنگی ۔ ہم نوائی ۔ قوالوں کی چوکی ۔ مل کر گانا ۔ ہم آواز ہو کر گانا ۔ قدیم یونانی ناٹک میں ناچنے گانے والوں کا طائفہ ۔ ملکہ الزبتھ کے زمانے میں ناٹک کا پیش خوان ۔ گانے والوں کی جماعت ۔

Chow (chow) *adj. & n.* Of China ۔ (آسٹریلیا) چینی ۔ چین کا ۔ چینی نسل کا کتا ۔

Chrism (krizm) Consecrated oil وہ روغن جو مذہبی رسموں میں ملا جاتا ہے ۔ متبرک تیل ۔ پاک کیا ہوا تیل ۔

Christ (krist) *n.* Messiah ۔ آسمانی روحانی بادشاہ ۔ حضرت عیسیٰ ۔ مسیحا ۔ حضرت مسیح ۔ نجات دلانے والا ۔

Christhood ۔ مسیحیت ۔

Christless ۔ بے دین ۔ بے نجات دہندہ ۔

Christlike (krist-lik) *adj.* ۔ مسیح کے مانند ۔ عیسیٰ صفت ۔

Christen (kris-n) *v.t. & i.* Admit as christian by baptism ۔ بپتسمہ دینا ۔ اصطباغ دے کر عیسائی بنانا ۔ اصطباغ کے وقت نام رکھنا ۔ جہاز وغیرہ کا نام رکھنا ۔ تسمیہ ۔

Christendom (kris-ten-dəm) *n.* Christian countries ۔ ممالک نصاریٰ ۔ دنیائے مسیحیت ۔

Christian (krist-yen) *adj. & n.* Believing in Christ مسیحی ۔ عیسائی ۔ نصرانی ۔ مسیحا یا اُن کے مذہب کے متعلق ۔ حضرت عیسیٰ کا سچا پیرو ۔ عیسیٰ صفت ۔ مہذب ۔ معقول آدمی ۔ بھلا مانس ۔

Christianize *v.t. & i.* ۔ عیسائی بنانا یا بنانا ۔

Christianlike *adj.* سچے عیسائی کی طرح ۔ عیسائیت کے شایان شان ۔

Christianity (kristyen-iti) Religion of Christ عیسائیت ۔ عیسائی مذہب ۔

Christmas (krist-məs) *n.* Festival of Christ's birth ولادت مسیح کا دن ۔ بڑا دن ۔

Christolatry (kris-to-lə-tri) Christ worship مسیح پرستی ۔

Christomaniac (kristo-mə-ni-ək) *n.* Mad after Christ حضرت عیسیٰ کا عاشق ۔ حضرت مسیح کا دیوانہ ۔

Chromatic (kro-ma-tik) *adj.* Full of bright colour رنگوں سے بھرا ہوا ۔ رنگین ۔

Chromatics *n.* Art of colour printing رنگوں کا علم ۔ علم الالوان ۔

Chromatically *adv.* رنگینی کے لحاظ سے ۔ رنگوں کے لحاظ سے ۔

Chrome (krom) *n.* Yellow pigment got from cromate of lead زرد رنگ جو لیڈ کروسیٹ سے حاصل ہوتا ہے ۔

Chromium (kro-mi-əm) *n.* A metallic element ایک دھاتی عنصر ۔

Chromolithograph (kromo-lith-ə-graf) *n.* Picture printed in colours from stone سنگی مطبع کی چھپی ہوئی رنگین تصویر ۔ رنگین سنگی چھپائی ۔

Chronic (kron-ik) *adj.* Lingering ۔ عیبی ۔ سخت ۔ شدید ۔ کہنہ ۔ پرانا ۔ مزمن ۔

Chronically *adv.* ۔ مزمن طور پر ۔ پرانا ۔ دیرینہ ۔

Chronicle (kron-ik-l) *n. & v.t.* Register of events in the order of time سرگزشت ۔ واقعات کا روز نامچہ ۔ تاریخ ۔ سرگزشت لکھنا ۔ تاریخی واقعات لکھنا ۔

Chronicler *n.* روز نامچہ لکھنے والا ۔ مورخ ۔ واقعہ نگار ۔

Chronograph (kro-no-grəf) *n.* History of ancient period ۔ زمانہ قدیم کی تاریخ ۔ تاریخی مواد ۔

Chronograph (kro-no-grəf) *n.* Instrument recording time with extreme accuracy ٹھیک ٹھیک وقت بتانے والا آلہ ۔ وقت نگار ۔

Chronographic *adj.* ۔ وقت نگاری کے متعلق ۔

Chronology (kro-no-lə-gi) *n.* Science of computing dates ۔ تاریخ وار ۔ واقعہ نگاری ۔ علم تواریخ ۔ تاریخوں کا حساب ۔

Chronological *adj.* ۔ فن تاریخ کے متعلق ۔ تاریخ وار ۔

Chronologically *adv.* ۔ واقعہ نگاری کے متعلق ۔ تواریخ کے لحاظ سے ۔

Chronologist *adj.* ۔ فن تاریخ کا ماہر ۔ تواریخ دان ۔

Chronologize *v.t.* واقعات کو تاریخ وار لکھنا ۔

Chronometer (kro-no-me-ter) *n.* Time measuring instrument وقت بتانے والا آلہ ۔ وقت پیما ۔ صحیح وقت دینے والی جہازی گھڑی ۔

Chronometry *n.* عملی طور پر وقت کی پیمائش ۔ فنی لحاظ سے وقت کی صحت ۔

Chrysalis (kri-ə-lis) *n.* Transition state ارتقائی حالت تتلی یا پتنگے وغیرہ کی پر نکلنے سے پہلے کی حالت ۔

Chrysanthemum (kris-an-thi-mum) *n.* Marigold گل داؤدی ۔

Chrysolite (kris-e-lit) *n.* Green gems زبر جد ۔ لہسنیا ۔ یشب سبز ۔

Chub (chub) *n.* River fish of carp family ایک قسم کا تالا ۔ ایک دریائی مچھلی ۔ چرب ماہی ۔

Chubby (chub-i) *adj.* Round faced گداز ۔ گد گدا ۔ گول مول چہرے والا ۔ کچوری سے گال والا ۔ پھولا ہوا ۔

Chubbiness *n.* موٹاپا ۔ گدازی ۔ گد گدا پن ۔

Chuck (chuk) *interj., n. & v.i.* Call of endearment کھٹ کھٹ کی آواز ۔ کھٹ کھٹ ۔ مرغیوں کو بلانے والا ۔ آ آ کرنے والا ۔ گھوڑے کو چمکارنا ۔ ٹخ ٹخ کرنا ۔

Chuck (chuk) *n.* Grub عزیز ۔ یار ۔ بسکٹ ۔ کھانا ۔ دانہ ۔

Chuck (chuk) *v.t. & n.* Fix wood in lathe خرادنا ۔ خرادنے کے لیے لکڑی رکھنا ۔ خراد کی اوٹ ۔ پیار سے بلانا ۔ پھینکنا ۔ ڈالنا ۔

Chuckle (chuk-l) *v.t. & n.* Laugh with closed mouth خوش ہونا ۔ ہنسنا ۔ منہ بند رکھ کر ہنسنا ۔ بغیر آواز نکالے ہنسنا ۔ تفاخر کی ہنسی ۔ کسی کو برا کر خوش ہونا ۔ مرغیوں کی طرح کٹ کٹ کرنا ۔

Chuckle head, Chuckle headed کودن ۔ الو ۔ گاؤدی ۔ احمق ۔ بیوقوف ۔

Chum (chum) *n. & v.i.* Occupy rooms together ایک کمرے میں رہنا ۔ ساتھ رہنا ۔ ہم نوالہ ہم پیالہ ۔ یار غار ۔ بے تکلف دوست ۔

Chum up میل جول بڑھانا ۔ بے تکلفی پیدا کرنا ۔

Chump (chump) *n.* Short thick lump of wood بکری کی پٹھ ۔ سر ۔ دماغ ۔ بوری ۔ لکڑی کا کندہ ۔

Off one's chump جوش میں پاگل ہونا ۔ آپے سے باہر ہونا ۔

Chunk (chungk) *n.* Thick lump cut off قاش ۔ پھانک ۔ موٹا ٹکڑا ۔

Church (church) *n.* Building for public Christian worship کلیسا ۔ گرجا ۔ گرجا گھر ۔ دیر ۔ کنیسہ ۔ نظام عیسائیت ۔ نصاریٰ ۔ پادریوں کی انجمن ۔ پادریوں کا پیشہ ۔ عبادت یا جماعت ۔

Poor as a church mouse نہایت غریب ۔ مفلس ۔

Church (church) *v.t.* Bring woman to church وضع حمل کے بعد عورت کو نماز شکرانہ ادا کرنے کے لیے گرجا میں لانا ۔

Churchy (church-i) *adj.* Intolerantly devoted to church پابند کلیسا ۔ کٹر عیسائی ۔

Churl (churl) *n.* Person of low birth گنوار ۔ دیہاتی ۔ رذیل ۔ کم ذات ۔ نیچ ۔ بد تمیز ۔ غیر مہذب ۔ ناشائستہ ۔ کنجوس ۔ بخیل ۔

Churlish *adj.* احمق ۔ بے ہنگم ۔ گنوار ۔ اجڈ ۔ اکھڑ ۔

Churlishly *adv.* بخیلانہ ۔ بد تمیزی سے ۔ اجڈ پن سے ۔ گنوار کی طرح ۔ اکھڑ پن سے ۔

Churlishness *n.* کنجوسی ۔ بد تمیزی ۔ گنوار پن ۔

Churn (churn) *n., v.t. & i.* Butter making machine مکھن نکالنا ۔ مکھن نکالنے کی مشین ۔ متھانی ۔ رئی ۔ مٹکی ۔ چاٹی ۔ دہی بلونا ۔ مکھن الگ کرنا ۔

Chutney (chut-ni) *n.* Hot condiment of chillies اچار ۔ چٹنی ۔

Chyle (kil) *n.* White milky fluid کیلوس ۔

Chylifaction *n.* کیلوس بن جانا ۔

Chyliferous *adj.* کیلوس پیدا کرنے والا ۔

Chyme (kim) *n.* Food converted into acid pulp کیموس ۔ رس ۔

Cicada (si-ka-da) *n.* Shrill chirping insect ٹڈا ۔ جھینگر ۔

Cicatrice (sikə-tris) *n.* Scar of healed wound زخم کا داغ ۔

Cicatrix (sikə-triks) *n.* پتے کے جھڑنے کے بعد شاخ پر جو نشان رہ جاتا ہے ۔ زخم کا نشان ۔

Cicatrisation (sikə-tri-za-shən) *n.* Healing of wound انگور بننا ۔ اندمال ۔ زخم کا بھراؤ ۔

Cicatrise (sikə-triz) *v.t.* & *i.* Heal انگور آنا - زخم اچھا ہونا - زخم سندمل کرنا - زخم سندمل ہونا -

Cider (sider) *n.* Fermented drink from apple juice سیب کی شراب -

Cigar (sigar) *n.* Roll of tobacco leaf چٹا - چرٹ - سگار -

Cigarette (sig-ə-ret) *n.* Tobacco rolled in paper چھوٹا چرٹ - سگریٹ -

Cimmerian (si-meri-an) *adj.* Thick, gloomy تاریک - اندھیرا گھپ -

Cinchona (sin-kona) *n.* Tree yielding Peruvian bark سنکونا کا درخت یا چھال - سنکونا کا سفوف - کونین -

Cincture (singk-tyər) *v.t.* & *n.* Surround with a girdle کمربند - پٹی - پیٹی - پٹکا - باندھنا - گھیرنا - پٹکا باندھنا - کمر بند باندھنا -

Cinder (sind-ər) *n.* Residue of coal کوئلہ کی راکھ - کجلا ہوا کوئلہ - ادھ جلا کوئلہ -

Cinder path راستہ جس پر کوئلے کی راکھ بچھی ہو -

Cindery *adj.* ادھ جلے کوئلے کا سا - خاکستری - بھوبلی سا -

Cinderella (sin-dər-ela) *n.* Person of unrecognised merit or beauty وہ شخص جس کے کمال یا حسن کی قدر نہ ہوئی ہو -

Cinderella dance وہ رقص جو رات کے بارہ بجے تک ہو - رقص نیم شبی -

Cinema (sin-ə-ma) *n.* Picture house سنیما - متحرک اور بولتی تصویروں کی تماشا گاہ -

Cinematograph kinematograph دیکھو -

Cinerary (sinə-rə-ri) *adj.* Of ashes راکھ کا - خاک جیسا - خاک کا - خاکستری -

Cinerary urn خاک دان - مردوں کی جلی ہوئی راکھ رکھنے کی جگہ -

Cinereous (sinər-əs) *adj.* Ashen-grey خاکی - بھورا خاکستری - خاکستری -

Cingalese (sin-gə-lis) *adj.* Sinhalese لنکا کا رہنے والا - سنہالی -

Cinnabar (sinə-bar) *n.* & *adj.* Red mercuric sulphide شنگرف جیسا - شنگرف کا سا - شنگرف

Cinnamon (sinə-mən) *n.* & *adj.* Aromatic bark used as spice دار چینی - دار چینی کے رنگ کا - نسواری -

Cinque (singk) *n.* The five of cards پنجی - تاش کا پنجہ -

Cipher (sifer) *n.* Of no value لچر - نا چیز - نکما - بے حقیقت شے - صفر - خفیہ تحریر - خفیہ تحریر کا حل -

Cipher (sifer) *v.t.* & *i.* Calculate حساب لگانا - ریاضی کے قاعدے سے سوال نکالنا - حساب کرنا - خفیہ رسم الخط میں لکھنا - خفیہ تحریر پڑھنا -

Circe (sərse) *n.* Enchantress فریب دینے والی - جادو گرنی - ساحرہ -

Circean *adj.* جادوگرنی کا - ساحرہ کا -

Circle (sur-kl) *n.* Perfectly round line گول گھیرا - چکر - کنڈل - دائرہ - پورا چکر - حلقہ - ہم مذاق لوگوں کا حلقہ - جماعت - احاطہ اقتدار - حلقہ اثر -

Dress circle تھیٹر میں نشستوں کی پہلی قطار -

Square the circle ناممکن کو ممکن بنانے کی کوشش کرنا -

Vicious circle ایک بات کے ثبوت میں دوسری بات پیش کرنا جس کا ثبوت پہلی بات پر منحصر ہو - برائی کا چکر ایک برائی سے دوسری برائی اور پھر دوسری سے پہلی -

Circle (sər-kl) *v.t.* & *i.* Encompass گول گول پھرنا - گھیر لینا - چکر لگانا - حلقہ میں لینا - احاطہ کرنا -

Circlet (sər-klet) *n.* Small circle کمر بند - پٹی - چھوٹا حلقہ - چھوٹا چکر -

Circuit (sər-kit) *n.* Line enclosing an area دورہ - گرداب - گھیرا - چکر - چکر کے اندر کا رقبہ - دورہ کا علاقہ - برق رو کا راستہ - برق دور - کسی حلقہ کا بیرسٹر -

Short circuit برق رو کا ناقص دور - برق دور کا چھوٹا ہونا - برق رو کا چھوٹا ہونا -

Circuitous (sur-kui-təs) *adj.* Round about ہیر پھیر سے - پھیر دار - چکر دار -

Circuitously *adv.* چکر سے - پھیر سے -

Circuitousness *n.* دور - گردش - چکر -

Circular (sər-k-lər) *adj.* & *n.* Moving in a circle گشتی چٹھی - مدور - چکر دار - گول دائرہ کی طرح - دائرہ نما - دائرہ کی شکل میں -

Circularize (sər-k-lər-iz) *v.i.* Send circulars to گشتی اعلان جاری کرنا -

Circulate (sər-ku-lat) *v.t. & i.* Go round پھرنا - گشت کرنا - چکر کھانا - گردش کرنا - جاری ہونا - گھومنا - رواں ہونا - رائج ہونا - مشہور کرنا - مشتہر کرنا - رائج کرنا - عام کرنا -

Circulating library گشتی کتب خانہ -

Circulating medium زر - روپیہ - سکہ رائج -

Circulation (sər-ku-la-shən) *n.* Movement to and fro گشت - چکر - دور - گردش - تقسیم - نشر واشاعت - دوران خون - بکری - اشاعت - سکہ کی گردش -

Circulative (sur-ku-la-tiv) *adj.* Inclined to circulation گردش میں لانے والی - گردش دینے والی -

Circulator (sur-ku-la-ter) *n.* One who circulates رواج دینے والا - گردش کرنے والا - گردش دینےوالا -

Circulatory (sur-ku-la-tori) *adj.* Of circulation of blood گردش کے متعلق - دوران خون کے متعلق -

Circumambient (sər-kəm-am-bi-ənt) *adj.* Surrounding محیط - گھیرے ہوئے - چاروں طرف کا -

Circumambiency *n.* چکر - احاطہ - گھیرا -

Circumambulate (sur-kum-ambu-latə) *v.t. & i.* Walk round آوارہ پھرنا - طواف کرنا - گھومنا - گرد پھرنا - مارے مارے پھرنا - ہیر پھیر کی باتیں کرنا -

Circumambulation *n.* آوارگی - طواف - چکر - گردش -

Circumambulatory *adj.* دوری - چکر کا - گردشی -

Circumcise (sər-kəm-siz) *v.t.* Cut off fore skin of تزکیہ کرنا - سنت کرنا - ختنہ کرنا -

Circumcise the heart تزکیہ نفس کرنا -

Passions قلب پاک کرنا -

Circumcision (sər-kəm-sizh-ən) *n.* Cutting off fore skin ختنہ -

Circumference (sər-kum-fər-əns) *n.* Encompassing boundary گھاؤ - گردا - گھیرا - دور - محیط - گول -

Circumferential *adj.*

Circumfluent (ser-kəm-flu-ent) *adj.* Flowing round ہر چہار طرف بہنے والے - چاروں طرف بہنےوالے -

Circumfluence *n.* چاروں طرف کا بہاؤ - ہرسو روانی -

Circumfluous (ser-kəm-flu-əs) *adj.* Surrounded by water جاری - رواں - پانی سے گھرا ہوا -

Circumfuse (sur-kum-fəz) *v.t.* Pour fluid round منتشر کرنا - چاروں طرف بہانا - چاروں طرف پھیلانا -

Circumfusion *n.* پانی کا حلقہ - ہر سو انتشار - چاروں طرف پھیلاؤ -

Circumjacent (ser-kəm-ja-sənt) *adj.* Situated around چاروں طرف - گردا گرد -

Circumlocution (sir-kəm-loku-shən) *n.* Evasive talk بسیار گوئی - باتوں کا آلٹ پھیر - طوالت کلام - بات ٹالنا - ہیر پھیر کی بات - پیچیدہ گفتگو -

Circumlocution office ایسا دفتر جہاں کام بہت دیر میں اور سست ہو -

Circumlocutional
Circumlocutionary
Circumlocutory } پیچیدہ - چکر دار - طولانی - ہیر پھیر کی باتوں کا -

Circumlocutionist *n.* ہیر پھیر کی باتیں کرنے والا - باتونی - بسیار گو -

Circumnavigate (sər-kəm-navi-gat) *v.t.* Sail round دنیا کے گرد جہاز میں سفر کرنا -

Circumnavigator *n.* زمین کے گرد بحری سفر کرنے والا -

Circumpolar (sər-kəm-polər) *adj.* About one of the poles قطب کے آس پاس - قطب کے گرد -

Circumscribe (sər-kum-skrib) *v.t.* Draw line around محدود کرنا - حد بندی کرنا - گھیرنا - ایک شکل کے گرد دوسری شکل بنانا - گرد لکھنا - چاروں طرف لکھنا -

Circumscriber تعریف کرنے والا - حد بندی کرنے والا -

Circumscription (sər-kəm-skrip-shən) *n.* Limits, boundary محدود احاطہ - احاطہ - حد بندی - تعریف - ستائش - سکے کی نقش کاری -

Circumsolar (sər-kəm-solər) *adj.* Revolving round the sun سورج کے گرد گھومنےوالا -

Circumspect (sər-kəm-spekt) *adj.* Cautious, wary چوکس - محتاط - چوکنا - ہوشیار -

Circumspection
Circumspectness } نگاہ بانی - خبر داری - چوکسی - ہوشیاری احتیاط -

Circumspectly *adv.* احتیاط سے - ہوشیاری سے -

Circumstance (sər-kəm-stəns) *n.* Time, place, manner - حقیقت حال - حالت - حال - واقعہ - حالات - واقعات - کسی کام کا ماحول - تفصیل - شرح - تکلف - اہتمام -

In good easy circumstances آسودہ حال - فارغ البال - اچھے حال میں -

Pomp and circumstance کروفر - شان و شوکت -

Without circumstance سادہ طور پر - بغیر کسی اہتمام کے -

Circumstanced *adj.* صورت میں - حالت میں -

Circumstantial (sər-kəm-stən-shəl) *adj.* Depending on details جو جزئیات یا قرائن پر مبنی ہو - انقلابی - اچانک - تفصیل وار - مفصل -

Circumstantial evidence شہادت جو قرائن پر مبنی ہو - واقعاتی شہادت -

Circumstantial story طویل داستان - مفصل قصہ -

Circumstantiality *n.* قرینہ - تفصیل - اتفاق -

Circumstantially *adv.* حالات کے تقاضے سے - اچانک - اتفاقی طور پر -

Circumvallate (sər-kəm-valat) *v.t.* Surround with rampart - چار دیواری بنانا - قلعہ بندی کرنا - دمدمے بنانا -

Circumvallation *n.* مورچہ بندی - شہر پناہ - فصیل -

Circumvent (sər-kəm-vent) *v.t.* Entrap ٹھگنا - چھلنا - جھانسہ دینا - جل دینا - دھوکہ دینا - پھانسنا - پھندے میں لانا -

Circumvention *n.* جل - پھندا - جھانسا - حکمت عملی -

Circumvolution (sər-kəm-volu-shən) *n.* Rolling round زمانہ - دور - ہیر پھیر - گھیرا - چکر - سانپ جلسی یا لہریا کی چال -

Circus (sər-kəs) *n.* Oval arena lined with tiers of seats چکر - گول میدان - دنگل - تماشا گاہ - مقابلہ کی جگہ - چوک - چوراہا - سرکس -

Cis (sis) Prefix on this side اس پار - اس طرف -

Cistern (sis-tərn) *n.* Reservoir for storing water چوبچہ - ٹنکی - حوض -

Citadel (sitə-dəl) *n.* Fortress قلعہ - جائے پناہ - کوٹلہ - کوٹ - گڑھی -

Cite (sit) *v.t.* Quote - بلا بھیجنا - سمن بھیجنا - طلب کرنا - نظیر پیش کرنا - حوالہ دینا -

Citable *adj.* طلب کرنے کے لائق - بلائے جانے کے قابل - حوالہ دینے کے لائق -

Citation *n.* طلبی - اطلاع نامہ -نظیر - مقولہ - حوالہ -

Citizen (siti-zen) *n.* Member of the city حقوق شہریت کا حامل - شہر کا رہنے والا - شہری رعیت - پرجا - رعایا -

Citizen of the world دنیا دیس کا - ہر دیس کا - آفاق - دنیا دیسی -

Citizenhood شہریت -

Citizenship پرجا ادھیکار - رعایا کے حقوق - حق شہریت -

Citrate (sit-rət) *n.* Lime salt لیموں کا نمک -

Citron (sit-rən) *n.* Tree bearing big fruits چکوترا -

City (siti) *n.* Important town - نگری - نگر - بلدہ شہر - وہ آبادی جو از روئے قانون شہر گردانی گئی ہو -

Civet cat (sivet) *n.* Carnivorus quadruped between fox and weasel مشک بلاؤ - مشک بلاؤ سے نکلا ہوا مشک -

Civic (siv-ik) *adj.* Proper to citizens مونسپل کمیٹی کا - بلدیہ کا - شہری -

Civic activity شہری یا مدنی مشاغل -

Civic virtues مدنی خوبیاں -

Civilly *adv.* شہریانہ - تمدنی لحاظ سے - شہری نقطہ نظر سے -

Civics *n.* شہری حقوق - معاشرتی مسائل - شہریات -

Civil (sivil) *adj.* Of a citizen community - اجتماعی شہری - ملکی - خلیق - با مروت - خوش خلق - شائستہ - غیر فوجی - دیوانی - غیر فوجداری -

Civility اخلاق - خلق - شائستگی - انسانیت -

Civilly *adv.* - دیوانی قانون کے رو سے - مروت سے - خلق سے -

Civilian (sivil-əan) *n.* & *adj.* Not in defence غیر فوجی محکمے کے ملازم - دیوانی یا انتظامی صیغے کے -

Civilization (sivi-li-zə-shən) *n.* Social development تمدن - شائستگی - تہذیب - انسانیت -

Civilize (sivi-liz) *v.t.* Refine اصلاح کرنا - سدھارنا - انسان بنانا - متمدن کرنا - مہذب کرنا - شائستہ بنانا

Civilizable *adj.* تہذیب پذیر - اصلاح پذیر -

Civilizer *n.* انسانیت سکھانے والا - مہذب بنانے والا -

Clack (klak) *n.* & *v.i.* Sharp sounds as of boards struck together کھٹ کھٹ - تختوں کے ٹکرانے کی آواز - کھٹ کھٹ کرنا - کھٹکھٹانا - بکے جانا - گپ مارنا - بکواس کرنا -

Clad (klad) Clothe - دیکھو

Claim (klam) *v.t.* Demand as ones due دعویدار ہونا - مطالبہ کرنا - طلب کرنا - حق جتانا - درخواست کرنا - نالش کرنا - استغاثہ کرنا -

Claimable *adj.* دعوے کے قابل - قابل مطالبہ -

Claimant *n.* مطالبہ کرنے والا - دعویدار - مدعی -

Claim (klam) *n.* Demand for something as due مانگ - مطالبہ - معاوضہ - استغاثہ - نالش - کان کنی میں وہ قطعہ زمین جس میں کسی شخص کو کھودنے کی اجازت ہو -

Clairvoyance (klar-voi-əns) *n.* Exceptional in sight روشن ضمیری - غیب دانی - غیر معمولی بصیرت -

Clairvoyant (klar-voi-ənt) *adj.* One who possesses exceptional insight انتر جامی - غیب دان - علم الغیب - غیب کا علم رکھنے والا - روشن ضمیر -

Clam (klam) *n.* Clamp - دیکھو

Clamant (kla-mənt) *adj.* Noisy, insistent رد و کد کرنے والا - تکرار کرنے والا - حجتی - ضروری - اہم - اشد ضروری -

Clamber (klam-bər) *v.t.* & *i.* Climb with difficulty چاروں ہاتھ پاؤں سے چڑھنا - مشکل سے چڑھنا -

Clammy (klam-i) *adj.* Moist, sticky چپچپا - چیپ دار - لس لسا - لیس دار -

Clamour (klam-ər) *n.*, *v.t.* & *i.* Shout ہنگامہ - شور و غل - غل غپاڑہ - غوغا کرنا - شور مچانا - ہنگامہ برپا کرنا - فریاد کرنا - دھائی دینا -

Clamour down شور مچا کر چپ کر دینا - خاموش کرنا -

Clamorous *adj.* حجتی - تکراری - غوغائی - شور کرنے والا -

Clamorously *adv.* شور کر کے - ہنگامہ برپا کر کے - چیخ چیخ کے -

Clamp (klamp) *n.* & *v.t.* Clasp, band of iron لوہے کی پٹی - شکنجہ - پتر لگانا - لوہے کی پٹی لگانا - شکنجہ میں کسنا -

Clamp (klamp) *n.* & *v.t.* Pile انبار لگانا - ڈھیر لگانا - انبار - ڈھیر - آوہ -

Clan (klan) *n.* Tribe قبیلہ - جرگہ - خیل - گروہ - فرقہ - قوم -

Clannish *adj.* فرقہ پرست - فرقہ کا - قبائلی -

Clannishness *n.* خیل بندی - گروہ بندی - قبیلہ پرستی -

Clandestine (klan-des-tin) *adj.* Secret پوشیدہ - مخفی - پر اسرار - چپکے چپکے - گپت - خفیہ -

Clandestinely *adv.* خفیہ طور پر - پر اسرار طور پر -

Clang (klang) *n.*, *v.t.* & *i.* Loud resonant metallic sound جھنجھناہٹ - کھڑکھڑاہٹ - جھنکار - جھنکارنا - کھڑکھڑانا - جھنجھنانا -

Clangour (klang-ər) *n.* Succession of clanging noises- جھنکار - جھن جھن - کھن کھن - کھڑکھڑ

Clangorous *adj.* جھنکار کی آواز دینے والا -

Clangorously *adv.* جھنکار سے - جھنجھناہٹ سے .

Clank (klank) *n.*, *v.t.* & *i.* Sound as of chain rattling جھنک - جھنکار - جھنجھناہٹ - جھن جھن کرنا -

Clap (klap) *n.* Slap تھپڑ - کڑک - بھڑاکا - دستک - تالی -

Clap (kalp) *v.t.* & *i.* Strike palms together تالی بجا کر اظہار مسرت کرنا - تالی بجانا - بھڑ بھڑانا -

Clapper (klapər) *n.* Tongue or striker of bell گھنٹے کا لٹکن -

Clapperclaw (klap-ər-kla) *v.t.* Scratch and pit نوچنا - لتے لینا - لتاڑنا - آڑے ہاتھوں لینا - عیب جوئی کرنا - برا بھلا کہنا -

Clap trop (klap trəp) *n.* *adj.* Showy ظاہر داری - طمطراق - ٹیپ ٹاپ - دکھاوے کی باتیں - ایسی بات جو محض واہ وا کے لئے کہی جائے -

Clarendon (klar-ən-dən), *adj.* & *n.* Thick faced type ایک قسم کا موٹا ٹائپ -

Claret (kla-rət) *n.* Red French Wine - لہو - خون
لال پانی - ارغوانی شراب - فرانس کی سرخ شراب -

Clarify (klari-fi) *v.t.* & *i.* Make clear سلجھا ہوا
ہونا - شستہ ہونا - مقطر کرنا - چھانٹنا - صاف کرنا -

Clarinet (klari-net) *n.* Wood wind instrument
ارگن باجے کی کھونٹی - بانسری - الغوزہ -

Clarinetist الغوزہ بجانے والا -

Clarion (klari-ən) *n.* & *adj.* Shrill narrow tubed trumpet نر سنگھا - شہنائی - بوق - ابھارنے والی
آواز - للکار -

Clarity (klar-iti) *n.* Clearness صراحت - وضاحت -
صفائی -

Clash (klash) *v.t.*, *i.* & *n.* Encounter تصادم ہونا -
ٹکر کھانا - ٹکر لینا - ٹکرانا - مزاحم ہونا - حائل ہونا -
سر راہ ہونا - حملہ کرنا - جھپٹنا - تصادم - ٹکر -
رکاوٹ - مزاحمت - مخالفت - کھٹ پٹ - حملہ -

Clasp (klasp) *n.* Contrivance of interlocking
بکسوا - قبضہ - انکڑا - قفل - تالا - چابی - نر مادہ -
عاشق و معشوق - بغل گیری - تمغہ جس پر کارنامہ
کی تفصیل ہو -

Clasp knife ایک قسم کا چاقو جو خود بخود بند نہیں
ہوتا -

Clasp (klasp) *v.t.* & *i.* Interlock بکسوا لگانا - آنکڑا
لگانا - بند کرنا - بغل گیر ہونا - گلے لگانا - پکڑنا -

Class (klas) *n.* & *v.t.* Rank, order ذات - رتبہ -
پایہ - درجہ - مرتبہ - جنس - قسم - رقم - جماعت -
درجہ - ترتیب دینا - درجہ وار کرنا - قسم بندی کرنا -

Classable *adj.* لائق قسم بندی - درجہ بندی کے قابل -

Classic (klasik) *adj.* & *n.* Of the first class مستند -
معیاری - اعلیٰ درجہ کا مسلم - قدیم تمدن یا ادب کا -
فصیح - عالمانہ - ادبی روایات کا حامل - ادبیات عالیہ -

Classical (klasi-kəl) *adj.* یونانی یا رومن زمانے کا قدیم -
مستند - اعلیٰ درجہ کا - معیاری - یونانی اور لا طینی
زبانوں کا فاضل - یونانی اور رومی طرز کا -

Classics (klas-iks) *n.* Books of ancient Greek and Latin writers قدیم یونانی اور لاطینی تصانیف -
مستند اور معیاری کتابیں -

Classify (klasi-fi) *v.t.* Arrange in classes درجہ وار
ترتیب دینا - ترتیب کے ساتھ رکھنا - درجہ بندی
کرنا -

Classifiable *adj.* قسم وار - ترتیب دینے کے لائق -
درجہ بندی کے قابل -

Classifier *n.* قسم وار ترتیب دینے والا - درجہ بندی
کرنے والا -

Clatter (klat-ər) *v.t.*, *i.* & *n.* Dry confused sound of plates کھڑکھڑانا - کھٹا کھٹ کرنا - پٹ پٹ
کرنا - چخ چخ کرنا - بک بک کرنا - کھڑکھڑاہٹ -
کھڑ کھڑ - پٹ پٹ -

Clatter along کھٹ کھٹ کرتے جانا - کھڑ کھڑ
کرتے جانا -

Clatter down کھٹ کھٹ کرتے نیچے کرنا -

Clause (klawz) *n* Short sentence جزو - جملہ -
شرط - ٹکڑا - دفعہ - فقرہ -

Clavate (kla-vat) *adj.* Club shaped گرز سا -
مگدر جیسا - موٹے سر والا -

Clavicle (kla-vi-kl) *n.* Collar bone ہنسلی - ہنسلی کی
ہڈی -

Claw (klaw) *n.* Pointed horny nails of beasts
درندوں کے نوکدار ناخن - چنگل - پنجہ - اوزار - کسنے
کا اوزار - زنبور -

Clawed *adj.* زنبوری - پنجہ دار - ناخن دار -

Claw (klaw) *v.t.* & *i.* Scratch, tear چنگل مارنا -
پھاڑنا - نوچنا - پنجہ مارنا - پنجوں میں جکڑنا -

Claw me and I will claw thee من ترا حاجی بگویم
تو مرا حاجی بگو -

Clay (kla) *n.* Stiff earth, material of pottery
گارا - پوتنا - پنڈول - چکنی مٹی -

Clayey *n.* مٹی کا -

Claymore (kla-mər) *n.* Two edged broad sword
ایک قسم کی دو دھاری بڑی تلوار - دو دستی یا دو
قبضوں کی تلوار - سولھویں صدی کا تبر -

Clean (klen) *adj.* Unsoiled طاہر - بے داغ - نرمل -
پاک - اجلا - صاف - ستھرا - ہلال - خوبصورت - خوش
وضع - یکساں ہموار - کامل - مکمل -

Make a clean breast of صاف صاف کہہ دینا -

Clean fingered رشوت سے دور رہنے والا - دیانتدار -

Clean handed بے قصور ۔ بے گناہ ۔ پاکدامن ۔
Clean sweep پوری جیت ۔ پورا صفایا ۔
Clean timber بے گرہ لکڑی ۔ بے داغ لکڑی ۔
Clean tongue فحش کلامی سے احتراز کرنے والا ۔ پاک دہن ۔
Show a clean pair of heels بگٹٹ بھاگنا ۔ دم دبا کر بھاگنا ۔
Cleanness *n.* اجلا پن ۔ طہارت ۔ پاکیزگی ۔ صفائی ۔

Clean (klen) *adv.* Absolutely صاف ۔ سراسر ۔ سراپا ۔ بالکل ۔ مطلق ۔

Clean (klen) *v.t.* & *n.* Make clean صفایا کرنا ۔ مانجھنا ۔ میل نکالنا ۔ صاف کرنا ۔ ختم کرنا ۔ صفائی ۔ جھاڑ پونچھ ۔
Clean up صاف ستھرا ۔ سلیقے سے رکھنا ۔
Cleanable *adj.* صاف ہونے کے قابل ۔ صفائی کے قابل ۔
Cleaner *n.* صاف رکھنے والا ۔ صاف کرنے والا ۔
Cleanly *adv.* نفاست سے ۔ خوش اسلوبی سے ۔ صفائی سے ۔
Cleanly *adj.* صفائی پسند ۔ پاکیزہ ۔ پاک صاف ۔
Cleanliness *n.* نفاست ۔ نفاست پسندی ۔ اجلا پن ۔ صفائی ۔

Cleanse (klenz) *v.t.* Make clean پونچھنا ۔ جھاڑنا ۔ ستھرا کرنا ۔ صاف کرنا ۔ پاک کرنا ۔ غلاظت دور کرنا ۔ اچھا کرنا ۔ تندرست کرنا ۔

Clear (kler) *adj.* & *adv.* Unclouded, transparent شیشہ کی طرح ۔ صاف شفاف ۔ چمکیلا ۔ روشن ۔ ظاہر ۔ آشکارا ۔ واضح ۔ نمایاں ۔ ہویدا ۔ صاف ۔ بین ۔ یقینی ۔ قطعی ۔ زیرک ۔ ہوشیار ۔ ذہین ۔ خالص ۔ اصلی ۔ نرا جو آسانی سے سنا جا سکے ۔ مکمل ۔ پورا ۔ بیباق ۔ بری الذمہ ۔
Clear-headed *adj.* ذہین ۔ ذکی ۔ روشن دماغ ۔ بیدار مغز ۔

Clear (kler) *v.t.* & *i.* Make, become clear بری کرنا ۔ واضح کرنا ۔ صاف کرنا ۔ رہا کرنا ۔ رکاوٹ دور کرنا ۔ خالی کرنا ۔ میل دور کرنا ۔ نتھارنا ۔ صاف پھلانگ جانا ۔ جہاز کا پروانہ ۔ راہداری حاصل کرنا ۔ لنگر اٹھانا ۔ یکمشت پوری رقم ادا کرنا ۔

Clearance (kler-əns) *n.* Removal of obstructions رکاوٹوں اور موانعات کا دور ہونا ۔ صفائی ۔ جہاز کا پروانہ راہداری ۔ نکاسی کا پروانہ ۔ بچت ۔

Clearing house (kler-ing hows) *n.* Bank that passes cheques تبادلہ زر کا بنک ۔ صرافہ لندن کا ایک بنک جس میں چکوں کا تبادلہ ہوتا ہے اور بقایا نقد ادا کیا جاتا ہے ۔

Clearly (kler-li) *adv.* Undoubtedly کھلے طور پر ۔ صریحاً ۔ بلا شبہ ۔ واضح طور پر ۔

Clearness (kler-nes) *n.* Freedom from obstruction وضاحت ۔ صراحت ۔ صفائی ۔

Cleat (klet) *v.* Wedge تکمہ ۔ بک ۔ پشتیبان ۔ جوڑ ۔ پٹی ۔ پھانا ۔

Cleavage (klev ej) *n.* Splitting of a thing چیرا ۔ شگاف ۔ درز ۔

Cleave (klev) *v.t.* & *i.* Split فارق ہونا ۔ رستہ کاٹنا ۔ دور ہو جانا ۔ پھٹنا ۔ پھاڑنا ۔ چیرنا ۔ حائل ہونا ۔
Show the cloven hoof خباثت نفس کا اظہار کرنا ۔
Cleavable *adj.* شگاف پڑنے کے لائق ۔ پھٹنے کے قابل ۔

Cleave (klev) *v.i.* Stick fast جما رہنا ۔ قائم رہنا ۔ وفادار رہنا ۔ لگا یا لپٹا رہنا ۔

Cleaver (klev-er) *n.* Butcher's knife کاٹنے والا ۔ بغدا ۔ قصائی کا چھرا ۔

Cleft (kleft) *n.* Fissure چاک ۔ شگاف ۔ دراز ۔

Clematis (kləmə-tis) *n.* Kind of climbing shrub بیل کی ایک قسم ۔

Clemency (klem-en-si) *n.* Mildness of temper بردباری ۔ نرمی ۔ حلم ۔ رحم ۔ ملائمت ۔ بخشش ۔ معافی ۔
Clement *adj.* بخشنے والا ۔ رحمدل ۔ بردبار ۔ حلیم ۔

Clench (klensch) *v.t.*, *n.* & *i.* Grasp firmly مستحکم کرنا ۔ مضبوط باندھنا ۔ مضبوط پکڑنا ۔ قطعی طور پر طے کرنا ۔

Clepsydra (klep-si-dra) Ancient time-measuring device worked by flow of water پن گھڑی ۔ پانی کی گھڑی جو پانی کے بہاؤ سے وقت بتاتی تھی ۔

Clergy (klcr-ji) The clerical order جماعت کلیسا کی رکنیت ۔ اہل کلیسا ۔ پادریوں کا فرقہ ۔
Benefit of clergy پادریوں کا یہ حق کہ ان پر ملکی قانونی عدالتوں میں مقدمہ نہیں چلایا جا سکتا ۔ حق استثنا ۔

Cleric (Kler-ik) *adj.* & *n.* Of clergy پادری - پادریوں سے متعلق - پادریوں کا -

Clerical (kleri-kəl) *adj.* & *n.* Of clergymen محررانہ - منشیانہ - پادریانہ - پارلیمنٹ میں پادریوں کے نمائندہ کا زور - بابا شاہی -

Clericalism *n.* پادریوں کا پیشہ - کلیسائیت کا جنون - کلیسائیت -

Clericalist *n.* کلیسا پرست - مذہبی اثر کا حامی

Clericalise *v.t.* پادری بنانا -

Clerically *adv.* اہلکارانہ - پادریوں کی طرح -

Clerk (klərk) *n.* Officer of Parish church پادری - دیہاتی گرجے کا پادری - محرر - منشی - عالم - فاضل -

Clerkdom پادری شاہی -

Clerkly عیسائیانہ - اہلکارانہ - منشیانہ -

Clerkship نظارت مذہبی - اہلکاری -

Clever (klev-ər) *adj.* Dextrous چتر - سیانا - چالاک - ہوشیار - پھرتیلا - ذہین - فہیم - زیرک - ہنر مند - با کمال -

Cleverish *adj.* ہوشیار - چالاک - با تدبیر -

Cleverly *adv.* ہوشیاری سے - چالاکی سے -

Cleverness *n.* کاریگری - چابکدستی - پھرتی - ہوشیاری - چالاکی -

Clew (kloo) *n.* & *v.t.* Ball of thread کھوج - نشان - پتہ - تاگے کا گولا - تاگے کا گولا جو بھول بھلیاں میں راستہ یاد رکھنے کے لئے استعمال ہوتا تھا - سراغ لگانا - پتہ لگانا -

Click (klik) *n.* & *v.t.* Slight sharp sound کٹ کٹ کی آواز - کٹ پرزہ جو پہیے کو الٹا پھیرنے سے روکتا ہے - نعل کا ٹکرانا -

Client (kli-ənt) *n.* Employer of lawyer رذیل شخص جو کسی دولتمند کے زیر سایہ ہو - حاشیہ نشین - ہاں میں ہاں ملانے والا شکار - اسامی - موکل -

Clientele (kli-ən-tl) *n.* Person's dependants نوکر چاکر - گاہک - موکل -

Cliff (klif) *n.* Steep rock اونچی اور ڈھلوان چٹان - ٹیلہ - کھڑی چٹان -

Climate (kli-mat) *n.* Conditions of heat, cold rain آب و ہوا - رت - موسم - دیار - اقلیم -

Climatic *adj.* آب و ہوا کے متعلق -

Climatically *adv.* بلحاظ آب و ہوا - بلحاظ موسم -

Climax (kli-maks) *n., v.t.* & *i.* Ascending scale پرواز - ترقی - درجہ کمال - عروج - بلندی - خطابت میں تاثر کا اضافہ - کمال تک پہنچنا یا پہنچانا -

Climb (klim) *v.t.* & *i.* Go up کوشش سے ترقی کرنا - بلند ہونا - اوپر جانا - چڑھنا - اخلاقی مرتبہ کا بلند ہونا - سوار ہونا - پسپا ہونا - دب جانا - مغلوب ہونا -

Climb down بلند پروازی چھوڑ دینا - مزاج ٹھکانے لگنا -

Climbable *adj.* چڑھنے کے قابل - سواری کے قابل -

Climber (klim-er) One who goes up چڑھنے والا - سوار ہونے والا -

Clime (klim) *n.* Tract, country سر زمین - ملک - دیار - اقلیم -

Clinch (klinsh) Clench دیکھو

Cling (kling) *v.i.* Stick, adhere to چمٹنا - چمٹ جانا - لگا رہنا - چپکانا - لپٹنا - قائم رہنا - پابند رہنا - ثابت قدم رہنا -

Clinging garments لباس جو بدن سے چپکا ہوا ہو - چست لباس -

Clinic (kli-nik) *n.* Teaching of medicine at bed-side طبابت اور جراحی کی عملی تعلیم جو مریض کے بستر کے پاس دی جائے -

Clink (klingk) *n., v.t.* & *i.* Make sharp ringing sound جھنکار - جھنجھناہٹ - جھنکارنا -

Clink (klingk) *n.* Lock up قید خانہ - جیل خانہ - زندان - حوالات -

Clinometer (klino-meter) *n.* Instrument for measuring slopes نشیب پیما - ڈھلوان ناپنے کا آلہ -

Clip (klip) *v.t.* & *n.* Cut shears or scissors کاٹنا - کترنا - تراشنا - قلم کرنا - حذف کرنا - مختصر کرنا - کم کرنا - کاٹ چھانٹ - قطع و برید -

Clipper (klip-er) *n.* One who trims کم کرنے والا - کاٹنے والا - تراشنے والا - مقراض - قینچی - تیز رفتار گھوڑا - تیز رو جہاز یا کشتی - اپنی طرز کی بہترین شے -

Clipping (klip-ing) *n.* & *adj.* Cuttings, cut off
چھانٹن - ریزگی - کترن - کترنے والا - اعلیٰ درجے کا -
Clique (klek) *n.* Exclusive party منڈلی - گروہ -
بلوائیوں کا جتھا - شرارتی لوگ جو ایک رائے ہوں -
Cliquish *adv.* جسے اپنی ڈیڑھ اینٹ کی مسجد بنانے کی
عادت ہو - جتھا بنانے والا -
Cliquishness, cliquism دوسروں سے الگ اپنا جتھا
بنانے کا عمل -
Cloak (klok) *v.t., n. & i.* Loose upper garment
چوغہ - لبادہ - فرغل - انگرکھا - جبہ - چادر - آڑ -
پردہ - اوٹ - حلیہ - بہانا - چوغہ پہننا - پردہ ڈالنا -
Cloak room لبادے رکھنے کا کمرہ -
Under the cloak of جامے میں - بھیس میں -
Clock (klok) *n.* Time measuring machine
ساعت نما - گھنٹہ - گھڑی - بعض پھولوں کا روئیں
دار سر -
Clocking hen *adj.* انڈے سیتی ہوئی مرغی -
Clod (klod) *v.t. & n.* Lump of earth etc. کلوخ -
ڈھیلا - ڈلا - روڑا - ڈھیلا سا - مٹی جیسا - بیل کی
گردن کا سخت گوشت - مٹی کا مادھو - احمق گنوانا -
ڈھیلے مارنا - ڈھیلے پھینکنا -
Clod-hopper دھقانی - گنوار - دیہاتی -
Cloddish *adj.* بھوندو - گنوار سا -
Cloddishness *n.* گاودی پن - بھوندو پن - گنوار پن -
سفاہت -
Clog (klog) *n.* Block of wood fastened to leg
بکھیڑا - بوجھ - بار - اٹکاؤ - روک ٹوک - مزاحمت -
کھڑاوین - لکڑی کے تلے کے سلیپر -
Clog (klog) *v.t. & i.* Confine with clog دباؤ ڈالنا
بوجھل کرنا - بوجھ ڈالنا - مزاحم ہونا - اڑانا - کسی
چیز کے آڑ جانے سے خلل پڑنا -
Cloister (klos-tər) *n. & v.t.* Shut up in a convent
گنبد دار چھت - محراب دار چھت - تکیہ - حجرہ -
خانقاہ - خانقاہ نشین کرنا - خانقاہ میں رکھنا -
Cloistered *adj.* چھتے دار - گنبد والی - تیاگی -
گوشہ نشین -
Close (klōz) *adj. & adv.* Near پوشیدہ - خفیہ - بند -
کھچا ہوا - تنگ چست - راز کا - بخیل - کثیف -
ٹھوس - گنجان - قریب - پاس - آمنے سامنے - صحیح -
پورا پورا - قریب قریب - لگ بھگ - بندھا ہوا - اُمس -
گھٹی ہوئی (ہوا) -
Close argument بند کرنے والی دلیل - برہان قاطع -
Close examination تفصیلی امتحان - سخت امتحان -
Close grained قریب قریب ریشوں کا (بلہ) -
Close prisoner قیدی جو کڑی نگرانی میں رکھا جائے -
Close thicket گنجان جھاڑی -
A close shave بال بال بچنا - خوب گھٹی ہوئی حجامت -
پاس سے نکلی ہوئی (گولی) - بال برابر فرق -
Sail close to the wind حالات کے مطابق - ہوا کے
ساتھ - ہوا کے رخ پر -
Closely *adv.* قریب قریب - دھیان سے - غور سے -
Close (klōz) *n.* Enclosed place احاطہ - صحن - گھیرا -
گرجیے کا احاطہ - مدرسہ کا احاطہ - انجام - خاتمہ -
انتہا - مدرسہ کا کھیل کا میدان -
Close (klōz) *v.t. & i.* Shut چکانا - تکمیل کرنا - پورا
کرنا - میچنا - موندنا - بند کرنا - طے کرنا - قریب
آنا - بہت ہی نزدیک آ جانا - ماننا - تسلیم کرنا -
Close in محاصرہ کرنا - گھیرا تنگ کرنا - گھیر لینا -
Close the ranks اختلافات ختم کر دینا -
Closet (klōz-it) *v.t. & n.* Private or small room
نجی کمرہ - خلوت خانہ - کوٹھری - خلوت میں ملاقات
کرنا - کوٹھری میں چھپانا - پوشیدہ کرنا - برتنوں کی
الماری -
Closet strategist شیخ چلی - خیالی پلاؤ پکانے والا -
China closet چینی کے برتنوں کی الماری -
Closure (klō-zher) *n. & v.t.* Closed condition
بندش - قید - احاطہ - خاتمہ - رکاوٹ - کسی تحریک
کا بلامباحثہ فیصلہ - بند کرنا - روک دینا - روکنے کی
درخواست کرنا -
Clot (klot) *n., v.t. & i.* Mass of material stuck together
ڈلا - تودا - جما ہوا مادہ - چکتا - چکتے
بننا - بستہ ہونا - منجمد ہونا - گاڑھا ہونا -
Clothed nonsense سراسر جہالت - لغویت محض -
Cloth (kloth) *n.* Woven or felted stuff جامہ -
پارچہ - کپڑا - پیشہ جو لباس سے معلوم ہو - پادری -
نرس وغیرہ -
Cloth of gold and silver تار بانہ - کم خواب -
زر بفت -

Lay the cloth دستر خوان بچھانا ۔
Respect due to his cloth کسی کے لباس یا پیشہ کے مطابق اس کی عزت کرنا ۔

Cloth (kloth) *v.t.* Put clothes upon کپڑے دینا ۔ کپڑے یا پوشاک پہنانا ۔ پوشاک کا انتظام کرنا ۔ کپڑا اوڑھانا ۔ پوشاک پہنانا ۔

Clothing *n.* لباس ۔ پوشاک ۔ پہننے کے کپڑے ۔

Clothes (kloths) *n. & p.* Wearing garments ۔ پہننے کے کپڑے ۔ پیرا ہن ۔ ملبوس ۔

Clothier (kloth-yər) Dealer in cloth or clothes کپڑے بننے یا بیچنے والا ۔ جولاہا ۔ بزاز ۔

Cloud (klowd) *n., v.t. & i.* Condensed watery vapours floating high ۔ گھٹا ۔ بادل ۔ ابر ۔ سحاب ۔ غبار ۔ گرد یا دھوئیں کا بادل ۔ دھندلا پن ۔ پرندوں ٹڈیوں کا یا سواروں کا دل ۔ بادل ۔ عارضی یا موہوم شے ہلکا اونی گلوبند ۔ فکر ۔ غم ۔ رنج ۔ تکلیف ۔ پریشانیوں کی گھٹا ۔ ابر چھانا ۔ تاریک ہونا ۔ ملول اور اداس ہونا ۔ محزوں ہونا ۔

Cloud-burst طوفانی بارش ۔ زور کی بارش ۔
Cloud-capped بادلوں سے ڈھکی ہوئی ۔
Cloud-castle شیخ چلی کی سی باتیں ۔ خیالی پلاؤ ۔
Cloud-drift بادلوں کے ٹکڑے ۔ اُڑتے ہوئے بادل ۔ ابر رواں ۔
Cloud-land ۔ غیر حقیقی ۔ خوابوں کی دنیا ۔ عالم خواب ۔ عالم تخیل ۔
In the clouds قیاسی ۔ خیالی ۔ عالم خیال میں ۔
Under cloud of night شب یلدا میں ۔ تاریکی شب میں ۔ رات کے اندھیرے میں ۔
Cloudiness *n.* تکدر ۔ ظلمت ۔ گھٹا ۔
Cloudless *adj.* صاف ۔ بے ابر ۔ نکھرا ہوا ۔
Cloudlessness *n.* مطلع کا صاف ہونا ۔
Cloudy *adj.* ۔ گھرا ہوا ۔ دھندلا ۔ غبار آلود ۔ ابر آلود

Clout (klowt) *n. & v.t.* Patch, hit ۔ دست مال ۔ تھگلی ۔ چیتھڑا ۔ پیوند ۔ گھونسہ ۔ مکا ۔ مکا مارنا ۔ پیوند لگانا ۔ گانٹھنا ۔

Clove (klov) Cleave ۔ دیکھو

Clove (klov) *n.* Aromatic dried buds of a tropical tree ۔ لونگ ۔ لونگ کا درخت ۔ لسن کی پوتھی

Clover (klo-ver) *n.* Kind of trefoil used for fodder ۔ تپیا ۔ تپیا گھاس جو چارہ کے لیے کاٹی جاتی ہے ۔

Clown (klown) *n.* Rustic or ill bred man ۔ اجڈ ۔ گنوار ۔ دیہاتی ۔ کندہ نا تراش ۔ بے تمیز ۔ مسخرہ ۔ بھانڈ ۔ نقال ۔

Clownery *n.* بھانڈ پن ۔ نکالی ۔ مسخرہ پن ۔
Clownish *adj.* بھانڈ کی طرح ۔ اجڈ ۔ بے تمیز ۔
Clownishly *adv.* ۔ بھانڈوں کی طرح ۔ مسخرے پن سے ۔ بے تمیزی سے ۔
Clownishness *n.* تمسخر ۔ بد تہذیبی ۔ بے تمیزی ۔

Cloy (kloi) *v.t.* Weary by excess of pleasure ۔ سیر ہونا ۔ جی بھر جانا ۔ تعیشات سے بیزار ہو جانا ۔ اکتا دینا ۔ ناک تک بھر دینا ۔

Club (klub) *n.* Stick with one thick end ۔ لٹھ ۔ گتکا ۔ ڈنڈا ۔ گاف کھیلنے کی چھڑی ۔ تاش میں پھول کا رنگ ۔ مجلس ۔ انجمن ۔ بزم ۔

Club law جس کی لاٹھی اس کی بھینس ۔ زبردستی ۔
Indian clubs مگدر کی جوڑی ۔

Club (klub) *v.t. & i.* Beat with a club ۔ لٹھ سے پیٹنا ۔ ڈنڈے مارنا ۔ بندوق کے کندے سے مارنا ۔ ملانا ۔ مدد کرنا ۔ گڈ مڈ کرنا ۔ اعانت کرنا ۔ متحد ہونا ۔ متفق ہونا ۔ شرکت کرنا ۔

Clubable کلب کی رکنیت کے لائق ۔ کلب میں شریک ہونے کے قابل ۔

Cluck (kluk) *n. & v.i.* Make cry of hen کٹ کٹ کرنا ۔ کڑ کڑ ۔ کٹ کٹ ۔

Clue (kloo) *n.* Fact that serves as guide ۔ کھوج ۔ سراغ ۔ پتہ ۔ نشان ۔ اتا پتہ ۔ قصہ کا سلسلہ ۔

Clumber (klum-bər) *n.* A kind of Spaniel اسپینیل کی قسم کا کتا ۔

Clump (klump) *n., v.t. & i.* Cluster of trees درختوں یا جھاڑیوں کی جھنڈ ۔ گنواروں کی طرح چلنا ۔ بھد بھد کرکے چلنا ۔ گنجان درخت لگانا ۔ انبار لگانا ۔

Clumsy (klum-zi) *adj.* Awkward ۔ بھونڈا ۔ بے ڈول ۔ بے سلیقہ ۔ پھوہڑ ۔ اناڑی ۔ بھدا ۔ بے ڈھنگا ۔

Clumsiness *n.* ۔ اجڈ پن ۔ اناڑی پن ۔ بد تمیزی ۔ پھوہڑ پن ۔ بے ڈھنگا پن ۔

Cluster (klus-tər) *n., v.t. & i.* Bunch ۔ جھرمٹ ۔ غول ۔ خوشہ ۔ جھنڈ ۔ گپھا ۔ گچھا ۔ جم غفیر ۔ گچھا ہونا یا بنانا ۔ اکٹھا ہونا یا کرنا ۔

Clutch (kluch) *v.t.* & *i.* Grasp tightly - چھین لینا - قبضہ میں لانا - چنگل مارنا - مضبوطی سے پکڑنا -

Clutch (kluch) *n.* Fight grasp - جنگل - پنجہ ستم - مضبوط گرفت - وہ پرزہ جس سے مشین ٹھہرائی اور چلائی جاتی ہے -

Clutch (kluch) *n.* Set of eggs ایک ساتھ نکلے ہوئے بچے - انڈوں کی جھول -

Clutter (klut-ər) *n.*, *v.t.* & *i.* Confused noise or movement - شور - ہلچل - بوکھلاہٹ - پریشانی - گھبراہٹ - بوکھلا جانا - پریشان حرکات کرنا - گھبرا جانا - پریشان ہو جانا -

Clyster (klis-tər) *n.* Enema پچکاری - حقنہ - انیما -

Co (ko) Prefix, Short form of company - کمپنی کا مخفف - ساتھ - مع -

Coach (kōch) *n.*, *v.t.* & *i.* Carriage - ریل کا ڈبہ - شاہی گاڑی - چار پہیوں کی سواری گاڑی - جنگی جہاز کا پچھلا حصہ - اتالیق - اُستاد - خانگی معلم - سواری گاڑی میں سفر کرنا - امتحان کے لیے تیار کرنا - کشتی کھینا یا چلانا -

Coach box گاڑیبان کے بیٹھنے کی جگہ -

Hackney-coach کرائے کی گاڑی -

Slow coach - دقیانوسی - غبی - سست کام کرنے والا - آہستہ رو -

Coaching اتالیقی - گھر پر تعلیم دینا -

Coadjutant (kōə-joo-tənt) *n.* Assistants to a higher officer شریک - مدد گار -

Coadjutor (kō-ajoo-tər) *n.* Assistant to bishop معاون - مددگار - شریک - لاٹ پادری کا معین یا مددگار -

Coagency (kō-ajənsi) *n.* Joint agency - مشارکت - مشترکہ کام - شرکت - ساجھا -

Coagent (ko-ajənt) *n.* Joint partner in business شریک - ساجھی -

Coagulate (ko-agu-lat) *v.t.* & *i.* Change to solid state, clot - بستہ ہونا - جمانا - جمنا - منجمد ہونا - سخت ہونا - منجمد کرنا یا ہونا -

Coagula *n.* - جمانے والی چیز - منجمد کرنے والی شے -

Coagulation *n.* جماؤ - بستگی - انجماد -

Coagulator *n.* - جمانے والی چیز - منجمد کرنے والا -

Coal (kōl) *v.t.*, *i.* & *n.* Hard carbonized vegetable remains - کوئلہ - معدنی کوئلہ - پتھر کا کوئلہ - کوئلہ نکالنا - کوئلہ لادنا - کوئلہ لینا -

Coal black کالا کوئلہ - کوئلے کے رنگ کا -

Blow the coals بھڑکانا - جذبات کو ہوا دینا -

Haul over the coals سرزنش کرنا - آڑے ہاتھوں لینا -

Coalesce (koə-les) *v.i.* Come together پارٹیوں کا یکجا ہونا - متحد ہونا - اکٹھا ہونا - ملنا - جڑنا -

Coalescent *adj.* - متحد - جڑا ہوا - مربوط - ملا ہوا

Coalescence *n.* - جوڑ - ملاپ - امتزاج - اتحاد -

Coalition (kōa-lish-ən) *n.* Union, fusion مل کر ایک ہونا - سیاسی جماعتوں کا اتحاد - اتفاق - امتزاج - کسی حکومت میں مختلف پارٹیوں کی شرکت -

Coalitionist سیاسی جماعتوں کے اتحاد کا حامی -

Coal-mine-pit (kōl-min) Hole from which coal is taken out کوئلے کا غار - کوئلے کی کان -

Coal-scuttle (kōl-skut-l) *n.* Coal-box کوئلہ دان -

Coarse (kōrs) *adj.* Rough - معمولی درجہ کا - کم حیثیت - ادنیٰ - گاڑھا - موٹا - کھردرا - اناڑی - بھونڈے مذاق کا - فحش - غیر مہذب -

Coarsely *adv.* - بھونڈے پن سے - اناڑی پن سے -

Coarsen *v.t.* & *i.* کھردرا بنانا - بھدا بنانا -

Coarseness *n.* - کرختگی - سختی - گھٹیا پن - کھردرا پن

Coarish *adj.* گھٹیا سا - کھردرا سا -

Coast (kōst) *n.* Sea shore ایک قسم کی امریکی پھسلنی گاڑی - دریا کا کنارہ - سمندر کا کنارہ -ساحل - بلندی سے نیچے کی طرف بائیسکل پر آنا -

Coastguard *n*, ساحلی پولیس - بحری پولیس -

Coasting *n.* ساحل کے آس پاس جہاز رانی کرنا - ساحلی جہاز رانی -

Coast (kōst) *v.i.* Sail along coast ایک ہی ساحل کی بندرگاہوں سے تجارت کرنا - کشتی کنارے کنارے لے جانا - بغیر پیر چلائے بائیسکل نشیب کی طرف چلانا -

Coat (kōt) *v.t.* & *n.* Man's sleeved body garment آستینوں والا مردانہ لباس - کوٹ - بال - سمور - اون - پشم - پردہ - جھلی - چھلکا - پوست - ملمع - تہہ - قلعی - تہہ چڑھانا - قلعی کرنا - ملمع کرنا -

Coat-card تاش کا تصویر دار پتا -

Dust one's coat مارنا - پیٹنا - مرمت کرنا -

Great coat اوور کوٹ - لبادہ -
Turn one's coat - نمک حرامی کرنا - غداری کرنا -
Wear the kings coat فوج میں بھرتی ہونا -
Coated *adj.* تہہ چڑھا ہوا - لپٹا ہوا - ڈھکا ہوا -
Coatee (kōti) *n.* Short tailed coat - بے دامن کا کوٹ - چھوٹا کوٹ -
Coating (kōt-ing) *n.* Layer of paint - کوٹ کا کپڑا - لیپ - رنگ یا روغن کی تہہ -
Coat-tail (kōt-təl) *n.* Skirt - کوٹ کا گاودم دامن -
Coax (koks) *v.t.* & *i.* Persuade by blandishments فریب دینا - پھسلانا - میٹھی باتوں سے منانا - ناز نخروں سے رجھانا - دم دلاسا دینا - بہکانا -
Coax thing out of a person کسی شخص سے پھسلا کر کچھ لینا -
Coaxer پھسلانے والا -
Cob (kob) *n.* Male swan - ٹانگن - چھوٹے قد کا گھوڑا - راج ہنس - ہنس - کوئلے کا گولا -
Cob (kob) *n.* Composition of clay and straw بھس ملا ہوا گارا -
Cob (kob) *v.t.* Slap طمانچہ مارنا - تھپڑ مارنا -
Cobalt (kō-bawlt) *n.* Silvery white metal ایک قسم کی دھات جو نکل سے مشابہ ہوتی ہے -
Cobble (kob-l) *n.* & *v.t.* Water worn round stones پن پتھر - پانی کے گول پتھر - گول پتھروں کا فرش کرنا -
Cobble (kob-l) *v.t.* Patch پھوہڑ پنے سے کرنا - بری طرح سے کرنا - پیوند لگانا - گانٹھنا -
Cobbler (kob-lər) *n.* Mender of shoes - اناڑی - پھوہڑ - جوتے گانٹھنے والا - موچی -
Cobra (kō-brä) / Cobrade capello } *n.* The venomous Hooded snake of India - کالا ناگ - پھنیر سانپ -
Cobweb (kob-web) *n.* Spider's net work جالے جیسی بودی شے - جالے - مکڑی کا جالا - تار عنکبوت - ایچ پیچ - دھوکہ - جال - پھندا - فریب - ناپائدار - کمزور -
Cobwebs of antiquity - پرانا کاٹھ کباڑ -
Cobwebs of the law - قانونی پھندے - قانونی ایچ پیچ -
Cobwebbery *n.* ایچ پیچ - ہیر پھیر -
Cobwebby *adj.* مکڑی کے جالے سے بھرا ہوا - تار عنکبوت کی طرح -
Cocaine (kō-kan) *n.* Drug from coca producing local insensibility ایک دوا جس سے جلد سن ہو جاتی ہے - کوکین -
Cocainisation *n.* کوکین سے سن کرنا - بے حسی -
Cochineal (kochi-nēl) *n.* Dried bodies of insects of Mexico used for making scarlet dye میکسیکو کے وہ خشک کیڑے جس سے قرمزی رنگ بنایا جاتا ہے - قرمز -
Cock (kok) *n.* Male bird - خروس - مرد کا عضو تناسل - مرغ - نر پرند - بندوق کا گھوڑا یا چاپ کمانی - ترازو کا کانٹا -
Cock and bull story - بناوٹی قصہ - بے بنیاد باپ - لغو کہانی -
Cock of the school خدائی فوجدار - لڑکوں میں تیس مار خاں -
Cock sparrow - زندہ دل شخص - پست قد - خن چڑا -
Live like fighting cocks مست رہنا - بے فکر زندگی بسر کرنا -
This beats cock fighting یہ پرلطف ہے - یہ بہت ہی اچھا ہے -
Cock (kok) *v.t.* & *i.* Erect, stick or stand up بندوق کا گھوڑا چڑھانا - کھڑا کرنا - تاننا -
Cock ones eye آنکھ مارنا -
Cock ones hat - بانکپن دکھانا - کج کلاہی دکھانا - ٹیڑھی ٹوپی پہننا -
Cock (kok) *n.* Upward bend of nose چڑھی ہوئی ناک بھوں - چڑھی ہوئی ناک - آنکھ کا اشارہ - کج کلاہی - بندوق کا چڑھا ہوا گھوڑا -
Cockade (kok-ād) *n.* Badge worn in hat - تمغہ - اعزازی پٹی - کلغی - طرہ -
Cockaded *adj.* کلغی دار - طرہ دار -
Cochatoo (ko-kə-tōō) *n.* A kind of parrot with moving crest - بڑی کلغی والا طوطا - کاکاتوا -
Cockatrice (ko-kə-tris) *n.* Fabulous basilisk یونانی قصوں کا فرضی سانپ - افعی - بالشتیا سانپ -
Cockcrow (kok-row) *n.* Domestic cock's early shouts بانگ مرغ - آواز خروس - تڑکا -

Cocker (kok-ər) *v.t.* Pamper ناز اٹھانا - ناز برداری کرنا - لاڈ کرنا -

Cockered (kok-ərd) *adj.* Pampered لاڈلا - ناز پروردہ -

Cockerel (kok-rəl) *n.* Young cock جھگڑالو لڑکا - پٹھا مرغ - مرغ کا پٹھا -

Cockeyed (kok-id) *adj.* Squinting احول - بھینگا -

Cock horse (kok hors) Wood horse کاٹھ کا گھوڑا -

Cockle (kok-l) *n.* A purple flowered grass گھاس پھوس - سرخ پھولوں والی گھاس - گیہوں کی ایک بیماری جس سے دانے کالے پڑ جاتے ہیں - ایک قسم کا گھونگا - سیپی -

Cockle (kok-l) *n., v.t. & i.* Bulge ابھار - شکن - پیچ - خم - شکن ڈالنا - سوڑنا - ابھارنا -

Cockle (kok-l) *n.* Stove for heating room آہنی آتشدان جس سے کمرہ گرم کیا جاتا ہے -

Cockney (kok-ni) *n. & adj.* Native of London لندنی زبان - لندن کا رہنے والا - لندن کا -

Cockneyfy *v.t.* - لندنی جیسے خصائل پیدا کرنا - لندنی بنانا

Cockneyish *adj.* - لندنیوں کی طرح رہنے سہنے والا

Cockneyism *n.* -لندنی بول چال - لندنی محاورہ - لندنیت

Cockpit (kok-pit) *n.* Arena of kock fights مرغوں کا دنگل - مرغوں کی لڑائی کا اکھاڑہ - طیارے میں طیارچی کے بیٹھنے کی جگہ -

Cockroach (kok-rōch) *n.* Dark brown beetle-like Insect تل چٹا - بھونرے کی طرح کا کیڑا -

Cocksure (kok-shōōr) *adj.* Certain to happen یقین واثق - یقینی طور پر - حستمی طور پر - یقینی -

Cocksy (kok-si) *adj.* Conceited - بننے والا - خود پسند شوخ چشم - گستاخ -

Cocksiness *n.* - خود پسندی - گستاخی

Cocktail (kok-təl) *adj. & n.* A horse with docked tail گھوڑا جو اصیل نہ ہو - دم کٹا گھوڑا - گھڑ دوڑ کا گھوڑا - اوچھا - نیا دولتمند - ایک قسم کی مرکب شراب -

Cocktailed *adj.* - دم کٹا - اوچھا - دم بریدہ

Cocoa (kō-kō) *n.* Powder made from cocoa seeds ایک قسم کی بارود - کوکو -

Coconut (kōkō-nut) *n.* Hard shelled seed with white lining ناریل - کھوپرا - انسان کا سر - کھوپری -

Cocoon (ko-kōōn) *n., v.t. & i.* Silky case spun by larva - ریشم کے کیڑے کا خول - آبریشم کا کویا کولے میں لپیٹنا -

Cocoonery *n.* - ریشم کے کیڑوں کی پرورش کی جگہ

Coction (kok-shən) *n.* Boiling - ایک قسم کی پھلی دانہ دار پھلی - پکانا - ابالنا -

Cod (kod) *n. & v.* Large sea fish - بیوتوف بنانا بڑی سمندری مچھلی کاڈ -

Codliver oil - کاڈ مچھلی کا تیل

Coddle (kod-l) *v.i. & n.* Treat as invalid ناز برداری کرنا - وہ شخص جو دوسرے کی ناز برداری کرتا ہو یا خود بیماروں جیسے نخرے کرتا ہو -

Code (kōd) *n. & v.t.* Systematic collection of status مجموعہ قوانین یا قواعد - اشاروں کی زبان - بری اور بحری فوجی اشاروں کا مجموعہ - مختصر کرنا - خفیہ اشاروں میں پیغام بیھجنا -

Code of honour آئین غیرت داری - کسی قوم کا مروجہ اخلاق -

Codification ترتیب قوانین

Codifier - مولف ضوابطہ - قوانین کا ترتیب دینے والا

Codify *v.t.* - قانون کی ترتیب اور تدوین کرنا

Codger (koj-ər) *n.* queer old person (بول چال) مرد آدمی - ضعیف آدمی - ناکارہ - عجوبہ -

Co-equal (kō-eqwəl) *adj. & n.* Of equal status برابر - یکساں - مساوی -

Coerce (ko-ərs) *v.t. & i.* Force and person into obedience دباؤ - مجبور کرنا - دباؤ - ڈالنا - جبر سے حاصل کرنا - جبری کرنا -

Coerced obedience - ناگزیر اطاعت - جبر اطاعت

Coercible *adj.* - جبر کئے جانے کے قابل - جبر پذیر

Coercion (ko-ər-shən) *n.* Controlling of voluntary action or agent by force - جبر - زور زبردستی - استبدادی حکومت -

Coercionary *adj.* - سخت گیر - استبدادی - جبری

Coercionist *n. & adj.* - استبدادیت کا حامی - سخت گیر جابر -

Coercive (kō-ər-sive) *adj.* Acting by coercion تشدد آمیز - سخت - زور آور - زبردست -

Coessential (kōe-sen-shəl) *adj.* Of the same substance ہم اصل - ہم مادہ -

Co-eternal (kōä-tər-nəl) *adj.* Equally ever existing ہم قدم - ہم ابد - ہم قیام - ہم دوام -

Co-eval (cō-evəl) *adj. & n.* Persons of the same age and epoch ہم عہد - ہم عصر - ہم زمانہ

Co-executor (kō-eg-ze-kutor) *n.* Joint executor ہم وثیقہ - شریک وصی -

Co-exist (kō-eg-zist) *v.i.* Exist together or with کسی دوسرے کے ساتھ موجود ہونا -

Co-existence *n.* ہم بودی - ہم موجودیت -

Co-existent *adj.* ہم بود - ہم وجود -

Co-extensive (ko-eks-ten-sive) *adj.* Extending over space and time ہم زمان - ہم مکان -

Coffee (kof-i) *n.* Drink made from seeds roasted and ground قہوہ - کافی - ناشتہ - حاضری - کافی کے بیج -

Coffer (kof-ər) *n.* Treasury box زیور - روکڑ کا صندوق - خزانے کا صندوق -

Coffin (kof-in) *n. & v.t.* Chest for burying corpse - تابوت - مردے کو دفن کرنے کا صندوق نکما جہاز - تابوت میں رکھنا - کفنانا -

Drive nail into one's coffin - موت کو دعوت دینا

Cog (kog) *n.* One of series of projections on edge of wheel - پہیے کے دانت - دندانے -

Cogged *adj.* - پہیے کے دانتوں کا - دندانے دار

Cog (kog) *v.t.* Cleverly control the dice عیاری سے پانسہ پھینکنا - پھسلا کر لینا - خوشامد سے حاصل کرنا -

Cogent (kō-jənt) *adj.* convincing - قوی - مضبوط پختہ - دلنشین - معقول -

Cogency *n.* - دلنشینی - معقولیت - پختگی - مضبوطی

Cogently *adv.* - پختہ طور پر - دلنشین طریقے سے معقول طور پر -

Cogitable (kōji-təbl) *adj.* Concievabe - قابل قبول قابل فہم - قابل قیاس -

Cogitate (kōji-tət) *v.t. & i.* Meditate کسی شے کا تصور کرنا - بچارنا - خیال کرنا - سوچنا -

Cogitation *n.* سوچ بچار - خیال - تفکر - تامل -

Cogitative *adj.* گیانی - سوچ بچار کرنے والا - فکر کرنے والا - تفکر پسند -

Cogitatively *adv.* سوچ بچار سے - متفکرانہ -

Cogitativeness *n.* گیان دھیان - فکر مندی -

Cognac (kon-yăk) *n.* French brandy ایک قسم کی شراب - فرانسیسی برانڈی -

Cognate (kog-nāt) *adj. n.* Descended from common ancestor - ہم اصل - ہم جنس - منجانس - نسبتی - متعلقہ -

Cognateness رشتہ داری - ہم جنس - قرابت داری -

Cognation (kog-nə-shən) *n.* Relationship نسبتی تعلق - رشتہ داری - قرابت -

Cognition (kog-ni-shən) *n.* Faculty of knowing گیان - علم - آگاہی - وقوف -

Cognitional *adj.* علمی ادراکی -

Cognitive *adj.* عارف - واقف - گیانی -

Cognizable (kōg-nizəbl) *adj.* Perceptible قابل سماعت - عدالت عالیہ کے اختیارات کے اندر - قابل دست اندازی - قابل ادراک - قابل فہیم -

Cognizance (kog-niz-əns) *n.* Being aware - قانونی شنوائی - سماعت - علم - آگاہی - اختیار کا استعمال - امتیازی نشان - پہچان -

Be beyond one's cognizance - ناقابل دست اندازی دائرہ اختیار سے باہر -

Fall within one's cognizance - قابل دست اندازی دائرہ اختیار میں ہونا -

Iake cognizance of - سماعت کرنا - دھیان میں لانا توجہ کرنا -

Have cognizance of کسی چیز کا سرکاری طور پر علم ہونا -

Cognizant (kog-ni-zənt) *adj.* Having knowledge صاحب معرفت - محرم - واقف -

Congnize (kog-nīz) *v.t.* Have knowledge of توجہ دلانا - شناخت کرنا - علم یا ادراک رکھنا -

Cognomen (kog-no-mən) *n.* Surname - اسم - سرنام - لقب - عرفیت -

Cognominal *adj.* - ہم اسم - ایک ہی نام کا - ہم نام -

Cognovit (kog-nō-vit) *n.* Defendants acceptance of plaintiff's cause اقبال دعویٰ - مدعا علیہ کا اقبال کہ مدعی کا دعویٰ حق بجانب ہے -

Cohabit (kō-hab-it) *v.t.* Live as husband and wife ہم بستر ہونا - مباشرت کرنا - صحبت کرنا (عموماً غیر عورت سے)

Cohabitation *n.* مباشرت - ہم بستری -

Co-heir coheiress (kō-ar) *n.* Joint heir ہم میراث - ہم ورثہ - شریک میراث -

Cohere (kō-hər) *v.t.* Stick together - جمنا - چمٹنا اک رنگ ہونا - لگنا - مربوط ہونا -

Coherent (kō-her-ənt) *adj.* Easily followed باندھا ہوا - جڑا ہوا - چپکا ہوا - مربوط - سہل - قابل فہم -

Coherence, coherency *n.* پیوستگی - ربط - اتصال - جماد - وصل -

Coherently *adv.* اتصال کے ساتھ - ربط کے ساتھ -

Cohesion (kō-he-zhən) *n.* Sticking together پیوستگی - اتصال - لگاؤ - چسپیدگی -

Cohesive *adj.* پاس پاس - متصل - ملا ہوا -

Cohesiveness پیوستگی - چسپیدگی -

Cohort (kō-hort) *n.* Persons banded together جماعت - گروہ - فوج کا دستہ -

Coif (koif) *n.* Close cap covering top, back and sides of head کنٹوپ - ایک قسم کی ٹوپی - عورتوں کی ٹوپی -

Coiffeur (kwā-fər) *n.* Hairdresser بال بنانے والا - مشاطہ -

Coiffure (kwā-fər) *n.* Way one's hair is dressed کنگھی چوٹی - مانگ پٹی -

Coil (koil) *n.* Length of coiled rope - کنڈل - لچھا انٹی - ڈور کا گولہ -

Coin (koin) *n.* Metal money - پیسہ - زر رائج - روپیہ - سکہ -

Pay one in his own coin - ترکی بہ ترکی جواب دینا

Coin (koin) *v.t.* Make money by stamping money- ضرب کرنا - دارالضرب میں سکے ڈھالنا - دماغی قوت سے روپیہ پیدا کرنا -

Coinage (koin-əj) *n.* System of coin in use رائج الوقت سکے - سکہ زنی - نظام سکہ - اختراع - گھڑے ہوئے الفاظ - من گھڑت -

Coincide (kō-in-sīd) *v.i.* Occur at the same time ایک ہی وقت میں ہونا - مطابق ہونا - ہم زبان ہونا - ٹھیک بیٹھنا - منطبق ہونا -

Coincidence (kō-in-sīdəns) *n.* Concurrence of events اتفاق مطابقت - بہ یک وقت وقوع - زمانی مطابقت -

Coincident (kō-in-sīdənt) *adj.* Coinciding - سوافق مطابق - ہم وقت - ہم زمان - ساتھ ساتھ -

Coincidently *adv.* ہم وقتی سے - ہم زمانی سے - اتفاق سے - اتفاقاً -

Coincidental *adj.* Of the nature of coincidence ہم زمانی - ہم سکانی - مطابق -

Coiner (koinər) *n.* Maker of counterfeit coins جعلی سکے بنانے والا -

Coir (koir) *n.* Coconut fibre ناریل کے ریشوں کی رسی - ناریل کے ریشے -

Coition (kō-ish-ən) *n.* Sexual copulation - وصال مباشرت - مجامعت - صحبت -

Coke (kōk) *n.* & *v.t.* Half burnt coal پتھر کا کوئلہ جس کو جلا کر بجھا لیتے ہیں - نیم سوختہ کوئلہ -

Colander (kulən-dər) *n., v.t.* & *i.* Perforted vessel used as strains چھلنی - غربال -

Cold (kold) *adj.* Of low temperature - بارد خنک - سرد - ٹھنڈا - بے حس - سرد مہر - افسردہ کرنے والی - غیر دلچسپ - شکار کی ہلکی بو -

Cold livered ٹھنڈی مٹی کا - بے حس - افسردہ دل -

Cold meat ٹھنڈا گوشت -

Give the cold shoulder to رکھائی کرنا - سرد مہری سے پیش آنا -

Throw cold water on a plan کسی منصوبے پر پانی پھیرنا -

Coldish *adj.* خنک سا - ٹھنڈا سا -

Coldly *adv.* بے پروائی سے - بے اعتنائی سے -

Coldness *n.* سرد مہری - رکھائی - بے اعتنائی -

Cold (kōld) *n.* Soar throat, running at nose زکام - جاڑا - نزلہ - ٹھنڈ - سردی -

Cole staff (kol-stəf) *n.* Weight carring stick بوجھ

ڈھونے کا ڈنڈا یا بلی -

Colic (kolik) *n.* Sever griping pain in belly مروڑ - ریاحی درد - قولنج - پیٹ کا درد -

Collaborate (ko-lab-ə-rat) *v.i.* Work in combination ساتھ مل کر کام کرنا - ہاتھ بٹانا - ساتھ محنت کرنا -

Collaboration *n.* کام میں شرکت - اتحاد کار

Collaborator *n.* کام میں شرکت کرنے والا - رفیق کار - شریک کار -

Collapse (kə-laps) *n.* & *v.t.* Breakdown of physical and mental energy گر پڑنا - ڈھیر ہو جانا - ہمت ہار دینا - جواب دے دینا -

Collar (kol-ər) *n.* Neck band حلقہ - پٹہ - کالر - گلو بند - وہ چھلا جس میں مچھلی کا چارہ پرویا ہوا ہوتا ہے - کنٹھا - ہنسلی - طوق -

Collared *adj.* کالر دار - کنٹھے دار - پٹے دار -

Collar (kol-ər) *v.t.* Capture فٹ بال میں گیند چھیننے کی کوشش کرنا - گریباں میں ہاتھ ڈالنا - گریباں سے پکڑنا - مچھلی کے شکار کے لئے گوشت لپیٹ کر ڈوری سے باندھنا -

Collate (kol·āt) *v.t.* Compair in detail مطابق کرنا - مقابلہ کرنا - ملانا - پادری کو گرجا کی خدمت سپرد کرنا -

Collator *n.* مطابق کرنے والا - مقابلہ کرنے والا -

Collateral (ko-lāt-r-əl) *n.* & *adj.* Parallel ہم اصل - یکجدی - برابر - ہم پہلو - پہلو بہ پہلو -

Collaterally *adv.* برابر برابر - خاندانی حیثیت سے - پہلو بہ پہلو -

Collation (ko-lə-shən) *n.* Light repast in the evening of fast day مطابقت - مقابلہ - موازنہ (رومن کیتھلک) افطاری -

Colleague (ko-lēg) *n.* Two or more holders of joint office ساتھی - ہم منصب - رفیق - شریک کار - ساجھی - سنگی - ہم رتبہ -

Collect (ke-lekt) *v.t.* & *i.* Assemble سنگیڑنا - جوڑنا - جمع کرنا - اکٹھا کرنا - ارتھ یا معنی نکالنا - نتیجہ نکالنا - مالیہ وصول کرنا - ہوش میں آنا - حواس درست کرنا -

Collected *adv.* غیر جذباتی طور پر - حواس مجتمع کر کے - دلجمعی سے - حواس درست کر کے -

Collection (kə-lek-shən) *n.* Collecting of any thing چندہ فراہمی - جمع - جوڑ - انبار - ذخیرہ - مجمع - مجموعہ -

Collective (kə-lek-tiv) *adj.* Aggregate یکساں - اکٹھا - اجتماعی - مجموعی -

Collectively *adv.* سب مل کر - اکٹھا - مجموعی طور پر -

Collector (ko-lek-tər) *n.* One who collects وصول کرنے والا - جمع کرنے والا - اکٹھا کرنے والا - نایاب چیزیں جمع کرنے والا - ڈپٹی کمشنر - حاکم ضلع -

Collectorate *n.* کلکٹری - اول تعلقہ داری کلکٹر کا دفتر - ڈپٹی کمشنر کا حلقہ اقتدار -

Collectorship *n.* اول تعلقہ داری - ڈپٹی کمشنری -

College (kol-ij) *n.* Body of colleagues with common function بڑا مدرسہ - دارالعلوم - کلیہ - کالج - کسی مخصوص کام کی جماعت - کسی خاص پیشہ کی تعلیم گاہ - تحقیقاتی ادارہ -

Collegian (kol-ij-ən) *n.* Member of a college کالج کا طالب علم - کالج کا رکن -

Collegiate (ko-le-gi-at) *adj.* Belonging to a college کلیہ کا - کالج کا -

Collegiate school اعلیٰ درجے کا مدرسہ - کسی کالج کا ملحقہ مدرسہ -

Collide (kəl-īd) *v.t.* Be in conflict متصادم ہونا - ٹکر کھانا - ٹکرانا - مخالف ہونا - اختلاف ہونا -

Collier (kol-yer) *n.* Coal miner کوئلہ بیچنے والا - کوئلہ کا جہاز - کوئلہ کھودنے والا -

Colliery (kol-yeri) *n.* Coal mine کوئلہ کی کان

Colligate (koli-gāt) *v.t.* Connect insolate facts ترتیب دینا - مربوط کرنا - اکٹھا کرنا -

Colligation *n.* اتصال - ترتیب - ربط

Collision (ko-lizh-ən) *n.* Dashing together مڈ بھیڑ - تصادم - ٹکر -

Collocate (kolō-kāt) *v.t.* Arrange سجانا - ترتیب دینا -

Collocation *n.* سجاوٹ - ترتیب -

Collop (kol-əp) *n.* Slice of meat گوشت کا تکہ - بوٹی - وہ سلوٹ جو موٹے آدمی یا جانور کے بدن پر

پڑتی ہے ۔

Colloquial (kəlō-kwi-əl) *adj.* Belonging to familiar speech روز مرہ کی بول چال کا ۔ عام بول چال کا ۔ سادہ غیر ملکی ۔

Colloquialism *n.* روز مرہ ۔ بول چال کا محاورہ ۔

Colloquialist *n.* خوش بیان ۔ شیریں گفتار ۔ خوش گو ۔

Colloquy (kolə-kwi) *n.* conversation بات چیت ۔ محاورہ ۔ بول چال گفتگو ۔

Collude (kol(u)ood) *v.t.* Practise collusion مل جانا ۔ ساز باز کرنا ۔ سازش کرنا ۔ ملی بھگت ہونا ۔ سانٹ گانٹ کرنا ۔

Collusive *adj.* جعلسازی کا ۔ سازش کا ۔ دغا بازی کا ۔ پر فریب ۔

Collusion (ko-lə-zhən) *n.* Fradulent secret understanding سازش ۔ بندش ۔ ساز باز ۔ خفیہ سازش ۔ مل بھگت ۔

Collyrium (ko-liri-əm) *n.* Eye salve سلائی ۔ کاجل ۔ انجن سرمہ ۔

Colocynth (kolo-sinth) *n.* Bitter apple, gourd plant تلخ سیب ۔ کڑوا کھیرا ۔ خیار تلخ ۔ اندرائن ۔ حنظل ۔ سو گھل ۔

Colon (kolən) *n.* Punctuation mark (:) بڑی آفت ۔ علامت وقف ۔

Colonel (ker-nel) *n.* Highest regimental officer رجمنٹ کا سب سے بڑا افسر ۔ کرنل ۔

Colonial (kə-lōni-əl) *adj.* & *n.* Of a colony نو آباد کاری سے متعلق ۔ نو آبادی ۔

Colonially *adj.* نو آبادی کی حیثیت سے ۔ نو آبادیوں کے اغراض و مصالح کو پیش نظر رکھتے ہوئے ۔

Colonist (co-lən-ist) *n.* Settler in a colony نو آبادی کو بسانے اور آباد کرنے والا ۔ نو آباد کار ۔

Colonize (kolə-nīz) *v.t.* & *i.* Establish colony in نئی جگہ آباد کرنا ۔ نئی بستی بسانا ۔ کسی ملک میں نو آبادی بنانا ۔ نئی جگہ جا کر آباد ہونا ۔

Coloniaztion *n.* نئی آبادی بسانا ۔ نو آبادی بنانے کا عمل ۔

Colonnade (kolə-nad) *n.* Series of columns درختوں کی قطار ۔ ستونوں کی قطار ۔ کسی عمارت کے بہت سے ستون ۔

Colony (kolə-ni) *n.* Immigrants habitation نئی بستی یا آبادی جو ہر دیس میں بسائی جائے ۔ مہاجرین کی نو آبادی ۔ نو آباد کاروں کا علاقہ ۔ کیڑے یا جانداروں کی بستی جیسے مونگے میں ۔

Colorific (kolə-rific) *adj.* Producing colour رنگ چھوڑنے والا ۔ رنگ بینز ۔ رنگ فشان ۔

Colossal (ko-los-əl) *adj.* Huge " شوخ رنگ " خوشنما ۔ شاندار ۔ بڑے قد کے ۔ دیو ہیکل ۔ دیو پیکر ۔

Colossus (ko-losəs) *n.* Gigantic statue بڑی بھاری مورت ۔ دیو پیکر مجسمہ ۔ وہ سلطنت جس کا مختلف ممالک پر قبضہ ہو ۔

Colour (ku-lər) *n.* Sensation produced on eye by decomposed light رنگ ۔ لون ۔ گہرا رنگ ۔ چہرے کی سرخی ۔ رنگ روپ ۔ شکل ۔ صورت ۔ نقاشی ۔ رنگ آمیزی ۔ رنگ بھرنے کا اصول یا خوبی ۔ رنگ روغن ۔ مسالہ ۔ رنگین فیتہ یا وردی جو خاص کھلاڑیوں کو دی جاتی ہے ۔ کسی فوج کا نشان ۔ فوج یا جہاز کا جھنڈا ۔ پھریرا ۔ پرچم ۔ عذر لنگ ۔ عذر باطل ۔

Colourblind رنگ نہ پہچان سکنے والا ۔ رنگ اندھا ۔

Colour man رنگوں کا سوداگر ۔ رنگ فروش ۔

Come off with flying colours قابل تحسین کام کرنا ۔ کامیاب ہونا ۔

Get one's colours کھلاڑیوں کی جماعت میں داخل کیا جانا ۔

Lose colour زرد پڑ جانا ۔ رنگ فق ہو جانا ۔

Show one's colour اپنی اصلیت ظاہر کرنا ۔ اپنی اصلیت پر آنا ۔

Colourist *n.* رنگ کا ماہر ۔ رنگ آمیز ۔ وہ جس کو رنگ بھرنے میں کمال ہو ۔ مصور ۔

Colour (kulər) *v.t* & *i.* Give colour to رنگ آمیزی کرنا ۔ رنگ بھرنا ۔ رنگنا ۔ قلعی کرنا ۔ ملمع کرنا ۔ اپنی طرف سے جھوٹ ملانا ۔

Colourable (kulər-ə-bl) *adj.* Specious نمائشی ۔ مصنوعی ۔ بناوٹی ۔ جعلی ۔

Colouring (kulər-ing) *n.* Colouring style رنگ بھرنے کا طرز ۔ رنگ آرائی ۔

Colourless (kulər-les) *adj.* Dull روکھا پھیکا ۔ بے رنگ ۔ بے لطف ۔ غیر جانب دار ۔ بے اصول ۔

Colporteur (kol-per-ter) *n.* Book hawker sp. Bible پھیری لگا کر مذہبی کتابیں بالخصوص انجیل بیچنے والا -

Colt (kōlt) *n.* & *v.t.* Young male horse بے وقوف بچھیرا - نوجوان گھوڑا - احمق اناڑی - کرکٹ کا پیشہ ور کھلاڑی جو پہلی مرتبہ میدان میں آئے -

Colt hood *n.* بچھیرا پن -

Coltish *adj.* نا تجربہ کار سا - احمق سا - بچھیرا پن -

Colter (kōl-ter) coulter *n.* Iron blade of plough ہل کا لوہا - ہل کا پھل -

Columbine (koləm-bīn) *n.* Mistress of Harlequin ہارلی کن مسخرے کی بیوی - ایک درخت جس کا پھول پانچ کبوتروں کے گچھے کا سا ہوتا ہے -

Column (koləm) *n.* Sporting pillar ستون - تھم - کھمبا - لاٹ - مینار - فوج کا پہرا - صفحے کا حصہ - جہازوں کی لمبی قطار -

Coma (kōmä) *n.* Stupor خواب غفلت - بے ہوشی کی نیند - نرم ریشوں کا گچھا جو بیج کے سرے پر نکل آتا ہے - ریشہ دار بیج - کہکشاں کا ذب -

Comb (kom) *n.* Toothed strip of horn, metal ivory کنگھا - کنگھی - شانہ - مرغ یا پرندوں کی کلغی - چوٹی -

Comb (kom) *v.t.* & *i.* Draw comb through hair کنگھی کرنا - شانے سے بالوں کو درست کرنا - گھوڑے کو کھریرا کرنا - موج کا بل کھانا - پیٹنا - مرمت کرنا -

Combat (kum-bət) *n.*, *v.t.* & *i.* Struggle, oppose, contest لڑنا - جنگ کرنا - مقابلہ کرنا - کشتی کرنا -

Combatant (kumbə-tənt) *adj.* & *n.* Fighting, fighter جنگجو - جنگی سپاہی - لڑنے والا -

Combative (kum-bətiv) *adj.* Pugnacious لڑائی کا شوقین - جھگڑالو - لڑاکا - لڑنے مرنے کو تیار -

Combination (kom-binə-shən) *n.* combining متحدہ کاروائی - اتحاد - اتفاق - میل - گروہ بندی -

Combine (kəm-bīn) *v.t.* & *i.* Join together اکٹھے ہونا یا کرنا - مل جانا - متحد ہونا - جمع ہونا - اجتماع - ایسے لوگوں کا ایکا جو قیمت گراں کر دیں یا تجارت میں دشواریاں حائل کریں -

Combined (kəm-bīnd) *adj.* Joined - جڑا ہوا - ملا ہوا -

متفق - متحد -

Combings (kōm-bings) *n.* Hairs combed off ٹوٹے یا گرے ہوئے بال - بال جو کنگھی کرنے میں گریں -

Combustible (kom-bus-tibl) *adj.* Things used for burning - جلنے کے قابل پھونک دینے والا مادہ آتش گیر مادہ - بھک سے اڑ جانے والا - اشتعال پذیر -

Combustibility آتش انگیزی - اشتعال پذیری -

Combustion (kom-bus-tyən) *n.* Destruction by fire افروختگی - جلنے کی حالت - سوختگی - اشتعال - احتراق - حرارت پذیری - جل جانا -

Come (kum) *v.i.* Arrive, move - اترنا - واقع ہونا پہنچنا - آنا - نازل ہونا - نکلنا - باہر آنا - کسی خاندان یا شہر کا فرد ہونا - رفتہ رفتہ - کسی نتیجے پر پہنچنا -

Come into one's head - دماغ میں آنا - خیال میں آنا دل میں آنا -

Come off الگ ہونا - بچ نکلنا - مکمل ہونا - مراد بر آنا -

Come to stay یقینی ہو جانا - کسی شے کا مستقل ہو جانا -

Light come light go آسانی سے ہاتھ آنا اور جلد ہی نکل جانا -

Come (kum) *v.* & *imp.* Approach - چلو - آؤ - آ جاؤ

Comedian (ko-midi-ən) *n.* Actor, writer of comedies - مزاح نگار - تمثیل نگار - نکال - بھانڈ - بھروپیا سوانگی - ادا کار - بزمیہ اداکار -

Comedienne (ko-midi-ni) *n.* Comedy actress رقاصہ - ناٹکی عورت - بزمیہ اداکار -

Comedy (kom-i-di) *n.* Stage play of amusing and satirical character طربیہ - بزمیہ - تمثیل - طنز و مزاح - سوانگ - نقل - ناچ رنگ - نقل جس کا انجام تفریح پر ہو -

Comely (kum-li) *adj.* Pleasant to look at - دلپسند خوشنما - شکیل - خوش اندام -

Comeliness *n.* خوش اندامی - خوبروئی -

Comer (kum-er) *n.* One that comes - نو وارد آنے والا -

Comestible (ko-mest-i-bl) *n.* Thing to eat کمالات دکھانے کے لائق چیزیں - اشیائے خوردنی -

Comet (kom-it) *n.* A star like object with a tail
دنبالہ دار بوجھل تارا ۔ دم دار تارا ۔

Comfit (kom-fit) *n.* Sugar plum الائچی دانہ ۔
ایسی مٹھائی جس کے اندر گری ہو ۔ نقل ۔

Comfort (kum-fərt) *v.t.* & *n.* Consolation ۔ اطمینان
آرام ۔ تشفی ۔ تسلی ۔ تسکین ۔ خاطر جمعی ۔ آرام دینا ۔
تشفی دینا ۔ غمخواری کرنا ۔

Comfortable (kum-fərt-əbl) *adj.* Free from hardship آرام دہ ۔ خوش ۔ آسودہ ۔ سکھی ۔ خوشحال ۔
مطمئن ۔

Comforter (kum-fert-er) *n.* One who consoles
غم خوار ۔ تسلی دینے والا ۔

Comfortless (kum-fert-les) *adj.* Dreary بے آرام ۔
رنجور ۔ دکھی ۔

Comic (kom-ik) *adj.* Mirth provoking سوانگی ۔ ہنسانے
والا ۔ مسخرہ ۔ ظریف ۔ تفنن آمیز ۔ خندہ انگیز ۔

Comical (komi-kəl) *adj.* Odd, queer تمسخرانہ ۔
تفنن آمیز ۔ نرالا ۔ انوکھا ۔

Comintern (kom-in-tərn) *n.* Third international
روس کی بین الاقوامی سیاسی جماعت ۔ انقلابی جماعت ۔
انقلابی تحریک ۔

Comity (komi-ti) *n.* Courtesy بین الاقوامی انداز ۔
ایک دوسرے کے قوانین کا احترام ۔ قوموں کی راہ و رسم ۔
قوموں کی برادری ۔

Comma (kom-ä) *n.* Punctuation mark رمز وقف ۔
معمولی وقفہ کا نشان ۔

Inverted commas کسی اقتباس یا قول کو دکھانے کا
نشان " " واوین ۔

Command (kə-mänd) *v.t.* & *i.* Order حاکم ہونا ۔
فرمان نافذ کرنا ۔ ارشاد کرنا ۔ حکم دینا ۔ حکومت
کرنا ۔ قابو میں رکھنا ۔

Command (kə-mänd) *n.* Order سپہ سالاری ۔ ہدایت ۔
فرمان ۔ ارشاد ۔ حکم ۔ قیادت ۔ قبضہ ۔ اقتدار ۔ فوجی ۔
دستہ یا علاقہ جو کسی سالار کے ماتحت ہو ۔

Command paper فرمان شاہی ۔ جو دستاویز بادشاہ کے
کے حکم سے پارلیمنٹ میں پیش ہو ۔

Commandant (kəm-än-dənt) *n.* Commanding officer, governor of a fortress فوجی سردار ۔
کلیدان ۔ قلعہ دار ۔ جنگی حاکم ۔ فوجی عہدہ دار ۔

Commandeer (kəm-an-dēr) *v.t.* Force men for military service فوج کے لیے جبری بھرتی کرنا ۔
فوجی ضرورت کی بنا پر سامان ضبط کر لینا ۔ رعب جمانا ۔
سکہ بٹھانا ۔

Commander (ko-man-dər) *n.* One who commands نائٹوں کا خطاب ۔ امیر ۔ سپہ سالار ۔

Commander-in-chief امیر فوج ۔ سپہ سالار اعلیٰ ۔

Commander of the faithful ۔ خلفائے اسلام کا خطاب
امیر المومنین ۔

Wing commander ۔ امیر فضائیہ ۔ ہوائی فوج کا افسر

Commanding (kə-man-ding) *adj.* Impressive
نہایت موثر ۔ شاندار ۔ پرشوکت ۔ تحکمانہ ۔ رفیع الشان ۔

Commandment (ko-mənd-mənt) *n.* Divine command خدا کا حکم ۔ حکم الٰہی ۔ حکم ربانی ۔

The ten commandments (موسوی شریعت کے دس
حکم) ۔ دس احکام الٰہی ۔

Commando (koman-dow) *n.* Party called out for military service جمعیت ۔ فوجی دستہ ۔

Commemorate (kəm-em-ərāt) *v.t.* Celebrate
یادگار قائم کرنا ۔ ذکر کرنا ۔ یاد کرنا ۔ رچانا ۔
منانا ۔

Commemorative *adj.* یاد دلانے والی ۔ یاد گاری ۔

Commemoration (komemə-ra-shən) *n.* Act of remembering عرس ۔ تقریب ۔ یاد گار ۔ برسی یا
فاتحہ خوانی جو کسی بزرگ کی یاد میں منائی جائے ۔

Commence (kə-mens) *v.t.* & *i.* Begin پہلا قدم رکھنا ۔
کام شروع کرنا ۔ آغاز کرنا ۔ پہل کرنا ۔ آغاز ہونا ۔
وقوع میں آنا ۔

Commencement *n.* عطائے اسناد کا جلسہ ۔ دستار
بندی ۔ شروع ۔ آغاز ۔ ابتدا ۔ بسم اللہ ۔

Commend (kə-mend) *v.t.* Praise سونپنا ۔ سپرد کرنا ۔
تفویض کرنا ۔ تعریف کرنا ۔ سفارش کرنا ۔ عنایت
کرنا ۔ سلام کرنا ۔

Commendable (kə-mend-əbl) *adj.* Praise worthy
سراہنے کے قابل ۔ پسندیدہ ۔ قابل تعریف ۔

Commendation (kə-məndā-shən) *n.* Act of commending a person to anothers favour
سفارش ۔ تعریف ۔ توصیف ۔ مدح ۔ تحسین ۔

Commendatory (kə-men-d-ətəri) *adj.* Commending توصیفی - تعریفی - سفارشی - ایسا وقف جو کسی شخص کی غیر موجودگی میں دوسرے کے قبضے میں ہو -

Commensurable (kə-men-shoo-rə-bl) *adj.* Divisible مناسب - متناسب - ہم وزن - ہم آواز - ہم مقدار - وہ اعداد جو ایک عدد سے تقسیم ہو سکیں -

Commensurableness *n.* }
Commensurability *n.* } ہم مقداری - ہم عددی - مناسبت - ہم وزنی -

Commensurably *adv.* مناسبت سے - ہم عددی سے - ہم مقداری سے -

Commensurate (kə-men-su-rət) *adj.* Proportionate موافق - مطابق - متناسب - مناسب -

Commensurately *adv.* مطابقت سے - مناسبت سے -

Comment (kom-ənt) *n.* Explanatory remark شرح - تفسیر - تشریح - توضیح -

Comment (kom-nət) *v.t.* Write notes on رائے زنی کرنا - تبصرہ کرنا - نکتہ چینی کرنا - حاشیہ لکھنا - تشریح کرنا - تنقید کرنا -

Commentary (kom-ən-təri) *n.* Expository treatise تفسیر - حاشیہ - شرح -

Commentation (kəm-en-tə-shən) *n.* Making of Comments شرح نویسی - حاشیہ آرائی -

Commentator (kom-en-tə-tər) *n.* Giver of description تشریحی بیان دینے والا - تبصرہ نگار - شارح - تفصیل پیش کرنے والا - مسلسل آنکھوں دیکھا حال سنانے والا -

Commerce (ko-mərs) *n.* Exchange of merchandise تجارت - بیوپار - سوداگری - بحری تجارت - راہ و رسم - باہمی رابطہ - تاش کا ایک کھیل -

Chamber of commerce مجلس تجار - ایوان تجارت -

Commercial (ko-mər-shəl) *adj.* & *n.* Bearing on commerce متعلق بہ تجارت - سوداگری کا - تجارتی - تجارتی لین دین - تجارتی معاملہ -

Commercialism *n.* تجارت پسندی - تجارتی شوق - تجارتی انہماک -

Commercialist *n.* پیشہ تجارت کا حامی - تجارت پسند

Commercialize *v.t.* تجارت کے قابل بنانا - بازار میں رواج دینا - تجارتی بنانا -

Commercially *adv.* تاجرانہ نقطہ نظر سے - تجارتی حیثیت سے -

Commination (komi-nā-shən) *n.* Recital of divine threats وعید - خدا کا قہر - عذاب الٰہی سے ڈرانا - ان کلمات کو پڑھنا جس میں عذاب الٰہی سے ڈرایا گیا ہو -

Comminatory (ko-minā-təri) *adj.* کافر گرداننے والی - ڈرانے والی -

Comingle (ko-ming-gl) *v.t.* & *i.* Mingle together گھل مل جانا - ملنا - باہم ملنا - امتزاج کرنا - ملانا -

Commiserate (ko-mizer-at) *v.t.* & *i.* Feel and express pity دیا کرنا - رحم کرنا - ترس کھانا -

Commiseration *n.* رحم - ترس - دیا -

Commiserative *adj.* ترس کھانے والا - رحمدل - دردمند -

Commiseratively *adv.* ترس کھاتے ہوئے - رحمدلانہ - دردمندانہ -

Commissar (komi-sar) *n.* Head of a department (روس) محکمہ کا افسر اعلیٰ -

Commissarial (komi-sari-əl) *adj.* Of a commisary افسر محکمہ کے متعلق -

Commissariat (komi-sarl-at) *n.* Supply department روس میں محکمہ خوراک - فوج کا محکمہ رسد -

Commissary (kom-i-seri) *n.* Supply officer فوج کا عہدہ دار رسد - محکمہ رسد کا افسر -

Commission (ko-mish-ən) *n.* Command, authority اختیار - حکم - فرمان - پروانہ - تفویض - تحویل - سپردگی - ذمہ داری - جماعت جسے خاص کام کرنے کا اختیار دیا گیا ہو - ماہرین کی جماعت - جہاز کی بحری سفر کے لیے تیاری - آڑھت کے کام کی اجازت دوسرے کی طرف سے فروخت کرنے کی اجازت - معاوضہ جو آڑھت کے کے کام پر دیا جائے - آڑھت - دلالی -

Commission (ko-mish-ən) *v.t.* Empower سند دینا - سپرد کرنا - اختیار دینا - جنگی جہاز کی سرداری دینا - جنگ پر جانے کی اجازت دینا - معاوضہ دینا - دلالی دینا -

Commissionaire (ko-mish-ən-ar) *n.* Uniformed messengers لندن کے وظیفہ یاب - باوردی ہرکارے - فوجی ملازموں کی جماعت کا رکن -

Commissioned (ko-mish-ənd) *adj.* Empowered عہدہ دار - ناظر - سندیافتہ - اختیار یافتہ - فوجی اختیار یافتہ افسر - اجازت یافتہ جہاز - حاکم - مختار -

Commit (kə-mit) *v.t.* Entrust, consign سونپنا - حوالے کرنا - سپرد کرنا - ذمہ لگانا - تفویض کرنا - کوئی کام کرنا - ارتکاب کرنا - پھانس لینا - قبلوا لینا - مخدوش یا مشتبہ کرنا - پابند کرنا -

Commitment *n.* جیل خانہ بھیجنا - پابندی - قید - حوالہ - سپردگی -

Committal *n.* قید - پابندی -

Committee (kə-mi-tē) *n.* Body of appointed persons کمیٹی - مجلس - سبھا - پنچائت جماعت جو کسی خاص مقصد کے لیے مقرر کی گئی ہو -

Standing committee جماعت جو مقرر کرنے والوں کی موجودگی تک قائم رہے - مجلس قائمہ -

Commod (kə-mod) *n.* Close stool کمود - طشت چوکی - پائخانہ کی چوکی -

Commodious (kə-mo-dyəs) *adj.* Comfortable کشادہ - وسیع - کھلا - آرام دہ -

Commodiousness *n.* فراخی - کشادگی - راحت - آرام -

Commodity (kə-modi-ti) *n.* Article of trade مفید شے - اسباب تجارت - جنس - مال -

Commodore (kəmo-dor) *n.* Naval officer above Captain میر بحریہ کا ماتحت عہدہ دار - قائم مقام - صدر ناخدا -

Common (kom-ən) *adj.* The public سب کا - مشترک - عوامی - عوام کا - روز مرہ کا - ادنیٰ - گنوار - بے حیثیت -

Common room بیٹھنے کا کمرہ - بیٹھک - عام لوگوں کی نشت کا کمرہ -

Philosophy of common sense عام عقل کی بات - تجربہ کی بات -

Common (kom-ən) *n.* Land belonging to a community بن چرائی - عوامی زمین - عام لوگوں کے مویشیوں کی چرا گاہ -

Out of the common غیر معمولی -

Commonality (kom-ənəli-ti) *n.* The common people خلق خدا - عام لوگ - عوام الناس - ایرے غیرے -

Commonly (kom-ən-li) *adv.* Usually, عام طور پر - بالعموم - عموماً - اکثر اوقات -

Commonplace (kom-ən-pləs) *n.* Anything common خاص خاص باتیں جو لکھ لی جائیں - پیش پا افتادہ - سنی سنائی - معمولی - گھٹیا -

Commonplace (komən-pləs) *v.t.* & *i.* Extract or utter commonplaces اقتباس کرنا - نقل کر رکھنا - سنی سنائی باتیں کہنا - پامال مضامین پر گفتگو کرنا -

Commons (kom-əns) *n.* The common people, House of commons عوام جمہور - انگلستان کے منتخب نمائندے - دارالعوام - مشترکہ کھانا - طلبا کا وہ کھانا جو کالج سے ملتا ہے - خوراک - مقررہ کھانا -

Commonwealth *n.* جمہوری سلطنت - انگلستان اور اس کے زیر اثر علاقے - دولت مشترکہ - دولت مشترکہ کی آزاد ریاستیں - ادا کاروں کی ٹولی جو آمدنی میں برابر کی شریک ہو -

Commotion (kə-mo-shən) *n.* Bustle, tumult گڑبڑ - کھلبلی - شورش - ہل چل - افراتفری - ہنگامہ - بے قراری - بے کلی -

Communal (kəmū-nəl) *adj.* Of the community پیرس کمون کا رکن - بستی کا - آبادی کا - فرقہ وار - مخصوص گروہ یا جماعت کا -

Communalism n. جدا گانہ انتخاب کا نظریہ - قومی خود مختاری کا طریقہ - فرقہ وارانہ خود مختاری کا اصول -

Communalist - فرقہ پرست - بستی کی خود مختاری کا حامی

Communalise (kəmū-nəl-īz) *v.i.* مشترکہ ملک بنانا - تمام چیزوں کو بستی کی ملکیت بنانا -

Communalisation *n.* قریہ کی ملکیت قرار دینا - شاملات میں داخل کرنا -

Commune (kə-mūn) *n.* French territorial division فرانسیسی پرگنہ یا تحصیل - ملکی پنچایت - مجلس قریہ -

Commune (kə-mūn) *v.i.* Hold intimate intercourse بات چیت کرنا - کلام کرنا - راز و نیاز کرنا - دل کی بات کہنا - مسیحی تسلیم کیا جانا -

Communicable (kə-mū-ni-kə-bl) That can be imparted گوش گزاری کے قابل - کہنے کے لائق -

Communicate (kə-mū-ni-kat) *v.t.* & *i.* Impart, transmit ربط پیدا کرنا - خبر دینا - آگاہ کرنا - اطلاع دینا - رسائی پیدا کرنا - خط و کتابت کرنا -

Communication (kə-mū-ni-ka-shən) *n.* Act of imparting information - خبر رسانی - اطلاع - مکتوب - مراسلہ - تعلق - رابطہ - میل جول - راستہ - آمد و رفت -

Communicative (kə-mū-ni-kə-tiv) *adj.* - باتونی - ملنسار - خبر رساں - اطلاع دینے پر آمادہ - باتیں کرنے میں بے تکلف -

Communicator (kə-mū-ni-ka-tər) *n.* Person that communicates اطلاع کرنے والا - خبر رسان - تار کا پیغام بھیجنے کا آلہ - اطلاعی زنجیر جو ریلوں میں لگاتے ہیں -

Communion (kə-mūn-yən) *n.* Participation, fellowship - دل کی بات - راز و نیاز - شرکت - رفاقت - ہم مشربی - مذہبی گروہ - تعلق - رابطہ ملاقات -

Communism (kəmū-nizm) *n.* Vesting of property in the community - اشتمالیت - اشتراکیت - مساوات - مال و دولت کو مشترک ملکیت بنانے کا اصول یا اس کی حمایت -

Communist *n.* اشتمال پسند شخص - اشتمالی -

Community (kə-mū-ni-ti) *n.* Joint ownership حصہ داری - شراکت - مشترکہ ملکیت - اتحاد - یکسانی - فرقہ - گروہ - بستی - آبادی - برادری -

Communize (kə-mū-nīz) *v.t.* Make common property - جمہوری یا قومی بنانا - مال مشترکہ بنانا -

Communization *n.* اشتمال کا اصول جاری کرنا -

Commutable (kə-mūtə-bl) *adj.* Exchangeable جس میں رد و بدل کی صلاحیت ہو - تبدیلی کے قابل - مبادلہ پذیر -

Commutability *n.* تبادلے کی قابلیت ، بدل پذیری -

Commutation (kəmū-tə-shun) *n.* Commuting عوض معاوضہ - ہیرا پھیری - قیمت - مبادلہ - تبدل -

Commutator (kəmū-ta-ter) *n.* Person or thing that commutes حاکم مجاز تبدل - بدلنے والا - تانبے کا ایک پرزہ جو برقی رو کو مختلف سمت میں بدلنے کے لیے لگاتے ہیں -

Commute (kə-mūt) *v.t.* Buy off, interchange تبدیل کرنا - معاوضہ دینا - بھاری سزا سے بدل دینا -

Compact (kəm-pakt) *n.* Agreement between parties - عہد و پیماں - معاہدہ - قول و قرار - عہد -

General compact عام رضامندی -

Compact (kəm-pakt) *adj.* Closely or neatly packed together - ٹھوس - مضبوط - پختہ - چست - متعین -

Compactly *adv.* متانت سے - پختہ طور پر - ٹھوس طریقے سے -

Compactness *n.* - متانت - چستی - گاڑھا پن - گھنا پن -

Compact (kəm-pakt) *v.t.* Join firmly together مضبوط کرنا - کسنا - پیوستہ کرنا - جوڑنا - جمانا -

Companion (kəm-pan-yən) *n., v.t. & i.* One who accompanies another - ساتھی - شریک - ہم صحبت - ہم نشین - خلاصہ - کلید - حل - ایک سرکاری خطاب - یار وفادار - مصاحب - سہیلی - ساتھ دینا - رفاقت کرنا - ہم نشین ہونا -

Companion (kəm-pan-yən) *n.* Opening in deck leading to cabin - جہازی روشن دان - تاب دان - روشن دان کا ڈھکن -

Companionable (kəm-pan-yen-əbl) *adj.* Sociable خوش صحبت - زندہ دل - ملنسار - یار باش -

Companionship (kəm-pan-yən-ship) *n.* State of being companions - صحبت - رفاقت - ہم نشینی - معیت - ٹائپ جمانے والوں کی جماعت جو مل کر کام کرتے ہیں -

Company (kum-pə-ni) *v.t., i. & n.* Body of combined persons - گروہ - جتھا - ٹولی - منڈلی - جماعت - صحبت - رفاقت - معیت - ہم صحبت - ہم نشین - مجمع - اہل محفل - مجمع دوستان - کارخانے کے شرکا جن کے نام ظاہر کرنا مقصود نہ ہو - فوجی دستہ جو کپتان کے ماتحت ہو -

Company manners مصنوعی اخلاق - محض دکھاوے کے اخلاق - ظاہری اخلاق -

I sin in good company مجھ سے بہتر لوگ یہ کام کر چکے ہیں - ارتکاب گناہ میں اچھے اچھے میرے ساتھ ہیں -

Joint stock company - چند منتخبہ افراد کی جماعت - مشترکہ سرمایہ کی دوکان -

Weep for company - کسی کو روتا دیکھ کر رونا - کسی کے غم میں شریک ہونا -

Comparable (kəm-pə-ra-bl) *adj.* Fit to be compared ٹکر کا - ہم رتبہ - ہم پلہ - مقابلہ کئے جانے کے قابل -

Comparative (kəm-para-tiv) *n.* & *adj.* Estimated by comparison متناسب - نبستی - جو چیز ایک دوسرے کے مقابلہ سے جانچی جائے -

In comparative comfort نسبتاً آرام سے -

Comparatively *adv.* نسبتاً - مقابلتاً -

Compare (kəm-pār) *v.t.* & *i.* Liken تشبیہ دینا - جانچنا - موازنہ کرنا - مقابلہ کرنا - ملانا -

Compare notes - نتائج ملانا - تحریروں کا مقابلہ کرنا - تبادلہ خیال کرنا -

Compare (kəm-pār) *n.* Comparison مماثلت - جانچ پڑتال - مقابلہ - موازنہ -

Beyond compare لاثانی - بے مثال -

Comparison (kəm-pari-zun) *n.* Act of comparing مماثلت - نظیر - موازنہ - مقابلہ -

Compart (kom-pärt) *v.t.* Divide into compartments - درجوں میں تقسیم کرنا - الگ الگ حصے کرنا

Compartment (kəm-pärt-mənt) *n.* Division separated by Partition - خانہ - کمرہ - حجرہ - درجہ - ڈبہ - ریل کا ڈبہ - جہاز کے کمرے جن میں پانی داخل نہیں ہو سکتا -

Compass (kəm-pȧs) *n.* Boundary, area - گردا - احاطہ - چکر - گھیرا - دور - پرکار - قطب نما - پہنچ - رسائی - وسعت -

Beyond my compass - میری طاقت سے باہر ہے -

Compass (kəm-pȧs) *v.t.* Go round, accomplish گھیرا ڈالنا - گھیرنا - چکر لگانا - محاصرہ کرنا - قابو میں لانا - دل میں ٹھاننا - تدبیر نکالنا - سوجھنا - پورا کرنا -

Compassable *adj.* احاطہ کرنے کے قابل - قابو میں آنے کے قابل - محاصرے کے قابل -

Compassion (kəm-pash-ən) *n.* Pity inclining one to help - دیا - رحم - خدا ترسی - ترس - تلطف - رافت

Compassionate (kəm-pash-ən-it) *adj.* Sympathetic - ترس کھانے والا - دیالو - رحم دل - خدا ترس - رعائتی -

Compassionately *adv.* - رعایت سے - ہمدردی سے - رحمدلی سے - خدا ترسی سے -

Compassionateness *n.* - غمگساری - رحمدلی - خدا ترسی -

Compassionate (kəm-pash-ən-it) *v.t.* Regard with compassion - رحم کرنا - غم خواری کرنا - ترس کھانا -

Compatible (kəm-pati-bl) *adj.* Consistent ساتھ ساتھ رہنے والا - ملتا جلتا - موزوں - مناسب -

Compatibility *n.* - مطابقت - موافقت - معاشرتی میل جول

Compatriot (kəm-pət-ri-ut) *n.* Fellow-countryman - ایک ملک کا رہنے والا - ایک دیس کا باشندہ - ہم وطن آدمی -

Compeer (kəm-pēr) *n.* Comrade - ہمجولی - ہم رتبہ - رفیق - ساتھی -

Compel (kəm-pel) *v.t.* Force - بزور داخل کرنا - زبردستی کرانا - لاچار کرنا - زبردستی کرنا - مجبور کرنا -

Compellable *adj.* - زبردستی کرانے کے لائق - قابل چیز

Compendious (kəm-pen-di-əs) *adj.* Brief but comprehensive - جامع - خلاصہ - مجمل - مختصر

Compendium (kəm-pen-di-əm) *n.* Summary خلاصہ - انتخاب - اختصار - لب لباب -

Compensate (kəm-pən-sat) *v.t.* & *i.* Make amends کسر نکالنا - بدلہ دینا - معاوضہ دینا - تلافی کرنا - عوض دینا - کفارہ ادا کرنا -

Compensative *n.* & *adj.* } پورا معاوضہ - تلافی کن -
Compensatory *adj.* } معاوض -

Compensator *n.* - معاوضہ دینے والا - تلافی کرنے والا

Compensation (kəm-pen-sa-shən) *n.* Thing given as recompense - ہرجانہ - معاوضہ - بدلا - عوض - اجر - تلافی - جزا - مکافات -

Compete (kəm-pēt) *v.t.* Vie with another ریس کرنا - مقابلہ کرنا - ہم سری کرنا - برابری کرنا - مقابلے کے لیے سعی کرنا -

Competence-cy (kəm-pē-tens) *n.* Sufficiency of means - مرفہ الحالی - فراغت - آسودگی - قابلیت - استعداد - صلاحیت -

Competent (kəm-pē-tent) *adj.* Properly qualified صاحب اختیار - قابل - لائق - کافی وافی - مختار - قادر - واجب - درست - مناسب -

Competition (kəm-pē-tish-ən) *n.* Act of competing - مقابلہ - برابری - ہمسری - رقابت - امتحان مقابلہ

Competitive (kəm-pē-ti-tiv) *adj.* ہم سری کا - مقابلہ کا - برابر کا -

Competitor (kəm-pe-ti-tər) *n.* One who competes حریف - ہم چشم - مقابلہ کرنے والا - رقیب - امتحان مقابلہ میں بیٹھنے والا -

Compilation (kəm-pi-lā-shən) *n.* Compiling ترتیب - تدوین - تالیف -

Compile (kəm-pīl) *v.t.* Collect material in a volume جمع کرنا - تالیف کرنا - ترتیب دینا -

Complacence-cy (kəm-pla-zens) *n.* Self-satisfaction مروت - اخلاق - خوشی - آسودگی - اطمینان - دلجمعی -

Complacent (kəm-pla-sent) *adj.* Self-satisfied مطمئن - خوشدل - خلیق - حلیم -

Complacently *adv.* خوش خلقی سے - اطمینان سے - خوشدلی سے -

Complain (kəm-plān) *v.i.* Express dissatisfaction with شکایت کرنا - شکوہ کونا - نالش کرنا - استغاثہ دائر کرنا - حال مرض بیان کرنا - آہ و زاری کرنا -

Complaint (kəm-plānt) *n.* Utterance of grievances آہ و زاری - فریاد - شکوہ - شکایت - نالش - استغاثہ -

Complaisance (kom-ple-zâns) *n.* Politeness فروتنی - تہذیب - انسانیت - اخلاق - خلق -

Complaisant (kom-ple-zânt) *adj.* Polite آسودہ خاطر - مطمئن - خوشدل - بامروت - خلیق -

Complement (kom-pli-mənt) *n.* That which completes وہ زاویے جو زاویہ قائمہ کی تکمیل کرتے ہیں - مکمل کرنے والا - چاند کی تکمیل - جہاز کے افسروں اور ملاحوں کی پوری تعداد -

Complemental *adj.* تکمیلی - بھرتی پوری کرنے والا -

Complementary (kom-pli-mən-təri) *adj.* Serving to complete زائد امدادی - مکمل کرنے والا - پورا کرنے والا - بھرتی پوری کرنے والا -

Complete (kəm-plēt) *adj.* Entire تمام - بالکل - قطعی - کامل - پورا - ثابت -

Completely *adv.* پورا پورا ، پورے طور پر - مکمل طور پر -

Completeness *n.* کمال - تکمیل - اختتام - تمام -

Complete (kəm-plēt) *v.t.* Finish, make perfect ختم کرنا - تمام کرنا - تکمیل کرنا - پورا کرنا -

Completion *n.* اختتام - اتمام - تکمیل -

Completive *adj.* اختتامی - اتمامی - تکمیلی -

Complex (kom-pleks) *n.* Obsession ذہنی الجھاؤ - دماغی وہم - شاکلہ - الجھی ہوئی بات -

Complex (kom-pleks) *adj.* Complicated مختلف اجزا سے بنا ہوا - پیچ در پیچ - الجھا ہوا - پیچیدہ -

Complexity *n.* پیچیدگی - الجھاؤ -

Complexion (kəm-plek-shən) *n.* Natural colour, appearance سبھاؤ - رنگ روپ - صورت - خصلت - مزاج - طبیعت - پہلو - معنی -

Compliance (kəm-pli-əns) *n.* Submission فرمانبرداری - اطاعت - تکمیل حکم - حکم کی بجا آوری - امتثال امر - پوری پوری اطاعت - غلامانہ اطاعت -

Compliant (kəm-plī-ənt) *adj.* Yielding حکم کی تعمیل کرنے والا - فرماں بردار - مطیع -

Complicacy (kəm-pli-kə-si) *n.* Complexity الجھاؤ - پیچیدگی -

Complicate (kəm-pli-kāt) *v.t.* Mix up الجھانا - خلط ملط کرنا - الجھاؤ ڈالنا - پیچیدہ کرنا -

Complication (kom-pli-kā-shən) *n.* Involved condition الجھاؤ - پیچ - پیچیدگی -

Complicity (kom-pli-si-ti) *n.* Partnership in an evil action سازباز - سازش - کسی برے کام میں شرکت -

Compliment (kom-pli-mənt) *n.* Expression of praise آفرین - تحسین - ستائش - تعریف - آداب - تسلیم - بندگی - خاطر تواضع - تحفہ - تحائف دینا -

Stand on compliment آداب کا خواہاں - سلام کا منتظر ہونا -

Compliment (kom-pli-mənt) *v.t.* Present something as a mark of courtesy سراہنا - تعریف کرنا - تحسین و آفرین کہنا - خاطر تواضع کرنا - تحفہ دینا -

Complimentary (kom-pli-mən-təri) *adj.* Praiseworthy ستائش کے طور پر - تکلفانہ - تعریفی - توصیفی -

Comply (kom-pli) *v.t.* Act in accordance with wish تسلیم کرنا - ماننا - منظور کرنا - قبول کرنا - حکم بجا لانا - حکم کی تعمیل کرنا -

Component (kəm-po-nənt) *adj.* & *n.* Contributing to the composition of a whole - اہم - جزوی - ضروری - مشتمل بجز -

Comport (kəm-port) *v.t.* & *i.* Conduct, behave موافق ہونا - موافق کرنا - متفق ہونا - ملنا -

Compose (kəm-poz) *v.t.* Produce in literary form - مرکب کرنا - ترتیب دینا - جوڑنا - تصنیف کرنا - گیت بنانا - راگ ترتیب دینا - نظم لکھنا -

Composedly *adv.* - تسلی کے ساتھ ، اطمینان کے ساتھ

Composedness *n.* - اطمینان - دل جمعی - خاطر جمعی

Composer (kəm-pozer) *n.* Author نغمہ ساز - راگ کا موجد - شاعر - مؤلف - مصنف -

Composing (kəm-poz-ing) *n.* Setting up of type حروف جوڑنے یا جمانے کا کام -

Composite (kom-po-zit) *adj.* & *n.* Made up of various parts - مخلوط - مرکب - جڑا ہوا - ملواں - جہاز جو لوہے اور لکڑی دونوں سے بنا ہو -

Composite carriage ریل گاڑی جس میں مختلف درجوں کے ڈبے ہوں -

Composition (kom-po-zish-ən) *n.* Construction میل - آمیزش - ساخت - تصنیف - راگوں اور گانوں کی ترتیب - نغمہ نگاری - نغمہ گری - چھاپے کے ٹھپوں کا ترتیب سے جمانا - مصالحت - تصفیہ - راضی نامہ - مصنوعی مادہ یا شے جو اصل کی جگہ استعمال کیا جائے -

Compositive (kom-pozi-tiv) *adj.* Combining جوڑنے والا - ملانے والا - پیوستہ کرنے والا -

Compositor (kom-pozi-tər) *n.* Type setter کمپوزیٹر - چھاپے کے حروف جوڑنے والا -

Composure (kəm-po-zher) *n.* Calmness - تسلی - دلجمعی - اطمینان - سکون -

Compotation (kom-pō-tā-shən) *n.* Tippling together ساتھ کھانا پینا - ہم مشربی -

Compound (kəm-pownd) *v.t.* & *i.* Mix, combine آمیزش کرنا - مرکب کرنا - ملانا - آپس کی رضامندی سے باہمی فیصلہ کرنا - راضی نامہ کرنا - قصور یا مواخذہ کو معاف کرنا - در گزر کرنا -

Compoundable *adj.* - آمیزش کے قابل - لائق معافی - مصالحت کے قابل -

Compound (kəm-pownd) *adj.* & *n.* Combined آمیزہ - مجموعہ - آمیختہ - مرکب -

Compound fracture ہڈی کا اس طرح ٹوٹنا کہ گوشت اور کھال زخمی ہو جائے -

Compound (kəm-pownd) *n.* Enclosure - آنگن - صحن مکان - احاطہ -

Comprehend (kom-prə-hend) *v.t.* Understand ادراک کرنا - کسی چیز کا ذہن میں لانا - سمجھنا - گھیر لینا - داخل کرنا - اندر لانا -

Comprehensible (kom-prə-hen-si-bl) *adj.* That may be understood - سمجھنے یا بوجھنے کے قابل - قابل فہم -

Comprehension (kom-prə-hen-shun) *n.* Faculty or act of understanding - ادراک - فہم - سمجھ - وہ دماغی قوت جس سے کوئی چیز سمجھ میں آ سکے - وسیع الخیالی -

Comprehensive (kom-prə-hen-siv) *adj.* Including much - کشادہ - محیط - وسیع - جامع - تیز فہم - فہیم - زیرک -

Compress (kəm-pres) *v.t.* Condense - اختصار کرنا - بھینچنا - دبانا - دبا کر چھوٹا کرنا - خلاصہ کرنا - تخفیف کرنا -

Compressive *adj.* دبانے والی شے -

Compress (kəm-pres) *n.* Soft pad of lint etc. گدی - بندھن - پٹی - ایسی پٹی جس پر پانی اثر نہ کرے اور زخم خراب نہ ہو -

Compressible (kəm-presi-bl) *adj.* That may be compressed - ایجاز پذیر - دبنے یا دبانے کے لائق -

Compression (kəm-pre-shən) *n.* Condensation اقتباس - ایجاز - اختصار - دباؤ -

Comprise (kəm-prīz) *v.t.* Include - مشتمل ہونا - گھیرنا - رکھنا - شامل ہونا - شامل کرنا - محیط ہونا -

Compromise (kom-prō-mīz) *n.* Settlement of dispute by mutual concession راضی نامہ - باہمی فیصلہ - دادوستد باہمی - بین بین کا فیصلہ - مصالحت -

Compromise (kom-prō-mīz) *v.t.* & *i.* Bring oneself under suspicion by indiscreet action نادانی سے اپنے آپ کو یا دوسرے کو اشتباہ میں ڈالنا - معاملے کو رفع دفع کرنا -

Comptroller (komp-tro-ler) *n.* Controller دیکھو controller یہ کا پرانا املا ہے ۔

Compulsion (kəm-pul-shən) *n.* Obligation زور آوری ۔ زبردستی ۔ جبر ۔ دباؤ ۔ زور ۔

Compulsive (kəm-pul-siv) *adj.* Tending to compel زبردستی یا جبر پر مائل ۔ مجبور کن ۔

Compulsory (kəm-pul-səri) *adj.* Compelling بالجبر ۔ لازمی ۔ جبری ۔

Compunction (kəm-pungk-shən) *n.* Pricking of conscience خلش ۔ پچھتاوا ۔ تاسف ۔ دکھ ۔ پشیمانی ۔

Compunctious *adj.* دکھی ۔ پشیمان ۔ متاسف ۔نادم ۔

Compurgation (kom-pur-ga-shən) *n.* Clearing from a charge حلف کے ذریعے سے بریت ۔ الزام سے بریت ۔

Compute (kəm-pūt) *v.t.* Reckon amount of figure شمار کرنا ۔ حساب کرنا ۔ گننا ۔ حساب میں لانا ۔

Computable } شمار کے قابل ۔
Computative } حساب میں لگانے کے قابل ۔

Computation *n.* تخمینہ ۔ محاسبہ ۔ تعداد ۔ شمار ۔ گنتی ۔

Comrade (kom-rad) *n.* Mate or fellow in work یار ۔ ساتھی ۔ رفیق ۔ ہمدم ۔

Comradeship *n.* دوستی ۔ یاری ۔ رفاقت ۔

Con (kon) *v.t.* Remember by heart زبانی یاد کرنا ۔ حفظ کرنا ۔

Con (kon) *v.t.* Direct steering of ship جہاز کو سیدھا چلانا ۔

Concave (kon-kav) *adj.* & *n.* With outline or surface curved محراب دار ۔ کمان نما ۔ کھوکھلا ۔ مجوف ۔

Conceal (kən-sēl) *v.t.* Hide پوشیدہ رکھنا ۔ ڈھانپنا ۔ چھپانا ۔ مخفی رکھنا ۔

Concealment پردہ داری ۔ راز داری ۔ اخفا ۔ پوشیدگی ۔

Concede (kən-sēd) *v.t.* Admit, allow تسلیم کرنا ۔ منظور کرنا ۔ ماننا ۔ قبول کرنا ۔ اجازت دینا ۔ جائز رکھنا ۔ کھو دینا ۔ ہار دینا ۔

Conceit (kən-sēt) *n.* Personal vanity خود بینی ۔ زعم باطل ۔ خیال خام ۔ خود فریبی ۔

In one's own conceit کسی کی ذاتی رائے میں ۔

Out of conceit دلچسپی باقی نہ رہنا ۔ بیزار ہو جانا ۔

Conceit (kən-sēt) *v.t.* Persuade oneself خیال کرنا ۔ گمان کرنا ۔ کسی بات کے متعلق خیال جما لینا ۔ خود فریبی میں مبتلا ہونا ۔

Conceited (kən-sēted) *adj.* Vain شیخی باز ۔ مغرور ۔ خود بین ۔ خود پسند ۔

Conceitedly *adv.* خود پسندی سے ۔ خود فریبی سے ۔ خود بینی سے ۔

Conceivable (kən-sēv-əbl) *adj.* That can be conceived قابل ادراک ۔ قابل فہم ۔ خیال میں آ جانے والی بات ۔

Conceive (kən-sēv) *v.t.* & *i.* Form in the mind, become pregnant حاملہ ہونا ۔ نطفہ قبول کرنا ۔ تصور کرنا ۔ خیال کرنا ۔ قیاس کرنا ۔ تشکیل کرنا ۔

Concentrate (kon-sen-trat) *v.t.* & *i.* Employ all one's power and attention یکجا جمع کرنا ۔ ہم مرکز ہونا ۔ یکجا جمع کرنا یا ہونا ۔ مجتمع ہونا ۔ ہمہ تن متوجہ ہونا ۔

Concentration *n.* ایک مرکز پر اکٹھا ہونا ۔

Concentrative *adj.* مجموعی ۔ اجتماعی ۔

Concentrater *n.* مجتمع کرنے والا ۔ ایک مرکز پر لانے والا ۔

Concentric (kən-sen-tərik) *adj.* Having a common centre ہم مرکز ۔ ایک مرکز پر ایک ہی مقام پر متواتر گولہ باری کرنا ۔

Concept (kon-sept) *n.* General notion جو چیز ذہن میں ہو ۔ معلوم ۔ تصور ۔ قیاس ۔

Conception (kon-sep-shən) *n.* Idea ذہنی صورت ۔ ذہنی تشکل ۔ گمان ۔ حمل ۔ خیال ۔ تصور ۔

Conceptual (kon-sep-tuəl) *adj.* Of mental conception تصور کا ۔ استلزامی ۔ وہمی ۔ خیالی ۔

Conceptualism (kon-sep-tu-əl-izm) *n.* Doctrine that universe exists as a mental concept only یہ نظریہ اور عقیدہ کہ کائنات کا وجود صرف مثالی ہے خارجی نہیں ۔

Conceptualist تصور کیش ۔ یہ عقیدہ رکھنے والا کہ ذہن عالم مثال میں ہر صوری وجود پیدا کر سکتا ہے ۔

Concern (kən-sərn) *v.t.* Interest oneself غرض یا شوق رکھنا ۔ تعلق یا سروکار رکھنا ۔ لگاؤ رکھنا ۔ فکر کرنا ۔ متاسف ہونا ۔

Concern (kən-sərn) *n.* Matter that affects one پچھتاوا - تردد - تشویش - دھندا - فکر - کاروبار - کارخانہ -

Concernment (kən-sərn-ment) *n.* Anxiety ضرورت - اہمیت - تردد - فکر - تشویش - معاملہ - کارو بار -

Concert (kon-sərt) *n.* Agreement ہم آہنگی - میل - اتحاد - رضامندی - نغمہ و سرود کا جلسہ - سرود منڈلی -

Concert (kon-sərt) *v.t.* Arrange by mutual agreement آپس کے صلاح مشورے سے طے کرنا - صلاح کرنا - مصالحت کے طریقے سوچنا -

Concerted (kon-sər-td) *adj.* Mutually arranged فیصلہ شدہ - طے کردہ - متفقہ -

Concession (kon-sesh-ən) *n.* Thing conceded منظوری - عنایت - عطائے حق - رعایت - منظوری عطائے اراضی - مراعات -

Concession-aire (kon-sesh-ən-ar) *n.* One who is granted concession اجارہ دار - مراعات یافتہ -

Conch (kongk) *n.* Shellfish برج - شہ نشین - سنکھ - سیپ - گھونگھا -

Conchology (kong-kəl-ogi) *n.* Study of shells صدفیات - گھونگھوں اور سیپوں کا علم -

Conciliate (kən-sili-āt) *v.t.* Pacify خوش کر لینا - منا لینا - راضی کر لینا - دل ہاتھ میں لینا - مخالف نظریوں کو ہم آہنگ کرنا - تاویل کرنا -

Conciliatory *adj.* مصالحت ساز - دلکش - ملانے والی بات - مصالحانہ -

Conciliation (kən-sili-ā-shən) *n.* Use of conciliating measures مصالحت - اتفاق - ارتباط - میل ملاپ -

Concinnity (kən-sini-ti) *n.* Elegance گفتگو کی دل کشی - صفائی - طرز بیان کی شستگی - خوبی - مجمل - مختصر - بلیغ اور موثر تقریر -

Concise (kən-sīs) *adj.* Brief in expression مجمل - مختصر - بلیغ -

Conciseness *n.* بلاغت - ایجاز - اختصار -

Concision (kən-sizh-ən) *n.* Mutilation اختصار - قطع و برید -

Conclave (kon-klav) *n.* Meeting place جلسہ گاہ - پوپ کے انتخاب کے لیے بڑے پادریوں کا جلسہ - مجلس خاص جس عام طور پر اجازت نہ ہو -

Conclude (kən-klōōd) *v.t. & i.* Make an end انجام کو پہنچنا - نتیجہ نکلنا - ختم کرنا - تمام کرنا - تصفیہ کرنا - تہیہ کرنا -

Conclusion (kən-klōō-zhən) *n.* Termination تصفیہ - فیصلہ - نتیجہ - خاتمہ - اختتام -

Conclusive (kən-klōō-siv) *adj.* Decisive فیصلہ کن - قطعی - دو ٹوک -

Conclusiveness *n.* اختتامیت - قطعیت -

Concomitance-cy (kən-komi-təns) *n.* Co-existence لازم ملزوم - لزوم - عشائے ربانی میں حضرت عیسیٰ کے جسم و خون کی روٹی اور شراب میں لزوم -

Concomitant (kən-komi-tənt) *adj. & n.* Going together ہم رکاب - ہمراہی - ساتھی - شامل حال - ملحق - لازم ملزوم - ساتھ کی چیز -

Concord (kon-kord) *n.* Harmony اتفاق - ملاپ - میل - ایکا - سنجوگ - مطابقت - سازگاری - موافقت - ہم آہنگی - دم سازی - تال میل - ترکیب -

Concordance (kon-kor-dəns) *n.* Agreement مشابہت - مطابقت - ربط - لگاؤ - ہم آہنگی -

Concordant (kon-kor-dənt) *adj.* Harmonious مطابق - موافق - ہم آہنگ - ہم راگ - ہم رنگ -

Concourse (kon-kors) *n.* Confluence of things بھیڑ - جماعت - انبوہ - ہجوم - اجتماع -

Concrete (kon-krēt) *adj. & n.* Existing in material form خارجی یا مادی صورت میں - محسوس - موجود - جامد - ٹھوس چیز - کنکر اور سیمنٹ کا مرکب -

Concrete (kon-krēt) *v.t. & i.* From into a mass ٹھوس بنانا - کنکریٹ سے چننا - منجمد کرنا -

Concretion (kon-krē-shən) *n.* Concrete mass, stone انجماد - بستگی - ٹھوس پن - پتھری - سنگ مثانہ -

Concubinage (kon-kū-bi-nəj) *n.* Cohabiting of man and woman not married ناجائز جنسی تعلق - آشنائی - یارانہ -

Concubinary (kon-kū-bī-nəri) *adj. & n.* Living in or sprung from concubinage داشتہ پن - آشنا یا داشتہ کا - حرام کا - ولد الزنا - داشتہ بچہ -

Concubine (kong-kū-bīn) *n.* Woman who cohabits with a man not being his wife داشتہ عورت - مدخولہ - آشنا - یورپ کے لوگ دوسری تیسری بیوی کو بھی داشتہ کہتے ہیں -

Concupiscence (kən-kū-pi-sens) *n.* Sexual appetite نفسانی خواہش - مستی - شہوت -

Concupiscent (kən-kū-pi-sent) *adj.* Lustful مست - شہوتی - بندہ نفس - شہوت پرست -

Concur (kən-kur) *v.t.* Happen together ہم خیال ہونا - متفق الرائے ہونا - باہم ہونا - موافقت کرنا - ایک ساتھ واقع ہونا -

Concurrence *n.* اتفاق - یکدلی - مرضی - منظوری - اتفاق رائے -

Concurrent (kən-kur-ent) *n.* & *adj.* Agreeing ایک ساتھ واقع ہونے والا - ایک ساتھ - متفق - یکرائے - پیہم - مسلسل -

Concurrently *adv.* بالاتصال - پے بہ پے - ساتھ ساتھ -

Concuss (kən-kus) *v.t.* Shake violently دھمکی دینا - دباؤ ڈالنا - صدمہ پہنچانا - زور سے جھنجھوڑنا -

Concussion (kən-kush-ən) *n.* Injury to brain, shock چوٹ - مڈ بھیڑ - ٹکر - صدمہ - دھکا - دماغی چوٹ - سر کی چوٹ -

Condemn (kən-dem) *v.t.* Blame ضبطی کا حکم دینا - سزا سنانا - مجرم ٹھہرانا - الزام لگانا - عیب لگانا -

Condemnable *adj.* قابل الزام - لائق تعزیر -

Condemnation (kən-dəm-nā-shən) *n.* Censure ضبطی - ملامت - وجہ سزا - قصاص یا سزا کا حکم -

Condemnatory (kən-dem-nā-təri) *adj.* Expressing condemnation ملامت آمیز - تعزیری -

Condense (kən-dens) *v.t.* & *i.* Compress کثیف ہونا - جمنا - گاڑھا کرنا - دبا کر چھوٹا کرنا - مجتمع کرنا - یکجا کرنا - مرتکز کرنا - اختصار کرنا - مختصر بنا دینا -

Condensability گاڑھا ہونے کی صلاحیت - انجماد پذیری -

Condensable گاڑھے ہونے کے قابل - قابل تکثیف - انجماد پذیر -

Condensation تکثیف - بستگی - انجماد -

Condenser (kən-den-ser) *n.* Chamber in steam engine in which steam is condensed آلہ تکثیف - انجن کا وہ خانہ جہاں بھاپ کثیف ہوتی ہے - گاڑھا کرنے والا آلہ -

Condescend (kon-də-send) *v.i.* Waive one's superiority اپنے بڑے ہونے کا خیال نہ کرنا - فروتنی کرنا - انکساریا تواضع کرنا - کرم کرنا - التفات کرنا - تنزل کرنا -

Condescending (kon-də-send-ing) *adj.* Coming down منکسر مزاج - انکساریا تواضع کرنے والا - متواضع - خلیق - شفیق - کرم فرما -

Condescendingly *adv.* متواضعانہ - منکسرانہ -

Condescension (kən-de-sen-shən) *n.* کرم فرمائی - شفقت - التفات - تنزل - انکسار - فروتنی -

Condign (kən-din) *adj.* Severe, well deserved لائق - سزا وار - مناسب حال -

Condignly *adv.* واجبانہ - سزا وارانہ -

Condiment (kon-di-mənt) *n.* Things used to give relish to food مسالہ - چٹنی - اچار - نمک مرچ - چاشنی - مزا - ذائقہ -

Condimental *adj.* چاشنی والا - چٹ پٹا - مسالیدار

Condition (kən-dish-ən) *n.* Stipulation رنگ ڈھنگ - حالت - حال - کیفیت - طور - درجہ - رتبہ - مرتبہ - منصب - شرط - اقرار - عہد و پیمان - جملہ شرطیہ -

Condition (kən-dish-ən) *v.t.* Agree by stipulation عہد و پیمان کرنا - کسی شرط پر راضی ہونا - شرط لگانا - مال کی حالت جانچنا - پرتالنا -

Conditional (kən-dish-ən-al) *adj.* & *n.* Dependent on لازم - منحصر - مشروط -

Conditionally *adv.* بالشرط - مشروط طور پر -

Conditioned (kən-dish-ənd) *adj.* Subject to condition مکلف - مقید - کسی خاص حالت میں - مشروط -

Condolatory (kən-do-la-tri) *adj.* Expressing condolence ہمدردانہ - غم خوارانہ - تعزیتی -

Condole (kən-dol) *v.i.* Express sympathy ہمدردی کرنا - تعزیت کرنا - ماتم پرسی کرنا -

Condolence *n.* ماتم پرسی - تعزیت - ہمدردی

Condone (kən-don) *v.t.* Forgive اغماض کرنا - نظر انداز کرنا - چشم پوشی کرنا - معاف کرنا -

Condonation *n.* اغماض - چشم پوشی - معافی -

Conduce (kən-dūs) *v.i.* Lead contribute رہنما ہونا - مائل ہونا - رجوع ہونا - (واقعات کا کسی خاص نتیجے کی طرف) سبب ہونا - ممد ہونا -

Conducive *adj.* باعث - ممد - جھکا ہوا - رجوع - مائل -

Conduciveness *n.* رجوع - میلان - جھکاؤ -

Conduct (kən-dukt) *n.* Behaviour سلوک - راہ روش - چال چلن - طور طریقہ - اہتمام - انتظام - ہدایت - کاروائی -

Conduct (kən-dukt) *v.t.* Lead, guide انتظام کرنا - ہدایت کرنا - رہبری کرنا - رہنمائی کرنا - عمل کرنا - طرز عمل اختیار کرنا -

Conduction (kən-duk-shən) *n.* Transmission رسائی - منتقل کرنا - ایصال یا نقل -

Conductor (kən-duk-ter) *n.* Guide- مہتمم - منتظم - ناقل - موصل - رہنما - راہبر - داروغہ - کرائے کی گاڑی چلانے والا - ٹکٹ دینے والا -

Conduit (kun-dit) *n.* Channel or pipe for conveying liquids نل - نالی -

Cone (kon) *n.* Solid figure with a circular base ہرم - مخروطہ - صنوبر کا پھل - مخروطی خول یا گھونگا - ایک آلہ جو مینہ یا طوفان کی خبر دیتا ہے -

Confabulate (kən-fab-ū-lāt) *v.t.* Converse گفتگو کرنا - بولنا - بات چیت کرنا -

Confabulation *n.* قیل و قال - گفتگو - بات چیت -

Confabulatory *adj.* قیل و قال کا سا - گفتگو کا - بات چیت کا سا -

Confection (kon-fek-shən) *n.* & *v.t.* Mixing, sweet meat ملانا - مخلوط کرنا - مرکب کرنا - مربہ - حلوہ - شیرینی - خمیرہ وغیرہ بنانا - زنانہ لباس -

Confectionary *adj.* (زنانہ لباس) تیار شدہ -

Confectioner (kon-fek-shən-er) *n.* Maker of sweet-meats مربہ ساز - حلوائی - کیک پیسٹری بنانے والا -

Confectionery *n.* مٹھایاں بنانے والا - حلوائی -

Confederacy (kon-fed-er-a-si) *n.* Alliance - تعاہد - سازش - ایکا - عہد و پیمان - اتحاد - افراد یا ریاستوں کا متحد ہونا -

Confederate (kon-fed-ər-at) *adj.* & *n.* Allied شریک کار - حلیف - امریکہ کی معاہد ریاستیں - شریک متحد -

Confederate (kon-fed-ər-at) *v.t.* & *i.* Bring, come into alliance کسی شخص یا ریاست کو تعاہد میں شریک کرنا - ساتھی بنانا -

Confederation *n.* عہد و پیماں - متحدہ ریاستیں - گروہ - جتھا -

Confer (kon-fər) *v.t.* & *i.* Grant, bestow, converse عطا کرنا - عنایت کرنا - مرحمت کرنا - بات کرنا - گفتگو کرنا - رائے لینا - صلاح لینا - مشورہ کرنا -

Conferment *n.* نوازش - بخشش - عطیہ -

Conferable *adj.* قابل عطا -

Conference (kən-fer-əns) *n.* Consultation - مشورہ - صلاح - جلسہ مشاورت - مشاورت -

Confess (kən-fes) *v.t.* & *i.* Acknowledge اعتراف گناہ کرنا - قبول کرنا - تسلیم کرنا - اقرار کرنا -

Confessedly *adv.* تسلیم کرتے ہوئے - بہ اقرار - معترفانہ -

Confession (kən-fesh-ən) *n.* Acknowledgement وہ بات جس کا اعتراف کیا گیا ہو - اعتراف - اقبال -

Confessional (kon-fesh-ən-al) *adj.* & *n.* Of confession مسلمہ - اقراری - اقبالی - وہ کمرہ جہاں لوگ پادری کے سامنے اپنے گناہوں کا اعتراف کرتے ہیں -

Confessor (kən-fes-ər) *n.* One who confesses اقبال کرنے والا - اعتراف کرنے والا - پکے عقیدے والا - جس نے مذہب کے لئے موت کے سوا ہر تکلیف برداشت کی ہو -

Confidant (kən-fi-dənt) *n.* Person trusted راز دار محبت - ہمدم - ہم راز - معتمد عالیہ -

Confide (kon-fīd) *v.t.* & *i.* Repose confidence in اعتماد کرنا - بھروسہ کرنا - راز دار بنانا - تفویض کرنا -

Confidence (kən-fi-dens) *n.* Firm trust - اعتقاد - اعتبار - پورا بھروسہ - اپنی ذات پر بھروسہ - دلیری - بے باکی - راز داری - سپرد کردہ کام -

Confidence trick فریب دینا - پھسلاوا - جھانسا عیاری سے دوسروں پر اعتبار جمانا

Confident (kən-fi-dənt) *adj. & n.* Trusting - ہمراز - بے باک - یقین رکھنے والا - پورا بھروسہ کرنے والا - متیقن - محرم - راز دار -

Confidently *adv.* - استقلال سے - بلا شبہ - یقین کیساتھ -

Confidential (kən-fi-dən-shl) *adj.* Spoken written in confidence - بصیغہ راز - راز میں - راز دار - راز کے کام کرنے والا - راز کا حامل - معتمد -

Configuration(kən-figū-rā-shən) *n.* Conformation - ترتیب اجزا - وضع - ہیئت - ستاروں کی اضافی ترتیب اور مخصوص مقام -

Confine (kon-fīn) *n.* Border land - حد فاصل - آخری حد - سرحد -

Confine (kon-fīn) *v.t. & i.* Keep to limits - پابند کرنا - حد باندھنا - روک رکھنا - روکنا - محدود کرنا - قید کرنا - زچگی کے لئے بستر پر دراز ہونا - صاحب فراش ہونا - علالت کی وجہ سے بستر پر ہونا -

Confinement (kon-fīn-ment) *n.* Being confined - خلوت گزینی - کنارہ کشی - زچگی - قید و بند - گوشہ نشینی - اسیری - روک - آڑ - اٹکاؤ -

Confirm (kən-fərm) *v.t.* Establish firmly - مضبوط کرنا - پکا کرنا - مستحکم کرنا - تصدیق کرنا - توثیق کرنا - منظوری دینا - کسی کو اس کی عادت یا رائے میں پختہ کر دینا - عیسائی بچوں کی دینی تلقین و توثیق کی رسم ادا کرنا -

Confirmed *adj.* - (مرض کے لئے) مزمن - کہنہ - مضبوط - ثابت - پکا -

Confirmative *adj.* - طاقت رسان - تصدیق کنندہ -

Confirmatory *adj.* - معاون - تصدیقی -

Confirmation (kən-fer-ma-shən) *v.* Corroboration - منظوری - تائید - استحکام - تصدیق -

Confiscate (kon-fis-kāt) *v.t.* Seize as by authority - قرق کرنا - ضبط کرنا - بحق سرکار ضبط کرنا - عوامی خزانے میں جمع کرنا -

Confiscable *adj.* - قابل ضبطی -

Confiscatory *adj.* - ضبطی کے متعلق -

Confiscation (kon-fis-kā-shən) *n.* Legal robbery with sanction of ruling power - ضبطی - قرق - قانونی حیلے سے لوٹنا - قانون کے پردے میں لوٹنا -

Conflagration (kon-flə-gra-shən) *n.* Destructive fire - شعلہ - شعلہ زنی - آگ - آتش زدگی -

Conflict (kon-flikt) *n.* Fight, struggle, clash - تصادم - آویزش - لڑائی - ٹکر -

Conflict (kon-flikt) *v.i.* Clash - جد و جہد کرنا - مقابلہ کرنا - لڑنا - ٹکر کھانا - ٹکرانا -

Confluent (kon-floo-ent) *adj. & n.* Flowing together - ساتھ ساتھ بہنے والے - مل کر بہتے ہوئے - ہم رو ندی - سنگھی -

Confluence *n.* - میل ملاپ - ملنے کی جگہ - سنگم -

Conflux (kon-fluks) *n.* Confluence - کئی دریاؤں کا مل کر بہنا - ہم روی - اجماع -

Conform (kən-form) *v.t. & i.* Make similar - مطابق ہونا - موافق کرنا - یکساں ہونا - نمونے کے مطابق بنانا یا بنوانا - تعمیل یا پیروی کرنا - عادی ہونا - خوگر ہونا -

Confirmable *adj.* - مطابق - مشابہہ - ایک صورت کا - ایک رنگ کا - یکساں - موافق - اصلاح پذیر -

Conformation (kən-for-ma-shən) *n.* Structure - پنجر - ڈھانچا - بناوٹ - ترکیب -

Conformist (kən-for-mist) *n.* Follower of the Church of England - کلیسائے انگلستان کا پیرو -

Conformity (kən-for-miti) *n.* Likeness - میل - موافقت - مطابقت - مشابہت -

Confound (kən-fownd) *v.t.* Throw into disorder - حیران کرنا - گڑ بڑ کرنا - درہم برہم کرنا - ناکام کرنا - زک پہنچانا - منصوبوں اور امیدوں کو خاک میں ملانا - شرمانا -

Confounded *adj.* - پرلے درجے کا - سخت - پختہ - پکا - نرا -

Confoundedly *adv.* - پشیمانی سے - درہم برہم کر کے -

Confound it - ناس جائے - خدا غارت کرے - خدا ستیاناس کرے -

Confront (kən-frunt) *v.t.* Meet face to face - سامنا کرنا - مقابل ہونا - آمنے سامنے ہونا - دو چار ہونا - دو چار کرا دینا - مقابلہ کرا دینا -

Confucian (kən-fu-shyən) *adj. & n.* Follower of Confusius - چینی فلسفی کنفوشس کا پیرو -

Confuse (kən-fūs) *v.t.* Throw into disorder درہم برہم کرنا - الجھانا - گھبرانا - پریشان کرنا - گڈمڈ کرنا -

Confusedly *adv.* الجھاؤ سے - گھبراہٹ سے -

Confusion (kən-fu-zhən) *n.* Confused state افراتفری - الجھن - پراگندگی - خلط ملط - ابتری -

Confusion worse confounded پہلے سے زیادہ ابتری -

Confute (kən-fūt) *v.t.* Prove false لاجواب کرنا - تردید کرنا - جھوٹا ثابت کرنا - مات کرنا - ہوا دینا - ساکت کرنا -

Confutation *n.* اطلان - ابطال - تردید -

Congeal (kən-jēl) *v.t.* & *i.* Freeze منجمد کرنا - بستہ کرنا - جمانا -

Congealable *adj.* جمنے کے لائق -

Congelation (kən-je-lə-shun) *n.* Congealed state بستگی - انجماد -

Congener (kon-je-nər) *n.* & *adj.* Akin, allied ہم نوع - ایک ذات کا - ہم جنس -

Congenial (kən-jen-yəl) *adj.* Agreeable خوش گوار - پسندیدہ - ہم مزاج - ہمدرد -

Congeniality (kon-jen-yal-iti) *n.* خوش مزاجی - ہمدردی - ہم جنسی - موافقت -

Congenially *adv.* موافقت سے - دلپسندی سے - ہمدردی سے -

Congenital (kən-jen-i-təl) *adj.* Having one from birth طبعی - مادر زاد - پیدائشی -

Congenitally *adv.* طبعی طور پر - پیدائشی طور پر -

Congeries (kon-jeri-ez) *n.* Mass, heap ذخیرہ - تودہ - ڈھیر -

Congest (kən-jest) *v.t.* Accumulate to excess بھر جانا - جمع ہونا - خون کا جم جانا - غلبہ ہونا - ضرورت سے زیادہ ہونا - گنجائش سے زائد ہونا -

Congested (kən-jes-td) *adj.* Crowded, full of پر خون - انسانوں سے بھرپور - اختناق یا انجماد میں مبتلا -

Congestion (kən-jes-chən) *n.* Abnormal accumulation خون کا انجماد - اشتداد - کثرت آبادی - بھیڑ بھاڑ -

Conglomerate (kən-glo-mər-it) *adj.* & *n.* Gathered into a round mass گول انبار کی شکل کا - ڈھیر کا شکل میں جمع کیا ہوا - پانی میں بیٹھ کر جمے ہوئے ذرات -

Conglomerate (kən-glo-mər-it) *v.t.* & *i.* Collect into a mass ڈھیر ہونا - ڈھیر بنانا - ڈھیر کرنا -

Conglomeration *n.* انبار - ڈھیر -

Conglutinate (kən-gloo-ti-nāt) *v.t.* & *i.* Stick together چسپیدہ ہونا - آپس میں گوند کی طرح چپک جانا -

Congratulate (kən-grat-ū-lāt) *v.t.* Address expressions of sympathetic joy مبارک باد دینا - تہنیت ادا کرنا - بدھائی دینا - اظہار مسرت کرنا -

Congratulate oneself اپنے آپ کو خوش نصیب سمجھنا -

Congratulatory تہنیتی - مبارکباد کا -

Congratulation (kən-grat-ū-lə-shən) *n.* Congratulatory expressions بدھائی - تہنیت - مبارکباد -

Congregate (kong-grə-gāt) *v.t.* & *i.* Collect, gather فراہم کرنا - ڈھیر لگانا - جمع کرنا - اکٹھا کرنا - یکجا کرنا - اکٹھا ہونا - جمع ہونا - ملنا -

Congregation (kong-grə-gā-shən) *n.* Assemblage کوئی قومی اجتماع - مجلس - جمعیت - مجمع - اجتماع - عبادت گزاروں کا مجمع - عیدین اور جمعہ کا مجمع -

Congregational (kong-grə-ga-shən-al) مذہبی مجلس کے متعلق - اجتماع کے متعلق -

Congress (kong-gres) *n.* Coming together, formal meeting ملک کے نمائندوں کا جلسہ - امریکہ کی مجلس مقننہ -

Congressional (kong-gre-shən-al) *adj.* Of a congress مجلس کا - مجلسی - کانگریسی -

Congruent (kong-groo-ent) *adj.* Suitable - موافق - موزوں - مناسب -

Congruous (kong-groo-əs) *adj.* Fitting موافق - مناسب - موزوں - ٹھیک -

Congruity *n.* التزام - موزونیت - موافقت -

Congruously *adv.* موافقت سے - ایک ڈھنگ سے -

Conic (kon-ik) *adj.* & *n.* Cone shaped گجر ڈول - گاؤ دم - مخروطی شکل - مخروط -

Conical *adj.* - گاؤ دم - مخروطی -

Conjectural (kən-jek-tur-əl) *adj.* Given to guess
اٹکل پچو - خیالی - قیاسی -

Conjecture (kən-jek-tur) *n.* Formation of opinion without sufficient ground - اٹکل - قیاس
خیالی - اندازہ - قیاسی تعمیر - تاویل -

Conjecture (kən-jek-tur) *v.t.* & *i.* Make a guess
قیاس کرنا - اندازہ کرنا - قیاس آرائی کرنا -

Conjecturable *adj.* قیاس آرائی کے قابل -

Conjoin (kən-join) *v.t.* & *i.* Combine - متحد کرنا
ملانا - جوڑنا -

Conjoined-t (kon-join-ed) *adj.* United - ملا ہوا
جڑا ہوا -

Conjointly *adv.* باہم مل کر -

Conjugal (kon-joo-gal) *adj.* Of marriage - بیاہ کا
میاں بیوی کا - ازدواجی -

Conjugate (kon-joo-gat) *v.t.* & *i.* Unite sexually
مباشرت کرنا - تعریف کرنا - فعل کی گردان کرنا -
ہم بستر ہونا - گھل مل جانا - آمیز ہو جانا -

Conjugate (kon-joo-gat) *adj.* & *n.* Joined together
جڑواں - جوڑا - جفت - زوج - ایک ہی مادے
سے نکلے ہوئے الفاظ - مشتقات -

Conjugation (kon-joo-ga-shən) *n.* Scheme of verbal inflexion
تعریف - فعل کی گردان - مواصلت -
تزویج - پیوند - اتصال -

Conjunct (kən-jungkt) *adj.* & *n.* Joined together
آپس میں ملے ہوئے -

Conjunction (kən-jungk-shən) *n.* Connection
اجرام فلکی کا قران - تلازم - جوڑ - ملاپ - واقعات کا
ایک ہی زمانے میں ہونا - حرف ربط -

Conjunctive (kən-jungk-tiv) *adj.* & *n.* Serving to join
ملانے والا - جڑا ہوا - عطفی -

Conjunctively *adv.* عطفی طور پر - باہم - مل کر -

Conjuncture (kən-jungk-tər) *n.* Combination of events
واقعات یا حالات کا توافق - اتفاق - نازک
وقت - دشوار موقع -

Conjuration (kon-joo-rə-shən) *n.* Solemn appeal
سوگند - حلف - قسم - التجا - منت سماجت - جادو -
منتر - ٹوٹکا -

Conjure (kun-jər) *v.t.* & *i.* Perform marvels
صدق دل سے درخواست کرنا - قسم دینا - جادو کرنا -
حیرت انگیز شعبدے دکھانا - نکالنا - باہر لانا - بھوت
پریت کا تصور کرنا -

Conjurer (kun-jər-er) *n.* Juggler, clever person
جادوگر - افسوں گر - شعبدہ باز - عیار - چالاک آدمی -

Connate (kon-at) *adj.* Innate - ہم زاد - فطرتی
مادر زاد - جڑواں -

Connect (kə-nekt) *v.t.* & *i.* Join متحد کرنا - سلسلہ
قائم کرنا - گانٹھنا - ملانا - جوڑنا -

Connected *adj.* جڑا ہوا - مربوط - مسلسل -

Connective (kə-nek-tiv) *adj.* Tending to connect
ربط ساز - ملانے والا - جوڑنے والا -

Connection : Connexion (ko-nek-shən) *n.* State of being connected - ناطہ - روابط - تعلق - قرابت
رشتہ - لگاؤ - رشتہ دار -

Connivance (kə-nīv-əns) *n.* Tacit permission
نظر اندازی - اغماض - چشم پوشی -

Connive (kə-nīv) *v.i.* Let off, wink at - جانے دینا
نظر انداز کرنا - چشم پوشی کرنا - نظر انداز ہونے دینا -

Connivent (kə-nī-vent) *adj.* Gradually convergent
چشم پوشی کرنے والا - اغماض کرنے والا -

Connoisseur (kon-əs-ər) *n.* Critical judge - مبصر
دقیقہ شناس - صاحب تمیز - صاحب ذوق -

Connoisseurship قوت تمیز - تربیت یافتہ ذوق -
دقیقہ شناسی -

Connote (ko-nōt) *v.t.* Imply as a consequence
اشارہ کرنا - دلالت کرنا - معنویت ظاہر کرنا - جنس
بتانا - نتیجہ ظاہر کرنا -

Connotation *n.* - معنویت - تعبیر - نتیجہ - دلالت -

Connubial (kə-nū-bi-əl) *adj.* Of husband or wife
میاں بیوی کے متعلق - زن و شوہر کا - ازدواجی -

Conquer (kong-kər) *v.t.* & *i.* Overcome by force
مطیع کرنا - زیر کرنا - فتح کرنا -

Stoop to conquer - تدبیر کرنا - ہیر پھیر سے کام لینا

Conqueror (kong-ke-rər) *n.* One who conquers,
ظفریاب - فتحمند - ملک گیر - فاتح -

Play the conqueror آخری بازی لگانا - ہار جیت کا
فیصلہ کرنا -

Conquest (kong-kwəst) *n.* Subjugation نصرت - ظفر - ملک گیری - جیت - فتح - مقبوضہ ملک - فتوحات - وہ شخص جسے کسی نے اپنا گرویدہ کر لیا ہو - تسخیر شدہ -

Consanguine (kon-sang-gwin) *adj.* Related by blood ناطہ دار - رشتہ دار - یکجدی - ہم قبیلہ -

Consanguinity (kon-sang-gwin-i-ti) *n.* Blood relationship - برادری - یگا نگت .. قرابت - خون کا رشتہ -

Conscience (kon-shens) *n.* Moral sense of right and wrong ضمیر - خیر و شر کا احساس - دل کی گواہی - اخلاق تمیز - ایمان - عدل -

Conscientious (kon-shi-en-shəs) *adj.* Scrupulous دیانت دار - ایماندار - متقی - پرہیز گار - بااصول - پابندی اصول -

Conscientiousness *n.* احساس خیر و شر - ایمانداری - ضیانت -

Conscious (kon-shəs) *adj.* Aware - ہوشمند - باخبر - واقف کار - واقف - اپنی کوتاہیوں اور خوبیوں سے واقف -

Consciously *adv.* جان بوجھ کر - دیدہ و دانستہ -

Consciousness *n.* احساس - وقوف - شعور - آگاہی -

Conscript (kən-skript) *adj.* & *n.* One enrolled by compulsion - جبری بھرتی کیا ہوا - جبری فوجی - جبری سپاہی -

Conscription (kon-skrip-shən) *n.* Compulsory enlistment for military service جبری فوجی بھرتی - جبری بھرتی کا قانون - جبری فوجی خدمت -

Conscription of wealth مقاصد جنگ کے لیے مالداروں پر جبری ٹیکس لگانا - جبری جزیہ جو جنگ میں حصہ نہیں لے سکتے ان پر ٹیکس لگانا -

Consecrate (kon-se-krat) *adj.* Sacred - نذر نیاز کا - نذر کیا ہوا - مقدسی - متبرک -

Consecrate (kon-se-krat) *v.t.* Set apart as sacred نیاز چڑھانا - دینی کام کے لیے وقف کرنا -

Consecratory *adj.* نذر دیا ہوا - مقدس - متبرک - وقف شدہ -

Consecration (kon-si-krə-shən) *n.* Dedication احترام - تقدیس - نذر نیاز - چڑھاوا - وقف -

Consecutive (kon-sekū-tiv) *adj.* Following continuously متواتر - سلسلہ وار - لگا تار -

Consecutively *adj.* لگا تار - تسلسل کے ساتھ - سلسلہ وار -

Consensus (kən-sen-səs) *n.* Agreement of opinion موافقت - اتفاق - مطابقت رائے -

Consent (kən-sent) *v.i.* Comply راضی ہونا - قبول کرنا - منظور کرنا - مان لینا - ماننا -

Consent (kən-sent) *n.* Voluntary agreement رضامندی - منظوری - اجازت - اتفاق رائے -

Age of consent سن شعور - سن بلوغ -

Silence gives consent خموشی نیم رضا -

With one consent اتفاق رائے سے - متفقہ -

Consentient (kon-sen-shent) *adj.* Agreeing, consenting راضی بہ رضا - ایک رائے ہو کر -

Consequence (kon-se-kwens) *n.* Result of something preceeding - انجام - نتیجہ - معلول - اہمیت - قدر منزلت - مرتبہ - امتیاز -

Consequent (kon-se-kwent) *n.* Event that follows another انجام - نتیجہ واقعات ماقبل - متعاقب - حاصل - ثمرہ - منتج -

Consequent (kon-se-kwent) *adj.* مترتب نتیجہ کا - متعاقب -

Consequently (kon-se-kwent-li) *conj.* & *adv.* Therefore - اس لیے - اس سبب سے - اس وجہ سے - لہٰذا -

Consequential (con-se-kwenshəl) *adj.* Following as a result متتبع - متعاقب -

Conservancy (kon-sər-vansi) *n.* Commission controlling a port or river - حفاظت - محافظت - بندرگاہ یا دریا وغیرہ کی نگرانی -

Conservation (kon-sər-va-shən) *n.* Preservation نگرانی - تحفظ - بچاؤ -

Conservative (kon-sər-va-tiv) *adj.* & *n.* Preservative - محتاط - قدامت پسند - نگران - محافظ - لکیر کا فقیر - پرانے ڈھرے پر چلنے والا - پست خیال -

Conservative party انگلستان کی قدامت پسند سیاسی جماعت -

Conservatism قدامت پرستی -

Conservator (kən-sər-va-tər) *n.* Preserver, officer of museum سہتمم عجائب خانہ - محافظ - آثار قدیمہ کی دیکھ بھال کرنے والا -

Conservatory (kən-sur-va-təri) *n.* Green House شیشے کے کمرے جن میں نازک پودوں کو رکھا جاتا ہے ۔

Conserve (kən-sərv) *v.t.* Keep from harm محفوظ رکھنا ۔ قائم رکھنا ۔ حفاظت کرنا ۔ اچار ڈالنا ۔ مربہ ڈالنا ۔

Consider (kən-sid-ər) *v.t.* & *i.* Reflect ۔ تخمینہ کرنا قیاس کرنا ۔ توجہ کرنا ۔ غور کرنا ۔ جانچنا ۔ تولنا ۔ پرکھنا ۔

Considerable (kən-sid-ər-ə-bl) *adj.* Notable قابل توجہ ۔ معقول ۔ قابل لحاظ ۔ کثیر ۔ معتدبہ ۔

Considerate (kən-sid-er-ət) *adj.* Thoughtful for others اوروں کے آرام کا خیال رکھنے والا ۔ دور اندیش ۔ محتاط ۔ ہوشیار ۔

Consideration (kən-sid-er-ə-shən) *n.* Meditation التفات ۔ تامل ۔ غور ۔ سوچ بچار ۔ پاس ۔ لحاظ ۔ منشا ۔ نیت ۔ غرض ۔ مراد ۔ وقعت ۔ قدر ۔ اہمیت ۔

Considering (kən-sid-er-ing) *prep.* In view of اس خیال سے ۔ اس لحاظ سے ۔

Consign (kən-sīn) *v.t.* Hand over ۔ امانت رکھنا بخشنا ۔ حوالے کرنا ۔ سپرد کرنا ۔ تفویض کرنا ۔ بھیجنا ۔ ارسال کرنا ۔ بذریعہ پارسل بھیجنا ۔

Consignable *adj.* قابل امانت ۔ قابل ترسیل ۔ قابل تفویض ۔

Consignee *n.* جس کو کوئی چیز ریل یا ڈاک کے ذریعے بھیجی گئی ہو ۔

Consignment (kən-sīn-ment) *n.* ریل سے بھیجا ہوا سامان ۔ سپرد کردہ مال ۔ حوالگی ۔ سپردگی ۔

Consist (kən-sist) *v.i.* Be composed of ۔ ہونا ۔ رہنا مرکب ہونا ۔ مشتمل ہونا ۔ شامل ہونا ۔ ہم وجود ہونا ۔

Consistence-cy (kən-sis-ten-si) *n.* firmness استحکام ۔ مضبوطی ۔ ٹھوس پن ۔ گاڑھا پن ۔ استقامت ۔ یکساں روی ۔

Consistent (kən-sis-tent) *adj.* Compatible ۔ بااصول یکساں رو ۔ یک رنگ ۔ ملتا جلتا ۔

Consistently *adv.* ایک چال سے ۔ یکساں طور پر ۔

Consolation (kən-so-lə-shən) *n.* Act of consoling اشک شوئی ۔ دلجمعی ۔ تسلی ۔ تشفی ۔ ڈھارس ۔

Console (kən-sol) *v.t.* Comforts ۔ اشک شوئی کرنا دلجوئی کرنا ۔ ڈھارس بندھانا ۔ تسلی دینا ۔

Consolable *adj.* ۔ تسلی دینے کے قابل ۔ دلجوئی کے قابل ۔

Consolidate (kən-sol-i-dāt) *v.t.* & *i.* Strengthen جوڑنا ۔ مضبوط کرنا ۔ بستہ کرنا ۔ سخت کرنا ۔ جمانا ۔ ملانا ۔ الحاق کرنا ۔ منظم کرنا ۔

Consolidated *adj.* ۔ مضبوط ۔ منجمد ۔ سخت ۔ جڑا ہوا ۔

Consolidation *n.* ۔ اجتماع ۔ بستگی ۔ اتحاد ۔ مضبوطی ۔

Consols (kon-solz) *n.* Promisory notes of England ۔ تمسکات ۔ انگلستان کے پرامسری نوٹ ۔

Consonance (kon-sə-nəns) *n.* Harmony ۔ اتفاق میل ۔ موافقت ۔ مطابقت ۔

Consonant (kon-sə-nənt) *adj.* Agreeable to ۔ موافق مطابق ۔ ہم آہنگ ۔ موزوں ۔ خوش نوا ۔ خوش آہنگ ۔ یارساز ۔

Consort (kon-sort) *n.* Husband or wife ساتھی جہاز ۔ ہمراہی ۔ شاہزادہ ۔ ملکہ ۔

Consort (kon-sort) *v.t.* & *i.* Keep company ہم نوا ہونا ۔ رفیق ہونا ۔ محبت کرنا ۔ ساتھ رہنا ۔

Conspicuous (kən-spik-ū-əs) *adj.* Remarkable نامور ۔ مشہور ۔ ظاہر ۔ عیاں ۔ صریح ۔ واضح ۔

Conspicuity }
Conspicuousness } امتیازی خصوصیت ۔ نمایاں پن ۔

Conspiracy (kən-spirə-si) *n.* Plot ۔ مجرمانہ اتحاد منصوبہ ۔ ایکا ۔ سازش ۔

Conspirator (kən-spīr-ə-tər) *n.* One who plots سازش کرنے والا ۔ سازشی ۔ مفسد ۔

Conspire (kən-spīr) *v.t.* & *i.* Combine privily for unlawful purpose ۔ ایکا کرنا ۔ سازش کرنا ساز باز کرنا ۔ غیرقانونی فعل میں شرکت کرنا ۔ مفسدہ پردازی کرنا ۔ منصوبہ گانٹھنا ۔

Constable (kun-stə-bl) *n.* Policeman ۔ کانسٹیبل برقنداز ۔ پولیس کا سپاہی ۔ کوتوالی یا چوکی کا سپاہی ۔

Constabulary (kon-stəbu-ləri) *n.* Organized body of policemen ۔ پولیس کے سپاہیوں کی جماعت

Constancy (kon-stən-si) *n.* Firmness ۔ استحکام ۔ قیام استقلال ۔ ثابت قدمی ۔

Constant (kon-stant) *adj.* & *n.* Resolute ۔ مستقل ثابت قدم ۔ راسخ ۔ مضبوط ۔

Constantly *adv.* سدا - متواتر - ہمیشہ - ہر دم -

Constellate (kon-stə-lat) *v.t.* & *i.* Form into a group ستاروں کا جھمکا بن جانا - ستاروں کا جمع ہونا - ستاروں کا جھرمٹ ہونا -

Constellation ستاروں کا جھمکا - ستاروں کا ہجوم - تارا منڈل -

Consternate (kon-stər-nat) *v.t.* Dismay مضطرب ہونا - ہیبت زدہ کرنا - گھبرا دینا - گھبرا جانا -

Consternation (kon-stər-nə-shən) *n.* Dismay حیرت - ہیبت - خوف - حیرانی - سراسیمگی -

Constipate (kon-sti-pat) *v.t.* Confine (bowels) قبض کرنا - قبض ہونا -

Constipation (kon-sti-pə-shən) *n.* Costiveness یبس معدہ - قبض -

Constituency (kon-sti-tū-ensi) *n.* Body of voters انتخاب کرنے والوں کا حلقہ - انتخاب کرنے والے - حلقہ انتخاب - گاہک - خریدار -

Constituent (kon-sti-tū-ent) *adj.* & *n.* Electing, composing ٹکڑا - حصہ - حلقہ - انتخاب کنندہ - رائے دہندہ - بنانے والا - واضع -

Constitute (kon-sti-tūt) *v.t.* Appoint کھڑا کرنا - تشکیل دینا - مقرر کرنا - مرتب کرنا - قائم کرنا - مامور کرنا - تعین کرنا -

Constitution (kon-sti-tū-shən) *n.* Act, mode سیرت - ترکیب - بناوٹ - ساخت - خصلت - مزاج - طبیعت - سرشت - نظام - اصول - دستور اساسی - قوانین ریاست -

Constitutional (kon-sti-tū-shən-al) *adj.* & *n.* Essential جبلی - خلقی - ذاتی - پیدائشی - جنمی - آئینی - دستوری -

Constitutional walk صحت کے لیے چہل قدمی -

Constitutionalism (kon-sti-tū-shən-al-izm) *n.* Constitutional Government آئین پسندی - آئینی حکومت - دستوری نظام -

Constitutionalist (kon-sti-tū-shun-al-ist) *n.* Followers of constitutional principles نظام آئینی کا مصنف - دستور کا ماہر - دستوری اصولوں کا حامی -

Constrain (kən-stran) *v.t.* Bring about by compulsion روکنا - مجبور کرنا - زبردستی کرنا - قید کرنا - زور سے باز رکھنا -

Constraint (kən-strant) *n.* Compulsion قابو - قید - روک - زبردستی - پابندی - دباؤ - جبر -

Constrict (kən-strikt) *v.t.* Contract پیٹنا - دبانا - کھینچنا - سکیڑنا - سمیٹنا -

Constriction سمٹاؤ - سکیڑ - کھچاوٹ - قبض - انقباض -

Constrictor (kən-strik-tər) *n.* Compressor ایک قسم کا بڑا سانپ - اژدھا - سکیڑنے والا - دبانے والا آلہ -

Constringe (kon-strinj) *v.t.* Compress سکیڑنا - بھینچنا - دبانا -

Constringency *n.* سکڑنا - کھنچنا - دبنا -

Constringent *adj.* سمٹنے والا - سکڑنے والا - کھنچنے والا -

Construct (kən-strukt) *v.t.* Build مرتب کرنا - ترکیب دینا - عمارت بنانا - تعمیر کرنا - تصنیف کرنا - عبارت بنانا -

Construction (kən-struk-shən) *n.* Thing constructed تفسیر - بناوٹ - ساخت - تعمیر - توضیح - تعبیر - عبارت - کلام -

Constructional (kən-struk-shən-əl) *adj.* Structural تعبیری - تفسیری - ترکیبی - تعمیری -

Constructive (kən-struk-tiv) *adj.* Tending to construct تاویلی - اصلاحی - تعمیری - تعبیری -

Constructor (kən-struk-tər) *n.* One who constructs ترتیب دینے والا - تعمیر کرنے والا - بنانے والا -

Construe (kən-stroo) *v.t.* & *i.* Combine (words with words) معنی لگانا - جملے بنانا - تشریح کرنا - ترجمہ کرنا - تعبیر کرنا -

Constuprate (kon-stu-prāt) *v.i.* Ravish, disgrace صحبت کرنا - برا فعل کرنا - خراب کرنا - آبرو ریزی کرنا - بدکاری کرنا -

Consubstantial (kon-sub-stan-shal) *adj.* Of the same substance ہم مادہ - ہم ذات - ہم جنس -

Consubstantiate (kon-sub-stan-shi-ət) *v.t.* & *i.* Unite in one substance جمع فی الذات ہونا - ایک ذات کرنا -

Consuetude (kon-swe-tūd) *n.* Custom having legal force رواج جسے قانون کی حیثیت حاصل ہو جائے - عادت - معاشرت - میل جول -

Consul (kon-səl) *n.* State agent residing in foreign town - روم کے منتخب مجسٹریٹ - وکیل - نائب کار پرداز جو غیر ممالک میں اپنے ملک کے حقوق کی حفاظت کے لئے مقرر ہوتا ہے - قونصل - نائب سفیر -

Consular (kon-sə-ler) *adj* & *n.* Consul متعلق بہ نائب سفیر - قونصلی -

Consulate (kon-sə-lat) *n.* Office of a consul قونصل کی فرود گاہ - قونصل خانہ - قونصل کا دفتر -

Consult (kən-sult) *v.t.* & i. Take counsel رائے لینا - مشورہ لینا - صلاح لینا - کسی کتاب یا شخص کی طرف رجوع کرنا -

Consult ones pillow غور کے لئے رات بھر کی مہلت لینا -

Consultative *adj.* صلاح کے لئے - مشورہ کے لئے - مشاورتی -

Consultant (kən-sul-tənt) *n.* One who consults طالب مشورہ - مشورہ لینے والا -

Consultation (kən-sul-tə-shən) *n.* Conference پنچائت - انجمن - مشورہ صلاح - مشورت -

Consume (kən-sūm) *v.t.* & *i.* Use up ضائع کرنا - اڑانا - ختم کر دینا - صرف کرنا - خرچ کرنا - حسد سے جلنا -

Consumer (kən-sūm-er) *n.* User of an article خرچ کرنے والا - استعمال کرنے والا -

Consummate (kon-sū-mat) *adj.* Complete اعلیٰ درجے کا - چھٹا ہوا - کامل - پکا - پورا -

Consummative *adj.* مکمل کرنے والا - درجہ کمال کو پہنچانے والا-

Consummation (kən-su-mə-shən) *n.* Completion انجام - آخرت - عاقبت - تکمیل - اتمام - منزل مقصود - تکمیل شدہ - طے - تصرف -

Consumption (kən-sump-shən) *n.* Destruction تپ کہنہ - تپ دق - دق - خرچ - تباہی - صرف -

Consumptive (kən-sump-tiv) *adj.* Affected with consumption - مدقوق - تپ دق کا مریض - اسراف پر مائل - خراج -

Contact (kon-takt) *n.* State of touching ربط - اتصال - لگاؤ - لمس - تعلق - برق رو کا حلقہ -

Contagion (kən-tā-jən) *n.* Communication of disease - وبائی مرض - مرض متعدی - چھوت - لگاؤ - اتصال - وبا -

Contagious (kən-tā-jəs) *adj.* Infectious مضر عادت - خراب - وبائی - متعدی - لگنے والا مرض -

Contain (kən-tān) *v.t.* Have حاصل ہونا - گھرا ہوا ہونا - شامل کرنا - گھیرنا - رکھنا - محیط ہونا - آپے میں رہنا - ضبط کرنا -

Contaminate (kən-tami-nāt) *v.t.* Infect بھرشٹ کرنا - ناپاک کرنا - بگاڑنا - خراب کرنا - آلودہ کرنا -

Contamination *n.* - غلاظت - نجاست - آلودگی - ناپاکی

Contemn (kən-təm) *v.t.* Despise خفت دینا - اہانت کرنا - تحقیر کرنا - حقیر جاننا -

Contemper (kən-tem-pər) *v.t.* Adopt کم کرنا - گھٹانا - معتدل کرنا - اصلاح کرنا - استزاج کرنا -

Contemplate (kən-tem-plat) *v.t.* & *i.* View mentally - نیت کرنا - ارادہ کرنا - تصور کرنا - خیال کرنا - سوچنا - توقع رکھنا - دھیان میں ہونا - مستغرق ہونا -

Contemplation *n.* تصور - دھیان - سوچ بچار - غور و فکر -

Contemplative (kən-tem-pla-tiv) *adj.* Thoughtful پر استغراق - مستغرق - متفکر - فکر مند -

Contemporaneous (kən-tem-po-ra-ne-əs) *adj.* covering the same time - ہم زمان - ہم عہد - ہم عصر -

Contemporary (kən-tem-po-rəri) *adj.* Belonging to same period ہم عصر -

Contemporize (kən-tem-pə-rīz) *v.t.* Cause to agree in time - ہم زماں - ہم عہد کرنا - معاصر بنانا

Contempt (kən-tempt) *n.* Act of despising سفلہ پن - خواری - ذلت - تحقیر - توہین - کمینہ پن - نا فرمانی - عدول حکمی -

Contemptible (kən-temp-ti-bl) *adj.* Mean قابل نفرت - حقیر - ذلیل - کمینہ - پاجی - خوار -

Contemptuous (kən-temp-tu-əs) *adj.* Showing contempt - دوسروں کو حقارت سے دیکھنے والا - حقارت کنندہ - مغرور -

Contend (kən-tend) *v.t.* & *i.* Strive - ہم چشم ہونا - بحث کرنا - مقابلہ کرنا - لڑنا - جد و جہد کرنا - برابری کرنا - ریس کرنا -

Content (kon-tent) *n.* & *adj.* That which is contained مواد - جو چیز ہے - قناعت - اطمینان - رضا مند - خوشدل - آسودہ خاطر -

Table of contents فہرست مضامین -

Content (kon-tent) *v.t.* Satisfy راحت پہنچانا - آسودہ کرنا - مطمئن کرنا - خوش کرنا - راضی کرنا -

Contentedness *n.* خوشی - راحت - حالت اطمینان -

Contentment *n.* اطمینان - دلجمعی - قناعت -

Contention (kon-ten-shən) *n.* Controversy لڑائی - دنگا -جھگڑا - تنازعہ - بحث - مناقشہ - تکرار -

Contentious (kon-ten-shəs) *adj.* Quarrelsome نزاع انگیز - فتنہ ساز - شورہ پشت - جھگڑالو - لڑاکا - حجتی -

Contentiousness تکرار بازی - منازعت - جھگڑالو پن - فتنہ سازی -

Conterminal (kən-tər-mi-nəl) *adj.* Having a common boundary مشترک سرحد والا - ایک سوانے والا - سرحد والا -

Conterminous (kən-tər-mi-nəs) *adj.* Having a common boundary ملی ہوئی سرحد والا - وہ خطوط جن کے سرے ایک نقطہ پر مل جائیں -

Contest (kən-test) *n.* Strife, competition تکرار - جھگڑا - قضیہ - مباحثہ - مقابلہ - مناقشہ - جد و جہد - لڑائی -

Contest (kən-test) *v.t.* & *i.* Dispute مقابلہ کرنا - ہم سری کرنا - جنگ و جدل کرنا - لڑنا - جھگڑنا - سامنا کرنا - جرح کرنا - اعتراض کرنا - بحث کرنا -

Contestable *adj.* قابل جنگ - جھگڑے کے قابل - بحث طلب - لائق مقابلہ -

Contestant (kən-tes-tənt) *n.* One who contests مبادز - حریف - مقابلہ کرنے والا -

Context (kon-tekst) *n.* Parts that precede or follow a passage سیاق و سباق - مضمون - متن - سیاق عبارت -

In this context اسی سلسلہ میں -

Contextual *adj.* متن کے متعلق - سیاق و سباق کا -

Contextually *adv.* سیاق و سباق کے رو سے -

Contiguity (kən-ti-gūi-ti) *n.* Proximity ربط - پیوستگی - جوڑ - اتصال - قریبی تعلق -

Contiguous (kən-tigū-əs) *adj.* Adjoining ملا ہوا - متصل - قریب - ملحق -

Continent (kon-ti-nənt) *adj.* Temperate عفیف - پارسا - متقی - پرہیز گار -

Continence *n.* قید - رکاؤ - دباؤ - ضبط - پرہیزگاری -

Continent (kon-ti-nənt) *n.* Main land زمین یا خشکی کا بہت بڑا ٹکڑا - بر اعظم -

Continental (kon-ti-nən-təl) *adj.* & *n.* Of a continent براعظم سے متعلق - براعظم کا -

Continentalism *n.* براعظمیت - اپنے براعظم کی جا و بیجاہ پچ -

Contingency (kən-tin-jən-si) *n.* Chance occurrence ہنگامی مصارف - حادثہ - اتفاق واقعہ - ناگہانی صورت -

Contingent (kən-tin-jənt) *adj.* & *n.* Accidental عارضی - اتفاقیہ - اتفاق -

Continual (kən-tinū-əl) *adj.* Always going on رواں - جاری - دائمی - دوامی -

Continuance (kən-tinū-əns) *n.* Going on قرار - تسلسل - استمرار - دوام ہمیشگی -

Continuant (kən-tinū-ənt) *adj.* & *n.* Consonant of which the sound can be prolonged ایسا حرف جس کی آواز کو کھینچ کر لمبا کیا جا سکے - جیسے - R.S.V.F.

Continuate (kən-ti-nūə-t) *adj.* Continuing لگاتار - مسلسل -

Continuative *adj.* رواں - جاری رہنے والا - مسلسل -

Continuation (kən-tinū-ə-shən) *n.* Carrying on تسلسل - اجرا استمرار - پچھلا میزان نئے کھاتے میں اتارنا - ایزادی - بیشی - پاجامہ - پتلون -

Continue (kən-tinū) *v.t.* & *i.* Maintain برقرار رہنا - جاری رہنا - برقرار رکھنا - جاری رکھنا - قائم رہنا - پائدار یا دیرپا ہونا -

Continuity (kən-ti-nūi-ti) *n.* State of being continuous لگاتار - سلسلہ - سلسلہ بندی - اجرا - ثبات -

Continuous (kən-tinu-əs) *adj.* Unbroken برابر
جاری ۔ مدامی ۔ جاریہ ۔ لگاتار ۔ مسلسل ۔

Continuously (kən-tinu-əs-li) *adv.* In uninterrupted manner لگاتار ۔ مسلسل ۔

Contort (kən-tort) *v.t.* Twist, distort بگاڑنا ۔
بل دینا ۔ اینٹھنا ۔ مروڑنا ۔

Contortion (kən-tor-shən) *n.* Twisted state
تشنج ۔ مروڑی ۔ بگاڑ ۔ بل ۔ پیچ ۔

Contortionist (kən-tor-shən-ist) *n.* Gymnast whose body exhibits contortions مصور یا
سنگ تراش جو تصویر اور مجسمہ میں چہرے کی شکن
یا بدن کے پٹھے دکھائے ۔ کسرتی جو جمناسٹک میں
جسم کو موڑے توڑے ۔

Contour (kon-toor) *n.* & *v.t.* Outline حلیہ ۔ چہرہ ۔
نقش و نگار ۔ صورت ۔ شکل ۔ ہیئت ۔ ساخت ۔ ساحل کا
پیچ و خم ۔ زمین کا نشیب و فراز ۔ پہاڑی کے گرد
سڑک بنانا ۔ ابھرے بنانا ۔ پیچ و خم دکھانا ۔

Con-tra (kon-trä) *prep.* & *n.* Against اطالوی باجوں
میں سرگم کے نشان ۔ مخالف ۔ بر عکس ۔ برخلاف ۔
Pro and contra موافق اور مخالف ۔

Contraband (kon-trə-band) *n.* & *adj.* Smuggling
ممنوع تجارت ۔ خلاف قانون ۔ ممنوع ۔ نا جائز بیوپار ۔
قابل ضبطی مال ۔

Contraceptive (kon-trə-sep-tiv) *adj.* & *n.* Preventive of conception مانع حمل اشیاء ۔
مانع حمل ۔

Contract (kən-trakt) *v.t.* & *i.* Enter into an engagement, make smaller سکیڑنا ۔ گھٹانا ۔
کم کرنا ۔ تنگ کرنا ۔ چھوٹا کرنا ۔ سکڑنا ۔ سمٹنا ۔
حاصل کرنا ۔ پیدا کرنا ۔ چکانا ۔ بات ٹھہرانا ۔ معاملہ
کرنا ۔ کسی کام کا ٹھیکہ لینا ۔ اقرار نامہ لکھنا ۔
معاہدہ کرنا ۔ تیوری چڑھانا ۔ عادت ڈالنا ۔ محدود کرنا ۔
حرف گرنا ۔ حذف کرنا ۔

Contract (kən-trakt) *n.* Agreement نکاح نامہ ۔
اقرار نامہ ۔ ٹھیکہ ۔ قول و قرار ۔ ٹھیکہ کا معاہدہ ۔
قرار داد ۔ معاہدہ ۔

Contraction (kən-trak-shən) *n.* Restriction
تنگی ۔ اینٹھن ۔ پیچ و تاب ۔ انقباض ۔ بندش ۔ ترخیم ۔
اختصار ۔ تخفیف ۔ مخففات ۔ علامات ۔ عادت ۔ بیماری
میں مبتلا ہونا ۔

Contractor (kən-trak-tər) *n.* Undertaker of contract مستاجر ۔ ٹھیکیدار ۔ سکڑنے والے عضلات ۔

Contradict (kon-trə-dikt) *v.t.* Be contrary to
تغلیط کرنا ۔ تردید کرنا ۔ رد کرنا ۔ انکار کرنا ۔
برخلاف کہنا ۔

Contradictable *adj.* غلط ٹھہرانے کے قابل ۔ قابل
تردید ۔

Contradiction (kon-trə-dik-shən) *n.* Opposition
نقیض ۔ تناقض ۔ تردید ۔ انکار ۔ اختلاف ۔

Contradictory (kon-trə-dic-təri) *adj.* & *n.* Making denial متناقض ۔ مخالف ۔ بر عکس ۔
برخلاف ۔ منافی ۔ انکاری یا تردیدی بیان ۔

Contradistinction (kon-trə-dis-tingk-shən) *n.* Distinction by contrast چیزوں کے درمیان امتیاز
یا تفریق ۔

Contradistinguish (kon-trə-dis-ting-guish) *v.t.* Distinguish by contrast امتیاز کرنا ۔ الگ کر لینا ۔
فرق کرنا ۔

Contralto (kən-tral-tō) *n.* Singer with lowest female voice گانے والے کا نیچا سر ۔ عورت کی
مہین آواز ۔ مدھم سر میں گانے والی عورت ۔

Contraries (kon-trə-ris) *n.* & *p.* The opposites
اشیاء جو ایک دوسرے کی ضد ہوں ۔ ضدین ۔

Contrariant (kon-trə-ri-eət) *adj.* Opposed منافی ۔
مخالف ۔ متضاد ۔

Contrariwise (kon-trər-i-wīz) *adv.* دوسری طرف ۔
اس کے بر عکس ۔

Contrary (kon-trər-i) *adj.*, *n.* & *adv.* Opposed in nature or tendency عکس ۔ ضد ۔ مغائرت ۔
خلاف ۔ برخلاف ۔ متضاد ۔ ضدی ۔ خود رائے ۔ تناقض ۔
On the contrary اس کے بر عکس ۔
To the contrasy بر خلاف ۔ بر عکس ۔
Contrariness *n.* مخالفت ۔ عکس ۔ تضاد ۔ تناقض ۔

Contrast (kən-trâst) *v.t.* & *i.* Set in opposition
فرق دیکھنا ۔ دو چیزوں کا مقابلہ کرنا ۔ نمایاں یا سب
سے الگ ہونا ۔ فرق بتلانا ۔

Contrast (kən-trâst) *n.* Showing striking differences مقابلہ ۔ ممتاز نمایاں شے ۔ فرق ۔ امتیاز ۔
نمایاں فرق ۔

Contravallation (kon-trə-vala-shən) *n.* Chain of redoubts placed by besiegers between their camp and town محاصرین اپنی حفاظت کے لئے جو تدابیر اختیار کریں - سد قلعہ - روک -

Contravene (kon-trə-ven) *v.t.* Infringe, dispute ٹوکنا - تجاوز کرنا - مزاحم ہونا - حائل ہونا - خلاف ورزی کرنا -

Contravention (kon-trə-ven-shən) *n.* Infringement مزاحمت - مخالفت - تجاوز - خلاف ورزی -

Contribute (kən-trib-ūt) *v.t. & i.* Pay, furnish مضمون لکھ کر مدد کرنا - ضروری اشیاء دینا - چندہ دینا - مدد کرنا -

Contribution (kən-tri-bū-shən) *n.* Act of contributing مراسلہ - مضمون - امداد - چندہ - جزیہ - جنگی محصول - جائداد پر حق عود قائم رکھنے کے لئے ماہانہ قسط -

Contributor (kən-tri-bū-tər) *n.* One who contributes مضمون نگار - چندہ دینے والا - صحیفہ نویس -

Contributory (kən-tri-bū-təri) *adj. & n.* That contributes وہ شخص جو کسی کمپنی کے ٹوٹ جانے پر اس کے قرضوں کے ادا کرنے میں شریک ہو - کسی حادثہ میں زخمی ہونے والے کی امداد -

Contrite (kon-trit) *adj.* Broken in spirit by sense of sin پشیمان - متاسف - نادم - مغموم - تائب -

Contrition (kon-tri-shən) *n.* Penitence پشیمانی - تاسف - خفت - توبہ - ندامت -

Contrivance (kən-triv-əns) *n.* Mechanical device کل - آلہ - ایجاد - تدبیر - حکمت - حیلہ - جھانسا -

Contrive (kən-trīv) *v.t.* Devise حیلہ سازش کرنا - جتن کرنا - تدبیر کرنا - ایجاد کرنا -

Contriver (kən-trīv-er) *n.* Deviser جلد ساز - منصوبہ باز - ایجاد کرنے والا - موجد -

Control (kən-trol) *n.* Power of directing قابو - اختیار - جانچ پڑتال - نگرانی - روک - قید - ضبط - موٹروں کا اڈا - پرزے جن سے ہوائی جہاز کو قابو میں رکھنے میں مدد ملتی ہے -

Control (kən-trol) *v.t.* Dominate ضبط کرنا - جانچنا - روکنا - اختیار یا قابو میں لانا - تابع رکھنا - حکومت کرنا - نگرانی کرنا -

Controllable *adj.* جس کو قابو میں رکھا جا سکے - تسلط پذیر - قابل ضبط -

Controller (kən-trol-er) *n.* Steward حسابات کی تنقیح کرنے والا - سرکاری محاسب - مہتمم - ناظر -

Controversial (kon-trə-vur-shəl) *adj.* Open to dispute متنازع فیہ - تکراری - نزاعی -

Controversialist *n.* مناقشہ پسند - نزاع پسند -

Controversy (kon-trə-vər-si) *n.* Disputation نزاع - قضیہ - تحریری جواب و سوال - بحث -

Controvert (kon-trə-vərt) *v.t.* Dispute, discuss حجت لانا - تکرار کرنا - بخشنا - جرح کرنا - انکار کرنا -

Controvertist *n.* جارح - حجتی -

Contumacious (kon-tū-mā-shəs) *adj.* Insubordinate شورہ پشت - بے ادب - گستاخ - سرکش - نا فرمان - ضدی - ہٹیلا -

Contumacy-ciousness *n.* سرکشی - ضد - نا فرمانی -

Contumalious (kon-tū-meli-əs) *adj.* Insolent بے ادب - گستاخ - شوخ چشم -

Contumely (kon-tū-m-li) *n.* Disgrace ڈھٹائی - بیہودگی - نا معقولیت - شوخ چشمی - حقارت -

Contuse (kon-tus) *v.t.* Injure without breaking skin - مارنا - کچلنا - اس طرح مارنا کہ زخم نہ پڑے - گپت مار مارنا -

Contusion *n.* ایسی مار جس کا نشان اوپر نہ ہو - بھیتری مار - گپت مار -

Conundrum (kə-nun-drəm) *n.* Riddle چیستاں - معمہ - پہیلی -

Convalesce (kon-va-les) *v.t.* Regain health بیماری کے بعد دوبارہ تندرست ہونا - صحت بحال ہونا -

Convalescent (kon-va-les-ent) *adj. & n.* Recovering from sickness صحت پذیر - روبہ صحت - افاقہ یاب -

Convalescence *n.* افاقہ - صحت یابی -

Convene (kən-ven) *v.t. & i.* Convoke, summon طلب کرنا - اراکین کو بلانا - اجلاس کرنا - اکٹھا ہونا -

Convenience (kən-ven-yəns) *n.* Suitableness آسائش - سکھ - آرام - آسودگی - فراغت - بیت الخلا جس میں نل لگا ہو -

Make convenience of one کسی کی نیک دلی یا بے خبری سے فائدہ اُٹھانا -

Marriage of convenience روپے کی غرض سے شادی کرنا -

Convenient (kən-ven-yənt) *adj.* Suitable آسان - مفید - موزوں - معقول - آرام دہ -

Convent (kən-vent) *n.* Building occupied by religious community spc. women عیسائی راہباؤں کی خانقاہ - مذہبی عورتوں کے رہنے کی عمارت - خانقاہ -

Conventicle (kən-ven-ti-kl) *n.* Clandestine religious meeting خفیہ مجلس یا جلسہ گاہ - مخفی جلسہ -

Convention (kon-ven-shən) *n.* Formal assembly جماعت - اجتماع - مجلس - عہد و پیماں - رسم و رواج - روایت - عوام کی مرضی -

Conventional (kon-ven-shən-al) *adj.* Depending on convention روایتی - قرار یافتہ - رسمی - رواجی - مروجہ - تقلیدی -

Conventionalism *n.* رسوم و قواعد کی پابندی - احترام روایات - رواج پرستی -

Conventionalist *n.* رسم پرست - پابند - رسوم و رواج - پابند روایات -

Conventionally *adv.* روایات کے مطابق - رسمی طور پر

Converge (kən-vərj) *v.t.* & *i.* Tend to meet in a point مائل ہونا - ایک ہی طرف جھکنا - مائل بہ نقطہ اتصال ہونا - مرکز کی طرف مائل ہونا -

Convergence-cy *n.* کسی طرف سے ایک ہی مرکز پر آ ملنا - میلان بہ مرکز -

Convergent *adj.* مرکز کی طرف مائل - ایک ہی سمت جھکا ہوا -

Conversable (kən-vər-sə-bl) *adj.* Pleasant خوش بیان - ملنسار - گفتگو کے قابل - ملنے کے لائق -

Conversance (kən-vər-səns) *n.* Familiarity خبر داری - واقفیت -

Conversant (kən-vər-sənt) *adj.* Well acquainted واقف کار - آشنا - واقف - آگاہ -

Conversation (kən-vər-sə-shən) *n.* Talk - گپ شپ ادھر اُدھر کی باتیں - مکالمہ - گفتگو - بات چیت -

Conversational (kən-vər-sə-shun-al) *adj.* Fond of conversation گفتگو کے متعلق - بات چیت کا شوقین -

Conversazione (kən-vər-sa-tsyō-nā) *n.* Learned talk علمی گفتگو - علمی جلسہ - مجلس مذاکرہ - بزم احباب جس میں وہ اپنے تجربات کے اعلیٰ نمونے پیش کرتے ہیں -

Converse (kon-vərs) *v.i.* Indulge in talk ہم کلام ہونا - بات چیت کرنا - باتیں کرنا -

Converse (kən-vərs) *n.* Discourse - گفتگو - بحث بے تکلف بات چیت -

Converse (kən-vərs) *adj.* & *n.* Opposite, contrary مقلوب - معکوس - اُلٹا - عکس - قلب - اُلٹ -

Conversely *adv.* اس کے برعکس - اس کے برخلاف -

Conversion (kən-vər-shən) *n.* Transposition تبدیلی مذہب - تغیر - تبدیلی شر کو چھوڑ کر راہ خیر اختیار کرنا - سدھار - ایک قسم کے تجارتی حصص کا دوسرے سے تبادلہ -

Convert (kən-vərt) *v.t.* Change into مذہب تبدیل کرنا - بدل ڈالنا - بدلنا - خدا کی طرف رجوع کرنا - حصص کو تبدیل کرنا -

Convert (kən-vərt) *n.* Person converted - نیا چیلا نو مرید - نو عیسائی - نو مسلم -

Convertible (kən-vər-ti-bl) *adj.* That may be converted عقائد کی تبدیلی پر مائل - تغیر پذیر -

Convex (kon-veks) *adj.* Curved like the outside of a circle - مدور - ابھرا ہوا - قبہ دار - ماہی پشت محراب نما - محدب - کروی -

Convex (kon-veks) *n.* Curve - کرہ - حدب - قبہ - اُبھار

Convey (kən-vā) *v.t.* Carry سمجھانا - پہنچنا - منتقل کرنا - اُٹھا لے جانا - بیان کرنا - بتانا -

Conveyable *adj.* قابل انتقال -

Conveyance (kən-vā-ans) *n.* Carriage - پہنچانا لے جانا - انتقال - تحویل - گاڑی - سواری -

Conveyancer (kən-ve-ən-ser) *n.* Lawyer who prepares documents of property انتقال جائداد کی دستاویز لکھنے والا وکیل - دستاویز نویس -

Conveyancing *n.* دستاویز نویسی -

Convict (kən-vikt) *n.* Condemned criminal وہ مجرم جو سزا بھگت رہا ہو - گہنگار - مجرم -

Convict (kən-vikt) *v.t.* Prove guilty سزا کا حکم سنانا - گنہگار ٹھہرانا - مجرم ثابت کرنا -

Conviction (kən-vik-shən) *n.* Proving guilty احساس جرم - مثبت جرم - مجرم ٹھہرانا - سزا دہی - اطمینان کلی - یقین کامل -

Convince (kən-vins) *v.t.* Firmly pursuade یقین دلانا - قائل کرنا - منوانا - دلنشین کرنا - گناہ کا احساس پیدا کرنا -

Convincible (kən-vin-sə-bl) *adj.* Open to conviction قائل ہونے پر آمادہ -

Convivial (kən-vivi-əl) *adj.* Befitting a feast جشن کے لیے موزوں - دعوتی - ضیافتی - زندہ دل - خوش طبع - یار باش -

Convivialist *n.* & *adj.* دوستوں کا دلدادہ - یار باش - زندہ دل -

Conviviality *n.* جشن سازی - زندہ دلی -

Convivially *adv.* زندہ دلی سے - خوش طبعی سے -

Convocation (kən-vō-kə-shən) *n.* Calling together دعوتی اجتماع - طلبی - بلاوا - یونیورسٹی کے شرکا کا جلسہ - پادریوں کا جلسہ -

Convocational *adj.* اجتماعی - جامعہ کے اجتماع کے متعلق -

Convoke (kən-vōk) *v.t.* Call together جلسے میں جمع کرنا - جمع کرنا - اکٹھا کرنا -

Convolute (kon-və-lut) *adj.* & *n.* coiled بل کھایا ہوا - مڑا ہوا -
Convoluted (kon-və-lu-ted) *adj.* & *n.* لپٹا ہوا - پیچ در پیچ - لپیٹ - پیچ -

Convolve (kən-volv) *v.t.* & *i.* Roll together گولا بنانا - تہہ کرنا - پیچ دینا - لپیٹنا -

Convoy (kon-voi) *v.t.* Escort محفوظ رکھنا - حفاظت سے پہنچانا - جنگی جہازوں کا بدرقہ ساتھ کرنا - مہمان یا خواتین کی رہنائی کرنا -

Convoy (kon-voi) *n.* Protection حراست - نگہبانی - حفاظت - بدرقہ - فوجی دستے یا سامان رسد کا قافلہ - تجارتی بیڑہ -

Convulse (kən-vuls) *v.t.* Shake violently جھنجھوڑنا - زور سے ہلانا - مروڑنا - اکڑنا - اینٹھنا - ہنسی سے پیٹ میں بل پڑنا -

Convulsion (kən-vul-shən) *n.* Violent motion of body اینٹھن - کپکپی - تشنج -

Convulsive (kən-vul-siv) *adj.* Producing convulsions اکڑانے والا - تشنج انگیز - لرزہ آور -

Cony-ney (ko-ni) *n.* Rabbit سوسا - خرگوش - سرخ چشم - خرگوش کی وضع کا جانور -

Coo (ko͞o) *v.t., i.* & *n.* Make soft sound of a dove گنگنا - فاختہ یا کبوتر کی آواز نکالنا - غٹرغوں یا غوں غوں کرنا -

Bill and Coo پیار محبت کی باتیں - بوس و کنار -

Cook (kook) *n.* One whose business is to cook food کھانا پکانے والا - باورچی - طباخ - نان بائی -

Too many cooks spoil the broth جتنے زیادہ آدمی اتنا ہی کام خراب - دو ملاؤں میں مرغی حرام -

Cook (kook) *v.t.* & *i.* Prepare food by heat کھانا پکانا - رسوئی بنانا - ملمع سازی کرنا - فرضی حساب پیش کرنا -

Cooker (kook-ər) *n.* کھانا دم دینے کا یا پکانے کا برتن - پکانے کا ظرف - چولھا - ترکاری یا پھل جو اچھے پکتے ہوں - جعلی حساب بنانے والا -

Cookery (kook-əri) *n.* Art of cooking باورچی گری - کھانا پکانے کا فن - طباخی - بھٹیارن -

Cooky (kook-i) *n.* Usually female cook باورچن -

Cool (ko͞ol) *adj.* & *n.* Moderately cold خنک - ٹھنڈا - معتدل مزاج کا - سرد مہر - بے مروت - خنکی - خنک موسم -

It costs me a cool thousand مجھے ٹھنڈے ٹھنڈے ہزار روپے دینے پڑے -

Coolish *adj.* ٹھنڈا سا -

Colly *adv.* بے مروتی سے - سرد مہری سے -

Coolness *n.* بے مروتی - سرد مہری - خنکی -

Cool (ko͞ol) *v.i.* & *t.* Make or become cool ٹھنڈا کرنا - ٹھنڈا ہونا - خنک ہونا - سرد کرنا - خنک کرنا - دھیما یا مندا کرنا - کم کرنا -

Cooler (kōōl-ər) *n.* Vessel for cooling شراب کا ظرف تبرید ۔ ٹھنڈا کرنے کا برتن ۔

Coolie-ly (kōōl-i) *n.* Hired labourer قلی ۔ اجازت یافتہ حمال ۔ مزدور ۔

Coop (kōōp) *n.* Fowl run or cask چھکڑا ۔ خوانچہ ۔ کپا ۔ پیپا ۔ مرغی کا ٹاپا یا کھڈا ۔ ٹوکرا ۔ پنجرا ۔

Coop (kōōp) *v.t.* Confine ٹاپے سے مچھلیاں پکڑنا ۔ ٹاپے میں رکھنا ۔ بند کرنا ۔ ٹوکرے میں رکھنا ۔ پنجرے یا ٹوکرے میں بند کرنا ۔

Cooper (kōōp-er) *v.t.* & *n.* Maker of casks کپا یا پیپا بنانے والا ۔ ایک قسم کی مرکب شراب ۔ کپا یا پیپا بنانا ۔

Cooperage (kōōp-erə-ij) *n.* Cooper workshop کپے اور پیپے بنانے کا کارخانہ ۔

Coopery (kōōp-eri) *n.* Coopers work پیپے بنانا ۔ پیپے بنانے کا کام یا کارخانہ ۔

Co-operate (cō-op-ər-at) *v.i.* Work together متفق ہونا ۔ ساتھ دینا ۔ مل کر کام کرنا ۔ شریک ہونا ۔ رفاقت کرنا ۔ ایک دوسرے کی مدد کرنا ۔ معاشیاتی تعاون کرنا ۔

Co-operator *n.* معاون ۔ مددگار ۔ شریک کار ۔ رفاقت کرنے والا ۔ مل کر کام کرنے والا ۔

Co-operation (cō-opər-a-shən) *n.* Working together to same end اشتراک عمل ۔ ایک ہی مقصد کے لیے مل جل کر کام کرنا ۔ تعاون ۔ موالات ۔

Co-operative (cō-op-ər-a-tiv) *adj.* امداد باہمی ۔ معاونت کرنے والا ۔ اشتراک کرنے والا ۔

Co-opt (kō-opt) *v.t.* Elect into body by existing members نیا شریک کار منتخب کرنا ۔ ساتھی چن لینا ۔

Co-optation (kō-op-ta-shən) *n.* Electing a new members نئے رکن کی شرکت ۔ شریک کار کا انتخاب ۔

Co-ordinate (kō-or-di-nat) *adj.* & *n.* Equal in rank ہم رتبہ ۔ ہم پلہ ۔ برابر ۔ ہم سر ۔ منظم ۔ محدود ۔

Co-ordinate (kō-or-di-nat) *v.t.* Bring into proper relation ہم پلہ کرنا ۔ ہم مرتبہ ہونا ۔ اجزا کو ترتیب دینا ۔ منتظم کرنا ۔ مربوط کرنا ۔ مطابق کرنا ۔

Co-ordination *n.* اتحاد ۔ ربط ۔ اجزا کی ترتیب ۔ مطابقت ۔

Coot (kōōt) *n.* Duck with white forehead مرغابی جس کا سر سفید ہو ۔ سادہ لوح ۔

Cop (kop) *n.* Policeman تاگے کا گولا ۔ برقنداز ۔ پولیس کا جوان ۔

Cop (kop) *v.t.* Catch لپک لینا ۔ پکڑ لینا ۔

Copal (kō-pal) *n.* Kind of resin used in varnish ایک قسم کا گوند جو رنگ میں ڈالتے ہیں اور وارنش کے کام آتا ہے ۔

Coparcenary (kō-par-sə-nəri) *n.* Joint shareholder مشترک حصہ دار ۔

Copartner (kō-part-nər) *n.* Sharer رفیق ۔ بیوپاری ۔ شریک کار ۔ ساجھی ۔ حصہ دار ۔

Cope (kōp) *n.* Long cloak of priests سرپوش ۔ پگڑی ۔ پادریوں کا چوغہ ۔

Cope (kōp) *v.t.* & *i.* Furnish with a cope کارنس بنانا ۔ چھجایا منڈیر بنانا ۔ مقابلہ کرنا ۔ نمٹنا ۔ جدوجہد کرنا ۔ قابو میں لانا ۔

Coping (kōp-ing) *n.* Projection چھجا ۔ کارنس ۔ پرچھتی ۔ منڈیر ۔

Copious (kōpi-əs) *adj.* Plentiful لبریز ۔ زیادہ ۔ بہت ۔ کثیر ۔ صاحب معلومات ۔ وسیع ۔ جامع ۔ زیادہ الفاظ والی زبان ۔

Copiously *adv.* جامع طور پر ۔ افراط سے ۔

Copiousness *n.* کثرت ۔ فراوانی ۔ افراط ۔

Copper (kop-ər) *n.* & *adj.* Redish metal پیسہ ۔ تانبے کا برتن ۔ مس ۔ تانبا ۔

Copper (kop-ər) *n.* Policeman کانسٹیبل ۔ پولیس کا جوان ۔ برقنداز ۔

Copperas (kop-ər-as) *n.* Green vitriol کسیس ۔ زنگار ۔ نیلا تھوتھا ۔

Coppice-copse (kop-is) *n.* Collection of small trees جھاڑی کا جنگل ۔ کوپی ۔ جھاڑی ۔

Copula (kop-u-lȧ) *n.* Ligament ربط ۔ ارسم اور فعل کا جوڑ ۔ ہڈیوں کا جوڑ ۔ جوڑ ۔ بند ۔ چھوٹا سر جو دو راگوں کے درمیان ہو ۔

Copulate (kop-ū-lāt) *v.t.* Unite sexually ہم بستر ہونا ۔ مباشرت کرنا ۔ جماع کرنا ۔ ملانا ۔ جوڑنا ۔ لگانا ۔

Copulation (kop-ū-lā-shən) *n.* Sexual union میل ۔ جوڑ ۔ مباشرت ۔ صحبت ۔

Copulative (kopū-lāt-iv) *adj. & n.* Serving to connect حرف عطف ۔ ملانے والا ۔

Copy (kop-i) *n.* Imitation خسرہ یا جمع بندی ۔ مسودہ نقل ۔ کتاب نسخہ ۔ نقل ۔

Copyist نقل نویس ۔ نقل کرنے والا ۔

Copyhold (kopi-hold) *adj. & n.* Tenure by copy بروے جمع بندی ۔ کاشت ۔ اجارہ ۔ زمین کا پٹہ ۔

Copyright (kop-i-rīt) *adj., v.t. & n.* Exclusive right to another حق تصنیف ۔ حق تالیف ۔ حق طبع محفوظ کرانا یا حاصل کرنا ۔

Coquet (ko-ket) coquette *adj.* Woman who trifles with man's affections نخرے باز ۔ عشوہ گر ۔ البیلی ۔ چنچل ۔

Coquet (ko-ket) *v.i.* Flirt محبت جتانا ۔ نازکرنا ۔ نخرہ یا غمزہ کرنا ۔

Coquettish *adj* چنچل ۔ بانکی ۔ لبھانے والی ۔ نخرے باز ۔

Coquetry *n.* عشوہ گری ۔ ناز نخرے ۔ غمزے بازی ۔

Coral (ko-rəl) *n. & adj.* Hard calcareous substance secreted by tribes of fish مونگے کا ۔ مرجان ۔ مونگا ۔ چسنی جو دانت نکلنے کے لئے بچوں کے منہ میں دیتے ہیں ۔

Corban (kor-ban) *n.* Anything devoted to God in fulfilment of a vow خیرات دان ۔ نذر نیاز کا صندوق ۔ کاسہ گرائی ۔

Cord (kord) *n. & v.t.* Thin rope or string ریشہ ۔ طناب ۔ ڈوری ۔ رسی ۔ عصبانہ ۔ پٹھا ۔ موٹا دھاری دار کپڑا ۔ باندھنا ۔ جکڑنا ۔

Cordage (kor-dəj) *n.* Cords in riggins of ship بندھن ۔ مستول کے بندھن ۔ مستول کے رسے ۔

Cordial (kord-yəl) *adj. & n.* Stimulating drink مقوی مفرح شراب ۔ مقوی قلب مشروب ۔ دلی ۔ قلبی ۔ سچا مخلص ۔ پر جوش ۔

Cordiality *n.* تپاک ۔ گرم جوشی ۔

Cordially *adv.* گرم جوشی سے ۔ دل و جان سے ۔

Cordon (kor-don) *n.* Line or circle of police پولیس کے سپاہیوں کا حلقہ ۔ گھیرا ۔ حلقہ ۔ چکر ۔ حاشیہ ۔ کنارہ ۔ فصیل کے کنگورے ۔ شاخ بریدہ درخت ۔

Corduroy (kor-də-roi) *n. & adj.* Coarse thick cotton cloth موٹا ڈوریا ۔ موٹا کپڑا ۔

Core (kōr) *n. & v.t.* Horny capsules containing soft seeds گودہ ۔ مغز ۔ گری ۔ لوہے کا نرم تار ۔ پھوڑے کے اندر کا مواد ۔

Co-religionist (ko-re-lij-ən-ist) *n.* ایک ہی فرقہ کے لوگ ۔ ایک ہی مذہب کے پیرو ۔

Co-respondent (ko-rə-spon-dənt) *n.* Person proceeded against with the respondent in divorce suit طلاق کے مقدمہ میں دوسرا مدعا علیہ جس پر اصل مدعا علیہ کے ساتھ نالش کی گئی ہو ۔

Coriander (ko-ri-an-dər) *n.* Annual plant with aromatic seed کشنیز ۔ دھنیا ۔

Cork (kork) *v.t., n. & adj.* Bark of oak کاگ ۔ ڈاٹ ۔ شاہ بلوط کی چھال ۔ ٹیڑھا چلنا ۔ روکنا ۔ ڈاٹ لگانا ۔

Corkage (kor-kəj) *n.* Corking, uncorking of wine bottles شراب کی بوتلیں کھولنا اور ڈاٹ لگانا ۔ کھولنے والے کی اجرت ۔

Corked (kor-ked) *adj.* Stopped with cork اچھی طرح کی ڈاٹ لگی ہوئی بوتل ۔

Corker (kor-kər) *n.* A monstrous lie سفید جھوٹ ۔ حد انتہا ۔ ایسا جھوٹ جس کے آگے کوئی گنجائش نہ رہے ۔

Corky (kor-ki) *adj.* Frivolous زندہ دل ۔ چلبلا ۔ چھچھورا ۔

Cormorant (kor-mə-rənt) *n.* Large black voracious sea bird بڑا ماہی خور آبی پرند ۔ بسیار خور ۔ پیٹو آدمی ۔ گھاؤ ۔

Corn (korn) *n.* Grain پیر کا گوکھرو ۔ اناج کا پودا ۔ اناج ۔ دانہ ۔ غلہ ۔

Tread on ones corns جذبات مجروح کرنا ۔ دل دکھانا ۔

Cornea (kor-ne-a) *n.* Transparent horny part of anterior covering of eyeball آنکھ کا شفاف پردہ ۔ آنکھ کے ڈھیلے کا بیرونی پردہ ۔

Corner (kor-nər) *n., v.t. & i.* Place where converging sides meet کونا ۔ گوشہ ۔ زاویہ ۔ خلوت ۔ پوشیدہ مقام ۔ کسی جنس کا سارا ذخیرہ خرید لینا تاکہ مہنگا بیچا جائے ۔ کونے بنانا ۔ کونے نکالنا ۔

Cornice (kor-nis) *n.* Horizontal projection of a building کارنس - کنگی - کگر - برف جو غار کے کناروں پر جم جائے -

Corniced (kor-nisd) *adj.* Having surmounting frieze کنگنی دار - کگر دار - بیل دار -

Corolla (korō-lȧ) *n.* Leaves forming inner envelope of flowers پھول کی اندرونی پتیاں - گامہ گل -

Corollary (koro-lar-i) *n.* Immediate deduction بدیہی لازمی نتیجہ - منطقی نتیجہ - نتیجہ حاصل -

Corona (ko-rō-nä) *n.* Disc of light round sun or moon روشنی کا ہالہ جو گرہن کے وقت سورج کے گرد نظر آتا ہے -

Coronal *adj.* ہالہ - روشنی کا حلقہ ''جو چاند یا سورج کے گرد نظر آتا ہے'' -

Coronation (karo-nā-shən) *n.* Ceremony of crowning رسم تخت نشینی - تقریب تاج پوشی -

Coroner (kor-ə-nər) *n.* Officer holding inquest on bodies of dead person ایک طبی افسر جو موت کا سبب دریافت کرتا ہے -

Coroners inquest طبی افسر کی تحقیق و تفتیش -

Coronet (korə-nit) *n.* Small crown زنانہ تاج نما زیور - مکٹ - چھوٹا تاج -

Corporal (kor-pə-rəl) *adj.* Of human body بدنی - جسمانی -

Corporal (kor-pə-rəl) *n.* Cloth on which consecrated elements are placed عشائے ربانی کا دستر خوان - فوج کا معمولی افسر - دفعدار -

Corporate (kor-pə-rət) *adj.* Forming a body politic مستند - متحد - منظم جماعت - جماعت جو قانوناً فرد واحد تصور کی جائے - اجتماعی شخصیت -

Corporation (kor-pə-rə-shən) *n.* United body of persons متحدہ سند یافتہ جماعت -

Corporeal (kor-po-ri-əl) *adj.* Material مادی - جسمانی -

Corps (kor) *n.* Body of troops توپ خانہ کا رسالہ - پلٹن - فوجی دستہ -

Corpse (korps) *n.* Dead body میت - لاش - انسانی لاش -

Corpulent (kor-pū-lənt) *adj.* Bulky موٹا - فربہ - جسیم - موٹا تازہ -

Corpolence-cy *n.* فربہی - موٹاپا - ڈیل ڈول -

Corpus (kor-pəs) *n.* Body, collection of writings بدن - جسم - کتابوں کا مجموعہ جو ایک ہی مضمون پر لکھی گئی ہوں -

Corpuscle (kor-pus-l) *n.* Minute body forming distinct part of organism مادہ کا چھوٹے سے چھوٹا جز - خون کا چھوٹے سے چھوٹا جز - جوہر فرد - جسمیہ -

Corpuscular (kor-pus-kū-lər) *adj.* Of corpuscles or atoms سالمے کے متعلق - جوہر فرد کے متعلق -

Coradiation (ko-rə-di-ə-shən) *n.* Meeting of rays of light and heat and one point ایک ہی نقطہ پر شعاعوں کا میل - ہم شعاع -

Correct (kor-əkt) *adj.* True, accurate درست - مناسب - پسندیدہ - صحیح - ٹھیک -

Corrective *adj.* ٹھیک کرنے والا - اصلاح کرنے والا - مصلح -

Correct (kor-əkt) *v.t.* Set right سدھارنا - سنوارنا - ٹھیک کرنا - صحیح کرنا - گو شمالی کرنا - تنبیہ کرنا - سزا دینا - معیار کے مطابق کرنا -

Correctness *n.* صداقت - صحت - درستی -

Correction (ko-rek-shən) *n.* Correcting گوشمالی - اصلاح - تصحیح - درستی - تادیب -

I speak under correction میں جو کچھ کہہ رہا ہوں اگر غلط ہے تو اصلاح کی جائے -

Correctional *adj.* تادیبی - اصلاحی -

Correctitude (ko-rek-ti-tūd) *n.* Correctness of conduct تادیب - روک ٹوک - اصلاح - درستی - تصیح (کردار کی) -

Corrector (ko-rek-tər) *n.* One who corrects مودب - مصلح - اصلاح کرنے والا -

Correlate (kori-lət) *n.* Each of two related things لازم ملزوم - باہمی رشتہ -

Correlate (kori-lət) *v.t.* & *i.* Have a mutual relation باہمی رشتہ ہونا - لازم یا ملزوم ہونا -

Correlative (ko-relə-tiv) *adj.* & *n.* Having a mutual relation باہم رشتہ یا مقابل کی نسبت رکھنے والے - ہم نسبت - ہم رشتہ -

Correlation *n.* لزوم - باہمی تعلق -

Correlativity *n.* متلازمیت - ہم اضافت -

Correspond (korī-spond) *v.i.* Be similar جوڑ ہونا - مشابہ ہونا - مطابق ہونا - برابر ہونا - یکساں ہونا - خط و کتابت کرنا یا رکھنا -

Correspondence (kori-spon-dəns) *n.* Agreement مطابقت - لگاؤ - موافقت - ربط و ضبط - خط و کتابت - مراسلت -

Correspondent (kori-spon-dənt) *adj.* & *n.* One who writes letters اخبار کا نامہ نگار - خط بھیجنے والا - خط و کتابت کرنے والا - آڑہتی - جس کا تعلق غیر ملکی تاجروں سے ہو - مطابق جوابی -

Corrider (kori-dor) *n.* Main passage وہ راستہ جس پر متعدد کمرے کھلیں - غلام گردش - کسی ریاست کا تنگ راستہ جو علاقہ غیر سے ہو کر گذرتا ہو -

Corrigendum (kor-i-jen-dəm) *n.* Thing to be corrected کسی کتاب کا غلط نامہ - صحت نامہ - ترمیم - تصیح طلب چیز -

Corrigible (kori-ji-bl) *adj.* Capable of being corrected اصلاح پذیر جس کی غلطیوں کی اصلاح ہو سکے - قابل اصلاح -

Corroborant (kə-robə-rənt) *adj.* & *n.* Strengthening تائید کرنے والا - تصدیق کرنے والا - مقوی دوا - حمائتی - مصدق -

Corroborate (kə-robə-rāt) *v.t.* confirm تائید کرنا - تصدیق کرنا - مضبوط کرنا - تقویت دینا - پکا کرنا - تائیدی شہادت دینا -

Corroborative } تائیدی
Corroboratory } تصدیقی

Corroborator *n.* تصدیق کرنے والا - حامی - موید -

Corroboration (ko-robə-rā-shən) *n.* Confirmation by furthur evidence مزید شہادت سے تقویت - مضبوطی - تائید - تصدیق -

Corrode (ko-rod) *v.t.* & *i.* Wear away کھا لینا - گھس جانا - گل جانا - کھا جانا - رفتہ رفتہ گلا دینا -

Corrosion (kə-ro-zhən) *n.* Wearing away گلا دینا - گھلا دینا - گل جانا -

Corrosive (kəro-siv) *adj.* & *n.* Thing tending to corrode گلانے والا - گھلانے والا - کاٹ کرنے والا - رنج پہنچانا -

Corrugate (kor(y)oo-gat) *v.t.* & *i.* Contract into folds نالیاں بنانا - لہر ڈالنا - شکن ڈالنا -

Corrugation *n.* سلوٹ - شکن - نالی -

Corrugator (kor(y)oo-ga-tər) *n.* Muscle that contracts the brow in frowning رگ پیشانی - تیور کا پٹھا جس کے کھینچنے سے بل پڑتے ہیں -

Corrupt (kər-upt) *adj.* Wicked شریر - رشوت خور - سڑا ہوا - گندہ - ناقص - بد چلن - بد اخلاق -

Corrupt (kər-upt) *v.t.* & *i.* Infect رشوت دینا - خراب کرنا - بگاڑنا - گندہ کرنا - بگڑنا - خراب ہونا -

Corruptive *adj.* خراب کرنے والا - بگاڑنے والا -

Corruptible (kər-upti-bl) *adj.* Liable to corruption خراب ہونے والا - بگڑنے والا - خرابی کی طرف مائل -

Corruption (kər-up-shən) *n.* Moral deterioration خرابی - بد چلنی - اخلاق بگاڑ -

Corsair (kor-sar) *n.* Privateer, pirate vessel سمندری ڈاکو - ڈاکوؤں کی کشتی -

Corsut (kor-sit) *n.* Closely fitting bodice عورتوں کی کمانی دار انگیا جس سے جسم تنا رہتا ہے - لچکدار بندوں کی چولی - زرہ - چار آئینہ -

Cortege (kor-tezh) *n.* Train of attendants ملازموں کی جماعت جو جلو میں ہو - جنازے کے ساتھ کی قطار - ہم رکاب لوگ - خدم و خشم -

Corundum (ko-rundəm) *n.* Crystallized mineral ایک طرح کا مختلف رنگوں کا نیلم اور یاقوت جو پالش کے کام آتا ہے - کرند -

Cosignatory (kō-signə-tə-ri) *n.* Person signing jointly with others دوسروں کے ساتھ دستخط کرنے والا -

Cosmetic (koz-met-ik) *adj.* & *n.* Preparation for beautifying hair, skin غازہ - ابٹن - خوشبو دار مرکب جو بالوں اور چہرے پر ملے جاتے ہیں -

Cosmical (koz-mi-kəl) *adj.* Pertaining to universe کائناتی - متعلق بہ عالم ظہور - کائنات کے متعلق -

Cosmically *adv.* قانون قدرت کے رو سے - کائناتی حیثیت سے -

Cosmism (koz-mizm) *n.* Conception of cosmos as a self acting whole یہ نظریہ کہ کائنات میں خود کارانہ قدرت ہے - مظاہر پرستی -

Cosmist (koz-mist) *n.* Believer in cosmic power کائنات پرست -

Cosmo (koz-mo) Abb. of cosmos - کاس مس کا مخفف

Cosmogeny *n.* تجلی‌ظہور - کائنات کی تخلیق- آفرینش-

Cosmologist *n.* علم کائنات کا عالم -

Cosmology *n,* علم کائنات -

Cosmogony (koz-mogo-ni) *n.* Theory of creation نظریہ خلق - مسئلہ آفرینش -

Cosmogomist *n.* مسئلہ آفرینش کا مفکر - مسئلہ خلق کا عالم -

Cosmography (koz-mo-grə-fi)*n.* Description and mapping of earth کائنات کی سر نوشت - زمین کی ترکیب اور اس کے طبعی حالات- علم ترکیب کائنات -

Cosmopolitan(koz-mo-poli-tən) *adj.* & *n.* Belonging to all parts of the world آفاقی - ساری دنیا کا - محب عالم - وسیع المشرب - صلح کل - جو مذہب و ملت سے آزاد ہو اور دنیا کو اپنا وطن سمجھے -

Cosmopolitanize *v.t.* جگت باسی بنانا - وسیع المشرب بنانا -

Cosmopolite (koz-mo-po-līt) *n.* & *adj.* Citizen of the world ساری دنیا کا شہری - محب عالم - ہر دیسی - جگت باسی -

Cosmopolitical (koz-mo-poli-ti-kəl) *adj.* Belonging to universal polity - عالمی حکومت کا حامی - بین المالک - عالمی آئین کے متعلق - جگت راج -

Cosmos (koz-mos) *n.* The universe - نظام کائنات - نظام عالم - عالم موجودات - کائنات -

Cossack (kos-ək) *n.* Native of South-East Russia کاسک قزاق - بحیرہ اسود کے شمالی میں بسنے والا - تاتاری قبیلہ - سرحدی فوجی دستہ - رسالہ (جمع) پائنجامہ -

Cosset (kos-it) *n.* & *v.t.* Pet lamb - بھیڑ کا بچہ - گھر میں پلا ہوا پوٹلہ - چاہنا - لاڈ کرنا -

Cost (kost) *n.* Price - خرچہ مقدمہ - صرف - خرچ - قیمت - مول - دام - لاگت -

To a person's cost - تکلیف اٹھاکر - مصیبت جھیل کر - نقصان اٹھا کر -

Cost (kost) *v.t.* & *i.* Fix price of, pay - خرچ ہونا - قیمت ادا کرنا - دام لگانا - قیمت مقرر کرنا - دام متعین کرنا - مول کرانا -

Costal (kos-təl) *adj.* Of the ribs - جینی - پسلی کا - پہلو کا -

Costive (kos-tiv) *adj.* Constipated - کنجوس - قبض کا مریض - قابض -

Costiveness *n.* اپھار - قبض کی حالت - قبض -

Costly (kost-li) *adj.* Of high price - گراں قیمت - بیش قیمت - قیمتی -

Costliness *n.* گراں قیمت ہونا - بھاری قیمت -

Costume (kos-tūm) *n.* & *v.t.* Style, fashion of dress - پوشاک - پہناوا - لباس - لباس کی تراش قطع - جوڑا - جوڑا دینا - لباس بنوانا - لباس پہنانا -

Costumier (kos-tūm-ier) *n.* Maker of costumes پوشاک بیچنے والا - پوشاک بنانے والا درزی -

Cosy (kozi) *adj.* & *n.* Comfortable - سکھ کی جگہ - فرحت بخش - آرام دہ - آرام سے بیٹھا ہوا یا لیٹا ہوا شخص - ایک قسم کی نشیں جو کمرے کے کونے میں بنا دیتے ہیں -

Cosily *adv.* مزے سے - آرام سے -

Cosiness *n.* اطمینان - آسائش - لطف و آرام -

Cot (kot) *n.* Light bedstead - کٹیا - جھونپڑی - چھوٹی چارپائی - چھوٹا پلنگ - کھاٹ - بیمار سپاہیوں کا جھولا - بچوں کا پالنا - گہوارہ -

Cote (kot) *n.* Shed, stall ڈربا - اصطبل - سائباں - چھپر -

Coterie (ko-tə-ri) *n.* Select circle in society حلقہ - جتھا - بے غرض انسانوں کی جماعت -

Cottage (kot-ij) *n.* Small country residedce جھونپڑا - غریب کا گھر - دیہاتی مکان -

Cottager (ko-tij-er) *n.* Inhabitant of a cottage کٹیا کا رہنے والا - معافی دار -

Cottar-er (kot-ər) *n.* Scots peasant occupying cottage on farm اسکاٹلینڈ کا کسان جو اجرت لے کر کھیتی کا کام کرتا اور کھیت کی جھونپڑی میں رہتا ہے - چرواہا - کھیت کا مزدور -

Cotton (kot-n) *n.* White downy seeds of cotton plant - روئی - پنبہ - کپاس - سوت - تاگا - سوتی کپڑا

Cotton (kot-n) *v.i.* Agree ہم رائے ہونا - شیر و شکر ہونا - ایکا کرنا - مل جانا - اتفاق کرنا -

Cottonocracy (kot-no-krə-si) *n.* Magnates of cotton trade روئی کے بڑے بڑے بیوپاری -

Couch (kowch) *n., v.t. & i.* Lay one-self down, express thoughts - آرام دہ پلنگ - کھاٹ - صوفہ - لیٹنا - غلہ پھیلانا - تولنا - آنکھوں کا جالا دور کرنا - خیالات پیش کرنا - سمجھانا - چھپانا - گھات لگانا -

Cochant (kowch-ənt) *adj.* Lying with body resting on legs - اکڑوں (بیٹھنا) جانوروں کی طرح آلتی پالتی - سگ نشست -

Cougar (koo-gar) *n.* Large American quadruped, Puma - امریکہ کا بلی کی نوع کا جانور - امریکی تیندوا - پوما -

Cough (kof) *n.* Act of coughing - کھنکار - کھانسی -

Cough (kof) *v.t. & i.* Expel air from lungs violently - کھانسنا - کھوں کھوں کرنا -

Cough down مقرر کو کھانس کھانس کے خاموش کر دینا -

Cough out - بے دلی سے روپیہ دینا - بلغم تھوکنا -

Couloir (kool-war) *n.* Steep gully on mountain side پہاڑوں میں پانی کے بہاؤ کا رستہ - پہاڑ میں بہنے پانی کا بنایا ہوا رستہ -

Council (kown-sil) *n.* Advisory assembly اراکین مجلس - ایوان - مجلس شوریٰ - انتظامیہ جماعت - پنچائت - جماعت -

Councillor (kown-si-lər) *n.* Member of a council مجلس کا رکن - مجلس شوریٰ کا رکن -

Councillorship *n.* - مجلس شوریٰ کی رکنیت -

Counsel (kown-sl) *n.* Consultation - مشورہ - صلاح - تجویز - قانونی مشیر - وکیل -

Counsel (kown-sl) *v.t.* Advise مشورہ دینا - صلاح دینا - تجویز بتانا - ترغیب دینا -

Counsellor (kown-s-lər) *n.* Adviser - ناصح - مشیر - صلاح کار -

Count (kownt) *n.* Counting (سکہ بازی) دس تک شمار کا وقت - حساب - شمار -

Count (kownt) *v.t. & i.* Enumerate - گنتی کرنا - حساب کرنا - گننا - شمار کرنا -

Count (kownt) *n.* Noble, Earl یورپ کے ممالک کا نواب یا راجہ -

Countenance (kown-tə-nəns) *n.* Expression of face - روپ - صورت - چہرہ - خد و خال - حلیہ - چہرہ مہرہ - حمایت -

Keep one's countenance - ہنسی وغیرہ ضبط کرنا -

Put out of countenance پریشان کر دینا - حواس باختہ کرنا -

Keep person in countenance - دلجمعی کرنا - مطمئن کر دینا -

Counter (kown-tər) *n.* Small piece of metal or ivory - گنتی کرنے والا - ٹوکن - کھوٹا سکہ - روپیہ گننے کا تختہ یا میز - گٹا -

Counter (kown-tər) *n.* Part of horse's breast between shoulders گھوڑے کے کندھوں اور گردن کا درمیانی حصہ - جہاز کا گردنا جو پانی سے اوپر ابھرا رہتا ہے -

Counter (kown-tər) *n.* Circular parry in fencing تلوار کا گھماؤ -

Counter (kown-tər) *n.* Back part of shoe جوتے کی ایڑی -

Counter (kown-tər) *adj.* Opposite - مقابل - حریف - بر عکس - الٹا - خلاف -

Counter (kown-tər) *v.t. & i.* Oppose, contradict توڑ کرنا - روکنا - مزاحم ہونا - کاٹنا - توڑنا - اثر کم کرنا - نرما دینا -

Counter (kown-tər) *adv.* In the opposite direction - بر عکس - مقابل - مخالف سمت میں -

Counteract *v.t.* - اثر کم کرنا - سد باب کرنا - روکنا - مزاحم ہونا -

Counter action *n.* - توڑ - روک - مزاحمت -

Counter-agent or force *n.* - مزاحم شخص یا شے - دافع عمل یا قوت -

Counter-approach *n.* - محاصرین کو روکنے کی روک - ہنگامی قلعہ بندی -

Counter-attraction *n.* ایسی چیز جو توجہ کو بدل دے - جوابی کشش -

Counter balance *v.t., i. & n.* پاسنگ یا دھڑا
رکھنا ۔ ہم وزن کرنا ۔ مساوی کرنا ۔ برابر کرنا ۔
وزن مقابل ۔ دھڑا ۔ پاسنگ ۔

Counter blast *n.* ہنگامہ ۔ سخت مخالفت ۔ دندان شکن
جواب ۔ ترکی بہ ترکی جواب ۔

Counter charge *n.* الزامی نالش ۔ تہمت لگانے والے پر
الزام لگانا ۔

Counter check *n.* توڑ ۔ ممانعت ۔ روک ٹوک ۔

Counter-claim *n.* جوابی دعویٰ ۔

Counter feit *adj., n. & v.t.* بناوٹ کرنا ۔ جعلی سکہ
بنانا ۔ جعلی ۔ نقلی ۔ مصنوعی ۔ حیلہ کرنا ۔ فریب دینا ۔
بھیس بدلنا ۔ بناوٹی جذبہ کا اظہار کرنا ۔

Counter foil *n.* کسی رسید کا نصف ثانی ۔ مثنیٰ ۔

Counter mand *v.t. & n.* مخالف حکم ۔ استر داد ۔
حکم منسوخ کرنا ۔ حکم اُلٹ پلٹ کرنا ۔

Counter part *n.* جواب ۔ جوڑ ۔ رسید کا نصف ثانی ۔
مثنیٰ ۔

Counter poise *n. & v.t.* دھڑا برابر کرنا ۔ ہم وزن
کرنا ۔ برابر کا وزن ۔ دھڑا باندھنا ۔ دھڑا ۔

Counter sign *n. & v.t.* نشان جس کے ذریعے پہریدار فوج
میں داخل ہونے دیتا ہے ۔ تصدیقی دستخط کرنا ۔

Countess (kown-tes) *n.* Wife, window of count
نواب کی بیوی ۔ بیگم ۔

Country (kun-tri) *n.* Territory of a nation ۔ وطن
ملک ۔ ولایت ۔ دیس ۔ علاقہ ۔

Country cousin ۔ دیہات کے عزیز و اقربا ۔ دیہاتی بھائی ۔

Country-side دیہاتی علاقہ ۔ مفصلات ۔

Country-dance دیہاتی ناچ جس میں مرد عورت کے
جوڑے دو قطاروں میں ناچتے ہیں ۔

County (kown-ti) *n.* Territorial division in Great Britain ضلع ۔ علاقہ ۔ باشند گان ضلع ۔
اہل ضلع ۔

Coup (kōō) *n.* Successful stroke اختتامی ضرب ۔ پوری
چوٹ ۔ ایک مار میں انٹے کو میز کے تھیلے میں پہنچانا ۔

Coup d'etat نا گہانی تغیر ۔ فوری تبدیلی ۔ حکومت کا
فوری انقلاب ۔

Coupe(koo-pā) *n.* Four wheeled closed carriage for two دو آدمیوں کے بیٹھنے کی بند گاڑی ۔ فٹن ۔
ریل کا چھوٹا ڈبہ ۔

Couple (kup-l) *n.* Wedded or engaged pair دولہا
دولہن ۔ میاں بیوی ۔ عاشق معشوق ۔ کتوں کی زنجیر
جس میں دو کتے بندھے رہتے ہیں ۔

Couple (kup-l) *v.t. & i.* Link ۔ وابستہ کرنا ۔ گانٹھنا
ملانا ۔ جوڑنا ۔ ریل کے ڈبوں کو کنڈے سے ملانا ۔
مواصلت کرنا ۔ ہم بستر ہونا ۔ ساتھ دینا ۔

Couplet (kup-let) *n.* Lims of verse بیت ۔ دوہا ۔
فرد ۔ شعر ۔

Coupling (kup-ling) *n.* Link connecting railway carriages ریل کے ڈبے جوڑنے کا کنڈا ۔ حلقہ ۔ دو
پرزوں کے ملانے کا کانٹا ۔

Coupon (koo-pon) *n.* Ration card, detachable ticket کوپن ۔ ٹکٹ کا مثنیٰ ۔

Courage (kur-ij) *n.* Bravery ۔ شجاعت ۔ دلیری
مردانگی ۔ بہادری ۔ جرات ۔ ہمت ۔

Courage of ones convictions عقیدے کے مطابق
عمل کرنے کی طاقت ۔

Dutch courage نشے کی جرات ۔ نشہ کی مردانگی ۔

Take ones courage in both hands پوری قوت
کے ساتھ کسی کام کے لیے تیار ہونا ۔

Courageous (kur-ij-əs) *adj.* Fearless, brave حوصلے
والا ۔ ہمت والا ۔ دلیر ۔ نڈر ۔ دلاور ۔ دل گردے والا ۔

Courier (kōōri-ər) *n.* Running messenger ۔ نامہ بر
پیغام بر ۔ قاصد ۔ ہرکارہ ۔

Course (kōrs) *n.* Direction, ground ۔ رستہ ۔ روش
چال ۔ رفتار ۔ تعاقب ۔ پیچھا ۔ چال چلن ۔ رویہ ۔
گھڑ دوڑ کا میدان ۔ گذر گاہ آب ۔ دریا کا بہاؤ ۔ کھانے
کے دور ۔ ریت ۔ رسم ۔ حیض ۔ ماہواری ۔

Matter of course حسب معمول ۔ معمولی بات ۔

Of course قدرتی طور پر ۔ بے شک ۔

Course (kōrs) *v.t. & i.* Pursue ۔ رگیدنا ۔ شکار کرنا
شکار کا پیچھا کرنا ۔ دوڑانا ۔ بھگانا ۔ گھوڑا پھیرنا ۔
نکلنا ۔ تیز بہنا ۔

Court (kōrt) *n.* Space enclosed by walls ۔ انگنائی
آنگن ۔ اقامت خانہ کا صحن ۔ ٹینس کھیلنے کا میدان ۔
قصر شاہی ۔ راج بھون ۔ شاہی دربار ۔ درباری لوگ ۔
حکام عدالت ۔ آستاں بوسی ۔ آداب ۔ تسلیم ۔

Courteous (kur-te-əs) *aaj.* Polite ۔ متواضع ۔ باادب
مہذب ۔ خوش خلق ۔ خلیق ۔

Courtesy (kōr-te-si) *n.* Courteous behaviour تواضع ۔ خوش خلقی ۔ التفات ۔ ملنساری ۔ خوش مزاجی ۔ کرم ۔ مہربانی ۔ جھک کر سلام کرنا ۔

By courtesy مہربانی سے ۔ از راہ کرم ۔

Courtier (kōr-tiər) *n.* Attendant at sovereign's court درباری ۔ مصاحب ۔ خوشامدی ۔ دنیا ساز ۔

Courtly (kōrt-li) *adj.* Polished, refined مہذب ۔ شائستہ ۔

Courtship (kōrt-ship) *n.* Wooing شادی سے پہلے لڑکی اور لڑکے میں راز و نیاز کی باتیں ۔

Cousin (kuz-n) *n.* Child of one's uncle or aunt چچا زاد ۔ ماموں زاد ۔ پھوپھی زاد ۔ یا خالہ زاد بھائی ۔

Call cousins رشتہ نکالنا ۔ قرابت کا دعویٰ کرنا ۔

Cove (kov) *n.* Small bay or creek کھاڑی ۔ خلیج ۔ بول چال (رنگیلا ۔ مسخرا ۔ عجیب آدمی) ۔

Covenant (kuvə-nənt) *n., v.t. & i.* Compact between God and (man) Israelites معاہدہ ۔ عہد و پیمان ۔ قول و قرار ۔ اقرار نامہ ۔ میثاق بنی اسرائیل جو اللہ تعالیٰ نے ان سے لیا تھا ۔ معاہدہ کرنا ۔ رضامند ہونا ۔

Covenanted (kuvə-nən-td) *adj.* Bound by covenant پابند عہد ۔ پابند اقرار ۔

Cover (kuv-ər) *v.t.* Extend over, overspread ڈھانپنا ۔ ڈھانکنا ۔ چھپا دینا ۔ انڈے سینا ۔ بچے یا جھول نکالنا ۔ حفاظت کرنا ۔ نگہبان ہونا ۔ کریکٹ میں پوانٹ کے پیچھے کھڑا ہونا ۔ شامل ۔ مشتمل ۔ کافی ہونا ۔ پورا ہونا ۔

Cover (kuv-ər) *n.* Thing that covers غلاف ۔ سرپوش ۔ ڈھکنا ۔ لفافہ ۔ پوشش ۔ میز پوش ۔ خوان پوش ۔ آڑ ۔ اوٹ ۔ دوک ۔ پردہ ۔ پناہ ۔ حمایت ۔ حفاظت ۔ بہانہ ۔ بناوٹ ۔ مکر ۔ حیلہ ۔ کھانے کی میز پر پلیٹ یا چمچے وغیرہ ۔

Covert (kuv-ert) *adj.* Covered, secret پنہاں ۔ پوشیدہ ۔ مخفی ۔ ڈھکا ہوا ۔ سہاگن ۔ منکوحہ ۔

Covert (ku-vert) *n.* Shelter آڑ ۔ پناہ ۔ بن (شکار کے چھپنے کی جگہ) ۔ جھاڑی جنگل ۔

Coverture (kuv-er-tur) *n.* Cover آڑ ۔ پناہ ۔ رکھوالی ۔ حفاظت ۔ سہاگ ۔ زوجیت ۔

Covet (kuv-it) *v.t.* Desire ergerly للچانا ۔ حرص کرنا ۔ تمنا کرنا ۔ خواہش کرنا ۔

Covetable *adj.* دلپسند ۔ مرغوب ۔ تمنا کے قابل ۔

Covetous (kuve-shəs) *adj.* Eagerly desirous طامع ۔ لابھی ۔ لالچی ۔ حریص ۔ بندہ ہوس ۔ بے تاب ۔

Covetousness *n.* طمع ۔ لالچ ۔ ہوسناکی ۔

Covey (kuv-i) *n.* Brood of partridges جھول ۔ مرغ یا تیتر کے بچے ۔

Covin (ko-vin) *n.* Conspiracy کسی کو ضرر پہنچانے کے لیے دو یا زیادہ ۔ سازش ۔ آدمیوں میں عہد ۔

Cow (kow) *n.* Female of domestic species ماده گاؤ ۔ گائے ۔ ہر قسم کے جانوروں کی مادہ ۔ چنانچہ ہتھنی ۔ گینڈے اور وھیل کے لیے بھی ۔

Cow (kow) *v.t.* Intimidate مرغوب کرنا ۔ خوف دلانا ۔ ڈرانا ۔

Coward (kow-ərd) *adj. & n.* Faint hearted بھگوڑا ۔ ہیٹا ۔ نامرد ۔ ڈرپوک ۔ بزدل ۔

Cowardliness *n.* کم ہمتی ۔ نامردی ۔ بزدلی ۔

Cowardly *adv.* کم ہمتی سے ۔ بز دلی سے ۔

Cowardice (kow-ər-dis) *n.* Faint heartedness کم ہمتی ۔ نامردی ۔ بز دلی ۔ ہیٹا پن ۔

Moral cowardice اخلاقی بزدلی ۔ لعن طعن کا خوف ۔ نامردی ۔

Cower (kow-ər) *v.t.* Crouch دبنا ۔ جھکنا دبکنا ۔ خوف سے جھک جانا ۔

Cowl (kow-l) *n.* Monkshood بیراگی ٹوپی یا لباس ۔

Cox-comb (koks-kom) *n.* Concieted showy person شیخی خور ۔ اکڑ باز خاں ۔ بانکا ۔ چھیلا ۔ نمود کا شوقین ۔

Cox-swain (kok-swan) *n.* Helms man of boat صدر ملاح جو کسی بڑے افسر کی غیر موجودگی میں جہاز کا نا خدا ہوتا ہے ۔

Coy (koi) *adj.* Modest شرمگین ۔ حیا دار ۔ لاجونتی ۔ شرمیلی ۔ علیحدہ ۔ تنہا ۔

Coyly *adv.* شرمیلے پن سے ۔

Coyness *n.* حیا ۔ لاج ۔ شرمیلا پن ۔

Cozen (kuz-n) *v.t. & i.* Cheat, defraud ٹھگنا ۔ چھلنا ۔ دھوکا دینا ۔ دغا دینا ۔

Crab (krab) *n.* Kinds of ten footed crustacean کیکڑا - سرطان - برج سرطان - جنگلی سیب - ترش مزاج آدمی - وزن اُٹھانے کی کل - کانٹا -

Crab (krab) *v.t.* & *i.* Scratch ذلیل کرنا - دھجیاں اڑانا - پنجے مارنا - نوچنا -

Crabbed (krab-id) *adj.* Irritable بد نسلا - آوارہ - کمینہ - چڑچڑا -

Crack (krak) *n.* & *adj.* Sharp noise, sudden blow شگاف - کڑک - درز - بال - گرج - دھاکا - نئی خبر تازہ اخبار - کھلاڑی - ماہر - نقیب زن - زور کا - اعلیٰ - عمدہ -

Crack brained پگلا - من چلا - مخبوط الحواس -

In a crack فوراً - چشم زدن میں - آناً فاناً -

Crack (krak) *v.t.* & *i.* Make sharp noise چٹکانا - کڑکانا - کڑکنا - توڑنا پھوڑنا - شگاف ڈالنا - سن بلوغ میں آواز کا بھاری پڑ جانا - عزت کو نقصان پہنچنا -

Crack a bottle پوری بوتل چڑھا جانا -

Crack a joke مذاق کرنا -

Cracked سنکی - پگلا - مخبوط الحواس -

Crack up تعریفیں کرنا -

Cracker (krak-er) *n.* Fire work گپ - جھوٹ - خستہ سخت بسکٹ - گولا - پٹاخا - توڑنے والا - کڑکانے والا -

Crackle (krak-l) *v.i.* & *n.* Emit slight cracking sound کڑکڑانا - چٹخنا - چٹخانا - چڑچڑانا - چڑچڑاہٹ -

Crackling (krak-ling) *n.* Cracking sound - چڑچڑاہٹ کیرارا پن - خستہ پن - چٹخ -

Cracky (kra-ki) *n.* Full of cracks باتونی - خبطی - پگلا - دڑاڑیں پڑا ہوا -

Cradle (kra-dl) *n.* & *v.t.* Infants bed on rockers جھولنا - جھولا - پالنا - گہوارہ - مہد - وہ مقام جہاں کسی چیز کی ابتدا ہوئی ہو - درانتی کی موٹھ یا پھل - سنگ تراش کی چھینی - بچپن - بال پن - طفلی - گہوارے میں ڈالنا - جھولا ہلانا -

Cradling (krad-ling) *n.* چوکھٹا - لکڑی یا لوہے کی جال - پرورش کرنا -

Craft (kraft) *n.* Skill, cunning مکاری - اُستادی - ہوشیاری - کاریگری - ہنر مندی -

Craftsmanship اُستادی - کاریگری - دست کاری -

Crafty (kraf-ti) *adj.* Wily فریبی - مکار - دغا باز - عیار - چالاک -

Craftiness فریب دھی - ہنر مندی - دغا بازی - عیاری - چالاکی - حرفت -

Crag (krag) *n.* Steep rugged rock ناہموار ٹیلا - کڑاڑے دار چٹان - آدمی کی گردن - گلا - بھیڑ کی گردن -

Cragged craggy *adj.* ناہموار گھاٹی -

Crag (krag) *n.* Deposit of shell sand زمین کے نیچے گھونگھوں کی مٹی کی تہہ -

Cram (kram) *v.t.*, *i.* & *n.* Force things down ones throat, fill overfull بھرنا - لبا لب بھرنا - حرص سے کھانا - رٹنا - طوطے کی طرح رٹنا - بھیڑ - جھوٹ -

Crambo (kram-bo) *n.* Game of rhyme بیت بازی کا کھیل - قافیہ پیمائی - تک بندی -

Crammer (kra-mer) *n.* One who crams - رٹو رٹنے والا -

Cramming (kram-ing) *n.* Repeating verbally ازبر یاد کرنا - رٹائی

Cramp (kramp) *n.* Strain of muscles عضلات کی اینٹھن - رگ چڑھنا - اٹکاؤ - اوڑا - روک - قید -

Cramp (kramp) *n.* Metal bar with bent ends اڑوار - آڑ - مڑی ہوئی سلاخیں - تختوں کو ملانے اور دبانے کا اوزار -

Cramp (kramp) *adj.* Hard to makeout ایسا خط جو پڑھا نہ جائے - بد خط - پیچیدہ - مشکل سے سمجھ میں آنے والا -

Cramp (kramp) *v.t.* Confine narrowly - اینٹھنا اڑانا - باز رکھنا - روکنا -

Crane (krān) *n.* Large wading bird - کلنگ کرکول - سارس - لق لق - وزن اٹھانے کا آلہ - جرثقیل -

Crane (krān) *v.t.* & *i.* Move with crane دمکلہ سے کام لینا - جرثقیل سے وزن اٹھانا - سارس کی طرح گردن آگے کو کرنا -

Craniology (krāni-ələ-ji) *n.* Science of brain and skull سر یا دماغ کی ساخت کا علم -

Cranium (krā-ni-əm) *n.* Bones enclosing the brain کپال - کاسہ سر - کھوپڑی -

Crank (krangk) *n.* & *v.t.* Part of axle or shaft ''چکر کھنی محور'' ۔ دھرے کا وہ پرزہ جو اس کو عمودی اور دوری دونوں حرکتیں دے سکتا ہے ۔ بات کا پھیر یا پیچ ۔ خمیدہ کرنا ۔ کھنی بنانا ۔ موڑنا ۔

Crank (krangk) *adj.* Weak, shaky جس کی چولیں ڈھیلی ہوں ۔ ڈھیلا ۔ کم زور ۔ پگلا ۔ خبطی ۔ جہاز کا نیچے اوپر ہونا ۔

Crankle (krang-kl) *v.i.* & *n.* Bend in and out مروڑی پیچ مروڑی لینا ۔ پیچ دینا ۔

Cranky (krang-ki) *adj.* Shaky, crazy ۔ بودا ۔ خبطی ڈھیلا ۔ کمزور ۔

Crankily *adv.* خبطی پن سے ۔ بودے پن سے ۔

Crankiness *n.* پاگل پن ۔ بودا پن ۔ جلد بازی ۔ خبط ۔

Cranny (kran-i) *n.* Crack ۔ روزن ۔ درز ۔ سوراخ ۔ شگاف

Crape (krap) *n.* & *v.t.* Gause-like fabric باریک کپڑا ۔ کتان ۔ جالی ۔ چھپا ہوا باریک کپڑا ۔ کریپ ۔ کریپ کا لباس پہنانا ۔

Crapulent (krap-ū-lənt) *adj.* Given to drinking شرابی ۔ سرمست ۔ کثرت سے مے نوشی کا عادی ۔

Crapulence *n.* کثرت سے مے خواری ۔ سر مستی ۔

Crash (krash) *v.t., i.* & *n.* Make a move fall to earth دھاکے سے گرنا ۔ ٹوٹنا ۔ دھاکا ۔ گرج ۔ گڑگڑاہٹ ۔ شور ۔ تباہی ۔ ساکھ کا خاتمہ ۔

Crass (kras) *adj.* Thick سراسر احمق ۔ بونگا ۔ بھدا ۔ سخت ۔ موٹا ۔

Crassness *n.* گدہا پن ۔ بونگا پن ۔ بھدا پن ۔

Crate (krat) *n.* Large open case or basket for carrying goods ٹوکرا ۔ چھابا ۔ پٹی دار چوکھٹا جس میں حفاظت کے لیے چیزیں بھیجی جاتی ہیں ۔

Crater (kra-tər) *n.* Mouth of volcano ۔ جوالہ مکھی آتش فشاں پہاڑ کا دھانہ ۔

Cravat (krə-vat) *n.* Neck cloth ۔ مفلر ۔ ٹائی ۔ گلوبند

Crave (krav) *v.t.* Long for ۔ التجا کرنا ۔ درخواست کرنا آرزو کرنا ۔

Craven (kra-ven) *adj.* & *n.* Cowardly ۔ پست ہمت ذلیل ۔ بزدل ۔ نامرد ۔ ڈرپوک ۔

Craving (kra-ving) *n.* Strong desire ۔ مجنونانہ خواہش دلی آرزو ۔

Craw (kraw) *n.* Crop of birds or insects پوٹا ۔ پیٹ ۔ حوصلہ ۔ کیڑوں اور پرندوں کا پیٹ ۔

Crawl (krawl) *n.* Pen in shallow water for fish اتھلے پانی میں مچھلیاں جمع کرنے کا گڑھا ۔

Crawl (krawl) *v.t.* & *n.* Move slowly پیٹ کے بل چلنا ۔ آہستہ چلنا ۔ رینگنا ۔ چاپلوسی کرنا ۔ غلامانہ خوشامد کرنا

Crawler (kraw-ler) *n.* Slow moving ۔ رینگنے والا آہستہ آہستہ چلنا ۔

Crayon (kra-ən) *n.* & *v.t.* Stick of coloured chalk رنگدار کھریا ۔ کھریا کا قلم ۔ رنگدار کھریا سے تصویریں بنانا ۔

Craze (krāz) *v.t.* & *n.* Render insane ۔ دیوانہ بنانا پاگل کرنا ۔ باولا یا سڑی بنانا ۔ دیوانگی ۔ خبط ۔ سودا ۔

Crazy (krā-zi) *adj.* Unsound ۔ ٹوٹا ہوا ۔ کمزور دیوانہ ۔ مخبوط ۔

Creak (krēk) *n.* & *v.i.* Harsh noise ۔ چرمراہٹ کھڑکھڑ ۔ چرچر ۔ چرچراہٹ ۔ کھڑ کھڑ کرنا ۔ چرچر کرنا ۔ چرمرانا ۔

Creaky *adj.* چرمر کرتا ہوا ۔ چرچر کرتا ہوا ۔

Cream (krēm) *n.* Oily part of milk ۔ ملائی کی مٹھائی بالائی ۔ ملائی ۔ طرفہ ۔ تحفہ ۔ ست ۔ روح ۔ اصل ۔ عطر ۔ خلاصہ ۔ نچوڑ ۔ لب لباب ۔

Creamy *adj.* ملائی دار ۔ روغنی ۔

Cream (krēm) *v.t.* & *i.* Form cream, add cream to ملا ملائی اتارنا ۔ ملائی ڈالنا ۔ چائے میں ملائی ملا ہوا دودھ ڈالنا ۔

Creamery (krēm-eri) *n.* Butter factory مکھن بنانے کا کارخانہ یا دوکان ۔

Crease (krēs) *n., v.t.* & *i.* Folding, fold, wrinkle, line defining position of bowler and batsman سلوٹ یا شکن ۔ کرکٹ میں کھیلنے والے اور گیند پھینکنے والے کی حد ۔ شکن یا سلوٹ ڈالنا ۔

Creasy *adj.* پر شکن ۔ جھری دار ۔

Create (kre-at) *v.t.* & *i.* Bring into existense خلق کرنا ۔ ایجاد کرنا ۔ پیدا کرنا ۔ بنا ڈالنا ۔ وجود میں لانا ۔

Creative *adj.* ایجادی ۔ تخلیقی ۔

Creation (kre-a-shən) *n.* Act of creating ۔ موجودات کائنات خلق ۔ پیدائش ۔ عطائے خطاب یا اعزاز ۔ تصنیف ۔ دماغی اختراع ۔

Creationism (kre-a-shən-izm) Theory that God creates a soul for every human being یہ عقیدہ کہ اللہ تعالیٰ ہر انسان کو ایک جداگانہ روح عطا کرتا ہے اور مخلوقات کی ہر جنس اور نوع کو اللہ ہی نے پیدا کیا ہے ۔

Creationist *n.* مسلک تخلیق انفرادی کا ماننے والا ۔

Creator-The (kre-a-tər) *n.* The Supreme Being خالق کل ۔ خالق اکبر ۔

Creature (kre-a-tur) *n.* Created thing کل ذی روح ۔ حیوان ۔ انسان ۔ مخلوق ۔ بشر ۔ جانور ۔ موجودات ۔ عالم ۔

Credence (kred-əns) *n.* Belief اعتبار ۔ اعتقاد ۔ یقین ۔ ایمان ۔ عیسائیوں میں تبرکات کی چھوٹی میز ۔

Credential (kre-dən-shl) *n.* Letter of introduction وثیقہ ۔ سند ۔ مراسلہ تعرف ۔ مختار نامہ ۔ سرکاری سند ۔ صداقت نامہ ۔

Credible (kredi-bl) *adj.* Believable قابل اعتبار ۔ قابل یقین ۔ معتبر ۔

Credibility *n.* صداقت ۔ قابل اعتبار ہونا ۔ معتبریت ۔

Credit (kred-it) *n.* Trust, belief اعتبار ۔ بھروسہ ۔ یقین ۔ اعتماد ۔ شہرت ۔ ساکھ ۔ آبرو ۔ قرض ۔ ادھار ۔ جمع ۔ وصولی ۔

Credit (kred-it) *v.t.* Believe کھاتے میں جمع کرنا ۔ یقین کرنا ۔ تسلیم کرنا ۔ ماننا ۔

Creditable (kre-dit-ə-bl) *adj.* That brings honour مستحسن ۔ پسندیدہ ۔ قابل تعریف ۔ قابل عزت ۔

Creditably *adv.* قابل تعریف طور پر ۔ مستحسن طریقے پر ۔

Creditor (kredi-tər) *n.* One to whom a debt is owning قرض دینے والا ۔ ساہوکار ۔ قرض خواہ ۔

Credulous (krə-dū-ləs) *adj.* Too ready to believe سریع الاعتقاد ۔ بھولا بھالا ۔ سیدھا سادھا ۔ فوراً تسلیم کر لینے والا ۔

Credulity *n.* سریع الاعتقادی ۔

Credulousness *n.* خوش اعتقادی ۔

Credulously *adv.* بھولے پن سے ۔ خوش اعتقادی سے ۔

Creed (krēd) *n.* System of religious belief دھرم ۔ دین ۔ مذہب ۔ عقیدہ ۔ مسلک ۔ مت ۔ اعتقاد ۔ دین مسیح کے عقاید یا ارکان ۔

Creedless *adj.* بے دین ۔ لا مذہب ۔

Creek (krēk) *n.* Inlet on sea coast گودی ۔ چھڑان ۔ خلیج ۔ کھاڑی ۔ پہاڑوں کے درمیان تنگ میدان ۔

Creep (krēp) *v.i.* & *n.* Move timidly and slowly پیٹ کے بل چلنا ۔ رینگنا ۔ دبے پاؤں چلنا ۔ گھسنا ۔ بری طرح بسر کرنا ۔ بیل کا منڈوے پر چڑھنا ۔ (جمع) گھن ۔ خوف ۔ موکھا ۔ آمد و رفت کی جگہ ۔

Creep mouse شرمیلا ۔ ڈرپوک ۔

Flesh creeps (خوف یا غصے سے) جسم میں سنسنی پڑ جانا ۔

Creeper (krēp-ər) *n.* Plant that creeps, grapnel پھیلنے والی یا چڑھنے والی بیل ۔ کنویں سے چیزیں نکالنے کا کانٹا ۔

Creepy (krēp-i) *adj.* Given to creeping رینگنے والا ۔ بدن میں سنسنی پیدا کرنے والا ۔ رینگتا ہوا ۔

Cremate (kri-mat) *v.t.* Consume by fire مردہ جلانا ۔

Cremation *n.* چتا ۔ میت سوزی ۔

Cremationist *n.* میت سوزی کا حامی ۔

Cremator (kri-ma-tər) *n.* Person, furnace cremating corpses or rubbish میت سوز ۔ بھٹی جس میں کوڑا کرکٹ جلایا جائے ۔

Crematorium *n.* مردوں کو جلانے کی جگہ ۔ مسان ۔

Crematory *adj.* & *n.* لاشوں کی چتا ۔

Crenate (kren-āt) *adj.* With toothed edge دنتیلا ۔ خار دار ۔ دندانے دار ۔

Crenellate (kre-ne-lət) *adj.* Battlement with loopholes کنگورے دار ۔ شہر پناہ ۔ روزن دار فصیل ۔

Crepitate (krep-i tāt) *v.t.* Make crackling sound چر چرانا ۔ تھتکارنا ۔

Crepitation *n.* دھک دھک کرنا ۔ چٹخنا ۔ پھیپھڑوں کی آواز جو ڈاکٹر آلے سے سنتے ہیں ۔

Crescent (kres-ənt) *n.* & *adj.* Increasing moon نیا چاند ۔ ماہ نو ۔ ہلال ۔ قوس ۔ مکانوں کی قوسی قطار ۔ ترکی سلطنت کا جھنڈا ۔ اسلامی جھنڈا ۔ ترقی پذیر ۔ بڑھنے والا ۔

Cresset (kres-it) *n.* Metal holding oil for light دیا - دیری - شمع - مشعل - قندیل - بتی کا چراغ - ہانڈی کی قسم کا شمعدان -

Crest (krest) *n., v.t. & i.* Tuft on animal's head چوٹی - کلغی - تاج - گچھا - کچھا - گردن کے بال - عیال - بہادری - جوانمری - چوٹی یا تاج لگانا - پہاڑ کی چوٹی تک پہنچنا -

Crest faller شرمندہ - افسردہ - دل شکستہ -

Cretaceous (kri-ta-shəs) *adj.* Of chalk کھریا مٹی کے قسم کا - کھریا مٹی کا -

Cretify (kre-ti-fi) *v.t.* Reduce to chalk - کھریا بنانا - چونے یا کھریا سے بھر دینا -

Crevice (krev-is) *n.* Fissure دراڑ - دراز - روزن - شگاف -

Crew (kroo) *n.* Body of men manning a ship مانجھی - ملاح - کھویا - گروہ - ٹولی - جماعت - شیطانی لشکر -

Crib (krib) *n.* Receptacle for fodder کنڈال - کھورا - کھوری - مویشیوں کے چارہ کی کوٹھری - جھونپڑا - کٹیا - بچوں کا کٹھرے دار جھولا - مچھلیاں پکڑنے کا ٹاپا - (تاش) بھرتی کے پتے - (بول چال) امتحان کے وقت کوئی کتاب یا کاپی چوری سے امتحان گاہ میں لے جانا -

Crib (krib) *v.t.* Confine in small space چوری کرنا - بند کرنا - ڈربے میں بند کرنا -

Cribble (krib-l) *n.* Perforated vessel چھلنا - چھلنی -

Crick (krik) *n. & v.t.* Sudden stiffness اکٹر - جھٹکا - جھٹکا آنا - گردن کا اکڑنا -

Cricket (krik-it) *n. & v.t.* A jumping insect, open air game جھینگر - گیند بلے کا کھیل - کرکٹ کھیلنا -

Cricketer *n.* کرکٹ کا کھلاڑی -

Crier (krī-er) *n.* One who cries ڈھنڈھورچی - پکارنے والا - اعلان کرنے والا - عدالت میں فریقین کو پکارنے والا -

Crime (krīm) *n., v.t. & i.* Act punishable by law گناہ - جرم - جرم کرنا - کسی نوج کے ملازم پر الزام لگانا - خطا - خلاف ورزی - خلاف قانون فعل -

Criminal (krim-i-nəl) *n. & adj.* Of crime پاپی - خطا وار - گنہگار - مجرم - عاصی - مجرمانہ - فوجداری کا -

Criminality *n.* خطا کاری - گنہگاری - معصیت -

Criminate (krim-i-nāt) *v.t.* Charge with crime قصوار ٹھہرانا - مجرم قرار دینا - الزام لگانا - قابل ملامت سمجھنا -

Crimination *n.* مجرم قرار دینا -

Criminative } *adj.* الزام لگانے والا -
Criminatory } مجرم ٹھہرنے والا -

Crimp (krimp) *n. & v.t.* Agent who entraps men for seamen or soldier دلال جو لوگوں کو پھسلا کر فوج یا بحریہ میں بھرتی کرتا ہے - عیار - ٹھگ - پھانسنا - لالچ دینا - دہوکا دینا -

Crimp (krimp) *v.t.* Compress into folds شکن ڈالنا - چننا - چھلے دار بنانا - گودنا - (گوشت یا مچھلی کو) سانچے میں دبانا -

Crimson (krim-zn) *adj., n., v.t. & i.* Deep red colour ارغوانی - قرمزی - گہرا سرخ رنگ - سرخ کرنا - سرخ ہونا -

Cringe (krinj) *v.i. & n.* Bow servilely فرشی سلام کرنا - دبنا - جھکنا - عاجزی کرنا - قدم بوسی کرنا - ذلیل بننا - کمینہ پن کی خوشامد - لجاجت -

Crinkle (kring-kl) *v.t., i. & n.* Twist شکن - بل - بل ڈالنا - لپیٹنا - اینٹھنا -

Crinolette (krino-lət) *n.* Contrivance for distending back of woman's shirt - پشتی عورتوں کے سایے کے دامن کو پیچھے سے ابھارنا اور اونچا کرنا - سخت استر -

Crinoline (krinə-lēn) *n.* Stiff fabric of horse hair گھوڑے کے بالوں سے بنا ہوا گف کپڑا - گھیرے دار سایہ - جنگی جہازوں کی حفاظتی جالی - لوہے کی زرہ -

Cripple (krip-l) *n., v.t. & i.* Lame person لنگڑا کر چلنا - لنگڑا کرنا - دورخی - لنگڑا -

Crisis (krī-sis) *n.* Turning point, moment of danger بیماری کے زور کا وقت - بحران - نازک وقت یا مرحلہ - انقلابی حالت - خطرناک موقع یا حالت -

Crisp (krisp) *adj., n., v.t. & i.* **Brittle** - خستہ ہونا - خستہ بنانا - کرارا - بھربھرا - خستہ - تازگی بخش ہوا - پیچ دار - گھونگر والے بال - بل دینا - گھونگر دار بنانا -

Crispness *n.* گھونگھریالہ پن - پیچ - خستگی -

Criterion (kri-teri-ən) *n.* **Standard** - چانچ - پہچان - جانچ کا اصول - کسوٹی - معیار -

Critic (krit-ik) *n.* **One who pronounces judgement** - نکتہ سنج - نقاد - نکتہ چین - عیب بین - حرف گیر - معترض -

Critical (kriti-kəl) *adj.* **Censorious** - دقیقہ رس - مبصر - دقیقہ شناس - پر اندیشہ - مبصرانہ - تنقیدی -

Criticizm (kri-ti-sizm) *n.* **Critical remark** دقیقہ شناسی - نکتہ چینی - تبصرہ - تنقید -

Criticize (kri-ti-sīz) *v.t.* **Discuss critically** نکتہ چینی کرنا - عیب جوئی کرنا - تنقید کرنا - تبصرہ کرنا - محاسن و مصائب بتانا -

Criticizable *adj.* قابل تبصرہ - قابل تنقید -

Critique (kri-tik) *n.* **Critical essay** - تبصرہ - تنقید - تقریظ - تنقیدی مضمون - کسی تصنیف کے حسن و قبح پر مضمون -

Croak (krok) *n., v.t. & i.* **Deep hoarse sound of frogs** مینڈک کی طرح ٹرانا - کائیں کائیں کرنا - بری آواز نکالنا - بری فال نکالنا - (بول چال) مر جانا -

Crooky ٹرانے والا -

Crooker (krok-ər) *n.* **One who croaks** شکایت کرنے والا - ٹرانے والا - کل جبھا - بد فالی کرنے والا -

Crochet (kro-sha) *n. & v.t.* **Knitting done with hooked needle** ایک قسم کا جال جو کروشیا سے بنا جاتا ہے - گروشیا کاری - کروشیا سے بننا -

Crock (krok) *n.* **Earthen pot** دھات کا برتن - مٹی کا برتن - آبخورہ - کوزہ گل -

Crock (krok) *n., v.t. & i.* **Inefficient person** تھکا ماندہ ہونا - تھکا ماندہ - ناکارہ شخص - تھکا ماندہ گھوڑا - بوڑھی بھیڑ -

Crockery (krok-eri) *n.* **Earthen ware vessels** مٹی یا چینی کے برتن -

Crocodile (kro-kə-dil) *n.* **Large aimphibious reptile** نہنگ - مگر مچھ - گھڑیال -

Crocodile tears - فریب کے آنسو - ٹسوے بہانا - مکر کا رونا -

Croft (kroft) *n.* **Enclosed piece of land** - باڑی - مکان کے متصل چھوٹا کھیت - چمن - خانہ باغ - ملا -

Crofter (kroft-ər) *n.* - ملےوالا - باڑےوالا - بٹائی دار - خود کاشت کرنے والا - سیر کرنے والا -

Crone (krōn) *n.* **Withered old woman** - پیر زال - بہت بوڑھی عورت - بڑھیا -

Crony (krōn-i) *n.* **Intimate friend** - بھیلی - سہیلی - یار غار - لنگوٹیا یار -

Crook (kro͞ok) *n., adj, v.t. & i.* **Rogue** پادریوں کا آنکڑا - ترسول - کجی - موڑ - بل - موڑی ہوئی شے - بدمعاش - مڑنا - موڑنا - خم ہونا -

Crooked (krook-əd) *adj.* **Deformed** کبڑا - کوزہ پشت - بل کھایا ہوا - مڑا ہوا - خمیدہ - خمیدہ کمر - کھوٹا - چالباز - ضدی -

Croon (kro͞on) *v.t. i., & n.* **Sing in low undertone** گنگنانا - دھیمی آواز میں گانا -

Crop (krop) *n.* **Cereals, product of fields** (پرندوں کا) پوٹا - حوصلہ - کوڑے کا دستہ - فصل - غلہ - کھیت کی پیداوار - کھیتی - بادلوں کی وضع بانراش -

Crop-eared خسخسی بالوں والا - گوش بریدہ - کن کٹا -

Hunting crop - چمڑے کا حلقہ لگی ہوئی چھڑی -

Crop (krop) *v.t. & i* **Cut off** پودوں کے سرے کا چر جانا - چھانٹنا - کاٹنا - قلم کرنا - تخم پاشی - پودا لگانا پیداوار ہونا - فصل کاٹنا -

Cropper (kropər) *n.* **Person, thing that crops** اگنے والا - بونے یا کاٹنے والا - بڑے پوٹے والا پرند -

Came a cropper (بول چال) دھڑسے گرا - بڑے زور سے گرا -

Croquet te (kro-ket) *n.* **Driving with bat** (کھیل) لکڑی کی موگری سے گیند کو مارنا) - کمان میں گیند پہنچانا - حریف کی گیند ہٹانا -

Croquete (kro-ket) *n.* **Ball of meat, potatoe rice** کوفتے - گوشت چاول آلو کے گولے - گول کباب

Crore (Kror) *n.* **Ten million** سو لاکھ

Crosier-zier (Kroz-i-yər) *n.* **Pastoral staff** - ترسول - بڑے پادری کا عصا -

Cross (kros) *n.* Stake used for crucification عیسائی مذہب کا نشان - صلیب - سولی - پھانسی - صلیب کا نشان جو عیسائی برکت کے لئے بناتے ہیں - ترسول جس کے سرے پر صلیب کا نشان ہو - آزمائش - ابتلا - یادگاری نشان یا عمارت جو صلیب کی شکل میں ہو - پیوند جوڑ - زحمت - دوغلا - (بول چال) فریب - دغا - کواکب جنوبی -

Crosslet (kros-lət) *n.* Small cross چھوٹی صلیب (گلے میں لٹکانے کی)

Cross (kros) *v.t. & i.* Place cross wise - صلیب بنانا تلواروں کی صلیب بنانا - کاٹ ڈالنا - قلم زد کرنا - پار کرنا - عبور کرنا گزر جانا - راستے میں ملنا - دو نسلوں کا جوڑا ملانا - حائل ہونا - دشواری پیدا کرنا -

Cross one's mind - خیال گزرنا - دل میں آنا - سوجھنا -

Cross (kros) *adj.* Transverse مخالف - متضاد - اریب آڑا ترچھا ایک دوسرے کو کاٹتے ہوئے - (بول چال) تنک مزاج - چڑ چڑا - مخالف -

Cross-belt *n.* - کندھے کی آڑی - پیٹی - کارتوسوں کی پیٹی -

Cross-bow *n.* کمان جس میں تیر یا غلہ رکھکر چلاتے ہیں -

Cross-breed *n.* دونسلا - دو غلا

Cross examination *n.* جرحی سوالات - جرح -

Cross grained *adj.* آڑے ترچھے ریشے والی - کھردری لکڑی -

Crossing *n.* چوپڑ - چوراہا -

Level crossing *n.* ریل اور سڑک کا چوراہا -

Cross legged *adj.* آلتی پالتی مارے ہوئے - ٹانگ پر ٹانگ رکھے ہوئے -

Cross purposes *n.* متضاد مقاصد -

Cross-road *n.* چوپڑ کی سڑک - چورہا -

Cross-stitch *n.* زنجیرہ - چوپاری سلائی -

Crotch (kroch) *n.* Fork آنکڑا - کانٹا -

Crochet (kroch-it) *n.* Whimsical fancy (موسیقی) چوتھائی سر کی علامت) لٹک - ترنگ - آنکڑا - کانٹا - ایک آلہ جس سے پیٹ میں سے بچہ نکالتے ہیں -

Croton (krotən) *n.* A plant from which purgative oil is obtained جمال گوٹہ - جمال گوٹہ کے قسم کا درخت -

Crouch (krowch) *v.t. & n.* Stoop, bend خوشامد کرنا - لجاجت کرنا - پاؤں پڑنا - جھکنا -

Crouching *n.* قدمبوسی - لجاجت -

Croup (kro͞op) *n.* Inflamatory disease of larynx حلق کا ورم جس سے بچوں کو کھانسی کی شکایت ہو جاتی ہے -

Crow (Kro) *n.* Kind of black birds - زاغ - کاگا - کوا -

As the crow flies / **In the crow line** } ناک کی سیدھ

White crow - وہ چیز جس کا وجود ہی نہ - سفید کوا -

Crow (krō) *v.i.* Utter loud cry مرغ کا بانگ دینا بچے کا غوں غوں کرنا - خوشی کی آواز نکالنا -

Crowd (krowd) *n.* Throng - جمگھٹا - بھیڑ - افراط جم غفیر - کثرت - ہجوم - انبوہ - اژدہام - عوام الناس - خلقت -

The crowd خلقت - جمہور - بھیر - عوام الناس -

Would pass in a crowd - کوئی نمایاں نقص نہ ہونا - بہت گھٹیا نہ ہونا -

Crowd (krowd) *v.t. & i.* Collect, occupy - گھسنا بھر جانا - بھیڑ بھاڑ ہونا - بھیڑ کرنا - تل دھرنے کی جگہ نہ ہونا - جہازوں کا تیز تیز چلنا -

Crowd out بھیڑ کی وجہ سے رہ جانا - جگہ نہ ملنا - تل دھرنے کی جگہ نہ ہونا -

Crown (krown) *n.* Monarch's head covering of gold etc. مکٹ - تاج - سر پیچ - سہرا - تاج شاہی - تاج نما زیور - ایک انگریزی سکہ - چوٹی چندیا - سر - کھوپڑی - کاغذ کا ناپ - دانت کا وہ حصہ جو مسوڑوں سے باہر ہو -

No cross no crown - تکلیف کے بغیر راحت نہیں ملتی - کامیابی کے لئے جاں فشانی شرط ہے -

Crown (krown) *v.t.* Place crown on head تاج پہنانا - تاج پوشی کرنا - تخت نشین کرنا - سرفراز کرنا - عزت یا توقیر دینا - ممتاز کرنا - بخشنا انعام دینا - موزوں ہونا - سب سے بڑھکر ہونا - کامیاب ہونا - پیادے کے مہرے کا بادشاہ بننا -

Crucial (kroo-shəl) *adj.* Decisive - دو ٹوک - ناطق قطعی - فیصلہ کن - آڑا - ترچھا - صلیبی - چوپائے کی شکل کا -

Crucible (kroo-si-bl) *n.* Melting pot - سنار کی گھرپا - گلانے کا برتن - کٹھالی - سخت آزمائش - نازک موقع -

Crucifix (kroo-si-fiks) *n.* Image of christ on the cross حضرت عیسیٰ کی مصلوب ہونے کی تصویر -

Crucifixion (kroo-si-fik-shən) *n.* Crusifying of Christ حضرت عیسیٰ کا صلیب پر چڑھایا جانا

Cruciform (kroo-si-fərm) *adj.* Cross shaped صلیب نما -

Crucify (kroo-si-fi) *v.t.* Put to death by fastering to a cross - صلیب پر چڑھانا - دار پر کھینچنا - دار ڈالنا - جذبات یا خواہشات کا گلا گھونٹنا - فوجی سپاہیوں کے ہاتھ اسطرح باندھنا کہ وہ صلیب نما ہوں -

Crude (krood) *adj.* In raw state - غیر صاف شدہ ناتمام - خام - کچا - ناپختہ - غیر مہذب - کندہ ناتراش دریدہ دہن - گنوار -

Crudeness, crudity کچا پن - خامی -

Cruel (kroo-əl) *adj.* Indifferent to another's pain - سنگ دل - بے رحم - سفاک - ظالم - کٹھور - وحشی - جلاد - سفاکانہ - بیدردانہ -

Cruelty *n.* بے رحمی - سنگدلی - سفاکی - ظلم -

Cruet (kroo-it) *n.* Small glass bottle of pickles or vinegar سرکہ دانی - اچار دانی جو میز پر رکھی جاتی ہے -

Cruet stand مرتبان دانی - شیشہ دانی -

Cruise (krooz) *n.* & *v.i.* Sail to and fro جہاز کا پہرہ دینا - بحری سیر - جہازی سفر - بحری گشت کرنا - دوسرے جہازوں کی دیکھ بھال کرنا - بحر گردی -

Cruiser (krooz-ər) *n.* Warship of high speed جنگی جہاز جو دشمن کی تلاش میں سمندر میں گشت کرے - جنگی جہاز - گشتی جنگی جہاز -

Crumb (krum) *n.* & *v.t.* Fragment of bread - ریزہ روٹی کا گودا - روٹی کا ٹکڑا - روٹی توڑنا - ٹکڑے ٹکڑے کرنا - ریزوں کے لیے دسترخوان بچھانا -

Crumb cloth ریزہ گیر - زیر انداز -

Crumble (krum-bl) *v.t.* & *i.* Break ٹوٹنا - توڑنا - ریزہ ریزہ ہونا - ریزہ ریزہ کرنا -

Crummy (krum-i) *adj.* Thick, fat چکنی - موٹی - گودے دار - موٹی چڑیا یعنی مالدار عورت -

Crumpet (krum-pet) *n.* Soft cake - شیر مال - باقرخانی - کانچہ - میدے انڈے اور دودھ کی روٹی -

Crumple (krum-pl) *v.t.* & *i.* Crush, collapse ریزہ ریزہ کرنا - چننا - مڑوڑنا - شکن ڈالنا - سلوٹ پڑنا - پر شکن کرنا -

Crunch (krunsh) *v.t.*, *i.* & *n.* Crush with teeth کڑ کڑ کرنا - دانتوں سے کاٹنا - پامال کرنا - روندنا - کڑ کڑ - چرچڑاہٹ -

Crupper (krup-ər) *n.* Strap buckled to back of saddle گھوڑے کے چار جامے کی دمچی - لید خورا -

Crusade (kroo-səd) *n.* & *v.t.* Holy war - صلیبی جنگ مسیحی جہاد - کسی بد اخلاقی کے خلاف جد و جہد - صلیبی جنگ میں حصہ لینا - جہاد کرنا -

Crusader *n.* - عیسائی مجاہد - صلیبی جنگ میں لڑنے والا

Crush (krush) *n.* Crowded mass دھکم دھکا - ریل پیل - بھیڑ - جمگھٹا -

Crush (krush) *v.t.* & *i.* Compress with violence مسلنا - پیسنا - کچلنا - مغلوب کرنا - پامال کرنا -

A crushing reply دندان شکن جواب -

Crust (krust) *n.*, *v.t.* & *i.* Hard outer part of bread - پوست - پاپڑ - چھلکا - چھال - پپڑی - اوپری چیز چھلکا ڈالنا - چھلکا آ جانا - خول آنا - پپڑی جم جانا -

Crusty (krus-ti) *adj.* Crust like, hard - قشر دار پرخول - چھلکے دار - سخت - چڑچڑا - بد مزاج -

Crutch (kruch) *n.* Staff for lame persons مڑا ہوا عصا - لاٹھی - بیساکھی - سہارا - مختلف قسم کی قینچیاں -

Cry (krī) *n.* Loud utterance of grief, pain, fear, joy - چیخ - پکار - کوک - للکار - ہنگامہ - غل - شور - بانگ - اضطراری آواز - نعرہ مسرت - فریاد - التجا - آہ و زاری - اعلان - منادی - صدا - بولی - آواز - چرچا - افواہ -

Cry baby بچوں کی طرح رو دینے والا - طفل مزاج -

Cry (krī) *v.t.* & *i.* Utter loudly للکارنا - پکارنا - چلانا - چیخنا - آواز دینا - جانوروں کا زور سے آواز نکالنا - کتوں کا بھونکنا - مانگنا - طلب کرنا -

Cry down برائیاں بیان کرنا - مذمت کرنا -

Cry halves آدھوں آدھ ٹھہرانا - حصہ مانگنا -

Cry one-self to sleep روتے روتے سو جانا -

Cry ones heart out سسک سسک کے رونا - زار زار رونا -

Crying (krī-ing) *adj.* Flagrant عام - پھیلی ہوئی - کھلی ہوئی - شدید -

Crying evils - خاص توجہ کے قابل - کھلی ہوئی خرابیاں

Crypt (kript) *n.* Underground cell کھوہ - غار - تہہ خانہ -

Cryptic (krip-tik) *adj.* Secret - پراسرار - پوشیدہ - مخفی

Cryptogram (krip-to-grəm) *n.* Things written in cypher - رمزی تحریر - مخفی زبان میں لکھی ہوئی تحریر

Cryptography (krip-to-grəfi) *n.* Art of secret writing - رمز نویسی - مخفی حروف میں لکھنے کا فن

Crystal (kris-tl) *adj.* & *n.* A transparent ice like mineral بلور - بلوری - بلور نما -

Crystalline (kris-təl-īn) *adj.* Made of crystal شفاف - بلوریں - بلوری - بلور کا -

Crystallize (kris-təl-īz) *v.t.* & *i.* Form into crystals - اس طرح بنانا کہ قلمیں بن جائیں - بلور بنانا

Crystallization *n.* - قلمیں بننے کی صلاحیت - قلم پذیری

Cub (kub) *n., v.t.* & *i.* Young of dog, bear fox etc. - ریچھ یا کسی اور درندے کا بچہ - تیندوا - بے تمیز لڑکا - بیانا - بچہ دینا - پلا جننا -

Cubbish *adj.* - پلا جیسا - پلے کی طرح

Cube (kūb) *n.* & *v.t.* Solid contained by squares شش پہلو - مسدس - مکعب بنانا - مسدس مستوی - عدد مکعب یا جسامت مکعب معلوم کرنا -

Cubeb (kū-beb) *n.* Pungent berry of a javan shrub کباب چینی -

Cubic (kū-bik) *adj.* Of three dimensions - مکعب

Cubical *adj.* - کعبی - مکعبی

Cubit (kū-bit) *n.* Ancient measure of length ایک ہاتھ - آدھا گز - ہاتھ بھر -

Cuckoo (kook-oo) *n.* Migratory bird خوش آواز پرند - کویل جیسا پرند - کویل -

Cucumber (ku-kəm-bər) *n.* Creeping plant with long fruits - ککڑی - کھیرا - خیار

Cool as a cucumber - غیر مضطرب - مجتمع خاطر - مطمئن -

Cud (kud) *n.* Food brought from stomach into mouth for chewing جگالی - جگالی کا فصل - وہ غذا جو معدہ سے منہ میں لا کر جانور جگالی کرتا ہے -

Chew the cud - ادھیڑ بن میں لگا رہنا - سوچ بچار کرنا

Cuddle (kud-l) *v.t.* & *n.* Embrace کنارے یا کونے میں رکھنا - چمٹانا - گلے لگانا - لاڈ پیار کرنا - ہم آغوش ہونا - ہم آغوشی - بغل گیری -

Cudgel (kuj-l) *n.* & *v.t.* Short thick stick ڈنڈے لگانا - سونٹے سے پیٹنا - ڈنڈا - سونٹا -

Cue (kū) *n.* Last words of an actor's speech ایکٹر کے آخری الفاظ جس سے دوسرے ایکٹر کے آنے کا اشارہ ملے - اشارہ - ہدایت - بلیڈ کھیلنے کی چھڑی -

Give one the cue کسی کو ہدایت کرنا کہ کام کب اور کس طرح کیا جائے -

Cuff (kuf) *n.* Part of sleeve آستیں کا کف -

Cuff (kuf) *v.t.* & *n.* Strike with open hand - طمانچہ طمانچہ مارنا - تھپڑ مارنا -

Cuirass (kwi-ras) *n.* Body armour زرہ بکتر - چار آئینہ - زنانہ صدری یا سینہ بند -

Cuirassier (kwe-ra-zər) *n.* Horse soldier wearing cuirass - بکتر پوش سپاہی - زرہ پوش سوار

Cuisine (kwē-zən) *n.* Style of cooking باورچی خانہ کا انتظام - پکانے کا سلیقہ -

Culinary (kū-li-n-ər-i) *adj.* Pertaining to kitchen باورچی خانے کے متعلق - پکانے کے متعلق -

Cull (kul) *v.t.* & *n.* Pick flowers - چگنا - پھول چھانٹنا پھول چننا - چن لینا - انتخاب کرنا -

Cullender (kul-en-dər) Colander دیکھو -

Cullis (ku-lis) *n.* A strong broth, roof gutter مقوی یخنی - شوربا - چھت کا پرنالہ -

Cully (ku-li) *n.* Simpleton - بھولا بھالا - بیوقوف - ابلہ

Culm (kulm) *n.* Stem of plants - گھاس کا نچلا حصہ قلم - تنا - گرہ دار نالی - نے -

Culm (kulm) *n.* Coal dust - چمکدار کوئلہ کی گرد - کوئلے کا چورا -

Culminate (kul-mi-n-āt) *v.i.* Reach its highest point اوج پر ہونا - معراج کو پہنچنا - نقطہ نصف النہار پر ہونا -

Culmination *n.* - سمت الراس پر پہنچنا - معراج - بلندی -
Culpable (kul-pə-bl) *adj.* Criminal لائق مواخذہ - مستوجب سزا - قصور وار - سزا وار -
Culprit (kul-prit) *n.* Prisoner at the bar - گنہگار - خاطی - مجرم -
Cult (kult) *n.* System of religious worship - مسلک - دین - مذہب - رسوم - عبادت - پرستش - عقائد -
Cultivate (kul-ti-v-ət) *v.t.* Till جوتنا - بونا - زراعت کرنا - کاشت کرنا - سدھارنا - ٹھیک کرنا - سنوارنا - تربیت دینا - ذوق پیدا کرنا - زمین تیار کرنا -
Cultivation (kul-ti-vā-shən) *n.* Cultivating - تعلیم - تربیت - تہذیب - زراعت - کاشتکاری - کھیتی باڑی -
Cultivator (kul-ti-vā-tər) *n.* One who cultivates مزارع کسان - کاشتکار -
Culture (kul-yer) *n.* & *v.t.* Rearing, production پرورش - کاشتکاری - تہذیب - تربیت - ترق - کاشت کرنا - پرورش کرنا -
Cultural *adj.* تہذیبی - تمدنی - فلاحتی -
Culvert (kul-vərt) *n.* Channel, underground canal - محرابدار نالی - زمین دوز نہر یا بدر رو - بند نالی - اوپر سے پٹی ہوئی نہر -
Cumber (kum-ber) *v.t.* & *n.* Hinder - بوجھل کر دینا - بوجھ ڈالنا - رکاوٹ ڈالنا - بھاری کر دینا - ہرج - رکاوٹ -
Cumbersome (kum-bər-sum) } *adj.* Unwieldy وزنی - بھاری بوجھل -
Cumbrous (kum-brəs) } *adj.* Clumsy - بھدا - بے ڈول -
Cumulate (ku-mu-lat) *adj.* Heaped up, accumulated ڈھیر لگا ہوا - جمع شدہ -
Cumulate (kū-mū-lāt) *v.t.* & *n.* Accumulate جمع کرنا - ڈھیر لگانا -
Cumulation *n.* ڈھیر - انبار - اجتماع -
Cumulative (kū-mū-lā-tiv) *adj.* Increasing by successive additions مجموعی - مختلف حصوں سے مل کر بنا ہوا -
Cumulus (ku-mu-ləs) *n.* Heap - افق کی گھٹائیں - دل بادل - ڈھیر -

Cunning (kun-ing) *n.* Cleverness - حکمت - عیاری - ہوشیاری - چالاکی -
Cunning (kun-ing) *adj.* Crafty - ہوشیار - چالاک - فریبی - مکار -
Cup (kup) *n.* Drinking vessel - کاسہ گل - کٹورہ - پیالہ - کوزہ - جام - ہڈی کی قتلی - شراب - جام شراب -
Cup (kup) *v.t.* Bleed - پچھنے لگانا - سنگی لگانا - (گولف) گیند کو مارتے وقت لکڑی کو زمین پر مارنا -
Cup-board (kub-ərd) *n.* Cabinet for crockery نعمت خانہ - برتنوں کی الماری -
Cupid (kū-pid) *n.* Roman God of love خوبصورت لڑکا - حضرت عشق - قدیم رومیوں کا عشق کا دیوتا - کام دیو -
Cupidity (kū-pidi-ti) *n.* Greed of gain - لوبھ - حرص - طمع - لالچ -
Cupola (kū-pō-lā) *n.* Rounded dome forming roof قبہ - گنبد - گھومتی چھتری (جہازی توپوں کی حفاظت کے لیے) -
Cupreous (ku-pri-əs) *adj.* Of copper - تانبے کا -
Cur (kur) *n.* Low bred dog - بزدلا - رذیل - پاجی - لینڈی یا بازاری کتا -
Curate (ku-rit) *n.* Assistant to parish priest پادری کا مددگار - سلاخ یا چھڑی جو محض آرائشی نہ ہو -
Curative (ku-rə-tiv) *adj.* & *n.* Thing that cures تندرست کرنے والی دوا - تندرست کرنے والی -
Curator (ku-ra-tər) *n.* Person in charge of museum - عجائب خانہ کا مہتمم - محافظ - منتظم - نگہبان - رکن مجلس انتظامی -
Curatorial *adj.* مہتمم یا محافظ کے متعلق -
Curatorship *n.* - عجائب خانہ کی مہتممی کا عہدہ -
Curb (kurb) *n.* & *v.t.* Strap - روکنا - دھانہ لگانا - دھانہ - دھانے کی زنجیر - روک تھام - حلقہ - کنارہ - پٹی - لوہے کا حلقہ - روکنا - کھینچنا - جکڑنا - دبانا - روک تھام کرنا - مزاحمت کرنا -
Curd (kurd) *n.* Coagulated milk - جغرات - دوغ - دھی - سامن مچھلی کی چربی -

Curdle (kur-dl) *v.t. & i.* Form into curd - بستہ کرنا - دھی جمنا - دھی جمانا - برف کرنا یا بنانا - جمانا -
Curdle the blood خوف سے خون جم جانا یا خشک ہو جانا -
Cure (kūr) *n.* Remedy معالجہ - دوا - تندرستی - صحت - شفا - اصلاح - تربیت - درستی -
Cure (kūr) *v.t. & i.* Restore to health تندرست کر دینا - اچھا کر دینا - علاج کرنا - تدبیر کرنا - کھوٹ یا عیب دور کرنا - اصلاح کرنا - درست کرنا -
Curable *adj.* شفایابی کے لائق - قابل علاج -
Curfew (kur-fu) *n.* Time after which under martial law no body can go abroad خانہ بندی کا حکم - دور متوسط میں آگ بجھا کر سونے کا گھنٹہ - فوجی قانون کے مطابق وقت کا اعلان جس کے بعد کوئی گھر سے باہر نہیں جا سکتا -
Curio (kū-ri-o) *n.* Rare objects of art کاریگری کا نادر نمونہ - نادر الوجود شے - نایاب چیز -
Curiosity (kū-ri-əsiti) *n.* Desire to know دریافت کا شوق - تجسس - دریافت کرنے کی خواہش - تحقیق - تحفہ - اعجوبہ - عجیب چیز -
Curious (kū-ri-əs) *adj.* Eager to learn مشتاق - تجسس کرنے والا - راز جو - عجیب - نرالا - انوکھا - نادر - عجیب و غریب - عمدہ -
Curl (kurl) *n.* Spiral lock of hair حلقہ دار بال - گھنگھریا چھلا - زلف پر شکن - پیچ - خم - آلو کی ایک بیماری -
Curlew (kur-l(y)oo) *n.* Wading bird with long curved bill - ایک قسم کی لمبی چونچ والی مرغابی - پن مرغی - پن کوہڑی -
Curly (kur-li) *adj.* Arranged in curl - پیچ دار بال - گھونگھر والے بال - حلقہ دار -
Curmudgeon (kər-muj-ən) *n.* Churlish fellow بد تمیز شخص - بخیل - کنجوس - لالچی -
Currant (kur-ənt) *n.* Dried seedless grape fruit یونانی کشمش - منقیٰ - مویز منقیٰ -
Currency (kur-en-si) *n.* Money current in actual use in a country دور زمانہ (کسی چیز کے رویع کا) روپے کا چلن - کسی ملک کا سکہ رائج الوقت -
Current (kur-ent) *adj.* In general circulation نافذ - مروجہ - جاری - چلتا ہوا - رواں -
Current (kur-ent) *n.* Running stream, water, air - پانی کا دھارا - آب رواں - ندی کا بہاؤ - سیل - رو - رخ - ہوا کا بہاؤ - برق رو -
Curricle (kūr-i-kl) *n.* Two wheeled carriage دو گھوڑوں کی گاڑی - دو پہیہ گاڑی -
Curriculum (ku-ri-ku-ləm) *n.* Course of study نصابی کتابیں - نصاب تعلیم -
Currier (kuri-ər) *n.* One who dresses and colours tanned leather - چرم ساز - دباغ - چمڑا کمانے والا - چمڑہ رنگنے والا -
Currish (kur-ish) *adj.* Like a cur - کتا سا - سگ صفت - بھونکنے والا -
Curry (kuri) *v.t. & n.* Dish of meat cooked with spices شوربہ دار سالن - سالن - سالن پکانا - شوربا بنانا -
Curry (kuri) *v.t.* Rule down کمائے ہوئے چمڑے کو بنانا - مالش کرنا - ملنا - کھریرا کرنا -
Curry favour خوشنودی حاصل کرنا - چکنی چپڑی باتیں کر کے کام نکالنا - خوشامد کرنا -
Curse (kurs) *n.* Divine vengeance - دشنام - پھٹکار - لعنت - بد دعا - بلا - آفت - عذاب - خدا کا قہر -
Curse (kurs) *v.t. & i.* Utter curse against کافر گردانا - پھٹکارنا - بد دعا دینا - مذہب سے خارج کرنا - وبال میں پھنسنا -
Cursed-st (kur-sed) *adj.* Damnable نگوڑا - قابل نفرت - کمبخت - مردود - ملعون -
Cursive (kur-siv) *adj. & n.* Running - قلم برداشتہ - لا پرواہ - شکستہ یا رواں خط -
Cursorial (kur-sə-ri-əl) *adj.* Having limbs adopted for running - سبک پا - سبک رفتار - پھرتیلا - چالاک -
Cursory (kur-sə-ri) *adj.* Hasty - لا پروائی سے کیا ہوا - سر سری - جلدی میں کیا ہوا -
Cursorily *adv.* لا پروائی سے - سرسری طور پر -
Curt (kurt) *adj.* Terse, short - بے اعتنائی کا - ناخوشگوار - ٹکاسا - مختصر -

Curtail (kər-tāl) *v.t.* Cut short تخفیف کرنا ۔ قطع ۔ مختصر کرنا ۔ چھوٹا کرنا ۔

Curtailment *n.* تخفیف ۔ کاٹ چھانٹ ۔ قطع برید ۔

Curtain (kur-tən) *n., v.t. & i.* Suspended cloth used as screen چق ۔ پردہ ۔ مسہری ۔ حجاب ۔ چلمن ۔ پردہ لگانا ۔ پردے میں چھپانا ۔

Curtain lectures بیوی کی نصیحت ۔ خلوت میں بیوی کی لعن طعن ۔

Curvature (kur-və-yər) *n.* Curved form گولائی ۔ موڑ ۔ خماؤ ۔ جھکاؤ ۔ خم ۔

Curve (kurv) *n.* Line of which no part is straight کجی ۔ خماؤ ۔ پیچ ۔ بل ۔

Curve (kurv) *v.t. & i.* Bend مڑا ہوا ہونا ۔ خمیدہ ہونا ۔ ٹیڑھا کرنا ۔ لچکانا ۔ خم کرنا ۔

Curvet (kur-vet) *n. & v.i.* Horse's leap لنگوری چال چلنا ۔ لنگوری چال ۔ چھاترک ۔ گھوڑے کی جست ۔

Cuscus (kus-kus) *n.* Aromatic root of an Indian grass خس ۔

Cushion (koosh-ən) *n.* Mass of soft material stuffed into cloth covering تکیہ ۔ گدا ۔ گاؤ تکیہ ۔ مسند ۔ بلیرڈ میز کا گدی دار کنارا ۔ پٹھا ۔ چونٹر ۔ گھوڑے کا تلوا یا تلوے کا نرم حصہ ۔

Cuspidal (kus-pi-dəl) *adj.* Of a cusp نعل نما ۔ ہلال سا ۔ ہلالی ۔ قرنی ۔

Cuspidate *adj.* تیز ۔ نوکدار ۔

Cuspidor *n.* اگالدان

Custard (kus-tərd) *n.* Mixture of eggs and milk دودھ انڈے اور شکر کی کھیر۔ انگریزی فرنی ۔

Custodian (kus-tə-di-ən) *n.* Guardian رکھوالا ۔ داروغہ ۔ نگہبان ۔ محافظ ۔

Custody (kus-tə-di) *n.* Care قید ۔ حراست ۔ نظر بندی ۔ حفاظت ۔ نگہبانی ۔ خبرداری ۔

Custom (kus-təm) *n.* Usual practice قاعدہ ۔ محاورا ۔ برتاؤ ۔ رواج ۔ رسم ۔ ضابطہ ۔ معمول ۔ ڈھنگ ۔ طور طریقہ ۔ دستور گاہکی ۔ سر پرستی ۔

Customs (kus-tums) *n.* Import duty بحری لگان ۔ رسوم ۔ محصول در آمد ۔

Customary (kus-tum-ə-ri) *adj. & n.* Usual مروج ۔ معمولی ۔ رسمی ۔ حسب معمول ۔ دستور کے موافق ۔ مقررہ ۔ مجموعہ رسم و رواج ۔

Customer *n.* خریدار ۔ گاہک ۔

Queer awkward customer عجیب قماش کا آدمی ۔

Cut (kut) *n.* Stroke, blow چرکا ۔ گھاؤ ۔ قطع ۔ زخم ۔ وار ۔ ضرب ۔ خراش ۔ حذف ۔ ترک ۔ ٹینس میں ترچھا ہاتھ ۔ وضع ۔ طرز ۔ تراش ۔ ذلیل کرنے کے لئے بے اعتنائی ۔ دلخراش فعل یا تقریر ۔

Cut (kut) *v.t. & i.* Penetrate ذلیل کرنے کے لئے قلم کرنا ۔ زخمی کرنا ۔ جدا کرنا ۔ کاٹنا ۔ بے اعتنائی کرنا ۔ گوشت کاٹنا ۔ چھیلنا ۔ تراشنا ۔ تراش خراش کرنا ۔ گیند پر ترچھا بلہ مارنا ۔ انجان بن جانا ۔

Cut a tooth دانت نکلنا ۔

Cut both ways ادھر بھی اور اُدھر بھی ۔ دونوں طرف کاٹنا ۔

Cut in دفعتاً داخل ہونا ۔ بیچ میں بول اٹھنا ۔

Cut no ice کچھ نہ بن پڑنا ۔

Cut prices نرخ کم کرنا ۔

Cut purse جیب کترنا ۔

Cutting retort دلخراش جواب ۔

Cut up well بڑا ترکہ چھوڑنا ۔

Cut up rough بگڑنا ۔ ناراض ہونا ۔ غصہ کرنا ۔

Cutaneous (kū-ta-ne-əs) *adj.* Of the skin جلدی امراض کے بارے میں ۔ جلد کے متعلق ۔

Cuthbert (kuth-bərt) *n.* Apostle of Northumbria ایسا شخص جو جنگی خدمت سے پہلو بچائے اس بہانے سے کہ دیوانی محکمہ میں اس کی خدمات ضروری ہیں ۔

Cuticle (kūti-kl) *n.* Superficial skin چھال ۔ پوست ۔ چمڑا ۔ بالائی جلد ۔ جھلی ۔

Cutlass (kut-ləs) *n.* Short sword with wide curved blade چوڑی خمدار تلوار ۔ کھانڈا ۔

Cutler (kut-lər) *n.* One who makes and sells knives کارز فروش ۔ چھری چاقو بنانے یا بیچنے والا ۔

Cutlery (kut-lər-i) *n.* Things made or sold by cutler چھری چاقو بنانے اور بیچنے کا پیشہ ۔ چھری چاقو وغیرہ ۔

Cutlet (kut-lit) *n.* Neck chop of mutton کباب پسندے ۔

Cutter (kut-ər) *n.* Person, thing that cuts لباس کے لئے کپڑا قطع کرنے والا ۔ کاٹنے والا ۔ اچھی قسم کی پختہ اینٹ جو کاٹی جا سکے ۔ جنگی جہاز کی کشتی ۔

Cutting (kut-ing) *n.* Excavation of high ground بلند زمین کی کٹائی - تراش - کٹائی کھدائی - زمین کاری -

Cutty-ie (kuti) *adj.* & *n.* Abnormally short بونی عورت - بونا مرد - مختصر سا - ذرا سا - تمباکو پینے کا چھوٹا پائپ -

Cyanic (si-an-ik) *adj.* Blue نیلا - نیلگوں -

Cyanosis (sia-nə-sis) *n.* Blue discoloration آکسیجن کی خون میں کمی - یرقان اسود - یرقان -

Cycle (si-kl) *n.* & *v.i.* Recurrent period ایام - چکر - گردش - دور - کامل دور - مجموعہ نظم - بائیسکل - گھومنا - چکر کھانا - بائیسکل چلانا -

Cyclic (si-klik) *adj.* Recurring in cycles گردش یا دور کے متعلق - دوری - قرن یا دور کے متعلق - حلقہ وار - مجموعہ نظم کے متعلق -

Cycloid (rikloiəd) *n.* Curve traced by a point مستدیرہ - کروی شکل - دائرہ نما -

Cyclone (sī-klōn) *n.* Violent hurricane طوفان - گرد و باد - چکر دار ہوا - بہت تیز ہوا - آندھی -

Cyclopaedia (sī-klo-pe-di-a) *n.* All embracing collection جامع اللغات - مخزن علوم - مجموعہ علوم -

Cyclopean-clopian (sīk-lo-pən) *adj.* Huge جناتی - بہت بڑی - عظیم -

Cyclops (sī-klop) *n.* One eyed giant یونان کا افسانوی ایک آنکھ کا دیو -

Cyclostyle (sī-klo-stil) *n.* & *v.t.* Apparatus printing copies ایک کل جس سے قلمی تحریر کی نکلیں نکالتے ہیں - سلیٹ چھاپہ -

Cygnet (sig-nit) *n.* Young swan قاز کا بچہ - ہنس بچہ -

Cylinder (si-lin-dər) *n.* Roller shaped body اسطوانہ - مختلف کلوں کا بیلن -

Cylindrical (si-lin-dri-kal) *adj.* Cylinder shaped اسطوانی - اسطوانہ نما -

Cymar (si-mar) *n.* Woman's loose light garment ڈھیلی کرتی - صدری - اوڑھنی -

Cymbal (sim-bəl) *n.* Pair of bronze plates مجیرے - جھانجھ - تھالی نما ساز -

Cynic (sin-ik) *adj.* & *n.* Of cynic philosophers ترشرو - روکھا - کلبیہ فلسفیوں کا - تارک لذات - خشک مزاج آدمی - کلبی -

Cynicism *n.* ترشروئی - لذات سے نفرت - کلبیت -

Cynical (sin-i-k-əl) *adj.* Churlish نوع انسان کی نیکی کا منکر - ترش رو - روکھا - سگ خو -

Cynosure (sin-o-shoor) *n.* Pole star, Little Bear مرکز کشش - رہنما تارا - قطب تارا -

Cypher (si-fer) *n.* Cipher دیکھو -

Cypress (si-pres) *n.* Coinferous tree صنوبر - سرو - شمشاد -

Cyst (sist) *n.* Hollow organ, sac containing morbid matter اسد مادے کی تھیلی - مثانہ - بیضہ دانی -

Czar (zar) *n.* }
Tsar (Tzar) } Emperor of Russia شہنشاہ روس زار روس -

Czarin(a) (zarina) *n.* Empress of Russia ملکہ روس -

Czarowich (zar-vich) *n.* Heir apparent of Russia روس کا ولی عہد - ولیعہد روس -

D

D (dē) *n.* Fourth letter of the English alphabet as well as Phoenecian Hebrew, Greek and Latin انگریزی حروف تہجی کا چوتھا حروف - بڑے سرگم کی دوسری سرتی -

Dab (dab) *v.t.* Hit feebly برش کرنا - پچارہ پھیرنا - آہستہ سے لگانا - چپڑنا - کوچی یا گدی پھیرنا - تھپ تھپانا - تھپکنا - ٹھونک مارنا -

Dab (dab) *n.* Slight but undecided sudden blow تھپکی - دھول - دھپا - پچارا - اسفنج یا گدی کا آہستہ آہستہ پھیرنا - (بول چال) کامل - ماہر - استاد - کاریگر -

Dabble (dab-l) *v.t.* & *n.* Wet, moisten, splash گیلا کرنا - بھگونا - تر کرنا - چھڑکنا - پانی میں کھیلنا - سرسری طور پر دل بہلانے کے لئے کوئی کام کرنا -

Dabbler (Dab-lər) *n.* One who dabbles اناڑی - نیم حکیم - کیچڑ پانی میں کھیلنے والا - کام کو بے توجہی سے کرنے والا - دل بہلاوے کے لئے کام کرنے والا -

Dab-chik (dab-chik) *n.* Water bird, grebe مرغابی - پن ڈبکی - ایک آبی پرند -

Dabster (dab-stər) *n.* Clever لیپنے والا - بھدا روغن کرنے والا - ہوشیار - کامل - ہنر مند - چالاک -

Dace (das) *n.* Small fresh water fish چھوٹی چمکیلی مچھلی - چھوٹی دریائی مچھلی -

Dacoit (da-koit) *n.* Robber قزاق - مسلح ڈاکو - راہزن - ڈاکو -

Dacoity (da-koiti) *n.* Gang robbery قزاقی - ڈکیتی - راہزنی -

Dactyl (dak-til) *n.* Metrical foot شعر کا ایک وزن جس میں ایک بڑا اور دو چھوٹے رکن ہوں -

Dactylogi (dak-ti-lo-gi) *n.* The art of talking with fingers انگلیوں کے ذریعے بات چیت کرنا -

Dad, Dada, Daddy (dad) *n.* Father (بول چال) ابا - والد - ڈیڈی -

Daffodil (dâfə-dil) *n.* Lent lily آبی نرگس - نرگس کے قسم کا ایک پھول -

Daft (dâft) *adj.* Foolish, wild بے وقوف - دیوانہ - خبطی - باؤلا - پاگل -

Dagger (dag-er) *n.* Stabbing weapon حوالہ دینے کا نشان (†) پیش قبض - کٹار - چھری - خنجر -

Daggle-Draggle (dag-l) *v.t.* & *i.* To wet or go wet by dragging گیلی زمین پر گھسیٹنا - آلودہ کرنا یا ہونا -

Daily (dā-li) *adv., adj.* & *n.* Every day لگاتار - مسلسل - دن بھر - روز مرہ - روزانہ - روزنامہ (اخبار) روزانہ اخبار -

Dainty (dān-ti) *n.* & *adj.* Choice dish, tasteful خوشذائقہ - لطیف - مزیدار - لذیذ - لذیذ کھانا - حسین - خوبصورت - نازک - نزاکت پسند - حد سے زیادہ نفیس مزاج -

Daintiness عیش پسندی - نفیس مزاجی - نفاست -

Dairy (dāri) *n.* Building for making butter, cream and selling milk دودھ کی دوکان - مکھن - ملائی اور پنیر بنانے کا کارخانہ - دودھ کے کارخانے کی گائیں -

Dais (dās) *n.* Raised platform کمرے کے سرے کا چبوترا - شہ نشین - اونچا چبوترا -

Daisy (dā-zi) *n.* Small wild and garden flower ایک چھوٹا سنہرا پھول - گل بہاری - ڈیزی -

Dale (dal) *n.* Valley نشیبی زمین - درہ - گھاٹی - وادی -

Dalesman شمالی انگلستان کی وادی کا ایک باشندہ -

Dalliance (dal-i-əns) *n.* Amorous sport ناز و نیاز - بوس و کنار - رنگ رلیاں - نخرہ - نخرہ بازی - تساہل - ٹال مٹول -

Dally (dali) *v.i.* Amuse oneself مٹر گشت کرنا - ٹال مٹول کرنا - پیار کرنا - جی بہلانا - کھیلنا - کلول کرنا -

Dam (dam) *v.t.* & *n.* Barrier for stopping water and raising level پشتہ - بند - روک - کٹہ - پشتہ باندھنا - بند باندھنا - بند کرنا - روکنا -

Damage (dam-ij) *n.* & *v.t.* Harm, injury خسارہ - زیاں - ضرر - نقصان - گھاٹا - ضرر پہنچانا - نقصان پہنچانا - قدر گھٹانا -

Damask (dam-əsk) *n., adj.* & *v.t.* Rose, sword, Silk work دمشقی تلوار - دمشقی گلاب - گلابی رنگ کا بوٹے دار ریشمی کپڑا - جوہر دار فولاد - پھول بنانا - رخسار سرخ کرنا -

Dame (dam) *n.* Lady بانو - بیگم - خاتون -

Damn (dam) *v.t., i.* & *n.* Condemn جہنم و اصل کرنا - مردود ٹھہرانا - ملعون کرنا - لعنت ملامت کرنا - کوسنا - بد دعا دینا - بد دعا - لعنت -

Damn (dam-n-əbl) *adj.* Deserving damnation لعنتی - نفرت انگیز - ملعون - قابل ملامت -

Damnation (dam-nə-shən) *n.* Eternal punishment in hell عذاب ابدی - دوزخ کا عذاب - لعنت دائمی - لعنت بھیجو - جہنم میں جائے -

Damp (damp) *n., v.t., i.* & *adj.* Moisture, defection ایک قسم کی گیس جو کان میں جمع ہو جاتی ہے - اس سے دم گھٹتا ہے - تری - رطوبت - مرطوب - گیلا پن - پژمردگی - بدنی الکسی - خفا کرنا - سانس بند کرنا - افسردہ کرنا -

Dampness *n.* نمی - تری - سیل رطوبت -

Damper (dampər) *n.* Person or thing that depresses پژمردہ کرنے والا - افسردہ کرنے والا - پیانو کی آواز کو مدہم کرنے والی گدی - کاغذ یا ٹکٹ کو نم کرنے والی گدی - بھوبل میں پکائی ہوئی روٹی -

Damsel (dam-zl) *n.* Young unmarried woman دوشیزہ ۔ کنواری ۔ ناکتخدا ۔ باکرہ ۔

Damson (dam-zn) *n.* Small dark purple plum آلو بخارے کے رنگ کا دمشقی آلو بخارا ۔ آلو بخارا ۔

Dance (dâns) *v.t.* & *i.* Move with rhythmical steps ناچنا ۔ رقص کرنا ۔ خوشی سے اچھلنا ۔ کودنا ۔ کلول کرنا ۔ کسی خاص قسم کا رقص کرنا ۔ نچانا ۔

Dance (dâns) *n.* Rhythmical motion رقص کا دور صحبت رقص ۔ ناچ ۔ رقص ۔

Dandelion (dan-di-liən) *n.* Yellow flowerd plant with dented leaves ککروندا ۔ ایک زرد پھول جس کے پتے دندانہ دار ہوتے ہیں ۔

Dander (dân-dər) *n.* Temper, anger (بول چال) غصہ ۔ خفگی ۔ ناراضگی ۔ بدمزاجی ۔

Dandle (dân-dl) *v.t.* Dance a child in arms بچے کو گود میں اچھالنا ۔ پیار کرنا ۔ لاڈ کرنا ۔

Dandriff (dân-drəf) *n.* Scurf سر کی خشکی ۔ بفا ۔

Dandy (dan-di) *n.* & *adj.* Person devoted to smartness بانکا ۔ چھیلا ۔ رنگیلا ۔ خوش لباس ۔ بادبان کی کشتی ۔

Danger (danjer) *n.* Exposure to peril ڈر ۔ خطرہ خوف ۔ وسوسہ ۔ خدشہ ۔ اندیشہ ۔ خطرے کا نشان ۔ خطرے کی چیز ۔

Dangerous *adj.* مہلک ۔ ہولناک ۔ اندیشناک خطرناک ۔

Dangle (dang-gl) *v.t.* & *i.* Sway to and fro لٹکنا ۔ جھومنا ۔ للچانا ۔ جھولنا ۔

Dangler (dang-glər) *n.* A person who hovers about a person as a lover پیچھے پیچھے پھرنے والا ۔ عورتوں کے پیچھے چکر لگانے والا ۔

Daniel (dan-yel) *n.* Upright judge پورا پورا انصاف کرنے والا ۔ عاقل ۔ عادل ۔

Dank (dank) *adj.* Soaked, oozy گیلا ۔ رستا ہوا ۔ پرنم ۔ تر ۔ مرطوب ۔

Dapper (dap-ər) *adj.* Neat smart person مستعد ۔ صاف ستھرا ۔ چست ۔ چھوٹے قد کا چست آدمی ۔

Dapple (dap-l) *v.t., i.* & *n.* Become variegated دھبے ڈالنا ۔ داغدار کرنا ۔ رنگ برنگی کرنا ۔ بوقلمونی ۔ نیرنگ ۔

Darbies (dar-biz) *n.* Handcuffs ہتھکڑی ۔

Darby and Joan بوڑھے میاں بیوی ایک دوسرے کے عاشق ۔

Dare (dār) *v.t.* Venture جرأت کرنا ۔ ہمت کرنا ۔ جسارت کرنا ۔ قصد کرنا ۔ جوکھوں میں پڑنا ۔ مردانگی دکھانا ۔ مقابلہ میں آنا ۔

Daring (dār-ing) *adj.* & *n.* Adventurous courage, bold دلیر ۔ شجاع ۔ سورویر ۔ من چلا ۔ جرت ۔ ہمت ۔ جسارت ۔ بہادری ۔

Dark (därk) *adj.* & *n.* With no light بھیانک ۔ اداسی ۔ اندھیرا ۔ تاریک ۔ سیاہی مائل ۔ سانولا رنگ ۔ سنگین ۔ شدید ۔ غمگین ۔ غضبناک ۔ پوشیدہ ۔ مخفی ۔ نامعلوم ۔ غیر معروف ۔ غیر مہذب ۔

Dark ages زمانہ جاہلیت ۔

Dark sayings چیستانی مقولے ۔

Dark looks پر غضب نگاہیں ۔

Dark deeds برے افعال ۔

Pitch dark اندھیرا گھپ ۔

Dark horse خلاف توقع جیتنے والا گھوڑا ۔

Darkness *n.* جہالت ۔ ظلمت ۔ تاریکی ۔ اندھیر ۔

Darken (där-kən) *v.t.* & *i.* Make or become dark اندھیرا چھانا ۔ اندھیر ہونا یا کرنا ۔ سجھائی نہ دینا ۔ تاریک ہونا ۔

Darky-ki (där-ki) *adj.* & *n.* Of dark colour, حبشی سانولے رنگ کا آدمی ۔ ملیح ۔ سانولا ۔

Darling (där-ling) *n.* & *adj.* Loved, best loved آنکھوں کا تارا ۔ جان سے عزیز ۔ لخت جگر ۔ نور نظر ۔ جان من ۔ دلربا ۔ دلبر ۔ چشم و چراغ ۔

Darn (därn) *v.t.* & *n.* Mend رفو کیا ہوا حصہ مرمت کرنا ۔ بھر دینا ۔ رفو کرنا ۔

Darning (där-ning) *n.* Art of mending رفو کا کام رفوگری ۔

Dart (därt) *n., v.t.* & *i.* Pointed missile بلم ۔ بھالا ۔ برچھی ۔ نیزہ ۔ تیر ۔ برچھی مارنا ۔ تیر چلانا ۔ جھپٹنا ۔ تیزی سے بڑھنا ۔

Darter (därtər) *n.* One who darts, جھپٹنے والا ۔ تیر چلانے والا ۔ ایک قسم کی مچھلی ۔ ایک قسم کی آبی چڑیا ۔

Dash (dash) *v.t, i.* & *n.* Shatter to pieces دے مارنا - پٹکنا - ٹکرانا - پاش پاش کرنا - ریزہ ریزہ کرنا - امیدوں پر پانی پھیرنا - ہمت توڑنا - (بول چال) لاحول بھیجنا - اترا کے چلنا - شان دکھانا - پشیمان کرنا - کاٹ ڈالنا - قلم کرنا - ٹھوکر - حملہ - دھاوا نشان (—) پر جوش - عمل - جوش کا کام -

Dashing (dash-ing) *adj.* Brilliant - شیخی باز - بھڑکیلا - پرجوش - شان دکھانے والا -

Dastard (das-tərd) *n.* Coward skulker - نامرد - گیدی - ڈرپوک - بزدل - بے حمیت -

Dastardly *adv.* مفسدانہ - بزدلانہ -

Data (dat-a) *n.* Datum - دیکھو

Date (dat) *n., v.t.* & *i.* Mark with date - وقت - دن تاریخ - خرما - کجھور - تاریخ ڈالنا - زمانے کا شمار کرنا - ابتدا ہونا - شروع ہونا -

Up to date تازہ ترین - مکمل - اب تک - آج تک

Out of date غیر مستعمل - متروک -

Date palm (dat-pam) *n.* Date tree کھجور کا درخت -

Dative (da-tiv) *n.* The case in nouns - مفعول - اسم کی حالت ظرف -

Datum (da-təm) *n.* Thing known - معلوم - مفروض - نقطہ آغاز - مانی ہوئی بات - معلوم یا جانی ہوئی بات -

Daub (dawb) *v.t., i.* & *n.* Coat wall with plaster - استرکاری کرنا - پلستر کرنا - لیپنا - پوتنا - آلودہ کرنا - تصویر پر رنگ تھوپنا - لیپ پوت - استر کاری - بھدی تصویر -

Daughter (daw-tər) *n.* Ones female child - بنت - دختر - بیٹی - لڑکی - کسی خاص نسل یا خاندان کی عورت - دختر معنوی -

Daunt (dawnt) *v.t.* Discourage جی چھڑانا - بددل کرنا - پست ہمت کرنا - ڈرانا - ہیرنگ مچھلیوں کو دبا کر پیپے میں بھرنا -

Dauntless (dawnt-les) *adj.* Persevering - دلیر - بے باک - بے خوف - نڈر - مستقل مزاج - دھن کا پکا -

Davy (davi) *n.* Statement on oath - حلف نامہ - بیان حلفی -

Davy-Jone's locker - پانی کی قبر - قبر دریا -

Davy lamp کان کنوں کا محفوظ چراغ جس سے آگ لگنے کا اندیشہ نہیں ہوتا -

Daw (daw) *n.* A species of crow - سب سے بڑا کوا - ایک قسم کا بڑا کوا -

Dawdle (daw-dl) *v.t., i.* & *n.* Waste time - وقت گنوانا - تضیع اوقات کرنا - بے کار پھرنا -

Dawn (dawn) *v.t.* & *n.* Grow light, Begin صبح ہونا - تڑکا ہونا - پوپھوٹنا - نمودار ہونا - آغاز - ابتدا - فجر - صبح - تڑکا -

Day (dā) *n.* Time while sun comes above horizon - دن - یوم - روز - تہوار کا دن - مقررہ تاریخ - فتح - جیت - کامیابی - زندگی - عمر - زمانہ خوشحالی -

Day boarder مدرسہ میں کھانا گھر پر سونا - طالب علم جو مدرسہ میں کھانا کھائے -

Day dreaming - شیخ چلی کا منصوبہ - خیالی پلاؤ پکانا -

Day school - معمولی مدرسہ جو دن میں کھلتا ہے -

Day light (dā-lit) *n.* Light of the sun - اشتہار - اعلان - اشاعت - روز روشن - سورج کی روشنی -

Daze (dāz) *v.t.* & *n.* Bevilder - بدحواس کر دینا - چندھیا دینا - پریشان کرنا - خیرہ کرنا - گھبرا دینا - بدحواسی - گھبراہٹ - حیرانی -

Dazzle (dāz-l) *v.t.* & *n.* Confuse with excess of light - خیرہ کرنا - پریشان کرنا - گھبرا دینا - چمک دمک - تابانی -

Dazzling *adj.* - درخشندہ - درخشاں - تاباں - چمکتا ہوا

Deacon (de-kn) *n.* Member of third order of ministry below bishop and priest کلسیا کے دنیوی کاموں کا منتظم - مہتمم نیازات و صدقات -

Dead (ded) *adj.* & *n.* Lifeless - روحانیت سے عاری - بے حرکت - بے جان - مردہ - بجھا ہوا انگارہ - بے نور - سست - کاہل - اچانک - یکایک - کاہل - سراسر -

Dead as a door nail - بالکل مردہ -

Dead sleep - خواب غفلت - مردے کی طرح سونا -

To come to a dead stop - بالکل رک جانا -

Dead loss - سراسر نقصان -

Dead drunk - مدہوش - بدمست - نشہ میں دھت -

Deaden (ded-n) *v.t.* & *i.* Deprive of or lose vitality - کمزور ہونا - مردہ کرنا یا ہونا - بے طاقت کرنا - جوش ٹھنڈا کرنا - بے حس کرنا - کسی بات کی طرف سے بے خبر کر دینا -

Deadly (ded-li) *adj. & adv.* As if dead, extremely نہایت ہی - مہلک - حد سے زیادہ - مردہ کی طرح -

Deaf (def) *adj.* Wholly or partly without hearing اُونچا سننے والا - بہرا - لاپروا - نہ سننے والا - نہ ماننے والا -

Deafen (def-en) *v.t.* Deprive of hearing by noise شور غوغا سے کان پڑی آواز نہ سننے دینا -

Deal-A great deal (del) *n.* Large amount بڑی حد تک - کافی مقدار - بہت کچھ - بہت سا مال -

Deal (dēl) *v.t. & i.* Distribute تاش کے پتے بانٹنا - حصے کرنا - تقسیم کرنا - بانٹنا - کاروبار کرنا - بحث کرنا - تدبیر کرنا - حق کے مطابق دینا -

Dealer (dē-ler) *n.* One who deals تاش کے پتے بانٹنے والا - تقسیم کرنے والا - بانٹنے والا - کاروباری - سوداگر -

Dealing (dēl-ing) *n.* Business برتاؤ - سلوک - لین دین - تجارت -

Dean (dēn) *n.* Head of cathedral بڑا پادری - بڑے گرجے کا افسر اعلیٰ - کالج کا رفیق جو طلبا کی نگرانی پر مامور ہو - جامعہ کے کسی شعبہ کا صدر -

Dear (dēr) *adj., n. & adv.* Beloved, precious پیارا - محبوب - عزیز - بیش قیمت - چہیتا - مرغوب - گراں - مہنگا -

Dearly *adj.* پیار سے - محبت سے - بے حد مہنگا - شوق سے -

Dearness (dēr-nes) *n.* High cost اخلاص - پیار - مہنگائی - گرانی -

Dearth (də-rth) *n.* Scarcity کمی - قلت - تنگی - قحط - کال - کم یابی -

Death (deth) *n.* End of life روحانی موت - فنا - وفات - قضا - مرگ - اجل - موت -

At d ath's door قریب المرگ -

Dead blow سخت چوٹ - مہلک ضرب -

Death token موت کی علامت -

Snap from death Jaw موت کے منہ سے نکالنا -

Debacle (de-bak-l) *n.* Rout بھگدڑ - زوال - خاتمہ - سیلاب جو پتھروں کو بہا لے جائے - سخت طغیانی -

Debar (di-bar) *v.t.* Exclude محروم کرنا - باز رکھنا - آڑ لگانا - منع کرنا - روکنا - سد راہ ہونا - خارج ہونا -

Debase (di-bās) *v.t.* Lower in value بے قدر کرنا - ذلیل کرنا - وقار گھٹانا - خفیف کرنا - نظروں سے گرانا - بے آبرو کرنا - گھٹانا - گرانا -

Debasement *n.* سبکی - بے قدری - رسوائی - ذلت - خفت -

Debatable (di-bat-ə-bl) *adj.* Questionable مباحثہ کے لائق - قابل عذر - قابل بحث -

Debate (di-bāt) *v.t., i. & n.* Dispute استدلال کرنا - جھگڑا کرنا - مباحثہ کرنا - بحث کرنا - غور و فکر کرنا - نزاع - جھگڑا - بحث مباحثہ - مناظرہ -

Debater *n.* مناظرہ کرنے والا - بحث کرنے والا -

Debauch (di-bawch) *v.t. & n.* Make intemperate عیاش بنانا - خراب کرنا - بگاڑنا - بہکانا - ورغلانا - عیاشی کرنا - بے اعتدالی - عیاشی - تماش بینی - شراب خوری -

Debauchee (debaw-shi) *n.* Viciously sensual person شہدہ - شرابی - عیاش - بدکار - شہوت پرست -

Debauchery (de-bawsh-er-i) *n.* Sensuality شہوت پرستی - عیاشی - رنڈی بازی - بدکاری -

Debenture (di-ben-yer) *n.* Voucher given to person supplying goods کسی کمپنی یا کاروبار میں لگائے ہوئے روپیہ کی دستاویز - تمسک - قرض نامہ -

Debilitate (di-bili-tat) *v.t.* Enfeeble مضمحل کرنا - ضعیف کرنا - کمزور کرنا -

Debility (di-bi-li-ti) *n.* Feebleness اضمحال - ناتوانی - ناطاقتی - نقاہت - کمزوری -

Debit (de-bit) *n. & v.t.* Charge person with a sum قرض - ادھار - کسی کے ذمے لکھنا -

Debonair (deb-ə-nar) *adj.* Genial خوش اخلاق - خلیق - خوش طبع -

Debouch (di-boosh) *v.i.* Issue from ravine تنگ جگہ یا گھاٹی سے نکلنا -

Debris (deb-ris) *n.* Wreckage ٹوٹی ہوئی لکڑی - ٹکڑے - ریزے - ملبہ -

Debt (det) *n.* Money, goods or service owing ادھار - قرض دام - قرض داری - زیر باری -

Bad debt ڈوبن کھاتا - ناممکن الوصول قرض - ڈوبنے والا قرض -

Debt of honour قرض جو قانوناً وصول نہ ہو سکے - جوئے میں ہاری ہوئی رقم - شریفانہ قرض -

National debt حکومت کا قرضہ ۔ قومی قرضہ ۔

Debtor (det-ər) *n.* One who owes money ۔ مقروض قرضدار ۔ زیر بار ۔ قرض گیرندہ ۔ مرہون منت (کاروباری حساب) قرض کا عنوان ۔

Debut (da-bu) *n.* First appearance ابتدا ۔ آغاز ۔ شروع ۔ پہلی بار حصہ لینا ۔ سوسائٹی سے تعارف ۔ ایکٹر کی پہلی ادا کاری ۔

Decade (de-kad) *n.* Set of ten دسویں برسی ۔ دس کا مجموعہ ۔ عشرہ ۔ دس برس ۔

Decadence (dek-ə-dəns) *n.* Falling down ابتری ۔ انحطاط ۔ تنزل ۔ زوال ۔

Decagon (de-kə-gon) *n.* Plane figure with ten sides دہ گوشہ ۔ دس پہلوؤں کی شکل ۔

Decalogue (de-kə-log) *n.* Ten commandments دس احکام جو شریعت موسوی کی بنیاد ہیں ۔

Decamp (di-kamp) *v.i.* Go away suddenly کوچ کرنا ۔ ڈیرہ اکھاڑنا ۔ پڑاؤ اٹھانا ۔ یک بہ یک چل دینا ۔ چمپت ہونا ۔ رفو چکر ہونا ۔

Decant (di-kant) *v.t.* Pour gradually انڈیلنا ۔ الٹنا ۔ آہستہ آہستہ ڈالنا ۔

Decanter (de-kan-tər) *n.* Stoppered glass bottle کنٹر ۔ شیشہ کی صراحی ۔ مینا ۔ شیشہ ۔

Decapitate (de-kap-i-tāt) *v.t.* Cut the head گردن مارنا ۔ قتل کرنا ۔ سر قلم کرنا ۔

Decapitation *n.* گردن مارنا ۔ قتل ۔

Decay (di-kā) *v.t., i. & n.* Loose quality زوال پذیر ہونا ۔ مرجھانا ۔ سڑنا ۔ زائل ہونا ۔ خراب ہونا ۔ زوال کا باعث ہونا ۔ گھٹنا ۔ گھٹانا ۔ زوال ۔ تنزل ۔ فرسودگی ۔ تباہی ۔ بربادی ۔ افتراق ۔ سڑے ہوئے رگ و ریشے ۔

Decease (di-ses) *v.t. & n.* Die انتقال ۔ فنا موت ۔ دنیا سے گزرنا ۔ مرنا ۔

Deceased (di-sesd) *adj.* Dead مرا ہوا شخص ۔ متوفی ۔ مردہ ۔ مرحوم ۔

Deceit (di-set) *n.* Deceiving عیاری ۔ حیلہ گری ۔ دروغ بیانی ۔ دھوکا ۔ دغا ۔ مکر ۔ فریب ۔

Deceitful *adj.* حیلہ گر ۔ دغا باز ۔ فریبی ۔ مکار ۔

Deceive (di-siv) *v.t.* Mislead مکر کرنا ۔ فریب دینا ۔ دھوکا دینا ۔ دغا بازی کرنا ۔ بھکانا ۔ مایوس کرنا ۔ نا امید کرنا ۔

Deceiver *n.* دغا باز ۔ حیلہ ساز ۔ بگلا بگھت ۔ فریبی ۔

December (de-sem-ber) *n.* Last month of year دسمبر ۔ انگریزی سال کا بارھواں مہینہ ۔

Decency (di-sen-si) *n.* Propriety of behaviour شائستگی ۔ شعور ۔ ذوق سلیم ۔ معقولیت ۔ پاس ۔ لحاظ ۔ تہذیب ۔ شرم ۔ حیا ۔ عزت ۔ آبرو ۔

Decennary (di-sen-əri) *adj. & n.* Tenth year دس برس کی مدت ۔ دسواں برس ۔

Decennial (de-seni-əl) *adj.* Of ten-year period دس برس کے بعد آنے والا ۔ دس سال کا ۔ دس سالہ ۔

Decent (de-sənt) *adj.* Respectable آبرو دار ۔ باحیا ۔ با سلیقہ ۔ معقول ۔ شائستہ ۔ مہربان ۔ غیر نکتہ چین ۔

Deception (di-sep-shən) *n.* Deceiving فریب ۔ دھوکا ۔ چال ، حیلہ سازی ۔ دھوکہ دھی ۔ دغا بازی ۔

Deceptive (di-sep-tiv) *adj.* Apt to decieve گمراہ کن ۔ فریب دہ ۔ دھوکے میں ڈالنے والی ۔

Decide (di-sīd) *v.t. & i.* Settle قرار دینا ۔ ٹھہرانا ۔ فیصلہ کا حکم دینا ۔ طے کرنا ۔ فیصلہ کرنا ۔

Decided (de-sī-dəd) *adj.* Definite اٹل ۔ مقررہ ۔ طے شدہ ۔ قطعی ۔ یقینی ۔ مصمم ۔ مستقل مزاج ۔ پس و پیش کے بغیر ۔

Deciduous (di-si-du-əs) *adj.* Fleeting, transitory سال کے بعد پتے جھاڑنے والا ۔ پت جھڑا ۔ چند روزہ ۔ عارضی ، ناپائدار ۔

Decimal (de-si-məl) *adj. & n.* Of ten or tenths عشری ۔ اعشاریہ ۔ دسواں ۔

Decimate (de-si-māt) *v.t.* Put to death one out of ten ہر دس میں سے ایک کو قتل کرنا ۔

Decimation (de-si-mā-shən) *n.* Killing one out of ten دسویں حصہ کو تباہ کرنا ۔ بڑے حصہ کو ہلاک کرنا ۔

Decipher (di-si-fer) *v.t.* Turn into ordinary writing رموزی تحریر کو پڑھنا ۔ حل کرنا ۔ مطلب نکالنا (بد خط تحریر کا) ۔

Decipherable ۔ حل کے قابل ۔ حل کئے جانے کے قابل ۔

Decision (di-sizh-ən) *n.* Resolve مستقل مزاجی ۔ ثابت قدمی ۔ قطعی رائے ۔ پکا ارادہ ۔ فیصلہ ۔

Decisive (de-sī-siv) *adj.* Conclusive ناطق ۔ قطعی ۔ فیصلہ کن ۔

Deck (dek) *n.* Wood covered platform of ship تختہ والی منزل ۔ تختہ جہاز ۔

Deck (dek) *v.t.* Furnish, cover as a deck ڈھانپنا ۔ آراستہ کرنا ۔ سنوارنا ۔ سجانا ۔ مزین کرنا ۔

Declaim (di-klam) *v.t.* & *i.* Deliver impassioned speech کلام کرنا ، جوشیلی تقریر کرنا ۔ جذباتی تقریر کرنا ۔ لمبی چوڑی ہانکنا ۔

Declaimer *n.* باتونی ۔ جذباتی تقریر کرنے والا ۔

Declamation (dek-lə-ma-shən) *n.* Impassioned speech تقریر کی مشق ۔ جذباتی تقریر ۔ تیار کی ہوئی تقریر ۔

Declamatory (di-klə-ma-təri) *adj.* Rhetorical لمبی چوڑی ۔ کھوکھلی ۔ جذباتی ۔ ہیجانی ۔

Declaration (dek-lə-ra-shən) *n.* Emphatic assertion اقرار نامہ ۔ اعلان ۔ حتمی بیان ۔ اقرار ۔ عرضی دعویٰ ۔ محصولی مال کی تفصیل ۔

Declaratory (de-klə-ra-təri) } *adj.* Stating publicly مظہر ۔ توضیحی ۔ تشریحی ۔
Declarative (de-klə-ra-tiv) }

Declare (di-klar) *v.t.* & *i.* Proclaim حکم لگانا ۔ ظاہر کرنا ۔ بیان کرنا ۔ اقرار کرنا ۔ اعلان کرنا ۔ وضاحت کرنا ۔ محصولی مال کی تفصیل بتانا ۔

Declension (di-klen-shən) Deviation from uprightness اتار ۔ نشیب ۔ زوال ۔ تنزل ۔ تعریف یا اسم کی گردان ۔

Declinable (de-klan-əbl) *adj.* Sinking, sloping نشیبی ۔ گردان کے قابل ۔ قابل تعریف ۔

Declination (dek-le-na-shən) *n.* Downward bend زوال ۔ تنزل ۔ میلان ۔ جھکاؤ ۔ نزول ۔ انحراف ۔ عرض سماوی ۔ (قطب نما) سوئی کا شمال و جنوب سے انحراف ۔

Decline (di-klīn) *v.t.* & *i.* Slope downward ڈھلوان ہونا ۔ جھکا ہوا ہونا ۔ جھکنا ۔ ڈھلنا ۔ زوال پذیر ہونا ۔ انکار کرنا ۔ رد کرنا ۔ پرہیز کرنا ۔

Decline (di-klīn) *n.* Sinking بھاؤ گرنا ۔ کساد بازاری ۔ زوال ۔ تنزل ۔ اتار ۔ کمی ۔ غروب ۔ اختتام ۔

Declivity (di-klivi-ti) *n.* Downward slope زمین کا 23½ ڈگری جھکا ہوا ہونا ۔ جھکاؤ ۔

Deocct (de-kokt) *v.t.* Extract essence by boiling جوش دینا ۔ ابالنا ۔ عرق نکالنا ۔ جوش دے کر عرق تیار کرنا ۔

Dedoction (de-kok-shən) Essence extracted کاڑھا ۔ جوش دے کر نکالا ہوا عرق ۔

Decoctable (de-kok-tə-bl) *adj.* Able to be boiled عرق نکالنے کے قابل ۔ جوش دینے کے قابل ۔

Decollate (de-kolāt) *v.t.* Behead درخت قلم کرنا ۔ گردن اڑانا ۔ سر کاٹنا ۔

Decompose (de-kom-poz) *v.t.* & *i.* Seperate into elements اجزا علیحدہ کرنا ۔ اجزا کا علیحدہ ہونا ۔ سڑنا ۔ سڑانا ۔ گلنا ۔

Decomposition *n.* کسی مرکب سے اجزا کا علیحدہ ہونا ۔ بوسیدگی ۔ روائیت ۔

Decontrol (di-kən-trol) *v.t.* & *n.* Release from control حکومت کی لگائی ہوئی قیمت اور دوسری پابندیوں کو ختم کر دینا ۔ پابندیوں کا ہٹا لینا ۔

Decorate (dek-ərāt) *v.t.* Furnish with adornment سجانا ۔ آراستہ کرنا ۔ سنوارنا ۔ آرائش کرنا ۔ اعزاز دینا ۔

Decoration (dekə-ra-shən) *n.* Adornment آرائش کا سامان ۔ آرائش ۔ زیبائش ۔ سجاوٹ ۔ تمغہ ۔ اعزازی نشان ۔

Decorous (dekə-rəs) *adj.* Decent and dignified لائق ۔ شائستہ ۔ مہذب ۔ متین ۔ معقول ۔

Decorticate (de-kor-ti-kāt) *v.t.* Remove the bark or husk from چھلکا اتارنا ۔ چھیلنا ۔ پوست دور کرنا ۔

Decorum (di-kə-rum) *n.* Propriety سلیقہ ۔ شائستگی ۔ شعور ۔ پاس و لحاظ ۔ تمیز ۔ تہذیب ۔ آداب مجلس ۔

Decoy (di-koi) *n.* & *v.t.* Enticely help of trained birds دھوکا ۔ دام ۔ پالو پرندوں کی مدد سے پرندوں کو پکڑنا ۔ فریب سے پکڑنا ۔ پالو پرند ۔ پھسلاوا ۔ ترغیب ۔ فریب ۔

Decrease (di-kris) *n.*, *v.i.* & *t.* Lessen, diminish گھاٹا ۔ تخفیف ۔ کمی ۔ کم کرنا یا ہونا ۔ گھٹنا ۔ تخفیف کرنا یا ہونا ۔

Decree (di-kre) *n.* & *v.t.* Ordinance set forth by authority حکم - فرمان - ڈگری - فیصلہ - تنسیخ نکاح کا حکم - حکم جاری کرنا - ڈگری دینا - فیصلہ سنانا -

Decrement (de-kri-mənt) *n.* Decrease, loss کمی - تخفیف - گھٹاؤ -

Decrepit (de-krep-it) *adj.* Enfeebled with age بوڑھا - ضعیف - کہن سال - نحیف - فرسودہ - خستہ حال -

Decreptitude *n.* درماندگی - خستہ حالی - کمزوری - ضعف - پیری -

Decrepitate (di-krep-i-tāt) *v.t.* & *i.* Crackle under heat معدنیات کا راکھ ہو جانا - آگ میں تڑکنا -

Decrecent (di-kres-ənt) *adj.* Waning زوال پذیر - چھوٹا ہونے والا - گھٹنے والا چاند -

Decretal (di-kre-təl) *adj.* & *n.* Popal decree پوپ کے فرامین کا مجموعہ - پوپ کا فرمان یا فتویٰ -

Decry (di-kri) *v.t.* Disparage تحقیر کرنا - مذمت کرنا - برائی کرنا - بدنام کرنا - عیب لگانا -

Decombent (di-kum-bənt) *adj.* Lying along ground گرا ہوا - زمین پر لیٹا ہوا - جھکا ہوا -

Decussate (di-kus-āt) *adj.*, *v.t.* & *i.* X shaped, intersecting کاٹنا - چیرنا - چلیپا بنانا - ایک لکیر دوسری لکیر سے کاٹنا - چلیپا کی شکل بنانا -

Dedicate (dedi-kāt) *v.t.* Devote with solemn rites چڑھاوا چڑھانا - نذر کرنا - بھینٹ چڑھانا - مذہبی کاموں کے لئے وقف کرنا - منسوب کرنا -

Dedication (dedi-kā-shən) *n.* Dedicating انتسابی کتبہ - ہدیہ - چڑھاوا - بھینٹ - نذر و نیاز -

Deduce (di-dus) *v.t.* Trace descent of persons استنباط کرنا - نتیجہ نکالنا - پیدا کرنا - حاصل کرنا - کس خاص زمانہ کے واقعات قلم بند کرنا -

Deducible *adj.* قابل استنباط - نتیجہ نکالنا

Deduct (di-dukt) *v.t.* Take away کاٹنا - وضع کرنا - تفریق کرنا - کم کرنا - گھٹانا -

Deduction (de-duk-shən) *n.* Reduction نتیجہ - قیاس - وضع شدہ رقم - تفریق - کمی -

Deductive (de-duk-tiv) *adj.* Of reasoning by deduction استنباطی - قیاسی - استخراجی -

Dee (de) *n.* D shaped instrument حروف D کی شکل کے ساز کا حلقہ -

Deed (dēd) *n.* Thing done intentionally کام - کرتوت - مہم - کردار - فعل - کار نمایاں - اصل - اصلیت - دستاویز - واقعہ - حقیقت -

Deem (dēm) *v.t.* Consider تصور کرنا - قیاس کرنا - سمجھنا - سوچنا - غور کرنا - خیال کرنا -

Deem highly of بہت اچھی رائے رکھنا -

Deep (dēp) *adj.* Going in from surface, profound عمیق - گہرا - غیر سطحی - پکا شرابی - جواری - دوربین - دلی - انتہائی محو - غرق - شدید - سنگین -

Deep-The deep (dep) *n.* The sea فکر کی گہرائی - گہرا سمندر - بحر - ساگر -

Deep (dep) *adv.* Far in بہت دور تک - حد سے زیادہ - نہایت گہری نظر سے - بہت غور سے -

Deepen (depen) *v.t.* To make deep رنج یا تکلیف بڑھانا - رنگ گہرا کرنا - شوخ رنگ دینا -

Deep laid (dep-ləd) *adj.* Well planned راسخ - دور تک - دقیق - گہرا -

Still water run deep خاموش پانی گہرا ہوتا ہے - دھیرے گھبیرے -

Deer (dēr) *n.* Common animal of forests ہرن - آہو - غزل - چکارا - مرگ -

Small deer چھوٹی چیزیں - چھوٹے جانور - چھوٹے آدمی -

Deface (di-fas) *v.t.* Disfigure بدنما کرنا - خراب کرنا - صورت یا شکل بگاڑنا - بد صورت کرنا - مٹانا - محو کرنا - کھوج نکالنا - بدنام کرنا - رسوا کرنا -

Defacement *n.* تخریب - بربادی - شکل بگاڑنا - محو کرنا - مٹانا -

Defecto (di-fak-to) *adv.* Infact بالفعل - فی الواقع - حقیقت میں - در حقیقت -

Defalcation (de-fal-kā-shən) *n.* Deficiency قصور - کوتاہی - غبن - خیانت - خرد برد -

Defamation (de-fē-mā-shən) *n.* Attack on the good name رسوائی - ہتک - ازالہ حیثیت عرفی -

Defamatory (di-fā-mā-təri) *adj.* Speaking ill of
ہتک آمیز ۔ رسوا کرنے والا ۔ بدنام کن ۔

Defame (di-fām) *v.t.* Attach the good of ۔ بدنام کرنا
تہمت لگانا ۔ نام کو بٹہ لگانا ۔ عیب لگانا ۔ رسوا کرنا ۔ ازالہ حیثیت عرفی کرنا ۔

Default (di-fawlt) *n.* Failure to act or appear
عدم ادائی ۔ عدم موجودگی ۔ عدم پیروی ۔ چوک ۔ بھول ۔ خطا ۔ تقصیر ۔ غفلت ۔

Default (di-fawlt) *v.t.* & *i.* Make, be guilty of
غفلت کرنا ۔ کوتاہی کرنا ۔ مقدمہ کی پیروی نہ کرنا ۔ رقم ادا نہ کرنا ۔ حاضر عدالت نہ ہونا ۔ پابندی نہ کرنا ۔

Defaulter (di-fawl-ter) *n.* One who fails to meet his commitment قصور وار ۔ غیر حاضر ۔ نادہند ۔ غیر حاضر شخص ۔ باقی دار ۔

Defeasance (di-fi-zəns) *n.* Rendering null and void ابطال ۔ تردید ۔ منسوخی ،

Defeasible (di-fi-zəbl) *adj.* Capable of annulment ضبطی کے قابل ۔ قابل تنسیخ ۔

Defeat (di-fēt) *n.* & *v.t.* Frustration, overthrow
مغلوب کرنا ۔ ہرانا ۔ ہزیمت دینا ۔ اکارت کرنا ۔ بیکار کرنا ۔ توڑنا ۔ باطل کرنا ۔ ناکام بنانا ۔ برباد کرنا ۔ رائگاں کرنا ۔ مٹانا ۔ محو کرنا ۔ منسوخ کرنا ۔ مات ۔ ہار ۔ شکست ۔ ہزیمت ۔ زک ۔

Defeatism (de-fet-izm) *n.* Conduct tending to bring about acceptance of defeat شکست پسندی ۔ احساس کمتری و کمزوری ۔

Defecate (defi-kāt) *v.t.* Refine ۔ تلچھٹ دور کرنا
نتھارنا ۔ صاف کرنا ۔ میل یا گناہوں وغیرہ سے صاف کرنا ۔

Defect (di-fekt) *n.* Short-coming خامی ۔ کسر ۔
کوتاہی ۔ نقص ۔ عیب ۔ کھوٹ ۔

Defection (de-fek-shən) *n.* Desertion ۔ ارتداد
انحراف ۔ سرتابی ، برگشتگی ۔

Defective (di-fek-tiv) *adj.* Faulty ۔ عیب دار ۔ کھوٹا
نا تمام ۔ ادھورا ۔ غیر مکمل ۔ ناقص ۔

Defence (di-fens) *n.* Resistance پناہ ۔ دفاع ۔
حفاظت ۔ بچاؤ ۔ قلعہ بندی ۔ مورچہ ۔ جواب دعویٰ ۔ حمایت ۔ توجیہ ۔

Best defence in offence حملہ کرنا مدافعت کی بہترین صورت ہے ۔

Defend (di-fend) *v.t.* & *i.* Ward off attack
حملہ روکنا ۔ بچاؤ کرنا ۔ بچانا ۔ حفاظت کرنا ۔ مقابلہ کرنا ۔ سامنا کرنا ۔ سہارا دینا ۔ دست گیری کرنا ۔ طرف داری کرنا ۔ عذر داری کرنا ۔ صفائی پیش کرنا ۔

Defendant (de-fen-dənt) *n.* Person sued in law court جواب دہ ۔ مدعا علیہ ۔

Defender (de-fen-dər) *n.* One who defends
حمائتی ۔ طرفدار ۔ دستگیر ۔ ناصر ۔ حامی ۔

Defensible (de-fen-səbl) *adj.* Justifiable حفاظت پذیر ۔ قابل جواب دہی ۔ قابل تائید ۔

Defensive (de-fen-siv) *adj.* & *n.* Protective
محافظانہ ۔ مدافعانہ حالت ۔ مدافعانہ ۔

Defer (di-fər) *v.t.* & *i.* Put off ۔ لیت و لعل کرنا
ملتوی کرنا ۔ تاخیر کرنا ۔ ٹالنا ۔ دیر کرنا ۔ تسلیم کرنا ۔ مان لینا ۔ پاس یا لحاظ کرنا ۔

Deference (de-fər-əns) *n.* Respect قدر ۔ تعظیم ۔
لحاظ ۔ پاس یا ادب ۔

Deferential *adj.* بڑوں کا ادب کرنے والا ۔ با ادب ۔

Defiance (di-fi-əns) *n.* Open disobedience ۔ نافرمانی
دھمکی ۔ سرکشی ۔ عدول حکمی ۔ کھلم کھلا گستاخی ۔ دعوت مقابلہ ۔

Defiant (de-fi-ənt) *adj.* Disobedient متمرد ۔ دلیر ۔
نڈر ۔ سرکش ۔ گستاخ ۔

Deficiency (de-fish-ən-si) *n.* Faultiness خسارہ ۔
قلت ۔ نقص ۔ کسر ۔ کوتاہی ۔ کمی ۔

Deficient (di-fish-ənt) *adj.* Falling short of standard گھٹیا ۔ ادھورا ۔ نا مکمل ۔ نا تمام ۔

Deficit (defi-sit) *n.* Excess of liabilities over assets کمی ۔ گھاٹا ۔ خسارہ ۔ فاضل خرچ ۔

Defile (di-fīl) *n.*, *v.t.* & *i.* Make dirty ۔ گھاٹی
ایسا راستہ جس پر ایک قطار ہی میں چل سکتے ہیں ۔ تنگ گھاٹی ۔ گدلا یا میلا کرنا ۔ گندہ کرنا ۔ کیچڑ بھرنا ۔ بے حرمتی کرنا ۔ ناپاک کرنا ۔ قطار میں چلنا ۔ صف باندھ کر چلنا ۔

Defilement (de-fil-ment) *n.* Corruption, pollution
آلودگی ۔ نجاست ۔ ناپاکی ۔ گندگی ۔ غلاظت ۔ آلائش ۔

Define (di-fīn) *v.t.* Make clear تعریف کرنا ۔ حد بندی کرنا ۔ حد قائم کرنا ۔ واضح کرنا ۔ تصریح کرنا ۔ توضیح کرنا ۔ صراحت کرنا ۔

Definable *adj.* تعریف و تشریح کے قابل ۔ صراحت کے قابل ۔ حد بندی کے قابل ۔

Definite (de-fi-nit) *adj.* With exact limit واضح ۔ حد بندی کیا ہوا ۔ قطعی ۔ روشن ۔ غیر مبہم ۔

Definitely *adv.* بالکل ۔ قطعاً ۔ صاف طور پر ۔ واضح طور پر ۔

Definition (de-fi-ni-shən) *n.* Stating precise nature of a thing صفت ۔ خاصیت ۔ تعریف ۔ حد الفاظ ۔ نمایاں حالت ۔ وضاحت ۔

Definitive (di-fi-ni-tiv) *adj.* Decisive محدود کرنے والی صفت ۔ ناطق ۔ قطعی ۔ فیصلہ کن ۔

Deflate (di-flāt) *v.t.* Let inflating air out پھولی ہوئی چیز کی ہوا نکالنا ۔ گری ہوئی قیمت کو اوپر لے جانا ۔ اصل قیمت پر لے جانا ۔

Deflect (di-flekt) *v.t. & i.* Bend aside or down خم کرنا ۔ موڑنا ۔ کجروی اختیار کرنا ۔ گمراہ ہو جانا یا کرنا ۔

Deflection (di-flek-shən) *n.* Deviation کجروی ۔ گمراہی ۔ کجی ۔ جھکاؤ ۔ موڑ ۔ جہاز کا سیدھے راستے سے ہٹ جانا ۔ شعاع کا پھیلنا ۔ سوئی کا مرکزی نقطہ سے انحراف ۔

Deflower (di-flow-er) *v.t.* Deprive of virginity کنوار پن ختم کرنا ۔ ازالہ بکر کرنا ۔ زنا بالجبر کرنا ۔ بے آبرو کرنا ۔ تاخت و تاراج کرنا ۔ لوٹنا ۔

Deforest (de-for-ist) *v.t.* Disforest دیکھو ۔

Deform (di-form) *v.t.* Make ugly بد نما کرنا ۔ صورت بگاڑنا ۔ بد شکل کرنا ۔

Deformation (di-for-mā-shən) *n.* Disfigurement تنزل ۔ خرابی ۔ بگاڑ ۔ بد صورتی ۔ لفظ کی بگڑی ہوئی صورت ۔

Deformity (de-for-miti) *n.* Ugliness ۔ عیب ۔ بد صورتی ۔ بد نمائی ۔

Defraud (di-frawd) *v.t.* Chat ٹھگنا ۔ حق مارنا ۔ حق تلفی کرنا ۔ فریب دینا ۔

Defray (di-frā) *v.t.* Settle خرچ اٹھانا ۔ خرچ ادا کرنا ۔ حساب چکانا ۔

Deft (deft) *adj.* Skilful کاریگر ۔ سبک دست ۔ ہوشیار ۔ چالاک ۔

Deftly *adv.* ہاتھ کی صفائی سے ۔ چالاکی سے ۔ ہوشیاری سے ۔

Deftness *n.* ہاتھ کی صفائی ۔ ہوشیاری ۔ چالاکی ۔

Defunct (di-fungkt) *adj.* No longer existing مرا ہوا ۔ متوفی ۔ مرحوم ۔

Defy (di-fī) *v.t.* Challenge to fight کسی بات کا آرن دینا ۔ مقابلہ کرنا ۔ خم ٹھونکنا ۔ للکارنا ۔ خاطر میں نہ لانا ۔ طاقت یا امکان سے باہر ہونا ۔

Degenerate (di-jen-ər-it) *adj. & n.* Sunk from former excellence نا خلف ۔ ذلیل ۔ کمینہ ۔ خستہ حال ۔ جانور جو اپنی نسل کی خوبیاں کھو بیٹھے ۔

Degeneracy *n.* کمی ۔ کم ہمتی ۔ خفت ۔ ابتذال ۔ تنزل ۔ انحطاط ۔

Degenerate (di-jen-ər-it) *v.i.* Become ignoble روبہ تنزل ہونا ۔ اخلاق خراب ہو جانا ۔ شرافت کھو دینا ۔ خستہ حال ہونا ۔ ذلیل ہونا ۔ نسل بگاڑنا ۔

Degeneration (di-jen-ər-a-shən) *n.* Become degenerate خواری ۔ ذلت ۔ پستی ۔ بگاڑ ۔ ابتری ۔ انحطاط ۔ ہیٹا پن ۔

Deglutinate (di-gloo-ti-nāt) *v.t.* Separate ۔ چھڑانا ۔ جدا کرنا ۔ چمٹی ہوئی چیزوں کو چھڑانا ۔ الگ کرنا ۔

Degradation (də-gra-da-shən) *n.* Demotion, reduction رسوائی ۔ ذلت ۔ معزول ۔ تنزل ۔ گھٹاؤ ۔

Degrade (di-grāde) *v.t.* Reduce to lower rank کم رتبہ کرنا ۔ درجے سے اتارنا یا گھٹانا ۔ تنزل کرنا ۔ برخاست یا بر طرف کرنا ۔ اصالت ۔ شرافت کھو دینا ۔ بگاڑنا ۔ ذلیل کرنا ۔

Degree (di-gre) *n.* Academic rank, step سیڑھی کا ڈنڈا ۔ پایہ ۔ منزل ۔ درجہ ۔ واسطہ ۔ حیثیت ۔ رتبہ ۔ حد ۔ سند ۔ اعزازی سند ۔ دائرہ کا تین سو ساٹھواں حصہ ۔ پیمانہ ۔ حرارت کی اکائی ۔

Deification (de-fi-kə-shen) *n.* Worshipping معبودیت ۔ خدائی درجہ ۔ پرستش

Deify (di-fī) *v.t.* Regard as a good معبود ٹھہرانا ۔ خدا کا درجہ دینا ۔ خدا بنانا ۔ پوجنا ۔ دیوتا کی طرح پوجا کرنا ۔ خدا سمجھنا ۔

Deign (dān) *v.t.* & *i.* Think fit فروتنی دینا - عنایت کرنا - از راہ نوازش دینا - مناسب سمجھنا -

Deism (de-izm) *n.* Belief without accepting revelation عقیدہ جس کا ماننے والا خدا کا قائل اور منکر وحی ہوتا ہے - مذہب فطرت - الحاد -

Deist (deist) *adj.* Unitarian دین فطرت کا معتقد - اللہ کو ماننے اور رسول کو نہ ماننے والا موجد -

Deity (deit-i) *n.* Divine status دیوتائی - خدائی - دیوی - دیوتا - اللہ -

Deject (di-jekt) *v.t.* Depress شکستہ خاطر کرنا - مبادل کرنا - رنجیدہ کرنا - آزردہ کرنا - اداس کرنا -

Dejection (di-jek-shən) *n.* Depression آزردگی - پس ماندگی - ملال - اداسی -

Dejecta *n.* گوبر - پاخانہ - بول و براز -

Dejeuner (di-zhonā) *n.* Breakfast, lunch - چاشت ناشتہ - نہاری -

Dejure (de-joo-ri) *adj.* & *n.* By right - ازروئے قانون - قانوناً -

Delate (di-lāt) *v.t.* Inform against مجرم ٹھہرا کر عدالت میں پیش کرنا - جرم کی اطلاع دینا - مخبری کرنا -

Delation *n.* الزام - جرم کی اطلاع - مخبری -

Delay (di-lā) *v.t, i.* & *n.* Postpone - ملتوی رکھنا - سستی کرنا - برآئندہ کرنا - تاخیر کرنا - توقف کرنا - کھٹائی میں ڈالنا - انتظار کرنا - باز رکھنا - مزاحم ہونا - دیر - تاخیر - التوا -

Dele (de-le) *n.* Printing direction - مٹانا - کاٹنا - قلم زد کرنا - کسی حرف یا عبارت کو مٹانے کی یہ علامت D تا Dele حاشیہ پر بنائی جاتی ہے - جو Delete کی مخفف ہے -

Delectable (di-lekt-əbl) *adj.* Delightful - دلپسند خوش آئند - سہانا - خوشگوار - فرحت بخش - مرغوب -

Delectation (de-lekt-əshən) *n.* Enjoyment - حظ لطف - مزا - دلچسپی - تفریح -

Delegate (deli-gat) *n.* Elected or selected representative for a conference - ایلچی - سفیر - منتخب نمائندہ - مندوب -

Delegate (del-i-gāt) *v.t.* Depute - اختیارات دینا - نمائندہ بنا کر بھیجنا - ایلچی یا سفیر بنا کر بھیجنا - تفویض کرنا - سپرد کرنا -

Delegation (del-e-gā-shən) *n.* Entrusting of authority to a body of delegate اختیارات کی سپردگی - جماعت نمائندگان - جماعت مندوبین -

Delete (di-let) *v.t.* Strike-out - مٹانا - محو کرنا - قلم زد کرنا - قطع کرنا - خارج کرنا -

Deleterious (del-i-teri-əs) *adj.* Injurious - مخرب نقصان رساں - مہلک - زہریلا - مضر -

Delf (t) (delf) *n.* Glazed earthenware ایک قسم کا مٹی یا چینی کا برتن - پہلے یہ ہالینڈ کے شہر ڈلف میں بنتے تھے -

Deliberate (di-libər-at) *adj.* Intentional غور کیا ہوا - ارادی - بالارادہ - سوچ بچار کیا ہوا - سوچ سمجھ کر فیصلہ کرنے والا - محتاط -

Deliberately *adj.* دیدہ و دانستہ - جان بوجھ کر - سوچ سمجھکر - قصداً - ارادتاً -

Deliberation (de-libər-a-shən) *n.* Careful consideration غور فکر - سوچ بچار - سمجھ بوجھ - بحث مباحثہ - استدلال - احتیاط - اطمینان -

Delicacy (del-i-ke-si) *n.* Choice kind of food نفیس غذا - اچھا کھانا - نفاست - نزاکت - لطافت - نازک بات - نکتہ - باریکی - دوسروں کے جذبات کا احترام - حیا - پاکیزگی -

Delicate (deli-kit) *adj.* Delightful - نازک - باریک رقیق - لطیف - نفیس - لذیذ - مرغوب - نازوں کا پلا ہوا - عیش پسند - دبلا پتلا - نرم - ملائم - استادانہ - باریک کام کا - احتیاط طلب - باحیا - پاکیزہ -

Delicately *adv.* نفاست سے - ملائمت سے - ماہرانہ طور پر - پاکیزگی سے - نزاکت سے -

Delicious (di-li-shəs) *adj.* Highly delightful - لذیذ لطیف - نفیس - مزیدار - خوش ذائقہ - مرطوب خوش گوار -

Delight (di-līt) *v.t, i.* & *n.* Please highly - پسند آنا خوش کرنا - محظوظ کرنا - مسرور ہونا - خوش ہونا - خوشی - خرمی - سرور - حظ فرحت

Delightful *adj.* - مسرت بخش - دلکش - خوش آئند - مسرت افزا - دلچسپ -

Delimit (de-lim-it) *v.t.* Determine limits سرحد مقرر کرنا ۔ حدبندی کرنا ۔ حد مقرر کرنا ۔

Delineate (di-lin-i-et) *v.t.* Show by drawing نقشہ کھینچنا ۔ خاکہ اتارنا ۔ شبیہہ اتارنا ۔ بیان کرنا ۔ ذکر کرنا ۔

Delineation *n.* شبیہہ ۔ بیان ۔ روداد ۔ نقشہ ۔ خاکہ ۔

Delinquent (di-ling-kuənt) *adj.* Guilty ۔ عاصی گنہگار ۔ مجرم ۔ قصور وار ۔

Deliquescent (del-i-kwes-ənt) *adj.* Melting ہوا کی رطوبت سے گھلنے والا ۔ پتلا ۔ رقیق ۔

Delirious (del-iriəs) *adj.* Raving بے ہوش ۔ حواس باختہ ۔ مسلوب الحواس ۔ ہذیانی ۔

Delirium (dele-ri-em) *n.* Disordered state of mind بے ہوشی ۔ سرسام ۔ حالت غشی یا دیوانگی ۔ سراسیمگی ۔ اضطراب ۔

Deliver (deliv-ər) *v.t.* Rescue, save ۔ نجات دینا چھٹکارا دینا ۔ رہا کرنا ۔ آزاد کرنا ۔ جننا ۔ پیدا کرنا ۔ سونپنا ۔ حوالے کرنا ۔ سپرد کرنا ۔ تفویض کرنا ۔ دست بردار ہونا ۔ ترک کرنا ۔ خطوط تقسیم کرنا ۔ بولنا ۔ تقریر کرنا ۔ پھینکنا ۔ گیند پھینکنا ۔

Deliverance (de-liv-ərəns) *n.* Rescue ۔ بریت ۔ نجات خلاصی ۔ چھٹکارا ۔

Delivery (de-liv-əni) *n.* Child birth ۔ سپردگی پیدائش ۔ ولادت ۔ وضع حمل ۔ حوالگی ۔ پٹھ کی تقسیم ۔ لجہ ۔ بولنے کا ڈھنگ ۔ گیند کا پھینکنا (کرکٹ) ۔

Dell (del) *n.* A small hollow or valley ۔ خندق کھڈ ۔ وادی ۔ گھاٹی ۔

Delta (del-ta) *n.* Triangular alluvial tract at the mouth of river ۔ △ یونانی ابجد کا حرف یہ شکل تکونی زمین جو کسی دریا کے دہانے پر بن گئی ہو ۔ ڈیلٹا ۔

Deltoid (del-təid) *adj.* Triangular تکونیا ۔ یونانی تکنی حرف جیسا ۔ مثلث نما ۔

Delude (dil (y) ood) *v.t.* Decieve ۔ فریب دینا بھٹکانا ۔ دھوکا دینا ۔ بھکانا ۔ جھانسا دینا ۔ مغالطہ دینا ۔ سبز باغ دکھانا ۔

Deluge (del-ūj) *n.* & *v.t.* The great flood طوفان نوح ۔ طوفان ۔ سیلاب ۔ طغیانی ۔ سخت بارش ۔ الفاظ کا طوفان ۔ ڈبونا ۔ غرق کرنا ۔ بھرمار کرنا ۔

Delusion (del (y) oozhən) *n.* False impression سراب ۔ وسوسہ ۔ وہم ۔ خیال خام مغالطہ ۔ دھوکا ۔ فریب ۔ دغا ۔

Delusive (del (y) oosiv) *adj.* Deceptive ۔ مانوس کن پرفریب ۔ دھوکا میں ڈالنے والا ۔ بے اصل ۔ غیر حقیقی ۔ وہمی ۔

Delve (delv) *v.t., i.* & *n.* Dig ۔ پھاوڑے سے کھودنا کھودنا ۔ تاریخی دستاویزات کا مطالعہ کرنا ۔ چھان بین کرنا ۔ نشیب غار ۔ گڑھا ۔

Demagnetize (di-mag-nit-īz) *v.t.* Deprive of magnetic quality مقناطیسی اثر دور کرنا ۔

Demagogue (dem-ə-gog) *n.* Popular leader فتنہ انگیز خطیب ۔ بازاری لیڈر ۔ ہردلعزیز ۔

Demand (di-mand) *v.t.* Ask for as a right مطالبہ کرنا ۔ طلب کرنا ۔ چاہنا ۔ مانگنا ۔ تقاضا کرنا ۔ ضرورت رکھنا ۔ مقتضی ہونا ۔ دریافت کرنا ۔ سوال کرنا ۔ اصرار سے پوچھنا ۔

Demand (di-mand) *n.* Asking for a thing as a right مطالبہ ۔ مانگ ۔ خواہش ۔ استدعا ۔ تقاضا ۔ جس چیز کا مطالبہ یا تقاضا کیا جائے ۔

Demarcation (de-mar-kā-shən) *n.* Marking of boundary انتہا ۔ حد ۔ کنارا ۔ حدبندی ۔ احاطہ

Demarcate (di-markāt) *v.t.* Mark bounds of حصہ لگانا ۔ حدیں لگانا ۔ حدبندی کرنا ۔ حد مقرر کرنا ۔ حدود کا تعین کرنا ۔

Demean (di-mēn) *v.t.* Lower in dignity ۔ گھٹانا خوار کرنا ۔ قدر گھٹانا ۔ ذلیل کرنا ۔

Demeanour (di-men-ər) *n.* Outward behaviour وضع ۔ طریق ۔ طور ۔ ڈھنگ ۔ چلن ۔ برتاؤ ۔ سلوک ۔ روش ۔

Dement (di-ment) *v.t.* Drive mad ۔ مجنوں بنا دینا پاگل بنانا ۔ دیوانہ کرنا ۔

Dementate (di-men-tāt) *v.t.* Make crazy دیوانہ کرنا ۔ پاگل بنانا ۔

Demerit (di-mer-it) *n.* Fault, defect ۔ قصور ۔ خطا نقص ۔ خرابی ۔ نالائقی ۔ عیب ۔

Demesne (di-mān) *n.* Possession of property as one's own, state territory قبضہ مالکانہ - مقبوضہ جائیداد - علاقہ - ملک - محروسہ اراضی -

Demi (dem-i) Prefix half size, half ادھورا ناتمام - آدھا - نصف -

Demigod (demi-god) *n.* Partly divine-being وہ سورما جو دیوتا کی طرح مانے جاتے ہیں - نیم دیوتا - (جو دیوتا اور انسان کی اولاد ہو) -

Demise (di-mīz) *n.* & *v.t.* Death انتقال - رحلت - مرگ - وفات - موت - جائیداد ہبہ کرنا - ہبہ - انتقال خطاب و جائیداد -

Demit (di-mit) *v.t.* & *i.* Resign دست بردار ہونا - استعفیٰ دینا -

Demob (di-mob) / **Demobilize** (di-mob-līz) } *v.t.* Disband فوجی خدمت سے سبکدوش ہونا - فوجی خدمت سے آزاد کیا جانا -

Democracy (di-mok-rasi) *n.* Direct or representative government جمہوریت - جمہوری حکومت - عوامی راج -

Democrat (dimo-krat) *n.* Member of, advocate of democratic party جمہوری حکومت کا حامی - جمہوری جماعت کا رکن -

Democratism *n.* جمہوریت کی حمایت - جمہوریت پسندی -

Demolish (dimol-ish) *v.t.* Pull or throw down زمین کے برابر کرنا - گرانا - منہدم کرنا - ملیا میٹ کرنا - دھجیاں اڑانا -

Demolition اتلاف - بگاڑ - انہدام -

Demon (de-mon) *n.* Spirit, ghost دیو - بھوت پریت - جن - شیطان - بے رحم ظالم شخص - بری عادت - بری خواہش -

Demonetization (de-mon-itī-za-shən) *n.* Depriving metal of its status as money سکہ زر کو غیر مروجہ قرار دینا - زر کا رواج بند کر دینا - سکہ زر کا چلن بند کر دینا -

Demonetize (de-mon-i-tīz) *v.t.* Deprive metal of its status معدنی سکہ مسدود کرنا - سکہ زر کا چلن بند کرنا -

Demoniac-nic (di-mon-i-ək) *adj.* & *n.* Possessed by an evil spirit آسیب زدہ شخص - بھوت کا ستایا ہوا - شیطانی - بلا کا چست چالاک - بھوت -

Demonstrable (de-mən-str-əbl) *adj.* Capable of being shown جو دکھایا جا سکے - قابل اثبات مشاہدہ پذیر -

Demonstrate (de-men-strāt) *v.t.* & *i.* Prove the truth واضح کرنا - ثابت کرنا - بتلانا - بیان کرنا - ظاہر کرنا - مثالوں سے سمجھانا - دکھانا -

Demonstration (de-men-strā-shən) *n.* Logical proving اثبات - دلالت - ثبوت - دلیل - مثالوں کے ذریعے تعلیم - مظاہرہ - قومی یا فوجی نمائش -

Demonstrative (de-men-stra-tiv) *adj.* Logically conclusive قاطع - مدلل - مثبت - مظاہرہ پسند - جو جذبات کا اظہار کرتا ہو - اشارے کرنے والا -

Demonstrator (de-men-strā-tər) *n.* One who demonstrates معمل خانے میں تجربات کرنے والا - مثال اور عمل تجربوں سے تعلیم دینے والا - معلم سائنس کا مدد گار -

Demoralization (de-mor-əli-zā-shən) *n.* Destruction of descipline اخلاق ابتری - نظم و ضبط کا بگاڑ - بد اخلاقی - بد اطواری - فوج میں نظم و ضبط کا فقدان -

Demoralize (de-mor-ə-līz) *v.t.* Corrupt morals بگاڑنا - اخلاق خراب کرنا - فوج کا نظم تباہ کرنا - بد دل کرنا - ہمت پست کرنا -

Demulcent (di-muls-ənt) *adj.* & *n.* Soothing نرم کرنے والی - تسکین دہ (دوا) -

Demur (di-mur) *v.i.* & *n.* Raise objections تامل کرنا - پس و پیش کرنا - اعتراض کرنا - تاخیر کرنا - اعتراض - شک و شبہ - پس و پیش -

Demurrant *adj.* پس و پیش کرنے والا - تامل کرنے والا - معترض -

Demure (di-mur) *adj.* Sober, grave مطمئن - متین - سنجیدہ -

Demurely (di-mur-li) *adv.* Gravely شرم سے - متانت سے - سنجیدگی سے -

Demurrage (di-mur-əg) *n.* Amount payable for over staying of a ship in the dock تاوان جو جہاز کو وقت مقررہ سے زائد ٹھہرنے پر ادا کرنا پڑتا ہے - ٹھہرنے کا ہرجانہ - تاوان - خسارہ - ہرجانہ -

Demy (di-mi) *n.* Size of paper - تقطیع - کاغذ کی ناپ - ماڈرن کالج آکسفورڈ کا طالب علم -

Den (den) *n.* Cave - آمد و رفت کی جگہ - چوروں کا اڈا - اکھاڑہ - غار - خلوت خانہ - جنگلی جانوروں کا مسکن -

Denationalize (de-na-shən-ə-līz) *v.t.* Deprive an institution of its position as a national property کسی قوم کی خصوصیت زائل کرنا - قومی ملکیت سے خارج کرنا - قومیت سے خارج کرنا - کسی ادارے کو قوم کی ملکیت نہ رہنے دینا -

Denaturalize (de-natu-rə-līz) *v.t.* Change nature of فطرت تبدیل کرنا - غیر فطری بنا دینا - کسی ملک کی شہریت سے محروم کر دینا -

Denature (de-nat-yər) *v.t.* Change nature of essential qualities خلاف فطرت بنانا - خصوصیات تبدیل کر دینا -

Dendriform (den-dri-form) *adj.* Tree like (stones) درختوں کی شکل کے (پتھر) درخت آسا - شجر پیکر -

Dendrology *n.* درختوں کا علم - علم اشجار - حجری اشجار کا علم - اشجار کی ساخت کا علم -

Dengue (deng-oa) *n.* Infectious eruptive fever ایک قسم کا بخار - لال بخار - بخار جس میں جوڑوں میں سخت درد ہوتا ہے -

Deniable (di-nī-əbl) *adj.* That one can deny قابل تردید - قابل انکار -

Denial (di-nī-el) *n.* Refusal of request - رد نفی - نامنظوری - انکار -

Denizen (de-ni-zn) *n.* Occupant - شہری - باشندہ - رہنے والا - اجنبی لفظ - پودا یا جانور جو ملکی بن گیا ہو - اجنبی کو ملکی حقوق ملنا -

Denominate (di-no-mi-nāt) *v.t.* Give name to پکارنا - ملقب کرنا - نام رکھنا - نامزد کرنا -

Denomination (di-nomi-nā-shən) *n.* Designation لقب - اسم - نام رکھنا - نام دینا - عرفیت - نوعیت - قسم ذات - فرقہ - مذہب - گروہ -

Denominative (di-nomi-nā-tiv) *adj.* Giving a name اسمی - تسمیے کا -

Denominator (di-nome-nā-tər) *n.* Number below the line in vulgar fraction نام رکھنے والا - (ریاضی) نسب نما -

Denote (di-not) *v.t.* Indicate جتانا - بتانا - دلالت کرنا - ظاہر کرنا - علامت ہونا - لقب ہونا - نام ہونا -

Denounce (di-now-ns) *v.t.* Inform against کھلم کھلا الزام دینا - انتقام کی پیش گوئی کرنا - معاہدہ کے اختتام کا اعلان کرنا - مخبری کرنا - ملامت کرنا -

Dense (dens) *adj.* Crowded together - ٹھوس - گاڑھا - گھنا - منجمد - بیوقوف - احمق - کند ذہن -

Density (den-si-ti) *n.* Closeness of substance کثافت - گاڑھا پن - گھنا پن - بیوقوفی -

Dent (dent) *v.t.* & *n.* Surface impression from a blow پچک جانے کا نشان - سطحی نشان جو کسی کند آلے سے لگایا جائے - نشان ڈالنا -

Dental (den-təl) *adj.* Of tooth, teeth - دندانی - دندان سازی کے متعلق - دانتوں کے متعلق -

Dentate (den-tāt) *adj.* Toothed - دندانی - ستانی - دندانہ دار -

Dentiform دانتوں کی طرح - دندان آسا -

Dentifrice (den-ti-fris) *n.* Powder, paste for tooth cleaning سنون - مسی - منجن -

Dentist (den-tist) *n.* One who treats diseases of teeth دندان ساز - دانت نکالنے اور بنانے والا - دانتوں کا ڈاکٹر -

Dentistry - دندان سازی - دانت بنانے یا لگانے کا پیشہ

Dentition (den-ti-shən) *n.* Cutting of teeth, teething - دانت نکلنا - دانت اُبھرنا اور دکھائی دینا

Denture (den-chur) *n.* Set of artificial teeth مصنوعی دانتوں کا چوکا -

Denude (di-nūd) *v.t.* Make naked کنگال کرنا - کپڑے اتارنا - برہنہ کرنا - ننگا کرنا - چٹان وغیرہ پر سے مٹی یا خس و خاشاک ہٹانا -

Denudation *n.* - برہنگی - عریانی

Denudative *adj.* - برہنہ کرنے والا - عریاں کرنے والا

Denunciation (di-nun-siə-shən) *n.* Invective ملامت گالیوں کی بوچھاڑ - بد زبانی - دھمکی - الزام - مخبری - معاہدہ کے اختتام کا اعلان -

Denunciative, Denunciatory - دشنام آمیز - ملامت آمیز

Deny (di-nī) *v.t.* Declare untrue تردید کرنا - نفی کرنا - انکار کرنا - درخواست نامنظور کرنا - قبول نہ کرنا -

Deodar (de-o-dar) *n.* Himalayan cedar ایک قسم کا جنگلی درخت - دیو دار -

Deontology (de-on-to-ləji) *n.* Science of duty, ethics فلسفہ اخلاق - علم الاخلاق - اخلاقیات -

Deontologist *n.* علم الاخلاق کا جاننے والا - فلسفہ اخلاق کا عالم - ماہر اخلاقیات -

Depart (di-pärt) *v.t.* & *i.* Go away وداع ہونا - رخصت ہونا - روانہ ہونا - چلے جانا - تشریف لے جانا - مرنا - فوت ہونا - انتقال کرنا - منہ پھیرنا - پیٹھ دکھانا - انحراف کرنا -

Departed (di-pär-td) *adj.* & *n.* By gone - فوت شدہ مرحوم - گزشتہ - گزرا ہوا -

Department (di-pärt-ment) *n.* Administration branch صیغہ - محکمہ - سرشتہ - ضلع - علاقہ -

Departmental - سرشتہ داری - محکمے سے متعلق -

Departmentally - محکمہ دارانہ - قواعد محکمہ کے مطابق -

Departure (di-part-yər) *n* Deviation, going away رخصت - روانگی - انحراف - رحلت - مرگ - موت - انتقال - گمراہی - تجاوز - کنارہ کشی - گریز -

Depasture (di-päs-tyər) *v.t.* & *i.* Graze مویشیوں کا چرنا - چرانا - چارہ مہیا کرنا -

Depauperate (di-paw-pə-rət) *v.t.* Impoverish اخلاق بگاڑنا - غریب کرنا - محتاج بنانا - مفلس کرنا -

Depauperation *n.* - تخریب اخلاق - مفلسی -

Depauperize (di-paw-pə-riz) *v.t.* Raise from pauperizm نادارى سے نجات دلانا - افلاس کے پنجے سے چھڑانا -

Depend (di-pend) *v.i.* Rest for maintenance منحصر ہونا - بھروسہ رکھنا - موقوف ہونا - امید رکھنا - آسرا رکھنا -

Depend upon it - آپ یقین رکھئے -

Dependable (di-pend-əbl) *adj.* Reliable اعتبار کے قابل - بھروسہ کے قابل - قابل اعتماد -

Dependant (di-pend-ənt) *n.* One who depends on another - ماتحت - تابع - دست نگر - ملازم - نوکر -

Dependence (di-pen-dens) *n.* Reliance - آسرا - سہارا تکیہ - رابطہ - لگاؤ - تعلق - انحصار - دارو مدار - اطاعت - تابعداری - فرمانبرداری -

Dependency (di-pen-densi) *n.* Something subordinate ماتحتی - تابعداری - انحصار - محکوم علاقہ یا ملک -

Dependent (di-pen-dent) *adj.* Subordinate, subject وابستہ - ماتحت - زیر حکم - تابع - محتاج -

Dephosphorize (di-fos-fo-riz) *v.t.* Remove phosphorus from فاسفورس دور کرنا - فاسفورس علیحدہ کر دینا -

Depict (di-pikt) *v.t.* Represent in colours, describe تصویر یا نقشہ بنانا - صورت یا روپ اتارنا - بیان کرنا - الفاظ میں تصویر کھینچنا - سماں باندھنا -

Depiction *n.* بیان - تصویر کشی - مصوری -

Depicture (de-pik-tər) *v.t.* Picture, depict بیان کرنا - نقل کرنا - نقشہ اتارنا - تصویر کھینچنا -

Depilate (de-pi-lāt) *v.t.* Remove hair from بال صاف کرنا - بال دور کرنا - بال اڑانا -

Depilation *n.* بال صفا کرنا - بال کی صفائی -

Depilatory *adj.* بال دور کرنے والی دوا - بال صفا -

Deplenish (di-ple-nish) *v.t.* Exhaust - ختم کر دینا خالی کرنا - ذخیرے کو ختم کر دینا -

Deplete (di-plet) *v.t.* Relieve of congestion ختم کر دینا - خالی کرنا - خون نکالنا - انجماد خون کا ازالہ کرنا - خرچ کر دینا -

Depletion *n.* انجماد خون کا ازالہ - خون کا اخراج -

Depletive / **Depletory** } خالی کرنے والا - خون نکالنے والا -

Deplore (di-plōr) *v.t.* Grieve over - ماتم کرنا تاسف کرنا - افسوس کرنا - حیا اور غصے سے مغلوب ہو جانا -

Deplorable *adj.* - قابل رحم - شرمناک - افسوسناک

Deploy (di-ploi) *v.t., i. & n.* Spread out troops میدان میں لڑائی کے لیے صف بندی کرنا ۔ صفیں قائم کرنا ۔ کام میں لانا ۔ کارگزاری دکھانا ۔

Deployment *n.* میدان جنگ میں فوج کی ترتیب ۔ صف بندی ۔ صف آرائی ۔

Deplume (di-ploom) *v.t.* Pluck feathers پر اکھاڑ دینا ۔ بے بال و پر کرنا ۔

Depone (di-pon) *v.i.* Appear as witness تصدیق کرنا ۔ اظہار دینا ۔ شہادت دینا ۔ گواہی دینا ۔

Deponent (di-pon-ənt) *adj. & n.* Person making deposition under oath وہ فعل جو صورت میں فعل مجہول اور معنی کے لحاظ سے معروف ہو ۔ حلفیہ اظہار دینے والا ۔ گواہ ۔

Depopulate (di-popu-lət) *v.t. & i.* Reduce population of ویران کرنا ۔ اجاڑنا ۔ غیر آباد کرنا ۔ تباہ کرنا ۔ آبادی گھٹ جانا ۔

Depopulation *n.* آبادی میں کمی ۔ آبادی کا خاتمہ ۔ ویرانی ۔ بربادی ۔

Deport (di-pōrt) *v.t.* Banish دیس نکالا دینا ۔ جلا وطن کرنا ۔ شہر بدر کرنا ۔ طریقہ یا ڈھنگ اختیار کرنا ۔ خاص رویہ اختیار کرنا ۔

Deportation *n.* شہر بدر ہونا ۔ دیس نکالا ۔ جلاوطنی ۔

Deportment (di-pōrt-ment) *n.* Bearing ۔ چال ڈھال رکھ رکھاؤ ۔ وضع ۔ ڈھنگ ۔ طور طریق ۔ رویہ ۔ برتاؤ ۔ سلوک ۔

Depose (di-pōz) *v.t. & i.* Remove from office موقوف کرنا ۔ برطرف کرنا ۔ معزول کونا ۔ تخت سے اتارنا ۔ حلفیہ بیان لینا ۔

Deposit (di-po-zit) *v.t. & n.* Lay down, thing entrusted سپرد کرنا ۔ رکھنا ۔ امانت رکھنا ۔ وہ رقم جو بنک میں ایک مدت کے لیے رکھی جائے ۔ بیعانہ ۔ سائی ۔ تہہ نشین مادہ ۔

Depositary (di-pozi-təri) *n.* Person to whom thing is committed ۔ امانت دار ۔ امین ۔ تحویل دار

Deposition (di-pozi-shən) *n.* Sworn evidence شہادت ۔ گواہی ۔ اظہار ۔ بیان ۔ حضرت مسیح علیہ السلام کے صلیب سے اتارے جانے کی تصویر ۔ معزولی ۔ برطرفی ۔ عزل ۔

Depositor (de-pozi-tər) *n.* Person who deposits امانت رکھانے والا ۔ جمع کرانے والا ۔ بنک میں جمع کرانے والا ۔ کسی چیز کو تہہ نشین کرنے والا آلہ ۔

Depository (de-pozi-təri) *n.* Store house ذخیرہ گاہ ۔ امانت خانہ ۔ گودام ۔ توشہ خانہ ۔ مودی خانہ ۔

Depot (di-po) *n.* Place for stores ۔ خزانہ ۔ رسد گاہ ۔ گودام ۔ کوٹھی ۔ رجمنٹ کا صدر مقام ۔ رنگروٹوں کی تربیت گاہ ۔

Deprave (di-prav) *v.t.* Corrupt ۔ چال چلن خراب کرنا بد چلنی سکھانا ۔ خراب کرنا ۔ بگاڑنا ۔

Depravation *n.* بد اخلاقی ۔ بد تہذیبی ۔ بد چلنی ۔

Depravity (di-pra-viti) *n.* Moral perversion بدچلنی ۔ بگاڑ ۔ کھوٹ ۔ فسق و فجور ۔ سیاہ کاری ۔

Depricate (de-pri-kat) *v.t.* Disapprove غصہ نہ کرنے کی التجا کرنا ۔ ناپسندیدگی کا اظہار کرنا ۔ ناپسند کرنا توبہ کرنا ۔ لاحول بھیجنا ۔

Depricatingly *adv.* ۔ ناپسندیدگی کا اظہار کرتے ہوئے

Deprication *n.* ناپسندیدگی ۔

Depricative / **Depricatory** } *adj.* ناپسندانہ ۔

Depriciate (di-pre-shiat) *v.t. & i.* Diminish in value دام گرانا ۔ قیمت گھٹانا ۔ کم قدری کرنا ۔ نظروں سے گرانا ۔ دل سے اتارنا ۔ حقیر سمجھنا ۔ کم کر کے دکھانا ۔

Depreciation (di-pres-iə-shən) *n.* Depreciating or being depreciated ٹوٹ پھوٹ کی منہائی ۔ قیمت فرسودگی کی منہائی ۔ روپے کی قیمت میں کمی ۔ بے قدری ۔ سبکی ۔ تحقیر ۔

Depredation (de-pri-da-shən) *n.* Ravages تاخت و تاراج ۔ لوٹ مار ۔ لوٹ کھسوٹ ۔ غارت گری ۔

Depredator (de-pri-da-tər) *n.* Pillager تاخت و تاراج کرنے والا ۔ غارت گر ۔ لٹیرا ۔

Depress (di-pres) *v.t.* Bring low ۔ افسردہ کرنا ۔ جھکانا دبانا ۔ اداس کرنا ۔ دلگیر کرنا ۔ ملول کرنا ۔ سست کرنا ۔ دھیما کرنا ۔

Depressible *adj.* دبانے کے قابل ۔ افسردگی پذیر ۔

Depressant (di-pres-ənt) *adj. & n.* Sedative خواب آور ۔ بے حس کرنے والی دوا ۔ پست کرنے والی دوا ۔ مسکن ۔ سکون بخش ۔

Depression (di-pre-shən) *n.* Reduction in vigour سستی - اداسی - جھکاؤ - دباؤ - پژمردگی - آزردگی - نشیب - کھڈ - گڑھا - مندی - سرد بازاری - ہوا کے دباؤ میں کمی -

Deprivation (di-prīv-a-shən) *n.* Loss, being deprived of - بر طرفی - موقوفی - محرومی - مصیبت - تکلیف - زوال - نقصان - مہربان -

Deprive (di-prīv) *v.t.* Strip, depose کسی نعمت سے محروم رکھنا - محروم کرنا - چھین لینا - لے لینا ۔

Deprivable *adj.* محرومی کے لائق -

Deprival *n.* معزولی - محرومی -

Depth (depth) *n.* Lowest or in most part فراست - عمیق - گہرائی - تیز فہمی - دانائی - ذہن کی گہرائی - بحر فکر - بحر عمیق - سمندر کی تہہ -

Depth charge وہ حربہ جو آبدوز کو گہرائی میں تباہ کرنے کے لئے استعمال ہوتا ہے -

Depurate (dep-ū-rāt) *v.t.* & *i.* Make become free from impurities میل کاٹنا - پاک کرنا - صاف کرنا -

Depuration *n.* تزکیہ - صفائی -

Depurator } *adj.* & *n.* مصفی -
Depurative } صاف کرنے والا -

Deputation (di-pūt-ā-shən) *n.* Body of representatives نیابت - جماعت مندوبین - وفد - وکالت - قائم مقامی -

Depute (di-pūt) *v.t.* Appoint as representative مختیار یا نائب بنا کر بھیجنا - نمائندہ بنانا - وکیل بنانا - مقرر کرنا - سپرد کرنا -

Deputiz (di-pūtīz) *v.t.* Act as a deputy قائم مقامی کرنا - وکالت کرنا - نمائندگی کرنا -

Deputy (di-puti) *n.* Person appointed to act for another نائب - وکیل - امین - قائم مقام - پارلیمنٹ کا نمائندہ -

Deracinate (di-ras-i-nāt) *v.t.* Tear up by the roots جڑ سے اکھاڑ پھینکنا - استیصال کرنا - بیخ کنی کرنا -

Derail (di-ral) *v.t.* Cause train to leave the rails پٹری سے اتارنا - ریل گاڑی کا پٹری سے اتر جانا -

Derailment *n.* ریل کا پٹری سے اتارنا یا اترنا -

Derange (di-ranj) *v.t.* Throw into confusion درہم برہم کرنا - الٹ پلٹ کرنا - پراگندہ کرنا - بے قاعدگی پیدا کرنا - دیوانہ کرنا - پاگل کرنا - خلل ڈالنا -

Derangement *n.* بے ترتیبی - گڑ بڑ - پراگندگی - ابتری - خلل -

Derby (dar-bi) *n.* Annual race run at Epsom انگلستان کی سالانہ سب سے بڑی گھوڑ دوڑ جو اپسم میں دوڑائی جاتی ہے -

Derby dog دخل در معقولات - گھڑ دوڑ کے میدان پھرنے والا آوارہ کتا -

Derelict (der-i-likt) *adj.* & *n.* Abandoned لاوارث جہاز - چھوڑا ہوا - لاوارث -

Dereliction (der-i-lik-shən) *n.* Neglect of duty لغزش - قصور - فرض سے لا پرواہی - غفلت - ترک فرض - لاوارث چھوڑ دینا - لاوارث ہونا - کنارہ کشی - سمندر کا ہٹ کر زمین چھوڑ دینا -

Deride (di-rīd) *v.t.* Laugh to scorn چھیڑنا - مذاق اڑانا - کسی پر ہنسنا - ٹھٹھا کرنا - مضحکہ کرنا - تمسخر کرنا -

Derision (di-ri-zhən) *n.* Ridicule استہزا - تحقیر - مذاق - تمسخر -

Hold in derision تمسخر کرنا - مذاق اڑانا - ہنسی اڑانا -

Derisive (di-rizh-iv) *adj.* Ridiculously futile تمسخر آمیز - حقارت آمیز -

Derivation (di-ri-vā-shən) *n.* Obtaining from a source نسب - اخذ - استنباط - اشتقاق - ارتقا -

Derivative (di-ri-vā-tiv) *adj.* & *n.* Derived from a source - استخراج کیا ہوا - مشتق - فرعی - نکلا ہوا - اخذ کیا ہوا -

Derive (di-rīv) *v.t.* & *i.* Get, obtain نکلنا - ماخوذ ہونا - حاصل کرنا - نکالنا - اخذ کرنا - مستنبط ہونا - مشتق ہونا - نسب کا سراغ لگانا -

Derivable *adj.* جس کے نسب کا سراغ لگانا ممکن ہو - اخذ کرنے کے قابل - استخراج پذیر -

Derm (dərm) *n.* Skin, true skin جلد - پوست - کھال -

Dermatology *n.* علم ساخت جلد -

Dermatologist *n.* امراض جلد کا طبیب - ساخت جلد کا ماہر -

Derogate (der-o-gāt) *v.t.* Detract - نازیبا حرکت کرنا - تحقیر کرنا - بے وقار کرنا - قدر گھٹانا - کم کرنا -

Derogation (der-o-gā-shən) *n.* Lessening of dignity - بے وقری - مذمت - تحقیر - سبکی - توہین -

Derogatory (der-o-gāt-ər-i) *adj.* Involving discredit - اہانت آمیز - حقارت آمیز - باعث کسر شان -

Derick (der-ik) *n.* Contrivance for hoisting heavy weights - بھاری بوجھ اٹھانے کی ایک کل -

Derringer (de-ring-ər) *n.* A small bore pistol چھوٹا مگر بڑے پیمانہ کا پستول -

Dervish (dər-vish) *n.* Muslim friar vowed to austerity - درویش - قلندر - متقی -

Descant (des-kant) *v.t.* & *n.* Talk at large سار کے ساتھ گانا - تقریر کرنا - آزادانہ گفتگو کرنا - راگ - آزادانہ گفتگو -

Descend (di-send) *v.t.* & *i.* Go down - نشیبی ہونا نازل ہونا - اترنا - نیچے آنا - اچانک حملہ کرنا - ٹوٹ پڑنا - خلاف شان حرکت کرنا - وراثتاً پہنچنا - ترکے میں ملنا - اولاد - خلف - نسل سے ہونا -

Descendant (di-send-ənt) *n.* Person descended کسی کی نسل سے یا اولاد سے ہونا -

Descent (di-sent) *n.* Downward slope - چڑہائی نشیب - ڈھال - اتار - حملہ - یورش - تاخت - فوج کشی - تنزل - زوال - پستی - نسل - نسب - پشت - پیڑہی - انتقال جائداد بطور ورثہ -

Describe (di-skrīb) *v.t.* Set forth in words توصیف کرنا - خاکہ اتارنا - بیان کرنا -

Describable *adj.* ذکر کے قابل - قابل بیان -

Description (di-skrip-shən) *n.* Verbal portrait of person, object, event کسی شخص ، چیز یا واقعہ کی روداد - تذکرہ - کیفیت - تعریف - قسم - نوع -

He answers to the description یہ تعریف اس پر صادق آتی ہے - یہ تفصیل کے مطابق ہے -

Descriptive (dis-kript-iv) *adj.* Serving to describe توضیحی - تعریفی - بیانیہ - مناظر فطرت بیان کرنے کا شوقین -

Descry (di-skri) *v.t.* Catch sight of - سمجھ لینا دریافت کر لینا - معلوم کرنا - دیکھنا -

Desecrate (des-i-krāt) *v.t.* Profan برے مقصد کے لئے وقف کرنا - نجس کرنا - ناپاک کرنا - بے حرمتی کرنا -

Desecration - ناپاکی - بے ادبی - بے حرمتی

Desert (di-zert) *n.* Deserving - اہلیت - استحقاق لیاقت - قابلیت - خوبی - عمل - کردار - سزا -

Desert (di-zert) *adj.* & *n.* Desolate, uninhabited ویران - غیر آباد - لق و دق - اجاڑ - بنجر - بیابان - ریگستان -

Desert (di-zert) *v.t.* & *i.* Abandon - منہ موڑنا چھوڑنا - بھاگ جانا - ترک کرنا - غائب ہو جانا - فوجی نوکری چھوڑ کر بھاگ جانا -

Deserter *n.* فرار ہو جانے والا - بھاگ جانے والا - بھگوڑا -

Desertion *n.* - فراری - روگردانی - بے وفائی

Deserve (di-zerv) *v.t.* & *i.* Establish claim to be well or ill treated - لائق ہونا - سزا وار ہونا - مستحق ہونا -

Deservedly *adv.* - واجبی طور پر - انصاف کی رو سے

Deserving *adj.* - لائق - مستحق - قابل تعریف سزا وار -

Desicate (des-i-kāt) *v.t.* Dry خشک کر کے سفوف بنانا - رطوبت دور کرنا - خشک کرنا - سکھانا -

Desication *n.* سکھانا - خشک کرنا -

Desicator خشک کرنے والا -

Desiderate (di-sid-ər-āt) *v.t.* Wish to have کمی محسوس کرنا - خواہش کرنا تمنا کرنا - چاہنا -

Desiderative (di-sid-ər-āt-iv) *adj.* Expressing desire - چاہنے والا - آرزو مند - تمنائی

Desideratum (di-sid-er-a-tym) *n.* Thing missing خواہش - مطلب - مدعا - جس چیز کی تمنا ہو - حاجت - ضرورت - احتیاج -

Design (di-zīn) *n.* Scheme, mental plan - تجویز تدبیر - منصوبہ - نقشہ - خاکہ - مسودہ - ڈھانچہ - عزم - ارادہ - قصد - نیت -

Design (di-zīn) *v.t.* & *i.* Contrive, plan منصوبہ باندھنا - نقشہ بنانا - خاکہ اتارنا - تدبیر کرنا - ایجاد کرنا - ارادہ کرنا - قصد کرنا -

Designedly *adv.* قصداً - ارادے سے - جان بوجھ کر -

Designate (dez-ig-nat) *v.t.* Specify مقرر کرنا - متعین کرنا - نام رکھنا - مخصوص کرنا - موسوم کرنا -

Designate (dez-ig-nat) *adj.* Appointed مقرر کیا ہوا - نامزد کیا ہوا - تقرر شدہ - مقررہ -

Designation (de-zig-na-shən) *n.* Title office نام - خطاب - تقرر - لقب - عہدہ -

Designer (dez-i-nər) *n.* Plan for manufacturers موجد - ایجاد کرنے والا - بنانے والا - مشینوں کا نقشہ - نقشہ تیار کرنے والا - خاکہ تیار کرنے والا -

Designing (di-zin-ing) *adj.* Crafty سازشی - فریبی - ریا کار - عیار -

Desilverize (di-silvə-rīz) *v.t.* Seperate silver from کسی چیز سے چاندی کا جزو علیحدہ کرنا -

Desipience (di-sipi-əns) *n.* Silliness خفیف الحرکاتی - سادہ مزاجی - نادانی - بیوقوفی -

Desirable (di-zīr-əbl) *adj.* Worth wishing for دلپسند - مرغوب ، خاطر خواہ - پسندیدہ -

Desirability } پسندیدگی
Desirableness } مرغوبت

Desire (di-zīr) *n.* Longing wish ہوس - تمنا - خواہش - چاہ - رغبت - آرزو - شوق - اشتیاق - درخواست - التجا - مطلوب و مرغوب شے -

Desire (di-zīr) *v.t.* Long for آرزو رکھنا - اشتیاق رکھنا - طلب کرنا - تمنا کرنا - خواہش کرنا -

Desirous (di-zīrəs) *adj.* Having the desire طالب - شائق - آرزو مند - مشتاق - خواہاں - خواہش مند -

Desist (di-zist) *v.i.* Cease from کنارہ کش ہونا - کنارہ کرنا - باز آنا - ہٹنا دست بردار ہونا - پرہیز کرنا - ترک کرنا -

Desk (desk) *n.* Sloping board لکھنے کی ڈھلوان تختہ - ڈھلوان میز -

Desolate (des-ō-lāt) *adj.* Solitary سنسان - ویران - غیر آباد - اکیلا - اداس - مغموم - دل شکستہ - بد نصیب -

Desolateness *n.* غیر آباد ہونا - تنہائی - ویرانی -

Desolate (des-ō-lāt) *v.t.* Devastate برباد کرنا - اجاڑنا - ویران کرنا -تباہ کرنا - غارت کرنا - ناامید کرنا - اداس کرنا -

Desolation (des-ō-lashən) *n.* Ruined state غارت گری - بربادی - اجاڑ مقام - ویرانی - تنہائی کسمپرسی - اداسی - مایوسی -

Despair (di-spar) *n.* & *v.t.* Loss, utter want قنوطیت - مایوسی - یاس حرماں - مایوس کن چیز - وجہ ناامیدی - مایوس ہونا - ناامید ہونا - ہمت ہارنا -

Despairingly *adv.* ناامیدی سے - دل شکستگی سے - مایوسانہ -

Despatch (dis-patch) dispatch دیکھو -

Desperado (dis-pərado) *n.* Reckless person بے باک شخص - بدمعاش - غنڈہ - شہدا -

Desperate (des-pə-rit) *adj.* Reckless from despair مایوس کن - ناامید - بے آس - خطرناک - بے خوف - من چلا - شوره پست - جان پر کھیل جانے والا -

A desperate storm غضب کا طوفان -

Desperation *n.* - بے باکی - بے خوفی - مایوسی - ناامیدی

Despicable (despī-kəbl) *adj.* Contemptible فرومایہ سفلہ - پاجی - کمینہ - حقیر -

Despise (di-spīz) *v.t.* Look down upon ذلیل سمجھنا - نفرت کرنا - حقیر جاننا -

Despite (di-spīt) *n.* & *prep.* outrage باجودیکہ - باوجود - دشمنی - کینہ - بغض - بیر -

Despoil (di-spoil) *v.t.* Plunder محروم کرنا - چھین لینا - غارت کرنا - لوٹ لینا -

Despoiler *n.* ڈاکہ ڈالنے والا - غارت گر - لٹیرا -

Despoilation *n.* لوٹ کھسوٹ - لوٹ مار - غارتگری -

Despond (di-spond) *v.t.* & *n.* Lose heart ہمت ہار بیٹھنا - نا امید ہونا - بیدل ہونا - مایوس ہونا -

Despondency *n.* دل شکستگی - مایوسی - یاس - ناامیدی -

Despondent *adj.* پست ہمت - دل شکستہ - محروم - مایوس -

Despot (des-pot) *n.* Absolute ruler ظالم - جابر حکمران - خود سر - مطلق العنان -

Despotic *adj.* استبدادی - جابرانہ - خود سرانہ -

Despotism *n.* جبر - ظلم - غیر آئینی حکومت - خود سری - مطلق العنانی - خود مختاری -

Dessert (diz-ərt) *n.* Course of sweets fruits after dinner - کھانے کے بعد مٹھائی پھلوں کا دور - میوہ شیرینی بعد طعام -

Destination (des-tina-shən) *n.* Place for which a person is bound - منزل مقصود - ٹھکانا - مقصد - منشا -

Destine (des-tin) *v.t.* Appoint مامور کرنا - مقرر کرنا - ٹھہرانا -

Destiny (des-tini) *n.* Ultimate lot - مقدر - سر نوشت - نصیب - تقدیر - قسمت - قسمت کے کھیل -

Destitude (des-ti-tud) *adj.* Without resources بے نصیب - بے نوا - محروم - محتاج -

Destitution *n.* بے نصیبی محرومی - لاچاری - بے کسی - تہی دستی - محتاجی -

Destroy (di-stroi) *v.t.* Demolish - برباد کرنا - تباہ کرنا - مسمار کرنا - توڑنا - منہدم کرنا - اُجاڑنا - ویران کرنا - پائمال کرنا - تلف کرنا - ستیاناس کرنا - نیست و نابود کرنا - فنا کرنا - قتل کرنا - ہلاک کرنا - باطل کرنا - اثر زائل کرنا -

Destroyable *adj.* بربادی کے قابل - فانی - تلف ہونے والا -

Destroyer (di-stroi-ər) *n.* Attacking warship تباہ کرنے والا - غارت کرنے والا - بحریہ کا تباہ کن جہاز - تباہ کن -

Destructible (di-struk-təbl) *adj.* Able to be destroyed - برباد ہونے کے لائق - قابل بربادی -

Destruction (di-struk-shən) *n.* Ruin - باعث بربادی - اتلاف - فنا - تخریب - بربادی - تباہی -

Destructive (di-struk-tiv) *adj.* Deadly برباد کرنے والا - تخریبی - مہلک - مضر - تباہ کن -

Destructor (di-struk-tər) *n.* Refuse burning furnace - کوڑا کرکٹ جلانے کا آتشدان -

Desuetude (di-sūi-tūd) *n.* State of disuse متروک ہونا - ناکارہ ہو جانا - بے استعمالی کی حالت -

Desulphurize (di-sul-fe-rīz) *v.t.* Free from sulphur - گندھک کا اثر دور کرنا - گندھک علیحدہ کرنا -

Desultory (di-səl-təri) *adj.* Unmethodical بے ترتیب - بے قاعدہ - بے رابطہ - غیر مسلسل -

Desultoriness *n.* - بے نظامی - بے ترتیبی - بے قاعدگی -

Detach (di-tach) *v.t.* Unfasten - چھڑانا - علیحدہ کرنا - الگ کرنا - جدا کرنا - فوجی دستے کو خاص مہم پر بھیجنا -

Detached house وہ مکان جس سے چسپیدہ کوئی مکان نہ ہو -

Detached mind, view - غیر جانب داری - بے تعصبی -

Detachment (di-tach-ment) *n.* Selfish isolation مفارقت - علیحدگی - جدائی - فوج یا بیڑے کا وہ حصہ جو علیحدہ مہم پر بھیجا جائے - ماحول سے متاثر نہ ہونا - آزادی - آزادی فکر - بے تعلقی -

Detail (di-tāl) *n.* Dealing with things item by item بیان تفصیل - شرح - کیفیت - تذکرہ - مفصل بیان (فوج) چھوٹی مہم - چھوٹا دستہ -

Detail (di-tāl) *v.t.* Give the particulars of تفصیل وار بیان کرنا - مفصل بیان کرنا - خاص مہم پر روانہ کرنا -

Detain (di-tān) *v.t.* Keep in confinement انتظار کرانا - روک رکھنا - باز رکھنا - حراست میں رکھنا - ادا کرنے سے روکے رکھنا -

Detainer (di-tān-ər) *n.* Detaining of goods taken from owner مال کو قبضہ میں رکھنا - قرق میں رکھنا - حکم نامہ حراست -

Detect (di-tekt) *v.t.* Find out - پتہ لگانا - آشکارا کرنا - معلوم کرنا - سراغ یا کھوج لگانا - واضح کرنا -

Detection *n.* - رفت - افشائے راز - اظہار - انکشاف -

Detector *n.* ایک آلہ جو سونے کا پتہ بتاتا ہے - دریافت کرنے والا - کھوج لگانے والا -

Detective (di-tek-tiv) *n.* Serving to detect سرا غرسان - خفیہ تفتیش کرنے والا - مجرموں کو پکڑنے والا - خفیہ پولیس کا ملازم -

Detention (di-ten-shən) *n.* Confinement - گرفتاری - مزاحمت - قید - روک - حراست - دیر - توقف - تاخیر - طالب علم کو مدرسہ میں بطور سزا - ختم مدرسہ کے بعد روکنا -

Deter (di-tər) *v.t.* Discourage or hinder ڈرا کر روکنا - باز رکھنا - روکنا - چشم نمائی کرنا - سد راہ ہونا -

Determent } **Deterrance** مزاحمت - باز رکھنا - مانع ہونا -

Deterrent *adj.* سد راہ - باز رکھنے والا - مزاحمت کرنے والا -

Detergent (di-tər-jent) *adj.* & *n.* cleansing زخم کو صاف کرنے والا - صاف کرنے والا -

Deteriorate (di-te-riə-rāt) *v.t.* & *i.* Make worse خاصیت بگڑ جانا - اور خراب ہونا - بگاڑنا - بگڑنا - کم قدر ہونا -

Deterioration *n.* انحطاط - زوال - نقص - بگاڑ - خرابی -

Deteriorative *adj.* خراب کرنے والا - بگاڑنے والا - مخرب -

Determinant (de-tər-mi-nant) *adj.* & *n.* Decisive قطعی - فیصلہ کن -

Determinate (de-tər-mi-nāt) *adj.* Limited, definite تمیز کرنے والا - مضمم - مقرر شدہ - محدود - قاطع - ناطق ۔

Determination (de-tər-mi-nā-shən) *n.* Conclusion of debate تاریخ یا وقت کا تعین - فیصلہ - تصفیہ - نتیجہ - حدود کا تعین ۔ ارادہ - قصد - عزم - منصوبہ - استقلال - ثابت قدمی -

Determinative (de-tər-min-ā-tiv) *adj.* Serving to define تیقن بخش - یقینی - فیصلہ میں مدد دینے والی متحقق - ارادی - سمت معین کرنے والی -

Determine (de-tər-min) *v.t.* & *i.* Settle, decide تعریف کرنا - احاطہ کرنا - محدود کرنا - حد بندی کرنا - تاریخ یا وقت مقدر کرنا - طے کرنا - جھگڑا چکانا - فیصلہ کرنا - راہ پر لگانا - مقصد کا تعین کرنا - امادہ کرنا - مصمم ارادہ کرنا - ٹھان لینا -

Determinable *adj.* تصفیہ کے لائق - حد بندی کے لائق - تعین کے قابل -

Determined (de-tər-mind) *adj.* Resolute محدود - مقرر - طے شدہ - مستقل - مضبوط - معین - مقرر - پکا - پختہ -

Determinism (de-tər-min-izm) *n.* Theory that human action is not free عقیدہ جبریت - یہ عقیدہ کہ انسان فاعل مختار نہیں ہے - بلکہ اس کے ارادے کا انحصار تقدیری فیصلوں پر ہے -

Determinist *n.* جبریہ -

Detersive (de-tər-siv) *adj.* & *n.* Cleaning صاف کرنے والا - مصفی -

Detest (de-test) *v.t.* Dislike intensely بے حد نفرت کرنا - سخت نفرت کرنا -

Detestable *adj.* غلیظ - ناپاک - مکروہ - قابل نفرت -

Detestation (de-tes-tā-shən) *n.* Abhorence کراہت - تنفر - سخت نفرت -

Dethrone (di-thron) *v.t.* Depose اختیار شاہی چھین لینا - بے اختیار کرنا - راج گدی سے اتارنا - تخت سے اتارنا -

Dethronement *n.* تخت سے اتارا جانا - علیحدگی - معزولی -

Detinue (det-in-u) *n.* Suit for recovery رکی ہوئی چیز یا آدمی - مال کو قبضہ ناجائز سے چھڑانے کا مقدمہ - حکم عدالت برائے برخاست قبضہ ناجائز -

Detonate (dit-ō-nāt) *v.t.* & *i.* Explode بھک سے اڑا دینا - زور سے پھٹنا - دھماکے سے اڑانا -

Detonator (ditō-nātər) *n.* Detonating contrivance زور سے پھٹنے والا مادہ - دھماکہ کرنے والا - وہ آلہ جو دھماکہ پیدا کرتا ہے - کہر میں اشارے کے طور پر داغا جانے والا گولہ -

Detort (di-tort) *v.t.* Twist اینٹھنا - بل دینا - مڑوڑنا -

Detract (di-trakt) *v.t.* & *i.* Take away عیب لگانا - کھینچ لینا - جدا کرنا - الگ کرنا - نام کو بٹہ لگانا - ہتک عزت کرنا -

Detraction *n.* رسوائی - خفت - ہتک - بدگوئی - عیب گوئی - غمازی -

Detractor *n.* بدنام کرنے والا - بدگو - غماز - عیب گو -

Detrain (di-trān) *v.t.* & *i.* Alight from train ریل سے اترنا یا اتارنا -

Detriment (det-ri-ment) *n.* Harm, damages خرابی - ضرر - قباحت - زیاں - گھاٹا نقصان -

Detrimental (det-ri-mentəl) *adj.* & *n.* Harmful نقصان پہنچانے والا - مضر - ضرر رسان -

Detrition (detri-shən) *n.* Wearing away by rubbing نقصان ـ رگڑسے گھس جانا ـ

Deuce (dus) *n.* The 2 at dice or card ـ پانسے کا دوا تاش کی دوگی ـ ٹینس میں چالیس برابر کو ڈوس کہتے ہیں ـ

Deuce (dūs) *n.* The devil, mischief ـ شرارت ـ مصیبت بلا ـ خبیث ـ شیطان ـ

Deuteragonist (du-tə-rago-nist) *n.* Person of next importance in drama ڈرامے کا وہ شخص جو ہیرو سے دوسرے درجے پر ہو ـ

Deuterogamist (du-təro-gam-ist) *n.* Man or woman marrying second time عورت یا مرد جو دوسرا بیاہ کرے دوہاجو ـ

Deuterogamy (du-tə-ro-gami) *n.* Second marriage ـ دوسرا بیاہ دوسری شادی ـ

Deuteronomist *n.* Author or joint author of Deutronomy ـ توریت کی پانچویں کتاب کا مولف ـ

Deuteronomy (dutero-nomi) *n.* Fifth book of Pentateuch ـ توریت کی پانچویں کتاب ـ

Devastate (devə-stat) *v.t.* Lay waste ـ پائمال کرنا ویران کرنا ـ تباہ کرنا ـ برباد کرنا ـ خاک میں ملانا ـ غارت کرنا ـ

Devastation *n.* ویرانی ـ بربادی ـ پائمالی ـ تباہی ـ

Develop (di-vel-əp) *v.t. & i.* Unfold reveal آشکارا کرنا ـ کھولنا ـ واضح کرنا ـ افشا کرنا ـ ظاہر کرنا ـ قوت سے فضلیت میں لانا ـ بڑھنا ـ تکمیل کو پہنچنا ـ نشو و نما پانا ـ فلم کو کیمیاوی مسالے سے دھونا ـ شوق ہو جانا ـ عادت پڑجانا ـ

Development (di-vel-əp-ment) *v.* Growth, evolution ارتقا ـ نشو و نما ـ ترقی ـ تکمیل ـ پختگی ـ بہتر صورت ـ فلم کی دھلائی ـ

Deviat (de-vi-āt) *v.i.* Turn aside ـ خلاف کرنا روگردانی کرنا ـ انحراف کرنا ـ پھرنا ـ تجاوز کرنا ـ بھٹکنا ـ عدول حکمی کرنا ـ منحرف ہونا ـ راستے سے ہٹنا ـ

Deviation (de-vi-a-shən) *n.* Deflection of compass needle by iron in a ship قطب نما کی سوئی کا انحراف ـ روگردانی ـ تجاوز ـ انحراف ـ خطا ـ

Device *n.* Make, look, plan ـ دھوکا ـ فریب ـ چال منصوبہ ـ صورت ـ ساخت ـ ایجاد ـ اختراع ـ نقشہ ـ خاکہ ـ تصویر ـ شکل ـ سردار یا رئیس کا امتیازی نشان ـ

Devil, The devil (dev-l) *n.* Spirit of Evil ـ بھوت جن ـ خناس ـ شیطان ـ ابلیس ـ آسیب ـ عفریت ـ بدمعاش ـ ظالم ـ خونخوار ـ چالاک ـ عیار ـ خود سر ـ ہٹیلا ـ بد نصیب ـ غریب ـ دکھیا ـ جونیر وکیل ـ بری عادت یا گناہ جو شیطانی اثرات سے ہو ـ جنگ جوئی ـ جرأت ـ مسالے دار کھانا ـ

Devil may care ـ بے پرواہ ـ لا ابالی طبیعت والا ـ

Devil's advocate-cy عیب جو

Devil take the hindmost جو پیچھے رہ جائے جہنم میں جائے ـ

Devil of a man عجیب آدمی ـ دلچسپ آدمی ـ غیر معمولی ـ

Between the devil and the deep sea دو مصیبتوں میں پھنسا ہوا ـ نہ جائے ماندن نہ پائے رفتن ـ

Give the devil his due ـ دشمن کا بھی حق ادا کرو ـ

Go to the devil جہنم میں جاؤ ـ

Talk of the devil and he will appear شیطان کا ذکر کیا اور وہ آ موجود ہوا ـ

The devil to pay آنے والی مصیبت ـ

Devil (dev-l) *v.t. & i.* Work as lawers or another devil چھوٹے وکیل کا بڑے وکیل کے لئے سخت محنت کا کام کرنا ـ اجرت پر تصنیف و تالیف کا کام کرنا ، گرم مسالہ ڈال کر بھوننا ـ

Devilish (dev-l-ish) *adj. & adv.* Like devil ـ جہنمی لعنتی ـ شیطان کی طرح ـ شیطانی ـ

Devilment (dev-l-ment) *n.* Wild spirits, mischief شیطنت ـ شرارت ـ شوریدہ سری ـ بے باکی ـ شیطانی شعبدہ ـ

Devilry (dev-l-ri) *n.* Magic, wickedness ـ سحر آسیب ـ شیطنت ـ شرارت ـ بدمعاشی ـ خونخواری ـ ظلم ـ شوخی ـ بے باکی ـ شیطانی فن ـ

Devious (de-vi-əs) *adj.* Remote ـ پیچ دار ـ دور افتادہ کج رو ـ شاہ راہ سے الگ ـ پیچیدہ راستہ ـ

Devise (di-vīz) *v.t. & n.* Contrive, invent ترکیب سوچنا ـ اختراع کرنا ـ ایجاد کرنا ـ تدبیر کرنا ـ منصوبہ باندھنا ـ وصیت کی رو سے دینا ـ ہبا کرنا ـ

Devisable *adj.* وصیت کی رو سے ـ ایجاد کے لائق ـ قابل اختراع ـ

Deviser *n.* منصوبہ باندھنے والا ـ صناع ـ موجد ـ بانی ـ

Devisor *n.* وصیت کرنے والا ـ

Devitalize (dē-vīt-ə-līz) *v.t.* Make lifeless بے کار کر دینا ـ قوت زائل کرنا ـ بے جان کرنا ـ

Devoid (di-void) *adj.* Empty کھوکھلا ـ تہی ـ محروم ـ خالی ـ

Devolute (di-və-loot) *v.* Depute ـ وراثتاً منتقل کرنا ـ تفویض کرنا ـ سپرد کرنا ـ منتقل کرنا ـ

Devolution (dī-və-loo-shən) *n.* Descent of property, delegation of power ـ تفویض اختیارات ـ سپردگی ـ انتقال جائداد بطور ورثہ ـ تنزل ـ ورثہ ـ

Devolve (dī-volv) *v.t. & i.* Fall, descend عائد کرنا یا ہونا ـ تفویض کرنا ـ سونپنا ـ ایک دوسرے کو پہنچانا ـ ذمہ ہونا یا کرنا ـ ورثہ میں ملنا ـ

Devote (dī-vot) *v.t.* Dedicate, give up ـ نذر کرنا ـ صدقہ کرنا ـ بھینٹ چڑھانا ـ تصدق کرنا ـ نثار کرنا ـ وقف کرنا ـ مصروف کرنا ـ

Devote to the flames ـ جلا ڈالنا ـ نذر آتش کرنا ـ

Devoted (dī-voted) *adj.* Zealously loyal نذر کیا ہوا ـ فدا ـ قربان ـ جانثار ـ

Devotee (dī-votee) *n.* Pious person ـ زاہد ـ عابد ـ گوشہ نشین ـ پرستار ـ پجاری ـ

Devotion (dē-vo-shən) *n.* Devoutness ـ دینداری ـ پرستش ـ ریاضت ـ عبادت ـ زہد ـ

Devotional *adj.* ـ زہد کا ـ عشق الہی کا ـ دین دارانہ ـ پرہیزگارانہ ـ

Devotionalist *n.* متقی ـ پرہیزگار ـ مست خدا ـ

Devour (dī-vowr) *v.t.* Eat ravenously ـ نگل جانا ـ ہڑپ کر جانا ـ کھا جانا ـ پھاڑ کھانا ـ

Devour the way ـ راستہ جلد ختم کرنا ـ سرپٹ بھاگنا ـ بہت تیز دوڑنا ـ

Devout (dī-vowt) *adj.* Religious, pious ـ دیندار ـ پارسا ـ خدا پرست ـ عابد ـ نمازی ـ صوفی ـ صادق ـ مخلص ـ

Devoutness *n.* ـ صدق ـ اخلاص ـ پارسائی ـ خدا پرستی ـ

Dew (du) *n.* Vapour condensed in small drops شبنم ـ اوس ـ تر و تازگی ـ شگفتگی ـ تازگی ـ فرحت ـ

Mountain dew ـ ناجائز طور پر کشید کی ہوئی شراب ـ

Dewiness *n.* ـ تراوٹ ـ تر و تازگی ـ شبنم سے تر ہونا ـ

Dewy *adj.* اوس سے بھیگا ہوا یا تر ـ

Dew (du) *v.t. & i.* Bedew, moisten اوس سے بھگونا یا تر کرنا ـ اوس یا شبنم پڑنا ـ

Dewlap (du-lop) *n.* Fold of loose skin hanging from throat of cattle. جانوروں کی لٹکتی ہوئی گلے کی کھال ـ غضب ـ

Dexter (dekst-ər) *adj.* Of or on the right hand side دایاں ـ دائیں ہاتھ کا ـ

Dexterity (deks-tor-iti) *n.* Skill, neatness of handling ہنر مندی ـ کاریگری ـ چستی ـ پھرتی ـ چالاکی ـ دائیں ہاتھ کا مشاق ـ

Dextrous (deks-trəs) *adj.* Right handed, skilful چالاک ـ پھرتیلا ـ چست ـ تیز ـ ماہر ـ استاد ـ ذہین ـ تیز فہم ـ داہنے ہاتھ سے کام لینے والا ـ

D(h)ow (dow) *n.* Single masted Arabian sea ship ـ ایک مستولی جہاز جو بحیرہ عرب میں چلتا ہے ـ

Diabetes (dī-ə-betez) *n.* Disease of high percentage of sugar in urine ذیا بیطس ـ شکر کی زیادتی ـ پیشاب میں شکر کا آنا ـ

Diabetic (dīə-bet-ik) *adj.* Suffering from diabetes ذیا بیطس کا ـ ذیا بیطس کا مریض ـ

Diabolic (dīə-bol-ik) *adj.* Cruel or wicked شیطانی ـ شیطان سے متعلق ـ

Diadem (dīə-dem) Crown, wreath of flowers worn round head ـ تاج ـ مکٹ ـ کلاہ شاہی ـ پھولوں کا سر پیچ ـ

Diagnose (dī-əg-noz) *v.t.* Determine the nature of a disease تشخیص کرنا ـ علامات سے مرض معلوم کرنا ـ

Diagnosis (dī-əg-nosis) *n.* بیماری کا پتہ لگانا ـ مرض پہچاننا ـ تشخیص ـ

Diagram (dī-ə-gram) *n.* Figure made of lines شکل ہندسہ ـ نقشہ ـ صورت ـ خاکہ ـ

Diagonal (dī- agənel) *n. adj.* Straight line Joining two adjacent angles قطر ـ وتر ـ وتری ـ زاویہ قائمہ سے منحرف ـ

Diagraph (diə-graf) *n.* Instrument for enlarging make نقشے کو بڑا کرنے کا آلہ ۔

Dial (dīəl) *n., v.t. & i.* Instrument showing time by sun's shadow دھوپ گھڑی ۔ گھڑی یا گھنٹے کا چہرہ ۔ بھاپ یا گیس کا مقیاس ۔ بھاپ ناپنا ۔

Dialect (dīə-lekt) n. Form of speech peculiar to a locality زبان ۔ بولی ۔ حاورہ ۔ مقامی زبان ۔ مخصوص علاقہ کی بولی ۔

Dialectologist *n.* کسی علاقہ کی زبان کا مخفف ۔ مقامی زبان کا ماہر ۔

Dialectology *n.* زبان دانی ۔ مقامی زبان اور محاورات کا علم ۔

Dialectic (dīə-lek-tik) *n.* Logical disputation علم مناظرہ ۔ منطق ۔ علم کلام ۔

Dialectician *n.* نقاد ۔ علم کلام کا ماہر ۔ منطق دان ۔ کلامی ۔

Dialectic (dīə-lek-tik) *adj. & n.* Logical مقامی زبان سے متعلق ۔ علم کلام سے متعلق ۔ منطقی ۔

Dialogic (dīə-lojik) *adj.* Of dialogue بات چیت کے متعلق ۔ مکالمے کے متعلق ۔

Diameter (dīa-mit-ər) *n.* Straight line passing through the centre of a circle قطر ۔ خط جو مرکز سے محیط تک جائے ۔

Diametrical (dīa-mitə-rikal) *adj.* Along a diameter قطر کی شکل کا ۔ قطری ۔ کلی مخالف ۔ بالکل مخالف ۔

Diamond (dīə-mənd) *n., v.t. & i.* Colourless or tinted precious stone الماس ۔ ہیرا ۔ پرب ہیرا ۔ الماس کی قلم یا ریزہ ۔ (تاش) اینٹ کا رنگ ۔ ایک چھوٹا ٹائپ ۔ ہیرا ۔ ہیرا جڑا ہوا ۔ ہیرے کا ۔ معین ۔ شادی کے ساٹھویں سال کا جشن ۔

Diamond cut diamond لوہا لوہے کو کاٹتا ہے ۔

Rough diamond وہ شخص جس میں جوہر ہوں مگر تربیت نہ ہوئی ہو ۔ بغیر ترشا ہوا ہیرا ۔ نا تراشیدہ الماس ۔

Diamondiferous *adj.* الماس خیز ۔ الماس پیدا کرنے والی ۔

Diana (dī-an-ä) *n.* Woman bent on remaining single, huntress شادی سے متنفر عورت ۔ شہسوار شکاری عورت ۔

Diaphanous (dī-af-ə-nəs) *adj.* Transparent صاف ۔ شفاف ۔ چمکدار ۔ جس کے پار نظر جا سکے ۔

Diaphoretic (dī-ə-for-ə-tik) *adj. & n.* Productive of perspiration پسینہ لانے والی دوا ۔

Diaphragm (dīə-fram) *n.* Mascular partition پردہ یا جھلی ۔ پردہ شکم ۔ اعضائے رئیسہ اور معدہ کے بیچ کا پردہ ۔

Diarchy (dī-ärki) *n.* Government by two independent authorities دو عملی حکومت ۔

Diarist (dī-ə-rist) *n.* One who writes a diary منیم ۔ روزنامچہ نویس ۔ محرر پولیس ۔

Diarize (dī-ə-rīz) *v.t. & i.* Enter in a diary روز نامچہ میں اندراج ہونا ۔ روز نامچہ میں اندراج کرنا ۔

Diarrhoea (dī-ə-rē-ä) *n.* Excessive evacuation of too fluid faces اسہال ۔ تخمہ ۔ دستوں کی بیماری ۔

Diary (dīə-ri) *n.* Daily record روز نامچہ ۔

Diatribe (di-ə-trib) *n.* Bitter criticism, invective کسی چیز کی برائیوں، کا اظہار ۔ تلخ تنقید ۔ گالیوں کی بوچھاڑ ۔ سب و شتم سے مملو تقریر ۔

Dibber (di-ber) *n.* Instrument for dibbling ایک اوزار جس سے زمین کھود کر بیج بوتے ہیں ۔ کدال ۔ سبل ۔

Dibble (dib-l) *n., v.t. & i.* Instrument for making holes for seeds ایک قسم کی کدال جس سے زمین تخم ریزی کے لئے تیار کی جاتی ہے ۔ زمین تیار کرنا ۔ زمین میں بیج بونا ۔

Dibs (dib-s) *n. & p.* Child's game with sheep bones بھیڑ کے پائے کی ہڈیاں جس سے بچے ایک کھیل کھیلتے ہیں ۔ دھات کے ٹوکن ۔ بول چال (روپیہ) ۔

Dice (dīs) *n.* دیکھو ۔ Die

Dice (dīs) *v.t. & i.* Play dice پانسہ یا کھیتیں سے کھیلنا ۔ چوسر ۔ بساط بنانا ۔ جوئے میں روپیہ اڑا دینا ۔

Dīcer جواری ۔ پھڑ باز ۔

Dice-box (dīs-boks) *n.* Glass shaped box from which dice are thrown پانسہ پھینکنے کی گلاس نما ڈبیا ۔

Dichroic (dī-rə-ik) *adj.* Showing two colours
دو رنگا ۔ دو رنگ نما ۔

Dichromatic (dī-kro-mat-ik) *adj.* Two coloured
دو رنگی ۔

Dichromic (dī-kro-mik) *adj.* With only two colours
دو رنگ بین ۔

Dickens (dik-ənz) *n.* Devil ۔ (بول چال) ابلیس ۔ شیطان
جن ۔ بھوت ۔

Dicky-ey (dik-i) *n.* Donkey (بول چال) گدھا ۔ قمیض
کے سامنے کا حصہ ۔ بچوں کا ایپرن ۔ گاڑی کے سامنے
نوکر یا سائیس کی نشست ۔

Dicky (dik-i) *adj.* Unsound (بول چال) ٹوٹا پھوٹا ۔
خراب ۔ بوسیدہ ۔

Dictaphone (dik-tə-fōn) *n.* Machine for recording speech
تقریر محفوظ کرنے کا آلہ ۔ وہ آلہ جس
میں تقریر محفوظ رہے اور پھر نقل کر لی جائے ۔

Dictate (dik-tāt) *v.t. & i.* Say or read aloud
حکم چلانا ۔ تقریر یا حکم لکھانا ۔ من مانی شرطیں
منوانا ۔ دباؤ ڈالنا ۔

Dictate (dik-tāt) *n.* Authoritative direction
ہدایت ۔ فرمان ۔ حکم ۔ ارشاد ۔ قانون ۔

Dictation *n.* املا ۔ تحریر ۔ حکم نامہ ۔ فرمان ۔ قاعدہ ۔

Dictator (dik-tāt-ər) *n.* Absolute ruler
مطلق العنان ۔ آمر ۔ نادری حکم دینے والا ۔ مختار کل ۔

Dictatorship *n.* شخصی فرمانروائی ۔ مطلق العنانی ۔
آمریت ۔

Dictatorial (dik-tā-tōriəl) *adj.* Over bearing
حاکمانہ ۔ استبدادی ۔ آمرانہ ۔

Diction (dik-shən) *n.* Wording and phrasing
الفاظ کی چست بندش ۔ الفاظ کا بر محل استعمال ۔ طرز
تحریر ۔ زبان ۔ بولی ۔ گفتگو ۔

Dictionary (dik-shen-əri) *n.* Book dealing with the words of a language
کسی زبان کا لغت ۔
لغات ۔ فرہنگ ۔ قاموس ۔

Dictum (dik-təm) *n.* Formal saying دعویٰ ۔ قول ۔
کہاوت ۔ مشہور مقولہ ۔ حاکم عدالت کی رائے جو
قانونی حیثیت نہ رکھتی ہو ۔

Did (did) Do دیکھو

Didactic (di-dak-tik) *adj.* Meant to instruct
ہوش افزا ۔ پند آمیز ۔ عبرت خیز ۔ نصیحت آمیز ۔

Diddle (did-l) *v.t.* Cheat, swindle (بول چال)
دھوکہ دینا ۔ فریب دینا ۔ دغا دینا ۔ ٹھگنا ۔

Didst (did-st) *v.* Past tense of do کیا تھا ۔

Die (dī) *n.* Small cub with black spots دانہ ۔
کعبتین ۔ پانسہ ۔ ٹھپا ۔ سکہ ۔ چھاپ ۔

The die is cast اب معاملہ اٹل ہے ۔ پانسہ پڑ گیا ۔

Die (dī) *v.i.* Cease to live رحلت کرنا ۔ ہلاک ہونا ۔
وفات پانا ۔ مرنا ۔ انتقال کرنا ۔ فنا ہونا ۔ ختم ہونا ۔
موت کا سا دکھ سہنا ۔ روحانی حیثیت سے ۔ مردہ ہو
جانا ۔ پودوں کا مرجھا جانا ۔ گل ہو جانا ۔ مٹ جانا ۔

Die hard مشکل سے مرنا ۔

Die in hardness کام کرتے کرتے مرنا ۔

Die in last ditch مرتے دم تک لڑنا ۔ حفاظت کرنا ۔

Die in ones bed طبعی موت مرنا ۔

Be dying for آرزو میں مرنا ۔ حد سے زیادہ شوقین ہونا ۔

Never say die ہمت نہ ہارنا ۔

Diet (dī-ət) *n.* Conference of national or international business قومی یا بین الاقوامی کانفرنس ۔

Diet (dī-ət) *n. & v.t.* Prescribed course of food
خوراک ۔ کھانا ۔ مقررہ غذا ۔ پرہیزی غذا ۔ پرہیزی غذا
کھانا ۔ سزا کے طور پر مخصوص غذا دینا ۔

Dietary (dī-ə-təri) *n. & adj.* Course of diet
قید خانے ۔ شفا خانے ۔ محتاج خانے کی مقررہ غذا ۔
مقررہ غذا ۔

Dietatic (dī-ət-atik) *adj.* About diet پرہیزی غذا کے
متعلق ۔

Differ (di-fər) *v.i.* Be unlike الگ ہونا ۔ تفاوت ہونا ۔
اختلاف رکھنا ۔ فرق ہونا ۔ فرق رکھنا ۔ اختلاف کرنا ۔
مختلف ہونا ۔

Difference (di-fərens) *n.* Dissimilarity نااتفاقی ۔
عدم مطابقت ۔ تفاوت ۔ اختلاف ۔ فرق ۔ مغائرت ۔
جھگڑا ۔ فساد ۔ اختلاف رائے ۔

Different (di-fərent) *adj.* Unlike, not the same
مختلف ۔ نیارا ۔ الگ ۔ جدا ۔ ان میل ۔ بے جوڑ ۔ طرح
طرح کا ۔ مختلف ۔

Differential (di-fəren-shyel) *adj.* & *n.* **Distinctive** چھوٹا فرق ڈالنے والا۔ اختلاف ظاہر کرنے والا ۔ امتیازی ۔ اختلافی ۔

Differentiat (di-fəren-shiət) *v.t.* & *i.* **Discriminate** فصل ہونا ۔ تفریق یا امتیاز ہونا ۔ فرق کرنا ۔ امتیاز کرنا ۔

Differentiation *n.* تقسیم کار ۔ امتیاز ۔ تفریق ۔

Difficult (di-fi-kelt) *adj.* **Troublesome** دو بھر ۔ جانگداز ۔ بھاری ۔ مشکل ۔ دشوار ۔ دقت طلب ۔ پیچیدہ ۔ سخت ۔

Difficulty (di-fi-kelti) *n.* **Something hard and obscure** دشواری ۔ دقت ۔ مشکل ۔ سختی ۔ پریشانی ۔ مشقت ۔ تنگی ۔ روک ۔ رکاوٹ ۔ امر مانع ۔

Diffidence (di-fi-dəns) *n.* **Excessive modesty, self-distrust** ۔ شرمیلا پن ۔ لحاظ ۔ جھجک ۔ حجاب ۔ اندیشہ ۔ بے اعتمادی ۔ بے حوصلگی ۔ اپنے اوپر اعتماد نہ ہونا ۔

Diffident (di-fi-dənt) *adj.* **Wanting in self confidence** اپنے اوپر بھروسہ نہ رکھنے والا ۔ بد گمان ۔ وسواسی ۔

Diffuse (di-fūz) *adj.* **Spread out** لمبا چوڑا ۔ مفصل ۔ طولانی ۔ منتشر ۔ بکھرا ہوا ۔ پھیلا ہوا ۔ پراگندہ ۔

Diffuse (di-fūz) *v.t.* & *i.* **Shed abroad** نشر کرنا ۔ منتشر کرنا ۔ بکھیرنا ۔ پھیلانا ۔

Diffusion *n.* طول ۔ انتشار ۔ بہاؤ ۔ پھیلاؤ ۔

Diffusive *adj.* طول طویل ۔ پھیلا ہوا ۔ منتشر کرنے والا ۔ پھیلانے والا ۔

Dig (dig) *v.t.* & *i.* **Excavate** کھوکھلا کرنا ۔ خالی کرنا ۔ کریدنا ۔ کھودنا ۔ تحقیق کرنا ۔ کھود کر راستہ نکالنا ۔ پسلی میں گدگدانا ۔ دلخراش مذاق کرنا ۔

Dig a pit for پھانسنے کے لیے جال بچھانا ۔

Digamy (di-gəmi) *n.* **Having a second spouce** دو بیویاں رکھنا ۔ دوسری شادی ۔

Digamist *n.* دو جوروؤں والا ۔

Digest (dī-jest) *n.* **Summary** مجموعہ قوانین ۔ ترتیب قوانین ۔ مجموعہ ۔ خلاصہ ۔ انتخاب ۔

Digest (dī-jest) *v.t.* & *i.* **Classify** آراستہ کرنا ۔ سدھارنا ۔ مرتب کرنا ۔ ترتیب دینا ۔ خلاصہ کرنا ۔ غذا ہضم کرنا ۔ تحلیل کرنا ۔ ہضم میں مدد دینا ۔ سہنا ۔ برداشت کرنا ۔ سن کر پی جانا ۔ اچھی طرح سمجھ لینا ۔

Digestible *adj.* قابل ہضم ۔ قابل برداشت ۔ ترتیب پذیر ۔

Digestion (dī-jest-yen) *n.* **Power of digesting** انتظام ۔ ترتیب ۔ قوت ہضم ۔ ہاضمہ ۔ دم پخت ۔ یخنی ۔

Digestive (dī-jestiv) *adj.* & *n.* **Promoting digestion** ہضم میں معاون ۔ ہاضم ۔ معاون ہضم ۔

Digger (di-ger) *n.* **One who digs** سونے کی تلاش میں کھودنے والا ۔ بیلدار ۔ مزدور ۔ کھودنے والا ۔

Digging (dig-ing) *n.* **Search** کھدائی ۔ تلاش ۔ تفتیش ۔ کھوج ۔

Dight (dit) *v.t.* **Array** سنوارنا ۔ سجانا ۔ آراستہ کرنا ۔

Digit (di-jit) *n.* **Finger, toe, any numerical from 0 to 9** انگلی ۔ انگوٹھا ۔ کوئی عدد ۱ سے ۹ تک ۔ چاند یا سورج کے دائرے کا بارھواں حصہ ۔

Digitate (di-ji-tat)-ated *adj.* **Finger like** پنج انگلیا ۔ پنج انگشتا ۔ پنجہ نما ۔

Digitigrade (di-jiti-grəd) *adj.* **Walking on toes** پنجوں پر چلنے والا ۔

Dignify (dig-ni-fī) *v.t.* **Confer dignity upon** لائق بنانا ۔ تعظیم و تکریم کرنا ۔ حرمت دینا ۔

Dignitary (dig-ni-təri) *n.* **Person holding high office** بڑا پادری ۔ معزز افسر ۔ اعلیٰ عہدہ دار ۔

Dignity (dig-ni-ti) *n.* **True worth** تمکنت ۔ شان و شوکت ۔ منزلت ۔ عظمت ۔ جاہ ۔ مرتبہ ۔ منصب ۔ معزز عہدہ ۔ اعزاز ۔

Digress (dī-gres) *v.i.* **Diverge from track** تجاوز کرنا ۔ گریز کرنا ۔ پھرنا ۔ انحراف کرنا ۔ ہٹ جانا ۔ بھٹک جانا ۔

Digression *n.* لغزش ۔ اصل مضمون سے تجاوز ۔ تجاوز ۔ انحراف ۔

Dike-Dyke (dik) *n.* & *v.i.* **Ditch** روک ۔ بند ۔ پشتہ ۔ نہر ۔ نالہ ۔ گھاٹی ۔ خندق ۔

Dilapidate (di-lap-i-dāt) *v.t.* & *i.* **Bring or come into decay** بغیر مرمت برباد کرنا ۔ منہدم کرنا ۔ چھوڑ دینا ۔ ویران کرنا ۔ مسمار کرنا ۔ تلف کرنا ۔ ضائع کرنا ۔ خاک میں ملانا ۔ شکستہ حال ہونا یا کرنا ۔

Dilapidation (di-lap-idā-shən) *n.* **Being in disrepair** انہدام ۔ خرابی ۔ ویرانی ۔ بربادی ۔ بگاڑ ۔ بے مرمتی ۔ اسراف ۔ فضول خرچی ۔ خستہ حالی ۔ زوال ۔

Dilate (dī-lāt) *v.t. & i.* Make or become larger
کھولنا ۔ پھیلانا ۔ بڑھانا ۔ چوڑا کرنا یا ہونا ۔ پھیلنا ۔ مفصل کرنا ۔ شرح و بست سے بیان کرنا ۔

Dilator (dī-la-tər) *n.* Muscle that dilates or organ وہ پٹھا جو کسی عضو کو پھیلائے ۔

Delatory (dī-la-təri) *adj.* Tending to cause delay
وقت ضائع کرنے والا ۔ دیر لگانے والا ۔ تعطل میں ڈالنے والا ۔

Dilatoriness *n.* تعطل ۔ تساہل ۔ تاخیر ۔

Dilemma (dī-le-mā) *n.* Choice between two evils
گونگوں کا مقابلہ ۔ دونوں طرح مشکل ۔ نہ جائے رفتن نہ پائے ماندن ۔ اُدھر کنواں ادھر کھائی ۔

Dilettante (di-let-anti) *n.* Lover of the fine arts
فن میں شدید رکھنے والا ۔ فنون لطیفہ کا شائق ۔

Diligence (di-li-jens) *n.* Persistent effort جان فشانی ۔ سرگرمی ۔ کوشش ۔ محنت ۔ چار پہیوں کی گاڑی ۔ شکرم ۔ ڈاک گاڑی ۔

Diligent (di-li-jent) *adj.* Hard working تندھی سے کام کرنے والا ۔ سرگرم ۔ مستعد ۔ محنتی ۔

Dilly-dally (di-li-dali) *v.t.* Loiter (بول چال) سستی کرنا لیت و لعل کرنا ۔ دیر لگانا ۔ بے مقصد پھرنا ۔

Diluent (di-lu-ənt) *adj. & n.* Diluting substance
کمزور کرنے والا ۔ پتلا دبلا کرنے والا ۔ وہ شے جو خون میں پانی کا تناسب بڑھائے ۔

Dilute (dī-l(y)o͞ot) *adj.* Weakened by addition of water پتلا ۔ رقیق ۔ پانی سا ۔ کمزور ۔

Dilute (dī-l(y)o͞ot) *v.t,* Reduce strength by addition of water پانی ملا کر قوت کم کرنا ۔ پتلا کرنا ۔ رقیق کرنا ۔ رنگ ہلکا کرنا ۔ جوش ٹھنڈا کرنا ۔

Dilution *n.* پانی کی آمیزش ۔ ہلکاؤ ۔ پتلا پن ۔ رقت ۔

Diluvial (di-l(y)oo-viəl) *adj.* طوفانی ۔ طوفان نوح کا ۔ سیلاب کے متعلق ۔

Dim (dim) *adj., v.t. & i.* Faint, obscure بے آب ۔ پھیکی ۔ دھندلی ۔ تاریک ۔ دھیمی ۔ مدھم آواز ۔ ہلکی روشنی ۔ دھندلی کرنا یا ہونا ۔ دھیا کرنا یا ہونا ۔

Dimmish بجھا بجھا ۔ دھندلا سا ۔

Dimness دھندلکا ۔ تاریکی ۔ دھندلا پن ۔

Dime (dīm) *n.* An American silver coin امریکہ کا چاندی کا سکہ جو پانچ آنے کے برابر ہوتا ہے ۔

Dime novels سستے ناول ۔

Dīmension (di-men-shən) *n.* Measurable extent
پیمائش ۔ عرض ۔ طول ۔ عمق وغیرہ ۔ جسامت ۔ رقبہ ۔ حجم ۔ لمبائی چوڑائی ۔

Diminish (di-mi-nish) *v.t. & i.* Make or become less کم کرنا یا ہونا ۔ گھٹانا ۔ کوتاہ کرنا ۔ تخفیف کرنا ۔ وضع کرنا ۔ منہا کرنا ۔ تفریق کرنا ۔ سروں کو اتارنا یا مدھم کرنا ۔

Diminishable *adj.* کمی کرنے کے قابل ۔ تخفیف کے لائق ۔ گھٹانے کے قابل ۔

Diminution (di-mīn-ū-shən) *n.* Lessening زوال ۔ گھاٹا ۔ گھٹائی ہوئی مقدار ۔ تخفیف ۔ کمی ۔

Diminutive (di-min-ū-tiv) *adj. & n.* Small, tiny
اسم تصغیر ۔ کوتاہ ۔ خورد ۔ ذرا سا ۔ چھوٹا ۔

Dimple (dim-pl) *n., v.t. & i.* Small hollow in cheek or chin رخسار یا زنخدان کا گڑھا ۔ گال یا ٹھوڑی میں گڑھا پیدا کرنا ۔ یا پڑنا ۔ ہلکی لہر ۔ ہلکورا ۔

Dimply (dim) *n., v.t. & i.* Distracting noise
جھنجھناہٹ ۔ غوغا ۔ شور غل ۔ شور کرنا ۔ ہنگامہ برپا کرنا ۔ ہلڑ مچانا ۔ کوئی بات کہتے کہتے ناک میں دم کر دینا ۔

Dine (dīn) *v.t. & i.* Take dinner دعوت میں کھانا ۔ دعوت کرنا ۔ کھانا کھانا ۔ ضیافت کرنا ۔ گھر سے باہر کھانا ۔

Dine with Duke Humphery کھائے بغیر رہنا ۔ فاقہ مستی کرنا ۔

Ding (ding) *v.t.* Ring bell ٹن ٹن کرنا ۔ گھنٹا بجانا ۔

Ding-dong (ding-dong) *n., adj. & adv* Alternating strokes of bell گھڑیال یا گھنٹے کی دہری آواز ۔ ایک اونچی اور ایک نیچی ۔ نیچی اونچی آواز سے ۔ قافیہ پیمائی ۔ بے تکی یا پھیکی نظم ۔

Ding-dong race گھوڑوں کی دوڑ جس میں کبھی کوئی آگے کبھی کوئی ۔

Dinghy-gey (din-ji) *n.* Small boat ٹوکرا ۔ ڈونگا ۔ ناؤ ۔ نیا ۔ سیر کی کشتی ۔ چھوٹی کشتی ۔

Dingle (ding-gl) *n.* Deep dell پہاڑوں کا تنگ راستہ جس میں گھنے درخت ہوں ۔ درہ ۔ نشیبی زمین ۔ وادی ۔

Dingy (ding-gi) *adj*. Dirty looking - سیاہ - تاریک - میلا کچیلا -

Dinginess *n*. - تاریکی - میلا پن -

Dinky (din-gki) *adj*. Pretty - (بول چال) صاف - ستھرا - خوبصورت - خوشنما -

Dinner (din-ər) *n*. Chief meal دعوت - ضیافت - رات کا دوپہر یا شام کا کھانا - وہ دعوت جو کسی تقریب یا کسی کے اعزاز میں دی جائے -

Dint (dint) *n*. & *v.t*. Stroke - چوٹ - چوٹ کا نشان - طاقت - زور - ضرب - چوٹ کا نشان ڈالنا - گڑھا ڈالنا -

Diocesan (di-o-si-sn) *n*. & *adj*. Of a diocese پادری کا علاقہ - بشپ کا علاقہ

Dip (dip) *v.t*. & *i*. Immerse - غرق کرنا ، بپتسمہ دینا غوطہ دینا - تر کرنا - ڈبونا - بھیڑ کو جراثیم کش دوا سے نہلانا - ڈونگے سے پانی نکالنا - (بول چال) مقروض ہونا یا کر دینا - نیچے کی طرف میلان ہونا - سرسری طور پر دیکھنا - جستہ جستہ مقامات سے دیکھنا یا پڑھنا -

Dip into ones purse - دل کھول کر خرچ کرنا -

Dip ones pen in fall - تحریر میں زہر آ گلنا -

Dip (dip) *n*. Sea bathe, depression - سمندر میں نہانا - ڈبکی - غوطہ - غوطہ کی حد - نیچے کی طرف ڈھلاؤ - چربی کی بتی - جراثیم کش دوا -

Diphtheria (dif-the-ri-a) } *n*. Acute infectious disease of throat حلق کی خطرناک بیماری

Diphtheretis (dif-the-ri-tis) } *n*. - خناق - حلقوری -

Diphthong (dif-thong) *n*. Union of two vowels in one syllable دو حروف علت (E.A.) (oi) جیسے کی ملی ہوئی آواز - ٹائپ کے دو یا دو سے زیادہ ملے ہوئے حروف -

Diploma (di-plom-ä) *n*. Certificate - صداقت نامہ - لیاقت - قابلیت کی تصدیق - سند -

Diplomaed - مستند - سندیافتہ -

Diplomacy (di-plom-əsi) *n*. Skill in international affairs - حکمت عملی - معاملہ فہمی - سیاست دانی - مدبری - عیاری - مطلب برآری -

Diplomate (di-plom-āt) *n*. One profficient in international affaires سیاست دان - بین‌الاقوامی امور کا ماہر -

Diplomatic (dip-lo-māt-ik) *adj*. Skilled in diplomacy سند قابلیت کے متعلق - معاملہ فہمی کے متعلق - بین الاقوامی تعلقات کے متعلق - فن سفارت کے متعلق - حکمت عملی سے کام لینے والا - زمانہ شناس - زمانہ ساز -

Diplomatically *adv*. زمانہ شناسی سے - بین الاقوامی تعلقات کے لحاظ سے - معاملہ فہمی سے - حکمت عملی سے -

Diplomatist (dip-lo-ma-tist) *n*. One engaged in diplomacy وکیل - سفیر - فن سفارت کا ماہر - ایلچی - مدبر - حکمت عملی سے کام لینے والا -

Dipper (dip-ər) *n*. Kinds of bird which dip ڈبکی مارنے والا - غوطہ خور - چمچہ - کفچہ - کفگیر - غوطہ زن پرند - تصویر کی منفی تختی - دھونے کا ظرف -

Dire (dīr) *adj*. Dreadful - ہیبت ناک - مہیب - بھیانک - ڈراؤنا - خوفناک - مہلک - ہلاکت خیز -

Direly *adv*. - خطرناک طور پر - مہلک طور پر -

Direct (dī-rect) *v.t*. & *i*. Guide, order - شست لگانا سیدھ باندھنا - اہتمام کرنا - سدھارنا - رہنمائی کرنا - حکم دینا - پتہ پر روانہ کرنا - سرنامہ لکھنا - ہدایت کرنا - احکام جاری کرنا -

Directive *n*. & *adj*. - رہنمایانہ - رہبرانہ - حکم نامہ - ہدایت نامہ -

Direct (dī-rekt) *adj*. & *adv*. Straight - ٹھیک ٹھاک مستقیم - ٹھیک - سیدھا - قطعی - بالکل - سیدھا سادھا - براہ راست - بلا واسطہ - آبائی - پشت در پشت - صاف صاف - صریح - ظاہر - عیاں -

Directly (dī-rekt-li) *adv*. Without delay ناک کی سیدھ - براہ راست - بلا توقف - فورا - صراحتاً - بلا واسطہ - ابھی - اسی دم (بول چال) جونہی - جیسے ہی -

Director (dī-rekt-ər) *n*. Manager کمپنی کے انتظامیہ کا رکن - مدار المہام - منتظم - ناظم - وہ پادری جو کسی کا روحانی رہنما ہو - مرشد - کسی کل کا حرکت میں لانے والا پرزہ -

Directorial *adj.* انتظامیہ کے بارے میں - ناظم کے متعلق - منتظمانہ -

Directorate (dī-rektə-rat) *n.* Post or office of director نظامت کا دفتر - ناظم کا عہدہ -

Directory (dī-rektə-ri) *adj.* Advisory ہدایت کرنے والا ضابطہ - ہادیانہ - رہنمایانہ -

Directory (dī-rektə-ri) *n.* Book with names and offices کتاب ہدایت - دستور العمل - محکمہ ٹیلیفون کی ناموں اور پتوں کی کتاب - کسی مقام کے اہم لوگوں کی کتاب -

Directrix (dī-rekt-riks) *n.* Female director مہتمہ - ناظمہ -

Direful (dīr-ful) *adj.* Terrible خوفناک - ڈراؤنے - ہیبت ناک - وحشتناک -

Dirge (də-ri) *n.* Song sung at burial تدفین کے وقت کا گانا - ماتمی راگ - نوحہ - مرثیہ -

Diriment (di-ri-ment) *adj.* Nullifying باطل کرنے والا - منسوخ کرنے والا - ناسخ -

Dirk (dərk) *n.* & *v.t.* Kind of dagger پیش قبض - چھرا - قرولی - کٹار - خنجر - جنبیہ - خنجر مارنا - چھرا گھونپنا - جنبیہ سے وار کرنا -

Dirt (dərt) *n.* Unclean matter خاک - مٹی - نجاست - میل - غلاظت - گندگی -

Eat dirt توہین برداشت کرنا -

Fling dirt کیچڑ اچھالنا - فحش گالیاں -

Dirty (dər-ti) *v.t., i.* & *adj.* Soiled, foul مکدر - گدلا - غلیظ - میلا - گندا - نجس - ناپاک - کمینہ - ناجائز طور پر وصول کیا ہوا - حرام کا - طوفانی موسم - ملگجا رنگ - میلا ہونا - میلا کرنا - گندا ہونا - گندہ کرنا -

Dirty work بے ایمانی -

Disability (dis-abl-iti) *n.* Thing that prevents one's doing something بے اختیاری - مجبوری - نا اہلیت - عدم استطاعت - معذوری - ناتوانی - ضعف - کمزوری - نا طاقتی -

Disablement *n.* امتناع - معذوری -

Disabuse (dis-əbuz) *v.t.* Undeceive خیال خام دور کرنا - آنکھیں کھول دینا -

Disadvantage (dis-əd-vant-ij) *n.* Unfavourable condition غیر مفید - مضر صورت - نا موافق حالت - حرج - خلل - قباحت - کوتاہی - قصور - نقص - دقت - دشواری -

Disadvantageous (dis-əd-vant-əjəs) *adj.* derogatory موافق - مضر - غیر مفید - موجب بدنامی - نقصان رساں - ذلت آمیز -

Disaffected (dis-ə-fekt-ed) *adj.* Unfriendly پھرا ہوا - بگڑا ہوا - منحرف - مخالف -

Disaffection (dis-ə-fek-shən) *n.* Discontent بد اندیشی - دشمنی - بے اطمینانی - بے چینی - اطاعت سے انحراف - سیاسی بے چینی -

Disaffirm (dis-ə-fərm) *v.t.* Repudiate ماننے سے انکار کرنا - ناجائز قرار دینا - منسوخ کرنا -

Disaffirmation *n.* سابقہ حکم ماننے سے انکار - منسوخی -

Disafforest (dis-ə-for-ist) *v.t.* Reduce forest to ordinary land جنگل کو قانوناً معمولی زمین قرار دینا - جنگل کی زمین پر کاشت کی اجازت دینا -

Disafforestation صحرائی علاقہ کو کاشت کے لئے کھول دینا - جنگل کی زمین کو قابل کاشت قرار دینا -

Disagree (dis-ə-grē) *v.i.* Differ مختلف رائے رکھنا - اختلاف رائے کرنا - الگ ہو جانا - اختلاف کرنا - غذا یا آب و ہوا کا نا موافق ہونا - ناسازگار ہونا - مضر ہونا -

Disagreement *n.* نزاع - نا اتفاقی - اختلاف -

Disagreeable (dis-əgrē-əbl) *adj.* & *n.* Unpleasant نا پسندیدہ - ناگوار - نا پسند - نا موافق - کج خلق - بد مزاج - ناگوار تجربہ - پریشان کن - تکلیف دہ - پریشانی - تکلیف -

Disallow (dis-ə-low) *v.t.* Prohibit ممنوع قرار دینا - روک دینا - نا منظور کرنا - باز رکھنا - اجازت نہ دینا - ممانعت کرنا -

Disappear *v.i.* Vanish نظر سے اوجھل ہو جانا - کافور ہو جانا - اڑ جانا - غائب ہونا - ناپید ہونا - گم ہونا -

Disappearance *n.* گمشدگی - غیبت -

Disappoint (dis-ə-point) *v.t.* Not fulfil desire وعدہ خلافی کرنا ۔ نا امید کرنا ۔ مایوس کرنا ۔ امید توڑنا ۔ دل کی دل ہی میں رہ جانا ۔

Disappointing *adj* مایوس کن ۔

Disappointment *n.* مایوسی ۔

Disapprobation (dis-apro-bā-shən) *n.* Disapproval نفرت ۔ نا رضامندی ۔ نا خوشی ۔ نا منظوری ۔ انکار ۔ نا پسندیدگی ۔

Disapproval (dis-ə-proo-vəl) *n.* Unfavourable opinion نا موافق رائے ۔ نا رضامندی ۔ نا پسندیدگی ۔ تردید ۔

Disapprove (dis-ə-proōve) *v.t.* & *i.* Not like, detest نا پسند کرنا ۔ نفریں کرنا ۔ مذمت کرنا ۔ نا پسندیدگی کا اظہار کرنا ۔

Disarm (dis-ärm) *v.t.* & *i.* Deprive of weapons ہتھیار چھین لینا ۔ ہتھیار لے لینا ۔ فوج کم کر کے امن کے زمانے کی حالت پر لانا ۔ مورچے ہٹانا ۔ بد گمانی دور کرنا ۔

Disarmament *n.* سامان حرب پر پابندی ۔ فوج کی تخفیف ۔ تخفیف اسلحہ ۔

Disarrange (dis-ə-ranj) *v.t.* & *i.* Put into disorder الٹ پلٹ کرنا ۔ بے ترتیب کرنا ۔ تہہ و بالا کرنا ۔ گڑ بڑ کرنا ۔

Disarrangement *n.* گڑ بڑ ۔ ابتری ۔ بد انتظامی ۔ بے ترتیبی ۔

Disarray (dis-ə-rā) *n.* & *v.t.* Throw into disorder برہنگی ۔ ابتری ۔ ننگا پن ۔ ابتر کرنا ۔ برہنہ کرنا ۔ عریاں کرنا ۔

Disassociate (dis-ə-so-shi-at) *v.t.* Remain aloof علیحدہ رہنا ۔ الگ کرنا ۔ میل جول نہ رکھنا ۔ دور رہنا ۔ مراسم نہ رکھنا ۔

Disaster (dis-ast-ər) *n.* Calamity شامت ۔ آفت ۔ مصیبت ۔ غضب ۔ سانحہ ۔ بد قسمتی ۔ بد نصیبی ۔

Disastrous *adj.* مصیبت خیز ۔ پر حوادث ۔ آفت خیز ۔

Disavow (dis-ə-vow) *v.t.* Repudiate انکار کرنا ۔ تسلیم نہ کرنا ۔ تردید کرنا ۔ جھٹلانا ۔

Disavowal *n.* نا منظوری ۔ انکار ۔ تردید ۔

Disband (dis-band) *v. t.* & *i.* Disperse جواب دینا ۔ موقوف کرنا ۔ فوجی خدمت سے سبکدوش کرنا ۔ فوج یا لشکر کو توڑنا ۔

Disbar (dis-bär) *v.t.* Expel from membership of bar وکیل کو جماعت وکلا سے خارج کرنا ۔ وکیل کو وکالت کرنے سے روکنا ۔

Disbelieve (dis-bə-liv) *v.t.* & *i.* Have no faith in یقین نہ کرنا ۔ نہ ماننا ۔ اعتبار نہ کرنا ۔ باور نہ کرنا ۔ اعتقاد نہ رکھنا ۔

Disbelief *n.* انکار ۔ بے اعتباری ۔ بے اعتقادی ۔

Disbeliever *n.* دہریہ ۔ بے ایمان ۔ کافر ۔ منکر ۔

Disburden (dis-bur-dn) *v.t.* Discharge دل پر سے بوجھ دور کرنا ۔ بوجھ ہلکا کرنا ۔ سبکدوش ہونا ۔

Disburse (dis-burse) *v.t.* & *i.* Expend روپیہ ادا کرنا ۔ صرف کرنا ۔ خرچ میں لانا ۔ خرچ کرنا ۔

Disbursement *n.* خرچ کی ادائیگی ۔ روپیہ کی ادائیگی ۔ خرچ ۔ صرف ۔

Disc (disk) *n.* دیکھو Disk ۔

Discard (diskard) *v.t.*, i. & *n.* Throw out بدرنگی میں نکالنا ۔ تاش کے پتے خارج کرنا ۔ برطرف کرنا ۔ خارج کرنا ۔ معزول کرنا ۔ موقوف کرنا ۔ پتے چھانٹنا ۔ وہ پتہ جو چھانٹا جائے ۔

Discern (di-sern) *v.i.* & *t.* Distinguish معلوم کرنا ۔ فرق نکالنا ۔ امتیاز کرنا ۔ تمیز کرنا ۔ جان لینا ۔ تاڑ لینا ۔ شناخت کرنا ۔

Discernible *adj.* قابل فہم ۔ قابل شناخت ۔ قابل امتیاز ۔

Discerning (di-sern-ing) *adj.* Penetrating دانشمند ۔ صاحب بصیرت ۔ صاحب تمیز ۔ زیرک ۔ ہوشیار ۔ ذی شعور ۔ واقف کار ۔

Discernment *n.* تیز فہمی ۔ ذکاوت ۔ نکتہ رسی ۔ فہم ۔ فراست ۔ شعور ۔ تمیز ۔

Discharge (dis-charj) *v.t.* & i. Dismiss سبکدوش کرنا ۔ بوجھ اتارنا ۔ موقوف کرنا ۔ برطرف کرنا ۔ رہا کرنا ۔ چھوڑنا ۔ الزام سے بری کرنا ۔ بندوق چلانا ۔ جہاز سے مال اتارنا ۔ ندی کا سمندر میں گرنا ۔ سر انجام کرنا ۔ بجا لانا ۔ رنگ چھڑانا ۔

Discharge (dis-chàrj) *n.* Release, acquittal
رہائی ـ نکاس ـ اخراج ـ خلاصی ـ چھٹکارنا ـ بریت ـ بر طرفی ـ موقوفی ـ

Disciple (dis-ī-pl) *n.* Follower, adherent ـ مرید
چیلا ـ شاگرد ـ طالب علم ـ معتقد ـ پیرو ـ مقلد ـ حضرت عیسیٰ کے بارہ حواریوں میں سے کوئی ایک ـ

Disciplinarian (dis-iplin-ə-riən) *n.* Maintainer of discipline مودب ـ قواعد دان سخت گیر ـ نظم و ضبط پر زور دینے والا ـ

Discipline (dis-i-plin) *n.* Training for obedience and order نظم و ضبط کی تربیت ـ ادب ـ تلقین ـ آراستگی ـ تہذیب ـ پابندی ـ نظم و ضبط ـ فرمانبرداری ـ اطاعت ـ تابعداری ـ

Disciplinary *adj.* ذہنی تربیت کے متعلق ـ انضباطی ـ تادیبی ـ

Disclaim (dis-klām) *v.t.* & *i.* Renounce claim
دعویٰ ترک کرنا ـ قانوناً دستبردار ہونا ـ بے تعلقی یا لا علمی ظاہر کرنا ـ انکار کرنا ـ

Disclaimer (dis-klām-ər) *n.* Disavowal ـ انکار
اعلان ـ بے تعلقی کا اظہار ـ دست برداری ـ

Disclose (dis-klōz) *v.t.* Expose افشا کرنا ـ آشکارا کرنا ـ کھولنا ـ دکھانا ـ ظاہر کرنا ـ عیاں کرنا ـ فاش کرنا ـ

Disclosure (dis-klōz-ər) *n.* Exposure ـ اعلان
تشہیر ـ انکشاف ـ اظہار ـ افشائے راز ـ وہ چیز جس کا انکشاف کیا جائے ـ

Discolour (dis-kulər) *v.t.* & *i.* Change, spoil the colour رنگ بدلنا ـ بدرنگ کرنا یا ہونا ـ رنگت بگاڑنا ـ دھبے ڈالنا ـ دھبے پڑنا ـ خراب کرنا ـ بگاڑنا ـ

Discomfit (dis-kun-fit) *v.t.* Defeat in battle
بھگا دینا ـ مغلوب کرنا ـ شکست دینا ـ بکھیرنا ـ پریشان کرنا ـ درہم برہم کرنا ـ چھکے چھڑا دینا ـ بد حواس کرنا ـ

Discomfiture *n.* مات ـ ہار ـ بد حواسی ـ ہزیمت ـ شکست ـ

Discomfort (dis-kum-fert) *n.* & *v.t.* Uneasiness
دکھ ـ بے چینی ـ بے آرامی ـ تکلیف ـ بے کل کرنا ـ بے چین کرنا ـ

Discompose (dis-kəm-pōz) *v.t.* Disturb composure گھبرا دینا ـ مضطرب کرنا ـ الجھن میں ڈالنا ـ سکون میں خلل ڈالنا ـ

Discomposure *n.* گھبراہٹ ـ بے چینی ـ بے کلی ـ پریشانی ـ اضطراب ـ انتشار ـ

Disconcert (dis-kən-sərt) *v.t.* Derrange, upset
کام بگاڑ دینا ـ گھبرا دینا ـ بد حواس کرنا ـ تجویز باطل کرنا ـ پریشان کرنا ـ

Disconcertment *n.* ذہنی انتشار ـ اضطراب ـ بد حواسی ـ

Disconnect (dis-ken-ekt) *v.t.* Sever the connection of علیحدہ کرنا ـ الگ کرنا ـ منقطع کرنا ـ بے ربط یا بے میل کرنا ـ

Disconnected *adj* جدا کیا ہوا ـ منقطع ـ

Disconnection *n.* بے تعلقی ـ علیحدگی ـ

Disconsolate (dis-kon-sə-lit) *adj.* Unhappy ـ رنجیدہ
ملول ـ افسردہ ـ اداس ـ دلگیر ـ فکر مند ـ بے قرار ـ بے چین ـ عاجز ـ نا امید ـ

Discontent (dis-ken-tent) *n.*, *adj.* & *v.t.* Dissatisfaction بے چینی ـ بے قناعتی ـ غیر مطمئن ـ بے قرار ـ ناخوش ـ بے قرار ہونا ـ غیر مطمئن ہونا ـ

Discontented (dis-ken-tent-əd) *adj.* Dissatisfied
بے قرار ـ بے صبر ـ ناخوش ـ غیر مطمئن ـ

Discontentedness }
Discontentment } بے قناعتی ـ بے اطمینانی ـ بے قراری ـ ناخوشی ـ

Discontinuance (dis-kən-ti-nu-əns) *n.* Lack of contact معطلی ـ موقوفی ـ ترک ـ

Discontinue (dis-ken-tin-ū) *v.t.* Cease from, give up موقوف کرنا ـ چھوڑنا ـ ساکت کرنا ـ بند کرنا ـ معطل کرنا ـ

Discord (dis-kord) *n.* & *v.t.* Disagrument, disagree نااتفاقی ـ ناچاقی ـ تنازعہ ـ جھگڑا ـ بے آہنگی ـ بے سرا پن ـ اختلاف ہونا ـ نا چاق ہونا ـ بے آہنگ ہونا ـ بے سرا ہونا ـ

Discordant *adj.* بے تال سر ـ بے آہنگ ـ ناموزوں ـ نا موافق ـ ان میل ـ مخالف ـ

Discount (dis-kownt) *n.* Deduction from price or bill کٹوتی ـ منہائی ـ چھوٹ ـ مجرائی ـ متی کاٹا ـ بٹا ـ دستوری ـ تحریر ـ روکھن ـ

Discount (dis-kownt) *v.t.* Detract from, deduct
تحریر دینا ۔ دستوری دینا ۔ مجرائی دینا ۔ پیش ادائی دینا ۔ ہنڈی ۔ سکھارنا ۔ پہلے سے بیان کر کے قصہ بے مزا کر دینا ۔ اثر زائل کر دینا ۔

Discounter *n.* بیاج بٹہ کا کاروبار کرنے والا ۔ سود کھانے والا ۔ ساہوکار ۔

Discountenance (dis-kowntə-nəns) *v.t.* Show disapproval
غیرت دلانا ۔ شرمندہ کرنا ۔ منہ نہ لگانا ۔ ناراضی ظاہر کرنا ۔ بے رخی کرنا ۔ تائید سے انکار کرنا ۔

Discourage (dis-ker-ij) *v.t.* Deprive of confidence
دل شکستہ کرنا ۔ ہمت یا دل توڑنا ۔ اعتماد اٹھ جانا ۔ پست ہمت کرنا ۔ باز رکھنا ۔ حمایت نہ کرنا ۔

Discouragement *n.* حوصلہ شکنی ۔ مایوسی ۔ بے حمائتی ۔ دل شکنی ۔

Discourse (dis-kors) *n.* Conversation تقریر ۔ تذکرہ ۔ مباحثہ ۔ گفتگو ۔ بیان ۔ خطبہ ۔ رسالہ ۔

Discourse (dis-kors) *v.t.* & *i.* Converse بحث و مباحثہ کرنا ۔ تقریر کرنا ۔ گفتگو کرنا ۔ بات چیت کرنا ۔ اظہار خیال کرنا ۔ رسالہ مرتب کرنا ۔ تذکرہ لکھنا ۔

Discourteous (dis-kert-yəs) *adj.* Uncivil اکھڑ ۔ بد خلق ۔ بے ادب ۔ گستاخ ۔ کج اخلاق ۔ بد تمیز ۔ غیر مہذب ۔

Discourtesy (dis-kert-əsi) *n.* Rudeness اکھڑ پن ۔ روکھا پن ۔ گستاخی ۔ بد اخلاقی ۔

Discover (dis-kuv-ər) *v.t.* Reveal معلوم کرنا ۔ ظاہر کرنا ۔ تحقیق کرنا ۔ دریافت کرنا ۔ کھوج لگانا ۔ منکشف کرنا ۔ کھولنا ۔

Discoverer *n.* انکشاف کرنے والا ۔ معلوم کرنے والا ۔ دریافت کرنے والا ۔

Discovery *n.* فریق مقدمہ کا خاص ثبوت پیش کرنا ۔ دریافت شدہ شے ۔ انکشاف ۔ دریافت ۔

Discredit (dis-kre-dit) *n.* Loss of reputation
رسوائی ۔ بے اعتمادی ۔ بدنامی ۔ بدظنی ۔ ساکھ چلی جانا ۔ مشتبہ ہونا ۔

Discredit (dis-kre-dit) *v.t.* Refuse to believe
اعتبار یا بھروسہ نہ کرنا ۔ یقین نہ کرنا ۔ جھوٹا جاننا ۔ غیر معتبر ٹھہرانا ۔ بے اعتبار کرنا ۔ بدنام کرنا ۔

Discreditable (dis-kre-dit-əbl) *adj.* Shameful
موجب رسوائی ۔ معیوب ۔ زبوں ۔ شرمناک ۔

Discreet (dis-krēt) *adj.* Prudent موقع محل دیکھ کر بات کہنے والا ۔ ہوشیار ۔ محتاط ۔

Discreetness *n.* ہوشیاری ۔ سنجیدگی ۔ احتیاط ۔ امتیاز ۔

Discretion (dis-kre-shən) *n.* Discernment تمیز ۔ امتیاز ۔ سمجھ ۔ شعور ۔ عقل ۔ فرزانگی ۔ دور اندیشی ۔

Discriminate (dis-kri-mi-nāt) *v.t.* & *i.* Distinguish
علیحدہ کرنا ۔ جدا کرنا ۔ فرق کرنا ۔ امتیاز کرنا ۔ فرق ہونا ۔ تفریق ہونا ۔

Discrimination *n.* امتیاز ۔ تمیز ۔ تفریق ۔

Discriminative *adj.* امتیاز کرنے والا ۔ ممیز ۔

Discursion (dis-ker-shən) *n.* Digression غیر وجدانی تقریر ۔ مدلل گفتگو ۔ بات چیت ۔ دوڑ دھوپ ۔

Discursive *adj* معقول ۔ غیر وجدانی ۔ مدلل ۔ پیچ دار ۔

Discus (dis-kes) *n.* Heavy disc لوہے کا گردا ۔ لوہے کا کڑا ۔ چکر ۔ (لوہے کا چکر جو کھیلوں کے مقابلہ میں پھینکا جاتا ہے) ۔

Discuss (dis-kus) *v.t.* Debate گفتگو کرنا ۔ بحث مباحثہ کرنا ۔ کلام کرنا ۔

Discussion *n.* مذاکرہ ۔ مباحثہ ۔

Disdain (dis-dān) *v.t.* & *n.* Scorn نا چیز سمجھنا ۔ حقیر جاننا ۔ حقارت سے دیکھنا ۔ توجہ کے لائق نہ سمجھنا ۔ اہانت ۔ حقارت ۔ تحقیر ۔

Disdainful *adj.* ذلیل ۔ نفرت انگیز ۔ مدفع ۔ متکبر ۔

Disease (dī-zez) *n.* Morbid condition of body
مرض ۔ بیماری ۔ آزار ۔ دکھ درد ۔ عارضہ ۔ دماغی یا اخلاقی بیماری ۔

Disembark (dis-im-bärk) *v.t.* & *i.* Put, go, ashore
جہاز سے ساحل پر اترنا ۔ جہاز سے اُترنا یا اُتارنا ۔

Disembarkation *n.* جہاز سے اترنا یا اُتارنا ۔

Disembarrass (dis-em-ber-rəs) *v.t.* Free from embarrassment پریشانی سے نکالنا ۔ الجھن دور کرنا ۔ مصیبت دور کرنا ۔ چھٹکارا دینا ۔ نجات دینا ۔

Disembarrassment چھٹکارا ۔ نجات ۔

Disembody (dis-im-bod-i) *v.t.* Separate, disband
آزاد کرنا ۔ برخاست کرنا ۔ نکال دینا ۔ فوجی خدمت
سے سبکدوش کرنا ۔ مادیت یا جسمانیت دور کرنا ۔
روح کو جسم سے آزاد کرنا ۔

Disembowel (dis-im-bo'-əl) *v.t.* Remove entrails
پیٹ کو اس طرح چاک کرنا کہ آنتیں باہر آ جائیں ۔
آنتیں نکالنا ۔

Disemploy (dis-im-ploi) *v.t.* Remove from work
بے کار کرنا ۔ برخاست کرنا ۔ موقوف کرنا ۔

Disempower (dis-im-powər) *v.t.* Take away the power
بے طاقت کرنا ۔ بے اختیار کرنا ۔ اختیار لے لینا ۔

Disengage (dis-in-gəj) *v.t. & i.* Break contact
چھوڑانا ۔ علیحدہ کرنا ۔ الگ کرنا ۔ آزاد کرنا ۔
چھوٹنا ۔ آزاد ہونا ۔

Disengagement *n.* رہائی ۔ خلاصی ۔ علیحدگی ۔

Disentangle (dis-in-tan-gl) *v.t. & i.* Extricate
جھگڑے سے نکلنا ۔ الجھاؤ سے نکالنا ۔ سلجھانا ۔ چھڑانا ۔
خلاصی دینا ۔

Disentanglement *n.* حل ۔ سلجھاؤ ۔ خلاصی ۔ رہائی ۔
چھٹکارا ۔

Disenthral (dis-in-thrawl) *v.t.* Free from bondage
خلاصی دینا ۔ نجات دینا ۔ آزاد کرنا ۔ غلامی سے
نکالنا ۔

Disentitle (dis-in-tī-tl) *v.t.* Withdraw the right
حق چھین لینا ۔ استحقاق واپس لینا ۔

Disfavour (dis-fa-vər) *v.t. & n.* Disapprove
ناخوشی ۔ ناراضگی ۔ ناپسند کرنا ۔ ناخوش ہونا ۔ ناراض
ہونا ۔

Disfigure (dis-feg-ər) *v.t.* Deface, deform شکل
بگاڑنا ۔ بد صورت کرنا ۔ بے روپ کرنا ۔ بد نما کرنا ۔
آلودہ کرنا ۔

Disfiguration, Disfigurement *n.* بدصورتی ۔ بد نمائی ۔

Disfranchise (dis-fran-chiz) *v.t.* Deprive of citizen rights
حقوق شہریت چھین لینا ۔ حق رائے دہی سے
محروم کرنا ۔

Disgorge (dis-gorj) *v.t. & i.* Eject from throat
ندی کا سمندر میں گرنا ۔ اگلوانا ۔ اگلنا ۔

Disgrace (dis-gras) *n.* Loss of favour شرم کی بات ۔
بے عزتی ۔ بے وقری ۔ بے قدری ۔ بری بات ۔ تحقیر ۔
خفت ۔ ذلت ۔ رسوائی ۔ بے غیرتی ۔ مورد عتاب ہونا ۔
مرتبہ کا چھن جانا ۔

Disgrace (dis-grās) *v.t.* Degrade from position
بے عزت کرنا ۔ کم قدر کرنا ۔ ذلیل کرنا ۔ عنایت
اور کرم سے محروم کرنا ۔ جاہ و منصب چھین لینا ۔
باعث شرم ہونا ۔

Disgruntled (dis-grun-tləd) *adj.* Discontented
اداس ۔ برہم ۔ آزردہ ۔ غیر مطمئن ۔

Disguise (dis-gīz) *n.* Garb used to decieve بدلا ہوا
لباس ۔ بہروپ ۔ بھیس ۔ سوانگ ۔ بناوٹ ۔ دھوکہ ۔
فریب

Disguise (dis-gīz) *v.t.* Conceal identity اپنی شخصیت
چھپانا ۔ روپ بدلنا ۔ بھیس بدلنا ۔ حقیقت چھپانا ۔ کچھ
کا کچھ ظاہر کرنا ۔ نشے میں دھت کرنا ۔

Disgust (dis-gust) *n.* Strong aversion تنفر ۔ اکراہ ۔
کراہت ۔ نفرت ۔ بے زاری ۔ ناخوشی ۔ ناپسندیدگی ۔

Disgust (dis-gust) *v.t.* Excite aversion اکتارا ۔
متنفر کرنا ۔ برگشتہ کرنا ۔ نفرت دلانا ۔

Dish (dish) *n.* Shallow flat bottomed vessel تھالی ۔
قاب ۔ رکابی ۔ طشتری ۔ کھانا ۔ خاص قسم کا کھانا ۔

Dish (dish) *v.t. & i.* Serve meal دسترخوان پر کھانا
رکھنا ۔ کھانا نکالنا ۔ گھوڑے کا اگلا پیر گھما کر
چلنا ۔ (سیاست) زک دینا ۔ حریف کی چال اختیار کرکے
زک دینا ۔

Dish up کھانا دسترخوان پر چننا ۔ واقعات یا دلائل کو
دلکش انداز میں پیش کرنا ۔

Disharmony (dis-har-məni) *n.* Discord بے ترتیبی ۔
نامطابقت ۔ بے سرا پن ۔ بے آہنگی

Dishearten (dis-hart-n) *v.t.* Rob of courage
مایوس کرنا ۔ نا اُمید کرنا ۔ بے دل کرنا ۔ ہمت توڑنا ۔

Dishevel (dis̄hev-l) *v.t.* Fling about آشفتہ حالی کا
اظہار کرنا ۔ بال نوچنا کھسوٹنا ۔ بال بکھیرنا ۔

Dishevelled (dis-hev-ld) *adj.* With disordered hair
آشفتہ حال ۔ پریشان بالوں والا ۔ زولیدہ ہو ۔

Dishonest (dis-hon-ist) *adj.* Insincere امانت میں خیانت کرنے والا - خائن - بے ایمان - بد دیانت - فریبی - مکار - کھوٹا - دغا باز - فاحشہ - چھنال - قحبہ - منافقانہ - ریا کارانہ -

Dishonesty (dis-hon-is-ti) *n.* Deceitfulness - بدکاری - مکاری - دغا بازی - بد دیانتی - خیانت - بے ایمانی -

Dishonour (dis-on-ər) *n.* Discredit بدنامی - بے حرمتی - ذلت - بے عزتی - رسوائی -

Dishonour (dis-on-ər) *v.t.* Treat with indignity بے آبرو کرنا - رسوا کرنا - بے عزتی کرنا - بدنام کرنا - عصمت دری کرنا - ہنڈی کا روپیہ ادا نہ کرنا - چیک کا روپیہ ادا کرنے سے انکار کرنا -

Dishonourable (dis-on-ər-əbl) *adj.* - نامعقول - بے شرم - ذلیل - بے آبرو - بے عزت -

Dishouse (dis-howz) *v.t.* Deprive one of house گھر چھین لینا - بے گھر کرنا - بے خانماں کرنا -

Disillusion-ize (dis-il(y)oo-zhen) *v.t.* Free illusions غلط فہمی دور کرنا - وہم دور کرنا -

Disillusionment *n.* - ازالہ سحر - غلط فہمی دور ہونا - وہم کا ازالہ -

Disinclination (dis-in-kli-na-shən) *n.* Want of willingness - بے رغبتی - نفرت - کراہت - عدم میلان - گریز -

Disincline (dis-in-klin) *v.t.* Make in disposed رجوع نہ کرنا - دور رہنا - بے رخ ہونا ، منہ پھیرنا -

Disinfect (dis-in-fekt) *v.t.* Cleanse of infection وبائی اثرات سے پاک کرنا - جراثیم دور کرنا -

Disinfectant *n.* جراثیم کش دوا -

Disinfection *n.* جراثیم کا ازالہ کرنا - متعدی جراثیم دور کرنا -

Disingenuous (dis-in-jēn-uəs) *adj.* Insincere زمانہ ساز - ذلیل - فریبی - کمینہ - مکار - ظاہر دار - دو رنگا - دو رخا -

Disingenuousness *n.* - دو رخا پن - زمانہ سازی - ظاہر داری -

Disinherit (dis-in-he-rit) *v.t.* Deprive of inheritance - محروم الارث کرنا - عاق کرنا - محروم وراثت کرنا -

Disintegrate (dis-in-ti-grət) *v.t. & i.* Separate component parts - ایک دوسرے سے علیحدہ کرنا - ملی ہوئی چیزوں کو الگ کرنا - چیزوں کا الگ ہونا یا کرنا - اجزا کا علیحدہ ہونا یا کرنا - تجزیہ کرنا یا ہونا -

Disintegration *n.* - تجزیہ - انتشار - اجزا کا الگ ہو جانا -

Disinter (dis-in-tər) *v.t.* Unearth گڑی ہوئی چیز کو کھود کر نکالنا - قبر سے مردہ نکالنا - تفتیش سے معلوم کرنا -

Disinterment *n.* کھود کر نکالنا - زمین یا قبر کی کھدائی - قبر سے مردہ نکالنا -

Disinterest (dis-inter-ist) *v.t. & ref.* Cease to concern oneself - دلچسپی نہ لینا - توجہ ہٹا لینا - تعلق قطع کر لینا -

Disinterested (dis-inter-ist-d) *adj.* - غیر جانبدار - بے لوث - بے پروا - بے غرض - بے لوث -

Disinterestedness *n.* - بے غرضی - غیر جانبدازی - بے لوثی

Disjoin (dis-join) *v.t.* Separate, disunite علیحدہ کرنا - جدا کرنا - الگ الگ کرنا - توڑنا -

Disjoint (dis-joint) *v.t.* Dislocate سلسلہ توڑنا - بند بند کھولنا - جوڑ جوڑ الگ کرنا -

Disjunction (dis-jungk-shən) *n.* Separation مفارقت - افتراق - علیحدگی -

Disjunctive (dis-jungk-tiv) *adj.* Involving separation - فارق - علیحدہ کرنے والا - جدا کرنے والا -

Disk-disc (disk) *n.* Disk disc - دیکھو

Dislike (dis-līk) *n. & v.t.* Not like نفرت - گریز - ناپسندیدگی - نفرت کرنا - نا پسند کرنا - قابل اعتراض سمجھنا -

Dislocate (dis-lo-kāt) *v.t.* Put out of joint جگہ سے بے جگہ کرنا - ہٹانا - سرکانا - جوڑ الگ کرنا - موچ آنا - نظم و نسق میں خلل ڈالنا - بے ترتیب کر دینا -

Dislocation *n.* ہڈی اتر جانا - جوڑ ہٹ جانا - جوڑ میں چوٹ - موچ - نظم و نسق میں خلل - بگاڑ -

Dislodge (dis-loj) *v.t.* Turn out, Remove مکان میں رہنے نہ دینا - نکال دینا - نکال باہر کرنا - دشمن کو مورچے سے ہٹا دینا -

Dislodgement *n.* اپنی جگہ سے علیحدگی ۔ نکالا جانا ۔

Disloyal (dis-loi-əl) *adj.* Unfaithful باغی ۔ سرکش ۔ غدار ۔ نمکحرام ۔ بے وفا ۔

Disloyalist *n.* & *adj.* باغی ۔ غدار ۔ سرکش ۔ بے وفا ۔

Disloyalty *n.* بغاوت ۔ غداری ۔ بے وفائی ۔ سرکشی ۔

Dismal (diz-məl) *adj.* Miserable بھیانک ۔ ہولناک ۔ مہیب ۔ افسردہ ۔ افسردہ کرنے والا ۔ بد قسمت ۔ غمگین ۔ آداس ۔

Dismantle (dis-man-tl) *v.t.* Strip of covering حفاظت سے محروم کرنا ۔ کپڑے اتارنا ۔ ننگا کرنا ۔ قلعہ کی مورچہ بندی توڑنا ۔ جہاز کے مستول وغیرہ توڑ دینا ۔

Dismast (dis-mȧst) *v.t.* Deprive ship of masts مستول گرا دینا ۔ جہاز کا مستول توڑنا ۔

Dismay (dis-mā) *v.t.* & *n.* Discourage خوف زدہ کرنا ۔ دبانا ۔ ڈرانا ۔ دھمکانا ۔ ہمت توڑنا ۔ ہراس ۔ خوف ۔ خطرہ ۔ اندیشہ ۔ ہول ۔

Dismember (dis-mem-bər) *v.t.* Tear limb from limb عضو عضو الگ کرنا ۔ ٹکڑے ٹکڑے کرنا ۔ جوڑ جوڑ الگ کرنا ۔

Dismemberment *n.* عضو عضو الگ کرنا ۔ جوڑ جوڑ بند بند الگ ہونا ۔

Dismiss (dis-mis) *v.t.* & *n.* Send away, disband رخصت کرنا ۔ برخاست کرنا ۔ ملازمت سے علیحدہ کرنا ۔ جانے کی اجازت دینا ۔ خیال چھوڑ دینا ۔ دل سے نکال دینا ۔ مقدمہ خارج کرنا ۔ مقابل ٹیم کو تھوڑی دوڑوں میں آؤٹ کر دینا ۔ فوجی حکم "جاؤ" ۔

Dismissal, dismission *n.* مقدمہ خارج ہونا ۔ علیحدگی ۔ برخاستگی ۔ موقوفی ۔ معزولی ۔

Dismissible *adj.* قابل برطرفی ۔ قابل برخاستگی ۔ قابل موقوفی ۔

Dismount (dis-mownt) *v.i.*, *t.* & *n.* Alight, cause to alight نیچے آنا ۔ گھوڑے سے اترنا یا اتارنا ۔ نازل ہونا ۔ کسی چیز کو مرکز سے گرانا ۔ توپ کو گاڑی سے اتارنا ۔

Disobedience (dis-obē-di-əns) *n.* Rebelliousness حکم عدولی ۔ سرکشی ۔ نا فرمانی ۔

Disobedient (dis-obē-di-ənt) *adj.* Rebellious خلاف ورزی کرنے والا ۔ سرکش ۔ نا فرمانبردار ۔

Disobey (dis-o-bā) *v.t.* & *i.* Disregard orders سرکشی کرنا ۔ حکم عدولی کرنا ۔ نافرمانی کرنا ۔ قانون کی خلاف ورزی کرنا ۔ سرکش ہونا ۔ باغی ہونا ۔ اطاعت سے رو گردانی کرنا ۔

Disoblige (dis-o-blīj) *v.t.* Refuse to consult wishes of others ناراض کرنا ۔ نا خوش کرنا ۔ آزردہ کرنا ۔ دوسروں کا لحاظ نہ کرنا ۔ رکھائی برتنا ۔

Disobliging *adj.* بے مروت ۔ لحاظ نہ کرنے والا ۔

Disobligingly بے اعتنائی سے ۔ رکھائی سے ۔ بے مروتی سے ۔

Disorder (dis-ordər) *n.* Confusion انتشار ۔ پراگندگی ۔ گڈ مڈ ۔ الٹ پلٹ ۔ بے ترتیبی ۔ ابتری ۔ بد نظمی ۔ شور ۔ ہنگامہ ۔ فتنہ فساد ۔ مرض ۔ بیماری ۔ عارضہ ۔

Disorder (dis-ordər) *v.t.* Throw into confusion الٹ پلٹ کرنا ۔ بے ترتیب کرنا ۔ درہم برہم کرنا ۔ بیمار کرنا ۔ نا ساز کرنا ۔ صحت خراب کرنا ۔ دکھ دینا ۔ گھبرا دینا ۔ حیران کرنا ۔ منتشر کرنا ۔

Disorderly (dis-ordər-li) *adj.* Irregular riotous پراگندہ ۔ درہم برہم ۔ بے ترتیب ۔ بے سلیقہ ۔ بے ضابطہ ۔ منہ زور ۔ سرکش ۔ بد لگام ۔ امن عامہ میں خلل ڈالنے والا ۔

Disorderliness *n.* امن عامہ میں خلل اندازی ۔ سرکشی ۔ بے ترتیبی ۔ بے ضابطگی ۔

Disorganize (dis-or-gən-īz) *v.t.* Destroy system ابتری میں ڈالنا ۔ توڑنا ۔ کھنڈت کرنا ۔ بے ترتیب کرنا ۔ نظام توڑنا ۔

Disorganisation تفریق اجزا ۔ انتشار ۔ ابتری ۔ بد انتظامی ۔

Disown (dis-ōn) *v.t.* Renounce allegiance to قبول نہ کرنا ۔ نہ ماننا ۔ انکار کرنا ۔ اطاعت سے روگردانی کرنا ۔ دست بردار ہونا ۔

Disparage (dis-par-ij) Bring discredit on گھٹا کر دکھانا ۔ بدنام کرنا ۔ حقیر سمجھنا ۔ حقارت سے ذکر کرنا ۔ کم قدر کرنا ۔

Disparagement بدنامی ۔ استخفاف ۔ سبکی ۔ بے قدری ۔

Disparity (dis-par-iti) *n.* Inequality اختلاف ۔ فرق ۔ عدم مساوات ۔

Dispart (dis-part) *n.* Front sight of gun توپ کا ڈھلوان قطر - بندوق کی مکھی -

Dispart (dis-part) *v.t.* & *i.* Go in different directions - مختلف سمتوں میں جانا - علیحدہ ہونا - جدا کرنا - تقسیم ہونا یا کرنا - دو ٹوک جواب دینا -

Dispassionate (dis-pash-ənat) *adj.* Free from emotion ٹھنڈے دل سے - پر سکون - جذبات سے عاری - بے لاگ - منصفانہ - سلیم الطبع - بے تعصب -

Dispatch-Des (dis-pach) *v.t.* & *i.* Send off عجلت سے کرنا - جلد کرنا - کام تمام کرنا - بھیجنا - روانہ کرنا -

Dispatch - Des (dis-pach) *n.* Prompt settlement ترسیل روانگی - فوری تصفیہ - پھرتی - تیزی - مراسلہ - سرکاری روبکار - مال بھیجنے کی ایجنسی -

Despatch rider فوجی مراسلے پہنچانے والا سوار -

Happy despatch جاپانیوں کا طریقہ خود کشی - ہار اکاری -

Dispel (dis-pel) *v.t.* Disperse دل سے برے اندیشوں کو نکالنا - رفع کرنا - خطرات کو دور کرنا - زائل کرنا - دور کرنا - بھگانا -

Dispensible (dis-pens-ibl) *adj.* Not necessary نا قابل اعتنا - غیر ضروری - چھوڑنے کے لائق -

Dispensary (dis-pens-ər-i) *n.* Place where medicines are dispensed - دواخانہ - خیراتی دواخانہ - شفاخانہ - دواؤں کی دوکان - دوا فروش کی دوکان -

Dispensation (dis-pənsa-shən) *n.* Management قسمت - تقدیر ازل - انتظام - تقسیم - نصیب - بخت - نظام فطرت - مقدار - تقدیر الٰہی - استثنا - کسی چیز کے بغیر کام چلا لینا -

Dispense (dis-pens) *v.t.* & *i.* Distribute, deal out دے دینا - بانٹنا - تقسیم کرنا - نسخہ کے مطابق دوا تیار کرنا - معافی نامہ تیار کرنا - کلیسائی قانون سے آزاد کرنا -

Dispenser *n.* - انصاف کرنے والا - تقسیم کرنے والا - عطار - دوا فروش - دوا ساز -

Disperse (dis-pərs) *v.t.* & *i.* Scatter in different directions - منتشر کرنا یا ہونا - پھیلانا - بکھیرنا - پراگندہ کرنا - مختلف سمتوں میں جانا - تعینات کرنا - شکست دینا - بھگا دینا -

Dispersal *n.* ہزیمت - شکست - پراگندگی - انتشار -

Dispersion (dis-pər-shən) *n.* Dispersing - پریشانی - پراگندگی - انتشار -

Dispirit (dis-per-it) *v.t.* Depress - پست ہمت کرنا - دل توڑنا - مایوس کرنا -

Displace (dis-plas) *v.t.* Shift from its place عہدے سے ہٹانا - کسی چیز کو جگہ سے ہٹانا - موقوف کرنا - نکال باہر کرنا - کسی کو ہٹا کر اس کی جگہ لینا - قائم مقام بنا -

Displacement *n.* - قائم مقامی - برطرفی - معزولی - بے دخلی -

Display (dis-pla) *v.t.* Exhibit - شان و شوکت سے چلنا - ظاہر کرنا - دکھانا - نمائش کرنا - نمود کرنا - آن بان دکھانا - تزک و احتشام سے چلنا -

Display (dis-pla) *n.* Show - دھوم دھام - نمود - اظہار - نمائش - دکھاوا - دھوم دھڑکا - ٹائپ کی دیدہ زیب ترتیب -

Displease (dis-plēz) *v.t.* Offend بیزار کرنا - آزردہ کرنا - خفا کرنا - رنجیدہ کرنا - ناراض کرنا - اداس کرنا - نا پسند کرنا -

Displeasing *adj.* - گھناؤنا - رنجدہ - ناخوشگوار -

Displeasure (dis-ple-zhər) *n.* & *v.t.* Dissatisfaction - خفگی - نا رضامندی - نا خوشی - غصہ - آزردگی - نا خوش کرنا - ناراض کرنا -

Displume (dis-ploom) *v.t.* Strip feathers بے رونق کر دینا - لنڈورا کر دینا - پر نوچنا -

Disport (dis-pōrt) *v., ref., i.* & *n.* Display oneself enjoy oneself - دل بہلانا - کھیلنا - اٹھکیلیاں کرنا - تفریح - خود کی نمائش کرنا -

Disposable (dis-poz-əbl) *adj.* That can be disposed of - قابل فروخت - قابل ترک - قابل تصفیہ - اختیاری - کام کا - استعمال کے قابل -

Disposal (dis-poz-əl) *n.* Getting rid of - فیصلہ - تصفیہ - ترک - بندوبست - انتظام - نظم و نسق - عطا - بخشش - سپردگی - تفویض - بیع -

At one's disposal دینے کا اختیار ہونا - کسی کے اختیار میں ہونا -

Dispose (dıs pōz) *v.t.* & *i* Place in order آراستہ کرنا ۔ مرتب کرنا ۔ ترتیب سے رکھنا ۔ سنوارنا ۔ سجانا ۔ مائل کرنا ۔ رجوع کرانا ۔ ترغیب دینا (کاروبار) بنانا ۔ بگاڑنا ۔

Disposition (dis-pōz-e-shən) *n.* Arrangement, control انتقال جائیداد ۔ ہبہ دستاویز یا وصیت سے ۔ برتاؤ ۔ افتاد مزاج ۔ رجحان ۔ قابو ۔ اختیار ۔ لڑائی کا نقشہ ۔ فوج کی ترتیب ۔

Dispossess (dis-pə-zes) *v.t.* Dislodge کسی کو نکال کر اس کی جگہ لینا ۔ محروم کرنا ۔ خارج کرنا ۔ بے دخل کرنا ۔ آسیب سے نجات دینا ۔ جن یا بھوت اتارنا ۔

Dispossession *n.* جن یا بھوت سے نجات ۔ محرومی ۔ اخراج ۔ بے دخلی ۔

Dispraise (dis-prez) *v.t.* & *n.* Censure ۔ مذمت کرنا بدنام کرنا ۔ بدگوئی کرنا ۔ قدر گھٹانا ۔ بدنامی ۔ ملامت ۔ مذمت ۔

Disproof (dis-proof) *n.* Refutation ۔ تردیدی ثبوت رد کرنے والی دلیل ۔ بطلان ۔ تردید ۔

Disproportion (dis-prə-por-shən) *n.* Want of proportion ۔ بے تکا پن ۔ کم و بیشی ۔ بے اندازہ بے ہنگم ۔ نا موزوں ۔

Disproportionate (dis-prə-por-shən-at) *adj.* Relatively too large or small ۔ غیر متناسب نا موزوں ۔ نا موافق ۔ بے تکا ۔ کمی ۔ کم یا بیش ۔

Disprove (dis-proov) *v.t.* Prove false غلط ثابت کرنا ۔ باطل کرنا ۔ جھوٹا کرنا ۔ جھٹلانا ۔

Disputable (dis-pūt-əbl) *adj.* Open to question مشتبہ ۔ غیر مسلمہ ۔ بحث طلب ۔

Disputation (dis-pūt-a-shən) *n.* Argument ۔ مناظرہ جھگڑا ۔ تکرار ۔ بحث ۔ مباحثہ ۔

Disputatious (dis-pūta-shəs) *adj.* Disputing حجتی ۔ بحث کرنے والا ۔ جھگڑالو ۔ مناظرہ پسند ۔

Dispute (dis-pūt) *v.i.* & *t.* Argue ۔ معترض ہونا مناظرہ کرنا ۔ تکرار کرنا ۔ بحث کرنا ۔ شک و شبہ ظاہر کرنا ۔ سد راہ ہونا ۔ جد و جہد کرنا ۔

Disputant *n.* & *adj.* تکرار کرنے والا ۔ بحث کرنے والا ۔

Dispute (dis-pūt) *n.* Debate ۔ نزاع ۔ اختلاف رائے ۔ مباحثہ ۔ بحث ۔ مناظرہ ۔

Disqualification (dis-kwali-fi-keshən) *n.* Disableness ۔ بے مقدوری ۔ نالائقی ۔ نا قابلیت ۔ بے اختیاری ۔ خامی ۔ نقص ۔ بیماری ۔ عارضہ ۔ روگ ۔

Disqualify (dis-kwali-fi) *v.t.* Declare unfit ناموزوں ٹھہرانا ۔ نا قابل ٹھہرانا ۔ نالائق قرار دینا ۔ کسی حق سے محروم کرنا ۔

Disquiet (dis-kwi-et) *v.t.*, *adj.* & *n.* Worry, uneasy ۔ پریشان کرنا ۔ بے چین کرنا ۔ بے آرام کرنا فکر مند ۔ بے چین ۔ بے چینی ۔ پریشانی ۔

Disquisition (dis-kwi-zi-shən) *n.* Inquiry ۔ تفتیش تجسس ۔ پوری پوری تحقیقات ۔ کسی موضوع پر مدلل تقریر یا مکالمہ ۔

Disregard (dis-re-gard) *v.t.* & *n.* Ignore, indifference لحاظ نہ کرنا ۔ بے التفاتی کرنا ۔ نظر انداز کرنا ۔ اہمیت نہ دینا ۔ بے توجہی کرنا ۔ بے اعتنائی ۔ بے توجہی ۔ بے التفاتی ۔

Disrelish (dis-rel-ish) *n.* & *v.t.* Dislike ۔ ناپسند کرنا ناپسندیدگی ۔ کراہت ۔ نفرت ۔ کراہت کرنا ۔ نا پسند کرنا ۔ نفرت کرنا ۔

Disrepair (dis-ri-pər) *n.* Bad condition for want of repairs بوسیدگی ۔ شکست و ریخت ۔ ٹوٹا پھوٹا ہونا ۔

Disreputable (dis-ri-pūt-əbl) *adj.* Discreditable بے آبرو ۔ نازیبا ۔ نا معقول ۔ ناشائستہ ۔ بدنام ۔ مشتبہ چال چلن کا ۔

Disrepute (dis-ri-pūt) *n.* Discredit ۔ ذلت ۔ توہین بے قدری ۔ رسوائی ۔ بدنامی ۔

Disrespect (dis-ri-spekt) *n.* Rudeness ۔ شوخ چشمی بے قدری ۔ بے ادبی ۔ بد تمیزی ۔ گستاخی ۔

Disrespectful *adj.* ۔ شوخ چشم ۔ بے ادب ۔ گستاخ

Disrobe (dis-rob) *v.t.* & *i.* Undress ۔ عریاں کرنا بے لباس کرنا ۔ برہنہ کرنا ۔ لباس اتار لینا ۔

Disrupt (dis-rupt) *v.t.* Separate forcibly تفرقہ ڈالنا ۔ منتشر کرنا ۔ شق کرنا ۔ ٹکڑے ٹکڑے کرنا ۔

Disruption (dis-rup-shən) *n.* Violent dissolution شکستگی ۔ تفرقہ ۔ انتشار ۔

Disruptive *adj.* انتشار پیدا کرنے والا ۔ تفرقہ ڈالنے والا ۔

Dissatisfy (dis-satis-fī) *v.t.* Fail to satisfy غیر مطمئن کرنا ۔ بیزار کرنا ۔ ناراض کرنا ۔ نا خوش کرنا ۔

Dissatisfaction بے اطمینانی ۔ ناراضگی ۔ نا رضامندی ۔

Dissect (di-sekt) *v.t.* Cut in pieces, anatomize چیرنا پھاڑنا ۔ چاک کرنا ۔ تشریح کے لئے چیرنا ۔ تجربہ کرنا ۔ ایک ایک جز کی جانچ پڑتال کرنا ۔

Dissection *n.* تشریح کے لئے چیر پھاڑ ۔ چیر پھاڑ ۔

Dissemble (di-sem-bl) *v.t.* & *i.* Disguise, conceal بھیس بدلنا ۔ ایک بات کو دوسری کے پردے میں چھپانا ۔ پوشیدہ کرنا ۔ دھوکا دینا ۔ مکر کرنا ۔ فریب دینا ۔

Dissembler *n.* زمانہ ساز ۔ منافق ۔ ریا کار ۔

Disseminate (di-sem-i-nāt) *v.t.* Scatter abroad پیرنا ۔ بکھیرنا ۔ بیج بونا ۔ تخم ریزی کرنا ۔ شہرت دینا ۔ اشاعت کرنا ۔ مشتہر کرنا ۔

Dissemination تخم ریزی ۔ پرچار ۔ نشر و اشاعت ۔ انتشار ۔

Dissention (di-sen-shən) *n.* Discord arising from difference of opinion اختلاف رائے کی بنا پر تکرار یا جھگڑا ہونا ۔ ان بن ۔ نا اتفاق ۔ نزاع ۔

Dissent (di-sent) *v.t.* Refuse to assent ایک رائے نہ ہونا ۔ اختلاف کرنا ۔ اعتراض کرنا ۔ مخالفت کرنا ۔ اختلاف رائے کا اظہار کرنا ۔

Dissent (di-sent) *n.* Difference of opinion اختلاف رائے ۔ اختلاف ۔ نا موافقت ۔ عیسائیت کے مسلمہ عقیدے سے اختلاف ۔

Dissenter (di-sentər) *n.* One who dissents specially from national church اختلاف رائے کرنے والا ۔ غیر مقلد عیسائی ۔

Dissentient (di-sen-shi-ənt) *adj.* & *n.* Disagreeing with the official view غیر متفق ۔ سرکاری رائے کا مخالف ۔

Dissert-dissertate (dis-ərt) *v.i.* Give an exposition مقالہ لکھنا ۔ مضمون لکھنا ۔ تقریر کرنا ۔

Dissertation *n.* - بیان ۔ تقریر ۔ تحریر ۔ مقالہ ۔ مضمون

Disserve (dis-sərv) *v.t.* Do an ill turn to بد سلوکی کرنا ۔ نقصان پہنچانا ۔ ضرر پہنچانا ۔

Disservice *n.* بد سلوکی ۔ ضرر رسانی ۔

Dissidence (dis-i-dəns) *n.* Dissent مخالفت ۔ ناموافقت ۔ اختلاف ۔

Dissident (dis-i-dənt) *adj.* & *n.* At variance قومی کلیسا کا مخالف ۔ مخالف رائے رکھنے والا ۔ اکثریت کی رائے کا مخالف ۔ غیر مقلد ۔

Dissimilar (di-sim-ī-lər) *adj.* Unlike غیر مشابہ ۔ غیر مطابق ۔ جدا ۔ مختلف ۔

Dissimilarity *n.* نا مطابقت ۔ فرق ۔ اختلاف ۔

Dissimilitude (di-sim-i-lə-tud) *n.* Unlikeness اختلاف ۔ فرق ۔ تفاوت ۔ غیر مشابہت ۔

Dissimulate (di-sim-ū-lāt) *v.t.* & *i.* Pretend not to have or feel کسی خیال یا جذبے کو چھپانا ریا کاری کرنا ۔ منافقت کرنا ۔ فریب کاری کرنا ۔

Dissimulation *n.* زمانہ سازی ۔ مکاری ۔ ریاکاری ۔

Dissipate (dis-i-pāt) *v.t.* & *i.* Engage in frivolous pleasures برباد کرنا ۔ منتشر کرنا ۔ غائب ہونا یا کرنا ۔ دولت اڑانا ۔ روپیہ ضائع کرنا ۔ قوت برباد کرنا ۔ لہو لعب میں مشغول رہنا ۔

Dissipative *adj.* اڑانے والا ۔ پھینکنے والا ۔ ضائع کرنے والا ۔

Dissipated (dis-i-pāt-ed) *adj.* Dissolute پراگندہ ۔ منتشر ۔ برباد شدہ ۔ بدکار ۔ عیاش ۔

Dissipation (dis-i-pā-shən) *n.* Wasteful expenditure عیاشی ۔ فضول خرچی ۔ اسراف ۔ اوباشی ۔ بد چلنی ۔ پھیلاؤ ۔ پراگندگی ۔ انتشار ۔

Dissociate (dis-so-shi-at) *v.t.* Disconnect, separate میل جول نہ رکھنا ۔ جدا کرنا ۔ علیحدہ کرنا ۔ اتفاق نہ کرنا ۔ قطع تعلق کرنا ۔ تجزیہ کرنا ۔ تحلیل کرنا ۔

Dissociation *n.* بے تعلقی ۔ جدائی ۔ علیحدگی ۔

Dissoluble (dis-əl(y)oobl) *adj.* That can be disintegrated تحلیل پذیر ۔ حل ہونے کے قابل ۔ انتشار پذیر ۔

Dissolute (dis-ə-lōōt) *adj.* Licentious بد معاش ۔ آوارہ ۔ بد چلن ۔ بدکار ۔

Dissoluteness *n.* بد معاشی ۔ آوارگی ۔ بد چلنی ۔

Dissolution (dis-ə-loo-shən) *n.* Decomposition شکست معاہدہ ۔ تجزیہ ۔ تفریق ۔ تحلیل ۔ نکاح کا فسخ ہو جانا ۔ مجلس قانون کے اجلاس کا اختتام ۔ موت ۔ ہلاکت ۔ خاتمہ ۔ زوال ۔

Dissolve (dis-ə-lv) *v.t. & i.* Decompose گلانا - پگھلانا - تحلیل کرنا یا ہونا - کمزور کرنا - منتشر کرنا - منسوخ کرنا - معاہدہ یا شرکت ختم کرنا -

Dissolvent (dis-ə-lvent) *adj. & n.* That which melts گداز کرنے والی - وہ چیز جو کسی دوسری چیز کو پگھلا دے -

Dissonant (dis-o-nənt) *adj.* Discordant ان مل - بے سرا - بے جوڑ - کرخت -

Dissuade (di-swād) *v.t.* Advise against کسی کام سے باز رکھنا - کسی کام کو منع کرنا - سمجھانا بجھانا -

Dissuasion *n.* ممانعت کرنا - باز رکھنا - روکنا -

Dissuasive *adj.* باز رکھنے والا - روکنے والا -

Distaff (dis-tāf) *n.* Stick on which wool or flax is wound تکلا - لکڑی جس پر کاتنے کے لئے اون یا سن لپیٹا جائے - چرخہ کا ایک حصہ -

Distance (dis-tens) *v.t. & n.* Remoteness دور مقام - مسافت - بعد - فاصلہ - دوری - عرصہ - مدت - دور رکھنا - دوڑ میں بہت آگے نکل جانا -

Distant (dis-tent) *adj.* Far, away سرد مہر - دیر آشنا - فاصلہ پر - دور - بعید -

Distaste (dis-tast) *n.* Repugnance نا پسندیدگی - نفرت - کراہت - بد مزگی -

Distasteful *adj.* ناپسند - ناگوار - بد ذائقہ - بدمزہ -

Distemper (dis-temp-ər) *v.t.* Upset, derange بیمار کرنا - جسمانی یا دماغی صحت میں خلل ڈالنا -

Distemper (dis-temp-ər) *n.* Ailment of body or mind خلل دماغ - مرض ، بیماری - کتوں کی ایک بیماری جس میں بخار - نزلہ اور کھانسی ہو جاتی ہے - سیاسی بے چینی - بد نظمی -

Distemper (dis-temp-ər) *n. & v.t.* Method of painting on plaster with colours پلاستر پر رنگ کرنے کا مسالہ یا طریقہ - دیواروں کو اس طرح رنگنا - دیواروں پر رنگ سے تصویریں بنانا -

Distend (dis-tend) *v.t. & i.* Swell out by pressure within پھلانا - پھول جانا - اندر سے پھلانا - ہوا بھر کر پھلانا -

Distil (dis-til) *v.t. & i.* Turn to vapour by heat عرق کھینچنا - مقطر کرنا - ست یا جوہر نکلنا - کشید کرنا - مقطر ہونا - جوہر نکالنا -

Distillation *n.* شراب کی کشید - عرق کشی -

Distiller (dis-til-ər) *n.* One who distils alcoholic spirit شراب کشید کرنے والا - عرق تیار کرنے والا - مے ساز - سمندر کے پانی کو نمک سے صاف کرنے کی مشین -

Distillery *n.* شراب کشید کرنے کا کارخانہ - شراب کی بھٹی -

Distinct (dis-tin-gkt) *adj.* Different in quality ظاہر - واضح - صاف - علیحدہ - نمایاں - صریح - بین - یقینی - حتمی -

Distinction (dis-tingk-shən) *n.* Being different امتیاز - اختلاف - تمیز - فرق - نام - خطاب - اعزاز - درجہ - مرتبہ - فضیلت - بزرگی - خصوصیت - ندرت -

Distinction without a difference - غیر حقیقی امتیاز - بے معنی تفریق -

Distinctive (dis-tingk-tiv) *adj.* Characteristic امتیازی - مختص - ممیز -

Distinguish (dis-ting-gwish) *v.t. & i.* Point the difference of تقسیم کرنا - تمیز کرنا - امتیاز قائم کرنا - خصوصی صفت کا ہونا - مخصوص کرنا - شناخت کرنا - پہچاننا -

Distinguishable *adj.* قابل امتیاز - قابل شناخت -

Distinguished (dis-ting-guish-d) *adj.* Remarkable نمایاں - ممتاز - مشہور -

Distort (distort) *v.t.* Put out of shape - حلیہ بگاڑنا - بگاڑنا - مسخ کرنا - بات کو توڑ مروڑ کر بیان کرنا - غلط ظاہر کرنا - غلط بیانی کرنا -

Distortion *n.* تشنج - غلط بیان - توڑ مروڑ -

Distortionist (dis-tor-shən-ist) *n.* نٹ بازی کرنے والا - اپنے اعضا کو توڑ مروڑ کر دکھانے والا -

Distract (dis-trakt) *v.t.* Divert - کسی کا خیال بانٹنا - توجہ ہٹانا - توجہ پھیرنا - الجھن میں ڈالنا - حیرت میں ڈالنا - دیوانہ کرنا - آپے سے باہر کرنا -

Distraction (dis-trak-shən) *n.* Diversion - گھبراہٹ - اضطراب - پراگندہ خیالی - پریشانی - کشمکش - نزاع - پھوٹ - خبط - وہ چیز جس سے خیال بٹ جائے -

Distrain (dis-trān) *v.i.* Levy a distress قرق لانا - جائداد ضبط کرانا - قرق کرانا -

Distraint (dis-trānt) *n.* Seizure of chattels گھر کے سامان کی ضبطی - قرق -

Distrait (dis-trət-trāt) *adj.* Lost in thought - سنکی - بے خیالی کے عالم میں - خیال میں گم -

Distress (dis-tres) *v.i.* Subject to severe strain پریشانی میں مبتلا کرنا - تشویش میں ڈالنا - عاجز کر دینا - مغموم کرنا - تکلیف دینا - دباؤ ڈالنا -

Distress (dis-tres) *n.* Severe pressure of pain مصیبت - تکلیف - اذیت - دکھ - درد - تنگ دستی - احتیاج - دشواری - بد بختی - قرق - ضبطی کا حکم -

Distressful *adj.* رنج افزا - پر درد - تکلیف دہ - الم انگیز -

Distribute (dis-trib-ūt) *v.t.* Deal out بانٹنا - تقسیم کرنا - حصہ رسدی دینا - پھیلانا - بکھیرنا - الگ الگ قسموں میں بانٹنا - کھانا تقسیم کرنا -

Distributable *adj.* بانٹنے کے لائق - قابل ترتیب - قابل تقسیم -

Distribution (dis-tribū-shən) *n.* Classification, division into parts درجہ بندی - تقسیم - حصوں میں ترتیب - پھیلاؤ - انتشار -

Distributive (dis-trib-ūtiv) *adj.* Concerned with distribution منقسم - تقسیم کے متعلق - جزیتاً استعمال ہونے والا - حرف تقسیم -

District (dis-trikt) *v.t.* & *n.* Division of territory انتظامی وحدت - حلقہ - ضلع - خطہ - ضلعوں میں منقسم کرنا -

Distrust (dis-trust) *v.t.* Have no confidence in بھروسہ نہ کرنا - اعتبار نہ کرنا - شک و شبہ کرنا - بد گمانی کرنا -

Distrust (dis-trust) *n.* Suspicion بے اعتباری - بد ظنی - بے اعتمادی - شبہ - شک -

Disturb (dis-turb) *v.t.* Unsettle پریشان کرنا - خلل ڈالنا - درہم برہم کرنا - گھبرا دینا - تشویش یا الجھن میں ڈالنا -

Disturbance (dis-turb-əns) *n.* Agitation روک - ہرج - خلل - ہنگامہ - شورش - فساد - بلوہ - مزاحمت - خلل اندازی -

Disunion (dis-uny-ən) *n.* Dissention - پھوٹ - نزاع - علیحدگی - جدائی - ناچاقی - نا اتفاقی -

Disunite *v.t.* & *i.* الگ کرنا یا ہونا - پھوٹ ڈالنا - نفاق ڈالنا -

Disuse (dis-us) *n.* Want of practice بے استعمالی - ترک استعمال -

Disuse (dis-ūs) *v.t.* Cease to use چھوڑ دینا - ترک کرنا - استعمال نہ کرنا -

Ditch (di-ch) *n.*, *v.t.* & *i.* Long narrow excavation کھائی - خندق - گڑھا - نالہ - خندق کھودنا - بد رو بنانا - گڑھے یا خندق میں پھنس جانا -

Ditcher *n.* خندق کھودنے والا -

Ditheism (dī-the-izm) *n.* Religious dualism خیر و شر کو دو مستقل قوتیں ماننا - یزداں و اہر من - خدا کو قادر مطلق نہ ماننا - خیر و شر کی کشمکش -

Ditto (dit-o) *adj.* & *n.* The same علی ہذالقیاس - ایسا ہی - ایضاً - بہ شرح بالا - وہ ہی -

Dittography (di-tog-rəfi) *n.* Copyist's mistaken repetition of letters کاتب یا نقل نویس کا کسی لفظ یا جملہ کا دوبارہ لکھ جانا -

Ditty (dit-i) *n.* Short simple song گیت - راگی - ٹھمری - مختصر اور سادہ گیت -

Diurnal (di-ur-nəl) *adj.* Daily, one day's روز کا - روزانہ - یومیہ -

Divaricate (dī-var-i-kāt) *v.i.* Diverge, branch سڑک یا شاخ کا دو لخت ہونا - پھٹنا - شق ہونا - دو حصے ہونا - الگ ہونا - جدا ہونا -

Divarication *n.* انشقاق - دو لخت ہو جانا - دو حصے ہو جانا - جدائی - علیحدگی -

Dive (dīv) *v.t.* & *n.* Plunge head foremost into water غوطہ لگانا - ڈبکی مارنا - اچانک پانی میں جانا - مستغرق ہو جانا - کسی خیال میں ڈوب جانا - غوطہ - ڈبکی - استغراق -

Diver (div-ər) *n.* Person who dives for search غوطہ زن - ڈبکی لگانے والا - غوطہ خور پرند -

Diverge (dī-və-rj) *v.t.* & *i.* Proceed in different directions ایک مقام سے مختلف سمتوں میں جانا - شاہ راہ سے ہٹ جانا - منتشر ہونا - پھوٹنا -

Divergence } *n.* انتشار ۔ پھیلاؤ ۔
Divergency } اختلاف

Divergent *adj.* مختلف ۔ منتشر ۔ ایک نقطہ سے نکل کر پھٹ جانے والا ۔

Diverse (dī-vers) *adj.* Unlike in nature ۔ گونا گوں ۔ قسم قسم کا ۔ رنگ رنگ کا ۔ رقم رقم کا ۔ الگ الگ ۔ مختلف ۔

Diversify (dī-ver-si-fi) *v.t.* Make diverse بوقلموں کرنا ۔ مختلف یا متنوع کرنا ۔ تبدیل کرنا ۔ رنگ برنگ کرنا ۔

Diversification (dī-ver-si-fi-ka-shən) *n.* Unlikeness in nature quality ۔ اختلاف ۔ بوقلمونی ۔ گونا گونی ۔

Diversion (dī-ver-shən) *n.* Deviation, deflecting انحراف ۔ پھیر ۔ موڑ ۔ توجہ یا خیال کا انتشار ۔ سیر ۔ دل لگی ۔ تماشا ۔ کھیل ۔ تفریح ۔ مغالطہ ۔

Diversity (dī-ver-siti) *n.* Variety گونا گونی ۔ نیا نیا رنگ ۔ تفاوت ۔ فرق ۔

Divert (dī-vert) *v.t.* Turn aside, deflect ۔ ہٹا دینا ۔ پھیرنا ۔ موڑنا ۔ منحرف کرنا ۔ دوسری طرف متوجہ کرنا ۔ خیال ہٹانا ۔ دل بہلانا ۔ تفریح کا سامان کرنا ۔

Diverting *adj.* مسرور کن ۔ دل بہلانے والا ۔ دلچسپ ۔

Divest (dī-vest) *v.t.* Deprive, rid of ۔ برہنہ کرنا ۔ بے پردہ کرنا ۔ ننگا کرنا ۔ لباس سے محروم کرنا ۔ اعزاز سے محروم کرنا ۔

Divestiture } *n.* برہنگی ۔ برہنہ کرنا یا ہونا ۔
Divestment } عریانی ۔ عاری کرنا ۔

Divide (dī-vid) *v.t. & i.* Separate into parts تقسیم کرنا ۔ ٹکڑے کرنا ۔ چیر کر نکل جانا ۔ جدا کرنا ۔ الگ کرنا ۔ علیحدہ کرنا ۔ مختلف الرائے کرنا ۔ نفاق یا اختلاف ڈالنا ۔ توجہ یا خیال ہٹانا ۔ رائے شماری کے وقت گروہوں میں تقسیم ہو جانا ۔

Dividend (div-i-dend) *n.* Sum payable as interest حصہ ۔ منافع ۔ بخرہ ۔ کمپنی کا منافع ۔ وہ رقم جو دیوالیہ کی جائیداد سے قرض خواہوں کو دی جائے ۔

Divider (di-vīd-ər) *n.* One who divides, measuring compasses ۔ تقسیم کرنے والا ۔ مقسوم علیہ ۔ قاسم ۔ ناپ لینے کا پرکار ۔

Divination (di-vin-a-shən) *n.* Insight into the unknown پیشین گوئی ۔ علم غیب ۔ غیب کا حال بتانا ۔ صحیح قیاس ۔ ٹھیک ٹھیک اندازہ ۔

Divine (di-vin) *adj.* Like God, a god ۔ خدائی ۔ ایزدی ۔ ربانی ۔ خدا داد ۔ حضوری ۔ آسمانی ۔ پاک ۔ متبرک ۔ نورانی ۔ عالم ۔ غیب دان ۔

Divinity (di-vin-iti) *n.* Godhood ۔ الوہیت ۔ ربوبیت ۔ احدیت ۔ ایزد تعالیٰ ۔ معبود ۔ دیوتا ۔ علم الٰہیات ۔ تصوف ۔

The Divinity خدا ۔ رب ۔ اللہ ۔ معبود حقیقی ۔

Divinize (di-vin-iz) *v.t.* Deify ۔ الوہیت کا درجہ دینا ۔ قادر مطلق ماننا ۔ دیوتا بنانا ۔ معبود قرار دینا ۔ خدا بنا دینا ۔

Divisible (di-viz-əbl) *adj.* Capable of being divided ۔ پورا پورا تقسیم ہونے والا ۔ قابل تقسیم ۔

Division (di-vi-zhən) *n.* Distribution ۔ بٹوارہ ۔ انقسام ۔ تقسیم ۔ اختلاف ۔ مخالفت ۔ پھوٹ ۔ حصہ بخرا ۔ فصل ۔ باب ۔ شعبہ ۔ فرقہ ۔ گروہ ۔ جماعت ۔ فوجی جماعتیں ۔ حلقہ ۔ علاقہ ۔

Division of labour کام کو بانٹنا ۔ تقسیم کار ۔

Divisor (di-vī-zhər) *n.* Number that divides مقسوم علیہ ۔ قاسم ۔

Divorce (di-vors) *n.* Dissolution of marriage فسخ نکاح ۔ طلاق ۔ طلاق کا فتویٰ ۔ فسخ نکاح کا فیصلہ ۔ جدائی ۔ افتراق ۔ علیحدگی ۔

Divorce (di-vors) *v.t.* Dissolve marriage طلاق دے کر علیحدہ کرنا ۔ طلاق دینا ۔ دو چیزوں کو الگ کرنا ۔ افتراق کرنا ۔ طلاق کا فتویٰ یا ڈگری دینا ۔

Divorcee *n.* ۔ وہ عورت جسے طلاق دی جائے ۔ مطلقہ ۔

Divorcement *n.* زوجہ اور شوہر کی بروئے طلاق علیحدگی ۔ فسخ نکاح ۔ طلاق ۔

Divulge (di-vulj) *v.t. & i.* Reveal ۔ فاش کرنا ۔ بتلانا ۔ ظاہر کرنا ۔ عیاں کرنا ۔ مشہور کرنا ۔ ظاہر ہونا ۔ عیاں ہونا ۔ مشتہر ہونا ۔ افشا ہونا ۔

Dixy (dik-si) *n.* Large cooking pot ۔ دیگ ۔ دیگچہ ۔ بڑا برتن جس میں فوجیوں کا کھانا پکتا ہے ۔

Dizen (di-zən) *v.t.* Array with finery - آرائش کرنا
آراستہ کرنا - سنگار کرنا - سجانا - زرق برق کپڑے پہنانا -

Dizzy (di-zi) *adj.* & *v.t.* Giddy, dazed دوران سر میں
مبتلا - سر گھومتا ہوا - چکر لانے والا - پریشان -
بدحواس - بہت اونچا - بہت بلند - پریشان کرنا - گھبرا
دینا - مضطرب کرنا - بدحواس کرنا -

Dizziness *n.* پریشانی - اضطراب - چکر - دوران سر -

Do (doo) *v.t.* & *i.* Put, impart انجام دینا - بجا لانا -
کام کرنا - کرنا - تعمیل کرنا - عمل میں لانا - دوستی
کرنا - مرمت کرنا - سبق یاد کرنا - کسی کی تمثیل
کرنا - فاصلہ طے کرنا - تھکانا - قید بھگتنا - طرز عمل
اختیار کرنا - کام سر انجام دینا - کر گزرنا - موزوں ہونا -
کام چل جانا -

Do nothing نااہل - ناکارہ - نکما -

Nothing doing کام ہوتا نظر نہیں آتا -

Doable *adj.* - کام جو کرنے کے لائق ہو - کرنے کے لائق

Doer *n.* کام کرنے والا - کرنے والا -

Do (doo) *n.* Imposture, key note of scale سرگم کا
پہلا سر - فریب - جعل - جھانسا - چکمہ - Ditto
دیکھو -

Dobbin (do-bin) *n.* Draught or farm horse چھکڑا
یا ہل چلانے والا گھوڑا -

Docetist, docetic (do-se-tist) *n.* Holder of the heresy that Christ's body was not human but celestial اس عقیدہ کا ماننے والا کہ حضرت
عیسیٰ علیہ السلام کا جسم انسانی نہیں بلکہ نوری تھا -

Docile (do-sil) *adj.* Submissive تعلیم پذیر - اصلاح
پذیر - تربیت پذیر - سکھانے یا سدھانے کے قابل -
فرمانبردار - اطاعت شعار -

Docility *n.* اصلاح پذیری - تربیت پذیری -

Dock (dok) *n.* Kinds of weedy herb which is antidote for stings ایک بوٹی جو ڈنک یا خار کی
سوزش کو دور کرتی ہے - جانور کی دم کا گوشت دار
حصہ - ساز کی دمچی -

Dock (dok) *v.t.* Cut short animal's tail - لنڈورا کرنا
دم کاٹنا - گھٹانا - کم کرنا - بال کاٹنا - منہا کرنا -
محدود کرنا -

Dock tailed دم کٹا کتا - دم بریدہ -

Dock (dok) *n., v.t.* & *i.* Basin with flood gates
جہازوں کی مرمت کی جگہ - کھاڑی - گھاٹ - گودی -
بندرگاہ - گودی کا احاطہ - خشک گودی - جہاز کو
گودی میں لانا - جہاز کا آنا -

Dock (dok) *n.* Enclosure for criminals عدالت کا
کٹھرا - ملزموں کا کٹھرا -

Dock brief *n.* حکومت کی طرف سے مقرر کیا ہوا -
مفلس ملزم کا مقدمہ -

Docket (dok-it) *n.* & *v.t.* Endorsement on letter showing its contents - یاد داشت - مقدمہ کا خلاصہ
عدالتی فیصلوں کا رجسٹر - یاد داشت مقدمہ - چنگی کی
رسید - ڈاکٹ -

Doctor (dok-tər) *n.* Learned man, physician
عالم - فاضل - حکیم - طبیب - وہ شخص جس کو طب
یا کسی اور فن میں سب سے بڑی سند ملی ہو - رفتار
بڑھانے گھٹانے کا آلہ -

Doctor (dok-tər) *v.t.* & *i.* Confer doctorate, treat medically ڈاکٹر کی ڈگری دینا - مریض کا علاج
کرنا - جھوٹی رپورٹ لکھنا -

Doctrinaire, Doctrinarian (dok-tri-nar) *n.* & *adj.* Pedantic theorist نا اہل عمل - اصولی -
اصول پرست -

Doctrine (dok-trin) *n.* Body of instruction - عقیدہ
درس تدریس - تعلیم و تربیت - اصول - مذہبی عقیدہ -
نظریہ -

Document (doku-mənt) *n.* & *v.t.* Inscription, writing وثیقہ - دستاویز - نوشتہ - تحریری شہادت سے
ثابت کرنا - تحریری شہادت فراہم کرنا - سکھانا -
ہدایت کرنا -

Documentary *adj.* تحریری شہادت - تحریری ثبوت -
مستند - دستاویزی - تحریری -

Documentation *n.* تحریری شہادت کی فراہمی -

Dodder (dod-ər) *n.* & *v.t.* Kinds of leafless thread like plant ایک بیل جو درختوں پر چڑھتی
اور پھیل جاتی ہے - رعشہ یا ضعف سے کانپنا - سر ہلنا -
کمزور ہونا - ڈگمگانا -

Dodge (doj) *v.t.* & *i.* Change position quickly
جھکائی دیکر نکل جانا - ادھر ادھر ہٹنا - پینترا بدلنا -
روپوش ہونا - دغا کرنا - فریب کرنا - ٹال مٹول کرنا -
ٹالنا - بچا جانا -

Dodgy *adj.* بچنے والا ۔ داؤ پیچ کرنے والا ۔ جھکائی دینے والا ۔

Dodger *n.* جھانسہ دینے والا ۔ چھلنے والا ۔ چلتا پرزہ ۔ حیلہ باز ۔

Dodo (do-do) *n.* A Large extinct bird of Mauritius جزیرہ ماریشیس کا ایک بڑا پرندہ جو اب ناپید ہے ۔ سیمزغ ۔ عنقا ۔

Does, doest (duz) *v.* دیکھو ۔ Do

Doff (dof) *v.t.* Take off چھوڑ دینا ۔ ترک کرنا ۔ کپڑے اُتارنا ۔ ٹوپی اُتارنا ۔ دور کرنا ۔ ملتوی کرنا ۔

Dog (dog) *n.* Quadruped of many breeds wild and domesticated کوکر ۔ کلب ۔ سگ ۔ کتا ۔ مردود ۔ ذلیل ۔ خوار ۔ نکما ۔ بد مزاج آدمی ۔ کسی چیز کو اٹکانے کا کانٹا ۔ افق کے قریب روشنی جو طوفان کی علامت ہے ۔

Dog cheap کوڑیوں کے مول ۔ بہت سستا ۔

Dog days جولائی اگست کی گرمی کا موسم ۔

Die like a dog
Die a dog's death } کتے کی موت مرنا ۔ مصیبت یا ذلت سے مرنا ۔

Give a dog ill name and hang him بدنام کی موت ہے ۔

Let sleeping dogs lie گڑے مردے نہ اکھیڑو ۔

Love me, love my dogs مجھے چاہو تو میرے چاہنے والوں کو بھی چاہو ۔

Not a dog's chance ۔ کامیابی مشکل ہے ۔ کوئی اُمید نہیں

Not have word to throw at dog کج خلق اور کم سخن ہونا ۔

Doggish *adj.* سینہ زوری سے ۔ سگ آسا ۔ کتے کی طرح ۔

Dog (dog) *v.t.* Follow closely پیچھے پڑنا ۔ تعاقب کرنا ۔ پیچھا کرنا ۔ سراغ لگانا ۔ کھوج نکالنا ۔ آنکڑے سے پکڑنا ۔

Dogged (dog-gəd) *adj.* Obstinate سگ طبع ۔ مستقل مزاج ۔ ضدی ۔ ہٹیلا ۔ دھن کا پکا ۔

Doggedly *adv.* مضبوطی سے ۔ سینہ زوری سے ۔ مستقل مزاجی سے ۔

Doggedness *n.* استقلال ۔ ہٹ ۔ ضد ۔ اکھڑ پن ۔ بد مزاجی ۔

Doggrel (dog-ər-əl) *adj.* & *n.* Trivial mean رذل قافیہ ۔ تک بندی ۔

Dogma (dog-ma) *n.* Doctrinal system قاعدہ ۔ عقیدہ ۔ قول ۔ اصول ۔ مذہبی عقیدہ ۔ تحکم ۔ ادعا ۔

Dogmatic (dog-ma-tik) *adj.* Authoritative خود رائے ۔ پرتکبر ۔ ادعائی ۔ اصولی ۔ کٹر ۔ اپنے عقیدہ پر جما ہوا ۔ غیر استدلالی ۔

Dogmatize *v.i.* & *t.* Deal in unsupported assertions ہٹ دھرمی اور قطعیت کے ساتھ بے دلیل بات کہنا ۔ کسی مسئلہ کو عقیدہ مسلمہ کے طور پر بیان کرنا ۔ دعویٰ کے انداز میں کوئی بات کہنا ۔

Dogmatist *n.* اپنے خیال کو مستند سمجھنے والا ۔ بے ثبوت بات قطعیت کے ساتھ پیش کرنے والا ۔ بدعت کرنے والا ۔ بدعتی ۔

Doldrums (dol-drə-mz) *n.* & *p.* Dullness خاموشی ۔ اداسی ۔ افسردگی ۔ خط استوا کے قریب وہ قطعہ جہاں سمندر ساکن رہتا ہے اور ہوا بند رہتی ہے ۔

Dole (dol) *n.* & *v.t.* Charitable distribution قسمت ۔ حصہ ۔ تقسیم ۔ نصیب ۔ کفایت کے ساتھ تقسیم کرنا ۔ ہاتھ روک کر خیرات بانٹنا ۔

The dole سرکاری امداد جو بے روزگاروں کو ملتی ہے ۔

Doleful (dol-ful) *adj.* Sad ملول ۔ بے چین ۔ تیرہ و تار ۔ اداس ۔ غمگین ۔ آزردہ ۔

Doll (dol) *n.* Toy baby خوبصورت بے وقوف عورت ۔ پتلی ۔ گڈا ۔ گڑیا ۔

Dollar (dol-ər) *n.* Unit of U.S.A.'s gold and silver coinage ممالک متحدہ امریکہ کا سکہ جو قیمت میں پاکستانی چار روپے چھہتر پیسے کے برابر ہوتا ہے ۔

Dolly (dol-i) *n.* Pet name for doll گڑیا کا پیار کا نام خصوصاً خطاب کی حالت میں ۔

Dolorus (do-lə-rəs) *adj.* Painful مصیبت زدہ ۔ المناک ۔ اداس ۔ درد ناک ۔

Dolphin (dol-fin) *n.* Sea animal of whale family with beak like snout ایک قسم کا سمندری تھن والا جانور جس کی تھوتھنی چونچ کی سی ہوتی ہے ۔ یہ پانی سے نکلنے کے بعد مرتے وقت طرح طرح کے رنگ بدلتا ہے ۔

Dolt (dolt) *n.* Block head کوڑھ مغز ۔ غبی ۔ کودن ۔ احمق ۔ سادہ لوح ۔

Domain (do-man) *n.* Estate دائرہ اقتدار ۔ حلقہ اثر ۔ عملداری ۔ ریاست ۔ تعلقہ ۔ علاقہ ۔ جاگیر ۔ خیال و عمل کا میدان ۔

Dome (dōm) *v.t.* & *n.* Building with rounded vault as roof شاندار مکان ۔ گنبد ۔ رقبہ ۔ عمارت ۔ حویلی ۔ پہاڑ کی مدور چوٹی ۔ گنبد نما بنانا ۔ گنبد یا قبے سے مزین کرنا ۔

Domestic (do-mes-tik) *adj.* Of the home داخلی ۔ اندرونی ۔ گھریلو ۔ گھر کا ۔ خانگی ۔ ملکی ۔ قومی ۔ آپس کا ۔ خانہ نشین ۔ گھر گھسنا ۔

Domesticate (dō-mes-ti-kāt) *v.t.* Naturalize گھر میں بیٹھنا ۔ پالتو بنانا ۔ گھر سے مانوس کرنا ۔ دوسرے ملک کے جانوروں کو اپنے ملک کی آب و ہوا کا عادی بنانا ۔ مہذب بنانا ۔ متمدن بنانا ۔

Domestication *n.* متمدن بنانا ۔ مہذب بنانا ۔ مانوس کرنا ۔ سدھانا ۔

Domesticity (dō-mes-ti-siti) *n.* Domestic character گھریلو سیرت ۔ سادگی ۔ گھریلو زندگی ۔

Domicile (dom-i-sil) *n., v.t.* & *i.* Home, dwelling place بود و باش کا مقام ۔ رہنے کی جگہ ۔ مستقل سکونت ۔ وطن ۔ وہ جگہ جہاں ہنڈی واجب‌الادا ہو ۔ آب و ہوا ۔

Domiciliiary (do-mi-sil-əri) *adj.* Of a dwelling place معائنہ مکان کے بارے میں ۔ مکان کے متعلق ۔

Dominant (dom-in-ənt) *adj.* & *n.* Most influential حکمران ۔ غالب ۔ زبردست ۔ اثر والا ۔ برسراقتدار ۔ نمایاں ۔ سب سے بلند ۔ سرگم کا پانچواں سر ۔

Dominance *n.* ۔ تسلط ۔ اقتدار ۔ اثر ۔ غلبہ ۔ فوقیت ۔

Dominate (dom-in-āt) *v.t.* & *i.* Have commanding influence برسراقتدار ۔ ذی اثر ہونا ۔ غالب ہونا ۔ پیش پیش رہنا ۔ بلند جگہ سے کسی منظر کا نظر آنا ۔ منظر پر حاوی ہونا ۔

Domination (dom-in-ā-shən) *n.* Ascendancy فرمانروائی ۔ حکومت ۔ عملداری ۔ تسلط ۔ اقتدار ۔ غلبہ ۔

Domineer (dom-in-ər) *v.i.* Act imperiously ظلم سے حکومت کرنا ۔ زبردستی کرنا ۔ حکم چلانا ۔ جتانا ۔

Dominical (domini-kəl) *adj.* Of the Lord حضرت عیسیٰ کا ۔ مسیحی ۔ عیسوی ۔ اتوار کا ۔

Dominion (dō-min-yən) *n.* Lordship, sovereignty حکومت ۔ بادشاہت ۔ راج ۔ سلطنت ۔ فرمانروائی ۔ جاگیر کا علاقہ ۔ سبقت ۔ غلبہ ۔ فضیلت ۔ فوقیت ۔ سرداری ۔

Domino (dom-i-no) *n.* Loose cloak with half mask عورتوں کا ماتمی لباس ۔ نیم نقابی ڈھیلا لباس ۔ جو شخص ایسا لباس پہنے ۔ دومنیو کھیل کا مہرہ ۔

Don (don) *n.* Spanish title ہسپانوی لقب مسٹر کے معنی میں مستعمل ہے ۔ ہسپانوی معزز شخص ۔ ہسپانیہ کا باشندہ ۔ کسی فن کا ماہر ۔ اُستاد ۔ کالج کا صدر ۔

Don (don) *v.t.* Put on garments کپڑے پہننا ۔ لباس پہننا ۔

Dona(h) (dona) *n.* Woman, Sweetheart (بول چال) عورت ۔ معشوق ۔ محبوب ۔

Donation (dō-nā-shən) *n.* Bestowal, gift امداد ۔ تحفہ ۔ داد و دہش ۔ عطیہ ۔ ہدیہ

Donate (dō-nāt) *v.t.* Bestow, present رفاہی کام میں چندہ دینا ۔ بخشنا ۔ عطا کرنا ۔

Donee (doni) *n.* Recipient of gift امداد یا عطیہ پانے والا ۔ وہ جسے عطیہ ملے ۔

Donkey (dong-ki) *n.* Ass, stupid person بد تمیز ۔ بے وقوف ۔ احمق ۔ گدھا ۔ خر ۔

Donor (don-ər) *n.* Giver of blood عطا کنندہ ۔ چندہ دینے والا ۔ بخشنے والا ۔ عطا کرنے والا ۔ خون دینے والا (مریضوں کے لئے) ۔

Don't-do not Do دیکھو ۔

Doom (do͞om) *n.* Fate, destiny, condemnation نصیب ۔ قسمت ۔ حکم ۔ فتویٰ ۔ تقدیر ۔ بخت ۔ عاقبت ۔ قیامت ۔

Dooms day یوم حساب ۔ روز جزا ۔ یوم حشر ۔ قیامت کا دن ۔

Doom (do͞om) *v.t.* Condemn تباہی کے لئے نامزد کرنا ۔ تباہی کا حکم ۔ سزا کا حکم دینا ۔ فتویٰ دینا ۔ موت کے حوالے کرنا ۔

Door (dōr) *n.* Barrier of wood or metal کواڑ ۔ دروازہ ۔ در ۔ دہلیز ۔ ڈیوڑھی ۔ چوکھٹ ۔

Dope (dōp) *n. & v.t.* Thick liquid used as lubricant or food گاڑھا روغن یا کوئی اور چیز جو پالش کے لئے یا غذا کے طور پر استعمال کی جائے - خواب آور یا نشہ والی دوا کھلانا -

Doric (dorik) *adj. & n.* Rustic dialect دہقانی انگریزی بولی - کھڑی بولی - دہقانی زبان -

Dormant (dor-mənt) *adj.* Lying inactive بے حس و حرکت - خوابیدہ - سویا ہوا - کسی جانور کی ایسی تصویر جس میں اس کا سر پنجوں پر ٹکا ہو -

Dormancy حرکت نہ کرنا - معطل ہونا - بے حسی - خوابیدگی - حالت خواب -

Dormitory (dor-mi-təri) *n.* Sleeping room with several beds خواب گاہ - سونے کا کمرہ - وہ کمرہ جس میں بہت سے لوگ سوتے ہوں - عام خواب گاہ -

Dormouse (dor-mows) *n.* Small rodent between mouse and squirrel گلہری کے قسم کا جانور جو درخت پر رہتا ہے -

Dorthy bag (dor-thi-bag) *n.* Lady's open topped hand bag عورتوں کا ہینڈ بیگ جو کلائی پر لٹکا لیا جاتا ہے -

Dose (dos) *n. & v.t.* Medicine to be taken دوا کی خوراک - خوشامد یا سزا - دوا پلانا - آمیزش کرنا -

Dot (dot) *n.* Small spot پورے وقت کا نشان (.) صفر - نقطہ - چھوٹی چیز - حقیر شے - ننھا بچہ -

Dot (dot) *v.t.* Mark with dots - نقطے سے نشان لگانا نقطے لگانا - نقطوں کی طرح بکھیرنا یا منتشر کرنا -

Dotard (dot-ərd) *n.* One in his dotage - پیر فرتوت بوڑھا - ضعیف - سترا بہترا - وہ جس کی عقل ٹھکانے نہ ہو -

Dote, Doat (dot) *v.t.* Be silly - کم عقل ہو جانا دماغ میں خلل آ جانا - سٹھیانا - مخبوط الحواس ہونا - کسی پر لٹو ہو جانا - جان دینا -

Dotage *n.* انتشار حواس - ضعف عقل - سترا بہترا -

Doth (doth) *v.* دیکھو - Do

Dott (dot) *n.* A bird which can be caught easily ایک پرند جو آسانی سے پکڑ لیا جاتا ہے -

Dotty (doti) *adj.* Dotted about, feeble minded نقطے دار - نقطوں سے نشان زدہ - ضعیف العقل - چلنے میں قدم ڈگمگاتے ہوئے -

Double (dub-l) *adj. & adv.* Two, twice - دہرا دو چند - دگنا - دو - خمیدہ - جوڑا - دو دو - مثنیٰ - مبہم - دو رخی - دوڑتے ہوئے - ریا کار - منافق - مکار -

Work double tides - دن رات کام کرنا

Double (dub-l) *n.* Double quantity - مد مقابل مثنیٰ - دگنی مقدار - دگنا - ہمزاد - دو جوڑوں کے درمیان ٹینس کا کھیل - دریا کی موڑ - دریا کا تنگ چکر -

Double (dub-l) *v.t. & i.* Increase two fold دو چند کرنا - دگنا ہونا - دونا کرنا - دہرا کرنا - دہرانا - تیز دوڑنا - مسافر کو ایک ہی کمرے میں دوسرے کے ساتھ ٹھہرانا - ادا کار کا ناٹک میں دو پارٹ کرنا - دوڑ میں دفعتاً مڑنا - پیچیدہ راستہ اختیار کرنا -

Doublet (dub-lit) *n.* Close fitting garment - جفت جوڑا - کرتہ - مردانہ صدری - دو متحد الاشتقاق مگر مختلف المعنی لفظوں میں سے ایک - وہ داؤں جس میں دونوں پانسوں میں برابر کے عدد آئیں - دو نالی بندوق سے شکار کئے ہوئے دو پرند -

Doubt (dowt) *n.* Feeling of uncertainty - تامل احتمال - شبہ - شک - تذبذب - بد ظنی - مشتبہ حالت - عدم ثبوت -

Doubt (dowt) *v.t. & i.* Feel uncertain سامنے میں پس و پیش کرنا - شبہ کرنا - شک کرنا - گمان کرنا - احتمال کرنا -

Doubtful (dowt-ful) *adj.* Ambiguous - مشتبہ مذبذب - غیر واضح - مشکوک - مبہم -

Doubtless (dowt-les) *adv.* Certainly تسلیم کرتے ہوئے - قطعی طور پر - یقیناً -

Douche (dōōsh) *n., v.t. & i.* Water applied to body internally پانی کی پچکاری - پچکاری سے دھونا یا صاف کرنا - صاف ہونا -

Dough (dō) *n.* Kneaded flour خمیر - میدا - گندھا ہوا آٹا -

Doughty (dow-ti) *adj.* Stout - شیر - عالی نسب دلیر - شجاع - رعب دار - پر ہیبت -

Dour (dōōr) *adj.* Severe ضدی - کڑا - غصیل - درشت رو - تند خو - سخت -

Dourness *n.* درشتی - سختی - ضد - اکھڑ پن -

Dove (duv) *n.* Kinds of pigeons, messenger of peace قمری - فاختہ - کبوتر - سادہ دل - معصوم - خوش خبری دینے والا - روح القدس - طوطا - مینا - پیارا - موہن وغیرہ پیار کے الفاظ -

Dovetail (duv-tәl) *v.t., i, & n.* Tenon shaped like dove's spread tail فاختہ کی دم کی سی چول یا اجوڑ - نرمادگی - جوڑ بٹھانا - چول سے چول بٹھانا یا بیٹھ جانا -

Dowager (dow-ә-jәr) *n.* Dignified widow ریاست دار بیوہ - بیوہ جس کو خاوند کی جائداد ملی ہو -

Dowdy (dowd-i) *n. & adj.* Badly dressed woman بے ڈول - پھوہڑ - بے سلیقہ - بد لباس عورت -

Dower (dow-әr) *n. & v.t.* Property or money brought by wife استری دھن - جہیز - کنیا دان - خدا داد قابلیت - عطیہ فطرت - جہیز دینا - کنیا دان کرنا -

Down (down) *n.* Fine short hair روئیں دار چیز - پشم - نرم پر یاروان -

Down (down) *adv.* From above to lower place زیر - تحت - نیچے - تلے - نشیب کی طرف - کم درجے کی طرف - گرا ہوا - نشیب میں - عاجزی - تباہی یا تنزل کی حالت میں - زمانہ سابق سے مابعد تک -

Down (down) *prep.* Downward, along نیچے - تلے - نشیب میں - اوپر سے نیچے تک -

Down (down) *adj.* Directed downward, down train نیچے کی طرف جانے والا - اداس - دلگیر - آزردہ - افسردہ خاطر -

Down (down) *v.t.* Throw, knock پھینک دینا - پٹک دینا - ڈال دینا -

Down (down) *n.* Reverse میز پر ڈومنو کا پہلا مہرہ - گردش تقدیر -

Downcast (down-kast) *adj.* Dejected افسردہ دل - مایوس - سر نگوں -

Downcast (down-kast) *n.* Shaft for introducing fresh air in mines راستہ جو کان کے اندر تازہ ہوا پہنچانے کے لئے بنایا جائے -

Downfall (down-fal) *n.* Fall from prosperity بربادی - تباہی - تنزل - زوال - مینہ کا زور سے برسنا - زور کی بارش -

Downhill (down-hil) *n., adj. & adv.* Downward slope, decline ڈھال - اتار - نشیب - ڈھلوان - نشیب کی طرف - زوال میں -

Downpour (down-pōr) *n.* Heavy rainfall بڑے زور کی بارش - موسلا دھار بارش -

Down-right (down-rīt) *adv. & adj.* Vertical, definite صاف - ظاہر - عیاں - کھلا - واضح - کھرا - صاف گو - منہ پھٹ - پوری طرح - قطعی طور پر - بالکل - عمودی - سیدھا -

Down-trodden (down-trәdn) *adj.* Oppressed ٹھکرایا ہوا - روندا ہوا - پامال شدہ - مظلوم -

Down ward-s (down-wәrd) *adj. & adv.* Moving towards lower level نیچے - نیچے کی طرف - اوپر سے نیچے - بلندی سے پستی کی طرف -

Downy (down-i) *adj.* Covered with down گد گدا - نرم - گداز - ملائم - مخمل سا - ہوشیار - چوکس - گھاگ -

Downy (down-i) *adj.* Full of downs کھریا مٹی کی پہاڑیوں کی طرح - کھریا کے ٹیلوں جیسا -

Dowry (dow-ri) *n.* Portion woman brings to her husband جہیز - استری دھن - خداداد قابلیت -

Dowsing (dowz-ing) *n.* Search for water طلسمی چھڑی کے ذریعے زیر زمین پانی یا معدنیات کا حال معلوم کرنا -

Doxy (dok-si) *n.* Beggar's wench فقیر کی داشتہ - معشوق - قحبہ - رنڈی - دینی معاملہ میں اظہار رائے

Doyen (dwā-yān) *n.* Senior member of a body کسی جماعت کا رکن اعلیٰ - سفیر اعلیٰ -

Doze (dōz) *v.t. n.* Sleep drowsily جھپکی لینا - آنکھ لگنا - اونگھنا - اونگھ - ہلکی نیند -

Dozen (duz-n) *n.* Twelve بارہ - درجن -

Drab (drab) *adj.* & *n.* Dull بادامی - ہلکا بھورا - تانبے کے رنگ کا - اکتا دینے والا - بے لطف - بے کیف - بھورا - بادامی رنگ -

Drab (drab) *v.t.* & *n.* Slut کسب کرنا - بدکاری کرنا - فاحشہ - پھوہڑ - بد سلیقہ عورت -

Drabble (drab-l) *v.t.* & *i.* Make dirty and wet لتھڑنا - کیچڑ میں لت پت کرنا یا ہونا - آلودہ کرنا - بھرنا - بھچ بھچ کرتے ہوئے چلنا - چھپ چھپ کرنا -

Drachm (dram) *n.* Ancient Greek coin درہم - درم - پونے دو ماشے وزن کا چاندی کا سکہ -

Dracunculus (drə-kungk-u-ləs) *n.* Greek dragon عقر قرحا -

Draff (drāf) *n.* Refuse of malt تلچھٹ - بھوسی - فضلہ - پھوک - بیر کشید کرنے کے بعد جو فضلہ رہ جائے - جانوروں کی غذا -

Draft (drāft) *n.* Rough copy, contingent فوج کی جماعت جو کسی خاص کام پر لگائی جائے - دستہ - کمک - ہنڈی سے روپیہ لینا - ہنڈی - چک - خاکہ - مسودہ -

Draft (drâft) *v.t.* Make a rough copy فوجی جماعت کو خاص کام پر بھیجنا - مسودہ کرنا - خاکہ تیار کرنا -

Draftsman (drâft-mən) *n.* One who makes drawings نقشہ نویس - مسودہ کرنے والا - خاکہ اتارنے والا -

Drag (drag) *v.t.* & *i.* Pull along with force کھینچنا - گھسیٹا - گھسیٹنا - ہولے ہولے چلنا - بمشکل چلنا - کانٹے سے ڈوبی ہوئی چیز نکالنا - زمین جوتنا - سراون سے میائی کرنا -

Drag (drag) *n.* Heavy sledge سراون - چھکڑا - گاڑی - بے پہیے گاڑی - شکاری کی جال - کانٹا - کھاد اکٹھا کرنے کی کھانچی - دریا کی تہہ سے مٹی نکالنے کی مشین -

Draggle (drag-l) *v.t.* & *i.* Straggle in rear لتھیڑنا - گھسٹنا - آہستہ چلنا - پیچھے رہ جانا -

Dragoman (drag-o-mən) *n.* Interpreter عربی - فارسی اور ترکی کا ترجمان - ترجمان - مترجم -

Dragon (drag-ən) *n.* Mythical monster خزانے کا سانپ - پردار سانپ - اژدہا - سختی سے نگرانی کرنے والا - لڑکیوں کی نگران عورت -

Dragoon (drə-gōōn) *n.* *v.t.*, Mounted infantrymen سپاہی جو پیادہ اور سوار دونوں ہوں - سوار - رسالہ کا ملازم - وحشی - غصیلا آدمی - تشدد کرنا - ظلم کرنا - سختی سے مجبور کرنا -

Drain (drān) *v.t.* & *i.* Draw liquid away by conduit پانی کا راستہ بنانا - نالی بنانا - چڑھا جانا - زمین کو خشک کرنا - بھیگے کپڑے نچوڑنا - طاقت زائل کرنا - کمزور کھوکھلا کرنا -

Drain (drān) *n.* Channel, conduit پھوڑے سے مواد کھینچنے کی نلکی - پرنالہ - نالی - بدرو - مسلسل نکاس - مطالبہ - خرچ -

Drainage (drān-əj) *n.* System of drains پانی کی نکاسی کا انتظام - گندے پانی کے اخراج کا نظام - قدرتی یا مصنوعی نالے نالیاں - گندے پانی کی بدرو -

Drake (drāk) *n.* A kind of fly used in fishing ایک کیڑا جو مچھلی کے شکار میں کام آتا ہے -

Drake (drāk) *n.* Male duck نربط - قاز - ہنس - مرغابی -

Dram (dram) *n.* Small draught of wine شراب کا ذرا سا گھونٹ - چسکی ریزہ -

Drama (drăm-ă) *n.* Stage play ناٹک - تمثیل - ڈراما - سوانگ - نقل -

Dramatic (drəm-a-tik) *adj.* Theatrical ناٹکی - تمثیلی - سوانگ کے متعلق - تماشا گاہ میں دکھائے جانے کے قابل - اچانک - عجیب و غریب - موثر

Dramatis personae (drāmatiz-per-so-ne) Characters in a play ڈرامے کے کردار (اشخاص) -

Dramatist (drama-tist) *n.* Playwright تمثیل نگار - ڈراما نویس -

Dramatise (drama-tīz) *v.t.* & *i.* Convert story into a play افسانہ کا ناٹک بنا لینا - ناٹک تیار کرنا - نقل ترتتب دینا -

Dramaturge (dram-ə-tur-je) *n.* Playwright تمثیل نگار - ڈراما نویس -

Dramaturgy *n.* فن تمثیل - ڈراما نویسی کے اصول

Drape (drāp) *v.t.* Adorn with cloth پردے لٹکانا - کپڑے سے آراستہ کرنا - کپڑوں کو اس طرح لٹکانا کہ شکنوں سے خوشنائی پیدا ہو جائے

Draper (drāper) *n.* Dealer in cloth کپڑا بیچنے والا - پارچہ فروش - بزاز

Drapery (drāp-ə-ri) *n.* Draper's trade کپڑے کی تجارت - کپڑے کی دوکان - پردے بیچنے کی دوکان - مجسمہ سازی میں لباس کی ترتیب -

Draperied *adj.* تہہ بہ تہہ - پردوں سے آراستہ -

Drastic (drās-tik) *adj.* Acting strongly سخت - مضبوط - قوی - تیز مسہل -

Draught (drā-ft) *n.* Drawing, traction, drinking چھکڑا - ہل - مچھلیوں کا جال کھینچنا - مچھلیاں جو ایک بار جال میں آ جائیں - گھونٹ - جرعہ - دوا کی خوراک - ہوا کا جھکڑ - ہوا کی رو - خاکہ - مسودہ - فوجی دستہ جو کسی خاص کام پر متعین ہو - بنک سے روپیہ نکالنے کا حکم - چک - ہنڈی -

Feel the draught مصیبت میں مبتلا ہونا - قدر و عافیت معلوم ہونا -

Draughty *adj.* ہوا دار -

Draught (drâ-ft) *v.t.* Draw off نقشہ بنانا - خاکہ تیار کرنا - کسی فوجی دستہ کو روانہ کرنا -

Draughtsman (drā-fts-mən) *n.* One who makes drawings نقشہ نویس - خاکے تیار کرنے والا - مسودہ بنانے والا - ڈرافٹ کھیل کا مہرہ -

Draw (draw) *v.t.* & *i.* Pull, attract, extract -کھینچنا کھینچ کر لے جانا - پردہ ڈالنا یا ہٹانا - پھسلانا - ملانا - پر چانا - موہ لینا - ترغیب دینا - کسی کام پر مائل کرنا - توجہ کرنا - اکٹھا ہونا - سانس لینا - دم لینا - کنویں سے پانی نکالنا - جسم سے خون نکالنا - باتوں باتوں میں پوچھ لینا - نتیجہ نکالنا - استنباط کرنا - بادباں کا ہوا سے پھولنا - خاکہ بنانا - نقشہ کھینچنا - دو چیزوں میں مقابلہ کرنا - قرعہ اندازی کرنا - حرکت کرنا - دوڑ میں آگے نکل جانا -

Draw (draw) *n.* Strain, pull کشش - وہ چیز جو گاہکوں کو کھینچ کر لائے - زور - جھٹکا - قرعہ اندازی - کسی کھیل میں فریقین کا برابر رہنا - فقرہ بازی -

Drawback (draw-bək) *n.* Disadvantage کھوٹ - قصور - نقص - عیب - قباحت - چنگی کی ادائی - درآمدی محصول کا وہ حصہ جو برآمد کے وقت واپس کیا جائے -

Draw-bridge (draw-brij) *n.* Bridge which can be opened and closed by a hinge وہ کلدار پل جو ضرورت کے وقت اُٹھایا جا سکے -

Drawcansir (draw-kan-sər) *n.* & *adj.* Person dangerous to both friend and foe وہ شخص جو دوست دشمن دونوں کے لیے خطرناک ہو - بدمعاش

Drawee (draw-ē) *n.* Person on whom draft is drawn ہنڈی کا روپیہ لینے والا - جس کے نام کی ہنڈی ہو -

Drawer (draw-ər) *n.* Table chests for holding paper etc. ہنڈی کرنے والا - ششدرہ - میز کی دراز - تنگ مہری کا پائجامہ جو پتلون کے نیچے پہنا جائے -

Drawing (draw-ing) *n.* Art of representing by lines نقاشی - خطوط اندازی - خطوط کشی - نقشہ - خاکہ - بے رنگ تصویر -

Drawl (drawl) *n.* Slow utterance چبا چبا کر باتیں کرنا - ہکلانا -

Drawn (drawn) *p.p.* Remain equal in a game کھیل میں فریقین کا برابر رہنا -

Draw-well (draw-wel) *n.* Deep well for water گہرا کنواں جس میں چرخی لگی ہو -

Dray (dra) *n.* Brewers cart ٹھیلا - نیچا چھکڑا یا گاڑی - شراب ساز کا ٹھیلا -

Dread (dred) *n.* & *adj.* Fear, terror, awful - دہشت خوف - خطرہ - اندیشہ - خوفناک - پر جلال - رعب دار -

Dread (dred) *v.t.* Fear greatly خوف کھانا - ڈرنا - خوفزدہ ہونا - کسی کام سے جھجکنا - نام سے کانپنا -

Dreadful (dred-ful) *adj.* Terrible - تکلیف دہ - بھیانک - ڈراؤنا - خوفناک - مہیب - اجیرن - ناگوار - کمبخت - و بال جاں -

Dread-naught (dred-nat) Battle-ship built in 1906 موٹا کپڑا یا اس کا کوٹ - زبردست جنگی جہاز -

Dream (drem) *n.* Vision in sleep شیخ چلی کے منصوبے خیالی پلاؤ - رویاء - خواب - حسن و جمال کا نمونہ -

Dream reader خواب کی تعبیر دینے والا -

Dream land خواب و خیال کی دنیا -

Day dream خیالی پلاؤ -

Waking pream تصور جو مشاہدہ کی حد تک پہنچ جائے - بیداری کا خواب -

Dream (drem) *v.i.* & *t.* Have vision in sleep سپنا یا خواب دیکھنا - خواب میں دیکھنا یا سننا - منصوبہ باندھنا - خیال میں ہونا - خیالی پلاؤ پکانا - بیکار تخیلات میں وقت کھونا -

Dreamer *n.* قوت عمل سے محروم - نکما - کاہل - شیخ چلی - خیالی پلاؤ پکانے والا - خواب دیکھنے والا -

Dreamy (drem-i) *adj.* Full of dreams قوت عمل سے محروم - بندہ تخیل - خیال میں محو -

Dreary-drear (drə-ri) *adj.* Dismal, gloomy - سنسان - آداس - بھیانک - لق و دق - افسردہ - بے لطف - بے کیف -

Dredge (drej) *n., v.t. & i.* Oyesters net سیپوں کا جال - ایسی مشین جو سمندر کی تہہ سے کیچڑ نکالتی ہے - سمندر کی تہہ صاف کرنا - کیچڑ نکالنا -

Dredge (drej) *v.t.* Sprinkle flour or powder آٹا یا سفوف وغیرہ چھڑکنا -

Dreg(s) (dreg) *n.* Sediment بے کار شے - فضلہ - درد - تلچھٹ - نکمی چیز - ریزہ - ذرا سا بچا ہوا حصہ -

Drench (dren-sh) *n.* Draught or dose administered to animals جانوروں کی دوا - مسہل - جلاب - موسلا دھار بارش - پانی میں شرابور ہونا -

Drench (dren-sh) *v.t.* Make to drink جانوروں کو دوا پلانا - پانی سے نہلانا -

Drencher (dren-shər) n. Heavy shower کثرت سے پلانے والا - بارش کا تراڑا - دھواں دھار بارش -

Dress (dres) *v.t. & i.* Attire, keep soldiers in order صف بندی کرنا - صفوں کو درست کرنا - صف میں کھڑا ہونا - سنوارنا - آراستہ کرنا - زیب دینا - آرائش کرنا - شام کی دعوت کی پوشاک پہننا - مرہم پٹی کرنا - زخم صاف کرنا - کنگھی کرنا - بالوں کو سنوارنا - گھوڑے کو کھریرا کرنا - پردوں کو چھانٹنا -

Dress down خبر لینا - ڈانٹنا - مارنا -

Dress out بھڑکیلا لباس پہننا - زرق برق کپڑے پہننا -

Dress (dres) *n.* Clothing پوشش - پوشاک - لباس - کپڑے - واضح انداز - رنگ -

Dresser (dres-ər) *n.* Kitchen side board with shelves باورچی خانہ کی میز - برتنوں کی الماری - وہ طاق جہاں برتن رکھے جاتے ہیں -

Dressing (dres-ing) *n.* Dress, bandages پوشاک - لباس - زخم کی مرہم پٹی - سر زنش - زد و کوب - کھاد - دم کے مرغ میں مسالہ بھرنا -

Dressy (dres-i) *adj.* Smart in dress - لباس کا شوقین - خوش پوش - جامہ زیب -

Dribble (drib-l) *v.t., i. & n.* Flow in drops قطرہ قطرہ ٹپکنا - رسنا - ٹپکنا - ٹپکانا - رال بہنا - گیند کو پیروں سے ادھر ادھر کرنا - بلیرڈوس میں گیند کا تھیلی میں گر پڑنا -

Dribblet (drib-lət) *n.* Small quantity - چھوٹا سا قطرہ - ذرا سا - حقیر رقم - تھوڑی مقدار -

Drift (drift) *n.* Slow course, tendency - ریگ رواں - پانی کا بہاؤ - انبار یا تودہ جس کو پانی بہا لے جائے - بہاؤ - رو - دھارا - جہاز - دھارے کی وجہ سے جہاز یا کشتی کا اپنے راستے سے ہٹ جانا - زمانے کے ساتھ چلنا - فطرتی یا غیر معمولی رجحان - دھات میں سوراخ کرنے کا برما - جھنڈ - غول - ریوڑ -

Drift (drift) *v.i. & t.* Go aimlessly, be carried away اڑا لے جانا - بہا نے جانا - بغیر کسی مقصد کے ادھر ادھر پھرنا - ہوا کا مٹی یا ریت کو اڑا کر ڈھیر کر دینا - برمے سے سوراخ کرنا -

Drill (dril) *n., v.t. & i.* Steel machine for boring برما - سوراخ کرنے کا آلہ - سوراخ کرنا - خول دار مچھلی یا کوئی اور آبی جانور - فوجی قواعد - کڑی تربیت - طالب علموں کی قواعد - سختی سے تربیت کرنا - فوج کو قواعد سکھانا یا کرنا -

Drill (dril) *n. & v.t.* Furraw for sowing seed in جتے ہوئے کھیت کی نالی جس میں بیج بویا جاتا ہے - پودوں کی قطار - ایک مشین جس سے کھیت جوتنے - بیج بونے اور سراون پھیرنے کا کام ساتھ ساتھ ہوتا ہے - مشین سے تخم ریزی کرنا -

Drill (dril) *n.* Kind of baboon - ایک قسم کا کپڑا - ایک قسم کا بڑا بندر - زین - ڈرل -

Drink (dringk) *v.t. & i.* Swallow liquid پی کر خالی کر دینا - نوش کرنا - پینا - سب پی جانا - پی کر اڑا دینا - ساری آمدنی شراب کی نذر کر دینا - شراب پینا - شراب کا عادی ہونا - جام صحت پینا -

Drink (dingk) *n.* Liquid, beverage پانی - شربت - شراب - پینے کی چیز - بادہ - بادہ خوری - جام شراب - مے نوشی -

Drinkable (dringk-əble) *adj. & n.* Good to drink اشیائے نوشیدنی - پینے کے قابل -

Drip (drip) *v.i.* & *t.* Fall in drops قطرہ ٹپکانا - رسنا - چونا - ٹپکنا - کسی چیز کا اس قدر بھیگنا کہ اس سے قطرے ٹپکنے لگیں -

Drip (drīp) *n.* Dripping liquid تقاطر - ٹپکا - ٹپکنے والی چیز -

Drippy *adj.* ٹپکنے والی -

Dripping (drip-ing) *n.* Fat melted from meat چربی جو گوشت کو گرم کر کے نکالی جائے - کوئی چیز جو ٹپک کر جمع ہو - چربی - روغن - گھی - پانی - تیل -

Drive (drīv) *v.t.* & *i.* Urge in some direction چلانا - ہانکنا - دھکا دینا - گھیر کر لانا - گاڑی میں لے جانا - مجبور کرنا - حد سے زیادہ مشقت لینا - گاڑنا - ٹھونکنا - سوراخ کرنا - سرنگ کھودنا - کاروبار چلانا - سودا کرنا - جھپٹنا - دوڑ پڑنا - کسی کام میں سخت محنت کرنا - جانفشانی کرنا - بہنا - بہا لے جانا -

Drive (drīv) *n.* Excursion in vehicle گاڑی چلانے کی سڑک - گاڑی کی سواری - (کرکٹ) سیدھی مار - زور - قوت - عمل - رحجان - میلان -

Drivel (drīv-l) *v.i.*, *t.* & *n.* Run at mouth and nose بچوں کی طرح رال ٹپکانا - بچوں کی طرح یا سٹھیائے ہوئے لوگوں کی طرح باتیں کرنا - مہمل باتیں - بکواس -

Driver (driv-ər) *n.* One who drives - چلانے والا ہانکنے والا - گاڑی والا - گاڑی بان - کوچبان - مشین کا چلانے والا چکر یا پہیا -

Drizzle (driz-l) *v.i.* & *n.* Spray like rain بوندا باندی ہونا - ترشح ہونا - پھوہار پڑنا - پھوہار - بوندا باندی -

Droll (drōl) *adj.*, *n.* & *v.i.* Amusing queer - عجیب مضحک - مسخرہ - سوانگ - انوکھا - نرالا - ٹھٹھول کرنا - دل لگی کرنا -

Drollery (drōl-eri) *n.* Jesting انوکھی دل لگی - مسخرا پن - مزاح - دل لگی - ٹھٹھا -

Dromedary (drum-id-əri) *n.* Camel bred for riding اونٹنی - ناقہ - سانڈنی -

Drone (drōn) *n.*, *v.t.* & *i.* Male of honey bee نکھٹو - کاہل - شہد کی نر مکھی - یکساں لہجے میں تقریر کرنے والا - بھنبھناہٹ - سستی کرنا - وقت ضائع کرنا -

Droop (drōōp) *v.i.*, *t.* & *n.* Hang down غروب ہونا - ڈوبنا - نیچے ہونا - جھکنا - کملانا - مرجھانا - افسردہ ہونا - جی چھوٹ جانا - سر جھکانا - خمیدگی - افسردگی - اضمحلال -

Drop (drop) *n.* Small round portion of liquid بوند - قطرہ - چھینٹ - ایک گھونٹ شراب - بندا - بالی - آویزہ - زوال - تنزل - تخفیف - کمی - منظر بدل - پھانسی کا تختہ - سطح میں نشیب آ جانا -

Drop in ocean آٹے میں نمک - سمندر میں قطرہ -

Drop shutter کیمرے کا پرزہ جس سے فوراً پلیٹ پر عکس اتر آتا ہے -

Ear drops گوشوارے - بندے - آویزے -

Have a drop in one's eye نشہ کا اثار ظاہر ہونا - خمار -

Drop (drop) *v.i.* & *t.* Fall in drops قطرے قطرے گرنا - چونا - ٹپکنا - تھک کر یا زخمی ہو کر گرنا - سو جانا - مرنا - ختم ہونا - گھٹنا - تخفیف ہونا - اتفاقاً آ جانا - چھوڑ دینا - ترک کرنا - موقوف کرنا - اتارنا - گرانا - گرنا -

Droppings (drop-ings) *n.* & *pl.* What falls in drops جو چیز ٹپک کر گرے - موم بتی کے پگھلے ہوئے قطرے - لید - لینڈی - مینگنی - گوبر -

Dropsy (drop-si) *n.* Disease in which watery fluid collects in body استسقا - جلندر - حد سے زیادہ نفخ - پھولا ہوا ہونا -

Dross (dros) *n.* Metal scum کوڑا کرکٹ - زنگ - فضلہ - کھوٹ - میل -

Drought (drowt) *n.* Continuous dry weather قحط سالی - خشک سالی - امساک باران - پیاس - تشنگی -

Drove (drov) *v.* Drive دیکھو -

Drover (drov-ər) *n.* Dealer in cattle گلے کو نخاس میں لے جانے والا - مویشی کا بیوپاری -

Droving *n.* مویشی کا بیوپار -

Drown (drown) *v.i.* & *t.* Suffer death by suffocation in water ڈوبنا - ڈبونا - غرق ہونا - غرق کرنا - غوطہ دینا - غالب آ جانا - شور و غل کو دبا لینا - شراب کے نشے میں غم غلط کرنا -

Like drowned rat سر سے پیر تک بھیگا ہوا ۔ شرابور ۔

Drowse (drowz) *v.i., t. & n.* Be sleepy and dull جھپکی لینا ۔ اونگھنا ۔ نیند آنا ۔ آنکھ لگ جانا ۔ غنودگی طاری ہونا ۔ غنودگی میں وقت گزارنا ۔ غنودگی ۔

Drowsy (drowz-i) *adj.* Sleepy نیند لانے والی ۔ اونگھتا ہوا ۔ خواب آلودہ ۔ سست ۔ کاہل ۔ مجہول ۔

Drowsiness *n.* کاہلی ۔ سستی ۔ اونگھ ۔

Drub (drub) *v.t.* Cudgel, thump ڈنڈے لگانا ۔ مارنا پیٹنا ۔ مار مار کر کسی خیال کو دل سے نکالنا یا دماغ میں ٹھونسنا ۔

Drubbing کوبکاری ۔ زد و کوب ۔ مار پیٹ ۔

Drudge (druj) *n. & v.t.* Servile worker خدمت کرنے والا ۔ غلام کی طرح کام کرنے والا ۔ بیل کی طرح جتا رہنے والا ۔ ناگوار یا خلاف طبع کام کرنا ۔

Drudgery *n.* مشقت ۔ محنت ۔ غلامانہ کام ۔

Drug (drug) *n., v.t. & i.* Simple medicinal substance جڑی بوٹی ۔ مفرد دوا ۔ کم بکنے والی چیز ۔ سودا جس کا کوئی گاہک نہ ہو ۔ بیہوشی کی دوا استعمال کرنا ۔ دوا ملانا ۔ نسخہ تیار کرنا ۔

Druggist (drug-ist) *n.* Dealer in drugs پنساری ۔ دوا ساز ۔ دوا فروش ۔ عطار ۔

Druid (drōō-id) *n.* Priest, magician انگلستان اور بعض دوسرے ملکوں میں قدیم زمانے میں مرشد ۔ کاہن ۔ پیشین گوئی کرنے والا ۔

Drum (drum) *n.* Musical instrument sounded by striking ڈھول ۔ ڈھولک ۔ دمامہ ۔ نقارہ ۔ تاشہ ۔ کان کا پردہ ۔

Drum (drum) *v.t. & i.* Play the drum نقارہ پر چوٹ لگانا ۔ ڈھول بجانا ۔ چڑیوں کا بازو پھڑ پھڑانا ۔ طبل بجا کر فوجیوں کو بلانا ۔ کسی شخص سے کوئی بات بار بار کہہ کر اسے بے حس کر دینا ۔ کسی چیز کو دماغ میں بٹھانا ۔ ڈھول بجا کر گانا ۔

Drummer دہل نواز ۔ طبل نواز ۔ ڈھولچی ۔ نقارچی ۔

Drunk (drungk) *adj. & n.* Intoxicated شرابی ۔ سرمست ۔ مست ۔ متوالا ۔ مخمور ۔ شراب کا دور ۔ بد مستی کی واردات ۔ بد مست ۔ شرابی ۔

Drunkard *n.* مے خوار ۔ شرابی ۔ نشہ باز ۔ متوالا ۔

Drunkenness شراب خوری ۔ سیہ مستی ۔ بد مستی ۔

Druse (drooz) *n.* Crust of crystals پہاڑی غار کے اندر بلور کی تہیں یا پرت ۔ لبنان کے قریب مسلمانوں کا ایک مذہبی فرقہ جس کا بانی اسمعیل الدروزی تھا ۔ فرقہ دروز ۔

Dry (dri) *adj.* Without moisture خشک ۔ پیاسا ۔ سوکھا ۔ تشنہ ۔ وہ جگہ جہاں بارش نہ ہو ۔ بے باراں ۔ جھلسا ہوا ۔ مرجھایا ہوا ۔ تارک شراب ۔ دودھ سے خالی جانور ۔ بے مکھن کا روٹی کا ٹکڑا ۔ روکھا ۔ خشک ۔ بے مروت ۔ سرد مہر ۔ غیر دلچسپ ۔ بے غرضانہ ۔ بے تعصبانہ ۔ بے لوث ۔

Dryish *adj.* بے مروت سا ۔ قدرے خشک ۔

Dryness *n.* روکھا پن ۔ خشکی ۔

Dry (dri) *v.t. & i.* Make or become dry خشک کرنا ۔ سکھانا ۔ تری دور کرنا ۔ گائے کے تھن خشک کر دینا ۔

Dual (du-əl) *adj. & n.* Two fold دو حصوں میں منقسم ۔ دگنا ۔ دونا ۔ دھرا ۔ مثنیٰ ۔

Duality *n.* دکڑی ۔ ثنویت ۔ دونا ۔ دہرا پن ۔ دوئیت ۔

Dualism *n.* دوازلی قوتوں کا قائل ہونا ۔ یزداں و اہر من ۔ دوئیت ۔ عقیدہ ثنویت ۔

Dub (dub) *v.t. & n.* Make another recording کسی چیز کا ریکارڈ کرنا ۔ ریکارڈ تیار کرنا ۔ نشانے سے تلوار مس کر کے نائٹ بنانا ۔ کوئی نیا لقب دینا ۔ خطاب دینا ۔ مذاقیہ نام رکھنا ۔ مارنا ۔ ضرب لگانا ۔

Dubbing (dub-ing) *n.* Prepared grease نام یا لقب نائٹ بنانے کا عمل ۔ جوتے کا روغن ۔

Dubiety (du-bi-iti) *n.* Feeling of doubt شک ۔ اشتباہ ۔ مشکوک معاملہ ۔

Dubious (du-bi-əs) *adj.* Doubtful غیر معتبر ۔ پیچیدہ ۔ مشکوک ۔ مشتبہ ۔ مبہم شک کی حالت میں ۔ مذبذب ۔

Dubiousness *n.* مشکوک ہونا ۔ مشتبہ ہونا ۔ شبہ ۔ شک ۔

Dubitable (du-bit-ebl) *adj.* Expressing hesitation مشکوک ۔ غیر یقینی ۔ مشتبہ ۔ مذبذب ۔

Dubitation (du-bit-ə-shən) *n.* Doubt, hesitation اشتباہ ۔ پس و پیش ۔ تذبذب ۔

Dubitative (dū-bit-ə-tiv) *adj*. Inclined to hesitation پس و پیش کرنے والا - مذبذب -

Ducal (dū-kəl) *adj*. Of Duke ڈیوک کی طرح - ڈیوک کے متعلق -

Ducat (duk-ət) *n*. Small gold coin ایک طلائی سکہ جو تقریباً تین روپے کا ہوتا تھا -

Duchess (duch-əs) *n*. Duke's wife آن بان کی عورت ڈیوک کی بیگم یا بیوہ - (بول چال) میوہ فروش کی بیوی -

Duchy (duch-i) *n*. Territory of Duke ڈیوک کا علاقہ - ڈیوک کی ریاست - کارنوال یا لنکا سٹر کا علاقہ جس کا مالک شاہ انگلستان ہوتا ہے -

Duck (duk) *n*. Wild swimming bird بطخ - بط - مرغابی - مرغابی یا بط کا گوشت - (مخاطبت میں) پیارا - پیاری -

Like duck in thunderstorm بد حواس - سراسیمہ -
Like water of duck's back بے نتیجہ - بے اثر -
Duckling *n*. مرغابی کا بچہ -
Ducky *adj*. محبوب - عزیز - پیارا -

Duck (duk) *v.i., t. & n*. Plunge, dive پھرتی سے جھک جانا - ڈبکی مارنا - غوطہ لگانا - جھکائی دینا - غوطہ دینا - دھکیل دینا - ڈبکی - غوطہ -

Ducker (duk-ər) *n*. One who breeds ducks بطخیں پالنے والا - بطخوں کی نسل بڑھانے والا - خوشامدی ٹٹو - غوطہ خور

Ducker (duk-er) *n*. Diver پرند - ڈبکی مارنے والا -

Duct (duk-t) *n*. Tube نالی - تنگ راستہ -

Ductile (duk-tīl) *adj*. Flexible دھات جو پیٹنے سے بڑھے - ملائم - نرم - لچک دار - دھات جس کے تار کھینچے جا سکیں - تربیت پذیر - سلیم الطبع -

Ducility } تشکیل - نرمی - ملائمت -
Ductileness } تربیت پذیری - لچک -

Dud (dud) *n*. Futile plan گولہ یا بم جو نہ پھٹے - بے نتیجہ تجویز - ٹائیں ٹائیں فش - بے کار آدمی - (جمع) کپڑے لباس -

Dude (dood) n. Fastidious person (بول چال) ایسا شخص جو انگریزی وضع قطع کی نقل کرے - نفاست پسند - بانکا - چھیلا - ٹھاٹھ کرنے والا -

Dudish *adj*. بانکا چھیلا سا - قدرے نفاست پسند -

Dudgeon (duj-ən) *n*. Resentment نا اتفاق - ناراضگی - خفگی - ان بن -

Due (dū) *adj. & adv*. Owing, payable واجب الوصول - واجب الادا - لائق - مناسب - شایاں - کافی - ٹھیک - معاہدے کے رو سے - بر وقت - بر محل - بوجہ - سبب سے - جہت سے -

Due (dū) *n*. Person's right حق - اختیار - مطالبہ - استحقاق - محصول - چنگی -

Give the devil his due برے کے ساتھ بھی انصاف کرو -

Duel (dū-əl) *n. & v.t*. Fight between two persons جھگڑا چکانے کے لئے دو شخصوں کی لڑائی - (تلوار - پستول وغیرہ سے) دو آسیوں کی لڑائی - کشتی لڑنا - ڈوئل لڑنے والا -

Duelist *n*. ڈوئل لڑنا -

Duenna (dū-en-a) *n*. Elderly woman in charge of girls آتون - استانی - محافظ یا نگران عورت - ادھیڑ عورت جو لڑکیوں کی استانی اور رفیق ہو -

Duet (du-et) *n*. Musical composition for two singers راگ جو دو مل کر گائیں - دو سازی یا دو آوازی گیت - مکالمہ - بھٹیارنوں کی سی لڑائی - میاں بیوی کا جوڑا - دوگانا -

Duff (duf) *v.t*. Dough دیکھو -

Duff (duf) *v.t*. Fake up goods (بول چال) پرانی چیزوں کو نیا کرنا - شکل بدل دینا - پرانے مال کو نیا کر کے بیچنا - سویشیوں کے پہچان کے ٹھپوں کو بدل دینا -

Duffer (duf-ər) *n*. One who sells trash as valuable پرانے مال کو نیا بنا کر بیچنے والا - خراب مال کو اچھے داموں بیچنے والا - پھیری یا خوانچہ والا - بے کار چیز - بے سود شے - نالائق - بے کار شخص -

Dug (dug) *v.t*. Dig دیکھو -

Dugout (dug-out) *n*. Cause made by hallowing tree trunk ڈونگی - کشتی جو درخت کے تنے کو کھوکھلا کر کے بنائی جائے - خندق میں سپاہی کی محفوظ جگہ (بول چال) وظیفہ یاب افسر جس کو دوبارہ فوجی خدمت کے لئے طلب کیا جائے -

Duke (dūk) *n.* Chief of tribe جاگیر دار ۔ بادشاہ سے کم درجے کا ۔ نواب ۔ چھوٹے علاقہ کا فرمانروا ۔ چیری پھل کی ایک قسم ۔

Dukedom (dūk-dom) *n.* Territory of a Duke ڈیوک کا علاقہ یا مرتبہ ۔ نوابی ریاست ۔

Dulcet (duls-it) *adj.* Sweet (sound) میٹھی ۔ شیریں ۔ مزیدار ۔ لذیذ ۔ سریلی ۔

Dulcify (dul-sifi) *v.t.* Sweeten میٹھی بنانا ۔ لطافت یا شیرینی پیدا کرنا ۔ دھیما کرنا ۔ ملائم کرنا ۔

Dulcimer (dul-si-mər) *n.* Musical instrument with strings بربط ۔ ستار کی قسم کا باجا ۔ تاروں کا باجا ۔

Dulcinea (dul-sin-e-ā) *n.* Idolised mistress ایسا معشوق جس کو عاشق تمام اوصاف کا مجموعہ سمجھتا ہو اور اس کی پرستش کرتا ہو ۔ محبوبہ دلنواز ۔

Dull (dul) *adj., v.t. & i.* Slow of understanding سادہ لوح ۔ کودن ۔ غبی ۔ کند ذہن ۔ احمق ۔ گاؤدی ۔ ڈھیلا ۔ سست ۔ کاہل ۔ کند ۔ تھوڑا تھوڑا ۔ محسوس ہونے والا (درد) ۔ افسردہ ۔ سست ۔ بے لطف ۔ پھیکا ۔ ابر آلود ۔ کند کرنا یا موڑنا ۔ پست کرنا یا ہونا ۔

Dullard *n.* بے وقوف ۔ احمق ۔ گاؤدی ۔ کند ذہن ۔ غبی ۔

Dullish *adj.* بیوقوف سا ۔ کند ذہن سا ۔

Dullness *n.* حماقت ۔ سستی ۔ کند ذہنی ۔ بے حسی ۔

Duly (du-li) *adv.* Rightly حسب ضابطہ ۔ حسب دستور ۔ کما حقہ ۔ جیسا چاہیے ۔ پابندی سے ٹھیک وقت پر ۔

Dumb (dum) *adj.* Unable to speak گم سم ۔ گنگ ۔ گونگا ۔ چپکا ۔ خاموش ۔ بے زبان ۔ وہ جس کی زبان بندی کی گئی ہو اور اس کو حکومت کے معاملات میں بولنے کا حق نہ ہو ۔ بے آواز ۔ ساکت ۔

Dumb-found (dum-fownd) *v.t.* Strike dumb لاجواب کر دینا ۔ گھبرا دینا ۔ گونگا کرنا ۔ بد حواس کرنا ۔ ہوش و حواس غائب کر دینا ۔

Dum-dum (dum-dum) *n.* Expanding and explosive bullet ایک قسم کی بندوق کی گولی جو جسم میں داخل ہو کر پھیلتی اور پھٹتی ہے ۔ ڈم ڈم ۔

Dummy (dum-i) *adj. & n.* Players partner whose hand is exposed in Bridge گونگا مجسمہ جس کو دوکان میں نمائش کے لئے کپڑے پہنا کر کھڑا کرتے ہیں ۔ وہ شخص جو کسی کام میں برائے نام شریک ہو ۔ برج کے کھیل میں جس کے نام پر بولی چھوٹی ہو ۔ اس کا شریک جس کے پتے کھول دیئے جاتے ہیں ۔ کٹھ پتلی ۔ احمق ۔ کاٹھ کا الو ۔ مصنوعی چیز ۔ نقلی ۔ بناوٹی ۔ فرضی ۔

Dump (dump) *n.* Short thick objects چھوٹی اور موٹی چیز ۔ پست قد ۔ مضبوط آدمی ۔ جہاز کی چٹخنی ۔ جہاز میں کھیلنے کے لئے رسی کے چکر ۔ ایک قسم کا کھیل ۔ ایک قسم کی مٹھائی ۔

Dump (dump) *v.t., i. & n.* Deposit, shoots کوڑا کرکٹ پھینکنا یا جمع کرنا ۔ کم قیمت پر فروخت کرنے کے لئے مال دوسرے ملکوں میں بھیجنا ۔ زیادہ مسافروں کو غیر ممالک میں اتار دینا ۔ کوڑے کرکٹ کا ڈھیر ۔ میدان جنگ میں سامان حرب کا عارضی گودام ۔

Dumpling (dump-ling) *n.* Mass of dough baked حلوہ ۔ کھیر ۔ پکوڑی ۔

Dumps (dump-s) *n. p.* Depression بروگی گیت ۔ افسردگی ۔ اداسی ۔ رنج ۔ غم ۔ ملال ۔

Dumpy (dump-i) *adj. & n.* Short and stout چھوٹا اور موٹا ۔ ایک چھوٹے پیروں کی مرغی جو اسکاٹلینڈ میں پائی جاتی ہے ۔

Dun (dun) *adj. & n.* Dull greyish brown colour ہلکے بھورے رنگ کا ۔ ہلکے کالے رنگ کا ۔ ایک قسم کی مصنوعی مکھی جس سے مچھلی کا شکار ہوتا ہے ۔

Dun (dun) *n. & v.t.* Importunate creditor تقاضا کر کے قرض کا روپیہ وصول کرنے والا ۔ سخت گیر ۔ حیران کرنا ۔ تقاضوں سے پریشان کرنا ۔

Dunce (duns) *n.* Dullard گاؤدی ۔ بے وقوف ۔ الو ۔ احمق ۔ کودن ۔ غبی ۔

Dunderhead (dun-dər-hed) *n.* Stupid person احمق ۔ کاٹھ کا الو ۔ جانگلو ۔ کوڑ مغز ۔

Dung (dung) *n. & v.t.* Excrement of animals ۔ لید ۔ گوبر غلاظت ۔ گندگی ۔ اخلاقی گندگی ۔ روحانی ناپاکی ۔ زمین میں کھاد ڈالنا ۔

Dungeon (dun-jen) *n. & v.t.* Strong subterranean cell کمین گاہ - پناہ کی جگہ - مضبوط زمین دوز قلعہ - قید خانہ - کال کوٹھری - قلعہ میں قید کرنا -

Dunghill (dung-hil) *n.* Heap of dung in farm yard گھوڑ - کوڑا - گوبر کا ڈھیر - گندہ مکان - بزدل آدمی -

Dunghill cock پلا ہوا مرغ -

Cock on his own dunghill وہ شخص جو اپنے گھر یا محلے کے لوگوں پر رعب ڈالے - گھر کا تیس مار خاں -

Dungy (dung-i) *adj.* Dirty غلیظ - میلا - گوبریلا - ناپاک -

Dunner (dun-ər) *n.* One who demands immediate payment of debt تقاضا کرکے قرض وصول کرنے والا - سخت گیر - متقاضی -

Duny (dun-i) *adj.* Block head بہرا - کند ذہن - بے وقوف -

Duo (doo-o) *n.* Pair of singers دو آدمیوں کے گانے کا گیت -

Dupe (dup) *n. & v.t.* Victim of deception سادہ لوح - بھولا - وہ شخص جو دھوکے میں آ جائے یا بیوقوف بن جائے - الو بنانا - دھوکا دینا - ٹھگنا -

Dupable *adj.* دھوکا کھا جانے والا - سادہ لوح -

Duple (du-pl) *adj.* Double دھرا - دونا - دگنا -

Duplex (du-pleks) *adj.* Of two elements دھرا - دو عنصری -

Duplicate (du-pli-kit) *adj. & n.* With two corresponding parts دھرا - دو چند - وہ نوع جس کے صرف دو فرد ہوں - ہو بہو نقل - عین مین - خط کا دستاویز کی نقل - بل یا ہنڈی کا مثنیٰ - دو چیزوں میں میں کلی مشابہت -

Duplicate (du-pli-kit) *v.t.* Multiply by two دھرا کرنا - دگنا کرنا - دونا کرنا - ایک طرح کی دو چیزیں بنانا - نقلیں تیار کرنا -

Duplication *n.* نقل مطابق اصل - نقل - ہم نوع - ہم مشابہت -

Duplicator *n.* ایک دستاویز کی بہت سی نقلیں - نقلیں اتارنے والی مشین - نقل اتارنے والا - تیار کرنے والی نشین - نقل گیر کل -

Duplicity (dūp-li-siti) *n.* Double dealing مکاری دو رنگا پن - دو رخا پن - منافقت - ریا کاری - جعلی نقلیں تیار کرنا -

Durable (dūr-əbl) *adj.* Lasting استوار - دائمی - دیرپا - مضبوط - پائیدار - مستحکم -

Durability, durableness *n.* استحکام - دیرپائی -

Durance (dur-əns) *n.* Imprisonment - استقلال - قیام - حبس - حراست - قید -

Duration (dur-ə-shən) *n.* Length of - زمانہ - مدت - مہلت - عرصہ - میعاد -

Duress (dur-es) *n.* Forcible restraint - ناجائز تشدد جبر و اکراہ - قید - حبس - سختی - دھمکی - جبر - تخویف -

Plea of dūress جبر و اکراہ کا عذر -

During (du-ring) *prep.* Throughout - اس عرصہ میں در ایں ایام - اندر - درمیان - مسلسل - متواتر - مابین - دریں ولا -

Durra (doo-ra) *n.* Indian millet جوار - باجرا -

Durian (doo-riən) *n.* Asian tree bearing large oval fruit دریاں - لذیذ میوہ - پریوں کا میوہ - جنگلی میوہ -

Dusk (dusk) *n. adj. v.t. & i.* Twilight شام کا دھندلکا جھٹ پٹا - تاریک - دھندلا - دھندلا کر دینا - دھندلا معلوم ہونا -

Dusky *adj.* دھندلا - سیاہی مائل -

Dust (dust) *n.* Powdered earth - گرد و غبار - راکھ مٹی - خاک - جلے ہوئے مردے کی راکھ - جسم انسانی - انسان - گور - قبر - تربت - ذلت - تحقیر - روپیہ پیسہ -

Dust (dust) *v.t. & i.* Sprinkle with dust - مٹی ڈالنا گرد آلود کرنا - دھول جھاڑنا - گرد جھٹکنا - صاف کرنا - پونچھنا -

Duster (dust-ər) *n.* Cloth for dusting - جھاڑن جھاڑنے کا کپڑا - صافی - میز کرسیاں صاف کرنے والا - جھاڑنے والا -

Dusting (dust-ing) *n.* Thrashing - (بول چال) پٹائی گرد یا سفوف چھڑکنا - دھول دھپا - سمندر کے طوفان کے ہچکولے -

Dusty (dust-i) *adj.* Covered with dust بے مزہ ۔ خاک آلود ۔ گرد سے اٹا ہوا ۔ غبار آلود ۔

Dutch (du-ch) *adj.* & *n.* Inhabitant of Holland ولندیزی باشندہ ۔ ولندیزی قوم کا ۔

Dutch (duch) *n.* Dutchess دیکھو ۔

Dutchman (duch-mən) *n.* Hollander ہالینڈ یا نیدر لینڈ کا باشندہ ۔ ولندیزی ۔

Duteous (dū-ti-əs) *adj.* Dutiful فرمانبردار ۔ مودب سعادتمند ۔ فرض شناس ۔ اطاعت شعار ۔ وفا دار ۔ نمک حلال ۔ مطیع ۔

Duteousness *n.* فرض شناسی ۔ اطاعت شعاری ۔

Dutiable (dū-ti-əbl) *adj.* Taxable محصول لگنے کے قابل ۔ قابل محصول ۔

Dutiful (dū-ti-ful) *adj.* Having sense of duty فرض شناس ۔ وفا دار ۔

Duty (dū-ti) *n.* Moral or legal obligation فرض ۔ حق ۔ قانونی پابندی ۔ اخلاقی پابندی ۔ فریضہ ۔ فرض منصبی ادائے فرض ۔ ادب ۔ تعظیم ۔ احترام ۔

Dwarf (dwa-wrf) *n.*, *adj.*, & *v.t.* Person, animal or plant much below ordinary بونا ۔ ٹھگنا ۔ ناٹا ۔ پستہ قد ۔ چھوٹے قد کا آدمی ۔ بالشتیا ۔ پودے جن کی باڑہ ماری گئی ہو ۔ جسمانی یا دماغی بالیدگی میں اختلال واقع ہونا ۔ باڑہ مارنا ۔ بونا یا پستہ قد نظر آنا ۔

Dwarfish *adj.* پستہ قد ۔ بونا سا ۔ ٹھگنا سا ۔

Dwell (dwel) *v.i.* Make abode بسنا ۔ رہنا ۔ ٹھہرنا ۔ سکونت اختیار کرنا ۔ بود و باش رکھنا ۔ کسی مضمون پر مسلسل اظہار خیال کرنا ۔ دیر تک گفتگو یا عذرات کرتے رہنا ۔

Dweller (dwel-ər) *n.* Resident ساکن ۔ مقیم ۔ باشندہ ۔ باسی ۔ رہنے والا ۔

Dwelling (dwel-ing) *n.* House رہنے کا مقام ۔ قیام ۔ مسکن ۔ مکان ۔ گھر ۔

Dwindle (dwin-dl) *v.i.* Become smaller گھٹنا ۔ سکڑنا ۔ سمٹنا ۔ کم ہونا ۔ رو بہ تنزل ہونا ۔ اخلاق حالت بگڑنا ۔ قدر گھٹنا ۔

Dye (di) *v.t.*, *i.* & *n.* Colour رنگ دینا ۔ رنگ چڑھانا ۔ رنگنے کا مسالہ ۔ رنگ ۔ لون ۔

Dying (di-ing) *n.* Death موت ۔ مرنا ۔

Dying (di-ing) *adj.* آخری وقت کا ۔ موت کے وقت کا ۔

Dyke (dik) *n.* Dike دیکھو ۔

Dynamic (din-a-mik) *adj.* & *n.* Potent, of motive force قوت عمل رکھنے والا ۔ حرکی قوت کا ۔ قوت آفریں ۔ حرکت ۔ متحرک ۔ محرک ۔

Dynamism *n.* Theory that mind and matter are action of forces یہ نظریہ کہ ذہن اور مادہ فطری قوتوں کی حرکت سے پیدا ہوتے ہیں (اصل جوہر قوت ہے) ۔

Dynamical (din-am-kəl) *adj.* Of dynamics قوت محرکہ سے متعلق ۔ نظریہ قوت کے بارے میں ۔

Dynamics (dina-miks) *n.* & *p.* Science of motion علم حرکت ۔ علم حرکیات ۔

Dynamite (din-am-it) *n.* & *v.t.* High explosive ڈائنا میٹ سے اڑا دینا ۔ بھک سے اڑنے والا ۔

Dynamo (din-ə-mo) *n.* Machine producing electric energy برق قوت پیدا کرنے والی مشین ۔ ڈائنامو ۔

Dynamo-meter (dinə-mo-meter) *n.* Instrument for measurement of energy gauge for telescope's magnifying power برق قوت اور دوربین کی طاقت ناپنے کا آلہ ۔

Dynasty (din-asti) *n.* Line of hereditary rulers شاہی گھرانہ ۔ خاندان شاہی ۔ سلسلہ سلاطین ۔

Dysentery (dis-ən-teri) Disease of inflamed intestinal glands آنوں اور لہو کے دست ۔ آنتوں کا ورم ۔ پیچش ۔

Dysenteric پیچش کے متعلق ۔

Dyspepsia (dis-pep-si-a) *n.* Indigestion بد ہضمی ۔ ضعف معدہ ۔ اسہال ۔

Dyspeptic *adj.* ضعف معدہ کا مریض ۔

Dyspnoea (disp-nea) *n.* Difficult breathing سانس کا رکنا ۔ ضیق النفس ۔

Dispnoeic *adj.* ضیق النفس کا مریض ۔

E

E (ē) Fifth letter of the English alphabet shortened form of Ex : Second-class ship in lyod's register انگریزی حروف تہجی کا پانچواں حرف - ایک دوسرے سابقہ .Ex کا مخفف - الجبرا میں ایک عدد مخفف کرنے کے لئے یہ استعمال ہوتا ہے - لائڈ کے رجسٹر میں دوسرے درجے کا جہاز -

Each (ēch) *adj.* & *p.* Every one taken separately دو میں سے ہر ایک - ہر - ہر ایک - فی - ایک ایک -

Eager (ēg-ər) *adj.* Full of keen desire متمنی - شوقین - مشتاق - خواہشمند - صاحب ذوق - سرگرم - بے قرار -

Eagerly *adv.* مشتاقانہ - بہ دل و جان - سرگرمی سے - شوق سے -

Eagle (ē-gl) *n.* Large bird of prey ایک بڑا شکاری پرند - گدھ - عقاب -

Eaglet (ē-glət) *n.* Young eagle گدھ کا بچہ - عقاب کا بچہ -

Ear (ēr) *n.* Organ of hearing قوت سامعہ - گوش - کان - اچھے برے راگ کی تمیز -

Ear-ache کان کا درد -

Earmark جانور کے کان پر بنایا ہوا نشان جو مالک کا پتہ دے - علامت - نشانی - سرمائے یا روپیہ کو کسی خاص مقصد کے لیے مختص کرنا -

Prick up one's ears - چوکنا ہو جانا - کان کھڑے کرنا -

Ear (ēr) *n.* Spike اناج کی بالی - بھٹا -

Earing (ēr-ing) *n.* Small rope fastening upper corner of sail to yard چھوٹی رسی جو بادبان کو مستول سے باندھتی ہے - جہاز کے پال کا رسہ -

Earl (ə-rl) *n.* Noble man انگلستان کے تیسرے درجہ کا امیر (مارکوئیس اور وائی کاؤنٹ کے درمیان) -

Earldom نوابی - ارل کا درجہ - ارل کا علاقہ -

Early (erl-i) *adj.* & *adv.* Absolutely or relatively near to the beginning of time - پہلے کا - بر وقت - جلد - تڑکے - سویرے - پیش از وقت - ابتدائی - قدیم -

Earn (ə-rn) *v.t.* Obtain سزا وار ہونا - لائق ہونا - پیدا کرنا - کمانا - حاصل کرنا -

Earnest (ər-nist) *adj.* جوشیلا - تمنائی - آرزومند - Serious مشتاق - سنجیدہ - مستعد -

Earnestness *n.* سنجیدگی - مستعدی -

Earnest (ər-nist) *n.* Money paid for confirming contract - زر پیشگی - بیعانہ - سائی - سنجیدگی - راستی -

Earning (ə-rn-ing) *n.* Money earned - تنخواہ - اجرت - کمائی - آمدنی -

Ear-ring (er-ring) *n.* Ornament for ear - انتی - بجلی - مرکی - بالی -

Earth (ərth) *n.* The ground, land - دھرتی - زمین - عالم - جہان - دنیا - بھومی - خشکی - مٹی - خاک - ملک - خطہ - دریا - وطن - دنیا - کرۂ ارض - ربع مسکون -

Earth-worm *n.* حشرات الارض - مٹی کے کیڑے - کیچوا -

Earth (ərth) *v.t.* & *i.* Cover with مٹی ڈالنا - زمین دوز کرنا - - زیر زمین کرنا - دبانا - پودوں کی جڑوں کو مٹی سے ڈھکنا - بجو یا لومڑی کو تعاقب کر کے بھٹ میں بھگا دینا -

Earthen (erth-en) *adj.* Of earth مٹیالا - سفالی - خاکی - گلی - مٹی کا -

Earthenware ظروف گلی - مٹی کے برتن -

Earthly (ər-th-li) *adj.* Of the earth - دنیاوی - ارضی - زمین کے متعلق -

Earthquake (ərth-kwāk) *n.* Convulsion of earth's surface انقلاب - شق الارض - زلزلہ - بھونچال -

Earthy (ər-th-i) *adj.* Like earth وزنی مادے کی (چیز) زمین کا - مٹی کا -

Ease (ēz) *n.* Freedom from trouble - راحت - آرام - چین - سکھ - آسائش - آسودگی - فراغت - فرصت - تسکین - درد سے نجات -

Stand at ease قواعد میں ایک حکم - آسانی سے کھڑا ہونا -

Ease (ēz) *v.t.* & *i.* Relieve from pain درد سے نجات دینا - درد دور کرنا - سکھ چین یا آرام دینا - بادبان یا رسی ڈھیلی کرنا - انجن کی رفتار سست یا کم کرنا -

Easeful (ēz-ful) *adj.* Comfortable - آرام طلب - مسکن - آرام دہ -

Easement (ēz-mənt) *n.* Right of way - حق آسائش
کسی دوسرے کی زمین پر راستہ کا حق - کسی دوسری
عمارت کا ملحقہ مکانات سے راستہ بنانے کا حق -
Easily (ēz-i-li) *adv.* With ease - آرام کے ساتھ
سہولت سے - آسانی سے -
Easiness (ēs-i-nəs) *n.* Comfort - چین - سکھ - آرام
سہولت - آسانی - آسائش - بردباری - حلم - ملائمت -
East (ēst) *adv., n. & adj.* The point where the sun rises مشرق - پورب کی طرف - طلوع آفتاب کی
سمت - مشرق -
East (ēst) *adj.* Eastern - پوربی - شرق - مشرق -
Eastward *adj. & n.* - پورب کی طرف - پوربی رخ
مشرق کی جانب -
Easter (ēst-ər) *n.* Festival of Christ's resurrection - حضرت عیسیٰ کے از سر نو زندہ ہونے کا تہوار
حضرت عیسیٰ کے قبر سے اٹھنے کا دن - عید الفصح -
Easterly (ēst-ər-li) *adj. & adv.* In eastern direction - جانب مشرق - پروا - پوربی -
Eastern (ēst-ərn) *adj. & n.* The east part of the world - دنیا کا مشرق حصہ - شرق - مشرق
مشرق حصہ کے متعلق -
Easy (ez-i) *adj., adv. & n.* With comfort - بے غم
خوش - آرام سے - با آرام - آرام دہ - تسکین بخش -
مندی - جنس جس کی مانگ کم ہو - نرم مزاج شخص -
Easy circumstances - خوشحالی - فارغ البالی -
Take it easy - دلجمعی سے کئے جاؤ - گھبراؤ مت -
Eat (ēt) *v.t. & i.* Take food, swallow - نگلنا - چبانا
تناول کرنا - کھانا کھانا - ہضم کرنا -
Eat a humble pie - ذلت اٹھا کر معذرت کرنا -
خفت اٹھانا -
Eat one's heart out - دل ہی دل میں کڑھنا -
Eatable *adj. & n.* - کھانا کھانے کی چیزیں - خوردنی -
کھانے کے لائق -
Eating (ēt-ing) *n.* The act of - تناول طعام -
کھانا کھانے کا عمل -
Eating house - دار الطعام - کھانے کی جگہ
طعام خانہ -
Eaves (ēvz) *n.* Overhanging edge of roof - اولتی -
چھجا -
Eavesdrop - چھجے کے نیچے چھپ کر باتیں سننا -
Eavesdropper - جاسوس - مخبر - چھپ کر باتیں سننے
والا -
Ebb (eb) *n. & v.t.* Reflux of tide - اتار - پانی کا اتار -
جذر - بھاٹا - گھاٹا - زوال - تنزل - اترنا - گھٹنا -
Ebon (ebən) *adj.* Made of ebony - کالا - سیاہ -
آبنوس کا - آبنوسی -
Ebony (e-bə-ni) *adj. & n.* A kind of hard blackwood
آبنوسی - آبنوس -
Ebriety (e-bri-i-ti) *n.* Drunkenness - متوالا پن -
مدہوشی - سرشاری - بد مستی -
Ebrious (e-bri-iəs) *adj.* Drunk - متوالا - شرابی -
مدہوش - مستانہ -
Ebullient (ə-bul-yent) *adj.* Boiling, exuberant
پر جوش - ابلنے والا - آپے سے باہر ہو جانے والا -
جوش یا ابال کی حالت میں -
Ebullition (eb-ə-lish-ən) *n.* Effervescence آپے
سے باہر ہونا - بھبکا - جوش - ابال -
Eccentric (ek-sen-trik) *adj.* Not circular مرکز
سے پھرا ہوا - منحرف المرکز - بے مرکز - کج رو -
نرالا - عجیب و غریب - بے قرینہ - بے عقیدہ - خارج
از عقیدہ -
Eccentricity (ek-sen-tri-siti) *n.* Irregularity نرالا
پن - بے قاعدگی - لا مرکزیت - کجروی - بے قاعدہ
چال - بکر چال -
Ecclesiastic (ikle-zi-a-stik) *n. & adj.* Clergyman
پادری - کلیسائی - خادم دین - دین مسیح - کلیسا کا
عہدہ دار -
Ecclesiastical (ikle-zi-a-stikəl) *adj.* Of the church
متبرک - آسمانی - کلیسا کے متعلق -
Ecclesiology (ikle-zi-a-ləgi) *n.* Science of churches - گرجوں کی ساخت اور سجاوٹ کا علم -
Ecdysis (ec-di-sis) *n.* Casting off Slough in serpents - کینچلی - سانپ کا کینچلی اتارنا -
Echelon (e-shə-lon) *n. & v.t.* Formation of troops in parallel divisions متوازی قطاروں میں فوج کی
ترتیب - فوج کو اس طرح ترتیب دینا -
Echinite (eki-nīt) *n.* Sea urchin - خار پشت -

Echinus (eki-nəs) *n.* Animal inhabiting prickly shell خار پشت - سیہی -

Echo (ekō) *n.* Reflection of sound waves - صدا
گونج - صنعت رو العجز علی الصدر -

Echo (ekō) *v.i.* & *t.* Resound - گونجنا - گونج پیدا کرنا -
آواز کا لوٹنا یا لوٹانا -

Eclair (a-kler) *n.* Finger shaped cake filled with cream ملائی - سموسہ - مٹھائی کی لمبی قلم جس میں
ملائی بھری ہو -

Eclat (ā-klā) *n.* Conspicuous success - شان و شوکت
دھوم دھام - نمایاں کامیابی - زیب و زینت - کر و فر -
تزک و احتشام -

Eclectic (ek-lik-tik) *adj.* & *n.* Borrowing ideas freely from every school - انتخاب کرنے والا
چننے والا - ہر مکتب خیال سے اخذ کرنے والا - آزاد
خیال - وسیع المشرب انسان -

Eclipse (i-klips) *n.* Interception of light of a luminous body - روشنی رک جانا - گرہن - گہن
اندھیرا - تاریکی - کسوف - خوف -

Eclipse (i-klips) *v.t.* Intercept by coming in front بے نور کرنا - آڑ میں لے لینا - روشنی روک
دینا - بے رونق کرنا - گرہن لگانا - ماند کرنا -

Ecliptic (ik-lip-tik) *adj.* & *n.* Sun's apparent orbit وہ دور جس سے سورج گزرتا ہوا معلوم ہوتا
ہے - گہن سے متعلق - مدار الشمس - طریق الشمس -

Eclogue (ek-log) *n.* Pastoral dialogue - دیہاتی راگ
دیہاتی مکالمہ - دھقانی زبان میں مختصر نظم یا گیت -

Economic (e-kon-ə-mik) *adj.* & *n.* On a business footing - تجارتی بنیاد پر - اقتصادی - کفایت شعارانہ - پر
منفعت - صنعت و حرفت سے متعلق - منفعت - تجارت -

Economical (ekon-ə-mik-əl) *adj.* Saving, thrifty
بچانے والا - کفایت شعار - معاشیات کے متعلق -
معاشی - معاشیاتی -

Economics (e-kon-ə-miks) *n.* Practical science of wealth اقتصادیات - معاشیات - وہ علم جس میں
پیدائش اور تقسیم دولت سے بحث کی جاتی ہے -

Economist (e-kon-ə-mist) *n.* Writer or teacher of political economy اقتصادیات کا ماہر - مصنف
یا معلم -

Economize (e-kon-ə-miz) *v.t.* & *i.* Use sparingly
کفایت شعاری کرنا - واجبی خرچ کرنا - خرچ میں
میانہ روی اختیار کرنا -

Economy (e-kon-ə-mi) n. Frugality دولت کا نظم
و نسق - کسی ریاست کی آمدنی اور خرچ کا توازن -
اجتماعی تنظیم - جماعتی وسائل - کسی عقیدے کو پیش
کرنے کا سلیقہ -

Ecstasy (ek-stəs-i) *n.* Rapture - انبساط - انتہائی مسرت
از حد خوشی - شادی مرگ - وہ بیماری جس میں ایک
ہی خیال ذہن پر چھا جاتا ہے -

Ecstatic (ek-stə-tik) *adj.* Producing ecstasy شادی
مرگ کرنے والا - وجد میں لانے والا - از حد خوش
کرنے والا - دل کو لبھانے والا -

Edacious (e-da-shəs) *adj.* Greedy - شکم پرور
پیٹو - کھاؤ - بسیار خور - لالچی -

Edacity *n.* - کھانے کا ہوکا - شکم پروری - بسیار خوری

Eddy (ed-i) *n.* Small whirlpool چکر دار بہاؤ - پانی
کا چکر - گرداب - بھنور -

Eddy (ed-i) *v.t.* & *i.* Moving in a whirl بھنور کی
طرح چکر کھانا - بھنور بننا - دھوئیں وغیرہ کا پیچ یا
چکر بننا -

Eden (e-dn) *n.* Abode of Adam and Eve حضرت
آدم اور حوا کی جنت - بہشت - فردوس -

Edentate (ē-den-tat) *adj.* & *n.* Toothless بے دانت
کا جانور - پوپلا - بوڑھا - بے دانت -

Edge (ej) *n.* Sharpened side of a cutting instrument - دھار - باڑہ - کنارہ - حاشیہ - نازک حالت -

Edge (ej) *v.t.* & *i.* Sharpen - سنگ چٹانا - سان پر چڑھانا
دھار رکھنا - تیز کرنا - جھالر یا حاشیہ لگانا - کنارہ
بنانا - کتراتے ہوئے چلنا - بھڑکانا - ترغیب دینا -
اکسانا - ہولے ہولے سرکنا یا سرکانا -

Edgewise (ej-wīz) *adv.* With edge foremost
کنارے کنارے - دھار کی جانب -

Edging (ej-ing) *n.* Borde, fringe - مغزی - کنارہ
سنجاف - کور - حاشیہ - جھالر -

Edible (ed-i-bl) *adj.* & *n.* Fit to be eaten - لذیذ
خوردنی - کھانے کے قابل -

Edict (e-dikt) *n.* Order proclaimed by authority
فرمان - حکم - بادشاہی حکم - فتویٰ -

Edifice (e-di-fis) *n.* Large building - شاندار عمارت - حویلی - بڑی عمارت - عالی شان مکان -

Edify (ed-īfi) *v.t.* Improve spiritually and morally روحانی استفادہ کرنا - روحانیت بلند کرنا - تہذیب سکھانا - اخلاقی حالت درست کرنا -

Edification *n.* اخلاق اصلاح - روحانی افادہ -

Edit (ed-it) *v.t.* Set in order for publication اشاعت کے لئے ترتیب دینا - ترمیم کرکے چھاپنا - درست کرکے شائع کرنا -

Edition (edi-shən) *n.* Form in which a literary work is published چھاپہ - طبع - اشاعت - ترتیب - نسخہ - ایک بار اور ایک مطبع کی چھپی ہوئی -

Editor (e-di-tər) *n.* One who edits اخبار رسالہ کا مرتب - ایڈیٹر - مدیر -

Editorial - اداریہ - وہ خاص مضمون جو مدیر لکھتا ہے -

Educate (ed-ū-kat) *v.t.* Provide schooling for تعلیم دینا - سکھانا - لکھانا پڑھانا - تربیت کرنا - تہذیب کرنا - اصلاح کرنا - جانوروں کو سدھانا -

Educative *adj.* - تعلیم سے متعلق - مصلحانہ - سبق آموز

Education (edū-ka-shən) *n.* Systematic instruction تربیت - باقاعدہ تعلیم - لکھائی پڑھائی - باضابطہ تعلیم - جانوروں کی سدھائی -

Educational *adj.* تعلیم و تربیت کے متعلق -

Educationist *n.* فن تعلیم کا ماہر - مصلح تعلیم - ماہر تعلیم -

Educe (ē-dūs) *v.t.* Develop, bring out کھینچنا - باہر نکالنا - نکالنا - استخراج کرنا - ترقی دینا - بروئے کار لانا - مرکب کے کسی جزو کو علیحدہ کرنا -

Educt (ē-dukt) *n.* Body disengaged from another وہ جسم جو کسی دوسرے سے علیحدہ کیا جائے - جو چیز تجربہ یا تجزیہ سے پیدا ہو - استخراج - استنباط -

Eduction (e-duk-shən) *n.* Educing آمیزش سے علیحدہ کرنے کا عمل - استنباط - نکاس - عمل استخراج -

Eel (el) *n.* A snake like fish کمزور متلون شخص - بام مچھلی - ایک سفید کیڑا جو سر کے میں پڑ جاتا ہے -

Eerie (ēri) *adj.* Superstitiously timid - وہمی -بزدل اوہام پرست - عجیب و غریب - بھیانک -

Efface (ē-fas) *v.t.* Wipe out سلیا میٹ کرنا - قلم پھیرنا - محو کر دینا - مٹا دینا - فنا کر دینا - حقیر جاننا -

Effacement فنا ہو جانا - مٹ جانا -

Effect (i-fekt) *n.* Consequence - تاثیر - حاصل - نتیجہ - انجام - اثر - قوت اثر - زور کمال - مقصد - ارادہ مطلب غرض (جمع) اثاث البیت - مال و متاع - چیز بست -

Effect (i-fekt) *v.t.* Accomplish کامیاب ہونا - انجام دینا - کر لینا - کرنا - وجود میں لانا - بجا لانا - تعمیل کرنا - عمل میں لانا - پورا کرنا - پیدا کرنا - حاصل کرنا -

Effective (i-fek-tiv) *adj.* & *n.* Powerful in effect کاری - کارگر - موثر - قوی - مجرب - تیر بہدف -

Effectual (i-fek-tu-əl) *adj.* Answering into purpose کارگر - با مقصد -

Effectuate (i-fek-tu-āt) *v.t.* Bring to pass تعمیل کرنا - بجا لانا - پورا کرنا - بروئے کار لانا -

Effeminate (i-fem-in-at) *adj.* Unmanly - زنانہ - بزدل نامرد - زن صفت -

Effeminate (i-fem-in-āt) *v.t.* Make unmanly کمزور بنانا - نامرد بنانا - بزدل بنانا -

Effendi (e-fend-i) *n.* Turkish title of respect ترکوں کا ایک تعظیمی لقب حکام اور اہل علم کیلئے -

Efferent (e-fə r-ənt) *adj.* Discharging خارج کرنے والی - نکالنے والی -

Effervesce (ef-ər-ves) *v.t.* Give off bubbles ہوا کے بلبلوں کا باہر آنا - ابال آنا - جوش آنا -

Effete (e-fet) *adj.* Exhausted - فرسودہ - ناتواں - کمزور - تھکا ہوا - بچے دینے کی عمر سے گزری ہوئی - عمر رسیدہ - ضعیف -

Efficacious (ef-ika-shəs) *adj.* Producing desired effect موثر - کارگر - مجرب - یقینی اثر کرنے والا -

Efficacy *n.* گن - قوت - اثر - تاثیر -

Efficient (i-fish-ənt) *adj.* Competent - پورا - کامل لائق - لیاقت والا - قابل - تاثیر بخش - جلد اثر کرنے والا - زود اثر -

Efficiency (i-fish-ənsi) *n.* Capability صلاحیت - کمال - لیاقت - تاثیر - کارگزاری - کارکردگی -

Effigy (efi-ji) *n.* Portrait, image - شبیہ - پتلا - خاکہ - بت - مورت - شکل - چہرہ -

Effloresce (ef-lo-ris) *v.t.* Burst out into flower پھولنا - شباب پر ہونا - بار آور ہونا - کمال کو پہنچنا - ہوا لگنے سے ریزہ ریزہ ہو جانا - سطح پر آ کر بلوریں بن جانا - نمک کے ذرات کا جم جانا - لونی لگنا -

Efflorescence *n.* پھول کھلنا - کلیاں آنا - شگفتگی -

Efflorescent *adj.* پر غنچہ - پھولوں لدا - شگفتہ -

Effluence (ef-loo-əns) *n.* What flows out روانی - حروج - نکاس - بہاؤ (برقی روکا) روشنی کا پھیلاؤ -

Effluent (ēf-loo-ənt) *adj.* & *n.* Flowing out, stream flowing from longer stream - بہتا ہوا جاری - رواں - چشمہ یا پانی کی دھار جو کسی بڑے چشمے سے نکلے -

Effluvium (ē-floo-vi-əm) *n.* Exhalation affecting lungs باہر آنے والی ہوا - باہر آنے والی سانس جو پھیپھڑوں اور قوت شامہ کو متاثر کرے -

Efflux (ef-luks) *n.* That which flows out (liquid, air, gas) باہر کی جانب بہاؤ ہوا گیس وغیرہ کا - ریزش -

Effort (ēf-ərt) *n.* Display of power - تگاپو - سعی - جد و جہد - قوت کا اظہار - دوڑ دھوپ - سرگرمی - قوت گویائی کی نمائش -

Effrontery (e-frunt-ər-i) *n.* Shameless audacity گستاخی - بے شرمی - ڈھٹائی - شوخی - دیدہ دلیری -

Effulge (ē-fulj) *v.t.* Shine forth - دمکنا - چمکنا - چھلکنا -

Effulgent (ē-fulj-ənt) *adj.* Radiant - منور - درخشاں - چمکدار - نورانی -

Effulgence *n.* تابانی - درخشانی - نور - دمک چمک -

Effuse (e-fūz) *v.t.* Pour forth - خارج کرنا - انڈیلنا - گرانا - بہانا - نکالنا -

Effuse (e-fuz) *adj.* Spreading loosely کشادہ - دو پلڑوں والا خول جس کے درمیان خلا ہو - جیسے سیپی -

Effusion *n.* فضول گوئی - بے تکی تجویز - چھڑکاؤ - بہاؤ - ریزش -

Effusive (e-fū-ziv) *adj.* Demonstrative پر جوش تقریر کرنے والا - بہانے والا - پر جوش - پر زور - جذبات سے لبریز -

Egad (i-gad) *interj.* By God - بخدا - واللہ - خدا کی قسم -

Egg (eg) *n.* Spheroidal body produced by birds انڈا - بیضہ -

Bad egg ناکارہ تحریر - ناکارہ شخص -

Teach your grandmother to suck egg لقمان کو حکمت سکھانا -

Egg (eg) *v.t.* Urge (person) on لالچ دینا - تحریص کرنا - ترغیب دینا - آمادہ کرنا - اکسانا - ابھارنا -

Eglantine (eg-lən-tin) *n.* Sweet briar ایک قسم کا پھول - نسرین - سیوتی -

Ego (e-go) *n.* The conscious subject - خودی - شعوری ذات - انا - میں -

Egoism (e-go-izm) *n.* Systematic selfishness خود غرضیت - فلسفہ - خود غرضی - خود ستائی - خودی کا اثبات - انائیت -

Egoist (e-go-ist) *n.* Self-centred person - خود بین - خود پسند - خود غرض -

Egoistic (ego-istik) *adj.* Selfish خود ستایانہ - خود پسندانہ - خود غرضانہ -

Egotism (e-gə-tizm) *n.* Self-conceit بار بار لفظ میں کا استعمال - خود فریبی - خود بینی -

Egotist (e-gə-tist) *adj.* Conceited خود غرض - خود بین - خود نما - خود ستا -

Egregio (i-gre-jio) *adj.* Surpassing نامور - پرلے درجہ کا - اشد - بڑا -

Egress (e-gres) *n.* Way out - باہر جانے کا راستہ - روانگی - خروج - نکاس - کسوف یا کسی جرم فلکی کا دوسرے جرم فلکی کے راہ سے گزر جانا -

Egression (e-gre-shən) *n.* Going out کسی جرم فلکی کا دوسرے کے قرص پر سے گذرنا - خروج - باہر نکلنا - باہر جانا - ایک جرم فلکی کا دوسرے کے مدار کو کاٹ کر گزرنا -

Egret (e-gret) *n.* White heron ڈنڈی میں پودے کے بیج کی روئیں - ایک قسم کا بگلا -

Egyptian (i-jip-shən) *n.* Native of Egypt مصر کے متعلق - مصری - مصری باشندہ -

Egyptolgy (i-jip-to-loji) *n.* Study of Egyptian antiquities - مصر کی قدیم تہذیب کا علم - مصریات -

Eight (at) *n.* Eight in numbers - ہشت - آٹھ -

Eighteen (āt-en) *n.* Eighteen in numders - دہ ہشت - اٹھارہ -

Eighty (āt-i) *n.* Eighty in numbers ہشاد - اسی -

Either (e-dher) *adj., in. & pro.* Each of two, one of the two خواہ یہ یا وہ - چاہے یہ - دونوں میں سے ایک - یا یہ یا وہ - کوئی ایک - دونوں - ہر دو - ہر ایک - دونوں صورتوں میں - ہر دو حالتوں میں -

Either (ēdher) *adv.* On one or other اس طرح سے یا اُس طرح سے - چاہے اس طرح - چاہے اُس طرح - اس راہ سے یا اُس راہ سے -

Ejaculate (i-jak-u-lat) *v.t.* Utter suddenly یکایک بول اٹھنا - بول اٹھنا - جسم سے رقیق مادہ نکال پھینکنا -

Eject (ē-jekt) *v.t.* Emit, expel بے دخل کرنا - نکالنا - باہر کرنا - بر طرف کرنا - خارج کرنا - فاسد مادے کا نکالنا - باہر پھینکنا -

Ejection *n.* جلا وطنی - دیس نکالا - بے دخلی - اخراج - نکاس -

Ejectment *n.* اخراج نامہ - اخراج - بے دخلی کا حکم - بے دخلی -

Ejective *adj.* استباطی - خارج کرنے والا -

Eke (ēk) *v.t.* Support کمی پوری کرنا - زیادہ کرنا - تکملہ کرنا -

Eke out an existence تنگی ترشی سے بسر کرنا -

Elaborate (i-lab-ər-āt) *v.t.* Work out in detail تفصیلی طور پر مکمل کرنا - تفصیل کرنا - محنت اور مشکل سے بنانا - کسی ایجاد کی تفصیلات کو تکمیل تک پہنچانا -

Elaborate (i-lab-ər-āt) *adj.* Carefully finished محنت اور توجہ سے تکمیل کو پہنچایا ہوا - محنت سے بنایا ہوا - دشوار - مشکل -

Elapse (i-laps) *v.i.* Pass away ہو جانا - ہو چکنا - وقت ختم ہو جانا - گزر جانا -

Elastic (i-las-tik) *adj. & n.* Springy - زندہ دل - سکڑنے پھیلنے والا - لچکدار - کھینچنے سے پھیلنے اور دباؤ ہٹا لینے پر اپنی اصلی حالت پر آ جانے والا - حالات کے مطابق رنگ اختیار کرنے والا -

Elastic conscience آسانی سے بدل جانے والا - لچکدار ضمیر -

Elasticity (i-las-ti-siti) *n.* Flexibility اصلی حالت پر آ جانے والی خصوصیت - لچک -

Elate (i-lāt) *v.t. & adj.* Exult - خوشی کے مارے پھولنا - خوشی میں آپے سے باہر ہونا - شادان و مغرور ہونا - مغرور بنانا - ہمت یا دل بڑھانا - فرحان - شادان - خوش خوش -

Elbow (el-bō) *n.* Outer part of joint between fore and upper arm کہنی - مرفق - کہنی کی شکل کی موڑ - بانک -

Out at elbows پھٹے حالوں - فرسودہ - بوسیدہ - کہنیوں سے پھٹا ہوا لباس -

Elbow (el-bō) *v.t. & i.* Thrust, jostle کہنی مار کر راستہ بنانا - کہنی مار کر گھس جانا -

Elbow chair (el-bō-chər) *n.* Chair with handle ایسی کرسی جس میں دستے ہوں - دستہ دار کرسی -

Elbow friend (el-bō-frend) *n.* Class-fellow ہم جماعت - دوست -

Elder (eld-ər) *adj.* Senior of the two بڑا دوسرا - ایک سے بڑا - بڑا - بزرگ - جد - مرشد - دادا - پیر -

Elderly (eld-ər-li) *adj.* Getting old - بوڑھا سا - مسن - من رسیدہ -

Eldorado (eldō-ra-do) *n.* Fictitious country abounding in gold ایک افسانوی شہر جہاں سونے کی افراط ہے -

Eldritch (el(d)rich) *adj.* Hideous جسے دیکھ کر رونگٹے کھڑے ہو جائیں - دہشت انگیز - بھیانک -

Elect (i-lekt) *adj.* Chosen, select کسی عہدے کے لئے منتخب شدہ - برگزیدہ - منتخب - چنا ہوا -

Elect (i-lekt) *v.t.* Choose by vote رائے شماری سے انتخاب کرنا - چن لینا - منتخب کرنا -

Election (i-lek-shən) *n.* Voting کثرت رائے سے انتخاب - رائے شماری - انتخاب - چناؤ -

Electioneer (i-lek-shən-eyer) *v.t. & i.* Busy oneself in election چناؤ میں مصروف ہونا -

Elective (i-lek-tiv) *adj.* Appointed by election انتخاب کا حق رکھنے والا - انتخاب سے حاصل کردہ - انتخابی -

Elector (i-lek-tər) *n.* One who has right of election انتخاب کا حق رکھنے والا ۔ جرمن شاہزادہ جس کو شہنشاہ جرمنی کے انتخاب میں رائے دہی کا حق ہو ۔

Electoral *adj.* انتخاب کے متعلق ۔ انتخابی ۔

Electorate (i-lekt-ə-rat) *n.* Body of electors رائے دہندگان ۔ انتخاب کنندگاں کی جماعت ۔

Electric (i-lek-trik) *adj.* & *n.* Charged with, capable of developing قوت کہربائی کے متعلق ۔ برق ۔ بجلی پیدا کرنے کے متعلق ۔

Electrical برق کے متعلق ۔ برقی ۔

Electrician بجلی کا کام جاننے والا ۔ برقیات دان ۔

Electricity (i-lek-tri-siti) *n.* Electric power علم البرق ۔ برق ۔ بجلی ۔ قوت کہربائی ۔

Electrify (i-lekt-ri-fi) *v.t.* Charge with electricity برق رو دوڑانا ۔ برق قوت پہنچانا ۔ برق قوت سے بھرنا ۔ برقانا ۔

Electrification بجلی کی رو پہنچانا یا دوڑانا ۔ برقاؤ ۔

Electro (i-lekt-ro) Prefix pertaining to برق سے متعلق ۔ برق ۔ بجلی کا

Electro-plate (i-lekt-ro-plət) *v.t.* Coat with silver برق عمل سے برتن پر چاندی چڑھانا ۔ برق عمل سے قلعی کرنا ۔ جلد کرنا ۔

Electrocution (i-lekt-ro-ku-shən) *n.* Death by electricity برق قوت سے ہلاک کرنا ۔ بجلی کے ذریعے سے مار ڈالنا ۔ بجلی سے ہلاکت ۔ برق قوت سے موت کا عمل ۔

Electrocute *v.t.* بجلی کی کرسی پر بٹھانا ۔ بجلی کے ذریعے موت کی سزا کی تکمیل کرنا ۔ بجلی کے ذریعے ہلاک کرنا ۔

Electron (i-lek-tron) *n.* Invisible unit of negative electricity rotating around positive nucleus of every item برقیہ ۔ منفی برقیہ جو مثبت برقیہ کے اطراف سالمہ میں چکر لگاتا رہتا ہے ۔ منفی برقیہ ۔

Electuary (i-lek-tu-əri) *n.* Medicinal powder dissolved in honey or syrup شہد یا شربت میں حل کیا ہوا سفوف ۔

Elegant (el-i-gənt) *adj.* & *n.* Graceful, refined صاف ۔ نفیس ۔ خوشنما ۔ خوبصورت ۔ دلپسند ۔ فصیح ۔ امیرانہ ۔

Elegance (eli-gəns) *n.* Grace, refinement لطافت ۔ نزاکت ۔ زیبائش ۔ فصاحت ۔ شستگی ۔ خوش وضعی ۔ سلیقہ مندی ۔ شان ۔

Elegantly *adv.* خوبی سے ۔ تمکنت سے ۔ نفاست سے ۔

Elegiac (eli-ji-ək) *adj.* & *n.* Mournful مرثیہ یا نوحہ کی بحر ۔ ماتمی ۔ غمناک ۔ ماتمی نظم ۔ نوحہ ۔ مرثیہ ۔

Elegize (eli-jiz) *v.t.* & *i.* Write an elegy درد انگیز اشعار کہنا ۔ مرثیہ یا نوحہ لکھنا ۔ بروگی نظم لکھنا ۔

Elegy (eli-ji) *n.* Song of lamentation بروگی نظم ۔ غم کا گیت ۔ مرثیہ ۔ نوحہ ۔ ماتمی بحر میں لکھی ہوئی نظم ۔

Element (el-ə-mənt) *n.* Component part جزو لا یتجزیٰ ۔ جزو لازم ۔ عنصر ۔ جزو بسیط ۔ کسی علم یا فن کے اساسی اصول ۔

Elemental (el-ə-mən-təl) *adj.* Of the powers of nature بسیط ۔ جوہری ۔ عنصری ۔

Elementary (el-ə-mənt-əri) *adj.* Fundamental تمہیدی ۔ اساسی ۔ بنیادی ۔ اصولی ۔

Elench (i-lengk) *n.* Refutation دھوکا دینے والی دلیل ۔مغالطہ دینے والی دلیل ۔ منطقی دلائل سے تردید ۔

Elephant (eli-fənt) *n.* Huge animal فیل ۔ ہاتھی ۔

Elephantiasis (eli-fənti-ə-sis) *n.* Abnormal swelling of feet فیل پا ۔ ایسا مرض جس میں جلد ہاتھی کی جلد کے مشابہ ہو جاتی ہے اور پیر پھول جاتا ہے ۔

Elephantive (eli-fən-tiv) *adj.* Of elephants, unwieldy ہاتھی کا سا ۔ بے ڈول ۔ بے ہنگم ۔ بڑا بھاری ۔ حد سے بڑا جو سنبھالے نہ سنبھلے ۔ بھدا ۔

Elevate (el-i-vāt) *v.t.* Lift up سرفراز کرنا ۔ مرتبہ یا قدر بڑھانا ۔ بلند کرنا ۔ اونچا کرنا ۔ خوش کرنا ۔ محظوظ کرنا ۔ کسی قدر مخمور کرنا ۔

Elevate-ed (el-i-vāt-d) *adj.* Adored مرتفع ۔ بلند ۔ ممتاز ۔ سرفراز ۔

Elevation (el-i-vā-shən) *n.* Grandeur عروج ۔ رفعت ۔ بلندی ۔ ارتفاع ۔ سر بلندی ۔ صعود ۔

Elevator (el-i-vā-tər) *n.* Lift اٹھانے والا ۔ اوپر لے جانے والا ۔ بلند کرنے والا ۔ بوجھ اٹھانے والی ایک کل ۔ لفٹ ۔

Eleven (i-lev-n) Eleven in numbers یازدہ ۔ گیارہ ۔

Eleventh یازدھم ۔ گیارہواں ۔

Elf (elf) *n.* Supernatural being, dwarf بھوت پریت ۔ جن ۔ پری ۔ بھتنا ۔ بونا ۔ ٹھگنا ۔

Elfish *adj.* بھوت سا ۔ بھتنے کی طرح ۔

Elfin (elf-in) *adj.* & *n.* Of elves بونا ۔ پری سا ۔ پری کا ۔ بھوت پریت کا ۔

Elicit (e-lis-it) *v.t.* Draw out, evoke ظاہر کر دینا ۔ کھولنا ۔ نکالنا ۔ آشکارا کرنا ۔ کسی سے جواب کہلوانا ۔ بروئے کار لانا ۔

Elide (i-līd) *v.t.* Omit vowels in pronunciation کاٹ ڈالنا ۔ گرا دینا ۔ چھوڑ دینا ۔ تلفظ میں بعض حروف چھوڑ دینا ۔

Eligible (el-i-ji-bl) *adj.* Suitable کسی عہدے کے قابل ۔ انتخاب ۔ اہل ۔ قابل ۔ لائق ۔

Eligibility *n.* مناسبت ۔ قابلیت ۔ لیاقت ۔ اہلیت ۔

Eliminate (e-lim-in-at) *v.t.* Get rid of نکال دینا ۔ خارج کرنا ۔ دور کرنا ۔ الگ کرنا ۔ نتیجہ نکالنا ۔

Elimination *n.* علیحدگی ۔ نکاس ۔ اخراج ۔

Elision (eli-sən) *n.* Suppression of vowel in pronunciation تلفظ میں کسی حرف علت ۔ لفظ یا عبارت کو حذف کر دینا ۔ حذف ۔

Elite-elet (ā-lēt) *n.* Choice part چیدہ ۔ منتخب ۔ بہترین حصہ ۔

Elixir (e-liks-ər) *n.* Medicinal preparation for prolonging life شربت ۔ مرکبات یا عروق جن سے عمر بڑھ جائے ۔ اکسیر ۔ کیمیا ۔ آب حیات ۔ فلزات کو سونا بنانے والی دوا ۔

Elk (elk) *n.* Large animal of the deer kind بارہ سنگھا ۔ گوزن ۔

Ell (el) *n.* Measure ef length لمبائی ناپنے کا سوا گز کا گز جو اب متروک ہے ۔

Give him an inch and he will take an ell انگلی پکڑتے پہنچا پکڑنا ۔

Ellipse (el-ips) *n.* Regular oval بیضوی شکل ۔ ہلیلجی شکل ۔ وہ ہندسی شکل جو مخروط کو ترچھا تراشنے سے بنتی ہے ۔

Ellipsis (el-ips-is) *n.* Omission of words in a sentence تقدیر کلام ۔ اختصار ۔ حذف الفاظ جن کو ملا کر جملہ میں مفہوم پیدا ہوتا ہے ۔

Ellipsoid (el-ipsəid) *n.* Solid of which all plane sections are ellipses بیضوی شکل ۔ ہلیلجی نماشکل

Elm (elm) *n.* Tree with rough leaves ایک جنگلی درخت جس کی پتیاں دونوں طرف کھردری اور دندانے دار ہوتی ہیں ۔

Elocution (el-o-kū-shən) *n.* Style of oral delivery جوش بیان ۔ خطابت ۔ فن تقریر ۔

Elocutionist *n.* فن تقریر کا جاننے والا ۔ مقرر ۔ خطیب ۔

Eloge (ā-lōzh) *n.* Discourse in honour of deceased person مرحوم پر تقریر ۔ مرحوم کی صفات اور خوبیوں کا بیان ۔

Elongate (ē-long-āt) *v.t., i.* & *adj.* Prolong کھینچ کر لمبا کرنا ۔ بڑھانا ۔ طول دینا ۔ گاؤدم ہونا ۔ نازک ۔ لمبا ۔ گاؤدم ۔

Elongation (ē-long-ā-shən) *n.* Lengthening, angular distance بڑھاؤ ۔ کھچاؤ ۔ کسی سیارے کا آفتاب تک زاویائی فاصلہ ۔ زیادتی ۔ دوری ۔ درازی ۔ بعد الشمس ۔

Elope (i-lōp) *v.i.* Run away from home کسی عورت کا کسی عاشق کے ساتھ نکل بھاگنا ۔

Elopement *n.* رو پوشی ۔ عاشق کے ساتھ فراری ۔

Eloquence (elō-kw-ens) *n.* Rhetoric جوش بیانی ۔ لسانی ۔ خطابت ۔ طلاقت ۔ فصاحت ۔

Eloquent (elō-kw-ent) *adj.* Rhetorical بڑا بولنے والا ۔ جادو بیان ۔ فصیح ۔ شیریں کلام ۔

Else (els) *adj.* & *adv.* Besides, in addition علاوہ ۔ مگر ۔ اور بھی ۔ کوئی اور ۔ نہیں تو ۔ اور نہیں تو ۔ نہ ۔ ورنہ ۔ وگرنہ ۔ یا ۔

Elucidate (el(y)oo-si-dāt) *v.t.* Explain آشکارا کرنا ۔ تفصیلی طور پر بیان کرنا ۔ کھول کر کہنا ۔ واضح کرنا ۔ روشن کرنا ۔ کسی مسئلہ کو صاف بیان کرنا ۔

Elucidation *n.* رفع ابہام ۔ تفسیر ۔ شرح ۔ وضاحت ۔ تشریح ۔ توضیح ۔

Elude (il(y)ōōd) *v.t.* Escape from باز پرس ۔ یا خطرے سے بچنا ۔ بچ نکلنا ۔ بچنا ۔ فہم و عقل کو چکر میں ڈالنا ۔

Elusion *n.* بہانا ۔ دھوکا ۔ فریب دہی ۔ حیلہ سازی ۔

Elusive *adj.* دھوکا دینے والا ۔ دغا باز ۔ فریبی ۔

Elysium (eliz(h)iəm *n.* Abode of the blessed after death - (یونانی) بہشت - جنت - باغ رضوان - مسکن ارواح - انتہائی سرور کی جگہ -

Elysian (e-liz(h)iən) *adj.* Ideal, peaceful - فرحت انگیز - آرام دہ - جنتی - فردوسی - دلپسند - روحانی سرور والی (جگہ) -

Emaciate (i-ma-shi-at) *v.t.* Make lean - دبلا کرنا - سوکھانا - گھلانا - کمزور کرنا -

Emaciate (i-ma-shi-at) *adj.* Lean - نحیف - لاغر - مریل - دبلا - پتلا -

Emaciation (i-ma-shi-a-shən) *n.* - کمزوری - لاغری - دبلا پن -

Emanant (e-mə-nent) *adj.* Issuing from صادر ہونے والا - بہنے والا - نکلنے والا -

Emanate (emə-nat) *v.i.* Issue, originate - ظاہر ہونا - صادر ہونا - جاری ہونا - بہنا - نکلنا - برآمد ہونا -

Emanation (e-mə-na-shən) *n.* Divine Essence صدور - ظہور - اجرا - روانی - صفات حسنہ - ذات حق کی تجلی - صفات ربانی کا ظہور -

Emanatory (e-mənatəri) *adj* Emanant - نکلنے والا - ظاہر ہونے والا - جلوہ دکھانے والا - تجلی دکھانے والا -

Emancipation (e-məns-i-pa-shen) n. Freedom, salvation چھٹکارا - مکتی - نجات - آزادی - قانونی یا اخلاقی مجبوریوں سے آزادی -

Emancipate (e-məns-i-pat) *v.t.* Release from restraint چھڑانا - چھوڑ دینا - آزاد کرنا - بری کرنا - عقل یا اخلاقی محکومیت سے آزاد کرنا - نجات دینا -

Emasculate (e-mas-ku-lat) *adv. adj.* & *n.* Castrated مخنث - زنانہ - ہیجڑا - آختہ - خصی -

Emasculation *n.* - آختہ کرنا - نامردی - زنانہ پن - ہیجڑا پن -

Embalm (em-bām) *v.t.* Preserve from decay مردہ جسم میں مسالے اور خوشبوئیں بھرنا تاکہ لاش عرصے تک محفوظ رہے - لاش کو مسالہ لگا کر حفاظت سے رکھنا - مسالہ اور خوشبو لگانا -

Embank (em-bangk) *v.t.* Shut in confine بند یا پشتہ بنانا - بند باندھ کر روکنا -

Embankment (em-bangk-ment) *n.* Structure of earth or concrete - پشتہ بندی - بند - پشتہ -

Embargo (em-bar-go) *n.* & *v.t.* Forbidding suspension بندرگاہ میں غیر ملکی جہازوں کے داخلہ کی ممانعت - بندرگاہ چھوڑنے کی ممانعت - درآمد برآمد پر پابندیاں - تجارتی جہاز تا مال کی بہ اغراض سرکار ضبطی -

Embark (im-bark) *v.t.* & *i.* Board ship کسی مہم میں شریک ہونا - جہاز پر سوار ہونا یا کرنا - کوئی نیا کام شروع کرنا - لنگر اٹھانا -

Embarkation *n.* - جہاز یا کشتی میں سوار ہونا -

Embarrass (em-bar-as) *v.t.* Encumber مصیبت میں پھنسنا - گھبرا دینا - الجھانا - پریشان کرنا -

Embarrassment *n.* - پریشانی - گھبراہٹ - الجھن -

Embassy (em-bə-si) *n.* Ambassador's function or office - سفارت - ایلچی گری - وکالت - عہدہ سفارت - سفارت خانہ - قیام گاہ سفیر -

Embattle (im-bat-l) *v.t.* Set in battle array جنگ کے لئے صف بندی کرنا - مورچہ بندی کرنا - معرکہ آرائی کرنا - فوج کو صف آرا کرنا -

Embed (im-bed) Fix firmly کسی چیز کو مضبوطی سے دبا دینا - کسی چیز کو گھرا ہوا رکھنا -

Embellish (im-bel-ish) *v.t.* Beautify - حسین بنانا - آراستہ کرنا - سجانا - سنوارنا - زینت دینا - سنگارنا - بیان کو چٹ پٹا بنانا -

Embellishment *n.* - آراستگی - سنگار - سجاوٹ - زیبائش -

Ember-s (em-bər) *n.* Small piece of live coal انگارہ - چنگاری - دہکتا ہوا کوئلہ -

Ember days - ایام عبادت - صوم و صلوۃ کے دن -

Embezzle (im-bez-l) *v.t.* Take money fraudulently خیانت کرنا - غبن کرنا - رقم چرا لینا - تغلب کرنا - خورد برد کرنا - امانت میں خیانت کرنا -

Embezzlement *n.* - دست برد - خیانت - غبن -

Embitter (im-bit-ər) *v.t.* Make bitter ناک میں دم کرنا - تکلیف زیادہ کرنا - تلخ کرنا - قافیہ تنگ کرنا -

Emblaze (im-blaz) Emblazon *v.t.* Portray conspicuously - روشن کرنا - چمکانا - چمکدار کرنا - سجانا - آراستہ کرنا - شہرت دینا -

Emblazonry (im-blaz-ən-ri) *n.* Heraldic device ڈھال یا لباس پر خاندانی نشانات - نمائش - دکھاوا -

Emblem (em-bləm) *n.* & *v.t.* Symbol - نشان - صورت - شکل - علامت - کسی شے کو علامت یا تصویر کے ذریعے ظاہر کرنا -

Emblematic (em-blə-mət-ik) *adj.* Serving as a type شاندار - علامت دار - نمائندہ -

Emblement (em-bli-mənt) *n.* Profit of sown land زیر کاشت زمین کا نفع - سیری زمین کا منافع - پیداوار - محاصل -

Embody (em-bod-i) *v.t.* Give concrete form to ideas مجسم کرنا - تصورات کو عملی شکل دینا - خیالات کا ظاہری شکل میں لانا - اصولوں کو عملی شکل میں ظاہر کرنا -

Embodiment *n.* اصولوں کی عملی شکل - عملی اظہار - یکجائی -

Embolden (im-bold-n) *v.t.* Encourage ابھارنا - جری بنانا - ہمت دلانا - جی بڑھانا -

Embolism (im-bol-izm) *n.* Obstruction of artery شریانوں میں خون کا اڑ جانا جس سے فالج ہو جاتا ہے - منجمد خون کا شریان میں اٹک جانا -

Embosom (im-booz-əm) *v.t.* Embrace کلیجہ میں جگہ دینا - دل میں رکھنا - آغوش میں لینا - گھیرنا - چھا جانا -

Emboss (im-bos) *v.t.* Carve in relief پھول - بیل بوٹے کاڑھنا - گل کاری کرنا - منبت کاری کرنا -

Embossment *n.* ابھرے ہوئے نقش - نقاشی - گلکاری -

Embow (em-bow) *v.t.* Bend like a bow جھکنا - محرابدار کرنا - خم کرنا -

Embowel (im-bow-əl) *v.t.* Remove bowels from body انتڑیوں کو جسم سے نکال دینا -

Embower (im-bow-ər) *v.t.* Enclose as in bower درختوں سے گھیرنا - درخت لگانا - کنج بنانا - کنج میں لے جانا -

Embrace (im-bras) *v.t.* & *n.* Fold in the arms آغوش میں لینا - بغل گیر ہونا - شوق یا تپاک سے گلے ملنا - کسی موقع یا کام کو شوق سے قبول کرنا - کسی عقیدہ کو علانیہ اختیار کرنا - ہم آغوشی - بغل گیری -

Embracement *n.* ہم آغوش ہونا - بغل گیری - ہم آغوشی -

Embrasure (im-bra-zh ər) *n.* Opening for gun and observation توپ یا بندوق چلانے کے سوراخ - موکھا - جھروکہ - روشندان -

Embrocate (em-bro-kat) *v.t.* Bathe, foment مالش کرنا - انضاد کرنا - طلا لگانا - لیپ کرنا -

Embrocation (em-bro-ka-shən) *n.* Liquid used for rubbing ضاد - لیپ مالش کی دوا - تیل -

Embroider (im-broi-dər) *v.t.* Ornament with needlework کارچوبی کا کام کرنا - بیل بوٹے کاڑھنا - نقش و نگار بنانا -

Embroidery (im-broi-dəri) *n.* Embroidered work کارچوبی - گل کاری - زر دوزی -

Embroil (im-broil) *v.t.* Bring affairs in a state of confusion واقعات یا معاملات کو گڑ بڑ میں ڈالنا - باہم ناچاقی پیدا کرنا - مصیبت یا دقت میں ڈالنا -

Embroilment *n.* گڑ بڑ - جھگڑا - ناچاقی -

Embryo (em-bri-ō) *n.* & *adj.* Undeveloped off-spring of animal before birth - جنین - کچا بچہ - وہ جس کی نشو و نما پیٹ میں نہ ہوئی ہو - ادھورا - ناقص بچہ -

In embryo نا مکمل - ادھورا -

Emend (e-mend) *v.t.* Remove errors ترمیم کرنا - اصلاح کرنا - اغلاط کی تصحیح کرنا -

Emendation سدھار - درستی - ترمیم - تصحیح -

Emendatory ترمیمی - تادیبی - اصلاحی -

Emerald (emər-əld) *n.* Bright green precious stone سبزہ - زمرد - زبر جد - ایک بہت چھوٹی قسم کا ٹائپ -

Emerge (e-mərj) *v.i.* Come into view - کھل جانا - نکلنا - ابھرنا - پانی سے نکلنا - ظاہر ہونا - مصیبت سے نجات پانا - کسی دشواری کا نمایاں ہو جانا -

Emergence (e-mər-jəns) *n.* Coming out in inquiry آشکارا ہونا - ظاہر ہونا -

Emergency (e-mər-jən-si) *n.* Sudden juncture demanding immediate action - اتفاقی واقعہ - فوری ضرورت - فوری کاروائی یا عمل کی ضرورت -

Emergent (e-mər-jənt) *adj.* Immediate - اشد ضروری

Emerods (emə-rod-z) *n.* Haemorrhoids بواسیر کے مسے - مسے -

Emersion (e-mer-shən) *n.* Reappearance پانی سے نکلنا - گرہن سے نکلنا - سورج - چاند - ستاروں کا دوبارہ ظاہر ہونا -

Emery (e-mər-i) *n.* Coarse corundum for polishing کرند - کرنج - ایک طرح کا نرم پتھر جس سے جلا دی جاتی ہے اور سلیاں بنائی جاتی ہیں -

Emetic (i-met-ik) *adj.* & *n.* Medicine that causes vomiting قے آور دوا -

Emigrant (e-mi-grant) *adj.* & *n.* Leaving one country for another دوسرے دیس میں جانے والا - ترک وطن کرنے والا - ہجرت کرنے والا -

Emigrate (emi-grat) *v.t.* & *i.* Change place of abode ہجرت کرنا - اپنا وطن چھوڑنا - ترک وطن کرنا - دوسرے دیس میں جا بسنا -

Emigration (emi-gra-shən) *n.* Leaving one country for another ترک وطن - ہجرت - جلا وطنی - دوسرے ملک میں منتقل ہونا -

Eminence (emi-nəns) *n.* Distinguished superiority چوٹی - بلندی - ناموری - بزرگی - امتیاز - توقیر - برتری - کارڈنیل کا خطاب -

Eminent (emi-nənt) *adj.* Exalted قابل احترام - اعلیٰ - بزرگ - ممتاز - بلند -

Emissary (em-is-ə-ri) *n.* & *adj.* Person sent on a mission سفیر - ایلچی - قاصد - مخبری یا جاسوسی کرنے والا - جاسوس - مخبر - بھیدی -

Emission (emi-shən) *n.* Giving off or out انزال - اخراج - نکاس - جو شے خارج ہو -

Emit (e-mit) *v.t.* Give out, send forth نکلنا - نکالنا - جاری کرنا - چھوڑنا - صادر کرنا - رائج کرنا -

Emmet (em-it) *n.* Ant مکوڑا - چیونٹی - چیونٹا -

Emollient (i-mol-yent) *adj.* & *n.* That softens living animal texture ملائم کرنے والی دوا - ملیں - کھال کو نرم کرنے والی مالش کی دوا -

Emolument (e-mol-u-mənt) *n.* Salary - فائدہ منافع - آمدنی - مشاہرہ -

Emotion (e-mo-shən) *n.* Feeling قوی احساس - ولولہ - جوش دل - جوش - جذبہ -

Emotional *adj.* جلد جوش میں آنے والا - جذباتی -

Emotionalism *n.* جذبات کا اتباع - جذباتی مغلوبیت -

Empale (em-pāl) *v.t.* Surround with a border چوب بندی کرنا - باڑہ سے گھیرنا - سولی دینا -

Empalement (em-pāl-mənt) *n.* Enclosed space باڑا - گھیرا - ٹٹی - سولی -

Empanel (im-pa-nəl) *v.t.* & *n.* Enter on panel جیوری کی فہرست میں نام داخل کرنا - اہل جیوری میں مندرج کرنا - فہرست جیوری -

Emperor (em-pə-rər) *n.* Sovereign قیصر - فغفور - خاقان شہنشاہ - سلطان -

Emphasis (em-fə-sis) *n.* Stress laid on certain words تاکید - زور - دباؤ - تاکید لفظی - کسی عبارت یا الفاظ پر خاص زور - کسی شے کی اہمیت -

Emphasize (em-fə-sīz) *v.t.* Lay stress upon کسی خاص واقعہ کی اہمیت کو نمایاں کرنا - کسی خاص لفظ پر زور دینا -

Emphatic (em-fə-tik) *adj.* Forcibly expressive زور دار - پر زور - تاکیدی - مؤثر - قوی - پر معنی -

Emphatically *adv.* پر زور طریقہ پر -

Empire (em-pir) *n.* Supreme and wide dominion مملکت - قلمرو - حکومت - شہنشاہی - فرمانروائی -

Empiric (em-pi-rik) *adj.* Based on experiment تجربہ کار - تجرباتی - مشاہداتی -

Empiricism (em-pi-ri-sizm) *n.* Belief in experiments تجربہ کاری - تجربیت -

Emplacement (im-plas-mənt) *n.* Situation, placing توپیں رکھنے کا چبوترا - موقع محل -

Emplane (im-plān) *v.t.* & *i.* Go or put in a plane ہوائی جہاز میں سوار کرنا یا ہونا -

Employ (im-ploy) *v.t.* & *i.* Use services of روزگار سے لگانا - استعمال کرنا - کام میں لانا یا لگانا - کسی کی خدمات سے کام لینا - کسی کو اپنی خدمت میں رکھنا -

Employer آجر - نوکر رکھنے والا -

Employee (im-ploy-ee) *n.* One who is employed مزدور - نوکر - ملازم -

Employment (im-ploy-mənt) *n.* Service, business شغل - ملازمت - کاروبار - کام - دھندا - نوکری - چاکری - مستقل روزگار - پیشہ -

Empoison (im-poi-zn) *v.t.* Put poison into کان بھرنا - زہر آلود کرنا - زہر ملانا - کسی کے خلاف زہر اگلنا - کسی کو کسی کا مخالف کر دینا -

Emporium (em-po-ri-əm) *n.* Centre of commerce دوکان - تجارت گاہ - بازار - منڈی - دساور

Empower (em-pow-ər) *v.t.* Authorise مالک یا مختار کرنا - اختیار یا طاقت دینا -

Empress (em-pres) *n.* Woman governing an empire, wife of emperor ملکہ - سلطانہ - قیصرہ - شہنشاہ بیگم -

Emptiness (emp-ti-nes) *n.* Being devoid of خلا - کھوکھلا پن - خالی پن -

Empty (emp-ti) *adj. & n.* Containing nothing کھوکھلا - خالی - تہی - سنسان - بے مغز - بے معنی -

Empty (emp-ti) *v.t. & i.* Remove contents of دریا کا گرنا - انڈیلنا - تہی کرنا - خالی کرنا -

Empty-handed خالی ہاتھ

Empty-headed کوڑ مغز - بے مغز آدمی -

Empurple (em-purp-l) *v.t.* Redden سرخ کرنا - ارغوانی کرنا - سرخ رنگنا -

Empyreal-rean (em-pire-əl) *adj.* Of heaven کرہ ناری کا - روشنی کا - فلکی - عرشی -

Empyrean (em-pire-ən) *n.* Highest heaven فلک الافلاک - عرش بریں - عرش -

Emulate (em-u-lat) *v.t.* Imitate zealously رشک کرنا - برابری کرنا - تقلید کرنا - برابری کرنا -

Emulation (em-ū-lā-shən) *n.* Rivalry برابری - ریس - رشک - مسابقت -

Emulous (em-u-ləs) *adj.* Zealous, actuated by rivalry حریف - رقیب - سبقت خواہ - ہمسری کا آرزو مند -

Emulsion (em-ul-shən) *n.* Milky liquid with oil دودھ کے رنگ کی روغنی دوا - شیرہ جو روغنی اشیا کے میل سے بنایا جاتا ہے -

Enable (in-a-bl) *v.t.* Empower اختیار یا طاقت دینا - لائق یا قابل ہونا - مجاز کرنا - کسی کو کسی کام کے ذرائع مہیا کرنا - کام کے قابل بنانا -

Enact (in-akt) *v.t.* Ordain تمثیل دکھانا - تدوین کرنا - قانون بنانا - حکم جاری کرنا -

Enactment (in-akt-mənt) *n.* Passing of law قانون کا اجرا یا نفاذ - مسودہ قانون کو قانون بنانا -

Enamel (in-am-əl) *v.t.* Adorn with varied colours مینا کاری کرنا - مختلف رنگوں سے آراستہ کرنا -

Enamour (in-am-ər) *v.t.* Inspire with love گرویدہ کرنا - فریفتہ کرنا - شیفتہ کرنا - موہ لینا - لبھانا - مسحور کرنا -

Enamoured *adj.* گرویدہ - شیدا - مفتون -

Encage (in-kaj) *v.t.* Put in a cage اسیر کرنا - پنجرے یا قفس میں بند کرنا - قید کرنا -

Encamp (in-kamp) *v.t. & i.* Be in a camp, lodge خیمہ زن ہونا - ڈیرہ ڈالنا - پڑاؤ ڈالنا - ڈیرہ یا لشکر ڈالنا -

Encampment *n.* کمین گاہ - چھاؤنی - لشکر گاہ - پڑاؤ -

Encase (in-kas) *v.t.* Put into a case لفافے میں ڈالنا - صندوق میں رکھنا - غلاف میں رکھنا - گھیرے میں رکھنا - کسی چیز کو اس کے خانے میں رکھنا -

Encash (in-kash) *v.t.* Convert into cash چیک یا ہنڈی کا روپیہ لینا - نوٹ کا چلھر لینا - ریزگاری لینا - خوردہ کرنا - نوٹ بھنانا -

Encashment (in-kash-mənt) *n.* سکارنا - چیک یا ہنڈی کا روپیہ دینا -

Encaustic (en-kaws-tik) *adj. & n.* Painting by burning رنگ کی بھٹی میں ڈالنا - رنگ آمیز - مٹی کی چیزوں پر موسی رنگ چڑھانا - مٹ چنیا کا کام - کاسی کاری - آنچ سے رنگ چڑھانا -

Enchafe (en-chaf) *v.t.* Irritate ستانا - دق کرنا - خفا کرنا - چھیڑنا -

Enchain (in-chan) *v.t.* Put in chains پابجولاں کرنا - بیڑیاں ڈالنا - زنجیر سے جکڑنا - زنجیر سے مقید کرنا - جذبات یا توجہ کو قابو میں رکھنا -

Enchant (in-chant) *v.t.* Bewitch, charm دل موہ لینا - سحر کرنا - جادو کرنا - لبھانا - نہایت خوش کرنا -

Enchanter *n.* دل لبھانے والا ۔ ساحر ۔ دلبر ۔ من ہرن ۔

Enchantment *n.* جادو ۔ سحر ۔ دلفریبی ۔ دلربائی ۔

Encircle (in-sirk-il) *v.t.* Surround احاطہ کرنا ۔ حلقے میں لینا ۔ محاصرہ کرنا ۔ گھیرنا ۔

Enclasp (in-klăsp) *v.t.* Embrace آغوش میں لینا ۔ بغلگیر ہونا ۔ لپٹا لینا ۔ گلے لگا لینا ۔

Enclose (in-kloz) *v.t.* Shut in لفافے میں بند کرنا ۔ باڑہ لگانا ۔ احاطہ بندی کرنا ۔ احاطہ کرنا ۔

Enclosure (in-klōz-ər) *n.* Enclosed place ملفوف کاغذات ۔ احاطہ بندی ۔ احاطہ ۔ قطعہ آراضی کی احاطہ بندی ۔

Enclothe (in-klōdh) *v.t.* Clothe کپڑے پہنانا ۔

Encloud (in-clowd) *v.t.* Envelop in cloud ابر سے ڈھک جانا ۔ ابر میں چھپ جانا ۔

Encomiast (en-ko-mi-əst) *n.* Flatterer ثنا خوان ۔ مدح سرا ۔ قصیدہ گو ۔ بھاٹ ۔ خوشامدی ۔

Encomiastic *adj.* مدحیہ ۔ خوشامدانہ ۔

Encomium (en-ko-mi-əm) *n.* High-flown praise مدح ۔ تحسین ۔ تعریف ۔ ثنا ۔

Encompass (in-kum-pəs) *v.t.* Surround, contain گھیر لینا ۔ گھیرنا ۔ احاطہ کرنا ۔ شامل کرنا ۔ محاصرہ کرنا ۔ روک دینا ۔

Encounter (in-kownt-ər) *v.t.* & *i.* Meet hostilely مڈ بھیڑ ۔ مقابلہ ۔ لڑائی ۔ جنگ و جدل ۔ مجادلہ ۔ اتفاقی ملاقات ۔ دو چار ہونا ۔ مقابلہ کرنا ۔ لڑنا ۔

Encourage (en-kur-ij) *v.t.* Embolden ہمت بندھانا ۔ حوصلہ افزائی کرنا ۔ جرأت دلانا ۔ کسی کام کے کرنے پر آمادہ کرنا ۔ سہارا دینا ۔ حمایت کرنا ۔

Encouragement (en-kur-ij-mənt) *n.* Assistance ترغیب ۔ حوصلہ افزائی ۔ اعانت ۔ حمایت ۔ دلاسا ۔ تسلی ۔

Encroach (in-krōch) *v.i.* Intrude usurpingly مداخلت بیجا کرنا ۔ دخل دینا ۔ اپنی حد سے تجاوز کرنا ۔ غصب کرنا ۔ مخل ہونا ۔

Encroachment (in-kroch-mənt) *n.* Usurpation دست اندازی ۔ قبضہ ناجائز ۔ مداخلت بیجا ۔

Encumber (in-kum-bər) *v.t.* Hamper روکنا ۔ اٹکانا ۔ مزاحمت کرنا ۔ حائل ہونا ۔ حیران کرنا ۔ مقروض کرنا ۔ قرضہ کا بار ڈالنا ۔ زیر بار کرنا ۔

Encumbrance (in-kum-bər-əns) *n.* Annoyance جھنجھٹ ۔ بوجھ ۔ مزاحمت ۔ روک ۔ رکاوٹ ۔ جائیداد پر قرض کا بار ۔ چھاتی پر پتھر ۔ پاؤں کی بیڑی ۔

Encyclopaedia (en-si-klō-pe-di-ä) Book giving information on all branches of knowledge مجمع العلوم ۔ قاموس العلوم ۔ وہ کتاب جس میں علم و فنون کے متعلق جامع معلومات ہوں ۔

End (end) *n.* Limit اختتام ۔ خاتمہ ۔ آخر ۔ انجام ۔ انتہا ۔ حد ۔ کنارہ ۔ سرا ۔ آخری حصہ ۔ ہلاکت ۔ موت ۔ نتیجہ ۔ غرض ۔ مقصد ۔ علت غائی ۔

At one's wits end حیران و ششدر ہونا ۔

Is at the end of his tether حد مقدور تک کرنا ۔ اس سے زیادہ نہ اس کے علم میں ہے نہ اختیار میں ۔

Make both ends meet آمدنی اور خرچ برابر رکھنا ۔

To gain one's ends اپنے مقاصد کے حصول کے لیے ۔

End (end) *v.t.* & *i.* Put an end to ٹھکانے لگنا ۔ ہلاک کرنا ۔ ختم کرنا ۔ تمام کرنا یا ہونا ۔

End up ختم کرنا ۔

To end in smoke کچھ نتیجہ نہ نکلنا ۔ بے فائدہ ہونا ۔

Endanger (in-dan-jər) *v.t.* Cause danger to جوکھوں میں ڈالنا ۔ خطرے میں ڈالنا ۔

Endear (in-der) *v.t.* Render dear اپنے آپ کو کسی کی نظر میں مقبول بنانا ۔ پیارا ۔ لاڈلا یا عزیز بنانا ۔

Endearment (in-der-mənt) *n.* Beaing dear شیفتگی ۔ راز و نیاز ۔ لگاؤ ۔ پیار ۔

Endeavour (in-dev-ər) *n.* Attempt دوڑ دھوپ ۔ جد و جہد ۔ کوشش ۔ سعی ۔

Endeavour (in-dev-ər) *v.t.* & *i.* Strive after جد و جہد یا دوڑ دھوپ کرنا ۔ کوشش یا سعی کرنا ۔ ہاتھ پاؤں مارنا ۔

Endemic (en-dem-ik) (Endemical) *adj.* & *n.* Regularly found کسی خاص قوم یا علاقہ کے متعلق ۔ صفات جو کسی قوم یا علاقہ سے مخصوص ہوں ۔ بیماری جو کسی خاص ملک میں مخصوص ہو ۔

Endermic (en-dər-mik) *adj.* Acting on the skin جلد پر اثر کرنے والی ۔ جلدی ۔

Ending (end-ing) *n.* Finish, last part - خاتمہ - آخرکار - کسی قصہ کا آخری جز -

Endive (en-div) *n.* Species of chicory - کاسنی -

Endless (end-les) *adj.* Eternal - ازلی - ابدی - غیر محدود - لامتناہی - لا انتہا - ہمیشہ رہنے والا - دائم و قائم -

Endorse (in-dors) *v.t.* Write on the back of ہنڈی یا چیک کی پشت پر لکھنا - پشت پر لکھنا - کسی رائے - بیان یا واقعہ کی تصدیق کرنا -

Endorsement (in-dors-mənt) *n.* Confirmation تصدیق - فرد حساب یا چیک کی پشت کی تحریر - تصدیق ظہری - پشت پر فروخت کی تحریر -

Endow (in-dow) *v.t.* Bequeath - وقف کرنا - بخشنا - دینا - مرحمت کرنا - حقوق و مراعات دینا - جہیز دینا - محاسن سے مزین کرنا -

Endowment (in-dow-mənt) *n.* Donation, bequeathal - چندہ - ہبہ - وقف - قابلیت - لیاقت - استعداد - عقل خدا داد -

Endue (in-dū) *v.t.* Furnish - کپڑے پہنانا - عنایت کرنا - بخشنا - عطا کرنا - دینا - ملبوس کرنا - کسی شخص کو علم فن سے آراستہ کرنا -

Endurance (in-dur-əns) *n.* Power of enduring برداشت - صبر - بردباری - تحمل - تحمل کی قوت - پائیداری - استمرار - قیام -

Endure (in-dūr) *v.t.* & *i.* Submit to, bear گوارا کرنا - بھگتنا - برداشت کرنا - سہنا - جھیلنا - ضبط کرنا - دیرپا ہونا -

Endurable *adj.* - دیرپا - قابل ضبط - قابل برداشت -

Endways-wise (end-wās-vīz) *adv.* End to end, with the end turned uppermost or foremost کنارے کے رخ پر - اس سرے سے اس سرے تک - عمودی وضع سے -

Enema (en-i-mȧ) *n.* Injection of liquid into the rectum - پچکاری - شافہ - حقنہ - عمل -

Enemy (en-i-mi) *n.* Hostile person - مخالف فوج - دشمن - مخالف - حریف - مخالف جہاز - مخالف قوم کا کوئی شخص - شیطان ابلیس - خبیث - عزازیل -

Energetic-al (en-er-ji-tik)-cal *adj.* & *n.* Vigorous صاحب عمل - زبردست - پھرتیلا - چست چالاک - سرگرم - مستعد - متین - زور دار -

Energise (en-ər-jīz) *v.t.* & *i.* Infuse energy into کسی کام یا فرد میں روح پھونکنا - آمادہ عمل کر دینا - عمل کا جوش بھر دینا -

Energy (en-ər-ji) *n.* Force, vigour - استعداد - ہمت - عزم - طاقت - قوت - زور - سرگرمی - عمل -

Conservation of energy - قوت کا تحفظ -

Enervate (en-ər-vāt) *v.t.* Weaken ضعیف و ناتواں کرنا - کمزور کرنا -

Enervation (en-ər-va-shən) *n.* Weakness - ضعف - کمزوری -

Enface (en-fās) *v.t.* Write, stamp on bill بل وغیرہ پر لکھنا - چھاپنا یا مہر کرنا -

Enfeeble (in-fē-bl) *v.t.* Make feeble - دبلا کرنا - کمزور کرنا - ضعیف ہونا -

Enfeeblement *n.* - کمزوری - ضعف -

Enfilade (en-fi-lad) *n.* & *v.t.* Gun fire ایک سرے سے دوسرے سرے تک سب صاف کر دینا - گولہ باری کرنا - ایسی گولہ باری جو ایک سرے سے دوسرے سرے تک دشمن کا صفایا کر دے -

Enfold (in-fōld) *v.t.* Clasp - مجبور کرنا - دبانا - تہ کرنا - بغل گیر ہونا - لپٹانا -

Enforce (in-fors) *v.t.* Urge - جاری کرنا - نافذ کرنا - جبر کرنا - زبردستی کرنا - مجبور کرنا - عمل درآمد کرانا - تعمیل کرنا -

Enforcement *n.* - عمل درآمد - تعمیل - نفاذ - اجرا -

Enframe (in-frām) *v.t.* Set in frame تصویر وغیرہ کو چوکھٹے میں لگانا -

Enfranchise (in-fran-chiz) *v.t.* Admit to electoral right - آزاد کرنا - رہا کرنا - حق رائے دہی دینا - فہرست رائے دہندگان میں شریک کرنا - حقوق بلدیت ادا کرنا -

Enfranchisement - رائے دہی کا حق -

Engage (in-gaj) v.t. & i. Bind, hire, pledge معاہدہ کرنا - قول و قرار کرنا - نسبت یا منگنی کرنا - نوکر رکھنا - ملازم رکھنا - مائل کرنا - متوجہ کرنا - خدمت لینا - فوج کو لڑانا - بر سر پیکار ہونا -

Engagement - وعدہ - اقرار - عہد و پیماں - مصروفیت - منگنی - نسبت - پابندی - ذمہ داری -

Engaging - خوش ادا - دلکش - دلآویز - دلفریب -

Engender (in-jin-der) *v.t.* Beget, bring about وجود میں لانا - حاضر کرنا - پیدا کرنا - بچہ دینا -

Engine (en-jin) *n.* Mechanical contrivance - انجن کل - ہتھیار - آلہ حرب - اوزار -

Engineer (en-ji-nyer) *n.* One who designs and constructs - انجینئر - ماہر فن - معمار - کل ساز - عمارات ، پل ، نہر بنانے والا - مہندس -

Engineer (en-ji-nyer) *v.t.* Construct تعمیری منصوبہ بنانا - انجینئر کا کام کرنا - تعمیر کرنا - بنانا - (بول چال) بروئے کار لانا - تدبیر کرنا - چارۂ کار کرنا - منصوبہ بنانا -

Engineering (en-ji-nyer-ing) *n.* Art of making things - کل سازی کا علم - تعمیری علم - انجینئری -

Engineery (en-ji-nyeri) *u.* Engines, machinery توپ خانے کا اہتمام - مشینیں ، کلیں وغیرہ -

English (ing-glish) *adj. & n.* Of England - انگریز انگریزی - انگریزی زبان - انگلستان کا -

The king's English ٹکسالی انگریزی زبان - فصیح انگریزی زبان -

Engraft (in-grâft) *v.t.* Insert scion of one tree into another پیوند باندھنا - قلم لگانا - دل میں کسی عقیدے کو بٹھانا - شامل کرنا - اضافہ کرنا -

Engrain (in-gran) *v.t.* Cause dye to sink deeply گہرا رنگ چڑھانا -

Engrave (in-grav) *v.t.* Inscribe - کھودنا - کندہ کرنا - قلم کاری کرنا - نقاشی کرنا -

An engraved rogue - چھٹا ہوا بدمعاش -

Engraving (in-grav-ing) *n.* Inscription کندہ کی ہوئی تصویر - کندہ کاری - نقاشی -

Engross (in-gros) *v.t.* Write in large letters جلی خط میں لکھنا - بڑے حرفوں میں لکھنا - سب کا سب خرید لینا - پورا ڈھیر خریدنا - منہمک ہونا - کسی کی توجہ جذب کر لینا -

Engulf (in-gulf) *v.t.* Plunge into - نگلنا - جذب کرنا - خلیج یا خندق میں دھکیل دینا -

Enhance (in-hâns) *v.t.* Heighten قدر بڑھانا - زیادہ کرنا - گراں کرنا - مول بڑھانا - اضافہ کرنا - سنگین کرنا - سخت کرنا -

Enhancement *n.* - بڑھوتی - زیادتی - بیشی - اضافہ -

Enigma (in-igmä) *n.* Riddle, puzzle - چیستان پہیلی - معمہ - پیچیدہ بات - ایسی بات یا شخص جو سمجھ میں نہ آئے -

Enigmatic (in-igmə-tik) *adj.* Puzzling معمے کی طرح کا - پیچیدہ - دقیق - رمز آمیز -

Enjoin (in-join) *v.t.* Command, impose - تاکید کرنا حکم دینا - ہدایت جاری کرنا - مجبور کرنا - نصیحت کرنا -

Enjoy (in-joi) *v.t.* Take delight - عیش کرنا خوش ہونا - مزے کرنا - لطف اٹھانا -

Enjoyment *n.* - استفادہ - لذت - خوشی - حظ - لطف

Enlarge (in-larj) *v.t. & i.* Increase, extend وسیع کرنا - بڑا کرنا - بڑھانا - کشادہ کرنا - حجم بڑھانا - چھوڑنا - رہا کرنا - آزاد کرنا -

Enlargement (in-larj-ment) *n.* Extension - وسعت کشادگی - توسیع - پھیلاؤ - کلام کی طوالت - طول کلامی -

Enlighten (in-lit-n) *v.t.* Give light to - واقف کرنا منور کرنا - روشن کرنا - چمکانا - معلوم کرانا - تربیت کرنا - سکھانا - ذہن نشین کرنا - روشن خیال بنانا - کسی کے لیے مشعل راہ بننا -

Enlighten (in-lit-n) *adj.* Blessed - صاحب کمال اہل بصیرت - اہل دل -

Enlightment (in-lit-mənt) *n.* Shedding of light روشن خیال - تہذیب نفس - تربیت - بصیرت -

Enlist (in-list) *v.t. & i.* Engage (for military service) بھرتی کرنا - نوکر رکھنا - رجسٹر میں نام چڑھانا - اشخاص - علوم یا قوئِ فطرت سے امداد لینا -

Enlistment *n.* - تائید - رجسٹر میں اندراج - بھرتی -

Enliven (in-liv-n) *v.t.* Brighten ہمت دلانا - روشن کرنا - جان ڈالنا - روح پھونکنا - زندگی پیدا کرنا - تجارت وغیرہ کو فروغ دینا -

En masse (in-mas) *adv.* Collectively اکٹھا - مجموعی طور پر -

Enmity (en-miti) *n.* State of hostility - مخالفت عداوت - دشمنی - خصومت - نفرت -

Ennoble (i-no-bl) *v.t.* Elevate امیر یا نواب بنانا ۔ معزز کرنا ۔ ممتاز کرنا ۔ سرفراز کرنا ۔ جوہر شرافت پیدا کرنا ۔

Ennui (an-nuvi) *n.* Mental weariness بیزاری ۔ سستی ۔ اداسی ۔ آلکسی ۔

Enormity (i-nor-miti) *n.* Monstrous wickedness سخت بد اخلاق ۔ گناہ کبیرہ ۔ سنگین جرم ۔ بد اسلوبی ۔ خرابی ۔ زیادتی ۔

Enormous (i-nor-məs) *adj.* Huge قوی ہیکل ۔ دیو سا ۔ بہت سا ۔ بہت بڑا ۔ بہت سارا ۔ بے اندازہ ۔

Enough (i-nuf) *adj., n. & adv.* The required number or quantity جس قدر چاہیے ۔ کافی ۔ بس ۔ بہت ۔ خاطر خواہ ۔ معقول مقدار ۔

I have had enough of him میں اس سے بیزار ہوگیا ہوں ۔ میں اس سے عاجز آ گیا ہوں ۔

Enough of this folly بس بس ۔ اب خاموش رہو ۔

Enounce (i-nowns) *v.t.* Enunciate زبان سے ادا کرنا ۔ کوئی مسئلہ ، اصول یا نظریہ پیش کرنا ۔

En passant (in-pas-ənt) *adv.* By the way ضمناً ۔ بر سبیل تذکرہ ۔

Enquire (in-kwir) *v.t.* Inquire دیکھو

Enquiry (in-kwiri) *n.* Inquiry دیکھو

Enrage (in-rāj) *v.t.* Make furious بھڑکانا ۔ طیش میں لانا ۔ غضبناک کرنا ۔ غصہ دلانا ۔

Enrapture (in-rap-tyer) *v.t.* Delight intensely نہایت خوش کرنا ۔ باغ باغ کرنا ۔ خوشی سے حالت وجد طاری کر دینا ۔

Enrich (in-rich) *v.t.* Make rich زمین کو زرخیز بنانا ۔ توانگر بنانا ۔ مالا مال کرنا ۔ نہال کرنا ۔ زیب دینا ۔ آراستہ کرنا ۔ سکھانا پڑھانا ۔ تعلیم دینا ۔ تربیت دینا ۔

Enrichment *n.* زمین کی زرخیزی ۔ تونگری ۔ امیری ۔

Enrobe (in-rōb) *v.t.* Put a robe upon آراستہ پیراستہ کرنا ۔ کپڑے ، لباس ، پوشاک پہنانا ۔ خلعت پہنانا ۔ ملبوس کرنا ۔

Enrol-ll (in-rōl) *v.t.* Write name in the list درج رجسٹر کرنا ۔ بھرتی کرنا ۔ فخر و مباہات سے تحریر کرنا ۔

Enrolment *n.* ۔ فرد و فہرست ۔ فرد میں نام کی شرکت ۔ رجسٹر میں اندراج ۔ بھرتی ۔

En route (in-root) *adv.* On the way راہ میں ۔ دوران سفر میں ۔

Ensanguine (in-sang-gwin) *adj. & v.t.* Bleed, blood-stain لہو سے بھرنا ۔ لہو لہان کرنا ۔ خون آلودہ کرنا ۔

Ensanguined (in-sang-gwind) *adj.* Blood-stained خونا خون ۔ خون آلودہ ۔

Ensemble (an-sam-bl) *n.* An entity, thing as a whole سب ۔ سارا ۔ کل ۔ تمام ۔ مجموعی چیز ۔ چیز مجموعی حیثیت سے ۔ مجموعی اثر ۔ وہ چیز جس میں کل متعلقہ چیزوں کا ذکر ہو ۔

Enshrine (in-shrīn) *v.t.* Enclose in a shrine متبرک سمجھ کر محفوظ کرنا ۔ کسی درگاہ میں آثار و تبرکات کو حفاظت سے رکھنا ۔

Enshroud (en-shrowd) *v.t.* Cover completely ڈھانک دینا ۔ لپیٹنا ۔ ڈھانکنا ۔ چھپا دینا ۔

Ensign (en-sin) *n.* Badge, banner پھریرا ۔ نشان ۔ جھنڈا ۔ ایسا جھنڈا جس پر یونین جیک ہوتا ہے ۔ علم بردار ۔ علم بردار فوجی افسر ۔

Enslave (en-sləv) *v.t.* Make person a slave حلقہ بگوش کرنا ۔ غلام بنانا ۔ اوہام کا غلام بنانا ۔

Enslavement *n.* حلقہ بگوشی ۔ پابندی ۔ غلامی ۔

Ensnare (in-snār) *v.t.* Entrap دام میں گرفتار کرنا ۔ چال میں پھانسنا ۔

Ensue (in-sū) *v.i. & t.* Happen afterwards پیچھا کرنا ۔ پیچھے چلنا ۔ تعاقب کرنا ۔ پیروی کرنا ۔ ہونا ۔ آنا ۔ برپا ہونا ۔ صادر ہونا ۔

Ensure (in-shoor) *v.t.* Make certain یقین دلانا ۔ اطمینان کرنا ۔ پکا یا ٹھیک کرنا ۔

Entail (en-tāl) *n.* Settlement of succession of landed estate وقف علی الاولاد ۔ جائداد جس کے ہبا یا بیع کا حق ورثہ کو نہ ہو ۔ مشروط ہبا ۔ ناقابل انتقال وراثت یا ورثہ ۔

Entail (en-tāl) *v.t.* Settle land with conditions جائداد مشروط طور پر ہبا کرنا ۔ عائد کرنا ۔ بار ڈالنا محنت یا مصارف کا لازمی ہونا ۔

Entangle (en-tang-gl) *v.t.* Involve in difficulties الجھانا ۔ پھنسانا ۔ دشواری میں ڈالنا ۔ گھبرا دینا ۔ حیران یا پریشان کرنا ۔

Entanglement *n.* پریشانی ۔ دشواری ۔ جھگڑا ۔ اُلجھاؤ ۔ پیچ ۔

Enter (en-tər) *v.i.* & *t.* Go, come, in آ ملنا ۔ داخل ہونا ۔ گھسنا ۔ اندر آنا ۔ اندر جانا ۔ آ جانا ۔ ناٹک میں اسٹیج پر آنا ۔ جماعت یا انجمن میں داخل ہونا ۔ داخل کرنا ۔ شریک کرنا ۔

Enteric (en-tə-rik) *adj.* & *n.* Of the intestines, typhoid آنتوں کے متعلق ۔ موتی جھیرا ۔ ٹائفائڈ ۔

Enteritis (en-tə-ri-tis) *n.* Burning sensation in the intestines انتڑیوں کی سوزش

Enterprise (en-tər-prīz) *n.* Undertaking فراخ حوصلگی ۔ جوکھوں ۔ کار عظیم ۔ اہم ۔ معرکے کا کام ۔ اولوالعزمی ۔ ہمت ۔ ارادہ ۔

Enterprising (en-tər-prīz-ing) *adj.* Showing courage دلیر ۔ جانباز ۔ من چلا ۔ مہم جو ۔ باہمت ۔

Entertain (in-tər-tān) *v.t.* Amuse ذہن میں رکھنا ۔ خوش کرنا ۔ بات چیت میں لگانا ۔ دل بہلانا ۔ دل میں جگہ دینا ۔ نوکر رکھنا ۔ پرورش کرنا ۔ مقرر کرنا ۔ مہمانداری کرنا ۔ خاطر مدارات کرنا ۔

Entertaining (in-tər-tān-ing) *adj.* Amusing دل بہلانے والا ۔ پر لطف ۔ دلچسپ ۔ فرحت انگیز ۔

Entertainment (in-tər-tān-mənt) *n.* Amusement دعوت ۔ ضیافت ۔ خاطر تواضع ۔ آؤ بھگت ۔ دل لگی ۔ لطف ۔ تفریح ۔ کھیل ۔ تماشا ۔

Enthral (in-thrawl) *v.t.* Enslave گرویدہ کرنا ۔ غلام بنانا ۔ اسیر کرنا ۔ حلقہ بگوش کرنا ۔

Enthrone (in-thron) *v.t.* Place on throne اعلیٰ رتبہ حاصل کرنا ۔ بادشاہ بنانا ۔ تخت نشین کرنا ۔ سجادہ نشین کرنا ۔ پادری کو گدی پر بٹھانا ۔

Enthuse (in-th(y)oo-s) *v.i.* Show enthusiasm (بول چال) جوش میں آنا ۔ جوش دلانا ۔

Enthusiasm (in-thoo-zia-zm) *n.* Ardent zeal سرگرمی ۔ جوش و خروش ۔ ولولہ ۔ جوش ۔ جذبہ ۔

Enthusiast (in-thoo-zi-əst) *n.* One who is full of enthusiasm جوشیلا ۔ سرگرم انسان ۔ مجذوب عاشق ۔

Enthnsiastical پرتپاک ۔ پرجوش ۔ سرگرم ۔

Enthymeme (en-thi-mem) *n.* Syllogism in which one premiss is suppressed قیاس استثنائی جس میں ایک قضیہ محذوف ہوتا ہے ۔

Entice (in-tīs) *v.t.* Allure للچانا ۔ ورغلانا ۔ پھسلانا ۔ ترغیب دینا ۔

Enticement *n.* لالچ ۔ ترغیب ۔ بھکاوا ۔ دلفریبی ۔ تحریص ۔

Entire (in-tīr) *adj.* & *n.* Whole, complete کامل ۔ بے کم و کاست ۔ پورا ۔ تمام ۔ جوں کا توں ۔ غیر آختہ ۔ انڈو ۔ پورا پورا ۔

Entirely (in-tīr-li) *adv.* Wholly سب ۔ سراسر ۔ یک قلم ۔ پورے کا پورا ۔ بالکل ۔

Entirety (in-tīr-iti) *n.* Completeness اتمام ۔ کلیت ۔

Entitle (en-tī-tl) *v.t.* Give the title نام رکھنا ۔ لقب یا خطاب دینا ۔ موسوم کرنا ۔ مستحق کرنا ۔ حقدار کرنا ۔

Entity (en-ti-ti) *n.* Thing that exists ہستی ۔ وجود ۔ ذات ۔ اصلیت ۔ موجودات ۔ موجودگی ۔

Entomb (in-toom) *v.t.* Place in a tomb قبر پر مقبرہ بنانا ۔ دفن کرنا ۔

Entombment *n.* مقبرہ میں رکھنا ۔ تدفین ۔ تجہیز و تکفین ۔

Entomo (in-tō-mō) *adj.* Pertaining to insects جز ترکیبی ۔ بمعنی کیڑوں کا ۔ کیڑے مکوڑے ۔

Entomology (in-tō-mo-ləgi) *n.* Study of insects کیڑے مکوڑوں کا علم ۔ علم‌الحشرات ۔ حشریات ۔

Entomologist (in-tō-mo-lə-gist) *n.* One who makes study of insects ماہر حشریات ۔ کیڑے مکوڑوں کے علم کا عالم ۔

Entrails (en-tralz) *n.* & *pl.* Intestines زمین کے اندرونی حصے ۔ احشاء ۔ انتڑیاں ۔ آنتیں ۔

Entrammel (in-tram-l) *v.t.* Entangle گرفتار کرنا ۔ پکڑنا ۔ پھندے میں ڈالنا ۔ پھانسنا ۔

Entrance (in-trəns) *n.* Door, passage رسائی ۔ باریابی ۔ رستہ ۔ دروازہ ۔ اداکار کا اسٹیج پر آنا ۔ داخل ہونے کا حق ۔ فیس داخلہ ۔ ڈیوڑھی ۔ دہلیز ۔

Entrance (en-trəns) *v.t.* Throw into a trance آپے سے باہر کر دینا ۔ بے خود کر دینا ۔ بے ہوش کرنا ۔ وارفتہ کر دینا ۔ غافل کر دینا ۔ زیر اثر لانا ۔ نہایت خوش کرنا ۔

Entrant (en-trənt) *n.* One who enters کسی مقام یا پیشہ میں داخل ہونے والا ۔

Entrap (in-trap) *v.t.* Catch in as in trap شکنجہ میں پھنسانا - جال میں پھانسنا - اُلجھانا - پھندے یا جال میں پھانسنا -

Entreat (in-tret) *v.t.* Ask earnestly درخواست یا التماس کرنا - التجا کرنا - منت سماجت کرنا - عرض پرداز ہونا -

Entreaty (in-treti) *n.* Earnest request عرض - درخواست - التجا - گزارش

Entree (on-tra) *n.* Right of admission حق داخلہ - بازیابی - داخلہ - کھانا کھلاتے وقت جو کھانا درمیان میں دیا جائے -

Entrench (in-trench) *v.t. & i.* Surround with trench کسی شہر کو خندق سے محفوظ کر لینا -

Entrench upon دخل دینا - مداخلت بیجا کرنا -

Entrepot (an-trə-po) *n.* Store-house تجارتی مرکز - توشہ خانہ - بھنڈارا - گودام -

Entrust (in-trust) *v.t.* Confide رکھانا - تفویض کرنا - سپرد کرنا - امانت رکھانا -

Entry (en-tri) *n.* Coming or going in, recording باریابی - رسائی - داخلہ - اندراج - تحریر - قبضہ - دخل - داخل ہونے کا مقام - رجسٹر میں اندراج - کھاتے میں لکھنا - گھڑ دوڑ میں شریک ہونے والے گھوڑوں کی فہرست -

Entwine (in-twin) *v.t.* Interweave مروڑنا - لپیٹنا - بل دینا - بٹ دینا - چمٹ جانا - لپٹ جانا - بل پڑنا -

Enucleate (in-u-kli-at) *v.t.* Explain تشریح کرنا - توضیح کرنا - مادہ خارج کرنا (گلٹی یا دمبل کا)

Enumerate (i-nu-mər-at) *v.t.* Count تفصیل وار بیان کرنا - تعین کرنا - شمار کرنا -

Enumeration *n.* خلاصہ تحریر - بیان مجمل - حساب - گنتی - شمار -

Enunciate (i-nun-s (h) i-at) *v.t.* Express definitely اعلان کرنا - ظاہر کرنا - بیان کرنا - مشتہر کرنا - دعویٰ کرنا - نظریہ پیش کرنا - ادا کرنا -

Enunciation *n.* تلفظ - دعویٰ - تشہیر - اظہار - بیان - اعلان

Envelop (in-vel-əp) *v.t.* Wrap up محاصرہ کرنا - گھیرنا - لپیٹنا - لفافے میں بند کرنا - ملفوف کرنا - چھپانا - کسی چیز کو ڈھک لینا -

Envelope (in-vel-əp) *n.* Covering مٹی کا پشتہ - پوشش - غلاف - لفافہ

Envenom (in-ven-om) *v.t.* Put poison into زہر میں بجھانا - زہر آلود کرنا - تلخ کرنا - عداوت پیدا کرنا - کسی کی طرف سے دل میلا کر دینا - فساد ڈالنا -

Envious (an-vi-əs) *adj.* Calculated to excite envy قابل رشک - محمود - دلپسند - حسدانگیز -

Enviable (en-vi-əbl) *adj.* Full of envy, رشک کرنے والا - بداندیش - بد خواہ - کینہ ور - حاسد

Environ (in-vi-rən) *v.t.* Form a ring لپیٹنا - احاطہ کرنا - محاصرہ کرنا - گھیرنا - حلقہ میں لے لینا - محصور کر لینا -

Environment (in-vi-rən-mənt) *n.* Surrounding, پڑوس - نواح - گردو نواح - ماحول - گردوپیش - گردوپیش کے حالات -

Environs (in-vi-rəns) *n.* District Surrounding town قرب و جوار - اطراف - حوالی - گردونواح - مضافات - سواد

Envisage (in-viz-ij) *v.t.* Look in the face of آمنے سامنے ہونا - آنکھیں چار کرنا - خطرات کا مقابلہ کرنا - کسی خاص نقطہ نگاہ سے غور کرنا

Envoy (en-voi) *n.* Representative قاصد - نائب - سفیر - ایلچی -

Envy (en-vi) *n.* Grudging contemplation بغض - عداوت - حسد - جلن -

Envy (in-vi) *v.t.* Feel jealous of رشک کرنا - عداوت کرنا - جلنا - حسد کرنا -

Enwrap (in-rap) *v.t.* Enfold ڈھانکنا - تہہ کرنا - لپیٹنا -

Epact (e-pakt) *n.* Difference in solar and luner month قمری اور شمسی مہینے کا فرق - یکم جنوری کو قمری مہینہ کی تاریخ - ایام کبیسہ -

Epaulet-lette (ep-əl-et) *n.* Ornamental shoulder-piece of uniform جبھا جو سپاہیوں یا افسروں کی وردی میں شانہ پر لگا ہوتا ہے -

Ephemera (ef-em-ər-a) *n.* Insect living only one day ایک کیڑا جسکی زندگی ایک دن کی ہے - عارضی شے - ایک روز کا بخار -

Ephemeral (ef-em-ər-əl) *adj.* Lasting only one day ایک دن کا - یک روزہ - چند روزہ - سریع الزوال

Ephemeris (ef-em-ə-ris) *n.* Astronomical almanac روزنامچہ سیارگان - تقویم - فلکیاتی جنتری -

Epic (ep-ik) *n.* & *adj.* Narration of heroes جنگ نامہ - رزمیہ نظم - وہ نظم جس میں سورماؤں کے کارنامے بیان کئے جائیں - رزمیہ -

Epicene (ep-i-sen) *adj.* & *n.* Denoting either sex مشترک الجنس - تذکیر و تانیث میں مشترک -

Epicure (ep-i-kūr) *n.* One who is dainty in eating and drinking خوش خوراک - لذیذ کھانوں اور شرابوں کا شوقین - عیش پسند - شہوت پرست -

Epicurean (ep-i-kūr-yən) *adj.* & *n.* Follower of Epicurus یونانی حکیم اپیکیورس کا پیرو - اس نے حصول لذات کو غایت حیات قرار دیا تھا - لذتیہ - عیش پسند -

Epicureanism *n.* اپیکیورس کا فلسفہ لذتیت -

Epidemic (ep-i-dem-ik) *adj.* & *n.* Disease prevailing among community وبا - وبائی مرض - کثیر آبادی میں پھیلنے والا - متعدی -

Epidermis (ep-i-der-mis) *n.* Outer layer of skin اُوپری جلد - اُوپری کھال - جلد کا اُوپر کا پرت -

Epigram (ep-i-gram) *n.* Short witty poem - چٹکلہ نکتہ - لطیفہ - منظوم لطیفہ -

Epigrammatic (ep-i-gram-ə-tik) *adj.* Witty پرلطف - لطیف - مزاحیہ - ظرافت آمیز -

Epigraph (ep-i-graf) *n.* Inscription on stone مقولہ - کلام - لوح مزار - لوح - کتبہ - وہ عبارت جو کسی عمارت ، قبر یا سکہ پرلکھی جائے -

Epilepsy (ep-i-lep-si) *n.* Nervous disease in which patient falls unconscious مرگی - صرع - اس مرض میں مریض بےہوش ہو کر گر پڑتا ہے -

Epileptic (ep-i-lep-tik) *adj.* Subject to epilepsy مصروع - مرگی کا - مرگی کے متعلق -

Epilogue (ep-i-log) *n.* Concluding part of literary work تماشے کے ختم پر جو بیان سامعین سے مخاطب ہو کر دیا جاتا ہے - مضمون کا آخری حصہ تقریر - مختصر نظم -

Episcopacy (epis-kə-pəsi) *n.* Government of Church by bishops حکومت اسقفی - اسقف کی حکومت - اسقفیہ پادریوں کی جماعت -

Episcopal (ep-is-kə-pəl) *adj.* Of bishops اسقف کے ماتحت یا اختیار میں - اسقفی -

Episode (ep-i-sod) *n.* Incidental narrative, series of events داستان در داستان - ضمنی بیان یا قصہ - درمیانی واقعہ -

Episodic (ep-i-sodik) *adj.* Incidental - قصہ سے متعلق - درمیانی واقعہ سے متعلق -

Epistle (i-pis-l) *n.* Letter of an apostle of Christ خط - رقعہ - چٹھی - نامہ - حضرت عیسیٰ کے حواریوں کے خطوط جو انجیل میں شامل ہیں -

Epistolary (i-pis-ol-əri) *adj.* Suited to letters خطوط کے متعلق - مکتوبی - انشائی -

Epitaph (epi-taf) *n.* Words inscribed on tomb کتبہ مزار - کتبہ لوح مزار - قبر کا کتبہ -

Epithalamium (epi-thəla-mi-əm) *n.* Nuptial song or poem سہاگ کے گیت - ترانہ مسرت - شادیانہ -

Epithet (ep-i-thet) *n.* Significant appellation نام - لقب - خاصہ - صفت - وصف -

Epitome (e-pit-ə-me) *n.* Summary چھوٹی چیز جو بڑی چیز کا نمونہ ہو - لب لباب - خلاصہ - انتخاب -

Epitomize (e-pito-mīz) *v.t.* Condense - انتخاب کرنا خلاصہ کرنا - اختصار کرنا -

Epoch (ep-ok) *n.* Period of history marked by special events زمانہ - عہد - دور - تاریخ کا مخصوص دور - تاریخ - علوم حیات کا جدید باب - عصر -

Epode (ep-ōd) *n.* Form of lyric poem - غنائی نظم قطعہ - قصیدہ - شاعری کی وہ صنف جو ہوریس نے استعمال کی -

Epopee (ep-o-pe) *n.* Epic poem or poetry رزمیہ شاعری - ساکھا - رزمیہ نظم -

Epsom-salt (ep-səm-salt) *n.* Magnesium sulphate معدنی نمک جو ضلع سرے میں پیدا ہوتا ہے اور بطور مسہل استعمال ہوتا ہے - اپسم نمک -

Equability (ek-we-bl-ıti) *n.* Uniformity - برابری ایک سی چال - ہمواری - یکسانیت -

Equable (ek-we-bl) *adj.* Uniform - سلیم الطبع یکساں - ہموار - مساوی -

Equal (e-kwel) *adj.* The same in number, size, value, degree

Equal (e-kwel) *v.t.* Be equal to ایک ۔ پورا کرنا ۔ ٹکڑ کا ہونا ۔ برابر یا یکساں ہونا ۔ برابر کرنا ۔ مساوی کرنا ۔

Equality (e-kwel-iti) *n.* Condition of being equal برابری ۔ ہمواری ۔ یکسانیت ۔ مساوات ۔

Equalize (e-kwel-iz) *v.t. & i.* Make equal ایک دوسرے کے برابر ہونا ۔ ہموار کرنا ۔ برابر کرنا ۔ برابری پر کھیل ختم ہونا ۔

Equally (e-kwel-i) *adv.* In an equal degree اسی قدر۔ یکساں ۔ برابر برابر ۔ ویسا ہی ۔ امتناعی ۔

Equanimity (e-kwə-nim-iti) *n.* Evenness of mind or temper ۔ سکون قلب ۔ سلامت طبع ۔ تحمل ۔ استقلال ۔

Equate (e-kwət) *v.t.* Treat as equivalent مساوی تقسیم کرنا ۔ برابر کرنا ۔ مساوی کرنا ۔

Equation (e-kwə-shən) *n.* Making equal مساوی تقسیم ۔ برابری ۔ مساوات ۔

Equator (e-kwə-tər) *n.* A great circle of the earth, equidistant from poles خط استوا ۔ خط استوائے فلکی ۔ درمیانی خط ۔ درمیانی دائرہ جو قطبین سے مساوی فاصلے پر ہے ۔

Equatorial (e-kwə-to-riyəl) *adj.* Of near the equator خط استوا کے متعلق ۔ خط استوا کے نزدیک ۔

Equerry (ek-wə-ri) *n.* Officer incharge of horses میر اصطبل ۔ گھوڑوں کا داروغہ ۔ شاہی محل انگلستان کا ایک عہدہ دار ۔

Equestrian (e-kwes-tri-ən) *adj. & n.* Of horse riding ۔ شہ سواری کے بابت ۔ گھوڑوں کے متعلق ۔ چابک سوار ۔ شہ سوار ۔ سواری کے کرتب دکھانے والا ۔

Equiangular (ekwi-lan-gu-lər) *adj.* Of equal angles برابر زاویے والے ۔ مساوی الزاویہ ۔

Equidistant (ekwi-des-tənt) *adj.* Separated by equal distance برابر فاصلے والے ۔ ہم فاصلہ ۔

Equilateral (ekwi-lat-rəl) *adj.* Having all the sides equal سب ضلع برابر ۔ مساوی الاضلاع ۔

Equilibrate (ek-wi-lib-rat) *v.t. & n.* Cause to balance, balance توازن پیدا کرنا یا ہونا ۔ ہم پلہ کرنا ۔ ہم وزن ہونا ۔ دو چیزوں کا وزن برابر کرنا ۔

Equilibrium (ekwe-lib-ri-əm) *n.* State of balance فیصلہ وغیرہ میں غیر جانبداری ۔ برابری ۔ مساوات ۔

Equimultiple (ekwi-mult-iple) *n.* Number having a common factor with another اعداد جن کا مضروب فیہ ایک ہو ۔ قدر مشترک ۔

Equinoctial (ek-wi-nok-ti-əl) *adj. & n.* Of equal day and night منسوب بہ اعتدال ۔ معتدل النہار ۔ اعتدال اللیل و النہار کے قریب ۔ اس نقطے کے قریب جہاں خط استوائی اور طریق الشمس کا تقاطع ہوتا ہے ۔

Equinox (ek-wi-noks) *n.* Time at which Sun crosses equator وہ وقت جب آفتاب استوا کو قطع کرتا ہے اور دن اور رات برابر ہوتے ہیں ۔ اعتدالین ۔ نقطہ اعتدال ۔

Equip (i-kwip) *v.t.* Furnish with requisites ساز و سامان سے لیس کرنا ۔ مسلح کرنا ۔ تیار کرنا ۔ فوج یا جہاز کو ٹھیک ٹھاک کرنا ۔ درست کرنا ۔ سجانا ۔

Equipment *n.* Necessary provision آراستگی ۔ سجاوٹ ۔ بناوٹ ۔ ساز و سامان ۔

Equipage (i-kwip-əj) *n.* Outfit for journey رخت سفر ۔ لوازمات سفر ۔ لشکر کا ساز و سامان ۔

Equipoise (ek-wi-poiz) *n. & v.t.* Equilibrium دھڑا باندھنا ۔ پاسنگ کرنا ۔ ہم وزن ۔ توازن ۔ کسی ایک جانب مائل نہ کرنا ۔

Equipollent (ek-wi-pol-ənt) *adj. & n.* Equal in power مساوی قوت والے ۔ ہم قوت ۔

Equiponderant (ekwi-pon-də-rənt) *adj. & n.* Equally divided ہم وزن ۔ مساوی تقسیم کیا ہوا ۔

Equiponderate (ek-wi-pon-də-rat) *v.t.* Counterbalance ادھر کی کسر ادھر نکال دینا ۔ تعدیل کرنا ۔

Equitable (ek-wit-əbl) *adj.* Fair, just درست ۔ واجبی ۔ بلا رعایت ۔ انصافاً جائز ۔ منصفانہ ۔

Equitation (ek-wi-ta-shən) *n.* Horsemanship گھوڑے کی سواری ۔ چابک سواری ۔ شہ سواری ۔

Equity (ek-wi-ti) *n.* Fairness سچا دعویٰ ۔ داد رسی ۔ حق ۔ انصاف ۔ اصول معدلت جن سے قانون کی کوتاہی دور کی جاتی ہے ۔ دعویٰ از روئے حق ۔

Equivalence (ek-viv-ə-lens) *n.* Equality of value ہم قدری ۔ برابری ۔ مساوات ۔

Equivalent (ek-viv-ə-lent) *adj.* & *n.* Equal in value برابر کا - ہم پایہ - ہم قیمت - مساوی - مساوی شے - مرادف -

Equivocal (i-kniv-əkl) *adj.* Ambiguous ذومعنی - مشتبہ - مشکوک - مبہم -

Equivocate (e-kwivo-kat) *v.i.* Use ambiguous words گول یا پہلو دار بات کہنا - مبہم بات کہنا - گول مول جواب دینا - ٹال دینا - لفظی ہیر پھیر کرنا -

Equivocation (ekwi-vo-ka-shən) *n.* Confusion of words گول مول بات - ابہام - ہیر پھیر - لفظی ہیر پھیر -

Era (e-ra) *n.* System of chronology تاریخی دور - سالوں کے شمار کا طریقہ - سن - سن عیسوی - ہجری - شمسی وغیرہ - تاریخی دور کا آغاز -

Eradicate (e-rad-i-kat) *v.t.* Tear up by roots جڑ سے اُکھاڑنا - اُکھاڑنا - مٹانا - ستیاناس کرنا - نیست و نابود کرنا - استیصال کرنا - قلع قمع کرنا -

Eradication (e-rad-ika-shən) *n.* Uprooting قلع قمع - استیصال - بربادی - بیخ کنی -

Erase (i-raz) *v.t.* Rub out رگڑ ڈالنا - چھیل ڈالنا - گھس دینا - محو کردینا - مٹا ڈالنا -

Eraser *n.* ربڑ کا ٹکڑا - محو کرنے والا - مٹا دینے والا -

Erasure *n.* رگڑے ہوئے حرفوں کا نشان - مٹایا جانا - کانٹ چھانٹ - قطع و برید -

Ere (ar) *prep.* & *conj.* Before, before long پیش ازیں - قبل ازیں - اس سے پہلے - قبل - قبل اس کے کہ - بہت پہلے -

Erebus (er-i-bəs) *n.* Place of darkness between earth and Hades تحت الثریٰ - پاتال - دوزخ - جہنم - ظلمات -

Erect (i-rekt) *v.t.* Set upright قائم کرنا - ایستادہ کرنا - اُٹھانا - کھڑا کرنا - نصب کرنا - تعمیر کرنا - بنانا -

Erect (i-rekt) *adj.* Upright مستقیم - اُونچا - راست - ایستادہ - سیدھا -

Erectile (i-rekt-il) *adj.* That can be erected کھڑا ہونے کے قابل - اُونچا ہونے کے لائق - اُستادنی -

Erection (i-rek-shən) *n.* Building خیزش - اُستادگی - عمارت - سکان - اٹھان -

Erelong (ar-long) *adv.* In near time چند روز میں - تھوڑے عرصہ میں - عنقریب -

Eremite (eri-mit) *n.* Hermit رشی منی - جوگی - زاہد - گوشہ نشین -

Erewhile (ar-whil) *adv.* Before this کچھ عرصہ گزرا - قبل ازیں -

Ergo (ər-go) *adv.* Therefore پس - اس لیے - اس واسطے - لہذا -

Ergot (ər-got) *n.* Disease of rye ایک روگ جو غلہ میں کیڑا لگنے سے پیدا ہو جاتا ہے -

Ermine (ər-min) *n.* Animal of weasel tribe گلہری کا سا ایک جانورجس کا سمور امرا اور ججوں کے لباس میں استعمال ہوتا ہے یہ گرمیوں میں بھورا اور جاڑوں میں سفید رہتا ہے -

Erode (e-rod) *v.t.* Wear out (تیزاب) کسی چیز کو کھا جانا یا ختم کردینا - کاٹ دینا -

Erosive *adj.* کھا جانے والا - کاٹنے والا -

Erodent (e-rod-ənt) *n.* Acid جلانے والا مادہ - تیزاب -

Erosion (e-ro-zhən) *n.* Destruction کھانے سے خاتمہ - مٹ جانا - رگڑ - کاٹ -

Erotic-cal (erot-ik) *adj.* Of love, amatory محبت کا - غزل کا - عاشقانہ -

Erotomania (e-rot-o-mania) *n.* Madness arising from love جنون عشق - سودائے عشق - وارفتگی - عاشقانہ خود فراموشی -

Err (er) *v.i.* Make mistakes قصور کرنا - خطا کرنا - غلطی کرنا - بھولنا - غلط ہونا -

Errand (er-ənd) *n.* Short journey for carrying message قلیل مسافت - پیام - پیغام - نامہ - خبر - جہاں نوکر پیام لے کر جائے -

Errand-boy *n.* نامہ بر لڑکا - چھوکرا - نامہ بر - پیادہ قاصد -

Errant (er-ənt) *adj.* & *n.* Deviating from correct standard آوارہ - گمراہ - جہاں گرد - گمراہی - کجروی -

Errantry (er-ənt-ri) *n.* Condition of an errant سرگردانی - گمراہی - آوارگی -

Errata (er-a-ta) *n.* & *pl.* Errors in printing or writing غلطی نامہ - صحت نامہ - ایک فہرست جو کتاب کے آخر میں غلطیوں کے صحت نامہ کے طور پر لگائی جاتی ہے -

Erratic (er-â-tik) *adj.* Of irregular conduct سرگردان - ڈانواں ڈول - آوارہ - خیالات میں غیر مستقل - بہکا ہوا - بھٹکا ہوا -

Erroneous (i-rō-ni-əs) *adj.* Mistaken بے ڈھب - بےقاعدہ - نادرست - غلط -

Error (er-ər) *n.* Mistake بھول چوک - غلطی - سہو - خطا - فروگزاشت -

Erst-erstwhile (ər-st) *adj.* Formerly سابقاً - پیشتر - اس سے پہلے - پہلے - آگے -

Eruct-tate (i-rukt) *v.t.* Belch out آتش فشاں دھانے سے گرم ہوا کا نکلنا - ڈکار لینا -

Eructation *n.* آتش فشاں دھانے یا زمین سے ہوا کا زور سے نکلنا - ڈکار -

Erudite (er(y)oo-dit) *adj.* Learned عالم - فاضل - محققانہ - فاضلانہ - عالمانہ -

Erudition *n.* لیاقت - فضیلت - علمیت -

Erupt (i-rupt) *v.i.* Break through gums کوہ آتش فشاں کا پھٹنا - دانت نکلنا - پھوڑے پھنسی کا نکلنا -

Eruption (i-rup-shən) *n.* Outbreak کوہ آتش‌فشاں کا پھٹنا - مرض - جنگ کا آغاز - خارش - پھوڑے - پھنسی یا دانتوں کا نکلنا -

Eruptive (i-rup-tiv) *adj.* Bursting forth پھوٹ‌نکلنے والا - اُبھر کر نکلنے والا -

Erysipelas (er-i-sip-i-ləs) *n.* Disease producing deep red colour on skin زہر باد - سرخ بادہ -

Escalade (es-kə-lad) *n.* Scaling of walls with ladders قلعہ کی دیوار پر چڑھنا - سیڑھیاں لگا کر چڑھنا - کمند کے ذریعے چڑھنا -

Escallop (es-kal-əp) *n.* دیکھو Scallop

Escapade (es-kap-əd) *n.* Breaking loose from restraint قید سے بھاگ نکلنا - فرار - پابندی سے گریز -

Escape (is-kap) *v.t.* & *i.* Get free from گریز کرنا - نکل جانا - بھاگ جانا - فرار ہونا - بچ نکلنا - کسی شخص کی زبان سے بے اختیار کچھ نکل جانا - یاد نہ رہنا -

Escape (is-kap) *n.* Act of escaping بچاؤ - خلاصی - فرار - گریز - بال بال بچنا - کسی شخص کا مصیبت سے آزاد ہوجانا - باغ کے پودوں کا جنگلی ہوجانا -

Escapement (is-kap-ment) *n.* Outlet مفر - گریز - گھڑی کا وہ پرزہ جس سے حرکت باقاعدہ ہوتی ہے - گھڑی میں ریگولیٹر اور کمانی کو ملانے والا پرزہ -

Escarp (is-kärp) *n.* & *v.t.* Steep bank below rampart کھائی کی ڈھال - قدرتی نشیب - ڈھال بنانا -

Escheat (is-chet) *n.* Lapsing of property to crown انتقال جائداد - ضبطی - اگر کوئی شخص لاوارث ہوتو اس کے انتقال پر اس کی جائداد بہ حق سرکار منتقل ہو جاتی ہے -

Escheat (is-chēt) *v.t.* & *i.* Confiscate ضبطی میں لانا - لاوارث جائداد کی ضبطی کرنا - جائداد ضبط شدہ کسی کے حوالے کرنا -

Eschew (is-choo) *v.t.* Avoid کنارہ کرنا - بار دینا - بچنا - ترک کرنا - پرہیز کرنا -

Escort (es-kort) *n.* Body of men acting as guards محافظ - بدرقہ - نگہبان - دستہ محافظین - محافظت - راہ کا نگہبان -

Escort (es-kort) *v.t.* Act as a guard نگران ہونا - بدرقہ ہونا - راہ کی حفاظت کے لئے سپاہیوں کا ساتھ جانا -

Escritoire (es-kre-twar) *n.* Writing desk with drawers لکھنے کی خانہ دار میز -

Esculent (es-ku-lənt) *adj.* & *n.* Fit for food کھانے کی چیز - خوردنی - کھانے کے قابل -

Escutcheon (es-kuch-ən) *n.* Shield with armorial bearings ڈھال جس پر خاندانی نشان ہوں - ڈھال جس پر ہتھیاروں کے نقش ہوں - تمغہ دار سپر - جہاز کا وسطی حصہ جہاں جہاز کا نام لکھا ہو -

Esoteric (es-o-ter-ik) *adj.* Confidential دقیق - چھپا ہوا - مخفی - پوشیدہ - فلسفہ یا دینیات کے دقیق مسائل جو پوشیدہ رکھے جائیں -

Espalier (es-pal-yer) *n.* Lattice-work on which trees are trained. ٹٹی یا منڈوا جس پر درختوں کی بیل چڑھائی جاتی ہے - درخت جن کی بیل چڑھائی جائے -

Especial (is-pesh-l) *adj.* Exceptional غیر معمولی - افضل - اعلیٰ - مخصوص - خاص -

Especially (is-pesh-li) *adj.*. Chiefly خاص کر - بالخصوص - خصوصاً -

Espionage (es-pi-nij) *n.* Practice of spying مخبری - جاسوسی - خفیہ طور پر تجسس سے معلوم کرنا -

Esplanade (es-plə-nad) *n.* Level piece of ground گھاس کا تختہ یا قطعہ ۔ قلعہ کے سامنے کا میدان ۔ کھلا میدان جس میں لوگ چہل قدمی کے لئے جاتے ہیں ۔

Espousal (is-pow-zəl) *n.* Marriage or betrothal شادی ۔ سگائی ۔ منگنی ۔ نسبت ۔ حمایت ۔ کسی معاملہ کی حمایت یا وکالت ۔

Espouse (is-powz) *v.t.* Marry or give in marriage بیاہ کرنا ۔ سگائی کرنا ۔ منگنی کرنا ۔ عورت کو کسی سے بیاہ دینا ۔ کسی اصول یا معاملہ کی حمایت کرنا ۔

Espy (es-pi) *v.t.* Catch sight of تاکنا ۔ نگاہ کرنا ۔ دور سے دیکھنا ۔ دور سے جھلک دیکھنا ۔ عیب یا نقص نکالنا ۔

Esquire (es-kwir) *n.* Title appended to the name of a gentleman تعظیم کا لقب جو نام کے بعد لکھا جاتا ہے ۔ مد ظلہٗ ۔

Essay (es-a) *v.t*, *i.* & *n.* Try, test, literary composition کوشش کرنا ۔ سعی کرنا ۔ جد و جہد کرنا ۔ مختصر مضمون یا مقالہ ۔

Essayist (es-a-ist) *n.* Literary composer منشی ۔ انشا پرواز ۔ مضمون نگار ۔

Essence (es-əns) *n.* Existence, extract ست ۔ روح ۔ جوہر ۔ ذات ۔

Essential (es-ən-shi-əl) *adj.* Indispensable بہت ضروری ۔ لازمی ۔ اصلی ۔ ذاتی ۔ معطر ۔ خوشبودار ۔ لطیف ۔ اصل بیماری کے متعلق ۔

Essential (es-ən-shi-əl) *n.* Indispensable element اہم جز ۔ اصلی عنصر ۔ ذاتی یا اصلی چیز ۔

Essentially (es-en-shi-əli) *adv.* Unavoidably فی نفسہ ۔ حقیقت میں ۔ فی الحقیقت ۔ فی الواقع ۔ بنیادی طور پر ۔

Establish (es-tab-lish) *v.t.* Set up مضبوط بنا رکھنا ۔ مقرر کرنا ۔ قائم کرنا ۔ جاری کرنا ۔ بحال یا برقرار رکھنا ۔ حکومت یا کاروبار کو مستقل بنیاد پر قائم کرنا ۔ کسی واقعہ کو مسلمہ قرار دینا ۔ کسی عہدہ پر مستقل کرنا ۔

Establishment (es-tab-lish-ment) *n.* Institution استحکام ۔ کارخانہ ۔ محکمہ ۔ ادارہ ۔ تقرر ۔ عملہ ۔ نظام ۔ نوکر چاکر ۔

Estate (es-tat) *n.* Landed property جاگیر ۔ ریاست ۔ جائداد ۔ املاک ۔ کاروباری اثاثہ ۔

Esteem (es-tem) *n.* & *v.t.* Think highly of عزت کرنا ۔ بڑا ماننا ۔ عزیز رکھنا ۔ عزت ۔ تعظیم ۔ اچھی رائے ۔

Esthetics (es-the-tiks) *n.* Aesthetics دیکھو

Estimable (es-tim-əbl) *adj.* Worthy of esteem بیش قیمت ۔ قیمتی ۔ قابل قدر ۔ قابل عزت ۔

Estimate (es-ti-mət) *n.* Forecast of expenditure اندازہ ۔ تخمینہ ۔ موازنہ ۔ لاگت کا تخمینی حساب ۔ ٹھیکیدار کا پیش کردہ پیشگی حساب ۔

Estimate (es-ti-mət) *v.t.* Form an estimate جانچنا ۔ موازنہ کرنا ۔ اندازہ کرنا ۔ اندازہ سے تعداد مقرر کرنا ۔ رائے قائم کرنا ۔

Estimation (es-ti-mə-shən) *n.* Judgment of worth موازنہ ۔ تخمینا ۔ اندازہ ۔ گنتی ۔ رائے ۔ تجویز ۔ قدر ۔ منزلت ۔ عزت ۔ حرمت ۔ ساکھ ۔

Estop (es-top) *v.t.* Bar تمادی عارض کرنا ۔ اٹکانا ۔ روکنا ۔

Estoppel (es-top-əl) *n.* The being precluded from a course by previous action of one's own عذر عارض ۔ امر عارض ۔ امر استناعی ۔ عذر استناعی ۔ ایسا عذر جو قول یا عمل سابق کے خلاف ہو ۔

Estrange (is-tranj) *v.t.* Alienate in feeling from another بیگانہ کرنا ۔ دو آدمیوں میں جذباتی افتراق کرنا ۔ پرایا کرنا ۔ دور کرنا ۔ من پھیر لینا ۔ دل توڑ دینا ۔

Estrangement *n.* مفارقت ۔ بے مہری ۔ دل برداشتگی ۔ کشیدگی ۔ بیگانگی ۔

Estray (e-stra) *n.* Domesticated animal لاوارث پالتو جانور ۔

Estreat (e-stret) *n.* & *v.t.* Take out record of bail, fine عدالت سے مثل نکلوانا اور پھر واپس کرنا ۔ مقدمہ دائر کرنے کے لئے روداد مثل دیکھنا ۔

Estuary (es-tu-ər-i) *n.* Tidal mouth of river بڑے دریا کا دہانہ جہاں مد و جزر ہوتا ہے ۔ کھاڑی ۔ سمندر کی شاخ ۔

Esurient (es-u-ri-ənt) *adj.* Hungry, needy بھوکا ۔ محتاج ۔ حریص ۔

Estuate (es-tu-ət) *v.t.* Burn, boil مد و جزر ہونا - اُبلنا - جوش میں آنا - کھولنا -

Etcetera (et-set-ər-a) *adv.* The rest, and so on علیٰ ہذالقیاس - وغیرہ وغیرہ -

Etch (ech) *v.t.* & *i.* Reproduce کسی دھات کی تختی پر تیزاب ڈال کر نقش و نگار بنانا - تانبے یا کسی اور دھات کی تختی پر سوم لگا کر کھودنا پھر تیزاب چھڑک کر نقش و نگار بنانا -

Etching (ech-ing) *n.* Copy from etched plate تیزابی نقش نگار - ٹھپا - داب - چھاپا - ٹھپے سے چھاپنا یا چھپائی -

Etching needle *n.* اوزار یا سوئی جو نقش و نگار بنانے میں کام آتی ہے -

Eternal (e-tər-nl) *adj.* & *n.* That ever exists - دائم قدیم - ازلی - ابدی - لایزال - جاوید - غیرفانی -

These eternal bickerings - روز کی تو تو میں میں

Eternally (e-tər-nəli) *adv.* For ever - علی الدوام دوامی طور پر - ہمیشہ کے لئے - دوام - ہمیشہ -

Eternity (e-tər-niti) *n.* Infinite time - ابدیت - دوام قدامت - ہمیشگی - خلود - لامحدود - لازمانی - بقا -

Ether (e-thər) *n.* Upper regions, a medium that permeates space صاف آسمان - خلا - ایتھر - ایک لطیف مادہ جو کرہ باد کے اُوپر ہے - اثیر ایک بے رنگ شے جو الکحل پر ایسڈ کے عمل سے پیدا ہوتی ہے -

Etherial (e-thə-riyel) *adj.* Light, airy - ہوا کا سا ہلکا - نہایت لطیف - اثیری -

Etherealize (e-th-ri-yeliz) *v.t.* Make airy کسی مریض کو اثیر کے زیراثر لانا - اثیر کی سی لطیف شے بنانا -

Ethic (e-th-ik) *adj.* Relating to morals - اخلاق اخلاقیاتی - اصول اخلاق کے متعلق - علم الاخلاق کے بارے میں -

Ethics (eth-iks) *n.* - علم الاخلاقیات کے اصول - اخلاقیات

Ethiopian (e-thi-o-piən) *n.* & *adj.* Of Ethiopia حبش کا باشندہ - حبش کا - حبشی -

Ethnic (eth-nik) *adj.* Pertaining to race انسانی گروہوں کے متعلق - نسلی - علم الانسان کے متعلق - بت پرست - مشرک - غیر ملک کا -

Ethnography (eth-no-grəfi) *n.* Scientific description of races of man علم نسل انسانی - مختلف انسانی نسلوں کا تحقیقی بیان - علم الاقوام -

Ethnographer (et-no-grə-fər) *n.* Research scholar of human races علم الاقوام کا ماہر - نسل انسانی کے حالات کا عالم -

Ethnologic (eth-no-logik) *adj.* About races of man انسانی نسلوں کے متعلق -

Ethnology (eth-no-logi) *n.* Science of races and their relations علم الانسان - انسانی نسلوں کی خصوصیات اور ان کے باہمی تعلقات کا علم -

Etiquette (et-i-qet) *n.* Conventional rules of behaviour آداب مجلس - آداب معاشرت - تعظیم و تکریم - تکلفات -

Etymological (eti-mo-log-ikl) *adj.* Relative to formation of words - علم صرف کے متعلق اشتقاق -

Etymologist (eti-mo-log-ist) *n.* One who is a scholar of languge - علم صرف کا عالم - صرفی الفاظ اور زبان کی ساخت کا محقق -

Etymology (eti-mo-logi) *n.* Account of formation and meaning of word - علم اللسان لسانیات - علم زبان کی وہ شاخ جس میں الفاظ کی ساخت اور ان کے معنی سے بحث ہوتی ہے -

Eucalyptus (u-kə-lip-təs) *n.* A kind of tree which gives desinfecting oil ایک درخت جس کا روغن تیز اور خوشبودار ہوتا ہے اور بطور دوا استعمال ہوتا ہے -

Eucharist (u-kə-rist) *n.* Lord's supper - مقدس متبرک اجزا - خصوصاً روٹی - عشائے ربانی -

Euclid (u-klid) *n.* Alexandrian mathematician حکیم اقلیدس اس کی تصنیف - علم اقلیدس - علم ہندسہ -

Eugenic (u-jen-ik) *adj.* & *n.* Of the production of fine offspring عمدہ نسل انسانی پیدا کرنے کے متعلق - اصلاح و ترقی نسل کا علم - نسلیات -

Eulogize (u-lə-jiz) *v.t.* Extol, praise تعریف - ثنا یا مدح کرنا - بڑھانا چڑھانا -

Eulogy (u-ləgi) *n.* Speech, writing, in praise of a person - تعریف - ثنا - صفت - قصیدہ مدحیہ

Eulogist *n.* - تعریف یا ثنا کرنے والا - مداح

Eunuch (u-nək) *n.* Castrated male person ہیجڑا - زنخا - مخنث - خواجہ سرا -

Euphemism (u-fem-izm) *n*. Substitution of mild or vague expression for harsh or blunt one بری بات اس طرح کہنا کہ کوئی ناراض نہ ہو - کڑوی بات کو نرم الفاظ ہیں ادا کرنا - نرم گوئی سے شائستہ بات کو گوارا بنا دینا -

Euphemistic (u-fem-is-tik) *adj*. Words or manner of removing the harshness سخت بات کی ناگواری کو دور کرنے والے الفاظ یا انداز -

Euphony (u-fə-ni) *n*. Pleasing sound - خوش آواز - حسن تکلم - سروں کا میل -

Euphrasy (u-frə-si) *n*. Cheerfulness - زندہ دلی - خوش مزاجی -

Euphuism (u-fu-izm) *n*. Artificial style of writing پر تکلف طرز تحریر - انشاء مرصع -

Eurasian (ur-a-zh(y)ən) *adj*. & *n*. Person of mixed European and Asian parentage وہ شخص جس کا باپ یورپی اور ماں ایشیائی ہو - یوریشیائی - مخلوط النسل -

Eureka (ū-rē-kȧ) *n*. & *interj*. Exulting expression "I have found it" کسی شے کی دریافت پر نعرہ مسرت ''میں نے پا لیا'' یا ''مل گیا'' -

Europe (u-ro-p) *n*. Continent of Europe - فرنگستان - ولایت - براعظم یورپ -

European (u-rop-eyen) *adj*. Of Europe پورپی باشندہ - یورپ کے متعلق - یورپی -

Evacuate (e-vak-ū-āt) *v.t.* Withdraw from a dangerous place چھوڑ دینا - خالی کرنا - ترک کرنا - خارج کرنا - نکالنا -

Evacuation *n*. - ترک - قے - دست - موقوفی - اخراج -

Evade (e-vād) *v.t.* Escape from, avoid کنارہ کشی کرنا - کنارہ کرنا - بچنا - بھاگنا - نکل جانا - کھسکنا - ٹال جانا - ٹال مٹول کرنا - لیت و لعل کرنا -

Evaluate (e-val-ū-āt) *v.t.* Ascertain amount of قیمت لگانا - اندازہ کرنا - آنکنا - دام معلوم کرنا - تشخیص کرنا -

Evanescent (ev-ən-es-ənt) *adj*. Quickly fading مٹ جانے والا - گزر جانے والا - نقش بر آب - فانی - محو ہو جانے والا - مٹ جانے والا -

Evanescence (ev-ən-es-əns) *n*. Disappearance حدوث - زوال - فنا -

Evangel (i-van-jəl) *n*. The Gospel, any of the four انجیل - چار میں سے کوئی ایک انجیل - سیاسی عقیدہ یا اصول -

Evangelic (i-van-jəlik) *adj*. According to the teaching of the Gospel انجیلی - انجیل کی تعلیمات کے مطابق - پروٹسٹنٹ فرقہ کے اس عقیدے کے مطابق کہ نجات کا دار و مدار ایمان پر ہے نہ کہ اعمال پر -

Evangelist (i-van-jəlist) *n*. One of the writers of four Gospels حضرت عیسیٰ کی تعلیمات کو قلم بند کرنے والا - انجیل کو شائع اور مشتہر کرنے والا - وہ شخص جو بلا معاوضہ تعلیم کا کام کرتا ہو - مبلغ -

Evaporate (i-vap-ər-āt) *v.t.* & *t.* Turn into vapour بخار بن کر اڑ جانا - بھاپ ہو جانا - بخارات میں تبدیل کرنا - بخار بن جانا -

Evaporation *n*. بخارات - بھاپ - تبخیر -

Evasion (i-va-zhən) *n*. Shuffling excuse - حیلہ بازی - لیت و لعل - ٹال مٹول - حیلہ - فریب -

Evasive *adj*. - ٹالنے کے لیے - ٹال مٹول کرنے والا - حیلہ باز -

Eve (ev) *n*. The first woman عورت - حضرت آدم کی بیوی - ماما حوا - ماں حوا -

Evection (e-vek-shən) *n*. Inequality in moon's longitude چاند کا اتار چڑھاؤ - قمر کے طول البلد کی تبدیلی -

Even (ev-n) *n*. Evening prayer کسی سانحہ کے پہلے کا واقعہ - شام - نماز مغرب -

Even (ev-n) *adj*. Uniform - متوازی - سیدھا - برابر - یکساں - ہموار - ہم سطح - رو رعائت - ٹھیک ٹھیک - پر سزاح - جفت - زوج - جوڑا -

Even (ev-n) *adv*. Neither more nor less اسی انداز سے - ویسا ہی - حتیٰ کہ - تیز - چونہی - فی الفور - خاص کر - خصوصاً -

Even (ev-n) *v.t.* Make even or return - ہموار کرنا - مساوی کرنا - برابر کرنا - بے باق کرنا -

Evening (ev-ning) *adj* & *n*. Close of day زوال کے وقت کا - شام کا - شام - زوال کا وقت - آخر دن -

Evenminded (ev-n-minded) *adj.* Just - عادل - انصاف پسند - منصف مزاج -

Event (i-vent) *n.* Happening - حادثہ وقوع - واردات - واقعہ - اہم واقعہ - سرگزشت -

Eventful *adj.* واردات سے پر - اہم - پر از واقعات -

Eventide *n.* شام کا وقت -

Eventual (i-ven-tuəl) *adj.* Ultimately resulting با نتیجہ - بالآخر واقع ہونے والا -

Eventuality (i-ven-tu-əlity) *n.* Possible event کسی امر کے واقع ہونے کا امکان - امکان -

Eventually (i-ven-tu-əli) *adv.* Possibly - ممکنہ طور پر - بالآخر - آخر کار - قطعاً -

Eventuate (i-ven-tuət) *v.i.* Come to pass بالآخر ہونا - ہونا - ظاہر ہونا - واقع ہونا -

Ever (ev-ər) *adv.* Always - ہر وقت - کسی وقت بھی - ہمیشہ - دائماً - لگاتار - برابر - متواتر -

Ever since - تب سے - جب سے -

Ever more - ہمیشہ -

Better than ever - ہمیشہ سے بہتر -

Ever changing - ڈھل مل یقین - ہمیشہ نیت بدلنے والا -

Every (ev-əri) *adj.* Each, all - ایک ایک - ہو بہو - کل - سب - ہر ایک -

Everywhere (ev-əri-wer) *adv.* At every place ہر کہیں - ہر مقام پر - ہر جگہ -

Evict (e-vikt) *v.t.* Expel - قانونی حکم سے تخلیہ کرانا - نکال دینا - بے دخل کرنا - کاشتکار یا کرایہ دار کو بے دخل کرنا -

Eviction (e-vik-shən) *n.* قانونی تخلیہ - عدالت کے حکم سے بے دخلی -

Evidence (e-vi-dens) *n.* & *v.t.* Indication - گواہ - علامت - گواہی - شہادت - شاہد - شہادت دینا - تصدیق کرنا - ثبوت دینا -

Circumstantial evidence - واقعاتی شہادت - قرائنی ثبوت -

Presumptive evidence - قیاسی شہادت -

King's evidence - سرکاری گواہ - سرکاری شہادت -

Evident (e-vi-dənt) *adj.* Obvious - صاف - ظاہر - آشکارا - عیاں -

Evidently (e-vi-dənt-li) *adv.* Obviously - بلا شک - بہ ظاہر - صریحاً - صاف - لا کلام - بے شک - بالتحقیق -

Evil (ev(i)l) *adj., n.* & *adv.* Bad, harmful, harm مضر - ناکارہ - برا - خراب - نقصان رساں - گناہ - برائی - معصیت - برائی کے ساتھ - بدی کے ساتھ - بری طرح - کمبختی سے -

Evil-doer - گنہگار - بدکار -

Evil eye - نظر بد -

Of evil repute - بدنام -

Speak evil of - برائی کے ساتھ یاد کرنا -

Evil hour - بری گھڑی -

To cast an evil eye - بری نگاہ سے دیکھنا -

Evince (i-vins) *v.t.* Show, indicate - اظہار کرنا - یقین دلانا - جتانا - ظاہر کرنا - ثابت کرنا -

Eviscerate (i-vis-ər-āt) *v.t.* Disembowel کسی شے کو خالی کرنا - آنتیں نکالنا -

Evoke (i-vok) *v.t.* Call up, summon روحوں کو بلانا - بلانا - پکارنا - پرانی باتوں کو یاد کرنا - جذبات تازہ کرنا -

Evolution (ev-ə-l(y)oo-shən) *n.* Appearance of events in due succession واقعات کا یکے بعد دیگرے ظاہر ہونا - انکشاف - اظہار - الٹ پلٹ - ارتقا - فوج یا جنگی جہازوں کی باقاعدہ حرکت -

Evolve (e-volv) *v.t.* & *i.* Unfold واقعات یا نظریات کا استنباط - تہہ کھولنا - سلجھانا - ترتیب سے کھلنا - قدرتی طریقے سے نشو و نما ہونا - ایک کے بعد دوسرا واقعہ ظاہر ہونا -

Ewe (ū) *n.* Sheep - بھیڑی - بھیڑ -

Ewer (u-ər) *n.* Pitcher - پانی کا بلوریں قرابہ - لوٹا - صراحی -

Ex (eks) *prep.* Out of - الگ - جدا - سابق - خارج -

Exacerbate (egz-as-ər-bat) *v.t.* Aggravate غصہ بھڑکانا - مشتعل کرنا - تیز کرنا - بڑھ جانا - تکلیف میں اضافہ کرنا - غصے وغیرہ کو تیز کر دینا -

Exact (igz-akt) *adj.* Precise - بر محل - بر وقت - برابر - کھرا - سچا - ٹھیک - چوکس - چوکنا - ہوشیار - ٹھیک ٹھیک - درست - قطعی -

Exactitude *n.* ٹھیک چیز - درستی - صحت -

Exact (igz-akt) *v.t.* Demand, insist upon طلب کرنا - مانگنا - تقاضا کرنا - جبراً وصول کرنا -

Exacting (igz-akt-ing) *ad.* Requiring urgently سخت گیر - جبری - ضروری

Exaction (igz-ak-shən) *n.* Exacting of sum or thing محصول - اخذ بالجبر - اخذ بیجا خراج - جبری وصولی - معمول سے زائد وصولی یا مطالبہ -

Exactly (igz-akt-li) *adv.* Quite so, just as you say ٹھیک وقت پر - بعینہ - برابر - ہو بہو -

Exactness (igz-akt-nəs) *n.* Accuracy ترتیب - مطابقت - صحت - درستی -

Exaggerate (igz-aj-ər-at) *v.t.* Magnify بڑھا چڑھا کر بیان کرنا - حد سے زیادہ کہنا - مبالغہ کرنا - لمبی چوڑی ہانکنا - طول دینا -

Exaggeration *n.* تعلی - غلو - مبالغہ -

Exaggerative *adj.* بڑھی ہوئی - طولانی - مبالغہ آمیز -

Exalt (igz-awlt) *v.t* Raise ممتاز کرنا - سرفراز کرنا - بلند کرنا - اونچا کرنا - درجہ یا منصب بڑھانا - رنگ وغیرہ کو تیز کرنا -

Exalts to the skies تعریف کے پل باندھنا - آسمان پر چڑھانا -

Exaltation (igz-awltə-shən) *n.* Elation غایت انبساط - عروج - امتیاز - سر بلندی - سرفرازی -

Examination (igz-am-in-a-shən) *n.* Minute inspection استفسار - دریافت - امتحان -

Examine (igz-am-in) *v.t. & i.* Investigate پڑتال کرنا - تجسس کرنا - تفتیش کرنا -

Examinee (igz-am-in-i) *n.* One who is examined جس کا امتحان لیا جائے - امتحان دینے والا -

Examiner (igz-am-inər) *n.* One who examines امتحان لینے والا - ممتحن -

Example (igz-am-pl) *n. & v.t.* Fact وہ واقعہ جس سے توضیح ہوتی ہو - نمونہ - تمثیل - مثال - قابل تقلید نمونہ پیش کرنا - مثال دینا -

Exanimate (igz-ani-mat) *adj.* Dead مردہ دل - بے ہمت - بے جان -

Exasperate (igz-as-pər-at) *v.t.* Irritate برانگیختہ کرنا - غصہ دلانا - برہم کرنا - بھڑکانا - آگ بگولہ کرنا - مرض میں اضافہ کرنا -

Exasperation *n.* برہمی - غصہ - برانگیختی - اشتعال -

Excarnation (igz-kar-na-shən) *n.* Removal of vessels from flesh خون کی رگوں کو گوشت سے علیحدہ کرنا -

Excavate (eks-kə-vāt) *v.t.* کھود کر بنانا - کھود کر نکالنا - کھوکھلا کرنا - کھودنا -

Excavation *n.* گڑھا - غار - کھوکھلا پن - کھدائی -

Excavator *n.* کھود کر برآمد کرنے والا - کھود کر نکالنے والا - کھودنے والا -

Exceed (ik-sēd) *v.t. & i.* Do more than is warranted حد سے گزر جانا - تجاوز کرنا - حد سے آگے نکل جا - مبالغہ کرنا - کھانے پینے میں بے اعتدالی کرنا -

Exceeding-ly (ik-sēd-ing) *adv.* Being immoderate بکثرت - بہت زیادہ - نہایت - بہتات - بے اندازہ - بے حد -

Excel (ik-sel) *v.t. & i.* Surpass فائق ہونا - بڑھ جانا - سبقت لے جانا - بازی لے جانا - شرف - فضیلت یا فوقیت رکھنا -

Excellence (ek-səl-əns) *n.* Surpassing merit - بزرگی فضیلت - سربلندی - بڑائی - مان - رتبہ - قدر - شرف - وجہ شرف - بنائے فضیلت -

Excellency (ek-sə-lənsi) *n.* Title سرکار والا تبار - خداوند نعمت - حضور والا - خبابعالی - حضرت - مہاراج - سفیروں ، گورنروں کا خطاب -

Excellent (ek-sə-lənt) *adj.* Very good - معقول عمدہ - بہت خوب - بہت ہی اچھا -

Excelsior (ek-səl-siy-ər) *int. & n.* Higher - اعلیٰ ممتاز - شاخوں کی نرم گاڑیاں - اعلیٰ و ارفع -

Except-ing (ik-sept) *prep.* Excluding - بہ استثنا اس کو چھوڑ کر - سوا - بجز - ماسوا الا - مگر یہ کہ -

Exception (ik-sep-shən) *n.* Excepting this - اعتراض محبث - گرفت - استثنا -

Except (ik-sept) *v.t. & i.* Exclude - چھانٹ دینا مستثنا کرنا - الگ یا علیحدہ کرنا - نکال دینا -

Exception *adj.* اعتراض کے قابل - مستثنا کرنے کے لائق - قابل مستثنا -

Exceptional (ik-sep-shən-al) *adj.* Unusual - استثنائی غیر معمولی - خاص -

Excerpt (ek-sər-pt) *n.* Extract - اقتباس - انتخاب - خلاصہ - کسی کتاب یا رسالے کا اقتباس شدہ مضمون -

Excerpt (ek-sər-pt) *v.t.* Quote, extract - چھانٹنا - اقتباس کرنا - انتخاب کرنا -

Excess (ik-ses) *n.* Intemperance - بہتات - فراوانی - زیادتی - بہتات - کھانے پینے میں بے اعتدالی -

Excessive *adj.* - بے شمار - بے حساب - بہت زیادہ - بے اندازہ -

Excessively *adv.* - بے اعتدالی - بے انتہا - حد سے زیادہ - بکثرت -

Exchange (iks-chānj) *n.* Act of exchanging ہنڈی کا لین دین - سکہ کا تبادلہ - ساہوکارا - ادلا بدلا - ساہو کارے کی عمارت -

Exchange (iks-chānj) *v.t. & i.* Give and receive تبادلہ کرنا - ادل بدل کرنا - ایک چیز کے بدلے دوسری چیز دینا یا لینا - ایک کا دوسرے سے تبادلہ کرنا یا کرانا - ایک سکہ کو دوسرے سے بدلنا -

Exchangeable (iks-chānj-əbl) *adj.* That may be exchanged - قابل تبادلہ -

Exchequer (iks-chek-ər) *n.* Department in-charge of revenue - انگلستان کا محکمہ مالیات - سرکاری لین دین کے اہتمام کا محکمہ - خزانہ عامرہ -

Excise (ek-siz) *n. & v.t.* Duty or tax levied محصول - چنگی - محصول لینا - چنگی لینا -

Exciseable *adj.* - محصولی اشیا - قابل محصول -

Excise (ek-siz) *v.t.* Cut out - چاک کرنا - کسی عضو یا کتاب کی عبارت کو کاٹ دینا -

Excision (ek-sizən) *n.* Cutting out - کام تمام کر دینا - کتربیونت - عمل جراحی - قطع برید -

Excite (ik-sit) *v.t.* Rouse up - بر انگیختہ کرنا - بھڑکانا - اکسانا - چھیڑنا - اشتعال دینا - جوش دلانا - چالاکی پیدا کرنا - کسی مادے میں حرکت پیدا کرنا -

Excitement *n.* - اشتعال - بر انگیختگی - جوش - ہیجان -

Exciting *adj.* بھڑکانے والا - محرک - ہیجان پیدا کرنے والا - ابھارنے یا اکسانے والا -

Exclaim (iks-klam) *v.i. & t.* Cry out - غل مچانا - دہائی دینا - چلانا - چیخ اٹھنا - پکار اٹھنا -

Exclamation (iks-klām-ashən) *n.* Word exclaimed واویلا - غل - شور - فریاد - الفاظ جو بطور فجائیہ استعمال کیے جائیں

Exclude (eks-klōōd) *v.t.* Shut out - مستثنیٰ کرنا - باہر کر دینا - نکالنا - خارج کرنا - محروم کرنا - کسی شخص کو کسی مقام یا جماعت سے خارج کر دینا

Exclusion (eks-klōō-zhən) *n.* Prevention - محرومی - اخراج - ممانعت

Exclusive (eks-klōō-siv) *adj.* Shutting out بلاشرکت غیرے - چھوڑ کر - نکال کر - صرف منتخب لوگوں سے ربط و ضبط کا خواہشمند - تجرد پسند - تنہائی پسند -

Exclusiveness (eks-klōō-siv-nes) *n.* Aloofness, الگ تھلگ رہنے کی خواہش - خلوت پسندی - تجرد پسندی - تنہا رہنے کی خواہش -

Excogitate (eks-ko-ji-tāt) *v.t.* Think out غور کرنا - تدبیر سوچنا - ایجاد کرنا - غور کر کے نکالنا -

Excogitation *n.* - تدبیر - ایجاد - تحقیق - دریافت - ادھیڑبن - غور و فکر

Excommunicate (eks-kəm-un-ikāt) *v.t.* Cut off مذہبی تقاریب یا رسومات میں شریک ہونے سے محروم کرنا - ذات سے باہر کرنا - برادری سے نکال دینا - حقہ پانی بند کرنا -

Excommunicate (iks-kəm-un-ikat) *n. adj.* قوم ذات مذہب سے نکالا ہوا - برادری سے نکالا ہوا -

Excommunication (iks-kəm-un-ika-shən) *n.* Cut off from participation of Church ceremonials مسیحی دین کے حقوق سے اخراج - برادری یا ذات سے اخراج

Excoriate (eks-ko-ri-at) *v.t.* Remove part of skin - جلد ادھیڑنا - کھال چھیلنا

Excoriation *n.* - کھال کھینچنا - کھال چھیلنا - پوست کنی -

Excrement (eks-kri-mənt) *n.* Waste matter discharged from bowels - غلاظت - گوبر - فضلہ - براز - بدن کی غلاظت

Excrescence (eks-kri-sens) *n.* Abnormal outgrowth - بدگوشت - دنبل - پھنسی پھوڑا - رسولی -

Excrescent (eks-kri-sent) *adj.* Growing abnormally - ناقص اضافہ - حشو - زائد -

Excreta (eks-kreta) *n. & pl.* Wastes expelled from body جسمانی غلاظتیں ۔

Excrete (eks-kret) *v.t.* Expel waste matter فضلات جسم کو خارج کرنا ۔ غلاظت نکالنا ۔ خارج کرنا ۔

Excretion (eks-kre-shən) *n.* Waste matter بول و براز ۔ فضلہ ۔ گوبر ۔

Excruciate (iks-kroo-shi-at) *v.t.* Torment acutely دق کرنا ۔ دکھ دینا ۔ ستانا ۔ ذہنی اذیت پہنچانا ۔ شدید تکلیف پہنچانا ۔

Exculpate (eks-kul-pat) *v.t.* Clear a person from charge چھوڑ دینا ۔ بے گناہ ٹھہرانا ۔ بری کرنا ۔

Excursion (eks-kur-shən) *n.* Pleasure trip ہوا خوری ۔ تفریح ۔ سیر سپاٹا ۔ یورش ۔ حملہ ۔ چڑھائی ۔ دھاوا ۔

Excursive (eks-kur-siv) *adj.* Rambling ۔ غیر مستقل تفریحی ۔ بھٹکتا ہوا ۔ مہم جو ۔ صاحب ہمت ۔

Excursus (eks-ker-sus) *n.* Detailed discussion of special points in a book مقدمہ ۔ تبصرہ ۔ تنقید ۔ دیباچہ ۔ خلاصہ ۔ ضمیمہ ۔ تتمہ ۔

Excuse (eks-kuz) *v.t.* Attempt to lessen the blame فرض سے سبکدوش کرنا ۔ معاف کرنا ۔ رہائی دینا ۔ بری کرنا ۔ چشم پوشی کرنا ۔ اغماض کرنا ۔ عذر گناہ کرنا ۔ در گزر کرنا ۔ معافی چاہنا ۔

Excuse (eks-kuz) *n.* Apology, plea ۔ بریت ۔ معافی رہائی ۔ چھٹکارا ۔ عذر ۔ معذرت ۔ حیلہ ۔ بہانا ۔ وجہ معافی ۔ باعث عذر ۔

Excusable (eks-kuz-əbl) *adj.* Pardonable لائق رعایت ۔ در گذر کرنے کے قابل ۔ قابل معافی ۔

Exeat (eks-i-at) *n.* Permission for temporary absence باہر جانے کی اجازت مدرسے وغیرہ سے عارضی غیر حاضری کی اجازت ۔ رخصت ۔

Execrable (eks-i-krəbl) *adj.* Abominable ۔ مردود لعین ۔ ملعون ۔ مکروہ ۔ قابل نفرت ۔

Execrate (eks-ik-rat) *v.t. & i.* Utter curses کوسنا ۔ بد دعا کرنا ۔ اظہار نفرت کرنا ۔ لعنت بھیجنا ۔

Execration (eks-ik-rə-shən) *n.* Expression of disgust کراہت ۔ بد دعا ۔ سراب ۔ لعنت ۔ نفرت ۔

Execute (eks-i-kut) *v.t.* Carry into effect تعمیل کرنا ۔ ختم کرنا ۔ تکمیل کرنا ۔ تمام کرنا ۔ قانونی سزا نافذ کرنا ۔ عمل در آمد کرنا ۔ مہر لگا کر قانونی تکمیل کرنا ۔ فرض منصبی ادا کرنا ۔ پھانسی دینا ۔ گردن مارنا ۔

Executed (eks-i-kutəd) *adj.* سر انجام کیا ہوا ۔ سولی دیا ہوا ۔ مکمل کیا ہوا ۔ پھانسی پایا ہوا ۔

Execution (eks-i-ku-shən) *n.* Performance ۔ تعمیل کار روائی ۔ بجا آوری ۔ انصرام ۔ پھانسی ۔ عمل در آمد ۔ نفاذ ۔ گانے کا کمال ۔ اسلحہ کی قوت ہلاکت ۔ قرضہ ادا نہ کرنے کی وجہ سے قُرقی ۔ ضبطی ۔

Executioner (eks-i-ku-shənər) *n.* Hangsman گردن مارنے والا ۔ جلاد ۔ پھانسی دینے والا ۔

Executive (eks-i-kut-iv) *adj. & n.* Pertaining to executing وصی ۔ عامل ۔ تعمیل کنندہ ۔ حکومت کا صیغہ انتظامی جو قوانین اور احکام کو نافذ کرتا ہو ۔

Executor (eks-i-ku-tər) *n.* One who performs تعمیل کرنے والا ۔ وصیت پر عمل کرنے والا ۔ وصی ۔ وہ شخص جس پر وصیت نامے کی تعمیل کا فرض عائد ہوتا ہو ۔

Exegesis (eks-i-je-sis) *n.* Exposition of scripture تشریح ۔ تاویل ۔ شرح ۔ تفسیر ۔

Exegetical *adj.* شرح کا ۔ شرح دار ۔ تاویلی ۔ تشریحی ۔ تفسیری ۔

Exemplar (egz-em-plər) *n.* Model نقشہ ۔ نظیر ۔ مثل ۔ نمونہ ۔

Exemplary (egz-emp-ləri) *adj.* Typical ۔ مثالی سبق آموز ۔ عبرت انگیز ۔ تقلید کے قابل ۔

Exemplary damages *n.* (بہ غرض عبرت) سخت تاوان ۔

Exemplify (egz-em-pli-fi) *v.t.* Be an example کسی چیز کی مثال بننا ۔ نمونہ بننا ۔ نظیر دینا ۔ نقل کرنا ۔ نقل اتارنا ۔ نقل مطابق اصل کرنا ۔

Exemplification (egz-em-pli-fi-ke-shən) *n.* Illustration ۔ نظیر ۔ توضیح ۔ تمثیل ۔ نقل ۔ مثال

Exempt (igz-e-mt) *v.t.* Free a person from آزاد کرنا ۔ مستثنیٰ کرنا ۔ معاف کرنا ۔ چھوڑ دینا ۔

Exempt (igz-e-mt) *adj. & n.* Being free from بری ۔ مستثنیٰ ۔ محصول وغیرہ سے پاک ۔ یومین گارڈ کے چار آدمیوں میں سے ایک ۔

Exemption (igz-emp-shən) *n.* Release معاف - استثنٰی - آزادی - چھٹکارا -

Exequatur (eks-i-kwa-tər) *n.* Recognition of a consul by foreign government کسی حکومت کا دوسرے ملک کے قونصل کو تسلیم کرنا - پوپ کے ماتحت بشپ کو دنیاوی اختیارات دینا - پوپ کے احکام کی اشاعت -

Exequies (eksi-kwis) *n. & pl.* Funeral rites رسومات تجہیز و تدفین -

Exercise (eks-ər-siz) *n.* Practise, employment کسی طاقت یا حق کا استعمال - عمل - تعمیل - فرائض کا عمل - کسرت - ورزش - پہلوانی - ریاضت - محنت - مشقت - قواعد - فوجی قواعد - اُٹھک بیٹھک - حرکت - سبق - مشق - دعا - نماز -

Exercise (eks-ər-siz) *v.t. & i.* Employ, train نافذ کرنا - جاری کرنا - چلانا - مشق کرانا - قواعد سکھانا - کام دینا - کام لینا - تعلیم دینا - سدھانا - کسرت کرنا - ورزش کرنا - پریشان کرنا یا ہونا - دق کرنا یا ہونا -

Exert (igz-ərt) *v.t.* Bring to bear, exercise کوشش کرنا - زور لگانا - جانفشانی کرنا - جد و جہد کرنا - محنت کرنا - اثر یا قوت سے کام لینا -

Exertion *n.* مشقت - سعی - جد و جہد - تندہی - سرگرمی -

Exfoliate (eks-fo-li-at) *v.i.* Come off in layers کھال یا پوست کی تہہ اترنا - چھلکے اترنا - درختوں کی چھال اترنا - پرانی چھال کا گرنا -

Exhale (eks-hal) *v.t. & i.* Give off, evaporate اُڑانا - نکالنا - بھاپ بنانا - سانس چھوڑنا - حیوانی رطوبتوں کا ناک یا منہ سے نکلنا - غُصّے کا اظہار کرنا -

Exhalable (eks-halə-bl) *adj.* Able to be given off بھاپ بنانے کے لائق - نکالنے کے قابل - قابل تبخیر -

Exhalation (eks-holə-shən) *n.* Breathing out باہر کی سانس - اخراج - بخارات - تبخیر - غُصّے کی جھنجھلاہٹ -

Exhaust (egz-awst) *v.t. & n.* Expulsion, steam, give off steam کھینچ لینا - خالی کر ڈالنا - صرف کرنا - کل خرچ کر ڈالنا - کمزور کر دینا - انجن کی بھاپ نکلنے کا رستہ - ظرف کو ہوا سے خالی کرنے کی ترکیب - ہوا کی رو پیدا کرنے کا آلہ - کُلّی اِخراج -

Exhaustion (egz-aws-shən) *n.* Total loss of strength, exhausting خالی کرنا - کھینچ لینا - انخلا - صرف - تھکن - ضعف - سستی - کمزوری - ناتوانی -

Exhaustive (egz-aws-tiv) *adj.* Comprehensive تھکا دینے والا - تشریحی - تفصیلی - مسئلے کا کوئی پہلو نہ چھوڑنے والا - مکمل - تمام - بھرپُور

Exhibit (igz-ib-it) *n.* Document or thing produced in a law suit - دستاویز - اشیائے ثبوت - سند - تحریری ثبوت - نمود - نمائش - اظہار -

Exhibit (igz-ib-it) *v.t.* Display آشکارا کرنا - پیش کرنا - ظاہر کرنا - دکھانا -

Exhibition (igz-b-i-shən) *n.* Displaying فنون لطیفہ کی نمائش - نمود - دکھاوا - نمائش - تعلیمی وظیفہ جو درسگاہ سے دیا جائے -

Exhibitioner (igz-ib-i-shən-ər) *n.* Scholarship holder وظیفہ خوار طالب علم -

Exhibitor (igz-ibi-tər) *n.* One who displays نمائش میں اپنی چیزیں رکھنے والا یا دکھانے والا -

Exhilarate (igz-il-ə-rat) *v.t.* Enliven شگفتہ کرنا - مسرور کرنا - خوش کرنا - شاد کرنا -

Exhilaration (igz-ilə-ra-shən) *n.* Entertainment سرور - شگفتگی - تفریح - فرحت - خوشی -

Exhort (egz-ort) *v.t.* Admonish earnestiy نیکی کی ترغیب دینا - پوری توجہ سے سمجھانا - نصیحت کرنا -

Exhortation (egz-orta-shən) *n.* Exhorting نیکی کی ترغیب دینا - پند - وعظ - نصیحت -

Exhortatory (egz-orta-təri) / Exhortative (egz-orta-tiv) *adj.* Didactive ناصحانہ - پند آمیز - نصیحت آمیز -

Exhume (eks-hum) *v.t.* Dig out قبر کھودنا - کھود کر نکالنا -

Exhumation (eks-hu-ma-shən) *n.* Digging out کھود کر نکالنا - قبر کھود کر مردے کو نکالنا -

Exigence-cy (eks-i-jens) *n.* Urgent need نازک وقت - شدید ضرورت - اہم ضرورت -

Exigent (eks-i-jent) *adj.* Urgent - ضروری - اہم - اشد -

Exiguous (eks-ig-u-əs) *adj.* Scanty, small مختصر - خفیف - قلیل -

ile (egz-il) *n*. Penal banishment وطن سے دوری - جلا وطنی - دیس نکالا -

xile (egz-il) *v.t.* Banish - جلا وطن کرنا - شہر بدر کرنا - دیس نکالا - جلا وطنی -

Exilement *n*.

xist (igz-ist) *v.i.* Be living ظاہر ہونا - واقع ہونا - وجود پانا - موجود ہونا - رہنا - ہونا - زندہ رہنا - ہستی رکھنا -

xistence (igz-is-təns) *n*. Being موجودات - کائنات - ہستی - قیام - قید حیات - وجود -

A precarious existence بے ٹھکانے یا غیر مطمئن زندگی -

xistent (igz-is-tənt) *adj*. Existing, current واقعی - جیتا جاگتا - زندہ - موجود -

xit (eks-it) *n*. Departure, death رحلت - کوچ - برخاستگی - روانگی - اسٹیج سے اداکار کا رخصت ہونا - باہر جانے کا راستہ -

xodus (eksə-dəs) *n*. Going forth بنی اسرائیل کا مصر سے اخراج - رحلت - کوچ - روانگی - توریت کی دوسری کتاب - کتاب خروج -

xonerate (igz-on-ər-at) *v.t.* Free a person from blame - بوجھ اتارنا - سبکسار ہونا - بے خطا ٹھیرانا - الزام سے بری کرنا -

Exoneration *n*. خلاصی - سبکدوشی - بریت -

xorbitancy (igz-or-bi-tensi) *n*. Excessiveness گرانی - مہنگا پن - بے اعتدالی - زیادتی -

xorbitant (igz-or-bi-tənt) *adj*. Grossly excessive زیادہ - نہایت - بے حد - بے اندازہ - بکثرت مہنگا - بے اندازہ گراں -

xorcism (eks-or-sizm) *n*. Invocation of holy names - جھاڑ پھونک - جنتر منتر - تعویز گنڈا -

xorcism (eks-or-sizm) *n*. Introduction - تمہید

xordial (egz-or-diəl) *adj*. Pertaining to exordiums - تمہیدی - دیباچے سے متعلّق -

xordium (egz-or-di-əm) *n*. Beginning - تقریر کی تمہید - آغاز - تمہید - مقدمہ - دیباچہ -

xoteric (egz-o-ter-ik) *anj*. & *n*. Commonplace, popular - عام پسند - عام فہم - آسان - عیاں - بیرون حلقہ پسندیدہ -

Exotic (egz-o-tik) *adj*. Strange الفاظ - رسوم یا پودے جو دوسرے ملک کے ہوں - بدیسی - اجنبی -

Exotic (egz-o-tik) *n*. Foreign plant بدیسی زبان کے الفاظ - بدیسی پودے ، ڈھنگ یا رواج -

Expand (iks-pand) *v.t.* & *i*. Spread out flat تشریح کرنا - پھیلانا - پھیلنا - کھول کر بیان کرنا - بڑھانا - کشادہ کرنا - وسعت دینا -

Expanse (iks-pans) *n*. Wide area - وسیع رقبہ - کشادگی - فراخی - وسعت -

Expansion (iks-pan-shən) *n*. Extension - فراخی - وسعت - کشادگی - پھیلاؤ -

Expansionist (iks-pan-shən-ist) *n*. One who wants expansion - ملک یا تجارت کی توسیع کا حامی -

Expansive (iks-pan-siv) *adj*. Extensive - وسیع - حاوی - پھیلا ہوا - پھیلانے والا - پھیلنے والا - پھیلنے کی صلاحیت رکھنے والا -

Ex parte (eks-par-ti) *adj*. & *adv*. One-sided یک طرفہ (فیصلہ وغیرہ) -

Expatiate (eks-pa-shiat) *v.t.* Speak, write, copiously بے روک ٹوک گھومنا - تحریر یا تقریر کو طول دینا - تفصیل وار بیان کرنا - لمبی چوڑی تقریر کرنا -

Expatriate (eks-pa-tri-at) *v.t.* Banish, imigrate ترک وطن کرنا - شہر بدر کرنا - جلا وطن کرنا - کسی ملک کے حقوق شہریت سے دست بردار ہو جانا -

Expatriation *n*. حقوق شہریت سے دست برداری - ترک وطن - جلا وطنی -

Expect (iks-pekt) *v.t.* Look forward to - راہ دیکھنا - چشم براہ ہونا - امید رکھنا - توقع کرنا - خیال کرنا -

Expectance-cy (iks-pek-tən-si) *n*. Prospect - توقع - امید - حالت انتظار - زمانۂ حمل -

Expectant (iks-pek-tənt) *adj*. Having the prospect - حاملہ - امیدوار - منتظر - متوقع -

Expectation (iks-pek-ta-shən) *n*. Anticipation اشتیاق - شوق - امید - توقع - آرزو - آرزو مندی - وہ چیز جس کا انتظار ہو - ورنے کی توقع -

Beyond expectation توقع سے زیادہ -

Contrary to expectation خلاف امید -

Expectorant (eks-pek-tə-rent) *n*. Medicine that ejects phlegm, etc. گلے یا پھیپھڑے سے بلغم نکالنے والی دوا -

Expectorate (eks-pek-tə-rate) *v.t.* Eject by coughing or spitting کھنکھارنا ـ کھنکھار کر بلغم نکالنا ـ بلغم تھوکنا ـ

Expedience (iks-pi-di-əns) *n.* Suitability مصلحت ـ حکمت ـ موزونی ـ مناسبت ـ ضرورت ـ مناسبت حال ـ خود مطلبی ـ خود غرضی ـ خود پرستی ـ

Expedient (iks-pi-di-ent) *adj.* & *n.* Advantageous مناسب ـ سزاوار ـ لائق ـ مناسب حال ـ تدبیر ـ چارہ کار ـ مفید ـ

Expedite (eks-pi-dit) *v.t.* Assist progress of کام کی تکمیل میں جلدی کرنا ـ پھرتی ، چستی یا جلدی کرنا ـ جلد روانہ کرنا ـ جلد بھیجنا ـ

Expedition (eks-pi-di-shən) *n.* Warlike enterprise ـ عجلت ـ چالاکی ـ چستی ـ فوجی مہم ـ عزیمت ـ

Expeditionary (eks-pi-di-shən-əri) *adj.* Pertaining to warlike enterprise فوجی مہم کی بابت ـ کسی مہم کے متعلق ـ

Expeditious (eks-pi-di-shəs) *adj.* Doing or done speedily پھرتیلا ـ تیز رو ـ مستعدانہ ـ عازمانہ ـ عاجلانہ ـ

Expeditiously (eks-pi-di-shəsli) *adj.* Speedily مستعدی سے ـ پھرتی سے ـ فی الفور ـ چالاکی یا تیزی سے ـ فوراً ـ

Expel (iks-pel) *v.t.* Eject by force خارج کرنا ـ نکالنا ـ دور کرنا ـ نکال باہر کرنا ـ زبردستی نکال دینا ـ برادری یا مدرسے سے خارج کر دینا ـ

Expellent (eks-pel-ənt) *adj.* Purgative مادے کو خارج کرنے والا ـ مسہل ـ جُلّاب ـ

Expend (iks-pend) *v.t.* Spend, use up روپیہ کھپانا ـ خرچ کرنا ـ صرف کرنا ـ بچی ہوئی رسی مستول سے لپیٹ دینا ـ

Expenditure (iks-pen-di-tur) *n.* Amount expended ـ کھپت ـ صرف ـ خرچ ـ مصارف ـ اخراجات ـ

Expense (iks-pens) *n.* Cost لاگت ـ مصارف ـ خرچ ـ

A laugh at one's expense کسی پر ہنسنا ـ

You defend his veracity at the expense of his understanding تم اس کی سچائی کی تعریف کر کے اس کی عقل کی تذلیل کرتے ہو ـ

Expensive (iks-pen-siv) *adj.* Costly مسرف ـ بیش قیمت ـ گراں ـ مہنگا ـ قیمتی ـ

Expensiveness (iks-pen-siv-nəs) *n.* Costline ...ان خرچ ـ فضول خرچی ـ اِسراف ـ

Experience (iks-pe-ri-əns) *n.* Practical acquai tance with facts or events ...بہ ـ مشاہدہ ـ ...ودہ کاری ـ کاردانی ـ

Experience (iks-pe-ri-əns) *v.t.* Meet with ...ائش ...رنا ـ امتحان کرنا ـ آزمانا ـ تجربہ کرنا ـ

Experienced (iks-pe-ri-ənsd) *adj.* Having exper ence of ...ودہ کار ـ جہاں دیدہ ـ تجربہ کار ـ

Experiment (iks-per-i-mənt) *n.* Test, trial ...تحان ـ ...ائش ـ تجربہ ـ

Experiment (iks-per-i-mənt) *v.i.* Make tes ...تحان کرنا ـ تجربہ کرنا ـ آزمائش کرنا ـ

Experimental (iks-per-i-məntəl) *adj.* Based o experiment ...ایا ہوا ـ تجربہ کیا ہوا ـ آزمودہ ـ

Expert (eks-pərt) *adj.* & *n.* Trained by practic ...شاق ـ ہوشیار ـ کسی فن میں ماہر ـ استاد ـ مبصر ـ ...اذق ـ

Expiable (eks-pi-əbl) *adj.* Amendable ...بل کفارہ ـ ...صلاح پذیر ـ

Expiate (eks-pi-at) *v.t.* Make amends ...صلاح کرنا ـ ...دلہ دینا ـ کفارہ دینا ـ تلافی کرنا ـ ہرجانہ دینا ـ

Expiation (eks-pi-ə-shən) *n.* Amending, payin the penalty of ...لافی ـ کفارہ ـ توبہ ـ صدقہ ـ بدلہ ـ

Expiration (eks-pir-ə-shən) *n.* Termination ...ات ـ ...وت ـ قضا ـ آخر وقت ـ اختتام ـ

Expire (eks-pir) *v.t.* & *i.* Breathe out ...م چھوڑنا ـ ...م نکلنا ـ مرنا ـ سانس نکل جانا ـ ختم ہونا ـ میعاد ...ختم ہونا ـ ہو چکنا ـ

Expiry (eks-piri) *n.* Termination ...تمام ہونا ـ انقضا ـ ...اختتام ـ خاتمہ ـ

Explain (iks-plan) *v.t.* Make known in detai ...تشریح کرنا ـ سمجھانا ـ توضیح کرنا ـ تفسیر کرنا ـ معنی ...بیان کرنا ـ صفائی پیش کرنا ـ

Explain away ...کچھ اور وجہ بیان کر دینا ـ تاویل کرنا ـ

Explainable (iks-plan-əbl) *adj.* That may be explained ...ابل تشریح ـ قابل وضاحت ـ

Explanation (iks-plan-ə-shən) *n.* Detailed statement ...کھول کر بیان کرنا ـ توضیح ـ بیان ـ تشریح ـ

xplanatory (iks-plan-ə-təri) *adj.* Serving to explain توضیحی - تشریحی - تفصیلی -

xpletive (eks-pli-tiv) *adj.* & *n.* Serving to fill out حشو - غیر ضروری - بھرتی کے غیر ضروری الفاظ جو محض حسن بیان کے لیے استعمال کئے جائیں -

xplicable (eks-plik-əbl) *adj.* That may be developed توضیح پذیر - شرح پذیر -

xplicate (eks-plik-at) *v.t.* Explain, develop واضح کرنا - کھولنا - شرح کرنا -

xplication (eks-pli-kə-shən) *n.* Development of a point - تشریح - انکشاف - تفصیلی بیان - تفصیل

xplicit (eks-plis-it) *adj.* Definite ناقابل تردید - مفصل -صریح - قطعی-صاف صاف -

xplicitly (cks-ples-itli) *adv.* Stated in detail تفصیل وار - صراحتاً - صاف صاف -

xplode (eks-plod) *v.t.* & *i.* Expose, go off with loud noise پھٹنا-دھاکے سے اڑ جانا - کسی نظریے کی پردہ دری کرنا - بے نقاب ہونا - فاش ہونا -

xploit (eks-ploit) *n.* Brilliant achievement کارنامہ - کارعظیم - بہادری کا کام - مہم - معرکہ -

xploit (eks-ploit) *v.t.* Utilize اپنا کام نکالنا - کام میں لانا - کام نکلنا - کام لینا - استفادہ کرنا - کسی کی کمزوری سے فائدہ اٹھانا - استحصال کرنا -

xploitation (eks-ploit-ə-shən) *n.* Utilization اپنے مقصد کے لیے استعمال کرنا - کار برآری - استحصال -

xploration (iks-plor-a-shən) *n.* Inquiry تحقیق - کھوج - تلاش - تجسس - جستجو -

xplore (eks-plor) *v.t.* Inquire into, examine تلاش کرنا - جستجو کرنا - تحقیق کرنا - کھوج لگانا - چھان بین کرنا -

Explorative *adj.* - تجسسانہ - تحقیق و تفتیش کے متعلق -

xplosion (iks-plo-zhən) *n.* Going off with loud noise دھاکا - زور کی آواز کے ساتھ پھٹنا - غیر معمولی اشتعال -

xplosive (iks-plo-siv) *adj.* Tending to eject with loud noise دھاکے کے ساتھ پھٹنے والا - بھک سے اڑ جانے والا -

xponent (eks-po-nənt) *adj.* & *n.* Person that interprets - بیان کنندہ - شارح - قوت نما (الجبرا) - ترجمان - نمائندہ - کھول کر بیان کرنے والا -

Export (eks-port) *v.t.* Send out چالان کرنا - ملکی مال غیر ممالک میں بھیجنا - برآمد کرنا -

Export (eks-port) *n.* Exported article روانہ شدہ اشیا - دساور - برآمد شدہ مال -

Exportation (eks-port-ə-shən) *n.* Things exported مال کی روانگی - نکاسی - برآمدگی - برآمد -

Expose (iks-poz) *v.t.* Display فروخت کے لیے پیش کرنا - نمائش کرنا - کھول کر ڈال دینا - کھولنا - خطرے میں ڈالنا - فوٹو پلیٹ کو بے پردہ کرنا- شیر خوار بچے کو پھینک دینا - راز فاش کر دینا - پردہ دری کرنا -

Expose (iks-poz) *n.* Statement of facts دکھاوا - اظہار حقیقت - واقعاتی بیان -

Exposition (Iks-poz-i-shən) *n.* Description- نمائش تشریح - توضیح - تفصیل - بیان - انکشاف - اظہار واقعات -

Expostulate (eks-post-u-lat) *v.t.* Make friendly remonstrance منت سماجت کرکے باز رکھنا - سمجھانا - متنبہ کرنا - دوستانہ طور پر شکوہ کرنا یا الزام دینا - رد و کد کرنا -

Expostulation (eks-post-u-la-shən) *n.* Remonstrance افہام و تفہیم - گلہ - شکوہ شکایت -

Expostulatory (eks-post-u-la-təri) *adj.* Disputing تکراری - شکایت آمیز - گلے شکوہ کے طور پر -

Exposure (iks-po-zhər) *n.* Displaying, unmasking (ہوا ، سردی ، گرمی یا خطرے کے سامنے) کھلا ہوا رہنا - بکاؤ مال کی نمائش - فریب کاری کی پردہ دری -

Expound (iks-pownd) *v.t.* Set forth in detail تفصیل سے بیان کرنا - تشریح کرنا - کسی نظریے یا خیال کی وضاحت کرنا -

Express (iks-pres) *adj.*, *adv.* & *n.* Exact, definitely stated بین - صریح - واضح - صاف - آشکارا - ہو بہو - ٹھیک ٹھیک - بین طور پر - تیز ریل گاڑی- تیز رو قاصد -

Express (iks-pres) *v.t.* Reveal - اظہار کرنا - ادا کرنا - دبا کر عرق نکالنا - دبانا - اظہار مطلب کرنا - علامات کے ذریعے اعداد ظاہر کرنا -

Expressible (iks-pres-i-bl) *adj.* Yielding to expression - اعلان پذیر - کہنے کے قابل - قابل اظہار -

Expression (eks-pre-shən) *n.* Indication نچوڑ کرنکالا ہوا رس - محاورہ - اسلوب بیان - کلام - سخن - لہجہ - کسی خصوصیت کے اظہار کا ڈھنگ - صورت - وضع - شکل - بشرہ - کسی ساز سے جذباتی راگ نکالنا - جذباتی راگ -

Expressive (eks-pre-siv) *adj.* Significant ولولہ انگیز- اثر انگیز - پر معنی - موثر -

Expressively *adj.* بلیغ انداز سے - واضح طور پر - بخوبی - صاف صاف -

Expressly (eks-pres-li) *adv.* Urgently صراحت سے - تاکید سے - ضروری -

Expropriate (eks-pro-pri-at) *v.t.* Dispossess مال و اسباب ضبط کر لینا - جائداد سے بے دخل کرنا - کسی چیز پر قابض ہو جانا - دوسرے کا قبضہ ہٹانا -

Expulsion (eks-pul-shən) *n.* Expelling, throwing out اخراج - بے دخلی - خروج - نکالنا - خارج کرنا -

Expunge (eks-punj) *v.t.* Erase, omit محو کرنا - قلم زد کرنا - مٹا ڈالنا - کاٹ ڈالنا - نیست و نابود کرنا - کالعدم کرنا -

Expunction *n.* مٹا ڈالنا - قلم زدگی -

Expurgate (eks-per-gat) *v.t.* Purify آلائش دور کرنا - صاف کرنا - پاک کرنا - دھو ڈالنا - کتاب وغیرہ کو قابل اعتراض حصوں سے پاک کرنا -

Expurgation (eks-per-ga-shən) *n.* Purification آلائش یا فاسد مادے کا اخراج - پاکیزگی - شستگی - قابل اعتراض عبارتوں سے کتاب کی صفائی -

Exquisite (eks-kwiz-it) *adj.* & *n.* Of consummate excellence or beauty نفیس - عمدہ - پاکیزہ - حسین - باریک - دقیق - دقیقہ رس - عالی دماغ - بانکا - چھیلا - رنگیلا -

Exquisitely (eks-kwiz-it-li) *adv.* In an excellent manner باریکی سے - لطافت سے - عمدگی سے -

Extant (eks-tənt) *adj.* Still existing ابھرا ہوا - اٹھا ہوا - باقی - اب بھی موجود -

Extemporaneous-rary (eks-tem-pə-ri-ni-yəs) *adj.* Off hand برمحل - فی البدیہہ - عین وقت پر کہا ہوا - برجستہ - بلا کسی تیاری کے -

Extempore (eks-tem-pər) *adj.* & *adv.* Done without preparation فی البدیہہ - برجستہ - بر وقت -

Extemporize (aks-tem-pə-riz) *v.t.* & *i.* Compos extempore وقت شعر کہنا - فی البدیہہ موزوں کرنا - جستہ کہنا -

Extend (iks-tend) *v.t.* & *i.* Lay out at full lengt یلنا - پھیلانا - بڑھانا - لمبا کرنا - وسیع کرنا - ین وغیرہ کی قیمت بڑھانا - زمین کو قرضے کے عوض نے قبضے میں لے لینا - بیچ بیچ میں یکساں فاصلہ ھوڑ کر فوجیوں کی صف بندی کرنا - دائرہ کار بڑھانا -

Extensibility (iks-ten-sib-i-liti) *n.* Capacity c extension سعت پذیری - پھیلانے یا بڑھانے کی بلیت -

Extensible (iks-ten-sibl) *adj.* Capable of exten sion سعت پذیر - بڑھانے یا پھیلانے کے قابل -

Extension (iks-ten-shən) *n.* Extent, range ضافہ - پھیلاؤ - لمبائی - چوڑائی - وسعت - ایزادی - زائد حصہ -

Extensive (iks-ten-siv) *adj.* Large, far-reachin لمبا چوڑا - کشادہ - فراخ - بڑے رقبہ کا - دور تک پھیلا ہوا - زیادہ پیداوار کا - جس کا دار و مدار اراضی ی وسعت پر ہو -

Extent (iks-tent) *n.* Space over which a thing extends حد - رقبہ - وسعت - اندازہ - کاشت کا پھیلاؤ - اراضی کی وسعت - قرق - قرق نامہ -

Extenuate (eks-ten-u-at) *v.t.* Lessen a seeming guilt ہلکا کرنا - جرم کی اہمیت کو کم کرنا - دبلا پتلا کرنا - کم کرنا -

Extenuation (eks-ten-u-a-shən) *n.* Making thin and weak لاغری - کمی - دبلا پن - ہلکا پن -

Exterior (eks-ti-ri-ər) *adj.* & *n.* Outer بیرونی حالت - باہر سے آیا ہوا - بیرونی - خارجی -

Exterminate (eks-tər-mi-nat) *v.t.* Root out مٹا ڈالنا - جڑ کاٹ دینا - نیست و نابود کرنا - اکھاڑ پھینکنا - استیصال کرنا - ستیاناس کرنا -

Extermination *n.* استیصال - بیخ کنی - بربادی - تباہی - پائمالی -

External (eks-tər-nəl) *adj.* Situated outside غیر ملکی - خارجی - بیرونی - اتفاقی - ناگہانی - اچانک - خارجی استعمال کی (دوا) - اعمال ظاہری - خارجی کائنات -

ernalism (eks-ter-nə-lism) *n.* Belonging to the world of phenomena مظاہر پرستی - ظواہر پرستی - یہ عقیدہ کہ حقیقت کائنات کے خارجی حوادث میں ہے -

ernally (eks ter-nəli) *adv.* In external manner بیرونی طور پر - ظاہری طور پر -

ernals (eks-ter-nəls) *n. & pl.* Outside facts محسوسات - اسباب ظاہری - احوال ظاہری -

erritorial (eks-ter-i-to-ri-əl) *adj.* Not bound by the law of the land (سفرا وغیرہ کے سفارت خانے) ملکی قانون کی دسترس سے باہر -

inct (eks-tingkt) *adj.* That has died out بجھا ہوا - گل - بجھی ہوئی (آگ یا امید) - معدوم - موقوف - ناپید - مردہ -

inction (eks-tingk-shən) *n.* Annihilation باقی نہ رہنا - مٹنا - نیستی - فنا -

tinguish (eks-tin-guish) *v.t.* Put out مخالف کو ساکت کرنا - خاموش کرنا - گل کرنا - بجھانا - برباد کرنا - فنا کرنا - مٹا ڈالنا - قرض بے باق کرنا -

tinguishable (eks-tin-guish-əbl) *adj.* Worthy to be put out مٹانے کے قابل - بجھائے جانے کے قابل - فنا پذیر - فانی -

tinguisher (eks-tin-guish-ər) *adj.* That which puts out مٹا دینے والا - بجھانے والا - گل گیر - گل تراش -

terpate (eks-tər-pat) *v.t.* Destroy بیخ و بن سے اکھاڑ پھینکنا- جڑ سے اکھاڑنا- نیست و نابود کرنا -

terpation (eks-tər-pa-shən) *n.* Destruction بربادی - استیصال - بیخ کنی -

tol (iks-tol) *v.t.* Praise تعریف کے پل باندھنا - ستائش کرنا - تعریف کرنا -

tort (iks-tort) *v.t.* Obtain by violence کسی سے کوئی چیز بالجبر حاصل کرنا - زبردستی لے لینا - اینٹھ لینا - بزور یا بالجبرلینا - دباؤ ڈال کر راز معلوم کر لینا - الفاظ کو توڑ مروڑ کر غلط معنی نکالنا -

tortion (eks-tor-shən) *n.* Illegal exaction بالجبر حاصل کرنا - زبردستی لےلینا - استحصال - جبری رشوت ستانی -جور - ظلم - جبر -

Extortionate (eks-tor-shən-at) *adj.* Using extortion زبردستی حاصل کرنے والا - جابر - ظالم -

Extra (eks-trə) *adj., adv. & n.* Additional, more than usual زائد - علاوہ - فالتو - معمول سے بڑھ کر - زائد طور پر - زائد شے - زائد ادا کار -

Extra (eks-trə) In comb : a part of combined word زائد - سوا - غیر - خارج از-

Extracosmical خارج از کائنات -

Extramundane غیر مادی - غیر دنیاوی -

Extra-strong زائد طاقت ور -

Extract (eks-trakt) *n.* The viscid matter, substance in concentrated form نچوڑ - ست - جوہر - ماحصل - کسی کتاب کا اقتباس یا خلاصہ -

Extract (eks-trakt) *v.t.* Make extracts from نکالنا - کھینچنا - عطر نکالنا - عرق نکالنا - انتخاب کرنا - خلاصہ کرنا - اقتباس لینا -

Extraction (eks-trak-shən) *n.* Extracting انتخاب - نچوڑنے کا یا کھینچنے کا عمل -

Extractor (eks-trak-tər) *n.* One who extracts زنبور - عرق کھینچنے والا - اقتباس کرنے والا -

Extradite (eks-tra-dit) *v.t.* Give up foreign criminal to proper authorities غیر ملک کے مجرم کو اس ملک کے حوالے کرنا - کسی ملک کے مجرم کو اس حکومت کی تحویل میں دینا -

Extradition (eks-tra-di-shən) *n.* Delivery of fugitive criminals to proper authorities تحویل مجرمین - مرکز احساس سے دور مقام حس کا تعین کرنا - مقام احساس کا استقرار-

Extraneous (eks-tran-yes) *adj.* Of external origin بیرونی - خارجی - غیر متعلق -

Extraordinary (eks-tra-or-di-nari) *adj. & n.* Out of usual course خلاف قاعدہ - خلاف معمول - خلاف دستور - غیر معمولی - انوکھا - نرالا - عجیب و غریب - عظیم الشان - جلیل القدر -

Extravagance (iks-tra-vəgəns) *n.* Absurd statement or action انحراف - تجاوز - اسراف - فضول خرچی - نامعقول بیان یا عمل -

Extravagant (iks-tra-və-gənt) *adj.* Immoderate فضول خرچ ۔ غیر محتاط ۔ معمولی حد سے تجاوز کرنے والا ۔ مسرف ۔ لٹاؤ ۔ اجاڑو ۔ بے جا خرچ کرنے والا ۔ خراچ ۔

Extravagant (iks-tra-və-gənt) *n.* Immoderate person ۔ خراچ شخص ۔ بیجا خرچ کرنے والا آدمی ۔

Extravaganza (eks-trav-ə-ganza) *n.* Fantastic composition or behaviour ادبی ، لسانی یا عملی حیثیت سے أعجوبہ ۔ اچنبھے کا ۔ عجیب و غریب انسان ۔

Extreme (iks-trem) *adj.* & *n.* Outer-most, farthest ۔ مرکز سے بہت دور ۔ دور دراز ۔ حد سے زیادہ اشد ۔ سخت تر ۔ حد ۔ انتہا ۔ انجام ۔ سرا ۔ اطراف ۔ اول و آخر ۔

An extreme case ۔ انتہائی مثال ۔ نازک مریض ۔ نازک مقدمہ ۔

Extremism *n.* غلو ۔ انتہا پسندی ۔

Extricable (eks-trik-əbl) *adj.* Releasable سلجھانے کے لائق ۔ نجات دینے کا مستحق ۔ قابل رہائی ۔

Extricate (eks-trik-ət) *v.t.* Disentangle ۔ آزاد کرنا بچانا ۔ چھڑانا ۔ سلجھانا ۔ نکالنا ۔

Extrication (eks-tri-kə-shən) *n.* Disentanglement ۔ خلاصی ۔ رہائی ۔ سلجھاؤ ۔

Extrinsic (eks-trin-sik) *adj.* Lying outside ظاہری ۔ عارضی ۔ خارجی ۔

Extrude (eks-trood) *v.t.* Thrust out ۔ نکال باہر کرنا خارج کرنا ۔ باہر نکالنا ۔ دھکیلنا ۔

Extrusion (eks-troo-zən) *n.* Thrusting out ۔ خروج باہر نکلنا ۔ اخراج ۔ **نکاس** ۔

Exuberant (igz(y)oo-bər-ənt) *adj.* Luxuriant فراواں ۔ لبریز ۔ بافراط ۔ بہت کثرت سے ۔ رنگین ۔ مرصع ۔

Exuberance *n.* ۔ لبریز ہونا ۔ وافر ہونا ۔ کثرت ۔ افراط افزونی ۔ ریل پیل ۔ **بہتات** ۔

Exuberate (egz(y)oo-bə-rət) *v.i.* Abound, overflow ۔ لبریز ہونا ۔ جی بھر کر ہونا ۔ زیادہ ہونا

Exude (eks-ud) *v.i.* & *t.* Ooze out, give off پسینہ ٹپکنا ۔ پسینہ نکلنا ۔ ٹپکنا ۔

Exudation *n.* رس ۔ عرق ۔ پسینہ ۔

Exult (igz-ult) *v.i.* Rejoice exceedingly ں و ہونا ۔ بہت خوش ہونا ۔ باغ باغ ہونا ۔ پھولے نہ ۔ شادیانے بجانا ۔ فخر کرنا ۔ اترانا ۔

Exultant (igz-ult-ənt) *adj.* Overjoyed کرنے والا ماں ۔ فرحاں ۔ شاداں ۔ خوشی سے اترانے والا ۔ سے باہر ہونے والا ۔

Exultation (iaz-ultə-shən) *n.* Happiness ط ۔ مانی ۔ خرمی ۔ خوشی ۔

Exuviate (egz(y)oo-viət) *v.t.* & *i.* Shed, slou ں اترنا ۔ پرانی کھال اتر جانا ۔ کینچلی اتارنا ۔ ال اتارنا ۔

Eyas (i-əs) *n.* Young hawk کا بچہ جسے سدھایا ا ہے ۔

Eye (i) *n.* Organ of sight ۔ آنکھ ۔ چشم ۔ دیدہ ۔ ۔ نگاہ ۔ بصیرت ۔ آنکھ کی پتلی ۔ آنکھ کی سی (جیسے سور کے پروں کی چتّیاں) ۔

Eyeball ھ کا ڈھیلا ۔ دیدہ ۔

Eye-cup ھ دھونے کی پیالی ۔

Eye-opener ۔ آنکھیں کھولنے والا واقعہ ۔ نکا دینے والا

See eye to eye(with). ہم خیال ہونا ۔ ق الرائے ہونا

Saw with half an eye ۔ ک نظر دیکھ لیا

Made him open his eyes آنکھیں کھلی کی رت سے لی رہ گئیں ۔ اُسے متحیّر کر دیا ۔

Beam in one's eye ھ کا شہتیر ۔

If you had half an eye بصیرت ر تم میں کچھ بھی ی ۔

Have an eye for art ۔ ن لطیفہ میں بصیرت رکھنا

Have an eye for proportion ھی نظر ہونا ۔ آہنگی اور تناسب کا شعور رکھنا ۔

Keep an eye on ۔ رانی کرنا ۔ کسی پر نظر رکھنا

His eyes are bigger than his belly ۔ پیٹو ہے

Make eyes at ۔ شقانہ نظروں سے دیکھنا

Feast one's eyes upon ں بھر کر دیکھنا ۔ آنکھیں نکنا ۔

Eye (i) *v.t.* Observe, watch ۔ ساہدہ کرنا ۔ نگاہ کرنا کھنا ۔ نگاہ میں رکھنا ۔ حقارت سے دیکھنا ۔

Eyre (ar) *n.* Mobile court ۔ رہ کرنے والی عدالت شتی عدالت ۔

Eyrie (ar-i) *n.* Airie یکھو

F

ef) *n.* Sixth letter of the English alphabet انگریزی حروف تہجی کا چھٹا حرف -

(f-a) *n.* Fourth note of octave موسیقی میں ایک سپتک کا چوتھاسر - ما کا سر -

bian (fa-bi-ən) *adj.* Employing cautious strategy to wear out an enemy کسی غنیم کو زچ کرنے کے لئے طولانی اور چکر دار چالیں - شاطر - انگلستان کی انجمن اشتراکین سے متعلق - دھیما - سست - دیر کرنے والا -

ble (fa-bl) *n.* Story of supernatural characters فرضی قصہ - کہانی - داستان - افسانہ - دیو پری کا افسانہ - حکایت - بناوٹ - جھوٹ - بے سروپا بات - غلط بیانی - وہمی یا خیالی چیزیں - ایسا قصہ جس میں ایسے کردار ہوں جن سے کوئی اخلاق سبق ملتا ہو -

ble (fa-bl) *v.t. & i.* Tell fictitious tales فرضی قصے کہنا - قصہ گھڑنا - اپنے دل سے بات بنانا - بناوٹی بات کہنا - غلط بیانی کرنا -

bler (fa-blər) *n.* One who tells tales قصہ گو - داستان گو - کہانی کہنے والا - بے پر کی اُڑانے والا -

bric (fab-rik) *n.* Edifice صورت - شکل - ساخت - گھر - حویلی - مکان - عمارت - پارچہ - کپڑا - کپڑے کی ساخت -

bricate (fab-rik-at) *v.t.* Invent, forge جعلی دستاویز بنانا - جھوٹ بنانا - ایجاد کرنا - بنانا -

brication (fab-rika-shən) *n.* Invention جعلسازی - جھوٹ - بناوٹ -

abulist (fa-bu-list) *n.* Composer of fables داستان گو - افسانہ نویس - افسانہ ساز - قصے گھڑنے والا -

abulous (fab-u-lus) *adj.* Legendary مصنوعی - فرضی - وہمی - افسانوی - غیر تاریخی - من گھڑت - ناقابل یقین - مبالغہ آمیز - بے سروپا -

acade (fa-sad) *n.* Frontal part of a building اگواڑہ - مکان کا رو کا حصہ - سامنے کا حصہ - مکان کا آگا - عمارت کا رو کا رخ - مکان کے سامنے کا حصہ -

ace (fas) *n.* Appearance چہرہ - صورت - شکل - چہرہ مہرہ - ناک نقشہ - چہرے کی حالت - ظاہری حالت - نمود - ظاہری شکل و صورت - پیش - سامنا - اگواڑا - گھڑیال کے نمبروں کے چکر کا رخ - کسی ہتھیار کی آواز کا کارآمد حصہ - وہ حصہ جس سے کام لیا جاتا ہے -

In face a lion, in heart a deer صورت میں شیر ، جی میں بھیڑ -

To make a long face منہ بسورنا - غصے سے مُنہ پھلانا -

Look in the face آنکھ ملانا - مقابلہ کرنا -

Face (fas) *v.t. & i.* Meet confidently سامنا کرنا - اطمینان سے مقابلہ کرنا - پیچھے نہ ہٹنا - تاش کے پتے کو سیدھے رخ رکھنا - مسالہ چڑھانا - تہہ چڑھانا -

Facer (fas-ər) *n.* Blow in the face سخت مشکل - بلائے ناگہانی - طمانچہ - تھپڑ -

Facet (fas-it) *n.* One side of a many-sided body پہلو - رخ - پھل - جانب - ایک پہلو - کسی پہلو دار چیز کا پہلو - ترشے ہوئے رتن کا پہلو -

Facetiae (fas-shie) *n. pl.* Pleasantries ظریفانہ کلام - ظرافت - لطیفہ - نکتہ - ہنسی دل لگی کی باتیں - ظریفانہ گفتگو - فحش گوئی - بذلہ سنجی -

Facetious (fə-se-shəs) *adj.* Addicted to pleasantry ہنسی مذاق کرنے والا - خوش مزاج - زندہ دل - ظریف - لطائف گو - بذلہ سنج - ظرافت آمیز - مزاحیہ - شوخ طبع - ہنسانے والا -

Facial (fa-shəl) *adj.* Of the face منہ یا چہرے کے متعلق - چہرے کا -

Facile (fas-il) *adj.* Easily done or won آسان - سہل - سہج اور آسانی سے حاصل کیا ہوا - آسانی سے حاصل ہو جانے والا - خوش خلق - نرم - ملائم - نرم مزاج - نیک نہاد - سلیم الطبع

Facilitate (fas-ili-tat) *v.t.* Make easy سہولت پیدا کرنا - آسانی کرنا - سہل کرنا - آسانی بہم پہنچانا - ترقی کرنے میں مدد دینا -

Facilitation (fa-sil-i-ta-shən) *n.* Easiness آسانی - سہولت -

Facility (fa-sil-i-ti) *n.* Being easy تقریر کی روانی - سہولت - آسانی - آسان ہونا - اچھا موقع - انسانیت - آدمیت - خلق - ملنساری - نرمی - حلم - ملائمت - مستعدی - چالاکی - ہوشیاری -

Facing (fas-ing) *n.* Coating of different material پوشش - لباس - کنارہ - حاشیہ - اوپلا - سنجاف - استر کاری - سپاہیوں کا رخ کسی سمت میں ہونا -

Facsimile (fak-si-mi-li) *n. & v.t.* Exact copy ٹھیک نقل - نقل مطابق اصل - ہوبہو نقل کرنا - لکھائی، تصویر یا چھپائی کے ذریعے نقل اُتارنا -

Fact (fakt) *n.* Occurrence of event حقیقت ۔ حالت ۔ کیفیت ۔ صداقت ۔ اصل حال ۔ امر واقعہ ۔ حقیقت نفس الامری ۔

The fact of the matter حقیقت حال ۔ واقعہ کی اصلیت ۔

Faction (fak-shən) *n.* Self-interested party ۔ جماعت ۔ گروہ ۔ سیاسی فریق ۔ گروہ مخالفین و مفسدین ۔ جتھا ۔ فرقہ بندی ۔ دھڑے بندی ۔ ہلچل ۔ بلوہ ۔ ہنگامہ ۔ فتنہ و فساد ۔ نفاق ۔

Factional (fak-shən-əl) *adj.* Pertaining to faction فسادی ۔ مفسد ۔ فتنہ انگیز ۔ ہنگامہ پرداز ۔ مفتری ۔ سرکش ۔ متمرد ۔ فساد یا جھگڑے کے متعلق ۔

Factiousness (fak-tə-yəs-nes) *n.* Turbulence فتنہ انگیزی ۔ بکھیڑا ۔ دنگا ۔ فساد ۔ جھگڑا ۔

Factitious (fak-ti-shəs) *adj.* Artificial ۔ غیر حقیقی جعلی ۔ بناوٹی ۔ نقلی ۔ مصنوعی ۔

Factitive (fak-ti-tiv) *adj.* Of a verb, taking a complementary object افعال قلوب ۔ ایسے فعل جن میں مفعول اور توسیع فعل ہو ۔

Factor (fak-tər) *n.* Agent, deputy ۔ آڑھتیا ۔ کرتا دھرتا گماشتہ ۔ ایجنٹ ۔ جز ۔ اہم جز ۔ واقعہ ۔ حقیقت ۔ عنصر ۔ لازمی جز ۔

Factory (fak-tə-ri) *n.* Workshop, trading station کارخانہ ۔ بیوپار گھر ۔ سوداگروں کی بیرونی تجارتی منڈی ۔

Factotum (fak-to-təm) *n.* Man or woman of all work ہر کام کرنے والا ملازم ۔

Factual (fak-tu-əl) *adj.* Concerned with facts ۔ اصلی حقیقی ۔ واقعاتی ۔ کسی واقعے ، امر ، حقیقت کے متعلق ۔

Factum (fak-tum) *n.* Memorial ۔ محضر ۔ درخواست واقعات کی رو داد ۔ بیان ۔

Faculty (fak-əl-ti) *n.* Power inherent in the body, mental power لیاقت ۔ استعداد ۔ قابلیت ۔ دماغی قوت ۔ ذہنی صلاحیت ۔ کسی خاص کام کرنے کی قوت ۔ جامعہ میں کسی خاص علم یا فن کا شعبہ ۔ حلقہ اساتذہ طلبا ۔ اجازت نامہ ۔ پروانہ ۔ سند ۔

Fad (fad) *n.* Pet notion, craze دل میں سمایا ہوا کوئی چبھتا خیال ۔ دھن ۔ اصول ۔ خبط ۔ وہم ۔

Faddism (fad-izm) *n.* Fancied enlightenment دلنشین خیال ۔ خبط ۔ وہم ۔ تصوریت ۔

Faddist (fad-ist) *n.* One who behaves accordi[ng] to his craze ۔ سنکی ۔ وہمی ۔ [ا]پنے خیال پر چلنے والا [خب]طی ۔

Fade (fad) *v.t. & i.* Lose freshness or vigo[r] [مر]جھانا ۔ سوکھنا ۔ خشک ہونا ۔ زائل ہونا ۔ پژمردہ [ہون]ا ۔ ماند پڑنا ۔ گھٹنا ۔ رنگ اڑ جانا ۔ پھیکا پڑنا ۔

Faeces (fe-sez) *n. & p.* Excrement of the bowe[ls] [فض]لہ ۔ تلچھٹ ۔ درد ۔ براز ۔ پاخانہ ۔ لید ۔ گوبر ۔

Fag (fag) *v.t., i. & n.* Toil painfully محنت ۔ [جا]ن مارنا ۔ [مز]دوری کرنا ۔ چاکری کرنا ۔ سخت تکلیف اٹھانا ۔ [تھ]ک جانا ۔ تھکا دینا ۔ سست ہونا یا کر دینا ۔ درسگاہوں [کی] بڑی جماعتوں کے طلبا کا چھوٹے طالب علموں سے خدمت [لینا] ۔ چھوٹی جماعتوں کے طلبا جو بڑی جماعت والوں کی [خد]مت کرتے ہیں ۔ (بول چال) سگریٹ کا ٹوٹا ۔

Fag-end [ک]پڑے بانڈھے کا کام ۔ بیکار سرا یا آخری حصہ ۔

Fagot-faggot (fag-ət) *n. v.t., & i.* Bundle of stic[ks] [ای]ندھن کا گٹھا ۔ لکڑیوں کا گٹھا ۔ کلیجی کے کباب ۔ [گٹ]ھے باندھنا ۔

Fahrenheit (fa-rən-hit) *adj. & n.* Freezing an[d] boiling point [ح]رارت پیما آلہ ۔ حرارت پیما آلہ کے [مت]علق ۔ نقطہ انجماد و درجہ جوش کا ۔

Fail (fal) *v.t. & i.* Run short, be missing [کام]یاب نہ [ہو]نا ۔ ناکام ہونا ۔ کم ہونا ۔ گھٹ جانا ۔ کافی نہ ہونا ۔ [زائ]ل ہونا ۔ قاصر ہونا ۔ فنا ہو جانا ۔ معدوم ہو جانا ۔ [چ]وکنا ۔ ہارنا ۔ ہمت ہار دینا ۔ جواب دے دینا ۔ ناکام [ہو]نا ۔ محنت رائگاں جانا ۔ گھاٹا آنا ۔ دیوالہ نکالنا ۔ [ام]ید واری سے الگ کر دیا جانا ۔

Failing (fal-ing) *n.* Shortcoming [ا]دھورا پن ۔ [چ]وک ۔ خطا ۔ قصور ۔ کمی ۔ گھاٹا ۔ نقصان ۔ کوتاہی ۔

Failure (fal-yer) *n.* Ill success ۔ نامرادی ۔ [ناکا]م شخص ۔ [نا]رسائی ۔ ناکامی ۔ کمی ۔ قلت ۔ خسارا ۔ گھاٹا ۔ بھول ۔ [خ]طا ۔

Fain (fan) *adv. & adj.* Willing under the circum[-] stances [خو]اہ مند بہ حالت مجبوری ۔ طوعاً وکرہاً ۔ بادل [نا]خواستہ آمادہ یا تیار ۔

Faineant (fen-a-an) *n. & adj.* Idle, inactive ۔ [کا]م چور [س]ست ۔ کاہل ۔

Faint (fant) *adj.* Timid, coward ۔ کمزور ۔ [ک]م ہمت [بز]دل ۔ ڈرپوک ۔ مرجھایا ہوا ۔ ماند ۔ پھیکا ۔ ہلکا ۔ [ق]ریباً بے ہوش ۔ ناگوار (خوشبو یا ہوا) ۔

aint-hearted نامرد - کم ہمت - بودا - ڈرپوک -

t (fant) *v.t.* & *n.* Lose courage غش آنا یا کھانا - سکتے کا عالم ہونا - بے ہوش ہو جانا - خوف زدہ ہونا - نامردی دکھانا - ہمت ہارنا - غشی - نقاہت -

a dead faint قطعی غافل - بالکل بے ہوش -

(far) *adj.* Beautiful, satisfactory حسین - بے داغ - بے عیب - خوبصورت - خوشنما - گورا - کھُلے رنگ کا - صاف - ستھرا - منصف مزاج - بے تعصب - بے لاگ - اچھا خاصا - اوسط درجے کا - متوسط -

airplay مساوی برتاؤ - انصاف -

ll is fair in love and war جنگ اور عشق میں سب روا ہے -

air weather friends اچھے دنوں کے ساتھی -

air-haired *adj.* بھورے بالوں والا -

(far) *n.* Periodical gathering for sale of goods میلا - جاترا - مینا بازار - ہاٹ جو خاص خاص موسم اور وقت اور مقام میں ہو -

(far) *adv.* Courteously انصاف سے - اخلاق سے - تہذیب و شائستگی سے - ایمانداری سے -

ing (far-ing) *n.* Present bought at a fair وہ تحفہ جو کسی میلے میں خریدا جائے - ہوائی جہاز کی صفائی اور چکنائی -

rly (far-ly) *adj.* Utterly, justly خاصا - تمامتر - بالکل - ٹھیک ٹھیک - انصاف سے -

rness (far-nes) *n.* Honesty حسن - پاکیزگی - خوبی - راستی - ایمانداری -

ry (far-i) *n.* & *adj.* Supernatural being with magical powers پری - پری‌زاد - طلسمات - کسی عجیب و غریب واقعے کا بیان - پریوں کا خیال - فرضی - پری جیسا - خوبصورت - نازک - نرم - چھوٹا سا -

Fairyland پریوں کا دیس - پرستان -

Fairy-tale پریوں کی کہانی -

t accompli (fet-ə-kem-pli) *n.* Thing done قطعی فیصلہ - ختم شدہ کام - فیصل شدہ کام - اٹل فیصلہ -

th (fa-th) *n.* Belief اعتبار - یقین - بھروسا - عقیدہ - ایمان - مذہب - معتقدات - اقرار - قول و قرار - ذمہ داری -

Pin one's faith to کامل یقین یا اعتقاد ہونا -

Faithful (fa-th-ful) *adj.* Loyal بات کا پکا - قول کا پورا - باوفا - وفادار - ثابت قدم - نمک حلال - قابل اعتماد - صحیح - ٹھیک ٹھیک - مطابق اصل -

Faithfully (fath-fuli) *adv.* Constantly وفاداری سے - ایمان داری سے - استقلال سے -

Faithfulness (fath-ful-nes) *n.* Trustworthiness سچائی - کھرا پن - نمک حلالی - اعتبار - وفا داری -

Faithless (fath-les) *adj.* Unbelieving کافر - بد عقیدہ - بے ایمان - بے دین - لامذہب - بات کا کچا - بد عہد - عہد شکن - وعدہ خلاف - غیر معتبر - جھوٹا -

Fake (fak) *v.t.* & *n.* Make presentable بناوٹی چیز - کسی چیز کو ملمع کر کے پیش کرنا - جعلی چیز -

Falcate-ed (fal-cat) *adi.* Bent خمدار - ٹیڑھا - خمیدہ -

Falchion (fawl(t)shen) *n.* Curved sword خمدار تیغ - ہلالی خنجر - خمدار تلوار - عباسی -

Falcon (fawl-kən) *n.* A bird of prey بہری - شاہین - شکرہ - باز -

Falconer (fawl-kə-nər) *n.* Keeper and trainer of hawks بازدار - بازوں کو سدھانے والا - باز کا شکاری -

Falconry (fawl-kən-əri) *adj.* The art of training and hunting with falcons باز بازی - شاہین پروری - شاہین بازی - فن شاہینی - شکار -

Fall (fawl) *v.t.* Drop, sink پیدا ہونا - اوندھے پڑنا - گر پڑنا - گرنا - رتبے یا درجے کا کھو دینا - زوال پذیر ہونا - ٹوٹ کر الگ ہو جانا - اختلاف کرنا - قیمت کا گرنا - مندا ہونا - زمین پر گر پڑنا - ظہور پذیر ہونا - واقع ہونا -

Fall astern (جہاز کا) پیچھے رہ جانا - پیچھے ہٹنا -

Fall back upon آسرا ڈھونڈھنا - سہارا لینا -

Fallen on evil times برے دن آنا -

Fall into a rage غصہ ہونا - طیش میں آنا -

Falling-sickness صرع - مرگی -

Falling-star شہاب ثاقب - ٹوٹا تارہ -

Fall out ریڈیائی اثرات - جوہری بم کے مضر اثرات - لڑ پڑنا - جھگڑا ہونا -

Fall short of حصول مقصد میں ناکام رہنا - توقع پوری نہ کرنا -

Fall among thieves چوروں میں پھنس جانا -

Fall (fawl) *n.* Act of falling ڈھال - اتار - جھکاؤ -
نشیب - گرنا پت جھڑ۔ بارش کی مقدار - بکری یا بھیڑ کے
بچوں کی تعداد - آبشار - چشمہ - جنگل میں کاٹی ہوئی
لکڑی کی مقدار - ہوا و ہوس کا شکار - برقعہ یا نقاب -

Fallacious (fə-la-shəs) *adj.* Misleading گمراہ کن -
دھوکے کا - غلط - کاذب - جھوٹا -

Fallacy (fal-ə-si) *n.* Unsoundness غلطی - فریب -
دغا - دھوکا - مغالطہ - فریب کاری - غیرتشفی بخش ہونا -

Fallibility (fal-i-bliti) *n.* Erroneousness خطا کاری -
خطا پذیری - قصور واری -

Fallible (fal-i-bl) *adj.* Liable to err بھولنے والا -
چوکنے والا - قصور وار - خطا وار -

Fallow (fal-o) *adj. & n.* Uncultivated بغیر کاشت کی
ہوئی زمین - غیر مزروعہ - اُفتادہ - ہلکا بھورا - ہلکا
سرخ - سرخی مائل زرد -

Fallow (fal-o) *v.t.* Break up for sowing کاشت کے
لئے تیار کرنا - ہل چلانا - جوتنا -

Fallow deer ایک قسم کا چھوٹا ہرن - چکارا -

False (fawls) *adj. & adv.* Wrong, incorrect جھوٹ -
دروغ گو - باطل - غلط - نادرست - غیرصحیح - بےایمان -
بد دیانت - بے وفا - نمک حرام - دھوکے باز - جھوٹ
بول کر - غلط بیانی سے - مکاری سے - بناوٹ سے -

Falsehood-ness (false-hud) *n.* Something untrue کھوٹ - ناراستی - دروغ - جھوٹ - بے ایمانی -
دھوکا - مکر - فریب - جھوٹی یا بناوٹی چیز -

Falsely (falws-li) *adv.* With falsity بے ایمانی سے -
دغا بازی سے - دھوکے سے - جھوٹ بول کر -

Falsetto (fawl-sito) *n.* Head voice in men اونچے
سر کی تان - بلند روش آواز -

Falsification (fawl-si-fi-kə-shən) *n.* Perversion
غلط بیانی - جعلسازی - تلبیس - بناوٹ -

Falsify (fawls-i-fi) *v.t.* Fraudulently alter جعلی تحریر
تیار کرنا - رد وبدل کرنا - غلط بیانی کرنا - بگاڑنا - گھڑنا -
ڈنڈی مارنا - مایوس کرنا - امیدوں پر پانی پھیرنا -

Falsity (fawls-i-ti) *n.* Dishonesty بطلان - بد دیانتی -
فریب کاری - جھوٹ -

Falter (fawl-tər) *v.i. & t.* Stammer پس و پیش کرنا -
لڑکھڑانا - ڈگمگانا - ہچکچانا - ہکلانا -

Falteringly (fawl-tər-ing-li) *adv.* Hesitatin
و پیش کرتے ہوئے۔ہکلاتے ہوئے - تامل سے -
اٹک کر - ہچکچاہٹ سے -

Fame (fam) *n.* Reputation نامی - ناموری - چرچا -
- شہرت - آوازہ - اشتہار - عام خبر - افواہ -

Fame (fam) *v.t.* Speak much of زد ہونا -
ر کرنا - مشہور کرنا - شہرت دینا -

Familiar (fə-mil-yər) *adj.* Intimate, of on family یلو - اپنے گھر کا - اپنے خاندان کا -
ی مضمون سے آشنا - یگانہ - آشنا - یار - محرم راز -
مرہ کا -

Familiarity (fə-mil-yər-iti) *n.* Close intercou
اط و اختلاط - دوستی - بے تکلفی - میل ملاپ -

Familiarize (fəmil-yər-iz) *v.t.* Make famil
شت دور کرنا - خوگر کرنا - سدھانا - ہلانا - پوری
ح واقف کرا دینا - سہل یا آسان کرنا -

Family (fam-i-li) *n.* Members of a househo
و عیال - بال بچے - کنبہ - بھائی بند - قریبی
دار - خویش و اقربا - ایک ہی نسل یا قوم کے
ک - اچھا گھرانا - اعلیٰ خاندان -

Head of a family دان کا سرکردہ - گھر کا
ھری - صدر خاندان -

Famine (fam-in) *n.* Extreme scarcity - گرانی -
ط سالی - قحط - کسی چیز کی غیر معمولی قلت -
ک سالی -

Famish (fam-ish) *v.i. & t.* Reduce or be reduc to extreme hunger وکا مارنا - فاقوں سے ہلاک
نا یا کرنا - بھوکوں مرنا - فاقوں کی نوبت آنا -

Famous (fam-es) *adj.* Well-known ی - نامدار -
روف - مشہور - شہرہ آفاق (بول چال) نہایت عمدہ -
علیٰ درجے کا -

Fan (fan) *n.* Machine for agitating air کش -
کھا - باد آور - پنکھے کی طرح کی آرائش کی چیز -
ن کا پنکھا - دھونکنی - پھکنی - کھیل وغیرہ کا رسیا -

Fan (fan) *v.t. & i.* Drive current of air کرنا -
نا - جھلنا - پنکھا جھلنا - اناج کی بھوسی اڑانا -
ک بھڑکانا - اشتعال دینا -

Fanatic (fə-nat-ik) *adj. & n.* Filled with excessiv enthusiasm متعصب - کٹر - پر جوش - سرگرم -
ہبی جوش والا - دیوانہ - مجنوں - مجذوب انسان -

naticism (fə-nat-izm) *n.* Mistaken enthusiasm جذبہ - مذہبی جنون - تعصب - مذہبی جوش - کٹر پن -

ncier (fan-si-er) *n.* Connoisseur - خیالی - لہری - شوقین - شائق - موجی - کسی چیز کا پرکھنے والا - گھونسے باز -

nciful (fan-si-ful) *adj.* Whimsical - خیالی - وہمی - متلون - انوکھا - انوکھی وضع کا - فرضی - غیر حقیقی - گمانی - قیاسی -

ncifully (fan-si-ful-i) *adv.* Capriciously انوکھی طرز سے - تلون سے - وہمی یا خیالی طور پر -

ncy (fan-si) *v.t.* Imagine, conceive - خیال کرنا - گمان کرنا - تصور کرنا - قیاس کرنا - دھیان میں لانا - سمجھانا - چاہنا - پسند کرنا (بول چال) اپنے آپ کو بڑا سمجھنا - خواہش کرنا - آرزو کرنا - خودبیں ہونا - کسی خصوصیت کو نمایاں کرنے کے لیے جانور پالنا -

ncy (fan-si) *adj.* & *n.* Unfounded belief سوچ بچار - قیاس - تصور - خیال - وہم - خیال باطل - واہمہ - مفروضہ - شوق - رغبت - میلان - محبت - عشق - معشوق - پیارا - زرق برق - پر تکلف لباس - کئی رنگ کے پھول - جانوروں کی اچھی نسلیں پیدا کرنے کا شوق -

ane (fan) *n.* Temple - عبادت گاہ - حرم - دائرہ - گرجا - مسجد - مندر -

anfare (fan-far) *n.* Flourish of trumpets ترئی کا باجا - نفیری - شہنائی - باجا گاجا - باجے کا شور -

anfaron-ade (fan-fər-on) *n.* One who indulges in arrogant talk - شیخی باز - لاف زن - زٹلی - اکڑ باز -

ang (fang) *n.* Canine of venom tooth - دانت - درندوں کا بڑا دانت - سانپ کا زہریلا دانت -

antail (fan-təl) A kind of pigeon پنکھے کی طرح دم کو چنور کرنے والا کبوتر - لقا کبوتر -

antasm (fan-tazm) *n.* Delusion - انوکھی وضع - ذہنی شبیہہ - خیال - وہم - سراب - دھوکا -

antast (fan-tast) *n.* Dreamer خیالی پلاؤ پکانے والا - خیالی -

antastic-al (fan-tas-tik) *adj.* Eccentric - عجیب - سراب آسا - وہمی - خیالی - عجیب و غریب - بے اصول - متلون مزاج - نرالا - بے ڈھنگا - عجوبہ - طرفہ -

Fantastic (fan-tas-tik) *n.* Capricious mind خود نما انسان - مغرور آدمی - اکڑو - بانکا -

Fantastically *adv.* - نرالے انداز سے - عجیب طور پر - وہمی طریقے سے - خیالی طور پر -

Fantasy (fan-təzi) *n.* Image making faculty تصورات پیدا کرنے والی طاقت - خیال - وہم - قوت واہمہ - قوت متخیلہ - انوکھی وضع -

Far (far) *adv.* At a great distance - دور دراز - بعید - دور تک - دور - دور کا - فاصلہ پر - غائب - گم - فاصلے سے - دور سے -

Farce (fars) *n.* Dramatic work to excite laughter ادنیٰ قسم کا ناٹک - مزاحیہ (ڈراما تماشائیوں کو ہنسانے کے لیے) - مزاحیہ - لغو - لا یعنی -

Farcical *adj.* - مزاحیہ ناٹک کا - ہنسی مذاق کا - مذاقیہ - مزاحیہ -

Farce (fars) *v.t.* Season, spice - ٹھونسنا - بھرنا - چٹ پٹا بنانا - مسالا لگانا -

Farcy (farsi) *n.* Disease specially of horses گھوڑوں کی ایک بیماری - کھجلی - خارش -

Fare (far) *n.* Passage money - زاد راہ - گاڑی کا کرایہ - توشہ - حال - حال چال - رنگ ڈھنگ -

Fare (far) *v.i.* Journey - سدھارنا - واقع ہونا - کوچ کرنا - سفر کرنا - جانا - پیش آنا - اچھی یا بری طرح پیش آنا - عمدہ کھانوں سے تواضع کرنا -

Farewell (far-wel) *inter.* & *n.* Good bye - الوداع - فی امان اللہ - خدا حافظ -

Farina (fə-re-na) *n.* Flour or meal of corn or nuts آٹا یا میدہ - نشاستہ - زیرہ گل - کھانا -

Farinaceous (far-i-na-shəs) *adj.* Of flour ہر چیز جس سے آٹا یا میدہ نکلے - آٹے کا - نشاستے کا -

Farm (farm) *n.* Tract of land worked by the owner - کھیت - کاشت - چک - مزروعہ زمین - وہ اراضی جس پر مالک کاشتکاری کرے - ایسی اراضی جو زراعتی تجربات کے لیے مخصوص ہو - عمدہ فصل پیدا کرنے والی اراضی - بچوں کی تربیت گاہ -

Farm (farm) *v.t.* & *i.* Take proceed on payment of fixed sum - زمین ٹھیکے پر دینا - مستاجری پر دینا - اجارہ دینا - لگان مقرر کرنا - جمع بندی کرنا - بچوں کی تربیت کرنا - کاشت کرنا - کاشتکار بننا -

Farmer (farm-ər) *n.* One who works on land
چک دار - زمیندار - پٹے دار - اجارہ دار - مستاجر -
کاشتکار - مزارع - کسان -

Farming (farm-ing) *n.* Cultivation زمینداری -
کاشتکاری - کھیتی باڑی -

Faro (far-o) *n.* Gambling, card game - پتوں کا کھیل
پتوں سے جوا کھیلنے کا کھیل -

Farouche (fə-roosh) *adj.* Sullen, shy - چڑچڑا - شرمیلا

Farrago (fə-reg) *n.* Medley کھچڑی - خلط ملط -
گڈمڈ - گڑبڑ - پچ میل -

Farrier (far-iər) *n.* Shoeing-smith بیطار - سلوتری -
نعلبند -

Farriery *n.* نعل جڑنا - بیطاری - سلوتری پن -
نعل بندی -

Farrow (far-o) *n. v.t., & i.* Giving birth to جھول
نکالنا - بچے دنیا - سور کی جھول -

Fart (fart) *n. & v.t.* Emit wind گوز - گوز کرنا -
ریاح خارج کرنا - پاد -

Farther (far-dher) *adj. & adv.* To a greater distance دور تر - زیادہ دور - اور آگے - ذرا آگے -
فاصلے پر - مزید برآں - علاوہ بھی -

Farthest (far-dhest) *adj. & adv.* At the greatest distance سب سے دور - دور دراز - بہت دور -

Farthing (far-dhing) *n.* Quarter of a penny - دمڑی
بہت حقیر رقم - دھیلا -

Farthingale (far-dhing-gal) *n.* Hooped petticoat
سایہ پھیلانے کا چکر - ابھرا ہوا سایہ - سایہ جس کے
اندر تار کا چکر لگا ہوتا ہے تاکہ سایہ اٹھا ہوا اور
پھیلا ہوا رہے - ایک مخصوص زنانہ لباس - اُبھرا ہُوا پیٹی کوٹ

Fascicle (fas-i-kl) *n.* Bunch - گلدستہ - پھولوں کا گچھا
گچھا -

Fasciculate (fas-i-klat) *n. & adj.* Bunch-shaped
گچھے دار -

Fascinate (fas-i-nat) *v.t.* Attract irresistibly جادو
کرنا - موہ لینا - گرویدہ کرنا - اپنی نظر سے کام لے کر
بے خود بنا دینا - شکار کو مسحور کر لینا - کشش
سے کام لینا -

Fascination (fas-i-na-shən) *n.* Enchantment - دلربائی
دلکشی - سحر - افسوں -

Fascine (fas-en) *n.* Long faggots used in
وں کے گٹھے جو جنگ میں مورچوں کو اونچا کرنے ،
ئیوں کے بھرنے اور گڑگجوں کے بنانے میں کام
یں -

Fascism (fash-ism) *n.* Principles of the patri
government of Italy ئیت - اٹلی کی غیر اشتراکی
یت جس کا سرغنہ بینیٹومسولینی تھا -

Fascist (fa-shist) *n.* Follower of fascism ئی
وں کا پیرو -

Fash (fash) *v.t. & n.* Bother - جھنجھٹ - مصیبت -
کرنا - ستانا - چھیڑنا -

Fashion (fash-n) *n. & v.t.* Shape, pattern ز
روپ - وضع - تراش - صورت - شکل - دستور -
طور طریقہ - بتانا - ڈھالنا - متشکل کرنا - وضع
نئی راہ نکالنا -

Fashionable (fash-n-əbl) *adj.* Of a set patt
وضع - باوضع - وضعدار - وضعداری سے متعلق -

Fashion-monger (fash-n-mongr) *n.* One w
makes a display ں لباس - چھیلا - بانکا -

Fast (fast) *v.i.* Abstain from food and dri
رکھنا - روزہ رکھنا -

Fast (fast) *n.* Act of fasting کشی - برت - روزہ -

Fast (fast) *adv.* Firmly ی سے - جلدی سے - زور سے -
بوطی سے - پائداری سے -

Fast (fast) *adj.* Firmly fixed تہ - جکڑا ہوا -
ا ہوا - بندھا ہوا - پکا - استوار - گڑا ہوا -
بوط - مستحکم - تیز رو - تیز رفتار -

Fast person چلن - آوارہ - عیاش -

Play fast and loose ں منصبی سے بے پروائی کرنا -
بل اعتبار ہونا -

Fasten (fas-n) *v.t. & i.* Secure by some tie
bond ڑنا - کسنا - مضبوطی سے باندھنا - مضبوط
نا - ملا کر جوڑنا - ملانا - چمٹانا - جمانا -

Fastener *n.* - بندھن - باندھنے والا - جکڑنے والا -

Fastidious (fas-tid-əs) *adj.* Hard to please کت
ند - نازک مزاج - نازک - عالی دماغ - صاحب
ق - نک چڑھا - تنگ مزاج - ایسا جیسے کوئی چیز
ند ہی نہ آئے -

Fastidiously *adv.* - نزاکت سے - تنک مزاجی سے - نازک مزاجی سے -

Fastidiousness *n.* - عالی دماغی - نازک مزاجی- نزاکت -

stness (fast-nes) n. Being fast, fortress - پائداری پختگی - مضبوطی - استحکام - کوٹ - گڑھ - قلعہ -

t (fat) *adj.* & *n.* Plump, corpulent - موٹا - فربہ لحیم شحیم - موٹا تازہ - چربی دار - روغن دار - چپکنے والی مٹی - زرخیز - بار آور - بہت پیدا وار والی - سست مزاج - احمق-گاؤدی - چربی - روغن -

Cut it fat ظاہر داری کرنا -

Kill the fatted calf for خاطر مدارات میں بہترین چیزیں پیش کرنا -

t-brained (fat-brənd) *adj.* Slow-witted -کند ذہن کوڑھ مغز - غبی -

tal (fat-əl) *adj.* Ruinous قسمت کا لکھا ہوا - قسمت کی طرح اٹل - تقدیری - مقدر کا- مہلک- کاری - قاتل - تباہ کن -

talism (fat-əl-izm) *n.* Belief that all events are predestined عقیدہ قضا و قدر-یعنی جو کچھ ہو رہا ہے وہ مقدر ہو چکا ہے - عقیدہ تقدیر - جبریت -

atalist (fat-ə-list) *n.* One who believes in predestination - جبریہ -

atality (fat-ə-liti) *n.* Supremacy of fate - نصیب قسمت - تقدیر - مقدر - موت - فنا - قضا - ہلاکت - مہلک یا تباہ کن اثر - مرگ ناگہانی - مہلک حادثہ -

ate (fat) *n.* Power which predetermines - قسمت تقدیر - مقدر- مشیت - قسمت کی دیوی - جو کچھ ہونا ہے- جو کچھ قسمت میں لکھا ہے - انجام - حشر- موت - تباہی - ہلاکت -

ate (fat) *v.t.* Preordain مرنا - مقدر ہونا - مقدر میں رکھنا - مقدر کرنا -

Fateful *adj.* - برے شگون والا - منحوس- ضروری - فیصلہ کن - اہم -

ather (fa-dher) *n.* Male parent - والد - ابا - پدر باوا - باپ - مورث اعلیٰ - دادا پردادا - جداجد - پہلے پہل بنانے والا - پہلا باپ - خدا - اللہ - خالق - غیرمعمولی پادری - لاٹ پادری کا خطاب - گناہ کا اعتراف کرانے والا - دیوتا -

The wish is father to the thought اپنی خواہش کے زیر اثر کسی خیال کو مان لینا -

Father (fa-dher) *v.t.* Beget - لے پالنا - متبنیٰ کرنا گود لینا - باپ بننا - پیدا کرنا - کسی عقیدہ یا خیال کا بانی ہونا - تصنیف کا کسی سے منسوب کرنا -

Fatherly (fa-dher-li) *adj.* Like father - مشفقانہ پدرانہ - باپ جیسا -

Fatherliness *n.* - باپ کا سا برتاؤ - باپ کی سی محبت شفقت پدری -

Fathom (fadh-əm) *n.* Measure of six feet used in sounding depth - چھ فٹ کا ناپ - ایک بام - قدآدم - چار ہاتھ - گہرائی - لیاقت - قابلیت -

Fathomless *adj.* - بے تل - عمیق - بہت گہرا - اتھاہ -

Fatidical (fə-tid-i-kl) *adj.* Gifted with prophetic power پیشین گو - غیب دان - ایسا شخص جس میں پیشین گوئی کی استعداد ہو -

Fatigue (fe-tig) *n.* & *v.t.* Weariness - تھکن - تکان کام کے بعد سستی کی حالت - تھکانے والا کام - مشقت - محنت - درد سری - تھک جانا - تھکا دینا - ماندہ کرنا - چور چور کرنا - عاجز کرنا -

Fatiguing *adv.* - چور کر دینے والا - تھکا دینے والا

Fatling (fat-ling) *n.* Young fatted animal جانور جو ذبح کرنے کے لیے پالا جائے - کم عمر چربی دار جانور -

Fatten (fat-en) *v.t.* & *i.* Make fat موٹا کرنا - کھلا پلا کر موٹا کرنا - موٹا ہو جانا - پھولنا - فربہ ہونا -

Fatty (fat-i) *adj.* Consisting of fat - موٹا تازہ - روغنی چکنا - چربی دار - بدن میں چربی کا زیادہ ہو جانا -

Fatuous (fat-u-əs) *adj.* Vacantly silly - الو - گدھا گاؤدی - احمق - مورکھ -

Fatuity *n.* - گدھا پن - حماقت - بیوقوفی -

Faucal (faw-səl) *adj.* Of the throat - کھرج کی سی گلے کی - کنٹھی - حلقی - حلق سے نکلی ہوئی (گہری آواز) -

Fauces (faw-ses) *n. pl.* Cavity at the back of the mouth - منہ کا پچھلا حصہ - حلق -

Faucet (faw-sit) *n.* Tap for barrel - پیچ دار ٹونٹی شراب کے پیپے کی ٹونٹی -

Faugh (fo) *interj.* Showing disgust حیف - چھی چھی - تف -

Fault (fawlt) *n., v.t. & i.* Defect قباحت - کوتاہی - سہو - غلطی - بھول - چوک - عیب - غفلت - قصور - خطا - تقصیر - کھوٹ - غلطی کا کام - غلط کام کرنا - غلط کام کی ذمہ داری - طبقہ زمین میں رخنہ - سلسلہ کا ٹوٹ جانا - برقی رو کا رک جانا - ٹینس میں پچھلی لکیر پر پیر کا پڑنا (گیند کو بلے سے پہلی بار مارتے ہوئے) - سروس کرتے ہوئے پیر کا لکیر پر پڑ جانا -

Generous to a fault انتہا درجے کا چشم پوش اور فیاض -

Fault-finder نکتہ چین - عیب جو -

Faulty *adj.* ناکارہ - خراب - نکمّا - ناقص -

Faultless *adj.* بے نقص - بے قصور - بے عیب -

Fauna (fawn-a) n. The animals of a region کسی خطہ کے جانور - وہ کتاب جس میں ایسے جانوروں کا بیان ہو -

Favour (fa-vər) *n.* Friendly regard شفقت - عنایت - کرم - نوازش - مہربانی - سہارا - یاوری - درد - اعانت - حمایت - التفات - کوئی چیز جو نشانی کے طور پر دی جائے - احسان - مروت - جانب داری - طرفداری - لحاظ - عنایت نامہ - نوازش نامہ -

Curry favour کسی کی نظر عنایت کے لیے چاپلوسی کرنا -

Favour (fa-vər) *v.t.* Look kindly upon ساتھ دینا - دستگیری کرنا - مہربانی کرنا - مدد کرنا - پسند کرنا - راضی کرنا - لطف و کرم سے پیش آنا - پاسداری کی وجہ سے بے انصافی کرنا - بے جا امداد کرنا - کسی چیز کے حق میں ہونا - مفید ہونا - سہولت پیدا کرنا -

Favourable (fa-vər-əbl) *adj.* Well disposed طرفدار - مفید - مہربان - موافق - فائدہ مند - مفید مطلب - امید افزا - مائل - گرویدہ - مناسب حال - پسندیدہ -

Favourite (fa-vər-it) *n. & adj.* Person or thing preferred above others مقبول - منظور نظر - دلپسند - منہ لگا - سر چڑھا - پسندیدہ

Favouritism *n.* رعایت - پاسداری - جانب داری -

Fawn (fawn) *n. & adj.* Young fallow deer, buck or doe ہرن کا بچہ - ایک سال کا ہرن کا بچہ -

Fawn (fawn) *v.i.* Show affection اظہار انس کرنا - دم ہلانا - چاٹنا - چاپلوسی کرنا - گڑ گڑانا - عاجزی کرنا - خوشامد کرنا -

Fawn colour ے بادامی رنگ کا -

Fay (fa) *n. & v.t.* Fairy کانا - چسپاں کرنا - جوڑنا - ان - پریزاد - پری -

Fealty (fe-əl-ti) *n.* Fidelity عت گزاری - فرمانبرداری - ار وفا داری -

Fear (fer) *n.* Dread, state of alarm شت - خوف - - ہراس - بیم - یاس - لحاظ - بچاؤ کے لئے تردد -

Fear (fer) *v.i. & t.* Be afraid شت کھانا - خوف کھانا - نا - سہم جانا - ہول کھانا - کسی کام کے کرنے میں تامل رنا - خوف خدا کرنا -

Fearful (fer-ful) *adj.* Awful دل - ڈرپوک - خوفزدہ - ئف - ڈرا ہوا - بھیانک - خوفناک - مہیب - نہایت - ہا درجہ کا - پر احترام - مؤدبانہ -

Fearfully *adv.* دلی سے - دہشت سے - خوف سے -

Fearfulness *n.* دلی - نامردی - دہشت - خوف -

Fearlessly *adj.* انبازی سے - بے باکانہ - بے دھڑک -

Fearsome *adj.* لناک - خوفناک - ڈراؤنا - بھیانک

Feasibility (fe-zi-bliti) *n.* Possibility ہولت - امکان - ہل العمل ہونا - کارآمد ہونا -

Feasible (fe-zi-bl) *adj.* Practicable مقول - کارآمد - کن - عمل پذیر - قابل عمل -

Feast (fest) *n., v.t. & i.* Sumptuous meal وار - لانہ مذہبی جشن - شاندار ضیافت جس میں بہت سے مہمان وں - دعوت - کھانا - عید - تہوار جو ذہنی سکون کا عث ہو -

Feast away ت بھر کھانا پینا -

Feast of reason لس مذاکرہ - تذکرہ علمی -

Movable feast تلف تاریخوں میں پڑنے والی تقریب -

Feat (fet) *n.* Noteworthy act الاکی کا کمال - ادری کا کام - کار عظیم - بازی گری - کرتب - چالاکی -

Feather (fedh-ər) *n.* Plumage غی - رُوآں - بال و پر - ر - پنکھ - طرہ - تیر میں لگے ہوئے پر - جواہرات اور ینے کا بال - ٹوپی میں لگانے کے پر - طرہ امتیاز - عزت - یبائش -

Feather (fedh-ər) *v.i. & t.* Furnish, adorn ر لگا کر زینت دینا - پروں سے آراستہ کرنا - پر لگانا یا جانا - روں کا غلاف یا تکیہ بنانا - پر کی طرح ہوا میں تیرنا - رندوں کو مارے بغیر ان کے پر نوچ لینا - پر قینچ کرنا -

Feathered, feathery وا کا سا - تیز - پر لگا ہوا -

Birds of a feather - ایک ہی قماش یا طبیعت کے لوگ -
Feather one's nest - اپنا گھر بھرنا - اپنے گھونسلے میں پر بھرنا -
Featherweight - خاص کر ایسا سوار جس کا وزن چار اسٹون ہو - ہلکا شخص یا ایسا گھونسا باز جس کا وزن ۹ اسٹون یعنی ایک سو پچاس پونڈ ہو -

Feature (fet-yer) *n.* & *v.t.* Part of the face that arrests attention - وضع قطع - ڈول - صورت شکل - ہیئت - رنگ روپ - چہرہ مہرہ - ناک نقشہ - نمایاں خصوصیت کا ہونا - شبیہ اتارنا - نقشہ بنانا -

Febrifuge (fb-ri-fuj) *n.* Medicine to reduce fever بخار اتارنے والی دوا - دافع بخار -

Febrile (feb-ril) *adj.* Of fever, feverish بخار سے متعلق - بخار کا سا -

February (feb-roo-ər-i) *n.* Second month of the year - سال کا دوسرا مہینہ - فروری -

Feckless (fek-les) *adj.* Feeble - مجہول - مہمل - نا طاقت - نقیہ - ضعیف - کمزور -

Feculency (fek-u-lənsi) *n.* Dregs - تلچھٹ - غلاظت - آلائش - گدلا پن - میلا پن -

Feculent (fek-u-lənt) *adj.* Turbid - گندا - پر آلائش - گدلا - میلا -

Fecund (fek-und) *adj.* Fertile - ذہن رسا - بار آور - کثیر الاولاد - بال بچے والی -

Fecundate (fek-und-at) *v.t.* Impregnate ثمر دار کرنا - بار آور کرنا - حاملہ کرنا -
Fecundation *n.* - حمل رہنا - حمل - بار آوری - ثمر داری -
Fecundity *n.* - بچہ کشی - زر خیزی - جننے کی صلاحیت -

Federal (fed-ər-əl) *n.* & *adj.* Based on covenants: several states form a unity but remain independent - وفاق - وفاقی - متحدہ -

Federate (fed-ərət) Join together - متحد ہونا - وفاق اصول پر حکومت قائم کرنا -

Federation (fed-ər-ə-shən) *n.* Federated society وفاقی ریاست یا مملکت - وفاق جماعت - عہد و پیمان -

Fee (fi) *n.* & *v.t.* Remuneration - ملک - تعلقہ - جاگیر - موروثی ریاست - جائیداد - مزدوری - اجرت - محنتانہ - حق - انعام - کسی پیشہ ور کی اجرت - ڈاکٹر - وکیل - استحان مدرسہ وغیرہ کی فیس -

Feeble (fe-bl) *adj.* & *n.* Weak, infirm - ضعیف - نقیہ - کمزور - ناتواں - سست - نا طاقت - دھیا - ہلکا - کاہل - کم ہمت - مدھم - دھندلا -
Feebleness *n.* - نقاہت - ضعف - کمزوری -
Feeble-minded - نامرد - بزدل - دل کا بودا - کم ہمت -

Feed (fed) *v.t.* & *i.* Supply with food - پرورش کرنا - پالنا پوسنا - کھلانا پلانا - منہ میں لقمہ دینا - منہ میں دودھ دینا - چرانا - سامان خوردنی پہنچانا - غذا کا کام دینا - نشو و نما کا باعث ہونا - زمین کو چراگاہ بنانا - مشین میں مسالا ڈالنا -
Fed up - آزردہ خاطر - بیزار -

Feed (fed) *n.* Act of feeding - دانہ - گھاس - چارہ - دودھ - راتب - خوراک - ہری بھری کھیتی - مشین یا بندوق میں ڈالنے کی چیزیں -

Feeder (fed-ər) *n.* One who feeds - چارہ ڈالنے والا - کھانا دینے والا - کھلانے والا - چرواہا - پالنے والا - رازق - بچے کے دودھ پینے کی شیشی - معاون ندی - مشین میں سامان پہنچانے والا آلہ -

Feel (fel) *v.t.* & *i.* Explore by touch - ٹٹولنا - چھوکر معلوم کرنا - مس کرکے بھانپنا - جانچنا - کسوٹی پر پرکھنا - محسوس کرنا - احساس ہونا - شعور ہونا - مبتلا ہونا - بھگتنا - صدق دل سے جاننا - دلی یقین ہونا -
Feel the pulse of - مزاج شناسی کرنا - نبض دیکھنا -
A felt want - جس کی ضرورت محسوس ہو اور وہ نہ ہو -

Feeler (fel-ər) *n.* Organ for testing things کیڑوں کے منہ کے بال یا روئیں جن سے وہ چھوتے اور ٹٹولتے ہیں - محسوس کرنے والا - کوئی بات جس سے دوسروں کے ارادے معلوم ہوں - کٹ میں کھیلنر

Feeling (fel-ing) *n.* Emotion - قوت لامسہ - احساس - جذبہ - درد - رقت - دلی کیفیت - تصور - خیال - حالت شعور - حظ و کرب - ہمدردی - دلسوزی -

Feeling (fel-ing) *adj.* Sensitive - ہمدرد - حساس - رقت آمیز - درد انگیز - دل سے - دلی -
Feelingly *adv.* - رقت سے - ہمدردی سے - درد مندی سے -

Feign (fan) *v.t.* & *i.* Invent, forge - جوڑنا - گھڑنا - بنانا - ایجاد کرنا (جھوٹ یا بہانا) بہانا کرنا - حیلہ کرنا - بننا - تصنع کرنا - الزام تراشنا -

Feigned (fan-d) *adj*. Pretending بہانہ باز - مکار - جھوٹا - بنا ہوا -

Feint (fant) *n., adj. & adv.* Sham attack مدھم - دھندلا - جھوٹ موٹ کا - بناوٹی - بناوٹ سے - بناوٹ - تصنع -

Felicitate (fi-lis-i-tat) *v.t.* Make happy نہال کرنا - مسرور کرنا - خوش کرنا - مبارکباد دینا - بدھائی کرنا -

Felicitation *n.* مبارکبادی - انبساط - سرور - چین - خوشی - نشاط -

Felicitous (fi-les-i-təs) *adj*. Strikingly apt شادمان - فرخندہ - پر سرور - خوش و خرم - شاد - با موقع - بر محل - پر لطف -

Felicity (fe-lis-i-ti) *n*. Intense happiness چین - سکھ - آرام - خوشی - سرور - مسرت - آسودگی - خوشحالی - اقبال مندی - خوش قسمتی - برجستگی - خوش بیانی -

Feline (fe-lin) *adj. & n.* Of cats, cat-like گربہ صفت - بلی کا - بلی جیسا - گربہ خو - کینہ پرور - انتقام جو - بلی کی نسل کا جانور -

Feline amenities عورتوں کی ظاہرا محبت اور در پردہ عداوت - در پردہ کینہ - میٹھی چھری

Fell (fel) *n*. Animal's hide or skin پوست - چمڑا - کھال - گھنے بال یا اون - انگلستان کے شمالی حصہ کی افتادہ زمین - دلدلی زمین -

Fell (fel). *adj. & v.t.* Fierce, strike سنگدل - ظالم - بے درد - بے رحم - قاتل - مار کر گرا دینا - کاٹ ڈالنا - مغزی لگانا - گوٹ لگانا - ترپنا -

Felloe (fel-o) *n*. Outer circle of wheel پہیے کا بالائی چکر - مینڈرا - پوٹھی -

Fellow (fel-o) *n*. Comrade دوست - رفیق - جھولی - یار - ساجھی - ساتھی - برابر کا - مقابلے کا - ہم سر - ہم رتبہ - ہم عصر - کالج کا وہ شخص جس کو کالج کی آمدنی کا کچھ حصہ ملتا ہو - یونیورسٹی یا کلیہ کا رفیق یا رکن - رفیق جامعہ - کسی علمی ادارہ کا رکن - آدمی - شخص - لڑکا -

Fellowship (fel-o-ship) *n*. Companionship شرکت - صحبت - موافقت - میل ملاپ - ساجھا - شارکت - اُخوّت - مُتّحدہ جماعت - انجمن -

Felo de se (fel-o-d-sa) *n*. Self-murder خود کشی کرنے والا - خود کشی -

Felon (fel-ən) *adj. n.* Cruel, wicked گنہگار - ظالم - بے رحم - مہا پاپی - مجرم - شریر - شہدا - بدمعاش - چھلوری - انگل بیڑا -

Felonious (fel-ə-niy-əs) *adj*. Criminal کینہ ور - خراب - برا - مجرم - فاسد - ناکارہ - مجرمانہ - سنگین جرم کے متعلق -

Feloniously *adv.* بدمعاشی سے - مجرمانہ طور پر -

Felonry (fel-ən-ri) *n*. The class or body of felons بدمعاشوں ، مجرموں کی جماعت یا گروہ -

Felony (fel-əni) *n*. Crime بدمعاشی - مجرمانہ فعل -

Felt (felt) *v.t. & n.* Cloth made of pressed wool نمدا بنانا - نمدا -

Felucca (fe-luka) *n*. Small coasting vessel ...ک - بحر روم کے ساحل پر چلنے والی کشتی - چھوٹی کھلی ناؤ -

Female (fe-mal) *n. & adj.* Child-bearing sex استری - زن - عورت - مادہ - لگائی - گھٹیا - کم درجے کا - نسوانی - زنانہ - عورت سا -

Feme covert (fem-kuv-ərt) *n*. Married woman خاوند والی عورت - شوہر والی - سہاگن -

Feme sole *n.* ...ن بیاہی - بیوہ - کنواری - مطلقہ عورت -

Feminine (fem-in-in) *adj*. Of female sex صنف نازک کے متعلق - زنانی - نسوانی -

Femininity n. زنانہ پن - نسائیت - نسوانیت -

Feminize *v.t.* نسوانی خواص اختیار کرنا یا عطا کرنا -

Femoral (fe-mo-rəl) *adj*. About thigh bone ران کی ہڈی کے متعلق - ران کے متعلق -

Femur (fe-mur) *n*. Thigh bone ران کی ہڈی -

Fen (fen) *n*. Low marshy land دھسن - دلدلی زمین - دلدل -

Fence (fens) *n*. Railing فصیل - تار کا احاطہ - روک - آڑ - ٹٹی - جنگلا - کھیل - تیغ بازی - مشین کا وہ پرزہ جو مشین کو صحیح حالت میں چلاتا ہے - مال مسروقہ کا خریدار - وہ مقام جہاں مال مسروقہ رکھا جاتا ہے -

Fence (fens) *v.t. & i.* Enclose بچاؤ کرنا - بچانا - گھیر لینا - باڑھ لگانا - روکنا - احاطہ کرنا - نگہبانی کرنا - حفاظت کرنا - شمشیرزنی کی مشق کرنا - چوری کا مال بیچنا - مال مسروقہ کی تجارت کرنا -

Fencer (fens-ər) *n.* / **Fencing master** — One who fences - تیغ زن - پٹے باز - بنیٹی ہلانے والا -

Fencible (fens-ibl) *n.* Soldier for home service وہ سپاہی جو صرف ملک میں رہ کر ملک کی حفاظت کرے -

Fencing (fens-ing) *n.* Railing, fences تیغ زنی - پٹہ بازی - بانہ بازی - احاطہ بندی -

Fend (fend) *v.t.* & *i.* Ward off, keep away روک لگانا - روکنا - باز رکھنا - بچانا - محفوظ رکھنا - مدافعت کرنا - اپنے لیے فراہم کرنا -

Fender (fend-ər) *n.* Metal frame for fire آلہ مدافعت - آتش دان کا جنگلہ - کوئی چیز جو روکنے کے لیے کام آئے -

Fennel (fen-əl) *n.* Yellow-flowered herb used in sauces سونف - سویا -

Fenny (fen-i) *adj.* Marshy دھنسنے والی - دلدلی -

Fenugreek (fen-u-grek) Leguminous plant with seeds میتھی -

Feoff (fef) *v.t.* Give an estate in trust متولی بنانا - قبضہ یا دخل دینا - جاگیر دینا -

Feoffee (fef-e) *n.* Trustee invested with an estate متولی - جاگیر دار -

Feoffer (fef-ər) *n.* One who makes feoffments to another جاگیر منتقل کرنے والا - جائداد دوسرے کے حوالے کرنے والا -

Feretory (fer-i-tər-i) *n.* Shrine for saints' relics تابوت گاہ - آثار دان - گرجے کی وہ جگہ یا حجرہ جہاں اولیاء اللہ کے تبرکات رکھے ہوں -

Ferial (fe-ri-əl) *adj.* Of ordinary day اس دن کا جو تقریب کے لیے نہ ہو - معمولی دن -

Ferine (fe-rin) *adj.* About wild beasts درندوں کا - وحشی - جنگلی -

Ferment (fər-mənt) *n.* Agitation جوش میں لانے والی چیز - خمیر - ہیجان - برافروختگی - بلوہ - ہنگامہ - فتنہ - جوش و خروش -

Ferment (fər-mənt) *v.t.* & *i.* Excite, stir up اٹھانا - جوش پیدا کرنا - خمیر اٹھانا - بھڑکانا - سیاسی ہیجان پیدا کرنا -

Fermentation (fər-mənta-shən) *n.* Excitement خمیر - ابال - جوش - ہیجان -

Fern (fern) *n.* Large group of plants which have feathery fronds ایک قسم کا پودا - فرن -

Ferocious (fə-ro-shəs) *adj.* Fierce - درندہ خو- وحشی - ظالم - خونخوار -

Ferocity (fə-ro-siti) *n.* / **Ferociousness** — Ferocious act - خونخواری - درندگی- وحشی پن- بے رحمی-

Ferrous (fer-us) *adj.* Containing iron آہنی - لوہے جیسا - لوہے کا -

Ferret (fer-it) *n.* Half-tamed variety of pole-cat بڑے نیولے کی قسم کا ایک جانور-مضبوط ریشمی یا سوتی فیتہ -

Ferret (fer-it) *v.i.* & *t.* Hunt with ferrets فیرٹ سے شکار کھیلنا - اس جانور کو چھوڑ کر خرگوشوں کو سوراخ سے نکالنا - کھوج لگانا - سراغ لگانا -

Ferriage (fer-i-əg) *n.* Charge for using ferry کشتی میں سواریاں لے جانا - ناؤ کا کرایہ -

Ferric (fer-ik) *adj.* Of iron آہنی- لوہے کا -

Ferriferous (feri-fe-rəs) *adj.* Iron-bearing سنگتی لوہے کا - جس میں لوہا نکلے -

Ferruginated (fə-roo-gi-na-təd) / **Ferruginous** (fə-roo-gi-nəs) — *adj.* Containing iron dust لوہے کے ذرات کا- زنگ کے رنگ کا- سرخی مائل بھورا -

Ferrule (fer-əl) *n.* Metal ring at the end of stick چھلا - شام - لکڑی یا چھڑی کی شام -

Ferry (fer-i) *v.t.*, *i.* & *n.* Convey or pass in boat ناؤ پر پار کرنا - ناؤ سے عبور کرنا - کشتی میں سوار ہو کر دریا پار کرنا - گھاٹ -کشتیوں کا اڈا - کشتی کا محصول وصول کرنے کا حق -

Fertile (fər-til) *adj.* Bearing abundantly اچھی فصل دینے والی - سرسبز - زرخیز -

Fertility (fər-til-iti) / **Fertileness** (fer-til-nes) — *n.* Fruitfulness - زرخیزی - شادابی - بار آوری -

Fertilize (fer-til-iz) *v.t.* Make productive قابل کاشت کرنا - زرخیز بنانا - زمین کو قابل زراعت بنانا - بار آور بنانا - اچھی فصل دینے والی بنانا -

Fertilization *n.* درخت پر زیرہ گل چھڑک کر زرخیز کرنا - زرخیز بنانا -

Fertilizer *n.* - زرخیز بنانے والی اشیاء - کیمیائی کھاد کھاد -

Ferula-le (fer(y)oo-la) *n.* Giant fennel بچوں کو سزا دینے کی قمچی - بڑا سویا - سونف -

Ferule (fer(y)oo-l) *v.t.* Punish children قمچی سے مارنا - سزا دینا -

Fervency (fər-vən-si) *n.* Heat, intensity شوق - ولولہ - حرارت - جوش - سرگرمی -

Fervent (fər-vənt) *adj.* Hot, glowing - دلسوز - آتشی - تیز - تند - گرم - سرگرم - پرجوش - پرشوق - ولولہ انگیز -

Fervently (fər-vənt-li) *adv.* Ardently - دلسوزی سے - گرم جوشی سے - سرگرمی سے -

Fervid (fər-vid) *adj.* Fervent دیکھو

Fervour (fər-vər) *n.* Passion, vehemence - سوزش - گرمی - جلن - حرارت- سرگرمی - گرم جوشی - شوق - رغبت - تُندی -

Fescennine (fes-ə-nin) *n.* Scurrilous lampoons فقرے بازی - شادی بیاہ کی گالیاں - سٹھیان - طعنہ آمیز اشعار - ہجو - ہجویہ گیت یا نظم -

Fescue (fes-cu) *n.* Teacher's pointer لکڑی جس سے پڑھاتے وقت نقشہ یا تختہ سیاہ پر حرف یا کوئی اور چیز بتاتے ہیں -

Festal (fes-tl) *adj.* Of a feast - خوش خرمی کا - جشن کا - عید کا -

Fester (fes-tər) *v.i., t. & n.* Cause suppuration پھوڑے یا زخم کا پکنا - مواد پڑنا - گلنا - زخم پڑنا - برا چاہنا - بد خواہی کرنا - جلنا - کڑھنا - سوزش - جلن -

Festival (fes-tiv-əl) *n.* Of special importance تقریب - تہوار - عید - میلہ - خوشی کی تقریب - گانے بجانے کی محفل - محفل رقص و سرود - رنگ رلیاں -

Festive (fes-tiv) *adj.* Of a feast, joyous - خوش و خرم - ہشاش بشاش - باغ باغ - خوش طبع - زندہ دل - جشن کا - عید کا - تقریب کا -

Festivity (fes-tiv-iti) *n.* Rejoicing - رنگ رلیاں - جشن - عیش و عشرت - چہل پہل - رونق - میلہ -

Festoon (fes-toon) *n. & v.t.* Chain of flowers or ribbons - سہرا - ہار - پھولوں کی مالا - ہار لٹکانا -

Fetch (fech) *v.t., i. & n.* Go for, bring - حاصل کرنا - لے کر آنا - لے آنا - آنسو یا خون نکالنا - دام پانا - قیمت پانا - قیمت پر اٹھنا - راغب کرنا - تحسین حاصل کرنا - سانس لینا - سعی بلیغ - داؤں پیچ - عیاری - چالاکی -

Fetch (fech) *n.* One's double - ہمزاد

Fete (fet) *n.* Festival - ضیافت - تہوار - جلسہ - عید - خاطر مدارات - دعوت - کھانا پینا -

Fetid (fe-tid) *adj.* Rotten - گندا - سڑا ہوا - بدبو دار - متعفن -

Fetidness *n.* - سڑاند - بدبو - عفونت - گندگی - تعفن

Fetish (fet-ish) *n.* Inanimate object - شجر - حجر - غیرذی روح - بے جان - اصول یا عقیدہ جس کو بے دلیل مانا جائے - جس چیز کا خبط ہو جائے - غیر معقول خیال -

Fetlock (fet-lok) *n.* Part of horse's leg where tuft of hair grows - گھوڑے کا ٹخنہ - گٹھا - مٹھا

Fetter (fet-ər) *n. & v.t.* Shackle for the feet پیکڑا - حولاں - زنجیر - بیڑی - روک - آڑ - اٹکاؤ - بند - قید - مزاحم ہونا - قید کرنا - بیڑی ڈال دینا -

Fettle (fet-l) *v.t. & n.* Condition - ٹیپ ٹاپ کرنا درست کرنا - مرمت کرنا - حالت - جہالیاتی حالت -

Feu (fu) *n.* Permanent lease - پٹہ - مقررہ لگان پر دوامی جمع بندی -

Feud (fud) *n.* Lasting hostility - عداوت - ہنگامہ لڑائی - خانہ جنگی - خاندانی جھگڑا - پرانی دشمنی - فریق - دھڑا - فوجی کام کے عوض جاگیر -

Feudal (fud-əl) *adj.* Of a feud or fief کے فوجی خدمت کے متعلق - فوجی جاگیر کا -

Feudalism *n.* فوجی خدمت کی جاگیرداری - جاگیر داری نظام -

Feudatory (fud-ə-təri) *adj. & n.* Feudally subject to, feudal vassal - جاگیرداری - بحیثیت جاگیر دار - ماتحتی - ماتحت جاگیر دار - متعلق بہ جاگیر داری -

Fever (fe-vər) *n. & v.i.* - پیجان - ابال - جوش - جوڑی - لرزہ - بخار - تپ - اشتعال - بخار آنا - بخار کی سی حالت پیدا کرنا -

Feverish (fe-və-rish) *adj.* Restless, excited بے قرار - مضطرب - بخار کا سا - بے چین - بخار جیسی حالت والا - بے تاب - بے کل -

Feverishness *n.* بے کلی - بے قراری - اضطرابی یا اضطراری کیفیت - بخار کی سی حالت -

Few (fu) *adj.* Not many معدودے چند - گنتی کے - ایک دو - تھوڑے سے - چند ایک -

Fewness *n.* توڑا - قلت - کمی -

Fez (fez) *n.* Turkish cap - ترکی ٹوپی - پھندنے دار ٹوپی -

Fiasco (fi-as-ko) *n.* Failure or breakdown - بھول چوک - خطا - غلطی - کسی مشین کی خرابی - کھوٹ - سخت ناکامی -

Fiat (fi-at) n. & v.t. Decree, order - حکم - فرمان - حکم عدالت - اختیار دینا - مختار بنانا -

Fib (fib) *n. & v.i.* Trivial lie - غپ شپ - جھوٹ بولنا - غپ - جھوٹ - جھوٹ موٹ کہنا - مکا مارنا - گھونسا مارنا -

Fibre (fi-bər) *n.* Thread-like tissues - ریشہ - نس - سوت - ریشہ دار چیز - وضع - بناوٹ -

Man of coarse fibre بے تمیز - گنوار -

Fibrin (fi-bər-n) *n.* Coagulable lymph found in some animals ریشے جیسی چیز جو بعض جانوروں کے خون اور نباتات میں پائی جاتی ہے -

Fibrous (fi-bə-rus) *adj.* Having fibres ریشہ دار -

Fickle (fik-l) *adj.* Changeable - بے چین - ناپائدار - بے کل - تغیّر پذیر - گھڑی میں کچھ گھڑی میں کچھ - متلون مزاج - بے وفا -

Fickleness (fik-l-nes) *n.* Inconstancy - بے ثباتی - تلون مزاجی - بے اعتمادی - ناپائداری -

Fictile (fik-til) *adj.* Made of clay - کمھار کا - سانچے میں ڈھلا ہوا - مٹی کا بنا ہوا -

Fiction (fik-shəs) *n.* Invented narrative - افسانہ - من گھڑت قصّہ - کہانی - بے بنیاد بات - بناوٹی بات - گھڑا ہوا قصّہ -

Fictitious (fik-ti-shəs) *adj.* Imaginary - جھوٹا - خیالی - بناوٹی - بنایا ہوا - جعلی - فرضی - ناول یا افسانے کا -

Fid (fid) *n.* Wooden or iron bar for supporting topmast لکڑی یا لوہے کی بلی جو مستول میں لگائی جاتی ہے - لوہے یا لکڑی کی میخ - کھونٹا -

Fiddle (fid-l) *n. inter. & v.t. i.* Violin - سارنگی - یکتارا - چوتارا - سا رنگ - بعض وقت تحقیر کے طور پر violin کو Fiddle stick کہہ دیتے ہیں - خرافات - لغو - مہمل - فضول وقت ضائع کرنا - سارنگی بجانا - مہمل باتیں یا حرکتیں کرنا - کسی بات پر فجائیہ طور پر فڈل اسٹک کہنا -

Face as long as a fiddle - رنجیدہ - اداس - غمگین -

Play first fiddle - کسی کے زیر دست نہ ہونا - پیش پیش رہنا -

Fiddle-faddle - احمقانہ گفتگو - بکواس - گپ بازی -

Fiddle-stick - سارنگی کا گز - کمانچہ -

Fiddle-string - سارنگی کا تار -

Fiddler (fid-lər) *n.* One who plays on fiddle سارنگی نواز - سارنگیا - سارنگی بجانے والا - ایک چھوٹا کیکڑا -

Fidelity (fi-del-iti) *n.* Faithfulness - خیر خواہی - نمک حلالی - وفا داری - ایمانداری - دیانت داری - راستی - اصل کے مطابق ہونا - عفت - عصمت -

Fidget (fij-it) *n. v.i., & t.* Restless mood - بے کلی - بے آرامی - بے چینی - اضطراری حرکت - کیڑوں کی سرسراہٹ - چلبلانا - مضطرب ہونا - بے کل ہونا - پریشان کر دینا - گھبرا دینا -

Fidgety *adj.* - پریشان - بے قرار - بے چین - گھبرایا ہوا -

Fiducial (fi-du-sh(y)əl) *adj.* Trustworthy - مُتیقّن - مُعتقد - راسخ - مستحکم - مضبوط - پکا -

Fiducially (fi-du-sh(y)əli) *adv.* Confidently - معتقدانہ - بلاشک - بلاشبہ -

Fiduciary (fi-du-sh(y)əri) *n. & adj.* Of trust - امین - امانتدار - قابل اعتماد - پکا - مضبوط - زر کاغذی جس کی قیمت اور چلن کا دارو مدار عوام کے اعتماد پر ہو -

Fie (fi) *interj.* Shame - چھی چھی - تف - شرم -

Fief (fef) *n.* دیکھو **Feud**

Field (fild) *n.* Ground used for tillage میدان - کھیت - مزرع - کاشت - مقطعہ - چراگاہ - مرغزار - رزم گاہ - میدان جنگ - کھیلوں کا میدان - (کرکٹ میں) جو دوسروں کو بلّا بازی کرا رہے ہوں - وہ علاقہ جہاں معدنی کانیں ہوں -

Fiend (find) *n.* The devil, demon بھوت - دیو - بھتنا - شیطان - پرلے درجے کا بدمعاش - ظالم -

Fiendish (find-ish) *adj.* Like a demon - شیطان سیرت - شیطانی - بھوت جیسا -

Fiendishly *adv.* بد نفسی سے - شیطنت سے -

Fierce (fers) *adj.* Violent in hostility تند - تیز - آتش مزاج - خشم آلود - پرجوش - خونخوار - خونریز - درندہ صفت -

Fierceness *n.* خونخواری - تیزی - تندی -

Fiery (fir-i) *adj.* Looking like fire - شعلہ سا - آتشیں - آگ بگولا - گرم - تیز - پرشوق - سرگرم - جوشیلا - آتش مزاج - بھڑک اٹھنے والا -

Fife (fif) *n. v.i.,* & *t.* A small shrill flute - مرلی - شہنائی - بانسری - بانسری یا شہنائی بجانا یا بجنا -

Fifer *n.* بانسری یا شہنائی بجانے والا - نے نواز -

Fifteen (fif-ten) *adj.* & *n.* One more than fourteen پندرہ عدد - پندرہ -

Fifteenth *adj.* پندرھواں -

Fifth (fifth) *adj.* & *n.* Next after fourth پنجم - پانچواں - تین سروں اور نیم سر کا درمیانی وقفہ (موسیقی) -

Fifth wheel of coach فضول - لاحاصل کام -

Fifthly *adv.* - پانچویں جگہ پر - پانچویں نمبر پر - پانچواں -

Fifty (fifti) *adj.* & *n.* Five times ten - بہت سے - پچاس -

Fig (fig) *n.* A broad thick-leaved tree - گولر - انجیر - انجیر کا درخت -

Under one's vine and fig-tree اپنے گھر میں آرام سے -

Fig (fig) *n.* Full dress پورا ساز و سامان - پورا لباس -

Fig (fig) *v.t.* Make lively گھوڑے کو چاق و چوبند کر دینا - (شخص) آراستہ کرنا - سجانا -

Fight (fit) *n.* Combat - جنگ - جھڑپ - مارپیٹ - لڑائی - معرکہ - محاربہ - مجادلہ -

Sham fight - نقلی لڑائی (مشق کے لئے) - مصنوعی جنگ

Fight (fit) *v.i.* & *t.* Contend in battle مار پیٹ یا لڑائی کرنا - دست بدست لڑنا - مقابلہ کرنا - محاربہ کرنا - مقدمہ لڑنا - مقدمہ کی پیروی کرنا - کتے یا مرغے لڑانا - جم کر نہ لڑنا - کترانا - پہلو تہی کرنا -

Fight shy of - جم کر نہ لڑنا - کترانا - پہلو تہی کرنا -

Figment (fig-ment) *n.* Invented statement بناوٹی یا من گھڑت بیان - خیالی ، بے بنیاد اور وہمی باتیں -

Figurante (fig-u-rənt) *n.* Ballet dancer - ناچنے والی - رقاصہ -

Figuration (fig-u-rə-shən) *n.* Determination to a certain form ڈول یا صورت بنانا - تشکیل - خیال کے مطابق نقشہ یا شکل - چہرہ مہرہ - شکل و شبیہ - نقش و نگار سے آرائش -

Figurative (fig-u-rə-tiv) *adj.* Typical - تمثیلی - مرادی - اصطلاحی - مجازی - استعارہ کا - تشبیہی - رنگین - صنائع بدائع سے معمور -

Figuratively *adv.* استعارۃً - کنایتہً - تشبیہاً - مجازاً -

Figurativeness *n.* مجازیت - ترصیع - رنگینی -

Figure (fig-ər) *n.* External form حالت - صورت - شکل - وضع - ہیئت - جسم - ڈول - جثہ - شبیہ - تصویر - بت - مجسمہ - نقشہ - خاکہ - نقش و نگار - استعارہ - کنایہ - مجاز مرسل -

Figure (fig-ər) *v.t.* & *i.* Represent in picture تصویر کھینچنا - شکل بنانا - تصور کرنا - گلکاری کرنا - منقش کرنا - سوچنا - تصور کرنا - دکھائی دینا - نظر آنا - نمودار ہونا -

Filament (fil-ə-mənt) *n.* Slender thread-like body سوت - ریشہ - بجلی کے قمقمے کے باریک تار - ہوا یا روشنی کی لہر - بجلی کا موصل (تار) -

Filature (fil-ə-tyər) *adj.* Machine for reeling silk from cocoons ریشم کا اٹیرن - ریشم کے تار لپیٹنے کی چرخی -

Filch (fil-ch) *v.t.* Steal - چھوٹی چیز چرانا - چوری کرنا - چرانا - اڑا لینا -

Filcher (fil-chər) *n.* Pilferer بتھ چالاک - چوٹا - اٹھائی گیر - اچکا -

File (fil) *n.* & *v.t.* Steel instrument of roughened surface ریتی - سوہان (بول چال) عیار - مکار - فطرتی - ریتی سے صاف کرنا - رگڑ کر ہموار کر دینا - کاٹ چھانٹ کرنا - بنانا - اصلاح کرنا -

File (fil) *n., v.i. & t.* Line of men شطرنج کی بساط کے خانے - قطار میں چلنا - سپاہیوں کو صف میں چلنے کا حکم دینا - کوچ کرنا - پرا - صف - قطار -

File (fil) *n. & v.t.* Folder for holding papers مسل نتھی کرنے کا تار - تار میں پرونا - مسل بنانا - کاغذات ترتیب سے رکھنا -

Filial (fil-i-əl) *adj.* Of son or daughter اولاد کا - لڑکے یا لڑکی کا - اولاد کی طرح سے - پسرانہ یا دخترانہ -

Filiate (fil-i-at) *v.t* Regard some one as father باپ بنانا - Affiliate کی شاذ صورت -

Filiation (fil-i-a-shən) *n.* Being some one's child اولاد - فرزندی - نسب - رشتہ فرزندی - عزیز داری -

Filibuster (fil-i-bus-tər) *n. & v.t.* One who engages in unauthorised warfare against foreign state کسی غیر علاقہ میں لڑائی جھگڑا کرنے والا - لٹیرا - ڈاکو - ڈاکوؤں کی جماعت - لوٹ مار کرنا -

Filigree (fil-i-gre) *n.* Ornamental work of gold or silver wire زردوزی - طلا کاری - سلمہ ستارے کا کام - سنہرے نقش و نگار - کوئی نفیس بھڑکیلی چیز -

Filings (fil-ings) *n.* Particles rubbed off by file چورہ - برادہ - ذرات - ریتی سے رگڑ کر برادہ بنایا ہوا -

Fill (fil) *v.t., i. & n.* Make or become full جمع کرنا - پر کرنا - بھرنا - ذخیرہ کرنا - سیر کرنا - شکم پر کرنا - طبیعت بھر دینا - پیٹ بھر کر کھانا یا کھلانا - کسی خالی جگہ یا اسامی کو پر کرنا - پیٹ بھر غذا -

Fill out ڈالنا - زیادہ کرنا - بڑھانا - بڑا ہونا - وسیع کرنا -

Fill up بھر دینا - کمی پوری کرنا - منہ تک بھرنا - لبریز کر دینا -

Fillet (fil-ət) *n. & v.t.* Head band, ribbon سربند - سر کا بندھن - چوٹی بند - جوڑا بندھن - بالوں کی پٹی - ران یا پٹھے کا گوشت - مچھلی کا قتلا - کسی چیز کا پتلا سا ٹکڑا - سر ورق یا جلد کی تحریر - سر میں فیتہ یا پٹی سے بال باندھنا - مچھلی کے قتلے کرنا -

Fillip (fil-ip) *n., v.t. & i.* Slight stroke of thumb or finger ناخن سے روپیہ بجانا - ناخن سے اُچھالنا - اُبھارنے والی شے - طبیعت یا حافظے پر زور دینا -

Filly (fil-i) *n.* Female foal چنچل دوشیزہ - گھوڑی کا بچہ - کم عمر گھوڑی -

Film (film) *n., v.t. & i.* Thin skin, plate or coating جھلی - جالا - ورق - فوٹو یا فلم کی پٹی - آنکھ کی جھلی - دھند - غبار - فلم بنانا - پٹی یا جھلی تیار کرنا -

Filmy (film-i) *adj.* Like a film دھندلا - جھلی دار - جھلی سا -

Filter (fil-tər) *n., v.t. & i.* Contrivance for cleaning impurities of liquids پانی مُقطّر کرنے کا برتن یا آلہ - ٹپکنا - ٹپکانا - مقطر کرنا - کسی راز کا پھوٹ نکلنا -

Filth (filth) *n.* Loathsome dirt پاخانہ - گوبر - غلاظت - گندگی - میلا - نجاست - ناپاک - آلائش - اخلاقی ناپاکی - فحش - بدکلامی - اترا ہوا کھانا -

Filthy *adj.* گندہ - میلا - بدزبان - فحش - غلیظ - ناپاک -

Filtrate (fil-t-rət) *n.* Filtered liquor چھانی ہوئی شراب - مُقطّر شراب -

Filtrate (fil-t-rət) *v.t. & i.* Filter کپڑ چھن کرنا - صاف کرنا - مُقطّر کرنا - چھاننا -

Filteration (fil-t-rə-shən) *n.* Act of filtering ٹپکا کر صاف کیا ہوا پانی - صفائی - تقطیر -

Fimbriate-d (fim-bri-ət) *adj.* Fringed ایسے پودے جن کے حاشیے پر روئیں ہوں - بال دار حیوان یا پودے -

Fin (fin) *n.* Organ on fish for steering (بول چال) ہاتھ - بازو - مچھلی کے پر -

Tip us your fin مصافحہ کرو - ہاتھ ملاؤ -

Final (fi-nl) *adj. & n.* Ultimate آخری امتحان - فیصلہ کن - قطعی - آخرکار - آخری -

Finally قطعاً - آخرکار - بالآخر -

Finality (fi-nl-iti) *n.* Principle of final cause operating in the universe انتہا - انجام - قطعیت - یہ عقیدہ کہ دنیا میں ایک علت العلل کام کرتی ہے -

Finance (fi-nans) *n. & v.t.* Pecuniary resources of a state آمدنی - مال گزاری - محاصل - مالیہ - مالیات - سرمایا لگانا - مالی کاروبار کرنا -

Financiai (fi-nan-shəl) *adj.* Of money matters خزانے ، خراج یا مالگزاری کے متعلق - مالی -

Financier (fi-nan-shy-ər) *v.t. & i.* Conduct financial matters مالی کاروبار کرنا - روپیہ لگانا - (امریکہ) دھوکا دینا - روپیہ خورد برد کرنا -

Finch (fin(t)sh) *n.* A kind of small bird ایک قسم کی چھوٹی چڑیا ۔

Find (find) *v.t.* & *n.* Come across ہاتھ لگنا ۔ ملنا ۔ پڑا پانا ۔ حاصل کرنا ۔ جاننا ۔ معلوم کرنا ۔ دریافت کرنا ۔ تلاش کے بعد حاصل کرنا ۔ بہم پہنچانا ۔ خبر گیری کرنا ۔ سراغ لگا لینا ۔

Find oneself اپنی ضرورتیں بہم پہنچانا ۔ اپنی طبیعت کا رجحان معلوم کرنا ۔

Find one's feet نئے ماحول میں تجربہ حاصل کرنا ۔

Finder (find-ər) *n.* A small telescope attached to a larger one پانے والا ۔ دریافت کرنے والا ۔ کھوج نکالنے والا ۔ یا بندہ ۔ ایک چھوٹی دوربین جو بڑی دور بین کے ساتھ لگی ہو ۔

Fine (fin) *n., v.i.* & *t.* Sum of money as a penalty for offence پیشگی رقم ۔ لگان ۔ جرمانہ ۔ تاوان ۔ جرمانہ کرنا ۔ تاوان وصول کرنا ۔

Fine (fin) *adj., n., adv., v.t.* & *i.* Of high quality خوبصورت ۔ عمدہ ۔ نفیس ۔ نادر ۔ طرفہ ۔ خالص ۔ بڑھیا ۔ پاکیزہ ۔ باریک ۔ نازک ۔ لطیف ۔ قبول صورت ۔ خوش وضع ۔ حسین ۔ باوقار ۔ صاف ۔ روشن ۔ بھڑکیلا ۔ نفاست سے ۔ نزاکت سے ۔ نفیس بنانا ۔ پسندیدہ بنانا یا ہونا ۔

Fine arts شاعری ، موسیقی ، مصوری وغیرہ ۔ فنون لطیفہ ۔

One fine day ایک دفعہ کا ذکر ہے کہ ۔

Finish (fin-ish) *adj.* One who regards himself above working عمدہ سا ۔ نازک سا ۔ لطیف سا ۔ غیر عملی ۔

Finery (fin-eri) *n.* Stylishness بناؤ ۔ سنوار ۔ بننا ٹھنا ۔ زیبائش ۔ آراستگی ۔ بھڑکیلا لباس ۔ خوش وضعی ۔

Finery (fin-eri) *n.* Hearth where steel is made from pig-iron بھٹی جس میں لوہے کو صاف کرکے فولاد بنایا جاتا ہے ۔

Finesse (fi-nes) *n., v.t.* & *i.* Delicate manipulation نازک اندازہ ۔ زیرکی ۔ حکمت ۔ عیاری ۔ (تاش کا کھیل) چھوٹے پتے سے جیتنے کی ترکیب ۔ حریف کے بڑے پتے کو جیتنے سے محروم کرنا ۔ جل دینا ۔ چکمہ دینا ۔

Finger (fin-gər) *n.* & *v.t.* One of five terminal members of hand انگلی ۔ انگشت ۔ انگلی کی شکل کی چیز جیسے دستانے ۔ انگلی سے چھونا ۔ رقم لینا ۔ رشوت لینا ۔ موسیقی کے کسی آلے کو انگلیوں سے بجانا جیسے ستار یا یکتارا ۔

Finger post سڑک بتانے والا ہاتھ کا نشان ۔

His fingers are all thumbs پھوہڑ ۔ بھدا ۔ بد سلیقہ ۔

Let slip through one's fingers ہاتھ سے نکل جانے دینا ۔

Twist person round one's little finger } انگلیوں پر نچانا ۔ پھسلانا ۔

Finical (fin-i-kl) *adj.* Over-nice اوچھا ۔ ہلکا ۔ سبک ۔ کم ظرف ۔ پر تکلف ۔ ٹیپ ٹاپ والا ۔ نفاست پسند ۔

Finis (fi-nis) *n.* The end, end of anything خاتمہ ۔ اختتام ۔ تمت ۔ کسی چیز کا انجام ۔ زندگی کا انجام ۔

Finish (fin-ish) *v.t., i.* & *n.* Bring to an end انجام کو پہنچانا ۔ تمام کرنا ۔ ختم کرنا ۔ خاتمہ کر دینا ۔ خاتمہ ہو جانا ۔ مار ڈالنا ۔ ہلاک کر دینا ۔ تکمیل کو پہنچنا ۔ پورا کرنا ۔ مکمل کرنا ۔ آخری منزل ۔ اختتام ۔ تکمیل ۔

Finished gentleman آداب شرافت سے با خبر ۔

Finished manners پاکیزہ اخلاق ۔ شائستہ اطوار ۔

Finite (fi-nit) *adj.* Limited غیر مصدری ۔ غیر مطلق ۔ مقید ۔ محدود ۔ وہ فعل جو فاعل سے محدود اور اس کا تابع ہو ۔

Finny (fin-i) *adj.* Like a fin پر دار (مچھلی) ۔ مچھلی کے پر کا سا ۔ پر دار ۔

Fiord-Fjord (fy-or(d) Long narrow arm of sea between high cliffs دو اونچی پہاڑیوں کے درمیان سمندر کا طویل نالہ جیسا کہ ناروے میں ہے ۔

Fir (fər)*n.* A kind of coniferous tree . صنوبر ۔ شمشاد ۔ سرو کی ایک قسم ۔

Fire (fir) *n.* Active principle operating in combustion آگ ۔ آتش ۔ آنچ ۔ جلن ۔ سوزش ۔ شعلہ ۔ حرارت ۔ گرمی ۔ بھٹی ۔ انگیٹھی یا چولھے کا ایندھن ۔ روشنی ۔ چمک ۔ جوش ۔ ولولہ ۔ ہیجان ۔ بندوق یا توپ کی باڑھ ۔ توپوں کی سلامی ۔

Between two fires دونوں طرف سے گولیوں کی بوچھاڑ میں ۔ دونوں طرف مصیبت میں ۔

Burnt child dreads the fire دودھ کا جلا چھاچھ پھونک پھونک کر پیتا ہے ۔

Go through fire and water ۔ ہفت خواں طے کرنا ۔ کڑی جھیلنا ۔

No smoke without fire جہاں آگ ہے وہیں دھواں ہے ۔ ع تا نباشد چیزکے مردم نگویند چیز ہا

Out of frying-pan into the fire چھوٹی مصیبت سے بچا بڑی مصیبت میں گرفتار ہو گیا ۔ آسمان سے گرا کھجور میں اٹکا ۔

Pour oil on fire غصہ کو اور بھڑکا دینا ۔ جلتی پر تیل ڈالنا ۔

Fire (fir) *v.t. & i.* Set fire to, kindle ۔ پھونکنا ۔ جلانا ۔ آگ لگانا ۔ جل اٹھنا ۔ بھڑک اٹھنا ۔ جوش میں آنا ۔ آگ بگولا ہونا ۔ داغنا ۔ داغ دینا ۔ بھٹی میں ایندھن ڈالنا ۔ بندوق چلانا ۔ توپ چلانا ۔

Firkin (fər-kin) *n.* Small cask for liquids, butter, fish ڈبا ۔ مرتبان۔برنی ۔ ایک پیمانہ بتیس سیر دس چھٹانک کا ۔ مکھن مچھلی وغیرہ رکھنے کا برتن ۔

Firm (fə-rm) *adj., adv., v.i. & t.* Solid, steady ٹھوس ۔ مستحکم ۔ مضبوط ۔ پائیدار ۔ اٹل ۔ ثابت قدم ۔ استوار ۔ ثابت قدمی سے ۔ استواری سے ۔ جمنا ۔ جمانا ۔ ثابت قدم رہنا ۔ توثیق کرنا ۔

Firmly *adv.* مضبوطی سے ۔ استقلال سے ۔ ثابت قدمی سے ۔

Firmness *n.* پائداری ۔ استقلال ۔ ثابت قدمی ۔

Firm (fə-rm) *n.* Partners carrying on business ساجھے کی دوکان ۔ شرکت کا کاروبار ۔ شراکتی کارخانہ ۔ مہاجنی کوٹھی ۔ تجارتی کوٹھی ۔

Firmament (fər-mə-mənt) *n.* Vault of heaven with stars ۔ فلک ۔ آسمان ۔ انبر ۔ چرخ ۔ گردوں ۔

Firman (fər-man) *n.* Sovereign's edict ۔ اجازت نامہ ۔ پروانہ ۔ حکم ۔ فرمان ۔

First (fər-st) *adj., adv. & n.* Earliest in time and order ۔ اگلا ۔ پہلا ۔ اول ۔ سابق ۔ مقدم ۔ درجہ اول میں کامیاب ۔ بڑا ۔ اونچا ۔ اعلیٰ ۔ بزرگ ۔ بالاتر ۔

First aid وقتیہ علاج ۔ ڈاکٹر کے دیکھنے سے پہلے طبی امداد ۔ فوری طبی امداد ۔

First come first served جو پہلے آئے وہ پہلے کھائے ۔

First or last کبھی نہ کبھی ۔ دیر یا سویر ۔

From first to last از ابتدا تا انتہا ۔ اول سے آخر تک ۔

In the first place مقدم ۔ سب سے پہلے ۔ اوّلاً ۔

Shall do it first thing سب سے پہلے یہ کام کرونگا ۔

Firstly (fər-stly) *adv.* In the first place سب سے پیشتر ۔ سب سے پہلے ۔

Fisc-fisk (fisk) *n.* Treasury of ancient Rome قدیم روم کا خزانہ ۔ سرکاری خزانہ ۔ خزانہ عامرہ ۔

Fiscal (fis-kəl) *adj.* Of treasury مالیہ یا مالیات سے متعلق ۔ خزانہ کے متعلق ۔

Fish (fish) *n.* An animal living in water مچھلی کا گوشت ۔ ماہی ۔ مچھلی ۔ آدمی جسے پھانسنا منظور ہو ۔ شکار ۔

Loose fish آوارہ مزاج آدمی ۔

Queer fish سنکی ۔ سر پھرا آدمی ۔ خبطی ۔

Fish out of water مناسب ماحول میں نہ ہونا ۔ ماہی بے آب ۔

All is fish that comes to (his) net جو کچھ ملے نہ چھوڑو ۔ آتا ہو تو ہاتھ سے نہ دیجیے ۔

Mute as a fish صُمٌّ بُکْمٌ ۔ چپ چاپ ۔

Neither fish, nor flesh, (nor good red herring) نہ خدا ہی ملا نہ وصال صنم،نہ اِدھر کے رہے نہ اُدھر کے رہے ۔ نہ اِدھر نہ اُدھر۔نہ یہ نہ وہ ۔

Other fish to fry (مجھے)اور بھی ضروری کام ہیں ۔

There is as good fish in the sea as ever came out of it کوئی کمی نہیں ۔ راجہ کے گھر موتیوں کا کیا کال ؟

Fish-monger *n.* مچھلی بیچنے والا ۔ ماہی فروش ۔

Fish (fish) *v.i. & t.* Try to catch fish مچھلی پکڑنا ۔ مچھلی کا شکار کرنا ۔ غوطہ لگا کر موتی نکالنا ۔ راز کی ٹوہ میں رہنا ۔ تعریف کرانا ۔ پانی یا جیب میں سے باہر نکالنا ۔ کرید کرید کر راز معلوم کر لینا ۔

Fish in troubled waters کسی کی مصیبت سے فائدہ اٹھانا ۔ ہنگامہ یا شر و فساد سے فائدہ اٹھانا ۔

Fishery ماہی گیری کا پیشہ - مچھلیوں کا بیوپار -

Fish (fish) *n. & v.t.* Piece of wood لکڑی یا لوہے کا ٹکڑا جو جہازی مستول کو مستحکم کرنے کے لیے لگایا جائے - مستول مضبوط کرنا - ریل کی پٹڑیاں جوڑنا -

Fisher (fish-ər) *n.* Fisherman مچھلی خور پرند - مچھیرا - ماہی گیر - مچھلی کے شکار کی کشتی - (بول چال) نوٹ ، بالخصوص ایک پونڈ کا نوٹ -

Fishy (fesh i) *adj.* Of dubious character مچھلی کا سا - مچھلی بھرا - مچھلی کی سی مزیدار چیز -(بول چال) مشتبہ چال چلن کا (آدمی)

Fishy eye سپاٹ نظر - ایسی آنکھ جس سے کسی جذبے کا اظہار نہ ہو -

Fissure (fish-ər) *n., v.t. & i.* Narrow opening دراڑ - دراز - شگاف - چاک - چیرنا پھاڑنا - الگ کرنا - شق کرنا یا ہونا - الگ الگ ہو جانا -

Fist (fist) *n.* Clenched hand خط - ہاتھ - مشت - گھونسا - مُکّا - لکھائی -

I know his fist میں اس کا خط پہچانتا ہوں -

Writes a good fist اس کا خط اچھا ہے -

Fistic(al) (fis-tik) *adj.* Pugilistic گھونسے بازی سے متعلق - مشتی - مُکّا باز -

Fisticuffs (fis-ti-kufs) *n. & pl.* Fighting with the fist دھکم دھکا - ہاتھا پائی - گھونسے بازی -

Fistula (fist-u-la) *n.* Long pipe-like ulcer نے - بنسی - ناسور - نالی دار زخم -

Fit (fit) *n.* Sudden seizure فالج - مرگی - غشی کا دورہ - دورہ - کسی مرض کا عارضی غلبہ - لہر - موج -

By fits and starts فوری جذبے سے -

To give one a fit حیران کر دینا - گھبرا دینا -

Fitful *adj.* دورانی - موجی - لہری -

Fitfulness *n.* اضطرار - تلون - موج - لہر -

Fit (fit) *adj.* Well-suited, healthy ٹھیک - شائستہ - قابل - موزوں - تنو مند - سزا وار - شایاں - طیش میں - بر افروختہ -

Fit as a fiddle بالکل تندرست - چاق چوبند -

See or think fit to مناسب خیال کرنا -

Not fit to hold a candle to اس کا مقابلہ نہیں کر سکتا - اس کی جوتیاں سیدھی کرنے کے قابل بھی نہیں

Fit (fit) *v.t., i. & n.* Befit زیب دینا - بھلا لگنا - مناسب یا موزوں ہونا - پھبنا - مطابق ہونا - منطبق ہونا - موزوں یا لائق بنانا - اہل بنانا - سانچے میں ڈھالنا - گھڑنا - سدھارنا - موزونیت - اہلیت -

Fitness (fit-nes) *n.* Competence درستی - قابلیت - مناسبت - موزونیت - صلاحیت -

Fitting (fit-ing) *n.* Equipment ساز و سامان - لوازمات - سامان -

Fitting (fit-ing) *adj.* Suitable, proper ٹھیک - درست - موزوں - مناسب -

Fittingly *adv.* ٹھیک ٹھیک - درستی سے -

Five (fiv) *adj. & n.* One more than four پنج - پانچ - پانچ چیزوں کا مجموعہ - خمسہ - تاش کا پنجہ - پانچ کا ہندسہ - پانچ کی رقم - پانچ کا نوٹ - پانچ فیصدی -

Fives (fiv-z) *n.* Ball-game played with bat or hand ایک قسم کا گیند بلے کا کھیل - دیوار پر گیند مارنے کا کھیل - گھوڑے کی ایک بیماری -

Fix (fiks) *v.t. & i.* Make firm مضبوط یا مستحکم کرنا - جانا - قائم کرنا - نصب کرنا - متوجہ کرنا - سخت ہو جانا - آنکھ کا پتھرا جانا - ٹکٹکی باندھ کر دیکھنا - قطعی نتیجے پر پہنچنا - یقین کرنا - چکانا - طے کرنا -

Fix (fiks) *n.* Dilemma حیرانی - دقت - مشکل - شش و پنج کی حالت - ادھر بھی مشکل اُدھر بھی مشکل -

Fixation (fiks-ə-shən) *n.* Arrested mental development ذہنی یا جسمانی باڑھ ماری جانا - انجماد - سختی - استحکام - مضبوطی - گیس کی ٹھوس چیز میں آمیزش -

Fixative (fiks-ə-tiv) *adj. & n.* Tending to fix رنگ جمانے کا مسالا - جمانے والا - تصویر میں رنگ پکا کرنے کا مسالا -

Fixed (fiks-d) *adj.* Established قائم - مستحکم - مضبوط - جما ہوا - گڑا ہوا - منجمد -

Fixedly (fiks-d-li) *adv.* In fixed manner گھور کر - مضبوطی سے - مستحکم طور پر - ٹکٹکی باندھ کر -

Fixedness (fiks-d-nes) *n.* Permanence جزم - سکون - استحکام - ثابت قدمی - استقلال -

Fixity (fiks-iti) *n.* Fixed state پائداری - قیام - حالت انجماد - جماؤ - گڑاؤ - اشیا کی یہ خاصیت کہ وہ بھاپ بن کر نہ اڑیں اور اپنا اصلی وزن قائم رکھیں - استحکام - استقلال -

Fixture (fiks-tur) *n.* Thing fixed or fastened مقررہ کام یا کھیل - جمی ہوئی چیز - جوڑ یا بند - کھیلوں کا یا گھڑ دوڑ کا نظام العمل - کھیل کا مقابلہ -

Fizz (fiz) *v., i. & n.* Make hissing sound سنسنانا - سن سن ساں ساں کرنا - شیمپین شراب کی ایک قسم -

Fizzle (fiz-l) *v.i. & n.* Hiss or splutter دھیمی آواز سے سسکارنا - سی سی کی آواز -

Fizzle out کام کا اچھی طرح نہ ہونا -

Flabbergast (flab-ər-gast) *v.t. & n.* Astonish گومگو میں رکھنا - شش و پنج میں ڈالنا - حیران و ششدر کرنا - سراسیمگی - ناکامی - نامرادی -

Flabby (flab-i) *ajd.* Hanging down (گوشت) تھل تھل - ڈھیلا - پلپلا - کمزور - بے جان - غیر مستقل (زبان ، چال چلن) -

Flaccid (flak-sid) *adj.* Wrinkled نرم - ڈھیلا ڈھالا - جھریاں پڑا ہوا - پر شکن - پولا - کمزور - ناطاقت -

Flag (flag) *n.* A kind of coarse grass growing on moist ground منگلا - پانی کا پودا - دلدلی زمین کا پودا - ایک قسم کی چکلے پتوں کی گھاس -

Flag (flagstone) (flag) *n.* Slab of rock for paving فرش کا پتھر - فرش کرنے کے لئے پتھر کی سلیں - پتھر کا فرش -

Flagging *n.* پتھر کی سلوں کا فرش کرنا -

Flag (flag) *n. & v.t.* Piece of bunting or other stuff جھنڈا - پھریرا - علم - نشان - کسی اہم جہاز کے کپتان کا علامتی پھریرا - کسی جگہ جھنڈا لگانا - جھنڈے کے ذریعے اطلاع دینا - خبر پہنچانا -

Flag (flag) *v.t. & i.* Droop لٹکنا - لٹکانا - ڈھیلا چھوڑنا - ڈھیلا ہونا یا پڑنا - سست پڑ جانا - مرجھانا - دلچسپی نہ رکھنا -

Flagellant (fla-jil-yent) *n. & adj.* One who flogs himself جو شخص گناہوں کا کفارہ کرنے کے لئے اپنے آپ کو کوڑے مارتا ہے - کوڑے مار - اپنے آپ کو سزا دے کر گناہ دور کرنے والا -

Flagellate (fla-jil-at) *v.t.* Scourge اپنے آپ کو سزا دینا - اپنے آپ کو کوڑے مارنا -

Flagellation *n.* گناہ دور کرنے کے لئے خود کی سزا -

Flaggy (flag-i) *adj.* Loose نقیہ - کمزور - ڈھلا ہوا گرا ہوا -

Flageolet (flaj-o-let) *n.* A small flute شہنائی - الغوزہ - نفیری - بانسری - سیم (پھلی کی ایک قسم) -

Flagitious (fle-jish-əs) *adj.* Villainous مہا پاپی - گنہگار - مردود - بدکار - فاسق - فاجر -

Flagon (flag-ən) *n.* A large vessel with handle پیمانہ - کاسہ مے - جھجر - خم - صراحی - میز پر شراب رکھنے کا ظرف - شراب کی گول اور چپٹی بوتل -

Flagrant (fla-gr-ənt) *adj.* Glaring سوزاں - روشن - کھلا ہوا - واضح - جلتا ہوا - برملا - علانیہ - سنگین -

Flail (flal) *n.* Hand-threshing implement بالی سے اناج نکالنے کا آلہ - غلہ کوب - وہ لکڑی جس سے کٹے ہوئے پودوں کو پیٹ کر اناج الگ کرتے ہیں -

Flair (flar) *n.* Selective instinct جبلی قوت امتیاز و انتخاب -

Flake (flak) *n., v.t. & i.* Light fleecy snow روئی - برف کا گولا - جلی ہوئی چیز کی بالائی پپڑی - پتلا چوڑا چھلکا - پاپڑ - دھاری دار پنکھڑیوں کا پھول - گرنا - جھڑنا - برف کے گالوں کی طرح اوپر سے گرنا -

Flam (flam) *n.* Sham story دھوکا - فریب - جھوٹی کہانی - فرضی قصہ -

Flambeau (flam-bo) *n.* Torch of thick wax wicks مشعل ، بالخصوص وہ مشعل جو موٹی موٹی موم بتوں سے بنائی گئی ہو -

Flamboyant (flem-boi-ənt) *adj. & n.* Marked by wavy flamelike lines شعلہ ساں خطوط کی صورت کا بنا ہوا - شعلے جیسی لکیروں کا - شعلہ کے رنگ کے نقش و نگار -

Flame (flam) *n.* Visible fire لو - بھبوکا - شعلہ - لپٹ - بھڑکتی ہوئی آگ - تیز روشنی - سرخ رنگ - آگ جیسا رنگ - غصہ - تندی - تیزی - جذبہ عشق -

Fan the flame آتش شوق بھڑکانا - شعلوں کو بھڑکانا - آگ کو ہوا دینا -

Flamy *adj.* شعلہ ساں - شعلہ صفت

Flame (flam) *v.i.* Blaze مشتعل ہونا - بھڑک اُٹھنا - جل اٹھنا - جلنا - آگ بگولا ہو جانا - جوش میں آنا - طیش میں آنا - چمکنا - روشن ہونا - روشنی سے اشارہ کرنا - آگ پر رکھنا -

Flame up شرما جانا - شعلے کی طرح ہانا -

Flaming (flam-ing) *adj*. Bright-coloured - شعلہ زن - نہایت گرم - سرخ رنگ کا - بھڑکیلا - مبالغہ آمیز - بہت زیادہ تعریفی -
A flaming description مبالغہ آمیز بیان -

Flamingo (flə-ming-go) *n*. Tall long-necked bird لال سر - لال سر والا لم ڈھینگ -

Flammable (flam-əbl) *adj*. Inflammable اشتعال پذیر - مشتعل ہونے والا - بھڑک اٹھنے والا -

Flange (flanj) *n*. & *v.t*. Projecting flat rim چپٹی باڑھ یا کگر جس کا کنارہ باہر کو نکلا ہو -

Flank (flang-k) *v.t*. & *n*. Fleshy part of side between ribs and hip کوکھ - پٹھے اور پسلیوں کے درمیان کا گوشت - عمارت یا پہاڑ کی ایک جانب - ایک طرف - دائیں یا بائیں - فوجی دستے کا دایاں یا بایاں پہلو - میمنہ یا میسرہ - قلب فوج کے دونوں جانب - میمنہ، میسرہ کو مستحکم کرنا - فوج کے بازوؤں پر گولا باری کرنا - میمنہ یا میسرہ کی طرف فوج کا رخ پھیرنا یا حملہ کی دھمکی دینا -

Flanker (flang-kər) *n*. & *adj*. Fortification gaurding flanks ایسی مورچہ بندی بازو مار مورچہ بندی - جس سے میمنہ میسرہ کی حفاظت ہو اور دشمن کے بازوؤں پر دباؤ پڑے - قلعہ بندی - مورچہ بندی - دائیں یا بائیں -

Fiannel (flan-əl) *n*. & *adj*. Woollen cloth فلالین - ایک قسم کا اونی کپڑا - فلالین کے بنے ہوئے کپڑے (اندر پہننے کے) - فلالین کی پتلون - فلالین کا - فلالینی -
Flannelette *n*. نقلی فلالین -

Flap (flap) *v.t*., *i*. & *n*. Strike with something broad کسی چوڑی چپٹی شے سے مارنا - ہلکی تھپکی دینا - پھڑ پھڑانا - پر جھاڑنا - کریز کرنا - پر مارنا - پروں کی حرکت - پھڑ پھڑاہٹ - ڈھیلی ڈھالی ، لٹکتی ہوئی چیز جیسے نیچا دامن یا تہہ بند - جیب کے منہ پر سلے ہوئے کپڑے کا ٹکڑا -

Flapdoodle (flap-doodl) *n*. Nonsense خرافات - بکواس - بے معنی - مہمل باتیں -

Flapjack (flap-jak) *n*. Small cake fried in grease میٹھی ٹکیا - پوری - آٹے کا کیک جو روغن میں پکایا جاتا ہے -

Flapper (flap-ər) *n*. Flat fly-killing instrument مکھیاں مارنے کی چپٹی پٹی - مگس مار - جوان جنگلی بطخ یا تیتر - (بول چال) وہ لڑکی جو ہنوز عام صحبتوں میں شریک نہ ہوئی ہو - ہاتھ - کسی چیز کا لٹکتا ہوا ٹکڑا - مچھلی کے چوڑے پر - یاد دلانے والی چیز -

Flare (flar) *v.t*., *i*. & *adj*. Bulge upward جہاز کے بازوؤں کا ابھرنا - شعلے کا لرزنا یا لپکنا - لرزتے ہوئے شعلے کی طرح چمکنا - جہاز کے بازو کا ابھار - جھلملاتی ہوئی تیز روشنی - سمندر میں اشارہ کرنے والی روشنی -
Flare up چند روزہ سرفرازی - بھڑک اٹھنا - غصہ میں لال پیلا ہونا - آگ بگولا ہونا - دھاچوکڑی -

Flash (flash) *v.t*. & *i*. Break into flame شعلہ یا شرر کا نکلنا - چمکنا - کوندنا - دفعتہً شعلہ بن کر بھڑک اٹھنا - تار کے ذریعے خبر بھیجنا - بے تار کی خبر بھیجنا - خبر شائع کرنا - پانی کا تیزی سے بہنا - دریا کا چڑھنا - تیزی سے حرکت کرنا -
Eyes flash fire غصہ کرنا - آنکھوں سے شعلے نکلنا -
Flash back defiance آنکھوں سے بے خوفی یا لا پروائی ظاہر کرنا -
Flash in the pan آن شورا شوری واں بے نمکی - باسی کڑھی میں ابال -

Flash (flash) *n*. Sudden blaze جھلک - دمک - چمک - کوند - ایک پل - آن - دم - چشم زدن - دکھاوا - نمود - ظاہری چمک دمک - پانی کا تیز بہاؤ جب وہ بند سے چھوڑا جائے - پانی کا تیز بہاؤ کرنے کی مشین -
A flash of hope امید کی جھلک -
In a flash پلک جھپکتے - چشم زدن میں -

Flash (flash) *adj*. Showy بناوٹی - نقلی - چمکیلا - بھڑکیلا - بے معنی گفتگو - جرائم پیشہ لوگوں کی گفتگو - کمینہ - پاجی - ذلیل -

Flashy (flash-I *adj*. Brilliant but shallow سطحی - ذرا سی دیر چمکنے والا - عارضی (تجلی) - بظاہر جاذب نظر مگر کم حیثیت - ہلکا - نمایشی - بے مزہ -

Flask (flask) *n*. Metal or leather case for carrying gun-powder بارود کی کپی - تنگ گردن کی شراب یا تیل کی بوتل - چمڑے کے غلاف والی سفری بوتل -

Flat (flat) *n*. Suit of rooms رہائشی مقام - مکان کی منزل پر چند کمروں کا رہائشی حصہ -

Flat (flat) *adj*., *adv*., *n*., *v.t*. & *i*. Horizontal, level ہموار - برابر - مسطح - پھیلا ہوا میدان - چورس - فرشی - چپٹا - کف دست - لیٹا ہوا - گرا ہوا - افتادہ - بے لطف - بے جان - سست - کند ذہن - غبی - بے سری (آواز) - چپٹے تلے کی کشتی - ٹوکری یا ٹوکرا - کمروں میں رہنا - آواز کا سپاٹ ہونا - (بول چال) ایسا شخص جسے بہ آسانی بیوقوف بنایا جا سکے - قطعی - دو ٹوک -

Flat blasphemy - کھلا ہوا کفر - نرا کفر - کُفر مُطلق
Flat denial صاف انکار -
Flat nonsense قطعاً مہمل -
Fiat rate یکساں نرخ -
Fall flat تدبیر کا بے اثر ہونا - ناکام ہونا -
Market is flat - بازار مندا ہے - قیمتیں گری ہوئی ہیں
Flattish *adj.* قریب قریب چپٹا - چپٹا سا -

Flatter (flat-ər) *v.t.* Overpraise ضرورت سے زائد تعریف کرنا - چاپلوسی کرنا - خوشامد کرنا - کسی شخص کی خود پسندی کو تقویت دینا - کسی کو یہ باور کرانا کہ وہ بڑا آدمی ہے - پھلانا - دم دینا - جھانسا دینا - سبز باغ دکھانا - دم دلاسا دینا - دلداری کرنا - اپنے آپ کو خوش کرنا - اپنی بے عزتی کو فراموش کر دینا -
Flatterer *n.* چاپلوس - خوشامدی -
Flattering *n.* چاپلوسی - خوشامد -

Flatulent (flat-u-lənt) a*dj.* Generating gas in the alimentary canal بادی سے پیٹ پھولا ہوا - نفخ کیا ہوا - ریح پیدا کرنے والا - نفاخ - بد دماغ - مغرور - بڑے بڑے دعوے کرنے والا -
Flatulence-cy *n.* غرور - بد دماغی - اپھار - نفخ -
Flatulently *adv.* بد دماغی کے ساتھ - اپھار سے - نفخ کے ساتھ -

Flaunt (flawnt) *v.i.* & *t.* Display oneself - پر مارنا - پھڑ پھڑانا - بھڑک دکھانا - بناؤ سنگار یا ٹھاٹھ دکھانا - شیخی سے اترانا - اپنے لباس کی بھڑک دکھانا - اترا کر چلنا -
Flauntingly *adv.* اکڑفوں سے - شیخی سے - دکھاوے کے ساتھ - اترا کر -

Flavour (fla-ver) *v.t.* & *v.* Aroma مخصوص مزا یا لذّت یا ذائقہ - خوشبو - مہک - زبان اور ناک کا مشترکہ احساس - ایسی خصوصیت جس کی تعریف مشکل ہو - کسی چیز میں کوئی خاص مزا پیدا کرنا -

Flaw (flaw) *n.*, *v.t.* & *i.* Crack, blemish قصور - نقص - عیب - دھبّا - درز - شگاف لگانا - خراب کر دینا - عیب پیدا کر دینا -
Flawless بلا نقص - بے عیب -

Flaw (flaw) *n.* Squall of wind ہوا کا تیز جھونکا -

Flax (flaks) *n.* Blue-flowered plant yielding fibre السیّ کا پودا - پٹ سن - سن جس کے ریشے سے کپڑا اور ٹاٹ بنایا جاتا ہے -

Flaxen (flak-sen) *adj.* Of flax - سن کا بنا ہُوا - سن کا - سن کے رنگ کا - زردی مائل بھورا -

Flay (fla) *v.t.* Strip off skin or hide of کھال ادھیڑنا یا کھینچنا - کھال اتارنا - چھال یا چھلکے اتارنا - چھیل کر ٹھیک کرنا - سختی سے تنقید کرنا - کسی کو لوٹنا - برباد کرنا -
Flay-flint بخیل - دھمکی دے کر روپیہ وصول کرنے والا -

Flea (fli) *n.* Small jumping insect پسو - چھوٹا سا بے حقیقت کیڑا -
Flea-bite معمولی بات - معمولی خرچ - نہایت معمولی تکلیف - پسو کے کاٹنے کا نشان -
Send one away with a flea in his ear کسی کو جھڑک کر لا جواب کر دینا -

Fleck (flek) *n.* & *v.t.* Spot in the skin لکیر - جھائی - داغ - دھبا - رنگ یا روشنی کا نشان - چھوٹا سا ٹکڑا - کسی چیز پر دھبّے یا نشان ڈالنا -
Fleckless ستھرا - صاف - بےداغ -

Flecker (flek-ər) *v.t.* Scatter in patches مختلف رنگوں سے رنگنا - دھبّے ڈالنا - داغدار کرنا -

Fledge (flej) *v.t.* & *i.* Provide with feathers پر نکلنا - پر دار کرنا - پر لگانا - اڑنے کے قابل کرنا یا ہونا - پر یا نرم بالوں سے آراستہ کرنا - پر آنا -

Fledg (e)l ing (flej-ling) *n.* Young bird - کچا آدمی نا تجربہ کار شخص - نوخیز چڑیا - چھوٹا پرند -

Flee (fle) *v.i.* & *t.* Run away بھاگ کر جان بچانا - بھاگنا - فرار ہونا - رفوچکر ہونا - خطرے سے بچنے کے لیے بھاگنا - بچنا - پرہیز کرنا - کترانا - نفرت کرنا -

Fleece (fles) *n.* & *v.t.* Woolly covering of sheep بھیڑ کی اون جو ایک بار کتری جائے - اون - پشم - سر کے بال جو الجھے اور گھنے ہوں - سفید اون کی طرح کی کوئی چیز - بھیڑوں کی اون کاٹنا - کسی کا روپیہ مار لینا - اُلٹے اُسترے سے مونڈنا - زبردستی لے لینا - ٹھگنا - کنگال کر دینا - اون بچھانا یا لگانا -
Fleeceable *adj.* - وہ شخص جس کی دولت لوٹی جا سکے - وہ بھیڑ جس کی اون کاٹنے کے قابل ہو -

Fleeced *adj.* وہ شخص جسے لوٹ لیا گیا ہو - بھیڑ جس کی اون کاٹ لی گئی ہو -

Fleer (fler) *v.i. & n.* Laugh mockingly منہ چڑانا - ہنسی اڑانا - ہنسنا - آوازے کسنا - تحقیر کرنا - مضحکہ خیز نظم یا کلام -

Fleet (flet) *n.* Naval armament ایک ساتھ سفر کرنے والے جہازوں کا بیڑا - جنگی جہازوں کا بیڑا جو ایک کماندار کے ماتحت ہو - کرائے کی موٹریں اور گاڑیاں جو ایک شخص کی ملکیت ہوں -

Fleet (flet) *n.* Creek, inlet کھاڑی - سمندر کی شاخ جو خشکی میں دور تک گئی ہو - لندن کے ایک پرانے قید خانہ اور دریا کا نام -

Fleet parson بے وقعت پادری جو فلیٹ قید خانہ کے اطراف میں خفیہ نکاح پڑھایا کرتا تھا -

Fleet marriage شادی کی رسم جو کسی بدنام پادری نے ادا کی ہو -

Fleet (flet) *adj.* Swift تیز - تیز رفتار - سبک رو - چست -

Fleet (flet) *v.i.* Glide away, vanish اڑ جانا - غائب ہو جانا - چمپت ہو جانا -کافور ہو جانا- چپکے سے سرک جانا -

Fleeting *adj.* ناپائیدار - رواں - گزراں -

Flemish (flem-ish) *adj. & n.* Language of Flanders ملک فلینڈرس کی زبان - فلینڈرس کی -

Flesh (flesh) *n.* Muscular part of animal bodies گوشت - لحم - ماس - بدن - جسم - بنی آدم - انسان - بشریت - پھل یا درخت کا گودا - موٹاپا - چربیلا جسم -

Flesh and blood انسان کی فطری کمزوریاں - انسان -

Flesh tights تنگ اور چست لباس جو گوشت کا ہم رنگ ہوتا ہے اور ایکٹر تماشے کے وقت پہنتے ہیں -

Make his flesh creep ڈرانا - خوف زدہ کرنا -

One's own flesh and blood خون کے رشتہ کے - اولاد - قریبی رشتہ دار -

Sins of the flesh نفس کے گناہ - جسمانی ہوا و ہوس -

Flesh (flesh) *v.t.* Initiate in bloodshed خون چٹانا - گوشت کھلانا - شکاری کتوں کو خون چکھا کر آمادہ شکار کرنا - خون ریزی کی عادت ڈالنا -

Flesher (flesh-ər) *n.* Dealer in meat بوچڑ - قصائی - قصاب -

Fleshings (flesh-ings) *n.* Close flesh-coloured garments گوشت کا ہم رنگ چست لباس -

Fleshly (flesh-li) *adj.* Sensual انسانی - بشری - حیوانی - شہوانی - نفسانی - مادی - فانی - دنیاوی -

Fleshy (flesh-i) *adj.* Plump گوشت دار - فربہ - لحیم شحیم - گداز - چربی دار -

Flex (fleks) *v.t.* Bend جھکانا - موڑنا - خم کرنا -

Flex (fleks) *n.* Flexible insulated wire تار جو بجلی کی روشنی کرنے کے لیے استعمال ہوتا ہے -

Flexible (flexs-ibl) *adj.* Supple, mobile لچکدار - جھک جانے اور مڑنے والا - جو شخص آسانی سے کہنا مان لے - جو شخص اپنے آپ کو حالات کے مطابق بنا سکے -

Flexibility *n.* نرمی - لچک - جھکنے کی صلاحیت -

Flexion (flex-shən) *u.* Bending گردان(نحو) - جڑا ہوا حصہ - مڑ - خم - کجی - جھکاؤ -

Flexor (fleks-ər) *n.* Muscle that bends a part عضو کو جھکانے والا پٹھا - وہ پٹھا جو کسی حقۂ جسم کو جھکاتا اور موڑتا ہے -

Flexure (flek-shər) *n.* Bent state خمیدگی - خم - جھونک - لچک -

Flibbertigibbet (flib-ər-ti-jeb-it) *n.* Gossiping person بک بک کرنے والا - بکواسی - اوچھا آدمی - واہی - بک بک جھک جھک کی آواز کی نقل -

Flick (flik) *n. & v.t.* Sharp blow with whip کوڑا مارنا - چابک لگانا - جھٹکا - نازیانے یا کوڑے کی ہلکی آواز - گرد اڑانا - رومال کو جھٹک کر صاف کرنا - جھاڑنا -

Flicker (flik-ər) *v.i. & n.* Quiver سانپ کی طرح حرکت کرنا - وا سے ہلنا - ہلنا جلنا - پر جھاڑنا - پھڑ پھڑانا - ٹمٹمانا - جھلملانا -

Flight (flit) *n. & v.t.* Act or manner of flying through air اڑان - پرواز - ہوا میں پرواز - پرواز کا طریقہ - گریز - فرار - نقل مکانی - پرندوں کا جھنڈ جو ایک جگہ سے دوسری جگہ جاتا ہے - تیز پرواز - سیڑھیوں کا سلسلہ - گھڑ دوڑ میں پھاندنے کی ٹٹیاں -

Flight of ambition اعلیٰ حوصلگی - بلند ہمتی -

Flight of fancy تخیل - پرواز خیال -

Flighty (flit-i) *adj.* Guided by whim - وحشی
کم عقل - سنکی - وہمی - بیوقوف -

Flimsy (flim-zi) *adj.* & *n.* Easily destroyed - کمزور
ناپائدار - نازک - بودا - کم حیثیت - خفیف - بے کار -
سطحی - ناقص - جھلی کے مانند -

Flimsiness *n.* - کمزوری - نزاکت - بودا پن - پتلا پن

Flinch (flin(t)ch) *v.t.* Give way, draw back - ہٹنا
دبنا - جی چرانا - سرکنا - پیچھے کھسکنا -

Flinch from duty - فرض سے روگردانی کرنا

Flinchingly (flin-shing-li) *adv.* Hesitatingly
جھجکتے ہوئے - کچے پن سے - ہچکچاہٹ سے -
روگردانی کرتے ہوئے -

Fling (fling) *v.i.*, *t.* & *n.* Rush, go angrily - ڈالنا
گرانا - پھینکنا - غصے میں تیزی سے چلے جانا - تیزی
سے گھسنا - پھیلانا - نکالنا - چھوڑنا - لعن طعن کرنا -
ملامت کرنا - تیز حرکت - لپک جھپک - اضطراری
حرکت یا جذبہ -

Fling on person's compassion اپنے کو کسی کے
رحم و کرم پر چھوڑ دینا -

Fling into an enterprise کسی کاروبار میں ہمہ تن
مصروف ہو جانا -

Fling one's eyes - نے پروائی سے دیکھنا

Have a fling at - آوازے کسنا - طعنے دینا

Flint (flint) *n.* Hard stone found in pebbly lumps چقاق کا پتھر جو اندر سے بھورا اور سخت
ہوتا ہے - گار کا پتھر جس کو لوہے پر مارنے سے شعلے
نکلتے ہیں اور آگ پیدا ہوتی ہے -

Set one's face like a flint - پختہ ارادہ کرنا

Wring water from a flint - مشکل کام کر دکھانا

Flinty *adj.* - چقاق سا - کڑا - چقاق کی طرح سخت

Flip (flip) *v.t.*, *i.* & *n.* Strike lightly گولیوں یا
سکوں کو انگلیوں پر نچانا - کسی کے رخسار پر انگلی
سے مارنا - چوٹ مارنا - جھٹکا دے کر کھینچنا -
چابک کی ہلکی سی چوٹ ٹکور - بیر اور شراب کا محلول
جس میں گرم لوہا بجھایا گیا ہو -

Flip-flap (flip-flap) *n.* A kind of somersault - قلا بازی
آتش بازی - آتش بازی کی چرخی - چکر کھانے والا
ہنڈولہ -

Flippant (flip-ənt) *adj.* Disrespectful - طرّار - بکّی
گستاخ - چرب زبان - تیز زبان - غیر سنجیدہ -
اہم باتوں کو معمولی سمجھنے والا - بے ادب -

Flippahcy *n.* - بے ادبی - بے پروائی - زبان درازی

Flippantly *adv.* - بے ادبی سے - فر فر - تیز زبانی سے

Flipper (flip-ər) *n.* Limb used to swim with مچھلی
کا چوڑا پر جس کی مدد سے وہ تیرتی ہے -

Flirt (flə-rt) *v.t.*, *i.*, & *n.* Wave or move briskly
اچھالنا - جھٹکے سے پھینکنا - تیزی سے ہلانا - تیز
حرکت کو دفعتہً روک دینا - ایسا مرد یا عورت جو تفریحاً
معاشقہ کرتے ہوں - جھوٹی محبت جتانا -

Flirtation *n.* - ناز - نخرے - معاشقہ - دکھاوے کی محبت

Flirtatious *adj.* - نخرے باز - معاشقہ کرنے والے

Flit (flit) *v.i.* & *n.* Migrate - پھڑکنا - پھڑپھڑانا
کافور ہو جانا - اڑ جانا - سدھارنا - کوچ کرنا - ترک
وطن کرنا - نقل مقام کرنا - تھوڑے فاصلہ تک اڑ کر
رک جانا -

Flit about - ادھر ادھر چلنا پھرنا

Flitch (flich) *n.* & *v.t.* Side of hog salted سور کے
پہلو کا نمکین اور سکھایا ہوا گوشت - ایک سمندری جانور
کی چربی کا ٹکڑا - ایک قسم کا بھنا ہوا گوشت - لکڑی
یا مچھلی کے ٹکڑے کاٹنا -

Float (flot) *n.* Any thing that floats, cork or raft
تیرنے والی کوئی چیز - تیرتی ہوئی دریائی گھاس یا
لکڑی - کاگ یا پر جو مچھلی کے شکار کی ڈور میں بندھا
ہو - ترینڈا - روشنی جو سوتے وقت کمروں میں ہو -
اسٹیج کے کناروں کی تیز روشنی - پہیوں پر چلنے والا
چبوترہ - جلوس کا تخت - معمار کی تھاپی -

Float (flot) *v.i.* & *t.* Drift on liquid - پانی کے اوپر رہنا
تیرنا - جہاز یا کشتی کو پانی میں اتارنا - پانی کے
ساتھ بہنا - بہے چلے جانا - ہوا میں معلق ہونا - نظر یا
تصور میں منڈلانا - کاروبار کا اشتہار دینا - افواہ اڑانا -

Floatable *n.* & *adj.* - اشتہار کے قابل - تیرنے کے قابل
جو چیز تیر سکتی ہو - تباہ شدہ جہاز کی اشیاء حاصل
کرنے کا حق -

Floatage (flot-əj) *n.* Floating things تیرنے والی
چیزیں - جہاز یا کشتیاں - قوتِ شنا - تیراکی -

Floatation (flōt-ə-shən) *n.* Starting of an enterprise بہاؤ۔ تیرنے والی چیزوں کی حالت یا علم ۔ تیرنے والی چیزوں کا مرکز ثقل ۔ کسی کاروبار کا آغاز ۔

Floating (flot-ing) *adj.* Swimming, fluctuating بہتی ہوئی ۔ تیرتی ہوئی ۔ چڑھتا اترتا ہوا (کاروبار) ۔ تیرتا ہوا (اسباب کا جہاز) ۔

Floating debt عارضی قرض ۔

Floating population وہ آبادی جو گھٹتی بڑھتی رہے ۔

Flocculent (flok-u-lent) *adj.* Like tufts of wool اونی ۔ روئیں دار ۔ گچھے دار ۔ روئی کے سے ۔

Flock (flok) *n.* Lock of wool or cotton اون کی جٹا ۔ اون یا روئی کا گچھا ۔۔ اون یا روئی کا گالا ۔ اون کی کترن یا گودڑ ۔

Flock (flok) *n.* & *v.i.* Large number of birds, animals or men جتھا ۔ گروہ ۔ انبوہ ۔ گلہ ۔ جھنڈ ۔ ایک ہی قسم کے بہت سے جانور ۔ امت عیسیٰ علیہ السلام ۔ عیسائیوں کی جماعت جو ایک ہی پادری کے ماتحت ہو ۔ ایک ہی مقصد کے لیے جمع ہونا ۔ گروہ بنا کر چلنا ۔

Flock about گروہ بنا کر چلنا پھرنا ۔

Flock out گروہ میں باہر نکلنا ۔

They come in flocks جھنڈ کے جھنڈ آتے ہیں ۔ وہ گروہ در گروہ آتے ہیں ۔

Floe (flo) *n.* Sheet of floating ice سمندر میں بہتا ہوا برف کا تودہ ۔

Flog (flog) *v.t.* Beat with birch, cane or whip کوڑے ، قمچی یا بید سے مارنا ۔ چھڑی سے مارنا ۔ گھوڑے کو چابک مار کر چلانا ۔ شکست دینا ۔ ہرانا ۔ سزا دینا ۔ دریا میں مچھلی کی ڈور بار بار ڈالنا ۔

Flog dead horse اپنی کوشش ضائع کرنا ۔ مرے پر سو درے ۔

Flogging *n.* کوڑے مارنا ۔ تازیانے لگانا ۔ درے مارنا ۔

Flood (flud) *n. v.t.*, & *i.* Inundation طغیانی ۔ چڑھاؤ ۔ سیلاب ۔ دریا ۔ ندی نالے کا پانی سے بھر کر ابل جانا ۔ پانی کا زمین پر پھیل جانا ۔ پانی سے بھر دینا ۔ آتش زدہ مکان پر پانی ڈالنا ۔ دریا میں پانی کی سطح بلند ہو جانا ۔ سیلان الرحم ہونا ۔ حیض کا خون کثرت سے آنا ۔

Flood-gate پانی چھوڑنے اور روکنے کا دروازہ ۔ پانی کے بند کا دروازہ ۔

Flood of rain طوفانی بارش ۔ موسلا دھار بارش ۔

Flood of tears and words آنسوؤں کا بہنا اور فریاد کرنا ۔

Floor (flor) *n.* & *v.t.* Bottom of sea, surface of room زمین ۔ تہہ زمین ۔ سطح فرش ۔ سمندر کی تہہ ۔ تختے جن سے فرش کیا جاتا ہے ۔ ملے ہوئے رہائشی کمرے جو ایک ہی منزل پر ہوں ۔ فرش کرنا ۔ فرش بچھانا ۔

Floorer (flor-ər) *n.* Knock-down blow لمبا کر دینے والا گھونسا ۔ گرا دینے والا مکا ۔ بدحواس کر دینے والی چیز ۔ لاجواب کر دینے والی دلیل ۔ امتحان کا بہت سخت پرچہ ۔

Flop (flop) *v.i. t.*, & *n. interj.* & *adv.* Sway about heavily بھدی چال سے چلنا ۔ ڈھلنا ۔ جھومنا ۔ گھٹنوں کے بل بیٹھنا یا لیٹنا ۔ بھدی یا بے ڈھنگی حرکت ۔ بھدے پن سے ۔ بھاری اور بلند آواز سے ۔ دھم سے ۔ کسی چپٹی چیز کے پانی پر گرنے کی آواز

Floppy *adj.* اہلا گہلا ۔ بے قابو ۔ بھدا ۔ بے ڈھنگا ۔

Flora (flora) *n.* Plants of a particular region کسی مقام یا قدیم زمانے کے نباتات ۔ پودے اور درخت اور ان کا بیان ۔ نباتات نامہ ۔

Floral (flor-əl) *adj.* Of flowers and piants پھولوں یا پودوں کے متعلق ۔

Floral zone زمین کا وہ قطعہ جس میں پودے اگانے کی مخصوص اہلیت ہو ۔

Florescence (flor-es-ens) *n.* Flowering state فصل گل ۔ شادابی ۔ شگفتگی ۔

Floret (flor-it) *n.* One of small flowers چھوٹا پھول ۔ چھوٹے چھوٹے پھول جو مل کر بڑا پھول بن جاتے ہیں ۔ گل ہزارا ۔

Floriate (flor-i-at) *v.t.* Decorate with flower designs پھول پتے بنا کر آرائش کرنا ۔

Floriculture (flor-i-kultur) *n.* Cultivation of flowers پھولوں کی کاشت ۔ پھولوں کی پرداخت ۔

Floriculturist *n.* پھول مالی ۔ پھولوں کی کاشت کا شوقین ۔ پھولوں کی کاشت کرنے والا ۔ پھولوں کا شوقین ۔

Florid (flo-rid) *adj.* Profusely adorned گل فام ۔ رنگین ۔ پھولوں سے سجا ہوا ۔ بھڑک دار ۔ چمکیلا ۔ دمکتا ہوا ۔ گل بہار ۔

Floridity, Floridness *n.* گل دامانی - لالی - سرخی - چمک دمک - رنگینی -

Florin (flor-in) *n.* Foreign coin of gold and silver current at different times چاندی اور سونے کا سکہ جو تاریخ کے مختلف دوروں میں مختلف ملکوں میں رائج رہا ہے -

Florist (flor-ist) *n.* One who deals in or raises flowers گل فروش - پھولوں کی کاشت کرنے والا یا پھولوں کے علم کا مطالعہ کرنے والا - پھولوں کا محقق -

Floss (flos) *n.* Rough silk on cocoons ریشم - کچا ریشم - خام یا کم قیمت کا ریشم -

Flotilla (flo-til-ȧ) *n.* Fleet of small ships چھوٹا بیڑا - چھوٹے جہازوں کا بیڑا -

Flounce (flowns) *n.* & *v.t.* Strip sewn in woman's skirt جھالر - بیل - گوٹ - سنجاف - جھالر لگانا - دامن میں بیل ٹانکنا - پھڑپھڑانا - گھس پڑنا - اپنے جسم کو پٹخنیاں دینا -

Flour (flowr) *v.t.* & *n.* Fine soft powder of corn آٹا - میدہ - کسی چیز پر آٹا چھڑکنا -

Flourish (flur-ish) *v.i. t.*, & *n.* Thrive, prosper ترقی کرنا - سرسبز ہونا - پھلنا پھولنا - پورے عروج پر ہونا - کامیاب زندگی بسر کرنا - مالا مال ہونا - رنگین عبارت لکھنا - اٹھلانا - اترانا - اینٹھ کر چلنا - سرملانا - الاپنا - آسودگی - خوش حالی - خوبصورتی - زیبائش - بیل بوٹے بنانا -

Flout (flowt) *v.t. i.*, & *n.* Mock, insult توہین کرنا - چڑانا - طعنے دینا - نفرت ظاہر کرنا - تمسخر - تضحیک - استہزا -

Flow (flō) *v.i.* & *n.* Glide along as a stream ڈھلکنا - جاری ہونا - بہنا - رواں ہونا - تحریر و تقریر میں روانی - لباس کا لٹکنا یا لہرانا - ابلنا - پھوٹ پڑنا - شراب لنڈھانا - چشمہ کا جاری ہونا -

Flower (flowr) *n. v.t.*, & *i.* Reproductive organ of plant گل - پھول - پودے کا وہ عضو جس سے نسل بڑھتی ہے - خمیر کا کف - کلی - غنچہ - شگوفہ - پھول لانے والا درخت - پھول کھلنا - پھول کھلانا - کسی چیز پر گل بوٹے بنانا - کسی چیز کا بہترین حصہ - عرق یا جوہر -

In the flower of life عہد شباب میں -

Flowery (flowr-i) *adj.* Abounding in flowers پھولوں سے لدا ہوا - پھول دار - لچھے دار (تقریر) -

Flowing (flo-ing) *adj.* Fluent, easy رواں - فصیح - سلیس - رواں -

Fluctuate (fluk-tu-āt) *v.i.* Move up and down like waves گھٹنا بڑھنا - اترنا چڑھنا - لہرانا - ڈگمگانا - بدلتے رہنا - بازار کے بھاؤ کا چڑھنا اترنا - غیر مستقل ہونا -

Fluctuation *n.* لہراؤ - اتار چڑھاؤ - تبدیلی - تغیر - کمی بیشی -

Flue (floo͞) *n.* A kind of fishing-net روئی کے منتشر ذرات جو جم جائیں - مچھلی پکڑنے کا ایک جال - انگیٹھی کا ہوا دان - دودکش - ہوا یا گرمی پہنچانے کی نالی - دیگ نالی - بانسری کے سوراخ -

Fluency (floo͞-ənsi) *n.* Smooth easy flow لسانی روانی - ہموار آہستہ بہاؤ - فصاحت - حاضر بیانی - زبان و قلم کی روانی -

Fluent (floo͞-ənt) *adj.* & *n.* Graceful, easy ڈھلکتا ہوا - رواں - جاری - بہتا ہوا - بہنے کے لیے تیار - رقیق - سیال - ہموار - مسلسل - شائستہ - لسان - فصیح - چرب زبان - خوش تقریر - خوش گفتار -

Fluently *adv.* خوش بیانی سے - فصاحت سے - روانی سے -

Fluff (fluf) *n.* & *v.t.* Soft fur روان - نرم روئیں یا بال - گالوں اور ہونٹوں کے نرم بال - ناٹک کا وہ حصہ جو ادا کار کو یاد نہ ہو - ناٹک میں کسی ادا کار کا غلطی کرنا - کسی چیز کو روئیں کی طرح باریک یا نرم بنانا -

Fluffy *adj.* ملائم - پردار - روئیں دار -

Fluid (floo͞-id) *adj.* & *n.* Liquid constituent پتلا - پانی سا - بہتا ہوا - سیال - رواں - سریع الحرکت -

Fluidity *n.* سیال ہونا - پتلا پن - بہاؤ -

Fluke (flook) *n.* A kind of flat fish ایک طرح کی چپٹی مچھلی - ایک طرح کا آلو - لنگر کا پنجہ جو تہہ کی زمین میں گڑ جاتا ہے - نیزے کی خار دار انی -

Fluke (flook) *n. v.i.*, & *t.* Lucky accidental stroke کوئی اتفاقی فعل جو مفید مطلب ہو - اتفاقیہ کچھ حاصل کر لینا - اتفاقاً نشانہ صحیح بیٹھنا -

Fluky *adj.* اتفاقی -

Flukily *adv.* خوش قسمتی سے -

Flume (floom) *n., v.i., & t.* Artificial channel of water پانی لے جانے کی نالی ۔ پانی کا دھارا جو پن چکی چلاتا ہے ۔ گھاٹی جس میں دریا بہتا ہو۔ نالی بنانا ۔ نالی میں بہا کر لے جانا ۔

Flummery (floom-əri) *n.* Food made by boiling oat meal ہلکا پتلا کھانا ۔ کھیر ۔ شیر برنج ۔ میٹھے کھانے جو دودھ ۔ آٹے اور انڈے سے تیار کئے جاتے ہیں ۔ خالی خولی تعریفیں ۔ یاوہ گوئی ۔ بے معنی خفیف باتیں ۔

Flummox (floom-əks) *v.t.* Bewilder گومگو میں ڈال دینا ۔ بد حواس کر دینا ۔ حیران، پریشان کر دینا ۔

Flunkey (flung-ki) *n.* Liveried servant چپڑاسی ۔ اردلی ۔ چوبدار ۔ پیش خدمت ۔ خوشامدی ۔ گنوار ۔ دھقانی ۔

Fluor (floo-ər) *n.* Instrument with screen to show X-ray effects رنگین روشنی جو ایکس رے اثرات کو نمایاں کرتی ہے ۔ قیمتی پتھروں جیسی ایک دھات جو بہ آسانی پگھلائی جا سکتی ہے ۔

Fluorine (floo-ərin) *n.* Non-metallic element of halogen group ایک قسم کی غیر معدنی بے رنگ گیس ۔

Flurry (flur-i) *n.* Agitation ہیجان ۔ جھکڑ ۔ جھونکا ۔ جوش ۔ گھبراہٹ ۔ گھبرا دینا ۔ حیران کرنا ۔ پریشان کرنا ۔ بے چینی پیدا کر دینا ۔ شور مچا کو گھبرا دینا ۔

Flush (flush) *v.i., t. & n.* Spurt, rush out, rush of water بازو تول کر اڑ جانا ۔ نکل بھاگنا ۔ اُچھل کر نکلنا ۔ پانی بہا کر صاف کرنا ۔ کھیت میں پانی بھر دینا ۔ پودوں میں کوپلیں پھوٹنا ۔ سرخ ہو جانا ۔ خون چہرے پر دوڑ جانا ۔ غرور یا جذبے سے مشتعل ہونا ۔ ہمت دلانا ۔ پھلانا ۔ باغ باغ کرنا ۔ خوش کرنا ۔دھارا ۔ اُبال ۔ طغیانی ۔ جوش ۔ ہیجان ۔ احساسات کا ہجوم ۔ وفور جذبات ۔ تازہ اگی ہوئی گھاس ۔ بخار کی تیزی ۔

Flush (flush) *adj. & v.t.* Abundant, level دریا کا لبریز ہو کر کناروں سے بہہ جانا ۔ دولت کی افراط ۔ مالدار ۔ غنی ۔ آسودہ حال ۔ فضول خرچ ۔ برابر کرنا ۔ ہموار کرنا ۔

Flush (flush) *n.* Set of serial cards (پوکر) تاش کے پتے جو ایک رنگ کے ہوں یا ایک ہی رنگ کے بالترتیب ہوں ۔ تاش کا ایک کھیل ۔

Fluster (flus-tər) *v.t., i. & n.* Half intoxicate نیم مست کر دینا ۔ مدہوش کر دینا ۔ شراب پلا کر از خود رفتہ کر دینا ۔ گھبرا دینا ۔ پریشان کر دینا ۔ بے چین ہونا ۔ بھاگے بھاگے پھرنا ۔ سرور ۔ نشہ ۔ مدہوشی ۔ گھبراہٹ ۔ پریشانی ۔

Flute (floot) *n., v.i. & t.* Musical wind instrument نے ۔ بانسری ۔ مرلی ۔ الغوزہ ۔ بانسری بجانا ۔ نے نوازی کرنا ۔ بانسری میں کوئی راگ بجانا ۔

Flutist *n.* بانسری بجانے والا ۔ نے نواز ۔

Flutter (flut-ər) *v., i.t. & n.* Flap wings پروں کو پھڑپھڑانا ۔ پنکھ جھاڑنا ۔ پھڑکنا ۔ بے چین ہونا ۔ بے قرار ہونا ۔ تھوڑے فاصلے تک اُڑنا ۔ حوش کی حالت میں کانپنا ۔ گھبراہٹ ۔ اضطراب ۔

Make a flutter ہلچل مچا دینا ۔ سنسنی پیدا کر دینا ۔

Fluty (floot-i) *adj.* In tone like flute بانسری کی سی صاف اور نرم (آواز ۔)

Flux (fluks) *n., v.i. & t.* Excessive discharge of excrement and blood بہاؤ ۔ سیلان ۔ فاسد مادے کا اخراج ۔ ادرار خون ۔ اسہال ۔ سنگرھنی ۔ گفتگو اور چال کی روانی ۔

Fluxion (fluk-shən) *n.* Flow حساب الجزیات ۔ بہتی ہوئی چیز ۔ روانی ۔ بہاؤ ۔

Fly (fli) *v.t. & n.* Two-winged common insect مچھر۔ مگس ۔ مکھی ۔ مچھلی کا شکار کرنے کی مکھی ۔ اُڑنا ۔ اُڑ جانا ۔ پرواز کرنا ۔ کسی چیز پر انڈے دینا ۔ پتنگ اُڑانا ۔ طیارہ اُڑانا ۔ لہرانا ۔ زبردستی نکالا جانا ۔ سخت الفاظ استعمال کرنا ۔

Break fly on wheel بلا ضرورت قوت صرف کرنا ۔ برخود غلط ۔

Make the money fly روپیہ اُڑا دینا ۔

The bird is flown جس کی تلاش تھی وہ اڑن چھو ہو گیا ۔

Fly (fli) *n.* Flight فاصلہ جو طے کیا گیا ۔ ایک گھوڑی والی کرایہ کی گاڑی ۔ پرواز ۔ اُڑان ۔ خیمہ کے دروازے کا پردہ ۔ گھڑیوں اور مشینوں کی رفتار کو درست رکھنے والی کل ۔

Flyer-flier (fli-ər) *n.* One who flies پرند ۔ جانور یا سواری جو بہت تیز جا رہی ہو ۔ اُڑنے والا ۔ ہوائی جہاز میں سفر کرنے والا ۔

Flying (flī-ng) *adj.* Making movements - اُڑتا ہوا - اُڑان کے متعلق - پروازی - ایسی حرکت کرنے والا جیسی اُڑنے میں کی جاتی ہے - باربو ڈاز کا -

Foal (fōl) *n., v.t. & i.* Young horse, colt or filly گھوڑی یا گدھی کا بچہ - گھوڑی یا گدھی کا بچہ پیدا ہونا - گھوڑی کا بیانا - گھوڑی کا بچہ پیدا کرنا -

Foam (fōm) *n., v. & i.* Fermentation - باہر پھینکنا اوپر آنا - پسینہ - کف - جھاگ - جھاگ لگانا - جھاگ دار شراب سے پیالہ کا لبریز ہونا -

Foamy *adj.* پھیس والا - جھاگ دار -

Fob (fob) *n. & v.t.* Small pocket for watch گھڑی رکھنے کی چھوٹی جیب - گھڑی کی جیب جو برجس اور پتلون میں بنائی جاتی ہے - جیب میں ڈالنا - جیب میں رکھنا -

Fob (fob) *v.t.* Cheat کسی کو دھوکا دے کر ناقص چیز دینا - مکر کرنا - فریب دینا - دھوکا دینا -

Focal (fok-əl) *adj.* Of focus ماسکی - مرکز نگاہ کے بابت - مرکز شعاع کے متعلق -

Focus (fo-kəs) *n.* Point at which object must be situated to give a clear image - مرکز نگاہ ماسکہ - مرکز شعاع - آنکھوں سے چیز کا فاصلہ - صحیح فاصلہ کے مطابق شیشہ لگانا -

Fodder (fod-ər) *n.* Hay, straw, animal food چارہ - بھوسہ - گھاس - سانی - چارہ ڈالنا - بھوسہ وغیرہ کھلانا -

Foe (fō) *n.* Enemy - غنیم - حریف - عدو - دشمن - بیری - بد اندیش - بد خواہ - رقیب -

Foetus (fe-təs) *n.* Fully developed embryo in womb - جنین - رحم میں پوری نشو نما پایا ہوا جنین - رحم مادر کا بچہ -

Foetal *adj.* جنین کے متعلق -

Foeticide *n.* حمل ضائع کرنا - حمل گرانا -

Fog (fog) *n. & v.t.* Aftermath گھاس جو کٹنے کے بعد پھر اُگے - پانی کے اندر کھڑی ہوئی گھاس - جانوروں کو یہ گھاس کھلانا .. گھاس کھلا کر پرورش کرنا -

Fog (fog) *n., v.t. & i.* Vapour suspended in atmosphere near earth بخارات جو ہوا میں چھائے ہوں - کہر - دھند - شب دود - غبار - کہر کی وجہ سے غیر معمولی تاریکی - کہر چھا جانا - دھندلا کر دینا - حیران و ششدر کر دینا - پالا مارنا -

In a fog عقل کام نہیں کرتی ہے - حیران و ششدر -

Foggy (fog-i) *adj.* Obscure, dull - کہردار - دھندلا - تاریک - کہر میں گھرا ہوا - حیران - پریشان -

Foggy ideas - دھندلے خیالات - مبہم تصورات -

Foggy-gey (fog-i-ge) *n.* Old-fashioned fellow پرانی وضع اور خیالات کا آدمی - قدامت پرست انسان -

Fogyish *adj.* - کسی قدر قدامت پرست - پرانے خیال کا -

Foible (foi-bl) *n.* Weak point - عیب - نقص - خطا - قصور - اخلاق کمزوری - ایسی کمزوری جس پر بے جا طور پر فخر کیا جائے -

Foil (foil) *n. & v.t.* Thin metal sheets - شکست - ہار - ناکامی - کند دھار کی تلوار جسے پٹہ اور گتکا میں استعمال کیا جاتا ہے - سونے چاندی کے ورق جو کوٹ کر بناتے ہیں - کوئی چیز جو دوسری چیز کی آب و تاب کو نمایاں کرے - ورق تیار کرنا - قوس بنا کر آرائش کرنا - کسی چیز کی خصوصیت کو نمایاں کرنا - پٹہ پھیرنا -

Gold foil - سونے کے ورق -

Tin foil - ٹین کی چادریں -

Foil (foil) *v.t., i. & n.* Repulse - مار کر بھگا دینا - پست کرنا - شکست دینا - ہرانا - منصوبوں کو خاک میں ملا دینا - مات کرنا - شکاری کتوں کو دھوکا دینا یا شکار کی بو کو دوسرے راستے پر ڈالنا -

Foist (fo-ist) *v.t.* Spoil by mixing خراب چیز ملا دینا - آمیزش کرنا - بھرتی کرنا - کسی خراب چیز کو اچھی بنا کر پیش کرنا - نقلی یا کم قیمت چیز دھوکے سے دینا -

Fold (fōld) *v.t., i. & n.* Wind, clapse - گلے لگانا - لپیٹنا - تہہ کرنا - سینے سے لگانا - ڈھانکنا - چھپانا - بند کرنا - مڑ جانا - مڑنے کے قابل بنانا - ہاتھ جوڑنا - خلا - کونا - گوشہ - سانپ کی کنڈلی - ڈور یا رسی کا چکر - لچھا -

Folding *n.* - تہہ کا نشان - شکن -

Folding doors *n.* ایسے دروازے جن کے پٹ تہہ ہو جاتے ہیں -

Fold (fōld) *v.t. & n.* Enclosure for sheep - بھیڑ باڑہ - باڑہ - ایک ہی عقیدہ کے لوگوں کی جماعت - زمین کو کھاد دینے کے لئے بھیڑوں کو کھیت میں بٹھانا - بھیڑ بکریوں کو باڑے میں بند کرنا -

Fold (fold) *suffix* So many times تعداد بتانے کا لاحقہ ۔ دونا ۔ چوگنا ۔

Folder (fold-ər) *n.* Folding instrument تہہ کرنے والی ۔ لپیٹنے والی کل ۔ کوئی چیز جو تہہ ہو سکے ۔ تہہ کئے ہوئے اشتہارات ۔

Foliaceous (fo-li-ə-shəs) *adj.* Leaf-like برگ سا ۔ پتے کا سا ۔ پتوں سے متعلق ۔ پتلے ورقوں کا ۔

Foliage (foli-əj) *n.* Leaves پتے ۔ پتیاں ۔ برگ ۔ اوراق ۔ پتوں کی کثرت ۔

Foliage plant کروٹن ۔ وہ درخت یا پودے جو پتوں کی وجہ سے لگائے جاتے ہیں ۔

Foliate (fol-i-at) *adj.* Having leaves پتے دار ۔ برگ دار ۔ پتے کی طرح ۔

Foliate (fol-i-at) *v.i. & t.* Decorate with foils ورق بنانا ۔ کوٹ کر یا بیل کر پرت بنانا ۔ محرابوں اور دروازوں کو سنہری رو پہلی پتیوں سے آراستہ کرنا ۔ کتابوں کے اوراق پر نمبر ڈالنا ۔

Foliation *n.* پتے پھوٹنا ۔ ورقوں سے آرائش ۔ ورق سازی ۔

Folio (foli-o) *n.* Leaf of paper ایک تختے کے دو ورق ۔ دو ورق کتاب ۔ چھپی ہوئی کتاب کے صفحات کے نمبر ۔ کسی تحریر میں لفظوں کا شمار ۔ کاغذ کا ایک تختہ ۔ بڑی سے بڑی تقطیع کی کتاب ۔

Folk (fok) *n.* People لوگ ۔ قوم ۔ فرقہ ۔ قبیلہ ۔ اشخاص ۔ باشندے ۔ ملت ۔ نسل ۔

Folklore وہ باتیں جو عوام میں پائی جائیں ۔ روایات و عقائد ۔

Folk-songs عوام کے دلپسند گانے ۔ عوام کے گیت ۔

Follicle (fol-i-kl) *n.* Small sac or vesicle چھوٹی تھیلی ۔ غدود ۔ گانٹھ ۔ چھوٹا سا چھالا ۔ ریشم کے کیڑے کا گھر ۔ درختوں کی پھلی جو پھٹی ہوئی ہو ۔

Follow (fol-o) *v.t., i. & n.* Go or come after پیچھے آنا ۔ پیچھے جانا ۔ پیچھے چلنا ۔ پیچھا کرنا ۔ تعاقب کرنا ۔ تابعداری کرنا ۔ کسی کو رہبر بنانا ۔ اتباع کرنا ۔ کسی بات کا نتیجہ نکلنا ۔ لازمی نتیجہ پیدا ہونا ۔ کسی مقصد کے لئے جد و جہد کرنا ۔ کوئی پیشہ اختیار کرنا ۔ کسی کی تقریر یا خیالات کو سمجھ لینا ۔ دھیان دینا ۔ دل لگانا ۔ استعمال میں لانا ۔ اختیار کرنا ۔

Follow my leader ایک کھیل جس میں ہر کھلاڑی سردار کی تقلید کرتا ہے ۔

It follows that لہذا یہ لازم آتا ہے کہ ۔ نتیجہ یہ ہے کہ ۔

Trade follows the flag تجارت حکومت کے سایہ میں پھیلتی ہے ۔

Follower (fol-o-ər) *n.* Adherent مرید ۔ چیلا ۔ پیرو ۔ پیچھے آنے والا ۔ شاگرد ۔ جانشین ۔ ملازم ۔ مصاحب ۔ خادمہ کا عاشق ۔

Following (fol-o-ing) *n.* Body of followers حالی موالی ۔ نوکر چاکر ۔ ملازمین ۔ مرید شاگرد ۔

Following (fol-o-ing) *adj.* Now to be mentioned اگلا ۔ پچھلا ۔ ذیلی ۔ ذیل کا ۔

Folly (fol-i) *n.* Want of good sense نافہمی ۔ حماقت ۔ نادانی ۔ بے وقوفی ۔

Foment (fo-ment) *v.t.* Bathe with warm water گرم پانی سے دھونا یا سینکنا ۔ گرم پانی میں دوائیں ملا کر کسی حصہ کو سینکنا یا حرارت پہنچانا ۔ اکسانا ۔ بھڑکانا ۔ سلگانا ۔ برانگیختہ کرنا ۔

Fomenter *n.* برانگیختہ کرنے والا ۔ اشتعال دلانے والا ۔

Fomentation (fo-men-ta-shən) *n.* Application of warm water گرم پانی کی سینک ۔ اشتعال ۔ تحریک ۔

Fond (fond) *adj.* Over -affectionate بے وقوف ۔ نادان ۔ ضرورت سے زیادہ محبت کرنے والا ۔ سادہ دل ۔ حماقت کی وجہ سے قوی امیدیں رکھنے والا ۔ بے حد پیار کرنے والا ۔

Fondly (fond-li) *adv.* Affectionately شوق سے ۔ محبت سے ۔ پیار سے ۔

Fondness *n.* اشتیاق ۔ فریفتگی ۔ چاہ ۔ پیار ۔ شوق ۔

Fondle (fond-l) *v.t. & i.* Caress چھاتی سے لگانا ۔ محبت سے پیٹھ پر ہاتھ پھیرنا ۔ چمکارنا ۔ پچکارنا ۔ کسی کے ساتھ محبت سے کھیلنا ۔

Font (font) *n.* A vessel for baptismal water چشمہ ۔ منبع ۔ برتن جس میں اصطباغ کا پانی گرتا ہے ۔ لیمپ میں تیل کی جگہ ۔

Food (food) *n.* Victuals کھانے خاص قسم کی غذا ۔ کھانے کی چیزیں ۔ غذا ۔ خوراک ۔ کھانا ۔ درختوں کی غذا ۔ قوت ۔

Food and drink دانہ پانی ۔ کھانے پینے کی چیزیں

Foodstuff سامان خوراک ۔ اشیائے خوردنی ۔

Mental and intellectual food — دماغ اور دل کی غذا ۔ غور و فکر ۔
Food for thought and meditation — معاملات جن پر غور کیا جائے ۔

Fool (fool) *n., v.t. & i.* Silly person ۔ احمق ۔ گاؤدی ۔ بے وقوف ۔ سادہ لوح ۔ مسخرا ۔ ایسا شخص جس کی حرکات نا پسندیدہ ہوں ۔ دھوکہ دینا ۔ بیوقوف بنانا ۔ فریب کھانا ۔ بیوقوف بننا ۔

Be a fool for one's pains — بے نتیجہ درد سری برداشت کرنا ۔
Fool away time or money — روپیہ یا وقت ضائع کرنا ۔
Fool's bolt is soon shot — بیوقوف کے دلائل کا ذخیرہ فوراً ختم ہو جاتا ہے ۔
Fool one out of money — بیوقوف بنا کر روپیہ اینٹھنا ۔
Fools paradise — بیوقوفوں کی جنت ۔ خیال باطل ۔
Fool proof — بیوقوف بھی غلطی نہ کرے ۔
No fool like an old fool — بوڑھے عاشق سے زیادہ کوئی بیوقوف نہیں ۔
Play the fool — احمقوں کی سی باتیں کرنا ۔
Foolery *n.* — احمقانہ حرکات ۔ بیوقوفی ۔
Foolhardiness *n.* — احمقانہ بہادری ۔ احمقانہ ضد ۔ اجڈ پن ۔
Foolhardy *adj.* — بیوقوف جیالا ۔ اجڈ ۔
Foolish *adj.* — بھولا ۔ احمق ۔ بیوقوف ۔
Foolishness *n.* — حماقت ۔ بیوقوفی ۔
Foolscracy *n.* — ایسی حکومتی اراکین جو احمق ہوں ۔ احمقوں کی حکومت ۔

Fool (fōōl) *n.* Creamy liquid of boiled fruits ابلے ہوئے پھلوں کا بالائی دار شربت ۔

Foot (fōōt) *n.* Termination of leg ۔ پاؤں ۔ پیر ۔ چرن ۔ چال ۔ قدم ۔ رفتار ۔ پلنگ یا مسہری کا پایہ ۔ پہاڑ کا دامن ۔ موزے کا وہ حصہ جو پیروں پر آتا ہے ۔ شاعری (عروضی رکن) طول ناپنے کی بارہ انچ کی پٹڑی ۔ کسی چیز کا نیچے کا حصہ ۔ نیچا ۔ پائیں ۔ ذیل میں ۔ بنیاد ۔ مکان کی کرسی ۔ تلچھٹ ۔ تیل کی کیٹ ۔

Carry one of his feet — کسی کے دل میں انتہائی شوق پیدا کرنا ۔ پیر اکھاڑ دینا ۔
Fall on one's feet — اظہار عجز کرنا ۔ پاؤں پر گرنا ۔
Follow in one's footsteps — کسی کے نقش قدم پر چلنا ۔
Footboard — گاڑی کے پیچھے اردلی یا سائیس کے کھڑے ہونے کا تختہ ۔
Foothold — پاؤں کا سہارا ۔ پاؤں رکھنے کی جگہ ۔
Have feet of clay — اپنی کمزوریوں کی وجہ سے شکست کھانا ۔
Have one's foot in grave — قریب المرگ ہونا ۔
Put one's foot in it — غلطی میں پھنس جانا ۔ کسی کام میں ٹانگ اڑانا ۔

Foot (fōōt) *v.i. & t.* Dance, go چلنا ۔ جانا ۔ رقص کرنا ۔ پیدل جانا ۔ قدم اٹھانا ۔ آہستہ جانا ۔ حساب لگانا ۔ میزان جوڑنا ۔ بل ادا کرنا ۔ لات مارنا ۔ ٹھکرانا ۔

To foot the bill — دعوت کا خرچ برداشت کرنا ۔

Footer (fōōt-ər) *n.* Game of football فٹ بال کا کھیل ۔

Footing (fōōt-ing) *n.* Foot hold, secure position پاؤں رکھنے کی جگہ ۔ جائے عافیت ۔ حالات ۔ شرائط ۔ تعلقات ۔ مقام ۔ رتبہ ۔ بے تکلفی کا درجہ ۔ نئے رتبے پر فائز ہونا ۔ صحبت میں شرکت ۔ دامن ۔ دیوار ۔ رقمی میزان ۔

Footle (fōōt-l) *v.i. & n.* Trifle, play the fool چھچھورا پن ۔ چھچھوری حرکت کرنا ۔

Footling *adj.* Incompetent ۔ حقیر ۔ ذلیل ۔ نا اہل ۔

Fop (fop) *n.* Vain man ۔ کج کلاہ ۔ رنگیلا ۔ البیلا ۔ چھیلا ۔ بانکا ۔ وضعدار ۔ خود پسند ۔ خود نما آدمی ۔

Fopling *n.* — حقیر آدمی جو اکڑ دکھائے ۔
Foppery *n.* — بیوقوفی ۔ حماقت ۔ رنگیلا پن ۔ بانکپن ۔
Foppish *adj.* — خود نما ۔ پر تکلف ۔ بھڑکیلا ۔ رنگیلا ۔
Foppishness *n.* — خود نمائی ۔ خود بینی ۔ دکھاوا ۔ بانکپن ۔

For (for) *prep. & conj.* In place of, because, in exchange of بابت ۔ برائے ۔ لیے ۔ بارے ۔ کو ۔ تئیں ۔ واسطے ۔ خاطر ۔ بسبب ۔ اس لیے کہ ۔ چونکہ ۔ اس واسطے ۔ اس غرض سے ۔ اس نیت سے ۔ بحق ۔ برعایت ۔ حق میں ۔ طرف ۔ بدلے میں ۔ بعوض ۔ بجائے ۔ باوجودیکہ ۔ اس بارے میں ۔

For the most part اکثر دفعہ ۔ اکثر اوقات ۔
Alas for him اس پر افسوس ہے ۔ وائے بر آں ۔
Cannot do it for the life of me میں اپنی جان کی خاطر بھی یہ کام نہیں کر سکتا ۔
Did it for mere wantonness یہ کام محض شرارتاً کیا ہے ۔
Do you take me for a fool? کیا تم مجھے احمق خیال کرتے ہو ۔
For all that ان باتوں کے باوجود ۔
For all you say جو کچھ تم کہہ رہے ہو اس کے باوجود ۔
For my part جہاں تک میرا تعلق ہے ۔
For one enemy he has a hundred friends ایک دشمن تو سو دوست ۔
Good enough for me ۔ میرے لیے یہی بالکل کافی ہے ۔
I for one do not believe it کم از کم میں تو اس بات پر یقین نہیں کرتا ۔
I tremble for him مجھے یہ خدشہ ہے کہ وہ کھپ نہ جائے ۔
Oh, for wings کاش میرے پر ہوتے ۔
Take my word for it میں کہہ رہا ہوں ۔ میری بات پر یقین کرو ۔
Too beautiful for words وہ ایسا حسین ہے کہ الفاظ میں بیان نہیں ہو سکتا ۔
Things look hard for you تمہارے لئے حالات خراب نظر آتے ہیں ۔
Would not do it for the world ساری دنیا کے لیے بھی یہ کام نہیں کروں گا ۔

Forage (for-ij) *n.* & *v.t.* Food for cattle دانہ ۔ چارہ ۔ گھوڑوں کی غذا ۔ لوٹنا ۔ تاخت و تاراج کرنا ۔ اجاڑنا ۔ خراب کرنا ۔ ڈھونڈنا ۔ چھان مارنا ۔ چارہ جمع کرنا ۔ چارہ مہیا کرنا ۔ تلاش کر کے حاصل کرنا ۔

Foray (for-ā) *n.* & *v.i.* Make raid حملہ ۔ دھاوا ۔ دھاوا کرنا ۔ یورش کرنا ۔ ہلہ بولنا ۔

Forbear (for-bar) *v.t.* & *i.* Be patient برداشت کرنا ۔ توقف کرنا ۔ ٹھہرنا ۔ در گزر کرنا ۔ باز رہنا ۔ تحمل کرنا ۔ صبر کرنا ۔ چھوڑنا ۔ بچنا ۔ باز رکھنا ۔ دست بردار ہونا ۔ ضبط کرنا ۔

Forbearance *n.* تحمل ۔ برداشت ۔ صبر ۔ پرہیز ۔

Forbearingly *adv.* تحمل کے ساتھ ۔ صبر کے ساتھ ۔

Forbid (for-bid) *v.t.* Command not to do حکم دینا کہ نہ کرے ۔ ممانعت کرنا ۔ منع کرنا ۔ کسی جگہ جانے سے روکنا ۔ باز رکھنا ۔ داخل ہونے سے روکنا ۔ مزاحمت کرنا ۔

Forbidding (for-bid-ing) *adj.* Repellent کریہہ المنظر ۔ زشت رو ۔ بد شکل ۔ بد وضع ۔ بد صورت ۔

Forbidden (for-bid-en) *adj.* Very undesirable ممنوع ۔ ممتنع ۔ حرام ۔

Force (fors) *n.* Strength, power زور ۔ بل ۔ طاقت ۔ قوت ۔ قدرت ۔ فوجی طاقت ۔ فوجی دستہ ۔ پولیس کا دستہ ۔ شہ زوری ۔ ظلم ۔ جبر ۔ تعدی ۔ زبردستی ۔ دماغی یا اخلاقی طاقت ۔ قابو ۔ اختیار ۔ حلا ۔ تیز روشنی ۔ معنی ۔ مراد ۔ مطلب ۔ توانائی ۔ قوت ۔
Considers himself a force in the world اپنے آپ کو دنیا میں ایک طاقت خیال کرنا ۔
There is force in what you say تمہاری باتوں میں وزن ہے ۔

Force (fors) *v.t.* Use violence, compel مجبور کرنا ۔ عاجز کرنا ۔ لاچار کرنا ۔ زبردستی حاصل کرنا ۔ کھینچ تان کر معنی نکالنا ۔ معنی ٹھونسنا ۔ جبر کرنا ۔ زبردستی کرنا ۔ زبردستی لینا ۔ چھیننا ۔ تاش میں کھلاڑی کو مطلوبہ پتہ پھینکنے پر مجبور کرنا ۔ انتہائی قوت صرف کرنا ۔ کسی پر زور ڈالنا ۔ بزور قبضہ کر لینا ۔ دھکا دینا ۔ دھکیلنا ۔
Force upon one کسی کے سر چپکانا ۔ گلے منڈھنا ۔
Force an analogy تشبیہ و تمثیل میں اتنا مبالغہ کرنا کہ وہ مہمل ہو جائے ۔
Force it out of his hand اس کے ہاتھوں سے زبردستی لے لینا ۔ چھین لینا ۔
Force one's hand اپنی مرضی کے خلاف کام کرنے پر مجبور کر دینا ۔ کسی کو مجبور کر دینا ۔

Forceful (fōrs-ful) *adj.* Full of strength مضبوط ۔ طاقت ور ۔ با اثر ۔

Force-meat (fōrs-meat) *n.* Meat chopped and seasoned مسالہ دار قیمہ ۔

Forceps (for-seps) *n.* Surgical pincers وہ چیز جو زنبور کی طرح استعمال ہو سکے ۔ زنبور ۔

Forcible (forsi-bl) *adj.* Convincing مضبوط ۔ قوی ۔ طاقت ور ۔ زور آور ۔ وہ کام جو زبردستی کیا گیا ہو ۔ کام جس میں قوت استعمال کی گئی ہو ۔ بالجبر ۔ ناجائز ۔

Ford (fōrd) *n. & v.t.* Shallow place for crossing the river گھاٹ ۔ ایسی جگہ جہاں دریا میں پانی کم ہو اور وہ عبور کیا جا سکے ۔ دریا کو پایاب جگہ سے عبور کرنا ۔

Ford (fōrd) *n.* Cars manufactured in Ford factory فورڈ کارخانے کی بنی ہوئے گاڑیاں ۔

Fore (fōr) *adv. & prep.* In front آگے ۔ پیش ۔ جہاز کے اگلے حصے میں ۔

Forearm (for-am) *n.* Arm from elbow tc wrist کلائی سے کہنی تک ہاتھ ۔

Forearm (for-am) *v.t.* Arm beforehand پہلے سے مسلح رہنا ۔ مقابلہ کے لیے تیار رہنا ۔ بچاؤ کر لینا ۔ آستین چڑھانا ۔ ضرورت سے پہلے کیل کانٹے سے لیس رہنا ۔

Forebode (for-bod) *v.t.* Predict پہلے سے خبر دینا ۔ پیشین گوئی کرنا ۔ ماتھا ٹھنکنا ۔ خبر بد سنانا ۔ شگون بد نکالنا ۔

Foreboding (fōr-bod-ing) *n.* Presentiment of evil بد شگونی ۔ پیشین گوئی ۔

Forebodingly *adv.* خطرے کے اندیشے سے ۔ بد شگونی سے ۔

Forecast (fōr-kȧst) Estimate دور اندیشی کرنا ۔ پیش بینی کرنا ۔ پہلے سے اندازہ یا قیاس کرنا ۔ پہلے سے تدبیر کرنا ۔ منصوبہ باندھنا ۔ تدبیر کرنا ۔

Forecast (fōr-kȧst) *n.* Foresight تدبیر ۔ منصوبہ ۔ پیش بینی ۔ دور اندیشی ۔ عاقبت اندیشی ۔

Forecastle (fōr-kas-l) *n.* Forwa d part of ship under deck جہاز کا اگلا حصہ عرشے کے نیچے کا جہاں جہاز کا عملہ رہتا ہے ۔ ملاحوں کے رہنے کا حصہ ۔

Foreclose (fōr-kloz) *v.t. & i.* Bar, prevent روکنا ۔ باز رکھنا ۔ منع کرنا ۔ رہن شدہ چیز کو بعد ادائی رقم واپس لینے سے روکنا ۔ بحث مباحثہ سے پہلے کسی معاملہ میں فیصلہ کر لینا ۔

Foreclosure *n.* رہن کی ہوئی چیز کی ضبطی ۔ استرداد رہن کے حق سے محرومی ۔

He has foreclosed all manner of objection اس نے پہلے ہی اعتراضات کا سد باب کر دیا ۔

Forefather (fōr-fadher) *n.* Earlier generation باپ دادا ۔ آباواجداد ۔ گذشتہ نسلیں ۔ اسلاف ۔ مورث اعلیٰ ۔

Forefinger (fōr-fing-ər) *n.* Finger next to thumb انگشت شہادت ۔ انگوٹھے کے پاس کی انگلی ۔ کلمہ کی انگلی ۔ سبابہ ۔

Forefoot (fōr-foot) *n.* One of beast's front feet جانور کا اگلا پاؤں ۔ جہاز کے پیندے کا اگلا حصہ ۔

Forefront (fōr-front) *n.* Foremost part سب سے اگلا حصہ (فوج) ہر اول ۔ اگلا دستہ ۔

Forego (fōr-go) *v.t. & i.* Precede قبل از وقت ترک کرنا ۔ پہلے ہی دست بردار ہو جانا ۔ ہاتھ دھو بیٹھنا ۔

Foreground (for-grownd) *n.* Part of front view تصویر کا سامنے کا منظر ۔ تصویر کا سب سے قریب کا حصہ ۔

Forehand (for-ənd) *n.* Part of horse in front of rider گھوڑے کا اگلا حصہ جو سوار کے آگے ہوتا ہے ۔ ٹینس میں گیند کو سامنے سے مارنا نہ کہ پیچھے ہاتھ کر کے ۔

Forehead (fōr-id) *n.* Front part of head جبین ۔ ماتھا ۔ پیشانی ۔

Foreign (for-in) *adj.* Belonging to other person or thing اجنبی ۔ غیر ملکی ۔ بدیسی ۔ غیر اشخاص کی طرف سے لائی ہوئی ۔ انمیل ۔ غیر ۔ علیحدہ ۔ خارجی ۔ مناسبت نہ رکھنے والا ۔ بیگانہ ۔ باہر سے آیا ہوا ۔

Foreignism *n.* غیر ممالک کے الفاظ و محاورات ۔ غیر ممالک کی تقلید ۔

Foreignize *v.t.* غیر ملکیوں کی نقل کرنا ۔ عادات و اطوار میں غیر ملکی بن جانا ۔

Foreigner (fōr-in-ər) *n.* Person born in foreign country اجنبی ۔ بدیسی ۔ پردیسی ۔ غریب الوطن ۔ غیر ملکی جہاز ۔ غیر ملکی جانور یا چیز ۔

Forejudge (fōr-juj) *v.t.* Determine before hearing the evidence شہادت سننے سے پہلے فیصلہ کر دینا یا رائے قائم کر لینا ۔

Foreknow (fōr-no) *v.t.* Know beforehand پہلے سے واقف ہو جانا ۔ علم رکھنا ۔ آنے والے واقعات کا علم پہلے سے حاصل کر لینا ۔

Foreknowledge علم قبل وقوع ۔

Foreland (fōr-land) *n.* Strip of land in front of something راس ۔ زمین کی نوک جو دور تک سمندر میں چلی گئی ہو ۔ بینی کوہ ۔

Forelock (fōr-lok) *n.* Lock of hair above forehead پیشانی کے بال ۔ سامنے کے بال ۔

Take time by the forelock وقت یا موقع ہاتھ سے جانے نہ دو ۔

Forelock (fōr-lok) *n.* & *v.t.* Wedge put through hole in bolt سٹکنی ۔ کنڈی ۔ کھٹکا ۔ بلی ۔ کنڈی لگا کر بند کرنا ۔

Foreman (fōr-man) *n.* President and spokesman of jury جیوری کا میر مجلس یا صدر ۔ جیوری کی طرف سے بولنے والا ۔

Foremast (fōr-mast) *n.* Forward lower mast of ship اگلا بادبان ۔ وہ بادبان جو جہاز کے اگلے حصے میں ہوتا ہے ۔

Foremost (fōr-most) *adj.* & *adv.* Front, in front پہلا ۔ اگلا ۔ سب سے اگلا ۔ نمایاں ۔ خاص الخاص ۔ صف اول میں ۔ پہلے درجے میں ۔ سب سے اول ۔

Forenoon (fōr-noon) *n.* Morning دوپہر سے پہلے ۔

Forensic (fə-ren-sik) *adj.* Of courts of law عدالت کے متعلق ۔ عدالتی ۔

Foreordain (fōr-or-dən) *v.t.* Appoint beforehand پہلے سے مقرر کرنا ۔ ٹھہرانا ۔ قسمت کا فیصلہ کرنا ۔

Fore-run (fōr-run) *v.t.* Foreshadow آگے بڑھنا ۔ آگے رہنا ۔ پیشوائی کرنا ۔ کسی واقعہ کی نشاندھی کرنا ۔ آنے والے واقعات پہلے سے بتا دینا ۔

Fore-runner آگے آنے والا ۔ مستقبل کی نشاندھی کرنے والا ۔

Foresee (for-see) *v.t.* Exercise foresight پہلے سے بھانپ لینا ۔ پیش بینی کرنا ۔

Foreseeing *adj.* دور اندیش ۔ پیش بین ۔

Foreshadow (fōr-shad-o) *v.t.* Serve as type پیش خیمہ ہونا ۔ آنے والے واقعات کا نقشہ پیش کر دینا ۔

Foreshorten (fōr-short-ən) *v.t.* Show object with apparent shortening تصویر کو اس طرح دکھانا کہ اس کا اگلا حصہ چھوٹا نظر آئے ۔

Foreshow (fōr-sho) *v.t.* Foretell شگون بنانا ۔ پہلے سے آگاہ کرنا ۔ پیشین گوئی کرنا ۔

Foresight (fōr-sit) *n.* Prevision احتیاط ۔ عاقبت اندیشی ۔ دور اندیشی ۔ دور بینی ۔ بندوق کی مکھی ۔

Foreskin (fōrs-kin) *n.* Prepuce سپارے کا گھونگھٹ ۔ عضو تناسل کے آگے کی کھال ۔

Forest (for-ist) *n.* & *v.t.* Large tract covered with trees جنگل ۔ زمین کا بڑا رقبہ جس میں درخت اور جھاڑیاں ہوں ۔ درخت جو جنگل میں ہوں ۔ شاہی شکار گاہ ۔ درخت لگانا ۔ جنگل اگانا ۔

Forestall (fōr-stawl) *v.t.* Be beforehand in action پیش بندی کرنا ۔ پہلے سامان تجارت خرید لینا تاکہ بھاؤ بڑھے تو زیادہ نفع ہو ۔ آنے والے واقعات کا اندازہ کرکے حریف کی چالوں کا توڑ کرنا ۔ وقت سے پہلے کاروائی کرنا ۔

Forestay (fōr-stə) *n.* Support the foremast with ropes مستول کھڑا کرنے کا موٹا رسہ ۔ وہ بادبان جو اس رسے کے سہارے کھڑا کیا جاتا ہے ۔

Forester (for-ist-ər) *n.* Officer in charge of forest محافظ جنگلات ۔ مہتمم جنگلات ۔ جنگل میں رہنے والے پرند یا جانور ۔

Forestry (for-ist-əri) *n.* Art of managing forests جنگل لگانے کا علم ۔ جنگل کا انتظام کرنے کا فن ۔

Foretaste (fōr-tast) *n.* & *v.t.* Anticipate enjoyment چاشنی ۔ مزہ ۔ پہلے سے تکلیف و راحت کا مزہ چکھ لینا ۔ کسی چیز کے مزے کا اندازہ کر لینا ۔

Foretell (fōr-tel) *v.t.* Predict پیشین گوئی کرنا ۔ آنے والے واقعات ظاہر کر دینا ۔

Forethought (for-thawt) *n.* Provident care پیش بینی ۔ دور اندیشی ۔ سوچا سمجھا ارادہ ۔

Foretime (fōr-tim) *n.* The past پرانے دن ۔ گزرا ہوا زمانہ ۔

Foretoken (for-token) *n.* Pointer آنے والے واقعہ کی طرف اشارہ ۔ پیش خیمہ ۔

Foretooth (for-tooth) *n.* Tooth in front of the mouth اگلا دانت ۔ سامنے کا دانت ۔

Forewarn (for-warn) *v.t.* Warn beforehand پہلے سے خبر دار کرنا ۔ خطرے سے مطلع کر دینا ۔

Foreword (for-word) *n.* Introduction کتاب کا دیباچہ ۔ مقدمہ ۔ آغاز کلام ۔

Forfeit (for-fit) *n. adj.* & *v.t.* Forfeiture ضبطی ۔ قرق ۔ جرمانہ ۔ تاوان ۔ ڈنڈ ۔ ضبطی کا ۔ ضبطی کے قابل ۔ حقوق سے محروم ہونا ۔ جرم یا غفلت کی بنا پر تاوان یا جرمانہ ادا کرنا ۔

Forfeitable *adj.* قابل ضبطی ۔

Forfeiture *n.* ضبط شدہ چیز ۔ قرق ۔ ضبطی ۔

Forfend (fər-fend) *v.t.* Avert, keep off ہٹانا ۔ دور کرنا ۔ باز رکھنا ۔ دور رکھنا ۔

God forfend خدا محفوظ رکھے ۔ خدا بچائے ۔ اب سے دور ۔

Forge (forj) *n.* Smithy دھاتوں کے گلانے کی بھٹی ۔ بھٹی ۔ لوہار کا کارخانہ ۔ لوہار کی دوکان ۔

Forge (forj) *v.t.* & *i.* Shape ٹھونک ٹھونک کر گھڑنا ۔ تپانا ۔ ٹھونکنا اور بنانا ۔ جعل کرنا ۔ اختراع کرنا ۔ نقلی دستاویز تیار کرنا ۔

Forgeable *adj.* جعلی بنانے کے قابل ۔ جس چیز کو جعلی بنایا جا سکے ۔

Forger *n.* نقلی چیز بنانے والا ۔ جعلی دستاویز تیار کرنے والا ۔ جعل ساز ۔

Forge (forj) *v.i.* Make way, advance ۔ راستہ پیدا کرنا ۔ راستہ نکالنا ۔ رفتہ رفتہ اور بدقت راستہ نکالنا ۔

Forgery (forj-əri) *n.* Falsifying of documents جعل سازی ۔ تلبیس ۔ بناوٹ ۔ جعلی دستاویز ۔ جعلی یا نقلی چیز ۔

Forget (fər-get) *v.t.* & *i.* Loose remembrance of بھولنا ۔ فراموش کرنا ۔ بسارنا ۔ خیال سے اتارنا ۔ یاد نہ رکھنا ۔ لاپروائی کرنا ۔ بے التفاتی کرنا ۔ نازیبا طرز عمل اختیار کرنا ۔ اپنی خودداری کو فراموش کر دینا ۔

Forget oneself خلاف شان طرز عمل اختیار کرنا ۔ اپنی عزت کو بھول جانا ۔

Forgetable *adj.* فراموش کرنے یا بھول جانے کے لائق ۔

Forgetful *adj.* بے پروا ۔ غافل ۔ بھولنے والا ۔

Forgetfully *adv.* لاپروائی سے ۔ غفلت سے ۔ بھول کر ۔

Forgive (fər-giv) *v.t.* Let off چھوڑنا ۔ بخشنا ۔ معاف کرنا ۔ در گزر کرنا ۔ بخشش دینا ۔

Forgiveable قابل معافی ۔

Forgiving *adj.* رحیم ۔ غفور ۔ معاف کرنے والا ۔

Forgiveness *n.* چھٹکارا ۔ معافی ۔ مغفرت ۔ بخشش ۔

Forgo (fər-go) *v.t.* Go without پرہیز کرنا ۔ ترک کر دینا ۔ چھوڑ دینا ۔ دست بردار ہونا ۔ ہاتھ دھو بیٹھنا ۔

Fork (fork) *n., v.i.* & *t.* Pronged instrument دوشاخہ ۔ پنجشاخہ ۔ کھڑنچا ۔ کھانے کا کانٹا ۔ زراعتی اوزار ۔ ٹنگلی ۔ اٹھا کر پھینکنا ۔ دوشاخہ سے پھینکنا ۔ چیرنا ۔ علیحدہ کرنا ۔ شاخیں نکالنا ۔

Fork out ادا کرنا ۔ حوالے کرنا ۔ دے دینا ۔

Forky *adj.* کانٹے کی طرح ۔ دو پھلا ۔ دو شاخہ ۔

Forked (fork-d) *adj.* With fork-like end بیچ سے چرا ہوا ۔ پھٹا ہوا ۔ کانٹے دار ۔ نوکدار ۔ دو شاخہ ۔ دو ٹنگا ۔

Forlorn (fər-lorn) *adj.* Desperate, hopeless ناامید ۔ مایوس ۔ ویران ۔ سونا ۔ لاچار ۔ بیکس ۔ تن تنہا ۔ غم زدہ ۔ آفت رسیدہ ۔

Forlorn hope (fər-lorn-hop) *n.* Desperate enterprise بے کسی ۔ بے نوائی ۔ مایوسی ۔ مایوسی کی حالت میں جان توڑ کر کوئی کام کر بیٹھنا ۔ خطرناک عمل ۔ موہوم امید ۔ وہ جانباز سپاہی جو زندگی سے ہاتھ دھو کر دشمن پر حملہ کرتے ہیں ۔

Form (form) *n.* Shape visible aspect ۔ روپ ۔ صورت ۔ شکل ۔ وضع ۔ تراش ۔ ہیئت ۔ ظاہری شکل و صورت ۔ انتظام ۔ نظم و نسق ۔ بندوبست ۔ قاعدہ ۔ دستور ۔ رسمی طریقہ ۔ ضابطہ ۔ تکلف ۔ ظاہر داری ۔ دنیا داری ۔ خوبصورتی ۔ پاکیزگی ۔ سانچہ ۔ قالب ۔ نمونہ ۔ مدارس کی جماعت بندی ۔ ایسی دستاویز جس کے خالی مقامات پر کئے جائیں ۔ مناسب الفاظ یا فقرے ۔ جسمانی ورزش کی عادت ۔ تیاری کی حالت ۔ بیٹھنے کی بنچ جس میں پیچھے تختہ نہیں ہوتا ۔ چھاپے کے حرفوں کا تختہ ۔ خرگوش کا گھر ۔

Form (form) *v.t.* & *i.* Fashion, shape - بنانا - گھڑنا
ترتیب دینا - کسی جماعت کو منظم کرنا - نقشہ تیار کرنا - تصور کرنا - ترقی دینا بڑھانا - جزو بنانا - کسی چیز کا جزو بننا - گرداں کرکے نیا لفظ بنانا - کسی خاص ترتیب سے قائم کرنا یا ہونا - معینہ نظم و ضبط کے ساتھ فوج کو کھڑا کرنا -

Form fours چار چار کھڑا کرنا - سپاہیوں کو چار قطاروں میں کھڑا کرنا -

Form *suffix* اسم کے آخر میں لاحقہ لگا کر ترکیب لفظی بنانا -

Cruciform صلیب کی شکل کا -

Multiform بہت سی شکلوں کے -

Uniform ایک ہی شکل کے -

Formal (form-əl) *adj.* Of the outward form دستور کے مطابق - حسب ضابطہ - رسمی طریقوں سے - عادتوں میں باقاعدہ - اپنے طریقوں کا پابند - سخت - روکھا - ظاہر دار - نمائشی - ظاہری - ظاہر داری کا - مروجہ - رسمی - اپنی شکل و صورت کے لحاظ سے بجا اور جائز -

Formation *n.* قاعدہ یا دستور کی پابندی - ترتیب -

Formalist *n.* رسم و ضابطہ کا پابند -

Formally *adv.* حسب ضابطہ - رسمی طور پر -

Formality (form-ə-liti) *n*, Conformity to rules رسم - ریت - دستور - رواج - قاعدہ - قانون - طریقہ - اسلوب - معقولیت - آداب مجلس یا معاشرتی لوازمات - آداب صحبت کی پابندی - ظاہر داری - وضعداری - طور طریقہ -

Formation (for-mā-shən) *n.* Arrangement, structure پیدائش - خلقت - بناوٹ - ساخت - فوج کی آراستگی یا ترتیب - زمانہ ماضی کے بنے ہوئے پہاڑ -

Formative (for-mā-tiv) *n.* & *adj.* Serving to fashion ساخت کا اہل یا قابل - چیز بنانے والا - سابقے اور لاحقے جن سے نئے ترکیبی الفاظ بنائے جائیں -

Former (form-ər) *adj.* & *pro.* Of an earlier period پہلا - اگلا - پیشین - اول - سابق - متذکرہ بالا - پہلے بیان کیا ہوا -

Formerly *adv.* آگے - پیشتر - اگلے زمانے میں - پچھلے زمانہ میں -

Formidable (for-mid-əble) *adj.* To be dreaded ڈراؤنا - ہولناک - خوفناک - بھیانک - مہیب - جس کا مقابلہ کرنا مشکل ہو -

Formless (form-ləs) *adj.* Shapeless - بے صورت - مجرد - بے پیکر - بے شکل -

Formula (form-ū-là) *n.* Set form of words - قاعدہ دستور - ضابطہ - مروجہ عقیدہ - نسخہ - ترکیب - ایسا قاعدہ جس پر بے سمجھے ہوئے عمل کیا جا سکے - ایسا اصول جو زیادہ لوگوں کے لئے قابل قبول ہو -

Formulary (form-ū-la-ri) *n.* & *adj.* Collection of formulas - عقائد یا قوانین کا مجموعہ - مقررہ بیانات دستورالعمل - کتاب جس میں اصول یا نسخے درج ہوں -

Formulate (form-ū-lāt) *v.t.* Set forth systematically باقاعدہ - ضابطہ یا مروجہ قاعدہ کا رتبہ دینا - یا اصولی طور پر کسی چیز کو پیش کرنا - تجویز کرنا - متشکل کرنا -

Formulation *n.* منضبط کیا ہوا قاعدہ - ضابطہ -

Fornicate (for-ni-kāt) *v.t.* Commit adultery غیر منکوحہ عورت سے زنا کرنا - جنسی تعلقات ناجائز طور پر رکھنا - چھنالہ کرنا -

Fornication (for-ni-ka-shən) *n.* Voluntary sexual intercourse between man and unmarried woman زنا - حرامکاری - ناجائز جنسی تعلق - زن غیر منکوحہ سے زنا - غیر شادی شدہ عورت سے برضا مجامعت -

Forsake (fər-sāk) *v.t.* Give up, break off فراموش کرنا - ترک کرنا - چھوڑ بیٹھنا - بے تعلق ہونا - کسی کو مدد اور دوستی سے محروم کر دینا - دستبردار ہونا -

Forswear (fər-swer) *v.t.* Swear falsely - قسم کھانا جھوٹی قسم کھانا - دروغ حلفی کرنا -

Forswear oneself - جھوٹی قسم کھانا - دروغ حلفی کرنا جھوٹا حلف اٹھانا -

Forsooth (fər-sōōth) *adv.* Truly, in truth - دراصل فی الواقع - در حقیقت - بلاشبہ -

Fort (fort) *n.* Fortified place - مضبوط فوجی مقام گڑھ - کوٹ - قلعہ - حصار -

Forte (for-te) *n.* Person's strong point - قوت استعداد - کوئی خاص اخلاقی یا دماغی قوت - ذہانت - ایسی خصوصیت جو کسی کو ممتاز کرتی ہو -

Forte (for-te) *adj. & adv.* Loud and then soft بلند آواز ۔ پنچم ۔ بلند اور پھر دھیمی ۔ بلند آواز سے ۔ تیزی سے ۔ بلند اور دھیمی آواز سے ۔

Forth (forth) *adj. & prep.* Forward, onward آگے ۔ سامنے ۔ رو برو ۔ آج سے ۔ آگے کو ۔ آئندہ ۔ باہر ۔ بیرون ۔ گھر سے باہر ۔

Forthcoming (forth-kəm-ing) *adv.* About or likely to come forth آنے والا ۔ غالباً پیش آنے والا ۔ جلد واقع ہونے والا ۔ تیار ۔ موجود ۔ حاضر ۔ جو وقت ضرورت پیش کیا جا سکے ۔

Forthwith (forth-with) *adv.* Without delay ابھی ۔ فی الفور ۔ بلا تاخیر ۔ بہت جلد ۔ فوراً ۔

Fortification (for-ti-fi-kā-shən) *n.* Defensive works قلعہ بندی ۔ مورچہ بندی ۔ فوجی استحکامات ۔ قلعہ بندی کا فن یا عمل ۔

Fortify (for-ti-fī) *v.t. & i.* Provide with defensive works قلعہ بندی کرنا ۔ مورچے بنانا ۔ استحکامات تیار کرنا ۔ کسی چیز کی ساخت کو مضبوط کرنا ۔ کسی چیز کے اندر زور پیدا کرنا ۔ جسمانی ، اخلاق یا دماغی حیثیت سے قوی بنانا ۔ ہمت افزائی کرنا ۔ تصدیق کرنا ۔

Fortitude (for-ti-tud) *n.* Courage in pain and adversity ہمت ۔ برداشت ۔ تکلیف کو برداشت کرنے کی قوت ۔ تحمل ۔ ضبط ۔ استقلال ۔

Fortnight (fort-nīt) *n.* Period of two weeks پندرھواڑہ ۔ پندرہ دن ۔ دو ہفتے ۔

Fortnightly (fort-nīt-li) *adj. & adv.* After every two weeks پندرھویں دن ۔ ہر دو ہفتہ کے بعد ۔

Fortress (for-tris) *n. & v.t.* Military stronghold گڑھی ۔ چھوٹا قلعہ ۔ کوٹ ۔ مستحکم مقام ۔

Fortuitism (for-tu-i-tizm) *n.* Belief in chance and natural causes and not design یہ عقیدہ کہ قدرتی اسباب سے واقعات ظہور پذیر ہوتے ہیں لیکن ان میں کوئی منصوبہ نہیں ہے ۔ قدرتی اسباب سے واقعات ظہور پذیر ہونے کا عقیدہ ۔

Fortuitous (for-tu-i-təs) *adj.* Accidental اتفاقی طور پر واقع ہونے والا ۔ ہنگامی ۔ ناگہانی ۔

Fortuity (for-tu-i-ti) *n.* Chance, occurrence ۔ موقع اتفاق ۔ اتفاقی واقعہ ۔ حادثہ ۔

Fortunate (fōr-tun-āt) *adj.* Favoured by fortune خوش قسمت ۔ خوش نصیب ۔ نیک اختر ۔ مبارک ۔ نیک ۔ سعید ۔ کامیاب ۔ بہرہ مند ۔ مقصد یاب ۔

Fortunately (for-tūn-āt-li) *adv.* Luckily یہ خوش نصیبی ہے کہ ۔ خوش نصیبی سے ۔ خوش قسمتی سے ۔

Fortune (for-tūn) *n.* Chance, luck قضا و قدر ۔ قسمت ۔ مشیت ۔ تقدیر ۔ قسمت کا لکھا ۔ نصیب ۔ بخت ۔ خوش حالی ۔ مال و دولت ۔ دولت مندی ۔

Try the fortune of war جنگ کر کے قسمت آزماؤ ۔

Soldier of fortune فوجی جو محض اپنے کارناموں سے بڑے درجے تک پہنچتے ہیں ۔ مالی فائدے کی غرض سے جنگ ۔

Fortune hunter جو شخص دولت مند بیوی تلاش کرتا ہو ۔

Spent a small fortune on it اس کام پر خاصی دولت خرچ کر ڈالی ۔

Forty (for-ti) *adj. & n.* Four times ten چہل ۔ دوبیسی ۔ چالیس ۔

Forty winks جھپکی ۔ مختصر نیند ۔ تھوڑا سا سو جانا ۔ کھانا کھانے کے بعد قیلولہ ۔

Fortieth چہلم ۔ چالیسواں ۔

Forum (fo-rəm) *n.* Public place چاوڑی ۔ چوک ۔ بازار ۔ وہ مقام جہاں عدالتی کاروائی کی جاتی ہو ۔ عام مباحثوں کی جگہ ۔ عدالتیں ۔

Forward (for-wərd) *adj. & n.* Onward اگلا ۔ پیشین ۔ قبل از وقت ۔ وقت سے پہلے تیار ۔ آمادہ ۔ مستعد ۔ چست ۔ جلد باز ۔ سرگرم ۔ شائق ۔ شوخ ۔ گستاخ ۔ تیز ۔ دلیر ۔ من چلا ۔ بے ادب ۔ فٹ بال میں آگے کی صف کا کھلاڑی ۔

Forward school opinions ترقی پسند آرا ۔ آزادانہ خیالات ۔ وسیع النظر جماعت ۔

Forwardness (for-wərd-nes) *n.* Progressiveness چستی ۔ چالاکی ۔ آزاد خیالی ۔ ترقی پسندی ۔ گستاخی ۔ بے ادبی ۔

Forward (for-wərd) *adv.* Towards the future آگے ۔ سامنے ۔ آگے کی طرف ۔ نمایاں ۔ آئندہ کا خیال کرتے ہوئے ۔ آگے بڑھتے ہوئے ۔

Look forward شوق سے انتظار کرنا ۔ مستقبل پر نظر رکھنا ۔ امید رکھنا ۔

Forward (for-wərd) *v.t.* Help forward, promote تیز کرنا ۔ بڑھانا ۔ ترقی کی رفتار تیز کرنا ۔ آگے بڑھنے میں مدد کرنا ۔ روانہ کرنا ۔ پہنچانا ۔ ارسال کرنا ۔ خط یا سامان آگے بھیجنا ۔

Fossa (fos-ä) *n.* Canal, ditch ۔ نشیب ۔ خندق ۔ کھائی لمبی نالی ۔

Fossil (fos-il) *adj.* & *n.* Found buried, preserved in strata of earth زمین سے کھود کر نکلا ہوا ۔ نکالی ہوئی پرانی اشیاء ۔ پتھر میں بدلی ہوئی چیزیں ۔ زمین میں دبنے سے پتھر بنا ہوا ۔ قدیم ۔ حجریہ ۔ قدیم زمانہ کی نشاندہی کرنے والا ۔

Fossil bones ہڈیاں جو پتھر بن گئیں ۔ حجری ہڈیاں ۔

Fossil fuel زمین میں دبا ہوا ایندھن ۔ پتھر کا کوئلہ ۔

Words are fossil thoughts دبے ہوئے خیالات الفاظ کی شکل میں ظاہر ہوتے ہیں ۔

Fossilate *v.t.* پتھر میں تبدیل کر دینا ۔

Fossiliferous *adj.* جس کے اندر حجری چیزیں ہوں ۔

Fossilize *v.t.* & *i.* پتھر میں تبدیل کرنا یا ہونا ۔

Foster (fos-tər) *v.t.* Cherish پالنا ۔ پرورش کرنا ۔ کھلا پلا کر بڑا کرنا ۔ محبت سے پرورش کرنا ۔ پالنا پوسنا ۔ سینے سے چمٹا کر رکھنا ۔ احساسات اور جذبات کو دل میں محفوظ رکھنا ۔

Fosterage (fos-tər-āg) *n.* Custom of employing foster-mothers ۔ دایہ گری ۔ دودھ پلانے کی ملازمت دایہ کے ذریعے بچے کی پرورش ۔

Fosterling (fos-tər-ling) *n.* Foster child وہ بچہ جس کو دایہ دودھ پلاتی ہے ۔ رضاعی بچہ ۔ وہ بچہ جو اپنے ماں باپ کے علاوہ کسی دوسری عورت کے زیر پرورش ہو ۔

Foul (fowl) *adj., v.i.* & *t.* Offensive, stinking میلا ۔ گندہ ۔ گدلا ۔ نجس ۔ ناپاک ۔ غلیظ ۔ نفرت انگیز ۔ بدبو دار ۔ سڑا ہوا ۔ جہاز کا تلا جس پر سمندری گھاس وغیرہ لپٹ گئی ہو ۔ دشنام آمیز ۔ بد زبان ۔ گالی گلوچ کا ۔ کریہہ منظر ۔ بد صورت ۔ کھیل کے قواعد کے خلاف ۔ کوئی غلط یا ناجائزچیز ۔ الجھاؤ ۔ تصادم ۔ راستہ روک دینا ۔ اُلجھا دینا ۔ الجھ جانا ۔ خراب کرنا ۔ بے آبرو کرنا ۔

Fair or foul جائز یا ناجائز ۔ کسی نہ کسی صورت سے ۔

Foul play خلاف قاعدہ کھیل ۔ پرفریب کھیل ۔

Foulness (fowl-nes) *n.* Foul condition ناراستی ۔ نجاست ۔ غلاظت ۔ گندہ پن ۔ دھوکا ۔ بے ایمانی ۔ بدمعاشی ۔ شرارت ۔

Found (fownd) *v.t.* & *i.* Lay base of قائم کرنا ۔ بنانا ۔ تعمیر کرنا ۔ بنیاد رکھنا ۔ اساس قائم کرنا ۔ تائید کرنا ۔ دلائل پر بھروسہ کرنا ۔ بنیاد قائم کرنا ۔

Found (fownd) *v.t.* Melt and mould دھات کو گلانا اور ڈھالنا ۔ کانچ کی چیزیں بنانا ۔ شیشہ کو گلانا ۔

Foundry *n.* دھات یا شیشہ گلا کر چیزیں بنانا ۔ ڈھالنے کا کارخانہ ۔

Foundation (fownd-a-shən) *n.* Solid ground or base تاسیس ۔ استقرار ۔ بنیاد ۔ بنا ۔ قیام ۔ مستقل بنیاد ۔ بنیادی اصول ۔

Foundation school ایسا مدرسہ جس کے لئے کوئی جائداد وقف ہو ۔ وقف سے چلنے والا مدرسہ ۔

Base religion on the moral foundation مذہب کو اخلاق بنیاد پر قائم کرنا چاہئے ۔

The report has no foundation یہ خبر بے بنیاد ہے ۔

Founder (fownd-ər) *n.* One who forms an institution بانی ۔ قائم کرنے والا ۔ کوئی ادارہ قائم کرنے والا ۔ ڈھالنے والا ۔

Founder (fownd-ər) *v.t., i.* & *n.* Fall down, collapse جہاز کا پانی بھر کر ڈوب جانا ۔ غرق ہونا ۔ غرق کر دینا ۔ عمارت کا گر جانا یا بیٹھ جانا ۔ منہدم ہو جانا ۔ گھوڑے یا سوار کا تھک کر گر پڑنا ۔ ڈھیر ہوجانا ۔ لنگڑا ہو جانا ۔ گاف کی گیند کو اس طرح مارنا کہ وہ زمین میں دھنس جائے ۔

Foundling (fownd-ling) *n.* Deserted infant of unknown parents لا وارث بچہ ۔ وہ بچہ جو پڑا پایا جائے اور جس کے والدین کا پتہ نہ ہو ۔

Fount (fownt) *n.* Source, spring چشمہ ۔ منبع ۔ فوارہ ۔ لمپ کے تیل کا ڈبہ ۔ ایک ہی قسم کے چھاپے کے حروف کی مقدار ۔

Fountainhead اصل سر چشمہ ۔ منبع ۔ جڑ ۔ اصل ۔

Poison the fountains of trust بے اعتمادی پیدا کر دینا ۔

Four (fōr) *adj.* & *n.* One more than three - چار
چہار - اربع - چار کا عدد - تاش کا چوا - چار نشان والا پانسہ - چار چپوؤں سے چلنے والی کشتی - کرکٹ میں وہ ہٹ جس کے چار رن بنیں -

Four corners of the earth - دور دراز - کل زمین - چاروں کونے - ربع مسکون -

Four-fold *adj.* & *adv.* - چار تہوں والا - چار گنا - چوہرا - چوگنا -

Fourteen *adj.* - چودہ کا عدد - چہاردہ - چودہ -

Fourteenth *adj.* & *n.* - چودھواں -

Fourth (fōr-th) *adj.* & *n.* Next after third - مہینہ کا چوتھا دن - چہارم - چوتھا -

Fourthly (fōr-th-li) *adv.* In the fourth place - چوتھے - چوتھے نمبر پر - چوتھی بات یہ کہ -

Fowl (fowl) *n.* & *v.i.* Bird, domestic and wild - چڑیا - پرندہ - پرندے - پرندے پکڑنا - شکار کرنا - بندوق سے پرند مارنا - پرندوں کا گوشت - پالتو مرغ - مرغیاں -

Fowling *n.* جال لگا کر پرندوں کا شکار - جنگلی پرندوں کا شکار -

Fowler *n.* - بادامی - چڑیمار - پرندوں کا شکاری -

Fox (foks) *n.* Red-furred bushy-tailed quadruped - لومڑی - روباہ - روباہ مزاج - فریبی - دھو کے باز - چالاک - مکار - چلتا پرزہ - فلک شمالی میں تاروں کا ایک مجموعہ - بط شمالی -

Fox (foks) *v.i.* & *t.* Act cunningly - ریا کاری کرنا - مکاری کرنا - دھوکا دینا - کتابوں وغیرہ پر بھورے رنگ کے دھبے ڈالنا -

Foxy (foks-i) *adj.* Fox-like - چالباز - مکار - حیلہ ساز - روباہ صفت - متفنی - لومڑی کے رنگ کا - بھورا -

Foxiness *n.* - فریب کاری - مکاری - عیاری - چالاکی -

Fracas (frak-ȧ) *n.* Noisy quarrel - ہلڑ - شور - اودھم - دنگا فساد - بلوہ - ہنگامہ -

Fraction (frak-shən) *n.* Small piece or amount - عشائے ربانی کی روٹی کے ٹکڑوں کی تقسیم - ٹکڑا - کسر - پارہ - پارچہ - کسراعشاریہ -

Fractional-ary - مکسور - کسری - جزوی -

Fractionate (frak-shən-at) *v.t.* Separate into portions - الگ الگ کرنا - ٹکڑے کرنا - تجزیہ کرنا - محلول کے مختلف اجزا کو عمل تقطیر سے الگ الگ کرنا -

Fractionize (frak-shən-iz) *v.t.* Break up into fractions - کسروں میں تقسیم کرنا - پارہ پارہ کرنا -

Fractious (frak-shəs) *adj.* Unruly - تنک مزاج - چڑچڑا - فتنہ انگیز - جھگڑالو -

Fracture (frak-tur) *n.*, *v.t.*, & *i.* Breaking of bone or cartilage - ہڈی ٹوٹنا - گروچہ ٹوٹنا - ہڈی تڑکنا - دھات کی اندرونی تہہ - کسی چیز کے تسلسل کا ٹوٹ جانا یا توڑ دینا - شگاف یا درز پیدا کر دینا -

Fragile (fraj-īl) *adj.* Easily snapped - بودا - کمزور - نازک - جو آسانی سے ٹوٹ جائے - جو جلد خراب ہو جائے - وہ جس کی بناوٹ نازک ہو -

Fragility *n.* - جلد ٹوٹنے کی صلاحیت - بودا پن - کمزوری - نزاکت -

Fragment (frag-mənt) *n.* Part broken off - وہ حصہ جو ٹوٹ کر الگ ہو جائے - پارہ - ٹکڑا - پرزہ - ریزہ - کسی کا بقیہ جز خصوصاً تحریر یا تصویر کا -

Fragrant (fra-grənt) *adj.* Sweet smelling - مہکیلا - معطر - خوشبو دار -

Fragrance *n.* - نکہت - مہکار - خوشبو -

Frail (frāl) *adj.* & *n.* In weak health - نازک - ناپائدار - بودا - کمزور - بیمار - مریض - اخلاقاً کمزور - ترغیبات کا مقابلہ کرنے کے ناقابل - بے عصمت - آوارہ -

Frail bliss - چند روزہ مسرت -

Frailty (frāl-ti) *n.* Weakness, fault - فنا پذیری - بودا پن - نزاکت - ناپائداری - بے ثباتی - خطا - چوک - غلطی - نقص - کمزوری -

Fraise (frāz) *n.* Horizontal palisade - کنگورے - نکیلی لکڑیوں کی باڑ - وہ باڑ جو قلعہ اور خندق کے درمیان بنائی جائے - وہ اوزار جس سے گول سوراخوں کو بڑا کیا جاتا ہے یا گھڑی میں پہیوں کے دندانے بنائے جاتے ہیں -

Frame (frām) *v.t.* & *i.* Shape, direct - نقشہ بنانا - گھڑنا - وضع کرنا - بنانا - کسی مقصد کی ترغیب دینا - اپنے کام میں ہوشیاری دکھانا - بٹھانا - چسپاں کرنا - جوڑ کر بنانا - مرتب کرنا - نظریہ قائم کرنا - خیال کرنا یا خیال میں لانا - چوکھٹے کا کام دینا -

Framable *adj.* جس پر چوکھٹا لگایا جا سکے۔ جو مرتب کیا جا سکے ۔

Framer *n.* چوکھٹا لگانے والا ۔ موجد ۔ بانی ۔ مرتب کرنے والا ۔

Framing *n.* چوکھٹا جڑنے کا عمل ۔ چوکھٹا لگانا ۔

Frame (fram) *n.* Construction چوکھٹا ۔ وضع ۔ ڈھانچہ ۔ ساخت ۔ حلقہ ۔ مزاج یا ذہن کی حالت ۔ حال۔ نقشہ۔ انسان یا جانور کا ڈھانچہ۔ عمارت کا خاکہ ۔ تصویر کا چوکھٹا یاخانہ ۔

Frame house مکان جو لکڑی کے تختوں سے بنایا گیا ہو ۔

Sobs shook her frame سسکیوں سے اس کا سارا جسم ہل گیا ۔

The frame of society or government حکومت یا سماج کی تنظیم ۔

Franc (frangk) *n.* French, Belgian and Swiss monetary unit فرانس ، بلجیم اور سوئٹزر لینڈ کا چاندی کا سکہ ۔

Franchise (fran(t)shiz) *n.* Citizenship, right of voting حق رائے دھی ۔ حق شہریت ۔ حق جو کسی فرد یا جماعت کو دستور میں دیا گیا ہو ۔ اصول جس پر حق رائے دھی کا فیصلہ کیا جاتا ہے ۔

Fancy franchise حق رائے دھی کا معیار جو خود مختارانہ طریقہ پر قائم کیا گیا ہو ۔

Franco (frangk-ō) *prefix* French سابقہ کے طور پر استعمال ہوتا ہے ۔ فرانسیسی ۔ فرانسی ۔

Frank (frangk) *adj.* Candid صاف گو ۔ صاف دل ۔ راست باز ۔ کھرا ۔ بے تکلف ۔ ایماندار ۔ تیز فہم ۔ ذہین ۔

Frankly *adv.* کشادہ دلی سے ۔ صاف دلی سے ۔

Frankness *n.* بے تکلفی ۔ خوش دلی۔ صاف دلی۔ سادگی ۔

Frank (frangk) *v.t.* & *n.* Exempt from payment بلا محصول خط روانہ کرنا ۔ محصول معاف کر دینا ۔ خط پر دستخط کر دینا ۔ کسی شخص کو بلا ٹکٹ آنے جانے کی اجازت دینا ۔ بلا کرایہ کسی شخص کو لے جانا ۔ معافی ۔ رعایت ۔

Frankenstein (frangk-ən-stin) *n.* Monster ایسا دیو جو اپنے بنانے والے ہی کیلئے خطرناک ہو ۔ راکشس ۔

Frankincense (frangk-in-sens) *n.* Aromatic gum لوبان ۔

Frantic (fran-tik) *adj.* Wildly excited سڑی ۔ سودائی ۔ مغلوب‌الغضب ۔ شوریدہ سر ۔ قابو سے باہر ۔ آپے سے باہر ۔ بد حواس ۔ سخت جذبہ کی حالت میں ۔

Frantically *adv.* غیض و غضب کی حالت میں ۔ مضطربانہ ۔

Fraternal (fra-tər-nl) *adj.* Brotherly دوستداری کا ۔ بھائی چارہ کا ۔ بھائی بندی کا ۔ برادرانہ ۔

Fraternity (fra-tər-niti) *n.* Brotherliness بھائی‌چارہ ۔ برادری ۔ بھائی بندی ۔ برادرانہ تعلقات ۔ مذھبی جماعت ۔ گروہ ۔ فرقہ ۔ ایک ہی عقیدہ کے لوگ ۔

Fraternize (fra-tər-niz) *v.i.* Behave as friends دوستوں کی طرح برتاؤ کرنا ۔ رشتہ اخوت پیدا کرنا ۔

Fraternization *n.* مواخات ۔ میل ملاپ ۔ میل جول ۔

Fratricide (frat-ri-sid) *n.* Killing of brother or sister بھائی یا بہن کو قتل کرنا ۔ برادر کشی ۔

Fratricidal *adj.* بھائی یا بہن کے قاتل کا ۔ برادر کشی کے متعلق ۔

Fraud (frawd) *n.* Criminal deception دھوکا ۔ فریب ۔ دغا ۔ مکر ۔ جل ۔ چھل ۔ دغا بازی ۔ دھوکہ بازی ۔ دھوکا دینے کے لیے غلط واقعات بیان کرنا ۔ کسی کے نام سے ناجائز فائدہ اٹھانا ۔ ایسی چیز یا شخص جسم کو سمجھا کچھ ہو اور نکلے کچھ ۔

Pious fraud ایسا فریب جس سے فریبندہ کو فائدہ پہنچے ۔ مصلحت آمیز فریب

Fraudulent (frawd-u-lənt) *adj.* Guilty of fraud متفنی ۔ مکار ۔ فریبی ۔ دغا باز ۔ فریب کی قسم سے ۔ دھوکا اور فریب کا ۔

Fraudulence *n.* فریب کاری ۔ مکاری ۔ دغا بازی حیلہ بازی ۔

Fraudulently *adv.* حیلے سے ۔ مکر سے ۔ دھوکے اور فریب سے ۔ دغا بازی سے ۔

Fraught (frawt) *adj.* Equipped پر ۔ خمار ۔ بھر پور ۔ بھرا ہوا ۔ لدا ہوا ۔

Fray (fra) *n.* Noisy quarrel بلوہ ۔ قضیہ ۔ بکھیڑا ۔ ہنگامہ ۔ لڑائی ۔ جھگڑا ۔

ay (fra) v.t. Wear through by rubbing - رگڑنا
گھسنا - رگڑ سے پتلا کرنا یا ہونا - گھس کر کپڑوں
کو تار تار کر دینا - ڈرانا - دھمکانا -

eak (frek) n. Caprice - وہم - لہر - وہم -
پریشان خیالی - عجیب اور خوفناک صورت - عجوبہ -
غیر معمولی اور غیر فطری چیز -

Freak of nature   خلاف فطرت - غیر معمولی چیز -
Out of mere freak   محض وہم اور تلون مزاجی کی
وجہ سے -

Freakish adj.   وہمی - لہری - خلاف معمول - خلاف
فطرت -

Freakishly adv.   تلون مزاجی کے ساتھ - وہمی طور پر -
وہم کے ساتھ -

reckle (frek-l) n., v.t. & i. Light brown spot
on skin   ہلکا بھورا داغ - چھائیاں - چھائیاں پڑنا -
دھبے آنا - جسم پر داغ یا دھبے پڑ جانا -

ee (fre) adj. Having full liberty   خود مختار -
آزاد - شہری اور قومی آزادی رکھنے والا - بے قید -
بری - از خود - بلا جبر و اکراہ - بے باک - بے تکلف -
گستاخ - بے ادب - تہذیب سے گرے ہوئے (قصے)
بے لاگ بات کہنے والا - بچا ہوا - محفوظ - محصول
سے مستثنیٰ -

Did it out of my own free will   میں نے یہ کام
اپنی مرضی سے کیا -

Free gift   عطیہ - تحفہ - انعام جو کسی کام کے
معاوضے میں نہ دیا گیا ہو -

Free from difficulties   مشکلات سے بچا ہوا -
Free living   ہر قسم کی قید سے آزاد زندگی -
Free love   بلا کسی معاہدہ یا نکاح کے زن و شوہر
کے تعلقات -

Free of his money   خرچ میں ہاتھ کھلا ہوا -
خراج -

Free thinker   ساجی قید و بند سے آزاد - مذہبی عقائد
سے آزاد -

Freely adv.   آزادی سے - بلا روک ٹوک -
ee (fre) v.t. Make free   چھڑانا - چھوڑنا دینا -
رہا کرنا - آزاد کرنا -

eebooter (fre-boot-ər) n. Pirate   سمندروں میں
لوٹ مار کرنے والا - سمندری ڈاکو - بحری لٹیرا -

Freedom (fre-dəm) n. Liberty - رہائی - خلاصی - نجات
آزادی - چھٹکارا - شخصی آزادی - شہری آزادی -
خود مختاری - ضرورت سے زیادہ بے تکلفی - بے ادبی -
ایک حق جو کسی شہر یا ادارہ کو ملا ہو - کسی شہر
کی اعزازی شہریت جو بڑے لوگوں کو دی جاتی ہے -

Takes freedoms with   کسی سے بے حد بے تکلف
ہونا -

Freeze (frez) v.i., t. & n. Be converted into or
covered with ice   جمنا - منجمد ہونا - جم کر
برف ہو جانا - بہت زیادہ سردی محسوس کرنا - برف میں
گوشت وغیرہ رکھنا - احساسات کو دبا دینا - جذبات
کو ٹھنڈا کر دینا - سردی پہنچا کر مار ڈالنا -

Freeze on to   ساتھ لگے لگے پھرنا - کسی شخص کے
ساتھ چپک جانا -

Freeze one's blood   بے حد خوفزدہ کر دینا -
خون خشک کر دینا -

Freezing (frez-ing) adj. Highly cold - جما دینے والی
بہت زیادہ سرد -

Freight (frat) n. & v.t. Transport of goods by
water   جہاز کا کرایہ - اسباب کا محصول - سامان کو
بحری راستے سے لے جانا - سامان - بوجھ - جہاز میں
سامان لادنا -

Freightage (frat-əj) n. Hire of ship for convey-
ance of goods   سامان لے جانے کے لیے جہاز کا
محصول -

Freighter (frat-ər) n. One who loads ships
جہاز پر مال لادنے والا - سامان روانہ کرنے والا -
مال و اسباب لے جانے والا جہاز -

French (Fren(t)sh) adj. & n. Of France   فرانسیسی
قوم کا - فرانس کے متعلق - فرانسیسی - فرانسیسی زبان -
فرانسیسی خصوصیات رکھنے والا -

Frenchify (Fren(t)shi-fi) v.t. Make French   فرانسیسی
عادات و اطوار پیدا کرنا - فرانسیسی بنانا -

Frenchification (fren-shi-fi-ka-shən) n. Act of
making French   فرانسیسی بنانے کا طریقہ یا عمل -

Frenzy (fren-zi) n. & v.t. Mental derangement
جنون - دیوانگی - سودا - پاگل پن - دماغی انتشار -
جنون کا حملہ - وحشیانہ حماقت - غضبناک کرنا -
شدید جذب کی حالت پیدا کرنا -

Frenzied rage مجنونانہ غصہ ۔

Frequency (fre-kwen-si) *n.* Repeated occurrence ایسا واقعہ جو بار بار پیش آئے ۔ نبض کی رفتار یا تیزی ۔

Frequent (fre-kwent) *adj.* Numerous, abundant متعدد بار ۔ اکثر اوقات ۔ بہت ۔ اکثر ۔ بار بار واقع ہونے والا ۔ تیز نبض ۔ ہمیشہ کا ۔ عادی ۔

Frequently *adv.* اکثر ۔ بیشتر ۔ بار بار ۔ کئی بار ۔

Frequent (fre-kwent) *v.t.* Go often بہت دفعہ یا متواتر جانا ۔ بار بار یا اکثر جانا ۔ بار بار کسی کے مکان پر یا کسی صحبت میں جانا ۔

Frequentation *n.* اکثر آنا جانا ۔ آمد و رفت ۔

Fresco (fres-kō) *n. & v.t.* Wall painting دیوار یا چھت کے پلاستر کی تصویر ۔ پلاسٹر پر رنگ بھرنا ۔ رنگین تصویریں بنانا ۔ استرکاری پر رنگ سے نقش و نگار بنانا ۔

Fresh (fresh) *n., adv. & adj.* New, not previously used سر سبز ۔ تر و تازہ ۔ تازہ ۔ شاداب ۔ جدید ۔ نیا ۔ نئی تیار کی ہوئی ۔ نئی دریافت کی ہوئی ۔ صاف ۔ صحت بخش ۔ ٹھنڈا ۔ ٹھنڈی ۔ جو باسی نہ ہو ۔ چست ۔ چالاک ۔ تندرست ۔ جو تھکا ہوا نہ ہو ۔ تیز ۔ رواں ۔

As fresh as paint خوب تندرست ۔

Begin a fresh chapter اپنی حالت کی اصلاح کرنا ۔ زندگی کا نیا دور آغاز کرنا ۔

Break fresh ground کوئی نیا کام شروع کرنا ۔

In the fresh of the morning تازہ تازہ ۔ صبح سویرے ۔

Never felt fresher پہلے کبھی اتنا تندرست نہ تھا ۔

Fresher *v.t. & i.* تازہ دم ہونا یا کرنا ۔

Freshness *n.* تازگی ۔

Fresher (fresh-ər) *n.* Newly-arriving student وہ طالب علم جو جامعہ میں نیا نیا داخل ہوا ہو ۔

Freshet (fresh-ət) *n.* Rush of fresh water flowing into sea دریا کے پانی کا تیزی کے ساتھ سمندر میں گرنا ۔ سیلابی دریا ۔ بہاؤ ۔ سیلاب ۔

Freshly (fresh-li) *adv.* Recently پوری قوت سے ۔ زور سے ۔ حال ہی میں ۔ ابھی ابھی ۔

Fret (fret) *n. & v.t.* Ornamental pattern of straight lines خطوط مستقیم سے نئی نئی شکلیں بنانا ۔ منبت کاری کرنا ۔ چھت کو اس طرح آراستہ کرنا ۔ منبت کاری ۔ آراستگی ۔ ابھری ہوئی تصاویر ۔

Fret (fret) *v.t., i. & n.* Gnaw, wear رگڑنا ۔ گھسنا ۔ مٹانا ۔ کاٹنا ۔ گھس ڈالنا ۔ گھس جانا ۔ دانتوں سے کترنا ۔ چھیڑنا ۔ غصہ دلانا ۔ تنگ کرنا ۔ دریا میں ہلکی موجوں کا اٹھنا ۔ جنجھلاہٹ ۔ پریشانی ۔

Fret and fume غصہ اور بے صبری ۔

Fret away رنج میں گھٹنا ۔

Fret out one's life گھل گھل کر مرنا ۔

In a fret جنجھلاہٹ میں ۔

Fretty, fretful *adj.* جھگڑالو ۔ چڑ چڑا ۔

Fretfully *adv.* جزبزے سے ۔ چڑ چڑے پن سے ۔ ناخوشی سے ۔

Fretfulness *n.* بد حواسی ۔ ناراضی ۔ جنجھلاہٹ ۔ جزبزہ ۔

Freudian (froi-diən) *adj. & n.* Follower of Freud نفسیات کے ماہر فرائڈ کی تحلیل نفسی کا معتقد ۔

Friable (fri-ə-bl) *adj.* Easily crumbled نرم ۔ بھربھری ۔ خستہ ۔ جو بہ آسانی ریزہ ریزہ ہو جائے ۔

Friar (fri-ər) *n.* Member of certain religious order چار مشہور عیسائی فقرا کے کسی گروہ کا فرد ۔ راہب ۔ درویش ۔

Friary (fri-əri) *n.* Convent of friars راہبوں کی خانقاہ ۔

Fribble (frib-l) *v.i. & n.* Trifle, be frivolous خفیف اور فرسودہ حرکات کرنا ۔ بیہودہ ۔ خفیف الحرکات ۔ اوچھا ۔ سفلہ آدمی ۔

Fricassee (frik-ə-se) *n. & v.t.* Meat cut up گوشت کے بھنے ہوئے ٹکڑے ۔ پرندوں کا بھنا ہوا گوشت ۔ سالن ۔ قلیہ ۔

Friction (frik-shən) *n.* Medical chafing رگڑ ۔ مالش ۔ طبی مالش ۔ جسم کو مالش سے گرمی پہنچانا ۔ مزاحمت ۔ ناچاقی ۔

Friday (frī-di) *n-* Sixth day of week آدینہ ۔ شکروار ۔ جمعہ ۔

Black Friday بہت سے جمعہ کے دن جن میں ناگوار واقعات ہوئے ۔

Good Friday حضرت عیسیٰ کے مصلوب ہونے کا یوم جمعہ ۔

Friend (frend) *n.* & *v.t.* One joined to another in intimacy یار - دوست - رفیق - خیر خواہ - ساتھی - شفیق - حامی - جانب دار - مربی - معاون - ہمدرد - آشنا - قریبی رشتہ دار - کسی کے متعلق کوئی ذمہ داری قبول کرنے والا - اپنی جماعت یا فرقہ کا فرد - کسی کے ساتھ دوستی کرنا - کسی کی مدد کرنا -

A friend at court وہ دوست جس کے اثر سے دربار میں رسائی ہو یا کسی درباری کام میں کامیابی ہو -

Friendly (frend-li) *adj., n.* & *adv.* Acting as friend مہربان - دوستی کا برتاؤ کرنے والا - محب - مشفق - دوستانہ - مشفقانہ - مہربانی اور محبت کے ساتھ - پسندیدگی کے ساتھ -

Friendship (frend-ship) *n.* Friendly disposition مخلصانہ تعلق - یاری - دوستی - خیر خواہی - محبت - الفت - انس - دوستانہ تعلق - دوستانہ رجحان -

Frieze (frez) *n.* Coarse woollen cloth - کھردرا کپڑا - موٹا اونی کپڑا - ستون کے اوپر کا حصہ جو کڑی اور کنگنی کے درمیان ہوتا ہے - اس ٹکڑے میں سنگ تراشی کا کام - آرائشی پٹی - کگری -

Frigate (frig-it) *n.* Warship with 28-30 guns جنگی جہاز جس میں تیس توپیں ہوں - چھوٹا تباہ کن جنگی جہاز -

Fright (frit) *v.t.* & *n.* Sudden fear ہول - دہشت - وہ خوف جو دفعتاً پیدا ہو - خوف - ڈر - بھیانک صورت والا آدمی - ڈرانا - خوفزدہ کرنا -

Frighten (frit-n) *v.t.* Throw into a fright ڈرانا - خوف زدہ کرنا - وحشت زدہ کرنا -

Frightful (frit-ful) *adj.* Dreadful مہیب - بھیانک - ڈراؤنا - خوفناک - وحشت انگیز - نفرت انگیز - کریہہ المنظر (بول چال) بہت بڑا - بد حواس کر دینے والا -

Frigid (frij-id) *adj.* Cold, chilling سرد - خنک - مردہ - سرد مہر - پھیکا - روکھا - بے لذت - رسمی ظاہر دار - بے امنگ - سرد دل - اداس - ملول - افسردہ -

Frigidly *adv.* سرد مہری سے - افسردگی سے -

Frigidity *n.* افسردگی - بے دلی - بے مہری - سردی -

Frill (fril) *n.* Ornamental edging of woven material جھالر - سنجاف - بیل - گوٹ - چنٹ - پودوں اور پرندوں کی قدرتی جھالر - بناوٹی خود نمائی - جانوروں کے آنتوں کی جھلی -

He puts on frills خود نمائی کرتا ہے -

Frilled *adj.* کناری دار - جھالر دار -

Frilling *n.* کناری - گوٹ - بیل - جھالر -

Fringe (frinj) *n.* & *v.t.* Border, edging جھالر - حاشیہ - پلو - سر کے سامنے کے کٹے ہوئے بال - جانوروں اور پودوں کی قدرتی جھالر - جھالر لگانا - جھالر کا کام دینا - پلو بنانا -

Newgate fringe داڑھی جو منڈی ہوئی ٹھوڑی کے نیچے رکھی جائے -

Fringing *n.* جھالر لگانے کی وضع -

Fringy *adj.* جھالر دار -

Frippery (frip-ə-ri) *n.* Old clothes shop بھدا اور بھونڈا لباس - پرانے کپڑے - پرانے کپڑوں کی دوکان فضول ٹیپ ٹاپ - کم قیمت آرائشی چیزیں - تحریر کی بے معنی لفاظی -

Frisk (frisk) *v.i.* & *n.* Move sportively اچھلنا - ناچنا - کودنا - کودتے پھرنا - خراماں خراماں پھرنا - کودنا - پھاندنا - کھیل کود -

Friskily *adv.* کھیلتے کودتے - خراماں خراماں -

Frisky *adj.* چنچل - کودنے پھاندنے والا - کھلنڈرا - شوخ طبع -

Frith (frith) *n.* Firth دیکھو

Fritter (frit-ər) *n.* & *v.t.* Piece of fried batter تکہ - پارچہ - ٹکڑا - بوٹی - میوہ بھرا ہوا پسندہ یا کباب - گوشت کے ٹکڑے کرنا - قیمہ کرنا - روپیہ، وقت اور محنت ضائع کرنا - ہر کام تھوڑا تھوڑا کر کے چھوڑ دینا -

Frivol (friv-əl) *v.i.* & *t.* Trifle, throw away money فضول گفتگو کرنا - روپیہ ضائع کرنا - بیہودگی کرنا -

Frivolous (friv-ə-ləs) *adj.* Silly, trifling خفیف - ہلکا - سبک سر - ادنیٰ - بے وقعت - نکما - بے نتیجہ باتیں کرنے والا - غیر سنجیدہ -

Frivolity, frivolousness *n.* ہلکا پن - سبکی - اوچھا پن -

Frivolously *adv.* چھچھورے پن سے - بیہودگی سے -

Friz (friz) *v.t.* & *n.* Curl بالوں کو گھونگریالے بنانا - مروڑنا - بل دینا - جھاویں یا چھری سے چھیل کر صاف کرنا (چمڑے وغیرہ کو) پیچ - خم - گھونگر - زلفیں -

Frizzy *adj.* خمدار زلفیں - گھونگریالے -

Frizz (friz) *v.i.* Make sputtering noise in frying چھن چھن کرنا - کسی چیز کے تلنے سے جو آواز نکلتی ہے ایسی آواز پیدا ہونا -

Frizzle (friz-l) *v.t., i.* & *n.* Curl گھونگر والے بال - بالوں میں چھوٹے بل دے کر گھونگریالے بنانا -

Frizzle (friz-l) *v.i.* & *t.* Fry کسی چیز کو تلنا یا بھوننا - اس طرح تلنا کہ چھن چھن کر آواز نکلے -

Fro (fro) *adv.* Away ادھر آدھر - اُدھر - وہاں -

Frock (frok) *n.* & *v.t.* Woman's outer dress جبہ - عبا - ڈھیلی آستینوں کا لباس - راہب کا لمبا چغہ - ملاحوں کی صدری - عورتوں کا کرتا - کسی کو راہب بنانا - بچوں اور عورتوں کا لباس - فراک - فراک پہنانا -

Frog (frog) *n.* Small tailless watery animal مینڈک - غوک - (حقارت سے) وہ فرانسیسی جو مینڈک کا گوشت کھاتے ہیں -

Frog (frog) *n.* Elastic horny substance of horse's sole گھوڑے کے پیر کے تلوے کا لچکدار نرم حصہ -

Frog (frog) *n.* Attachment in waistband for sword کمر کی پیٹی کی کڑی جس میں تلوار لٹکاتے ہیں - فوجی کوٹ کا بٹن یا گھنڈی -

Frog (frog) *n.* Grooved piece of iron on crossing rail لوہے کا ٹکڑا جو ریل کی پٹڑی میں ایسی جگہ لگایا جاتا ہے جہاں گاڑیاں پٹڑی بدلتی ہیں -

Frolic (frol-ik) *adj., v.i.* & *n.* Sportive چنچل - کھلنڈرا - شوخ - چلبلا - بذلہ سنج - دلگی باز - چھیڑ چھاڑ کرنے والا - شرارتیں کرنا - کودنا - اچھلنا - خوش طبعی - رنگ رلیاں -

Frolicsome *adj.* چنچل - شوخ - طناز - خوش طبع -

Frolicsomeness *n.* چنچل پن - دل لگی - خوش طبعی -

From (from) *prep.* Expressing separation and introducing a person or place سے - از - طرف سے - منجانب - از آں - ز روئے - موافق -

Apart from its moral aspect اس کے اخلاقی پہلو سے قطع نظر کر کے -

Draw conclusion from premisses مقدمہ صغریٰ و کبریٰ سے نتیجہ اخذ کرنا -

From hand to mouth نا عاقبت اندیشی سے - کمانا کھانا -

Repeated from mouth to mouth کسی راز کا تشت از بام ہونا - ایک سے دوسرا - دوسرے سے تیسرا - اس طرح عام ہو جانا -

Suffering from dementia جنون ہوگیا ہے - خفقان میں مبتلا ہے -

Frond (frond) *n.* Leaf-like organ وہ پتے جیسا عضو جو پتے اور تنے کے جوڑ پر نکلتا ہے - پتے -

Front (frunt) *n., adj., v.i.* & *t.* Forehead ماتھا - پیشانی - محاذ جنگ - آگے کی صف - چہرہ - رخ - سامنے - آگے - فوج کا اگلا حصہ - کسی عمارت کا روکا حصہ - مصنوعی بالوں کی لٹیں جو عورتیں پیشانی پر لگا لیتی ہیں - مقابلہ پر کھڑا ہونا - مقابلہ کرنا - بالمقابل آنا - سامنا کرنا -

Frontage (frunt-əj) *n.* Land between front of building and road عمارت کے سامنے کا طول - پھیلاؤ - عمارت اور سڑک کی درمیانی زمین - وہ میدان جہاں لشکر خیمہ زن ہو یا فوج قواعد کرتی ہو - منظر - پیش منظر - کھلا ہوا رخ -

Frontal (frunt-əl) *adj.* Of forehead, on front سامنے کا - پیشانی کا - سامنے سے - آگے کی طرف سے -

Frontier (frunti-yer) *n.* Border حد - سرحد - سوانا -

Frontispiece (frunt-is-pes) *n.* Decorated entrance, illustration عمارت کا روکار - منقش دروازہ - تصویر جو کتاب کے سر ورق پر ہو -

Frontless (frunt-les) *adj.* Unblushing بغیر روکار کا (مکان) بے شرم - بے حیا - گستاخ -

Frontlet (frunt-let) *n.* Band worn on forehead سر بند - سر پیچ - پیشانی کی پٹی - جانور کی پیشانی -

Frost (frost) *n.* & *v.t.* Freezing, nip, injure انجماد - بستگی - برف - پالا - حالت انجماد - جمے ہوئے بخارات - سرد مہری - پالا مارنا - پودوں کا برف باری سے مرجھا جانا - کسی کے منصوبوں پر اوس پڑنا - مرجھا دینا - پودوں کا جل جانا - دل کا افسردہ ہو جانا -

Frosty (frost-i) *adj.* Cold with frost سخت سرد - ٹھنڈا - یخ بستہ - پالے یا برف سے ڈھکا ہوا - سرد مہر - روکھا - پھیکا - اداس -

Frostiness *n.* ٹھہرن - سخت سردی - ٹھنڈ - اداسی - سرد مہری -

Froth (froth) *n., v.t. & i.* Foam پھیس - کف - جھاگ - بکواس - بک بک - خالی باتیں - بظاہر شاندار لیکن مہمل تقریر - کف لانا - جھاگ آنا یا پیدا کرنا - مہمل تقریر کرنا -

Frothily *adv.* فضول گوئی کرتے ہوئے - جھاگ اٹھاتے ہوئے - کف لاتے ہوئے -

Frothiness *n.* بے ہودگی - اوچھاپن - کھوکھلا پن -

Frothy *adj.* کف دار - جھاگ دار -

Frowzy (frow-zi) *adj.* Ill smelling - بدبودار - سڑا ہوا - میلا - غلیظ -

Froward (fro-wərd) *adj.* Perverse - سرکش - متمرد - خود رائے - شریر - ضدی - گستاخ -

Frowardness *n.* گمراہی - ہٹ - خود رائی - سرکشی -

Frown (frown) *v.i., t. & n.* Express displeasure تیوری چڑھانا - چین بجبین ہونا - خفگی کی نگاہ سے دیکھنا - گھورنا - آنکھیں نیلی پیلی کرنا - گھرکنا - آنکھیں دکھانا - چشم نمائی کرنا -

Frowningly *adv.* چین بجبیں ہوکر - اظہار ناراضگی کرتے ہوئے -

Frozen (froz-n) *adj.* Freeze دیکھو

Fructiferous (fruk-ti-fə-rəs) *adj.* Fruit-bearing پھل لانے والا - ثمر آور - بار آور - ثمر دار - پھلا ہوا -

Fructification (fruk-ti-fə-kā-shən) *n.* Fructifying پودوں کے اعضائے تناسل - ثمر داری - بار آوری -

Fructify (fruk-ti-fī) *v. & i.t.* Bear fruit - بار آور ہونا - سرسبز کرنا - ثمردار بنانا - پھل لانے کے قابل بنانا -

Fructuous (fruk-shəs) *adj.* Full of fruits - پھلنےوالا - پھل لانے والا - پھلوں سے لدا ہوا -

Frugal (froo-gl) *adj.* Economical کفایت شعار - کم خرچ - فضول خرچی سے بچنےوالا - سلامت رو - کمی کے ساتھ - احتیاط کے ساتھ استعمال کیا گیا -

Frugality *n.* سلامت روی - کفایت شعاری -

Frugally *adv.* کفایت شعاری سے -

Fruit (froot) *n., v.t. & i.* Vegetable product fit for food - میوہ - پھل - ثمر - ترکاریوں کے بیج - نتیجہ - منافع - انجام - حاصل - پھل لانا - پھلنا - پھل پیدا کرنا -

Fruitarian (froot-ə-ryən) *n.* Feeder on fruit پھلوں کو غذا کے طور پر کھانے والا -

Fruiter (froot-ər) *n.* Fruit ship پھل لے جانے والا جہاز - پھل دینے والا درخت -

Fruiterer (froot-ər-ər) *n.* Dealer in fruit پھل بیچنے والا - باغبان - میوہ فروش -

Fruitful *adj.* پر منفعت - نافع - مفید - بچے پیدا کرنے والا - زرخیز - ثمر آور - بار آور -

Fruition (froo-shən) *n.* Attainment of things desired - خواہش کے مطابق چیزیں مل جانا - دستیابی - آرزوؤں کی تکمیل - بامرادی -

Fruitless (froot-les) *adj.* Not bearing fruit بے فائدہ - عبث - بے ثمر - بانجھ عورت جس کو اولاد نہ ہو سکے -

Fruity (froot-i) *adj.* Of fruit - پھل کے مانند - پھل کا - پھل کے متعلق -

Frumentaceous (froo-men-tə-shəs) *adj.* About, of, wheat - گیہوں کی طرح - گیہوں کا - گندمی -

Frumenty (froo-men-ti) *n.* Hulled wheat boiled in milk دلیا جو دودھ میں پکایا جائے - دلیے کی کھیر - دلیہ کا حلوہ - ایک قسم کی مٹھائی -

Frump (frump) *n.* Old-fashioned dowdily dressed woman بدوضع - پرانے مذاق کی عورت جو بدنما لباس پہنے ہو -

Frumpish, frumpy *adj.* بدوضع - بدقطع -

Frustrate (frus-trāt) *v.t.* Baffle, counteract مایوس کرنا - باطل کرنا - ناکام کرنا - رائگاں کرنا - کالعدم کرنا - روکنا - توڑنا - بے اثر کرنا -

Frustration *n.* شکست - محرومی - ناکامی - مایوسی -

Frustum (fres-təm) *n.* Remainder of regular solid whose upper part has been cut off مخروط - ناقص -

Fry (frī) *n.* Young fishes مچھلیوں کے بچے - سامن مچھلی کے پٹھے - دوسرے جانوروں کے بڑی تعداد میں پیدا ہونے والے بچے - جھنڈ - جھول - ہجوم -

Fry (fri) *v.t., i. & n.* Cook in fat روغن میں تلنا یا بھوننا - تلا ہوا گوشت -

From frying pan into the fire چھوٹی مصیبت سے نکل کر بڑی مصیبت میں گرفتار ہو جانا -

Fryer-ier (fri-er) *n.* Vessel for frying fish مچھلی تلنے والا - مچھلی تلنے کا برتن - کڑھائی -

Fuddle (fud-l) *v. i.,t. & n.* Intoxicate مست کرنا - مخمور کرنا - شراب پلا کر بد حواس کرنا - میخواری -

Fudge (fuj) *Inter. & n.* Nonsense جھوٹی کہانی - فضول گفتگو - لغو - مہمل -

Fudge (fuj) *v.t., i. & n.* Patch, make up جوڑنا - پیوند لگانا - جھوٹی کہانی کہنا - گپ شپ - کہانی گھڑنا - جھوٹا قصہ -

Piece of fudging دھوکا دہی - فریب کاری -

Fuel (fu-əl) *n., v.t. & i.* Material for fire - ایندھن - کوئلہ - جلانے کی لکڑیاں - اشتعال - جذبات کو برانگیختہ کرنا - آگ میں ایندھن ڈالنا - بھڑکانا -

Fugacious (fu-ga-shəs) *adj.* Fleeting چند روزہ - عارضی - جلد گزرنے والا - رواں - نامعلوم طریقہ پر ہوا ہو جانے والی - مشکل سے قبضہ میں رہنے والی -

Fugitive (fu-ji-tiv) *adj. & n.* Running away ناپائدار - بے قرار - بھاگا ہوا - اُڑتا ہوا - مفرور - بھاگ جانے والا - اُڑ جانے والا - پناہ گیر - تارک الوطن - جلد پژ مردہ ہونے والا - سریع الزوال -

Fulcrum (ful-krəm) *n.* Point against which lever is placed to get purchase نصاب - ٹیک - چوٹی - وہ نوک جس پر کانی رکھی جاتی ہے جس پر وہ گھومتی ہے یا جو اس کو سنبھالتی ہے -

Fulfil (fool-fil) *v.t.* Carry out, perform - پورا کرنا - تکمیل کرنا - بجا لانا - وفا کرنا - دعا قبول کرنا - شرائط کی پابندی کرنا - حکم کی تعمیل کرنا -

Fulfilment *n.* پابندی - قبولیت - بجا آوری - تکمیل -

Fulgent (ful-jent) *adj.* Brilliant دمکتا ہوا - تابان - درخشاں - روشن -

Full (fool) *adj., v.t. & adv.* Filled to utmost capacity بھرا ہوا - لباب - پر - لبریز - کافی - فراوان - پورا بھرا ہوا - بہت زیادہ - بھرپور - مکمل - پورا بھرنا -

Full (fool) *v.t.* Cleanse and thicken کپڑے کو صاف کرنا - کلف دینا -

Fuller (fool-ər) *n. & v.t.* One who fulls cloth کپڑے کو دبیز کرنا - دبیز کرنے والا - کپڑے کو صاف کرنے والا - دھوبی - دبیز کرنے والا -

Fulness (fool-nes) *n.* Emotion, being full - افراط - سیری - تکمیل - اتمام - بہتات - سریلا پن - زور - کثرت - دلی جذبات -

Fulness of time وقت موعودہ - وقت مقررہ -

Fully (fool-i) *adv.* Completely - تمام تر - سارا کا سارا - پورے طور سے -

Fulminant (ful-min-ant) *adj.* Developing suddenly بجلی کی طرح چمکنے والا - پھٹنے والا - گرجنے والا -

Fulminate (ful-min-āt) *v.i. & t.* Flash like lightning گرجنا - کڑکنا - بجلی کی طرح چمکنا - آگ لگانا - شدت سے ملامت کرنا - ملامت آمیز مضامین شائع کرنا -

Fulmination *n.* الزام - اعتراض - چمک - گرج -

Fulminatory *adj.* الزامی -

Fulness (fool-nes) *n.* دیکھو Fullness

Fulsome (ful-səm) *adj.* Excessive ناگوار - مکروہ - ناپسند - اُکتا دینے والا - ضرورت سے زیادہ - مبالغہ آمیزی کے ساتھ - تکلیف دہ -

Fulsomeness *n.* اُکتا دینے والی زیادتی یا مبالغہ -

Fumble (fum-bl) *v.i., t. & n.* Grope about گھبرائے پھرنا - ہاتھوں سے ڈھونڈنا - ٹٹولنا - تلے اُوپر کرنا - اُلٹ پلٹ کرنا -

Fumbler *n.* ٹٹولنے والا - اناڑی - بے ڈھنگا -

Fume (fūm) *n., v.t. & i.* Odorous smoke - بخارات - دھونی - بودار دھواں - فاسد بخارات - بخارات سے خوشبودار بنانا - دھواں یا بھاپ اٹھانا - بھاپ بن کر اُڑ جانا - جذبے میں ہونا - جوش و خروش دکھانا - تند مزاج ہونا - خفا ہونا -

Fumy *adj.* بخارات یا دھوئیں سے بھرا ہوا -

Fumigate (fūmi-gāt) *v.t.* Apply fumes to دھونی دینا - بخارات سے ہوا صاف کرنا - خوشبودار بنانا - معطر کرنا -

Fumigation *n.* بخارات یا دھوئیں سے ہوا صاف کرنے کا عمل -

Fumigator *n.* دھونی ۔ دوا جو ہوا کو صاف کرے ۔ وبائی مادے کو صاف کرنے والا ۔

Fumitory (fūm-i-tər-i) *n.* Herb used in medicine پت پاپڑہ ۔ شاہترہ ۔

Fun (fun) *n.* & *v.t.* Sport, amusement مذاق ۔ کھیل ۔ تماشہ ۔ شوخی ۔ دل لگی ۔ سیر تفریح ۔

Function (fung(k)shən) *n.* & *v.i.* Activity proper to anything فرض منصبی ۔ منصب ۔ عہدہ ۔ خدمت ۔ مذہبی یا اورکوئی تقریب ۔ اہم جلسہ یا صحبت ۔ فرض انجام دینا ۔ مقررہ کام پورا کرنا ۔

Functional (fung(k)shən-al) *adj.* Official, pertaining to duty محض رسمی ۔ باضابطہ ۔ متعلق بہ کار سرکار ۔ فرائض منصبی سے متعلق ۔

Functionary (fung(k)shəna-ri) *n.* & *adj.* Official سرکاری ۔ کار پرداز ۔ منصب دار ۔ عہدے دار ۔ مامور بہ کار ۔

Fund (fund) *n.* & *v.t.* Permanent stock or sum of money پونجی ۔ جمع ۔ ذخیرہ ۔ کسی چیز کا ذخیرہ خصوصاً روپیہ جو کسی خاص غرض کے لیے مخصوص ہو ۔ کسی سرمایہ میں لگانا ۔ جمع کر دینا ۔

Fundament (fun-də-ment) *n.* The buttocks بیٹھک ۔ چوتڑ ۔ سرین ۔ دبر ۔ کون ۔

Fundamental (fun-də-ment-əl) *adj.* Of the ground work ابتدائی ۔ اصلی ۔ بنیادی ۔ مرکزی ۔ ضروری ۔ اساسی ۔ کسی نظام کا اصل اصول یا قاعدہ ۔

A fundamental change ایک بنیادی تغیر ۔

Fundamentality *n.* بنیاد ۔ حقیقت ۔ اصلیت ۔

Fundamentally *adv.* اصولوں کے مطابق ۔ بنیادی طریقہ پر ۔ اساسی طور پر ۔

Fundamentalism (fun-də-ment-əli-zm) *n.* Maintenance in opposition to modernism یہ عقیدہ کہ انجیل کا ہر لفظ الہامی اور صحیح ہے ۔ یہ پروٹسٹنٹ عقیدہ کہ مذہبی اصولوں کو لفظاً لفظاً تسلیم کیا جائے ۔ یہی مذہب کی بنیاد ہے ۔

Funeral (fu-nər-l) *adj.* & *n.* Of cremation of the dead تجہیز و تکفین کے متعلق ۔ ماتمی ۔ جنازہ ۔ کفن ۔

Fungous (fun-gəs) *adj.* Of fungi کھمبی کی طرح پیدا ہونے والا ۔ نرم ملائم ۔ کھمبی کا سا ۔ جلد پیدا ہونے والا ۔ عارضی ۔ ناپائدار ۔

Funk (funk) *n.*, *v.t.* & *i.* Fear, panic گڑبڑ ۔ گھبراہٹ ۔ ڈر ۔ خوف ۔ کام سے جی چرانا ۔ بزدلی کا اظہار کرنا ۔

Funky *adj.* خوف زدہ ۔ کام چور ۔ بزدل ۔

Funnel (fun-l) *n.* Diminishing tube دودہ کش ۔ روشن دان ۔ قیف ۔ نالی جس کے ذریعے سے سیال چیز یا سفوف وغیرہ ڈالتے ہیں ۔

Funny (fun-i) *adj.* Comical پر مذاق ۔ ہنسوڑ ۔ دل لگی باز ۔ عجیب ۔ نرالا ۔ شوخ ۔ پر لطف ۔ حیران کن ۔

Funny (fun-i) *n.* A narrow boat ایک چھوٹی کشتی جس میں صرف ایک کھویا بیٹھ سکتا ہے ۔

Fur (fur) *n.*, *v.t.* & *i.* Dressed coat of animals پوستین ۔ سمور ۔ جانوروں کی ملائم کھال ۔ سمور والا جانور ۔ خار یا کانٹے جو بخار میں زبان پر پڑ جاتے ہیں ۔ پشم یا بال جانا ۔ زبان پر کانٹے آنا ۔ بوائلر کی تہہ کو چونے سے صاف کرنا ۔

Furbelow (fur-bi-lo) *n.* & *v.t.* Pleated border لہنگے یا ساڑے کی پلیٹیں ۔ گوٹ ۔ پٹیاں ۔ پلیٹوں والی گوٹ لگانا ۔ سنجاف لگانا ۔ (جمع) بھڑک دار ۔ دکھاوے کے زیور ۔

Furbish (fur-bish) *v.t.* Remove rust from صیقل کرنا ۔ جلا دینا ۔ مانجنا ۔ کسی پرانی چیز کو صاف کرکے نئی کر دینا ۔ پرانی چیز کو پھر کار آمد بنا دینا ۔

Furcate (fur-kāt) *adj.* & *v.i.* Forked دو شاخہ بنانا ۔ کانٹے دار بنانا ۔ شاخ دار ۔ دو شاخہ ۔

Furious (fū-ri-əs) *adj.* Raging ازخود رفتہ ۔ تند و تیز ۔ غضبناک ۔ آشفتہ ۔ برہم ۔

Furiously *adv.* شدت سے ۔ تندی سے ۔ غضبناکی سے ۔

Furl (furl) *v.t.* & *i.* Roll up کھینچ کر کھول دینا ۔ باندھنا ۔ تہہ کرنا ۔ لپیٹنا ۔ اُمید چھوڑ دینا ۔ دست بردار ہونا ۔ بادلوں کی طرح اُڑ جانا ۔

Furlong (fur-long) *n.* Eighth of mile فرلانگ ۔ میل کا آٹھواں حصہ ۔

Furlough (fur-lō) *n.* & *v.t.* Leave of absence to a soldier وطن جانے کی رخصت ۔ لمبی چھٹی جو سپاہیوں کو وطن جانے کے لیے دی جاتی ہے ۔ رخصت دینا ۔ چھٹی دینا ۔

Furnace (fur-nis) *n.* & *v.t.* Place for combustibles تنور ۔ چولھا ۔ بھٹی ۔ آتش دان ۔ بھٹی جس میں دھاتیں پگھلائی جاتی ہیں ۔ گرم جگہ ۔ سخت آزمائش ۔ بھٹی میں ڈال کر گرم کرنا ۔ پگھلانا ۔

Furnish (fur-nish) *v.t.* Provide with - بہم پہنچانا - مہیا کرنا - مکان یا کمرے کو سامان سے آراستہ کرنا -

Furniture (fur-ni-tyer) *n.* Movable contents of house - اسباب خانہ داری - کرسی میز وغیرہ - فرنیچر -

Furore (fu-ror) *n.* Enthusiastic admiration پرجوش پسندیدگی - جوش و خروش - تعریف و تحسین - مکان کا ساز و سامان -

Furrier (fur-i-yer) *n.* Dealer in furs سمور بیچنے والا - سمور فروش - سمور صاف کرنے والا -

Furrow (fur-o) *n.* & *v.t.* Narrow trench made by plough - نالی جو ہل چلا کر بنائی جاتی ہے - لکیر - نالی - کچی زمین پر پہیوں کے نشان - ہل چلانا - نالیاں بنانا - ناگر کرنا -

Further (fur-dher) *adv., adj.* & *v.t.* Help, promote - مدد کرنا - حمایت کرنا - دور کا - اگلا - پرے - پرلی طرف - علاوہ - زیادہ - ماسوا - دیگر - اور پرے - فاصلے پر - دور -

Further more اس سے بڑھ کر - مزید برآں - علاوہ ازیں -

I will see you further first میں پہلے تم کو جہنم رسید کروں گا -

Furtherance *n.* ترقی - اعانت - امداد -

Furthest (fur-dhest) *adv.* Farthest - سب سے دور -

Furtive (fur-tiv) *adj.* Done by stealth - چوری کا - چوری چھپے کا - خفیہ کیا ہوا - مخفی - چرایا ہوا - مسروقہ - خفیہ طور پر حاصل کیا ہوا -

Furtively *adv.* خفیہ طور سے - چوری سے -

Fury (fū-ri) *n.* Wild anger - جذبہ - جوش و خروش - غضب - قہر - غصہ - طیش - جنگ میں جوش کی شدت - انتقام لینےوالی روحیں - پشیمانی پر روحانی تکلیف - لڑا کا عورت - کینہ پرور اور غصیلی عورت -

Like fury شدت سے - بلا کے جوش سے -

Fuscous (fus-kəs) *adj.* Dark in colour - کالا - سیاہ - تاریک رنگ کا - اداس رنگ کا -

Fuse (fūz) *v.i.* & *t.* Melt with intense heat تیز حرارت سے پگھلانا - گلانا - آمیزش کرنا - ملانا - ملا جلا کر ایک کر دینا - اغراض کو متحد کر دینا -

Fusible *adv.* قابل آمیزش -

Fusibility *n.* آمیزش کی اہلیت - امتزاج -

Fuse (fūz) *n.,* & *v. i.* Tube, casing - شتابہ - فلیتہ - بتی - بارود کی بتی - ایسی بتی جس سے آگ لگا کر بم یا گولا چھوڑا جائے - فلیتہ لگانا -

Fusee (fū-zē) *n.* Wheel in watch or clock گھڑی کا پرزہ جس پر بال کمانی لپٹی رہتی ہے - گھوڑے کے ٹخنے کی ہڈی کا اُبھار - زیادہ مسالے والی دیا سلائی -

Fusil (fū-zl) *n.* Obsolete light musket ہلکی توڑے دار بندوق -

Fusilier (fū-zi-yər) *n.* Soldier armed with fusil بندوقچی سپاہی جو ریچھ کی کھال کی ٹوپی پہنتے تھے اور ہلکی توڑے دار بندوق سے مسلح تھے -

Fusillade (fū-zil-ad) *v.t.* & *n.* Continuous discharge of firearms توپوں یا بندوقوں کی باڑھ - باڑھ مارنا - حملہ کرنا - قتل کرنا -

Fusion (fū-zen) *n.* Blending of different things گلاوٹ - پگھلاوٹ - پگھلا ہوا مادہ - مختلف چیزوں کی آمیزش - میل - اتحاد - اتفاق -

Fuss (fus) *n., v.t.* & *i.* Excessive commotion شور و غل - ہنگامہ - ہلچل - اضطراری حرکتیں - بھاگ دوڑ کرنا - بھیڑ لگانا - ہنگامہ کرنا - غل غپاڑہ کرنا - چھوٹی چھوٹی باتوں کو اہم بنانا - بات کا بتنگڑ بنانا -

Fussiness *n.* معمولی بات کو بڑھانا - چھوٹی باتوں کی فکر - اضطراری حرکت -

Fussy *adj.* سوئی کا بھالا بنانے والا - غل غپاڑہ کرنے والا - ذرا سی بات میں گھبرا جانے والا -

Fustian (fust-yen) *n.* Thick cotton cloth ایک قسم کا موٹا کپڑا - ایسا طرز تحریر جس میں موٹے موٹے الفاظ استعمال کیے جائیں - لفاظی -

Fustic (fust-ik) *n.* A kind of wood yielding yellow dye ایک قسم کی لکڑی جس سے پیلا رنگ نکالا جاتا ہے -

Fustigate (fus-ti-gāt) *v.t.* Cudgel ڈنڈے لگانا - مارنا - پیٹنا -

Fustigation *n.* بید مارنے کی سزا جو رومیوں میں رائج ہے -

Fusty (fust-i) *adj.* Stale smelling باسی چیز کی بو رکھنے والا کھانا - پھپھوندی لگا ہوا - کمرے کی بند ہوا کا لمس -

utile (fu-tīl) *adj.* Useless بے حاصل ۔ بے نتیجہ ۔ بے کار ۔ فضول ۔

Futility *n.* بے کاری ۔ بے اثری ۔ بے نتیجہ ۔

uture (fut-yer) *adj.* & *n.* About to happen آگے آنے والا ۔ مستقبل ۔ آئندہ ۔ اگلا ۔ عاقبت ۔

uturity (fut-yer-iti) *n.* Future time ۔ زندگی ما بعد آئندہ حالات ۔ ستقبل ۔ آئندہ زمانہ ۔

ye (fi) *inter.* Fie ۔ توبہ ۔ تف ۔ لعنت ۔ لاحول ولا قوت ۔

G

G (ji) *n.* Seventh letter of the English alphabet انگریزی حروف تہجی کا ساتواں حرف ۔ ساتواں شخص ۔

Gab (gab) *n.* & *v.t.* Prattle (بول چال) بک بک ۔ بکواس ۔ گپ شپ ۔ یاوہ گوئی ۔ بیہودہ بکنا ۔ بکواس کرنا ۔

Gift of the gab قوت گویائی ۔ چرب زبانی ۔

Stop your gab بکو مت ۔ خاموش رہو ۔

Gabble (gab-l) *v.i., t.* & *n.* Talk inarticulately بکنا ۔ بک بک کرنا ۔ جلد جلد بولنا ۔ تیزی سے پڑھنا یا بولنا ۔ بڑ بڑانا ۔ بکواس کرنا ۔ بک بک ۔ بکواس ۔

Gabelle (gab-el) *n.* Tax وہ محصول جو فرانس میں انقلاب سے پہلے وصول کیا جاتا تھا بالخصوص نمک پر ۔ چنگی ۔ محصول ۔

Gaberdine (gab-ər-dīn) *n.* Loose long garment چوغہ ۔ لبادہ ۔ ایک قسم کا کھردرا کپڑا ۔

Gabion (ga-bi-ən) *n.* Cylinder of wickers or woven metal bands ڈلیا ۔ ٹوکرا ۔ چھابا ۔ بید یا لوہے کی تیلیوں کی ٹوکری مٹی بھرنے کے لیے ۔

Gable (ga-bl) *n.* Triangular upper part of wall at the end of ridged roof دیوار کا تکنا ۔ بالائی حصہ جو چھت کے اوپر ہو ۔ دو رخی ۔ ڈھلوان ۔ کھڑکی یا دروازے کا چھجا ۔

Gablet چھوٹا چھجا ۔ چھوٹا سا نوکدار حصہ ۔

Gaby (ga-bi) *n.* Simpleton ۔ احمق ۔ گاؤدی ۔ بیوقوف ۔ اناڑی ۔

Gad (gad) *interj.* By God اظہار حیرت کے لیے ۔ یا اللہ ۔

Gad (gad) *n.* & *v.i.* Metal spike بھالا ۔ کدال ۔ کدالی ۔ کوچہ گردی کرنا ۔ آوارہ پھرنا ۔ ڈانواں ڈول پھرنا ۔ درختوں کی شاخوں کا بے قاعدہ پھیلنا ۔

Gad about آوارہ گردی کرنا ۔

Gad-fly (gad-flī) *n.* Cattle-biting fly ڈانس ۔ بڑی مکھی ۔ گئو مکھی ۔ چم چچڑ ۔ سر ہو جانے والا آدمی ۔ بھوت کی طرح پیچھے پڑ جانے والا ۔ خواہش جو قابو میں نہ رہے ۔

Gadget (gaj-it) *n.* Small fitting in machinery (بول چال) مشین کا چھوٹا پرزہ ۔ ترکیب ۔ تدبیر ۔ چال ۔

Gaelic (gal-ik) *n.* & *adj.* Language of Scottish Celts اسکاٹ لینڈ کی کیلٹ نسل یا ان کی زبان ۔ کیلٹ کی زبان کے متعلق ۔

Gaff (gaf) *n.* & *v.t.* Barbed fishing spear انکڑا ۔ مچھلی مارنے کا برچھا ۔ انکڑے دار نیزہ (بول چال) تفریح گاہ ۔ تماشا گاہ ۔ ادنی درجے کا تھیٹر ۔

Gaffer (gaf-ər) *n.* Elderly rustic بوڑھا گنوار ۔ مسن دیہاتی ۔ بڑے میاں ۔ بوڑھا چودھری ۔

Gag (gag) *n., v.t.* & *i.* Thing thrust into mouth to prevent speaking منہ میں کپڑا ٹھونسنا تاکہ آواز نہ نکل سکے ۔ منہ بند کرنا ۔ ڈھاٹی ۔ ایک آلہ جراحی جو منہ میں لگا دیتے ہیں تاکہ منہ بند نہ ہونے پائے ۔ بحث کو حکماً روک دینا ۔ زبان بندی کرنا ۔ آزادی تقریر سلب کر لینا ۔ (بول چال) پاکھنڈ ۔ جھوٹ ۔ دھوکا ۔ دھوکا دینا ۔ جھوٹ بولنا ۔

Gage (gaj) *n.* & *v.t.* Pledge کوئی چیز گرو کرنا ۔ کوئی چیز ضمانت میں رکھانا ۔ ضمانت ۔ مبارزت کے لیے دستانے پھینکنا ۔ گروی رکھنا ۔ مکفول کرنا ۔ بطور ضمانت پیش کرنا ۔

Gaggle (gag-l) *v.i.* Cackle-like goose کٹ کٹ کی آواز نکالنا ۔ قاز کی سرح کٹکٹانا ۔

Gaiety (gə-ti) *n.* Bright appearance ۔ چہل ۔ دل لگی ۔ خوش طبعی ۔ شگفتہ مزاجی ۔ زرق برق ۔ رنگ رلیاں ۔ سجاوٹ ۔ نمائش ۔

Gaily (gə-li) *adv.* In a merry way ۔ خوش طبعی سے ۔ شگفتہ مزاجی سے ۔ بناؤ سنگار سے ۔ نمائش سے ۔

Gain (gān) *v.t., i.* & *n.* Obtain, secure ۔ ہاتھ لگنا ۔ حاصل کرنا ۔ پانا ۔ کمانا ۔ پیدا کرنا ۔ نفع اٹھانا ۔ ترقی کرنا ۔ سبقت لے جانا ۔ جیتنا ۔ کامیاب ہونا ۔ سر سبز ہونا ۔ توڑ لینا ۔ اپنا ہم خیال بنا لینا ۔ منزل مقصود کو پہنچنا ۔ سمندر کا خشکی کی طرف بڑھنا ۔ نفع ۔ ترقی ۔ افزونی ۔ منافع ۔ بچت ۔ بالائی یافت (جمع) منافع ۔ جوئے کی جیت ۔ از دیاد ۔ بیشی ۔

Gainful (gān-ful) *adj.* Remunerative مفید ۔ سود مند ۔ نفع بخش ۔ کماؤ ۔ ہر معاملہ میں اپنا فائدہ دیکھنے والا ۔

Gainsay (gān-sā) *v.t.* Contradict انکار کرنا ۔ تردید کرنا ۔ رد کرنا ۔ حجت کرنا ۔ جرح کرنا ۔

Gainsayer تردید کرنے والا ۔ مخالفت کرنے والا ۔

Gait (gāt) *n.* Manner of walking رفتار ۔ چال ۔ چلنے کا انداز ۔ ڈھنگ ۔ روش ۔

Gaiter (gāt-ər) *n.* Covering of leg below knee موزہ ۔ جراب ۔ گیٹس ۔ ساق پوش ۔

Gala (gȧ-lā) *n.* Festive occasion جشن ۔ تقریب ۔ عید ۔ تہوار ۔ قومی تقریب ۔

Gala day خوشی کا دن ۔

Galaxy (gal-ek-si) *n.* Brilliant company, luminous band of stars کہکشاں ۔ ستاروں کا جھرمٹ ۔ نامی لوگوں کا مجمع ۔ حسینوں کا مجمع ۔ اندر کا اکھاڑہ ۔

Gale (gāl) *n.* Very strong wind تند ہوا کا جھونکا ۔ طوفانی ہوا ۔ جھکڑ ۔ نسیم سحری ۔ فرحت بخش ہوا ۔ کرایہ یا لگان کی ادائیگی ۔

Galen (gə-lan) *n.* Physician (مذاق کے طور پر) طبیب حاذق ۔ جالینوس ۔

Galena (gə-li-na) *n.* Lead ore کان سے نکلا ہوا کچا سیسہ ۔

Galenic (gə-lin-ik) *adj.* According to Galen جالینوسی ۔ جالینوس کی ۔ جڑی بوٹی کی ۔

Galilee (gal-i-li) *n.* Porch of church گرجا کا برآمدہ ۔ گرجا کا ملحقہ کمرہ ۔

Galingale (gal-ing-gal) *n.* Aromatic root of a plant خولنجان ۔ پان کی جڑ ۔

Galipot (gal-i-pot) *n.* Kind of hardened turpentine ایک قسم کا گاڑھا تارپین ۔ رال ۔

Gall (gawl) *n.* Bile پت ۔ صفرا ۔ پتے کا زرد پانی ۔ کڑوی چیز ۔ بہت تلخ چیز ۔ تلخی ۔ سختی ۔ تند مزاجی ۔ غصہ ۔ ترش روئی ۔ کینہ ۔ بغض ۔

Dip one's pen in gall تحریر میں سخت مخالفت کرنا ۔ قلم سے زہر اگلنا ۔

Gall (gawl) *n.* Painful swelling ورم ۔ سوجن ۔ آبلہ ۔ زخم ۔ کھجانے یا رگڑ کا زخم ۔ رنجیدگی یا اس کا سبب ۔ بن یا کھیت میں صاف قطعہ زمین ۔

Gall (gawl) *v.t. & i.* Injure by rubbing رگڑنا ۔ گھسنا ۔ رگڑ کر زخم ڈالنا ۔ دق کرنا ۔ ستانا ۔ ناک میں دم کرنا ۔ خفیف کرنا ۔ ذلیل کرنا ۔

Galling *adj.* سخت ناگوار ۔ پریشان کن ۔ تکلیف دہ ۔

Gall (gawl) *n.* Excrescence produced by insects on trees مازو ۔ ماجو ۔

Gallant (gal-ənt) *adj., n., v.t. & i.* Chivalrous پر تکلف ۔ خوش لباس ۔ نمائشی ۔ شاندار ۔ پر شوکت ۔ عالی ہمت ۔ جوان مرد ۔ جانباز ۔ شجاع ۔ عاشق مزاج ۔ حسن پرست ۔ نظر باز ۔ رنگیلا ۔ تماش بین ۔ کسی عورت سے عشق و محبت کی باتیں کرنا ۔

Gallantly *adj.* عاشقانہ ۔ مردانہ ۔ جانبازی سے ۔ دلیرانہ ۔

Gallantry (gal-ənt-ri) *n.* Dashing courage جوانمردی ۔ عالی ہمتی ۔ بہادری ۔ بلند ہمتی ۔ حسن پرستی ۔ عاشق مزاجی ۔ ناز برداری ۔ تماش بینی ۔ وضعداری ۔

Gallery (gal-ə-ri) *n. & v.t.* Long narrow passage لمبا کمرہ ۔ لمبا برآمدہ ۔ غلام گردش ۔ کمرے کے اندر کا چھجا ۔ شہ نشین (تھیٹر) سب سے اونچی نشست گیلری ۔ گیلری میں بیٹھنے والے لوگ ۔ تصویر خانہ ۔ رنگ محل ۔ برآمدے بنانا ۔

Gallery hit, stroke تماشائیوں سے خراج تحسین حاصل کرنے کے لیے ضرب لگانا ۔

Play to the gallery تماشائیوں کو خوش کرنا ۔ ٹیپ ٹاپ دکھانا ۔

Galley (gal-i) *n.* Ancient Roman warship پرانے زمانے کا جنگی جہاز ۔ بڑی کشتی جس میں جنگی جہاز کا کپتان سوار ہوتا ہے ۔ غلاموں کو لے جانے والا جہاز ۔ کنارے دار تختہ جس پر سیسے کے حروف جمائے جاتے ہیں ۔ چھاپے کے حروف کا تختہ ۔

Gallic (gal-ik) *adj.* Of the Gauls, French قدیم فرانسیسی باشندوں گال کے متعلق ۔

Gallipot (gal-i-pot) *n.* Earthen glazed pot مٹی یا چینی کے برتن ۔ کلھیا ۔ دواؤں اور مرہم وغیرہ کے مرتبان ۔

Gallivant (gal-i-vant) *v.t.* Gad about آوارہ گردی کرنا ۔ آوارہ پھرنا ۔ اہلا گہلا پھرنا ۔

Gallo (gal-ō) *prefix & comb.* France (سابقہ) فرانس کا - فرانس کے متعلق -
Gallomania فرانسیسی چیزوں کا خبط -
Gallomaniac فرانسیسی چیزوں کا دیوانہ -
Gallophobia جو فرانس سے خائف ہو - فرانسیسی چیزوں کا مخالف -

Gallon (gal-ən) *n.* A measure for liquids and corn ایک انگریزی ناپ (رقیق چیزوں اور غلے کے ناپنے کے لیے) جو تین سیر دس چھٹانک کا ہوتا ہے -

Galloon (gə-lōōn) *n.* Narrow close braid for binding dresses سوتی - ریشمی - سنہری گف بنی ہوئی پٹی - پٹکہ - پیٹی -

Gallop (gal-əp) *n., v.i. & t.* Fastest pace of a horse - پوری تیزی سے - سرپٹ - ایک انگریزی ناچ - سرپٹ دوڑانا یا دوڑنا - بہت تیزی سے چلنا یا گفتگو کرنا -

Galloper (gal-əp-ər) *n.* Fast running horse گھوڑا جو سرپٹ دوڑے - ہلکی توپ جسے میدان جنگ میں لے جا سکیں - توپ کی چھوٹی گاڑی -

Galloway (gal-o-wā) *n.* Horse of small strong band چھوٹے قد کا گھوڑا - ٹانگن - ٹٹو -

Gallows (ga-lōz) *n.* Structure for hanging criminals پھانسی - پھانسی کا تختہ - پھانسی کی سزا - ورزش کا تختہ - باورچی خانہ میں گوشت لٹکانے کی لکڑی -
A gallows look واجب القتل مجرموں کی صورت -
Gallows bird قابل گردن زدنی -

Galop (gə-lop) *v.i. & n.* Lively dance ایک تیز انگریزی ناچ - ایسا ناچ ناچنا -

Galore (gə-lōr) *adv. & n.* Abundance کثرت سے - بہتات سے - فراوانی - افراط - بہتات -

Galosh (gə-losh) *n.* Over-shoe usually of rubber جوتوں کے اوپر پہننے کے ربر کے موزے -

Galvanic (gal-van-ik) *adj.* Of electricity بجلی پیدا کرنے کے متعلق - کہربائی - بناوٹی - بر وقت -

Galvanism (gal-van-izm) *n.* Electricity from a primary battery برقی قوت جو کیمیائی عمل سے حاصل کی جائے -

Galvanise (gal-van-īz) *v.i.* Stimulate by electricity کیمیائی عمل سے بجلی کی قوت پیدا کرنا - بجلی سے کسی چیز کو برقانا - ہیجان پیدا کرنا -
Galvanised iron لوہا جس پر جست کی قلعی ہو -
Galvanise into life جوش اور ہیجان میں لانا -
Galvaniser *n.* ملمع ساز - قلعی کرنے والا -
Galvanisation *n.* قلعی - ملمع سازی -

Gambit (gam-bit) *n.* A move in chess شطرنج کی چال جس میں پیادہ دے کر کھیل کی حالت بہتر بنائی جائے -

Gamble (gam-bl) *v.i., t. & n.* Play a game for money قمار بازی - ہار جیت کے لیے کھیلنا - جوا کھیلنا -
Gambler خطرہ مول لینے والا - قمار باز - جواری -

Gamboge (gam-bōōzh) *n.* Gum resin from Cambodia سیام اور کمبوڈیا کے درختوں سے نکلا ہوا گوند جو پیلا رنگ کرنے میں کام آتا ہے -

Gambol (gam-bl) *v.i.* Caper-frisk اچھل کود کرنا - کھیلنا - کودنا -

Game (gām) *n.* Diversion, play تفریح - سیر - کھیل - ہنسی - ٹھٹا - تماشا - سوانگ - داؤں - بازی - برد - جیت - شکار - شکار کے جانور - منصوبہ - کام - مہم - کھیل کی ایک بازی - کھیل کا رنگ - کھیل کا سامان -

Game (gām) *adj.* Spirited اصیل مرغ کی طرح - دلیر - بہادر - با ہمت - شجاع -
Gamely *adv.* ہمت سے - بہادرانہ - دلیرانہ -

Game (gām) *v.i. & t.* Play at games of chance جوا کھیلنا - جوئے میں ہارنا - اڑا دینا -
Gaming house *n.* قمار خانہ - جوا خانہ -
Gamester *n.* شکاری - جواری -

Gamesome (gām-səm) *adj.* Sportive شوخ - چنچل - خوش طبع - کھیل کود کا شوقین -
Gamesomely *adv.* شوخی سے - خوش طبعی سے -
Gamesomeness *n.* خوش طبعی - شوخی -

Gamma (gà-mà) *n.* Third letter of Greek alphabet یونانی حروف تہجی کا تیسرا حرف - ایک قسم کی تیتری -

Gammon (gam-ən) *n.* & *v.t.* Cured ham سور کی نمک لگی ہوئی خشک ران - گوشت میں نمک لگانا -

Gammon (gam-ən) *n.* & *v.t.* Scoring two games at back-gammon چوسر میں دو بازیوں کی جیت - حریف کو ہرانا - شکست دینا -

Gammon (gam-ən) *n., interj., v.i.* & *t.* Deception دغا کرنا - دھوکا دینا - چھل فریب - بیوقوف بنانا - دھوکا - مکر - فریب - لاحول ولا قوۃ -

Gamut (gam-ət) *n.* Lowest note in medieval scale سرگم - لکھے ہوئے راگ کے سروں کا مجموعہ - آواز یا ساز کا محیط یا گھیر - کسی شے کا احاطہ یا حلقہ اثر -

Gamy (gam-i) *adj.* Abounding in game شکار سے بھرا ہوا - جری - باہمت - شکار کی بو رکھنے والا -

Gander (gan-dər) *n.* Male goose بے وقوف - سادہ لوح - بڑی بط - ہنس - قاز -

Sauce for the goose is sauce for the gander جو چیز ایک کے لیے ہے وہی دوسرے کے لیے - جو بات ایک پر صادق آئے وہی دوسرے پر صادق آئے گی -

Gang (gang) *n.,* & *v.t.* Band of persons جتھا - ٹولی - طائفہ - گروہ - منڈلی - مجرموں کا گروہ - وہ آلات جو ملے ہوئے ہوں - ٹولی بنانا - گروہ منظم کرنا -

Gang (gang) *v.t.* Protect مچھلی پکڑنے کے کانٹے کو ریشمی ڈوری یا تار سے باندھنا - محفوظ کرنا - مضبوط کرنا -

Ganger (gang-ər) *n.* Foreman of gang قلیوں کا جمعدار - مزدوروں کا چوہدری -

Gangetic (gan-ji-tik) *adj.* Of the river Ganges دریائے گنگا کا -

Ganglion (gang-gli-ən) *n.* Enlargement of nerve نس کا ورم - مرکزی نظام عصبی کا بھورے رنگ کا مادہ - محور -

Gangrene (gang-gren) *n., v.i.* & *t.* Neorosis with decomposition جسم کے کسی حصہ کے گوشت کی سڑن - فساد - نسیج -

Gangrenous *adj.* ناسور دار - گلا ہوا - سڑا ہوا -

Gangway (gang-wa) *n.* Passage, ship's bridg[e] [ر]استہ - گزرگاہ - تنگ راستہ - جہاز کا پل جو [ز]مین سے جہاز کو ملاتا ہے - نشستوں کی قطاروں کے [د]رمیان کا راستہ - جہاز کے اندر کا چبوترہ -

Gaol (jal) *n.* & *v.t.* Public prison [قی]د خانہ - [ج]یل خانہ - قید - حبس - جیل میں ڈالنا - قید کرنا - [ع]دالت کے حکم سے زندان میں قید کرنا -

Gaoler (jal-ər) *n.* Jailer [م]ہتمم جیل - داروغہ محبس -

Gap (gāp) *n.* Breach [ر]خنہ - کھائی - درز - شگاف - [چ]اک - پہاڑ کے درمیان تنگ راستہ -

Gapped, gappy [ش]ق - شگاف دار -

Gape (gāp) *v.i.* & *n.* Open mouth wide جمائی لینا - منہ کھولنا - منہ پھاڑ کر دیکھنا - ہکا بکا رہ جانا - حیرت سے دیکھنا - حیرانی - استعجاب -

Gaper (gāp-ər) *n.* One who opens his mouth for yawning جمائی لینے والا - منہ کھول کر رہ جانے والا - حیرت زدہ -

Garage (gar-ij) *n.* Shed for keeping vehicles گاڑیاں کھڑی کرنے کی عمارت - وہ مقام جہاں گاڑیوں کی مرمت ہوتی ہے - موٹر خانہ -

Garb (gärb) *n.* & *v.t.* Dress, costume لباس - پوشاک - بھیس - پہناوا - لباس پہننا - کپڑے پہنانا - بھیس بدلوانا -

Garbage (gär-bij) *n.* Offal, refuse آلائش - اوجھڑی - ملگوبہ - فضلہ - گلی سڑی چیزیں - کوڑا کرکٹ - فحش کتابیں -

Garble (gär-bl) *v.i.* Select best in تحریف کرنا - بگاڑنا - چن لینا - کام کی چیزیں نکال لینا - بد نیتی سے اقتباس کرنا -

Garden (gär-dn) *v.i.* & *n.* Piece of ground for growing fruits and flowers باغ - پھلواڑی - بغیچہ - ملا - گلزار - گلشن - شاداب خطہ - عدن - جنت - باغ لگانا - گلزار بنانا - زرخیز کرنا -

Gardened *adj.* پھلواڑی - باغ بنایا ہوا - چمن والا - پھلواڑی والا -

Gardening *n.* باغبانی - باغ لگانا - مالی کا کام -

Gardener (gär-dnər) *n.* Person who gardens مالی - باغبان - باغ میں کام کرنے والا -

ardenia (gȧr-di-ni-ȧ) *n.* Shrub or tree with large white flowers گل چاندنی - موگرا -

argantuan (gȧr-gan-tūən) *adj.* Gigantic دیو قامت - بہت بڑا - جسیم -

argle (gȧr-gl) *v.t., i.* & *n.* Wash throat غرارہ کرنا - غرارے کا پانی یا دوا -

argoyle (gar-goil) *n.* Grotesque spout

aribaldi (gar-i-bawl-di) *n.* A kind of woman's or child's blouse ایک اطالوی وطن پرست اور رہنما - عورتوں یا بچوں کی صدری جو عموماً سرخ ہوتی ہے -

arish (gar-ish) *adj.* Obstrusively bright بھڑکیلا - چمکدار - نمائشی - شوخ رنگ کا -

Garishness *n.* بھڑک - چمک - دکھاوا -

arland (gȧr-lənd) *n.* Wreath of flowers ہار - پھول مالا - زری کا ہار - گجرا - پھولوں کا تاج - گلدستہ - بیاض - طرہ امتیاز - ہار پہنانا - گجروں سے سجانا -

arlic (gȧr-lik) *n.* Plant with bulbous pungent-tasting root لہسن -

Garlicky *adj.* لہسنی - لہسن پڑا ہوا - لہسن کی بو والا -

arment (gȧr-mənt) *n.* & *v.t.* Article of dress کپڑے - لباس - پوشاک - جوڑا - کسی شے کا زمین سے اوپر کا ظاہری پردہ - کپڑے پہنانا -

arner (gȧr-nər) *n.* & *v.t.* Granary غلے کا گودام - اناج کی کوٹھی - کھتہ - پیو - غلہ کا ذخیرہ کرنا - غلہ جمع کرنا -

arnet (gȧr-nət) *n.* Red precious stone یاقوت - تامڑا - لعل -

arnish (gȧr-nish) *v.t.* & *n.* Decorate سنوارنا - آراستہ کرنا - سنگارنا - زیب و زینت دینا - رقم کی قرقی کا نوٹس دینا - پلیٹوں میں کھانا سجانا - پلیٹوں پر نقش و نگار کرنا - کھانے کی پلیٹیں سجانا -

Garnisher *n.* کھانے کی پلیٹیں سجانے والا -

Garnishment *n.* کھانے کی رکابیوں کی سجاوٹ -

arniture (gȧr-ni-tur) *n.* Trimming حاشیہ آرائی - زیبائش - دستر خوان پر رکابیاں سجانا - لباس - پوشاک - میز پوش - ملبوسات -

Garret (gar-it) *n.* Room on top floor اوپر کی منزل کا کمرہ (بول چال) سر - دماغ -

Garrete (gar-it) *v.t.* Insert small stones in walls دیوار بناتے وقت چھوٹے چھوٹے پتھر دیوار میں لگانا یا بھرنا -

Garrison (gar-i-sn) *n.* & *v.t.* Troops stationed in fortress, town قلعہ کی فوج - قلعہ یا شہر کی حفاظتی فوج - محافظ فوج رکھنا - فوج کو حفاظت پر مامور کرنا -

Gar(r)otte (gar-ət) *n.* & *v.t.* Apparatus for strangulation گلا گھونٹنے کا آلہ - اسپین کی سزائے موت جس میں مجرم کا گلا گھونٹ کر مار ڈالتے ہیں - گلا گھونٹ کر مار ڈالنا -

Garrulous (gaı (y)ōō-ləs) *adj.* Chattering بکواسی - بک بک کرنے والا - گپی - باتونی - پر شور ندی - چوں چوں کرنے والی (چڑیاں) -

Garter (gȧr-tər) *v.t.* & *n.* Band for stocking گیٹس - موزہ کا بند یا فیتہ - لچکدار پٹی - اعلیٰ درجہ کا انگریزی اعزاز - گیٹس لگانا - موزہ پر پٹی لگانا -

Gas (gas) *n., v.t.* & *i.* Any aeriform ہوائے بسیط - گیس - روشنی کی گیس - دھماکے کی گیس - بیہوش کرنے والی گیس - زہریلی گیس پھینکنا - گیس سے متاثر ہونا - خالی باتیں بنانا - شیخی بگھارنا -

Gas-bag شیخی باز -

He lies like a gas-meter وہ جھوٹا ہے -

Gaseous *adj.* گیس والا - گیس کی طرح - گیس کا -

Gasification *n.* گیس کی شکل دینا - گیس بننا یا بنانا -

Gasser *n.* ہوائی باتیں کرنے والا - غبارہ - ہوائی جہاز کا گیس دان -

Gasconade (gas-kən-ed) *n.* & *v.t.* Boasting شیخی - لاف گذاف - شیخی بگھارنا - ڈینگ مارنا -

Gash (gash) *n.* & *v.t.* Deep wound گہرا زخم - کاری زخم - گہری ضرب لگانا - زخمی کرنا -

Gasket (gas-kit) *n.* Small cord for securing sail to yard چھوٹی رسی - بادبان کو لپیٹ کر مستول سے باندھنے کی رسی -

Gasoline (gas-o-lin) *n.* Inflammable liquid اڑ جانے والا سیال - گیسولین - صاف کیا ہوا پٹرول جو آتش گیر ہوتا ہے - جس سے روشنی پیدا کی جاتی ہے -

Gasometer (gas-o-meter) *n.* Vessel for holding gas گیس رکھنے کے پیپے - گیس کا خزانہ جہاں سے نلکیوں کے ذریعے گیس تقسیم کی جاتی ہے -

Gasp (gas-p) *v.i., t. & n.* Catch breath ہانپنا - سانس کھینچنا - سانس پھول جانا - منہ کھلا رہ جانا - حیرت اور اچھنبے کی حالت -

Gasper *n.* سستا سگریٹ -

Gassy (gas-i) *adj.* Of, full of, like, gas گیس کا - گیس سے بھرا ہوا - محض لفاظی -

Gassiness *n.* زبانی جمع خرچ -

Gastric (gas-trik) *adj.* Of the stomach شکمی - پیٹ کا - ریاحی -

Gastro (gâs-tər-o) *prefix* مرکب الفاظ کا سابقہ - پیٹ - شکم - ریاح -

Gastrology (gâs-tər-o-loji) *n.* Science of cookery, diseases of stomach فن طباخی - پیٹ کے امراض کا علم -

Gastronome (gas-trə-nom) *n.* Judge of cookery کھانے کا مبصر - فن طباخی کا ماہر - خوش خوراک -

Gastronomy (gas-trə-no-mi) *n.* Art of good eating فن غذائیات - خوش خوراکی - فن طباخی کی بصیرت - پخت وپز کا فن -

Gastronomer *n.* کھانے کے ذائقہ کا مبصر - خوش خوراک -

Gastronomic(al) *adj.* فن طباخی سے متعلق -

Gate (gat) *n. & v.t.* Opening in wall or enclosure در - دروازہ - پھاٹک - راستہ - راہ - دو پہاڑوں کے درمیان کا تنگ راستہ - درہ - گھاٹی - ان لوگوں کی مجموعی تعداد جو ٹکٹ لے کر کھیلوں کے مقابلے دیکھتے ہیں - داخلہ ٹکٹ کی مجموعی رقم -

Gate-crasher ناخوانده مہمان - وہ شخص جو کسی جلسہ وغیرہ میں بن بلائے آئے -

Gateway دروازہ - گزرگاہ - پھاٹک -

Gate (gat) *suffix* ناموں کے ساتھ بالعموم سڑک کے لیے آتا ہے - لاحقہ -

Gather (gadh-ər) *v.t. & i.* Bring together کٹھا کرنا - جوڑنا - سمیٹنا - جمع کرنا - جوڑنا - فراہم کرنا - یکجا کرنا - دولت جمع کرنا - انتخاب کرنا - پھول چننا - حواس بجا کرنا - نتیجہ نکالنا - استنباط کرنا - کپڑے میں چنٹ یا پلیٹیں ڈالنا - ایک سلسلہ میں لانا - زخم کا پکنا یا منہ کرنا - حاشیہ چڑھنا -

Gathering (ga-dhər-ing) *n.* Assembly جماعت - مجلس - مجمع - اجتماع - ورم - سوجن - ابھار - مواد -

Gauche (gosh) *adj.* Tactless بیہودہ - ناواقف - اناڑی -

Gaucherie (gosh-ə-re) *n.* Tactlessness بیہودگی - ناتجربہ کاری - اناڑی پن -

Gaud (gawd) *n.* Something showy نمائشی لباس - ٹیپ ٹاپ - بھڑکیلی چیز -

Gaudy (gawd-i) *adj. & n.* Tastelessly showy پرتکلف - رنگیلا - بھڑکیلا - دھوم دھام کا جلسہ - کالج کے طلبا کی سالانہ دعوت -

Gaudy day دعوت کا دن - جشن کا دن -

Gaudily *adv.* نمائشی انداز سے - بھڑکیلے پن کے ساتھ - ٹیپ ٹاپ سے -

Gaudiness *n.* ٹیپ ٹاپ - نمائشی انداز -

Gauffer (gaw-fer) *v.t.* Make wavy چنٹ ڈالنا - تہہ کرنا - موڑنا -

Gauge (gaj) *n.* Standard measure ناپنے کا آلہ - معیاری آلہ - باراں پیما - ہوا پیما - پیمانہ - ناپ - ناپنے کا گز - بندوق کی گولی کا قطر - ریل کی پٹری کی چوڑائی - مقدار - وسعت - گنجائش - محک - کسوٹی - معیار - مقیاس -

Have the weather gauge of بہتر حالت میں - فائدے میں ہونا - ہوا کے رخ میں ہونا -

Take the gauge of اندازہ لگاؤ -

Gauge (gaj) *v.t.* Measure exactly ناپنا - پیمائش کرنا - پانی کی گہرائی معلوم کرنا - اندازہ کرنا - جان لینا -

Gaugeable *adj.* پیمائش پذیر -

Gaul (Gawl) *n.* Inhabitant of ancient Gaul قدیم گال کا باشندہ - فرانسیسی -

Gaulish (gawl-ish) *adj. & n.* Of ancient Gauls قدیم گال قوم کی زبان - فرانسیسی - گال کا -

Gaunt (gaw-nt) *adj.* Lean, haggard دبلا پتلا - لاغر - سوکھا - ہیبت ناک -

auntlet (gawnt-lit) *n.* Armoured glove - پنجہ دستانہ - آہنی دستانہ - فوجی سزا - قطاروں کے درمیان سے کوڑے کھاتے ہوئے گزرنا - لعن طعن سہنا -

auze (gawz) *n.* Thin transparent fabric of silk گاج - باریک ریشمی کپڑا - تار کی بہت باریک جالی -

Gauzy *adj.* گاج کا سا - باریک ریشمی کپڑے کا -

awk (gawk) *n.* Awkward bashful person - ہولا خبطی - بے تکا آدمی -

awky (gawki) *adj.* Awkward - ہونق - ہولا - بے تکا - بے ڈھنگا - وحشت مآب - جھپو -

Gawkiness *n.* بے ڈھنگا پن - بے تکا پن -

ay (gā) *adj.* Light-hearted - مسرور - خوش - شاداں - مگن - خوش مزاج - ہنس مکھ - بے فکر - لاابالی - چنچل - زرق برق - بد چلن - عیاش -

Gaily *adv.* بے فکری سے - زندہ دلی سے - خوش مزاجی سے -

aze (gāz) *v.i.* & *n.* Look fixedly ٹکٹکی باندھ کر دیکھنا - شوق سے دیکھنا - گھور کر دیکھنا - نظر جمانا - ٹکٹکی - دید کی محویت -

azelle (gə-zel) *n.* Small graceful antelope - ہرن آہو - غزال -

azette (gə-zet) *n.* & *v.t.* Official news-sheet وہ اخبار جس میں سرکاری خبریں اور احکام درج ہوں - اخبار - گزٹ - جریدہ اعلامیہ - اخبار شائع کرنا - گزٹ کرنا یا ہونا -

azetteer (gaz-e-tyer) *n.* Geographical dictionary کتاب جس میں شہروں کا تذکرہ حرف وار درج ہو - فرہنگ جغرافیہ -

azogene (gaz-e-gen) *n.* Apparatus for making aerated waters سوڈا واٹر بنانے کی مشین -

ear (gēr) *n., v.t., & i.* Combination of wheels and levers - گاڑی کے پرزے مال اسباب - ساز و سامان - کپڑے - لباس - پوشاک - کل پرزے - دندانے دار چکر - وہ پرزے جو پہیوں کو انجن سے ملاتے ہیں - جہاز کی رسیاں - مشین کو چالو حالت میں لانا - پرزوں کا ٹھیک بیٹھنا - دندانے دار پہیے کا ٹھیک بیٹھنا -

Gee-gee-gee (ji-ji-ji) *n.* Child's words for horse گھوڑا -

Geese (gēez) *n.* Plural of goose - قازیں - قاز کی جمع - بڑی بطخیں -

Gehenna (gn-hen-a) *n.* Hell - دوزخ - جہنم - نرک -

Geisha (gā-shā) *n.* Japanese dancing girl جاپانی رقاصہ -

Gelatin(e) (jel-a-tin) *n.* A substance got from tendons, legaments and bones of animals ایک چیپ دار مادہ جو جانوروں کی ہڈی ، نسوں سے نکلتا ہے -

Gelatinous *adj.* چپ چپا - چیپ دار - لیس دار -

Geld (geld) *v.t.* Deprive a male of generative power خصی کرنا - آختہ کرنا - بدھیا کرنا - خصیے نکال ڈالنا -

Gelder آختہ کرنے والا - خصی کرنے والا -

Gelding آختہ کیا ہوا گھوڑا - خصی گھوڑا -

Gelid (jel-id) *adj.* Icy cold نہایت سرد - برف - بے انتہا ٹھنڈی (جگہ) -

Gem (jem) *n.* Cut and polished precious stone گوہر - جواہر - نگینے - قیمتی پتھر - بہت قیمتی چیز - کوئی بہترین شے - جواہرات کے نگینے جڑنا - ہیرے جڑنا -

Gemmy *adj.* جواہر جیسا - جواہرات سے جگمگاتا ہوا -

Geminate (jem-in-āt) *adj.* Combined in pairs جوڑا جوڑا - توام - جڑواں -

Geminate (jem-in-āt) *v.t.* Arrange in pairs جوڑوں میں ترتیب دینا - جوڑے بنانا -

Gemination *n.* ازدواج - جوڑے جوڑے -

Gemini (jem-i-ni) *n.* *interj.* Third sign of zodaic جوزا - متھن - فجائیہ - ارے - جیمینی -

Gemmate (jem-āt) *adj.* & *v.i.* Having buds کلیوں دار - غنچہ دار - تناسلی - کلیاں آنا - غنچے نکلنا -

Gemmation (jem-a-shən) *n.* Manner of budding کلیاں آنا - شگوفے پھوٹنا - شگوفوں کی ترتیب -

Gemmiferous (jem-e-fe-rəs) *adj.* Producing precious stones - جواہر خیز - پرشگوفہ - شگوفوں والی -

Gendarme (zhən-derm) *n.* Soldier, mounted or on foot سوار یا پیادہ سپاہی - پیادہ یا سوار جو فرانس میں پولیس کے فرائض انجام دیتا تھا -

Gendarmerie (zhən-derm-əre) *n.* Force of gendarmes فرانس کی فوجی پولیس کا دستہ ۔

Gender (jen-dər) *n.* Classification of sexes مذکر۔ مونث ۔ تذکیر و تانیث ۔

Genealogical (je-ni-alə-ji-kl) *adj.* Tracing family descent نسلی ۔ نسبی ۔

Genealogize (je-ni-alə-jīz) *v.t.* & *i.* Trace family descent سلسلہ نسب کا پتہ چلانا ۔ شجرہ بنانا ۔

Genealogist *n.* نسب دان کا عالم ۔ نسب دان ۔ ماہر النساب ۔

Genealogy (je-nia-ləji) *n.* Investigation of pedigrees سلسلہ خاندان ۔ سلسلہ نسب۔ شجرہ۔ علم الانساب۔

Genera (jen-ə-rä) *n.* & *p.* Genus دیکھو

General (jen-ə-rəl) *adj.* & *n.* Approximately universal عام مروجہ ۔ عامہ ۔ کل ۔ معمولی ۔ مجموعی ۔ غیر معین ۔ مجمل ۔ فوج کا افسر اعلیٰ۔ سپہ سالار۔ ماہر فن جنگ ۔

General practitioner عام ڈاکٹر جو ہر بیماری کا علاج کرتا ہے ۔

General reader ہر طرح کی کتابیں پڑھنے والا ۔

In a general way عام طور پر ۔ عموماً ۔

Lover general ہر ایک سے عشق جتانے والا ۔ دل پھینک ۔

Generalissimo (jen-ər-əli-simo) *n.* Commander of all combined forces بحری ۔ بری اور ہوائی ہر قسم کی فوج کا سپہ سالار ۔ متحدہ لشکروں کا سالار ۔

Generality (jen-ər-əl-iti) *n.* General principle or statement کلیت ۔ عُمومیت ۔ عام بات ۔ مطلق ۔ عام اصول یا قاعدہ ۔ عوام ۔ جمہور ۔

Generalization (jen-ər-əlīzə-shən) *n.* General notion obtained by induction تجنیس ۔ تعمیم ۔ (برے معنوں میں) وہ کلیہ جو کم مثالوں پر قائم کیا گیا ہو ۔

Generalize (jen-ər-əlīz) *v.t.* & *i.* Reduce to general laws عام قواعد کا استنباط کرنا ۔ جنس وار کرنا۔ خاص مثالوں کو عام کرنا ۔ کلیہ کی صورت میں لانا ۔ مبہم گفتگو کرنا ۔

Generally (jen-ə-rəli) *adv.* In a general way علی العموم ۔ اکثر اوقات ۔ عام طور پر ۔ سرسری طور پر ۔

Generalship (jen-ə-rəl-ship) *n.* Office of general لی ۔ جرنیل کا عہدہ ۔ سپہ سالاری ۔ جنگ کی مہارت ۔ تدبیر ۔ حکمت عملی ۔

Generate (jen-ər-āt) *v.t.* Produce ۔ پیدا کرنا ۔ وجود میں لانا ۔ خلق کرنا ۔ بنانا ۔

Generation (jen-ər-ə-shən) *n.* Procreation د۔ ل ۔ تخلیق ۔ نشو و نما ۔ اولاد ۔ نسل ۔ پشت ۔ ھی ۔ زمانہ ۔ دور ۔ ایک قرن کے لوگ ۔ پود ۔

Generative (jen-ə-rə-tiv) *adj.* Productive انش صلاحیت رکھنے والا ۔ پیدا کرنے والا ۔

Generator (jen-ə-rə-tər) *n.* Begetter, apparat for producing electricity ا کرنے والا ۔ س یا بجلی پیدا کرنے کی مشین ۔

Generic (jen-ə-rik) *adj.* Of a genus or class س ۔ جنسی ۔ کسی جنس سے مخصوص ۔

Generous (jen-ə-rəs) *adj.* Magnanimous ۔ لی ہمت با دل ۔ سخی ۔ فیاض ۔ بلند حوصلہ ۔ کریم ۔ فیض بخش ۔ ۔ زیادہ ۔ کثیر ۔ معقول ۔

Generosity *n.* ۔ لی ہمتی ۔ بے تعصبی ۔ فراخدلی۔ فیاضی ۔

Generously *adv.* ۔ لی ہمتی سے ۔ کشادہ دلی سے ۔ ضی سے ۔

Genesis (jen-i-sis) *n.* Origin دا ۔ آغاز ۔ پیدائش ۔ ل ۔ توریت کا پہلا باب ۔ کتاب پیدائش ۔

Genet (ji-net) *n.* Kind of civet-cat ک بلاؤ کا ور ۔ ایک قسم کا مشک بلاؤ ۔ اسپین کا چھوٹا ٹٹو ۔

Genetic (ji-ne-tik) *adj.* Concerning origin دائش لم کے متعلق ۔ اصل ۔ ابتدا کے بابت ۔

Genetics *n.* لم خلق ۔ تخلیقیات ۔

Genetically *adv.* لم الخلق کے رو سے ۔

Genial (je-ni-əl) *adj.* Nuptial نید ۔ خوشگوار ۔ صحت ش ۔ نشو و نما کا ۔ تولیدی ۔ خالق ۔

Geniality *n.* ندہ دلی ۔ خوش مزاجی ۔

Genially *adv.* ندہ دلی سے ۔ خوش مزاجی سے ۔

Genial (je-ni-əl) *adj.* Of the chin ۔ ھوڑی کے بابت قن کے متعلق ۔

Genie (je-ni) *n.* Jin or goblin ۔ ری مخلوق تشی مخلوق ۔ جن ۔

ienital (jen-i-təl) *adj.* & n. Of animal generation توالد و تناسل کے متعلق ۔ نسل کے متعلق ۔ (جمع) اعضائے تناسل ۔ رم گاہ ۔

ienitive (jen-i-tiv) *n.* Grammatical form of nouns, pronouns, etc. اضافی ۔ مضاف الیہ ۔

ienius (je-ne-as) *n.* Tutelary spirit of persons and institutions محافظ روح ۔ جن ۔ ہمزاد ۔ خصلت۔ مزاج ۔ طبیعت ۔ قوم یا زمانے کے مروجہ خیالات ۔ آرا ۔ فہم ۔ ادراک ۔ ذکا ۔ فطری قابلیت ۔ غیر معمولی ذہانت ۔ عالی دماغ شخص ۔ غیر معمولی ذہین انسان ۔ تخلیقی قابلیت رکھنے والا ۔

Good, evil genius جو شخص کسی پر حاوی ہو اور اچھا یا برا کام کرائے ۔

ient (jent) *n.* Gentleman خوش رویہ انسان ۔ شریف آدمی ۔

ienteel (jen-tīl) *adj.* Belonging to upper class مہذب ۔ خلیق ۔ شائستہ ۔ تربیت یافتہ ۔ خوش وضع ۔ امیرانہ ۔ اعلیٰ طبقے کا ۔

ientile (jən-tīl) *adj.* & *n.* Not of Jewish race بت پرست ۔ مشرک ۔ کافر ۔ غیر یہودی ۔ غیر قوم کا ۔ صابی ۔

ientility (jən-til-iti) *n.* Gentle birth ۔ شرافت۔مروت انسانیت ۔ نجابت ۔ اصالت ۔ حلم ۔ شان ۔ امارت ۔ آن بان ۔

Shabby gentility امیرانہ ٹھاٹھ بنائے رکھنے کی کوشش۔

ientle (jen-tl) *adj.* Well-born شریف ۔ نجیب ۔ عالی خاندان ۔ سلیم الطبع ۔ مسکین ۔ بھلا مانس ۔ آہستہ آہستہ اثر کرنے والی (دوا) ۔

Gentlefolks چھوٹی مکھی جو مچھلی کے چارے کا کام دیتی ہے ۔ شریف لوگ ۔

The gentle sex عورت ذات ۔ جنس لطیف ۔

ientleman (jen-tl-mən) *n.* Man of gentle birth شریف ۔ بزرگ ۔ بھلا مانس ۔ ذی مرتبہ ۔ خوش خلق۔ خوش رویہ ۔ وہ شخص جو خطاب یافتہ ہو ۔

Gentleman farmer زمیندار جو اپنی سیری زمین پر کاشت کرتا ہو۔

Old gentleman ابلیس ۔ شیطان ۔

ientlemanlike (jen-tl-mən-lik) *adj.* Resembling a gentleman شریفانہ ۔ شریفوں کی طرح ۔

Gentlemanly (jen-tl-mən-li) *adj.* Behaving like a gentleman شریفانہ ۔ شریفوں کے لائق ۔

Gentlemanliness *n.* شرافت ۔ خوش رویگی۔

Gentleness (jen-tl-nes) *n.* Mildness نرمی ۔ شائستگی ۔ شرافت ۔ حلم ۔ بردباری ۔

Gentlewoman (jen-tl-woom-ən) *n.* Woman of good breeding شریف زادی ۔ نیک بخت۔ امیر زادیوں کی مصاحب ۔

Gently (jen-tl-i) *adv.* Softly دھیمے سے ۔ آہستگی سے ۔ نرمی سے ۔

Gentry (jen-tri) *n.* People next below the noblemen شرفا ۔ خواص ۔ شریف خاندان کے لوگ ۔

Genuflect (jen-ı -flekt) *v.i.* Bend the knee عبادت کے وقت جھکنا ۔ رکوع کرنا ۔ گھٹنوں کو جھکانا ۔

Genuflection *n.* عبادت میں زانو جھکانا ۔ رکوع ۔

Genuine (jen-u-in) *adj.* Of the original stock اصلی ۔ خالص ۔ کھرا ۔ بے میل ۔

Genuinely *adv.* حقیقی طور پر ۔ سچ مچ ۔ بلا تصنع ۔

Genuineness *n.* اصلیت ۔ کھرا پن ۔

Genus (je-nəs) *n.* Kind including subordinate kinds جنس ۔ قسم ۔ قبیلہ (مختلف نوعوں کا) ۔

Geo (jyō) *prefix* Of earth سابقہ ۔ (ارض ۔ زمین) ۔ زمین کا ۔

Geodesy (je-ō-di-si) *n.* Branch of mathematics dealing with area of earth زمین کی پیمائش کا علم۔

Geodesist *n.* پیمائش ارض کا ماہر ۔

Geodetically *adv.* پیمائش زمین کے رو سے ۔

Geognosy (je-og-nə-si) *n.* Knowledge of distribution of rocks کسی خاص علاقے کی زمین کی ساخت ۔ طبقات الارض کا علم ۔ پتھروں کی ترتیب و تقسیم کا علم ۔

Geographic (je-og-rə-fik) *adj.* Of geography علم جغرافیہ کے متعلق ۔ جغرافیائی ۔

Geographically *adv.* طبعی حالات کے لحاظ سے ۔ جغرافیہ کی رو سے ۔

Geography (je-og-rə-fi) *n.* Science of the earth surface جغرافیہ ۔ علم جغرافیہ ۔ کسی ملک کے طبعی حالات اور خصوصیات ۔ جغرافیہ کی کتاب ۔

Geographer *n.* علم جغرافیہ کا ماہر - جغرافیہ دان -

Geologize (je-ol-ə-gīz) *v.i.* & *t.* Devote time to examining places geologically طبقات الارض کی تحقیقات کرنا - ارضیاتی نقطۂ نظر سے زمین کا مشاہدہ کرنا -

Geology (je-ol-ə-ji) *n.* Science of the earth's crust علم طبقات الارض - ارضیات -

Geologist *n.* علم طبقات الارض کا ماہر - ماہر ارضیات -

Geomancy (je-o-man-si) *n.* Divination from figures علم الاعداد - جفر - علم رمل - رمل -

Geomancer *n.* زائچہ دان - رمل کا جاننے والا - علم جفر کا ماہر - رمال -

Geomantic *adj.* رمل کے بارے میں - علم الاعداد کے متعلق -

Geometer (ji-om-ə-tər) *n.* Person skilled in geometry مہندس - اقلیدس دان - ایک کیڑا جو بعد میں تیتری بن جاتا ہے -

Geometric (ji-om-ət-rik) *adj.* According to geometry ہندسے کے متعلق - اقلیدسی -

Geometrically *adv.* اقلید سی طریقے سے - از روئے علم ہندسہ -

Geometry (ji-om-i-tri) *n.* Science of relations of magnitudes اقلیدس - ہندسہ - سطحی شکلوں اور متعلقات کا علم -

Geometrician *n.* اقلیدس جاننے والا -

Geophagy (je-of-ə-ji) *n.* Dust eating مٹی کھانے کی بیماری یا عادت -

Geophagist *n.* وہ شخص جسے مٹی کھانے کی بیماری ہو -

George (jorj) *n.* St. George ولی جارج - انگلستان کا روحانی محافظ - آرڈر آف گارٹر کے اعزاز کا نشان -

Georgette (jor-jet) *n.* A thin silk dress-material باریک ریشمی کپڑا - جارجیٹ -

Georgic (jor-jik) *n.* Poem on husbandry دہقانی نظم - اشعار جن میں زراعت اور دیہات کا ذکر ہو - ورجل کی نظم کا وہ باب جو کاشتکاری کے متعلق ہے -

Geranium (je-ran-yem) *n.* Wild herbs bearing fruits like crane's bill ایک جنگلی درخت جس میں سارس کی چونچ سا پھل آتا ہے - ایک پھول کا پودا -

Germ (jerm) *v.t.* & *n.* Portion of organism capable of developing into a new one کلہ جو پہلی بار بیج سے نکلتا ہے - جاندار شے کی ابتدائی صورت - جنین - بیضہ - جرثومہ - وہ شے جس سے کسی کا آغاز ہو - ابتدا - اصل - تخم پھوٹنا - نکلنا -

German (jər-mən) *adj.* Of the same parent اصلی عزیز - سگا رشتہ دار - سگا - حقیقی -

German (jər-mən) *adj.* & *n.* Of Germany ملک جرمنی کا - ملک جرمنی کا باشندہ - اس کی زبان -

High German جنوبی جرمنی کی زبان جواب سارے ملک کی زبان ہے -

Low German شمالی جرمنی کی زبان - زبان جو ٹکسالی نہ ہو -

Germanizm المانویت - جرمن زبان کا محاورہ -

Germanomania جرمن بننے کا خبط - جرمن پرستی -

Germanophobia جرمن کی ہر چیز کو برا سمجھنا - جرمن ترسی -

Germane (jər-mən) *adj.* Relevant کسی موضوع یا بحث سے تعلق رکھنے والا - متعلق -

Germicide (jerm-i-sīd) *n.* & *adj.* Having power to destroy germs وہ دوا جس میں جراثیم کو مارنے کی قوت ہو - مارنے والی - ہلاک کرنے والی -

Germicidal جراثیم کش -

Germinate (jerm-i-nāt) *v.i.* & *t.* Sprout اگنا - پھوٹنا - نکلنا - اگانا - پیدا کرنا -

Germination *n.* اگنا - باڑھ - نمو -

Gerontocracy (jer-on-tok-re-si) *n.* Government of old men ضعیفوں - بوڑھوں کی حکومت -

Gerrymander (jer-i-man-dər) *v.t.* & *n.* Manipulate ناجائز اثر ڈال کر کسی سیاسی جماعت کو انتخاب میں کامیاب کرانا -

Gerund (jer-ənd) *n.* Verbal noun اسم فعلی -

Gestation (jest-a-shən) *n.* Carrying on in the womb between conception and birth حمل - زمانہ حمل -

Gestic (jes-tik) *adj.* Of using motion of limbs instead of speech اشاروں کے متعلق -

Gesticulate (jes-tik-u-lāt) *v.i.* & *t.* Use expressive motion of limbs اعضا کی حرکت اور اشاروں سے کسی مفہوم کو ظاہر کرنا - اشاروں سے بات کرنا - نقل کرنا - بھاؤ بتانا - بھاؤ بتا کر جذباتی مفہوم ظاہر کرنا -

Gesticulation *n.* اشاروں سے مفہوم ظاہر کرنا -

Gesticulatory *adj.* اشارتی - اشاروں والی -

Gesture (jes-tyer) *n.*, *v.i.*, & *t.* Significant movement of limb or body اعضا کی حرکت - جسم کا انداز - اشارہ - اشارے سے مطلب ظاہر کرنا - احساس کا، جذبہ کا اظہار کرنا - کسی کی دلجوئی کے لیے معنی خیز اشارہ کرنا -

Get (get) *v.t.* & *i.* Obtain پیدا کرنا - کمانا - حاصل کرنا - فراہم کرنا - ہاتھ آنا - پانا - وصول کرنا - پاس رکھنا - دماغ میں سما جانا - بیماری لگ جانا - بھگتنا - برداشت کرنا - پکڑنا - پھانسنا - زچ کرنا - عاجز کرنا - جننا - بچہ دینا - آمادہ کرنا - تیار کرنا - ہو جانا - ہونا -

Get by heart زبانی یاد کرنا -

Get on one's nerves جھنجھلانا - غصہ آنا -

Get wind پھیل جانا - مشہور ہو جانا -

Get (get) *n.* Offspring جھول - جانوروں کا بچہ -

Get-up (get-up) *n.* Style of production of book لباس - انداز - وضع - طرز - کتاب کی طباعت - کتابت - جلد بندی وغیرہ -

Gewgaw (gū-gaw) *n.* Gaudy plaything کٹھ پتلی - کھلونا - محض دکھاوے کی چیز -

Geyser (gi-zər) *n.* Intermittent hot spring گرم پانی کا چشمہ جس سے رہ رہ کر پانی ابلتا ہے - ایک چولھا جس پر پانی گرم کیا جاتا ہے -

Ghastly (gast-li) *adj.* & *adv.* Horrible بھیانک - وحشت ناک - مردہ سا - ڈراؤنا - برا - خراب -

Ghastliness *n.* بھیانک شکل و صورت -

Ghetto (get-o) *n.* Jews quarter in city شہر میں یہودیوں کے رہنے کا مقام - یہودی باڑہ -

Ghost (gost) *n.* Spirit روح - ہمزاد - دم - جان - روح القدس - بھوت - دبلا پتلا آدمی - شائبہ - وہم و گمان - وہ مصنف جو معاوضہ لے کر دوسروں کے نام سے کام کرے -

Not the ghost of a chance کامیابی کی امید نہیں - کوئی امید نہیں -

Ghostlike بھوت کی طرح - سایہ کی طرح -

Ghostly (gost-li) *adj.* Spiritual روحانی - پاک - دینی - مذہبی - روحی -

Ghoul (gōōl) *n.* Spirit preying on corpses غول بیابانی - غول -

Ghoulish *adj.* غول بیابانی جیسا - غول جیسا -

Giant (gi-ənt) *n.* & *adj.* Human form with superhuman nature جن - عفریت - دیو - دیو ہیکل - غیر معمولی قد و قامت کا انسان - غیر معمولی قابلیت یا جرأت کا آدمی -

Giantess *n.* غیرمعمولی قد و قامت کی عورت - بھتنی - دیونی -

Giaour (jowr) *n.* Turkish name for infidel کافر - بے دین - مشرک - ترکی میں عیسائیوں وغیرہ کو اس نام سے یاد کرتے ہیں -

Gibber (jib-ər) *v.i.* & *n.* Talk fast تیزی سے بولنا - اتنا تیز بولنا کہ سمجھ میں نہ آ سکے -

Gibberish (jeb-ər-ish) *n.* Meaningless sounds لایعنی گفتگو - غوغا - بے معنی شور -

Gibbet (jib-it) *n.* Gallows پھانسی کا تختہ - سولی - پھانسی -

Gibbon (gib-ən) *n.* Kinds of long-armed apes لانبے ہاتھ پیر کا بندر -

Gibbous-box (gib-əs) *adj.* Hunchbacked کوزہ پشت - خمیدہ - کبڑا -

Gibbosity *n.* کمر کی خمیدگی - کبڑا پن -

Gibe (jib) *v.i.*, *t.* & *n.* Flout, mock لعنت ملامت کرنا - طعنے دینا - چڑانا - آوازے کسنا - مذاق اڑانا - طعنہ - پھبتی -

Gibingly *adv.* لعنت ملامت سے - طعنہ زنی سے -

Giblets (jib-lits) *n.* Parts of goose cut off before cooking قاز کے وہ اعضا جو پکانے سے پہلے کاٹ کر الگ کر دئیے جاتے ہیں -

Giddy (gid-i) *adj.*, *v.t.* & *i.* Disposed to fall سر چکراتا ہوا - دوران سر کے ساتھ - دوران سر پیدا کرنے والا - چکراتا ہوا - گھومتا ہوا - پھرتا ہوا - متزلزل - بے قرار - بے خود ہونا - بے پروا ہونا - دوران سر میں مبتلا ہونا - غافل ہونا -

Play the giddy goat بیوقوفی کی حرکتیں کرنا ۔
Giddily *adj.* ۔ بے فکری سے ۔ چکر سے ۔ بے خودی سے ۔
Giddiness *n.* کم ظرفی ۔ تلون ۔ بے خودی ۔ دوران سر ۔
Gift (gift) *n.* & *v.t.* Thing given, present, donation عطا ۔ بخشش ۔ عطیہ ۔ ہدیہ ۔ نذرانہ ۔ تحفہ ۔ سوغات ۔ خدا داد قابلیت ۔ استعداد ۔ جوہر ۔ عطا کرنا ۔ تحفہ دینا ۔
Gifted *adj.* مالک ۔ ہوشیار ۔ قابل ۔ خدا داد قابلیت رکھنے والا ۔
Gig (gig) *n.* Light one-horse carriage ہلکی گاڑی ۔ ٹم ٹم ۔ چھوٹی کشتی جو جہاز پر رہتی ہے ۔ ہلکی کشتی جو دوڑوں کے مقابلہ میں استعمال کی جاتی ہے ۔
Gigantic (ji-gan-tik) *adj.* Large, huge ۔ عفریت صورت قوی ہیکل ۔ عظیم الجثہ ۔ دیو کا دیو ۔ مہیب بہت بڑا ۔
Giggle (gig-l) *v.i.* Laugh like an ill-bred girl پھوہڑ پن کا ہنسنا ۔ رہ رہ کر ہنسنا ۔ دانت نکالنا ۔ کھلکھلانا ۔ قہقہے مارنا ۔
Gild (gild) *v.t.* Cover with a thin layer of gold سونے کا پانی پھیرنا ۔ سونا چڑھانا ۔ ملمع کرنا ۔ دولت سے عیب پوشی کرنا ۔ سنہرا رنگنا ۔ سنہری روشنائی سے لکھنا ۔ خالی خولی شاندار الفاظ استعمال کرنا ۔
Gilded youth فیشن ایبل نوجوان ۔
Gilder *n.* گلٹ کرنے والا ۔ ملمع چڑھانے والا ۔ ملمع کرنے والا ۔
Gilding *n.* سونے کا جھول یا پانی ۔ گلٹ کا کام ۔ ملمع سازی ۔
Gill (jil) *n.* & *v.t.* Wattles of fowls گلپھڑا ۔ گوشت جو مرغوں وغیرہ کے گلے سے نکلتا ہے ۔ جبڑے پر کا گوشت ۔ مچھلی کے پیٹ سے آلائش صاف کرنا ۔ مچھلی کا شکار کرنا ۔ جال سے پکڑنا ۔
Gill (jil) *n.* Deep wooded ravine ۔ گہرا پہاڑی چشمہ تنگ وادی یا درہ ۔ درختوں سے ڈھکا ہوا چشمہ ۔ رقیق چیزوں کے ناپنے کا پیمانہ جو آدھ پاؤ کے قریب ہوتا ہے ۔
Gillie (jil-i) *n.* Man or boy attendant خدمت گار ۔ خادم ۔ غلام ۔ لونڈا ۔ چھوکرا ۔ اسکاٹ لینڈ کے سردار کا خادم ۔
Gilly-flower (jil-i-flowr) *n.* Clove scented flowers ایک قسم کا پھول جس سے لونگ کی خوشبو آتی ہے ۔

Gilt (gilt) *n.* Gild سکھو
Gilt (gilt) *n.* Gilding ملمع ۔ جھول ۔ ملمع کا پتر ۔ اوپری خوبصورتی ۔
Take the gilt off the gingerbread اوپری چمک دمک پر نظر نہ کرنا ۔
Gimcrack (jim-krak) *n.* Useless ornaments تھوتی چیز ۔ نمائشی شے ۔ کھلونا ۔ نکمی آرائشی چیز ۔
Gimcrackery *n.* آرائشی سامان ۔ کھلونے ۔
Gimcracky *adj.* ۔ بیکار ۔ ملمع کی ہوئی ۔ نقلی ۔ نمائشی
Gimlet (gim-lit) *n.* Kind of boring tool سوراخ کرنے کا اوزار ۔ برما ۔
Gimmal (jim-l) *n.* Chain زنجیر ۔ سانکل ۔
Gimp (gimp) *n.* Silk or cotton twist with a wire running through it ایک قسم کی ریشمی ڈور ۔ جس کا سوٹا حاشیہ ۔ مچھلی کے شکار کی ڈور ۔ ایسی ڈوری جس میں تابھی لپٹا ہو ۔
Gin (gin) *n.* & *v.t.* Snare, net پھندا ۔ دام ۔ جال ۔ مشین ۔ روئی اوٹنے کی مشین ۔ پھندے میں پھانسنا ۔ جال میں پکڑنا ۔
Gin (gin) *n.* Spirit distilled from grain or malt ایک قسم کی شراب جو غلے سے کشید کی جاتی ہے ۔
Gingal (jin-gel) *n.* Musket fired from a rest بندوق جو گھوڑی پر رکھ کر چلائی جائے ۔ ہلکی توپ ۔
Ginger (jin-jər) *n.* & *v.t.* Hot spicy root of a plant ادرک ۔ سونٹھ ۔ جوش و خروش ۔ تیزی ۔ طراری ۔ ہلکا سرخی مائل زرد رنگ ۔ ادرک ملانا ۔ کسی شخص کو اشتعال دلانا ۔
Gingery *adj.* ادرک دار ۔ جوشیلا ۔ تیز ۔ طرار ۔
Gingerade (jin-jər-ad) *n.* Ginger beer ادرک کی شراب ۔
Gingerly (jin-jər-li) *adv.* & *adj.* With extreme caution ڈرتے ڈرتے ۔ نہایت احتیاط سے ۔
Gingham (ging-əm) *n.* Cloth of dyed cotton yarn سوت کا رنگین کپڑا ۔ دھاری دار کپڑا ۔
Gippy (jip-i) *n.* Egyptian soldier مصری سپاہی ۔
Gipsy-gy (jip-si) *n.* Member of a wandering race ایک خانہ بدوش قوم کا فرد ۔ (مذاقاً) شریر یا سانولی عورت ۔

Giraffe (ji-raf) *n.* African long-necked quadruped افریقہ کا ایک جانور جس کی اگلی ٹانگیں لمبی ہوتی ہیں اور گردن لمبی - زرافہ -

Girandole (jir-ən-dol) *n.* Revolving firework آتش بازی کی چرخی - روشنی کا جھاڑ - چکراتا ہوا فوارہ - جڑاؤ آویزہ -

Gird (gərd) *v.t.* Encircle کسنا - جکڑنا - پیٹی یا پٹکا باندھنا - لپیٹنا - گھیرنا - پیٹی میں تلوار باندھنا -

Gird oneself or one's loins پوری طرح تیار ہونا - کمر بستہ ہونا -

Gird (gərd) *v.i.* & *n.* Jeer درد - مڑوڑ - مذاق کرنا - طنز کرنا - آوازے کسنا - مذاق - طعنہ -

Girder (gər-dər) *n.* Beam کڑی - شہتیر - دھنی - چھت یا پل کی ڈاٹ -

Girdle (gə-rd-l) *n.* & *v.t.* Belt or cord پیٹی - پٹکا - کمربند - کمر پٹی - حلقہ کنڈلی - کمر باندھنا - گھیرنا - حلقہ میں لینا -

Girdle (gə-rd-l) *n.* Circular iron plate for toasting cakes توا - پرات - کیک سینکنے کے لیے -

Girl (gə-rl) *n.* Female child لڑکی - بچی - چھوکری - دوشیزہ - کنواری - ناکتخدا - محبوبہ - معشوقہ -

Girlhood *n.* دوشیزگی - بچپن - لڑکپن -

Girlish *adj.* شرمیلی - بھولی - معصوم - لڑکی سی -

Girlishness *n.* نسائیت - بھولا پن - شرمیلا پن -

Girth (gər-th) *n.* & *v.t.* Leather or cloth band to secure saddle - گھوڑے کی زین کا تنگ - زیر بند - پیٹی - تنگ کسنا - باندھنا - گھیرنا -

Gist (jist) *n.* Real ground or point خلاصہ - اصل مطلب - نچوڑ - لب لباب - مسئلہ کی جان - سوال کا اصل منشا -

Give (giv) *v.t.* & *i.* Hand over, bestow دینا - عنایت کرنا - بخشنا - عطا کرنا - مرحمت کرنا - دان کرنا - دے دینا - سپرد کرنا - حوالہ کرنا - ترکہ میں دینا - نکاح میں دینا - ادا کرنا - فروخت کرنا - اجازت دینا - رخصت دینا - روا رکھنا - ظاہر کرنا - لگانا - کھپانا - فرض کرنا - تسلیم کرنا -

Give a piece of one's mind پر زور طور پر اختلاف کرنا -

Give child something to cry for جو بچہ خواہ مخواہ روتا ہو اسے چڑا دینا -

Give him his due اچھی باتوں کو ماننا چاہیے -

Give as good as one gets - ترکی بہ ترکی جواب دینا -

Give (giv) *n.* Elasticity لچک - رعایت - دباؤ -

Give and take مصالحت - لین دین - دونوں طرف سے رعایت -

Gizzard (giz-ərd) *n.* Bird's second stomach - پوٹا سنگدانہ - حوصلہ -

Stick in one's gizzard - ناگوار ہونا - حلق سے نہ اترنا -

Glabrous (gla-brəs) *adj.* Smooth-skinned چکنی کھال کا - بغیر بالوں اور روئیں کے -

Glacial (gla-shi-əl) *adj.* Icy - برف کا - برفانی - یخ بستہ برف جیسا -

Glaciated (gla-shi-ət-ed) *adj.* Polished by ice-action برف سے چکنا کیا ہوا - یخ بستہ -

Glacier (glas-i-ər) *n.* Slowly moving mass of ice برف کا تودہ جو آہستہ آہستہ نیچے ڈھلکے - برف کا چشمہ -

Glaciered *adj.* برف کے تودوں سے ڈھکا ہوا -

Glad (glad) *adj.* & *v.t.* Pleased - خوش و خرم - مسرور - باغ باغ - شادمان - خوشی میں اضافہ کرنے والا - مسرت بخش - دلپذیر - شگفتہ - پاکیزہ مزاج -

The glad eye متبسم نگاہ - سرور آگیں نگاہیں -

Gladden *v.t.* مسرور کرنا - خوش کرنا -

Gladly *adv.* - شاداں و فرحاں - خوش خوش - خوشی سے -

Gladness *n.* شادمانی - مسرت - انبساط -

Gladsome *adj.* خوش و خرم - محظوظ - مسرور -

Gladsomeness *n.* مسرت - سرور - انبساط -

Glade (glād) *n.* Clear open passage جنگل کے اندر کھلا ہوا میدان یا راستہ - درختوں کے درمیان راستہ -

Gladiator (glad-i-ā-tər) *n.* Man trained to fight with sword or other weapons - پیشہ ور جنگجو - شمشیر زن - مناظرے کرنے والا شخص -

Gladstone (glad-stən) *n.* & *adj.* Kind of light bag ایک قسم کا ہلکا سفری ہینڈ بیگ -

Glair (glār) *n.* & *v.t.* White of egg - انڈے کی سفیدی - لیسدار شے - چپکنے والا مسالہ جو انڈے کی سفیدی سے بنایا جاتا ہے - لیسدار مادے سے چپکانا -

Glarious *adj.* انڈے کی سفیدی جیسا ۔ چپکنے والا ۔ لیسدار ۔

Glamour (glam-ər) *n.* & *v.t.* Enchantment نظرفریب حسن ۔ سحر ۔ جادو ۔ جادو کرنا ۔ موہ لینا ۔ فریفتہ کرنا ۔

Glamorous *adj.* مسحور کن ۔ جاذب نظر ۔ نظر فریب

Glance (glans) *n.*, *v.t.*, & *i.* Brief look ۔ نظر ۔ جھلک نگاہ ۔ سرسری نظر ۔ اچٹتی نظر ۔ سرسری بحث کرنا ۔ چمکنا ۔ دمکنا ۔ اشارے کرنا ۔ کنائے کرنا ۔ جھلکنا ۔ ڈبڈبانا ۔ کریکٹ کی ترچھی ضرب پیروں کی طرف ۔

Gland (gland) *n.* Organ composed of nucleated cells غدود ۔ گانٹھ ۔ گلٹی ۔

Glandular *adj.* گلٹیوں والا ۔ غدودی ۔ غدود والا ۔

Glanduliferous *adj.* غرودوں والا ۔ پرغدود ۔

Glandulous *adj.* گلٹی دار ۔ غدودی ۔

Glander (gland-er) *n.* Contagious horse disease گھوڑوں کی ایک بیاری جس میں جبڑوں کے نیچے ورم آ جاتا ہے اور ناک بہنے لگتی ہے ۔ یہ بیاری انسان کو بھی لگ جاتی ہے ۔

Glandiform (gland-i-form) *adj* گلٹی جیسا ۔ غدود جیسا ۔

Glare (glar) *v.i.*, *t.* & *n.* Shine dazzlingly ۔ جھلکنا دمکنا ۔ چونکا دینا ۔ نظر خیرہ کر دینا ۔ نظر میں چبھنا ۔ گھور کر دیکھنا ۔ آنکھوں سے نفرت یا حقارت کا اظہار ہونا ۔ بھڑکیلا پن ۔ ٹکٹکی ۔ گہری نظر ۔ غضب آلود نگاہ ۔

Glaringly *adv.* غضب آلود نگاہ سے ۔ نمایاں طور پر ۔

Glary *adj.* غضب آلود ۔ بھڑکیلا ۔ خیرہ کن ۔

Glass (glâs) *n.* Hard and brittle substance ۔ شیشہ کانچ ۔ زجاج ۔ شیشے کے برتن ۔ کانچ کے گلاس ۔ کانچ کے زیور ۔ کھڑکیوں کے شیشے ۔ آئینہ ۔ (جمع) عینک ۔ عینک کے تالے ۔ گھڑی کا شیشہ ۔ دوربین ۔ خوردبین ۔

Glass (glâs) *v.t.* Fit with glass آئینہ لگانا ۔ شیشے جڑنا ۔ شیشے کے ڈبے میں رکھنا ۔ آنکھوں کو پتھرا دینا ۔ عکس ڈالنا ۔

Glassy (glâs-i) *adj.* Resembling glass ۔ کانچ سا شیشے کے مانند ۔ شیشے کا ۔ بلورین ۔ بے رونق ۔ بے نور ۔ صاف شفاف ۔

Glaucoma (glaw-ko-ma) *n.* An eye disease آنکھ کی بیاری جس میں پتلی پھیل جاتی ہے اور رفتہ رفتہ بینائی جاتی رہتی ہے ۔

Glaucous (glaw-kəs) *adj.* Of dull greyish green آبی ۔ ہلکا سبز ۔ سمندر جیسا سبز ۔

Glaze (glāz) *v.t.*, *i.* & *n.* Fit with glass شیشہ لگانا یا جڑنا ۔ شیشہ دار کھڑکیاں لگانا ۔ کسی چمکدار مسالے کی تہہ چڑھانا ۔ صیقل کر کے چمکا دینا ۔ آنکھ میں جالا پڑنا ۔ آنکھ کا پتھرا جانا ۔

Glazer *n.* شیشے لگانے والا ۔ صیقل گر ۔

Glazier *n.* شیشے لگانے والا ۔ شیشہ ساز ۔

Glazing (glāz-ing) *n.* Material used to produce glaze شیشے جڑنے کا کام ۔ کانچ جیسی چیز ۔ چمک پیدا کرنے والا مسالہ ۔ صیقل ۔ پالش ۔

Gleam (glēm) *n.* & *v.t.* Subdued light ۔ شعاع کرن ۔ دھیمی روشنی ۔ آبداری ۔ جلا ۔ جھلک ۔ امید کی کرن ۔ کرن یا شعاع نکلنا ۔ چمکنا ۔ جھلک دکھانا ۔

Gleamy *adj.* جھلکتا ہوا ۔ چمکتا ہوا ۔

Glean (glēn) *v.t.* & *i.* Gather ears of corn left by reapers چننا ۔ جمع کرنا ۔ گری ہوئی اناج کی بالیاں جمع کرنا ۔ خوشہ چینی کرنا ۔ اکٹھا کرنا ۔

Gleaning *n.* خوشہ چینی ۔ انتخاب ۔

Glebe (glēb) *n.* Earth, land, clergyman's benefice دھرتی ۔ قطعہ زمین ۔ کھیت ۔ وہ زمین جو پادری کو وقف کی جائے ۔

Glee (glē) *n.* Manifest delight ۔ خوشی ۔ شادمانی رنگ رلیاں ۔ گیت جو دو تین گویے مل کر گائیں ۔ بغیر ساز کے گانا ۔

Gleeful *adj.* پر از مسرت ۔ شادمان ۔ مسرور ۔

Gleefully *adv.* شادمانی سے ۔ مسرت و انبساط سے ۔

Gleet (glēt) *n.* Thin morbid discharge from wounds مواد ۔ پیپ ۔ رقیق مادہ جو زخم یا مثانے سے نکلے ۔

Glen (glen) *n.* Narrow valley ۔ تنگ درہ ۔ گھاٹی وادی ۔

Glib (glib) *adj.* & *adv.* Easy, unimpeded ۔ چکنا پھسلنا ۔ پھسلنی ۔ صاف ۔ ہموار ۔ بلا رکاوٹ ۔ لسان بے لگام ۔ آسانی سے پھسلتے ہوئے ۔

Glibly *adv.* بلا روک ٹوک ۔ چرب زبانی سے ۔ روانی سے ۔

Glibness *n.* چکنا پن ۔ چرب زبانی ۔ روانی ۔

Glide (glīd) *v.i., t. & n.* Move continually and smoothly آہستہ آہستہ حرکت کرنا ۔ بے آواز چلنا ۔ آہستہ سے گزر جانا ۔ خاموشی سے بہنا ۔ پھسلنا ۔ ایک چیز کا دوسری چیز میں مل جانا ۔ سبک رفتاری ۔ آہستہ روی ۔

Glider *n.* پھسلنے والا ۔ آہستہ آہستہ گزرنے والا ۔

Glidingly *adv.* غیر معلوم طریقے پر ۔ سبک رفتاری سے ۔ بغیر آواز کے ۔

Glim (glim) *n.* Light, candle روشنی ۔ چراغ ۔ شمع ۔ دیا ۔

Glimmer (glim-ər) *v.i. & n.* Shine faintly ٹمٹمانا ۔ جھلملانا ۔ رہ رہ کر چمکنا ۔ جھلک ۔ شعاع ۔ کرن ۔ شعاع امید ۔

Glimpse (glimps) *n., v.t. & i.* Momentary view جھلک ۔ سر سری جلوہ ۔ عارضی تجلی ۔ جھلک جانا ۔ جھلک دکھانا ۔ ایک نظر ڈالنا ۔

Glint (glint) *v.t., i. & n.* Flash, sparkle سر نکالنا ۔ جھلک دکھانا ۔ جھانکنا ۔ جگمگانا ۔ چمک ۔ دمک ۔ جھلک ۔

Glisten (glis-n) *v.i. & n.* Shine fitfully رہ رہ کر چمکنا ۔ جھلکنا ۔ جھلملانا ۔ چمک ۔ جھلک ۔

Glitter (glit-ər) *v.i. & n.* Shine with brilliant light روشن ہونا ۔ جگمگانا ۔ تاباں ہونا ۔ درخشاں ہونا ۔ بھڑکنا ۔ درخشانی ۔ تابانی ۔

Glittering *adj.* جگمگاتا ہوا ۔ درخشاں ۔ منور ۔

Gloaming (glōm-ing) *n.* Evening twilight شفق ۔ جھٹپٹا ۔ دھندلکا ۔

Gloat (glōt) *v.i.* Feast eyes lustfully پر شوق نگاہوں سے دیکھنا ۔ للچائی ہوئی نظر سے دیکھنا ۔

Gloatingly *adv.* للچائی ہوئی نظر سے ۔ تمنا سے ۔ نگاہ شوق سے ۔

Globe (glob) *n., v.t. & i.* The earth, spherical body گولا ۔ گول چیز ۔ کرہ ۔ کرہ ارض ۔ زمین ۔ زمین کا نقشہ ۔ آنکھ کا ڈھیلا ۔ گول ہو جانا ۔ مدور یا گول بنانا ۔

Globe trotter زمین کا پیدل سفر کرنے والا ۔ زمین کی سیر کرنے والا ۔ جہاں گرد ۔

Globose *adj.* گولائی لیے ہوئے ۔ کروی ۔ گول ۔

Globosity *n.* گولائی ۔ کرویت ۔

Globular (glob-ū-lər) *adj.* Spherical خون کے قطروں پر مشتمل ۔ مدور ۔ کروی ۔ گول ۔

Globule (glob-ūl) *n.* Round particle چھوٹا کرہ ۔ خون کا جسمیہ ۔ قطرہ ۔ گولی ۔

Glomerate (glom-ər-āt) *adj.* Compactly clustered گھنا جھاڑی دار ۔ گچھا بنا ہوا ۔ گولی بنا ہوا ۔

Glomerule (glom-er-ul) *n.* Clustered flower-head پھولوں کا گچھا ۔ اعصاب کا گچھا ۔

Gloom (glo͞om) *n.* Darkness ظلمت ۔ تیرگی ۔ دھندلا پن ۔ تاریکی ۔ اندھیرا ۔ اداسی ۔ ملال ۔ کلفت ۔ رنج ۔ افسردگی ۔ یاس ۔

Gloom (glo͞om) *v.i. & t.* Be melancholy اندھیرا ہو جانا ۔ تاریکی چھا جانا ۔ آزردہ ہو جانا ۔ اداس نظر آنا ۔ تیرہ و تار کرنا ۔ بے رونق کر دینا ۔

Gloomy (glo͞om-i) *adj.* Dark تاریک ۔ اندھیرا ۔ تیرہ ۔ بے نور ۔ اداس ۔ دلگیر ۔ ملول ۔ افسردہ ۔ سونا ۔ بے رونق ۔

Gloominess *n.* تاریکی ۔ تیرگی ۔ حزن ۔ افسردگی ۔

Glorify (glo-ri-fī) *v.t.* Make glorious حمد کرنا ۔ ثنا کرنا ۔ بڑائی کرنا ۔ تعظیم و تکریم کرنا ۔ چمکانا ۔ نور سے بھرنا ۔ ذرے کو آفتاب کرنا ۔ آسمان پر چڑھانا ۔ چار چاند لگانا ۔

Glorification *n.* تنویر ۔ حمد و ثنا ۔ تکبیر ۔ تمجید ۔

Glorious (glo-ri-əs) *adj.* Conferring glory جلیل القدر ۔ صاحب جمال و جلال ۔ عظیم الشان ۔ مشہور ۔ معروف ۔ نمایاں ۔ شاندار ۔ الان لماکان ۔

Gloriously *adv.* شہرت سے ۔ شان سے ۔ جلال و جمال سے ۔ عظمت و جلال سے ۔

Glory (glo-ri) *n.* Adoring praise and thanksgiving تعریف ۔ توصیف ۔ جلال ۔ بزرگی ۔ عظمت ۔ شان کبریائی ۔ باطنی حسن و جمال ۔ نور ۔ تجلی ۔ عروج ۔ اوج ۔ مطلع انوار ۔

Go to glory جوار رحمت میں جگہ پانا ۔ اللہ کے پاس جانا ۔ رحلت کرنا ۔ مرجانا ۔

Glory (glo-ri) *v.i.* Exult گھمنڈ کرنا ۔ اترانا ۔ شادمان ہونا ۔ نازاں ہونا ۔ فخر کرنا ۔

Gloss (glos) *n., v.t. & i.* Comment - چمک دمک - جھلک - ملمع - جلا - حاشیہ - مطلب جو بین السطور یا حاشیہ پر لکھا جائے - تشریح - توضیح - بے جا تاویل - ظاہری چمک دمک پیدا کرنا - جلا دینا - تاویل کرنا - شرح لکھنا - حاشیہ لکھنا - نکتہ چینی کرنا - غلط معنی پہنانا -

Glossiness *n.* سطحی آب - ظاہری چمک دمک -

Glossy *adj.* بھڑکیلا - چمکیلا -

Glossary (glos-ə-ri) *n.* List and explanation فرہنگ - فہرست - ضمیمہ - حاشیہ - شرح -

Glove (gluv) *n. & v.t.* Covering for hand - آہنی - سوتی - اونی - ریشمی دستانے - دستانے بنانا - دستانے مہیا کرنا -

Like a glove بالکل ٹھیک اور موزوں -

Take off the gloves زور شور سے بحث کرنا - آستین چڑھانا -

Glover *n.* دستانے بنانے اور بیچنے والا -

Glow (glō) *v.t. & n.* Throw out heat and light without flame - دہکنا - دمکنا - لہکنا - لال ہونا - جوش میں آنا - دمک - سرخی - ٹمٹماہٹ - جوش - حرارت -

Glow-worm کرمک شب تاب - شب تاب - جگنو -

Glower (glō-ər) *v.i.* Stare قہر آلود نظروں سے دیکھنا -

Gloweringly *adv.* غصہ کی نگاہ سے - قہر آلود نگاہوں سے -

Glucose (gloo-kos) *n.* Grape sugar - انگوری شکر - دوسرے پھلوں یا اناج کی شکر -

Glue (gloo) *n. & v.t.* Hard brownish gelatin چپکنے والی چیز - سریش - چیپ دار چیز - سریش سے چپکانا -

Gluey *adj.* چپ چپا - اس لسا - چپکنے والا -

Glum (glum) *adj.* Looking dejected - خفا خفا - روٹھا ہوا - اداس - آزردہ - بیزار -

Glumly *adv.* آزردگی سے - بیزاری سے -

Glumness *n.* آزردگی - بیزاری -

Glume (gloom) *n.* Husk of grain - بھوسی - چھلکا - اناج کا چھلکا - چوکر -

Glut (glut) *v.t. & n.* Feed to the full - نگلنا - ٹھونسنا - جی بھر کر کھلانا - حلق تک کھلانا - اشیائے تجارت سے منڈی بھر دینا - شکم پری - بہتات - افراط - بھرمار -

Gluten (gloo-tən) *n.* Sticky substance - نشاستہ ماوا - چیپ دار مادہ جو آٹے سے نکلتا ہے - چیپ دار شے - لیٹی -

Glutinate *v.t.* سریش یا لیٹی سے جوڑنا -

Glutinous *adj.* چیپ دار - لسدار -

Glutton (glut-n) *n.* Excessive eater پیٹو - کھاؤ - جس کو کھانے کا ہوکا ہو - بے صبرا - ندیدہ - نیولے کی قسم کا بسیار خور جانور -

Glutton for work بہت زیادہ کام کرنے والا - کام کا شوقین -

Gluttonous *adj.* پیٹو - بسیار خور -

Gluttony *n.* جوع البقر - بسیار خوری -

Glycerine (glis-ə-rin) *n.* Colourless sweet liquid ایک قسم کا میٹھا رقیق اور تیز مادہ - گلیسرین - یہ مادہ اکثر دواؤں میں استعمال ہوتا ہے -

Gnarl (nàrl) *v.i.* Twist گرہ ڈالنا - بل ڈالنا - پیچ ڈالنا -

Gnarled (nàrl-d) *adj.* Twisted - نا ہموار - بل دار - گرہیں پڑا ہوا - پیچ دار -

Gnash (nash) *v.i. & t.* Grind the teeth - کچکچانا - دانت پیسنا -

Gnashingly *adv.* کچکچا کر - دانت پیس کر -

Gnat (nat) *n.* Small two-winged fly - مچھر - پشہ - حقیر شے - بہت معمولی تکلیف -

Gnaw (nā) *v.t. & i.* Bite persistently - کترنا - چبانا - دانت سے کاٹنا - گھن لگنا - سوہان روح ہونا -

Gnome (nom) *n.* maxim - قول - کہاوت - ضرب المثل - مقولہ - ایک فرضی ہستی جو زیر زمین رہتی اور زمین کے خزانوں کی حفاظت کرتی ہے -

Gnomon (no-mon) *n.* Pillar, rod or pin of sundial دھوپ گھڑی کا کانٹا - لوہے کی چھڑی جو دھوپ گھڑی کی سوئی کا کام دے - (سورج کے ارتفاع کا مشاہدہ کرنے کا ستون -

Gnostic (nos-tik) *adj.* & *n.* Relating to spiritual knowledge عیسائیوں کا ایک فرقہ جس کا اعتقاد تھا کہ عرفان سے نجات ملتی ہے نہ کہ ایمان سے - گیانی - عارف - علم صحیح رکھنے والا -

Gnu (noo) *n.* Oxlike antelope جنوبی افریقہ کا بیل کی شکل کا ہرن -

Go (gō) *v.i.* & *t.* Start, depart, move - جانا - چلنا روانہ ہونا - سدھارنا - سفر کرنا - کوچ کرنا - رخصت ہونا - حرکت کرنا - آگے بڑھنا - ترقی کرنا - مشہور ہونا - رواج ہونا - درست ہونا - اتباع کرنا - تقلید کرنا - شعر یا گیت میں روانی ہونا - کسی خاص سر میں آنا - واقعات کا نتیجہ نکلنا - زندگی گزرنا - کوئی سیاسی مسلک اختیار کرنا - روپیہ خرچ ہونا - مرنا - گزر جانا - کھویا جانا - کوئی کام حماقت سے کر گزرنا - لڑائی چھیڑنا - ٹوٹ جانا - پھٹ جانا - رہ جانا - حصے میں آنا - مدد دینا -

A going concern - نفع بخش دھندا - چالو کاروبار
Go as you please - من موجی - آزاد - بے اصول
Go behind - بات کی تہہ کو پہنچنا - اسباب پر غور کرنا
Go better or one better - بازی لے جانا
Go phut - برباد ہونا - ناکام ہونا - بیٹھ جانا
Go under - مغلوب ہونا - ناکام ہونا - برباد ہونا - ڈوبنا
Go with time or tide چلو تم ادھر کو ہوا ہو جدھر کی - زمانے کے رخ پر چلنا -
I will go bail - میں ضمانت لیتا ہوں - میں ضامن ہوں

Go (gō) *n.* Traffic, movement - حالت - حقیقت کیفیت - سرگزشت - طور - طریقہ - وضع - ڈھنگ - چال - روش - ہمت - تیزی - شراب یا کھانے کا دور -

Good (gōd) *n.* & *v.t.* Spiked stick for urging cattle - آر - آنکس - اکسانے والی چیز - آر چبھونا اکسانا - آمادہ کرنا - جانوروں کو تیز چلانا -

Goal (gōl) *n.* Point marking end of race گھوڑ دوڑ کی حد کا نشان - جیت ہار کا مقام - منزل مقصود - گول (ہاکی اور فٹ بال میں) - علت نمائی - مطمع نظر - ایک بار کی جیت - ایک گول -

Goat (gōt) *n.* Hardy, horned wild and domestic quadruped - بکرا - بز - گوسفند - برج جدی شہوت پرست آدمی -
Goatherd - بکریاں چرانے والا - چرواہا
Goatish, goaty - شہوت پرست - بکرے جیسا

Goatee (gōt-e) *n.* Chin-tuft like goat's beard بکرے کی سی داڑھی -

Goatling (gōt-ling) *n.* one to two years old goat - پوٹلہ - کم عمر بکرا

Gob (gōb) *n.* & *v.i.* Clot of slimy substance لقمہ - نوالہ - تھوک - رال - لعاب دھن - تھوکنا - بلغم یا تھوک نکالنا -

Gobang (gō-bang) *n.* Game played on board ایک کھیل جو بساط پر کھیلا جاتا ہے -

Gobble (gob-l) *v.t.*, *i.* & *n.* Eat hurriedly and noisily بڑے بڑے نوالے کھانا - جلدی جلدی ہڑپ کر جانا - چپڑ چپڑ کھانا -

Gobble (gob-l) *n.* Rapid straight putt into the hole گولف کے کھیل میں گیند کو اس طرح مارنا کہ وہ سوراخ میں پہنچ جائے - گولف میں کامیاب ضرب -

Gobble (gob-l) *v.i.* Make turkey cock sound in throat - حلق سے شتر مرغ اور قاز کی آواز نکالنا غصہ میں کٹ کٹانا -
Gobbler *n.* شتر مرغ - پیٹو - بڑے بڑے لقمے کھانے والا -

Goblet (gob-lit) *n.* Metal or glass drinking cup آبخورہ - قدح - جام - پیالہ -

Goblin (gob-lin) *n.* Mischievous ugly demon بھوت - جن - بھتنا - آسیب - شریر بد شکل روح -

Goby (go-bi) *n.* A small fish ایک چھوٹی مچھلی جس کے پروں کا چکر بنتا ہے -

God (god) *n.* Super being - بت - دیوتا - دیو - خدا اللہ تعالیٰ - مورتی - وہ شخص جس کی بے حد تعظیم کی جائے یا محبت کی جائے -
Feast, sight for the gods - نہایت دلفریب منظر
Godfather کفیل - ذمہ دار - وہ شخص جس کے نام پر کسی کا نام رکھا جائے -

God grant, God willing - خدا نے چاہا - انشاء اللہ
God knows - خدا ہی جانے -
Godsent - آسمانی - خدا کی دی ہوئی - نعمت غیر مترقبہ
Godtruth - امر حق - حق - سچی سچی بات -
Godhood - خدائی - الوہیت -

God (god) *v.t.* Deify, play the god - دیوتا بننا - خدائی کا رتبہ دینا - خدا بنانا -

Goddess (god-es) *n.* Female deity - محبوبہ - پری - حور - دیوی -

Godhead (god-ed) *n.* Being God or a god - اللہ - خدا - رب - دیو - دیوتا - دیوی -

Godless (god-les) *n.* One who does not recognize God - بے دین - دہریہ - منکر - کافر - ملحد - بد اعمال - برا -

Godlessness *n.* - کفر - بے دینی - دہریت -

Godlike (god-lik) *adj.* Fit for God or a god ربانی - رحمانی - دیوتائی - دیوتاؤں کے لائق - نہایت اعلیٰ درجے کا -

Godly (god-li) *adj.* Religious, pious - صالح - متقی - خدا ترس - اللہ والا - ولی -

Godliness *n.* - تقویٰ - خدا ترسی -

Godown (gō-down) *n.* Warehouse - مال گودام - مال خانہ - گودام -

Goer (gō-er) *n.* Person or thing that goes جانے والا - چلنے والا - جانے والی چیز -

Gofer (gow-fər) *n.* Thin batter-cake of honeycomb pattern ایک کیک جو شہد کی مکھیوں کے چھتے کی شکل کا بنایا جاتا ہے -

Gof(f)er (gow-fer), **Gopher, Gauffer** *v.t.* & *n.* Make wavy with heated iron گرم سلاخوں سے لیس وغیرہ پر لہریں یا پلیٹیں ڈالنا - پلیٹوں کی سلاخیں -

Goggle (gog-l) *v.i., t., adj.* & *n.* Roll eyes about آنکھیں پھرا پھرا کر دیکھنا - ترچھا دیکھنا - بھینگے پن سے دیکھنا - پھرتی ہوئی آنکھوں کی پتلی - پھرتی ہوئی آنکھیں - دھوپ کا چشمہ - بھیڑوں کی ایک بیماری -

Goggle-eyed *adj.* ابھری ہوئی آنکھوں والا - ابھری ہوئی پتلیوں والا - بھینگا -

Goglet (gog-lit) *n.* Long-necked vessel for water صراحی - جھجری -

Going (gō-ing) *n.* Condition of ground for walking or riding میدان - دوڑ کا میدان - میدان کی حالت - طور - روانگی - رخصت - چالو - موجود -

Goitre (goi-tər) *n.* Enlargement of thyroid gland گھینگا - گلے کے بالائی حصہ کا ورم یا ابھار - گلھڑ -

Goitrous (goit-ərəs) *adj.* Affected with enlargement of gland گلھڑ یا گھینگے کے متعلق -

Gold (gōld) *n.* & *adj.* Precious yellow metal سونا - زر - طلا - روپیہ پیسہ - مال و دولت - سونے کے رنگ کا - سنہرا - سونے کا ملمع - خوبصورت - شاندار - قیمتی -

Gold-beater - سونے کے ورق بنانے والا -
Gold-fever - سونے کی تلاش کا جنون -
Goldfish - چین کی سرخ مچھلی جو نمائش کے لیے پالی جاتی ہے -

Golden (gōld-en) *adj.* Made of gold - طلائی - زریں - سونے کا - سونے سے معمور - قیمتی - عمدہ - اہم - ضروری -

Golden mean - معتدل رویہ - اعتدال -
Golden mouthed - منہ سے پھول جھڑتے ہوئے - شیریں کلام -
Golden remedy - بہترین علاج - تیر بہدف نسخہ -
Golden saying - سنہری مقولہ -

Golf (gof) *n.* & *v.t.* A game in which a small ball is struck with club گاف کا کھیل جو دو آدمی کھیلتے ہیں اور جس میں ایک چھوٹی گیند کو چھڑی سے مار کر دور پہنچایا جاتا ہے - گاف کھیلنا - گیند کو مارنا -

Golfer *n.* - گاف کا کھلاڑی -

Goliath (gō-li-ath) *n.* Giant - راکشس - دیو -

Gondola (gon-dola) *n.* Light boat used in Venetian canals وینس شہر کی چھوٹی کشتی - بجرا - مور پنکھی - ہوائی جہاز کے جھولے کی نشست -

Gondolier (gon-də-ler) *n.* Sculler of gondola کشتی کھینے والا - بجرا چلانے والا -

Gone (gon) *adj.* Lost - گیا ہوا - رفتہ - گم شدہ - گیا گزرا - لا علاج -

Gong (gong) *n.* Saucer-shaped bell گھنٹہ ۔ گھڑیال ۔ پیالے کی شکل کی گھنٹی ۔

Gonorrhoea (gon-o-re-a) *n.* Inflammatory discharge of mucus from urethra or vagina سوزاک ۔ جریان ۔ پرما ۔

Gonorrhocel *adj.* جریانی ۔ سوزاکی ۔

Good (good) *adj.* & *n.* Having the right qualities اچھا ۔ بھلا ۔ خوب ۔ عمدہ ۔ نفیس ۔ معقول ۔ مناسب ۔ موزوں ۔ پاکیزہ ۔ خالص ۔ پارسا ۔ نیک ۔ خدا ترس ۔ شفیق ۔ رحیم ۔ کریم ۔ تمیز دار ۔ با ادب ۔ خوش خصال ۔ ہوشیار ۔ نیک لوگ ۔ اخیار ۔ ابرار ۔ نیکی ۔ بھلائی ۔ بہبودی ۔ خیر ۔ خیر مطلق ۔

Have a good mind to بہت جی چاہتا ہے کہ ۔
In good spirits خوش خوش ۔ شگفتہ خاطر ۔
Say a good word for کسی کے لیے کلمہ خیر کہنا ۔
Take in good part برا نہ ماننا ۔
That is a good one بھئی خوب کہی ۔
Goodish *adj.* کسی قدر اچھا ۔

Goodbye (good-bi) *inter.* & *n.* Farewell فی امان اللہ ۔ خدا حافظ ۔

Goodly (good-li) *adj.* Handsome اچھا ۔ خوش ۔ سہاونا ۔ خوبصورت ۔ حسین و جمیل ۔ خوش اندام ۔ بڑا عمدہ ۔ شاندار ۔

Goodness (good-nes) *n.* Kindness نیکی ۔ نکوئی ۔ خوبی ۔ لطف ۔ مہربانی ۔ جو دوستی ۔ خدا ۔ کسی چیز کا جوہر ۔

Goodwill (good-wil) *n.* Favour گرم جوشی ۔ خیر خواہی ۔ نیک نیتی ۔ عنایت ۔ نوازش ۔ کسی کارخانے کا نام اختیار کرنے اور اس سے فائدہ اٹھانے کا حق ۔

Goody (good-i) *n.* Elderly woman of lower class بڑی بی ۔ نیک بخت عورت ۔ بڑھیا ۔ میٹھی روٹی ۔ مٹھائی ۔ میٹھی گولیاں ۔

Goody-goody (goodi-goodi) *adj.* Sentimentally virtuous اپنے آپ کو پارسا ظاہر کرنے والا ۔ نیکی کا دم بھرنے والا ۔ بات بات میں مذہب کا حوالہ دینے والا ۔

Googly (gōōg-li) *n.* (Cricket) off-break ball bowled with leg-break action (کرکٹ) وہ گیند جو بظاہر پیروں کی طرف سے مڑنے والی ہو مگر ٹانگوں کی طرف مڑے ۔

Goose (gōōs) *n.* Web-footed bird between duck and swan ہنس ۔ راج ہنس ۔ قاز ۔ بڑی بط ۔ قاز کا گوشت ۔ سادہ لوح ۔ احمق ۔ لوہا ۔ استری ۔ درزی کی استری ۔

All his geese are swans وہ چیزوں کا اندازہ اصلیت سے بڑھ کر کرتا ہے ۔
Goosy *adj.* بے وقوف ۔ سادہ لوح ۔

Goose-berry (gōōs-be-ri) *n.* Edible berry of any thorny species of Ribes ایک قسم کا انگور کی شکل کا پھل ۔ کروندا ۔ کروندے کا درخت ۔ پیپلی ۔

Play goose-berry عاشق و معشوق کے لیے ناصح مشفق بننا ۔

Gordian (gard-yen) *adj.* Intricate, difficult گارڈیس سے منسوب ہے جس نے گرہ باندھی تھی جس کو سکندر نے تلوار سے کاٹ ڈالا تھا ۔ مشکل ۔ دشوار ۔ پیچدار ۔

Cut the Gordian knot کسی کام کو جبر و تشدد سے حل کرنا ۔

Gordian knot (gard-yen-not) *n.* Difficult problem مشکل کام ۔ پیچیدہ مسئلہ ۔ عقدہ لاینحل ۔

Gore (gōr) *v.t.* Pierce with the horn سینگ سے زخمی کر دینا ۔

Gore (gōr) *n.* Clotted blood خون جو بہہ کر جم گیا ہو ۔ خون ۔ جما ہوا لہو ۔ تکونی زمین ۔ چھتری کا کلی دار کپڑا ۔ غبارہ کی تکونی کلی ۔

Gory *adj.* خون آلود ۔

Gorge (gorj) *n.* Internal throat گلا ۔ حلق ۔ جو چیز نگلی گئی ہو ۔ قلعہ کے برج کا راستہ ۔ تنگ راستہ ۔ گلی ۔ گھاٹی ۔ فصیل کا پچھلا دروازہ ۔

One's gorge rises at اس سے گھن آتی ہے ۔

Gorge (gorj) *v.t., i.* & *n.* Feed greedily نگلنا ۔ کھانا ٹھونسنا ۔ حلق تک بھرنا ۔ ندیدوں کی طرح کھانا ۔ اتنا کھانا کہ دم گھٹنے لگے ۔ کسی چیز کو اوپر تک بھر دینا ۔

Gorgeous (gorj-əs) *adj.* Richly coloured - بھڑکیلا چمکیلا - زرق برق - شاندار - عمدہ - فاخرہ - پرتکلف - مرصع اور رنگین عبارت -

Gorgeously *adv.* - رنگین بیانی سے - شان و شوکت سے - چمک دمک سے -

Gorgeousness *n.* بھڑکیلا پن - شان و شوکت - چمک دمک -

Gorget (gor-jt) *n.* Piece of armour for throat گلے کے بچاؤ کا فولادی خول - گلا پوش - نقاب جو راہبہ چہرہ پر ڈالتی ہے -گلوبند -کنٹھا - مالا - ٹھسی - بعض پرندوں کے گلے کا رنگین حلقہ - ایک جراحی آلہ جو پتھری نکالنے میں استعمال ہوتا ہے -

Gorgon (gor-gən) *n.* One of three snake-haired women whose looks turned any beholder to stone - ایسی عورت جس کی نظر سے دیکھنے والا پتھر ہو جاتا تھا - ان عورتوں کے بالوں کی جگہ سانپ تھے - بد شکل - خوفناک کریہہ المنظر انسان - بد صورت عورت - بیچا -

Gorilla (gor-i-la) *n.* Large powerful ferocious ape بن مانس - گوریلا بندر -

Gormandize (gor-mən-diz) *n.*, *v.t.* & *i.* Habit of gourmand بسیار خوری - بہت زیادہ کھانا - ٹھونسنا - جانوروں کی طرح کھانا -

Gormandizer پیٹو - بسیار خور -

Gorse (gors) *n.* Prickly yellow-flowered shrub ایک خار دار جھاڑی جس کے پھول زرد ہوتے ہیں -

Gosh by gosh (gosh-bi-gosh) *interj.* By God خدا کی قسم - واللہ - بخدا -

Goshawk (gos-hawk) *n.* Large short-winged hawk ایک قسم کا چھوٹے پروں والا بڑا باز -

Gosling (goz-ling) *n.* Young goose قاز کا بچہ -

Gospel (gos-pəl) *n.* Glad tidings preached by Christ - خوش خبری - انجیل مقدس - دین عیسوی عیسائیوں کے عقائد - حضرت عیسیٰ علیہ السلام کے حالات جو حواریوں نے لکھے - ایسی بات جس میں شبہ کی گنجائش نہ ہو - مسلک - مذہب - عقیدہ - ایمان - شریعت عیسیٰ علیہ السلام -

Gospeller (gos-pəl-ər) *n.* Reader of Gospel گرجا کا انجیل خواں -

Gossamer (gos-ə-mər) *n.* & *adj.* Webs of small spiders چھوٹی مکڑی کا باریک جالا - مکڑی کا وہ تار جو وہ آنے جانے کے لیے لٹکاتی ہے - شیطان کی ڈور - کمزور ناپائدار شے - باریک جالی - کریپ -

Gossip (gos-ip) *n.* & *v.i.* Idle talker - گپی - یا وہ گو - باتونی - فضول گو - ادھر اُدھر کی باتیں کرنا - لوگوں کے خانگی حالات کا ذکر - زٹل ہانکنا - واہیات باتیں کرنا -

Gossiper *n.* بکواسی - گپی - زٹلیا -

Gossipry *n.* بکواس - فضول گوئی -

Gossipy *adj.* بکواس کرنے والا - گپ باز - گپی -

Goth (goth) *n.* One of a German tribes who invaded Eastern and Western empires گوتھ قوم یا اس کا فرد - وحشی - غیر مہذب - جاہل - جنگلی آدمی - فنون لطیفہ کا دشمن -

Gothish *adj.* جاہل - اکھڑ - غیر مہذب - وحشی -

Gotham (got-əm) *n.* Typical foolish town شہر جو بیوقوفی کے لیے مشہور ہے -

Wise man of Gotham احمق - بیوقوف آدمی -

Gothamite *n.* بیوقوف - احمق - جاہل - اکھڑ -

Gothic (goth-ik) *adj.* Of the Goths گوتھ قوم یا اس کی زبان کے متعلق - گوتھی طرز تعمیر اور نکیلی محرابوں کی بابت - قدیم انگریزی تعمیر کا - بے علم - جاہل - وحشی - جنگلی -

Gouge (gowj) *v.t.* & *n.* Concave-bladed chisel چھینی کی قسم کا ایک آلہ - چھینی یا رکھانی سے چھیلنا - دبا کر نکالنا - دبا کر آنکھ نکال دینا -

Gourd (gōrd) *n.* Large fleshy fruit of a creeper لوکی - گھیا - کدو - خشک کھوکھلا کدو - تونبا جو بوتل کا کام دے -

Gourmand (gōōr-mənd) *adj.* & *n.* Fond of eating پیٹو - کھاؤ - بسیار خور - خوش خوراک -

Gourmet (goor-ma) *n.* Connoisseur of table delicacies esp wine - کھانوں اور شرابوں کا مبصر

Gout (gowt) *n.* Disease with inflammation of joints گٹھیا - نقرس - گیہوں کے پودے کی ایک بیماری قطرہ - چھینٹا - دھبا -

Goutily *adv.* گٹھیا کے مریض کی طرح -

Goutiness *n.* گٹھیا کا اثر ۔

Gouty *adj.* نقرسی ۔ گٹھیا کا ۔

Govern (guv-ərn) *v.t.* & *i.* Rule with authority حکومت کرنا ۔ فرمانروائی کرنا ۔ عملداری کرنا ۔ راج کرنا ۔ انتظام کرنا ۔ نگرانی کرنا ۔ تابع رکھنا ۔ مطیع رکھنا ۔ غالب ہونا ۔ حاوی ہونا ۔ نظم و ضبط قائم رکھنا ۔ قابو میں رکھنا ۔

Governance (guv-ər-nəns) *n.* Act of governing انتظام ۔ بندوبست ۔ حکومت ۔ حکمرانی ۔ دباؤ ۔ اثر ۔ نظم و ضبط ۔

Governess (guv-ər-nəs) *n.* Female teacher حاکمہ استانی ۔ معلمہ ۔ ہلکی دو پہیوں کی گاڑی ۔

Government (guv-ern-ment) *n.* Body governing a state حکمرانی ۔ حکمران جماعت ۔ گورنر ۔ صوبہ دار ۔ انتظام مملکت ۔ سرکار ۔

Governmental *adj.* حاکمانہ ۔ حکومتی ۔ سرکاری ۔

Governor (guv-ər-nər) *n.* One who governs حاکم صوبہ ۔ ناظم ۔ اعلیٰ افسر صوبہ ۔ کالج یا اسکول کا افسر اعلیٰ ۔ (بول چال) جناب ۔ سرکار ۔ حضور والا ۔ مشین کا وہ آلہ جس سے مشین میں گیس وغیرہ پہنچتی ہے ۔

Governor-general صوبہ دار اعلیٰ ۔ کسی ملک کا سب سے بڑا عہدہ دار ۔ صوبہ داروں کا افسر اعلیٰ ۔

Gowk (gowk) *n.* Cuckoo بے وقوف ۔ گھامڑ ۔ بے تکا آدمی ۔ کوئل ۔

Gown (gown) *n.* & *v.t.* Loose flowing upper garment عورتوں کا جامہ ۔ پشواز ۔ سایہ ۔ جبہ ۔ چغا جو وکیل اور پروفیسر پہنتے ہیں ۔ گون پہنانا ۔

Gownsman وکیل ۔ پادری ۔ رکن جامعہ ۔ دینداری یا قانون کا پیشہ کرنے والا ۔

Grab (grab) *v.t.*, *i.* & *n.* Seize suddenly لپک کر لینا ۔ اچک لینا ۔ جھپٹ لینا ۔ چھین لینا ۔ گرفتار کرنا ۔ پکڑ لینا ۔ جھپٹنا ۔ لوٹ مار ۔ دست درازی ۔ بچوں کا تاش کا ایک کھیل ۔

Grace (grās) *n.* & *v.t.* Charm, favour of God فضل رب ۔ رحمت ۔ کرم ۔ فیض ۔ لطف ۔ عنایت ۔ رعایت ۔ انعام ۔ عطیہ ۔ احسان ۔ نوازش ۔ طعام سے پہلے اور بعد کی دعا ۔ زیب دینا ۔ سنوارنا ۔ عزت بخشنا ۔ سرفراز کرنا ۔ چار چاند لگانا ۔

Be in one's good graces منظور نظر ہونا ۔

Have the grace to ذرا شرافت دکھاؤ ۔

Graceful *adj.* دلکش ۔ دلربا ۔ خوبصورت ۔ حسین ۔

Gracefully *adv.* خوش اسلوبی سے ۔ خوبصورتی سے ۔ دلربائی کے ساتھ ۔

Gracefulness *n.* دلکشی ۔ خوش اسلوبی ۔

Graceless (grās-les) *adj.* Depraved کم بخت ۔ بد نصیب ۔ مردود ۔ بے شرم ۔ بے حیا ۔ بد ذوق ۔

Gracelessly *adv.* بے شرمی سے ۔ بد تمیزی سے ۔ پھوہڑ پن سے ۔

Gracelessness *n.* بد نصیبی ۔ بد بختی ۔ بے شرمی ۔ بے حیائی ۔

Gracious (grās-əsh) *adj.* & *n.* Benevolent کریم ۔ رحیم ۔ مہربان ۔ نیک خو ۔ کامل ۔ ذات کامل ۔

Graciously *adv.* مہربانی سے ۔ رحمت سے ۔ کریمی سے ۔

Graciousness *n.* ربوبیت ۔ رحیمی ۔ کریمی ۔

Gradate (grə-dāt) *v.i.* & *t.* Arrange in grades and shades درجوں یا مراتب کے لحاظ سے ترتیب دینا ۔ مختلف رنگوں کو ملانا ۔ درجہ بندی کرنا ۔

Gradation (grə-da-shən) *n.* Arrangement in degrees تدریج ۔ ترتیب ۔ تدریجی مدارج ۔ ارتقا ۔ مراتب ۔ رنگ یا سر کا غیر معمولی اتار چڑھاؤ ۔

Grade (grād) *n.* & *v.t.* Degree in rank رتبہ ۔ پایہ ۔ مرتبہ ۔ درجہ ۔ مخلوط نسل ۔ متوسط نسل ۔ ڈھال ۔ اتار چڑھاؤ کی شرح ۔ قسم وار ترتیب دینا ۔ ڈھلان کم کرنا ۔ اچھی نسل لینا ۔ اعلیٰ نسل کے ساتھ ملا کر نسل بہتر بنانا ۔

Gradient (grād-iənt) *n.* Degree of slope اتار چڑھاؤ کا تناسب ۔ اتار چڑھاؤ کا پیمانہ ۔ نشیب کی مقدار ۔ سڑک کا کوئی حصہ جو سطح میں ناہموار ہو ۔

Gradual (grăd-ū-əl) *adj.* Taking place by degrees بہ تدریج ۔ درجہ بدرجہ ۔

Gradual (grad-ū-əl) *n.* Respond sung in the service of the mass وہ بول جو گرجا میں تلاوت انجیل کے وقت گائے جاتے ہیں ۔

Gradually *adv.* رفتہ رفتہ ۔ درجہ بدرجہ ۔ آہستہ آہستہ ۔

Graduate (grad-u-āt) *v.i. & t.* Take academic degree درجے مقرر کرنا - درجوں پر تقسیم کرنا - حصوں میں تقسیم کرنا - مدارج کے لحاظ سے ترتیب دینا - کسی جامعہ سے سند لینا - سند یا ڈگری دینا - شرح آمدنی کے لحاظ سے ٹیکس قائم کرنا -

Graduate (grad-ū-āt) *n.* One who holds academic degree سندیافتہ - فاضل - فضیلت کا خطاب یافتہ - عطار کا دوا ناپنے کا گلاس -

Graduation *n.* حصول سند - درجہ بندی -

Graft (graft) *n. & v.t.* Shoot or scion inserted in another stock قلم - پیوند - پیوند لگانے کا عمل - قلم یا پیوند لگانا - متحد کرنا - ایک ذات کرنا -

Graft (graft) *n.* Depth of earth thrown with spade زمین کی وہ گہرائی جو ایکبار پھاوڑا چلا کر پیدا کی جائے -

Graft (graft) *n. & v.i.* Illicit spoils (بول چال) ناجائز فائدہ جو تجارت یا سیاست میں حاصل کیا جائے - تجارت یا سیاست میں ناجائز فائدہ اٹھانا -

Grafter *n.* ناجائز فائدہ اٹھانے والا -

Grain (gran) *n., v.t. & i.* Fruit or corn of a cereal بیج - تخم - اناج - غلہ - دانہ - ذرہ - ڈیڑھ رتی کا ایک وزن - خفیف مقدار - قرمزی یا سرخ رنگ - دانہ دار ہونا - ریشہ دار ہونا - دھاری دار ہونا - لکڑی کی اندرونی دھاریاں - طبیعت - مزاج - طبع - سرشت - دانہ دار بنانا - سرخ رنگ میں رنگنا - کھال کو بالوں سے صاف کرنا - دانہ دار سطح بنانا -

Grained *adj.* کھردرا - دھاری دار - دانہ دار -

Grainless *adj.* بے دھاری کا - بے دانہ - چکنا -

Grainy *adj.* دانہ دار - دھاری دار -

Gram (gram) *n.* Any pulse used as horse fodder چنا - نخود - گھوڑے کا دانہ -

Gramercy (gram-ər-si) *interj.* Thank you شکر - شکریہ -

Graminaceous (gra-min-i-shəs) *adj.* Of, like, grass گھاس کا - گھاس جیسا - کاہی - پر گیاہ -

Graminivorous *adj.* گیاہ خور - چرنے والا - گھاس کھانے والا -

Grammialogue (gram-ə-log) *n.* Shorthand, words in signs مختصر نویسی - لفظوں کی جگہ علامات -

Grammar (gram-ər) *n.* Art and science of language صرف و نحو - قواعد زبان - صرف و نحو کی کتاب - زبان کا صحیح استعمال - زبان کے محاورات اور ابتدائی اصول -

Grammarian (gram-əri-ən) *n.* One versed in grammar قواعد زبان کا جاننے والا - ماہر صرف و نحو -

Grammatical (gram-ə-tik-əl) *adj.* Of grammar صرف و نحو کے متعلق - قواعد زبان کے متعلق -

Grammatically *adv.* ازروئے قواعد زبان کے لحاظ سے - قواعد زبان -

Gramme (gram) *n.* Unit of mass in metric system حجم کا ایک وزن - ایک مکعب سنٹی میٹر پانی کا وزن -

Gramophone (gram-ə-fon) *n.* A machine using flat discs for reproduction of sound گراموفون باجہ جس پر دھاری دار ٹکیاں بجائی جاتی ہیں -

Granary (gran-əri) *n.* Store house for grain کھتا - کھلیان - اناج - گودام - غلہ رکھنے کے کوٹھے - گنج - غلہ پیدا کرنے والا قطعہ زمین -

Grand (grand) *adj. & n.* Of highest order بڑا - بھاری - عظیم - پر تکلف - پرشوکت - خوبصورت - عالیشان - رئیسانہ - امیرانہ - بلند - رفیع - عالی حوصلہ - عظیم الشان - (بول چال) بہت اچھا - بہت خوب - اعلیٰ - اعظم - صدر - سب سے بڑا -

Grandam (grand-əm) *n.* Grandmother, old woman نانی - دادی - مائی - ضعیفہ - جانوروں کی نسل میں ماں باپ - نانا - نانی - دادا - دادی -

Grandad (grand-əd) *n.* Grandfather دادا کے لیے پیار کا لفظ -

Grandee (grand-i) *n.* Spanish or Portuguese nobleman of highest rank ہسپانوی یا پرتگالی امیر کبیر - بلند مرتبہ رئیس -

Grandeur (grand-yər) *n.* Great rank, eminence بڑائی - بزرگی - عظمت - شان و شوکت - شکوہ - دبدبہ - جاہ و جلال - آن بان - وقار - امیرانہ ٹھاٹ -

Grandiloquent (grand-i-lo-kwent) *adj*. Pompous in language جس کی تحریر میں شان و شوکت پائی جائے ۔ رنگیں قلم ۔ جادو بیان ۔

Grandiloquence رنگین کلامی ۔ تحریر کا شکوہ ۔ جادو بیانی ۔

Grandiose (grand-i-əs) *adj*. Pompous اعلیٰ پیمانہ پر تجویز کیا ہوا ۔ دھوم دھام کا ۔ پرشکوہ ۔

Grandiosely *adv*. طمطراق سے ۔ دھوم دھام سے ۔

Grandiosity *n*. طمطراق ۔ شان و شکوہ ۔

Grange (granj) *n*. Country house with farm buildings ملے کی عمارتیں ۔ مزرع کے مکان کی عمارتیں ۔ مقطعہ کے کھیت کی عمارت ۔ مزروعہ زمین کا مکان ۔

Graniferous (gran-i-fe-rəs) *adj*. Producing grain غلہ کی پیدا وار والا ۔ غلہ پیدا کرنے والا ۔

Graniform *adj*. غلہ کے مانند ۔ غلہ سا ۔

Granivorous *adj*. غلہ سے غلہ کھانے والا ۔ اناج خور ۔ غلہ خور ۔ دانہ خور ۔

Granite (gran-it) *n*. Hard stone پتھر جو عمارت کے کام آتا ہے ۔ سخت پتھر ۔ سنگ خارا ۔

Graniteware لوہے کے برتن جن پر خاص قسم کا ملمع ہوتا ہے ۔

Granny (gran-i) *n*. Grandmother (پیار کا لفظ) دادی ۔ نانی ۔ ایک طرح کی دھری گرہ ۔

Grant (grant) *v.t.* & *n*. Bestow حق دے دینا ۔ منتقل کرنا ۔ ہبہ کرنا ۔ بخشنا ۔ مرحمت کرنا ۔ منظور کرنا ۔ قبول کرنا ۔ ماننا ۔ تسلیم کرنا ۔ فرض کرنا ۔

Grantable *adj*. قابل منظوری ۔

Grantee *n*. جس کو عطا کیا گیا ۔ لینے والا ۔

Grantor *n*. ہبہ کرنے والا ۔ دینے والا ۔

Granular (gran-u-lər) *adj*. Like grains دانے کی شکل کا ۔ دانہ دار ۔

Granularity *n*. دانہ دار ہونا ۔

Granulous *adj*. دانہ دار ۔ دانہ کے متعلق ۔

Granulate (gran-u-lāt) *v.t.* & *i*. Form into grains دانہ دار کرنا یا ہونا ۔ انگور بندھنا ۔ زخم بھرنا ۔

Granulation *n*. آغاز اندمال ۔ انگور بننا ۔

Granule (gran-ūl) *n*. Small grain چھوٹا دانہ ۔

Grape (grap) *n*. Green, purple berries growing on vine انگور ۔ داخ ۔ رز ۔ عنب ۔

Grapery *n*. انگور پیدا کرنے والے باغ ۔ انگور کی کثیر بیلیں ۔ انگور کا باغ ۔

Graphic (gra-fik) *adj*. Of drawing, painting مشرح ۔ واضح ۔ ہو بہو ۔ نقشہ کشی اور مصوری کا ۔

Graphically (gra-fik-ə-li) *adv*. نقشوں اور تصویروں کے ساتھ ۔ تفصیلی طور پر ۔ وضاحت کے ساتھ ۔

Graphology (gra-fo-loji) *n*. Art of inferring character from handwriting ہاتھ کی تحریر سے چال چلن ، عادات و اطوار کا اندازہ لگانا ۔ تحریر سے کردار و سیرت معلوم کرنا ۔

Grapline, grapnel (grap-nəl) *n*. Iron-clawed instrument for seizing objects ایک قسم کا خار دار آنکڑا جس سے دشمن کا جہاز اٹکا لیا جاتا ہے ۔ چھوٹا لنگر ۔

Grapple (grap-l) *n.*, *v.t.* & *i*. Clutching instrument کنڈا ۔ کانٹا ۔ آنکڑا ۔ مڈ بھیڑ ۔ ہاتھا پائی ۔ گتھم گتھا ۔ پکڑنا ۔ گتھم گتھا ہونا ۔ ہاتھا پائی کرنا ۔ کسی مشکل مسئلہ پر غور کرنا ۔

Grasp (grasp) *v.t.*, *i.* & *n.* Try to seize پکڑنا ۔ گرفت میں لانا ۔ پکڑنے کی کوشش کرنا ۔ قبضہ کرنا ۔ جنگل مارنا ۔ جھپٹنا ۔ حرص کے ساتھ چھیننا ۔ قابو میں لانا ۔ قبضہ کرنا ۔ پکڑ ۔ گرفت ۔ عبور ۔ ادراک ۔ وسعت نظر ۔

Graspable *adj*. قابل فہم ۔ قابل گرفت ۔

Grasping *adj*. طامع ۔ لالچی ۔ حریص ۔

Graspingly *adv*. ادراک سے ۔ لالچ سے ۔ حریصانہ ۔

Grass (gras) *n.* & *v.t.* Herbage which is eaten by cattle چری ۔ گھاس ۔ گیاہ ۔ چارہ کے پودے ۔ گرانا ۔ جھاڑنا ۔ مچھلی کو خشکی پر کھینچنا ۔ پرندوں کو بندوق سے مار گرانا ۔

Grass widow وہ عورت جس کا شوہر باہر گیا ہو ۔

Hear the grass grow اڑتی چڑیا کے پر گننا ۔ ذہین ہونا ۔

Not let grass grow under one's feet غفلت نہ کرنا ۔ ہر وقت کام کرنا ۔

Grassy *adj*. گھاس سے ڈھکا ہوا ۔ ہرا بھرا ۔ پر گیاہ ۔

Grassless چٹیل ۔ بے گیاہ ۔

Grate (grāt) *n.* Frame of metal bars for fire-place آتش دان کی سلاخیں یا جالی -

Grated *adj.* جنگلہ دار - سلاخ دار -

Grate (grāt) *v.t.* & *i.* Reduce to small particles by rubbing - رگڑنا - گھسنا - کدوکش پر چھیلنا - پیسنا - سمع خراشی کرنا - کرخت ہونا - ناگوار ہونا - گراں گزرنا -

Grater *n.* جھانواں - سل - ریتی - کدوکش -

Gratingly *adj.* ناپسندیدگی سے - سمع خراشی سے -

Grateful (grāt-fəl) *adj.* Acceptable قابل قبول - خوشگوار - پسندیدہ - ممنون - احسانمند -

Gratify (grat-i-fi) *v.t.* Remunerate خوش کرنا - معاوضہ دینا - مٹھی گرم کرنا - رشوت دینا - دلجوئی کرنا - خواہش پوری کرنا -

Gratification *n.* فرحت - اطمینان - تسکین -

Gratifying *adj.* فرحت بخش - تسکین دہ -

Grating (grāt-ing) *n.* Framework of iron or wooden bars - سلاخوں کا چوکھٹا - جنگلہ - جالی - جھنجھری - سلاخیں - دانت پیسنے کی آواز - رگڑ -

Gratis (grā-tis) *adv.* & *adj.* For nothing - مفت میں - بلا قیمت - مفت - بلا معاوضہ -

Gratitude (grat-i-tūd) *n.* Being thankful شکر - شکرانہ - احسانمندی - شکر گزاری -

Gratuitous (gra-tū-i-təs) *adj.* Got or given free مفت - بلامعاوضہ - بے غرضانہ - بے سبب - بے استحقاق -

Gratuitously *adv.* بے غرضانہ طور پر - خواہ مخواہ - بلامعاوضہ - مفت میں -

Gratuitousness *n.* بلامعاوضہ کام کرنا - احسان - بے غرضانہ خدمت -

Gratuity (grə-tū-i-ti) *n.* Money given in recognition of good offices حسن خدمت کا انعام - زر انعام - اجر - صلہ - عطیہ - وظیفہ -

Gratulate (gra-tu-lāt) *v.t.* Express joy خوشی کا اظہار کرنا - مبارکباد دینا - مبارک باد کہنا -

Gravamen (grəv-ā-mən) *n.* Grievance شکایت - شکایت نامہ - فرد جرم - سنگین جرم -

Grave (grāv) *n.* Excavation to receive corpse قبر - گور - لحد - مزار - تربت - مدفن - موت - فنا - مرگ - قضا -

Make one turn in his grave برے کام سے کسی کی روح کو صدمہ پہنچانا - سخت برا کام -

Some one walking on my grave اس وقت کہتے ہیں جس وقت لرزہ طاری ہوتا ہے -

Grave (grāv) *v.t.* Bury, engrave دفن کرنا - نعش کھودنا - کندہ کرنا - سپرد خاک کرنا -

Grave (grav) *adj.* & *n.* Important - سنجیدہ - متحمل - حلیم - بردبار - بھاری بھر کم - سنگین - اہم - ضروری - قابل غور - سادہ - اہم معاملہ - سنگین مسئلہ -

Gravely *adv.* - غور و فکر سے - متانت سے - سنجیدگی سے -

Grave (grav) *v.t.* Clean ship's bottom جہاز کے بیرونی تلے کو آگ جلا کر زنگ سے صاف کرنا - تارکول لگانا -

Gravel (grav-l) *n.* & *v.t.* Coarse sand and small stones - روڑی - بجری - ریتی - پتھری - سنگ مثانہ - بجری بچھانا - کنکر پھیلانا - حیرت زدہ کرنا - چکر میں ڈالنا -

Gravelly (grav-li) *adj.* Full of sand and stones پتھریلا - بجریلا - کنکریلا -

Graver (grav-ər) *n.* Engraver چھینی - کندہ کرنے والا - کھودنے والا -

Gravid (grav-id) *adj.* Pregnant پیٹ سے - حاملہ -

Gravitate (grav-i-tāt) *v.i.* & *t.* Move or tend by force of gravity مرکز کی کشش سے کھینچنا یا جھکنا - جھکنا - کھینچنا - تہہ نشین ہونا - عمل جس سے ہیرے تہ نشین ہو جائیں - کسی مرکز کی طرف مائل ہونا - کشش سے متاثر ہونا -

Gravitation *n.* میلان - میلان بہ مرکز - کشش -

Gravity (grav-i-ti) *n.* Solemnity, attractive force بھاری پن - متانت - اہمیت - کشش ارض - ثقل - بوجھ - وزن -

Gravy (grav-i) *n.* Juices that exude from flesh آب جوش - یخنی - شوربہ -

Gray-grey (grā) *adj.* Dark brown بھورا - کڑبڑا - سیاہی مائل سفید -

Graze (grāz) *v.t. & i.* Feed cattle on growing grass چرنا ۔ چرانا ۔ گلہ بانی کرنا ۔ مویشی چرانا ۔ رگڑنا ۔ چھونا ۔ گھسنا ۔

Grazing *n.* گلہ بانی ۔ چرائی ۔ گھاس چرانا ۔

Grazier (grāz-yər) *n.* One who deals in cattle مویشیوں کی تجارت کرنے والا ۔ تجارت کی غرض سے مویشی پالنے والا ۔ گڈریا ۔ چرواہا ۔ گلہ بان ۔

Grease (grēs) *n.* Oily or fatty matter چربی ۔ چکنائی ۔ روغن ۔ اون کی چکنائی ۔ بغیر صاف کیا ہوا اون ۔ ایک بیماری جو گھوڑوں کے پیر میں ہوتی ہے ۔ ٹانگ کی سوجن ۔

Grease (grēs) *v.t.* Lubricate, bribe چکنائی لگانا ۔ روغن لگانا ۔ رشوت دینا ۔

Grease the palm of رشوت دینا ۔ مٹھی گرم کرنا ۔

Grease the wheels روپیہ خرچ کرکے معاملہ درست کرنا ۔

Greaser (grēs-ər) *n.* Head fireman on steamer چکنائی لگانے والا ۔ صدر فائرمین ۔ (امریکہ) ہسپانوی باشندہ ۔ امریکہ یا مکسیکو کا قدیم باشندہ ۔

Greasy (grēs-i) *adj.* Smeared with grease روغنی ۔ چکنا ۔ چربی دار ۔ بغیر صاف کیا ہوا اون ۔ گھوڑا جس کے پیر میں بیماری ہو ۔ چرب زبان ۔ چکنی چپڑی باتیں کرنے والا ۔

Greasiness *n.* چرب زبانی ۔ چکنائی ۔

Great (grāt) *adj. & n.* Large, big بڑا ۔ کلاں ۔ کبیر ۔ بزرگ ۔ کثیر ۔ وافر ۔ بڑی ۔ غیر معمولی ۔ فوق العادت ۔ اہم ۔ ضروری ۔ عمدہ ۔ اعلیٰ ۔ بلند ۔ بہادر ۔ طاقتور ۔ زور دار ۔ عالی طبع ۔ عالی نہاد ۔ ماہر ۔ کامل ۔ بہت اچھا ۔ بہت خوب ۔

Greatness (grāt-nes) *n.* Being great بزرگی ۔ بڑائی ۔ برتری ۔ عظمت ۔

Greatly *adv.* فراخدلی سے ۔ عالی ہمتی سے ۔ بہت سا ۔ بہت زیادہ ۔

Greave (grēv) *n.* Piece of armour for shins ساق پوش ۔ ٹانگ کا محافظ بکتر ۔ پنڈلیوں کی زرہ ۔

Greaves (grēv-s) *n.* Fibrous tallow refuse چربی کی تلچھٹ ۔ چھیچھڑے جو چربی نکالنے کے بعد بچ جاتے ہیں ۔

Grecian (gresh(y)-ən) *adj. & n.* Greek یونانی ۔ یونان کا باشندہ ۔ یونانیوں کا سا چہرہ مہرہ ۔ یونانی زبان کے متعلق ۔ فاضل ۔ ادیب ۔

Greed (grēd) *n.* Insatiate longing for wealth آز ۔ حرص ۔ طمع ۔ لالچ ۔ شوق ۔ بالخصوص دولت کا شوق ۔

Greedy (grēd-i) *adj.* Intensely desirous کھانے پینے کا لالچی ۔ طامع ۔ حریص ۔

Greediness *n.* آز ۔ حرص ۔ طمع ۔ لالچ ۔

Greek (grēk) *n. & adj.* Inhabitant of Greece یونانی ۔ یونان کا باشندہ ۔ یونان کے متعلق ۔ جعلساز ۔ دغا باز ۔ مکار ۔ فریبی ۔ کلیسائے یونان کا پیرو ۔

Greek gift ایسا تحفہ جو ضرر رسانی کے نیت سے دیا جائے ۔

Greek to me میرے لیے معمہ ۔ چیستان ہے ۔

When Greek meets Greek برابری کی لڑائی ہے ۔ برابر کی جوڑ ہے ۔

Green (grēn) *adj. & n.* Coloured like grass or sea water ہرا ۔ سبز ۔ سر سبز ۔ شاداب ۔ ترو تازہ ۔ ہرا بھرا ۔ بیمار جوان عورت کا سا رنگ ۔ زرد ۔ پیلا ۔ کچا ۔ خام ۔ نارسیدہ ۔ سبزی ۔ ساگ پات ۔ حاسد ۔ پر رشک ۔ ناتجربہ کار ۔ بھولا ۔ کچا ۔ ہرا زخم ۔ چستی ۔ چالاکی ۔ مردانگی ۔ طاقت ۔

Greenery *adj.* سبزی ۔ ہریالی ۔ روئیدگی ۔

Green-eyed *adj.* رشک کرنے والا ۔ حاسد ۔

Greenish *adj.* کسی قدر ناتجربہ کار ۔ سبزی مائل ۔

Greeny *adj.* سبزی مائل ۔ سبز سا ۔

Greenness *n.* روئیدگی ۔ ہرا پن ۔ سبزی ۔

Greet (grēt) *v.t.* Salute with words or gestures سلام کرنا ۔ بندگی کرنا ۔ تسلیمات عرض کرنا ۔ خیر و عافیت پوچھنا ۔ مبارک سلامت کہنا ۔ خیر مقدم کرنا ۔ خوش آمدید کہنا ۔

Greeting *n.* خیر مقدم ۔ تہنیت ۔ مبارکبادی ۔

Greet (grēt) *v.t.* Weep (اسکاٹ لینڈ) ۔ رونا ۔ آہ و زاری کرنا ۔

Gregarious (gri-ga-ri-əs) *adj.* Living in flocks or communities غول یا گروہ میں رہنے والا ۔ صحبت پسند ۔ ملنسار ۔ ہم رو ۔ اکٹھا اگنے والا ۔ گروہوں کا ۔ گلے کے متعلق ۔

Gregariousness *n.* - جماعت پسندی - ہم جنس پسندی - غول پسندی - گروہ پسندی -

Grenade (gri-nad) *n.* Small explosive shell چھوٹا بم - ہاتھ گولا - ڈبا یا بوتل جس میں کیمیاوی مسالہ بھر کر پھینکا جاتا ہے -

Grenadier (gri-nad-ər) *n.* Soldier who throws grenades ہتھ گولا پھینکنے والا سپاہی - گرانڈیل سپاہی - جنوبی افریقہ کا پرند جس کے پر لال اور کالے ہوتے ہیں -

Grenadine (gri-nad-ēn) *n.* Dish of veal or poultry fillets بچھڑے یا مرغ کی ران کا گوشت جو ایک خاص ترکیب سے پکایا جاتا ہے - جالی دار ریشمی ، اونی کپڑا - فرانسیسی انار کی شراب -

Grey-gray (grā) *adj., n. & v.t.* Intermediate between black and white خاکستری- بھورا - سیاہی مائل سفید- سفید بال والا - سنسان - اداس - کہن سال - تجربہ کار - پختہ مغز - دھیمی روشنی - دھندلی روشنی - ٹھنڈی روشنی - بھورا ہونا - بھورا کرنا -

Grey-beard
Grey-headed } ضعیف - عمر رسیدہ - کہن سال -

Grey mare is better horse بیوی شوہر پر حکومت کرتی ہے -

Greyhound (grā-hownd) *n.* Slender long-legged hunting dog تازی کتا - شکاری کتا -

Grid (grid) *n.* Network of lines کٹھرا - جنگلا - سیخ دار انگیٹھی - آتش دان - ریل کی پٹریوں یا بجلی کے تاروں کا جال -

Gride (grid) *v.t. & n.* Cut, scrap کاٹنا - چھیلنا - سوراخ کرنا - رگڑ کی آواز -

Gridiron (grid-i-rən) *n.* Barred metal cooking utensil گوشت پکانے کی سیخدار انگیٹھی - سیخدار چولھا - لکڑی کا ڈھانچہ جس سے تھیٹر کے پردے گرائے جاتے ہیں -

Grief (grēf) *n.* Deep sorrow ملال - کلفت - رنج - غم - الم - سوگ - ماتم -

Come to grief مصیبت میں مبتلا ہونا - نقصان اٹھانا -

Grievance (grēv-əns) *n.* Ground of complaint شکایت - ناراضگی - رنجش - تکلیف - ایذا -

Grieve (grēv) *v t. & i.* Feel grief ستانا - رنجیدہ کرنا - رنجیدہ ہونا - دل دکھانا - ملول ہونا - متاسف ہونا - غم کرنا - رونا -

Grievous (grēv-əs) *adj.* Bringing serious trouble شدید - سخت - تکلیف دہ - ضرر رساں - مہلک - سنگین - فاش - خراب - المناک - درد انگیز -

Grievously *adj.* رنج کے ساتھ - سختی سے - مہلک طور پر -

Griffin (grif-in) *n.* Newly-arrived European نووارد یورپی - ناتجربہ کار - اناڑی -

Griffon (grif-ən) *n.* Coarse-haired terrier dog کتے کی ایک نسل - ایک خیالی جانور جو آدھا شیر اور آدھا عقاب ہوتا ہے - گدھ -

Grig (grig) *n.* Small eel, grasshopper چھوٹی بام مچھلی - ٹڈا - جھینگر -

Grill (gril) *v.t., i. & n.* Broil بھوننا - بریاں کرنا - کباب لگانا - ایذا دینا - تکلیف دینا - بھنا ہوا گوشت - پسندے- کباب -

Grill room *n.* کمرہ جہاں بھنا گوشت ملتا ہے - باورچی خانہ جہاں گوشت بھونا جاتا ہے -

Griller *n.* گوشت بھوننے والا - کباب لگانے والا - کبابیہ -

Grill (gril) *n.* Grating جھروکہ - گوشت بھوننے کی انگیٹھی - سیخ دار چولھا -

Grim (grim) *adj.* Stern, merciless ہیبت ناک - ڈراؤنا - مہیب - زشت رو - کریہہ المنظر- سخت - سنگدل - بے رحم - ظالم -

Hold on like grim death خوب مضبوط پکڑنا -

Grimly *adv.* سختی سے - سنگدلانہ -

Grimness بے رحمی - ظلم - سنگدلی -

Grimace (gri-mās) *n. & v.i.* Affectation بناوٹی صورت بنانا - منہ بنانا - تصنع - بناوٹ - چہرے کا بناوٹی انداز - مضحکہ خیز شکل بنانا -

Grimalkin (gri-mal-kin) *n.* Old she cat, spiteful old woman بوڑھی بلی - بد مزاج بوڑھی عورت -

Grime (grim) *n. & v.t.* Soot, dirt ingrained in surface کالک - میل - میل کچیل - میلا کرنا - گندہ کرنا - آلودہ کرنا -

Grimy *adj* کثیف - گندہ - غلیظ - میلا -

Griminess *n.* گندہ ہونا - میلا ہونا - کثافت - میل -

Grin (grin) *v.i., t. & n.* Show teeth in pain or amusement - دانت نکال کر منہ بنانا - دانت پیسنا - کچکچانا - ہنس کر اظہار حقارت کرنا - کھسیانی ہنسی - زہرخند کرنا -

Grin and bear it - تکلیف کو ہنسی خوشی برداشت کرنا

Grin like cheshire cat - ہر وقت بلا وجہ ہنستے رہنا

Grind (grīnd) *v.t., i. & n.* Reduce to powder پیسنا - ریزہ ریزہ کر دینا - ستانا - ظلم کرنا - پیس ڈالنا - رگڑنا - گھسنا - تیز کرنا - سان چڑھانا - چکی پیسنا - محنت سے پڑھنا یا پڑھانا - پسائی - شدید محنت -

Grind out an oath - دانت پیس کر قسم کھانا

Hold, keep one's nose to the grind stone سختی سے کام لینا - کام میں لگائے رکھنا -

Grinder (grind-ər) *n.* Molor tooth, machine پسنہارا - سان پر چڑھانے والا - چکی - داڑھ - چکی کے اُوپر کا پاٹ -

Grip (grɪp) *v.t. & i.* Seize tightly - پکڑنا - تھامنا - مضبوطی سے پکڑنا - متوجہ کرنا -

Grip (grip) *n.* Small open ditch - چھوٹی خندق - کھائی -

Gripper - پکڑنے والا -

Grip (grip) *n.* Firm hold - مضبوط گرفت - پکڑ - قبضہ - مشین کا پرزہ - پکڑنے کا دستہ -

Come to grips دست و گریبان ہونا

Grip break - دستی بریک - دستی روک -

Gripe (grip) *v.t., i. & n.* Clutch, grip - مضبوط پکڑنا زور سے پکڑنا - بھینچنا - دبانا - تکلیف دینا - درد قولنج پیدا کرنا - گرفت - قبضہ - دستہ - درد قولنج -

Gripe water - دوا جو درد میں گھوڑوں کو دی جاتی ہے -

Grisly (griz-li) *adj.* Causing horror - ڈراؤنا - مہیب - خوفناک -

Grisliness - خوفناکی - ہیبت ناکی -

Grist (grist) *n.* Corn for grinding, thickness of rope - پسائی کا غلہ - گھان - پسان - رسد - رسے کی موٹائی -

All is grist that comes to his mill وہ ہر چیز سے فائدہ اٹھاتا ہے -

Brings grist to the mill اس سے نفع ہوتا ہے - اس سے کام چلتا ہے -

Gristle (gris-l) *n.* Cartilage - کرکری ہڈی - چپنی - نرم ہڈی - چپنی -

Gristly *adj.* - کرکری ہڈی کی طرح -

Grit (grit) *n.* Small particles of sand or stone ریت - بالو - بجری - روڑی - چوکر - بھوسی - روا - دلیا - (بول چال) - ہمت - استقلال - کس - بل -

Gritty *adj.* - مستقل مزاج - باہمت - ٹانٹھا - کنکریلا - کرکرا -

Grittiness *n.* - بجریالا پن - کرکرا پن - کھسکھساہٹ - کرکراہٹ -

Grit (grit) *v.t. & i.* Grind, move with grating sound دانت پیسنا - کھکھاہٹ کی آواز پیدا کرتے ہوئے چلنا -

Grizzle (griz-l) *adj. & n.* Of grey colour - خاکی خاکستری - بھورے بالوں والا - بھورا ریچھ -

Grizzle (griz-l) *n.* Grey colour - بھورا رنگ -

Grizzled (griz-ld) *n.* Grey-coloured بھورے بالوں والا - خاکستری -

Groan (grōn) *v. i.,t. & n.* Make sound expressing pain - کراہنا - ہائے ہائے کرنا - آہ و زاری کرنا - تڑپنا - لدا ہوا ہونا - بار ہونا - حد سے زیادہ ہونا - کراہ - آہ -

Groan inwardly - دلی صدمہ ہونا - صدمہ ہونا -

Groaningly *adv.* - فریاد کرتے ہوئے - آہ آہ کرتے ہوئے - کراہتے ہوئے -

Groat (grot) *n.* Small silver coin چاندی کا چھوٹا سکہ تقریباً تین آنے کا - حقیر رقم -

Grocer (grōs-ər) *n.* Dealer in domestic stores پنساری - بقال - کریانہ کا دوکاندار - چھوٹی چھوٹی دوائیں، مسالے اور دوسری خانگی ضرورت کی چیزیں بیچنے والا -

Grocery *n.* - پنساری کا پیشہ - پنساری کا سامان -

Grog (grog) *n., v.i. & t.* Drink of spirit and water شراب اور پانی کا آمیزہ - محفل جس میں شراب پانی کا دور ہو - پانی ملی ہوئی شراب پینا - گرم پانی پیپے میں ڈال کر بچی کھچی شراب نکالنا -

Grog-blossom - شراب خوری کی وجہ سے ناک کی سرخی -

Groggy (grog-i) *adj.* Unsteady - لڑکھڑاتا ہوا - شرابی - متوالا - متزلزل - کمزور پیروں کا گھوڑا -

Grogginess *n.* - مدہوشی - کمزوری - لڑکھڑاہٹ -

Grogram (grog-rəm) *n.* Coarse fabric of silk and wool آون اور ریشم کا بنا ہوا موٹا کپڑا ۔

Groin (groin) *n.* & *v.t.* Depression between belly and thigh ۔ چڑھا ۔ پیٹ اور ران کے درمیان کا جسم ۔ جانگھ ۔ متقاطع محرابوں کی طرز پر تعمیر کرنا ۔

Groom (groom) *n.* & *v.t.* An officer of royal household شاہی محل کا داروغہ ۔ سائیس ۔ دولہا ۔ گھوڑے کو کھریرا کرانا ۔ دانہ گھاس کھلانا ۔ گھوڑے کی دیکھ بھال کرنا ۔

Groomsman شہ بالا ۔ دولہا کا دوست جو شادی کے وقت اس کے ساتھ ہو ۔

Well-groomed بال بنائے ہوئے ۔ بنا سنورا ۔

Groove (groov) *n.* & *v.t.* Channel, hollow نالی ۔ خانہ ۔ جھری ۔ مقرر راستہ ۔ چکردار نالی ۔ لیکھ ۔ لکیر ۔ جھری بنانا ۔ نالی بنانا ۔

Groovy *adj.* چکردار ۔ لکیروں والا ۔ ایک دھڑے پرچلنے والا ۔ لکیر کا فقیر ۔

Grooviness *n.* ایک راہ پر چلنا ۔

Grope (grop) *v.i.* Search blindly ٹٹولنا ۔ اندھوں کی طرح تلاش کرنا ۔ ٹوہ لگانا ۔ ٹٹول کر معلوم کرنا ۔ جانچنا ۔ امتحان کرنا ۔

Gross (gros) *n.* & *adj.* Twelve dozens, glaring بارہ درجن ۔ بڑا کثیف ۔ موٹا ۔ بھدا ۔ بھاری ۔ سست ۔ غبی ۔ کاہل ۔ صریح ۔ فاش ۔ کھلی ہوئی ۔ سخت ۔ کل ۔ تمام ۔ فحش ۔ غیر مہذب ۔ ناشائستہ ۔

Grotesque (gro-tesk) *n.* & *adj.* Painting with fantastic weaving of human and animal forms آدھا تیتر آدھا بٹیر ۔ ہفت رنگی ۔ بے جوڑ ۔ بے ڈھنگا ۔ عجیب ہیئت ۔ بگڑی ہوئی شکل ۔ انسان اور حیوان کی گڈمڈ شکلیں ۔

Grotesquely *adv.* گڈمڈ کرکے ۔ بے ڈھنگے پن سے ۔

Grotesqueness *n.* بے تکا پن ۔ بے ڈھنگا پن ۔

Ground (grownd) *n.* Earth, base, foundation زمین ۔ سطح زمین ۔ سمندر کی تہہ ۔ ملک ۔ ولایت ۔ جڑ ۔ بنیاد ۔ اصل وجہ ۔ باعث ۔ سبب ۔ علت ۔ حجت ۔ دلیل ۔ جرح ۔ مسالہ جو دھات پر کندہ کاری کی غرض سے پھیلایا جائے ۔ مکان کا احاطہ ۔ رقبہ ۔ کسی خاص کھیل کا میدان ۔ اراضی ۔ جائداد ۔ زمین پوش فرش ۔

Classic ground مشہور جگہ ۔ تاریخی مقام ۔

Cover much ground ۔ شرح و بسط سے بیان کرنا ۔ موضوع وسیع ہونا ۔

Forbidden ground ممنوعہ موضوع ۔

Shift one's ground دلیل یا موضوع بدل دینا ۔

Groundless بے سروپا ۔ باحق ۔ بے بنیاد ۔

Ground (grownd) *v.t.* & *i.* Base, establish زمین پر ٹکنا ۔ ٹھہرنا ۔ بنیاد قرار دینا ۔ مدار قائم کرنا ۔ بنیاد مضبوط کرنا ۔ ابتدائی اصول اچھی طرح ذہن نشین کرنا یا کرانا ۔ زمین تیار کرنا ۔ زمین پر اُترنا ۔ جہاز کا خشکی پر چڑھ جانا ۔

Well or ill grounded مضبوط یا کمزور بنیاد پر ۔

Groundling *n.* ابتدائی اصولوں کی تفہیم ۔ بنیادی تعلیم ۔

Groundling (grownd-ling) *n.* Kinds of creeping fish or plants پانی کی تہہ میں رہنے والی مچھلی ۔ زمین پر پھیلنے والی بیلیں یا پودے ۔ ادنیٰ مذاق کا انسان ۔ تماشائی ۔

Groundsel (grown(d)sel) *n.* Kinds of weed for cage birds نرم گھاس جو پالتو جانوروں کو کھلائی جاتی ہے ۔ لکڑی کا داسا ۔ دہلیز ۔ بنیادی تختہ ۔

Group (groop) *n.*, *v.t.* & *i.* Number of persons or things مجموعہ ۔ زمرہ ۔ گروہ ۔ مجمع ۔ جھنڈ ۔ جماعت ۔ جتھا ۔ صف ۔ جنس ۔ جمع کرنا ۔ جماعت بنانا ۔ قسموں میں تقسیم کرنا ۔ ترتیب دینا ۔ فراہم کرنا ۔

Grouse (grows) *n.* Any wild bird with feathered feet ایک قسم کا جنگلی مرغ ۔ ایک سرخی مائل پرندہ جو برطانیہ اور آئرستان میں پایا جاتا ہے ۔

Grouse (grows) *v. i.* & *n.* Grumble (بول چال) بڑبڑانا ۔ شکایت کرنا ۔ شکوہ شکایت ۔

Grout (growt) *n.*, *v.i.* & *t.* Thin mortar پتلی گچی ۔ استرکاری کا مسالہ ۔ گچی ۔ تلچھٹ ۔ گارا ۔ جنگلی سیب ۔ گچی کرنا ۔ گارا بھرنا ۔ استرکاری کرنا ۔ سور کا تھوتھنی سے مٹی اکھاڑنا ۔

Grove (grov) *n.* Group of trees کنج ۔ درختوں کا جھنڈ ۔ ایک مقدس ستون ۔ دیوی کا نام ۔

Grovel (grov-l) *v.i.* Lie prone, humble زمین پر لیٹ جانا ۔ رینگنا ۔ ذلت اختیار کرنا ۔

Groveller *n.* اپنے آپ کو ذلیل کرنے والا ۔ زمین بوس ہونے والا ۔

Grow (gro) *v.i. & t.* Develop اُگنا ۔ پیدا ہونا ۔ بڑھنا ۔ بڑا ہونا ۔ پھلنا ۔ پھولنا ۔ پنپنا ۔ بتدریج بڑھانا ۔ اگانا ۔ کاشت کرنا ۔ بونا ۔ ہو جانا ۔ پھیلنا ۔ پھیلانا ۔

Grower (gro-ər) *n.* Plant that grows, person growing اگنے والا ۔ اگانے والا ۔ بونے والا ۔ کاشت کرنے والا ۔ کاشتکار ۔

Growl (growl) *v.i., t. & n.* Make guttural sound of anger غرانا ۔ بڑبڑانا ۔ غصہ کی آواز نکالنا ۔ گرجنا ۔ گرج کر کہنا ۔ غراہٹ ۔ غصہ ۔ شکایت ۔ گرج ۔

Growlingly *adv.* گرجتے ہوئے ۔ غراتے ہوئے ۔

Growler (grow-lər) *n.* Four-wheeled cab غرانے والا ۔ چرخ چوں گاڑی ۔ ایک قسم کی مچھلی ۔

Growth (gro-th) *n.* Development بالیدگی ۔ باڑہ ۔ نشو و نما ۔ کاشت ۔ زراعت ۔ کھیتی ۔ پیداوار ۔ ایک فاسد پھوڑا ۔

Grub (grub) *n.* Larva of insect گھن ۔ کیڑے ۔ بونا ۔ ناٹا ۔ بیل کی طرح کام کرنے والا ۔ کرایہ کا منشی ۔ بد سلیقہ (بول چال) غذا ۔ خوراک ۔

Grub (grub) *v.i. & t.* Dig, clear ground of roots کھود ڈالنا ۔ جڑیں اکھاڑنا ۔ کھود کر نکالنا ۔ چھان مارنا ۔ محنت کرنا ۔ (بول چال) کھلانا ۔ کھانا دینا ۔

Grudge (gruj) *v.t. & n.* Be unwilling to give حسد کرنا ۔ بخل کرنا ۔ جلنا ۔ دریغ کرنا ۔ بغض ۔ کینہ ۔ حسد ۔ عداوت ۔ عناد ۔ دشمنی ۔

Grudging *adj.* بے مرضی کا ۔ بے دلی کا ۔

Grudgingly *adv.* بخل سے ۔ بغض و حسد سے ۔ بادل ناخواستہ ۔

Gruel (groo-əl) *n. & v.t.* Liquid food chiefly for invalids دلیا ۔ آش ۔ لپی ۔ کھیر ۔ ساگودانہ ۔ سزا دینا ۔ سختی کرنا ۔ مار ڈالنا ۔

Gruesome (groo-səm) *adj.* Disgusting مہیب ۔ ہولناک ۔ نفرت انگیز ۔ مکروہ ۔

Gruesomeness *n.* ہیبت ناکی ۔ ہولناکی ۔

Gruff (gruff) *adj.* Rough-mannered کڑا ۔ تند ۔ چڑچڑا ۔ سخت مزاج ۔ دریدہ دہن ۔

Gruffish *adj.* تلخ کلام ۔ تند مزاج ۔ اکھڑ ۔

Gruffness *n.* اکھڑپن ۔ تند مزاجی ۔ تلخ کلامی ۔

Grumble (grum-bl) *v.i., t. & n.* Growl, complain بڑبڑانا ۔ بڑبڑ کرنا ۔ گھورنا ۔ گرجنا ۔ شکایت کرنا ۔ شکائتاً کہنا ۔ بڑبڑاہٹ ۔ غراہٹ ۔ شکایت ۔

Grumbler *n.* بڑبڑانے والا ۔ شکایت کرنے والا ۔

Grumblingly *adv.* بڑبڑا کر ۔ شکایت کے طور پر ۔

Grumpy (grum-pi) *adj.* Ill-tempered ترشرو ۔ چڑچڑا ۔ تند خو ۔ بد مزاج ۔

Grumpiness *n.* چڑچڑاپن ۔ ترشروئی ۔ بد مزاجی ۔

Grumpily *adv.* بدمزاجی سے ۔ چڑچڑاپن سے ۔

Grunt (grunt) *v.i., t. & n.* Utter low gruff sound like pigs سور کی سی بھاری آواز نکالنا ۔ غرانا ۔ ناراضگی کا اظہار کرنا ۔

Gry (gri) *n.* Measure of land جریب کا دسواں حصہ ۔

Guano (gwano) *n. v.t.* Excrement of a sea-fowl used as manure ایک پرند کی بیٹ جو کھاد کے کام آتی ہے ۔ مچھلی کی کھاد ۔ کھیت میں یہ کھاد ڈالنا ۔

Guarantee (gar-ən-ti) *v.t. & n.* Person giving security, give security ضمانت ۔ کفالت ۔ ذمہ داری ۔ ضمانت دینے والا ۔ وہ چیز جس کی ضمانت دی جائے ۔ ضامن ہونا ۔ ذمہ دار ہونا ۔ تصدیق کرنا ۔

Guarantor *n.* ذمہ دار ۔ کفیل ۔ ضامن ۔

Guard (gard) *n.* Defensive posture, sentry, protector پاسبان ۔ نگہبان ۔ پہرے والا ۔ نگرانی کرنے والا ۔ حفاظت کرنے والا ۔ چوکیدار ۔ روک ۔ حفاظت کرنے والی چیز ۔ محافظ ۔ فوج ۔ چوکی ۔ پہرہ ۔ نگہبانی ۔ حفاظت ۔

Guard (gard) *v.t. & i.* Keep safe, stand guard over حفاظت کرنا ۔ محفوظ رکھنا ۔ نگہبانی کرنا ۔ پاسبانی کرنا ۔ مصلح دوا دینا ۔ بدرقہ استعمال کرنا ۔ زبان روکنا ۔ احتیاط سے کہنا ۔ حفاظتی تدابیر اختیار کرنا ۔ (شطرنج) مہرے کو زور دینا ۔

Guardian (gard-ən) *n.* Keeper, defender محافظ ۔ سرپرست ۔ والی ۔ مربی ۔ امین ۔ حامی ۔ نگہبان ۔ نگران ۔ رکھوالا ۔

Guardianship (gard-ən-ship) *n.* Office of guardian حمایت ۔ امانت ۔ ولایت ۔ محافظت ۔ سرپرستی ۔

Guava (gwava) *n.* Tropical tree yielding acid fruit امرود - جام -

Gubernatorial (gu-bər-nəto-riəl) *adj.* Of a governor صوبہ دار کا - گورنر کا - گورنری کا -

Gudgeon (guj-ən) *n.* Small freshwater fish used as bait ایک چھوٹی مچھلی جو چارہ کے طور پر استعمال کی جاتی ہے - چلیا - سادہ لوح - بھولا - زود اعتقاد آدمی - دھرا - لوہے کا کڑا جو پتھروں کو جوڑنے کے لیے دیا جاتا ہے -

Guebre (gabər) *n.* Fire-worshipper پارسی - گبر - آتش پرست - زر دشت کا پیرو -

Guer(r)illa (gur-i-la) *n.* Irregular war, man engaged in this بے ترتیب لڑائی - چھاپہ ماری - گوریلا - گوریلا جنگ -

Guess (ges) *v.i., t. & n.* Conjecture قیاس کرنا - گمان کرنا - اندازہ کرنا - اٹکل سے بتانا - تاڑ لینا - بھانپ لینا - قیاس - اندازہ - سرسری تخمینہ -

Guest (gest) *n.* Person entertained at another's house ضیف - پاؤنا - مہمان - مقیم مسافر - وہ پودا جو کسی دوسرے پودے سے لگا رہے - علقی پودا -

Guide (gid) *n. & v.t.* One who shows the way رہنما - رہبر - پیش رو - راستہ دکھانے والا - راستہ دریافت کرنے والا - فوجی دستہ - صلاح کار - ہادی - منتظم - منصرم - کارکن - رہبری کرنا - قیادت کرنا - راستہ دکھانا - اہتمام کرنا - انجام دینا -

Guidance راہ نمائی - ہدایت -

Guild (gild) *n.* Society for mutual aid ہم پیشہ لوگ - ہم پیشہ لوگوں کی انجمن -

Guile (gil) *n.* Cunning, treachery دغا - حیلہ - مکر - فریب - دغا بازی - دھوکہ - چالاکی -

Guileful *adj.* مکار - فریبی -

Guilefully *adv.* فریب سے - دغا بازی سے -

Guileless بے ریا - سیدھا سادا -

Guilelessness بھولا پن - بے ریائی -

Guillotine (gil-ə-tən) *n. & v.t.* Machine with knife-blade for beheading آدمیوں کے سر قلم کرنے کی مشین - گلوٹین سے موت کی سزا پوری کرنا - (مجلس قانون) رائے زنی اور تقاریر کے لیے وقت کا تعین کرنا تاکہ لمبی تقریریں نہ ہوں - کسی معاملہ کا فیصلہ کرانا -

Guilt (gilt) *n.* Offence, culpability تقصیر - گناہ - خطا - قصور - جرم -

Guiltless (gilt-les) *adj.* Innocent انجان - معصوم - بے گناہ - بے قصور -

Guilty (gult-i) *adj.* Criminal, culpable قصور وار - خاطی - مجرم - مجرمانہ - خطا وارانہ -

Guiltily *adv.* تقصیر واری سے - نیت جرم سے -

Guiltiness گنہگاری - قصور واری -

Guinea (gin-i) *n.* Part of West Africa, gold coin افریقہ کا ایک ملک - ایک طلائی سکہ جو پندرہ روپے کے برابر ہوتا ہے - گنی -

Guinea pig وہ شخص جس کی فیس ایک گنی ہو - امریکی چوہا -

Guise (giz) *n.* Style of attire, garb لباس - بھیس - وضع - صورت - پوشاک - چلن - طور - طریقہ - وضع قطع - قاعدہ - اسلوب - ڈھنگ - ریت -

Guitar (gitar) *n.* Six-stringed lute played with hand ستار - چھتار - ایک باجہ جو دونوں ہاتھوں سے بجایا جاتا ہے -

Guitarist ستار نواز - چھتار باز -

Gulf (gulf) *n. & v.t.* Portion of sea norrower at mouth than bay خلیج - کھاڑی - بھنور - گرداب - نا قابل عبور گڑھا یا فاصلہ - غرق کر دینا - آنرز کورس کے ناکام طالب علم کو معمولی سند دینا -

Gulfy (gulf-i) *adj.* Full of whirls بھنور سے بھرا ہوا - پر از گرداب -

Gull (gul) *v.t. & n.* A kind of long-winged web-footed marine bird مرغابی - بڑے پروں کی بط - دھوکا کھانے والا - سادہ لوح - بے وقوف - احمق بنانا - دھوکا دینا - ٹھگنا -

Gullible *adj.* جو آسانی سے بیوقوف بنایا جا سکے - سادہ لوح -

Gullibility *n.* حمق - سادہ لوحی -

Gullet (gul-it) *n.* Food passage نرخرا - حلقوم - ڈیٹوا - نکاس - نالی - نالہ - پانی کا راستہ -

Gully (gul-i) *v.t. & n.* Water-worn ravine, fielding position between point and slip تنگ گھاٹی - درہ - بد رو - نالہ - نالی بنانا - پانی سے درہ بن جانا - (کرکٹ) سلپ اور پوائنٹ کے درمیان فیلڈر کا مقام -

Gulp (gulp) *v.t., i.* & *n.* Swallow hastily نگلنا - ہڑپ کر جانا - ایک گھونٹ میں سب پی جانا - دم گھٹنا - ہانپنا - بڑا نوالہ یا گھونٹ - نگلنے کی عجلت -

Gum (gum) *n.* Viscid secretion of some trees, firm flesh of mouth بعض درختوں کا گوند - مسوڑا -

Gumboil *n.* مسوڑے کا ابھار - مسوڑے کا ورم -

Gum (gum) *n., v.t.* & *i.* Vegetable secretion of resin گوند - صمغ - آنکھوں کی چیپ یا چیپڑ - درختوں کی ایک بیماری - گوند نکالنا - گوند جمع کرنا - گوند کا جمنا -

Gummy (gum-i) *adj.* Sticky لس لسا - چپچپا - چیپ دار - گوند پیدا کرنے والا - متورم - سوجا ہوا -

Gumpton (gum(p)shən) *n.* Practical sense (بول چال) سمجھ بوجھ - منچلا پن - کام نکالنے کی صلاحیت (مصوری) وہ چیز جس سے رنگوں کی آمیزش کی جاتی ہے -

Gun (gun) *n.* Metal barrel for throwing missiles بندوق - قرابین - توپ - تفنگ - کسی قسم کی بندوق بھرمار - کارتوسی - ہوائی - شکار پارٹی کا رکن -

Blow great guns آندھی چلنا - سخت طوفان آنا -

Great, big, gun اہم شخصیت - بڑا آدمی -

Gun-shy بندوق کی آواز سے ڈرنے والا -

Son of a gun بے وقوف - حقیر شخص -

Stick to one's guns اپنی بات پر اڑے رہنا -

Gunned *adj.* بندوق سے مارا ہوا - بندوق والا -

Gunner (gun-ər) *n.* Man of artillery توپ خانہ کا افسر - توپ خانہ کا سپاہی - بندوقچی - توپچی - شکاری - بندوق سے شکار کھیلنے والا -

Gunnery (gun-əri) *n.* Construction and management of large guns توپ بنانے اور چلانے کا فن - گولہ اندازی - آتش بازی -

Gunny (gun-i) *n.* Coarse sacking بورا - بوری - ٹاٹ کا تھیلا -

Gup (gup) *n.* Gossip بے بنیاد افواہ - گپ -

Gurgle (gur-gl) *v.i., t.* & *n.* Make bubbling sound غر غر کی آواز نکالنا - غر غرانا - غر غر کے ساتھ کہنا - غر غر کی آواز -

Gurnard-gurnet (gur-nərd) *n.* A kind of big sea-fish with big head بڑے سر کی ایک سمندری مچھلی -

Gush (gush) *v.i., t.* & *n.* Send forth copious stream پھوٹ نکلنا - ابلنا - زور سے اچھلنا - فوارہ کی طرح بہنا - جوش سے تقریر کرنا - طوفان کی طرح اٹھنا - مستعدی سے کام کرنا - فوارہ - جوش - ولولہ -

Gushy *adj.* طوفان خیز - پر جوش -

Gusset (gus-it) *n.* Triangular piece let into garment نکتا کپڑا جو لباس کو مضبوط بنانے کے لیے لگائیں - سنگھاڑا - چڑیا -

Gust (gust) *n.* & *v.i.* Sudden violent rush of wind, sense of taste زور کا ہوا کا جھونکا - جھکڑ - سینہ کا جھلا - مزا - ذائقہ - لذت - جوش - زور - جھپٹ - تمانچہ -

Gusty *adj.* پر جوش - طوفانی - زور کا -

Gusto (gus-tō) *n.* Special flavour, zest مذاق - ذائقہ - چاشنی - شوق - جوش -

Gut (gut) *n., v.t.* & *i.* Bowels, entrails, pluck آنتیں - انتڑیاں - اوجھڑی - آنت - تانت - دم - حوصلہ - آنتیں نکالنا - صاف کرنا - اندر کا مال لوٹ لینا - نچوڑ لینا - نگلنا - جرأت و ہمت کا ثبوت دینا -

Gutter (gut-er) *n., v.t.* & *i.* Track of running water, carry water نالہ - موری - پرنالہ - نالی بنانا - پانی کا بہنا - پانی بہنے کا راستہ بنانا -

Guttural (gut-ər-əl) *adj.* & *n.* Of the throat گلے سے نکلنے والی - حلق کی - حلق سے ادا کیا ہوا -

Guy (gī) *n.* & *v.t.* Rope and chain for crane جہاز کا سامان - طناب - آلات - جرثقیل کی زنجیر - زنجیر سے جرثقیل کے بار کو متوازن رکھنا -

Guy (gī) *n., v.t.* & *i.* Grotesquely-dressed person گئی فاکس کا پتلا جو نومبر میں جلایا جاتا ہے - مضحکہ خیز لباس پہننے والا - ہوا - (بول چال) فرار ہو جانا - رفو چکر ہونا - پتلا بنانا - مذاق اڑانا - فراری -

Guzzle (guz-l) *v.i.* & *t.* Drink, eat greedily بے طرح کھانا اور شراب پینا - کھانے پینے میں روپیہ اڑا دینا - کھا پی کر برابر کر دینا -

Guzzler *n.* مسرف ۔ خراچ ۔ بہت کھانے پینے والا ۔

Gymkhana (jim-ka-na) *n.* Public place for sports مختلف کھیلوں کی جگہ ۔

Gymnasium (jim-na-zi-əm) *n.* Place, room or building for gymnastics ورزش گاہ ۔ دنگل ۔ اکھاڑہ ۔ جمناسٹک کی مشق کا مقام ۔

Gymnast (jim-nast) *n.* Expert in gymnastics ورزش کا استاد ۔ دنگل یا اکھاڑے کا خلیفہ ۔

Gymnastic (jim-nas-tik) *adj.* & *n.* Involving bodily exercises ۔ ورزش کا طریقہ ۔ کسرت کے متعلق ۔ ورزشی موڑ توڑ ۔ جسمانی موڑ توڑ ۔

Gymnic-al (jim-nik) *adj.* About exercises کسرت کے متعلق ۔

Gymnosophist (jim-no-sə-fist) *n.* Mystic ۔ منی تیاگی ۔ جوگی جو تقریباً برہنہ رہتے ہیں ۔ بھگت ۔ برہنہ درویش ۔

Gynaecocracy (jin-ə-krasi) *n.* Woman rule عورت کی حکومت ۔ تریا راج ۔

Gypsum (jip-sem) Hydrated calcium sulphate جپسم ۔ کھریا مٹی ۔ کھریا جس سے پلاسٹر آف پیرس تیار کیا جاتا ہے ۔

Gypsy (jip-si) *n.* Gipsy دیکھو

Gyrate (jir-āt) *adj.* Arranged in rings ۔ پیچدار چکر دار ۔ چھلے دار ۔

Gyration *n.* دوران ۔ گردش ۔ چکر ۔

Gyratory *adj.* گھومنے والا ۔ گردش کرنے والا ۔

Gyre (jīr) *v.i.* & *n.* Ring گھومنا ۔ گردش کرنا ۔ چکر کھانا ۔ چکر ۔ گردش ۔

Gyro (jir-ō) *comb.* Form ۔ جزوی ترکیب بمعنی گردش چکر ۔ دور ۔

Gyve (jīv) *n.* & *v.t.* Fetter بیڑی ۔ ہتھکڑی ۔ بیڑی ڈالنا ۔ ہتھکڑی پہنانا ۔ پابجولاں کرنا ۔

H

H (āch) *n.* Eighth letter of the English alphabet انگریزی حروف تہجی کا آٹھواں حرف ۔ اسی حرف کی شکل کے لوہے کے شہتیر ۔

Ha (hā) *interj.* Expressing surprise or joy ۔ اہا واہ وا ۔ بہت خوب ۔ سبحان اللہ ۔

Habeas corpus (habi-as-kor-pəs) *n.* Writ requiring a body to be brought before judge حکم نامہ جس میں کسی شخص کو حاضر عدالت ہونے کا حکم دیا جائے ۔

Haberdasher (hab-ər-dash-ər) *n.* Dealer in small articles of dress سوئی پوت والا ۔ بساطی ۔

Haberdashery *n.* ۔ بزاز کی دوکان ۔ خوردہ فروش بساطی کی دوکان ۔

Habergeon (hab-ər-jən) *n.* Sleeveless coat of mail گلے اور سینے کا بغیر آستین کا بکتر بند ۔

Habile (hə-bil) *adj.* Skilful ہنرمند ۔ استاد ۔ ماہر ۔ ہوشیار ۔ چست و چالاک ۔

Habiliment (hə-bil-i-mənt) *n.* Dress suited to any occasion تقریبی لباس ۔ پوشاک ۔ لباس ۔ آرائشی ساز و سامان ۔ کپڑے لتے ۔

Habilitate (hə-bil-i-tāt) *v.t.* & *i.* Furnish with working capital تیار کرنا ۔ سرانجام کرنا ۔ کسی کاروبار میں سرمایہ لگانا ۔ کسی ملازمت کے لیے اپنے آپ کو تیار کرنا ۔

Habilitation *n.* کام کی تیاری ۔ کاروباری سرمایہ کی فراہمی ۔ عہدے کی تیاری ۔

Habit (hab-it) *n.* Settled tendency or practice عادت ۔ خو ۔ طبیعت ۔ خاصیت ۔ خصلت ۔ چال ڈھال ۔ طور طریقہ ۔ حالت ۔ نشو و نما ۔ روش ۔ پادریوں کا لباس ۔ پوشاک ۔

Habit (hab-it) *v.t.* Clothe لباس پہنانا ۔ رہنا ۔ سکونت اختیار کرنا ۔

Habitable (hab-it-əbl) *adj.* That can be inhabited قابل رہائش ۔ رہنے کے قابل ۔ سکونت کے قابل ۔ آباد کرنے کے لائق ۔

Habitability, habitableness سکونت پذیری ۔ رہائشی قابلیت ۔

Habitant (hab-it-ənt) *n.* Inhabitant باشندہ ۔ رہنے والا ۔ بسیرا کرنے والا ۔ باسی ۔ کنیڈا کا فرانسیسی نسل کا باشندہ ۔

Habitation (hab-it-a-shən) *n.* Place of abode ۔ گھر مکان ۔ مسکن ۔ مقام ۔ استھان ۔ پودے کی اصل زمین ۔

Habitual (hab-it-ū-əl) *adj.* Customary مدامی ۔ معمول کے مطابق ۔ رسمی ۔ خوگر ۔ عادی ۔

Habitually حسب معمول ۔ عادتاً ۔

Habitualness *n.* عادت ۔ معمول ۔

Habituate (hab-it-ū-āt) *v.t.* Accustom سدھانا ۔ عادت ڈالنا ۔ خوگر کرنا ۔ عادی کرنا ۔

Habituation *n.* استمراری ۔ خو پذیری ۔

Habitude (hab-it-ūd) *n.* Custom, tendency ۔ دستور ۔ طریق عمل ۔ رجحان ۔ رسم ۔ میلان ۔ رغبت ۔

Hacienda (as-i-en-dä) *n.* Estate ۔ وسیع میدان ۔ کھیت ۔ مزرع جس میں مکان بھی ہو ۔ جا گیر ۔ جائداد ۔

Hack (hak) *n.* Horse let out for hire کرایہ کی گاڑی ۔ بھاڑے کا گھوڑا ۔ مریل گھوڑا یا ٹٹو ۔ اُجرت پر دوسروں کے لیے اپنی طبیعت کے خلاف کام کرنے والا ۔

Hack (hak) *v.t.* & *i.* Cut ٹکڑے ٹکڑے کرنا ۔ پاش پاش کرنا ۔ کچومر نکال دینا ۔ بری طرح کاٹنا ۔ (فٹ بال) حریف کی پنڈلی پر ٹھوکر مارنا ۔ شدید وار کرنا ۔ آہستہ آہستہ کھانسنا ۔

Hack (hak) *n.* Board for hawk's meat تختہ جس پر باز یا شکرے کے لیے گوشت رکھا جائے ۔ اینٹیں خشک کرنے کا چوبی چوکھٹا ۔

Hack (hak) *v.t.* & *i.* Make common کثرت استعمال سے فرسودہ کر دینا ۔ کرایہ کے گھوڑے سے کام لینا ۔ معمولی چال سے گھوڑا چلانا ۔

Hackery (hake-ri) *n.* Indian bullock cart ہندوستانی بیل گاڑی ۔ چھکڑا ۔ بنڈی ۔

Hackle (hak-l) *n.* & *v.t.* Steel flax-comb سن کی دھنکی ۔ لوہے کا کنگھا جس سے سن صاف کیا جاتا ہے ۔ پالتو مرغ کی گردن پر پروں کا گچھا ۔ مچھلی پکڑنے کی مکھی ۔ سن کو کنگھے سے صاف کرنا ۔ ٹکڑے ٹکڑے کرنا ۔ کچومر نکالنا ۔

With his hackles up غصے میں ۔

Hackney (hak-ni) *n.* & *v.t.* Horse of middle size معمولی گھوڑا ۔ ٹٹو ۔ بھاڑے کا گھوڑا ۔ اُجرت پر کام کرنے والا ۔ حیثیت بگاڑ دینا ۔ بے وقعت کرنا ۔

Hackney-carriage, coach کرایہ کی گاڑی ۔

Had (had) *v.* دیکھو Have

Hade (hād) *v.i.* Incline from the vertical نشیب کی طرف مائل ہونا ۔ جھکنا ۔ ڈھلنا ۔

Hades (hā-dīz) *n.* Abode of departed spirits برزخ ۔ عالم ارواح ۔ شہر خموشاں ۔

Haematic (hem-a-tik) *adj.* & *n.* Containing blood دوا جو خون پر عمل کرے ۔ خون آمیز ۔ مصفی خون ۔

Haemorrhage (hem-ə-raj) *n.* Bleeding جریان خون ۔ ادرار خون ۔

Haft (haft) *n.* & *v.t.* Wooden shaft of pick-axe قبضہ ۔ دستہ ۔ دستہ لگانا ۔

Hag (hag) *n.* Ugly old woman چڑیل ۔ ڈائن ۔ جادو گرنی ۔ بوڑھی عورت ۔

Haggish *adj.* چڑیل سی ۔ بد صورت سی ۔

Hag (hag) *n.* Soft place in moor سخت زمین میں نرم جگہ ۔ دلدل میں سخت جگہ ۔

Haggard (hag-ərd) *adj.* & *n.* Wild looking ۔ منہ زور ۔ دبلا پتلا ۔ وحشت زدہ ۔ پریشان حال ۔ وہ شکرا جو کریز کر رہا ہو ۔

Haggardness *n.* لاغری ۔ سرکشی ۔ پریشان حالی ۔ بد حالی ۔

Haggle (hag-l) *v.i.* & *n.* Dispute جھگڑا کرنا ۔ تکرار کرنا ۔ بھاؤ تاؤ کرنا ۔ قیمت چکانے میں تکرار کرنا ۔ بھاؤ تاؤ ۔ تکرار ۔

Haggler *n.* چم چچڑ ۔ حجتی ۔ بھاؤ چکانے والا ۔ تکرار کرنے والا ۔

Hagiarchy (hag-i-archi) *n.* Rule of saints اولیا اور بزرگان دین کی حکومت ۔

Hagiocracy (hag-i-o-krasi) *n.* Government of holy persons ۔ بزرگان دین کا راج ۔ پیری مریدی ۔

Hagiographa (hag-i-o-grə-fä) *n.* Religious books of Jews یہود کی مقدس کتابیں ۔

Hagiologist (hag-i-o-lə-gist) *n.* Author or writer of religious books ۔ مقدس کتابوں کا لکھنے والا ۔ سوانح و احادیث انبیا تحریر کرنے والا ۔

Hah (hä) *interj.* Laughter ۔ اہا ۔ اوہو ۔ ہنسی ۔ قہقہہ ۔

Haha (hä-hä) *interj.* & *n.* Laughter, sunk fence قہقہہ کی آواز ۔ اہاہا ۔ باغ کے گرد گڑا ہوا احاطہ یا باڑہ ۔

Hail (hāl) *n.* Pellets of frozen rain, shower of missiles ۔ ژالہ ۔ اولہ ۔ اولوں یا گالیوں کی بوچھاڑ ۔

Hail (hāl) *v.* & *i.t.* Fall or pour down ۔ ژالہ باری ہونا ۔ اولے پڑنا ۔ بوچھاڑ ہونا ۔ بوچھاڑ کرنا ۔

Hail (hāl) *interj.* Of greeting - آفرین - شاباش - مرحبا - خوش آمدید -

Hail (hal) *v.t., i. & n.* Salute, greet پکارنا - آوازدینا - سلام کرنا - صاحب سلامت کرنا - خوش آمدید کہنا - کسی مقام کا باشندہ ہونا -

Hair (hār) *n.* Fine filaments growing on head or skin مو - بال - رواں - رونگٹا - پشم - اون - بال برابر فرق - خفیف مقدار - سرمو -

Hair-splitting موشگافی کرنا - بال کی کھال اتارنا -

Keep your hair on اپنے حواس درست رکھو -

Not turn a hair تیور میلے نہ ہونے دینا - تیور پر بل نہ آنا -

To a hair بالکل ٹھیک -

Hairiness *n.* بالوں کی کثرت -

Hairy *adj.* بال دار - روئیں دار -

Halcyon (hal-se-ən) *n. & adj.* Fabulous bird رام چڑیا - افسانوی پرند جس کے متعلق یہ کہا جاتا ہے کہ وہ سورج کے راس جدی میں داخلے کے وقت سمندر کی موجوں پر اپنا آشیانہ بناتا اور انڈے دیتا ہے اور سمندری موجوں اور ہواؤں کو ساکن کر دیتا ہے - پر سکون - عافیت کا -

Hale (hāl) *adj.* Robust ہٹا کٹا - موٹا تازہ - تنو مند - قوی - چست و چالاک - تنو مند ضعیف آدمی -

Hale (hāl) *v.t.* Drag, draw کھینچنا - گھسیٹنا - جبراً لے جانا - کھینچا تانی کرنا -

Half (hāf) *n., adj. & adv.* One of two equal parts آدھا - نصف - نیم - آدھا آدھا - برابر کا - آدھے کا - قریب قریب آدھا -

Cry halves برابر کا حصہ مانگنا -

Do a thing by halves ادھورا کام کرنا -

Half-baked ضعیف العقل - خام - ناقص -

Half-hearted بے دلی سے -

Half-timer جو آدمی آدھا دن پڑھے اور آدھا دن مزدوری کرے -

Not half (بول چال) مطلق نہیں - بہت زیادہ - نہیں کافی نہیں -

Half-penny (hāf-peni) *n.* Bronze coin نصف پینی - سکہ جس کی قیمت دو پیسے کے قریب ہے -

Turn up again like a bad half-penny ہر پھر کر لوٹ آنا -

Halibut (hal-i-bət) *n.* Large flat fish ایک قسم کی بڑی مچھلی -

Halidom (hal-i-dəm) *n.* Holy thing مقدس شے کی قسم - پاک چیز - مقدس شے -

Hall (hawl) *n.* Large room in palace or mansion بڑا کمرہ - دیوان - دیوان خانہ - بڑا دالان - زمیندار کا مکان - کالج یا مدرسہ جس کا منتظم جامعہ کا رفیق نہ ہو - کالجوں میں کھانے کا کمرہ - جلسہ گاہ کا کمرہ - پیشہ وروں کی برادری کی جلسہ گاہ -

Hallmark مستند - مہر تصدیق -

Hallelujah (hal-i-loo-ye) *n.* Song of praise to God الحمد للہ - خدا کا شکر -

Hallo-loa (həlo) *v.i. & n.* Call attention, greeting پکارنا - ہلو کہہ کر پکارنا - مخاطب کرنا - ہلو کی آواز -

Hallo (həlō) *v.i. & t.* Urge on, shout آگے بڑھانا - کتوں کو ہلکارنا - شور مچانا - شکار کے پیچھے دوڑانا - کسی کو متوجہ کرنے کے لیے پکارنا -

Hallow (hal-ō) *n.* Holy person پاک - مقدس بزرگ - ولی اللہ -

Hallow (hal-ō) *v.t. & i.* Make holy, honour پاک کرنا - مقدس بنانا - مقدس سمجھ کر عزت کرنا - تعظیم کرنا - احترام کرنا - کتوں کو للکارنا -

Hallucinate (həl(y)oo-sin-at) *v.t.* Produce false impression کسی شخص کے دماغ پر غلط اثر ڈالنا - فریب نظر میں مبتلا کرنا - گمراہ کرنا -

Hallucination (həl(y)oo-sin-a-shən) *n.* Illusion فریب خیال - فریب نظر - تصور کا دھوکا - لغزش - بھول چوک -

Halo (ha-lō) *n. & v.t.* Circle of light ہالہ - حلقہ نور - اولیا کے سر کا حلقہ - اولیا کا نورانی تاج - عظمت کی نشانی - حلقہ نور بنانا - ہالہ بنانا -

Halt (hawlt) *n., v.t. & i.* Temporary stoppage مقام - منزل - پڑاؤ - ڈیرہ - ٹھہراؤ - ٹھہرنا - مقام کرنا - پڑاؤ ڈالنا - فوج ٹھہرانا -

Halt (hawlt) *adj.* Lame, crippled لنجا - لنگڑا - لولا -

Halt (hawlt) *v.i.* & *n.* Hesitate رک رک کر چلنا ۔ پس و پیش کرنا ۔ ہچکچانا ۔ تامل کرنا ۔ وقفہ پڑنا ۔ وزن سے گرنا ۔ کمزور ہونا ۔ ناقص ہونا ۔

Haltingly *adv.* لنگڑا کر ۔ پس و پیش سے ۔ رک رک کر ۔

Halter (hawlt-ər) *n.* & *v.t.* Rope, strap with noose گلے میں باندھنے کا پٹہ ۔ پھانسی پر لٹکانے کی رسی ۔ گلے میں رسی ڈالنا ۔ پھانسی دینا ۔

Halve (hav) *v.t.* Divide into halves, share equally آدھوں آدھ کرنا ۔ دو برابر حصوں میں تقسیم کرنا ۔ شہتیروں کے سرے آدھے تراش کر جوڑنا ۔

Halyard (hal-yərd) *n.* Rope for raising or lowering sail بادبان کو اوپر اٹھانے یا نیچے گرانے کا رسہ ۔ بادبان کشی ۔ پال کا رسہ ۔

Ham (ham) *n.* Thigh of hog salted and smoked دھوئیں میں پکائی ہوئی سور کی نمکین ران ۔ پشت ران ۔ پٹھا ۔

Ham (ham) *n.* Town, village قصبہ ۔ بستی ۔ موضع ۔ گاؤں ۔

Hamadryad (ham-ə-dri-ad) *n.* Nymph living and dying with the tree بن دیوی یا پری جو درخت کے ساتھ پیدا ہوتی اور درخت کے ساتھ مر جاتی ہے ۔ ہندوستان کا زہریلا سانپ ۔ حبش کا بندر ۔

Hamburgh (ham-bərg) *n.* Black variety of grape ایک قسم کا سیاہ انگور ۔ ایک چھوٹا پرندہ جو پالا جاتا ہے ۔

Hamite (ham-it) *n.* Descendant of Ham حام کی اولاد ۔ مصری یا افریقی نسل سے ۔ مٹی کی پرتوں میں دبا ہوا گھونگھے کی قسم کا جانور ۔

Hamlet (ham-lit) *n.* Small village قریہ ۔ پورا ۔ کھیڑہ ۔ دیہہ ۔ چھوٹا گاؤں ۔ ایسی بستی جس میں کوئی معبد یا گرجا نہ ہو ۔

Hammer (ham-ər) *n.* Instrument for beating گھن ۔ ہتھوڑا ۔ موگری ۔ مار تول ۔ بندوق کا گھوڑا ۔ پیانو کی مضراب ۔ نیلام کرنے والے کی موگری جو میز پر ماری جاتی ہے ۔

Hammer (ham-ər) *v.t.* & *i.* Strike, beat ہتھوڑے سے پیٹنا ۔ گھن سے مارنا ۔ کوٹنا ۔ ٹھونکنا ۔ لڑائی یا کھیل میں بری طرح ہرا دینا ۔ سخت محنت کرنا ۔ (بازار حصص) ہتھوڑی کو تین بار مار کر یہ ظاہر کرنا کہ فلاں شخص وعدے کا جھوٹا ہے ۔

Hammock (ham-ək) *n.* Hanging bed جالی دار جھولا ۔ جھولن کھٹولا ۔ جھولے کا پلنگ یا بستر ۔

Hamper (ham-pər) *n.* Basketwork packing case بید کا بنا ہوا ٹوکرا ۔ صندوق وغیرہ بالعموم کھانے پینے کی چیزیں رکھنے کے لیے ۔

Hamper (ham-per) *v.t.* & *n.* Hinder, impede کوئی چیز رکھ کر راستہ روک دینا ۔ روکنا ۔ روڑے اٹکانا ۔ گرفتار کرنا ۔ پابجولاں کرنا ۔ پھانسنا ۔ الجھانا ۔

Hamshackle (ham-shak-l) *v.t.* Shackle with rope connecting foreleg with neck گھوڑے کے اگلے پیر اور گردن کو باہم جکڑ دینا ۔

Hamster (ham-stər) *n.* Rodent like large rat with cheek-pouches for carrying grain چوہے کے قسم کا جانور جس کے گلے میں تھیلیاں ہوتی ہیں وہ ان میں غلہ بھر کر لے جاتا ہے اور موسم سرما کے لیے ذخیرہ کرتا ہے ۔

Hamstring (ham-string) *n.* & *v.t.* Great tendon at the back of knee گھٹنے کے پیچھے کی موٹی رگ یا نس ۔ نس کاٹ کر لنگڑا کر دینا ۔ چلنے کے ناقابل بنا دینا ۔

Hand (hand) *n.* Terminal part of human arm ہاتھ ۔ دست ۔ بندر کا ہاتھ ۔ دیگر چوپایوں کے اگلے پیر ۔ گھڑی کی سوئیاں ۔ چار انچ کا ناپ ۔ طرف ۔ جانب ۔ رخ ۔ سمت ۔ لیاقت ۔ قابلیت ۔ مہارت ۔ قبضہ ۔ اختیار ۔ کاریگر ۔ کارندہ ۔

Hands off خبر دار جو ہاتھ لگایا ۔ چلو ۔ ہٹو ۔
In the hands of قبضے میں ۔ اختیار میں ۔
Out of hand قابو سے باہر ۔ فوراً ۔ بلا تاخیر ۔
Go hand in hand مل کر کام کرنا ۔ دوش بدوش چلنا ۔

Hand (hand) *v.t.* Help with the hand دینا ۔ پکڑنا ۔ حوالے کرنا ۔ عنایت کرنا ۔ لے جانا ۔ رہنمائی کرنا ۔ ہاتھ پکڑ کر لے جانا ۔ مدد کرنا ۔

Handful (hand-ful) *n.* Small number مٹھی بھر ۔ معدودے چند ۔ چند ایک ۔ تھوڑے سے ۔

Handicap (hand-i-kap) *n.* & *v.t.* Hindrance کسی مقابلہ میں وزن یا فاصلہ کی قید ۔ روک ۔ گھاٹے میں رکھنا ۔ مقابلہ میں رکاوٹ پیدا کرنا ۔

Handicraft (hand-i-kraft) *n.* Manual art دستکاری ۔ کاریگری ۔ ہاتھ کا ہنر ۔ صناعی ۔ دستی کام ۔

Handiwork (hand-i-wərk) *n.* Work done by hand کاریگری ۔ دستکاری ۔ ہاتھ کا کام ۔

Handkerchief (hang-ker-chif) *n.* Square of linen silk, etc., carried in pocket رومال ۔ دستی ۔ دست مال ۔ دستی رومال ۔

Handle (hand-l) *v.t.* & *n.* Touch with hand چھونا ۔ ہاتھ لگانا ۔ چلانا ۔ پھرنا ۔ استعمال کرنا ۔ سلوک کرنا ۔ معاملہ کرنا ۔ برتاؤ کرنا ۔ قابو میں رکھنا ۔ بندوبست کرنا ۔ انتظام کرنا ۔ کسی موضوع پر تقریر کرنا یا لکھنا ۔ بیوپار کرنا ۔ قبضہ ۔ موٹھ ۔ آلہ ۔ اوزار ۔ وسیلہ ۔ ذریعہ ۔ واقعہ جس سے فائدہ اٹھایا جاسکے ۔

Han(d)sel (han-səl) *n.* & *v.t.* Gift at the beginning of new year نو روز کا تحفہ ۔ وہ تحفہ جو کسی نئے دور یا کام کے آغاز پر دیا جائے ۔ کسی نئی چیز کی آزمائش کرنا ۔

Handsome (han-səm) *adj.* Of fine form and figure ستھرا ۔ خوبصورت ۔ حسین ۔ جمیل ۔ خوبرو ۔ خوشنما ۔ مہربانی اور عالی ظرفی کا (برتاؤ) ۔

Handsomely *adv.* کافی مقدار میں ۔ کشادہ دلی سے ۔ خوبصورتی سے ۔

Handsomeness *n.* خوبروئی ۔ جمال ۔ حسن ۔ خوبصورتی ۔

Handy (hand-i) *adj.* Ready to hand کاریگر ۔ دستکار ۔ صاحب سلیقہ ۔ موجود ۔ تیار ۔ برتنے میں سہل ۔ سبک دست ۔

Handiness *n.* تیز دستی ۔ کاریگری ۔ سلیقہ ۔

Hang (hang) *v.t.* & *i.* Suspend ٹانگنا ۔ لٹکانا ۔ آویزاں کرنا ۔ باندھنا ۔ پھانسی دینا ۔ سولی دینا ۔ تصویریں لٹکانا ۔ مرقع دیوار پر لگانا ۔ دیوار پر ابری یا کاغذ چسپاں کرنا ۔ سر جھکانا ۔ شرمندہ ہونا ۔ مرجھانا ۔ کملانا ۔ معلق ہونا ۔ آویزاں رہنا ۔ پھانسی پانا ۔ فیصلہ نہ ہونا ۔

Hang (hang) *n.* Downward droop ڈھال ۔ جھکاؤ ۔ میلان ۔ بندش ۔ ترتیب ۔ لٹکنے کا انداز ۔

Get the hang of حالات کا تھوڑا بہت سمجھ لینا ۔ جائزہ لینا ۔ معاملہ کو سمجھ لینا ۔

Hanger (hang-ər) *n.* Loop by which thing is hung زنجیر یا رسی جس سے چیزیں لٹکائی جائیں ۔ عمودی پہاڑی کی جھاڑیاں ۔ لٹکنے والا ۔ پھانسی پانے والا ۔ پھانسی دینے والا ۔ چھوٹی چوڑی تلوار ۔ تیغہ ۔ چھرا ۔

Hanger on جلو میں رہنے والا ۔ دست نگر ۔ حاشیہ بردار ۔ طفیلی ۔

Hanging (hang-ing) *n.* Drapery پھانسی ۔ لٹکتی ہوئی تصویریں ۔ دیوار گیری ۔ پردہ ۔

Hank (hangk) *n.* Circular loop or coil پیچک ۔ انٹی ۔ لچھا ۔ ریل ۔ بادبان گیر ۔ رسی کا پھندا ۔ لوہے کا کڑا ۔

Hanker (hangk-ər) *v.i.* Crave, long خواہش کرنا ۔ بے قرار ہونا ۔ آرزو مند ہونا ۔

Hankering *n.* شوق ۔ آرزو ۔ خواہش ۔ تمنا ۔

Hanky (hangk-i) *n.* Handkerchief دستی ۔ رومال ۔

Hanky-panky (hangki-pangki) *n.* Jugglery بھانامتی کا تماشا ۔ مداری کا کھیل ۔ نظر بندی ۔ شعبدہ بازی ۔ چال ۔ سازش ۔

Hanover, House of Hanover (hanə-vər) *n.* British sovereigns from George I انگلستان کے بادشاہ ۔

Hans (hans) *n.* German or Dutchman جرمن یا ڈچ ۔

Hansom (han-səm) *n.* Two-wheeled cabriolet دو پہیوں کی گاڑی جس کا گاڑیبان پیچھے بیٹھ کر چلاتا ہے ۔

Hap (hap) *n.* Chance, luck اتفاق ۔ قسمت ۔ تقدیر ۔ حادثہ ۔

Hap (hap) *v.t.* Happen ناگہانی طور پر ظاہر ہونا ۔ اتفاقاً کرنا ۔ اتفاقاً واقع ہونا ۔

Haphazard (hap-həz-ərd) *n.*, *adj.* & *adv.* Mere chance اتفاق ۔ اتفاقاً ۔ اتفاق سے ۔ شدنی ۔

Hapless (hap-les) *adj.* Luckless بد بخت ۔ بد نصیب ۔ بد قسمت ۔

Haplessly *adv.* بد قسمتی سے ۔

Haply (hap-li) *adv.* By chance شاید ـ اتفاقاً ـ ناگاہ ـ

Happen (hap-ən) *v.i.* Come to pass واقع ہونا ـ پیش آنا ـ نازل ہونا ـ اتفاق سے ہو جانا ـ ٹوٹ پڑنا ـ گزرنا ـ بیتنا ـ پیش آ جانا ـ

Happening *n.* ماجرا ـ حادثہ ـ واقعہ ـ

Happy (hap-i) *adj.* Contented خوش ـ خوش نصیب ـ مطمئن ـ کامیاب ـ کامران ـ خجستہ ـ مسعود ـ دلشاد ـ مسرور ـ فاتح ـ برمحل ـ مناسب ـ موزوں ـ

Happy go lucky لاابالی ـ بے پروا ـ

Happily *adv.* بخیر و خوبی ـ آسودہ حالی سے ـ خوشی سے ـ

Happiness *n.* خوش نصیبی ـ اقبال مندی ـ چین ـ سکھ ـ خوشی ـ آرام ـ

Harakiri (hara-ke-re) *n.* Japanese way of committing suicide اپنا پیٹ چاک کرکے خود کشی کرنا ـ خود کشی کا ایک با عزت جاپانی طریقہ ـ

Harangue (hə-rang) *n., v.i. & t.* Loud, vehement address خطبہ ـ تقریر ـ پرجوش تقریر ـ ولولہ انگیز تقریر ـ پرجوش تقریر کرنا ـ خطبہ دینا ـ خطاب کرنا ـ

Haranguer *n.* خطیب ـ مقرر ـ

Harass (har-əs) *v.t.* Vex by repeated attacks تھکانا ـ ہرانا ـ پریشان کرنا ـ بار بار حملہ کرنا ـ ناک میں دم کرنا ـ تشویش میں ڈالنا ـ پریشان کرنا ـ

Harassment *n.* تشویش ـ ابتلا ـ ایذا دہی ـ

Harbinger (har-bin-jer) *n. & v.t.* Forerunner پیشوا ـ ہرکارہ ـ خبر رساں ـ نقیب ـ پیش خیمہ ـ آمد کی خبر دینے والا ـ آمد کی خبر دینا ـ

Harbour (har-bər) *n., v.t., & i.* Place of shelter for ships, shelter پناہ ـ پناہ گاہ ـ جہازوں کی قیام گاہ ـ بندر گاہ ـ پناہ دینا ـ مجرم کو چھپانا ـ دل میں جگہ دینا ـ بندر گاہ میں لنگر انداز ہونا ـ

Harbourage (har-bər-āj) *n.* Shelter جائے پناہ ـ ملجا ـ ماوی ـ

Hard (hard) *adj. n., & adv.* Firm, unyielding سخت ـ ٹھوس ـ مضبوط ـ کڑا ـ محنت طلب ـ دشوار ـ مشکل ـ بے رحم ـ سنگدل ـ

Be hard put to it مشکلوں میں مبتلا ہونا ـ

Hard row to hoe سخت مشکل کام ـ

It shall go hard, but بڑی مشکل پڑے گی مگر ـ

Hardness *n.* دقت ـ دشواری ـ سختی ـ

Harden (hard-n) *v.t. & i.* To make or become hard سخت کرنا ـ کڑا کرنا ـ مضبوط کرنا ـ مستحکم کرنا ـ سخت دل کرنا یا ہونا ـ جفاکش ہو جانا ـ

Hardihood (hard-i-hood) *n.* Boldness جرأت ـ بہادری ـ بے باکی ـ مضبوطی ـ اکھڑ پن ـ

Hardly (hard-li) *adv.* Scarcely مشکل سے ـ دقت سے ـ دشواری سے ـ سختی سے ـ

Hardship (hard-ship) *n.* Severe suffering بدنصیبی ـ دشواری ـ سختی ـ مصیبت ـ کلفت ـ اذیت ـ آزار ـ تکلیف ـ

Hardy (hard-i) *adj.* Robust بہادر ـ دلاور ـ مضبوط ـ جری ـ من چلا ـ جرأت مند ـ بے باک ـ نڈر ـ گستاخ ـ شوخ ـ بے ادب ـ ہٹیلا ـ پودا جو ہر موسم میں کھلی جگہ اگایا جا سکے ـ

Hardiness *n.* دلیری ـ بے باکی ـ سختی ـ دشواری ـ

Hardy annual وہ پودا جو ہر جگہ ہر موسم میں پنپ جائے ـ

Hare (hār) *n.* Kind of rodent of medium size خرگوش ـ سوسو ـ

First catch your hare and then cook him سوت نہ کپاس کولی سے لٹھم لٹھا ـ

Hold with the hare and run with the hound فریقین سے ساز باز رکھنا ـ

Harem (ha-rem) *n.* Ladies, Mohammedan sacred place حرم سرائے ـ پردہ نشین خواتین ـ خانہ کعبہ ـ

Haricot (har-i-cō) *n.* Ragout, French bean گوشت کے پسندے ـ قلیہ ـ

Hark (hark) *v.i. & t.* Listen سننا ـ کان لگانا ـ کان دھرنا ـ توجہ سے سننا ـ شکاری کتوں کو للکارنا ـ

Harl (harl) *v.t. & i.* Drag along the ground گھسیٹنا ـ گھسٹنا ـ

Harl (harl) *n.* Barb, fibre پروں کا ریشہ ـ ریشہ دار چیز ـ

Harlequin (har-lə-kwin) *n.* Character in Italian comedy بھانڈ ـ مسخرا ـ نقال ـ ناٹک کا وہ کردار جو منہ سے نہیں بولتا ہے مگر مسخرے پن کی حرکتیں کرتا ہے ـ

Harlot (har-lət) *n.* Prostitute کسبی ـ رنڈی ـ کنچنی ـ چھنال ـ فاحشہ عورت ـ

Harlotry *n.* حرام کاری ـ کسب ـ

Harm (harm) *n.* & *v.t.* Damage, hurt نقصان ۔ تکلیف ۔ ضرر ۔ ایذا ۔ دکھ ۔ نقصان پہنچانا ۔ تکلیف دینا ۔ ستانا ۔

Out of harms way سلامتی کی جگہ پر ۔ محفوظ مقام پر ۔

Harmful *adj.* مضر ۔ نقصان دہ ۔ ضرر رسان ۔

Harmfulness *adv.* زیاں کاری ۔ ضرر رسانی ۔ مضرت ۔

Harmless *adj.* معصوم ۔ غریب ۔ بے زبان ۔ مرنجان مرنج ۔ بے ضرر ۔

Harmlessness *n.* بے ضرر ہونا ۔ سادہ پن ۔

Harmonic (har-mon-ik) *adj.* & *n.* Concordant ہم آہنگ ۔ سریلا ۔ ساز گار ۔ تال سر سے درست ۔ سر ۔

Harmonious (har-mo-iəs) *adj.* Sweet sounding ہم آہنگ ۔ متفق ۔ موافق ۔ ہم آواز ۔ سریلا ۔ خوش گلو ۔

Harmoniously *adv.* سریلے پن سے ۔ خوش نوائی سے ۔

Harmonist (har-mon-ist) *n.* Musician راگ راگنی کا ماہر ۔ فن موسیقی کا استاد ۔

Harmonium (hor-mən-i-am) *n.* Keyboard instrument of music ایک قسم کا باجا ۔ ہارمونیم ۔

Harmonize (har-mə-nīz) *v.t.* & *i.* Bring into harmony with ہم آہنگ کرنا یا ہونا ۔ آواز ملانا ۔ ساز سے سر ملانا ۔ حسن ترتیب پیدا کرنا ۔

Harmonization *n.* ہم آہنگی ۔ توافق ۔

Harmony (har-mən-i) *n.* تناسب ۔ مطابقت ۔ موافقت ۔ ہم آہنگی ۔ حسن ترتیب ۔ سر کا میل ۔ سریلی آواز ۔ ہم سازی ۔

Harness (här-nis) *n.* & *v.t.* Working equipment, put harness on گھوڑے گاڑی کا ساز ۔ زین کو جوتنے کا سامان ۔ ہتھیار ۔ ساز لگانا ۔ دریا کے پانی کو روک کر اس کی قوت سے کام لینا ۔

Harp (härp) *n.* Stringed musical instrument چنگ ۔ بین ۔ سارنگی ۔ بربط ۔ قانون ۔ ستار ۔ ستار کی قسم کا مثلث باجہ ۔

Harp (härp) *v.i.* Play on harp چنگ ۔ بین بجانا ۔ طول کلامی کرنا ۔ کسی مضمون کو بالتفصیل بیان کرنا ۔ طول دینا ۔

Harper *n.* بربط نواز ۔ بین کار ۔

Harpist *n.* بربط نوازی کا ماہر ۔

Harpoon (här-poon) *n.* & *v.t.* وہیل مچھلی کے شکار کا برچھا نما ہتھیار ۔ ہار پون مارنا ۔

Harpsichord (härp-si-kerd) *n.* Keyboard instrument with strings قدیم زمانہ کا بین کی طرح کا ایک باجہ ۔

Harpy (härp-i) *n.* Rapacious person ایک افسانوی مخلوق جس کا چہرہ اور جسم پریوں کا سا اور پر اور پنجے عقاب کے سے ہیں ۔ خونخوار عورت یا مرد ۔ لٹیرا ۔

Harridan (har-i-dən) *n.* Haggard old woman بد صورت بوڑھی عورت ۔

Harrier (hari-ər) *n.* ایک قسم کا شکاری کتا جو خرگوش پکڑتا ہے ۔

Harrier (hari-ər) *n.* Ravager, spoiler برباد کرنے والا ۔ غارت کرنے والا ۔

Harrow (har-ō) *n.* Heavy frame with iron teeth کھانچے دار سراون ۔ کھانچے دار سراون پھیر کر مٹی برابر کرنا ۔

Harrowing *adj.* دکھ پہنچانے والا ۔ دلخراش ۔

Harrow (har-ō) *v.t.* Harry, spoil اجاڑنا ۔ تباہ کرنا ۔ لوٹنا ۔ تاراج کرنا ۔

Harry (har-i) *v.t.* Ravage, waste اجاڑنا ۔ لوٹنا ۔ پامال کرنا ۔ ویران کرنا ۔ تنگ کرنا ۔ دق کرنا ۔ رنج پہنچانا ۔ ناک میں دم کرنا ۔

Harsh (här-sh) *adj.* Repugnant, cruel کھردرا ۔ سخت ۔ کریہہ ۔ بد مزہ ۔ ناگوار ۔ گراں ۔ دشوار ۔ ناتراشیدہ ۔ بد مزاج ۔ بے رحم ۔ سنگ دل ۔

Harshness *n.* ناپسندیدگی ۔ ناگواری ۔ سنگدلی ۔ تلخی ۔ بے دردی ۔

Hart (härt) *n.* Male deer نر ہرن ۔ کالوبیٹ ۔ بارہ سنگھا ۔ آہو ۔ غزال ۔

Hartal (har-tal) *n.* Closing of shops ہڑتال ۔ دکانیں بند کرنا ۔ کام بند کر دینا ۔

Hartshorn (härt-shərn) *n.* Substance got from horn of hart کاکڑا سنگھی ۔ ایک مادہ جو ہرن کے سینگ سے نکلتا ہے ۔

Harum-scarum (harəm-skarəm) *adj.* & *n.* Reckless person غافل ۔ لاپروا ۔ لاابالی طبیعت کا آدمی ۔

Harvest (hȁr-vist) *n.* & *v.t.* Season for reaping فصل کاٹنے کا زمانہ ۔ حاصل ۔ پیدا وار ۔ کھیت کاٹنا ۔ پیدا وار جمع کرنا یا ذخیرہ کرنا ۔

Harvester *n.* فصل کاٹنے کی مشین ۔ کھیت کاٹنے والا ۔

Has (hāz) *a.* & *v.* Have دیکھو

Hash (hāsh) *n.* & *v.t.* Cut meat in small pieces قیمہ ۔ قیمہ کرنا ۔ گوشت کاٹ کر اور کوٹ کر ٹکڑے ٹکڑے کرنا ۔

Make a hash of ستیاناس کر دینا ۔ خراب کر دینا ۔

Settle a person's hash خاتمہ کر دینا ۔ کسی کو ٹھکانے لگا دینا ۔

Hashish-eesh (hash-ish) *n.* Top leaves of hemp نشہ آور بوٹی جس کی پتیاں بلاد عرب و ہند میں نشے کے لیے استعمال کی جاتی ہیں ۔ حشیش ۔ بھنگ ۔ گانجہ ۔ چرس ۔

Hasp (hasp) *n.* & *v.t.* Fastening contrivance قلابہ ۔ زنجیر ۔ کنڈا ۔ ایک قسم کا تالا ۔ سوت کی انٹی ۔ ہیسپ لگانا ۔

Hassock (has-ək) *n.* Hard cushion for kneeling in church گرجا کی نماز کا بوریا ۔ جانماز ۔ گدا جس پر نماز کے وقت گھٹنوں کے بل کھڑے ہوتے ہیں ۔

Haste (hast) *n.* & *v.t.* Urgency of movement, hurry جلدی ۔ پھرتی ۔ تیزی ۔ عجلت ۔ جلدی کرنا ۔ عجلت کرنا ۔

Hasten (hast-n) *v.t.* & *i.* Make haste دوڑنا ۔ چلانا ۔ جلدی کرنا ۔ تیز کرنا ۔ تیزی سے آنا ۔ جلد جلد قدم اٹھانا ۔

Hasty (hast-i) *adj.* Hurried پھرتیلا ۔ تیز ۔ جلد باز ۔ ناعاقبت اندیش ۔ تند خو ۔ تیز مزاج ۔ زود رنج ۔ چڑچڑا ۔

Hastiness *n.* چڑچڑا پن ۔ زود رنجی ۔ عجلت ۔ جلد بازی ۔

Hat (hat) *n.* & *v.t.* Man and woman's head covering ٹوپی ۔ کلاہ ۔ دھوپ کی ٹوپی ۔ شام کی ٹوپی ۔ سر پر بیٹ رکھنا ۔ کسی کو ٹوپی پہنانا ۔

Talk through one's hat فقرہ بازی سے کام نکالنا ۔ شیخی مارنا ۔

Hatter ٹوپیاں بنانے والا ۔ ٹوپی بیچنے والا ۔ کلاہ فروش ۔

Hatch (hach) *n.* Lower half of divided door دو حصے والے کواڑ کا نیچے کا حصہ ۔ کھڑکی دار دروازہ ۔ دریا یا نہر کے بند کا دروازہ ۔

Hatch (hach) *v.t.* & *i.* Bring forth young birds from egg انڈے سینا ۔ انڈوں سے بچے نکالنا ۔ بچے کا انڈے سے نکلنا ۔ تدبیر کرنا ۔ منصوبہ بنانا ۔ اختراع کرنا ۔

Hatch (hach) *v.t.* & *n.* Engrave lines on جدول بنانا ۔ متوازی خطوط کھینچنا ۔ کھدے ہوئے خطوط ۔

Hatchel (hach-əl) *n.* & *v.t.* Iron comb for cleaning flax سن وغیرہ صاف کرنے کی کنگھی ۔ سن صاف کرنا ۔

Hatcher (hach-ər) *n.* One who schemes مفتری ۔ تدبیر بنانے والا ۔

Hatchery (hach-əri) *n.* Place for hatching eggs of fish or poultry وہ جگہ جہاں مچھلیوں کے انڈوں سے بچے نکالتے ہیں ۔

Hatchet (hach-et) *n.* Light short-handled axe کلہاڑی ۔ تیر ۔

Hatchment (hach-mənt) *n.* Large tablet with deceased person's armorial bearings ایسی تختی جس پر خاندان کے مرحوم سورماؤں کے اعزازات اور تمغے لگائے جائیں ۔ صاحب خانہ کے نام کی تختی جو مکان کے باہر لٹکائی جائے ۔

Hate (hāt) *v.t.* & *n.* Have strong dislike of, hatred دشمن جاننا ۔ دشمنی رکھنا ۔ دشمنی ۔ بیر ۔ بغض ۔ نفرت (فوجی) جرمن فوج کی گولہ باری ۔

Hatable قابل نفرت ۔

Hateful (hat-ful) *adj.* Exciting hatred بد ۔ برا ۔ کینہ ور ۔ حاسد ۔ نفرت انگیز ۔ قابل نفرت ۔

Hatefulness *n.* بد اندیشی ۔ نفرت انگیزی ۔ دشمنی ۔

Hatred (hāt-red) *n.* Active dislike دشمنی ۔ عداوت ۔ بغض ۔ عناد ۔ کینہ ۔ نفرت ۔

Haughty (haw-ti) *adj.* Proud مغرور ۔ خود پسند ۔ خود بین ۔ گھمنڈ میں چور ۔ اکڑ باز ۔ ڈھیٹ ۔ شوخ ۔ بد لحاظ ۔ پر تمکنت ۔ بھاری بھر کم ۔

Haughtiness تمکنت ۔ خود بینی ۔ تکبر ۔ نخوت ۔ کبر ۔

Haul (hawl) *v.t., i. & n.* Pull, drag forcibly گھسیٹنا ۔ کھینچنا ۔ جہاز کا رخ بدلنا۔ یافت ۔ حصول ۔ مال ۔

Haulage *n.* جہاز کی مزدوری ۔ کشتی وغیرہ کے کھینچنے کی اُجرت ۔

Haunch (hawnsh) *n.* Part of body between ribs and hip-bone پٹھا ۔ کولہ ۔ چوتڑ ۔ ہرن وغیرہ کی ران اور پٹھے کا گوشت ۔ محراب کے بالائی مرکز اور ستون کا درمیانی حصہ ۔

Haunt (hawnt) *v.t., i. & n.* Frequent place or persons آمدو رفت رکھنا ۔ مقامات پر جانا ۔ لوگوں سے ملتے رہنا ۔ خیالات کا بار بار آنا ۔ عادت ڈالنا ۔ اڈا ۔ اکھاڑہ ۔ نشست گاہ ۔ روزانہ کی بیٹھک ۔ بسیرا ۔ آسیب زدہ مقام ۔

Hautboy (h)o-boi) *n.* Wood-wind double-reed instrument نفیری ۔ بانسری ۔ شہنائی ۔ ارگن باجے کا پودا ۔ اسٹرا بیری کا لمبا پودا ۔

Hauteur (ho-tər) *n.* Haughtiness of manner کبر۔ نخوت ۔ غرور ۔ تمکنت کا انداز ۔

Havana (hə-va-na) *n.* Havana cigar ہوانا کا بنا ہوا سگار ۔ چرٹ ۔

Have (hav) *v.t., i. & aux.* Hold in possession رکھنا ۔ پاس ہونا ۔ قبضے میں رکھنا ۔ لحاظ کرنا ۔ پاس کرنا ۔ لے لینا ۔ نکالنا ۔ اٹھانا ۔ اخذ کرنا ۔ محسوس کرنا ۔ مجبور ہونا ۔ کھانا پینا ۔

Have it out بحث کو کسی فیصلہ پر پہنچانا ۔ فیصلہ کر لینا ۔

Have it your own way جو جی چاہے کرو ۔ تم جانو تمہارا کام ۔

Have (hav) *n.* Swindle (بول چال) فریب ۔ دھوکا ۔

Haves and have-nots امیر اور غریب ۔

Haven (ha-vn) *n.* Harbour, refuge بندرگاہ ۔ حفاظت گاہ ۔ جائے امن ۔ جائے پناہ ۔

Haversack (hav-ər-sak) *n.* Stout canvas bag for provisions کینوس کی خرجی ۔ بڑا تھیلا جس میں کھانے پینے کا سامان رکھتے ہیں ۔

Having (hav-ing) *n.* Belongings گھر کا سامان ۔ مال و متاع ۔ گھر گرہستی ۔

Havoc (hav-ək) *n. & v.t.* Destruction - خرابی ۔ تباہی بربادی ۔ ویرانی ۔ تباہ و برباد کرنا ۔ اجاڑنا ۔ تباہی پھیلانا ۔

Haw (haw) *n.* Hedge, enclosure, fruit of hawthorn ایک قسم کی جھاڑ۔ جس میں انگور جیسے سرخ پھل آتے ہیں ۔ جنگلہ ۔ جھاڑیوں کی باڑ ۔

Haw-haw (haw-haw) *interj. n., & v.t.* Boisterous laugh قہقہہ کی آواز ۔ قہقہہ ۔ قہقہہ لگانا ۔

Hawk (hawk) *n., v.i. & t.* Bird of prey - باز ۔ شاہین شکرہ ۔ باز کی طرح جھپٹنا ۔ باز سے شکار کھیلنا ۔ ڈاکو ۔ قزاق ۔

Hawk (hawk) *v.t.* Carry goods about for sale پھیری لگا کر سامان بیچنا ۔ پھیری لگانا ۔ کھنکارنا ۔

Hawker (haw-kər) *n.* One who hawks goods پھیری والا ۔ خوانچے والا ۔

Hawse (haw-z) Part of ship which has holes for cables جہاز کے اگلے رخ کا وہ حصہ جس میں رسوں کے لیے سوراخ ہوتے ہیں ۔ جہاز کے اگلے سرے اور لنگر کے بیچ کا حصہ ۔

Hawser (haw-zər) *n.* Large rope جہاز کا تار۔ جہاز کا موٹا رسہ ۔

Hawthorn (haw-thərn) *n.* Thorny shrub کٹیلی جھاڑی ۔ پھولوں کی جھاڑی ۔

Hay (ha) *n., v.t. & i.* Dry grass for fodder خشک گھاس ۔ چارہ ۔ گھاس کو زمین پر سوکھنے کے لیے ڈالنا ۔

Hayward (ha-ward) *n.* Man in charge of fences and enclosures حلقے کی باڑوں اور احاطوں کی نگرانی کرنے والا ۔ گاؤں کا چوکیدار ۔

Hazard (haz-ərd) *v.t. & n.* Game at dice, chance چوسر کا ایک کھیل ۔ اتفاق ۔ واردات ۔ اندیشہ ۔ خطرہ ۔ جوکھوں ۔ بلیئرس کی ایک ضرب ۔ خطرہ مول لینا ۔ دل کڑا کرکے کوئی مشکل کام شروع کرنا ۔

At all hazards کچھ بھی ہو ۔ ہرچہ بادا باد ۔

Hazardous (haz-ərd-əs) *adj.* Risky جوئے کا سا ۔ پرخطر ۔ اندیشناک ۔ خطرناک ۔

ıze (hāz) *n.* & *v.t.* Dimness کہر ۔ دھند ۔ غبار ۔ دھندلا پن ۔ پریشان خیالی ۔ دھندلا کرنا ۔ زیادہ محنت کی وجہ سے تھک جانا یا تھکا دینا ۔ ستانا ۔ دق کرنا ۔

ızel (hā-zl) *n.* A kind of bush yielding nuts for eating ایک پھل دار جھاڑی جس کے پھل کی گری کھائی جاتی ہے۔ اسی جھاڑی کی لکڑی کی چھڑی۔ سرخی مائل بنفشی آنکھیں ۔

ızy (hāz-i) *adj.* Misty, vague تاریک ۔ مبہم ۔ غیر واضح ۔ دھندلا ۔

Haziness *n.* تاریکی ۔ ابہام ۔ دھندلا پن ۔

·bomb (ach-bom) *n.* Hydrogen bomb ہائیڈروجن بم ۔

: (hē) *pro. n.* The male وہ ۔ وہ مرد ۔ اسنے ۔

He man رو دار ۔ دبنگ آدمی ۔

ead (hed) *n.* Upper part of man's body سر ۔ منڈی ۔ کسی چیز کا سرا ۔ دماغ ۔ ذہن ۔ عقل ۔ شخص۔ فرد ۔ نفر ۔ راس ۔ سرگروہ ۔ پیشوا ۔ سردار ۔ رئیس ۔ صدر ۔ صدر مقام ۔ درجہ ۔ پایہ ۔ منبع ۔ سر چشمہ ۔ مبدا ۔ صیغہ دار ۔ پتوں کی چھتری ۔ سر شاخ ۔ دودھ کی بالائی ۔ شراب کا جھاگ ۔ پھوڑے کا منہ ۔ جھیل کا دھانہ ۔ فوج کا اگلا حصہ ۔ ہل کا پھل ۔

Come to a head نازک صورت اختیار کر لینا ۔

Give horse his head گھوڑے کو باگ دینا ۔

Have old head on young shoulders نوعمری میں بڑی عمر والوں کا سا تجربہ رکھنا ۔

Heads I win tails you lose چت بھی میری پٹ بھی میری ۔

Keep one's head اوسان قائم رکھنا ۔

Keep one's head above water قرض لیے بغیر گزر کرنا ۔

Promote person over another's head مستحق کے مقابلے میں غیر مستحق کو ترقی دینا ۔

Put things out of person's head دل سے نکال دینا۔ بھلا دینا ۔

Put things into person's head کسی کے دماغ میں ایک خیال ڈالنا ۔

Two heads are better than one دو کی عقل ایک سے بہتر ہے ۔ ایک سے دو بھلے ۔

Head (hed) *v.t.* & *i.* Furnish with head سردار ہونا یا بنانا ۔ کسی جماعت کا امیر ہونا ۔ رہنمائی کرنا ۔ رہبری کرنا۔ سرگروہ بنانا۔ پھل یا تیر کا پیکان بنانا ۔ سرا بنانا ۔ نوک نکالنا ۔ مزاحمت کرنا ۔ روکنا ۔ سر فہرست ہونا ۔ مخالفت کرنا ۔ مقابل ہونا ۔ عنوان یا سرخی قائم کرنا ۔ ترقی کرنا ۔ آگے بڑھنا ۔ نازک صورت اختیار کرنا ۔

Headache (hed-ak) *n.* Pain in head صداع ۔ سر کا درد ۔ درد سر ۔

Header (hed-ər) *n.* Brick or stone laid at right angle to wall پتھر جو دیوار میں آڑا لگایا جائے ۔ کیلوں کی گھنڈی بنانے والا ۔ سر پوش اور پیپوں کے ڈھکن بنانے والا ۔ (بول چال) سر کے بل غوطہ لگانا ۔

Heading (hed-ing) *n.* Title سر سے گیند کو مارنا ۔ سرخی ۔ عنوان ۔ زمین دوز راستہ ۔

Headlong (hed-ləng) *adv.* & *adj.* Head foremost سر آگے۔ سر کے بل ۔ اندھا دھند ۔ بے احتیاطی سے ۔ بے سمجھے بوجھے ۔ فوراً ۔ دفعتاً ۔

Headsman (heds-mən) *n.* Man who beheads ۔ جلاد ۔ پھانسی دینے والا ۔ وھیل مچھلی کی شکاری کشتی کا کپتان ۔

Headstrong (hed-strəng) *adj.* Violently self-willed منہ زور ۔ سرکش ۔ خود رائے ۔ ضدی ۔ سر چڑھا ۔ ہٹیلا ۔

Heady (hed-i) *adj.* Violent تیز ۔ جلد باز ۔ عجلت پسند ۔ تند مزاج ۔ شراب سے جلد مخمور ہو جانے والا ۔

Headiness عجلت پسندی ۔ تند مزاجی ۔ بد مستی ۔

Heal (hel) *v.t.* & *i.* Restore to health شفا بخشنا ۔ تندرست کرنا ۔ اچھا کر دینا ۔ زخم کا بھر جانا ۔ رفع نزاع کرنا ۔ میل ملاپ کرنا ۔ زخم دل کو اچھا کرنا ۔ درد دل کی دوا کرنا ۔

Heal all ہر مرض کی دوا ۔ اکسیر ۔

Healer *n.* ۔ زخم کو بھرنے والا ۔ درد رفع کرنے والا

Health (helth) *n.* Soundness of body تندرستی ۔ سلامتی ۔ صحت ۔ خیریت ۔

Healthful (helth-ful) *adj.* Health-giving صحت بخش صحت افزا ۔ ممد اخلاق ۔

Healthy (hel-thi) *adj.* Having good health ـتندرست
بھلا چنگا ـ صحیح سالم ـ روحانی امراض سے پاک ـ صحت افزا ـ

Healthiness *n.* صحت مندی ـ تندرستی ـ صحت ـ

Heap (hēp) *n.* Group of things at one place
ڈھیر ـ تودہ ـ انبار ـ بہت بڑی تعداد یا مقدار ـ بھیڑ ـ کثرت ـ ہجوم ـ

Heap (hēp) *v.t.* Pile in a heap ـ ڈھیرلگانا ـ انبار کرنا
اکھٹا کرنا ـ جمع کرنا ـ جوڑنا ـ لادنا ـ بار کرنا ـ بوچھار کرنا ـ بھرمار کرنا ـ

Hear (hēr) *v.t.* & *i.* Perceive with the ear ـ سننا
کان دھرنا ـ کان دینا ـ غور یا توجہ سے سننا ـ گفتگو کا موقع دینا ـ مقدمہ کی سماعت کرنا ـ ذکر سننا ـ چرچا سننا ـ

Hearing (hēr-ing) *n.* Perception by ear سننے کی
قوت ـ سماعت ـ حضوری ـ باریابی ـ شنوائی ـ مقدمہ کی پیشی ـ

Hearken (hērk-n) *v.i.* Listen to ـ سننا ـ سن لینا
متوجہ ہونا ـ توجہ سے سننا ـ

Hearsay (hēr-sa) *n.* Gossip ـ افواہ ـ سنی سنائی بات

Hearse (hərs) *n.* & *v.t.* Vehicle for carrying coffin تابوت لے جانے والی گاڑی ـ مردے کو تابوت میں لے جانا ـ دفن کرنا ـ

Heart (härt) *n.* Hollow organ keeping up circulation of blood ـ دل ـ قلب ـ من ـ سینہ ـ چھاتی
نفس ـ روح ـ جرات ـ ہمت ـ دل گردہ ـ لخت جگر ـ نور نظر ـ جان من ـ وسط ـ بیچ کا حصہ ـ لب لباب ـ نچوڑ ـ دل کی شکل کی کوئی چیز (تاش) پان کا رنگ ـ

Hearten (härt-en) *v.t.* & *i.* Cheer ـ دلاسا دینا
دلداری کرنا ـ ہمت دلانا ـ دل بڑھانا ـ

Hearth (her-th) *n.* Floor of fireplace ـ چولھا
آتشدان ـ گھر بار ـ بال ـ بچے ـ گھر ـ

Heartily (härt-i-li) *adv.* With goodwill ـ دل سے
تندہی سے ـ شوق سے ـ جی کھول کر ـ بہت اچھی طرح سے ـ

Heartless (härt-les) *adj.* Merciless, unfeeling
بے دل ـ بے رحم ـ سنگدل ـ

Heartlessness *n.* بے رحمی ـ سنگدلی ـ

Hearty (härt-i) *adj.* & *n.* Cordial, sincere ـ اف
چا ـ بے ریا ـ پرخلوص ـ تندرست ـ توانا ـ خوش خلق ـ لنسار ـ خوش مزاج ـ پیٹ بھر کر ـ

Heartiness *n.* وانائی ـ خلوص ـ ذوق و شوق ـ وش مزاجی ـ

Heat (hēt) *n.* Hotness ـ گرمی ـ حرارت ـ تپش ـ جوش
رمی کا موسم ـ خون کی حدت ـ گرمی دانے ـ کوشش ـ می ـ دوڑ ـ جذبہ ـ جوش و خروش ـ شہوت ـ مستی ـ کھیلوں کے مقابلے ـ

Heat (het) *v.t.* & *i.* Make hot, inflame ـ گرم کرنا
گرمانا ـ تیز کرنا ـ تاؤ دلانا ـ جوش دینا ـ خون گرم کرنا ـ بھڑکنا ـ بھڑکانا ـ مشتعل کرنا ـ

Heater *n.* گرمی پہنچانے کا آلہ ـ کمروں کو گرم رکھنے کا آلہ ـ گرم کرنے کا آلہ ـ

Heath (hēth) *n.* Waste land covered with shrub
اڑلوں کی جھاڑی ـ جھاڑیوں کا علاقہ ـ مختلف قسم کی جھاڑیاں ـ

Heathen (heth-en) *adj.* & *n.* Unlightened perso
شرک ـ بت پرست ـ کافر ـ غیر اہل کتاب ـ

Heathenish *adj.* جاہلانہ ـ مشرکانہ ـ

Heathenism *n.* ت پرستی ـ الحاد ـ شرک ـ

Heathenize *v.t.* ظاہر پرست کرنا ـ بت پرست بنانا ـ شرک بنانا ـ

Heather (heth-ər) *n.* A kind of flower-bearing shrub یک جھاڑی جس میں گلابی رنگ کے پھولوں کے گچھے آتے ہیں ـ

Heave (hɪv) *v.t.* & *i.* Lift ـ ٹھانا ـ اکسانا ـ اونچا کرنا
بھارنا ـ آہ سرد بھرنا ـ رسے سے کھینچنا ـ زور لگانا ـ انپنا ـ دم چڑھنا ـ سانس پھولنا ـ قے کے لیے منہ کھولنا ـ

Heave (hɪv) *n.* Heaving ـ سرد ـ لہر ـ رسہ کشی
ور آزمائی ـ ابھار ـ گھوڑے کی ایک بیماری ـ

Heaven (hev-n) *n.* Place, state of supreme blis
سمان ـ افلاک ـ بہشت ـ جنت ـ عالم قدس ـ عرش علیٰ ـ قدرت الٰہی ـ روحانی مسرت ـ سعادت عظمیٰ ـ

Good heavens ا اللہ ـ غضب خدا کا ـ

Heaven-born فخہ جبرئیل سے پیدا ہوا ـ آسمان سے ترا ہوا ـ

Heavenly (hev-n-li) *adj*. Divine فلکی - ساوی - بہشتی - جنتی - قدسی - پاکیزہ - روحانی - ربانی -

Heavy (hev-i) *adj., n. & adv*. Of great weight بھاری - وزنی - گراں - بوجھل - گراں بار - دشوار - کٹھن - شدید - گراں خاطر - ملول - افسردہ - سست - دھیا - پر شور (سمندر) - خشک - سخت (روٹی) ثقیل (غذا) غبار آلود (آسمان) - غبی - مجہول - کند ذہن - بے ڈول - بھدا - بد شکل - بے لوچ - خواب آلودہ -

Time hangs heavy وقت کاٹے نہیں کٹتا -

Heaviness *n*. سستی - غمگینی - گراں باری -

Habitate (heb-i-tat) *v.t. & i*. Make, become, dull کند ذہن کرنا یا ہونا -

Hebraism (heb-ra-izm) *n*. Attribute of the Hebrews - عبرانیوں کی خصوصیت - عبرانی یا اسرائیلی عقائد - عبرانی زبان کا محاورہ -

Hebrew (he-broo) *n. & adj*. Jero, Jewish - اسرائیلی یہودی - عبرانی زبان - (بول چال) وہ تقریر جو سمجھ میں نہ آئے - عبرانی - یہودیوں کا -

Hecatomb (hek-ə-tom) *n*. Great public sacrifice ایک سو بیلوں کی قربانی - بڑی مذہبی قربانی -

Hectic (hek-tik) *n. & adj*. Exciting, wild - مدقوق مشتعل - بیماری سے سرخ (بول چال) ہیجان خیز - پر جوش - دق کا مریض -

Hector (hek-tər) *n., v.t. & i*. Bully - تیس مار خان کمزور کو ستانے والا - بزدل - ظالم - لاف زنی کرنا - دھونس جمانا - کمزور پر ظلم کرنا -

Hedge (hej) *n*. Fence of bushes جھاڑی کی باڑ - راستہ روک - روک - نقصان کی تلافی کا انتظام یا عمل -

Does not grow on every hedge - کمیاب ہے - نایاب ہے -

Hedge (hej) *v.t. & i*. Fence off, secure oneself against loss باڑ لگانا - کانٹے لگانا - ایک گھوڑے پر شرط لگا کر دوسرے پر بھی روپیہ لگانا تاکہ نقصان سے محفوظ رہے - ذمہ داری سے بچنا - پہلو بچانا -

Hedgehog (hej-ag) *n*. Small spiny nocturnal mammal خار پشت - ساہی - سیہی - ایسا شخص جس سے نبھانا مشکل ہو -

Hedgehoggy *adj*. جھگڑالو - لڑاکا -

Hedonism (he-dən-izm) *n*. Doctrine that pleasure is the chief good یہ عقیدہ کہ لذت مقصد حیات ہے - لذتیت -

Hedonist لذت پسندی کا معتقد - لذتیہ -

Heed (hed) *v.t. & n*. Take notice - التفات کرنا دھیان کرنا - توجہ کرنا - لحاظ کرنا - توجہ - دھیان - احتیاط - ہوشیاری -

Heedful *adj*. - چوکس

Heedfulness *n*. - خبر داری - بیداری - چوکسی

Heedless *adj*. - بے پروا - غافل - غیر محتاط

Heedlessness *n*. - بے التفاتی - لاپروائی - بے احتیاطی - غفلت -

Hee-haw (he-haw) *n*. Ass's bray قہقہہ - گدھے کی آواز -

Heel (hel) *n*. Hinder part of human foot - ایڑی پاشنہ - جوتے کی ایڑی - کانٹا یا مہمیز - ایڑی نما کوئی چیز - جہاز کا پچھلا حصہ -

Kick one's heel - انتظار کرنا - بٹھائے رکھنا

Heel (hel) *v.i. & t*. Touch ground with heel جھکنا - ناچنا - ناچ میں ایڑی فرش پر مارنا - جوتے میں ایڑی لگوانا - پیچھا کرنا - سایہ کی طرح ساتھ لگے رہنا - گاف میں بلے کے دستہ یا پشت سے گیند کو مارنا -

Heel (hel) *v. i.,t. & n*. Lean over بوجھ یا ہوا سے ایک طرف جھک جانا - جہاز کا جھونک کھانا - جھکاؤ -

Hegira (hej(i)ra) *n*. The Holy Prophet's flight from Mecca in 622 AD حضرت محمد صلی اللہ علیہ وسلم کی ہجرت مکہ سے مدینہ کو - آغاز سن ہجری -

Heifer (hef-ər) *n*. Young cow بچھیا - بہڑی - جوان گائے جس کے بچہ نہ ہوا ہو -

Heigh-ho (hi-ho) *interj*. Well done - آہا - اوہو شاباش -

Height (hit) *n*. Elevation - بلندی - اونچائی - ارتفاع چوٹی - عروج - سرفرازی - شدت - انتہا - کمال - درجہ - رتبہ - سطح مرتفع - فراز - ٹیلہ یا ٹیکرا -

Heighten (hit-en) *v.t. & i*. Make higher, rise اونچا یا بلند کرنا - بلند ہونا - بہتر کرنا - اصلاح کرنا - بھاری کرنا - سنگین بنانا - زیادہ کرنا - مبالغہ کرنا - عروج پر پہنچنا -

Heinous (ha-nəs) *adj.* Odious عظیم - سخت - بڑا - قابل نفرت - نفرت انگیز - وحشیانہ - بھیانک -

Heinousness *n.* نفرت انگیزی - وحشت ناکی -

Heir (ar) *n.* Person entitled to receive property belonging to former owner وارث - والی - حق دار - جانشین - مستحق -

Heirless *adj.* لاولد - لاوارث -

Heirship وراثت - میراث -

Heirloom (ar-loom) *n.* Piece of personal property that has been in the family for generations ورثہ - ترکہ - اسباب منقولہ - کوئی ایسی چیز جو پشتہا پشت سے خاندان میں چلی آتی ہو - موروثی تحفہ - موروثی خصوصیت یا قابلیت -

Hejra (hej(i)rà) *n.* دیکھو Hegira

Held (eld) *v.* دیکھو Hold

Heliacal (he-li-ək-əl) *adj.* Relating to Sun سورج کے متعلق - آفتابی -

Helianthus (he-li-an-thəs) *n.* Genus including sunflower سورج مکھی کی قسم کے پھول -

Helical (he-li-kəl) *adj.* Spiral مرغولہ دار - پیچاں - پیچ دار -

Helicon (he-li-kən) *n.* Boeotian mountain sacred to Muses شاعری کی دیوی کا مسکن - شعرا کے فیضان کا سرچشمہ -

Helicopter (he-li-kop tər) *n.* Flying-machine ہیلی کوپٹر -

Heliocentric (he-li-o-sent-rik) *adj.* About the centre of the Sun آفتاب کے مرکزی نقطہ کے لحاظ سے - مرکز آفتاب سے - مرکز آفتاب کے متعلق -

Helix (he-liks) *n.* Spiral thing - کمانی دار یا پیچ دار چیز - مرغولہ نما نقش و نگار - کان کے بیرونی حصہ کا کنارہ -

Hell (hel) *n.* Abode of condemned spirits - تحت الثریٰ - عالم اسفل - پاتال - دوزخ - جہنم - نرک - مصائب کا گھر - مختلف کھیلوں میں چور کی جگہ - قمار خانہ - جوئے کا اڈہ -

Hell-cat چڑیل - بد مزاج عورت -

Hellish *adj.* شیطانی - جہنمی - دوزخی -

Hellward *adv.* جہنم کی طرف -

Hellebore (hel-i-bōr) *n.* Ancient name of plants supposed to cure madness وہ پودے یا درخت جو دافع جنون سمجھے جاتے تھے -

Hellene (hel-en) *n.* Ancient Greek قدیم یونانی باشندہ - خالص یونانی - یونانی -

Hellenic *adj.* یونانی نژاد - خالص یونانی -

Hellenism (hel-en-izm) *n.* Grecian culture یونانی ثقافت - یونانی تہذیب اور زبان -

Hellenist (hel-en-ist) *n.* Greek scholar - یونانی ادیب - یونانی زبان کا محقق -

Hello (hel-ō) *n.* & *v.* دیکھو Hallo

Helm (helm) *n.* & *v.t.* Helmet, stormy cloud مغفر - خود - پتوار - سکان - رہبری - قیادت - رہنمائی کرنا - پتوار چلانا - کھینا -

Helmsman (helm-s-mən) *n.* Steersman پتوار چلانے والا - سکان گیر - رہنما -

Helmet (hel-met) *n.* Defensive head-cover for firemen and soldiers - مغفر - خود - لوہے کی ٹوپی - سپاہی یا آگ بجھانے والوں کی ٹوپی - قرنبیق کا بالائی حصہ - گھونگھے کا خول - پھول کا خود -

Helot (hel-ət) *n.* A class of serfs in ancient Sparta قدیم اسپارٹا کے غلام کسان - غلام -

Help (help) *v.t.* Aid, assist مدد دینا - مدد کرنا - اعانت کرنا - دستگیری کرنا - ہاتھ بٹانا - دکھ دور کرنا - چارہ سازی کرنا - کھانا اٹھا کر دینا - کسی کے سامنے کھانے کی پلیٹ بڑھانا - کھانا تقسیم کرنا -

Do not be longer than you can help جہاں تک ہو سکے دیر نہ کرنا -

Help me out مجھے مشکل سے نجات دلاؤ -

I cannot help doing that - میں ایسا کرنے پر مجبور ہوں

So help me God انشاء اللہ -

Help (help) *n.* Assistance - مدد - سہارا - امداد - تقویت - دستگیری - اعانت - حمایت - علاج - چارہ - تدبیر - چارہ کار - ایک دفعہ کا کھانا - ملازم - نوکر - خادم - خادمہ -

Helpful (help-ful) *adj.* Useful مددگار - ممدو معاون - مفید - کار آمد - کام کا -

Helpfulness *n.* - امداد - اعانت - چارہ کاری - فائدہ مندی

Helping (help-ing) *n.* Portion of food servd
کھانے کی وہ مقدار جو کسی شخص کو ایک بار دی جائے - دستگیری - اعانت -

Helpless (help-les) *adj.* Unable to help oneself
محتاج - بے کس - بے وسیلہ - لاچار - بے یارو مدد گار - لاعلاج -

Helplessness *n.* بے کسی - لاچاری - مجبوری - بے بسی -

Helpmate (help-mat) *n.* Helpful companion
ساتھی - مددگار - مونس - شریک رنج و راحت -

Helter-skelter (hel-tər-skel-tər) *adv., adj. & n.* Disordered haste گھبراہٹ - کھلبلی - گرتے پڑتے - افتاں و خیزاں - بد حواسی میں -

Helve (helv) *n.* Handle of a tool کلہاڑی وغیرہ کا دستہ - قبضہ - بینٹ -

Hem (hem) *n.* Border سنجاف - مغزی - گوٹ - جھالر - حاشیہ - کنارہ -

Hem (hem) *v.t.* Enclose, confine مغزی لگانا - حاشیہ لگانا - جھالر ٹانکنا -

Hem (hem) *interj., n. & v.i.* Calling attention
کھنکارنا - متوجہ کرنا - بولتے وقت حلق صاف کرنا - کھنکار کر متوجہ کرنا - تقریر میں اٹکتے وقت کھنکارنا -

Hemi (hem-i) *prefix* Half سابقہ - نصف یا نیم -

Hemicrania (hemi-krə-ni-ä) *n.* Headache in one part of the head آدھے سر کا درد - درد شقیقہ -

Hemiplagia (hemi-pli-giä) *n.* Paralysis of one side
آدھے دھڑ کا فالج - لقوہ -

Hemisphere (hem-is-fer) *n.* Half the earth نصف کرہ ارض - نصف کرہ فلکی - نصف الارض -

Hemistich (hemi-stik) *n.* Half of the verse نصف مصرعہ - مصرعہ نا تمام - آدھا بول -

Hemlock (hem-lok) *n.* A poisonous plant ایک زہریلا درخت جس کا عرق مسکن ہوتا ہے - شیکران -

Hemorrhage (hem-o-raj) *n.* Haemorrhage دیکھو

Hemp (hemp) *n.* Herbaceous plant giving stout fibres سن - ہٹ سن - ریشہ دار پودا جس کے ریشوں سے رسے اور کپڑے تیار کئے جاتے ہیں - حشیش - بھنگ - پھانسی کا پھندا یا رسی -

Hemistitch (hem i stik) *v.t. & n.* Hem cloth with ornamental stitch کشیدہ کاڑھنا - کشید کاری - ایک طرح کا کشیدہ -

Hen (hen) *n.* Female domestic fowl - مرغی - ماکیان - یہ لفظ بعض دوسرے پرندوں کے ساتھ لگانے سے مادہ کے معنی دیتا ہے -

Like a hen with one chicken ذرا سی بات پر اودھم مچانا -

Hence (hens) *adv.* From here, from this, therefore چنانچہ - یہاں سے - ادھر سے - اب سے - بعد ازاں - اس لیے - اس واسطے -

Henchman (hen(t)sh-mən) *n.* Trusty follower
معتمد خاص - رفیق - ملازم - ساتھی -

Henley (hen-li) *n.* Annual boat race at Henley
جامعہ آکسفورڈ اور کیمبرج کا سالانہ کشتی رانی کا مقابلہ جو بمقام ہنلے ہوتا ہے -

Henna (hen-ä) *n.* Egyptian privet حنا - مہندی - عطر حنا - برگ حنا -

Henotheism (hen-ö-the-izm) *n.* Belief in one God without asserting that He is the only God
نیم توحید - خدا کو واحد سمجھنا مگر لاشریک لہ کا قائل نہ ہونا - شرک کی ایک قسم -

Hepatic (he-pat-ik) *adj.* Of, good for, the liver
جگری - جگر کے متعلق - مقوی جگر - کلیجی کے رنگ کا -

Hepta (hep-tə) *prefix* Seven سابقہ بمعنی سات - ہفت - سبع -

Heptagon (hep-tə-gən) *n.* Plane of seven sides
ہفت پہلو خاکہ - ست کو نیا خاکہ -

Heptarchy (hep-tar-ki) *n.* Government by seven rulers سات بادشاہوں کی حکومت - تاریخ برطانیہ کا ایک دور -

Her (hər) *pron.* Possessive subjective and objective of she اس عورت کا - اس عورت کو - اسے - اس کا - اس کی -

Herald (her-əld) *n.* Officer who proclaims - نقیب
نقیب سرکار - نقیب شاہی - شاہی پیام لے جانے والا - قاصد - پیام رساں - پیش رو - خبر دینے والا -

Herald (her-əld) *v.t.* Proclaim, usher in منادی کرنا ۔ اعلان کرنا ۔ کسی فرمان کا اعلان کرنا ۔ کسی معزز مہمان کو استقبال کر کے لے جانا اور تعارف کرانا ۔

Heraldry (her-əl-dri) *n.* Science of a herald فن نقابت ۔ ایلچی گری ۔ امراء کے اعزازی نشانات ۔ کروفر ۔

Herb (hərb) *n.* Plant whose stem is not woody جڑی بوٹی ۔ نرم پتوں کے پودے جو تر و تازہ یا خشک ادویہ کے طور پر استعمال ہوتے ہیں ۔

Herbaceous *adj.* جڑی بوٹی کا ۔ نباتاتی ۔

Herbage (hərb-aj) *n.* All kinds of herbs ۔ نباتات گھاس پات ۔ جڑی بوٹیاں ۔ رس دار پودے ۔ دوسروں کی زمین پر مویشی چرانے کا حق ۔

Herbal (hə-rb-al) *adj.* & *n.* Book of description of herbs نباتات یا جڑی بوٹیوں کی کتاب ۔ جڑی بوٹیوں کا ۔ کتاب الادویہ ۔

Herbalist (hər-bə-list) *n.* One skilled in herbs جڑی بوٹیوں کے خواص جاننے والا ۔

Herby (herb-i) *adj.* Full of herbs جڑی بوٹیوں کی خاصیت والا ۔ جڑی بوٹیوں سے بھرا ہوا ۔

Herculean (hər-ku-li-ən) *adj.* Strong as Hercules ہرکولیس کا ۔ ہرکولیس کی طرح قوی ہیکل ۔ دشوار ۔ صبر آزما ۔ مشقت طلب ۔

Hercules (hər-ku-li-əs) *n.* Greek hero of prodigious strength یونانی رستم ہرکولیس جس میں بلا کی طاقت تھی ۔ شہ زور ۔ قوی ہیکل آدمی ۔

Herd (hərd) *n.* Company of animals ۔ غول ۔ گلہ ڈار ۔ مندا ۔ جھنڈ ۔ اشخاص کا گروہ ۔

Herd (hərd) *n.* Herdsman ۔ چرواہا ۔ گڈریا ۔ گلہ بان

Herd (hərd) *v.i.* & *t.* Go in a herd گلہ میں مل کر رہنا ۔ گلہ بنانا ۔ اکٹھا کرنا ۔ اکٹھا ہونا ۔ جمع کرنا ۔ مویشی کی نگہبانی کرنا ۔

Here (her) *adv.* & *n.* In this place ۔ ادھر ۔ اس طرف اس جگہ ۔ حاضر ۔ موجود ۔ اس عالم میں ۔ اس مقام پر ۔ اس موقع پر ۔ اس امر میں ۔

Hereditable (here-dit-əbl) *adj.* That may be inherited جو وراثتاً منتقل ہو سکے ۔

Hereditament (her-id-itə-mənt) *n.* Inheritance مال موروثی ۔ جائداد منقولہ ۔ میراث ۔

Hereditary (he-ri-di-təri) *adj.* Descending by inheritance ۔ موروثی ۔ جدی ۔ آبائی ۔ باپ دادا کا

Heredity (he-ri-di-ti) *n.* Tendency of like to beget like ۔ موروثیت ۔ باپ پر پوت پتا پر گھوڑا

Heresy (her-i-si) *n.* Opinion contrary to church مسیحی عقائد کے خلاف ۔ بدعت ۔ کفر ۔ خلاف شرع ۔

Heretic (her-i-tik) *n.* Holder of unorthodox opinion ۔ مذہب کے مسلمہ عقائد کا مخالف ۔ ملحد بدعتی ۔ خارجی ۔

Heriot (her-i-ət) *n.* Money payment to landlord on the death of a tenant اسامی یا پٹہ دار کے انتقال پر جو چیز یا روپیہ زمیندار کو دیا جائے ۔

Heritable (her-it-əbl) *adj.* Transmissible from parent to child ۔ قابل وراثت ۔ قابل منتقلی مستحق وراثت ۔

Heritage (her-it-ij) *n.* What is or may be inherited ۔ ورثہ ۔ میراث ۔ موروثی جائداد (انجیل) بنی اسرائیل حصہ میراث ۔

Hermaphrodite (hər-maf-rod-it) *n.* & *adj.* Animal having characteristics of both sexes ۔ ہیجڑا مخنث ۔ خنسا ۔ وہ انسان ، جانور یا درخت جس میں نر اور مادہ دونوں کی علامتیں موجود ہوں ۔ مجمع الضدین ۔

Hermeneutic (hər-mə-nu-tic) *a.* & *n.* Of interpretation of Scriptures کتاب مقدس کی تشریح و تاویل کے متعلق ۔ تشریح و تاویل ۔

Hermes (her-mez) *n.* Son of Zeus and Maia, god of eloquence and science یونانی خدا زوس اور مایا کا لڑکا ۔ علم خطابت کا دیوتا ۔ منشی فلک ۔ عطارد ۔ دیوتاؤں کا قاصد ۔

Hermetic (her-met-ik) *adj.* Of alchemy کیمیا سازی کا ۔ ہوا بستہ ۔ ہوا روک ۔

Hermit (hər-mit) *n.* Recluse ۔ زاہد ۔ گوشہ نشین تارک الدنیا ۔ جوگی ۔ تیاگی ۔ راہب ۔

Hermitage (hər-mit-ag) *n.* Hermit's abode ۔ حجرہ کٹیا ۔ جھگی ۔ خانقاہ ۔ گوشہ تنہائی ۔ ایک فرانسیسی شراب ۔

Hern (hern) *n.* Heron دیکھو

Hernia (hər-ni-a) *n.* Rupture آنت کا خصیہ میں اتر جانا ۔ فتق ۔ باد خایہ ۔

Hero (he-ro) *n.* Man of superhuman qualities بہادر - شجاع - غازی - سورما - پہلوان - رستم - غازی مرد - برگزیدہ انسان - وہ شخص جو اپنی شریفانہ خصوصیات اور کارناموں کی وجہ سے مشہور ہو - میر افسانہ -

Heroic (he-ro-ik) *adj.* Having the qualities of a hero - بہادرانہ - غازیانہ - اولوالعزمانہ - رستم صفت غازی - رجزیہ (شاعری) پر شوکت (زبان) -

Heroically *adv.* جوانمردی سے - عالی ہمتی سے -

Heroine (he-ro-in) *n.* Heroic woman, goddess شیر دل عورت - ملکہ افسانہ - دیوی - محبوبہ -

Heroism (he-ro-izm) *n.* Heroic conduct شجاعانہ کردار - بہادری - دلیری - جرأت -

Heroize (he-ro-iz) *v.t.* & *i* Make a hero of غازی بنانا - سورما بنانا - ناٹک میں میر ناٹک کا کردار ادا کرنا - ہیرو بننا یا بنانا -

Heron (her-n) *n.* Long-legged wading bird بگلا - بوتی مار -

Herpes (her-pez) *n.* Skin disease - تبخالہ - کھجلی گنج - خارش - داد -

Herpetology (hər-pi-tol-ə-ji) *n.* Study of reptiles حشرات الارض کا علم - حشراتیات -

Herr (her) *n.* German equivalent of Mr. - جناب حضرت - صاحب -

Herring (her-ing) *n.* North Atlantic fish ایک قسم کی چھوٹی مچھلی جو بڑی تعداد میں کنارے آ جاتی ہے - لہر دار باریک بخیہ - لہر دار ترتیب -

Hers (hers) *adj.* Her دیکھو

Herself (her-self) *pron.* Emphatic form of she اپنے تئیں - آپ - خود اس عورت نے -

Hesitant (hez-i-tant) *adj.* Irresolute شش و پنج کرنے والا - ہچکچانے والا - غیر مستقل مزاج - کمزور ارادے کا انسان -

Hesitance, hesitancy - تامل - تردد - شش و پنج -

Hesitate (hez-i-tat) *v.i.* Show indecision پس و پیش کرنا - تامل کرنا - ہچکچانا -

Hesitation *n.* - تامل - توقف -

Hesitative *adj.* - کمزور ارادے کا - ہچکچانے والا - غیر مستقل -

Hetero (het-ər-o) *prefix.* Other, different سابقہ بمعنی دوسرا - مختلف -

Heteroclite (het-əro-klit) *adj.* & *n.* Irregular بے قاعدہ - خلاف دستور (قواعد) جس کی گردان بے قاعدہ ہو -

Heterodox (het-əro-doks) *n.* Person not orthodox - خلاف دین - خلاف شرع - آزاد خیال - غیر مقلد -

Heterodoxy *n.* - کفر - الحاد - اعتزال - آزاد خیال - بدعت -

Heterogeneous (het-əro-ji-ni-əs) *adj.* Diverse in character غیر جنس - مخالف جنس - نا موافق اجزا یا غیر جنس چیزوں کا بنا ہوا - غیر متجانس -

Hew (hu) *v.t.* & *i.* Chop, cut - کاٹنا - تراشنا - پھاڑنا - ٹکڑے ٹکڑے کرنا - پے در پے وار کرنا - لگاتار ضرب لگانا - زخمی کرنا -

Hewer (hu-ər) *n.* Man who cuts coal from seam لکڑی کاٹنے والا - کان میں کوئلہ کھودنے والا -

Hewers of wood and drawers of water محنت کرنے والے - مزدور -

Hexa (heks-a) *prefix.* In combination, six - سابقہ جوڑ میں بمعنی شش - چھ -

Hexagon (heks-a-gon) *n.* A thing of six sides چھ کونیا - شش پہلو -

Hexameter (heks-a-meter) *n.* Line of six metrical feet چھ رکن کے وزن کا شعر -

Hexangular (heks-ang-lər) *adj.* Of six angles شش زاویہ - مسدس سی -

Hexapod (heks-a-pod) *n.* Insect of six feet چھ پیروں کا کیڑا -

Hey (ha) *interj.* Calling attention - اجی دیکھنا - دیکھو - ہوت -

Hey-day (hā-dā) *interj.* Expressing joy کیا کہنے ہیں - واہ وا - او ہو - اخاہ -

Hey-day (ha-da) *n.* Full bloom - شباب - بہار - عروج کمال - ترنگ -

Hiatus (hi-a-təs) *n.* Break, gap - رخنہ - شگاف ٹوٹی ہوئی کڑی - کسی بیان یا افسانے کی ٹوٹی ہوئی کڑی - نقص - سکتہ -

Hibernal (hi-bər-nəl) *adj.* About winter جاڑوں کا ۔ سرما کے متعلق ۔

Hibernate (hi-bər-nət) *v.i.* Spend the winter in torpid state بند جگہ میں بے حس و حرکت موسم سرما گزار دینا ۔ سست پڑا رہنا ۔ بے حس و حرکت پڑے رہنا ۔

Hicough-cup (hi-kəf) *n., v.i. & t.* Involuntary spasm of respiratory organs ہچکی ۔ ہچکی آنا ۔ ہچکی لے کر کہنا ۔

Hid, Hidden (hid) *v.* Hide دیکھو

Hidalgo (hi-dal-gō) *n.* Spanish gentleman ہسپانیہ کا خوش رویہ مرد ۔

Hide (hid) *n. & v.t.* Animal's skin, flog کھال ۔ چمڑا ۔ پوست ۔ کمائی ہوئی کھال ۔ انسان کی کھال (بول چال) کوڑے مارنا ۔

Hide (hīd) *v.t. & i.* Keep a thing from view چھپانا ۔ مخفی کرنا ۔ اوجھل ہونا ۔ پوشیدہ کرنا یا ہونا ۔ راز داری کرنا ۔ کسی بات کو ظاہر نہ ہونے دینا ۔

Hide-bound (hīd-bownd) *adj.* Of cattle with skin clinging close لاغر ۔ چمٹی ہوئی کھال ۔ وہ جانور جس کی کھال کمی غذا کی وجہ سے گوشت سے چمٹ جائے ۔ تنگ نظر ۔ تنگ خیال ۔

Hideous (hid-i-əs) *adj.* Repulsive ڈراؤنا ۔ بھیانک ۔ مہیب ۔ وحشت انگیز ۔ برا ۔ کریہہ ۔ گھناؤنا ۔ مکروہ ۔ غلیظ ۔

Hideousness *n.* گھناؤنا پن ۔ ہیبت ناکی ۔

Hiding (hīd-ing) *n.* Thrashing بید یا چابک کی مار ۔

Hiding (hid-ing) *n.* Place of concealment پوشیدگی ۔ چھپنے کی جگہ ۔

Hie (hi) *v.i.* Go quickly جلدی کرنا ۔ جلد چلنا ۔ دوڑ کر جانا ۔ جلد پہنچنا ۔

Hierarch (hi-ər-ark) *n.* Chief priest مرشد ۔ پیر ۔ گرو ۔ بڑا مذہبی پیشوا ۔ بڑا ۔ پادری ۔ اسقف ۔

Hierarchy (hi-ər-arki) *n.* Priestly government پیری ۔ پیشوائی ۔ مذہبی حکومت ۔ کلیسائی راج ۔ فرشتوں کا سلسلہ مدارج ۔ پادریوں کا نظام ۔ کلیسا کا نظام و مراتب ۔

Hierarchism *n.* حکومت الٰہیہ ۔ مذہبی حکومت کا اصول ۔

Hiero (hi-ər-ō) *prefix.* Sacred, priestly سابقہ بہ معنی پاک ۔ مقدس ۔

Hieroglyph (hi-ər-o-glif) *n.* Figure of an object standing for a word علاماتی زبان ۔ نقشی یا تصویری زبان ۔ ایسی زبان جس میں کسی چیز کی شکل الفاظ کا کام دیتی ہے ۔

Hieroglyphic (hi-ər-o-glif-ik) *adj.* Symbolical تصویری تحریر کا ۔ تصویری ۔ علاماتی ۔ قدیم مصری ۔

Hierogram (hi-ər-o-gram) *n.* Sacred writing مقدس کتبہ ۔ مقدس تحریر ۔ نقش یا علامت رمز ۔

Higgle (hig-l) *v.i.* Dispute about price قیمت اور بھاؤ میں تکرار کرنا ۔ بھاؤ تاؤ کرنا ۔ بھاؤ چکانا ۔ حجت کرنا ۔

Higgledy-piggledy (hig-l-di-pig-l-di) *adv., adj. & n.* Utter confusion گڈ مڈ ۔ درہم برہم ۔ الٹا سیدھا ۔ ابتر ۔ گڑ بڑ کا کام ۔

High (hi) *adj., n. & adv.* Situated far above ground بلند ۔ اونچا ۔ لمبا ۔ عالی ۔ عمدہ ۔ قوی ۔ عظیم ۔ مشکل ۔ دشوار ۔ دقیق ۔ شدید ۔ گران ۔ مغرور ۔ متکبر ۔ مدمغ ۔ اعلیٰ درجہ کا ۔ بر تر ۔ کسی قدر اترا ہوا گوشت ۔ انتہا پسند ۔ صدر ۔ اعلیٰ ۔ بلندی پر ۔ بہت اونچا ۔ تیز آواز میں ۔ شدت کے ساتھ ۔

High and dry واقعات کی رو سے محفوظ ۔ جھگڑے بکھیڑے سے پاک ۔

High and mighty مغرور ۔ خود پسند ۔ خود بین ۔

High-brow عوام کو حقارت سے دیکھنے والا ۔

High life امیرانہ ٹھاٹھ ۔

High-strung جلد مشتعل ہونے والا ۔

High tea چائے جس کے ساتھ گوشت بھی ہو ۔

High-water mark جوار یا مد کے پانی کی انتہائی بلندی ۔

High words تو تو میں میں ۔ سخت کلامی ۔

Play high بڑا پتہ ڈالنا ۔ بڑی رقم کی شرط لگا کر کھیلنا ۔

Highly (hi-li) *adv.* In a high degree بڑے پیمانہ پر ۔ بہت اچھی طرح ۔ اعلیٰ طرز کا ۔

Highness (hi-nes) *n.* Title of various princes جناب عالی ۔ حضور والا ۔ حضور پر نور ۔ بعض شہزادوں اور ہند کے والیان ریاست کا خطاب ۔ اعلیٰ حضرت ۔ مہاراج ۔

Hijacker (hi-jak-ər) *n.* Person who preys on bootleggers وہ شخص جو شراب کی ناجائز تجارت کرنے والوں کو ڈرا دھمکا کر روپیہ وصول کرتا ہے ۔

Hijra (hij-ra) Hegira دیکھو

Hilary (hil-əri) *n.* Legal or university term قانونی یا جامعاتی میقات ۔

Hilarious (hil-ə-ri-əs) *adj.* Mirthful, joyous زندہ دل ۔ خوش دل ۔ خوشی کا ۔

Hilarity *n.* ترنگ ۔ چہل ۔ خوش دلی ۔ زندہ دلی ۔

Hill (hil) *n.* & *v.t.* Natural elevation پہاڑ ۔ کوہ ۔ جبل ۔ پہاڑی ۔ ٹیلہ ۔ تودہ بنانا ۔ ٹیلہ بنانا ۔ پشتہ بندی کرنا ۔

Hilly (hil-i) *adj.* Mountainous اونچائی پر ۔ بلند ۔ کوہستانی ۔ پہاڑی ۔

Hilliness *n.* پہاڑوں اور ٹیلوں کی کثرت ۔

Hillock (hil-ək) *n.* Small hill or mound چھوٹی پہاڑی ۔ ٹیلہ ۔ ٹیکرا ۔

Hilt (hilt) *n.* & *v.t.* Handle of sword قبضہ ۔ دستہ ۔ موٹھ ۔ قبضہ یا دستہ لگانا ۔

Him (him) *pronoun.* Objective case of he اُسے ۔ اس کو ۔ جسے (بول چال) وہ ۔

Himself (him-self) *pron.* Reflective form of he حود آپ ۔ اپنے تئیں ۔ آپ ہی ۔ اپنے آپ ۔

Hind (hīnd) *n.* Female deer after three years age مادہ آہو ۔ ہرنی ۔

Hind (hīnd) *n.* Farm servant ہرواہا ۔ کھیت کا ملازم ۔ کھیتی باڑی کا کام کرنے والا ۔

Hind (hind) *adj.* Posterior پچھلا ۔ پیچھے کا ۔

Hinder (hind-ər) *v.t.* Obstruct, prevent روکنا ۔ منع کرنا ۔ مزاحمت کرنا ۔ باز رکھنا ۔ راہ میں حائل ہونا ۔ سد راہ ہونا ۔ رکاوٹ پیدا کرنا ۔

Hindi (hindi) *n.* Hindi language ہندوستان کا ۔ ہندی زبان ۔

Hindmost (hind-most) *a.* Furthest behind سب سے پچھلا ۔ آخری ۔ سب سے آخر کا ۔

Hindrance (hin-dər-əns) *n.* Obstacle رکاوٹ ۔ مزاحمت ۔ آڑ ۔ اڑچن ۔

Hindu (hin-doo) *adj.* & *n.* One who professes Hinduism ہندو مذہب کا پیرو ۔ ہندوؤں کا ۔ ہندوانہ ۔

Hinduism (hin-dōō-izm) *n.* Hindu religion ہندو دھرم ۔ ہندوؤں کا مذہب ۔

Hindustani (hind-us-təni) *adj.* & *n.* Native of India ہندوستانی ۔ ہندوستان کا باشندہ ۔ ہندوستان کے مسلم باشندوں کی زبان (اردو) علمی اور غیر علمی اردو ۔

Hinge (hin-j) *n., v.t.* & *i.* Movable joint by which door is hung on side post جوڑ ۔ قبضہ ۔ قلابہ ۔ چول ۔ دروازے کا چوکھٹے پر اٹکا ہوا ہونا ۔ کسی اصول پر مبنی ہونا ۔

Off the hinges خبطی ۔ جس کی چولیں ڈھیلی ہوں ۔

Hingeless *adj.* بغیر قبضہ یا قلابے کے ۔

Hinny (hin-i) *n.* Mule خچر ۔

Hint (hint) *n., v.t.* & *i.* Slight indication اشارہ ۔ ایما ۔ کنایہ ۔ اتا پتہ ۔ اشارہ کرنا ۔ اشارہ سے ظاہر ہونا ۔

Hip (hip) *v.t.* & *n.* Projection of pelvis سرین ۔ پٹھا ۔ کولہ ۔ کولہ اتارنا ۔

Hip (hip) *n.* Morbid depression پژ مردگی ۔ اضمحلال ۔ جنگلی گلاب کا پھل ۔

Hip (hip) *v.t.* Make low-spirited اداس کرنا ۔ دلگیر کرنا ۔ افسردہ کرنا ۔

Hip (hip) *interj.* Introducing united cheer نعرہ تحسین ۔ ہپ ہپ ہرا ۔

Hippo (hip-ō) *prefix.* & *n.* Horse, hippopotamus سابقہ بمعنی گھوڑا ۔ دریائی گھوڑا ۔

Hippocamp (hip-o-kamp) *n.* Sea-horse دریائی گھوڑا ۔

Hippocampus (hip-o-kam-pəs) *n.* Kinds of small fishes ایک قسم کی چھوٹی مچھلی ۔ دریائی گھوڑا ۔

Hippocras (hip-ō-kras) *n.* Spiced wine گرم مسالہ ملی ہوئی شراب ۔

Hippodrome (hip-ō-drōm) *n.* Course for chariot race رتھوں کی دوڑ کی جگہ ۔ رتھ گاڑیوں کے دوڑ کا میدان ۔ سرکسی میدان ۔

Hippogriph (hip-o-grif) *n.* Fabulous griffin-like creature with body of horse ایک پر دار گھوڑا - افسانوی گھوڑا جس کا سر اور پر عقاب کے اور جسم گھوڑے کا تھا -

Hippopotamus (hip-o-pot-ə-məs) *n.* Large African sea lion دریائی گھوڑا - دریائی شیر -

Hire (hir) *v.t.* & *n.* Employ a person on wages کرایہ پر لینا - اجرت دے کر کام لینا - محنتانے پر رکھنا - بھاڑے پر لینا یا دینا - رشوت دینا - اجرت - محنتانہ - معاوضہ - تنخواہ - کرایہ -

Hire purchase system کرائے پر دینے کا یہ طریقہ کہ ایک مدت معینہ کے بعد کرایہ دار مالک ہو جائے -

Hireling (hir-ling) *n.* One who serves for hire مزدور - اجرت پر کام کرنے والا - بھاڑے کا ٹٹو - بھاڑے یا کرایہ پر کوئی کام کرنے والا -

Hirsute (hər-sut) *adj.* Hairy روئیں دار - بال دار - ریشم دار - اجڈ - گنوار - اکھڑ -

His (his) *adj.* & *pron.* Belonging to him اس مرد کا - اس کا - اس کا اپنا -

Hiss (his) *v.i.* & *t.* Make sharp, sibilant sound سی سی کی آواز - سی کی آواز پیدا کرنا - پھنکارنا - نا پسندیدگی یا نفرت کا اظہار کرنا - غصہ میں دانت پیس کر الفاظ ادا کرنا -

Hiss off, away پھنکار کر بھگا دینا - سی سی کر کے بھگا دینا -

Hist (hist) *interj.* Enjoin silence ہشت - خاموش - چپ - چپ رہو -

Historian (his-tə-ri-ən) *n.* Writer of history مؤرخ - تاریخ نولیس - تاریخ دان - ماہر تواریخ -

Historic (his-tə-rik) *adj.* Noted in history تاریخی - تاریخی اہمیت والا - یادگار -

Historical (his-to-rik-əl) *adj.* Of history تاریخی - تاریخ کا - تاریخی طور پر معتبر - واقعات پر مبنی -

Historically *adv.* تاریخی واقعات پر مبنی - از روئے تاریخ - تاریخی حیثیت سے -

Historicity (hist-əri-siti) *n.* Historical character تاریخی ہونا - مستند ہونا -

History (hist-ə-ri) *n.* Methodical record of events تاریخ - سیرت - تواریخ - تذکرہ - وقائع نگاری - علم تاریخ - فن تاریخ - کسی قوم کے عروج و زوال کا مطالعہ - عبرت خیز - سبق آموز قصہ - تاریخی ناٹک -

Histrion (his-tri-on) *n.* Actor, stage player اداکار - نقال - بھروپیا -

Histrionic (his-tri-on-ik) *adj.* & *n.* Of actors or acting اداکاری سے متعلق - اداکار سے متعلق - دکھاوے کا - ظاہر داری کا - اداکاری کا فن - تصنع - ظاہر داری -

Histrionically *adv.* اداکاری سے - ظاہر داری سے -

Hit (hit) *v.t.* & *i.* Strike with blow or missile ضرب لگانا - مارنا - ہاتھ چلانا - وار کرنا - ٹکرانا - ہاتھ سے مارنا - ہتھیار سے مارنا - دل پر چوٹ لگنا - متاثر ہونا - نشانے پر پہنچنا - بر محل ہونا - کامیاب ہونا -

Hit out زور زور سے ہاتھ چلانا - مارتے جانا - وار پر وار کرنا -

Hit (hit) *n.* Blow, stroke مار - ضرب - وار - طعن - چوٹ - حسن اتفاق - خوش نصیبی - کامیاب کوشش -

Hitch (hich) *v.t.* & *i.* Move with jerk رک رک کے چلنا - جھٹکے کے ساتھ کھینچنا - اٹکنا - پھنس جانا - ایک جگہ سے دوسری جگہ لے جانا - کھینچ تان کر داخل کرنا -

Hitch (hich) *n.* Abrupt pull or push دھکا - جھٹکا - گرفت - پکڑ - عارضی رکاوٹ - مانع - سد راہ -

Hither (hi-dhər) *adv.* & *adj.* To, towards یہاں تک - ادھر - اس طرف - اس جگہ - ادھر کا - ادھر کو - نزدیک تر - والے - ادھر کی طرف -

Hither and thither جا بجا - ہر طرف - ادھر ادھر -

Hive (hiv) *n.*, *v.t.* & *i.* Habitation for bees چھتا - مہال - زنبور خانہ - مکھیاں - وہ جگہ جہاں بڑی بھیڑ ہو اور سب لوگ مشغول ہوں - ایک چھتے میں مکھیاں جمع کرنا - اکٹھا رکھنا - مکھیوں کی طرح آدمیوں کا مل کر رہنا -

Hives (hivs) *n.* & *pl.* Skin eruption جلد پر پھنسیاں یا چٹے - آنتوں یا حنجرے کا ورم -

Ho (ho) *interj.* Expressing surprise للکارنے یا اظہار مسرت و حیرت کی آواز ۔ واہ وا ۔ مرحبا ۔ بہت اچھے ۔ خوب ۔ ذرا ٹھہرو ۔

Hoar (hor) *adj.* & *n.* Grey-haired with age موئے سفید ۔ بڑھاپے کی سفیدی ۔ جس کے بال بڑھاپے سے سفید ہو گئے ہوں ۔ بوسیدہ شے ۔ سفید مو ہونا ۔ سفیدی ۔

Hoard (hord) *n.*, *v.t.* & *i.* Stock, store ۔ مایہ گنج ذخیرہ ۔ پونجی ۔ اندوختہ ۔ جمع کرنا ۔ محفوظ کرنا ۔ ذخیرہ کرنا ۔ یاد تازہ رکھنا ۔ روحانی دولت سمجھ کر دل میں رکھنا ۔

Hoarse (hors) *adj.* Rough, husky ۔ گرفتہ ۔ بیٹھی ہوئی گلو گرفتہ ۔ بیٹھی ہوئی آواز والا ۔

Hoarseness *n.* گرفتہ آواز ۔ آواز کا پھٹا ہوا یا بھرائی ہوئی ہونا ۔

Hoary (hor-i) *adj.* Grey-haired ۔ سفید بالوں والے قابل احترام ۔ بزرگ ۔

Hoax (hoks) *v.t.* & *n.* Deceive by way of joke مذاق میں دھوکا دینا ۔ بتا بتانا ۔ اُلو بنانا (ہنسی مذاق) دم ۔ جھانسا ۔ فریب ۔ دھوکا ۔

Hob (hob) *n.* Side casing of fireplace چولہے کا کنارے کا حصہ ۔ انگیٹھی کا چھجا ۔ گنوار ۔ دہقانی ۔ کوٹس کے کھیل کی کھونٹیاں ۔

Hobble (hob-l) *v.t.* & *i.* Walk lamely لنگڑانا ۔ لنگڑا کر چلنا ۔ رک رک کر چلنا یا کام کرنا ۔ اٹک اٹک کر کام کرنا ۔ گھوڑے کی دونوں ٹانگوں کو ملا کر باندھنا ۔

Hobble (hob-l) *n.* Infirm gait ناہموار رفتار ۔ بہکی ہوئی چال ۔ لنگڑاہٹ ۔ بے ڈھب موقع ۔ گھوڑے کی ٹانگیں باندھنے کی رسی ۔ بندھن ۔

Hobby (hobi) *n.* Favourite occupation ۔ شوق کا کام تفریحی مشغلہ ۔ بچوں کا لکڑی کا گھوڑا ۔ ٹٹو ۔ چھوٹا گھوڑا ۔ بائیسکل کے قسم کی ایک گاڑی ۔

Hobby-horse (hobi-ors) *n.* Rocking horse کھیل کا گھوڑا ۔ بید یا لکڑی کا گھوڑا ۔ بچوں کی چھڑی جس کی موٹھ گھوڑے کے منہ کی طرح کی ہو ۔ کاٹھ یا چکر کا گھوڑا ۔

Hobgoblin (hob-gob-lin) *n.* Bogy, bugbear ۔ بھوت بھتنا ۔ دیو ۔ ہوا ۔ شیطان بچہ ۔

Hobnail (hob-nəl) *n.* Heavy-headed nail پھول دار کیل ۔ اُبھرے ہوئے سر کی کیل ۔ دہقان ۔ گنوار ۔

Hobnob (hob-nob) *v.t.* Drink together مل جل کر پینا ۔ ہم پیالہ ہونا ۔ بے تکلفی کے تعلقات رکھنا ۔

Hock (hok) *n.* Joint of quadruped's hind-leg between knee and fetlock کسی جانور کے ٹخنے اور گھٹنے کے بیچ کا گوشت ۔ ایک قسم کی شراب ۔ جرمنی کی انگوری شراب ۔

Hockey (hok-i) *n.* Game played with curved sticks and ball ایک کھیل جو ٹیڑھی لکڑی اور گیند سے کھیلا جاتا ہے ۔ ہاکی ۔

Hocus (ho-kəs) *v.t.* Stupefy person with drug فریب دینا ۔ دھوکا دینا ۔ کوئی چیز پلا کر بے ہوش کر دینا ۔ شراب میں بے ہوشی ملا دینا ۔

Hocus-pocus (hokəs-pokəs) *n.*, *v.i.* & *t.* Jugglery نٹ بازی ۔ شعبدہ بازی ۔ فسوں گری ۔ چھو منتر ۔ جنتر منتر ۔ شعبدے دکھانا ۔ دم جھانسا دینا ۔

Hod (hod) *n.* Builder's open trough ۔ گارے کا ٹوکرا ڈنڈے دار پرات وہ ٹوکرا جس میں معمار کو گارا دیا جاتا ہے ۔

Hodometer (hod-o-mi-tər) *n.* Instrument for measuring distance travelled ۔ مسافت پیما مسافت ناپنے کا آلہ ۔

Hoe (ho) *n.*, *v.t.* & *i.* Tool for loosening soil پھاوڑا ۔ کدال ۔ بیلچہ ۔ کھرپا ۔ گھاس پھوس صاف کرنا ۔ نرائی کرنا ۔ گوڑنا ۔ کھرپے وغیرہ سے کھودنا ۔

Hog (hog) *n.* Swine سور ۔ خنزیر ۔ وہ سور جو گوشت کے لیے پالا جائے ۔ نوجوان بھیڑ جس کی اون ابھی نہ کٹی ہو ۔ بدتمیز ۔ گندا ۔ میلا کچیلا شخص ۔ بلانوش ۔ کھاؤ ۔ پیٹو ۔

Go the whole hog کام پوری طرح انجام دینا ۔

Hoggish *adj.* گندا ۔ بدتمیز ۔ سور جیسا ۔

Hog (hog) *v.t.* & *i.* Raise, rise, archwise دو رویہ سلامی یا محرابی بنانا ۔ گھوڑے کی گردن کے بال کترنا ۔ بال خشخشی کرنا ۔ ایال کترنا ۔

Hoghead (hog-hed) *n.* Large cask بڑا پیپا ۔ ساڑھے باون گیلن کا پیپا ۔ پانچ من کا پیپا ۔

Holden (hol-dən) *n.* دیکھو Hoyden

Hoist (hoist) *v.t.* & *n.* Raise aloft ۔ اٹھانا ۔ کھڑا کرنا چڑھانا ۔ اونچا کرنا ۔ (جھنڈا) بلند کرنا ۔ آدمیوں کا اسباب اوپر چڑھانے کی کل ۔

Hoity-toity (hoi-ti-toi-ti) *n., adj. & interj.* Riotous conduct, haughty بے تمیزی - متکبر - بد مزاج - چہ خوش - تمہاری ایسی تیسی -

Hokey-pokey (ho-ki-po-ki) *n.* Cheap ice cream سستی ملائی کی برف جو خوانچے یا پھیری والے بیچتے ہیں -

Hold (hold) *v.t. & i.* Keep fast, grasp پکڑنا - تھامنا - تھامے رہنا - سہانا - اپنے بس میں رکھنا - ہتیانا - قبضہ میں رکھنا - گنجائش رکھنا - قابض ہونا - مالک یا پٹہ‌دار ہونا - منہمک رکھنا - مشغول رکھنا - پابندی کرانا - عدالت کی رائے ظاہر کرنا - حقارت کی نظر سے دیکھنا - بوجھ سہار لینا - قانون کا عائد ہونا - برقرار رہنا -

There is no holding him وہ کسی سے روکے نہیں رکتا -

Hold (hōld) *n.* Grasp, influence - گرفت - پکڑ - قابو - اثر - اختیار - قید - حوالات - جہاز کا مال خانہ یا گودام - قلعہ - کوٹ - گڑھی -

Holder (hōld-ər) *n.* Contrivance for holding, occupant پکڑنے یا تھامنے والی کل - انکڑا - قبضہ - قابض - مالک -

Holding (hōld-ing) *n.* Land held, stock زمین برائے کاشت - حصص - مال تجارت - پٹہ - اجارہ - موجود مال -

Hole (hol) *n.* Hollow place in solid body - چھید سوراخ - رخنہ - روزن - گڑھا - بل - بھٹ - کھوہ - جھونپڑا - تنگ و تاریک مکان -

Hole and corner سازشی کاروائی - اندر ہی اندر -

Pick holes in عیب نکالنا -

Round peg in square hole کسی عہدے کے لیے نا موزوں ہونا -

Hole (hōl) *v.t. & i.* Make holes in سوراخ کرنا - چھید کرنا - گڑھا ڈالنا - سرنگ لگا کر راستہ بنانا - ایک جگہ سے دوسری جگہ تک کان کھودنا - گڑھے میں ڈالنا -

Holiday (hol-i-da) *n.* Day of cessation from work تعطیل - چھٹی کا دن - تیوہار - عید -

Holiday clothes پر تکلف پوشاک - نفیس پوشاک -

Holiness (holi-nes) *n.* Sanctity - تقویٰ - پرہیز گاری پارسائی - پاکی - تقدس پناہ - تقدس مآب - حضرت - پیر و مرشد -

Holland (hol-ənd) *n.* Kingdom of Netherlands ہالینڈ - ولندیز - سن کا کپڑا جو ہالینڈ کے نام سے مشہور ہے - ہالن -

Hollands (hol-ənds) *n.* A grain spirit ہالینڈ کی بنی ہوئی اناج کی شراب -

Hollo (hol-ō) *interj.* Calling attention - ارے - او - اجی - ہوت - مخاطب کرنے کی آواز -

Hollow (hol-ō) *adj., n. & adv.* Having a hole, empty pots کھوکھلا - خالی - تھوتھا - بے وفا - ریاکار - جھوٹا - محض ظاہردار - دلخراش - وحشت انگیز - خالی پیٹ - بھوکا - غار - وادی - درہ (بول چال) پوری طرح -

Hollowness *n.* - ریا کاری - کھوکھلا پن - کم ظرفی - خلا - جوف -

Hollow (hol-o) *v.t.* Excavate - کھودنا - کھوکھلا کرنا - پولا کرنا - تھوتھا کرنا - سوراخ کرنا -

Holocaust (hol-o-kaust) *n.* Whole burnt-offering قربانی جسے آگ میں بالکل جلا دیا جائے - ہون - ہوم - بے شمار جانوروں کی قربانی - عالمگیر بربادی -

Holster (hol-stər) *n.* Leather case for pistol پستول رکھنے کی چمڑے کی تھیلی - چمڑے کا پرتلا جس میں چمڑے کا خانہ بنا ہوتا ہے - طپنچہ گیر -

Holt (holt) *n.* Wooded hill - بن - جنگل - گھنی جھاڑی - پہاڑی جس پر گھنا جنگل ہو - جنگلی جانوروں کا بھٹ یا گوی -

Holy (ho-li) *adj. & n.* Sacred - پاک - مقدس - متبرک - صاحب دل - پارسا - دین دار - پاکباز - متقی - پرہیزگار -

Holy terror - (بول چال) خوفناک آدمی - شریر لڑکا -

Homage (hom-ij) *n.* Acknowledgement of allegiance فرمانبرداری - اطاعت - تعظیم - احترام - اظہار عقیدت - حلف وفاداری -

Home (hōm) *n., adj. & adv.* Dwelling place - گھر - مکان - ڈیرہ - مسکن - خانہ - استھان - وطن - ولایت - دیس - ملک - جنم بھومی - وہ جگہ جہاں کوئی چیز کثرت سے پائی جائے - کسی چیز کا گھر - وہ جگہ جہاں بے خانماں آدمیوں کو ٹھہرایا جائے - گھر کا - گھریلو - داخلی - ٹھیک نشانے پر -

The thrust went home - تیر نشانے پر بیٹھا -

ome (hōm) *v.i.* & *t.* Send homeward, furnish with a home گھر بھیجنا - گھر جانا - وطن کی طرف مراجعت کرنا - کسی کو گھر دینا - مکان بنا دینا - مکان مہیا کرنا -

omely (hōm-li) *adj.* Simple, plain سادہ - تکلف سے عاری - سیدھا سادا - ناتراشیدہ - غیرمتمدن - بے تصنع - روکھا - پھیکا - معمولی آدمی کی سی صورت -

Homeliness *n.* گھریلو پن - سادہ پن - سادگی -

omeric (ho-mer-ik) *adj.* Of Homer مشہور یونانی شاعر ہومر کے متعلق - ہومر کا سا یا اس کی طرز کا -

omestead (hōm stəd) *n.* House with out-buildings مکان - جائے سکونت - ایسا مکان جس کے ساتھ شاگرد پیشہ کے مکانات بھی ہوں - مزرعہ - کھیت - باڑہ -

omicide (hom-i-sid) *n.* Killing of a human being, one who kills مردم کشی - قتل انسانی - ہلاکت - خون ریزی - قاتل - خونی -

omiletic (hom-i-li-tik) *adj.* & *n.* Of art of preaching وعظ یا نصیحت کے متعلق - وعظ گوئی - فن وعظ -

lomily (hom-i-li) *n.* Sermon غیر دلچسپ واعظانہ مناظرہ - خطبہ - پند و نصیحت - وعظ -

loming (hōm-ing) *adj.* That goes home کبوتر جسے گھر واپس آنا سکھایا گیا ہو - گھر جانے والا -

lominy (hom-i-ni) *n.* Coarsely ground maize boiled with water or milk مکئی کا دلیا جو پانی یا دودھ میں پکایا گیا ہو -

lomo (hō-mō) *n.* Man آدمی -

lomo (hō-mō) *prefix* The same سابقہ بمعنی ہم - یکساں -

lomoeopathy (hōm-i-ō-pathi) *n.* Hahnemann's system of treatment علاج بالمثل "آگ کا جلا آگ سے اچھا ہوتا ہے" کا اصول -

Homoeopath-ist *n.* ہومیوپیتھی علاج المثل کرنے والا - کے طریقے سے علاج کرنےوالا -

lomogeneous (hom-o-jeni-əs) *adj.* Of the same kind ہم جنس - ایک ذات کے - ہم قسم - یکساں - متجانس -

Homogeneity / Homogeneousness ہم رنگی - ہم نوعی - ہم جنسی -

Homologous (hom-o-lo-jəs) *adj.* Having the same relation ہم نسبت - ہم مقدار - ہم وزن - یکساں - مساوی -

Homology (hom-o-lə-ji) *n.* Sameness of relation علم تشریح کا وہ حصہ جس میں اعضا کا تعلق و تناسب معلوم کرتے ہیں - مماثلت - مطابقت - نسبت - تناسب -

Homy (hōmi) *adj.* Home-like وہ مقام جہاں وطن معلوم ہو - وطن جیسا - گھر جیسا -

Hone (hon) *n.* & *v.t.* Whetstone سان پر لگانا - سلی - سان کا پتھر -

Honest (on-ist) *adj.* Fair and upright دیانت دار - معتبر - راست باز - کھرا - مخلص - سچا - نیک نیت - بے ریا - بے میل - پاکدامن - با عصمت (بول چال) سچ - واقعی - واللہ -

Honestly *adv.* ایمانداری سے - دیانت داری سے -

Honesty (on-ist-i) *n.* Truthfulness راستی - سچائی - دیانت - دیانت داری - راستبازی - صدق - ایمانداری - ایک پودا جس کے پھول ارغوانی اور پھلیاں نیم شفاف ہوتی ہیں -

Honey (hun-i) *n.* Nectar of flowers collected by bees شہد - عسل - انگبین - شیرینی - مٹھاس - لذت - ذائقہ - معشوق - محبوب - دل آرام -

Honey-sweet شہد کا سا شیریں -

Honeyed-nied *adj.* بے انتہا شیریں - شہد سے بھرا ہوا -

Honeycomb (hun-i-kom) *n.* & *v.t.* Bees wax structure of cells for honey شہد کی مکھیوں کا چھتہ - خانہ زنبور - مہال - سوراخ دار ڈھلا ہوا لوہا - بیخ کنی کرنا - اندر ہی اندر جڑیں کھودنا -

Honeymoon (hun-i-moon) *n.* & *v.i.* Holiday spent together by newly-married couple ماہ عسل - ماہ عروسی - کسی مقام پر ماہ عروسی بسر کرنا - شادی کے بعد دولھا دولھن کا کسی جگہ ایک ساتھ رہنا -

Honorarium (hon-ə-ra-ri-əm) *n.* Fee given for honorary service محنتانہ - انعام - وہ رقم جو کسی کی اعزازی خدمات پر برائے نام دی جائے -

Honorary (hon-ə-ra-ri) *adj.* Serving without pay اعزازی - بلا معاوضہ - بلا تنخواہ -

Honorofic 396 Hope

Honorofic (h)onə-rif-ik) *adj. & n.* Implying respect تعظیمی - تکریمی (الفاظ) -

Honour (on-ər) *n.* High respect, glory ادب - تعظیم - عزت - احترام - وقار - عظمت - سربلندی - بزرگی - بڑائی - شرف - شان و شوکت - مرتبہ - شکوہ - آن بان - شرافت - عالی ظرفی - پاس - آبرو - عفت - عصمت - پاک دامنی - حضور - سرکار - جناب - موجب افتخار - (جمع) تواضع - خاطر - مدارات (تاش) بڑے پتے اور ان کے نمبر -

Upon my honour میری عزت کا واسطہ - میرے سر کی قسم -

Do the honours of the house میزبانی کے فرائض انجام دینا -

Honour (o-nər) *v.t.* Respect highly ادب کرنا - عزت کرنا - تعظیم کرنا - ممتاز کرنا - عزت بڑھانا - سر فراز کرنا - ہنڈی سکارنا - واجب الادا قرض بے باق کرنا - چیک کی رقم دینا -

Honourable (o-nər-əbl) *adj.* Worthy of honour معزز - عزت والا - ساکھ والا - معتبر - عالی دماغ - قابل تعظیم - عالی وقار - مخلص - راست باز - کھرا - اعلیٰ خاندان کے بچوں کا لقب -

Honourably (o-nər-əbli) *adv.* تعظیم و تکریم سے - عالی ہمتی سے - احترام سے - عزت سے -

Honoured (o-nər-d) *adj.* Distinguished ممتاز - معزز - نامی گرامی -

Hood (hood) *n. & v.t.* Covering for head and neck کلاہ - ٹوپی جو گون کے ساتھ پہنی جاتی ہے - گون سے جامعہ کی ڈگری معلوم ہوتی ہے - چمڑے کی ٹوپی جو باز کے سر پر چڑھائی جاتی ہے - گون پر ٹوپی پہننا - باز کے سر پر ٹوپی چڑھانا -

Hoodwink (hood-wingk) *v.t.* Deceive آنکھوں میں دھول ڈالنا - دھوکا دینا - آنکھوں پر پٹی باندھنا -

Hoof (hoof) *v.t., n. & i.* Horny casing of foot کھر - سم - ناخن - انسان کا پاؤں - کھر مارنا - لاتیں مار مار کر نکال دینا - پیدل چلنا -

Hook (hook) *n.* Angular piece of metal with point آنکڑا - کانٹا - قلابہ - کنڈا - کل - مچھلی کا کانٹا - جال - پھندا - درانتی - ہنسیا - کرکٹ میں پیروں کی جانب اُچھلی ہوئی گیند پر ضرب لگانا -

Hook (hook) *v.t. & i.* Grasp with hook انکڑے اٹکانا - جوڑنا - لگانا - کل میں مچھلی پھنسانا - کانٹے سے مچھلی پکڑنا - کرکٹ میں گیند کو ہک کرنا -

Hooked (hook-d) *adj.* Hook shaped خم دار - ہک دار - کانٹے میں پھنسا ہوا -

Hooligan (hool-i-gən) *n.* One of gang of street roughs غنڈا - شہدا - دھونسا - ظالم - اُودھم مچانے والا -

Hooliganism بدانگا پن - شہدپن - غنڈا پن -

Hoop (hoop) *n. & v.t.* Circular band of metal or wood حلقہ - چھلا - گھیرا - پیپوں کو جکڑنے کی آہنی پٹیاں - بڑے آہنی حلقے جن کو بچے کھاتے ہیں - عورتوں کا سایہ پھیلانے والا لچک دار حلقہ - لوہے کے حلقوں سے جکڑنا - گھیرا ڈالنا - گھیرے میں سے گزرنا -

Hoop (hoop) *v.i. & n.* Utter the cry of whoop کھانسنے کی آواز نکالنا - للکارنا - چلانا - کھو کھو کرنا - کھانسنا - کھانسنے کی آواز -

Hoot (hōōt) *v.i., t. & n.* Make loud sounds of disapproval للکارنا - ناپسندیدگی کا اظہار کرنا - مذاق اڑانا - حقارت آمیز نعرے لگانا - مداخلت کر کے پریشان کرنا - الوکا بولنا - انجن کا سیٹی دینا - حقارت آمیز نعرے - الوکی آواز - انجن کی سیٹی -

Hoot (hoot) *interj.* Expressing dissatisfaction توبہ - لاحول ولا قوت - اماں ہٹاؤ - بس چپ کرو - بس ہو چکا -

Hooter (hōōt-ər) *n.* Siren نعرے کارخانے کی سیٹی - نعرے بلند کرنے والا - انجن کی سیٹی

Hop (hop) *n., v.t. & i.* Climbing perennial plant cultivated for its cones ایک بیل جس کے پھل شراب میں تلخی پیدا کرتے ہیں - تلخی پیدا کرنا - شراب کو تلخ بنانا -

Hop (hop) *v.i. & t.* Spring on one foot ایک پاؤں پر کودنا - جست کرنا - چھلانگ لگانا - جانور کا کودنا - کود جانا - لنگڑانا - لنگڑا کر چلنا -

Hop (hop) *n.* Spring, informal dance - کود - جست زقند - چھلانگ - ناچ کود - غیر رسمی ناچ -

Hope (hōp) *n.* Expectation and desire - آس - امید تمنا - آسرا - سہارا - بھروسہ - عصائے پیری - خاندان کا چشم و چراغ - امیدوں کا مرکز -

Hope (hop) *v.i.* & *t.* Look with expectation توقع رکھنا - امید کرنا - آس لگانا -

Hopeful (hop-ful) *adj.* & *n.* Promising امید وار - متوقع - پرامید - سعادتمند - ہونہار - رشید -

Hopefulness (hop-ful-nes) *n.* Expectation امیدواری - امید رکھنا - امید افزائی -

Hopeless (hop-les) *adj.* Feeling no hope نا امید - مایوس - نا خلف - نا اہل - نا امید کرنے والا - جس سے کوئی توقع نہ ہو -

Hopelessness *n.* ناہلیت - ناامیدی - مایوسی - محرومی -

Hopper (hop-ər) *n.* One who hops, hop-picker ایک ٹانگ سے کودنے والا - پھدکنے والا - چکی کی سانی جس میں اناج ڈالا جاتا ہے - بجرا - بڑی ناؤ - کشتی جس میں جہازی مشینوں کی غلاظت بھر کر پھینکی جاتی ہے -

Hopple (hop-l) *v.t.* & *n.* Fasten horse's legs together پیر میں زنجیر ڈالنا - گھوڑے کے دو پیر ملا کر باندھنا - کلوا ڈالنا - کلوا - بندھن - پیکڑہ - رسی -

Horal-horary (ho-rəl) *adj.* Of the hour گھنٹے کا - گھنٹے بھر کا - ہر ساعت - ساعت وار -

Horation (hor-a-shən) *adj.* Of, like, Horace مشہور لاطینی شاعر ہوریس یا اس کی نظموں کا - ہوریس کی طرح -

Horde (hord) *n.* Gang, troop خانہ بدوش جماعت - گروہ - فرقہ - جتھا - جم غفیر

Horizon (hor-i-zən) *n.* Line at which earth and sky appear to meet افق - وہ خط جہاں زمین اور آسمان ملے ہوئے نظر آتے ہیں - نظر - دائرہ نگاہ -

Horizontal (hor-i-zən-təl) *adj.* & *n.* At the horizon افق کے متوازی - افقی - سطح کے برابر - مشین جس کے پرزے افقی حرکت کرتے ہیں - غیر عمودی -

Hormone (her-mon) *n.* Kinds of internal secretion ایک مادہ جو غدودوں سے نکل کر خون میں شامل ہوتا ہے اور تحریک اعضا کا باعث بنتا ہے -

Horn (horn) *n.* Non-deciduous excrescence often curved or pointed سینگ - شاخ - قرن - شاخ آہو - ہرن کے سینگ - کیڑے مکوڑوں کے منہ کے بال - سینگ کی بنی ہوئی چیز - شراب پینے کا پیالہ - نفیری - نرسنگھا - گوشہ - ہلال - نئے چاند کی نوک - شاخ دریا - خلیج -

Draw in one's horns ٹھنڈا پڑ جانا - جوش کو روکنا -

Take the bull by the horns مشکلات کا مردانہ وار مقابلہ کرنا -

Horn (horn) *v.t.* & *i.* Shorten, cut off, gore with, furnish with سینگ مار کر زخمی کرنا - سینگ لگانا یا نکالنا - سینگ کاٹنا -

Horner (horn-ər) *n.* Maker of horn combs, spoons سینگ کے کنگھے چمچے بنانے والا - سینگ کا کام کرنے والا - نرسنگھا پھونکنے والا -

Hornet (hor-net) *n.* Large insect of wasp family بھڑ - زنبور - برنی -

Horny (horn-i) *adj.* Of, like, horn سینگ کا - سینگدار - سخت - سنگدل - بے رحم - کٹر -

Horologe (hor ə-loj) *n.* Time piece گھڑیال - گھڑی - ساعت نما - دھوپ گھڑی -

Horologist *n.* گھڑی سازی کے فن کا ماہر - گھڑی ساز -

Horoscope (hor-ə-skop) *n.* Observation of planets a birth of a child جنم پتری - زائچہ - پیدائش کے وقت سیارگان و کوا کب کا مقام اور میل -

Horoscopy *n.* حونش - نجوم - زائچہ بنانے کا فن -

Horrible (hor-i-bl) *adj.* Hideous, shocking مہیب - وحشت انگیز - ہیبت ناک - ڈراؤنا - (بول چال) ناخوشگوار - مکروہ - سخت - بہت زیادہ -

Horribly *adv.* ہولناک طریقے سے - ناگوار طور پر -

Horrid (hor-id) *adj.* Terrible, frightful وحشت ناک - غضب ناک - لرزہ براندام کرنے والا (بول چال) ناگوار - ناپسندیدہ -

Horridness *n.* ڈراؤنا پن - وحشت انگیزی - ہیبت ناکی -

Horrify (hor-i-fi) *v.t.* Excite horror in ڈرانا - وحشت دلانا - بد حواس کرنا - ہیبت زدہ کرنا - اخلاق یا تہذیب کے احساس کو دھچکہ لگانا -

Horrific *adj.* وحشت انگیز - خوفناک -

Horrification *n.* گھبراہٹ - بد حواسی - سراسیمگی -

Horror (hor-ər) *n.* Intense dislike دہشت - خوف - ڈر - کپکپی - بدحواسی - کراہت - نفرت - دہشتناک شے - گھناؤنی چیز -

The horrors وحشت اور خوف کا دور دورہ -

Horse (hors) *n.* Solid-hoofed animal with flowing mane and tail گھوڑا - اسپ - فرس - گھوڑچڑھے سوار - رسالہ - کاٹھ کا گھوڑا -

Horse-laugh قہقہہ - بد تمیزی کی ہنسی -

Horseplay کھیل جس میں ہلڑ بازی ہو - اودھم -

Ride the high horse نخرے کرنا - غرور کرنا -

Tell that to the horse marines یہ فتوے کسی اور کو دو - یہ باتیں کسی اور کو سناؤ -

Horse (hors) *v.t.* & *i.* Provide with horse کسی شخص کو گھوڑا دینا - گھوڑے پر سوار کرنا - چڑی چڑھانا - گاڑی میں گھوڑے کو جوتنا - گھوڑے پر سوار ہونا - سوار ہو کر جانا -

Horsy (hors-i) *adj.* Addicted to horses گھوڑوں یا گھڑ دوڑ کا شوقین - لباس اور گفتگو میں سائیسوں اور سواروں کی نقل کرنے والا -

Hortative (hort-ə-tiv) *adj.* Tending to exhort ناصح - ناصحانہ - جوش دلانے والا - عبرت دلانے والی - جوش دلانے والی -

Hortatory (hort-ə-təri) *adj.* Encouraging جوش دلانے والی - دل بڑھانے والی - حوصلہ افزا -

Horticulture (horti-kult-yər) *n.* Art of garden cultivation فن باغبانی - نخل بندی -

Horticulturist *n.* چمن بندی کا ہنر جاننے والا - باغبانی کا ماہر - باغبان -

Hose (hōz) *n.* & *v.t.* Stockings لمبے موزے - جراب - چمڑے یا ربڑ کی نالی - لمبے موزے پہننا - نالی سے پانی دینا -

Hosier (hoz yer) *n.* Dealer in hoses موزہ ، بنیان بیچنے والا - موزے بننے والا -

Hosiery *n.* موزہ - بنان وغیرہ کا کارخانہ یا دوکان -

Hospitable (hos-pit-ə-bl) *adj.* Disposed to entertain friends and strangers مہمان نواز - مسافر نواز خاطر مدارات کرنے والا - فیاض - داتا -

Hospital (hos-pit-l) *n.* Institution for care of sick and wounded شفا خانہ - دارالشفا - دوا خانہ - ہسپتال - رفاہ عام کا ادارہ -

Hospitality (hos-pit-ə-liti) *n.* Friendly reception of guests and strangers مہمان نوازی - تواضع - خاطر مدارات - مدارات -

Hospitaler (hos-pit-a-lər) *n.* Member of a charitable religious order رفاہ عام کی جماعت کا رکن - ایک مذہبی جماعت جس کے رکن شفاخانوں میں مریضوں کو روحانی تسکین دیتے ہیں -

Host (hōst) *n.* Large number, army ج - انبوہ - وم - لاؤ لشکر - جم غفیر -

A host in himself اپنی ذات سے ایک انجمن ہے -

Host (hōst) *n.* One who lodges and entertai another زبان - مہمان دار - صاحب خانہ - مسافر نہ یا سرائے کا مالک - پاک روٹی - عشائے ربانی روٹی -

Hostage (hōs-tij) *n.* Person given to another pledge انت - یرغمال - وہ شخص جو ضمانت کے طور دشمن کے حوالے کیا جائے -

Hostel (hōs-təl) *n.* House of residence fo students or other class امت خانہ - طالبعلموں ے رہنے کی جگہ - عام اقامت خانہ - مسافر خانہ رائے -

Hostess (hōs-tes) *n.* Woman who entertain guests یزبان عورت - ہوائی جہاز کی میزبان عورت - امت خانہ کی میزبان - میزبان کی بیوی - سرائے کی مالکہ ھٹیارن -

Hostile (hos-tīl) *adj.* Unfriendly الف - دشمن - شمن کا - مخالفانہ - معاندانہ - مخاصمانہ -

Hostility (hōs-til-iti) *n.* Enmity خصومت - عداوت - شمنی - بیر - لڑائی - جھگڑا فساد - جنگ و جدل - جنگ کی حالت -

Hot (hot) *adj.* & *adv.* Very warm گرم - تپتا ہوا - موزاں - حدت پیدا کرنے والا - تیز - تند - پرجوش - گ سے بھرا ہوا - خفا - برہم - پر شہوت - مست - ہیجان خیز - تازہ تازہ - گرما گرم -

Give it him hot چھی طرح ڈانٹنا - خوب خبر لینا -

Hotbed د معاشی کا اڈا - کیاری جو کھاد کے خمیر سے گرم کی جائے -

Hotspur بول چال) تیز مزاج - جوشیلا - چلتا پرزہ - دلیر - عاقبت اندیش -

Make the place too hot for ری طرح پیچھے پڑنا -

Hot (hot) *v.t.* Heat گرم کرنا - گرما دینا -

Hotch-potch (hoch-poch) *n.* Dish of many ingredients دیوانی ہنڈی - بے وصیت مرنے والے کی جائداد جو پھیلی ہوئی ہو اور تقسیم وراثت کے لیے جمع کی جائے - معجون مرکب - کھچڑی -

Hotel (ho-tel) *n.* House for entertainment of travellers سرائے ۔ مسافر خانہ ۔ قیام گاہ ۔ آرام گاہ ۔ ہوٹل ۔

Hottentot (hot-n-tot) *n.* Member of a south African tribe جنوبی افریقہ کی ایک قوم ۔ جنگلی ۔ وحشی ۔

Hough (hok) *n.* & *v.t.* Joint of quadrupeds hind leg between true knee and fetlock جانوروں کی پچھلی ٹانگ کا جوڑ ۔ اس جوڑ کو کاٹ کر لنگڑا کر دینا ۔

Hound (hownd) *n.* Dog for chase شکاری کتا ۔ وہ کتا جو بو پر شکار کا تعاقب کرے ۔ کمینہ دسی ۔ ذلیل آدمی ۔

Hound (hownd) *v.t.* Chase (as) with hound تعاقب کرنا ۔ ہلکارنا ۔ کتوں کو شکار کے پیچھے بھگانا ۔ کتوں سے شکار کھیلنا ۔ اکسانا ۔ مجبور کرنا ۔ پیچھے پڑ کر کوئی کام کرانا ۔ زبردستی کرانا ۔

Hour (owr) *n.* Twenty-fourth part of day گھنٹہ ۔ دن کا چوبیسواں حصہ ۔ ایک گھنٹہ ۔ اڑھائی گھڑی ۔ ساعت ۔ مختصر وقت ۔ قلیل وقفہ ۔ (جمع) کام کے مقررہ اوقات ۔

Small hours رات کے ایک دو بجے ۔

Houri (hōō-ri) *n.* Nymph of paradise حور ۔ پری ۔ حسین ۔ عیش پرست عورت ۔

Hourly (owr-li) *adj.* & *adv.* Every hour ہر گھڑی ۔ گھڑی گھڑی ۔ ساعت بہ ساعت ۔ مسلسل ۔ لگا تار ۔ آٹھوں پہر ۔

House (hows) *n.* Building for human habitation گھر ۔ مکان ۔ مسکن ۔ خانہ ۔ حویلی ۔ مستقر ۔ گھر بار ۔ گھرانا ۔ خاندانی ۔ تھیٹر کے تماشائی ۔ تجارتی کوٹھی ۔ وضع قوانین کی جماعت ۔ مذہبی جماعت کا مسکن ۔ برج سماوی راس ۔ ایک کھیل کا نام ۔

House dog گھر کی نگرانی کرنے والا کتا ۔

House of ill-fame قحبہ خانہ ۔ چکلہ ۔

Proclaim from house tops پکار پکار کر کہنا ۔ علی الاعلان کہنا ۔

House-warming وہ دعوت جو ایک نئے گھر کی تکمیل کے وقت دی جائے ۔

Keep the house گھر سے نہ نکلنا ۔

House (hows) *v.t.* & *i.* Receive person or store in house مکان یا گھر میں کسی کو اتارنا یا ٹھہرانا ۔ مکان میں پناہ دینا ۔ سامان رکھنا ۔ گودام میں رکھنا ۔ سر چھپانا ۔ لوگوں کے لیے گھروں کا انتظام کرنا ۔

Household (hows-hold) *n.* Inmates of house گھرانا ۔ قبیلہ ۔ کنبہ ۔ بال بچے ۔ نوکر چاکر ۔ گھر یا خاندان کے افراد ۔ دوسرے درجہ کا میدہ یا آٹا ۔

Householder (hows-holdər) *n.* Head of household مالک مکان ۔ گھر کا سر براہ ۔ صاحب خانہ ۔ صاحب حیثیت ۔ کنبہ کا سرپرست ۔ کنبہ والا ۔

Housewife (hows-wif) *n.* Mistress of family گھر والی ۔ گھر کی مالکہ ۔ صاحب خانہ کی بیوی ۔ گھر کی منتظمہ ۔ ایک چھوٹی بغچی ۔ تلے دانی ۔

Housewifery (hows-wifri) *n.* Housekeeping انتظام خانہ داری ۔ تدبیر منزل ۔ خانہ داری ۔

Housing (how-zing) *n.* Horse's cloth covering گھوڑے کی جھول ۔ زین پوش ۔ پناہ دہی ۔

Hovel (hov-əl) *n.* Open shed, out house سائبان ۔ اوسارہ ۔ چھپر ۔ تنگ و تاریک مکان ۔ مخروطی شکل کی عمارت جس میں بھٹی ہوتی ہے ۔

Hover (hov-ər) *v.i.* & *n.* Loiter about a person or place منڈلانا ۔ گرد گھومنا ۔ پھرتے رہنا ۔ چکر کاٹنا ۔ کسی کے گھر کے قریب گشت کرنا ۔ چکر کاٹنا ۔ لٹکنا ۔ معلق حالت ۔

How (how) *adv.* In what way کیسے ۔ کس طرح ۔ کیونکر ۔ کس قدر ۔ کتنا ۔ کس واسطے ۔ کس لئے ۔ کس طریقے سے ۔ جس طرح بھی ہو سکے ۔

Howdah (how-dȧ) *n.* Seat on the back of elephant ہودہ ۔ عماری ۔ ہودج ۔

However (how-evər) *adv.* In any way بہر حال ۔ اس کے باوجود ۔ لیکن ۔ مگر ۔ بہر صورت ۔ بہر کیف ۔

Howl (howl) *n.*, *v.i.* & *t.* Long cry of a dog or wolf دردناک آواز میں چلانا ۔ واویلا ۔ پکار ۔ شور و غل ۔ درد سے چیخنا ۔ آہ و زاری کرنا ۔ کتے اور بھیڑیے کی آواز ۔ بھونکنا ۔ چلا کر یا رو کر کہنا ۔

Howler (howl-ər) *n.* Great blunder شور مچانے والا ۔ (بول چال) فاش غلطی ۔ بھونکنے والا ۔ جنوبی امریکہ کا ایک بندر ۔

Howlet (ho-let) *n.* Owl چغد ۔ اُلو ۔ بوم ۔ اُلو کا پٹھا ۔

Howling (howl-ing) *adj.* That howls چیختا ہوا - شور مچانے والا - رونے والا - روتا ہوا - (بول چال) فاش - صریحی -

Howling dervish غوغائی فقیر - نعرہ زن درویش -

Howling wilderness بے آب و گیاہ میدان - شہر خموشاں - سنسان میدان -

Howsoever (how-so-evər) *adj.* Although, however باوجودیکہ - کیسا ہی - کتنا ہی -

Hoy (hoi) *n.* & *interj.* A small vessel ایک چھوٹی کشتی یا چھوٹا جہاز - پکارنے یا متوجہ کرنے کی آواز - او ہوت -

Hoyden (hoi-dən) *n.* Boisterous girl چنچل - شوخ و شریر لڑکی -

Hub (hub) *n.* Central part of wheel پہیے کا درمیانی حصہ - ناہ - مرکز -

Hub-hubby (hub) *n.* Husband (بول چال) شوہر - خاوند - میاں -

Hubble-bubble (hub-l-bub-l) *n.* A kind of hukkah گڑگڑی - حقہ - گڑگڑی کی آواز -

Hubbub (hub-ub) *n.* Confused din ہلچل - افراتفری - شور و غل - غل غپاڑہ - لڑائی بھڑائی کا شور -

Huckaback (huka-bak) *n.* Stout linen fabric کھیس کی بناوٹ کا کپڑا - کھردرا کپڑا جس سے تولیہ وغیرہ بناتے ہیں -

Huckle (huk-l) *n.* Hip, haunch کولا - پٹھا - جانوروں کا پٹھا -

Huckster (huk-stər) *n.* Pedlar - خوردہ فروش - بساطی - پھیری والا - خوانچہ والا -

Huckster (huk-stər) *v.i.* & *t.* Bargain, haggle قیمت چکانا - مول تول کرنا - قیمت پر تکرار کرنا - میل کرنا - خوردہ فروشی کرنا - چھوٹے پیمانے پر کوئی کام کرنا -

Huddle (hud-l) *v.t., i.* & *n.* Heap together confusedly بے ترتیبی سے انبار لگانا - ٹھونس دینا - بھر دینا - گڑ بڑ کرنا - ملا دینا - درہم برہم کرنا - ہاتھ پیر سمیٹ کر گٹھری بن جانا - کام میں حد سے زیادہ تیزی کرنا - گھاس کاٹنا - افراتفری - کھلبلی - ہلچل -

Hue (hu) *n.* Colour, tint رنگ روغن - صورت - روپ - لون - رنگوں کی آمیزش -

Hue (hue and cry) (hu) *n.* Loud cry raised f pursuit of wrong-doer ر و غل - غل غپاڑہ - ڑو پکڑو کا شور - احتجاج - مجرم کی گرفتاری کا اعلان -

Huff (huf) *n., v.i.* & *t.* Fit of petulance ش - گی - غصہ - لاف زنی - خفا ہونا - چڑ چڑانا - غصہ لانا - گرم ہونا - ڈانٹنا ڈپٹنا - ڈرا دھمکا کر کوئی کام را لینا - ڈرافٹ کے کھیل میں حریف کی چوک پر اس گوٹ اٹھا لینا -

Huffish *adj.* مزاج - جھلا - غصیلا -

Huffishness *n.* جھلاہٹ - غصہ - طیش -

Huffy *adj.* یش میں - غصہ میں - جھلایا ہوا -

Hug (hug) *v.t.* & *n.* Squeese tightly in one's arm رم جوشی سے بغل گیر ہونا - لپٹا لینا - بغل میں دبانا - یار کرنا - محبت کرنا - کسی سے شوق و محبت کا اظہار کرنا - اپنے متعصبانہ خیالات پر قائم رہنا - اپنی پیٹھ ھونکنا - پرجوش معانقہ - مضبوط گرفت -

Huge (huj) *adj.* Enormous ڑا - کلاں - عظیم - جسیم - ڑا بھاری - پہاڑ کا پہاڑ - عظیم الشان - فراخ - کشادہ -

Hugeness *n.* ظمت - جسامت - بڑائی -

Hugger-mugger (hug-ər-mug-ər) *n., adj., adv. v.t.* & *i.* Secrecy, confusion وشیدگی - راز - مخفی - وشیدہ - پوشیدہ طور پر - جلدی میں چھپانا - دبا دینا -

Huguenot (hu-gə-not) *n.* French Protestan رانسیسی پروٹسٹنٹ عیسائی -

Hulk (hulk) *n.* Body of dismantled ship پرانا جہاز جو سامان رکھنے کے لیے گودام کے طور پر استعمال کیا جائے - بے ڈول جہاز -

Hull (hul) *n.* & *v.t.* Outer covering, frame - چھلکا پوست - جہاز یا ہوائی جہاز کا ڈھانچہ - چھیلنا - چھلکا تارنا - جہاز پر گولا یا تارپیڈو مارنا -

Hullabaloo (hul-ə-bə-loo) *n.* Uproar چیخ پکار - شور و غوغا -

Hullo (hu-lo) *interj.* Used to call attention متوجہ کرنے یا اظہار حیرت کے لیے - ارے - کون ہے - اخاہ - ہائیں - اجی آپ ہیں -

Hum (hum) *v.i.* & *t.* Make continuous murmuring sound گنگنانا - بھنبھنانا - منہ میں گانا - غنغنانا - چرخے کا چوں چوں کرنا - کھنکھارنا - (بول چال) حرکت پیدا کرنا - چہل پہل ہونا -

Human (hū-mən) *adj.* Belonging to man - انسان کا
انسانی - بشری - انسان جس میں انسانیت ہو - بھلا
آدمی - بشر - آدم زاد -

Humane (hu-man) *adj.* Compassionate ملائم - نرم
دل - حلیم - ہمدرد - شفیق - تہذیب اور شائستگی سکھانے
والے (علوم) -

Humanely *adj.* انسانیت سے - درد مندی سے - رحم دلی
سے -

Humanism (hū-mən-izm) *n.* Devotion to human interests انسانی محبت - انسان دوستی - حقوق انسانی
کی حمایت - مذہب انسانیت جس کا پیرو خدا کا قائل نہیں
ہوتا اور صرف انسانی فلاح و بہبود کو مقصد حیات سمجھتا
ہے - علم و ادب کا مطالعہ -

Humanist (hū-mən-ist) *n.* Student of human affairs انسانی فطرت اور زندگی کا مطالعہ کرنے والا -
روما اور یونان کے علم و ادب کا ماہر -

Humanitarian (hū-mən-i-ta-riən) *n.* & *adj.* One who professes humanism مذہب انسانیت کا پیرو -
انسان دوست - انسان دوستی کے متعلق -

Humanitarianism *n.* انسان دوستی - مذہب انسانیت -

Humanity (hu-mən-i-ti) *n.* Human race نسل
انسانی - بشریت - بشری خصائل - انسانی ہمدردی - یہ
عقیدہ کہ انسان کی خدمت ہی ذریعہ نجات ہے -

Humanize (hū-mən-iz) *v.t.* & *i.* Make, become, humane آدمی بنانا - انسانیت کا جامہ پہنانا - انسانوں
اور قوموں کو انسانی صفات سے متصف کرنا - رحم دل بننا
اور بنانا -

Humankind (hū-mən-kin) *n.* Mankind آدم زاد -
بنی آدم - نوع انسانی -

Humanly (hu-mən-li) *adv.* By human means بقدر
طاقت بشری - تاحد امکان - انسانوں کی طرح - انسانی
ذرائع سے - انسانی جذبات اور احساسات کے ساتھ -

Humble (hum-bl) *adj.* & *v.t.* Of modest pretensions فروتن - خاکسار - منکسر مزاج - متحمل مزاج -
اپنے آپ کو کم سمجھنا - خاکساری کرنا - ذلیل کرنا -
نیچا دکھانا -

Humbleness *n.* عاجزی - انکساری -

Humbly *adv.* نیاز مندانہ - عاجزانہ - خاکساری سے -

Humble-bee (hum-bl-be) *n.* Bumble-bee زنبور -
بھونرا -

Humbug (hum-bug) *n*, *v.t.* & *i.* Fraud فریب -
جھوٹ - مکر - مکار - فریب دینا - دھوکا دینا - ریاکاری
کرنا -

Humdrum (hum-drum) *adj.*, *n.* & *v.i.* Commonplace, dull اکتا دینے والا - بے لطف - بے کیف -
بے لطفی - بے رنگی - پیش پاافتادہ طریقہ اختیار کرنا -
بے لطفی سے زندگی بسر کرنا -

Humid (hu-mid) *adj.* Damp تر - گیلا - مرطوب -
سیلا ہوا - نمناک -

Humidity *n.* نمی - ہوا میں رطوبت - رطوبت -

Humiliate (hu-mil-i-at) *v.t.* Lower the dignity
ذلیل کرنا - خفیف کرنا - خود داری کو صدمہ پہنچانا -
غرور توڑنا - نیچا دکھانا -

Humiliating *adj.* ذلت آمیز - شرمناک -

Humiliation *n.* تذلیل - اہانت - ذلت -

Humility (hu-mil-i-ti) *n.* Meekness انکسار -
فروتنی - عاجزی - برا حال -

Humming (hum-ing) *adj.* Murmuring گنگناتا ہوا -
(بول چال) زور کا زناٹے کا ہاتھ -

Hummock (hum-ək) *n.* Hillock ٹیلا - ٹبہ - پہاڑی -
ٹیکرا - برف میں ابھرا ہوا ٹیلہ -

Humoral (hū-mə-ral) *adj.* Of bodily humours
خلطوں کا - انسانی جسم کے اخلاط کا -

Humorist (hū-mər-ist) *n.* Humorous talker, writer, actor ظریف - خوش طبع - خوش مزاج -
بذلہ سنج - لطیفہ گو - ظرافت نگار -

Humorous (hū-mər-əs) *adj.* Full of humour
خوش طبع - ظریفانہ -

Humorousness *n.* خوش طبعی - ظرافت نگاری -

Humour (hū-mər) *n.* State of mind جسم انسانی
کی چار خلطیں - خون - بلغم - صفرا - سودا - خوش
طبعی - ظرافت - مزاج - خیال - لہر - موج - رغبت -
رجحان - ذوق ظرافت -

Humourless *adj.* ذوق ظرافت سے عاری - افسردہ دل -
بے ذوق - روکھا - پھیکا -

Humour (hū-mər) *v.t.* Gratify خاطر کرنا - خوش
کرنا - طبیعت کا لحاظ کرنا - دلجوئی کرنا - پاس کرنا -
عنایت کرنا - مہربانی کرنا - نباہنا -

Humoursome (hu-mər-səm) *adj.* Capricious
متلون مزاج - زود رنج - چڑ چڑا -

Hump (hump) *n.* & *v.t.* Deformity کب - کوز -
کبڑا پن - کبڑا بنانا - افسردہ کرنا - صدمہ پہنچانا -
تکلیف دینا -

Humpback *adj.* حمیدہ پشت - کبڑا -

Humped *adj.* خمیدہ پشت - کوز پشت -

Humpy *adj.* جس میں بہت سے کوہان یا ٹیلے ہوں -

Humpty dumpty (hum-ti-dum-ti) *n.* Short dumpy person پستہ قد موٹا آدمی - اتنا بھاری
کہ گرنے کے بعد اٹھ نہ سکے -

Hun (hun) *n.* One of the Asiatic nomad race
ہن - ایشیا کی ایک وحشی خانہ بدوش قوم جس نے
پانچویں صدی میں یورپ پر حملہ کیا تھا - حقارت کی طور
پر آسٹریا ، جرمنی اور پروشیا کے لوگوں کو ہن کہتے
ہیں -

Hunch (hunsh) *v.t.* Bend, thrust out کب یا
کوہان نکالنا - کوز پشت بنانا - کہنی مارنا - کہنی
سے دھکیلنا -

Hunch (hunsh) *n.* Hump موٹا ٹکڑا - کب - کوہان -

Hunchy *adj.* جس میں بہت سے ابھار ہوں -

Hundred (hun-d-rəd) *n.* & *adj.* Ten times ten
سو - سیکڑہ - صد - سو کی رقم یا تعداد - بہت سے -

One in a hundred ہزاروں میں ایک - سو میں ایک -

Hundredfold سو گنا -

Hunger (hun-gər) *n.* Uneasy sensation بھوک -
اشتہا - گرسنگی - شدید خواہش - آرزو - اشتیاق -

Hunger (hun-gər) *v.i.* & *t.* Have craving for
بھوک لگنا - بھوکا ہونا - خواہش ہونا - فاقے کرانا -
بھوکوں مارنا -

Hungry (hun-gəri) *adj.* Feeling hunger بھوکا -
گرسنہ - مشتاق - تمنائی - حریص - طامع - لالچی -
بنجر - کار (زمین) -

Hungrily *adv.* للچائی ہوئی نظروں سے - بھوکوں کی
طرح -

Hungriness *n.* بھوکا ہونا - بنجر کرنا - بھوک کی
حالت - بے تابی - بے قراری -

Hunks (hun-gks) *n.* Miser خسیس - بخیل - کنجوس -

Hunt (hunt) *v.i.* & *t.* Pursue wild animals
شکار کرنا - صید کرنا - تلاش کرنا - کھوج لگانا - باہر
نکال دینا - بھگا دینا - شکار کی تلاش کرنا - رگیدنا -
تعاقب کرنا - پیچھا کرنا -

Hunt (hunt) *n.* Hunting شکار - صید - تعاقب -
تلاش - شکاریوں کا گروہ - شکار کا علاقہ - شکار گاہ -
شکاری کتوں کا منڈا -

Hunter (hunt-ər) *n.* One who hunts شکاری -
صیاد - تعاقب کرنے والا - پیچھا کرنے والا - شکاری
گھوڑا یا ہاتھی - شکاری کتا - شکاری گھوڑی -

Hunting (hunt-ing) *n.* Pursuing wild animals
شکار - تعاقب - تلاش -

Huntsman (hunts-mən) *n.* Man in charge of hounds شکاری کتوں کا نگران - شکاری -

Hurdle (hur-dl) *n.* & *v.t.* Temporary wooden frame to be jumped over ٹٹی - جنگلا -
گھوڑ دوڑ کی ٹٹی - چوکھٹا جس میں باغیوں کو جکڑ
کر قتل گاہ میں گھسیٹتے ہوئے لے جاتے تھے - ٹٹی
پھاندنا -

Hurdler (hur-dlər) *n.* One who runs in a hurdle race جنگلا یا ٹٹیاں بنانے والا - ٹٹیوں
کی دوڑ میں حصہ لینے والا - ٹٹی کودنے والا -

Hurly-burly (hur-li-bur-li) *n.* Commotion
کھل بلی - ہڑبڑی - ہاڑ - طوفان بے تمیزی -

Hurrah-ay (hur-ȧ) *interj.*, *n.* & *v.t.* Approbation cry واہ وا - آفریں - شاباش - نعرہ ہائے تحسین و
مسرت - نعرے بلند کرنا -

Hurricane (hur-i-kin) *n.* Storm with violent wind طوفانی آندھی - ہوا کا تیز جھکڑ - طوفان
بادو باران - طوفان -

Hurry (hur-i) *n.* Undue haste جلد بازی - کھلبلی -
بے تابی -

Hurry (hur-i) *v.t.* & *i.* Carry or drive a person with undue haste جلدی کرنا - گھبرا دینا -
کسی شخص کو جلد لے جانا - کوئی کام عجلت سے
کرنا -

Hurriedly *adv.* گھبراہٹ سے - جلدی جلدی -
عجلت سے -

Hurst (hurst) *n.* Hillock, sand bank in river or sea ٹیلا - پہاڑی - ریت کا ٹاپو - بلند پہاڑی کا گھنا جنگل - جنگل - صحرا -

Hurt (hurt) *n.* Wound, harm زخم - نقصان - چوٹ - گھاٹا - ضرر - آسیب - حق تلفی - بد سلوکی -

Hurtful *adj.* تکلیف دہ - زیاں کار - نقصان دہ - مضر -

Hurtless *adj.* بے زیاں - بے ضرر -

Hurt (hurt) *v.t. & i.* Cause injury or damage تکلیف دینا - نقصان پہنچانا - مجروح کرنا - بد سلوکی کرنا - حق تلفی کرنا - جذبات کو ٹھیس لگنا - (بول چال) صدمہ یا مصیبت برداشت کرنا - رنج سہنا -

Hurtle (hurt-l) *v.t., i. & n.* Hurl swiftly دھکا دینا - تیزی سے پھینکنا - متصادم ہونا - دھم سے گرنا - کھڑکھڑاتے ہوئے چلنا - کھڑکھڑ کی آواز -

Husband (huz-bənd) *n.* Man joined to woman in marriage شوہر - خاوند - زوج - میاں - پی - بالم - ساجن - کفایت شعار - مالک جہاز - کسان - کاشتکار - مزارع -

Husband (huz-bənd) *v.t.* Manage thriftily کفایت شعاری سے چلانا - احتیاط کرنا - کھیتی باڑی کرنا - شوہر تلاش کرنا - شادی کرنا - بیاہ کرنا -

Husbandman (huz-bənd-mən) *n.* Farmer کسان - کاشتکار -

Husbandry (huz-bənd-ri) *n.* Careful management خانہ داری - کفایت شعارانہ انتظام - کھیتی باڑی - زراعت -

Hush (hush) *interj., v.t. & i.* Silence خاموش - منہ بند کرنا - خاموش کرنا - چپ ہو جانا -

Hush money - منہ بھرائی - چپ رکھنے کے لیے رشوت -

Hush up معاملہ کو رفع دفع کر دینا -

Husk (husk) *n. & v.t.* Dry outer covering چھلکا - بھوسی - پوست - چھال - چھلکا اتارنا - بھوسی صاف کرنا - مقشر کرنا -

Husky (husk-i) *adj.* Full of husk چھلکے دار - بھوسی والا - چھلکے کی طرح خشک - روکھا سوکھا - کھردرا - بھرائی ہوئی (آواز) -

Huskiness *n.* آواز کا بھرائی ہوئی ہونا - آواز کا روکھا پن -

Husky (husk-i) *n.* Eskimo dog - اسکیمو قوم کا کتا - اسکیمو نسل کا آدمی - اسکیمو زبان -

Hussar (hoo-zar) *n.* Soldier of light cavalry regiment ولایتی رسالہ کا سپاہی - پندرھویں صدی کے ملک ہنگری کا سوار جو ہلکے اسلحہ سے مسلح ہوتا تھا -

Hussy (huz-i) *n.* Woman of worthless character قطمہ - قحبہ - آوارہ - شوخ چنچل لڑکی -

Hustings (hus-tingz) *n.* Platform from which candidates for parliament were nominated before 1872 AD. وہ چبوترہ جہاں ۱۸۷۲ء تک پارلیمنٹ کے اراکین نامزد کئے جاتے تھے - انتخابی کاروائی -

Hustle (hus-l) *v.t., i. & n.* Push roughly - دھکیلنا - زور سے دھکا دینا - دھکا کھانا - دھکم دھکا کرکے آگے بڑھنا - کسی سے زبردستی کوئی کام کرانا - عجلت - بڑ بڑی -

Hut (hut) *n., v.t. & i.* Small house of rude construction جھونپڑا - کٹیا - بھدا مکان - لکڑی کا عارضی مکان جو فوجیوں کے لیے بنایا جاتا ہے - فوج کو جھونپڑوں میں ٹھہرانا - پڑاؤ ڈالنا -

Hutch (huch) *n.* Box-like pen for rabbits - صندوق - پنجرہ - ڈربا - ٹھیلا -

Huzza (hooz-à) *interj., n., v.t. & i.* Hurrah دیکھو

Hyacinth (hi-ə-sinth) *n.* A kind of bulbous plant with bell-shaped flowers سنبل کے قسم کے پودے - سنبل کے پھولوں کا رنگ - ایک قسم کا قیمتی پتھر -

Hyades (hi-ə-dez) Group of stars - خوشہ عنقود - ستاروں کا جھمکا جو عقد ثریا کے قریب ہوتا ہے -

Hyaena (hi-e-na) *n.* Hyena دیکھو

Hyaline (hi-ə-lin) *adj. & n.* Glass-like - زجاجی - بلورنما - شیشے کا سا - بلورین - آئینہ فلک - آئینہ بحر -

Hybrid (hi-brid) *n. & adj.* Person of mixed nationality دونسلا - دوغلا - دونسلا انسان ، جانور یا آدمی - مختلف عناصر والی چیز -

Hybridize (hi-brid-iz) *v.t. & i.* Subject to cross-breeding - دونسلوں کو ملانا - دوغلی نسل پیدا کرنا - پودوں اور جانوروں سے اس طرح نئی نسل نکالنا - قلم لگانا - پیوند لگانا -

Hydra (hi-dra) *n.* Snake of a hundred heads which grew again when cut off ایک افسانوی سو سر والا سانپ - وہ برائی جس کی بیخ کنی نہ ہو سکے - ناقابل استیصال شر - آسمان کا ایک برج -

Hydrant (hi dr-ənt) *n.* Pipe with nozzle پانی کا نل جس میں ربڑ کی نالی لگائی جا سکے -

Hydrate (hi-drət) *n.* & *v.t.* Compound of water with another element مرکب جس میں پانی اور کوئی دوسرا عنصر ہو - پانی ملانا -

Hydraulic (hi-drawl-ik) *adj.* & *n.* Of water conveyed through pipes - پانی کی طاقت سے چلنےوالا پانی سے سخت ہونے والا - پانی کی حر کی قوت -

Hydraulics (hi-drawl-iks) *n.* Science of conveyance of water through pipes پانی کی قوت کا علم - علم الماء -

Hydro (hi-dro) *prefix* Combination form of water سابقہ - پانی کا - پانی سے متعلق -

Hydrogen (hi-dro-jən) *n.* Colourless odourless gas وہ ہوائے لطیف جو پانی کا جز ہے - ہائیڈروجن - بغیر رنگ و بو کی ایک گیس - مائین -

Hydrogenate (hi-dro-jən-at) *v.t.* Combine with hydrogen ہائیڈروجن سے مرکب کرنا -

Hydromel (hi-dro-məl) *n.* Mixture of honey and water شہد اور پانی - شہد کا شربت -

Hydropathic (hi-dro-pəthic) *adj.* & *n.* Concerned with hydropathy پانی سے - پانی کا علاج - علاج الماء کا (شفا خانہ) -

Hydropathy (hi-dro-pəthi) *n.* Medical treatment by water پانی کا علاج - علاج الماء -

Hydrophobia (hi-dro-fo-bia) *n.* Aversion to water پانی سے خوف - ایک مرض جس میں پانی سے ڈر لگتا ہے -

Hydropic (hi-dro-pik) *adj.* Dropsical - نزول آب کا استسقائی -

Hydropsy (hi-drop-si) *n.* Dropsy نزول آب - پانی اترنا جلندر - استسقا -

Hyena (hi-e-na) *n.* Quadruped allied to dog tribe - چرخ - لکڑ بگا - تڑس - دغاباز - لوٹنےوالا آدمی -

Hygeia (hi-ji-a) *n.* Goddess of health صحت و تندرستی کی دیوی - مجسمہ صحت -

Hygiene (hi-ji-en) *n.* Principles of health اصول صحت - حفظان صحت -

Hygienic *adj.* حفظان صحت کا - مفید صحت -

Hygienics *n.* علم حفظان صحت -

Hygrology (hi gro lo-gi) *n.* Study of humidity رطوبات ہوا اور جسم کا علم -

Hygrometer (hi gro-meter) *n.* Instrument for measuring humidity of air ہوا میں رطوبت کی پیمائش کا آلہ -

Hylozoic (hi-lo zik) *n.* One who regards God and matter as identical مادے کو قدیم سمجھنے والا - مادے اور خدا کو ایک ماننے والا -

Hymen (hi-men) *n.* Virginal membrance شادی کا دیوتا - پردہ بکر - وہ جھلی جو فرج کے اندر باکرہ عورتوں کو ہوتی ہے -

Hymn (him) *n.*, *v.t.* & *i.* Song of praise to God - حمد بھجن - حمد کے گیت گانا -

Hymnology (him-nə-ləji) *n.* Study of hymns علم مناجات - مجموعہ مناجات - حمد کی نظموں اور گیتوں کا مطالعہ -

Hyp (hip) *n.* دیکھو Hip

Hyperbaton (hi-pər-bə-shn) *n.* Inversion of normal order of words ایک صنعت جس میں لفظوں کی ترتیب بدل جاتی ہے - ترتیب معکوس -

Hyperbola (hi-per-bo-la) *n.* Curve produced when cone is cut - شکل ہذلولی - قطعہ ہذلولی قطعہ زائد -

Hyperbole (hi-pər-bo-le) *n.* Exaggerated statement مبالغہ - حد سے زائد تعریف -

Hyperbolist (hi-per-bo-list) *n.* One who indulges in exaggeration - اغراق سے کام لینے والا مدحیہ شاعر جو مبالغہ سے کام لے

Hyperborean (hi-pər-bor-yen) *adj.* & *n.* Inhabitant of extreme north - انتہائی شمال کا باشندہ سخت سرد -

Hypercritical (hi-pər-kri-ti-kəl) *adj.* Too critical سختی سے تنقید کرنے والا - سخت نکتہ چیں - خوردہ گیر -

Hyphen (hi-fən) *n.* & *v.t.* Sign used to join two words نشان الحاق (-)

Hypno (hip-no) *prefix* Combination form of sleep سابقہ خواب ۔ خوابی ۔ نیند کا ۔

Hypnosis (hip-no-sis) *n.* Artificially produced sleep مصنوعی طریقوں سے لائی ہوئی نیند ۔ وہ نومی حالت جو عمل توجہ سے پیدا کی جاتی ہے ۔ نوم توجہ کی حالت ۔

Hypnotic (hip-no-tik) *adj.* Of hypnotism نومی ۔ نیند لانے والی ۔ نوم توجہ کی حالت میں ۔

Hypnotism (hip-no-tizm) *n.* State resembling deep sleep توجہ سے نیند لانے کا عمل ۔ عمل توجہ ۔ اثر پذیر حالت نوم ۔ علم نومیات ۔

Hypnotize (hip-no-tīz) *v.t.* Produce sleep by suggestion نوم توجہ پیدا کرنا ۔ عمل توجہ سے اثر پذیر حالت نوم پیدا کرنا ۔

Hypochondria (hīpo-kon-dri-a) *n.* Morbid depression پستی جو خیالات فاسدہ یا خرابی صحت سے پیدا ہو ۔ مراق کی حالت ۔

Hypochondriac (hipo-kon-dri-ək) *adj.* & *n.* Affectea by hypochondria مراق ۔ مراق میں مبتلا ۔ جنونی ۔

Hypocrisy (hī-pok-ri-si) *n.* Pretence فریب ۔ مکر ۔ ریا ۔ حیلہ سازی ۔

Hypocritical (hīpo-kri-ti-kəl) *adj.* Dissembling ریا کارانہ ۔ مکارانہ ۔ پرفریب ۔

Hypostasis (hip os-tə-sis) *n.* Excess of blood جوہر ۔ شخصیت مسیح ۔ ذات مسیح ۔ جسم میں خون کی زیادتی ۔

Hypotenuse (hīpo-ten-us) *n.* Side opposite to right angle of triangle وتر ۔ مثلث قائم الزاویہ کا وتر ۔

Hypothecate (hīpo-thi-kāt) *v.t.* Pledge مکفول کرنا ۔ گرو رکھنا ۔ رہن کرنا ۔

Hypothesis (hī-poth-i-sis) *n.* Supposition قیاس ۔ مفروضہ نظریہ ۔ مفروضہ ۔

Hypothesize (hī-poth-i-sīz) *v.t.* Frame a hypothesis نظریہ قائم کرنا ۔ مفروضہ قائم کرنا ۔

Hyrax (hi raks) *n.* A small rabbit چھوٹا جنگلی یا پہاڑی خرگوش ۔ شمالی افریقہ کا بجو ۔

Hyssop (his-əp) *n.* Bushy aromatic herb جھوٹا خوشبودار پودا ۔ پودا جس کی پتیاں اور شاخیں یہودیوں کے مذہبی رسوم میں کام آتی ہیں ۔

Hysteria (his-te-ri-a) *n.* Functional disturbance of nervous system اختناق الرحم ۔ ہسٹیریا ۔ ہسٹیریا کے دورے ۔ اعصابی تناؤ ۔

Hysteric (his-te-rik) *adj.* & *n.* Hysterical fits, affected by hysteria باؤ گولے کی مریضہ ۔ ہسٹیریائی ۔ ہسٹیریا سے متاثر ۔

Hysterics (his-te-riks) *n.* Fits شدت جذبات ۔ غشی اور بے ہوشی کے دورے ۔ ہسٹیریا کے دورے ۔

Hythe (hidh) *n.* Harbour بندرگاہ ۔

I

I (i) *n.* Ninth letter of the English alphabet انگریزی حروف تہجی کا نواں حرف ۔ رومن عدد ایک کے برابر ۔

I (i) *pron.* & *n.* Subjective case of first person, ego میں ۔ من ۔ انا ۔ ذات ۔ نفس ۔ بعض الفاظ کی جمع بنانے میں بطور لاحقہ استعمال ہوتا ہے ۔

Iambic (i-am-bik) *adj.* & *n.* Of iambuses انگریزی نظموں کی ایک بحر جس میں ایک رکن چھوٹا اور دوسرا بڑا ہوتا ہے ۔ ایسی نظم جس کا پہلا جز غیر تاکیدی ہو اور دوسرا تاکیدی ۔

Iberian (i-be-ri-ən) *adj.* & *n.* Of ancient Iberia ہسپانیہ اور پرتگال کے جزیرہ نما کا قدیم نام ۔ ایبریا کی زبان اور باشندہ ۔

Ibex (ī-beks) *n.* Wild goat of Alps and Apennines کوہ ایلپس اور اپینائن کا بکرا ۔

Ibis (ī-bis) *n.* Stork-like bird of Egypt ایک قسم کا پرندہ مصر میں جس کا احترام کیا جاتا تھا ۔

Ice (īs) *n.* Frozen water برف ۔ جمائی ہوئی برف ۔ قدرتی برف ۔ یخ بستہ ۔ آئس کریم ۔ ملائی کی برف ۔ قلفی ۔

Ice (īs) *v.t.* & *i.* Freeze, cover with ice برف ہو جانا ۔ جمنا ۔ برف جمانا ۔ برف سے ڈھک دینا ۔ کیک پر چینی جمانا ۔ شکر کی تہہ جمانا ۔

Iceberg (is-bərg) *n.* Huge floating mass of ice برف کی چٹان جو سمندر میں بہتی ہوئی آئے - برف کا تودہ - وہ شخص جس کا دل جذبات سے خالی ہو۔

Ichneumon (ik-nu-mən) *n.* A small animal like mongoose ایک قسم کا نیولا -

Ichnography (ik-nog-rəf-i) *n.* Drawing of plans نقشہ کشی - خاکہ کشی - سطح کے نقشے -

Ichor (i-kor) *n.* Fluid flowing like blood in veins of gcds ایسا مادہ جو دیوتاؤں کی رگوں میں خون کی بجائے ہوتا ہے - زرد آب -

Ichorus *adj.* دیوتائی - زرد آبی -

Ichthyology (ik-thio-lo-gi) *n.* Study of fishes مچھلیوں کا علم - مچھلیوں کی تحقیقات - سمکیات -

Ichthyologist *n.* ماہر سمکیات - مچھلیوں کے علم کا ماہر - مچھلیوں کا محقق -

Icicle (is-i-kl) *n.* Tapering ice formation برف کا لمبا ٹکڑا - برف کی قلم -

Icing (is-ing) *n.* Sugar coating کسی چیز پر شکر کی تہہ -

Ickle (i-kl) *adj.* Little (بچوں کی زبان) تھوڑا سا - ذرا سا - چھوٹا سا -

Icon (i-kon) *n.* Image of a sacred person بت - مورتی - شبیہ - مجسمہ - بزرگوں کی تصویر جو دیواروں پر بنائی جائے -

Iconic (i-kon-ik) *adj.* Of an image مورتی کا - بت کا - بزرگوں کی تصویر کا ۔

Iconoclast (i-kon-o-klast) *n.* Breaker of images قدیم رسموں کو توڑنے والا - بت شکن -

Iconography (i-kon-o-grafi) Description of images بتوں اور مورتیوں کا تذکرہ -

Iconolater (i-kon-o-la-tər) *n.* Worshipper of images بت پرست - شبیہ پرست -

Iconomachy (i-kon-o-mə-ki) *n.* Opposition to image worship بت یا تصویر پرستی کی مخالفت -

Icy (is-i) *adj.* Abounding in ice برف کا - برف پوش - برف سے معمور - برفانی - سرد مہر - بے مروت - بے پرواہ -

Icy manners سرد مہری - بے مروتی - انتہائی بے رخی -

Iciness *n.* بے پروائی - سرد مہری - برودت -

Idea (i-de-a) *n.* Conception خیال - تصویر - تصور - شکل - مثال - قیاس - فکر - اعتقاد - رائے - ادراک - معنی - مضمون - طرز خیال - گمان - وہم - منصوبہ - ارادہ -

Ideal (i-de-al) *adj.* & *n.* Existing in idea وہمی - قیاسی - خیالی - مثالی - تصوری - فکری - عینی - عقلی - ذہنی - باطنی - معنوی - عین افلاطونی کا - عالم مثال کا - نصب العین - مطمع نظر - معیار -

Idealism (i-de-al-izm) *n.* Thing in ideal form یہ عقیدہ کہ خارجی عالم خیال کا عکس اور دھوکا ہے - اس کا حقیقی وجود نہیں - تصوریت - مثالیت -

Idealization *n.* کامل نمائی - تصور کے زور پر کسی چیز کو کامل ظاہر کرنا -

Idealize *v.t.* بڑھا چڑھا کر دکھانا - کامل ظاہر کرنا - کامل شکل میں دکھانا -

Idealist *adj.* تصوری - عینی - مثال پسند - عین پرست - چیزوں کو مثالی شکل میں دیکھنے والا -

Ideate (i-de-at) *v.t.* Imagine, cenceive ذہن میں لانا - تصور کرنا - خیال میں تشکیل دینا -

Ideation *n.* عمل تصور - تخیل -

Identical (i-den-ti-kəl) *adj.* Of the very same وہی - بعینہ وہی - ویسی ہی - اسی شکل کی - ہو بہو - ہم شکل - ملتی جلتی -

Identify (i-den-ti-fi) *v.t.* Treat as identical, associate with ایک جاننا - ایک سمجھنا - مطابق کرنا - کامل اتفاق ظاہر کرنا - پہچاننا - نشان دہی کرنا - شناخت کرنا -

Identifiable *adj.* قابل شناخت - قابل توثیق -

Identification *n.* تطابق - نشان دہی - پہچان - شناخت

Identity (i-den-ti-ti) *n.* Absolute sameness کامل مطابقت - یکسانیت - شخصیت - نام و نشان - پہچان - شناخت -

Ides (i-dz) *n.* Eight days after nones قدیم رومیوں کی تقویم میں بعض مہینوں کی پندرھویں اور تیرھویں تاریخیں -

Idiocy (i-dio-si) *n.* Embicility ضعف عقل - سودا - خبط - پاگل پن -

Idiom (id-e-əm) *n.* Language of a people کسی قوم کی زبان - محاورہ - روز مرہ - بولی -

Idiomatic (ide-ə-ma-tik) *adj.* Conforming to idiom با محاورہ - اہل زبان کے بول چال کے مطابق - لسانی طور سے درست -

Idiomatically اہل زبان کی بول چال کے مطابق - بامحاورہ -

Idiopathy (i-di-op-ə-thi) *n.* Disease not occasioned by another اصلی عارضہ - عارضہ جو کسی دوسری بیماری سے پیدا نہ ہوا ہو -

Idiosyncrasy (id-i-ō-sing-krəsi) Mental constitution ہر شخص کے مزاج یا طبیعت کا خاصہ - مخصوص جذبہ یا خیال - مخصوص طرز بیان -

Idiot (i-di-ət) *n.* Mentally deficient person مادر زاد احمق - سادہ لوح - مخبوط الحواس - فاتر العقل - بے وقوف - خبطی - الّو -

Idiotic *adj.* خبطیوں کا سا - اہلہانہ - احمقانہ -

Idiotically *adv.* احمقانہ پن سے - بے وقوفی سے - احمقوں کی طرح -

Idle (ī-dl) *adj., v.i. & t.* Worthless, lazy بے کار - بے شغل - سست - مجہول - ناکارہ - نکما - بے بنیاد - بے اصل - بے فائدہ - آرام طلب - سستی کرنا - ضائع کرنا - سستی یا آرام طلبی میں برباد کرنا -

Idleness *n.* آرام طلبی - بےکاری - کاہلی -

Idler *n.* کاہل - آوارہ گرد -

Idly *adv.* سستی سے - کاہلی سے -

Idol (ī-dl) *n.* Image for worship بت - مورتی - صنم - مجسمہ - محبوب - پیارا - وہم - خیال باطل - سایہ -

Idolater (i-dol-ə-tər) *n.* Worshipper of idols بت پرست - پوجنے والا - گرویدہ - عاشق -

Idolatry پرجوش محبت - صنم پرستی - بت پرستی -

Idolatrous (i-dol-ət-rəs) *adj.* About idol worship بت پرستی سے متعلق - بت پرستانہ -

Idolize (i-do-liz) *v.t.* Make an idol of بت بنانا - معبود بنا کر پوجنا - بت پرستی کرنا - حد سے زیادہ احترام کرنا -

Idolization معبود بنا لینا - حد سے زیادہ احترام - بت پرستی -

Idyll (īd-il) *n.* Song of rustic life دیہاتیوں کے چھوٹے چھوٹے گیت - گیت جن میں دیہاتی زندگی کی جھلک ہو - واقعہ یا کہانی جو ایسے گیت کے لیے موزوں ہو -

Idyllist *n.* دیہاتی زندگی کا شاعر - دیہاتی گیت لکھنے والا -

If (if) *conj.* On the condition اگر - بشرطیکہ - بالفرض - گویا کہ - جو ایسا نہ ہو تو - جیسے - کیا خوب - بشرط - بالفرض -

Igneous (ig-ni-əs) *adj.* Of fire, fiery آگ کا - آتشی - آگ کا بنا ہوا - آگ سا - آتش فشاں - آتش فشانی عمل کا -

Ignite (ig-nīt) *v.t. & i.* Make intensely hot آگ لگانا - آگ پکڑنا - مشتعل کرنا یا ہونا - تپانا -

Ignitable *adj.* جل اٹھنے کے لائق - آتش گیر - جلنے کے قابل -

Ignition آگ لگنے سے بھڑکنا - جل اٹھنا - آتش گیری -

Ignoble (ig-no-bl) *adj.* Mean, base کمینہ - کم ظرف - کم اصل - رذیل - ذلیل - نکما - سفلہ - کمینہ پن کی ذلیل (حرکت) -

Ignominy (ig-no-mi-ni) *n.* Dishonour, infamy بدنامی - رسوائی - بے آبروئی - فضیحت - شرمناک یا ذلیل حرکت -

Ignominous *adj.* موجب ذلت - باعث رسوائی - شرمناک -

Ignoramous (ig-ne-ra-məs) *n.* Ignorant person جاہل - احمق - ناواقف - نادان - اناڑی -

Ignorance (ig-nər-əns) *n.* Want of knowledge نادانی - ناواقفیت - جہالت - لاعلمی -

Ignorant (ig-nə-rənt) *adj.* Lacking knowledge بے علم - ناواقف - جاہل - اناڑی - بے خبر - ناخواندہ - نادان -

Ignore (ig-nor) *v.t.* Refuse to take notice of کچھ خیال نہ کرنا - تجاہل برتنا - نظر انداز کرنا - انجان بننا - نامنظور کرنا - مسترد کرنا - (جیوری کے الزام جرم کو)

Iliac (i-liək) *adj.* Of the flank bone, of obstruction پیڑو کے متعلق - کولھے کی ہڈی کا - معدے کے رکاؤ کا -

Iliad (il-i-ad) *n.* Homer's famous epic poem ہومر کی مشہور رزمیہ نظم ۔ ایلیڈ ۔

Ilk (ilk) *adj.* Of the same وہی ۔ اسی کا ۔

Ill (il) *adj., n. & adv.* Sick بیمار ۔ علیل ۔ ناساز ۔ برا ۔ بد ۔ ماندا ۔ غلط ۔ نا موزوں ۔ نا جائز ۔ نا شائستہ ۔ نا زیبا ۔ تنگ مزاج ۔ زود رنج ۔ بد خلق ۔ نا شائستہ طریقے سے ۔ نا سازگاری سے ۔

Illation (il-ə-shən) *n.* Deduction حاصل ۔ نتیجہ ۔ استنباط ۔ ما حصل ۔ پھل ۔

Illative (il-ə-tiv) *adj.* Inferential نتیجہ خیز ۔ استخراجی ۔ نتیجے کے متعلق ۔

Illegal (il-e-gl) *adj.* Contrary to law خلاف قانون ۔ خلاف شرح ۔ نا جائز ۔ ممنوع ۔

Illegality لا قانونیت ۔ نا جائز ہونا ۔ خلاف قانون ہونا ۔

Illegible (il-ej-i-bl) *adj.* That can not be made out جو پڑھا نہ جا سکے ۔ بد خط ۔

Illegibility ایسی تحریر جو نہ پڑھی جا سکے ۔ بد خطی ۔

Illegitimate (il-i-jit-i-mit) *adj. & n.* Not born in lawful wedlock نا جائز ۔ خلاف شرح ۔ حرامی ۔ غیر منکوحہ عورت کے بطن سے ۔ خلاف منطق ۔ غلط ۔

Illegitimacy *n.* خلاف قانون ہونا ۔ غیر شرعی ہونا ۔ کم اصل ہونا ۔ حرامی پن ۔

Illegitimate (el-i-jit-i-mit) *v.t.* Declare as illegitimate حرامی قرار دینا ۔ ولدالزنا ثابت کرنا ۔ نا جائز ٹھہرانا ۔

Illiberal (il-ib-ər-əl) *adj.* Narrow-minded تنگدل ۔ کنجوس ۔ بے فیض ۔ بے مروت ۔ کمینہ ۔ اوچھا ۔ غلامانہ ۔ تاریک خیال ۔

Illiberality *n.* ونائت ۔ تنگ دلی ۔ بخل ۔ کنجوسی ۔

Illiberally *adv.* تنگ دلی سے ۔ کمینہ پن سے ۔ کنجوسی سے ۔

Illicit (il-is-it) *adj.* Unlawful نا روا ۔ نا جائز ۔ خلاف قانون ۔ خلاف شرح ۔

Illicitly *adv.* خلاف قانون ۔ نا جائز طور پر ۔

Illimitable (il-im-it-ə-bl) *adj.* Boundless بے حد ۔ لا متناہی ۔ لا انتہا ۔ لا محدود ۔

Illiterate (il-it-ər-it) *adj. & n.* Unable to read جاہل ۔ بے علم ۔ نا خواندہ ۔ ان پڑھ ۔

Illiteracy *n.* کم علمی ۔ جہل ۔ نا خواندگی ۔

Illiterateness *n.* ان پڑھ ہونا ۔ بے علمی ۔ نا خواندگی ۔

Illness (il-nes) *n.* Sickness روگ ۔ بیماری ۔ آزار ۔ مرض ۔ نا سازی ۔ شرارت ۔ بدی ۔ برائی ۔ خباثت ۔ کھوٹ ۔

Illogical (il-oj-i-kəl) *adj.* Contrary to logic خلاف منطق ۔ خلاف عقل ۔ غیر معقول ۔ بے دلیل ۔

Illogicality *n.* غیر معقول ہونا ۔ نامعقولیت ۔ لامنطقیت ۔

Illume (il(y)o͞om) *v.t.* Make bright روشن کرنا ۔ چمکانا ۔ درخشاں کرنا ۔ نورانی کرنا ۔ رونق بخشنا ۔ منور کرنا ۔

Illuminate (il(y)o͞om-in-āt) *v.t.* Light up روشن کرنا ۔ منور کرنا ۔ چمکانا ۔ چراغاں کرنا ۔ شمعوں سے سجانا ۔ واضح کرنا ۔ روشنی ڈالنا ۔ فروغ دینا ۔ چمکانا ۔ نقش و نگار بنانا ۔ طلا کاری کرنا ۔

Illumination *n.* توضیح ۔ تشریح ۔ تابانی ۔ درخشانی ۔ فروغ ۔ چراغاں ۔ طلا کاری ۔ نقش و نگار ۔ نور ۔ تجلی ۔ جلوہ ۔

Illuminative *adj.* روشن کرنے والی ۔ تشریحی ۔ توضیحی ۔

Illumine (il(y)o͞o-mīn) *v.t.* Brighten قلب و دماغ کو روشن کرنا ۔ روشن کرنا ۔ تاباں کرنا ۔ بصیرت پیدا کرنا ۔ چمکانا ۔

Illusion (il(y)o͞o-zhən) *n.* فریب ۔ دھوکا ۔ فریب خیال ۔ فریب نظر ۔ خیالی پیکر ۔ ایک قسم کی باریک نقاب ۔

Illusionist (il(y)o͞o-zhən-ist) *n.* One who disbelieves in objective existence ہستی کو فریب نظر سمجھنے والا ۔ عالم خارج کو دھوکا جاننے والا ۔ جادوگر ۔ نظر بندی کرنے والا ۔

Illusive (il(y)o͞o-siv) *adj.* Deceptive دھوکے کا ۔ جس سے دھوکا ہو ۔ فریب دہ ۔ پر فریب ۔

Illusiveness *n.* فریب دہی ۔ دھوکا دہی ۔ نظر فریبی ۔

Illusory *adj.* پر فریب ۔ باطل کا ۔ دھوکے کا ۔

Illustrate (il-es-trāt) *v.t.* Make clear شرح کرنا ۔ توضیح کرنا ۔ مثالوں سے واضح کرنا ۔ روشن کرنا ۔ مثال ۔ توضیح ۔ نقشے وغیرہ سے ۔ نقش و نگار بنانا ۔

Illustrator تصویروں ، مثالوں اور نقشوں سے واضح کرنے والا ۔

Illustration 409 **Immature**

Illustration (il-əstra-shən) *n.* Explanation - توضیح تشریح - بیان - مثال - تمثیل - تصویر - نقشہ - خاکہ -

Illustrative (il-əstra-tiv) *adj.* Serving as explanation of توضیحی - تشریحی - تمثیلی - مثالی - روشن کرنے والا -

Illustrious (il-əstri-əs) *adj.* Distinguished - روشن تاب دار - مشہور - معروف - نامور - عالی مرتبہ - گرامی قدر - ذی شان - عالی وقار - ممتاز -

Image (im-ij) *n.* External form of an object - مورت تصویر - شبیہ - مجسمہ - بت - شکل - صورت - تصور - خیال - خیالی تصویر - ہو بہو تصویر - مثال - مثالی پیکر -

Image (im-ij) *v.t.* Make an image of تصویر یا صورت بنانا - عکس ڈالنا - شبیہ بنانا - تصور کرنا - خیال باندھنا - با وضاحت بیان کرنا - مثالی پیکر پیش کرنا -

Imagery (im-ij-eri) *n.* Figurative illustration صورتیں - مورتیں - مجسمے - پتلے - شبیہیں - تصورات - کندہ کئے ہوئے نقوش - قوت شاکلہ -

Imaginable (im-ag-in-əbl) *adj.* That can be imagined - قابل تصور - قرین قیاس - خیال کرنے کے لائق -

Imaginary (im-ag-in-əri) *adj.* Existing only in imagination - قیاسی - فرضی - موہوم - ذہنی - صوری -

Imagination (im-ag-ina-shən) *n.* Mental faculty of imagining external objects - قوت متخیلہ - تخئیل - تصور - خیال آرائی - پرواز فکر -

Imaginative (im-ag-in-a-tiv) *adj.* Of using faculty of imagination پر خیال - پر تخیل - مضمون خیز - قوت متخیلہ کا -

Imaginativeness *n.* - بلند فکر ہونا - صاحب تخیل ہونا

Imagine (im-ag-in) *v.t.* Form mental images of تصور کرنا - قیاس کرنا - خیال کرنا - ذہن میں کسی خارجی شے کی تصویر قائم کرنا - خواہ مخواہ کچھ سمجھ لینا - فرض کرنا - سمجھنا - رائے رکھنا -

Imbecile (im-bi-sil) *adj.* & *n.* Mentally weak ضعیف العقل - بیوقوف - ناتوان - احمق - نامرد - بزدل -

Imbecility *n.* ناتوانی - نامردی - ناطاقتی - دماغی کمزوری - ضعف عقل -

Imbibe (im-bib) *v.t.* Assimilate پی لینا - جذب کرلینا - چوس لینا - جمع کرلینا - ذہن نشین کرلینا - قبول کرنا - اخذ کرنا -

Imbibition *n.* - جمع کرنا - جذب کرنا - اخذ کرنا

Imbroglio (im-brō-liō) *n.* Complicated situation پیچیدہ معاملہ - گتھی - گہری سازش - بے ترتیب انبار - سیاسی گتھی -

Imbrue (im-broo) *v.t.* Stain hand or sword with blood - آلودہ کرنا - ہاتھ یا تلوار کو خون سے رنگنا -

Imbue (im-bū) *v.t.* Saturate or inspire with - رنگنا گہرا رنگنا - خیالات کا ذہن میں جم جانا - دل پر اثر ڈالنا - کسی رنگ میں رنگ دینا -

Imitate (im-i tat) *v.t.* Follow example of - نقل کرنا تقلید کرنا - پیروی کرنا - تتبع کرنا - نقش قدم پر چلنا - نقل اتارنا - مشابہت اختیار کرنا -

Imitable *adj.* - پیروی کے قابل - قابل تقلید

Imitator *n.* - پیرو - مقلد

Imitation (im-i-ta-shən) *n.* Copy - پیروی - اتباع نقل - تقلید - مصنوعی - جھوٹا - نقلی -

Imitative (im-i-ta-tiv) *adj.* Following model or example تقلیدی - نقلی - تقلید کی خاصیت رکھنے والا - اتباع کرنے والا - بغیر جدت کا -

Immaculate (im-ak-u-lit) *adj.* Pure, spotless بے عیب - بے داغ - بے گناہ - معصوم - پاک - صاف - مصفا -

Immaculateness *n.* - صفائی - بے داغ ہونا - بے عیبی پاکیزگی -

Immaterial (im-ə-ti-ri-əl) *adj.* Not material غیر مادی - غیر جسمی - ناقابل لحاظ - بے وقعت - غیراہم - غیر ضروری - حقیر -

Immaterialism (im-ə-ti-riəl-izm) *n.* Doctrine that matter does not exist itself apart from perception یہ عقیدہ کہ ہمارے شعور سے علیحدہ مادہ کا کوئی وجود نہیں ہے - ارواح مجردہ کے وجود کا عقیدہ - تصوریت - شعوریت -

Immaterialist *n.* - اعیان ثابتہ کے علمی وجود کا عقیدہ یا وجود اروح مجردہ کا عقیدہ رکھنے والا -

Immature (im-ə-tūr) *adj.* Not mature - کچا - خام ناقص - نا مکمل - ناتمام - قبل از وقت - پیش از وقت - قبل از مدت معینہ - بے وقت -

Immaturity *n.* - نا بالغی - ناتجربہ کاری - کچا پن خامی -

Immeasurable (im-ezhər-əbl) *adj.* Immense بے حد - بے پایاں - عظیم - لامحدود - بے شمار - بے اندازہ - بے انتہا - بے قیاس - عقل و ادراک سے بالاتر -

Immeasurably *adj.* بے اندازہ - بے حد - بے شمار -

Immediate (im-e-di-at) *adj.* Nearest, next - قریب نزدیک - بلا واسطہ - بلا فصل - حاضر - موجود - جلد - فی الفور - بلا تاخیر - سیدھا - براہ راست -

Immediate inference فوری نتیجہ - بد یہی نتیجہ -

Immediately فی الفور - براہ راست - بلا واسطہ -

Immemorial (im-i-mor-i-əl) *adj.* Very old - پرانا قدیم - زمانہ دراز کا - پراچین - عمیق -

Immense (i-mens) *adj.* Vast, huge - لاانتہا - بے حد عظیم - بہت بڑا - (بول چال) بہت - نہایت -

Immensely *adj.* (بول چال) بہت - نہایت - بکثرت - بہت زیادہ - بے اندازہ - بے حد -

Immerse (im(m)ərs) *v.t.* Dip, plunge, - ڈبونا غوطہ دینا - سر سے پیر تک بھگونا - پانی میں ڈبا دینا - دفن کرنا - گاڑنا - مصیبت میں مبتلا کرنا - خیالات میں مستغرق کرنا -

Immersion (im(m)ər-shən) *n.* Plunging, absorption اغراق - غوطہ خوری - پانی میں ڈبو کر بپتسمہ - استغراق

Immigrate (im-i-grat) *v.t.* & *i.* Come as settler in a foreign country کسی دیس میں آبسنا - وطن تبدیل کرنا - کسی شخص کا وطن تبدیل کرانا - اپنا دیس چھوڑ کر کسی دوسرے ملک میں بسنا یا بسانا -

Immigrant مہاجر - غریب الوطن -

Immigration *n.* غیر ملک کی سکونت پزیری - ترک وطن - ہجرت -

Imminent (im-i-nənt) *adj.* Impending - سر پر کھڑا نازل ہونے والا - قریب الوقوع - قریب - نزدیک - پاس -

Imminence *n.* نزول - قریب الوقوع ہونا -

Imminently *adv.* سر پر منڈلاتے ہوئے -

Immitigable (im-it-i-gəbl) *adj.* That cannot be softened نرم نہ ہونے والا - جو قابل تخفیف نہ ہو -

Immixture (im(m)iks-tur) *n.* Being involved آمیزش - ملاوٹ - شرکت - ملانا یا ملنا -

Immobile (im(m)o-bil) *adj.* Motionless - ساکن غیر متحرک - نا قابل حرکت - جسے حرکت نہ دی جا سکے -

Immobilize (im(m)o-bil-iz) *v.t.* Fix immovably بے حرکت یا غیر متحرک کر دینا - فوج کی نقل و حرکت کو نا ممکن بنا دینا - کسی سکے کے رواج کو روک دینا -

Immobilization *n.* غیر متحرک کرنا - فوج کی حرکت کو نا ممکن بنا دینا -

Immoderate (im-od-ər-it) *adj.* Excessive غیر واجب - غیر معقول - بہت زیادہ - حد اعتدال سے زیادہ - بے حساب - افزوں - غیر معتدل -

Immodest (im-od-ist) *adj.* Indecent - شیخی باز خود نما - بد تمیز - گستاخ - شوخ چشم - ناشائستہ - نازیبا - بے حیا - بے شرم - بے غیرت - بد لحاظ -

Immodestly *adv.* بے حیائی سے - ناشائستگی سے -

Immodesty *n.* بے غیرتی - بے حیائی -

Immolate (im-o-lat) *v.t.* Kill as sacrifice بھینٹ چڑھانا - قربانی دینا - قربانی کرنا -

Immolation *n.* بلیدان - چڑھاوا - قربانی -

Immolator *n.* نذر کرنے والا - قربانی دینے والا -

Immoral (im(m)o-rəl) *adj.* Dissolute - برا - زبوں زشت - فاسق - فاجر - بد فعل - خلاف شرع - بد اخلاق - بد رویہ -

Immorality *n.* بد فعلی - فسق و فجور - بد کرداری -

Immorally *adv.* فاسقانہ - فاجرانہ - بد اخلاق سے -

Immortal (im-or-tl) *adj.* Undying لافانی - امر - لازوال - قائم - قدیم - دائم - زندہ جاوید - ایزدی - الٰہی - قدیم زمانے کے دیوتا (بول چال) دائمی - اسٹ - پائدار -

Immortality *n.* ابدیت - ہمیشگی - بقائے دوام - لم یزل - حیات جاودانی -

Immortalize (im-or-tliz) *v.t.* Perpetuate حیات ابدی دینا - زندہ جاوید کرنا - یاد کو باقی رکھنا - کارناموں کا بار بار ذکر کرنا - یادگار بنا دینا -

Immortalization *n.* حیات ابدی بخشنا - زندہ جاوید کرنا -

Immortally (im-or-tli) *adv.* (بول چال) بہت - بے حد نہایت - ہمیشہ کے لیے - ابداً -

Immovable (im-oov-əbl) *adj.* Motionless غیر متحرک ۔ بے حرکت ۔ ساکن ۔ منجمد ۔ بے حس ۔ مستقل مزاج ۔ غیر متزلزل ۔ اٹل ۔ سنگ دل ۔ غیرمنقولہ (جائداد) ۔

Immune (im-ūn) *adj.* & *n.* Exempted ۔ مامون ۔ محفوظ ۔ وہ شخص جو ٹیکس وغیرہ سے بچا ہوا ہو ۔ وہ شخص جو متعدی بیماریوں سے مامون ہو ۔

Immunity *n.* چھٹکارا ۔ بے خوفی ۔ آزادی ۔ معافی ۔ استثنا ۔

Immunize *v.t.* مستثنیٰ کرنا ۔ معاف دینا ۔ محفوظ کرنا ۔

Immure (im-ūr) *v.t.* Shut oneself up چار دیواری میں بند کرنا ۔ گھیرنا ۔ قید کرنا ۔ قید یا بند کرنا ۔ اپنے آپ کو مقید کرنا ۔

Immutable (im-ūt-əbl) *adj.* Unchangeable ۔ اٹمٹ ۔ ناقابل تغیر ۔ غیر متغیر ۔

Immutability *n.* ایک حال میں رہنا ۔ دوام ۔ ایک حالت ۔ ناقابل تغیر ۔

Imp (imp) *n.* Mischievous child شریر لڑکا ۔ شیطان کا بچہ ۔

Imp (imp) *v.t.* Mend broken feather ٹوٹے بازوؤں میں پر لگانا ۔ باز کے ٹوٹے پروں کی جگہ دوسرے پر لگا دینا ۔ اڑنے کے قابل بنانا ۔

Impact (im-pakt) *v.t.* & *n.* Collision, press ۔ دابنا زور سے دبانا ۔ تصادم ہونا ۔ جکڑنا ۔ تصادم ۔ ٹکر ۔

Impair (im-pār) *v.t.* Damage, weaken بگاڑنا ۔ خراب کرنا ۔ اتارنا ۔ گھٹانا ۔ نقصان پہنچانا ۔ کمزور کرنا ۔ خلل ڈالنا ۔

Impale (im-pāl) *v.t.* Transfix upon stakes جسم میں میخیں ٹھونک کر ہلاک کرنا ۔ میخیں ٹھونک کر قتل کرنا ۔ نوک دار لکڑیوں کا جنگلا لگانا ۔

Impalement *n.* جنگلا بندی ۔ سزا ۔ ضرر ۔ نقصان

Impalpable (im-pal-pə-bl) *adj.* Imperceptible غیر محسوس ۔ مہین ۔ نامعلوم ۔ باریک ۔ جس کا ادراک نہ ہو سکے ۔ جسے چھو نہ سکیں ۔

Impanel (im-pan-əl) *v.t.* Empanel دیکھو

Imparadise (im par-ə-dis) *v.t.* Bring into state of supreme happiness روحانی خوشی بخشنا ۔ انتہائی مسرت حاصل ہونا ۔ بہشت میں پہنچا دینا ۔ بہشت بنا دینا ۔ گلزار بنا دینا ۔

Impark (im-park) *v.t.* Enclose in park سیرگاہ میں جانوروں کو بند کرنا ۔

Imparkation *n.* جانوروں کی حفاظت گاہ تیار کرنا ۔ جانوروں کا باڑہ بنانے کے لیے زمین گھیرنا ۔

Impart (im-part) *v.t.* Give to دینا ۔ بخشنا ۔ عنایت کرنا ۔ عطا کرنا ۔ ظاہر کرنا ۔ بتلانا ۔ سمجھانا ۔ کہنا ۔

Impartial (im-par-shl) *adj.* Fair, unprejudiced غیر متعصب ۔ غیر جنبہ دار ۔ بے لاگ ۔ کھرا ۔ منصفانہ ۔ عادلانہ ۔

Impartiality *n.* منصفانہ عمل ۔ بے لاگ رویہ ۔ غیر جنبہ داری ۔

Imp-rtible (im-part-əbl) *adj.* Not divisible ناقابل تقسیم ۔ بتلائے جانے کے قابل ۔ کہنے کے لائق ۔ سمجھائے جانے والا ۔

Impassable (im-pas-əbl) *adj.* That cannot be traversed ناقابل گزر ۔ مسدود ۔ بند ۔ جس سے گزرنا ناممکن ہو ۔

Impasse (im-pa-si) *n.* Position from which there is no escape ۔ سخت مشکل ۔ کوچہ سربستہ ۔ بندگلی ۔ سخت پیچیدگی ۔ لاینحل مسئلہ ۔ گتھی ۔

Impassible (im-pa-si-bl) *adj.* Incapable of suffering بے حس ۔ بے احساس ۔ تکلیف سے آزاد ۔ رنج و غم سے بری ۔

Impassion (im-pa-shən) *v.t.* Excite strongly نفسانی خواہشات و برانگیختہ کرنا ۔ جذبات کو بھڑکانا ۔ اشتعال دلانا ۔ جوش دلانا ۔

Impassive (im-pas-iv) *adj.* Deficient in feeling بے حس ۔ جذبات سے معریٰ ۔

Impassiveness *n.* ۔ جذبات سے عاری ہونا ۔ عدم احساس ۔ بے حسی ۔

Impaste (im-pəst) *v.t.* Enclose as with paste آٹے یا گارے سے بند کرنا ۔ گوند سے چپکانا ۔ گندھا آٹا یا گارا تیار کرنا ۔ تصویر پر رنگ تھوپنا ۔

Impatient (im-pa-shənt) *adj.* Restless ۔ بے صبر بے چین ۔ بے تاب ۔ بے قرار ۔ مضطرب ۔ حد سے زیادہ خواہش مند ۔

Impatience *n.* بے تابی ۔ بے صبری ۔

Impatiently *adv.* بے قراری سے ۔ بے صبری سے ۔

Impawn (im-pawn) *v.t.* Pledge گروی رکھنا ۔ رہن رکھنا ۔ قول دینا ۔ ضمانت دینا ۔

Impayable (im-pa-əbl) *adj.* Beyond price بیش قیمت ۔ بے بہا ۔ انمول ۔ حد سے زیادہ ۔

Impeach (im-pēch) *v.t.* Accuse الزام لگانا ۔ جرم میں لپیٹنا ۔ ملزم گرداننا ۔ اعتراض کرنا ۔ کسی کے کردار پر حملہ کرنا ۔ باز پرس کرنا ۔ جواب طلب کرنا ۔ بغاوت یا کوئی اور سنگین الزام لگانا ۔

Impeachable *adj.* لائق باز پرس ۔ قابل مواخذہ ۔ قابل الزام ۔

Impeachment *n.* بغاوت کا الزام ۔ مقدمہ ۔ بہتان ۔ تہمت ۔ الزام ۔ مواخذہ ۔

Impeccable (im-pek-əbl) *adj.* Not liable to sin پاک ۔ بے گناہ ۔ بے خطا ۔ گناہ کے ناقابل ۔ وہ جس پر حرف رکھنے کی گنجائش نہ ہو ۔

Impecunious (im-pi-ku-ni-əs) *adj.* Having little or no money غریب ۔ مفلس ۔ نادار ۔

Impede (im-pēd) *v.t.* Retard, hinder باز رکھنا ۔ روکنا ۔ روک دینا ۔ انسداد کرنا ۔ حائل ہونا ۔ روڑے اٹکانا ۔ سد راہ ہونا ۔

Impediment (im-pe-di-mənt) *n.* Hindrance روک ۔ اڑچن ۔ مزاحمت ۔ رکاوٹ ۔ لکنت ۔ ہکلاپن ۔ (جمع) سامان ۔ اسباب (فوج کا) ۔

Impel (im-pil) *v.t.* Drive, force ریلنا ۔ دھکیلنا ۔ چلانا ۔ برانگیختہ کرنا ۔ آکسانا ۔

Impellent *adj.* حرکت میں لانے کی قوت رکھنے والا ۔ محرک ۔ دھکیلنے یا چلانے والا ۔

Impend (im-pend) *v.i.* Hang آویزاں ہونا ۔ سر پر چھانا یا منڈلانا ۔ قریب ہونا ۔ نزدیک ہونا ۔ قریب الوقوع ہونا ۔ آنے کے قریب ہونا ۔

Impendence, impendency *n.* معلق ہونا ۔ قربت ۔ نزدیکی ۔

Impendent *adj.* سر پر منڈلاتا ہوا ۔ قریب الوقوع ۔

Impenetrable (im-peni-trə-bl) *adj.* Unfathomable جس میں داخلہ یا تاثیر غیر ممکن ہو ۔ ناقابل دخول ۔ ناقابل گزر ۔ ناقابل فہم ۔ فہم و ادراک سے بالاتر ۔ جو خیالات کو قبول نہ کر سکے ۔

Impenetrability, Impenetrableness *n.* ناقابل فہم ہونا ۔ ناقابل دخول ہونا ۔ ناقابل گزر ہونا ۔

Impenetrate *v.t.* بہت گہرا اتر جانا ۔ اندر چلا جانا ۔ گھس جانا ۔

Impenitent (im-pen-i-tənt) *adj.* Not penitent جو توبہ نہ کرے ۔ جو اپنے کئے پر نادم نہ ہو ۔ بے حیا ۔ ناقابل اصلاح ۔

Impenitence-ency *n.* عدم ندامت ۔ بے حیائی ۔ ڈھٹائی ۔

Imperative (im-per-ə-tiv) *adj.* & *n.* Commanding (قواعد) صیغہ امر ۔ بصورت امر ۔ آمرانہ ۔ حاکمانہ ۔ واجب ۔ ضروری ۔ لازمی ۔ اہم ۔

Imperativeness *n.* قطعیت ۔ آمریت ۔ اہمیت ۔ تحکم ۔

Imperator (im-per-ə-tər) *n.* Commander میر عسکر ۔ قائد ۔ امیر ۔ فاتح سپہ سالار کا خطاب ۔

Imperceptible (im-pər-sipt-i-bl) *adj.* That cannot be perceived غیر محسوس ۔ نامعلوم ۔ ناقابل فہم ۔ باریک ۔ مہین سا ۔ خفیف سا ۔

Imperfect (im-per-fikt) *adj.* Faulty ناقص ۔ ادھورا ۔ ناتمام ۔ کچا ۔ خام ۔ کمزور ۔ عیب دار ۔

Imperfection (im-per-fik-shən) *n.* Faultiness نقص ۔ کھوٹ ۔ ادھورا پن ۔ عیب ۔ قصور ۔ خامی ۔

Imperforate (im-pər-fə-rit) *adj.* Not perforated آن چھدا ۔ ناسفتہ ۔ بے منہ ۔ بے سوراخ ۔ بند ۔

Imperial (im-pe-ri-əl) *adj.* & *n.* Of an empire شاہی ۔ خسروی ۔ شہنشاہی ۔ شاہانہ ۔ سلطنت کے متعلق ۔ برطانیہ کے بابت ۔ سفری ٹرنک ۔ کاغذ کی تقطیع ۔

Imperially *adv.* شان و شوکت سے ۔ شاہانہ طور پر ۔

Imperialism *n.* برطانیہ کی توسیع سلطنت کی پالیسی ۔ حکومت خسروی ۔ شہنشاہی ۔ نوآبادیات کو محکوم رکھنے کی پالیسی ۔

Imperialist (im-pe-ri-əl-ist) *n.* Advocate of imperial rule شہنشاہی حکومت کا حامی ۔ برطانوی شہنشاہیت کا حامی ۔

Imperil (im-pe-ril) *v.t.* Bring into danger جوکھوں میں ڈالنا ۔ خطرہ مول لینا ۔

Imperious (im-pe-ri-əs) *adj.* Overbearing مغرور ۔ اپنے کو دور کھینچنے والا ۔ منہ زور ۔ تحکم پسند ۔ جری ۔ نادری ۔

Imperishable (im-per-ish-əbl) *adj.* That cannot perish لازوال ۔ دیرپا ۔ غیر فانی ۔ دائم ۔

Impermanent (im-per-ma-nənt) *adj.* Not permanent تغیر پزیر - غیر مستقل -

Impermiable (im-per-mi-əbl) *adj.* That cannot be passed through غیر جاذب - غیر نفوذ پذیر - مانع دخول -

Impersonal (im-pər-sə-nəl) *adj.* Not personal (صرف و نحو) فعل جس میں صیغہ متکلم یا حاضر نہیں ہوتا - وہ فعل جو صیغہ غائب میں استعمال ہوتا ہے - غیر شخصی - لا شخصی -

Impersonate (im-pər-sən-āt) *v.t.* Personify اپنے کو دوسرا ظاہر کرنا - دوسرے کا نام اختیار کرنا - دوسرے کی شکل بنانا - صورت بنانا - بھیس بدلنا - روپ بھرنا - اداکاری کرنا -

Impersonation *n.* تبدیل ہیئت - تلبیس - دوسری شخصیت اختیار کرنا - فرضی شخص بننا -

Impersonator *n.* تلبیس کرنے والا - دوسرے کی شخصیت اختیار کرنے والا - روپ بھرنے والا -

Imperspicuity (im-pərs-pi-kwiti) *n.* Ambiguity اُلجھن - کدورت - میلا پن - ابہام -

Impertinent (im-pər-ti-nənt) *adj.* Absurd, insolent حارج از بحث - بے تعلق - بے میل - گستاخ - شوخ چشم - بے ادب - بد لحاظ - بے محل - بے موقع -

Impertinence *n.* بے ادبی - شوخی - مغائرت - بے تعلقی - گستاخی - ڈھٹائی - ہرزہ سرائی - بے معنی کلام - بے ہودگی -

Imperturbable (im-per-ter-bə-bl) *adj.* Calm پر سکون - مطمئن - مستقل مزاج -

Imperturbableness / Imperturbability } *n.* سکون - اطمینان - استقلال - توازن طبع -

Imperturbation *n.* اطمینان - قرار - مستقل مزاجی -

Impervious (im-pər-vi-əs) *adj.* Not affording passage ناقابل گزر - دشوار گزار -

Impervious to argument ڈھیٹ - نامعقول طبیعت والا - جو کسی دلیل کو نہ مانے -

Imperviousness ناقابل گزر ہونا - ڈھیٹ پن - دشوار گزاری -

Impetuous (im-pet-u-əs) *adj.* Moving rapidly تیز - تند - شدید - سخت - سرگرم - پرجوش - جلدباز - آندھی کی طرح کام کرنے والا -

Impetuosity *n.* جوش - شدت - تیزی - سختی -

Impetuousness *n.* جلد بازی - تند خوئی - تیز مزاجی -

Impetus (im-pi-təs) *n.* Moving force قوت رفتار - حرکت کا زور - قوت - تیزی -

Impiety (im-pi-ə-ti) *n.* Ungodliness ناپرہیزگاری - ناپارسائی - ناخدا ترسی - فسق و فجور - الحاد - کفر - گنہگاری - رندی - ناپاکی - بے ادبی -

Impinge (im-pinj) *v.t.* & *i.* Make impact upon ٹکر دینا - تصادم ہونا - ٹکرانا - ایک چیز کو دوسری چیز سے ٹکرانا -

Impingement *n.* صدمہ - ٹکر - تصادم -

Impious (im-pi-əs, *adj.* Wicked - ناترس - فاسق - فاجر - ناخدا ترس - بے دین -

Impish (im-pish) *adj.* Mischievous شریر لڑکے کی طرح - شیطانی -

Impishness شرارت - شیطنت -

Implacable (im-plak-ə-bl) *adj.* That cannot be appeased سخت - سنگ دل - کٹھور - جسے تسکین نہ دی جا سکے -

Implacability *n.* کٹر پن - سنگ دلی -

Implant (im-plant) *v.t.* Insert جانا - لگانا - بونا - دل میں داخل کر دینا - دماغ میں بٹھا دینا - ذہن نشین کرنا - نقش کرنا -

Implantation *n.* اثر پذیری - ذ ن نشینی - دل نشینی -

Implement (im-pli-mənt) *n.* Household articles گھر کے سامان میں سے کوئی چیز - اوزار - ہتھیار - سامان - ساز و سامان -

Implement (im-pli-mənt) *v.t.* Complete, supplement پورا کرنا - کمی پوری کرنا - وعدے کے مطابق عمل کرنا - پر کرنا - بھرنا - مکمل کرنا -

Implicate (im-pli-kāt) *v.t.* Entangle پیچ میں ڈالنا - اُلجھانا - ماخوذ کرنا - مبتلا کرنا - پھانسنا - معنی نکلنا - نتیجہ نکلنا -

Implication *n.* پوشیدہ معنی - منشا - الجھاؤ - پیچ - لپیٹ - اشارا - کنایہ - مقصد -

Implicative *adj.* نتیجہ خیز - پر معنی - پیچ دار - کنایہ دار -

Implicit (im-plis-it) *adj.* Absolute - کامل - پورا - اعتباری - جس کی طرف اشارہ ہو - مضمر - کامل یقین - کامل عقیدہ -

Implicit faith کامل ایمان - کامل یقین -

Implore (im-plōr) *v.t.* Beg earnestly for - منت کرنا - التجا کرنا - آرزو کرنا - درخواست کرنا - گڑگڑا کر مانگنا -

Imply (im-pli) *v.t.* Hint دلالت کرنا - معنی کی طرف اشارہ کرنا - مفہوم ہونا - مواد ہونا - نتیجہ نکلنا -

Impliedly *adv.* کنایتاً - اشارتاً -

Impolite (im-pə-lit) *ad* Uncivil, rude - بے ادب - بد تہذیب - بد اخلاق - ناشائستہ - نامعقول - کج خلق -

Impoliteness *n.* روکھاپن - ناشائشتگی - بد تمیزی - بد اخلاقی -

Impolitic (im-pol-i-tik) *adj.* Inexpedient خلاف مصلحت - نا مناسب - کوتاہ اندیش - بے تدبیر - بیجا - نا عاقبت اندیش -

Imponderable (im-pon-dər-əbl) *adj.* & *n.* Having no weight - ہلکا - بے وزن - گہرا - ناقابل فہم -

Import (im-port) *v.t.* Bring goods from foreign country درآمد کرنا - دوسرے ملکوں سے لانا - دلالت کرنا - مفہوم رکھنا - ظاہر کرنا - خبر دینا - بنانا - اہمیت رکھنا - اہم ہونا -

Importable *adj.* قابل درآمد -

Importation *n.* درآمد - چیزیں باہر سے لانا - اشیائے درآمد -

Importer *n.* باہر سے مال لانے والا - درآمد کنندہ -

Import (im-port) *n.* Meaning, thing imported معنی - مفہوم - مطلب - اشیائے درآمد -

Importance (im-por-təns) *n.* Significance - اہمیت - قدر و قیمت - رتبہ - وقار - فضیلت - مرتبہ - بوجھ - وزن - وقعت -

Important (im-por-tənt) *adj.* Weighty - اہم - بھاری - قابل لحاظ - قابل غور - ضروری - وقیع - خود پسند - عالی مرتبہ -

Importunate (im-por-tun-at) *adj.* Persistent سخت اصرار کرنے والا - سر ہو جانے والا - اڑیل - ضدی - چم چچڑ - چمٹو - نہایت ضروری -

Importunity *n.* ضد - اصرار - تقاضا -

Impose (im-pōz) *v.t.* & *i.* Exert influence کسی شے پر رکھنا - سر پر رکھنا - ذمے کرنا - کسی پر اثر ڈالنا - مجبور کرنا - عاید کرنا - جوڑنا - ترتیب دینا - تھوپنا - گلے منڈھنا - مرعوب کرنا -

Impose upon - دباؤ ڈالنا - آنکھوں میں خاک ڈالنا - ٹھگنا -

Imposingly *adv.* دباؤ ڈالتے ہوئے - مرعوب کرتے ہوئے -

Imposition (im-pō-zi-shən) *n.* Work set at school as punishment - لگانا - مقرر کرنا - عاید کرنا - محصول - لگان - ٹیکس - کلیسا کی رسموں میں سر پر ہاتھ رکھنا - وہ کام جو طالب علموں کو مدرسہ میں بطور سزا دیا جائے -

Impossible (im-pos-i-bl) *adj.* Not easy or convinient - غیر ممکن - محال - مشکل - (بول چال) تکلیف دہ - ناقابل برداشت -

Impossibility *n.* - عدم امکان - نا ممکن ہونا - امر محال -

Impost (im-pōst) *n.* Tax, duty - محصول - ٹیکس - چنگی - گھڑ دوڑ میں گھوڑوں پر وزن - ستون کی لگر -

Imposter (im-pōst-ər) *n.* Swindler - دغا باز - ٹھگ - مکار - پاکھنڈی - بہروپیا -

Imposture (im-pōst-er) *n.* Fraudulent deception فریب - چھل - مکر - عیاری - دغا بازی - حیلہ سازی -

Impotent (im-pə-tənt) *adj.* Lacking in sexual power - ضعیف - ناتوان - کمزور - بے مقدور - مجبور - نا مرد - رجولیت سے محروم -

Impotency, Impotence *n.* - کمزوری - ضعف - نامردی -

Impound (im.pownd) *v.t.* Shut up in pound مویشی باندھ رکھنا - چاردیواری میں بند کر دینا - کانجی ہاؤس میں بند رکھنا - قبضہ کر لینا - ضبط کر لینا -

Impoverish (im-pov-ər-ish) *v.t.* Make poor کنگال کر دینا - غریب بنانا - مفلس کرنا - دبلا کرنا - ضعیف کرنا -

Impoverishment *n.* - تہی دستی - کمزوری - افلاس - ناداری -

Impracticable 415 **Impropriate**

Impracticable (im-prak-tik-əbl) *adj.* Impossible in practice ۔ ناقابل عمل ۔ ناممکن الوقوع ۔ منہ زور ۔ سرکش ۔ مشکل سے قابو میں آنے والا ۔ دشوار گزار ۔

Impracticability } *n.* ضدی ہونا ۔ ناقابل عمل ہونا ۔ دشوار گزار ہونا ۔ عملی طور پر ناممکن ہونا ۔
Impracticableness

mprecate (im-pri-kāt) *v.t.* Invoke, call down لعنت بھیجنا ۔ بد دعا کرنا ۔ کوسنا ۔ برا بھلا کہنا ۔

Imprecation *n.* لعنت ۔ نفرین ۔

Imprecatory *adj.* لعنت کی ۔ بد دعا کی ۔

Impregnable (im-pregn-əbl) *adj.* Proof against attack ۔ نا قابل تسخیر ۔ فتح نہ ہونے والا ۔ مستحکم ۔ مضبوط ۔ جس پر حملہ نہ ہو سکے ۔

Impregnate (im-preg-nət) *v.t.* Make pregnant حاملہ کرنا ۔ گابھن کرنا ۔ بار بردار بنانا ۔ زرخیز بنانا ۔ لبریز کر دینا ۔ کوٹ کوٹ کر بھرنا ۔

Impregnate (im-preg- nət) *adj.* Pregnant ۔ حاملہ گابھن ۔ پیٹ سے ۔ بچے سے ۔ نتیجہ خیز ۔ بھرا ہوا ۔ لبریز ۔

Impregnation *n.* گابھ ۔ حمل ۔

Impresario (im-pre-sa-ri-o) *n.* Organizer of public entertainment کھیل تماشے کا منتظم ۔ گانے بجانے کی محفل کا مینجر

Impress (im·pres) *n.* Mark of seal ۔ مہر ۔ ٹھپا ۔ نشان خاص نشانی ۔

Impress (im-pres) *v.t.* Stamp, imprint ۔ نقش کرنا ثبت کرنا ۔ مہر لگانا ۔ ذہن نشین کرنا ۔ گہرا اثر ڈالنا ۔ بیگار میں پکڑنا ۔ کڑی خدمت لینا ۔

Impress (im-pres) *v.t.* Enlist forcibly فوج میں جبراً بھرتی کرنا ۔ مفاد عامہ کے لیے اسباب وغیرہ ضبط کر لینا ۔ دلیل کے طور پر استعمال کرنا ۔

Impression (im-pre-shən) *n.* Effect produced داب ۔ ٹھپا ۔ نقش ۔ مہر ۔ اثر ۔ چھپی ہوئی نقل ۔ اڈیشن ۔ گمان ۔ خیال ۔ تصور ۔

Impressionable (im-pre-shən-əbl) *adj.* Easily influenced جلد متاثر ہونے والا ۔ اثر پزیر ۔

Impressionism (im-pre-shən-izm) *n.* Method of painting and writing to give general impression مصوری یا بیان کا طریقہ جس میں مجموعی اثر پر زور دیا جاتا ہے نہ کہ تفصیلات پر ۔ اثریت ۔

Impressive (im-pre-siv) *adj.* Able to excite feelings صورت پزیر ۔ پر اثر ۔ موثر ۔ دلنشین ۔

Impressiveness *n.* موثر ہونا ۔ دل نشینی ۔ دلنشین ہونا ۔

Imprest (im-prest) *n.* Money advanced for state business پیشگی ۔ رقم جو سرکاری کاموں کے لیے پیشگی دی جائے ۔

Imprimatur (im-pre-ma-tur) *n.* Official sanction to print ۔ کتاب وغیرہ چھاپنے کی سرکاری اجازت ۔ اجازت طبع ۔ منظوری ۔

Imprint (im-print) *n.* Impression ٹھپا ۔ مہر ۔ ناشر کا نام و مقام ۔ چھاپہ خانہ ۔

Imprint (im-print) *v.t.* Stamp, impress کسی چیز پر نقش کا ٹھپا لگانا ۔ ٹھپا چھاپنا ۔ دل نشین کرنا ۔ ذہن نشین کرنا ۔

Imprison (im-prizn) *v.t.* Put into prison ۔ قید کرنا اسیر کرنا ۔ قید میں رکھنا ۔ محبوس کرنا ۔ روکنا ۔ باز رکھنا ۔

Imprisonment *n.* اسیری ۔ حبس ۔ بندی ۔ قید ۔

Improbable (im-prob-əbl) *adj.* Not likely to happen ناممکن الوقوع ۔ بعید ازقیاس ۔ خلاف قیاس ۔

Improbity (im-prob-iti) *n.* Dishonesty ۔ بد معاشی شرارت ۔ بے ایمانی ۔ بد دیانتی ۔

Impromptu (im-promp-tu) *adv. n. & adj.* Extempore بے ساختہ ۔ بر جستہ ۔ بر محل ۔ فی البدیہہ ۔ بر جستہ گیت ۔ عین وقت پر ترتیب دیا ہوا ۔

Improper (im-prop-ər) *adj.* Indecent, wrong بے جا ۔ نا مناسب ۔ بے موقع ۔ نا سزاوار ۔ غلط ۔ نا واجب ۔ نا شائستہ ۔ نا معقول ۔ بے ہودہ ۔

Impropriate (im-pro-pri-at) *v.t.* Annex پادریوں کی یا کلیسا کی جائیداد ضبط کرنا ۔ کلیسا کی آراضی دوسروں کو دے دینا ۔

Impropriety (im-pro-pri-ti) *n.* Incorrectness
غیر معقولیت ۔ نا شائستگی ۔ بے جا حرکت ۔ ناموزونیت ۔ بیہودگی ۔

Improvable (im-proov-əbl) *adj.* That can be improved
قابل درستی ۔ قابل اصلاح ۔ تربیت پزیر ۔ قابل زراعت ۔ ترقی پزیر ۔

Improvability } *n.* تربیت پزیری ۔ اصلاح پزیری ۔ ترقی پزیری ۔
Improvableness

Improve (im-proov) *v.t.* & *i.* Make, become, better
سدھارنا ۔ بہتر کرنا ۔ سنوارنا ۔ بہتر ہونا ۔ اصلاح کرنا ۔ ترقی دینا ۔ درست کرنا ۔ فائدہ اٹھانا ۔ حیثیت بڑھانا ۔ زرخیز کرنا ۔ قابل زراعت بنانا ۔ نصیحت آمیز تقریر کرنا ۔ وعظ کہنا ۔

Improvement *n.* تعلیم و تربیت ۔ اصلاح ۔ بہتری ۔ درستی ۔ ترقی ۔

Improvident (im-prov-id-ənt) *adj.* Unforeseeing
مسرف ۔ فضول خرچ ۔ نا عاقبت اندیش ۔

Improvidence *n.* فضول خرچی ۔ لاپروائی ۔ ناعاقبت اندیشی ۔ کوتاہ اندیشی ۔

Improvise (im-pro-viz) *v.t.* Compose extempore
بر محل یا برجستہ تصنیف کرنا یا بولنا ۔ فی البدیہہ تقریر کرنا یا شعر کہنا ۔ بر وقت ترتیب دے دینا ۔

Improvisation *n.* وقت کی وقت مہیا کی ہوئی چیز ۔ برجستگی ۔ بر محل کلام ۔ بر جستہ نظم ۔

Imprudent (im-proo-dənt) *adj.* Indiscreet
ناتجربہ کار ۔ بے وقوف ۔ بے تمیز ۔ نا عاقبت اندیش ۔

Imprudence لاپروائی ۔ کوتاہ اندیشی ۔ ناعاقبت اندیشی ۔

Impudent (im-pu-dənt) *adj.* Disrespectful
گستاخ ۔ شوخ چشم ۔ بے ادب ۔ بے تمیز ۔ بد تہذیب ۔

Impudence *n.* ڈھٹائی ۔ بے تمیزی ۔ بے شعوری ۔ گستاخی ۔

Impugn (im-pun) *v.t.* Assail by word
رد کرنا ۔ اعتراض کرنا ۔ جرح کرنا ۔ مناقشہ کرنا ۔

Impugnable *adj.* قابل گرفت ۔ قابل اعتراض ۔ قابل تردید ۔

Impugnment *n.* مناقشہ ۔ جرح ۔ گرفت ۔ اعتراض ۔ تردید ۔

Impulse (im-puls) *n.* Heavy blow
صدمہ ۔ دھکا ۔ حرکت ۔ چال ۔ ہیجان ۔ تحریک ۔ زور ۔ لہر ۔ ترنگ ۔ من کی موج ۔ اثر ۔ تاثیر ۔

Impulsion (im-pul-shən) *n.* Impelling push
دھکا ۔ صدمہ ۔ ابھارنا ۔ اکسانا ۔ زور ۔ قوت رفتار ۔ تحریک ۔ اثر ۔

Impulsive (im-pul-siv) *adj.* By sudden impulse
محرک ۔ تحریک کنندہ ۔ اکسایا ہوا ۔ مشتعل ۔ بے چین ۔ جلد باز ۔ شتاب کار ۔ من موجی ۔

Impulsiveness *n.* اضطراری حالت ۔ من موجی پن ۔ جلد بازی ۔

Impunity (im-pūn-i-ti) *n.* Exemption from punishment
بریت ۔ آزادی ۔ سزا سے مستثنے ۔ کسی فعل کے برے نتائج سے محفوظ ۔ معافی سزا ۔ بے مضرتی ۔

Impure (im-pūr) *adj.* Dirty, unchaste
نجس ۔ ناپاک ۔ گندہ ۔ غلیظ ۔ میلا ۔ بے عصمت ۔ بے عفت ۔ غیر خالص ۔ ملا ہوا ۔ مخلوط ۔

Impurity *n.* آلودگی ۔ ناپاکی ۔ بے عصمتی ۔ گندگی ۔ نجاست ۔

Impute (im-pūt) *v.t.* Ascribe, attribute
منسوب کرنا ۔ الزام یا تہمت لگانا ۔ ایک شخص کی غلطی کا ذمہ دار دوسرے کو قرار دینا ۔

Imputation *n.* لگاؤ ۔ تہمت ۔ الزام ۔ بہتان ۔

Imputative *adj.* تہمت کا ۔ اتہام آمیز ۔ الزامی ۔

In (in) *prep*: Inclusion
میں ۔ بیچ ۔ اندر ۔ درمیان ۔ پہنے ہوئے ۔

In itself بجائے خود ۔

In (in) *adv.* Expressing position
اندر ۔ اندر کی طرف ۔ اندرونی طور پر ۔

In for کسی مصیبت میں ۔ کسی چکر میں ۔

In (in) *adj.* Internal داخلی ۔ اندرونی ۔

Inpatient مریض جو اسپتال میں رکھا جائے ۔ داخلی مریض ۔

In (in) *n.* Political party in office
سیاسی جماعت جو حکومت کرے ۔ سیاسی جماعت جو برسراقتدار ہو ۔

Ins and outs جزئیات ۔ تفصیلی معلومات ۔

Inability (in-əbi-li-ti) *n.* Lack of power or means
ناقابلیت ۔ کمزوری ۔ ناتوانی ۔ مجبوری ۔ نالائقی ۔ معزوری ۔

Inaccessible (in-ak-ses-i-bl) *adj.* That cannot be reached رسائی سے باہر - ناممکن الحصول - جس کے پاس رسائی نہ ہو سکے - کم ملنے والا - دور رہنے والا -

Inaccessibility *n.* ادراک سے پرے ہونا - ناقابل حصول ہونا - رسائی سے باہر ہونا -

Inaccurate (in-aku-rit) *adj.* Not accurate - نادرست غلط - غیر صحیح - ناقص - خلاف واقعہ -

Inaccuracy *n.* نقص - سقم - غلطی -

Inaction (in-ak-shən) *n.* Absence of action بے کاری - بے شغلی - بے عملی - سستی - کاہلی -

Inactive *adj.* بے شغل - بے حرکت - بے کار -

Inactivity *n.* بے عملی - سستی - بے شغلی - بے کاری -

Inadaptability (in-ə-dep-tabl-i-ti) *n.* Want of adaptability ناسازگاری - سازگاری کی صلاحیت نہ رکھنا - حالات زمانہ کے مطابق نہ بننا - مطابقت اور ہم آہنگی کی صلاحیت نہ رکھنا -

Inadequate (in-ad-i-kwit) *adj* Insufficient - کم تھوڑا - ناکافی - ادھورا - ضرورت سے کم - ناقص - پورا نہ پڑنے والا -

Inadequacy *n.* کافی نہ ہونا - کسر - کوتاہی - کمی -

Inadhesive (in-əd-he-siv) *adj.* Not adhesive جو چسپاں نہ ہو سکے - جو چپک نہ سکے -

Inadmissible (in-əd-mis-i-bl) *adj.* That cannot be admitted ناقابل قبول - جو مانی نہ جاسکے - جو منظور نہ ہو - جو قابل سماعت نہ ہو -

Inadmissibility *n.* نامعقولیت - ناقابل قبولیت - ناقابل منظوری -

Inadvertent (in-əd-vərt-ənt) *adj.* Unintentional بے پروا - غافل - بے خبر - بے فکر - غیر ارادی - بلا ارادہ -

Inadvertence-ency *n.* بے فکری - بے توجہی - غفلت - بے پروائی -

Inalienable (in-al-yen-əbl) *adj.* Not alienable ناقابل انتقال - غیر منفک - جسکے حقوق منتقل نہ کیے جاسکیں - جو فروخت نہ کی جاسکے -

Inalterable (in-alter-ə-bl) *adj* Unalterable ناقابل تغیر - جو تبدیل نہ کیا جاسکے - اٹل -

Inamorato (in-am-o-ra-to) *n.* Lover چاہنے والا - عاشق - شیدائی -

Inane (in-an) *adj.* & *n.* Empty, senseless خالی - تہی - بے مغز - بے عقل - بے وقوف - احمق - نامعقول - بیہودہ -

Inanely *adv.* بیہودگی سے - حماقت سے - بے وقوفی سے -

Inanity *n.* تہی مغزی - حماقت - بیوقوفی -

Inanimate (in-ani-mit) *adj.* Destitude of life غیر ذی روح - بے جان -

Inanimation *n.* غیر ذی روح - بے جان ہونا - مردہ ہونا - مردگی -

Inappeasable (in-ə-pez-əbl) *adj.* Not appeasable فرو نہ ہونے والا - سیر نہ ہونے والا -

Inappealable (in-ə-pəl-əbl) *adj.* Not to be appealed against ناقابل مرافعہ - جسکی اپیل نہ ہو سکے - جس میں اپیل کی گنجائش نہ ہو -

Inappetance (in-əpe-təns) *n.* Want of appetance خواہش نہ ہونا - آرزو نہ ہونا - بے رغبتی - استغنا -

Inapplicable (in-ap-lik-əbl) *adj.* Unsuitable غیر موزوں - غیر مطابق - بے تعلق - ناقابل اطلاق - ناموزوں - بے محل -

Inapposite (in-ap-ə-zit) *adj.* Out of place - بے محل بے موقع - غیر مطابق - غیر موزوں -

Inappreciable (in-ə-pre-sh (y)-i-əbl) *adj.* That cannot be appreciated اتنا کم کہ محسوس نہ ہو سکے - غیر محسوس - خفیف - ناقابل لحاظ -

Inappreciative *adj.* ایسا جو خوبیاں نہ دیکھ سکے - قدر نہ کرنے والا - ناقدر شناس -

Inapprehensible (in-ap-ri-hens-i-bl) *adj.* That cannot be grasped by senses and intellect سمجھ سے بالاتر - نا قابل فہم - احساس و ادراک سے سمجھ میں نہ آنے والا - دقیق - مغلق -

Inapproachable (in-ə-proch-əbl) *adj.* That cannot be approached رسائی سے بالاتر - جس کے قریب نہ پہنچ سکیں -

Inappropriate (in-ə-pro-pri-it) *adj.* Not appropriate نامناسب - غیر موزوں - بے محل - بے موقع -

Inappropriateness *n.* بے محل - بے موقع ہونا - غیر موزونی - نامناسبت -

Inapt (in-əpt) *adj.* Unfit نامناسب - نالائق - ناقابل - نااہل - ناموزوں -

Inaptitude *n.* نااہلیت - ناقابلیت - نامناسبت -

Inaptness *n.* مناسبت کا فقدان - قابلیت نہ ہونا - نااہل ہونا -

Inarticulate (in-ər-tik-u-lit) *adj.* Unable to speak distinctly جو صاف نہ بول سکے - غیر واضح - اٹک اٹک کر بولنے والا - بولتے وقت لٹپٹانے والا - غیر مربوط - حیوانوں کی طرح بولنے والا - گونگا -

Inarticulateness *n.* صاف گفتگو کرنے کے قابل نہ ہونا - گونگا ہونا -

Inartificial (in-art-i-fi-shəl) *adj.* Artless, natural بے تکلف - غیر مصنوعی - قدرتی - سادہ - بھدا - سیدھا سادا - بد نما - طرز گفتگو سے بے بہرا -

Inartistic (in-ar-tis-tik) *adj.* Unskilled in art بھدا - بھونڈا - فنی اصول کے خلاف - صناعی سے ناواقف -

Inasmuch (in-az-much) *adv.* Since, because چونکہ - کیونکہ - جہاں تک کہ -

Inattention (in-ə-ten-shən) *n.* Heedlessness بے توجہی - تغافل - لاپروائی - بے رخی - بے اعتنائی -

Inattentive *adj.* توجہ نہ کرنے والا - بے پروا - غافل -

Inattentiveness *n.* بے پروائی - غفلت - بے توجہی -

Inaudible (in-awd-i-bl) *adj.* That cannot be heard جو سنائی نہ دے - بہت آہستہ بولنے والا - دھیما - بے آواز -

Inaugural (in-au-gur-əl) *adj.* Of inauguration (speech) کسی تقریب کے سلسلے میں - نئے عہدے پر فائز ہونے کے متعلق - افتتاحی - با ضابطہ -

Inaugurate (in-au-gur-ət) *v.t.* Admit person to office with ceremony کسی کا نئے عہدے پر تقرر کرنا - دھوم دھام سے عہدہ کا آغاز کرنا - کام کا افتتاح کرنا - تقریب سے آغاز کرنا -

Inauguration *n.* نئے عہدے کا جائزہ - آغاز - افتتاح -

Inauguratory *adj.* تقریبی - رسمی - افتتاحی -

Inauspicious (in-aw-spish-əs) *adj.* Unlucky بد شگون - منحوس - نا مبارک -

Inborn (in-bawrn) *adj.* Implanted by nature ذاتی - خلقی - جبلی - قدرتی - پیدائشی -

Inbreeding (in-bred-ing) *n.* Breeding from animals closely related ہم جنس جانوروں سے نسل لینا - ایسے جانوروں سے جو رشتہ دار ہوں نسل لینا -

Incalculable (in-kal-kul-əbl) *adj.* Too great for calculation بے اندازہ - بے شمار - بے حساب - نا قابل اندازہ - جس کا پہلے سے اندازہ نہ ہو سکے -

Incandescent (in-kan-dis-ənt) *adj.* Glowing with heat جلتا ہوا - چمکتا ہوا - دہکتا ہوا - زیادہ گرم ہونے والا - برق یا گیس کی روشنی کا -

Incandescence *n.* جلنا - چمکنا - روشنی - تابانی -

Incantation (in-kan-ta-shən) *n.* Magical words, spell چھو منتر - منتر - افسوں - سحر -

Incapable (in-kap-əbl) *adj.* Not capable نا قابل - نا اہل - معذور - بے بہرہ - بے صلاحیت - بد حواس - معذور -

Incapability *n.* عدم صلاحیت - نا اہلیت - معذوری -

Incapacitate (in-kə-pi-sit-āt) *v.t.* Render incapable معذور کر دینا - عاجز کرنا - بے بس کرنا - کام کا نہ رکھنا - بے کار کر دینا

Incapacitation *n.* نا اہلیت - نا قابلیت - معذوری -

Incapacity (in-kə-pa-siti) *n.* Inability قانونی عذر - معذوری نا قابلیت - نا اہلی -

Incarcerate (in-kar-sər-āt) *v.t.* Imprison قید کرنا - بند کر دینا - محبوس کرنا -

Incarceration *n.* خصیوں میں آنت کا اترنا - اسیری - قید و بند - حبس -

Incarnate (in-kar-nāt) *adj.* In human form جسمانی - مجسم - متشکل - بشکل انسان -

Incarnate (in-kar-nāt) *v.t.* Put into concrete form مجسم کرنا - عملی جامہ پہنانا - انسان کے روپ میں آنا - حلول کرنا - متشکل ہونا -

Incarnation (in-kar-na-shən) *n.* Embodiment in flesh مجسم - زندہ نمونہ - اوتار - مظہر - انسانی شکل -

Incautious (in-kaw-shəs) *adj.* Rash بے التفات - بے پرواہ - نا عاقبت اندیش - غیر محتاط -

Incautiousness *n.* نا عاقبت اندیشی - بے احتیاطی -

Incendiary (in-sen-di-əri) *adj.* & *n.* Setting on fire آگ لگانے والا - جلا دینے والا - آتش انگیز (بم) - اشتعال انگیز - فتنہ انگیز - مفسد -

Incendiarism فتنہ انگیزی - آتش زنی -

Incense (in-sens) *n.* Gum or herbs producing sweet smell when burned مہک - لپٹ - خوشبو - خوشبو دار دھواں - عود - لوبان - اگر بتی - خوشامد - چاپلوسی -

Incense (in-sens) *v.t.* Fumigate with incense دھونی دینا - معطر کرنا - خوشبو میں بسانا -

Incense (in-sens) *v.t.* Enrage, make angry طیش میں لانا - غصہ دلانا - بھڑکانا -

Incensory (in-sens-əri) *n.* Vessel for burning incense عود دانی - لوبان دانی - اگر دانی - عود یا لوبان جلانے کا برتن - انگیٹھی -

Incentive (in-sent-iv) *adj.* & *n.* Tending to incite, motive محرک - ترغیب دینے والا - اشتعال دینے والا - باعث اشتعال - مقصد - نصب العین -

Inception (in-sep-shən) *n.* Beginning - ابتدا - شروع - آغاز - کیمبرج سے ایم - اے یا ڈاکٹری کی ڈگری لینا -

Inceptive (in-sep-tiv) *adj.* Initial - آغاز کرنے والا - ابتدائی - شروع کا -

Incertitude (in-sert-i-tūd) *n.* Uncertainty یقین نہ ہونا - بے اعتبار کیفیت - غیر یقینی حالت -

Incessant (in-ses-ənt) *adj.* Unceasing - مسلسل - پیہم - متواتر - پے در پے - برابر - بلا ناغہ -

Incest (in-sest) *n.* Sexual commerce of near kindred محرمات سے مباشرت - ایسی عورت سے ہم بستر ہونا جس سے نکاح حرام ہو -

Incestuous (in-sest-əs) *adj.* Guilty of incest محرمات سے مباشرت کرنے والا - حرام کار -

Inch (in(t)sh) *n.*, *v.t.* & *i.* Twelfth part of a foot انچ - گز کا چھتیسواں اور فٹ کا بارھواں حصہ - خفیف سی جگہ - ایک ایک انچ سرکنا یا سرکانا -

Inchoate (in-ko-āt) *adv.* Just begun ابھی ابھی آغاز ہونا - ابھی ابتدا ہونا - ادھورا -

Inchoation *n.* - آغاز - ابتدا -

Incidence (in-si-dəns) *n.* Falling on a thing تصادم - ٹکر - ماجرا - واقعہ - حادثہ - سمت جہاں سے شعائیں آ کر کسی سطح پر گریں - دائرہ اثر - حلقہ اثر -
What is the incidence of the tax ٹیکس کا بوجھ کس پر پڑے گا -

Incident (in-si-dənt) *adj.* Falling, striking عارضی - اتفاق - ناگہانی - ہونے کے لائق - واقع ہونے کے قابل - منحصر - موقوف - متعلق -

Incident (in-si-dənt) *n.* Event, hostile clash واقعہ - ماجرا - ٹکراؤ - واقعہ جو کسی نظم وغیرہ میں بیان کیا جائے -

Incidental (in-si-dənt-əl) *adj.* Casual اتفاق - عارضی - ناگہانی - ضمنی - شدنی -

Incidentally *adv.* عارضاً - اتفاقاً -

Incinerate (in-sin-ər-at) *v.t.* Reduce to ashes جلا کر خاک کر ڈالنا - بھسم کر ڈالنا - کشتہ کرنا -

Incineration *n.* جلا کر راکھ کرنا - کشتہ بنانے کا عمل -

Incipient (in-sip-i--ənt) *adj.* In an initial stage ابتدائی - ابتدائی منزل میں -

Incipience-cy *n.* ابتدا - شروع - آغاز -

Incise (in-sīz) *v.t.* Make a cut in - کاٹنا - تراشنا - کھودنا - کندہ کرنا -

Incision (in-sizh-ən) *n.* Cut - کاٹ - تراش - زخم - گھاؤ - درز - شگاف -

Incisive (in-sīzh-iv) *adj.* Cutting - چیرنے والا - کاٹنے والا - پھاڑنے والا - گھس جانے والا - تیز طبع - باریک - تیز - چبھتا ہوا -

Incisiveness *n.* تیز طبعی - کاٹ - تیزی - باریکی -

Incisor (in-sīzh-ər) *n.* Any tooth between the canine teeth کوئی ایک دانت داڑھوں کے بیچ کے دانت - اگلا دانت - کاٹنے کا اگلا دانت -

Incite (in-sīt) *v.t.* Urge, stir up - اکسانا - ابھارنا - بھڑکانا - ترغیب کرنا - ورغلانا - آمادہ کرنا - برانگیختہ کرنا -

Incitation, incitement *n.* - اشتعال - تحریک - ترغیب -

Incivility (in-siv-il-iti) *n.* Discourtesy - بے التفاتی - بد اخلاقی - بے مروتی -

Inclearing (in-klər-ing) *n.* Cheques collectively payable by a bank وہ چیک جو کسی ادارے کی معرفت بینک میں وصول ہوئے ہوں - ان کا حساب ایک ہی جگہ مجموعی طور پر ہوتا ہے -

Inclement (in-klem-ənt) *adj.* Severe - کڑا - سخت - شدید - بے درد - تند - طوفانی - تیز - بے رحم -

Inclemency *n.* - بے دردی - بے رحمی - تیزی - تندی -

Inclinable (in-klin-əbl) *adj.* Disposed - راغب - مائل آمادہ - موافق - مرید - رجحان رکھنے والا -

Inclination (in-klin-a-shən) *n.* Disposition - رغبت - میلان - جھکاؤ - ڈھال - نشیب - شوق - ذوق - محبت - چاہ - التفات -

Incline (in-klīn) *v.t. & i.* Bend forward or downward - جھکنا - راغب ہونا - مائل ہونا - التفات کرنا - کسی صفت کا پایا جانا -

Incline (in-klīn) *n.* Slope - نشیب -

Include (in-kloōd) *v.t.* Comprise - مشتمل ہونا - شامل کرنا - گھیرنا - ہونا - ملانا - جوڑنا - داخل کرنا - شمار کرنا - درج کرنا - لپیٹنا -

Including (in-kloōd-ing) *adj.* Comprising جس میں کوئی چیز شامل یا داخل ہو - مشتمل - شامل - داخل - ملا ہوا -

Inclusion *n.* ادخال - داخلہ - شرکت - اشتمال -

Incognito (in-kog-ni-tō) *adj., n. & adv.* Concealed بھیس بدلے ہوئے - بھیس بدل کر - بھیس بدلا ہوا آدمی -

Incognizable (in-kog-niz-əbl) *adj.* That cannot be apprehended by sense or intellect نا قابل فہم - حواس و ادراک سے پرے - لطیف -

Incognizant (in-kog-niz-ənt) *adj.* Unaware نا واقف - لا علم - انجان - بے خبر -

Incognizance *n.* نافہمی - بے خبری - لاعلمی -

Incoherent (in-ko-her-ənt) *adj.* Not coherent بے ربط - بے جوڑ - بے ترتیب - بکھرا ہوا -

Incoherence *n.* غیر مطابقت - پریشانی - انتشار -

Incohesive (in-ko-he-siv) *adj.* Not cohesive غیر متصل - غیر چسپیدہ

Incombustible (in-kəm-bust-i-bl) *adj.* That cannot be consumed by fire - جسکو آگ نہ جلاسکے - ناسوختنی - غیر آتش گیر - ناسوزان -

Income (in-kəm) *n.* Periodical receipt - آمدنی - آمد - یافت - حصول - محاصل - فائدہ - نفع - حاصل - منفعت -

Incomer (in-kəm-ər) *n.* One who comes in آنے والا - اندر داخل ہونے والا - نووارد - دوسرے ملک سے آکر بسنے والا - نو آباد - ناخواندہ مہمان - صحبت میں مخل ہونے والا -

Incoming (in-kəm-ing) *adj. & n.* Succeeding, arrival آنے والا - نووارد - درآمد - آمد -

Incommensurable (in-kəm-en-su-rəbl) *adj.* Having no common measure وہ عدد جو کسی دوسرے عدد کے ساتھ مشترکہ مقسوم علیہ نہ رکھتا ہو - متبائن -

Incommensurate (in-kəm-en-sur-āt) *adj.* Out of proportion - غیر متناسب - تناسب نہ رکھنے والا -

Incommode (in-kəm-ōd) *v.t.* Annoy - تکلیف دینا - زحمت دینا - مزاحم ہونا - سدراہ ہونا -

Incommodious (in-kəm-ōdi-əs) *adj.* Uncomfortable - تنگ - چھوٹا - ناکافی - جو وسیع نہ ہو - تکلیف دہ -

Incommunicable (in-kəm-uni-kəbl) *adj.* That cannot be told - ناگفتنی - ناقابل اظہار - ناقابل بیان - ناقابل شرکت -

Incommunicative (in-kəm-un-ikə-tiv) *adj.* Not communicative - کھنچا کھنچا - الگ تھلگ - کم سخن - گھنا - اخفا کرنے والا - کم گو -

Incommutable (in-kəm-ut-əbl) *adj.* Unchangeable تبدیل نہ ہونے کے لائق - غیر متغیر - سزا میں کمی یا تبدیلی کے ناقابل -

Incompact (in-kəm-pakt) *adj.* Not compact جو ٹھوس نہ ہو - ڈھیلا - نا پیوستہ - وہ اسلوب بیان جس میں جدت اور ربط نہ ہو -

Incomparable (in-kom-pər-əbl) *adj.* Matchless بے نظیر - بے مثل - لاثانی - عدیم المثال - بہترین ۔

Incompatible (in-kəm-pat-ibl) *adj.* Inconsistent متضاد - خلاف - ناموافق - بے جوڑ -

Incompetent (in-kom-pi-tənt) *adj.* Not qualified نا اہل - ناقابل - بے مقدور - غیر مجاز -

Incompetence-cy *n.* بے مقدوری - ناقابلیت - نااہلی -

Incomplete (in-kəm-plet) *adj.* Not complete ناسکمل - ناتمام - ادھورا - ناقص -

Incompleteness *n.* کمی - ادھوراپن - نقص - ناتمامی -

Incomprehensible (in-kom-pri-hens-ibl) *adj.* That cannot be understood ناقابل فہم - بعید از قیاس - خارج از فہم و قیاس - سمجھ سے بالاتر -

Incomprehension (in-kom-pri-hen-shən) *n.* Failure to understand نا فہمی - فہم کا قصور -

Incompressible (in-kem-press-i-bl) *adj.* That cannot be compressed جو دب نہ سکے - جو دبایا نہ جاسکے - جو مختصر نہ ہو سکے - کڑا - سخت -

Incomputable (in-kem-put-əbl) *adj.* That cannot be computed بے اندازہ - بے حساب - جسکا حساب یا شمار نہ ہو سکے -

Inconceivable (in-ken-siv-əbl) *adj.* That cannot be imagined سمجھ یا تخیل سے باہر - ناقابل تصور - بعید از فہم و ادراک - (بول چال) - عجیب و غریب -

Inconclusive (in-ken-kloos-iv) *adj.* Not decisive غیر فیصلہ کن - ناتمام - ناقص - ناسکمل -

Incondensable (in-kən-dens-əbl) *adj.* That cannot be condensed جو جم نہ سکے - جو بستہ نہ ہو سکے - جو مائع کی شکل میں نہ آسکے - ناقابل انجماد -

Inconformity (in-kən-ferm-i-ti) *n.* Dissimilarity عدم مطابقت - غیر مناسبت - کلیسائے انگلستان کی عدم پیروی -

Incongruous (in-kong groo-əs) *adj.* Out of place بے موقع - بے محل - غیر مطابق - ناموافق -

Incongruity *n.* بے میل ہونا - بے جوڑ ہونا - ناموزونیت - نامطابقت -

Inconsequent (in-kon-si kwent) *adj.* Disconnected بے ترتیب - بے ربط - بے سلسلہ - قدرتی تسلسل کے خلاف - جس میں منطقی ترتیب نہ ہو -

Inconsequence *n.* عدم ترتیب - عدم تسلسل - بے ربطی - بے سروپائی -

Inconsequential *adj.* بے تکا - غیر منطقی - بے ربط - بلا دلیل -

Inconsiderable (in-kən-sid-ər-əbl) *adj.* Not worth considering ناقابل لحاظ - ناقابل غور - تھوڑا - خفیف - ادنی - چھوٹا -

Inconsiderate (in-kən sid er āt) *adj.* Thoughtless دوسروں کے جذبات کا لحاظ نہ کرنے والا - لاابالی - بے پروا - ناعاقبت اندیش -

Inconsideration *n.* تغافل - بے فکری - بے اعتنائی -

Inconsistent (in-kən-sist-ənt) *adj.* Incompatible مخالف - متضاد - غیر مطابق - اپنے اصولوں کے خلاف - سابقہ طرز عمل کے خلاف - بے ربط - بے اصول -

Inconsistency *n.* تضاد - تناقض -

Inconsolable (in-kən-sōl-əbl) *adj.* That cannot be consoled غمگین - آزردہ - ناقابل تسکین - غم زدہ -

Inconspicuous (in-kən-spik-u-əs) *adj.* Not remarkable غیر معروف - غیر ممتاز - معمولی - پوشیدہ - چھپا ہوا - مخفی - جو نمایاں نہ ہو -

Inconstant (in-kon-stənt) *adj.* Fickle متلون مزاج - گھڑی میں کچھ گھڑی میں کچھ - غیر مستقل - بے وفا - غیر وضع دار - تغیر پزیر - بے قاعدہ - بے اصول -

Inconstancy *n.* عدم استقلال - بے وفائی - متلون مزاجی -

Inconsumable (in-kən-sūm-əbl) *adj.* That cannot be consumed by fire جس کو آگ نہ جلا سکے - جو بھسم نہ ہو سکے - جو استعمال کے قابل نہ ہو -

Incontestible (in-kən-test-i-bl) *adj.* That cannot be disputed مسلمہ - تسلیم شدہ - ناقابل تردید - لا کلام - جس کے لیے دلائل و براہین کی ضرورت نہ ہو -

Incontinent (in-kən-ti-nənt) *adj.* Wanting in self-restraint نفس پرست - بے لگام - بے عصمت - شہوت پرست - عیاش - بدکار - جو ضبط نہ کر سکے -

Incontrovertible (in-kon-trə-vərt-i-bl) *adj.* Not to be disputed مسلم - صریح - ناقابل تردید - تسلیم شدہ - بلا شبہ - بلا اختلاف -

Inconvenience (in-kən-vin-yəns) *n.* & *v.t.* Want of ease and personal requirement دقت - تکلیف - جرح - زحمت - تکلیف دینا - آرام میں خلل ڈالنا -

Inconvenient (in-kən-vin-yənt) *adj.* Unfavourable to comfort تکلیف دہ - بے آرام و آسائش - آرام و سکون کے خلاف - ناسوافق - نامناسب -

Inconvertible (in-kən-vərt-i-bl) *adj.* Not changeable ناقابل تبادلہ (سکہ) - غیر متبادل -

Inconvincible (in-ken-vin-si-bl) *adj.* Not to be convinced جس کو قائل نہ کیا جا سکے - جو قائل نہ ہو - جو نہ مانے

Incorporate (in-kor-pər-āt) *adj.* Formed into a corporation مشترکہ - متحدہ - ملا ہوا - ادارہ کا - انجمن کا بے جسم - غیر مادی -

Incorporate (in-kor-pər-āt) *v.t.* Unite, combine یکجا کرنا - ملانا - اکٹھا کرنا - شامل کرنا - مختلف اجزا کو ملا کر ایک چیز بنانا - متحدہ جماعت قائم کرنا -

Incorporation *n.* شمولیت - اتحاد - ہیئت اجتماعی - تشکیل -

Incorporeal (in-kor-por-i-al) *adj.* Not composed of matter غیر مادی - غیر جسمانی -

Incorrect (in-kər-əkt) *adj.* Faulty غلط - غیر صحیح - خلاف واقعہ - جھوٹ - ناجائز - ناقص -

Incorrigible (in-kər-i-gi-bl) *adj.* Incurably bad جو اصلاح پذیر نہ ہو - جس کی اصلاح ناممکن ہو -

Incorruptible (in-kər-upt-i-bl) *adj.* That cannot be corrupted خراب نہ ہونے والا - لا زوال - غیر فانی - جسے رشوت نہ دی جا سکے - دیانت دار - بے لوث - کھرا - جس پر بری صحبت کا اثر نہ ہو سکے -

Incorruption *n.* تدین - لازوال ہونا -

Increase (in-krēs) *v.i.* & *t.* Become greater بڑھنا - افزوں ہونا - زیادہ ہونا - اضافہ کرنا - ایزاد کرنا - ترقی دینا - ترقی کرنا - نسل بڑھنا -

Increase (in-krēs) *n.* Growth, enlargement اضافہ - بیشی - بڑا ہو جانا - ترقی - کمال - افزائش نسل - چاند کا چڑھاؤ - تعداد میں اضافہ -

Incredible (in-krēd-i-bl) *adj.* Unbelievable ناقابل یقین - خارج از قیاس - غیر معتبر -

Incredulous (in-krəd-ū-ləs) *adj.* Unbelieving یقین نہ کرنے والا - غیر معتقد - بے عقیدہ - منکر -

Incredulity *n.* ایمان نہ لانا - یقین نہ کرنا - بے اعتباری - بے اعتقادی -

Increment (in-kre-mənt) *n.* Increase زیادتی - ترقی - آمدنی یا تنخواہ میں اضافہ - بیشی -

Incriminate (in-kre-min-ət) *v.t.* Charge with crime الزام لگانا - ملزم ٹھہرانا - الزام میں ماخوذ کرنا -

Incriminatory ملزم قرار دینے والی - اتہامی - الزامی -

Incubate (ing-ku-bāt) *v.t.* & *i.* Hatch eggs انڈے سینا - انڈوں سے بچے نکالنا -

Incubation (ing-ku-bā-shən) *n.* Hatching, development phase of germs انڈوں سے بچے نکلنا یا نکالنا - جراثیم کی نمو قبل علامت مرض -

Artificial incubation مشین سے بچے نکالنا - مصنوعی حرارت سے بچے نکالنا -

Incubator (ing-ku-bā-tər) *n.* Apparatus for hatching بچے نکالنے کا آلہ - بچہ کش -

Incubus (ing-ku-bəs) *n.* Nightmare, evil spirit ڈراؤنے خواب - کابوس - خبیث روح جو سونے والوں کو پریشان کرتی ہے -

Inculcate (in-kul-kāt) *v.t.* Impress دل نشین کرنا - ذہن نشین کرنا - سمجھانا - کسی بات کی تاکید کرنا -

Inculcation *n.* نصیحت - دل نشین کرنا - فہمائش - تعلیم -

Inculpable (in-kulp-əbl) *adj.* Innocent بے گناہ - بے قصور - بے تقصیر -

Inculpate (in-kul-pat) *v.t.* Accuse تہمت لگانا - الزام لگانا - بدنام کرنا - ملزم قرار دینا -

Incumbency (in-kum-bən-si) *n.* Office, tenure عہدہ - اسامی - تسلط - قبضہ - پادری کا حلقہ -

Incumbent (in kum-bənt) *n.* Holder of office عہدہ دار - مذہبی عہدہ دار - پادری

Incumbent (in-kum-bənt) *adj.* Pressing سر پر رکھا ہوا - ادائے فرض کا - واجب - لازم - لابد -

Incur (in-kūr) *v.t.* Bring on oneself - اپنے اُوپر لینا - ذمہ داری قبول کرنا - سزاوار ہونا - اپنے آپ کو خطرے میں ڈالنا -

Incurable (in-kūr-əbl) *adj.* That cannot be cured لاعلاج - بیمار جس کا مرض لاعلاج ہو - جو اچھا نہ ہو سکے -

Incurious (in-ku-ri-əs) *adj.* Not interested بے پرواہ - بے التفات - بے شوق - جس میں تجسس اور تحقیق کا مادہ نہ ہو -

Incursion (in-kur-shən) *n.* Sudden attack - چڑھائی - آفت - یلغار - حملہ - دھاوا -

Incursive *adj.* - حملہ آور کا - حملے کا - حملہ کرنے والا -

Indebted (in-det-id) *adj.* Owing money - مقروض - قرض دار - دین دار - احسان مند - مشکور - ممنون - مرہون -

Indebtedness *n.* - قرض داری - احسان مندی - ممنونیت -

Indecent (in-de-sənt) *adj.* Obscene - بے شرم - بے حیا - سوقیانہ - نازیبا - فحش - نامناسب - ناشائستہ -

Indecency *n.* - آوارگی - بداحاظی - بے شرمی - بے حیائی -

Indeciduous (in-di-sed-u-əs) *adj.* Not deciduous سدا بہار - بارہ ماسی - بے خزاں - جسکے پتے نہ گرتے ہوں -

Indecipherable (in-di-si-fər-əbl) *adj.* That cannot be deciphered - لاینحل - جو پڑھا نہ جا سکے - (پرانی تحریر - کتبہ وغیرہ) -

Indecision (in-di-si-zhən) *n.* Hesitation - تذبذب - پس و پیش - ہچکچاہٹ . جھجک -

Indecisive (in-di-si-sıv) *adj.* Undecided غیر فیصل شدہ - گومگو - مذبذب - غیر فیصلہ کن - پس و پیش میں -

Indeclinable (in-di-klin-əbl) *adj.* Having no inflexions ناقابل گردان - غیر صرفی - جسکی گردان نہ ہو سکے -

Indecomposable (in-de kəm-poz-əbl) *adj.* That cannot be decomposed جسکے ٹکڑے نہ ہو سکیں - ناقابل تجزیہ - ناقابل تحلیل - لا یتجزہ - نہ سڑنے والا -

Indecorous (in de-ko-rəs) *adj.* In bad taste ناشائستہ - نازیبا - بد تمیز - بد تہذیب - ناسزا - بد مزاق - سوقیانہ - بیہودہ -

Indecorum (in-de-ko-rəm) *n.* Improper proceeding ناشائستگی - بے سلیقگی - بد مزاقی -

Indeed (in-ded) *adv.* In truth - یقیناً - فی الحقیقت - در اصل - تحقیق - لا کلام - فی الواقع - ہاں - البتہ - ضرور - بلا شک - ٹھیک - واقعی - جی ہاں اور کیا -

Indefatigable (in-de-fat-ig-əbl) *adj.* That cannot be tired out - نہ تھکنے والا - ان تھک - قوی - مستقل - بے حد سرگرم -

Indefeasible (in-di-fēs-i-bl) *adj.* That cannot be forfeited لازوال - ناقابل منسوخی - جو رد یا منسوخ نہ کیا جاسکے - پکا - مستحکم -

Indefensible (in-di-fens-i-bl) *adj.* Admitting of no defence - جسکا بچاؤ نہ کیا جاسکے - ناقابل مدافعت - جسکی حفاظت ناممکن ہو

Indefinable (in-di-fin-əbl) *adj.* That cannot be defined جسکی تعریف نہ ہوسکے - جسکا تعین نہ ہو سکے - غیر متعین -

Indefinite (in-di-fin-it) *adj.* Vague, undefined غیر مقرر - غیر معین - مبہم - غیر واضح - لامحدود - بے انتہا - وہ فعل جو زمان و مکان سے محدود نہ ہو -

Indelible (in-del-əbl) *adj.* That cannot be blotted out - انمٹ - نہ مٹنے والا - لازوال - پکا - راسخ -

Indelicate (in-del-i-kit) *adj.* Unrefined - ناشائستہ - غیر مہذب - بد نما - بیہودہ - بے حجابانہ - بے شرمانا -

Indemnify (in dem-ni-fi) *v.t.* Protect, secure نقصان کی ضمانت دینا - نقصان کی تلافی کرنا - نقصان سے محفوظ کردینا - برجانہ دینا

Indemnity (in-dem-ni-ti) *n.* Security against damage نقصان کی ضمانت - دلجمعی - حفاظت - قانونی ذمہ داری سے بریت - تاوان - زر تاوان - ہرجانہ -

Indemonstrable (in-dem-ən-strəbl) *adj.* That cannot be proved ناقابل ثبوت ۔ جسکا ثابت کرنا محال ہو ۔

Indent (in-dent) *v.t.* & *i.* Make tooth-like notches دندانے بنانا ۔ گھری شگاف ڈالنا ۔ دستاویز کا مثنٰے تیار کرنا ۔ مال کی فرمائش بذریعہ تحریر کرنا ۔ تحریر پہلی سطر کا حاشیہ چھوڑ کر شروع کرنا ۔

Indent (in-dent) *n.* Order for goods دندانہ ۔ خط ۔ شگاف ۔ اشیائے مطلوبہ ۔ فرمائشی سامان کی فہرست ۔ تجارتی آرڈر ۔ فرمائشی خریداری ۔

Indentation (in-dent-a-shən) *n.* Cut, notch دندانے ۔ شکستہ ساحل ۔ گھرے شگاف ۔

Indenture (in-dent-ur) *n.* & *v.t.* Indented document اقرار نامہ ۔ عہد نامہ ۔ مثنٰی دار دستاویز ۔ ساحل کے گھرے شگاف ۔ قول و قرار کرنا ۔ تجارتی معاملہ بذریعہ تحریر طے کرنا ۔ شرطیں لکھوانا ۔

Independence-cy (in-di-pend-əns) *n.* Being independent آزادی ۔ خود مختاری ۔ خود سری ۔ بے پروائی ۔ بے نیازی ۔ بے تعلقی ۔ استغنا ۔ مستقل ذاتی آمدنی ۔ آزاد حکومت ۔ خود مختار ریاست ۔

Independent (in-di-pend-ənt) *adj.* Efficient, self-ruling آزاد ۔ خود مختار ۔ خودسر ۔ فارغ البال ۔ مستغنی ۔ آسودہ ۔ مستقل ذاتی آمدنی رکھنے والا ۔ (سیاست) وہ شخص جسکا تعلق کسی سیاسی جماعت سے نہ ہو ۔ آزاد رکن ۔

Indescribable (in-di-scrīb-əbl) *adj.* Vague, indefinite, sublime ناقابل بیان ۔ مبہم ۔ عجیب و غریب ۔ بے حد ۔ عظیم ۔ حسین ۔

Indestructible (in-di-strukt-i-bl) *adj.* That cannot be destroyed لازوال ۔ غیرفانی ۔ جسے فنا یا زوال نہ ہو ۔

Indeterminable (in-di-tər-min-əbl) That cannot be ascertained بلا تعین ۔ نامعلوم ۔ غیر معین ۔ بے انتہا ۔ ناقابل دریافت ۔ ناقابل ثبوت ۔ ناقابل انفصال ۔

Indetermination (in-di-tərm-inə-shən) *n.* Want of determination ابہام ۔ عدم ثبوت ۔ تذبذب ۔ تشنگی ۔ عدم استقلال ۔

Indeterminism (in-di-tər-min-izm) *n.* Theory that human action is not wholly determined by motives یہ نظریہ کہ افعال انسانی کلی طور پر متعین نہیں ہوتے ۔ عدم تعین کا عقیدہ ۔ قدریت ۔

Index (in-deks) *n.* & *v.t.* Pointer showing details انگشت شہادت ۔ نشان ۔ دلیل ۔ علامت ۔ گھڑی کی سوئی ۔ رستہ بتانے کا ہاتھ کا نشان ۔ معیار عمل ۔ اصول عمل ۔ فہرست مضامین ۔ حروف تہجی کے لحاظ سے ترتیب دینا ۔ کتابوں میں فہرست لگانا ۔ (الجبرا) ۔ عدد قوت نما ۔

India (in-di-ȧ) *n.* Country of South Asia ہند ۔ ہندوستان ۔

Indian (in-di-ən) *adj.* & *n.* Native of India ہندوستان کا ۔ ہندوستانی ۔

Indicate (in-di-kāt) *v.t.* Point out ظاہر کرنا ۔ دلالت کرنا ۔ اشارہ کرنا ۔ علامت بنانا ۔ مجمل طور پر بیان کرنا ۔

Indication *n.* اظہار ۔ دلیل ۔ نشان ۔ علامت ۔

Indicative (in-di-ka-tiv) *adj.* Suggestive دکھانے والا ۔ جتانے والا ۔ مظہر ۔ دلالت کرنے والا ۔ (گرامر) بیانیہ

Indicator (in-di-kā-tər) *n.* Recording instrument بتانے والا ۔ جتانے والا ۔ دکھانے والا ۔ ظاہر کرنے والا ۔ عدد نما ۔ مقدار نما

Indict (in-dikt) *v.t.* Accuse الزام لگانا ۔ ملزم قرار دینا ۔ متہم کرنا ۔ ماخوذ کرنا ۔ مقدمہ چلانا ۔

Indictable (in-dikt-əbl) *adj.* Liable to be indicted ماخوذ ہونے کے قابل ۔ ایسا ملزم جو مقدمہ میں ماخوذ ہو ۔ قابل الزام ۔

Indictment (in-dikt-mənt) *n.* Formal accusation استغاثہ ۔ فرد جرم ۔ چالان ۔ باضابطہ الزام قائم کرنا ۔

Indifference (in-dif-ər-əns) *n.* Absence of interest بے اعتنائی ۔ بے توجہی ۔ غیر جانب داری ۔ بے قدری ۔ نزاعی مسئلوں میں دلچسپی نہ لینا ۔

Indifferent (in-dif-ər-ənt) *adj.* & *n.* Having no interest ادنیٰ ۔ ہلکا ۔ غیراہم ۔ معمولی ۔ بے غرض ۔ بے سروکار ۔ دلچسپی نہ لینے والا ۔ ناقابل اطمینان ۔

Indifferentism (in-dif-ər-ənt izm) *n.* Spirit of indifference in religious matters معاملات میں بالخصوص مذہبی معاملات میں لاپرواہی ۔ آزاد روی ۔ آزاد منشی ۔

Indigenous (in dij-in-əs) *adj.* Native دیسی ۔ ملکی ۔ دساوری ۔ قدرتی علاقہ رکھنے والا ۔

Indigent (in-di-jənt) *adj.* Needy, poor کنگال ۔ مفلس ۔ غریب ۔ نادار ۔ مسکین۔

Indigence *n.* ناداری ۔ تنگ دستی ۔ افلاس ۔

Indigestible (in di-jest-i-bl) *adj.* Not digestible ثقیل ۔ دیر ہضم ۔ بھاری ۔ ناگوار ۔ ناقابل ہضم ۔ جو ذہن نشین نہ ہو سکے ۔ ناقابل برداشت ۔

Indigestion (in-di-jest-yən) *n.* Difficulty in digesting بد ہضمی ۔ ضعف معدہ ۔ سوئے ہضم ۔ وہ چیز جو ہضم نہ ہوئی ہو ۔

Indignant (in-dig-nənt) *adj.* Moved by anger and scorn خفا ۔ غضب ناک ۔ نفرت کناں ۔ برہم ۔ طیش میں ۔

Indignation (in-dig-na-shən) *n.* Anger excited by injustice غضب ۔ طیش ۔ غصہ ۔ خفگی ۔ سزا ۔ نفرت خیز غصہ

Indignity (in-dig-ni-ti) *n.* Insult ذلت ۔ بے قدری ۔ ہتک ۔ تحقیر ۔ خفت سبکی ۔

Indigo (in-di-gō) *n.* Blue powder from plants پودوں سے نکالا ہوا رنگ ۔ نیل ۔ نیلا رنگ ۔

Indirect (in-di-rekt) *adj.* Not straight ٹیڑھا ۔ بتوسط ۔ بہ واسطہ ۔ ضمنی ۔ ذیلی ۔

Indirectness *n.* ضمنی ہونا ۔ ذیلی ہونا ۔ چکر ۔ پھیر ۔ واسطہ ۔ توسط ۔

Indiscernible (in-dis-sern-əbl) *adj.* & *n.* Thing that cannot be distinguished from others جو ممتاز نہ ہو ۔ جو دوسروں سے الگ نہ کی جا سکے ۔ غیر ممتاز ۔ غیر محسوس ۔ غیر ممیز یا غیر محسوس شے ۔

Indiscerptible (in-di-sərp-ti-bl) *adj.* Incapable of dissolution of parts ناقابل تحلیل ۔ جس کے اجزا ناقابل تحلیل ہوں ۔

Indiscipline (in-dis-i-plin) *n.* Want of discipline بد انتظامی ۔ بد نظمی ۔ نظم و ضبط کا فقدان ۔ بے انضباطی ۔

Indiscreet (in-dis-kret) *adj.* Injudicious غیر محتاط ۔ جس کے اجزا نمایاں نہ ہوں ۔

Indiscretion (in-dis-kre-shən) *n.* Injudicious conduct بد احتیاطی ۔ بے شعوری ۔ نادانی ۔ نا فہمی کی حرکت ۔ سرکاری راز کا افشا ۔ لغزش ۔

Indiscriminate (in-dis-krim-i-nit) *adj.* Confused بے شعور ۔ بے اصول ۔ امتیاز نہ کرنے والا ۔

Indiscrimination *n.* بے شعوری ۔ بے اصولی ۔ بے امتیازی ۔

Indiscriminative *adj.* بے شعور ۔ بے تمیز ۔

Indispensable (in-dis-pens-əbl) *adj.* Absolutely necessary جس کے بغیر نہ بن پڑے ۔ نا گزیر ۔ اٹل ۔ واجبی ۔ لا بدی ۔

Indispose (in-dis-pōz) *v.t.* Render unfit نا قابل کرنا ۔ نا ساز کرنا ۔ بیمار ڈالنا ۔ منحرف کرنا ۔ برگشتہ کرنا ۔ دل پھیر دینا ۔ نفرت دلانا ۔ ناراض کرنا ۔

Indisposition (in-dis-poz-i-shən) *n.* Ill health علالت ۔ نا سازی مزاج ۔ معمولی علالت ۔ بے رغبتی ۔ بے دلی ۔ نفرت ۔ کراہت ۔

Indisputable (in-dis-pūt-əbl) *adj.* That cannot be disputed نا قابل اعتراض ۔ مسلمہ ۔ غیر مشارعہ فیہ ۔ جس میں بحث کی گنجائش نہ ہو ۔

Indissoluble (in-dis-ol(y)oo-bl) *adj.* Lasting, stable نا قابل تحلیل ۔ دیر پا ۔ گلنے یا گھلنے سے محفوظ ۔ مستحکم ۔ راسخ ۔ پکا ۔

Indistinct (in-dis-tingkt) *adj.* Obscure مبہم ۔ غیر واضح ۔ دھندلا ۔ مخلوط ۔ ملا ہوا ۔ گڈ مڈ ۔

Indistinctive (in-dis-tingkt-iv) *adj.* Not distinctive نا قابل امتیاز ۔ غیر مخصوص ۔ مبہم سا ۔ دھندلا سا ۔

Indistinguishable (in-dis-ting-gwish-əbl) *adj.* Not distinguishable جس کی شناخت نہ ہو سکے۔ نا قابل امتیاز ۔ نا قابل تفریق ۔

Indistributable (in-dis-trib-ūt-əbl) *adj.* That cannot be distributed نا قابل تقسیم ۔

Indite (in-dīt) *v.t.* Put into words لکھوانا ۔ املا لکھانا ۔ لکھنا ۔ تصنیف کرنا ۔ نظم لکھنا یا لکھانا ۔

Indivertible (in-dī-vert-i-bl) *adj.* That cannot be turned aside نہ ٹلنے والی ۔ اٹل ۔ مبرم ۔

Individual (in-di-vid-u-əl) *adj.* & *n.* Single, particular ذاتی ۔ شخصی ۔ انفرادی ۔ مخصوص ۔ آدمی ۔ نفر ۔ بشر ۔ انسان ۔

Individualism (in-di-vid-u-əl-izm) *n.* Egoism یہ نظریہ کہ افراد کو عمل کی آزادی ہونی چاہیے ۔ انفرادیت ۔ یہ نظریہ اشتراکیت اور اجتماعیت کے خلاف ہے ۔

Individualist *n.* انفرادیت کا حامی ۔

Individuality (in-di-vid-u-əliti) *n.* Separate existence انفرادی وجود ۔ جداگانہ شخصیت ۔

Individually (in-di-vid-u-əli) *adv.* Separately فرداً فرداً ۔ علیحدہ علیحدہ ۔ الگ الگ ۔

Individuate (in-di-vid-ū-āt) *v.t.* Form into an individual فرد بنانا ۔ شخصیت کی تعمیر کرنا ۔

Individuation *n.* انفرادیت گری ۔ تعمیر شخصیت ۔

Indivisible (in-di-viz-i-bl) *adj.* & *n.* Infinitely small particle نا قابل تقسیم ۔ سب سے چھوٹا ذرہ ۔ جوہر ۔

Indivisibility *n.* جو نا قابل تقسیم ہو ۔ جوہریت ۔ سالمیت ۔

Indocile (in-do-sīl) *adj.* Not docile سرکش ۔ وحشی ۔ جو جانور سدھایا نہ جا سکے ۔

Indolent (in-də-lənt) *adj.* Lazy مردہ ۔ آلکس ۔ کاہل ۔ سست ۔ آرام طلب ۔

Indolence *n.* آرام طلبی ۔ بیکاری ۔ سستی ۔ کاہلی ۔

Indomitable (in-dom-it-əbl) *adj.* Unyielding منہ زور ۔ نہ دبنے والا ۔ بے قابو ۔ غیر مغلوب ۔

Indoor (in-dor) *adj.* Carried on within doors گھر کا ۔ مکان کے اندر کا ۔ ایسے کھیلوں کا جو گھروں میں کھیلے جا سکیں ۔

Indorsation (in-dor-sa-shən) *n.* Endorsement توثیقی عبارت ۔ تصدیقی تحریر ۔ کاغذ کی پشت کے دستخط ۔ ظہری دستخط ۔ سکار ۔

Indorsee (in-dor-si) *n.* One in whose favour bill is endorsed جس کا نام کاغذ کی پشت پر لکھا جائے ۔ جس کے نام کی ہنڈی یا چک ہو ۔

Indri (ind-ri) *n.* Babacoote لنگور کی جنس کا جانور ۔ اندری ۔

Indubitable (in-du-bit-ə-bl) *adj.* That cannot be doubted بے شک ۔ بلا شبہ ۔ بدیہی ۔ صریحی ۔ یقینی ۔ مسلمہ ۔

Induce (in-dūs) *v.t.* Persuade مائل کرنا ۔ جھکانا ۔ ترغیب دینا ۔ برپا کرنا ۔ اٹھانا ۔ باعث ہونا ۔ موجب ہونا ۔ راغب کرنا ۔ آمادہ کرنا ۔ استقراء سے نتیجہ اخذ کرنا ۔

Inducement (in-dus-mənt) *n.* Persuation آمادگی ۔ تحریک ۔ رغبت ۔ ترغیب ۔

Induct (in-dukt) *v.t.* Initiate لانا ۔ قبضہ دینا ۔ جائزہ دینا ۔ مقرر کرنا ۔ داخل کرنا ۔ آشنا کرنا ۔ روشناس کرنا ۔ ابتدائی مراحل طے کرانا ۔

Induction (in-duk-shən) *n.* Production of facts to prove general statement انفرادی واقعات سے کلیہ قائم کرنا ۔ استقراء ۔ مراد ۔ قیاس ۔ کلیہ کے ثبوت میں واقعات پیش کرنا ۔

Inductive (in-duk-tiv) *adj.* Of reasoning based on induction استقرائی ۔

Inductor (in-duk-tər) *n.* One who inducts clergyman وہ شخص جو پادری کا تقرر کرے ۔ بجلی کی مشین کا کوئی حصہ ۔

Indulge (in-dulj) *v.t.* & *i.* Entertain عادت ڈالنا ۔ راضی کرنا ۔ خوش کرنا ۔ دینا ۔ بخشنا ۔ مشغول ہونا ۔ جائز یا روا رکھنا ۔ راضی ہونا ۔ اختیار کرنا ۔

Indulgent *adj.* شفیق ۔ مہربان ۔ روا دارانہ ۔ مشفقانہ ۔ کریمانہ ۔

Indulgence (in-dulj-əns) *n.* Privilege granted نفس پروری ۔ شوق ۔ اختیار ۔ ناز برداری ۔ دل جوئی ۔ مروت ۔ شفقت ۔ پادریوں کے خاص حقوق

Indurate (in-du-rāt) *v.t.* & *i.* Make, become, hard and unfeeling سخت کرنا ۔ سخت ہونا ۔ دل کڑا کر لینا ۔ سخت دل ہو جانا ۔

Induration (in-du-rā-shən) *n.* Callousness سنگینی ۔ بے حسی ۔ سنگدلی ۔

Industrial (in-dəs-tri-əl) *adj.* & *n.* Of industries صنعت و حرفت کے متعلق ۔ محنت کے بارے میں ۔ کارخانے کے مزدور اور مالک ۔ اہل حرفہ ۔ مشترکہ کمپنی کے حصے ۔

Industrialism (in-dəs-tri-əl-izm) *n.* System by which each industry should provide for its employees صنعتی نظام ۔ یورپ کا موجودہ صنعتی نظام جس میں مزدوروں کا خاص خیال رکھا جاتا ہے ۔

Industrialist *n.* صنعتی کارخانہ کا مالک ۔ آجر ۔

Industrious (in-dəs-tri-əs) *adj.* Hard working جفاکش ۔ سخت محنت کرنے والا ۔

Industry (in-dəs-tri) *n.* Habitual employment صنعت و حرفت ۔ محنت ۔ مشقت ۔ کارکردگی ۔ مشغولیت ۔

Indwell (in-dwel) *v.t.* & *i.* Inhabit, occupy اندر رہنا ۔ گھر کر لینا ۔ جا گزیں ہونا ۔ تہہ میں جم جانا ۔

Indweller *n.* گھر گھسنا ۔ باشندہ ۔ باسی ۔ اندر رہنے والا ۔

Inebriate (in-e-bri-āt) *adj.* & *n.* Drunken, habitual drunkard مخمور ۔ مد ہوش ۔ مست ۔ نشے میں متوالا ۔ مے نوش آدمی ۔

Inebriate (in-e-bri-at) *v.t.* Make drunk متوالا کرنا ۔ پلا کر مست بنا دینا ۔

Inebriation *n.* مے نوشی ۔ مد ہوشی ۔ سر مستی ۔

Inebriety *n.* مخمور رہنے کی عادت ۔ شراب خوری ۔

Inedible (in-ed-i-bl) *adj.* Not edible جو کھایا نہ جا سکے ۔ کھانے کے نا قابل ۔

Ineffable (in-ef-əbl) *adj* Too great for words ناقابل بیان ۔ جس کے لیے الفاظ نہ ملیں ۔

Ineffaceable (in-i-fes-əbl) *adj.* That cannot be effaced جو مٹایا نہ جا سکے ۔ انمٹ ۔

Ineffective (in-i-fek-tiv) *adj.* Lacking desired effect غیر موثر ۔ بے کار ۔ بے سود ۔ جو کارگر یا کار آمد نہ ہو ۔ بے تاثیر ۔ بے لطف ۔

Ineffectiveness *n.* ناقابلیت ۔ ناکارگی ۔ غیر موثر ہونا ۔

Ineffectual (in-e fek-tuəl) *adj.* Without effect بے تاثیر ۔ بے کار ۔ بے سود ۔ سست ضعیف ۔

Inefficacious (in e-fik a shəs) *adj.* Not effective بے اثر ۔ بے تاثیر ۔ جس سے حسب اُمید نتیجہ نہ نکلے ۔

Inefficient (in-i sh-ənt) *adj.* Not capable نااہل کاہل ۔ مجہول ۔ نکما ۔ بے صلاحیت ۔

Inefficiency نا اہلی ۔ ناقابلیت ۔ عدم کار گزاری ۔

Inelastic (in i-las tik) *adj.* Unyielding جو پھیل نا سکے ۔ جس میں لوچ اور لچک نہ ہو ۔ جس میں ساز گاری کا مادہ نہ ہو ۔

Inelasticity *n.* لوچ اور لچک کا نہ ہونا ۔

Inelegant (in-ele-gənt) *adj.* Ungraceful بھدا ۔ بے ڈول ۔ بے ہنگم ۔ بد نما ۔ نا شائستہ ۔ نا تراشیدہ ۔ بے رونق ۔ نا موزوں ۔ نا زیبا ۔

Inelegance *n.* بد اسلوبی ۔ بد صورتی ۔ بھونڈا پن ۔ بھدا پن ۔

Ineligible (in-eli-gi-bl) *adj.* Unfit نا قابل تقرر ۔ غیر مستحق ۔ غیر مستند ۔ نالائق ۔

Inept (in-ept) *adj.* Out of place ناموزوں ۔ ناموافق ۔ نا کارہ ۔ مہمل ۔

Ineptitude *n.* ناموزونیت ۔ ناقابلیت ۔

Ineptness *n.* بے محل ہونا ۔ ناموزونیت ۔ نااہلیت ۔

Inequality (in-e-kwal-i-ti) *n.* Irregularity فرق ۔ تفاوت ۔ عدم مساوات ۔ نا ہمواری ۔ نشیب و فراز ۔ ناموافقت ۔

Inequitable (in-e-kwit-əbl) *adj.* Unjust غیر منصفانہ ۔ خلاف انصاف ۔ خارج از انصاف ۔

Inequity (in-e-kwi-ti) *n.* Unfairness بے انصافی ۔

Ineradicable (in-i-rad-i-kə-bl) *adj.* That cannot be rooted out جس کی بیخ کنی نہ ہو سکے ۔ جسے جڑ سے نہ اکھاڑ سکیں ۔ نا قابل استیصال ۔

Inerrable (in-er-əbl) *adj.* Not liable to err جس سے غلطی نہ ہو سکے ۔ جو بھول چوک سے بالا تر ہو ۔ بے خطا ۔ معصوم ۔

Inerrant *adj.* غلطیوں سے دور ۔ بے سہو ۔ بے خطا ۔

Inert (in-ərt) *adj.* Sluggish, slow سست ۔ غیرمتحرک ۔ بے عمل ۔ آلکس ۔

Inertness (in-ərt-nes) *n.* Slowness مستی ۔ کاہلی ۔ حرکت کا فقدان ۔ غیر موثر ہونا ۔

Inertia (in-ər-shia) *n.* State of rest - سکون - جمود - آلکسی - سستی - کاہلی -

Inescapable (in-is-kap-ə-bl) *adj.* Not to be escaped - جس سے گریز نہ ہو - جس سے مفر نہ ہو - نا گزیر -

Inessential (in-es-en-shəl) Not indispensable غیر ضروری - غیر اہم - غیر ذاتی - خارجی -

Inestimable (in-es-tim-əbl) *adj.* Precious - بے اندازہ - بے قیاس - بیش قیمت - انمول - عمدہ - لاثانی -

Inevitable (in-ev-it-ə-bl) *adj.* Unavoidable - لاعلاج - نا گزیر - اٹل - مبرم - عین فطرت - کے مطابق -

Inevitability *n.* / Inevitableness *n.* فطرت کے مطابق ہونا - نا گزیر ہونا - مبدم ہونا -

Inevitably *adv.* چار ناچار - لابدی - فطرتی عمل کے مطابق - نا گزیر طور پر - لازماً -

Inexact (in-igz-akt) *adj.* Not exact نا درست - غیر صحیح - غلط - جو بالکل ٹھیک نہ ہو -

Inexcusable (in-iks-kuz-əbl) *adj.* That cannot be justified ناقابل معافی - ناقابل عذر - خلاف انصاف - مستوجب سزا -

Inexecutable (in-igzē-kut-əbl) *adj.* That cannot be carried out ناقابل تعمیل - ناقابل عمل - جسے عملی جامہ نہ پہنایا جا سکے - نا ممکن العمل -

Inexhaustible (in-egs-awst-i-bl) *adj.* That cannot be exhausted - لا متناہی - لازوال - بے انتہا - جو کبھی ختم نہ ہو -

Inexorable (in-eks-ər-əbl) *adj.* Relentless - سخت - بے رحم - سنگدل - بے مہر -

Inexpedient (in-eks-pi-di-ənt) *adj.* Not expedient نامناسب - ناموافق - بے جا - بے موقع - خلاف مصلحت - بے محل -

Inexpediency *n.* خلاف مصلحت ہونا - بے موقع و محل ہونا - بے احتیاطی -

Inexpensive (in-eks-pens-iv) *adj.* Cheap - کم خرچ - کم قیمت - ارزاں - سستا -

Inexperience (in-eks-peri-əns) *n.* Want of experience - نا تجربہ کاری - نا آزمودہ کاری - ناواقفیت - اناڑی پن - خامی -

Inexpert (in-iks-pərt) *adj.* Unskilled - نا واقف - ناتجربہ کار - اناڑی - بے سلیقہ -

Inexpiable (in-eks-pi-əbl) *adj.* That cannot be expiated - نا قابل معافی - نا قابل عفو - نا قابل تلافی - جس کا کفارہ نہ ہو سکے -

Inexplicable (in-eks-pli-kə-bl) *adj.* That cannot be explained - نا قابل تشریح - نا قابل انکشاف - نا قابل بیان -

Inexplicit (in-iks-plis-it) *adj.* Not clearly expressed - غیر واضح - مبہم - مکدر - گول مول -

Inexpressible (in-iks-pres-ibl) *adj.* & *n.* That cannot be expressed in words جو الفاظ میں بیان نہ کیا جا سکے - نا ممکن البیان - بیان سے باہر - (مزاح) پتلون - پائجامہ -

Inexpressive (in-iks-pres-iv) *adj.* & *n.* Not expressive - جو مطلب خیز نہ ہو - جو تشنہ رہے - جو اچھی طرح سمجھ میں نہ آئے - کج مج بیان -

Inextensible (in-eks-tens-i-bl) *adj.* Not extensible - ناقابل توسیع - جسے وسعت نہ دی جا سکے -

Inextinguishable (in-eks-ting-guish-əbl) Unquenchable - جو بجھ نہ سکے - جو بجھائی نہ جا سکے - جو بجھنے کے لائق نہ ہو -

Inextricable (in-eks-tri-kə-bl) *adj.* That cannot be unravelled جو سلجھ نہ سکے - جو کھولی نہ جا سکے - پیچیدہ - لاینحل - جس سے رہائی نہ ہو سکے -

Infallible (in-fal-i-bl) *adj.* Unfailing - تیر بہدف - بے خطا - معتبر - یقینی - حکمی -

Infallibility *n.* - تیر بہدف ہونا - سہو و خطا سے بریت - قطعیت -

Infamous (in-fam-əs) *adj.* Notorious - بد نام - رسوا - بے عزت - مکروہ - مردود - ذلیل - قابل نفرت - حقوق شہریت سے محروم -

Infamy *n.* - ذلت و خواری - بے عزتی - روسیاہی - بدنامی - رسوائی -

Infancy (in-fən-si) *n.* Early childhood - بچپن - طفلی - شیر خوارگی - خورد سالی -

Infant (in-fənt) *n.* Babe بچہ - چھوٹا لڑکا - سات سال سے کم عمر بچہ - ننھا -

Infanta (in-fən-tä) *n.* Daughter usually eldest of the king of Spain and Portugal who is not heir to throne اسپین اور پرتگال کی بڑی شہزادی جو وارث تخت و تاج نہیں ہو سکتی ۔

Infanticide (in-fən-ti-sid) *n.* Murder of infant after birth طفل کشی ۔ پیدا ہوتے ہی بچے کو مار ڈالنا ۔ بعض قوموں کی قدیم رسم طفل کشی ۔

Infantile (in-fən-til) *adj.* Of infants طفلانہ ۔ لڑکوں کا سا ۔ بچوں کا ۔ نوزائیدہ ۔

Infantile paralysis ۔ فالج جو کم عمری میں ہوتا ہے ۔ بچوں کا فالج ۔

Infantry (in-fənt-ri) *n.* Foot soldiers سپاہ ۔ پیدل فوج ۔ لال کرتی ۔

Infatuate (in-fat-u-āt) *v.t.* Inspire with extravagant passion ۔ بے عقل کرنا ۔ بے شعور کرنا ۔ فریفتہ کرنا ۔ محبت میں اندھا کر دینا ۔ والہ و شیدا کرنا ۔

Infatuation *n.* جنون عشق ۔ والہانہ محبت ۔ از خود رفتگی ۔

Infect (in-fekt) *v.t.* Fill with germs بیماری کی چھوت لگا دینا ۔ بیماری کے جراثیم پھیلانا ۔ فضا کو مسموم بنا دینا ۔ بیمار کرنا ۔ روگ لگانا ۔ متاثر کرنا ۔

Infective *adj.* اڑ کر لگنے والی ۔ متعدی ۔

Infection (in-fek-shən) *n.* Communication of disease چھوت ۔ آلودگی ۔ بیماری کا لگ جانا ۔ پھیل جانا ۔ عفونت ۔ گندگی ۔ متعدی مرض ۔

Infectious *adj.* Liable to be transmitted ۔ وبائی ۔ ایک سے دوسرے کو لگنے والی ۔ متعدی ۔ اثر کرنے والا ۔ سرایت کرنے والا ۔

Infelicitous (in-fi-lis-i-təs) *adj.* Not felicitous روحانی مسرت سے عاری ۔ بے کیف ۔ بے لطف ۔ بد نصیب ۔ سعادت سے محروم ۔

Infelicity (in-felis-i-ti) *n.* Unhappiness ۔ شامت ۔ بد نصیبی ۔ نا خوشی ۔ بد بختی ۔

Infer (in-fər) *v.t.* Conclude نتیجہ نکالنا ۔ بات سے بات نکالنا ۔ قیاس کرنا ۔ استنباط کرنا ۔

Inferable قابل استنباط ۔ قابل استخراج

Inference (in-fər-əns) *n.* Inferring ۔ استدلال ۔ ستخراج ۔ خلاصہ ۔ مفہوم ۔ نتیجہ ۔

Inferior (in-fe-ri-ər) *adj.* & *n.* Lower in rank and quality ۔ ادنیٰ ۔ گھٹیا ۔ کم رتبہ ۔ ماتحت ۔ زیر دست ۔ سفلی ۔ کم رتبہ آدمی ۔

Inferiority *n.* کم رتبہ ہونا ۔ گھٹیا پن ۔

Inferiority complex *n.* ۔ چھوٹا ہونے کا تصور ۔ احساس کمتری ۔

Infernal (in-fər-nəl) *adj.* Hellish ۔ جہنمی ۔ دوزخی ۔ شیطانی ۔ طاغوتی ۔ جہنم کا ۔ دوزخ کا ۔ (بول چال) کم بخت ۔ منحوس ۔ ناشدنی ۔

Inferno (in-fər-no) *n.* Hell specially with reference to Dante's Divine Comedy ۔ جہنم شاعر دانتے کی کتاب سے یہ اصطلاح لی گئی ہے ۔

Infertile (in-fər-til) *adj.* Not fertile ۔ غیر زرخیز ۔ بنجر ۔ مرغی کے وہ انڈے جن سے بچے نہیں نکلتے ۔

Infest (in-fest) *v.t.* Haunt ناک میں ایذا دینا ۔ ستانا ۔ دم کرنا ۔ تکلیف دینا ۔ (مچھروں ، کھٹملوں کا)

Infidel (in-fi-dl) *n.* & *adj.* Disbeliever in religion کافر ۔ بے دین ۔ منکر ۔ زندیق ۔ کافروں کا ۔ منکروں کا ۔ بے دینوں کا ۔

Infidelity (in-fid-eli-ti) *n.* Disloyalty ۔ کفر ۔ الحاد ۔ بے دینی ۔ نا شکری ۔ بے اعتقادی ۔ زندقہ ۔ الحاد ۔ بے وفائی ۔ بے حیائی ۔ حرام کاری ۔ نمک حرامی ۔

Infiltrate (in-fil-trāt) *v.t.&i.* Permeate ۔ سرایت کرنا ۔ جذب ہونا ۔ داخل ہونا ۔ مقطر ہونا ۔ مخفی طور پر ایک ایک کسی ملک میں داخل ہو جانا ۔

Infinite (in-fin-it) *adj* & *n.* Boundless ۔ بے حد ۔ بے انتہا ۔ بسیط ۔ لا محدود ۔ بے پایاں ۔ بے شمار ۔ بے نہایت ۔

Infinitely *adv.* ۔ بے حد و حساب ۔ بے پایان ۔ لا انتہا

Infinitesimal (in-fin-it-esi-məl) *adj.* & *n.* Very small چھوٹا ۔ خفیف ۔ چھوٹی چیز یا رقم ۔

Infinitive (in-fin-it-iv) *adj.* & *n.* Expressing verbal notion فعل مطلق ۔ مصدر

Infinity (in-fin-i-ti) *n.* Infinite quantity ۔ بے حد ۔ بے پایاں ۔ ازل ۔ ابد ۔ بڑی بھیڑ ۔ لا انتہائی ۔

Infirm (in-fərm) *adj.* Physically weak - کمزور - ضعیف - ناتواں - منحنی - کمزور ارادے کا - بودا -

Infirmity *n.* ضعیفی - نقاہت - ضعف - کمزوری -

Infirmary (in-fərm-a--ri) *n.* Hospital - دارالشفا - شفا خانہ - بیماروں کے رہنے کی عمارت -

Inflame (in-flām) *v.t.&i.* Set ablaze - جلانا - روشن کرنا - شعلہ زن کرنا - بھڑکانا - اشتعال دینا - برافروختہ کرنا - خون میں ہیجان پیدا کرنا - جوش میں آنا - آنکھ میں سوزش اور سرخی پیدا کرنا - آنکھ آنا -

Inflammable (in-flam-ə-bl) *adj.* & *n.* Easily set on fire - آتش گیر - جلد بھڑک اٹھنے والا - تند مزاج - شعلہ خو - آتش گیر مادہ -

Inflammation (in-flam-a-shən) *n.* Swelling - آتش زنی - اشتعال - ورم - آماس - سوزش - جلن -

Inflammatory (in-flam-ət-əri) *adj.* Tending to inflame - سوزان - محرق - آتش افروز - اشتعال انگیز - برانگیختہ کرنے والی (تقریر) سوزش اور ورم پیدا کرنے والی -

Inflate (in-flāt) *v.t.* Distend with air or gas - پھونکنا - پھلانا - ہوا بھرنا - گیس یا ہوا سے پھلانا - مغرور کرنا - دماغ آسان پر چڑھا دینا - ملک میں زر کاغذی کی مقدار بڑھا دینا -

Inflation *n.* مغرور ہونا - نفخ - ابھار - زر کاغذی کا غیرمعمولی اضافہ جس سے اشیا کی قیمتیں چڑھ جاتی ہیں -

Inflect (in-flekt) *v.t.* Bend inward - جھکانا - موڑنا - اندر کو خم کرنا - گردان کرنا -

Inflexible (in-flek-si-bl) *adj.* Unbendable جو جھک نہ سکے - سخت - نا ملائم - کڑا - غیر اثر پذیر - غیر تغیر پذیر -

Inflict (in-flikt) *v.t.* Impose suffering - لگانا - ڈالنا - عاید کرنا - مبتلا کرنا - سر ہو جانا -

Infliction *n.* اذیت دینا - تکلیف دینا - عقوبت - سزا -

Influence (in-floo-əns) *n.* & *v.t.* Power, effect اخلاق یا روحانی اثر - اثر - تاثیر - ترغیب - غلبہ - اختیار - زور - رسوخ - رسائی - اثر ڈالنا - قوت استعمال کرنا - دباؤ ڈالنا -

Influent (in-floo-ənt) *adj.* Flowing in - معاون - اچھل کر یا بہہ کر اندر آنے والا -

Influential (in-floo-ən-shəl) *adj.* Having great influence - ذی اثر - صاحب اختیار - با رسوخ -

Influenza (in-floo-ən-za) *n.* Infectious disease with severe catarrh - نفلوئنزا - وبائی زکام - ذات الصدور - کوئی خیال جو وبا کی طرح پھیلے -

Influx (in-fluks) *v.t.* & *n.* Flowing in - اندر گھسنا - سرایت کرنا - کسی جگہ پر ہجوم کرنا - داخل ہونا - ریل پیل - بہتات - زیادتی - ہجوم -

Inform (in-form) *v.t.* & *i.* Tell, or bring charge - مطلع کرنا - خبر دینا - بتلانا - جتلانا - آگاہ کرنا - مخبری کرنا - جاسوسی کرنا - روح کو بیدار کرنا - القا ہونا - جذبات میں جان ڈالنا -

Informant *n.* جاسوس - خبررسان - مخبر - خبر دینے والا -

Informal (in-form-əl) *adj.* Without formality خلاف دستور - خلاف معمول - خلاف قاعدہ - بے تکلف - غیر رسمی - سادہ -

Information (in-form-a-shən) *n.* Knowledge, items of knowledge - خبر - اطلاع - مخبری - روداد - رپورٹ - دعویٰ - نالش -

Informative *adj.* پراز معلومات - مفید -

Informed (in-form-d) *adj.* Instructed باخبر - جاننے والا - ہدایت یافتہ - ذکی - ذہین -

Informer (in-form-ər) *n.* One who informs against another خبر رسان - خبر دہندہ - پولیس کا گوئندہ - غماز - چغل خور - پیشہ ور مخبر -

Infra (in-frä) *adv.* Below, lower down - نیچے - زیر - آگے - تحت میں -

Infraction (in-frak-shən) *n.* Violation - خلاف ورزی - انحراف - رخنہ - شکست - انفساخ -

Infra dig (in-fra-dig) *adv.* Below dignity خلاف شان - خلاف مرتبہ -

Infrequent (in-fre-kwənt) *adj.* Not frequent کم - کم کم - کبھی کبھی - خال خال -

Infringe (in-frinj) *v.t.* Transgress توڑنا - کھنڈت کرنا - خلل ڈالنا - خلاف ورزی کرنا - انحراف کرنا - تجاوز کرنا - غفلت کرنا -

Infringement *n.* دست اندازی - خلاف ورزی - انحراف -

nfructuous (in-fruk-tu-əs) *adj.* Fruitless - بے ثمر
جس پر پھل نہ آئے - بے فائدہ - لا حاصل - اکارت -

nfuriate (in-fu-ri-āt) *v.t.* Fill with fury غضب
آلود کرنا - غصہ دلانا - بھڑکانا - اشتعال دلانا -
مشتعل کرنا -

nfuse (in-fūz) *v.t.* & *i.* Instil, pour - اندر ڈالنا
انڈیلنا - داخل کرنا - دل میں بٹھانا - ذہن نشین
کرنا - روح پھونکنا - جان ڈالنا - عرق نکالنے کے لیے
بھگونا -

nfusible (in-fuz-i-bl) *adj.* That cannot be melted جو تحلیل نہ ہو - جو گھل نہ سکے -

nfusion (in-fuz-ən) *n.* Admixture - جوشاندہ
آب زلال - آمیزش - دخول - سر گوشی - صلاح -
مشورہ - وہ چیز جو کسی دوسری چیز میں ملائی جائے -

ngenious (in-je-nyəs) *adj.* Cleverly contrived
خوش سلیقہ - ذہین - تیز فہم - ایجاد کا - ایجاد کرنے
والا - ایجاد کی قابلیت رکھنے والا - عمدہ - کاریگری کا -
صناعی کا - خوبصورت - انوکھا -

ngenuity (in-je-nu-iti) *n.* Skill - اختراع کا مادہ
صنعت کاری - حاضر جوابی - ذہانت - ہنر مندی -

ngenuous (in-jen-u-əs) *adj.* Open, frank - بے تکلف
سیدھا سادا - بے خطا - صاف گو -

Ingenuousness *n.* - بھولا پن - بے تکلفی - سادگی
صاف گوئی -

nglorious (in-glo-ri-əs) *adj.* Shameful - شرمناک
قبیح - مذموم - ذلیل - معیوب - بے غیرتی کا -

ngot (ing-gət) *n.* Mass of metal - دھات کا ڈلا
سونے چاندی کا ڈلا -

ngrained (in-gran-d) *adj.* Deeply rooted زمین میں
گڑا ہوا - مضبوط جڑوں والا - پختہ - راسخ - چوکھا -

ngrate (in-grat) *adj.* Ungrateful - نا شکر گزار
احسان فراموش - نمک حرام -

ngratiate (in-gra-shi-āt) *v.t.* Gain favour دل میں
گھر کرنا - منظور نظر بن جانا - عزیز یا مقبول ہونا -
مورد عنایات ہونا -

ngratitude (in-grat-i-tud) *n.* Want of gratitude
نا سپاسی - نا شکر گزاری - احسان فراموشی - بے وفائی -
نمک حرامی -

Ingredient (in-gre-di-ənt) *n.* Component part
عنصر - جز - مسالہ - اسباب - سامان - کوئی چیز جو
مرکب میں ملائی جائے -

Ingress (in-gres) *n.* Right of entrance - مداخلت
رسائی - دخل - دخول - داخلے کا حق - باریابی -
دروازہ -

Inhabit (in-hab-it) *v.t.* Dwell in - رہنا - سکونت کرنا
بود و باش کرنا - استقامت کرنا - بسنا - آباد ہونا -

Inhabitable *adj.* - رہنے کے قابل - قابل بود و باش
قابل سکونت -

Inhabitation *n.* - بود و باش - آبادی - گھر - مکان
بستی -

Inhale (in-hāl) *v.t.* Breathe in - اندر کو سانس لینا
دم کھینچنا - دھواں کھینچنا - جذب کرنا - لطف
اٹھانا -

Inharmonic (in-har-mo-nik) *adj.* Not harmonic
بے آہنگ - بے تال - بے سر - غیر موسیقانہ - نا موافق -
بے جوڑ - بے تکا - بے ڈھنگا -

Inharmonious (in-har-mo-niəs) *adj.* Not harmonious - بے جوڑ - بے میل -

Inhere (in-her) *v.t.* Exist, abide - رہنا - ہونا
موجود ہونا - ایک شے کا دوسری شے میں ہونا -
لا ینفک ہونا - مل جانا -

Inherence *n.* - میل - موجودگی -

Inherent *adj.* - پیدائشی - جبلی - خلقی - ذاتی -

Inherit (in-her-it) *v.t.* Receive by succession
وارث ہونا - ورثے میں پانا - قدرتی وصف رکھنا -
خاندانی خصوصیات رکھنا - دبا لینا - قبضہ کرنا -
مالک بن جانا -

Inheritance (in-her-it-əns) *n.* What is inherited
ورثہ - ترکہ - میراث - وارث ہونا - وصف خدا داد -
خاندانی جائیداد - خاندانی خصوصیات -

Inheritable (in-her-it-əbl) *adj.* Capable of inheriting - ورثہ پانے کے قابل - وراثت کا مستحق -
ورثے میں ملنے کے قابل - موروثی -

Inhibit (in-hib-it) *v.t.* Forbid, prohibit - روکنا
رکاوٹ ڈالنا - منع کرنا - باز رکھنا - پادریوں کو اپنے
فرائض کی بجا آوری سے روکنا -

Inhibition *n.* خواہشات پر قابو رکھنا - رکاوٹ - مزاحمت - ممانعت - روک -

Inhospitable (in-hos-pit-əbl) *adj.* Not affording shelter غیر مہمان نواز - نا مہربان - بے آسائش - بے مروت - جہاں مسافر کو آسائش نہ ملے -

Inhospitality (in-hos-pit-ə-liti) *n.* Being unhospitable غیر مہمان نوازی - بے دردی - بے مروتی -

Inhuman (in-hu-mən) *adj.* Brutal بے رحم - سنگدل - وحشی - کٹھور - بے رحمانہ - وحشیانہ - بہیمانہ - غیر انسانی -

Inhume (in-hūm) *v.t.* Bury دفن کرنا - قبر میں اتارنا - مٹی دینا -

Inhumation *n.* مٹی چڑھا کر آگ دینا - گل حکمت - کفن دفن - تدفین -

Inimical (in-im-i-kl) *adj.* Hostile معاندانہ - مخاصمانہ - بد اندیش - دشمن کی طرح - نا موافق - مخالف -

Inimitable (in-im-it-ə-bl) *adj.* That defies imitation نا قابل تقلید - جس کی نقل نا ممکن ہو - جس کا مقابل نہ ہو سکے - جو بے مثال ہو - لا جواب ہو -

Iniquity (in-ik-wi-ti) *n.* Wickedness ظلم - جور - نا انصافی - گناہ - خطا - سیہ کاری - بد اعمالی -

Iniquitous *adj.* خطا وار - گنہگار - بعید از انصاف - نا حق -

Initial (in-ish-l) *adj., n.* & *v.t.* Of the beginning پہلا - شروع کا - آغاز کا - ابتدائی - ابتدا - نام کے حروف - مخفف حروف - مخفف حروف میں دستخط کرنا -

Initiate (in-ish-i- āt) *v.t.* Begin آغاز کرنا - ابتدا کرنا - قائم کرنا - سکھانا - واقف کرنا - آشنا کرنا - باقاعدہ طور پر شریک کرنا - تمام رسوم کے ساتھ داخل کرنا -

Initiation *n.* با ضابطہ شرکت - ابتدا - داخلہ - روشناسی -

Initiative (in-ish-i-a-tiv) *n.* & *adj.* Origination ابتدائی کاروائی - آغاز کار - ابتدا - شروع کرنے کا حق - اقدام - شہریوں کا حق قانون سازی -

Inject (in-jekt) *v.t.* Drive, force in اندر داخل کرنا - پچکاری سے دوا اندر داخل کرنا - پچکاری دینا - سوئی لگانا - ٹیکہ لگانا -

Injection (in-jek-shən) *n.* Liquid Injected پچکاری دینے کا عمل - پچکاری کی دوا -

Injudicious (in-joo-dish-əs) *adj.* Unwise بے سلیقہ - نامعقول - خلاف عقل - خلاف مصلحت - غیر دانشمندانہ - نا عاقبت اندیشانہ -

Injudiciousness *n.* غیر دانشمندی - بے شعوری - کوتاہ اندیشی -

Injunction (in-jungk-shən) *n.* Authoritative admonition حکم - ہدایت - تاکید - ممانعت - حکم امتناعی -

Injunct *v.t.* (بول چال) حکم امتناعی جاری کرانا - حکم امتناعی کرانا -

Injure (in-jər) *v.t.* Harm, hurt دکھ دینا - آزار دینا - نقصان پہنچانا - بگاڑنا - مجروح کرنا - زخمی کرنا - ظلم کرنا - بد سلوکی کرنا -

Injurious (in-jəri-əs) *adj.* Harmful مضر - نقصان رسان - ہارج - نا حق - تہمت آمیز - ہتک آمیز -

Injury (in-jəri) *n.* Harm, damage ضرر - نقصان - زیادتی - بد سلوکی - ظلم - نا انصافی - گھاٹا - چوٹ - زخم - صدمہ -

Injustice (in-jus-tis) *n.* Unjust act حق تلفی - نا انصافی - اندھیر - ظلم - جفا کاری -

Ink (ingk) *n.* & *v.t.* Fluid for writing with pen سیاہی - روشنائی - سیاہی سے نشان لگانا - سیاہی پھیرنا - سیاہ رطوبت جو ایک مچھلی کے پیٹ سے نکلتی ہے -

Inker (ingk-ər) *n.* Telegraph instrument recording message in ink ٹیلیگراف کا ایک آلہ جو پیامات کو سیاہی سے لکھ دیتا ہے -

Inkling (ingk-ling) *n.* Hint اشارہ - کنایہ - کسی بات کی طرف اشارہ - خفیف سا علم - شبہ -

Inland (in-land) *n., adj.* & *adv.* Interior of country اندرون ملک - اندرونی حصہ کا - ملکی - اندرونی حصہ میں - ساحل سے دور - وسط ملک میں - اندرون ملک -

Inlay (in-lā) *v.t.* Imbed پچی کاری کرنا - جڑنا - مرصع کرنا - جڑاؤ کام کرنا -

Inlet (in-let) *n.* Creek چھوٹی کھاڑی - زمین سے گھرا ہوا چھوٹا سمندری حصہ - ناکہ - گزر -

Inmate (in-māt) *n.* Occupant of a house or asylum مکان میں رہنے والا - ایک ہی مکان میں سب مل کر رہنے والے - بالخصوص کسی ادارے کے لوگ - دارالامان کا باسی -

Inn (in) *n.* Public house for lodging سرائے - مسافر خانہ - بھٹیار خانہ -

Innate (in-nat) *adj.* Inborn, natural جبلی - طبعی - پیدائشی - مادر زاد -

Innavigable (in-nav-i-gə-bl) *adj.* Not navigable جس میں جہاز یا کشتی نہ چل سکے - نا قابل جہازرانی -

Inner (in-ər) *adj. & n.* Internal اندرونی - باطنی - مخفی - پوشیدہ - نشانہ لگانے کا حلقہ جو مرکزی نقطہ کے گرد ہوتا ہے -

The inner man نفس انسانی - روح انسانی - حقیقی انسان -

Innervate (in-ər-vat) *v.t.* Supply with nerve power مضبوط کرنا - طاقت پہنچانا - اعصاب کو قوی کرنا - ضعف اعصاب دور کرنا -

Inning(s) (in-ing) *n.* Batting turn کرکٹ ٹیم کی بلہ بازی کی باری - سیاسی پارٹی کا عہد اقتدار - غلہ کا ذخیرہ کرنا -

Innocent (in-ə-sənt) *adj.* Free from moral wrong بے ضرر - بے خطا - معصوم - گناہ سے پاک - خطا سے بری - پاک - پارسا - بھولا آدمی - سادہ لوح -

Innocence *n.* بھولا پن - سادگی - پاکدامانی - معصومیت -

Innocuous (in-ek-u-əs) *adj.* Harmless بے مضرت - بے ضرر - جو نقصان نہ پہنچائے - ایسا سانپ جس میں زہر نہ ہو -

Innocuousness *n.* مضرت رساں نہ ہونا - بے ضرر ہونا -

Innovate (in-o-vāt) *v.i.* Bring in novelties نئی راہ - نئی چیزیں نکالنا - نئی چیز پیدا کرنا - تغیرات کرنا -

Innovation *n.* ایجاد - اختراع - جدت - بدعت -

Innoxious (in-ok-shəs) *adj.* Harmless بے شر - بے گناہ - بے نقصان - معصوم -

Innuendo (in-u-en-dō) *n. & v.t.* Allusive remark اشارہ - کنایہ - رمز - طنزیہ اشارہ - طنزیہ اشارہ کرنا - چوٹ کرنا - طعن کرنا -

Inobservance (in-əb-zər-vəns) *n.* Inattention خلاف ورزی - عدم تعمیل - بے توجہی -

Innoculate (in-ok-u-lat) *v.t.* Impregnate with virus ٹیکہ لگانا - کمزور جراثیم حفظ ماتقدم کے طور پر جسم میں داخل کرنا - کوئی مائع خون میں پہنچانا -

Innoculation *n.* پیوند - قلم - چیچک کا ٹیکہ - کسی مرض کا ٹیکہ -

Inoffensive (in-ə-fen-siv) *adj.* Unoffending بے ضرر - بے آزار - غیر جارحانہ -

Inoperative (in-opər-ə-tiv) *adj.* Not working, ineffective غیر موثر - بے کار - بے سود - جس کا عمل یا اثر نہ ہو -

Inopportune (in-op-ər-tun) *adj.* Unseasonable بے موقع - بے محل - بے وقت - نا مناسب -

Inordinate (in-ord(i)nit) *adj.* Excessive بہت زیادہ - بے حد - حد سے بڑھا ہوا - بے اعتدال - بے اصول - بے ترتیب -

Inorganic (in-or-gan-ik) *adj.* Of mineral origin بے رگ و ریشہ - بے عضو - ہیولا - غیر نامی - ٹھوس مادی - خارجی -

Inorganization (in-or-gan-i-za-shən) *n.* Lack of organization بد نظمی - بے تنظیمی - بے ترتیبی -

Inquest (in-kwest) *n.* Judicial inquiry عدالتی تحقیقات - تفتیش - باز خواست - ناگہانی موت کے اسباب کی تحقیقات - تحقیقات بذریعہ جیوری -

Inquietude (in-kwi-tud) *n.* Uneasiness of mind or body بے چینی - بے کلی - بے قراری - خلجان - خلش - الجھن -

Inquire (in-kwir) *v.t.* Make search پوچھنا - پرسش کرنا - دریافت کرنا - تلاش کرنا - باز پرس کرنا - تفتیش کرنا - آزمانا -

Inquiry (in-kwir-i) *n.* Investigation چھان بین - تحقیقات - تفتیش -

Inquisition (in-kwi-zi-shən) *n.* Judicial or official inquiry - تحقیقات - تلاش - عدالتی یا سرکاری تفتیش

Inquisitive (in-kwi-zi-tiv) *adj.* Curious تجسس کرنے والا - راز کی ٹوہ میں رہنے والا - پرائے معاملات کی کھوج لگانے والا -

Inroad (in-rod) *n.* Hostile incursion - حملہ - تاخت - یورش - دست درازی - زبردستی مداخلت کرنا -

Insalubrious (in-sal(y)oo-bri-əs) *adj.* Unhealthy مضر صحت - نا موافق (آب و ہوا) -

Insalubrity *n.* - مضر صحت ہونا - نا گواری - نا موافقت -

Insane (in-sān) *adj.* Mad, senseless - باولا - پاگل - سودائی - مجنون - دیوانہ - مجنونانہ - مخبوط الحواس -

Insanity *n.* - سودا - خفقان - جنون - خبط - دیوانگی -

Insatiable (in-sash(y)e-əbl) *adj.* That cannot be satisfied - نہ بجھنے والی - جسے تسکین نہ ہو سکے - جسے سیری حاصل نہ ہو سکے - بے حد خواہشمند -

Insatiate (in-sash(y)e-āt) *adj.* Never satisfied جس کو کبھی تسکین نہ ہو - حریص - لالچی -

Inscribe (in-skrīb) *v.t.* Write, enter name on list لکھنا - فہرست میں لکھنا - کندہ کرنا - نشان کرنا - دلنشین کرنا - فہرست میں نام لکھنا - قرض کے حصے مقررہ حصہ داروں کے نام جاری کرنا -

Inscription (in-skrip-shən) *n.* Words inscribed نقش - کندہ کاری - کتبہ - کاغذات حصص -

Inscrutable (in-skroot-əbl) *adj.* Wholly mysterious تلاش و تجسس سے باہر - فہم و ادراک سے پرے - جس کی کنہ کو نہ پہنچ سکیں -

Insect (in-sekt) *n.* Small invertebrates - کیڑا - مکوڑا - کرم - حشرہ - حقیر شخص یا مخلوق - کوئی ادنیٰ چیز -

Insectarium (in-sekt-əri-əm) *n.* Place for keeping insects - کیڑا گھر - حشرات خانہ -

Insecticide (in-sekti-sid) *n.* Insect killer دوا جس سے کیڑے مر جاتے ہیں - کیڑے مار -

Insecure (in-si-kur) *adj.* Unsafe - غیر محفوظ - بے امان - خطرے میں - غیر مامون - غیر مستحکم - ڈانوا ڈول -

Insecurity *n.* - خطرے میں مبتلا ہونا - غیرمحفوظ حالت - بے امنی -

Inseminate (in-sem-in-āt) *v.t.* Sow, make pregnant artificially - بونا - تخم ڈالنا - گابھ کرنا - مصنوعی طریقے سے گایوں کو گابھ کرنا -

Insensate (in-sen-sāt) *adj.* Unfeeling, stupid بے حس - کند - بے عقل - بے وقوف -

Insensibility (in-sen-si-bi-li-ti) *n.* Indifference بے حسی - بے ہوشی - جذبات کا فقدان - سستی - کاہلی - لاپرواہی - بے ذوق - بے ہوشی - غشی -

Insensitive (in-sen-si-tiv) *adj.* Not sensitive بے حس - بے ذوق - کورا - ماؤف دماغ - جذبات اور احساسات سے عاری -

Inseparable (in-sep-ər-əbl) *adj.* That cannot be separated جو جدا نہ ہو سکے - غیر منفک - لازم و ملزوم - دست و گریبان - چولی دامن کا -

Insert (in-sərt) *v.t.* Place, thrust داخل کرنا - شامل کرنا - ڈالنا - درج کرنا - نصب کرنا - ٹھونسنا -

Insertion (in-sər-shən) *n.* Thing inserted - اندراج - طباعت - شمولیت - اشتہار - کسی اخبار یا کتاب میں اندراج - کام - سوزن کاری -

Inset (in-set) *n.* & *v.t.* Extra paper inserted in a book - زائد اوراق جو کتاب میں داخل کر دیے جائیں - نقشے، ضمیمے وغیرہ - تصویر جو بڑے نقشے میں لگائی جائے -

Inside (in-sid) *n., adj., adv.* & *prep.* Inner surface اندر کی طرف - اندر - اندر کی سطح - اندرون - اندرونی رخ کا - اندرونی حصہ - اندر سے -

Inside information - اندرونی رپورٹ - اندرونی اطلاع - گھر کا بھید -

Insideous (in-sid-i-əs) *adj.* Treacherous دھوکا دینے والا - فطرتی - عیار - مکار - فریبی - چپکے چپکے بڑھنے والا - پرفریب -

Insight (in-sīt) *n.* Penetration - بصیرت - معرفت - گہری نظر - پرکھ - پہچان -

Insignia (in-sig-ni-ȁ) *n.* Distinguishing marks, badges تمغہ - بلا - پرتلا - پٹی - نشان - امتیازی نشان -

Insignificant (in-sig-ni-fik-ənt) *adj.* Unimportant غیر اہم - غیر ضروری - لایعنی - مہمل - ادنیٰ - چھوٹی سی - حقیر - بے معنی -

Insignificance *n.* - غیر ضروری ہونا - حقیر ہونا - خفت - بے قدری - ہلکا پن -

Insincere (in-sin-ser) *adj.* Not sincere - ریا کار - دغا باز - مکار - بے وفا - منافق - سخن ساز - جھوٹا - خود مطلبی -

Insincerity *n.* - ظاہر داری - منافقت - مکاری - ریاکاری -

Insinuate (in-sin-u-āt) *v.t.* Introduce oneself into favour آہستہ آہستہ دل میں گھیرنا - داخل کرنا - دل میں بٹھانا - جگہ کرنا - عیاری سے گھر کرنا - بامعنی اشارے کرنا - اپنے اوپر مہربان کرنا -

Insinuation *n.* - کنایہ - اشارہ - طنب - دلبری - خوشامد - چاپلوسی - در پردہ الزام لگانا -

Insinuative *adj.* - الزام لگانے والا - تعریض کرنے والا - چالاکی سے چپکے چپکے دل میں جگہ کرنے والا -

Insipid (in-sip-id) *adj.* Tasteless - پھیکا - بے مزا - بے لذت - بد ذائقہ - بے لطف - روکھا پھیکا - بے نمک - افسردہ - بھاری -

Insist (in-sist) *v.i.* & *t.* Dwell emphatically اصرار کرنا - بضد ہونا - اڑجانا - تاکید کرنا - وثوق سے کہنا - ناگزیر سمجھ کر اصرار کرنا -

Insistence *n.* ہٹ - ضد - تاکید - اصرار -

Insistent *adj.* اڑا ہوا - بضد - مصر -

Insolation (in-so-la-shən) *n.* Exposure to sun's rays دھوپ میں رکھنا - دھوپ کھلانا -

Insolent (in-so-lənt) *adj.* Insulting - گستاخ - شوخ - بے ادب - توہین آمیز - سرکش - مغرور - نڈر -

Insolence *n.* بے ادبی - شوخی - گستاخی -

Insoluble (in-sol-u-bl) *adj.* That cannot be dissolved - نہ گلنے اور گھلنے والا - جو حل نہ ہو سکے - لاینحل -

Insolvent (in-solv-ənt) *adj.* & *n.* Unable to pay debts مفلس - دیوالیہ - تہی دست - نادار - بے مقدور - بے استطاعت - قرض دار جس کا دیوالیہ نکل جائے -

Insolvency *n.* - بے مقدوری - تہی دستی - عدم استطاعت - دیوالیہ پن -

Insomnia (in-som-ni-ȧ) *n.* Habitual sleeplessness بے خوابی - نیند نہ آنے کی بیماری - شب بیداری کا مرض -

Insomuch (in-so-much) *adv.* To such an extent اس قدر - اس حد تک - حتیٰ کہ -

Inspect (in-spekt) *v.t.* Look closely into - دیکھنا معائنہ کرنا - ملاحظہ کرنا - امتحان لینا - جانچ پڑتال کرنا - غور سے مشاہدہ کرنا -

Inspection تنقیح - معائنہ -

Inspector مہتمم مدارس - ناظر - معائنہ کرنے والا -

Inspectorate - حلقہ مہتممی - دفتر مہتممی - عہدہ مہتممی - عہدہ نظارت - دفتر نظارت -

Inspiration (in-spər-a-shən) *n.* Divine influence دم کشی - دم کھینچنا - روحانی فیضان - القا - الہام - وجدان - لطیف خیال جو دفعتاً دل میں آئے - وہ خیال جو کسی بزرگ کی تحریک سے پیدا ہو -

Inspirator (in-spə-ra-tər) *n.* Apparatus for drawing air or vapour - ہوا یا بھاپ کھینچنے کا آلہ

Inspire (in-spər) *v.t.* Breathe in اندر سانس لینا - دل میں ڈالنا - روح پھونکنا - تلقین کرنا - وحی بھیجنا - الہام کرانا -

Inspiratory *adj.* - الہامی - سانس کھینچنے کا -

Instability (in-stə-bi-li-ti) *n.* Lack of stability تلون مزاجی - ناپائیداری - تزلزل - عدم استقلال -

Install (in-stawl) *v.t.* Place a person in office عہدہ پر تقرر کرنا - باضابطہ جائزہ دلانا - آداب و رسوم کے ساتھ مقام اعلیٰ پر بٹھانا -

Installation *n.* جائزہ - تقرر - نصب کرنا - کسی بزرگ کی جانشینی - تخت نشینی - مسند نشینی -

Instalment (in-stawl-mənt) *n.* Sum payable at fixed time - مسند نشینی - سرفرازی - قسط - قسطبندی -

Instance (in-stəns) *n.* Example - مثال - نمونہ - نظیر - مخصوص موقع - التماس - درخواست - ایما - فرمائش -

Instant (in-stənt) *n.* & *adj.* Precise moment خاص وقت - لمحہ - موقع - موجودہ لمحہ - ماہ رواں - ماہ رواں کا - اس لمحہ کا - اشد ضروری - فوری -

Instantaneous (in-stən-tə-ni-əs) *adj.* Immediate, in an instant - فوراً - فی الفور - بر محل - بر وقت - ایک لمحہ میں واقع ہونے والا -

Instantly (in-stənt-li) *adv.* At once - آناً فاناً - اسی دم - اسی وقت - فوراً - بلا توقف -

Instead (In-stəd) *adv.* In place of - بجائے - بدلے میں - بعوض - بمنزلہ - اس کے بدلے - اس کی جگہ -

Instep (in-step) *n.* Upper part of foot, or shoe پشت پا - پیر کے اوپر کا حصہ - جوتے کا وہ حصہ جو پشت پا پر رہتا ہے - اُپلا -

Instigate (in-sti-gāt) *v.t.* Incite آمادہ کرنا - اکسانا - تحریک کرنا - ابھارنا - فساد برپا کرنا - محرک ہونا -

Instigation *n.* فساد پر آمادہ کرنا - تحریک کرنا - اغوا - ترغیب -

Instigator *n.* بھڑکانے والا - اکسانے والا -

Instil(l) (in-stil) *v.t.* Put in by drops قطرہ قطرہ گرانا - آہستہ ٹپکانا - چوانا - آہستہ آہستہ ذہن نشین کرنا - دل میں بٹھانا -

Instinct (ins-tingkt) *n.* Innate propensity جبلت - تحریک حیوانی - عقل طبعی - فطری فعل - اندرونی تحریک -

Instinctive فطری - جبلی -

Institute (in-sti-tūt) *n.* Organization علوم و فنون کی مجلس یا جماعت - انجمن - تنظیم - ادارہ - عمارت انجمن علوم و فنون - مبادیات فن -

Institute (in-sti-tūt) *v.t.* Establish قائم کرنا - مقرر کرنا - ادارہ یا مجلس قائم کرنا - بنا ڈالنا - بنیاد رکھنا - آغاز کرنا -

Institution (in-sti-tū-shən) *n.* Establishment تقرر - تعین - تدوین - تعلیم - تربیت - ضابطہ - قاعدہ - دستور - ادارہ - انجمن - رواج - (بول چال) نمایاں حیثیت والا آدمی - ایسا جو اپنی ذات سے ایک انجمن ہو -

Instruct (in-strukt) *v.t.* Teach, inform تعلیم دینا - سکھانا - پڑھانا - آگاہ کرنا - ضروری باتیں بتانا - ہدایت کرنا - حکم دینا -

Instruction (in-struk-shən) *n.* Teaching احکام - ہدایات - فہمائش - پند و نصیحت - اصلاح - تعلیم - تربیت - درس -

Instructive (in-struk-tiv) *adj.* Conveying a lesson پراز معلومات - سبق آموز - عبرت انگیز - نصیحت آمیز -

Instrument (in-stroo-mənt) *n.* & *v.t.* Tool, implement اوزار - ہتھیار - آلہ ذریعہ - وثیقہ - تحریر - دستاویز - آلہ کار - وہ شخص جس سے کام لیا جائے - گیت کو ساز پر ترتیب دینا -

Instrumental (in-stroo-məntal) *adj.* Serving as means مددگار - ممد - معاون - آلے کا یا اس کے متعلق - ساز کی (موسیقی)

Instrumentalist *n.* کسی ساز کا ماہر - ساز بجانے والا - سازندہ -

Instrumentality *n.* کار پردازی - آلہ کاری - توسط - ذریعہ - وسیلہ -

Instrumentation *n.* امداد - ذریعہ - ساز پر گیت کی ترتیب -

Insubordinate (in-səb-ord (i) nit) *adj.* Disobedient شورہ پشت - نا فرمان - باغی - سرکش - نا مدد گار -

Insubordination حکم عدولی - سرکشی - سر تابی - نا فرمانی -

Insubstantial (in-səb-stan-shəl) *adj.* Not real غیرحقیقی - غیر یقینی - غیر مضبوط - نا مستحکم -

Insufferable (in-suf-ər-əbl) *adj.* Unbearable جو برداشت نہ ہو سکے - ناقابل تحمل - نا گوار - شدید - سخت -

Insufficient (in-səf-ish-ənt) *adj.* Not sufficient نا کافی - تھوڑا - کم - جو پورا نہ پڑے - نالائق -

Insufficiency *n.* ناقابلیت - ناکافی ہونا - کوتاہی - کمی -

Insular (in-sul-ar) *adj.* Of an island ٹاپو کا - جزیرہ کا - جزیرہ کے مانند - پانی سے گھرا ہوا - جزیرہ والوں کا سا تنگ نظر -

Insulate (in-sul-āt) *v.t.* Isolate, detach جدا کرنا - الگ کرنا - کسی شخص کو اس کے ماحول سے الگ کرنا - سب سے الگ کرنا - جزیرہ بنا دینا -

Insult (in-sult) *n.* Insulting speech or action ہتک - بے عزتی - تذلیل - اہانت - سبکی - اہانت آمیز گفتگو -

Insult (in-sult) *v.t.* Treat with scornful abuse برا کہنا - بد زبانی کرنا - ذلیل کرنا - گالی دینا - توہین کرنا -

Insuperable (in-s(y)oo-pər-əbl) *adj.* That cannot be overcome جس پر غلبہ نہ پا سکیں - رکاوٹ جو دور نہ ہو سکے - ناقابل عبور -

Insupportable (in-səp-ort əbl) *adj.* Unbearable کمر توڑ - بے اندازہ - بے حد - ناقابل برداشت -

nsurance (in-shoor-əns) *n.* Insuring بیمہ - بیمہ کی رقم - قسط - دل جمعی - خاطر جمعی - اطمینان -

nsurant (in-shoor-ənt) *n.* Person to whom policy is issued بیمہ کرانے والا - وہ شخص جس کا بیمہ کیا جائے - بیمہ شدہ شخص -

nsure (in-shoor) *v.t.* Secure payment in case of loss or damage بیمہ کرنا - اپنی جان یا جائداد کا بیمہ کرانا - خاطر جمعی کرنا -

Insurable *adj.* Fit to be insured بیمہ کرنے کے قابل - بیمہ کرانے کے قابل -

Insurer *n.* بیمہ کرنے والا ادارہ - بیمہ کرنے والا -

nsurgent (in-sur-jənt) *adj.* & *n.* Rising in revolt, rebel سرکش - فتنہ انگیز - باغی - مفسد - آگے بڑھتا ہوا - سیلابی -

nsurmountable (in-sər-mownt-əbl) *adj.* Not to be surmounted جو زیر نہ ہو سکے - جس پر غالب نہ آ سکیں - جو سر نہ ہو سکے - حد سے زیادہ دقت طلب -

Insurrection (in-sər-ek-shən) *n.* Rising against established authority بغاوت - سرکشی - حکومت کے خلاف بغاوت - ہنگامہ - فتنہ - فساد -

Insusceptible (in-səs-epti-bl) *adj.*Not susceptible نا قابل اثر پذیری - سخت - اثر قبول نہ کرنے والا - غیر متاثر - غیر اثر پذیر -

Intact (in-takt) *adj.* Entire جس کو ہاتھ نہ لگایا ہو - پورا پورا - سالم - بجنسہ - جوں کا توں - اصلی حالت میں - محفوظ - درست -

Intangible (in-tan-ji-bl) *adj.* That cannot be touched ناقابل دست اندازی - ناقابل فہم - غیر محسوس - جو چھونے سے معلوم نہ ہو - جسے چھو نہ سکیں -

Integral (in-teg-rəl) *n.* & *adj.* Complete, quantity تمام - کامل - پورا - مسلم مقدار - سالم کا جز - جزو اہم - کل - کل شے - کل عدد -

Integrate (in-teg-rāt) *adj.* & *v.t.* Made up of parts, whole, complete حصوں کا مجموعہ - اجزا کا مرکب - کل - اجزا کو ملا کر سالم کرنا - اجزا سے مکمل کرنا -

Integrity (in-teg-ri-ti) *n.* Wholeness, soundness کلیت - سالمیت - درست حالت - راست بازی - کھرا پن - دیانت - صفائی - ایمانداری -

Intellect (int-i-lekt) *n.* Faculty of reasoning عقل - فہم - فراست - قوت - منفصلہ - دانشمندی - ارباب - عقل و دانش -

Intellectual (int-i-lek-tuəl) *adj.* & *n.* Of intellect خیالی - شعوری - عقلی - ذی فہم - ذی ہوش - سمجھدار - روشن خیال -

Intellectualism (int-i-lek-tuəl-izm) *n.* Doctrine that knowledge is wholly derived from pure reason یہ نظریہ کہ علم فہم و ادراک ہی سے حاصل ہوتا ہے - نظریہ عقلیت -

Intelligence (in-tel-i-jens) *n.* Understanding - علم واقفیت - آگاہی - با خبری - ہوشیاری - اطلاع - خبر -

Intelligent (in-tel-i-jent) *adj.* Quick of mind - چتر سیانا - ہوشیار - خبردار - ذی شعور - عاقل - فہیم - دانشمند - تیز فہم -

Intelligentzia (in-tel-i-jent-siä) *n.* The part of a nation that aspires to independent thinking کسی قوم کا روشن خیال طبقہ - وہ جو اہل الرائے اور آزاد خیال ہوں - (بالخصوص روسی)

Intelligible (in-tel-i-ji-bl) *adj.* That can be understood صاف و صریح - جو سمجھ میں آ جائے - قابل فہم - معقول - جس کا ادراک عقل سے ہو سکے -

Intemperate (in-tem-pər-āt) *adj.* Immoderate بے احتیاط - بد پرہیز - غیر معتدل - زیادہ شدید - بے حد - سخت - فضول - شرابی -

Intemperance *n.* - مے نوشی - بد پرہیزی - آزاد روی - بے اعتدالی -

Intend (in-tend) *v.t.* Design - ارادہ کرنا - عزم کرنا نیت کرنا - مد نظر رکھنا - ملحوظ رکھنا - مخصوص کرنا - مطلب ہونا - مدعا ہونا -

Intended (in-tend-ed) *n.* Affianced lover - منسوب مطلوب - منگیتر -

Intense (in-tens) *adj.* Existing in a high degree شدید - سخت - کڑا - زیادہ - بہت - نہایت - از بس - گرم - تیز - دلی - قلبی - گہرا احساس رکھنے والا - حساس -

Intenseness *n.* گہرائی ۔ سختی ۔ تیزی ۔ شدت ۔

Intensity *n.* شدت ۔ تیزی ۔ زیادتی ۔

Intensify *v.t. & i.* تیز کرنا ۔ شدید کرنا ۔ سخت کرنا ۔

Intensification *n.* تیز کرنا ۔ زور دار بنانا ۔ شدید کرنا ۔

Intensive (in-tens-iv) *adj.* Producing intensity پھیلا ہوا ۔ کھنچا ہوا ۔ تننے والا ۔ زور دینے والا ۔ عمیق ۔ گہرا ۔ سر گرم ۔ مصروف ۔ مبالغہ آمیز ۔ تاکیدی ۔ پیدائش بڑھانے والا ۔

Intent (in-tent) *adj. & n.* Purpose, resolved مشتاق ۔ سر گرم ۔ آرزو مند ۔ مشغول ۔ مصروف ۔ نیت ۔ مراد ۔ غرض ۔ مطلب ۔ عزم ۔ مقصد ۔ منشا ۔

Intention (in-ten-shən) *n.* Ultimate aim قصد ۔ نیت ۔ ارادہ ۔ دھیان ۔ اشتیاق ۔ قصد ۔ مدعا ۔

Intentional (in-ten-shən-al) *adj.* Done on purpose دانستہ ۔ جان بوجھ کر ۔ بالقصد ۔ ارادتاً ۔

Inter (in-tər) *v.t.* Bury مدفون کرنا ۔ مٹی میں دبانا ۔ گاڑنا ۔ دفن کرنا ۔

Inter (in-tər) *prefix.* In combination showing mutual or reciprocal relation or action سابقہ ۔ بمعنی درمیان ۔ مابین ۔ مستعمل ہے جیسے

Interconnect باہم مربوط کرنا ۔ باہم ملانا ۔

Interflow سنگم ہونا ۔ اتصال ہونا

International بین الاقوامی ۔

Interact (in-ter-akt) *n. & v.i.* Interval between two acts ناٹک کے دو حصوں کے درمیان کا وقفہ ۔ ایک دوسرے پر عمل کرنا ۔ ایک دوسرے پر اثر ڈالنا ۔

Interblend (in-tər-blend) *v.t. & i.* Mingle ملانا ۔ مخلوط کرنا ۔ امتزاج کرنا ۔ آمیز کرنا ۔ مل کر ایک ہو جانا ۔

Interbreed (in-tər-brēd) *v.t. & i.* Cross-breed دو نسلوں کو ملانا ۔ دو نسلی بچے پیدا کرنا ۔ مختلف نوع کے جانوروں کے میل سے نئے جانور پیدا ہونا ۔

Intercede (in-tər-sēd) *v.i.* Plead درمیان میں پڑنا ۔ کسی کے لیے کوشش کرنا ۔ دو شخصوں میں رفع شر کرنا ۔ دخل دینا ۔ سفارش کرنا ۔ شفاعت کرنا ۔

Intercept (in-tər-sept) *v.t.* Seize, catch روک لینا ۔ پکڑ لینا ۔ راہ بند کرنا ۔ سد راہ ہونا ۔ باز رکھنا ۔ مزاحمت کرنا ۔ حائل ہونا ۔ درمیان میں ہونا ۔

Interception *n.* راہ میں روکنا ۔ بیچ میں اڑا لینا مزاحمت ۔ روک ۔ اٹکاؤ ۔

Interceptor *n.* روکنے والا ۔ حائل ہونے والا ۔ مزاحم ہونے والا ۔

Intercession (in-tər-sesh-ən) *n.* Interceding by prayer سفارش ۔ دعا ۔ بیچ بچاؤ ۔

Intercessor (in-tər-ses-ər) *n.* One who intercedes سفارش کرنے والا ۔ دعا کرنے والا ۔ بیچ بچاؤ کرنے والا ۔ شفاعت کرنے والا ۔

Interchange (in-tər-chānj) *n.* Exchange of things ادلا بدلا ۔ تبادلہ اشیاء ۔ چیز کے بدلے چیز ۔

Interchange (in-tər-chānj) *v.t.* Exchange with each other ادلا بدلا کرنا ۔ تبادلہ کرنا ۔ اشیاء کا تبادلہ کرنا ۔ چیزوں کو ایک دوسرے کی جگہ رکھنا ۔ باری باری سے رکھنا ۔

Interchangeable *adj.* تبادلے کے قابل ۔

Intercommunicate (in-tər-kə-mūni-kāt) *v.t.* Have mutual intercourse باہم رسل و رسائل کا سلسلہ رکھنا ۔ باہم ربط رکھنا ۔ ایک دوسرے کو مطلع کرنا ۔ بیچ میں راستہ رکھنا ۔ دروازہ رکھنا ۔

Intercommunication *n.* رسل و رسائل ۔ سلسلہ ربط و ضبط ۔ باہم تبادلہ پیام ۔ باہم ربط ۔

Intercommunion (in-tər-com-ū-niən) *n.* Intimate intercourse گہرا میل جول ۔ روحانی اتحاد ۔ باہمی تعلق ۔

Intercourse (in-tər-kōrs) *n.* Social communication راہ و رسم ۔ میل جول ۔ عزیز داری ۔ میل ملاپ ۔ گفتگو ۔ مراسلت ۔ خط و کتابت ۔ تجارت ۔ مباشرت ۔ جماع ۔

Interdepend (in-tər-dep-end) *v.i.* Depend on each other ایک دوسرے پر منحصر ہونا ۔ بھروسہ کرنا ۔

Interdependence باہمی پابندی ۔ باہمی انحصار ۔

Interdict (in-tər-dikt) n. & v.t. Authoritative prohibition, prohibit ممانعت ـ سرکاری ممانعت ـ کسی کی مذہبی فرائض کی بجا آوری سے محرومی ـ منع کرنا ـ باز رکھنا ـ ممنوع قرار دینا ـ حکم امتناعی جاری کرنا ـ

Interdiction n. نفرین ـ امتناع ـ ممانعت ـ

Interest (int(e)rest) n. Legal concern, title, right علاقہ ـ تعلق ـ سروکار ـ فرض ـ لگاؤ ـ شوق ـ رغبت ـ چاہت ـ حصہ ـ فائدہ ـ حاصل ـ حق ـ نفع ـ منافع ـ بیاج ـ سود ـ زور ـ غلبہ ـ اثر ـ وسیلہ ـ مقصد ـ مفاد ـ مصلحت ـ خود غرضی ـ

Interest (int(e)rest) v.t. Excite curiosity or attention راغب کرنا ـ شوق دلانا ـ ترغیب دینا ـ غرض رکھنا ـ واسطہ رکھنا ـ توجہ دلانا ـ دلچسپی پیدا کرنا ـ

Interested adj. مطلبی ـ غرض مند ـ دلچسپی رکھنے والا ـ

Interesting adj. مرغوب ـ سہاؤنا ـ دلپسند ـ دلچسپ ـ

Interfere (in-tər-fēr) v.i. Meddle with ٹکرانا ـ مزاحم ہونا ـ مخل ہونا ـ مخالفت کرنا ـ تعرض کرنا ـ خواہ مخواہ دخل دینا ـ دست اندازی کرنا ـ ایک دوسرے کے خلاف عمل کرنا ـ

Interfluent (in-tər-floo-ənt) adj. Flowing into each other ایک دوسرے میں بہنے والے ـ ایک دوسرے میں گرنے والے ـ ملنے والے ـ

Interfuse (in-tər-fūz) v.t. & i. Blend مخلوط کرنا ـ ملانا ـ بیچ میں بکھیرنا ـ ملنا ـ مخلوط ہونا ـ

Interfusion n. میل ـ آمیزش ـ امتزاج ـ

Interim (in-tər-im) adv., n. & adj. Intervening time درمیان میں ـ درمیانی عرصہ میں ـ درمیانی وقفہ ـ درمیانی عرصہ ـ عارضی ـ غیر مستقل ـ ہنگامی ـ

Interior (in-te-ri-ər) adj. & n. Inland اندرونی ـ داخلی ـ ملک کے بیچ میں ـ ملک کے داخلی امور ـ اندر کا حصہ ـ باطن ـ روح ـ نفس ـ

Interject (in-tər-jekt) v.t. Interpose بیچ میں دخل دینا ـ بول اٹھنا ـ چلا اٹھنا ـ جملہ معترضہ کے طور پر کچھ کہنا ـ

Interjection (in-tər-jek-shən) n. Ejaculation جذباتی طور پر بول اٹھنا ـ فجائیہ اظہار ـ نعرۂ حیرت وغیرہ ـ کسی جذبہ کا اظہار ـ

Interleaf (in-tər-līf) n. Blank leaf between leaves of book مطبوعہ کتاب کے بیچ بیچ میں سادے ورق ـ

Interleave (in-tər-līv) v.t. Insert blank leaves in book کتاب میں سادے اوراق لگانا ـ

Interlock (in-tər-lok) v.i. & t. Lock within each other ایک دوسرے میں پھنسانا ـ ایک دوسرے میں اٹکنا ـ ایک دوسرے کے ساتھ مقفل ہونا ـ دونوں مل کر قفلی بنانا ـ

Interlocutor (in-tər-lok-ū-tər) n. One who takes part in dialogue مکالمہ میں حصہ لینے والا ـ مکالمہ کرنے والا ـ تقریر کرنے والا ـ سوال جواب کرنے والا ـ

Interlocution (in-tər-lok-ū-shən) n. گفتگو ـ بات چیت ـ سوال جواب ـ مکالمہ ـ

Interloper (in-tər-lop-ər) n. Intruder بے جا دخل دینے والا ـ دست اندازی کرنے والا ـ کام میں مداخلت کرنے والا ـ بلا اجازت تجارت کرنے والا ـ

Interlude (in-tər-l(y)ōōd) n. Pause between acts of play ناٹک کے دو حصوں کا درمیانی وقفہ ـ تیاری کا وقفہ ـ پر لطف ضمنی کھیل ـ

Intermarriage (in-tər-mar-əj) n. Marriage between different families مختلف خاندانوں میں شادی بیاہ ـ خاندان سے باہر شادی ـ آپس میں شادی بیاہ ـ

Intermarry (in-tər-mar-i) v.i. Become connected by marriage مختلف خاندانوں ، قبیلوں اور قوموں کا شادی بیاہ کے ذریعے آپس میں مل جانا ـ

Intermediary (in-tər-mē-di-əri) adj. & n. Acting between parties بیچ بچاؤ کرنے والا ـ مصالحت کرانے والا ـ ثالث ـ بیچ میں پڑنے والا ـ

Intermediate (in-tər-mē-dyit) adj. & n. Coming between درمیانی ـ بیچ کا ـ متوسط ـ درمیانی درجہ

Intermediate (in-tər-mē-dyit) v.i. Mediate ثالثی کرنا ـ دو فریقوں میں ثالث بننا ـ صلح کرانا ـ

Intermediation *n.* ثالثی ۔ مصالحت کرنا ۔

Interment (in-tər-mənt) *n.* Burial دفن کرنا ۔ مٹی میں دبانا ۔ تکفین و تدفین ۔

Intermigration (in-tər-mīg-ra-shən) *n.* Reciprocal migration باہم نقل مقام ۔ تبدیلی وطن ۔ دو ملکوں کے باشندوں کا ایک سے دوسرے ملک میں جا کر آباد ہونا ۔

Interminable (in-tər-min-əble) *adj.* Tediously long بے حد ۔ بے انتہا ۔ طول طویل ۔ کبھی نہ ختم ہونے والا ۔ شیطان کی آنت ۔

Intermingle (in-tər-ming-gl) *v.t.* & *i.* Mix together باہم ملانا یا ملنا ۔ خلط ملط ہونا ۔

Intermission (in-tər-mish-ən) *n.* Pause سکون ۔ وقفہ ۔ مہلت ۔ التوا ۔ ناغہ ۔ فرصت ۔

Intermit (in-tər-mit) *v.t.* Suspend ٹھہرانا ۔ ملتوی کرنا ۔ روکنا ۔ معطل کرنا ۔ موقوف رکھنا ۔ تھوڑی دیر کے لیے موقوف کرنا ۔

Intermittent *adj.* Stopping for a time باری کا ۔ وقفہ وقفہ کا ۔ رہ رہ کر آنے والا ۔

Intermix (in-tər-miks) *v.t.* & *i.* Mix together ملانا ۔ آمیزش کرنا ۔ خلط ملط کرنا ۔

Intermixture اختلاط ۔ میل ۔ آمیزش ۔

Intern (in-tərn) *v.t.* Oblige to reside within certain limits نظر بند کرنا ۔ شہر بند کرنا ۔ زیر نگرانی رکھنا ۔ آمد و رفت پر قیود عائد کرنا ۔

Internment *n.* حبس ۔ قید ۔ نظر بندی ۔

Internal (in-tər-nəl) *adj.* Situated in the inside of a thing اندرونی ۔ باطنی ۔ داخلی ۔ اصلی ۔ اندرون ملک کا ۔ نفس کا ۔

International (in-tər-nash-ə-nəl) *adj.* & *n.* Existing between different nations مختلف قوموں کے درمیان ۔ قوموں کے متعلق ۔ بین الاقوامی ۔ بین الاقوامی مقابلوں میں شریک ہونے والا ۔

Internationalist (in-tər-na-shən-əl-ist) *n.* Supporter of international association بین الاقوامی اتحاد کا حامی ۔ بین الاقوامی قانون کا ماہر ۔

Internationalism *n.* بین الاقوامی اتحاد ۔ قانون یا حکومت کا حامی ۔ بین الاقوامیت ۔

Internecine (in-tər-nē-sin) *adj.* Mutually destructive باہمی ہلاکت کا باعث ہونے والا ۔ ہلاکت آمیز ۔ باہمی ہلاکت کا ۔

Interpellate (in-tər-pe-lat) *v.t.* Interrupt order of the day by demanding explanation from minister مسئلہ زیر بحث کو روک کر وزیر متعلقہ سے تفصیلات طلب کرنا ۔ کاروائی کو ملتوی کرنا ۔

Interpellation *n.* دخل ۔ ہرج ۔ التوا ۔ مطالبہ تفصیل ۔

Interpenetrate (in-tər-pene-trāt) *v.i.* & *t.* Penetrate thoroughly ایک دوسرے میں گھل مل جانا ۔ نفوذ کرنا ۔ سرایت کرنا ۔

Interplay (in-tər-plā) *n.* Operation of two things upon one another دو چیزوں کا ساتھ کھیلنا ۔ ایک دوسرے پر عمل کرنا ۔ اثر انداز ہونا ۔

Interpolate (in-tər-po-lāt) *v.t.* Make insertions so as to give false impression کسی تحریر یا کتاب میں ناجائز الحاق کرنا ۔ اضافہ کرنا ۔ مسخ کرنا ۔ بد نیتی سے الحاق کرنا ۔ تحریف کرنا ۔

Interpolation *n.* الحاق عبارت ۔ تحریف ۔ اضافہ ۔ الحاق ۔

Interpose (in-tər-pōz) *v.t.* & *i.* Introduce objections, etc. مداخلت کرنا ۔ اعتراض کرنا ۔ قطع کلام کرنا ۔

Interpret (in-tər-prit) *v.t.* Explain تشریح کرنا ۔ توضیح کرنا ۔ مطلب سمجھانا ۔ ترجمانی کرنا ۔

Interpretation (in-tər-pret-ə-shən) *n.* Explanation تشریح ۔ توضیح ۔ تعبیر ۔ ترجمہ ۔ تصریح ۔

Interpreter (in-tər-pret-ər) *n.* One who interprets مترجم ۔ مفسر ۔ شارح ۔ جب چند لوگ مختلف زبانوں میں کہہ رہے ہوں تو ایک شخص ترجمہ کرتا جاتا ہے ۔

Interregnum (in-tər-reg-nəm) *n.* Period during which State has no normal ruler ایسا وقفہ جب ریاست کا کوئی حکمران نہ ہو ۔ وقفہ ۔ درمیانی عرصہ ۔

Interrogate (in-tər-ə-gāt) *v.t.* Ask questions پوچھنا ۔ سوال کرنا ۔ جرح کرنا ۔ دریافت کرنا ۔ استفسار کرنا ۔ کرید کرید کر پوچھنا ۔

nterrogative (in-tər-ə-gat-iv) *adj.* & *n.* Having the force of a question - سوالیہ - استفہامیہ - کلمہ استفہامیہ - استفسار کے طور پر -

nterrogatory (in-tər-ə-gat-əri) *adj.* & *n.* Of inquiry, set of questions تحقیق کا - تفتیش کے متعلق - سوال بند - سوالوں کی فہرست -

nterrupt (in-tər-upt) *v.t.* Break the continuity of مداخلت کرنا - روک دینا - سلسلہ توڑنا - قطع کلام کرنا - سد راہ ہونا -

Interruption *n.* قطع کلام - اٹکاؤ - ہرج - خلل اندازی - مداخلت -

ntersect (in-tər-sekt) *v.t.* Divide, cross, cut بیچ میں سے دو کرنا - قطع کرنا - دو حصے کرنا - بیچ میں سے کاٹتے ہوئے گزرنا -

ntersection (in-tər-sek-shən) *n.* Place where two things cross وہ نقطہ جہاں خطوط ایک دوسرے کو قطع کریں - نقطۂ انقطاع -

ntersperse (in-tər-spərs) *v.t.* Scatter - بکھیرنا پھیلانا - بیچ میں بکھیرنا - رنگ بہ رنگ کرنا -

Inter-state (in-tər-stāt) *adj.* Carried on between states ریاستوں کے مابین - ریاستوں کے اندر - ریاستوں میں باہم -

Intertwine (in-tər-twīn) *v.t.* & *i.* Entwine things one with another بٹنا - لپیٹنا - ایک دوسرے سے ملا دینا - دو کو باٹ کر ایک کرنا - بل دینا -

Interval (in-tər-vəl) *n.* Break, gap - درمیان کا وقفہ فاصلہ - خلا - خالی وقت -

Intervene (in-tər-ven) *v.t.* Come between, interfere - بیچ یا درمیان میں آنا - بیچ میں پڑنا مخل ہونا - آڑے آنا - دو چیزوں کے بیچ میں ہونا -

Intervention *n.* - دست انداز ہونا - درمیان میں آنا مداخلت -

Interview (in-tər-vu) *n.* Meeting of persons face to face - ملاقات - باریابی - دو بدو گفتگو کرنا اخبار کے نمائندے کے سوالات و جوابات -

Interweave (in-tər-wēv) *v.t.* Interlace - ملا کر بننا گوندھنا - ملانا - جوڑنا - باہم وابستہ کرنا -

Intestate (in-tes-tāt) *adj.* & *n.* Of person not having made a will - بغیر وصیت کے انتقال کیا ہوا بے وصیت - بے وصیت موت -

Intestine(s) (in-tes-tīn) *n.* Entrails - آنتیں - انتڑیاں

Intestine (in-tes-tīn) *adj.* Civil, domestic (wars) اندرونی (انتشار) گھریلو (لڑائی) -

Intimate (in-ti-mit) *adj.* & *n.* Familiar - دلی - گہرا قلبی - بے تکلف - دلی دوست -

Intimacy *n.* - بے تکلفی - گہری دوستی - دوستی - یارانہ -

Intimate (in-ti-mit) *v.t.* Make known - واقف کرنا مطلع کرنا - اطلاع دینا - اشارہ کرنا - جتانا -

Intimation *n.* - اطلاعی مراسلہ - آگاہی - اطلاع -

Intimidate (in-tim-i-dāt) *v.t.* Inspire with fear دھمکانا - ڈرانا - تخویف کرنا -

Intimidation *n.* - ڈرانا - دہشت پیدا کرنا - دھمکی - تخویف -

Intolerable (in-tol-ər-əbl) *adj.* That cannot be endured ناقابل برداشت - ناقابل تحمل - جو سہہ نہ سکیں - ناجائز - ناروا -

Intolerant (in-tol-ə-rant) *adj.* Not tolerant متعصب تنگ نظر - ناروا دار - غیر روا دار -

Intolerance *n.* - تنگ نظری - تعصب - نا روا داری -

Intonation (in-ton-a-shən) *n.* Reciting in singing voice - آواز - لے - سر - لہجہ - گانے کی طرز پر پڑھنا لحن سے پڑھنا - آواز کا اتار چڑھاؤ -

Intone (in-tōn) *v.t.* Utter in a particular tone لحن سے پڑھنا - خاص لہجہ میں ادا کرنا - گا کر ادا کرنا -

Intoxicant (in-tok-si-kant) *adj.* & *n.* Intoxicating drink - نشے دار - مخمور کرنے والی - نشہ آور - شراب

Intoxicate (in-tok-si-kāt) *v.t.* Make drunk مدہوش کرنا - سرشار کرنا - مست کرنا - بے ہوش کرنا - بے خود بنانا - والہانہ جوش پیدا کر دینا -

Intoxication *n.* - سرشاری - نشہ - بےخودی - بدمستی -

Intractable (in-trekt-əbl) *adj.* Not easily dealt with بے قابو - بے لگام - سرکشی - جو آسانی سے قابو میں نہ آئے - جس کی اصلاح نہ ہو سکے - کند - دقت طلب - دشوار - پیچیدہ -

Intransigent (in-tran-si-jənt) *adj.* & *n.* Uncompromising in politics سیاست میں کٹر - انتہا پسند - اپنی بات پر اڑا رہنےوالا - ضدی - ہٹیلا - سخت رائے رکھنے والا -

Intransitive (in-tran-si-tiv) *adj.* & *n.* Verb that does not take a direct object - لازم - غیرمتعدی - فعل لازم - فعل جس کا مفعول نہ ہو -

Intrepid (in-trep-id) *adj.* Fearless - نڈر - دلیر - بہادر - جری - شیردل - منچلا -

Intrepidity *n.* - جواں مردی - بے باکی - شجاعت -

Intricate (in-tri-kit) *adj.* Entangled - الجھا ہوا - پیچیدہ - دقیق - مشکل - دشوار - دھندلا - مبہم -

Intricacy *n.* - اشکال - الجھاؤ - دشواری - پیچیدگی -

Intrigue (in-tr-eg) *n.* & *v.t.* Underhand plotting سازش - منصوبہ بازی - فریب - دغا - آشنائی - ناجائز جنسی تعلق - سانٹھ گانٹھ سے کام لینا - منصوبہ بنانا - دغا کرنا - پوشیدہ تعلق پیدا کرنا - مسحور کرنا - مشتاق بنا دینا - حیرت زدہ کر دینا -

Intrinsic (in-trin-sik) *adj.* Inherent, essential - ذاتی - اصلی - حقیقی - لاینفک -

Introduce (in-trə-dūs) *v.t.* Bring in - آغاز کرنا - شروع کرنا - اندر لانا - ملانا - ملاقات کرانا - تعارف کرانا - رواج دینا - جاری کرنا - جوان لڑکی کو سماجی جلسوں میں شریک کرنا - مسودہ قانون پیش کرنا -

Introductory *adj.* - تعارفی - ابتدائی - بطور عنوان - تمہیدی -

Introduction (in-trə-duk-shən) *n.* Introducing رواج دہی - اجرا - آغاز - ابتدا - مقدمہ - تمہید - تعارف - شناسائی -

Introspect (in-tre-spekt) *v.i.* Examine one's own thoughts and feelings مشاہدہ نفس کرنا - اپنی نفسی کیفیات کا مطالعہ کرنا - اپنے جذبات کا اندازہ کرنا -

Introspection *n.* - محاسبہ نفس - محاکمہ ذات -

Introspectionist *n.* یہ عقیدہ کہ ہر شخص خود اپنا مصلح بن سکتا ہے - جو مشاہدہ نفس کا قائل ہو - یہ نظریہ کہ نفسیات کی اصل بنیاد مشاہدہ اور محاسبہ نفس ہے -

Introspective *adj.* مشاہدہ نفس کے متعلق - خود بینی کا عادی -

Intrude (in-trōōd) *v.t.* Thrust oneself in زبردستی کرنا - زبردستی گھس جانا - ٹھونسنا - بن بلائے جانا - ناخواندہ مہمان بننا -

Intruder *n.* بن بلائے آنے والا - مخل صحبت - ناخواندہ مہمان - دست انداز - مخل ہونے والا -

Intrusion (in-trōō-zhn) *n.* Forcing oneself in مداخلت بیجا - خلل اندازی - زبردستی داخل ہونا -

Intrusionist *n.* مداخلت کرنے والا -

Intrusive *adj.* مداخلت کناں - خلل انداز -

Intrusiveness *n.* مداخلت کرنے کا عمل - مخل ہونے کی عادت -

Intuit (in-tu-it) *v.t.* & *i.* Receive knowledge by direct perception - وجدانی طور پر معلوم کرنا - براہ راست ادراک کرنا -

Intuition (in-tu-i-shən) *n.* Immediate insight وجدان - الہام - ادراک -

Intuitional - حضوری - تحت الشعوری - وجدانی -

Intuitionalism (in-tu-i-shən-əl-izm) *n.* Doctrine that perception of truth is by intuition یہ نظریہ کہ حقیقت کا ادراک خارجی احساس سے نہیں بلکہ وجدانی طور پر ہوتا ہے - وجدانیت -

Intuitionism (in-tu-i-shən-izm) *n.* Doctrine that in perception external objects are known immediately by intuition یہ کلیہ کہ خارجی چیزوں کے ادراک میں وجدان ہی رہنما ہوتا ہے -

Intuitive (in-tu-i-tiv) *adj.* صاحب وجدان - وہ جو اندرونی بصیرت سے معلوم کرے - وجدانی -

Inundate (in-un-dāt) *v.t.* Overflow - غرقاب کرنا - سیلاب میں غرق کر دینا - طوفان برپا کر دینا -

Inundation *n.* - ریل پیل - کثرت - غرقابی - سیلاب - طغیانی -

Inure-en (i-nūr) *v.t.* & *i.* Accustom - عادی کرنا - خوگر ہونا - عادت ڈالنا - محنت کرنا - کام میں لگانا - کام آنا -

Inurement *n.* - عمل - استعمال - دستور - ربط - خو - عادت -

Invade (in-vād) *v.t.* Make hostile inroad into چڑھائی کرنا - لشکر کشی کرنا - حملہ کرنا - گھیر لینا - دوسرے ملک میں گھس جانا - مداخلت کرنا - تجاوز کرنا -

Invader *n.* - چڑھائی کرنے والا - غنیم - حملہ آور -

Invalid (in-val-id) *adj.* & *n.* Disabled by illness کمزور - ضعیف - بیمار - مریض - بیماری کا مارا ہوا - معذور الخدمت - بیمار آدمی -

valid (in-val-id) *v.t.* & *i.* Lay up, disable بیمار ہونا - بیمار کر دینا - بیمار بنا دینا - بیماری کی بنا پر ملازمت سے علیحدہ کر دینا - بے کاروں کی فہرست میں داخل کرنا -

valid (in-val-id) *adj.* Having no legal force باطل - ناجائز - قانوناً بے کار - بے اثر - بے بنیاد - غیر صحیح - غیر مسلمہ - ناقص -

validate (in-val-id-āt) *v.t.* Make invalid باطل کرنا - فسخ کرنا - ناجائز قرار دینا - بے کار کرنا - بے اثر کرنا -

validity (in-val-i-di-ti) *n.* Infirmity ضعف - کمزوری - علالت - معذوری - بے اثری - قانوناً غیر مسلمہ ہونا - ناقابل قبول ہونا -

valuable (in-val-u-əbl) *adj.* Priceless انمول - بیش بہا - بیش قیمت -

variable (in-var-i-əbl) *adj.* Unchangeable ناقابل تبدیلی - ایک حال پر - اٹل - مستقل - سدا ایک حالت پر رہنے والا -

vasion (in-va-zhən) *n.* Encroachment حملہ - یورش - چڑھائی - دھاوا - تصرف - غلبہ - مداخلت - قبضہ - دست درازی -

vective (in-vek-tiv) *n.* Abusive oratory دشنام - گالی - لعن طعن - سب و شتم - گالیوں کی بوچھاڑ - ہجویہ تقریر ، تحریر یا نظم -

veigh (in-vā) *v.t.* Speak violently طعن و تشنیع کرنا - برا بھلا کہنا - مذمت کرنا - اچھی طرح خبر لینا - پھٹکارنا -

veigle (in-ve-gl) *v.t.* Entice, seduce بہکانا - پھسلانا - اغوا کرنا - بھگا لے جانا - ورغلانا - پٹی پڑھانا - سبز باغ دکھانا - فریب دینا - دم دینا -

vent (in-vent) *v.t.* Devise, originate ایجاد کرنا - اختراع کرنا - پیدا کرنا - نئی چیز بنانا - نئی بات نکلنا - دل سے گھڑنا - فرضی بات کہنا -

Inventive *adj.* ایجادی - اختراعی -

Inventor *n.* نئی چیز بنانے والا - اختراع کرنے والا - موجد -

vention (in-ven-shən) *n.* Contrivance ایجاد - اختراع - دریافت - ایجاد کی ہوئی چیز - قوت ایجاد - ترکیب - ساخت -

Inventory (in-ven-tə-ri) *n.* & *v.t.* Detailed list of goods سامان کی فرد یا فہرست - فرد بنانا - فہرست تیار کرنا - فہرست پر چڑھانا -

Inveracity (in-ve-rə-si-ti) *n.* Untruthfulness کذب - جھوٹ - بے حقیقت بات -

Inverse (in-vərs) *adj.* & *n.* Inverted الٹا - اوندھا - معکوس - مقلوب -

Inversion (in-vər-shən) *n.* Reversal of normal position الٹ پلٹ - معکوس ہونا - اوندھا یا الٹا ہونا - (قواعد) تقدیم - تاخیر -

Inversive *adj.* الٹا کر دینے والا - معکوس - مقلوب -

Invert (in-vərt) *v.t.* Turn upside down الٹا کرنا - اوندھا کرنا - پلٹانا - (موسیقی) سروں کی ترتیب بدل دینا -

Invert (in-vərt) *n.* Inverted arch معکوس کمان - الٹی محراب -

Invertibrate (in-vərt-i-brit) *adj.* & *n.* Not having spinal column بے ریڑھ کا - کمزور - بودا - بے ریڑھ کا جانور -

Invest (in-vest) *v.t.* & *i.* Put money into پوشاک پہننا - خلعت پہنانا - ممتاز کرنا - عطا کرنا - سرفراز کرنا - کسی کاروبار یا خرید حصص میں روپیہ لگانا -

Investor *n.* ممتاز کرنے والا - سرمایہ مشغول کرنے والا - روپیہ لگانے والا -

Investigate (in-ves-ti-gāt) *v.t.* Inquire into تحقیقات کرنا - چھان بین کرنا - تفتیش کرنا - تلاش کرنا - کھوج نکالنا -

Investigation *n.* تفتیش - تحقیقات -

Investigator *n.* محقق - تحقیقات کرنے والا - مفتش -

Investiture (in-ves-ti-tur) *n.* Formal investing of person in office جائداد مقبوضہ کا داخلہ دلانا - ہبہ - لباس - پوشاک - مسند نشینی - باضابطہ جائزہ دلانا -

Investment (in-vest-mənt) *n.* Money invested مسند نشینی - محاصرہ - راس المال - سرمایہ جو کسی تجارت میں لگایا گیا ہو -

Invetrate (in-vet-ər-it) *adj.* Long-established پرانا - قدیم - دیرینہ - مزمن - شدید - سخت -

Invidious (in-vid-i-əs) *adj.* Giving offence حسد انگیز - کینہ انگیز - ناگوار - تکلیف دہ -

Invidiousness *n.* - بے انصافی - ناگواری - حسد انگیزی -

Invigilate (in-vij-i-lāt) *v.i.* Watch over students in examination - امتحان میں طلبا کی نگرانی کرنا -

Invigilation *n.* دیکھ بھال - نگرانی -

Invigilator *n.* ناظر - نگران -

Invigorate (in-vig-ər-āt) *v.t.* Make vigorous توانا کرنا - ٹانٹھا کرنا - قوی کرنا - تقویت پہنچانا - روح پھونکنا - جان ڈالنا -

Invigorative *adj.* طاقت بخش - مقوی -

Invincible (in-vin-si-bl) *adj.* Unconquerable جس پر کوئی فتح نہ پا سکے - ناقابل تسخیر - جرار - اجیت - زبردست -

Inviolable (in-vi-ə-lə-bl) *adj.* To be kept sacred واجب التعظیم - محترم - قابل عزت -

Inviolate (in-vi-ə-lət) *adj.* Unbroken - صحیح و سالم - مسلمہ - محفوظ - پاک و صاف -

Invisible (in-viz-i-bl) *adj.* & *n.* That cannot be seen - نہاں - پوشیدہ - مخفی - دکھائی نہ دینے والا - باطنی - غیر محسوس - پوشیدہ ہستی -

Invite (in-vīt) *v.t.* & *n.* Request courteously بلانا - مدعو کرنا - دعوت دینا - ترغیب دینا - پھسلانا - ورغلانا - باعث ہونا - موجب ہونا - (بول چال) دعوت - بلاوا -

Invitation *n.* التجا - استصواب - بلاوا - دعوت -

Invitingly *adv.* دل کشی سے - دل پذیری سے - دل جوئی سے -

Invocation (in-vō-kā-shən) *n.* Calling upon God in prayer - دعا - مناجات - حمد و ثنا - طلب نصرت - فریاد - طلب فیضان - اسماء کا ورد کرنا - حاضرات لگانا -

Invoice (in-vois) *n.* & *v.t.* List of goods with prices - فہرست - بیجک - فہرست اشیا مع قیمت - بیجک بنانا -

Invoke (in-vōk) *v.t.* Call on God - دعا مانگنا - بلانا - نام لے کر بلانا - خدا کو گواہ کرنا - طلب استعانت کرنا - مناجات کرنا - اسماء کا ورد کرنا -

Involuntary (in-vol-ən-təri) *adj.* Unintentional بے ارادہ - بے خواہش - بے اختیارانہ - غیر ارادی - بے قصد -

Involution (in-vol(y)oo-shən) *n.* Entanglement لپیٹ - الجھن - دقت - پیچ - پیچیدگی - چکر میں آجانا -

Involve (in-vōlv) *v.t.* Entangle - لپیٹنا - تہہ کرنا - پھانسنا - مبتلا کرنا - الجھانا - شامل کرنا - پھنسانا - پریشان کرنا - شش و پنج میں ڈالنا - درہم برہم کرنا -

Involvement (in-vōlv-mənt) *n.* Complicated affair - لپیٹ - الجھاؤ - مشکل معاملہ - مالی مشکلات - گتھی -

Invulnerable (in-vul-nər-əbl) *adj.* That cannot be wounded جو زخمی نہ ہو سکے - جسے نقصان نہ پہنچایا جا سکے - جو ضرر سے محفوظ ہو -

Inward (in-wərd) *adj.* & *n.* Situated within - باطنی - اندرونی - اندر کا - دلی - روحانی - ذہنی - اندر کی طرف - (جمع) اوجھڑی -

Inwardly *adv.* - پوشیدہ - باطنی طور پر - دل میں - اندر سے -

Inwardness *n.* - روحانیت - ذات - اصل جوہر - باطن -

Inward(s) (in-wərd) *adv.* Towards inside - اندر - اندر کی طرف - قلب میں - باطن میں - نفس یا روح میں -

Iodine (i-ə-din) *n.* Non-metallic medicine - آیوڈین - بنفشین -

Iota (i-ō-ta) *n.* Atom, jot دانہ - ذرہ - ریزہ - سالمہ - تل بھر - خفیف سی مقدار -

I.O.U (i.o.u) *n.* Signed document bearing i.o.u رقعہ قرض - پرونوٹ -

Irascible (ir-as-i-bl) *adj.* Hot-tempered - گرم مزاج - تنک مزاج - چڑچڑا - غصیلا - زود رنج -

Irascibility (ir-as-i-bl-iti) *n.* تنک - تندی - چڑچڑا پن - تنک مزاجی -

Irate (ir-at) *adj.* Angry - برہم - جھلایا ہوا - آگ بگولہ - غضبناک -

Ire (īr) *n.* Anger - برہمی - خفگی - ناراضگی - غضب - غصہ -

Ireful *adj.* خشمناک - غضب ناک -

Irenic *adj.* - امن پسند - صلح پسند - آشتی پسند - صلح جو -

Iridaceous (īr-i-da-shəs) *adj.* Of the Iris kind سوسن کی قسم کا - سوسن کا - سوسنی -

Iridescent (ī-i-di-sənt) *adj.* Like rainbow قوس قزح کے رنگ بتانے والا - رنگ دار - دھنش کے رنگوں والا - ہر پہلو سے ایک نیا رنگ دکھانے والا - قزح رنگ -

Iridescence *n.* ہر جگہ سے ایک نیا رنگ - صد رنگی -

Iris (ī-ris) *n.* Kinds of plants and rock crystals قوس قزح - آنکھ کی پتلی کی جھلی - ایک قسم کا پھول - ایسا بلوری پتھر جس میں رنگ نظر آئیں -

Irish (ī-rish) *adj.* & *n.* Of Ireland آئرستان کا باشندہ یا زبان - آئرش قوم -

Irk (ə-rk) *v.t.* Disgust, bore - تھکانا - تکلیف دینا نا گوار ہونا - اکتا دینا -

Irksome (ərk-som) *adj.* Tiresome - اکتا دینے والا تکلیف دہ - گراں - نا گوار -

Irksomeness *n.* ماندگی - اکتاہٹ - نا گواری -

Iron (ī-rən) *n.* & *adj.* Hard metal used for tools لوہا - آہن - حدید - استری - مضبوط چیز - پکا - فولادی - مقوی دوا - آہنی آلہ یا اوزار - بیڑی - ہتھکڑی - داغ دینے کی سلاخ - مضبوط ارادے کا - سخت - بے درد -

Have many irons in the fire - بہت سی ترکیبیں کرنا

Iron horse موٹر یا بائیسکل وغیرہ - انجن -

Strike while the iron is hot - موقع سے فائدہ اٹھانا

Iron (ī-rən) *v.t.* Shackle with irons - لوہے سے جکڑنا پابہ زنجیر کرنا - پابجولاں کرنا - استری کرنا - ہتکڑی یا بیڑی پہنانا -

Ironic(al) (i-rən-ik) *adj.* Said in irony - طعنہ آمیز طنزیہ - طعن و طنز کا عادی -

Ironist (ī-rən-ist) *n.* One who uses irony - طنز نگار طنزیہ عبارت لکھنے والا -

Ironmonger (ī-rən-mung-ər) *n.* Dealer in hardware لوہے کی چیزیں بیچنے والا - لوہے کا تاجر -

Irony (ī-rən-i) *n.* Expression of meaning by language of opposite or different tendency طعن - طنز - ستم ظریفی - رمز - کنایہ - ہجوملیح -

Irony (ī-rən-i) *adj.* Like iron لوہے کا - آہنی - لوہے کا سا - کڑا - سخت -

Irradiant (i-ra-di-ənt) *adj.* Shining brightly - منور درخشاں - روشن - ضیا بار -

Irradiance *n.* شعاع ریزی - تنویر - چمک - تجلی -

Irradiate (i-ra-di-ət) *v.t.* Throw light upon روشن کرنا - منور کرنا - چمکانا - واضح کرنا - خوشی سے چہرہ چمکانا -

Irrational (ir-ash-ən-əl) *adj.* Unreasonable خلاف عقل - غیر منطقی - نامعقول - بے عقل - نا سمجھ - بے شعور -

Irrationalize *v.t.* غیر معقول یا غیر منطقی بنانا -

Irreclaimable (ir-i-klam-əbl) *adj.* Not to be reformed نا تربیت پذیر - نا قابل اصلاح - گیا گزرا - جس کی اصلاح کسی طرح نہ ہو سکے -

Irrecognizable (ir-ek-əg-niz-əbl) *adj.* Unrecognizable جو پہچانا نہ جا سکے - ناقابل شناخت -

Irreconcilable (ir-ek-ən-sil-əbl) *adj.* & *n.* Implacably hostile ناقابل مصالحت - سخت مخالف - کسی سیاسی اقدام کا کٹر دشمن - سیاسی تحریک سے اختلاف کرنے والا -

Irrecoverable (ir-i-ku-vər-əbl) *adj.* That cannot be remedied ناقابل وصول - ناقابل تلافی - ڈوبی ہوئی رقم - گیا گزرا - لا علاج -

Irredeemable (ir-i-dim-əbl) *adj.* Hopeless جسے چھڑا نہ سکیں - ناقابل انفکاک - غیر میعادی - ناقابل واگزاشت -

Irreducible (ir-i-dus-i-bl) *adj.* That cannot be reduced جو گھٹایا نہ جا سکے - جس کو سادہ شکل میں نہ لایا جا سکے - جو تحویل نہ ہو سکے -

Irrefutable (ir-i-fut-ə-bl) *adj.* Not to be refuted جو رد نہ ہو سکے - مسکت - ناقابل تردید -

Irregular (ir-eg-u-lər) *adj.* Contrary to rules بے قاعدہ - بے ترتیب - بے ڈھب - خلاف ضابطہ - خلاف قاعدہ - خلاف معمول - ناہموار - بے قاعدہ فوج -

Irregularity *n.* بے تکا پن - بے ترتیبی - بے ضابطگی - بے قاعدگی -

Irrelative (ir-ilə-tiv) *adj.* Unconnected - بے لگاؤ بے جوڑ - بے ربط - بے قاعدہ -

Irrelevant (ir-el-ə-vənt) *adj.* Not to the point غیر متعلق - انمل - بے جوڑ - بے محل - خارج از بحث -

Irrelevance-ancy *n.* - مغائرت - خارج از بحث ہونا - بے تعلقی -

Irreligion (ir-i-lij-ən) *n.* Disregard of religion بے دینی - الحاد - مذہبی قیود سے آزادی -

Irreligious *adj.* دہریہ - لامذہب - بے دین -

Irremediable (ir-i-me-di-əbl) *adj.* That cannot be remedied لاعلاج - لا دوا - لا چار - بے چارہ ناقابل تلافی -

Irremissible (ir-i-mis-ə-bl) *adj.* Unpardonable جو معاف کرنے کے قابل نہ ہو - ناگزیر - اٹل -

Irremovable (ir-i-moov-əbl) *adj.* That cannot be removed جو منتقل نہ کیا جا سکے - جس کو خدمت سے ہٹایا نہ جا سکے -

Irremovability *n.* ناقابل علیحدگی ہونا - ناقابل انتقال ہونا -

Irreparable (ir-ep-ər-əbl) *adj.* That cannot be made good ناقابل علاج - ناقابل مرمت - جو درست نہ ہو سکے - نا کارہ - گیا گزرا -

Irreplaceable (ir-i-plas-əbl) *adj.* Of which the loss cannot be made good جس کا بدل نہ ہو - ناقابل تلافی - بے بدل - جس کی جگہ کوئی دوسرا نہ لے سکے -

Irrepressible (ir-i-pres-ibl) *adj.* & *n.* Not to be restrained جو رگ یا دب نہ سکے - زیر نہ ہونے والا - بے باک آدمی -

Irreproachable (ir-i-proach-əbl) *adj.* Faultless ناقابل ملازمت - جس پر حرف نہ آ سکے - بے خطا - بے قصور - بے داغ - پاک و صاف -

Irresistible (ir-i-zist-i-bl) *adj.* Too strong ناقابل مزاحمت - جس کا مقابلہ نہ کیا جا سکے - غیر معمولی قوت والا -

Irresolute (ir-ez-ə-lōōt) *adj.* Undecided غیر مستقل مزاج - متلون - مذبذب - کچے ارادے کا -

Irresolution *n.* کمزور ارادہ - غیر مستقل مزاجی -
Irresoluteness *n.* تلون - تذبذب -

Irresolvable (ir-i-zolv-ə-bl) *adj.* That cannot be resolved into parts ناقابل تحلیل - ناقابل تقسیم -

Irrespective (ir-i-spek-tiv) *adj.* Without reference to بلا لحاظ - اس سے قطع نظر -

Irresponsible (ir-i-spons-i-bl) *adj.* Not responsible for his conduct اپنے اعمال کی ذمہ داری کے احساس سے بری - غیر ذمہ دارانہ - لا ابالی - جوابدہی سے بری -

Irresponsibility *n.* غیر ذمہ داری - بے پروائی - لا ابالی پن -

Irresponsive (ir-i-spons-iv) *adj.* Not responsive جو اثر قبول نہ کرے - جو جواب نہ دے - غیر متاثر - غیر موافق -

Irretentive (ir-i-ten-tiv) *adj.* Not retentive بھول جانے والا - نہ رکنے والا (پیشاب) - جو روک نہ سکے - کمزور (حافظہ - مثانہ وغیرہ) -

Irretrievable (ir-i-triv-əbl) That cannot be retrieved جو ایفا نہ ہو سکے - غیر ممکن الحصول نا قابل تلافی -

Irretrievability ناقابل تلافی ہونا - نا ممکن الحصول ہونا -

Irreverent (ir-ever-ənt) *adj.* Wanting in reverence بے ادب - گستاخ - بد لحاظ -

Irreverence *n.* بے احترامی - بے ادبی - بد لحاظی -

Irreverential *adj.* بے ادبانہ - گستاخانہ -

Irreversible (ir-i-vərs-i-bl) *adj.* Unalterable جو بدلا نہ جا سکے - جس میں تبدیلی نہ ہو سکے - نا قابل تنسیخ - نا قابل تغیر -

Irreversibility *n.* اٹل ہونا - نا قابل تنسیخ ہونا - ناقابل تغیر ہونا -

Irrevocable (ir-ev-ək-əbl) *adj.* Unalterable نا قابل تنسیخ - جو واپس نہ ہو سکے - اٹل - نہ لوٹنے والا - ہاتھ سے نکلا ہوا - (تیر - کام وغیرہ) -

Irrigate (ir-i-gāt) *v.t.* Supply (land) with water سینچنا - پانی دینا - آبپاشی کرنا - آبیاری کرنا - زخم پر دوا ٹپکاتے رہنا -

Irrigable *adj.* پانی دینے کے قابل - سیراب کرنے کے قابل -

Irrigation *n.* زمین کو سیراب کرنا - آبیاری - آبپاشی -

Irritable (iri-tə-bl) *adj.* Quick to anger تنک مزاج - زود رنج - چڑ چڑا - زود غضب -

Irritability *n.* چڑ چڑا پن - تنک مزاجی -

rritancy (iri-tən-si) *n.* Annoyance - تنک مزاجی - جھلاہٹ - غصہ - کوفت - قانون (کالعدم ہونا یا کرنا) -

rritant (iri-tənt) *adj.* & *n.* Causing irritation ہیجانی کیفیت پیدا کرنے والا - مشتعل کرنے والا -

rritate (ir-i-tāt) *v.t.* Excite, vex - رگڑنا - گھسنا - کھجلانا - بھڑکانا - تیز کرنا - خفا کرنا - کھسیانا کرنا - پریشان کرنا - شورش پیدا کرنا -

Irritation *n.* جھلاہٹ - ہیجان - طیش - غصہ - سوزش - جلن -

Irritative *adj.* بھڑکانے والا - تپک اور جلن پیدا کرنے والا -

rruption (ir-up-shən) *n.* Invasion - چڑھائی - دھاوا - یورش - تاخت - زور کا حملہ -

shmael-lite (ish-ma-əl) *n.* Outcast - قوم سے نکالا ہوا - ذات سے - شہر بدر - قوم نے جس کا معاشرتی مقاطعہ کیا ہو -

slam (iz-lam) *n.* Mohammedanizm, Islamic world اسلام - دنیائے اسلام -

Islamic *adj.* اسلامی -

Islamism *n.* اسلامیت -

sland (ī-land) *n.* & *v.t.* Piece of land surrounded by water جزیرہ - ٹاپو - علیحدہ شے - جزیرہ بنا دینا - الگ تھلگ کر دینا -

slander (ī-land-ər) *n.* Native of an island جزیرہ کا باشندہ - جزیرے کا رہنے والا -

sle (īl) *n.* Island جزیرہ - ٹاپو -

slet (ī-lit) *n.* Small island چھوٹا جزیرہ - ٹاپو - الگ تھلگ مقام -

sn't (is-nt) *v.* Be دیکھو (بول چال) نہیں ہے -

solate (ī-so-lāt) *v.t.* Place apart or alone علیحدہ کرنا - الگ رکھنا - جدا کرنا - الگ کرنا - ایک کو دوسرے سے دور کرنا - کسی کو سب سے دور کرنا -

Isolation *n.* - الگ یا جدا کر دینا - تنہائی - علیحدگی -

srael (iz-ra-il) *n.* The Jewish people - بنی اسرائیل - یہود -

sraelite (iz-ra-i-lit) *n.* Inhabitant of the state of Israel اسرائیلی - یہودی -

Issue (ish(y)oo) *n.* Outlet, outgoing - نکاس - بہاؤ - گزر - برآمد - اجرا - نفاذ - صدور - آخر - انجام - نتیجہ - اوزار - نشتر - دریا کا دہانہ - اولاد - بچے - متنازعہ فیہ مسئلہ - جاریہ سکے یا زر کاغذی -

At issue اصل معاملہ جس پر اختلاف ہو -

Join issues مخالف کے نقطۂ نظر کو تسلیم کر لینا - امر متنازعہ کی تنقیح کرنا -

Issueless *adj.* لا ولد - بے اولاد - بے فائدہ - بے نتیجہ -

Issue (ish(y)oo) *v.i.* & *t.* Emerge from a condition نکلنا - جاری ہونا - ایک حال سے باہر آنا - پھوٹنا - نتیجہ ہونا - انجام ہونا - جاری کرنا - اجرا کرنا - شائع کرنا - سپاہیوں کو وردی تقسیم کرنا -

Issuance *n.* نوٹ یا سکہ کا اجرا - اشاعت -

Isthmus (is(th)məs) *n.* Narrow part of land connecting two large ones خاکنائے - خشکی کا وہ تنگ حصہ جو دو بڑے حصوں کو ملائے -

Italian (i-tal-yən) *adj.* & *n.* Of Italy اٹلی کا - اٹلی کا باشندہ - اٹلی کی زبان - استر کا ساٹھن کپڑا -

Italic (i-tal-ik) *adj.* & *n.* Of ancient Italy قدیم اٹلی کا - ترچھا روسن چھاپا - ترچھے حروف کی عبارت جو بطور تاکید لکھی جاتی ہے -

Italicize (i-tal-i-sīz) *v.t.* Print words in italics ترچھے تاکیدی حروف میں لکھنا - اٹلی کے چھاپے میں چھاپنا -

Itch (ich) *n.* & *v.t.* Feel irritation in skin - کھجلی - خارش - کھاج - سخت خواہش - چسکا - چاٹ - بواسیر - کھجلی ہونا - سخت خواہش ہونا -

Itchy *adj.* کھاج بھرا - خارشی - کھجلی کا -

Item (ī-təm) *n.* & *adv.* Article, unit رقم - مد - حساب کی مد - اخبار میں درج کرنے کی خبر - نیز - اس طرح - ایضاً -

Iterate (i-tə-rāt) *v.t.* Repeat دھرانا - تکرار کرنا - اعادہ کرنا - مکرر کہنا - بار بار کہنا -

Iteration *n.* تکرار - اعادہ -

Iterative *adj.* مکرر - بار بار کہا ہوا -

Itinerant (i-tin-ər-ənt) *adj.* Travelling from place to place چلتا پھرتا ہوا - خانہ بدوش - سفری - دورہ کرنے والا - دورہ کر کے کام کرنے والے - (اسپتال وغیرہ) -

Itineracy *n.* گردش - گشت - خانہ بدوشی -

Itinerary (i-tin-ər-əri) *n.* & *adj.* Record of travel, route سفر کی تفصیل - سفر کا راستہ - مقام ، قیام وغیرہ - سفر کے متعلق - رستے کا -

Itinerate (i-tin-ər-āt) *v.i.* Travel from place to place سفر کرنا - دورہ کرنا - گشت کرنا - سیاحی کرنا -

Itineration *n.* سیر و سیاحت - سفر - دورہ -

Its (its) *p.* & *adj.* Replaces his اس کا -

Itself (it-self) *pron.* Emphatic and reflexive form خود - فی نفسہ - آپ ہی -

By itself دوسری باتوں سے الگ - تنہا -

In itself بذاتہ - بنفسہ - بجائے خود -

Ivory (ī-vəri) *n.* & *adj.* Tusk of elephant ہاتھی دانت - عاج - ہاتھی دانت کا - ہاتھی دانت کا رنگ والا - مثل عاج (بول چال) دانت -

Ivy (ī-vi) *n.* Climbing evergreen عشق پیچاں - بیل -

Ivied *adj.* جس پر عشق پیچاں کی بیل چڑھی ہو -

Izard (iz-ərd) Capriform antelope of Pyrenees کوہ پیرینیز کا بارہ سنگھا -

J

J (jā) *n.* Tenth letter of the English alphabet انگریزی حروف تہجی کا دسواں حرف -

Jab (jab) *v.t.* & *n.* Stab بھونک دینا - نوکدار آلے سے زخمی کرنا - سنگین کو دشمن کے جسم سے نکالے بغیر پھر مارنا - کھاؤ - گھونسہ - مکہ -

Jabber (jab-ər) *v.i., t.* & *n.* Speak volubly بیہودہ بکنا - بک بک کرنا - مہمل بکنا - بڑ بڑانا - بڑ ہانکنا - بے معنی باتیں کرنا - بکواس - بک بک - مہمل گفتگو -

Jabiru (jab-i-rōō) *n.* Tropical American bird of stork family امریکہ کا ایک آبی پرند جو لق لق کی قسم کا ہوتا ہے -

Jacinth (jas-inth) *n.* Reddish-orange gem سرخی مائل نارنجی رنگ کا ایک قیمتی پتھر -

Jack (jak) *n.* Familiar form of name معمولی انگریزی نام - نتھو - خیرو - معمولی آدمی - تاش کا غلام - بھاری بوجھ اٹھانے کی کل - گاڑی کے پہیوں کو اونچا کرنے کی کل - کپا - کپی - علم - نشان - برچھی - مختلف مشینوں کے پرزے - کٹھل -

Before you could say Jack Robinson دم بھر میں - چشم زدن میں -

Jack ass گدھا - بے وقوف - احمق -

Jack in office چھوٹے سے عہدہ پر غرور کرنے والا - اہلکار -

Jack of all trades ہر فن مولا -

Jack (jak) *v.t.* Hoist with jack گاڑی کے پہیے کو جیک سے اٹھانا - دست بردار ہونا - کوشش ترک کر دینا -

Jack (jak) *n.* Ship's flag جہاز کا ملکی جھنڈا - چھوٹا جھنڈا جو مستول پر نصب ہوتا ہے -

Jackal (jak-awl) *n.* & *v.t.* Animal of dog kind گیدڑ - شغال - سیار - جمبو - گرگا بننا - گیدڑ بننا -

Jackanapes (jak-ə-naps) *n.* Monkey, coxcomb ملھو - بندر - مسخرا - بانکا - چھیلا - بننے ٹھننے والا - گستاخ - شریر آدمی -

Jacket (jak-it) *n.* Sleeved outer garment for men or women چھوٹا کوٹ - جاکٹ - آستین دار صدری - خفتان - کسی چیز کا غلاف - جانوروں کی کھالیں - پوستین -

Potatoes boiled in their jackets چھلکے سمیت ابلے ہوئے آلو -

Jacob (jak-əb) *n.* Father head of Israelites حضرت یعقوب علیہ السلام -

Jacob's ladder *n.* ایک پودا جس کی پتیاں سیڑھی کی طرح ہوتی ہیں - لکڑی کے ڈنڈوں کی رسی کی سیڑھی -

Jacobin (jak-o-bin) *n.* Dominican friar, a kind of pigeon عیسائیوں کے ایک فرقے کا راہب - ایک کبوتر جس کی گردن پر الٹے پر ہوتے ہیں - شدید قسم کا جمہوریت پسند - مفسد - حکومت کا مخالف -

Jacobite (jak-o-bīt) *n.* Adherent of James II after his abdication انگلستان کے بادشاہ جیمس ثانی کا حامی -

Jacobus (jā-ko-bəs) *n.* English gold coin of the reign of James I جیمس اول بادشاہ انگلستان کے عہد کا طلائی سکہ ۔

Jactitation (jak-ti-ta-shən) *n.* Restless tossing of body in illness بے چینی ۔ ہاتھ پیر ٹپکنا ۔ علالت کی بے چینی ۔ اعضا شکنی ۔ زوجیت کا جھوٹا ادعا ۔

Jade (jad) *n.* & *v.t.* Hard green and blue stone, worn-out horse تھکا ہوا گھوڑا ۔ مریل ناکارہ گھوڑا (مزاحاً) ۔ نیک بخت عورت ۔ تھکا دینا ۔ ایک قسم کا سبز ، نیلا قیمتی پتھر ۔ نیلم ۔

Jadish (jad-ish) *adj.* Ill bred برا ۔ بد ۔ سرکش ۔ شریر ۔ نخرے باز عورت ۔

Jag (jag) *n.* Sharp projection کنگراڑ ۔ چٹان کی تیز نوک ۔ نوکدار پہاڑی ۔

Jag (jag) *v.t.* Cut in an uneven manner کسی چیز کو بری طرح کاٹنا ۔ اس طرح کاٹنا کہ اس میں کھڑنچے پڑ جائیں ۔ دندانے دار یا ناہموار بنا دینا ۔

Jah (jā) *n.* Jehovah, name of God in Torah توریت میں خدا کا ایک نام ۔

Jail (jāl) *n.* Building for keeping prisoners قید خانہ ۔ جیل خانہ ۔ زندان ۔ محبس ۔ اندھا کنواں ۔

Jain (jān) *n.* Follower of Jainism جین مت کا پیرو ۔ جین ۔ مہاویر جی کا پیرو ۔

Jalap (jāl-ap) *n.* Purgative drug گل عباسی کی جڑ جو مسہل کا کام دیتی ہے ۔

Jam (jām) *v.t., i.* & *n.* Squeese between two surfaces دو چیزوں کے درمیان رکھ کر دبانا ۔ کسی پرزے کا اس طرح جم جانا یا بگڑ جانا کہ وہ حرکت نہ کر سکے ۔ چند چیزوں کو کچل کر ایک کر دینا ۔ (مجمع کا) راستہ روک لینا ۔ کسی چیز میں میخ کی طرح گڑ جانا ۔ لاسلکی نشریہ کو اس طرح خراب کرنا کہ وہ سنائی نہ دے ۔

Jam (jam) *n.* Conserve of fruit مربہ ۔ رب ۔ جام ۔ شکر میں پکایا ہوا پھل ۔ مزے کی چیز ۔ لطف کا تماشہ ۔

Jamb (lam) *n.* Side post of doorway دروازے کا چوکھٹا ۔ پاکھا ۔ پٹ ۔

Jamboree (jam-bo-ri) *n.* Celebration, rally of boy scouts جشن ۔ جلسہ ۔ کشافوں کا اجتماع ۔

Jane (jan) *n.* A kind of coarse cloth جنیوا کا سکہ ۔ ایک سوٹا کپڑا ۔ جن ۔

Jangle (jang-gl) *v.t.* Make harsh noise بے تال اور سر بجانا ۔ بے سری آواز نکالنا ۔ جھنجھنانا ۔ جھنکارنا ۔ جھگڑا کرنا ۔ تکرار کرنا ۔ جنگ زرگری کرنا ۔

Janitor (jan-e-tər) *n.* Doorkeeper دربان ۔ پہریدار ۔ چوکیدار ۔

Janizary-nissary (jan-e-zəri) *n.* Turkish Sultan's guard جانثار فوج کا سپاہی ۔ ترکی کے سلطان کے محافظ دستے کا سپاہی ۔ آلہ استبداد ۔ بادشاہ کے ایما پر ظلم کرنے کا خاص ذریعہ ۔

Jansenist (jan-sən-ist) *n.* Doctrine of inability for good of human will کارنیلس جینس کا پیرو جس کا عقیدہ تھا کہ انسان میں بالطبع نیکی کی صلاحیت نہیں ہے ۔

January (jan-u-ə-ri) *n.* First month of year سال کا پہلا مہینہ ۔ جنوری ۔

Janus (jā-nəs) *n.* Ancient Italian god of double face, guardian of doors دومونہا اطالوی دیوتا ۔ دروازوں کا محافظ ۔

Jap (jap) *adj.* & *n.* (Col) of Japan, Japanese (بول چال) جاپانی ۔ جاپان کا ۔

Japanese *n.* & *adj.* جاپان کا باشندہ ۔ جاپان کی زبان ۔ جاپانی ۔

Japan (jə-pan) *n.* Hard varnish, island group on east of Asia جاپان (جزائر کا مجموعہ) ایک روغن جو اول اول جاپان سے آیا ۔ سیاہ پالش ۔ جاپانی طرز آرائش یا جاپانی طرز کا کام ۔

Japan (jə-pan) *v.t.* Make black and glossy as with japan جاپان روغن پھیرنا ۔ جاپان سے چمکانا ۔ سیاہ چمکدار جاپان وارنش کرنا ۔

Jape (jap) *v.t.* & *n.* Jest مذاق ۔ دل لگی ۔ مذاق کرنا ۔ دل لگی کرنا ۔

Japonic (je-pon-ik) *adj.* Japanese جاپانی ۔

Japonica (je-pon-ik-a) *n.* Kinds of Japanese plants مختلف قسم کے خوبصورت جاپانی پودے ۔

Jar (jar) *n.* Sound, vibration جھنکار ۔ کرخت آواز ۔ آواز کا ارتعاش ۔ بے آہنگی ۔ جھگڑا ۔ نزاع ۔ تکرار ۔

Jar (jar) *v.i. & t.* Strike with grating sound کھڑکھڑانا ۔ کرخت آواز نکالنا ۔ کانوں کو ناگوار ہونا ۔ تکرار کرنا ۔ ٹکرا کر گونجنا ۔ جھرجھری پیدا کرنا ۔ اعصاب میں ارتعاش پیدا کرنا ۔

Jarringly *adv.* کھڑکھڑاہٹ سے ۔ کرخت آواز سے ۔ ناگواری سے ۔

Jar (jar) *n.* Stone and earthen ware چینی یا پتھر کے برتن ۔ گھڑا ۔ مٹکا ۔ برنی ۔ مرتبان ۔ صراحی ۔

Jar, on the, a, jar (بول چال) نیم وا دروازہ ۔

Jardinier (zhar-di-nyer) *n.* Ornamental pot for displaying flowers in rooms کمروں کے اندر پھول رکھنے کے نقشی کونڈے ۔ گملے یا گلدان ۔

Jargon (jar-gən) *n.* Unintelligible words بولی جو سمجھ میں نہ آئے ۔ طرز کلام جس کو کوئی نہ سمجھ سکے ۔ بے ضرورت لفاظی ۔ چڑیوں کی چہچہاہٹ ۔

Jargon (jar-gən) *n.* Smoky variety of zircon found in Ceylon لنکا کا ایک شفاف دخانی رنگ کا پتھر ۔ زرقان ۔

Jarl (yarl) *n.* Old Norse or Danish chief ناروے یا ڈنمارک کا سردار ۔

Jarvey (jar-vi) *n.* Hackney-coachman کرایہ کی گاڑی کا کوچوان ۔ (آئرلینڈ) موٹر ڈرائیور ۔

Jasmin(e) (jas-min) *n.* Kind of shrubs with white or yellow flowers چنبیلی ۔ یاسمین ۔ جوہی ۔ سونی جوہی ۔

Jasper (jas-pər) *n.* Opaque variety of quartz زبرجد ۔ سنگ یشب ۔ سرخ اور بادامی رنگ کا پتھر جو دواؤں میں کام آتا ہے ۔

Jaundice (jawn-dis) *n. & v.t.* Morbid state caused by obstruction of bile یرقان ۔ کنول باؤ ۔ کمل بائی ۔ نقص بصارت ۔ یرقان کا اثر پیدا کرنا ۔ کسی شخص کی طبیعت میں رشک و حسد پیدا کر دینا ۔

Jaundiced *adj.* یرقانی ۔ رشک و حسد میں مبتلا ۔

Jaunt (jawnt) *v.i. & n.* Take excursion سیر کرنا ۔ تفریحی سفر کرنا ۔ سیر گشت ۔ چھوٹا یا بڑا تفریحی سفر ۔

Jaunty (jawnti) *adj. & n.* Airy self-satisfaction زندہ دل ۔ ہنس مکھ ۔ جہازی پولیس کا افسر ۔

Jauntily *adv.* البیلے پن سے ۔ زندہ دلی سے ۔

Jauntiness *n.* خوش ادائی ۔ بانکپن ۔ زندہ دلی ۔

Javan-ese (ja-van) *adj. & n.* Of Java جزیرہ جاوا کا ۔ جاوا کی زبان یا جاوا کا باشندہ ۔

Javelin (jav(ə)lin) *n.* Light spear, dart برچھی ۔ نیزہ ۔ بان ۔

Jaw (jaw) *n., v.i. & t.* Framework of mouth جبڑا ۔ کلا ۔ جبڑے کے دانت ۔ شکنجہ ۔ لمبی چوڑی تقریر کرنا ۔ خبر لینا ۔ گالی دینا ۔

Jay (ja) *n.* Noisy European bird of brilliant plumage یورپ کا ایک خوبصورت پرند جو بہت چیختا ہے ۔ نیل کنٹھ ۔ دماغ چٹ ۔ باتونی ۔ سادہ لوح ۔ احمق ۔

Jazz (jaz) *n., adj. & v.i.* Music and dance of U.S. negro origin امریکہ کے حبشیوں کی طرز کا ناچ اور گانا ۔ شور و غل ۔ بھڑک دار ۔ جاز بجانا یا ناچنا ۔

Jealous (jel-əs) *adj.* Envious بدگمان ۔ حاسد ۔ شکی ۔ پر رشک ۔ حقوق کی غیر معمولی طور پر حفاظت کرنے والا ۔ کسی کو اچھی حالت میں دیکھ کر جلنے والا ۔ اپنے عقیدہ پر سختی سے قائم رہنے والا ۔ غیور ۔ چوکس ۔

Jealousy (jel-əsī) *n.* State of being jealous رشک ۔ حسد ۔ رقابت ۔ بدگمانی ۔ مسابقت ۔ غیرت ۔ حمیت ۔ غیرت مندی ۔

Jean (jān) *n.* Twilled cotton cloth زین ۔ ایک قسم کا موٹا کپڑا ۔

Jeer (jēr) *v.i., t. & n.* Deride طعن و تشنیع ۔ لعن‌طعن ۔ طنز ۔ چوٹ کرنا ۔ طنز کرنا ۔ ہنسی اڑانا ۔ کشتی کے پردوں کو اونچا کرنے اور گرانے کا انکڑا ۔

Jehad (je-had) *n.* دیکھو Jihad

Jehovah (ji-ho-va) *n.* Principal name of God یاہو ۔ یا اللہ ۔ اللہ تعالیٰ ۔

Jehu (je-hu) *n.* Furious driver (مزاح) گاڑیبان ۔ سرپٹ دوڑانے والا ۔

Jejune (ji-joon) *adj.* Barren, meagre بھوکا ۔ مریل ۔ روکھا سوکھا ۔ بے مزا ۔ ناقابل زراعت ۔ بنجر (زمین) ۔

Jejuneness *n.* بے قدر ہونا ۔ حقیر ہونا ۔ بنجر پن ۔

Jekyll and Hyde (je-kil, hid) *n.* Man of two personalities دو طبیعتوں والا ۔ دو مزاجا ۔ دو شخصیتوں والا ۔ دوہری شخصیت والا ۔ دو رنگی ۔

Jelly (jel-i) *n.* Soft, stiff transparent food لعاب ۔ لعاب دار چیز ۔ جائی ہوئی چمک دار اور نرم مٹھائی ۔ مربع نما مٹھائی ۔ جیلی ۔ رب ۔

Jemmy (jem-i) *n.* Burglars' crow bar نقب زنی کا آلہ ۔ سالم پکی ہوئی بکرے کی سری ۔

Jennet (jin-it) *n.* Small Spanish horse اسپین کا ٹٹو ۔

Jenny (jen-i) *n.* Locomotive crane بننے کی مشین ۔ متحرک آلہ ۔ بلیرڈ کی ایک ضرب ۔

Jeopardize (jep-ər-diz) *v.t.* Endanger خطرے میں ڈالنا ۔ جوکھوں میں ڈالنا ۔ نقصان پہنچانا ۔

Jeopardy (jep-ər-di) *n.* Danger خطرہ ۔ اندیشہ ۔ جوکھوں ۔ خوف ۔ ہراس ۔

Jeremiad (jer-i-mi-ad) *n.* Lamentation فریاد ۔ آہ و بکا ۔ نوحہ ۔ گریہ و زاری ۔

Jericho (jer-i-ko) *n.* Town in Palestine فلسطین کا ایک شہر ۔

Go to Jericho شیطان کے حوالے ۔ جہنم میں جاؤ ۔

Jerk (jə-rk) *n.* Sharp sudden pull جھٹکا ۔ دھچکا ۔ دھکا ۔ ہچکولا ۔ ناگہانی حرکت ۔ تشنج ۔

Jerky *adj.* جھٹکا دینے والا ۔ دھچکا لگانے والا ۔

Jerk (jə-rk) *v.t.* & *i.* Pull, thrust جھٹکا دینا ۔ دھچکا دینا ۔ جھٹکے کے ساتھ کھینچنا ۔ اچانک دھکیل دینا یا پھینک دینا ۔

Jerk (jə-rk) *v.t.* Cure beef گوشت کے لمبے ٹکڑوں کو نمک لگا کر سکھا لینا ۔

Jeroboam (jer-ō-bo-əm) *n.* Wine bottle شراب کا قرابہ ۔ شراب کی بہت بڑی بوتل ۔

Jerry (jer-i) *n.* German soldier جرمن سپاہی ۔ (بول چال) پیشاب کا برتن ۔

Jerry builder ناقص مسالے سے بے ڈھنگی عمارت بنانے والا ۔

Jersey (jər-zi) *n.* Close-fitting woollen tunic جرسی ۔ تنگ بنیان جو کھلاڑی کھیل میں پہنتے ہیں ۔ تنگ صدری جو قمیض کے نیچے پہنی جائے ۔

Jerusalem (jer-oos-ə-ləm) *n.* City in Israel بیت المقدس ۔ بیت المقدس کا خچر ۔ ایک قسم کی سورج مکھی ۔

Jess (jes) *n.* Strap of leather round legs of hawk باز کے پیروں میں باندھنے کا چمڑے کا تسمہ ۔

Jessamine (jas-min) *n.* دیکھو Jasmine

Jest (jest) *n.* Joke, fun ہنسی مذاق ۔ ٹھٹھا ۔ دل لگی ۔ مذاق کا فقرہ ۔ لطیفہ ۔ مطایبہ ۔ نشانہ ۔ تضحیک ۔ نقل محفل ۔

Jest (jest) *v.i.* Joke, jeer مذاق کرنا ۔ دل لگی کرنا ۔ فقرہ کسنا ۔ طعن کرنا ۔

Jester (jest-ər) *n.* One who jests مسخرا ۔ ظریف ۔ ہزل گو ۔ خوش طبع ۔

Jesuit (jez-u-it) *n.* Member of the society of Jesus ایک عیسائی فرقہ کا رکن ۔ ریا کار شخص ۔ سخن ساز انسان ۔

Jesus Christ (je-zes-krist) *n.* Apostle of God حضرت عیسیٰ علیہ السلام ۔ یسوع مسیح ۔

Jet (jet) *n.* & *adj.* Hard black lignite سنگ موسیٰ ۔ ایک سیاہ چمک دار پتھر ۔ نل ۔ فوارہ ۔ ٹونٹی ۔ سنگ موسیٰ کے رنگ کا ۔

Jet (jet) *n.* Stream of water پانی کی تیز دھار ۔ نوکدار نلی ۔ فوارہ ۔

Jetsam (jet-səm) *n.* Goods thrown overboard from ship to lighten it وہ چیزیں جو جہاز کو ہلکا کرنے کے لیے پھینک دی جائیں ۔

Jettison (jet-i-sən) *n.* & *v.t.* Throwing of goods جہاز کو ہلکا کرنے کے لیے سامان پھینکنا ۔

Jetty (jet-i) *adj.* Jet black سیاہ اور چمک دار ۔

Jew (joo) *n.* & *v.t.* One of the Jewish people یہودی ۔ عبرانی ۔ اسرائیلی ۔ بنی اسرائیل کا قبیلہ ۔ سود خور ۔ معاملہ کا سخت ۔ ٹھگنا ۔ دھوکا دینا ۔ دھوکا دے کر لوٹنا ۔

Unbelieving Jew مشکل سے اعتبار کرنے والا ۔ شکی آدمی ۔

Tell that to the Jews یہ فقرہ کسی اور کو سناؤ ۔

Jewel (joo-əl) *n.* & *v.t.* Ornament containing precious stones لعل جواہر ۔ قیمتی ۔ نگینے ۔ ہیرا ۔ جڑاؤ زیور ۔ قابل قدر شخص ۔ ہیرے جواہرات جڑنا ۔ جواہرات سے آراستہ کرنا ۔

Jeweller *n.* سنار ۔ جڑیا ۔ جواہرات کا بیوپاری ۔ جوہری ۔

Jewellery *n.* جڑاؤ زیور ۔ زیورات ۔ جواہرات

Jewess (joo-es) *n.* Jew woman یہودن ۔

Jewish (joo-ish) *adj.* Of a Jew یہودی - عبرانی - یہودی نسل کا -

Jewry (Joo-ri) *n.* The Jews, Jew quarters in city یہودیوں کا محلہ - یہودی ٹولہ - قوم یہود -

Jezebel (jiz-i-bəl) *n.* Abandoned woman وہ عورت جو چہرے پر غازہ ملتی ہو - بد چلن عورت - غازہ مل کر حسین بننے والی عورت -

Jib (jib) *n.* Triangular stay-sail جہاز میں سب سے آگے کا بادبان - بوجھ اٹھانے کی کل کا آگے کو نکلا ہوا حصہ -

Out of his jib - اس کی شکل و صورت - اس کی وضع قطع

Jib (jib) *v.t.* & *i.* Pull sail from one side to another جہاز کی ایک طرف سے دوسری طرف بادبان کو لانا -

Jib (jib) *v.i.* Stop to move forward گھوڑے کا اڑ جانا - گھوڑے کا پیچھے کی طرف ہٹنا - کسی کام میں آگے بڑھنے سے انکار کرنا -

Jibber اڑیل گھوڑا -

Jib-door (jib-dor) *n.* Door flush with wall چور دروازہ - وہ دروازہ جو دیوار سے پیوست ہو اور معلوم نہ ہو سکے -

Jibe (jib) *v.i., t.* & *n.* Jest - طعنہ زنی کرنا - آوازے کسنا مذاق اڑانا - طعنہ - پھبتی -

Jiff(y) (jif) *n.* Very short time - پل - لمحہ - دقیقہ آن -

In a jiff چٹکی بجاتے - چشم زدن میں -

Jig (jig) *n.* Lively dance مستانہ ناچ - ایسا ناچ جس میں رقاص توڑے لیتا ہے -

Jig (jig) *v.i.* & *t.* Dance a jig تیزی کے ساتھ اعضا کو حرکت دینا - والہانہ ناچ ناچنا - معدنی ذرات کو پانی میں نیارنا -

Jig-saw puzzle معمہ جس میں کٹے ہوئے ٹکڑوں کو جوڑنا پڑتا ہے -

Jigger (jig-ər) *n.* Small sail, tackle چھوٹی چرخی جو رسی سے پھرتی ہے - چھوٹی کشتی -

Jiggle (jig-l) *v.t.* Rock or jerk lightly ہلکے ہلکے جھٹکے دینا - ڈولانا -

Jihad (ji-had) *n.* Religious war of Muslims against unbelievers جہاد - کافروں کے خلاف جنگ - ہر جنگ جو مسلمان دینی اصولوں کے تحفظ کے لیے لڑتے ہیں -

Jill (jil) *n.* Woman - لڑکی - محبوبہ - عورت - لگائی - ستری -

Jilt (jilt) *n.* & *v.t.* Woman who casts off her lover for another بے وفا عورت - ہرجائی - اقرار محبت کر کے پھر جانا -

Jim-crow (jim-kro) *n.* Negro (امریکہ) حبشی -

Jimp (jimp) *adj.* Slender - صاف - ستھرا - خوش نما - پاکیزہ - خوش ادا - چھریرا -

Jingle (jing-gl) *n., v.t.* & *i.* Noise like that of small bells جھنکار - جھنجھناہٹ - یکساں آواز کے الفاظ - دو پہیوں کی ٹپ دار گاڑی - جھنکارنا - جھنجھنانا - جھن جھن کرنا -

Jingo (jing-go) *int.* & *n.* Blustering patriot وطن کے لیے جنگ جوئی کا حامی - شیخی باز وطن پرست - اکڑ فوں - جنگ کا نعرہ لگانے والا - جنگ -

Jingoism *n.* جنگ جویانہ وطن پرستی - جنگ جوئی -

Jinks (jīnks) High jinks *n.* Boisterous sport ہڑبونگ - خر مستیاں - رنگ رلیاں -

Jinnee (jin-e) *n.* Spirit lower than angels آتشی مخلوق - جن -

Jinrickshaw (jin-rik-shaw) *n.* Two-wheeled vehicle drawn by man رکشا - دو پہیوں کی ہلکی گاڑی جسے آدمی کھینچتے ہیں -

Jiu-jitsu (joo-jit-soo) *n.* Ju-jutsu دیکھو

Job (job) *n.* Piece of work - چھوٹا کام - چلھر کام - مزدوری - کوئی ایسا معاملہ جس میں ذاتی منافع کو فرض پر ترجیح دی جائے - فرض منصبی -

Bad job - وہ کام جس میں محنت رائگاں جائے - سعی ناکام

Job work فوری اجرت کے کام - متفرق کام -

Job (job) *v.t., i.* & *n.* Stab slightly نوک دار چیز سے کچوکا دینا - کونچنا - گھونپنا - گھوڑے کی لگام کو جھٹکے دینا - کونچا -

Jobbery *n.* دلالی - آڑھت -

Jobber متفرق کام کرنے والا -

Job (job) *n.* Name of a prophet حضرت ایوب جو صبر و شکر کے لیے مشہور ہیں -

Job's comforter (job-s-kəm-fər-tər) *n.* One who harms in the garb of a friend غم خواری کے پردے میں دشمنی کرنے والا -

Jobation (job-a-shən) *n.* A lengthy reprimand تنبیہ - سرزنش - بڑی لعن طعن -

Jobbernowl (job-ər-nol) *n.* Stupid person بیوقوف گاؤدی - احمق - کندہ نا تراش -

Jock (jok) *n.* Highland soldier سکاٹ لینڈ کا سپاہی -

Jockey (jok-i) *n.* Professional rider in horse races جاکی - گھڑ دوڑ کا سوار - چابک سوار - گھوڑوں کا سوداگر - ٹھگ - دغا باز -

Jockeydom *n.* جاکیوں کا گروہ - سواروں کی جماعت -

Jockey (jok-i) *v.t. & i.* Outwit, cheat دغا کرنا - فریب دینا - ٹھگنا - دھوکا دے کر کوئی کام کرانا -

Jocko (jok-o) *n.* Chimpanzee چمپنیزی - افریقہ کا ایک بندر جو انسان سے مشابہ ہوتا ہے -

Jocose (jo-kos) *adj.* Playful خوش طبع - ٹھٹھول - ہنسوڑ - ظریف - پر مذاق - خوش مزاج -

Jocoseness, jocosity *n.* ٹھٹھے بازی - خوش طبعی - ظرافت -

Jocular (jok-u-lər) *adj.* Mirthful, humorous خوش طبع - دل لگی باز - مسخرا - مسخرے پن کا - ہنسی کا - ظریفانہ -

. Jocularity ظرافت - خوش طبعی -

Jocund (jok-und) *adj.* Merry رنگیلا - زندہ دل - خوش مزاج - ظریف طبع -

Jocundity *n.* خوش طبعی - خوش مزاجی - زندہ دلی -

Joe Miller (jo-mil-ər) *n.* Stale joke بار بار کا سنا ہوا لطیفہ - فرسودہ مذاق -

Joey (jo-ī) *n.* Young kangaroo کینگرو کا بچہ - کسی جانور کا بچہ -

Jog (jog) *v.t., i. & n.* Shake with push or jerk دھکا دینا - ہلا دینا - ٹھیلنا - جھنجھوڑنا - یاد تازہ کرنا - حافظہ پر زور ڈالنا - رک رک کر چلنا - جھوم کر چلنا - چل دینا - راہ لینا - کسی نہ کسی طرح وقت گزارنا - جھٹکا - دھکا - سست رفتاری -

Joggle (jōg-l) *v.t., i. & n.* Move by repeated jerks دھکا دینا - جھٹکے دینا - ہلانا - ہچکولے کھانا - جھٹکا - ہچکولا -

Joggle (jōg-l) *n. & v.t.* Joint of two pieces of stone or timber دو پتھروں یا لکڑی کے ٹکڑوں کا جوڑ - داسوں کو جوڑنا - ملانا -

Johannisberger (jo-ha-nis-bər-gər) *n.* Fine white wine of Germany جرمنی کی اعلیٰ قسم کی سفید شراب -

John *n.* انگریزی کا اسم معرفہ مذکر -

John Bull (jan-bul) *n.* English nation انگریز - انگریز قوم -

John Bullism (jon-bul-izm) *n.* Characteristics of English nation انگریز قوم کی خصوصیات -

Johnian (jon-i-ən) *adj. & n.* Member of St. John's College, Cambridge سینٹ جانس کالج کیمبرج کا - اس کالج کا رکن -

Johnny (jon-i) *n.* Fellow, fashionable idler شخص - آدمی - یار جانی - لاپروا آدمی -

Johnsonian (jon-so-ni-ən) *adj.* Of, like, Samuel Johnson ڈاکٹر جانسن کے طرز کی عبارت - جس میں لاطینی الفاظ کی بھرمار ہو -

Johnsonese (john-so-nis) *n.* Writing full of Latin ڈاکٹر جانسن کے طرز کی عبارت -

Join (join) *v.t., i. & n.* Put together جوڑنا - گانٹھنا - ملانا - اکٹھا کرنا - مربوط کرنا - کسی کے ساتھ آ ملنا - کلب وغیرہ کا رکن بننا - شریک ہونا - شامل ہونا - داخل ہونا (فوج) - نوکری پر حاضر ہونا - ایک ندی کا دوسری ندی میں گرنا - نقطہ اتصال - سنگم - ملنے کی جگہ -

Join battle جنگ شروع کرنا -

Joinder (joīn-dər) *n.* Union اتصال - جوڑ - ضمیمہ - مقدمہ میں شمولیت بحیثیت مدعی یا مدعا علیہ -

Joiner (join-er) *n.* One who makes furniture ملانے والا - جوڑنے والا - لکڑی کا متفرق کام کرنے والا - فرنیچر ساز -

Joint (join-t) *n.* Place at which two things are joined جوڑ - بند - پیوند - گرہ - گانٹھ - چول - قفلی - جسم کے جوڑ - انگلی کے پور - خلاف قانون شراب خانہ - چانڈو خانہ وغیرہ -

Joint (join-t) *adj.* Done by two or more persons مشترکہ - متحدہ - شریک - شامل - ملا جلا - بالاشتراک -

Joint (join-t) *v.t.* Connect by joints - ملانا - جوڑنا - ٹکڑے جوڑنا - عمارت کے جوڑوں کو گارے سے بھرنا - جوڑ پر سے کاٹنا -

Jointer (join-tər) *n.* Plane for jointing جوڑوں کا خاکہ یا منصوبہ - جوڑ ملانے والا - جوڑنے والا - راج کی کرنی - بجلی کے تار جوڑنے والا کاریگر -

Jointeress (join-tər-es) *n.* Widow who holds a jointure بیوہ صاحب جائیداد - وہ بیوہ عورت جس کے نام شوہر نے جائیداد لکھ دی ہو - گزارا یاب عورت - وثیقہ یاب -

Jointure (join-tur) *n.* Estate settled on wife by husband حق زوجیت - مہر - جائیداد برائے نان نفقہ - وہ جائیداد جو شوہر نے اپنی بیوی کے نام لکھ دی ہو -

Joist (joist) *n.* Parallel timbers placed on wall for ceiling ناٹ - شہتیر - کڑی - چھت کی کڑی - فرش کی کڑی -

Joke (jok) *n.* Witticism - مذاق - ہنسی - پر لطف بات - لطیفہ - دل لگی -

It is no joke یہ اہم معاملہ ہے -

Joke (jok) *v.i.* & *t.* Banter - مذاق کرنا - دل لگی کرنا - چھیڑنا - ہنسی اڑانا -

Joky *adj.* جگت باز - فقرہ باز - ظریف - دل لگی باز -

Joker (jok-ər) *n.* One who jokes مذاق کرنے والا آدمی - دل لگی باز - تاش کے کھیل میں ایک پتہ جس کو ہر پتہ بنا سکتے ہیں (بول چال) شخص - آدمی -

Jollify (jol-i-fi) *v.i.* & *t.* Make merry رنگ رلیاں منانا - پینا پلانا - مست کر دینا -

Jollification *n.* رنگ رلیاں - سرور - مستی - تفریح - ہنسی - دل لگی -

Jollity (jol-i-ti) *n.* Festivity - زندہ دلی - خوش طبعی - چہچہے - قہقہے -

Jolly (jol-i) *adj.*, *adv.* & *n.* Joyful, festive - خوش شادمان - مسرور - خوش و خرم - کسی قدر نشے میں چور - سرور میں - مزے میں - رنگین مزاج - مزے کا آدمی - شہری بھری نوج کا جوان -

Jolly-boat (jol-i-bot) *n.* Ship's boat جہاز کے ساتھ کی چھوٹی کشتی -

Jolt (jol-t) *v.t.*, *i.* & *n.* Shake with jerk from seat ہچکولے دینا - جھنجھوڑنا - گاڑی کا ہچکولے کھاتے ہوئے چلنا - ہچکولہ - دھچکا -

Jolty *adj.* دھچکے دینے والا - ہچکولے کھانے والا -

Jolter-head (jolt-ər-hed) *n.* Stupid person - بیوقوف - گاؤدی - احمق - اوندھی کھوپڑی کا آدھی -

Jonah (jon-a) *n.* Person who brings ill-luck منحوس آدمی - وہ جس کو منحوس سمجھ کر دیوتاؤں پر قربان کر دیا جائے -

Jonathan (jon-ə-thən) *n.* Typical citizen of United States شہر نیویارک کا باشندہ جو امریکہ کی مخصوص صفات سے متصف ہو -

Jordan-den (jor-dən) *n.* Chamber pot پیشاب اور پاخانے کا برتن - پاٹ -

Jorum (jor-əm) *n.* Large drinking bowl - جام - قدح - پیالہ - بادہ - شراب پینے کا بڑا پیالہ -

Joseph (jo-zif) *n.* Chaste man پاکباز آدمی - لمبا لبادہ جو یورپ کی عورتیں گھوڑے کی سواری کے وقت پہنتی ہیں -

Joskin (jos-kin) *n.* Country bumpkin - دہقانی عورت - بے تمیز دیہاتن - بے تمیز آدمی -

Joss (jos) *n.* Chinese idol - چینی بت - لعبت چین - چین کا بت -

Joss-house - صنم خانہ - بت کدہ - صنم کدہ چین -

Josser (jos-ər) *n.* Fool - بیوقوف آدمی -

Jostle (jos-l) *v.t.*, *i.* & *n.* Knock, push - دھکا دینا - دھکیلنا - ٹکرانا - کہنی مارنا - کہنی مار کر ہٹانا - دھکے دے کر راستہ بنانا -

Jot (jot) *n.* A very small amount - ذرہ - ریزہ - تل - خفیف مقدار -

Jot (jot) *v.t.* Write hastily اشارے سے لکھنا - تیزی سے لکھنا - جلدی جلدی لکھ لینا - ٹانک لینا -

Jounce (jow-ns) *v.t.* & *i.* Bump, bounce - دھکا دینا - دھکا کھانا - ٹکرانا - دھچکا یا ہچکولا لگنا -

Journal (jər-nəl) *n.* Daily record of events روزنامہ - روزانہ اخبار - روز نامچہ - یومیہ تختہ - روزانہ واقعات کا رجسٹر -

Journalist (jər-nəl-ist) *n.* One who edits a journal - مدیر - صحافی - روز نامچہ نویس - واقعہ نگار - اخبار نویس -

Journalese *n.* اخباری زبان -

Journalism *n.* اخبار نویسی - صحافت -

Journalistic *adj.* صحافت کے متعلق - اخباری - صحافتی -

Journalize (jər-nəl-iz) *v.t.* & *i.* Enter in a journal اخبار میں لکھنا - روز نامچہ میں درج کرنا - کھاتے میں لکھنا - کھتیانا -

Journey (jər-ni) *n.* & *v.i.* Distance travelled - سفر خشکی کا سفر - راہ پیمائی - سیاحت - طے شدہ فاصلہ - سفر کرنا - راستہ طے کرنا -

Joust (jow-st) *v.i.* & *n.* Combat between two knights - دو جانبازوں کی جنگ - نیزہ بازی کا مقابلہ - دو سواروں کا نیزوں یا تلواروں سے لڑنا -

Jove (jov) *n.* Jupiter - عطارد - رومیوں کا بڑا دیوتا -

Jovial (jovi-əl) *adj.* Merry - خوش مزاج - زندہ دل - رنگین مزاج - عیش پرست -

Joviality رنگین مزاجی - خوش مزاجی - زندہ دلی -

Jowl (jowl) *n.* Jaw bone, jaw, cheek - گال - رخسار - جبڑا - جبڑے کی ہڈی - پرندوں کا پوٹا - بیلوں کی گردن سے لٹکنے والا گوشت -

Joy (joi) *n.* Gladness - فرحت - خوشی - مسرت - شادمانی - طرب - سرور - انبساط - باعث مسرت - مایۂ شادمانی -

Joyful *adj.* مسرت بخش - محظوظ - خوش و خرم -

Joyous *adj.* پر انبساط - پر مسرت -

Joyousness *n.* لطف و مسرت - خرمی - شادمانی -

Joy (joi) *v.i.* & *t.* Rejoice - خوش ہونا - باغ باغ ہونا - مسرور ہونا - مسرور کرنا - شاد کرنا -

Jubilate (joo-bi-lat) *v.i.* Make demonstration of joy مسرت کا اظہار کرنا - خوشی منانا - شادیانے بجانا -

Jubilation *n.* - خوشی منانا - شادمانی - اظہار مسرت -

Jubilant *adj.* - مسرت کا اظہار کرنے والا - خوش و خرم - شادمان -

Jubilee (joo-bi-li) *n.* Year of emancipation یہودیوں کا جشن آزادی - پچاسویں سال کا جشن - پچاسویں سالگرہ - مسرت اور جشن کا سال -

Silver jubilee پچیسویں سالگرہ -

Diamond jubilee ساٹھویں سالگرہ -

Judaic (joo-da-ik) *adj.* Jewish - یہودیوں سے متعلق - یہودیوں کا -

Judaize (joo-dəz) *v.i.* & *t.* Follow Jewish customs یہودی رسم و رواج کی پیروی کرنا - یہودی بنانا - یہودیت کے رنگ میں رنگنا -

Judas (joo-des) *n.* Disciple who betrayed Christ جوڈا - وہ حواری جس نے دشمنوں سے حضرت عیسیٰ علیہ السلام کی نشان دہی کی - غدار حواری - پیرو بن کر دغا دینے والا -

Judge (juj) *n.* Officer of the court of justice منصف - قاضی - مفتی - ناظم عدالت - ناظم فوجداری یا دیوانی - انصاف کرنے والا - ماہر - شناخت کنندہ - مبصر - داور حقیقی اللہ تعالیٰ - بنی اسرائیل کا حکم (جمع) توریت کی ایک کتاب -

Judgeship - جج کی میعاد ملازمت - عہدہ عدالت - جج کا عہدہ -

Judge (juj) *v.t.* & *i.* Try and pronounce sentence فیصلہ صادر کرنا - انصاف کرنا - رائے قائم کرنا - تحقیقات کرنا - سزا تجویز کرنا - سزا کا حکم سنانا - تمیز کرنا - نیک و بد کا جاننا - فرق معلوم کرنا - سوچ بچار کرنا - جاننا - معلوم کرنا -

Judgement (juj-mənt) *n.* Sentence of the court فیصلہ عدالت - حکم عدالت - عقل - رائے - خیال - فہم - بصیرت - قوت فیصلہ - عقل سلیم -

Judicature (joo-di-kət-yər) *n.* Administration of justice - عدل گستری - عدالت - نظام عدلیہ - حکام عدالت - دارالقضاۃ -

Judicial (joo-dish-əl) *adj.* Of a court of law متعلق بہ عدلیہ - عدالت کا - عدل گسترانہ - شرع کے مطابق - جج کے شایان شان - بلا رو و رعایت -

Judiciary (joo-dish-ə-ri) *n.* The judges of a state حکام عدالت - نظام عدل - جج - منصف -

Judicious (joo-di-shəs) *adj.* Sensible - عقلمندانہ دانشمندانہ - عادلانہ - معاملہ فہم - مدبرانہ -

Jug 456 Juncture

Jug (jūg) *n.* Deep vessel for holding liquids صراحی - گھڑا - قرابہ (بول چال) قید خانہ -

Jug (jug) *v.t.* Boil in a jug خرگوش کا پکانا - ابالنا - گوشت پکانا - دم پخت کرنا (بول چال) قید کرنا - جیل بھیجنا -

Jug (jug) *v.i.* Utter sound of birds پرندوں کی بولی بولنا - جگ جگ کرنا -

Juggernaut (jūg-ər-nawt) *n.* Krishna's idol at Puri جگناتھ - کرشن کا بت - کرشن کا مندر - کرشن کی مورتی جس کا جلوس ہر سال نکالا جاتا ہے -

Juggernaut car کوئی عقیدہ جس کے لیے لوگ جانیں قربان کر دیں - کرشن مورتی کا رتھ -

Juggins (jūg-inz) *n.* Simpleton احمق - سادہ لوح - بیوقوف آدمی -

Juggle (jūg-l) *v.i., t. & n.* Play conjuring tricks نظر بندی کرنا - شعبدہ بازی کرنا - دھوکا دے کر کسی چیز کو غائب کر دینا - چالاکی سے کسی چیز کو بدل دینا - شعبدہ - فریب - دھوکا -

Juggler فریبی - مداری - بازی گر - شعبدہ باز -

Jugglery عیاری - چابک دستی - نظر بندی - شعبدہ بازی -

Jugular (jōō-gu-lər) *adj. & n.* Of the neck گلے کا - گردن کا - حلق کا - رگ گردن -

Jugulate (jōō-gu-lət) *v.t.* Arrest course of disease کسی تیز اثر دوا سے مرض کو روک دینا - مارنا - ہلاک کرنا -

Juice (jōōs) *n.* Liquid part of fruits or vegetables ترکاری اور پھلوں کا عرق - رس - شیرہ - نچوڑ - بدنی رطوبت - (بول چال) انجن کا تیل - پٹرول -

Juicy (jōōs-i) *adj.* Full of juice رسیلا - رس دار - رس بھرا - شیرے دار - بہ کثرت بارش کا (موسم) (بول چال) دلچسپ - لطیف - پر مغز - شوخ رنگوں کا -

Juiciness *n.* برسات کی شدت - پر معنی ہونا - رس دار ہونا - رسیلا پن -

juju (jōō-jōō) *n.* Magic, charm (افریقہ) جادو - ٹونا - منتر - بے جان چیز کی پرستش -

Ju-jutsu (jōō-jut-sōō) *n.* Japanese art of wrestling جاپان کا فن کشتی -

Julep (jōō-lep) *n.* Medicated drink شربت - مفرح شربت - شربت گلاب - جلاب - مسالے دار یا برف میں لگایا ہوا شراب اور پانی کا مرکب -

July (jōō-li) *n.* Seventh month of the year انگریزی سال کا ساتواں مہینہ - جولائی -

Jumble (jūm-bl) *v.i. & t.* Move about in disorder گڑ بڑ سے چلنا پھرنا - خلط ملط کرنا - مخلوط کرنا - تہ و بالا کرنا -

Jumble (jūm-bl) *n.* Confused assemblage بے ترتیبی - انبار - گڈ مڈ - بے قاعدہ مجمع -

Jumble shop ایسی جگہ جہاں کوئی چیز قاعدے سے نہ رکھی ہو - کباڑی کی دوکان - کباڑ خانہ -

Jumbo (jūm-bo) *n.* Big clumsy person, animal or thing موٹا ، بھدا اور بے ڈول آدمی یا جانور - لندن کے جانور خانے کا مشہور ہاتھی - قسمت کا دھنی - کامیاب انسان -

Jump (jūmp) *v.i., t. & n.* Spring from ground اچھلنا - کودنا - جست لگانا - چھلانگ لگانا - اچھل پڑنا - چونک اٹھنا - تقدیر کا دفعتاً چمک جانا - جلد بازی سے کوئی نتیجہ اخذ کرنا - ریل کا پٹری سے اتر جانا - بچے کو کدانا - جھپٹنا - جھپٹ کر لے لینا - سرسری نظر ڈال کر چھوڑ دینا - قیمت کا دفعتاً چڑھ جانا - جست - چھلانگ - پھلانگ - گریز -

Jump down person's throat کسی کو دندان شکن جواب دینا -

Jump out one's skin حیرت سے چونک پڑنا -

Jumper (jūmp-ər) *n.* One who jumps کودنے والا - ویلز کے میتھوڈسٹ فرقے کے لوگ جو عبادت میں اچھلتے کودتے ہیں - ایسے کیڑے جو کود کر چلتے ہیں - ایک بڑا برما -

Jumper (jūmp-ər) *n.* Sailor's loose jacket of canvas کرمچ کی ڈھیلی ڈھالی صدری جو ملاح پہنتے ہیں - عورتوں کی جاکٹ -

Junction (jūngk-shən) *n.* Meeting place جوڑ - اتصال - ملنے کا مقام - سنگم -

Juncture (jūngk-tyər) *n.* Place where things meet - وقت - نقطہ یا مقام جہاں چیزوں کا اتصال ہو - ملنے کی جگہ - ملنے کا وقت -

June (jo͞on) *n.* Sixth month of the year سال کا چھٹا مہینہ ۔ جون ۔

Jungle (jun-gl) *n.* Land overgrown with shrubs and trees جنگل ۔ بن ۔ جھاڑ جھنکار ۔ بے ترتیب انبار (افریقہ) تجارتی حصص کا بازار ۔

Junior (jo͞on-yer) *adj.* & *n.* Younger عمر میں چھوٹا ۔ مدت ملازمت اور یافت میں چھوٹا ۔ کم عمر ۔ کم مرتبہ شخص ۔

Juniority *n.* چھوٹا ہونا ۔ کم ہونا ۔

Juniper (jo͞o-ni-per) *n.* Kind of evergreen shrub yielding oil ایک قسم کی صنوبری جھاڑی جس سے تیل نکلتا ہے ۔

Junk (jŭngk) *n.* & *v.t.* Discarded material جہاز کا پرانا رسہ ۔ پرانا سامان ۔ ناکارہ سامان ۔ نمک لگایا ہوا گوشت ۔ ہویل کا بھیجا ۔ بڑے بڑے ٹکڑے کرنا ۔

Junker (jungk-er) *n.* Young German noble جرمنی کا امیر زادہ ۔ جماعت امرا کا رکن ۔

Junket (jungk-it) *n.* & *v.i.* Dish of sweetened curds and whey دہی اور انڈے کی زردی کا میٹھا حلوہ ۔ دعوت ۔ ضیافت کرنا ۔

Juno (jo͞o-no) *n.* Wife of Jupiter جوپیٹر دیوتا کی بیوی ۔ با وقار حسینہ ۔

Junta (jŭn-ta) *n.* Administrative Council of Spain ہسپانیہ کی مجلس انتظامیہ ۔ اٹلی یا اسپین کی شاہی مجلس مشاورت ۔

Junto (jun-to) *n.* Political faction سیاسی جماعت ۔ سازشی جتھا ۔ مجلس خاص ۔ سیاسی مقاصد رکھنے والی جماعت ۔

Jupiter (jo͞o-pi-tər) *n.* King of gods دیوتاؤں کا بادشاہ ۔ سیارہ عطارد

Jural (jo͞o-rəl) *adj.* Of law قانون کے متعلق ۔ اخلاق حقوق و فرائض کے بابت ۔

Jurat (joo-rat) *n.* Municipal officer مہتمم بلدیہ ۔ مجسٹریٹ ۔ میونسپل کمشنر ۔ وہ شخص جس کو تمام عمر کے لیے فوجداری اختیارات دیے گئے ہوں ۔

Juridical (jo͞o-rid-ik-əl) *adj.* Legal قانونی ۔ عدل گسترانہ ۔ عدلیہ کے متعلق ۔

Jurisconsult (jo͞o-ris-kon-sult) *n.* One learned in law مقنن ۔ ماہر قانون ۔ قانون کا عالم ۔

Jurisdiction (jo͞o-ris-dik-shən) *n.* Extent of legal authority اختیار ۔ عدالتی اختیار ۔ عدالتی اختیار کا حلقہ ۔ دائرہ اختیار ۔ حلقہ عدلیہ ۔

Jurisprudence (joo-ris-prud-əns) *n.* Philosophy of human law فلسفہ قانون ۔ علم قانون ۔ علم فقہ ۔ علم المسائل ۔ قانون دانی ۔

Jurist (joo-rist) *n.* Legal writer ماہر قانون ۔ قانونی کتب کا مصنف ۔

Juror (joor-ər) *n.* Member of jury جیوری کا رکن ۔ وہ رکن جو دوسروں سے حلف لیتا ہے ۔

Jury (joor-i) *n.* Body of persons sworn to give verdict اہل جیوری جو صحیح رائے دینے کا حلف لیتے ہیں ۔ جماعت منصفین ۔

Jussive (jŭs-iv) *adj.* Expressing a command حاکمانہ ۔ صیغۂ امر ۔

Just (just) *adj.* Fair سچ ۔ صحیح ۔ عادلانہ ۔ منصفانہ ۔ منصف ۔ عادل ۔ مبنی بر عدل ۔

Justly *adv.* انصاف سے ۔ واجبی طور پر ۔ بجا طور پر ۔

Justness *n.* عدلیت ۔ مبنی پر انصاف ہونا ۔ واجبیت ۔ انصاف ۔

Just (just) *adv.* Exactly as ٹھیک ٹھیک ۔ بالکل اسی طرح ۔ واجباً ۔ ابھی ابھی ۔ جیسے ہی کہ (بول چال) قطعی طور پر ۔ حتمی طور پر ۔

Justice (jŭs-tis) *n.* Just conduct عدل ۔ انصاف ۔ دیانت داری ۔ راست بازی ۔ انصاف کا برتاؤ ۔ عدالتی کاروائی ۔ مجسٹریٹ ۔ جج ۔

Justiciable (jŭs-ti-si-əbl) *adj.* Subject to jurisdiction قابل داد رسی ۔ اختیار سماعت کے اندر ۔ حلقہ عدلیہ کے اندر ۔ حلقہ اختیار عدلیہ میں ۔

Justify (jŭs-ti-fi) *v.t.* Show the justice or rightness واجب ٹھہرانا ۔ روا رکھنا ۔ حجت یا دلیل سے ثابت کرنا ۔ تائیدی دلائل پیش کرنا ۔ حق بجانب فریق ثابت کرنے کی کوشش کرنا ۔ نجات دینا ۔ بخشنا ۔ (چھاپہ) سطریں ٹھیک بٹھانا ۔

Justifiable *adj.* معقول ۔ عذر پذیر ۔ جو صحیح ثابت کیا جا سکے ۔ قابل منظوری ۔

Justification *n.* صحیح یا حق بجانب ہونا ۔ معقولیت ۔ واجبیت ۔

Justificatory *adj.* صحیح ثابت کرنے والا ۔ معقولی ۔ تائیدی ۔

Justifiably *adv.* اس طرح کہ صحیح یا حق بجانب ثابت ہو سکے ۔

Jut (jut) *n.* & *v.i.* Projection آگے کو ابھرنا یا نکلنا ۔ ابھرا ہوا ہونا ۔ ابھار ۔

Jute (joot) *n.* Fibre from certain plants سن ۔ پٹ سن ۔ پٹوے کا ریشہ ۔

Jute (joot) *n.* One of Low German tribe who invaded Britian in 5th and 6th century جرمن قوم کے باشندے جنھوں نے جزائر برطانیہ پر پانچویں اور چھٹی صدی میں حملہ کیا ۔

Juvenescence (joo-ven-es-əns) *n.* Adolescence طفلی سے جوانی میں قدم رکھنا ۔ عنفوان شباب ۔

Juvenescent *adj.* طفلی سے نوجوانی میں آنے والا ۔ عنفوان شباب میں داخل ہونے والا ۔

Juvenile (joo-və-nil) *adj.* & *n.* Youthful جوانی کا ۔ شباب کا ۔ نوخیز ۔ نوجوان ۔ کمسنی کا ۔ طفلانہ ۔ نوجوانی کا ۔

Juvenility *n.* نوعمری ۔ عنفوان شباب ۔ نوجوانی ۔

Juxtapose (juks-tə-pəs) *v.t.* Place side by side برابر برابر رکھنا ۔ پاس پاس رکھنا ۔

Juxtaposition (juks-tə-pəs-i-shən) *n.* Placing, being placed side by side قربت ۔ نزدیکی ۔ تقابل ۔ آمنے سامنے ۔ پہلو بہ پہلو رکھنا یا رکھا جانا ۔

K

K (ka) *l.* Eleventh letter of the English alphabet انگریزی حروف تہجی کا گیارھواں حرف ۔

Kaama (ka-ma) *n.* Hartebeest جنوبی افریقہ کا بارہ سنگھا ۔

Kabbalah (ka-ba-la) *n.* Jewish traditions یہودیوں کی قدیم روایات ۔ اسرائیلیات ۔

Kaddish (kad-ish) *n.* Jewish mourner's prayer یہودیوں کی ماتمی دعا ۔

Kadi (ka-di) *n.* Civil Judge of Muslim State ۔ قاضی

Kaffir (kaf-ər) *n.* Member of a South African tribe of Bantu family افریقی قبیلہ بنٹو کا فرد ۔ کافر ۔ کافرستان کا باشندہ ۔

Kail (kal) *n.* Kale دیکھو

Kaiser (ki-zer) *n.* Emperor قیصر ۔ شہنشاہ جرمنی ۔ رومن سلطنت کا فرمانروا ۔

Kale (kal) *n.* Kinds of cole or cabbage ایک قسم کی بند گوبھی ۔

Kaleidoscope (kə-li-də-skop) *n.* Tube through which symmetrical figures are seen ایک کھلونا جس میں شیشے کے ٹکڑوں کے ذریعے سے رنگین شکلیں نظر آتی ہیں ۔ عکس بین ۔ عکس نما ۔ بار بار متغیر ہونے والا منظر ۔ منظر بدل آلہ ۔

Kaleidoscopical *adj.* متواتر متغیر ہونے والا ۔ عکس بین کے مانند ۔

Kalends (kə-lends) *n.* First date of Roman month یکم ۔ غرہ ۔

Kali (kali) *n.* Prickly saltwort تلی ۔ سجی ۔ ایک پودا جس سے سجی نکلتی ہے ۔

Kalong (ka-long) *n.* Malay fox-bat سب سے بڑی چمگادڑ ۔ ملایا کی چمگادڑ ۔

Kama (ka-ma) *n.* God of love, Cupid کام دیو ۔ محبت کا دیوتا ۔ تیر چلانے والا ۔

Kangaroo (kang-gə-roo) *n.* Marsupial mammal کینگرو ۔ آسٹریلیا کا ایک چرندہ جس کے پیٹ میں ایک تھیلا ہوتا ہے جس میں اس کا بچہ رہتا ہے اس کے پچھلے پیر بہت مضبوط ہوتے ہیں اور بہت لمبی جست کرتا ہے ۔ (بول چال) مغربی آسٹریلیا کی کان کن کمپنیوں کے حصے ۔

Kangaroo closure *n.* کسی کمپنی کے صدر کا اپنی مرضی سے ترمیمات کی اجازت دینا ۔ من مانی بحث اور رائے شماری ۔

Kangaroo rat آسٹریلیا کا ایک چھوٹا تھیلی دار جانور ۔

Kantian (kanti-ən) *adj.* Of Kant جرمن فلسفی کانٹ کے متعلق ۔

Kantism *n.* جرمن فلسفی کانٹ کے نظریات جو ادائے فرض پر زور دیتا تھا ۔ کانٹیت ۔

Kapok (kap-ok) *n*. Fine cotton wool ایک عمدہ قسم کی روئی جو ایک درخت کے بیج سے لپٹی ہوئی ہوتی ہے اور تکیوں اور گدوں میں بھری جاتی ہے ۔

Karaite (kara-it) *n*. A member of Jewish sect which interprets Scriptures literally یہودیوں کا ایک فرقہ جو روایت اور تاویل کا قائل نہیں بلکہ توریت کے لفظی معنوں پر زور دیتا ہے ۔ فرقہ محکم ۔

Karma (kar-ma) *n*. A person's actions in one age decide his state of existence in his next بدھ مت کا عقیدہ کہ ایک جنم کے کرم اور اعمال سے دوسرے جنم کا تعین ہوتا ہے ۔ کرم کا پھل ۔ تناسخ ۔

Kaross (ka-ros) *n*. Mantle of animal's skin with the hair on جانور کی کھال کی پوشاک جس پر پورے بال ہوں ۔

Kartel (kar-tel) *n*. Wooden bed in ox-wagon بیل گاڑی میں لیٹنے اور سونے کا تختہ ۔

Katabolism (kat-ab-ə-lizm) *n*. Breaking down of animal tissues جاندار مادے کا چھوٹے عناصر میں تبدیل ہونا ۔

Kauri (kow-ri) *n*. Coniferous tree of New Zealand نیوزی لینڈ کا ایک درخت جس سے اعلیٰ قسم کی عمارتی لکڑی ملتی ہے ۔

Kaw (ka) *v.i*. Crow کائیں کائیں کرنا ۔

Keck (kek) *v.i*. Make vomiting sound قے کرنے کی آواز پیدا کرنا ۔ قے کرنا ۔ اُلٹی ہونا ۔

Keck at ۔ کھانے سے جی متلانا ۔ کسی چیز سے ابکائی آنا

Kedge (kej) *v. i., t. & n*. Warp ship by means of hawser جہاز کا رخ بدلنا ۔ رسوں کو لپیٹ کر جہاز کو موڑنا ۔ چھوٹے لنگر کے رسے لپیٹنا ۔ جہاز کا رخ بدلنے والا چھوٹا لنگر ۔

Kedgeree (kej-ə-ri) *n*. A dish of rice and pulse کھچڑی ۔ ایک انگریزی کھانا جو دال ، چاول اور انڈوں سے تیار کیا جاتا ہے ۔

Keel (kel) *n. & v.t*. Lowest timber of vessel جہاز کا تلا ۔ جہازی تلے کا شہتیر ۔ جہاز کا پیندا ۔ کشتی یا جہاز چلانا ۔ جہازرانی کرنا ۔

Keelless بے پیندے کا جہاز یا کشتی ۔

Keen (ken) *n*. Irish funeral song آئرلینڈ کا ماتمی نغمہ جو جنازے کے ساتھ گاتے ہیں ۔

Keen (ken) *v.t. & i*. Utter the keen ماتمی نغمہ گانا ۔ نوحہ پڑھنا ۔ مرثیہ خوانی کرنا ۔

Keen (ken) *adj*. Having sharp edge or point تیز دھار کا ۔ نوک دار ۔ شوقین ۔ آرزو مند ۔ شائق ۔ مستعد ۔ تیار ۔ بران ۔ تیز ۔ تند ۔ کڑا ۔ سخت ۔ زبردست ۔ پرزور ۔ تلخ ۔ کڑوا ۔ ذہین ۔ زود فہم ۔ چتر ۔ طباع ۔ حساس ۔

Keen as mustard تیز ۔ پرجوش ۔ جوشیلا ۔

Keen set ضرورت سے زائد حاجت مند ۔ بھوکا ۔

Keenness *n*. شدت ۔ شوق ۔ ذہانت ۔ سرگرمی ۔ تیزی ۔

Keep (kep) *v.t. & i*. Observe, pay due regard لحاظ کرنا ۔ نظر کرنا ۔ رکھنا ۔ اپنے پاس رکھنا ۔ ہاتھ سے نہ دینا ۔ کفایت کرنا ۔ پالنا ۔ پرورش کرنا ۔ دیکھ بھال کرنا ۔ انتظام کرنا ۔ باقاعدہ حساب رکھنا ۔ جشن منانا ۔ رسم ادا کرنا ۔ نگرانی کرنا ۔ عورت کو بطور داشتہ گھر میں رکھنا ۔ روکنا ۔ مزاحمت کرنا ۔ حوالات میں رکھنا ۔ پوشیدہ رکھنا ۔ باوجود مخالفت اپنی جگہ جمے رہنا ۔ کرتے رہنا ۔ چلتے رہنا ۔

Keep (kep) *n*. Tower, stronghold حالت ۔ گت ۔ محافظت ۔ نگہبانی ۔ برج ۔ گڑھ ۔ کوٹ ۔ قلعہ ۔ پرورش ۔ کفالت ۔ مایحتاج ۔ خوراک ۔

You do not earn your keep تم اپنی روزی نہیں کماتے ۔

Keeper (kep-ər) *n*. Custodian دربان ۔ پاسبان ۔ منتظم ۔ نگران کار ۔ مہتمم ۔ انگوٹھی ۔ شادی کی انگوٹھی کے ساتھ کا چھلا ۔

Keeping (kep-ing) *n*. Custody, charge داشت ۔ قبضہ ۔ نگرانی ۔ حفاظت ۔ خبرداری ۔ مناسبت ۔ میل ۔ ہم آہنگی ۔ دیر تک رہنے والی چیز ۔ نہ بگڑنے والی چیز ۔ خراب نہ ہونے والے سیب ۔

Keeping apples دیر تک رہنے والے سیب ۔

Keepsake (kep-sak) *n*. Thing kept for some one's sake نشانی ۔ یاد گار ۔ دیکھنے میں خوشنما مگر بے لطف ۔

Keg (keg) *n*. Small barrel پیپا جس میں دس گیلن شراب کی گنجائش ہو ۔

Kelpie (kel-pi) *n*. Water spirit in form of horse دریائی بھتنا جو گھوڑے کی شکل میں ظاہر ہوتا اور مسافروں کو غرق کر دیتا ہے ۔

Kemp (kemp) *n.* Coarse wool بالوں والی اون - موٹی اون -

Ken (ken) *n.* Range of sight or knowledge حد نظر - حد علم -

In one's ken حد نظر یا علم کے اندر -

Out of, beyond, one's ken نظراور ادراک سے پرے -

Ken (ken) *v.t.* Recognise, know جاننا - پہچاننا - دور سے دیکھنا - صورت آشنا ہونا -

Kennel (ken-l) *n., v.t. & i.* House for shelter of dogs or hounds تازی خانہ - گھریلو اور شکاری کتوں کے رہنے کا گھر - گھر میں کتوں کو رکھنا یا کتوں کا رہنا -

Kennel (ken-l) *n.* Gutter نالی - موری - بدرو -

Kenosis (ken-o-sis) *n.* Renunciation of divine nature حضرت عیسیٰ کا جامہٗ بشریت میں آنے سے یزدانی صفات سے علیحدہ ہو جانا - ترک الوہیت -

Kentish (kent-ish) *adj.* Of Kent کینٹ کے متعلق - کینٹ کا -

Kentish fire - پسندیدگی یا ناپسندیدگی کا طولانی مظاہرہ - تحسین یا ملامت کی بوچھاڑ -

Kepi (kap-i) *n.* French military cap فرانس کی فوجی ٹوپی -

Kerb (kərb) *n.* Stone edging to pavement فرش کی سنگین گوٹ یا منڈیر -

Kerchief (kər-chif) *n.* Cloth used to cover head - اوڑھنے کا کپڑا - سر پر ڈالنے کا رومال - دستی رومال -

Kerf (kərf) *n.* Slit made by cutting تراش - چیرا - شگاف - کٹے ہوئے درخت کا سرا -

Kermes (kər-mez) *n.* Pregnant female insect حاملہ مادہ کیڑے -

Kermis (kər-miz) *n.* Periodical fair in Holland ہالینڈ وغیرہ کے موسمی میلے جن میں بڑا شور و غوغا ہوتا ہے - بیساکھی کی قسم کے میلے -

Kern (kərn) *n.* Light-armed Irish foot-soldier آئرلینڈ کا پیدل سپاہی - ہلکے اسلحہ سے لیس سپاہی - دستی چکی - ٹائپ کے حروف کا ابھار -

Kernel (ker-nl) *n.* Soft part within hard shell گودا - مغز - گری - بیچ کا حصہ - دل - مرکز - جڑ - اصل - اساس - بنیاد -

Kerosene (ker-o-sen) *n.* Lamp oil - مٹی کا تیل - گیس کا تیل - میلا پٹرول -

Kersey (kər-zi) *n.* Coarse narrow cloth woven from long wool ایک قسم کا موٹا اونی کپڑا جو لمبی اُون سے تیار کیا جاتا ہے -

Kerseymere (kər-zi-mer) *n.* Twilled fine woollen cloth پشمینہ - باریک اون کا کپڑا -

Ketch (kech) *n.* Two-masted vessel دو مستولی ساحلی جہاز -

Ketchup (kech-ep) *n.* Tomato sauce ٹماٹر کی چٹنی -

Kettle (ket-l) *n.* Boiling vessel - کیتلی - پتیلی - دیگچی - بھبکا -

Kettle drum *n.* نقارہ - تاشہ - چائے کی دعوت - دھونسا - ڈھول -

Key (ke) *n.* Iron instrument for moving bolt of lock - چابی - کنجی - کلید - مفتاح - دروازہ - باب راہ - حفاظتی چوکی - حل - تفسیر - تشریح - ایک سلسلے کے سر - سرون کے ٹھپے - لکڑی یا دھات کا ٹکڑا جو مضبوطی کے لیے لگا دیا جائے - ٹائپ رائٹر کی کنجی (جمع) پوپ کے مذہبی اختیارات -

Key (ke) *v.t.* Fasten with bolt پچر لگانا - بلی یا سٹکنی چڑھانا - چٹخنی لگانا - باجوں کے سر ٹھیک کرنا - تاروں کو کسنا -

Key up ابھارنا - کسی کو کسی بات پر آمادہ کرنا -

Khakan (ka-kan) *n.* Chief, ruler - خاقان - بادشاہ - سلطان -

Khaki (ka-ki) *adj. & n.* Dust-coloured خاکی - خاکی رنگ - خاکی رنگ کا کپڑا -

Khamsin (kam-sin) *n.* Hot winds of Egypt مصر کی گرم ہوائیں - باد سموم -

Khan (kan) *n.* Title of rulers and officers in Central Asia وسط ایشیا کے ممالک میں امرا، عہدہ داروں اور حکمرانوں کا لقب -

Khanate *n.* خان کی ریاست یا جاگیر - خاں کی قلمرو -

Kheda-keddah (ked-a) *n.* Enclosure for catching elephants کھڈا - باڑہ - جنگلی ہاتھیوں کے پکڑنے کا جنگلی احاطہ -

Khedive (ke-dev) *n.* Title of the ruler of Egypt خدیو مصر -

Khidmatgar (kid-mat-gar) *n.* Attendant - خدمتگار بیرا - ذاتی ملازم - نوکر -

Khilafat (kil-e-fat) *n.* Head of Muslim world تحریک خلافت جو انگریزوں کے خلاف ۱۹۱۸ع سے شروع کی گئی - خلافت -

Kibble (kib-l) *n.* Iron hoisting bucket used in mines کچا لوہا کانوں سے اوپر لانے کا ڈول - غلہ وغیرہ کا ڈول یا ٹوکرا -

Kibe (kib) *n.* Ulcerated chilblain سردی وغیرہ سے جلد کا پھٹ جانا - جلد میں درزیں پڑ جانا - ہاتھ پاؤں میں پھٹ کر زخم پڑ جانا -

Tread on one's kibes کسی شخص کے احساسات کو ٹھیس لگانا -

Kibla (kib-la) *n.* House of God at Mecca - کعبۃاللہ قبلہ - قبلہ کی سمت -

Kibosh (ki-bosh) *n.* Nonsense, humbug - لغویات مہمل بات - بے معنی بکواس -

Kick (kik) *n.* Sharp stimulant effect - لات - ٹھوکر دولتی - (بول چال) جان - مزاحمت کی قوت - بندوق کا دھکا - (فٹ بال) ٹھوکر - کک -

More kicks than half pence - باتیں کم لاتیں زیادہ

Kick (kik) *v. i. & t.* Strike out with the foot لات مارنا - ٹھوکر مارنا - دولتی چلانا - حقارت سے رد کرنا - لات مار کر ہٹانا - کک مار کر گول کرنا -

Kick one upstairs کسی کو عہدہ دے کر سیاست سے علیحدہ کر دینا -

Kick up دولتیاں جھاڑنا - شور فساد برپا کرنا -

Kicker (kik-ər) *n.* Horse given to kicking دولتیاں جھاڑنے والا گھوڑا - لاتیں مارنے والا گھوڑا -

Kickshaw (kik-shaw) *n.* Fancy dish in cookery خیالی کھانا جس سے بھوک رفع نہ ہو - کھلونا - بے حقیقت چیز -

Give kickshaw to a hungry person بھوکے کو خیالی کھانا دینا -

Kid (kid) *n., v.t. & i.* Young of goat - بکری کا بچہ پوٹلا - بزغالہ - بکری کے بچے کی کھال - بچے جننا - بچے پیدا کرنا - بچے دینا - مذاق کرنا - چھیڑنا -

Kid glove - (بول چال) نواب - حد سے زیادہ نفاست پسند روزمرہ کے کاموں سے الگ رہنے والا - عیش پسند -

Kiddy (kid-i) *n.* Young baby - (بول چال) شیر خوار کم عمر بچہ - ننھا -

Kid (kid) *v.t.* Humbug (بول چال) دم - جھانسہ - فریب دینا - جھانسا دینا -

Kid *n.* ٹب - چھوٹا کٹھلا -

Kidnap (kid-nap) *v.t.* Steal or carry off by illegal force بچوں کو چرا لینا - اڑا لے جانا - انسان کو غائب کر دینا - کسی کو جبراً اٹھالے جانا -

Kidnapper *n.* - بال چور - لوگوں کو اغوا کرنے والا - بچے چرانے والا -

Kidney (kid-ni) *n.* One of a pair of glandular organs in abdomen - گردہ - قسم - بھانت - جنس مزاج - طبیعت -

People of this kidney اس قسم کے لوگ -

Man of the right kidney صحیح طبیعت کا انسان -

Kier (kir) *n.* Vat in which cloth is boiled for bleaching دھوبی کی دیگ جس میں کپڑے ابالے جاتے ہیں - میل چھانٹنے کی بھٹی -

Kilderkin (kil-dər-kin) *n.* Cask of wine شراب کا پیپا جو بطور پیمانہ بھی استعمال ہوتا ہے -

Kill (kil) *v.t. & i.* Put to death, slay - مار ڈالنا قتل کرنا - خون کرنا - گردن مارنا - حلال کرنا - ختم کر دینا - شکار کرنا - مارنا - ذبح کرنا - بیماری کا ازالہ کرنا - زہر سے ہلاک کرنا - کسی گھرے رنگ کو دوسرا رنگ ملا کر ہلکا کرنا - اتنی خاطر کرنا کہ ناک میں دم آ جائے - (ٹینس) گیند کو اس طرح پھینکنا کہ حریف واپس نہ کر سکے - (وضع قوانین) کسی تحریک کو رائے شماری سے ختم کر دینا -

Kill joy - عیش بے مزہ کر دینا - رنگ میں بھنگ ڈالنا

Kill time - بے شغلی میں وقت گزارنا - وقت کاٹنا

Kill with kindness بے موقع مہربانی سے سخت نقصان پہنچانا -

Killing *adj.* مار ڈالنے والی - جان لیوا -

Kill (kil) *n.* Animal killed قتل - شکار - ذبح کیا ہوا جانور - شکار کیا ہوا جانور -

Kiln (kil) *n.* Furnace, oven بھاڑ - بھٹی - تنور - آوا - گلخن -

Kilt (kilt) *v.t.* & *n.* Tuck up round body ساے کو سمیٹ کر کمر سے لپیٹ لینا - اسکاٹلینڈ کے مردوں کا لباس جو عورتوں کے ساے سے مشابہ ہوتا ہے -

Kin (kĩn) *n.* & *adj.* Ancestral stock, family خاندان - گھرانا - رشتے دار - برادری - آبا و اجداد -

Comes of good kin اچھے گھرانے کا ہے -

Kinless *adj.* جس کا کوئی عزیز نہ ہو -

Kinchin (kin-chin) *n.* Child ننھا منا - پیارا بچہ -

Kincob (king-kob) *n.* Rich embroidered cloth پوت - تار بانا - کم خواب -

Kind (kind) *n.* Class, sort, variety قسم - قماش - جنس - نوع - نسل - ماہیت - کیفیت -

Repay his insolence in kind اینٹ کا جواب پتھر - ترکی بہ ترکی جواب دینا -

We had a coffee of a kind ہم نے کافی پی جو برائے نام کافی تھی -

Kind (kind) *adj.* Of gentle nature رحیم - کریم - رحم دل - ہمدرد - مشفق - شفیق - حلیم - با اخلاق - با مروت - لطف و عنایت سے پیش آنے والا -

Kindness *n.* لطف و کرم - فیاضی - عنایت - شفقت - نوازش - مہربانی -

Kindergarten (kin-der-gar-tn) *n.* Children's school where they are given object lessons چھوٹے بچوں کا مدرسہ جہاں کھلونوں اور چیزوں کے ذریعے تعلیم دی جاتی ہے - کنڈر گارٹن اسکول -

Kindle (kin-dl) *v.t.* & *i.* Set on fire جلنا - سلگنا - آگ جلانا - سلگانا - آگ لگانا - مشتعل کرنا - بھڑکانا - جذبات برانگیختہ کرنا - مشتعل ہونا - چمکانا - دمکانا -

Kindling *n.* جھینا - آگ سلگانا - جھیٹھیاں جن سے آگ سلگائی جاتی ہے -

Kindly *adj.* صحت بخش - موافق - شفیق - رحم دل - مہربان -

Kindred (kin-drid) *n.* & *adj.* Blood relationship قرابت - رشتہ داری - ناتہ - بھائی بندی - اپنیت - بھائی بندی کا - برادری کا -

Kine (kin) *n.* Cow دیکھو

Kinematograph (kin-i-mat-ə-graf) *n.* Apparatus for showing pictures سینما - وہ آلہ جس سے تصویریں پردے پر دکھائی جاتی ہیں -

Kinetic (ki-net-ik) *adj.* & *n.* Of motion, energy حرکت کا - متحرک - علم حرکیات اجسام -

King (king) *n.* Male ruler of an independent state شاہ - بادشاہ - حکمران - وہ شخص جو کسی تجارت میں غیر معمولی کامیابی حاصل کرے - ملک التجار - پھلوں اور ترکاریوں کی اعلیٰ ترین قسم - (تاش) بادشاہ کا پتہ - (شطرنج) بادشاہ کا مہرہ -

King like *adj.* خسروانہ - شاہانہ -

Kingship *n.* بادشاہی - شاہی -

King (king) *v.i.* & *t.* Act the king, govern حکومت کرنا - بادشاہی کرنا - شاہانہ سلوک کرنا - کسی کو بادشاہ بنانا -

Kingdom (king-dəm) *n.* Territory subject to king بادشاہی - ریاست - راج - سلطنت - قلمرو - حکومت الٰہیہ - روحانی بادشاہت -

Kinglet (king-let) *n.* Petty king سنہری چوٹی والا ایک پرندہ - معمولی بادشاہ -

Kingling (king-ling) *n.* Ruler of a very small state معمولی ریاست کا حکمران -

Kink (kingk) *n.*, *v.i.* & *t.* Back twist in wire, chain or rope پیچ - بل - الٹا بل دینا - بل ڈالنا - انوکھا خیال - وہم - خلل دماغ -

Kinky *adj.* جس کے دماغ میں خلل ہو - گتھی دار - بل دار -

Kinnikinic (kin-i-kin-ik) *n.* Bark of willow شجر ساق کے پتے - بید مجنوں کی چھال - یہ چھال تمباکو کی طرح استعمال کی جاتی ہے -

Kinsfolk (kinz-fok) *n.* Relations by blood بھائی بند - قریبی رشتہ دار - اقربا - اعزا -

Kinswoman (kinz-wo-mən) Female relation رشتہ دار عورت - عزیز عورت -

Kinsman (kinz-mən) *n.* Male relation عزیز - اقارب - رشتہ دار - عزیز مرد -

Kinship (kin-ship) *n.* Blood relationship خونی رشتہ - برادری - قرابت - روحانی رشتہ -

Kip (kip) *n.* Hide of young beast, common lodging کم عمر جانور کی کھال - عام اقامت گاہ - کرایہ کا کمرہ - بستر - پلنگ -

Kipper (kip-ər) *n.* Male salmon fish - نر سامن مچھلی - نمک لگا کر دھویں میں سکھائی ہوئی مچھلی -

Kipper (kip-ər) *v.t.* & *n.* Cure by splitting مچھلی کو صاف کر کے نمک لگا کر سکھانا - خشک کی ہوئی نمکین مچھلی -

Kirghiz (kir-giz) *n.* Member, language of a Mongolian people کرغز - مغل نسل کی ایک قوم - اس قسم کی زبان کرغزی -

Kirk (kirk) *n.* Church of Scotland - گرجا - کلیسا

Kirsch (kir-sh) *n.* Spirit distilled from wild cherry ایک شراب جو جنگلی چیری سے کشید کی جاتی ہے -

Kirtle (kər-tl) *n.* Woman's gown عورتوں کا ڈھیلا سایہ - گون - جامہ -

Kismet (kiz-met) *n.* Luck - قسمت - تقدیر - نصیب - نوشتہ ازل -

Kiss (kis) *n.* Caress given with lips - بوسہ - پیار - بلیرڈ کے کھیل میں دو گیندوں کا ٹکراؤ - ایک قسم کا آلوچہ -

Kiss (kis) *v.t.* Touch with lips - بوسہ لینا - چومنا - پیار کرنا - دو متحرک گیندوں کا ٹکرانا -

Kissable *adj.* - پیار کرنے کے قابل - چومنے کے قابل

Kissing (kis-ing) *adj.* & *n.* Touching with lips چومتے ہوئے - چھوتے ہوئے - پیار - بوسہ -

Kit (kit) *n.* Bag, sack سیاح یا سپاہی کے سامان کا تھیلا - وہ سامان جو تھیلے میں ہو - رخت سفر - ذاتی ضرورت کا سامان - کرکٹ کے کھیل کے سامان کا تھیلا -

Kit-bag سپاہی یا مسافر کے سامان کا تھیلا -

Kit-cat (kit-kat) *n.* Club of Whig politicians لڑکوں کا ایک کھیل گلی ڈنڈا - حریت پسند سیاست دانوں کا ایک کلب یا اس کا ممبر -

Kitchen (kich-ən) *n.* Part of house where food is cooked باورچی خانہ - مطبخ - کھانا پکانے کا کمرہ -

Kitchener (kich-ən-ər) *n.* Person in charge of monastry kitchen خانقاہ کے باورچی خانہ کا داروغہ - اونچا چولہا جس میں دیگچیوں کے خانے بنے ہوں -

Kite (kit) *v.t., i.* & *n.* Bird of falcon family چیل - زغن - ظالم - لالچی آدمی - اچکا - عیار - پتنگ - کنکوا - تکل - جہاز کے سب سے اونچے بادبان - ادھار ہنڈی - قرضے کا تمسک - چیل کی طرح اڑنا - ادھار ہنڈی میں تبدیل کرنا -

Kite-balloon *n.* پتنگ - غبارہ - رسی میں بندھا ہوا غبارہ جو فوجی مشاہدے کے لیے اڑایا جائے -

Kith (kith) *n.* Friends and relations - عزیز اور دوست - اقربا -

Kitten (kit-n) *n.* Young of cat بلی کا بچہ - شوخ چلبلی لڑکی -

Kittenish *adj.* چلبلی - شوخ -

Kittiwake (kiti-wak) *n.* A kind of sea-gull ایک قسم کا آبی پرندہ -

Kittle (kit-l) *adj.* Ticklish, difficult - نازک - مشکل - دشوار - تکلیف دہ -

Kitty (kit-i) *n.* Pet name for kitten بلی کے بچے کا پیار کا نام -

Kiwi (kīwi) *n.* Swan-like bird of New Zealand نیوزی لینڈ کا باشندہ - نیوزی لینڈ کا ایک پرندہ جو ہنس کے برابر ہوتا ہے - اس کے بازو ٹھٹھرے ہوتے ہیں اور پر نہیں ہوتے -

Kleptomania (klep-to-mania) *n.* Irresistible tendency to theft جنون سرقہ - ایسی بیماری جس کا مریض بلا ضرورت سرقہ کرتا ہے - مرض سرقہ -

Kleptomaniac *n.* - مجنون سرقہ - سرقہ کا مریض

Knack (nāk) *n.* Ingenious device - سلیقہ - ڈھب - طریقہ - کام کا عمدہ ڈھب - باتیں کرنے کا سلیقہ - انوکھا انداز - خاص ادا -

Knacky *adj.* خاص ڈھب سے کام کرنے والا - نئی ترکیبیں سوچنے والا -

Knacker (nāk-ər) *n.* One who buys and slaughters useless horses ایسا شخص جو ناکارہ گھوڑوں کو ذبح کرنے کے لیے خریدتا ہے - پرانے مکانوں کو ملبے کے لیے خریدنے والا -

Knap (nāp) *v.t.* & *n.* Crest of hill (بول چال) پہاڑی کی چوٹی - سطح مرتفع - سڑک کے لیے پتھر توڑنا - تڑ تڑ کی آواز پیدا کرنا - پتھر پھوڑنا -

Knap-sack (nāp-sak) *n.* Soldier's or traveller's leather or canvas bag سپاہی یا مسافر کا تھیلا جو پیٹھ پر باندھا جاتا ہے - بقچہ - تھیلا - تھیلی -

Knave (nav) *n.* Rogue جھوٹا - دغا باز - غنڈہ - عیار - حیلہ باز - (تاش) غلام کا پتہ -

Knavery-Knavishness *n.* شرارت - فریب دہی - حیلہ بازی - دغا بازی -

Knavish *adj.* کاذبانہ - مکارانہ -

Knead (ned) *v.t.* Work up flour into dough آٹا گوندھنا - سانتا - آٹا گوندھ کر روٹی پکانا - مٹی سان کر برتن گھڑنا - پٹھوں کی مالش کرنا -

Kneadable *adj.* گوندھنے کے قابل -

Knee (ne) *n.* Joint between thigh and lower leg گھٹنا - پوشاک کا وہ حصہ جس سے گھٹنے ڈھکے رہتے ہیں - گھٹنے کی شکل کی کوئی چیز - خمدار ٹکڑا - قبضہ -

Knee (ne) *v.t.* Touch with the knee گھٹنا مارنا - گھٹنے سے مس کرنا - چوکھٹے کو قبضوں سے جکڑنا - پتلون کو گھٹنوں پر ڈھیلا کرنا -

Kneel (nel) *v.i.* Fall on the knees گھٹنوں کے بل بیٹھنا - دو زانو ہونا - احتراماً گھٹنوں کے بل کھڑا ہونا

Knell (nəl) *n.* Sound of death bell ماتمی گھنٹے کی آواز - اعلان مرگ - موت کی گھنٹی -

Knell (nəl) *v.i.* & *t.* Ring the bell at death or funeral ماتمی گھنٹے کا بجنا - ماتمی آواز نکلنا - غم انگیز خبر دینا - ماتمی گھنٹے کے ذریعے اعلان کرنا -

Knelt (nəlt) *v.* Kneel دیکھو

Knew (nu) *v.* Know دیکھو

Knicker-bocker (nīk-ər-bok-ər) *n.* New Yorker نیویارک کا باشندہ - ایسی برجس جس میں گھٹنوں پر چنٹ ہو -

Knickers (nik-ərs) *n.p.* Woman's drawers عورتوں کا جانگیا -

Knick-knack (nīk-nak) *n.* Light dainty article ہلکا نازک فرنیچر - ہلکی پوشاک - ہلکا زیور - چھوٹی موٹی آرائشی چیزیں -

Knife (nif) *v.t.* & *n.* Cutting instrument چاقو - چھری - چھرا - قلم تراش - چاقو مارنا - چاقو سے کاٹنا -

Knife edge چاقو کی دھار -

Knife-grinder *n.* چاقو چھری تیز کرنے والا - سان پر لگانے والا - سان -

Play a good knife and fork پیٹ بھر کر کھانا - اچھی طرح کھانا -

War to the knife مارنے مرنے کی لڑائی - خطرناک لڑائی -

Knight (nit) *n.* A person raised to honourable rank by the king بہادر - پہلوان - سور - ویر - مرد میدان - عورتوں کی عزت کے لیے لڑنے والا - بادشاہ یا سرکار سے خطاب یافتہ - کمزوروں کا محافظ - (شطرنج) گھوڑے کا مہرہ -

Knight-errant (nīt-er-ənt) *n.* Person of chivalrous spirit قرون وسطیٰ کا مہم جو سورما - کمزوروں کا حامی - بلند منصوبوں کا حامل - خدائی فوجدار -

Knighthood *n.* سر کا خطاب - نائٹ کا رتبہ -

Knightage (nīt-aj) *n.* Whole body of knights خطاب یافتہ امرا کی جماعت -

Knit (nit) *v.t.* & *i.* Contract in wrinkles بھنویں سکوڑنا - موزے وغیرہ بننا - جوڑنا - مضبوط کرنا - باہم ملانا - گرہ دینا - باندھنا -

Knitting (nīt-ing) *n.* Thing knitted, process of knitting بننا - وہ چیز جو بنی جا رہی ہو -

Knittle (nīt-l) *n.* Small line made of yarn سوت کی پتلی ڈوری -

Knob (nob) *n.*, *v.t.* & *i.* Rounded protuberance گول ابھری ہوئی چیز - گانٹھ - گمڑا - لٹو - موٹھ -

دستہ ۔ موٹھ لگانا ۔

Knobby *adj.* لٹو دار ۔ گھنڈی دار ۔ گرہ دار ۔

Knobbiness *n.* لٹو کی طرح ہونا ۔ گرہ دار ہونا ۔

Knobble (nob-l) *n.* Small knob چھوٹا لٹو ۔ چھوٹی گرہ ۔ مٹھیا ۔

Knock (nok) *v.t.* & *i.* Strike with hard blow ضرب لگانا ۔ ٹکر دینا ۔ دستک دینا ۔ کھٹکھٹانا ۔ (بول چال) چھکے چھڑانا ۔ چت کر دینا ۔ ڈھیر کر دینا ۔

Knock the bottom out of دعویٰ غلط کر دینا ۔ دلیل دے کر باطل کر دینا ۔

Knock one's head against ناموافق حالات سے دو چار ہونا ۔

Knock (nok) *n.* Hard blow مکا ۔ گھونسہ ۔ لاٹھی کی ضرب ۔ دستک ۔ کرکٹ کی بلہ بازی ۔

Knocker *n.* Appendage of iron or brass کنڈی ۔ سٹکنی ۔ کھٹکا ۔ کھٹکھٹانے والا ۔ لوہے یا کوئلے کی کان کا موکل جو کھٹکھٹا کر دھات کی موجودگی کی اطلاع دیتا ہے ۔

Knoll (nol) *n.*, *v.t.* & *i.* Small hill, ring ٹیلا ۔ چھوٹی پہاڑی ۔ گھنٹی بجانا ۔ گھنٹے بجانا ۔ گھنٹی بجا کر بلانا ۔

Knot (not) *n.* Intertwining of ropes گانٹھ ۔ گرہ ۔ فیتے کی گرہ جو لباس پر خوشنمائی کے لیے لگائی جاتی ہے ۔ مشکل ۔ دشواری ۔ پیچیدگی ۔ گلٹی ۔ غدود ۔ لوگوں کا چھوٹا سا گروہ ۔

Knot (not) *v.t.* & *i.* Tie in knots گرہ باندھنا ۔ گانٹھ لگانا ۔ گرہیں لگا کر جھالر بنانا ۔ بھنویں سکوڑنا ۔ تیوری چڑھانا ۔ پیشانی پر بل ڈالنا ۔ الجھانا ۔

Knotty *adj.* گرہ دار ۔ دشوار ۔ پیچدار ۔ مشکل ۔

Knout (noot) *n.* & *v.t.* Flog with scourge درہ ۔ کوڑا ۔ تازیانہ ۔ درے لگانا ۔ کوڑے مارنا ۔

Know (no) *v.t.* & *i.* Recognise جاننا ۔ آگاہ ہونا ۔ واقف ہونا ۔ مطلع ہونا ۔ ذاتی تجربہ رکھنا ۔ آشنا ہونا ۔ علم رکھنا ۔ راہ و رسم رکھنا ۔ کسی زبان یا علم میں درک رکھنا ۔ کوئی زبان یا علم جاننا ۔

Know what is what حقیقت شناس ہونا ۔ زندگی کا تجربہ رکھنا ۔ سمجھ بوجھ کا آدمی ہونا ۔

Knowable *adj.* جو جانا جا سکے ۔ جس کا علم ممکن ہو ۔

Know (no) In the know *n.* Knowing the thing in question (بول چال) معاملہ سے واقفیت ۔ حقیقت سے آگاہی ۔ محرم راز ۔

Knowingly (no-ing-li) *adv.* Intentionally عمداً ۔ جان بوجھ کر ۔ سب کچھ جانتے ہوئے ۔ دیدہ و دانستہ ۔

Knowledge (no-lij) *n.* Range of experience, knowing علم ۔ دانش ۔ تجربہ ۔ ادراک ۔ خبر ۔ آگاہی ۔ اطلاع ۔ واقفیت ۔ نظری یا عملی مہارت ۔ علم ۔ استعداد ۔

Knowledgeable *adj.* (بول چال) با خبر ۔ ذہین ۔ طباع ۔ جاننے کے قابل ۔

Knuckle (nuk-l) *n.*, *v.t.* & *i.* Bone at finger-joint انگلی کی پشت کی طرف کا جوڑ ۔ پور کا جوڑ ۔ پونگے کی ہڈی ۔ مٹھی بند کر کے ہڈیوں سے مارنا ۔

Knurl (nurl) *n.* Knot گانٹھ ۔ گرہ ۔ موٹھ ۔ لٹو ۔

Kodak (kō-dak) *n.* & *v.t.* Photographic camera کوڈک کے کارخانے کا بنا ہوا کیمرہ ۔ اس کیمرے سے فوٹو لینا ۔ تصویر کھینچنا ۔ کسی واقعہ کی ہو بہو تصویر کھینچنا ۔

Kohinoor (ko-i-noor) *n.* Famous Indian diamond ہندوستان کا مشہور ہیرا کوہ نور ۔

Koo-doo (koo-doo) *n.* Large South African antelope افریقہ کا ایک بڑا ہرن ۔

Koolah (koo-la) *n.* Native bear of Australia آسٹریلیا کا ریچھ ۔ بھالو ۔

Koran (Kor-an) *n.* Sacred revealed book of Mohammedans قرآن ۔ قرآن مجید ۔ مسلمانوں کی مقدس کتاب جو وحی سے حضرت محمد صلی اللہ علیہ وسلم پر نازل ہوئی ۔

Koshar (kō-shər) *n.* Shop where food is served according to Jewish law ایسی دوکان جہاں یہودی شرع کے مطابق کھانا تیار ہوتا ہو ۔

Kotow (kō-tow) *n.* & *v.t.* Chinese custom of touching ground with forehead چینیوں کی رسم زمین بوسی ۔ زمین بوس ہونا ۔ سجدہ کرنا ۔

Kourbash (kər-bash) *n.* Hide whip چمڑے کا سزا دینے کا کوڑا ۔ قور باشی ۔ قرباچ ۔

Kremlin (krem-lin) *n.* Citadel of Moscow ماسکو کا قلعہ جو حکومت روس کا مرکزی ادارہ ہے ۔

Krone (kro-n) *n.* Silver coin of Denmark ڈنمارک ناروے کا چاندی کا سکہ ۔

Kudos (ku-dos) *n.* Glory, renown (بول چال) نیک نامی ۔ شہرت ۔ شہرہ ۔

Kukri (kook-ri) *n.* Curved knife of Gurkhas گورکھوں کا خنجر ۔ ککری ۔

Kultur (kool-toor) *n.* Conflict between German Government and Pope, civilization جرمنی کا نظریہٗ تہذیب و تمدن ۔ حکومت جرمنی اور پوپ میں مدارس کی نگرانی کی کشمکش ۔

Kurd (koor-d) *n.* Native of Kurdistan کردستان کا باشندہ ۔ کرد ۔

Kylin (ki-lin) *n.* Fabulous composite animal ایک دو جنسی جانور جس کی تصویر چینی اور جاپانی برتنوں پر بنی ہوتی ہے ۔

Kymograph (ki-mo-graf) *n.* Instrument recording variations in pressure ایک آلہ جو موج ، آواز اور رفتار کی پیمائش کرتا ہے ۔

L

L (el) *l.* Twelfth letter of the English alphabet انگریزی حروف تہجی کا بارھواں حرف ۔ ایل کی شکل کی کوئی چیز ۔

La (la) *n.* Sixth note of octave سرگم کا چھٹا سر ۔ دیکھو لو ۔ دیکھو تو ۔

Laager (la-gər) *v.t., i. & n.* Encampment of wagons پڑاؤ ۔ منزل ۔ چھکڑوں کا گھیرا ۔ پڑاؤ ڈالنا ۔ خیمے لگانا ۔ چھکڑے کھڑے کرنا ۔ پڑاؤ میں ٹھہرنا یا ٹھہرانا ۔

Labarum (lab-a-rəm) *n.* Symbolic banner قسطنطین اعظم کا جھنڈا جس پر روما کے نشانات کے علاوہ مسیحی نشانات بھی تھے ۔ علم ۔ نشان ۔

Labifaction (lab-i-fak-shən) *n.* Shaking, downfall ضعیفی ۔ کمزوری ۔ ناتوانی ۔ زوال ۔ انحطاط ۔

Label (la-bl) *n. & v.t.* Slip of paper, card, linen, etc. پرچہ ۔ چٹھی ۔ سرنامہ ۔ کاغذ ۔ چٹ ۔ لیبل ۔ ٹکٹ ۔ چھجا ۔ کگر ۔ لیبل لگانا ۔ چٹ لگانا ۔ کسی گروہ یا زمرے میں شامل ہونا ۔

Labial (la-bi-əl) *adj. & n.* Of the lips جو ہونٹ سے نکلے ۔ ہونٹوں کو بند کر کے نکالی ہوئی آواز ۔ ہونٹوں سے بجانے کے باجے ۔ لبوں کا ۔ ہونٹوں کا ۔

Labialization *n.* ہونٹوں کو بند کر کے آواز نکالنے کا عمل ۔

Labiate (la-bi-ət) *adj. & n.* With corolla divided into two parts لب دار ۔ لب دار پودے ۔ لب نما ۔ ہونٹ کے مانند ۔

Laboratory (lab-ə-rə-tə-ri) *n.* Room or building used for experiments معمل خانہ ۔ ایسی عمارت جہاں علوم جدید کے تجربات کیے جاتے ہیں ۔ دارالتجربہ ۔ تجربہ خانہ ۔

Laborious (la-bə-ri-əs) *adj.* Hard working محنت طلب ۔ محنتی ۔ محنت کش ۔ پر مشقت ۔ جفاکش ۔ دقیق ۔ پر آورد ۔ زبردستی کا ۔

Laboriousness *n.* مشقت ۔ محنت ۔ بے دلی ۔ دشواری ۔

Labour (la-bər) *n.* Bodily or mental exertion مشقت ۔ محنت ۔ جانفشانی ۔ جسمانی یا دماغی محنت ۔ مزدور پیشہ جماعت ۔ مہم ۔ مشکل ۔ درد وضع حمل ۔

Labour exchange محکمہ مزدوران ۔

Labour of Hercules بڑی محنت کا کام ۔

Labour of love کام جو کسی کی خوشنودی کے لیے کیا جائے ۔

Labour (la-bər) *v.i. & t.* Work hard, strive کام کرنا ۔ محنت کرنا ۔ جانفشانی کرنا ۔ مزدوری کرنا ۔ جد و جہد کرنا ۔ تکلیف اٹھانا ۔ پریشان ہونا ۔ ڈگمگانا ۔ شدت سے ہلنا ۔ زمین جوتنا ۔ کاشت کرنا ۔ مفصل بحث یا ذکر کرنا ۔

Labour under a mistake غلطی میں مبتلا ہونا ۔

I will not labour the point میں اس مسئلہ پر بحث نہیں کرتا ۔

Labourer (la-bər-ər) *n.* One who labours محنت کرنے والا ۔ تکلیف اٹھانے والا ۔ مزدور ۔

Labourite (la-bər-it) *n.* Member of Labour party مزدور جماعت کا رکن - مزدور پارٹی کا حمایتی -

Labrador (lab-rə-dor) *n.* Breed of dogs ایک جنس کا کتا - لبراڈر -

Laburnum (le-bur-nəm) *n.* Small tree with racemes of bright yellow flowers ایک درخت جس میں شوخ زرد رنگ کے پھولوں کے گچھے لگتے ہیں -

Labyrinth (lab-i-rinth) *n.* Complicated structure with many passages بھول بھلیاں - پیچیدہ عمارت جس میں بہت سے راستے ہوں اور جانے والا راستہ بھول جائے - الجھا ہوا معاملہ - گورکھ دھندا - غلام گردش -

Lac (lak) *n.* A resinous substance لاکھ - لاکھ کے روغن والا - لک بھرا برتن -

Lac—lakh-(lak) *n.* Hundred thousand سو ہزار - ایک لاکھ -

Lace (las) *v.t.* & *i.* Fasten with laces ڈوری یا قیطون لگانا - فیتہ یا تسمہ باندھنا - ڈوریاں کھینچ کر کسنا - کمر کسنا - لیس بنانا - لیس ٹانکنا - پھول میں رنگین ڈوریاں ڈالنا -

Lace (las) *n.* Cord for fastening ڈوری - فیتہ - قیطون - لیس - جھالر - پھول دار فیتہ - گوٹا - کناری - لچھا - مسالہ -

Lacing *n.* فیتے - جھالر - زری وغیرہ کا کام -

Lacerate (las-ə-rat) *v.i.* Mangle, tear پھاڑنا - ٹکڑے ٹکڑے کرنا - پرخچے اڑانا - تکا بوٹی کرنا - پاش پاش کرنا - سخت صدمہ پہنچانا - اذیت دینا -

Lacerate *adj.* - زخمی - پھٹا ہوا - پارہ پارہ - پاش پاش - مجروح -

Lacerative *adj.* - پھاڑ دینے والا - دل دوز - دل خراش -

Laceration *n.* ایذا رسانی - دل آزاری - چیڑ پھاڑ -

Laches (lach-iz) *n.* Negligence غفلت - بے خبری - تساہل - عدم تعمیل - عدم پیروی - قانونی حق کے مطالبہ میں غفلت - مجرمانہ تغافل -

Lachrymal (lak-ri-məl) *adj.* & *n.* Of tears اشک آور - آنسو بہانے والا - آنسوؤں کا - اشک دان - آنسوجمع کرنے کا برتن -

Lachrymation (lak-ri-mə-shən) *n.* Flow of tears اشک فشانی - گریہ و زاری - اشک باری -

Lachrymose *adj.* آنسو بہانے والا - آبدیدہ - بات بات پر رونے والا -

Laciniate-ated (la-sin-i-at) *adj.* Cut into segments دندانے دار - کھردرا - اگڑبگڑ - ناہموار - ڈنٹھیلا - جھالر دار -

Lack (lak) *n., v.i.* & *t.* Deficiency حاجت - قلت - احتیاج - کمی - کم ہونا - ناکافی ہونا - قاصر ہونا - محتاج ہونا - کسی بات میں ناقص ہونا -

Lackadaisical (lak-ə-da-zi-kl) *adj.* Listless فکرمند - سست - ناتواں - مصنوعی نزاکت کا - جذبات کا - ناز و انداز کا -

Lackaday (lack-ə-da) *interj.* Expression of sentiment آہ آہ - افسوس - واویلا - ہائے ہائے -

Lackey-lacquey (lak-i) *n.* & *v.t.* Man servant وردی پوش خدمت گار - ہرکارہ - خدمت گاری کرنا - چاکری کرنا - جوتے اٹھانا - خوشامد کرنا -

Laconic (lə-ko-nik) *adj.* Brief, concise مختصر - کوتاہ - پر مغز - پر معنی - مختصر اور پر مغز - اختصار پسند - ایجاز پسند - بلیغ -

Laconically *adv.* - بلیغ انداز میں - ایجاز سے - اختصار سے -

Laconicism *n.* بلیغ کلام - مختصر اور سنجیدہ کلام -

Laconism (lə-ko-ni-zm) *n.* Brevity of speech مختصر اور بلیغ تقریر - ایجاز - پر معنی کلام -

Lacquer (lak-ər) *v.t.* & *n.* Gold-coloured varnish سنہری روغن - لاکھ اور شراب سے بنایا ہوا سنہری روغن جو لکڑی پر پھیرا جاتا ہے - فرنیچر وغیرہ پر سنہری پالش لگانا -

Lacrosse (la-kros) *n.* American game like hockey ہاکی کی طرح کا ایک امریکی کھیل -

Lactation (lak-ta-shən) *n.* Suckling, secretion of milk جسم میں دودھ کی پیدائش - دودھ پلانا - بچوں کو دودھ پلا کر پرورش کرنا -

Lacteal (lak-ti-əl) *adj.* & *n.* Of milk بدن میں کیلوسی نالی - عروق امعا - دودھ کے متعلق -

Lactescent (lak-ti-sent) *adj.* Milky دودھیا - کیلوس دار - شیر نما - شیر دار -

Lactescence *n.* کیلوس - شیر عرق -

Lactiferous (lak-ti-fe-rəs) *adj.* Yielding milk دودھ یا دودھ کا عرق پیدا کرنے والا - دودھ دینے والا -

Lactometer (lak-to-meter) *n.* Instrument for testing purity of milk دودھ کے خالص ہونے کا امتحان کرنے والا آلہ - شیر پیما - معیاراللبن -

Lactose (lak-tus) *n.* Milk sugar شکر جو دودھ میں ہوتی ہے - دودھ میں شکر کا جز -

Lacuna (lə-ku-na) *n.* Missing portion خلا - رخنہ - کمی - خالی جگہ - جوف - گڑھا -

Lad (lad) *n.* Boy, youth لڑکا - لونڈا - چھوکرا - پوٹا - بچہ - شخص - آدمی -

Laddie *n.* چھوٹے بچوں کا پیار کا نام - صیغہ تصغیر -

Ladder (lad-ər) *v.i.* & *n.* Set of rungs between two poles سیڑھی - لکڑی کا زینہ - نردبان - بانس کی سیڑھی - موز کا کھڑا تار نکل جانا - سیڑھی پرچڑھنا - دنیاوی ترقی کرنا - دنیاوی ترقی کا ذریعہ - وسیلہ ترقی -

Kick down the ladder جس سیڑھی سے اوپر گئے اس کو لات مارنا - جس کی وجہ سے ترقی کی اسی سے بے رخی کرنا -

Lade (lad) *v.t.* Put cargo on board the ship لادنا - بار کرنا - جہاز پر مال چڑھانا - اسباب بھرنا -

Lading *n.* مال تجارت - سامان - مال - بار -

Laden *adj.* سامان سے پر - گراں بار - بھاری - لدا ہوا -

Ladle (lad-l) *v.t.* & *n.* Large spoon with handle بڑا چمچہ - ڈوئی - کف گیر - پلی - پلی یا چمچہ سے نکالنا -

Lady (lad-i) *n.* Woman of good manners صاحبہ - گھرکی مالکہ - قابل عزت خاتون - محترمہ - رانی - ملکہ - بیگم - بیوی - زوجہ - محبوبہ - معشوقہ -

Ladies' man عورتوں کی صحبت پسند کرنے والا - زن پسند -

Painted lady ایک قسم کی تیتری -

Ladyhood *n.* خاتون یا بیگم ہونا - شریف عورتوں کے اطوار و خصائل - شرافت -

Ladyfy (lad-i-fi) *v.t.* Make lady of, call lady بیگم یا خاتون قرار دینا - بیگم کہہ کر پکارنا یا بلانا -

Ladylike (ladi-lik) *adj.* Befitting a lady مہذب اور بااخلاق عورت - خاتون صفت - باعصمت و عفت - شریفانہ اطوار و عادات والی -

Ladyship (ladi-ship) *n.* Being a lady خاتون - بیگم صاحبہ - عزت مآب - خطاب یافتہ شوہر کی بیوی -

Lag (lag) *v.i.* Go too slow آہستہ آہستہ چلنا - پیچھے رہ جانا - ٹسر مسر کرنا -

Laggard *n.* & *adj.* پیچھے رہ جانے والا - کاہل - سست - پھسڈی -

Lagger *n.* دیر رو - سستیا - آہستہ چلنے والا - سست رفتار -

Lag (lag) *v.*. & *n.* Arrest (بول چال) گرفتار کرنا - قید کرنا - قید کی سزا دینا - سزا یافتہ - قیدی - مجرم -

Lagan (lag-ən) *n.* Wreckage lying on bed of sea غرق شدہ جہاز - غرق شدہ سامان جو سمندر کی تہہ میں ہو - غرق شدہ مال -

Lagoon (le-goon) *n.* Stretch of sea separated by sand bank سمندر کا چھڑان - ساحلی جھیل - سمندر کا وہ حصہ جسے ریت کے ٹیلوں نے الگ کر دیا ہو - جھیل جو مونگے کے ٹیلوں سے گھری ہوئی ہو -

Laic (la-ik) *adj.* & *n.* Non-clerical غیر کلیسائی - دنیوی - عام آدمی - غیر مذہبی -

Lair (lar) *n.*, *v.t.* & *i.* Wild beasts' resting place جنگلی جانوروں کے رہنے کی جگہ - شیر کی گوی - بل - بھٹ - باڑا - مویشیوں کا باڑے میں جانا - آرام کرنا -

Laird (lard) *n.* Landed proprietor of Scotland اسکاٹ لینڈ کا زمیندار -

Lais (ies) *n.* Accomplished and beautiful courtesan شائستہ حسین درباری عورت - باتمیز طوائف -

Laity (la-ti) *n.* Layman غیر کلیسائی - عام لوگ - دنیا دار - غیر ماہرین -

Lake (lak) *n.* Large body of water surrounded by land جھیل - تال - جوہڑ - پانی کا وسیع رقبہ جو خشکی سے گھرا ہو - بڑا تالاب -

Lake (lak) *n.* Pigment قرمزی رنگ - لاکھی رنگ -

Lakh (lak) *n.* دیکھو Lac

Lam (lam) *v.t. & i.* Thrash - مارنا پیٹنا - کندی کرنا - مرمت کرنا -

Lama (la-ma) *n.* Head of Buddhist monks تبت کا صدر پجاری - لاما -

Lamasery (la-ma-sə-ri) *n.* Monastery of lamas لاما یا صدر پجاری کی خانقاہ -

Lamb (lam) *n., v.t. & i.* Young of sheep بھیڑ کا بچہ - برا - پوٹلا - بھیڑ کے مانند - بے عیب - پوٹلے کا گوشت - حلوان - کلیسائی جماعت کا کمسن رکن - معصوم - بھولا بھالا - بچہ دینا - بیانا - بیانے کے وقت بھیڑ کی نگرانی کرنا -

As well be hanged for a sheep as for a lamb گنہگار ہی بننا ہے تو پھر دل کھول کر گناہ کرو -

Lamber (lam-bər) *n.* One who tends ewes - گڈریا - وہ شخص جو جننے کے وقت بھیڑ کی خبرداری اور نگرانی کرے -

Lambkin (lam-kin) *n.* Young of sheep - چھوٹا برہ - کمسن پوٹلا - نازک اندام بچہ یا شخص -

Lamb-like *adj.* برہ کی طرح کا - معصوم - بھولا بھالا -

Lambent (lam-bənt) *adj.* Flame playing on surface without burning it دھیمی روشنی - نورانی شعلے جو چمکائیں مگر جلائیں نہیں - منور - بامزہ - نمکین -

Lambency *n.* ماہ تابی - سبک تالی -

Lame (lam) *adj. & v.t.* Crippled by defect or injury لنگڑا - لولا - لنجا - اپاہج - مہمل - ناقابل قبول - ناقص - ناتمام - ناقابل اطمینان - بودا - پھسپھسا - لنگڑا کر دینا - لولا کر دینا - نکما کر دینا -

Lameness *n.* نامعقولیت - لنگ - لنگڑا پن -

Lamish *adj.* قدرے لنگڑا -

Lament (lə-ment) *n., v.t. & i.* Passionate expression of grief رونا - چلانا - آہ و زاری کرنا - نوحہ کرنا - فریاد کرنا - آہ و فغاں کرنا - غم و افسوس کرنا -

Lamentable (le-ment-ə-bl) *adj.* Mournful - غمناک - افسوس ناک - قابل افسوس - غم آلود - درد مند -

Lamentation (lə-ment-ə-shən) *n.* Lamenting گریہ و فریاد - آہ و زاری - واویلا - ماتم - فغاں -

Lamia (la-mi-a) *n.* Monster in woman shape ڈائن - چڑیل - بھتنی - خونی عورت -

Lamina (la-mi-na) *n.* Scale, layer - ورق - پرت - چھلکا - تہہ - پتری -

Laminar چھلکے والا - پرت دار - تہہ دار -

Laminate (la-min-at) *n.* Split into thin plates قتلے کرنا - ورق اتارنا - تہیں جمانا -

Lamination *n.* - کسی چیز کا ورق ورق یا تہہ بہ تہہ ہونا - ورق سازی -

Lammergeyer (lam-ər-gi-er) *n.* Bearded vulture داڑھی والا کرگس - باریش عقاب - یورپ کا ایک شکاری پرندہ -

Lamp (lamp) *n., v.i. & t.* Vessel with oil and wick for giving light - چراغ - دیپک - دیپ - دیا - قندیل - شمع - لیمپ - سورج - چاند - ستارے - مشعل ہدایت - چراغ راہ - چمکنا - روشن ہونا - منور کرنا -

Lampas (lam-pas) *n.* Horse disease with swelling of roof of mouth گھوڑے کی ایک بیماری جس میں تالو پر ورم آ جاتا ہے -

Lampas (lam-pas) *n.* Flowered silk cloth originally made in China ایک پھول دار ریشمی کپڑا جو سب سے پہلے چین میں تیار ہوا -

Lampoon (lam-poon) *n. & v.t.* Virulent satire مذمت - ہجو - ہجو قبیح -

Lampoonist *n.* - برائیاں بیان کرنے والا - ہجو نویس - ہجو گو -

Lance (lans) *n.* Weapon with long wooden shaft - برچھی - نیزہ - بھالا - سنان - نیزہ دار - نیزہ باز -

Lance (lans) *v.t.* Fling lance بھالا چلانا - برچھی مارنا - نیزہ چلانا - چھیدنا - بندھنا - آر پار کر دینا -

Lanceolate (lan-si-o-lat) *adj.* Shaped like a spear بھالے کی شکل کا - نیزہ سان - برچھی نما -

Lancer (lans-ər) *n.* Soldier armed with lance نیزہ باز - نیزہ بردار - رسالے کا سپاہی جو نیزے سے مسلح ہو - ایک قسم کا ناچ اور اس ناچ کا ساز -

Lancet (lans-et) *n.* Instrument of surgery with two edges نشتر - دو دھاری جراحی چاقو - دریچہ اور اس کی نوک دار محراب -

Land (land) *n.* Solid part of earth's surface
زمین - ارض - دھرتی - خشکی - گیتی - ملک - سرزمین - اقلیم - ریاست - مملکت - زمینداری - جائیداد - جاگیر - تختہ زمین - خشکی کا حصہ - قطعہ - کیاری -

Landfall بحری سفر میں زمین کا پہلی بار نظر آنا -

Land-bank وہ زمینداره بنک جو زمین کی ضمانت پر قرض دیتا ہے -

Landless *adj.* بے وطن - بے ملک - بے زمین -

Landward *adj.* ساحل کی جانب - خشکی کی طرف -

Land (land) *v.t. & i.* Go ashore ساحل پر پہنچنا - خشکی پر اترنا - جہاز یا گاڑی سے اترنا - مبتلا ہونا - کسی حالت میں پہنچنا - گھونسہ رسید کرنا - مچھلی کو پانی سے کنارے پر لانا - گھڑ دوڑ میں گھوڑے کا شرط جیتنا اور مالک کو شرط کی رقم ملنا - کودنے کے بعد زمین پر پیر جانا -

Landau (lan-daw) *n.* Four-wheeled carriage with top بگھی - لینڈو گاڑی - چو پہیہ گاڑی جس کا ٹپ آگے اور پیچھے سے کھولا جا سکتا ہے -

Landed (land-ed) *adj.* Consisting of land اراضی پر مشتمل - زمین والا -

Landing (land-ing) *n.* Place for disembarking جہاز پر سے اترنے کا مقام- جہاز پر سے اترنا - اترنے کی جگہ- دو سیڑھیوں کے درمیان کا چبوترہ -

Landlordism (land-lor-dizm) *n.* جاگیری نظام کی حمایت - جاگیری نظام - نظام زمینداری -

Landocracy (land-o-kre-si) *n.* The landed class زمینداروں کی جماعت - جاگیرداروں کا طبقہ -

Landocrat *n.* تعلقہ دار - بڑا زمیندار - جاگیردار -

Landscape (land-skap) *n.* Inland scenery اندرونی منظر - بری منظر - قدرتی منظر کی تصویر - پیش منظر -

Landscapist بری مناظر کی تصویریں بنانے والا - قدرتی مناظر کا مصور -

Lane (lan) *n.* Narrow road between hedges - گلی کوچہ - تنگ سڑک - لیک - دو باڑھوں کے درمیان کا راستہ - صفوں کے درمیان کا راستہ - جہاز کا مقررہ راستہ -

It is a long lane that has no turning ایک نہ ایک دن حالت ضرور بدلے گی -

Language (lang-gwij) *n.* A vocabulary and the way of using it prevalent in one or more countries زبان - بولی - بھاشا - طرز سخن - طرز کلام - طرز بیان - عبارت - گفتگو - تحریر - تقریر - کلام - نطق - گویائی - کسی خاص طبقہ کی زبان - اصطلاح - محاورہ - روز مرہ -

Languid (lang-gwid) *adj.* Lacking vigour ضعیف - نقیہ - تھکا ماندہ - کمزور - ناتواں - سست - کاہل - مضمحل - رنجور - بے ہمت - مردہ دل - بے کیف - بے رونق -

Languish (lang-gwish) *v.i.* Lose or lack vitality کمزور ہونا - ناتواں ہونا - کملانا - مرجھانا - مضمحل ہونا - مردہ دل ہونا - کسی آرزو میں گھلنا - حسرت و یاس کا انداز اختیار کرنا - حسرت بھری نگاہ سے دیکھنا -

Languishment *n.* اضمحلال - ضعف - کمزوری - نقاہت -

Langour (lang-g(w)er) *n.* Faintness, fatigue کمزوری - ناتوانی - ڈھیلا پن - غشی - تکان - حسرت و یاس - بے کیفی - پژ مردگی -

Laniary (la-ni-ər-i) *adj. & n.* Adapted for tearing, canine نکیلا دانت - سامنے کے تیز دانت - چیرنے پھاڑنے والے دانت - چیرنے پھاڑنے کے -

Laniferous (lan-if-ər-əs) *adj.* Wool-bearing بال دار - روئیں دار - پشم دار -

Lank (langk) *adj.* Tall and lean دبلا پتلا - لق لق - چھریرا - اکھہرے جسم کا - لمبی - نرم (گھاس) - سیدھے نرم (بال) -

Lanky *adj.* اونچا - دبلا پتلا -

Lanner (lan-ər) *n.* Kind of falcon ایک قسم کا باز -

Lantern (lant-ərn) *n.* Transparent case protecting flame of candle فانوس - قندیل - لالٹین - روشنی کے مینار کا کمرہ - کمرے کی چھت یا گنبد کا روشن دان -

Lanyard (lan-yərd) *n.* Short rope or line چھوٹی رسی یا ڈور -

Laodicean (la-odi-se-ən) *adj. & n.* Person lukewarm in religion or politics وہ شخص جو مذہبی یا سیاسی مسائل میں بالکل دلچسپی نہ لے - مذہب یا سیاست سے لاپروا -

Lap (lap) *n.* Hanging part or flap of garment, front part of shirt داامن - آنچل - پلو - جھولی - گود - آغوش - کسی چیز کا لٹکتا ہوا حصہ - کان کی لو - غار - کھوہ - ڈھکنے سے باہر نکلا ہوا حصہ - دوڑ کے میدان کا ایک چکر -

Lap (lap) *v.t., i. & n.* Fold, wrap اوڑھانا - لپیٹنا - اوپر ڈالنا - تہہ کرنا - تہوں میں لپیٹنا - گھیر لینا - محاصرہ کرنا - نرغے میں لینا - آغوش میں لینا - چاٹنا - کتے کی طرح پانی پینا - کسی چیز کو اس طرح ڈھکنا کہ کچھ حصہ باہر رہے - ساحل سے لہروں کے ٹکرانے کی آواز - پینے کی کوئی ہلکی چیز - شراب -

Lap (lap) *n. & v.t.* Rotating disc for polishing jem جواہرات کو جلا دینے کی پھرکی - جواہرات کو جلا دینا -

Lapel (lap-el) *n.* Part of coat folded back کوٹ کے گریبان کی لوٹ -

Lapecide (lap-is-id) *n.* Cutter of stones, inscription سنگ تراش - کندہ کاری -

Lapidary (lapi-dəri) *adj. & n.* Concerned with stones پتھروں کے متعلق - کندہ کیا ہوا - کندہ کرنے کے قابل - جوہری - جواہرات کو تراشنے اور جلا دینے والا -

Lapidate (lapi-dət) *v.t.* Stone to death پتھر مارنا - سنگسار کرنا - سنگسار کر کے مار ڈالنا -

Lapidation پتھروں کی بوچھاڑ - سنگساری -

Lapidify (lapi-di-fi) *v.t.* Make into stone پتھر بنا دینا - پتھر کا بنانا - پتھر میں بنانا -

Lapper (lap-ər) *n.* One who drinks scooping with tongue زبان سے چاٹ چاٹ کر پینے والا - چاٹنے والا - لپیٹنے والا -

Lappet (lap-it) *n.* Flap or fold of garment داامن - شملہ - دنبالہ - عورتوں کی ٹوپی کا فیتہ - لٹکتا ہوا گوشت یا کھال - کوٹ کے گریبان کی لوٹ -

Lapse (laps) *n.* Slip of memory, tongue or pen بھول - چوک - سہو - خطا - غلطی - قصور - عیب - کھوٹ - لغزش - تمادی - زوال - استحقاق - امتداد زمانہ - وقت کا گزر جانا - وقفہ -

Lapse (laps) *v.i.* Fail to maintain position گزرنا - بہنا - چوکنا - خطا کرنا - غلطی کرنا - قصور کرنا - حق کا جاتا رہنا - آہستہ آہستہ بہنا - فرو ہونا - کم ہونا -

Lapwing (lap-wing) *n.* Bird of plover family انگلستان کا ایک سبزی مائل پرند - ہریل -

Lar (lār) *n.* Ancient Roman household deity قدیم روم کا گھریلو دیوتا - لنگور - بندر -

Larboard (lar-bord) *n.* Port side جہاز کی بائیں سمت - جہاز کا بائیں طرف کا حصہ -

Larceny (lar-se-ni) *n.* Theft سرقہ - دزدی - چوری -

Larcenous سرقہ کا - چوری کا - سارقانہ -

Larch (larch) *n.* Coniferous tree yielding tough timber دیو دار کے قسم کا درخت جس سے عمارتی لکڑی اور گندہ بیروزہ ملتا ہے -

Lard (lard) *n.* Internal fat of pigs شحم الخنزیر - سور کے پیٹ کی چربی - سور کی چربی -

Lard (lard) *v.t.* Insert strip of bacon before cooking سور کے گوشت کے ٹکڑے پکاتے وقت اندر رکھنا یا ملا دینا - تقریر و تحریر کو غیر ملکی اصطلاحات سے مرصع کرنا -

Larder (lard-ər) *n.* Room or closet for meat گوشت رکھنے کا کمرہ یا ہوا دان - نعمت خانہ -

Lardy-dardy (lar-di-dar-di) *adj.* Affected (بول چال) بننے ٹھننے والا - رنگیلا - نخریلا -

Large (lar-j) *adj., n. & adv.* Liberal, generous, big بڑا - کلاں - عظیم - فراخدل - دریا دل - فیاض - عالی ظرف - بے تعصب - مشرح - زیادہ - کثیر - عموماً - علی العموم - اکثر - بارہا -

Gentleman at large وہ شخص جس کا کوئی مشغلہ نہ ہو - درباری جس کے ذمے کوئی کام نہ ہو -

Largeness *n.* عظمت - فیاضی - کشادگی - وسعت - بزرگی -

Largish *adj.* قدرے بڑا - بڑا سا -

Largely (larj-li) *adv.* To a great extent بڑی حد تک - زیادہ تر - بیشتر - وسعت سے -

Largess (larj-es) *n.* Money or gift freely bestowed انعام و اکرام - بخشش - داد و دہش - عطا -

Lariat (lar-i-ət) *n.* Lasso, rope گھوڑوں کو پکڑنے کا رسی یا چمڑے کا پھندا ۔

Lark (lark) *n.* Singing bird لوا ۔ چنڈول ۔ چکاوک ۔ گانے والا پرند ۔ قنبرہ ۔

If the sky fall we shall catch larks آسمان گر پڑے تو ہم لوے پکڑیں گے ۔

Rise with the lark صبح تڑکے اٹھنا ۔

Lark (lark) *n.* & *v.t.* Amusing incident ہنسی ۔ دل لگی ۔ پر لطف صحبت ۔ دلچسپ ماجرا ۔ مزے کی بات ۔ کھیلنا ۔ ہنسی مذاق کرنا ۔

Larky *adj.* ہنسوڑ ۔ زندہ دل ۔ خوش طبع ۔

Larrikin (lar-ī-kin) *n.* Young hooligan نوجوان لچا ۔ غنڈہ ۔ بدمعاش ۔

Larva (lar-va) Insect eggs کیڑے کی انڈے سے جاندار بننے کی حالت ۔ کیڑے کا پہلا روپ ۔

Larynx (lar-ĩngks) *n.* Cavity in throat holding vocal cords آواز ٹینٹوا ۔ نرخرہ ۔ حلقوم ۔ حنجرہ ۔ نکلنے کا عضو ۔

Laryngitis حنجرہ کا ورم ۔

Lascar (las-kər) *n.* Indian sailor ہندوستانی ملاح ۔

Lascivious (lə-siv-ī-əs) *adj.* Lustful شہوت انگیز ۔ نفس پرست ۔ شہوت پرست ۔

Lash (lash) *v.i.* & *t.* Make sudden movement, beat کوڑے مارنا ۔ جھٹکنا ۔ زور سے حملہ کرنا ۔ ٹوٹ پڑنا ۔ دولتی جھاڑنا ۔ برس پڑنا ۔ جھڑکنا ۔ سر زنش کرنا ۔ کوڑے مار کر مجبور کرنا ۔

Lashing *n.* ملامت ۔ سر زنش ۔ کوڑوں کی مار ۔

Lash (lash) *n.* Stroke of thong or whip چابک یا کوڑے کی ضرب ۔ چابک کا تسمہ ۔ اکسانے والی چیز ۔ تازیانہ ۔ پلکیں ۔ مژہ ۔

Lasher (lash-ər) *n.* Water rushing over weir کوڑے مارنے والا ۔ دریا کا پانی جو بند کے اوپر سے گزرے ۔ بند کا پانی ۔ بند ۔

Lashkar (lash-kar) *n.* Armed Indian tribesmen ہندوستانی قبیلوں کے مسلح جوان ۔ لشکر ۔ فوج ۔ سپاہ ۔

Lasque (las-k) *n.* Flat veiny diamond چپٹا رگدار ہیرا ۔

Lass (las) *n.* Girl, sweet-heart لڑکی ۔ دوشیزہ ۔ نوخیز لڑکی ۔ محبوبہ ۔ معشوقہ ۔

Lassie (بول چال) صیغہ تصغیر ۔ پیار کا نام ۔ پیاری ۔

Lassitude (las-i-tud) *n.* Weariness سستی ۔ آلکسی ۔ ضعف ۔ کمزوری ۔ تکان ۔ بے کیفی ۔

Lasso (las-o) *n.* & *v.t.* Noosed rope of hide کچے چمڑے کا پھندا یا کمند ۔ پھندے یا کمند سے جانوروں کو پکڑنا ۔

Last (last) *n.* Shoe-maker's wooden model قالب ۔ جوتے کا کالبد ۔ قالب جس پر چمڑا چڑھا کر جوتا بنایا جاتا ہے ۔

Stick to one's last جو نہ جانتا ہو اس میں دخل نہ دے ۔

Last (last) *n.* Commercial measure of weight پلہ ۔ پاٹلی ۔

Last (last) *adj.*, *n.* & *adv.* Coming at the end آخر ۔ آخری ۔ پچھلا ۔ آخرین ۔ واپسین ۔ یوم قیامت ۔ حشر ۔ بعد کا ۔ نا موزوں ۔ بعید از وقوع ۔ آخری بچہ ۔ قطعی ۔ قول فیصل ۔

Last (last) *v.i.*, *t.* & *n.* Go on, remain alive قائم رہنا ۔ باقی رہنا ۔ زندہ رہنا ۔ ٹھہرنا ۔ کافی ہونا ۔ حیات ۔

Lasting (last-ing) *adj.* & *n.* Permanent پائیدار ۔ دائمی ۔ دیر پا ۔ مضبوط ۔ مستقل چیز ۔

Latcn (lach) *n.* & *v.t.* Door fastening made of small bar چٹخنی ۔ سٹکنی ۔ بلی ۔ دروازہ بند کرنے کا کھٹکا ۔ چٹخنی لگانا ۔ بند کرنا ۔

Latchet (lach-et) *n.* Thong for fastening shoe جوتے کسنے کا تسمہ ۔ کفش بند ۔

Late (lat) *adj.* After usual or due time دیر میں ۔ دیر سے ۔ دیر رسید ۔ دیر سے آنے والا ۔ بعد از وقت آنے والا ۔ دیر میں پھلنے والا ۔ مرحوم ۔ آنجہانی ۔ متوفی ۔ سابق ۔ پچھلا ۔ اب کا ۔ حالیہ ۔ جدید ۔ نیا ۔ چند روز کا ۔

Late (lat) *adv.* After proper time دیر کر کے ۔ وقت کے بعد ۔ بڑے دنوں میں ۔ بڑا دن چڑھے ۔ بڑی رات گئے ۔ حال میں ۔ تھوڑے عرصے میں ۔ نشو و نما کے آخری دور میں ۔ آخری زمانہ میں ۔ (بول چال) بہت دیر میں ۔ نا وقت ۔

Lately *adv.* کچھ دن ہوئے - تھوڑا عرصہ گزرا - کچھ دن پہلے -

Latent (la-tənt) *adj.* Hidden, concealed اندرونی - پنہاں - مخفی - چھپا ہوا - فطرت میں - خوابیدہ - سوتا ہوا - دبا ہوا - موجود مگر نا تربیت یافتہ -

Latency *n.* باطنیت - پوشیدگی -

Lateral (lat-rəl) *adj.* & *n.* Towards side پہلو کا - بغلی - ایک طرف کا - پہلو کا حصہ - ضمنی شاخ -

Lath (lath) *n.* & *v.t.* Piece of sawn timber لکڑی کی پٹی - تختے کی پٹی - دیواروں یا چھت پر پٹیاں لگانا - تختہ بندی کرنا - چوکھٹا لگانا -

As thin as a lath منحنی - نہایت دبلا پتلا -

Lathy *adj.* لمبا - دبلا پتلا - لاغر -

Lathe (ladh) *n.* Machine for turning خراد - مشین جس پر لکڑی ، لوہے ، ہاتھی دانت کی چیزیں خراد کی جاتی ہیں -

Lather (la-dhər) *n., v.t.* & *i.* Froth of soap صابون کا جھاگ - پھیس - کف - گھوڑے کو جھاگ اور جھاگ دار پسینہ آنا - پسینہ پسینہ ہونا - مارنا - کندی کرنا -

Lathery *n.* جھاگ دار -

Latin (lat-in) *adj.* & *n.* Of Latium or ancient Romans لا طینی - لا طینی زبان - قدیم اہل روما کا - لیٹیم کا - لا طینی نسل یا زبان کا - وہ قدیم لا طینی جسے حق رائے دہی حاصل تھا -

Latinist (lat-ĭn-ist) *n.* Latin scholar لا طینی زبان کا محقق -

Latinizm لا طینیت - لا طینی زبان کا محاورہ جو دوسری زبان میں مستعمل ہو -

Latinity (lat-in-ĭti) *n.* Way person writes Latin لا طینی زبان میں طرز تحریر - لا طینی صرف و نحو اور نگارش کا خاص رنگ -

Latitude (lat-ĭ-tud) *n.* Breadth, scope, extent چوڑائی - عرض - وسعت - کشادگی - پھیلاؤ - وسعت خیال - وسعت مشرب - آزاد خیالی - خود مختاری - عرض البلد - خط استوا کے شمال یا جنوب کا فاصلہ - عرض سماوی -

Latitudinarian *adj.* & *n.* آزاد طبع - وسیع المشرب - آزاد خیال -

Laterine (lə-trin) *n.* Place for evacuation جائے ضرور - بیت الخلا - ٹٹی - طہارت خانہ - پیشاب ، پاخانہ سے فارغ ہونے کی جگہ -

Latten (lat-ən) *n.* & *adj.* Alloy of copper and zinc ٹین - پیتل اور تانبے کا پتر - ٹین کی چادر - پتیلی - برنجی - تامیسری -

Latter (lat-ər) *adj.* Recent, second آخری - پچھلا - بعد کا - دوسرا - دنیا کے خاتمے کا - آخر الذکر -

Latterly (lat-ər-li) *adv.* Towards the end of some period, now-a-days تھوڑے دن ہوئے - حال میں - آخر میں - اخری دور میں - مرنے سے پہلے -

Lattice (lat-is) *n.* Structure of cross laths لکڑی یا لوہے کی جالی - عمارت کی جالی - جھلملی - جھنجری -

Latticed *adj.* مشبک - جالی دار -

Latticing *n.* جالی کا کام -

Laud (lawd) *n.* & *v.t.* Praise تعریف - ستائش - حمد - ثنا - رومن کیتھولک کلیسا میں صبح کی مناجات - تمجید - تعریف کرنا - گن گانا - ستائش کرنا -

Laudation *n.* مناجات - حمد و ثنا -

Laudatory *adj.* مدحیہ - ثنائیہ -

Laudable (lawd-əbl) *adj.* Praiseworthy - قابل تعریف - مستحسن - مفید - صحت بخش -

Laudanum (lawd-(ə)nəm) *n.* Tincture of opium افیون کا ست - افیون کا آمیزہ - الکحل اور افیون کا محلول -

Laugh (laf) *v.i., t.* & *n.* Express exultation - ہنسنا - کھلکھلانا - قہقہہ لگانا - مسرت کا اظہار کرنا - خوش ہونا - مگن ہونا - مضحکہ اڑانا - طنز کرنا - ہنسی اڑانا - دل لگی کرنا - تضحیک کر کے بری عادت چھڑانا - مسکرانا - تبسم کرنا - ہنسی - قہقہہ - ہنسنے کا طریقہ -

Laughable (laf-əbl) *adj.* Amusing قابل تضحیک - ہنسنے کے قابل -

Laughing (laf-ing) *adj.* Expressing happiness ہنستا ہوا - خنداں - خوش -

Laughing (laf-ing) *n.* Act of expressing happiness ہنسی - طنز - تضحیک -

Laughingly (laf-ing-li) *adv.* In a happy manner ہنستے ہوئے - ہنسی خوشی سے -

No laughing matter اہم معاملہ ہے - ہنسی کی بات نہیں ہے -

Laughter (laf-ter) *n.* Laughing ہنسی - قہقہہ - خندہ زنی - کھلکھلاہٹ -

Launch (lawn(t)sh) *v.t., i. & n.* Hurl, send forth کشتی کا چلانا - کشتی دریا میں اتارنا - پھینکنا - ڈالنا - شروع کرنا - مہم کا آغاز کرنا - دھمکی دینا - برس پڑنا - بیان کرنا - تفصیل سے بیان کرنا - دل کھول کر خرچ کرنا - جہاز میں سفر کرنا -

Launch (lawn(t)sh) *n.* Ship's largest boat جنگی جہاز کی بڑی کشتی - بڑی مسافر کشتی - سیر و تفریح کی کشتی -

Laundress (lawn-də-res) *n.* Woman who washes linen دھوبن - کپڑے دھونے والی عورت -

Laundry (lawn-dri) *n.* Establishment for washing linen کپڑے دھونے کا کارخانہ - کپڑے دھونے کا مکان - دھوبی خانہ -

Laureate (law-ri-it) *adj. & n.* Consisting of laurel لارل کی پتیوں سے گندھا ہوا - لارل کے ہاروں سے آراستہ - ہار پہنے ہوئے - لارل کے ہار کا مستحق -

Laurel (lo-rəl) *n. & v.t.* Kinds of garden shrub لارل پود جس کی پتیاں چمک دار ہوتی ہیں - لارل کا تاج جو سورماؤں اور بڑے شاعروں کے سر پر رکھا جاتا ہے - لارل کا تاج سر پر رکھنا - سرفراز کرنا -

Lava (la-va) *n.* Matter flowing from volcano گندھک کا گرم ملغوبہ جو آتش فشاں دھانے سے بہتا ہے - لاوا - منجمد لاوا -

Lavation (la-va-shən) *n.* Washing ہاتھ منہ دھونا -

Lavatory (la-va-teri) *n.* Vessel or room for washing دھونے کی جگہ - ہاتھ منہ دھونے کی جگہ - غسل خانہ - طہارت خانہ - بیت الخلا -

Lave (lav) *v.t.* Wash, bathe دھونا - نہلانا - غسل کرنا یا دینا - کسی چشمے کا کناروں کو چھونا - چوسنا - بوسہ دینا -

Lavement (lav-ment) *n.* Enema حقنہ - پچکاری -

Lavender (lav-ən-dər) *n. & v.t.* Narrow-leaved shrub cultivated for perfume ایک قسم کی خوشبودار جھاڑی - لیونڈر کے پھول اور شاخیں جو خوشبو کے لیے کپڑوں میں رکھے جاتے ہیں - ہلکا ارغوانی رنگ - لیونڈر سے کپڑے بسانا -

Laver (lav-ər) *n.* Large brazen vessel لگن - طشت - لوٹا - کسی چیز کے دھونے کا برتن - وضو یا غسل کا بڑا برتن -

Laverock (lav-ə-rək) *n.* Lark دیکھو

Lavish (lav-ish) *adj. & v.t.* Bestow or spend profusely مسرف - خراچ - کثیر - وافر - بے اندازہ - دل کھول کر دینے والا - بے اندازہ خرچ کرنا - پانی کی طرح بہانا -

Lavishness *n.* فضول خرچی - اسراف - بھرمار - افراط -

Law (lāw) *n.* Body of enacted or customary rules recognised by a community قانون - آئین - ضابطہ - طریقہ - قاعدہ - رسم - رواج - ضابطہ قانون - اصول - فلسفۂ قانون - قانون دانی - عدالتی چارہ جوئی - مقدمہ بازی - قانون قدرت - کھیلوں کے قواعد و ضوابط -

Be law unto oneself رسم و رواج سے بے نیازی - من مانی کاروائی -

Lay down the law تحکمانہ انداز میں گفتگو کرنا -

Necessity knows no law حاجت مند قانون کی پرواہ نہیں کرتا -

Lawful (law-ful) *adj.* Recognised by law قانونی - شرعی - جائز - مباح - قانون کے مطابق - ٹھیک - درست -

Lawless (law-les) *adj.* Uncontrolled by law خلاف قاعدہ - بے ضابطہ - بے قاعدہ - بے آئین - بے لگام - نراجی -

Lawlessness *n.* مطلق العنانی - سرکشی - لاقانونیت - بے آئینی - نراج -

Lawn (lawn) *n.* Grass-covered land گھاس کا میدان - سبزہ زار - رمنا -

Lawn (lawn) *n.* Kind of fine linen ایک قسم کا باریک کپڑا - باریک ململ جو پادری آستینوں میں لگاتے ہیں -

Lawyer (law-yer) *n.* Member of legal profession قانون پیشہ - وکیل - مختار - قانون دان - اٹارنی - فقیہ - ماہر قانون -

Lax (laks) *adj.* Loose ڈھیلا - کھلا - کشادہ - مسام دار - ملائم - نرم - آزاد - بے روک - غافل - بے پروا - غیر واضح - مبہم - دھندلا -

Laxity *n.* کشادگی ۔ ڈھیلا پن ۔ بے پروائی ۔ غفلت ۔

Laxative (laks-ə-tiv) *adj. & n.* Tending to loosen the bowels ملین ۔ دافع قبض ۔ منفج ۔ مجیب ۔ تلیئن ۔

Lay (la) *n.* Short lyric راگ ۔ گیت ۔ مختصر نظم ۔ غزل ۔ پرندوں کا زمزمہ ۔

Lay (la) *adj.* Non-clerical غیر مذہبی ۔ عامیانہ ۔ دنیا دارانہ ۔ دنیا دار ۔ گرہست ۔ تاش کا معمولی پتہ ۔

Laylord نواب جو دارالامرا کا رکن ہو مگر قانونی معاملات میں دخل نہ دے سکتا ہو ۔

Layman *n.* عام دنیا دار ۔ غیر فنی ۔

Lay (la) *v.t., i. & n.* Prostrate لیٹ جانا ۔ لٹا دینا ۔ بچھا دینا ۔ سجدہ ریز ہونا ۔ دھرنا ۔ لگانا ۔ جمانا ۔ فرو کرنا ۔ دور کرنا ۔ ہلکا کرنا ۔ دبا دینا ۔ انڈے دینا ۔ داؤ پر لگانا ۔ بدنا ۔ شرط لگانا ۔ کسی شخص یا عضو کو خاص حالت میں رکھنا ۔ ہرجانے وغیرہ کی رقم کا تعین کرنا ۔ سر تھوپنا ۔ حدود قائم کرنا ۔ خول یا غلاف چڑھانا ۔ تہہ جمانا ۔ (بول چال) کاروبار ۔ مشغلہ ۔ پیشہ ۔ رسی کا بل ۔ رخ ۔ مقام ۔ سمت ۔

Lay it on thick or with a towel کھلی خوشامد کرنا ۔ ذلت آمیز چاپلوسی کرنا ۔

Layer (la-yer) *n., v.t. & i.* Thickness of matter رکھنے والا ۔ جمانے والا ۔ طبق ۔ پرت ۔ تہہ ۔ ردا ۔ دریا کی تہہ جس میں گھونگھے ہوں ۔ درخت کی شاخ جو مٹی میں دبا دی گئی ہو ۔ قلم دبانا ۔ ردا جمانا ۔

Lazar (laz-ər) *n.* Poor and diseased person غریب بیمار ۔ جذامی ۔ کوڑھی ۔

Lazaret (laz-ər-it) *n.* Hospital for lepers کوڑھیوں کا شفاخانہ ۔ جذامیوں کا خیراتی دواخانہ ۔ جہاز کے تہہ خانے کا پچھلا حصہ ۔ جہاز کا گودام ۔

Lazarus (laz-ər-us) *n.* Beggar, poor man نادار ۔ فقیر ۔ گداگر ۔ بھیک مانگنے والا ۔ محتاج ۔

Laze (laz) *v.i., t. & n.* Be lazy (بول چال) سستی کرنا ۔ کاہلی کرنا ۔ وقت گزاری کرنا ۔ کاہلی ۔ وقت جو سستی میں گزارا جائے ۔

Lazy (laz-i) *adj., v.i. & t.* Indolent سست ۔ کاہل ۔ کام چور ۔ سستی کرنے والا ۔ سستی کرنا ۔ بے کاری میں وقت گزارنا ۔

Lazy bones سست اور کاہل آدمی ۔ کام چور ۔

Laziness سستی ۔ کاہلی ۔

Lea (le) *n.* Grass land مرغزار ۔ چراگاہ ۔ کھلا میدان ۔ سبزہ زار ۔ سوت کے دھاگے کی ناپ ۔ انٹی ۔

Leach (lech) *v.t.* Make liquid percolate through some material سیال چیز کو کسی چیز میں ٹپکانا یا جذب کرانا ۔ تقطیر کرنا ۔ کسی چیز سے دودھ یا عرق لینا ۔ چھال وغیرہ میں سیال چوانا ۔ خام دھات ۔

Lead (led) *n. & v.t.* Base metal of dull pale bluish grey colour سیسہ ۔ رانگا ۔ سرما ۔ رانگے کی چیز ۔ سیسے کی چھت ۔ سیسے کے چوکھٹے ۔ سیسہ چڑھانا ۔ سیسے کا چوکھٹا جڑنا ۔ بندوق کی نال کا کثیف ہونا ۔

Swing the lead (فوجی بول چال) بیمار بن جانا ۔ کام سے جی چرانا ۔

Lead (led) *v.t. & i.* Direct, conduct لے جانا ۔ لے چلنا ۔ رہنمائی کرنا ۔ راستہ دکھانا ۔ انگلی پکڑ کر لے جانا ۔ آگے چلنا ۔ پیشرو ہونا ۔ ترغیب دلانا ۔ آمادہ کرنا ۔ نتیجہ یا فیصلہ تک پہنچانا ۔ کسی مقام تک پہنچانا ۔ رسی کو چرخی پر چڑھانا ۔ زندگی گزارنا ۔ بسر کرنا ۔ پیش پیش ہونا ۔ دوڑ میں آگے ہونا ۔ (تاش) پتہ پہلے چلنا ۔

Lead by the nose الو بنانا ۔ جو چاہنا کرانا ۔

Lead (led) *n.* Direction, example رہنمائی ۔ پیشوائی ۔ رہبری ۔ قیادت ۔ پن چکی کی نہر ۔ کتے کے پٹے کی زنجیر یا ڈور ۔ (تاش) پہلے پتہ چلنے کا حق ۔

Take the lead سبقت لے جانا ۔ قیادت کرنا ۔

Give one a lead اپنی مثال سے ہمت بندھانا ۔

Leaden (led-en) *adj.* Like lead سیسے کا ۔ سیسے کی طرح ۔ سیسے کے متعلق ۔

Leader (led-ər) *n.* Official head of Government رہنما ۔ پیشوا ۔ حکومتی جماعت کا قائد ۔ دارالعوام کا سرکاری رکن جو کاروائی کا آغاز کرتا ہے ۔ سینئر وکیل ۔ وکیل سرکار ۔ پیرو کار سرکار ۔ اگوا کار ۔ اداریہ ۔

Leaderless *adj.* بے رہبر ۔ ایسی جماعت جس کا کوئی رہنما نہ ہو ۔ بے قائد ۔

Leadership *n.* سرکردگی ۔ پیشوائی ۔ رہنمائی ۔ قیادت ۔

Leaderette (led-ər-et) *n.* Short editorial چھوٹا اداریہ ۔ مدیر کا فقرہ ۔ تشریحی نوٹ ۔

Leading (led-ing) *n.* Act of guiding اگوا کاری ۔ قیادت ۔ رہنمائی ۔

Leading (led-ing) *adj.* Editorial, serving as example رہنمائی کرنے والا ۔ مدیرانہ ۔ خاص ۔ اہم ۔ نمونہ کا ۔ بڑا ۔ بزرگ ۔ اول ۔ اعلیٰ ۔

Leading question رہنمایانہ سوال جو ممنوع ہے ۔ ایسا سوال جو مطلوبہ جواب کی طرف اشارہ کرے ۔

Leaf (lef) *n.* & *v.t.* Foliage پتا ۔ پات ۔ برگ ۔ ورق ۔ پتے ۔ پتیاں ۔ تمباکو یا چائے کی پتی ۔ کتاب کا ورق ۔ چاندی ، سونے کا ورق ۔ کواڑ کا پٹ ۔ پتے نکلنا ۔ ورق بنانا ۔

In leaf درخت جس پر پتے آ رہے ہوں ۔ نیوتی کرنا ۔

Leafless بے پتوں کا درخت ۔ بے برگ ۔

Leaflessness *n.* بے ورق ہونا ۔ بے برگ ہونا ۔

Leafiness *n.* پر برگ ہونا ۔ درخت کا گھنا پن ۔

Leafy *adj.* گھنا ۔ پتوں سے لدا ہوا ۔ برگ پوش ۔

Leaflet (lef-let) *n.* Young leaf, sheet of paper پتی ۔ چھوٹا پتا ۔ کونپل ۔ بغیر نتھی کیے ہوئے کاغذ ۔ کھلے کاغذ ۔ دستی اشتہار ۔

League (lēg) *n.* About three miles تین میل کا فاصلہ ۔ مسافت ۔ فرسنگ ۔

League (lēg) *n.* Compact for mutual assistance میل ۔ اتحاد ۔ رفاقت ۔ انجمن ۔ متحدہ جماعت ۔ بندش ۔ سازش ۔ متحدہ گروہ ۔

Leaguer (lēg-ər) *n.* Member of league سازش کرنے والا ۔ جماعت کا رکن ۔ محاصرہ ۔ گھیرا ۔ انجمن اتحاد کا رکن ۔

Leak (lēk) *n., v.i.* & *t.* Hole caused by injury چھید ۔ سوراخ ۔ درز ۔ دراڑ ۔ شگاف ۔ سوراخ جس سے پانی وغیرہ ٹپکے ۔ پانی کا رسنا ۔ ٹپکنا ۔ بھید کھل جانا ۔ آہستہ آہستہ راز فاش ہو جانا ۔

Leakage *n.* رقم کا خرد برد ہونا ۔ افشائے راز ۔ دراز ہونا ۔ ٹپکنا ۔ رسنا ۔

Leaky (lek-ī) *adj.* Having leaks سوراخ والا ۔ درز والا ۔ ٹپکنے والا ۔ پیشاب نہ روک سکنے والا ۔ پیٹ کا ہلکا ۔ راز فاش کر دینے والا ۔

Leal (lel) *adj.* Loyal, honest ۔ با وفا ۔ وفا دار ۔ متدین ایماندار

Lean (len) *adj.* & *n.* Thin, meagre ۔ دبلا پتلا ۔ لاغر ۔ ہلکا پھلکا ۔ نحیف ۔ کمزور ۔ غذا کا ٹوٹا ہوا ۔ منافع سے خالی ۔ بغیر چربی کا (گوشت) ۔

Lean years قحط کا زمانہ ۔ خشک سالی کا زمانہ ۔

Leanness *n.* دبلا پن ۔ کمزوری ۔ لاغری ۔

Lean (len) *v.i., t.* & *n.* Incline one's body against something جھکنا ۔ ترچھا ہونا ۔ کسی چیز کا سہارا لینا ۔ ٹیک لینا ۔ تکیہ لگانا ۔ مائل ہونا ۔ طرفداری کرنا ۔ رجحان رکھنا ۔ اعتماد کرنا ۔ بھروسہ کرنا ۔ جھکاؤ ۔ رجحان ۔ میلان ۔ سہارا ۔ ٹیکا ۔ تکیہ ۔

Leaning (len-ing) *n.* Bent of mind میلان طبع ۔ رجحان ۔ جھکاؤ ۔

Leap (lep) *v.t.* & *i.* Jump اچھلنا ۔ کودنا ۔ چھلانگ لگانا ۔ اچھل کر کود جانا ۔ چڑھ بیٹھنا ۔

Leaper *n.* پھلانگنے والا ۔ چھلانگ لگانے والا ۔ کودنے والا ۔

Leap (lep) *n.* Jump ۔ چھلانگ کا فاصلہ ۔ کود ۔ پھلانگ ۔ چھلانگ ۔ جست ۔

Learn (lərn) *v.t.* & *i.* Get knowledge of علم حاصل کرنا ۔ سیکھنا ۔ پڑھنا ۔ تعلیم پانا ۔ جاننا ۔ معلوم کرنا ۔ یاد کر لینا ۔ آگاہ ہونا ۔ دریافت کرنا ۔

I have yet to learn میں نے اب تک یہ بات نہیں سنی ۔ میں نہیں جانتا ۔

Learnable *adj.* جو سیکھی جا سکے ۔ سیکھنے کے قابل ۔

Learner *n.* سیکھنے والا ۔ شاگرد ۔ طالب علم ۔

Learned (lərn-id) *adj.* Deeply read عالم ۔ فاضل ۔ مولوی ۔ پنڈت ۔ حکیم ۔ عالمانہ ۔ فاضلانہ ۔ حکیمانہ ۔ علمی ۔ ادبی ۔

Learning (lərn-ing) *n.* Knowledge got by study علم ۔ فضیلت ۔ علمیت ۔ ذخیرہ علوم ۔ استعداد علمی ۔ سیکھنا ۔ پڑھنا ۔ علم حاصل کرنا ۔

Lease (les) *n.* & *v.t.* Contract or tenement for a specified time ٹھیکہ ۔ اجارہ ۔ پٹہ ۔ نزول ۔ پٹہ پر دینا ۔ ٹھیکہ پر دینا ۔ کرایہ پر دینا ۔

Lease (les) *n.* Crossing of warp-threads in loom (کپڑے بننے کا) تانا ۔ گول سوراخ والی ۔

Leash (lesh) *v.t.* & *n.* Thongs in which hounds

and dogs are held کتوں کو باندھنے کا تسمہ یا ڈور ۔ باز کے پیروں کا تسمہ ۔ تین کتوں کا یا تین خرگوشوں کا جمع ہونا ۔ تسمہ یا ڈوری سے باندھنا ۔

Hold in leash قابو میں رکھنا ۔

Least (lest) *adj., n. & adv.* Smallest, slightest بہت کم ۔ سب سے کم ۔ کم سے کم ۔ سب سے چھوٹا ۔ کمترین ۔ چھوٹا جز ۔

Least said soonest mended زیادہ باتیں زیادہ خرابی ۔ کم زبانی کم خرابی ۔

Leat (let) *n.* Open water course carrying water to mill پن چکی تک پانی لے جانے والی کھلی نہر یا نالی ۔

Leather (ledh-ər) *n. & v.t.* Tanned skin کمائی ہوئی کھال ۔ چمڑا ۔ پکا چمڑا ۔ رنگا ہوا چمڑا ۔ چرمی سامان ۔ چمڑے کا تسمہ ۔ (جمع) برجس ۔ چمڑے کے موزے ۔ (بول چال) آدمی کی کھال ۔ جلد ۔ چمڑا چڑھانا ۔ تسمے سے مارنا ۔

Leatherette *n.* مصنوعی چمڑا ۔ کپڑا یا کاغذ جو چمڑا معلوم ہو ۔

Leathery *adj.* چمڑے جیسا ۔ چمڑا (گوشت) ۔

Leatheroid (le-dhər-oid) *n.* Cotton paper چرم نما کاغذ ۔ کاغذ جس کو کیمیائی عمل سے چمڑے جیسا بنا دیتے ہیں ۔

Leave (lev) *v.t. & n.* Permission ۔ رہنے دینا ۔ چھوڑنا ۔ چھوڑ جانا ۔ ترکے میں چھوڑنا ۔ باقی رکھنا ۔ اٹھا رکھنا ۔ حوالے کرنا ۔ کسی کی مرضی پر چھوڑنا ۔ دخل دینے سے باز رہنا ۔ چلے جانا ۔ رخصت ہونا ۔ تحویل میں دینا ۔ سونپنا ۔ دست بردار ہونا ۔ ساتھ چھوڑنا ۔ اجازت ۔ اذن ۔ رخصت ۔ روانگی ۔ چٹھی ۔

Leave much to be desired ناقابل اطمینان ہونا ۔

This leaves me cool مجھ پر اس کا اثر نہیں ۔

Leaving *n.* پس ماندہ ۔ بچا کچھا سامان ۔ چھوڑی ہوئی چیزیں ۔

Leaven (lev-n) *n. & v.t.* Substance added to dough to produce fermentation خمیر ۔ کوئی چیز جو دوسرے کو اپنے جیسا کر دے ۔ خمیر اٹھانا ۔ امتزاج کرنا ۔ معتدل کرنا ۔

Lecher (lech-ər) *n.* Debauchee اوباش ۔ رنڈی باز ۔ عیاش ۔ بدکار ۔ زانی ۔

Lecherous *adj.* عیاشانہ ۔ زنا کار ۔ بدکار ۔ شہوت پرست ۔ عیاش ۔

Lechery *n.* شہوت پرستی ۔ زنا ۔ عیاشی ۔ بدکاری ۔

Lectionary (lek-shən-a-ri) Book containing portions read at divine service کتاب‌الصلوات ۔ کتاب جس میں نماز میں پڑھنے کے انجیل کے حصے درج ہوں ۔

Lecture (lek-tyer) *n., v.i. & t.* Discourse before audience or class لکچر ۔ زبانی بیان ۔ تقریر ۔ خطبہ ۔ تنبیہ ۔ سرزنش ۔ وعظ ۔ نصیحت ۔ تعلیم و تلقین کرنا ۔ زبانی درس دینا ۔ تنبیہ کرنا ۔ سر زنش کرنا ۔

Lecturer *n.* وعظ کہنے والا ۔ لکچرر ۔ مقرر ۔ خطیب ۔ زبانی درس دینے والا ۔

Lecturership (lek-tyer-er-ship) *n.* Post of a lecturer لکچرر کی خدمت ۔ لکچرر کا عہدہ ۔

Ledge (lej) *n.* Ridge of rock پہاڑ کا طاق نما حصہ ۔ دیوار کا باہر کی طرف نکلا ہوا حصہ ۔ چھجا ۔ پانی کے اندر چٹانوں کا سلسلہ ۔ تہہ ۔ پرت ۔ طبق ۔ چٹانوں کی پرت جس میں کوئی دھات ہو ۔

Ledger (lej-ər) *n.* Book for recording trade transactions پکی بہی ۔ بہی کھاتا ۔ لیکھا ۔ لیجر ۔ قبر کی لوح ۔ قبر کا تعویذ ۔ بنسی جس کا چارہ تہہ میں کانٹے میں لگا ہوا رہتا ہے ۔

Lee (le) *n.* Shelter given by neighbouring object کسی چیز کا سایہ ۔ جائے پناہ ۔ حفاظت کی جگہ ۔ جہاز کا وہ حصہ جو ہوا کے رخ سے الگ ہو ۔ جہاز کی محفوظ سمت ۔

Leech (lech) *v.t. & n.* Blood-sucking worm جونک ۔ کیڑی ۔ زلو ۔ خون چوسنے والا ۔ جونک لگانا ۔ فاسد خون نکالنا ۔ دوسروں پر سختی کر کے نفع حاصل کرنا ۔

Stick like a leech جونک کی طرح چمٹ جانا ۔

Leech (lech) *n.* Physician حکیم ۔ طبیب ۔ معالج ۔ وید ۔ بادبان کا ڈھلوان پہلو ۔

Leek (lek) *n.* Culinary herb like onion پیاز کا سا پودا ۔ گندنا ۔ ولائتی پیاز کا لمبا گڈا جو ویلز کا قومی نشان ہے ۔

Leer (ler) *v.i.* & *n.* Glance with sly expression رشک کی نظر سے دیکھنا ۔ کنکھیوں سے دیکھنا ۔ بری نظر سے دیکھنا ۔ چور نظر ۔ بری نظر ۔

Leeringly *adv.* کن انکھیوں سے ۔ بری نظر سے ۔ چور نظر سے ۔

Lees (lez) *n.* & *p.* Sediment of wine تلچھٹ ۔ شراب کی تلچھٹ ۔ خراب حصہ ۔ ادنیٰ حصہ ۔ فضلہ ۔

Leeward (le-wərd) *adj.*, *n.* & *adv.* On, towards, sheltered side جہاز کی محفوظ سمت میں ۔ جہاز کا ہوا سے محفوظ پہلو یا رخ ۔ محفوظ سمت کا ۔ محفوظ سمت میں ۔

Left (left) *adj.*, *adv.* & *n.* Region or direction towards left hand بایاں ۔ چپ ۔ الٹا ۔ بائیں جانب کا ۔ الٹی طرف کا ۔ بائیں طرف کی جماعت ۔ انتہا پسند جماعت ۔ فلسفہ یا مذہب کا جدت پسند طبقہ یا فرقہ ۔

Left-handed (left-and-ed) *adj.* Having stronger left hand کھبا ۔ بین ہتھا ۔ بائیں ہاتھ کا ۔ دو رخی ۔ منافقانہ ۔ مشتبہ ۔ منحوس ۔ ایسی شادی جس میں اعلیٰ خاندان کا شوہر نیچ عورت سے نکاح کرے ۔ بائیں ہاتھ کی ضرب ۔ بائیں سے استعمال کرنے والا ۔ اناڑی ۔

Left-hander (left-and-er) *n.* One who uses his left hand more than his right کھبا ۔ بائیں ہاتھ سے زیادہ کام لینے والا ۔

Leg (leg) *n.* & *v.i.* Organ of support and movement ٹانگ ۔ ران ۔ پنڈلی ۔ پیر ۔ مصنوعی ٹانگ ۔ پاجامے کا پائنچہ ۔ کسی چیز کا پایہ یا سہارا ۔ دغا باز ۔ دھوکے باز ۔ ایک قدم پیچھے ہٹا کر سلام کرنا ۔

Give me a leg up مجھے سہارا دو ۔

Has not a leg to stand upon اس کے پاس کوئی معقول ثبوت نہیں ہے ۔

Leg rest پا انداز ۔ پائدان ۔

Pull one's leg چھیڑ کرنا ۔ الو بنانا ۔

Set one on his legs کسی کی مالی امداد کرنا ۔

Legacy (le-gə-si) *n.* Money or article given by will ہبہ بر بنائے وصیت ۔ مال متروکہ ۔ جو چیز بذریعہ وصیت ملے ۔ ترکہ ۔ میراث ۔

Legal (le-gl) *adj.* Based on law از روئے قانون ۔ شرعی ۔ قانونی ۔ قانون کے مطابق ۔ قانون مروجہ کے لحاظ سے ۔ جائز ۔ حلال ۔

Legalise *v.t.* قانون کے مطابق قرار دینا ۔ جائز ٹھہرانا ۔ مباح کرنا ۔

Legalization *n.* کسی چیز کا قانوناً جائز اور مباح ہونا ۔ قانونی جواز ۔

Legalism (le-gəl-izm) *n.* Preference of the Law to the Gospel یہ عقیدہ کہ نجات کا انحصار اعمال صحیح پر ہے نہ کہ عقیدہ پر ۔ شریعت ۔ ضابطہ پرستی ۔ ضابطہ یا قانون پر حد سے زیادہ انحصار ۔

Lagalist *n.* شریعت پرست ۔ ضابطہ پرست ۔

Legality (le-gə-li-ti) *n.* Lawfulness شریعت پسندی ۔ ضابطہ سے مطابقت ۔ مباحت ۔ جواز ۔

Legate (leg-it) *n.* Ecclesiastic deputed to represent Pope پوپ کا قانونی نمائندہ ۔ لاٹ پادری کا وکیل ۔ نائب ۔ نمائندہ ۔ سفیر ۔

Legate (leg-it) *v.t.* Bequeath وصیت میں دینا ۔ ترکہ میں چھوڑنا ۔

Legator *n.* وصیت کرنے والا ۔ وصیت کنندہ ۔

Legatee (leg-it-e) *n.* Recipient of legacy ترکہ پانے والا ۔ جس کے لیے وصیت کی جائے ۔ وصی ۔ جائز وارث ۔

Legation (li-ga-shən) *n.* Diplomatic minister or deputy ملکی وکالت ۔ ایلچی گری ۔ جماعت وکلا ۔ سفارت خانہ ۔ نیابت خانہ ۔ وکیل تعلقات خارجہ ۔

Legend (lej-ənd) *n.* Lives of saints and similar stories بزرگان دین کے قصے ۔ قومی روایتی افسانے ۔ قصہ ۔ کہانی ۔ داستان ۔

Legendary *adj.* مبنی برقصص ۔ داستانوں کے ۔ پر افسانہ ۔

Legendry *n.* قصہ گو ۔ داستان گو ۔ کہانیوں کا مجموعہ ۔ قصص و حکایات ۔

Legerdemain (lej-ər-də-man) *n.* Sleight of hand شعبدہ بازی ۔ کرتب ۔ بازی گری ۔ ہاتھ کی صفائی ۔ مکاری ۔ فریب ۔

.egging (leg-ing) *n.* Covering of leather for leg
چرمی موزے - چرمی یا ربر کا ساق پوش - چرمی جراب -

.eggy (leg-i) *adj.* Lanky-legged پتلی اور لمبی ٹانگوں والا - لم ٹنگا -

eghorn (leg-horn) *n.* Straw plaiting for hats
چٹائی کا استر جو انگریزی ٹوپیوں کے اندر دیا جاتا ہے - مرغیوں کی ایک نسل -

egible (lej-i-bl) *adj.* Clear handwriting صاف اور روشن خط یا چھاپا جو آسانی سے پڑھا جا سکے -

Legibility *n.* خط کا صاف اور واضح ہونا -

egion (le-jen) *n.* Division of 3,000 to 6,000 in ancient Roman army تین سے چھ ہزار سپاہیوں کا فوجی دستہ - جم غفیر - بڑا لشکر - انبوہ -

Legionary *adj.* فوج کا - فوجی - لیجن کا سپاہی -

Legioned *adj.* بڑی تعداد میں - دل بادل - جوق در جوق - خیل در خیل -

egislation (lej-is-la-shən) *n.* Enacting of laws
مجموعہ قوانین - قانون سازی - وضع قوانین -

Legislative *adj.* واضع آئین - واضعان قانون - قانون ساز -

egislator (lej-is-la-tər) *n.* Member of legislative body رکن مجلس وضع قوانین - واضع قوانین - قانون ساز -

Legislate *v.i.* آئین یا دستور مرتب کرنا - قانون بنانا -

egislature (lej-is-la-tur) *n.* Law-making body
آئین ساز جماعت - قانون ساز مجلس - حکومت کی مجلس مقننہ -

egist (lej-ist) *n.* Person versed in law - ماہر قانون
وضع قوانین کا عالم -

egitimate (le-jit-i-mat) *adj.* Born in lawful wedlock - شرعی - قانونی - باضابطہ - صحیح النسب - جائز عقد سے - حلال - معقول -

Legitimacy *n.* - حلال - شرعی - قانونی جواز - قانوناً صحیح جائز ہونا -

Legitimatize جائز قرار دینا - صحیح النسب قرار دینا - صحیح ٹھہرانا -

egitimate (le-jit-i-mat) *v.t.* Make legitimate by decree - حکم عدالت سے جائز ہونا - درست قرار دینا - قانوناً صحیح قرار دینا - صحیح النسب قرار دینا - معقول وجہ سے تائید کرنا -

Legitimation *n.* - صحیح ٹھہرانا - حلالی قرار دینا - جواز قانونی -

Legitimism (le-jit-i-mi-zm) *n.* Adherence to sovereign of direct descent جائز وارث سلطنت کی حمایت - جائز وارث کا حامی -

Legitimize (le-ji-tim-iz) *v.t.* Declare lawful جائز قرار دینا - صحیح النسب ٹھہرانا -

Legume (leg-um) *n.* Edible part of vegetables
پھلی - دانہ - تخم - دال - ترکاری -

Leguminous (leg-um-i-nəs) *adj.* Of the family of pulse - دالوں کا - دال والا - دانوں والا - پھلی دار - دال کی طرح کا -

Leisure (le-zh-ər) *n.* Free time - فرصت - مہلت - آرام - چھٹکارا - فرصت کا وقت -

Leisured *adj.* فرصت نصیب - فرصت والا -

Leisureless *adj.* مصروف - عدیم الفرصت -

Leisurely (le-zhər-li) *adj.* & *adv.* Done at leisure
آہستہ - دھیا - آرام سے - فرصت میں - سہج سہج - تامل سے - اطمینان سے - سوچا سمجھا -

Leman (lem-ən) *n.* Lover, sweetheart, unlawful lover عاشق - چاہنے والا - وہ عورت جس سے ناجائز تعلق ہو - معشوقہ - محبوبہ -

Lemma (lem-a) *n.* Assumed proposition used in argument وہ دعویٰ جس پر دوسرے دعووں کا انحصار ہو - ادبی مقالے - ادبی تخلیق - لغت کے حاشیوں کا عنوان جس سے اس کا اصل مضمون ظاہر ہو -

Lemon (lem-ən) *n.* Pale oval acid-juiced fruit
لیموں - نیبو - ترنج - خمیری - لیموں کا درخت -

Lemonade *n.* لیمونیڈ - ترنجاب - لیموں کا شربت -

Lemony *adj.* - ہلکے زرد رنگ کا - لیموں کا سا - لیموں کا

Lemur (le-mər) *n.* Nocturnal mammal allied to monkey بندر کی قسم کا ایک دودھ پلانے والا جانور جو رات کو نکلتا ہے -

Lend (lend) *v.t.* Let out قرض دینا - ادھار دینا -
مستعار دینا - عاریتاً دینا - روپیہ سود پر دینا - سانچے میں ڈھل جانا - اپنے آپ کو حالات کے مطابق بنانا -

Lendable جو عاریتاً دیا جا سکے - جو قرض دیا جا سکے -

Lender قرض خواہ - قرض دینے والا -

Lending *n.* عاریتاً دینا ۔ قرض دینا ۔ ادھار دینا ۔

Length (length) *n.* Distance thing extends ۔ لمبائی ۔ طول ۔ درازی ۔ استداد ۔ کسی چیز کا طول ۔ کسی کام کی حد ۔ تفصیل ۔ وسعت ۔ کپڑے کے تھان کی لمبائی ۔

Lengthwise *adv.* طولاً ۔ لمبائی کی ناپ سے ۔ لمبائی سے ۔

Lengthen (length-en) *v.t. & i.* Make or become longer ۔ لمبا ہونا یا کرنا ۔ دراز کرنا ۔ طویل ہونا ۔ حرف علت کو کھینچ کر ادا کرنا ۔

Lengthy (length-i) *adj.* Of unusual length طول طویل ۔ بہت لمبا ۔ شیطان کی آنت ۔ اکتا دینے والا ۔

Lengthiness *n.* غیر معمولی طوالت ۔ حد سے زیادہ لمبائی ۔ طوالت ۔

Lenient (le-ni-ənt) *adj.* Gentle ۔ ملائم ۔ رحم دل ۔ نیک مزاج ۔ روا دار ۔ متحمل ۔ ہلکی سزا ۔ ملین ۔ نرم کرنے والی ۔ رعایت کرنے والا ۔

Lenience, leniency ۔ روا داری ۔ تحمل ۔ نرم مزاجی ۔ نرمی ۔

Lenitive (len-i-tiv) *adj. & n.* Palliative ملائم کرنے والی ۔ مفرح ۔ مسکن ۔

Lenity (len-i-ti) *n.* Mercifulness ملائمت ۔ نرمی ۔ رقیق القلبی ۔ رحم دلی ۔

Leno (le-no) *n.* Thin muslin-like fabric نقاب وغیرہ کی جالی ۔ جالی ۔ گاج ۔

Lens (lenz) *n.* Piece of glass used in photography ۔ دوربین یا خوردبین کا شیشہ ۔ عینک کا شیشہ عدسہ ۔ آنکھ کا پردہ ۔

Lent (lent) *n.* Period of forty week-days devoted to fasting in commemoration of Christ in the wilderness ایسٹر کے قبل کا چالیس دن کا زمانہ مجاہدہ نفس کا ۔ ایسٹر سے پہلے کا چلہ ۔ لنٹ کے زمانے میں کشتیوں کی دوڑ ۔

Lenticular (len-ti-ku-lər) *adj.* Shaped like lens عدس نما ۔ آنکھ کے عدسہ کا ۔

Lentil (len-til) *n.* Leguminous plant grown for food ۔ مسور ۔ عدس ۔

Lentisk (len-tisk) *n.* The mastic tree مصطگی کا درخت ۔

Leo (le-o) *n.* Fifth sign of zodaic برج اسد ۔ پانچواں برج ۔ سنگھ ۔

Leonid (le-ə-nid) *n.* One of the meteors that seem to radiate from Leo شہاب ثاقب ۔ ٹوٹنے والا تارا ۔

Leonine (le-ə-nin) *adj.* Invented by a person called Leo ۔ یو کا ۔ قدیم روم کا ۔

Leopard (lep-ərd) *n.* Large carnivorous quadruped with spots on skin ۔ باگھ ۔ تیندوا ۔ چیتا ۔ چیتے کے سے داغ رکھنے والا ۔

Can a leopard change his spots آدمی کی سرشت کبھی نہیں بدلتی ۔

Leopardess ۔ تیندوے کی مادہ ۔ چیتے کی مادہ

Leper (lep-ər) *n.* One suffering from leprosy کوڑھی ۔ جذامی ۔ جذام کا مریض ۔

Leporine (lep-ə-rin) *adj.* Of the hare kind خرگوش کی قسم کا ۔

Leprosy (lep-rə-si) *n.* Infectious disease resulting in deformity ۔ کوڑھ ۔ جذام ۔ اخلاق روگ ۔

Leprous (lep-rəs) *adj.* Having leprosy ۔ جذامی ۔ کوڑھی ۔ جذام کا ۔

Lesion (le-zhən) *n.* Damage, injury ۔ نقصان ۔ ضرر ۔ اعضا کے فعل یا ساخت میں خلل ۔

Less (les) *adj., prep., n. & adv.* Of smaller quantity کم تر ۔ اندک ۔ کم ۔ تھوڑا ۔ چھوٹا ۔ مقدار میں کم ۔ رتبے میں کم ۔ درجے میں کم ۔ منفی کر کے ۔ منہا کر کے ۔

No less a person than ۔ ایسا بڑا آدمی ۔

May your shadow never be less خدا آپ کو تندرست رکھے ۔

Lessee (les-e) *n.* Holder of lease ۔ پٹہ دار ۔ کرایہ دار ۔ ٹھیکہ دار ۔ اجارہ دار ۔

Lessen (les-n) *v.i. & t.* Decrease ۔ کم کرنا ۔ گھٹانا ۔ ہلکا کرنا ۔ اتارنا ۔ گھٹنا ۔ ہلکا ہونا ۔

Lesser (les-ər) *adj.* Not so great as the other کم تر ۔ اس سے کم ۔ چھوٹا ۔ تھوڑا ۔ خورد تر ۔ دوسرے سے کم ۔ بڑے سے کم ۔

Lesson (les-n) *n.* & *v.t.* Amount of teaching given at one time سبق - درس - سبق کی مقدار یا اس کا وقت - ملامت - سر زنش - باعث عبرت مثال - قابل تقلید نمونہ - ملامت کرنا - سر زنش کرنا - سبق دینا -

Lessor (les-ər) *n.* Person who lets on lease پٹہ دینے والا - اجارہ یا ٹھیکہ دینے والا -

Lest (lest) *conj.* In order that ایسا نہ ہو کہ - مبادا - خدانخواستہ - شاید - کہیں ایسا نہ ہو - اس خوف سے کہ کہیں -

Let (let) *v.t.* & *n.* Hinder مزاحمت کرنا - روکنا - مانع ہونا - سد راہ ہونا - مزاحمت - رکاوٹ -

Let (let) *v.t., aux.* & *n.* Allow or cause to escape اجازت دینا - کرنے دینا - کرایہ پر دینا - اجرت پر دینا - ٹھیکہ پر دینا -

Let down وقت پر ساتھ نہ دینا -

Let fall کسی بات کا زبان سے نکل جانا -

Let loose چھوڑ دینا - کھول دینا - آزاد چھوڑ دینا -

Let off چھوڑنا - چلانا - داغنا -

Let out سخت کلامی کرنا - افشا کرنا - گھونسے چلانا - مکے مارنا -

Lethal (le-thəl) *adj.* Causing death مہلک - ہلاک کرنے والا - جان لیوا - مارنے والا -

Lethal chamber جانوروں کو بلا اذیت مارنے کا کمرہ -

Lethargy (leth-ər-ji) *n.* Morbid drowsiness طویل نیند - غفلت کی نیند - بے ہوشی - اونگھ - خواب آلودگی - غفلت - سستی - کاہلی - بے دلی -

Lethargic *adj.* آلکسی کا - غفلت کا - سستی کا - بھاری - مست - خواب آلود -

Lethe (le-the) *adj.* & *n.* Forgetful - غفلت فراموشی - پرانی باتوں کا یاد نہ رہنا - بھول جانے والا - ایک افسانوی دریا جس کا پانی انسان کو خود فراموش بنا دیتا ہے -

Letheon (le-the-ən) *n.* Essence of sulphur گندھک کا جوہر -

Letter (let-ər) *n.* & *v.t.* Character representing different sounds حرف - چھاپے کا حرف - حرف تہجی - خط - مراسلہ - چٹھی - رقعہ - نامہ - کسی بیان کے ہو بہو الفاظ - لغوی معنی - علم - ادب - علم و فضل - کتاب کی جلد پر ٹھپہ لگانا - حروف کے لحاظ سے تقسیم کرنا -

The profession of letters - تصنیف و تالیف کا پیشہ -

Lettered *adj.* عالم - فاضل - ذی علم - پڑھا لکھا -

Lettuce (let-is) *n.* Garden herb کاہو - برگ کاہو - سلاد -

Levant (li-vant) *n.* Eastern part of Mediterranean with its islands بحیرہ روم کا مشرقی حصہ - ساحل و جزائر - نفیس دانے دار چمڑہ -

Levant (li-vant) *v.i.* Abscond, bolt شرط کا روپیہ ادا کیے بغیر چمپت ہو جانا - فرار ہونا - رو پوش ہو جانا - قرض خواہوں کو جل دینا -

Levanter *n.* چمپت ہونے والا - روپیہ ادا نہ کرنے والا - فرار اختیار کرنے والا -

Levantine (li-vant-in) *adj.* & *n.* Of Levant لیوانٹ کا باشندہ - لیوانٹ کا -

Levator (li-va-tər) *n.* Muscle that raises organ وہ پٹھا جس سے کوئی عضو اٹھتا ہے - ایک جراحی اوزار جس سے ہونٹ یا بھنویں اٹھائی جاتی ہیں -

Levee (lev-i) *n.* Assembly of visitors کسی حکمران کا صباحی دربار - بیدار ہو کر درباریوں سے ملاقات - بستر سے اٹھنے کا وقت - ملاقاتیوں کا مجمع -

Level (lev-l) *n., adj.* & *v.t.* Even plane or surface ہموار - ہموار سطح - ہموار میدان - مسطح زمین - افقی - مساوی درجے کا - یکساں - یکرنگ - معتدل - متوازن - برابر کرنا - ہموار کرنا - مسطح کرنا - صفا چٹ کرنا - منہدم کرنا - فرق مٹانا - امتیاز دور کرنا - نشانہ باندھنا - بہتان لگانا -

Leveller (le-vel-ər) *n.* Person who abolishes social distinction ہموار کرنے والا - منہدم کرنے والا - مسطح کرنے والا - سماجی امتیازات کو مٹانے والا - مساوات کا حامی -

Lever (le-vər) *v.i., t.* & *n.* Bar for prizing heavy objects بیرم - بوجھ اٹھانے کی کل - بیرم سے اٹھانا - بیرم سے کام لینا - بندوق کی چاپ -

Leverage (le-vər-aj) *n.* Way of applying lever بیرم سے کام لینے کا طریقہ - بیرم لگانے سے محصلہ طاقت یا سہولت -

Leveret (lev-ə-rit) *n.* Young hare خرگوش کا بچہ -

Leviathan (le-vi-ə-thən) *n.* Sea monster, huge thing دریائی عفریت - بہت بڑی چیز - دیو پیکر - زبردست طاقت یا دولت والا شخص -

Levigate (lev-i-gat) *v.t.* Reduce to powder سرمہ کر دینا - پیس ڈالنا - رگڑنا - گھسنا - حل کرنا - گھوٹنا - بکنی بنانا -

Levigation *n.* لیپی بنانا - - کھرل کرائی - گھسائی - پسائی - گھٹائی -

Levirate (lev-i-rat) *n.* Jewish custom by which dead man's brother has to marry the widow یہودیوں کی رسم جس کی رو سے مرنے والے کے بھائی یا قریبی عزیز کو بیوہ سے شادی کرنی پڑتی ہے - صلہ رحم کی شادی -

Levitate (lev-i-tat) *v.i.* & *t.* Rise and float in the air روحانی قوت سے ہوا میں اڑنا یا اڑانا -

Levitation *n.* ہوا میں اڑنا - پرواز - ہلکا پن -

Levite (le-vit) *n.* One of the tribe of Levi یہودیوں کے مذہبی فرقہ لاوی کا فرد -

Levitical (lev-it-i-kəl) *adj* Of Levites or Leviticus یہودیوں کے فرقہ لاوی یا ان کی مذہبی کتاب لاوی ٹیکس کے متعلق -

Leviticus (lev-i-ti-kus) *n.* Third book of Pentateuch توریت کی تیسری کتاب جو کہانت کے متعلق ہے -

Levity (lev-it-i) *n.* Light behaviour ہلکا پن - اوچھا پن - چھچھورا پن - خفیف الحرکاتی - بے ثباتی - بے وفائی - تلون مزاجی - بے موقع مذاق - نا سمجھی -

Levy (lev-i) *n.* & *v.t.* Collection of assessment, tax جمع کی ہوئی فوج - فوج کی بھرتی - رنگروٹوں کی جماعت - تحصیل - مالگزاری - لگان - ٹیکس وصول کرنا - عاید کرنا - لگانا - تشخیص کرنا - بھرتی کرنا - فوج جمع کرنا - سامان جنگ جمع کرنا - جنگ چھیڑنا -

Leviable *adj.* ٹیکس لگانے کے قابل - قابل محصول -

Lewd (l(y)ood) *adj.* Bare, worthless نفس پرست - عیاش - زانی - ذلیل - کمینہ - ناکارہ - نکما - شریر - لچا - غنڈہ -

Lewdness *n.* بد مستی - عیاشی - زنا کاری - نفس پرستی - شہوت پرستی -

Lexical (leks-i-kəl) *adj.* Of the words of a language کسی زبان کے الفاظ کے متعلق - لغات کے بارے میں - لغوی -

Lexically *adv.* بہ اعتبار لغات -

Lexicography (leks-i-kə-graf-i) *n.* Dictionary making فرہنگ نویسی - تالیف لغت -

Lexicon (leks-i-kən) *n.* Dictionary لغت - لغات - فرہنگ -

Lexigraphy (leks-i-graf-i) *n.* System in which each character represents a word رسم الخط جس میں تصاویر اشیاء سے الفاظ کا کام لیا گیا ہے -

Liability (li-ə-bi-li-ti) *n.* Being responsible for payment ذمہ داری - جوابدہی - قرض کی رقم کی ادائیگی کی ذمہ داری - وہ چیز جس کی ذمہ داری ہو -

Liable (li-ə-bl) *adj.* Answerable for ذمہ دار - جواب دہ - جسے رقم ادا کرنا ہو - مستوجب - سزا وار - لائق - قابل - مادہ رکھنے والا -

Liaison (lia-zhn) *n.* Illicit intimacy میل - اتفاق دوستی - عورت اور مرد میں ناجائز تعلق -

Liar (li-ər) *n.* Teller of lies جھوٹا - کاذب - دروغ گو - لپاڑیا - لغو باتیں کرنے والا -

Libation (li-ba-shən) *n.* Drink offering to god شراب جو کسی دیوتا پر چڑھائی جائے - تھوڑی سی شراب گرا دینا - شراب کا گھونٹ -

Libel (li-bl) *n.* & *v.t.* Thing that brings discredit بہتان - بدنامی - اتہام - ہتک - ازالہ حیثیت عرفی - ہتک آمیز بیان - توہین کرنا - بد نیتی سے - جھوٹا الزام لگانا - توہین آمیز تحریر شائع کرنا - کسی کے خلاف دعویٰ کرنا - نالش کرنا -

Libellist *n.* ہتک آمیز تحریر شائع کرنے والا - توہین کرنے والا - متہم کرنے والا - بدنام کرنے والا -

Libellous *adj.* ہتک آمیز - توہین آمیز -

Liberal (lib-ə-rl) *adj.* Generous, open-handed دریا دل - سخی - فیاض - کریم - کشادہ دل - وسیع - فراخ - کثیر - وافر - آزاد منش - صاف دل - کھرا - بے تعصب - حوصلہ مند - آزاد خیال - حریت پسند - حریت پسندانہ -

Liberalism *n.* فراخ دلی - فیاضی - سخاوت -

Liberalist *n.* & *adj.* آزاد خیال - حریت پسند - فراخ دل -

Liberalize *v.t.* & *i.* آزاد خیال بنانا - آزاد خیال ہونا -

Liberalization *n.* آزاد خیالی - حریت پسندی - آزاد خیال بنانا - حریت پسند بنانا -

Liberally *adv.* فراخدلی سے - سخاوت سے - فیاضی سے -

Liberality (lib-ə-rə-li-ti) *n.* Free giving دریا دلی - سخاوت - فیاضی -

Liberate (lib-ə-rat) *v.t.* Set at liberty آزاد کرنا - رہا کرنا - غلامی سے نجات دلانا - مخلصی دینا -

Liberator (lib-ə-rat-ər) *n.* One who works for liberation آزادی دلانے والا - آزاد کرنے والا - خلاصی دینے والا -

Liberation (lib-ə-ra-shən) *n.* Release آزاد کرنا - آزاد ہونا - آزادی - مخلصی - رہائی -

Liberticide (lib-ər-ti-sid) *n.* & *adj.* Destroyer, destructive آزادی کا دشمن - آزادی ختم کرنے والا -

Libertine (lib-ər-tin) *n.* & *adj.* Free-thinker, licentious آزاد - بے قید - بے روک - بے دین - رند مشرب - آوارہ - بدکار - خراباتی - لچا - شوہدا - آزاد رو -

Libertinism (lib-ər-tin-izm) *n.* Act of free and fast living آوارگی - بدکاری - اوباشی -

Liberty (lib-ər-ti) *n.* Being free from despotic control آزادی - مختاری - خود اختیاری - بے راہ روی - بے قاعدگی (جمع) خاص حقوق - شخصی حقوق -

Libidinous (lib-i-di-nəs) *adj.* Lustful نفس پرست - شہوت پرست -

Librarian (li-brə-ri-ən) *n.* Custodian of library محافظ کتب خانہ - منتظم کتب خانہ - مہتمم کتب خانہ -

Library (li-brə-ri) *n.* Room or building containing books مطالعہ - کتابوں کا کمرہ - کتب خانہ - کتب کا کمرہ - ذخیرہ کتب - مصنف کا دائرہ مطالعہ -

Librate (li-brat) *v.i.* Oscillate, sway تولنا - جھومنا - جھولنا - متامل ہونا - جانچنا -

Libration (li-bra-shən) *n.* Apparent oscillation ایسی حرکت جس سے بعض حصے نظر آئیں اور چھپ جائیں - متحرک ترازو کی سی جنبش - ہلنا - ڈولنا -

Libyan (lib-ī-ən) Of Libya, of Berber language لیبیا کا - شمالی افریقہ کا - بربری یا سامی زبان کے متعلق -

Licence (lī-sens) *n.* Leave, permission اجازت - اجازت نامہ - پروانہ - حکم نامہ - کسی کام کا اختیار - فرمان - سند - بے باکی - بے لگامی - بے اعتدالی - شہوت پرستی - بے قاعدگی - اصول فن کی خلاف ورزی -

License (lī-sens) *v.t.* Allow complete freedom اجازت دینا - اذن دینا - پروانہ دینا - سند دینا - قیود سے آزاد کرنا - اشاعت کی اجازت دینا - تماشا دکھانے کی اجازت دینا -

Licensee *n.* لائسنس دار - اجازت یافتہ - پروانہ دار -

Licenser (lī-sens-ər) *n.* Officer who issues licence سرکاری حاکم جو اجازت نامہ دیتا ہے - پروانہ اجرا کرنے والا عہدہ دار - لائسنس دینے والا افسر -

Licentiate (li-sen-si-at) *n.* Holder of university diploma سند یافتہ - یونیورسٹی کا سند یافتہ - عیسائی واعظ جسے گرجا میں عہدہ نہ ملا ہو -

Licentious (li-sen-shəs) *n.* Libertine, lewd آوارہ - بدکار - عیاش - زانی - فنی قیود سے آزاد -

Licentiousness *n.* اخلاق قیود سے آزادی - عیاشی - آوارگی - اوباشی - بدکاری -

Lichen (li-ken) *n.* Kinds of cellular plants growing everywhere کائی - نما گھاس جو دیواروں، پتھروں، زمین اور درختوں کے تنوں پر اگتی ہے -

Licit (lis-it) *adj.* Proper قانوناً اور شرعاً جائز - مناسب - واجب -

Lick (lik) *v.t., i. & n.* Pass tongue over چاٹنا - زبان سے چاٹ کر صاف کرنا - شعلہ یا موج کا لپکنا - مارنا - پیٹنا - کندی کرنا - مار مار کر نکال دینا - مقابلہ میں ہرا دینا - (بول چال) عقل میں نہ سمانا - فہم سے بالا تر ہونا - لپکنا - جلدی کرنا - وہ جگہ جہاں جانور زمین کی کھار چاٹتے ہیں - ضرب - مار - قدم - رفتار -

Lick into shape تربیت دے کر درست کرنا - گھڑ کر درست کرنا -

Lick-spittal کمینہ - ذلیل - خوشامدی -

Licking *n.* ہرا دینا - مار مار کر بھگانا - زد و کوب - مار پیٹ -

Lickerish (lik-ər-ish) *adj.* Fond of dainty fare مزیدار کھانوں کا شوقین - خوش خور - چٹورا - لالچی - آرزو مند - مشتاق - بدکار - عیاش -

Lid (lid) *n.* Cover ڈھکنا - ڈھکن - سر پوش - چپنی - پال - آنکھ کا پپوٹا -

Lie (lī) *n.* False statement جھوٹ - دروغ - خلاف واقعہ بات - کہانی - قصہ - بندش - دھوکا - ریا - مکاری - غلط عقیدہ - غلط رواج -

Lie (li) *v.i. & t.* Speak falsely جھوٹ بولنا - دروغ گوئی کرنا - خلاف واقعہ بات کہنا - غلط بیانی کرنا - جھوٹ بول کر کام نکالنا - دھوکا دینا - فریب دینا -

Lies like a gas-meter بے پناہ جھوٹ بولتا ہے -

Lie (li) *v.i.* Have one's body in a horizontal position لیٹنا - پڑ جانا - آرام کرنا - جماع کرنا - واقع ہونا - دھرا ہونا - جگہ گھیرنا - ٹکنا - ٹھہرنا - قائم رہنا - مدفون ہونا - شاہی میت کا درشن کے لیے رکھا جانا - فوج کا پڑاؤ ڈالنا - کسی خاص مقام پر اکٹھا ہونا - لنگر انداز ہونا -

Lie (li) *n.* Position, direction کسی چیز کی حالت - سمت - رخ - جانوروں کے آرام لینے کی جگہ - پرندوں یا مچھلیوں کا ٹھکانا -

Lief (lef) *adv.* Willingly بسر و چشم - بہ طیب خاطر - خوشی سے - پیار سے - اطمینان سے -

Liege (lij) *adj. & n.* Entitled to receive پابند - با ادب - محترم - قابل عزت - مالک - خداوند نعمت - آقا - سردار - جہاں پناہ - بادشاہ -

Lien (len) *n.* Right to keep possession دعوی - استحقاق - قانونی حق - حق عود -

Lieu (l(y)oo) *n.* Instead of عوض - بدلہ - جگہ - مقام - بجائے - بدلے میں -

Lieutenant (ləf-ten-ənt) *n.* Deputy مددگار - نائب - قائم مقام (فوج) کپتان کے بعد کا عہدہ - لفٹیننٹ -

Life (lif) *n.* State of functional activity حیات - زندگی - جان - زندگانی - طریق زندگی - حیثیت - اصل زندگی - زندہ دلی - جوش - مستعدی - قوت عمل - ذی روح مخلوق - زندہ نمونہ - قد آدم تصویر - واقعات زندگی - سوانح عمری - تذکرہ - کاروباری زندگی - عملی زندگی - عیش کی زندگی -

Lifeless *adj.* افسردہ خاطر - مردہ دل - بے حرکت - بے عمل - بے روح - بے جان -

Lifelike *adj.* جیتی جاگتی - ہو بہو -

Lifer (lif-ər) *n* One sentenced to imprisonment for life حبس دوام - عمر قیدی - جنم قیدی -

Lift (lĭft) *v.t., i. & n.* Raise to higher position اوپر کو اٹھانا - اکسانا - سر فراز کرنا - بلند کرنا - ترقی دینا - دل بڑھانا - مویشی چرانا - ہانک کر لے جانا - زمین چرانا - زمین کھود کر نکالنا - زمین کے فرش کا ابھر آنا - اونچی ضرب مارنا - گیند اچھالنا - اوپر پہنچانے والی کل - لفٹ - مرفاع -

Ligament (lig-ə-mənt) *n.* Band of tough tissues, tie بندھن - بند - پٹی - رشتہ - ریشے اور عضلات جو ہڈیوں کو ملاتے ہیں - ہڈیوں کو جوڑنے والی رگیں -

Ligate (li-gat) *v.t.* Tie up پٹی باندھنا - خون بند کرنے کے لیے شریان کو باندھنا -

Ligature (li-gat-ur) *n.* Band, cord بند - پٹی - بندھن - رشتہ اتحاد - ٹائپ کے دو ملے ہوئے حروف -

Light (lit) *n.* Amount of illumination, appearance of brightness روشنی - نور - اجالا - چاندنی - چمک - بصارت - دیکھنے کی قوت - آنکھ کی چمک - نگاہ لطف و کرم - نظر عنایت - تڑکا - صبح کا اجالا - منبع نور - آفتاب - ماہتاب - ستارے - چراغ - شمع - روشنی کا مینار - ناب دان - شمع دان - زندگی - زیست - دروازے کا شیشہ - علم - گیان - حکمت - روشن ضمیری - جودت طبع - استعداد - قابلیت - رنگ - انداز - شعلہ - شرارہ - دیا سلائی - چقماق -

Light (lit) *adj*. Well-provided with light - کھلا روشن - واضح - ہویدا - سفید گوں - زردی مائل - ہلکا -

Light (lit) *v.t. & i*. Set burning, kindle - روشن کرنا سلگانا - جلانا - آگ لگانا - آنکھوں میں چمک پیدا کرنا - - چمک اٹھنا - روشنی دکھانا - روشنی سے راستہ بتانا -

Light (lit) *adj. & adv*. Of little weight - ہلکا سبک - خفیف - کم وزن - ہلکا لدا ہوا - سبکسار - خوش نما - ملائم - نرم - زود ہضم - آسان - ہلکے ہتھیار والا - ہلکا پھلکا - چالاک - چست - تیز - پتلا - رقیق - غیر ضروری - غیر اہم - ادنیٰ - حقیر - قابل معافی - قابل چشم پوشی - غیر سنجیدہ - ہنسی مذاق کا - آوارہ - بد چلن - بے عصمت - متلون - غیر مستقل مزاج - ادب لطیف - تفریحی ادب - بے غم - خوش دل - بہکا ہوا - چلا ہوا - خبطی -

With a light heart نا عاقبت اندیشی سے - بے سوچے سمجھے - پر امید ہو کر -

Light-fingered چالاک - ہاتھ کا صاف - ہتھ پھیری کرنے والا چور -

Light-handed ہلکے ہاتھ کا - سبک دست -

Light-headed بے فکرا - خالی دماغ - باولا - سنکی -

Light-hearted خوش مزاج - زندہ دل - خوش دل -

Light-minded متلون - بے فکر - لا ابالی -

Lightly *adv*. بے سبب - بے فکری سے - سرسری طور پر - آہستہ سے -

Lightness *n*. لا ابالی پن - بے قراری - سبکی - ہلکا پن -

Light (lit) *v.t. & i*. Lend a hand in hauling ropes رسے کھینچنے میں ہاتھ بٹانا - رسے کو اوپر اٹھانا - آرام یا دم لینا - اترنا - نیچے آنا - نازل ہونا - اتفاقاً ملنا - اتفاقاً واقع ہونا -

Lighten (lit-en) *v.t. & i*. Reduce load of ship ہلکا کرنا - بوجھ اتارنا - وزن کم کرنا - خوش کرنا - بہلانا - دل ہلکا کرنا - تسلی دینا - ہلکا ہونا - گھٹنا -

Lighten (lit-en) *v.t. & i*. Make bright - روشن کرنا منور کرنا - چمکانا - دمکانا - چمکنا - دمکنا - مہکنا - روشن ہونا - درخشاں ہونا - بجلی چمکنا - بجلی گرنا -

Lighter (lit-ər) *n. & v.t*. Flat-bottomed boat for loading and unloading جہاز سے مال اتارنے کی کشتی - کشتی میں مال لے جانا - سگریٹ سلگانے کا پرزہ - روشن کرنے والا - چمکانے والا - لائٹر -

Lightish (lit-ish) *adj*. Somewhat light کسی قدر ہلکا - سبک سا - ہلکا سا -

Lightning (lit-ning) *n*. Visible electric discharge between clouds بجلی - برق - کوندا - نزع سے قبل کا سنبھالا -

Lights (lits) *n*. Lungs of animals شش - چوپایوں کے پھیپھڑے -

Lightsome (lit-sem) *adj*. Graceful, light-giving اجلا - خوش نما - خوش وضع - ضیا بار - چمکتا ہوا - خوش دل - مسرور - چست و چالاک - پھرتیلا -

Lightsomeness *n*. طراری - پھرتی - شادمانی - خوش وضعی -

Lightwood (lit-wood) *n*. Kind of wood which burns with a bright flame وہ درخت جس کی لکڑی ہلکی ہوتی ہے اور مشعل کی طرح جلتی ہے -

Ligneous (lig-ni-əs) *adj*. Woody (درخت) جس میں لکڑی زیادہ ہو - لکڑی کا - چوبی -

Ligniferous (lig-ni-fe-rəs) *adj*. Yielding wood لکڑی کی پیداوار کا - لکڑی پیدا کرنے والا -

Lignify (lig-ni-fi) *v.t. & i*. Turn into wood لکڑی بنا دینا - لکڑی بن جانا -

Lignite (lig-nit) *n*. Brown coal - کوئلہ کی ایک قسم -

Lignum vitae (lig-nəm-vita) *n*. Wood of life ایک قسم کی لکڑی جو دوا کے کام آتی ہے -

Like (lik) *adj., prep., adv., conj.& n*. Similar, resembling - سا - مانند - مثل - مشابہ - ویسا ہی - برابر - مائل - آمادہ - تیار - کسی چیز کے مانند - اسی طرح - غالباً - گویا - یوں سمجھو - جواب - مماثل - برابر والا - ایک ہی قسم کی چیزیں -

Like a shot بلا تامل - بلا چون و چرا -

Like-minded ہم مذاق - ہم خیال -

Like father like son جیسا باپ ویسا بیٹا -

The likes of you آپ جیسے -

Like (lik) *v.t., i.* & *n.* Bepleasing, satisfactory پسند آنا یا ہونا ۔ دل پسند ہونا ۔ پسند کرنا ۔ خواہش کرنا ۔ مطمئن ہونا ۔ خوش ہونا ۔ رغبت رکھنا ۔ موافق مزاج ہونا ۔ میلان خاطر ۔

Likeable *adj.* پسند خاطر ۔ مرغوب ۔ پسندیدہ ۔

Likelihood (lik-li-hud) *n.* Being likely احتمال ۔ گمان آثار ۔ قرینہ ۔ بھروسہ ۔

Likely (lik-li) *adj.* & *adv.* Probably اغلب ۔ بہت ممکن ۔ غالباً ۔ پسندیدہ ۔ سہانا ۔ ہونہار ۔ بظاہر موزوں ۔

Liken (lik-en) *v.t.* Find resemblance ملانا ۔ مقابلہ کرنا ۔ تشبیہ دینا ۔ مشابہ کرنا ۔ برابر کرنا ۔

Likeness (lik-nes) *n.* Being like ملتی جلتی شکل و صورت ۔ مشابہت ۔

Likewise (lik-wis) *adv.* & *conj.* Similarly, more over اسی طرح ۔ اسی طور پر ۔ علیٰ ہذاالقیاس ۔

Liking (lik-ing) *n.* One's taste رغبت ۔ پسند ۔ پسند کی چیز ۔ ذوق ۔

Lilac (li-lek) *n.* Shrub with fragrant blossoms بکائن ۔ سفید اور بنفشئی پھولوں اور شگوفوں والی جھاڑی ۔

Lilliputian (lil-i-pu-sh(y)ən) *adj.* & *n.* Diminitive للی پت کا رہنے والا ۔ پستہ قد ۔ بونا ۔

Lilt (lilt) *v.t.* & *i.* Sing melodiously خوش الحانی سے گانا ۔ خوشی سے گانا ۔ چہچہانا ۔

Lily (li-li) *n.* Flower plants of tall slender stems سوسن ۔ نرگس ۔ سمن ۔ پاک دامن شخص ۔ بے داغ ۔ سفید ۔ بے داغ چیز ۔ نازک ۔ سیمیں ۔ دودھیا ۔

Limb (lim) *n.* & *v.t.* Leg, arm, wing عضو ۔ ہاتھ پاؤں ۔ پنکھ ۔ شاخ ۔ ٹہنی ۔ ڈالی ۔ معاون ۔ مدد گار ۔ حامی ۔ حمایتی ۔ جملہ کا ٹکڑا ۔ ہاتھ پاؤں کاٹنا ۔ جوڑ جوڑ الگ کر دینا ۔ بے کار کر دینا ۔

Limbless *adj.* بے پنکھ ۔ بغیر ہاتھ پیر کے ۔ لنجا ۔ لنڈورا ۔

Limb (lim) *n.* Edge of surface کنارہ ۔ حاشیہ ۔ سورج یا چاند کی کور ۔ پنکھڑی کا کھلا ہوا حصہ ۔

Limber (lim-bər) *n.* & *v.t.* Detachable front of gun-carriage توپ گاڑی کا اگلا حصہ جو علیحدہ کیا جا سکتا ہے ۔ توپ گاڑی کے اگلے اور پچھلے حصے کو ملانا ۔ جہاز کے پیندے میں پانی نکالنے کا سوراخ ۔

Limber (lim-bər) *adj.* Flexible ۔ نرم ۔ ملائم ۔ پلپلا ۔ الگ ہو جانے والا ۔ لچک دار ۔

Limbo (lim-bo) *n.* Region on border of Hell عیسائیوں کا اعراف ۔ دوزخ کے کنارے وہ مقام جہاں غیر عیسائی نیک لوگوں اور بچوں کی روحیں رہتی ہیں ۔ قید خانہ ۔ قید ۔

Lime (lim) *v.t.* & *n.* Round fruit more acid than lemon چونے کا پتھر ۔ لاسا ۔ لاسا لگا کر پرند پکڑنا ۔ لاسا لگانا ۔ چونا ڈالنا ۔ کھال کو چونے کے پانی میں ڈبونا ۔ لیموں ۔ ضمیری ۔ لیموں کا درخت ۔

Limy لاسا لگا ہوا ۔ چونے کا سا ۔

Lime (lim) *n.* An ornamental tree دل نما پتیوں کا ایک آرائشی درخت ۔

Limerick (lim-ə-rik) *n.* A verse of five lines مہمل نظم ۔ ہجویہ نظم ۔ مخمس ۔

Limit (lim-it) *n.* Bounding line حد ۔ سرحد ۔ آخری سرا ۔ قید ۔ روک ۔ بند ۔

Is the limit حد ہو گئی ۔

Limitless *adj.* بے حد ۔ بسیط ۔ غیر محدود ۔

Limit (lim-it) *v.t.* Confine within limits محدود کرنا ۔ محصور کرنا ۔ احاطہ کرنا ۔ روکنا ۔ پابند کرنا ۔ کام کی حد مقرر کرنا ۔

Limitarian (lim-it-ə-ri-ən) *n.* Doctrine that only a limited number can get salvation اس عقیدے کا حامی کہ ایک محدود جماعت ہی ناجی ہے ۔

Limitary (lim-it-ə-ri) *adj.* Subject to restriction سرحد کا ۔ کنارے کا ۔ حدود کے اندر کا ۔ مشروط ۔ محدود ۔

Limitation (lim-it-ə-shən) *n.* Limited condition حد بندی ۔ احاطہ بندی ۔ پابندی ۔ مجبوری ۔ معذوری ۔ قید ۔ بندش ۔ محدود ہونا ۔ میعاد ۔ مدت ۔ عرصہ ۔ مدت سماعت مقدمہ ۔

Has his limitations اس کی قابلیت محدود ہے ۔

Limn (lim) *v.t.* Paint کتاب وغیرہ پر طلاکاری یا نقاشی کرنا ۔ تصویر بنانا ۔ مرقع بنانا ۔ واقعہ کی تصویر کھینچنا ۔ خاکہ اتارنا ۔

Limnology (lim-nə-lə-gi) *n.* Study of lakes and pond life جھیلوں کے طبعی حالات کا مطالعہ ۔ تالاب کے جانداروں کا مطالعہ ۔

mousine (lim-oo-zin) *n.* Motor car with enclosed body بند موٹر گاڑی ۔

mp (limp) *v.i.* & *n.* Walk lamely لنگڑانا ۔ لنگڑا کر چلنا ۔ اشعار میں سکتہ ۔ لنگ ۔ لنگڑی چال ۔

mp (līmp) *adj.* Wanting in energy, not stiff ڈھیلا ۔ نرم ۔ سست ۔ بے پٹھے کی جلد ۔ بے طاقت ۔ بے جان ۔

mpet (līm-pit) *n.* Gasteropod mollusc sticking tightly to rocks ایک کیڑا جو چٹانوں سے چمٹا رہتا ہے ۔ ایسا شخص جو اپنی ملازمت کو کسی صورت میں نہ چھوڑے ۔ چمٹا رہنے والا ۔ چم چچڑ ۔

mpid (līm-pid) *adj.* Clear صاف ۔ شفاف ۔ نتھرا ہوا ۔ روشن ۔

mpkin (limp-kin) *n.* Crane-like bird ایک پرندہ جو سارس سے مشابہ ہوتا ہے ۔

inchpin (lin(t)sh-pin) *n.* Pin passed through axle-end to keep wheel on دھرے کی وہ عمودی کیل جو پہیے کو باہر نکلنے نہیں دیتی ۔

ine (līn) *n.* Long narrow mark رسی ۔ ڈور ۔ دھاگا ۔ ستلی ۔ لکیر ۔ خط ۔ دھاری ۔ قطار ۔ سلسلہ ۔ تار برق یا تلغرافی تار ۔ تاروں کی قطار ۔ مچھلی کے کانٹے کی ڈور ۔ قسمت کا لکھا ۔ سیون ۔ چھوٹی نالی ۔ شکن ۔ ریکھا ۔ خط استوا ۔ خط مستقیم ۔ سیدھی لکیر ۔ سوت ۔ حد ۔ سرحد ۔ فوجیوں کی صف ۔ پیادہ فوج ۔ مختصر خط ۔ (جمع) نکاح نامہ ۔ اداکار کے الفاظ ۔ خاندان ۔ گھرانہ ۔ ریل کی پٹری ۔ سڑک ۔ طریقہ' کارروائی ۔ طرز عمل ۔ طریق کار ۔ پیشہ ۔ شغل ۔ کاروبار ۔

Hard lines بد قسمتی ۔

Read between the lines تقریر یا تحریر کے مخفی معنی پالینا ۔

Toe the line اپنی جماعت کی پالیسی قبول کرنا ۔

Something in one's line کسی شخص کے کام یا مذاق کی چیز ۔

.ine (lin) *v.t.* & *i.* Mark with lines خط یا لکیر کھینچنا ۔ سطریں کھینچنا ۔ استر لگانا ۔ قطار لگانا ۔ برابر رکھنا ۔ مدد کرنا ۔ منڈھنا ۔ گوٹ لگانا ۔ خول چڑھانا ۔

.ine (lin) *v.t.* Cover, copulate with کتے کا کتیا سے جفتی کھانا ؛ گابھن کرنا ۔

Lining *n.* کوٹ وغیرہ کے اندر لگانے کا کپڑا ۔ استر ۔

Every cloud has a silver lining ہر برائی میں اچھائی کی جھلک ہوتی ہے ۔

Lineage (līn-ag) *n.* Pedigree خاندان ۔ اصل ۔ نسل ۔ سلسلہ ۔ حسب نسب ۔ گھرانا ۔

Lineal (līn-əl) *adj.* In the direct line of descent موروثی ۔ خاندانی ۔ آبائی ۔ خطوط دار ۔ لکیر دار ۔ سیدھے سلسلہ میں ۔ بلا واسطہ موروثی سلسلہ میں ۔

Lineament (līn-ə-mənt) *n.* Distinctive features خاندانی خصوصیات ۔ چہرہ مہرہ ۔ ناک نقشہ ۔ خد و خال صورت شکل ۔

Linear (līn-yer) *adj.* Of, in, line پتلا ۔ نازک ۔ سیدھے خط میں ۔ سیدھے خط کا ۔ خط والا ۔ دھاری والا ۔ ڈوریا ۔ ڈوریے کا ۔

Lineation (līn-a-shən) *n.* Marking with lines سطر بنانا ۔ سطر سے خط کھینچنا ۔ خطوط کی ترتیب کرنا ۔ نقشہ مرتب کرنا ۔

Linen (lin-ən) *adj.* Made of flax کتان کا بنا ہوا ۔ سن کا ۔ سوتی کپڑے ۔ قمیص ، چادریں وغیرہ ۔

Wash one's dirty linen at home گھر کے جھگڑوں کو گھر ہی میں رکھنا ۔

Liner (līn-ər) *n.* Ship or aircraft belonging to a regular line کسی خاص جہازی کمپنی کا جہاز ۔ مسافر دخانی جہاز ۔ مسافر ہوائی جہاز ۔

Linesman (lins-mən) *n.* Official assisting umpire in tennis, hockey, football لڑنے والی فوج کا سپاہی ۔ وہ لوگ جو بیرونی لکیروں کی نگرانی کرتے اور کھیلوں میں جج کی مدد کرتے ہیں ۔

Ling (ling) *n.* Long slender sea-fish, a kind of heather ایک قسم کی لمبی سمندری مچھلی ۔ ایک قسم کی دلدلی جھاڑی ۔

Linger (ling-gər) *v.i.* & *t.* Not depart or arrive in time دیر لگانا ۔ کاہلی کرنا ۔ پس و پیش کرنا ۔ تامل کرنا ۔ جانے میں آلکسی کرنا ۔ کسی جگہ میں دیر تک رہنا ۔ گھلنا ۔ جھولنا ۔

Lingerer *n.* سست ۔ دیر کرنے والا ۔ دیر تک کسی حالت میں رہنے والا ۔

Lingo (ling-go) *n.* Foreign language بولی - گفتار - زبان - غیر ملکی بولی - کسی خاص طبقہ کی زبان یا محاورہ -

Lingua Franca (ling-gua-fran-ka) *n.* Mixture of different languages. Any language serving as medium among different people مخلوط زبان - ایسی زبان جس میں مختلف زبانیں بولنے والے تبادلہ خیال کر سکیں - جگت بھاشا -

Lingual (ling-gu-əl) *adj.* & *n.* Of the tongue زبان سے نکلا ہوا - بولی یا زبان کے متعلق - زبان یا نطق کے متعلق -

Linguist (ling-guist) *n.* Person skilled in foreign languages غیر ملکی زبانیں جاننے والا - ماہر السنہ -

Linguistic (ling·guis-tik) *adj.* Of the study of languages علم السنہ کے متعلق - زبان کا - لسانیات کا -

Lingy (ling-gi) *adj.* Well built مضبوط - قد آور - لمبا - اونچا - چالاک - ہوشیار -

Liniment (lin-i-mənt) *n.* Oily liquid طلا - ضماد - مرہم - تیل - مالش کا روغن یا دوا -

Link (lingk) *n., v.t.* & *i.* One ring or loop of chain کڑی - زنجیر کی کڑی - جریب کی کڑی - آستین کے دھرے بوتام - پھندا - قلابہ - رشتہ - رابطہ - لگاؤ - تعلق - واسطہ - کسی سلسلہ کی کڑی - ملانا - جوڑنا - شامل ہونا - منسلک ہونا -

Link (lingk) *n.* Torch of pitch and tow مشعل - لوکا - رال کی مشعل -

Links (lingks) *n.* Level sandy ground near sea-shore ساحل کے پاس مسطح میدان - گھاس کا میدان - گولف کھیلنے کا میدان -

Linnet (lin-it) *n.* Common brown song-bird ایک قسم کا چھوٹا خوش الحان پرندہ -

Linotype (lin-o-tip) *n.* Machine much used in printing newspapers چھاپے کی مشین جس میں پوری پوری سطریں چھاپنے کے لیے جمائی جاتی ہیں -

Linseed (lin-sed) *n.* Seed of flax السی - تخم کتان -

Linsey-woolsey (lin-zi-wool-zi) *n.* Dress material of inferior wool and cotton سوت اور اون سے بنا ہوا موٹا کپڑا -

Linstock (lin-stok) *n.* Match-holder used in gunnery توپ کا توڑا - فتیلہ - فتیلہ لگانے کی چھڑی -

Lint (lint) *n.* Soft material for dressing wounds کتان کا ملائم کپڑا - پھاہے کا کپڑا - سن - صوف -

Lintel (lin-tl) *n.* Horizontal timber or stone over door or window دروازے یا کھڑکی کے اوپر کی چوکھٹ - سردل - لنٹل -

Lion (li-ən) *n.* Large powerful carnivorous mammal شیر - ببر - اسد - شیر مرد - بہادر - شجاع - سورما - (جمع) شہر کی قابل دید چیزیں - مشہور مصنف یا کوئی اور نامی آدمی - برطانیہ کا قومی نشان - برطانوی قوم - برج اسد -

Twist lion's tail غیر ملکیوں یا اخباروں کا انگلستان کے منہ آنا -

Lion-hearted *adj.* بہادر - شیر دل -

Lionet *n.* پٹھا شیر - شیر کا بچہ -

Lionize (li-ən-iz) *v.t.* & *i.* See or show the sights شہر کی چیزیں دیکھنا یا دکھانا - دلچسپ اور قابل دید منظر دکھانا - کسی شخص سے اس طرح پیش آنا کہ گویا وہ بڑا آدمی ہے - اظہار شان کے لیے بڑے آدمیوں کو دعوت دینا -

Lionizm *n.* بڑے آدمیوں کو مدعو کرنا - مشاہیر پرستی -

Lip (lip) *n.* & *v.t.* One of the fleshy edges of the opening of mouth ہونٹ - لب - کنارہ - کگر - (بول چال) گستاخی - بے ادبی - گستاخانہ کلام - ہونٹ لگانا - کھس پس کرنا - سرگوشی کرنا - منہ میں بولنا -

Liquate (lik-wat) *v.t.* Purify by liquefying دھات پگھلانا - دھات گلانا - دھات کو پگھلا کر صاف کرنا -

Liquation *n.* دھات کا پگھل جانا -

Liquefy (lik-wi-fi) *v.t.* & *i.* Bring into liquid condition پانی کی طرح کر دینا - پگھلانا - پگھلنا - پانی بن جانا -

Liquefiable گلنے یا پگھلنے کے قابل -

Liqueur (lik-ur) *n.* & *v.t.* Strong alcoholic liquor drunk in small quantity نہایت تیز شیریں شراب جو کم کم پی جاتی ہے - شکر دار الکحل کا شیرہ - شکر دار شیرہ ملانا -

iquid (lik-wid) *adj.* & *n.* Watery, fluid - رقیق
پتلا - سیال - پانی کی طرح - بہنے والا - صاف - نرم -
ملائم - متلون - متغیر - جائداد جو آسانی سے نقدی میں
تبدیل ہو جائے -

Liquidize *v.t.* پتلا کرنا - رقیق بنانا - سیال کرنا -

iquidate (lik-wid-at) *v.t.* & *i.* Get rid of, wind up
پانی سا کرنا - سیال کرنا - صاف کرنا - میل چھانٹنا -
ادا کرنا - چکانا - نپٹانا - کاروبار بند کرنا - کاروبار کا
تصفیہ یا حساب کرنا -

Liquidator *n.* حساب کا تصفیہ کرنے والا - کاروبار بند
کرنے والا -

Liquidation *n.* چکوتہ - بے باق - حساب -

.iquor (lik-ər) *n.* & *v.t.* Water used in brewing
پانی کی طرح بہنے والی چیز - عرق - پانی جو شراب بنانے
کے لیے استعمال ہو - شراب - جوشاندہ - یخنی - چمڑے پر
چربی لگانا - شراب پینا -

.iquorice (lik-ər-iz) *adj.* & *n.* Root used in medicine
ملیٹھی - ملیٹھی کی جڑ - ربالسوس - ملیٹھی کا
ست - ملیٹھی کا -

Liquorish (lik-ər-ish) *adj.* Fond of liquor - نشے میں
مزے میں - شراب کا شائق - شرابیوں کا سا -

.ira (li-ra) *n.* Italian monetary unit اٹلی کا نقرئی
سکہ -

Lisp (lisp) *v.i.* & *n.* Speak with imperfect pronunciation
تتلانا - لکنت کرنا - تتلا کر بولنا -
لہرانا - موجوں کا لہرانا - پتوں کا سرسرانا - سرسراہٹ -
لکنت -

Lispingly *adv.* لکنت کے ساتھ - تتلا کر -

List (list) *n.* & *v.i.* Leaning over to one side
جہاز کا ایک طرف جھک جانا - جہاز یا کسی سواری کا
الار ہو جانا -

List (list) *n.*, *v.t.* & *i.* Selvage or edge of cloth
کنی - کپڑے کا کنارہ - اوریب - نیزہ بازی کے میدان
کا کنارہ - مقابلہ کا میدان - فہرست - فرد - فہرست میں
درج کرنا - فوج میں بھرتی ہونا -

List (list) *v.t.* Be pleasing to پسندیدہ ہونا - پسند
کرنا - چاہنا -

Listen (lis-n) *v.i.* & *t.* Make effort to hear کان
لگانا - دھیان دینا - غور سے سننا - قبول کرنا - ماننا -

Listener *n.* سامع - ماننے والا - سننے والا -

Listerine (lis-ter-in) *n.* An antiseptic solution
ایک جراثیم کش دوا - زہر مار دوا -

Listless (list-les) *adj.* Indifferent اونگھتا ہوا -
بے پروا - بے خبر - غافل -

Listlessness *n.* سیٹھا پن - بے توجہی - بے پروائی -
غفلت -

Litany (lit-əni) *n.* Series of prayers in the book of Common Prayers دعائے مغفرت - وہ دعائیں
جو پادری پڑھتا ہے اور حاضرین اس کا ساتھ دیتے ہیں -
عیسائیوں کا اجتماعی طریق عبادت -

Literacy (lit-ə-rə-si) *n.* Ability to read and write
نوشت و خواند کی قابلیت -

Literal (lit-ə-rəl) *adj.* Following exact original words
لغوی - وضعی - لفظی - اصلی - لفظ بہ لفظ -
متن کے مطابق - حقیقی معنوں میں -

Literalism *n.* الفاظ پر زور دینا - ظاہری معنی کی
پیروی -

Literalist *n.* لغت پرست - ظاہری معنی کا پیرو -

Literally *adv.* لغوی معنی میں - وضعی معنی میں -
حقیقی معنی میں

Literary (lit-ər-ər-i) *adj.* Of literature علمی -
ادبی - لسانی - تصنیف و تالیف کا - ادبیات کے متعلق -
علمی الفاظ کی بابت جو عام بول چال میں مستعمل نہ
ہوں -

Literate (lit-ər-it) *adj.* & *n.* Person acquainted with literature
پڑھا لکھا - ادیب - جس کو ادب
میں دستگاہ ہو - وہ شخص جس کو بغیر سند کے کلیسا
کا رکن بنا دیا گیا ہو -

Literator (lit-ər-it-ər) *n.* Literary man ذی علم
شخص - مصنف - عالم - معمولی مدرس -

Literature (lit(ə)rə-tyər) *n.* Literary production
علم - ادبیت - ادبی علوم - ادبی تخلیق - ادبی ذخیرہ -
کسی زبان کا ادب (بول چال) مطبوعات - کوئی مطبوعہ
چیز -

Litharge (lith-arj) *n.* Lead monoxide سیندور -
مردار سنگ -

Lithe (lidh) *adj.* Supple لچکیلا ـ نرم ـ ملائم ـ لچکدار ـ

Litheness *n.* لوچ ـ لچک ـ نرمی ـ

Lithesome *adj.* لوچ دار ـ نرم ـ لچکدار ـ

Lithic (lidh-ik) *adj.* Of stone پتھر کا ـ سنگی ـ پتھری کے متعلق ـ

Lithograph (lith-ə-graf) *n.* & *v.t.* Write on stone پتھر کا چھاپا ـ پتھر پر لکھ کر چھاپنا ـ

Lithography (lith-ə-grafi) *n.* Writing on slaty stone پتھر کی چھپائی ـ پتھر کی طباعت ـ پتھر پر جما کر طبع کرنا ـ

Lithographer *n.* سنگی طباعت کرنے والا ـ

Lithographic *adj.* پتھر کے چھاپے کا ـ سنگی طباعت کے متعلق ـ

Lithology (lītho-ləgi) *n.* Science of composition of stones پتھروں کا علم ـ پتھروں کی ساخت کا علم ـ حجریات ـ سنگ مثانہ اور اس کا علاج ـ

Lithontriptic (lith-ən-trip-tik) *adj.* & *n.* That breaks up stone in bladder سنگ شکن ـ مثانہ کی پتھری توڑنے والی دوا ـ

Lithotomy (līth-ə-tə-mi) *n.* Operation for cutting bladder stone جراحی سے سنگ مثانہ نکالنے کا عمل ـ

Lithotrity (lith-ə-tri-ti) *n.* Crushing stone in bladder مثانہ کی پتھری کو چورا چورا کر دینا ـ

Litigate (lit-ī-gat) *v.i.* & *t.* Be party to law suit دعویٰ کرنا ـ نالش کرنا ـ مقدمہ چلانا ـ مقدمہ کا فریق ہونا ـ کسی قانونی مسئلہ پر بحث و حجت کرنا ـ

Litigious (lit-i-gi-əs) *adj.* Fond of going to law مقدمہ بازی کا شوقین ـ مقدمہ بازی کے متعلق ـ دعویٰ کرنے کے قابل ـ

Litre (li-tər) *n.* Unit of capacity in metric system سیال چیزوں کے ناپ کا پیمانہ ـ برتن کی گنجائش کا پیمانہ ـ

Litter (lit-ər) *v.t.*, *i.* & *n.* Vehicle carried on men's shoulders پالکی ـ ڈولی ـ میانہ ـ پینس ـ گھاس کا بچھونا ـ جانوروں کے لیٹنے کی گھاس ـ کوڑا کرکٹ ـ بچا کھچا ـ جانوروں کے بچوں کی جھول ـ سور کے بچے ـ بے ترتیبی ـ بے ترتیبی سے رکھنا ـ بکھیرنا ـ جھول نکلنا ـ بچے دینا ـ

Litterateur (li-te-ra-tər) *n.* Literary man عالم ـ ادیب ـ مصنف ـ

Little (lit-l) *adj.* Small, not big چھوٹا ـ ننھا منا ـ خورد ـ کوچک ـ کمسن ـ خورد سال ـ چھوٹا سا ـ چھوٹی قسم کا ـ قلیل ـ ذرا ـ تھوڑا ـ تھوڑی سی چیز ـ معمولی شے ـ حقیر شے ـ ذلیل ـ کمینہ ـ ادنیٰ ـ کمتر ـ تھوڑا بہت ـ کم ـ بہت کم ـ بالکل نہیں ـ کچھ نہیں ـ

Littleness *n.* چھوٹائی ـ خفیف ہونا ـ کمی ـ کوتاہی ـ قلت ـ

Liturgy (lit-ər-ji) *n.* Form of public worship عیسائیوں کے آداب نماز ـ عبادت کا قاعدہ ـ عبادت کے ارکان ـ طریقہ دعا ـ دعاؤں کی کتاب ـ

Livable (līv-əbl) *adj.* Fit to live in رہنے کے قابل ـ قابل سکونت ـ قابل رہائش ـ جس کے ساتھ نباہ ہو سکے ـ رفاقت کی صلاحیت والا ـ

Live (liv) *adj.* Living, actual جیتا ـ زندہ ـ جاندار ـ چابک ـ تیز ـ چست ـ پھرتیلا ـ دھکتا ہوا ـ جلتا ہوا ـ سلگتا ہوا ـ پھٹنے والا ـ دغنے والا ـ برق قوت سے بھرا ہوا تار ـ متحرک ـ حرکت پیدا کرنے والا ـ

Live (liv) *v.i.* & *t.* Be alive, subsist جینا ـ زندہ رہنا ـ ذی روح ہونا ـ زندگی بسر کرنا ـ کھا کر زندہ رہنا ـ اپنی حیثیت قائم رکھنا ـ رہنا ـ بسنا ـ سکونت رکھنا ـ مقیم ہونا ـ بود و باش کرنا ـ بڑی عمر پانا ـ بچ جانا ـ عیش کرنا ـ آرام سے گزارنا ـ اچھی حالت میں رہنا ـ

Live and learn زندگی حصول علم میں گزارو ـ

Live and let live مرنجان مرنج زندگی گزارنا ـ رہو اور رہنے دو ـ

Live in a small way خاموشی اور کفایت سے گزارا کرنا ـ

Live well اعلیٰ زندگی گزارنا ـ اچھا کھانا پینا ـ

Livelihood (liv-li-hood) *n.* Means of living ذریعہ معاش ـ روزگر ـ روزی ـ رزق ـ

Lively (liv-li) *adj.* Full of life خوش طبع ـ زندہ دل ـ تیز ـ طرار ـ سرگرم ـ جوشیلا ـ زور دار ـ زور شور کا ـ مشکل ـ شگفتہ خاطر ـ بشاش بشاش ـ

Liveliness *n.* سرگرمی ـ خوش مزاجی ـ زندہ دلی ـ

Liven (liv-en) *v.t.* & *i.* Brighten cheer گرمانا ـ جان ڈالنا ـ جان پڑنا ـ

Liver (liv-ər) *n.* Organ which purifies venous blood جگر - کلیجہ - کبد - شریانوں کا خون صاف کرنے والا عضو -

Hot liver - عاشق مزاجی - آشفتہ سری - شوریدہ مزاجی

Liverish *adj.* جس کو جگر کی شکایت ہو - جگر کا مریض -

Liver (liv-ər) *n.* One who lives بسر اوقات کرنے والا - کسی خاص طریقے سے رہنے والا -

Livery (liv-ər-i) *n.* Provision of food or clothing to retainers نوکروں کی خوراک اور پوشاک - ملازموں کی وردی - جانوروں کا چارہ ، دانہ ، گھاس - جماعت پیشہ وراں کی رکنیت - پیشہ وروں کی جماعت -

Liveried *adj.* وردی پوش -

Livery (liv-ər-i) *adj.* Of the colour of liver کلیجی کے رنگ کا - سیاہی مائل - جس کا جگر خراب ہو - بے کیف - سست - چڑ چڑا -

Livid (liv-id) *adj.* Of bluish leaden colour سیسے کے رنگ کا - کالا - نیلا - چوٹ سے نیلا -

Living (liv-ing) *adj.* Now existent - زندہ - جاندار بقید حیات - چلتا پرزہ - چالاک - ہو بہو - مطابق اصل - زندگی بسر کرنا - معیشت - گزارا - وظیفہ -

Good living اجلا خرچ - اجلی زندگی -

Living room اٹھنے ، بیٹھنے کا کمرہ - رہائشی کمرہ -

Plain living and high thinking سادہ زندگی اور بلند خیالی -

Lixiviate (liks-iv-i-at) *v.t.* Separate into soluble and insoluble constituents کسی مرکب کے حل ہونے والے اور نہ حل ہونے والے اجزا کو الگ کرنا - نتھارنا -

Lixiviation *n.* نتھار کر نمک نکالنا - نتھار کر غیر محلل اجزا علیحدہ کرنا - نتھارنا -

Lizard (liz-ərd) *n.* Kinds of reptile having long body and tail - چھپکلی - گرگٹ - گوہ - بچکھوپڑا - بامنی - ایک زرد رنگ کا پرندہ جو پالا جاتا ہے -

Llama (la-ma) *n.* South American animal allied to camel but humpless اونٹ کی طرح کا چھوٹے قد بغیر کوہان کا چوپایہ - لاما کے اون کا بنا ہوا سامان -

Lo (lo) *interj.* See, behold لو - دیکھو - اتنے میں کیا دیکھتے ہیں کہ -

Loach (loch) *n.* Small fresh-water fish ایک قسم کی میٹھے پانی کی مچھلی - لوچ -

Load (lod) *n.* Burden, material object or force بوجھ - دباؤ - بار - بوجھ کی مقدار یا آس کا مقررہ وزن - مشین میں رکاوٹ - بجلی کا وزن - ذمہ داری کا بار - بار غم - بار خاطر - (بول چال) کثرت - افراط -

Load (lod) *v.t.* Put load on - بوجھ لادنا یا لادا جانا جہاز وغیرہ پر سامان بار کرنا - بوجھ ڈالنا - بھرتی کرنا - مال لادنا - بھرمار کرنا - گالیوں کی بوچھاڑ کرنا - بندوق بھرنا - قسط میں اضافہ کرنا -

Loader (lod-ər) *n.* One who loads, loading machine لادنے والا - بھرنے والا - بوجھ بھرنے والا - شکاری کی بندوق بھرنے والا - خادم - کارتوس بھرنے والی مشین -

Loaf (lof) *n.* Piece of bread نان پاؤ - پاؤ روٹی - ڈبل روٹی - نان - قند کا ڈلا - مصری کا ڈلا -

Half a loaf is better than no bread نہ ہونے سے آدھی بھلی -

Loaves and fishes ذاتی اغراض - اپنا حلوا مانڈا

Loaf (lof) *v.t., i. & n.* Spend time idly ادھر اُدھر پھرنا - سیر گشت کرنا - بیکار وقت گزارنا - سیر گشت - سیر سپاٹا -

Loafer *n.* بےفکرا - طفیلی - بدمعاش - آوارہ گرد -

Loam (lom) *n.* Paste of clay and straw چکنی مٹی کا گارا - مٹی اور بھوسے کا گارا - گندھی ہوئی مٹی - کہگل - زرخیز چکنی مٹی -

Loan (lon) *n. & v.t.* Thing or money lent - قرض دین - اُدھار - مستعار - سود پر قرض - قومی قرض - بطور قرض دینا - قرض دینا -

Loanable قرض دئے جانے کے قابل -

Loanee قرض لینے والا - مقروض - قرضدار -

Loaner ساہوکار - لین دار - قرض دینے والا -

Loathe (lodh) *v.t.* Regard with disgust - نفرت کرنا کراہت کرنا - متنفر ہونا -

Loath (lodh) *adj.* Unwilling غیر رضامند - کھچا کھچا - ناراض - بے دل - متنفر -

Loathing *n.* نفرت - کراہت - گھن - تنفر -

Loathly (lodh-li) *adj. & adv.* Disgusting نفرت انگیز - نفرت سے - کراہت سے - کریہہ -

Loathsome (lodh - sem) *adj*. Exciting disgust مکروہ - کریہہ - نا گوار - گھناؤنا -

Loathsomeness *n*. گھناؤنا پن - نفرت انگیزی -

Lob (lob) *v.i., t. & n*. Walk or move heavily and clumsily بھدے پن سے چلنا یا دوڑنا - سست چلنا - آہستہ سے گیند اچھالنا - ٹینس میں گیند کو بلے سے اچھالنا - گنوار - اناڑی - بھدا آدمی -

Lobby (lob-*i*) *n.,v.t. & i*. Porch, corridor, entrance hall پیش دالان - دالان - برآمدہ - ڈیوڑھی - دیوان خانہ - غلام گردش - دارالعوام میں عوام کا بڑا کمرہ - ملاقات کا کمرہ - ممبروں پر اثر ڈال کر کوئی قانون پاس کرانا -

Lobe (lob) *n*. Roundish, flattish or pendulous parts دماغ کا - پھیپھڑے کا حصہ - کان کی لو - بنا گوش -

Lobster (lob-stər) *n*. Large marine stalk-eyed ten-footed edible crustacean جھینگ مچھلی - خولدار مچھلی - پکے ہوئے جھینگے (حقارتاً) برطانوی سپاہی -

Lobster-eyed موٹی اور کھلی آنکھوں والا - گؤ دیدہ -

Lobworm (lob-wurm) *n*. Large earthworm used as fishing bait بڑا کیچوا جس کو مچھلی کے چارے کے لیے استعمال کیا جاتا ہے -

Local (lo-kl) *adj. & n*. Belonging to particular place مقامی - مقام کا - موقع کے متعلق - خاص مقام پر محدود - مقامی شخص - اخبار کی مقامی خبریں - وہ گاڑی جو قریبی مقامات تک آئے جائے -

Local option یہ اصول کہ مقامی باشندے اپنے مقام پر شراب کی بندش کر سکتے ہیں -

Locally *adv*. موقع کے لحاظ سے - کسی مقام پر - مقامی طور پر -

Localism (lo-kel-izm) *n*. Attachment to a place کسی مقام سے وابستہ ہونا - محدود وطن پرستی - اپنے وطن کی ہر چیز کو اچھا سمجھنا - مقامی چیزوں کی حمایت -

Locality (lok-ə-li-ti) *n*. Place where a thing is مقام - جگہ - کسی چیز کا موقع محل - وقوع - مقامات یاد رکھنے کی صفت - اپنا راستہ معلوم کرنے کی عادت -

Localize (lokə-liz) *v.t*. Restrict to a particular place مقامی رنگ میں رنگنا - کسی مقام سے مختص کرنا - مرتکز کرنا - کسی خاص مقام کی خصوصیات پیدا کرنا -

Locate (lo-kat) *v.t*. Establish in a place بٹھانا - رکھنا - قائم کرنا - جگہ قرار دینا - ٹھیک جگہ بتانا یا دریافت کرنا -

Location *n*. قرارداده مقام - معینہ مقام - موقع -

Lock (lok) *n*. Tress بالوں کی لٹ - کاکل - زلف - (جمع) سر کے بال - اُون کی لچھی - روئی کا گلا -

Lock (lok) *n*. Appliance for fastening door lid, etc. قفل - تالا - پرزہ جو پہیے یا چرخی کو گھومنے سے روک دے - نہر یا دریا کا بند یا پشتہ - بندوق کا گھوڑا - داؤ - پیچ - بند نمبرے کا پیش کمرہ - مجمع یا گاڑیوں کا بھنچ کر رہ جانا - ضیق -

Lock, stock and barrel پوری طرح سے - تمام سامان - سارے کا سارا -

Lock (lok) *v.t. & i*. Fasten door with lock قفل لگانا - تالا لگانا - مقفل کرنا یا ہونا - بند کرنا - محبوس کرنا - ہوا نہ لگنے دینا - کسنا - جکڑ دینا - بند یا پشتہ باندھنا -

Lock the stable door after the horse has been stolen گھیرنا - احاطہ کرنا - بند میں کشتی لے جانا - وقت گزر جانے پر حفاظت کرنا - چوری کے بعد تالا لگانا -

Lock out مزدوروں کو کارخانہ بند کر کے مجبور کرنا - کارخانے کی دربندی کرنا -

Locker (lok-ər) *n*. Small cupboards reserved for individual use مقفل کرنے والا - تالا لگانے والا - کوئی مقفل چیز - انفرادی استعمال کے لیے چھوٹی الماریاں - گولہ بارود رکھنے کا مقفل صندوق -

Locket (lok-et) *n*. Metal plate on scabbard تلوار کے میان کی پٹی یا پتر - کندہ - تعویذ - ڈھلنا - بالوں کی لٹ یا تصویر رکھنے کا ڈھلنا -

Loco (lo-ko) *n*. Engine انجن -

Locomote (lo-kə-mot) *v.i*. Move from one place to another ایک جگہ سے دوسری جگہ جانا - نقل مقام کرنا -

Locomotive (lo-kə-mot-iv) *adj.* & *n.* Constantly moving ایک جگہ سے دوسری جگہ جانے والا - چلنے والا - حرکت کرنے والا - ریل کا انجن - (جمع) ٹانگیں - جانور -

Locomotion (lo-kə-mo-shən) *n.* Motion, travel نقل مقام - ایک جگہ سے دوسری جگہ جانا - انجن کی قوت سے جانا - طریق سفر - رفتار -

A locomotive person جو ہمیشہ سفر کرتا رہے - جس کے پاؤں میں چکر ہو -

Locum tenens (lo-kəm-te-nens) *n.* Deputy acting for clergyman or doctor نائب - مددگار - نائب پادری - مددگار ڈاکٹر -

Locus (lo-kəs) *n.* Locality or exact place - موقع - محل وقوع - کسی چیز کی ٹھیک جگہ یا مقام -

Locus standi مداخلت کا حق - مسلمہ حیثیت -

Locust (lo-kəst) *n.* Kinds of winged edible insects ٹڈی - ٹڈی - ملخ - خیار شنبر کی پھلی - ایک قسم کا درخت -

Locution (lok-u-shən) *n.* Style of speech - کلام - تقریر - وعظ - انداز تقریر - طرز گفتگو - محاورہ - الفاظ (بہ اعتبار فصاحت)

Locutory (lōk-u-tə-ri) *n.* Conversation room in monastry گفتگو کا کمرہ - جالی دار پردے کی دیوار جس کے پیچھے سے راہب دنیاداروں سے گفتگو کرتے ہیں -

Lodge (loj) *n.* Small house, cottage چھوٹا دیہاتی مکان - چھوٹا مکان جو سیر گاہ میں ہو - مسکن - مقام - جھونپڑا - ڈیوڑھی - دربان خانہ - فری میسن جماعت کی جلسہ گاہ - کیمبرج میں کالج کے صدر کی قیام گاہ - بعض جانوروں کے رہنے کی جگہ -

Lodge (loj) *v.t.* & *i.* Receive as guest, provide with sleeping quarters - رکھنا - مہمان رکھنا - رہائش کی جگہ مہیا کرنا - قیام کرنا - رات گزارنا - دل میں جگہ دینا - اتارنا - بٹھا دینا - پناہ دینا - بسنا - رہنا - بود و باش کرنا - مقیم ہونا - منزل کرنا - بسیرا کرنا - گر جانا - لوٹ جانا -

Lodger *n.* - کرایہ دار مہمان - منزل گزین - مقیم - شب باش -

Lodging (lōj-ing) *n.* رات گزارنے کی جگہ - عارضی مسکن - کرایہ کا مکان - کرایہ کا کمرہ - کمرہ - کوٹھری -

Lodgement (lōj-mənt) *n.* Temporary defensive work on captured land دشمن کے ملک میں عارضی مورچہ بندی - دشمن سے چھپا ہوا پشتہ - ڈھیر - انبار - تودہ - جگہ - ڈیرا - روپیہ داخل کرنا - داخل شدہ رقم -

Loft (lōft) *n.* & *v.t.* Attic, room over stable بالا خانہ - اٹاری - مچان - تختہ بندی - کوٹھا - چھت - بالائی منزل - کبوتر خانہ - بڑے کمرے کی بالائی صحنچی - کبوتروں کو کابک میں رکھنا -

Lofty (lōft-i) *adj.* Of imposing height - بلند - اونچا - اعلیٰ - مرتفع - سر بفلک - بلند مرتبہ - بلند پایہ - ممتاز - پر شوکت - شاندار - مغرور - سر چڑھا - متکبرانہ - پر وقار -

Loftiness *n.* شان و شوکت - سر بلندی - بلندی - رفعت -

Log (lōg) *n.* & *v.t.* Rough piece of wood لکڑی کا کندا - کھوڑ - لٹھا - جہاز کا رفتار پیما آلہ - جہاز کا روز نامچہ - لٹھے یا گولے بنانا - روز نامچہ میں جہاز کی رفتار وغیرہ لکھنا - جرمانہ کرنا - ادھر ادھر پھرنا - جھولنا - جھومنا -

Roll my log and I will roll yours میں آپ کی عزت کروں آپ میری عزت کریں -

Logarithm (log-ə-rithm) *n.* An arithmetical function for use in abridging calculations حساب کا ایک قاعدہ - لمبے حساب کو مختصر کرنے کا قاعدہ -

Loggerhead (log-ər-hed) *n.* Block head, fool گاؤدی - کندہ نا تراش - کودن - الو - احمق - بے وقوف - ایک بڑے سر کا کچھوا - بڑے سر کا ایک پرندہ - ایک آہنی آلہ جس کے سر پر لٹو ہوتا ہے -

Logic (loj-ik) *n.* Science or art of reasoning منطق - علم استدلال - بحث ، استدلال یا مناظرے کی قابلیت - زبردست استدلال یا دلیل -

Logician *n.* - استدلالی - منطق دان - منطقی -

Logical (loj-ik-əl) *adj.* Of logic منطقی - منطق کے مطابق - مدلل - معقول - قابل تسلیم - لازمی - صحیح استدلال کی صلاحیت رکھنے والا -

Logicality *n.* معقولیت - منطقیت - اصول منطق کی مطابقت -

Logistics (loj-is-tiks) *n.* Art of moving and quartering troops with arms and ammunition فوجی نقل و حرکت ، قیام وغیرہ کے بندوبست کا فن - فوجی انتظام کا علم -

Logogram (log-o-gram) *n.* Sign representing a word in shorthand فن مختصر نویسی میں لفظ کے بدلے کوئی علامت یا نشان - علامت - نشان - رمز -

Logomachy (log-o-məki) *n.* Dispute about words نزاع لفظی - لفظی بحث -

Loin (loin) *n.* Part of body between ribs and hip bone کمر - صلب - پٹھا - پٹھے کا گوشت -

Loin cloth لنگوٹ - لنگوٹی -

Loiter (loi-tər) *v.i.* & *t.* Linger on the way کاہلی کرنا - ٹھہرتے ٹھہرتے چلنا - اہلے گہلے پھرنا - دیر لگانا - کوچہ گردی کرنا - کوچہ گردی میں وقت ضائع کرنا -

Loiterer *n.* دیر لگانے والا - سست - کاہل -

Loll (lol) *v.t.* & *i.* Stand, sit or incline in lazy attitude پڑے رہنا - لیٹے رہنا - آرام کرنا - پاؤں پسار کر بیٹھنا - سستی سے کھڑے رہنا یا بیٹھنا - زبان منہ سے باہر لٹکانا - زبان کا لٹکنا -

Lollard (lol-ərd) *n.* Follower of Wycliff in 14th century - چودھویں صدی کے بدعتی وائکلف کا پیرو -

Lollipop (lol-i-pop) *n.* Sweetmeats (عموماً جمع میں) مٹھائیاں - شکر کی گولیاں -

Lollop (lol-əp) *v.i.* Move in an ungainly way (بول چال) بھدے پن سے چلنا - جھومتے ہوئے چلنا - ہاتھی کی طرح چلنا -

Lone (lon) *adj.* Solitary اکیلا - تنہا - بے یار و مددگار - اجاڑ - ویران - سنسان - غیر آباد - اداس - دلگیر - اداسی پیدا کرنے والا - بن بیاہی یا بیوہ عورت -

Lonesome *adj.* سنسان - ملول - تنہا - اداس - گوشہ نشین -

Lonesomeness *n.* ویرانی - اداسی - تنہائی -

Lonely (lon-li) *adj.* Companionless بے مونس و غم خوار - بے یار و مددگار - مجرد - تنہا - اکیلا -

Long (long) *adj.* & *n.* Measuring much from end to end in space or time لمبا - دراز - طویل - مدت مدید - دراز قد - دور - بہت دور - دور رس - لمبی شکل کا - لمبوترا - لمبا چوڑا مضمون - شیطان کی آنت - تفصیل - مفصل تذکرہ یا بیان - بڑی تعطیل - لمبی چھٹیاں -

Long family بڑا کنبہ -

Long tongue باتونی پن -

Take long views دور رس نتائج پر غور کرنا -

Long-eared بے وقوف - احمق -

Long-headed دانا - زیرک - دور اندیش -

Longish *adj.* لمبا سا -

Long-sighted *adj.* دور اندیش - دوربین - دور سے اچھا دیکھنے والا -

Long-winded طول طویل تقریر یا گفتگو - بڑے دم والا -

Long (long) *adv.* For a long time بہت دیر تک - مدت تک - عرصے تک - دور تک - دیر بعد - بہت پہلے - متواتر - وقت معین کے بعد -

Long drawn بیجا طول دینا - طول طویل -

Long (long) *v.i.* Wish, yearn چاہنا - تمنا کرنا - مشتاق ہونا - بے قرار ہونا -

Longing *n.* چاہ - اشتیاق - آرزو - تمنا -

Longevity (lon-jev-i-tl) *n.* Long life طویل عمر - بڑی عمر - درازئ عمر -

Longitude (lon-ji-tud) *n.* Angular distance East or West of a meridian طول - لمبائی - طول البلد - طوالت کا درجہ - طول فلکی -

Longitudinal (lon-ji-tud-i-nəl) *adj.* Of length, of longitude لمبا - طولانی - طول البلد کا -

Long-shore (long-shor) *adj.* Found or living on the shore ساحل کے قریب پایا جانے والا - ساحل پر رہنے یا آمد و رفت رکھنے والا -

Looby (loob-i) *n.* Silly fellow اناڑی - احمق - بیوقوف - کندہ نا تراش -

Look (look) *v.i., t. & n.* Direct one's eyes آنکھ اٹھا کر دیکھنا - نگاہ کرنا - دیکھنا - حیرت سے دیکھنا - غور سے دیکھنا - غور کرنا - سوچ بچار کرنا - ڈھونڈھنا - تلاش کرنا - نگہبانی کرنا - خبرداری کرنا - دھیان کرنا - جانچنا - امتحان کرنا - چہرے سے ظاہر ہونا - نظروں سے ٹپکنا - کسی خاص نقطۂ نظر سے دیکھنا یا غور کرنا - کسی بات کی توقع کرنا - نتیجہ نکلنا - نظر آنا - دکھائی دینا - صورت - شکل - بشرہ - قیافہ - انداز - وضع - طرز -

Looker on تماشہ بین - تماشائی -

Loom (loom) *n.* Machine for weaving جولاہے کا کارگہ - بننے کی مشین - چپو کا وہ حصہ جو کشتی کے اندر ہوتا ہے -

Loom (loom) *v.i. & n.* Appear indistinctly دور سے دھندلا سا نظر آنا - بڑا دکھائی دینا - خوفناک نظر آنا -

Loom (loom) *n.* A kind of diving bird ایک قسم کی مرغابی - غوطہ خور مرغابی -

Loomery (loom-ə-ri) *n.* Place for keeping ducks بطخوں کے پالنے کی جگہ - مرغابی خانہ -

Loon (loon) *n.* Scamp, idler, lad لچا - شہدا - آوارہ گرد - لڑکا - چھوکرا - لونڈا - ایک قسم کی مرغابی -

Loony *adj. & n.* (بول چال) مجنوں - دیوانہ - سڑی -

Loop (loop) *n., v.t. & i.* Figure produced by a curve کمند - پھندا - حلقہ - پھانسا - چکر - چھید - موکھا - روزن - سوراخ - دروازے کی چول - پھندے ڈالنا - حلقہ بنانا - حلقے میں لینا - پھندا لگانا - حلقہ دار پھندوں میں جکڑنا -

Looper (loop-ər) *n.* Caterpillar ایک کیڑا جو رینگتے وقت جسم کو دہرا کرتا ہے - سینے کی مشین کا پرزہ - بخیہ کرنے کی سوئی -

Loophole (loop-hol) *n. & v.t.* Narrow slit in wall سوراخ - موکھا - درز - روشن دان - دیدبان - بچ نکلنے کی صورت - روزن بنانا - درز ڈالنا -

Loose (loos) *adj.* Free, detached کھلا - کھلا ہوا - آزاد - چھوٹا ہوا - جو الگ ہو سکے - ڈھیلا ڈھالا - ابتر - کھلا ہوا - بکھرا ہوا - کشادہ - پریشان - چھدرا - غیر واضح - غیر مطابق اصل - غیر لفظی ترجمہ - تحریر جس میں صرف ونحو کی غلطیاں ہوں - بے اصول کام کرنے والا - آوارہ - بد چلن - قول و فعل میں غیر محتاط -

Loosely *adv.* لا پروائی سے - بے ڈھنگے پن سے - بے قاعدہ - ڈھیلا -

Looseness *n.* بے ترتیبی - کشادگی - ڈھیلا پن -

Loosish *adj.* کسی قدر بے ترتیب - کسی قدر ڈھیلا -

Loose (loos) *v.t. & n.* Release, set free کھولنا - ڈھیلا کرنا - آزاد کرنا - رہا کرنا - سست کرنا - تیر چھوڑنا - بندوق داغنا - ڈھیل - آزادی - رہائی -

Loosen (loos-ən) *v.t. & i.* Relax ڈھیلا کرنا - کھول دینا - قبض دور کرنا - کھانسی کی خشکی دور کرنا - ڈھیل دینا - آزاد کرنا - چھوڑنا -

Loot (loot) *n., v.t. & i.* Booty, spoil لوٹ کا مال - مال غنیمت - ناجائز آمدنی - لوٹنا - مال غنیمت سمجھ کر قبضہ کر لینا -

Looter *n.* تاراج کرنے والا - لوٹنے والا -

Lop (lop) *v.t., i. & n.* Cut small branches کترنا - چھانٹنا - قلم کرنا - گرانا - جھکانا - قطع کرنا - درخت کی شاخیں کاٹ ڈالنا - کاٹ - چھانٹ - ٹہنیاں - شاخیں -

Lop (lop) *v.i., t. & n.* Hang limply ڈھیلا لٹکنا - چلنے میں دبکنا - بے ڈھنگے طریقے سے بیٹھنا یا کھڑے ہونا - لٹکتے ہوئے کانوں والا خرگوش -

Lop-eared *adj.* جس کے کان لٹکتے ہوں -

Loppy *adj.* لٹکتے کان والا -

Lop (lop) *v.i. & n.* Break in short lumpy waves پانی کا جھٹکے دار لہروں میں بہنا - پانی کی جھٹکے دار رفتار -

Lope (lop) *v.i. & n.* Long bounding stride لمبے لمبے ڈگ مارنا - چھلانگیں بھرنا - چھلانگ - ڈگ -

Lop-sided (lop-sid-əd) *adj.* One side lower than the other نا ہموار - جس کا ایک رخ دوسرے سے چھوٹا یا نیچا ہو -

Loquacious (lo-kwa-shəs) *adj.* Talkative گپی ۔ باتونی ۔ فضول گو ۔ بسیار گو ۔ زیادہ شور کرنے والا ۔ شور کے ساتھ بہتا ہوا ۔

Loquaciousness *n.* فضول گوئی ۔ پر گوئی ۔ بسیار گوئی ۔

Loquacity *n.* بک بک ۔ بکواس ۔

Loquat (lo-kwat) *n.* Chinese and Jananese fruit tree لوکاٹ ۔ چین اور جاپان کا مشہور درخت اور پھل ۔

Lord (lawrd) *n.* & *interj.* Master, ruler, Oh Lord مالک ۔ حاکم ۔ سردار ۔ یا اللہ ۔ فرمانروا ۔ بادشاہ ۔ نواب ۔ رئیس ۔ جاگیردار ۔ خاوند ۔ شوہر ۔ سرتاج ۔ مولا ۔ خداوند ۔ رب ۔ سلطان دو جہاں ۔ حضرت یسوع مسیح ۔ حضرت عیسیٰ ۔ (جمع) دارالامرا ۔ عدالت عالیہ ۔ اعلیٰ مجلس انتظامی کا رکن ۔ ڈیوک کے چھوٹے لڑکے کا خطاب ۔

Lordly (lawrd-li) *adj.* Imperious حاکمانہ ۔ تحکمانہ ۔ رئیسانہ ۔ شاہانہ ۔ پر تمکنت ۔ با وقار ۔ مغرور ۔ شاندار ۔ عظیم الشان ۔

Lordship (lawrd-ship) *n.* Domain, state سرداری ۔ امارت ۔ علاقہ ۔ جاگیر ۔ ملکیت ۔ حضور والا ۔ جناب عالی ۔ بندہ نواز ۔ کرم گستر ۔

Lore (lor) *n.* Doctrine, scholarship علم ۔ فن ۔ گن ۔ تبحر علمی ۔ علم و فضل ۔ خاص معلومات ۔ نظریہ ۔ داستانیں ۔ روایات قومی ۔ صلاح ۔ نصیحت ۔

Loricate (lor-i-kat) *v.t.* & *adj.* Having defensive armour منڈھنا ۔ مڑھنا ۔ غلاف چڑھانا ۔ وہ جانور جس کے پاس حفاظت کا سامان ہو ۔ زرہ پوش ۔

Lorn (lorn) *adj.* Desolate گیا گزرا ۔ متروک ۔ بے کس ۔ تنہا ۔ اجاڑ ۔ ویران ۔ بے چراغ ۔ تنہا ۔ بچھڑا ہوا ۔

Lorry (lor-i) *n.* Long low flat wagon or truck نیچی مسطح گاڑی یا گاڑی کا ڈبہ ۔ ٹھیلا ۔ چھکڑا ۔ بار برداری کی ٹرام گاڑی ۔ ٹرک ۔ لاری ۔ شوخ رنگ کے پروں والی ایک چڑیا ۔

Lose (looz) *v.t.* & *i.* Be deprived of کھونا ۔ کھو دینا ۔ تلف کرنا ۔ ضائع کرنا ۔ ہارنا ۔ کھو بیٹھنا ۔ محروم ہونا ۔ جاتا رہنا ۔ ضائع ہونا ۔ خراب ہونا ۔ اجاڑنا ۔ لٹانا ۔ اڑانا ۔ بھٹک جانا ۔ گمراہ ہونا ۔ بھولنا ۔ گم ہونا ۔ چوکنا ۔

Losing game سا کھیل جس میں ہار یقینی ہو ۔

Lost to the sense of duty حساس فرض جاتا رہا ۔

Loser (looz-ər) *n.* One that loses رنے والا ۔ کست کھانے والا ۔ برباد ہونے والا ۔ خسارہ اٹھانے لا ۔ آدمی یا گھوڑا جو دوڑ میں ہار جائے ۔ بلیرڈس یں وہ ضرب جس سے اپنی گیند تھیلی میں پہنچائی جائے ۔

Loss (los) *n.* Person, thing or amount lost قصان ۔ ضرر ۔ خسارہ ۔ ٹوٹا ۔ گھاٹا ۔ بربادی ۔ تباہی ۔ ہ مال جو تباہ ہو جائے ۔ (فوج) مقتول یا مجروح سپاہی ۔

Lost (lost) *adj.* دیکھو Lose

Lot (lot) *n.* & *v.t.* One of a set of objects مجموعہ شیاء ۔ انبوہ ۔ جتھا ۔ تقدیر ۔ نصیب ۔ بخت ۔ قسمت ۔ تفاق ۔ ٹیکس ۔ محصول ۔ مطالبہ ۔ واجب الادا ۔ فال ۔ پانسہ ۔ قرعہ اندازی ۔ حصہ ۔ ٹکڑا ۔ پارچہ (بول چال) بڑی مقدار ۔ بڑی تعداد ۔ بانٹنا ۔ تقسیم کرنا ۔

Lothario (lo-tha-ri-o) *n.* Libertine عیاش آدمی ۔ اوباش ۔

Lotion (lo-shən) *n.* Liquid preparation used externally to heal wounds زخم دھونے کی دوا ۔ دوا کا پانی ۔ لوشن ۔ جلدی امراض دور کرنے کا عرق ۔ (بول چال) شراب ۔

Lottery (lot-ər-i) *n.* Arrangement for distributing things by chance, drawing lots قرعہ اندازی ۔ چٹھی ڈالنا ۔ لاٹری ۔

Lotus (lo-təs) *n.* Plant in Greek legends inducing dreaminess کنول ۔ پدم ۔ گل نیلوفر ۔ کوکا بیلی ۔ پودا جو یونانی قصوں میں خواب آور خیال کیا جاتا تھا ۔

Lotus-eater کاہل ۔ سست ۔ آرام طلب ۔

Lotus-eating کاہلی ۔ سستی ۔ آرام طلبی ۔ عیش پرستی ۔

Lotus-land وہ جگہ جہاں کاہلی اور بے کاری سے بسر ہو ۔

Loud (lowd) *adj.* & *adv.* Strongly audible پر شور ۔ زور کا ۔ غل مچانے والا ۔ آسمان سر پر اٹھانے والا ۔ بھڑکیلا ۔ شوخ رنگ کا لباس ۔ دکھاوے کے آداب مجلس ۔

Louden *v.i.* اونچا ہونا ۔ زور کا ہونا ۔ بلند ہونا ۔

Loudish *adj.* کسی قدر پر شور ۔ قدرے بلند آواز کا ۔

Loudness *n.* بلند یا بھاری آواز ۔ بلند صوتی ۔ شر ۔ غل ۔ غوغا ۔

.ough (lo-h-h) *n.* Lake, arm of sea جھیل - خلیج - کھاڑی -

.ounge (lownj) *v.t., i. & n.* Go lazily, saunter خراماں خراماں چلنا - مٹر گشت کرنا - آرام سے پڑے رہنا - تکیہ لگا کر بیٹھنا - پاؤں پھیلا کر پڑے رہنا - آرام کرنا - ٹہلنے کی جگہ - سیر گاہ - انتظار گاہ - آرام کرسی - صوفا - کوچ -

Lounger *n.* خراماں خراماں چلنے والا - آرام سے پڑے رہنے والا -

Lounger lizard *n.* ہوٹلوں کے رقص میں کسی کے ساتھ رقص کرنے کے لیے پیشہ ور رقاص اور رقاصائیں -

.our-lower (lowr) *v.i. & n.* Frown تیوری چڑھانا - ماتھے پر شکن ڈالنا - گھورنا - ابر یا طوفان کا تاریک نظر آنا - غصے بھرے تیور - طوفانی انداز -

.ouse (lows) *n.* Parasite insects طفیلی کیڑے - جوئیں - ڈینگر - چلوا -

Lousy *adv.* کمینہ - ذلیل - میلا - گندا - جوؤں اور چلوؤں سے بھرا ہوا -

Lousiness *n.* بے ڈھنگا پن - گنوار پن -

Lout (lowt) *n.* Awkward fellow گنوار - دہقانی - اناڑی - بے سلیقہ -

Loutish *adj.* ناتراشیدہ - بے سلیقہ -

Loutishness *n.* بے ڈھنگا پن - گنوار پن -

Louver (lo͞o-vər) *n.* Domed erection with an opening to let smoke out دود کش - مینار کی طرح کا دود کش - دھواں خارج کرنے کا میناری دہانہ -

Lovable (luv-əbl) *adj.* Deserving love پیارا - ہر دل عزیز - قابل محبت - شیریں مزاج -

Love (luv) *n.* Warm affection محبت - پیار - عشق - چاہت - الفت - حب - چاہ - فریفتگی - دوست - عاشق - معشوق - صنم - دلبر - (بول چال) پرلطف آدمی - مزے کا یار - خوبصورت چیز (کھیل) صفر - خالی - کامدیو - جنون - سودائے عشق -

Love (luv) *v.t. & i.* Hold dear پیار یا محبت کرنا - عزیزجاننا - فریفتہ ہونا - بے حد رغبت رکھنا - بہت پسند کرنا - شیدا ہونا - جان دینا - (بول چال) پسند کرنا - رغبت سے کوئی کام کرنا -

Lovelace (luv-las) *n.* Accomplished rake عیاش - تماش بین - منجھا ہوا عیاش -

Loveless (luv-les) *adj.* Unloving, unloved محروم محبت - بے مہر - نا آشنا -

Lovely (luv-li) *adj.* Attractive دل کش - حسین - جاذب نظر - عشق انگیز -

Lover (luv-ər) *n.* Paramour چاہنے والا - عاشق - طالب - شادی کا تمنائی - عاشق - معشوق - شیدائی - پرستار - عورت کا چاہنے والا -

Loving (luv-ing) *adj.* Affectionate محبت کرنے والا - چاہنے والا - محبت آمیز - محبت کا - شفقت کا -

Low (lō) *adj. & adv.* Not high or tall نیچا - اوچھا - چھوٹا - ڈھنگنا - ٹھگنا - کوتاہ - نشیبی - نشیب میں واقع - حقیر - ذلیل - کمینہ - پست - گرا ہوا - سست - بازاری - ضعف یا غذا کی کمی ظاہر کرنے والا - کم - تھوڑا - ناکافی - ختم ہونے کے قریب - غیر مقلد - گری ہوئی حالت میں - پست حالت میں - روکھے سوکھے پر - معمولی بازی لگا کر -

Lowish *adj.* کسی قدر گرا ہوا - قدرے نیچا -

Lowness *n.* گراوٹ - پستی - نشیب -

Low (lō) *v.i., t. & n.* Utter cry as of cow بیل یا گائے کا ڈکرانا - گائے کی طرح بولنا - گائے کی آواز نکالنا - گائے کی آواز -

Lower (lōw-r) *v.t. & i.* Let or haul down اتارنا - نیچا کرنا - جھکانا - مطیع کرنا - نیچا دکھانا - قیمت گھٹانا - کشتی کو سمندر میں اتارنا - گرانا - ذلیل کرنا - طاقت گھٹانا - کمزور کرنا - تنزل کرنا -

Lowly (lo-li) *adj. & adv.* Humble, modest کمینہ - سفلہ - پاجی - خاکسار - مسکین - غریب - عاجز - نیازمند - عاجزی سے - نیاز مندی سے - فروتنی سے - انکساری سے - منکسر مزاجی سے -

Loyal (loi-əl) *adj. & n.* True, faithful خیر خواہ - بہی خواہ - باوفا - مخلص - فرض شناس - نمک حلال - فرمانبردار - بادشاہ یا شاہی خاندان کا حامی - وفادارانہ - مخلصانہ - وہ شخص جو بغاوت کے زمانے میں وفادار رہے -

Loyalist *n.* حکومت کا وفادار - جاں نثار - بادشاہ کا خیر خواہ -

Loyalty (loi-əl-ti) *n.* Loyal conduct نمک حلالی - اطاعت شعاری - وفاداری - خیر خواہی -

Lubber (lub-ər) *n.* Big, stupid fellow سست - کام چور - بھدا - بے وقوف آدمی - گنوار کا لٹھ -

Lubricate (l(y)oo-bri-kāt) *v.t.* Make slippery or smooth چکنا کرنا - روغن سے چپڑنا - تیل لگانا - کوئی، چکنی چیز لگانا - تیل دے کر رگڑ دور کرنا - مشکلات کو سہولت سے دور کرنا -

Lubricant *adj. & n.* چکنائی - گریس - تیل - چربی - چکنا کرنے والا -

Lubrication *n.* چکنا کرنا - چکنائی لگانا - تیل دینا -

Lubricity (l(y)oo-bri-si-ti) *n.* چرب زبانی - چکنی چپڑی باتیں - چکناہٹ - پھسلن - بدکاری - شہوت پرستی - چنچل پن -

Lucent (l(y)oo-sənt) *adj.* Shining, translucent چمکدار - چمکیلا - منور - روشن -

Lucency *n.* پر نور ہونا - چمکیلا پن - چمک -

Lucern-(e) (l(y)oo-sərn) *n.* Clover-like plant used as fodder لوسن - ایک قسم کی گھاس جو چارہ کے کام میں آتی ہے -

Lucid (l(y)oo-sid) *adj.* Bright with smooth shining surface تابان - درخشان - روشن - منور - نورانی - صاف - شفاف - چکنی سطح کا -

Lucid interval افاقے کا وقت - حواس ٹھیک ہونے کا زمانہ -

Lucidity *n.* چکنا پن - صفائی - تابندگی -

Lucifer (l(y)oo-si-fər) *n.* Planet Venus as morning star ستارہ صبح - زہرا - عزرائیل - شیطان - ابلیس -

Luck (luk) *n.* Good or ill fortune قسمت - تقدیر - بخت - نصیب - اتفاق - خوش نصیبی یا بد نصیبی - اتفاق کامیابی -

Just my luck مجھے اپنی پھوٹی قسمت سے یہی توقع تھی -

Luckily *adv.* خوش قسمتی سے - حسن اتفاق سے -

Lucky (luk-i) *adj.* Attended by good luck خوش نصیب - اقبال مند - قسمت کا دھنی - نصیبے کا سکندر - بر وقت - عین وقت پر واقع ہونے والا - سعید - مسعود - نیک فال - نیک شگون -

Luckiness *n.* با برکت ہونا - اقبال مندی - خوش قسمتی -

Lucrative (l(y)oo-krə-tiv) *adj.* Profitable سود مند - نفع بخش - پر منفعت -

Lucre (l(y)oo-kə-r) *n.* Pecuniary profit لی فائدہ - ع - روپیہ پیسہ - آمدنی - یافت -

Lucubrate (l(y)oo-ku-brāt) *v.i.* Express one meditations in writing توں کو مطالعہ کرنا - نے افکار کو سپرد قلم کرنا - عامی مضامین یا کتابیں ریر کرنا -

Lucubration (l(y)oo-ku-brā-shən) *n.* Nocturna study طالعہ نیم شبی - رات کے وقت کا مطالعہ - لمیت نما تحریر و تصنیف - علمیت کا بیجا اظہار -

Ludicrous (l(y)oo-di-krəs) *adj.* Ridiculous ہمل - ضحکہ انگیز - طفلانہ - خندہ آور -

Ludicrousness *n.* ضحکہ انگیز ہونا - مسخرا پن - مسخر -

Lues (l(y)oo-ez) *n.* Contagious disease, plagu با - متعدی مرض - طاعون -

Lug (lug) *n.* Large marine worm used as bai مندری کیچوا جس کا چارہ لگایا جاتا ہے - کان - گوش - بنا گوش -

Lug (lug) *v.t., i. & n.* Drag or tug with effor گھسیٹنا - زور لگا کر کھینچنا - آدمی کو کھینچتے وئے لے جانا - زور کا جھٹکا - زور کی کھینچ -

Luggage (lug-ij) *n.* Traveller's baggage سفری امان - بوریا بستر - کپڑے لتے -

Lugger (lug-ər) *n.* Small ship with four-cornered sails چھوٹا جہاز جس میں چوکونی بادبان لگے ہوں -

Lugubrious (loo-gu-bri-əs) *adj.* Dismal داس - غمگین - رنجیدہ - مغموم - غمناک -

Lukewarm (look-warm) *adj. & n.* Moderately warm, tepid نیم گرم - شیر گرم - کنکنا - سرد مہر - بے التفات - کم توجہی کا - بے توجہی کا - کم توجہی - بے التفاتی -

Lull (lul) *v.t., i. & n.* Soothe or send to sleep لوری دے کر یا تھپک کر سلانا - چپ رہنا - چپ کرانا - خاموش کرنا - جھوٹی تسلی دینا - فرو ہونا - کم ہونا -

Lullaby (lul-ə-bi) *n. & v.t.* Soothing song بچوں کو سلانے کا گیت - لوری دینا - لوری دے کر سلانا -

Lumbago (lum-bā-gō) n. Rheumatic affection in loins درد کمر - وجع مفاصل - گٹھیا کا درد - کمر میں گٹھیا کا اثر - چک -

Lumber (lum-bər) v.i. Move in clumsy noisy way بھد بھد کرتے ہوئے چلنا - بھدے پن سے چلنا - بھاری قدم سے چلنا -

Lumber (lum-bər) n., v.t. & i. Disused articles of furniture لکڑی کی ناکارہ چیزیں - بیکار سامان - کاٹھ کباڑ - بھدی عمارتی لکڑی - بھدا اور بھاری سامان - فالتو چربی - بیکار جگہ گھیرنا - رستہ روک لینا - کاٹھ کباڑ کا ڈھیر لگانا - جنگل سے لٹھے کاٹنا -

Luminary (lu-min-a-ri) n. Light-giving body روشنی پھیلانے والی چیز - چاند - سورج - ایسا شخص جس میں روحانی طاقت ہو - علم و دانش میں ممتاز شخص -

Luminiferous (lu-mi-ni-fe-rəs) adj. Transmitting light نور پاش - ضیا بخش -

Luminous (lu-min-əs) adj. Emitting or full of light - تابان - منور - نورانی - چمکدار - بصیرت افروز (تصنیف یا مصنف) -

Lumme (lum-i) interj. Expressing surprise or emphasis ارے - ہائیں - واللہ - قسم ہے - اپنی جان کی قسم - سر کی قسم -

Lump (lump) n., v.t. & i. Compact shapeless mass ڈھیلہ - ڈلا - ڈھیر - انبار - مادہ کا حجم - مقدار کثیر - گندھا ہوا آٹا یا مٹی - گانٹھ یا گٹی - موٹا بھدا آدمی - اکٹھا کرنا - ڈھیر لگانا - سب کو ایک جیسا سمجھنا - بہت سے ڈھیلے اکٹھے ہو جانا - بھدے پن سے چلنا یا بیٹھنا -

Is a lump of selfishness بہت خود غرض ہے -

Lump in the throat - جذبات کے جوش سے دم رکنا

Lump (lump) n. Uncouth leaden-blue fish ایک سرمئی رنگ کی بھدی مچھلی -

Lump (lump) v.t. Be displeased at ڈھیر کا ڈھیر خرید لینا - اکٹھا کرنا - نا خوش ہونا - نا پسند کرنا - مجبوراً برداشت کرنا -

Lumper (lump-ər) n. Labour employed for loading and unloading جہاز کے مزدور - مال چڑھانے اور اتارنے والے حمال - جہازی ٹھیکیدار - جو ٹھیکہ لے کر کام تقسیم کر دے - وہ شخص جو مال کی بڑی بڑی قسمیں الگ کر دے -

Lumpish (lump-ish) adj. Heavy and clumsy موٹا اور بھدا - وزنی - بھاری بھرکم - سست - بیوقوف - بغلول -

Lumpy (lump-i) adj. Covered with lumps گانٹھ والا - گٹی دار - ڈلے دار - ساکن پانی جس میں ہوا سے چھوٹی چھوٹی لہریں پیدا ہو جائیں -

Lunacy (l(y)oo-nə-si) n. Insanity - سودا - دیوانگی خبط - پاگل پن - جنون - سخت حماقت -

Lunar (loon-ər) adj. & n. Of the moon - قمری چاند کا - چاند کی مانند - پھیکی - ہلکی (روشنی یا شان و شوکت) سیمیں - مسافت قمری - بعد قمری - کلائی کی ہلال نما ہڈی -

Lunar politics - جنونی سیاست - نا قابل عمل مسائل

Lunatic (loo-nə-tik) adj. & n. Insane, madman سڑی - باولا - دیوانہ - پاگل - مجنون - سودائی - بیوقوف - خبطی - پاگل آدمی - مجنونانہ -

Lunation (loo-nə-shən) n. Lunar month ایک چاند رات سے دوسری چاند رات تک کا زمانہ -

Lunch (lun(t)sh) n. & v.i. Midday meal دوپہر کا کھانا - ناشتے اور دوپہر کے درمیان کی حاضری - حاضری - چاشت یا حاضری کھانا - دوپہر کا کھانا کھانا -

Luncheon n. تیسرے پہر کا ناشتہ - دوپہر کے کھانے کی دعوت -

Lune (l(y)oon) n. Figure formed by two arcs ہلالی - ہلالی سطح یا شکل - قوسین کے درمیان کا حصہ - کروی پھانک -

Lung (lung) n. Either of the pair of breathing organs پھیپھڑا - شش - شش کے دو حصوں میں سے کوئی ایک -

Lunge (lunj) v.t. & n. Long rope with which horse-breaker holds horse لمبی رسی جس سے چابک سوار گھوڑے کو باندھتا اور سدھاتا ہے - گھوڑے کو سدھانا - گھوڑے کو سدھانے کا مقام -

Lunge (lunj) *n.* & *v.i.* Thrust with sword شمشیر زنی میں تلوار کا ہاتھ یا پھینک - تلوار کا ہاتھ مارنا - گھوڑے کا لاتیں اچھالنا - جھپٹنا - ہلہ کرنا -

Lupus (loo-pəs) *n.* Ulcerous disease of skin ایک جلدی مرض -

Lurch (lurch) *n.* Discomfiture مصیبت - بپتا -

Leave in the lurch دوست کو مصیبت میں دیکھ کر انجان ہو جانا -

Lurch (lurch) *n.* & *v.i.* Sudden lean to one side جھکائی - ایک سمت کو اچانک جھک جانا - جھکائی دینا - جھکاؤ - لغزش - مصیبت - بپتا - لڑکھڑانا - قدم کو لغزش ہونا -

Lurcher (lurch-ər) *n.* Petty thief, spy گھاتیا - چور - جاسوس - مخبر - ایک شکاری کتا -

Lure (l(y)oo-r) *n.* & *v.t.* Decoy, enticing object چمڑے کی چڑیا جسے دکھا کر باز کو بلاتے ہیں - وہ چیز جس سے کسی کو لبھائیں یا دھوکا دیں - پھسلانا - لبھانا - لالچ دے کر پھانسنا -

Lurid (l(y)oo-rid) *adj.* Ghastly بھیانک - وحشتناک - جس پر مردنی چھائی ہوئی ہو - پیلا - زرد - دھندلا - پھیکا - مہیب رنگ کا - طوفان خیز - پر شور -

Casts a lurid light on واقعات پر وحشت ناک روشنی ڈالتا ہے

Lurk (lurk) *v.i.* & *n.* Be hidden in گھات لگانا - تاک میں رہنا - چھپ کر دیکھنا -

Luscious (lush-əs) *adj.* Richly sweet شیریں - میٹھا - بہت میٹھا - خوش ذائقہ - رنگین طرز بیان - ایسی زبان جس میں شہوانی جذبات کی جھلک ہو -

Lush (lush) *adj., n., v.t.* & *i.* Luxuriant گھنا - سر سبز - شاداب پودا - عمدہ شراب - شراب پینا - شراب پلانا -

Lushy (lush-i) *adj.* Drunk پیا ہوا - مست - متوالا -

Lust (lust) *n.* & *v.i.* Sensuous appetite ہوائے نفس - بوالہوسی - شہوت - خواہش نفسانی - بے قرار تمنا - کسی آرزو میں تڑپنا - بے قرار ہونا -

Lustral (lust-rəl) *adj.* Used in ceremonial purification رسمی طہارت کا - پاکیزگی کے متعلق - تطہیر کے بارے میں -

Lustrate (lust-rət) *v.t.* Purify by sacrifice or ceremonial washing پاک کرنا - صاف کرنا - قربانی سے پاک کرنا - آلودگی دور کرنا - پوتر یا شدھ کرنا - پاک پانی سے غسل دینا -

Lustre (lus-tər) *n.* & *v. t.* Brilliance روشنی - نور - جلوہ نور - تجلی - اجالا - تابانی - درخشانی - شان و شوکت - کروفر - عظمت و جلال - ایک باریک چمک دار کپڑا - ناموری - شہرت - عزت - چمکانا - چمک پیدا کرنا -

Lusterine (lus-trin) *n.* Glossy silk fabric ایک چمک دار ریشمی کپڑا -

Lustrum (lus-trəm) *n.* Period of five years پانچ سال کا عرصہ - پانچ برس کی میعاد -

Lusty (lust-i) *adj.* Healthy, strong تنومند - قوی - شہ‌زور - زور آور - ہٹا کٹا - تندرست - توانا -

Lutanist (loot-ə-nist) *n.* Lute-player ستار بجانے والا - بر بط نواز -

Lute (loot) *n.* & *v.t.* Guitar-like instrument ستار - بین - طنبورا - بربط - گندھا ہوا آٹا یا سنی ہوئی مٹی منہ بند کرنے کے لئے - گچ تھوپنا - ستار بجانا -

Luxate (luks-āt) *v.t.* Dislocate ہڈی یا جوڑ اتار دینا - اکھاڑنا -

Luxation *n.* موچ - جوڑ یا ہڈی کا اتر جانا -

Luxuriant (lug-zoo-ri-ənt) *adj.* Profuse of growth کثیر - فراواں - بے اندازہ - بے حساب پیدا ہونے والا - گھنا - رنگین یا مرصع (طرز بیان) وسیع (تخیل) -

Luxuriance *n.* افراط - کثرت - سرسبزی - پیداوار کی کثرت - فراوانی -

Luxuriate (lug-zoo-ri-at) *v.i.* Revel, enjoy oneself کثرت سے ہونا - پھولنا پھلنا - جی بھر کے لطف اٹھانا - عیش کرنا - مزے اڑانا - چین سے گزارنا -

Luxurious (lug-zoo-ri-əs) *adj* Very comfortable عیش پرست - عیش و عشرت کا دلدادہ - آرام دہ - پر تکلف - سامان عیش و عشرت سے آراستہ -

Luxury (luk-shə-ri) *n.* Thing that one enjoys نفس پرستی - شہوت پرستی - عیش و عشرت - نازو نعمت - لذیذ مرغوب شے - عیش پسندی - تعیش -

Lycanthropy (li-ken-thrə-pi) *n.* Form of madness in which patient imagines himself some beast ایک قسم کا مالیخولیا جس میں مریض اپنے آپ کو کوئی جانور سمجھتا اور ویسی ہی حرکتیں کرتا ہے - بھیڑیے کی بولی بولنا - درند خولیا - جادو کے زور سے بھیڑیا بن جانا -

Lyddite (lid-it) *n.* High explosive دھماکے سے پھٹ جانے والا مادہ - بھک سے اُڑ جانے والا مادہ -

Lye (lī) *n.* Alkalized water سجی دار پانی -

Lying (lī-ing) *n.* Being in child birth جھوٹ - لیٹنے کی جگہ - زچگی - وضع حمل -

Lying (li-ing) *adj.* False پڑا ہوا - لیٹا ہوا دروغ گو - جھوٹا - دغا باز -

Lymph (limf) *n.* Pure water, exudation from sore زلال - بے رنگ پانی - زخم سے رستا ہوا پانی - حیوانات کے شریانوں کا عرق جو ٹیکا لگانے کے کام آتا ہے -

Lyncean (lin(t)shi-ən) *adj* Keen-sighted - تیز نگاہ - تیز نظر -

Lynch (lin(t)sh) *n.* & *v. t.* Execute person - مار پیٹ - امریکہ کا خلاف قانون رواج جس کی رو سے لوگ خود قتل کی سزا تجویز کرتے اور خاطی کو سنگسار کردیتے ہیں - سزائے موت دیکر خاطی کو قتل کرنا - سنگسار کرنا -

Lynx (lingks) *n.* Wild animal of cat tribe بن بلاؤ - سیاہ گوش -

Lyra (lira) *n.* Northern constellation بربط - ستاروں کا شمالی جھرمٹ -

Lyre (līr) *n.* A kind of harp قدیم زمانے کا بربط - چنگ - ایک برج کا نام -

Lyrist *n.* سرود نواز - بین کار - بربط نواز -

Lyric (lirik) *adj.* & *n.* Of the lyre - سرود کا - بربط کا - گانے کے کام کا - سرودی - بربطی - غنایئہ نظم - غزل - مختصر نظم جس میں شاعر اپنے جذبات ظاہر کرتا ہے -

Lyricism (lirik-izm) *n.* High-flown sentiments غنائیت - تغزل - غنائی طرز ادا - مبالغہ آمیز جذبات -

M

M (em) *l.* Thirteenth letter of the English alphabet انگریزی حروف تہجی کا تیرھواں حرف -

Ma (mä) *n.* Mother ماں - امی - اماں - امی جان -

Maam (məm) *n.* Madam بیگم - خاتون - مانم - (ذی عزت عورتوں کے لئے) نواب بیگم - حضور - سرکار - علیہ حضرت -

Mab (mab) *n.* Name of a female fairy پریوں کی ملکہ - خواب لانے والی -

Macabre (mə-kā-br) *adj.* Grim, gruesome ہیبت ناک - ڈراؤنا - مہیب - بھیانک -

Macaco (ma-ka-ko) *n.* Kinds of lemur ایک قسم کا بندر -

Macadam (mə-kā-dəm) *n.* Road made in the manner of J. H. McAdam کٹی ہوئی کنکر کی سڑک - کنکریٹ کی سڑک - روڑی کوٹ کر بنائی ہوئی سڑک -

Macadamize *n.* میک آدم کی بتائی ہوئی طرز پر سڑک بنانا - کنکریٹ کی سڑک بنانا - کنکریٹ ڈالنا -

Macaroni (mak-ə-rō-ni) *n.* Wheat paste formed into long tubes آٹے کی سویاں جو اندر سے کھوکھلی ہوتی ہیں اور پکا کر کھائی جاتی ہیں - اٹھارویں صدی کے چھبیلے - چھیلا - البیلا - بانکا -

Macaronic (mak-ə-rō-nik) *adj.* & *n.* Verse containing Latin with vernacular نظم جس میں کئی زبانیں استعمال کی گئی ہوں - ہزل جس میں لاطینی طرز کے گھڑے ہوئے الفاظ کی بھرمار ہو - معجون مرکب - کھچڑی -

Macaroon (mak-ə-rōōn) *n.* Sweet cake of almonds میٹھی بادامی روٹی - بادامی کیک بسکٹ -

Macartney (mak-ərt-ni) *n.* A kind of partridge تیتر کی قسم کا ایک پرندہ -

Macassar (me-ka-sar) *n.* Kind of hair oil سر میں ڈالنے کا خوشبودار تیل -

Macaw (mə-kaw) *n.* Kinds of parrot طوطے کی ایک قسم - مکاؤ کا طوطا -

Maccaboy-baw (məka-boy-baw) *n.* Kind of snuff ایک قسم کی ناس جو عطر گلاب میں بسائی جاتی ہے -

Mace (mas) *n.* Heavy metal-headed club عصا - لاٹھی - گرز - ڈنڈا جس پر لوہے کی شام لگی ہو - جریب - انٹا کھیلنے کی چھڑی - عصائے شاہی - عصائے حکومت -

Mace (mas) *n.* Dried outer covering of nut-meg جائفل کا پوست - بسباسہ - جاوتری -

Macerate (mas-ər-at) *v.t. & i.* Soften by soaking بھگو کر نرم کرنا - گھلانا - گھلنا - دبلا کرنا - فاقے کرکے دبلا ہونا -

Maceration فاقے کرکے دبلا ہونا - نفس کشی - گھلاوٹ - نرمی - گداخت -

Machiavelli (mak-i-ə-veli) *n.* Unscrupulous schemer دو رخا مدبر - عیار - چال باز - زمانہ ساز سیاست دان -

Machiavellian دو رخی - عیارانہ - شاطرانہ -

Machicolate (ma-chik-o-lat) *v.t.* Furnish openings for dropping stones on assailants شہر کی فصیل میں سوراخ بنانا تاکہ حملہ‌آوروں پر پتھر پھینکے جا سکیں - روزن بنانا -

Machinate (mak-i-nat) *v.i.* Lay plots, intrigue تدبیر کرنا - سازش کرنا - ریشہ دوانی کرنا - چالیں چلنا -

Machination *n.* فتنہ پردازی - جوڑ توڑ - سازش -

Machinator *n.* عیار - چال باز - سازش کرنے والا -

Machine (mə-shin) *n., v.t. & i.* Apparatus for applying mechanical power آلہ جرثقیل - انجن - کل - آلہ - مشین - مشین کی طرح کام کرنے والا - محرک پرزہ یا کل - سیاسی نظام - مشین سے بنانا یا چلانا - مشین سے کام لینا -

Machinery (mə-shin-ari) *n.* Contrivances کل کے آلات یا پرزے - آلات جرثقیل - کلیں - مشینیں - کل کی ساخت - فنی تدبیریں جن سے ایک مصنف کام لے -

Machinist (mə-shin-ist) *n.* One who makes or controls machinery مشین بنانے یا چلانے والا - مشینوں کا ماہر - مشین ساز - فن جرثقیل کے اصولوں کا جاننے والا

Mackerel (mak-ər-əl) *n.* A sea-fish ایک سمندری مچھلی جس کا گوشت لذیذ ہوتا ہے - سرمئی -

Mackerel sky ہلکے سفید بادلوں سے ڈھکا ہوا آسمان -

Mackintosh (mak-in-tosh) *n.* Water proof material patented by C. Mackintosh برساتی - برساتی جامہ - پن روک برساتی کوٹ - بارانی - موم جامہ کا کوٹ -

Maconochie (mə-kon-ə-chi) *n.* Tinned meat ڈبوں کا دم پخت گوشت -

Macrame (mə-kra-mi) *n.* Trimming of knotted thread بٹے ہوئے دھاگے کی جھالر -

Macron (mak-rōn) *n.* Mark placed over vowel to show that it is long آواز کو کھینچنے کا نشان - بڑا مد - خط -

Macula (mak-ū-lă) *n.* Dark spot in the sun آفتاب کا سیاہ داغ - داغ - دھبہ -

Maculation *n.* سیاہ داغ یا دھبے ہونا -

Mad (mad) *adj.* Out of one's mind پاگل - دیوانہ - جنونی - سودائی - باولا - حواس باختہ - پاگلوں جیسا - کسی چیز کے پیچھے دیوانہ - آپے سے باہر - برہم - غضب ناک - تند - آگ بگولہ - جھلایا ہوا -

Madness *n.* شوریدہ سری - دیوانگی - سودا - خبط - جنون - پاگل پن -

Madam (mad-əm) *n.* Formal address to woman بی بی - بیگم - خاتون - خانم - بانو - میم صاحبہ -

Madame (mad-əm) *n.* French form of madam میڈم کی فرانسیسی شکل -

Madden (mad-ən) *v.t. & i.* Make or become mad پاگل ہونا یا کرنا - دیوانہ بنانا - آپے سے باہر ہونا یا کرنا - طیش دلانا - برافروختہ کرنا - بھڑکانا -

Maddeningly *adv.* دیوانگی کے ساتھ - مجنونانہ طور پر -

Made (mād) *adj.* P. P. of make بنایا ہوا - بنا ہوا -

Madeira (mə-dī-rā) *n.* White wine of Madeira جزیرہ مدیرا کی سفید انگوری شراب -

Mademoiselle (mad-mwə-zel) *n.* Unmarried French woman ناکتخدا فرانسیسی عورت - کنواری دوشیزہ -

Madonna (mə-do-ná) *n.* Picture of Virgin Mary حضرت مریم کی تصویر یا مجسمہ ۔ بی بی صاحبہ ۔ خانم ۔

Madrepore (mad-ri-por) *n.* Perforate corals مونگے کے درخت ۔ مرجان کے جراثیم ۔ خانہ دار مرجان ۔

Madrigal (mad-ri-gəl) *n.* Short amatory poem دہقانی عاشقانہ گیت ۔ مختصر عاشقانہ گیت ۔ غزل ۔

Maecenas (me-si-nas) *n.* Patron of literature ادب یا آرٹ کا سرپرست ۔ اہل ہنر کا قدر دان ۔

Maelstrom (mal-strom) *n.* Whirlpool on west coast of Norway گرداب ۔ بھنور ۔ ورطہ عظیم ۔ ناروے کے مغربی ساحل کا بھنور ۔

Maffick (maf-ik) *v.i.* Exult riotously خوشیاں منانا ۔ رنگ رلیاں رچانا ۔ شادیانے بجانا ۔

Magazine (mag-ə-zin) *n.* Store for arms گودام ۔ مال گودام ۔ گولہ بارود کا ذخیرہ ۔ اسلحہ خانہ ۔ سامان جنگ و رسد ۔ اخبار ۔ رسالہ ۔ صحیفہ ۔

Maggot (mag-ət) *n.* Larva کیڑا ۔ کیڑے کا پہلا روپ ۔ خیال ۔ موج ۔ لہر ۔ وہم ۔ خبط ۔

Magi (ma-gi) *n.* دیکھو Magus

Magian (ma-gi-ən) *adj.* & *n.* Of the Magi مجوسی ۔ آتش پرست ۔ مغ ۔

Magic (maj-ik) *adj.* & *n.* Witchcraft جادو ۔ سحر ۔ افسون ۔ جادوئی ۔ طلسمی ۔

Magician (məj-i-shən) *n.* One skilled in magic جادوگر ۔ ساحر ۔ طلسم ساز ۔ افسوں گر ۔

Magisterial (maj-is-te-ri-əl) *adj.* Conducted by a magistrate حاکمانہ ۔ عدالتی ۔ حاکم عدالت کا ۔ افسرانہ ۔ تحکمانہ ۔ متکبرانہ ۔

Magistral (maj-is-t-rəl) *adj.* Of a master آقا کا ۔ مالک کا ۔ طبیب کی بیاض کا ۔

Magistrate (maj-is-trat) *n.* Civil officer administering law حاکم عدالت ۔ ناظم فوجداری ۔ مجسٹریٹ ۔

Magistracy *n.* نظامت فوجداری ۔ ناظم فوجداری کا عہدہ ۔ ناظم عدالت کا عہدہ ۔

Magna-c(h)arta (mag-na-kar-ta) *n.* Great charter of personal liberty obtained from John in 1215 A.D. انسانی حقوق اور آزادی کا منشور جو جان نے ۱۲۱۵ء میں جاری کیا ۔

Magnanimous (mag-nə-ni-məs) *adj.* High-souled عالی حوصلہ ۔ بلند ہمت ۔ اولوالعزم ۔ عالی ظرف ۔ فراخ حوصلہ ۔ کریم النفس ۔

Magnanimity *n.* عالی ظرفی ۔ فراخ دلی ۔ بلند حوصلگی ۔

Magnate (mag-net) *n.* Eminent man بہت بڑا آدمی ۔ مشہور آدمی ۔ رئیس ۔ صاحب ثروت ۔ مقتدر یا ممتاز شخص ۔ بہت بڑا تاجر ۔ متمول آدمی ۔

Magnesia (mag-nə-z(h)ia) *n.* Oxide of magnesium ایک قسم کی سفید مٹی جو دوا میں استعمال کی جاتی ہے ۔ میگنیشیم کا ایک مرکب ۔

Magnasium (mag-nə-z(h)i-əm) *n.* Metallic element in magnesia ایک معدنی عنصر ۔ ایک سفید قسم کی مٹی ۔

Magnet (mag-nit) *n.* Piece of iron that can attract iron آہن ربا ۔ مقناطیس ۔ جاذب شے ۔ دلکش چیز ۔ قطب نما سوئی ۔

Magnetic (mag-nit-ik) *adj.* & *n.* Having properties of magnet مقناطیسی ۔ جاذب ۔ کھینچنے والا ۔ دل کش ۔ مسمریزم کا ۔ کشش کے علم کا ۔

Magnetics *n.* علم مقناطیس ۔ مقناطیسیات ۔

Magnetism (mag-nit-izm) *n.* Magnetic phenomena قوت کشش ۔ قوت جاذبہ ۔ مقناطیسی قوت ۔ مقناطیسیت ۔

Magnetist *n.* مسمری ۔ مسمریزم دان ۔ عالم مقناطیس ۔

Magnetite (mag-nit-it) *n.* Magnetic iron oxide مقناطیسی لوہا ۔

Magnetize (mag-nit-iz) *v.t.* Give magnetic properties to مقنانا ۔ مقناطیسی خاصیت پیدا کرنا ۔ مقناطیسی اثر ڈالنا ۔ مسمریزم کے عمل سے بیہوش کرنا ۔

Magnetization *n.* مقناطیسی خاصیت پیدا کرنا ۔

Magnificent (mag-ni-fi-sənt) *adj.* Splendid عظیم ۔ عظیم الشان ۔ شاندار ۔ آراستہ پیراستہ ۔ گراں قدر ۔ بیش بہا ۔ (بول چال) بہت عمدہ ۔ بہت خوب ۔

Magnificence *n.* کروفر ۔ شان و شوکت ۔ رونق ۔ عظمت ۔

Magnify (mag-ni-fī) *v.t.* Increase apparent size چھوٹی چیز کو بڑا دکھانا ۔ بڑھا چڑھا کر بیان کرنا ۔ حد سے زیادہ تعریف کرنا ۔ آسمان پر چڑھانا ۔

Magnification *n.* بڑھا چڑھا کر دکھانا - مبالغہ - تکبر -

Magnifier *n.* بڑھا چڑھا بڑا کرکے دکھانے والا شیشہ - بڑھا چڑھا کر بتانے والا آلہ -

Magniloquent (mag-nil-ə-kwent) *adj.* Lofty in expression لفاظ - شیخی باز - شاندار - بڑے بڑے مغلق الفاظ استعمال کرنے والا -

Magniloquence *n.* عبارت آرائی - عبارت جس میں بڑے بڑے نمائشی الفاظ ہوں یا تحریر و تقریر کی رنگینی -

Magnitude (mag-ni-tūd) *n.* Largeness قد و قامت - ڈیل ڈول - بزرگی - عظمت - وقعت - اہمیت - قدر - ستاروں کی ظاہری روشنی کا درجہ -

Magnolia (mag-nō-li-a) *n.* A kind of tree cultivated for foliage and flowers ایک خوش رنگ پتوں اور پھولوں والا درخت -

Magnum (mag-nəm) *n.* Bottle containing two quarts of wine شراب کا بڑا شیشہ -

Magnum-bonum (mag-nəm-bo-nəm) *n.* Large yellow cooking plum ایک قسم کا زرد آلو جو پکانے کے کام آتا ہے - ایک قسم کا آلو -

Magpie (mag-pi) *n.* A kind of European bird نیل کنٹھ کی قسم کا ایک یورپی پرندہ جو خوب بولتا ہے - مینا - بکواس کرنے والا - بکی آدمی - چاند ماری کا بیرونی حلقہ -

Magus (ma-gəs) *n.* Member of ancient Persian priestly caste قدیم مجوسی پجاری - آتش پرست - ساحر - جادوگر -

Magyar (mag-yar) *n.* & *adj.* Member or language of the people of Hungary ہنگری کے تاتاری نسل کے باشندے - میگیار - میگیاری نسل - میگیاری زبان -

Mahdi (mä-dē) *n.* Spiritual leader expected by Mohammedans امام مہدی جن کا انتظار ہے - آخری ہادی جس کا وعدہ کیا گیا ہے - محمد احمد مہدی سوڈانی -

Mahogany (mə-hog-əni) *n.* Wood of a tropical American tree ایک قسم کی سخت اور سرخ لکڑی جو امریکہ میں پائی جاتی ہے - مہوگنی کا درخت - کھانے کا میز -

Have one's knees under person's mahogany کسی کے پاس دعوت کھانا -

Mahout (ma-hoot) *n.* Elephant-driver مہاوت - فیل بان -

Maid (mād) *n.* Young unmarried woman لڑکی - کنواری لڑکی - کنیا - باکرہ - دوشیزہ - ناکتخدا - چھوکری - لونڈی - کنیز - خادمہ - خواص - در ناسفتہ - کنواری بوڑھی عورت -

Maidish *adj.* بیجا شرم و حیا کرنے والی - کنواری لڑکیوں کی سی -

Maiden (mād-n) *n.* & *adj.* Girl, spinster لڑکی - کنواری دوشیزہ - بن بیاہی عورت - ریشم دھونے کی کل - کرکٹ میں وہ اوور جس میں کوئی رن نہ بنا ہو - گھوڑا جو کبھی جیتا نہ ہو - کسی کھلاڑی کے پہلے سو رن - نا آزمودہ سپاہی - لڑکیوں کا - تازہ - نوشگفتہ -

Maidenhood *n.* دوشیزگی - بکارت - کنوارا پن -

Maidenlike *adj.* کنواریوں جیسا -

Maidenly *adj.* شرم آگین - حیا دار -

Mail (mal) *n.* & *v.t.* Armour زرہ - زرہ بکتر - جوشن - چار آئینہ - زرہ بکتر پہنانا -

Mail (māl) *n.* & *v.t.* Bag of letters ڈاک - ڈاک کا تھیلا - ڈاک گاڑی - ڈاک میں خط ڈالنا - ڈاک سے بھیجنا -

Maim (mām) *v.t.* Mutilate قطع کرنا - کاٹنا - ہاتھ پیر کاٹ ڈالنا - نکما کر دینا - بگاڑ دینا -

Main (mān) *n.* Physical force بل - زور - قوت - دم خم - قوت بازو - بحر محیط - بحر ذخار - مجموعہ - بڑا حصہ - براعظم - جوڑ - مرغیوں کی پالی - پانسہ - پانچ سے نو تک کا کوئی عدد جو پانسہ پھینکنے والا پکارتا ہے -

With might and main پوری طاقت سے - زور بازو سے -

Main (mān) *adj.* Most important عظیم - فراخ - کشادہ - اہم - ضروری - مقدم - سب سے اہم - مرکزی - حقیقی - اصلی -

Mainly *adv.* زبردستی - بیشتر - زیادہ تر - بالخصوص -

Mainstay *n.* سب سے اہم شخص - وہ شخص جس پر سارا دار و مدار ہو -

Maintain (mən-tān) *v.t.* Carry on, keep up بر قرار رکھنا ۔ قائم رکھنا ۔ قابو میں رکھنا ۔ پاس رکھنا ۔ کسی کا خرچ برداشت کرنا ۔ صرف کرنا ۔ پرورش کرنا ۔ تائید کرنا ۔ حمایت کرنا ۔ وثوق سے کہنا ۔ دعویٰ کرنا ۔ دعوے سے کہنا ۔

Maintainable *adj.* حفاظت کرنے کے قابل ۔ لائق پرورش ۔ قابل حمایت ۔

Maintenance (mən-ti-nəns) *n.* Enough to support life پرورش ۔ سہارا ۔ گزارا ۔ نان نفقہ ۔ روٹی کپڑا ۔ بلا غرض مقدمہ کی پیروی ۔

Maize (māz) *n.* Pakistani corn, its grain مکئی ۔ مکئی کا پودا ۔ جوار ۔

Maizena (māz-i-nā́) *n.* Pakistani corn flour جوار کا آٹا ۔ مکئی کا آٹا ۔

Majestic (maj-is-tik) *adj.* Imposing پر شکوہ ۔ شاندار ۔ با وقار ۔ عظیم الشان ۔

Majesty (maj-is-ti) *n.* Impressive stateliness, sovereign power شان ۔ جاہ و جلال ۔ کروفر ۔ عظمت ۔ وقار ۔ شاہی منصب ۔ فرمانروا طاقت ۔

Your Majesty حضور پر نور ۔ ملک معظم ۔ جہاں پناہ ۔

Major (ma-jər) *n.* Officer above captain فوجی عہدہ دار جو کپتان سے بڑا ہوتا ہے ۔

Major (ma-jər) *adj.* & *n.* Greater of two things, person of full age بڑا ۔ کلاں ۔ دوسرے سے بڑا ۔ بزرگ تر ۔ اکبر ۔ بالغ ۔ بالغہ ۔

Majority (ma-jər-i-ti) *n.* Greater number بڑائی ۔ بزرگی ۔ بلوغت ۔ کثرت تعداد ۔ کثرت رائے ۔ زیادتی ۔ بڑا حصہ ۔ میجر کا عہدہ ۔

Make (mak) *v.t.* & *i.* Construct, frame ہستی میں لانا ۔ وجود میں لانا ۔ پیدا کرنا ۔ خلق کرنا ۔ شکل و صورت یا روپ دینا ۔ گھڑنا ۔ مرتب کرنا ۔ تصنیف و تالیف کرنا ۔ نقلی یا جعلی بنانا ۔ وضع کرنا ۔ ایجاد کرنا ۔ عمل کرنا ۔ انجام کو پہنچانا ۔ تعمیل کرنا ۔ حاصل کرنا ۔ کمانا ۔ بنانا ۔ سنوارنا ۔ سر سبز کرنا ۔ بن جانا ۔ ہو جانا ۔ ثابت ہونا ۔ شمار ہونا ۔ کام دینا ۔ جھوٹ موٹ ظاہر کرنا ۔ خیال کرنا ۔ اندازہ کرنا ۔ لڑنا ۔ حرکت کرنا ۔ دریا میں مد یا جزر ہونا ۔

Make belief جھوٹ موٹ ۔

One swallow does not make a summer اکیلا چنا بھاڑ نہیں پھوڑ سکتا ۔

To make a leg ایک پیر پیچھے ہٹا کر تعظیم کے لیے جھکنا ۔

Make (māk) *n.* Style of structure بناوٹ ۔ ساخت ۔ تراش ۔ ترکیب ۔ ساز ۔ ڈھنگ ۔ صورت ۔ شکل ۔ جثہ فطرت ۔ سرشت ۔ افتاد طبع ۔ سیرت ۔ ذہنی حالت ۔

Maker (māk-ər) *n.* The Creator بنانے والا ۔ کار ساز ۔ خدائے تعالیٰ ۔ پروردگار ۔ خالق ۔

Making (māk-ing) *n.* Earning دستکاری ۔ ترکیب ۔ ساخت ۔ آمدنی ۔ منافع ۔ امتیازی خصوصیات ۔

Malacca (mal-aḱ-a) *n.* Town in Malay peninsula شہر ملاکا ۔ ملاکا کی بید ۔ سرخی مائل بید ۔

Malacca cane بید کی چھڑی ۔ ملاکا کی بید ۔

Maladjustment (mal-ə-just-mənt) *n.* Faulty adjustment بے آہنگی ۔ عدم مطابقت ۔ بے ترتیبی ۔

Maladministration *n.* نراج ۔ بری حکومت ۔ بد نظمی ۔ بد انتظامی ۔

Maladroit (mal-ə-droit) *adj.* Clumsy, bungling اناڑی ۔ پھوہڑ ۔ بھدا ۔ بد سلیقہ ۔

Malady (mal-ə-di) *n.* Disease نقص طبع ۔ فساد فکر ۔ بیماری ۔ عارضہ ۔ مرض ۔ روگ ۔ علت ۔

Malafide (mal-ə-fid) *adv.* & *adj.* In bad faith بے ایمانی سے ۔ بدنیتی سے ۔ ناجائز طور پر ۔ ناجائز ۔

Malapert (mal-ə-pərt) *adj.* & *n.* Impudent شوخ ۔ بے ادب ۔ گستاخ ۔ بد تمیز ۔ بے لحاظ ۔

Malaprop (mal-ə-prop) *n.* Ludicrous misuse of word الفاظ کا غلط اور مضحکہ خیز استعمال ۔ بے تکا پن ۔

Malapropos (mal-ə-pro-pos) *adv., adj.* & *n.* Inopportunely said or done بے جا ۔ بے محل ۔ بے موقع ۔ بے تکی بات یا حرکت ۔ بے وقت حادثہ ۔

Malaria (məla-rí́a) *n.* Fever caused by bite of mosquito ملیریا بخار ۔ وہ بخار جو مچھر کے کاٹنے سے پیدا ہوتا ہے ۔ فصلی ۔ موسمی بخار ۔

Malarial *adj.* ملیریائی ۔

Malarious *adj.* ملیریا بخار پیدا کرنے والی ۔ ملیریا بھری ۔

Malcontent (mal-kən-tent) *adj.* & *n.* Inclined to rebellion حکومت سے ناراض اور بیزار ۔ ناخوش ۔ غیر مطمئن ۔ شورش پسند ۔ بغاوت پر آمادہ ۔

Male (mal) *adj.* & *n.* Of the sex that begets off-spring مرد ۔ مذکر ۔ نرینہ ۔ نر ۔ بیج دار ۔ پرزہ جو کسی سوراخ میں داخل ہوتا ہو ۔

Male (mal) *prefix*- In combination ill سابقہ ۔ برا ۔ بد ۔

Malediction (mal-dik-shən) *n.* Curse بد دعا ۔ بری خواہش ۔ سراب

Malefactor (mal-i-fak-tər) *n.* Criminal گنہگار ۔ مجرم ۔ بد معاش ۔ ایذا دینے والا ۔

Malefaction *n.* بد معاشی ۔ جرم ۔ ایذا رسانی ۔

Maleficent (mal-i-fi-shənt) *adj.* Harmful باعث ایذا ۔ موجب تکلیف ۔ مجرمانہ ۔

Malevolent (mol-i-və-lənt) *adj.* Desirous of evil بد خواہ ۔ بد باطن ۔ بد اندیش ۔ خبیث ۔

Malevolence *n.* بد اندیشی ۔ بد خواہی ۔ خباثت ۔

Malfeasance (mal-fi-zəns) *n.* Official misconduct (سرکاری ملازموں کی) بد عنوانی ۔ ناجائز فعل ۔ رشوت ستانی ۔

Malfeasant *adj.* ناجائز افعال کرنے والا ۔ بد عنوانی کا مرتکب ۔

Malformation (mal-for-ma-shən) *n.* Faulty formation ناقص ساخت ۔ خلقی نقص ۔ بری بناوٹ ۔ بے ترتیبی ۔

Malice (mal-is) *n.* Wrongful intention عداوت ۔ کینہ ۔ بغض ۔ عناد ۔ بداندیشی ۔ حسد ۔

Malicious کینہ ور ۔ بد باطن ۔ حاسد ۔ بدخواہ ۔

Malign (mə-lin) *adj.* Injurious مضر ۔ اذیت رساں ۔ مہلک ۔ تکلیف دہ ۔

Malign (mə-lin) *v.t.* Speak ill of حسد سے دیکھنا ۔ تکلیف پہنچانا ۔ بدنام کرنا ۔ ذلیل کرنا ۔ تہمت لگانا ۔

Malignant (mə-lin- ənt) *adj.* & *n.* Very virulent, harmful بدخواہ ۔ بد اندیش ۔ متعدی ۔ شدید ۔ سمی ۔

Malignancy *n.* شدت ۔ بدخواہی ۔ دشمنی ۔ کینہ ۔

Malignity (mə-lin-iti) *n.* Deep-rooted ill-will دشمنی ۔ کینہ توزی ۔ خباثت ۔ شدت ۔ سختی ۔ خصومت ۔

Malinger (me-ling-ger) *v.i.* Pretend, protract بیماری کا بہانہ کرنا ۔ بیماری کو طول دینا ۔ بیمار بنا رہنا ۔ جان بوجھ کر بیمار بننا ۔ جھوٹ موٹ بیمار بننا ۔

Malingerer *n.* بیمار بننے والا ۔ بیماری کا بہانہ کرنے والا ۔ ڈھونگ کرنے والا ۔

Malism (mal-i-zm) *n.* Doctrine that it is a bad world یہ نظریہ کہ یہ دنیا بری ہے ۔ دنیاوی حیات محض شر ہے ۔

Mallard (mal-ərd) *n.* Wild drake or duck جنگلی بط کا گوشت ۔ جنگلی بطخ ۔

Malleable (mal-i-əbl) *adj.* That can be hammered کوٹ پیٹ کر بڑھ جانے والی ۔ پھیلنے والی ۔ ورق بنانے کے قابل ۔ ملائم ۔ لوچدار ۔ نرم ۔

Mallet (mal-it) *n.* Wood hammer موگری ۔ موسل ۔ پولو کھیلنے کی لکڑی یا چوگان ۔ کوبہ ۔ مار تول ۔ ہتھوڑی ۔

Mallow (mal-o) *n.* Wild plant with hairy stem and leaves جنگلی پودا جس کا تنا اور پتیاں روئیں دار ہوتی ہیں ۔ خطمی ۔ غبازی ۔

Malmaison (ma-mə-sin) *n.* Kind of carnation ایک سرخ رنگ کا پھول ۔

Malmsey (mam-zi) *n.* Strong sweet wine میٹھی انگوری شراب ۔ یونان اور اسپین کی تیز انگوری شراب ۔

Malnutrition (mal-nu-tri-shən) *n.* Insufficient nutrition غذائیت کی کمی ۔ ناکافی غذا پہنچنا ۔ ناقص غذا ۔ ایسی خوراک جس میں غذائیت کم ہو ۔

Malodorous (mal-o-də-rəs) *adj.* Evil smelling بدبودار ۔ متعفن ۔

Malpractice (mal-prak-tis) *n.* Wrong doing بدعنوانی ۔ بے ضابطگی ۔ بد چلنی ۔ بدرویگی ۔ علاج میں غفلت ۔ غلط علاج ۔ خیانت ۔ مجرمانہ غفلت ۔

Malt (mawlt) *n.* Barley or other grain prepared for brewing جو کی شراب ۔ بوزہ ۔ شعیرہ ۔ شراب سازی کے جو ۔

Malt (mawlt) *v.t.* & *i.* Convert grain into malt اناج یا جو کا شعیرہ بنانا ۔ مسلسل خشک ہوا کی وجہ سے جو کا خشک ہو جانا اور اکھوے نہ نکلنا ۔

Maltese (mawl-tez) *adj.* & *n.* Of Malta مالٹا کی زبان ۔ مالٹا کا باشندہ ۔ مالٹا کا ۔

Malthusian (mal-thuz-i-ən) *adj.* & *n.* Follower of Malthus مالتھس کا پیرو جس کا نظریہ تھا کہ اضافہ آبادی کو ضبط نفس کے ذریعے روکنا چاہیے - نظریہ ضبط نفس -

Maltreat (mal-trēt) *v.t.* Treat badly - بد سلوکی کرنا بری طرح پیش آنا - برا برتاؤ کرنا - کج ادائی کرنا -

Maltreatment نازیبا برتاؤ - کج ادائی - بدسلوکی -

Malversation (mal-vər-sa-shən) *n.* Corrupt behaviour in position of trust - بدچلنی - بدکرداری - بد عنوانی - خیانت - غبن - بے جا تصرف -

Mamelon (mam-ə-lən) *n.* Rounded eminence گول بلند ٹیکرا - گول پہاڑی -

Mameluke (mam-ə-look) *n.* Member of a military body of Caucasian slaves that siezed throne of Egypt in 1254 مملوک - کوہ قاف کے غلام جنہوں نے تخت مصر پر ۱۲۵۴ء میں قبضہ کر لیا تھا -

Mamilla (mam-il-ȁ) *n.* Nipple of female breast پستان کا منہ - پستان کی بھٹنی - پستانی شکل کا عضو - سر پستان -

Mam(m)a (mam-ah) *n.* Mother بچوں کی زبان میں ماں -

Mamma (mam-ȁ) *n.* Milk-secreting organ or animals تھن -

Mammiferous *adj.* پستان دار - تھن والے -

Mammal (mam-əl) *n.* One of milk-giving class تھن والے جانور - دودھ پلانے والے جانور -

Mammaliferous (mam-əl-i-fe-rəs) *adj.* Containing mammalian remains وہ زمین جس میں تھن والے جانوروں کے ڈھانچے پائے جاتے ہوں -

Mammon (mam-ən) *n.* Wealth regarded as evil influence - کوبر - قارون - مال - دھن - دولت کا بت - مایا - دولت کا بھوت -

Mammonizm *n.* دنیا پرستی - زر پرستی -

Mammonist دنیا پرست - زر پرست -

Mammonite *n.* زر پرست - دولت کا دیوانہ -

Mammoth (mam-əth) *n.* & *adj.* Large extinct elephant, huge ایک عظیم الجثہ ہاتھی جس کی نسل اب معدوم ہے - عظیم الجثہ - فیل پیکر - بہت بڑا - زبردست -

Mammy (mam-i) *n.* Child's word for mother ممی - اماں - امی - (امریکہ) دیسی نسل کی انا یا آیا -

Man (mən) *n.* Human being آدمی - آدم زاد - بشر - انسان - بندہ خدا - بھلا آدمی - مرد - فرد - کس - جوان - بالغ - سیانا - بہادر - جوان مرد - شجاع - دلیر - شوہر - میاں - خادم - نوکر - سپاہی - خدمت گار - پیادہ یا سوار - (شطرنج) مہرہ -

Be one's own man خود مختار ہونا - آزاد ہونا -

Man about town لندن کا بے فکرا - بے فکرا شریف -

Manhandle برا سلوک کرنا - ہاتھا پائی کرنا -

Man in the moon چاند کی بڑھیا - فرضی شخص -

Man in the street عام آدمی -

Man (man) *v.t.* Furnish with men for service قلعہ یا مورچہ کو فوجیوں سے مستحکم کرنا - حفاظت کے لیے آدمیوں کو مقرر کرنا - کسی عہدے پر مقرر کرنا - ہمت کرنا -

Manacle (man-ə-kl) *n.* & *v.t.* Fetter - ہتھکڑی - زنجیر - بیڑی - ہتکڑی ڈالنا - بیڑی ڈالنا - پا بہ زنجیر کرنا -

Manage (man-ij) *n.* Training of horse گھوڑے کو سدھانا - گھوڑے کو سواری کے لیے درست کرنا - گھوڑے کی چال ٹھیک کرنا - سواری سکھانے کا مدرسہ -

Manage (man-ij) *v.t.* & *i.* Handle, conduct, control انتظام کرنا - اہتمام کرنا - چلانا - سرانجام دینا - بندوبست کرنا - بنانا - آراستہ کرنا - کفایت سے خرچ کرنا - ناکافی وسائل سے کام چلانا - بھگتنا - نمٹنا - خوشامد درآمد سے کام نکالنا -

Managing *adj.* انتظامی - خوشامد درآمد سے کام نکالنے والا

Manageable *adj.* - قابل انتظام - خوش لگام - فرمان پذیر - مطیع -

Manageableness *n.* - انتظام پذیر ہونا - قابو میں ہونا - قابل انتظام ہونا -

Management (man-ij-mənt) *n.* Governing body عمدہ بندوبست ۔ انتظامیہ ۔ خوش انتظامی ۔ کفایت شعاری ۔ تدبیر ۔ حکمت عملی ۔ جوڑ توڑ ۔ عملہ ۔ جماعت منتظمین ۔ گروہ مدبرین ۔

Manager (man-ij-ər) *n.* Person conducting business منتظم ۔ ناظم ۔ کارندہ ۔ کارکن ۔ کار پرداز ۔ کرتا دھرتا ۔ پارلیمینٹ کا رکن جو کسی انتظامی کام پر مقرر کیا گیا ہو ۔ سربراہ کار جو عدالت کی طرف سے دیوالیہ کارخانوں پر مقرر کیا جاتا ہے ۔

Managerial *adj.* منتظمانہ ۔ انتظامی ۔

Managership *n.* منتظم کا عہدہ ۔ مینجری ۔

Manatee (man-ə-tē) *n.* Sea-cow ایک سبزی خور بحری جانور ۔ سمندری گائے ۔

Manciple (man-si-pl) *n.* Officer who buys provisions for college کالج کے مطبخ کا داروغہ ۔ منتظم رسد ۔ کالج کے لیے غلہ وغیرہ خریدنے والا ۔

Mandamus (man-da-məs) *n.* Judicial writ to inferior court عدالت تحت کو عدالت بالا کا حکم ۔ پروانہ ۔ حکم نامہ ۔

Mandarin (man-dǝ-rin) *n.* Chinese official ملک چین کا عامل ۔ رہنما جو زمانے سے پیچھے ہو ۔

Mandarin (man-dǝ-rin) *n.* Small flat deep-coloured orange چھوٹی چپٹی نارنگی ۔ کنو ۔ نارنجی رنگ ۔ ایک قسم کی شراب ۔

Mandatary (man-da-tə-ri) *n.* One to whom a mandate is given جس شخص کو بذریعہ حکم کوئی اختیار دیا جائے ۔

Mandate (man-dat) *n.* Judicial or legal command from superior فرمان ۔ حکم ۔ حکم نامہ ۔ منشور ۔ انجمن اقوام متحدہ کی طرف سے کسی ریاست کو کسی علاقہ کے انتظام کا اختیار ۔ ہدایات جو رائے دہندہ اپنے نمائندے کو دیں ۔

Mandate (man-dāt) *v.t.* Commit to mandatary کسی علاقہ کو کسی ریاست کے زیر انتظام دینا ۔ کسی ریاست کو علاقہ غیر پر حکومت کا اختیار دینا ۔

Mandatory (man-də-təri) *adj.* & *n.* Compulsory حکم کے متعلق ۔ لازمی ۔ حکم ۔ حکم نامہ ۔

Mandible (man-di-bl) *n.* Lower jaw in mammals جانوروں کا جبڑا ۔ دودھ پلانے والے جانوروں کا نیچے کا جبڑا ۔ چونچ کا نیچے یا اوپر کا حصہ ۔

Mandibular *adj.* جبڑے کی طرح کا ۔ جبڑے کے متعلق ۔

Mandola-ora (man-də-la) *n.* A kind of lute سارنگی کی قسم کا بڑا باجا ۔ سارنگی باجا ۔

Mandolin (man-də-lin) *n.* Musical instrument of lute kind played with plectrum سارنگی کی طرح کا باجا جو مضراب سے بجایا جاتا ہے ۔

Mandrake (man-drāk) *n.* Poisonous plant with a root of human form. It shrieks when plucked ایک زہریلا پودا ۔ اس پودے کے متعلق کہا جاتا ہے کہ اس کی جڑ آدم نما ہوتی ہے اور جب پودا اکھاڑا جائے تو چیخنے کی آواز نکلتی ہے ۔

Mandrel (man-drəl) *n.* Axis or rod to which work is fixed خراد کی نوک دار کھونٹی جس پر رکھ کر لکڑی خرادی جاتی ہے ۔ خراد کا محور ۔

Mandrill (man-dril) *n.* Large, hideous baboon بڑا بد شکل بندر ۔

Manducate (man-du-kat) *v.t.* Chew, eat کاٹنا ۔ چبانا ۔ کھانا ۔

Mane (mān) *n.* Long hair on neck of horse ایال ۔ گردن کے بال ۔ گھوڑے کی گردن کے بڑے بال ۔

Manes (māns) *n.* Souls of departed ancestors مردوں کی روحیں ۔ بزرگوں کی پاک روحیں ۔ قابل پرستش روحیں ۔

Manful (man-ful) *adj.* Brave, resolute جواں مرد ۔ بہادر ۔ بلند ہمت ۔ جری ۔

Manfully *adv.* دلیرانہ ۔ بلند ہمتی سے ۔ مردانہ وار ۔

Manganese (mang-ge-niz) *n.* Black mineral used in glass-making ایک دھات جو شیشہ گری کے کام آتی ہے ۔ ایک سیاہ دھات جس سے آلات حرب بنائے جاتے ہیں ۔

Mange (manj) *n.* Skin disease in hairy animals اون دار جانوروں کی جلدی بیماری ۔ خارش ۔ کھجلی ۔

Manger (man-jər) *n.* Trough جانوروں کے چارہ دانہ کھانے کا کٹھلا ۔ کونڈا ۔

Mangle (mang-gl) *n.* & *v.t.* Machine for pressing washed clothes دھوئے ہوئے کپڑوں کو دبانے اور استری کرنے کی کل ۔ کپڑوں پر استری کرنا ۔

Mangle (mang-gl) *v.t.* Lacerate by blows ٹکڑے ٹکڑے کرنا ۔ دھجیاں بکھیرنا ۔ صورت بگاڑ دینا ۔ درگت کرنا ۔ مار مار کر صورت مسخ کر دینا ۔

Mango (mang-gō) *n.* A delicious Pakistani fruit of multiple varieties آم ۔ انبہ ۔

Mango-trick آم کا شعبدہ ۔ نظر بندی کر کے آم کا درخت اُگا کر دکھانا ۔

Mangonel (mang-gə-nel) *n.* Military engine for casting stones منجنیق ۔ فلاخن کی کل ۔ پتھر پھینکنے کی فوجی کل ۔

Mangrove (mang-grov) *n.* Tropical tree, bark of which is used in tanning ایک درخت جس کی چھال چمڑا رنگنے اور دوا کے کام آتی ہے ۔

Mangy (man-ji) *adj.* Having the mange ۔ خارش والا کھجلی والا ۔

Manhood (man-hood) *n.* State of being a man مردی ۔ مردمی ۔ جواں مردی ۔ انسانیت ۔ آدمیت ۔ بلوغ ۔ بہادری ۔ مردانگی ۔

Mania (ma-ni-á) *n.* Mental derangement خلل دماغ ۔ خبط ۔ مالیخولیا ۔ جنون ۔ دیوانگی ۔ سودا ۔ کسی کام میں جوش اور انہاک ۔

Maniac (ma-ni-ak) *adj.* & *n.* Affected with mania سودائی ۔ دیوانہ ۔ پاگل ۔ خبطی آدمی ۔

Manicure (man-i-kūr) *n.* & *v.t.* One who treats fingers and finger-nails ہاتھ اور ناخن کی صفائی اور رنگائی ۔ ہاتھ اور ناخن کی درستی کرنے والا ۔ ہاتھ اور ناخن کی صفائی کرنا ۔

Manifest (man-i-fest) *n.* List of ship's cargo بیجک ۔ جہاز کے مال کی فہرست ۔

Manifest (man-i-fest) *adj.* Clear, obvious ظاہر ۔ عیاں ۔ نمایاں ۔ صاف ۔ آشکارا ۔

Manifest (man-i-fest) *v.t.* & *i.* Show plainly آشکارا کرنا ۔ عیاں کرنا ۔ واضح کرنا ۔ صاف صاف دکھانا ۔ فاش کرنا ۔ ظاہر کرنا ۔ مترشح ہونا ۔ جہاز کا مال فہرست میں درج کرنا ۔ سیاسی پارٹی کا عام جلسے میں اپنے لائحہ عمل کی وضاحت کرنا ۔

Manifestation اعلان ۔ تجلی ۔ انکشاف ۔ ظہور ۔

Manifesto (man-i-fes-tō) *n.* Public declaration اعلان ۔ اشتہار ۔ منادی ۔ حکومت یا سیاسی پارٹی کا اعلان ۔ منشور ۔

Manifold (man-i-fold) *adj.* & *n.* Having various forms گونا گوں ۔ بو قلموں ۔ طرح طرح کا ۔ بہت سے سوراخوں والی نلکی ۔

Manifold (man-i-fold) *v.t.* Multiply copies of بہت سی نقلیں اتارنا ۔ کئی کاپیاں اتارنا ۔

Manikin (man-i-kin) *n.* Little man, dwarf چھوٹا آدمی ۔ بونا ۔ مردک ۔ جسم انسانی کا ڈھانچہ ۔ مجسمے کی ابتدائی شکل ۔ ایک چھوٹا پرندہ جو امریکہ کے گرم حصوں میں پایا جاتا ہے ۔

Manilla (mə-ni-la) *n.* Metal bracelet used by African tribes دھات کا کڑا جو افریقہ کے قبیلے مبادلہ کے طور پر استعمال کرتے ہیں ۔ جزائر فلپائن کا دارالسلطنت ۔ منیلا کے رسے اور چرٹ ۔

Manioc (man-i-ok) *n.* Cassava ایک پودا جس کے نشاستے کی روٹی پکائی جاتی ہے ۔ روا ۔ سوجی ۔

Maniple (man-i-pl) *n.* Sub-division of legion سپاہیوں کا فوجی دستہ ۔ کلیسائی لباس کا جز ۔ ایک پٹی جو آستان سے بائیں جانب لٹکتی رہتی ہے ۔

Manipulate (mə-nip-u-lat) *v.t.* Handle with skill سلیقہ سے کام کرنا ۔ خوش اسلوبی سے سرانجام دینا ۔ سلجھانا ۔ نبٹانا ۔ حکمت عملی سے کام کرنا ۔ ترکیب یا ناجائز اثرات سے کام نکالنا ۔ ساز باز کرنا ۔ جوڑ توڑ کرنا ۔

Manipulation *n.* دستکاری ۔ سلیقہ مندی ۔ کار پردازی ۔ ساز باز ۔ جوڑ توڑ ۔

Manipulator *n.* خوش اسلوبی سے سرانجام دینے والا ۔ جوڑ توڑ کرنے والا ۔ تدبیر سے کام نکالنے والا ۔

Mankind (man-kīnd) *n.* Human species بنی نوع انسان ۔ بنی آدم ۔ اولاد آدم ۔ انسان ۔ نسل انسانی ۔ مرد ۔ ذکور ۔

Manlike (man-lik) *adj.* Like a man مردوں کی طرح ۔ مردانہ وار ۔ انسان جیسا ۔ انسانی ۔ جس میں انسانی خوبیاں اور کمزوریاں ہوں ۔ آدمیت کا ۔

Manly (man-li) *adj.* Befitting a man مردانہ ۔ مردانگی سے ۔ بہادرانہ ۔ دلیرانہ ۔ مرد کے شایان شان ۔ مرد صفت عورت ۔ مرد سیرت ۔

Manliness *n.* جوان مردی - مردمی -

Manna (man-ă) *n.* Substance supplied to Israelites من - ایک شیریں غذا جو خدا نے بنی اسرائیل کو وادی سینا میں عطا کی تھی - روحانی غذا - شیر خشت -

Mannequin (man-i-kin) *n.* Person usually woman to show off costumes کوئی شخص باالخصوص عورت جو لباس پہن کر گاہکوں کو دکھائے -

Manner (man-ər) *n.* Way a thing is done صورت - شکل - نقشہ - ہیئت - وضع - قطع - طرز - ڈھنگ - طریقہ - انداز - چال ڈھال - طرزمعاشرت - آداب و رسوم - اسلوب بیان - طرز ادا - انداز فن - بیان یا ادا کرنے کا خاص ڈھب -

In a manner ایک طرح سے -

Mannerism (man-ər-izm) *n.* Excessive addiction to a distinctive manner راہ و رسم کی پابندی - کسی خاص طرز میں غلو - بیان یا ادا کا خاص طریقہ - یک اطواری - یک اسلوبی -

Mannerist خاص وضع اور انداز کا دیوانہ - خاص وضع کا پابند - راہ و رسم کا پابند -

Mannerly (man-ər-li) *adj.* Well-mannered شائستہ - خلیق - مہذب - تمیز دار - خوش خلق -

Mannish (man-ish) *adj.* Masculine مردوں کی سی صفات رکھنے والی - مردانی - مردوں کی طرح کی -

Manoeuvre (ma-noo-vər) *n.* Planned movement داؤں - گھات - چال - جوڑ توڑ - ترکیب - حکمت - چالاکی - عیاری - فوج یا بحری بیڑے کی منصوبہ کے مطابق نقل و حرکت -

Manoeuvre (ma-noo-vər) *v.i. & t.* Employ artifice داؤں کرنا - چالاکی کرنا - ترکیب سے نقل و حرکت کرنا - خوش اسلوبی سے کام کرنا - فوجوں اور بحری بیڑے کا خاص تجویز کے مطابق نقل و حرکت کرنا -

Manor (man-ər) *n.* English territorial unit جاگیر - زمینداری - علاقہ - تعلقہ -

Manor house کوٹھی - حویلی - محل - علاقہ کا سب سے بڑا مکان - تعلقہ دار کا مکان -

Mansard (man-sard) *n.* Curb roof of two slopes دو رویہ سلامی والی چھت - دو ڈھال والی چھت -

Manse (mans) *n.* Minister's house گرجے کا ملحقہ مکان - چوپال - پادری کا مکان -

Mansion (man-shən) *n.* Large residence محل سرا - حویلی - قصر - محل - بڑا مکان - کسی نواب یا تعلقدار کی اقامت گاہ -

Mantel (man-tl) *n.* Structure around fire-place آتش دان کے اوپر کا تختہ یا الماری - لکڑی کا مچان جو آتش دان کے اوپر لگایا جاتا ہے - کارنس -

Mantic (man-tik) *adj.* Of divination پیشین گوئی کے متعلق - غیب دانی کا -

Mantle (man-tl) *n.* Woman's loose sleeveless cloak لبادہ - چغہ - فرغل - پردہ - نقاب - برقعہ - انگیٹھی کے اوپر کی کارنس - گھونگے کے پیٹ کی جھلی -

Mantle (man-tl) *v.t. & i.* Cover with mantle چغہ پہنانا - فرغل سے ڈھانکنا - چھپا لینا - گھیر لینا - کشادہ ہونا - خوشی منانا - سیال چیزوں پر جھاگ آنا - چہرے پر سرخی دوڑ جانا -

Manual (man-u-əl) *adj. & n.* Done with the hands رسالہ - دستی کتاب - دستور العمل - دستی - ہاتھ کا - ہاتھ سے کیا ہوا - پودوں کا تختہ - کنجیوں کا باجا - ہارمونیم -

Manufactory (man-u-fak-təri) *n.* Workshop فیکٹری - کار گاہ - کارخانہ -

Manufacture (man-u-fak-tyer) *n.* Making of articles صنعت - کاریگری - دست کاری - چیزیں بنانا - کارخانہ کی تیار کی ہوئی چیزیں - مشینی پیداوار -

Manufacture (man-u-fak-tyer) *v.t.* Produce بنانا - گھڑنا - دست کاری کرنا - بڑے پیمانے پر اشیاء تیار کرنا - دست کاری میں مصروف رکھنا - کارخانہ چلانا -

Manufacturer *n.* کاریگر - کارخانہ والا - صنعت کار -

Manumit (man-u-mit) *v.t.* Set free غلامی سے آزاد کرنا - غلام آزاد کرنا -

Manumission *n.* غلاموں کی رہائی - غلاموں کی آزادی -

Manure (man-ūr) *n. & v.t.* Any substance to fertilize the soil کھاد - پانس - گوبر کی کھاد - کیمیاوی کھاد - کھاد ڈالنا - زرخیز کرنا - پانس ڈالنا - قوت نمو بڑھانا -

Manuscript (man-u-skript) *adj.* & *n.* Book, document, written by hand قلمی - ہاتھ کی لکھی ہوئی قلمی کتاب یا تحریر - مخطوطہ -

MSS (m-s-s) *n.* Handwritten document دستی مسودہ - قلمی نسخہ - دستاویز -

Many (men-i) *adj.* & *n.* Numerous - بہت سے - کثرت سے - بہتیرے - متعدد - بڑی تعداد میں - بہت آدمی - جمعیت کثیر -

Map (map) *n.* Representation of any surface showing physical and political features نقشہ - ملک کا نقشہ - زمین کا نقشہ - آسمان کا نقشہ -

Map (map) *v.t.* Arrange in detail نقشہ بنانا - نقشہ کھینچنا - نقشہ بھرنا -

Maple (ma-pl) *n.* Kinds of trees grown for shade or sugar - ایک درخت جس سے شکر ملتی ہے - اس درخت کی لکڑی - اس درخت کی پتی کناڈا کا قومی نشان ہے -

Mar (mar) *v.t.* Impair fatally ضرر پہنچانا - خراب کرنا - بگاڑنا - برباد کر دینا - ستیا ناس کر دینا - صورت بگاڑ دینا -

Marabou (mar-ə-boo) *n.* Large West African stork مغربی افریقہ کا سارس یا لق لق -

Marathon (mar-ə-then) Race *n.* Race of abnormal length بڑی لمبی دوڑ -

Maraud (mə-rawd) *v.i.* & *t.* Make plundering raids لوٹ مار کرتے پھرنا - غارت گری کرنا - ڈاکہ ڈالنا - تاخت و تاراج کرنا - لوٹنا -

Marauder *n.* قزاق - غارت گر - رہزن - ڈاکو - لٹیرا -

Marble (mar-bl) *n.* & *v.t.* Limestone in crystalline سنگ مرمر - سنگ مقام - کھیلنے کی گولی - سنگ مرمر لگانا - لہریا ڈالنا - مارول بنانا - ابری بنانا -

Marble-hearted کٹھور - سنگدل -

Marble paper ابری کا کاغذ - ابری -

Marc (mars) *n.* Refuse from pressed fruits پھلوں کا پھوکا - خصوصاً انگور کا رس نکالنے کے بعد جو فضلہ بچ جائے -

Marcel (mar-sel) *n.* M. wave بالوں میں مصنوعی لہر - اس لہر کا نام - خاص قسم کی لہر -

March (march) *n.* Third month انگریزی سال کا تیسرا مہینہ مارچ -

March (march) *n.* Boundary, frontier سرحدی علاقہ - سرحد - اکثر جمع میں آتا ہے -

March (march) *v.i.* Have common frontier with ملے ہونے - سوانے کا ہونا - مشترک سرحد ہونا -

March (march) *n.* Marching of troops, tiresome walk کوچ - روانگی - سفر - تکلیف دہ مسافت - فوجی سفر - فوجی منزل - فوج کی رفتار - چلتے وقت فوج کا گیت -

March (march) *v.i.* & *t.* Walk steadily, proceed قدم ملا کر چلنا - کوچ کرنا - معین رفتار سے چلنا - فوجی طریقہ پر چلنا - آگے بڑھنا - روانہ ہونا -

Marchioness (mar-shən-es) *n.* Widow or wife of Marquis مارکوئیس کی بیوی - وہ عورت جو مارکوئیس کے برابر منصب رکھتی ہو - مارشینس -

Marconi (mar-ko-ni) *n.* & *v.t.* Send message by Marconi method - مارکونی طریقہ' پیام رسانی - مارکونی طریقہ سے پیام رسانی کرنا

Marconigram (mar-ko-ni-gram) *n.* Telegram sent by Marconi system of wireles telegraphy - تار جو مارکونی طریقہ' لاسلکی سے بھیجا جائے -

Mare (mar) *n.* Female of horse گھوڑی - مادہ - مادیان -

Mare's nest نیا انکشاف جسے لوگ غلطی سے اہم سمجھ لیں -

Margarine (mar-gər-in) *n.* Substance made with oil مکھن جیسی چیز - نقلی مکھن -

Margay (mar-gā) *n.* South American tiger cat جنوبی امریکہ کا ایک جانور جو شیر سے مشابہ ہوتا ہے -

Margin (mar-jin) *n.* & *v.t.* Edge, border کنارہ - حاشیہ - گوٹ - کور - آخری حد - ضرورت سے کچھ زائد - حاشیہ لگانا - دلال کے پاس زائد رقم جمع کرنا -

Marginal (mar-jin-əl) *adj.* Written on the margin حاشیہ کا - حاشیہ پر لکھا ہوا - حد کے قریب - آخری حد پر واقع -

Marginalia (mar-jin-ə-lia̋) *n.* Marginal notes حاشیہ - حاشیہ کی تحریر - حاشیہ کی تشریح -

Marguerite (mar-gə-rit) *n.* Ox-eyed daisy ایک قسم کا ڈیزی کا پھول ۔

Marian (mari-ən) *adj.* Of the Virgin Mary, of Mary Queen of Scots حضرت مریم کے متعلق ۔ سکاٹ لینڈ کی ملکہ میری کا حامی ۔

Marigold (mar-i-gold) *n.* Kinds of flowers with golden or yellow flowers گل مریم ۔ صد برگ ۔ گیندا ۔ ہزارا ۔ گیندے کے پھول ۔

Marinade (mar-i-nad) *v.t.* & *n.* Pickle of wine, vinegar and spices مسالے ۔ شراب اور سرکے کا اچار ۔ گوشت اور مچھلی کا اچار جو اس میں تیار کیا جائے ۔ اس مرکب کا اچار تیار کرنا ۔

Marine (mə-rīn) *adj.* & *n.* Found in the sea بحری دریائی ۔ سمندری ۔ بحری امور کے متعلق ۔ بحریہ کا ۔ بحری فوج ۔ تجارتی یا جنگی بیڑا ۔ جنگی جہاز کا سپاہی ۔

Mariner (mə-rīn-ər) *n.* Sailor, sea man ملاح ۔ جہازی ملازم ۔ جہازراں ۔

Mariolatry (mari-ol-ə-tri) *n.* Worship of Virgin Mary مریم پرستی ۔ مریم پوجا ۔

Marionette (mari-ə-net) *n.* Puppet worked by strings کٹھ پتلی ۔ تار سے چلنے والی پتلی ۔

Marital (mar-i-təl) *adj.* Of marriage ازدواجی ۔ شوہری ۔ شادی کے متعلق ۔ خاوند کے بارے میں ۔

Maritime (mar-i-tīm) *adj.* Found near the sea ساحلی ۔ بحری ۔ بحری مسائل کے متعلق ۔ بحری سیاحت کے بارے میں ۔

Mark (mark) *n.* Target, sign, stain نشان ۔ علامت ۔ آثار ۔ نقش ۔ نشانہ ۔ نشانہ کا حلقہ ۔ ہدف ۔ مدعا ۔ مقصود ۔ کوئی نشان جو ناخواندہ آدمی بنائے ۔ نشان انگشت ۔ خط جو کسی چیز کی حد ظاہر کرے ۔ داغ ۔ دھبہ ۔ علاقہ ۔

Mark (mark) *v.t.* Make a mark نشان کرنا ۔ علامت بنانا ۔ داغنا ۔ نشان لگانا ۔ نقش کھودنا ۔ علامت کے طور پر لکھنا ۔ دھوبی کا نشان لگانا ۔ اعراب یا علامات لگانا ۔ کھیلوں کے نمبر درج کرنا ۔ خصوصیت ہونا ۔ دھیان کرنا ۔ لحاظ کرنا ۔ غور کرنا ۔ (فٹ بال) حریف کے قریب رہنا ۔

Mark (mark) *n.* Denomination of weight for gold and silver چاندی سونے کا معیار ۔ جرمنی کا سکہ ۔ انگلستان کا ایک قدیم سکہ ۔

Marker (mark-ər) *n.* One who records score in billiards بلیرڈس کے کھیل میں نمبر لکھنے اور اعلان کرنے والا ۔ نشان لگانے والا ۔ شکار کا کھوج لگانے والا ۔ کھوجیا ۔ گننے والا ۔ منیم ۔

Market (mar-kit) *n.* Gathering of people for purchase or sale لین دین اور خریدوفروخت کے لیے لوگوں کا مجمع ۔ بازار ۔ منڈی ۔ گنج بازار لگنے کا مقام بازار کے بھاؤ ۔

Market (mar-kit) *v.t.* & *i.* Buy or sell in market بازار میں خرید و فروخت کرنا ۔ تجارتی مال بازار میں لے جانا ۔ مال بیچنا ۔ لین دین کرنا ۔

Marketable *adj.* بازار میں لے جانے کے قابل ۔ قابل فروخت ۔

Marking (marking) *n.* Colouring of skin کھالوں کی رنگائی ۔ نشان اندازی ۔

Marksman (marks-mən) *n.* One skilled in aiming نشانہ باز ۔ قادر انداز ۔ جو اپنا نام نہ لکھ سکے صرف انگوٹھے کا نشان لگائے ۔

Marl (marl) *n.* Soil consisting carbonate of lime زرخیز مٹی ۔ مٹی جس میں کھاد ملی ہو ۔ اس مٹی کی کھاد ۔

Marmalade (mar-mə-lad) *n.* Preserve of orange or other fruits نارنگی کا مربہ ۔ بہی یا سیب وغیرہ کا مربہ ۔ کسی پھل کا مربہ ۔

Marmoreal (mar-mor-i-əl) *adj.* Of marble مرمریں سنگ مرمر کا ۔ مرمر صفت ۔

Marmoset (mar-mə-zet) *n.* American monkey with bushy tail گھنی دم والا امریکی بندر ۔

Marmot (mar-mət) *n.* Rodent of squirrel family گلہری کی قسم کا ایک جانور ۔

Marocain (mar-i-kən) *n.* A dress fabric ایک قسم کا ریشمی کپڑا ۔ سوتی کپڑا مارکین ۔

Maroon (mə-roon) *n.* & *adj.* Brownish crimson colour بادامی قرمزی رنگ ۔ آتش بازی کا گولا ۔

Maroon (mə-roon) *n.* One of class of Negroes جزائر غرب الہند اور ڈچ گنی کے حبشی - وہ شخص جو کسی غیر آباد جزیرے میں چھوڑ دیا جائے اور وہاں سے نکل نہ سکے -

Maroon (mə-roon) *v.t.* & *i.* Put person ashore on a deserted island کسی شخص کو بطور سزا کسی غیر آباد جزیرے میں چھوڑ دینا - مارا مارا پھرنا - آوارہ پھرنا -

Marque (mark) *n.* Licence to fit out armed vessel and capture enemy's merchant shipping اجازت نامہ - دشمن کے تجارتی جہازوں کو پکڑنے کا حکم نامہ - ایسا جہاز جس کے پاس یہ اجازت نامہ ہو -

Marquetry-terie (mark-i-tri) *n.* Inlaid work مینا کاری - مرصع کام - جڑاؤ کام -

Marquis-quess (mar-kwiz) *n.* Noble ranking between duke and earl ڈیوک اور ارل کا درمیانی خطاب - نواب - دوسرے درجے کا بڑا خطاب -

Marquise (mar-kwizi) *n.* Marchioness مارکوئز کی بیگم - انگوٹھی جس میں بیضوی شکل کے نگینے جڑے ہوں -

Marquois (mar-kwiz) *n.* Apparatus for drawing parallel lines متوازی اور یکساں فاصلے کے خطوط کھینچنے کا مسطر -

Marriage (mar-ij) *n.* Wedlock شادی - بیاہ - عقد - نکاح - عروسی - اتحاد - جیون سنگ - (تاش) ایک ہی رنگ کے بادشاہ اور رانی کو ساتھ ساتھ دکھانا -

Companionate marriage (امریکہ) عورت اور مرد کا آزمائش کے طور پر میاں بیوی بن کر رہنا -

Marriageable (mar-ij-əbl) *adj.* Of an age to marry شادی کے قابل عمر کے - شادی کے لائق -

Married (mar-id) *adj.* United in wedlock منکوحہ - عاقد - عاقدہ - شادی شدہ -

Marrow (mar-ō) *n.* Soft fatty substance in bones مغز - گودا - ہڈی کا گودا - کسی چیز کا مغز یا نچوڑ - کسی مسئلہ کا اہم نکتہ - لب لباب -

Chilled to the marrow افسردہ - اتنی سردی کہ کلیجہ تک کانپ جائے -

Marrowy *adj.* گودے دار - مغز دار -

Marry (mar-i) *v.t.* & *i.* Join in wedlock نکاح پڑھانا - بیاہ کرنا - شادی کر دینا - عقد میں دینا - عقد میں لینا - عقد کرنا - شادی کرنا - بیاہ دینا -

Mars (mars) *n.* Roman god of war, a planet مریخ - جلاد فلک - رومیوں کا جنگ کا دیوتا - منگل - خونیں رنگ کا سیارہ -

Marseillaise (mar-sə-lez) *n.* National song of French republic فرانس کا قومی نغمہ - قومی گیت -

Marsh (marsh) *n.* Watery lowland دلدل - گل آب - دھنسن -

Marshy *adj.* جو دلدل میں پیدا ہوا ہو - کیچڑ پانی والی - دلدلی -

Marshal (mar-shl) *n.* Military official of highest rank سپہ سالار - سالار اعلیٰ - میر تزک - سینا پتی - جنرل -

Marshal (mar-shl) *v.t.* & *i.* Arrange in due order صف آرائی کرنا - بلحاظ رتبہ نشستوں کی ترتیب کرنا - نشان یا مارکہ بنانا - کسی کو حاکم کے سامنے پیش کرنا -

Marsupial (mar-su-piəl) *adj.* & *n.* Like a pouch تھیلی دار - تھیلی دار جانور - جانور جو اپنے بچوں کو تھیلی میں رکھتے ہیں -

Mart (mart) *n.* Market place, auction room بازار - منڈی - نیلام گاہ -

Martello (mar-tel-o) *n.* Coastal fort ساحلی قلعہ - ملک کی حفاظت کے لیے ساحلی قلعہ بندی -

Marten (mar-tən) *n.* Animal like weasel with valuable fur نیولے کی طرح کا ایک جانور جس کا سمور بیش قیمت ہوتا ہے اور اس کی ٹوپیاں بنتی ہیں -

Martial (mar-shl) *adj.* Of warfare جنگی - حربی - عسکری - فوجی - جرار - جنگ جو - لڑاکا - جنگی خصوصیات رکھنے والا -

Martialize *v.t.* جنگ جو بنانا - جنگ کے لیے تیار کرنا - جنگی سیرت پیدا کرنا - فوجی بنانا -

Martially *adv.* جنگ جویانہ - فوجی نقطۂ نظر سے - جنگی اصول کے مطابق -

Martian (mär-shən) *n.* Inhabitant of mars مریخ کا باشندہ - مریخی -

Martin (mär-tin) *n.* Birds of swallow family ایک قسم کی ابابیل -

Martinet (mär-ti-net) *n.* Strict disciplinarian وہ شخص جو نظم و ضبط قائم رکھنے میں سخت ہو - سخت فوجی نظم و ضبط - فوجی نظم و ضبط کا پر جوش حامی -

Martingale (mar-tin-gāl) *n.* Strap fastened to nose band and girth وہ تسمہ جو ایک طرف لگام میں اور دوسری طرف چار جامے کے پچھلے حصے میں بندھا ہو - زیر بند - پیش بند - تنگ بند -

Martini (mär-ti-ni) *n.* Martini Henry rifle مارٹینی رائفل - ایک مرکب شراب جو جن سے بنتی ہے -

Martlet (märt-let) *n.* Footless bird بے پیر کا پرند - بے پیر پرند کی تصویر -

Martyr (mär-tər) *n. & v.t.* One who dies for faith جو اللہ کی راہ میں شہید ہو - جو دین کے واسطے شہید ہو - حق پر جان دینے والا - شہید کرنا - اذیت دینا - مارنا -

Make a martyr of oneself لہو لگا کر شہیدوں میں داخل ہونا - نام و نمود کی خاطر ایثار کرنا -

Martyr to gout نقرس کا دائم المریض - گھٹیا کا مریض -

Martyrdom (mär-tər-dom) *n.* Suffering and death of martyrs شہادت - اذیت - تکلیف اٹھا کر جام شہادت پینا - مقام شہادت -

Martyrise (mär-tə-rīz) *v.t.* Make a martyr of شہید بننا - شہید بنانا -

Martyrological (mar-tər-o-log-i-kəl) About martyrs شہیدوں کے متعلق - تاریخ شہدا کے متعلق -

Martyrology (mär-tə-ro-logi) *n.* History of martyrs تاریخ شہدا - شہادت نامہ - سلسلہ شہدا -

Martyry (mär-tə-ri) *n.* Shrine erected in honour of martyr روضہ - درگاہ - گرجا -

Marvel (mär-vl) *v.i.* Be surprised حیران ہونا - تعجب کرنا - محو حیرت ہونا - کسی الجھن میں پڑنا -

Marvel (mär-vl) *n.* Wonderful thing عجیب و غریب چیز - حیرت انگیز واقعہ - عجوبہ - حیرت انگیز نمونہ -

Marvellous (mär-ve-ləs) *adj.* Astonishing انوکھی - نرالی - نادر - عجیب - مافوق العادت -

Marxian (marks-i-ən) *n. & adj.* Adherent of Karl Marx جرمن اشترا کی کارل مارکس کا پیرو -

Mascot (mas-ket) *n.* Person or thing that brings luck باعث برکت چیز یا شخص - تعوید - کوئی چیز جو باعث برکت ہو -

Masculine (mas-ku-lin) *adj. & n.* Of the gender to which males belong مذکر - مردانہ - جوان مرد - سخت - قوی - پر زور - جنس مذکر - مذکر لفظ -

Mash (mash) *n.* Malt mixed with hot water شعیرہ - ملیدہ - کچومر - چنے چوکر اور بھوسے کی سانی جو گھوڑوں کی کھلائی جاتی ہے - ملغوبہ - آلو کا بھرتا -

Mash (mash) *v.t.* Mix, crush ملانا - ملانا - کچلنا - کوٹنا - پیسنا - شعیرہ بنانا - آلو کا بھرتا بنانا -

Mash (mash) *n. & v.t.* Exite admiration (بول چال) فریفتہ کر لینا - من موہ لینا - دلبر - جانی - پیارا -

Be mashed on دل و جان نثار کرنا - فریفتہ ہونا - لٹو ہو جانا -

Masher (mash-ər) *n.* Fop posing as lady-killer (بول چال) اپنے آپ کو کنھیا سمجھنے والا - چھیلا - بانکا - یہ سمجھنا کہ عورتیں دیکھتے ہی مجھ پر عاشق ہو جاتی ہیں -

Mashie (mash-i) *n.* Iron golf club گاف کا آہنی چوگان -

Mask (mâsk) *n.* Covering for concealing face نقاب - برقعہ - مقنع - پردہ - بہانہ - حیلہ - نقاب پوشوں کا ناچ یا جلسہ - برقعہ پوش - گانا بجانا - ناچ رنگ -

To throw off the mask اصل روپ میں ظاہر ہونا -

Mask (mask) *v.t.* Cover with mask منہ پر نقاب ڈالنا - چہرہ چھپا لینا - مصنوعی چہرے کا استعمال کرنا - اصلیت کو چھپانا - مخفی رکھنا - اپنی قوت کو دشمن سے پوشیدہ رکھنا -

Masker (mâsk-ər) *n.* One who takes part in masquerade وہ شخص جو نقاب پوشی کی تقریب میں حصہ لے - نقاب پوش -

Mason (ma-sn) *v.t.* & *n.* Worker in stone راج - معمار - کاریگر - فرقہ فری میسن کا آدمی - پتھر کی عمارت بنانا - مضبوطی کے لیے پتھر لگانا -

Masonic (ma-sə-nik) *adj.* Of Free Mason فری میسن برادری کا -

Masonry (ma-sən-ri) *n.* Stone work معماری - راج کا کام - پتھرائیت کا کام -

Masque (mask) *n.* Amateur musical entertainment ایک طرح کا شوقینوں کا ناٹک - وہ قصہ جو اس کے لیے لکھا جائے - غیر پیشہ وروں کا کھیل -

Masquerade (mask-ər-ad) *n.* Masked ball بناوٹ - ریا کاری - نقابی رقص - نقاب پوشوں کا رقص -

Masquerade (mask-ər-ad) *v.i.* Appear in disguise بھیس بدلنا - روپ بدلنا - ریا کاری کرنا -

Mass (mas) *n.* Celebration of the Eucharist دعا جو عشائے ربانی میں پڑھی جاتی ہے -

Mass (mas) *n., v.t.* & *i.* Dense aggregation of objects ڈھیر - انبار - تودہ - بڑی تعداد - عوام‌الناس - انبوہ کثیر - نور کی چادر - اکٹھا ہونا یا کرنا - فوجوں کا ایک مرکز پر جمع کرنا -

Massacre (mas-ə-kər) *n.* & *v.t.* General slaughter قتل عام - خون ریزی - بہت سے جانور ذبح کرنا - قتل کرنا - خون ریزی کرنا - بے دردی سے قتل کرنا -

Massage (ma-sa-zh) *n.* & *v.t.* Rubbing, kneading of muscles مالش - جسم کی مالش کرنا - ہاتھ پاؤں دبانا - چپی کرنا -

Masseur (mas-ər) *n.* One who practises massage مالش کرنے والا - جسم ملنے والا - چمپی کرنے والا -

Masseuse (mas-əz) *n.* Woman who practises massage مالش کرنے والی -

Massif (ma-sef) *n.* Mountain heights in a group اونچے پہاڑوں کا سلسلہ -

Massiness (mas-i-nes) *n.* Solidity, heaviness وزن - بھاری پن -

Massive (mas-iv) *adj.* Large, heavy, solid وزنی - بھاری - گراں - چوڑا چکلا - اہم -

Massiveness *n.* ٹھوس پن - بھاری پن -

Massy (mas-i) *adj.* Solid, weighty جسیم - گراں - ٹھوس - اہم - بھاری - وزنی -

Mast (mast) *n.* Long pole of timber to support sails مستول - لکڑی کا شہتیر - ایک قسم کا پھل - شاہ بلوط کا پھل -

Master (mas-tər) *n.* Person having control حاکم - افسر - عامل - سردار - آقا - کارخانے کا مالک - جہاز کا افسر اعلیٰ - معلم - کاریگر - استاد - استاد فن - ماہرفن - میاں - بھیا - لڑکوں کے ساتھ ماسٹر لگاتے ہیں -

A mastermind عالی دماغ - افضل ترین شخص -

Be one's own master اپنی مرضی کا مالک ہونا -

Master key ایسی کنجی جو بہت سے قفلوں میں لگ جائے -

Masterpiece عمدگی سے کیا ہوا بہترین کام - شہکار -

Master (mas-tər) *v.t.* Overcome, defeat سر کرنا - غالب آنا - دبانا - قابو میں کرنا - قابو پانا - مطیع کرنا - زیر کرنا - کمال حاصل کرنا - استاد ہو جانا - قدرت پیدا کرنا - حاوی ہونا - قدرت حاصل کرنا -

Masterful (mas-tər-ful) *adj.* Self-willed خود سر - خود رائے - استاد -

Masterly (mas-tər-li) *adj.* Skilful ماہرانہ - ہنر مندانہ - استادانہ -

Masterliness *n.* کمال - مہارت - استادی -

Mastership (mas-tər-ship) *n.* Office, function, dominion مہارت - استادی - معلمی - عہدہ داری - فرائض - علاقہ -

Mastery (mas-təri) *n.* Sway, dominion قبضہ - دسترس - دخل - حکومت - سرداری - حاکمی - فتح - نصرت - فوقیت - استادی - کاریگری -

Mastic (mas-tik) *n.* Gum or resin of certain trees مصطگی - مصطگی کا درخت - مصطگی کا گوند - مصطگی ملی ہوئی شراب - ہلکا زرد رنگ -

Masticate (mas-tik-at) *v.t.* Chew چابنا - چبا کر - خوب چبا کر کھانا -

Mastication دانتوں کا عمل - غذا کو دیر تک منہ میں رکھنا - چبائی -

Mastiff (mas-tif) *n.* Large strong dog ایک قسم کا بڑا کتا جس کے ہونٹ اور کان لٹکنے رہتے ہیں -

Mastodon (mas-tə-don) *n.* Large extinct mammal like elephant ہاتھی کی قسم کا ایک بڑا جانور جو اب معدوم ہے -

Masturbate (mas-tər-bāt) *v.t.* Excite one's own genitals مشت زنی کرنا - جلق لگانا -

Masturbation *n.* مشت زنی - جلق -

Mat (mat) *n.* Coarse fabric of straw - چٹائی - بوریا ٹٹر - فرش - زیر انداز -

Mat (mat) *v.t.* & *i.* Cover with mats چٹائی یا بوریا بچھانا - چٹائی کا فرش کرنا - چٹائی کی طرح بننا - الجھا دینا - الجھ کر گچھا سا بن جانا -

Mat (mat) *adj., n.* & *v.t.* Of dull colour - بے رونق پھیکا - مٹیالا - سادہ چوکھٹا - مدھم پن - شیشے کی کھردری سطح - کھردرا یا دانہ دار بنانا - چٹائی کی طرح کا بنانا -

Matador (mat-ə-dor) *n.* Bull-fighter سانڈ سے لڑنے والا - (تاش) بعض کھیلوں میں سب سے بڑا پتا -

Match (mach) *n.* Person equal to another in some quality ٹکر کا شخص - جوڑ - جواب - حریف - مد مقابل - ہم چشم - ہم پلہ - ثانی - مقابلہ کا کھیل - میدان - کھیل - بر - جوڑا - بیاہ - شادی -

Match (mach) *v.t.* & *i.* Join in marriage, prove a match for برابر کا ہونا - مساوی ہونا - جواب ہونا - ٹکر کا ہونا - مقابلے میں لانا - شادی کرانا - بیاہ کرانا - پیام لگانا - میل کی چیز ڈھونڈھنا - میل ملانا -

Match (mach) *n.* Short piece of wood, piece of wick دیا سلائی - ماچس - اگن تیلی - تیلی - توپ کا فتیلہ - شتابہ -

Matchet (mach-et) *n.* Broad heavy knife - بڑا چاقو خنجر - چھرا -

Matchless (mach-les) *adj.* Without an equal انوکھا - لاثانی - لا جواب - بے نظیر - فرد -

Matchlock (mach-lok) *n.* Old-fashioned gun which was fired by a burning wick توڑے دار بندوق - بندوق جو فتیلے سے چلے -

Mate (māt) *n.* & *v.t.* Companion, fellow worker ساتھی - دوست - رفیق - مات - مات دینا (شطرنج) -

Mate (māt) *n.* Companion, fellow worker - ساتھی دوست - شریک کار - ہم صحبت - ہم جولی - نر یا مادہ جانور - میاں بیوی - تجارتی جہاز کا نائب کپتان -

Mate (māt) *v.t.* & *i.* Join in marriage, marry بیاہ کرنا - شادی کرنا - نکاح کرنا - پرندوں کا جوڑا ملانا - پرندوں کا دانہ بدلنا - ہم صحبت ہونا - میاں بیوی کا ہم بستر ہونا - ہم نوالہ و ہم پیالہ ہونا -

Mater (mat-ər) *n.* Mother, mother of household ماں - اماں - اماں جان - گھر بھر کی اماں - مسن عورت -

Material (ma-te-ri-əl) *adj.* & *n.* Concerned with the matter مادی - جسمانی - ہیولانی - اہم - ضروری - اشیائے ضروری - مسالہ - سامان - مواد - نفس مضمون کے متعلق - ہیولیٰ کے متعلق - معنوی -

Materiality *n.* جسمانیت - مادیت -

Materialism (mə-te-ri-əl-izm) *n.* Opinion that nothing exists but matter and its movements یہ عقیدہ کہ مادہ ہی مادہ ہے اور روح مادے کی پیداوار ہے - شعور اور ارادہ مادے کے مظاہر ہیں - مادیت - مادہ پرستی - دہریت -

Materialist *n.* دہریہ - مادہ پرست -

Materialistic *adj.* دہری - مادہ پرستانہ -

Materialize (mə-te-ri-ə-liz) *v.t.* & *i.* Make as material جسمانی بنانا - تشکیل کرنا - جسمانی طور پر ظاہر ہونا - روحوں کو متشکل کرنا - ظہور میں آنا - واقع ہونا - حقیقت کا جامہ پہنانا - مادیت کے رنگ میں رنگنا -

Materialization - وقوع - ظہور - واقع ہونا - ظاہر ہونا مجسم ہونا -

Materially (mə-te-ri-ə-li) *adj.* Bodily جسمانی حیثیت سے - جسماً - مادی - مادی حالت میں - مادی حالت سے - فی الحقیقت - در اصل -

Maternal (mə-tər-nəl) *adj.* Of mother's side ماں کا - مادرانہ - ماں کی طرف کا - ننھیال کا - ماں سے متعلق -

Maternity (mə-tər-nit-i) *n.* Motherhood - ماں ہونا ماں بننا - ماں پن - رشتہ مادری - زچگی - ماں کی محبت - ماستا -

Mathematical (math-i-mat-ikəl) *adj.* Of mathematics, precise علم ریاضی کی رو سے - ریاضی کے متعلق - ٹھیک ٹھیک - درست - جچا تلا -

Mathematics (math-i-mat-iks) *n.* Science of quantity and space علم ریاضی - علم کمیت و امتداد - ریاضیات - مقدار - فاصلہ اور وقت کا حساب -

Mathematician *n.* ریاضی کا ماہر - مہندس - ریاضی دان -

Matin (mat-in) *n.* Morning prayers صبح کی نماز اور تسبیح خوانی - ورد صباحی - پرندوں کا چہچہانا - یاد خدا - اسماء حسنہ کا ورد -

Matinee (mat-i-nē) *n.* Afternoon performance سہ پہر کا تماشا - سہ پہر کا جلسہ' موسیقی -

Matrass (mat-rəs) *n.* Long-necked vessel used in distilling قرنبیق - بھبکا - کٹھالی - لمبی بوتل -

Matriarch (mat-ri-ark) *n.* Woman corresponding in status to patriarch وہ عورت جو قبیلہ میں سردار کی ہم رتبہ ہو - خاندان کی بزرگ عورت - بچہ دان - سانچہ - قالب - اساسی رنگ جس سے دوسرے رنگ بنتے ہیں -

Matrice (ma-tris) *n.* Matrix دیکھو

Matricide (mat-ris-id) *n.* Killing one's own mother ماں کو مار ڈالنا - مادر کشی - ماں کو مار ڈالنے والا - مادر کش - ماں کا قاتل -

Matriculate (met-rik-ū-lāt) *v.t.* & *i.* Admit to privileges of university مدرسہ میں داخل کرنا - کالج کی فہرست میں نام لکھنا - یونیورسٹی کے رجسٹر میں نام لکھ کر رکن بنانا - یونیورسٹی میں داخلہ کا حق عطا کرنا - داخلہ کا امتحان پاس کرنا -

Matriculation *n.* داخلہ جامعہ - یونیورسٹی میں داخل ہونا - امتحان داخلہ -

Matrimony (mat-ri-mən-i) *n.* Rite of marriage بیاہ - نکاح - ازدواج - شادی - (تاش) بعض کھیلوں میں ایک ہی رنگ کا بادشاہ اور بیگم بڑا کھیل ہوتا ہے -

Matrimonial *adj.* میاں بیوی کا - نکاح یا شادی کے متعلق - ازدواجی -

Matrix (mat-riks) *n.* Womb بچہ دانی - رحم مادر - سانچہ - قالب - مقام نشو و نما - دھات کا ٹکڑا - چٹان جس میں جواہرات ہوں - سیاہ ، سپید ، نیلا ، پیلا اور لال پانچ اصلی رنگ -

Matron (ma-trən) *n.* Woman managing domestic affairs of hospital or school بیاہی عورت - وہ عورت جو شفاخانہ یا مدرسہ کی منتظم ہو - میٹرن -

Matronage جماعت منتظات - مدرسہ یا شفاخانہ کی منتظمہ کا عہدہ -

Matronship منتظمہ کا کام - منتظمہ کی ذمہ داریاں -

Mattamore (mat-ə-mor) *n.* Subterranean dwelling or storehouse تل گھر - تہہ خانہ - زمین دوز گودام یا پیو -

Matter (mat-ər) *n.* Substance of which a physical thing is made مادہ - جوہری مادہ - اصل - مغز - جسم - ہیولیٰ - شے - منشا - امر نزاعی - واقعہ - معاملہ - مقدمہ - حال - کیفیت - مطلب - معنی - کتاب یا تقریر کا مضمون - موضوع - مغز - مقام شکایت - مواد - پیپ - ریم -

Mattery *adj.* مواد سے پر - مادہ سے بھرا ہوا -

Matter (mat-ər) *v.i.* Be of importance - ضروری ہونا اہم ہونا - پیپ پڑنا - پیپ بہنا -

Matting (mat-ing) *n.* Fabric of hemp - بوریا - چٹائی سن کی کریکٹ کھیلنے کی چٹائی -

Mattock (mat-ək) *n.* Tool of pick shape ایک قسم کی کدالی یا پھاوڑا - پکاس -

Mattold (mat-old) *n.* Person of erratic mind غیر معمولی ذہانت مگر خراب دماغ آدمی - سنکی - گھڑی میں کچھ گھڑی میں کچھ - ذہین مگر بے وقوف آدمی -

Mattress (mat-rəs) *n.* Canvas case stuffed with cotton, feathers or straw - گدا - توشک - بنتا

Maturate (mə-tur-āt) *v.i.* Come to maturation پھوڑے وغیرہ کا پکنا - مواد آنا -

Maturation (mə-tur-a-shən) *n.* Ripening of morbific matter پھوڑے کا پک جانا - پھوڑے میں پورا مواد آ جانا - پھل کا پکنا - پختہ ہونا -

Mature (mə-tūr) *adj.* Fully developed - بالغ - کامل پختہ - پوری نشو و نما کا - پختہ کار - واجب الادا - ہنڈی تیار - پکا ہوا -

Matureness *n.* تیار ہونا - واجب الادا ہونا - پختگی - بلوغ -

Maturity *n.* بلوغ - پختگی - انقضائے میعاد -

Mature (mə-tūr) *v.t. & i.* Develop fully, ripen پکنا یا پکانا ۔ تیار کرنا ۔ تیار ہونا ۔ مکمل کرنا ۔ نشو و نما کا مکمل ہونا ۔ بالغ ہونا ۔

Matutinal (mat-ū-tī-nəl) *adj.* Occurring in the morning صبح کا ۔ سویرے کا ۔ صبح کے وقت واقع ہونے والا ۔ صبح گاہی ۔ صباحی ۔ قبل از وقت ۔

Maud (mawd) *n.* Scot shepherd's grey striped plaid سکاٹ لینڈ کے چرواہوں کی دھاری دار چادر ۔ اسی رنگ کا سفری کمبل یا بستر بند ۔

Maudlin (mawd-lin) *adj. & n.* Tearful stage of drunkenness بے جا رقیق القلب ۔ نشہ کی وجہ سے گریان ۔ مدہوشی کی رقت ۔ رونا ۔

Maul, mall (mawl) *n.* Hammer, commonly of wood گھن ۔ موگری ۔

Maul (mawl) *v.t.* Beat and bruise سخت زد و کوب کرنا ۔ زخمی کر دینا ۔ بری گت بنانا ۔ بے پروائی سے استعمال کرنا ۔ خراب کر دینا ۔ پرخچے اڑا دینا ۔ دھجیاں بکھیر دینا ۔

Maulstick (mawl-stik) *n.* Balancing stick of painters وہ چھڑی جسے مصور بائیں ہاتھ میں توازن قائم رکھنے کے لیے پکڑتا ہے ۔

Maund (mawnd) *n.* Pakistani weight of varying value ایک من ۔ پکا من چالیس سیر کا ۔ ٹوکری ۔ چنگیر ۔

Maunder (mawnd-ər) *v.i.* Move, act, listlessly کھویا کھویا رہنا ۔ بے جوڑ باتیں کہنا ۔ ادھر اُدھر کی بے ربط باتیں کرنا ۔ لاپرواہی اور سستی سے ادھر اُدھر پھرنا ۔

Maundy (mawnd-i) *n.* Ceremony of washing the feet of poor people کیتھولک ملکوں میں غریبوں کے پیر دھونے کی رسم ۔ انگلستان میں خیراتی ۔ جمعرات کو غریبوں میں خیرات بانٹنے کی رسم ۔

Mausoleum (maw-so-le-əm) *n.* Magnificent tomb قبر کا گنبد ۔ شاندار گنبد ۔ مقبرہ ۔ روضہ ۔ درگاہ ۔

Mauve (mov) *n.* Bright but delicate purple dye چمکدار مگر ہلکا بنفشی رنگ ۔

Maw (maw) *n.* Stomach پوٹا ۔ معدہ ۔ (مزاحاً) انسان کا معدہ ۔

Mawkish (maw-kish) *adj.* Of faint sickly flavour مکروہ ۔ کریہہ ۔ ناگوار ۔ بودار ۔ رقت پیدا کرنے والا ۔ ناگواری ۔ رقت ۔ رونا پن ۔ **Mawkishness** *n.*

Maxilla (maks-i-lā) *n.* Upper jaw bone of animals جبڑا ۔ جبڑے ۔ جبڑے کی بالائی ہڈی ۔ جبڑے کی ہڈی ۔ جبڑے کے متعلق ۔ جبڑے کی ہڈی کی ۔ **Maxillary** *adj.* جبڑے کی ۔

Maxim (maks-im) *n.* General truth, principle کہاوت ۔ مقولہ ۔ قاعدہ ۔ اصول ۔ حکمت ۔ قول ۔ دانش مندوں کا قول ۔

Maxim (maks-im) *n.* Single-barrelled quick-firing machine-gun ایک نال کی مشین گن جو تیزی سے گولیاں برساتی ہے ۔

Maximalist (maks-im-a-list) *n.* A person who insists on the maximum demands ایسا شخص جو اپنے مطالبات پر اڑا رہے اور کوئی سمجھوتہ نہ کرے ۔

Maximize (maks-im-īz) *v.t.* Magnify to the utmost بہت بڑھا دینا ۔ بڑھا چڑھا کر دکھانا ۔ غلو کرنا ۔ انتہائی پہلو اختیار کرنا ۔ انتہائی حد تک پہنچانا ۔ مبالغہ کرنا ۔ **Maximation** *n.*

Maximum (maks-im-əm) *n.* Highest quantity or magnitude بڑی سے بڑی مقدار ۔ آخری حد ۔ زیادہ سے زیادہ کوئی چیز ۔

Maximus (maks-i-məs) *adj.* Eldest of the names ایک نام کے کئی لڑکوں میں سب سے بڑا ۔

May (mā) *v. aux.* Expressing possibility ممکن ہونا ۔ اختیار ہونا ۔ امکان ہونا ۔ سکنا ۔ خدا کرے ۔ شائد ایسا ہو ۔

May (ma) *n.* Maiden نو عمر لڑکی ۔ نوخیز ۔ کنواری ۔ دوشیزہ ۔

May (mā) *n.* Fifth month of the year سال کا پانچواں مہینہ مئی ۔

May-hap (mā-hap) *adv.* Probably شائد ۔ غالباً ۔

May-day (mā-dā) *n.* International distress signal بین الاقوامی خطرہ اور مدد کا اشارہ جو بحری اور ہوائی جہاز استعمال کرتے ہیں ۔ یورپ میں یکم مئی موسم بہار کے آغاز کا دن ہے ۔ یہ دن جشن میں گزارا جاتا ہے ۔ رقص و سرود کا دن ۔

Maya (ma-ya) *n.* Illusion دنیا کی نعمتیں - فریب زندگی - دنیا - فریب نظر - ہندوستان کے قدیم فلسفہ اور دیومالا میں دنیا کو فریب اور دھوکا قرار دیا گیا ہے -

Mayor (ma-ər) *n.* Head of municipal corporation میر بلدیہ - صدر بلدیہ -

Mayoral *adj.* صدر بلدیہ کے متعلق - میری - صدارتی -

Mayoralty (ma-ər-əl-ti) *n.* Mayor's office عہدہ صدارت بلدیہ - مئیر کا زمانہ خدمت -

Mayoress (ma-ər-es) *n.* Wife of mayor صدر بلدیہ کی بیوی -

Mazarine (maz-ə-rin) *n.* & *adj.* Deep rich blue گہرا نیلا رنگ - لاجوردی -

Mazdaism (maz-da-izm) *n.* Zoroastrianizm زرتشتی مذہب - زرتشتیت -

Maze (maz) *n.* & *v.t.* Labyrinth بھول بھلیاں - گورکھ دھندا - راستوں کا پیچیدہ جال - پیچ در پیچ راستے - حیران کر دینا - سراسیمہ کرنا - گھبرا دینا - چکر میں ڈال دینا -

Maziness *n.* چکر دار ہونا - پیچدار راستہ ہونا - پیچ در پیچ ہونا - گورکھ دھندا ہونا -

Mazy *adj.* الجھا ہوا - چکردار - پیچ در پیچ -

Me (me) *pron.* Objective case of I مجھے - مجھکو - میرے تئیں - اپنے تئیں - (بول چال) میں -

Mead (med) *n.* Liquor of fermented honey and water شہد کا شہداور پانی کی شراب - شہد کی شراب - شربت -

Meadow-mead (med-o) *n.* Piece of grassland چراگاہ - گھاس والا قطعہ زمین -

Meadowy *adj.* رمنے کا سا - سبزہ زار کی طرح - ایسی جگہ جہاں گھاس اور سبزہ کی کثرت ہو -

Meagre (me-gər) *adj.* Lean, scanty دبلا پتلا - لاغر - حقیر - نامکمل - ناقص - بنجر -

Meagreness *n.* بے مائگی - کمی - نقاہت - لاغری -

Meal (mel) *n.* Edible thing or gram آٹا - بیسن - روٹی - خوراک - کھانا - نشاستہ - ستو - غذا -

Meal (mel) *n.* & *v.i.* Food, time of taking food غذا - طعام - کھانے کا وقت - دودھ جو ایک وقت میں بھینس یا گائے سے حاصل ہو - کھانا کھانا -

Mealy (mēl-i) *adj.* Like meal آٹے جیسا - سوکھا - بھربھرا - ابلق (گھوڑا) - پیلے رنگ کا - چرب زبان - چکنی چپڑی باتیں کرنے والا -

Mealy-mouthed *adj* چکنی چپڑی باتیں کرنے والا - چرب زبان -

Mealiness *n.* پیلا پن - چرب زبانی - بھر بھرا پن -

Mean (mēn) *adj.* Inferior, shabby حقیر - ذلیل - کمینہ - نیچ - خسیس - پاجی - کم حیثیت - گھٹیا - بخیل - تنگ خیال - تنگ ظرف -

Meanly *adj.* قلیل مقدار میں - بخل سے - کمینہ پن سے - افلاس کی حالت میں -

Meanness *n.* رذالت - کمینگی - دنائت -

Mean (mēn) *n.* Condition, pecuniary resource نیچ درجہ کا - اوسط درجہ - اعتدال - توسل - ذریعہ - واسطہ - (جمع) لوازمہ - اسباب - آمدنی - دولت - ثروت -

Mean (mēn) *adj.* Inferior, poor, middle درمیانی - وسطی - درمیان کا - منجھلا - بیچ کا - متوسط -

Mean (mēn) *v.t.* Have in mind چاہنا - نیت کرنا - مد نظر رکھنا - دل میں رکھنا - مطلب ہونا - مراد ہونا - کسی چیز کے لیے مخصوص کرنا - کسی مقصد کے لئے بنانا -

Meander (mi-an-dər) *n.* & *v.i.* Winding path گھماؤ - چکر - پیچ - موڑ - پیچ دار راستہ - ادھر ادھر پھرنا - دریا کا چکر کھاتے ہوئے بہنا - چکر لگانا -

Meanderine (mi-an-dər-in) *adj.* Full of windings پیچ دار - خمدار - پر پیچ -

Meaning (mēn-ing) *n.* What is meant مقصد - معنی - مطلب - مدعا - مراد - ارادہ - منشا -

Meaning (mēn-ing) *adj.* Expressive پر معنی - معنی خیز - پر مطلب -

Measles (mē-zls) *n.* Infectious disease with red spots on skin ایک قسم کی چھوٹی چیچک - کھسرا - کنکر - پتھر -

Measly (mē-z-li) *adj.* Of measles کھسرے کا - جسے کھسرا ہوا ہو - (بول چال) حقیر - ذلیل - نکما -

Measure (me-zh-ə-r) *n.* Size, quantity پیمائش - ناپ - تول - اندازہ - مقدار - ناپنے کا فیتہ - گز یا اور کوئی ناپ - پیمائش کا طریقہ - شعر کا وزن - گیت کی تال یا و شرام - تدبیر - کاروائی - قانون - ضابطہ -

Measure (me-zh-ər) *v.t.* & *i.* Estimate, ascertain, look up اندازہ کرنا - پیمائش کرنا - ناپنا - تولنا - کسی شے یا شخص کو غور سے دیکھنا - کسی کے چال چلن کا اندازہ کرنا - طاقت آزمانا - قطع مسافت کرنا - تقسیم کرنا - بانٹنا - دینا -

Measurable *adj.* قابل پیمائش -

Measurement *n.* اندازہ - پیمائش - ناپ - تول -

Measured (me-zh-ər-d) *adj.* Carefully weighed نپا ہوا - تلا ہوا - اندازہ کیا ہوا - جچا تلا - مناسب - موزوں - معین - محدود - متعین -

Meat (met) *n.* Animal flesh as food گوشت - لحم - گوشت بطور غذا - گوشت کا کھانا - پکا ہوا گوشت -

As full as an egg is of meat غذائیت سے پر - بالکل بھرا ہوا -

Green meat ترکاری سبزی -

Meat offering آٹے تیل کا چڑھاوا - جانور کی بھینٹ -

One man's meat is another man's poison } ہر ایک کی پسند جدا جدا ہے- وہی چیز ایک کے لیے مسرت اور دوسرے کے لیے زہر ہے -

This was meat and drink to him یہ اس کے لیے ایک نعمت تھی -

Meaty (mēt-i) *adj.* Full of meat پر گوشت - گوشت کا - بھر بھرا - مقوی -

Mecca (mek-ä) *n.* The city of peace بیت اللہ - مکہ معظمہ - بلد الامین - سب سے بڑی جگہ جو کسی چیز کے لیے مشہور ہو -

Mechanic (mi-kan-ik) *n.* Skilled workman کاریگر - دست کار - مستری - ہنرمند - مشین چلانے والا - مشینوں کا کام جاننے والا -

Mechanics *n.* علم جرثقیل - مشینوں کا علم - میکانیات -

Mechanical (mi-kən-ik-əl) *adj.* Of mechines or mechanism کلوں کے متعلق - میکانی -

Mechanically *adv.* کٹ پتلی کی طرح - مشین کی طرح - کلوں کے ذریعے سے -

Mechanician (mi-kan-i-shi-ən) *n.* One skilled in construction of machinery مشین بنانے والا - مشین ساز - مشینوں کی ساخت کا ماہر-

Mechanism (mi-kan-izm) *n.* Structure of machine کل کی ساخت - کل کے پرزے - بناوٹ - کسی چیز کی ساخت یا ترتیب - مشینوں کا فنی پہلو - ظاہری ساخت -

Mechanist (me-kan-ist) *n.* Expert in mechanics میکانیات کا ماہر - مشینوں کی ساخت کا ماہر - مشین ساز - کاریگر - جو میکانی نظریہ کا قائل ہو -

Mechanize (me-kan-iz) *v.t.* Give mechanical character to مشین کی طرح بنا دینا - مشینوں سے ہر طرح کا کام لینا - مکانیکی بنا دینا - ہر شعبہ حیات میں مشینوں کو داخل کرنا -

Medal (med-l) *n.* Piece of medal with marks or inscription تمغہ - بلہ - امتیازی نشان - سکہ - پرانا سکہ -

The reverse of the medal تصویر کا دوسرا رخ -

Medallion (me-dal-yən) *n.* Large medal, portrait بڑا تمغہ - کوئی تمغہ نما چیز - کوئی تمغہ جس پر ابھری ہوئی تصویر یا نشان ہو -

Medallist (med-ə-list) *n.* Designer, recipient of medal تمغہ ساز - تمغہ یافتہ شخص - وہ شخص جس نے دوسروں کے مقابلہ میں نمایاں کامیابی حاصل کی ہو -

Meddle (med-l) *v.i.* Interfere in دخل دینا - دخل اندازی کرنا - دست اندازی کرنا - مداخلت کرنا - بیجا طور پر دخل دینا - کسی کام میں ٹانگ اڑانا - دخل در معقولات کرنا -

Meddler *n.* ٹانگ اڑانے والا - بلا وجہ مداخلت کرنے والا -

Meddlesome *adj.* فسادی - بلا وجہ دخل دینے والا - مداخلت کرنے والا -

Meddlesomeness *n.* فساد کرنے کا شوق - ٹانگ اڑانے کی خو - دخل دینے کی عادت -

Mediaeval (med-i-e-vl) *adj.* Of middle ages چھٹی صدی سے پندرھویں صدی تک کا - قرون وسطیٰ کا - قرون وسطیٰ کے متعلق -

Mediaevalism *n.* قرون وسطیٰ کے عام عقائد - قرون وسطیٰ کی معاشرت - قرون وسطیٰ کا نظام -

Mediaevalist *n.* قرون وسطیٰ کے نظام و معاشرت کا محقق -

Mediaevalize *v.t.* زمانہ حال کو قرون وسطیٰ کے رنگ میں رنگنا ۔ قرون وسطیٰ کی معاشرت کو تازہ کرنا ۔

Medial (me-di-əl) *adj.* Situated in the middle وسطی ۔ درمیانی ۔ بیچ کا ۔ اوسط درجے کا ۔ درمیانی حیثیت کا ۔

Median (medi-ən) *adj.* & *n.* Situated in the middle درمیانی ۔ درمیانی رگ یا پٹھا

Mediate (me-di-āt) *adj.* Involving intermediate agency بالواسطہ ۔ متوسط ۔

Mediately *adv.* بوساطت ۔ کسی دوسری چیز کے توسط سے ۔ بالواسطہ طور پر ۔

Mediate (me-di-āt) *v.i.* & *t.* Form connecting link, intervene بیچ میں پڑنا ۔ دونوں فریقوں کو ملانا ۔ درمیان میں پڑنا ۔ واسطہ ہونا ۔ بیچ کی کڑی ہونا ۔ سبب ہونا ۔ باعث ہونا ۔ ذریعہ ہونا ۔

Mediation *n.* توسط ۔ وسیلہ ۔ وساطت ۔

Mediatize (me-di-a-tīz) *v.t.* Annex بالواسطہ الحاق کرنا ۔ کسی چھوٹی ریاست کا بڑی سلطنت سے اس طرح الحاق کرنا کہ چھوٹی ریاست کے فرمانروا کے اختیارات اور اعزازات برقرار رہیں ۔

Mediator (me-di-ā-tər) *n.* One who mediates فریقین میں صلح کرانے والا ۔ ثالث ۔ بیچ بچاؤ کرنے والا ۔ نزاع ختم کرانے والا ۔

Mediatrix (me-di-a-triks) *n.* Mediating woman بیچ بچاؤ کرانے والی خاتون ۔ ثالثہ ۔

Medicable (me-dik-əbl) *adj.* Admitting of medical treatment قابل علاج ۔ علاج پذیر ۔ جس کا علاج ممکن ہو ۔ جو علاج سے زائل ہو سکے ۔

Medical (me-di-kl) *adj.* & *n.* Of the healing art طبی ۔ طب کے متعلق ۔ معالج کے متعلق ۔ (بول چال) طب کا طالب علم ۔

Medicament (med-ik-ə-mənt) *n.* Substance used in treatment دوا ۔ دارو ۔ مرہم ۔ وہ ادویہ جو علاج میں استعمال کی جائیں ۔

Medicaster (med-i-kās-tər) *n.* Quack نیم حکیم خطرہ جان ۔ خود ساختہ طبیب ۔ عطائی ۔

Medicate (med-i-kat) *v.t.* Treat medically دوا دینا ۔ طبی اصول سے علاج کرنا ۔ معالجہ کرنا ۔

Medication *n.* علاج ۔ معالجہ ۔

Medicinal (med-i-sin-əl) *adj.* Of medicine, having healing properties شفا بخش ۔ صحت بخش ۔ طبی حیثیت سے مفید ۔ دوا کے متعلق ۔

Medicine (med-i-sin) *n.* & *v.t.* Healing substance دوا ۔ دواؤں سے علاج کرنے کا فن ۔ علم الادویہ ۔ خواص الادویہ ۔ علم طب ۔ دوا دینا ۔ دواؤں سے علاج کرنا ۔ (وحشی اقوام) ۔ ٹونا ۔ تعویذ ۔ گنڈا ۔ جادو ۔ چھوچھکڑ ۔

Medico سابقہ بمعنی طبی ۔

Medico-judicial طبی عدلیہ ۔ طبی قانونی ۔

Medico-legal طبی قانونی ۔

Mediocre (me-di-o-kər) *adj.* Of middle quality, neither bad nor good درمیانہ ۔ اوسط درجہ کا ۔ نہ اچھا نہ برا ۔ معمولی قابلیت کا ۔

Mediocrity *n.* اوسط درجہ کی چیز ۔ اوسط درجہ ۔ اعتدال ۔

Meditate (me-di-tat) *v.t.* & *i.* Plan mentally تجویز کرنا ۔ غور و فکر کرنا ۔ محو خیال ہونا ۔ مراقبہ کرنا ۔ غور و خوض سے کوئی رائے قائم کرنا ۔

Meditation *n.* تفکر ۔ غور و فکر ۔ استغراق ۔ دھیان ۔ مراقبہ ۔

Meditator *n.* غور و فکر کرنے والا ۔ دھیان کرنے والا ۔ مراقبہ کرنے والا ۔

Meditative *adj.* مستغرق ۔ دھیان میں محو ۔

Meditativeness *n.* دھیان ۔ استغراق ۔ محویت ۔ غور و فکر ۔

Mediterranean (med-i-tə-ra-ni-ən) *adj.* & *n.* Of land remote from coast اندرونی ۔ سمندر سے دور ۔ بحیرہ روم کے آس پاس کا علاقہ ۔ چاروں طرف خشکی سے گھری ہوئی ۔

Mediterranean Sea بحیرہ روم ۔

Medium (me-di-əm) *n.* & *adj.* Middle quality, person claiming ultraphysical perception درمیانی چیز ۔ درمیانی آدمی ۔ درمیانی منزل ۔ وسیلہ ۔ آلہ ۔ ذریعہ ۔ واسطہ ۔ اسباب معیشت ۔ لوازم زندگی ۔ وہ سیال جس میں رنگ گھولے جائیں ۔ مسمریزم یا روحانی عمل کا معمول ۔ اوسط درجے کا ۔ منجھلا ۔

Mediumism *n.* معمول ہونا ۔ روحانی اسرار کا مورد ۔

Mediumize *v.t.* روحانی اسرار کا مورد بنانا - کسی کو معمول بنانا -

Medlar (med-lər) *n.* Tree with fruit like small brown apple, eaten when decayed سیب کی طرح کا ایک پھل جو سڑنے کے بعد کھایا جاتا ہے - اس پھل کا درخت -

Medley (med-li) *n., adj. & v.t.* Mixed company گڈ مڈ - مختلف قماش کے لوگوں کا مجمع - متفرق مضامین کے رسالوں کا مجموعہ - خلط ملط کرنا - ملانا - بھانت بھانت کے لوگوں کو جمع کرنا -

Medulla (me-du-lā) *n.* Marrow of bones ہڈیوں کا مغز - حرام مغز - مخ - دماغ کے نیچے کا حصہ - بعض پودوں کے مرکزی حصے - جانوروں کے بالوں اور اون کا گودا -

Medullary *adj.* مغز استخوان کے متعلق - حرام مغز کا -

Meed (mēd) *n.* Reward عوض - انعام - صلہ - حق - حصہ - لیاقت - استعداد - خوبی -

Meek (mēk) *adj.* Humble and submissive حلیم - منکسر مزاج - متحمل - مسکین - نرم مزاج - بے زبان - مظلوم -

Meekness *n.* بے زبانی - برد باری - انکساری - نرم دلی - حلم -

Meet (mēt) *n.* Meeting of hounds or men اکٹھا جمع ہونا - شکاریوں اور کتوں کا جمع ہونا - سائیکل سواروں کا اجتماع - کتوں اور شکاریوں کا اجتماع -

Meet (mēt) *v.t. & i.* Come face to face with ملنا - نزدیک یا قریب ہونا - سامنے آنا - ملاقات کرنا - دو چار ہونا - مڈ بھیڑ ہونا - اتصال ہونا - مقابلہ کرنا - پورا کرنا - لڑنا - ادا کرنا - حاصل کرنا - پانا - منظور کرنا - قبول کرنا - جواب دینا - رد کرنا - تردید کرنا -

Meet person half way کسی کو دوستی پر آمادہ دیکھ کر خود بھی قدم بڑھانا -

Meet (met) *adj.* Suitable مناسب - موزوں - سزا وار - بجا - درست -

Meetly *adv.* درست طریقے پر - بجا طور پر - ٹھیک طور پر -

Meetness *n.* مناسبت - موافقت - مطابقت - درستی -

Meeting (met-ing) *n.* Duel, race ملاقات - وصل - اتصال - مجلس - جلسہ - مجمع -

Megaphone (meg-ə-foon) *n.* Instrument for carrying sound a long distance آلہ مکبر الصوت - ایک آلہ جو آواز کو دور تک پہنچاتا ہے -

Megalomania (meg-ə-lo-mania) *n.* Passion for big things بڑائی کا خبط - بڑے کاموں کا خبط -

Megilp (me-gilp) *n.* Vehicle for oil colours روغنی رنگوں کا محلول - وہ محلول جس میں رنگ حل کیے جاتے ہیں - السی کا تیل یا تاڑپین -

Megrim (me-grim) *n.* Severe headache usually on one side درد شقیقہ - آدھے سر کا درد - آدھا سیسی درد - (جمع) گھوڑوں کی دوران سر کی بیماری - جی بیٹھنا - افسردگی -

Meiosis (mi-o-sis) *n.* Phase of nuclear change in germs جراثیمی خلیوں میں تبدیلی کی ایک حالت - علم معانی کی ایک صنعت - صنعت تحقیر -

Melancholia (mel-ən-ko-li-a) *n.* Mental disease marked by depression and ill-grounded fears مالیخولیا - خفقان - وحشت - سودا -

Melancholic (mel-ən-kō-lik) *adj.* Liable to melancholy سودائی - خفقانی - افسردہ خاطر - اداس - غمگین - ملول -

Melancholy (mel-ən-kō-li) *n. & adj.* Sadness, depression پستی - اداسی - افسردگی - افسردہ دلی - افسردہ دل - اداس - غمگین -

Melange (me-lan-zh) *n.* Mixture گڈ مڈ - معجون - مرکب - مرکب -

Melanosis (me-la-nə-sis) *n.* Black cancer رگ و ریشہ میں سیاہی پھیلنا - سیاہ سرطان کا مرض -

Melee (mel-ā) *n.* Mixed fight, lively debate لڑائی بھڑائی - بحث - تکرار - ہاتھا پائی - گرما گرم بحث - معرکے کی بحث -

Meliorate (mel-i-ə-rat) *v.t. & i.* Improve سدھارنا - سنوارنا - بہتر بنانا - اصلاح کرنا - درستی کرنا -

Melioration *n.* ترقی - بہتری - درستی - اصلاح -

Meliorism (mel-i-ə-rizm) *n.* Doctrine that the world may be made better by human effort
یہ عقیدہ کہ دنیا سعی انسان سے بہتر بن سکتی ہے - عقیدہ اصلاح و ترقی -

Meliorist (mel-i-ə-rist) *n.* One who believes in the improvement of world condition
اس عقیدے کا حامی کہ دنیا بہتر بن سکتی ہے -

Melliferous (mel-if-ə-rəs) *adj.* Producing honey
شہد پیدا کرنے والا -

Mellifluous (mel-if-lu-əs) *adj.* Sweet as honey
حلاوت آمیز - شیریں دہن - شیریں زبان -

Mellifluence *n.* خوش کلامی - شیریں زبانی -

Mellifluent *adj.* خوش کلام - شیریں زبان -

Mellow (mel-o) *adj., v.t. & i.* Sweet, juicy - ملائم
نرم - میٹھا - رسیلا - گھلا ہوا (پھل) ٹھیک چاشنی کی (شراب) زرخیز چکنی مٹی والی زمین - سر خوش - نرم کرنا - ملائم کرنا - رسیلا کرنا - شیریں کرنا -

Mellowness *n.* رسیلا پن - نرمی - پختگی -

Melodious (mel-ə-di-əs) *adj.* Sweet sounding
سریلا - رسیلا - خوش آہنگ -

Melodiousness *n.* خوش نوائی - خوش آہنگی - سریلا پن -

Melodist (mel-ə-dist) *n.* Singer, composer of melodies گانے والا - مغنی - خوشنوا - سریلے نغمے ترتیب دینے والا - نغمے لکھنے والا -

Melodize (mel-ə-diz) *v.i. & t.* Make melodious
نغموں کو سریلا بنانا - سریلے نغمے ترتیب دینا -

Melodrama (mel-ə-drama) *n.* Emotional dramatic piece جذبات انگیز ناٹک - وہ چیز جس میں اثر پیدا کرنے کے لیے جذباتی انداز اختیار کیا جائے -

Melodramatic ہیجان آمیز - جذبات انگیز -

Melodramatist *n.* ہیجانی ناٹک کا تمثیل نگار -

Melodramatize *n.* ہیجان انگیز بنانا - جذبات خیز بنانا -

Melody (mel-ə-di) *n.* Sweet music ترانہ - سریلا
گیت - نغمہ شیریں - نغمہ - راگ - لے - آہنگ -

Melon (mel-ən) *n.* Kinds of sweet gourds - سردا
گرما - خربوزہ - تربوز -

Water melon تربوز -

Melrose گلاب کے پھولوں کا شہد -

Melt (melt) *n.* Melted metal پگھلی ہوئی دھات -

Melt (melt) *v.i. & t.* Become liquefied by heat
پگھلانا - گلانا - پانی کرنا - نرم کرنا - گداز کرنا - نرم ہونا - متاثر ہونا - پسیجنا - رونے لگنا - (بول چال) گرمی میں جھلسنا - چربی کا پگھلنا - گھل جانا - بادل کا برس پڑنا - (آواز) نرم اور رواں ہونا - دریا کی طرح بہنا -

Member (mem-bər) *n.* Part, organ of body
رکن - عضو - جوڑ - جسم کا حصہ - فقرے کا ، جملے کا حصہ - سیاسی جماعت کا رکن - شعبہ - شاخ -

Membership (mem-bər-ship) *n.* Being a member, number of members رکنیت - تعداد اراکین - عہدہ رکنیت -

Membrane (mem-bran) Pliable sheet-like lining in animal body جھلی - پردہ - وہ جھلی جو بعض امراض میں پیدا ہو جاتی ہے -

Memento (mem-en-to) *n.* Object serving as reminder نشانی - یادگار - چنوٹی - یاد دلانے والی چیز - یاد داشت -

memento mori موت کو یاد دلانے والی کوئی چیز مثلاً مردے کی کھوپڑی - یاد رکھ کہ ایک دن مرنا ہے -

Memoir (mem-o-i-r) *n.* Record of events - تزک
سرگزشت - تذکرہ - سوانح عمری - آپ بیتی - تاریخی تحقیق - محققانہ رسالہ -

Memorable (mem-or-əbl) *adj.* Worth remembering یاد رکھنے کے قابل - معروف - مشہور - نامور -

Memorandum (mem-ə-ran-dəm) *n.* Note to help the memory یاد داشت - روز نامچہ - رو داد - دستاویز - غیر رسمی خط -

Memorial (mem-ə-ri-əl) *adj. & n.* Serving to commemorate یاد دلانے والا - یاد گار - یادگار کا کام دینے والا - رسم یادگار - عرضی - عرضداشت - محضر (جمع) رو داد - سوانح - خانگی تحریر یا نوٹ -

Memorialist *n.* محضر پیش کرنے والا - سائل - درخواست گزار - عرضی گزار - فدوعی -

Memorialize (mem-ə-ri-ə-liz) *v.t.* Commemorate, address memorial to یاد کرنا ۔ یاد رکھنا ۔ از بر کرنا ۔ یادگار قائم کرنا ۔ درخواست پیش کرنا ۔ گزارش کرنا ۔ میموریل پیش کرنا ۔

Memorize (me-mə-rīz) *v.t.* Commit to memory یاد کر لینا ۔ از بر کر لینا ۔ یاد داشت لکھنا ۔

Memory (mem-ə-ri) *n.* Faculty of remembering حافظہ ۔ یاد ۔ قوت حافظہ ۔ موت کے بعد کی شہرت یا ناموری ۔ انسانی حافظہ کی رسائی کی حد ۔

Menace (men-əs) *n.* Threat دھمکی ۔ ڈرانا ۔ چشم نمائی ۔ تہدید ۔ سر زنش ۔

Menace (men-əs) *v.t.* Threaten دھمکانا ۔ ڈرانا ۔ آنکھیں دکھانا ۔ دھشت دلانا ۔

Menacingly *adv.* چشم نمائی کرتے ہوئے ۔ سر زنش کرتے ہوئے ۔ دھمکاتے ہوئے ۔

Menage (me-nazh) *n.* Household management انتظام خانہ داری ۔ گھر بار ۔ گھر ۔

Menagerie (me-naj-ə-ri) *n.* Collection of wild animals in cages وحوش خانہ ۔ جانور خانہ ۔ وحشی جانوروں کا مجمع ۔ چڑیا گھر ۔ حیوان خانہ ۔

Mend (mend) *n.* Repaired hole چاک بھرنا ۔ رفو ۔ چیری بھرنا ۔ مرمت ۔

On the mend رو بہ اصلاح ۔ رو بہ صحت ۔

Mend (mend) *v.t.* & *i.* Repair درست کرنا ۔ مرمت کرنا ۔ رفو کرنا ۔ سدھارنا ۔ اصلاح کرنا ۔ اچھا ہونا ۔ صحت پانا ۔ بڑھانا ۔ ترق دینا ۔ تراشنا (قلم وغیرہ) ۔

Least said soonest mended جتنا کم کہو اتنی ہی اصلاح میں آسانی ہوگی ۔

Mend matters معاملات کی اصلاح کرنا ۔

Mend or end یا تو اصلاح ہو ورنہ خاتمہ ۔

Mend one's ways اپنے عادات و اطوار کی اصلاح کرنا ۔

Mendable *adj.* قابل اصلاح ۔ اصلاح پذیر ۔

Mendacious (men-da-shəs) *adj.* Untruthful جھوٹا ۔ کاذب ۔ دروغ گو ۔ غلط ۔ دروغ بے فروغ ۔

Mendacity *n.* ناراستی ۔ کذب ۔ جھوٹ ۔ دروغ گوئی ۔

Mendicant (men-di-kənt) *adj.* & *n.* Begging, beggar درویش کا ۔ گداگر کا ۔ فقیر ۔ گدا ۔ بھیک مانگنے والا ۔ درویش ۔ دریوزہ گر ۔

Mendicancy, Mendicity } درویشی ۔ فقیری ۔ گدائی ۔ گداگری ۔

Menial (me-ni-əl) *adj.* & *n.* Servile, servant کمینہ ۔ نیچ ۔ خدمتگار ۔ نوکر ۔ شاگرد پیشہ ۔

Meningitis (men-in-ji-tis) *n.* Inflammation of membranes enveloping brain دماغ یا حرام مغز کی جھلی کا ورم ۔ گردن توڑ بخار ۔

Meno (men-o) *prefix.* Combination form of menses سابقہ بمعنی حیض یا ایام ماہواری ۔

Menopause حیض کا بند ہو جانا ۔

Menorrhoea حیض کا جاری رہنا ۔ ادرار خون ۔

Menology (me-nol-ə-ji) *n.* Calendar specially of Greek church مہینوں کی یاداشت ۔ کلیسائے یونان کی تقویم ۔

Menses (men-sez) *n.* & *p.* Flow of blood from mucous coat of uterus of female حیض ۔ ایام ماہواری ۔ ادرار خون ۔

Menstrual (mens-tru-əl) *adj.* Of the menses ماہواری کا ۔ حیض کا ۔ حیضی ۔

Menstruous *adj.* خون سے آلودہ ۔ حیض میں ۔ حائضہ ۔

Menstruate (mens-tru-ət) *v.i.* Discharge the menses ایام ہونا ۔ حیض کا جاری ہونا ۔

Menstruation *n.* حیض کا جاری ہونا ۔ ادرار خون ۔

Menstruum (mens-troom) *n.* Solvent کمزور کرنے والا ادرار ۔ کمزوری ۔ ضعف ۔

Mensurable (men-sh(y)ər-ə-bl) *adj.* Measurable پیمائش کے قابل ۔ جس کو ناپا جا سکے ۔ جس کی پیمائش ہو سکے ۔ لے دار ۔ موزوں ۔

Mensural (men-sh(y)oo-rəl) *adj.* Of measure موزوں ۔ لے دار ۔ پیمائشی ۔

Mensuration (men-sh(y)oo-rə-shən) *n.* Measuring ناپنا ۔ مساحت ۔ پیمائش ۔

Mental (men-tl) *adj.* Of the mind ذہنی ۔ دماغی ۔ زنخدانی ۔ ٹھوڑی کے متعلق ۔

Mentality (men-tə-li-ti) *n.* Mind, disposition رجحان ۔ افتاد طبع ۔ ذہنی قابلیت ۔ ذہنیت ۔

Mentation (men-ta-shən) *n.* State of mind ذہنی کیفیت ۔ دماغی حالت ۔

Menthol (men-thol) *n.* Substance got from oil of peppermint ایک قسم کا کافوری مادہ جو پودینے کے ست سے تیار کیا جاتا ہے ۔ ست پودینہ ۔

Mention (men-shən) *n.* Naming ذکر ۔ اشارہ ۔ تذکرہ ۔ چرچا ۔ نام لینا ۔

Mention (men-shən) *v.t.* Refer to ذکر کرنا ۔ نام لینا ۔ حوالہ دینا ۔ زبان پر لانا ۔ چرچا کرنا ۔ اظہار کرنا ۔ برسبیل تذکرہ ذکر کرنا ۔ اشارہ کرنا ۔ ظاہر کرنا ۔

Do not mention it مجھے شرمندہ نہ کیجئے ۔ اس کا ذکر نہ کیجئے ۔

Not to mention اس چیز کا ذکر ہی کیا ۔ اسے تو رہنے دو ۔

Mentor (men-tor) *n.* Experienced adviser ناصح ۔ دانا ۔ جہاندیدہ مشیر ۔ معلم ۔ اتالیق ۔ مرشد ۔ قابل اعتبار مشیر ۔

Menu (men-ū) *n.* Bill of fare فہرست طعام ۔ کھانوں کی تفصیل ۔ طعام نامہ ۔

Mephitis (me-fi-tis) *n.* Noxious emanation گندہ مادہ ۔ عفونت ۔ بدبودار ابخرات کا اخراج ۔

Mephitic *adj.* سڑا ہوا ۔ گندا ۔ بدبودار ۔ متعفن ۔

Mercantile (mər-kən-tīl) *adj.* Commercial تجارتی ۔ بیوپاری ۔ مہاجنی ۔ تاجرانہ ۔ کاروبار کے متعلق ۔ ہر بات میں اپنا نفع دیکھنے والا ۔

Mercantile marine تجارتی جہاز ۔ تجارتی بیڑا ۔

Mercantile theory یہ نظریہ کہ صرف زر دولت ہے ۔ تجارتی نظریۂ زر ۔

Mercantilism *n.* تجارتی نظریۂ زر کا اصول ۔ زر پرستی ۔ بنیا پن ۔

Mercenary (mər-sin-ə-ri) *adj.* & *n.* Working for money only زر خرید ۔ زر پرست ۔ بھاڑے کا ٹٹو ۔ روپے پر بکا ہوا ۔ پیسے کا لالچی ۔ اپنا نفع دیکھنے والا ۔

Mercenariness *n.* زر پرستی ۔ مطلب پرستی ۔ خود غرضی ۔

Mercer (mər-sər) *n.* Dealer in silk and other costly materials ریشمی پارچہ فروش ۔ قیمتی کپڑوں کا تاجر ۔ حریر و دیبا فروش ۔

Mercery (mər-sə-ri) *n.* Dealing in costly fabrics قیمتی کپڑوں کی تجارت ۔ کپڑوں کی دکان ۔

Mercerise (mər-sər-īz) *v.t.* Impart lustre to fabrics سوتی کپڑوں پر ریشم جیسی چمک پیدا کرنا ۔

Merchandise (mer-chen-dīz) *n.* Commodities of commerce مال تجارت ۔ سودا ۔ جنس ۔ سوداگری ۔ بیوپار ۔ سامان تجارت ۔

Merchant (mər-chənt) *adj.* & *n.* Wholesale trader بیوپاری ۔ تاجر ۔ بڑا سوداگر ۔ غیر ممالک سے تجارت کرنے والا ۔ شائق ۔ عادی ۔

Merchant prince ملک التجار ۔ دولت مند تاجر ۔

Merchantable (mər-chənt-əbl) *adj.* Marketable, salable بازار میں بیچنے کے قابل ۔ قابل فروخت ۔ بکنے والا ۔ بکری کے قابل ۔ جس مال کی بازار میں مانگ ہو ۔

Merciful (mər-si-ful) *adj.* Showing mercy رحمدل ۔ نرم دل ۔ درد مند ۔ مہربان ۔ غفور ۔ رحیم ۔ کریم ۔ آمرزگار ۔

Merciless (mər-si-les) *adj.* Pitiless ظالم ۔ بے درد ۔ سنگ دل ۔ بے رحم ۔

Mercurial (mər-kū-ri-əl) *adj.* & *n.* Sprightly چست ۔ چالاک ۔ تیز ۔ مستعد ۔ چنچل ۔ شوخ ۔ سیماب صفت ۔ تیز ۔ طرار ۔ سیمابی ۔ پارہ ملی ہوئی دوا ۔

Mercurialize *v.t.* پارے سے علاج کرنا ۔ پارے کی آمیزش کرنا ۔ پارہ ملانا ۔

Mercury (mər-ku-ri) *n.* Roman god of eloquence, planet nearest to sun عطارد سیارہ ۔ فصاحت کا رومی دیوتا ۔ پارہ ۔ سیماب ۔ چنچل پن ۔ شوخی ۔ تیزی ۔ طراری ۔

Mercurous *adj.* پارے والا ۔ جس میں پارہ کثیر مقدار میں ہو ۔

Mercy (mər-si) *n.* Compassion shown by one to another مہر ۔ شفقت ۔ رحم ۔ رحمت ۔ عفو ۔ درگزر ۔

This is a mercy یہ خدا کا بڑا فضل ہے ۔

To be left to tender mercies کسی کے پنجہ غضب میں چھوڑ دینا ۔

Mere (mēr) *n.* Lake, pond جھیل ۔ تالاب ۔ کنڈ ۔ جوہڑ ۔

Mere (mēr) *adj.* Soleiy خالص ۔ یہ ۔ صرف ۔ فقط ۔ خالی ۔ محض ۔ نرا ۔

Merely *adv.* صرف اس لیے ۔ نرا ۔ محض ۔ صرف ۔ فقط ۔

Meretricious (mer-i-trish-əs) *adj.* Befitting a harlot کسبی کے مناسب - فاحشہ صفت - کسبیوں جیسا - بھڑک دار - پر تصنع -

Meretriciously *adv.* بھڑکیلے پن سے - کسبیوں کی طرح - بازاری طور پر - فاحشانہ -

Merge (mərj) *v.t. & i.* Lose, sink ڈوبنا - غرق ہونا - گم ہونا - گھل مل جانا - جذب ہو جانا - ملا دینا - ایک چیز کا دوسری چیز میں مل جانا -

Mergence *n.* غرق ہو جانا - جذب ہو جانا - مل جانا -

Merger (mər-jər) *n.* Merging, combine جذب ہونے والا - غرق ہونے والا - مل جانے والا - ضم ہونے والا - ایک کمپنی کا دوسری کمپنی میں مل جانا -

Meridian (me-rid-i-ən) *n. & adj.* Circle passing through poles کوئی خاص خط - طول البلد - سورج یا سیارہ کی انتہائی بلندی - کمال عروج - بلند - اونچا - اوج کمال کا -

Meridional (me-rid-o-nəl) *adj. & n.* Of a meridian جنوب کا - جنوبی یورپ کے باشندوں کا - جنوبی - نصف النہاری -

Meringue (mə-rang) *n.* Cake of white of egg انڈے کی سفیدی کا کیک - انڈے کی مٹھائی -

Merino (mə-ri-no) *n.* Kind of sheep with fine wool ایک بھیڑ جس کا اون نہایت عمدہ ہوتا ہے - اس اون کا کپڑا - نفیس اونی کپڑا -

Merit (mer-it) *n. & v.t.* Worth, excellence جوہر ذاتی - گن - وصف - قابلیت - نقص و خوبی - لیاقت - فضیلت - رتبہ - درجہ - بزرگی - انعام - حصول - حسن خدمت - استحقاق - (جمع) حسن و قبح - حقیقت حال - روئداد - روئداد مقدمہ - سزا وار ہونا - مستوجب ہونا

Meritorious (mer-it-o-ri-əs) *adj.* Deserving praise قابل تعریف - قابل انعام - قابل صلہ - مستحسن - پسندیدہ - واجب الاجر - قابل شکریہ -

Meritoriousness *n.* استحقاق - عمدگی - خوبی -

Merle (mə-rl) *n.* Black bird یورپ کا ایک خوش الحان پرندہ - کوئل - بھجنگا -

Merlin (mər-lin) *n.* Kind of falcon ایک قسم کا باز -

Mermaid (mər-mad) *n.* Half human with tail of fish بنت البحر - ایک بحری مخلوق جس کا سر اور دھڑ عورت کا اور دم مچھلی کی ہوتی ہے -

Merman بحری مرد - ابن البحر - ایک بحری مخلوق جس کا سر اور دھڑ مرد کا ہوتا ہے اور دم مچھلی کی -

Merriment (me-ri-mənt) *n.* Hilarious enjoyment خوش طبعی - خرمی - چہل - ہنسی - دل لگی - عیش و طرب - رنگ رلیاں -

Merry (məri) *n.* A kind of black cherry - سیاہ چیری گیلاس (پھل) -

Make merry over کسی کی ہنسی اڑانا -

Merry-go-round چرخ چوں - چکر مکر - ہنڈولا - جھولا -

Merrily *adv.* زندہ دلی سے - خوش طبعی سے - خوشی سے -

Merriness *n.* خوش طبعی - زندہ دلی - خوشی - شادمانی -

Merry Andrew (meri-ən-dru) *n.* Clown, buffoon مسخرہ - نقال - زٹلی - بھانڈ -

Mesalliance (mes-ə-li-əns) *n.* Marriage with person of inferior social position ایسے شخص سے شادی جس کی سماجی حیثیت معمولی ہو یا جو رتبہ میں کم ہو -

Meseems (me-semz) *v.i.* It seems to me مجھے ایسا معلوم ہوتا ہے -

Mesentery (mes-ən-təri) *n.* Fold of peritoneum آنتوں کی تھیلی - ماسارتھا -

Mesh (mesh) *n.* Open space, network جھنجھری یا جال کے سوراخ - جال کا پھندا - جالی دار ساخت -

Mesh (mesh) *v.t. & i.* Catch in net جال میں پکڑنا - جال میں پھنسنا یا پھنسانا -

Meshy جال دار -

Mesmerism (mez-mer-izm) *n.* Hypnotic state brought on by mesmeric passes ایک عمل جس سے معمول پر نومی کیفیت طاری ہو جاتی ہے اور اس پر بعض پوشیدہ باتیں بھی منکشف ہو جاتی ہیں -

Mesmerist *n.* عمل مقناطیس کا عامل - مسمریزم کا عامل -

Mesmerization *n.* حالت نومی طاری کرنا - مسمریزم کے زیر اثر لانا -

Mesmerize *v.t.* مسمریزم کے عمل سے غافل کر دینا - کسی پر نومی حالت طاری کر دینا -

Mesne (men) *adj.* Intermediate درمیانی - بیچ کا - منجھلا -

Mesne profits زر واصلات ۔

lespot (mes-pot) *n.* Mesopotamia عراق ۔ عرب ۔

lеss (mes) *n.* Portion of pulpy food ۔ طعام ۔ کھانا ۔ خوراک ۔ دلیا ۔ بھرتا ۔ شکاری کتوں کی مخلوط غذا ۔ معجون مرکب ۔ کھچڑی ۔ بری حالت ۔ گندی حالت ۔ ایک ساتھ کھانے والوں کی جماعت ۔ فوجی طعام خانہ ۔

Mess of pottage دنیاوی اغراض پر اعلیٰ مقاصد قربان کرنا ۔

To make a mess of کام خراب کر دینا ۔

Messy *adj.* گڈمڈ ۔ ابتر ۔ مخلوط ۔

Messiness *n.* گندہ پن ۔ ابتری ۔

less (mes) *v.t. & i.* Muddle چوپٹ کر دینا ۔ گندہ کر دینا ۔ ساتھ مل کر کھانا ۔ خلط مبحث کرنا ۔ میلا کرنا ۔

Messmate *n.* ساتھ کھانے والا ۔

lessage (mes-ij) *n.* Oral or written communication ۔ خبر ۔ پیام ۔ پیغام ۔ روحانی واردات ۔ الہام

lessage (mes-ij) *v.t.* Transmit ۔ پیغام بھیجنا ۔ خبر دینا

lessenger (mes-en-jər) *n.* One who carries a message ۔ پیامبر ۔ نامہ بر ۔ قاصد ۔ ہرکارہ ۔ ایلچی ۔ چرخی پر چڑھی ہوئی ڈور جس سے جہاز کا رسہ اوپر کھینچا جاتا ہے ۔

lessiah (me-si-a) *n.* Promised deliverer of Jews, Christ ۔ حضرت عیسیٰ علیہ السلام ۔ حضرت مسیح

lessieurs (mes-yər) *n. & p.* Gentlemen ۔ حضرات ۔ صاحبان ۔

essrs (mesers) *n. & p.* Abbreviated form of above ۔ مذکورہ بالا لفظ کا مخفف ۔

etabolism (met-ab-əl-izm) *n.* Process by which nutritive material is built up in living matter غذا کا جزو بدن ہونا ۔ غذا کا سادہ حیات میں تبدیل ہونا ۔

etacarpus (met-ə-kar-pus) *n.* Part of hand between wrist and fingers ۔ کف دست ۔ ہتھیلی ۔ ہاتھ کا وہ حصہ جو انگلیوں اور کلائی کے درمیان ہو ۔

etachronism (met-ak-ron-izm) *n.* Chronical mistake تاریخی غلطی جو کسی واقعہ کو صحیح تاریخ سے الگ ٹھہرانے سے ہو ۔

Metagenesis (met-ə-jin-i-sis) *n.* Alternation between sexual and asexual reproduction سلسلہ توالد کا باری باری سے جنسی اور لاجنسی ہونا ۔

Metal (met-l) *v.t. & n.* Any of a class of substances called minerals ۔ دھات ۔ فلز ۔ کنکر ۔ پتھر ۔ دلیری ۔ ہمت ۔ ریل کی پٹری ۔ سڑک کو کنکر اور پتھر سے پکا کرنا ۔ دھات لگانا ۔

Metallic (me-tə-lik) *adj.* Of metal ۔ دھات کا ۔ فلزی ۔ دھات جیسا ۔

Metallize (me-tə-liz) *v.t.* Coat with metal دھات شامل کرنا ۔ دھات جیسا بنانا ۔ ربڑ کو گندھک ملا کر سخت کرنا ۔

Metallography (me-tal-o-gra-fi) *n.* Science of structure of metals ۔ علم معدنیات ۔ علم فلزات

Metalloid (mi-tal-əd) *adj. & n.* Having form or appearance of metal ۔ دھات نما ۔ دھات جیسا ۔ دھات کی طرح ۔

Metallurgy (met-əl-ər-ji) *n.* Art of working metals ۔ دھات کا کام ۔ دھات صاف کرنے کا عمل

Metallurgist *adj.* دھات صاف کرنے کا ماہر ۔ کچی دھات کو صاف کرنے والا ۔

Metamorphic (met-ə-mor-fik) *adj.* Marked by metamorphosis ۔ جس کی ہیئت تبدیل ہو گئی ہو ۔ قلب ماہیت کا ۔ وہ چٹان جس کی نوعیت رفتہ رفتہ بدل گئی ہو ۔

Metamorphism *n.* قلب ماہیت ۔ تبدیلی ۔ تغیر ۔

Metamorphos (met-ə-mor-fəs) *v.t.* Change in form ۔ صورت بدلنا ۔ ہیئت بدلنا ۔ کایا پلٹ کر دینا ۔

Metamorphosis (met-ə-mor-fə-sis) *n.* Change of form, changed form تبدیلی ہیئت ۔ شکل و صورت کی تبدیلی ۔ بالکل بدلی ہوئی شکل ۔ تناسخ ۔

Metaphor (met-ə-fər) *n.* Application of a name to a thing, not in literary meaning ۔ کنایہ ۔ استعارہ ۔ استعارہ بالکنایہ ۔ مجاز ۔ تشبیہ ۔

Metaphorical مستعار ۔ مجازی ۔ تشبیہی ۔

Metaphrase (met-ə-frez) *n. & v.t.* Translation word for word ۔ لفظی ترجمہ ۔ لفظ بہ لفظ ترجمہ ۔ لفظی ترجمہ کرنا ۔

Metaphysical (met-ə-fiz-i-kəl) *adj.* Supernatural غیر مادی - مابعدالطبیعاتی - ما فوق‌العادت - مافوق‌الفطرت - ذہنی - تصوری - علم قوائے ذہنی کے متعلق -

Metaphysics (met ə-fiz-iks) *n.* & *pl.* Philosophy of mind (بول چال) - علم روح انسانی - مابعدالطبیعات دقیق گفتگو - نظریاتی مباحث - مجرد مسائل کی گفتگو-

Metaphysician *n.* مفکر - مابعدالطبیعات کا عالم - فلسفی - علم‌الٰہیات کا عالم -

Metapolitics (met-ə-pol-it-iks) *n.* & *pl.* Abstract political science نظریاتی علم سیاست - فلسفہ سیاست - سیاسیات محض -

Metapolitician *n.* علم سیاست کا ماہر -

Metathesis (met-ə-the-sis) *n.* Transposition of sounds or letters in words ایک لفظ میں حروف یا ان کی آوازوں کی تبدیلی - حروف تہجی کی تبدیلی -

Mete (mēt) *n.* Boundary, boundary stone - حد - سرحد - سر حد کا پتھر -

Mete (mēt) *v.t.* Measure, allot - ناپنا - پیمائش کرنا - حصہ مقرر کرنا - سزا یا جزا دینا -

Metempiric (met-em-pir-ik) *n.* Philosophy of things outside experience ان چیزوں کا فلسفہ جو انسانی تجربہ سے بالا تر ہوں - غیر تجرباتی مسائل -

Metempsychosis (met-əm-si-ko-sis) *n.* Transmigration of soul into new body - آواگون- تناسخ - مرنے کے بعد روح کا نئے جون میں آنا -

Meteor (mē-tyer) *n.* Shooting star - ٹوٹا ہوا تارا - شہاب ثاقب -

Meteoric (me-tyer-ik) *adj.* About meteors شہاب ثاقب کے متعلق - کرہ ہوا کے متعلق - فضائی - تیزرفتار - روشن - تابناک -

Meteorite (mē-tye-rīt) *n.* Fallen meteor گرا ہوا شہابی ڈھیلا - شہابی پتھر -

Meteorology (mē-tyer-o-loji) *n.* Study of phenomenon of atmosphere - علم حوادث سماوی - فضا کے حوادث کا علم - علم موسمیات -

Meteorologically علم حوادث کائنات کے متعلق - علوم فضا کی رو سے -

Meteorologist موسمیات کے علم کا ماہر - عالم حوادث سماوی -

Meter (mē-tər) *n.* Thing that measures - پیمانہ - ناپنے کا آلہ - ناپنے والا -

Methinks (me-thingks) *v.i.* It seems to me مجھے ایسا معلوم ہوتا ہے - میرا خیال ہے -

Method (meth-əd) *n.* Special procedure - طریقہ - ترتیب - سلیقہ - اسلوب - قاعدہ - ڈھنگ - ڈھب - انتظام - بندوبست - طریق - استدلال - اصول ترتیب و تقسیم - با قاعدگی - باضابطگی -

There is a method in his madness اس کے خبط میں ضبط ہے - اس کی دیوانگی میں بھی ہوشیاری ہے -

Methodical *adj.* - بالترتیب - باضابطہ - باقاعدہ -

Methodist (meth-əd-ist) *n.* Member of any of several religious bodies کسی غیر مقلد فرقے کا پیرو - متعدد فرقوں میں سے کسی ایک مذہب کا پابند - کٹر اصولی -

Methodize (me-thəd-īz) *v.t.* Reduce to order ترتیب دینا - باضابطہ کرنا - ضابطہ میں لانا - نظم و ترتیب قائم کرنا -

Methylate (me-thil-āt) *v.t.* Mix with methyl spirit شراب میں میتھل ملانا تاکہ وہ پینے کے قابل نہ رہے اور محصول سے بچ جائے -

Methylated spirit میتھل ملی ہوئی شراب -

Meticulous (me-tik-u-ləs) *adj.* Very careful جزئیات کا خیال رکھنے والا - سخت محتاط - بہت زیادہ غوروخوض سے کام لینے والا -

Metonymy (met-ə-nem-i) *n.* Substitution of the name of an attribute for a thing علم بیان کی ایک صنعت - موصوف کی جگہ صفت - مجاز مرسل -

Metope (met-ō-pē) *n.* Slab, frontal surface عمارت کے سامنے کا پتھر - رو کی سطح - چہرہ -

Metre (me-tər) *n.* Unit of length - لمبائی کی اکائی - میٹرک طریقہ میں فاصلہ کا ناپ - فاصلہ کا ناپ -

Metric (met-rik) *adj.* Of the metric system میٹرک طریق پیمائش کے متعلق -

Metrical (met-rik-əl) *adj.* Composed in metre وزن شعر یا بحر کے متعلق ۔ وزن اور بحر میں کہا ہوا (شعر) ۔

Metrology (met-rə-loji) *n.* System of weights and measures نظام وزن و پیمائش ۔

Metronome (met-rə-nom-i) *n.* Beating rod ایک آلہ جس سے تال دیتے ہیں ۔ تال ناپ ۔

Metropolis (mi-trop-ə-iis) *n.* Capital کسی ملک کا سب سے بڑا شہر ۔ دارالحکومت ۔ پاپائے اعظم کا علاقہ ۔

Metropolitan (met-rə-pol-i-tən) *adj.* & *n.* Belonging to the capital دارالسلطنت کا باشندہ راج دھانی کے متعلق ۔ بڑا لاٹ پادری ۔

Mettle (met-l) *n.* Spirit, courage اصل ۔ جوہر ۔ دلیری ۔ ہمت ۔ دم خم ۔ ولولہ ۔ جوش ۔ جرأت ۔ طبیعت ۔ مزاج ۔ نہاد ۔

Mettlesome مضبوط ۔ جاندار ۔ چست چالاک ۔ ہمت والا ۔

Mew (mū) *n., v.t.* & *i.* Gull, confine, moult بحری پرندہ ۔ پنجرا ۔ قفس ۔ پنجرے میں بند کرنا ۔ کریز کرنا ۔ پرندوں کی آواز نکالنا ۔

Mewl (mū-l) *v.i.* Cry feebly بچے کی طرح رونا ۔ اوں اوں کرنا ۔ میاؤں میاؤں کرنا ۔

Miaow (mī-ow) *n.* & *v.i.* Cry of cat بلی کی آواز ۔ میاؤں میاؤں ۔ بلی کی طرح آواز نکالنا ۔

Measma (mē-az-mə) *n.* Noxious emanation بودار ابخارات کا اخراج ۔ بدبودار پسینہ ۔ بدبو جو سڑی ہوئی چیزوں سے نکلے ۔ مضر آبخرات ۔

Miaul (mi-owl) *v.i.* Cry like cat بلی کی طرح بولنا ۔ سیاؤں سیاؤں کرنا ۔

Mica (mī-kā) *n.* Any mineral composed of silicate of aluminium ابرق ۔ کوئی معدنی شے جس میں ابرق یا الومونیم کا جز ہو ۔

Micawber (mi-kaw-bər) *n.* Sanguine idler trusting that something good will turn up نکما اور بے فکر آدمی جو ہمیشہ یہ امید رکھے کہ غیب سے اس کی فلاح کی صورت پیدا ہو جائے گی ۔

Michael (mi-kel) *n.* An archangel ایک بزرگ فرشتہ حضرت میکائیل ۔

Mickle (mik-l) *adj.* & *n.* Much, great, large amount بڑا ۔ زیادہ ۔ کثیر ۔ بڑی مقدار ۔

Microbe (mī-krōb) *n.* Minute living being بہت چھوٹے کیڑے ۔ جراثیم ۔ جرثومہ ۔

Microcosm (mī-krə-kozm) *n.* Man viewed as epitome of universe کائنات اصغر ۔ انسان جو کائنات کی ہر صفت کا مظہر ہے ۔ ذات انسان ۔ آئینہ کائنات ۔

Microcosmic *n.* آئینہ کائنات کے متعلق ۔ انسان کے متعلق ۔ کائنات اصغر کا ۔

Micron (mī-krən) *n.* The millionth of a metre میٹر کا دس لاکھواں حصہ ۔

Microphone (mī-krə-fon) *n.* Instrument for intensifying sound آلہ مکبر الصوت ۔

Microscope (mī-krə-skop) *n.* Instrument for magnifying objects خوردبین ۔

Microscopy (mī-krə-skopi) *n.* Use of microscope خوردبین کا استعمال ۔

Micturition (mik-tu-ri-shən) *n.* Morbidly frequent desire to make water سلسل البول ۔ بار بار پیشاب کرنے کی حاجت ۔

Mid (mid) *adj.* The middle of درمیانی ۔ متوسط ۔ بیچ کا ۔ درمیان کا ۔ نیم ۔ نصف ۔ وسط ۔ بیچ ۔ درمیان ۔

Midday (mid-da) *n.* Noon ۔ دوپہر ۔ نیم روز ۔ نصف یوم آدھا دن ۔

Middle (mid-l) *adj.* & *n.* Intermediate بیچ کا ۔ درمیانی ۔ متوسط ۔ وسطی ۔ مرکز ۔ وسطی حصہ ۔ ناف ۔ قلب ۔

Middle (mid-l) *v.t.* Return ball to mid field (فٹ بال) گیند کو میدان کے بیچ میں پھینکنا ۔ ٹھوکر مار کر گول سے دور پھینکنا ۔ (جہاز رانی) بیچ میں سے طے کرنا ۔

Middling (mid-ling) *adj.* & *adv.* Of the second of three grades درمیانہ ۔ اوسط درجے کا ۔ دوسرے درجے کا ۔ خاصا ۔ معمولی ۔ (بول چال) اچھا خاصا ۔

Midge (mij) *n.* Small insect, small person چھوٹا سا کیڑا ۔ چھوٹا آدمی ۔ ٹھنگنا ۔

Midget (mij-et) *n.* Extremely small person بہت چھوٹا آدمی ۔ بونا ۔ بالشتیا ۔

Midland (mid-land) *n. & adj.* Middle part of a country کسی ملک، کا درمیانی حصہ ۔ ملک کا اندونی حصہ جو سمندر سے دور ہو ۔ (جمع) انگلستان کے وسطی اضلاع ۔

Midnight (mid-nīt) *n.* Middle of night آدھی رات ۔ نیم شب ۔ گھپرا اندھیرا ۔

Midship (mid-ship) *n.* Middle part of ship کشتی یا جہاز کا درمیانی حصہ ۔

Midst (midst) *n., adv. & prep.* During, among بیچ میں ۔ درمیان میں ۔ وسط میں ۔ بیچ ۔

Midsummer (mid-sum-ər) *n.* Period of summer solstice June 21st عین موسم گرما ۔ موسم گرما کا شباب ۔ سخت گرمی کے ایام ۔

Midsummer madness انتہائی حماقت ۔ جوش جنون ۔

Midwife (mid-wif) *n.* Woman who assists in child birth دائی ۔ جنائی ۔ قابلہ ۔

Midwifery دایہ گری ۔

Mien (mēn) *n.* Bearing of a person طور ۔ شان ۔ وضع ۔ صورت ۔ انداز ۔ چال ۔ رنگ ۔ چہرہ ۔ بشرہ ۔

Miff (mif) *n., v.i. & t.* Petty quarrel ان بن ۔ معمولی جھگڑا سے ناراضگی ۔ خفا ہونا ۔ خفا کر دینا ۔

Might (mīt) *n.* Great strength زور ۔ مقدور ۔ قوت ۔ طاقت ۔ بل ۔ مجال ۔ زور طبیعت ۔ قابلیت ۔ قدرت ۔ عظمت ۔

Might (mīt) *v. aux.* May دیکھو

Mighty (mīt-i) *adj. & adv.* Strong in body and mind طاقت ور ۔ زور آور ۔ قوی ۔ مضبوط ۔ پر زور ۔ جلیل القدر ۔ عظیم الشان ۔ (بول چال) بہت ۔ بہت زیادہ ۔ نہایت ۔

Mightiness *n.* قوت ۔ عظمت ۔ بزرگی ۔ شان ۔ طاقت ۔

Mignonette (min-yə-net) *n.* Plant with fragrant flowers ایک پودا جس کے پھول خوشبودار ہوتے ہیں ۔ اس کے پھول ۔ باریک لیس ۔ جالی ۔

Migraine (mi-grān) *n.* Severe headache usually on one side آدھے سر کا درد ۔ آدھا سیسی ۔ درد شقیقہ ۔

Migrate (mī-grāt) *v.i.* Move from one place to another دیس چھوڑنا ۔ چلا جانا ۔ ترک وطن کرنا ۔ نقل مقام کرنا ۔ چڑیوں اور مچھلیوں کا جاڑے میں گرم خطوں کی طرف جانا ۔

Migrant *adj. & n.* ہجرت کرنے والا ۔ سیلانی ۔ ترک وطن کرنے والا ۔

Migration *n.* ہجرت ۔ ترک وطن ۔ نقل مقام ۔

Migratory *adj.* خاص موسم میں نظر آنے والے پرندے ۔ بے خانماں ۔ خانہ بدوش ۔ وطن تبدیل کرنے والے ۔

Mikado (mi-ka-do) *n.* Emperor of Japan شہنشاہ جاپان ۔

Mike (mīk) *v.i. & n.* Shirk work (بول چال) کام سے جی چرانا ۔ کام چور ۔ آلہ مکبر الصوت ۔ مائکروفون کا مخفف ۔

Mil (mil) *n.* Short for millilitre, measure for diameter of wire تار کی موٹائی کا ناپ ۔ انچ کا ہزارواں حصہ ۔

Milage *n.* بھتہ فی میل ۔ بھتہ وغیرہ ۔ میلوں کے حساب سے مسافت ۔

Milch (milch) *adj.* Giving milk دودھ دینے والی ۔ دودھاری ۔ دودھیل ۔

Mild (mild) *adj.* Gentle and conciliatory مہربان ۔ حلیم ۔ نرم دل ۔ سلیم الطبع ۔ نرم ۔ ملائم ۔ شیریں ۔ شفیقانہ ۔ معتدل ۔ (موسم) ہلکی (دوا یا تمباکو) ہلکی بیر شراب ۔ کمزور ۔ بودا انسان ۔

Milden *v.t. & i.* نرم ہونا ۔ معتدل کرنا ۔ نرم کرنا ۔ ملائم کرنا ۔

Mildness *n.* شفقت ۔ نرم دلی ۔ ملائمت ۔ نرمی ۔

Mildew (mil-dū) *v.t., i. & n.* Growth of minute fungi on trees پھپھوندی ۔ کیڑا ۔ جالی روگ ۔ پھپھوندی لگنا یا لگانا ۔ روگ لگنا یا لگانا ۔

Mile (mīl) *n.* A distance of 1760 yards میل ۔ آٹھ فرلانگ ۔ ۱۷۶۰ گز ۔

Miler (mīl-ər) *n.* Man, horse trained for mile race ایک میل دوڑنے والا گھوڑا یا آدمی ۔

Milesian (mi-lē-z(h)ən) *adj. & n.* Irish, Irishman آئرلینڈ کا باشندہ ۔

Milfoil mil-foil) *n.* Common yarrow and other plants ایک قسم کا عام پودا ۔

iliary (mil-i-ə-ri) *adj.* Like millet seed باجرے جیسا - باجرے کے برابر - موتی جھیرا - بخار جس میں چھوٹے چھوٹے سفید دانے نکلتے ہیں -

ilitant (mil-i-tənt) *adj.* Combative لڑاکا - جنگجو - محارب - مجاہد - لڑنے والا -

Militancy *n.* جنگ جوئی - محاربت -

ilitarism (mi-li-tər-izm) *n.* Spirit of a professional soldier جنگجویانہ روش - فوجی جذبہ - فوجی رنگ کا غلبہ - محاربیت -

Militarization *n.* معاشرے میں فوجی جذبہ پیدا کرنا - فوجی نظام -

Militarize *v.t.* فوجی جذبہ پیدا کرنا - معاشرے کو فوجی نظام کے ماتحت لانا -

ilitarist (mi-li-tə-rist) *n.* Student of military science فوجی نظام کا حامی - فن جنگ کا عالم - جنگ کا ماہر - جنگ کا خواہشمند -

ilitary (mil-i-tə-ri) *adj.* & *n.* Of, befitting soldiers جنگی - حربی - لشکری - عسکری - فوج کا - سپاہیانہ - سپاہ - فوجی دستہ -

ilitate (mil-i-tat) *v.i.* Take part in warfare لڑنا - جنگ میں شریک ہونا - مخالفت کرنا - مخالف اثر ڈالنا -

ilitia (mil-i-shi-a) *n.* Military force وہ پیشہ ور جو لڑائی میں فوج کا کام دیں - قومی فوج -

ilk (milk) *n.* White fluid secreted by female mammals دودھ - شیر - لبن - درختوں کا دودھ - بادام کا شیرہ -

Milk of human kindness انسانی ہمدردی -

Milksop بودا لڑکا یا آدمی - عورتوں کی طرح کا مرد - زنانہ -

Milktooth دودھ کا دانت -

Milkwort ایک پودا جس کے چرنے سے گائے کا دودھ بڑھتا ہے -

No use crying over spilt milk جو نقصان ہونا تھا ہو گیا اب رونے سے کیا فائدہ -

ilk (milk) *v.t.* Draw milk from دودھ دوہنا - دودھ کی دھار نکالنا - ٹھگنا - لوٹنا - سانپ کا زہر نکالنا - تھن سے منہ لگا کر دودھ پینا - پستان سے دودھ پینا -

Milk the ram or bull نا ممکن بات کی کوشش کرنا -

Milky (milk-i) *adj.* Like milk, cloudy دودھ جیسا - دودھ کا بنا ہوا - دودھ کا - سیلا - دھندلا - زنانہ - نازک -

Milkiness *n.* دودھ جیسا ہونا - بردباری - تحمل - دھندلا پن -

Milky Way *n.* ستاروں کا طویل سلسلہ - کہکشاں -

Mill (mil) *n.* Machinery for grinding corn چکی - آسیہ - آٹے کی گرنی - پن چکی - پون چکی - کارخانہ - مل - مکہ بازی کا مقابلہ -

Millboard موٹی دفتی -

Millstone چکی کا پاٹ -

Mill-tooth پچھلے دانت - داڑھ -

Between upper and nether millstone بالکل مجبور - چکی کے پاٹوں کے درمیان -

Millwright *n.* ڈکارا - آسیا ساز - چکی بنانے والا -

See far into a millstone ہوشیار ہونا - بہت تیز ہونا -

The mills of God grind slowly عذاب الٰہی اکثر دیر میں نازل ہوتا ہے -

Mill (mil) *v.t.* & *i.* Grind, mark, beat پیسنا - نشان ڈالنا - نقش بنانا - کپڑے کو گاڑھا کرنا - آٹا پیسنا - کل سے تیار کرنا -

Mill (mil) *n.* An American coin, one thousandth of a dollar مل - ڈالر کا ہزارواں حصہ -

Millenarian (mil-in-ə-ri-ən) *adj.* & *n.* Person who believes that Christ will come to earth and reign for a thousand years اس عقیدے کا شخص کہ حضرت عیسیٰ علیہ السلام دنیا میں آ کر ایک ہزار سال حکومت کریں گے -

Millenary (mil-en-əri) *adj.* & *n.* Believing in a period of one thousand years ہزار سالہ - ہزار برس کا عہد حکومت - وہ شخص جو یہ عقیدہ رکھتا ہو -

Millenium (mil-i-ni-əm) *n.* Period of a thousand years حضرت عیسیٰ کا ہزار سالہ دور حکومت - عہد سعادت - الف خوشحالی - عہد خیر جس میں شیطان مقید رہے گا -

Millepede (mil-i-ped) *n.* Armadillo ہزار پایہ ۔ کھنکھجورا ۔ ایسے ہی بہت سے پاؤں والے کیڑے ۔

Miller (mil-er) *n.* Proprietor of corn mill پن چکی والا ۔ چکی والا ۔ آٹا پیسنے والا ۔ ایک قسم کا سفید کپڑا ۔ ایک قسم کا بھونرا ۔

Millet (mil-it) *n.* Plant bearing large crop of small seeds باجرہ ۔ کودون ۔ کنگنی ۔ کاکن ۔ سانواں ۔ جوار ۔

Milligramme (mil-i-gram) *n.* One thousandth part of gramme ایک گرام کا ہزارواں حصہ ۔

Millimetre (mil-i-me-tər) *n.* One thousandth part of metre میٹر کا ہزارواں حصہ ۔

Milliard (mil-yard) *n.* A thousand million ایک ہزار ملین ۔ ایک ارب ۔

Milliner (mil-i-nər) *n.* Person who makes female headgear کلاہ فروش ۔ کلاہ ساز ۔ (عورت) انگریزی زنانی ٹوپیاں تیار کرنے اور بیچنے والی عورت یا مرد ۔

Man milliner وہ شخص جو چھوٹے کاموں میں وقت صرف کرتا ہے ۔ کلاہ ساز مرد ۔

Millinery ٹوپیاں بنانے کا سامان ۔

Million (mil-yen) *n.* A thousand thousand دس لاکھ ۔ ملین ۔ ایک ہزار ہزار ۔

Millionfold *adj.* & *adv* دس لاکھ گنا ۔

Millionth *adj.* & *n.* دس لاکھواں حصہ ۔

Millionaire (mil-yen-ar) *n.* Person possessing a million لکھ پتی ۔ کروڑ پتی ۔ بے حد دولت مند زرکثیر کا مالک ۔

Milor(d) (mi-lor) *n.* My Lord سائی لارڈ ۔ جناب والا ۔ حضور والا ۔

Milt (milt) *n.* Spleen تلی ۔ طحال ۔ مچھلی کا نطفہ ۔ نر مچھلی کا نطفہ جو مادہ مچھلی کے انڈوں میں تولیدی مادہ پہنچاتا ہے ۔

Miltonic (milt-o-nik) *adj.* About Milton ملٹن کے متعلق ۔ ملٹن کے طرز شاعری کا ۔

Miltonian *adj.* ملٹن کے طرز کلام کا ۔ ملٹنی ۔

Mime (mīm) *v.i.* & *n.* Farcical drama marked by mimicry سوانگی ۔ بہروپیا ۔ مسخرا ۔ خاموش نقل کرنا ۔ حرکات و سکنات سے نقل کرنا ۔

Mimeograph (mīm-e-graf) *n.* & *v.t.* Apparatu[s] for holding stencils of written pages یک [م]شین جس پر نقلیں تیار کی جاتی ہیں ۔ چھاپ کل ۔

Mimesis (mīm-e-sis) *n.* Close resemblance bet[ween] one animal and another animal [د]و نوع کے جانوروں کی مشابہت ۔

Mimetic (mim-e-tik) *adj.* Addicted to imitatio[n] [ن]قل اتارنے کا عادی ۔ نقل کرنے کا شوقین ۔

Mimic (mim-ik) *adj.* & *n.* Imitative نقالی کا ۔ [ن]قال ۔ شوقین ۔ نقل کرنے والا ۔

Mimic (mim-ik) *v.t.* Ridicule by imitating کسی کی نقل کرکے مذاق اڑانا ۔ نقالی کرنا ۔ اندھی تقلید کرنا ۔

Mimicry (mim-ik-ri) *n.* Mimicking نقل ۔ سوانگ ۔ نقالی ۔ مشابہ چیز ۔ تمسخرانہ نقالی ۔

Miminy-piminy (mim-i-ni-pim-i-ni) *adj.* Over-refined حد سے زیادہ نازک دماغ ۔ ضرورت سے زیادہ نفاست پسند ۔ تانا شاہ ۔

Mina (mīna) *n.* A kind of Pakistani bird مینا ۔

Minacicus (min-a-shəs) *adj.* Threatening دھمکی سے بھرا ہوا ۔ تہدیدی ۔

Minacity *n.* دھمکی کے انداز کا ہونا ۔ تہدید آمیزی ۔

Minaret (min-ər-et) *n.* Slender turret connected with mosque مینار ۔ مینارہ ۔ مسجد کا مینار ۔ اذان دینے کا مینار ۔

Minatory (min-ə-təri) *adj.* Threatening دھمکی کے طرز کا ۔ تہدید آمیز ۔

Mince (mins) *n.* Chopped meat قیمہ ۔ کٹا ہوا گوشت ۔

Make a mince meat of بھرتا بنا دینا ۔ ٹکڑے کر دینا ۔ دھجیاں اڑا دینا ۔

Mince (mins) *v.t.* & *i.* Cut meat small قیمہ کرنا ۔ کوٹنا ۔ پارہ پارہ کرنا ۔ چبا چبا کر باتیں کرنا ۔ مٹکتے ہوئے چلنا ۔ نرم گفتگو کرنا ۔ تکلف سے گفتگو کرنا یا چلنا ۔

Mince matters معاملہ کو رفع دفع کرنا ۔ مروت سے کام لینا ۔

Mincingly *adv.* اٹھلاتے ہوئے ۔ تکلف سے ۔ مروت سے ۔

Mind (mīnd) *n.* Remembrance, resolve, way of thinking and feeling - ادراک - ذہن - دماغ - دل
قلب - ضمیر - قوائے ذہنی - رائے - اصل منشا - دھیان -
توجہ - میلان - باطن - روح - صاحب دماغ - ذہین -
عاقل -

Be in two minds تذبذب میں مبتلا ہونا -

Be of person's mind کسی کی رائے سے اتفاق کرنا -

To know one's own mind غور و خوض سے ایک فیصلہ کرنا اور اس پر قائم رہنا -

Mindless *adj.* لاپرواہ - بے خبر - غافل - کوڑھ مغز -

Mind (mind) *v.t.* & *i.* Give heed to دھیان کرنا -
لحاظ کرنا - پرواہ کرنا - فکر کرنا - خیال کرنا - غور
کرنا - خبردار رہنا - نگرانی کرنا - یاد دلانا - جتلانا -
اعتراض کرنا - مصروف رہنا - (امر) دیکھو - یاد رکھو -
یاد رہے -

Mind one's P's and Q's سوچ سمجھ کر بات کرنا -

Mind your eye (بول چال) ہوشیار رہو - دیکھتے رہو - غافل نہ ہو جاؤ -

Mind your own business دوسروں کے معاملہ میں دخل نہ دو - جاؤ اپنا کام کرو -

Minded (mīnd-ed) *adj.* Having mind - راغب - مائل
آمادہ - ذہنی -

High-minded عالی ظرف - بلند خیال - عالی حوصلہ -

Mindful (mind-ful) *adj.* Taking care of ہوشیار -
آگاہ - باخبر - فکر مند - محتاط - لحاظ کرنے والا -

Mindfulness (mīnd-ful-nes) *n.* - ملاحظہ - فکر - التفات
لحاظ -

Mine (mīn) *n.* Abundant source, excavation of earth کان - معدن - سرنگ - بحری سرنگ - مخزن -
خزانہ - منبع - زمین کی کھدائی -

Mine (mīn) *v.t.* & *i.* Dig underground, lay mines
سرنگ لگانا - کان کھودنا - زمین کھودنا - بیخ کنی
کرنا - جہازوں کو اڑانے کے لیے سمندر میں بارودی
سرنگیں بچھانا - کان سے دھات نکالنا -

Mining (mīn-ing) *n.* Excavating earth for minerals کان کنی -

Mine (mīn) *pron.* & *adj.* My میرا - اپنا -

Miner (mīn-ər) *n.* One who works in a mine
کان کھودنے والا - کان میں کام کرنے والا - مزدور -
سرنگ بچھانے والا - سفری دستے -

Mineral (min-ər-l) *adj.* & *n.* Obtained by mining
کان کنی سے حاصل کی ہوئی معدنی شے - دھات -

Mineral alkali معدنی سوڈا -

Mineral water صحت بخش پانی - سوڈا واٹر - قدرتی چشموں کا پانی جس کا پینا مفید ہوتا ہے -

Mineralization *n.* معدنی بنانا - معدنی بننا -

Mineralogy (min-ər-a-logi) *n.* Science of minerals علم معدنیات -

Mineralogist *n.* علم معدنیات کا عالم - ماہر علم معدنیات -

Minerva (min-ər-va) *n.* Roman goddess of wisdom عقل و دانش کی دیوی - سرسوتی -

Mingle (ming-gl) *v.t.* & *i.* Mix, blend ملانا - آمیزش
کرنا - ترکیب دینا - مخلوط کرنا - مل جانا - مل کر
ایک ہو جانا - بگاڑ دینا - رشتہ جوڑنا - شامل کرنا -
ملانا -

Miniate (mi-ni-at) *v.t.* Paint with vermillion
شنگرفی کرنا - شنگرف سے رنگنا - سیندور کا رنگ چڑھانا -
عبارت کے پہلے لفظ کو طلائی روشنائی سے لکھنا -

Miniature (mi-ni-ə-tur) *n., adj.* & *v.t.* Small-scale portrait چھوٹی تصویر - تصویرچہ - چھوٹی
سورتی - مختصر تصویروں کی نقاشی - چھوٹی - چھوٹے پیمانہ
کی مختصر تصویر یا نقشہ بنانا -

Miniaturist چھوٹی تصویروں کا مصور یا نقاش -

Minify (min-i-fi) *v.t.* Lessen in size or importance
گھٹا کر دکھانا - اہمیت کم کرنا - وقعت کم کرنا -
چھوٹا کرکے دکھانا -

Minikin (min-i-kin) *n.* & *adj.* Diminitive creature چھوٹے قد کا آدمی یا جانور - چلا ہوا - بنا ہوا -
بننے والا - نخرے کرنے والا - چھوٹی قسم کا صنوبر -

Minim (min-im) *n.* Creature of the smallest size
چھوٹی چیز - سب سے چھوٹی مخلوق - بونا - چھوٹا جانور -
ایک ڈرام کا ساٹھواں حصہ - بوند - قطرہ - چھوٹی مچھلی -
ایک قسم کا راگ -

Minimal (min-im-əl) *adj.* The smallest بہت چھوٹا - سب سے چھوٹا -

Minimalist (min-im-əl-ist) *n.* Person ready to accept a minimum ایسا شخص جو کم سے کم حقوق کو نہ چھوڑے - کم سے کم سیاسی حقوق پر راضی ہو جائے -

Minimize (min-im-īz) *v.t.* Reduce to smallest amount or degree کم کر دینا - حد سے زیادہ کم کرنا - بہت کم کر کے دکھانا -

Minimization *n.* بے حد کم کر کے دکھانا - کم سے کم کر کے دکھانا -

Minimum (min-i-mum) *n.* Least amount کم سے کم مقدار - اقل ترین مقدار -

Minimus (min-i-mus) *adj.* Youngest of the name مدرسہ کے ایک نام کے بچوں میں سب سے چھوٹا -

Minion (min-yən) *n.* Favourite child, servant or animal سب سے عزیز بچہ - ملازم یا پالتو جانور - منہ لگا - منظور نظر - چھاپے کے چھوٹے حروف -

Minister (min-is-tər) *n.* Person administering a department وزیر مملکت - نائب - منتظم - کار پرداز - سرشتہ کا حاکم اعلیٰ - مینجر - عامل - صدر المہام - ایلچی - سفیر - مختار - پادری -

Minister (min-is-tər) *v.i.* & *t.* Render aid or service خدمت کرنا - مدد کرنا - امداد دینا - اعانت کرنا - حاجت روائی کرنا - بہم پہنچانا -

Ministerial (min-is-tə-ri-əl) *adj.* Concerned with the execution of law کار پرداز - معاون - قانون کی عاملانہ حیثیت کا - بر سر حکومت جماعت کا طرفدار وزارت - امور مذہبی کے متعلق -

Ministerialist *n.* وزارتی جماعت کا حامی - بر سر اقتدار جماعت کا حامی -

Ministration (min-is-trə-shən) *n.* Ministering esp. in religious matters خدمت - امداد - دستگیری - مذہبی معاملات میں امداد - معاونت -

Ministry (min-is-tri) *n.* The body of ministers, cabinet وزراء کی کابینہ - جماعت وزراء - وزارت ملک - اراکین حکومت - انتظام - اہتمام -

Minnie (min-i) *n.* Trench mortar ایک ہلکی توپ جو خندق میں استعمال ہوتی ہے -

Minnow (min-ō) *n.* Small freshwater fish چھوٹی دریائی مچھلی -

Triton among the minnows اندھوں میں کانا راجہ -

Minor (mī-nər) *adj.* & *n.* Comparatively unimportant چھوٹا - کمتر - اصغر - کم عمر - کم درجہ کا - خفیف - مقدمہ صغریٰ - نا بالغ - صغیرسن -

Minority (mī-nər-i-ti) *n.* State of being under age, smaller number, smaller party اقلیت - نابالغی - تعداد میں مقابلتاً کم -

Minotaur (mīn-ə-tawr) *n.* Fabulous monster half bull half man ایک خیالی مخلوق جو نصف انسان اور نصف بیل تھا اور گوشت کھاتا تھا -

Minster (min-stər) *n.* Church of a monastry خانقاہ کا گرجا - بڑا گرجا - مشہور گرجا -

Minstrel (min-stər-l) *n.* Mediaeval singers who recited their own poems قرون وسطیٰ کے گویے جو اکثر اپنا ہی کلام گاتے تھے - مغنی شاعر - (جمع) حبشیوں کا سوانگ بھرنے والوں کی ٹولی -

Minstrelsy (min-strəl-si) *n.* Minstrel's art گانا بجانا - مطربوں کی جماعت - مغنیوں کی شاعری -

Mint (mint) *n.* Place where money is coined ٹکسال - دارالضرب - خزانہ - وافر دولت - زر کثیر -

Mint (mint) *v.t.* Coin money روپیہ سکے ڈھالنا - بنانا - ایجاد کرنا - اختراع کرنا - الفاظ تراشنا - محاورات بنانا - اصطلاحات وضع کرنا -

Mintage *n.* سکہ سازی کا محصول - ڈھلائی - ڈھلے ہوئے سکے -

Mint (mint) *n.* Aromatic plant پودینہ -

Mint-sauce روپیہ پیسہ - پودینے کی چٹنی -

Minus (mi-nəs) *Prep.* & *adj.* With the deduction of کمی - منفی - منفی کی نشانی (—) -

Minute (min-it) *n.* Sixtieth part of hour گھنٹے کا ساٹھواں حصہ - لمحہ - منٹ - یاد داشت - مسودہ - روداد - خلاصہ کاروائی - تجویز -

Minute (min-it) *v.t.* Draft, record یاد داشت لکھنا - روئیداد لکھنا - مرتب کرنا - ٹھیک وقت معلوم کرنا -

Minute (mīn-ūt) *adj.* Very small, petty باریک - خفیف - بہت چھوٹا سا - بالکل معمولی - ذرا سا - ادنیٰ - گہرا - نکتہ سنجانہ - دقیق - بالکل ٹھیک -

Minuteness *n.* موشگافی - نکتہ سنجی - باریک بینی - دقیقہ سنجی -

Minutely (mīn-ūt-li) *adj.* Occurring every minute ہر منٹ - منٹ منٹ کا - ہر منٹ واقع ہونے والا - نکتہ سنجی سے - موشگافی سے -

Minx (mingks) *n.* Pert girl, flirt دیدہ دلیر لڑکی - بے شرم عورت -

Miracle (mir-ə-kl) *n.* Marvellous event due to supernatural agency معجزہ - محیر العقول واقعہ - کرامت - ذہانت کا حیرت انگیز نمونہ - خرق عادت -

Miraculous (mir-ə-ku-ləs) *adj.* Supernatural معجزانہ - خرق عادت کا - مافوق الفطرت - حیرت انگیز - عجیب -

Mirage (mi-rāzh) *n.* Optical illusion specially of water in desert دھوکا - سراب - نظر کا دھوکا - چمکتی ہوئی ریت پر پانی کا دھوکا -

Mire (mīr) *n.* Swampy ground کیچڑ - دلدل - گہری دلدل - غلاظت - میل کچیل -

Stick, find oneself in mire مصیبت میں مبتلا ہونا - گرفتار بلا ہونا -

Mire (mir) *v.t.* Plung in mire, involve in difficulties دلدل میں پھنسانا - کیچڑ میں آلودہ کرنا - مصیبت میں پھنسانا -

Mirror (mir-ər) *n.* & *v.t.* Polished glass surface آئینہ - ہو بہو - عکس یا نقشہ - عکس دکھانا - منعکس کرنا -

Mirth (mər-th) *n.* Merriment خوشی - طرب - مسرت انبساط - نشاط - ہنسی خوشی - دل لگی - رنگ رلیاں - لطف و مسرت -

Mirthful *adj.* مسرور - خوش و خرم -

Mirthfulness *n.* پر لطف ہونا - مسرور ہونا - خوش طبعی -

Miry (mī-ri) *adj.* Swampy کیچڑ سے بھرا ہوا - کیچڑ میں لت پت - دلدلی - شرمناک - ذلیل -

Misadventure (mis-əd-vent-ur) *n.* Bad luck بلا - شامت - آفت - مصیبت - بدبختانہ آفت -

Misadvised (mis-əd-viz-d) *adj.* Led astray گمراہ کیا ہوا - بھکایا ہوا -

Misalliance (mis-ə-la-əns) *n.* Unsuitable alliance بے جوڑ دوستی یا رفاقت - اپنے سے کم حیثیت والے سے شادی - بے جوڑ شادی -

Misanthrope (mis-ən-throp) *n.* Hater of mankind مردم بیزار - انسانوں سے نفرت کرنے والا - انسانوں سے دور بھاگنے والا -

Misanthropist *n.* مردم بیزار - اکل کھرا -

Misanthropy *n.* مردم بیزاری -

Misapplication (mis-ə-pli-ka-shən) *n.* Wrong use بے موقع استعمال - بے جا صرف - بے جا استعمال -

Misapply (mis-ə-pli) *v.t.* Apply wrongly بیجا صرف کرنا - غلط استعمال کرنا - بے جا خرچ کرنا -

Misapprehend (mis-ap-ri-hend) *v.t.* Misunderstand خلاف یا غلط سمجھنا - کسی کے متعلق غلط رائے قائم کرنا -

Misapprehension *n.* بھول چوک - غلط فہمی -

Misapprehensive *adj.* غلط فہمی پر مبنی - غلط فہمی میں مبتلا -

Misappropriate (mis-ə-pro-pri-āt) *v.t.* Apply to wrong use تصرف بیجا کرنا - خرد برد کرنا - غبن کرنا - ناجائز طور پر خرچ کر ڈالنا -

Misappropriation *n.* تصرف بیجا - تغلب - غبن -

Misbecome (mis-bi-kum) *v.t.* Suit ill نا مناسب ہونا - خلاف شان ہونا - نازیبا ہونا -

Misbegotten (mis-bi-got-n) *adj.* Illegitimate حرامزادہ - حرامی - ولدالزنا -

Misbehave (mis-bi-hāv) *v.t.* Behave improperly ناشائستہ حرکتیں کرنا - بدتمیزی کرنا -

Misbehaviour *n.* برا چال چلن - بد اخلاقی - بد سلوکی - بد اطواری -

Misbelief (mis-bi-lif) *n.* Wrong religious belief خلاف مذہب اعتقاد - غلط عقیدہ -

Misbelieving *adj.* برگشتہ - گمراہ - غلط اعتقاد والا -

Misbeseem (mis-bi-sēm) *v.t.* Misbecome نازیبا ہونا - نا سزا ہونا - شایان شان نہ ہونا - نامناسب ہونا - خلاف شان ہونا -

Miscalculate (mis-kal-kū-lāt) *v.t. & i.* Calculate wrongly غلط حساب لگانا - غلط اندازہ کرنا -

Miscalculation *n.* حساب میں غلطی - غلط حساب - غلط اندازہ -

Miscall (mis-kawl) *v.t.* Call by a wrong name غلط نام سے پکارنا - غلط نام لینا - برا بھلا کہنا - گالیاں دینا -

Miscarriage (mis-kar-əj) *n.* Abortion, failure of letter to reach destination اسقاط حمل - وقت سے قبل زچگی - منصوبہ یا تجویز کی ناکامی - خط کا پتہ پر نہ پہنچنا -

Miscarry (mis-kari) *v.t.* Be delivered prematurely وقت سے قبل ولادت ہو جانا - کامیاب نہ ہونا - نا مراد رہنا - حمل گر جانا - خط کا ٹھیک پتے پر نہ پہنچنا -

Miscasting (mes-kâst-ing) *n.* Wrong addition جمع کرنے میں غلطی - میزان میں غلطی - کسی ناٹک کے کرداروں کے لئے صحیح اداکاروں کا انتخاب نہ کرنا -

Miscegenation (mis-i-jen-a-shən) *n.* Mixture of races مختلف نسلوں کا میل - کالے گوروں کا نسلی اختلاط - مختلف نسلوں کے درمیان شادی -

Miscellanea (mis-ə-la-nia) *n.* Literary miscellany ادبی مجموعہ - متفرق مضامین - متفرق مضامین کے مجموعے یا رسالے -

Miscellaneous (mis-ə-la-ni-əs) *adj.* Of mixed composition متفرق - مختلف - مخلوط - کئی طرح کے - ہر رنگ کے - مختلف قسم کے -

Miscellany (mis-ə-la-ni) *n.* Medley, mixture ہر قسم کے مضامین - معجون مرکب - ملے جلے مضامین - مختلف موضوع کے مضامین کے مجموعے یا رسالے -

Mischance (mis-chans) *n.* Bad luck سوئے اتفاق - حادثہ - گردش ایام - بد نصیبی - کم بختی -

By mischance سوئے اتفاق سے - بد قسمتی سے -

Mischief (mis-chīf) *n.* Harm, injury wrought by a person شرارت - خرابی - بدی - برائی - اذیت - مضرت - فساد - جھمیلا - شوخی - چھیڑ چھاڑ - جھگڑا - بنائے فساد -

The mischief of it is - اس میں تکلیف دہ امر یہ ہے

Mischievous (mes-chīv-əs) *adj.* Having harmful effect ضرر رساں - زیاں کار - مضر - موذی - نٹ کھٹ - شریر - مفسد - فتنہ پرداز - فسادی - اذیت رساں -

Mischievousness *n.* زیاں کاری - شرارت - اذیت رسانی -

Miscible (mis-si-bl) *adj.* That can be mixed ملانے کے لائق - آمیزش کے قابل -

Misconcieve (mis-ken-sīv) *v.i. & t.* Have a wrong conception غلط سمجھنا - سمجھنے میں غلطی کرنا - غلط تصور کرنا - منشا غلط سمجھنا - کسی کے متعلق غلط رائے قائم کرنا -

Misconception *n.* غلط خیال - غلط اندازہ - غلط فہمی -

Misconduct (mis-kon-dukt) *n. & v.t.* Bad management بدچلنی - بدانتظامی - بدکرداری - بدفعلی - سرکشی - بداعمالی - کسی کام کو خراب کردینا -

Misconstrue (mis-kon-stroo) *v.t.* Put wrong construction غلط معنی نکالنا - کچھ کا کچھ سمجھنا - غلط تعبیر کرنا - غلط نتیجہ نکالنا -

Misconstruction *n.* غلط نتیجہ - غلط مفہوم - غلط معنی - غلط تعبیر -

Miscount (mis-kownt) *n., v.t. & i.* Count wrongly غلط شماری - غلط گننا -

Miscreant (mis-kri-ənt) *adj. & n.* Depraved, heretical آوارہ - رند - مردود - کافر - بدعتی - بدمعاش - بدذات -

Miscreated (mis-kri-at-əd) *adj.* Ill-formed - بدوضع کریہہ صورت - مکروہ - بدصورت -

Miscreation *n.* خلقی بدصورتی - بدوضعی -

Misdate (mis-dāt) *v.t.* Date wrong غلط تاریخ ڈالنا - غلط تاریخ دینا -

Misdeal (mis-dēl) *v.t.,i.* & *n.* Make mistake in dealing تقسیم میں غلطی کرنا ۔ (تاش) پتے غلط تقسیم کرنا ۔ غلط تقسیم ۔

Misdeed (mis-dēd) *n.* Evil deed, crime ۔ جرم ۔ خطا ۔ قصور ۔ فعل بد ۔ مجرمانہ فعل ۔ برا کام ۔

Misdeem (mis-dēm) *v.t.* & *i.* Have wrong opinion of غلط خیال قائم کرنا ۔ غلطی سے کسی کی بات کا الٹا مطلب نکالنا ۔ کچھ کا کچھ سمجھنا ۔ غلط رائے رکھنا ۔ غلط فہمی میں مبتلا ہونا۔

Misdemeanant (mis-di-men-ənt) *n.* Person guilty of misconduct جرم خفیف یا بداعمالی کا مجرم ۔

Misdemeanour (mis-dī-men-ər) *n.* Offence, misdeed ۔ تقصیر ۔ قصور ۔ معمولی جرم ۔ خطا ۔ بداطواری ۔ بداخلاق ۔ مجرمانہ فعل ۔

Misdirect (mis-di-rekt) *v.t.* Direct wrongly غلط راستہ بتانا ۔ غلط راہ پر ڈالنا ۔ غلط جگہ روانہ کرنا۔ گمراہ کرنا ۔ غلط رخ پر وار کرنا ۔

Misdirection *n.* گمراہ کرنا ۔ غلط ہدائت ۔ صحیح رخ سے انحراف ۔

Misdoing (mis-dōō-ing) *n.* Misdeed ۔ بدکاری ۔ بدکرداری ۔ قصور ۔ خطا ۔ تقصیر ۔

Miser (mīz-ər) *n.* One who hoards wealth and lives miserably بخیل ۔ کنجوس ۔ طماع ۔ بندہ زر ۔ لالچی ۔ حریص ۔ ذلیل زندگی بسر کرنے والا ۔

Miser (mīz-ər) *n.* Boring instrument کنواں کھودنے کا آلہ ۔

Miserable (mīz-ər-əbl) *adj.* Wretchedly unhappy بد نصیب ۔ کم بخت ۔ خستہ حال ۔ زار و نزار ۔ مفلوک‌الحال ۔ منحوس ۔ ذلیل ۔ قابل نفرت ۔

Misericord (mīz-ə-ri-kord) *n.* Apartment in monastry where some indulgences were permitted خانقاہ کا وہ کمرہ جہاں چند دنیاوی امور کی اجازت تھی ۔ بیت‌العفو ۔ ایک وار میں سر قلم کرنے والا خنجر ۔

Miserly (miz-ər-li) *adj.* Like a miser ۔ ممسکانہ ۔ بخیلانہ ۔ کنجوسوں کی طرح ۔

Misery (miz-ər-i) *n.* Wretched state of mind خواری ۔ تباہی ۔ بد بختی ۔ شامت اعمال ۔ کلفت ۔ بلا کت ۔ مصیبت ۔ (تاش) کوئی پٹ نہ بنانے کی بولی ۔

Misfeasance (mis-fez-əns) *n.* Wrongful exercise of authority ۔ اختیار کا غلط استعمال ۔ بے عنوانی ۔ بے جا حرکت ۔

Misfire (mis-fir) *v.i.* & *n.* Failing to go off or start action بندوق کا نہ چلنا ۔ انجن کا چالو نہ ہونا ۔ تدبیر کا ناکام رہنا ۔ ناکامی ۔

Misfit (mis-fit) *n.* Anything that does not fit, unfit person ٹھیک یا پورا نہ ہونا ۔ درست نہ بیٹھنا ۔ چھوٹا ۔ بڑا تنگ یا ڈھیلا ہونا ۔ ناموزوں ۔ کسی عہدے کے لیے نااہل شخص۔

Misfortune (mis-for-tūn) *n.* Bad luck ۔ بدنصیبی ۔ بدقسمتی ۔ شامت ۔ تباہی ۔ بدبختی ۔ آفت ۔ بلا ۔ مصیبت ۔

Misgive (mis-giv) *v.t.* To fill with suspicion شک پیدا کرنا ۔ شبہ ڈالنا ۔ دل میں وسوسہ پیدا کرنا ۔

Misgiving (mis-giv-ing) *n.* Feeling of mistrust شک ۔ شبہ ۔ اندیشہ ۔ خطرہ ۔ وسوسہ ۔

Misgovern (mis-guv-ə-rn) *v.t.* Govern badly خراب انتظام کرنا ۔ بری طرح حکومت کرنا ۔

Misgovernment *n.* ۔ بد نظمی ۔ تراج ۔ بد انتظامی ۔

Misguide (mis-gīd) *v.t.* Mislead ۔ گمراہ کرنا ۔ بہکانا ۔ غلط راستے پر ڈالنا ۔

Mishandle *v.t.* Handle roughly ۔ بد سلوکی کرنا ۔ بری طرح پیش آنا ۔ بری طرح سر انجام دینا ۔ برا سلوک کرنا ۔

Mishap (mis-hap) *n.* Unlucky accident ناگہانی آفت ۔ ناگوار حادثہ ۔ آفت ۔

Mishear (mis-hēr) *v.t.* Hear imperfectly ۔ غلط سننا ۔ بخوبی نہ سننا ۔ کچھ کا کچھ سننا ۔

Mishmash (mish-mash) *n.* Confused mixture کھچڑی ۔ ست نجا ۔ گڈ مڈ ۔ گھال میل ۔

Misinform (mis-in-form) *v.t.* Give wrong information غلط اطلاع دینا ۔ جھوٹی خبر دینا ۔ غلط فہمی میں مبتلا کرنا ۔

Misinformation *n.* ۔ غلط خبر ۔ غلط اطلاع ۔

Misinterpret (mis-in-tər-prit) *v.t.* Make wrong inference from - غلط معنی نکالنا - غلط تاویل کرنا - غلط تعبیر کرنا -

Misinterpretation *n.* غلط استدلال - غلط استنباط - غلط تعبیر - غلط معنی

Misjudge (mis-juj) *v.t.* Have wrong opinion of غلط رائے قائم کرنا - غلط اندازہ لگانا - غلط سمجھنا - نا انصافی کرنا -

Mislay (mis-lā) *v.t.* Put thing in a place where it cannot be easily found کسی چیز کو غلط جگہ پر رکھنا جو وقت پر نہ مل سکے - کہیں کی چیز کہیں رکھ دینا -

Mislead (mis-lēd) *v.t.* Lead astray بھٹکانا - گمراہ کرنا - بھٹکانا - دھوکا دینا - بری راہ چلانا - غلطی میں مبتلا کر دینا -

Mismanage (mis-man-ij) *v.t.* Manage badly بری طرح انتظام کرنا - درہم برہم کرنا - خراب انتظام کرنا -

Mismanagement *n.* بد سلیقگی - بے ترتیبی - بد انتظامی -

Misname (mis-nām) *v.t.* Call by wrong name غلط نام سے پکارنا - غلط نام لینا -

Misnomer (mis-nom-ər) *n.* Use of wrong name نام کی غلطی - غلط نام کا استعمال -

Misogamy (mis-o-gə-mi) *n.* Hatred of marriage شادی سے نفرت - ازدواجی بیزاری -

Misogamist نکاح سے بیزار - شادی سے نفرت کرنے والا -

Misogynist (mis-o-ji-nist) *n.* Hater of woman عورت سے نفرت کرنے والا - زن بیزار -

Misplace (mis-plās) *v.t.* Put in wrong place بے ٹھکانے رکھنا - کہیں کی چیز کہیں رکھنا -

Misplacement *n.* غلط جگہ رکھنا - بے ٹھکانے رکھنا - غلط یا بے محل استعمال -

Misprint (mis-print) *n.* & *v.t.* Mistake in printing, print wrongly چھاپہ کی غلطی - غلط چھاپنا - چھاپنے میں غلطی کرنا -

Misprision (mis-prizh-ən) *n.* Concealment of information اخفائے جرم - شہادت کا اخفا - چشم پوشی - تحقیر - نفرت -

Misprize (mis-prīzh) *v.t.* Fail to appreciate حقارت سے دیکھنا - تحقیر کرنا - نا قدری کرنا -

Mispronounce (mis-prə-nowns) *v.t.* Pronounce wrongly غلط تلفظ کرنا - تلفظ میں غلطی -

Mispronunciation *n.* لفظ ادا کرنے میں غلطی - تلفظ کی غلطی -

Misquote (mis-kowt) *v.t.* Quote wrongly غلط حوالہ دینا - غلط سند پیش کرنا - کسی کا قول نقل کرنے میں غلطی کرنا - غلط اقتباس پیش کرنا -

Misquotation *n.* غلط اقتباس - غلط سند - غلط حوالہ -

Misrepresent (mis-rep-ri-zent) *v.t.* Give false account of غلط بیانی کرنا - خلاف واقعہ بیان کرنا - غلط تصویر پیش کرنا - توڑ موڑ کر بیان کرنا - دھوکا دینا -

Misrepresentation *n.* دروغ بیانی - غلط بیانی -

Misrule (mis-rōōl) *n.* Bad government اندھیر نگری - بد نظمی - خراب حکومت -

Miss (mis) *n.* Failure to hit or attain نشانے کا خطا ہونا - مقصد میں ناکامی - غلطی - قصور - بھول چوک - فروگزاشت -

A miss is as good as a mile نشانے کا ذرا غلط ہونا اور بہت غلط ہونا برابر ہے - بال بھر چوک اور گز بھر چوک برابر ہے -

Miss (mis) *v.t.* Fail to hit the mark نشانہ خطا ہونا - نشانہ خالی جانا - ناکام رہنا - مقصد کے حصول میں ناکام رہنا - موقع کھو دینا - نہ پا سکنا - نہ پکڑ سکنا - وعدے پر نہ پہنچ سکنا - کسی کی جدائی میں بے چین رہنا - کسی کو یاد کرنا -

Miss (mis) *n.* Unmarried girl or woman ناکتخدا لڑکی یا عورت - جوان بن بیاہی لڑکی - کنواری دوشیزہ - اسکول کی لڑکی - نوجوان خاتون -

Missish *adj.* بنا ٹھنا - لڑکیوں کی عادت والا - لڑکیوں کی طرح -

Missal (mis-l) *n.* Book containing service of Mass پادریوں کی نماز اور دعاؤں کی کتاب - عبادت نامہ -

Misshapen (mis-shə-pn) *adj.* Deformed کریہہ منظر - بد صورت - بدشکل -

Missile (mis-il) *adj.* & *n.* Suitable for discharge پھینکنے کا - پھینک کر مارنے کا - کوئی چیز جو جنگ میں دشمن پر پھینکی جائے - گولا - تیر - برچھی وغیرہ -

Missing (mis-ing) *adj.* Wanting گم - غائب - ناپید - گم شدہ - نا معلوم - نشانہ جو ہدف سے الگ ہو -

Missing link انسان اور بندر کے درمیان کی کڑی - بیچ کی خالی کڑی -

Mission (mish-ən) *n.* Person's work in life, religious workers تبلیغ - پیام کی اشاعت - تبلیغی مرکز - تبلیغی جماعت - زندگی کا خاص کام -

Missionary (mish-ən-ari) *adj.* & *n.* Concerned with religious missions تبلیغی - تبلیغی ادارے کا - مبلغ - تبلیغی جماعت - تبلیغی جماعت کا فرد - پادری جو مجرموں کی اصلاح کے لیے مقرر ہوتا ہے -

Missioner (mish-ən-ər) *n.* Person in charge of mission مبلغ - پادری - تبلیغی منتظم -

Missis (mis-is) *n.* The mistress (ملازم) مالکہ - مالک کی بیوی - خاتون - بیگم صاحبہ - بیوی -

Missive (mis-iv) *adj.* & *n.* Official ایسا خط جو حاکم اعلیٰ روانہ کرے - جاری شدہ - سرکاری حکم -

Misspell (mis-spel) *v.t.* Spell wrongly غلط ہجے لکھنا - ہجوں میں غلطی کرنا -

Misspend (mis-spend) *v.t.* Spend wastefully بے جا صرف کرنا - فضول خرچی کرنا - ضائع کرنا - برباد کرنا -

Misstate (mis-stat) *v.t.* State wrongly غلط بیان کرنا - خلاف واقعہ بیان دینا - غلط بیانی کرنا -

Misstatement خلاف حقیقت بیان - خلاف واقعہ اظہار -

Missy (misi) *n.* Affectionate address نوجوان خاتون - نوجوان کنواری عورت -

Mist (mist) *n.*, *v.i.* & *t.* Water vapour causing obscuration کہر - دھند - پردہ - جالی - نقاب - اندھیرا - دھندلا پن - دھندلا ہونا - دھندلا کرنا -

Mistful *adj.* کہر سے ڈھکا ہوا - دھندلا - کہریلا -

Mistlike *adj.* دھندلا - کہر کی طرح -

Mistake (mis-tāk) *n.* Error, fault خطا - غلطی - غلط فہمی - بھول چوک - قصور -

Mistake (mis-tāk) *v.t.* Err, misunderstand غلطی کرنا - بھولنا - کچھ کا کچھ سمجھنا - رائے قائم کرنے میں غلطی کرنا - غلط طریقہ اختیار کرنا -

Mistaken *adj.* غلط فہمی پر مبنی - غلطی پر -

Mistakable *adj.* جس میں بھول چوک ہو سکے - جس میں غلطی کا امکان ہو -

Mister (mis-tər) *n.* & *v.t.* Title prefixed to a man's name مسٹر - جناب - حضرت - حضور - معمولی آدمی - کسی کو مسٹر کہہ کر پکارنا -

Mistime (mis-tīm) *v.t.* Say, do, out of season بے وقت کوئی کام کرنا - بے موقع یا بے محل بات کہنا - بے وقت کہنا - خراب وقت میں کرنا -

Mistletoe (miz-l-tō) *n.* A parasite plant growing on trees اکاس بیل - امر بیل - ایسی بیل جو دوسرے درختوں پر بغیر جڑ کے پھیلے -

Mistranslate (mis-trans-lat) *v.t.* Render incorrect translation غلط ترجمہ کرنا -

Mistranslation *n.* غلط ترجمہ -

Mistress (mis-tris) *n.* Female head of household گھر والی - جورو - بیگم - مخدومہ - نوکروں کی نگران عورت - عورت - معلمہ - استانی - معشوقہ - داشتہ - آشنا -

Mistrust (mis-trust) *v.t.* Feel no confidence in a person شک کرنا - شبہ کرنا - اعتبار نہ کرنا - بد ظن ہونا - بدگمانی کرنا - اعتماد نہ کرنا -

Mistrust (mis-trust) *n.* Lack of confidence بد ظنی - بد گمانی - بے اعتمادی -

Mistrustful *adj.* اعتماد نہ کرنے والا - وہمی - شکی - بد ظن -

Misty (mist-i) *adj.* Covered with mist کہر آلود - دھندلا - غبار آلود - غیر واضح -

Mistiness *n.* کہر آلود ہونا - دھند - دھندلا پن -

Misunderstand (mis-undər-stand) *v.t.* Take in wrong sense غلط سمجھنا - غلط تعبیر کرنا - منشا غلط سمجھنا -

Misunderstanding *n.* کھٹ پٹ - رنجش - اختلاف - غلط فہمی -

Misuse (mis-us) *v.t.* & *n.* Apply to wrong purpose بری طرح استعمال کرنا ۔ بیجا طور پر استعمال کرنا ۔ برا سلوک کرنا ۔ بری طرح پیش آنا ۔ سختی کرنا ۔ غلط استعمال ۔ تشدد ۔ سختی ۔ زیادتی ۔

Mite (mit) *n.* Small object چھوٹی سی ۔ ذرہ ۔ ریزہ ۔ چیز ۔ ننھی سی جان ۔ بہت چھوٹا سکہ ۔ پائی ۔ فار دنگ ۔ خشخاش ۔ غریب آدمی کا حقیر مگر مخلصانہ عطیہ ۔ انسان کا اپنا مختصر حصہ جو اس سے ہو سکے ۔

Mithridate (mith-ri-dat) *n.* Antidote for poison زہر مہرہ ۔ بس مار ۔ تریاق ۔

Mithridatize (mith-ri-dat-iz) *v.t.* Render proof against poison زہر کا عادی کر دینا تاکہ زہر کا اثر نہ ہو ۔ زہر کے اثر سے محفوظ کرنا ۔

Mitigate (mit-i-gat) *v.t.* Reduce severity کم کرنا ۔ شدت کو گھٹانا ۔ ہلکا کرنا ۔ معتدل کرنا ۔ ملائم یا نرم کرنا ۔

Mitigation *n.* تسکین ۔ نرمی ۔ تخفیف ۔ کمی ۔

Mitigatory *adj.* ہلکا کرنے والا ۔ تخفیف کرنے والا ۔

Mitre (mit-ər) *n.* Bishop's tall cap cleft at top بشپ کا تاج ۔ بشپ کی کلاہ ۔ لکڑی کا جوڑ جو زاویہ قائمہ بنائے ۔ زاویہ قائمہ کا نصف ۔

Mitre (mit-ər) *v.t.* Bestow mitre on بشپ کی تاج پوشی کرنا ۔ کلاہ عطا کرنا ۔ لکڑیوں کو ملا کر نیم زاویہ قائمہ بنانا ۔

Mitten-Mitt (mit-n) *n.* Kind of glove with thumb but no fingers ایسا دستانہ جس میں انگلیوں کی جگہ نہ ہو ۔ عورتوں کا ساعد پوش ۔ ایسا دستانہ جو کلائی ، ہتھیلی اور انگوٹھے کی حفاظت کرتا ہے ۔

Mittimus (mit-i-məs) *n.* Warrant committing person to prison حکم نامہ جس کے ذریعے حاکم مجرم کو جیل خانہ بھیجتا ہے ۔ پروانہ اسیری (بول چال) برطرفی ۔ موقوفی ۔ ملازمت سے علیحدگی ۔

Mix (miks) *v.t.* & *i.* Put together ملانا ۔ مخلوط کرنا ۔ آمیزش کرنا ۔ داخل کرنا ۔ مرکب کرنا ۔ مرکب تیار کرنا ۔ ملنا جلنا ۔ گھل مل جانا ۔ محبت رکھنا ۔ راہ و رسم رکھنا ۔

Be mixed up الجھا ہونا ۔ پھنسا ہونا ۔ شامل ہونا ۔

Mix up قابل اعتراض معاملہ ۔ بری صحبت میں بیٹھنا ۔ میں شریک ہونا ۔ خلط ملط کر دینا ۔

Mixed (miks-d) *adj.* Of diverse qualities ملا ہوا ۔ مخلوط ۔ مرکب ۔ صحبت جس میں ہر طرح کے لوگ ہوں ۔ مخلوط صحبت ۔ (بول چال) مخبوط ۔ بد حواس عورت یا مرد ۔

Mixture (miks-tur) *n.* What is mixed up, medical preparation اختلاط ۔ امتزاج ۔ آمیزش ۔ مرکب ۔ دو چیزوں کا اس طرح ملنا کہ وہ ایک ذات نہ ہوں ۔

Mizpah (miz-pa) *n.* A ring inscribed with وہ انگوٹھی جس پر یہ لفظ لکھا ہو اور نشانی کے طور پر دی جائے ۔

Miz(z)en (miz-n) *n.* Lowest sail اگلا، پچھلا ، نیچے کا بادبان ۔

Mizzle (miz-l) *v. imp.* & *n.* Drizzle پھوار پڑنا ۔ پھوئیں پڑنا ۔ بوندا باندی ہونا ۔

Mizzly *adj.* ایسا موسم جس میں ترشح ہو یا پھوار پڑتی رہے ۔

Mnemonic (ni-mon-ik) *adj.* & *n.* Designed to aid the memory حافظے میں مدد دینے والا ۔ (جمع) تقویت ۔ حافظہ کا اصول یا فن ۔

Mo (mo) *n.* Moment (بول چال) moment کا مخفف ۔ ذرا دیر ۔ لمحہ ۔

Moan (mon) *n.* Low and long murmur of physical suffering کراہ ۔ آہ آہ ۔ آہ و بکا ۔ آہ و زاری ۔

Moanful *adj.* درد انگیز ۔ کراہتے ہوئے ۔ پر درد ۔ ماتم انگیز ۔

Moan (mon) *v.t.* & *i.* Lament کراہنا ۔ نوحہ کرنا ۔ فریاد کرنا ۔ ہائے ہائے کرنا ۔ آہ و زاری کرنا ۔ واویلا کرنا ۔ آہیں بھرنا ۔ ماتم کرنا ۔

Moat (mot) *v.t.* & *n.* Deep wide ditch پانی سے بھری ہوئی چوڑی خندق ۔ خندق سے محفوظ کرنا ۔ قلعہ یا مکان کے چاروں طرف خندق بنانا ۔

Mob (mob) *n.* Tumultuous crowd عوام ۔ عوام الناس ۔ بھیڑ ۔ بھیر ۔ اژدھام ۔ جم غفیر ۔ بے ترتیب مجمع ۔

Mob-law ہجوم کا قانون ۔ عامیانہ قانون ۔

Swell-mob سفید پوش اچکے ۔ گرہ کٹ ۔

Mobbish *adj.* شور و غل مچانے والا ۔ بے ترتیب ۔

Mobocracy *n.* انبوہ کی حکمرانی ۔ انبوہ گردی ۔ عامیانہ حکومت ۔

Mob (mob) *v.t.* & *i.* Molest, attack, assemble in a mob بلوہ کرنا ۔ غدر مچانا ۔ انبوہ گردی کرنا ۔ جمع ہونا ۔ مجمع ہونا ۔ اژدھام ہونا ۔

Mobile (mo-bil) *adj.* Moving, movable غیر مستقل ۔ متلون ۔ چلنے پھرنے والا ۔ نقل پذیر ۔ حرکت پذیر ۔ فوج جو ایک جگہ سے دوسری جگہ بھیجی جا سکے ۔

Mobility *n.* غیر مستقل مزاجی ۔ حرکت کی آمادگی ۔ تیزی ۔ تیاری ۔ مستعدی ۔

Mobilize (mo-bil-iz) *v.t.* Render movable حرکت میں لانا ۔ حرکت کے قابل بنانا ۔ لڑائی کے لیے تیار کرنا ۔ فوج جمع کرنا ۔ جنگ کے لیے فوج اکٹھا کرنا ۔

Mobilizable *adj.* جو بہ آسانی تیار ہو سکے ۔ نقل و حرکت کے قابل ۔

Mobilization *n.* فوج کی درستی ۔ فوج کی بھرتی ۔ جنگ کے لیے فوج کی تیاری ۔

Mock (mok) *n.* Derision تمسخر ۔ تضحیک ۔ ہنسی ٹھٹھا ۔ استہزا ۔ قابل تحقیر چیز ۔

Mock (mok) *adj.* Sham نقلی ۔ جھوٹی ۔ جعلی ۔ مصنوعی ۔ بناوٹی ۔

Mock (mock) *v.t.* & *i.* Hold up to ridicule نقل کرنا ۔ منہ چڑانا ۔ مذاق کرنا ۔ ہنسی اڑانا ۔ استہزا کرنا ۔ ہیچ سمجھنا ۔ پرواہ نہ کرنا ۔ جوتی کی نوک پر مارنا ۔ بیوقوف بنانا ۔ دھوکا دینا ۔ خفیف کرنا ۔

Mocking bird نقل اتارنے والا پرندہ ۔ امریکہ کا طوطا ۔

Mockery (mok-ri) *n.* Ludicrously futile action تمسخر ۔ تضحیک ۔ طعنہ زنی ۔ مذاق ۔ لا حاصل کام ۔ دکھاوا ۔ ظاہر داری ۔ موضوع تمسخر ۔ فضول حرکت ۔ حماقت ۔ مسخرا پن ۔

Modal (mod-l) *adj.* Of mode or form ظاہری ۔ صوری ۔ دکھاوے کا ۔ انداز فعل کے متعلق ۔

Modality (mod-ə-liti) *n.* Method for discharge of obligation جہت ۔ نہج ۔ طریقہ ۔ طریقہ کار ۔ انداز کار ۔ ذمہ داری کے مقررہ اوقات ۔

Modalist (mod-ə-list) *n.* One who believes in form صورت پرست ۔ مظاہر پرست ۔

Mode (mod) *n.* Manner in which a thing is done طرز ۔ طور ۔ طریقہ ۔ اسلوب ۔ رواج ۔ چال ۔ ریت ۔ دستور ۔ روش ۔ ڈھنگ ۔ انداز ۔ (منطق) اصول ۔ جہت ۔ درجہ ۔ رتبہ ۔ پایہ ۔ راگ ۔ گت ۔ ایک قسم کا ریشمی کپڑا ۔

Model (mod-l) *n.* Representation in three dimensions of proposed structure مثل ۔ نمونہ ۔ نقشہ ۔ پیمانہ ۔ ناپ ۔ سانچہ ۔ قالب ۔ طور طریق ۔ ڈھنگ ۔ انداز ۔ خاکہ ۔ شبیہ ۔ نقل ۔ تصویر ۔ وہ عورت جو پوشاک پہن کر خریداروں کو دکھاتی ہے ۔

Model (mod-l) *v.t.* Fashion, shape in clay or wax سانچہ میں ڈھالنا ۔ خاکہ بنانا ۔ تشکیل کرنا ۔ ترتیب دینا ۔ نمونہ پر ڈھالنا ۔ طرز پر بنانا ۔

Moderate (mod-ə-rat) *adj.* & *n.* Avoiding extremes معتدل ۔ اعتدال پسند ۔ متوسط ۔ اوسط درجے کا ۔ تھوڑا ۔ قلیل ۔ نرم ۔ ملائم ۔ دھیما ۔ ہلکا ۔ واجبی قیمت ۔

Moderation *n.* اعتدال پسندی ۔

Moderatism *n.* اعتدال کی حمایت ۔

Moderately *adv.* آہستگی سے ۔ اعتدال سے ۔

Moderateness *n.* اوسط درجے کا ہونا ۔ معتدل ہونا ۔ واجبی ہونا ۔

Moderate (mod-ə-rat) *v.t.* & *i.* Render less violent and intense اعتدال پر لانا ۔ معتدل کرنا ۔ نرم کرنا ۔ ہلکا کرنا ۔ افراط و تفریط سے روکنا ۔ ہلکا ہونا ۔ معتدل ہونا ۔ ثالث یا پنچ بننا ۔ میر مجلس بننا ۔

Moderation (mod-ə-ra-shən) *n.* In a moderate manner or degree سیانہ روی ۔ ملائمت ۔ اعتدال ۔ حلم ۔ تحمل ۔ ضبط ۔ بردباری ۔ سنجیدگی ۔ اعتدال پسندی ۔ سیانہ روی ۔

Moderator (mod-ə-rat-ər) *n.* Mediator معتدل بنانے والا ۔ ضبط کرنے والا ۔ مصالحت کرانے والا ۔ میر مجلس ۔ ثالث ۔ پنچ ۔ آکسفورڈ کے سندی امتحان کا ممتحن ۔ غیر مقلد عیسائی ۔

Modern (mod-ərn) *adj.* & *n.* Of the present times نیا ۔ جدید ۔ حال کا ۔ دور حاضر کا ۔ نئی روشنی کا آدمی ۔

Modernity *n.* جدت پسندی ۔ نو پسندی ۔ جدید چیز ۔ جدید طرز ۔

Modernization *n.* نئے زمانے کے مطابق بنانا ۔ زمانہ جدید کے طرز کے مطابق کرنا ۔

Modernize *v.t.* & *i.* زمانہ حال کا رنگ اختیار کرنا ۔ طرز جدید پر لانا ۔ جدید مذاق کے مطابق کرنا ۔

Modernism (mod-ərn-izm) *n.* Modern views or methods جدید خیالات ۔ نئی روشنی ۔ جدید اصول ۔ مذہبی عقائد کو زمانے کے حالات کے مطابق بنانا ۔

Modernist *n.* جدت پسند ۔ نئی روشنی کا دلدادہ ۔ نئی روشنی کا شخص ۔

Modest (mod-ist) *adj.* Retiring, bashful با حیا ۔ با عصمت ۔ پاکدامن ۔ شرمیلا ۔ با حجاب ۔ منکسر ۔ اپنی قابلیت کو گھٹا کر بیان کرنے والا ۔ معقول ۔ سیدھا سادھا ۔ معمولی ۔

Modesty *n.* شرم ۔ حجاب ۔ حیا ۔ غیرت ۔ انکساری ۔ عاجزی ۔ خاکساری ۔

Modicum (mod-i-kəm) *n.* Small quantity قلیل مقدار ۔ محدود مقدار ۔ ٹکڑا ۔ پارچہ ۔

Modify (mod-i-fī) *v.t.* Tone down تراش خراش کرنا ۔ قطع و برید کرنا ۔ درست کرنا ۔ ترمیم کرنا ۔ تخفیف کرنا ۔ گھٹانا ۔ کم کرنا ۔ معتدل کرنا ۔

Modifiable *adj.* ترمیم پذیر ۔ قابل ترمیم ۔

Modification *n.* ڈھنگ ۔ صورت ۔ شکل ۔ درستی ۔ اصلاح ۔ ترمیم ۔

Modish (mod-ish) *adj.* Fashionable مقبول طرز کے مطابق ۔ عام رواج کے مطابق ۔

Modiste (mod-est) *n.* Milliner, dressmaker عورتوں کی پوشاک تیار کرنے والی ۔ طرحدار کپڑے بیچنے والی ۔ جدید وضع کے لباس بیچنے والی ۔

Modulate (mod-u-lāt) *v.t.* & *i.* Regulate, adjust آواز کو گھٹانا بڑھانا ۔ الاپنا ۔ سر ملانا ۔ ٹھیک ترتیب پر لانا ۔ سر درست کرنا ۔ ایک سر کو دوسرے سر سے ملانا ۔

Modulation *n.* فن موسیقی کے مطابق گانا ۔ آواز کا اتار چڑھاؤ ۔

Modulator *n.* سر کے مطابق آواز کو قابو میں رکھنا ۔ گھٹانے بڑھانے والا ۔

Module (mod-ūl) *n.* Standard, unit نمونہ ۔ نقشہ ۔ ناپ ۔ پیمانہ ۔ ناپنے کی اکائی ۔

Modulus (mod-ū-ləs) *n.* Coefficient (حساب) متبادل مقداروں کا معینہ مضروب ۔ مقدار قوت اور اثر کا تناسب ۔

Modus (mo-dəs) *n.* Way a thing operates طور طرز ۔ طریقہ زندگی ۔ عشر یا دسویں حصہ کے عوض نقد ادائیگی ۔

Modus operandi طریق عمل ۔ طریق کار ۔

Modus vivendi زیر غور معاملات کا وقتی فیصلہ ۔ عارضی تصفیہ ۔

Mogul (mo-gul) *adj.* & *n.* Mongolian مغلیہ نسل کا ۔ مغلیہ (تاش) تاش کے بہترین پتے ۔

Mohair (mo-hār) *n.* Hair of Angora goat انگورا نسل کی بکری کا اون ۔

Mohammedan (mo-ham-e-dən) *n.* Muslim مسلم ۔ مسلمان ۔ اسلام کا پیرو ۔

Mohawk (mō-hawk) *n.* One of the tribe of N. American Indians امریکی انڈین قوم کا ایک قبیلہ ۔ اس قوم کی زبان ۔ برف پر پھسلنے کی ایک خاص حرکت ۔

Mohock (mo-hok) *n.* One of a class of aristocratic ruffians infesting London streets at night in 18th century امرا کے خاندان کے بدمعاش جو اٹھارویں صدی میں لندن کی سڑکوں پر رات کے وقت رہزنی کرتے تھے ۔

Moity (moi-ə-ti) *n.* Half the thing آدھا ۔ نصف ۔ کسی چیز کے دو حصوں میں سے ایک ۔

Moil (moil) *v.t.* Drudge محنت کرنا ۔ مشقت کرنا ۔ بیل کی طرح کام کرنا ۔ ناگوار کام میں عرق ریزی کرنا ۔

Moire (mwar) *adj.* & *n.* Watered fabric, clouded appearance ابری ۔ لہریا ۔ ابری ریشم ۔ ابری یا لہریے کی طرز ۔ لہر دار دھات کا برتن ۔

Moist (moist) *adj.* Slightly wet گیلا ۔ تر ۔ نم ۔ مرطوب ۔ اخراج رطوبت کا ۔ بارش کا ۔

Moisten (mois-ən) *v.t.* & *i.* Make or become moist گیلا کرنا ۔ تر کرنا ۔ نم کرنا ۔ مرطوب کرنا یا ہونا ۔ سیل جانا ۔

Moisture (mois-tur) *n.* Water vapour condensed on surface تری - نمی - سیل - رطوبت - گیلا پن -

Moke (mōk) *n.* Donkey (بول چال) خر - گدھا -

Molar (mō-lər) *adj.* & *n.* Usually of mammal's back teeth پیسنے والا دانت - وہ دانت جس سے جانور چارہ چباتے ہیں - داڑھ - بڑے مجموں میں واقع ہونے والا -

Mole (mōl) *n.* Spot on human skin تل - خال - مسا - لوتھ -

Mole (mōl) *n.* Small burrowing animal with small eyes چھچھوندر - کورموش -

Make mountains out of molehills رائی کا پہاڑ بنانا - بات کا بتنگڑ بنانا -

Blind as a mole نرا اندھا -

Mole (mōl) *n.* Stone structure as pier, break water گودی یا پانی کے اندر بنایا ہوا راستہ - پتھر کی دیوار جو سمندر میں بنائی جائے -

Molecular (mol-ek-u-lər) *adj.* Relating to molecules ذروں یا سالمات کے متعلق -

Molest (mo-lest) *v.t.* Meddle hostilely دق کرنا - ستانا - حیران کرنا - چھیڑنا - تکلیف پہنچانا -

Molestation *n.* چھیڑ چھاڑ - تکلیف دہی - ایذا رسانی -

Mollinism (mol-in-izm) *n.* Doctrine of Luis Molina مولینا کا یہ عقیدہ کہ توفیق اور فضل ربانی خلوص نیت اور حسن عقیدت پر منحصر ہے -

Mollify (mol-i-fi) *v.t.* Appease, soften نرم کرنا - ٹھنڈا کرنا - ملائم کرنا - شدت کم کرنا -

Mollification *n.* تخفیف - تسکین - ملائمت - نرمی -

Mollusc (mol-əsk) *n.* Soft-bodied and hard-shelled animals پلپلے جسم اور سخت خول والے جانور - گھونگھا - سیپی -

Molly (mol-i) *n.* Effiminate man or boy زنانہ مرد یا لڑکا - زنانی صفات والا لڑکا -

Molten (molt-en) *adj.* Melt دیکھو

Moment (mo-mənt) *n.* Minute point of time لمحہ - لحظہ - منٹ - دقیقہ - قوت - اہمیت - ضرورت - وقعت - قدر و منزلت -

Momentous *adj.* نہایت اہم - بھاری - ضروری - اہم - مہتم بالشان -

Momentary (mo-mənt-ari) *adj.* Transitory عارضی - وقتی - ایک لمحہ یا پل کا -

Momently (mo-mənt-li) *adv.* From moment to moment دم بدم - لحظہ بہ لحظہ - ہر دم - ہروقت - ایک لمحے کے لیے -

Momentum (mo-mən-tum) *n.* Motion force of moving body متحرک چیز کا زور حرکت - دھکا - قوت رفتار - معیار حرکت - زور جو حرکت سے حاصل ہو -

Monachism (mon-ək-izm) *n.* Monastic living رہبانیت - راہبانہ زندگی - قلندری - درویشی -

Monad (mon-ad) *n.* The number one, unit ابتدائی جسمیہ جس سے تمام اجسام بنتے ہیں - واحدیت - احدیت - وحدت - عدد مطلق -

Monadism *n.* نظام توحید - عدد مطلق - جوہر واحد کا نظریہ -

Monandrous (mon-an-drəs) *adj.* Having a single stamen ایک نری پودا - پودا جس میں صرف ایک حامل زر ہو - اکہرے حامل زر کا پودا -

Monandry (mon-an-dri) *n.* Custom of having only one husband at a time یہ دستور کہ ایک عورت کا صرف ایک مرد ہو - ایک شوہری دستور -

Monarch (mon-ərk) *n.* Sovereign with title of king شاہ - بادشاہ - سلطان - راجہ - فرمان روا - حکمران - مالک و مختار - سردار - ایک قسم کی بڑی سیاہ ، سرخ تتلی -

Monarchal *adj.* شاہانہ - ملوکانہ -

Monarchical *adj.* شخصی حکومت کا - سلطانی -

Monarchism (mon-ərk-izm) *n.* Principle of attachment to monarchy شاہ پرستی - شاہ پسندی - شخصی حکومت -

Monarchist *n.* شخصی حکومت کا دلدادہ - شاہ پسند - شاہی حکومت کا حامی -

Monarchy (mon-ərk-i) *n.* State under monarchical government شخصی حکومت کی ریاست - شاہی حکومت - بادشاہی -

Monastery (mon-əs-təri) *n.* Residence of community living secluded life خانقاہ ۔ صومعہ ۔ ڈیرا ۔ دھرم سالہ ۔

Monastic (mon-əs-tik) *adj.* Of monks راہبانہ ۔ خانقاہی ۔ (جلد بندی) آرائش جس میں سونے کے بغیر نقش و نگار جلد پر بنائے جائیں ۔

Monasticism *n.* رہبانیت ۔ خانقاہی زندگی ۔

Monday (mun-di) *n.* Second day of week ہفتہ کا دوسرا دن ۔ پیر ۔ سوموار ۔ دوشنبہ ۔

Monde (mownd) *n.* The fashionable world اعلیٰ سوسائٹی ۔ امرا کی دنیا ۔ صحبت ۔ دائرہ معاشرت ۔

Monetary (mon-i-təri) *adj.* Of money نقدی کا ۔ روپے پیسے کا ۔ مال و زر کے متعلق ۔

Monetize (mon-i-tiz) *v.t.* Put into circulation as money سکے کے طور پر چلانا ۔ دھات کے سکوں کو زر قانونی کے طور پر جاری کرنا ۔

Monetization زر کے طور پر جاری کرنا ۔ بصورت زر دھاتوں کا استعمال ۔

Money (mun-i) *n.* Current coin روپیہ ۔ روپیہ پیسہ ۔ سکہ جاریہ ۔ نقدی ۔ نوٹ ۔ دھن ۔ دولت ۔ زر ۔

Money-bags دولت مند ۔ لالچی آدمی ۔

Money-grubber ذلیل طریقے سے روپیہ جمع کرنے والا ۔ زر پرست ۔

Not every man's money وہ چیز جس کی قدر ہر شخص کے پاس مختلف ہو ۔

Moneyed (muni-d) *adj.* Rich, consisting of money مال دار ۔ روپے پیسے والا ۔ زر دار ۔ دولت مند ۔ مال و زر کا ۔

Monger (mung-gər) *n.* Dealer, trader بیچنے والا ۔ دوکان دار ۔ خروشندہ ۔ تاجر ۔ سوداگر ۔

Mongol (mong-gōl) *n.* & *adj.* Member of Asian people of Mongolia منگولی ۔ مغل ۔ منگولیا کا باشندہ ۔

Mongolian (mong-gol-i-ən) *adj.* & *n.* Of yellow-skinned type of mankind منگولیا کا باشندہ ۔ پیلے کھال کا ۔ منگول نسل کا ۔ منگولیوں کی طرح کم عقل ۔

Mongoose (mong-goos) *n.* An ichneumon نیولا جو زہریلے سانپ کو مار ڈالتا ہے ۔ ایک قسم کا لنگور ۔

Mongrel (mong-grəl) *n.* Dog of no definite breed بد نسلا کتا ۔ دوغلا ۔ مخلوط النسل ۔ آدھا تیتر آدھا بٹیر ۔

Mongrelism *n.* ملی جلی نسل کی خصوصیات ۔ دوغلاپن ۔

Monism (mon-izm) *n.* Doctrine that only one being exists وحدت الوجود ۔ ایک وجود ایک ذات ۔ صرف ایک وجود ۔

Monist *n.* ایک وجود کا قائل ۔ وحدت الوجودی ۔

Monition (mon-ish-ən) *n.* Warning of offence خبر ۔ اطلاع ۔ آگاہی ۔ اعلیٰ مذہبی افسر کی طرف سے کسی شخص کو تنبیہ کہ وہ گناہ سے اجتناب کرے ۔

Monitor (mon-i-tər) *n.* One who admonishes ناصح ۔ واعظ ۔ پادری ۔ مذہبی پیشوا ۔ مدرسہ کا خلیفہ ۔ عریف ۔ آہن پوش جہاز جو ساحل کی حفاظت کرتا ہے ۔ ایک قسم کی آبی چھپکلی جو مگرمچھ کے آنے کی اطلاع دیتی ہے ۔

Monitory (mon-i-tər-i) *adj.* & *n.* Warning تنبیہی ۔ واعظانہ ۔ وعیدی ۔ پاپائے روم کا تنبیہی خط ۔

Monk (mungk) *n.* Member of community living under vows of poverty, chastity and obedience زاہد ۔ عابد ۔ جوگی ۔ درویش ۔ تارک الدنیا ۔ راہب ۔

Monkery (mungk-eri) *n.* Monastic life درویشی ۔ قلندری ۔ راہبانہ زندگی ۔ ترک لذات ۔ راہبانہ عقائد ۔ راہبانہ طور طریق ۔

Monkey (mungk-i) *n., v.t.* & *i.* Mammal of a group closely allied to man بندر ۔ بوزنہ ۔ سیمون ۔ (مذاقاً) انسان ۔ میخ ٹھونکنے کا ہتھوڑا ۔ چھوٹی صراحی ۔ سیموئی حرکتیں کرنا ۔ منہ چڑانا ۔ چھیڑنا ۔

Monkeyish *adj.* بوزنہ صفت ۔ بندر جیسا ۔ سیمونی ۔

Monkish (mungk-ish) *adj.* Like monks راہبوں جیسا ۔ راہبانہ ۔ راہبوں کی طرح ۔

Monochord (mon-ō-kard) *n.* Instrument for determining musical intervals اکتارا ۔ وہ ساز جس سے موسیقی کے ٹھیکے اور ٹھہراؤ معین کئے جاتے ہیں ۔

Monochrome (mon-o-krom) *n. & adj.* Painting executed in different shades of one colour وہ تصویر جس میں ایک ہی رنگ کے سائے دکھائے گئے ہوں ۔ یک رنگ ۔ یک رنگی تصویر ۔

Monocle (mon-ə-kl) *n.* Single eyeglass یک چشمہ ۔ یک چشمی عینک ۔

Monody (mon-ə-di) *n.* Ode sung by a single actor in Greek tragedy یونانی حزنیہ میں دردناک راگ گانے والا ۔ (اداکار) نغمہ ماتم ۔ بروگی گیت ۔

Monogamy (mon-og-əmi) *n.* ایک ہی بیوی رکھنے کا طریقہ ۔ یک زوجگی ۔

Monogamist *n.* یک زوجگی کا حامی ۔

Monogamous *adj.* ایک بیوی والا ۔ یک زوجی ۔

Monogram (mon-ə-gram) *n.* Interwoven initials نام کے ابتدائی حروف کا طغریٰ ۔ خط طغریٰ ۔

Monograph (mon-ə-graf) *n.* Treatise on a single object رسالہ جو صرف ایک ہی چیز ، مضمون یا موضوع پر لکھا گیا ہو ۔ ایک ہی مضمون کا بیان ۔

Monographist *n.* رسالہ نگار ۔ مقالہ نگار ۔

Monolith (mon-o-lith) *n.* Single block of stone ایک ڈال پتھر ۔ ایک ہی پتھر کی بنائی ہوئی یادگار ۔ ایک ہی پتھر سے تراشی ہوئی یادگار ۔

Monologue (mon-ə-log) *n.* Soliloquy ڈرامے کا سین جس میں ایک ہی شخص کچھ کہتا ہو اور اپنے آپ سے باتیں کرتا ہو ۔ خود کلامی ۔

Monologist *n.* اپنے آپ سے باتیں کرنے والا ۔ خود کلام ۔

Monopolist (mon-op-ə-list) *n.* One who assumes monopoly اجارہ دار ۔ ایسا شخص جس کو کسی چیز کی تجارت کی اجازت دی گئی ہو اور جو دوسروں کے لیے ممنوع ہو ۔

Monopolise (mon-op-ə-liz) *v.t.* Obtain exclusive rights اجارہ قائم کرنا ۔ بلا شرکت غیرے کوئی تجارت کرنا ۔ خود کوئی بیوپار کرنا جس کی اجازت دوسروں کو نہ ہو ۔

Monopolization *n.* بلا شرکت غیرے تجارت کا حق ۔ اجارہ داری ۔

Monopoly (mon-op-əli) *n.* Exclusive right of trade in some commodity ٹھیکہ ۔ اجارہ ۔ مخصوص اجازت ۔ بلا شرکت غیرے تجارت کا حق ۔

Monosyllable (mon-ə-sil-əbl) *n.* Word of one syllable ایک جز کا لفظ جیسے ہے ، ہاں ، نہیں ۔

Speak in monosyllables مختصر جواب دینا ۔ ہاں یا نہیں کے سوا کچھ نہ کہنا ۔

Monotheism (mon-o-the-izm) *n.* Doctrine that there is only one God لا الہ الا اللہ ۔ وحدانیت ۔ توحید ۔ ایک خدا کو ماننا اور کسی کو اس کا شریک نہ سمجھنا ۔

Monotheist *n.* وحدت پرست ۔ ایک خدا کو ماننے والا ۔ موحد ۔

Monotone (mon-ə-ton) *adj., n. & v.t.* Sameness, utterance without change of pitch ایک آواز ۔ ایک لہجہ ۔ اول سے لے کر ایک ہی آواز میں گانا ۔ ایک سری ۔

Monotonous (mon-ə-ton-əs) *adj.* Wearisome through sameness ایک ہی آواز کا ۔ ایک ہی طرح ۔ اکتا دینے والا ۔ بے زار کر دینے والا ۔

Monotonize *v.t.* یکسانیت پیدا کرنا ۔ یک رنگی پیدا کرنا ۔

Monotony *n.* ایک ہی انداز ۔ یکساں آواز ۔ ایک ڈھنگ ۔ یکسانیت ۔

Monsieur (mon-si-yər) *n.* French equivalent of Mr. جناب ۔ صاحب ۔ حضرت ۔ آپ ۔

Monsoon (mon-sōōn) *n.* Wind blowing from S.W. and bringing rain وہ ہوا جو ایشیا میں جنوب مغرب سے چلتی اور بارش لاتی ہے ۔ برسات ۔ برسات کا موسم ۔ بارش ۔ موسمی ہوائیں ۔

Monster (mon-stər) *n. & adj.* Misshapen animal or plant عجیب الخلقت ۔ عفریت ۔ راکشس ۔ دیو ۔ بد نفس شریر انسان ۔ بد قطع شخص یا شے ۔ بہت زبردست ۔ عظیم الشان ۔

Monstrosity (mon-stros-i-ti) *n.* Outrageous thing عجیب الخلقت ہونا ۔ وحشیانہ یا شرمناک حرکت ۔ انسانیت سوز عمل ۔ بے ہنگم بڑا جسم ۔

Monstrous (mon-stər-əs) *adj.* Abnormally formed دیو ہیکل ۔ دیو جیسا ۔ دیو پیکر ۔ عجیب ۔ بہت بڑا ۔ عجیب الخلقت ۔ سراسر غلط ۔ انسانیت سوز ۔ شرم ناک ۔

Monstrousness *n.* عجوبہ ہونا ۔ شرم ناک ہونا ۔ ہیبت پیدا کرنے والا ہونا ۔ ڈراؤنا پن ۔

Montane (mon-tān) *adj.* Of mountainous country کوہستانی ۔ پہاڑی ملک کا ۔

Month (mun-th) *n.* Any one of the twelfth portion of the year شہر ۔ ماہ ۔ مہینہ ۔

This day month آج سے ایک مہینہ بعد ۔

Monthly (mun-th-li) *adj., adv. & n.* Recurring once a month ماہوار ۔ ماہانہ ۔ مہینے کے مہینے ۔ ہر مہینہ ۔ ماہوار رسالہ ۔ حیض ۔ ماہواری ۔

Monument (mon-ū-mənt) *n.* Written record or building that serves to commemorate یادگار ۔ نشانی ۔ کوئی شے جو کسی کے نام کی یادگار ہو ۔

Monumental (mon-u-mənt-əl) *adj.* Serving as a monument یادگار کے متعلق ۔ یاد دلانے والی ۔ یادگار کے طور پر ۔ معرکہ کی چیز ۔ عظیم الشان ۔ پائدار ۔

Monumentalize (mon-ū-men-tə-līz) *v.t.* Commemorate یادگار قائم کرنا ۔ کسی نشانی سے یاد قائم رکھنا ۔

Moo (mōō) *v.i. & n.* Make the sound of cow گائے کی آواز نکالنا ۔ گائے کی آواز ۔

Mood (mōōd) *n.* State of mind, state of verb مزاج ۔ خو ۔ طبیعت ۔ انداز طبع ۔ حالت ۔ جذبہ ۔ جوش ۔ فعل کی حالت یا طور ۔

Moody (mōōd-i) *adj.* Gloomy, sullen ۔ وہمی ۔ خبطی ۔ سنکی ۔ تنک مزاج ۔ روٹھا ہوا ۔ آزردہ ۔ دل گیر ۔

Moon (mōōn) *n.* Satellite of the earth چاند ۔ قمر ۔ ماہتاب ۔ ماہ ۔ شہر ۔ مہینہ ۔ کسی خاص مہینہ کا چاند ۔

Moonlight flitting راتوں رات مکان سے سامان نکال لینا تاکہ کرایہ نہ دینا پڑے ۔

Moonshine بے کار منصوبے ۔ خیالی پلاؤ ۔

Moonstruck *adj.* خبطی ۔ مجنوں ۔ سودائی ۔

Moon (mōōn) *v.i. & t.* Move, look listlessly کھویا کھویا سا رہنا ۔ اونگھتے ہوئے چلنا ۔ بیٹھے بیٹھے وقت ضائع کر دینا ۔

Moony (mōōn-i) *adj.* Like the moon, dreamy چاند سا ۔ مہتاب سا ۔ گم صم ۔ کھویا کھویا ۔ نیم خوابیدہ ۔ کسی خیال میں گم ۔

Moor (mōōr) *n.* Mixed Berber and Arab Muslims ۔ حبشی ۔ زنگی ۔ بربری اور عربی نسل کے مسلمان ۔ ہسپانوی مسلمان ۔

Moorish *adj.* شمالی افریقہ کے مسلمانوں کے متعلق ۔ دلدل سے بھرا ہوا ۔

Mooring (mōōr-ing) *n.* Permanent anchors and chains for ships to be moored جہاز کا لنگر ۔ زنجیریں اور رسے جن سے جہاز کو ایک جگہ روک دیا جاتا ہے ۔ مستقل لنگر ۔ ٹھکانا ۔

Moorings *n.* جہاز کا اڈہ ۔ لنگر گاہ ۔

Moose (mōōs) *n.* American deer ایک قسم کا ہرن جو شمالی امریکہ میں پایا جاتا ہے ۔

Moot (mōōt) *n., adj. & v.t.* Assembly, of students for practice in discussion اجتماع ۔ طلبا کی مشقی بحث ۔ بحث طلب ۔ متنازعہ فیہ ۔ بحث کرنا ۔ دلائل پیش کرنا ۔ سوال اٹھانا ۔

Mop (mop) *n.* Bundle of coarse yarn fastened on stick جھاڑو ۔ گچھے دار سوت کا جھاڑو ۔ جھاڑن ۔ کوچی ۔

Moppy *adj.* گچھے دار بالوں والا ۔

Mop (mop) *v.t.* Wipe, clean صاف کرنا ۔ جھاڑو دینا ۔ بہارنا ۔ آنسو یا پسینہ پونچھنا ۔

Mop (mop) *v.t. & n.* Make grimaces منہ بنانا ۔ منہ چڑانا ۔ کسی کے چہرے کی نقل اتارنا ۔ نقلیں ۔

Mope (mōp) *v.i.,t & n.* Abandon oneself to listless condition اداس رہنا ۔ سست رہنا ۔ الکس ہونا ۔ کھویا کھویا رہنا ۔ جی گھبرانا ۔ جی اچاٹ رہنا ۔ افسردہ شخص ۔

Mopish *adj.* کم ہمت ۔ افسردہ ۔ اداس ۔

Mopishness *n.* اہلا گہلا پن ۔ سستی ۔ کاہلی ۔ افسردگی ۔

Moral (mor-əl) *adj. & n.* Concerned with character وضع ۔ عادت ۔ ذہنیت ۔ خصلت ۔ خو ۔ اچھا ۔ نیک کردار ۔ خوش اخلاق ۔ اخلاق ۔ پر از حکمت ۔ مہذب ۔ شائستہ ۔ خیر و شر میں امتیاز کرنے والا ۔ اخلاقی قانون پر مبنی (جمع) چال چلن ۔ عادات و اطوار ۔ اخلاقی حالت ۔

Morally *adj.* اخلاقی طور پر - از روئے اخلاق -

Morale (mor-āl) *n.* Moral condition اخلاقی حالت - عام انسانوں یا فوج کی اخلاقی حالت جس سے ضبط نفس، استقلال اور تکلیف برداشت کرنے کی طاقت کا اندازہ کیا جاتا ہے -

Moralism (mor-al-izm) *n.* Natural system of morality اخلاقیات کا فطرتی نظام - اخلاقیاتی حس - مذہب اخلاق حیثیت سے -

Moralist (mor-al-ist) *n.* One who practises or teaches morality معلم اخلاق - اخلاقیات کا معتقد - وہ جو اخلاقیات ہی کو انسانی اعمال کا معیار سمجھتا ہو اور مذہب کا قائل نہ ہو -

Morality (mor-al-iti) *n.* Moral principles ضابطہ اخلاق - اصول اخلاقیات - اخلاق عمل - اخلاق عقاید - اخلاق تلقین - اخلاق با مذہبی ناٹک -

Moralize (mor-al-īz) *v. i. & t.* Indulge in moral talk اخلاق وعظ کہنا - ناصحانہ گفتگو کرنا - اخلاق تلقین کرنا - اخلاق سنوارنا - اچھے اخلاق پیدا کرنا -

Moralization *n.* اصلاح اخلاق - تہذیب عادات و اطوار - تہذیب اخلاق -

Morass (mo-ras) *n.* Marsh, bog دلدلی زمین - دھنسن - دلدل -

Moratorium (mor-ə-tor-i-əm) *n.* Legal authorisation to debtors to stop payment ادائگی قرض کا التوا - سرکاری حکم سے ادائگی کا التوا - بنکوں سے روپیہ نکالنے کی ممانعت -

Morbid (mor-bid) *adj.* Unwholesome, sickly فاسد - بگڑا ہوا بیمار کی مانند - افسردہ طبع - افسردہ خیال - مریضانہ جذبات رکھنے والا -

Morbidity (mor-bid-iti) *n.* Prevalence of disease فساد - بیماری - مرض - وبا - بگاڑ - سقم - حالت مرض - مریضانہ جذبات - شدت جذبات -

Morbific (mor-bi-fik) *adj.* Causing disease مرض پیدا کرنے والا - فاسد - مرض خیز -

Mordant (mor-dənt) *adj. & n.* Smarting, biting نشترسا - چبھتا ہوا - چرکا دینے والا - جلن پیدا کرنے والا - تیز - طلائی ورق کو جمانے والا مادہ -

Mordacious *adj.* نشتر آسا - کاٹنے والا - چبھتا ہوا -

More (mōr) *adj. & adv.* In greater quantity or amount افزوں - زیادہ - اور زیادہ - بیشتر - اکثر - زیادہ مقدار میں - پھر -

Never more پھر کبھی نہیں - اب کبھی نہیں -

Moreen (mo-rēn) *n.* Stout cotton and woollen material for curtains دبیز اونی ، سوتی کپڑا پردوں کے لیے -

Moreover (mōr-ō-vər) *adv.* Further, besides سوا - اس کے سوا - مزید بر آں - اس پر بھی - بلکہ -

Morganatic (mor-gən-at-ik) *adj.* Marriage between man of high rank and woman of low rank بڑے درجے کے مرد کی چھوٹے درجے کی عورت سے شادی -

Morgue (mor-g) *n.* Building in which dead bodies are exposed for identification مردہ گھر - مکان جہاں مردوں کی لاشیں شناخت کے لیے رکھی جاتی ہیں -

Moribund (mor-i-bund) *adj.* At the point of death جاں بلب - قریب المرگ - مرنے والا -

Morion (mor-i-ən) *n.* Helmet without visor ایک طرح کا خود جس میں جھلم نہ ہو -

Morning-Morn (morn-ing) *n.* Early part of day time تڑکا - صبح - فجر - سویرا - سحر - صبح کا وقت - دوپہر تک کا وقت - طلوع آفتاب - نور کا تڑکا -

Morocco (mə rok-ō) *n.* Leather made in Morocco مراکو کا چمڑا - ایک قسم کا دانے دار چمڑا -

Morose (mə-rōs) *adj.* Gloomy, unsocial - زود رنج - ترش رو - بد خو - روکھا - اکل کھرا - لوگوں سے دور رہنے والا -

Moroseness *n.* بد خوئی - رکھائی - بے مروتی - ترش مزاجی -

Morpheus (mor-fūs) *n.* God of dreams and sleep نیند اور خوابوں کا دیوتا یا دیوی -

In the arms of Morpheus نیند میں - سویا ہوا -

Morphia (mor-fi-ā) *n.* Medicine made from opium which alleviates pain افیونی دوا - افیون کا ست جس سے درد میں سکون ملتا ہے اور نیند آ جاتی ہے -

Morrow (mor-ö) *n.* The following day آنے والا دن ۔ فردا ۔ کل ۔ اگلا دن ۔

Morse (mors) *n.* Walrus دریائی گھوڑا ۔ والرس ۔ مورس کی پیام رسانی کا خفیہ طریقہ ۔ جڑاؤ بکس ۔ بکلوس ۔

Morsel (mor-səl) *n.* Mouthful food نوالہ ۔ لقمہ ۔ ایک بار منہ میں رکھنے کا کھانا ۔

Mortal (mor-tl) *adj.* & *n.* Subject to death, causing death فانی ۔ حادث ۔ مرنے والا ۔ فنا پذیر ۔ جانستان۔ مہلک ۔ قاتل۔ کاری ۔ شدید ۔ گھمسان کا رن ۔ لڑائی۔ موت کا ۔ نزع کا۔ دم واپسیں (بول چال) بے حد ۔ طویل اور اکتا دینے والا ۔ فانی انسان ۔ بشر ۔

Mortality (mor-tə-liti) *n.* Mortal nature, death rate فنا پذیری ۔ فانی ہونا ۔ موت ۔ شرح اموات ۔ اتلاف جاں ۔ بشریت ۔

Mortar (mor-tər) *n.* Vessel of hard material اوکھلی ۔ ہون ۔ ہاون ۔ کونڈی ۔ کھرل ۔ چھوٹی توپ ۔ آتش بازی کے گولے پھینکنے کی توپ ۔ گارا ۔ چونے کا مسالہ ۔ گارے کا پلاستر کرنا ۔ گارے یا مسالے سے جوڑنا ۔

Mortgage (mor-gij) *n.* Property as security for debt قرض کی ضمانت کی چیز ۔ کفالت ۔ رہن ۔ رہن نامہ ۔ گرو ۔

Mortgage (mor-gij) *v.t.* Make over property by mortgage کفالت میں دینا ۔ گرو کرنا ۔ گروی رکھنا ۔ رہن رکھنا ۔ مکفول کرنا ۔

Mortify (mor-ti-fī) *v.t.* & *i.* Bring into subjection by self denial نفس کشی کرنا ۔ عضو کو بیکار کر دینا ۔ من مارنا ۔ ریاضت کرنا ۔ ریاضت سے قابو میں کرنا ۔ نیچا دکھانا ۔ ذلیل کرنا ۔ خاک میں ملانا ۔ جذبات کو مجروح کرنا ۔

Mortifying *adj.* موجب شرم ۔ باعث تکلیف ۔ سوہان روح ۔

Mortification *n.* کسی عضو کا بیکار ہو جانا ۔ زہد ۔ ریاضت ۔ افسردگی ۔ کوفت ۔ نا امیدی ۔

Mortmain (mort-man) *n.* Lands held by ecclesiastical corporation ناقابل انتقال جائیداد ۔ انعامی یا وقف شدہ جائیداد ۔ مشروط الخدمت جائیداد ۔

Mortuary (mort-u-ə-ri) *adj.* & *n.* Of death or burial موت کے متعلق ۔ نعش گھر ۔ گورستان ۔ قبرستان ۔ دفن سے پہلے مردے کو نعش گھر میں رکھتے ہیں ۔ نعش خانہ ۔

Mosaic (mo-za-ik) *adj.* Of Moses حضرت موسیٰ علیہ السلام کا ۔ موسوی ۔

Mosaic (mo-za-ik) *adv.*, *n.* & *v.t.* Of glass or stone پچی کاری کا ۔ نگینوں کا ۔ جڑاؤ ۔ پچی کاری ۔ پچی کاری کرنا ۔ نگینے جڑنا ۔ رنگ برنگ مرقع تیار کرنا ۔

Moses (mo-zes) *n.* Jew money-lender (عرف) یہودی ساہوکار ۔

Moslem-Muslim (moz-ləm) *n.* Follower of Islam مسلمان ۔ مسلم ۔

Mosque (mosk) *n.* Place of Muslim worship عبادت گاہ ۔ مسجد ۔

Mosquito (mos-ki-to) *n.* Kinds of knat مچھر ۔

Mosquito-net مسہری کی جالی ۔ مچھر دانی ۔

Moss (mos) *n.* & *v.t.* Kinds of herbaceous plant کائی ۔ سواء ۔ دلدل ۔ کائی اگانا یا اگنا ۔ کائی یا سواء سے بھرنا ۔

Mossy *adj.* کائی سے ڈھکا ہوا ۔ کائی لگا ہوا ۔

Most (most) *adv.* & *adj.* Superlative بہت زیادہ ۔ سب سے زیادہ ۔ سب سے اوپر ۔ سب سے بڑھ کر ۔ نہایت ۔ غائت درجہ ۔

Make the most of it بڑھا چڑھا کر دکھانا ۔ کسی موقع یا چیز سے زیادہ سے زیادہ فائدہ اٹھانا ۔

Mostly *adv.* عموماً ۔ اکثر ۔ زیادہ تر ۔ بیشتر ۔

Mote (mōt) *n.* Particle of dust مٹی کا ذرہ ۔ ریزہ ۔ تنکا ۔ داغ ۔ خاک کا ذرہ ۔

Moth (moth) *n.* Small nocturnal insects breeding on cloth پروانہ ۔ پتنگا ۔ کپڑے چاٹنے والا کیڑا ۔

Mother (mudh-ər) *n.* Female parent ماں ۔ اماں ۔ والدہ ۔ مادر ۔ جڑ ۔ اصل ۔ بانی ۔ منبع ۔ سر چشمہ ۔ بڑی بی ۔

Motherhood *n.* ماں پنا ۔ ماں بننا ۔ مادریت ۔

Motherlike *adj.* محبت سے ۔ خلوص سے ۔ ماں جیسی ۔ مادرانہ ۔

Mother (mudh-ər) *v.t.* Give birth to, protect
جننا ۔ ماں بننا ۔ حفاظت کرنا ۔ گود لینا ۔ متبنیٰ کرنا ۔ ماں کی طرح پالنا ۔ مادرانہ محبت سے پیش آنا ۔

Motherly (mu-dhər-li) *adj.* Showing qualities of a mother شفیق ۔ مہربان ۔ مادرانہ ۔ ماں جیسا ۔ ماں کی طرح ۔ ماں کی صفات کا ۔

Motif (mo-tef) *n.* Dominating idea (صناع یا مصور کا) اصل خیال ۔ تصور ۔ مقصد ۔ اصل مقصد جیسے مصور ظاہر کرنا چاہتا ہے ۔ اصل مقصود یا مدعا ۔ لباس کی سنہری جھالر یا چنت ۔

Motion (mō-shən) *n.* Moving, change of posture
حرکت ۔ جنبش ۔ چال ۔ رفتار ۔ گردش ۔ چلنے کا انداز ۔ تجویز ۔ تحریک ۔ التماس ۔ درخواست ۔ استدعا ۔ حرکت ۔ اشارہ ۔ متحرک چیز ۔ متحرک مشین ۔

Motional *adj.* ۔ حرکت کے متعلق ۔ حرکت کا ۔ متحرک

Motion (mō-shən) *v.t.* & *i.* Direct person towards اشارہ کرنا ۔ اشارے سے ہدایت دینا ۔ رہنائی کرنا ۔ اشارے سے حکم دینا ۔

Motive (mō-tiv) *n.* Moving or impelling power
حرکت دینے والا ۔ حرکت دینے والی قوت ۔ وجہ تحریک ۔ سبب حرکت ۔ نیت ۔ منشا ۔ مقصد ۔ فرض ۔

Motivity *n.* ۔ تحریک ۔ قوت محرکہ

Motley (mōt-li) *adj.* & *n.* Of varied character رنگا رنگ ۔ بوقلموں ۔ گونا گوں ۔ مختلف قماش کے ۔ معجون مرکب ۔ مسخرے کا رنگ برنگ لباس ۔

Motor (mō-tər) *n., adj., v.t.* & *i.* What imparts motion حرکت دینے والی (کل) متحرک ۔ محرک ۔ موٹر ۔ انجن ۔ مشین ۔ حرکی اعصاب ۔ موٹر چلانا ۔ حرکت پیدا کرنا ۔ موٹر میں سفر کرنا ۔ جانا یا لے جانا ۔

Motorist *n.* موٹر میں بیٹھنے والا ۔ موٹر چلانے والا ۔

Mottle (mot-l) *n.* & *v.t.* Arrangement of spots
داغ ۔ دھبہ ۔ رنگ کا دھبہ ۔ رنگ کی بندکیاں ڈالنا ۔ پچرنگی اون سے بننا ۔

Motto (mōt-ō) *n.* Maxim, sentence inscribed on an object کتبہ ۔ مقولہ ۔ کہاوت ۔ قول ۔ دستورالعمل ۔ گانے کا وہ بول جو بار بار دھرایا جائے ۔ مقولہ جو عنوان کے طور پر لکھا جائے ۔ کسی لوح کا کتبہ ۔

Mould (mōld) *n.* Pattern, templet used by bricklayers نرم مٹی ۔ قالب ۔ سانچہ ۔ کائی ۔ پھپھوندی ۔ اسباب ۔ سامان ۔ مسالہ ۔

Mould (mōld) *n.* Form, shape سانچہ ۔ نقشہ ۔ ڈھانچہ ۔ صورت ۔ وضع ۔ ڈھنگ ۔ دیوار کی کانس یا لکڑی کا آرائشی حاشیہ ۔

Mould (mōld) *v.t.* Produce in certain shape
بنانا ۔ سنوارنا ۔ سانچہ میں ڈھالنا ۔ نقش و نگار بنانا ۔ خاص صورت یا روپ دینا ۔ گھڑنا ۔ تیار کرنا ۔ کسی نمونہ پر ڈھالنا ۔ نان پاؤ یا چپاتی کی لوئی بنانا ۔

Moulder (mōl-d-ər) *n.* & *v.i.* One who moulds
ڈھالنے والا ۔ سانچے بنانے والا ۔ خاک ہونا ۔ فنا ہونا ۔ ریزہ ریزہ ہونا ۔ گھل کر مٹی ہوجانا ۔ برباد ہو جانا ۔

Moulding (mōld-ing) *n.* Ornamental variety in cornices سانچے میں ڈھالنا ۔ کارنس کا آرائشی حاشیہ ۔ لکڑی کی آرائشی بیل ۔

Mouldy (mōld-i) *adj.* Stale, out of date
پھپھوندی لگا ہوا ۔ پرانا ۔ متروک ۔ فرسودہ ۔ دقیانوسی ۔

Moult (mōlt) *v.t., i.* & *n.* Shed feathers پر گرانا ۔ کریز کرنا ۔

Mound (mownd) *n.* Ball of gold سونے کی گیند جو تاج یا خاندانی مارکے میں ہوتی ہے ۔

Mound (mownd) *n.* & *v.t.* Elevation, enclose with خاک کا تودہ ۔ ٹیلہ ۔ مٹی کا ڈھیر ۔ ٹیلوں سے گھیرنا ۔ ڈھیر لگانا ۔

Mount (mownt) *n.* Hill, elevation پہاڑی ۔ بلندی ۔ کوہ ۔ ٹیلا ۔ مورچہ ۔ ہتھیلی کے ابھار ۔ سواری ۔

Mount (mownt) *v.i.* & *t.* Rise to higher level
چڑھنا ۔ سوار ہونا ۔ سواری کرنا ۔ جمع ہونا ۔ ایک مدار پر پہنچنا ۔ چہرے پر خون چمکنا ۔ گھوڑا بہم پہنچانا ۔ تصویر کو چوکھٹے میں چپکانا ۔ چوکھٹا لگانا ۔ اسٹیج پر لانا ۔ نمائش کرنا ۔

Mount (mownt) *n.* Margin surrounding picture
تصویر کا حاشیہ ۔ تصویر چپکانے کی دفتی ۔ منقش دستہ ۔ سواری ۔ گھڑ دوڑ کا گھوڑا ۔

Mountain (mownt-in) *n.* Natural elevation of earth's surface پہاڑ ۔ کوہ ۔ جبل ۔ پربت ۔ بہت بڑا ۔ انبار ۔ ڈھیر ۔

Mountebank (mownt-i-bangk) *n.* Itinerant quack عطائی - جاہل شخص جو عجیب و غریب مگر بے اثر دوائیں اور علاج بتاتے ہیں - بازاری دوا فروش - نیم حکیم -

Mourn (mo͞rn) *v.i.* & *t.* Feel sorry ماتم کرنا - رنج کرنا - نوحہ کرنا - سوگ منانا - غم کرنا - افسوس کرنا - کسی کو رونا - کسی کا ماتم کرنا -

Mourner (mo͞rn-ər) *n.* One who mourns or attends funeral ماتم کرنے والا - نوحہ گر - غم کرنے والا - سوگ منانے والا -

Mournful (mo͞rn-ful) *adj.* Sorrowful غم گین - غمزدہ - ماتم کناں - غمناک -

Mourning (mo͞rn-ing) *n.* Attending funeral, wearing of black dress غم - ماتم - سوگ - گریہ - سیاہ ماتمی لباس - سیاہ ماتمی پٹی - مغموم - ملول ہونا -

Complimentary mourning سرکاری ماتمی لباس - ماتمی لباس جو مرنے والے کے احترام میں پہنا جائے -

Mouse (mows) *n.* Animal of the species of rodents چوہا - چوہیا - موش - لڑائی میں چوٹ کھائی ہوئی آنکھ -

Mousy *adj.* - (رنگ) چوہوں بھرا (گھر) - چوہوں کا سا

Mouse (mows) *v.i.* & *t.* Hunt or catch mice چوہے مارنا - چوہے پکڑنا - تلاش کرنا - کونا کونا چھان مارنا -

Moustache (moos-tash) *n.* Hair on man's upper lip مونچھ - بروت -

Mouth (mowth) *n.* Cavity of face containing teeth and tongue منہ - دہن - مکھ - دہانہ - روزن - سوراخ - (بول چال) زبان درازی - گستاخی - ڈھٹائی -

Down in the mouth اداس - پست - بیمار - جس کی کلغی گری ہوئی ہو -

Mouthpiece باجہ کا وہ حصہ جو منہ میں رہتا ہے - دوسروں کی طرف سے بولنے والا -

Mouth (mowth) *v.t.* & *i.* Utter pompously, declaim, grimace ایک ایک لفظ زور دیکر کہنا - چبا چبا کر باتیں کرنا - منہ بنانا - انکار کرنا - منہ میں لینا - منہ میں ڈالنا - گھوڑے کو لگام کا عادی بنانا -

Mouthy (mowth-i) *adj.* Railing, bombastic بدزبان - یاوہ گو - بکواسی - لفاظ -

Movable (mo͞ov-əbl) *adj.* That can be moved متحرک - منقولہ جائداد یا اسباب -

Move (mo͞ov) *n.* Change of residence, moving a piece in chess (شطرنج) مہرہ کی چال - چلنے کی باری - عملی قدم - نقل رہائش یا مکان - جنبش - حرکت - انتقال -

Get a move on (بول چال) جلدی کرنا - پھرتی سے کام لینا -

Move (mo͞ov) *v.t.* & *i.* Shake, stir, change position حرکت دینا - چلانا - تحریک کرنا - اکسانا - بر انگیختہ کرنا - اشتعال دینا - چھیڑنا - خفا کرنا - راغب کرنا - نرم کرنا - ہمدردی کا جذبہ پیدا کرنا - متاثر کرنا یا ہونا - پیش کرنا - سوال کرنا - درخواست کرنا - بیان کرنا - حرکت کرنا - جگہ بدلنا - مکان چھوڑ دینا - مکان تبدیل کرنا - کوچ کرنا - آمادہ کرنا - متوجہ کرنا - میل جول ہونا - رہنا سہنا -

Move heaven and earth انتہائی کوشش کرنا - زمین آسمان ایک کرنا -

Moving *adj.* موثر - دلگداز - رقت انگیز - پراثر -

Movingly *adv.* پر درد انداز میں - پر اثر طور پر - موثر طریقے سے -

Movement (mo͞ov-mənt) *n.* Moving, endeavour تحریک - جنبش - حرکت - چال - رفتار - کوشش - شوق - فوجی نقل و حرکت - مشین کے پرزوں کا عمل - نغمہ کا وہ حصہ جو جدا رنگ اور سریلا پن رکھتا ہو -

Mover (moo-vər) *n.* One who moves a proposal محرک - تحریک کرنے والا - تجویز پیش کرنے والا - کوئی مسئلہ چھیڑنے والا -

Movies *n.* (بول چال) سنیما - بائیسکوپ -

Mow (mow) *n.* Stock of hay, corn گھاس یا غلہ کا ڈھیر -

Mow (mo͞) *n.* & *v.i.* Cut down grass گھاس کاٹنا - لائی یا کٹائی کرنا -

Mow (mo͞) *v.t.* Cut with scythe or machine درانتی یا مشین سے کاٹنا - گھاس کاٹنا - جنگل صاف کرنا - فصل کاٹنا - سولی گاجر کی طرح کاٹ ڈالنا - بالکل صفایا کردینا -

Mower *n.* گھاس کاٹنے والا - فصل کاٹنے والا -

Mr. (mis-ter) *n.* Mister دیکھو

Mrs. (misiz) *n.* Title prefixed to the name of married woman بیگم - اہلیہ - خاتون - مسز فلاں - بیگم فلاں -

Much (much) *adj.* & *adv.* Existing in great quantity کثیر - بہت - فراواں - زیادہ - وافر - کثرت سے - بڑی مقدار میں - شدت سے -

Muchness (much-nes) *n.* Greatness in quantity کثرت - بہتات - بڑی مقدار -

Much of a muchness تقریباً برابر - قریب قریب یکساں -

Mucilage (musi-ləg) *n.* Gum, viscous substance لیس دار چیز - گوند - درختوں کا لعاب - چپچپا مادہ جو جسم سے نکلتا ہے -

Muck (muck) *v.t.,i.* & *n.* Farmyard manure کھاد - غلاظت - کیچڑ - (بول چال) مکروہ یا ناپاک چیز - میلا پن - گندگی - میلا کرنا - گندا کرنا - کام بگاڑ دینا - منہ اٹھائے ادھر ادھر پھرنا -

Mucky *adj.* گندہ - غلیظ - میلا کچیلا -

Muckle (muk-l) Mickle دیکھو

Mucous (mū-kəs) *adj.* Of mucus لعاب دار - لیس دار - چکنا - چپچپا - بلغمی -

Mucro (mu-kro) *adj.*& *n.* Pointed part or organ نکیلا حصہ یا عضو - نوکدار -

Mucronate *adj.* نوکدار - چبھنے والا - نوکیلا -

Mucus (mu-kəs) *n.* Slimy substance - بلغم - رطوبت - چپچپا مادہ - لیس دار مادہ -

Mud (mud) *n.* Wet soft earthy matter - کیچڑ - کیچ - دلدل - گیلی مٹی - نکمی چیز - گندگی - گندی بات -

Fling mud کیچڑ اچھالنا - بدنام کرنا -

Mudlark کیچڑ میں لوٹنے والا - لاوارث لڑکا -

Muddle (mud-l) *v.t.* & *i.* Bungle, bewilder مکدر کرنا - گدلا کرنا - میلا کرنا - خراب کرنا - شراب پلا کر مدہوش کرنا - بے تکے پن سے کام کرنا - خلط ملط کرنا -

Muddle (mud-l) *n.* Disorder - بے ترتیبی - بد نظمی - ابتری - گڑبڑ -

Muddle through تیر تکے سے کام چلانا - غلطی کرنے کے باوجود کام نکال لینا -

Muddy (mud-i) *v.t.* & *adj.* Covered with mud میلا - کیچڑ سے بھرا ہوا - خراب - گدلا - میلا میلا - دھندلا - پریشان خیال - مبہم تصورات والا - خیالات کو الجھانا - مبہم کرنا -

Muddiness *n.* - مبہم اور غیر واضح ہونا - دھندلا پن - گدلا پن -

Muezzin (mōo-ez-in) *n.* Crier who calls for prayers مؤذن - اذان دینے والا -

Muff (muf) *n.* Woman's fur for covering hands اونی دست پوش -

Muff (muf) *n.* & *v.t.* Person who is awkward and stupid بھدا - بے وقوف - کرکٹ میں کیچ چھوڑ دینا - اناڑی پن سے گیند چھوڑ دینا -

Muffish *adj.* بھدا - بے وقوف - بھدے پن کا -

Muffle (muf-l) *v.t.* Wrap, cover up throat for warmth چھپانا - ڈھانپنا - گردن میں کپڑا لپیٹنا - پوشیدہ کرنا - گرم کرنا - کپڑا لپیٹ کر کسی چیز کی آواز کو بند کرنا -

Muffle (muf-l) *n.* Thick part of upper lip and nose of ruminants and rodents جگالی کرنے والے اور کترنے والے جانوروں کے بالائی ہونٹ کا موٹا حصہ -

Muffle (muf-l) *n.* Leather gloves for lunatics چرمی دستانے جو پاگلوں کے ہاتھوں پر چڑھا دیتے ہیں تاکہ وہ کپڑے نہ پھاڑ سکیں - بے انگلیوں کا چرمی دستانہ - ظرف جس میں کوئی چیز رکھ کر بھٹی میں گرم کریں - مٹی کے برتن پکانے کا آوا -

Muffler (muf-lər) *n.* Scarf - گلوبند - رومال - گلو پوش - کوئی دبیز جس سے آواز دب جائے -

Mufti (muf-ti) *n.* Expounder of law - فتوی دینے والا - مفتی - وردی کے مقابلے میں سادہ پوشاک -

Mug (mug) *n.* Drinking vessel - پیالہ - آبخورہ - گڑوا - کٹورا - لوٹا - جام - (بول چال) احمق - سادہ لوح -

Mug (mug) *v.i., t.* & *n.* Study hard (بول چال) بڑی محنت سے پڑھنا - رٹنا - تیاری کرنا - محنت کرنے والا - رٹنے والا - گھوٹنے والا -

Mugger 552 **Multitudinism**

Mugger (mug-ər) *n.* Broad-nosed crocodile مگرمچھ ۔

Muggins (mug-inz) *n.* Simpleton سادہ لوح بے وقوف ۔ احمق ۔ بچوں کا تاش کا کھیل ۔ ڈومینوز کا کھیل ۔

Muggy (mug-i) *adj.* & *n.* Damp and warm weather گیلا ۔ نم ۔ مرطوب ۔ مرطوب اور گرم موسم ۔ اوس ۔ جس سے دم گھٹتا ہو ۔

Muhammedan (mu-ham-e-dən) *n.* دیکھو Mohammaden

Mulberry (mul-beri) *n.* Tree, leaves of which are used for feeding silkworms شہتوت کا درخت جس کے پتوں پر ریشم کے کیڑے پالے جاتے ہیں ۔ شہتوت کا پھل ۔

Mulch (mulsh) *n.* & *v.t.* Mixture of wet straw spread for protecting newly-planted trees ادھ سڑی گھاس جو جڑوں کی حفاظت کے لیے پودوں کے آس پاس پھیلا دی جاتی ہے ۔ اس طرح پودوں کی حفاظت کرنا ۔

Mulct (mulkt) *n.* & *v.t.* Fine imposed for offence جرمانہ جو سزا کے طور پر کیا جائے ۔ جرمانہ کرنا ۔ ڈنڈ لینا ۔ کسی شخص سے کوئی چیز چھین لینا ۔

Mule (mul) *n.* Offspring of he-ass and mare خچر ۔ دوغلا جانور ۔ پیوندی ۔ دونسلا ۔ درخت کاٹنے کی کل ۔ چرخہ ۔

Mulish *adj.* ہٹی ۔ بے وقوف ۔ ضدی ۔ اڑیل ۔ خچر کی طرح ۔ خچر جیسا ۔

Muleteer (mul-i-ter) *n.* Mule driver خچر والا ۔ خچر بان ۔

Mull (mul) *n.* Thin plain muslin تن زیب ۔ باریک ململ ۔

Mull (mul) *n.* & *v.t.* Muddle, mess گڑبڑ ۔ خرابی ۔ خراب کرنا ۔ (کرکٹ) کیچ چھوڑ دینا ۔ کام خراب کرنا ۔

Mull (mul) *v.t.* Make win into a hot drink شکر ۔ گرم مصالحہ اور انڈے کی زردی ملا کر شراب کا مرکب تیار کرنا ۔

Muller (mul-ər) *n.* Snuff box, grinder ناس کی ڈبی ۔ بٹا ۔ سل کا بٹا ۔

Mullet (mul-it) *n.* A kind of fish ایک قسم کی سمندری مچھلی ۔

Mullion (mul-yən) *n.* Vertical bars of window کھڑکی کی عمودی سلاخیں ۔

Multeity (mul-tei-ti) *n.* Manifoldness تنوع ۔ کثرت اقسام ۔ بو قلمونی ۔

Multifarious (mul-ti-fa-ri-əs) *adj.* Having great variety مختلف النوع ۔ بھانت بھانت کا ۔ رنگ برنگی ۔ طرح طرح کا ۔ انواع و اقسام کا ۔

Multiple (mul-ti-pl) *adj.* & *n.* Many and various گوناگوں ۔ بکثرت ۔ ایسا عدد جو دوسرے سے پورا پورا تقسیم ہو جائے ۔ صنف ۔ انواع و اقسام کے ۔ مختلف اصناف کے ۔

Multiplex (mul-ti-pleks) *adj.* Of many elements کثیر العناصر ۔ کئی اصناف کا ۔

Multiplicable (mul-ti-plek-ə-bl) *adj.* Multipliable ضرب دینے کے قابل ۔ قابل ضرب ۔

Multiplication (mul-ti-plek-a-shən) *n.* Multiplying ضرب دینے کا عمل ۔ ازدیاد ۔ بڑھوتری ۔

Multiplicity (mul-ti-pli-sit-i) *n.* Manifold variety انواع و اقسام کی بہتات ۔ کثرت ۔ تنوع ۔

Multiplier (mul-ti-pli-ər) *n.* Factor which multiplies وہ عدد جس سے ضرب دی جائے ۔ بڑھانے والا عدد ۔

Multiply (mul-ti-pli) *v.t.* & *i.* Produce large number of بڑھانا ۔ زیادہ کرنا ۔ بڑھنا ۔ افزائش نسل کرنا ۔ ضرب دینا ۔

Multipliable *adj.* بڑھانے کے قابل ۔ قابل افزائش ۔

Multitude (mul-ti-tud) *n.* Great number, large gathering کثرت ۔ افراط ۔ وفور ۔ کثیر مجمع ۔ بھیڑ ۔ اژدہام ۔ ہجوم ۔

Multitudinous *adj.* بکثرت ۔ کثیر ۔ بے شمار ۔

Multitudinism (mul-ti-tu-di-ni-zm) *n.* Principle that prefers interest of multitude over individuals یہ اصول کہ کثرت جمہور کے مفاد کو انفرادی مفاد پر ترجیح دی جائے ۔

Multitudinist *n.* جمہور کے مفاد کو افراد پر ترجیح دینے کا حامی ۔

Multure (mul-tyer) *n.* Toll of grain or flour paid to miller آٹا یا اناج جو پیسنے والے کو اجرت کے طور پر دیا جائے ۔ پسائی ۔

Mum (mum) *v.i.* Act in dumb show خاموش طور پر اداکاری کرنا ۔ چپ نقل ۔ چپ سوانگ ۔

Mum (mum) *interj.* & *adj.* Silence چپ ۔ چپ رہو ۔ خاموش ۔

Mumble (mum-bl) *v.t.* Speak indistinctly منہ ہی منہ میں کہنا ۔ اس طرح بولنا کہ سنائی نہ دے ۔ منہ بند کر کے کہنا ۔ پوپلے منہ سے کہانا ۔ بڑبڑانا ۔ اس طرح کہنا کہ سمجھ میں نہ آئے ۔

Mummer (mum-ər) *n.* Actor in folk play عوامی ناٹک کا اداکار ۔ چہرہ لگا کر اداکاری کرنے والا ۔

Mummery (mum-ə-ri) *n.* Performance of mummers بہروپیوں کا تماشہ ۔ مہمل ۔ مضحکہ خیز رسم ۔

Mummify (mum-i-fī) *v.t.* Preserve by embalming مسالہ لگا کر لاش کو محفوظ کرنا ۔ لاش کو ممی بنانا ۔

Mummification *n.* لاش میں مسالہ لگانے کا طریقہ ۔ لاش کو محفوظ کرنے کا عمل ۔

Mummy (mum-i) *n.* سکھائی ہوئی لاش ۔ گہرا بادامی رنگ ۔ محفوظ کی ہوئی لاش ۔ مسالہ لگائی ہوئی لاش ۔

Mump (mump) *v.i.* Be silent and sullen آزردہ اور خاموش رہنا ۔

Mumps (mump-s) *n.* Swelling of parotid glands گلے کا ایک مرض ۔ کنٹھ مالا ۔ غدودوں کا ورم ۔

Mumpish *adj.* تنک مزاج ۔ ذرا ذرا میں روٹھنے والا ۔

Munch (mun(t)sh) *v.t.* & *i.* Eat with much action of jaws چبانا ۔ چبا کر کھانا ۔

Mundane (mun-dān) *adj.* Of this world دنیاوی ۔ ارضی ۔ دنیا کے متعلق ۔

Municipal (mu-nis-i-pl) *adj.* Under corporate government of the city بلدیہ کے متعلق ۔ بلدیہ کے نظام کی بابت ۔ شہری انتظام کی مجلس کے بارے میں ۔ شہری ۔ ریاستی ۔ قومی ۔

Municipalize *v.t.* شہری حکومت کے تحت لانا ۔ شہر کا انتظام بلدیہ کے سپرد کرنا ۔ بلدیہ بنانا ۔

Municipality (mu-nis-i-pə-liti) *n.* Town having local government بلدیہ ۔ حکومت بلدیہ ۔ بلدی انتظام ۔ بلدی مجلس کے ماتحت ۔ شہری کمیٹی ۔

Munificent (mu-nif-i-sənt) *adj.* Bountiful داتا ۔ سخی ۔ فیاض ۔ حاتم ۔ فیاضانہ ۔

Munificence *n.* شاہانہ ۔ داد و دہش ۔ بخشش ۔ سخاوت ۔ فیاضی ۔

Muniment (mu-ni-mənt) *n.* Document kept as evidence of right (بالعموم جمع) حقوق و مراعات کی سند ۔ قبالہ ۔ دستاویزات ۔

Munition (mu-nish-ən) *n.* & *v.t.* Military weapons, ammunition ہتھیار ۔ گولہ بارود ۔ جنگ کا سامان ۔ ذخائر حرب ۔ سامان جنگ بہم پہنچانا ۔ لڑنے والوں کو سامان جنگ دینا ۔ اسلحہ مہیا کرنا ۔

Mural (mu-rəl) *adj.* On a wall دیوار کا ۔ دیوار پر ۔ جداری ۔

Murder (mur-dər) *n.* Unlawful killing of human being قتل ۔ قتل عمد ۔ خون ۔

Cry blue murder خواہ مخواہ شور مچانا ۔

Murder (mur-dər) *v.t.* Kill wickedly ہلاک کرنا ۔ قتل کرنا ۔ مار ڈالنا ۔ خون کرنا ۔ برباد کرنا ۔ ستیاناس کرنا ۔

Murderer *n.* مار ڈالنے والا ۔ ظالم ۔ بے رحم ۔ سفاک ۔ خونی ۔ قاتل ۔

Murderous (mur-dər-əs) *adj.* Involving murder خونی ۔ قاتلانہ ۔ ظالمانہ ۔ سفاکانہ ۔ خون ریز ۔ خونخوارانہ ۔ بے رحم ۔

Mure (mūr) *v.t.* Confine, shut up قید کرنا ۔ محبوس کرنا ۔

Muriate (mur-i-āt) *n.* Chloride سمندری نمک کا تیزاب ۔ نمک کے تیزاب کا مرکب ۔

Murk-mirk (murk) *adj.* Dark, misty دھندلا ۔ کہریلا ۔ میلا ۔ تاریک ۔

Murky (murki) *adj.* Dark, gloomy تاریک ۔ گھٹا ٹوپ ۔ دھندلا ۔

Murkiness *n.* تاریکی ۔ اندھیرا ۔ میلا ۔ دھندلا پن ۔

Murmur (mur-mər) *n.* Subdued continuous sound سرسراہٹ ۔ پانی کی روانی کی آواز ۔ ہوا کی سنسناہٹ ۔ وہ بات جو زیر لب کہی جائے ۔

Murmurous *adj.* ناراضگی پیدا کرنے والی ۔ زیر لب ۔ سنسناہٹ ۔ سرسراہٹ ۔

Murmur (mur-mər) *v.i. & t.* Make low continuous sound مسلسل دھیمی آواز پیدا کرنا ۔ زیر لب شکایت کرنا ۔ بڑبڑانا ۔

Murrain (mur-in) *n.* Infectious disease in cattle مویشیوں کی ایک متعدی بیماری ۔ وبا ۔

Muscadine (musk-ə-din) *n.* Musk-flavoured grope ایک قسم کا انگور جس میں مشک کی خوشبو ہوتی ہے ۔

Muscat (musk-ət) *n.* Musk-flavoured wine مشکی انگور کی شراب ۔

Muscle (mus-l) *n.* Contractile fibrous band that produces movement عضلہ ۔ پٹھا ۔

Muscular (musk-u-lər) *adj.* Of muscles عضلاتی پٹھوں سے متعلق ۔ اعصابی ۔

Muse (mūz) *n.* Goddess inspiring poetry and music شاعری کی دیوی ۔ خیال ۔ فکر ۔ تخیل ۔ فکر شعری ۔ شاعری ۔

Muse (mūz) *v.i. & n.* Ponder, reflect غور و فکر کرنا ۔ سوچ بچار کرنا ۔ محویت ۔ استغراق ۔

Museum (mu-ze-əm) *n.* Building used for storing antiquities, pieces of art, etc. عجائب گھر ۔ عجائب خانہ ۔ نوادرات کی نمائش کی جگہ ۔

Mush (mush) *n.* Soft pulp ملائم گودا یا مغز ۔ شمالی امریکہ میں ایک طرح کا دلیا ۔ چھتری ۔ چھاتا ۔ گاڑی والا ۔

Mushroom (mush-room) *v.t. & n.* Edible kind of fungus کلاہ باران ۔ ککر متا ۔ کھمبی ۔ سانپ کی چھتری ۔ نئے نواب ۔ نو دولتے ۔ کھمبی جمع کرنا ۔ بندوق کی گولی کا پھیل کر چپٹی ہو جانا ۔

Mushroom growth *n.* برسات کی کثیر پیداوار ۔ جلد جلد اگنا ۔

Music (mu-zik) *n.* Art of producing beauty in sound موسیقی ۔ سماع ۔ گانا ۔ راگ ۔ راگنی ۔ نغمہ ۔ لے ۔ ہم آہنگی ۔ آواز کا حسن ۔ آواز کے ذریعے جذبات کا اظہار ۔ علم موسیقی ۔ دل خوش کن آواز ۔

Face the music حریفوں کا مردانہ وار مقابلہ کرنا ۔ مخالفت یا نکتہ چینی سے نہ گھبرانا ۔

Musical (mu-zi-kəl) *adj. & n.* Melodious, harmonious موسیقی کا ۔ راگ کا ۔ شیریں ۔ سریلا ۔ سرود آگیں ۔ ہم آہنگ ۔ بصیرت ۔ ذوق موسیقی ۔

Musicality *n.* سریلا پن ۔ خوش گلوئی ۔ خوش الحانی ۔

Musician (mu-zi-shi-ən) *n.* Person skilled in music مغنی ۔ مطرب ۔ کلا کار ۔ ماہر موسیقی ۔

Musk (musk) *n.* Odoriferous brown substance مشک ۔ کستوری ۔ مشک دانہ ۔ ایک پودا جس سے مشک کی خوشبو آتی ہے ۔

Musky *adj.* مشک کی مانند ۔ مشکیں ۔

Musket (mus-kit) *n.* Muzzle loading gun بھرمار بندوق ۔ اوپر سے بھری جانے والی ۔

Musketeer (mus-kit-er) *n.* Soldier armed with musket تفنگچی ۔ بندوقچی ۔

Musketry (mus-kit-ri) *n.* Troops armed with muskets بندوقچیوں کی فوج ۔ بندوق بازی کی تعلیم یا مشق ۔ فن بندوق بازی ۔

Muslim (mus-lim) *n.* Moslem دیکھو

Muslin (mus-lin) *n.* Delicately-woven cotton fabric تن زیب ۔ ململ ۔ آب رواں ۔

Muslinet (mus-lin-et) *n.* Thick kind of muslin موٹی ململ ۔

Musquash (mus-kwash) *n.* Fur of muskrat چھچھوندر کی سمور ۔

Mussalman (mus-l-mən) *n.* Mohammedan اسلام کا پیرو ۔ مسلمان ۔ مسلم ۔

Must (must) *n.* New wine پھپھوندی ۔ شیرہ انگور ۔ تازہ کچی شراب ۔ نا رسیدہ شراب ۔

Must (must) *adj. & n.* Male elephant in a state of frenzy مست ہاتھی یا اونٹ ۔ مستی ۔ مستی کی حالت میں ۔ مستی سے پاگل ۔

Must (must) *v.aux.* Be obliged to do پڑیگا ۔ ہوگا ۔ ضرور ۔ بالضرور ۔ لازم ۔ فرض ۔

Mustang (must-ang) *n.* Wild horse of America امریکہ کا جنگلی گھوڑا ۔

Mustard (mus-tərd) *n.* Seeds of a plant used as condiment رائی ۔ سرسوں ۔ خرول ۔ سرشف ۔ توریا ۔

Grain of mustard seed ذرا سی چیز جو بڑھ سکتی ہے ۔

Muster (mus-tər) *v.t. & i.* Collect, get together جمع کرنا ۔ ایک جگہ اکٹھا کرنا ۔ حاضری لینا ۔ فوج کا جائزہ لینا ۔ قوت جمع کرنا یا بہم پنہچانا ۔

Muster (mus-tər) *n.* Assembling of men for inspection فوج کا معائنہ ۔ اجتماع ۔ جائزہ ۔ گنتی ۔ حاضری ۔

Musty (mus-ti) *adj.* Mouldy, stale باسی ۔ پھپھوندی لگا ہوا ۔ اترا ہوا ۔ گلا سڑا ۔ بوسیدہ ۔

Mutable (mu-tə-bl) *adj.* Fickle بے قرار ۔ بے چین ۔ ناپائدار ۔ تغیر پذیر ۔ متلون ۔

Mutation (mut-ə-shən) *n.* Alteration, change تبدل ۔ تغیر ۔ داخل خارج ۔ نوعی تبدیلی ۔

Mutatis-mutandis جزوی اختلاف کو ملحوظ رکھتے ہوئے ۔ مناسب تغیر و تبدل کے ساتھ ۔

Mute (mut) *adj.* & *n.* Silent خاموش ۔ بے زبان ۔ گونگا ۔ چپ چاپ ۔ ساکت ۔ غیر ناطق ۔ شکاری کتا جو بھونکتا نہ ہو ۔ ساکت و صامت ۔ خاموش سوانگ کا اداکار ۔ گونگا نوکر ۔ آواز روکنے والی گدی جو باجوں میں لگاتے ہیں ۔

Mutely *adv.* خاموشی سے ۔ چپ چاپ ۔

Mute (mūt) *v.t.* Deaden, muffle the sound آواز کو دبانا ۔ باجے کی آواز کو دھیما کرنا ۔ چڑیوں کا بیٹ کرنا ۔ چرکنا ۔

Mutilate (mu-ti-lat) *v.t.* Cut off limb or organ عضو کاٹ ڈالنا ۔ ہاتھ پیر توڑ دینا ۔ عبارت کو کاٹ چھانٹ کر بگاڑ دینا ۔

Mutilation *n.* عبارت کو مسخ کرنا ۔ قطع و برید ۔ عضو کا کاٹ ڈالنا ۔

Mutineer (mū-tin-i-ēr) *n.* One who mutinies سرکش ۔ نافرمان ۔ باغی ۔ بغاوت کرنے والا ۔

Mutinous (mu-ti-nəs) *adj.* Rebellious مفسد ۔ غدار ۔ فتنہ انگیز ۔ باغیانہ ۔

Mutiny (mū-ti-ni) *v.i.* & *n.* Open revolt بلوہ ۔ غدر ۔ بغاوت ۔ بغاوت کرنا ۔ باغی ہونا ۔

Mutism (mu-ti-zm) *n.* Dumbness گونگا پن ۔ سکوت ۔ خاموشی بے آواز ہونا ۔ بے تعلق ہونا ۔

Mutograph (mūt-ō-graf) *n.* & *v.t.* Apparatus for taking photograph of moving objects متحرک چیزوں کی تصویریں لینے کا کیمرہ ۔ متحرک تصویریں لینا ۔ متحرک تصویر ۔

Mutter (mut-ər) *v.i.,t.* & *n.* Speak in low tone بڑبڑانا ۔ منہ ہی منہ میں بولنا ۔ چپکے چپکے شکایت کرنا ۔ چپکے سے کان میں کہنا ۔ وہ الفاظ جو بڑبڑا کر کہے جائیں ۔

Mutton (mut-n) *n.* Flesh of sheep as food بھیڑ بکری کا گوشت (مذاق) بھیڑ ۔

Muttony *adj.* بھیڑ کے گوشت جیسا ۔ بھیڑ کے گوشت کا

Mutual (mu-tu-əl) *adj.* Felt and done by both دو طرفی ۔ جانبین کا ۔ باہمی ۔ ہر دو طرف کا ۔

Mutuality *n.* باہمی مفاہمت ۔ طرفین سے ہونا ۔ باہمی تعلق ۔

Mutualism (mu-tu-əl-izm) *n.* Doctrine that mutual dependence is necessary for well being یہ نظریہ کہ انسان فلاح حاصل کرنے کے لیے ایک دوسرے کا محتاج ہے

Muzz (muz) *v.t.* Make muzzy (بول چال) شراب پلا کر مدہوش کر دینا ۔

Muzzle (muz-l) *n.* Animal's nose and mouth تھوتھنی ۔ منہ ۔ دہانہ ۔ بھر مار بندوق کی نال کا سوراخ ۔ جانوروں کے منہ کا چھینکا ۔

Muzzle (muz-l) *v.t.* Put muzzle on جانور کے منہ پر جالی دار چھینکا چڑھا دینا ۔ منہ بند کردینا ۔ زبان بندی کرنا ۔

Muzzy (muz-i) *adj.* Stupid from drinking بد مست ۔ نشے میں دھت ۔ پژ مردہ ۔ بے وقوف ۔ مخبوط الحواس ۔

My (mī) *adj.* Belonging to me میرا ۔ میری ۔ میرا اپنا ۔

Mycology (mī-kō-lə-ji) *n.* Study of fungi کھمیوں کا مشاہدہ اور تحقیق ۔

Myology (mī-ō-lə-ji) *n.* Study of muscles عضلات اور پٹھوں کا علم ۔

Myope (mi-ōp) *n.* Short-sighted person ضعیف البصر ۔ چندھا ۔ کمزور نظر والا انسان ۔

Myopia *n.* بصارت کا ضعف ۔ کمزوری نظر

Myopy *n.* نظر کی کمزوری ۔ ضعف بصارت ۔

Myriad (mi-ri-əd) *adj.* & *n.* Ten thousand دس ہزار ۔ لاکھوں ۔ بڑی تعداد ۔

Myreapod (mir-i-ə-pod) *adj. & n.* Animal with many legs ۔ بہت سی ٹانگوں والا ۔ ہزار پایہ ۔ کھنکھجورا ۔

Myrmidon (mər-mi-dən) *n.* Warlike Thessalian people who followed Achilles تھسلی کی جنگجو قومیں جنہوں نے اکلیز کی پیروی کی ۔ بدمعاش ۔ کرایۓ کا غنڈہ ۔ بذات نوکر ۔

Myrobalan (mi-rob-ə-lən) *n.* Astringent plum like fruit used in tanning ۔ ہلیلہ ۔ بڑی ہڑ ۔ ہلیلہ کابلی ۔ جو رنگائی کے کام میں آتی ہے ۔

Myrrh (mər) *n.* Gum resin used in perfumery لوبان کی طرح کی خوشبو دار گوند ۔

Myrtle (mər-tl) *n.* Plant with shiny evergreen leaves ۔ مہندی ۔ حنا ۔

Myself (mi-self) *pron.* Reflexive form of I میں ہی ۔ میں نے ہی ۔ خود میں نے ۔ اپنے تئیں ۔ اپنے آپ کو۔

Mystagogue (mis-tə-gog) *n.* Teacher of mystical doctrines معلم تصوف ۔ پیر طریقت ۔ علوم باطنی کا عالم ۔

Mysterious (mis-tə-ri-əs) *adj.* Wrapped in mystery مخفی ۔ باطنی ۔ پوشیدہ ۔ پراسرار ۔ راز پسند انسان ۔

Mystery (mes-tə-ri) *n.* Hidden or inexplicable matter معمہ ۔ راز ۔ چیستان ۔ پہیلی ۔ پردہ راز ۔

Mystic (mis-tik) *adj. & n.* Of hidden meaning عارفانہ ۔ صوفیانہ ۔ عارف ۔ صوفی ۔

Mysticism *n.* علم باطن ۔ رازیت ۔ تصوف ۔

Mysticize *v.t.* باطنی رنگ میں پیش کرنا ۔ مخفی کرنا ۔ پر اسرار بنانا ۔

Mystify (mis-ti-fi) *v.t.* Bewilder پیچیدہ کرنا ۔ بعید از عقل ظاہر کرنا ۔ پر اسرار بنا دینا ۔ کرامات کے ذریعے معتقد بنانا ۔ ابلہ فریبی کرنا ۔ بے وقوف بنانا ۔

Mystification *n.* پر اسرار ہونا ۔ باطنیت ۔ رازیت ۔

Myth (mith) *n.* Purely fictitious narrative فرضی داستان ۔ پریوں اور دیووں کے افسانے ۔ وہمی باتیں ۔

Mythical *adj.* وہمی ۔ فرضی ۔ خیالی ۔

Mythicize (mi-thi-siz) *v.t.* Treat story as a myth افسانہ بنانا ۔ وہمی اور فرضی واقعات کا رنگ دینا ۔

Mythicism *n.* فرضی قصوں پر یقین کرنا ۔ اساطیر پرستی ۔

Mythology (mith-o-lo-ji) *n.* Body of myths دیو مالا ۔ دیوتاؤں کے قصے ۔ جنوں اور پریوں کے افسانے ۔

Mythological *adj.* اساطیری ۔ دیوتاؤں کے ۔ دیو مالا کے ۔

Mythologist *n.* دیو مالا کا عالم ۔ علم الاصنام کا ماہر ۔

Mythologise (mith-o-lo-jiz) *v.t.* Bring in gods and goddesses into stories دیوتاؤں اور دیویوں کی کہانیاں بنانا ۔ انسانی زندگی میں ان کو داخل کرنا ۔

Mythus (mi-thus) *n.* Myth خیالی افسانہ ۔ دیوتاؤں کا قصہ ۔

N

N (en) *l.* Fourteenth letter of the English alphabet انگریزی حروف تہجی کا چودہواں حرف ۔ غیر معین عدد ۔

Nab (nab) *v.t.* Catch in wrong doing موقع واردات پر گرفتار کرنا ۔ پکڑ لینا ۔ گھیرنا ۔

Nabob (na-bob) *n.* Wealthy luxurious person صوبہ کا حاکم ۔ رئیس ۔ نواب ۔ عیش پرست شخص ۔ رئیسانہ ٹھاٹھ باٹھ کا آدمی ۔

Nacarat (nak-ə-rat) *n.* Bright orange-red colour شوخ نارنجی سرخ رنگ ۔

Nacelle (na-sel) *n.* Car of airship ہوائی جہاز کا جھولا ۔ طیارہ کے انجمن کا ڈھکن ۔

Nadir (na-der) *n.* Lowest point, time of depression سمت الرجل ۔ کرہ ساوی کی وہ سمت جو ہمارے پیروں کی عین سیدھ میں ہے ۔ پستی کی انتہا ۔ انتہائی زوال کا وقت ۔

Nag (nag) *n.* Small riding horse or pony چھوٹا گھوڑا ۔ ٹٹو ۔ سواری کا ٹٹو ۔

Nag (nag) *v.t. & i.* Find fault and scold persistently پیچھے پڑنا ۔ ہر وقت عیب جوئی کرتے رہنا ۔ اعتراض کرتے کرتے ناک میں دم کر دینا ۔

Nagging *n.* عیب جوئی ۔ ہر وقت نکتہ چینی یا ملامت ۔

Naiad (ni-a-d) *n.* Water nymph سمندر کی پری ۔ جل پری ۔

Nail (nāl) n. Horny-covering of outertip of fingers ناخن ۔ جانوروں کا پنجہ ۔ کیل ۔ کانٹا ۔ میخ ۔
On the nail فوراً ادا کرنا ۔ ہاتھ پر رکھنا ۔
Nail (nāl) v.t. Fasten with nails میخ یا کیل جڑنا ۔ کیلیں ٹھونک کر مضبوط کرنا ۔ متوجہ کرنا ۔ پکڑ لینا ۔ جانے نہ دینا ۔
Nail colour to most اپنی بات پر جمے رہنا ۔
Nail to counter barn door قلعی کھولنا ۔ پردہ فاش کرنا ۔
Nailer (nal-ər) n. Nail-maker کیلیں بنانے والا ۔ لوہار ۔ بریک ساز ۔ (بول چال) بڑھیا چیز ۔ کسی کام میں طاق ۔ ماہر ۔ کیل سازی کا کارخانہ ۔
Nailery کیلیں اور میخیں بنانے کا کارخانہ ۔
Naive (nā-ev) adj. Amusingly simple سادہ لوح ۔ بھولا بھالا ۔ صاف باطن ۔ بے تکلف ۔
Naively adv. بھولے پن سے ۔ سادگی سے ۔
Naivety n. بھولا پن ۔ سادہ لوحی ۔ سادگی ۔
Naked (na-kid) adj. Nude, unclothed ننگا ۔ برہنہ ۔ عریاں ۔ نہتا ۔ غیر مسلح ۔ ظاہر ۔ آشکارا ۔ کھلا ہوا ۔ صاف صاف ۔ کھرا کھرا ۔ پوست کندہ ۔ بے نیام ۔ عاری ۔ خالی ۔ بے آرائش ۔ بے ساز و سامان ۔ بے شجر ۔ بے برگ ۔ بنجر ۔ بے بیضہ ۔ (پھل) بے روئیں کا ۔ بے بال کا ۔ جوں کا توں ۔ بلا دلیل ۔ بلا ثبوت ۔
Nakedly adv. واضح طور پر ۔ صاف صاف ۔ علانیہ ۔
Nakedness n. پوست کندہ ہونا ۔ بے پردگی ۔ برہنگی ۔ عریانی ۔
Namby-pamby (nam-bi-pam-bi) adj. & n. Mildly sentimental مرصع ۔ بے لطف عبارت ۔ رقت آمیز ۔ جذباتی ۔ پر تکلف ۔ بے مزہ گفتگو ۔
Name (nām) n. Word by which a person or thing is spoken of نام ۔ اسم ۔ لقب ۔ عرفیت ۔ کنیت ۔ تخلص ۔ اعتبار ۔ عزت ۔ آبرو ۔ حرمت ۔ شہرت ۔ ناموری ۔ خاندان ۔ قبیلہ ۔ قوم ۔ وہ چیز جس کا نام ہو مگر وجود نہ ہو ۔ محض نام ۔ نام ہی نام ۔
Name (nām) v.t. Give name to, call نام رکھنا ۔ موسوم کرنا ۔ نامزد کرنا ۔ کہنا ۔ نام پکارنا ۔ نام بتانا ۔ ذکر کرنا ۔ بیان کرنا ۔ وضاحت کرنا ۔ مقرر ایوان کا کسی رکن کو ملزم ٹھہرانا ۔ مثال کے طور پر بیان کرنا ۔ متعین کرنا ۔ ٹھہرانا ۔ صدر سے درخواست کہ کسی رکن کو ملزم قرار دے ۔ کسی مقرر سے جس نے تقریر میں کسی کی طرف اشارہ کیا ہے نام ظاہر کرنے کا مطالبہ کرنا ۔
Namable adj. نام لینے کے قابل ۔ قابل تعین ۔
Nameless adj. نا قابل ذکر ۔ مجہول الاسم ۔ غیر معروف ۔ نامعلوم ۔ گمنام ۔ بے نام ۔ نا قابل تعریف ۔ قابل نفرت ۔
Namely (nām-li) adv. That is to say یعنی ۔ مثلاً ۔
Nammet (nām-et) n. دیکھو Nummet
Nankeen (nan-kēn) n. Kind of cotton cloth نانکین ۔ ایک قسم کا زردی مائل سوتی کپڑا ۔ نانکین کا پائجامہ ۔ میلا سا زرد رنگ ۔
Nanny (nan-i) n. She-goat بکری ۔ بچہ کی دایہ ۔ انا ۔
Nap (nap) v.i. & n. Sleep lightly آنکھ لگنا ۔ آنکھ جھپکنا ۔ اونگھنا ۔ جھپکی ۔ اونگھ ۔ ہلکی نیند ۔
Nap (nap) n. & v.t. Surface given to cloth by raising کپڑے کی نرم روئیں دار سطح ۔ کپڑے کی روئیں دار سطح بنانا اور پھر صاف کرنا ۔
Nap (nap) n. Putting up all the money on one chance پورا روپیہ ایک ہی داؤ پر لگا دینا ۔ وہ شرط جس پر سارا روپیہ لگا دیا جائے ۔
Napalm (nā-pam) n. Petroleum jelly پٹرول کی جیلی جس سے آگ لگانے والا بم بنایا جاتا ہے ۔
Nape (nāp) n. Back of neck گردن کا پچھلا حصہ ۔ منکا ۔ گدی ۔ قفا ۔
Napery (nap-eri) n. Table, linen دستر خوان ۔ میز پوش ۔ دست مال وغیرہ ۔
Naphtha (naf-thȧ) n. Kind of inflammable oil روغن نفط ۔ آتش گیر تیل ۔
Naphthalene (naf-tha-lin) n. White crystalline substance نفطی مادہ جو رنگوں میں استعمال ہوتا ہے ۔ نفطین ۔
Naphthalize v.t. نفطی گولیاں رکھ کر یا تیل چھڑک کر جراثیم سے پاک کرنا ۔
Napkin (nap-kin) n. Square piece of linen میز کا رومال ۔ دست مال ۔ کھاتے وقت ہاتھ صاف کرنے کا رومال ۔ انگوچھا ۔

Naploeon (nə-pol-yen) *n.* French gold coin, name of French emperor فرانس کا مشہور بادشاہ ۔ فرانس کا طلائی سکہ ۔ ایک قسم کا بوٹ جوتا ۔ (تاش) پنج پتی کھیل ۔

Napoleonic (ne-pol-yən-ik) *adj.* Like Napoleon نپولین کی طرح کا ۔ نپولین کے متعلق ۔

Napoo (nā-pōo) *Interj.* Vanished, lost ارے غائب ہو گیا ۔ ارے گیا ۔ اب ہاتھ سے گیا ۔ ختم ۔

Nappy (nāp-i) *adj.* & *n.* Foamy, strong بچے کا رومال ۔ نرم گدگدا ۔ تیز ۔ جھاگ دار ۔

Napu (nā-pōo) *n.* Musk deer of Java and Sumatra جاوا ، ساٹرا کا مشکی ہرن ۔

Narcissism (nar-si-si-zm) *n.* Tendency of self-worship خود پرستی ۔ وجودیت ۔ وہ کیفیت جب انسان اپنی ذات کو مظہر حق سمجھتا ہے اور اسی میں محو رہتا ہے ۔

Narcissus (när-sis-əs) *n.* Kinds of bulbous plant نرگس شہلا ۔ نرگس ۔

Narcolepsy (när-ko-lep-si) *n.* Disease with fits of somnolence ایک مرض جس میں نیم خوابی کے دورے پڑتے ہیں ۔ خوابی دورے ۔ غشی ۔

Narcosis (när-kos-is) *n.* State of insensibility سن ہو جانا ۔ بے حس ہو جانا ۔ بے حسی ۔

Narcotic (när-ko-tik) *n.* & *adj.* Inducing drowsiness نشہ آور ۔ خواب آور ۔ خواب آور دوا ۔

Narcotize *v.t.* بے حس کرنا ۔ غنودگی طاری کرنا ۔ سن کرنا ۔

Narcotist *n.* مخدرات کا استعمال کرنے والا ۔

Nard (närd) *n.* Aromatic plant ایک پودا جس سے خوشبودار روغن نکلتا ہے ۔

Nark (närk) *n.* Police decoy or spy (بول چال) پولیس کا مخبر ۔ جاسوس ۔

Narrate (na-rāt) *v.t.* Relate, recount ۔ روایت کرنا بیان کرنا ۔ نقل کرنا ۔ تذکرہ کرنا ۔ کہانی یا قصہ بیان کرنا ۔

Narration *n.* حکایت ۔ روایت ۔ تذکرہ ۔ بیان ۔

Narrative (na-ra-tiv) *n.* & *adj.* Tale, story ۔ کہانی بیان ۔ تذکرہ ۔ روایت ۔ حکایتی ۔ افسانوی ۔

Narrow (nar-ō) *adj.*, *n.*, *v.t.* & *i.* Of small size or width تنگ ۔ کم چوڑا ۔ سکڑا ہوا ۔ بھنچا ہوا ۔ قلیل ۔ تھوڑا ۔ چھوٹا ۔ محدود ۔ تنگ دل ۔ کنجوس ۔ کم حوصلہ ۔ کم ظرف ۔ حریص ۔ باریک ۔ دقیق ۔ مہین ۔ متعصب انسان ۔ خود پسند آدمی ۔ کم کردینا ۔ تنگ کر دینا ۔ محدود کرنا یا ہونا ۔

Narrow circumstances افلاس ۔ تنگ دستی ۔

The narrow way راہ نجات ۔ صراط مستقیم ۔ نیکی کا راستہ ۔

Narrowish *adj.* تنگ سا ۔ کسی قدر تنگ ۔

Narrow-minded *adj.* اوچھا ۔ کم ظرف ۔ متعصب ۔ تنگ دل ۔

Narwhal (när-wəl) *n.* Horned whale ایک سینگ والی وہیل مچھلی جو بحر شمالی میں ہوتی ہے ۔

Nasal (na-zl) *adj.* Of the nose ناک کا ۔ ناک سے ادا ہونے والا حرف ۔ غنہ ۔

Nasalisation *n.* حرف کو ناک سے ادا کرنا ۔

Nasalise *v.t.* حرف کی آواز ناک سے نکالنا ۔ غنہ بنانا ۔

Nascent (nas-ənt) *adj.* In the act of being born پیدا ہوتا ہوا ۔ پیدا ہونے والا ۔ اٹھتا ہوا ۔ ابھرتا ہوا ۔ ظہور کرتا ہوا ۔ عنفوان میں ۔

Nasty (nas-ti) *adj.* Dirty, filthy ناپاک ۔ میلا ۔ غلیظ ۔ گندا ۔ گھناؤنا ۔ برا ۔ ناگوار ۔ بدبودار ۔ بدمزہ ۔ فحش ۔ سخت ۔ سنگین ۔ بد طینت ۔ بدخو ۔

Nastiness *n.* گھناؤنا پن ۔ آلودگی ۔ غلاظت ۔ نجاست ۔

Natal (na-təl) *adj.* From one's birth پیدائشی ۔ مادر زاد ۔ جنم کا ۔

Natality (nā-təl-i-ti) *n.* Birth rate شرح پیدائش ۔ پیدائش کی سالانہ اوسط فی ہزار ۔

Natation (nā-tə-shən) *n.* Swimming ۔ تیراکی ۔ شناوری

Natatorial (nāt-ə-tə-ri-əl) *adj.* Of swimming تیرتا ہوا ۔ تیرنے والا ۔ تیراکی کے متعلق ۔

Nation (nā-shən) *n.* People inhabiting a territory ایک ملک کے لوگ ۔ قوم ۔ ملت ۔

Nationhood *n.* قومیت ۔

National (na-shən-əl) *adj.* & *n.* Of a nation ۔ قومی ملی (جمع) ہم قوم لوگ ۔ ہم قوم افراد ۔ وطن دوست ۔ ہمدرد قوم ۔

National anthem کسی ملک کا قومی ترانہ - قومی ترانہ -

Nationally *adv.* قومی طور پر - من حیث القوم -

Nationalism (nā-shən-əl-izm) *n.* Patriotic feeling قوم پروری - ملت پروری - احساس قومیت - قومی فلاح - قومی آزادی - قومی صنعت اور بنکاری کو قومی ملکیت بنانا -

Nationalist قومیت کا حامی - وطن دوست - قوم پرست -

Nationality (nā-shən-əl-ity) *n.* National quality, patriotic sentiment قومی رنگ - قومی صفات - قوم پرستانہ جذبات - قومی جوش - قوم - نسل -

Nationalize (nā-shən-əl-īz) *v.t.* Make national قوم میں داخل کرنا - قومی بنانا - قومی ملکیت قرار دینا - قومیت کے حقوق دینا - صنعت و حرفت کو قومی ملکیت قرار دینا -

Nationalization *n.* شخصی املاک کو قومی بنانا - قانوناً قومی قرار دینا - قومی ملکیت بنانے کا عمل -

Native (nā-tiv) *n.* & *adj.* One born in or domiciled دیسی - ملکی - وطنی - پیدائشی - حقیقی - جنمی - باشندہ - رہنے والا - آسٹریلیا کا گوری نسل کا جو وہیں پیدا ہوا ہو - غیر مہذب نسل کا فرد - دیسی یا ملکی جانور اور پودا -

Native (nā-tiv) *adj.* Innate, inherent ذاتی - خلقی - طبعی - فطری - بے تصنع - پیدائشی - دیس کا - ملکی - خالص -

Nativity (na-tiv-i-ti) *n.* Birth of Christ or St. John Baptist میلاد مسیح - میلاد مریم - میلاد یوحنا - ولادت مسیح کی تصویر - ولادت مسیح کا دن بڑا دن - پیدائش - ولادت - زائچہ - جنم پتری -

Natron (na-trən) *n.* Native sesquicorbonate of soda کچا شورہ - خام شورہ -

Natterjack (nat-ər-jak) *n.* British species of toad زرد دھاریوں والا برطانوی مینڈک -

Natty (nat-i) *adj.* Spruce, trim چابک دست - ہوشیار - صاف - ستھرا - خوبصورتی سے سجا ہوا -

Nattiness *n.* چابکدستی - نفاست - کاریگری - صفائی -

Natural (nāt-ū-rəl) *adj.* & *n.* Instinctive, based on moral sense طبعی - قدرتی - ذاتی - خلقی - حقیقی - بے تصنع - طبیعت کے مناسب - آسان - ناجائز - بے بیاہی - غیر روحانی - جو وحی پر مبنی نہ ہو - پیدائشی سادہ لوح - پیدائشی باولا -

Naturalness (nāt-ū-rəl-nes) *n.* What a thing is by nature حقیقی پن - قدرتی پن - برجستگی - بے ساختگی -

Naturalism (nāt-ū-rəl-ism) *n.* Action based on natural instinct طبعی حالت - جبلت - طبعی اخلاق یا مذہب - دہریت - مادہ پرستی (آرٹ) فطرت پسندی - آزاد مشربی - رسمی پابندیوں سے بے پروائی -

Naturalist (nāt-ū-rəl-ist) *n.* One who believes in naturalism وہ جس کو فطرت پر اعتقاد ہو - علم طبیعات کا ماہر - ماہر حیوانیات - پرندے بیچنے والا -

Naturalize (nāt-ū-rəl-īz) *v.t.* & *i.* Admit to citizenship دیسی یا ملکی بنانا - کسی غیر ملکی کو حقوق قومیت ادا کرنا - قوم میں داخل کرنا - رسمی پابندیوں سے آزاد ہونا - فطرت کے مطابق بننا یا بنانا -

Naturalization قوم میں داخل کرنا - قومیت عطا کرنا -

Naturally (nāt-ū-rəli) *adv.* As expected, of course طبعاً - فطرتاً - لازمی طور پر - قدرتی طور پر -

Nature (nāt-yər) *n.* Thing's essential qualities بناٹ - ترکیب - ساخت - فطرت - ماہیت - فطرت انسانی کا کوئی خاص عنصر - خاص مزاج کا شخص - جنس - قسم - نوع - ڈھنگ - فطری صفات - فطرت خلقی - عالم طبیعی - کائنات - قوانین قدرت - فطرت پسندی -

Naught (nawt) *n.* & *adj.* Nothing کچھ نہیں - ہیچ - لاشے - صفر - ناچیز - بیکار - نکما -

Naughty (nawt-i) *adj.* Badly-behaved نٹ کھٹ - شریر - نافرمان - برا - نا معقول - بیہودہ -

Naughtiness *n.* بیہودگی - شوخی - شرارت -

Nausea (naw-si-ā) *n.* Feeling of sickness متلی - ابکائی - طبیعت کی مالش - کراہت - گھن -

Nauseate (naw-si-āt) *v.t.* & *i.* Affect with nausea جی متلانا ۔ کھانے سے کراہت ہونا ۔ طبیعت کا مالش کرنا ۔ قے آنا ۔ متلی ہونا ۔

Nauseating *adj.* متلی پیدا کرنے والی ۔

Nauseous (naw-si-əs) *adj.* Causing nausea قے آور ۔ متلی پیدا کرنے والی ۔ گھناؤنی ۔ مکروہ ۔

Nautch (nawch) *n.* East Indian exhibition of dancing girls ناچ ۔ طوائف کا ناچ ۔ رقص ۔ رقص کرنے والی لڑکیوں کی نمائش ۔

Nautical (nawt-ik-əl) *adj.* Maritime, naval جہاز رانی کے متعلق ۔ ملاحوں کا ۔ بحری جہاز کا ۔

Naval (na-vl) *adj.* Of ships or navy جہازی ۔ بحری ۔ سمندری ۔ بحری فوج کا ۔ جہاز رانی کا ۔ جہازوں کا ۔

Navigable (nav-ig-əbl) *adj.* Affording passage for ships جہاز رانی کے قابل ۔ سفر کے قابل دریا یا سمندر ۔ قابل پرواز ۔

Navigate (nav-i-gāt) *v.i.* & *t.* Sail ship ۔ جہاز چلانا جہاز کے ذریعے سفر کرنا ۔ بحری سفر کرنا ۔ جہاز یا ہوائی جہاز چلانا ۔

Navigation (na-vi-ga-shən) *n.* Seamanship جہاز رانی ۔ بحری سفر ۔ فن جہاز رانی ۔ جہازوں کی آمد و رفت ۔ ہوائی جہازوں کا آنا جانا ۔

Navigator (na-vi-ga-tər) *n.* One skilled in navigation ناخدا ۔ ماہر جہاز رانی ۔ جہاز ران ۔

Navvy (nav-i) *n.* Labourer employed in excavation کھدائی کرنے والا مزدور ۔

Navy (nav-i) *n.* Fleet of ships of war جنگی جہازوں کا بیڑا ۔ بحریہ ۔ جنگی بیڑا ۔ بحریہ کے کل جہاز ۔ بحری طاقت ۔

Navy blue *adj.* گہرے نیلے رنگ کا ۔

Nawab (nə-wab) *n.* Rich retired Anglo-Indian نواب ۔ تعلقدار ۔ عہدہ دار ۔ وہ انگریز جو ہندوستان میں ملازمت کے دوران روپیہ جمع کرتے اور انگلستان میں نوابوں کی طرح رہتے ہیں ۔

Nay (na) *n.* Equivalent to negative sentence نہیں ۔ بالکل نہیں ۔ اوں ہوں ۔ ایسا نہیں ہو سکتا ۔ نہیں بلکہ ۔

Nazarene (naz-ə-rin) *n.* & *adj.* Native of Nazareth, Christian نصرانی ۔ عیسائی ۔ مسیحی ۔ عیسائی جس کی اصلیت یہودی تھی ۔ یہودی نصرانی ۔

Nazarite (naz-ə-rīt) *n.* Native of Nazareth نزارتھ کا باشندہ ۔ نصرانی ۔ مسیحی ۔

Naze (nāz) *n.* Promontory خاکنائے ۔ خشکی کا وہ حصہ جو دور تک پانی میں چلا گیا ہو ۔

Neal (nēl) *v.t.* Heat تپانا ۔ تاؤ دینا ۔

Neap (nēp) *adj.* & *n.* Springtide چاند کی ساتویں یا تئیسویں تاریخ کی مد ۔ باکی مد ۔ جہاز کا مد کے خاتمہ کی وجہ سے سفر نہ کرنا ۔ گاڑی یا تانگے کا بم ۔

Near (nēr) *adv.* & *prep.* To, at, a short distance پاس ۔ نزدیک ۔ قریب ۔ سیدھا ۔ جزرسی سے ۔ کفایت شعاری سے ۔

Near (ner) *adj.* Closely related, intimate ۔ قریبی بے تکلف ۔ پاس کا ۔ اصلیت سے قریب تر ۔ جزرس ۔ کفایت شعار ۔ کنجوس ۔ خست کا ۔

A near guess قریب قریب صحیح اندازہ ۔

A near race سخت مقابلہ کی دوڑ ۔

Near-sighted جس کی دور کی نظر خراب ہو ۔ کوتاہ بین ۔

Nearish *adj.* کسی قدر قریب ۔

Nearness *n.* اتصال ۔ نزدیکی ۔ قربت ۔

Nearly (nēr-li) *adv.* Closely قریب قریب ۔ قریب کے رشتے سے ۔ جزرسی سے ۔

Neat (nēt) *n.* Cattle, cow herd ۔ گائے ۔ بیل ۔ ڈھور ۔ مویشی ۔

Neat (nēt) *adj.* Undiluted, nicely made خالص ۔ عمدہ بنا ہوا ۔ پاک صاف ۔ ستھرا ۔ نفیس ۔ خوش وضع ۔ اچھے ڈھنگ کا ۔ برجستہ ۔ کاریگری کا ۔ استادانہ ۔ ہوشیار ۔

Neatness *n.* ستھرا پن ۔ پاکیزگی ۔ صفائی ۔ نفاست ۔

Neb (neb) *n.* Beak or bill چونچ ۔ نوک ۔ ناک ۔ منہ ۔ ٹونٹی ۔ سرا ۔

Nebula (neb-u-la) *n.* Clouded speck on cornea آنکھ کا جالا ۔ ستاروں کا گچھا ۔ دھند ۔ پھولا ۔

Nebular (neb-u-lər) *adj*. Of nebula(e) Theory that solar and stellar systems were developed from nebulae سدیمی ۔ ستاروں کا یہ نظریہ کہ نظام شمسی و سیارگان دھندلے مادے سے وجود میں آئے ۔

Nebulous (neb-u-ləs) *adj*. Cloud-like, hazy سدیمی ۔ دھندلا ۔ غیر واضح ۔ مکدر ۔

Necessarian (nes-ə-sə-riən) *n*. One who believes in predetermination قائل تقدیر ۔ جبر و تقدیر کا قائل ۔

Necessaries (nes-ə-rə-riz) *n*. Things required ضروریات ۔ لوازم حیات ۔ ساز و سامان ۔

Necessarily (nes-ə-sə-ri-li) *adv*. Inevitably بالضرور ۔ لازمی طور پر ۔ لازماً ۔

Necessary (nes-is-ə-ri) *adj*. & *n*. Indispensable ضروری ۔ لازمی ۔ نا گزیر ۔ مطلوب ۔ جبری ۔ تقدیری ۔ ضروریات زندگی ۔ لوازم حیات ۔ بیت الخلا ۔ جائے ضرور ۔

Necessitarian (ni-ses-it-a-riən) *n*. & *adj*. Person denying free will عقیدہ جبر و قدر کا قائل ۔ جبریہ ۔

Necessitate (ni-ses-it-at) *v.t.* Force, compel ضروری بنانا ۔ لازمی کرنا ۔ مجبور کرنا ۔ کسی چیز پر جبر کرنا ۔ کسی امر کو ضروری یا لا بدی کرنا ۔ لازمی نتیجہ ہونا ۔

Necessitous (ni-ses-it-əs) *adj*. Poor, needy محتاج ۔ حاجت مند ۔ تنگ دست ۔ مفلس ۔

Necessity (ni-ses-i-ti) *n*. Indispensable thing, necessary احتیاج ۔ ضرورت ۔ حاجت ۔ ضروری چیز ۔ محتاجی ۔

Make a virtue of necessity عصمت بی بی از بے چادری ۔ جو کام مجبوراً کیا ہے اس کی داد چاہنا ۔

Necessity knows no law حاجت مند کی نظر میں قانون کوئی چیز نہیں ۔

Neck (nek) *n*. Part of body that connects head with shoulders گردن ۔ عنق ۔ گلا ۔ بکری وغیرہ کا گردن کا گوشت ۔ تنگ راستہ ۔ دریا یا خلیج کا تنگ حصہ ۔ خاکنائے ۔

Neck and neck شانہ بہ شانہ ۔ دوش بدوش ۔ برابر برابر

Stiff neck اکڑ ۔ نخوت ۔ غرور ۔

Get it in the neck سخت چوٹ کھانا ۔ کاری ضرب لگنا ۔

Neck (nek) *n*. Last sheaf of corn cut کٹی ہوئی فصل کا آخری گٹھا ۔

Necklace (nek-las) *n*. Ornament for neck تھسی ۔ مالا ۔ ہار ۔ گلوبند ۔ ست لڑا ۔ چندن ہار ۔

Necklet (nek-let) *n*. Fur protector for neck گلے کا زیور ۔ سمور کا گلو بند ۔

Necrology (nek-ro-lo-gi) *n*. Death roll رجسٹر اموات ۔ فہرست مرحومین ۔

Necromancy (nek-ro-man-si) *n*. Art of predicting by communication with the dead مردوں کی روحوں سے باتیں کر کے پیشین گوئی کرنا ۔

Necromancer روحوں سے باتیں کرنے والا ۔ جادوگر ۔ ساحر ۔ عامل ۔

Necropolis (nek-ro-po-lis) *n*. Cemetery گورستان ۔ قبرستان ۔

Necrosis (nek-ro-sis) *n*. Mortification of bones استخوانی انحطاط ۔ ہڈی کا گل جانا ۔

Nectar (nek-tər) *n*. Drink of the gods آب حیات ۔ آب حیوان ۔ دیوتاؤں کا مشروب ۔ میٹھا رس ۔ شہد ۔ امرت ۔

Nectarean (nek-tə-riən) *adj*. Like nectar امرت جیسا ۔ آب حیات جیسا ۔

Nectarine (nek-tə-rin) *n*. A kind of sweet peach ایک قسم کی شیریں ناخ ۔

Nectary (nek-tə-ri) *n*. Flower's or plant's honey secreting organ پودوں یا پھولوں کا وہ حصہ جس میں رس ہوتا ہے ۔ پھول رس ۔

Neddy (ned-i) *n*. Donkey گدھا ۔ خر ۔

Nee (na) *adj*. Born of, used in adding woman's maiden name بنت شادی سے پہلے عورت کے پیدائشی نام کو ظاہر کرتا ہے ۔

Need (ned) *n*. Circumstances requiring some course احتیاج ۔ حاجت مندی ۔ ضرورت ۔ غرض ۔ نازک وقت ۔ افلاس ۔ تنگ دستی ۔ ناداری ۔ وہ چیز جسکی ضرورت ہو ۔ حوائج ضروریہ ۔

Neediness *n.* حاجت مندی - تنگ دستی - احتیاج -

Needy *adj.* شکستہ حال - تنگ دست - حاجت مند - محتاج -

Need (ned) *v.t. & i.* Be necessary درکار ہونا - حاجت ہونا - ضرورت ہونا - ضروری ہونا - مطلوب ہونا -

Needful (ned-ful) *adj.* Requisite, necessary لازم - واجب - ضروری - مطلوب -

Needfulness *n.* مفلسی - تنگ دستی - محتاجی -

Needle (ned-l) *n.,v.t. &.i.* Thin, pointed piece of steel سوئی - سوزن - سوا - سلائی - کندہ کاری کا نوکدار آلہ - پچکاری کی سوئی - سینا - سوئی چبھونا - اندر گھس جانا -

Sharp as a needle ہوشیار - چوکس - تیز فہم

Needless (ned-les) *adj.* Unnecessary غیر ضروری - بیکار - بے فائدہ - لاحاصل - فضول -

Needments (ned-mənts) *n.* Things needed ضرورت کی چیزیں - ضروریات سفر - سامان - اسباب -

Needs (neds) *adv.* Of necessity بالضرور - لازمی طور پر - ضرورتاً - مجبوراً -

Ne'er (nar) *adv.* Never حاشا و کلا - ہرگز نہیں - کبھی نہیں -

Ne'er do well ناقابل اصلاح - نکما

Nefarious (ni-fa-ri-əs) *adj.* Wicked شریر - فاسد - برا - بد طینت - بد معاش - بدکردار - بے ایمانی کا - بد معاشی کا -

Negate (ni-gat) *v.t.* Nullify انکار کرنا - نفی کرنا - وجود سے انکار کرنا - تردید کرنا - ابطال کرنا -

Negation (ni-ga-shən) *n.* Refusal, contradiction انکار - نفی - نہیں - انکاری بیان - تردید - ابطال - منفی قول یا نظریہ - سلبی دعویٰ - غیر حقیقی شے -

Negatory *adj.* تردیدی - سلبی - منفی -

Negationist (ni-ga-shən-ist) *n.* One who denies accepted beliefs وہ شخص جو مسلمہ عقائد سے انکار کرے اور دوسرے عقاید پیش نہ کرے - منکر -

Negative (ni-ga-tiv) *adj.* Expressing denial or refusal منفی - انکاری - تردیدی - صفر سے کم مقدار ظاہر کرنے والا - منفی برقی رو رکھنے والا - منفی تصویر - قضیہ سالبہ -

Negatively *adv.* کاری طریقے سے - منفی کرتے ہوئے - لبی طور پر -

Negativeness *n.* کاری ہونا - تردیدی ہونا - سلبی ہونا -

Negative (ni-ga-tiv) *n.* Negative statemen reply or word رف نفی - تردیدی بیان - منفی ل - صفت - منفی مقدار - منفی تصویر - منفی برق -

Negative (ni-gə-tiv) *v.t.* Veto, reject کار کرنا - دید کرنا - نا منظور کرنا - خارج کرنا - رد کرنا - مسترد کرنا - تردید کرنا - غلط ثابت یا باطل کرنا -

Negativism (ni-ga-tiv-izm) *n.* Attitude of negationist کریت - مذہب سے انکار - مذہبی انین کے جواز سے انکار -

Neglect (ni-glekt) *v.t. & n.* Not pay attentic to یال نہ کرنا - پروا نہ کرنا - غفلت کرنا - ے توجہی کرنا - تغافل کرنا - ادائے فرض سے قاصر نا - فروگزاشت -

Neglectable *adj.* ر انداز کرنے کے لائق - قابل وگزاشت -

Neglectful *adj.* ہل انکار - کاہل - غافل - ے پروا -

Neglectfully *adv.* پروائی سے - غفلت سے -

Neglectfulness *n.* ہل انگاری - غفلت شعاری -

Neglectingly *adv.* لت کرتے ہوئے -

Neglegee (na-gle-zha) *n.* Free and easy atti یلا ڈھالا - بے تکلف لباس - نا قابل لحاظ - برائے م -

Negligence (neg-li-jəns) *n.* Want of proper ca or attention ے پروائی - بے توجہی - تغافل - ے تکلفی - سادگی -

Contributory negligence ر رسیدہ شخص کا عمولی احتیاط نہ کرنا - مدعی اور مدعا علیہ کا مساوی صور -

Negligent *adj.* ے تکلف - سادہ - بے پروا - غافل -

Negligently *adv.* ے توجہی سے - غفلت سے -

Negligible (neg-li-ji-ble) *adj.* Not serious ر از کرنے کے لائق - بھلا دینے کے قابل -

Negotiate (ni-go-shi-at) *v.i. & t.* Confer with a view to argument معاملہ کرنا - کاروبار یا مصالحت کی گفتگو کرنا - گفت و شنید کرنا - معاملہ طے کرنا - ہنڈی سکارنا - رکاوٹ دور کرنا - مشکلات پر غالب آنا -

Negotiable *adj.* قابل گفت و شنید - سکارنے کے قابل - قابل انتقال -

Negotiation *n.* کاروباری بات چیت - تبادلۂ خیال - گفتگو - عہد و پیمان -

Negotiator *n.* معاملہ طے کرنے والا - معاملات پر بات چیت کرنے والا - عہد و پیمان کرنے والا -

Negress (ni-gres) *n.* Female of negro حبشن -

Negrillo (ni-gri-lo) *n.* One of dwarf negro people پست قامت حبشی - چھوٹے قد کی نسل کا -

Negro (ni-gro) *n. & adj.* Member of black-skinned and woolly-haired race حبشی - زنگی - سیاہ فام - کالے رنگ کا - حبشی نسل کا -

Negroid *adj.* حبشیوں جیسا -

Negrophil *adj. & n.* حبشی پسند شخص - حبشیوں کو دوست رکھنے والا -

Negus (ne-gəs) *n.* Ruler of Abyssinia فرمانروائے حبشہ- ایک مرکب شراب جو انگور کے رس ، شکر اور پانی کو جوش دے کر بناتے ہیں -

Neigh (na) *v.i. & n.* Utter cry as of horse ہنہنانا - گھوڑے کی طرح بولنا -

Neighbour (na-bər) *n., v.t. & i.* Dweller next door پڑوسی - ہمسایہ - پڑوس کا - پاس کا - برابر کا - متصل ہونا - پڑوسی ہونا -

Neighbouring *adj.* پاس کا - نزدیک کا - قریب کا - متصل -

Neighbourliness *n.* پڑوسی کے ساتھ دوستانہ سلوک کرنا - حق ہمسائیگی ادا کرنا -

Neighbourly *adj.* حق ہمسائیگی کی رعائت کرنے والا - شفیق - ملنسار -

Neighbourhood (na-bər-hood) *n.* Neighbourly conduct ہمسائیگی - قرب - قرب و جوار - گرد و نواح - پڑوس کے لوگ - آس پاس کا علاقہ - ملنساری -

Neither (ni-dhər) *adv., conj., adj. & porn.* Not either کوئی بھی نہیں - نہ یہ نہ وہ - یوں بھی نہیں - کئی چیزوں میں سے کوئی بھی نہیں -

Nek (nek) *n.* Depression between mountain ranges نشیب - وپہاڑوں کے سلسلہ کے بیچ میں ہو - گھاٹی - وادی -

Nemesis (nem-i-sis) *n.* Retributive justice انتقام کی دیوی - مکافات عمل - بد اعمالی کی سزا- انتقام الٰہی -

Nenupher (nen-u-fer) *n.* Water-lily گل نیلوفر - کوکا بیلی - کنول -

Neolithic (ne-o-lith-ik) *adj.* Of the later stone age آخری دور حجری کا - پتھر کے زمانے کا -

Neologian (ne-ol-ə-jiən) *adj. & n.* Marked by neologism in theology الٰہیات میں معقولیت کا قائل - معقولیت پسند انسان - اجتہادی - بدعت پسند-

Neologism (ne-ol-ə-jizm) *n.* Adoption of rationalistic views in religion دینی عقائد میں عقلیات کا دخل - معقولیت - عقلی عقائد - نئے الفاظ مباحث میں داخل کرنا - نئی اصطلاحیں تراشنا -

Neologist *n.* نئی اصطلاحیں تراشنے والا - معقولی انسان - اجتہاد کرنے والا -

Neologize *v.t.* نئے الفاظ اور نئے عقیدے مذہب میں داخل کرنا -

Neon (ne-on) *n.* Gaseous element used in illumination نین ایک نئی گیس جو دریافت کی گئی ہے - اس گیس سے روشنی کرنے میں کام لیا جاتا ہے -

Neophyte (ne-o-fit) *n.* New convert, novice نو مرید - مذہب تبدیل کرنے والا - نیا ایمان لانے والا - نو آموز - مبتدی - وہ جس کو امتحاناً کسی مذہبی جماعت میں داخل کیا گیا ہو -

Neoteric (ne-o-ta-rik) *adj.* Recent, new fangled جدید - نیا - حال کا -

Nepenthe(s) (ne-pen-the) *n.* Drug producing forgetfulness of grief ایسی دوا جو غموں کو بھلا دیتی ہے - اندوہ ربا - غم فراموش - صراحی دار پتیوں والا پودا -

Nephalism (nef-ə-lizm) *n.* Total abstinence شراب نوشی سے قطعی پرہیز -

Nepheloid (nef-ə-lid) *adj.* Of clouds ابر آلود - غبار آلود - ابر و غبار کے متعلق -

Nephew (nev-u) *n.* Brother's or sister's son بھتیجا - بھانجا - بھائی یا بہن کا بیٹا -

Nephology (nef-ol-ə-ji) *n.* Study of clouds بادلوں کا علم - علم سحاب -

Nephralgia (nef-ral-ji-a) *n.* Study of functions of kidneys گردوں کے فعل کا مطالعہ -

Nephritic (nef-ri-tik) *adj.* Of or in the kidneys, renal گردوں کے متعلق -

Nephritis (nef-ri-tis) *n.* Inflammation of the kidneys گردوں کی ایک بیماری - ورم گردہ -

Nepotism (nep-o-tizm) *n.* Undue favour to relatives اقربا پروری - خویش نوازی - عزیزوں کے ساتھ بے جا رعایت - عزیزوں کی پاسداری -

Nepotist *n.* عزیز نواز - عزیزوں کی بیجا رعایت کرنے والا - اقربا پرور -

Neptune (nep-tun) *n.* God of the sea نپتون - نظام شمسی کا سب سے دور کا سیارہ -

Nereid (ne-re-id) *n.* Sea-nymph خیالی مخلوق جو نصف مچھلی اور نصف آدمی سمندری گھوڑے پر سوار ہے - جل دیوی - ساگر دیوتا - سمندر کا ہزار پا -

Nero (ne-ro) *n.* Roman emperor known for his cruelty ظالم - بے رحم - رومی شہنشاہ نیرو -

Neroli (ner-ə-le) *n.* Essential oil from orange flowers روغن نارنج - نارنگی کا تیل -

Neronian (ne-ro-ni-ən) *adj.* Like nero - نیرو صفت نیرو کے مانند - نیرو کے زمانے کا - ظالم - نفس پرست - مطلق العنان -

Nirvate (nər-vat) *adj.* Having ribs - رگوں والا سخت ریشوں والا - پسلیوں والا -

Nerve (nər-v) *n.* & *v.t.* Sinew, tendon - رگ - نس پٹھا - طاقت - زور - بل - شکتی - ہمت - دلیری - استقلال - اعصابی بے چینی - اعصاب کی کمزوری - زود حسی - نظام اعصاب - رگ و ریشہ - مضبوط کرنا - قوت دینا - زور پہنچانا - ہمت بڑھانا - دل بڑھانا -

Good laws are the nerves of a state عمدہ قانون حکومت کی جان ہیں -

Has iron nerves اس کے اعصاب قوی ہیں -

Lose one's nerves - گھبرا جانا - اوسان خطا ہونا -

Strain every nerve - ورا زور لگانا -

Nerveless (nər-v-les) *adj.* Wanting in vigour inert کمزور - ناتواں - پھسپھسا - اعصابی کمزوری کا شکار -

Nervine (nər-vin) *adj.* & *n.* Relieving nerv disorders عصابی کمزوری کی دوا -

Nervous (nər-vəs) *adj.* Vigorous, delicat عصابی - پٹھوں کا - طاقت ور - اعصاب پر اثر کرنے الا - کمزور اعصاب کا - بے چین - پریشان - مضطرب - وف زدہ -

Nervously *adv.* ضطربانہ - گھبراہٹ کے ساتھ -

Nervousness *n.* طراب - گھبراہٹ -

Nervy (nər-vi) *adj.* Sinewy, strong - ضبوط - قوی ر - بیباک - ڈھیٹ - بے چین - گھبرایا ہوا - ریشان کن -

Nescience (nesh(y)əns) *n.* Absence of know ledge علمی - نا واقفیت - نادانی -

Nescient (nesh(y)ənt) *adj.* Ignorant, agnosti اہل - بے علم - نادان - ناواقف -

Ness (nes) *n.* Headland اس - خاکنائے - خشکی کا نگ حصہ جو دور تک پانی میں چلا جائے -

Nest (nest) *n.,v.t.* & *i.* Structure made by bird for laying eggs and living - شیانہ - گھونسلا یمن - گوشہ عافیت - مقام امن - گھر - مقام - واشی کا گھر - جھول - جھنڈ - چھوٹی الماری - رازوں والی میز - گھونسلا بنانا - پرندوں کے گھونسلے مع کرنا - گھونسلے میں رہنا - بسیرا کرنا - اڈے پر ام کرنا -

It is an ill bird that fouls its own nest ے گھر یا وطن کو بدنام رنا بہت بری بات ہے -

Nestle (nes-l) *v.i.* & *t.* Settle comfortably ھونسلے آرام سے رہنا - اچھی طرح بیٹھنا یا لیٹنا - آغوش لیے رہنا - چمٹ کر بیٹھنا -

Nestling (nes-l-ing) *n.* Bird too young to leav nest بال و پر بچہ - پرندے کا بچہ جو ابھی اڑ نہ کے یا گھونسلے سے باہر نہ جا سکے -

Nestor (nes-ter) *n.* Wise oldman - دانشمند رگ ، معمر اور تجربہ کار شخص -

Net (net) *n.,v.t.* & *i.* Meshed fabric of cord جال - دام - جال دار چیز - جالی جو حفاظت کا کام دے - پھندا - دھوکا - مکڑی کا جالا - ریل کی پٹریوں کا جال - نہروں کا جال - جال میں پھنسانا - جال پھیلانا - جال ڈالنا - جال لگانا - جال سے مچھلی پکڑنا - جال بننا -

Netted جال میں پھنسا ہوا - جال دار -

Network جالی کا کام - جال -

Net-nett (net) *adj.* & *v.t.* Free from deduction, remaining خالص - بعد وضع اخراجات بچی ہوئی - خالص نفع حاصل کرنا -

Nether (ne-dh-ər) *adj.* Lower نیچے کا - زیرین - دوزخی -

Nethermost *adj.* سب سے نیچے کا - پاتال کا - تحت الثریٰ کا -

Netherward نیچے کی طرف -

Netsuke (net-sooka) *n.* Buttonlike ornament worn by Japanese ایک بوتام نما زیور جو جاپانی پہنتے ہیں -

Netting (net-ing) *n.* Netted string, thread or wire جالی کا کام - جالی - جال بچھانا -

Nettle (net-l) *n.* & *v.t.* A kind of plant growing on waste land and covered with stinging hair بچھو بوٹی کی جھاڑی - خاردار پتیوں والا پودا - بچھو بوٹی کے چھونے سے سوزش ہونا - چھیڑنا - بھڑکانا - اشتعال دلانا -

Neural (nur-al) *adj.* Of the central nervous system عصبی - اعصابی - نظام عصبی کا -

Neuralgia (nu-ral-jia) *n.* Nervous pain اعصابی درد -

Neuroma (nu-rom-a) *n.* Tumour on nerve tissue اعصابی پھوڑا - عصبی دنبل -

Neurotic (nu-rə-tik) *adj.* & *n.* Drug, affecting nervous system خلل اعصاب کا مریض - اعصابی - اعصاب پر اثر کرنے والی دوا -

Neuter (nu-tər) *adj.* & *n.* Neither masculine nor feminine نہ مذکر نہ مؤنث - مخنث - بےجنس - الگ - عاقر - وہ جانور جن میں نر و مادہ کی علامت نہ ہو - درخت جن میں پھل لانے کی اہلیت نہ ہو - خصی جانور -

Neutral (nu-t-rəl) *adj.* & *n.* Taking neither side in dispute غیر جانب دار - متحاربین سے الگ - بے تعلق - علیحدہ - مبہم - غیر معین - عاقر - غیر جانب دار ملک کا باشندہ -

Neutrality *n.* بے تعلقی - علیحدگی - غیرجانب داری -

Neutralize (nu-trə-liz) *v.t.* Counter-balance غیر جانب دار بنا دینا - طرف داری سے باز رکھنا - بے اثر کر دینا - کسی علاقے کو خطہ جنگ سے باہر قرار دینا -

Neutralization عرصہ جنگ سے باہر قرار دینا - غیر جانب دار بنا دینا - بے اثر کر دینا -

Never (nev-er) *adv.* At no time کبھی نہیں - ہرگز نہیں - بالکل نہیں - (بول چال) ابھی نہیں - یہ نہیں ہو سکتا - یہ ممکن نہیں -

Nevertheless (nev-erth-les) *adv.* For all that, all the same اسکے باوجود - اسکے بعد بھی - با ایں ہمہ - اس پر بھی -

New (nu) *adj.* Not existing before نو - نیا - تازہ - اجنبی - عجیب - نرالا - نو دریافت شدہ - نو ایجاد شدہ -

Newcomer *n.* نو وارد -

New-fashioned *adj.* نئی وضع کا - نئی طرز کا -

Newish *adj.* کسی قدر نیا - قدرے نیا -

Newness *n.* نو وافقیت - تازگی - جدت - نیا پن -

Newel (nu-əl) *n.* Central pillar of winding stair چکر دار زینے کا مرکزی کھمبا - کھمبا جو زینے کے بیچ میں ہوتا ہے اسکے اطراف چکر دار زینہ ہوتا ہے -

Newfangled (nu-fang-gld) *adj.* Unduly fond of new things نئی چیزوں کا شوقین - ندرت پسند - نیا بنا ہوا - نو ساختہ -

Newgate (nu-gat) *n.* Celebrated London prison لندن کا مشہور جیل خانہ -

Newly (nu-li) *adv.* Recently ابھی حال میں - تھوڑے دن ہوئے - از سر نو - نئے سرے سے -

News (nu-z) *n.* Tidings تازہ خبر - نئی خبر - خبریں - اطلاعات - کسی اخبار کا آخری جز -

News-agent اخبار فروش -

Ill news flies apace بری خبر جلد پھیلتی ہے -

Newsman اخبار والا -

Newsmonger ـے پر کی اڑانے والا ـ گپ باز ـ
Newspaper اخبار ـ
No news is good news کوئی خبر نہ آئے تو جانو کہ سب خیریت ہے ـ
Newsy *adj.* خبروں سے بھرا ہوا ـ

Newt (nut) *n.* Small-tailed amphibian allied to salamander ایک قسم کا سمندری جانور ـ آبی چھپکلی ـ ریگ ماہی ـ

Newtonian (nu-to-ni-ən) *adj.* Of Newton or his theory ـ نیوٹن یا اسکے نظریہ کائنات کے متعلق ـ نیوٹن کے نظریہ کائنات کا ماننے والا ـ نیوٹن کا پیرو ـ

Next (nekst) *adj., adv., prep.* & *n.* Being nearest قریب ـ متصل ـ پاس ـ نزدیک ـ برابر کا ـ اگلا ـ دوسرا ـ آگے آنے والا ـ اسکے بعد ـ مابعد ـ دوسرا شخص ـ دوسری چیز ـ دوسرا شوہر ـ دوسرا بچہ ـ
Next to nothing کچھ بھی نہیں ـ

Nexus (nek-ses) *n.* Bond, link ـ علاقہ ـ رشتہ ـ تعلق ـ رابطہ ـ

Niagara (ni-ə-gra) *n.* Torrent, din, cataract ـ آبشار ـ سیلاب ـ شور ـ غل ـ ہنگامہ ـ

Nib (nib) *v. t.* & *n.* Point of pen ـ نب ـ چونچ ـ نوک ـ زبان قلم ـ نب لگانا ـ قلم بنانا ـ

Nibble (nib-l) *v.t., i.* & *n.* Take small bites at کترنا ـ کاٹنا ـ کتر کے کھانا ـ مچھلی کا چارے کو کھٹکنا ـ عیب جوئی کرنا ـ حرف گیری کرنا ـ نکتہ چینی کرنا ـ ایک بار منہ مارنے کی گھاس کی مقدار ـ کھٹکار ـ

Niblick (nib-lik) *n.* Golf club with heavy head گاف کا چوگان جس کی شام وزنی ہو ـ

Nice (nis) *adj.* & *adv.* Fastidious, dainty ـ عمدہ ـ نفیس ـ لذیذ ـ خوش ذائقہ ـ نفاست پسند ـ نازک طبع ـ حد سے زیادہ محتاط ـ گہرا ـ (بول چال) خوشگوار ـ پرلطف ـ خوش اخلاق ـ مروت سے ـ
Niceness *n.* ـ باریک بینی ـ لطافت ـ نزاکت ـ نفاست ـ عمدگی ـ
Nicish *adj.* نفیس سا ـ نازک سا ـ عمدہ ـ

Nicety (nis-iti) *n.* Accuracy, precision غیر معمولی چھان بین ـ احتیاط ـ باریکی ـ نزاکت ـ باریک فرق ـ (جمع) نفیس ـ لذیذ چیزیں ـ

Niche (nich) *v.t.* & *n.* Recess in a wall ـ طاق ـ طاقچہ ـ جھرو کا ـ طاق میں مجسمہ رکھنا ـ کسی کونے میں آسن جما لینا ـ ایک جگہ جم کر بیٹھنا ـ
Niched *adj.* طاق میں رکھا ہوا ـ

Nick (nik) *n.* Notch serving as catch ـ کھانچا ـ دندانہ ـ جوئے کا ایک داؤں ـ موقع ـ محل ـ شمار ـ گنتی ـ حساب ـ ٹائپ کے حروف کا کھانچا ـ

Nicker (nik-ər) *n.* One who nicks ـ اچکا ـ جو کھڑکی توڑ کر کوئی چیز چرا لے ـ

Nick (nik) *v.t.* & *i.* Hit upon, guess rightly نشان لگانا ـ کھانچا بنانا ـ تاڑ لینا ـ عین وقت indent پر پہنچ جانا ـ گرفتار کرنا ـ پانسہ پھینکنا ـ داؤ کرنا ـ راستہ کاٹ کر نکل جانا ـ
Nick horse's tail گھوڑے کی دم میں کھانچا ڈالنا کہ وہ دم اٹھا کر چلے ـ

Nickel (nik-l) *n.* & *v.t.* Hard silvery metal ایک قسم کی سخت سفید دھات ـ امریکہ کا ایک سکہ ـ انگلستان اور فرانس کا سکہ ـ نکل چڑھانا ـ نکل ملانا ـ
Nickel-silver ایک سفید دھات ـ جرمن سلور ـ
Nick-nack *n.* چھوٹی چیزیں ـ

Nickname (nik-nam) *n.* & *v.t.* Name added to proper name عرف نام ـ کوئی نام رکھ لینا ـ اصلی نام کے ساتھ اور نام ملا دینا ـ

Nicotian (niko-sh(y)ən) *adj.* About tobacco تمباکو کے متعلق ـ

Nicotine (ni-ko-tin) *n.* Poisonous element in tobacco نکوٹین ـ تمباکو کا زہر ـ

Nictate (nik-tat) *v.i* Close and open the eye آنکھ جھپکنا ـ آنکھیں کھولنا اور بند کرنا ـ پلک جھپکنا ـ
Nictation-nictitation آنکھ جھپکنا یا جھپکانا ـ آنکھ کی جھپک ـ

Nicy (nisi) *n.* Sweet, lillipop (بچوں کی زبان میں) چیز ـ مٹھائی ـ

Nid(d)ering (nid-ring) *n.* & *adj.* Base, coward بزدل انسان ـ ڈرپوک ـ کمینہ ـ

Nide (nid) *n.* Brood of pheasants ولائتی تیتر کے بچوں کی جھول ـ

Nidificate (nid-i-fi-kat) nidify *v.i.* Build nests گھونسلا بنانا ۔ بچے دینا ۔ آشیانہ بنانا ۔

Nidus (ni-dəs) *n.* Place in which insects deposit eggs کیڑے مکوڑوں کے انڈے دینے کی جگہ ۔ انڈوں کا ڈھیر ۔ دانوں کا گچھا ۔ منبع ۔

Niece (nes) *n.* One's brother's or sister's daughter بھانجی ۔ بھتیجی ۔ برادر زادی ۔ خواہر زادی ۔

Niello (ni-el-o) *n.* Black composition for filling engraved lines in silver سیاہ مسالہ جو چاندی یا کسی دھات کے نقوش کے اندر بھرا جاتا ہے ۔ سیاہ نقشی کام ۔

Niggard (nig-ərd) *n. & adj.* Stingy person کنجوس آدمی ۔ بخیل ۔ تنگ دل ۔ خسیس ۔ ممسک ۔ سوم ۔ بخیلوں کی طرح ۔

Niggardly (nig-ərd-li) *adj. & adv.* Stingy, giving grudgingly تنگ دل ۔ خسیس ۔ کنجوس ۔ بخیل ۔ بخل سے ۔ خست سے ۔ تنگ دلی سے ۔

Niggardliness *n.* تنگ دلی ۔ کنجوسی ۔

Nigger (nig-ər) *n.* Member of any dark-skinned people زنگی ۔ حبشی ۔ سیاہ رنگ کی تتلی یا بھنورا ۔

Nigger in the wood pile or fence } دال میں کچھ کالا ہے ۔ مشتبہ بات ہے ۔

Niggle (nig-l) *v.t.* Spend time on petty details چھوٹی چھوٹی باتوں میں وقت ضائع کرنا ۔ معمولی باتوں پر زور دینا ۔

Niggling (nig-ling) *adj.* Trifling چھوٹی ۔ گھٹیا ۔ نہایت معمولی ۔ غیراہم ۔ خط شکست جس کا پڑھنا مشکل ہو ۔

Nigh (ni) *adv., prep. & adj.* Near, next نزدیک قریب ۔ پاس ۔ متصل ۔ قریب ہی ۔

Night (nit) *n.* Dark period from sunset to sunrise رات ۔ رین ۔ شب ۔ لیل ۔ تاریکی ۔ اندھیرا ۔ رات کا وقت ۔ موت ۔ موت کے بعد کا ۔ جہالت ۔ ظلمت ۔

Night-bird *n.* چمگادڑ ۔
Night-blindness *n.* رتوندھا ۔
Night-brawler *n.* رات کو جھگڑا کرنے والا ۔
Night cap *n.* رات کو پہننے کی ٹوپی ۔
Night-cart *n.* غلاظت اٹھانے کی گاڑی ۔
Nightfall *n.* آغاز شب ۔ شام ۔
Night-faring *n.* رات کا مسافر ۔ شب رو ۔
Nightfire *n.* چھلاوا ۔
Nightfly *n.* کرمک شب تاب ۔ جگنو ۔
Night-foundered *adj.* رات میں کھو جانے والا ۔
Night-glass *n.* رات کی دوربین ۔
Night-gown *n.* رات کا لبادہ ۔
Night-hag *n.* چڑیل ۔ پچھل پائی ۔
Night-man *n.* مہتر ۔ بھنگی ۔
Night-shade *n.* مکوے کا پودا ۔
Night-soil *n.* پاخانہ ۔
Night-spell *n.* رات کی دعا ۔ منتر ۔
Night-terrors *n.* بچوں کا نیند میں چونک پڑنا ۔
Night-walk *n.* رات کو چلنا ۔
Night-walking *n.* نیند میں چلنا ۔
Nightward *n.* رات کے وقت ۔
Night-watch *n.* رات کا پہرے دار ۔
Have a bad night کروٹیں بدلتے رہنا ۔ اچھی طرح نیند نہ آنا ۔
Make a night of it رات بھر عیش منانا ۔
Nighty *n.* شب خوابی ۔ بچوں یا عورتوں کے سونے کا لباس ۔

Nightingale (nit-ing-gal) *n.* Small reddish-brown singing bird بلبل ۔ ہزار داستان ۔ عندلیب ۔ گل دم ۔

Nightly (nit-li) *adj.* Happening in the night ہر رات ۔ شبانہ ۔ رات کو واقع ہونے والا ۔

Nightmare (nit-mar) *n.* Terrifying dream ڈراؤنا خواب ۔ کابوس ۔

Nigrescent (ni-gres-ənt) *adj.* Blackish سیاہی مائل ۔ کالا سا ۔

Nigritude (ni-gri-tud) *n.* Blackness تاریکی ۔ سیاہی ۔ ظلمت ۔

Nihil (ni-hil) *n.* Nothing کچھ نہیں ۔ نیستی ۔

Nihilism (ni-hil-izm) *n.* Total rejection of current beliefs عدمیت ۔ مذہبی عقائد کا انکار ۔ مذہبی حقائق کی نفی ۔ مذہب انکار ۔

Nihilist *n.* منکر خدا ۔ منکر مذہب ۔ فرقہ عدمیہ کا فرد ۔

Nihility (ni-hi-li-ti) *n.* Nothingness دنیا کی بے حقیقتی ۔ بے حقیقت چیز ۔ معدومیت ۔

Nike (ni-ke) *n.* Goddess of victory فتح و ظفر کی دیوی -

Nil (nil) *n.* Nothing, no number صفر - خالی - کچھ نہیں - ہیچ -

Nilometer (ni-lom-i-tər) *n.* Graduated pillar of Nile دریائے نیل کی سیلابی بلندی ناپنے کا مینار - اس مینار پر نشانات لگے ہوئے ہیں جن سے دریائے نیل کے سیلاب کی بلندی معلوم ہوتی ہے -

Nimble (nim-bl) *adj.* Agile, quick in movement چست چالاک - سبک رفتار - پھرتیلا - ذہین - تیز فہم -

Nimble-fingered چور - جیب کترا -

Nimble-footed تیز رو - تیز قدم -

Nimbleness *n.* تیز فہمی - چابکدستی پھرتی - تیزی - سبک رفتاری -

Nimble-witted *adj.* ذہین - فریس - تیز عقل -

Nimbly *adv.* جلدی سے - چستی سے - پھرتی سے -

Nimbus (nim-bəs) *n.* Bright halo investing diety or person نور کا ہالہ - حلقۂ نور جو تصاویر میں اولیا کے چہرے کے اطراف دکھایا جاتا ہے -

Niminy-piminy (nim-i-ni-pim-i-ni) *adj.* Affected بناوٹی ثقاہت والا - بناوٹی - مصنوعی -

Nimrod (nim-rod) *n.* Great hunter or sportsman بہت بڑا شکاری - کھلاڑی -

Nincompoop (nin(g)kəm-poop) *n.* Simpleton, person without sense or character بیوقوف - لچر انسان - گاؤدی - بد چلن - کمزور -

Nine (nin) *adj.* & *n.* One more than eight نو - نو کا عدد - نو کا ہندسہ -

Cat has nine lives بلی بڑی سخت جان ہوتی ہے -

Dressed up to the nines خوب بنا ٹھنا -

Nine days' wonder وہ واقعہ جس سے چند روز ہلچل رہے -

Ninefold *adj.* & *adv.* نو گنا -

Nineholes *n.* نو خانوں کا کھیل -

Nineteen (nin-ten) *n.* Ten and nine انیس - انیس کا ہندسہ - انیس عدد -

Nineteenth *adj.* انیسواں -

Ninety (nin-ti) *n.* Ten less than hundred نود - نوے - دس کم سو -

Ninetieth و واں - نودواں -

Ninny (nin-i) *n.* Person of weak mind وقوف - م عقل - بد سیرت - بد چلن -

Ninth (nin-th) *adj.* & *n.* One of nine equal par اں - نواں حصہ -

Ninthly (nin-th-li) *adv.* Ninth time یں بار - یں مرتبہ -

Niobe (ni-o-be) *n.* Inconsolable bereaved wo man عورت جو اپنے مرحوم عزیزوں کا ہمیشہ ماتم رتی رہے -

Nip (nip) *v.t., i.* & *n.* Pinch, bite ٹکی لینا - نوچنا - انا - کاٹنا - کترنا - تکلیف دینا - جھپٹ لینا - جلدی ے اٹھا لینا - مارنا - جھلسا دینا - طعنہ دینا - آوازے سنا - کھجانا - چٹکی - طعنہ - چوٹ - ہوا کی ٹھنڈ - ردوں کی ٹھٹھرن -

Nip-cheese *n.* نجوس -

Nipping *adj.* لیف دہ سردی -

Nippy *adj.* رتیلا - چست - چالاک -

Nip (nip) *n., v.t.* & *i.* Small quantity of win وڑی سی شراب جو چستی پیدا کرنے کے لیے پی جائے - ھونٹ لینا - چسکی لینا -

Nip in the bud دا ہی میں ختم کر دینا - دل کی کلی کھلنے دینا -

Nipper (nip-ər) *n.* Forceps, pincers ٹکی لینے والا - رنے والا - آوارہ گرد لڑکا - (جمع) موچنا - پکڑ ی گیر - گھوڑے کے اگلے دانت - بغیر کمانی کی عینک - چھوے کی قسم کے جانوروں کے پنجے -

Nipple (nip-l) *n.* Teats, woman's breast ٹی - پستان - حلمہ - دودھ کی بوتل کی چسنی - گھنڈی - ر مار بندوق کا نپل جس پر پھول لگایا جاتا ہے -

Nit (nit) *n.* Egg of louse کھ - جوں یا دوسرے طفیلی ڑوں کے انڈے -

Nithing (ni-dhing) *n.* Mischievous, mean fello یر - بد ذات - کمینہ آدمی -

Nitid (nitid) *adj.* Shining ن - چمکیلا - آراستہ -

Nitrate (ni-trət) *n.* Salt given by nitric ac ٹریٹ - ایک قسم کا تیزابی عنصر -

Nitre (ni-tər) *n.* Potassium nitrate شورہ - پوٹاشیم نائٹریٹ -

Nitric (nit-rik) *adj.* Containing nitrogen - شورہ دار شورے کا - شورے کا مرکب -

Nitric acid شورے کا تیزاب -

Nitrify (nit-ri-fi) *v.t.* Impregnate with nitrogen شورے کی آمیزش کرنا - شورہ بنانا -

Nitrification *n.* شورہ بنانے کا عمل -

Nitrogen (nit-ro-jən) *n.* Colourless, tasteless and scentless gas نائٹروجن - شورین - یہ گیس بے مزا ، بے رنگ اور بے بو ہے اور کرہ ہوائی کا ۵/۴ حصہ ہے -

Nitrous (nit-rəs) *adj.* Of containing nitre شورے کا - شورے کے مانند - شورے سے مرکب -

Nix (miks) *interj* For giving warning دیکھو! ہوشیار! مالک آرہا ہے -

Nix (niks) *n.* Water-elf (عامیانہ) کچھ نہیں - دریائی بھتنا -

Nizam (ni-zam) *n.* Title of the ruler of Hyderabad بھارت کے قبضے سے پہلے حیدر آباد کے حکمران کا لقب نظام تھا - نظام حیدر آباد -

No (no) *adj.* Not any نہیں - کوئی نہیں - حرف انکار - حرف نفی - بہت ہی کم - ذرا سا - برائے نام - نام نہاد - ہم نہیں چاہتے - یہ ہرگز نہ ہونا چاہیے -

No (no) *adv.* Not, whether or no - نہیں - اوں ہوں قطعاً نہیں - ہم نہیں چاہتے - ہرگز نہیں -

No account کسی کام کا نہیں -

No doubt بلا شبہ -

No joke یہ مذاق نہیں ہے -

No way کسی طرح نہیں -

No wise کسی طرح نہیں -

He is no more a lord than I am وہ نواب ہے تو میں بھی کم نہیں ہوں - نہ وہ ہے نہ میں ہوں -

No better than one should be - ایسا ویسا ہی ہے

Noachian (no-a-chi-ən) *adj.* Of Noah or his time حضرت نوح علیہ السلام کے زمانے کا -

Noah (no-a) *n.* Hebrew prophet حضرت نوح علیہ السلام پیغمبر -

Noah's ark کشتی نوح کا نقلی کھلونا - کشتی نوح -

Nob (nob) *n.* & *v.t.* (بول چال) سر - تاش میں اسی رنگ کا غلام جس کا پتہ کھلے - (مکہ بازی) سر پر ضرب لگانا -

Nob (nob) *n.* Member of upper class طبقہ امرا کا فرد -

Nobble (nob-l) *v.t.* Tamper with race horse گھڑ دوڑ کے گھوڑے کو نکما بنا دینا - ساز باز کر کے اپنا طرف دار بنا لینا -

Nobby (nob-i) *adj.* Smart, elegant (بول چال) رئیسانہ - شاندار - ٹھاٹھ کا -

Nobiliary (nob-i-li-ə-ri) *adj.* Of nobility - امیرانہ امیروں کے طبقے کا -

Nobility (no-bil-i-ti) *n.* Noble character, birth شرافت - نجابت - اعلیٰ خاندان - طبقہ امرا - شرفا -

Noble (nob-l) *adj.* & *n.* Belonging to the nobility - امیر زادہ - عالی منش - عالی ظرف - نجیب - شریف - بلند - شاندار - امیر کبیر - بڑا - عالی شان -

Noble man نجیب - شریف -

Noble-minded عالی ظرف - شریف النفس -

Nobleness بڑائی - بزرگی - نجابت - ذاتی شرافت -

Nobly *adv.* عالی ہمتی سے - امیرانہ - شریفانہ -

Noble metals قیمتی دھاتیں - سونا - چاندی -

Nobody (no-bə-di) *n.* No important person کوئی نہیں - ادنیٰ - ناکس - ہیچ -

Nocent (no-sent) *adj.* Harmful مضر - زیاں کار -

Nock (nok) *n.* & *v.t.* Notch کمان کے دونوں سروں کے کھانچے جن میں تانت باندھی جاتی ہے - کمان پر تانت چڑھانا -

Noctambulation (nok-tam-bu-la-shən) *n.* Walking in sleep or night - رات میں یا نیند میں چلنا

Noctule (nok-tul) *n.* Largest British species of bat جزائر برطانیہ کی سب سے بڑی چمگادڑ -

Nocturnal (nok-tər-nəl) *adj.* Of, in, done in, night رات میں، - رات کا - شبینہ -

Nocturne (nok-tərn) *n.* Dreamy musical piece خواب آور نغمہ - کسی تصویر کا رات کا منظر -

Nocuous (nok-u-əs) *adj.* Harmful - مضر - زیاں کارانہ

Nod (nod) *v.i., t. & n.* Incline head slightly
سر ہلانا - سر کے اشارے سے سلام کرنا - نیند میں جھونکے لینا - سر خم کرنا - سر کا اشارہ - سر کی حرکت - ابرو کا اشارہ -

Homer, sometimes nods بڑے سے بڑے آدمی سے بھی غلطی ہو سکتی ہے -

Land of nod حالت خواب - نیند کی دنیا -

Noddle (nod-l) *n. & v.t.* Head (بول چال) سر - کھوپری - سر ہلانا -

Noddy (nod-i) *n.* Simpleton بے وقوف - احمق - گاؤدی - سادہ لوح - ایک بحری پرندہ جو گرم ملکوں میں رہتا ہے اور آسانی سے پکڑا جاتا ہے -

Node (nod) *n.* Nob on root or branch - گرہ - گانٹھ گومڑہ - درختوں کی گرہ جہاں سے پتیاں پھوٹتی ہیں - خط صلیبی - نقطہ تقاطع - مرکزی نقطہ - گٹھیا کے مرض میں جوڑ کا ورم -

Nodal *adj.* گرہ یا گلٹی کے متعلق -

Nodose (nod-os) *adj.* Knotty گٹھیلا - گانٹھ دار - گلٹی دار -

Nodosity (nod-os-i-ti) *n.* Knottiness گانٹھ دار یا گرہ دار ہونا -

Nodule (nod-ul) *n.* Small knotty tumour گلٹی - دنبل - گرہ - گولی -

Nodular *adj.* گلٹی دار - گرہ دار -

Nodulous *adj.* گانٹھ والا - گرہ دار -

Nodulation گرہ یا گلٹی دار ہونا -

Nodus (nod-əs) *n.* Knotty point پیچ - عقدہ - مشکل مسئلہ - مشکل مقام -

Noematic-al (no-ma-tik) *adj.* Of the intellect عقل و فہم کے متعلق -

Noetic (no-e-tik) *adj. & n.* Purely intellectual خالص ذہنی - عقلی - مفکر - فلسفیانہ غور و فکر کا عادی - معقولات -

Nog (nog) *n. & v.t.* Pin, peg, block of wood لکڑی کا کندا - میخ - کھونٹی - میخ ٹھونکنا - لکڑی کے چوکھٹے میں اینٹوں کی چنائی کرنا -

Nogging *n.* - لکڑے کے چوکھٹے میں اینٹوں کی چنائی

Nog (nog) *n.* A kind of strong beer ز قسم کی بیر راب -

Noggin (nog-in) *n.* Small mug - ٹھ کی چھوٹی پیالی راب کا چھوٹا پیمانہ -

Noise (no-iz) *n., v.t. & i.* Clamour, shoutin
نک - آواز - شور - غل - ہوہا - ہلڑ - کرخت آواز - بخ پکار - مشہور کرنا - پھیلانا - چرچا کرنا -

Noiseless *adj.* بے آواز - ساکت - خاموش -

Noiselessness *n.* بے آواز ہونا - سکوت - خاموشی -

Noisette (nwa-zet) *n.* A kind of of rose یک قسم گلاب - بکری اور ہرن کے پسندے جو ایک خاص ریقے سے تیار کئے جاتے ہیں -

Noisome (noi-səm) *adj.* Harmful گوار - مضر - کلیف دہ - مضرت رساں - بد بودار - متعفن - مضر صحت -

Noisomeness *n.* بل اعتراض بدبو - برائی - خرابی - ساد -

Noisy (noiz-i) *adj.* Full of nolse ور و غل کا - لہ دراز - غل مچانے والا - فسادی - دنگا کرنے والا - وخ - بھڑک دار - بہت زیادہ رنگین -

Noisily *adv.* ورو غل سے -

Noisiness *n.* سادی پن - دنگا پن - پر شور ہونا -

Nokes (noks) *n.* Idiot گاؤدی -

Nolens volens (nol-ens vol-ens) *adv.* willy-nilly perforce یار و ناچار - جبراً - مجبوری سے -

Nolition (no-lish-ən) *n.* Refusal رضامندی - انکار -

Noll (nol) *n.* Crown of head - ر - سر کا بالائی حصہ

Nom (nom) *n.* Name ام -

Nom de guerre رضی نام -

Nom de-plume صنیفی یا قلمی نام -

Nomad-e (nom-ad) *n. & adj.* Member of roaming tribe انہ بدوش - بدوی - صحرائی - ادیہ گرد قوم - سیاحت پسند -

Nomadic *adj.* - بے گھر درکا - خانہ بدوش - بادیہ گرد

Nomadize *v.t.* صحرانوردی کرنا - خانہ بدوش ہونا یا کرنا -

Nomenclator (nom-ən-kla-tər) *n.* Slave, usherer in ancient Rome یم روم کا حاجب غلام جو دعوئین کو اپنی نشستوں پر بٹھائے - مہمانوں کے نام کا علان کرنے والا - پودوں اور جانوروں کا نام رکھنے الا -

menclature (nom-ən-kla-tyər) *n.* Catalogue فرہنگ - فہرست - نام رکھنے کا طریقہ - نظام تسمیہ -

minal (nom-in-əl) *adj.* Of, in name - برائے نام نام کے لیے - فرضی - خیالی -

Nominally *adv.* نام کو - برائے نام -

minalism (nom-in-ə-lizm) *n.* Doctrine that abstract concepts are mere names یہ نظریہ کہ اسما و کلیات کا حقیقی وجود نہیں ہے، وہ صرف نام ہیں - اسمیت پسندی -

minate (nom-i-nat) *v.t.* Propose, call by name نامزد کرنا۔ انتخاب کرنا - کسی کے نام کی تحریک کرنا - نام لے کر ذکر کرنا - نام تجویز کرنا - خطاب دینا۔

Nominator *n.* مقرر کرنے والا - نامزد کرنے والا -

Nominee *n.* وہ جس کا نام پیش کیا گیا ہو - نامزد کیا ہوا شخص -

mination (nom-i-nə-shən) *n.* Proposal - نامزدگی تحریک - تجویز - اختیار نام زدگی -

minative (nom-i-nə-tiv) *adj.* & *n.* Appointed by, subject to verb فاعل - حالت فاعلی - وہ لفظ جو حالت فاعلی میں ہو -

mocracy (nom-ok-rə-si) *n.* Government by elected body - منتخب لوگوں کے ذریعے حکومت ضابطہ اور قانون کے مطابق حکومت -

mology (nom-ol-ə-ji) *n.* Science of mind ذہنی قوانین کا علم -

Non-appearance *n.* عدم پیروی - عدم موجودگی - غیر حاضری -

Non-attendance *n.* غیر حاضری -

Non-commissioned *adj.* جو عہدہ دار نہ ہو - معمولی ملازم فوج -

Non-compliance *n.* نافرمانی - عدم تعمیل -

Non compos } مخبوط الحواس - پاگل -
Non composmentis } دیوانہ - سڑی -

Non-conformist *n.* جو کلیسائے انگلستان سے منحرف ہو - منحرف - غیر مقلد -

Non-conformity *n.* - پروٹسٹنٹ غیر مقلدوں کا طریقہ اختلاف - انحراف -

Non-existence *n.* لاوجود - نیستی - عدم -

Non-existent *adj.* جس کا وجود نہ ہو - معدوم -

Non-fulfilment *n.* پورا نہ کرنا - تعمیل نہ کرنا - عدم ایفا -

Non-intervention *n.* عدم مداخلت -

Non-juring *adj.* وفاداری کی قسم نہ کھانے والا - نمک حلالی نہ کرنے والا -

Non-payment *n.* نادہندگی - عدم ادائی -

Non-performance *n.* عدم کاری - غیر اجرائی -

Non-proficient *adj.* نااہل -

Non-residence *n.* عدم رہائش -

Non-sparing *adj.* سنگدل - بے رحم - معاف نہ کرنے والا -

Non-resistance *n.* عدم مزاحمت - عدم مدافعت -

Non-resistant *adj.* غیر مزاحم -

Nonagon (non-ə-gon) *n.* An enneagon نو ضلعوں یا نو زاویوں کی شکل -

Nonage (non-ij) *n.* Being under age - نابالغ شخص لڑکپن - خُرد سالی - نابالغی - طفلی -

Nonagenarian (non-ə-ji-na-ri-ən) *n.* Person between ninety and hundred years نوے سال کی عمر کا آدمی - پیر نود سالہ -

Nonce (nons) *n.* Present occasion - موجودہ وقت محل موقع - وقت -

Nonchalance (non-sh-ə-ləns) *n.* Indifference سرد مہری - بے پروائی -

Nondescript (non-di-skript) *n.* Person or thing not easily classified نا قابل بیان - غیر واضح جس کی اصلیت معلوم نہ ہو - آدھا تیتر آدھا بٹیر -

None (nun) *pron. adj.* & *adv.* Not any, no person کوئی نہیں - نہیں کوئی نہیں - ایک بھی نہیں - کچھ نہیں - بالکل نہیں - ذرا بھی نہیں -

Nonentity (non-ən-ti-ti) *n.* Non-existence نیستی عدم - فرضی - خیالی یا بے حقیقت چیز - بے حقیقت شخص -

Nones (nonz) *n.* Prayers (قدیم روم) مارچ، مئی، جولائی اور اکتوبر کی ساتویں اور باقی مہینوں کی پانچویں تاریخ کی عبادت - سہ پہر کی روزانہ عبادت -

Nonesuch (nun-such) *adj.* Unique - لاثانی لاجواب - بے نظیر - بے بدل -

Nonet (no-net) *n.* Composition for nine instruments or voices ایسا گیت جس کو نو آدمی گائیں یا نو سازوں پر بجایا جائے ۔

Nonpareil (non-pə-rel) *adj.* & *n.* Unrivalled یکتا ۔ لاثانی ۔ لاجواب ۔ ایک قسم کا ٹائپ ۔ ایک مٹھائی ۔ ایک قسم کا سیب ۔ گیہوں کی ایک قسم ۔

Nonplus (non-plus) *v.t.* & *n.* State of perplexity حیرانی ۔ پریشانی ۔ گومگو کی حالت ۔ تشویش ۔ حیرت میں ڈالنا ۔ ہوش گم کر دینا ۔ پریشان کر دینا ۔

Non-resident (non-res-i-dənt) *adj.* & *n.* Clergyman not residing where his duties require him وہ پادری جو اپنے حلقہ میں بود و باش نہ رکھے ۔ مستقل سکونت نہ رکھنے والا پادری ۔ اپنے حلقہ سے دور رہنے والا ۔

Nonsense (non-sə-ns) *n.* & *v.t.* Absurd or meaningless words or ideas بے معنی باتیں ۔ مہمل خیالات ۔ لغویات ۔ بے مصرف باتیں کرنا ۔

Nonsensical *adj.* بے معنی ۔ لغو ۔ بیہودہ ۔

Nonsuit (non-sut) *n.* Dismissal or stoppage of suit by judge کسی نقص یا قصور کی وجہ سے دعوی خارج ہو جانا ۔ نا مسموعہ ۔ ناقابل سماعت دعوی ۔ اخراج مقدمہ بر بنائے عدم شہادت ۔

Nonus (no-nus) *adj.* & *n.* Ninth of the same name in school کسی اسکول کے ہم نام لڑکوں میں عمر یا جماعت کے لحاظ سے نواں ۔

Noodle (nood-l) *n.* Simpleton احمق ۔ سادہ لوح ۔ بےوقوف ۔

Noodledom *n.* بے وقوفی ۔ سادہ لوحی ۔

Nook (nook) *n.* Secluded place, corner گوشہ ۔ کونا ۔ کنج ۔ تنگ جگہ ۔ الگ تھلگ ۔ گوشۂ تنہائی ۔

Nook-shotten گوشہ دار ۔

Noon (noon) *n.* Midday دوپہر ۔ نصف النہار ۔ دوپہر کا وقت ۔ دن کے بارہ بجے ۔

Noonday عروج کا وقت ۔ دوپہر ۔

Nooning *n.* دوپہر کا آرام ۔

Noontide *n.* دوپہر کا وقت ۔

Noose (noos) *n.* & *v.t.* Loop with running kn
ندا ۔ پھندا ۔ پھانسی ۔ سرک گرہ کا پھندا ۔ جال ۔
۔ عقد شرعی ۔ جال میں پھانسنا ۔ پھندا ڈالنا ۔ قید
نا ۔ گردن میں رسی ڈالنا ۔

Nor (nor) *adv.* *conj.* And not, and no mo
نہ ۔ نہیں ۔ اور نہیں ۔ نہ وہ نہ یہ ۔ نہ تو ۔
نہ ۔

Nordic (nor-dik) *adj.* Of the tall blond peop found in North Europe
گیوں کی ایک نسل جس
افراد کا قد لمبا اور رنگ گورا ہوتا ہے ۔ ناروی ۔

Norland (nor-land) *n.* Northern region
لی ۔ ارض شمال ۔ شمالی اضلاع ۔

Norm (norm) *n.* Standard, pattern
دہ ۔ نمونہ ۔
ں ۔ معیار ۔ مکمل مثال ۔

Normal (norm-l) *adj.* & *n.* Conforming to stan ard
عدہ ۔ معیاری ۔ ٹھیک ۔ حسب معمول ۔
ودی ۔ مستقیم ۔ مثالی ۔ اوسط مقدار ۔ طبعی حالت ۔
ی حرارت ۔

Normality *n.* ولی ہونا ۔ طبعی ہونا ۔ باقاعدگی ۔

Normalize *v.t.* ی حالت پر لانا ۔ معمول کے مطابق ۔ باقاعدہ بنانا ۔

Normally *adv.* ی طور پر ۔ معمولاً ۔

Normal school *n.* دوں کی تعلیم کا مدرسہ ۔

Norman (nor-mən) *n.* & *adj.* Native of N mandy
منڈی کا باشندہ ۔ نارمن نسل کا فرد ۔
از کے رسے کا کھونٹا ۔

Normanesque *adj.* ن طرز تعمیر کا ۔

Normanism (norm-ə-nizm) *n.* Norman sty
ن طرز زندگی ۔ نارمن طرز تعمیر ۔ نارمن رسوم ۔

Normanize (nor-mə-niz) *v.t.* Make Norm
ن بنانا ۔ نارمنوں کا طریقہ اختیار کرنا ۔

Norn (norn) *n.* One of the goddesses Scandinavia
ہر کی دیوی ۔

Norse (nors) *n.* & *adj.* The Norwegian langua
ے کی زبان ۔ ناروے کا ۔ ناروے کا باشندہ ۔

North (north) *adv.* *n.* & *adj.* Towards the rig of observer who faces the setting s
ل ۔ اتر ۔ طرف شمال ۔ شمالی ۔ باد شمالی ۔
ل کا ۔

North-east n. ‑ شمال مشرق

North easter n. ‑ شمال مشرق کی ہوا

Northerly ⎫

Northern ⎭ شمالی ‑

Northpole ‑ قطب شمالی

North star ‑ قطب تارہ

Northward ⎫ شمال کی طرف ‑

Northwards ⎬ شمالی ہوا ‑

Northwardly ⎭

Northwest ‑ شمال مغرب

North-westerly شمال مغربی ہوا ‑

Northern light آسمانی روشنی ‑

Northwards ‑ شمال کی طرف ‑ شمال ‑ شمال کی طرف

orther (nor-dhər) n. Strong cold north wind
(امریکہ) تیز سرد شمالی ہوا ‑

ortherly (nor-dhər-li) adj. & adv. Blowing
from the north شمال ‑ شمالی ‑ شمال سے چلنے والی
کی طرف سے ‑

orthern (nor-dhərn) adj. & n. Coming from
the north شمال کا ‑ شمالی ‑ شمال خطہ ‑ یورپ کے
شمال کا ‑ امریکہ کی شمالی ریاستوں کا ‑

orthing (nor-dhing) n. Northward progress
شمال کی جانب سفر ‑ جہاز رانی میں جہاز کا شمال کی
طرف بہنا یا بڑھنا ‑

orthumbrian (nor-thumb-riən) adj. & n.
Native or dialect of ancient Northumbria
موجودہ نارتھمبر لینڈ اور قدیم نارتھومبریا کا باشندہ یا
اس کی زبان ‑

orwegian (nor-wa-j(y)ən) adj. & n. Native or
—language of Norway ناروے کا باشندہ یا زبان ‑

ose (noz) n., v.t. & i. Member of face placed
above mouth ناک ‑ بینی ‑ تھوتھنی ‑ قوت شامہ ‑
سونگھنے کی طاقت ‑ منہ ‑ دہانہ ‑ جہاز کا اگلا حصہ ‑
کسی چیز کا اگلا حصہ ‑ سونگھنا ‑ سونگھ کر معلوم
کرنا ‑ ناک رگڑنا ‑ سوں سوں کرنا ‑ نتھنے سکوڑنا ‑
تجسس کرنا ‑ تلاشی کرنا ‑ پانی کو چیر کر آگے بڑھنا ‑
اوپر کو ابھرنا ‑

Bite one's nose off ⎫ کسی کو تلخی سے جواب دینا ‑

Snap one's nose off ⎭ جھنجلا کر جواب دینا ‑

Cut one's nose to spite one's face براۓ شگون
کے لیے اپنی ناک کٹوانا ‑

Keep one's nose to the grind stone کسی سے
سخت محنت لینا ‑

Make long nose انگوٹھا ناک پر رکھ کر کسی
کو چڑانا ‑

Nose of wax وہ شخص جو دوسروں کا اثر جلد قبول
کرے ‑ موم کی ناک ‑

Pay though the nose حد سے زیادہ قیمت دینا ‑

Poke one's nose into دخل در معقولات کرنا ‑

Turn up one's nose at ناک ‑ نفرت کا اظہار کرنا ‑
بھوں چڑھانا ‑

Nosegay (noz-ga) n. Bunch of sweet-scented
flowers گلدستہ ‑

Noser (noz-ər) n. Strong head wind تیز اور تند
مخالف ہوا ‑

Nosography (noz-og-rəfi) n. Systematic descrip-
tion of diseases تشریحی بیان امراض ‑

Nosology (noz-ol-ə-ji) n. Classification of
diseases علم تشخیص امراض ‑

Nostalgia (nos-təl-ji-a) n. Home sickness as a
disease یاد وطن کا عارضہ ‑ فرقت وطن کی بیماری ‑
وطن کی خواہش جس کی شدت ایک مرض بن جاۓ ‑

Nostoc (nos-tok) n. A kind of blue-green algae
ایک قسم کی کائی ‑

Nostradamus (nos-trə-da-məs) n. Prediction-
monger غیب کی باتیں بتانے والا پیشہ ور ‑ پیشہ ور
پیشین گو ‑ نجومی ‑ رمال ‑

Nostril (nos-tril) n. Either opening in nose
منخرہ ‑ نتھنی ‑ ناک کے سوراخ ‑

Nostrum (nos-trəm) n. Quack remedy عطائی دوا ‑
اشتہاری دوا ‑ نسخہ جو کسی سے ملا ہو ‑ وہ دوا جس
کو جاننے والا سے چھپا کے پوشیدہ رکھے ‑ خاص نسخہ ‑

Nosy (noz-i) n. Long-nosed person بڑی ناک والا ‑
لم نکا ‑ بدبودار ‑ وہ شخص جس کو بدبو کا تیز احساس
ہو ‑ (بول چال) رازجوئی ‑ تجسس کی عادت ‑

Nosy Parker دوسروں کے معاملے میں دلچسپی لینے

والا ۔ دوسروں کے کام میں ٹانگ اڑانے والا ۔

Not-n't (not) adv. Negativing ordinary verbs

نہیں ۔ نہ ۔ نا ۔ مت ۔ نا ۔ نہ حرف ۔

Nota-bene (not-a-ben) (N.B.) v. imp. Take notice

دیکھو غور کرو ۔ تنبیہ ۔ توجہ کے لیے ۔

Notability (no-tə-bi-li-ti) n. Prominent person

نامور شخص ۔ برگزیدہ ہستی ۔ ممتاز ہستی ۔ قابل دید

چیز ۔ (قدیم) خانہ داری کا سامیہ ۔

Notable (not-ə-bl) adj. & n. Worthy of note

نمایاں ۔ ممتاز ۔ مشہور و معروف شخص ۔ قابل توجہ ۔

قابل لحاظ ۔ سلیقہ شعار ۔ مستعد ۔ کام کاجی ۔

Notably یادگار کے طور پر ۔ خاص طور پر ۔ نمایاں

طور پر ۔

Notary (no-tə-ri) n. Person publicly authorised

to attest documents دستاویزات اور دوسرے

کاغذات کی تصدیق کرنے والا ۔ سرکاری طور پر مقرر

کیا ہوا مصدق ۔ عہدہ دار جسے رجسٹری کا اختیار

ہو ۔

Notarial adj. نظارت کے متعلق ۔

Notation (no-ta-shən) n. Representing numbers

by symbols اعداد کو علامات میں لکھنا ۔ علامت

نویسی ۔ ترتیب اعداد ۔

Notch (noch) n. & v.t. V-shaped indentation,

defile دندانہ ۔ موکھا ۔ شگاف ۔ نشان جو چھڑی

یا لکڑی پر گنتی کرنے کے لیے لگاتے ہیں ۔ دندانے

بنانا ۔ نشان لگانا ۔

Notchy, notched نشان دار ۔ دندانے دار ۔

Note (not) n. Sign, token or writing نشان ۔

علامت ۔ خصوصیت ۔ امتیازی علامت ۔ لے ۔ سر ۔

راگ ۔ تان ۔ ترانہ ۔ پرند کی آواز ۔ چھکار ۔ یاد داشت ۔

پرچہ ۔ رندی ۔ تصدیقی تحریر ۔ تمسک ۔ آگاہی ۔ اطلاع ۔

دستاویز ۔ نام ۔ شہرت ۔ نیک نامی ۔ ناموری ۔ توجہ ۔

غور ۔ لحاظ ۔ حاشیہ ۔ شرح ۔

Note book n. یاد داشت کی کتاب ۔

Noted adj. نامور ۔ ممتاز ۔ مشہور ۔

Notedly adv. یاد داشت سے ۔ مشہور ۔

Noteless adj. غیر معروف ۔ نا قابل لحاظ ۔

Note paper n. خط لکھنے کا کاغذ ۔

Noter n. یاددہ کرنے والا ۔ غور کرنے والا ۔

Noteworthy adj. قابل توجہ ۔ قابل غور ۔ قابل ذکر ۔

Note of hand دستاویز ۔ دستخطی تحریر ۔ رقعہ ۔

Make a note of یاد لینا ۔ لکھ لینا ۔

Note (not) v.t. Observe, notice دھیان کرنا ۔

دھیان دینا ۔ غور کرنا ۔ سوچنا ۔ لکھ لینا ۔ قلم بند کرنا ۔

درج کرنا ۔ شرح کرنا ۔ تشریح کرنا ۔

Nothing (nuth-ing) n. & adv. Not any thing

کوئی نہیں ۔ کچھ نہیں ۔ نیستی ۔ فنا ۔ عدم ۔ لاشے ۔ حقیر

شے ۔ لامذہب ۔ دہریہ ۔ مطلق نہیں ۔ ذرا بھی نہیں ۔

Nothingarian n. بے دین ۔ لامذہب ۔

Nothingness (nuth-ing-nes) n. Non-existence

worthlessness ہستی ۔ فنا ۔ عدمیت ۔ لاشیئیت ۔

حقیقت چیز ہادنی ۔ حقیر شے ۔ غیر اہم شخص ۔

Notice (no-tis) n. & v.t. Intimation, warning

اطلاع ۔ اعلان ۔ اشتہار ۔ اختتام معاہدے کی اطلاع ۔

حس ۔ دھیان ۔ توجہ ۔ غور ۔ التفات ۔ دیکھنا ۔ غور

کرنا ۔ دھیان کرنا ۔ اظہار خیال کرنا ۔ با ضابطہ اطلاع

دینا ۔

Noticeable قابل توجہ ۔ توجہ کے لائق ۔ قابل غور ۔

Give notice خبردار کرنا ۔ تنبیہ کرنا ۔ اطلاع دینا ۔

Notifiable (no-ti-fi-əbl) adj. That must be notified

to authorities جسکی اطلاع محکمہ متعلقہ کو دینا

ضروری ہو ۔ بیماری جسکی اطلاع محکمہ حفظان صحت کو

دینا ضروری ہو ۔

Notify (no-ti-fi) v.t. Make known, announce

جتانا ۔ اطلاع دینا ۔ اعلان کرنا ۔ رپورٹ کرنا ۔ نوٹس

دینا ۔

Notification n. اشتہار ۔ اعلان ۔ خبر ۔ اطلاع ۔

Notion (no-shən) n. General concept خیال ۔ تصور ۔

قیاس ۔ رائے ۔ نظریہ ۔ قصد ۔ ارادہ ۔

Notional (no-shən-əl) adj. Speculative خیالی ۔

من گھڑی ۔ تصوری ۔ فرضی ۔ خیال پرست ۔ وہمی ۔

Notionalist n. خیال پرست ۔ تصورات کی دینا میں رہنے

والا ۔ تخیل پرست ۔

Notionally adv. کسی طرح سے ۔ خیالی طور پر ۔

Notitia (no-tish-i-a) n. List of officers فہرست ۔

فہرست عہدہ داران سرکار ۔

torious (no-to-ri-əs) *adj.* Commonly known for his bad conduct مشہور ۔ معروف ۔ بدنام ۔ برائی میں مشہور ۔ انگشت نما

Notoriety *n.* انگشت نمائی ۔ بد نامی ۔ تشہیر ۔ شہرت ۔

tre Dame (notri-dam) *n.* The Cathedral of Paris پیرس کا مشہور گرجا ۔

twithstanding (not-with-standing) *prep., adv.* & *conj.* In spite of باوجودیکہ ۔ نہ بس کہ ۔ ہر چند ۔ تاہم ۔

ught (nawt) *n.* Nothing کچھ نہیں ۔ بے حقیقت ۔ صفر ۔

et at nought ناچیز جاننا ۔ بے حقیقت سمجھنا ۔

un (nown) *n.* Word used as name of person or thing نام ۔ اسم ۔ اسم ذات ۔ وہ لفظ جو کسی شخص یا چیز کا نام ہو ۔

rish (nur-ish) *v.t.* Sustain, cherish, nurse پرورش کرنا ۔ پالنا ۔ کھلانا پلانا ۔ تقویت دینا ۔ جرات بڑھانا ۔ تعلیم دینا ۔ تربیت کرنا ۔ سکھانا ۔ سدھانا ۔

lourishing *adj.* غذائیت سے بھری ہوئی ۔ قوت بخش ۔ مقوی ۔

urishment (nur-ish-mənt) *n.* Sustenance غذا ۔ قوت ۔ خوراک ۔ پرورش ۔ غذا پہنچانا ۔

s (no-əs) *n.* Mind, intellect عقل ۔ ذہن ۔ سمجھ ۔ معاملہ فہمی ۔

el (nov-l) *n.* & *adj.* Fictitious prose narrative, of new kind مختصر افسانہ ۔ ناول ۔ نیا ۔ جدید ۔ انوکھا ۔ نادر ۔

lovelese *n.* افسانہ کی زبان یا طرز بیان ۔

elette (nov-e-let) *n.* Short novel چھوٹا ناول ۔ مختصر افسانہ ۔ پیانو پر بجانے کے مختلف نغمے ۔

elist (nov-e-list) *n.* Novel writer قصہ نویس ۔ افسانہ نگار ۔ ناول نویس ۔

ovelistic *adj.* ناول کی طرز کا ۔ افسانہ نگاری کا ۔

elize (nov-e-liz) *v.t.* Present in the form of a novel ناول کے رنگ میں پیش کرنا ۔

elty (nov-el-ti) *n.* New, unusual thing انوکھی چیز ۔ انوکھی بات ۔ عجیب شے ۔ انوکھا پن ۔

ember (no-vem-bər) *n.* Eleventh month سال کا گیارھواں مہینہ ۔ نومبر ۔

Novenary (nov-ə-nə-ri) *adj.* Pertaining to number nine مسلسل نووں کی ۔ نو کے متعلق ۔

Novennial (nov-ə-ni-əl) *adj.* Recurring every ninth year ہر نویں سال آنے والا ۔

Novercal (nover-kəl) *adj.* Step-motherly سوتیلی ماں کا ۔ سوتیلی ماں جیسا ۔

Novice (nov-*is*) *n.* Beginner نو آموز ۔ مبتدی ۔ کار آموز ۔ امیدوار ۔ امیدوار راہب ۔ وہ شخص جس کو مذہب میں نیا نیا داخل کیا گیا ہو ۔

Noviciate (nov-i-si-ət)-tiat *n.* Apprenticeship نو آموز ۔ شاگرد ۔ زمانہ کار آموزی ۔ پادریوں کے رہنے کا مکان ۔

Novocaine (no-vo-kan) *n.* A local anaesthetic دوا جو جسم کے کسی حصے کو سن کر دے ۔

Now (now) *adv., conj.* & *n.* By this time, at present time اب ۔ ابھی ۔ اسی دم ۔ اس وقت ۔ حال میں ۔ اس صورت میں ۔ اس حالت میں ۔ اب سنئے ۔ پھر ۔ اس کے بعد ۔ دیکھو ۔ خبردار ۔ موجودہ زمانہ ۔ موجودہ حالت ۔

Nowaday (now-a-da) *adj.* Of nowadays اسی زمانہ کا ۔ آج کل کا ۔

Nowadays (now-a das) *adv.* & *n.* These advanced times آج کل کے نئے دور میں ۔ نیا زمانہ ۔ نئی روشنی کے زمانے میں ۔ ترقی یافتہ دور میں ۔

Nowel (no-el) *interj.* Joy مبارک ۔ مرحبا ۔ (کرسمس کے نغموں میں) ۔

Nowhere (no-h-war) *adv.* At no place کہیں نہیں ۔ کسی جگہ نہیں ۔

Noxious (nok-shəs) *adj.* Harmful موذی ۔ مضر ۔ فاسد ۔ زیان کار ۔ زہریلا ۔ مخرب اخلاق ۔

Noxiousness مخرب اخلاق ہونا ۔ مضر ہونا ۔ فساد ۔ زیاں ۔ سمیت ۔ ضرر رسانی ۔

Nozzle (noz-l) *n.* Spout, mouthpiece ناک ۔ تھوتھنی ۔ ٹونٹی ۔ دہانہ ۔ منہ ۔

Nuance (nu-ans) *n.* Delicate difference شائبہ ۔ پہلو ۔ باریک فرق ۔ نازک فرق ۔

Nub (nub) *n.* Small knob or lump چھوٹا سا ڈھیلا ۔ چھوٹا ٹکڑا ۔

Nubile (nu-bil) *adj.* Marriageable - نکاح کے لائق - شادی کے قابل عورت -

Nubility *n.* شادی کے قابل ہونا -

Nuchal (nu-kel) *adj.* Of nape of neck گدی کا - گردن کی پشت کا -

Nucleus (nu-kli-əs) *n.* Condensed part of comet's head, central part دم دار ستارے کا سر یا مرکزی حصہ - سالمے کا مرکز - کسی چیز کا درمیانی مرکزی حصہ - مغز - اصل - مرکز - کسی چیز کی بنا - بنیاد - ابتدا -

Nude (nud) *adj.* & *n.* Naked, bare ننگا - برہنہ - عریاں - جلد کا ہم رنگ موزہ - عریاں تصویر - عریاں مجسمہ -

Nudity *n.* برہنگی - عریانی -

Nudge (nuj) *v.t.* & *n.* Push slightly with elbow کہنی سے اشارہ کرنا - کہنی مار کر متوجہ کرنا - ٹھوکا دینا - کہنی کا اشارہ -

Nugacity (nug-ə-si-ti) *n.* Trifling talk - بیہودہ گوئی

Nugatory (nug-ə-tərl) *adj.* Trifling - ہیچ - لا حاصل - نکما - بے اثر - بےکار - بے فائدہ -

Nuggar (nug-ər) *n.* Large broad-beamed boat ایک قسم کی چوڑی کشتی جو بالائی نیل میں چلتی ہے -

Nugget (nug-it) *n.* Lump of native gold خام سونے کا ڈلا -

Nuisance (nu-i-səns) *n.* Any thing injurious or abnoxious مضر شے - ضرر رساں چیز - باعث زحمت امر - تکلیف دہ شخص یا چیز - وبال جان -

Null (nul) *adj.* & *n.* Not binding - رد - باطل - منسوخ - معدوم - ہیچ - بے رنگ - جس میں کوئی امتیازی خصوصیت نہ ہو - نا جائز - ناروا -

Null and void رد کیا ہوا - منسوخ - معدوم -

Nullify (nul-i-fi) *v.t.* Cancel باطل کرنا - رد کرنا - منسوخ کرنا - بے اثر کو دینا - مسترد کرنا -

Nullification *n.* تنسیخ - مسترد کیا جانا - منسوخ ہونا - کالعدم ہو جانا -

Nullity (nul-i-ti) *n.* Invalidity - کالعدم یا باطل ہوجانا - انفساخ - معدومیت -

Numb (num) *adj.* & *v.t.* Deprived of feeling سن - بے حس - ٹھٹھر جانا - مبہوت کرنا - سکتے کا عالم پیدا کر دینا - ہوش گم کر دینا -

Numbness *n.* ہو جانا - بے حسی -

Number (num-bər) *n.* Tale, count, compa[...] aggregate - عدد - شمار - تعداد - ہندسہ - کئی - کتنے - بہتیرے - اشخاص کی تعداد یا جماعت - [...] - وزن - موزونیت -

Number (num-bər) *v.t.* Count, ascertain nu[...]ber of - گنتی کرنا - شمار کرنا - تعداد معلوم [...] - شامل کرنا - داخل کرنا - زمرے میں شامل [...] - نمبر لگانا -

Numerable (num-ər-əbl) *adj.* That can be nu[...]bered - شمار - گنتی کے قابل -

Numeral (nu-mər-l) *adj.* Denoting a numb[...] ی - شماری - گنتی کا - عدد کے متعلق -

Numeration (nu-mər-a-shən) *n.* Method [...] numbering ی شمار - گنتی - عمل حساب - نمبر - تسمیہ اعداد -

Numerator (nu-mer-a-tər) *n.* Number ab[...] the line in vulgar fraction [...] میں خط کے اوپر [...]رد - گنتی کرنے والا - نمبر لگانے والا -

Numerical (nu-merik-əl) *adj.* Of, in, deno[...] number ی - عدد کا - ہندسے میں - عدد کے [...]

Numerous (nu-mer-əs) *adj.* Comprising m[...] units [...]ہ - بہت - وافر - با افراط - کثیر - بڑی [...]ت کا - موزوں (نظم) -

Numismatic (nu-miz-mat-ik) *adj.* & *n.* Of c[...] or coinage [...]ں کا - سکوں کے متعلق -

Nummary (num-ə-ri) *adj.* Of, in, coin - [...]ں میں [...]ں کا -

Numnah (num-na) *n.* Saddle pad [...]ڑے کی زین کا - زین کی گدی -

Numskull (num-skul) *n.* A stupid person [...]قوف - اوندھی کھوپری کا آدمی -

Nun (nun) *n.* Woman living in convent un[...] vow گوشہ نشین - تپسیا کرنے والی - بھگتن - [...] الدنیا عورت - خانقاہ میں رہبانیت کی زندگی بسر [...]نے والی عورت -

Nuncio (nun-shi-o) *n.* Pope's ambassador [...]یر -

Nuncupate (nung-ku̅-pa̅t) *v.t.* Declare orally زبانی اقرار کرنا - زبانی وصیت کرنا -

Nuncupation *n.* زبانی وصیت -

Nunhood (nun-hood) *n.* Being a nun بیراگن ہونا - تارک الدنیا ہونا - راہبہ ہونا -

Nunnery *n.* راہبہ عورتوں کے رہنے کی جگہ - اقامت خانہ راہبات -

Nunnish *adj.* راہبہ جیسی - راہبہ صفت -

Nunciature (nun-shia-tər) *n.* Office of the Papal nuncio پاپائے اعظم کی سفارت کا عہدہ -

Nunnation (nun-a-shən) *n.* Additino of final N in declension of nouns تنوین - تعریف اسم میں آخر میں حرف N بڑھانا -

Nuphar (nu̅-fa̅r) *n.* Yellow water-lily زرد کنول کا پھول - گل نیلوفر -

Nuptial (nup-shəl) *adj.* & *n.* Of wedding - شادی کا عروسی کا - عروسی - شادی -

Nuptials (nup-shəls) *n.* Wedding ceremonies رسوم شادی - عقد - نکاح -

Nurse (nurs) *n.* Woman employed to suckle and take charge of infant - دایہ - انا - کھلائی - تیمار دار - نشو و نما کرنے والا ملک - پرورش گاہ - گہوارہ - درخت جو دوسرے درختوں کو سایہ یا غذا پہنچائے - ناقص چیونٹی - شہد کی مکھی -

Nursey (بچوں کی زبان میں) انا - دایہ - کھلائی -

Nurse (nurs) *v.t.* & *i.* Act as wet nurse - پالنا - پرورش کرنا - دودھ پلانا - دایہ گیری کرنا - کھلانا - تیمار داری کرنا - بیمار کی خدمت کرنا - نفرت یا کینہ دل میں رکھنا - دشمنی کے جذبات کو دل میں تازہ رکھنا - بچے کو گود میں لینا - اپنے گھٹنے یا پیر سہلانا - پیچھا نہ چھوڑنا - ساتھ لگے رہنا -

Nurse (nurs) *n.* Kinds of dogfish or shark شارک مچھلی کی ایک قسم -

Nursery (nur-seri) *n.* Room assigned to children, plot for plants بچوں کا کمرہ جہاں وہ دایہ کے ساتھ رہتے ہیں - دوب لگانے کی زمین - پودوں کا قطعہ زمین - مچھلیوں کے پالنے کا تالاب - قوموں کی تربیت کا گہوارہ -

Nurs(e)ling (nurs-ling) *n.* Infant in charge of nurse بچہ جو دایہ کے سپرد کیا جائے -

Nurture (nurt-yər) *n.* & *v.t.* Bring up, nourishment پرورش - تعلیم - غذا - خوراک - کھلانا پلانا - پرورش کرنا - تعلیم دینا -

Nut (nut) *n.* & *v.t.* Fruit of hard or leathery shell سخت پوست کا گری دار میوہ - جوز - ڈلی - (بول چال) سر - نوجوان شخص - جس میں خواہش نمود زیادہ ہو - ڈھبری - کھونٹی - (جمع) کوئلے کے چھوٹے ٹکڑے - گٹھلیاں - جوز یا چھالیا بادام جمع کرنا -

A nut to crack مشکل کام - ایک مشکل سوال -

Be nuts on بہت پسند آ جانا - مشتاق ہونا -

Hard nut to crack - بے ڈھب آدمی - مشکل معاملہ

In a nutshell مجمل طور پر - مختصراً -

Off one's nut نشے میں دھت ہونا -

Nutate (nu̅-ta̅t) *v.t.* Nod, droop جھک جانا - لڑھک جانا -

Nutation (nu̅-ta̅-shən) *n.* Nodding محور ارض کا جھکاؤ - خمیدگی - کجی -

Nutmeg (nut-meg) *n.* Hard aromatic seed جائپھلی - جوز - جوزبویا - جوز الطیب - جائفل -

Nutrient (nu-tri-ənt) *adj.* Serving as nourishment مقوی - غذا کا کام دینے والا -

Nutriment (nu-tri-mənt) *n.* Nourishing food مقوی غذا - قوت بخش غذا - خوراک -

Nutrition (nu-tri-shən) *n.* Nourishment, food غذا - غذائیت - خوراک - کھانا -

Nutritious (nut-ri-shəs) *adj.* Nourishing - مقوی قوت بخش - غذائیت سے بھری ہوئی -

Nutritiousness *n.* مقوی ہونا - غذائیت -

Nutritive (nut-ri-tiv) *adj.* & *n.* Serving as food غذا کا کام دینے والا - غذا -

Nutty (nut-i) *adj.* Abounding in nuts, amorous جہاں کثرت سے نٹ ہوں - کثرت سے جوز والا - لٹو - عاشق -

Nux-vomica (nuks-vom-i-kȧ) *n.* Poisonous seed of East Indian tree ایک درخت کا تخم - کچلا - فارس ماہی -

Nuzzle (nuz-l) *v.i.* & *t.* Press, rub or sniff with the nose سونگھنا ۔ سونگھ لینا ۔ ناک سے رگڑنا یا دبانا ۔ ناک سے بل کھودنا ۔ سوں سوں کرنا ۔ آرام سے لیٹنا ۔

Nyctalopia (nek-tə-lo-pi-a) *n.* Night blindness, inability to see except in the night ۔ رتوندی آنکھ کی بیماری جس میں تیز روشنی اچھی نہ لگے ۔ رات میں اچھا دکھائی دینا ۔

Nyctitropic (nik-tit-trə-pik) *adj.* Turning in certain direction at night شب گرد ۔ رات کو ایک سمت میں مڑ جانے والا ۔

Nylghan (nil-gan) *n.* Short-horned Indian antelope نیل گائے ۔

Nymph (nim-f) *n.* Mythological semi-divine maiden پہاڑ ، جنگل یا سمندر کی دیوی ۔ اپسرا ۔ حور ۔ پری ۔ زن خوبرو ۔ صنم ۔ کیڑے کی نشو و نما کی درمیانی منزل ۔

Nymphean, **Nymphish**, **Nymph-like** } پری وش ۔ پری پیکر ۔ حور مثال ۔ حسین و جمیل ۔

Nympholepsy (nymf-o-lop-si) *n.* Ecstasy caused by desire بے قرار کر دینے والی خواہش ۔ کسی چیز کا والہانہ عشق ۔ بے حد شوق ۔ جنون ۔

Nympholept (nimf-o-lept) *n.* Person having violent desire کسی چیز کا دیوانہ ۔ سودائی ۔ مجنوں ۔

Nymphomania (nimf-o-mə-nia) *n.* Uncontrollable sexual desire in women عورتوں کی شدید جنسی خواہش ۔

Nystagmus (nis-tag-məs) *n.* Eye disease with continuous oscillation of eye-balls ایک بیماری جس میں آنکھ کا ڈھیلا ہلتا رہتا ہے ۔ دوران چشم کا مریض ۔

O

O (o) *n.* Fifteenth letter of the English alphabet, O shaped mark or circle انگریزی حروف تہجی کا پندرھواں حرف ۔ او کی شکل کا نشان ۔ چکر ۔ گھیرا ۔ حلقہ ۔

O-oh (oh) *interj.* Expressing various emotions ہو ۔ آئے ۔ ارے ۔ جی ۔ اف ۔ مختلف جذبات کا اظہار کرتا ہے ۔

Oaf (of) *n.* Elf's child وہ نا سمجھ بچہ جس کو پریاں اچھے بچے کی جگہ چھوڑ جاتی ہیں ۔ جنی بچہ ۔ آسیبی بچہ ۔ احمق ۔ بیوقوف ۔ بے عقل ۔ لنگڑا لولا بچہ ۔ گنوار ۔ دیہاتی ۔

Oafish *adj.* احمق سا ۔ گدھا سا ۔ اپاہج ۔ ناقص العقل ۔

Oak (ok) *n.* Kinds of trees yielding hard timber بلوط ۔ شاہ بلوط ۔ بلوط کی سخت لکڑی ۔ چوبی جہاز ۔ آکسفورڈ اور کیمبرج میں کمروں کے بیرونی دروازے ۔ دوسرے درخت جو شاہ بلوط سے ملتے جلتے ہوں ۔ گھوڑیوں کی مشہور دوڑ ۔

Oaken *adj.* اوک کا بنا ہوا ۔

Oaklet, oakling *n.* بلوط کا چھوٹا درخت ۔

Hearts of oak دلیر ۔ جانباز ۔ مضبوط دل والے ۔ بہادر ۔ ہمت والے ۔

Oakum (ok-əm) *n.* Loose fibre got from old ropes پرانے رسوں کا ریشہ جو جہاز کی درزوں میں بھرا جاتا ہے ۔

Oaky (ok-i) *adj.* Hard as oak بلوط سا سخت ۔ مضبوط ۔ مستحکم ۔

Oar (or) *n.* Pole with blade ۔ چپو ۔ ناؤ کھینے کا ڈنڈا ۔

Chained to the oar سخت کام میں مصروف ۔ بیل کی طرح جتا ہوا ۔

Have an oar in every man's boat دوسروں کے معاملات میں دخل دینا ۔

Lie on the oars مستانا ۔ آرام کرنا ۔

Rest on one's oars مستانا ۔ ذرا دم لینا ۔

Oarage *n.* کشتی چلانے کی مزدوری یا محصول ۔

Oarsmanship *n.* چپو چلانے کا طریقہ ۔ کشتی رانی ۔

Oary *adj.* چپو دار ۔ چپو کی شکل کا ۔

Oasis (o-a-sis) *n.* Fertile spot in desert ریگستان میں سر سبز مقام ۔ نخلستان ۔ کسی غیر دلچسپ جگہ میں کسی دلچسپ چیز کا واقع ہونا ۔

Oat (ot) *n.* Grain yielded by hardy cereal ۔ جو ۔ جئی ۔ جو کی قسم کے اناج ۔ ایسے پودے جن کی نے چرواہے بجاتے ہیں ۔ شبابی شاعری ۔

Feel one's oats بڑا سمجھنا ۔ بڑا بننا ۔ بڑا پن بگھارنا ۔

Wild oats ایک جنگلی جئی ۔

Sow one's wild oats سر مست ہو جانا ۔ جوانی کی مستی بتانا ۔ شباب کا رنگ دکھانا ۔

Oat cake *n.* جو کی نان ۔ جئی کی روٹی ۔

Oaten (ot-n) *adj*. Made of oat flour جو کا ۔ جو کے آٹے کا ۔

Oath (ōth) *n*. Solemn appeal to God قسم ۔ سوگند ۔ حلف ۔ خدا کو گواہ کرنا ۔ لعنت ۔ بد دعا ۔ گالی ۔ گستاخانہ کلام ۔

He is on swear وہ حلف اٹھا چکا ہے ۔

To take oath حلف اٹھانا ۔

Oatmeal (ōt-mēl) *n*. Oat flour جئی کا آٹا ۔

Obdurate (ob-dū-rāt) *adj*. Hardened, stubborn سخت ۔ تند ۔ روکھا ۔ اکھڑ ۔ ضدی ۔ سرکش ۔ متمرد ۔ سنگ دل ۔ بے رحم ۔ کٹھور ۔

Obduracy *n.* سرکشی ۔ سنگدلی ۔ ڈھٹائی ۔ ہٹ ۔ ضد ۔

Obdurately *adv.* ڈھٹائی سے ۔ بے رحمی سے ۔ سختی سے ۔

Obedience (ō-bē-dyens) *n*. Submission to another's rule تابعداری ۔ حکمرانی ۔ اطاعت ۔ فرما نبرداری ۔ پابندی قانون ۔ کلیسائے روم کا اقتدار ماننا ۔ حکومت کے احکام کے آگے جھکنا ۔

Passive obedience بے دلی کی فرمانبرداری ۔ جبری اطاعت ۔

Obedient (o-be-dyent) *adj*. Dutiful فرما نبردار ۔ تابع ۔ مطیع ۔ حکم بردار ۔ اطاعت شعار ۔

Obediently فرمانبرداری سے ۔ تابعداری سے ۔

Obedientiary (o-be-di-enshi-əri) *n*. Holder of any office under superior in monastery خانقاہ کے افسر اعلے کا نائب مددگار ۔

Obeisance (ōbāi-sə-ns) *n*. Gesture of respect, bow or courtsy کورنش ۔ سلام ۔ آداب ۔ رسم تعظیم ۔ بندگی ۔ قدمبوسی ۔

To make obeisance تعظیم کرنا ۔ تسلیم عرض کرنا ۔ آداب بجا لانا ۔

Obelisk (o-be-lisk) *n*. Tapering monolithic shaft of stone with pyramidal opex چوکنٹھا ۔ مخروطی پتھر کا مینار ۔ اسی شکل کا پہاڑ یا درخت ۔ علامت حاشیہ ۔ نشان حاشیہ + چلیپا ۔

Obelize (o-be-līz) *v.t.* Mark with the obelisk نشان تحریف لگانا ۔ چلیپا کرنا ۔ نشان حاشیہ لگانا ۔

Obelus (o-be-ləs) *n*. Obelisk دیکھو

Obese (ō-bēs) *adj*. Corpulent موٹا ۔ فربہ ۔ توندل ۔ توند والا ۔ لحیم ۔ شحیم ۔

Obesity فربہی ۔ موٹاپا ۔

Obey (ō-bā) *v.t.* Perform bidding of حکم ماننا ۔ فرمانبرداری کرنا ۔ اطاعت کرنا ۔ تابعداری کرنا ۔ حکم کی تعمیل کرنا ۔ تقاضا پورا کرنا ۔

Obfuscate (ob-fus-kat) *v.t.* Darken, obscure اندھیرا کرنا ۔ تاریک کر دینا ۔ عقل گم کردینا ۔ حواس باختہ کردینا ۔ چھکے چھڑا دینا ۔

Obfuscation *n.* تیرگی ۔ ظلمت ۔ بدحواسی ۔ پریشانی ۔ تاریکی ۔ اندھیرا ۔

Obi (ōbi) *n*. Bright broad sash worn by Japanese women چمکدار چوڑا پٹکا جو جاپانی عورتیں اور بچے باندھتے ہیں ۔

Obit (o-bit) *n*. Memorial service of benefactor's death کسی محسن کی موت کو یاد کرنا ۔ دعائے مغفرت ۔ موت ۔ مرگ ۔ سالانہ فاتحہ ۔ برسی ۔

Obiter (ob-it-ər) *adv*. By the way بہ سلسلہ کلام ۔ ضمنی طور پر ۔

Obiter dictum جج کی ذاتی رائے جو اسنے کسی مقدمہ کے سلسلہ میں دی ہو اور اسکی کوئی قانونی حیثیت نہ ہو ۔ ذاتی رائے ۔ ضمنی نکتہ ۔ اظہار خیال ۔

Obituary (o-bit-ū-ə-ri) *n*. & *adj*. Notice of death, concerning deceased person موت کی اطلاع یا اعلان ۔ مرنے والے کے مختصر حالات ۔ مرحوم کے متعلق ۔

Obituarist اخباری وفات نگار ۔ مرنے والے کا سوانح نگار ۔

Object (ob-jekt) *n*. Thing presented to senses چیز ۔ شے ۔ مقصد ۔ غرض ۔ ارادہ ۔ مراد ۔ مدعا ۔ مطلب ۔ تما شا ۔ افسوسناک یا عبرت خیز منظر ۔ معقول ۔ مفعول بہ ۔

Object lesson زندہ مثال - چیزوں کے ذریعے سبق - نمونہ کا سبق -

Objectless بے کار - بے مقصد -

Object (ob-jekt) *v.t., & i.* Feel or express disapproval مخالفت - روکنا - تردید کرنا - اعتراض کرنا میں پیش کرنا - عذر کے ساتھ پیش کرنا - بے معنی اعتراض کرنا - نا پسند کرنا - مقابلے میں لانا - مزاحمت کرنا -

Objector مزاحم - عذردار - معترض -

Conscientious objector اصول کی بنا پر شرکت جنگ سے انکار کرنے والا - اپنے ضمیر کے تقاضے سے اعتراض کرنے والا - عقیدے کی بنا پر معترض ہونے والا -

Objectify (ob-jekt-i-fi) *v.t.* Make objective مادی شکل میں پیش کرنا - تشکیل کرنا - مجسم کرنا -

Objectification *n.* نظر آنے والی ہیئت - تشکیل - تجسیم - مادی شکل بنانا -

Objection (ob-jek-shən) *n.* Expression or feeling of dislike اعتراض - حجت - عذر - شک - شبہ - اظہار ناپسندیدگی -

Objectionable (ob-jek-shən-əbl) *adj.* Undesirable قابل اعتراض - نا زیبا - بے جا - قابل الزام - ناگوار - نا معقول - نامناسب -

Objective (ob-jek-tiv) *adj. & n.* External, real, material خارجی - حقیقی - مادی - ظاہری - بیرونی - مفعولی - (فوج) منزل مقصود - حملے کا مقام - مدعا - دلی خواہش - دوربین کا بیرونی شیشہ -

Object point حملہ کا مقام - منزل مقصود -

Objectiveness, objectivity شکل و صورت - بیرونی حالت - مادی حالت - واقعیت -

Objectivism (ob-jek-tiv-izm) *n.* Tendency to lay stress on objective or non-ego واقعیت پسندی - خارجی حیثیت پر زور دینا - حقیقت پسندی - یہ نظریہ کہ خارجی اشیاء کا علم مقدم اور حقیقی ہے - انسانی ذہن کی تعمیر خارج پر ہوتی ہے -

Objector (ob-jekt-ər) *n.* Person that objects اعتراض کرنے والا - معترض -

Objure (ob-jōōr) *v.t.* Swear حلف اٹھانا - قسم کھانا -

Objurgate (ob-jər-gat) *v.t.* Chide, scold تنبیہ کرنا - ڈانٹنا - ملامت کرنا - سرزنش کرنا - زجر و توبیخ کرنا -

Objurgation *n.* لعنت ملامت - ڈانٹ ڈپٹ -

Objurgalory *adj.* ملامت آمیز - تنبیہی -

Oblate (ob-lāt) *adj. & n.* Person dedicated to monastic life, flattened at poles وہ شخص جو مذہبی زندگی کے لیے وقف ہو - نارنگی کی شکل کا - قطبین پر پچکا ہوا -

Oblation (ob-la-shən) *n.* Thing offered to God احسان - مہربانی - عنایت - کرم - وہ کام جو رضائے الٰہی کے لیے کیا جائے - مذہبی کاموں کے لیے عطیہ - نذرانہ -

Obligate (ob-li-gāt) *v.t.* Bind person legally or morally مجبور کرنا - پابند کرنا - قانوناً یا اخلاقاً کسی چیز کا پابند کرنا -

Obligation (ob-li-gā-shən) *n.* Binding agreement احسان - مہربانی - قول و قرار - عہد و پیمان - معاہدہ - فرض - ذمہ داری - ضمانت -

Obligatory (ob-li-gā-təri) *adj.* Legally or morally binding ضروری - واجب - لازمی - لازم - ناگزیر - اخلاقاً اور قانوناً لازم -

Oblige (ō-blīj) *v.t.* Bind by oath, promise or contract مجبور کرنا - پابند کرنا - زبردستی کرنا - دباؤ ڈالنا - لازم کرنا - خوش کرنا - پاس کرنا - خاطرداری کرنا - ممنون کرنا - احسان مند کرنا - (بول چال) محفوظ کرنا - کوئی کام زبردستی کرنا -

Obligee (ō-blij-ē) *n.* Person to whom another is bound وہ شخص جس کے حق میں اقرار نامہ لکھا جائے -

Obliging (ō-blij-ing) *adj.* Courteous, ready to do kindness خلیق - بامروت - سلوک کرنے پر آمادہ - اچھا سلوک کرنے والا -

Obligingly *adv.* مروت سے - مہربانی سے -

Obligingness *n.* حسن اخلاق - خوش اخلاق - بامروتی -

Obligor (o-blij-ər) *n.* One who binds himself معاہدہ کرنے والا - ذمہ داری لینے والا -

Oblique (ō-blīk) *adj.* & *v.t.* Slanting from vertical or horizontal افقی یا عمودی حالت سے جھکا ہوا ۔ غیر متوازی ۔ خم دار ۔ آڑا ۔ ترچھا ۔ غیر مستقیم ۔ جس کا محور عمودی نہ ہو ۔ ترچھی ہتی ۔ ترچھے ڈنڈھل کی ۔ فوج وغیرہ کا ترچھے رخ پر چلنا ۔

Obliquely *adv.* آڑے طریقے سے ۔ ترچھے راستے سے ۔ آڑا آڑا ۔ ترچھا ترچھا ۔

Obliquety *n.* غیر مستقیم ۔ ترچھا پن ۔ کجی ۔ جھکاؤ ۔

Oblique narration or speech مقرر یا مصنف کے الفاظ کو دوسرے نام کے ساتھ پیش کرنا ۔

Obliterate (ō-blit-ə-rāt) *v.t.* Blot out, erase مٹا دینا ۔ قلم زد کرنا ۔ محو کر دینا ۔ منسوخ کرنا ۔ نشان تک باقی نہ چھوڑنا ۔

Obliteration *n.* مٹا ڈالنا ۔ نیست و نابود کر دینا ۔

Oblivion (ob-liv-i-ən) *n.* Disregard ۔ بھول ۔ فراموشی ۔ نسیان ۔ تغافل ۔ گم نامی ۔

Fall into oblivion متروک ہو جانا ۔ بھلا دیا جانا ۔ فراموش ہو جانا ۔

Oblivious (ob-liv-i-əs) *adj.* Forgetful بھولنے والا ۔ تغافل شعار ۔ فراموش کنندہ ۔ غافل ۔

Obliviousness *n.* تغافل شعاری ۔ بھول جانے کی عادت ۔ غفلت ۔ سہو ۔

Oblong (ob-long) *adj.* & *n.* Deviating from circular or square form لمبوترا ۔ بیضاوی ۔ مربع اور مدور کے بیچ کا ۔ مستطیل سا ۔ مدور سا ۔ کتابی ۔

Obloquy (ob-lə-kwi) *n.* Abuse-detraction ۔ غیبت ۔ بد گوئی ۔ الزام ۔ بہتان ۔ ملامت ۔ سب و شتم ۔ تنقیص ۔ بد نامی ۔ رسوائی ۔

Obmutescence (ob-mu-tes-əns) *n.* Obstinate silence خاموشی ۔ چپ سادھنا ۔ سکوت ۔ مکرا پن ۔ ضد سے چپ رہنا ۔

Obmutescent *adj.* چپ سادھنے والا ۔ ضد سے چپ رہنے والا ۔

Obnoxious (ob-nok-shəs) *adj.* Offensive, objectionable قابل اعتراض ۔ مکروہ ۔ برا ۔ زبون ۔ قابل نفرت ۔ گھناونا ۔ لائق الزام ۔ پر خطر ۔ پر ضرر ۔ شر آمیز ۔

Obnoxiousness *n.* بیہودہ ہونا ۔ پر خطر ہونا ۔ ضرر پذیری ۔ شر آمیزی ۔

Oboe (ō-bō) *n.* Wood-wind double-read musical instrument ایک قسم کی نے ۔ دہری بانسری ۔

Oboist *n.* بانسری بجانے والا ۔ نے نواز ۔

Obscene (ob-sēn) *adj.* Repulsive, filthy ۔ فحش ۔ خلاف تہذیب ۔ بے حیائی کا ۔ بے شرمی کا ۔ گندا ۔ ناپاک ۔ نجس ۔ مکروہ ۔ قابل نفرت ۔ گھناؤنا ۔

Obscenity *n.* مغلظات ۔ بے شرمی ۔ آوارہ پن ۔ بازاریت ۔ بے حیائی ۔ فحاشی ۔

Obscurant (obs-kūr-ənt) *n.* Opponent of reform اصلاح و ترقی کا دشمن ۔ دشمن تحقیق ۔ ظلمت پسند ۔

Obscurantist *n.* تحقیق و اصلاح کا مخالف ۔ ظلمت پسند ۔

Obscurantism *n.* اصلاح و ترقی کی مخالفت ۔ قدامت پسندی ۔ آباو اجداد کا طریقہ ۔

Obscure (ob-s-kūr) *adj., n.* & *v.t.* Dark, dim ۔ تاریک ۔ اندھیرا ۔ دھندلا ۔ غیر واضح ۔ مخفی ۔ پوشیدہ ۔ چھپا ہوا ۔ گم نام ۔ غیر معروف ۔ مبہم ۔ الجھی ہوئی ۔ (تحریر) ۔ غیر واضح ہونا ۔ دھندلا ہونا ۔ مبہم کرنا ۔ ماند کر دینا ۔ مخفی کرنا ۔ پردہ ڈالنا ۔

Obscurity *n.* اغلاق ۔ گم نامی ۔ اندھیرا ۔ تاریکی ۔ اخفا ۔

Obscuration *n.* تاریکی ۔ اخفا ۔ ابہام ۔ پوشیدگی ۔

Obsecration (ob-se-kra-shən) *n.* Earnest entreaty التجا ۔ التماس ۔ استدعا ۔ غرض ۔ کلیسا کی ایک دعا ۔

Obsequies (ob-si-kwiz) *n.* Funeral rites ۔ جنازہ دعا ۔ تجہیز و تکفین ۔

Obsequial *adj.* جنازے کا ۔ تجہیز و تکفین کے متعلق ۔

Obsequious (ob-si-kwi-əs) *adj.* Servile ۔ خوشامدی چاپلوس ۔ غلامانہ ۔ فرمانبردار ۔ اطاعت شعار ۔

Obsequiousness *n.* خوشامد ۔ تابعداری ۔ اطاعت شعاری ۔ فرمانبرداری ۔

Obsequy (ob-si-kwi) *n.* Obedience ۔ اطاعت فرمانبرداری ۔

Observance (ob-zər-vans) *n.* Performance of duty, custom, etc. بجا آوری ۔ پابندی ۔ تعمیل رسوم ۔ (جمع) رسوم ۔ رواج ۔ ادب ۔ تعظیم ۔ تکریم ۔ ملاحظہ ۔ رعایت ۔ لحاظ ۔

Observable *adj.* ۔ قابل تعمیل ۔ قابل غور ۔ قابل لحاظ

Observancy *n.* - التفات - لحاظ - تکریم - تعظیم - ادب

Observant (ob-zərv-ənt) *adj.* & *n.* Attentive in observance پابند - تعمیل کرنے والا - بجا لانے والا - دھیان دینے والا - مشاہدہ کرنے والا - باریک بین - تیز نظر - ضابطے کا پابند - قانون کا احترام کرنے والا -

Observation (ob-zər-va-shən) *n.* Faculty of taking notice مشاہدہ - توجہ - دھیان - ملاحظہ - باریک بینی - علمی مشاہدہ - قول - رائے - دشمن کی فوجی نقل و حرکت کا مشاہدہ - ستارہ بینی - رویت -

Observational *adj.* معائنہ - ملاحظہ تحقیق کے بارے میں - مشاہدہ کے متعلق -

Observatory (ob-zər-va-təri) *n.* Building whence astronomical phenomena may be observed رصد گاہ جہاں سے اجرام فلکی کا مشاہدہ کیا جا سکے -

Observe (ob-zərv) *v.t.* & *i.* Keep, follow, adhere to دیکھنا - غور کرنا - معلوم کرنا - مشاہدہ کرنا - پاس کرنا - دل داری کرنا - فرماں برداری کرنا - کہنا - بیان کرنا - فرمانا - اظہار رائے کرنا - راضی ہونا - رضامند ہونا -

The observed of all observers صانع قدرت - تماشائے عالم - جس پر سب کی نظر ہو -

Observer (ob-zər-vər) *n.* One who observes اہل نظر - غور سے مشاہدہ کرنے والا - پابندی کرنے والا - طیارے سے دشمن کی نقل و حرکت کا مشاہدہ کرنے والا -

Obsess (ob-ses) *v.t.* Fill mind of, haunt وہم و خیال کا مسلط ہو جانا - برے خیالات کا دل پر چھا جانا - وہم کا دل میں بس جانا - کسی خیال سے بیقرار ہونا -

Obsession *n.* کسی وہم کا ذہن میں بس جانا - وہم کا غلبہ - خیالی خطرہ - وہمی دہشت -

Obsidional (ob-sid-i-ən-əl) *adj.* Pertaining to a seige محاصرہ کے متعلق -

Obsolescent (ob-sə-les-ənt) *adj.* Going out of use متروک ہونے والا - غیر مستعمل - متروک الاستعمال -

Obsolescence *n.* غیر مستعمل ہونا - متروک یا معدوم ہونا -

Obsolete (ob-sə-let) *adj.* & *n.* Disused, discarded متروک - منسوخ - فرسودہ - دقیانوسی - ناقص - فرسودہ چیز - دقیانوسی آدمی -

Obsoleteness *n.* غیر مستعمل ہونا - متروک ہونا - فرسودگی -

Obsoletism *n.* قدیم رسم و رواج کی حمایت - دقیانوسیت - متروکیت -

Obstacle (ob-stə-kl) *n.* Hindrance روک - آڑ - اٹکاؤ - اڑچن - مزاحمت - مخالفت - مشکل -

Obstetric-al (ob-stet-rik) *adj.* Of midwifery دایہ گیری کے بابت - وضع حمل کے متعلق -

Obstetrician *n.* وضع حمل کا ماہر طبیب -

Obstetrics *n.* دایہ گری - وضع حمل کا علم -

Obstetrix زچگی کرانے والی - دائی -

Obstinate (ob-sti-nat) *adj.* Stubborn ضدی - ہٹیلا - خود رائے - سرکش - متمرد - کج بحث - مزمن - کہنہ - پرانا - مرض جو اچھا نہ ہو سکے -

Obstinacy *n.* مرض کا پرانا ہونا - خود رائی - ضد - تمرد - سرکشی -

Obstipation (ob-sti-pa-shən) *n.* Extreme constipation سخت قبض -

Obstreperous (obs-tri-pə-rəs) *adj.* Noisy غوغائی - شور و غل مچانے والا - فسادی - جھگڑالو -

Obstreperousness *n.* Obligation شرط - عہد - پابندی - واجبیت -

Obstruct (ob-strukt) *v.t.* & *i.* Block up, make difficult روکنا - سد راہ ہونا - بند کرنا - مسدود کرنا - رکاوٹ ڈالنا - روڑے اٹکانا - اڑنا - خلل انداز ہونا - مزاحمت کرنا - حارج ہونا - مخل ہونا - چلتے کام میں روڑے اٹکانا -

Obstruction (ob-struk-shən) *n.* Blocking مزاحمت - روک - تعرض - رکاوٹ - سد راہ ہونا - مسدود ہونا یا کرنا - پارلیمنٹ میں دیر تک تقریر کر کے کسی قانون کے پاس ہونے میں مزاحم ہونا -

Obstructionism *n.* ایوان کی کاروائیوں میں مزاحمت کرنے کا طریقہ -

Obstructionist *n.* ایوان کی کاروائی میں مزاحمت کرنے والا -

Obstructive (ob-struk-tiv) *adj.* & *n.* Causing obstruction مزاحم - حائل - مانع - خارج - متعرض - رکاوٹ کھڑی کرنے والا - مزاحمانہ -

Obstructiveness *n.* روک - مزاحمت - خلل اندازی -

Obstruent (ob-stroo-ənt) *adj.* Creating obstruction سد راہ - مزاحم - مانع -

Obtain (ob-tān) *v.t.* & *i.* Acquire پانا - حاصل کرنا - مہیا کرنا - بہم پہنچانا - مروج ہونا - رواج پکڑنا - جاری کرنا - جڑ پکڑنا - پھیلنا - عام ہونا -

Obtainable *adj.* یافتنی - قابل دستیابی - قابل حصول -

Obtainment *n.* یافت - حصول -

Obtest (ob-test) *v.t.* & *i.* Call to witness, protest التجا کرنا - التماس کرنا - فریاد کرنا - دہائی دینا - صدائے احتجاج بلند کرنا -

Obtestation *n.* فریاد - احتجاج - منت سماجت -

Obtrude (ob-trōōd) *v.t.* Thrust forward مخل صحبت ہونا - کسی کی صحبت میں زبردستی داخل ہونا - خواہ مخواہ دخل دینا - بن بلائے چلے آنا -

Obtrusion *n.* زبردستی گھسنا - مداخلت بیجا -

Obtrusive *adj.* بلا وجہ مخاطب کرنے والا - مخل صحبت - زبردستی دخل دینے والا

Obtrusiveness *n.* خواہ مخواہ دخل دینے کی لت - مخل صحبت ہونے کی عادت -

Obtruncate (ob-trung-kāt) *v.t.* Cut off head سر قلم کرنا - درخت کو قلم کرنا - سر یا شاخیں تراشنا - چوٹی کاٹنا -

Obtund (ob-tund) *v.t.* Blunt, deaden کند کرنا - سست کر دینا - سن کرنا - ماؤف کرنا - بے حس کرنا -

Obturate (ob-tū-rāt) *v.t.* Stop up, close, seal بند کرنا - مسدود کرنا - مہر لگانا - روکنا - بند کے پچھلے شگاف کو بند کرنا - دھیما کرنا - نرم کرنا -

Obtuse (ob-tus) *adj.* Of blunt form بے نوک - کند - چپٹا - بھدا - سست - کودن - بے وقوف - غبی - وہ زاویہ جو نو درجہ سے زیادہ ہو -

Obtuseness *n.* سستی - بھدا پن - کاہلی - کند ذہنی -

Obtusion *n.* کند ہونا - بھدا پن -

Obverse (ob-vers) *adj.* & *n.* Narrower at base than at apex اوپر سے چوڑا نیچے سے تنگ - سکے کا چہرے والا رخ - معکوس - بالمقابل - مقابل کا -

Obvert (ob-vert) *v.t.* Infer another proposition by contradictory predicate الٹ دینا - اوندھا کر دینا - کسی جملہ میں متضاد فعل لا کر معنی بدل دینا - پھیر دینا - معکوس کر دینا -

Obviate (ob-vi-at) *v.t.* Clear away, get rid of باز رکھنا - مانع ہونا - ہٹانا - دور کرنا - دفع کرنا - راستے سے ہٹانا - توڑ کرنا - تدارک کرنا -

Obvious (ob-vi-əs) *adj.* Open to eye or mind ظاہر - عیاں - آشکارا - واضح - صاف - کھلا ہوا - صریح -

Obviousness *n.* واضح ہونا - کھلا ہوا ہونا - صفائی - وضاحت - صراحت -

Ocarina (ok-ə-rī-nȁ) *n.* Small egg-shaped musical instrument ایک قسم کا بیضوی باجا -

Occasion (o-ka-zhən) *n.* & *v.t.* Opportunity, favourable situation or time

Rise to the occasion وقت پر مشکلات کا مقابلہ کرنا - مناسب وقت پر ہمت دکھانا -

Occasional (o-ka-zhən-əl) *adj.* Coming now and then کبھی کبھی کا - اتفاق - حسب موقعہ - عارضی - خاص موقعہ کا - خاص تقریب کا - خاص وقت کا -

Occasionally *adv.* خاص موقعہ پر - گاہے گاہے - کبھی کبھی -

Occasionality *n.* اتفاق طور پر واقع ہونا - کبھی کبھی ہونا - حسب موقع ہونا -

Take occasion موقع کو جانے نہ دینا -

Occasionalism (o-ka-zhən-əl-izm) *n.* Doctrine of the Will of God یہ نظریہ کہ اسباب و علل کے ظاہری تعلق میں مشیت الٰہی کار فرما ہے - اسباب وعلل بہ یک وقت اللہ کی قدرت سے ظاہر ہوتے ہیں یعنی مسبب‌الاسباب ذات الوہیت ہے - تجدد امثال -

Occasionalist (o-ka-zhən-a-list) *n.* One who believes in the Supreme Will of God مشیت الٰہی کا قائل - خدا کو فاعل مطلق ماننے والا -

Occident (ok-si-dənt) *n.* The west پچھم - مغرب - مغربی یورپ - مغربی ممالک - مغربی تہذیب -

Occidental *adj.* مغربی تہذیب کا - یورپی - مغربی -

Occidentalize *v.t.* مغربی تہذیب کا سراہنا - مغربی خیالات کا پرچار کرنا - مغربی تہذیب میں رنگنا -

Occidentalism *n.* مغربی تہذیب کی پیروی - مغربیت

Occiput (ok-si-put) *n.* Back of head - پشت سر - گدی - تنا - سر کا پچھلا حصہ -

Occlude (o-klōōd) *v.t.* Stop, close, - بند کرنا - روکنا - (گیسوں کا) جذب کرنا -

Occlusion *n.* - جذب کرنا یا ہونا - روک دینا - بند کرنا -

Occult (ok-ult) *adj.* Kept secret, esoteric - نہاں - مخفی - پوشیدہ - پر اسرار - باطنی علوم کے متعلق - جادو، کیمیا اور نجوم کے متعلق -

Occultness *n.* - پر اسرار حقیقت - بعیدالفہم ہونا - اخفا - باطنیت - پوشیدگی -

Occultism *n.* پر اسرار چیزوں پر یقین کرنا - باطنیت کا قائل ہونا - نجوم پر ایمان - سحر پرستی -

Occult sciences *n.* پر اسرار علوم - علوم باطنی -

Occult (ok-ult) *v.t. & i.* Conceal, cut off from view - (ہیئت) ایک جرم فلکی کا دوسرے کو چھپا لینا - محجوب ہونا - محجوب کرنا - پوشیدہ کرنا - چھپانا -

Occultation (ok-ult-a-shən) *n.* Secrecy - حجاب - پوشیدگی - اخفا -

Occupant (o-ku-pənt) *n.* Person holding property قابض - متصرف - مکین - دخیل - غیر کی جائداد پر قبضہ کرکے حق ملکیت قائم کرنے والا - قبضہ ناجائز کی بنا پر ملکیت کا دعویٰ کرنے والا -

Occupation (o-ku-pə-shən) *n.* Taking or holding possession قبضہ - دخل - تصرف - پٹہ داری - فوجی قبضہ - کام - پیشہ - کاروبار - روزگار -

Occupy (ok-u-pī) *v.t.* Take possession of قبضہ کرنا - قبضہ میں لینا - کسی مکان میں رہائش کرنا - پٹہ دار ہونا - اجارہ دار ہونا - دبا بیٹھنا - ہتھیانا - سکونت رکھنا - رہنا - مشغول رکھنا - مصروف رکھنا -

Occupier (ok-u-pī-ər) *n.* Person in possession قابض شخص - متصرف شخص -

Occur (o-kur) *v.i.* Be found, happen - واقع ہونا - سرزد ہونا - حادث ہونا - پیش آنا - دل میں آنا - خیال آنا - یاد آنا - سوجھ جانا -

Occurrence (o-kur-əns) *n.* Happening - واقعہ - حادثہ - ماجرا - سانحہ - اتفاق - موقع - واقع ہونا -

Ocean (ō-shən) *n.* Great body or expanse of water بحر محیط - سمندر - بحر اعظم - پانی کا وسیع حصہ - بحر ذخار - مہا ساگر -

Oceanic (ō-shən-ik) *adj.* Of, like ocean - بحری - سمندری - سمندر جیسا -

Oceanid (ō-shən-id) *n.* Ocean nymph (یونانی دیو مالا) بنت البحر - سمندری پری -

Ocellate (ō-si-lāt) *adj.* Surrounded by ring of colour آنکھ سا - دھبہ دار - ایک نقطہ کے اطراف دوسرا حلقہ زن (رنگ) -

Ocelot (ō-si-lot) *n.* Animal of cat tribe in south and central America بلی کی قسم کا ایک جانور - جو وسطی اور جنوبی امریکہ میں پایا جاتا ہے -

Ochlocracy (ok-lok-rə-si) *n.* Mob rule انبوہ گردی - عامیانہ حکومت - حکومت انبوہ -

Ochre (o-kər) *n.* Kinds of native earth used as pigments گیرو، پیلی یا سرخ رنگ کی مٹی جس میں لوہے کا جز ہوتا ہے - ہلکا باداسی رنگ -

Octachord (ok-tə-kord) *adj. & n.* Eight stringed آٹھ تاروں کا - آٹھ تاروں کا باجا - آٹھ سروں کا سلسلہ -

Octad (ok-tad) *n.* Group of eight آٹھ چیزوں کا مجموعہ -

Octagon (ok-tə-gon) *adj. & n.* Plane figure with eight angles ہشت پہلو - اٹھ کونیا - مثمن - ہشت اضلاع یا زاویوں کی شکل - ہشت پہل -

Octahedron (ok-tə-hē-dron) *n.* Solid figure with eight plane faces آٹھ رخوں کی ٹھوس شکل - آٹھ مساوی سطحوں کا مجسمہ - مثمن مجسم -

Octangular (ok-tang-gu-lər) *adj.* Of eight angles ہشت زاویہ -

Octant (ok-tənt) *n.* Arc of circle, one eight of cercumference - پورے دائرے کا آٹھواں حصہ - ثمن - قوس دائرہ جو محیط کا $\frac{1}{8}$ ہو -

Octarchy (ok-tər-ki) *n.* Aggregate of eight petty kingdoms آٹھ چھوٹی حکومتوں کا مجموعہ -

Octastyle (ok-tə-stīl) *n.* Building with eight columns آٹھ ستونی عمارت - وہ عمارت جس میں کونے پر یا سامنے آٹھ ستون ہوں -

Octateuch (ok-tə-teuk) *n.* First eight books of O.T. توریت کی پہلی آٹھ کتابیں ۔

Octave (ok-tiv) *n.* The day week of a festival کسی مذہبی تقریب کا آٹھواں دن ۔ کسی تقریب کے بعد کا ہفتہ ۔ آٹھ مصرعوں کا ٹکڑا ۔ مثمن ۔ آٹھ چیزوں کا مجموعہ ۔

Octavo (ok-tā-vō) *n.* Size of eight leaves فل اسکیپ صفحے کی ⅛ تقطیع ۔ ہشت ورق ۔ ایک تختے میں آٹھ ورق ۔ اس تقطیع کی کتاب ۔

Octennial (ok-ten-yəl) *adj.* Recurring every eighth year ہشت سالہ ۔ آٹھ سال کا ۔ آٹھ سال کے بعد واقع ہونے والا ۔

Octet (ok-tet) *n.* Group of eight lines آٹھ مصرعوں کا مجموعہ ۔ آٹھ گویوں کا گانا ۔

Octillion (ok-til-yən) *n.* Eighth power of million (1 followed by 48 ciphers) وہ عدد جس میں ایک کے ہندسے کے بعد اڑتالیس صفر ہوں ۔

Octingentenary (ok-tin-jent-e-nə-ri) *n.* 800th anniversary آٹھ سویں سالگرہ ۔

October (ok-tō-bər) *n.* Tenth month سال کا دسواں مہینہ ۔ اکتوبر ۔

Octocentenary (ok-to-sen-tin-ə-ri) *n.* 800th anniversary آٹھ سویں سالگرہ ۔

Octodecimo (ok-tō-dis-i-mō) *n.* Size of page given by folding a sheet into 18 leaves ایک فل اسکیپ صفحہ کے ۱/۱۸ حصہ کی تقطیع ۔ اس تقطیع کی کتاب ۔

Octogenarian (ok-to-ji-na-ri-ən) *adj.* & *n.* Of eighty to ninety years اسی برس کا انسان ۔ اسی سے نوے سال کا ۔

Octonal (ok-to-nəl) *adj.* Proceeding eights آٹھ آٹھ کا ۔ ثمانی ۔

Octonarian (ok-tō-nə-ri-ən) *adj.* & *n.* Eight foot line ہشت رکنی مصرع ۔

Octonary (oc-tə-ne-ri) *n.* Eight lines stanza آٹھ مصرعوں کی نظم ۔ مثمن ۔

Octonocular (ok-tō-nok-ū-lər) *adj.* Of eight eyes ہشت چشم ۔ آٹھ آنکھوں والا ۔

Octopus (ok-tō-pəs) *n.* Animal with eight arms ہشت پا صدفہ ۔ ایک سمندری کیکڑا جس کے آٹھ ہاتھ ہوتے ہیں ۔ آٹھ زہریلے ڈنگ والا صدفہ ۔ ایک ظالمانہ منظم قوت جس کا اثر عالمگیر ہو ۔

Octoroon (ok-tə-rōōn) *n.* Person of one-eighth negro blood وہ شخص جس میں آٹھواں حصہ حبشی خون کا ہو ۔

Octosyllable (ok-to-sil-əbl) *n.* Word of eight syllables آٹھ رکنی نظم ۔ آٹھ بول کا لفظ ۔

Octroi (ok-trwä) *n.* Duty levied in some countries محصول اجناس ۔ محصول چنگی ۔ چنگی ناکے کا رکن ۔

Octuple (ok-tū-pl) *adj.*, *n.* & *v.t.* Eightfold آٹھ گنا ۔ آٹھ گنا حصہ ۔ آٹھ سے ضرب دینا ۔

Ocular (ok-ū-lər) *adj.* & *n.* Visual آنکھوں دیکھا ۔ چشم دید ۔ بصری ۔ نظری ۔ دوربین کا شیشہ ۔

Ocularist (ok-u-lər-ist) *n.* Maker of artificial eyes مصنوعی آنکھ بنانے والا ۔

Oculist (ok-u-list) *n.* Specialist in eye diseases امراض چشم کا ماہر ۔ معالج چشم ۔ آنکھوں کا علاج کرنے والا ۔

Od (od) *n.* Power assumed to pervade nature ایک مفروضہ قوت جو مقناطیسی عمل کی بنیاد قرار دی گئی ہے ۔

Odd (od) *adj.* & *n.* Left over when the rest having been divided باقی ۔ بچا ہوا ۔ تقسیم کے بعد بچا ہوا ۔ طاق ۔ فرد ۔ اکیلا ۔ نرالا ۔ فالتو ۔ پھٹیل ۔ شمار سے زائد ۔ بے جوڑ ۔ بے میل ۔ گولف کے رعائتی نمبر جو کمزور کھلاڑی کو ملتے ہیں ۔

The odd man تین شخصوں میں بذریعہ قرعہ اندازی انتخاب کرنا ۔ جن دو کے سکے یکساں ہوں ان کو الگ اور تیسرے کو دونوں سے الگ کر دیا جاتا ہے ۔ وہ پھٹیل آدمی کہلاتا ہے ۔

Oddish *adj.* بے میل ۔ عجیب سا ۔ انوکھا سا ۔

Oddly *adv.* عجیب انداز سے ۔ عجیب طرح سے ۔ نرالے ڈھنگ سے ۔

Oddness *n.* انوکھا پن ۔ نرالا پن ۔

Oddity (od-i-ti) *n.* Strangeness انوکھا آدمی - انوکھی چیز - عجوبہ - انوکھا پن - انوکھا واقعہ - ندرت -

Oddments (od-mənts) *n. & pl.* Odds and ends بچی کھچی چیزیں - متفرق چیزیں -

Odds (ods) *n. & pl.* Difference, variance, balance of advantage فرق - تفاوت - عدم مساوات - فساد - دنگا - جھکا ہوا پلہ - غلبہ - شرط کی ہار جیت کی نسبت - دونوں طرف کی بازیوں کی باہمی نسبت - قوی امکان - گمان غالب -

At odds برخلاف -

Be at odds with fate بد قسمت ہونا - تقدیر سے ان بن ہونا -

Odds and ends متفرق چیزیں - بچی کھچی چیزیں -

Take odds مثلاً ایک کو تین - بھاؤ پر شرط لگانا - بھاؤ قائم کرنا -

Ode (ōd) *n.* Poem usually sung in enthusiastic tone غزل - قصیدہ - جذباتی گیت - غنائی نظم - پر جوش نظم -

Odeum (ōdi-əm) *n.* Building for musical performances روم و یونان کا سرور خانہ - کالا مندر - جس جگہ گانے کی محفلیں ہوتی ہوں -

Odin (ō-din) *n.* Woden ایک بڑا دیوتا -

Odious (o-di-əs) *adj.* Repulsive مکروہ - کریہہ - معیوب - برا - ناگوار - نفرت انگیز -

Odiousness *n.* قابل نفرت ہونا - استکراہ - کراہت -

Odium (ō-di-əm) *n.* General dislike عام تنفر - لعنت ملامت - نفرین خلائق - کراہت -

Odoriferous (ō-do-ri-fe-rəs) *adj.* Fragrant خوشبودار - معطر - مہکتا ہوا - معنبر -

Odorous (ō-do-rəs) *adj.* Sweet-scented خوشبودار - عطر بیز -

Odour (o-dər) *n.* Pleasant or unpleasant smell بو - باس - بدبو - خوش بو - رنگ - جھلک - شائبہ -

Odourless *adj.* نہ اچھی نہ بری - بے بو - بے باس -

Odyssey (od-is-i) *n.* One of two great Greek epics, series of wanderings ہومر کی مشہور رزمیہ نظم جس میں یولیسس کی جہاں گردی کی داستان ہے - اس نظم کا کوئی باب - طویل سفر جس میں بلاؤں سے دو چار ہونا پڑے -

Oecology (ok-e-lo-ji) *n.* Ecology دیکھو

Oedema (ē-dē-mā) *n.* Swollen state of tissue مرض جس میں رگوں میں پانی بھر جاتا ہے - استسقائے وریدی - رگوں کا سوج جانا -

Oedipus (ē-di-pəs) *n.* Solver of riddles معمے حل کرنے والا - لال بجھکڑ -

Oesophagus (e-sof-ə-gəs) *n.* Gullet حلق سے معدے تک کی نالی - نرخرا - مری -

Oestrum (es-trəm) *n.* Gadfly, frenzy, sexual heat ایک بڑی قسم کا مچھر - محرک - مہیج - جوش - جنسی گرمی - شدید خواہش -

Of (ov) *prep.* Connecting its object with preceding noun کا - کے - سے - پر - واسطے - میں - کو - حق میں - بابت - باب میں - اصل - علت - سبب - تعلق - اعتبار - لحاظ - رشتہ - تصرف -

One of a thousand ہزاروں میں ایک -

Off (of) *adv., prep., adj., n. & v.t.* Away, at or to a distance جدا - نکلا ہوا - بڑھا ہوا - دور - فاصلے پر - پرے - سے - علیحدہ - الگ - جدا - غائب - منقطع - موقوف - ختم - مکمل - پوری طرح - بالکل - خالی - فرصت کا - (کرکٹ) کھیلنے والے کے سامنے کی طرف - (بول چال) ترک یا منسوخی کا اعلان کرنا - معاملے کی بات چیت ختم کر دینا - وعدہ فسخ کر دینا -

Off and on کبھی کبھی -

Off hand بے تکان - سر سری - بر وقت - بر جستہ - فی البدیہہ -

Off handed *adj.* بے لاگ - کھرا -

Off set متوازی کرنا - معاوضہ دینا - عمود -

Be off چمپت ہونا -

Well off خوشحال -

Offal (of-l) *n.* Refuse, waste stuff نکما گوشت - اوجھڑی - چھیچھڑے - سڑا ہوا یا مردار گوشت - کم قیمت مچھلی - فضلہ - پھوک - ریزے - تلچھٹ - میل کچیل - چوکر - بھوسی -

Offal milk ادنیٰ درجہ کا دودھ -

Offence (o-fens) *n.* Aggressive action ضرر - آزار - ایذا - تکلیف - دکھ - ظلم - آزردگی - صدمہ - رنج - ملال - جرم - تقصیر - بد عنوانی - خلاف ورزی - جارحانہ عمل - وہ چیز جو عقیدے کی راہ میں حائل ہو - سد راہ -

Offend (o-fend) *v.t.* Transgress, stumble morally بیزار کرنا - ناراض کرنا - دلگیر کرنا - غصہ دلانا - جذبات کو ٹھیس لگانا - قانون کی خلاف ورزی کرنا - بد عنوانی کرنا -

Offender *n.* بد عنوانی کا مرتکب - قصور وار - خطا وار - گنہگار -

Offending *adj.* ناگوار - خلاف قانون - مجرمانہ -

Offensive (o-fəns-iv) *adj.* & *n.* Aggressive دل شکن - توہین آمیز - ناپسندیدہ - نازیبا - مکروہ - زشت - بد بو دار - نفرت انگیز - حملہ آور - جارحانہ رویہ - جارحانہ کاروائی - حملہ -

Offensively *adv.* ناگوار طریقہ پر - جارحانہ انداز سے - توہین آمیز لہجے میں -

Offensiveness *n.* گستاخانہ انداز - گستاخی - توہین آمیزی - برائی - جارحانہ اقدام -

Offer (of-ər) *v.t.* & *i.* Present to a diety or revered person نذر کرنا - پیش کرنا - حاضر کرنا - چڑھاوا چڑھانا - نثار کرنا - دعوت دینا - شادی کی درخواست کرنا - دشمن کو لڑائی کی دعوت دینا - کسی کام کی آمادگی یا مستعدی کا اظہار کرنا - ظاہر کرنا یا ہونا - واقع ہونا -

Offering *n.* قربانی - نذر - چڑھاوا -

Offer (of-ər) *n.* Expression of readiness to do something پیشکش - دعوت تجویز - شادی کی درخواست - نیلام کی بولی -

Offertory (of-ər-təri) *n.* Mass or communion at which alms are collected نماز یا دعا جس کے بعد خیراتی چندہ جمع کیا جاتا ہے - چڑھاوے یا قربانی کی دعا -

Office (of-is) *n.* Kindness, attention, service اسامی - عہدہ - منصب - کام یا خدمت - کام - رسمی خدمت - وظیفہ - دفتر - محکمہ - شعبہ - کچہری - کارخانہ - کلیسائے انگلستان کی صبح و شام کی دعا - نماز - پوجا - (جمع) گھر کا گودام - باورچی خانہ -

Office-bearer عہدہ دار -

Officer (of-is-ər) *n.* & *v.t.* Holder of public or civil office افسر - عہدہ دار - مذہبی عہدہ دار - اہل خدمت - کسی انجمن کا عہدہ دار - قانونی عہدہ دار - سپاہی - کانسٹیبل - بری ، بحری یا ہوائی فوج کے افسر - افسر مقرر کرنا - کپتان کرنا - عہدہ دار ہونا -

Official (of-is-i-əl) *adj.* & *n.* Of an office, properly authorised عہدہ دار - سرکاری - ملازم سرکار - سرکاری سرشتہ کا - عہدہ یا خدمت کے متعلق - عہدہ دارانہ - با ضابطہ - مستند - اسقف اعظم ارچڈیکن کی عدالت کا حاکم -

Officialdom *n.* عہدہ داروں کی جماعت - اہلکارانہ طرز و روش - افسرانہ انداز -

Officialism *n.* سرکاری ضابطہ - دفریت -

Officially *adv.* قاعدے کے مطابق - با ضابطہ -

Officiate (of-is-i-ət) *v.i.* Act in an official capacity قائم مقامی کرنا - عوضی کرنا - خدمت سر انجام دینا - منصرمی کرنا - پادری کی خدمت انجام دینا - گرجے میں نماز پڑھانا -

Officinal (of-isi-nəl) *adj.* Of herbs or medicine بازاری دواؤں کے متعلق - بازاری - دوکانی - سندی - طب یا صنعت و حرفت میں استعمال ہونے والی دوائیں -

Officious (of-is-i-əs) *adj.* Offering service that is not required ہر بات میں پڑنے والا یا دخل دینے والا - دخل در معقولات کرنے والا - وہ شخص جو خواہ مخواہ کرنے پر آمادہ ہو - مہربانی - دوستانہ - خلاف ضابطہ -

Officiously *adv.* خواہ مخواہ - بے خدمتی سے - افسرانہ انداز سے -

Officiousness *n.* ضرورت سے زیادہ مستعدی - بے جا مداخلت - خواہ مخواہ کی خدمت -

Offing (of-ing) *n.* Part of distant sea visible from shore سمندر کا وہ بعید حصہ جو ساحل سے نظر آتا ہے - سمندر کا وہ حصہ جہاں پانی گہرا ہو -

Offish (of-ish) *adj.* Inclined to aloofness کم آمیز - تنہائی پسند - غیر مانوس - لوگوں سے دور رہنے والا - نا مانوس -

Offishness *n.* مردم بیزاری - تنہائی پسندی - خلوت پسندی -

Offscourings (of-skər-ings) *n.* Refuse, filth فضلہ ۔ غلاظت ۔ کوڑا کرکٹ ۔ تلچھٹ ۔

The offscourings of humanity ادنیٰ خلائق ۔ ذلیل ترین طبقہ ۔

Offset (of-set) *n.* Short side shoot, compensation پودا ۔ شاخ ۔ قلم ۔ نونہال ۔ اولاد ۔ سلسلہ کوہ کی شاخ ۔ ہرجانہ ۔ معاوضہ ۔ وہ رقم جس سے نقصان کی تلافی ہو ۔ دیوار کا سلامی چھجا ۔ پائپ کا موڑ ۔ لیتھو کی چھپائی کا ایک طریقہ جس میں پتھر کی جگہ ربڑ کا تختہ استعمال کیا جاتا ہے ۔

Offshoot (of-shōōt) *n.* Side shoot شاخ ۔ ٹہنی ۔ وہ شاخ جو نیچے سے پھوٹے ۔

Offspring (of-spring) *n.* Progeny, result نسل ۔ اولاد ۔ بال بچے ۔ نتیجہ ۔ انجام ۔

Oft (oft) *adv.* Often اکثر ۔ بارہا ۔ کئی بار ۔

Often (of-n) *adv. & adj.* Many times اکثر ۔ اکثر اوقات ۔ بارہا ۔ بسا اوقات ۔

Ogee (ō-jē) *n.* Showing a double continuous curve آرائشی حاشیہ جو دہری موڑ کا ہو ۔ نکیلی محراب جس کا ضلع دہرا منحنی ہو ۔

Ogive (ō-jiv) *n.* Pointed or Gothic arch نوک دار محراب ۔ گوتھی محراب ۔

Ogle (ō-gl) *n., v.t. & i.* Cast amorous glance نگاہ شوق ۔ محبت کی نظر ڈالنا ۔ نظر بازی کرنا ۔ پر شوق نظروں سے دیکھنا ۔

Ogpu (og-pōō) *n.* Former organisation for combating counter-revolutionary activities Cheka کا نیا نام ۔ انقلاب کے خلاف کام کرنے والوں کی باز پرس کا محکمہ ۔ روس کی خفیہ پولیس ۔ چیکا ۔

Ogre (o-gər) *n.* Man-eating giant آدم خور عفریت ۔ دیو ۔ جن ۔ ہوا ۔

Orgrish *adj.* دیو کے مانند ۔ جناتی ۔

Ogress *n.* توپ کا گولہ ۔ ڈائن ۔ بھتنی ۔ دیونی ۔

Ogygian (o-gij-i-ən) *adj.* Prehistoric قدیم ۔ بہت پرانا ۔ ماقبل تاریخ کا ۔

Oh (o) *interj.* Expressing various sentiments آہ ۔ اوہ ۔ آئے وائے ۔ اف ۔ اخاہ ۔ اوہو ۔

Ohm (o-m) *n.* Unit of electrical resistance برقی مزاحمت کی اکائی ۔

Oho (ō-hō) *interj.* Expressing surprise or exultation اہاہا ۔ اخاہ ۔

Oil (oil) *n.* Liquid viscid imflammable substance تیل ۔ روغن ۔ پھلیل ۔ عطر ۔ (جمع) موم جامہ ۔

Fatty or fixed oils جمنے والے اور چکنے تیل ۔

Mineral oils معدنی تیل ۔

Oil cloth موم جامہ ۔

Pour oil on the flame غصہ کو اور بھڑکانا ۔ آگ پر تیل چھڑکنا ۔

Strike oil کنویں سے تیل برآمد ہونا ۔ کھودائی میں مٹی کا تیل ملنا ۔ سونے کی چڑیا ہاتھ لگنا ۔

Oil (oil) *v.t. & i.* Apply oil to تیل لگانا ۔ چکنا کرنا ۔ تیل چپڑنا ۔ تیل دینا ۔ تیل بنا دینا ۔ تیل بن جانا ۔

Oil one's tongue خوشامد کرنا ۔ چاپلوسی کرنا ۔

Oiled *adj.* (بول چال) مزے میں ۔ سرور میں ۔

Oiler (oil-ər) *n.* Oil can for oiling machinery تیل دینے والا ۔ تیل کا ڈبہ جس سے پرزوں میں تیل پہنچتا ہے ۔ تیل کی کپی ۔ چاپلوس ۔

Oily (oil-i) *adj.* Covered or soaked with چکنا ۔ چرب ۔ تیلیا ۔ روغنی ۔ تیل میں تر ۔ روغن دار ۔ چاپلوس ۔

Oilily *adv.* خوشامد سے ۔

Oiliness *n.* تیلیا پن ۔ چکناہٹ ۔

Oily-tongued *adj.* خوشامدی ۔ چاپلوس ۔

Oint (oint) *v.t.* Apply oily substance تیل ملنا ۔ روغن لگانا ۔ روغن دار چیز لگانا ۔

Ointment (oint-mənt) *n.* Oily preparation مرہم ۔ لیپ ۔ روغن ۔ ضماد ۔ روغنی مرکب ۔

Oireachtas (er-ə-hh-thəs) *n.* Legislature of Eire آئرلینڈ کی مجلس وضع قوانین ۔ ریہنتاس ۔

Okapi (o-ka-pi) *n.* A quadruped of Central Africa وسطی افریقہ کا ایک قدیم جانور جو ہرن اور زرافہ سے ملتا جلتا ہے ۔

Old (ōl-d) *adj. & n.* Advanced in age بوڑھا ۔ ضعیف ۔ مسن ۔ تجربہ‌کار ۔ جہاں دیدہ ۔ پختہ مغز ۔ پرانا ۔ بوسیدہ ۔ فرسودہ ۔ بےکار ۔ قدیم ۔ عہد قدیم کا ۔ ابتدائی ۔ متروک ۔ دقیانوسی ۔

Old age *n.* بڑھاپا ۔ ضعیفی ۔

Old-fashioned *adj.* پرانی وضع کا ۔
Oldish *adj.* کسی قدر پرانا ۔ قدیم سا ۔
Old Testament تورات ۔
Old Harry شیطان ۔
Of old قدیم زمانے کا ۔

Olden (ōld-ən) *adj.* Of a former age پرانا ۔ اگلے وقتوں کا ۔ قدیم زمانے کا ۔

Olden (ōld-ən) *v.t. & i.* Make or grow feeble بوڑھا کرنا ۔ ضعیف کرنا ۔ ضعیف ہونا ۔

Oldster (ōlds-tər) *n.* One who is growing old بڑا ۔ معمر ۔ پختہ عمر کا آدمی ۔

Oleaginous (oli-aj-in-əs) Having properties of, producing oil چکنا ۔ تیلیا ۔ چربی دار ۔ روغن دار ۔ تیل پیدا کرنے والا ۔

Oleaster (o-li-as-tər) *n.* The wild olive جنگلی زیتون کا درخت ۔ جنگلی زیتون ۔

Oleograph (o-li-o-graf) *n.* Oil painting روغنی تصویر ۔

Olfaction (ol-fak-shən) *n.* Sense of smell سونگھنے کی قوت ۔ قوت شامہ ۔

Olfactory (ol-fak-təri) *adj. & n.* Concerned with smelling مشموسی ۔ قوت شامہ کے متعلق ۔ سونگھنے کی قوت رکھنے والا ۔

Olibanum (ol-ib-ə-nəm) *n.* Aromatic gum resin لوبان ۔

Olid (ol-id) *adj.* Rank-smelling متعفن ۔ بدبودار ۔

Oligarchy (ol-ig-ar-ki) *n.* State governed by the few members of government چند لوگوں کی حکومت ۔ طبقہ امرا کی حکومت ۔ چند سرداروں کی حکومت ۔

Oligarchical *adj.* امرا کی حکومت کا ۔ جاگیر داری حکومت کا ۔

Olio (ō-li-ō) *n.* Mixed dish ۔ شب دیگ ۔ دیوانی ہنڈی ۔ متفرقات کا مجموعہ ۔ ایسی ہنڈی جس میں متفرق ترکاریاں ، اناج اور گوشت ڈالا جائے ۔ کھچڑا ۔

Olivacious (o-liv-ə-si-əs) *adj.* Olive green زیتون کے رنگ کا ۔ زردی مائل سبز رنگ کا ۔ کاہی رنگ کا ۔

Olivary (oliv-ə-ri) *adj.* Olive-shaped, oval زیتونی شکل کا ۔ بیضوی ۔

Olive (o-liv) *n. & adj.* Evergreen tree yielding oil and fruits زیتون ۔ زیتون کا درخت ۔ زیتون کی شاخ جو امن کی علامت ہے ۔ گائے کے گوشت کے پسندے جو سبزی کے ساتھ دم دیئے جائیں ۔ زیتونی رنگ ۔

Olive branch علامت صلح ۔
Hold out the olive branch صلح کی پیش کش کرنا ۔
Olive oil روغن زیتون ۔

Olivine (o-liv-in) *n.* Crysolite stone with olive colour ایک قسم کا زیتونی رنگ کا قیمتی پتھر ۔

Olympaid *n.* Period of four years چار سال کا عرصہ ۔ چار سال کے وقفہ سے ۔ اولمپک مقابلے ۔

Olympian (ol-im-pi-yen) *adj. & n.* Celestial, dweller in Olympia کوہ اولمپس پر رہنے والا ۔ نورانی ۔ بلند ۔ پر وقار ۔ حد سے زیادہ سکون رکھنے والا ۔

Olympic (ol-im-pik) *adj.* Of Olympic اولمپیا کے قدیم مقابلے ۔ زمانہ حال کے اولمپک مقابلے ۔

Olympic games موجودہ زمانے کے جدید کھیلوں کے مقابلے جو ہر چار سال کے بعد ہوتے ہیں ۔

Olympus (ol-im-pəs) *n.* Thessalian mountain مقدونیہ کا ایک پہاڑ جہاں یونانیوں کے اعتقاد کے مطابق دیوتا رہتے تھے ۔ (مجازاً) عرش بریں ۔ بہشت ۔

Ombre (om-bər) *n.* Card gamble popular in 17-18th century تاش کا ایک کھیل جو سترھویں اور اٹھارھویں صدی میں عام تھا ۔

Omega (ō-meg-ä) *n.* Last letter of Greek alphabet یونانی حروف تہجی کا آخری حرف ۔

Alpha and omega شروع اور آخر ۔

Omelet (om-lit) *n.* Beaten eggs fried in butter انڈے کا چیلا ۔ خاگینہ ۔ انڈوں کا سالن جس میں سبزی اور پیاز ڈالی جائے ۔

Cannot make an omelet without breaking eggs } حصول مقصد کے لیے توڑ پھوڑ کرنی پڑتی ہے ۔ حصول متصد کے لیے بعض ذرائع اختیار کرنے پڑتے ہیں ۔

Sweet omelet *n.* انڈوں کی پڈنگ جس میں جام ملاتے ہیں ۔ انڈوں کا حلوہ ۔

Omen (o-mən) *n. & v.t.* Occurrence or object portending good or evil کوئی واقع جس سے اچھا یا برا شگون لیا جاتا ہے - فال لینا - شگون لینا -

Omentum (o-men-təm) *n.* Fold of peritoneum connecting stomach with other viscera پیٹ کا پردہ - آنتوں کی جھلی -

Ominous (om-in-əs) *adj.* Inauspicious منحوس - بری فال کا - بد شگون کا - نا مسعود - نا مبارک - بد فال - ڈراؤنا -

Ominousness *n.* نحوست - بدنامی - بد شگونی -

Omission (o-mi-shən) *n.* Non-inclusion بھول - چوک - غلطی - سہو - فرو گزاشت - شمار نہ کرنا - شامل نہ کرنا - ترک فعل -

Sins of omission and commission ارتکاب یا ترک فعل کی غلطیاں یا جرائم -

Omit (o-mit) *v.t.* Leave out چھوڑنا - ترک کرنا - فروگزاشت کرنا - قلم انداز کرنا - چھوڑ دینا - شمار نہ کرنا - بھول جانا - غفلت سے ترک کر دینا -

Omni (om-ni) *prefix & n.* Infinite power (سابقہ) کل - تمام - قادر مطلق -

Omnibus (om-ni-bus) *n.* Public vehicle کرایہ کی گاڑی جو مسافروں کو ایک جگہ سے دوسری جگہ لے جاتی ہے - ہمہ گیر - کلیات - ایک مصنف کی تصانیف کا ارزاں مجموعہ -

Omnitrain وہ ریل گاڑی جو ہر سٹیشن پر رکتی ہو -

Omnipotent (om-ni-po-tent) *adj.* All powerful قادر مطلق -

Omnifarious (om-ni-fa-ri-əs) *adj.* Of all sorts بھانت بھانت کا - قسم قسم کا - انواع و اقسام کا -

Omnipresent (om-ni-pre-sənt) *adj.* Present at all places and time جو ہر وقت ہر جگہ موجود ہو -

Omnivorous (om-ni-vo-rəs) *adj.* Feeding on any thing ہمہ خور - ہر چیز کھانے والا -

On (on) *prep.* Close to, in the direction of اوپر - پر - قریب - متصل - طرف - ملا ہوا - دوران میں - ساتھ ہی - فوراً بعد - حالت میں - علاوہ - سوائے -

On (on) *adv. & n.* Supported by, attached to, towards something آگے اور آگے - آگے بڑھ کے - پرے - برابر - لگاتار - مسلسل - اسی طرح پہنے ہوئے - (کریکٹ) پیروں کے طرف کا میدان -

Onager (on-ə-jer) *n.* Kind of wild ass جنگلی گدھا - گور خر -

Onanism (o-nən-izm) *n.* Masturbation جلق - مشت زنی - نا مکمل مباشرت -

Once (wuns) *adv., conj. & n.* On one occasion only ایک وقت - ایک بار - ایک دفعہ - ایک مرتبہ - ایک موقع پر - ایک زمانے میں - بیشتر - پہلے - آگے - سابق میں - اگلے وقتوں میں -

At once stern and tender ایک ہی سانس میں نرم اور سخت -

Once and again بار بار - متواتر -

Once for all ہمیشہ کے لیے -

Once in a way شاذ و نادر -

At once فوراً -

For once صرف ایک بار -

One (wun) *adj., n. & pron.* The only, single, particular ایک واحد - کوئی ایک - کوئی سا - ایک کے برابر - ایک ہی - وہ ہی - ملا جلا - پیوستہ - ایک کا ہندسہ - نمبر ایک - پہلا -

One by one ایک ایک -

Go one better دوسرے سے بہتر - دوسرے سے بڑھ کر -

Is one too many for him وہ اس کے بس کا نہیں -

It is all one to me میرے لیے یکساں ہے -

Oneness (wun-es) *n.* Being one یکتائی - واحد - احد ہونا - احدیت - واحدیت - یکساں ہونا - غیر متغیر ہونا - نرالا پن - لیس کمشاہ شے ہا -

Oner-woner (on-ər) *n.* Pre-eminent person اکا - فرو - طاق - بے نظیر شخص - (کریکٹ) ایسی ضرب جس سے ایک دوڑ بنے -

Onerous (on-ər-əs) *adj.* Burdensome بھاری - گراں - مشکل - پر مشقت - سخت -

One-sided (wun-si-ded) *adj.* Partial بے انصاف کا - جانبدارانہ - اک رخا -

Oneiromancy (on-er-ə-mansi) *n.* Interpretation of dreams علم تعبیر خواب -

Oneirocritic (on-er-ə-kri-tik) *n.* Interpreter of dreams خواب کی تعبیر دینے والا ۔

On-going (on-go-ing) *n.* Going forward انداز عمل ۔ واقعہ ۔

Onion (un-yən) *n.* & *v.t.* Edible round bulb بصل ۔ پیاز ۔ (بول چال) برمودا کا باشندہ ۔ آنکھوں میں پیاز لگا کر آنسو نکالنا ۔

Off on's onion دماغ خراب ہونا ۔

Oniony *adj.* پیاز جیسا ۔

Only (on-li) *adj.* The one اکیلا ۔ تنہا ۔ واحد ۔ اکلوتا ۔

Only (on-li) *adv.* & *conj.* Solely, merely صرف ۔ فقط ۔ نرا ۔ خالی ۔ محض ۔ سرا سر ۔ بالکل ۔ یک قلم ۔ البتہ ۔ مگر ۔ یہ ہے کہ ۔ بجز اس کے کہ ۔ اگر یہ نہ ہو ۔ تا کہ ۔

Onomancy (on-o-mansi) *n.* Taking omen from name نام سے فال نکالنا ۔

Onomatopoeia (on-ō-mat-ō-pē-yā) *n.* Formation of names or words from sound اسم صوتی ۔ آواز کے مطابق نام رکھنا ۔ صوتی لفظ مثلاً cukoo ۔

Onset (on-set) *n.* Attack, assault ہلہ ۔ دھاوا ۔ چڑھائی ۔ حملہ ۔

Onslaught (on-slawt) *n.* Fierce attack حملہ ۔ چڑھائی ۔ شدید حملہ ۔ دھاوا ۔

Onus (o-nəs) *n.* Burden ۔ بار ۔ بوجھ ۔ وزن ۔ ذمہ داری ۔ فرض ۔

Onus probandi بار ثبوت ۔

Onward (on-wərd) *adv.* & *adj.* Further on آگے ۔ اور آگے ۔ محاذ کی طرف ۔ آگے کی طرف کا ۔

Onwards *adv.* آگے ۔

Onymous (on-i-məs) *adj.* With the name نویسندہ کے نام کا ۔ دستخط کے ساتھ ۔ نام کے ساتھ ۔

Onyx (on-ks) *n.* Kinds of quartz with different colours in layers سنگ سلیمانی ۔ پتھر جس کی تہوں میں مختلف رنگ ہوں ۔

Oodle (oo-dl) *n.* Super abundance (بول چال) بہتات ۔ فراوانی ۔

Oodle of money افراط زر ۔

Oof (ōof) *n.* Money, rich person (بول چال) مال و دولت ۔ مالدار آدمی ۔

Oof-bird مالدار آدمی ۔ سونے کی چڑیا ۔

Oofy *adj.* امیر ۔ روپیہ والا ۔ زر والا ۔

Ooze (ōoz) *n.* Wet mud, slime نرم مٹی ۔ نم مٹی ۔ گیلی مٹی ۔ کیچڑ ۔ رستی ہوئی چیز ۔ بھاؤ ۔ چمڑا رنگنے کا عرق ۔

Oozy *adj.* کیچڑ سے بھرا ہوا ۔ دلدل ۔ رسنے والا ۔

Ooziness *n.* رساؤ ۔ رطوبت کا رسنا ۔

Ooze (ōoz) *v.i.* & *t.* Pass slowly through the pores رسنا ۔ ٹپکنا ۔ آہستہ آہستہ چونا ۔ بہنا ۔ پھوٹ نکلنا ۔ رطوبت خارج ہونا ۔ پوشیدہ بات کا ظاہر ہونا ۔

Ooze out or away خارج ہونا ۔ نکلنا ۔ ہمت کا جواب دینا ۔ راز فاش ہونا ۔

Opacity (opas-i-ti) *n.* Obscurity ۔ کثافت ۔ غلاظت ۔ دھندلا پن ۔ ابہام ۔ کند ذہنی ۔

Opah (ōp-ā) *n.* Brilliant-coloured fish of mackerel family بحر اوقیانوس میں پائی جانے والی ایک شوخ رنگ مچھلی ۔

Opal (ō-pl) *n.* Milk-white precious stone ۔ دودھیا ۔ بھسنیا ۔ ایک قیمتی پتھر جس میں مختلف رنگ جھلکتے ہیں ۔

Opalescent *adj.* دودھیے پتھر کا سا ۔

Opaline (o-pə-lin) *adj.* & *n.* Opal-like دودھیے پتھر کا سا ۔ رنگ برنگی ۔ دودھیا شیشہ ۔

Opaque (ō-pāk) *adj.* Not shining or reflecting light ۔ دھندلا ۔ جو روشنی قبول نہ کرے ۔ غیر شفاف ۔ کند ذہن ۔ کودن ۔ ٹھس ۔

Opaquely *adv.* دھندلے پن سے ۔ مبہم طور پر ۔

Opaqueness *n.* کند ذہنی ۔ دھندلا پن ۔ ابہام ۔

Open (ō-pen) *adj.* & *n.* Exposed, public, outspread ۔ کھلا ۔ کھلا ہوا ۔ وا ۔ عام ۔ غیر محفوظ ۔ بے روک ۔ بلا مزاحمت ۔ پھیلا ہوا ۔ کشادہ دست ۔ فیاض ۔ بے ریا ۔ صاف ۔ صاف دل ۔ ظاہر ۔ آشکارا ۔ عیاں ۔ روشن ۔ کھلا میدان ۔ کھلی ہوا ۔ منظر عام ۔

Has an open hand وہ بہت فیاض ہے ۔

Open face چہرہ جس سے صاف دلی ظاہر ہو -
Open heart صاف دل - مروت - ہمدردی - گرم جوشی -
Open mind صاف دل - کشادہ دل -
Open question نزاعی مسئلہ - اختلافی مسئلہ -
Open winter موسم سرما جس میں پالا یا کہر نہ پڑے -
Will be open with you تم سے صاف صاف کہہ رہا ہوں -
With open eyes جان بوجھ کر -
Openness *n.* صاف دلی - کشادگی -

Open (o-pn) *v.t.* & *i.* Make or become open کھولنا - وا کرنا - افتتاح کرنا - انکشاف کرنا - ظاہر کرنا - بیان کرنا - کھولنا - تشریح کرنا - شگاف دینا - چیرنا - ابتدا کرنا - آغاز ہونا - آغاز کرنا - پوری طرح نظر آنا - شکاری کتوں کا چلانا شروع کرنا -
Openable *adj.* کھلنے والا -
Opener *n.* کریکٹ میں بیٹنگ کا آغاز کرنے والا - آغاز کرنے والا - ڈاٹ یا شیشہ کھولنے کا اوزار -
Open-eyed *adj.* خبر دار - چوکس -
Open-handed *adj.* سخی - فیاض -
Open-hearted صاف دل - بے ریا -
Open-minded روا دار - غیر متعصب -
In open کھلم کھلا -
In open day دن دھاڑے -

Opening (ōpen-ing) *n.* Gap, passage, opportunity شگاف - سوراخ - راستہ - درز - منہ - آغاز - ابتدا - موقع - توقع - اچھا موقع - موافق صورت حال - افتتاح - افتتاحی تقریر -

Opera (op-ə-ra) *n.* Drama with music موسیقی کے ساتھ نقل یا اداکاری - وہ ناٹک جس میں موسیقی غالب ہو - تھیٹر - ناچ گھر - تماشا گاہ -
Opera house سوانگ گھر - غنائی تمثیل خانہ -

Operate (op-ə-rāt) *v.t.*, & *i.* Be in action کام کرنا - عمل کرنا - عمل درآمد کرنا - اثر ڈالنا - تغیر پیدا کرنا - چیرنا - جراحی کرنا - کسی جذبہ کو ابھارنا - کسی کام کو پورا کرنا یا پورا کرنے کی کوشش کرنا - مشینوں کو چلانا - فوجی نقل و حرکت کرنا -
Operable *adj.* عمل جراحی کے قابل -

Operator *n.* مشین چلانے والا - عمل جراحی کرنے والا -

Operatic (op-ə-rāt-ik) *adj.* Of, like, opera غنائی تمثیل کے متعلق - اوپیرا کے بارے میں -

Operation (opə-ra-shən) Working, performance عمل - اثر - تاثیر - طریق - طریق عمل - حکمت - عمل جراحی - چیر پھاڑ - فوجی نقل و حرکت - حربی تدبیر (ریاضی) عمل -

Operative (opə-rā-tiv) *adj.* & *n.* Having effect کارگر - موثر - عمل جراحی کا - عملی - کاریگر - دست کار - مزدور -

Operatize (opə-rā-tīz) *v.t.* Put into operatic form قصے کی غنائی تمثیل بنانا -

Operetta (op-ə-ret-ȧ) *n.* one act opera ایک ایکٹ کی غنائی تمثیل - مزاحیہ تمثیل -

Operose (op-ə-rōs) *adj*: Requiring great pains محنت طلب - دشوار - محنتی - جفاکش - محنت سے حاصل کیا ہوا -

Ophidian (of-i-di-ən) *adj.* & *n.* Of the reptiles سانپ کی قسم کا - مار جیسا -
Ophiology *n.* سانپوں کے متعلق تحقیقات - علم الہار -
Ophiophagus *n.* سانپ کھانے والا - مار خور -

Ophite (of-īt) *n.* Serpentive marble سماق - سنگ سماق جس کا کھرل بنتا ہے -

Ophthalmia (of-thal-mi-ȧ) *n.* Inflammation of the eyes آنکھ آنا - ورم چشم - آشوب چشم -

Ophthalmic (of-thal-mik) *adj n.* Of the eye امراض چشم کے متلق - آشوب چشم کا - ورم چشم یاآشوب چشم کا مریض - آنکھ کی دوا -

Opiate (ō-pi-āt) *adj.* & *n.* Containing opium افیونی - افیون کی آمیزش والی دوا - خواب آور - نوم آور - تسکین بخش - آرام دہ - مسکن دوا -

Opiate (ōpi-āt) *v.t.* Mix with opium افیون ملانا - خواب آور دوا بنانا -

Opine (ō-pīn) *v.t.* Express opinion ایک رائے رکھنا - اظہار رائے کرنا -

Opinion (ōpin-yən) *n.* Conviction, belief بچار - قیاس - گمان - خیال - رائے - فہم - عقیدہ - ماہر فن کی رائے - لحاظ - پاس - قدر - وقعت -
A matter of opinion اپنی اپنی رائے -

Opinionated (opi-nyən-āted) *adj.* Abstinate ہٹیلا ۔ خود رائے ۔ ضدی ۔ اڑنے والا ۔ متعصب ۔

Opinionatedness *n.* ہٹ دھرمی ۔ ضد ۔ تعصب ۔ خود رائی ۔

Opionist *n.* خود رائے شخص ۔

Opium (o-pi-əm) *v.t.* & *n.* Reddish-brown heavy-scented drug افیون ۔ افیم ۔ افیون ملانا ۔ دوا میں افیون شامل کرنا ۔ افیون دینا ۔

Opium-den *n.* چنڈو خانہ ۔ افیونیوں کا اڈا ۔ مدک خانہ ۔

Opiumizm *n.* افیون نوشی کا شوق ۔ افیون کھانے کی لت ۔

Oppidan (o-pi-dən) *adj.* & *n.* Of a town قصباتی ۔ غیر شہری ۔ قصبہ کا باشندہ ۔

Opponent (op-o-nānt) *adj.* & *n.* Opposing. opposed سامنے کا ۔ مقابل ۔ مخالف ۔ مد مقابل ۔ حریف ۔ دشمن ۔

Opportune (op-ər-tūn) *adj.* Suitable, favourable ٹھیک ۔ درست ۔ مناسب ۔ موزوں ۔ بر وقت ۔ بر محل ۔

Opportuneness *n.* حسب موقع ہونا ۔ مناسب ہونا ۔ برمحل ہونا ۔

Opportunism (op-ər-tūn-izm) *n.* Adaptation to circumstances مصلحت پرستی ۔ حالات اور وقت کے لحاظ سے عمل کرنا ۔ زمانہ سازی ۔ ابن الوقتی ۔

Opportunist *n.* ابن الوقت ۔ مصلحت بین ۔ زمانہ ساز ۔

Opportunity (op-ər-tūn-i-ti) *n.* Favourable chance نیک ساعت ۔ مناسب وقت ۔ بہترین موقع ۔ عمدہ محل ۔ داؤ ۔ گھات ۔

Oppose (o-pōs) *v.t.* Place or produce obstacles مخالفت کرنا ۔ سد راہ ہونا ۔ مانع ہونا ۔ روڑے اٹکانا ۔ مشکلات پیدا کرنا ۔ مقابلہ پر آنا ۔ زحمت دینا ۔

Opposed *adj.* مزاحم ۔ مخالف ۔

Opposable *adj.* مقابلہ کرنے کے قابل ۔ قابل مخالفت ۔ مخالفت کا مستحق ۔

Opposite (o-pəz-it) *adj., n., adv.* & *prep.* Contrary مقابل ۔ متضاد ۔ آمنے سامنے ۔ روبرو ۔ مخالف ۔ الٹا ۔ برعکس ۔ ناموافق ۔ ضد ۔ (ناٹک) ہیرو یا ہیروئن کے ساتھ کم کرنا ۔

Opposition *n.* مخالف جماعت ۔ مخالفت ۔ عداوت ۔ تعرض ۔ روک ۔ مقابلہ ۔

Oppositionist *n.* مزاحم ۔ مخالف ۔ حکومت کی مخالف جماعت کا رکن ۔

Opossum (o-pos-əm) *n.* An American animal with pouch or without pouch ایک قسم کا تھیلی دار دودھ پلانے والا جانور جو درختوں پر رہتا ہے ۔

Oppress (o-pres) *v.t.* Overwhelm with superior power ظلم کرنا ۔ زبردستی کرنا ۔ جبر کرنا ۔ جابرانہ حکومت کرنا ۔ زیر کرنا ۔ دبانا ۔ پست کرنا ۔

Oppression *n.* جبر ۔ تعدی ۔ جور و جفا ۔ ظلم و ستم ۔

Oppressive (o-pres-iv) *adj.* Tyrannical جابرانہ ۔ ظالمانہ ۔ دشوار ۔ سخت ۔ گراں ۔

Oppressiveness *n.* سخت گیری ۔ زبر دستی ۔ سختی ۔ جابریت ۔

Oppressor (o-pres-ər) *n.* One who oppresses ظالم ۔ ستمگر ۔ مردم آزار ۔ موذی ۔

Opprobrious (opro-bri-əs) *adj.* Abusive دشنام آمیز ۔ گالیاں دینے والا ۔ بد زبان ۔

Opprobrium (opro-bri-əm) *n.* Infamy ذلت ۔ رسوائی ۔ تحقیر ۔ بدنامی ۔

Oppugn (o-pūn) *v.t.* Call in question مخالفت کرنا ۔ اعتراض کرنا ۔ شبہ ظاہر کرنا ۔ تعرض کرنا ۔

Oppugnance *n.* مقابلہ ۔ مخالفت ۔ مزاحمت ۔

Opsimath (op-si-math) *n.* One who learns late in life وہ شخص جو بڑھاپے میں حصول علم کی کوشش کرے ۔

Opt (opt) *v.i.* Make choice انتخاب کرنا ۔ اختیار کرنا ۔

Optative (opt-ə-tiv) *adj.* & *n.* Expressing wish خواہش ظاہر کرنے والا ۔ تمنائی ۔ صیغہ تمنائی ۔

Optic (op-tik) *adj.* & *n.* Of the eye آنکھ کے متعلق ۔ بصری (بول چال) آنکھ ۔ آلہ بصر ۔

Optical (op-tik-əl) *adj.* About eyes آنکھوں کے متعلق ۔ امراض چشم کے متعلق ۔ بصری ۔ بصریات کا ۔

Optician (op-ti-shi-ən) *n.* Maker and seller of spectacles چشمے اور عینک بنانے والا اور فروخت کرنے والا ۔

Optimism (op-ti-mizm) *n.* Sanguine disposition, belief in the goodness of this world یہ مسئلہ کہ ہماری دنیا میں کوئی چیز بری نہیں ہے - ہر شے بھلائی کے لیے ہے اور ہم کو ہر چیز سے اچھی امید رکھنی چاہئیے - رجائیت - خوش امیدی -

Optimist *n.* جو دنیا سے اچھی امید رکھے - جو اپنی دنیا سے خوش ہو - رجائی -

Optimistic *adj.* خوش امیدانہ - رجائیت پسندانہ -

Option (op-shən) *n.* Liberty of choosing پسند یا انتخاب کا اختیار - انتخاب کرنا - وہ چیز جو انتخاب کی جائے - تمسکات کو مقررہ میعاد کے اندر لینے یا دینے کا حق -

Optional (op-shən-əl) *adj.* Not obligatory پسند پر موقوف - اختیاری -

Optophone (op-to-fon) *n.* Instrument converting light into sound وہ آلہ جو روشنی کی لہروں کو آواز کی لہروں میں تبدیل کردیتا ہے اور اس طرح اندھے بجائے آنکھوں کے کانوں سے پڑھ سکتے ہیں -

Opulent (op-u-lənt) *adj.* Rich, wealthy دولت مند - مالدار - تونگر - فراواں - معمور -

Opulence *n.* تمول - دولت مندی - کثرت - فراوانی -

Opuscule (o-pus-kūl) *n.* Minor musical or literary composition ادب یا موسیقی میں کوئی معمولی تخلیق -

Or (or) *n.* Gold in armorial bearings خاندانی نشان میں طلائی کام - سنہری کام -

Or (or) *prep. & conj.* Before, ere, this or that قبل ازیں - پیشتر - یا - یا تو - یہ یا وہ - نہیں تو - خواہ - یعنی - ورنہ -

Oracle (or-ə-kl) *n.* Place at with Greeks consulted their deities قدیم یونان کا دارالاستخارہ - وہ مقام جہاں کسی پجاری کے ذریعے دیوتاؤں سے حال پوچھا جاتا تھا - دیوبانی - آواز غیب - الہام ربانی کا مورد - حکمی فال - معصوم رہنما - دانشمندانہ مشورہ - ہاتف غیبی - حکمی خبر دینے والا - کاہن -

Work the oracle پجاریوں سے ساز باز کرکے دلخواہ جواب حاصل کرنا -

Oracular *adj.* دارالاستخارہ کے متعلق - الہامی - پر اسرار -

Oral (ō-rl) *adj.* By word of mouth زبانی - تقریری - غیر نوشتہ - زبان کا -

Orally *adv.* زبان سے - زبانی -

Orange (or-inj) *n.* Large roundish juicy fruit enclosed in red rind نارنگی - سنترہ - رنگترہ - کنو - نارنجی رنگ -

Squeese the orange رس نچوڑ لینا -

Squeesed orange وہ چیز جس میں فائدہ کی گنجائش نہ ہو -

Orangery *n.* نارنگی یا سنگتروں کا باغ -

Orangeade (or-inj-əd) *n.* Drink of orange juice سنترے کا افشردہ - نارنگی یا سنترے کا رس -

Orang-outang (ō-rang-ōō-tan) *n.* Large long-armed ape of Borneo and Sumatra ساٹرا اور بورنیو کا انسان صورت بندر - بن مانس -

Orate (o-rāt) *v.t.* Make speech تقریر کرنا - تقریر چھانٹنا - داد خطابت دینا -

Oration (ō-rā-shən) *n.* Formal address تقریر - وعظ - خطبہ - دوسرے کے قول کو بیان کرنا -

Orator (o-ra-tər) *n.* Eloquent public speaker مقرر - خطیب - خوش بیان مقرر - فصیح و بلیغ تقریر کرنے والا -

Oratorio (ō-ra-tə-riō) *n.* Semi-dramatic musical composition بھجن یا مذہبی ناٹک جس کو ایک ہی شخص گاتا تھا -

Oratory (or-ə-tə-ri) *n.* Eloquent or flowery language فصاحت - خطابت - جادو بیانی - خوش کلامی - رنگین بیانی - رومی کلیسا کی مذہبی انجمن جس میں مستند پادری شریک ہوتے تھے -

Oratorian (or-ə-tə-ri-ən) *n.* Member of oratory مجلس خطابت کا رکن -

Oratorical *adj.* خطیبانہ - سخنورانہ -

Oratorically *adv.* خطیبانہ انداز سے - رنگین بیانی سے - فصاحت و بلاغت سے -

Orb (orb) *n., v.t. & i.* Circle, circular disc چکر - کرہ - گولا - دائرہ - قرص - جرم فلکی - تارا - ستارہ - آنکھ - دیدہ - حلقہ میں گھیر لینا - حلقہ بنانا -

Orbicular (orb-i-ku-lər) *adj.* Circular, ring-shaped مدور ۔ گول ۔ دائرہ نما ۔ حلقہ نما ۔ مکمل بالذات ۔

Orbit (or-bit) *n.* Eye socket, curved course of planet اجرام فلکی کا مدار ۔ حلقہ چشم ۔ دائرہ ۔ گردش کا راستہ ۔

Orc (ork) *n.* Sea-monster سمندر کی ایک بہت بڑی مچھلی ۔

Orcadian (or-ka-di-ən) *n.* Native of Orkney جزیرہ ارکنی کا باشندہ ۔

Orchard (or-chərd) *n.* Enclosure with fruit trees باغیچہ ۔ باڑی ۔ میوے کا باغ ۔

Orchardman *n.* مالی ۔ باغبان ۔

Orchadist *n.* میوہ دار درختوں کا باغ لگانے والا ۔

Orchestic(k) (or-kis-tik) *adj.* Of dancing ناچ کے متعلق ۔ رقصی ۔

Orchestics *n.* فن رقص ۔

Orchestra (or-kis-trā) *n.* Semi-circular space in front of stage یونانی تھیٹر میں نیم مدور جگہ ۔ سرود گاہ ۔ سازندے ۔ سازندوں کا طائفہ ۔

Orchestral (or-kist-rəl) *adj.* Concerning instrumental performers سازندوں کے متعلق ۔ ساز بجانے والوں کی بابت ۔

Orchestrate (or-kist-rāt) *v.t.* & *i.* Compose or arrange orchestral performance ارکسٹرا کے لیے نغمے تصنیف کرنا ۔ سازندوں کی جماعت ترتیب دینا ۔

Orchestration *n.* نغموں کے مطابق سازندوں کو تیار کرنا ۔ ارکسٹرا کی ترتیب و تنظیم ۔

Orchil (or-chil) *n.* Red or violet dye from lichen سرخ یا عنابی رنگ جو ایک قسم کی کائی سے نکلتا ہے ۔

Ordain (or-dān) *v.t.* Appoint, confer holy orders قائم کرنا ۔ مقرر کرنا ۔ معین کرنا ۔ ٹھہرانا ۔ تقرر کرنا ۔ مقدر کرنا ۔ حکم دینا ۔ پادری کا تقرر کرنا ۔

Ordeal (or-dēl) *n.* Subjecting a suspected person to physical tests ملزم کے امتحان کا قدیم طریقہ جس میں آگ یا کھولتے ہوئے تیل میں اس کا ہاتھ ڈالا جاتا تھا ۔ سخت امتحان ۔ صبر آزما مصیبت ۔ ابتلا ۔

Order (or-dər) *n.* Rank, class, mandate ڈھنگ سلسلہ ۔ اسلوب ۔ ترتیب ۔ حسن ترتیب ۔ سلیقہ ۔ نظم عالم ۔ نظام کائنات ۔ آداب ۔ ضابطہ ۔ امن و امان ۔ جماعت ۔ درجہ ۔ زمرہ ۔ مرتبہ ۔ حیثیت ۔ فرمان ۔ حکم ۔ ارشاد ۔ امر ۔ رقعہ ۔ بل ۔ ہنڈی ۔ حکم ادائی ۔ طلبی ۔ قسم ۔ نوع ۔ جنس ۔ پادریوں کا راہبوں کا سلسلہ ۔ تمغہ ۔ (جمع) پادریوں کا منصب ۔ خریداری کی فرمائش ۔

A large order مشکل کام ۔

Rise to a point of order ایوان میں کھڑے ہو کر دریافت کرنا کہ کوئی چیز باضابطہ ہے یا نہیں ۔

Order (or-dər) *v.t.* Put in order, regulate ترتیب دینا ۔ درست کرنا ۔ سجانا ۔ آراستہ کرنا ۔ قرینے سے لگانا ۔ حکم دینا ۔ ہدایت کرنا ۔ فرمائش بھیجنا ۔ بنانا ۔ چلانا ۔ کارروائی کرنا ۔ انتظام یا اہتمام کرنا ۔ کسی مقام پر مامور کرنا ۔ جانے کا حکم دینا ۔

Order about حکومت جتانا ۔ ادھر ادھر دوڑانا ۔

Out of order بے ترتیب ۔ خراب ۔ بگڑا ہوا ۔

Orderly (or-dər-li) *adj.* & *n.* Well-arranged, well-behaved درست ۔ باترتیب ۔ باضابطہ ۔ باقرینہ ۔ قاعدے کا پابند ۔ ضبط پسند ۔ شائستہ ۔ تربیت یافتہ ۔ احکام پہنچانے والا ۔ ذاتی ملازم ۔ اردلی ۔

Orderliness حسن ترتیب ۔ با ضابطگی ۔

Ordinal (or-din-əl) *adj.* & *n.* Defining thing's position in series کسی سلسلہ میں کسی چیز کی حیثیت ظاہر کرنے والا ۔ اعداد صفاتی ۔ مرتبہ یا مقام ظاہر کرنے والا ۔ نباتات و حیوانات کے لیے دعاؤں کی کتاب ۔

Ordinance (or-din-əns) *n.* Authoritative direction, decree قانون ۔ ہدایت ۔ ضابطہ ۔ پادریوں کی دعاؤں کی کتاب ۔ دستور ۔ خاص قانون ۔ ہنگامی قانون ۔ حکم ۔ کتاب یا عمارت کے حصوں کی ترتیب ۔

Ordinary (or-din-əri) *adj.* Regular, usual رسمی ۔ معمولی ۔ دستور کے مطابق ۔ مروجہ ۔ عام ۔ پیش پا افتادہ ۔ کم رو ۔ بے رونق ۔ ایسا ویسا ۔ طعام کھانے کا معمولی کھانا ۔ تصرفی ۔ بازاری ۔ ادنیٰ ۔ پست ۔ کم قدر ۔

In an ordinary way I shall refuse عام حالت میں میں انکار کر دوں گا ۔

Ordinarily *adv.* عام حالت میں - عموماً - بالعموم -

Ordinate (ord-i-nāt) *n.* Straight line from any point drawn parallel to one co-ordinate axis باترتیب - متوازی - باقاعدہ - معین -

Ordination (ord-i-na-shən) *n.* Classification according to rank درجہ بندی - ترتیب - تقسیم - پادریوں کا تقرر - ضوابط کی اجرائی اور نفاذ -

Ordnance (ord-nens) *n.* Mounted guns, canons توپ خانہ - محکمہ حرب - فوجی سامان مہیا کرنے کا محکمہ -

Ordure (ord-ər) *n.* Dung گندی گلیاں - لید - میلا - فضلا - گوبر -

Ore (ōr) *n.* Solid native mineral کچی دھات - فلز - دھات اور دوسری چیزوں کا آمیزہ - سونے کی دھات -

Oread (ōr-i-ad) *n.* Mountain nymph پہاڑی دیوی - کوہستانی پری -

Oreide (ore-id) *n.* Kind of brass resembling gold ایک قسم کا پیتل جو سونے سے مشابہ ہوتا ہے -

Orfe (or-ɪ) *n.* Kind of gold-fish ایک قسم کی سنہری مچھلی -

Organ (or-gən) *n.* Musical instrument, part of body آلہ - اوزار - ارگن باجا - عضو - واسطہ - رابطہ - ترجمان - اخبار جو کسی خاص جماعت کی ترجمانی کرے -

Organist *n.* ارگن باجا بجانے والا -

Organdie (or-gən-di) *n.* Kind of fine muslin باریک ململ - ارگنڈی -

Organic (er-gə-nik) *adj.* Of the bodily organs عضوی - اعضا کے متعلق - اعضا والا . خلقی - بنیادی - جسمی - ساخت کا - سرشت کا - منظم - نباتاتی - عضویاتی -

Organically *adv.* خلقی طور پر - عضویاتی اعتبار سے -

Organism (or-gə-nizm) *n.* Organized body حیوانی جسم کی ساخت - جوڑ - پرزے - بناوٹ - ہیئت اجتماعی - نظام - کوئی منظم چیز -

Organization (or-gən-i-za-shən) *n.* Organized body, system or society تنظیم - ترتیب - درستگی - نظام - منظم جماعت - انجمن -

Organize (or-gə-nīz) *v.t. & i.* Give orderly structure تیار کرنا - ترتیب دے کر قائم کرنا - نظام قائم کرنا - تنظیم کرنا - منظم کرنا - جلسہ وغیرہ کا انتظام کرنا - جلسہ منعقد کرنا - کسی مقصد کے لیے جماعت تیار کرنا -

Organizable *adj.* ترتیب دینے کے لائق - قابل تنظیم -

Organizer *n.* انتظام کرنے والا - بانی - منتظم - ناظم -

Organon (or-gə-non) *n.* Treatise on logic دستور العمل - قاعدہ - منطق کا رسالہ -

Orgasm (or-gə-zm) *n.* Violent excitement جوش - ہیجان - شدید - شہوت - بد مستی -

Orgeat (or-ji-at) *n.* Cooling drink made from barley, almonds, orange جو کا شربت - ایک مفرح شربت جو بادام اور سنگترے سے تیار کیا جاتا ہے -

Orgy (or-gi) *n.* Secret rites in worship of Bachus قدیم یونانی دیوتاؤں کی پرستش کی رسوم جس میں رقص و سرود ہوتا تھا - بالخصوص بیکس کے مندر میں لوگ شراب پی کر ناچتے تھے - بد مستی - رنگ رلیاں - عیش و طرب - خرمستیاں -

Oriel (ori-əl) *n.* Projecting window of upper storey بالائی منزل کا جھروکہ یا کھڑکی - دیوار سے نکلا ہوا جھروکہ -

Orient (o-ri-ənt) *n. & adj.* The eastward part of earth مشرق - پورب - مشرق - وہ ممالک جو بحیرہ روم اور جنوبی یورپ کے مشرق میں واقع ہیں - روشن - تاباں - شعلہ رو - (سورج) طلوع ہونے والا -

Orient-ate (o-ri-ənt) *v.t.* مشرق رخ پر عمارت بنانا - قبر میں مردے کے پیر مشرق کی جانب رکھنا - سمت یا محل وقوع معلوم کرنا - مشرق کی طرف رخ کرنا -

Orientate oneself اپنی حالت کا اندازہ کرنا -

Orientation *n.* صحیح اور واضح سمت کا تعین - محل وقوع یا سمت کا تعین -

Oriental (o-ri-ənt-əl) *adj.* Of the east مشرق - یورپی - مشرق (تہذیب) شرق - ایشیائی -

Orientalism *n.* مشرق تہذیب - مشرقیت -

Orientalist *n.* مشرقیت کا حامی - مشرق تمدن کا عالم - ماہر شرقیات -

Orientalize *v.i.* مشرق بنانا - مشرق تہذیب کو رواج دینا - مشرق رنگ میں رنگنا -

Orientally *adv.* مشرق کے نقطہ نظر سے - مشرق طرز پر -

Orifice (ori-fis) *n.* Mouth of cavity سوراخ - دھانہ - روزن - منفذ -

Oriflamme (or-i-flam) *n.* Sacred banner of St. Devis فرانس کا قدیم شاہی جھنڈا - فرانس کا علم - بقعہ نور - کوئی روشن اور نمایاں چیز -

Origan (ori-gən) *n.* Wild marjoram ایک قسم کی جنگلی بوٹی - تلسی - خوشبودار بوٹی -

Origin (or-i-jən) *n.* Source, starting point آغاز - ابتدا - شروع - بنیاد - جڑ - بنا - مبداء - منبع - نسب - نزاد - اصل -

Original (or-i-jin-əl) *adj.* & *n.* Primitive, earliest پہلا - قدیم - ابتدائی - خلقی - اصلی - نیا - بدیع - جدت پسند - قوت تخیل رکھنے والا - اصل - اصلی نمونہ -

Originality *n.* قوت تخلیق - جدت - اختراع - ایجاد - اصلیت -

Originate (or-i-jin-āt) *v.t.* & *i.* Initiate ابتدا کرنا - آغاز کرنا - ایجاد کرنا - پیدا کرنا - بنانا - اختراع کرنا - نکالنا - ہونا - وجود پکڑنا - صادر ہونا - شروع ہونا -

Origination *n.* ایجاد - تخلیق - ابتدا - آغاز -

Originator *n.* پیدا کرنے والا - بانی - موجد - خالق -

Orinasal (ori-na-səl) *adj.* & *n.* Of mouth and nose منہ اور ناک دونوں کی - منہ اور ناک سے کسی لفظ کا تلفظ - ملی ہوئی آواز -

Oriole (ōr-i-ōl) *n.* Bird with black and yellow plumage visiting Britain in summer ایک سیاہ اور زرد پروں کا پرندہ جو برطانیہ میں گرمیوں میں آتا ہے -

Orion (ōri-ən) *n.* Brilliant constellation سات ستاروں کا مجموعہ -

Orlians (or-li-ənz) *n.* Kind of plum ایک قسم کا الوچہ - ایک سوتی اونی کپڑا -

Orlop (or-lop) *n.* Lowest deck of ship جہاز کا نیچے کا عرشہ -

Ormer (or-mər) *n.* Edible univalve mollusc ایک قسم کا گھونگھا جو کھایا جاتا ہے -

Ormolu (or-mo-lōō) *n.* & *adj.* Gilded bronze سونے کا ملمع کی ہوئی کانسی - پیتلی رنگ کا - سنہرا (بول چال) شاندار -

Ornament (or-nə-mənt) *n.* Thing serving to adorn زیب - زینت - آرائش - زیبائش - بناؤ - سنگار - اسباب آرائش - نقش و نگار - آرائشی کام -

Ornamental *adj.* زیبائشی - آرائشی -

Ornamentalist *n.* آرائشی کام کرنے والا - زیور فروش -

Ornamentation *n.* آرائش - تزئین - آراستگی -

Ornate (or-nāt) *adj.* Fully-adorned آراستہ - پیراستہ - مزین - مرصع - مزین کیا ہوا - پر تکلف -

Ornithology (or-ni-tho-lo-ji) *n.* Study of birds پرندوں کی انواع و عادات کا علم - علم الطیور -

Orography (or-og-rə-fi) *n.* Branch of geography dealing with mountains جغرافیہ کا وہ حصہ جو پہاڑوں سے بحث کرتا ہے - پہاڑوں کا جغرافیہ -

Or(e)ology *n.* پہاڑوں کا علم - علم الجبال -

Or(e)ologist *n.* پہاڑوں کی ساخت وغیرہ کا ماہر - علم الجبال کا عالم -

Oroide (ō-rō-īd) *n.* Gold-coloured alloy of zinc or copper تانبے اور زنگ کا سنہرا آمیزہ -

Orotund (ō-rō-tund) *adj.* Imposing, pompous شاندار بیان یا عبارت - زور دار کلام -

Orphan (or-fən) *n. adj.* & *v.t.* Bereaved of parents بے مادر و پدر - یتیم - یتیم کرنا - بچے کے ماں باپ کا موت کے عمل سے چھن جانا -

Orphanize *v.t.* یتیم کرنا -

Orphanage (or-fən-aj) *n.* Institution for orphans یتیموں کی پرورش کا ادارہ - دارالیتامی - یتیموں کی پرورش اور تربیت کی جگہ - اقامت خانہ یتامی

Orphean (or-fi-ən) *adj.* Like Orpheus, melodious پر اسرار - سریلا - دلکش -

Orpiment (or-pi-mənt) *n.* A poisonous mineral ہڑتال - زرنیخ زرد -

Orpington (or-ping-tən) *n.* A breed of poultry
مرغیوں کی ایک نسل ۔

Orrery (or-ər-i) *n.* Clock work model of the planetry system سیاروں کا نقشہ ۔ جنتر منتر ۔
اصطرلاب ۔ سیاروں کی گردش کا خاکہ ۔

Orris (or-is) *n.* Fragrant root of iris ایک قسم کی
خوشبودار جڑ ۔ روپہلی سنہری لیس ۔

Ort (ort) *n.* Refuse بچے کھچے ٹکڑے ۔ فضلہ ۔
تلچھٹ ۔ پس خوردہ ۔

Orthodox (or-tho-doks) *adj.* Conventional
راسخ الاعتقاد ۔ کٹر ۔ عام عقاید کا ماننے والا ۔
مروجہ ۔ رسمی ۔ مقلد ۔

Orthodoxy (or-tho-doks-i) *n.* Being orthodox
راسخ الاعتقادی ۔ کٹر پن ۔ تقلید پسندی ۔

Orthoepy (or-tho-e-pi) *n.* Correct pronunciation علم تلفظ ۔

Orthogenesis (or-tho-ge-ne-sis) *n.* Evolution of organism in particular directions یہ عقیدہ کہ
ارتقائی تبدیلیاں غیر مسلسل اور اتفاق نہیں بلکہ خاص
اصول کے ماتحت ہوتی ہیں ۔

Orthography (or-tho-gra-fi) *n.* Correct or conventional spelling املا اور ہجے کا علم ۔ صحیح
مسافت دریافت کرنے کے لیے نقشے بنانے کا فن ۔

Orthopaedy (ortho-pa-di) *n.* Curing of deformities in children بچوں کے جسمانی نقائص کا علاج ۔

Ortolan (or-to-lən) *n.* Small bird esteemed as table delicacy ایک چھوٹا پرندہ جس کا گوشت
بہت لذیذ ہوتا ہے ۔

Oryx (or-iks) *n.* Large straight-horned African antelope ۔ افریقہ کا سیدھے سینگھوں والا بارہ سنگھا

Osborne (os-bə-rn) *n.* A kind of sweet biscuit
ایک معمولی میٹھا بسکٹ ۔

Oscillate (os-il-lāt) *v.i.* & *t.* Move to and fro
جھولنا ۔ آگے پیچھے حرکت کرنا ۔ آگے پچھے لٹکن کی
طرح ہلنا یا ہلانا ۔ جلد جلد رائے بدلنا ۔

Oscillation *n.* جھولنا ۔ آگے پیچھے حرکت کرنا ۔

Oscillator *n.* ڈھلنے والا ۔ جھولنے والا ۔ جھولا ۔
گھڑی کا لٹکن ۔

Oscitancy (os-i-tən-si) *n.* Yawning ۔ غفلت ۔ اونگھ
جھپک ۔ سستی ۔ جمائی ۔

Oscitation (os-i-tə-shən) *n.* Yawning, negligence
جمائی ۔ اونگھ ۔ لاپروائی ۔ غفلت ۔

Oscular (os-ku-lər) *adj.* Of the mouth انطباق ۔
بوسے کا ۔ دہن کا ۔ منہ کا ۔

Osculate (os-ku-lat) *v.i.* & *t.* Kiss ۔ بوسہ دینا ۔ چومنا
ایک نوع کا دوسری سے مشابہ ہونا ۔ مماثل ہونا ۔
بعض اجزا میں ایک دوسرے کے مطابق ہونا ۔

Osculation *n.* چومنا ۔ بوسہ لینا ۔ مطابقت ۔ مماثلت ۔

Osculant *n.* مماثل ۔ مشابہہ ۔ بوسہ لینے والا ۔

Osier (o-zh(y)ər) *n.* Species of willow ایک قسم
کا بید جس کی ٹوکریاں بنتی ہیں ۔

Osmium (os-mi-əm) *n.* A metal of platinum group پلاٹینم کے قسم کی ایک دھات ۔

Osmund (os-mund) *n.* The flowering fern ایک
قسم کی پھول دینے والی فرن ۔

Osprey (os-pri) *n.* The fishing eagle ایک قسم کا
ماہی خور عقاب ۔ سفید بگلے کے پر جو بعض لوگ اپنی
ٹوپی میں لگاتے ہیں۔

Osseous (os-i-əs) *adj.* Consisting of bones
ہڈی کا ۔ ہڈی جیسا ۔ استخوانی ۔ ہڈیوں کے ڈھانچے والا۔

Ossify (os-i-fi) *v.i.* & *t.* Turn into bone ہڈی میں
تبدیل ہونا یا کرنا ۔ ہڈی بن جانا یا بنا دینا ۔ جمود
اختیار کرنا ۔ بے حس ہو جانا ۔ غیر ترق پذیر بننا
یا بنانا ۔

Ossuary (os-u-ə-ri) *n.* Cemetery, bone urn
گورستان ۔ ہڈیاں رکھنے کا برتن ۔

Ostensible (os-tens-i-bl) *adj.* For show ۔ کھلا
ظاہر ۔ نمائشی ۔ نمایاں ۔ دکھانے کا ۔ نمائش کے قابل ۔

Ostensory (os-tens-ə-ri) *n.* Receptacle for displaying Host وہ ظرف جس میں عشائے ربانی کی پاک
روٹی حاضرین کو دکھائی جاتی ہے ۔

Ostentation (os-ten-ta-shən) *n.* Display of wealth or luxury طمطراق ۔ بھڑک ۔ ٹھاٹھ ۔
دکھاوا ۔ نمائش ۔ نمود ۔ خود نمائی ۔

Ostentatious *adj.* خودنمائی کرنے والا ۔ نمائش کا شائق ۔
بھڑک دار ۔ خودنما ۔

Ostentatiously *adv.* دکھاوے کے طور پر - دھوم دھام سے - خودنمائی سے -

Ostiary (os-ti-ə-ri) *n.* Church guard گرجا کا پہرہ دار - گرجا کا دربان -

Ostium (os-ti-əm) *n.* Mouth of a river سوراخ - شگاف - دہانہ -

Ostler (os-lər) *n.* Stable man at inn سائیس - سرائے کے اصطبل کا محافظ -

Ostracize (os-trə-siz) *v.t.* Banish dangerous citizen جلاوطن کرنا - شہر بدر کرنا - برادری سے خارج کرنا - خارج البلد کرنا - حقوق شہریت سے محروم کرنا -

Ostracizm *n.* جلاوطنی - اخراج -

Ostrich (os-trich) *n.* Large swift-running African and Arabian bird شتر مرغ - سنگ خور - شتر مرغ جو اپنا سر ریت میں گاڑ دیتا ہے اور سمجھتا ہے کہ کوئی اس کو دیکھ نہیں رہا ہے -

Ostrich belief - اپنے نفس کو دھوکا دینا - خود فریبی

Otacoustic (o-ta-kos-tic) *adj.* Helping auditory sense قوت سماعت کو مدد دینے والا -

Otalgia (o-tal-ji-ā) *n.* Earache کان کا درد -

Other (o-dh-ər) *adj pron., n. & adv.* Not the same دوسرا دیگر - اور - برعکس - غیر - مختلف - جدا - الگ - مزید - اور بھی - دوسرا شخص (جمع) دوسرے لوگ - جداگانہ طور پر - دوسرے طریقے سے -

Other worldly *adj.* - آخرت پسند - آخروی - آخرت کا

The other day تھوڑے دن ہوئے -

Otherness (u-dhər-nes) *n.* Diversity - فرق - اختلاف

Otherwise (u-dhər-wīz) *adv.* In a different way بصورت دیگر - دوسرے طور پر - نہیں تو - ورنہ - اور طرح سے - اور باتوں کے لحاظ سے - بجز اس کے اور کیا -

Otherwise minded اور خیال کا - رائے عامہ سے جدا رائے رکھنے والا -

Otter (ot-ər) *n.* Fish-eating mammal - اود بلاؤ سگ آبی - اود بلاؤ کی سمور - ماہی گیری کا سامان -

Otto, ottar (o-tō) *n.* Scent - عطر

Ottoman (o-tō-mən) *adj. & n.* Of the dynasty of Osman عثمانی - سلطنت عثمانی کا - خلافت کا - عثمان اول کی اولاد سے - سلطنت عثمانی -

Ottoman (o-tō-mən) *n.* Cushioned-seat like sofa گدی دار چوکی یا کرسی -

Oubliette (ōo-bli-et) *n.* Secret dungeon پوشیدہ قید خانہ - جس میں داخلہ چور دروازے سے ہو -

Ouch (owch) *n.* Jewelled buckle جڑاؤ بکلوس یا کانٹا - بکلوس -

Ought (owt) *n. & v. aux.* Nought - صفر - لازم ہونا ضروری یا مناسب ہونا -

Ounce (owns) *n.* Unit of weight پاؤنڈ کا بارھواں حصہ - وزن کا ایک پیمانہ -

Ounce (owns) *n.* Mountain panther - پہاڑی تیندوا سیاہ گوش -

Our(s) (owr) *adj. & pron.* Belonging to us - ہمارا ہماری - ہم لوگوں کا - ہم سب کا -

Ourself-ves (owr-self) *pron.* We or us in person ہم آپ - ہم خود - ہم ہی - ہم بذات خود - ہم اپنے آپ کو - خود کو - آپ خود - اپنے تئیں -

Oust (owst) *v.t.* Eject ہٹا دینا - نکال دینا - چھین لینا - اٹھا دینا - بے دخل کرنا - خارج کرنا - کسی کو نکال کر اس کی جگہ لے لینا -

Ouster *n.* اخراج - بے دخلی -

Out (owt) *adv., prep., n., adj. & v.t.* Away from, not in or at a place - باہر - بیرون - دور - خارج علیحدہ - ظاہر - افشا - روشن - عیاں - واضح - جی بھر کے - دل کھول کر - پوری طرح سے - ہر طرف - بیکار - معزول - (بول چال) دے مارنا - چت کر دینا -

All-out - (بول چال) پورا زور لگا کر - سخت محنت سے

I am out with him - میری اس کی دوستی ختم ہے

I was out in my calculations میں اپنے اندازہ میں غلط نکلا -

Out and out - بے حد - سرا سر - پورا پورا - بالکل

Out of door *adj.* کھلے میدان میں -

Out of the way *adj.* غیر معمولی -

Out and away *adj.* بہت زیادہ -

Out at elbows *adj.* مفلس -

Out of character *adj.* نا مناسب -
Out of date *adj.* غیر مروج -
Out of hand *adj.* فوراً -
Out of pocket *adj.* جیب خالی ہونا -
Out of print *adj.* کم یاب - نایاب -
Out of sorts *adj.* نا خوش - ناراض - نا ساز -
Out of question *adj.* خارج از بحث -
Out of time *adj.* بے وقت -
Out upon you لے جاؤ - دور ہو -

Outbalance (owt-ba-ləns) *v.t.* Outweigh وزن یا تاثیر میں زیادہ ہونا - وزن میں بڑھ جانا - ہمت میں بڑھ جانا -

Outbid (owt-bid) *v.t.* Make a higher bid دوسروں سے بڑھ کر بولی دینا - اوروں سے زیادہ قیمت لگانا -

Outboard (owt-bōrd) *adj. & adv.* Outside of a ship اطراف جہاز پر - جہاز کے آس پاس -

Outbrave (owt-brāv) *v.t.* Excel in boldness بے باکی سے مقابلہ کرنا - خاطر میں نہ لانا - زیر کرنا -

Outbreak (owt-brək) *n.* Outburst غدر - ہنگامہ - بلوہ - شورش - فساد - وفور جوش - پھوٹ پڑنا - ابل پڑنا - دھات کا سطح زمین پر ابھر آنا -

Outbound (owt-bownd) *adj.* Bound for a distant place غیر ملک کو جانے والا -

Outbrag (owt-brag) *v.t.* Surpass in boasting شیخی بگھارنے میں سبقت لے جانا -

Outbreak (owt-brək) *n.* Disturbance بلوہ - شورش - ہنگامہ -

Outbreathe (owt-brēdh) *v.t.* Breathe out بے دم کر دینا -

Outburst (owt-burst) *n.* Explosion طوفان - ہیجان - سیلاب - کوہ آتش فشاں کا پھٹنا - فلزیات کا زمین کے اندر سے اوپر آ جانا -

Outcast (owt-kast) *adj. & n.* Cast out of home or society نکما - ناکارہ - مردود - بے یار و مددگار - گھر باہر - برادری سے باہر - آوارہ - بے خانماں -

Outcaste (owt-kast) *n., adj. & v.t.* Cast out of society برادری یا دیس سے نکال دینا - حقہ پانی بند کر دینا - نکالا ہوا - برادری باہر آدمی -

Outclass (owt-klas) *v.t.* To surpass so far as to put out of class اتنا بہتر ہونا کہ گویا وہ اس سے درجے میں بہت بڑھا ہوا ہے -

Outcome (owt-kəm) *n.* Result, consequence نتیجہ - ما حاصل - حاصل -

Outcry (owt-krī) *n.* Loud cry of distress آہ و زاری - فریاد - درد کی آہ -

Outdistance (owt-dis-təns) *v.t.* Leave far behind دوسرے سے بہت آگے نکل جانا -

Outdazzle (owt-daz-l) *v.t.* Surpass in brilliance بے رونق کر دینا - ماند کر دینا -

Outdo (owt-dōō) *v.t.* Surpass, excel, overcome سبقت لے جانا - فائق ہونا - حریف کے چھکے چھڑا دینا -

Outdoor (owt-dor) *adj.* In the open air گھر سے باہر کا - کھلی ہوا میں - باہر کا -

Outdoors (owt-dors) *adv.* Out of the house گھر سے باہر - گھر سے دور -

Outer (owt-ər) *adj. & n.* External باہر کا - بیرونی - خارجی - باہر والا -

Outermost *adj.* جو سب سے زیادہ باہر کی طرف ہو - بالکل باہر کا -

Outface (owt-fās) *v.t.* Confront boldly سامنا کرنا - مقابلہ کرنا - ہم چشمی کرنا - اس طرح دیکھنا کہ دوسرا پریشان ہو جائے - رعب ڈالنا - گھرکنا -

Outfall (owt-fal) *n.* The outlet of a river نالہ جو دریا سے بہہ نکلے -

Outfield (owt-fēld) *n.* Any open field at a distance from farm house وہ کھیت جو فارم سے دور واقع ہوں - دور کے کھیت - غیر معروف میدان خیال (کرکٹ) وکٹ سے دور کی فیلڈ - آخری حد کے پاس کے مقام -

Outfighting (owt-fī-ting) *n.* Fighting for a long time دوسرے سے زیادہ دیر تک لڑتے رہنا - دور کی مکہ بازی - فاصلے سے لڑائی -

Outfit (owt-fit) *n.* Complete equipment مکمل ساز و سامان - سامان سفر - (بول چال) ٹکڑی - جماعت - گروہ - جتھا -

Outfitter (owt-fit-ər) *n.* One who deals in outfits ہر طرح کا سامان بیچنے والا ۔

Outflank (owt-flangk) *v.t.* Circumvent the enemy دشمن کی فوج کے میمنہ یا میسرہ سے آگے نکل جانا ۔ دشمن کو گھیرے میں لینا ۔

Out-flow (owt-flō) *n.* Outward flow بہہ نکلنا ۔ بہہ جانا ۔ آگے بہہ نکلنا ۔

Outfly (owt-flī) *v.t.* Fly faster دوسروں سے تیز اڑنا ۔

Outgeneral (owt-jen-er-əl) *v.t.* Prove better in military tactics سپہ سالاری میں افضل ہونا ۔ جنگ میں بہتر قیادت کرنا ۔

Outgive (owt-giv) *v.i.* & *t.* Surpass in liberality داد و دہش میں بڑھ جانا ۔

Outgo (owt-go) *v.t.* Outstrip زیادہ تیز چلنا ۔ بڑھ جانا ۔ سبقت لے جانا ۔

Outgrow (owt-grō) *n.* & *v.t.* Surpass in growth آگے بڑھ جانا ۔ پیداوار ۔ نتیجہ ۔ وہ چیز جو کسی سے نکل کر بڑھ جائے ۔ ضمنی پیداوار ۔

Outguard (owt-gərd) *n.* A guard at a distance from main body سرحدی چوکی ۔ حفاظتی چوکی جو مرکز سے دور ہو ۔

Outhector (owt-hek-tər) *v.t.* Surpass in boasting شیخی مارنے میں دوسروں کو مات کر دینا ۔

Out-herod (owt-he-r-od) *v.t.* Overact the part of Herod ہیرڈ کی اداکاری میں ہیرڈ سے بڑھ جانا ۔

Outhouse (owt-hows) *n.* House subsidiary to the main building ملحقہ مکان ۔ ملازموں کے بیرونی مکان ۔ شاگرد پیشہ کے ملحقہ مکان ۔

Outing (owt-ing) *n.* Outdoor airing ہوا خوری ۔ تفریح ۔ سیر ۔

Outjest (owt-jest) *v.t.* Overcome by jesting ہنسی مذاق میں دبا لینا ۔ غالب آنا ۔ مذاق کرنے میں بڑھ جانا ۔

Outlandish (owt-land-ish) *adj.* Foreign, out of the way اجنبی ۔ بدیسی ۔ پردیسی ۔ غیر ملک کی ۔ عجیب ۔ انوکھی ۔

Outlast (owt-last) *v.t.* Last longer than محنت و مشقت میں سبقت لے جانا ۔ دوسروں سے زیادہ عمر تک زندہ رہنا یا کام کرنا یا دینا ۔

Outlaw (owt-lä) *n.* & *v.t.* One deprived of protection of law وہ جو قانونی محافظت کا حق دار نہ ہو ۔ قانونی حق سے محروم کرنا ۔ راندہ قانون قرار دینا ۔ جلا وطن کرنا ۔

Outlawry (owt-lä-ri) *n.* State of being an outlaw قانونی حفاظت سے محرومی ۔ خارج البلد ہونا ۔

Outlay (owt-lä) *n.* Expenditure خرچ ۔ صرف ۔ اخراجات ۔ مصارف ۔

Outlet (owt-let) *n.* Outward passage نکاس ۔ بد رو ۔ نکلنے کا راستہ ۔

Outlie (owt-li-e) *v.t.* Surpass in telling lies گپ بازی میں سبقت لے جانا ۔ دروغ گوئی میں بڑھ جانا ۔

Outline (owt-līn) *n.* & *v.t.* Sketch showing main features خاکہ ۔ نقشہ ۔ مجمل خاکہ ۔ مختصر بیان ۔ خاکہ بنانا ۔ مجمل طور پر بیان کرنا ۔ آرائش میں بیرونی حدود قائم کرنا ۔

Outlive (owt-liv) *v.t.* Survive کسی واقعہ کے بعد تک زندہ رہنا ۔ کسی شخص سے زیادہ جینا ۔ حادثہ سے بچ نکلنا ۔ غالب آ جانا ۔ بد نامی سے نجات پانا ۔

Outlook (owt-luk) *n.* Vigilant watch نگہبانی ۔ چوکسی ۔ منظر ۔ نظارہ ۔ نظریہ ۔ مقصد ۔ متوقع حالت ۔

Outlying (owt-ly-ing) *adj.* Remote دور افتادہ ۔ دور پڑا ہوا ۔ مرکز سے دور ۔ دور دراز ۔

Outmanoeuvre (owt-man-o-e-vər) *v.t.* To defeat by manoeuvring داؤں گھات میں سبقت لے جانا ۔ فوجی ترکیبوں سے دشمن کو شکست دینا ۔

Outmoded (owt-mod-d) *adj.* Old-fashioned قدیم وضع کا ۔ متروک ۔

Outmarch (owt-march) *v.t.* March faster than دوسرے سے آگے نکل جانا ۔ تیز چلنا ۔

Outnumber (owt-num-bər) *v.t.* Exceed in number شمار میں زیادہ ہونا ۔ تعداد میں بڑھ جانا ۔

Outpace (owt-pās) *v.t.* Walk faster than زیادہ تیز چلنا ۔ رفتار میں بڑھ جانا ۔

Outpatient (owt-pa-shənt) *n.* Patient who goes to hospital but does not stay there بیرونی مریض - مریض جو شفاخانہ میں مقیم نہ ہو -

Outport (owt-port) *n.* A port far from the main port وہ بندرگاہ جو اصلی بندرگاہ سے دور ہو -

Outpost (owt-post) *n.* A post beyond the main body or in the wilds دور کی فوجی یا پولیس چوکی - جنگل کی چوکی - سرحدی چوکی -

Outpouring (owt-poring) *n.* Send out in a stream جذبات کا پرجوش اظہار -

Output (owt-put) *n.* Quantity produced مجموعی پیداوار - محنت کا ماحصل -

Outrage (owt-rij) *n.* & *v.t.* Violence زیادتی - زبردستی - ناجائز دست اندازی - بے حرمتی - حقوق کی پائمالی - ظلم - ستم - اندھیر - ظلم کرنا - تعدی کرنا - سخت سست کہنا - ہتک کرنا - بے حرمتی کرنا - ناجائز دست اندازی کرنا - کھلم کھلا خلاف ورزی کرنا - توڑنا -

Outrageous (owt-rij-i-əs) *adj.* Furious, immoderate غضب آلود - غضب ناک - وحشیانہ - ظالمانہ - شرم ناک - فحش - گندا -

Outrageously *adv.* وحشیانہ پن سے - ظلم و زبردستی سے - بے حیائی سے - بے شرمی سے -

Outrange (owt-rānj) *v.t.* Shoot to a greater distance دوسروں کی بندوقوں سے زیادہ فاصلہ پر مارنا -

Outre (ōō-tra) *adj.* Beyond what is proper حد اعتدال سے زیادہ - بہت زیادہ - نا مناسب -

Outride (owt-rīd) *v.t.* Ride faster than سواری میں آگے نکل جانا - گھوڑا آگے نکال لینا -

Outright (owt-rīt) *adj.* & *adv.* Downright, directly ترت - فوراً - بلا توقف - قطعی طور پر - سراسر - بے لاگ طور پر - تمام تر - کھلم کھلا - قطعی -

Outrightness *n.* صاف ہونا - بے لاگ ہونا - قطعی ہونا -

Outrival (owt-rī-vəl) *v.t.* Surpass, excel سبقت لے جانا - حریف سے بڑھ جانا - فضیلت حاصل کرنا - ترجیح پانا -

Outroot (owt-rōōt) *v.t.* Root out ختم کر دینا - جڑ سے کھود کر پھینک دینا -

Outrun (owt-run) *v.t.* Exceed in running دوڑ میں دوسروں سے آگے نکل جانا -

Outrunner (owt-run-er) *n.* Dog running in front of sledge برف گاڑی کے آگے دوڑنے والا کتا - رہبر کتا -

Outscorn (owt-scorn) *v.t.* Face with scorn تحقیر کرنا - ہتک کرنا -

Outsell (owt-sel) *v.t.* Fetch a higher price than زیادہ بیچنا - زیادہ قیمت میں بیچنا -

Outset (owt-set) *n.* Beginning شروع - ابتدا - آغاز -

Outshine (owt-shin) *v.t.* Be brighter than دوسروں سے زیادہ روشن ہونا - آب و تاب میں بڑھ جانا -

Outside (owt-sid) *n., adj., adv.* & *prep.* The outer side, farthest limit باہر - باہر کی طرف - باہر کا حصہ - بیرونی سطح - ظاہری حالت - زیادہ سے زیادہ تخمینہ - زیادہ سے زیادہ - انتہائی - کھلی ہوا میں - کھلے سمندر میں -

Outsider *n.* غیر متوقع - غیر - غیر ملکی - باہر والا - وہ گھوڑا دوڑ میں جس کے جیتنے کی امید نہ ہو -

Outsit (owt-sit) *v.t.* Sit longer than is proper دیر تک بیٹھے رہنا - دوسروں سے زیادہ دیر تک بیٹھے رہنا -

Outskirts (owt-skirts) *n.* Border نواح - حد - کنارہ - شہر کے کنارے کا علاقہ - بیرون بلد - اطراف - بیرون حاشیہ -

Outspoken (owt-spok-ən) *adj.* Frank or bold of speech بے باک - صاف گو - بے لاگ بات کہنے والا - کھری کھری سنانے والا -

Outspokenly *adv.* صاف صاف - بے باکانہ -

Outspokenness *n.* بے لاگ پن - صاف گوئی - بے باکی -

Outspread (owt-spred) *adj.* Spread out کھلا ہوا - پھیلا ہوا - وسیع - کشادہ -

Outstanding (owt-stən-ding) *adj.* Conspicuous, prominent ممتاز - نمایاں - افضل - حساب جو بے باق نہ ہوا ہو - باقی - غیر وصول شدہ -

Outstation (owt-sta-shən) *n.* Place far from the

central body وہ مقام جو مفصلات میں واقع ہو ۔ بیرونی مقام ۔

Outstay (owt-stā) *v.t.* To stay beyond or throughout زیادہ ٹھہرنا ۔ مناسب وقت سے زیادہ ٹھہرنا ۔ دیر تک قیام کرنا ۔

Outstep (owt-step) *v.t.* To step beyond کسی حد سے آگے جانا آگے بڑھ جانا ۔

Outstretched (owt-strech-d) *adj.* Stretched to the end of پھیلا یا پھیلایا ہوا ۔ حد سے زیادہ پھیلا ہوا ۔ زیادہ کھلا ہوا ۔ کشادہ ۔

Outstrip (owt-strip) *v.t.* Outdo in denuding oneself عریانی میں بڑھ جانا ۔ حد سے زیادہ عریاں ہو جانا ۔

Out-throw (owt-thrō) *n.* Amount of water that flows out پانی کا اخراج ۔ پانی کی خارج شدہ مقدار ۔

Out-thrust (owt-thrust) *n.* Outward pressure of the building عمارت کے کسی حصہ کا باہر کی طرف دباؤ ۔

Out-tongue (owt-tong) *v.t.* Speak louder than others زیادہ باتیں کر کے دبا لینا ۔

Out-trump (owt-trump) *v.i.* Play a higher card of trump (تاش) حریف کے ترپ کے پتے پر بڑا پتہ لگانا ۔

Out-turn (owt-turn) *n.* Product محنت کا ماحصل ۔ کارخانے کی مجموعی پیداوار ۔

Outvalue (owt-walu) *v.t.* Exceed in value قیمت میں زیادہ ہونا ۔

Outvoice (owt-vīs) *v.t.* Drown the voice of اتنا شور کرنا کہ دوسروں کی آواز دب جائے ۔

Outvote (owt-vōt) *v.t.* Defeat by a greater number of votes انتخاب میں زیادہ ووٹ حاصل کر کے حریف کو شکست دینا ۔

Outwalk (owt-wak) *v.t.* Walk faster and longer than دوسروں سے زیادہ تیز چل کر آگے نکل جانا ۔

Outward (owt-ward) *adj., adv. & n.* On the outside خارجی ۔ بیرونی ۔ باہر کی جانب ۔ (جمع) ظاہری چیزیں ۔

Outwardly *adv.* دیکھنے میں ۔ بظاہر ۔

Outwardness *n.* بیرونی کیفیت ۔ ظاہری حالت ۔

Outwards (owt-wards) *adj.* In an outward direction بیرونی رخ پر ۔ باہر کی سمت ۔ باہر کی طرف ۔

Outwear (owt-wi-er) *v.t.* Wear out, spend صبر و تحمل سے گزارنا ۔ صبر سے کاٹنا ۔

Outweigh (owt-wā) *v.t.* Exceed in weight وزن یا اہمیت میں بڑھ جانا ۔

Outwing (owt-wing) *v.t.* Outstrip in flying اڑنے میں آگے نکل جانا ۔

Outwit (owt-vit) *v.t.* Surpass in ingenuity ذہانت سے مغلوب کرنا ۔ حکمت عملی سے حریف کو نیچا دکھانا ۔

Outwork (owt-vork) *v.t.* Finish the work زیادہ کام کرنا ۔ کام کو پورا کرنا ۔

Ouzel (ōo-zl) *n.* A black bird ایک قسم کی سیاہ چڑیا ۔ سیاہ فام آدمی ۔

Ova (ō-vä) *adj.* Like an egg بیضوی ۔

Oval (ō-val) *n. & adj.* Elleptical بیضوی شکل کا ۔ کوئی بیضوی شکل کی چیز ۔

The Oval لندن میں کرکٹ کا مشہور میدان ۔

Ovary (ō-və-ri) *n.* The female genital gland بیضہ دان ۔ رحم ۔

Ovaritis *n.* رحم کا ورم ۔ بیضہ دان کا ورم ۔

Ovate (o-vāt) *adj.* Egg-shaped بیضوی ۔

Ovation (ō-vā-shən) *n.* Outburst of popular applause زور شور کا استقبال ۔ نعرہ ہائے مسرت و تحسین ۔

Oven (uv-n) *n.* Cavity for baking چولہا ۔ تنور ۔

Over (o-vər) *adv., adj. & prep.* In power, in excess of نکلتا ہوا ۔ بڑھتا ہوا ۔ آگے کو ۔ باہر کو ۔ نیچے ۔ اوپر ۔ بالا ۔ پر ۔ آگے ۔ آر پار ۔ ایک جگہ سے دوسری جگہ ۔ علاوہ ۔ سوار ۔ اور بھی ۔ اول سے آخر تک ۔ تفصیل سے ۔ ختم ۔ آخر ۔ اوپر کا ۔ باہر کا ۔ بیرونی ۔ بہتر ۔ بے حد ۔ آگے پیچھے ۔ ہر جگہ ۔ متعلق ۔ بابت ۔ دوران میں ۔ اثنا میں ۔

Over again نئے سرے سے ۔

Over against سامنے ۔ مقابل ۔

Over and above علاوہ ۔ ما سوا ۔

Over heads and ears پورا ڈوبا ہوا ۔ سراپا ۔ بالکل ۔ سرا سر ۔

Over-abundant (ō-vər-a-bun-dənt) *adj.* Excessive افراط سے ۔ وافر ۔ ضرورت سے زیادہ ۔

Over-abundance (ō-vər-a-bun-dens) *n.* Excessive amount افراط ۔ کثرت ۔ بہتات ۔ زیادتی ۔

Overact (ō-vər-akt) *v.t.* Overdo the part ضرورت سے زیادہ اداکاری دکھانا ۔

Over-active (ō-vər-ak-tiv) *adj.* More active than necessary ضرورت سے زیادہ مستعد اور چست و چالاک ۔

Over-activity (ō-vər-ak-tiv-i-ti) *n.* Over-alertness ضرورت سے زیادہ مستعدی ۔

Over-agitate (ō-vər-aji-tat) Stir violently ضرورت سے زیادہ جوش میں آنا ۔

Over-agitation (ō-vər-aji-ta-shən) *n.* Over-stirring ضرورت سے زیادہ جوش ۔

Overall (ō-vər-awl) *n.* Protective garment worn over ordinary clothes لبادہ جو عورتیں کام کرتے وقت پہن لیتی ہیں ۔

Overawe (ō-vər-aw) *v.t.* Daunt by superior influence خوف دلانا ۔ دہشت دلانا ۔ مرعوب کر دینا ۔

Over-balance (ō-vər-ba-ləns) *v.t.* Exceed in weight or value وزن میں بڑھ جانا ۔ قیمت زیادہ ہو جانا ۔ عدم توازن سے گرنا ۔ ڈگمگانا ۔ تہہ و بالا کرنا ۔ اہمیت زیادہ ہو جانا ۔

Overbear (ō-vər-bēr) *v.t.* Overpower دبانا ۔ مغلوب کرنا ۔ دبائے رکھنا ۔ زیر کرنا ۔ تنگ کرنا ۔ مات کرنا ۔ اہمیت میں بڑھ جانا ۔ وزن میں بڑھ جانا ۔

Overbearing (ō-vər-bēr-ing) *adj.* Haughty زبردست ۔ دبنگ ۔ تحکم پسند ۔ متکبر ۔

Overbid (ō-vər-bid) *v.t.* To bid more than the value of قیمت سے زیادہ دام لگانا ۔ بڑھ کر بولی دینا ۔ (برج کا کھیل) پتوں کی حیثیت سے زیادہ بولی بولنا ۔

Overblow (ō-vər-blō) *v.t.* Blow with too much violence ہوا کے تیز جھکڑ چلنا ۔ شدت سے چلنا ۔ بانسری وغیرہ بہت زور سے بجانا ۔

Overblown (ō-vər-blōn) *adj.* At an end زیادہ کھلا ہوا ۔ شباب سے گزرا ۔ ختم ہوا ۔ فرو شدہ ۔

Overboard (ō-vər-bōrd) *adv.* Out of ship جہاز یا کشتی پر سے ۔

Over-build (ō-vər-bild) *v.t.* Cover with buildings عمارتوں کی بھرمار کر دینا ۔ بیحد گنجان عمارتیں بنا دینا ۔ ضرورت سے زائد مکانات بنانا ۔

Overburden (ō-vər-bur-dən) *v.t.* Burden over much بہت زیادہ بوجھ لاد دینا ۔ حد سے زیادہ زیر بار کرنا ۔

Overbusy (ō-vər-bi-zi) *adj.* Too busy ضرورت سے زیادہ مشغول ۔ بے انتہا مصروف ۔

Overbuy (ō-vər-bī) *v.t. & i.* Buy dearer than بہت مہنگا خریدنا ۔

Over-capitalize (ō-vər-kə-pita-līz) *v.t.* Fix the capital too high کمپنی میں ضرورت سے زائد سرمایہ معین کرنا ۔ سرمایہ کا اندازہ ضرورت سے زیادہ کرنا ۔

Over-carry (ō-ver-kā-ri) *v.t.* Carry too far بہت دور تک لے جانا ۔

Over-careful (ō-vər-kər-ful) *adj.* Over-cautious بیجا طور پر احتیاط کرنے والا ۔ حد سے زیادہ محتاط ۔

Overcharge (ō-vər-charj) *v.t. & n.* Charge too great a price بہت لاد دینا ۔ بہت زیادہ قیمت وصول کرنا ۔ ضرورت سے زیادہ بھر دینا ۔ مبالغہ کرنا ۔ بڑھا چڑھا کر لکھنا ۔ بہت زیادہ رنگ آمیزی کرنا ۔ تصویر میں نقوش کی بھرمار کرنا ۔ زائد قیمت ۔

Overcloud (ō-vər-klowd) *v.t.* Cover with clouds, cast gloom بادلوں سے ڈھک دینا ۔ مغموم کر دینا ۔

Overcloy (ō-vər-kloi) *v.t.* Surfeit بھرنا ۔ اکتانا ۔ بے حد سیر کر دینا ۔ حلق تک بھر دینا ۔

Overcoat (ō-vər-kōt) *n.* Top-coat بالائی کوٹ ۔ لبادہ ۔ بالا پوش ۔ فرغل ۔

Over-colour (ō-vər-ko-lər) *v.t.* Colour too strongly بے حد رنگ آمیزی کرنا ۔ شوخ رنگ بھرنا ۔

Overcome (ō-vər-kom) *v.t.* Get the better of شکست دینا ۔ مغلوب کرنا ۔ زیر کرنا ۔ سر کرنا ۔

Over-confidence (ō-vər-ken-fi-dəns) *n.* Excessive confidence اعتماد - ضرورت سے زیادہ خود اعتمادی -

Over-confident (ō-vər-kon-fi-dənt) *adj.* More confident than justified ضرورت سے زیادہ بھروسہ کرنے والا -

Over-cover (ō-vər-kə-ver) *v.t.* Cover completely بالکل ڈھانپ دینا -

Over-credulous (ō-vər-kre-du-ləs) *adj.* Too ready to believe سریع الاعتقاد - ضرورت سے زیادہ بھولا -

Overcrop (ō-vər-krop) *v.t.* Take too much out by cultivation متواتر کاشت کرکے زیادہ سے زیادہ فصل حاصل کرنا - زمین کو کمزور کر دینا -

Overcrow (ō-vər-krō) *v.t.* Triumph over غالب آنا - اکڑنا - فتح کا ہنگامہ کرنا -

Overcrowd (ō-vər-krowd) *v.t.* Fill to excess بھیڑ لگانا - جگہ سے زیادہ بھرنا - بیحد بھرنا -

Overcunning (ō-vər-kun-ing) *n.* Cleverness غیر معمولی چالاکی - ہوشیاری -

Over-curious (ō-vər-ku-ri-əs) *adj.* Inquisitive ضرورت سے زیادہ تجسس کرنے والا - کھوجیا - راز جو -

Over-curiosity (ō-vər-ku-ri-ə-siti) *n.* Eagerness to know کھوج لگانا - تجسس پسندی -

Over-delicacy (ō-vər-de-li-kə-si) *n.* Fastidiousness ضرورت سے زیادہ نزاکت - غیر معمولی نفاست پسندی -

Overdaring (ō-vər-dar-ing) *adj.* Fool hardy بیوقوف - اجڈ - دلیر - خطرہ پسند -

Overdevelop (ō-vər-deve-lop) *v.t.* Develop too much بلا ضرورت بڑھنا یا بڑھانا - فلم وغیرہ کو ضرورت سے زیادہ مسالوں سے دھونا -

Overdo (ō-vər-dō) *v.t.* Carry too far, overact حد سے زیادہ سعی کرنا - ضرورت سے زیادہ کرکے خراب کر دینا - ضرورت سے زیادہ اداکاری کرنا -

Overdose (ō-vər-dōz) *v.t.* & *n.* Give an excessive dose خوراک سے زیادہ دوا پلا دینا - مقدار سے زائد دوا پلانا - زائد از ضرورت دوا کی خوراک -

Overdraft (ō-vər-draft) *n.* Draft in excess of the amount in bank بنک میں جتنی رقم جمع ہے اس سے زیادہ نکال لینا - فاضل وصولی -

Overdraw (ō-vər-drȧ) *v.t.* Draw beyond one's credit اپنی رقم سے زیادہ نکال لینا - مبالغہ یا رنگ آمیزی کرنا -

Overdress (ō-vər-dres) *v.t.* Dress too elaborately ضرورت سے زائد پوشاک پہننا -

Overdrive (ō-vər-drīv) *v.t.* Drive too hard دوڑا دوڑا کر تھکا مارنا - کسی سے اتنا کام لینا کہ وہ شل ہو جائے -

Overdue (ō-vər-dū) *adj.* Unpaid معیاد سے زائد - جو بر وقت ادا نہ کی گئی ہو -

Over-earnest (ō-vər-er-nəst) *adj.* Too earnest ضرورت سے زائد سرگرم - نہایت سرگرم -

Over-eat (ō-vər-ēt) *v.t.* Surfeit with eating حلق تک ٹھونس لینا -

Over-estimate (ō-vər-esti-māt) *v.t.* To estimate too highly زیادہ تخمینہ لگانا - اصل قیمت سے زیادہ سمجھنا -

Over-expose (ō-vər-eks-pōs) *v.t.* Expose too much to light روشنی میں زیادہ دیر تک کھلا رکھنا - فوٹو لیتے وقت پلیٹ کو دیر تک روشنی میں رکھنا -

Overfall (ō-vər-fal) *n.* Sudden increase of depth گہرائی میں فوری زیادتی - زیر آب چٹانوں پر پانی کا بہاؤ - سمندر کا پر شور حصہ -

Overfeed (ō-vər-fēd) *v.t.* Feed more than is good بہت کھلانا - بھرانا - ضرورت سے زائد غذا دینا - حد سے زیادہ کھلانا -

Over-fill (ō-vər-fil) *v.t.* Fill to overflowing بے حد بھر دینا - لبریز کر دینا -

Overflow (ō-vər-flō) *n.* Flood طغیانی - سیلاب - وہ پانی جو دریا کے کناروں سے بہہ نکلے - زائد چیز - فاضل چیز -

Overflow (ō-vər-flō) *v.t.*, *i.* & *n.* To flow over and beyond چھلکنا - بہہ نکلنا - سیلاب آنا - وافر ہونا - فراواں ہونا -

Overflowing (ō-vər-flō-ing) *adj.* & *n.* Flowing over, running over ابلتا ہوا - چھلکتا ہوا - پھوٹ کر بہتا ہوا - طغیانی - سیلاب - کثرت - فراوانی -

Overforward (ō-vər-for-ward) *adj.* Too forward
ضرورت سے زیادہ آمادہ ۔

Overfreight (ō-vər-frit) *v.t.* Over load
بری طرح بھر دینا ۔ حد سے زیادہ لادنا ۔

Overfull (ō-vər-ful) *adj.* Too full
لبالب ۔ لبریز ۔ حد سے زیادہ بھرا ہوا ۔

Overglance (ō-vər-glans) *v.t.* Took hastily over
سرسری نگاہ ڈالنا ۔

Overgo (ō-vər-go) *v.t.* Surpass, overpower
سبقت لے جانا ۔ گزر جانا ۔

Overgild (ō-vər-gild) *v.t.* Make shiny
گہرا ملمع کرنا ۔ ملمع کرنا ۔

Overgovern (ō-vər-go-vern) *v.t.* Pass unnecessary laws
بے معنی ضابطے نافذ کرنا ۔ بیکار قوانین کی پابندی کرانا ۔

Overgrow (ō-vər-grō) *v.t.* Cover with growth
بیلیں پھیل جانا ۔ دیوار پر بیلوں کا چڑھ جانا ۔ زمین کو ڈھک لینا ۔

Overgrowth (ō-vər-grōth) *n.* Excessive abnormal growth
حد سے زیادہ بالیدگی ۔ بیلوں کا غیر معمولی پھیلاؤ ۔

Overhand (ō-vər-hand) *adv. & adj.* Done or performed overhand
ہاتھ کو کندھے سے اونچا اٹھائے ہوئے ۔ اونچے ہاتھ سے ۔

Overhang (ō-vər-hang) *v.t., i. & n.* Project over
آگے کو نکل جانا ۔ پھیلا ہوا ہونا ۔ کسی چیز کو ڈھک کر آگے نکلنا ۔ سر پر منڈلانا ۔ جھکاؤ ۔

Over-hasty (ō-vər-has-ti) *adj.* Excessively hasty
جلد باز ۔

Overhaul (ō-vər-hawl) *v.t.* Turn over for examination
ایک ایک پرزے کو علیحدہ کرکے معائنہ کرنا ۔ جانچ پڑتال کرنا ۔ (بحریہ) آگے جانے والے جہاز کو پکڑ لینا ۔ برابر پہنچ جانا ۔

Overhead (ō-vər-hed) *adv. & adj.* Above one's head
بالائے سر ۔ سر پر ۔ آسمان پر ۔ اوپر کی منزل میں ۔ بالائی ۔ زائد ۔

Overhead charges
بالائی اخراجات ۔

Overhear (ō-vər-hēr) *v.t.* Hear by accident
اتفاقاً سن لینا ۔ کان میں پڑ جانا ۔

Overhoused (ō-vər-howsd) *adj.* Living in a far bigger house than necessary
اپنی ضرورت سے کہیں زیادہ بڑے مکان میں رہنا ۔

Over-indulgence (ō-vər-in-dul-jens) *n.* Excessive indulgence
بالہوسی ۔ بے اعتدالی ۔

Over-issue (ōvər-ishu) *v.t.* Issue in excess as bank notes or bills of exchange
غیر معمولی تعداد میں نوٹ یا ہنڈیاں جاری کرنا ۔

Overjoyed (ō-ver-jōy-d) *adj.* Transported with delight
باغ باغ ۔ خوشی کے مارے آپے سے باہر ۔

Overjump (ō-vər-jump) *v.t.* Jump too far over, pass over
اوپر سے کودنا ۔ کود کر گزر جانا ۔ ضرورت سے زیادہ کود کر گزرنا ۔

Overlabour (ō-vər-la-bər) *v.t.* Over work, labour hard
بے حد محنت سے کوئی کام کرنا ۔ کسی مسئلے میں غیر معمولی تفصیل سے کام لینا ۔

Overladen (ō-ver-lād-n) *adj.* Over-burdened
بے حد بوجھل ۔ حد سے زیادہ لدا ہوا ۔

Overland (ō-vər-land) *adv. & adj.* Passing entirely by land
خشکی کا ۔ خشکی کے راستے ۔ خشکی سے ۔

Overlap (ō-vər-lap) *v.t. & i.* Extend over and beyond the edge of
ایک چیز کا بڑھ کر دوسری چیز کو ڈھانک لینا ۔ دو چیزوں کا ایک دوسرے کے اوپر آجانا ۔ ایک حد تک منطبق ہونا ۔

Overlay (ō-vər-lā) *n. & v.t.* Cover by laying something over
کسی چیز کو کسی کپڑے وغیرہ سے بند کر دینا ۔ ڈھانپنا ۔ سطح پر پھیلانا ۔ پھیلائی ہوئی چیز ۔

Overleaf (ō-vər-lēf) *adv.* On the other side of leaf
ورق کے دوسری طرف ۔ ورق کی پشت پر ۔

Overleap (ō-vər-lēp) *v.t.* Pass over without notice
پھاند جانا ۔ کود جانا ۔ اچھل کر اس پار ہو جانا ۔ نظر انداز کرنا ۔

Overlie (ōvər-lī) *v.i.* Lie above or upon کسی کے اوپر لیٹ جانا - اوپر لیٹ کر دبا لینا - اوپر لیٹ کر بے دم کردینا -

Overload (ō-ver-lōd) *v.t.* & *n.* Put heavy burden on حد سے زیادہ بوجھ ڈالنا - زیادہ لادنا -

Overlook (ō-vər-luk) *v.t.* Fail to notice or take into account بلند جگہ سے دیکھنا - کسی مقام سے زیادہ بلندی پر ہونا - چشم پوشی کرنا - نظر انداز کرنا - اغماض کرنا - دھیان نہ کرنا - نظرثانی کرنا -

Overlord (ō-vər-lord) *n.* A lord over other lords سب سے بڑا سردار - فرمانروا -

Overlordship (ōvər-lord-ship) *n.* Rulership فرمانروائی - حکمرانی - اقتدار اعلیٰ -

Overmantle (ō-vər-men-tl) *n.* An ornamental structure منقش الماری جو آتش دان پر بنی ہو - آتش دان کے طاق کی منقش الماری -

Overmany (ō-vər-mani) *adj.* Too many تعداد میں بکثرت - بہت زیادہ -

Overmaster (ō-vər-mast-ər) *v.t.* Overpower مغلوب کرنا - زیر کرنا -

Overmatch (ō-vər-mach) *v.t.* & *n.* Be more than a match زبردست ہونا - طاقت میں بڑھا ہوا ہونا - غالب آنا -

Overmeasure (ōvər-me-zh-ər) *v.t.* Measure above the true value زیادہ اندازہ لگانا - اصلی قیمت سے زیادہ اندازہ کرنا -

Overmuch (ōvər-much) *adj.* & *adv.* Too much بہت زیادہ - حد سے زیادہ - نہایت -

Overnice (ōvər-nīs) *adj.* Too fastidious حد سے زیادہ نازک مزاج - بے حد نفاست پسند -

Overniceness (ōvər-nis-nēs) *n.* Fastidiousness خوش اخلاق - باریک بینی - نفاست پسندی - نزاکت -

Overnight (ōvər-nīt) *adv.* & *adj.* All the night, during the night راتوں رات - رات بھر میں - اگلی رات میں -

Overofficious (ōvər-of-i-shəs) *adj.* Lording by virtue of office حاکمانہ - متکبرانہ -

Overpass (ōvər-pas) *v.t.* Pass by without noticing درگزر کرنا - نظر انداز کرنا -

Overpay (ōvər-pā) *v.t.* Pay too much اجرت سے زیادہ دینا - تنخواہ سے زیادہ دینا -

Overpayment (ōvər-pā-mənt) *n.* Money given over what is ample حق سے زیادہ معاوضہ -

Overpeopled (ōvər-pe-pld) *adj.* Filled with too many people بے حد گنجان آبادی والا -

Overpersuade (ōvər-pər-swad) *v.t.* To persuade against one's inclination ورغلانہ - بہکانہ - پھسلنا - کسی نہ کسی طرح راہ پر لانا -

Overplus (ōvər-plus) *n.* Surplus ضرورت سے زیادہ چیز - بیشی - باقی -

Overpopulated (ōvər-pop-u-lat-əd) *adj.* Having people in excessive number بے حد گنجان آبادی والا -

Overpower (ōvər-powər) *v.t.* Subdue بے بس کر دینا - زیر کرنا - مغلوب کرنا - غالب آنا - چھا جانا -

Overpowering (ōvər-powər-ing) *adj.* Irresistible ناقابل مزاحمت - شدید - بے پناہ -

Overpraise (ōver-prāz) *v.t.* Praise too much بے حد تعریف کرنا - ضرورت سے زیادہ تعریف کرنا -

Overpressure (ōvər-pre-shər) *n.* Excessive pressure of work کام وغیرہ کا شدید دباؤ -

Overprint (ōvər-print) *v.t.* Print over already printed surface چھپے ہوئے کاغذ کے کسی حصہ پر دوبارہ چھاپنا - فوٹو وغیرہ میں زیادہ رنگ یا روشنائی دینا -

Overproduce (ōvər-pro-dūs) *v.t.* Produce more than is required ضرورت سے زیادہ پیدا کرنا -

Overproduction (ōvər-pro-duk-shən) *n.* Excessive production - ضرورت سے زیادہ فاضل پیداوار

Over-rate (ōvər-rāt) *v.t.* Value too high اصلیت سے بڑھ کر سمجھنا - حق سے زیادہ قدر کرنا - اصل قیمت سے بڑھ کر قیمت لگانا -

Over-reach (ōvər-rēch) *v. ref.* & *i.* Outwit and get the better of فریب دینا - ٹھگنا - بے وقوف بنانا - شکست دینا -

Over-read (ōvər-rēd) *v.t.* Read over بے حد مطالعہ کرنا ۔ حد سے زیادہ پڑھنا ۔

Override (ōvər-rīd) *v.t.* Exhaust by too much riding, set aside زیادہ سواری کرکے گھوڑے کو تھکا مارنا ۔ کسی کی رائے کو ٹھکرا دینا ۔ تاخت و تاراج کرنا ۔ مطالبات کو ٹھکرا دینا ۔

Overripe (ōvər-rīp) *adj.* More than ripe بہت پکا ہوا ۔ اتنا پکا ہوا کہ ناقابل استعمال ہو ۔

Overrule (ōvər-rōōl) *v.t.* Modify or set aside by greater power مسترد کر دینا ۔ نا منظور کر دینا ۔ طاقت کے زور پر ناجائز ٹھہرانا ۔

Overrun (ōvər-rūn) *v.t.* Crush under feet or wheel تاخت و تاراج کرنا ۔ لوٹ مار کرنا ۔ برباد کرنا ۔ ظلم کرنا ۔ حد سے بڑھ جانا ۔ پھیل جانا ۔

Oversea (ōvər-sē) *adj.* & *adv.* Beyond or from beyond the sea سمندر پار کا ۔ سمندر پار سے ۔

Oversee (ōvər-sē) *v.t.* Superintend نگرانی کرنا ۔ دیکھ بھال کرنا ۔

Overseer (ōvər-se-ər) *n.* One who oversees ناظر ۔ مہتمم ۔ نگران کار ۔

Overset (ōvər-set) *v.t.* Upset اوندھا کرنا ۔ تہہ و بالا کرنا ۔ پچھاڑنا ۔ برباد کرنا ۔

Overshadow (ōvər-shad-o) *v.t.* Throw a shadow over آب و تاب میں بڑھ جانا ۔ ماند کر دینا ۔

Overshoe (ōvər-shōō) *n.* A shoe worn over another جوتے کے اوپر پہننے کا جوتا ۔

Overshoot (ōvər-shōōt) *v.t.* Shoot over or beyond ۔ نشانے سے آگے مارنا ۔ اصل مقصد سے تجاوز کرنا ۔

Oversight (ōvər-sīt) *n.* Failure to notice بھول چوک ۔ سہو ۔ غلطی ۔ نظر کی غلطی ۔

Oversleep (ōvər-slēp) *v.t.* Indulge in sleeping too long دیر تک سوتے رہنا ۔

Overspent (ōvər-spent) *adj.* Exhausted ہارا ہوا ۔ تھکا ہوا ۔ تھکا ماندا ۔

Overstate (ōvər-stāt) *v.t.* State too strongly مبالغہ کرنا ۔ رنگ آمیزی کرنا ۔ رائی کا پہاڑ بنانا ۔

Overstatement (ōvər-stat-mənt) *n.* Exaggerated account مبالغہ آمیز بیان ۔ رنگ آمیزی ۔

Overstay (ōvər-stā) *v.t.* Stay more than necessary مناسب وقت سے زیادہ ٹھہرنا ۔

Overstep (ōvər-step) *v.t.* Transgress حد سے باہر قدم رکھنا ۔ حد سے تجاوز کرنا ۔

Overstock (ōvər-stok) *v.t.* Stock over much ضرورت سے زائد چیزیں جمع کر لینا ۔

Overstrain (ōvər-strān) *v.t.* & *n.* Strain beyond the limit حد سے زیادہ محنت کرنا ۔ اعصاب پر غیر معمولی بار ڈالنا ۔ بے حد اہمیت دینا ۔

Overstrung (ōvər-strung) *adj.* Too highly strung بے حد تنے ہوئے ۔ اعصابی ۔ کشیدہ خاطر ۔

Overstudy (ōvər-sted-i) *v.t.* Study too much غیر معمولی مطالعہ کرنا ۔ دیر تک پڑھنا ۔

Oversubscribe (ōvər-subs-krīb) *v.t.* Subscribe far beyond what is required ضرورت سے زیادہ چندہ دینا ۔ ضرورت سے زیادہ حصے خرید لینا ۔

Oversupply (ōvər-sə-plī) *v.t.* Supply more than required ضرورت سے زیادہ رسد پہنچانا ۔

Oversway (ōvər-swā) *v.t.* Overrule, bear down مغلوب کرنا ۔ زیر کرنا ۔ مجبور کرنا ۔

Overt (ō-vərt) *adj.* Open to view کھلا ہوا ۔ عیاں ۔ آشکارا ۔ ظاہر ۔

Overtly *adv.* اعلانیہ طور پر ۔ کھلم کھلا ۔

Overtake (ōvər-tāk) *v.t.* Catch up with جا لینا ۔ جا پکڑنا ۔ پہنچ کر پکڑ لینا ۔ ناگہانی مصیبت آنا ۔

Overtask (ōvər-tȧsk) *v.t.* Impose too heavy a task سخت کام لینا ۔ حد سے زیادہ محنت لینا ۔ حد سے زیادہ بوجھ ڈالنا ۔

Overtax (ōvər-taks) *v.t.* Require too much of ناقابل برداشت محنت لینا ۔ بہت زیادہ محصول لگانا ۔

Overthrow (ōvər-thrō) *v.t.* & *n.* Throw over, overturn, upset ۔ زیر و زبر کرنا ۔ تہہ و بالا کرنا ۔ کچلنا ۔ شکست دینا ۔ زوال ۔ بربادی ۔ خاتمہ ۔

Overthwart (ōvər-thwāwrt) *v.t.*, *adj.* & *prep.* Opposite, transverse, lie athwart ۔ آر پار ہونا ۔ بیڑے بیڑے لیٹنا ۔ مقابل ۔ مخالف ۔ کاٹا ہوا ۔ پار ۔

Overtime (ōvər-tīm) *n. & adv.* Extra work, untimely مقررہ فرائض کے علاوہ کام ۔ بے وقت ۔ وقت کے بعد ۔

Overtire (ōvər-tīr) *v.t.* Overwork بے حد تھکا دینا ۔

Overtoil (ōvər-tōl) *v.t.* Work very hard بے حد محنت کرنا ۔ جان توڑ کر کام کرنا ۔

Overtower (ōvər-towr) *v.t.* Soar too high زیادہ بلند پروازی کرنا ۔

Overtrain (ōvər-trān) *v.t.* Train so far as to do harm حد سے زیادہ مشق کرانا ۔ اتنی مشق کرانا کہ نقصان پہنچ جائے ۔

Overture (ōvər-tur) *n.* An opening تحریک ۔ درخواست ۔ آغاز گفتگو ۔ صلح کی سلسلہ جنبانی ۔ آغاز ۔ ابتدائی کاروائی ۔

Overturn (ōvər-turn) *n. & v.t.* Subvert, throw down الٹ دینا ۔ تہہ و بالا کر دینا ۔ مٹا دینا ۔ گرانا ۔ الٹ پلٹ ۔ انقلاب ۔

Overvalue (ōvər-valu) *v.t.* Set too high a value on حد سے زیادہ قیمت لگانا ۔ حد سے زیادہ اہمیت دینا ۔

Overveil (ōvər-vel) *v.t.* Veil over or cover ڈھانکنا ۔ چھپا دینا ۔

Overweening (ōvər-wēning) *adj.* Presumptuous, arrogant خود بین ۔ مغرور ۔ خود پسند ۔ اپنے آپ کو بڑا سمجھنے والا ۔ مغرورانہ ۔ خود پسندانہ ۔

Overweigh (ōvər-wā) *v.i.* Be heavier than وزن میں زیادہ ہونا ۔

Overweight (ōvər-wāt) *n.* Weight beyond what is required or allowed مقررہ مقدار سے زائد وزن ۔

Overweighted (ōvər-wā-td) *adj.* Heavier than the required weight مقررہ وزن سے زائد وزنی ۔

Overwhelm (ōvər-hwelm) *v.t.* Reduce to helplessness بے بس کر دینا ۔ کچل ڈالنا ۔ برباد کر دینا ۔ سوالات سے ناک میں دم کر دینا ۔ جذبات سے بے قابو کر دینا ۔

Overwhelming (ōvər-hwelm-ing) *adj.* Overpowering زبردست ۔ قوی ۔ بے حد ۔ بے پناہ ۔

Overwork (ōvər-wurk) *v.t., i. & n.* Work over much طاقت سے زیادہ کام لینا ۔ کام لیتے لیتے تھکا دینا ۔ بے انتہا کام ۔ حد سے زیادہ کام ۔

Overworn (ōvər-worn) *adj.* Spoiled by use فرسودہ ۔ گھسا ہوا ۔ مستعمل ۔ سال خوردہ ۔

Overwrite (ōvər-rīt) *v.r. & i.* Write too much about کسی موضوع پر ضرورت سے زیادہ لکھنا ۔ کسی لکھی ہوئی چیز پر لکھنا ۔ بلا ضرورت لکھنا ۔

Oviduct (ō-vi-dukt) *n.* Tube by which the egg escapes from the ovary جانوروں کے رحم میں انڈے کے نکلنے کی نالی ۔

Ovine (ō-vīn) *adj.* Of sheep بھیڑ کے متعلق ۔ بھیڑ کی مانند ۔

Ovoid (ō-void) *adj. & n.* Egg-shaped انڈے کی شکل کا ۔ بیضوی چیز ۔

Ovule (ōv-ūl) *n.* Body which on fertilisation becomes the seed انڈہ ابتدائی شکل میں ۔ مادہ جو زرخیزی کے بعد تخم بنتا ہے ۔ بیضک ۔

Ovum (ō-vəm) *n.* The egg-cell or female germ, etc. بیضہ ۔ انڈہ ۔

Owe (ō) *v.t. & i.* Be under obligation to pay مقروض ہونا ۔ ممنون ہونا ۔ زیر بار احسان ہونا ۔

Owing (ō-ing) *prep. & adj.* Because of, to be paid قرض ۔ واجب الادا ۔ بسبب ۔ بوجہ ۔ باعث ۔ وجہ سے ۔

Owl (owl) *n.* Nocturnal bird with large head and big eyes الو ۔ بوم ۔ احمق ۔ کودن ۔ بیوقوف جو عقلمندوں کی سی صورت بنائے ۔

Fly with the owl راتوں کو جاگنے کا عادی ہونا ۔

Owl light جھٹ پٹا ۔ دھندلکا ۔

Owls to Athens جہاں کسی چیز کی افراط ہو وہاں وہی چیز بھیجنا ۔ الٹے بانس بریلی کو ۔

Owlish *adj.* بیوقوف سا ۔ الو جیسا ۔

Owlet (ow-let) *n.* Young owl چھوٹا الو ۔ الو کا پٹھا ۔

Own (on) *adj.* Possess as one's own اپنا ۔ خاص ۔ ذاتی ۔ خود کا ۔ سگا ۔ حقیقی ۔

Hold one's own اپنا اقتدار بر قرار رکھنا - اپنی جگہ پر جمے رہنا -

Get one's own back کسی سے بدلہ لینا -

Own (on) *v.t.* Concede, confess, claim as one's own مالک ہونا - حقدار ہونا - ماننا - تسلیم کرنا - اعتراف کرنا - اپنا بنانا - اپنا سمجھنا - اپنے اوپر لینا - اقرار جرم کرنا -

Own up اقبال جرم کرنا -

Owner *n.* حقدار - وارث - مالک -

Ownership *n.* وارثت - ملکیت -

Ox (oks) *n.* General name for male and female of domestic cattle بیل - نر گاؤ - گائے بیل -

Ox-eyed (oks-id) *adj.* Having large eyes بڑی آنکھوں والا - گاؤ چشم -

The black ox has trod on his foot اس پر بڑھاپا آ گیا ہے - اسے مصیبت نے آ گھیرا ہے -

Oxford (oks-fərd) *n.* University at Oxford شہر آکسفورڈ - جامعہ آکسفورڈ -

Oxford bags ڈھیلا پتلون -

Oxford blue آکسفورڈ کے کھلاڑی کا نشان - گھرا نیلا رنگ -

Oxford man جامعہ آکسفورڈ کا تعلیم یافتہ -

Oxgang (oks-gang) *n.* Plot of land to be tilled by an ox ایک بیل سے جوتنے بھر کی زمین -

Oxide (oks-īd) *n.* Compound of oxygen and some other element کسی عنصر کے ساتھ آکسیجن کا مرکب - آکسائڈ -

Oxidize (oks-i-dīz) *v.t. & i.* Mix with oxygen آکسیجن ملانا - آکسیجن سے مرکب کرنا - رنگ آلود کرنا یا ہونا -

Oxidization *n.* آکسیجن سے مرکب ہونا - رنگ آلود ہو جانا -

Oxonian (oks-ō-ni-ən) *adj. & n.* Belonging to Oxford آکسفورڈ کا طالب علم - جامعہ آکسفورڈ کا رکن -

Oxygen (oks-i-jen) *n.* A gas without taste, colour or smell آکسیجن - ایک بے رنگ ، بے بو اور بے ذائقہ گیس -

Oxygenate (oks-i-jin-āt) *v.t.* Treat with oxygen کسی چیز میں آکسیجن داخل کرنا -

Oxymel (oks-i-mel) *n.* A mixture of vinegar and honey سکنجبین -

Oxytone (oks-i-tōn) *n. & adj.* Having accent on the last syllable وہ لفظ جس کے آخری حرف پر زور دیا جائے -

Oyes, oyes, oyes (o-is) *interj.* Call of a public crier عدالت میں مشتہر کرنے والا یہ الفاظ تین بار کہتا ہے - سنو - سنو - سنو -

Oyster (ois-tər) *n.* Bivalve shell fish صدفہ - گھونگھا - جھینگا -

Ozokerit (ō-zō-kər-īt) *n.* A waxy natural paraffin ایک قسم کا قدرتی مومی پیرافین -

Ozone (ō-zōn) *n.* A form of oxygen اوزون گیس - صحت بخش گیس - آکسیجن کی ایک شکل جو سمندری ہوا میں پائی جاتی ہے -

P

P (pē) *n.* The sixteenth letter of the English alphabet انگریزی حروف تہجی کا سولھواں حرف -

Mind your P's and Q's جزئیات کا خیال رکھو - اپنی عادات میں پوری طرح محتاط رہو -

Pa (pä) *n.* Vulgar or child word for father باپ - ابا -

Pabulum (pab-u-ləm) *n.* Food of any kind خوراک - غذا - کھانا - (مجازاً) ذہنی غذا -

Mental pabulum روحانی غذا - دماغی غذا -

Pace (pās) *n.* The space between the feet in walking قدم - گام - ڈگ - چال - رفتار - ایک قدم کا فاصلہ - گھوڑے کا قدم - گھوڑے کی چال - رفتار ترقی -

Keep pace with ساتھ چلنا - برابر چلنا - قدم بہ قدم چلنا -

Put person through his paces کام کرا کر دیکھنا - کام کا موقع دینا - کسی شخص کی صلاحیت کا عملی تجربہ کرنا -

Pace (pas) *v.i. & t.* Traverse with measured steps آہستہ چلنا ۔ قدم قدم چلنا ۔ قدموں سے ناپنا ۔ جلد جلد چلنا ۔ آگے آگے رہنا ۔ بندھی رفتار سے چلنا ۔

Pacer (pas-er) *n.* قدم باز ۔ بندھی ہوئی رفتار سے چلنے والا ۔ قدم قدم چلنے والا ۔

Pacha (pasha) *n.* Title of Turkish nobility پاشا ۔

Pachyderm (pak-i-derm) *n.* Thick-skinned animal موٹی کھال کا چوپایہ مثلاً ہاتھی ۔ گینڈا ۔ بے حس آدمی جس پر کسی بات کا اثر کم ہو ۔

Pacific (pas-i-fik) *adj.* Peaceful, pertaining to Pacific Ocean امن پسند ۔ صلح جو ۔ بحرالکاہل کے متعلق ۔

Pacifically *adv.* صلح جویانہ طور پر ۔ امن پسندانہ طریقے سے ۔

Pacification (pas-i-fik-a-shən) *n.* Conciliation ٹھنڈا کرنا ۔ فرو کرنا ۔ مصالحت ۔ صلح ۔ صلح نامہ ۔

Pacificatory *adj.* صلح جویانہ ۔ امن پسندانہ ۔ تالیف قلوب کا ۔ مصالحانہ ۔

Pacificizm (pas-I-fis-ism) *n.* Belief and principles of pacifists عدم تشدد کے حامیوں کے اصول ۔ امن پسندی ۔ صلح پسندی ۔

Pacifist (pas-i-fist) *n.* One who is opposed to war عدم تشدد کا حامی ۔ جنگ کا مخالف ۔

Pacify (pas-i-fī) *v.t.* Appease, bring peace ٹھنڈا کرنا ۔ فرو کرنا ۔ نرم کرنا ۔ صلح کرانا ۔ راضی کرنا ۔ امن و امان قائم کرنا ۔

Pack (pak) *n.* A bundle, stock گٹھری ۔ بقچہ ۔ پوٹ ۔ مجموعہ ۔ انبار ۔ منڈلی ۔ غول ۔ جھنڈ ۔ رگبی کے آگے کے کھلاڑی ۔ تاش کی گڈی ۔ برف کے بڑے بڑے تیرنے والے تودے ۔ مچھلی یا پھل کی مقدار جو ڈبوں میں بند کی جائے ۔ پارسلوں کی مجموعی مقدار ۔

To pack cards تاش ملانا ۔

Pack-drill *n.* ایک فوجی سزا جس میں سپاہی کو پورا سامان لاد کر چلنا پڑتا ہے ۔

Pack-horse *n.* بار برداری کا گھوڑا ۔ لدو گھوڑا ۔

To pack off چلتے بننا ۔ بوریا بندھنا سنبھالنا ۔

To pack sending بے عزتی سے نکالنا ۔ نکال دینا ۔

Pack-thread ستلی ۔ ڈوری ۔ پیکٹ یا گڈی باندھنے کی رسی ۔

Pack (pak) *v.t. & i.* Make into a bundle, to put one's belongings in boxes or bags گٹھری باندھنا ۔ بنڈل بنانا ۔ پوٹ باندھنا ۔ اسباب باندھنا ۔ جکڑنا ۔ کسنا ۔ تہہ کرنا ۔ تہہ کرکے رکھنا ۔ بھر جانا ۔ کھچا کھچ بھرنا ۔ صندوق یا ڈبہ میں بھرنا ۔ تاش کی گڈی بنانا ۔ تاش ملانا یا لگانا ۔ جانوروں کا غول بنانا ۔ جانور پر بوجھ لادنا ۔ گٹھری سمیت بھاگ کھڑا ہونا ۔ جیوری کا حسب منشا انتخاب کرنا ۔

Package (pak-āj) *n.* Bundle, manner of packing گٹھری ۔ بنڈل ۔ بکس ۔ ڈبہ ۔ سامان باندھنے کا طریقہ ۔

Packer (pak-ər) *n.* One who packs goods بنڈل باندھنے والا ۔ ڈبوں میں رکھنے والا ۔ ڈبوں میں گوشت بھرنے کی مشین ۔

Packet (pak-t) *n.* A small package چھوٹی گٹھری ۔ گڈی ۔ فریطہ ۔ پلندہ ۔ چھوٹا پارسل ۔

Packing (pak-ing) *n.* Packets بند کی ہوئی چیزیں ۔ گڈیاں ۔ ڈبے ۔

Pact (pak-t) *n.* Agreement عہد و پیماں ۔ صلح نامہ ۔ عہدنامہ ۔ معاہدہ ۔

Pad (pad) *n.* A path, an easy-paced horse راستہ ۔ راہ ۔ خوش خرام گھوڑا ۔ یابو ۔ رہزن ۔ گدی ۔ کوئی نرم چیز ۔ کرکٹ کے پیڈ ۔

Pad (pad) *v.t. & i.* Walk on foot پیدل چلنا ۔ پیدل سفر کرنا ۔ بھاری قدموں سے چلنا ۔ بلہ بازی کے لیے پیروں پر گدیاں باندھنا ۔

Pad (pad) *n.* Anything stuffed with soft material چارجامہ ۔ کاٹھی زین ۔ گدا ۔ توشک ۔ لحاف ۔ رضائی ۔ کاغذ کی گڈی ۔ پیرکی نرم گدی ۔ تلوا ۔ لومڑی ، خرگوش وغیرہ کا پنجہ ۔ آلات کا گدی دار خانہ ۔

Pad (pad) *v.t.* Stuff with soft material گدی بنانا ۔ گدی کی تہہ دینا ۔ نرم چیز بھر کر ہموار کرنا ۔ بیکار الفاظ بھر دینا ۔ حشو و زوائد سے بھر دینا ۔

Padding بھرتی کے الفاظ ۔ گدی ۔

Pad (pad) *n.* An open basket for measuring fruits پھلوں کے وزن کرنے کی ایک کھلے منہ کی ٹوکری ۔

Paddle (pad-l) *n.* A small long-handled spade, the blade of an oar ڈانڈ - چپو - بیلچہ - جہاز چلانے کی چرخی کا تختہ - بیلچہ یا چپو کی شکل کی کوئی چیز - مچھلی کے پر - کچھوے وغیرہ کے پیر -

Paddle (pad-l) *v.i., t. & n.* Use a paddle, propel by paddle چپو چلانا - مچھلی کا پروں کی مدد سے تیرنا - چپو سے کشتی چلانا - ہاتھ پاؤں مار کر تیرنا - بچوں کی طرح ڈگمگا کر چلنا - کشتی کھینے کی باری -

Paddle one's own cause اپنا کام خود کرنا -

Paddock (pad-ək) *n.* A small field for horses before race مینڈک - جانوروں کا احاطہ - مکان یا اصطبل کے پاس گھاس کا مختصر میدان - ریس کورس میں وہ جگہ جہاں دوڑ سے پہلے گھوڑے پھرائے جاتے ہیں -

Paddy (pad-i) *n.* Growing rice, rice in the husk دھان - بن کٹے چاول -

Paddy (pad-i) *n.* Rage (بول چال) غصہ - طیش -

Padlock (pad-lok) *v.t. & n.* A movable lock with a link ایک قسم کا تالہ - قفل - قفل لگانا -

Padrone (pad-ron) A ship-master, inn-keeper بحیرہ روم کے تجارتی جہاز کا کپتان - (بول چال) بری اور بحری فوج - گدا گری کا کاروبار کرنے والا - سرائے کا مالک -

Padronism *n.* گدا گری کا کاروبار -

Paederasty (ped-i-ras-ti) *n.* Unnatural commerce of a male with a male لواطت - اغلام - امرد بازی -

Paen (pē-ən) *n.* Song of victory فتح کا گیت - خوشی کا راگ -

Pagan (pa-gən) *n.* A heathen - بت پرست - مظاہر پرست - غیر اہل کتاب - تاریک خیال آدمی -

Pagandom *n.* غیر اہل کتاب کی دنیا - بت پرستوں کا گروہ -

Paganism *n.* مظاہر پرستی - تاریک خیالی - بت پرستی -

Paganize *v.t. & i.* بت پرستی کے رنگ میں رنگنا - مشرک بنانا - بت پرست بنانا -

Page (pāj) *n.* A boy attendant - کم عمر وردی پوش پیش خدمت - مددگار - امرا کے خاندان کا نوجوان جو نائٹ بننا چاہتا ہو اور جو تعلیم کے ساتھ فوجی مددگار کے فرائض سرانجام دے اور کسی نائٹ کے ماتحت ہو -

Page (pāj) *n.* One side of leaf of book - صفحہ یادگار واقعہ -

Page (pāj) *v.t.* Number the pages of صفحوں پر سلسلہ وار نمبر ڈالنا -

Pageant (paj-ənt) *n.* A dramatic performance, scene or part - ناٹکی کھیل - شاندار جلوس یا تماشہ - پرشکوہ منظر - تماشہ - دکھاوا -

Pageantry (paj-ənt-ri) *n.* Grand show - دھوم دھام - شاندار تماشا - طمطراق -

Paginal (paj-i-nal) *adj.* Made up into pages صفحوں کے متعلق - صفحہ وار -

Paginate (paj-i-nāt) *v.t.* Mark with consecutive numbers صفحوں پر نمبر درج کرنا - صفحوں کے سلسلہ وار نمبر ڈالنا -

Pagoda (pə-gō-da) *n.* Buddhist temple مخروطی شکل کا مدور مندر - بت - مورتی - سونے کا ایک سکہ -

Shake the pagoda tree ہندوستان میں بہت جلد روپیہ کمانا -

Pah (pā) *interj.* Exclamation of disgust - اخ تھو تھو تھو - لا حول ولا قوت -

Paid (pād) *p.p.* دیکھو Pay

Pail (pāl) *n.* An open vessel for carrying liquids پانی ، دودھ وغیرہ کے لیے کاٹھ یا ٹین کا برتن - ٹھلیا - بالٹی - گگرا - دودھ یا پانی کی مقدار جو برتن میں آسکے -

Pailful گھڑا بھر -

Paillasse (pal-i-as) *n.* A straw mattress - پلنگ کا گدا - پلنگ کی چٹائی -

Paillette (pal-yet) *n.* A spangle used in enamel painting چمک دار دھات کا ٹکڑا جو مینا کاری میں کام آئے - سلمہ ستارہ - چمکی - کٹوری -

Pain (pān) *n.* Bodily suffering, penalty - دکھ تکلیف - الم - غم - اندوہ - محنت مشقت - (جمع) درد زہ - سزا -

Get thrashing for one's pains محنت کے صلے میں مار کھانا -

Painstaking *adj.* محنتی - جفا کش -

Painful *adj.* تکلیف رساں - پر درد - تکلیف دہ -

Painfulness *n.* تکلیف دہ ہونا - پر درد ہونا -

Under pain of مستوجب سزا ۔

Pain (pān) *v.t.* Cause suffering to دکھ دینا ۔ تکلیف پہنچانا ۔ ایذا دینا ۔ دل دکھانا ۔

Paint (pānt) *n.* Colouring substance ۔ رنگ ۔ روغن ۔ غازہ ۔

Paint (pānt) *v.t.* Cover with colour رنگنا ۔ رنگ چڑھانا ۔ رنگ بھرنا ۔ مصوری کرنا ۔ نقاشی کرنا ۔ نقش و نگار سے آراستہ کرنا ۔ لفظوں میں تصویر کھینچنا ۔ سماں باندھنا ۔ منظر کشی کرنا ۔

He is not so black as he is painted وہ اتنا برا نہیں جتنا ظاہر کیا جاتا ہے ۔

Paint the town red ۔ خون خرابہ کرنا ۔ اودھم مچا دینا ۔

Painting *n.* نقش ۔ شبیہ ۔ رنگ آمیزی ۔ بنائی ہوئی تصویر ۔ مصوری ۔ نقاشی ۔

Painter (pānt-ər) *n.* One who paints رنگ ساز ۔ چتر کار ۔ نقاش ۔ مصور ۔

Painty (pānt-i) *adj.* Of paint وہ تصویر جس میں بہت زیادہ رنگ ہو ۔ رنگ و روغن کا ۔

Pair (pār) *n.* Two things equal or suited to each other جوڑا ۔ جوڑ ۔ جفت ۔ زوج ۔ دو بالکل یکساں چیزیں ۔ میاں بیوی ۔ منگیتر جوڑا ۔ دو گھوڑے یا بیل جو ساتھ ساتھ جوتے جائیں ۔ جوڑ کی چیز ۔

Pair (par) *v.t.* Couple, sort out in pairs ۔ جوڑنا ملانا ۔ جوڑا ملانا ۔ جوڑا بنانا ۔ جوڑیوں میں تقسیم کرنا ۔ جانوروں کا نر یا مادہ تلاش کر لینا ۔ شادی کرنا ۔

Pairing time جانوروں کا جفتی کھانے کا زمانہ ۔

Pair off دو دو جاؤ ۔ جوڑے بنا کر چلے جاؤ ۔

Pairwise جوڑا جوڑا ۔

Pal (pal) *n.* & *v.i.* Chum, partner ۔ دوست (بول چال) یار ۔ رفیق ۔ ساتھ اٹھنا بیٹھنا ۔ ایک دوسرے کی صحبت میں رہنا ۔

Palace (pal-is) *n.* House of a king or queen ۔ محل محل سرا ۔ ایوان شاہی ۔ بارگاہ ۔ شاہی محل ۔ اسقف اعظم کا محل ۔ عالی شان عمارت ۔

Paladin (pal-ə-din) *n.* One of the twelve Peers of Charlemgne's household قرون وسطی کا بانکا سپاہی ۔ بانکا بہادر ۔ جیالا رئیس ۔

Palestra (pal-estrā) *n.* A wrestling school کشتی لڑنے کی تربیت گاہ ۔ اکھاڑہ ۔ ورزش گاہ ۔

Palankeen (pal-ən-ken) *n.* A light litter for one پالکی ۔ نالکی ۔ چنڈول ۔ فنس ۔ بند ڈولی ۔

Palatable (pal-it-ə-bl) *adj.* Pleasant to the taste مزیدار ۔ خوش ذائقہ ۔ لذیذ ۔ مزے کا ۔ خوشگوار ۔ پسندیدہ ۔

Palatal (pal-it-əl) *adj.* Pertaining to palate ۔ تالو کا تالو سے متعلق ۔ تالو کے مخرج سے نکلی ہوئی ۔

Palate (pal-it) *n.* Roof of the mouth ۔ تالو ۔ حنک مزہ ۔ ذائقہ ۔ ذوق ۔

Palatial (pə-la-shl) *adj.* Like a palace ۔ محل جیسا محل کی طرح ۔ شان دار ۔ عالی شان ۔

Palatinate (pal-ə-tīn-āt) *n.* Province of a palatine نواب پیلےٹائن کی ریاست ۔ قدیم جرمن حکومت کا صوبہ ۔ خود مختار ریاست ۔

Palatine (pal-ə-tīn) *adj.* & *n.* Of a palace, having royal privileges وہ امیر جو اپنی ریاست میں شاہی اختیار رکھتا ہو ۔ خود مختارانہ ۔ سمور کا زنانہ گلوبند ۔

Palatine (pa-lə-tīn) *adj.* Of the palate ۔ تالو کا ۔ تالو کی ہڈیوں کے متعلق ۔

Palaver (pə-la-vər) *n., v.t.* & *i.* A native conference, idle talk افریقہ کے مشورہ ۔ گفت و شنید ۔ دیسی باشندوں کی پنچایت ۔ بکواس ۔ بک بک ۔ دیسی پنچایت بلانا ۔ چاپلوسی کرنا ۔ چکنی چپڑی باتیں کرنا ۔

Pale (pal) *n.* Stake of wood driven into ground میخیں ۔ جنگلا ۔ کٹہرا ۔ جنگلے کا ڈنڈا ۔ حدود ۔ ڈھال کی عمودی پٹی ۔

Pale (pal) *adj.* Whitish, of a faint lustre پیلا ۔ ہلکا زرد ۔ ہلکے رنگ کا ۔ دھندلا ۔ بغیر چمک کا رنگ ۔

Beyond, within the pale بیرون حدود ۔ اندرون حدود ۔

Paleness *n.* پھیکا پن ۔ زردی ۔ پیلا پن ۔

Pale (pal) *v.i.* & *t.* Enclose with stakes, fence پیلا پڑنا ۔ زرد پڑ جانا ۔ بے رونق کر دینا ۔ میخوں سے محصور کرنا ۔ کٹہرا کھڑا کرنا ۔ احاطہ کرنا ۔

Paletot (pal-tot) *n.* A loose over coat ۔ ڈھیلا لبادہ چغا ۔ فرغل ۔

Palette (pal-it) *n.* A little board with a thumb hole رنگ کی تختی ۔ مصور کی تختی ۔ وہ رنگ جو مصور اپنے انگوٹھے پر لگا کر دیکھتا ہے ۔

Palette knife چاقو یا چھری جس سے مصور رنگ ملاتے ہیں ۔

Palfrey (pawl-frī) *n.* Saddle horse specially for a lady گھوڑا ۔ ٹٹو ۔

Pali (pa-li) *n.* Pali language پالی زبان جس میں بدھ مت کی مذہبی کتابیں ہیں ۔

Palillogy (pol-il-ə-ji) *n.* Repetition of a word or a phrase جملے یا لفظ کی تکرار ۔ ایک لفظ یا ترکیب کو بار بار لانا ۔

Pal-in-drome (pal-in-drom) *n.* That reads the same backward and forward وہ لفظ جو الٹا سیدھا دونوں طرح ایک ہو ۔ مثلاً Madam ۔ صنعت ۔ تقلیب ۔

Paling (pal-ing) *n.* Fence of pales گڑی ہوئی لکڑیوں کا کٹھرا یا جنگلا ۔

Palingenesis (pal-in-jen-i-sis) *n.* A new birth نیا جنم ۔ نئی زندگی ۔ آبائی خصوصیات کا اظہار ۔

Palinode (pal-i-nod) *n.* A recantation ایسی نظم جس میں شاعر اپنی کسی گزشتہ نظم کے خیالات کی تردید کرے ۔

Palisade (pal-i-sād) *v.t.* & *n.* Fence of stakes نوکدار لکڑیوں کا باڑا ۔ باڑ ۔ جنگلا ۔ کٹھرا لگانا ۔ باڑ لگانا ۔

Palish (pal-ish) *adj.* Slightly pale پیلا سا ۔ زردی مائل ۔ قدرے پیلا ۔

Pall (pawl) *n.* A rich cloth, cloth spread over a coffin جنازے کے اوپر کی چادر ۔ تابوت کو ڈھکنے والی چادر ۔ قبر کی چادر ۔ پوپ اور بعض پادریوں کی اونی پوشاک ۔

Palladian (pə-lə-di-ən) *adj.* In the style of Andria Palladio (1518-80) اینڈری پلاڈو کے طرز کی ۔ اطالوی ماہر تعمیرات پلاڈو کے طرز کی ۔

Palladium (pə-la-di-əm) *n.* Statue of Pallas پالاس کا مجسمہ جس کو شہر ٹرائے کا محافظ سمجھا جاتا تھا ۔

Palladium (pə-la-di-əm) *n.* A metallic element پلاٹینم سے ملتی ہوئی ایک سخت دھات ۔

Pallet (pal-it) *n.* A flat wooden tool کمہار کی تھاپی ۔ مصور کی رنگ کی تختی ۔

Palliate (pal-i-āt) *v.t.* Soften a guilt by pleading عذرات پیش کر کے جرم کو ہلکا کر دینا ۔ در گزر اور معاف کے قابل بنانا ۔ تسکین دینا ۔ مرض کو کم کرنا ۔

Palliation *n.* شدید جرم کو خفیف ثابت کرنا ۔ کمی ۔ مرض میں تخفیف ۔

Palliative (pal-i-at-iv) *adj.* & *n.* Mitigating, alleviating مسکن دوا ۔ تسکین دینے والی ۔ مرض اور تکلیف کو کم کرنے والی ۔ جرم کو خفیف ثابت کرنے والی ۔

Pallid (pal-id) *adj.* Pale, wan پھیکا ۔ بے رونق ۔ زرد ۔ ماند پڑا ہوا ۔

Pallidness *n.* پیلا پن ۔ بے رونقی ۔ پھیکا پن ۔

Pallium (pal-i-əm) *n.* Large mantle worn by barned Romans ایک طرح کا جبہ جو اہل علم روم میں یونانیوں کی تقلید میں پہنتے تھے ۔ علمی خلعت ۔ جامہ' کہال ۔ گھونگھے کی تہہ جو کھال کی طرح کی ہوتی ہے ۔

Pall-mall (pel-mel) *n.* A well-known street of London, an old game لندن کی مشہور شاہ راہ ۔ ایک کھیل جس میں گیند کو بلے سے مار کر لوہے کے حلقے سے نکالتے تھے ۔

Pallor (pal-ər) *v.* Paleness زردی جو بیماری کی وجہ سے آ جاتی ہے ۔ ہلکی زردی ۔ بے رونقی ۔ پھیکا پن ۔ پھیکا پنڈا ۔

Palm (pām) *n.* Date tree کھجور کا درخت ۔ چھوہارے کا درخت ۔ کھجور کی شاخ جو فتح کی نشانی ہے ۔ کھجور سے ملتا جلتا کوئی دوسرا درخت ۔ کمال ۔ امتیازی نشان ۔ دوسرے درختوں کی شاخیں جو کھجور کی جگہ استعمال ہوتی ہیں ۔ کھجور کی طرح کے آرائشی درخت ۔

Bear the palm کامیاب ہونا ۔ امتیاز حاصل کرنا ۔

Palm oil *n.* (بول چال) رشوت ۔ زر رشوت ۔ کھجور یا بلسان کا تیل ۔

Yield the palm to مقابلہ میں ہار جانا ۔

Palm (pām) *n.* Inner surface of hand between wrist and fingers ہتھیلی ۔ کف دست ۔ دستانے کی ہتھیلی ۔ ہتھیلی کے برابر چوڑائی ۔

Grease a person's palm رشوت دینا ۔ مٹھی گرم کرنا ۔

Palm (păm) *v.t.* Touch or stroke with the palm, conceal ہتھیلی سے مارنا ۔ چھپا لینا ۔ پتے چھپا لینا ۔ چکمہ دینا ۔ دھوکا دینا ۔ ایک چیز کی جگہ دوسری چیز دے دینا ۔ ہتھیلی سے چھونا ۔ رشوت دینا ۔ مٹھی گرم کرنا ۔

Palma-christi (păma-kristi) *n.* Castor oil plant بید انجیر ۔ ارنڈ کا درخت ۔

Palmar (păm-ər) *adj.* Being in the palm ہتیلی کا ۔ ہتیلی میں رکھا ہوا ۔

Palmary (păm-ə-ri) *adj.* Bearing the palm, pre-eminent بڑا ۔ ممتاز ۔ کامل ۔ اتم ۔ سب سے کامل ۔ علیم ۔

Palmer (păm-ər) *n.* Pilgrim carrying a palm leaf in token of having been in the Holy land ارض مقدس کا زائر جو تبرک کے طور پر کھجور کی شاخ ہاتھ میں رکھتا ہے تاکہ معلوم ہو کہ اس نے بیت المقدس کی زیارت کی ہے ۔ راہب درویش ۔ ایک بال دار تیتری ۔ بال دار مصنوعی کیڑا جو مچھلی کے چارہ کے طور پر استعمال ہوتا ہے ۔

Palmetto (păm-e-tō) *n.* Date tree yielding small dates چھوٹی کھجوروں کا درخت ۔

Palmiped (păm-i-ped) *adj.* & *n.* A web-footed bird جھلی دار پیروں والا ایک پرندہ ۔

Palmistry (păm-is-tri) *n.* Art of telling fortune from lines on the palm ہتھیلی کی لکیروں سے قسمت کا حال بتانے کا علم ۔

Palmist *n.* ہاتھ دیکھنے کا ماہر ۔ ہاتھ دیکھ کر قسمت کا حال بتانے والا ۔ دست شناس ۔

Palmy (păm-i) *adj.* Full of palm trees کھجور کے درختوں سے بھرا ہوا ۔ پرنخل ۔ خوش حالی کا ۔ کامرانی کا ۔ ترقی کا ۔

Palmy days عروج کا زمانہ ۔ خوش حالی کا زمانہ ۔

Palmyra (pal-mi-ră) *n.* Asiatic plant yielding toddy تاڑ کا درخت جس سے تاڑی نکلتی ہے ۔ اس کے پتوں سے چٹائی بنی جاتی ہے ۔

Palp-palpus (palp-pal-pus) *n.* A jointed sense organ کیڑوں کی موچھیں اور ناک جس سے چھو کر وہ کسی چیز کی موجودگی کا پتہ چلاتے ہیں ۔

palpable (palp-ə-bl) *adj.* That can be touched or felt چھونے کے قابل ۔ لمس کے لائق ۔ کھلی ہوئی ۔ واضح ۔ صاف ۔

Palpability *n.* محسوسیت ۔

Palpably *adv.* صریح طور پر ۔ محسوس ہوتے ہوئے ۔ ظاہر طور پر ۔

Palpate (pal-pāt) *v.t.* Examine by touch چھونا ۔ چھو کر معلوم کرنا ۔

Palpation *n.* چھو کر معلوم کرنے کا عمل ۔

Palpitate (pal-pi-tāt) *v.i.* Beat rapidly دھڑکنا ۔ اچھلنا ۔ دھک دھک کرنا ۔ پھڑکنا ۔ لرزنا ۔ تھرانا ۔ پھڑک اٹھنا ۔

Palpitation (pal-pi-ta-shən) *n.* Painful awareness of heart beat دھڑکن ۔ اختلاج قلب ۔ دل کی دھڑکن ۔ تکلیف دہ دھڑکن ۔

Palsgrave (pawlz-grāv) *adj.* A count palatine امیر خود مختار ۔ خود مختار رئیس ۔

Palstave (pawl-stāv) *n.* Bronze age axe کانسے کے دور کی کلہاڑی ۔ دھات کا ، پتھر کا اوزار ۔

Palsy (pawl-zi) *v.t.* & *n.* Loss of control or feeling وہ بیماری جس میں اعضا شل ہو جاتے ہیں ۔ ہاتھ پیروں کا بے حس ہونا ۔ بے بسی کی حالت ۔ شل کر دینا ۔ سن کر دینا ۔ بیکار کر دینا ۔

Palter (pawl-tər) *v.i.* Trifle in talk سخن سازی کرنا ۔ مکر کرنا ۔ گول مول بات کہنا ۔ حجت کرنا ۔ جھگڑنا ۔ کسی مسئلہ کو لا یعنی باتوں میں اڑا دینا ۔

Paltry (pawl-tri) *adj.* Mean, trashy ناکارہ ۔ بے حقیقت ۔ حقیر ۔ ادنیٰ ۔

Paltriness *n.* حقیر ہونا ۔ بے حقیقت ہونا ۔ معمولی ہونا ۔

Paludal (pal(y)oo-dl) *adj.* Marshy دلدلی ۔ جہاں موسمی بخار کی کثرت ہو ۔

Pam (pam) *n.* The knave of clubs پھول کا غلام جو لو میں سب سے بڑا پتہ ہے ۔

Pampa (pam-på) *n.* A vast grassland in South America دریائے امیزان کے جنوب کا میدان جہاں لمبی گھاس ہوتی ہے مگر درخت نہیں ہیں -

Pamper (pam-pər) *v.t.* Over indulge زیادہ لاڈ پیار کرنا - غیر معمولی خاطر مدارات کرنا - ناز و نعمت سے پالنا - لاڈ میں عادتیں بگاڑ دینا -

Pampered menial پیٹ بھرا لا پروا نوکر - بگڑا ہوا نوکر -

Pampero (pam-pe-rō) *n.* Westerly wind مغربی تیز ، تند ہوا -

Pamphlet (pam-flit) *n.* A small book stitched but not bound - رسالہ - چھوٹی سی غیر مجلد کتاب - کتابچہ - دو ورقہ -

Pamphleteer (pam-flit-yer) *n.* Writer of pamphlets کتابچے لکھنے والا - پمفلٹ نویس -

Pan (pan) *n.* Broad shallow vessel - کڑھائی - توا - پرات - لگن - سینی - بندوق کی کوٹھی - کوئی کم گہرا گڑھا - سخت مٹی کی تہہ - پان کے پتے جو کھائے جاتے ہیں -

Pan (pan) *v.t.* Wash in a pan سونا ملی ہوئی مٹی کو تسلہ میں دھونا -

Pan (pan) *n.* Greek god of pastures and woods یونانیوں کا چراگاہوں ، جنگلوں اور مویشیوں کا دیوتا - روح فطرت - عالم جاہلیت -

Pan (pan) *prefix.* Meaning of all سابقہ جو "سب" کے معنی میں مستعمل ہے -

Pan-German کل جرمن نسل کے لوگوں کا سیاسی اتحاد -

Pan-Islam اتحاد عالم اسلام -

Panacea (Pan-ə-sē-ȧ) *n.* A universal medicine اکسیر اعظم - ہر مرض کی دوا - دکھ ہرن -

Panache (pa-nash) *n.* Plume - پروں کی کلغی - طرہ - طمطراق - ٹھاٹھ - شیخی - طرہ امتیاز -

Panama (pa-nə-mȧ) *n.* Straw-plaited hat ایک قسم کی ٹوپی جو درخت کی پتیوں سے بنتی ہے -

Panary (pa-nə-ri) *n.* Bread store ہوا دان - نعمت خانہ -

Pancratium (pan-kra-shi-əm) *n.* Combination of wrestling and boxing (قدیم یونان) کشتی اور مکہ بازی کا مقابلہ -

Pancreas (pan-kri-as) *n.* Sweet bread, a large gland عنق الطحال - لبلبہ - پیٹ کے نیچے کے حصے کا ایک غدود - میٹھی روٹی -

Panda (pan-då) *n.* A remarkable bear like animal of the Himalayas ہمالیائی جنگلوں کا ایک شہ زور ریچھ کی قسم کا جانور - ریچھ بلاؤ -

Pandect (pan-dekt) *n.* A treatise covering the whole of any subject کسی علم یا موضوع پر جامع اور مفصل کتاب -

Pandemic (pan-dem-ik) *adj. & n.* Epidemic over a wide area ایسی وبا جو ایک وسیع علاقہ تک پھیل جائے -

Pandemonium (pan-di-mo-ni-əm) *n.* Great hall of evil spirits وہ مقام جہاں ظلم و ستم کا دور ہو - طوفان بد تمیزی - ہلڑ - ہنگامہ - شور و غل -

Pander (pan-dər) *v.i., t. & n.* Procurer - بھڑوا - کٹنا - قرم ساق - دلال - برے کاموں میں مدد دینے والا - قرم ساق اور دلالی کرنا - کٹناپا کرنا -

Pandiculation (pan-dik-u-la-shən) *n.* Act of yawning and stretching - انگڑائی - کسمساہٹ -

Pandy (pand-i) *n. & v.t.* A stroke on the palm ہاتھ پر مارنا - ہاتھ پر ضرب -

Pandora (pan-dō-rȧ) *n.* An eastern musical instrument ستار کی قسم کا ایک ساز -

Pandora's-box (pan-dō-rȧ-boks) *n.* The first woman made for Zeus brought a box full of evils (یونانی دیو مالا) پنڈورا جنت سے انسان کی دلپسند چیزیں ایک صندوق میں لائی تھی وہ صندوق کھل گیا اور ساری مصیبتیں دنیا میں پھیل گئیں صرف ایک امید باقی رہ گئی -

Pane (pān) *n.* A slab of window-glass کھڑکی کے خانہ کا شیشہ - رنگ برنگ شطرنجی وضع کے شیشے کے ٹکڑے -

Pane (pān) *v.t.* Insert panes or panels کھڑکی میں شیشے یا لکڑی کے ٹکڑے لگانا -

Panegyric (pan-i-jir-ik) *n.* & *adj.* Laudation مدح تعریف - ثنا - قصیدہ - مدحیہ -

Panegyrise (pan-i-jir-īz) *v.t.* Praise highly مدح کرنا - تعریف کرنا - قصیدہ لکھنا - مدحیہ نظم لکھنا -

Panegyrist *n.* ثنا خوان - قصیدہ گو - مدحیہ نظم لکھنے والا - مدح گو - مداح -

Panel (pan-l) *n.* Crude form of saddle پالان چار جامہ - کاٹھی - چرمی کاغذ کا ٹکڑا - جیوری کی فہرست - دروازے کے اوپر کے حاشیہ پر جڑا ہوا تختہ - زنانے لباس میں دوسرے قسم کا ٹنکا ہوا کپڑا - بڑی لمبی تصویر -

Panel (pan-l) *v.t.* Furnish with panels گھوڑے پر پالان یا زین ڈالنا - دروازے میں درمیانی یا حاشیے پر تختے لگانا - زنانہ لباس میں دوسرے رنگ کے کپڑے کا جوڑ لگانا -

Pang (pang) *n.* A violent pain, painful emotion درد - درد کی ٹیس - فوری اور شدید صدمہ - جذباتی صدمہ -

Pangs of death جان کنی - نزع -

Pangless *adj.* بلا تکلیف -

Pangolin (pang-go-lin) *n.* The scaly ant-eater ایک قسم کا مور خور جانور -

Panic (pan-ik) *n.* Frantic fright ہیبت - ہول - خوف - دہشت - بے بنیاد خوف - دہشت جو دفعتاً پھیل جائے -

Panic-monger افواہیں پھیلانے والا - دہشت پھیلانے والا -

Panic-stricken (pan-ik-strik-en) *adj.* Struck with a sudden fear خوف زدہ -

Panicky *adj.* (بول چال) دہشت زدہ - خوف زدہ -

Panicle (pani-kl) *n.* Irregular inflorescence لمبی ٹھیوں والے پھولوں کا گچھا -

Panification (pan-i-fi-ka-shən) *n.* Conversion into bread روٹی پکانا - روٹی تیار کرنا -

Panjandrum (pan-jan-drəm) *n.* An imaginary figure of great importance خان خاناں کی دم - افلاطون کا سالہ - امارت کا جھوٹا مدعی -

Pannage (pan-ij) *n.* Food picked up by swine in the woods وہ چارہ جو سور جنگل میں کھاتے ہیں - سور کا کھانا - سور چرانے کی اجرت -

Pannier (pan-yər) *n.* A provision basket ٹوکری - بٹی - دہری ٹوکری - بند ٹوکری - دامن جو کمر سے لپیٹ لیا جائے -

Panniken (pan-i-kin) *n.* A small vessel کٹورا - کٹوری - آبخورہ - کٹوری بھر چیز -

Panoply (pan-ə-pli) *n.* Complete armour مکمل زرہ بکتر - مکمل فولادی لباس -

Panopticon (pan-op-ti-kon) *n.* A round prison in which prisoners can be watched from one point بنتھم کی یہ تجویز تھی کہ قید خانے گول بنائے جائیں اور پہرہ دار درمیان میں رہیں تاکہ تمام قیدیوں پر ایک ہی جگہ سے نظر رکھی جا سکے -

Panorama (pan-ə-rȧ-mȧ) *n.* Wide or complete view وسیع منظر جو نظر کے سامنے ہو- گرد و پیش کے مناظر - سیربین کی تصویر -

Panoramic *adj.* پیش نگاہ - سیربین کاسا - مسلسل -

Pan-pipe (pan-pip) *n.* A musical instrument played by mouth منہ سے بجانے کا ارگن باجا -

Pansy (pan-zi) *n.* Name for various species of violet بنفشہ کے قسم کے پھولوں کا نام -

Pant (pant) *v.i.* & *n.* Gasp for breath ہانپنا - سانس پھولنا - دم چڑھنا - جی سے چاہنا - جان دینا - آرزو میں تڑپنا - دھڑکنا - اچھلنا - دھڑکن - دھڑدھڑاہٹ - دھک دھکی -

Pantagruelism (pan-tə-groo-əl-izm) *n.* Ironical buffoonery طنز آمیز مذاق - بیہودہ مذاق -

Pantalets (pan-tə-lets) *n.* Long frilled drawers worn by women پائجامے کی طرح کا زنانہ زیر جامہ - لہنگا - سائیکل کی سواری کا نیکر -

Pantaloon (pan-tə-loon) *n.* Various kind of trousers پتلون - - پائجامہ - برجس نما پتلون -

Pantheism (pan-thē-izm) *n.* Doctrine that identifies God with the universe عقیدہ جس میں کائنات اور خدا کو ایک سمجھتے ہیں - ہمہ اوست - وحدت وجود - اصنام پرستی - دیوتاؤں کی پرستش - مظاہر پرستی - بت پرستی - شرک -

Pantheist *n.* وحدت الوجودی - مظاہر پرست - اصنام پرست - مشرک -

Pantheon (pan-the-on) *n.* A temple of all gods تمام دیوتاؤں کا مندر ۔ کل دیوتا بحیثیت مجموعی ۔ مشاہیر کا مقبرہ ۔ یادگار ۔ لندن کی ایک تماشا گاہ ۔

Panther (pān-thər) *n.* Leopard چیتا ۔ بور بچہ ۔ تیندوا ۔

Pantile (pan-tīl) *n.* A tile concave or convex in cross section ترچھا کویلو ۔ آڑا کھپرا ۔ ترچھا ٹائل ۔

Pantisocracy (pant-is-ok-rə-si) *n.* A community in which all should have equal power ایسی قوم جس میں بقول کولرج اور ساودی سب کا درجہ برابر ہو اور سب حکومت میں شریک ہوں ۔

Pantler (pant-lər) *n.* A man in charge of provisions داروغہ توشہ خانہ ۔ مہتمم مطبخ ۔

Pantograph (pan-tə-graf) *n.* A jointed frame work of rods for copying plans ایک آلہ جس سے ہر تقطیع کے نقشے اور خاکے کی نقل ہو سکتی ہے ۔

Pantomime (pan-tə-mīm) *v.t., i. & n.* Roman actor in dumb show چپ اداکار ۔ اشاروں سے اداکاری کرنا ۔ اشاروں سے مطلب ظاہر کرنا ۔ اشاروں میں ادا کرنا ۔

Pantomimic *adj.* بھاؤ کا ۔ چپ سوانگ کا ۔ اشاروں سے ۔

Pantomimist *n.* اشاروں میں مطلب بتانے والا ۔ چپ سوانگ کا اداکار ۔

Pantry (pan-tri) *n.* Room for provisions مودی خانہ ۔ بھنڈار ۔ نعمت خانہ ۔ کھانے کی چیزوں کا کمرہ ۔ برتنوں کا کمرہ ۔ توشہ خانہ ۔

Pants (pants) *n.* Trousers پتلون ۔ پائجامہ ۔ لہنگا ۔

Pap (pap) *n.* Nipple, breast-like hills پستان کی گمچی ۔ سرپستان ۔ نپل ۔ پہاڑ کی پستان نما چوٹی ۔

Pap (pap) *n.* Soft food for infants پتلی کھچڑی ۔ نرم غذا ۔ گلتھی ۔ کھیر ۔

Pappy *adj.* رقیق ۔ ملائم ۔ پلپلا ۔ نرم ۔

Papa (pȧ-pȧ) *n.* Father باوا ۔ آبا ۔ ابا جان ۔ باوا جان ۔

Papacy (pā-pə-si) *n.* Office of pope, papal government پاپا کا عہدہ یا عہد حکومت ۔ پاپائی نظام ۔

Papal (pā-pəl) *adj.* Of pope پوپ کے متعلق ۔ اسقف اعظم کا ۔ منصب پاپائی کا ۔

Papalism *n.* پاپائی نظام یا حکومت کی حمایت ۔

Papaverous (pə-pa-ve-rəs) *adj.* Having qualities of poppy خشخاش کے پودے کی مانند ۔ خشخاس صفت ۔

Papaw (pə-paw) *n.* The tree corica-popaya پپیتا ۔ پپیتے کا درخت اور پھل ۔ پپیتے جیسا شمالی امریکہ کا ایک درخت ۔

Paper (pā-pər) *n.* Material made for writing کاغذ ۔ قرطاس ۔ ورق ۔ دستاویز ۔ ہنڈی ۔ تمسک ۔ کاغذی نوٹ ۔ تھیٹر کا پاس ۔ پروانہ راہداری ۔ امتحان کا پرچہ ۔ اخبار ۔ مضمون ۔ مقالہ ۔

Paper (pā-pər) *v.t.* Wrap in a paper کاغذ میں لپیٹنا ۔ کاغذ لگانا ۔ کاغذ سے آراستہ کرنا ۔ تھیٹر کے پاس بانٹنا ۔

Paper money نوٹ ۔ بنک کے چیک ۔

Paper-weight کاغذ دبانے کا شیشہ ۔

Paper-cutter کاغذ تراش ۔

Waste paper ردی کاغذ ۔

Papilla (pə-pil-ȧ) *n.* A small nipple-like protuberance سرپستان کی شکل کا دانہ ۔ پھنسی گومڑی ۔ ابھار ۔

Papist (pə-pist) *n.* Worshipper of pope پوپ پرست ۔ پوپ کے اقتدار کا حامی ۔

Papistry *n.* پوپ کی حمایت ۔ پوپ پرستی ۔

Papoosh (pə-po͞osh) *n.* Shoe پاپوش ۔ جوتا ۔ زیر پائی ۔

Papula (pap-ū-lȧ) *n.* A pimple چھالہ ۔ آبلہ ۔ پھنسی ۔ دانہ ۔

Papular *adj.* پھنسی کا ۔ آبلے کا ۔

Papulose *adj.* آبلہ دار ۔ پھنسی دار ۔

Papyrus (pa-pi-rəs) *n.* The paper reed نرسل کی قسم کا ایک پودا ۔ پیپرس کے بنے ہوئے ورق ۔ کوئی تحریر جو پیپرس کے اوراق پر ہو ۔

Par (pär) *n.* Equal value, state of equality - مساوات
برابری - مساوی قیمت - فقرہ - جملہ -

Par (pär) *prefix* Beyond سابقہ بمعنی آگے - باہر -
ماورا -

Above par بڑھا ہوا -

At par اسی قیمت پر -

Below par گھاٹے سے -

Parable (par-ə-bl) *n.* Similitude تمثیل - مثال -
نظیر - قصہ جس میں تمثیل کے پیرائے میں کوئی حقیقت
بیان کی گئی ہو - معمہ - پر اسرار قول -

Take up one's parable داستان شروع کرنا -

Parabola (pa-rab-ə-lā) *n.* A curve, one of the conic sections شلجمی شکل - بیضوی شکل -

Parabole (pə-rab-əl) *n.* Simile or metaphor
تشبیہ - تمثیل - استعارہ -

Parabolic (par-əb-o-lik) *adj.* Expressed by a parable تمثیلی - مثالیہ رنگ کا - حکایت کے پیرائے
میں -

Paraboloid (pa-rə-bo-lod) *n.* A surface generated by the rotation of a parabola on its axis شلجم نما ٹھوس شکل -

Parachronism (par-ak-rən-ism) *n.* An error in dating کسی واقعہ کی تاریخ غلط بتانا - تاریخ کی
غلطی -

Parachute (par-ə-shōōt) *n.* Air umbrella for descending from a height ہوا سے زمین پر
بحفاظت اترنے کی چھتری - محافظ چھتری -

Parachutist چھتری کھول کر ہوائی جہاز سے
کودنے والا -

Paraclete (par-ə-klet) *n.* Holy Ghost فار قلیط -
روح القدس - شفیع -

Parade (pə-rād) *v.t. & i.* Expose to public attention فوج کی صف آرائی کرنا - فوج کوگزارنا -
نمائش کرنا - شان سے چلنا پھرنا -

Parade (pə-rad) *n.* Show, display نمائش - اظہار -
نمود - دکھاوا - کر و فر - شان و شکوہ - فوجی مظاہرہ -
چوک - خیابان - میدان -

Make a parade of one's virtues اپنی خوبیوں کی
نمائش کرنا -

Paradigm (par-ə-dīm) *n.* An example مثال - نمونہ -
اسم و فعل کی گردان کا نقشہ -

Paradise (par-ə-dīs) *n.* Park or pleasure ground
باغ رضوان - بہشت - جنت - روحانی سعادت اور مسرت -
وہ مقام جہاں رنج نہ ہو - چڑیا خانہ جو باغ میں ہو -

Bird of paradise جنت کا طائر - ایک خوبصورت
چڑیا -

Paradisiacal *n.* جنتی - فردوسی -

Parados (par-ə-dos) *n.* Earth work protection for a rear attack پشت کی طرف کے حملے سے
بچاؤ کا کچا پشتہ یا دھس - قلعہ کا پشتہ -

Paradox (par-ə-doks) *n.* A self-contradictory statement وہ بات جو بظاہر غلط مگر حقیقت میں
صحیح ہو - کسی مسلمہ خیال کے خلاف بات -' قول
متناقص - قول محال - بظاہر مہمل بات - محال مجسم -

Paradoxist *n.* متناقص باتیں کہنے والا -

Paradoxical *adj.* خلاف قیاس - محال - متناقص -

Paradoxy (par-ə-dok-si) *n.* The quality of being paradoxical متضاد بات - تناقص - الٹی بات -

Paraffin (par-ə-fin) *v.t. & n.* Saturated hydrocarbon ایک بے رنگ اور بے بو چکنی چیز جو
پٹرول کو صاف کر کے بنائی جاتی ہے - کسی چیز میں
پیرافین ڈالنا - پیرافین استعمال کرنا -

Paragoge (par-ə-gō-jē) *n.* An addition to the end of a word لفظ کے آخر میں کسی حرف کا
اضافہ کرنا -

Paragon (par-ə-gon) *v.t. & n.* Model of perfection کمال - کامل - خوبیوں کا مجموعہ - خیر مجسم -
سو قراط کا ہیرا - مقابلہ کرنا - تشبیہ دینا -

Paragram (par-ə-gram) *n.* Play upon words
ضلع جگت - صنعت لفظی -

Paragraph (par-ə-graf) *v.t. & n.* A short passage of a few sentences پیرا - فقرہ - عبارت کا ایک
ٹکڑا - ٹکڑوں میں تقسیم کرنا - فقروں میں تقسیم کرنا -

Paragraphist *n.* (اخبار میں) - مختصر خبریں لکھنے والا
پیرا گراف لکھنے والا -

Paragraphy *n.* فقروں میں الگ الگ خبریں لکھنا -

Paraheliotropism (par-ə-he-li-o-trop-izm) *n.* Turning edge-wise to the light پودوں کا یہ میلان کہ وہ روشنی کی طرف پتوں کی نوکیں پھیر دیتے ہیں -

Parakeet-oquet (par-a-ket) *n.* A long-tailed parrot - ایک قسم کا طوطا جس کی دم لمبی ہوتی ہے -

Parakite (par-ə-kīt) *n.* A kite which is used as a parachute ایک پتنگ جو محافظ چھتری کا کام دیتا ہے اور سائنسی تجربات میں کام آتا ہے -

Paralipsis (par-ə-lip-sis) *n.* A figure by which one fixes attention on something which he denies صنعت ترک تاکیدی - کسی خوبی پر متوجہ کرنے کے لیے اس کا انکار کرنا -

Parallax (par-ə-laks) *n.* An apparent change in the position of an object caused by change of observer's position اختلاف زاویہ - مشاہدہ کرنے والے کی تبدیلی مقام سے کسی چیز کا ہلتا ہوا یا ہٹتا ہوا نظر آنا - سفر میں ریگ صحرا بھی رواں معلوم ہوتی ہے -

Parallel (p[illegible]-e-lel) *adj.* & *n.* Extending equidistant in the same direction متوازی - خط متوازی - مشابہ - ایک جیسا - ثانی - مثنیٰ - مثل - نظیر - وہ شخص جو ہو بہو دوسرے جیسا ہو - متوازی موقع یا جگہ -

Draw a parallel between two things دو چیزوں کا مقابلہ کرنا -

Parallel (par-ə-lel) *v.t.* & *i.* Place so as to be parallel, to confirm, to match دو چیزوں کا مقابلہ کرنا - دو چیزوں میں مشابہت دکھانا - مقابلہ میں پیش کرنا - مد مقابل ہونا - مثل یا نظیر ہونا -

Parallelism (par-ə-lel-izm) *n.* Theory that mind and matter act on parallel lines متوازیت - مساوات - یہ نظریہ کہ انسانی ذہن اور مادہ متوازی خطوط پر عامل ہے -

Parallelogram (per-ə-lel-o-gram) *n.* Four-sided figure in which opposite sides are equal شکل جس کے آمنے سامنے کے اضلاع متوازی ہوں - متوازی الاضلاع شکل -

Paralogism (pə-rel-ə-jizm) *n.* False reasoning ناقص یا غیر منطقی استدلال -

Paralyse (pə-ra-līs) *v.t.* Lose power of motion بے حس کر دینا - بے حرکت کر دینا - بیکار کر دینا - نکما کر دینا - فالج یا لقوہ زدہ کر دینا -

Paralysation *n.* مفلوج ہو جانا یا کر دینا - بے حس ہو جانا -

Paralysis (pə-ral-ī-sis) *n.* Loss of power of motion فالج - لقوہ - بے بسی - معذوری - جسم کے کسی حصہ کا بے حس ہو جانا - ہاتھ پیر کا بیکار ہو جانا - بے بسی کی حالت -

Paralytic (pə-ral-ī-tik) *adj.* Afflicted with paralysis مفلوج - عاجز - معذور - نکما -

Paramagnetic (par-ə-mag-net-ik) *adj.* Magnetic in the ordinary sense قطبی - مقناطیسی - جو مقناطیس قطبین کی طرف کھچنے کی صلاحیت رکھتا ہو -

Parameter (pə-ram-i-tər) *n.* A line or quantity which serves to determine a point, line or quantity in a class of such things وہ مقدار جو زیر غور صورت میں متعین ہو مگر اور صورتوں میں غیر معین ہو -

Paramo (pā-rā-mō) *n.* A bare wind-swept plain in South America جنوبی امریکہ میں ایک بے برگ و بار سطح مرتفع کا بنجر میدان -

Paramount (par-ə-mownt) *adj.* Supreme بڑا - اعلیٰ - سب سے اعلیٰ - سب سے برتر - خاص -

Paramountcy *n.* اقتدار اعلیٰ -

Paramour (par-ə-mōōr) *n.* A lover of either sex یار - آشنا - عاشق - منظور نظر - عورت جس کا ناجائز تعلق کسی مرد سے ہو -

Paranoia-noea (par-ə-noi-ā) *n.* Form of insanity with fixed delusions مالیخولیا - خلل دماغ - اپنی بڑائی کا جنون - دماغی خلل جس میں انسان اپنے آپ کو بہت بڑا سمجھتا ہے -

Paranymph (par-ə-nimf) *n.* A groomsman or a bridesmaid دولہا کا ساتھی یا دلہن کی سہیلی - شہ بالا -

Parapet (par-ə-pit) *n.* A bank or wall to protect soldiers from enemy fire دیوار - پشتہ - دمدمہ - مورچہ -

Paraph (par-af) *n.* Flourish under one's signature قلم کی کشش جو دستخط کے آخر میں ہوتی ہے -

Paraphernalia (par-ə-fər-nal-i-a) *n.* Articles of any kind ذاتی اسباب - ذاتی ساز و سامان - عورت کا جہیز - زیور - لباس - مال و اسباب - اسباب آرائش وغیرہ -

Paraphrase (par-ə-frāz) *n.* Expression of the same thing in other words تشریح - توضیح - کسی بات کو دوسری طرح بیان کرنا - کسی تحریر کا مطلب اپنے الفاظ میں بیان کرنا - مفصل بیان - توضیحی عبارت -

Paraplegia (par-ə-ple-j(y)ȧ) *n.* Paralysis of lower part of the body نیچے کے دھڑ کا فالج - آدھے دھڑ کا فالج -

Paraquito (par-ə-ke-to) *n.* A kind of parrot ایک قسم کا طوطا -

Parasang (par-ə-sang) *n.* An old Persian measure of length فرسنگ - فرسخ - سوا تین میل کا فاصلہ -

Paraselene (par-ə-se-le-ne) *n.* A mock moon روشن داغ جو چاند میں نظر آتا ہے - ماہ کاذب -

Parasite (par-ə-sīt) *n.* An organism which lives on another organism مفت خور - طفیلی - ہر دیگی چمچہ - وہ پودا جو درختوں پر پھیل جاتا ہے - طفیلی پودا - طفیلی جراثیم -

Parasitic-al *adj.* دوسروں پر گزارا کرنے والا - مفت خور - طفیلی -

Parasitism *n.* طفیلی پن - دوسروں کے صدقے میں پلنا - طفیلی ہونا -

Parasiticide *n.* جراثیم کش دوا - وہ چیز جو طفیلی جراثیم کو ہلاک کرتی ہے -

Parasitize (par-ə-si-tīz) *v.t.* Make parasitic طفیلیوں سے بھر دینا - طفیلی بنانا -

Parasol (par-ə-sol) *n.* A sun-shade چھتری - آفتابی - زنانہ چھتری - چھوٹی چھتری -

Parasynthesis (par-ə-sin-thi-sis) *n.* Derivation of words from compounds لفظ کا کسی مرکب سے مشتق ہونا -

Parataxis (par-ə-tak-sis) *n.* Arrangement of clauses without conjunction کئی جملوں کا بغیر حرف ربط یکے بعد دیگرے آنا -

Paratyphoid (par-ə-ti-foid) *n.* A disease resembling typhoid میعادی بخار سے ملتی ہوئی بیماری - تپ میعادی - نقلی موتی جھیرا -

Paravail (par-ə-vāl) *adj.* Inferior, lowest ادنیٰ - کمترین -

Paravane (par-ə-vān) *n.* A fish-shaped device for deflecting mines بارودی سرنگوں کو بےکار کرنے کا آلہ جو جہازوں میں آگے لگایا جاتا ہے -

Parboil (pär-boil) *v.t.* Boil slightly, boil thoroughly نیم جوش کرنا - نیم گرم کرنا - زیادہ ابالنا - اچھی طرح سے ابالنا -

Parbuckle (par-buk-l) *n.* & *v.t.* A sling made by a rope ڈول پھندا - رسی کا دھرا پھندا جس میں پیپا وغیرہ رکھ کر جہاز سے اتارتے ہیں - ڈول پھندے سے لٹکانا اور اوپر کھینچنا -

Parcel (par-sl) *adv.* & *n.* A set, pack, lot or an item بستہ - بقچہ - ڈبا - گٹھری - حصہ - ٹکڑا - قطعہ - کسی قدر - جزوی طور پر -

Parcel (par-sl) *v.t.* Divide into portions بانٹنا - تقسیم کرنا - حصے بخرے کرنا - رسے پر کرمچ کی دھجیاں لپیٹنا - درزیں بند کرنا -

Parcelling (par-sel-ing) *n.* Portions بقچہ - گٹھری - بنڈل - تار کول لگی کرمچ کی دھجیاں -

Parcenary (par-sən-er-i) *n.* Co-heirship مشترکہ وراثت - وراثت کا حصہ دار - شریک -

Parcener (par-sən-ər) *n.* Co-heir شریک وراثت - پٹی دار - ساجھی - حصہ دار -

Parch (parch) *v.t.* Roast slightly بھوننا - بریاں کرنا - سکھانا - خشک کر دینا - خشک ہو جانا - پیاس سے حلق میں کانٹے پڑ جانا -

Parchment (parch-mənt) *n.* Any thing to write on چرم - چرمی کاغذ - چرمی کاغذ پر لکھی ہوئی تحریر - جھلی کی طرح کی چھال -

Pard (pard) *n.* Leopard گل بگھا - بور بچہ - تیندوا - چیتا -

Pard (pard) *n.* Partner (بول چال) شریک - ساجھی - ساتھی - دوست - رفیق -

Pardon (par-dn) *n.* Forgiveness چھٹکارا - نجات - معافی - خلاصی - رہائی - عفو گناہ - جشن عفو گناہ - سزا کی معافی -

Pardon (par-dn) *v.t.* Forgive, refrain from exacting معاف کرنا - بخش دینا - چھوڑ دینا - در گزر کرنا - عذر قبول کرنا -

Pardon me معاف کیجیے -

Pardonable *adj.* در گزر کرنے کے قابل - قابل معافی -

Pardoner (par-d-nər) *n.* One who pardons خطا بخش - معاف کرنے والا - وہ شخص جس کو کلیسا کی طرف سے روپیہ لے کر گناہ معاف کرنے کی اجازت ہو -

Pare (par) *v.t.* Cut or shave the outer surface of edge کاٹنا - کترنا - تراشنا - چھلکا اتارنا - مونڈنا - تراش دینا - کاٹ دینا -

Pare nail to the quick کچے ناخن کو کاٹنا -

Parer کاٹنے والا - تراشنے والا -

Paring *n.* تراشنا - چھیلنا - چھیلا ہوا حصہ - تراشہ -

Paregoric (par-i-gor-ik) *n.* & *adj.* Soothing مسکن دوا - درد کو کم کرنے والی دوا - الکحل میں حل کیا ہوا کافور -

Pareira (pə-rā-rȧ) *n.* A tropical plant the root of which is used as a medicine ایک برازیلی پودا جس کی جڑ دوا کے کام آتی ہے -

Parent (pa-rənt) *n.* One who begets or brings forth مادر - پدر - ماں باپ - والد - والدہ - مورث - وہ جس سے ورثہ پہنچے - وہ درخت یا جانور جس سے اور درخت اور جانور پیدا ہوں - منبع - سر چشمہ - جڑ -

Parental *adj.* بزرگانہ - مشفقانہ - مادری - پدری -

Parenticide (pā-rənti-sīd) *n.* Destroying parents والدین کشی -

Parentage (pā-rənt-āg) *n.* Relation of parents to their children اصل - نسب - نسل - خاندان - گھرانہ - سلسلہ نسب -

Parenthesis (pə-ren-thi-sis) *n.* A word or passage inserted in a sentence جملہ معترضہ - جملہ معترضہ کی علامت - قوسین - واوین -

Parenthesise (pə-ren-thi-sīz) *v.t.* Mark off a parenthesis جملہ معترضہ کے طور پر داخل کرنا - جملہ معترضہ کا نشان بنانا - قوسین کے اندر رکھنا -

Parenthetic (pə-ren-thi-tik) *adj.* Of a parenthesis جملہ معترضہ کے طور پر - جملہ معترضہ کے متعلق -

Paresis (par-i-sis) *n.* A partial form of paralysis فالج کی ایک قسم جس میں اعصابی حرکت زائل ہو جاتی ہے مگر حس باقی رہتی ہے -

Par excellence (par-eks-i-lens) *adj.* The best سب سے بڑھ کر - سب سے اچھا - بدرجہ کمال -

Parget (par-jit) *v.t.* & *n.* Plaster over استر کاری کرنا - رنگ - روغن - قلعی -

Pariah (pa-ri-ȧ) *n.* One of low or no caste چاروں ذاتوں سے نیچے کا آدمی - ہندوستانی اچھوت - نیچ قوم کا آدمی - وہ جس کو برادری سے خارج کر دیا گیا ہو -

Pariah dog ہندوستان کا کتا جو مارا مارا پھرتا ہو -

Parian (pa-ri-ən) *adj.* Of the island of Paros جزیرہ پاروس کا (جہاں کا سفید سنگ مرمر مشہور ہے -)

Paring (par-ing) *n.* Act of trimming قلم کرنے کا عمل - کترن - تراشہ -

Paris (par-is) *n.* The capital of France فرانس کا دارالحکومت -

Paris blue ایک قسم کا نیلا رنگ -

Paris green جراثیم کش زہریلا رنگ -

Paris cohite پالش کے کام کا عمدہ قسم کا سفیدہ -

Parish (pər-ish) *n.* A district having its own church and priest پادری کا علاقہ - کلیسائی حلقہ - کلیسائی حلقہ کے کل باشندے -

Parishioner (pə-rish-ə-nər) *n.* One who belongs to a parish کسی کلیسائی حلقہ کا رہنے والا -

Parisian (par-is-i-ən) *adj.* & *n.* A citizen of Paris پیرس کا باشندہ - پیرس کا شہری -

Parity (par-i-ti) *n.* Equality of status یکسانیت - مساوات - برابری - مشابہت - (تجارت) مساوات زر مبادلہ -

Park (park) *n.* An enclosed piece of land for beasts of chase شکار گاہ ۔ جنگلی جانوروں کی حفاظت کی جگہ ۔ چرا گاہ ۔ رمنا ۔ سبزہ زار ۔ توپ خانہ کا پڑاؤ ۔ موٹروں کی کھڑے کرنے کی جگہ ۔

Park (park) *v.t.* Enclose in a park گھیرنا ۔ بند کرنا ۔ احاطہ میں رکھنا ۔ کسی قطعہ اراضی کو پارک بنانا ۔ موٹروں کو ان کی جگہ پر کھڑا کرنا ۔

Parky (pärk-i) *adj.* Cool (بول چال) ٹھنڈی ہوا ۔

Parlance (pär-lәns) *n.* Mode of speech گفتگو ۔ کلام ۔ محاورہ ۔ بولی ۔ روز مرہ ۔ بات چیت ۔ گفتگو ۔ گفت و شنید کی صحبت ۔ مجلس جس میں بحث ہو ۔ (فوج) شرائط صلح وغیرہ کے متعلق گفت و شنید ۔

Parley (pärl-i) *v.t.* & *i.* Confer, speak with another شرائط صلح کے متعلق گفتگو کرنا ۔ قول و قرار کرنا ۔ معاملات طے کرنا ۔ شرئط طے کرنا ۔

Parley-voo *n.* & *v.t.* (بول چال) فرانسیسی ۔ فرانسیسی بولنا ۔

Parliament (pär-lә-mәnt) *n.* A legislative body پارلیمنٹ ۔ برطانیہ کی مجلس قانون ساز ۔ ادرک کے خستہ بسکٹ ۔ میٹھی ٹکیاں ۔

Parliamentarian (pär-lә-mәnt-a-riyәn) *n.* One skilled in the ways of parliament پارلیمنٹ کے مباحثے میں مہارت رکھنے والا ۔ پارلیمنٹ کا حامی ۔

Parliamentary (pär-lә-mәnt-a-ri) *adj.* Enacted by parliament پارلیمنٹ کا منظور کردہ ۔ مجلس قانون ساز کا ۔ پارلیمنٹ کے شایان شان ۔ مہذب (زبان جو پارلیمنٹ میں استعمال کی جاتی ہے) ۔

Parlour (pär-lәr) *n.* Private room for conversation ملاقات کا کمرہ ۔ دیوان خانہ ۔ خلوت خانہ ۔ بیٹھک ۔

Parlous (pär-lәs) *adj.* perilous خطرناک ۔ کٹھن ۔ دشوار ۔ مشکل ۔ کمال کا ۔ ہوشیاری کا ۔

Parnassus (pär-nas-әs) *n.* A mountain in Greece یونان کا ایک پہاڑ جو قدیم زمانے میں فنون لطیفہ کی دیویوں کا مسکن سمجھا جاتا تھا ۔

Parochial (pә-ro-ki-әl) *adj.* Relating to a parish کلیسائی حلقے کا ۔ کسی محدود حلقہ کا ۔ مقامی ۔

Parochialism *n.* مقامی عصبیت ۔ اپنے حلقہ کے معاملات کو اہمیت دینا ۔

Parochially *adv.* مقامی مفاد کے پیش نظر ۔ مقامی حلقہ کے لحاظ سے ۔

Parody (par-ә-di) *v.t.* & *n.* A burlesque imitation مضحکہ انگیز نقل ۔ مزاحیہ سوانگ ۔ تضمین جس سے معنی بدل جائیں ۔ نقل کرکے ہنسی اڑانا ۔ مضحکہ خیز نقل کرنا ۔

Parodist طنز نگار ۔ ظرافت نگار ۔

Parole (pә-rol) *n.* Word of honour قول ۔ اقرار ۔ زبانی وعدہ ۔ وعدہ جس کا پورا کرنا اپنی عزت قائم رکھنے کے لیے ضروری ہو ۔ قیدی کو اقرار لے کر رہا کرنا ۔ لفظ یا علامت شناخت ۔

On parole پرول پر رہا کیا ہوا قیدی ۔

Paronomasia (par-on-o-ma-sya) *n.* A play upon words رعایت لفظی ۔ ضلع جگت ۔ ابہام ۔

Paroquet (pa-ro-keet) *n.* Parakeet دیکھو

Parotid (pә-rot-id) *adj.* & *n.* Of the ear, parotid gland کان کے پاس کا ۔ کان کے پاس کا غدود ۔

Paroxysm (par-oks-ism) *n.* Fit of pain or passion دورہ ۔ باری ۔ کسی بیماری کا دورہ ۔ غلبہ ۔ جذباتی دورہ ۔

Parpen (par-pәn) *n.* A stone passing through a wall face to face دو رخا پتھر ۔ وہ پتھر جو دیوار کے دونوں رخوں پر نمایاں ہو ۔

Parquet (par-ka) *v.t.* & *n.* A floor-covering of wooden blocks لکڑی کا فرش ۔ لکڑی کا فرش کرنا ۔ کمروں کے فرش پر تختے جڑنا ۔

Parricide (par-i-sid) *n.* Murder of a parent, one who murders پدرکش ۔ محسن کش ۔ بزرگ کش ۔ پدرکشی ۔ غداری ۔ قوم فروشی ۔

Parrot (par-әt) *v.t.* & *n.* Bird with brilliant plumage and hooked bill طوطا ۔ طوطے کی طرح نقل کرنے والا ۔ طوطے کی طرح رٹنا اور دہرانا ۔ طوطے کی طرح بے سمجھے بوجھے بولتے جانا ۔

Parrotry *n.* بے سمجھے بوجھے رٹ لگانا ۔ طوطے کی طرح دوسروں کے الفاظ کو دہرانا ۔

Parry (par-i) *v.t.* & *n.* Ward or keep off روکنا ۔ خالی دینا ۔ دور کرنا ۔ حملے کو روکنا ۔ اعتراض ٹال دینا ۔ توڑ ۔ روک ۔

Parse (pǎr-z) *v.t.* Describe fully, analyse تجزیہ کرنا - اجزائے کلام کی تشریح کرنا - ترکیب معلوم کرنا - جملہ اور الفاظ کی نوعیت بتانا -

Parsee (pǎr-sē) *n.* A follower of Zoroaster who migrated to India from Persia - پارسی - زردشتی - آتش پرست -

Parsimony (pǎr-si-mən-i) *n.* Praiseworthy economy کفایت شعاری - جزرسی - معمولی چیزوں میں جزرسی - بخل - کنجوسی -

Parsimonious *adj.* دیکھ کر خرچ کرنے والا - کفایت شعار -

Parsimoniousness *n.* جزرسی - کفایت شعاری -

Parsley (pǎrs-li) *n.* A herb with finely-scented leaves اجمود کی قسم کا پودا جس کی پتی خوشبودار ہوتی ہے - اجوائن خراسانی -

Parsnip (pǎrs-nip) *n.* A plant yielding edible root ایک قسم کی گاجر -

Parson (pǎr-sn) *n.* The priest of a parish کلیسائی حلقہ کا پادری جس کے گرجے کی آمدنی کسی وقف یا جاگیر سے ہو یا نہ ہو - (بول چال) ہر پادری -

Parsonage (pǎrs-ən-aj) *n.* Residence of a parson پادری کا مکان -

Part (pǎrt) *adv. & n.* Some and not all حصہ - ٹکڑا - جز - عضو - الگ - جسم کا حصہ - حصہ کا کام - مقررہ خدمت - اداکار کا ناٹک میں حصہ - سر - لے - آواز - (جمع) لیاقت - علم و فضل - قابلیت - خطہ - علاقہ -

Partly *adv.* کچھ کچھ - تھوڑا سا - قدرے -

Part of speech جز کلام -

For my part جہاں تک میرا تعلق ہے - میری طرف سے -

For the most part عموماً -

Take in bad or ill part برا یا بھلا جاننا -

Take part in جانب داری کرنا - کسی کام میں شریک ہونا -

Take one's part پاسداری کرنا -

Play one's part well اپنا حق ادا کرنا -

Part (pǎrt) *v.t. & i.* Divide or distribute تقسیم کرنا - بانٹنا - علیحدہ علیحدہ کرنا - پھاڑنا - الگ کرنا - جدا کرنا - چھڑا دینا - جدا ہونا - رخصت ہونا - (بول چال) جیب سے روپیہ خرچ کرنا - حصے کرنا -

Partake (pǎr-tāk) *v.t. & i.* Have a part or share شریک ہونا - حصہ لینا - تناول کرنا - نوش کرنا - کسی عادت یا صفت کا رنگ پایا جانا -

Parterre (pǎr-ter) *n.* An arrangement of flower beds تختہ باغ - پھولوں کے تختوں کی ترتیب - چمن - گلزار (تھیٹر) سامعین کی نشست گاہ کی نیچے کی منزل -

Parthian (pǎr-thi-ən) *n.* A native of Parthia ایک قدیم ایشیائی سلطنت پارتھیا کا باشندہ -

Parthian glance وہ نظر جو چلتے وقت ڈالی جائے - نگاہ واپسیں -

Parthian shaft رخصتی کے وقت کی چوٹ - چلتے وقت کی چوٹ -

Partial (pǎr-shl) *adj.* Relating to a part تھوڑا - قدرے - کم - ایک جز کا - طرفدار - حمائتی - حامی - جانب دارانہ -

Partiality (pǎr-sh-ə-li-ti) *n.* Favouring one person or party جانب‌داری - طرفداری - بے جا حمایت - میلان -

Partible (pǎrt-i-bl) *adj.* That can and must be divided تقسیم پذیر - جدا کرنے کے قابل - علیحدگی کے قابل - تقسیم کے قابل -

Participate (pǎr-tis-i-pat) *v.t. & i.* Have a share, partake شریک ہونا - شامل ہونا - مشتمل ہونا - شرکت کرنا - ملنا - کسی خاصیت میں شریک ہونا -

Participant *n.* حصہ‌دار - ساجھی - شرکت کرنے والا -

Participation *n.* اشتراک - شمولیت - شرکت -

Participle (pǎr-ti-sip-l) *n.* Word combining function of adjective and verb صفت فعلی - وہ صفت جس میں فعلیت بھی پائی جائے -

Particle (pǎr-ti-kl) *n.* A very small portion ذرہ - ٹکڑا - ریزہ - خفیف مقدار - (قواعد) حرف - سابقہ - لاحقہ -

Particoloured (pǎrti-kul-ərd) *adj.* Having a coat of various colours مختلف رنگوں والی - بوقلموں - گونا گوں -

Particular (pər-tik-u-lər) *adj.* & *n.* Relating to a part خاص - مخصوص - عجیب - نرالا - انوکھا - غیر معمولی - قابل ذکر - دقیقہ رس - جز رس - جزئیات پر زور دینے والا - نفاست پسند - نازک مزاج - مد - شق - جز (جمع) مفصل کیفیت - تفصیل -

Particularity *n.* تفصیل - تخصیص - خصوصیت -

Particularly *adv.* خاص طور پر - خاص کر - بالخصوص -

Particularism (pər-tik-u-lər-izm) *n.* Doctrine that salvation is offered only to particular individuals یہ عقیدہ کہ صرف مخصوص افراد ہی ناجی ہو سکتے ہیں اور اللہ تعالیٰ ان کا انتخاب کرتا ہے - فرقہ پرستی - یہ اصول کہ سلطنت کے اندر ہر ریاست آزاد ہو -

Particularist *n.* - نجات کے متعلق فضل ربی کا امیدوار - حکومت کے اندر ریاستوں کی آزادی کا حامی - فرقہ پرست -

Particularise (pər-tik-u-lər-īz) *v.t.* Innumerate in detail جدا جدا بیان کرنا - شرح کے ساتھ لکھنا یا کہنا - مفصل بیان کرنا - نام بہ نام ذکر کرنا - تخصیص کرنا -

Particularization *n.* نام بہ نام ذکر - تفصیل - تخصیص -

Parting (pǎrt-ing) *n.* Leave taking, dividing line جدائی - علیحدگی - تفرقہ - تجزیہ - وداع - بالوں کی مانگ -

Partisan (pǎr-ti-zan) *n.* A blind or unreasoning adherent of a party ہمراہی - طرفدار - رفیق - کسی جماعت کا پر جوش حامی - ہنگامی فوج کا سپاہی -

Partisanship *n.* کورانہ حمایت - بے جا حمایت - طرفداری -

Partisan (pǎr-ti-z̄an) *n.* A kind of long-handled weapon لمبے دستے کا نیزہ - برچھا - بلم -

Partite (par-tit) *adj.* Divided, cut nearly to the base پھٹا ہوا - دریدہ - جوتنے تک پھٹا ہوا ہو -

Partition (pǎr-tish-ən) *v.t.* & *n.* State of being divided تقسیم - بٹوارہ - حصہ - درجہ - درمیانی دیوار - اوٹ - حصوں میں تقسیم کرنا -

Partitive (pǎr-ti-tiv) *adj.* & *n.* Distributive وہ لفظ جو کل کے کسی جز کو ظاہر کرتا ہے - جیسے کچھ کلمہ تخصیص ہے - تخصیص کا کام دینے والا -

Partlet (pǎrt-lit) *n.* Proper name for a hen ایک قصے میں مرغی کا نام - مرغی بیگم - عورتوں کے لیے بھی آتا ہے -

Partly (pǎrt-li) *adv.* In some degree کچھ - تھوڑا سا - جزوی طور پر - کسی قدر -

Partner (pǎrt-nər) *n.* & *v.t.* Sharer, to join as a sharer شریک - ساتھی - ساجھی - حصہ دار - راجہ رانی - میاں بیوی - رفیق حیات - رفیق رقص - ہم دست - جوڑا - ایک کو دوسرے کا ساتھی بنانا - جوڑا بنانا - ساجھی ہونا -

Partnership *n.* حصہ داری - ساجھا - شرکت -

Sleeping partner *n.* کام یا محنت میں شامل نہ ہونے والا ساتھی -

Partridge (pǎr-trij) *n.* Any member of game birds of pheasant family تیتر - دراج - چکور -

Parturient (par-tu-ri-ənt) *adj.* Bringing or about to bring forth جو بچہ دینے کے قریب ہو - جننے والی - پیدا کرنے والا (معانی) -

Parturition (pǎr-tu-ri-shən) *n.* Act of bringing forth بچہ جننا - زچگی - معنی پیدا کرنا - تخلیق معانی - وضع حمل -

Party (pǎrt-i) *n.* A united body of persons جتھا - جماعت - گروہ - فرقہ - حزب - پارٹی - دعوت - حجت - جلسہ - مل کر کام کرنے والی جماعت - سیاسی جماعت - معاہدے یا مقدمہ کا فریق - کسی کام میں مدد دینے والا - کسی کام میں شریک -

Party (pǎrt-i) *adj.* Pertaining to a body, parted or divided (نقابت) رنگا رنگ - گونا گوں - ہفت رنگ -

Particoloured *adj.* رنگ برنگ - بوقلموں -

Partyism *n.* جماعت داری - طرفداری -

Party jury *n.* جیوری میں آدھے دیسی آدھے پردیسی -

Partyman کسی جماعت کا طرفدار -

Party wall بیچ کی دیوار -

Parvenu (par-və-nu) *n.* An upstart نیا امیر - نو دولتا -

Parvis (par-vis) *n.* An enclosed space کلیسا کا احاطہ ۔ گرجے کا صحن ۔ چار دیواری ۔

Paschal (pas-kl) *adj.* Of passover یہودیوں اور عیسائیوں کے عہد کا ۔

Pasha (pa-sha) *n.* A Turkish title پاشا ۔ ترکی کے اعلیٰ عہدہ داروں کا خطاب ۔

Pashalic (pa-sha-lik) *adj.* Of pasha's domain پاشا کا (حلقہ اقتدار) ۔

Pashm (pash-m) *n.* Soft wool پشم ۔ اون ۔

Pasque-flower (pask-flowr) *n.* A species of anemone ایک گھنٹی کی شکل کا ارغوانی پھول ۔

Pasquinade (pas-kwin-ad) *n.* A satire ہجو ۔ مذمت ۔ بالخصوص وہ جو لکھ کر شارع عام پر لگائی جائے ۔

Pass (pas) *v.t. & i.* Proceed, make one's way گزرنا ۔ نکلنا ۔ آگے بڑھنا ۔ چلنا ۔ طے کرنا ۔ گزارہ کرنا ۔ گزارنا ۔ بسر کرنا ۔ وقت کاٹنا ۔ مرنا ۔ گزر جانا ۔ چھوڑ دینا ۔ ترک کر دینا ۔ منظور کرنا ۔ تسلیم کرنا ۔ ٹھیک قرار دینا ۔ منتقل ہونا ۔ ایک چیز سے دوسری چیز ہو جانا ۔ امتحان میں کامیاب ہونا ۔ واقع ہونا ۔ ظہور میں آنا ۔ عبور کرنا ۔ پار کرنا ۔ گزارنا ۔ گزرنے دینا ۔ چلانا (کھوٹا سکہ) ۔ قول دینا ۔ عہد کرنا ۔ فیصلہ صادر کرنا یا ہونا ۔ سزا تجویز کرنا ۔

Pass (pas) *n.* A way, a narrow passage, the passing of an examination کامیابی ۔ امتحان میں معمولی کامیابی ۔ اجازت نامہ راہداری ۔ پروانہ ۔ (شمشیر زنی) ہاتھ ۔ وار ۔ چوٹ ۔ مداری کا کرتب ۔ مسمریزم میں ہاتھ کی گردش ۔ ہاتھ کا اشارہ ۔

Passman جس نے امتحان میں معمولی کامیابی حاصل کی ہو ۔

Password فوج میں ایک خاص لفظ شناخت کے لیے مقرر ہوتا ہے ۔ شناختی لفظ ۔

Pass-book بنک کی کتاب ۔

Pass off فریب دینا ۔ دغا دینا ۔

Pass on چلے جانا ۔

Pass over or by پار ہونا ۔ چشم پوشی کرنا ۔

Pass the time of day باہم سلام کرنا ۔

Pass through گزرنا ۔ برداشت کرنا ۔

Bring to pass واقع ہونا ۔

Come to pass بیتنا ۔ گزرنا ۔

Pass (pas) *n.* Away, a narrow passage گلی ۔ گھاٹی ۔ درہ ۔ پہاڑوں کے درمیان کا تنگ راستہ ۔ جہاز رانی کے قابل آبنائے یا رودبار ۔ وہ راستہ جس سے مچھلی بند میں آتی ہے ۔

Passable (pas-əbl) *adj.* That may be passed or navigated قابل عبور ۔ قابل گزر ۔ جہاز رانی کے قابل ۔ اچھا خاصہ ۔ کام دینے والا ۔

Passage (pas-ij) *n.* Crossing, transit نقل مقام ۔ نقل مکان ۔ سفر ۔ مسافرت ۔ ایک حالت سے دوسری حالت میں آنا ۔ حق آمد و رفت ۔ گزرگاہ ۔ راہ ۔ راستہ ۔ بحری سفر ۔ جہاز میں جگہ ۔ قانون کا پاس ہونا ۔ آپس کا راز و نیاز ۔ معاملہ ۔ عبارت ۔ عبارت یا کتاب کا کوئی حصہ ۔

Passage of arms کرتب ۔ جھگڑا ۔

Bird of passage (بول چال) آ کر چلا جانے والا شخص ۔ سفری پرندہ ۔

Passage (pas-ij) *v.i. & t.* To go sideways گھوڑے کا ایک پہلو کی طرف چلنا ۔ گھوڑے کو پہلو کی طرف چلانا ۔

Passant (pas-ənt) *adj.* Walking towards dexter side (نقابت) ڈھال پر ۔ گھوڑے کی تصویر جس میں وہ پیر اٹھائے ہوئے سیدھا دیکھتا ہوا دکھایا جائے ۔

Passe (pas-e) *adj.* Past prime اترا ہوا حسن ۔ ادھیڑ عورت ۔ نہ بوڑھی نہ جوان ۔

Passenger (pas-in-jər) *n.* One who travels راہی ۔ مسافر ۔ راہ رو ۔ گاڑی کا سوار ۔

Passenger train سواری گاڑی ۔ مسافر گاڑی ۔

Passer (pas-ər) *n.* One who passes گزرنے والا ۔ راہگیر ۔ مسافر ۔

Passerby پاس سے گزرنے والا ۔ راستہ چلنے والا ۔

Passible (pas-i-bl) *adj.* Susceptible of impression or suffering اثر پذیر ۔ ذی حس ۔ اثر لینے والا ۔ متاثر ہونے والا ۔

Passing (pas-ing) *n.* Death گزرنا ۔ مر جانا ۔ انتقال کر جانا ۔ راہی ملک عدم ہونا ۔

Passing (pas-ing) *adj. & adv.* Going through or away عارضی ۔ آنی جانی ۔ دم بھر کا ۔ چشم زدن میں ۔ سر سری ۔ ضمنی ۔ بہت زیادہ ۔

Passion (pash-n) *n.* Strong feeling or agitation of mind جوش - جذبہ - ولولہ - شوق - آرزو - جذبات کا ہیجان - غصہ کی حالت - طیش - عشق - شہوانی جذبہ - مصائب مسیح - تحمل - صبر - حضرت مسیح کے مصائب کا بیان - حضرت مسیح کا نغمہ یا گیت -

Passionless (pash-n-les) *adj.* Free from passion مردہ دل - بے آرزو - بے تمنا - بے ولولہ -

Passionlessness *n.* مردہ دل ہونا - جوش یا جذبہ سے خالی ہونا -

Passion (pash-n) *v.i.* To exhibit passion شدید جذبہ کا اظہار کرنا - جذبہ سے متاثر ہونا - جذبات میں ہیجان ہونا - شوق یا ولولہ پیدا ہونا -

Passional (pash-ə-nal) *n.* A book of the sufferings of saints and martyrs کتاب جس میں بزرگان دین اور شہیدوں کے مصائب کا بیان ہو -

Passionate (pash-ən-āt) *adj.* Showing strong and warm feeling پر جوش - گرم مزاج - پر غضب - تند خو - غصیلا -

Passionately *adv.* تند مزاجی سے - پر جوش طریقے سے - جذبہ سے بھرا ہوا - پر شوق - پر جوش -

Passionist (pa-shən-ist) *n.* A member of a Roman Catholic body devoted to the commemoration of the passion of Christ ایک رومن کیتھولک جماعت جو مصائب مسیح بیان کرتی ہے - یہی اس کا کام ہے -

Passive (pas-iv) *adj.* Inert, inactive مجہول - غیر متحرک - سست - متحمل - انفعالی - منفعل - فعل مجہول -

Passively *adv.* ضبط و تحمل سے - بغیر مزاحمت کے -

Passiveness *n.* عدم مزاحمت - مجہولیت -

Passivity *n.* بے حرکت ہونا - حالت جمود -

Passover (pȃs-ō-vər) *n.* Annual feast of Jews to commemorate the destroying angel passing over the houses of Israelites when their first born was killed یہودیوں کی عید جو اس واقعہ کی یاد میں منائی جاتی ہے کہ قہر ربانی فرشتہ کی صورت میں مصریوں پر نازل ہوتا تھا -

Passport (pȃs-pōrt) *n.* Authorisation to leave a port پروانہ راہداری - کسی ملک میں داخل ہونے کا اجازت نامہ - پاسپورٹ - کسی چیز کے حاصل کرنے کا وسیلہ -

Past (pȃst) *adj.* & *n.* Bygone گزشتہ - ماضی - گزرا ہوا - گزرا ہوا واقعہ - پچھلی زندگی - گزرا ہوا زمانہ -

Past (pȃst) *prep.* & *adv.* After, after the time, beyond, by بعد - زیادہ - کسی وقت مقررہ کے بعد - گزر کر - آگے - گزرا ہوا - حد برداشت سے باہر - آگے بڑھتا ہوا - گزرتا ہوا -

Paste (pāst) *n.* A soft plastic mass گندھا ہوا آٹا - آٹے کی لئی - نرم حلوا - میٹھی لپسی - کھیر - کسی چیز کی لئی -

Paste-board مصنوعی جواہرات کی مالا - دفتی - پٹھا -

Paste (pāst) *v.t.* Fasten or cover with paste لئی سے جوڑنا - چپکانا - چسپاں کرنا - دیوار پر چپکانا -

Pastel (pas-təl) *n.* Chalk mixed with colour, drawing made with pastels رنگدار پنسل بنانے کا مسالہ - کھریا میں ملا ہوا رنگ - رنگین پنسلوں کی تصویر -

Pastellist (pas-təl-ist) *n.* One who makes drawings with pastels رنگین پنسلوں سے تصویر بنانے والا -

Pastern (pas-tərn) *n.* The part of a horse's foot from fetlock to hoof گھوڑے کے ٹخنے اور سم کے بیچ کا حصہ - ٹھیونا - گھٹی -

Pasteurize (pas-tə-rīz) *v.t.* Apply Lious Pasteur's method of sterilisation and inoculation لوئی پیسچر کے طریقے سے جراثیم کو ہلاک کرنا اور ٹیکے لگا کر علاج کرنا -

Pastil (pas-tel) *n.* A small cave of charcoal and aromatic substance burned as incense ایک قسم کا مرکب مسالہ جس کو جلا کر کمرہ کی ہوا صاف کرتے ہیں - خوشبو کی بتی - اگر بتی - ایک قسم کی مٹھائی - منہ میں گھولنے کی ٹکیہ -

Pastime (pȃs-tīm) *n.* Recreation فرصت کا مشغلہ - تفریح - تماشا - ذریعہ تفریح -

Pastor (pâs-tər) *n.* One who has the care of a flock گڈریا - چرواھا - پادری - ہادی - روحانی رہنما - مرشد - پیر -

Pastoral (pâs-tə-ral) *adj.* & *n.* Relating to shepherds چرواہے کا - گڈریے کا - پادری کا - مرشد کا - چراگاہ کی زمین - دیہاتی زندگی پر نظم - پادری کا خط -

Pastoralism *n.* اس شاعری کی خصوصیت جس کا موضوع دیہات ہو - دیہاتیت -

Pastorality *n.* دیہاتی زندگی کی خصوصیات -

Pastorale (pâs-tō-ra-lā) *n.* Pastoral composition in music دیہاتی زندگی کا گیت -

Pastorate (pas-to-rāt) *n.* Pastor's tenure of service پادری کی میعاد خدمت - پادریوں کی جماعت -

Pastry (pas-tri) *n.* A small cake کیک - سموسہ - نرم مٹھائی - پیسٹری -

Pasturage (pâst-yər-ag) *n.* Business of feeding and grazing cattle چرائی - بن چرائی - جانوروں کو چرانا - چارہ گھاس - چراگاہ -

Pasture (pâst-yər) *n., v.t.* & *i.* Grazing-land چارہ گھاس - چراگاہ - چرانا - چرائی کے لیے مویشی چراگاہ میں بھیجنا -

Pasturable *adj.* چراگاہ بننے کے قابل - چرائی کے قابل -

Pasty (pas-ti) *adj.* Made of paste لیئی کی طرح کا - لپسی کی طرح کا -

Pasty-faced پیلے رنگ کا - زرد رو -

Pat (pat) *n.* A gentle stroke - تھپکی - سلانا - ٹھونکا - مکھن کی ٹکیہ - تھپکی کی آواز -

Pat (pat) *v.t.* & *i.* Strike with the palm of hand, tap تھپکنا - آہستہ آہستہ دبانا - تھپکی دینا - پیار سے مارنا - چٹیا کرنا - ٹھونکنا -

Pat (pat) *adv.* & *adj.* Hitting the mark, at the right time - بر محل - موزوں - ٹھیک ٹھیک - موقع سے - بنا بنایا - تیار -

Pat (pat) *n.* A nickname for an Irishman آئرستان کا باشندہ -

Patch (pach) *n.* A piece put on to mend a defect تھگلی - پیوند - جوڑ - ٹکڑا - زخم کا پھایا - وہ گدی جو زخمی آنکھ پر باندھتے ہیں - سیاہ ریشم کا نقاب - دھبہ - قطعہ زمین - پودوں کا تختہ - قطعہ - ٹکڑا -

Patchery *n.* وہ کپڑا جو پیوند لگا کر بنایا گیا ہو - بنتا - گدڑی -

Patchiness *n.* جوڑ یا پیوند لگانا یا ہونا -

Patchy *adj.* پیوند دار - ٹکڑوں کا -

Patch (pach) *v.t.* Mend with a patch پیوند یا تھگلی لگانا - گانٹھنا - جوڑنا - ٹانکنا - جلدی سے جوڑ جاڑ کر تیار کرنا - کسی چیز پر داغ دھبے نظر آنا -

Pate (pāt) *n.* The crown of the head (بول چال) سر - کھوپری -

Pate (pāt) *n.* A pie قیمہ بھرا ہوا سموسہ -

Patella (pə-tel-ä) *n.* A little pan گھٹنے کی چپنی ہڈی - طشتری - کٹوری -

Patellar *adj.* گھٹنے کی چپنی کے متعلق -

Paten (pat-ən) *n.* A metal disc تھالی - رکابی - قاب - عشائے ربانی میں روٹی رکھنے کی سینی -

Patent (pā-tənt) *adj.* Lying open, obvious - آشکار - ظاہر - کھلا ہوا - صریح - صاف - رجسٹری شدہ چیز - وہ چیز جس کے بنانے اور بیچنے کا حق محفوظ ہو - جو کسی شخص کے ساتھ مخصوص ہو - عمدہ بنی ہوئی چیز -

Patency *n.* محفوظ ہونا - کھلا ہوا ہونا - عمدہ بنا ہوا ہونا -

Patent (pa-tənt) *n.* Official order giving sole rights to the maker سرکاری حکم جس سے چند سال کے لیے موجد کو جملہ حقوق مل جاتے ہیں - تحفظ بذریعہ رجسٹری - محفوظ شدہ ایجاد یا طریقہ - خاص علامت - طغرائے امتیاز -

Patent office ایجادات کی رجسٹری کا دفتر -

Patent (pa-tənt) *v.t.* Secure a patent for موجد کو تحفظ اور حقوق کی سند دینا - ایجاد کو با ضابطہ سرکاری دفتر میں رجسٹری کرانا -

Patentee (pa-tənt-ē) *n.* One who holds a patent جس کو تحفظ کا پروانہ ملا ہو - جس کی ایجاد کی رجسٹری ہوئی ہو - جس کے نام سے کوئی ایجاد موسوم ہو -

Pater (pā-tər) *n.* Father - (بول چال) باپ - باوا - بابا -

Pater-familias (pā-tər-fə-mil-i-as) *n.* Head of a family (قانون روما) خاندان کا بزرگ - سردار -

Paternal (pə-tər-n(ə)l) *adj.* On the father's side پدری - ابوی - جدی - باپ کی طرف کا - باپ کے رشتے سے -

Paternal government پدرانہ حکومت -

Paternity (pə-tər-ni-ti) *n.* Fatherhood مصنف کی حیثیت - پدری رشتہ - ابویت -

Paternoster (pat-ər-nos-tər) *n.* The Lord's prayer, rosary دعائے نماز - تسبیح - تسبیح کا امام -

Path (path) *n.* A way for foot-passengers راہ - راستہ - پگڈنڈی - باٹ - لیک - پیدل چلنے والوں کا راستہ -

Pathetic (pə-thet-ik) *adj.* & *n.* Affecting passions دل پر اثر کرنے والا - رقت انگیز - دلسوز - حسرت ناک - جذباتی - جذبات کے متعلق - (جمع) علم جذبات - جذبات پرستی - دل پر اثر کرنے والا واقعہ -

Pathetically *adv.* دلسوزی سے -

Pathos (pa-thos) *n.* The quality that raises pity رقت - دلسوزی - دلگدازی - بروگ - رقت انگیزی -

Patience (pa-shəns) *n.* Quality of being able to bear suffering بردباری - صبر - تحمل - برداشت - استقلال - ثابت قدمی (تاش) ایک کھیل جو تنہا کھیلا جاتا ہے -

Have patience with برداشت کرو -

Out of patience with تنگ ہو جانا - عاجز آ جانا -

The patience of Job صبر ایوبی -

Patient (pa-shənt) *adj.* & *n.* Sustaining pain and delay صابر - متحمل - قانع - مستقل مزاج - مریض - بیمار -

Patiently *adv.* صبر سے - بردباری سے -

Patriarch (pā-tri-ārk) *n.* Head of the family بزرگ خاندان - سردار - (جمع)حضرت یعقوب کے بیٹے - بزرگان اسرائیل - مورث اعلیٰ - اسقف - پادری - قابل احترام ضعیف آدمی - پیر کبیر -

Patriarchal *adj.* ایسا معاشرہ جس میں قبیلے کا سردار فرمانروا ہوتا ہے -

Patriarchate (pā-tri-ārk-āt) *n.* The province or office of a patriarch اسقف یا پادری کا علاقہ -

Patriarchy (pā-tri-ārki) *n.* Community of related families under a patriarch متحدہ خاندانوں کا معاشرہ جو بزرگ خاندان کے ماتحت ہو -

Patriarchism *n.* سرداری راج - سرقبیلی طرز حکومت

Patrician (pə-trish-ən) *adj.* & *n.* A member of the original families of Rome قدیم روما کا اصلی شہری - خاندانی امیر - نجیب - شریف - قیصر روم کا وائسرائے - امیرانہ - امیروں کا سا -

Patriciate (pə-trish-āt) *n.* The patrician order طبقہ شرفا - طبقہ امرا -

Patricide (pə-tri-sid) *n.* The murder of one's own father قتل پدر - باپ کو قتل کرنا - باپ کا قاتل -

Patricidal *adj.* پدرکشی کے متعلق -

Patrimony (pat-ri-mən-i) *n.* An inheritance from father ورثہ - میراث - ترکہ - باپ کا ترکہ - گرجے وغیرہ کے متعلق وقف -

Patrimonial *adj.* آبائی - جدی - موروثی -

Patriot (pa-tri-ət) *n.* One who loves his father-land وطن دوست - محب وطن - وطن پرست - شیدائے وطن -

Patriotic *adj.* حب وطن کا - وطن دوست -

Patriotism *n.* آزادی وطن کی حمایت - وطن دوستی - حب الوطنی -

Patrol (pə-trol) *n.,v.i.* & *t.* Body of men going the rounds گشت - گردآوری - شب گشت - گشت کرنا - روند کرنا - نگرانی کرنا - دیکھ بھال کرنا - حفاظت کرنا -

Patron (pa-trən) *n.* Guardian مربی - سر پرست - پشت پناہ - معاون مددگار - (دوکانداری) مسقل گاہک - محافظ - ولی - متولی -

Patronage (pa-trən-ag) *n.* Support given by a patron دستگیری - معاونت - سرپرستی - سرپرستانہ امداد - حفاظت - نگرانی -

Patronal (pa-trən-l) *adj.* Like a patron حمایتی - حامیانہ - سر پرستانہ - مربیانہ -

Patronize (pa-trən-īz) *v.t.* Act as a patron دستگیری کرنا - حمایت کرنا - اعانت کرنا - ہمت افزائی کرنا - مربیانہ اندازسے پیش آنا -

Patronimic (pat-rə-nim-ik) *adj.* Derived from the name of father or ancestor وہ نام جو آباواجداد میں سے کسی کے نام پر رکھا گیا ہو ۔ آبائی نام ۔ لقب ۔ کنیت ۔

Patter (pat-ər) *n.* Chatter طریبہ ناٹک کے الفاظ ۔ کسی خاص طبقہ یا پیشہ کی زبان ۔ تیز گفتگو ۔

Patter (pat-ər) *n.* The sound of pattering کھٹ کھٹ کی آواز ۔ جوتے کے اوپر پہننے کا جوتا جس کا تلا لکڑی کا ہوتا ہے ۔ کھڑاؤں ۔ ستون کی کرسی ۔

Patter (pat-ər) *v.t.,i.* & *n.* Run with short quick steps ٹپ ٹپ کی آواز پیدا کرنا ۔ ٹپ ٹپ دوڑنا ۔ ٹپ ٹپ کی آواز ۔

Patter (pat-ər) *v.t.* & *i.* Repeat hurriedly بڑبڑانا ۔ منہ میں بولنا ۔ جلد جلد دعا پڑھنا ۔ پٹر پٹر باتیں کرنا ۔ تیزی سے باتیں کرنا ۔ گھاس سی کاٹنا ۔

Pattern (pat-ərn) *v.t.* & *n.* A model نمونہ ۔ مثال ۔ اعلیٰ نمونہ ۔ مجسمہ ۔ پتلا ۔ سانچہ ۔ وضع قطع ۔ نقش و نگار ۔ چاند ماری پر بندوق کی گولیوں کا نقشہ ۔ نمونے پر بنانا یا ڈھالنا ۔ نقش و نگار سے مزین کرنا ۔

Pattern after نقل کرنا ۔

Patty (pat-i) *n.* Pie میٹھا سموسہ ۔ قیمے کا سموسہ ۔

Patulous (pat-u-ləs) *adj.* Spreading پھیلا ہوا ۔ کشادہ ۔ کھلا ہوا ۔ پھیلی ہوئی ۔

Patulousness *n.* پھیلاؤ ۔ کشادگی ۔

Paucity (paw-sit-i) *n.* Smallness of quantity قلت ۔ کمی ۔

Paul (pawl) *n.* An apostle of Christ حضرت مسیح کے حواری پولوس ۔ وہ جس کو دوسروں کے راز معلوم کرنے کا شوق ہو ۔ راز جو شخص ۔

Pauline (pawl-īn) *n.* A scholar of St. Paul's school لندن کے مدرسہ سینٹ پال کا طالب علم ۔

Paunch (paw(t)sh) *v.t.* & *n.* The belly پیٹ ۔ شکم ۔ معدہ ۔ اوجھ ۔ توند ۔ سوی مضبوط چٹائی ۔ لکڑی کا خول جو مستول پر چڑھا دیتے ہیں ۔ پیٹ پھاڑنا ۔ پیٹ چاک کرنا ۔

Pauper (paw-pər) *n.* A destitude person محتاج ۔ مفلس ۔ نادار ۔ کنگال ۔ قانونی نادار ۔ وہ مفلس شخص جس کو گزارے کے لیے سرکاری امداد ملتی ہے ۔

Pauperdom, Pauperism مفلسی ۔ ناداری ۔ تنگ دستی ۔

Pauperize *v.t.* نادار بنادینا ۔ مفلس کر دینا ۔

Pause (pawz) *v.t.* & *n.* A temporary stop تامل ۔ توقف ۔ پس و پیش ۔ ٹھہراؤ ۔ رکاؤ ۔ (موسیقی) طویل وقفے کی علامت (ن۔) رکنا ۔ ٹھہرنا ۔ توقف کرنا ۔

Pause upon غور و تامل کرنا ۔

Pavage (pāv-āg) *n.* Right to levy a charge فرش بندی ۔ محصول ۔ محصول لینے کا حق ۔

Pave (pāv) *v.t.* Cover with slabs فرش بندی کرنا ۔ فرش لگانا ۔ راستہ صاف کرنا ۔ راہ آسان کرنا ۔ چلنے کے لیے راستہ بنانا ۔

Pavement (pav-mənt) *n.* A paved surface فرش ۔ پختہ راستہ ۔ سڑک کی پٹری ۔

Pavilion (pə-vil-yən) *v.t.* & *n.* A large tent خیمہ ۔ بڑا چوٹی دار خیمہ ۔ چھوٹا سا خوش نما بنگلہ جو کرکٹ کے میدان کے قریب کھلاڑیوں کے لیے بنایا جاتا ہے ۔ خیمہ لگانا ۔ شامیانہ لگانا ۔ پیویلین بنانا ۔

Pavonine (pav-ən-in) *adj.* Of peacock مور کا ۔ مور کی طرح کا ۔ مور کی نسل کا ۔ طاؤسی ۔

Paw (paw) *n.* A clawed foot پنجہ ۔ چنگل (بول چال) ہاتھ ۔ خط ۔ تحریر ۔

Paw (paw) *v.t.* & *i.* To strike out with the paw جانوروں کی طرح پنجہ مارنا ۔ گھوڑے کا زمین پر ٹاپ مارنا ۔ سم سے زمین کریدنا ۔ بھدے پن سے کوئی چیز اٹھانا ۔

Pawky (pawki) *adj.* Drily humorous (اسکاٹ لینڈ) عیار ۔ چالاک ۔ خشک ظریف ۔

Pawkily *adv.* عیاری سے ۔ چالاکی سے ۔

Pawkiness *n.* ہوشیاری ۔ چالاکی ۔ عیاری ۔

Pawl (pawl) *n.* A catch to prevent backward movement چرخ روک ۔ روک جو پہیے کے کھانچے میں لگا دی جاتی ہے تاکہ الٹا نہ پھرے ۔

Pawn (pawn) *n.* A small piece in chess شطرنج کا پیادہ ۔ وہ شخص جسے کوئی دوسرا اپنے مقصد کے لیے استعمال کرے ۔

Pawn (pawn) *n.* Something deposited as security وہ چیز جو رہن رکھی گئی ہو ۔

Pawnbroker *n.* مرتہن - رہن رکھنے والا -

Pawnshop *n.* گرو رکھنے کی دوکان - گروی چیزوں کی دوکان -

Pawn (pawn) *v.t.* To give in pledge گرو رکھنا - رہن رکھنا - روپے کے بدلے مال رکھنا - شرط لگانا - قول ہارنا - اپنی جان سے کسی چیز کی ضمانت کرنا -

Pawnee (pawn-e) *n.* Pownbroker وہ جس کے پاس کوئی چیز رہن رکھی جائے -

Pax (paks) *n.* Kiss of peace لوح صلیبی جس پر پادری اور حاضرین نماز کے بعد بوسہ دیتے ہیں - بوسہ سلامتی -

Pax Brittania (paks-brit-ə-ni-a) *n.* Peace imposed by British Rule سلطنت برطانیہ کی ماتحت ریاستوں کو جنگ کی ممانعت -

Pax vobis (paks-vo-bis) *n.* Peace be on you تم پر سلامتی ہو - السلام علیکم - (بول چال) خاموشی -

Pay (pā) *n.* Salary, wages مشاہرہ - تنخواہ - اجرت - محنتانہ - ادائگی -

Pay (pā) *v.t.* & *i.* To give what is due - معاوضہ دینا اجر دینا - ادا کرنا - اجرت دینا - سزا دینا - خراج تحسین پیش کرنا - عزت کرنا - کاروبار سے نفع ہونا - فائدہ ہونا -

Pay bill *n.* بر آورد تنخواہ -

Pay day *n.* تنخواہ ملنے کا دن -

Pay master *n.* خزانچی -

Pay down فوراً ادا کرنا -

Pay off تنخواہ دے کر بر طرف کرنا -

Pay one back in the same coin جیسے کو تیسا جواب دینا -

Payee *n.* - جس کو روپیہ دیا جائے - حاصل کرنے والا - پانے والا -

Payer *n.* - رقم دینے والا - ادا کرنے والا - دینے والا -

Pay (pā) *v.t.* Smear with pitch (جہاز رانی) رال لگانا - تار کول لگانا -

Payable (pā-əbl) *adj.* That should be paid واجب الادا - قابل ادائی - جو ادا کیا جا سکتا ہو -

Payment (pā-mənt) *n.* Act of paying ادائگی - چکونا - بھرپائی - جزا - سزا - انعام - بدلہ - مول - قیمت - دام -

Paynize (pā-nīz) *n.* Protect the wood by paint or tar لکڑی میں ایسا مسالہ لگانا کہ وہ گلنے نہ پائے -

Pea (pē) *n.* Nutritious seed of a climbing plant مٹر - مٹر کا پودا - سیم - سیم کی بیل -

Peace (pēs) *n.* A state of quite - امن - امان - صلح - سکون - آسودگی - اطمینان - امن عامہ -

Hold one's peace خاموش رہنا - چپ رہنا -

Make one's peace with آپس میں صلح کر لینا -

The king's peacc امن عامہ -

Peaceable (pēs-əbl) *adj.* Peaceful صلح کی حالت میں - امن میں - صلح پسند - امن خواہ - صلح جویانہ - امن پسندانہ -

Peaceableness *n.* امن پسندی - صلح پسندی -

Peaceful (pēs-pul) *adj.* Enjoying peace - پر سکون - پر امن -

Peacefulness *n.* پر سکون ہونا - پر امن ہونا -

Peach (pēch) *n.* A sweet juicy stone fruit آڑو - شفتالو -

Peach (pēch) *v.i.* Inform against مخبری کرنا - مخبر بن جانا -

Peachik (pē-chik) *n.* A young peafowl - مور کا بچہ - مور کا پٹھا -

Peachy (pēch-i) *adj.* Like a peach شفتالو کی طرح نرم اور سرخ (رخسار) -

Peachiness *n.* شفتالو کی طرح نرم اور سرخ ہونا -

Peacock (pē-kok) *v.t.,i.* & *n.* A genus of large birds of pheasant kind مور - طاؤس - مور کی طرح سنورنا - ناز و انداز سے چلنا - اٹھلا کر چلنا -

Peacockery *n.* خرام ناز - طاؤسانہ انداز -

Peacockish *adj.* بننے سنورنے والا - مور کی طرح - طاؤس کی طرح -

Peafowl (pē-fowl) *n.* Peacock or hen - مور - مورنی

Peahen (pē-hen) *n.* The female of peacock - مورنی

Pea-jacket (pē-jak-it) *n.* A sailor's coarse over-coat ملاحی اوور کوٹ - موٹا کوٹ -

Peak (pēk) *n.* Highest point of any thing - چوٹی
پھننگ - سرکوہ - پہاڑ کی چوٹی - نوک - سرا - ٹوپی
کا چھجا - جہاز کے تہہ خانے کا تنگ حصہ - بادبان
کی نوک -

Peak-load بیوپار کی انتہائی حد - انتہائی برق قوت -
بے اندازہ وزن - زیادہ سے زیادہ وزن -

Peaked / **peaky** نوکدار - چوٹی دار - چھجے دار

Peak (pēk) *v.i.* Look thin and sickly - دبلا ہو جانا
گھلنا - بیمار نظر آنا -

Peaked *p.p.* جس کو بھوکا رکھا جاتا ہو - جس
کے چہرے پر ہڈیاں نکلی ہوں -

Peaky *adj.* کمزور - مریل - سوکھا ہوا -

Peak (pēk) *v.i.* Tilt - مستول کا آگے پیچھے جھکنا -
چپوؤں کا سیدھا کھڑا رہنا - غوطہ لگاتے وقت سیدھا
کھڑا ہونا - وہیل کا دم اٹھانا -

Peal (pēl) *v.t. i.* & *n.* A loud sound - گرج - کڑک -
گڑگڑاہٹ - زور کی آواز - زور کا قہقہہ - گرجنا -
کڑکنا - زور سے قہقہہ لگانا یا بولنا -

Pear (pār) *n.* An esteemed fruit - ناخ - ناشپاتی -

Pearl (pərl) *n.* A concretion of nacre formed in a pearl-oyster - موتی - مکتا - لولو - بڑی قیمتی چیز -
نہایت عمدہ چیز - اپنی قسم کی اعلیٰ ترین چیز - موتی
سے مشابہ چیز - دانت - شبنم کا قطرہ - آنسو -
چھوٹا ٹائپ -

Pearl barley مقشر جو -

Pearl-eyed موتی چور آنکھ والا -

Pearl-oyster موتی کی سیپ -

Cast pearls before swine - نااہلوں کو قیمتی چیز دینا

Pearled (pər-ld) *adj.* Studded with pearls
جس میں موتی لگے ہوں -

Pearly *adj.* - صاف شفاف - موتی کی طرح کا - موتی کا -

Pearl (pərl) *v. t.* & *i.* To make pearly - موتی بکھیرنا
موتیوں کی طرح قطرے چھڑکنا - موتیوں کی طرح بنانا -
موتی کی طرح گول کرنا - موتی نکالنے کے لیے سمندر سے
صدف نکالنا -

Pearl (pərl) *n.* A lustrous globule تکمہ - آرائشی
تکمہ -

Permain (pār-mān) *n.* A variety of apple سیب
کی ایک قسم -

Peasant (pez-ənt) *n.* A small farmer - کسان -
دیہاتی - دیہات کا چھوٹا کاشتکار -

Peasantry (pez-ənt-ri) *n.* The body of peasants
کسان لوگ - گاؤں کے کاشتکار -

Pease (pēz) *n.* Pea or pea plant مٹر - سیم - سیم کی
بیل - مٹر کا پودا -

Peat (Pēt) *n.* A-shaped biock dug from a bog
نباتاتی مادہ جو پانی میں عرصے تک پڑا رہ کر کوئلہ کے
خواص پیدا کرلیتا ہے - دلدل کا کوئلہ -

Peaty *adj.* دلدل کے کوئلے سے بنا ہوا - دلدلی کوئلے
کی طرح -

Peat (pēt) *n.* Lovely girl - حسینہ - حسین لڑکی -

Proud peat شوخ چشم - بت طناز - مغرور حسینہ -

Pebble (peb-l) *n.* A small roundish stone
سنگریزہ - کنکر - روڑا - عینک کا شیشہ - عقیق -
سنگ سلیمانی کی قسم کا پتھر -

Pebbly *adj.* سنگ ریزے کا - سنگ سلیمانی کا -
روڑوں کا -

Peccable (pek-əbl) *adj.* Liable to sin - خطا وار -
قصور وار - گنہگار - جس سے گناہ سرزد ہو سکتا ہو -

Peccability *n.* گناہگاری - خطاکاری -

Pecadillo (pek-ə-dil-ō) *n.* A trifling fault
ھلکا گناہ - معمولی خطا - گناہ صغیرہ -

Peccant (pek-ənt) *adj.* Sinning, offending
مفسد - گنہگار - عاصی - فاسد - برا - خراب -
مرض انگیز -

Peccancy *n.* ردی یا خراب ہونا - فاسد ہونا -
گنہگاری - خطاکاری -

Peck (pek) *n.* A measure for dry goods, $\frac{1}{4}$ of a bushel ایک قسم کا ناپ جو دو گیلن کے قریب ہوتا
ہے - ڈھیر - انبار - طومار -

A peck of dirt کوڑے کا ڈھیر - غلاظت کا انبار -

A peck of trouble مصیبتوں کا طوفان -

Peck (pek) *v.t.,i.* & *n.* Pitch, jerk, stumble, strike with beak چونچ مارنا - ٹھونگیں مارنا -
چونچ مار مار کر سوراخ کرنا - کسی نوکدار چیز سے
زمین کھودنا - ٹھونگ - چونچ - (بول چال) کھانا - غذا -

Peck (pek) *v.t.* & *i.* Throw stones ٹھوکر کھانا - پتھر مارنا - کسی پر پتھر پھینکنا -

Packer (pek-ər) *n.* That which pecks چونچ مارنے والا پرندہ - کدال -

Keep your pecker up (بول چال) ہمت بلند رکھو -

Wood-pecker کٹھ ہد ہد کی طرح کا ایک پرندہ - کٹھ کھدا - کٹھ بڑھئی -

Peckish (pek-ish) *adj.* Somewhat hungry (بول چال) کسی قدر بھوکا -

Pecksniff (pek-snif) *n.* A hypocrite - ریاکار - پرفریب دغا دینے والا -

Pectoral (pek-tə-rəl) *adj.* & *n.* Of or near the breast سینے کا - چھاتی کا - چار آئینہ جو محض آرائش کے لیے لگاتے ہیں - صدریہ - دوا جو سینے کے امراض کے لیے مفید ہو - دوا جو سینے پر لگائی جائے -

Peculate (pek-ū-lāt) *v.t.* & *i.* To appropriate dishonestly پتھیانا - غبن کرنا - امانت میں خیانت کرنا - خرد برد کرنا -

Peculation *n.* خرد برد - غبن - خیانت -

Peculiar (pi-ku-lyər) *adj.* & *n.* Own, belonging exclusively خاص - مخصوص - عجیب - انوکھا - نرالا - غیر معمولی - بلا شرکت غیرے - وہ گرجا جو اپنے علاقہ کے ماتحت نہ ہو - مرد خدا - مخصوص حق -

Peculiarity (pi-ku-lyar-iti) *n.* Individuality مخصوص ہونا - انوکھا ہونا - انفرادیت - خاصہ - خاصیت - ندرت -

Peculiarly (pi-ku-lyar-li) *adv.* In a peculiar way خاص طور پر - خصوصیت سے - انوکھے طریقے سے - عجیب طرح سے - نرالے طور پر -

Pecuniary (pi-ku-nyə-ri) *adj.* Relating to money روپے پیسے کے متعلق - مالی - اس جرم کے متعلق جس میں جرمانے یا تاوان کی سزا ہو -

Pedagogue (ped-ə-gog) *n.* A teacher - معلم - مدرس - ملا -

Pedagogical *adj.* معلم یا مدرس کا - معلمانہ -

Pedagogy (ped-ə-gog-i) *n.* Science of teaching علم تعلیم - فن تعلیم -

Pedal (ped-l) *n.*, *v.t.* & *i.* A pedal organ ایک ارغنوں باجا جو پیر سے بجایا جاتا ہے - بائیسکل کا پا انداز - پیڈل - پیڈل چلانا - پیڈل کو دبا کر چلانا -

Pedal (ped-l) *adj.* Of the foot (حیوانات) پیروں کا - پیر کا -

Pedant (ped-nt) *n.* One who is learned without being judicious خود نمائی کرنے والا - وہ معلم جس میں علم ہو مگر معاملہ فہمی اور سنجیدگی نہ ہو - کتابی علم پر حد سے زیادہ زور دینے والا - نظریہ پرست -

Pedantic *adj.* اپنے علم کو فخریہ طور پر ظاہر کرنے والا - فضیلت نما - نظریہ پرستانہ -

Pedantize *v.t.* کتاب پرست بنا دینا - مدعی علم ہونا - جا و بے جا اپنی علمیت جتانا -

Pedantocracy *n.* مدعیان علم کی حکومت -

Pedantry *n.* ادعائے فضیلت - نمود علم -

Pedate (ped-at) *adj.* Footed - پاؤں والا - پنجہ صورت

Peddle (ped-l) *v.t.* Go about as a pedlar پھیری لگانا - گھوم پھر کر بیچنا - خوردہ فروشی کرنا - چھوٹا پیشہ اختیار کرنا - ادنیٰ کاموں میں وقت گنوانا - افواہیں پھیلانا -

Pedestal (ped-is-tl) *v.t.* & *n.* The support of a column - کھمبے یا ستون کی کرسی - ستون کا پایہ - مجسمہ یا عورت کی کرسی - بنیاد - اساس - گھومنے والی الماری - کرسی یا پائے کے سہارے قائم کرنا - کرسی یا پائے پر کھڑا کرنا -

Pedestrian (pe-des-tri-ən) *adj.* & *n.* On foot, walking - پا پیادہ - پیادہ رو - پیدل - پیدل چلنے والا - پیدل چلنے کا - بے لطف - بے کیف - پیدل چلنے کا شوقین -

Pedicular (pe-dik-ū-lar) *adj.* Of lice, lousy جوئیں بھرا - جس کے جسم پر اور کپڑوں میں جوئیں ہوں -

Pedigree (ped-i-grē) *n.* A line of ancestors نسب - شجرہ نسب - نسل - خاندان - اچھی نسل کا جانور -

Padigreed *adj.* عالی نسب - عالی خاندان -

Pedlar (ped-lər) *n.* One who goes about selling goods - پھیری والا - خوانچہ والا - ٹھیلےوالا - بساطی -

Pedlary *n.* پھیری کر کے سودا بیچنا - پھیری والے کا کام کرنا -

Pedometer (ped-om-i-tər) *n.* An instrument for counting paces - سیر پیما - قدم پیما - فاصلہ پیما - ایک آلہ جو چلنے والوں کے قدموں کی تعداد بتاتا ہے -

Peek (pēk) *v.i.* Peep جھانکنا ۔ جھک کر دیکھنا ۔ جلدی سے دیکھ کر ہٹ جانا ۔

Peel (pēl) *n.* Boundary pillars سرحدی مینار ۔ انگلینڈ اور سکاٹ لینڈ کی سرحد کے مینار ۔

Peel (pēl) *n.* Baker's shovel نانبائی کا کنچہ جس سے تنور میں روٹی سینکی جاتی ہے ۔

Peel (pēl) *v.t., i. & n.* Strip off the skin چھیلنا ۔ چھلکا اتارنا ۔ مقشر کرنا ۔ کھال کھینچنا ۔ لوٹنا ۔ قتل و غارت کرنا ۔ چھلنا ۔ کھال اترنا ۔ چھلکا ۔ پوست ۔

Peeler *n.* چھیلنے والا ۔ چھیلنے والا آلہ ۔ کپڑے اتارنے والا ۔ لٹیرا ۔

Peeling *n.* چھلکے اتارنا ۔ چھلکا ۔ چھیلن ۔

Peeler (pēl-ər) *n.* A policeman (بول چال) پولیس کا سپاہی ۔ لارڈ پیل کے عہد میں قائم ہونے والی پولیس کا سپاہی ۔ آئرستانی کانسٹیبل ۔

Peelite (pēl-it) *n.* Follower of Sir Robert Peel سر رابرٹ پیل کا پیرو ۔

Peep (pēp) *n. & v.i.* Cheep like a chicken چیں چیں یا چوں چوں کرنا ۔ چیں چیں یا چوں چوں کی ہلکی اور تیز آواز ۔

Peep (pēp) *v.i.* Look through a narrow opening جھانکنا ۔ تاکنا ۔ روزن سے جھانکنا ۔ تھوڑا تھوڑا نظر آنا ۔ دور سے جھانکنا ۔ پھول کا کچھ کچھ کھلنا ۔ اپنی جھلک دکھانا ۔ پرتو نظر آنا ۔

Peep (pēp) *n.* A sly look دزدیدہ نگہ ۔ تاک جھانک ۔ طلوع سحر ۔

Peep-hole *n.* جھانکنے کا روزن ۔

Peep-o-day *n.* تڑکا ۔ سویرا ۔

Peep-show *n.* متحرک تصویروں کا تماشہ ۔ سیر بین کا تماشہ ۔

Peeping town *n.* راز جو ۔ بھید لیوا ۔

Peeping Tom کھڑکیوں میں جھانکنے والا ۔ شہوت پرست بھیدی ۔ شہوت پرست اداکار ۔

Peeper (pēp-ər) *n.* A prying person دزدیدہ نظر سے دیکھنے والا ۔ جھانکنے والا ۔ (بول چال) آئینہ ۔ آنکھ ۔ دید ۔

Peer (pēr) *n.* An equal, a fellow ہم چشم ۔ ہم رتبہ ۔ ہم سر ۔ ثانی ۔ نظیر ۔ مقابل ۔ انگلستان کے طبقہ امرا کا رکن ۔ امیر ۔ نواب ۔ مصاحب ۔

Peerless *adj.* بے بدل ۔ لا ثانی ۔ لا جواب ۔

Peerlessness *n.* لا ثانی ہونا ۔ بے نظیر ہونا ۔ لا جواب ہونا ۔

Peeress *n.* نواب کی بیوی ۔ خانم ۔ نواب بیگم ۔

Peer (pēr) *v.t. & i.* Be equal, confer a peerage ہم رتبہ ہونا ۔ ہم سر ہونا ۔ طبقہ امرا میں داخل ہونا ۔ نواب بنانا ۔

Peer (pēr) *v.i.* Look narrowly or closely جھانکنا ۔ غور سے دیکھنا ۔ دکھائی دینا ۔ نظر آنا ۔ جھلک دکھائی دینا ۔

Peerage (pēr-āj) *n.* Rank or dignity of a peer نوابی کا رتبہ ۔ نوابی ۔ طبقہ امرا ۔ امرا کی فہرست جس میں نوابوں کا حسب و نسب درج ہوتا ہے ۔

Peeved (pēv-d) *adj.* Irritated (بول چال) جھلایا ہوا ۔ بے حد خفا ۔

Peevish (pēv-ish) *adj.* Fretful, wayward چڑ چڑا ۔ تنک مزاج ۔ زود رنج ۔ تند خو ۔ بر افروختہ ۔

Peevishness *n.* تنک مزاجی ۔ چڑچڑا پن ۔

Peg (peg) *n.* A wood pin, a fexture for hanging کھونٹی ۔ کیل ۔ میخ ۔ کھونٹا ۔ چوب ۔ شراب کا چھوٹا جام ۔ سوڈے اور برانڈی کا جام ۔

A peg to hang on بحث کا ، تقریر کا بہانہ ۔

Peg (peg) *v.t. & i.* Insert like a peg, pierce or strike with a peg کھونٹے سے باندھنا ۔ میخ گاڑنا ۔ میخ یا کیل سے چھیدنا ۔ نشانہ لگانا ۔ پتھر پھینکنا ۔ حد بندی کرنا ۔ حد کے نشان لگانا ۔ کسی کام میں پیہم لگے رہنا ۔ کرکٹ کے ٹوٹے ہوئے بلے میں کیل ٹھونکنا ۔

Peg away کام کرتے رہنا ۔

Peg down پابند کرنا ۔ جکڑنا ۔

Peg out (بول چال) تباہ ہونا ۔ برباد ہونا ۔ (کراکے) گیند سے آخری نشانہ لگانا ۔

Pegasus (peg-ə-səs) *n.* The winged horse that sprang from Medusa's blood قدیم یونانی روایت کے مطابق پیگسس نے اپنی ٹاپوں سے وہ چشمہ جاری کیا جس سے شاعروں اور ادیبوں کو فیض پہنچتا ہے ۔ شاعری کا خدا داد ملکہ ۔ ستاروں کا جھمکا ۔

egorative (pe-gə-rā-tiv) *adj.* & *n.* Derogatory
تحقیر آمیز لفظ ۔ استخفافی لفظ ۔

ekan (pek-ən) *n.* North American wood shock
شمالی امریکہ کا نیولے کی قسم کا سمور دار جانور ۔

ekla (pek-lä) *n.* A kind of silk cloth ایک قسم کا
ریشمی کپڑا ۔

ekinese (pe-kin-ez) *n.* & *adj.* Of Pekin شہر پیکن
کا باشندہ ۔ شہر پیکن کا ۔

elage (pel-ij) *n.* A beast's coat of hair or wool
چوپائے کے بال ، اون ، سمور ۔

elagian (pi-lā-ji-ən) *adj.* & *n.* Follower of Pelagius who denied original sin پلاجیز کا پیرو
جو انسان کے فطرتی طور پر گنہگار ہونے کا منکر تھا ۔

elagic (pi-laj-ik) *adj.* Oceanic بحری ۔ سمندری ۔ جو
گہرے اور کھلے سمندر میں کیا جائے ۔

elargonium (pel-ər-go-ni-əm) *n.* A vast genus of geranium family جیرنیم کی قسم کے پودے
جس کے پھول خوشنما اور پتے خوشبو دار ہوتے ہیں ۔

elerine (pel-ə-rin) *n.* A woman's tippet or cape
زنانہ گلوبند ۔ مفلر ۔ کنٹوپ ۔

elf (pelf) *n.* Riches in a bad sense دھن ۔ دولت ۔
زر و مال ۔ (تحقیراً زر کے لیے) ۔

elican (pel-i-kən) *n.* A large fish-eating water-fowl ماہی خور آبی پرندہ ۔ ایک آبی پرندہ جس کے
متعلق مشہور ہے کہ اپنے بچوں کو اپنے خون سے پالتا
ہے ۔

'elisse (pe-lis) *n.* A lady's long mantle عورتوں کا
ریشمی لبادہ ۔ فوجی سواروں کی جاکٹ ۔ بچوں کا
کپڑوں کے اوپر پہننے کا کوٹ ۔

ellet (pel-it) *v.t.* & *n.* A little ball غلہ ۔ گولی ۔
چھرا ۔ بٹانا ۔ گراب ۔ دوا کی گولی ۔ چرے یا گولی سے
مارنا ۔

ellicle (pel-i-kl) *n.* A thin skin or film باریک
جھلی یا پوست ۔ جالا ۔ پردہ ۔

ellitory (pel-i-tə-ri) *n.* A plant akin to camomile عقر قرحا ۔

'ell-mell (pel-mel) *adv.*, *adj.* & *n.* Confusedly, vehemently گڈ مڈ ۔ خلط ملط ۔ بے ترتیب ۔ بے
ترتیبی سے ۔ پریشانی سے ۔ بد نظمی سے ۔ کش مکش ۔
کھینچا تانی ۔ بے ترتیبی ۔ بد نظمی ۔

Pellucid (pi-l(y)oo-sid) *adj.* Perfectly clear
صاف شفاف ۔ بلور سا ۔ واضح ۔ آسانی سے سمجھ میں
آ جانے والا ۔ سلجھے ہوئے دماغ والا ۔

Pellucidity *n.* دماغ کا روشن ہونا ۔ طرز تحریر کی صفائی ۔
صفائی ۔

Pelma (pel-mä) *n.* The sole of the foot ۔ پاؤں کا تلا

Pelmanism (pel-ma-nizm) *n.* Mind training system ذہنی تربیت کا علم ۔

Pelt (pelt) *n.* A raw hide بکری یا بھیڑ کی کھال جس
پر بال ہوں ۔ بھیڑ کی کھال جس کی اون اتاری گئی ہو ۔

Peltry *n.* کچا چمڑا ۔ کھال ۔ بال‌دار چمڑے ۔

Pelt (pelt) *v.t.,i.* & *n.* Assail with showers of missiles پتھر پھینکنا ۔ پتھر مارنا ۔ بوچھاڑ کرنا ۔
مینہ کا زور سے برسنا ۔ متواتر بندوق چلانا ۔ آگ
برسانا ۔ پتھر ۔ کیچڑ ۔ سوالوں اور گالیوں کی بوچھاڑ ۔

Pelta (pel-tä) *n.* A light backler ہلکی چھوٹی ڈھال ۔
ڈھال کی صورت کی کوئی چیز ۔ سپر نما ۔

Pelvis (pel-vis) *n.* The bony cavity at the lower end of the trunk پیڑو ۔

Pelvic *adj* پیڑو کا ۔ پیڑو کے متعلق ۔

Pemmican (pem-i-kən) *n.* An American preparation قیمہ بھری ہوئی روٹی ۔ شمالی امریکہ کے
باشندوں کی روٹی جس میں پسا ہوا خشک گوشت اور
چربی ملائی جاتی ہے ۔ گائے کا تلا ہوا گوشت ۔ نہایت
مختصر اور بلیغ مضمون ۔

Pemphigus مولا ۔ آبلہ ۔ چھالا ۔

Pen (pen) *v.t.* & *n.* A small enclosure for animals باڑہ ۔ احاطہ ۔ ڈربا ۔ مویشی باندھنے کی
جگہ ۔ محصور کرنا ۔ قید کرنا ۔ مویشی باڑے میں بند
کرنا ۔

Pen (pen) *n.* & *v.t.* An instrument used for writing قلم ۔ کلک ۔ خامہ ۔ تحریر ۔ تصنیف ۔ طرز
تحریر ۔ تحریر کرنا ۔

Penman خوش نویس ۔ اہل قلم ۔ مصنف ۔

Penmanship انشاپردازی ۔ تالیف و تصنیف ۔

Pen name فرضی نام جو بعض مصنفین رکھ لیتے ہیں ۔
تصنیفی نام ۔

Pen (pen) *n.* Female swan راج ہنس کی مادہ ۔

Penal (pe-nl) *adj.* Pertaining to punishment تعزیری ۔ سزا کے متعلق ۔ قابل سزا ۔ مستوجب سزا ۔ جو سزا کے طور پر تجویز ہو ۔ جہاں مجرم رکھے جائیں ۔

Penal laws قانون فوجداری ۔

Penal servitude قید بامشقت ۔

Penally *adv.* تعزیری طور پر ۔ سزا کے طور پر ۔

Penalise (pen-a-līz) *v.t.* Make punishable قابل سزا ٹھہرانا ۔ سزا دینا ۔

Penalty (pen-l-ti) *n.* Punishment سزا ۔ تاوان ۔ جرمانہ ۔ وہ سزا جو کسی کھلاڑی کی غلطی کی وجہ سے ٹیم کو دی جاتی ہے ۔

Penance (pen-əns) *v.t. & n.* Repentance توبہ ۔ کفارہ ۔ ایک عمل جس میں توبہ ، اعتراف گناہ اور عقوبت نفس کی کئی سزائیں ہیں ۔ عقوبت نفس ۔ کفارہ عاید کرنا ۔ جھیلنا ۔

Do penance ریاضت کرنا ۔ توبہ کرنا ۔ کفارہ کے طور پر نفس کشی کرنا ۔

Pence (pens) *n.* Penny دیکھو

Pencil (pen-sl) *n.* Streak of black lead, a fine paint brush موقلم ۔ نقاشی کا برش ۔ سرمئی قلم ۔ تصویر کشی ۔ نقاشی ۔ مصوری ۔ شعاع کا انعکاس ۔ وہ شکل جو خطوط مستقیم کے ایک نقطہ پر ملنے سے بنتی ہے ۔ پنسل نا چیز ۔ کوئی چیز جو پنسل کی شکل کی ہو ۔

Pencil (pen-sl) *v.t.* Paint, draw, write or mark with a pencil پنسل سے نشان لگانا ۔ پنسل سے لکھنا ۔ (گھڑ دوڑ) گھوڑے کا نام کارڈ پر لکھنا ۔

Penciller *n.* (گھڑ دوڑ) وہ جو شرط کا اندراج ، بھاؤ اور گھوڑے کا نام لکھتا ہے ۔

Pencilled *adj.* پنسل سے لکھی ہوئی ۔ پنسل سے بنائی ہوئی ۔

Pendant (pen-dənt) *n.* Any thing hanging specially ornament آویزہ ۔ لٹکن ۔ جھمکا ۔ گوشوارہ ۔ مستول کے بالائی سرے کی چھوٹی رسی ۔ جہاز کا گاؤدم جھنڈا ۔ گھڑی کے لٹکانے کا حلقہ ۔ گھڑی کا لٹکن ۔ ہم سر ۔ مقابل ۔ تصویر جو کسی دوسری کے جواب میں ہو ۔

Pendant (pen-dənt) *adj.* Hanging لٹکا ہوا ۔ معلق ۔ آویزاں ۔ جھکا ہوا ۔ زیر تجویز ۔ زیر سماعت ۔ نا مکمل ۔ ناقص ۔

Pendancy *n.* زیر غور ہونا ۔ زیر تجویز ہونا ۔

Pendentelite (pen-dənt-i-lit) *adv.* During the hearing دوران سماعت میں ۔ زیر تجویز زمانے میں ۔

Pending (pend-ing) *adj. & prep.* Under consideration زیر سماعت ۔ زیر تجویز ۔ زیر غور ۔ دوران میں ۔ سماعت میں ۔ اثنا میں ۔

Pendragon (pen-drag-ən) *n.* An ancient British supreme chief قدیم برطانیہ کا بڑا سردار ۔ ویلز کا نواب ۔

Pendulate (pen-du-lāt) *v.i.* Swing جھولنا ۔ گھڑی کے لٹکن کی طرح ہلنا ۔ ڈانوا ڈول ہونا ۔

Penduline (pen-du-līn) *adj.* Building a pendulous nest لٹکتا ہوا ۔ معلق ۔ لٹکتا ہوا گھونسلا ۔

Pendulous (pen-du-ləs) *adj.* Hanging loosely لٹکتا ہوا ۔ ہلتا جلتا ۔ آویزاں ۔

Pendulum (pen-du-ləm) *n.* Swinging weight لٹکن ۔ لنگر ۔ ہلتا جلتا ۔ لٹکن ۔

Swing of the pendulum سیاسی جماعتوں کے رد و بدل کا رجحان ۔

Penelope (pe-nil-ə-pē) *n.* The wife of Ulysses یولیسس کی بیوی جو دن بھر کا کام رات میں ختم کر دیتی تھی تاکہ وقت ملے ۔ شریف ، پاک دامن بیوی ۔

Penetrate (pen-i-trat) *v.t. & i.* Thrust or force away into چھیدنا ۔ سوراخ کرنا ۔ گھس جانا ۔ داخل ہونا ۔ گزرنا ۔ آر پار کرنا ۔ اثر کرنا ۔ کسی رنگ میں رنگ دینا ۔ تہہ کو پہنچنا ۔ تاڑ جانا ۔

Penetrable *adj.* گھسنے یا داخل ہونے کی صلاحیت والا ۔ نفوذ پذیر ۔ اثر پذیر ۔

Penetration (pen-i-tra-shən) *n.* Power of entering نفوذ ۔ رسائی ۔ داخل ہونا ۔ گھسنا ۔ تیز فہمی ۔ فراست ۔

Penetrating *adj.* Piercing تیز ۔ چبھنے والا ۔ گھسنے والا ۔ زود فہم ۔ معاملہ فہم ۔

Penguin (peng-gwin) *n.* Flightless sea-bird ایک پنکھ دار بحری پرندہ جو اڑ نہیں سکتا ۔

Penial (pe-ni-əl) *adj.* About male organ ذکر کے متعلق ۔ عضو تناسل کے متعلق ۔
Penicil (pen-i-sil) *n.* Tuft, brush کونچی ۔ برش ۔
Peninsula (pen-in-sū-lȧ) *n.* A piece of land that is almost an island جزیرہ نما ۔ خشکی کا وہ حصہ جس کے تین طرف پانی ہو ۔
Peninsular (pen-in-sū-lar) *adj.* Like an island جزیرہ نما کی شکل کا ۔ جزیرہ نما کے متعلق ۔ جزیرہ نما کی جنگ جو فرانس اور انگلستان کے درمیان جزیرہ نمائے اسپین میں لڑی گئی تھی ۔
Peninsulate (pen-in-sū-lāt) *v.t.* Form into a peninsula جزیرہ نما بنا دینا ۔ کسی خشکی کے قطعہ کو جزیرہ نما کی شکل میں بدل دینا ۔
Penis (pe-nis) *n.* Male organ عضو تناسل ۔
Penitent (pen-i-tənt) *adj.* Repentant توبہ و استغفار کرنے والا ۔ اپنے گناہوں پر نادم ۔ شرمسار ۔ نادم ۔ کفارے کے لیے عقوبت نفس برداشت کرنے والا ۔
Penitence *n.* پشیمانی ۔ توبہ ۔ استغفار ۔ ندامت ۔ شرمساری ۔
Penitential (pen-i-tən-shl) *adj.* Of the nature of penitence انفعالی ۔ ندامتی ۔
Penitentiary (pen-i-tən-shi-əri) *n.* Reformatory توبہ گاہ ۔ اصلاح کی جگہ ۔ پاپائی عدالت کا دفتر توبہ ۔ عقوبت نفس جھیلنے والا ۔ سزا اور اصلاح کے متعلق ۔
Penknife (pen-nīf) *n.* Knife for making pen قلم تراش ۔ چاقو ۔
Penniform (pen-i-form) *adj.* Feather-shaped پروں کی طرح کا ۔ پروں سے بھرا ہوا ۔ پروں کا بنا ہوا ۔
Penniferous *adj.* پروں والا ۔ پر دار ۔
Penniless (pen-i-les) *adj.* Without money بے زر ۔ مفلس ۔ کنگال ۔ نادار ۔
Pennon (pen-ən) *n.* Ensign پرچم ۔ نشان ۔ لمبا جھنڈا ۔ رسالوں کا فوجی نشان ۔
Penny (pen-i) *n.* A coin originally silver later copper شلنگ کا بارھواں حصہ ۔ ایک سکہ ۔ تانبے کا سکہ ۔
Penny-a-liner کاتب ۔ اجرت پر لکھنے والا ۔
Penny-wise کفایت شعار ۔
A bad penny worth نقصان کا سودا ۔ خراب سودا ۔
A penny for your thoughts آپ کیا سوچ رہے ہیں ۔
Turn on honest pence ادھر ادھر سے کچھ کما لینا ۔
Penology (pe-nol-ə-ji) *n.* Management of prison مجرموں اور جیل خانوں کا مطالعہ ۔
Penologist *n.* سزاؤں اور سزا گاہوں کے انتظام کا ماہر ۔
Pensile (pen-sīl) *adj.* Hanging آویزاں ۔ معلق ۔ لٹکتا ہوا ۔ معلق گھونسلہ بنانے والا ۔
Pension (pen-shən) *v.t.* & *n.* Allowance for retired servant وظیفہ ۔ امداد ۔ وظیفہ حسن خدمت ۔ گرجے سرائے کے ارکان کی مجلس مشاورت ۔ اقامت خانہ ۔ پنشن یا وظیفہ دینا ۔ وظیفہ مقرر کرنا ۔
Pension off وظیفہ دے کر علیحدہ کرنا ۔
Pensionable (pen-shən-əbl) *adj.* Entitled to a pension قابل وظیفہ ۔ مستحق وظیفہ ۔
Pensionary (pen-shən-ə-ri) *adj.* & *n.* Receiving a pension وظیفہ یاب ۔ وظیفہ خوار ۔ وظیفہ یاب ملازم ۔ کرائے کا سپاہی ۔ بھاڑے کا ٹٹو ۔
Pensioner (pen-shən-ər) *n.* One who receives a pension وظیفہ یاب ملازم ۔ وظیفہ خوار ۔ (کیمبرج) طالب علم جو اپنے کھانے کے دام ادا کرتا ہے ۔
Pensive (pen-siv) *adj.* Meditative فکر مند ۔ متفکر ۔ دل گیر ۔ اداس ۔
Pensiveness *n.* دل گیری ۔ اداسی ۔ فکر مندی ۔
Pent (pent) *adj.* & *n.* A sloping covering مقید ۔ محبوس ۔ ڈھلوان چھت کا مکان ۔
Pentacle (pent-a-kl) *n.* Figure used as symbol in magic جادوگری کا ایک نشان ۔ چھ کونی تارہ ۔
Pentad (pent-ad) *n.* A set of five things پانچ چیزوں کا مجموعہ ۔ پانچ کی مجموعی طاقت ۔
Pentagon (pen-tə-gon) *n.* A figure having five sides and five angles پنج گوشہ شکل ۔ پنج اضلاع ۔ پنج زاویہ شکل ۔
Pentagram (pent-ə-gram) *n.* Five-pointed star پانچ کونی تارہ ۔
Pentateuch (pen-tə-tuk) *n.* The first five books of the Old Testament توریت کی پہلی پانچ کتابیں ۔
Pentecostal *adj.* روح القدس کے نزول کا ۔

Pentecost (pent-i-kost) *n.* A Jewish festival یہودیوں کا ایک تہوار - طور سینا پر دس احکام کے نزول کی سالگرہ -

Pent-house (pent-hows) *n.* Sloping shed سائبان - برآمدہ - کھپریل کا چھجا - پال - نمگیرہ - شامیانہ - تنبو -

Pentonville (pent-ən-vil) *n.* Prison house of London لندن کا جیل خانہ جس میں ہر قیدی الگ الگ حجروں میں رکھا جاتا ہے -

Pent-roof (pent-roof) *n.* Sloping roof - ڈھلوان چھت -

Penult (pi-nult) *adj.* & *n.* Last but one قبل آخر - آخر سے پہلا -

Penumbra (pen-um-brȧ) *n.* Lighter shadow round the darker shadow of an eclipse دھندلا سایہ جو کسوف کے گرد ہوتا ہے - نیم سایہ - داغ شمسی کا بیرونی روشن تر حصہ -

Penurious (pen-u-ri-əs) *adj.* In want تنگ چشم - بخیل - تنگ دل - نادار - کم - قلیل -

Penuriousness *n.* تنگ دستی - محتاجی - تنگ دلی - تنگ چشمی -

Penury (pen-ū-ri) *n.* Want محتاجی - مفلسی - تنگ دستی -

Penurious *adj.* تنگ دست -

Peon (pē-on) *n.* A day labourer, a messenger چپراسی - ڈاکیا - ہرکارہ (ہسپانوی امریکہ) مزدور - (میکسیکو) جو قرض کے بدلے قرض خواہ کی مزدوری کرے -

Peonage (pe-on-ag) *n.* A kind of servitude چپراسی گری - ہرکارے کی نوکری - کھیتوں میں مالک کا کام -

People (pē-pl) *n.* Nation, community عام لوگ - عوام الناس - قوم - مردم - اشخاص - افراد قوم یا ملک - رعایا - نسل - باشندے - عزیز و اقارب - بھائی بند - نوکر - چاکر - خدمت گار -

Peoples *n.* قومیں -

The people *n.* عوام الناس -

Pep (pep) *n.* Vigour (امریکہ) تاب و توانائی - سکت - مستعدی - سر گرمی -

Peperino (pep-ə-rē-nō) *n.* A dark tuff found in the Alban hills کوہ البین کی آتشی فشانی ریت -

Pepper (pep-ər) *n.* A pungent aromatic condiment الی مرچ - گول مرچ - فلفل سیاہ - چڑچڑا تیز دمی -

Peppercorn دانے کسی زمانے میں یورپ میں کرائے کے طور پر دئے جاتے تھے - کالی مرچ کے دانے -

Peppercorn rent رائے نام کرایہ - نہایت کم کرایہ -

Peppermint ودینے کا ست -

Pepper (pep-ər) *v.t.* & *i.* Sprinkle pepper, pelt مرچیں ڈالنا - مرچ چھڑکنا - گولیاں مار کر چھلنی کر دینا - پتھروں کی بوچھاڑ کرنا - سخت سزا دینا -

Peppery (pep-ə-ri) *adj.* Having the qualities of pepper تیز - مرچ بھرا ہوا - تیز تقریر - آتش مزاج - تند خو -

Pepsin (pep-sin) *n.* Digestive enzymes of gastric juice ایک رقیق مادہ جو معدے میں غذا کو ہضم کرتا ہے - جوہر ہاضم -

Peptic (pep-tik) *n.* & *adj.* Promoting digestion ہاضمہ - ہضم میں مدد دینے والی - اعضائے ہاضمہ - ہاضم -

Per (pər) *prep.* For each در - میں - بذریعہ - واسطہ سے - وسیلے سے - فی -

Per annum سالانہ -

Per capita فی کس -

Per cent فی صدی -

Per contra بر خلاف -

Per diem ہر روز - روزانہ -

Per mensem ماہانہ -

Per saltum فوراً

Peradventure (per-əd-vent-yər) *adv.* By chance محض اتفاق سے - اتفاقاً -

Perambulate (pər-am-bū-lāt) *v.t.* Walk through گشت کرنا - چہل قدمی کرنا - سیر کرنا - چل پھر کر دیکھنا - سیاحت کرنا - گرد پھر کر حدود قائم کرنا -

Perambulation *n.* علاقہ کی پیمائش - معائنہ - سیر - گشت - دورہ -

Perambulator (pər-am-bū-lāt-ər) *n.* One who measures, light carriage for a child بچوں کی چھوٹی گاڑی - بچوں کی ہاتھ گاڑی - پیمائش کرنے والا -

Perceive (pər-sēv) *v.t.* Get knowledge of by senses - حواس سے معلوم کرنا - ادراک کرنا - سمجھنا - بوجھنا -

Percentage (pər-sent-aj) *n.* Rate per hundred فی صد - فی صدی - تناسب فی صدی -

Percept (pər-sept) *n.* Object perceived - شے مدرکہ خارجی شے - شے محسوسہ -

Perceptible (pər-sept-i-bl) That may be known by senses قابل فہم - قابل ادراک -

Perceptibility *n.* - صلاحیت احساس - قابلیت ادراک

Perceptibly *adv.* محسوس طور پر - بظاہر - دیکھتے ہوئے - محسوس کرتے ہوئے -

Perception (pər-sep-shən) *n.* Power of perceiving - ادراک - احساس - شعور - سمجھ - تصور - خیال - تمیز - قیاس - گمان - عمل ادراک - حواس کی فراہم کردہ معلومات پر شعور کا عمل -

Perceptional } *adj.* تصوری - ادراکی -

Perceptive } *adj.* عقلی - شعوری -

Perceptively *adv.* ادراک کے طور پر - قیاساً -

Perceptiveness *n.* شعور - قیاس - احساسیت - ادراکیت -

Perch (pə-rch) *n.* Fresh-water scaly fish میٹھے پانی کی سینے دار یورپی مچھلی -

Perch (pə-rch) *n.* A pole with horizontal bars اونچا ڈنڈا جس پر چھتری ہو - اڈا - کوئی بلند یا محفوظ مقام - ساڑھے پانچ گز کی جریب - چو پہیہ گاڑی کا بیچ کا ڈنڈا -

Perch (pə-rch) *v.i.* & *n.* Alight, sit or rest on a perch - پرندے کا شاخ یا ڈنڈے پر بیٹھنا - اترنا - آرام کرنا - قائم ہونا - کسی بلند مقام پر بیٹھنا - رکھنا یا قائم کرنا -

Perchance (pər-chance) *adv.* By chance - شاید - قضاکار - اتفاقاً - اتفاقی طور پر -

Percipient (pər-sip-i-ənt) *adj.* & *n.* One who perceives, having the faculty of perception حس رکھنے والا - حساس - مدرک - دیکھنے یا سمجھنے والا -

Percipience *n.* شعور - احساس - ادراک -

Percolate (pər-kō-lāt) *v.t.* & *i.* Filter, pass through چونا - چوانا - ٹپکنا - ٹپکانا - نچوڑنا - راز فاش ہونا -

Percolation *n.* اخراج - ٹپکا - نچوڑ -

Percuss (pər-kus) *v.t.* Strike so as to shake (طب) انگلیوں سے ٹھوک بجا کر امتحان کرنا -

Percussion (pər-ku-shən) *n.* Strike, impact - ٹکر - ٹھوکر - تصادم - چوٹ - ضرب - باجا انگلیوں سے بجانا -

Percussive *adj.* Striking, starting ignition دھکے سے چلنے والا - پھٹنے والا - چوٹ دینے والا -

Perdition (pər-dish-ən) *n.* Ruin, loss - تباہی - بربادی - عذاب - جہنم -

Perdu-due (pər-dū) *adj.* Concealed - پوشیدہ - چھپا ہوا -

Perdurable (pər-dūr-ə-bl) *adj.* Everlasting - دائمی - ابدی - ہمیشہ رہنے والا -

Peregrinate (per-i-grin-āt) *v.i.* Travel about جا بجا سفر کرنا - ملک ملک پھرنا - سیاحت کرنا -

Peregrination سیر و سیاحت - سفر -

Peregrin (per-i-grin) *adj.* & *n.* Foreign - غیر ملکی - بدیسی - بیرونی - غیر ملک کا -

Peremptory (per-əm(p)tə-ri) *adj.* Final, definite, fixed - قطعی - اٹل - مستحکم - مستقل - واجب التعمیل - نا قابل انکار - ضدی - استبدادی - تحکمانہ -

Peremptorily *adv.* - جابرانہ طور پر - قطعاً - لازمی طور پر -

Perémptoriness *n.* - نا قابل عذر ہونا - لازمی ہونا - جبریت - ناطقیت - قطعیت -

Perennial (pər-en-yəl) *adj.* Perpetual - مدامی - دائمی - سال بھر - بارہ مہینے - سدا رواں -

Perenniality *n.* دوامی (چشمہ) - ہمیشہ بہتے رہنا - جیتا - زندگی - مدامی روانی -

Perennially *adv.* بارہ مہینے۔ دوامی طور پر۔ ہمیشہ سے۔

Perfect (pər-fekt) *adj.* & *n.* Complete پورا۔ تمام۔ تمام و کمال۔ مکمل۔ بے عیب۔ بے نقص۔ پختہ۔ پکا۔ سلیم العقل۔ چاروں حلقے مکمل رکھنے والا پودا۔

Perfect number وہ عدد جو اپنے تمام تقسیم کنندوں کا مجموعہ ہو۔

Perfectness *n.* مکمل ہونا۔ پختگی۔ کمال۔

Perfect (pər-fekt) *v.t.* Bring to perfection مکمل کرنا۔ تکمیل کو پہنچانا۔ پورا کرنا۔ ترقی دینا۔ اصلاح کرنا۔

Perfectible (pər-fekt-i-bl) *adj.* That can be perfected جس میں کمال کی صلاحیت ہو۔ جو تکمیل کو پہنچ سکے۔

Perfectibility *n.* درجہ کمال تک پہنچنا۔ تکمیل پذیری۔

Perfectly *adv.* ٹھیک ٹھیک۔ سرتاپا۔ بالکل۔ تمام و کمال۔

Perfection (pər-fek-shən) *n.* State of being perfect تکمیل۔ پختگی۔ کمال۔ کامل شخص یا شے۔ کامل نمونہ۔ (جمع) اعلیٰ درجے کی خوبی۔ لیاقت۔ ہنر۔

Perfectionist (pər-fek-shən-ist) *n.* One who aims at nothing short of perfection وہ شخص جس کا مطمع نظر کمال ہو۔ جو کمال ہی کو مقصد حیات سمجھتا ہو۔ جو یہ عقیدہ رکھے کہ انسان روحانی اور اخلاق کمال حاصل کر سکتا ہے۔

Perfervid (pər-fər-vid) *adj.* Eager پرجوش۔ پرولولہ۔ سرگرم۔ مخلص۔

Perfidy (per-fi-di) *n.* Disloyalty غداری۔ فریب دہی۔ بے وفائی۔

Perfidious *adj.* غدار۔ بے وفا۔

Perfidiousness *n.* غداری۔ بے وفائی۔ بے ایمانی۔

Perfoliate (pər-fō-li-āt) *adj.* Passing through the leaf, of a leaf پتوں کا۔ ٹہنی کو گھیرے ہوئے۔ پرویا ہوا۔ سفتہ۔

Perforate (pər-fo-rāt) *v.t.* & *i.* Bore through سوراخ کرنا۔ چھیدنا۔ برمانا۔ مشیک کرنا۔

Perforation *n.* چھدا ہوا ہونا۔ سوراخ دار ہونا۔ سوراخ۔ چھید۔

Perforator *n.* سوراخ کرنے کا اوزار۔ برما۔ چھیدنے والا۔ سوراخ کرنے والا۔

Perforce (pər-fors) *adv.* & *n.* By force زبردستی سے۔ جبراً۔ ضرورتاً۔ چار و ناچار۔

Perform (pər-form) *v.t.* & *i.* Carry into effect پورا کرنا۔ مکمل کرنا۔ انجام دینا۔ بجا لانا۔ تعمیل کرنا۔ تمثیل دکھانا۔ ادا کاری کرنا۔ تماشا دکھانا۔ کرتب دکھانا۔

Performing *adj.* کرتے ہوئے۔ انجام دیتے ہوئے۔

Performable *adj.* انجام دینے کے قابل۔ قابل عمل۔

Performer *n.* بجا لانے والا۔ عمل کرنے والا۔

Performance (pər-form-əns) *n.* Carrying out of something انجام دہی۔ بجا آوری۔ عمل۔ ہنر۔ کرتب۔ کام۔

Perfume (pər-fūm) *n.* Sweet-smelling fumes خوشبو۔ مہک۔ نکہت۔ عطر۔ پھلیل۔

Perfume (pər-fūm) *v.t.* Scent بسانا۔ معطر کرنا۔ خوشبو دار کرنا۔ خوشبو پیدا کرنا۔

Perfumer (pər-fūm-ər) *n.* A maker or seller of perfumes گندھی۔ عطر ساز۔ عطر فروش۔

Perfumery *n.* خوشبو کا کارخانہ۔ خوشبو کی چیزیں۔ عطریات۔

Perfunctory (pər-fungk-tə-ri) *adj.* Acting without interest بے دلی سے۔ غیر دلچسپی سے۔ لا پرواہی کا۔ سرسری۔ رسمی۔

Perfunctoriness *n.* بے اعتنائی۔ لا پرواہی۔ بے دلی۔ غفلت۔

Perfuse (pər-fūz) *v.t* Pour and diffuse through انڈیلنا۔ چھڑکنا۔ ترشح کرنا۔ بھرنا۔ بھرپور کرنا۔

Perfusion *n.* ترائی۔ ترشح۔

Perfusive *adj.* چھڑکاؤ کا۔ ترائی کا۔

Pergameneous (pər-gə-me-ni-əs) *adj.* Parchment-like چرمی کاغذ کا۔ چرمی کاغذ کی طرح۔

Pergola (pər-gə-lä) *n.* A structure with climbing plants on it کنج۔ راستہ جس پر کمان بنا کر بیلیں چڑھائی گئی ہوں۔

Perhaps (pər-haps) *adv.* It may be شاید۔ ممکن ہے۔

Peri (pə-ri) *n.* A Persian fairy ایرانی پری۔ حسین۔ من موہنی۔ خوبصورت۔

Periapt (per-i-apt) *n.* An amulet تعویز - گنڈا - جنتر منتر - چھو چھکڑ -

Pericope (pər-ik-o-pē) *n.* An extract انجیل کا کوئی منتخبہ حصہ جو گرجے میں پڑھا جائے - جز - پارہ - اقتباس -

Pericranium (per-i-kra-ni-əm) *n.* The membrane that surrounds the cranium جھلی جو کاسہ سر پر لپٹی ہوتی ہے - کھوپری - دماغ - عقل -

Peridot (per-i-dot) *n.* A green olivine used in jewellery ایک سبز رنگ کا قیمتی پتھر -

Perigee (per-i-jē) *n.* The point of the moon's orbit at which it is nearest to earth چاند کا وہ نقطہ جو زمین سے قریب تر ہو -

Perihelion (per-i-he-li-ən) *n.* The point of the orbit of a planet at which it is nearest the sun - کسی سیارے کا وہ نقطہ جو سورج سے قریب تر ہو

Peril (per-il) *n.* & *v.t.* Danger, expose to danger ڈر - اندیشہ - خوف - خطر - خطرے میں ڈالنا - جوکھوں میں ڈالنا -

Perilous *adj.* خوفناک - خطرناک -

Perilousness *n.* خطرہ میں ہونا - خطرناکی -

Perimeter (pər-im-i-tər) *n.* An instrument for measuring the field of vision - دوا ناپنے کا آلہ نظر آنے والے فاصلہ کی پیمائش کا آلہ -

Perineum (per-i-ne-əm) *n.* Part of the body between genital organs and anus مقعد اور خصیوں کے درمیان کا حصہ جسم -

Period (pe-ri-əd) *n.* Time in which any thing runs its course - زمانہ - مدت - عرصہ - وقت - زمانے کا حصہ - صدی - جگ - سن - حد - وقفہ - (جمع) ایام ماہواری - فصیح و بلیغ زبان -

Periodic (pe-ri-ə-dik) *adj.* Recurring regularly in the same order - میعادی - دوری - فصلی - موسمی - گردشی -

Periodical (pe-ri-ə-dik-əl) *adj.* & *n.* Published at regular intervals - میعادی - ہفتہ وار - ماہوار - سہ ماہی وغیرہ - رسالہ - مجلہ -

Periosteum (per-i-os-ti-əm) *n.* A fibrous membrane covering bones - ہڈیوں کے اوپر کی جھلی

Peripatetic (per-i-pə-tet-ik) *adj.* & *n.* Walking about - ارسطو کا پیرو - چلتا پھرتا - سفر کرنے والا - سفری تاجر - پھیری والا -

Peripateticism *n.* چلنے پھرنے کی عادت - ارسطو کے نظریات کا حامی -

Peripatetia *n.* - یکایک تبدیلی - قسمت کی فوری تبدیلی

Periphery (pər-if-ə-ri) *n.* Surrounding region بیرون حد یا سطح - گھیرا - محیط - دائرہ -

Periphrasis (pər-if-rə-sis) *n.* Roundabout expression - پیچیدہ کلام - ہیر پھیر کی بات چیت

Periphrastic *adj.* - مبہم گفتگو کا - ہیر پھیر کا - پیچیدہ کلام کا -

Periplus (per-i-plus) *n.* Narrative of coasting voyage - بحری سفر کا حال - ساحلی سفر کا تذکرہ

Perique (per-ik) *n.* A kind of fine tobacco ایک اعلیٰ درجے کا تمباکو -

periscil (pər-ish-il) *n.* A dweller of the polar region - قطبی علاقہ کے لوگ

Perish (per-ish) *v.i.* & *t.* Pass away completely تباہ ہونا - برباد ہونا - ضائع کرنا - ناکارہ کردینا - تکلیف دینا -

Perishable (per-ish-ə-bl) *adj.* That may perish فنا پزیر - فانی - ناپائدار - فنا ہونے والا - زائل ہوجانے والا -

Perishableness *n.* - فنا پذیری - بے ثباتی - ناپائداری

Peristalsis (per-i-stal-sis) *n.* Winding contraction of intestine - پیچیدہ حرکت - انتڑیوں کی حرکت اعصابی حرکت -

Peristaltic *adj.* سکڑتی اور پھیلتی ہوئی حرکت کے متعلق -

Peristyle (per-i-stīl) *n.* A range of columns ستونوں کا حلقہ - ستونوں سے محصور جگہ -

Peritoneum (per-i-tən-e-əm) naeum *n.* A membrane enclosing pelvic cavities - پیڑو کی جھلی دہری رقیق جھلی -

Periwig (per-i-wig) *n.* A wig - چھوٹے بالوں کی ٹوپی گنجا سر چھپانے کی ٹوپی -

Periwinkle (per-i-wingk-l) *n.* A creeping evergreen plant ایک سدا بہار بیل جس میں نیلے رنگ کے پھول لگتے ہیں -

Perjure (pər-jər) *v.* & *ref.* Swear falsely جھوٹی قسم کھانا - حلف لے کر جھوٹا بیان دینا - دروغ حلفی - دروغ بیانی -

Perjurious *adj.* دروغ گویانہ - جھوٹی قسم کھانے والا - جھوٹا حلف اٹھانے والا -

Perk (pərk) *v.i.,t.* & *adj.* Bear oneself with confidence اکڑنا - اینٹھنا - خود اعتمادی کا اظہار کرنا - سینہ تان کر چلنا - خود اعتماد -

Perk up (بیماری کے بعد) زندہ دلی یا شگفتگی حاصل کرنا -

Perky (pərk-i) *adj.* Cocky خود پسند - شوخ - بے جا تفاخر کرنے والا - شادان -

Perkiness *n.* ڈھٹائی - شوخ چشمی - خود پسندی -

Permanent (pər-mə-nənt) *adj.* Remaining قائم - مستحکم - دیر پا - مستقل - پکا - مدامی - استمراری -

Permanence *n.* پائداری - استحکام - استقلال -

Permanency *n.* پائدار ہونا - مستقل ہونا - استقلال - دوام -

Permanently *adv.* استقلال سے - ثابت قدمی سے - دوامی طور پر - دائمی -

Permeate (pər-mi-at) *v.t.* & *i.* Pass through the pores سرایت کرنا - گھسنا - جذب ہونا - نفوذ کرنا - رگ و پے میں سرایت کرنا - جاری و ساری ہونا - چھا جانا -

Permeability *n.* سرایت کرنا - جذب ہونا - نفوذ پزیری -

Permeable *adj.* جذب ہونے والا - سرایت کرنے والا - قابل نفوذ -

Permeation-meance *n.* مسام دار ہونا - جاذبیت - سرایت - نفوذ -

Permeant *adj.* سرایت کرنے والا - نفوذ کرنے والا

Permissible (pər-mis-i-bl) *adj.* Allowable روا - جائز - مباح - مناسب - درست - قابل منظوری -

Permission (pər-mish-ən) *n.* Act of permitting پروانگی - رضامندی - منظوری - اجازت -

Permissive (pər-mis-iv) *adj.* Granting liberty اجازت دینے والا - جائز رکھنے والا - مجاز - غیر مزاحم -

Permissive legislation وہ قانون جو ارتکاب پر مجبور نہ کرتا ہو - وہ قانون جو کسی فعل کی اجازت دیتا ہو -

Permissiveness *n.* اباحت - جواز - مباح ہونا - جواز ہونا -

Permit (pər-mit) *v.t.* & *i.* Allow, indulge اجازت دینا - سونپنا - پروانگی دینا - موقع دینا - روا رکھنا - منظوری دینا -

Permit (pər-mit) *n.* Permission in writing پروانہ - اجازت نامہ - راہداری -

Permutation (pər-mut-a-shən) *n.* Barter, transmutation عوض - معاوضہ - مبادلہ - تبدل - الٹ پلٹ - ترتیب - تبدیلی -

Permute (pər-mūt) *v.t.* Interchange الٹ پلٹ کرنا - ترتیب بدلنا - تبدیل کرنا -

Pern (pərn) *n.* A honey-buzzard شہد کی مکھیاں کھانے والا پرندہ -

Pernicious (pər-nish-əs) *adj.* Destructive مضر - فاسد - مہلک - زبوں - زیاں کار - تباہ کن - مضرت رساں -

Perniciously *adv.* نقصان پہنچاتے ہوئے - زیاں کاری سے -

Perniciousness *n.* ہلاکت - مضرت - زیاں کاری -

Pernickety (pər-nik-i-ti) *adj.* Exacting minute care (بول چال) بے حد محتاط - نازک مزاج - مشکل سے قابو میں آنے والا -

Pernoctation (pər-nok-tā-shən) *n.* Passing the night in vigil شب بیداری - رت جگا - ساری رات عبادت میں گزارنا - رات بھر نگرانی کرنا -

Perorate (per-ō-rāt) *n.* The conclusion of speech لفاظی سے تقریر کا خاتمہ - ادیبانہ تقریر - آخر میں تقریر کے نکات کا اعادہ - تقریر کا آخری ادیبانہ حصہ -

Peroration *n.* تقریر کا فصیح آخری حصہ - خلاصہ تقریر - خاتمہ تقریر - خاتمہ کلام -

Perpend (pər-pend) *v.t.* Consider carefully غور کرنا - اچھی طرح سوچنا - غور تامل کرنا -

Perpendicular (pər-pend-i-ku-lər) *adj.* & *n.* Erect, upright - سیدھا - کھڑا - عمودی - مستقیم - قائم - عمودی خط - دیوار کی کجی ناپنے کا آلہ - (بول چال) وہ دعوت جس میں مہمان کھڑے رہتے ہیں - (جمع) دو عمودی خط -

Perpendicularity *n.* - عمودیت - سیدھا پن - کھڑا پن

Perpetrate (pər-pi-trāt) *v.t.* Execute or commit ارتکاب کرنا - مرتکب ہونا - ارتکاب جرم کرنا -

Perpetration *n.* - خطا کا سرزد ہونا - ارتکاب جرم - ارتکاب -

Perpetrator *n.* - ارتکاب کرنے والا - جرم کرنے والا -

Perpetual (pər-pe-tū-əl) *adj.* Never ceasing دائمی - دوامی - استمراری - متواتر - مسلسل -

Perpetuate (pər-pe-tū-ət) *v.t.* Cause to last for ever - ہمیشہ رکھنا - زندہ جاوید کرنا - جاری رکھنا - لا زوال بنانا -

Perpetua-tion-ance *n.* - بقائے دوام - استمرار - دوام -

Perpetuator *n.* - برقرار رکھنے والا - جاری رکھنے والا - قائم رکھنے والا - زندہ جاوید کرنے والا - گمنامی سے بچانے والا -

Perpetuity (pər-pe-tū-i-ti) *n.* - دوامی سالانہ عطیہ - دائمی قبضہ - مداومت - بقا - ثبات -

Perplex (pər-pleks) *v.t.* Bewilder, puzzle - الجھانا - حیران و پریشان کرنا - متحیر کرنا - الجھن میں مبتلا کرنا - شبہ یا پریشانی میں ڈالنا -

Perplexity (pər-pleks-i-ti) *n.* Confusion of mind حیرانی - الجھن - گھبراہٹ - تشویش - فکر - مخمصہ - اضطراب - الجھاؤ - جنجال -

Perquisite (pər-kwi-zit) *n.* A casual gain, any thing left over, a tip - بالائی یافت - آمدنی - دستوری - نوکروں کی بالائی یافت - زمیندار کی آمدنی جو معمولی محاصل کے علاوہ ہو - وہ شے جو استعمال کے بعد نوکروں کے لیے بچ رہے -

Perrier (per-i-ər) *n.* Machine for discharging stones - پتھر پھینکنے کی کل - منجنیق -

Perron (per-ən) *n.* A raised platform - چبوترہ - کلیسا کے سامنے کا چبوترہ -

Perry (peri) *n.* Drink made from fermented pear juice - ناشپاتی کی شراب -

Perse (pers) *adj.* & *n.* Dark blue - نیلگوں - گہرا نیلا - نیلا خاکستری رنگ -

Persecute (pər-si-kūt) *v.t.* Harass, afflict - دق کرنا - تنگ کرنا - پیچھے پڑنا - ایذا دینا - طرح طرح سے ستانا - عقوبت پہنچانا - سوال کر کر کے تھکا دینا -

Persecution *n.* - عقوبت - عذاب - ایذا رسانی - تکلیف دہی -

Persecutor *n.* - ایذا رساں - جفا شعار - ظالم -

Perseverance (pər-sev-ər-əns) *n.* Continued application to any thing - ثابت قدمی - استقلال - مستقل مزاجی - عزم بالجزم - عیسائیوں کے ایک فرقے کا عقیدہ کہ حیات ابدی کے لیے منتخب لوگ دائمی سعادت میں رہیں گے اور ان سے کبھی لغزش نہ ہوگی -

Persevere (pər-si-vēr) *v.t.* Continue steadfastly لگے رہنا - کرتے رہنا - ثابت قدم رہنا - ارادے پر قائم رہنا - جد و جہد جاری رکھنا - کوشش کرتے رہنا -

Perseveringly *adv.* - مستقل مزاجی سے - استقلال سے - ثابت قدمی سے -

Persian (pər-sh(y)ən) *adj.* & *n.* Of, from, Persia فارسی - ایرانی - عجمی - پارسی - ایران کا باشندہ - اہل ایران - فارسی زبان -

Persiflage (pər-si-flazh) *n.* Banter - بذلہ سنجی - دل لگی - مذاق -

Persimmon (pər-sim-ən) *n.* Date plum - کھجور - کھجور کا درخت -

Persist (pər-sist) *v.t.* Continue steadfastly جمے رہنا - کام میں لگے رہنا - قائم رہنا - ثابت قدم رہنا - اپنی بات پر اڑے رہنا -

Persistence-cy *n.* - ضد - اصرار - استقلال - ثابت قدمی

Persistent *adj.* قائم - اپنی بات پر اڑنے والا - مستقل مزاج - ثابت قدم - متواتر - پے درپے -

Persistently *adv.* ضد سے - اصرار سے - مستقل مزاجی سے - استقلال سے -

Person (pər-sn) *n.* A living soul, a personality آدمی - شخص - بشر - فرد - انسان - متنفس - صورت - شکل - روپ - حلیہ - جسم - بدن - جثہ - (قانون) فرد - جماعت - (گرامر) ضمیر -

Persona (pər-son-ȧ) *n.* Outermost part of consciousness اظہار شخصیت - شخصیت - ذات ظاہر -

Persona grata محبوب ۔ مقبول ۔ پسندیدہ شخص ۔

Personable (pər-sn-ə-bl) *adj.* Having a well-formed body خوبصورت ۔ شکیل ۔ وجیہ ۔ خوش اندام ۔ سڈول ۔

Personage (pər-son-āg) *n.* Bodily appearance, an august person بڑا آدمی ۔ معزز آدمی ۔ ذی رتبہ انسان ۔ شکیل آدمی ۔ شخص ۔ کردار ۔ اداکار ۔

Personal (pər-son-əl) *adj.* Belonging or peculiar to a person شخصی ۔ ذاتی ۔ انفرادی ۔ خاص ۔ نجی ۔ منقولہ یا ذاتی جائداد ۔ ذاتیات پر حملہ کرنے والا ۔ جسمانی ۔ ظاہری ۔ (قواعد) جس سے صیغہ معلوم ہو ۔

Personality (pər-son-ə-li-ti) *n.* Individuality شخصیت ۔ ذات ۔ انفرادیت ۔

Personalize (pər-son-ə-līz) *v.t.* Personify متشکل کرنا ۔ صفات کو جسمانی صورت دینا ۔ صورت مجاز میں ظاہر کرنا ۔ مجسم کرنا ۔

Personally (pər-son-ə-li) *adv.* In a direct manner آپ ۔ خود ۔ بہ نفسہ ۔ بذات خود ۔ ذاتی طور پر ۔ براہ راست ۔ بلا واسطہ ۔

Personate (pər-son-āt) *v.t.* & *adj.* Assume character of نقاب پوش ۔ فریبی ۔ بہروپیہ ۔ فریب دینا ۔ اپنے تئیں دوسرا ظاہر کرنا ۔ تلبیس کرنا ۔ دوسرے کا بھیس بنا کر دھوکا دینا ۔

Personation *n.* دھوکا دہی ۔ تلبیس ۔ بھیس سے تبدیلی ۔ بہروپ ۔

Personator *n.* اداکار ۔ تلبیس کرنے والا ۔ بھیس بدلنے والا ۔ بہروپیہ ۔

Personification (pər-so-ni-fik-a-shən) *n.* Representing a thing as a person پتلا ۔ مجسم ۔ کسی بے جان یا غیر انسان کو انسان قرار دینا ۔ شخص فرض کرنا ۔

Personify (pər-son-i-fī) *v.t.* Ascribe personality to کسی بے جان کو شخص تصور کرنا ۔ آدمی فرض کرنا ۔ مجسم قرار دینا ۔ بحیثیت انسان کسی چیز کا ذکر کرنا ۔ رنگ مجاز میں پیش کرنا ۔

Personnel (pər-son-el) *n.* Body of persons engaged in a place افراد ۔ اشخاص جو کسی ادارے سے متعلق ہوں ۔ کارکنوں کی فہرست ۔

Perspective (pər-spekt-iv) *n.* Appearance, representation نظارہ ۔ منظر ۔ ظاہری تناسب ۔ پیش نظر ۔

Perspicacious (pər-spi-ka-shəs) *adj.* Clear-sighted, clear-minded تیز نظر ۔ تیز نگاہ ۔ تیز فہم ۔ فہیم ۔ زیرک ۔ صاحب فراست ۔

Perspicaciously *adv.* تیز فہمی سے ۔ تیز نظری سے ۔

Perspicacity *n.* ژرف نگاہی ۔ بصیرت ۔ تیز نگاہی ۔

Perspicuous (pər-spik-ū-əs) *adj.* Lucid صریح ۔ صاف ۔ روشن ۔ واضح ۔ غیر مبہم ۔

Perspicuity *n.* سلاست ۔ صفائی ۔ صراحت ۔ وضاحت ۔

Perspicuousness *n.* صاف ہونا ۔ واضح ہونا ۔ زیرکی ۔ صفائی ۔

Perspirable (pər-spīr-ə-bl) *adj.* Capable of being perspired پسینہ نکلنے کے لائق ۔ پسینہ بن کر نکلنے والا ۔ ہوا میں پسینہ ہو کر اڑ جانے والا ۔

Perspiration (pər-spīr-ā-shən) *n.* Act of perspiring پسینہ ۔ عرق ۔ پسینہ آنا ۔

Perspiratory *adj.* پسینہ نکالنے والا ۔ پسینہ لانے والا ۔

Perspire (pər-spīr) *v.i.* & *t.* Sweat, exude, exhale پسینہ آنا ۔ پسیجنا ۔ پسینہ ہو کر نکلنا ۔ عرق آلود ہونا یا کرنا ۔

Perstringe (pər-strinj) *v.t.* Constrain, censure نکتہ چینی کرنا ۔

Persuade (pər-swād) *v.t.* Induce by argument راغب کرنا ۔ مائل کرنا ۔ اکسانا ۔ ترغیب دلانا ۔ اشتیاق دلانا ۔ قائل کرنا ۔ دل نشیں کرانا ۔ ذہن نشین کرانا ۔ یقین دلانا ۔ آمادہ کرنا ۔

Persuadable-sible *adj.* جسے آمادہ کیا جا سکے ۔ جسے مائل کیا جا سکے ۔ جسے قائل کیا جا سکے ۔

Persuader (pər-swād-ər) *n.* One who persuades مائل کرنے والا ۔ راغب کرنے والا ۔

Persuasion (pər-swā-shən) *n.* Method, act or power of persuading ترغیب ۔ تحریک ۔ دلنشینی ۔ خاطر نشینی ۔ یقین ۔ قیاس غالب ۔ خیال ۔ اعتقاد ۔

Persuasive (pər-swās-iv) *n.* & *adj.* Influencing the mind ترغیب دلانے والا ۔ ترغیبانہ ۔ محرک ۔ دل میں گھر کرنے والا ۔ اثر پیدا کرنے والا ۔

Pert (pərt) *adj.* Open, unconcealed شوخ - چالاک - دریدہ دہن - زبان دراز - شوخ چشم - دلیر -
Pertness *n.* زبان درازی - شوخ چشمی - دیدہ دلیری -

Pertain (pər-tān) *v.i.* Belong to نسبت رکھنا - علاقہ رکھنا - متعلق ہونا - سروکار رکھنا - موزوں ہونا -

Pertinacious (pər-ti-nā-shəs) *adj.* Obstinate, unyielding ضدی - سرکش - ہٹیلا - خود رائے - مستقل مزاج - ثابت قدم -
Pertinaciousness, **Pertinacity** سرکشی - ضد - ہٹ - سرتابی - ثابت قدمی -

Pertinent (pər-ti-nent) *adj.* & *n.* Fitting, appropriate ٹھیک - مناسب - معقول - مدلل - شائستہ - واجب - موزوں (جمع) لوازم - متعلقات -
Pertinence *n.* شائستگی - موزونیت -

Perturb (pər-turb) *v.t.* Disturb greatly بے چین کرنا - بے قرار کرنا - پریشان کرنا - گھبرا دینا - درہم برہم کرنا - بے ترتیب کرنا -
Perturbation *n.* اضطراب - بے قراری - آشفتگی -
Perturbative *adj.* خلل انداز - گھبرا دینے والا - مضطرب کرنے والا -

Pertusion (pər-tu-shən) *n.* Punch, slit, hole چھید - سوراخ - شگاف -

Peruke (pər-ōōk) *n.* A wig سر پر مصنوعی بالوں کا ٹوپ - بالوں کی ٹوپی -

Peruse (pər-ōōz) *v.t.* Pass in scrutiny, examine in detail مطالعہ کرنا - غور سے پڑھنا - بالتفصیل معائنہ کرنا -
Perusal *n.* معائنہ - مطالعہ - ملاحظہ -

Pervade (pər-vād) *v.t.* Pass through, diffuse گھس جانا - سرایت کرنا - رسنا - رگ و پے میں جذب ہو جانا - نفوذ کرنا -
Pervasion *n.* سرایت کرنا - نفوذ -
Pervasive *adj.* سرایت کرنے والا - جذب ہونے والا - گھسنے والا -
Pervasiveness *n.* نفوذ کرنے کی صلاحیت - نفوذ پذیری -

Perverse (pər-vərs) *adj.* Obstinate in the wrong گمراہ - صحیح راستے سے ہٹا ہوا - ضدی - کجرو - سرکش - ہٹیلا - خود رائے - بد خو - چڑ چڑا - نا موافق ماحول - خلاف شہادت فیصلہ -
Perverseness *n.* تنک مزاجی - سرکشی - کج روی - نا راستی - ہٹ - ضد -
Perversity *n.* تمرد - خود سری - ہٹ - ضد -

Pervert (pər-vərt) *v.t.* Turn wrong or from the right course بدلنا - الٹنا - درہم برہم کرنا - صراط مستقیم سے ہٹ جانا - غلط تاویل کرنا - غلط معنی لینا - گمراہ کرنا - راہ راست سے بھٹکانا -
Perversion *n.* تحریف - بگاڑ - برگشتگی - گمراہی -
Perversive *adj.* مخرب - گمراہ کن - بھٹکانے والا - بگاڑنے والا -

Pervert (pər-vərt) *n.* One who has abandoned true doctrine منحرف گمراہ - کجرو -

Pervious (pər-vi-əs) *adj.* Open, passable اثر پذیر - قابل نفوذ - قابل دخول - سرائت کرنے والا - مسام دار - معقولیت پسند -
Perviousness *n.* معقول پسندی - اثر پذیری -

Peshwa (pash-wā) *n.* Marahta sovereign پیشوا - مرہٹہ مہاراجہ جو پہلے وزیر اعظم تھا - مرہٹہ حکمران -

Pesky (pes-ki) *adj.* Annoying (امریکی بول چال) تکلیف دہ - پریشان کن - قابل نفرت -

Pessary (pes-ə-ri) *n.* A surgical plug worn in the vagina عورتوں کے رحم ٹھیک کرنے کا آلہ جو رحم کے منہ پر لگا دیا جاتا ہے -

Pessimism (pes-i-mizm) *n.* Doctrine that the world is bad. A depressing view of life یاس - قنوطیت - یہ نظریہ کہ دنیا بری جگہ ہے اور یہاں کی ہر چیز بری ہے -
Pessimist *adj.* مایوس - قنوطی -
Pessimistic *adj.* قنوطیت یا یاس پر مبنی -

Pest (pest) *n.* Any deadly epidemic disease وبا - طاعون - بلا - آفت جان - قہر الٰہی -

Pester (pes-ter) *v.t.* Cause injury ستانا - تکلیف پہنچانا - دکھ دینا - دق کرنا - تنگ کرنا -

Pestiferous (pes-ti-fe-rəs) *adj.* Bringing pestilence وبائی - وبا آور - وبا خیز - مضرت رساں - مہلک - اخلاق سوز - خرابی پھیلانے والا -

Pestilence (pes-ti-lens) *n.* Epidemic disease وبا - وبائی مرض - طاعون -

Pestilential متعدی - وبائی -

Pestilent (pes-ti-lent) *adj.* Deadly, pernicious مہلک - مضرت رساں - اخلاق سوز - (بول چال) تکلیف دہ - نا گوار خاطر -

Pestle (pes-l) *v.t.,i.* & *n.* An instrument for pounding دھمکا - موسل - عصا - موصل سے کوٹنا - موسل چلانا - باریک کرنا -

Pet (pet) *n.* & *v.t.* A cherished tame animal عزیز یا پیارا جانور - ایسا جانور جو سب سے مانوس ہو - پیار کرنا - لاڈ کرنا -

One's pet aversion جس سے کسی کو چڑ ہو

Pet (pet) *n.* Offended feeling رنجش - خفگی - غصہ - بد مزاجی - جھنجلاہٹ -

Petal (pet-l) *n.* Corolla leaf پھول کی پتی - پنکھڑی -

Petaline *adj.* پنکھڑی کی طرح کا - پتی کا - پنکھڑی دار -

Petaloid *adj.* پنکھڑی کی شکل کا -

Petard (pe-tar(d) *n.* A case containing an explosive بارودی ڈبہ - قدیم زمانے میں اس سے قلعہ کا دروازہ توڑتے تھے - ایک قسم کا بم - منجنیق -

Hoist with his own petard چاہ کن را چاہ درپیش - خود اپنے دام میں آجانا -

Petasus (pet-ə-səs) *n.* A low broad hat worn by Hermes ہرمس دیوتا کی ٹوپی - یونانیوں کی قدیم چھجے دار ٹوپی -

Petaurist (pe-taw-rist) *n.* A flying phalanger ایک جانور جس کے بازوؤں پر جھلی ہوتی ہے جس کی مدد سے وہ تھوڑی دور تک اڑ سکتا ہے -

Peter (pe-tər) *n.* Male name عیسائی مردوں کا نام - پیٹر - پطرس -

Peter (pe-tər) *v.i.* Dwindle away ختم ہو جانا - اختتام کو پہنچنا - خشک ہو جانا - مرجانا -

Petersham (petr-tər-shəm) *n.* A heavy great coat بھاری اوور کوٹ - موٹا ریشمی فیتہ -

Petiole (pet-i-ol) *n.* A leaf-stalk ڈنٹھل -

Petit (pə-te) *adj.* Insignificant ذرا سا - چھوٹا سا - ادنیٰ - معمولی -

Petit (pə-te) *adj.* & *n.* Small made neat woman چھوٹے قد کی نازک اندام عورت یا لڑکی -

Petition (pi-tish-ən) *v.t.* & *n.* A written supplication عرضی - گزارش - درخواست - معروض - التماس - استدعا - عرضی دینا - گزارش کرنا -

Petitionary *adj.* داد خواہ - عرضی گزار - درخواست گزار -

Petitioner *n.* استدعا کرنے والا - درخواست دینے والا -

Petrary (pet-rə-ri) *n.* An engine for throwing stones پتھر پھینکنے کا انجن -

Petrel (pet-rəl) *n.* A dusky sea-bird ایک خاکستری رنگ کا بحری پرند -

Petrifaction (petri-fak-shən) *n.* Turning into stone پتھر بن جانا - حجری مادہ یا شے -

Petrify (pet-ri-fī) *v.t.* Turn into stone پتھر بنا دینا - پتھر میں تبدیل کر دینا -

Petrol (pet-rol) *v.i.* & *n.* Petroleum معدنی تیل پٹرول - پٹرول فراہم کرنا - پٹرول ڈالنا -

Petroleum (pet-ro-li-əm) *n.* A mixture of hydrocarbon oils پٹرول - معدنی تیل جو زمین سے نکلتا ہے -

Petroleur (pet-ro-lər) *n.* An incendiary who uses petrol پٹرول سے آگ لگانے والا -

Petrolic (pet-ro-lik) *adj.* Of petrol پٹرول کا - پٹرول والا -

Petrolin (pet-ro-lin) *n.* Petrol oil وہ تیل جو پٹرولیم سے حاصل کیا جاتا ہے - وہ شے جو رنگ دار پٹرول سے نکلتی ہے -

Petronel (pet-rə-nel) *n.* A large horse-pistol سولھویں اور سترھویں صدی کا طپنچہ -

Petrous (pet-rəs) *adj.* Stony صحرائی - پتھریلا - پتھر کا - کنپٹی کی ہڈی کے متعلق -

Petticoat (pet-i-kōt) *n.* Under-skirt لہنگا - گھگرا - سایہ - لڑکی - عورت - عورت ذات -

Petticoat, influence, government زنانی حکومت - تریا راج -

Pettifog (pet-i-fog) *v.t.* Play the pettifogger ادنیٰ درجہ کی وکالت کرنا ۔ ادنیٰ وکیل ۔ ناجائز ذریعے سے کام لینے والا ۔

Pettifoggery *n.* لفظی بحث ۔ قانونی فریب کاری ۔

Pettifogging *adj.* لفظی بحث کرنے والا ۔ قانونی حیلہ باز ۔

Pettish (pet-ish) *adj.* Small-minded ۔ ہٹیلا ۔ چڑچڑا زود رنج ۔ تنگ دل ۔ بد دماغ ۔

Pettishness *n.* تنگ دلی ۔ بد دماغی ۔

Pettitoes (pet-i-tōz) *n.* Pig's feet as food سور کے پائے جو پکائے جاتے ہیں ۔

Petto (pet-ō) *n.* One's own breast سینہ ۔ راز ۔ سینہ میں ۔ راز میں ۔

Petty (pet-i) *adj.* Minor, trifling تھوڑا ۔ ذرا سا ۔ خفیف ۔ قلیل ۔ حقیر ۔

Pettily *adv.* تنگ دلی سے ۔ کم مائگی سے ۔ کم ظرفی سے ۔

Pettiness *n.* کمینہ پن ۔ فرو مائگی ۔ کم مائگی ۔

Petulant (pet-u-lənt) *adj.* Impudent in manners چڑچڑا ۔ تند مزاج ۔ بد خو ۔ گستاخ ۔

Petulance *n.* شوخی ۔ جھنجلاہٹ ۔ بد دماغی ۔

Petulantly *adv.* بے ادبی سے ۔ گستاخی سے ۔

Petuntse (pe-toont-se) *n.* Earth used in making porcelain ۔ سفید مٹی جس سے چینی کے برتن بنتے ہیں ۔

Pew (pū) *v.t.* & *n.* An enclosed compartment or fixed bench in a church گرجے میں تکیہ دار بنچ ۔ محدود نشست ۔ گرجے میں نشستیں بنانا ۔

Pew-fellow ساتھی ۔

Pewit (pe-wit) *n.* A kind of water crow کرخت آواز کا بحری پرندہ ۔ پن کوا ۔

Pewter (pū-tər) *n.* An alloy of tin and lead ٹین اور سیسہ کا آمیزہ ۔ جست کے برتن ۔ (بول چال) زمانہ جنگ میں گرفتار کئے ہوئے دشمن کے جہازوں کی قیمت ۔

Phaeton (fa(i)tn) *n.* Open four-wheeled carriage چار پہیوں کی کھلی ہوئی ہلکی گاڑی جس میں دو گھوڑے لگتے ہیں ۔ فٹن ۔

Phagedaena (fag-i-de-na) *n.* Rapidly spreading ulceration ایک قسم کا پھیلنے والا زخم ۔ ناسور ۔

Phagedaenic *adj.* گلنے سڑنے والا ۔ بڑھنے والا ۔ پھیلنے والا ۔

Phalange (fa-lanj) *n.* Phalanx دیکھو

Phalanger (fa-lan-jər) *n.* Any one of the Australian marsupials آسٹریلیا کا لومڑی کی شکل کا سموری تھیلی دار جانور ۔

Phalanstery (fal-ən-stə-ri) *n.* Dwelling of the phalanx فرانسیسی اشتراکیوں کی جماعت ۔ وہ عمارت جس میں اشتراکی رہتے ہیں ۔

Phalanx (fal-angks) *n.* Solid body of men فوج کا دستہ ۔ جتھا ۔ جماعت ۔ فرانسیسی نظام اشتراکیت کی ۱۸۰۰ افراد کی جماعت ۔ کلائی اور پیر کی انگلیوں کی ہڈی ۔ نباتیات ۔ (زرخیز ذروں کا گچھا) ۔

Phalarope (fal-ə-rōp) *n.* A wading bird ایک قسم کا جھلی دار پیروں والا پرندہ ۔

Phallus (fal-əs) *n.* The penis, symbol of generation لنگ ۔ آلہ تناسل کی مورت جو افزائش نسل کا نشان ہے ۔

Phallism (fal-izm) *n.* Worship of the generative power لنگ پوجا ۔

Phansigar (fan-si-gar) *n.* A thug گلے میں پھندا ڈال کر مارنے والا ۔ پھانسی گر ۔ ٹھگ ۔

Phantasm (fan-ta-zm) *n.* A fancied vision خواب و خیال ۔ تصور ۔ خیالی پیکر ۔ وہمی صورت ۔ فریب نظر ۔ توہم ۔

Phantasmal } **Phantasmic** } وہمی ۔ خیالی ۔

Phantasy (fant-ə-zi) *n.* Power of imagination قوت خیال ۔ قوت وہمہ ۔ خیالی شکلیں پیدا کرنے والی طاقت ۔

Phantom (fan-təm) *n.* An immaterial form خیالی صورت ۔ وہمی صورت ۔ بھوت ۔ سایہ ۔ بے اصل ۔ بے حقیقت چیز ۔ ایسا ادارہ جو محض نمائشی ہو اور کوئی کام نہ کرے ۔

Pharaoh (fā-rō) *n.* Title of the kings of ancient Egypt فرعون ۔ فرعون مصر ۔

Pharaoh's serpent ایک مرکب جو جلانے پر سانپ کی شکل اختیار کر لیتا ہے اور بل کھاتا ہے ۔

Pharisee (far-i-sē) *n.* A religious body of the Jews who were strict about the formal observance of religion ایک یہودی فرقہ جو رسم پرستی اور ظاہر داری میں مشہور تھا - ظاہر پرست - منافق - ریا کار -

Pharisaical *adj.* منافقانہ - فریسی فرقہ کی طرح -

Pharisaizm *n.* منافقت - ریا کاری - فریسی عقیدہ -

Pharmaceutical (for-mə-su-tik-əl) *adj.* Pertaining to art of medicine دوا سازی کے متعلق - عطاری کا -

Pharmaceutics *n.* علم عطاری - فن دوا سازی -

Pharmacology (for-me-ko-lo-ji) *n.* Science of preparing medicines فن دوا سازی -

Pharmacologist *n.* دوا سازی کا ماہر - دوا فروش - دوا ساز -

Pharmacopoeia (får-mə-kə-pe-ya) *n.* A book of drugs قرابا دین - مخزن ادویہ - فن دوا سازی کی کتاب - کتاب جس میں دواؤں کے خواص اور ان کی تیاری کا ذکر ہو -

Pharmacy (får-mə-si) *n.* The art of dispensing medicines عطاری - دوا سازی - ذخیرہ ادویہ - دوا خانہ -

Pharos (fa-ros) *n.* A lighthouse or beacon روشنی کا مینار -

Phase (fāz) *n.* Aspect or appearance of any thing صورت - ہیئت - حالت - رویت - چاند یا کسی دوسرے سیارے کا روشن حصہ - کسی شے کا خاص پہلو - کسی شے کے تغیر کی منزل -

Phaseless *adj.* غیر مبدل -

Pheasant (fēz-nt) *n.* A half-wild game-bird in Britian تیتر - دراج - چکور -

Phenology (fe-nol-ə-ji) *n.* Study of organisms علم المظاہر - قدرت کے مظاہر کا علم مثلاً پودوں کے پھولنے پھلنے اور ان پر آب و ہوا کے اثرات -

Phenomenal (fi-nom-i-nəl) *adj.* Pertaining to a phenomena مظاہر قدرت کے متعلق - حسی - عجیب - نادر - حیرت انگیز - غیر معمولی -

Phenomenally (fi-nom-i-nə-li) *adv.* In the way of appearance ظہور کی رو سے - عجیب و غریب طور پر - غیر معمولی طور پر -

Phenomenalize *v.t.* مظہر کے طور پر پیش کرنا - شان ظہور کی طرف متوجہ کرنا - مظاہر قدرت کے طور پر پیش کرنا -

Phenomen(al)ism (fi-nom-in-izm) *n.* The doctrine that phenomenal and real are identical یہ نظریہ کہ ذات اور صفات ایک ہیں - صفات کے بغیر ذات کا تصور نہیں ہو سکتا -

Phenomenist *n.* اس نظریہ کا قائل کہ ظہور شے اور شے ایک ہیں -

Phenomenon (fi-nom-i-nən) *n.* Any thing directed, apprehended by the senses مظہر قدرت - ظہور - ظہور شے - وہ شے جس کا ادراک شعور کر سکتا ہے - عجیب و غریب واقعہ - نادر یا انوکھی چیز یا شخص -

Phew (fū) *interj.* An exclamation of petty difficulty چھی چھی - اخاہ - واہ وا - یہ تو بڑی مشکل ہے - اچھی رہی -

Phial (fi-əl) *n.* A vessel for liquids شیشی - شیشہ - دوا کی شیشی -

Philander (fil-an-dər) *v.t.* & *n.* Conventional name for a lover, dangler after women محبت کرنا - محض عشق کی خاطر محبت کرنا - عورتوں کے پیچھے پھرنا - عورتوں کے پیچھے پھرنے والا -

Philanderer *n.* عورتوں کے پیچھے پھرنے والا - عاشق مزاج - دل پھینک -

Philanthrope (fil-an-thrə-pi) *n.* Love of mankind بنی نوع انسان کی دوستی - انسانوں کا ہمدرد -

Philanthropic (fil-an-thro-pik) *adj.* Doing good to others فیاضانہ - ہمدردانہ - مشفقانہ - انسان دوستی کا -

Philanthropism *n.* انسانی ہمدردی - خلق دوستی -

Philanthropise (fi-lan-thro-pīz) *v.t.* & *i.* Make philanthropic خلق دوست بنانا - انسانی ہمدردی کے لیے آمادہ کرنا - ہمدرد بشر بننا اور بنانا - خدمت خلق کے لیے تیار کرنا -

Philanthropy (fil-an-thrə-pi) *n.* Love of human beings بنی نوع انسان کی ہمدردی ۔

Philately (fil-at-i-li) *n.* Study and collection of postage and stamps ڈاک اور مالیہ کے ٹکٹوں کی فراہمی ۔

Philharmonic (fil-ar-mon-ik) *adj.* Loving music موسیقی کا دلدادہ ۔ گانے کا شوقین ۔

Philhellenic (fil-hel-ən-ik) *adj.* Loving Greece یونان کی آزادی کا حامی ۔ یونان دوست ۔

Philippina (fil-i-pi-nä) *n.* A game played with a nut of two kernels دو گری کا کھیل ۔ اگر کسی کے سامنے دو گری کا بادام آ جائے اور وہ ایک گری کھا لے اور دوسری کسی کو دیدے تو اسے ڈنڈ دینا پڑتا ہے ۔

Philistine (fil-is-tīn) *n.* Person of material outlook مادی اشیاء کا شائق ۔ ایک جنگجو قوم جو بنی اسرائیل کو فلسطین میں پریشان کرتی تھی ۔ (جامعہ جرمنی) سرونی طالب علم ۔ ناتربیت یافتہ ۔ غیر شائستہ ۔ عامیانہ خیال کا آدمی ۔ وہ جس کی نظر مادی اشیاء تک محدود ہو ۔

Philology (fil-ol-ə-ji) *n.* The science of language علم اللسان ۔ زبان کی تحقیق ۔

Philologist-gian علم اللسان کا ماہر ۔

Philologize *v.t.* لسانیات کا مطالعہ کرنا ۔

Philomel (fil-o-mel) *n.* The nightingale personified بلبل ۔ عندلیب ۔ ہزار داستان ۔

Philopoena (fil-ip-enä) *n.* A game played with two kernels of nut ایک کھیل جس میں دو آدمی دو دو گریاں کھاتے ہیں ۔

Philosopher (fi-los-ə-fər) *n.* A lover of wisdom فیلسوف ۔ فلسفی ۔ حکیم ۔ ماہر فلسفہ ۔ علم و حکمت کا شائق ۔ محقق ۔ نفس پر قابو رکھنے والا ۔ مشکلات میں پرسکون رہنے والا ۔

Philosophically *adv.* حکیمانہ طور پر ۔ فلسفیانہ طریقہ پر ۔

Philosophism (fi-los-ə-fi-zm) *n.* System of reasoning نظام فلسفہ ۔ مصنوعی فلسفیانہ نظریات ۔

Philosophize (fi-los-ə-fīz) *v.t.* Reason like a philosopher فلسفے کے رنگ میں پیش کرنا ۔

Philosophy (fi-los-ə-fi) *n.* Pursuit of wisdom and knowledge فلسفہ ۔ حکمت ۔ علم حکمت ۔ گیان ۔ سکون ۔

Moral philosophy فلسفہ اخلاق ۔ اخلاقیات ۔

Philtre (fil-tər) *n.* A drink, a spell to excite love شربت شوق ۔ ٹونا ۔ جادو ۔ چھوچھکڑ ۔ محبت پیدا کرنے کے عمل ۔

Phlebitis (fli-bi-tis) *n.* Inflammation of vein ورید کی سوزش ۔ انتڑیوں کا ورم ۔

Phlebotomize (fli-bo-to-mīz) *v.t.* Bleed فصد کھولنا ۔ خون نکالنا ۔ نشتر لگانا ۔ رگ کھولنا ۔

Phlebotomy (fli-bo-to-mi) *n.* Bleeding خون کا اخراج ۔ نشتر زنی ۔

Phlegm (flem) *n.* Thick slimy matter بلغم ۔ بلغمی مادہ ۔

Phlegmy-matic *adj.* سست ۔ دھیا ۔ الکس ۔ بلغمی ۔ بلغمی مزاج کا ۔

Phlegmon (flem-on) *n.* Pirulent inflammation دنبل ۔ پھوڑا ۔

Phlogistic (flo-jis-tik) *adj.* Containing philogiston حرارت بخش ۔ آتشی عنصر والا ۔

Phoebus (fə-bəs) *n.* Appolo the Greek sun-god سوریا ۔ سورج ۔ یونانی شمسی دیوتا ۔

Phoenician (fi-nish-(y)ən) *n.* & *adj.* Of Phoenicia, on the coast of Syria فونیشیا کا رہنے والا ۔ فونیشیائی تہذیب ، ادب وغیرہ ۔

Phoenix (fe-niks) *n.* A fabulous Arabian bird ایک فرضی پرندہ ۔ نادر الوجود ۔ عنقا ۔ بے مثل چیز ۔

Phonate (fon-āt) *v.t.* Produce vocal sound آواز نکالنا ۔ بے معنی آوازیں نکالنا ۔

Phonation *n.* آواز نکالنے کا عمل ۔ آواز نکالنا ۔

Phonautograph (fon-aw-to-graf) *n.* An instrument for recording sound vibrations ایک آلہ جس سے آواز کی لہریں قلم بند ہو جاتی ہیں ۔

Phone (fon) *n.* Sound سادہ آواز ۔ صوت ۔

Phone (fon) *n.*, *v.t.* & *i.* Telephone (بول چال) ٹیلی فون کا آلہ ۔ ٹیلی فون پر گفتگو کرنا ۔

Phonetic (fō-net-ik) *adj.* Of sounds of spoken language زبان کے الفاظ اور حروف کی آوازوں کے متعلق ۔ صوتی ۔

Phoneticism *n.* آواز کو حروف کی شکل میں پیش کرنا ۔

Phoneticist *n.* آواز کو حروف کی شکل میں پیش کرنے کا موید ۔ صوتیت کا حامی ۔

Phoneticize *v.t.* الفاظ کے تلفظ کو صوتی حروف میں پیش کرنا ۔

Phonetician *n.* آواز کو حروف میں پیش کرنے والا ۔ ماہر اصوات ۔

Phonetist *n.* صوتیات کا حامی ۔

Phonic (fō-nik) *adj.* Of vocal sound آواز کے متعلق ۔

Phonogram (fō-nə-gram) *n.* A character representing a sound آواز کی علامت ۔ علامت سے آواز کا کام لینا ۔

Phonograph (fō-nə-graf) *n.* Eddison's machine for recording sounds صوت نگار آلہ ۔ ایڈیسن کا فونوگراف یا گراموفون ۔

Phonography (fō-nə-graf-i) *n.* Pitman's shorthand آوازوں کو محفوظ کرنا ۔ مختصر نویسی ۔

Phonology (fō-nol-ə-ji) *n.* Study of the system of sounds آوازوں کا مطالعہ ۔

Phosgene (fos-jēn) *n.* A poisonous gas ایک زہریلی گیس ۔

Phosphate (fos-fāt) *n.* A salt of phosphoric acid تیزابی نمک ۔ فاسفورسی نمک ۔ (جمع) چونے ، لوہے اور پھٹکری کے نمک جو اناجوں میں پائے جاتے ہیں ۔

Phosphene (fos-fēn) *n.* A light seen when eyeball is pressed حلقہ نور ۔ آنکھ کے ڈھیلے کے دب جانے سے جو روشنی نظر آتی ہے ۔

Phosphite (fos-fīt) *n.* A salt of phosphoric acid تیزابی قسم کا نمک ۔ فاسفوری تیزاب کا ایک نمک ۔

Phosphorate (fos-fə-rāt) *v.t.* Combine with phosphorus فاسفورس ملانا ۔ فاسفورس کی آمیزش کرنا ۔

Phosphorite (fos-fər-īt) *n.* Impure massive apetite ایک قسم کا ملا ہوا فاسفورس ۔

Phosphorus (fos-fər-əs) *n.* A non-metallic element ایک چمک دار غیر فلزی مادہ ۔

Phosporous *adj.* فاسفورس کا ۔ فاسفورسی ۔

Phosphorism *n.* فاسفورس سے پیدا ہونے والا مرض ۔

Photism (fōt-izm) *n.* Sensation of light وہمی طور پر روشنی کا احساس ہونا مثلاً غصے میں سرخ نظر آنا ۔

Photograph (fō-tō-graf) *v.t.* & *n.* An image produced عکسی تصویر ۔ عکسی تصویر اتارنا ۔

Photographer *n.* عکسی تصریر اتارنے والا ۔ فوٹو گرافر ۔

Photography *n.* عکسی تصویر کشی کا فن ۔

Photographic *adj.* فوٹو گرافی سے متعلق ۔

Photometer *n.* روشنی پیما آلہ ۔

Photophobia *n.* روشنی سے ڈرنا ۔

Phrase (frāz) *v.t.* & *n.* An expression فقرہ ۔ جملہ ۔ جزو کلام ۔ جزو جملہ ۔ طرز کلام ۔ انداز بیان ۔ نکتہ ۔ بات ۔ مثل ۔ کہاوت ۔ پر معنی مقولہ ۔ گیت کا ٹکڑا ۔ بیان کرنا ۔ الفاظ میں ادا کرنا ۔

Phraseogram (fra-zi-o-gram) *n.* A single sign written without lifting the pen مختصر نویسی ۔ ایک ہی جنبش قلم سے لکھنا ۔

Phraseograph (frā-zi-ō-graf) *n.* A phrase written in shorthand کوئی عبارت اختصار سے لکھنا ۔

Phraseology (frāz-i-ō-lo-ji) *n.* Style or manner of expression طرز تحریر ۔ انداز بیان ۔ طرز کلام ۔ طرز ادا ۔ اسلوب ۔

Phren (fren) *n.* Mind دماغ ۔ ذہن ۔ شعور ۔

Phrenetic (fri-net-ik) *adj.* Mad, distracted خبطی ۔ سودائی ۔ جنونی ۔ جس کے دماغ میں خلل ہو ۔ مذہبی دیوانہ ۔

Phrenology (fri-ne-lo-ji) *n.* A would-be science of mental faculties علم دماغ ۔ علم کا سر ۔

Phthisis (thi-sis) *n.* Tuberculosis سل ۔ دق ۔

Phut (fut) *n.* & *adv.* Grief, ruin رنج ۔ تباہی ۔ رنج کے ساتھ ۔ تباہی کے ساتھ ۔

Phylactaxy (fi-lek-tak-si) *n.* A charm or amulet among Jews یہودی تورات کا جو تعویذ گلے میں ڈالتے ہیں ۔ تعویذ ۔

Physic (fiz-ik) *n.* & *v.t.* Physics علاج ۔ علم طب ۔ طبیعات ۔ علاج کرنا ۔ دوا پلانا ۔

Physical (fiz-ik-əl) *adj.* Material مادی ۔ جسمانی ۔ طبعی ۔ فطری ۔ علم طبیعات کا ۔

Physically *adv.* جسمانی طور پر ۔

Physical education جسمانی تربیت ۔

Physician (fi-zish-n) *n.* One skilled in the art of healing طبیب ۔ حکیم ۔ ڈاکٹر ۔

Physicist (fi-zi-sist) *n.* A student of nature عالم طبیعات ۔

Physiognomy (fiz-i-og-nə-mi) *n.* Art of judging character from appearance قیافہ شناسی ۔ علم قیافہ ۔ خد و خال ۔ (بول چال) چہرہ ۔ کسی ملک کے طبعی حالات ۔ کسی شخص یا چیز کی خصوصی حالت ۔

Physiognomist *n.* قیافہ دان ۔ قیافہ شناس ۔

Physiography (fiz-i-og-rə-fi) *n.* Descriptive science طبعی جغرافیہ ۔ مظاہر قدرت کا بیان ۔

Physiology (fiz-i-ol-ə-ji) *n.* Science of life in animals and plants علم افعال اعضا ۔ علم الحیات ۔

Physique (fiz-ik) *n.* Constitution جسمانی ساخت ۔ جسم ۔

Phytovorous (fī-tō-vo-rəs) *adj.* Feeding on plants بناسپتی کھانے والا ۔

Phytologist (fī-tō-lə-jist) *n.* A botanist علم نباتات کا ماہر ۔

Phytology (fī-tō-lə-ji) *n.* Botany علم نباتات ۔

Piaffe (pi-af-e) *v.i.* Move at a piaffer گھوڑے کا دلکی چلنا ۔ قدم چلنا ۔

Piaffer (pi-af-er) *n.* A gait in which the feet are lifted as in a trot دلکی ۔ قدم کی چال ۔

Pianette (pe-ə-net) *n.* A small upright piano پیانو ۔ کھڑا ۔ اونچا پیانو ۔ چھوٹا اور اونچا پیانو ۔

Pianino (pya-ni-nō) *n.* An upright piano کھڑا پیانو ۔

Pianist (pya-nist) *n.* Piano-player پیانو بجانے والا ۔

Piano-pianoforte (pyâ-nō) *n.* A musical instrument of key پیانو باجا ۔

Pianola (pē-ə-nō-lâ) *n.* A kind of piano ایک طرح کا پیانو ۔

Piastre (pi-as-tər) *n.* A silver coin اسپین اور ترکی کا چاندی کا سکہ ۔

Piazza (pē-ad-za) *n.* Square surrounded by buildings چوک ۔ منڈی ۔ عمارتوں سے گھرا ہوا مقام ۔

Pibroch (peb-rok) *n.* A form of bagpipe سکاٹلینڈ کا ایک جنگی باجا ۔ بین باجا ۔

Pica (pi-ka) *n.* A kind of type ایک طرح کا ٹائپ ۔

Picaroon (pīk-ə-rōōn) *n.* One who lives by his wits ڈاکو ۔ فریبی ۔ چالاک ۔

Piccalilli (pik-ə-lil-i) *n.* Pickle اچار ۔ چٹنی ۔ ترکاریوں کا اچار ۔ کچومر ۔

Pice (pīs) *n.* Money of account حسابی سکہ ۔ تین پائی کا پیسہ ۔

Pick (pik) *n.* A tool for breaking ground کدال ۔ کدالی ۔ پکاس ۔

Pick (pik) *v.t.* & *i.* Break up, remove with a pick کھودنا ۔ گڑھا کھودنا ۔ نوچنا ۔ کھرچنا ۔ صاف کرنا ۔ خلال کرنا ۔ چونچ مارنا ۔ انتخاب کرنا ۔ چھانٹنا ۔ الگ الگ کرنا ۔ تومنا ۔

Pick up flesh موٹا ہونا ۔

Pick up spirit زور آنا ۔ طبیعت شگفتہ ہونا ۔

Pick (pik) *n.* A tool for breaking ground, an opportunity, choice پسند ۔ انتخاب ۔ چننا ۔

Pick-ax(e) (pik-aks) *v.t.,i.* & *n.* A picking tool with a point at one end and cutting blade at another ایسی کلہاڑی جس کے ایک طرف کاٹنے والا پھل اور دوسری طرف نوک ہو ۔ تبر ۔ کدال ۔ تبر سے کاٹنا ۔

Picker (pik-ər) *n.* A tool for picking, one who picks چننے والا ۔ انتخاب کرنے والا ۔ تومنے والا ۔ چننے والی مشین ۔

Picket (pik-it) *v.t.,i.* & *n.* A pointed peg میخ ۔ کھونٹا ۔ کھونٹی ۔ کیل ۔ ہڑتالی پہرے دار جو لوگوں کو کام پر جانے سے روکتے ہیں ۔ پہرہ دینا ۔ میخ گاڑنا ۔ لوگوں کو کام پر جانے سے روکنا ۔

Picking (pik-ing) *n.* That which is picked or left چھانٹ ۔ انتخاب ۔ پسند ۔ جو چیز چھانٹی جائے یا چھوڑ دی جائے ۔ چھوٹی موٹی چوری ۔ یافت ۔ بالائی آمدنی ۔

Pickle (pik-l) *v.t.* & *n.* Brine or vinegar in which vegetables are preserved اچار - چٹنی - مربہ - تیزابی چیز - شریر لڑکا - اچار ڈالنا - کسی شخص کو درے مارنے کے بعد زخموں پر نمک چھڑکنا -

Have a rod in pickle سزا تیار رکھنا -

Picksome (pik-səm) *adj.* Fastidious باریک بین - نازک مزاج - تنک مزاج - نک چڑھا -

Pickwick (pik-wik) *n.* The hero of Dickens' Pickwick Papers مسٹر پک وک - گل گیر - سستا سگار -

Pickwickian (pik-wik-i-ən) *adj.* Relating to Mr. Pickwick مسٹر پک وک کے متعلق -

Picnic (pik-nik) *v.i.* & *n.* An open-air repast گھر سے باہر کسی مقام پر کھانا پینا - ایسے کھانے میں شریک ہونا -

Picnicker *n.* تفریحی جلسوں میں شریک ہونے والا -

Picnicky *adj.* تفریحی جلسے کی طرح -

Picot (pe-kot) *n.* A raised knot بٹے ہوئے تاگے کا حلقہ - تکمہ - گھنڈی -

Picric (pik-rik) *adj.* Highly explosive ایک زرد مادہ جو بارود وغیرہ میں استعمال ہوتا ہے - بھک سے اڑنے والا - آتشگیر -

Pictograph (pik-tə-grâf) *n.* Picture writing تصویری علامت - تصویری نشان - تحریر جو ان علامتوں میں لکھی گئی ہو -

Pictorial (pik-to-ri-əl) *adj.* Relating to painting با تصویر - تصویری - مصورانہ -

Picture (pik-tyər) *v.t.* & *n.* A portrait تصویر - شبیہ - صورت - نقش - مصوری - تصویر کشی - حسین و جمیل شے - مشنیا - کامل ترین نمونہ - (جمع) سنیما - تصویر اتارنا - کسی کا ذہنی تصور کرنا - دلکش تحریر میں ادا کرنا -

Picture gallery *n.* تصویر خانہ

Picturize *v.t.* سنیما کے لیے فلم بنانا - تصویر کھینچنا -

Picturesque (pik-tyə-resk) *adj.* Like a picture تصویر کی مانند - دلکش - خوشنما - خوبصورت - عمدہ - دلاویز - آنکھوں کے سامنے نقشہ کھینچ دینے والا -

Picturesqueness *n.* خوبصورتی - خوشنمائی -

Piddle (pid-l) *v.t.* Deal in trifles معمولی کاموں میں وقت ضائع کرنا - بے دلی سے کام کرنا - پیشاب کرنا -

Piddock (pid-ək) *n.* Pholas - ایک قسم کی سیپ دار مچھلی

Pidgin (pij-in) *n.* Chinese corruption of business چینی طریقہ تجارت -

Pidgin English چینی لب و لہجہ کی انگریزی جو چینی بولتے ہیں -

Pie (pī) *n.* A kind of crow ایک قسم کا شور مچانے والا کوا -

Pie (pī) *n.* Meat baked under a crust of flour لقمی - سموسہ - قیمہ بھر کر تلنا -

Have a finger in the pie کسی کے معاملے میں خواہ مخواہ دخل دینا -

Pie (pī) *n.* & *v. t.* Confused state ملے جلے ٹائپ کا ڈھیر - بے ترتیبی - بد نظمی -

Printer's pie ملے جلے ٹائپ کا ڈھیر -

Pie (pī) *n.* The smallest Indian coin پائی -

Piebald (pī-bawld) *adj.* Black and white in patches چتکبرا - رنگا رنگ - گوناگوں -

Piece (pēs) *n.* A part or portion حصہ - ٹکڑا - پارچہ - پرزہ - جز - جوڑ - علیحدہ علیحدہ جز - مقررہ مقدار - تھان - توپ - تفنگ - شطرنج کا مہرہ - سکہ - مختصر ادبی تحریر - گیت - ڈراما - ناٹک -

Piece goods *n.* ٹکڑے - کپڑے کے ٹکڑے -

Pieceless *adj.* تمام - پورا - کل -

Piecemeal *adv.* تھوڑا تھوڑا - ٹکڑا ٹکڑا -

Piecework *n.* ٹھیکہ کا کام -

Piece out *v.t.* جوڑنا - ملانا -

Piece up *v.t.* - تھوڑی دیر کے لیے جھگڑا ختم کر دینا - پیوند لگانا -

Give a piece of one's mind جھڑک دینا - دو ٹوک بات کہہ دینا -

Of a piece برابر - یکساں -

Piece (pēs) *v.t.* Patch ملانا - جوڑنا - پیوند لگانا - دھاگے سے گانٹھنا - گرہ لگانا - مختلف چیزوں کو جمع کر کے ایک قصہ بنانا - باہم جوڑنا - سلسلہ ملانا -

Piece de resistance دستر خوان کا بہترین کھانا - کسی سلسلہ کی اہم چیز -

Pied (pīd) *adj.* Of various colours رنگ برنگ -
گوناگوں - بوقلموں -

Pier (pīr) *n.* Support of an arch or bridge بند -
پشتہ - پانی روکنے کا پشتہ - کٹہ - پیل پایہ - دروازوں
اور کھڑ کیوں کا حصہ عمارت -

Pierce (pērs) *v.t.* Thrust or make a hole بندھنا -
چھیدنا - برمانا - سوراخ کرنا - چبھونا - گھسنا - تہ
کو پہنچنا - کان یا ناک چھیدنا -

Pierrot (pe-ō-rō) *n.* A buffoon with long-sleeved
garb مزاحیہ نقلیں کرنے والا - مسخرا - گھوم
پھر کر گانے بجانے والا - رنگ بہ رنگ کا ڈھیلا لباس
پہننے والا -

Pieta (pya-ta) *n.* Representation of the Virgin
with the dead Christ across her knees وہ تصویر جس میں حضرت عیسیٰ کا مردہ جسم حضرت
مریم کی گود میں ہے -

Piety (pī-i-ti) *n.* Devoutness تقویٰ - خدا ترسی -
پارسائی - پرہیزگاری - سعادتمندی - بزرگوں کا ادب -

Piffle (pif-l) *v.t. & n.* Act ineffectually لا حاصل کام
کرنا - ہرزہ سرائی کرنا - بے نتیجہ گفتگو - لا حاصل
کام -

Piffler *n.* واہی تباہی بکنے والا -

Piffling *adj.* بے کار - نکا - لغو - مہمل -

Pig (pig) *v.i., t. & n.* Swine سور - خنزیر - خوک -
میلا کچیلا - گندہ - غلیظ (بول چال) حریص - لالچی -
خود سر - چڑ چڑا - لوہے کا مستطیل ٹکڑا - بار خاطر
شخص - سور کا بچے جننا - سوروں کی طرح رہنا -

Buy a pig in a poke بے دیکھے بھالے سودا کر لینا -

Pigs might fly اظہار حیرت کے لیے (سور اڑیں گے) -

Piggish *adj.* سور جیسا - خود سر - ضدی - پاجی -
غلیظ - ناپاک -

Piggishness *n.* کمینہ پن - خود غرضی - سور پن -

Pig-iron *n.* ڈھلا ہوا لوہا -

Pig's cone *n.* بے وقوف - احمق -

Pigeon (pij-ən) *v.t. & n.* Any bird of dove family
کبوتر - سادہ لوح - بھولا - وہ شخص جو آسانی سے
دھوکا کھا جائے - دھوکے سے کسی کا مال اڑا لینا -

Pigeongram *n.* پیام جو کبوتر کے ذریعے بھیجا
جائے -

Pigeonhole *n. & v.t.* میز یا الماری کے خانے - دیوار
یا لکڑی کے کٹہوے میں کبوتر کے بیٹھنے کا سوراخ -
ان خانوں میں کاغذات وغیرہ رکھنا -

Pigeonery (pij-ən-a-ri) *n.* Place for breeding
pigeons کبوتر خانہ -

Piggery (pig-ə-ri) *n.* Swine farm سوروں کی پرورش
گاہ - سور باڑا - سور گھر - میل کچیل - گندی جگہ -

Piggin (pig-in) *n.* A small pail دستہ والا برتن -
ایک چھوٹا سٹی یا لکڑی کا برتن -

Piggy (pig-i) *n.* Young swine سور کا بچہ -

Pigment (pig-mənt) *n.* Any colouring substance
رنگ - روغن - نسیج کا قدرتی رنگ -

Pigtail (pig-tāl) *n.* Plaited hair of head, roll of
tobacco سر کے بالوں کی چوٹی جو ہندو مرد رکھتے
ہیں - تمباکو کی پتی - چوٹی خصوصاً چینیوں کی -

Pike (pīk) *v.t. & n.* A sharp point, lance نیزہ -
بھالا - برچھی - بلم - کوئی نوکدار ہتھیار - برچھی سے
مارنا - برچھی چبھونا -

Pikeman *n.* کھودنے والا - کانوں میں کام کرنے
والا مزدور - نیزہ بردار - بلم دار -

Pika (pi-ka) *n.* Tailless hare چنگی گھر کا دروازہ -
بے دم کا خرگوش -

Pika-man محصول چنگی کا چوکیدار -

Pike-staff (pīk-staf) *n.* Shaft of a pike بلم کا بانس -
چھڑی - برچھی کی چھڑ -

Pilaster (pi-las-tər) *n.* A square column چوکور
ستون -

Pilch (pilch) *n.* Fur cloak بچوں کو لپیٹنے کا اونی
کپڑا - فلالین کا غلاف -

Pilchard (pil-chərd) *n.* A sea-fish ایک سمندری
مچھلی جو ہیرنگ کی طرح ہوتی ہے -

Pile (pīl) *n. & v.t.* A set of iron bars لوہے کی
سلاخیں - سلاخیں گاڑ کر تعمیر کرنا - ستون یا کھنبے
لگانا - ڈھیر لگانا -

Pile (pīl) *n.* A heap ڈھیر - انبار - دولت کا انبار -
شاندار عمارت - چتا جس پر لاش جلائی جاتی ہے - مختلف
دھاتوں کے تختے ایک دوسرے پر رکھنا تاکہ برق رو
پیدا ہو سکے -

Pile 654 **Pimple**

Pile (pīl) *v.t.* Lay in a heap انبار لگانا ۔ ڈھیر لگانا ۔ جمع کرنا ۔ بھرنا ۔ معمور کرنا ۔ بندوقیں جوڑ کر رکھنا ۔

Pile (pīl) *n.* Reverse side of a coin سکہ کا الٹا رخ ۔

Pile (pīl) *n.* Soft wool اون ۔ ملائم بال ۔ رواں ۔ فلالین ۔ مخمل وغیرہ ۔

Pily *adj.* بال دار ۔ روئیں دار ۔

Pile (pīl) *n.* Haemorrhoid بواسیر ۔ بواسیری مسا ۔

Pilfer (pil-fər) *v.t.* & *i.* Steal in small quantities چرانا ۔ چوری کرنا ۔ تھوڑا تھوڑا چرانا ۔ معمولی چیزوں کی چوری کرنا ۔

Pilferer *n.* معمولی چیزوں کی چوری کرنے والا ۔ اٹھائی گیرا ۔ اچکا ۔

Pilgarlick (pil-gar-lik) *n.* A bald pate آدمی جس کے سر کے بال گر گئے ہوں ۔ گنجا آدمی ۔

Pilgrim (pil-grim) *v.i.* & *n.* A wanderer زائر ۔ حاجی ۔ یاتری ۔ سیاح ۔ مسافر ۔ سیر و سیاحت کرنا ۔

Pilgrimage (pil-grim-aj) *n.* & *v.t.* A journey to a shrine یاترا ۔ زیارت ۔ حج ۔ سفر حج ۔ زیارت یا یاترہ کے لیے جانا ۔

Pilferous (pil-fer-əs) *adj.* Bearing hair بالوں والا ۔ بال دار ۔

Pill (pil) *v.t.* & *n.* A little ball of medicine حب ۔ گولی ۔ مکروہ شے ۔ ایسی چیز جو ناگوار ہو مگر برداشت کرنا پڑے ۔ (بول چال) بندوق یا طپنچہ کی گولی ۔ توپ کا گولا ۔ ٹینس کی گیند ۔ کسی کی رائے شماری میں کالی گولی ڈالنا ۔ ہزیمت دینا ۔ شکست دینا ۔

A pill to cure an earthquake خام تدابیر کرنا ۔ بے سود کوشش کرنا ۔

Gild the pill ناگوار حقیقت کو اچھے رنگ میں پیش کرنا ۔

Swallow the pill, a bitter pill سختی سے دو چار ہونا ۔ تلخ حقیقت برداشت کرنا ۔

Pill (pil) *v.t.* Doze with pills, plunder گولیاں کھلانا ۔ لوٹ مار کرنا ۔ چھیلنا ۔ مونڈنا ۔ چھلکا اتارنا ۔

Pillage (pil-aj) *v.t.* & *n.* Act of plundering لوٹ کھسوٹ ۔ لوٹ مار ۔ مال غنیمت ۔ لوٹ مار کرنا ۔ لوٹنا ۔ تاخت و تاراج کرنا ۔

Pillager *n.* لوٹ مار کرنے والا ۔ ڈاکو ۔ لٹیرا ۔

Pillar (pil-ər) *v.t.* & *n.* A detached support ستون ۔ لاٹ ۔ مینار ۔ کھمبا ۔ پیل پایہ ۔ بہت بڑا رکن ۔ بہت بڑا حامی ۔ کوئلے کا ستون جو کان میں سہارے کے لیے چھوڑ دیا جاتا ہے ۔ ستونوں سے سہارا دینا ۔ ستون کھڑا کرنا ۔ تقویت پہنچانا ۔

Driven from pillar to post کہیں سہارا نہ ملنا ۔

Pillar-box ڈاک کا ستون ۔ ڈاک ڈالنے کا صندوق ۔

Pillion (pil-yən) *n.* A pad or light saddle گدی ۔ عورتوں کی ہلکی زین ۔ سواری کی گدی ۔

Pilliwinks (pil-i-wingks) *n.* & *pl.* An instrument of torture عقوبت کا آلہ ۔ شکنجہ جس میں انگلیوں کو دبایا جاتا ہے ۔ شکنجہ انگشت ۔

Pillory (pil-ə-ri) *v.t.* & *n.* A wooden frame for punishment ایک شکنجہ جس میں ہاتھوں اور سر کے لیے سوراخ ہوتے ہیں اس میں مجرم کو ذلیل کرنے کے لیے کس دیا جاتا ہے ۔ شکنجہ میں کسنا ۔

Pillow (pi-lo) *n.*, *v.t.* & *i.* A cushion تکیہ ۔ بالش ۔ گینڈوا ۔ ٹیکن ۔ سہارا ۔ تکیے کا سہارا لینا ۔ تکیے پر سر رکھنا ۔

Pillow-case *n.* تکیہ کا غلاف ۔

Take counsil of one's pillow کسی اہم معاملہ پر غور کرتے کرتے سو جانا ۔

Pillowy *adj.* وہ چیز جس سے تکیہ کا سا آرام ملے ۔ تکیہ کا سا ۔

Pilot (pī-lət) *v.t.* & *n.* A steersman نا خدا ۔ جہاز کا رہنما ۔ جہازرانی کا ماہر ۔ طیارہ باز ۔ ہوا باز ۔ طیارہ چلانے والا ۔ جہاز رانی کرنا ۔ طیارہ چلانا ۔

Pilotage *n.* فن طیارہ بازی اور جہاز رانی کا معاوضہ ۔

Pimento (pi-ment-ō) *n.* Jamaica pepper فلفل کی قسم کا مسالہ جو جمئیکا سے آتا ہے ۔

Pimp (pimp) *v.t.* & *n.* Pander دلال ۔ قلتبان ۔ کٹنا ۔ کٹناپا کرنا ۔ دلالی کرنا ۔

Pimping (pim-p-ing) *adj.* Insignificant بے حقیقت ۔ چھوٹا ۔ بے وقعت ۔ بیمار سا ۔ ناتواں ۔

Pimple (pim-pl) *n.* Small swelling دنبل ۔ دانہ ۔ پھنسی ۔ مہاسا ۔

Pimpled *adj.* پھنسی مہاسوں والا ۔

Pimply *adj.* دنبل والا ۔ پھنسی دار ۔

Pin (pin) *n.* A piece of wood or metal پن ۔ نتھی کرنے کی سوئی ۔ آل پن ۔ کھونٹی ۔ میخ ۔ کیل ۔ سارنگی وغیرہ کی کھونٹی ۔ چٹخنی ۔ ایک چھوٹا پیپا ۔ (بول چال) ٹانگیں ۔

Pin-money وہ رقم جو بیوی کو ذاتی اخراجات کے لیے دی جائے ۔

Pin-hole سوئی کا سوراخ ۔

Pin-prick معمولی تکلیف ۔

Pin (pin) *v.t.* Fasten, make a small hole پن لگانا ۔ ٹانکنا ۔ گانٹھنا ۔ مضبوط پکڑے رہنا ۔ پابند کرنا ۔ بند کرنا ۔ پن سے سوراخ کرنا ۔

Pin one's faith on کسی پر پورا اعتماد کرنا ۔

Pince-ney (pins) *n.* A pair of eye-glasses with a spring for nose ایسی عینک جو ناک پر بغیر کمانیوں کے لگائی جائے ۔ بینی گیر عینک ۔

Pincers (pin-sərs) *n.* & *p.* Grasping claws سنسنی ۔ چمٹا ۔ پکڑ ۔ موچنا ۔ لکچونٹی ۔ دست پنا ۔

Pincette (pin-set) *n.* A small pincer چھوٹی سنسنی ۔

Pinch (pin(t)sh) *v.t.* & *i.* Compress between fingers چٹکی لینا ۔ دبانا ۔ بھینچنا ۔ تکلیف دینا ۔ کاٹنا ۔ (جوتے کا) جبراً وصول کرنا ۔ اینٹھنا ۔ کنجوسی کرنا ۔ جہاز کو ہوا کے رخ چلانا ۔ (بول چال) چرانا ۔ حراست میں لینا ۔ گرفتار کرنا ۔

Pinch (pin(t)sh) *n.* An act of pinching, difficult time چٹکی ۔ چمٹی ۔ تنگی ۔ تکلیف ۔ مشکل صورت حال ۔ نازک موقع ۔

At a pinch سردی کی حالت میں ۔

Pinched with cold سردی سے ٹھٹھر کر ۔

That is where the shoe pinches یہ مصیبت ہے ۔ یہ تکلیف ہے ۔

Pinchbeck (pin(t)sh-bek) *n.* An alloy of copper with zinc تانبے اور جست کا آمیزہ ۔

Pindaric (pin-dar-ik) *n.* & *adj.* In the style of Pindar یونانی شاعر پنڈار کے طرز پر ۔ ایک بے قاعدہ قصیدہ یا نظم ۔

Pine (pīn) *n.* Any tree of the north coniferous genus pines صنوبر یا صنوبر کی قسم کا درخت ۔ انناس ۔

Pine (pīn) *v.i.* Starve, grieve for دبلا ہونا ۔ سوکھنا ۔ کسی کی یاد میں بے قرار ہونا ۔ کڑھنا ۔ بے تاب ہونا ۔

Pineal (pīn-əl) *adj.* Like pine-tree صنوبر کے درخت کی طرح ۔

Pine-apple (pīn-a-pl) *n.* A pine fruit انناس ۔

Pinery (pīn-eri) *n.* A pine forest انناس کا باغ ۔ صنوبر کا جنگل ۔

Pinfold (pin-fold) *v.t.* & *n.* An enclosure for cattle جانوروں کا باڑا ۔ کانجی ہاؤس ۔ باڑے میں بند کرنا ۔

Ping (ping) *v.i.* & *n.* A sharp whistling sound جھنکار ۔ سیٹی کی آواز ۔ سیٹی کی آواز نکالنا ۔

Pingpong (ping-pong) *n.* Table tennis کھیل جو گیند بلے سے میز پر کھیلا جاتا ہے ۔ پنگ پانگ ۔

Pinguid (ping-gwid) *adj.* Fat موٹا ۔ فربہ ۔ چربیلا ۔ چکنا ۔

Pinguin (ping-gwin) *n.* A West Indian plant غرب الہند کا انناس ۔

Pinion (pin-yən) *n.* A flight feather, a wing پر ۔ شہ پر ۔ پرند کے پر ۔ بازو ۔ دندانے دار پرزہ ۔

Pinion (pin-yən) *v.t.* Confined by binding wings پر باندھنا ۔ پر کاٹنا ۔ مشکیں کسنا ۔ جکڑ دینا ۔ کس کر باندھنا ۔

Pink (pingk) *n.* & *adj.* A small sailing ship, yellow colour گلابی پیازی رنگ ۔ چھوٹی بادبانی کشتی ۔ خوشبودار پھولوں کا ایک پودا ۔ لومڑی کے شکاری کا لال کوٹ ۔ گلابی ۔ پیازی ۔

Pink-eyed *adj.* چندھی آنکھوں والا ۔

Pinkish *adj.* ہلکا زرد سا ۔ پیلا سا ۔

Pinky *adj.* گلابی ۔ پیازی ۔

Pinkiness *n.* پیلا پن ۔ گلابی پن ۔ پیازی پن ۔

Pink (pingk) *n.* A kind of yellowish colour ایک قسم کا زردی مائل رنگ ۔

Pink (pingk) *v.t.* & *i.* Wink, blink, stab or pierce بھونکنا ۔ سوراخ کرنا ۔ آراستہ کرنا ۔ سجانا ۔ پلک جھپکانا ۔

Pink (pingk) *n.* A samlet سامن مچھلی کا بچہ ۔

Pinnace (pin-is) *n.* A small vessel with oars and sails چھوٹی مستول کشتی ۔ چپوؤں والی کشتی ۔

Pinnacle (pin-ə-kl) *v.t.* & *n.* A spiry structure مینار ۔ کلس ۔ کنگرہ ۔ چوٹی ۔ راس ۔ منتہائے کمال ۔ چوٹی پر رکھنا ۔ کنگورہ بنانا ۔

Pinnate (pin-āt) *adj.* Feathery پر والا ۔ پر دار ۔ پر کی شکل کا ۔ پتوں کی قطار والا ۔

Pinner (pin-ər) *n.* & *adj.* Pin-maker جوڑنے والا ۔ پن ساز ۔ عورتوں کی فیتہ دار ٹوپی ۔

Pinole (pē-nō-lă) *n.* Parched Indian corn eaten with milk ستو ۔ بھنا ہوا اناج ۔ (امریکہ) بزک کے قسم کا ایک تاش کا کھیل ۔

Pint (pint) *n.* A measure of capacity ایک پیمانہ تقریباً ڈیڑھ پاؤ کا ۔

Pintle (pin-tl) *n.* The penis میخ ۔ کیل ۔ کواڑ کی چول ۔ مردانہ عضو تناسل ۔

Piny (pīn-i) *adj.* Like pine صنوبر کا ۔ صنوبری ۔ صنوبر کی طرح کا ۔

Pioneer (pī-ə-nēr) *v.t.*, *i.* & *n.* A military artisan بیلدار ۔ سپاہی ۔ راستہ صاف کرنے والا ۔ پہلا دستہ ۔ رہنما ۔ راستہ صاف کرنا ۔ رہنائی کرنا ۔ ہدایت کرنا ۔

Pious (pī-əs) *adj.* Dutiful ۔ دین دار ۔ خدا پرست ۔ متقی ۔ پارسا ۔ پرہیز گار ۔

Pious fraud فریب جو اس نیت سے کیا جائے کہ اس کا نتیجہ اچھا ہوگا ۔ فریب مصلحت آمیز ۔

Pip (pip) *n.* Roup in poultry ۔ مرغیوں کی ایک بیماری ۔ تاش کے پتے کی بندکیاں ۔ افسر کے شانے کا بیج ۔ پھولوں کے گچھے کی کلیاں ۔

Pip (pip) *v.t.* Blackball, reject, get the better of (بول چال) کلب کے انتخاب میں کسی کے لیے کالی گولی ڈالنا ۔ کسی رکن کے خلاف رائے دینا ۔ رد کرنا ۔ شکست دینا ۔ چھرا مارنا ۔ گولی مارنا ۔

Pip (pip) *n.* A small hard body, seed ۔ بیج ۔ تخم

Pip (pip) *n.* Signal sounding like the word pip اشاروں کی اصطلاح میں پپ کی آواز ۔

Pipe (pīp) *n.* A musical instrument, any tube or tubular thing نل ۔ نالی ۔ نلکی ۔ شہنائی ۔ نے ۔ بنسی ۔ مرلی ۔ الغوزہ ۔ ارغنوں باجے کی نلکی ۔ راگ ۔ نغمہ ۔ سانس کی نالی ۔ جنگلی پرندوں کو پھانسنے کی نالی ۔ تمباکو نوشی کا پائپ ۔ شراب کا دس گیلن کا پیپا ۔

Put that in your pipe and smoke it اگر ہو سکے تو صبر کرو ۔

Pipy (pīp-i) *adj.* Tubular نالی دار ۔

Pipe (pīp) *v.t.* & *i.* Play on pipe بانسری بجانا ۔ تیز آواز نکالنا ۔ سیٹی بجانا ۔ پنک پودے کا روپ تیار کرنا ۔ سجانا ۔ بیل بوٹے کاڑھنا ۔ نل لگانا ۔ نالی لگانا ۔

Pipe-clay پائپ بنانے کی مٹی ۔

Pipe one's eye رونا ۔

Piper (pīp-ər) *n.* One who plays on pipe ۔ نے نواز شہنائی نواز ۔ جگہ جگہ پھر کر گانے بجانے والا ۔ بے دم گھوڑا ۔ کتا جو جنگلی مرغیوں کو گھیر کر لاتا ہے ۔

Drunk as a piper مخمور ۔ مدہوش ۔

Pay the piper (and call the time) خرچ اٹھاؤ اور قابو پاؤ ۔

Piping (pīp-ing) *n.* Playing a pipe ۔ نے نوازی ۔ سیٹی سیٹی بجا کر کام پر بلانا ۔ لباس کی حاشیہ آرائی ۔ فیتہ حاشیہ ۔ شکر کے تاروں سے کیک کی آرائش ۔

Piping (pīp-ing) *adj.* Playing on pipe, sounding like a pipe شہنائی کی سی آواز نکالنے والا ۔ شہنائی بجانے والا ۔

Pipkin (pīp-kin) *n.* A small pot ہانڈی ۔ ہنڈیا

Pippin (pip-n) *n.* A kind of apple ۔ ایک قسم کا سیب

Piquant (pe-kənt) *adj.* Stringing چٹ پٹا ۔ تیز ۔ بھوک بڑھانے والا ۔ دلچسپ ۔ لبھانے والا ۔

Piquancy *n.* بھوک بڑھانے والا ۔ ترشی ۔ تیزی ۔ چٹ پٹا پن ۔

Piquantly *adv.* چٹخارے بھرتے ہوئے ۔ چٹ پٹے پن سے ۔

Pique (pek) *v.t.* & *n.* Provoke, stir ۔ ناراض کرنا ناخوش کرنا ۔ بے زار کرنا ۔ خفا کرنا ۔ کسی کی خود داری کو ٹھیس پہنچانا ۔ شوق ابھارنا ۔ فخر کرنا ۔ ناراضگی ۔ رنجش ۔ کینہ ۔ عداوت ۔ دشمنی ۔

In a fit of pique ۔ غصے کے عالم میں

Pique (pek) *n.,v.t. & i.* Scoring of 30 points in one hand ایک ہاتھ میں تیس نمبر بنانا اور حریف کو ایک نمبر نہ بنانے دینا - ایک ہاتھ میں تیس پوائنٹ بنانا - تیس پوائنٹ بننا -

Pique (pek) *n.* A stiff corded cotton fabric بٹے ہوئے تاگے کا موٹا - سوتی کپڑا - ہاتھی دانت یا سیپ پر طلائی کام -

Piquet (pi-ket) *n.* A card game of two تاش کا ایک کھیل جو دو کھلاڑی بتیس پتوں سے کھیلتے ہیں -

Pirate (pī-rāt) *v.t.,i. & n.* A sea-robber - بحری قزاق بحری ڈاکو جہاز - حق تصنیف کا غاصب - سارق - وہ گاڑی جو بلا اجازت دوسری سڑک پر چلے - مسافر گاڑی جس میں زیادہ کرایہ ادا کرنا پڑے - سمندر میں ڈاکہ ڈالنا - ڈاکہ ڈالنا - حق تصنیف کی خلاف ورزی کرنا -

Piracy *n.* بحری لوٹ مار - ڈاکہ زنی -

Piratic (al) *adj.* حق تصنیف کی خلاف ورزی کا - غاصبانہ - قزاقانہ -

Pirogue (pi-rog) *n.* A boat made from trunk of tree وہ مستولی کشتی جو درخت کے تنے کو کھو کھلا کر کے بنائی جائے -

Pirouette (pir-oo-et) *n. & v. i.* A spinning about on tiptoe انگوٹھے کے بل پر ناچ - پیر کے پنجے پر چکر لگانا یا ناچنا -

Piscary (pisk-ə-ri) *n.* Right of fishing غیر علاقے میں مچھلی پکڑنے کا حق -

Piscatory (pis-kə-tə-ri) *adj.* Relating to fishing ماہی گیری کے متعلق - ماہی گیری کا شوقین -

Pisces (pis-ēz) *n.* Twelfth sign of zodiac - برج حوت میں -

Pisceculture (pis-ki-kul-tur) *n.* Fish breeding مچھلیوں کی پرورش - مصنوعی طریقوں پر ماہی پروری -

Piscina (pis-ē-nā) *n.* A fish-pond - مچھلیوں کا تالاب

Piscivorous (pis-ki-vo-rəs) *adj.* Feeding on fishes ماہی خور - مچھلیاں کھانے والا -

Pisgah (piz-ga) *n.* Mountain whence Moses viewed the promised land وہ پہاڑ جہاں سے حضرت موسیٰ علیہ السلام نے ارض موعودہ کو دیکھا -

Pish (pish) *interj. & v.i.* Utterance of impatience بے صبری کا اظہار - چھی چھی - ارے ارے - تف ہے - تف کرنا - بے صبری کا اظہار کرنا -

Pishogue (pi-shog) *n.* (Ireland) Sorcery (آئر لینڈ) جادو - جادو گری -

Pismire (pis-mīr) *n.* An ant چیونٹی - مور -

Piss (pis) *v.i.,t. & n.* Discharge urine - پیشاب پیشاب کرنا - (بول چال) شراب کے نشے میں چور ہونا -

Piss-pot پیشاب دان -

Pistachio (pis-tâ(t)shi-ō) *n.* A fruit kernel پستہ - پستہ گری - پستہ کا رنگ -

Pistil (pis-til) *n.* The ovary of a flower - رحم گل مادہ پھول کے زر خیز بننے کی جگہ - بقچہ گل -

Pistol (pis-tl) *n. & v.t.* A small hand-gun - پستول طمنچہ - طمنچہ چلانا - طمنچہ سے فیر کرنا -

Pistolet (pis-to-let) *n.* A small pistol, a gold coin چھوٹا طمنچہ - ایک سونے کا سکہ -

Pistole (pis-tol) *n.* An old Spanish gold coin ہسپانوی طلائی سکہ - غیر ملکی اشرفی - مہر - ہسپانوی مہر -

Pistol-grip (pis-tol-grip) *n.* Handhold of pistol طپنچہ کا دستہ - کندہ -

Piston (pis-tən) *n.* A cylinderical piece moving to and fro پچکاری کی ڈنڈی - کھول مندن - کوئی آلہ جو کسی دوسری چیز سے گزرتا ہو -

Pit (pit) *n.* A hole in the earth a mine shaft گڑھا - غار - سوراخ - چھید - خندق - کھڈ - تماشہ گاہ - اکھاڑہ - کسی کان کا دہانہ - کان - تھیٹر میں سب سے نیچے کی نشست گاہ -

Pitfall دھوکے کی جگہ - جنگلی جانوروں کو پکڑنے کا گڑھا -

Cockpit پالی - مرغوں کے لڑانے کی جگہ -

Pit (pit) *v.t. & i.* Dig a pit گڑھا کھودنا - گڑھے میں ڈالنا - گڑھے میں رکھنا - کتے وغیرہ لڑنے کے لیے گڑھے میں چھوڑنا - ایک شخص کو دوسرے سے لڑانا - نشان یا داغ ڈالنا -

Pit(-a)pat (pit-ə-pat) *adv.* With palpitation دھڑکتا ہوا - دھک دھک کرتا ہوا -

Pitch (pich) v.t. & n. Black shining residue of distillation of tar تارکول ۔ تارکول لگانا ۔ تارکول پھیرنا ۔

Pitch black کالا ۔ بالکل سیاہ ۔

Pitch dark گہرا اندھیرا ۔ بہت تاریک ۔

Pitch (pich) v.t., & i. Set in position, fix in the ground کھڑا کرنا ۔ زمین میں گاڑنا ۔ نصب کرنا ۔ سیدھا کرنا ۔ قائم کرنا ۔ خیمی نصب کرنا ۔ نائش کرنا ۔ پتھروں کا فرش لگانا ۔ سرکے بل گرنا ۔ خاص انداز یا طرز اختیار کرنا ۔

Pitch (pich) n. Ground between the wickets کرکٹ کے کھیل میں لکڑیوں کی درمیانی جگہ جہاں گیند ٹپ کھاتی ہے ۔ بلند مقام ۔ بلندی جہاں سے باز شکار پر جھپٹتے ہیں ۔ انتہا درجہ ۔ (موسیقی) بلند آواز ۔ آواز کا انداز ۔ ڈھلان یا جھکاؤ کا درجہ ۔

Pitch and toes ایک طرح کا کھیل ۔

Pitcher (pich-ər) n. An earthenware مٹی کا گھڑا ۔ مٹکا ۔ گگری ۔ مٹی کی صراحی ۔ جھجر ۔ دستہ دار صراحی ۔

Pitchers have ears کوئی سن نہ لے ۔ گڑوں کے بھی کان ہیں ۔ دیوار ہم گوش دارد ۔

Pitcher (pich-ər) n. One who pitches, a baseball bowler گاڑنے والا ۔ نصب کرنے والا ۔ پھیری والا ۔ جوکہیں دوکان لگانے ۔ بیس بال کے کھیل میں گیند پھینکنے والا ۔ سڑک بنانے کا پتھر ۔

Pitchfork (pich-fork) n. & v.t. A fork for pitching hay دو شاخہ ۔ کھانچہ ۔ جندرا جس سے گھاس اٹھاتے ہیں ۔ کھانچہ سے اٹھا کر ڈالنا ۔ کسی کو جبراً کوئی خدمت دینا ۔

Piteous (pit-i-əs) adj. Compassionate قابل رحم ۔ قابل ہمدردی ۔ درد ناک ۔ افسوس ناک ۔

Piteousness n. قابل رحم حالت ۔ قابل افسوس حالت ۔

Pith (pith) v.t. & n. Spinal marrow, essence پودوں کی نس ۔ مخ ۔ گودا ۔ حرام مغز ۔ لب لباب ۔ خلاصہ ۔ نچوڑ ۔ طاقت ۔ توانائی ۔ ریڑھ کی ہڈی کاٹ کر ذبح کرنا ۔

Pithless adj. ناتواں ۔ ضعیف ۔ کمزور ۔ بے مغز ۔

Pithecanthrope (pith-e-kan-throp) n. A fossil ape-man discovered by Dr. Eugene Dubios انسانی شکل کا بندر ۔ بندر اور انسان کی درمیانی کڑی ۔

Pithy (pith-i) adj. Vigorous, energetic گودے دار ۔ پر مغز ۔ زور دار ۔ پر معنی ۔

Pithiness n. پر مغزی ۔ پر معنی ہونا ۔ پر مغز ہونا ۔

Pitiable (pit-i-əbl) adj. Miserable حقیر ۔ قابل افسوس ۔ قابل رحم ۔

Pitiful (pit-i-ful) adj. Feeling pity نرم دل ۔ رحمدل ۔ درد مند ۔ درد انگیز ۔ قابل افسوس ۔ ذلیل ۔ حقیر ۔ خوار ۔

Pitiless (pit-i-les) adj. Cruel بے رحم ۔ سنگ دل ۔ ظالم ۔ قسی القلب ۔

Pitilessly adv. جابرانہ طور پر ۔ ظالمانہ ۔ بے رحمی سے ۔ سنگ دلی سے ۔

Pittance (pit-əns) n. An additional allowance of food or drink, a miserable pay روزینہ ۔ حقیر گزارا ۔ حقیر تنخواہ ۔ قلیل وظیفہ ۔

Pituitary (pit-u-i-tari) adj. Phlegm producing بلغم یا کف پیدا کرنے والا ۔

Pity (pit-i) v.t. & n. Feeling for the suffering of others رحم ۔ ترس ۔ ہمدردی ۔ رحم دلی ۔ افسوس ۔ تاسف ۔ رحم کھانا ۔ ترس کھانا ۔

For pity's sake خدا کے لیے ۔ خدا را ۔

I pity you if you think that اگر آپ کا یہ خیال ہے تو صد حیف ہے ۔

It is a pity حیف ۔ افسوس ۔

More's the pity یہ بڑی افسوسناک بات ہے ۔

Pityingly adv. رحم کھاتے ہوئے ۔ از راہ ترحم ۔

Pivot (piv-ət) v.t., i. & n. A pin on which any thing turns چول ۔ محور ۔ مدار ۔ اصل یا مرکزی نقطہ جس پر کسی معاملہ کا دار و مدار ہو ۔ محور یا چول لگانا ۔ مرکز قائم کرنا ۔ گرد چکر لگانا ۔ صف کے ایک سرے کا سپاہی جس کے گرد فوجی دستہ گھومتا ہے ۔

Pivotal adj. محور کے متعلق ۔ محوری ۔ مرکزی ۔

Pizzle (piz-l) n. A penis that of a bull بیل وغیرہ کا عضو تناسل جو کسی زمانے میں کوڑے کے طور پر استعمال ہوتا تھا ۔

Placable (plak-əbl) *adj.* That may be appeased نرم - حلیم - برد بار - معاف کرنے والا - جلد دھیما یا ٹھنڈا ہو جانے والا -

Placability *n.* درگذر کرنے کی عادت - برد باری - حلم -

Placably *adv.* برد باری سے - حلم سے - ملائمت سے - نرمی سے -

Placard (plak-ärd) *n.* & *v.t.* A written or printed paper اعلان - اشتہار - اشتہار لگانا - اعلان کرنا -

Placate (plak āt) *v.t.* Pacify, conciliate تسلی دینا - مطمئن کرنا - منانا - رضامند کرنا - دل ہاتھ میں لینا - (امریکہ) مخالف کو چشم پوشی پر راضی کر لینا -

Place (plās) *n.* Particular part of space جائے - جگہ - مقام - محل - ٹھکانہ - وسعت - گنجائش - سمائی - عہدہ - درجہ - رتبہ - حیثیت - پایہ - خانہ - مکان - استھان - گھر - دیہہ - گاؤں - قصبہ - شہر - ملک - ولایت - دیار - زخم - گھاؤ - (گھڑ دوڑ) دوڑ میں درجہ یا نمبر -

Give place ہارنا - جگہ دینا -
Have place زندہ رہنا -
Take place واقع ہونا -
Take the place of عوض کام کرنا -
He is in his place وہ اپنی مناسب جگہ پر ہے -
He is out of his place وہ اپنی اصلی جگہ پر نہیں ہے -
It is not my place to enquire that یہ میرا فرض نہیں ہے کہ میں اس کی تفتیش کروں -
Servants must know their places نوکروں کو اپنی حیثیت معلوم ہونی چاہیے -
There is no place for doubt اس میں شبہ کی گنجائش نہیں -

Place (plās) *v.t.* Put in a place, assign رکھنا - دھرنا - قائم کرنا - مقرر کرنا - متعین کرنا - اصلی جگہ پر رکھنا - کسی کی روزی کا انتظام کرنا - روزگار کا بندوبست کرنا - کاروبار میں روپیہ لگانا - خریدار کے ہاتھ مال بیچنا - گھڑ دوڑ میں پہلے تین گھوڑوں میں ہونا -

Placer (plās-ər) *n.* A superficial deposit of gold or other minerals ریت ، بجری وغیرہ کی تہہ جس میں قیمتی معدنیات کے اجزا ہوں -

Placid (plās-id) *adj.* Calm حلیم - متحمل - مطمئن - پر سکون -

Placidity *n.* نرمی - حلم - دلجمعی - سکون -

Plagiarize (pla-ji-ə-rīz) *v.t.* Steal from writing or ideas of another کسی دوسرے کے مضامین یا افکار کی چوری کرنا - خیال یا مضمون چرا لینا -

Plagiarism *n.* مضمون ، خیال یا عبارت کی چوری -

Plagiarist *n.* ادبی سرقہ کرنے والا - مضمون چرانے والا -

Plagiary *n.* مضمون یا افکار چرانے والا -

Plague (plāg) *v.t.* & *n.* A deadly epidemic مری - وبا - طاعون - پلیگ - مصیبت - بلا - قہر الٰہی - (بول چال) دقت - تکلیف - باعث زحمت - طاعون میں مبتلا ہونا - دق کرنا - تنگ کرنا - پریشان کرنا -

Plague on it خدا غارت کرے -
Plague spot طاعونی گلٹی -
Plaguesome *adj.* (بول چال) دق کرنے والا - تنگ کرنے والا -

Plaguy (plāg-i) *adj.* Of the nature of plague طاعونی - طاعون کا - تکلیف دہ - پریشان کن -

Plaice (plās) *n.* A yellow-spotted flat-fish یورپ کی ایک چپٹی مچھلی -

Plaid (plād) *n.* A long piece of woollen cloth اونی چادر - موٹا چوخانہ کپڑا جو ہائی لینڈ والے استعمال کرتے ہیں -

Plain (plān) *adj.*, *adv.* & *n.* Flat, level ہموار - مسطح - سپاٹ - کھلا - کشادہ میدان - میدانی علاقہ - بے تکلف - صاف گو - راست باز - بے ریا - خالص - آسان - ٹھیک ٹھیک - واضح طور پر -

Plain as a pike staff بالکل صاف سیدھا -
Plain clothes بلا وردی کے کپڑے - سادہ لباس -
Plain dealing اخلاص مندی - راست معاملگی -
Plain speaking راست بیانی - صاف گوئی -
Plainness *n.* ہمواری - یکسانیت - وضاحت - سچائی - راستی - صریح ہونا - واضح ہونا -

Plain (plān) *v.i.* Lament, complain فریاد کرنا - نوحہ کرنا - شکوہ کرنا -

Plaint (plāṇt) *n.* Lamentation فریاد - دہائی - قانونی استغاثہ - عرضی - نالش - عرضی دعویٰ -

Plaintiff (plānt-if) *n.* One who brings a suit against another مدعی - دعویٰ کرنے والا - نالش کرنے والا - مستغیث - داد خواہ -

Plaintive (plānt-iv) *adj.* Mournful غم انگیز - افسردہ - ماتمی - غم آگین -

Plaintiveness *n.* غم آلودگی - حزن آمیز ہونا - پر غم ہونا -

Plait (plāt) *n.* & *v.t.* A zigzag fold چین - شکن - چنت - چٹائی - بالوں کی مینڈھی - چوٹی - جمے ہوئے بال - لٹ - فیتہ - چوٹی گوندھنا - موباف لگانا - پلیٹ ڈالنا -

Plan (plan) *v.t.* & *n.* A scheme for accomplishing a purpose, a sketch نمونہ - نقشہ - ڈھانچہ - خاکہ - تدبیر - تجویز - لائحہ عمل - منصوبہ - ڈھنگ - ترکیب - طریق کار - طرز عمل - رویہ - نقشہ بنانا - خاکہ تیار کرنا - تدبیر کرنا - تجویز کرنا - منصوبہ بنانا -

Planless *adj.* بے تکا - بے اصول - بلا کسی منصوبے کے -

Planchette (plan-shet) *n.* A board used as a medium for spirit messages دو پہیوں اور ایک پنسل کا تختہ جو روحانیات کے معتقدین کے نزدیک روحوں کے پیامات لکھتا ہے - خود نوشت تختہ - خود کار تختہ -

Plane (plān) *n.* A tree of the genus Platanus چنار کی قسم کا ایک درخت -

Plane (plān) *n.* & *v.t.* Any flat and level surface سطح - ہموار سطح - طیارہ - بلورین پہلو - کان کے اندر کی سڑک - سطح خیال - سطح علم - ہوائی جہاز میں سفر کرنا -

Plane (plān) *n.* & *v.t.* A carpenter's tool for smoothing surface رندہ - لکڑی صاف کرنے کا اوزار - رندہ کرنا - مسطح کرنا - چکنا کرنا -

Plane (plān) *adj.* Level and smooth بالکل ہموار - مسطح اور چکنا -

Planer (plān-er) *n.* A tool for planing ہموار کرنے کا اوزار - چھاپے کے حروف برابر کرنے کا اوزار -

Planet (plān-it) *n.* A revolving heavenly body گردش کرنے والا جرم فلکی - سیارہ جو سورج کے گرد چکر لگائے (نجوم) گرہ یا جرم فلکی جس کا اثر انسانوں اور دنیا کے حالات پر پڑتا ہے -

The seven planets ہفت سیارگان - سات گرہ - سات سیارے -

Planetary (plān-it-əri) *adj.* Pertaining to the planets سیاروں کا - سیاروں کے متعلق - متحرک - گرداں - آسمانی - سماوی -

Plangent (plān-jent) *adj.* Resounding, noisy کپکپی یا ارتعاش پیدا کرنے والی - پر شور - گریہ و زاری کی - مہیب - غم زدہ کرنے والی (آواز) -

Planish (plān-ish) *v.t.* Polish, flatten مسطح کرنا - ہموار کرنا - چمکدار کرنا - رول پھیرنا - پالش کرنا -

Plank (plangk) *n.* A long flat piece of timber تختہ - پٹرا - لوح - سیاسی پروگرام کا کوئی اہم جز -

Plank (plangk) *v.t.* Cover with planks تختے لگانا - تختہ بندی کرنا - تختوں سے ڈھکنا - تختوں کا فرش کرنا - (بول چال) روپیہ فوراً ادا کرنا -

Plant (plânt) *n.* A vegetable organism پودا - پیڑ - نخل - بوٹا - بیل - نشو و نما - مشین اور اس کے پرزے - (بول چال) دھوکا - فریب - سراغرساں -

Plantlet *n.* ایک چھوٹا پودا -

Plant (plânt) *v.t.* Introduce, put into the ground بونا - پودا لگانا - پیڑ لگانا - جمانا - نصب کرنا - گاڑنا - جاسوسی کے لیے کسی کو مقرر کرنا - آباد کرنا - بسانا - (بول چال) چھپانا - مخفی رکھنا - دفن کرنا - کسی کان میں قیمتی دھات کے ریزے ڈال دینا تاکہ کان کا خریدار دھوکا کھا جائے - سازش کرنا - فریب دہی کا منصوبہ بنانا - ترک کرنا - قطع تعلق کرنا -

Plantable *adj.* لگائے جانے کے قابل -

Plantain (plan-tān) *n.* A musaceous plant کیلا - موز - ایک قسم کا نرم تنے کا درخت -

Plantar (plan-tar) *adj.* Of the sole of foot کف پا کے متعلق - تلوے کے متعلق -

Plantation (plant-ə-shən) *n.* A place planted with trees شجر زار - باغ - پودے - درخت - جائداد جس پر غلام کاشت کرتے تھے - بستی - نوآبادی -

Planter (plant-er) *n.* A settler, a colonist کاشتکار - کسان - کسی نئی جگہ آباد ہونے والا - نئی جگہ پر درخت لگانے والا - نخل بندی کی مشین - نو آبادکار -

Plantigrade (plant-i-grād) *adj.* Walking on the soles of the feet تلوؤں کے بل چلنے والا -

Plash (plash) *n.* A shallow pool, a puddle دلدل - جوہڑ - ڈبرا - چھڑاں -

Plash (plash) *v.t.* & *n.* Splash پانی میں چھپ چھپ کرنا - چھینٹیں اڑانا - غوطہ - ڈبکی - ڈبکی کی آواز -

Plashy *adj.* پانی میں چھپ چھپ کرنے والا -

Plash (plash) *v.t.* Interweave by bending and twining the branches شاخوں کو جھکا کر ایک دوسرے سے جکڑ کر جنگلہ بنانا -

Plasm (plazm) *n.* Liquid part of blood خلیہ کا زندہ مادہ - مادہ حیات - خون یا دودھ کا رقیق حصہ -

Plasma (plaz-mȧ) *n.* Colourless part of blood, lymph or milk وہ بے رنگ مادہ جو رقیق خون یا دودھ کا جز ہوتا ہے -

Plaster (plâs-tər) *n.* A fabric coated with adhesive substance - استر کاری کا مسالہ - کہگل - سفیدی - ضماد - لیپ - مرہم - پھایا - پلاستر -

Plaster of Paris نفیس سفید مٹی کا پلاستر جو شکستہ اعضا پر چڑھادیا جاتا ہے اور سخت ہو جاتا ہے تاکہ عضو میں جنبش نہ ہو -

Plastery *adj.* پلاستر دار -

Plaster (plâs-tər) *v.t.* Apply plaster لیپنا - پوتنا - استر کاری کرنا - گارا لگانا - سفیدی پھیرنا - رنگ یا قلعی کرنا - پلاستر لگانا - پھایا لگانا - حد سے زیادہ تعریف کرنا - بدلہ لینا - تلافی کرنا - چمکانا - لگانا - شراب کی تیزی کم کرنے کے لیے اس میں کھریا مٹی ملانا -

Plasterer *n.* - سفیدی پھیرنے والا - پلاستر لگانے والا - پلاستر کرنے والا -

Plastic (plas-tik) *adj.* Shaping, formative صورت پذیر - ڈھلنے والا - ڈھلنے کے قابل - سانچے میں ڈھلنے والا - لچک دار - نرم - ملائم -

Plasticity *n.* - ڈھل جانے کی صلاحیت - صورت پذیری -

Plastron (plas-tron) *n.* A breast-plate worn under the hanberk چمڑے کی گدی جو تیغ زن اپنے سینے پر باندھ لیتے ہیں - چرمی صدری - زنانہ سینہ بند - مردانہ قمیض کا سامنے کا حصہ - فولادی سینہ پوش -

Plat (plat) *n.* A plot of ground - ایک قطعہ زمین -

Platan (plat-ən) *n.* A plane tree مشرق - چنار کا درخت -

Plate (plāt) *n.* A flat slab of hard material - پتر - پترا - دھات کا ہموار ٹکڑا - کتاب کی چٹ - نام کی تختی - فلم کا بنڈل - چھت کا شہتیر - سونے چاندی کے برتن - (گھڑ دوڑ) دوڑ کا نام - رکابی - طباق - پلیٹ - وہ برتن جس میں کلیسا میں چراغی ڈالی جاتی ہے -

Plate (plāt) *v.t.* Overlay with metal - پتر چڑھانا - دھات کی چادر چڑھانا - جہاز پر فولادی چادر مڑھنا - ملمع کرنا - خوبصورتی کے لیے کوئی چمکدار دھات چڑھانا - طباعت کے لیے پلیٹ بنانا -

Plateau (plâ-tō) *n.* A tableland سطح مرتفع - بلند ہموار مقام - منقش خوان یا رکابی - ایک قسم کی نسوانی ٹوپی -

Platen (plat-n) *n.* Roller - چھاپے کی مشین کی پلیٹ - کاغذ کو پلیٹ پر دبانے والا پرزہ - وہ پلیٹ جس سے کاغذ پر ٹائپ کا نشان پڑتا ہے -

Plater (plat-ər) *n.* One who prepares plates پتر چڑھانے والا - چادر چڑھانے والا - ملمع ساز - قلعی گر - ادنیٰ درجے کا گھوڑا - میز جس پر کھڑے ہو کر مقرر تقریر کرتا ہے -

Platform (plat-form) *v.t.,i.* & *n.* A raised level surface کرسی - مچان - چبوترہ - شہ نشین - ریل اسٹیشن کا لمبا چبوترہ - کسی فریق کا سیاسی لائحہ عمل - چبوترے پر رکھنا - تقریر کرنا -

Plating (plat-ing) *n.* Work of plate-covering پتر چڑھانے کا کام -

Platinize (plat-in-īz) *v.t.* Coat with platinum پلاٹینم کا ملمع چڑھانا -

Platinoid (plat-in-oid) *n.* One of the metals with which platinum is always found ایک مخلوط دھات جس میں پلاٹینم پایا جاتا ہے -

Platinum (plat-in-əm) *n.* A noble metal exceedingly valuable پلاٹینم - نقرہ - ایک سفید قیمتی دھات -

Platitude (plat-i-tūd) *n.* An empty remark made in an important way ایک عام فرسودہ بات جو بڑی سنجیدگی سے کہی جائے - پیش پا افتادہ ہونا -

Platitudinize *v.t.* عام بات زور دے کر کہنا -

Platitudinous *adj.* عام مثالوں پر مبنی - عام باتوں سے پر -

Platitudinarian (plat-i-tūd-i-nā-ri-ən) *n.* & *adj.* One who indulges in platitudes عام اور فرسودہ باتیں کہنے والا -

Platonic (plə-ton-ik) *adj.* Pertaining to Plato افلاطونی - افلاطون سے متعلق - محض لفظی - عقلی - ناقابل عمل - بے ضرر -

Platonic love *n.* مرد اور عورت کے درمیان خالص روحانی محبت -

Platonics *n.* افلاطونی عشق کا راز و نیاز -

Platonism *n.* فلسفہ افلاطون - افلاطونیت -

Platonist *n.* فلسفہ افلاطون کا پیرو -

Platoon (plə-tōōn) *n.* A small body of soldiers پلٹن - آدھی کمپنی - پیدل کمپنی کا چھوٹا دستہ - ایک ساتھ بندوقیں چلانے والا دستہ -

Plaudit (plawd-it) *n.* An act of applause تحسین - آفرین - واہ وا -

Plausible (plawz-i-bl) *adj.* That may be accepted خوش نما - اچھا - معقول - قابل قبول - ظاہر دار مگر فریبی -

Plausibility *n.* نظر فریبی - ظاہر داری -

Play (plā) *v.i.* & *t.* Move about, operate کھیلنا - کودنا - ادھر اُدھر پھرنا - آزادانہ حرکت کرنا - کسی ہتھیار کو استعمال کرنا - مچھلی کو تھکا دینا - بندوق چلانا - مذاق - کھیل - بازی - لہو لعب - دل لگی - تفریح - دل بہلانا - اٹھکھیلیاں کرنا - ہنسنا یا بنانا - کھیل میں مقابلہ کرنا - باجا بجانا - تماشا کرنا - تاش کا پتہ پھینکنا -

Bring into play استعمال میں لانا -

I feel played out میں بے دم ہو رہا ہوں - میں بالکل تھک گیا ہوں -

Play a good knife and fork پیٹ بھر کر کھانا -

Play off اپنے فائدے کے لیے دوسروں کو بھڑا دینا -

Play one's cards well موقع سے پورا پورا فائدہ اٹھانا -

Play the fool بیوقوف بننا -

Play the game شرافت کا ثبوت دینا -

Play cricket ایمانداری سے کام کرنا -

Tresses play on her neck زلفیں لہرا رہی ہیں - زلفیں اس کے شانے پر کھیل رہی ہیں -

Playable *adj.* کھیلنے کے قابل -

Play (plā) *n.* Performance بازی - کھیل - تفریح - دل لگی - کاپل - چوچلا - کھیلنے کا انداز - حرکت - عمل - چلنے پھرنے کی آزادی - نقل و حرکت کی جگہ - ہڑتال کے زمانے میں کام نہ کرنا - ناٹک - تمثیل - ڈراما - ریس - جوا - قمار بازی -

Play time چھٹی کا وقت -

Playmate ساتھی - ہمجولی -

Playground کھیلنے کا میدان -

Playwright ناٹک لکھنے والا -

Play fast and loose مکاری کرنا -

Play off دکھانا - نمائش کرنا .

Play upon ہنسی اڑانا -

Play upon words ضلع جگت بولنا -

Playing cards تاش -

That is a play game وہ تو بچوں کا کھیل ہے -

Player (plā-ər) *n.* One who plays کھیلنے والا - کھلاڑی - ماہر کھلاڑی - پیشہ ور کھلاڑی - ادا کار - ایکٹر -

Playful (plā-ful) *adj.* Sportive چنچل - کھلنڈرا - شوخ - شوخ مزاج - زندہ دل - پر مذاق - ظریفانہ - تمسخرانہ -

Playfulness *n.* خوش مزاجی - زندہ دلی -

Plea (plē) *n.* A law suit عذر - حجت - درخواست - استدعا - تحریری بیان - صفائی - جواب دہی - مقدمہ - استغاثہ -

Pleach (plēch) *v.t.* Intertwine, fold بل دینا - مروڑنا - بننا - لپیٹنا -

Plead (plēd) *v.t.* Argue in support of - وکالت کرنا
کسی کی تائید میں بحث کرنا - عذر داری کرنا - ثبوت
پیش کرنا -

I can plēad inexperience اپنی مرات کے لیے
میں ناتجربہ کاری کا عذر بھی پیش کر سکتا ہوں -

Pleader (plēd-ər) *n.* One who pleads, an advocate وکیل - پیرو کار -

Pleadable قابل پیروی - عذر پذیر -

Plead guilty اقبال جرم - اقرار جرم کرنا -

Pleading (plēd-ing) *n.* Conducting a plea عذر
پیش کرنا - بحث و استدلال -

Pleasance (plēz-əns) *n.* Pleasure, enjoyment
انبساط - خوشی - لذت - سرور - خانہ باغ - پائیں باغ -

Pleasant (plēz-ənt) *adj.* Pleasing, agreeable
مرغوب - خوش آئند - پسندیدہ - خوشگوار - عمدہ -
نفیس - زندہ دل - خندہ پیشانی - پر مزاق - پر لطف -
پسندیدہ طور پر - ظریفانہ -

Has a pleasant manner وہ خوش اطوار ہے -

Pleasantness *n.* خوش گواری - زندہ دلی - پسندیدگی -

Pleasantry (plēz-əntri) *n.* Jocularity - بشاشت - خرمی
ظرافت - خوش طبعی - بزلہ سنجی - دل لگی - مذاق کے
فقرے -

Please (plēz) *v.t.* & *i.* Delight, satisfy - محظوظ کرنا
خوش کرنا - مسرور کرنا - مناسب سمجھنا - مہربانی
فرما کر - براہ کرم - از راہ نوازش -

Pleased *adj.* شاد - مسرور - خوش -

Pleasing *adj.* پر لطف - فرحت بخش - مرغوب -
خوش آئند -

Pleasingly *adv.* خوش کن طریقے سے - پسندیدہ طور پر -

Pleasurable (plezh-ər-ə-bl) *adj.* Delightful مسرت
بخش - پر انبساط - پر لطف -

Pleasurableness *n.* پر انبساط ہونا - پر لطف ہونا -

Pleasurably *adv.* مزے سے - آرام سے - لطف سے -

Pleasure (ple-zhər) *n.* & *v.t.* Agreeable emotions
خوشی - خرمی - راحت - لذت - سرور - رضامندی - خوش
نودی - کسی کو خوش کرنا - لطف اندوز ہونا -

Pleat (plet) *v.t.* & *n.* Plait تہہ - شکن - چنٹ -
مینڈھی - چوٹی - چنٹ ڈالنا - چوٹی گوندھنا -

Pleb (pleb) *n.* Low-born man (بول چال) نیچ ذات کا
آدمی - ادنیٰ آدمی -

Plebeian (pli-be-ən) *adj.* Of the Roman pleb ادنیٰ
طبقہ کے لوگ - عام لوگ -

Plebiscite (pleb-i-sīt) *n.* Direct vote of the people رائے عامہ - عام رائے شماری - براہ راست
رائے شماری -

Plectrum (plek-trəm) *n.* An instrument for plucking the strings مضراب - زخمہ -

Pledge (plej) *n.* Something given as a security
رہن - گرو - رہن رکھی ہوئی چیز - مال ضمانت - شے
مکفولہ - ضمانت - وعدہ - عہد و پیمان - حلف - قسم -
سوگند - لیڈر کا عہد -

Pledged مرہون -

Hold in pledge ضمانت میں رکھنا -

Take or sign the pledge کسی چیز کا تحریری
اقرار کرنا -

Pledge (plej) *v.t.* Bind by solemn promise ضمانت
دینا - عہد کرنا - حتمی وعدہ کرنا - قول دینا - زبان
ہارنا -

Pledgeable *adj.* قابل عہد و پیمان - قابل ضمانت -

Pleiad (plī-ad) *n.* A brilliant group of seven stars خوشہ پروین - سات ستارے - سات رتن - شاندار
چیزوں یا اشخاص کا اجتماع -

Plenary (ple-nə-ri) *adj.* Full پورا - تمام و کمال -
مکمل - غیر محدود - غیر مشروط - جلسہ کامل - وہ
جلسہ جس میں تمام ارکان شامل ہوں - اجلاس عام -

Plenipotentiary (plin-ip-o-ten-shə-ri) *adj.* & *n.* Having full powers وکیل مطلق - مختار کل -
مدار المہام - وہ سفیر جس کو کلی اختیارات حاصل ہوں -
کامل - غیر محدود - غیر مشروط -

Plenitude (plen-i-tūd) *n.* Fullness, completeness
کامل ہونا - کثرت - فراوانی -

Plenteous (plen-ti-əs) *adj.* Abundant کثیر - وافر -
کثرت سے - افراط سے -

Plentiful (plen-ti-ful) *adj.* Copious بہت - کثیر -
وافر - افزوں - زیادہ - فراواں -

Plentifully *adv.* افراط سے - بہتات سے - کثرت سے -

Plenty (plen-ti) *n.* A full supply افراط ۔ بہتات ۔ پوری رسد ۔

Pleonasm (plē-o-nazm) *n.* Redundant expression بھرتی کے الفاظ ۔ زائد الفاظ ۔ بلا ضرورت الفاظ کا استعمال ۔

Plethora (pleth-ə-rä) *n.* Excessive fullness of blood افراط خون ۔ غلبہ خون ۔ کثرت الدم ۔ بے جا فراوانی ۔

Plethoric *adj.* افراط خون کا ۔ دموی ۔

Pleura (ploo-rä) *n.* A delicate membrane that covers the lungs پھیپھڑے کی جھلی ۔ بے ریڑھ کے جانوروں کے پھلو کا ایک حصہ ۔

Pleurisy (ploo-ri-si) *n.* Inflammation of the pleura ذات الصدر ۔ پھیپھڑے کے جھلی کا ورم ۔ ذات الجنب ۔

Pleuritic *adj.* ذات الجنب کے متعلق ۔

Pliable (pli-əbl) *adj.* Flexible لچک دار ۔ نرم ۔ ملائم ۔ خم کھانے والا ۔ جھکنے والا ۔ اثر پذیر ۔ اطاعت پذیر ۔

Pliability *n.* اثر پذیری ۔ لوچ ۔ لچک ۔

Pliant (pli-ənt) *adj.* دیکھو Pliable

Pliancy (pli-ən-si) *n.* دیکھو Pliability

Plica (pli-kä) *n.* A fold ایک بیماری جس میں بال جھڑ جاتے ہیں ۔

Pliers (pli·ers) *n.* & *p.* Pincers for bending wire سنسی ۔ پکڑ ۔ چمٹا ۔

Plight (plīt) *v.t.* & *n.* Risk, pledge, fold ضمانت دینا ۔ قول دینا ۔ کسی سے منگنی کرنا ۔ قول ۔ پیمان وفا ۔ منگنی ۔ حالت ۔ کیفیت ۔

Plinth (plinth) *n.* Square block under the base of a column ستون کا پایہ ۔ نیو ۔ چوکور بنیاد ۔ دیوار یا مکان کی کرسی ۔

Plod (plod) *v.i., t.* & *n.* Walk laborously پاؤں گھسیٹتے ہوئے چلنا ۔ تکلیف سے چلنا ۔ جوں کی چال چلنا ۔ محنت کرنا ۔ مشقت کرنا ۔ جان مارنا ۔ کام میں جتا رہنا ۔ محنت سے آگے بڑھنا ۔ مشکل اور محنت طلب کام ۔

Plodder *n.* محنت مشقت کرنے والا ۔

Ploddingly *adv.* محنت مشقت سے ۔ گھس گھس کر ۔ دقت سے ۔

Plombe (awm-bä) *adj.* Sealed سر بہ مہر ۔ جس پر سرکاری مہر لگی ہو ۔

Plop (plop) *v.t., adv.* & *n.* The sound of a small object falling in water غڑپ ۔ (پانی میں گرنے کی آواز) غڑپ سے ۔ غڑپ سے گرانا یا پھینکنا ۔

Plot (plot) *n.* A small piece of ground قطعہ زمین ۔ قصہ یا ڈرامے کا خاکہ ۔ سازش ۔ ساز باز ۔ سازش کا منصوبہ ۔

Plotless *adj.* قصہ یا ڈرامہ جس کا کوئی خاکہ نہ ہو ۔

Plot (plot) *v.t.* Dip in very hot water گرم پانی میں غوطہ دینا ۔ خاکہ بنانا ۔ منصوبہ تیار کرنا ۔ ساز باز کرنا ۔ سازش کرنا ۔

Plotter منصوبہ بنانے والا ۔ سازش کرنے والا ۔

Plough (plow) *n.* An instrument for turning up the soil ہل ۔ ناگر ۔ قلبہ ۔ کھیت ۔ جتی ہوئی زمین ۔ ہل نما آلہ ۔ گولچی ۔ کاغذ تراشنے کی چھری ۔ کاغذ تراش ۔

Ploughman *n.* کسان ۔ ہل چلانے والا ۔ ہرواہا ۔

Put one's hand to the plough کوئی کام شروع کرنا ۔

Plough (plow) *v.t.* & *i.* Make furrows with the plough ہل چلانا ۔ قلبہ رانی کرنا ۔ زمین جوتنا ۔ چیرنا ۔ پھاڑنا ۔ اکھاڑنا ۔ برباد کرنا ۔ جہاز کا پانی کو چیر کر چلنا (بول چال) امید وار کو امتحان میں ناکام قرار دینا ۔

Plough the sand بیکار مشغلہ میں وقت ضائع کرنا ۔ لا حاصل کام کرنا ۔

Plover (pluv-ər) *n.* A kind of long-legged bird ایک لمبی ٹانگوں والا پرندہ (بول چال) فریبی ۔ دھوکے باز آدمی ۔ پلور ۔

Ploy (ploi) *n.* An employment مشغلہ ۔ کام ۔ مہم ۔

Pluck (pluk) *n.* Act of plucking پر افشانی ۔ پر اکھاڑنا ۔ توڑنا ۔ جھٹکا ۔ امتحان میں ناکامی ۔ جانور کا دل ، جگر ، پھیپھڑا وغیرہ ۔ دلیری ۔ ہمت ۔ جرأت ۔ رنگوں کی شوخ آمیزش ۔

Pluckless *adj.* پست حوصلہ ۔

Plucky *adj.* ہمت والا ۔ بہادر ۔ جری ۔

Pluckiness *n.* جیوٹ ۔ شجاعت ۔ دلیری ۔

Pluck (pluck) *v.t.* & *i.* Pull out forcibly - کھینچنا - نوچنا - جھٹکا دے کر کھینچنا - چھین لینا - توڑنا - نوچ لینا - پر نوچنا - پھول توڑنا - ٹھگ لینا لوٹ لینا - امید وار کو امتحان میں ناکام قرار دینا -

Plug (plug) *n.* A peg, stopper - ڈاٹ - ڈٹا - کاگ - میخ - پچر - گانٹھ - کھانے والے تمبا کی گولی یا ٹکیہ -

Plug (plug) *v.t.* Stop with a plug ڈاٹ لگانا - بند کرنا - منہ بند کرنا - (بول چال) گولی چلانا - گولی مارنا - مکا مارنا - مشقت سے کوئی کام کرنا -

Plum (plum) *n.* A well-known stone-fruit الوچہ - آلو بخارا - خشک انگور - کشمش - منقی -

Plum-cake کشمشی کیک -

Plumage (ploom-ij) *n.* Feathers collectively - پر - پنکھ - پرندے کے بال و پر -

Plumaged *adj.* بال و پر والا - پر دار -

Plumb (plum) *adj., adv.* & *n.* A heavy lump of lead hung on a string - شاقول - ساھول - گنیا - ڈوری سے بندھا ہوا لٹو جس سے زیر تعمیر دیوار کی سیدھ دیکھی جاتی ہے - پانی کی گہرائی معلوم کرنے کا آلہ - (کرکٹ) کھیل کی جگہ کا اچھا ہونا - ٹھیک پچ - ٹھیک ٹھیک - سر تا سر - (امریکہ کی بول چال) بالکل - قطعاً -

Plumb (plum) *v.t.* & *i.* Test by a plumb line پنسال سے سمندر کی گہرائی معلوم کرنا - پانی کی گہرائی ناپنا - عمودی بنانا -

Plumbago (plum-bā-gō) *n.* A kind of Mediterranean plant بحیرہ روم کے علاقہ کا ایک پودا جس کے پھول سرمئی رنگ کے ہوتے ہیں -

Plumber (plumb-ər) *n.* One who instals and mends pipes and other fittings سیسے کا کام کرنے والا - نل لگانے والا - نلوں وغیرہ کی مرمت کرنے والا - نل کار -

Plumbic (plum-bik) *adj.* Of lead سیسہ کا - سیسہ ملا ہوا - سیسہ کا بنا ہوا - مرض جو سیسے سے پیدا ہو -

Plume (ploōm) *n.* A large showy feather - پر - شہپر - کلغی - آرائشی طرہ - پروں کا گچھا - کسی جانور کا پر نما حصہ -

Borrowed plumes - دوسروں کے امتیازات - بیجا فخر - جھوٹا امتیاز -

Plumeless *adj.* جس کے ابھی پر نکلے نہ ہوں - بے کلغی کا - بے پر کا -

Plumelet *n.* چھوٹے پر - چھوٹی کلغی -

Plume (ploōm) *v.t.* Adorn with plumes, pride پر لگانا - طرہ یا کلغی لگانا - اترانا - مغرور ہونا - معمولی بات پرفخر کرنا - پرندے کا چونچ سے اپنے پروں کو آراستہ کرنا -

Plummet (plum-it) *n.* A lead weight on sounding or fishing line - پنسال - سیسے کا لٹو - کڑا یا چوکور ٹکڑا جو گہرائی کی پیمائش کے لیے ڈور سے باندھ دیا جاتا ہے - گہرائی ناپنے کا آلہ - ڈور کا لنگر -

Plummy (plum-i) *adj.* Made of plum آلوچے کے مزے کا - کشمشی -

Plump (plump) *adj., v.t.* & *i.* Fat and rounded فربہ - جسیم - موٹا - فربہ ہونا - موٹا تازہ کرنا - گداز ہونا - پھولنا -

Plumpiness *n.* گدازی - فربہی -

Plumpy *adj.* موٹا - فربہ - جسیم - گداز

Plump (plump) *v.t.,i., adv.* & *adj.* Fall or drop into liquid, rain suddenly and heavily گر پڑنا - یکایک زور کی بارش ہونا - صاف صاف - کھرے پن سے - راست - صاف - قطعی -

He answered with a plump no اس نے صاف صاف انکار کر دیا -

I told him plump میں نے صاف صاف کہدیا -

Plump (plump) *n.* A cluster - جھنڈ - گروہ - فوجی دستہ - کمپنی - ٹولی - جھمکا - جھرمٹ - گچھا -

Plumper (plump-ər) *n.* A ball carried in mouth to fill up hollow cheeks ایک گولی جو پچکے ہوئے گالوں کو پھلانے کے لیے منہ میں رکھتے ہیں -

Plumper (plump-ər) *n.* A plump fall or blow دھڑام سے گرنے والا - ایک ہی شخص کو ووٹ دینے والا - ایسا ووٹ - سفید جھوٹ -

Plumy (plum-i) *adj.* Feathery - بھرے پروں والا - پر دار - کلغی دار - طرہ کی طرح - کلغی نما -

Plunder (plun-dər) *v.t.* & *n.* Carry off the goods by force - لوٹ مار کرنا - تاخت و تاراج کرنا - غارت گری کرنا - چرانا - غبن کرنا - (بول چال) منافع - فائدہ - مال غنیمت -

Plunderer *n.* ڈاکو - رہزن - قزاق - لٹیرا -

Plunderage (plun-dər-āj) *n.* Goods plundered لوٹ کا مال و اسباب - جہاز کے مال کا غبن - لوٹ یا غبن کا مال -

Plunge (plunj) *v.t.,i.* & *n.* Thrust or cast in a liquid کسی - غوطہ دینا - زور سے پھینکنا یا گھسیڑنا - کسی liquid کو دھکیل دینا - غوطہ مارنا - بحث میں الجھ جانا - تیزی یا جلدی سے آنا جانا - جہاز کا ایک رخ پر جھک جانا - (بول چال) قمار بازی میں کھو جانا - قرض میں ڈوب جانا - غوطہ - ڈبکی - مشکل کام -

Plunger (plunj-ər) *n.* One who plunges - غوطہ خور - غواص - ڈبکنی چڑیا - رسالہ کا سوار - (بول چال) جواری - سٹے باز -

Pluperfect (ploo-per-fikt) *adj.* & *n.* Denoting that an action happened before another action in the past ماضی بعید کا - ماضی بعید کا زمانہ -

Plural (ploor-l) *adj.* & *n.* Numbering more than one (قواعد جمع - صیغہ جمع - ایک سے زیادہ عدد -

Pluralism (ploor-ə-lizm) *n.* Philosophy that recognises more than one principle of being ایک شخص کا ایک سے زائد عہدوں پر فائز ہونا - کثرت وجود - یہ نظریہ کہ یہاں وحدت نہیں بلکہ کثرت وجود ہے -

Pluralist *n.* ایک سے زیادہ عہدوں پر قابض ہونا - فلسفہ کثرت وجود کا قائل -

Plurality (ploor-ə-liti) *n.* Numerousness - کثرت افراط - بہتات - فراوانی - آرا کی کثرت - ایک سے زائد عہدوں پر قبضہ -

Pluralize (ploor-ə-līz) *v.t.* & *i.* Make plural, hold two or more posts جمع بنانا - جمع میں ظاہر کرنا - ایک سے زائد عہدوں پر مامور ہونا -

Plus (plus) *prep., adj.* & *n.* With the addition of, additional جمع - مثبت - زائد - مثبت مقدار - زائد مقدار - گولف میں کھلاڑی کا درجہ مثبت یا منفی -

Plush (plush) *n.* A velvet like fabric ایک قسم کا روئیں دار مخملی کپڑا - پلش - نرم رواں دار کپڑا -

Plushy *adj.* روئیں دار -

Pluto (ploo-tō) *n.* Greek god of underworld پاتال کا دیوتا - پاتال راجہ - آفتاب سے بہت دور ایک سیارہ پلوٹو -

Plutocracy (ploo-tōk-rə-si) *n.* Government by the wealthy دولتمندوں کی حکومت - وہ حکومت جو امرا پر مشتمل ہو - دھن راج -

Plutocratic *adj.* دھن والوں کی - دولتمندوں کی - امرا کی -

Plutolatry (ploo-tō-lə-tri) *n.* Worship of wealth دولت پرستی - دھن پوجا -

Plutonic (ploo-to-nik) *adj.* Of the underworld عالم اسفل کا - پاتال کا - پاتال راجہ کا - دوزخی - سقری - آتشیں - ارضی حرارت کے عمل سے بنا ہوا -

Plutonism *n.* - ارضی حرارت کے عمل سے بننے کا نظریہ - پلوطائی نظریہ -

Plutonist *n.* ارضی حرارت کے اثرات کا قائل - پلوطائی نظریہ کا قائل -

Plutonomy (ploo-tə-nə-mi) *n.* Political economy اقتصادیات - معاشیات - سیاسی اقتصادیات -

Plutonomic *adj.* اقتصادیات کے متعلق -

Plutonomist *n.* سیاسی اقتصادیات کا ماہر -

Pluvial (ploo-vi-əl) *adj.* & *n.* Of or by rain بارش کے متعلق - بارش کا - برساتی -

Pluviometer (ploo-vio-meter) *n.* Rain gauge بارش ناپنے کا آلہ - بارش پیما -

Ply (plī) *n.* A fold, layer - تہہ - پرت - سلوٹ - طبق - رسی کا بل - رجحان - میلان -

Ply (plī) *v.t.* & *i.* Work at steadily - استعمال کرنا - برتنا - کام یا پیشہ اختیار کرنا - مشغول رہنا - سوالات کی بوچھاڑ کرتے رہنا - جہاز کو ہوا کے مخالف چلانا -

Plywood *n.* پرت دار لکڑی -

Plymouth (plim-əth) *n.* A port in Devon

Plymouth Brethren پلائی مت کا ایک مذہبی فرقہ جس کا کوئی تحریری مذہبی دستور نہیں ہے - پلائی مت برادری -

Pneumatic (nu-mat-ik) *n.* & *adj.* Relating to air or gases ہوا - ہوا کی مانند - پتلا - رقیق - ہوا کے ذریعے عمل کرنے والا - ہوائی ٹائر پھگے - (جمع) ہوائیات - ماؤیدیا - علم الہوا -

Pneumatically *adv.* ہوا کے ذریعے - ہوا کے دباؤ سے -

Pneumonia (nū-mō-ni-ä) *n.* Inflammation of the lung ورم شش - پھیپھڑے کا ورم - نمونیا -

Pneumonic *adj.* شش کی خرابی کا - ورم شش کا - نمونیائی -

Poach (poch) *v.t.* & *i.* Intrude on another's preserve انگلی ڈالنا - روندنا - اکھاڑنا - مداخلت بیجا کرنا - غیر کے علاقہ میں جا کر مچھلی ، خرگوش وغیرہ کا شکار کرنا - دوڑ وغیرہ میں ناجائز فائدہ حاصل کرنا - (ٹینس) اپنے ساتھی کے کورٹ کی گیند کو کھیلنا -

Poach (pōch) *v.t.* Cook without the shell in boiling water انڈے کا چھلکا توڑ کر انڈے کو پانی میں پکانا -

Poacher *n.* وہ برتن جس میں انڈہ پکایا جائے -

Poacher *n.* چوری سے شکار کرنے والا - ناجائز طور پر شکار کھیلنے والا - بے جا مداخلت کرنے والا -

Pochard (poch-ər(d) *n.* A red-headed diving duck غوطہ خور بط - لال سر -

Pock (pok) *n.* A small elevation of skin containing pus پھنسی - دانہ - چیچک کا دانہ - چھالا - آبلہ - دانہ جس میں مواد آ گیا ہو -

Pocket (pok-it) *n.* A little pouch or bag جیب - کیسہ - خریطہ - تھیلی - حیثیت - مقدور - معذرت - نقد روپیہ پیسہ - بلیرڈ کے میز کی تھیلی - جوف - زیر زمین جوف -

Pick a person's pocket جیب کاٹنا -

Pocket an insult بے عزتی سہنا -

Put one's pride in one's pocket ایسا کام کرنے پر مجبور ہونا جس سے رسوائی ہو -

Pocket (pok-it) *v.t.* Take stealthily, put in pocket جیب میں رکھ لینا - جیب میں ڈالنا - تھیلی میں بند کرنا - چھپانا - چرانا - ہتھیا لینا - بے عزتی برداشت کرنا - جذبات کو پوشیدہ رکھنا - بلیرڈ کی گیند تھیلی میں پہنچانا -

Pocketable *adj.* جو چیز جیب میں لے جائی جا سکے - جو چیز جیب میں رکھی جا سکے -

Pococurante (pō-kō-kōō-rān-tā) *adj.* & *n.* Uninterested بے پروا - بے التفات - دلچسپی نہ لینے والا -

Pod (pod) *n.* Socket of brace and bit برمے کا لٹو - پھل - ڈوڈا - کویا - آبریشم - ریشم کے کیڑے کا کویا - ٹڈی کے انڈے کا خول - مچھلی پکڑنے کا تنگ منہ کا جال - ڈوڈے لگنا - خول اتارنا - چھلکا اتارنا -

Pod (pod) *v.t.* & *n.* A school of whales and seals وہیل اور سیل مچھلیوں کا گروہ - ان مچھلیوں کو ہانک کر اکٹھا کرنا -

Podagra (pod-ag-rä) *n.* Gout بائی کا مرض - نقرس - پاؤں کی گھٹیا -

Podded (pod-d) *adj.* Full of pods پھل دار - ڈوڈوں سے بھرا ہوا - کویے دار - مامون و محفوظ - آسائش سے -

Podge (poj) *n.* Fat and flabby person چھوٹا اور موٹا آدمی -

Podgy *adj.* پستہ قد اور موٹا -

Podium (po-di-əm) *n.* A continuous projecting base عمارت کی کرسی - چبوترہ - کمرے کے اطراف میں نشستوں کا سلسلہ -

Poem (po-im) *n.* A composition in verse نظم - شعر - منظوم قصہ وغیرہ -

Poesy (po-i-zi) *n.* Poetry شاعری - شعر گوئی - شعر و سخن - فن شعر گوئی -

Poet (po-it) *n.* The author of a poem نظم گو - شاعر - کوی -

Poetaster-icule *n.* تک بند - معمولی شاعر - ادنیٰ شاعر -

Poetical (po-it-i-kəl) *adj.* Of the nature of poetry شاعرانہ - شعریت سے معمور -

Poetical justice نظم میں شر کی برائی دکھانا اور نیکی کو سر بلند کرنا -

Poetical licence شاعر کا زبان کی معمولی قیود سے آزاد ہونا - شاعرانہ آزادی -

Poetically (po-it-ik-ə-li) *adv.* In verse, in the way of poetry شاعرانہ انداز میں - شاعرانہ نقطہ نظر سے -

Poetics *n.* فن تنقید - قواعد شاعری - علم عروض - شعریات -

Poet laureate *n.* درباری شاعر - ملک الشعرا -

Poeticize (po-it-i-sīz) *v.t.* Make poetic کسی مضمون کو شاعرانہ رنگ میں بیان کرنا -

Poetize (po-it-īz) *v.t.* Compose poetry - نظم کہنا - شعر کہنا - شاعرانہ انداز میں بیان کرنا - شاعر کی طرح لکھنا -

Poetry (po-it-ri) *n.* Art, work of the poet نظم - شعر - شعر گوئی - کلام - فن شاعری - شاعرانہ جذبہ - شاعرانہ فکر - متاثر کرنے والی چیز -

Pogrom (pog-rom) *n.* Organized massacre کسی جماعت کا منظم قتل عام -

Poignant (poin-ənt) *adj.* Sharp and pungent تیز - بہت تیز - سخت - چبھتا ہوا - چٹ پٹا - تیز ذائقہ والا -

Poignant hunger تیز بھوک -

Poignant regret سخت افسوس -

Poignant sarcasm چبھتا ہوا طنز -

Poignancy *n.* جدت - تیزی - چبھن - تیز تلخی - تلخی سے - تیزی سے - شدید طور پر -

Poignantly *adv.*

Poilu (poi-lu) *n.* French soldier (بول چال) فرانسیسی سپاہی -

Point (point) *n.* A dot نوک - سرا - انی - نقطہ - نشان - وقف - علامت - علامت اعشاریہ - امر - بات - مسئلہ - معاملے کا موضوع - محل - مقام - موقع - شکاری کی سیدھی ڈور - حرارت کا کوئی خاص درجہ - اہم بات - زیر بحث مسئلہ - کروشیا کی بیل - تکیہ کی جھالر - (فوج) چھوٹی سی ہراول جماعت - پتلی نوک کی سوئی - ایک قسم کا چھلے دار فیتہ - پال باندھنے کی چھوٹی رسیاں - قصے وغیرہ کی خاص بات - ظرافت کا نکتہ - (کرکٹ) بیٹس مین کے سامنے کا مقام - اس جگہ کا فیلڈر - شکاری کتے کی شکار کی نشاندہی -

It is a point of conscience - یہ ایمان کا معاملہ ہے

That is just the point یہی تو اصل بات ہے -

Make a point of ضروری سمجھنا -

Stand upon points باریک بین ہونا -

To the point مطلب کا -

Point at انگشت نمائی کرنا -

Point (point) *v.t.* & *i.* Mark with points نشان لگانا - نوک نکالنا - نقطے لگانا - علامت لگانا - انگلی سے اشارہ کرنا - رہنمائی کرنا - متوجہ کرنا - بات سے بات پیدا کرنا - ظرافت پیدا کرنا - دیوار میں اینٹوں کے جوڑ بھرنا - پھاوڑے سے کھاد یا مٹی کے ڈھیلے پھوڑنا - برابر کرنا - شکار کی نشاندہی کرنا - کسی طرف بندوق کا رخ کرنا - مائل ہونا - رجحان ہونا -

Point-blank (point-blangk) *adj.* & *adv.* Aimed directly بندوق کا سیدھا نشانہ - بالکل سیدھا - صاف صاف - صاف لفظوں میں - دو ٹوک - کھری کھری - بلا تامل -

I told him point-blank it would not do } میں نے صاف صاف کہہ دیا کہ یوں کام نہیں چلے گا -

He refused it point-blank اس نے صاف انکار کر دیا -

Pointed (point-d) *adj.* Sharp نوکدار - نوکیلا - تیز - چبھتی ہوئی نوک کا - پر زور - کھری کھری - صریح -

Pointedly *adv.* صاف صاف - طنز آمیز طریقہ پر -

Pointedness *n.* صراحت - چبھتا ہوا ہونا - طنز آمیزی - تیزی -

Pointer (point-ər) *n.* Any body who points, any thing that points اشارہ کرنے والا - دکھانے والا - بتانے والا - قبلہ نما - قطب نما - گھڑی کی سوئی - ترازو کا کانٹا - شکار کی نشاندہی کرنے والا کتا - (جمع) دب اکبر کے دو روشن ستارے جو قطب کی سمت بتاتے ہیں -

Pointing (point-ing) *n.* Filling brick-joints اشارہ کرنا - نقطے لگانا - اینٹوں کے جوڑ بھرنا - جوڑوں کو گچ سے بھرنا - بھرائی -

Pointless (point-les) *adj.* Without a point, meaningless - بے نوک - کند - غیر اہم - بے معنی - بے مزہ - جس نے کھیل میں کوئی پوائنٹ نہ بنایا ہو - کند ہونا - بے معنی ہونا - مہمل ہونا -

Pointlessness *n.*

Poise (poiz) *v.t., i. & n.* Weigh, ponder - وزن کرنا
تولنا - جانچنا - آنکنا - وزن برابر کرنا - سہارا دے کر سنبھالے رکھنا - سر کو کسی خاص انداز سے جھکانا - وزن کا برابر ہونا - کسی چیز کے سہارے قائم ہونا - توازن - طبیعت کا سکون - تذبذب - پس و پیش -

Poison (poi-zn) *v.t. & n.* Any substance which destroys life or health زہر - سم - بس - مہلک اصول یا نظریہ - زہر دینا - زہر دے کر مار ڈالنا - زہر ملانا - زہر آلود کرنا - زہر میں بجھانا - خیالات خراب کرنا - بری راہ پر لگانا - خوشی یا عیش تلخ کرنا -

They hate each other like poison وہ ایک دوسرے سے سخت متنفر ہیں -

Poisonous *adj.* زہر آلود - زہریلا -

Poke (pōk) *n.* A bag, a pouch - بورا - بوری - تھیلا - خورجی -

Buy a pig in a poke - بے دیکھے بھالے سودا کرنا -

Poke (pōk) *v.t. & i.* Thrust or push the end of any thing گھسیڑنا - چبھونا - گھس جانا - کہنی مارنا - سینگ سے ٹکر مارنا - انگاروں کو الٹنا پلٹنا - چبھو کر سوراخ کرنا - راز جوئی کرنا - (بول چال) تنگ و تاریک کمرے میں بند ہو کر بیٹھ رہنا -

Poke about, poke and pry راز جوئی کرنا - تجسس کرنا - کریدنا -

Poke (pōk) *n.* Devise fastened on cattle - گھسڑا گھرنج - ٹوپی کا چھجا - لکڑی کا کندا جو مویشیوں کے گلے میں باندھا جاتا ہے تاکہ وہ تیز نہ بھاگ سکیں-

Poke fun at - ہنسی اڑانا -

Poke one's nose in an affair دخل در معقولات کرنا -

Poker (pō-kər) *n. & v.t.* A bugbear - کرچھا آگ کریدنی - ہوا - عصا بردار جو کیمبرج میں نائب امیر جامعہ کے آگے چلتا ہے - لکڑی کی چیزوں کو داغ کر نقش و نگار بنانے کا آلہ - نقش و نگار بنانا -

As stiff as a poker - بری طرح اینٹھا ہوا -

Old poker - شیطان -

Poker work - لکڑی کو جلا کر بیل بوٹے بنانا - آرائشی کام -

Poker (pō-kər) *n.* A card game پوکر - پتوں کا ایک کھیل جس میں پانچ پانچ پتے تقسیم کئے جاتے ہیں - ہر کھلاڑی پتے بدل سکتا ہے -

Poky (pōk-i) *adj.* Poking - بند بند - تنگ - ادنی - گھٹیا -

Polar (pō-lər) *n. & adj.* Pertaining to, belonging to poles قطبی - قطبی علاقہ کا - مقناطیسی قطب کے متعلق - جس میں مثبت یا منفی برق ہو - قطب شمالی یا جنوبی کے بارے میں - شمع ہدایت - رہنما - اصول کے طور پر کام دینے والا - بالکل بر عکس قطبین کی طرح -

Polar hare - سفید خرگوش -

Polarity (pō-lər-iti) *n.* Tendency of magnetized bar to point towards north pole قطب نمائی کی خاصیت - قطبی میلان - کسی مقناطیسی مادہ کی یہ صفت کہ وہ ہمیشہ ایک خاص رخ پر رہے - مقناطیس کی سی کشش -

Polarize (pō-lə-rīz) *v.t.* Develop new qualities or meaning in حرارت اور روشنی وغیرہ کی شعاعوں پر ایسا اثر ڈالنا کہ ان کے دونوں سروں پر مختلف خاصیتیں پیدا ہو جائیں - الفاظ کو خاص معنی دینا - مختلف چیزوں میں ایک رنگ پیدا کرنا -

Polatouche (po-lə-tow-che) *n.* Small flying squirrel - گلہری کی شکل کا ایک اڑنے والا جانور -

Polder (pōl-dər) *n.* Piece of low-lying reclaimed land - پانی سے نکلی ہوئی نشیبی زمین -

Pole (pōl) *n.* The end of the axis of earth قطب - کرہ ارض کا سرا - نقطہ جس کے گرد ستارے گھومتے ہیں - قطبین - کوئی قائم نقطہ جس کی نسبت سے دوسرے مقامات کا تعین کیا جا سکے - مقناطیس کے متقابل نقطے - بیٹری کے مثبت اور منفی سرے - کسی بیضوی جسم کے محور کے سرے - متضاد اصول -

Pole to pole - ایک سرے سے دوسرے سرے تک -

Polar star - شمع ہدایت - قطب تارہ -

North pole - قطب شمالی -

South pole - قطب جنوبی -

Poleward *adj. & adv.* قطب کی سمت کا - قطب کی طرف -

Pole (pōl) *n.* A native of Poland - پولینڈ کا باشندہ -

Pole-axe (pōl-aks) *v.t. & n.* A long-handled battle axe تیشہ - تبر - کلہاڑی - جنگی کلہاڑی - قصائی کا چھرا - گنڈاسہ - گتا - تبر سے سر اڑا دینا -

Polecat (pōl-kat) *n.* A large relative of weasel یورپ کا بدبو دار بڑا نیولا - کیکڑے کی قسم کا جانور -

Polemic (po-lem-ik) *adj.* Given to disputing نزاعی - حجتی - بحث اور مناظرے کا شوقین -

Polemical *adj.* حجت یا بحث کے متعلق -

Polemize *v.i.* مناظرہ یا بحث کرنا -

Police (pol-ēs) *v.t. & n.* System of regulations for the preservation of order امن و امان کا بند و بست - پولیس کا محکمہ یا جماعت - پولیس کے ملازمین - پولیس مقرر کرنا - پولیس کے ذریعے امن قائم رکھنا - ضبط و نظم قائم رکھنا -

Policlinic (poli-klinik) *n.* Private clinic خانگی دوا خانہ - ہسپتال کا بیرونی مریضوں کا شعبہ -

Policy (pol-i-si) *n.* A contract of insurance بیمہ کا معاہدہ - بیمہ کی پالیسی -

Policy (pol-i-si) *n.* Art of government, a course of action سیاسی مصلحت اندیشی - طرز حکمرانی - حکمت عملی - تدبیر جہانبانی - طرز عمل - چالاکی - عیاری - جوڑ توڑ - حسن تدبیر - دور اندیشی -

Poligar (pol-i-gər) *n.* Land-holder of South India جنوبی ہند کا زمیندار یا جاگیر دار - لوٹ مار کرنے والا جاگیری ملازم -

Polish (pol-ish) *v.t. & i.* Make smooth and glossy گھوٹنا - صیقل کرنا - صاف کرنا - جلا کرنا - روغن کرنا - چمکانا - مہذب بنانا - شائستہ کرنا - درست کرنا - تہذیب کا رنگ و روغن پھیرنا -

Polishable *adj.* جلا کرنے کے لائق - چمکانے کے قابل - تہذیب پذیر -

Polisher *n.* پالش کا برش - پالش کرنے والا - صیقل گر - جلا ساز -

Polish (pol-ish) *n.* Act of polishing, polishing substance پالش - صیقل - جلا - رنگ و روغن - تہذیب - تمدن -

Polish (pol-ish) *n. & adj.* Of Poland پولستانی - پولینڈ کا باشندہ -

Politarch (poli-tark) *n.* Official designation of Roman district officer رومیوں کے دور حکومت میں ضلع کے عہدہ دار کا لقب -

Polite (po-līt) *adj.* Refined, polished شائستہ - مہذب - خوش اخلاق - خوش مذاق - تربیت یافتہ - شریف - شریفانہ -

Politeness شائستگی - خوش خلقی - مروت - خلق -

Politic (pol-i-tik) *adj. & n.* Political, with good policy درست - راست - مصلحت آمیز - دور بین - دانشمندانہ - دور اندیشانہ - سازشی - فطرتی - سیاسیات - سیاسی اصول - سیاسی عقیدہ -

It is not practical politics یہ محض باتیں ہیں ان سے کوئی نتیجہ نہیں نکل سکتا -

Politicly دور اندیشی سے - دانشمندی سے -

Political (pol-i-tik-əl) *n. & adj.* Pertaining to policy or government ملکی - ریاستی - سیاسی - امور سلطنت کے متعلق - سیاست سے دلچسپی رکھنے والا - سیاسی رکن - سیاسی نمائندہ -

Politically مصالح سلطنت کے لحاظ سے - سیاسی طور پر -

Politician (pol-i-ti-shən) *n.* One versed in government matters مدبر - سیاست دان - سیاست پیشہ - ماہر سیاست -

Politicize (pol-i-ti-sīz) *v.i. & t.* Make political, play the politician مدبر بننا - سیاست چھانٹنا - سیاست کے متعلق بحث کرنا - سیاسی رنگ میں رنگنا - سیاست میں حصہ لینا -

Politico-religious (pol-i-tiko-re-li-jəs) *adj.* Politics with a religious bias ایسی سیاست جس میں مذہبی رنگ بھی ہو - مذہبی سیاسی -

Polity (pol-i-ti) *n.* Political organisation نظم و نسق - سیاسی نظام - نظام حکومت - ریاست - مملکت - دستور -

Polk (pōlk) *v.i.* Dance polka پولکا ناچ ناچنا -

Polka (pol-kȧ) *n.* A Bohemian dance بوہیمیا کا ایک دلکش ناچ - دھرگت جس پر یہ ناچ ناچا جاتا ہے - پولکاگت - زنانہ چست جاکٹ -

Poll (pōl) *n.* The head سر - راس - سر کا بالوں والا حصہ - چندیا - رائے شماری - رائے سے انتخاب - ووٹوں کی تعداد -

Poll tax وہ انتخابی محصول جو ہر شخص پر عاید ہو ۔ محصول عام ۔

oll (pōl) *v.t.* & *i.* Receive, take or cast vote قلم کرنا ۔ کاٹنا ۔ تراشنا ۔ سر کے بال تراشنا ۔ پودوں کو گول گول چھانٹنا ۔ سینگ کاٹنا ۔ رائے لینا ۔ درج کرنا یا شمار کرنا ۔ ووٹ دینا ۔ رائے دینا ۔

Pollable *adj.* ووٹ جو شمار ہو سکے ۔ بال تراشنے کے قابل ۔

Polled *p.p.* سینگ کٹا ۔

oll (pol) *adj.* & *n* Without horns جانور جس کے سینگ نہ نکلے ہوں ۔ بغیر سینگ کا ۔ بے سینگ جانوروں کی ایک قسم ۔

oll (pol) *n.* Parrot طوطا ۔

Poll parrot میاں مٹھو ۔ وہ شخص جو عام الفاظ یا دلائل طوطے کی طرح دہراتا ہے ۔

oll (pol) *n.* Mass of students who do not obtain honours (کیمبرج بول چال) معمولی سند یافتہ طالب علم ۔ غیر امتیازی سند ۔

ollack (pol-ək) *n.* A common fish of the cod family کاڈ کی قسم کی عام مچھلی ۔

ollam (pol-əm) *n.* State of South Indian poligar جنوبی ہند کے جاگیر دار کی جاگیر ۔

ollan (pol-ən) *n.* An Irish white fish آئرلینڈ کی ایک سفید مچھلی ۔

ollard (pol-ərd) *v.t.* & *n.* A tree having the whole crown cut off درخت جس کا اوپر کا حصہ کٹا ہو ۔ ٹھونٹھ ۔ ٹنڈ ۔ سینگ کٹا جانور ۔ بھوسی ۔ چوکر جس میں تھوڑا سا آٹا ملا ہو ۔ درخت کو منڈا کرنا ۔

ollen (pol-ən) *v.t.* & *n.* The fertilising powder in flowers ۔ پھول کا زیرہ ۔ زر گل ۔ تخم داخل کرنا زر گل نکلنا ۔

Pollinic *adj.* زر گل کا ۔ پھول کے زیرہ کا ۔

Polliniferous *adj.* ۔ پھول جس میں زر گل کی کثرت ہو

ollent (pol-ənt) *adj.* Strong طاقت ور ۔

ollicitation (pol-is-i-ta-shən) *n.* A promise not yet accepted وعدہ ۔ بازگشت ۔ ایسا وعدہ جو فریق ثانی نے قبول نہ کیا ہو اور وہ واپس لیا جاسکے ۔

ollinate (pol-i-nāt) *v.t.* Convey pollen to زیرہ گل چھڑکنا ۔ زرخیز بنانا ۔

Polloi (pol-o-i) *n.* Most people عوام الناس ۔ عام لوگ ۔

Pollute (pol(y)o͞ot) *v.t.* Befoul, defile بگاڑنا ۔ گندا کرنا ۔ ناپاک کرنا ۔ ناجائز صحبت کرنا ۔ بے حرمت کرنا ۔

Pollution *n.* آلودگی ۔ ناپاکی ۔ گندگی ۔

Polo (pō-lō) *n.* A game like hockey on horse back پولو کا کھیل جو گھوڑوں پر سوار ہو کر کھیلا جاتا ہے ۔ پولو ۔ چوگان ۔

Polonaise (pol-ə-nāz) *n.* Woman's bodice and skirt in one piece ایک قسم کا لمبا زنانہ لباس جو سامنے سے کھلا ہو ۔ پولستانی ناچ ۔ ناچ کی گت ۔

Poltergeist (pol-tər-gist) *n.* A noisy ghost وہ روح جو شور مچا کر اپنے آنے کا اعلان کرتی ہے ۔ وہ روح جو کھٹکھٹاتی ہے ۔

Polt-foot (pōlt-foot) *n.* Club foot وہ پیر جس میں پیدائشی کجی ہو ۔ بھدا یا ٹیڑھا پاؤں ۔ کج پا ۔ کج قدم ۔

Poltroon (pol-tro͞on) *n.* A dastard ڈرپوک ۔ نامرد ۔ بزدل ۔ گیدی ۔

Poltroonery *n.* کم ہمتی ۔ بزدلی ۔ نامردی ۔

Poly (poli) *prefix* In composition many, several سابقہ بمعنی بہت سے ۔ متعدد ۔

Polyandri (pol-yandri) *n.* Custom of having several husbands بعض قبیلوں میں ایک عورت کے متعدد شوہر رکھنے کا رواج ۔ چند شوئی ۔

Polyanthus (poli-an-thus) *n.* Many-flowered plant ایک بوٹی جس میں کثرت سے پھول آتے ہیں ۔

Polychromatic (poli-krom ə-tik) *adj.* Many-coloured بہت سے رنگوں کا ۔ رنگا رنگ ۔

Polychrome (poli-krōm) *adj.* & *n.* Varied colouring بہت سے رنگوں کا کام ۔ رنگا رنگ ۔

Polychromic / Polychromus } *adj.* رنگا رنگ ۔ رنگ برنگ ۔

Polychromy (pol-i-krōm-i) *n.* Work of art in several colours رنگا رنگ نقاشی ۔

Polyclinic (poli-klinik) *n.* Hospital for various diseases شفا خانہ جس میں مختلف بیماریوں کا علاج ہوتا ہے ۔

Polygamous (pol-ig-a-məs) *adj.* Having more than one wife or husband مرد جس کی کئی بیویاں ہوں یا عورت جس کے کئی شوہر ہوں ۔ مخلوط الزوج پودا ۔

Polygamic *adj.* کثرت ازدواج کے متعلق ۔

Polygamist *n.* مرد یا عورت جس کے بہ یک وقت کئی زوج ہوں ۔

Polygamy *n.* بہ یک وقت کئی ایک بیویاں یا شوہر ہونا ۔ کثرت ازدواج ۔

Polyglot (poli-glōt) *adj.* & *n.* One who speaks or writes many languages ہفت زبان ۔ کئی زبانوں کا ۔ کئی زبانوں کا جاننے والا شخص ۔ کئی زبانوں میں لکھی ہوئی کتاب ۔

Polyglottism *n.* کئی زبانیں بولنا یا لکھنا ۔ ہفت زبانی ۔

Polygon (poli-gon) *n.* Figure with many sides or angles کثیر الزاویہ شکل ۔ کثیر الاضلاع شکل ۔

Polyhistor *n.* جید عالم ۔ ہمہ داں شخص ۔
Polymath *adj.* کئی علوم پر حاوی ۔
Polymathy *n.* جید عالم ہونا ۔ ہمہ دانی ۔

Polynesia (poli-na-si-ā) *n.* Small island on the east of Australia بحر الکاہل کے چھوٹے جزیرے جو آسٹریلیا کے مشرق میں ہیں ۔

Polyp(e) (pol-ip) *n.* Animals of low organism ادنیٰ قسم کا نظام جسمانی رکھنے والے جانور ۔ ادنیٰ قسم کے حشرات ۔

Polypod (poli-pod) *n.* & *adj.* Animals of many feet بہت سے پیروں والے جانور ۔

Polypody (poli-podi) *n.* Kinds of fern ایک قسم کی فرن جو نم دار چٹانوں یا دیواروں پر اگتی ہے ۔

Polypus (pol-i-pəs) *n.* Kinds of tumour ورم جو ناک ، رحم اور مثانے کی جھلی میں آ جاتا ہے ۔

Polysyllable (poli-sil-əbl) *n.* A word of more than three syllables کئی ارکان یا اجزا کا لفظ ۔

Polytechnic (poli-tek-nik) *adj.* & *n.* Of many technical subjects جس میں بہت سے فنون کی تعلیم ہوتی ہے ۔ کئی فنون کا مدرسہ ۔

Polytheism (pol-i-the-izm) *n.* Plurality of gods کئی خداؤں کا ماننا ۔ اصنام پرستی ۔ شرک ۔

Polytheist *n.* تعدد الہ کا ماننے والا ۔ مشرک ۔

Polytheistic *adj.* مشرکانہ ۔ اصنام پرستانہ ۔

Pomace (pum-is) *n.* Anything crushed to pulp کچلے ہوئے سیب کا گودا ۔ کسی چیز کا گودا ۔ فضلہ جو مچھلی کا تیل نکالنے کے بعد بچ جاتا ہے ۔

Pomade (pom-ād) *v.t.* & *n.* Scented ointment for the hair خوشبو دار روغنی مرکب ۔ بالوں میں لگانے کا خوشبو دار روغن ۔ موم روغن لگانا ۔

Pomander (pom-ən-dər) *n.* A ball of perfumes عطریات کی گولی جو ڈبیا میں رکھتے ہیں ۔ جیبی عطردان ۔

Pomard (pom-ard) *n.* A red Burgundy wine برگنڈی کی سرخ شراب ۔

Pombe (pom-e) *n.* African wine made from grain and fruits افریقہ کی ایک شراب جو غلوں اور پھلوں سے بنائی جاتی ہے ۔

Pome (pōm) *n.* An apple سیب کی قسم کے پھل ۔ ناخ ۔ سیب ۔ ناشپاتی وغیرہ ۔

Pomegranate (pom-gran-it) *n.* A seedy fruit of hot climate انار ۔ انار کا درخت ۔

Pomfret (pum-frit) *n.* A kind of white fish پامفرٹ ۔ چھمنا مچھلی ۔

Pomiculture (pom-i-kul-tur) *n.* Fruit growing ثمر دار درخت لگانا ۔ باغبانی ۔

Pommel (pum-l) *v.t.* & *n.* A knob, a knob on the sword hilt گانٹھ ۔ گولا ۔ تلوار کے قبضہ کی گھنڈی ۔ گھوڑے کی زین کی کاٹھی کا اونچا حصہ ۔ ہرنا ۔ موٹھ سے مارنا ۔ ڈنڈے یا مکے مارنا ۔

Pomology (pom-ə-lō-ji) *n.* Science of fruit-growing میوہ دار درختوں کی کاشت کا فن ۔

Pomp (pomp) *n.* Great show or display شان و شوکت ۔ طمطراق ۔ شان و شکوہ ۔ احتشام ۔ دھوم دھام ۔

Pompano (pomp-ə-nō) *n.* A delicious fish of West Indies and North America غرب الہند اور شمالی امریکہ کی ایک لذیذ مچھلی ۔

Pompier-ladder (pom-pi-ər-lad-ər) n. A fireman's ladder آگ بجھانے والوں کی سیڑھی -

Pompon (pom-pon) n. A woolly ball, a jewelled hair ornament - عورتوں اور بچوں کی ٹوپی کا پھندنا - سپاہیوں کی ٹوپی کا پھندنا - طرہ - بالوں کی جڑاؤ پن -

Pompous (pomp-əs) adj. Stately - پر شکوہ - شاندار - طمطراق کا - خود پسند -

Pomposity n. شان و شکوہ -

Pompousness n. طمطراق - شان و شوکت -

Ponceau (pon-so) n. & adj. Poppy colour سرخ لال رنگ - گل لالہ کا رنگ -

Pond (pond) v.t., i. & n. A small, usually, artificial lake حوض - تالاب - جوہڑ - چھوٹی جھیل - (مزاحاً) سمندر یا دریا کو روکنا - بند باندھنا - تالاب بنا لینا -

Pondage (pond-aj) n. Capacity of pond آبیانہ - محصول - تالاب میں پانی کی گنجائش -

Ponder (pon-dər) v.t. & i. Weigh in the mind فکر کرنا - غور کرنا - سوچنا - ہر پہلو پر غور کرنا - خیالات میں محو ہو جانا -

Ponderingly adv. - غور و فکر کے انداز میں - محویت سے -

Ponderable (pon-dər-əbl) adj. Having sensible weight قابل غور - وزنی -

Ponderation (pon-dər-a-shən) n. Weighing - جانچنا - تولنا - وزن کرنا -

Ponderous (pond-rəs) adj. Heavy, massive - گراں - وزنی - بھاری - بوجھل -

Pone (pōn) n. Maize bread شمالی امریکہ کے باشندوں کی مکئی کی روٹی -

Pone (pōn) n. The player who cuts (تاش) وہ کھلاڑی جو پتے کاٹتا ہے -

Pongo (pong-gō) n. An ape, the gorilla افریقہ کا ایک انسان نما بندر - گوریلا -

Poniard (pon-yard) v.t. & n. A small dagger کٹار - چھری - خنجر - جنبیہ - پیش قبض - چھری گھونپنا - خنجر مارنا -

Pons (ponz) n. Bridge of asses - گدھوں کا پل - کوئی چیز جو مبتدی کے لیے مشکل ہو - اقلیدس کی ایک شکل -

Pontifex (pon-ti-feks) n. In ancient Rome a member of college of priests (روما) پجاریوں کی مجلس کا رکن -

Pontiff (pon-tif) n. Chief priest, the pope پاپائے اعظم - اسقف اعظم -

Pontifical (pon-tif-ik-əl) adj. Befitting a pontiff پاپائے اعظم کے شایان شان -

Pontificate (pon-tif-i-kat) n. The dignity of the high priest پاپائے اعظم کا عہدہ - اسقف اعظم کا عہد حکومت -

Pontify (pon-ti-fī) v.t. Play the pontiff پاپا یا اسقف بننا - معصومیت کا دعویٰ کرنا -

Pont-levis (pont-lev-is) n. A draw bridge تختوں کا پل جو ضرورت کے وقت ہٹایا جا سکے -

Pontoneer (pon-toon-ər) n. One who is in charge of pontoons - کشتیوں کا پل بنانے والا - کشتیوں کے پلوں کا منتظم -

Pontoon (pon-toon) v.t. & n. A flat-bottomed boat used to support a bridge ایک قسم کی چپٹے پیندے کی کشتی جو عارضی پل کو سہارا دینے کے لیے استعمال کی جاتی ہے - کشتیوں کے پل کی کشتی - پن روک پہیہ - کشتیوں کا پل باندھ کر دریا پار کرنا -

Pony (po-ni) n. A small horse - یابو - ٹٹو - ٹیر - ٹانگن - (بول چال) پچیس پونڈ کی رقم -

Poodle (pood-l) v.t. & n. A curly-haired pet dog ایک گھونگر والے بالوں والا کتا جس کے بال مختلف وضع سے تراشے جاتے ہیں - بالوں کو مختلف شکلوں میں تراشنا -

Pooh (poo) interj. Of disdain - اظہار حقارت کے لیے - اوں - اونہہ -

Pooh-pooh (poo-poo) v.t. Express disdain حقارت کا اظہار کرنا - چھی چھی -

Pooka (pook-ȁ) n. A goblin بھتنا - ہوا - بیچا - ڈرانے کی شکل -

Pookoo (pōō-kōō) n. A red-haired stag of South Africa جنوبی افریقہ کا ایک سرخ رنگ کا بارہ سنگھا -

Pool (pōōl) *n.* & *v.t.* Common stake, put in a common fund پانی کا گڑھا ۔ جوہڑ ۔ کنڈ ۔ میخ ٹھونکنے کے لیے سوراخ کرنا ۔ کوئلہ کی کان میں سرنگ کھودنا ۔ روپیہ اکٹھا کرنا ۔ روپے کی جمع شدہ مقدار ۔ شرط کی مجموعی رقم ۔ نفع آپس میں بانٹ لینا ۔ نفع کی رقم جو کئی دوکان داروں میں تقسیم ہو ۔ رقم جمع شدہ کی قرعہ اندازی کرنا ۔

Poop (pōōp) *v.t.* & *n.* The after-part of a ship دنبالہ ۔ جہاز کا پچھلا حصہ ۔ جہاز کا پچھلا عرشہ ۔ کشتی پر چڑھ جانا ۔

Poop (pōōp) *n.* An idiot (بول چال) ادنیٰ بے وقوف شخص ۔

Poor (pōōr) *adj.* Without means, needy, deficient غریب ۔ محتاج ۔ کنگال ۔ مفلس ۔ تنگ دست ۔ کم مایہ ۔ ادنیٰ ۔ خراب ۔ حقیر ۔ ناقابل کاشت ۔ بنجر ۔ ذلیل ۔ نکما ۔ دو کوڑی کا ۔

- **Poor-house** محتاج خانہ ۔
- **Poor Robin** جنتری ۔
- **Poor John** ایک قسم کی مچھلی ۔
- **Poor-spirited** پست حوصلہ ۔
- **The poor** محتاج ۔

Poorly (pōōr-li) *adv.* & *adj.* In a poor manner کمی کے ساتھ ۔ قلت کے ساتھ ۔ ناقص طور پر ۔ ذلیل یا گھٹیا طریقے سے ۔ ضعیف ۔ کمزور ۔ بیمار ۔ نڈھال ۔

Poorness (pōōr-nes) *n.* Being poor کوتاہی ۔ بے کسی ۔ بے نوائی ۔ محتاجی ۔ خامی ۔

Pop (pop) *n., v.t.* & *i.* A mild explosive sound پھٹ ۔ بھک ۔ بوتل کے کاگ کھولنے یا بندوق داغنے کی آواز ۔ بندوق چلانا ۔ تیزی سے یا دفعتاً پھینکنا ۔ لپکنا ۔ جھپٹنا ۔ یکایک سوال کر بیٹھنا ۔ گروی رکھنا ۔ رہن کرنا ۔ (امریکہ) مکئی کے دانے بھوننا ۔ مکئی کی کھیلیں بنانا ۔

- **Pop corn** مکئی بھوننا ۔
- **Pop the question** شادی کی درخواست کرنا ۔
- **Pop-gun** ایک معمولی بندوق ۔
- **Pop at** گولی مارنا ۔
- **Pop in** تھوڑی دیر کے لیے ملاقات کرنا ۔
- **Pop in and out** آنا جانا ۔
- **Pop out** نکل آنا ۔
- **Pop upon** اتفاقاً ملنا ۔

Pop (pop) *n., adv.* & *interj.* A shot, sound of a gun بھک ۔ دن ۔ پھٹ کی آواز ۔ نشان جو بھیڑوں کی پہچان کے لیے لگاتے ہیں ۔ پینے کی چیز جس میں کف آتا ہے ۔ (بول چال) گانے بجانے کا سلسلہ ۔

Pop (pop) *n.* Debating hall of Eton ایٹن کے مدرسہ کا دارالمباحثہ ۔

Pope (pōp) *n.* Bishop of Rome ۔ پاپائے اعظم ۔ معصوم

- **Popedom** اسقف اعظم کا منصب ۔ پاپائے اعظم کی حکومت ۔

Pope (pōp) *n.* Parish priest in the Greek orthodox church کلیسائے یونان کا پادری ۔

Pope (pōp) *n.* A delicate spot in the upper part of thigh ران کے بالائی حصہ کا ایک نازک مقام جہاں مارنے سے سخت چوٹ لگتی ہے ۔

- **Take a person's pope** کسی شخص کی ران پر مارنا ۔

Popery (pop-əri) *n.* A hostile term for Roman Catholicism پوپ پرستی ۔ رومن کیتھولک عقائد ۔

Popingay (pop-in-jā) *n.* A parrot نشانہ بازی کا طوطا ۔ طوطا ۔ میاں مٹھو ۔ خود نما اور خودبین آدمی ۔ البیلا ۔ چھبیلا ۔

Popish (pōp-ish) *adj.* Relating to Pope or popery پاپائے روم کے متعلق ۔

Poplar (pop-lər) *n.* A tree of the willow family ایک سیدھا بلند قامت درخت جو بہت جلد بڑھتا ہے ۔

- **Trembling poplar** بید مجنوں (درخت) ۔

Poplin (pop-lin) *n.* A carded fabric پاپلین ۔ ایک قسم کا سوتی کپڑا جس میں ریشم کی سی چمک ہوتی ہے ۔

Pop (pop) *n.* Father (امریکہ) پوپا کا مخفف ۔ پاپ ۔ باپ ۔ ابا ۔ ابا جان ۔

Poppet (pop-it) *n.* Darling, puppet چھوٹا سا آدمی ۔ پیارا ۔ لاڈلا ۔ خراد کا اوپر کا حصہ ۔ (بحری) چوب ۔ لکڑی کا شہتیر ۔ لکڑی کا کندہ ۔

Popping (pop-ing) *n.* Explosive noise بندوق داغنے کی آواز ۔ بندوق چلانا ۔ کسی چیز کو تیزی سے ڈالنا اور نکالنا ۔

Popple (pop-l) *v.i.* & *n.* Flow tumblingly پانی کا متلاطم ہونا ۔ موج زن ہونا ۔ پانی کا رک رک کر بہنا ۔ تلاطم ۔ موج ۔

Popply *adj.* اترتا چڑھتا ۔ تلاطم خیز ۔ موج خیز ۔

Poppy (pop-i) *n.* Plant with large scarlet flower خشخاش ۔ پوستہ ۔ کوکنار ۔ افیون کا پودا ۔

Populace (pop-u-ləs) *n.* The common people عوام الناس ۔ عوام ۔ کسی ملک کے عام لوگ ۔

Popular (pop-u-lər) *adj.* Of the people, pleasing to عوام الناس کا ۔ جمہور کا ۔ عام فہم ۔ عام پسند ۔ ہر دل عزیز ۔ مقبول ۔ مروج ۔ عامیانہ ۔

Popularity *n.* مقبولیت ۔ ہر دل عزیزی ۔

Popularize (pop-u-lə-rīz) *v.t.* Spread among the people مقبول بنانا ۔ ہر دل عزیز کرنا ۔ عام رواج دینا ۔ حق رائے دہی عام کرنا ۔ کسی علمی مسئلہ کو عام فہم انداز میں پیش کرنا ۔

Popularization *n.* عام طور پر مقبول ہونا ۔ ہر دل عزیز ہونا ۔ عام پسند ہونا ۔

Populate (pop-u-lāt) *v.t.* Furnish with inhabitants بسانا ۔ آباد کرنا ۔ آباد ہونا ۔

Population (pop-u-lā-shən) *n.* Number of the inhabitants آبادی ۔ بستی ۔ آبادی کی تعداد ۔ آبادی کا اوسط ۔ مردم شماری ۔ باشندے ۔ رعایا ۔ پرجا ۔

Populist (pop-ū-list) *n.* A member of American people's party امریکہ کی ایک عوامی پارٹی کا رکن ۔ یہ جماعت چاہتی ہے کہ عوامی اور قومی اداروں پر عوام کا قبضہ ہو ۔

Populism *n.* عوام کی مملکت کا اصول ۔

Populous (pop-ū-ləs) *adj.* Full of people کثیر آبادی والا ۔

Populousness (pop-ū-ləs-nes) *n.* Being full of people باشندوں کی کثرت ۔ کثرت آبادی ۔

Porcelain (pors-lin) *n.* A fine earthenware چینی کے ظروف ۔ چینی مٹی کے برتن ۔ چینی مٹی ۔ نازک ۔ خوشنما ۔

Porcellanous *adj.* چینی مٹی سے مرکب ۔ چینی کے ۔ چینی مٹی کے ۔

Porcellanic *adj.* چینی کا سا ۔ چینی کا ۔

Porcelainise (por-sel-ən-īz) *v.t.* Bake into porcelain ۔ مٹی کو پکا کر چینی بنانا ۔ چینی مٹی بنانا

Porch (porch) *n.* An enclosure or protection for the doorway پیش در ۔ پیش گاہ ۔ ڈیوڑھی ۔ دروازے کے اوپر کا چھتا ۔

Porcine (por-sīn) *adj.* Of pigs سور کا ۔ خوکی ۔ خنزیر صفت ۔

Porcupine (por-kū-pīn) *n.* Spiny rodents of various kinds خار پشت ۔ سیہ ۔ ایسے جانور جن کے کانٹے ہوتے ہیں ۔

Pore (pōr) *n.* A minute passage مسام ۔ سوراخ ۔ چھید ۔

Pore (pōr) *v.i.* & *t.* Ponder, gaze with steady attention بغور مطالعہ کرنا ۔ مطالعہ میں محو ہونا ۔ غور سے دیکھنا ۔ ٹکٹکی باندھ کر دیکھنا ۔

Porism (por-izm) *n.* Problem capable of innumerable solutions ایسا مسئلہ جس کے بے شمار حل یا جواب ہوں ۔

Pork (pork) *n.* Swine's flesh سور کا گوشت ۔ لحم خنزیر ۔

Porker (pork-ər) *n.* Swine bred for meat وہ سور جو گوشت کے لیے پالے جائیں ۔ بچہ سور ۔ سور جو ذبح کرنے کے لیے پالے جائیں ۔

Porket سور کا بچہ ۔ چھوٹا سور ۔

Porkling (pork-ling) *n.* A young pig سور کا بچہ ۔ سور کا پٹھا ۔

Porky (pork-i) *adj.* Pig like سور کی طرح کا ۔ موٹا تازہ ۔ چربیالا ۔

Porous (por-əs) *adj.* Having pores مسام دار ۔ سوراخوں والا ۔

Porpoise (por-pəs) *n.* A short snouted animal of dolphin family سوس ۔ سوسمار ۔ سنگ ماہی ۔ گوہ ۔

Porraceous (por-a-shəs) *adj.* Leek-green سبزی مائل ۔ سبز ۔ سبز رنگ کا ۔

Porridge (por-ij) *n.* A kind of pudding دلیہ ۔ رابڑی ۔ پتلا حلوہ ۔ فالودہ ۔ کھیر ۔

Keep your breath to cool your porridge } اپنی نصیحت سنبھال کر رکھئیے یہ آپ کے کام آئے گی -

Porringer (por-in-gər) *n.* A small dish for soup شوربے کا پیالہ - شوربہ دان - چھوٹا پیالہ جس میں شوربہ پیا جاتا ہے -

port (pōrt) *n.* A harbour town بندر گاہ - بندر - جائے پناہ - جائے امن - بندر گاہ کا شہر -

Port of call بندر گاہ جہاں جہاز مرمت یا رسد کے لیے ٹھہرتے ہیں -

Port (pōrt) *n.* Gate or gateway پھاٹک - دروازہ - قلعہ کا دروازہ - شہر پناہ کا دروازہ - دھواں یا پانی نکلنے کا سوراخ - لگام کا خم دار دہانہ -

Port (pōrt) *n.* Bearing روش - رفتار - چال ڈھال - چلنے کا انداز -

Port (pōrt) *v.t.* Carry, hold in a slanting position upward across the body (فوج) تلوار یا بندوق کو ترچھا سینے سے لگا کر رکھنا -

Port (pōrt) *n., v.t. & i.* Left side of the ship جہاز کا بایاں پہلو - جہاز کی بائیں جانب گھومنا یا مڑنا - بائیں جانب مڑنا -

Port (pōrt) *n.* A fortified wine dark red پورٹ - ایک گہرے سرخ رنگ کی میٹھی شراب -

Portable (pōrt-əbl) *adj.* Conveniently carried بہ آسانی لے جانے کے قابل - سفری - ہلکا -

Portability *n.* لیے جانے کے قابل ہونا - سفری ہونا - ہلکا ہونا -

Portage (pōrt-aj) *n. & v.t.* Act of carrying لے جانا - ڈھونا - باربرداری کا کرایہ - ڈھلائی کی اجرت - ملاح کی باربرداری کی مزدوری - سمندر کی راہ سے مال لانا اور لے جانا -

Portal (pōrt-əl) *n.* A gate or doorway آستانہ - دروازہ - پھاٹک - شاندار دروازہ -

Portal (pōrt-əl) *adj.* Of the cross fissure of liver جگر کے ترچھے شگاف کے متعلق -

Portamento (pōr-tä-men-tō) *n.* Continuous glide from one tone to another (موسیقی) زیر و بم کی مسلسل بہ تدریج تبدیلی - سر بدلنا -

Portative (pōrt-ə-tive) *adj.* Easily carried جو باآسانی لے جایا جا سکے -

Portcullis (pōrt-kul-is) *n.* A grating that can be let down سلاخوں کی جالی جس کو گرا کر پھاٹک بند اور مستحکم کیا جاسکتا ہے -

Porte (pōrt) *n.* The Turkish Imperial government (تاریخ) باب عالی - دربار خلافت - سلطنت عثمانیہ -

Portend (pōr-tend) *v.t.* Betoken شگون ہونا - علامت یا نشانی ہونا - ہونے والے واقعہ کا اشارہ ہونا - آگاہ کرنا - خبر دینا -

Portent (pōr-tent) *n.* That which fore-shows فال - علامت - شگون - بد شگون - عجوبہ - عجیب و غریب بات -

Portentous *adj.* بہت بڑا - دیوسا - بد فال - منحوس -

Portentously *adv.* بد شگونی کے طور پر -

Porter (pōrt-ər) *n.* A door-keeper or a gate-keeper دربان - چوکیدار - پاسبان - ڈیوڑھی بان - حاجب -

Porter (pōrt-ər) *n.* One who carries a burden قلی - مزدور - حمال - ایک قسم کی تلخ بیر یا شراب -

Porterage *n.* سامان اٹھانے کی مزدوری - حمالی -

Portfire (pōrt-fīr) *n.* A burning rope or cord جلتی ہوئی رسی یا بتی جس سے ہوائی کو روشن کرتے ہیں یا کسی دوسرے آتش گیر مادہ کو آگ دیتے ہیں -

Portfolio (pōrt-fō-lī-ō) *n.* A case for loose papers and files بستہ - چمڑے کا بیگ - جزدان - قلم دان وزارت - عہدہ وزارت -

Porthole (pōrt-hōl) *n.* A hole or opening in a ship for light and air جہاز کے پہلو کے سوراخ جن سے ہوا اور روشنی آتی ہے -

Portico (pōr-ti-kō) *n.* A range of columns along the front side کسی عمارت کے سامنے کا سائبان - چھتا - پیش گاہ -

Portiere (pōr-tyer) *n.* A curtain hung over door دروازہ کا پردہ - چلمن -

Portion (pōr-shən) *n. & v.t.* An allotted part حصہ - بخرہ - جز - مختص حصہ - نصیب - مقسوم - حصے کرنا - حصوں میں تقسیم کرنا - کسی حصے میں رکھنا -

Portly (pōrt-li) *adj.* Showy لحیم - شحیم - باتمکین - بھاری - شان دار -

Portliness *n.* شان و شوکت - شہامت - جسامت -

Portmanteau (pōrt-man-tō) *n.* A large travelling bag چمڑے کا سفری تھیلا - ایسا تھیلا جو بیچ میں کھلتا ہے - ایسا لفظ جو دو لفظوں سے بنایا جائے اور دونوں کے معنی دے-

Portrait (pōr-trit) *n.* The likeness of a real person شبیہ - تصویر - ہو بہو تصویر - ایسا بیان جس سے واقعہ کی تصویر آنکھوں میں پھر جائے -

Portraitist (pōr-trit-ist) *n.* A portrait-painter شبیہ ساز - مصور -

Portraiture (pōr-trit-ur) *n.* Art of making portraits تصویر سازی - مصوری - شبیہ - تصویر - مرقع -

Portray (pōr-trā) *v.t.* Paint or draw the likeness of تصویر کھینچنا - شبیہ تیار کرنا - لفظی تصویر کھینچنا -

Portrayal *n.* صورت گری - تصویر سازی - شبیہ سازی -

Portuguese (pōr-tū-gēz) *adj. & n.* Of Portugal پرتگیزی - پرتگالی - پرتگال کا - پرتگالی باشندہ -

Pose (pōz) *n.* An attitude انداز - ذہنی کیفیت -

Pose (pōz) *v.t. & i.* Puzzle کوئی مسئلہ چھیڑنا - الجھن میں ڈالنا - کوئی مشکل سوال اٹھانا - مصور کا اپنے نمونہ کو خاص انداز سے بٹھانا - تصویر کھنچوانے کا خاص انداز اختیار کرنا - اپنے آپ کو بڑا آدمی یا مبصر ظاہر کرنا - مصنوعی انداز اختیار کرنا - ڈامینو کے کھیل میں پہلی چال چلنا -

Pose (pōz) *adj.* Standing still خاموش کھڑا ہوا -

Poser (pōz-ər) *n.* A difficult problem مشکل مسئلہ - مخمصہ - الجھن میں ڈالنے والا مسئلہ -

Poseur (poz-yer) *n.* One who assumes an artificial attitude بننے والا - تصنع سے کام لینے والا -

Posh (po-sh) *adj.* Smart (بول چال) ٹھاٹھ کا - شاندار - خوش پوش -

Posit (po-zit) *v.t.* Assume as true فرض کرنا - بجا فرض کرنا - مان لینا - مفروضہ کو صحیح مان لینا -

Position (poz-ish-ən) *n. & v.t.* Situation مسئلہ - نظریہ - صورت حال - صورت - انداز خیال - نقطہ نظر - جگہ - موقع - حالت - محل - مقام - عہدہ - رتبہ - مرتبہ - ٹھیک جگہ پر رکھنا - محل یا موقع معین کرنا -

Positional *adj.* وضع یا مقام کے متعلق - موقع اور محل کے لحاظ سے - حسب موقع -

Positive (poz-i-tiv) *adj. & n.* Definite قطعی - متعین - صریحی - مضبوط - مستقل - کامل وثوق رکھنے والا - حقیقی طور پر جاننے والا - (بول چال) پورا پکا - مطلق - اثباتی - ایجابی - مثبت -

Positively *adv.* فی الواقع - فی الحقیقت - قطعی طور پر -

Positiveness *n.* وجوب - ایجاب - اثبات - قطعیت -

Positivity *n.* قطعیت - اثبات -

Positivism (poz-i-tiv-izm) *n.* Actual or absolute knowledge فلسفہ وجوبیت جس میں صرف ان چیزوں کو مانا جاتا ہے جن کا وجود مشاہدہ میں آ سکے اور اس کا عینی ثبوت ہو -

Positivist *n.* وہ جو صرف قابل مشاہدہ چیزوں کو مانتا ہو - وجوبی -

Posnet (poz-nit) *n.* A small cooking pot چھوٹی ہانڈی یا پتیلی -

Posology (pos-ol-ə-ji) *n.* Science of quantity دواؤں کی مقدار کا علم -

Posse (pos-i) *n.* An armed body پولیس کا ہتھیار بند دستہ - فوجی دستہ -

Posse comitatus مسلح تعداد - ملک کی مردمی طاقت -

Possess (poz-es) *v.t.* Have, hold or occupy قابض ہونا - مالک ہونا - رکھنا - قابو میں رکھنا - جن - بھوت - آسیب کا اثر ہونا - کسی روح کا حلول کر جانا - کسی خیال کا سما جانا - کسی چیز کا خبط ہونا -

Possessor *n.* قابض - مالک -

Possession (poz-esh-ən) *n.* Thing possessed, fact of being in possession قبضہ - دخل - اشیائے مقبوضہ - ملک - (جمع) مال و متاع - مال و دولت -

Take possession قابض ہونا - قبضہ کرنا -

Possession is nine points of the law البحث و دلیل الملک - قبضہ قانون کی جان ہے -

Possessive (poz-es-iv) *adj. & n.* Genitive قبضہ کے متعلق - (قواعد) اضافی - حالت اضافی -

Possessively *adv.* قابضانہ حیثیت سے - اضافی طور پر -

Posset (pos-it) *n.* A ditetic drink ایک شربت جو شراب ، گرم دودھ اور گرم مسالہ سے تیار کیا جاتا ہے -

Possibilist (pos-i-bl-ist) *n.* Member of a body which wants that the efforts should be confined to what is immediately possible ایسی جماعت کا رکن جو فوری قابل عمل اصلاحات پر زور دے -

Possibility (pos-i-bi-li-ti) *n.* That which is possible, a contingency امکان - ممکن عمل - ممکن صورت - احتمال - حالیہ ضرورت -

Possible (pos-i-bl) *adj.* & *n.* That may be done ممکنہ - جس کا ہونا یا کرنا ممکن ہو - سمجھ میں آنے والی بات - ممکن عمل -

To do one's possible ممکنہ کوشش کرنا -

Possibly *adv.* ممکن ہے کہ - حسب امکان - حتی الامکان -

Post (pōst) *n.* & *v.t.* A stout upright pillar of timber or other material کھمبا - ستون - کٹھہرا - شہتیر - بانس - کوئلے کا ستون - چسپاں کرنا - ستون یا دیوار پر چپکانا - فہرست میں نام درج کرنا - اشتہار چسپاں کرنا یا لگانا - نام شائع کرنا -

Post (pōst) *n.* & *adv.* Post man, a place where letters are posted ڈاکیا - ڈاک کا سوار - ہرکارہ - ڈاک کی گاڑی - ڈاک کا صندوق - وہ خطوط جو ایک بار بھیجے جائیں یا وصول ہوں - ڈاک کا تھیلا - لیٹر بکس - خط کے کاغذ کی تقطیع - اخباروں کے نام کا جز - جلدی سے - تیزی سے -

Post haste فوراً - تیزی سے -

Post (pōst) *v.i.* & *t.* Travel with post horses, move up and down in the saddle ڈاک کے گھوڑوں کے ذریعے سفر کرنا - جلد جلد مسافت طے کرنا - ڈاک میں خط ڈالنا - کھاتے پر چڑھانا - فہرست میں درج کرنا - کسی شخص کو کسی امر کے متعلق تفصیلی معلومات بہم پہنچانا -

Post (pōst) *n.* & *v.t.* A fixed place or station, an office employment, appointment پہرے کی جگہ - فوجی یا سرحدی چوکی - فوجی جماعت جو چوکی پر مقرر ہو - قلعہ - کوٹ - گڑھی - تجارتی چوکی - عہدہ - اسامی - جگہ - منصب - نوکری - (بحری) بیس یا زائد توپوں کے جہاز کی کپتان - سپاہیوں کی چوکی بٹھانا - کسی خالی جائداد پر تقرر کرنا - کسی کو کوئی عہدہ دینا - دستہ متعین کرنا -

Last post وہ بگل جو فوجی جنازے پر بجایا جائے - ماتمی بگل - ماتمی باجا -

Postage (pōst-ag) *n.* Money paid for conveyance by post ڈاک کا محصول - ڈاک کے ٹکٹ -

Postal (pōst-l) *adj.* Pertaining to mail service ڈاک یا ڈاک کے انتظام کے متعلق -

Poster (pōst-er) *n.* One who posts, anything posted اشتہار لگانے والا - خطوط ڈالنے والا - اشتہار - چسپاں کیا ہوا اشتہار - (رگبی فٹ بال) وہ گیند جو سیدھی گول کی لکڑی پر سے گزر جائے -

Poste-restante (pōst-res-tant) *n.* A department of post office where letters are kept till called for ڈاک خانہ کا صیغہ جہاں خطوط اس وقت تک رکھے جاتے ہیں جب تک مکتوب الیہ انہیں طلب نہ کرے -

Posterior (pos-tē-ri-ər) *adj.* & *n.* Coming after, later - موخر - متاخر - بعد کا - پچھلا - جمع (سرین) -

Posterity (pos-te-ri-ti) *n.* Those coming after آئندہ نسل - آنے والے - اسلاف -

Postern (post-ərn) *n.* A backdoor مکان کا پچھلا دروازہ - چور دروازہ -

Posthumous (post-ū-məs) *adj.* After death باپ کی وفات کے بعد پیدا ہونے والا (بچہ) وہ کتاب جو مصنف کی وفات کے بعد شائع ہو - موت کے بعد کا کوئی واقعہ - اعزاز - انعام -

Postil (pos-til) *n.* A marginal note - حاشیہ کی شرح - ذیلی شرح -

Postilion (pōs-tıl-yən) *n.* One who guides horses of a carriage riding on one of them گھڑ سوار کوچوان - کوچوان جو گاڑی کے گھوڑوں میں سے کسی ایک پر سوار ہو کر چلاتا ہے -

Postliminy (pōst-lim-i-ni) *n.* The right of a returned exile to resume his former status (قانون روما) اصول جس کی رو سے جلا وطن شخص کو اور قیدی کو واپس ہونے کے بعد حقوق شہریت دوبارہ مل جاتے ہیں - پچھلی حالت کی طرف مراجعت -

Postmaster (post-mas-tər) *n.* One who is in charge of post office عامل ٹپہ خانہ - مہتمم ڈاکخانہ - آکسفورڈ کا وظیفہ یاب طالب علم -

ost-meridiem (post-meri-di-em) *adv.* After midday بعد دوپہر ۔

ost-mortem (post-mor-təm) *adj.* & *n.* After death, autopsy مرنے کے بعد ۔ مرنے کے بعد لاش کا معائنہ تاکہ موت کا سبب معلوم کیا جائے ۔

ost-obit (post-ob-it) *adj.* & *n.* Taking effect after death جو مرنے کے بعد نافذ ہو ۔ ایسا تمسک جس کی رو سے قرضدار کے مرنے کے بعد وصولی قرض کا حق ہو ۔

ostpone (pos(t)pon) *v.t.* Put off to a future time بر آئندہ کرنا ۔ ملتوی کرنا ۔ ٹال دینا ۔ آئندہ کے لیے اٹھا رکھنا ۔ دیر سے آنا ۔ بخار باری کے بعد آنا ۔

Postponement *n.* ۔ دیر ۔ توقف۔ تاخیر ۔ برآئندگی ۔التوا

ostposition (post-poz-ish-ən) A word or particle placed after a word وہ ٹکڑا یا لفظ جو کسی لفظ کے آخر میں لگا کر مرکب بنائیں ۔ لاحقہ ۔

ostprandial (post-pran-di-əl) *adj.* After dinner کھانے کے بعد ۔

ostscript (po(st)skript) *n.* Part added to a letter after signature عبارت جو خط میں دستخط کے بعد بڑھائی جائے ۔ عبارت ما بعد ۔ عبارت مزید ۔

ostulate (pos-tū-lāt) *v.t.* Claim, take for granted فرض کرنا ۔ مان لینا ۔ طلب کرنا ۔ مانگنا ۔ دعویٰ کرنا ۔ بنیادی شرط رکھنا ۔ مشروط تقرر کرنا ۔

Postulation *n.* بنیادی شرط ۔ مفروضہ ۔ مشروط منظوری ۔ نامزدگی ۔

osture (pos-tyər) *v.t.,i.* & *n.* Carriage, attitude, pose طرز ۔ انداز ۔ طرز طبیعت ۔ طرز خرام ۔ وضع ۔ حالت ۔ کوئی انداز اختیار کرنا ۔

Posture master ورزشی کرتب سکھانے والا ۔ نٹ ۔

osy (po-zi) *n.* A motto, a bunch of flowers مختصر کتبہ جو نگینہ پر کندہ ہو ۔ چھوٹا سا گلدستہ ۔

Posy-ring کتبہ دار انگوٹھی ۔

ot (pot) *n.* A deep or deepish vessel ظرف ۔ برتن ۔ دیگچی ۔ ہانڈی ۔ گھڑا ۔ لوٹا ۔ پیالہ ۔ آبخورہ ۔ کٹورہ ۔ بادیہ ۔ شاہ خاصہ ۔ مرتبان ۔ کافی دان ۔ چائے دان ۔ پھولوں کا گملا ۔ پیشاب کا برتن ۔ ورزشی کھیل کا انعامی برتن ۔ بڑی رقم ۔ زرکثیر (گھڑ دوڑ) زر شرط ۔ وہ گھوڑا جس کے جیتنے کی امید ہو ۔

Pot-belly بڑے پیٹ والا ۔ توندل ۔

Pot-boy سرائے کا خدمت گار لڑکا ۔

Pot-head بے وقوف آدمی ۔

Pot-hunter ہر جانور کو جو سامنے آ جائے شکار کرنے والا ۔ حریص شکاری ۔ انعام کی خاطر کسی مقابلہ میں حصہ لینے والا ۔

Pot (pot) *v.t.*& *i.* Place butter, fish, etc., in pot in order to preserve it, shoot, seize, secure مکھن ۔ مچھلی یا گوشت کو نمک لگا کر کسی برتن میں محفوظ کرنا ۔ گملے میں پودا لگانا ۔ بلیرڈ کے کھیل میں گیند کو تھیلی میں پہنچانا ۔ کسی جانور کو نشانہ بنانا ۔ گولی چلانا ۔ پانا ۔ حاصل کرنا ۔

Potable *adj.* & *n.* (جمع) مشروب چیزیں ۔ محفوظ کرنے کے قابل ۔ پینے کے قابل ۔

Potamology (pot-ə-mo-lo-ji) *n.* Scientific study of rivers دریاؤں کا علم

Potamic (pot-am-ik) *adj.* Of rivers ۔ دریاؤں کے متعلق

Potash (pot-ash) *n.* A powerful alkali ایک قسم کا تیز کھار ۔ الکلی ۔ پوٹاس ۔

Potassium (pot-as-i-əm) *n.* An alkali metal ایک سفید چمکدار دھات جو الکلی سے مرکب ہوتی ہے ۔

Potation (po-ta-shən) *n.* Drinking ۔ گھونٹ ۔ جرعہ ۔ چسکی ۔ شراب خوری ۔ مے نوشی ۔

Potatory *adj.* مے نوشی کا ۔

Potato (pō-tā-tō) *n.* Plant or tuber ۔ آلو ۔ آلو کا پودا

Poteen (po-tyen) *n.* Irish whisky illicitly distilled بلا اجازت کشید کی ہوئی آئر لینڈ کی وہسکی شراب ۔

Potent (pō'-tənt) *adj.* Powerful ۔ زبردست ۔ زور دار ۔ طاقت ور ۔ معقول اور محکم دلیل ۔ قوی الاثر دوا ۔

Potency *n.* دوا کی طاقت ۔ زور ۔ قوت ۔

Potently *adv.* بڑی قوت کے ساتھ ۔ شدت سے ۔ زور سے ۔

Potentate (pō-tənt-āt) *n.* One who possesses power حاکم ۔ فرمانروا ۔ بادشاہ ۔ راجہ ۔ شہزادہ ۔

Potential (pō-ten-shl) *adj.* & *n.* Powerful, efficacious سخت ۔ طاقت ور ۔ زبردست ۔ خوابیدہ قوت جو بیدار ہو سکے ۔ خلقی استعداد ۔ مضمر ۔ پوشیدہ طاقت ۔ (قواعد) احتمالی حالت ۔ امکانی صورت ۔

Reached its highest potential اس نے ہر امکانی ترقی کی ۔

Potentiality *n.* امکان ۔ احتمال ۔ امکانی قوت ۔

Potentially *adv.* بزور ۔ بالقویٰ ۔ باطنی طاقت سے ۔ خلقی قوت سے ۔

Potentialize (pō-ten-shi-ə-līz) *v.t.* Convert energy into potential condition حالت استعدادی سے حالت فعلی میں تبدیل کرنا ۔ توانائی کو متحرک کرنا ۔

Potentiate (pō-ten-shi-āt) *v.t.* Give power قوت بخشنا ۔ طاقت دینا ۔ ممکن بنانا ۔

Pother (pudh-ər) *v.t,.i.* & *n.* Choking smoke or dust دھواں ۔ گرد و غبار جس سے دم گھٹے ۔ شور ۔ ہنگامہ ۔ دکھڑا ۔ ہاڑ ۔ حیران کرنا ۔ ہنگامہ کرنا ۔ پریشان کرنا ۔

Potion (po-shən) *n.* A dose of liquid medicine رقیق دوا ۔ شربت ۔ عرق ۔ دوا کی خوراک ۔ زہر کا گھونٹ ۔

Pot-pourri (pōt-pōō-rē) *n.* A mixture of sweet-scented petals خوشبودار مسالوں اور پتیوں کا مرکب ۔ کشکول ۔ ادبی مضامین کا مجموعہ ۔ موسیقی کے متفرق راگ ۔ راگنیوں کا مجموعہ ۔

Potsherd (pot-s-herd) *n.* A piece of broken pottery ٹھیکری ۔

Pott (pot) *n.* A size of paper کاغذ کا ناپ ۔

Pottage (pot-aj) *n.* Vegetables boiled with or without meat ترکاری کا سالن ۔ ترکاریاں جو گوشت میں یا بغیر گوشت کے پکائی گئی ہوں ۔

Potter (pot-ər) *n.* One who makes pots کمہار ۔ کوزہ گر ۔ سفال گر ۔

Potter (pot-ər) *v.i.* & *t.* Busy oneself in a desultory way کوئی کام بے دلی سے کرنا ۔ آوارہ پھرنا ۔ بے مقصد ادھر ادھر پھرنا ۔

Pottery (pot-ə-ri) *n.* Articles of baked clay مٹی کے برتن ۔ کمہار کی دکان ۔ مٹی کے برتن بنانے کا کام ۔

The potteries اسٹیفرڈ شائر کا شمالی علاقہ ۔

Pottle (pot-l) *n.* Half a gallon or thereabout آدھے گیلن کا پیمانہ ۔ نصف گیلن کا برتن ۔ اسٹابری وغیرہ کی ٹوکری ۔

Potty *adj.* ذرا سا ۔ چھوٹا سا ۔ لا یعنی ۔ ادنیٰ ۔ حقیر ۔

Pouch (powch) *n.* A poke, pocket or bag تھیلی ۔ جیب ۔ بٹوا ۔ کیسہ ۔ کھال کا جھول ۔ بڑا پیٹ ۔ کیسہ دار جانوروں کی تھیلی ۔ گولی بارود یا تمباکو کی تھیلی ۔

Pouchy *adj.* تھیلی کی طرح کا ۔ کیسہ نما ۔ کیسہ دار ۔

Pouch (powch) *v.t.* & *i.* Form a pouch, be like a pouch جیب میں رکھنا ۔ جیب بنانا ۔ بٹوے میں رکھنا ۔ قبضہ میں لانا ۔ ہتھیانا ۔ (بول چال) نوکروں کو انعام دینا ۔ جیب کی طرح لٹکنا ۔

Pouf (poof) *n.* A puffed mode of hair dressing بالوں کی آرائش کا ایک طریقہ ۔ بالوں کو اٹھا کر جوڑا باندھنا ۔ جوڑا ۔ کپڑوں کا وہ حصہ جو سمیٹ کر اکٹھا کر لیا جائے ۔ چٹا ۔

Poulterer (polt-er-ər) *n.* One who deals in dead fowls and game مرغی والا ۔ مرغی اور انڈے بیچنے والا ۔ مرغی اور شکار کا گوشت بیچنے والا ۔

Poultice (pol-tis) *v.t.* & *n.* A soft combination applied on a cloth to sores پلٹس ۔ مرہم ۔ بھرتا ۔ لپڑی ۔ پلٹس باندھنا ۔ مرہم لگانا ۔

Poultry (polt-ri) *n.* Domestic or farmyard fowls پالتو مرغ ۔ بطخ ۔ مرغیاں ۔

Pounce (powns) *n., v.t.* & *i.* Claw, a sudden spring پنجہ ۔ چنگل ۔ سفوف ۔ جھپٹا مارنا ۔ چنگل سے پکڑنا ۔

Make a pounce غلطی پکڑنا ۔ پنجوں میں جکڑ لینا ۔ دبوچ لینا ۔ جھپٹا مارنا ۔ فوراً گرفت کرنا ۔

Pouncet (pown-set) *v.t.* & *n.* Soaking powder خاک ریز ۔ جاذب سفوف ۔ خاکہ کشی کا سفوف ۔ سفوف چھڑک کر خاکہ اتارنا ۔

Pouncet box *n.* خاک ریز ڈبیا ۔ ایک ڈبیا جس میں سفوف بھرتے ہیں اس کے ڈھکن میں سوراخ ہوتے ہیں ۔

Pound (pownd) *v.i.* & *n.* A unit of weight, a gold coin or note آدھ سیر کے قریب وزن جس کا مخفف (.Lb) ہے ۔ تولنے میں سولہ اونس کا وزن ۔ پونڈ ۔ گنی ۔ اشرفی ۔ دینار ۔ مہر ۔ پونڈ بیس شلنگ یا پندرہ روپے کا ہوتا ہے ۔ (L) تول کر سکہ کا وزن معلوم کرنا ۔

ound (pownd) *n. & v.t.* An enclosure where strayed animals are confined جانوروں کو قید کرنے کا باڑا - کانجی گھر - مشکل مقام - دشوار جگہ - جانوروں کو باڑے میں بند کرنا -

ound (pownd) *v.t. & i.* Beat into fine pieces, shower, beat پیٹنا - کوٹنا - مارنا - ضرب لگانا - مکوں سے مارنا - دھنکنا - پامال کرنا - گولے برسانا - بھاری قدموں سے چلنا - دھپ دھپ دوڑنا -

Pound to jelly کچومر بنا دینا - بھرکس نکال دینا -

Pound to pieces کوٹ کر چورا چورا کر دینا -

oundage (pownd-ag) *n.* A charge or tax made on a pound درآمد یا برآمد کا محصول پاؤنڈ میں - پاؤنڈ کے حساب سے دستوری یا کٹوتی - پاؤنڈ کے حساب سے منافع یا چنگی - ٹیکس یا محصول -

ounder (pownd-ər) *n.* One who pounds کوٹنے والا - سفوف بنانے والا - اوکھلی - ہاون دستہ -

ounder (pownd-ər) *n.* A thing of a pound weight آدھ سیرا - پاؤنڈ بھر وزن کی چیز - پاؤنڈ وزن کے گولے پھینکنے والی توپ - اتنے پاؤنڈ کا مالک شخص - اتنے پاؤنڈ کی چیز -

our (pōr) *n., v.t. & i.* Cause or allow to fllow انڈیلنا - بہانا - دھار باندھ کر ڈالنا - نکالنا - خارج کرنا - چلانا - بکثرت پھینکنا یا خرچ کرنا - بوچھاڑ کرنا - برسانا - جلدی جلدی بولنا یا لکھنا - تانتا بندھ جانا - موسلا دھار بارش - پگھلی ہوئی دھات کی گھان -

It never rains but it pours مصائب ہمیشہ ہجوم کر کے آتے ہیں -

Pour cold water on کام کے جوش کو ٹھنڈا کر دینا - کمر ہمت توڑ دینا -

Pour oil up on troubled waters میٹھی میٹھی باتوں سے ٹھنڈا کر دینا - تسکین دہ الفاظ سے ہنگامہ فرو کرنا -

Pouring *adj.* رم جھم - لگا تار - موسلا دھار -

Pour-boire (pōōr-bwar) *n.* A tip بخشش - انعام - اکرام -

Pour-parler (poor-păr-lā) *n.* An informal preliminary conference (عموماً جمع) کسی معاملہ پر رسمی گفتگو سے پہلے غیر رسمی بات چیت -

Pour-point (pōōr-point) *n.* A mediaeval quilted doublet روئی کی صدری - روئی کی مرزائی -

Poussette (poos-et) *v.t. & n.* An act of dancing round each other دو شخصوں کا حلقہ بنا کر ایک دوسرے کے ارد گرد ناچنا - یہ ناچ -

Pout (poot) *n.* A kind of fish, the bib ایک قسم کی مغربی یورپ کی سفید مچھلی جس کی ٹھوڑی پر تھوتھنی ہوتی ہے -

Pout (powt) *v.i., t. & n.* Push out the lips in displeasure, protrude ہونٹ لٹکانا - منہ بنانا - اظہار ناراضگی کرنا - ترشروئی - اظہار ناراضگی - چڑچڑاپن -

Pouter (powt-ər) *n.* A kind of pigeon with great power of inflating crop ایک قسم کا کبوتر جو اپنا پوٹا خوب پھلا لیتا ہے -

Poutingly *adv.* اظہار ناراضگی کے ساتھ - ناک بھوں چڑھاتے ہوئے - منہ پھلائے ہوئے -

Poverty (pov-ər-ti) *n.* The state of being poor مفلسی - تنگ دستی - تنگ حالی - افلاس - عسرت - کمیابی - قلت - کوتاہی - بنجر پن - فرو مائگی - ادنیٰ پن -

Powder (pow-dər) *n. & v.t.* Dust, solid in fine particles برادہ - سفوف - غازہ - ابٹن - بارود - زور جو کھیل وغیرہ میں دکھایا جائے - پیسنا - سفوف بنانا - سفوف چھڑکنا - غازہ ملنا -

Not worth powder and shot حقیر شے - ادنیٰ حریف - ادنیٰ شکار -

Powdriness *n.* سفوف ہونے کی صلاحیت - سفوف کی طرح ہونا -

Powdery *adj.* سفوف بنا ہوا - سفوف سا - پسا ہوا - جس کو بہ آسانی سفوف بنایا جا سکے -

Power (pow-ər) *n.* Ability to do any thing طاقت - زور - قوت - بل - قابو - قابلیت - صلاحیت - اہلیت - حکومت - اختیار - اثر - غلبہ - سلطنت - دولت - ریاست - خدا - دیوتا - دیوی - طاقت عمل -

Power of attorney مختار نامہ -

More power to your elbow خدا تمہیں ہمت عطا کرے - خدا تمہیں طاقت دے -

The powers that be بر سر اقتدار لوگ -

Powerful *adj.* موثر - ذی اثر - توانا - کارگر - طاقت ور - زور آور - با رسوخ -

Powerless (pow-ər-les) *adj.* Helpless ناتواں - ضعیف - بے بس -

Powwow (pow-wow) *v.t.,i. & n.* An American Indian conjurer امریکہ کا جادو سے علاج کرنے والا - ساحر - ٹونا ٹوٹکا کرنے والا - جنتر منتر - جھاڑ پھونک - (امریکہ) سیاسی مجلس - جادو سے علاج کرنا - گفت و شنید کرنا - سیاسی جلسہ کرنا -

Pox (poks) *n.* Pustules, an eruptive disease دھبے - دانے - آبلہ فرنگ - آتشک - چیچک -

Pozzy (po-zi) *n.* Jam - (فوجی بول چال) مربہ - جام - رب

Practicable (prak-tik-əbl) *adj.* That may be accomplished - کرنے کے قابل - ہو سکنے کے قابل - قابل عمل - ممکن الحصول - قابل استعمال - قابل گزر -

Practicability / Practicableness } *n.* قابل عبور ہونا - امکان - قابل عمل ہونا - قابل موروثی ہونا - ممکن ہونا - وقوع پذیری -

Practical (prak-tik-əl) *adj.* Workable, actually engaged in doing عملی - اکتسابی - جو عمل میں دکھایا جا سکے - کام کا - مفید - کارآمد - مشاق - تجربہ کار - عملی رجحان رکھنے والا -

A practical atheist - پورا دہریہ - عملی طور پر دہریہ

It does not appeal to practical mind مائل بہ عمل لوگوں کو یہ پسند نہیں -

Practicality / Practicalness } مشغولیت - عملیت - عملی ہونا -

Practically (prak-tik-əli) *adv.* Actually - حقیقت میں در اصل - عملاً - عملی طور پر -

Practice (prak-tis) *n.* Actual doing - عمل - مشق - مداومت - عادت - معمول - رویہ - دستور - مہارت - محاورہ - وکیل یا ڈاکٹر کا پیشہ - تجارت - حساب تجارت - تجویز - ہتکنڈہ -

Practician *n.* کام کرنے والا - پیشہ ور -

Practise (prak-tis) *v.t. & i.* Perform, do habitually عمل میں لانا - مشق کرنا - عادت ڈالنا - کوئی پیشہ اختیار کرنا - تجویز کرنا - سازش کرنا - استعمال کرنا -

Practise what you preach جو دوسروں سے کہو اس پر خود بھی عمل کرو -

Practised *adj.* پختہ کار - تجربہ کار - مشاق -

Practitioner (prak-tish-ən-ər) *n.* One who is in practice - پیشہ ور - پیشے کا کام کرنے والا - طبیب - ڈاکٹر -

Praecocial (pri-ko-shəl) *adj.* Able to leave the nest atonce وہ پرندے جن کے بچے انڈے سے نکلتے ہی چلنے اور چگنے لگتے ہیں -

Praeposter (prip-əs-tər) *n.* Prefect, monitor (سکول) مانیٹر - مددگار معلم -

Praetor (pre-tər) *n.* A magistrate of ancient Rome قدیم روما میں منتخب شدہ مجسٹریٹ جسے قونصل کے اختیارات ہوں -

Praetorian (pre-tə-ri-ən) *adj. & n.* A member of king's bodyguard مجسٹریٹی عہدہ کا - شاہی محافظ دستہ کا سپاہی -

Pragmatic-al (prag-mat-ik) *adj.* Relating to affairs of state or society - عملی - امر واقعہ کا - مفید - کاروباری - امور مملکت کا - معاشرہ کا - عملی فوائد پر نظر رکھنے والا - مداخلت کرنے والا - مستبد - افادی -

Pragmatically *adv.* - عملی حیثیت سے - تحکمانہ طور پر - مداخلت کرتے ہوئے -

Pragmatism (prag-mat-izm) *n.* Practicalism دوسروں کی خدمت - مداخلت - عملیت - کسی چیز پر عملی فوائد کی حیثیت سے روشنی ڈالنا - دخل درمعقولات - ضابطہ پرستی - علم نمائی - نظریہ عملیت - یہ نظریہ کہ کسی شے کا معیار قیمت یہ ہے کہ اس کا تعلق انسانی مفاد سے ہو -

Pragmatist *n.* عملی فوائد پر نظر رکھنے والا - نظریہ عملیت کا قائل یا پیرو -

Pragmatize (prag-mat-īz) *v.t.* Represent as real اصل کے طور پر پیش کرنا - استعارے اور تشبیہ کو حقیقی سمجھ لینا - متشابہات کو محکم سمجھنا -

Prairie (pra-ri) *n.* A treeless plain وسیع گھاس کا میدان جس میں درخت نہ ہوں -

Praise (prāz) *v.t. & n.* Assign a value to تعریف کرنا - توصیف کرنا - مدح سرائی کرنا - تحسین و آفرین کہنا - خدا کی حمد و ثنا کرنا - تعریف - ستائش - حمد و ثنا -

Praiseful *adj.* ستائشی - تعریفی - حمد و ثنا سے معمور -

raiseworthy (prāz-wur-thi) *adj.* Commendable قابل تعریف - مستحسن -

Praiseworthiness *n.* قابل تعریف ہونا - خوبی - عمدگی -

ram-proam (prām) *n.* A milkman's handcart دودھ والے کا ٹھیلا - بچوں کی گاڑی - سیر گاڑی -

ram (prām) *n.* A flat-bottomed barge چپٹے پیندے کی کشتی - بار برداری کی مسلح کشتی - کشتی جس پر توپیں لگی ہوں -

rance (prâns) *n.,v.t.* & *i.* Move with exaggerated action کودنا - اچھلنا - کلول کونا - اترا کر پھرنا - گھوڑے کا جست کرنا - جست کرانا - گھوڑے کی اچھل کود -

randial (pran-di-əl) *adj.* Relating to dinner طعام کے متعلق -

rank (prangk) *n.* A mischievous trick شوخی - کھیل - شرارت - عملی مذاق - خر مستی - غیر مہذب حرکت -

Prankful } *adj.* شوخیانہ - شرارت کے طور پر -
Prankish }

rank (prangk) *v.t.* & *i.* Play tricks, set in order شرارت کرنا - زینت دینا - آراستہ کرنا - سجانا - سجنا - بننا ٹھننا -

rate (prāt) *v.i.,t.* & *n.* Talk foolishly یاوہ گوئی کرنا - بک بک کرنا - بے تکے پن سے کہنا - بکواس - بک بک - جھک جھک -

Prater *n.* } حرزہ سرا - بکواسی - فضول گو -
Prating *adj.* } بسیار گو -

ratique (prat-ik) *n.* Permission to hold intercourse after quarantine اجازت نامہ جو مسافروں کو قرنطینیہ میں رہنے کے بعد دیا جاتا ہے -

rattle (prat-l) *v.i.,t.* & *n.* Talk idly, utter in a prattling way بڑبڑانا - بچوں کی طرح باتیں کرنا - بک بک کرنا - سادگی سے کہنا - فضول باتیں کہنا - بچوں کا بولنا - پرندوں کا چہچہانا - طفلانہ گفتگو -

Prattle box *n.* بکواس -

Prattler (prat-lər) *n.* One who prattles بچوں کی طرح بڑبڑانے والا -

Prattling *adj.* بچوں کی طرح باتیں کرتا ہوا -

Pravity (prav-i-ti) *n.* Wickedness بد معاشی - سفلہ پن - ردائت - اخلاق خرابی -

Prawn (prawn) *n.* & *v.i.* A shrimp-like crustacean جھینگا - جھینگا مچھلی - جھینگے پکڑنا -

Praxis (praks-is) *n.* Practice رسم و رواج - مسلمہ دستور - (قواعد) مشقی سوالات -

Pray (prā) *v.t.* & *i.* Ask earnestly as in a worship خدا سے دعا مانگنا - التجا کرنا - درخواست کرنا - عرض کرنا - عبادت کرنا - نماز پڑھنا - منت و سماجت سے کوئی چیز مانگنا -

Prayer (prā-ər) *n.* Act of entreaty التجا - استدعا - عرض - درخواست - دعا - نماز - مناجات - عبادت - عبادت گزاری - چیز جو مانگی جائے - چیز جس کے لیے التجا کی جائے -

Prayerful *adj.* عبادت گزار - پرہیزگار - متقی -

Prayerfulness *n.* عبادت گزاری - دین داری - زہد - تقویٰ -

Prayerlessness *n.* خدا سے دوری - دین سے لا پروائی - بے دینی -

Prayer (prā-ər) *n.* One who prays عبادت گزار - دعا مانگنے والا -

Pre (pri) *prefix* In front, anterior سابقہ، بمعنی پہلے - آگے ، قبل ، پیشتر ، مقدم وغیرہ -

Preach (prēch) *v.i.,t.* & *n.* Discourse earnestly تلقین کرنا - نصیحت کرنا - وعظ کہنا - انجیل یا قرآن کی تفسیر بیان کرنا - سمجھانا - ذہن نشین کرنا - دعوت دینا - تبلیغ کرنا - کسی عقیدہ کی وضاحت کرنا - حمایت کرنا - طرف داری کرنا - وعظ - نصیحت - تقریر -

Preach down ناقدری کرنا - تقریر میں گھٹا کر دکھانا -

Preach up ضرورت سے زیادہ تعریف کرنا -

Preachable *adj.* وہ جس کی وضاحت ممکن ہو - وہ جو بیان کرنے کے لائق ہو -

Preacher *n.* مبلغ - واعظ -

Preachment *n.* لمبی چوڑی تلقین - طولانی وعظ -

Preachify (prēch-i-fī) *v.t.* Preach tediously اکتا دینے والا وعظ کہنا - لمبا چوڑا خطبہ دینا - پند و نصیحت کرنا -

Preachy (prēch-i) *adj.* Fond of preaching وعظ گوئی کا شوقین - خواہ مخواہ نصیحت کرنے کا عادی - پند و نصیحت سے معمور -

Preachiness *n.* پند و نصیحت سے معمور ہونا - وعظ کا شوقین ہونا -

Preamble (pre-am-bl) *n.* & *v.i.* Preface تمہید - دیباچہ - سرنامہ - مقدمہ - عنوان - تمہیدی بیان - تشریحی بیان جس میں کسی قانون کی وجہ جواز بتائی جاتی ہے - تمہید لکھنا - تمہیدی بیان دینا -

Prebend (preb-ənd) *n.* A share of the revenues of a cathedral allowed to a clergyman کسی گرجا کے پادری کا وظیفہ جو اسی گرجا کی آمدنی سے دیا جاتا ہے -

Prebendary (preb-ənd-a-ri) *n.* A resident clergyman who enjoys a prebend ایسا پادری جس کو گرجا کی آمدنی سے وظیفہ دیا جائے اور جو وہیں مقیم ہو -

Precarious (pri-ke-ri-əs) *adj.* Insecure دوسرے کی مرضی پر موقوف - رعائتی - فرضی - قیاسی - غیر محفوظ - پر خطر - خطرناک - غیر مستقل - مشتبہ -

Precariously *adv.* خطرناک طور سے - مشتبہ طریقہ پر - غیر معین طور پر -

Precariousness *n.* مشتبہ ہونا - غیر معین ہونا - پر خطر ہونا -

Precatory (prek-ə-tə-ri) *adj.* Of the nature of a wish or recommendation نیازمندانہ - التجایانہ - امیدوارانہ -

Precative *adj.* التماسی - التجائی -

Precaution (pri-kaw-shən) *n.* Care beforehand عاقبت اندیشی - حفظ ما تقدم - پیش بندی - قبل از وقوع احتیاط - چوکسی - تدارک -

Precautionary *adj.* تدارکی - احتیاطی -

Precede (pre-sēd) *v.t.* & *i.* Go before in position تقدیم کرنا - پیش روی کرنا - مقام ہونا - برتر ہونا - فائق ہونا - رتبہ میں اعلیٰ ہونا - پہلے واقع ہونا - کسی کام سے پہلے کرنا یا عمل میں لانا - عمل میں پہلے آنا -

Precedence (pri-sēd-əns) *n.* The act of going before - تقدیم - پیش روی - سبقت - آگے یا پہلے ہونا - ترجیح - برتری - ممتاز جگہ پر بیٹھنے کا حق -

Precedent (pre-si-dənt) *n.* That which precedes مقدم ہونا - مثال - نمونہ -

Precedent (pre-si-dənt) *adj.* Preceding سابقہ - پیشین - ما قبل - مقدم - اہم تر - اعلیٰ تر -

Condition precedent کسی حق کے لیے کسی امر کا وقوع لازم ہونا -

Order of precedence حفظ مراتب -

Take precedence of بالا نشینی کا مستحق ہونا -

Precedented (pre-sid-ənt-id) *adj.* Warranted by an example جس کی نظیر موجود ہو -

Precent (prē-sent) *v.i.* & *t.* Lead in singing of a church choir مناجات خوانی میں پہلے گیت شروع کرنا - گانے والی جماعت کی رہبری کرنا -

Precentor (prē-sen-tər) *n.* The leader of the singing party بھجن منڈلی کا اگوا کار - بھجن کی ابتدا کرنے والا - راگ شروع کرنے والا -

Precept (prē-sept) *n.* Command, rule of action فرمان - حکم - ضابطہ عمل - نصیحت - ہدایت - محصول کی ادائی یا وصولی کا حکم نامہ - فرمان الٰہی -

Preceptive *adj.* تنبیہی - حاکمانہ - ناصحانہ -

Preceptor (prē-sept-ər) *n.* A teacher, instructor معلم - استاد - ہادی - رہبر -

Preceptorial *adj.* ہادیانہ - معلمانہ -

Preceptorship *n.* عہد معلمی - معلمی -

Preceptory (prē-sept-ə-ri) *n.* A community of Knights Templars, its estate or buildings - نائٹ ٹمپلرس کی جماعت ، ان کی جائداد اور مکانات -

Precession (pri-sesh-ən) *n.* Act of going before سبقت - پیش روی - آگے نکل جانا -

Precession of the equinoxes سبقت اعتدالین - حرکت تقویمی -

Precinct (pre-singkt) *n.* An enclosed space سرحد - حد - احاطہ - محصور جگہ (جمع) گرد و پیش - قرب و جوار - نواح -

Precious (presh-əs) *adj.* & *adv.* Of great worth بیش قیمت - بیش بہا - عزیز - پیارا - دکھاوے کا - شائستہ - حد سے زیادہ نفاست پسند - پورا - مکمل - بالکل - بہت -

Precious metal سونا - چاندی -

Preciosity *n.* نفاست - انتہائی نزاکت پسندی - مبالغہ آمیز ہونا - تصنع آمیز ہونا -

Preciously *adv.* نفیس مزاجی سے - تصنع سے - نفاست پسندی سے -

Preciousness (presh-əs-nes) *n.* Being of high price بیش قیمتی - گراں بہائی -

Precipice (pres-i-pis) *n.* A headlong fall, headlong rashness - ٹیلہ - کھڑی چٹان - کھڑی ڈھال آگے کو نکلا ہوا پہاڑ کا عمودی حصہ -

Precipitate (pres-i-pi-tāt) *n.* Moisture condensed from vapour by cooling - شبنم - سرد شدہ بھاپ بارش -

Precipitate (pres-i-pi-tāt) *adj.* Rushing headlong falling سر نگوں - سر کے بل - سخت عجلت میں - بے سمجھے بوجھے - ناعاقبت اندیشانہ -

Precipitance-cy } *n.* عجلت - شتابی - جلد بازی -
Precipitateness } نا عاقبت اندیشی -

Precipitately *adv.* اندھا دھند - اندھے پن کے ساتھ - بے سمجھے بو جھے - عجلت سے -

Precipitate (pre-si-pi-tāt) *v.t.* Force into hasty action سر کے بل گرنا - بلند مقام سے گرانا - جلد بازی پر مجبور کرنا - قبل از وقت وقوع میں لانا - بھاپ کو کثیف بنانا - بخارات کو سرد کر کے پانی بنانا -

Precipitation *n.* شبنم - بارش - جلد بازی کا عمل - بے سمجھے بوجھے کا کام -

Precipitator *n.* گرانے والا - جلد باز - اوندھے منہ گرنے والا - کثیف پانی کو صاف کرنے کا تالاب - بخار کو پانی بنانے والا آلہ -

Precipitous (pre-si-pi-təs) *adj.* Like a precipice کھڑا - عمودی - کھڑی چٹان کا - کھڑی ڈھال کا -

Precipitously *adv.* جلد بازی سے - عجلت سے - بے سمجھے بوجھے - عموداً -

Precipitousness *n.* جلد بازی - عمود - کھڑا ہونا - عمودی ہونا -

Precis (prā-sē) *n.* An abstract - لب لباب - اختصار - خلاصہ -

Precise (pri-sīs) *adj.* Definite, exact - ٹھیک ٹھیک - پورا - صحیح - بے کم و کاست - با قاعدہ - با ضابطہ - صحت پسند - آئین و آداب کے مطابق - بالکل واضح - صاف -

The precise moment عین وہی موقع - ٹھیک وہی وقت -

Preciseness *n.* - باقاعدگی - باضابطگی - درستی - صحت -

Precisely (pri-sīs-li) *adv.* Exactly - ٹھیک ٹھیک - بعینہ - ہو بہو - من و عن - جی ہاں - بالکل ٹھیک - ہاں - ایسا ہی -

Precisian (pri-sizh-ən) *n.* An over-precise person - سخت پابند شخص - متشرع - سخت وضعدار آدمی - معمولی معمولی باتوں کا خیال کرنے والا انسان -

Precisianism *n.* یہ عقیدہ کہ ہر عمل بالکل ٹھیک ہونا چاہیے - ضابطہ پرستی -

Precision (pri-sish-ən) *n.* Quality of being precise صحت - درستی . باقاعدگی -

Precisionist *n.* زبان ، آداب اور نشست و برخاست میں صحت کا حد سے زیادہ خیال رکھنے والا - قاعدہ پرست -

Preclude (pri-klōōd) *v.t.* Hinder or shut out by anticipation - باز رکھنا - قبل از وقت روک دینا - مانع ہونا - خارج کرنا - ناممکن بنانا -

Preclusion *n.* اخراج - روک - ممانعت -

Preclusive *adj.* - ناممکن بنانے والا - خارج کرنے والا - مزاحم ہونے والا - روکنے والا -

Precocious (pri-ko-shəs) *adj.* Early in development قبل از وقت - پیش از وقت - وقت یا موسم سے پہلے - قبل از وقت نشو و نما پانے والا -

Precociousness } وقت سے پہلے نشو و نما اور پختگی -
Precocity } پیش از وقت کسی امر کا ہونا -

Precognition (pre-kog-nesh-ən) *n.* Fore knowledge - علم جو پہلے سے ہو - پیشگی آگاہی - (قانون) گواہ کا ابتدائی اظہار جس سے نفس مقدمہ کا اندازہ ہو سکے -

Preconceive (pre·kən-siv) *v.t.* Form a notion before having actual knowledge پہلے سے سوچ رکھنا - پیش از وقوع ادراک کر لینا - پیش بینی کرنا - قیاس کرنا -

Preconceipt *n.* پیش بینی -

Preconception *n.* عصبیت - ادراک واقعہ قبل وقوع -

Preconcert (pre-kən-sərt) *v.t.* Settle beforehand پہلے سے ایک فیصلہ کر لینا -

Preconise (pre-kən-īz) *v.t.* Proclaim publicly عام اعلان کرنا - مشہور کرنا - علی الاعلان تعریف کرنا - نام لیکر طلب کرنا - پاپائے اعظم کا کسی اسقف کے تقرر کی اعلانیہ منظوری دینا -

Precurser (pre-kers-ər) *n.* A forerunner پیش رو - نقیب - پیش رو عہدہ دار -

Precursory } *adj.* پیش رو - افتتاحی - مقدم - آگے
Precursive } چلنے والا - نقابت کرنے والا -

Predacious (pri-da-shəs) *adj.* Living by prey شکار پرگزر کرنے والا - شکار خوری کا -

Predacity *n.* شکاری جبلت - شکار خوری کی خو -

Predate (pre-dāt) *v.t.* Be earlier than, date before the true date اصل تاریخ سے پہلے کی تاریخ ڈالنا - تاریخ مقررہ سے پہلے پہنچ جانا -

Predatory (pr-da-tə-ri) *adj.* Characterised by plundering غارت گر - لٹیرا - لوٹ مار پر گزارہ کرنے والا - شکار خور - شکار کا عادی -

Predecessor (pre-di-ses-ər) *n.* One who has been before another سابقہ - پیشرو - کوئی شخص یا چیز جس کی جگہ دوسرا شخص یا دوسری چیز آئے -

Predella (pri-del-ä) *n.* The platform on which an altar stands قربان گاہ کا چبوترہ - قربان گاہ کی سب سے اونچی جگہ - قربان گاہ کی پشت کی منقش الماری -

Predestinarian (pre-des-tin-ə-ri-ən) *n.* & *adj.* Believing in the doctrine of predestination مسئلہ جبر کا قائل - تقدیر کا قائل -

Predestinate (pre-des-tin-āt) *adj.* & *v.t.* God's decree fixing every thing unalterably خدا کا ازل سے ابد تک ہر چیز کا مقدر کر دینا - مقدر کیا ہوا - پہلے سے مقرر کیا ہوا - ہر چیز کا مقرر کرنا -

Predestination (pre-des-tin-ə-shən) *n.* Act of predestinating تقدیر - مقدر - قضا و قدر -

Predestine (pri-des-tin) *v.t.* Destine or decree beforehand مقدر کر دینا - پہلے سے لکھ دینا - پہلے سے فیصلہ کر دینا -

Predetermine (pre-di-tər-min) *v.t.* Determine or settle beforehand پہلے سے ٹھہرانا - پہلے سے مقرر کرنا - پہلے سے فیصلہ کردینا - کسی کو کسی خاص طرز عمل پر راغب کرنا -

Predeterminate *adj.* قسمت میں لکھا ہوا - طے شدہ - فیصل شدہ -

Predetermination *n.* امر طے شدہ - امر فیصل شدہ - مقدر - تقدیر الٰہی -

Predial (pre-di-əl) *adj.* Of land ارضی - آراضی کا - زمین کا -

Predicable (pre-di-kə-bl) *adj.* That may be affirmed of something جو قابل ثبوت ہو - جس کے متعلق حکم لگایا جا سکے - ارسطو کے معمولات کی وہ قسمیں جو موضوعات کے تابع ہوں مثلاً نوع ، جنس وغیرہ -

Predicament (pri-dik-ə-mənt) *n.* One of the classes which includes all predicables ایسی جنس جس میں جملہ نوع شامل ہوں - کلیہ بسیط - ارسطو کے دس معقولات - حال - صورت - ناگوار یا خطرناک موقع - تکلیف دہ صورت-

Predicant (pred-i-kənt) *adj.* & *n.* Preaching, preacher بیان کرنے والا - اقرار کرنے والا - واعظ - ناصح -

Predicate (pred-i-kāt) *v.t.* Affirm, assert کسی چیز کی صحت یا وجود کو ثابت کرنا - کسی چیز کے متعلق کچھ کہنا - وثوق سے کہنا - دعویٰ کرنا - کسی شخص یا چیز کی کوئی صفت یا خصوصیت بیان کرنا -

Predicate (pred-i-kāt) *n.* That which is said of the subject معمول - صفت - حکم - فاعل کی صفت - مسند - خبر - خصوصیت -

Predication *n.* محکوم بہ - توسیع فعل - اقرار - اثبات - توضیح - تعریف - تشریح -

Predicative (pred-i-kat-iv) *adj.* تعریفی - تشریحی - اثباتی -

Predicatory (pred-i-kat-ə-ri) *adj.* Affirmative تشریحی ۔ خبری ۔ اثباتی ۔ قائم کرنے والا ۔ پند و نصیحت کرنے والا ۔

Predict (pri-dikt) *v.t.* Foretell آنے والے واقعہ کی خبر دینا ۔ غیب کی بات بتانا ۔ پیشین گوئی کرنا ۔

Predicability *n.* کسی چیز کی پیشین گوئی کی صلاحیت ۔ پیشین گوئی کی جانے کے قابل ہونا ۔

Predictable *adj.* قابل پیشین گوئی ۔

Prediction *n.* پیشین گوئی ۔

Predictive *adj.* پیشگی خبر دینے کا ۔ پیشین گوئی کا ۔

Predictor *n.* بشیر و نذیر ۔ پیغمبر ۔ پیشین گو ۔

Predilection (pre-di-lek-shən) *n.* Favourable prepossession of mind ۔ رجحان ۔ میلان ۔ رغبت ۔ میلان خاطر ۔ پسندیدگی ۔

Predispose (pre-dis-poz) *v.t.* Dispose or incline beforehand ۔ مائل کرنا ۔ متوجہ کرنا ۔ رجوع کرنا ۔ موافق ہو جانا یا کر لینا ۔ راغب کرنا ۔ شائق کرنا ۔ اخذ کرنا ۔ کھینچ لینا ۔

Predisposition (pre-dis-pozi-shən) *n.* Favourable inclination رغبت ۔ میلان ۔ توجہ ۔ التفات ۔ میلان خاطر ۔ جھکا ہوا ہونا ۔ مائل ہونا ۔

Predominate (pri-dom-in-āt) *v.t.* Prevail over, have a commanding position غلبہ پانا ۔ فوقیت ہونا ۔ بالا تر ہونا ۔ قوی تر ہونا ۔

Predominance *n.* قوی تر ہونا ۔ فوقیت ۔ غلبہ ۔

Predominant *adj.* قوی تر ۔ بالا تر ۔ غالب ۔

Predominantly *adv.* زبردستی سے ۔ فوقیت سے ۔ غلبہ سے ۔

Predominatingly *adv.* غالب ہوتے ہوئے ۔ غلبہ اور فوقیت سے ۔

Predomination *n.* برتری ۔ فوقیت ۔ غلبہ ۔

Pre-eminent (pre-em-in-ənt) *adj.* Surpassing others ۔ برتر ۔ افضل ۔ ممتاز ۔ فائق ۔ اعلیٰ ۔ قابل ترین ۔

Pre-eminence *n.* فضیلت ۔ برتری ۔ فوقیت ۔ سبقت ۔

Pre-eminently *adv.* امتیازی طور پر ۔ برتری سے ۔ فضیلت سے ۔

Pre-empt (pre-emp-t) *v.t.* Secure as first comer از روئے حق حاصل کرنا ۔ پہلے آنے کی بنا پر حق دار ہونا ۔ پہلے سے قبضہ کرنا ۔ ہتھیا لینا ۔

Pre-emption (pre-em(p)shən) *n.* Right of purchasing in preference to others ۔ حق شفع ۔ دوسرے کے مقابلہ میں خریداری کا حق ۔

Preen (pr-ēn) *v.t.* Compose and arrange as birds do their feathers پروں کو صاف کرنا ۔ سنوارنا ۔ خوشنما بنانا ۔

Pre-engage (pre-in-gaj) *v.t.* Engage beforehand پہلے سے ٹھہرا لینا ۔ طے کر لینا ۔

Pre-establish (pre-is-tab-lish) *v.t.* Establish beforehand پہلے سے قائم کر لینا ۔

Preface (pref-is) *v.t.,i.* & *n.* Introduction ۔ دیباچہ ۔ تمہید ۔ مقدمہ ۔ پیش لفظ ۔ تقریر کا ابتدائی حصہ ۔ دیباچہ لکھنا ۔ تعارف کرانا ۔ مقدمہ لکھنا ۔ ابتداً اظہار خیال کرنا ۔ تمہیدی جملے لکھنا ۔

Prefatorial, Prefatory } *adj.* مقدمہ کی نوعیت کا ۔ تمہید کے طور پر ۔ افتتاحی ۔ دیباچہ کے طور پر ۔

Prefect (prē-fekt) *n.* One placed in authority over others ۔ رومی عہدہ داروں کا خطاب ۔ سردار ۔ افسر ۔ حاکم بالا دست ۔ فرانسیسی محکمہ کا ناظم ۔ (مدرسہ) ماتحت ۔ مدد گار ۔ مانیٹر ۔

Prefectorial, Prefectoral } *adj.* افسر اعلیٰ کے متعلق ۔ مانیٹر کا ۔ مدد گار کا ۔

Prefecture (prē-fect-ur) *n.* Office, term and district of a prefect پری فیکٹ کا عہدہ ۔ زمانہ ملازمت اور علاقہ ۔

Prefer (pri-fər) *v.t.* Set in front ۔ بڑھانا ۔ ترجیح دینا ۔ پیش کرنا ۔ سرفراز کرنا ۔ اچھا اور بہتر جاننا ۔ زیادہ پسند کرنا ۔

Preferable قابل ترجیح ۔

Preferment ترجیح ۔ برتری ۔ سرفرازی ۔

Preference (pri-fər-əns) *n.* Act of preferring one above another ۔ ترجیح ۔ فوقیت ۔ برتری ۔ دوسروں پر فوقیت ۔ بہتر چیز ۔

Preferential (pri-fər-en-shəl) *adj.* & *n.* Giving or having a preference ۔ ترجیحی ۔ ترجیح پانے والا ۔ منتخب شے ۔

Preferentialism *n.* کسی اصول کی بنا پر ترجیح دینا - اصول ترجیح -

Preferentialist *n.* کسی اصول کی بنا پر ترجیح دینے کا حامی - اصول ترجیح کا حامی -

Preferred (pre-fer-d) *adj.* Chosen before others دوسروں سے بہتر - مرجح - منتخبہ -

Prefigure (prē-fig-ər) *v.t.* Foreshadow by a type پہلے سے ترجیح دینا - ایک تصوری معیار کے مطابق انتخاب کر لینا - پہلے سے ایک نمونہ کے مطابق انتخاب کرلینا -

Prefiguration *n.* پہلے سے ایک نمونہ یا مثال ذہن میں قائم کر لینا -

Prefigurative *adj.* مثالی - تخیلی - صوری -

Prefigurement *n.* نمونہ یا مثال جو پیش آنے والے واقعہ کی خبر دے -

Prefix (prē-fiks) *v.t.* & *n.* Put before بطور سابقہ شامل کرنا - سابقہ لگانا - سابقہ - لقب یا خطاب جو نام سے پہلے آتا ہے - پہلے سے مقرر کرنا یا ٹھہرانا -

Prefixion *n.* سابقہ کا استعمال -

Prefixture *n.* سابقہ کا اضافہ -

Preform (prē-form) *v.t.* Determine the shape beforehand پہلے سے ایک شکل کا خیال قائم کر لینا - قبل از وقت تشکیل کرنا -

Preformation (prē-form-ə-shen) *n.* A theory that various developments of plant or animal life exist and are already performed in the germ یہ نظریہ کہ نباتاتی یا حیوانی جسم کی تبدیلیاں قبل سے ابتدائی خلیوں میں موجود ہیں - خلقی ساخت - ابتدائی ساخت -

Preformative (prē-form-ə-tiv) *adj.* Forming beforehand زائد - ترکیبی - وہ سابقہ جو کسی لفظ میں لگایا جائے -

Pregnable (preg-nə-bl) *adj.* Vulnerable فتح ہونے کے قابل - قابل فتح - قابل تسخیر -

Pregnant (preg-nənt) *adj.* With child گابھن - پیٹ سے - حاملہ - معنی خیز - اختراعی - ایجادی - نتیجہ خیز - با صلاحیت -

Pregnancy *n.* گابھن ہونا - پیٹ سے ہونا - حاملہ ہونا

Pregnantly *adv.* معنی خیزی سے - پر معنی انداز میں - نتیجہ خیزی سے -

Prehensile (pre-hen-sīl) *adj.* Capable of grasping جو پکڑا جا سکے - جو گرفت میں آسکے (عضو وغیرہ) -

Prehension (pre-hen-shen) *n.* Grasping, seizing قبضہ - گرفت - فہم - ادراک -

Prehistoric (pre-his-tor-ik) *adj.* Of a time before historical extant, historical records ما قبل تاریخ کے عہد کا -

Pre-history (pre-his-tori) *n.* & *adj.* Of a time before historical recording تاریخ سے پہلے کے زمانہ کا - تاریخ نویسی کے زمانے سے پہلے کا - ما قبل تاریخ کا زمانہ -

Pre-instruct (pre-instrukt) *v.t.* Instruct beforehand پہلے سے سکھا پڑھا دینا -

Prejudge (pre-juj) *v.t.* Judge or decide before hearing the whole case سماعت عذرات سے پہلے ہی فیصلہ کر لینا - قبل از وقت رائے ظاہر کرنا یا تجویز کرنا -

Prejudgement *n.* فیصلہ قبل سماعت - تجویز قبل تحقیق -

Prejudicate *v.t.* سماعت سے پہلے تجویز کرنا - بغیر سنے سمجھے حکم لگانا -

Prejudice (prej-ōō-dis) *n.* & *v.t.* Judgement formed beforehand تعصب - بدظنی - بدگمانی - کسی کے دل میں تعصب پیدا کرنا - بے جا اثر ڈال کر موافق بنانا - پہلے سے ایک رائے قائم کرلینا - عصبیت - تعصب -

Prejudicial (prej-oo-dish-əl) *adj.* کسی خاص خیال کی بنا پر - بد ظنی یا بدگمانی کا - متعصبانہ -

Prelate (prel-it) *n.* An ecclesiastic of high rank کلیسا کا اعلے عہدہ دار - اسقف - صدر راہب وغیرہ -

Prelatess اسقف کی بیگم - صدر راہبہ

Prelature (prel-i-tur) *n.* Office of prelate پریلیٹ کا عہدہ - پریلیٹوں کی جماعت -

Prelect (pri-lekt) *v.i.* Lecture - تقریر کرنا - لیکچر دینا - جامعہ میں کسی موضوع پر تقریر کرنا -

Prelection *n.* جامعہ میں کسی موضوع پر تقریر - خطبہ - تقریر -

Prelector *n.* کسی جامعہ کا ریڈر یا لکچرر -

Prelibation *n.* باغ کے نئے پھلوں کی نذر - پہلے سے مزہ چکھ لینا -

reliminary (pri-lim-in-ə-ri) *adj.* & *n.* Introductory تمہیدی - ابتدائی - مقدم - افتتاحی - آزمائشی (جمع) ابتدائی انتظامات -

Preliminarily *adv.* ابتدائی انتظامات کے ساتھ - ابتدائی طور پر - تمہیداً -

relude (prel-ūd) *n.* A preliminary performance or action تمہید - ابتدا - آغاز - ابتدائی کام - پیش خیمہ - سر - الاپ - لے - افتتاحی نغمہ -

Preludial *adj.* پیش خیمہ کے طور پر - افتتاحی - ابتدائی -

Preludize *v.t.* ساز پر افتتاحی نغمہ بجانا - تمہید لکھنا -

relude (prel-ūd) *v.t.* & *i.* Introduce with a prelude پیش خیمہ ہونا - روشناس کرنا - آغاز کرنا - شگون ہونا - سر ملانا - افتتاحی نغمہ سنانا -

Prelusive *adj.* تمہیدی - افتتاحی - پہلے سے خبر دینے والا -

remature (prem-ə-tūr) *adj.* Unduly early, before time - قبل از وقت - نو رسیدہ - خام - ادھورا - وقت سے پہلے پکا ہوا -

Prematurely *adv.* قبل از وقت -

Prematureness *n.* کچا پن -

remeditate (pre-med-i-tāt) *v.t.* Design previously پیش بندی کرنا - پہلے سے ٹھان لینا - تجویز کر رکھنا - پہلے سے فکر کرنا -

Premeditated *adj.* پہلے سے سوچا ہوا - عمداً -

Premeditation *n.* پہلے سے سوچنا - تجویز کرنا - سوچا سمجھا منصوبہ -

remier (prem-i-ər) *adj.* & *n.* Prime or first, chief - رتبہ - اعلیٰ - ارفع - اول - صدر - سلسلہ - جگہ - برطانیہ کا وزیر اعظم -

Premiership *n.* وزیر اعظم - مدارالمہام کا عہدہ -

remier (prem-i-ər) *n.* First performance of a play ڈرامے کی پہلی تمثیل -

remise (prem-īs) *n.* One of the two propositions from which inference is drawn مقدمہ صغریٰ وکبریٰ - (جمع) امر مندرجہ بالا - (قانون) عنوان - سرنامہ - احاطہ - مقام محصورہ - مکان - اراضی عمارت وغیرہ -

Premise (prem-is) *v.t.* Mention or state first صغریٰ وکبریٰ قائم کرنا - بطور مقدمہ پیش کرنا - تمہید کے طور پر کہنا یا لکھنا -

Premium (pre-mi-əm) *n.* Reward, bounty, instalment - انعام - عطیہ - صلہ - بخشش - بیمہ کی قسط - منافع - انعام جو اجرت کے علاوہ دیا جائے -

At a premium گراں قدر - بیش قیمت -

Put a premium on fraud - دغا بازی کی ترغیب دینا - دغا بازی پر انعام دینا -

Premonition (pre-mon-i-shən) *n.* A fore warning پیش اندیشی - پیش آگاہی - یہ احساس کہ کچھ نہ کچھ ہونے والا ہے -

Premonitor *n.* آنے والے واقعہ کی خبر دینے والا - قبل از وقوع آگاہ کرنے والا -

Premonitory *adj.* تحت الشعوری - آگاہی بخش - داخلی بصیرت کا -

Prentice (pren-tis) *n.* & *v.t.* Apprentice دیکھو

Preoccupation (pre-ok-u-pa-shən) *n.* Anticipation کسی کے لیے پہلے سے اچھا یا برا خیال قائم کر لینا - حسن ظن یا سرظن - قبضہ پیشیں - پیشہ یا مشغلہ - استغراق - محویت - مشغولیت -

Preoccupy (pre-ok-u-pī) *v.t.* Fill the mind of کسی دوسرے سے پہلے قبضہ کر لینا - کسی خیال میں محو کر دینا - محو خیال ہونا - قبضہ کر کے اپنے تصرف میں لانا -

Preoccupant *n.* پیشتر سے قبضہ رکھنے والا -

Pre-option (pre-op-shən) *n.* First choice سب سے پہلے پسند کرنے کا استحقاق -

Preparation (pri-pər-a-shən) *n.* Readiness - تیاری آمادگی - مستعدی - سامان کی فراہمی - ساز و سامان - بندوبست - خاص طور پر تیار کی ہوئی چیز - بے آہنگ نغمہ کا آغاز -

Preparative (pri-pə-ra-tiv) *adj.* & *n.* Preliminary تیاری کا - تیاری - کام جس کے لیے تیاری کی جائے - (فوج) بگل کے ذریعے یہ حکم کہ تیار ہو جاؤ -

Preparatory (pri-pə-ra-təri) *adj.* & *n.* Preparing, one which prepares تیار کرنے والا - تیار کرتے ہوئے - ایسے مدرسے جو طلبا کو پبلک اسکول کے لیے تیار کرتے ہیں - تحتانی - وسطانی - ابتدائی -

Prepare (pri-par) *v.t. & i.* Make ready or fit تیار کرنا ۔ بنانا ۔ ٹھیک یا درست کرنا ۔ پہلے سے سبق کی تیاری کرنا ۔ قابل یا لائق بنانا ۔ تیار ہونا ۔ کمر بستہ ہونا ۔ تیاری کرنا ۔ ساز و سامان مہیا کرنا ۔

Prepay (pri-pā) *v.t.* Pay in advance ۔ پیشگی ادا کرنا ۔ کام سے پہلے دے دینا ۔

Prepayable *adj.* پیشگی ادا کرنے کے قابل ۔

Prepayment *n.* پیشگی ادائیگی ۔

Prepense (pri-pens) *adj.* Premeditated پہلے سے سوچا ہوا ۔ بالارادہ ۔ بالقصد ۔

Preponderate (pri-pon-dər-at) *v.i.* Weigh more زیادہ وزنی ہونا ۔ وزن میں بھاری ہونا ۔ مقدار میں زیادہ ہونا ۔ مقدم یا اہم جز ہونا ۔

Preponderance *n.* بھاری ہونا ۔ اہم ہونا ۔ وزنی ہونا ۔ وزن کی زیادتی ۔

Preponderant *adj.* زیادہ اثر و اقتدار رکھنے والا ۔ زیادہ اہم ۔ زیادہ وزنی ۔

Preposition (pri-pə-zish-ən) *n.* Word coming before a noun and governing it (قواعد) حرف جار ۔

Prepositional *adj.* حرف جار کے متعلق ۔ حرف جار کی طرح ۔

Prepositive (pri-poz-i-tiv) *adj.* Put before, prefixed سابقہ کی طرح لگایا ہوا ۔

Prepossess (pri-poz-es) *v.t.* Take beforehand پہلے سے قبضہ کر لینا ۔ کسی کے دل میں ایک خیال ڈالنا ۔ بدگمان کر دینا ۔

Prepossessing *adj.* دلکش ۔ مرغوب ۔ دلچسپ ۔

Prepossession *n.* تعصب ۔ بدظنی ۔ حسن ظن ۔ سابقہ ۔ قبضہ ۔

Preposterous (pri-pos-tə-rəs) *adj.* Utterly absurd ۔ الٹا ۔ اوندھا ۔ معکوس ۔ خلاف فطرت ۔ بے معنی ۔ لغو ۔ بے ہودہ ۔ نامعقول ۔

Preposterously *adv.* لغویت سے ۔ بدتمیزی سے ۔ بے ہودگی سے ۔

Prepotent (pre-po-tənt) *adj.* Powerful in a high degree قوی ترین ۔ زور آور ۔ مقتدر ۔ (حیاتیات) جو اپنی نسل میں خصوصیات منتقل کرنے میں دوسروں سے زیادہ قوی ہو ۔

Prepotency / Prepotence *n.* ر آور ہونا ۔ قوی ہونا ۔ مقتدر نا ۔

Prepuce (prē-pūs) *n.* Loose skin of the per ضو تناسل کے سامنے کی کھال ۔ گھونگھٹ ۔ غلاف ۔ شفہ کے اوپر کی کھال ۔

Pre-requisite (pre-re-kwi-zit) *n.* A conditic that must be satisfied ۔ لازمی ۔ ضروری ۔ م ط اول ۔ لازمی شرط ۔

Prerogative (pri-rog-ə-tiv) *n.* A peculiar priv lege تیار ۔ استحقاق ۔ اختیار خصوصی ۔ اختیار حاظ عہدہ ۔ فطری یا اللہ کا دیا ہوا حق ۔ ایسا اختیار س کی رو سے فائدہ اٹھایا جا سکے ۔

Prerogative of mercy ا معاف کر دینے کا اختیار ۔ ختیار معافی ۔

Prerogative of man دا داد حق ۔ فطری حق ۔ سانی حق ۔

Presage (pres-ij) *n.* Presentiment, forebodin ل ۔ شگون ۔ پیشگی آگاہی ۔ کسی آنے والے خطرے کا لے سے علم ہو جانا ۔

Presbyopia (pres-bi-ō-piä) *n.* Weakness of nea vision کھ کی ایک بیماری جس میں دور کی چیزیں اف اور نزدیک کی دھندلی نظر آتی ہیں ۔

Presbyopic *adj.* یبی نظر کے نقص کا ۔ نزدیک کی نظر کمزوری کا ۔

Presbyter (prez-bi-tər) *n.* A presbyterian یسائیوں پرسبیٹرین فرقے کا رکن ۔ دوسرے درجے کا پادری ۔ رسبیٹر کا پادری ۔

Presbyterate *n.* رسبیٹر کا منصب یا عہدہ ۔

Presbyterian (prez-bi-tə-ri-ən) *adj. & n.* Pertai ing to the system of presbyters یسائی نظام کومت ۔ پادریوں کی حکومت ۔ پرسبیٹرین فرقے کا رکن ۔

Presbyterian church (prez-bi-tə-ri-ən) *n.* Th camaronian کلیسا جس کا انتظام عام ہم رتبہ دریوں کے ہاتھ میں ہو ۔ اسکاٹ لینڈ کلیسا کی جماعت ۔

Presbytery (prez-bi-təri) *n.* Presbyterian syster رسبیٹری نظام ۔ پادریوں کی جماعت جو دینی عدالت کا م کرے ۔

Prescient (pre-sh(y)ənt) *adj.* Having foresight عالم غیب ۔ غیب دان ۔ پیش بین ۔ دور بین ۔ دور اندیش ۔

Prescience *adj.* & *n.* علمی دور کے پہلے کا ۔ جدید علوم سے پہلے کی ۔ غیب دانی کا ۔ پیش بینی کا ۔ غیب دانی ۔

Prescind (pri-sind) *v.t.* Cut off, cut short کاٹ دینا ۔ منقطع کر دینا ۔ خیال نکال دینا ۔ توجہ ہٹا دینا ۔

Prescribe (pri-skrīb) *v.t.* & *i.* Lay down as a rule ہدایت کرنا ۔ حکم دینا ۔ مقرر کرنا ۔ تجویز کرنا ۔ مرتب کرنا ۔ معین کرنا ۔ حق قدامت کا دعویٰ کرنا ۔

Prescript (pre-skript) *n.* An ordinance, a rule, a remedy حکم ۔ فرمان ۔ قانون ۔ ضابطہ ۔ نسخہ ۔ اکسیر ۔

Prescription (pre-skrip-shən) *n.* A written direction for preparation of medicine دستورالعمل ۔ تحریری ضابطہ ۔ نسخہ ۔ دوا تیار کرنے کی ترکیب ۔ حق قدامت ۔ حق جو تصرف کی بنا پر حاصل ہو ۔

Presence (prez-əns) *n.* Fact or state of being present حاضری ۔ موجودگی ۔ حاضر باشی ۔ جناب حضور ۔ کسی امیر کی خدمت میں آداب کی بجا آوری ۔ وضع ۔ صورت ۔ ڈھنگ ۔ طرز ۔ انداز ۔ روش ۔

Presence of mind خطرے میں حواس قائم رکھنا ۔ حاضر دماغی ۔

Present (prez-ənt) *adj.* At hand, ready, yes sir موجود ۔ حاضر ۔ حالیہ ۔ موجودہ ۔ بروقت تیار ۔ مدد کے لیے تیار ۔

A present help in trouble مشکل میں ہر وقت کام آنے والی مدد ۔

Present (prez-ənt) *n.* Now existing زمانہ حال ۔ موجودہ وقت ۔ اس وقت ۔

By these presents ان کے دستخط کی رو سے ۔

For the present چند روز کے لیے ۔ فی الحال ۔ سر دست ۔

Present (prez-ənt) *n.* Offering نذر ۔ نیاز ۔ تحفہ ۔ سوغات ۔ پیش کش ۔

Present (prez-ənt) *v.t.*, *i.* & *n.* Put forward, proffer ملاقات کرانا ۔ تعارف کرانا ۔ پیش کرنا ۔ گزارنا ۔ حاضر کرنا ۔ موجود کرنا ۔ کسی تمثیل میں ادا کار کو پیش کرنا ۔ اسلحہ کو سلامی کے طور پر پکڑنا ۔ خیال کا آنا یا پیدا ہونا ۔ نالش کرنا ۔ عرضی گزارنا ۔ تسلیمات عرض کرنا ۔ تحفہ دینا ۔ ہدیہ پیش کرنا ۔ بندوق یا تلوار جھکانا ۔ شست باندھنا ۔ سلامی کے وقت بندوق کے پکڑنے کا انداز ۔

Presentable (prez-ənt-əbl) *adj.* Capable of being presented نذر کرنے یا پیش کرنے کے لائق ۔ قابل تعارف ۔ مناسب ۔ معقول ۔ دیکھنے میں خوش وضع ۔

Presentation (prez-ənt-a-shən) *n.* Act of presenting, thing presented بخشش ۔ نذر ۔ عطا ۔ پیشکش ۔ تمثیل نمائی ۔ دکھاوا ۔ تمثیل ۔ دربار شاہی میں کسی کا تعارف ۔ علم ۔ حضوری ۔ احضار ۔

Presentationism (prez-ənt-a-shən-izm) *n.* Doctrine of immediate cognition of objects خارج کا علم حاضر ۔ علم حضوری ۔

Presentative (prez-ənt-a-tiv) *adj.* Subject to right of presentation, presenting to the mind کلیسائی وقف جس میں سرپرست کو پادری کے تقرر کے لیے پیش کرنے کا حق ہو ۔ استحضاری ۔ علم حضوری کا ۔ علم حضوری کی نوعیت کا ۔

Presentee (prez-ən-tē) *n.* One who is presented to a benefice وہ پادری جس کو تقرر کے لیے پیش کیا جائے ۔ وہ جس کا تعارف دربار شاہی میں کرایا جائے ۔ جس کو کوئی تحفہ دیا جائے ۔

Presentient (pre-sen-sh(y)ənt) *adj.* Having a presentiment مستقبل کا حال جاننے والا ۔ واقعات کا پیشگی علم رکھنے والا ۔ غیب دان ۔

Presentiment (pri-zent-i-mənt) *n.* A foreboding وقوع سے پہلے کسی واقعہ کا اندیشہ ۔ ماتھا ٹھنکنا ۔ پیش اندیشگی ۔

Presently (pri-zent-li) *adv.* Immediately فوراً ۔ اسی وقت ۔ فی الفور ۔ ابھی ۔ تھوڑی دیر میں ۔ لازمی طور پر ۔

Presentment (pri-zent-mənt) *n.* Act of presenting, a statement احوال مقدمہ ۔ جیوری کا حلفیہ بیان ۔ تفتیش ۔ تجسس ۔ کلیسا کے معائنے کے وقت استغاثہ پیش کرنا ۔ ناٹک کی تمثیل ۔ تماشا ۔ خاکہ ۔ نقشہ ، بیان پیش کرنے کا انداز ۔ طرز نمائش ۔

Preservation (pri-zerv-a-shən) *n.* Safe keeping, protection - نگہداشت - رکھوالی - حفاظت - محافظت
محفوظ رکھنا - ٹوٹنے پھوٹنے یا خراب ہونے سے

Preservative (pri-zerv-a-tiv) *adj.* & *n.* Serving to preserve, preserving agent - حامی - محافظ
مربی - وہ چیز جو کسی چیز کو بگڑنے نہ دے - کیمیاوی ادویہ جو چیزوں کو محفوظ رکھتی ہیں -

Preserve (pri-zerv) *v.t.* Keep safe from harm
حفاظت کرنا - محفوظ کرنا - نقصان سے بچانا - بگڑنے نہ دینا - کیمیاوی اجزا کے ذریعے محفوظ کرنا - برقرار رکھنا - قائم رکھنا - نام باقی رکھنا - شکار گاہ میں جانوروں کو محفوظ رکھنا -

Preserve (pri-zerv) *n.* Preserved fruit or jam
رب - مربہ - جام - جیلی - اچار - محفوظ ماہی گاہ - گرد سے بچانے والی عینک - بڑا چشمہ -

Preservable *adj.* بچانے کے قابل - محفوظ رکھنے کے قابل - قابل حفاظت -

Preserver *n.* محافظ - حفاظت کرنے والی دوائیں -

President (prez-i-dənt) *n.* The presiding judge, highest officer میر مجلس - صدر نشین - صدر - علمی یا ادبی مجلس کا صدر - صدر جمہوریہ - بینک کا صدر - حاکم - حاکم صوبہ - صدر مجلس عدلیہ -

Presidency *n.* احاطہ - مسند - صوبہ - متعینہ علاقہ - میر مجلسی -

Presidential *adj.* صدارتی -

Presidentship *n.* منصب و عہدہ صدارت -

Press (pres) *n.* Pressure, crowd, urgency - بھیڑ
ہجوم - اژدہام - کشمکش - دباؤ - دبانے کی مشین - چھاپہ خانہ - مطبع - چھاپنے کی مشین - خانہ دار الماری - دیوار گیر الماری -

Freedom of the press اظہار رائے کی آزادی - اخبار کی آزادی -

Correct the press طباعت کی غلطیاں درست کرنا -

The gutter press ادنی مذاق کے اخبار -

The yellow press ہیجان خیز اخبارات -

They have a good press ان کے ملک میں صحافت کی حالت اچھی ہے -

Press (pres) *v.t.* & *i.* Exert a pushing force - دابنا
دبانا - شکنجہ میں کسنا - پیلنا - عرق نکالنا - تیل نکالنا - ہموار کرنا - دباؤ ڈالنا - دماغ پر بوجھ ڈالنا - ضروری ہونا - فوری کاروائی کرنا - خوشامد کرنا - منت سماجت کرنا - مصر ہونا - اصرار کرنا - بضد ہونا - مطالبہ کرنا - بھیڑ یا ہجوم ہونا - جلدی کرنا - پیچھے پڑجانا -

Press the button جلد ہو جانا - کام کا آغاز کرنا -

Time presses وقت کا تقاضا یہی ہے -

Press (pres) *v.t.* & *n.* Bear heavily on - جبر کرنا
مجبور کرنا - دباؤ ڈالنا - پیچھے پڑنا - گلے کا ہار ہونا - بیگار میں پکڑنا - عوام کے استعمال کے لیے لینا -

Pressing (pres-ing) *adj.* Urgent - تاکیدی - تکلیف دہ
ضروری -

Pressing danger شدید خطرہ -

Pressing invitation تاکیدی دعوت -

Pressing need شدید ضرورت -

Pressingly *adv.* تاکیداً - جبراً - زور دیتے ہوئے -

Pressure (presh-ər) *n.* Act of pressing, state of being pressed دباؤ - بوجھ - دباؤ کا زور - جبر - زبردستی - اہمیت - ناجائز دباؤ - مجبوری - مجبور کن اثر -

Prestidigitator (pres-ti-dij-i-ta-tər) *n.* One who shows tricks, conjuror بازی گر - شعبدہ باز - ہاتھ کی صفائی دکھانے والا -

Prestidigitation *n.* ہاتھ کی صفائی - نظر بندی - شعبدہ بازی -

Prestige (pres-tezh) *n.* Standing in men's mind
نیک نامی - شہرت - عزت - آبرو - سطوت - بزرگی -

Prestissimo (pres-ti-si-mō) *adj.*, *adv.* & *n.* Very quick (موسیقی) سر کی تیز حرکت - تیز - تیزی - بہت تیزی سے -

Presto (pres-tō) *adj.*, *adv.* & *n.* A quick movement تیز حرکت - تیز - تیزی سے - چلتی لے میں (شعبدہ بازی) تیزی سے - جلدی سے - ہاتھ کی صفائی سے -

Presume (pri-zūm) *v.t.* & *i.* Take for granted
قیاس کرنا - فرض کر لینا - بلا ثبوت مان لینا - زعم کرنا - جرأت کرنا - جسارت کرنا -

Presume upon کسی شخص کی نیکی سے ناجائز فائدہ اٹھانا -

Presumable *adj.* ماننے کے قابل - قرین قیاس -

Presumably *adv.* قیاساً - مان لینے کے طور پر -

Presumingly *adv.* بلا اجازت - بہ زعم خود - جسارت سے -

Presumption (pri-zum-shən) *n.* Supposition گمان - ظن - قیاس - مفروضہ - احتمال - گستاخی دلیری - زعم - غرور - مفروضہ شے - وجہ قیاس یا احتمال -

Presumptive (pre-zum-tiv) *adj.* Presuming - قیاسی خیالی - احتمالی - فرضی -

Heir presumptive مفروضہ وارث -

Presumptive evidence قرائنی شہادت - قیاسی شہادت -

Presumptuous (pre-zum-tu-əs) *adj.* Presuming گستاخ - شوخ - مغرور - بے باک - دلیر - ہٹیلا - ضدی - خود رائے -

Presumptuousness *n.* - شوخ چشمی - غرور - دلیری - بے باکی - گستاخی -

Presuppose (prē-sə-pōz) *v.t.* Assume or take for granted پہلے سے فرض یا قیاس کر لینا -

Presupposition (prē-sup-ə-zish-ən) *n.* Assumption تصور پیش از وقوع - قیاس اولین - مفروضہ اولین -

Pretence (pri-tens) *n.* An allegation, aim, purpose مکر - حیلہ - بہانہ - تصنع - نمائش - ڈھونگ -

Pretend (pri-tend) *v.t.* Claim, allege ظاہر داری کرنا - بننا - جھوٹا دعویٰ کرنا - بہانہ کرنا - بے بنیاد دعویٰ کرنا - حق جتانا - شادی کی آرزو رکھنا -

To pretend to the hand of a lady in marriage کسی خاتون سے شادی کی آرزو رکھنا

Pretender (pri-tend-ər) *n.* A claimant, a candidate مدعی - جھوٹا دعویٰ کرنے والا - زعم باطل رکھنے والا -

Pretension (pri-ten-shən) *n.* Pretence, show ادعا - دعویٰ - ڈھونگ - تصنع -

Pretentious (pri-ten-shəs) *adj.* Serving to claim too much مدعی باطل - خواہ مخواہ حق جتانے والا - نمائشی - تصنع آمیز - بڑھ بڑھ کر باتیں بنانے والا -

Pretentiousness *n.* تصنع - ریا کاری -

Preterite (pret-ə-rīt) *adj.* & *n.* Past گذشتہ زمانہ - ماضی مطلق - ماضی کا - پارینہ - دقیانوسی -

Preterition (pre-tə-rish-ən) *n.* Omission, act of passing over فرو گزاشت - سہو - تغافل - بے توجہی - فراموشی -

Pretermit (pre-tər-mit) *v.t.* Leave undone, pass by فرو گزاشت کرنا - نظر انداز کرنا - ترک کرنا - چھوڑ دینا - کوتاہی کرنا -

Pretermission *n.* - بھول چوک - کوتاہی - فروگزاشت - ترک -

Pretext (pre-tekst) *n.* An ostensible reason or motive عذر - حیلہ - بہانہ -

Pretext (pre-tekst) *v.t.* Put forward as an excuse حیلہ کرنا - بہانہ کرنا - بطور عذر پیش کرنا -

Prettify (prit-i-fī) *v.t.* Trick out in an excessively ornamental way - خوبصورت بنا کر دکھانا - دلکش بنا کر پیش کرنا - حسین بنا کر دکھانا -

Prettily (pri-ti-li) *adv.* & *adj.* In a pretty manner خوبی سے - خوش اسلوبی سے - اچھی طرح سے - قاعدے سے - قاعدے کا -

Prettiness (pre-ti-nes) *n.* Daintiness - خوبصورتی دلکشی - دلربائی - خوبصورت شے - حسین شے - نازک ادائی -

Prettyism *n.* نزاکت نمائی - نازک بننے کی تمنا - خواہ مخواہ نازک بننا -

Pretty (prit-i) *adj.* Fine, commendable - ستھرا پاکیزہ - نازک - خوبصورت - حسین - بھولا بھالا - عمدہ - اچھا - موٹا تازہ - خوب - خاصا - قابل لحاظ - وافر - کافی -

A pretty mess you have made آپ نے تو خوب گڑ بڑ کی ہے -

Prettyish *adj.* - خوبصورت سا - حسین سا - نازک سا -

Pretty much قریب قریب -

Prevail (pri-vāl) *v.i.* Gain strength, succeed برتر ہونا - غالب ہونا - فوقیت رکھنا - رائج ہونا - عام ہونا - کہہ سن کر راضی کرنا - ترغیب دینا - مائل کرنا - منا لینا -

Prevailing *adj.* عام - مروجہ -

Prevalence *n.* پھیلاؤ - غلبہ - اشاعت -

Prevalent *adj.* غالب - زبردست - برتر - رائج - پھیلی ہوئی -

Prevaricate (pri-var-i-kāt) *v.i.* Shift from side to side حیلہ بہانہ کرنا - ہیر پھیر کرنا - ٹال مٹول کرنا - مطلب کی بات اڑا جانا - پہلو دار باتیں کرنا - (قانون) بد دیانتی کرنا - مل جانا - سازش کرنا -

Prevarication *n.* ہیر پھیر - حیلہ بہانہ - ٹال مٹول -

Prevaricator *n.* گول مول باتیں کرنے والا - ٹال مٹول کرنے والا -

Prevenient (pre-vi-ni-ənt) *adj.* Preventive - سابق - پیشین - انسدادی - امتناعی -

Prevent (pri-vent) *v.t.* Stop, hinder effectually منع کرنا - ممانعت کرنا - مزاحم ہونا - باز رکھنا - پیشگی تدارک کرنا - حفظ ماتقدم کرنا - رہنمائی کرنا - آگے جانا -

Preventable / Preventible } *adj.* قابل امتناع - قابل انسداد - روکنے کے قابل -

Prevention *n.* مزاحمت - روک - امتناع -

Preventer (pri-vent-ər) *n.* That which hinders, one who prevents روکنے والا - مزاحمت کرنے والا - باز رکھنے والا - (بحری) زنجیر - چٹخنی - بلی -

Preventive (pre-ven-tiv) *adj.* & *n.* Tending to prevent امتناعی - انسدادی - مانع - دافع - انسدادی تدابیر -

Preventative *adj.* Stopping, hindering - مزاحم - مانع - انسدادی - روکنے والی -

Previous (pre-vi-əs) *adj.* Going before in time پہلا - پچھلا - سابق مقدم - ماقبل - گزشتہ - (بول چال) پہلے - پیشتر - جلد باز -

Previse (pre-vīz) *v.t.* Foresee - دور اندیشی سے کام لینا - پہلے سے انجام سوچ لینا - پیش بینی کرنا -

Prevision *n.* انجام بینی - بصیرت - دور اندیشی -

Prewarn (pre-wawrn) *v.t.* Warn beforehand پہلے سے آگاہ کرنا -

Prey (prā) *n.* Booty, plunder, wild game - شکار - صید - مال غنیمت - لوٹ کا مال -

Beast of prey شکار خور درندے - شکاری جانور -

Prey (prā) *v.i.* Seek, kill, plunder, waste لوٹنا - تاراج کرنا - غارت کرنا - شکار کرنا - ویران کرنا - صید کرنا (مرض کا) گھلا دینا - چارپائی سے لگا دینا - ہلکان کر دینا -

Priapism (prī-ā-pizm) *n.* Persistent erection of penis شہوت پرستی - استادگی - پیہم مستی - آلہ تناسل کی دائمی استادگی -

Price (prīs) *v.t.* & *n.* The amount for which a thing is sold or offered دام - قیمت - مول - بھاؤ - عوض - بدل - مہنگا پن - قیمت مقرر کرنا - دام لگانا - نرخ معلوم کرنا - آنکنا - قیمت کا اندازہ لگانا -

Every man has his price ہر شخص خریدا جا سکتا ہے -

Priced (prīs-d) *adj.* Valued مقررہ قیمت والا -

Priceless (prīs-les) *adj.* Invaluable لغو - انمول - بے بہا - بیش بہا - لاجواب -

Pricelessness لغو ہونا - نایاب ہونا - بیش بہا ہونا - انمول پن -

Prick (prik) *n.* Anything sharp, puncture, mark of wound سوراخ - زخم - نشان جو چبھنے سے پڑ جائے - خار - آر - کانٹا (بول چال) آلہ تناسل -

Kick against the prick بیکار مزاحمت سے نقصان اٹھانا - کانٹوں کو ٹھوکر مارنا -

Pricks of conscience ضمیر کی سرزنش - ضمیر کی ملامت -

Prick (prik) *v.t.* & *i.* Pierce with a fine point چبھونا - بندھنا - چھیدنا - بھونکنا - تکلیف دینا - ایڑ لگانا - گھوڑا بڑھانا - پیش قدمی کرنا - نشان یا سوراخ ڈال کر انتخاب کرنا - نقطے یا نشان لگانا - کسی نمونہ پر نقطے لگانا -

Prick up one's ears کان کھڑے کرنا -

Pricker (prik-ər) *n.* Anything having a fine point سوئی - کانٹا - سوا - سلائی - چھیدنی - سوراخ کرنے کا آلہ -

Pricket (prik-it) *n.* A buck in his second year, candle stick ہرن کا دو سالہ بچہ - خار شمع - ایک کانٹا جس میں موم بتی لگاتے ہیں -

Prickle (prik-l) *n., v.t. & i.* A little prick چھوٹا خار - چھوٹا کانٹا - کانٹے چبھونا - کانٹے سے چھیدنا - چبھنا - چھدنا -

Prickling *n. & adj.* چبھن - کھٹک - خلش آمیز - چھیدنے والا -

Prickle (prik-l) *n.* A basket used as a measure ڈلیا - ٹوکری - ایک قسم کی جالیدار ٹوکری جو پیمانے کے طور پر استعمال ہوتی ہے -

Prickly (prik-li) *adj.* Thorny خار دار - کانٹے والا - چبھن پیدا کرنے والا -

Prickly heat گرمی دانے -

Prickliness *n.* نکیلا پن - سنسناہٹ - خار دار ہونا -

Pride (prīd) *n. & v. ref.* Haughtiness خودبینی - غرور - تکبر - شیخی - ناز - گھمنڈ - نخوت - شوخی - خود آرائی - خود پسندی - آن بان - جاہ و جلال - موجب افتخار - ناز کرنا - فخر کرنا - اپنے آپ پر اترانا -

False pride اکڑ - ناروا غرور - بے جا فخر -

Peacock in his pride ناچتا ہوا مور - طاؤس رقصاں -

Pride will have a fall غرور کا سر نیچا -

Prideful (prīd-ful) *adj.* Full of self esteem پر غرور - پر نخوت - مدمغ -

Prideless غرور و نخوت سے خالی - منکسر مزاج -

Priest (prist) *n. & v.t.* Conductor of religious rites پادری - پجاری - عالم دین - گرو - مرشد - ڈگن - کسی کو پادری بنانا - کاہن بنانا -

Priest of nature مناظر فطرت کا دلدادہ - پرستار فطرت -

Priestling معمولی پروہت - کم عمر پادری - چیلا -

Priest-like پادری صفت - پادری کی طرح -

Priestly (prist-li) *adj.* Having qualities of a priest پادری کی مانند - مولویانہ - مرشدانہ -

Priestliness *n.* مشائخت - ملا پن - پادری پن - کہانت -

Prig (prig) *n. & v.t.* A coxcomb چھیلا - بانکا - خود پسند - خود نما (بول چال) چور - چرانا -

Priggery
Priggism
Priggishness
} *n.* رفتار و گفتار میں تصنع - خود نمائی - خود فروشی - خود پسندانہ فعل یا برتاؤ -

Priggishly *adv.* مصنوعی انداز سے - خود پسندانہ -

Priggish *adj.* خود فروش - خود نما - اکڑ باز -

Prim (prim) *v.t., i. & adj.* Exact and precise نفیس مزاج - نازک دماغ - متین اور سنجیدہ - مصنوعی متانت اور سنجیدگی اختیار کرنا -

Primly *adv.* بنتے ہوئے - نفاست سے - تکلف سے -

Primness *n.* سنجیدگی - خود نمائی - نفاست - تکلف - رکھ رکھاؤ -

Prima (prīmā) *adj.* The first, leading پہلا - سب سے اگلا -

Primacy (prī-mə-si) *n.* The chief place, the position of first اسقف اعظم کا عہدہ - فضیلت - فوقیت - برتری -

Prima-donna (pri-mā-dōn-ā) *n.* The leading lady in opera نغمیہ ناٹک میں خاص گلوکار عورت -

Prima facie (prīmā-fasi) *adj. & adv.* On the face of it بادی النظر میں - بدیہی طور پر -]

A prima-facie case ایسا مقدمہ جو ظاہرا طور پر ثابت ہو اور اس کی جواب دہی لازمی ہو -

Primage (prīm-ij) *n.* A payment, additional payment زائد رقم جو جہازراں کمپنی کو اس لیے دی جاتی ہے کہ مالی چڑھانے اور اتارنے میں احتیاط برتی جائے - زر احتیاط - پانی کی وہ مقدار جو بھاپ بن کر خارج ہو جائے -

Primal (prīm-l) *adj.* The first, original پہلا - اول - ابتدائی - اصلی - بنیادی - ابتدائی مادہ جس سے دنیا بنی - اصلی وضع کا -

Primary (prī-mə-ri) *adj.* First formed, primitive اول - پہلا - قدیم - مقدم - اصلی - اولین - ابتدائی - عہد زریں کا -

Primary colours بے میل اصلی رنگ - لال - نارنجی - زرد - ہرا - آسمانی - نیلا - بنفشئی -

Primarily *adv.* ابتدائی طور پر - ابتدآ - بنیادی طور پر -

Primate (prī-mat) *n.* One who is first سردار - امام - لاٹ پادری - اسقف اعظم -

Primates (prī-mats) *n. p.* Higher creatures اعلیٰ مخلوق - بندر - انسان -

Prime (prīm) *n.* The beginning, world's youth, perfection شروع - آغاز - ابتدا - دنیا کا عہد طفولیت - شباب - صبح کا ابتدائی وقت - نشو و نما کا زمانہ - نور کا تڑکا - نماز فجر - عدد مفرد - شمشیر بازی کا پینترا -

Prime (prim) *adj.* First in order of time, rank or importance پہلا ۔ مقدم ۔ ابتدائی ۔ خاص ۔ اہم ترین ۔ عمدہ ۔ بہترین ۔ مفرد (اعداد) ۔

Prime (prim) *v.t.* & *i.* Charge, fill, supply with powder رنجک دینا ۔ بارود بھرنا ۔ پمپ میں تیل ڈال کر چلانا ۔ تیل دینا ۔ کسی شخص کو خبر پہنچانا ۔ روغن کی پہلی تہہ چڑھانا ۔ بائلر سے بھاپ کے ساتھ پانی کی پھوار خارج ہونا ۔

Prime minister وزیر اعلیٰ ۔ وزیر اعظم ۔

Prime number احدیت ۔ عدد مجرد ۔ عدد مطلق ۔

Primer (prim-er) *n.* The first book مبتدیوں کی پہلی کتاب ۔ قاعدہ ۔ کسی علم کی پہلی کتاب ۔ دور اصلاح سے پہلے کی کتاب ۔ مناجات ۔

Primer (prim-er) *n.* A detonator کارتوس کا پھول ۔ کارتوس کے اندر کی بارود ۔

Primeur (prim-i-ər) *n.* Early product موسم سے قبل تیار کئے ہوئے پھل ، پھول ، ترکاریاں ۔

Primeval-aeval (pri-me-vl) *adj.* Belonging to the first ages ابتدائی ۔ قدیم ۔ دنیا کے دور اولین کا ۔ ماقبل تاریخ ۔

Priming (prim-ing) *n.* A detonating charge رنجک ۔ بارود ۔ (نقاشی) روغنی مرکب جس سے پہلی تہہ چڑھائی جاتی ہے ۔ شکر اور بیر شراب کا مرکب ۔ رٹائی ۔

Primiparous (pri-mip-ə-rəs) *adj.* A woman who is giving birth to first child وہ عورت جو پہلی بار بچہ جنتی ہے ۔ پہلا بچہ جننے والی ۔

Primitive (prim-i-tiv) *n.* & *adj.* Antiquated, belonging to the first times ابتدائی ۔ قدیم ۔ پرانا ۔ سادہ ۔ فرسودہ ۔ غیر مہذب ۔ وحشی ۔ اصلی ۔ پہلا (قواعد) جامد ۔ غیر مشتق ۔ دور اولین کا ۔ قدیم دور کا ۔ قدیم دور کا انسان ۔ قدیم مصور کی تصویر ۔

Primitive colours *n.* ابتدائی رنگ ۔ لال ۔ پیلا ۔ نیلا ۔

Primitively *adv.* قدیم طریقے سے ۔ اولین طور پر ۔ ابتداً ۔

Primogenitor (pri-mo-jen-it-ər) *n.* Earlier ancestor, forefather جد ۔ بزرگ ۔ جد اعلیٰ ۔ مورث اعلیٰ ۔ آباو اجداد ۔

Primogeniture (pri-mo-jen-it-ur) *n.* The fact of being first born بڑائی ۔ بزرگی ۔ پہلی اولاد ۔ خلف اکبر ۔ خلف اکبر کا حق ۔ قانون جس کی رو سے بڑا بیٹا پوری جائداد کا مالک ہوتا ہے ۔

Primogenital } *adj.* اولاد اکبر ہونے پر مبنی ۔
Primogenitary } بڑا ہونے کے حق پر ۔

Primordial (pri-mor-di-əl) *adj.* Existing from the beginning جو ابتداً موجود ہو ۔ ابتدائی ۔ اولین ۔ بنیادی ۔ اساسی ۔ اصلی ۔

Primordiality *n.* قدامت ۔ ابتدا ہونا ۔ اصلی ہونا ۔

Primordially *adv.* اصلی حیثیت میں ۔ ابتداً ۔ آغاز میں ۔ ابتدا میں ۔

Primrose (prim-roz) *n.* A wild flower bearing plant جنگلی گلاب ۔ ایک قسم کا بسنتی رنگ کے پھولوں کا پودا ۔

Primrose league قدامت پسندوں کی ایک جماعت ۔

The primrose path عیش و عشرت کی زندگی ۔

Primum mobile (prim-əm-mob-i-l) *n.* Any great source of movement کائنات کا بعید ترین سیارہ ۔ فلک الافلاک ۔ سرچشمہ حرکت ۔ اصلی محرک ۔

Primus (pri-məs) *adj.* & *n.* Seniormost ہم نام لڑکوں میں سب سے بڑا لڑکا ۔ ایک قسم کا چولھا ۔ صدر نشین اسقف ۔

Prince (prins) *n.* One of the highest rank شاہ ۔ سلطان ۔ شہزادہ ۔ بادشاہ ۔ حکمران ۔ ملک زادہ ۔ کنور ۔ راج کمار ۔ سردار ۔ سرتاج ۔ انگلستان کے امرا جن کا رتبہ ڈیوک سے کم ہو ۔ ڈیوک ، مارکوئیس وغیرہ ۔

Hamlet without the } بے کیف ۔ بے لطف چیز ۔
Prince of Denmark } کوئی چیز جس کا اہم حصہ الگ کر لیا گیا ہو ۔

Prince consort تخت نشین ملکہ کا خاوند ۔

Prince of darkness شیطان ۔

Prince's metal تانبے اور جست کا مخلوط ۔

Prince Royal شاہ یا ملکہ انگلستان کا سب سے بڑا لڑکا ۔

Prince Regent شاہی خاندان کا رکن جو نائب سلطنت بھی ہو ۔

Princedom *n.* شہزادہ کا حلقۂ اختیار ۔ شہزادہ کی جاگیر ۔

Princelike *adj.* امیرانہ ۔ شاہانہ ۔

Princely (prins-li) *adj.* Of the rank of a prince, sumptuous شاہانہ ۔ شہزادے کے شایان شان ۔ نفیس ۔ اعلیٰ ۔ شان دار ۔

Princess (prin-ses) *n.* Wife of a prince or daughter of the king ملکہ ۔ رانی ۔ شاہ بیگم ۔ شہزادی ۔ بادشاہ یا ملکہ کی بیٹی ۔

Princess Regent شاہی خاندان کی عورت جو نائب سلطنت بھی ہو ۔

Princess Royal شاہی انگلستان کی سب سے بڑی لڑکی ۔

Principal (prin-si-pl) *adj. & n.* Taking the first place اول ۔ اعلیٰ ۔ عمدہ ۔ بڑا ۔ خاص ۔ حکمران ۔ صدر کلیہ ۔ سرمایہ ۔ راس المال ۔ اصل زر ۔ اصل مالک ۔ اصل مجرم ۔ ڈوئل لڑنے والا ۔ شہتیر ۔

Principalship *n.* کلیہ وغیرہ کی صدارت ۔

Principality (prin-si-pal-i-ti) *n.* Status, dignity and power of a prince فرماں روائی ۔ حکمرانی ۔ حکومت ۔ ملک ۔ ریاست ۔ فرشتوں کا ایک طبقہ ۔

Principally (prin-si-pal-i) *adv.* Specially خصوصاً ۔ خاص کر ۔ پہلے ۔ پیشتر ۔

Principle (prin-si-pl) *n.* Beginning, source, origin اصل ۔ جڑ ۔ بنیاد ۔ سرچشمہ ۔ بنیادی اصول ۔ عام قانون ۔ ریت ۔ طور طریقہ ۔ ایمان ۔ عقیدہ ۔ نظری اصول ۔ بنیادی عنصر ۔ اصل جز ۔

On principle اصولاً ۔

Prink (pringk) *v.t. & i.* Deck up, smarten بھڑکیلا لباس پہننا ۔ اپنے آپ کو سجانا ۔ پرندے کا پر سنوارنا ۔ کریز کرنا ۔

Print (print) *n.* An impression نقش ۔ نشان ۔ چھاپہ ۔ چھینٹ ۔ چھپا ہوا کپڑا ۔ چھاپے کے حروف ۔ مطبوعہ چیز ۔ بلاک سے چھاپی ہوئی تصویر ۔ تصویر جو منفی خاکہ سے تیار کی جائے ۔

Print (print) *v.t.* Press in, impress نشان ڈالنا ۔ نقش لگانا ۔ دل پر نقش کرنا ۔ خاطر نشین کرنا ۔ چھاپنا ۔ طبع کرانا ۔ کپڑے چھاپنا ۔ منفی پلیٹ سے تصویر چھاپنا ۔

Printable *adj.* چھپائی کے لیے موزوں ۔ قابل طباعت ۔

Printer (print-ər) *n.* One who is employed in printing چھاپنے والا ۔ طبع کرنے والا ۔ طابع ۔ مطبع کا منتظم ۔

Printer's devil چھپائی کی فاش غلطی ۔ مطبع کا کاتب ۔

Printing (print-ing) *n.* Business of the printer, books printed چھاپا ۔ چھپائی ۔ چھاپنا ۔ طباعت ۔ چھپی ہوئی کتابیں وغیرہ ۔

Prior (pri-ər) *n.* Dep uty abbot, head of frirs and monks مہتمم خانقاہ ۔ دوسرے درجے کا عہدیدار کلیسا ۔ بعض اطالوی اضلاع کا مجسٹریٹ ۔ حاکم عدالت ۔ ناظم فوجداری ۔

Priorate, priorship *n.* مہتمم خانقاہ کا منصب ۔ علاقہ ۔

Prior (pri-ər) *adj. & adv.* Previous پہلا ۔ اگلا ۔ سابق ۔ قدیم ۔ افضل ۔ سابقہ ۔ پہلے ۔ قبل سے ۔

Priority *n.* سبقت ۔ فوقیت ۔ اولیت ۔ تقدم ۔

Priory (pri-or-i) *n.* A convent of either sex راہبوں یا راہبایوں کی اقامت گاہ ۔ خانقاہ جو پرائر کے ماتحت ہو ۔

Prism (prizm) *n.* Solid whose ends are similar and equal کوئی ٹھوس چیز جس کے دونوں سرے یکساں اور مساوی ہوں ۔ مخروط مستوی ۔ طیف جو منشور کے انعطاف سے پیدا ہو ۔ (جمع) الوان منشوری ۔

Prismatic (prizm-ə-tik) *adj.* Resembling or pertaining to a prism جو مخروط یا منشور سے متعلق ہو ۔ منشور نما ۔ تیز ۔ شوخ ۔

Prismatic colours سات رنگ جن میں شعاعیں منشور کے ذریعہ منقسم ہو جاتی ہیں ۔

Prismatically *adv.* الوان منشوری کے ساتھ ۔ منشور کے ذریعے سے ۔

Prison (priz-n) *v.t. & n.* A building for the confinement of prisoners or criminals قید خانہ ۔ جیل خانہ ۔ محبس ۔ حوالات ۔ قید ۔ حبس ۔ محبوس کرنا ۔ قید کرنا ۔

Prisoner *n.* محبوس ۔ اسیر ۔ زندانی ۔ قیدی ۔

State prisoner *n.* سیاسی قیدی ۔

Pristine (pris-tin) *adj.* Original, former, belonging to earliest time پراچین ۔ قدیم ۔ پرانا ۔ اصلی ۔ عمدہ ۔ دیرینہ ۔

Prithee (predh-ē) *interj.* Pray thee از راہ نوازش - کرم فرمائی - مہربانی سے - اجی حضرت - حضور والا -

Privacy (prīv-ə-si) *n.* Seclusion, retirement عزلت - خلوت - پوشیدگی - تخلیہ - گوشہ نشینی - راز داری - اخفا -

Private (prīv-ət) *adj.* & *n.* Personal, unofficial نجی - ذاتی - غیر سرکاری - خفیہ - راز کا - چھپا ہوا - خلوت کی جگہ - تنہائی کا مقام - خلوت پسند شخص -

Private parts بول وبراز کے اعضا -

For one's private ear راز کی بات - کسی شخص سے کہنے کی بات -

In private تخلیہ میں -

Privately *adv.* نجی طور پر - ذاتی طور پر - خفیہ طور پر -

Privateer (prī-və-ter) *n.* A private vessel commissioned to plunder enemy ships غیر سرکاری جنگی جہاز جس کو دشمن کے جہازوں کو لوٹنے اور گرفتار کرنے کے لیے مقرر کیا گیا ہو - اس جہاز کا کپتان -

Privateering *n.* دشمن کے جہازوں کو لوٹنا - گرفتار کرنا - تباہ کرنا -

Privation (prī-va-shən) *n.* State of being deprived of something عسرت - تنگی - تنگ دستی - محتاجی - ضروریات زندگی سے محرومی -

Privative (priv-ə- tiv) *adj.* Causing privation سلبی - منفی - معدوم - کسی صفت کے فقدان کا - نقصان رساں -

Privet (prīv-it) *n.* A half evergreen shrub used for hedges ایک سفید پھول اور سیاہ پھل والی سدا بہار جھاڑی جس کی باڑھ لگائی جاتی ہے -

Privilege (prīv-i-lij) *v.t.* & *n.* A happy advantage استحقاق - حق - اختیار - خصوصی اختیار - خصوصی حیثیت حاصل کرنا - استحقاق بخشنا - معاف یا بری کرنا -

Privileged *adj.* حق یافتہ - جو کسی مخصوص رعایت کے اختیار کا حامل ہو -

Privileged communication ایسی مراسلت یا گفت و شنید جو طرفین کی رضامندی کے بغیر شائع نہیں کی جاسکتی -

Writ of privilege حق یافتہ - زیر حراست شخص کی رہائی کا حکم -

Privity (priv-i-ti) *n.* Secrecy, private councils شرکت - تعلق - شرکت معاہدہ - راز - راز داری (جمع) ستر - شرمگاہ -

Privy (priv-i) *adj.* & *n.* Familiar, intimate خاص - نجی - ذاتی - شخصی - خفیہ - چھپا ہوا - مخفی - شریک راز - راز دار - بیت الخلا - جائے ضرور - (قانون) وہ شخص جو کسی خاص معاملہ سے متعلق ہو - ایسا شخص جو کسی معاملہ کا فریق نہ ہو مگر اس معاملہ میں حق رکھے -

Privy chamber دیوان خاص -

Privy council مجلس مشورت حکمران -

Prize (prīz) *n.* & *v.t.* A reward won in a competition انعام - وہ چیز جس کے حصول کے لیے مقابلہ کرنا پڑے - بیش بہا چیز - داؤں، بازی یا برد کی رقم - روپیہ جو قرعہ اندازی سے ملے - (بول چال) انعام کا مستحق - ممتاز نمونہ - قدر کی چیز - قدر کرنا - بیش قیمت سمجھنا -

Prize fighter انعام کی خاطر لڑنے والا - پیشہ ور مکہ باز -

Prize (prīz) *n.* & *v.t.* Seizure, that which is taken by force جہاز جو قوانین جنگ کے ماتحت پکڑے جائیں - مال غنیمت - دشمن کا مال جو حاصل کیا جائے - بطور غنیمت گرفتار ہونا - دشمن کا مال حاصل کرنا -

Prize money روپیہ جو دشمن کے جہازوں اور مال کی فروخت سے حاصل ہو -

Prize-se (prīz) *v.t.* & *n.* Force open with a liver بیرم سے کھولنا - بیرم سے کام لینے کا طریقہ - بیرم کا عمل -

Pro (prō) *prefix* Before, for سابقہ برائے واسطے ، لیے ، خاطر ، پہلے -

Proforma رسمی تکمیل کے لیے - حسب ضابطہ -

Prorata تناسب کے مطابق - حسب شرح -

Pro and con (prō-an-kon) *adv.* & *n.* For and against موافق اور مخالف دلائل - موافقت اور مخالفت میں - اثبات میں اور نفی میں -

Pros and cons *n.* مخالف اور موافق دلائل -

Pro bono publico سب کی بھلائی کے لیے

Probabilism (prob-ə-bi-li-zm) *n.* Doctrine that of two opinions one may follow one's own inclination جس معاملہ میں علما کی دو رائیں ہوں یا اختلاف ہو اس میں ہر شخص کو آزادی ہے جس کی جی چاہے پیروی کرے - یہ مسئلہ کہ یقینی علم عنقا ہے - اس لیے عملی زندگی کے لیے بنانے یقین اور قرائن کافی ہیں -

Probability (prob-ə-bi-li-ti) *n.* Appearance of truth - قرینہ - احتمال - امکان - قیاس غالب - گمان غالب -

What are the probabilities کیا امکانات ہیں - قرائن کیا کہتے ہیں -

Probable (prob-ə-bl) *adj.* Having ground for belief - غالب - اغلب - قرین قیاس - ممکن - قابل قبول - حقیقت سے قریب - واقعیت سے ملتا جلتا -

Probate (prō-bāt) *n.* The official copy of the will with the certificate وصیت نامہ مصدقہ - وصیت کی سرکاری تصدیق -

Probate of the will وصیت نامہ مع ثبوت -

Probation (prō-bā-shən) *n.* Testing, proof امتحان - آزمائش - جانچ - پرکھ - آزمائشی تقرر - اچھے چال چلن کی ضمانت پر رہائی - امیدواری - امیدواری کا زمانہ -

Probationary (prō-bā-shən-a-ri) *adj.* Serving the purpose of trial امتحانی - آزمائشی - امیدوارانہ - کار آموزانہ

Probational *adj.* - آزمائشی - کارآموزی کا - امیدواری کا -

Probationer (prō-bā-shən-ər) *n.* One who is on trial امیدوار - کارآموز - وہ جس کا تقرر امتحاناً کیا گیا ہو -

Probative (prō-bā-tiv) *adj.* Testing, affording proof - اہل ثابت کرنے والا - ثبوت دینے والا - امتحانی - آزمائشی -

Probe (prob) *n.* & *v.t.* Instrument for exploring a wound زخم کے امتحان کا جراحی آلہ - زخم کی حالت معلوم کرنا - کھوج لگانا - تفتیش کرنا - کسی معاملہ کی چھان بین کرنا - تہہ کو پہنچنا -

Probity (prob-i-ti) *n.* Uprightness راستی - دیانت - سچائی - راستبازی -

Problem (prob-ləm) *n.* A matter difficult of solution عقدہ - مسئلہ - مشکل معاملہ - سوال - معمہ - عمل مشکل - قیاسی - مسئلہ جس کی تحقیق چند شرائط کی تابع ہو - (شطرنج) نقشہ - مہروں کی ترتیب -

Problematic (prob-ləma-tik) *adj.* Doubtful مشتبہ - مشکوک - مبہم - غیر مصدقہ - ممکن الوقوع یا ناممکن -

Problematically *adv.* - قضیہ کے طور پر - مشتبہ طور پر -

Problemist *n.* نقشوں اور معموں کی تشریح کرنے والا - دشوار مسائل کو حل کرنے والا -

Proboscis (pro-bos-is) *n.* A trunk or long snout سونڈ - تھوتھنی - ناک -

Proboscidiferous *adj.* خرطوی - سونڈ والے - تھوتھنی والے -

Proboscidiform *adj.* سونڈ کی طرح کا - تھوتھنی کی طرح کا -

Procedure (pro-sēd-yər) *n.* Method of conducting business طریقہ کار - اسلوب کار - کارروائی - عمل درآمد - دستور العمل -

Proceed (prō-sed) *v.i.* Continue, advance, go forward چلنا - جانا - آگے بڑھنا - ترقی کرنا - ابتدا کرنا - آغاز کرنا - کوئی طرز عمل اختیار کرنا - کاروائی کرنا - چارہ جوئی کرنا - پیدا ہونا - نکلنا - صادر ہونا - جاری ہونا - واقع ہونا - جاری رہنا -

Exertions proceed from hope امید ہی سعی کا موجب ہوتی ہے -

Proceeding (prō-sēd-ing) *n.* Course of conduct کاروائی - روداد - طریق کار - طریق عمل - دفتری طریقہ کار -

High-handed proceeding استبدادی طریقہ - جارحانہ کاروائی - جابرانہ عمل -

Proceeds (prō-sēds) *n.* Outcome پیداوار - منافع - محاصل - بکری - فائدہ - حاصل -

Proceleusmatic (pros-e-lus-mat-ik) *n.* & *adj.* Encouraging, inciting چار جزی رکن عروضی - حوصلہ افزا - اشتعال انگیز -

Process (prō-ses) *v.t.* & *n.* Course چال - روش - انداز - عمل - طریق - ترکیب - قدرتی یا غیر اختیاری عمل - قانونی کاروائی - پروانہ عدالت - سمن - عدالتی کاروائی کرنا - مقدمہ چلانا - عمل کرنا - اثر انداز ہونا - میوہ وغیرہ کو سڑنے سے محفوظ کرنا - (جمع) کاغذات مقدمہ - روداد مقدمہ -

Process of time زمانہ گزرنے سے - ہوتے ہوتے -

Process (prō-ses) *v.i.* Go in a procession جلوس میں نکلنا -

Procession (prō-sesh-ən) *n.* A train of persons, vehicles or boats جلوس - سواری - بے ترتیب آغاز - روح القدس کا ظہور - جلوس میں نکلنا -

Processionary *adj.* جلوس کے متعلق - جلوس میں دھوم دھام سے -

Processional (prō-sesh-ənl) *adj.* & *n.* Of procession, a book of hymns جلوس کے متعلق - جلوسی مناجات - مناجات کی کتاب -

Processionist (prō-sesh-ə-nist) *n.* One who joins procession جلوس میں شامل ہونے والا - مناجاتی جلوس کا رکن -

Processionalize *v.t.* جلوس نکالنا - جلوس کی شکل اختیار کرنا -

Prochronism (prō'-kron-izm) *n.* A dating of an event before the right time کسی واقعہ کی صحیح تاریخ سے پہلے کی تاریخ دینا -

Proclaim (prō-klām) *v.t.* Cry aloud, announce مشتہر کرنا - ڈھنڈورا پیٹنا - اعلان کرنا - منادی کرنا - کسی کی غداری کا اعلان کرنا - صلح یا جنگ کا اعلان کرنا - کسی علاقہ پر کوئی پابندی عائد کرنا -

Proclamation *n.* ڈھنڈورا - منادی - اعلان - اشتہار -

Proclamatory *adj.* مشہور کرنے والا - (واقعہ) مصلنہ - اشتہاری -

Proclivity (prō-kliv-i-ti) *n.* Inclination of earth زمین کا اپنے محور پر جھکاؤ - میلان - رجوع - رجحان - شوق - لگاؤ -

Proconsul (pro-kon-sl) *n.* A Roman magistrate with consular authority رومی مجسٹریٹ جس کو قونصل کے اختیارات ہوں - صوبہ کا حاکم - نو آبادی کا گورنر -

Proconsular *adj.* پرو قونصل کے متعلق -

Proconsulate *n.* پرو قونصل کا عہدہ یا منصب -

Procrastinate (pro-kras-ti-nāt) *v.t.* & *i.* Defer ملتوی کرنا - برآئندہ کرنا - دیر لگانا - ٹال مٹول کرنا - لیت و لعل کرنا - تعویق کرنا -

Procrastinatingly *adv.* تاخیر کرتے ہوئے - لیت و لعل سے - ٹال مٹول سے -

Procrastination *n.* ٹال مٹول - تعویق - التوا - تاخیر -

Procrastinator *adj.* تاخیر کرنے والا - لیت و لعل کرنے والا -

Procrastinative *adj.* تعویقی - التوائی - تاخیری -

Procrastinatory *adj.* لیت و لعل کا - تعویقانہ - تاخیرانہ -

Procreate (prō-kri-āt) *v.t.* Engender, beget تولید کرنا - جننا - پیدا کرنا - بچے دینا - نسل کی افزائش کرنا -

Procreant *adj.* پیدا کرنے والا - جننے والا -

Procreative *adj.* طاقت تولید رکھنے والا - پیدا کرنے کی صلاحیت رکھنے والا -

Procreation *n.* پیدائش - افزائش نسل - تولید -

Procrustean (pro-krus-ti-ən) *adj.* Violently making conformable جبر و تشدد سے مناسبت پیدا کرنے والا یا ایسا طریقہ - پرکرسٹینیزو ایک ڈاکو تھا جو اپنے قیدیوں کو چارپائی پر لٹاتا تھا اگر وہ چھوٹے پڑتے تھے تو شکنجہ میں کس کر لمبے کئے جاتے تھے اور اگر زیادہ لمبے ہوتے تھے تو ان کے پیر کاٹے جاتے تھے -

Procrusteanism *n.* یکسانیت کا جبری طریقہ - جبراً متناسب بنانے کا اصول -

Proctor (prok-tər) *n.* An official in the university, an attorney in courts مودب جامعہ - جامعہ کا عہدہ دار جو طلبا کے اخلاق کی نگرانی پر مامور ہو - مذہبی یا دیوانی عدالت کا وکیل -

Proctorial *adj.* مصلحانہ - ادب آموز - مودبانہ -

Proctorship *n.* مودب کے فرائض و منصب -

Proctorize *v.t.* طلبا کی تادیب کرنا - مودب کی حیثیت سے طلبا کو سزا دینا - جواب دہی کے لیے طلب کرنا -

Procumbent (prō-kum-bənt) *adj.* Lying or having forward بڑھا ہوا - آگے جھکا ہوا - لیٹا ہوا - پیٹ کے بل لیٹا ہوا - زمین پر پھیلا ہوا (پودا) -

Procuration (prōk-ū-ra-shən) *n.* Management of another's affairs گماشتہ گری ۔ مختاری ۔ تحصیل وصول ۔ سر براہی ۔ دوسرے کے کام کی یا معاملات کی دیکھ بھال ۔ زائرین کے طعام و قیام کا انتظام ۔ قرض دلانے کی دستوری ۔ دلالی ۔

Procural *n.* حاصل کرنا ۔ مہیا کرنا ۔ کسی چیز کا حصول ۔

Procurance *n.* کسی مختار کا باضابطہ عمل ۔ حصول ۔ ایجنسی ۔ ذریعہ حصول ۔

Procurator (prōk-ū-ra-tər) *n.* A financial agent in a Roman province ۔ (روما) مالی مختار ۔ سربراہ کار ۔ گماشتہ ۔ مختار ۔ وکیل ۔ مہتمم خزانہ ۔ مجسٹریٹ یا حاکم عدالت ۔

Procuratorial *adj.* حاکمانہ ۔ عاملانہ ۔ مختارانہ ۔

Procuratorship *n.* نمائندگی ۔ گماشتگی ۔ مختاری ۔

Procuratory (prōk-ū-ra-tə-ri) *n.* Authorisation to act for another ۔ مختاری ۔ نمائندگی ۔ مصدقہ مختاری ۔ مسطورہ نمائندگی ۔

Procure (prō-kūr) *v.t. & i.* Obtain or bring about, induce ۔ حاصل کرنا ۔ بہم پہنچانا ۔ مہیا کرنا ۔ میسر ہونا ۔ باعث یا سبب ہونا ۔ پورا کرنا ۔ تکمیل کو پہنچانا ۔ دلالی کرنا ۔ کٹناپا کرنا ۔

Procurable *adj.* قابل حصول ۔

Procurement *n.* میسر کرنا ۔ بہم پہنچانا ۔ فراہمی ۔ حصول ۔

Procurer (prō-kūr-ər) *n.* One who procures بہم پہنچانے والا ۔ دلال ۔ قلتبان ۔ بھڑوا ۔ کٹنا ۔

Procuress مشاطہ ۔ دلالہ ۔ کٹنی ۔

Prod (prod) *v.t. & n.* Prick, poke ۔ چبھونا ۔ بھونکنا ۔ گھسیڑنا ۔ دق کرنا ۔ آر ۔ آری ۔ خار ۔ نوکدار اوزار ۔

Prodigal (prod-i-gl) *adj. & n.* Wasteful ۔ مسرف ۔ فضول خرچ ۔ شاہ خرچ ۔ بے دریغ خرچ کرنے والا ۔ فضول خرچ آدمی ۔

Prodigality شاہ خرچی ۔ فضول خرچی ۔

Prodigally *adv.* فضول خرچی سے ۔ اسراف سے ۔

Prodigalise (prod-i-gə-līz) *v.t.* Spend lavishly اسراف کرنا ۔ بے دریغ خرچ کرنا ۔

Prodigious (prod-i-ji-əs) *adj.* Wonderful ۔ عجیب انوکھا ۔ حیرت انگیز ۔ عظیم الشان ۔ گراں قدر ۔ بہت بڑا ۔ عجیب الخلقت ۔

Prodigiousness *n.* ۔ شان ۔ بڑائی ۔ عظمت ۔ نرالا پن ۔ انوکھا پن ۔

Prodigy (prod-i-ji) *n.* Any person or thing that causes wonder عجیب و غریب انسان یا شے ۔ حیرت انگیز نمونہ ۔ تعجب خیز ذہانت یا عقل ۔ غیر معمولی اوصاف کا انسان ۔ وہ بچہ جو اپنی عمر کے لحاظ سے غیر معمولی ذہانت کا ثبوت دے ۔

Prodrome (prod-rom) *n.* An introductory treatise تمہیدی یا تعارفی رسالہ ۔ کسی کتاب یا مقالہ کا ابتدائی باب ۔

Produce (pro-dūs) *n.* Product, crop, yield پیداوار ۔ آمد ۔ حاصل ۔ زرعی یا قدرتی پیداوار ۔ ماحصل ۔ ثمرہ ۔ ٹوٹا پھوٹا فوجی اور بحری سامان ۔

Produce (pro-dūs) *v.t.* Bring forth, bring into being پیش کرنا ۔ رو برو کرنا ۔ پیدا کرنا ۔ منظر عام پر لانا ۔ کسی خط کو کسی نقطہ تک وسیع کرنا ۔ خام پیداوار سے مصنوعات بنانا ۔ وقوع میں لانا ۔ فصل دینا ۔ ثمرہ دینا ۔ اولاد پیدا کرنا ۔

Producibility (pro-dūs-i-bi-liti) *n.* Capability of production پیداوار کی صلاحیت ۔ پیداوار کی قابلیت ۔ زرخیزی ۔

Producible *adj.* ۔ جو پیش کیا جا سکے ۔ قابل معائنہ پیدا کرنے کے قابل ۔

Producer (pro-dūs-ər) *n.* One who produces پیدا کرنے والا ۔ بنانے والا ۔ تیار کرنے والا ۔ پیش کرنے والا ۔

Product (prod-əkt) *n.* A thing produced ۔ پیداوار حاصل ۔ ماحصل ۔ پھل ۔ نتیجہ ۔ مصنوعات ۔ حاصل ضرب ۔ وہ مرکب جو تحلیل کے دوران پیدا ہو جائے ۔

Production (prod-uk-shən) *n.* That which is produced ۔ پیدا وار ۔ تصنیف ۔ انشا ۔ صنعت ۔ ایجاد

Productive (prod-ek-tiv) *adj.* Having the power to produce ۔ پیدا کرنے کے قابل ۔ بار آور ۔ زرخیز سیر حاصل ۔ معنی خیز ۔ مضمون آفرین ۔

Productive labour ۔ صنعتی محنت ۔ پیداواری محنت

Productiveness } n. ثمر آوری - زرخیزی - اشیا گری - بار آوری -
Productivity

Proem (pro-em) *n.* An introduction تمہید - مقدمہ - دیباچہ - پیش لفظ -

Profane (pro-fān) *adj.* Showing contempt of sacred things مقدس چیزوں کی بے حرمتی کرنا -

Profanation *n.* بے حرمتی - بے ادبی - تذلیل -

Profanity *n.* تحقیر دین - خدا کی بے ادبی -

Profess (prō-fes) *v.t.* & *i.* Declare, claim اعلان کرنا - اقبال کرنا - اعتراف کرنا - دعوی کرنا - مدعی ہونا - ظاہر ہونا - ظاہر کرنا - نمود کرنا - کسی مذھب کا پیرو ہونا - کوئی کاروبار کرنا - پروفیسری کرنا - پروفیسر کی خدمت انجام دینا -

Professed (prō-fes-d) *adj.* Openly declared دعویدار - مدعی - معلنہ - مندیافتہ - باضابطہ -

Profession (prō-fe-shən) *n.* Avowal اظہار - اقرار - اقبال - اعلان - قول - عہد - ادعا - مذہبی عقیدہ - پیشہ - حرفہ - کام - دھندا -

Professional (prō-fe-shən-al) *adj.* & *n.* Engaged in a profession پیشہ ور - پیشے سے متعلق - پیشے کا -

Professional politician سیاس - پیشہ ور سیاست دان -

Professionalism (prō-fe-shən-al-izm) *n.* The status, outlook, and aim of a professional پیشہ وری - پیشہ ورانہ ڈھنگ - پیشہ وروں کی ملازمت -

Professionalize *v.t.* پیشہ ور بنانا - کسی چیز یا کام کو پیشہ بنا لینا -

Professor (prō-fes-ər) *n.* A teacher, open declarer of certain doctrine پڑھانے والا - ماننے والا - تسلیم کرنے والا - استاد - معلم - اعلیٰ مدرس - کسی فن کی مہارت رکھنے والا (بول چال) پیشہ ور -

Professorate *n.* پروفیسروں کی جماعت - پروفیسری -

Professoriate *n.* پروفیسروں کا عملہ -

Professorship *n.* پروفیسری - منصب معلمی -

Professorial *adj.* پروفیسری کے متعلق - پروفیسرانہ -

Proffer (prof-ər) *n.* & *v.t.* Tender, offer for acceptance نذر کرنا - پیش کش کرنا - پیش کرنا - آگے رکھنا - پیش کش - نذر - درخواست - عرضی - گزارش - آرزو - خواہش -

Proferred پیش کی ہوئی - پیش کردہ - پیش شدہ -

Proficient (prō-fish-ənt) *adj.* Competent ذی‌علم - ماہر - قابل - لائق - واقف -

Proficiency *n.* استعداد - قابلیت - مہارت - لیاقت -

Proficiently *adv.* ماہرانہ طور پر - ہوشیاری سے -

Profile (prō-fīl) *n.* & *v.t.* An outline سرسری تصویر - تصویر کا خاکہ - یک رخی نقشہ - ایک رخ کی تصویر - تصویر کا خاکہ کھینچنا - یک رخی تصویر بنانا -

Profit (pro-fit) *n.* Gain, income, interest سود - منافع - نفع - فائدہ - منفعت - مالی منافع -

Profit and loss account نفع نقصان کا حساب -

Profit sharing کارو بار جس کے نفع میں سرمایہ دار اور ملازم شریک ہوں -

Profitless بے فائدہ - بلا نفع -

Profitlessness بے نفعی - لاحاصلی -

Profit (pro-fit) *v.t.* & *i.* Benefit, gain, advantage فائدہ ہونا - مفید ہونا - نفع دینا - متمتع ہونا - کارآمد ہونا - کام آنا -

Profitable *adj.* نفع رسان - نافع - سود مند - فائدہ مند -

A profitable speculation *n.* نفع کا سودا - منفعت بخش سٹا -

Profitableness *n.* نفع رسانی - سود مندی - فائدہ مندی -

Profitably *adv.* نفع کے ساتھ - فائدے سے - سود مندی سے -

Profiteer (pro-fit-er) *v.t.* & *n.* One who makes exorbitant profit in an emergency ناجائز نفع حاصل کرنے والا - کسی خاص حالت میں بے جا نفع حاصل کرنے والا - حد سے زیادہ نفع حاصل کرنا -

Profitless (pro-fit-les) *adj.* Without profit بے فائدہ - بے سود - بے منافع -

Profligate (prof-li-gāt) *adj.* & *n.* Abandoned to vice شہدا - لچا - خراب - بدکار - فاجر - فاسق - عیاش - شہوت پرست - فضول خرچ -

Profligacy *n.* عیاشی - فسق و فجور - اوباشی -

Profound (prō-fownd) *adj.* Deep, deep-seated گہرا - عمیق - عالم - فاضل -

Profoundly *adv.* نظر غائر سے - بدرجہ غائت -

Profoundness } n. گہرائی ۔ باریک بینی ۔
Profundity

Profuse (prō-fūs) *adj.* Lavish, extravagant ۔ کثیر فراواں ۔ مسرف ۔ فضول خرچ ۔ بہت ۔ افراط سے ۔

Profusely *adv.* فضول خرچی سے ۔ بافراط ۔

Profuseness } n. بہتات ۔ افراط ۔ کثرت ۔ فضول خرچی ۔
Profusion

Prog (prog) *n.* Food specially for journey توشہ سفر ۔ بھیک کا کھانا ۔ (بول چال) آکسفورڈ اور کیمبرج کا پراکٹر ۔

Progenitive (prō-jen-i-tiv) *adj.* Capable of production of offspring قابل تولید ۔ پیدا کرنے کے قابل ۔ افزائش نسل کے قابل ۔

Progenitor (prō-jen-i-tər) *n.* Ancestor, parent, forefather بزرگ ۔ جد ۔ مورث ۔ پدر ۔ پیشرو ۔ والد ۔

Progenitorial *adj.* موروثی ۔ ابوی ۔ جدی ۔ پدری ۔ بزرگانہ ۔

Progenitorship (prō-jen-i-tər-ship) *n.* Founding of a family, begetting خاندانی ابویت ۔ خاندان ۔ نسل ۔ افزائش نسل ۔

Progeniture (prō-jen-i-tur) *n.* Begetting of offspring نسل ۔ اولاد ۔ افزائش نسل ۔

Progeny (proj-ə-ni) *n.* Offspring ۔ آل ۔ اولاد ۔ نسل روحانی اولاد ۔ (شاگرد ۔ مرید) ۔

Prognosis (prog-nō-sis) *n.* Forecasting, forecast of a disease تشخیص مرض ۔ مرض کی آئندہ حالت کی پیش بینی ۔

Prognostic (prog-nost-ik) *n.* & *adj.* An indication of something to come پیش خبر ۔ پیش بین ۔ پیش بینی ۔ پیش خیمہ ۔ پیشگی خبر دینے والی علامات ۔

Prognosticate (prog-nost-ik-āt) *v.t.* Foretell پیشین گوئی کرنا ۔ پہلے سے خبر دینا ۔ علامت ظاہر کرنا ۔ آثار ظاہر کرنا ۔

Prognosticable *adj.* جس کی پیشین گوئی کی جاسکے ۔

Prognosticative *adj.* علامت ظاہر کرنے والا ۔ پیشگی خبر دینے والا ۔

Prognostication *n.* شگون ۔ فال ۔ علامت ۔ پیشین گوئی ۔ پیش خبری ۔

Prognosticator *n.* پیش خبری کرنے والا ۔ کاہن ۔ جوتشی ۔ نجومی ۔

Program(m)e (prō-gram) *n.* & *v.t.* A scheme of proceedings arranged for a particular occasion کسی تماشے ، جلسے یا تقریب کا تفصیلی پیش نامہ ۔ لائحہ کار ۔ نظام العمل ۔ پروگرام بنانا ۔ پیش نامہ تیار کرنا ۔

Progress (prō′-gres) *n.* Forward movement, advance ۔ ترقی ۔ ارتقا ۔ نشوونما ۔ سیروسیاحت ۔ دورہ شاہی گشت ۔

Progress (prō′-gres) *v.i.* Go forward ۔ آگے بڑھنا ترقی کرنا ۔ نشوونما پانا ۔ جاری ہونا ۔ دوران میں ہونا ۔

Progression (prō′-gre-shən) *n.* Act of moving forward پیش روی ۔ بڑھاؤ ۔ پیش قدمی ۔ (موسیقی) ایک سر سے دوسرے سر میں جانا ۔ سر کا اتار چڑھاؤ ۔ (ریاضی) سلسلہ ۔

Arithmetic progression سلسلہ جمع و تفریق ۔

Geometric progression سلسلہ ضرب و تقسیم ۔

Harmonic progression راگوں کا سلسلہ ۔

Progressionist (prō′-gre-shən-ist) *n.* One who believes in and favours progressive reforms ترقی کا حامی ارتقا کا قائل ۔ اس عقیدہ کا حامل کہ ارتقائی عمل بہتر وجود ظہور میں لاتا ہے ۔

Progressive (prō-gres-iv) *adj.* & *n.* Forward moving بتدریج بڑھنے والا ۔ ترقی کرنے والا ۔ ترقی پسند ۔ ترقی پذیر ۔

Progressivism *n.* ترقی پسندی ۔

Progressiveness *n.* پیش قدمی ۔ اصلاح پذیری ۔

Progressively *adv.* صریحاً ۔ ترقی پسندی کے ساتھ ۔ تدریجی ترقی کے طور سے ۔

Prohibit (prō-hib-it) *v.t.* Prevent, forbid ۔ منع کرنا باز رکھنا ۔ روکنا ۔ مزاحمت کرنا ۔

Prohibition (prō-hib-i-shən) *n.* Forbidding ۔ امتناع روک ۔ رکاوٹ ۔ امتناعی حکم ۔ نشہ بندی ۔ شراب کی کشید اور فروخت کی ممانعت ۔

Prohibitionist *n.* نشہ آور چیزوں کی فروخت کی ممانعت کا حامی ۔

Prohibitive (prō-hib-i-tiv) *adj*. Tending to make impossible امتناعی - مزاحمتی - مانع - کوئی چیز جو حصول کو محال کر دے -

Prohibitiveness *n*. ممتنع ہونا - مانع ہونا -

Prohibitory *adj*. امتناعی -

Project (proj-ekt) *n*. A notion, a scheme of things تجویز - منصوبہ - ارادہ - خاکہ - اختراع -

Project (proj-ekt) *v.t.* & *i*. Scheme, plan, devise ڈالنا - پھینکنا - تجویز کرنا - منصوبہ بنانا - حلول کرنا - سرایت کرنا - سایہ ڈالنا - عکس ڈالنا - متشکل کرنا - خاکہ کھینچنا - نقشہ تیار کرنا - آگے نکل جانا - آگے نکلا ہوا ہونا - باہر نکلا ہوا ہونا -

Projectile (proj-ek-til) *adj*. & *n*. Impelling آگے بڑھانے والا - حرکت دینے والا - حرکی - جو حرکی قوت سے پھینکی جا سکے جیسے بندوق کی گولی -

Projection (proj-ek-shən) *n*. The fact of being projected, planning ڈالنا - پھینکنے کا عمل - ابھار - خاکہ - تجویز - منصوبہ - چھجا - پہاڑ کا سامنے نکلا ہوا حصہ - (ہندسہ) ظل -

Projective (proj-ek-tiv) *adj*. Of projection (ہندسہ) ظلی - آگے کو نکلا ہوا - ذہن میں تشکیل دیا ہوا -

Projector (proj-ek-tər) *n*. One who projects enterprises, an apparatus for projecting منصوبے بنانے والا - کمپنیاں چلانے والا - ابھارنے کا ایک آلہ -

Prolapse (prō-laps) *v.i.* & *n*. A falling down نیچے گرنا - سرک جانا - اتر جانا - فتق - اسقاط الرحم وغیرہ -

Prolapsus (prō-lap-səs) *v.t.* & *n*. Slip out of place کسی عضو کا ہٹ جانا یا سرک جانا -

Prolate (prō-lāt) *adj*. Widespread بیضوی شکل کا - پھیلا ہوا - چوڑا - فراخ - (قواعد) تکمیل کا - توسیع کا - کشادہ

Prolately *adv*. کشادہ طور پر - توسیع کے طور پر -

Prolative (prō-lāt-iv) *adj*. Completing the predicate توسیع کرنے والا -

Prolegomenon (pro-leg-om-in-an) *n*. An introduction پیش لفظ - تمہید - مقدمہ - دیباچہ -

prolepsis (prō-lep-sis) *n*. Anticipation پہلے سے کسی چیز یا واقعہ کا تصور کر لینا - پیش خیالی - پیش بینی - پیش بندی - (قواعد) صفت کا پیشگی استعمال - کسی اسم مفروضہ کے لیے -

Proleptic *adj*. پیش قیاسی کا - متوقع - مقدم - پیشین -

Proletarian (prō-li-te-ri-ən) *adj*. & *n*. Of the labouring class عام لوگوں کا - مزدوروں کے طبقہ کا - پیشہ وروں کا - عوامی - عام آدمی -

Proletarianism *n*. The condition of the poorest class عوام کی حالت - عوام کے سیاسی حقوق کی حمایت - عوامیت -

Proletary *n*. One who served the state with offspring وہ عام آدمی جو ریاست کی خدمت سرمایہ سے نہیں بلکہ اولاد پیدا کر کے کرتا ہے - عوامی خادم - عوامیت کا حامی -

Proletariat(e) (prō-li-te-ri-ət) *n*. Lowest class of community ادنیٰ طبقہ - غربا کا طبقہ - پیشہ وروں اور مزدوروں کا طبقہ -

Prolicide (prō-li-sīd) *n*. Killing of offspring بچہ کشی - اولاد کشی -

Prolicidal *adj*. اولاد کش - اولاد کشی کے متعلق -

Proliferate (prō-lif-ə-rat) *v.i.* & *t*. Reproduce by multiplication of parts ایک ہی پودے سے بچے پھوٹنا - شاخ ، تنے ، جڑ اور شگوفوں سے نئے پودے پیدا ہونا - بڑھنا - پھولنا - نئے بچے پیدا کرنا -

Proliferous (prō-lif-ə-rəs) *adj*. Producing new parts اپنے جسم سے نئے بچے پیدا کرنا - نئے پودے پیدا کرنے کی صلاحیت رکھنے والا -

Prolific (prō-lif-ik) *adj*. Abundantly productive بہتات سے پیدا کرنے والا - بارآور - ثمر دار - زرخیز - زاواں - وافر - کثیر - نسل پھیلانے والا -

Prolificacy, Prolificity, Prolificness *n*. بارآوری - زرخیزی - نسل آفرینی - نسل خیزی - مضمون آفرینی - بہتات - افراط -

Proligerous (prō-lig-e-rəs) *adj*. Generative نسل خیز - بچہ خیز - نسل آفریں - زرخیز - ثمر خیز -

Prolix (prō-liks) *adj*. Long and wordy لمبا - طول طویل - اکتا دینے والا - لفاظی سے پر - پر گو - پر نویس -

Prolexity *n.* لفاظی ۔ اکتا دینے والی لمبی تقریر ۔ طوالت ۔ طول کلامی ۔

Prolocutor (prō-lok-ū-tər) *n.* A spokesman میر مجلس ۔ صدر مجلس ۔ صدر انجمن ۔ انگلستان کی کلیسائی انجمنوں کے تحتانی ایوان کا صدر ۔ خطیب ۔ مقرر ۔

Prologize (prō-log-īz) *v.t.* Write, speak a prologue افتتاحی تقریر لکھنا یا پڑھنا ۔ تمہیدی تقریر قلمبند کرنا ۔

Prologue (prō-log) *v.t.* & *n.* An introductory speech تعارفی تقریر ۔ افتتاحی تقریر ۔ تقریر جس سے یونانی ناٹک کا آغاز ہوتا تھا ۔ افتتاح کرنا ۔ آغاز کرنا ۔

Prolong (prō-long) *v.t.* Lengthen out طول دینا ۔ لمبا کرنا ۔ جاری رکھنا ۔

Prolongable *adj.* طوالت پذیر ۔ طویل (تلفظ) جسے طول دیا جاسکے ۔

Prolongation *n.* طول دینا ۔ درازی ۔ تطویل ۔ طوالت ۔

Prolusion (prō-l(y)ōō-zhən) *n.* A preliminary performance ابتدائی مضمون ۔ ابتدائی عمل ۔ دیباچہ ۔ تمہید ۔

Prolusory *adj.* افتتاحی ۔ ابتدائی ۔ تمہیدی ۔

Promenade (prom-i-nād) *n.,v.t.* & *i.* Walk, ride, drive for display گلگشت ۔ سیر ۔ چہل قدمی ۔ سواری ۔ جلوس ۔ نمائشی یا تفریحی سواری ۔ جلوس نکالنا ۔ گشت کرنا ۔ پھرانا ۔

Promenador *n.* One who promenades جلوس میں چلنے والا ۔ ٹہلنے والا ۔ خراماں خراماں چلنے والا ۔

Prominent (prom-i-nənt) *adj.* Standing out نمایاں ۔ نکلا ہوا ۔ ابھرا ہوا ۔ ممتاز ۔ مشہور ۔ معروف ۔ نامور ۔

Prominence *n.* ابھرا ہوا ہونا ۔ نمایاں ہونا ۔ شہرت ۔ نمود ۔ امتیاز ۔

Prominently *adv.* امتیازی طور پر ۔ نمایاں طور پر ۔

Promiscuous (prō-mis-kū-əs) *adj* Haphazard, mixed مخلوط ۔ ملا جلا ۔ درہم برہم ۔ بے ترتیب ۔ گڈ مڈ ۔ متفرق ۔ بلا امتیاز ۔ (بول چال) اتفاقیہ ۔ بے غرضانہ ۔

Promiscuous bathing مخلوط غسل ۔ غسل جس میں عورتیں اور مرد ملے جلے ہوں ۔

Promiscuous sex relation آزادانہ جنسی تعلقات ۔

Promiscuity *n.* آزادانہ میل جول ۔ بے ترتیبی ۔ خلط ملط ۔ عورتوں مردوں کا میل ۔

Promiscuously *adv.* مخلوط ۔ جنسی آزادی کے ساتھ ۔ طور پر ۔

Promise (prom-is) *n.* An engagement to do something وعدہ ۔ عہد و پیمان ۔ قول و قرار ۔ موعودہ شے ۔ عمدہ نتیجہ کی توقع ۔ آس ۔ امید ۔

Promise (prom-is) *v.t.* & *i.* Assure, engage to bestow اقرار کرنا ۔ وعدہ کرنا ۔ زبان دینا ۔ قول و قرار کرنا ۔ (بول چال) یقین دلانا ۔ امید افزا ہونا ۔

Promise-breaker وعدہ شکن ۔

Promised land بنی اسرائیل کی ارض موعود ۔ کنعان ۔

Break a promise مکر جانا ۔ وعدہ سے پھر جانا ۔

Keep a promise وعدہ وفا کرنا ۔

These differences promise a storm اختلافات بلائے جان ہوجائیں گے ۔ اختلافات سے فساد کی بو آتی ہے ۔

Promisor *n.* عہد و پیمان کرنے والا ۔ وعدہ کرنے والا ۔

Promisee (prom-is-e) *n.* To whom a promise is given جس سے وعدہ کیا جائے ۔

Promising (prom-is-ing) *adj.* Hopeful, encouraging ہونہار ۔ امید افزا ۔ جس سے ترقی کی امید ہو ۔

Promissory (pro-mis-ə-ri) *adj.* Implying a promise اقراری ۔ پیمانی ۔ وعدہ کا ۔

Promissory note ہنڈی جس کے پیش کرنے پر ادائی لازم ہو ۔ درشنی ہنڈی ۔

Promontory (prom-ən-tə-ri) *n.* A ridge or projection نمایاں بلند مقام ۔ ٹیلہ ۔ وہ بلند قطعہ زمین جو سمندر میں چلا گیا ہو ۔ راس ۔ ابھار ۔ دنبل ۔

Promote (prō-mōt) *v.t.* Help forward بڑھانا ۔ ترقی دینا ۔ تقویت دینا ۔ حمایت کرنا ۔ اعانت کرنا ۔ ترغیب دینا ۔ اونچا کرنا ۔ بنا ڈالنے میں اعانت کرنا ۔ (شطرنج) پیادے کا فرزین بنانا ۔

Promotion *n.* حوصلہ افزائی ۔ ہمت افزائی ۔ سر بلندی ۔ سرفرازی ۔ ترقی ۔

Promotive *adj.* حوصلہ بڑھانے والا ۔ ترقی دینے والا ۔

Promoter (prō-mōt-ər) *n.* One who promotes or sets up new business ترقی دینے والا - نیا کاروبار قائم کرنے والا - حوصلہ بڑھانے والا - ترغیب دینے والا -

Prompt (prom(p)t) *adj.* Ready in action, paid or due atonce آمادہ - مستعد - تیار - چست - جلد - بر وقت - فوراً - بر محل - بلا تاخیر - بلا عذر -

Promptitude } *n.* آمادگی - چستی - پھرتی -
Promptness } چالاکی -

Prompt (prom(p)t) *v.t.* & *n.* Incite, instigate اکسانا - آمادہ کرنا - یاد دلانا - ترغیب دینا - لقمہ دینا - دل میں ڈالنا - سمجھانا - مدد دینا -

Prompter (prom(p)tər) *n.* Person stationed out of sight of audience to assist actor's memory محرک - اکسانے والا - تھیٹر میں ایسا شخص جو پردے کے آڑ میں رہ کر اداکاروں کو ان کا پارٹ ہر وقت یاد دلانے میں مدد کرتا ہے - یاد گیر - یاد گر -

Prompting (prom(p)t-ing) *n.* Encouragement تحریص - ترغیب - برانگیختگی -

Promulgate (prom-əl-gāt) *v.t.* Proclaim, make widely known مشتہر کرنا - اعلان کرنا - شائع کرنا - منادی کرنا - حکم یا ضابطہ نافذ کرنا -

Promulgation *n.* اشاعت - تشہیر - نفاذ - اعلان -

Promulgator *n.* شائع کرنے والا - نافذ کرنے والا - معلن -

Prone (prōn) *adj.* Lying or laid flat منہ کے بل - اوندھا - چت - ڈھلوان - نشیبی - راغب - مائل - مستعد - تیار -

Proneness *n.* اوندھا پن - سجدہ ریزی - خواہش - رغبت - میلان -

Proneur (prōn-e-ər) *n.* Extoller خوشامدی - مدح خوان - ثنا گو -

Prong (prong) *v.t.* & *n.* A fork of any kind دو شاخہ - دو سول - کانٹا - کھانچہ - کانٹا چبھونا - کھانچے سے گھسیٹنا - الٹ پلٹ کرنا -

Pronged *adj.* شاخوں والا - شاخ دار - کانٹے دار -

Three-pronged *adj.* ترسول -

Pronominal (prō-nom-in-əl) *adj.* Of the nature of a pronoun ضمیری - ضمیر کا - ضمیر کے طور پر - ضمیر کے طور پر استعمال کیا ہوا -

Pronoun (prō-now) *n.* A word used instead of a noun ضمیر -

Demonstrative pronoun ضمیر اشارہ -

Interrogative pronoun ضمیر استفہامی -

Pronounce (pro-nowns) *v.t.* Declare, utter formally بیان کرنا - ظاہر کرنا - رائے ظاہر کرنا - حتمی طور پر کہنا - فیصلہ صادر کرنا - زبان سے ادا کرنا -

I cannot pronounce } میں نہیں کہہ سکتا کہ وہ
him out of danger } خطرے سے باہر ہے -

Pronounced (prō-nowns-d) *adj.* Declared نمایاں - واضح - فیصل شدہ -

Pronounced tendency نمایاں رجحان - واضح میلان -

Pronouncing (prō-nowns-ing) *n.* & *adj.* Authoritative declaration قطعی فیصلہ - فیصلہ کا صدور - فیصلہ کن - تلفظ دار - (جس لغت میں تلفظ دیا گیا ہو) -

Pronunciation (prō-nun-si-ā-shən) *n.* Mode of pronouncing تلفظ - طرز ادا - لب و لہجہ - قرأت -

Proof (prōōf) *n.* That which establishes the truth of any thing دلیل - حجت - برہان - ثبوت - شہادت - گواہی - تصدیق - توثیق - آزمائش - جانچ - پڑتال - امتحان - کشید کی ہوئی شراب کی قوت کا امتحان - نقل جو تصحیح کے لیے چھاپ کر نکالی جائے - تحریری نقل - کتاب کے ناتراشیدہ کنارے -

Proofless بے دلیل - بے ثبوت -

Proof reader چھپی ہوئی نقل کی تصحیح کرنے والا - پروف دیکھنے والا -

Proof-text کسی مسئلہ کے ثبوت کے لیے انجیل کی آیت -

The proof of the pudding } حلوے کی اچھائی
is in its eating } کھانے ہی سے معلوم ہو سکتی ہے -

Proof (proōf) *adj.* & *v.t.* Invulnerable, make unpervious روک ـ حفاظت ـ بچاؤ ـ ضرر سے محفوظ ـ معیاری طاقت کا ـ طاقتور ـ ناقابل تسخیر ـ ناقابل تسخیر بنانا ـ ناقابل گزر بنانا ـ

Bullet proof گولی روک ـ

Burglar proof چور روک ـ نقب روک ـ

Water proof پن روک ـ

Prop (prop) *n.*, *v.t.* & *i.* A rigid support, a stay آڑ ـ ٹیک ـ ٹیکن ـ پایہ ـ سہارا ـ کھمبا ـ ٹیک لگانا ـ سہارا دینا ـ کھمبا کھڑا کرنا ـ سنبھالنا ـ تھامنا ـ گھوڑے کا چلتے چلتے یکایک رک جانا ـ

Propaganda (prop-ə-ganda) *n.* A congregation of the Roman Catholic church ایک رومن کیتھولک انجمن جس کی زیر نگرانی دینی تبلیغ کا کام انجام دیا جاتا تھا ـ تبلیغی انجمن ـ انتظام نشر و اشاعت ـ تبلیغ ـ نشر و اشاعت کے اصول اور طریقے ـ دعوت کا کام ـ

Propagandist (prop-ə-gand-ist) *n.* One who propagates نشر کرنے والا ـ اشاعت کرنے والا ـ مبلغ ـ اخبار، اشتہارات اور کتابچوں کے ذریعے اشاعت کرنے والا ـ دین کی دعوت کا کام کرنے والا ـ سیاسی جماعت کا ناشر ـ

Propagandism *n.* کامیابی کے لیے نشر و اشاعت ـ

Propagandistic *adj.* نشر و اشاعت کے متعلق ـ مبلغانہ ـ ناشرانہ ـ

Propagandize *v.i.* & *t.* سیاسی یا تبلیغی مقصد کے لیے نشر و اشاعت کرنا ـ اخباروں میں مضامین اور خبروں کی اشاعت کرنا ـ

Propagate (prop-ə-gat) *v.t.* Multiply, transmit پھیلانا ـ رائج کرنا ـ بڑھانا ـ افزائش نسل کرنا ـ تعداد میں زیادہ کرنا ـ اولاد پیدا کرنا ـ

Propagation *n.* نشر و اشاعت ـ رواج ـ افزائش نسل ـ

Propagator *n.* نشر کرنے والا ـ رواج دینے والا ـ پھیلانے والا ـ

Propagative *adj.* نشر و اشاعت کے متعلق ـ ناشرانہ ـ نشری ذریعہ سے ـ افزائش نسل کے بارے میں ـ

Propel (pro-pel) *v.t.* Drive forward دھکیلنا ـ چلانا ـ آگے بڑھانا ـ دھکا دے کر بڑھانا ـ

Propellent (pro-pel-ent) *adj.* & *n.* Driving دھکیلنے والا ـ چلانے والا ـ محرکہ ـ بارود جو گولی کو زور سے نال سے نکالتی ہے ـ

Propeller (pro-pel-ər) *n.* That which propels دھکیلنے والا اوزار ـ مادہ یا زور ـ گردش کرنے والا پنکھا جو جہاز یا ٹربائن کو چلاتا ہے ـ مشین کا پنکھا ـ

Propense (pro-pens) *adj.* Inclined جھکا ہوا ـ میل رکھتا ہوا ـ راغب ـ

Propensity (pro-pens-i-ti) *n.* Inclination of mind رغبت ـ خواہش ـ میل ـ شوق ـ چسکا ـ چاٹ ـ چٹیک ـ جھکاؤ ـ لگاؤ ـ

Proper (prop-ər) *adj.* Appropriate اپنا ـ سگا ـ حقیقی ـ ذاتی ـ موزوں ـ شایان ـ لائق ـ واجب ـ مناسب ـ معقول ـ ٹھیک ـ درست ـ صحیح ـ کامل ـ پکا ـ سرتاسر ـ اول درجے کا ـ حسین ـ وجیہ ـ شائستہ ـ شریف ـ اصلی رنگ میں ـ حقیقی رنگ میں ـ

Properly (prop-ər-li) *adv.* In a proper manner, strictly واجبی ـ بخوبی ـ خوش اسلوبی سے ـ مناسب طور پر ـ شائستہ طریقے سے ـ (بول چال) پورا پورا ـ کامل طور پر ـ بالکل ـ

Property (prop-ər-ti) *n.* A quality that is always present, that which is one's own ملکیت ـ حقیقت ـ خصوصیت ـ صفت ـ سامان ـ اسباب ـ جائداد ـ املاک ـ خاصہ ـ (جمع) لباس یا فرنیچر وغیرہ جو اسٹیج پر استعمال کیا جائے ـ

Movable or personal property } جائداد منقولہ ـ ذاتی استعمال کا سامان ـ

Private property ذاتی مال و اسباب ـ

Prophecy (prof-i-si) *n.* Prediction, inspired utterance پیشین گوئی ـ غیب دانی ـ الہامی گفتگو ـ پیغمبرانہ قابلیت ـ

Prophesy (prof-i-si) *v.t.* & *i.* Utter prophecies, speak prophetically پیشین گوئی کرنا ـ غیب کی باتیں بتانا ـ آئندہ کا حال بتانا ـ الہام یا آسمانی کتاب کی تفسیر کرنا ـ وہ باتیں بتانا جو لوگ نہیں جانتے ـ

Prophet (prof-it) *n.* A spokesman of deity خدا کا رسول - غیب دان - بشیر و نذیر - پیغمبر - حق کا مبلغ - کسی اصول کا حامی - (بول چال) گھڑ دوڑ میں ٹپ دینے والا -

Prophethood } *n.* نبوت - رسالت - پیغمبری -
Prophetship }

Prophetic (prəf-e-tik) *adj.* Pertaining to things to come پیغمبری کا - رسالت کا - غیب دانی کا - آئندہ واقعات کے بارے میں -

Prophetical *adj.* نبی کے شایان شان - رسالت کا - پیغمبرانہ -

Prophetically *adv.* پیغمبرانہ شان سے - نبوت کے طور پر - الہامی طور پر -

Prophylactic (prof-i-lak-tik) *adj.* & *n.* Preventive بیماری کو روکنے والی دوا - مانع امراض - احتیاطی - حفظ ماتقدمانہ -

Propinquity (prə-ping-kwi-ti) *n.* Nearness نزدیکی - قربت - ناطہ - رشتہ - نسبت - قرابت داری - مشابہت - یکسانی -

Propitiate (prə-pish-i-āt) *v.t.* Render favourable منانا -راضی کرنا - خوشنودی حاصا کرنا - موافق ہونا - مہربان کرنا - ساز گار کرنا -

Propitiation (prə-pish-i-a-shən) *n.* Act of atonement کفارہ - منت - صدقہ - قربانی - بلیدان - پرائسچت -

Propitiatory *adj.* & *n.* دلپذیر - دل خوش کن - گناہ کو دھونے والا - کفارے کے طور پر - تابوت یہودہ کا طلائی غلاف -

Propitious (prə-pish-əs) *adj.* Favourable - مہربان موافق - ساز گار - سعید - مبارک - مسعود -

Propitiousness *n.* موافقت - ساز گاری -کرم - توجہ - شفقت - مہربانی -

Proponent (prə-pōn-ent) *adj.* & *n.* Proposing محرک - مجوز - تجویز پیش کرنے والا - سائل -

Proportion (prə-pōr-shən) *n.* & *v.t.* Fitness of parts to each other مقدار - تعداد - نسبت - تناسب - مناسبت - قرینہ - اربعہ متناسبہ (جمع) جسامت - وسعت - تناسب پیدا کرنا - توافق پیدا کرنا

It was out of (all) proportion وہ بالکل بے تکا تھا -

Proportioned *adj.* موزوں - متناسب -

Proportionment *n.* مناسبت - موافقت - توازن - تناسب - نسبت -

Proportional (prə-pōr-shən-al) *adj.* & *n.* In suitable proportion متناسب - برابر کا - ہم نسبت - ہم مقدار - عدد متناسبہ -

Proportional } متناسب نمائندگی - آبادی کے
representation } تناسب سے نمائندگی -

Proportionable *adj.* موزوں - متناسب - اندازے کے قابل -

Proportionate *adj.* ہم مقدار - برابر کا -

Proportionally } *adj.* تناسب سے - از راہ تناسب -
Proportionately } موزونیت سے - متناسب طریقہ سے -

Proposal (pre-pōz-al) *n.* An act of proposing تجویز - رائے - تحریک - درخواست - شادی کا پیام - منصوبہ -

Propose (prə-pōz) *v.t.* & *i.* Put forward تجویز کرنا - رائے دینا - تحریک کرنا - نامزد کرنا - قصد کرنا - مقصد قرار دینا - شادی کی درخواست کرنا - جام صحت تجویز کرنا - غور کے لیے پیش کرنا -

Proposition (prop-ə-zish-ən) *n.* An act of proposing قول - دعویٰ - مسئلہ - سوال - قضیہ - پیشہ - کاروبار - حریف - مخالف - توقع -

Propositional *adj.* تجویز کردہ - مجوزہ -

Propound (prə-pownd) *v.t.* Offer for consideration تجویز کرنا - پیش کرنا - غور کے لیے کمیٹی یا مجلس کے سامنے رکھنا - وصیت نامہ حاکم عدالت کے سامنے تصدیق کے لیے پیش کرنا -

Proprietary (pro-prī-ə-tə-ri) *adj.* & *n.* Of the nature of property مالکانہ - زمینداارانہ - مالک جائداد - ملکیت - جماعت زمینداراں -

Proprietor (pro-prī-ə-tər) *n.* An owner صاحب جائداد - حقیقت دار - مالک -

Proprietorial *adj.* مالکانہ -

Proprietorship *n.* حقیقت - ملکیت - زمینداری -

Propriety (pro-prī-ə-ti) *n.* Rightness موزونیت - معقولیت - مناسبت - درستی - صحت - خوش اسلوبی - تمیز - ادب (جمع) خوش اطواری -

Proptosis (prop-tō-sis) *n.* A forward displacement esp. of the eye باہر نکلا ہونا - ابھار - آنکھ کے ڈیلے کا باہر آ جانا -

Propulsion (prə-pul-shən) *n.* Driving forward دھکا - ریلا - ڈھیلا - حرکت - جوش - اخراج -

Propulsive *adj.* جوش دلانے والا - آگے بڑھانے والا - دھکیلنے والا - محرک -

Prorogue (prō-rōg) *v.t.* & *i.* Postpone, discontinue ملتوی کرنا - برآئندہ کرنا - موقوف رکھنا - ایوان کا اجلاس ملتوی کرنا یا ہونا -

Prorogation *n.* اجلاس کا التوا - التوا - توقف -

Prosaic (prō-zā-ik) *adj.* Commonplace نثری - سادہ - معمولی - غیر دلچسپ - بے لطف - فرسودہ - پیش پا افتادہ -

Prosaically *adv.* غیر شاعرانہ طور پر - معمولی طور پر - عامیانہ طور پر -

Prosaicness *n.* غیر شاعرانہ پن - بے لطفی - پھیکا پن -

Prosaist (prō-zəst) *n.* Prose writer نثر نویس - نثر نگار - غیر دلچسپ آدمی -

Proscribe (prō-skrīb) *v.t.* Outlaw, denounce واجب القتل قرار دینا - جلاوطن کرنا - قانونی تحفظ سے خارج کرنا - خطرناک ٹھہرانا - ممنوع قرار دینا - منع کرنا - حرام ٹھہرانا -

Proscription *n.* خارج الملک - ممنوع - جلاوطنی - حکم قتل -

Proscriptive *adj.* ممنوع قرار دینے والا - جابرانہ - ممانعتی -

Prose (prōz) *v.t.*, *i.* & *n.* Direct arrangement of words نثر - سادہ طرز ادا - بے رنگ - غیر شاعرانہ غیر دلچسپ - معمولی بات چیت - نثر لکھنا - بے مزہ گفتگو کرنا - نظم کو نثر میں تبدیل کرنا -

Proser *n.* بے لطف باتیں کرنے والا - نثر نویس -

Prosecute (pros-i-kūt) *v.t.* Pursue by law درپے ہونا - پیچھا کرنا - مقدمہ چلانا - جاری رکھنا - استغاثہ دائر کرنا -

Prosecution *n.* پیروی - کوشش - چالان عدالت - استغاثہ - قانونی کاروائی - فوجداری مقدمہ - تعمیل -

Prosecutor (pros-i-kūt-ər) *n.* One who carries on a criminal suit مستغیث - استغاثہ دائر کرنے والا - نالش کرنے والا - فوجداری دعویٰ دائر کرنے والا - پیروی کرنے والا -

Proselyte (pros-i-līt) *v.t.* & *n.* One who has changed his religion or belief ایک دین چھوڑ کر دوسرا دین اختیار کرنے والا - نومعتقدہ - عقیدہ بدل دینے والا - کسی غیر مذہب والے کو اپنے دین میں لانا - کسی کا عقیدہ بدلنا -

Proselyte of the gate نو یہودی جو ختنہ نہیں کراتا -

Proselytism *n.* تبدیل مذہب کا عمل - نواعتقادی - نو مذہبی -

Proselytize *v.t.* معتقد بنانا - اپنے دین میں داخل کرنا - مذہب تبدیل کرانا -

Prosify (pros-i-fi) *v.t.* & *i.* Change into prose نثر لکھنا - نثر میں تبدیل کرنا - بے کیف یا غیر دلچسپ بنانا -

Prosody (pros-ə-di) *n.* Laws of metre عروض - علم عروض - ارکان شعر - تقطیع - وزن شعر -

Prosodiacal *adj.* عروضانہ - علم عروض کے لحاظ سے -

Prosodial *adj.* فن شعر کا - عروضی -

Prosodist *n.* علم عروض کا جاننے والا -

Prosodic *adj.* عروضانہ - عروضی -

Prosopopoeia (pros-ō-pō-pē-yȧ) *n.* Personification - غیر مرئی یا غائب کو حاضر اور متشکل کرنا - مجرد اشیا کو مجسم کرکے دکھانا - خیالی یا غائب مقرر کو تقریر کرتے ہوئے دکھانا - مجسم کرنا - تشکیل - تجسیم - شخصیت -

Prospect (pros-pekt) *n.*, *v.t.* & *i.* Outlook, expectation - منظر - نظارہ - سماں - تماشا - توقع - امید - امکان - موقع - ترقی (معدنیات) مقام جہاں سے کسی دھات کے نکلنے کی امید ہو - کچی دھات کا نمونہ - کسی قطعہ زمین میں معدنی تفتیش کرنا - تجربتاً کان کنی کرنا -

Prospector *n.* معدنیات کی تلاش کرنے والا -

Prospective (pros-pek-tiv) *adj.* Probable or expected in future آئندہ کے متعلق - مستقبل کا - ہونے والا - آئندہ واقع ہونے والا -

Prospectus (pros-pek-tus) *n.* The outline of any plan or work - کتا بچہ کیفیت نما - تفصیل نصاب - کسی منصوبہ کی تفصیل - کسی ادارے کی خصوصیات کو ظاہر کرنے والا کتا بچہ -

Prosper (pros-pər) *v.t.* Thrive - پھیلنا پھولنا - سرسبز ہونا - بار آور ہونا - فروغ پانا - کامیاب ہونا - خوش و خرم ہونا -

Prosperous (pros-pe-rəs) *adj.* Thriving, successful کامیاب - بامراد - کامران - اقبال مند - سر سبز - برا بھرا - مبارک - سعید - موافق -

Prosperity *n.* - فلاح - بہبودی - کامیابی - اقبال مندی

Prosperously *adv.* - کامیابی سے - اقبال مندی سے - خوش بختی سے -

Prostate (pros-tat) *n.* A gland in males at the neck of bladder مردوں میں غدود مثانہ - بڑا غدود -

Prostatitis (pros-tat-i-tis) *n.* Inflammation of prostate - غدود مثانہ کا ورم -

Prosthesis (pros-thə-sis) *n.* Fitting of artificial parts to the body (قواعد) سابقہ (جراحی) مصنوعی عضو کا اضافہ - جوڑ - پیوند -

Prosthetic *adj.* - مصنوعی عضو لگانے کے متعلق - اضافی

Prostitute (pros-ti-tut) *n.* & *v.t.* A common harlot or whore - قحبہ - فاحشہ - رنڈی - کسبی - رنڈی یا کسبی بننا - عصمت فروشی کرنا - برا کام کرنا - کسی ذلیل کام میں لیاقت صرف کرنا -

Prostitution *n.* - ذلیل کام - عصمت فروشی - بد کاری - کسب - رنڈی پن -

Prostrate (pros-trāt) *adj.* Prone, lying with face on ground - گرا ہوا - سجدہ میں گرا ہوا - لیٹا ہوا - سجدہ ریز - مغلوب - منکسر - شکست خوردہ - تھکا ماندہ - طالب رحم - زمین پر پھیلی ہوئی بیل -

Prostrate (pros-trāt) *v.t.* Throw forward on the ground, lay flat - گرا دینا - بچھا دینا - لٹا دینا - سجدہ کرنا - پاؤں پڑنا - سری ٹیک کرنا - ناصیہ سائی کرنا - مغلوب کرنا - مطیع کرنا - تھکا کر چور کر دینا -

Prostration *n.* - ناطاقتی - پژمردگی - جبیں سائی - سجدہ ریزی - زمین پر منہ کے بل پڑ جانا -

Prosy (proz-i) *adj.* Uninteresting - بے لطف - بے مزہ - اکتا دینے والا -

A prosy talker - اکتا دینے والی باتیں کرنے والا -

Prosily *adv.* - ناگواری سے - بے لطفی سے -

Prosiness *n.* - ناگواری - بے کیفی - بے لطفی -

Protagonist (pro-tag-ən-ist) *n.* Chief actor or combatant کسی ناٹک کا خاص کردار - ممتاز شخص - سرغنہ - سربر آوردہ -

Protasis (prot-ə-sis) *n.* Conditional clause of a conditional sentence تمہیدی فقرہ جس میں جملہ شرطیہ ہو - حسبی جملہ کا شرطیہ جز -

Protatic *adj.* - مشروط - شرطیہ -

Protean (pro-ti-ən) *adj.* Assuming different shapes - نئی نئی شکلیں بدلنے والا - تغیر پذیر - سیماب وش -

Protect (prō-tekt) *v.t.* Shield from danger - بچانا - محفوظ رکھنا - پناہ دینا - غیر ملکی اشیاء پر محصول لگا کر ملکی صنعت کو فروغ دینا - مشین پر کام کرنے والوں کی حفاظت کے لئے بچاؤ کا پرزہ لگانا -

Protective *adj.* - بچانے والی - حفاظت کرنے والی - حمائتی - محافظ -

Protection (prō-tek-shən) *n.* Act of protecting حفاظت - حمایت - پناہ - امان - سرپرستی - بچاؤ - پروانہ راہ داری - (امریکہ) صداقت نامہ شہریت - ملکی صنعتوں کو محفوظ رکھنے کا نظام -

Protectionism *n.* - ملکی صنعتوں کے تحفظ کا اصول -

Protectionist *n.* - ملکی صنعت کے تحفظ کا حامی -

Protector (prō-tek-tər) *n.* One who or which protects - حامی - محافظ - نگہبان - والی - سرپرست - بچاؤ کا پرزہ - نائب السلطنت - وہ شخص جو بادشاہ کی صغیر سنی میں حکومت کا کام چلاتا ہے -

Protectorate (prō-tek-tə-rāt) *n.* Authority over a territory which it administers under a mandate ایسا علاقہ جو کسی حکومت کے انتظام میں کسی فیصلہ کی بنا پر دیا گیا ہو - حکومت - ولی الملک کی حکومت - زیر نگرانی علاقہ - کسی کمزور ریاست کا بڑی ریاست کے زیر حفاظت آ جانا -

Protectory (prō-tek-tə-ri) *n.* An institution for destitute or delinquent children غریب جرائم خو اور بیمار بچوں کی تربیت کا ادارہ ۔

Protege (pro-ta-zha) *n.* One under the protection of another زیر تربیت شخص ۔ زیر حفاظت و حمایت شخص ۔ وہ جو دوسرے کی حفاظت میں ہو ۔

Protein (pro-te-in) *n.* A nitrogenous substance پروٹین جو غذائیت کا جزو اعظم ہے ۔ بیضیہ ۔ لحمیہ ۔ غذا کا اساسی عنصر ۔

Protend (prō-tend) *v.t.* Stretch پھیلانا ۔

Protest (pro-test) *v.t.* Express or record dissent or objection اظہار نارضامندی ۔ احتجاج ۔ اعتراض ۔ نوٹری کا اعلان کہ ہنڈی باضابطہ پیش کی گئی اور ادائی زر سے انکار کیا گیا ۔ اقرار واثق ۔

He paid it under protest اس نے احتجاج کرتے ہوئے رقم ادا کر دی ۔

Protest (prō-test) *v.t. & i.* Make a solemn declaration دعوے اور وثوق سے بیان کرنا ۔ تحریری اعتراض کرنا ۔ عذر داری کرنا ۔ ہنڈی کی عدم ادائی کا اعلان کرنا ۔ صدائے احتجاج بلند کرنا ۔ اعتراف کرنا ۔ اقرار واثق کرنا ۔

Protest against کسی حکم یا شخص کے خلاف اعتراض کرنا ۔ عذر کرنا ۔ نہ ماننا ۔

Protester-tor *n.* اعتراف کرنے والا ۔ احتجاج کرنے والا ۔ معترض ۔

Protestingly *adv.* احتجاج کے طور پر ۔

Protestant (prō-tes-tənt) *adj.* & *n.* One who protests دین مسیحی کا ایک فرقہ جس کا بانی لوتھر تھا ۔معترض یا مصلح فرقہ ۔ احتجاج کرنے والا ۔ احتجاج کنندہ ۔

Protestantism *n.* - اصلاحی مذھب ۔ پروٹسٹنٹ مذھب

Protestation (prō-tes-ta-shən) *n.* An avowal, a protest قول ۔ اقرار ۔ اقرار واثق ۔ اعتراض ۔ انکار ۔ عذر ۔ احتجاج ۔

Proteus (prō-tus) *n.* An ancient Greek sea god ایک یونانی دیوتا جو اپنی شکلیں بدلتا رہتا تھا تاکہ پہچانا نہ جا سکے ۔ متلون مزاج انسان ۔ جلد جلد شکلیں بدلنے والا ۔

Proto (prōtō) *prefix* In combination first of the series ۔ سابقہ بمعنی ابتدائی ۔ اول ۔ اصلی ۔ بنیادی ۔

Protocol (prō-tō-kōl) *n.* A draft treaty, official record اصل مسودہ ۔ سیاسی تحریر یا معاہدہ کا مسودہ جس پر فریقین کے دستخط ہوں ۔ رو داد ۔ بیان ۔ سرشتہ آداب ورسوم جو سرکاری مہمانوں کے رتبے کے لحاظ سے ان کی میزبانی کرتا ہے ۔

Prothonotary (prot(h)on-ət-ə-ri) *n.* Chief clerk or registrar of a court میرمنشی ۔ عدالت کا صدر اہلکار ۔ چانسلری کا اعلیٰ محرر ۔

Protoplasm (prō-tə-plazm) *n.* Living matter مادہ حیات ۔ مادہ جس سے زندگی کی ابتدا ہوتی ہے ۔

Protoplast (prō-tə-plast) *n.* An original, the first parent آدم ۔ مردم اول ۔ اصل نمونہ ۔

Protoplastic *adj.* ابتدائی ۔ اصلی ۔ پہلا ۔ اولین ۔

Prototype (prō-tə-tīp) *n.* The first or original type ابتدائی شے ۔ پہلا نمونہ ۔

Prototypal *adj.* نمونہ کا کام دینے والا ۔ ابتدائی ۔ اصلی ۔

Protract (prō-trakt) *v.t.* Prolong طویل کرنا ۔ دراز کرنا ۔ لمبا کرنا ۔ دیر کرنا ۔ ملتوی کرنا ۔ التوا میں ڈالنا ۔ نقشہ کھینچنا یا بنانا ۔

Protraction (prō-trak-shən) *n.* Act of prolonging طوالت ۔ وقفہ ۔ التوا ۔ نقشہ کشی ۔

Protractor (prō-trak-tər) *n.* An instrument for laying down angles زاویے بنانے اور ناپنے کا آلہ ۔ نقشہ ۔ خاکہ ۔ گنیا ۔ طول دینے والا ۔

Protrude (prō-trōōd) *v.t.* Thrust or push forward آگے بڑھانا ۔ دھکیلنا ۔ باہر کو نکالنا ۔ آگے بڑھنا ۔ زبردستی گھسنا ۔ ابھرنا ۔ پھوٹ نکلنا ۔ نکل آنا ۔

Protrudent *adj.* نکلا ہوا ۔ ابھرا ہوا ۔

Protrusible *adj.* آگے کو نکلنے کے قابل ۔ ابھرنے کے قابل ۔

Protrusive *adj.* آگے کو نکلنے یا نکالنے والا ۔

Protrusion *n.* - آگے کو نکلا ہوا حصہ - نکلا ہوا ہونا

Protuberant (prō-tūb-ə-rənt) *adj.* Bulging out ابھرا ہوا - بڑھا ہوا - نکلا ہوا - نمایاں - جاذب توجہ -

Protuberance *n.* گلٹی - گومڑا - آماس - ورم - پھولن - ابھار - سوجن -

Proud (prowd) *adj.* Arrogant, haughty مغرور - متکبر - مدمغ - خود پسند - بے جا فخر کرنے والا - شیخی باز - لاف زن - غیور - خود دار - عظیم الشان - گراں قدر - قابل فخر - سیلانی - طوفانی - موجزن (بول چال) عزت افزائی -

Prove (proōv) *v.t.* & *i.* Test, experience, suffer آزمانا - امتحان کرنا - جانچنا - ثبوت دینا - تصدیق کرنا - تجربہ کرنا - تجربہ سے معلوم کرنا - کسی فوٹوپلیٹ کا پروف نکالنا - معلوم ہونا - تجربہ ہونا - تجربہ سے ثابت ہونا -

Provable *adj.* جس کی صداقت ثابت کی جا سکے - قابل ثبوت -

Provableness *n.* ثابت ہونے کی قابلیت -

Provenance (prov-i-nəns) *n.* Source ماخذ - اصل مقام - مقام ساخت - مقام پیدائش -

Provender (prov-in-dər) *n.* Food, dry food for beasts گھاس - چارہ (مزاحاً) کھانا -

Proverb (prov-erb) *n.* A short sentence expressing a supposed truth ضرب المثل - کہاوت - مثل - مقولہ - کہاوتی ناٹک - ڈراما - مثال - نمونہ - مثلیں بجھانے کا کھیل -

Proverbial (prov-erb-i-əl) *adj.* Of the nature of a proverb مثالی - مشہور - زبان زد -

Proverbial wisdom وہ دانائی جو کہاوتوں میں پائی جاتی ہے -

Proverbiality *n.* شہرت - بدنامی -

Proverbially *adv.* تمثیلاً - ضرب المثل کے طور پر -

Provide (prō-vīd) *v.t.* Make ready beforehand مہیا کرنا - بہم پہنچانا - فراہم کرنا - اہتمام کرنا - مہمان داری کرنا - کھلانا پلانا - مشروط قرار دینا - تقرر کرنا - مقرر کرنا - پوپ کا قبل خلوے جائداد تقرر کر دینا -

Provided (prōvīd-d) *adj.* & *conj.* On condition, upon these terms بشرطیکہ - اس شرط کے ساتھ - اگر -

Provided he does no harm بشرطیکہ کہ وہ نقصان نہ پہنچائے -

Providence (prov-i-dəns) *n.* Prudent management, benevolent care of God عاقبت اندیشی - دور اندیشی - حزم و احتیاط - رزاق - پرور دگاری - کار سازی - کفایت شعاری -

Provident (provi-dənt) *adj.* Providing for future عاقبت اندیش - دور اندیش - محتاط - ہوشیار - جزرس - کفایت شعار -

Providently *adv.* عاقبت اندیشی سے -

Providential (prov-i-dən-shəl) *adj.* Proceeding from divine providence منجانب اللہ - خداوندی - فضل رب کا - مبارک - برمحل -

Providentially *adv.* خوش قسمتی سے - خدا کی طرف سے -

Provider (prov-id-ər) *n.* One who provides مہیا کرنے والا - روزی رساں -

Universal provider ہمہ فروش دوکاندار - ہر سامان بیچنے والا تاجر -

Province (prov-ins) *n.* A portion of a state صوبہ - ماتحت علاقہ - اسقف کے ماتحت علاقہ - حلقہ کاروبار - حلقہ اختیار -

Provincial (pro-vin-shl) *adj.* & *n.* Belonging to a province صوبجاتی - صوبہ داری - صوبہ کے متعلق - مقامی خیالات - تنگ نظر - تنگ خیال - صوبے کے باشندے (کلیسا) صوبہ کا مذہبی عہدہ دار -

Provincialist *n.* - مفصلات کا رہنے والا - دیہاتی باشندہ

Provinciality *n.* صوبہ واریت - تنگ خیالی - مقامی تعصب - تنگ نظری -

Provincialize دیہاتی بنانا - صوبہ جاتی بنانا -

Provincialism (prov-in-shi-əl-izm) *n.* Manner and mode of speech صوبہ جاتی انداز گفتگو - صوبہ جاتی عادات و اطوار -

Provision (prə-vizh-ən) *v.t.* & *n.* Act of providing مہیا کرنا - فراہمی - بہم رسانی - پیش بینی - کھانے پینے کا سامان - ذخیرہ - ذخیرہ فراہم کرنا -

Provisionless *adj.* بے سرو سامان -

Provisionment *n.* سامان کی فراہمی -

Provisional *adj.* ہنگامی - عارضی - مشروط -

Provisionality-ness *n.* ہنگامی پن - عارضی پن -

Provisionally *adv.* عارضی طور پر - ہنگامی طور پر -

Proviso (prō-vī-zō) *n.* A condition شرط - اقرار - استثنا - استثنائیہ فقرہ -

Provisor (prō-vī-zər) *n.* One who provides وہ شخص جس کا تقرر پیش از خلوے جائداد پوپ نے کر دیا ہو - تقرر عندالخلوے جائداد - مدد گار اسقف یا اس کا قائم مقام -

Provocable (pro-vōk-ə-bl) *adj.* Excitable قابل اشتعال - زود رنج -

Provocation (pro-vōk-ə-shən) *n.* Any cause of danger اشتعال - برانگیختگی - غیظ و غضب - طیش -

Provocative (pro-vōk-ə-tiv) *adj.* & *n.* Tending to excite برانگیختہ کرنے والا - اشتعال انگیز -

Provoke (pro-vōk) *v.t.* Call forth, challenge اکسانا - بھڑکانا - اشتعال دینا - طیش دلانا - غصہ دلانا - آمادہ کرنا - ترغیب دینا - ابھارنا -

Provoking *adj.* غصہ دلانے والا - طیش آور - اشتعال انگیز -

Provokingly *adv.* غصہ دلاتے ہوئے - اشتعال دلاتے ہوئے -

Provost (prov-əst) *n.* Head, dignitary set over a cathedral کالج کا صدر - صدر کلیہ - کسی مذہبی جماعت کا افسر اعلیٰ - صدر کلیسا - صدر کوتوالی - جنگی جہاز کا مہتمم اسلحہ خانہ - نوآبادی کا پولیس افسر - نیم فوجی افسر -

Prow (prow) *n.* & *adj.* The fore part of a ship جہاز کا اگلا حصہ - جہاز کا مہرہ - ایک قسم کی کشتی - جانوروں کے سر کا گوشہ - ابھرا ہوا -

Prow (prow) *adj.* Valiant لائق - اہل - بہادر - شجاع - سورما - سور ویر -

Prowess (prow-es) *n.* Bravery, valour بہادری - جواں مردی - شجاعت -

Prowl (prowl) *v.i.* Keep moving about پھرتے رہنا - ڈھونڈھتے پھرنا - شکار کی تلاش میں پھرنا - تگ و دو کرنا - کوچہ گردی کرنا -

On the prowl تاک میں پھرنا -

Prowler *n.* چور - لٹیرا - شکار یا لوٹ مار کی تلاش میں پھرنے والا -

Proximate (proks-i-māt) *adj.* Nearest or next نزدیک - قریب - قریب ترین - لگا ہوا -

Proximity (proks-i-miti) *n.* Nearness نزدیکی - قرب -

Proximo (proks-i-mō) *adv.* Next month آئندہ ماہ میں - اگلے مہینے -

Proxy (prok-si) *n.* One who votes or acts for another نائب - مختار - وکیل - تحریر جس کی رو سے کسی کی طرف سے رائے دینے کی اجازت ہو - عرضی جو کسی وکیل کے ذریعے کی گئی ہو -

Prude (pro͞od) *n.* A woman of affected modesty وہ عورت جس کا رکھ رکھاؤ مصنوعی ہو - عورت جو بہت بنتی ہو - جو جنسی تعلق میں سخت محتاط ہو -

Prudery } *n.* بناوٹی شرم و حیا - جنسی احتیاط -
Prudishness }

Prudish *adj.* بناوٹی پارسا - مصنوعی شرم والی - بظاہر شرمیلی -

Prudent (proo-dənt) *adj.* Cautious, discreet and wise ہوشیار - چوکس - محتاط - عاقل - دانا - زیرک - مصلحت اندیش -

Prudence *n.* مصلحت بینی - ہوشیاری - عاقبت اندیشی - دانائی -

Prudently *adv.* عاقبت اندیشی سے - ہوشیاری سے - احتیاط سے -

Prudential (proo-den-shl) *adj.* & *n.* Relating to prudence عاقبت اندیشانہ - عاقلانہ - حزم و احتیاط - معاملات -

Prudentialism *n.* احتیاط کوشی - احتیاط مندی -

Prudentialist *n.* احتیاط کوش - احتیاط مند - محتاط -

Prudentially *adv.* از راہ عاقبت اندیشی - از راہ احتیاط -

Prune (proon) *v.t.* Trim by lopping off leaves and branches قلم کرنا ۔ تراشنا ۔ چھانٹنا ۔ کتاب کو حشو وزوائد سے پاک کرنا ۔

Prune (proon) *n.* Dried plum خشک شفتالو یا آلو بخارہ ۔ ارغوانی رنگ ۔

Prunella (proo-nel-ä) *n.* A strong silk or woollen stuff ایک قسم کا مضبوط ریشمی اور اونی کپڑا جس سے علمی گون بنتے ہیں ۔

Prunella (proo-nel-ä) *n.* Sore throat گلے کی خراش ۔ گلے کا ورم ۔ ایک درخت جس کے پتے دوا کے کام آتے ہیں ۔

Prunello (proo-nel-ō) *n.* A kind of dried plum بہترین قسم کا خشک آلوچہ ۔

Prurient (proo-ri-ənt) *adj.* Itching, craving فحش خیالات کا ۔ نفس پرست ۔ معیوب خواہش رکھنے والا ۔ بے قرار ۔ مضطرب ۔

Prurience-ency *n.* نفس پرستی ۔ ہوسناکی ۔ فحش خیالات کا سیلان ۔

Pruriently *adv.* نفس پرستانہ ۔ باالہوسی سے ۔ ہوسناکی سے ۔

Prurigo-itus (proo-ri-gō) *n.* An eruption on the skin کھجلی ۔ خارش ۔ داغ ۔ دھبے ۔

Pruriginous *adj.* کھجلی والا ۔ خارشی ۔

Prussian (prush-ən) *adj.* & *n.* An inhabitant, native of Prussia پروشیائی ۔ پروشیا کا رہنے والا ۔ پروشیا کا باشندہ ۔

Pry (prī) *v.t.* Peer or peep into that which is closed جھانکنا ۔ غور سے دیکھنا ۔ بھید لینا ۔ ٹوہ لگانا ۔

Prying *adj.* ٹوہ لگانے والا ۔

Psalm (säm) *n.* Devotional song بھجن ۔ نغمہ معرفت ۔ مناجات ۔

Psalm Book زبور ۔

The psalms زبور ۔

Psalmist (säm-ist) *n.* A composer of psalms, David حضرت داؤد ۔ مناجات نویس ۔

Psalmody (säm-ō-di) *n.* Singing of psalms مناجات گانا ۔ مناجات کی ترتیب ۔

Psalmodic *adj.* نغمہ سرایانہ ۔

Psalmodist *n.* عارفانہ گیت گانے والا ۔ مناجات خوان ۔ نغمہ سرا ۔

Psalter (sawl-tər) *n.* The Book of Psalms مناجات کی کتاب ۔ زبور ۔

Psaltery (sawl-təri) *n.* An ancient stringed instrument سارنگی ۔ ستار ۔ قانون ۔ سرود ۔ طاؤس جو مضراب سے بجتے تھے ۔

Psephism (p)se-fizm) *n.* A decree of the Athenian assembly مجلس عوام کا فیصلہ ۔

Pseudechis (sū-də-kis) *n.* Kinds of venomous snakes ایک قسم کا زہریلا سانپ ۔ افعی ۔ ناگ ۔

Pseudepigrapha (sū-də-pi-gräf-ä) *n.* Books ascribed to Old Testament, spurious writing جھوٹی تصنیف ۔ جعلی تصنیف ۔

Pseudograph (sū-dō-gräf) *n.* A spurious literary work جعلی تصنیف ۔ کسی کی تصنیف کسی دوسرے کے نام منسوب کرنا ۔

Pseudographic / Pseudographal *adj.* مصنوعی ۔ جعلی ۔ نقلی ۔

Pseud-o (sūdō) *prefix* In composition sham, false سابقہ بمعنی نقلی ، جعلی ، مصنوعی ، جھوٹی ۔

Pseudologer (sūdō-log-ər) *n.* Systematic lyer ماہر دروغ گوئی ۔ دروغ باف ۔

Pseudological *adj* کاذبانہ ۔ دروغ گویانہ

Pseudologist *n.* فرضی قصے گھڑنے والا ۔ پیشہ ور دروغ گو ۔

Pseudonym (sūdō-nim) *n.* A fictitious name assumed by an author مصنف کا فرضی نام ۔

Pseudonymous (sūdō-nim-əs) *adj.* دوسرے نام کا ۔ فرضی نام کا ۔ مفروضہ نام کا ۔

Pseudonymity *n.* فرضی نام اختیار کرنے کا اصول ۔ فرضی نام اختیار کرنا ۔

Pseudoscope (sūdō-skop) *n.* A mirror interchanging convex and concave معکوس نما آئینہ ۔ ایسا آئینہ جس میں چوڑی چیز لمبی اور لمبی چیز چوڑی نظر آئے ۔

Pshaw (shaw) *interj.* Expressing contempt چھی چھی - تھو تھو - نفرت کا اظہار کرنا -

Psilanthropism ((p)si-lan-thrə-pizm) *n.* The doctrine that Christ was a mere man یہ نظریہ کہ مسیح ایک معمولی انسان تھے - عام انسانوں جیسے -

Psittacine ((p)sit-a-kin) *adj.* Parrot-like طوطے کی طرح کا - طوطی صفت -

Psora (sō-rä) *n.* Scabies سورا - کھجلی - خارش -

Psyche (sī-kē) *n.* The soul, spirit, mind روح - نفس - (یونان) روح کا ایک مجسمہ جس کے بازو تیتری کے پروں کے ہیں - پروانے کی ایک قسم -

Psychiater (sīki-ə-ter) *n.* Psychiatrist دماغی امراض کا معالج - دماغی امراض کا ماہر -

 Psychiatrist *n.* دماغی علاج کا ماہر -

 Psychiatry *n.* دماغی امراض کا علاج -

Psychic (sīkik) *adj.* & *n.* Of the mind روحانی - نفسی - معمول - واسطہ -

 Psychic force - نفسیاتی قوت - نفسی قوت - روحانی قوت

Psychical (sīkik-əl) *adj.* Mental روحانی - نفسیاتی - نفسی - روحانیات کی -

 Psychical research نفسیاتی تحقیق -

Psycho (sī-kō) *prefix* Combination form of mind, soul سابقہ بمعنی روح ، نفس -

Psychological (sīkō-loj-i-kəl) *adj.* Pertaining to the science of mind نفس انسانی کے متعلق - نفسیاتی - ذہنی - دماغی -

 Psychological moment صحیح موقع - عین وقت - موزوں وقت -

 Psychologically *adv.* مناسب وقت پر - روحانی طریقے سے - نفسیاتی طور سے -

Psychology (sī-kō-lə-ji) *n.* Science of mind - نفسیات علم النفس -

 Psychologist ماہر نفسیات -

Psychrometer (sī-krom-i-tər) *n.* A wet and dry bulb hygrometer برودت پیما - سردی کی شدت معلوم کرنے کا آلہ -

Ptarmigan (tar-mi-gən) *n.* A mountain-dwelling grouse پہاڑی تیتر - شمالی یورپ کا پہاڑی تیتر جس کے پروں کا رنگ موسم کے لحاظ سے بدلتا رہتا ہے -

Pterygoid (te-ri-go-id) *adj.* Featherlike پر نما - بازو نما - پنکھ کی طرح کے -

Ptisan (tiz-an) *n.* A medicinal barley drink جو کا شربت -

Ptolemaic (tōl-i-mā-ik) *adj.* Pertaining to Ptolemy the astronomer بطلیموسی - خاندان بطلیموس کا رکن جنھوں نے سکندر اعظم کی وفات سے لے کر کلو پٹرا کے زمانے تک مصر پر حکومت کی -

Ptomaine (tō-mā-in) *n.* Poisonous matter formed in animals بدبودار اور زہریلا مادہ جو حیوانی یا نباتاتی مادہ کی ردائت سے پیدا ہوتا ہے -

Pub (pub) *n.* Short for public house سرائے - قیام و طعام گاہ - قیام گاہ جہاں شراب بھی بکتی ہے -

Puberty (pū-bər-ti) *n.* Sexual maturity بلوغ - بلوغت - سن بلوغ - پودوں میں پھول آنے کا موسم - شباب -

 Age of puberty سن بلوغ - قانون انگلستان کی رو سے مرد کے لیے ۱۴ اور عورت کے لیے ۱۲ سال -

Pubescence (pū-bi-sens) *n.* Maturity سن بلوغ - بلوغت - جوانی - روئیں دار ہونا -

 Pubescent *adj.* - مونچھ داڑھی والا - بالوں والا - جوان - بالغ -

Public (publik) *adj.* & *n.* Belonging to the people, open to all - عوام - عام لوگ - عوام الناس - جمہور - عام لوگوں کا - نمایاں - خلق اللہ کے متعلق -

 A public man قوم کا خادم - قومی کارکن -

 Public-spirited محب وطن - وطن پرست -

 Publicity *n.* اعلان عام - شہرت - تشہیر -

 Publicly *adv.* کھلم کھلا - علانیہ طور پر -

Publican (pub-lik-ən) *n.* The keeper of a public house سرائے والا - شراب فروش - محصول وصول کرنے والا -

Publication (pub-lik-a-shən) *n.* The act of publishing اشاعت - طباعت - تشہیر - کتاب - تصنیف و تالیف -

Publicist (pub-lis-ist) *n.* One who writes or is skilled in public law قانون کا مصنف یا ماہر - قانون دان -

Publish (pub-lish) *v.t.* Make public, divulge مشتہر کرنا ۔ شائع کرنا ۔ تشہیر کرنا ۔ اعلان کرنا ۔ منادی کرنا ۔

To publish the banns of marriage ہونے والے نکاح کا اعلان کرنا ۔

Publishable *adj.* قابل تشہیر ۔ قابل اشاعت ۔

Publisher (pub-lish-ər) *n.* One who publishes books ناشر کتب ۔ ناشر ۔ کتابیں چھاپ کر شائع کرنے والا ۔

Puce (pūs) *adj.* & *n.* Brownish purple ۔ سیاہی مائل ارغوانی رنگ ۔ مگسی یا سیاہی مائل بھورا ۔

Puck (puk) *n.* Mischievous spirit ۔ بھوت ۔ پریت بد روح ۔ شریر ۔ بھتنا ۔ مویشیوں کی ایک بیماری ۔ ربڑ کی گیند جس سے برف پر ہاکی کھیلتے ہیں ۔

Pucker (puk-ər) *v.t.,i.* & *n.* Wrinkle, group of wrinkles ۔ جھری ۔ شکن ۔ سلوٹ ۔ چیں بر جبیں ہونا شکن پڑنا ۔ شکن ڈالنا ۔

Puckery *adj.* تہہ دار ۔ پر شکن ۔ جھریاں پڑا ہوا ۔ شکن دار ۔

Pud (pud) *n.* A paw, fist, hand ۔ پنجہ ۔ ہاتھ ۔ ہتیلی ۔ مٹھی ۔

Pudding (pood-ing) *n.* Meat, fruit, etc., cooked in flour, a dish of suger, milk and eggs پڈنگ ۔ حلوہ ۔ روا ۔ آٹا جو دودھ اور شکر میں پکایا جائے ۔ تھلی ۔ کلیجی کے ٹکڑے جو لقب زن کتوں کو خاموش کرنے کے لیے ڈالتے ہیں ۔

Pudding-faced *adj.* گول مول چہرہ ۔

Pudding-headed *adj.* بے وقوف ۔

Pudding pie *n.* لقمی ۔ میوہ بھرا سموسہ ۔

Pudding sleeve *n.* جامہ کی آستین ۔

Pudding time *n.* کھانے کا وقت ۔

More praise than pudding ۔ فائدہ کم تعریف زیادہ

Puddle (pud-l) *v.t.,i* & *n.* A small muddy pool بند پانی ۔ غلیظ پانی کا گڑھا ۔ جوہڑ ۔ ڈبرا ۔ گدلا کرنا ۔ کیچڑ میں لوٹنا ۔ چھپ چھپ کرنا ۔ چھینٹیں اڑانا ۔ بے تمیزی سے کوئی کام کرنا ۔ گارا ملانا ۔ پگھلے ہوئے لوہے کو ہلا کر پتریاں ، چکریاں بنانا ۔

Puddler *n.* مسالہ ۔ پگھلا ہوا لوہا ہلانے کی مشین ۔ بیلدار ۔ تیار کرنے والا ۔ گارا ملانے والا ۔

Pudency (pu-dəns-i) *n.* Modesty غیرت ۔ شرم ۔ حیا ۔ حجاب ۔

Pudecity *adj.* شرم ۔ غیرت ۔

Pudge (puj) *n.* A fat man موٹا تازہ ۔ لشت پشت ۔ فربہ آدمی ۔ لہیم شہیم ۔ موٹا تازہ آدمی یا جانور ۔

Pudgy *adj.* فربہ ۔ موٹا تازہ ۔

Pudsy (pud-zi) *adj.* Plump موٹا تازہ ۔ گدا گر ۔

Puerile (pu-ər-il) *adj.* Silly, childish طفلانہ ۔ بچگانہ ۔ چھچھورے پن کا ۔ رکیک ۔ لڑکوں کا سا ۔

Puerilely *adv.* چھچھورے پن سے ۔ بچگانہ طور پر ۔

Peurility *n.* اوچھا پن ۔ چھچھورا پن ۔ بچپن ۔

Puerperal (pu-ər-pər-əl) *adj.* Relating to child birth وضع حمل کے متعلق ۔ زچگی کا ۔

Puerperal fever پرسوت کا بخار ۔

Puff (puf) *n.* A sudden forcible breath, a gust of whiff ہوا کا جھونکا ۔ پھونک ۔ زور کی سانس ۔ یکدم نکلی ہوئی بھاپ ۔ کاغذ یا کپڑے کے پھول ۔ پوڈر لگانے کی گدی ۔ کسی چیز کا مبالغہ آمیز اشتہار ۔

Puff (puf) *v.t.* & *i.* Breathe out forcibly, emit puff پھونکنا ۔ پھونک مارنا ۔ ہوا بھرنا ۔ زور سے سانس چھوڑنا ۔ بے دم ہو جانا ۔ خود پسند بنانا ۔ مبالغہ آمیز اشتہار دینا ۔ آسمان پر چڑھانا ۔ قیمت بڑھانے کے لیے جھوٹی بولی دینا ۔ پائپ یا حقے کے کش لینا ۔

Puff adder افریقہ کا ایک بڑا زہریلا سانپ ۔

Puff out ہانپتے کانپتے بیان کرنا ۔

Puffer *adj.* مغرور بنانے والا ۔ نیلام میں جھوٹی بولی دینے والا ۔ آسمان پر چڑھانے والا ۔

Puffy (puf-i) *adj.* Short-winded, bombastic پھولا ہوا ۔ ہوا سے بھرا ہوا ۔ ہانپتا ہوا ۔ دم کا کمزور ۔ جھکڑ والی ہوا ۔

Puffness *n.* موٹا ۔ ہوا سے بھرا ہوا ہونا ۔ پھولا ہوا ہونا ۔

Pug (pug) *n.* Upper servant, monkey, a dog بندر ۔ بندر نما کتا ۔ لومڑی ۔ صدر ملازم ۔ پٹری بدل انجن ۔ ڈبے جمع کرنے والا انجن ۔

Pug-faced بندر کے چہرے والا ۔

Pug-nosed چپٹی ناک والا ۔

Puggish, puggy چپٹی ناک کا ۔ بندر کی ناک والا ۔

Pug (pug) *n.* & *v.t.* Brickclay اینٹیں بنانے والی گوندھی ہوئی مٹی ۔ خشت سازی کا گارا بنانا ۔ آواز مدہم کرنے کے لیے فرش کے نیچے برادہ بھرنا

Pug (pug) *n.* & *v.t.* A beast's footprint جنگلی جانوروں کے پنجوں کے نشان ۔ نشانات سے جنگلی جانوروں کا پتہ چلانا ۔

Pug (pug) *n.* Boxer ۔ (بول چال) مکہ باز ۔ گھونسہ باز

Pugilist (pug-i-list) *n.* Boxer ۔ مکہ باز ۔ گھونسہ باز ۔ سخت تکرار کرنے والا ۔

Pugilism *n.* مباحثہ ۔ مکہ بازی ۔

Pugilistic *adj.* مکہ بازی سے متعلق ۔

Pugnacious (pug-na-shəs) *adj.* Quarrelsome لڑاکا ۔ جھگڑالو ۔ نزاع پسند ۔ فسادی ۔

Pugnaciously *adv.* جنگ جویانہ ۔ لڑاکا پن سے ۔

Pugnacity *n.* فتنہ و فساد ۔ جھگڑالو پن ۔ لڑاکا پن ۔

Puisne (pū-ni) *adj.* Junior, petty ۔ کم درجہ کا جج ۔ جونیر جج ۔ بعد کا ۔ پچھلا ۔

Puisne mortgages بعد کے مرتہن ۔

Puissant (pwis-ənt) *adj.* Powerful ۔ قوی ۔ زبردست ۔ طاقتور ۔

Puissance *n.* اثر ۔ طاقت ۔ توانائی ۔

Puke (pūk) *v.i.* & *t.* & *n.* Vomit ۔ متلی ۔ قے ۔ قے کرنا ۔

Pule (pūl) *v.i.* & *t.* Whimper, whine ۔ جھینکنا ۔ رونا ۔ ٹھنکنا ۔ ریں ریں کرنا ۔

Pull (pool) *v.t.i.* Pluck, remove by plucking, pick ۔ کھینچنا ۔ گھسیٹنا ۔ تنانا ۔ زور لگا کر آگے بڑھنا ۔ گھوڑے کا منہ زوری کرنا ۔ کش لگانا ۔ چوسنا ۔ اکھاڑنا ۔ ٹکڑے ٹکڑے کر دینا ۔ پھول یا پھل توڑنا ۔ (طباعت) پروف نکالنا ۔ کشتی کھینا ۔ (بول چال) حراست میں لینا ۔ گرفتار کرنا ۔ قمار خانے پر دھاوا کرنا ۔ (گھڑ دوڑ) گھوڑے کو ہرانے کے لیے روک لینا ۔ (کرکٹ) کسی گیند کو پیروں کی طرف مارنا چاہے وہ سیدھی یا سامنے کی طرف ہو ۔

Pull a sanctimonious face مقدس وضع بنانا

Pull devil, pull baker کسی مقابلے میں دونوں فریقوں کی ہمت افزائی ۔

Pull (pool) *n.* An act, bout, advantage ۔ کھینچ ۔ جھٹکا ۔ کھچاؤ ۔ کھینچا تانی ۔ کش مکش ۔ ذاتی اثر یا رسوخ ۔ (طباعت) کچا پروف ۔ (گھڑ دوڑ) گھوڑا روک لینا ۔ کشتی میں تھوڑی دیر کی تفریح ۔ گولف کے کھیل میں ایسی ضرب جو گیند کو بائیں طرف پھینکے ۔ مطالبہ سے زیادہ مقدار ۔ شراب کا لمبا گھونٹ ۔ نفع ۔ فائدہ ۔ فوقیت ۔

Pull-back حارج ۔ عار ۔ روک ۔

Pull a face منہ بنانا ۔

Pull apart ٹکڑے کر دینا ۔ پھاڑنا ۔

Pull down زمین کے برابر کر دینا ۔ مسمار کرنا ۔ گرانا ۔

Pull for کسی جگہ کی طرف کشتی کھینا ۔

Pull off اتارنا ۔ نکالنا ۔

Pull one's self together حواس مجتمع کرنا ۔

Pull out لمبا کرنا ۔ باہر نکالنا یا کھینچنا ۔

Pull the long bow مبالغہ کرنا ۔

Pull through خطرے سے باہر آ جانا ۔ کامیابی سے کسی خطرہ کا مقابلہ کرنا ۔

Pull up ٹھہرانا ۔ باگ کھینچنا ۔

Pull up stakes پڑاؤ اٹھانا ۔ کسی جگہ سے روانگی کی تیاری کرنا ۔

Puller (pool-ər) *n.* Unruly horse ۔ کھینچنے والا ۔ اکھاڑنے والا ۔ منہ زور گھوڑا ۔

Pullet (pool-it) *n.* A young hen ۔ پاٹھ یا پٹھا ۔ چوزہ ۔ مرغی کا بچہ ۔

Pulley (pool-i) *v.t.* & *n.* A wheel turning about an axis ۔ چرخی ۔ گھرنی ۔ چرخی کے ذریعے چڑھانا ۔

Pullicate (pool-i-kāt) *n.* Coloured fibre for making mufflers رنگین رومال اور گلوبند تیار کرنے کا سامان ۔ رنگین رومال ۔

Pullulate (pul-u-lāt) *v.t.* Sprout abundantly زور سے پھوٹنا ۔ نئے کلے پھوٹنا ۔ جمنا ۔ شگفتہ ہونا ۔ بار آور ہونا ۔

Pully-hauly (pooly-hawly) *n.* Struggle ۔ کشمکش

Pully-haul *v.t.* & *i.* ۔ کھینچا تانی کرنا ۔ کشمکش کرنا ۔

Pulmo (pul-mō) *n.* Lung ۔ ترکیبی جز بمعنی شش ۔ پھیپھڑا ۔

Pulmonary (pul-mə-nəri) *adj.* Of the lungs شش کا ۔ شش کے متعلق ۔

Pulmonate *adj.* پھیپھڑے کی طرح کا عضو رکھنے والا ۔ ششدار ۔

Pulmonic *adj.* شش کا ۔

Pulp (pulp) *v.t.*, *i.* & *n.* Any soft fleshy part of plant or animal گودا ۔ مغز ۔ نرم شے ۔ کاغذ بنانے کا ساوا ۔ پلپلا کرنا ۔ گودا نکالنا ۔ گودا بنانا ۔ گودا چھیلنا ۔ گودے کا پھول جانا ۔

Pulper *n.* - گودا تیار کرنے والی مشین - گودا بنانے والا

Pulpify *v.t.* گودے کی صورت میں تبدیل کرنا - گودا بنانا -

Pulpiness *n.* گدازپن - ملائم اور پلپلاپن ہونا - گودے دار ہونا -

Pulpit (pool-pit) *n.* A raised structure for preaching منبر - خطبہ دینے کا چبوترہ - خطبہ گاہ - واعظ کہنے والے پادری - مجموعہ خطبات - خطیبوں کی جماعت - وعظ گوئی -

The pulpit واعظ -

Pulpiteer (pool-pit-ēr) *n.* & *v.t.* One who speaks from a pulpit پیشہ ور واعظ - کلیسا کے ملازم وعظ گو - واعظ کا پیشہ اختیار کرنا -

Pulpitarian *adj.* وعظ کو عبادت سمجھنے والا - پیشہ ور واعظ - خطیب -

Pulpiteering *n.* وعظ گوئی کا پیشہ - وعظ فروشی -

Pulsate (pul-sāt) *v.t.* & *i.* Beat, throb, vibrate چلنا - دھڑکنا - اچھلنا - پھڑکنا - تھرتھرانا - ہیرے کی کنیوں کو پھوڑ کر مٹی سے الگ کرنا -

Pulsation *n.* تڑپ - دھڑکن - ارتعاش -

Pulsatory *adj.* مرتعش - دھڑکتا ہوا -

Pulsatile (pul-sət-īl) *adj.* & *n.* Pulsatory, played by percussion ارتعاش پذیر - لہرانے والا - تھرتھرانے والا - مضراب سے بجنے والا باجا -

Pulse (puls) *n.*, *v.t.* & *i.* Beating, throbbing, a measured beat نبض - جنبش نبض - جوش - اسنگ - جذبہ - تھرتھراہٹ - لرزش - ارتعاش - نبض یا دل کا حرکت کرنا - جنبش کرنا - داخل کرنا - پہنچانا -

To feel the pulse of کسی کا ارادہ معلوم کرنا - نبض دیکھنا -

Pulse (puls) *n.* Seeds of plants دال -

Pulsimeter (pul-si-meter) *n.* A pump that draws water پانی نکالنے کا پمپ - نبض پیما - نبض کی رفتار معلوم کرنے کا آلہ -

Pultaceous (pul-ta-shəs) *adj.* Macerated and softened نرم - گداز - پلپلا - پلٹس کی طرح -

Pulverable (pul-ver-ə-bl) *adj.* Reduced to powder پسنے کے لائق - پسا ہوا -

Pulverise (pul-ve-rīz) *v.t.* & *i.* Reduce to dust پیسنا - سفوف بنانا - میدہ بنانا - قطرے قطرے کرنا - سرمہ کر دینا - خاک میں ملا دینا - ریزہ ریزہ ہونا -

Pulverizable *adj.* سفوف بنانے کے قابل -

Pulverization *n.* سفوف کر دینا - سرمہ بنا دینا - ریزہ ریزہ کرنا -

Pulverulent (pul-ver-ū-lənt) *adj.* Consisting of fine powder خاک آلود - سفوف سا - بھربھرا -

Pulvil (pul-vil) *n.* Perfumed powder خوشبو دار سفوف -

Pumice (pum-is) *n.* & *v.t.* An acid glassy lava جھانواں - خانہ دار پتھر - جھانوے سے گھسنا - رگڑنا اور صاف کرنا -

Pumiceous *adj.* جھانوے کی طرح کا - خانہ دار -

Pummel (pum-l) *v.t.* Beat, pound پیٹنا - کوٹنا - لگاتار مکے مارنا - پے درپے گھونسے مارنا -

Pump (pump) *n.* A machine for raising fluids پمپ - پچکاری - کنویں سے پانی یا تیل کھینچنے کی مشین - ہوا بھرنے کی مشین - بھید معلوم کرنے کی کوشش -

Pump handle (بول چال) کسی شخص سے زور سے ہاتھ ہلا کر مصافحہ کرنا -

Pump (pump) *v.i.* & *t.* Raise, force, compress, exhaust پمپ چلانا - پمپ چلا کر پانی نکالنا یا چڑھانا - ہوا بھرنا - ہوا خارج کرنا - سانس پھلا دینا - بے دم کر دینا - کرید کرید کر حال دریافت کرنا - باد پیما کے پارے کا تیزی سے اترنا یا چڑھنا -

Pump upon بھرمار کر دینا - بوچھاڑ کرنا -

Pump (pump) *n.* Light shoes ہلکے جوتے - پمپ جوتا -

Pumpkin (pum(p)kin) *n.* A plant of the gourd family ترکاری کی بیل - گھیا - کدو - لوکی - پیٹھا -

Pun (pun) *v.i.* & *n.* Play upon words alike in sound but different in meaning ذو معنی لفظ - ذو معنی بات - ذو معنی لفظ استعمال کرنا - دہرے معنی پیدا کرنا - ابہام - تجنیس - رعایت لفظی -

Pun (pun) *v.t.* Consolidate by ramming کوٹ کوٹ کر مضبوط کرنا -

Punch (pun(t)sh) *n.* Forward blow, striking power, machine for punching سوراخ کرنے کا آلہ ۔ چھیدنے کی مشین ۔ پیچ کش ۔ ٹھپا کرنے کا آلہ ۔

Punch (pun(t)sh) *v.t.* & *n.* Strike, kick, stamp گھونسہ مارنا ۔ برمانا ۔ چھیدنا ۔ سوراخ کرنا ۔ میخ ٹھونکنا یا نکالنا ۔ (امریکہ) آر چبھو کر جانوروں کو بھگانا ۔ گھونسہ ۔ زور ۔ قوت ۔

Punching ball *n.* مکہ بازی کی مشق کی گیند ۔

Puncher *n.* سوراخ کرنے کا آلہ ۔ چھیدنی ۔ برما ۔

Punch (pun(t)sh) *n.* A mixed drink ایک شراب جو گرم پانی ، شکر ، لیمو اور مسالے ملا کر تیار کی جاتی ہے ۔ بزم جس میں ایسی شراب پی جائے ۔

Punch (pun(t)sh) *n.* Short and fat man موٹا ۔ لدو ٹٹو ۔ موٹا آدمی ۔

Punch and judy گلابو ستابو کا کھیل ۔ پتلیوں کا کھیل ۔

As proud as punch نہایت مغرور ۔

As pleased as punch بہت خوش ۔ مسرور ۔

Puncheon (pun(t)shn) *n.* Supporting post کوئلے کی کان میں چھت کے ٹیکن ۔ چھیدنی ۔ سوا ۔ شراب کا بڑا پیپا ۔

Punchinello (pun(t)shi-nel-ō) *n.* A buffoon مسخرا ۔

Punctate (pungk-tāt) *adj.* Dotted چتی دار ۔

Punctation *n.* چتیاں ہونا ۔ چتیوں والا ہونا ۔

Punctilio (pungk-til-i-ō) *n.* Exact observance of forms رسمی پابندی ۔ بے حد تکلف ۔ رسمی تکلف ۔

Punctilious (pungk-til-əs) *adj.* Scrupulous and exact پر تکلف ۔ نازک طبع ۔ آداب کا لحاظ رکھنے والا ۔ رسم پرست ۔ آداب پرست ۔ باریک بین ۔

Punctiliousness *n.* باریک بینی ۔ رسمی تکلفات کی پابندی ۔ تکلف ۔

Punctual (pungk-tu-əl) *adj.* Observant of nice points پابند وقت ۔ منضبط ۔ بر وقت ۔ بر محل ۔ پابند رسوم ۔ (ہندسہ) نقطہ کا ۔ نقطے کے متعلق ۔

Punctuality *n.* وقت کی پابندی

Punctually *adv.* پابندی وقت کے ساتھ ۔ بر وقت ۔

Punctuate (pungk-tū-āt) *v.t.* Mark with points عبارت میں اوقاف کی علامتیں لگانا ۔ اوقاف لگانا ۔ زور دینا ۔ تاکید کرنا ۔

Punctuation (pungk-tū-ā-shən) *n.* ٹھہراؤ ۔ وقفے ۔ اوقاف ۔

Punctum (pungk-təm) *n.* A point, a dot نقطہ ۔ بندی ۔ چتی ۔ خط ۔ دھبا ۔

Puncture (pungk-tyər) *v.t., i.* & *n.* A small hole made with a sharp point سوراخ کرنا ۔ چھید پڑ جانا ۔ سوراخ ۔ چھید ۔

Pungent (pun-jənt) *adj.* Sharp and acrid to taste or smell چبھتا ہوا ۔ تیز ۔ تیز بو کا ۔ خاردار ۔ چٹ پٹا ۔ مسالہ دار ۔ شوق انگیز ۔

Pungency *n.* دل آزاری ۔ جگر خراشی ۔ جلن ۔ حدت ۔ تیزی ۔

Pungently *adv.* سختی سے ۔ تیزی سے ۔ تندی سے ۔

Punish (pun-ish) *v.t.* Cause to suffer for an offence سزا دینا ۔ دکھ دینا ۔ عقوبت پہنچانا ۔ تنبیہ کرنا ۔ سرزنش کرنا ۔ جرمانہ کرنا (بول چال) ۔ مکہ بازی میں حریف کو سخت ضرب لگانا ۔ دوڑ میں حریف کو تھکا دینا ۔ کرکٹ میں گیند پر زور دار ضربیں لگانا ۔ کھانے پر دھاوا بولنا ۔ خوب کھانا ۔

Punishing *adj.* زور دار ۔ تنبیہ کرنے والا ۔ سزا دینے والا ۔

Punishment *n.* گوشمالی ۔ عقوبت ۔ سزا ۔

Punishable *adj.* سزا کے لائق ۔ مستوجب سزا ۔

Punitive (pu-ni-tiv) *adj.* Inflicting punishment سزا کا ۔ تعزیری ۔ عقوبتی ۔

Punk (pungk) *n.* A prostitute ۔ قحبہ ۔ فاحشہ ۔ بیسوا ۔ رنڈی ۔ کسبی ۔ (امریکہ) گلی سڑی لکڑی ۔ لکڑی پر کی کائی ۔

Punnet (pun-it) *n.* A small shallow chipbasket چنگیری ۔ ڈلیا ۔ ٹوکری ۔ چھابا ۔ پھل پھول رکھنے کی ٹوکری ۔

Punster (puns-tər) *n.* Inveterate maker of puns ضلع جگت بولنے والا ۔ ذو معنی باتیں کہنے والا ۔ ایہام گو ۔ جگت باز ۔

Punt (punt) *n.* & *v.t.* A flat-bottomed boat with square ends چپٹی ناؤ - چوڑے پیندے کی ناؤ جو بانس کے ذریعے چلائی جاتی ہے - ڈونگا کھینا - بانس ٹیک کر ناؤ چلانا -

Punt (punt) *v.t.* & *n.* Kick a football before it touches the ground فٹ بال پر زمین پر گرنے سے پہلے ٹھوکر لگانا - فٹ بال پر ٹھوکر - ٹپ کھانے سے پہلے ٹھوکر -

Punt (punt) *v.i.* & *n.* Stake or bet شرط لگانا - گھڑ دوڑ میں گھوڑے پر روپیہ لگانا - کسی گھوڑے کا ٹکٹ خریدنا -

Punter *n.* گھوڑے پر روپیہ لگانے والا - شرط لگانے والا -

Puny (pū́-ni) *adj.* Stunted, feeble کمزور - لاغر - ناتواں - منحنی - ادنیٰ - کم درجہ کا - حقیر - ذلیل -

Pup (pup) *n.,v.t.* & *i.* Puppy, swindle کتے کا پلا - کسی کو خراب سودا کرنے پر آمادہ کرنا - کسی پر ہاتھ صاف کر دینا - کتے کے پلے کی طرح آواز نکالنا

Be in a pup کتیا کا گابھن ہونا -

Conceited pup چھیلا - خود پسند نوجوان -

Pupa (pu-pä) *n.* An insect in a passive state کیڑے کی پیدائش کی تیسری حالت - حالت جمود -

Pupate (pu-pāt) *v.i.* Become a pupa تیسری حالت یا حالت جمود میں ہونا -

Pupil (pū-pl) *n.* One who is being taught شاگرد - چیلا - طالب علم - طالبہ - نابالغ - کم سن - آنکھ کی پتلی - مردمک چشم -

Pupillage (pū-pil-aj) *n.* State of being a pupil نابالغی - کم سنی - طالب علمی کا زمانہ - شاگردی - تلمذ -

Pupilarity سن بلوغ کے قبل کا زمانہ - نابالغی -

Pupilship *n.* شاگردی - تلمذ -

Pupilize (pū-pil-īz) *v.t.* & *i.* Coach for an examination, make pupils شاگرد بنانا - تعلیم دینا - امتحان کے لیے لڑکوں اور لڑکیوں کو تیار کرنا -

Puppet (pup-it) *n.* A doll moved by wires پتلی - کٹھ پتلی - گڑیا - وہ شخص جو دوسروں کے اشارے پر ناچتا ہو -

Puppet show *n.* پتلیوں کا تماشا

Puppetry *n.* کٹھ پتلیوں کا کھیل -

Puppy (pu-pi) *n.* A young dog کتے کا پلا - ادنیٰ آدمی - مردک - بے وقوف انسان - رنگیلا -

Puppyism *n.* بانکپن - چھیلا پن - خود پسندی - گاودی پن - بے مغزی -

Puppyish *adj.* کتے کے پلے کی طرح -

Purblind (pur-blind) *v.t.* & *adj.* Dim-sighted چندھا - نیم کور - جس کو بہت نزدیک سے دکھائی دے - کودن - بے وقوف - نیم کور کرنا - کم بینا بنانا -

Purblindness *n.* بے وقوفی - کم بینی - کوتاہ نظری -

Purchase (pur-chəs) *n.* Act of acquisition, seizure خرید - خریداری - خریدی ہوئی چیز - سودا (قانون) زر خرید جائداد - زمین کی سالانہ پیداوار - اٹھان - قوت - اثر - رسوخ - آلہ - ترکیب -

Life is not worth an hour's purchase } زندگی ایک لمحہ کے لیے بھی قابل اعتبار نہیں ہے -

Purchase (pur-chəs) *v.t.* Buy خریدنا - مول لینا - حاصل کرنا - پا جانا - (قانون) وراثت کے علاوہ کسی اور طرح حاصل کر لینا - (بحری) کھینچنا - گھسیٹنا - اٹھانا - ابھارنا -

Purchasable *adj.* خریدنے کے قابل - قابل خرید -

Pure (pūr) *adj.* Clean, unmixed صاف - خالص - بے آمیزش - پاک صاف - بے قصور - بے گناہ - بے داغ - پاکدامن - نرا - پورا - بالکل - سراسر (قواعد) حرف علت پر ختم ہونے والا لفظ -

Purely *adv.* بالکل - خالص طور پر - بے میل - سراسر -

Pureness *n.* صفائی - پاکیزگی - پاکی -

Purfle (pur-fl) *n.* & *v.t.* A decorated border حاشیہ - سنجاف - مغزی - کناری - حاشیہ لگانا - حاشیہ پر زردوزی کا کام کرنا - آراستہ کرنا -

Purgation (pur-gā-shən) *n.* Clearing away of impurities تنقیہ - اخراج - صفائی - مسہل - جلاب - تزکیہ نفس - اعراف میں روحوں کا تزکیہ - حلف اٹھا کر یا کوئی جسمانی تکلیف برداشت کرکے الزام سے بری ہونا -

Purgative (pur-gā-tiv) *adj.* & *n.* Cleansing, medicine that cleans جلاب - مسہل - دست آور - دست آور دوا -

Purgatory (pur-gā-təri) *n.* & *adj.* Place of spiritual purging وہ مقام جہاں روحیں پاک ہوتی ہیں - مقام کفارہ - پاک کرنے والا -

Purge (purj) *v.t.* & *n.* Purify - صاف کرنا - پاک کرنا - تزکیہ نفس کرنا - الزام سے پاک کرنا - بری کرنا - رہا کرنا - جلاب دینا - مسہل - تلئین - اخراج -

Purification (puri-fi-kə-shən) *n.* Cleansing - تنقیہ - تزکیہ - صفائی - پاکیزگی - طہارت - زچہ کی طہارت - گناہ سے برأوت -

Purificator (pu-ri-fi-kə-tər) *n.* Cloth used at communion for wiping fingers and lips of celebrant وہ کپڑا جس سے رسم ادا کرنے والے پادری کے ہاتھ اور منہ صاف کئے جاتے ہیں -

Purify (puri-fi) *v.t.* Make pure - پاک کرنا - صاف کرنا - میل دور کرنا - دھونا - غسل دینا - روحانی طور پر پاک کرنا - تزکیہ باطن کرنا -

Purifier *n.* - صاف کرنے کا آلہ - میل دور کرنے والا - پاک کرنے والا -

Purist (pu-rist) *n.* Affector of scrupulous purity of language وہ شخص جو صحت و فصاحت زبان کا خاص طور پر خیال رکھتا ہے - نکتہ سنج -

Purism *n.* زبان کی صفائی اور صحت میں غلو -

Puristic *adj.* سلیس - فصیح - فصاحت آمیز -

Puritan (pur-i-tən) *n.* & *adj.* Purifying the church of ceremonies ایک مسیحی فرقہ جو کلیسائی رسومات کو ترک کر دینا چاہتا تھا - صوفی - شرعی - اخلاق و مذہب میں محتاط - غیر رسمی -

Puritanic *adj.* - رسومات سے آزاد - غیر رسمی - آزادانہ - پیوری ٹن فرقہ کی طرح -

Puritanically *adv.* - پیوری ٹن طریقہ سے - سخت احتیاط سے -

Puritanism *n.* ترک رسوم - انتہائی احتیاط -

Puritanize *v.t.* - ترک رسوم کرنا - پاک صاف کرنا -

Purity (pur-i-ti) *n.* Condition of being pure صفائی - پاکی - پاکیزگی - نزہت - لطافت - عفت - عصمت - بے گناہی -

Purl (purl) *n.*, *v.t.* & *i.* Gold or silver wire سونے یا چاندی کا تار - زر بفتی یا کار چوبی حاشیہ - زری کا کام کرنا - سنہری گوٹ یا بیل لگانا -

Purl (purl) *v.i.*, *t.* & *n.* Flow with a murmuring sound ندی نالوں کا چھل چھل بہنا - پانی کا شور کرتے ہوئے بہنا - بھنور پڑنا - موجیں اٹھنا - پانی کے بہنے کی آواز - (بول چال) الٹ پلٹ کرنا یا ہونا - زور سے گرنا -

Purler (purl-ər) *n.* Something extremely good (آسٹریلیا) بہترین چیز - (بول چال) ضرب - دھکا جس سے آدمی سر کے بل گرے -

Purlieu (pur-lū) *n.* Border - سرحد - کنارہ - گندی گلی -

Purlin (pur-lin) *n.* Piece of timber stretching across rafters شہتیر جو کڑیوں کے استحکام کے لیے لگایا جائے - بڑا شہتیر جس پر چھت کی کڑیاں جائی جائیں -

Purloin (pər-loin) *v.t.* Filch, steal - چرانا - ہتھیانا - چوری کرنا -

Purloiner *n.* سارق - چور -

Purple (pur-pl) *n.*, *adj.*, *v.t.* & *i.* Crimson - اودا - ارغوانی رنگ - ارغوانی لباس (جمع) گیہوں کے پودے کی ایک بیماری - ارغوانی کرنا - ارغوانی بنانا -

He was born in the purple وہ امیر گھرانے میں پیدا ہوا -

Purplish *adj.* ارغوانی - اودا سا -

Purport (pur-pərt) *n.* Substance, gist - مقصد - معنی - مطلب - مدعا - غائت - مراد -

Purport (pur-pərt) *v.t.* Mean, convey to the mind منشا ظاہر کرنا - مطلب پایا جانا - مترشح ہونا - منشا پایا جانا -

Purpose (pur-pəs) *n.* Idea or aim - مقصد - مطلب - منشا - مراد - عزم - ارادہ - مقصود -

Of or on purpose مطلب سے - ارادے سے -

To the purpose اصل مطلب کا -

To no purpose بے فائدہ - لاحاصل -

Honesty of purpose خلوص نیت -

Purposely *adv.* خاص مقصد سے - قصداً - عمداً -

Purposeful *adj.* - جس میں کوئی مقصد مضمر ہو - بامقصد -

Purposefulness *n.* بامقصد ہونا - معنی خیزی -

Purposeless بے مقصد -

Purposelessness بے مقصدی - بے حاصلی -

Purpose (pur-pəs) *v.t.* Intend قصد کرنا ۔ ارادہ کرنا ۔ عزم کرنا ۔ منصوبہ بنانا ۔

I purpose to arrange an interview میں ایک ملاقات کا انتظام کرنے کا ارادہ رکھتا ہوں ۔

Purprise (pur-prīs) *n.* Enchroachment گھیرا ۔ احاطہ ۔ ناجائز قبضہ ۔

Purpura (pur-pū-rä) *n.* An eruption of small purple spots ایک بیماری جس میں جلد پر نیلے داغ پڑ جاتے ہیں ۔ گھونگھے کی ایک قسم ۔

Purpurin (pur-pūr-in) *n.* A purple colouring matter سرخ رنگ ۔ لال رنگ ۔ مجیٹھی رنگ ۔

Purr (Pur) *v.i.* & *n.* Utter a low murmuring sound خر خر کرنا ۔ بلی کی سی آواز نکالنا ۔ خرخراہٹ ۔

Pursang (pur-sang) *adv.* Without admixture خالص طور پر ۔ کھرے پن سے ۔

Purse (purs) *n.* A small bag for carrying money تھیلی ۔ بٹوہ ۔ کیسہ ۔ دولت ۔ روپیہ ۔ سرمایہ ۔ چندہ ۔ جیب خرچ ۔ نذرانہ ۔ ہدیہ ۔

Purse-bearer خزانچی ۔

Purse-pride روپے کا غرور ۔

Purse-proud زر مست ۔

Purser داروغہ توشہ خانہ ۔

Purse taking لوٹ مار ۔

A light or empty purse ناداری ۔ مفلسی ۔

A long or heavy purse مالداری ۔ تونگری ۔

Privy purse صرف خاص ۔

Sword and purse فوج اور خزانہ ۔

Hold the purse strings اخراجات پر قابو رکھنا ۔

Loosen the purse strings تھیلی کا منہ کھول دینا ۔

Purse (purs) *v.t.* & *i.* Put into purse, pocket سکیڑنا ۔ جھریاں ڈالنا ۔ جیب میں رکھنا ۔ بٹوے میں ڈالنا ۔

Purser (purs-ər) *n.* A naval officer جہاز کا افسر حسابات ۔ تحویل دار ۔ داروغہ توشہ خانہ ۔

Purslane (purs-lin) *n.* A pot and salad herb لوبیا ۔ باقلہ ۔ خرفہ ۔

Pursuance (pər-s(y)o͞o-əns) *n.* Pursuit پیروی ۔ اتباع ۔ تقلید ۔ تلاش ۔ کوشش ۔

Pursuant (pər-s(y)o͞o-ənt) *adj.* Pursuing پیچھا کرنے والا ۔ تلاش کرنے والا ۔

Pursue (pər-s(y)o͞o) *v.t.* & *i.* Harass, persecute پیچھا کرنا ۔ تعاقب کرنا ۔ تلاش کرنا ۔ چھان مارنا ۔ درپے ہونا ۔ مصروف رکھنا ۔ پیروی کرنا ۔ انجام دینا ۔ مد نظر رکھنا ۔ جاری رکھنا ۔ پیشہ اختیار کرنا ۔ کسی کے تعاقب میں جانا ۔

Pursuable *adj.* قابل اتباع ۔ قابل تعاقب ۔

Pursuer (pər-s(y)o͞o-ər) *n.* One who pursues تعاقب کرنے والا ۔ درپے ہونے والا ۔ مدعی ۔ مستغیث ۔

Pursuit (pər-s(y)o͞ot) *n.* Occupation, employment تعاقب ۔ تلاش ۔ جستجو ۔ پیشہ ۔ شغل ۔ کاروبار ۔

Pursuivant (pur-s(w)i-vənt) *n.* An attendant, a state messenger سرکاری ہرکارہ ۔ قاصد ۔ چوبدار ۔

Pursy (purs-i) *adj.* Puffy پھولا ہوا ۔ دم چڑھا ۔ جس کا دم جلد پھول جائے ۔

Pursiness *n.* سانس پھولی ہوئی ۔ دم پھولا ہوا ہونا ۔

Purtenance (pur-tən-əns) *n.* That which belongs جانوروں کے اندرونی اعضا ۔ کلیجی ۔ دل ۔ گردہ ۔ آنتیں ۔

Purulent (pu-r(y)o͞o-lənt) *adj.* Consisting of pus پیپ پڑا ہوا ۔ پیپ سے بھرا ہوا ۔ پیپ بہتا ہوا ۔ مواد آیا ہوا ۔

Purvey (pur-vā) *v.t.* & *i.* Provide بہم پہنچانا ۔ مہیا کرنا ۔ رسد پہنچانا ۔ بندوبست کرنا ۔ داروغہ توشہ خانہ کا کام کرنا ۔

Purveyance (pur-vā-əns) *n.* Preparation in advance قبل از وقت فراہمی سامان ۔ خوراک ۔ مقرر کردہ قیمت پر سامان خریدنے اور گھوڑے بلا معاوضہ استعمال کرنے کا شاہی حق ۔

Purveyor (pur-vā-ər) *n.* One whose business is to provide victuals میر سامان ۔ داروغہ رسد ۔ مہتمم محکمہ رسد ۔ عہدہ دار رسد ۔

Purview (pur-vū) *n.* Competence, scope, range منشائے قانون ۔ متن قانون ۔ حد ۔ وسعت ۔ حد نظر ۔ حد بصیرت ۔

Pus (pus) *n.* A thick yellowish fluid پیپ ۔ مواد ۔ فاسد مادہ ۔

Push (poos-h) *v.t.* & *i.* Drive by pressure دھکیلنا ۔ دھکا دینا ۔ پیلنا ۔ کھسکانا ۔ سرکانا ۔ ٹکر مارنا ۔ سینگ مارنا ۔ نکلنا ۔ پھوٹنا ۔ بلے سے گیند پر دھیرے سے ضرب لگانا ۔ جد و جہد کرنا ۔ ابھارنا ۔ مائل کرنا ۔ ترقی کرنا ۔ تنگ کرنا ۔ ستانا ۔ زچ کرنا ۔

Pushee *n.* دھکیلنے والا ۔

Push pin *n.* بچوں کا ایک کھیل ۔

Push down ٹیک دینا ۔ دے مارنا ۔

Push in داخل کرنا ۔

Push on آگے بڑھنا ۔

Push out نکال دینا ۔

Push off ہٹا دینا ۔

Push one's fortune روپیہ پیدا کرنا ۔

I am pushed for money میرا ہاتھ تنگ ہے ۔

I am pushed for time مجھے بالکل فرصت نہیں ۔

Pushing *adj.* پیروی کرنے والا ۔ مل ملا کر کام نکالنے والا ۔ اپنا راستہ نکالنے والا ۔ کوشاں ۔

Push (poosh) *n.* An effort, thrust, onset دھکا ۔ ریل پیل ۔ زبردست کوشش ۔ ہلہ ۔ چڑھائی ۔ یورش ۔ دباؤ ۔ عزم ۔ ہمت ۔ استقلال ۔ (بول چال) چوروں کی ٹولی ۔ بد معاشوں کا گروہ ۔

Pushful مستعد ۔ سر گرم ۔ اولوالعزم ۔

Pusillanimous (pu-si-lan-i-məs) *adj.* Mean-spirited پست ہمت ۔ بودا ۔ کم ظرف ۔ بز دل ۔ ڈرپوک ۔ بد باطن ۔

Pusillanimously *adv.* بز دلی سے ۔ پست ہمتی سے ۔ کم ظرفی سے ۔

Pusillanimity *n.* کم ظرفی ۔ بودا پن ۔ بز دلی ۔

Puss (poos) *n.* A familiar name for a cat بلی ۔ گربہ ۔ شیر کے لیے بھی یہ لفظ استعمال ہوتا ہے ۔

Pussy (poos-i) *n.* A cat (بچوں کی زبان) پوسی ۔ بلی ۔ گربہ ۔

Pussy foot *n.* ممانعت شراب کا حامی ۔ شراب کی ممانعت ۔

Pustulate (pus-tūl-āt) *v.t.* & *i.* Produce pimples آبلہ ڈالنا ۔ چھالے پڑنا ۔ دانے آ جانا ۔ پھپھولے پڑنا ۔

Pustulation *n.* آبلے پڑنا ۔ چھالے آنا ۔ دانے نکلنا ۔

Pustule (pus-tūl) *n.* Pimple containing pus آبلہ ۔ چھالا ۔ پھنسی گومڑا ۔ مسا ۔ دنبل ۔

Pustular-ous پھنسیوں والا ۔ چھالے دار ۔ آبلہ دار ۔

Put (poot) *v.t.* & *i.* Push, cast, throw پھینکنا ۔ رکھنا ۔ دھرنا ۔ بھونکنا ۔ روانہ ہونا (جہاز کا) جوتنا ۔ جوڑنا ۔ پار لے جانا ۔ پار اتارنا ۔ سامان مقررہ جگہ پر پہنچانا ۔ حوالے کرنا ۔ سپرد کرنا ۔ داخل کرنا ۔ درج کرنا ۔ قیمت لگانا ۔ اندازہ کرنا ۔ کہنا ۔ بیان کرنا ۔ اعتماد کرنا ۔ قسمت پر چھوڑنا ۔ خیال کرنا ۔ تصور کرنا ۔ بوجھ ڈالنا ۔ مجبور کرنا ۔

Put off ملتوی کرنا ۔

Put by محفوظ کرنا ۔

Put about چکر دینا ۔ گھمانا ۔

Put an end or stop to روکنا ۔ ختم کرنا ۔

Put away طلاق دینا ۔ ترک کرنا ۔ خارج کرنا ۔

Put by ٹال دینا ۔

Put down زیر کرنا ۔ دبانا ۔ رکھنا ۔ جمع کرنا ۔

Put for زور شور سے کسی مقام کو روانہ ہونا ۔

Put forward ترقی دینا ۔ بڑھانا ۔ پیش کرنا ۔

Put in جہاز کو بندر گاہ میں لانا ۔ داخل کرنا ۔

Put in mind یاد دلانا ۔

Put in practice استعمال کرنا ۔ کام میں لانا ۔

Put in writing تحریر میں لانا ۔

Put out بجھا دینا ۔

Put this and that together نتیجہ نکالنا

Put to rights اصلاح کرنا ۔ درست کرنا ۔

Put two and two together حالات سے نتیجہ نکالنا ۔

Do not put the blame on me مجھے الزام نہ دو ۔

He puts no value on my advice وہ میرے مشورے کی قدر نہیں کرتا ۔

He was hard put to it to keep them off ان کو روکنے میں اس کو انتہائی کوشش کرنی پڑی ۔

Putter *n.* تجویز کرنے والا ۔ پیش کرنے والا ۔ وزن اٹھانے والا ۔

Put (put) *n.* Throw or cast of a stone پھینک ۔ وزن ۔ قیمت مقررہ پر تحویل مال کا اختیار ۔

Put-tt (put) *v.i.* & *t.* Strike golf ball gently گولف کی گیند پر آہستہ ضرب لگانا ۔

Putter *n.* گیند پر ضرب لگانے والا ۔ گولف کی چھڑی ۔

Put (put) *n.* Duffer (قدیم بول چال) احمق ۔ گنوار ۔ دھقانی ۔ انوکھا ۔ نرالا ۔

Putative (pū-tə-tiv) *adj.* Supposed, reputed نام نہاد - فرضی - مشہور - مانا ہوا -

His putative father فرضی باپ - اسکا مفروضہ باپ -

Putid (pū-tid) *adj.* Rotten, foul سڑا گلا - بدبو دار - کمینہ - ناچیز -

Putrefy (pū-tri-fi) *v.t.* & *i.* Cause to rot, corrupt سڑنا - متعفن ہونا - بگڑنا - خراب ہونا - سڑانا - بگاڑنا - اخلاق لحاظ سے بگڑنا یا بگاڑنا -

Putrefaction *n.* اخلاق خرابی - سڑانڈ - بگاڑ - ردائت -

Putrefactive *adj.* متعفن کرنے والا - بدبو پیدا کرنے والا - سڑانے والا -

Putrescent (pu-tri-sent) *adj.* In process of rotting سڑتا ہوا - بدبو دار -

Putrescence *n.* اخلاق خرابی - سڑانڈ - گندگی - عفونت -

Putrid (put-rid) *adj.* Rotten, wretchedly bad سڑا ہوا - گندہ - بدبو دار - ناپاک - اخلاق لحاظ سے تباہ -

Putridity / Putridness *n.* ردائت - سڑانڈ - بوسیدگی - تعفن -

Puttee (put-e) *n.* A cloth strip wound round leg پنڈلیوں پر لپیٹنے کی پٹی -

Puttock (put-ək) *n.* Kite چیل نما انسان - چیل -

Putty (put-i) *v.t.* & *n.* A cement of whiting and linseed oil سفیدہ اور السی کے تیل کا مرکب جس سے پالش کی جاتی ہے - اس مرکب سے پالش کرنا - شیشہ جوڑنا - درز بھرنا -

Puzzle (puz-l) *n.* Riddle, problem معمہ - عقدہ - گورکھ دھندا - مشکل مسئلہ - حیرانی - پریشانی - الجھن -

Puzzle-headed پریشان خاطر - پریشان خیال -

Puzzle (puz-l) *v.t.* & *i.* Perplex, embarrass تذبذب میں ڈالنا - حیران کرنا - خطرے میں ڈالنا - پریشان کرنا - متحیر کرنا - دق کرنا - تنگ کرنا - زچ کرنا -

Puzzledom / Puzzlement *n.* الجھن - الجھاؤ - حیرانی - پریشانی -

Puzzler *n.* الجھن میں مبتلا کرنے والا - حیران کرنے والا -

Pyaemia (pī-ē-mi-ä) *n.* Infection of blood with abscesses in different parts of body خون کی خرابی کی وجہ سے جسم پر پھوڑے پھنسی نکلنا -

Pygmy (pig-mi) *n.* A member of the race of dwarfs بالشتیا - بونا - کوتاہ قد - ناچیز - حقیر - دیو - پری - بھوت -

Pyjamas (pi-ja-maz) *n.* Loose trousers پاجامہ - ڈھیلا لباس - شب خوابی -

Pylon (pī-lon) *n.* A big gateway بڑا اونچا دروازہ - پھاٹک - اونچی مینار دار عمارت جو حد بندی یا آرائش کے لئے بنائی جائے -

Pyracanth (pī-rə-kanth) *n.* A thorny evergreen shrub ایک خار دار سدا بہار جھاڑی -

Pyramid (pir-ə-mid) *n.* A solid figure on a square base مخروطی مصری مینار - ہفت پہل مصری مینار - ہرم نما مینار - بلیرڈ کا کھیل - مخروطی شکل کے درخت -

Pyramidal *adj.* مینار آسا - مخروطی - ہرم نما -

Pyramidist (pīr-ə-mid-ist) *n.* Student of Egyptian pyramids اہرام مصر کی ساخت اور تاریخ کا محقق - میناروں کا ماہر -

Pyre (pīr) *n.* Pile of wood for burning a dead body چتا - مردوں کے جلانے کے لیے لکڑیوں کا انبار -

Pyrene *n.* ایک قسم کا پتھر -

Pyrethrum (pīr-eth-rəm) *n.* A kind of plants عاقر قرحا - ایک بوٹی جو دوا کے طور پر استعمال ہوتی ہے -

Pyretic (pī-ret-ik) *adj.* For the cure of fever بخار کی - بخار اتار - بخار آور -

Pyrexia (pī-reks-i-a) *n.* Fever تپ - بخار -

Pyrheliometer (pir-hē-li-om-i-tər) *n.* An instrument for measuring heat given off by sun سورج سے خارج ہونے والی حرارت ناپنے کا آلہ -

Pyridine (pīr-i-dēn) *n.* A strong-smelling colourless basic liquid ایک بے رنگ وبو مایا جو دمے کے لیے مفید ہے -

Pyrites (pir-ī-tēz) *n.* A brassy yellow mineral پھول کی سی ایک دھات - گندھک اور لوہے کا مرکب - سنگ چقماق -

Pyro (pī-rō) *prefix* In composition fire, heat or fever سابقہ بمعنی آگ - حرارت - بخار -
Pyrology *n.* علم حرارت -
Pyromancy *n.* آگ سے شگون لینا -

Pyrope (pī-rōp) *n.* A firy red jem stone گہرا سرخ یاقوت - یاقوت احمر -

Pyrotechnics (pī-rō-tek-niks) *adj.* & *n.* About fireworks فن آتشبازی - آتشبازی کے متعلق - آتشبازی بنانے کا فن - آتش بازی کی طرح ہوشربا - حیرت انگیز -

Pyroxylin (pī-rŏk-sīl-in) *n.* Nitrated cotton آتش گیر روئی -

Pyrrhic (pi-rik) *adj.* & *n.* An ancient Greek war dance جنگی رقص - دیوتاؤں کا رقص - رقص جنگ کے متعلق -

Pyrrhic-victory (pī-rik-vik-təri) *n.* Victory gained at a great cost فتح جو بڑے کشت و خون کے بعد حاصل ہوئی ہو -

Pyrrhonism (pir-ən-izm) *n.* Scepticism یہ نظریہ کہ صحیح علم ناممکن ہے - ارتیابیت -

Pyrus (pī-rəs) *n.* Pear genus of the rose family گلاب نما درختوں اور جھاڑیوں کی ایک قسم -

Pythagorean (pī-thag-ər-ē-ən) *adj.* & *n.* Follower of Pythagorus فیثا غورثی - فیثا غورث کا مقلد -

Pythian (pī-thi-an) *n.* & *adj.* The priestess of Appolo اپالو دیوتا اور اس کی کاہنہ کے متعلق -

Python (pī-thən) *n.* The great snake killed by Appolo at Delphi بہت بڑا سانپ جس کو سورج دیوتا اپولو نے ڈلفی کے مقام پر ہلاک کیا -

Pythoness (pī-thən-es) *n.* The priestess of the oracle of Appolo سورج دیوتا کے مندر کی پجارن - ساحرہ - غیب دان -

Pyx (piks) *v.t.* & *n.* A box ڈبہ جس میں متبرک روٹی رکھی جاتی ہے - ٹکسال کی صندوقچی جس میں سونے چاندی کے سکے رکھے جاتے ہیں - سکے صندوقچی میں ڈالنا - سکے کو کسوٹی پر کسنا - پرکھنا -

Pyxidium (piks-i-di-əm) *n.* A capsule that opens like a box-lid غلاف دار پھول کا ڈوڈا جو ڈھکن کی طرح کھلتا ہے -

Pyxis (piks-is) *n.* A casket ڈبیا - صندوقچی -

Q

Q (kū) *n.* The seventeenth letter of the English alphabet انگریزی حروف تہجی کا سترھواں حرف -

Qua (kwä) *adv.* & *conj.* As, in the capacity of جیسا کہ - بلحاظ - بہ حیثیت -

Quab (kwab) *n.* A Russian fish like oyster ایک قسم کی روسی مچھلی جھینگا -

Quack (kwak) *v.i.* & *n.* Harsh sound made by ducks قیں قیں کرنا - بطخ کی طرح آواز نکلنا - شیخی بگھارنا - لاف زنی کرنا - چیخ چیخ کر باتیں کرنا - زق زق بک بک کرنا -

Quack (kwak) *n., v.i.* & *t.* Ignorant pretender to skill in medicine عطائی - نیم حکیم - اناڑی وید - جاہل شخص جو طب اور جراحی میں ماہر ہونے کا دعویٰ کرے - یاوہ گو - کسی امر میں دعویٰ کرنا - نیم حکیم کی طرح علاج کرنا -
Quackery *n.* نیم حکیمی - عطائی علاج - عطائی پن -
Quackish *adj.* اناڑی - غیر مستند - نیم حکیم سا - عطائی سا -

Quad (kwod) *n.* Abbreviation of quadrangle, quadruped چوکور شکل - چوپایہ -

Quadragenarian (kwod-rə-ji-na-ri-ən) *n.* One who is forty years old وہ شخص جس کی عمر چالیس سال ہو -

Quadragesima (kwod-rə-jes-i-ma) *n.* Forty days of Lent چالیس دن کے روزے -

Quadragesimal (kwod-re-jes-i-mal) *adj.* Of the number of forty عیسائیوں کے اربعین کا -

Quadrangle (kwod-rang-gl) *n.* A plan figure with four angles چو گوشہ شکل - چہار زاویہ شکل - مربع - چوکور - چار دیواری - احاطہ - صحن -
Quadrangular *adj.* چہار پہلو - چوکھونٹا - چوگوشیہ -

Quadrant (kwod-rənt) *n.* The fourth part of a circle چوتھا حصہ - چوتھائی - ربع دائرہ - کوئی چیز جس کی شکل چوتھائی چکر کی ہو -
Quadrantal *adj.* ربع دائرہ کی شکل والا -

Quadrat (kwod-rat) *n.* A piece of type metal used for spacing دھات کا ٹکڑا جو سکے کے حرفوں اور عددوں کے درمیان فاصلہ دینے کے لیے استعمال کیا جاتا ہے -

Quadrate (kwod-rāt) *adj.* Square, rectangular مربع - چوگوشہ - چار حصوں میں تقسیم ہونے کے قابل -

Quadrate (kwod-rāt) *v.t. & i.* Conform, square مطابق ہونا - موافق ہونا - برابر ہونا - ٹھیک ہونا - مطابقت کرنا یا کرانا - چوتھائی دائرہ بنانا -

Quadratic (kwod-rāt-ik) *adj. & n.* Involving the square مربع کا - دوم درجے کی مساوات - دو درجی مساوات - ۷۲

Quadrature (kwod-rə-tyer) *n.* Squareness نود درجے کے زاویہ کا فاصلہ - مربع پن - اجرام فلکی کا مربع پن - نود درجے کا زاویہ بنانا - تربیع -

Quadrennial (kwod-re-ni-əl) *adj.* Fourth year چار سالہ - چار سال کے بعد - چو برسی -

Quadricentennial (kwod-ri-sen-te-ni-əl) *adj.* Four hundredth year چار سو سالہ -

Quadrible (kwod-ri-bl) *adj.* Cleft into four parts چار حصوں میں منقسم -

Quadric (kwod-rik) *adj. & n.* Of the second degree دوسرے درجے کی مربع سطح - سطح ثانوی -

Quadriga (kwod-ri-gā) *n.* A two-wheeled Roman car driven by four horses چار اسپی گاڑی - چوگھوڑ رتھ -

Quadrifoliate (kwod-ri-fo-li-āt) *adj.* Four leaved چو پتیا -

Quadrille (kwə-dril) *n.* A square dance of four couples چار جوڑوں کا مربع ناچ - تاش کا ایک کھیل -

Quadrillion (kwəd-ril-yən) *n.* Million raised to the fourth power کھرب در کھرب -

Quadrilingual (kwəd-ri-lin-gūəl) *adj.* Of four languages چو بولی - چہار لسانی - چہار زبانی -

Quadroon (kwod-rōōn) *n.* The offspring of a white man and mulato woman دوغلی اولاد - یورپی مرد اور دیسی عورت کی اولاد -

Quadrumanous (kwod-rōō-mən-əs) *adj.* Four-handed چار ہاتھ والا - چہار دست - ایسے جانور جو ہاتھ اور پیروں کو ہاتھ کی طرح استعمال کر سکیں - مثلاً بندر -

Quadruped (kwod-rōō-ped) *adj. & n.* Four-footed animal چوپایہ جانور - چار پاؤں والے -

Quadrupedal *adj.* چار ہاتھ پیر والے - چار پاؤں والے -

Quadruple (kwod-rōō-pl) *adj., n. & v.t.* Four-fold چوگنا - چوگرا - چوہرا - چوتہا - چارتہہ والا - جس میں چار حصے شامل ہوں - چوگنا کرنا - چار سے ضرب دینا -

Quadruply *adv.* چوگنا کرتے ہوئے -

Quadruplet (kwod-roop-let) *n.* Four children born to a woman at a time ایک وقت میں کسی عورت کو چار بچے پیدا ہونا - چوڑواں بچے - کوئی چار چیزیں جو ساتھ ساتھ عمل کریں - بائیسکل جس پر چار آدمی بیک وقت سوار ہوں -

Quadruplicate (kwod-rup-li-kāt) *adj. & n.* Four-fold جو چوگنا کیا گیا ہو - جس کی چار نکلیں نکالی گئی ہوں - چار یکساں نمونے -

Quadruplicity (kwod-rup-li-si-ti) *n.* Four-foldness چوگنا پن - چارتہہ یا چار گنا ہونے کی حالت -

Quaff (kwaf) *v.i. & t.* Drink in large draughts بڑے بڑے گھونٹ پینا - ایک سانس میں پی جانا - ایک دم چڑھا جانا -

Quag (kwag) *n.* A boggy place دھنس جانے والی جگہ - دلدلی زمین - ہلتی ہوئی زمین -

Quaggy *adj.* ہلنے والی - دلدلی - دھنسنے والی -

Quagmire (kwag-mīr) *n.* A wet boggy ground دلدل -

Quail (kwal) *n.* Small birds of partridge family بٹیر - لوا - بھڑ تیتر -

Quail (kwal) *v.i. & t.* Languish, subdue دبنا - ڈرنا - ہمت ہارنا - ڈرانا - دبانا - ہمت پست کر دینا -

Quaint (kwant) *adj*: Skilful, ingenious عجیب - انوکھا - نازک - ستھرا - نادر - نرالا - عقل مند - چالاک -

Quaintly *adv.* نزاکت سے - باریکی سے -

Quaintness *n.* نرالا پن - انوکھا پن - نزاکت - لطافت -

Quake (kwāk) *v.i.* Quiver لرزنا - کانپنا - ہچکولے کھانا - جھٹکے کھانا - متحرک ہونا - پیر رکھنے سے ہلنا -

Quaky *adj.* ہلتی ہوئی - لرزاں - متحرک -

Quaker (kwā-ker) *n.* One of the society of friends founded by George Fox انجمن احباب کا رکن - اس انجمن کا رکن جس کو جارج فاکس نے قائم کیا تھا - اس انجمن کا مقصد یہ تھا کہ امن و امان کی تبلیغ کی جائے اور زبان اور لباس کی سادگی پر زور دیا جائے - (امریکہ) قلعہ یا جہاز کی نقلی توپ -

Qualification (kwol-i-fi-kā-shən) *n.* Distinctive quality ہنر - جوہر - خوبی - قابلیت - لیاقت - استعداد - اہلیت - صداقت نامہ - حد - قید - حد شناسی - شرط - مشروطیت - تخفیف - تقلیل - ترمیم -

His delight had one qualification اس کی مسرت میں ایک بات کی کمی تھی -

Statement with many qualifications - مشروط بیان بیان جس میں بہت سی استثنیات ہوں -

Qualify (kowl-i-fī) *v.t.* & *i.* Ascribe a quality to استعداد پیدا کرنا - صفت سے متصف کرنا - کوئی خصوصیت منسوب کرنا - ضروری اہلیت یا صفات پیدا کرنا - سزا وار یا مستحق بنانا - قابل انتخاب بنانا - بیان میں ترمیم کرنا یا قطعیت میں کمی کر دینا - کوئی قید لگا دینا - کسی چیز کو ناگوار بنا دینا - شراب میں پانی ملا کر اس کے مزے اور قوت کو کم کر دینا -

Qualifies a person as scoundrel کسی شخص کو بدمعاش قرار دینا -

Qualifying examination امتحان جس کا پاس کرنا کسی ملازمت کے لیے لازمی ہو -

Qualitative (kwol-i-ta-tiv) *adj.* Concerning a quality کیفیت کے متعلق - ماہیت کے بارے میں - کسی صفت کے متعلق -

Quality (kwol-i-ti) *n.* Nature, character خوبی - اچھائی - خصوصیت - خاصیت - ماہیت - سیرت - عادت - وصف - خصلت - قابلیت - کمال - گن - ذاتی خوبی -

Quality matters more than quantity کسی چیز کا عمدہ ہونا اس کے زیادہ ہونے سے بہتر ہے -

Give a taste of one's quality اپنا کمال دکھانا -

The quality *n.* طبقہ شرفا - امرا - شرفا -

Qualm (kwām) *n.* A sickly feeling, uneasiness دقتی گھبراہٹ - سستی - ضعف - کمزوری کا احساس - پستی - متلی - ابکائی - غشی (ضمیر کا) کھٹکا - خدشہ - اندیشہ - وسوسہ - کسی معاملہ میں خود اپنی دیانت پر شبہ -

To have a qualm جی متلانا -

Qualmish *adj.* جی متلایا - گھبرایا ہوا مضطرب -

Quandary (kwon-dā-ri) *n.* A state of perplexity تذبذب - شک - شبہ - دقت - حیرانی - گو مگو کی حالت -

Am in a quandary مشکل میں پھنس گیا ہوں -

Quantity (kwon-ti-ti) *n.* The amount of any thing مقدار - تعداد - وزن - حجم - تول - کمیت - کسی شے کا عرض و طول - وسعت - مجموعہ - مقدار کثیر - افراط - کثرت - وزن صوتی -

Quantum (kwon-təm) *n.* Quantity, amount مقدار - مقررہ مقدار - کافی مقدار - تعداد -

Quantum theory برقیات کی مقدار کا نظریہ -

Quantum sufficit کافی مقدار -

Quarantine (kwor-ən-tēn) *n.* A time of compulsory isolation قرنطینہ - ایک خاص مدت کے لیے ایک جگہ رہنا - امراض وبائی کے لئے جبری قیام - طبی قید -

Quarrel (kwor-l) *n.* A complaint, charge or action لڑائی - جھگڑا - پرخاش - بگاڑ - نااتفاقی - باتھا پائی - تو تو میں میں - تکرار - قضیہ - حجت -

Espouse one's quarrel جھگڑے میں کسی کی طرفداری کرنا -

Find quarrel in a straw ذرا سی بات پر لڑ جانا -

Quarrelsome *adj.* جھگڑالو - لڑاکا -

Quarrelsomeness *n.* زود رنجی - جھگڑالو پن -

Quarrel (kwor-l) *n.* A square tile چوکور نوک کا تیر - چوکور اینٹ یا شیشہ - گز -

Quarrel (kwor-l) *v.i.* Find fault, dispute حرف گیری کرنا - اعتراض کرنا - عیب نکالنا - عیب جوئی کرنا - جھگڑا مول لینا - جھگڑا کرنا - تعلقات توڑ دینا -

Pick a quarrel with لڑ پڑنا - لڑائی مول لینا -

Quarry (kwor-i) *n.* A hunted animal, prey - شکار
صید - شکار کا جانور - جانور جس کا تعاقب کیا جائے -
شکاری کا شکار کیا ہوا انبار - آنتیں وغیرہ جو شکار
کے بعد کتوں کو دی جائیں - باز کو جو گوشت شکار
کرنے پر دیا جائے -

Quarry (kwor-i) *v.t., i. & n.* Excavation for building stone - پتھر کی کان - پتھر نکالنے کا گڑھا -
وہ مقام جہاں سے اطلاعات حاصل کی جاتی ہیں - فرش
کا چوکا - کان سے پتھر نکالنا - کتابوں سے تاریخی واقعات
اکٹھا کرنا - علمی تحقیق کرنا - کسی چیز کی تلاش
میں محنت کرنا -

Quart (kart) *n.* A sequence of four cards (تاش)
چار مسلسل پتے - سیڑھی -

Quart (kart) *n.* The fourth part of a gallon چوتھائی
گیلن کا پیمانہ یا ظرف - شراب یا بیر کا پیمانہ -

Quartan (kwawr-tən) *n.* Recurring every fourth day چوتھے دن کا - باری کا - چوتھیا بخار - چوتھے دن
آنے والا بخار -

Quartation (kwor-ta-shən) *n.* Combining three parts of silver and one of gold for purifying gold تین حصے چاندی اور ایک حصہ سونا ملا
کر سونا صاف کرنے کا عمل -

Quarter (kwawr-tər) *v.t. & n.* A fourth part
چوتھائی - چوتھا حصہ - ربع - پاؤ - چوپارہ - کسی جانور
کے گوشت کو چار حصوں میں تقسیم کرنا - ایک وزن
تقریباً بارہ سیر کا - ایک پیمانہ تقریباً آٹھ من کا - ایک
ہفتہ - سہ ماہ - سمت - مقام - علاقہ - سکونت گاہ -
اقامت گاہ - جو دشمن ہتھیار ڈال دے اس کی معافی - امان -
جان بخشی - امان دینا - جان بخشی کرنا - امان پانا -
معافی مانگنا -

Beat up the quarters off - حرج کرنا - خلل ڈالنا
Come to close quarters - دست بدست لڑائی ہونا
Winter quarters - موسم سرما کی چھاؤنی
It is not a quarter as good as it should be } یہ جتنا اچھا ہونا چاہیئے اسکا چوتھائی اچھا بھی نہیں ہے -
Quarter binding کتاب کی جلد جس کی پشتہ چمڑے
کا ہو اور باقی ابری کا -
Quarter master وہ فوجی افسر جو فوج کے قیام و طعام
کا انتظام کرتا ہے - جہاز کا میر سامان -

Quarter (kwawr-tər) *v.t.* Divide in four parts
چار حصے کرنا - چورنگ یا چوپارہ کرنا - بانٹنا - کسی
جگہ پر ٹھہرانا - کتوں کو دوڑانا -

Quarterag (kwawr-tər-ag) *n.* Lodging, a quarterly payment سہ ماہی تنخواہ - سہ ماہی اجرت -
ٹھہرانے کے لیے مکان وغیرہ کا انتظام -

Quarterly (kwawr-tər-li) *adj., n. & adv.* Recurring or published once a quarter - سہ ماہی
سہ ماہی رسالہ - ہر تین مہینہ کے بعد -

Quartern (kwor-tər(r)n) *n.* A quarter, a pound, a pint
چار پونڈ کی ڈبل روٹی -

Quartet (kwowr-tət) *n.* A set of four - رباعی
چومصرعہ - چوبولا - مربع - چوراگا - چار آدمیوں کا
طائفہ - چار گانے والے - چوسنگت -

Quarto (kwawr-to) *n. & adj.* Having the sheet folded in four leaves ایک تختہ کے چار
ورقہ کی تقطیع - وہ کتاب جس میں اس تقطیع کے
اوراق ہوں -

Quartz (kwawr-tz) *n.* The commonest rock forming mineral سنگ مردہ - وہ مادہ جس سے
پتھر بنتے ہیں - وہ پتھر جس میں معدنیات ہوں -

Quash (kwosh) *v.t.* Annul, crush - مسترد کرنا
منسوخ کرنا - ناجائز قرار دینا - کالعدم کرنا -

Quashee (kwosh-i) *n.* A West African Negro, West Indian عام نام جو اب ہر حبشی کے لیے استعمال
ہوتا ہے -

Quasi (kwā-si) *prefix* In combination in a certain manner, sense or degree - گویا کہ
ایک گونہ - بظاہر - تقریباً - ظاہری طور پر -

Engaged in a quasi war ایک ظاہری جنگ میں
مصروف -

Quassia (kwosh(y)a) *n.* A South American tree whose bitter bark and wood are used as tonic جنوبی امریکہ کا ایک درخت جس کی چھال اور
لکڑی وغیرہ مقوی دوا کے طور پر استعمال کی جاتی ہے -

Quaternary (kwo tər-nər-i) *adj.* Consisting of four چار - چوگ - چوکونہ - چوگوشیہ - چار کیمیاوی
عناصر کا مرکب - چار چیزوں کا آمیزہ - چار آدمی -

Quaternion (kwo-tər-ni-ən) *n.* A group of four چار ۔ چار کی جماعت ۔ چار تختوں کا ایک دستہ جس کو دوہرا کر دیا گیا ہو ۔ چار سے دس تک کے عدد ۔ علامات جن سے چار غیر معلوم مقداریں ظاہر کی جائیں ۔ چار قطاریں ۔

Quaternity (kwa-tər-ni-ti) *n.* A four-fold godhead چار ۔ چوکا ۔ چومکھا ۔ چار سروں والے دیوتا کی مورت ۔

Quatorzain (kat-ər-zan) *n.* A poem of fourteen lines چودہ مصرعوں کی نظم ۔

Quatrain (kwot-ran) *n.* A stanza of four lines رباعی ۔ دو بیتی ۔

Quatrefoil (kat-ər-foil) *n.* A four-petalled flower چوپتیا پھول ۔ چوپتیا بیل جو عمارت کے نقش و نگار میں نظر آتی ہے ۔

Quattrocentist (kwat-rō-chen-tist) *n.* & *adj.* One who follows fifteenth century Italian style in art وہ مصور جو پندرھویں صدی کا طرز مصوری اختیار کرے جو اطالیہ میں رائج تھا ۔

Quaver (kwa-vər) *v.i.* & *t.* Tremble تھرتھرانا ۔ کانپنا ۔ لرزنا ۔ کانپتی ہوئی آواز میں گانا ۔ گلے بازی کرنا ۔ تان لینا ۔ گٹکری لینا ۔

Quaveringly *adv.* کانپتی ہوئی آواز میں ۔ کانپتے ہوئے ۔

Quaver (kwa-vər) *n.* Trembling کپکپی ۔ تھرتھری ۔ لرزش ۔ گانے کے گٹکرے ۔ آٹھواں سر ۔ مدھم ۔

Quavery *n.* کپکپاتی ہوئی آوازکی تقریر ۔

Quay (kē) *n.* A landing place گھاٹ ۔ پشتہ ۔ جہازوں سے مال اتارنے چڑھانے کا گھاٹ ۔

Quayage *n.* مال کے اتارنے چڑھانے کا محصول جو گھاٹ پر لیا جائے ۔ گھاٹ کا محصول

Quean (kwen) *n.* A woman of worthless character فاجرہ ۔ قطامہ ۔ بیسوا ۔ فاحشہ ۔

Queasy (kwe-zi) *adj.* & *n.* Ticklish, causing nausea قے آور ۔ متلی پیدا کرنے والی غذا یا دوا ۔ ضعیف المعدہ ۔ نازک مزاج ۔ ضرورت سے زیادہ محتاط ۔ کمزور ۔ وہمی ۔ ضعیف الاعتقاد ۔

Quasiness *n.* کمزوری ۔ گھبراہٹ ۔ سوئے ہضمی ۔ متلی ۔

Queen (kwēn) *n.* Wife of king, a female ruler ملکہ ۔ شاہ بیگم ۔ سلطانہ ۔ تاجدار عورت ۔ حکمران عورت ۔ معشوقہ ۔ داشتہ یا بیوی جس کا انداز شاہانہ ہو ۔ فرضی رانی ۔ عورتوں میں سب سے بہتر ۔ رعنائی اور حسن کی بہترین مثال ۔ ملکہ حسن ۔ (شطرنج) فرزیں ۔ وزیر (تاش) رانی ۔ بیگم ۔

Queen is dead یہ خبر بہت پرانی ہے ۔

Queendom *n.* رانی راج ۔ ملکہ کا ملک ۔ ملکہ کا عملہ ۔ ملکہ کا عہدہ ۔

Queen dowager *n.* بیوہ شاہ بیگم ۔

Queenhood-ship ملکہ کا عہدہ ۔ ملکہ کا مرتبہ

Queen-like *adj.* شاہانہ ۔ باوقار ۔ ملکہ کی طرح ۔

Queen (kwēn) *v.t.* & *i.* Make a queen ملکہ بنانا ۔ ملکہ کی مثل بنانا ۔ ملکہ کا بھیس بھرنا ۔ (شطرنج) پیادے کو فرزیں بنانا ۔

Queening (kwēn-ing) *n.* A kind of flavoured apple ایک قسم کا خوشبو دار سیب ۔

Queenly (kwēn-li) *adj.* Queen-like ملکہ کے لائق ۔ ملکہ کی طرح ۔ ملکہ کے شایان شان ۔ شاہانہ ۔ باوقار ۔

Queenliness *n.* ملکہ یا رانی پن ۔ ملکہ کی طرح ہونا ۔ با وقار ہونا ۔

Queer (kwēr) *adj.* & *v.t.* Odd, singular عجیب ۔ انوکھا ۔ طرفہ ۔ خبطی سا ۔ قابل اعتراض چلن والا ۔ مشتبہ ۔ بیمار سا ۔ دوران سر میں مبتلا ۔ مخمور ۔ نشے میں چور ۔ (بول چال) بگاڑ دینا خراب کر دینا ۔ چکرا دینا ۔ بیمار ڈال دینا ۔

Feel queer طبیعت گری گری ہونا ۔ ناسازی محسوس کرنا ۔

In queer street مقروض ۔ رسوائی میں ۔ کوچہ ملامت میں ۔ مشکلات میں ۔

Queerish *adj.* انوکھا ۔ پژمردہ ۔ کھویا ہوا ۔

Queerness *n.* انوکھا پن ۔ طبیعت کی ناسازی ۔ دوران سر ۔

Shove the queer کھوٹا سکہ چلانا ۔

Quell (kwel) *v.t.* Kill, extinguish مار ڈالنا ۔ شکست دینا ۔ بجھا دینا ۔ زائل کرنا ۔ کم کرنا ۔ فرو کرنا ۔ قابو پا لینا ۔

Quench (kwen(t)sh) *v.t.* Put out, cool with liquid بجھانا ۔ ٹھنڈا کرنا ۔ فرو کرنا ۔ دھیما کرنا ۔ دفع کرنا ۔ خاموش کر دینا ۔

Quench smoking flax آئندہ ترقی کو روک دینا ۔

Quenchable *adj.* جس کو ٹھنڈا کیا جا سکے ۔ جس کو بجھایا جا سکے ۔ جو بجھ سکے ۔

Quenchless *adj.* جو بجھایا نہ جا سکے ۔ جو ٹھنڈا نہ ہو سکے ۔

Queencher (kwen-shər) *n.* One or that which quenches بجھانے والا ۔ ٹھنڈا کرنے والا ۔ فرو کرنے والا ۔

Querist (kwē-rist) *n.* An inquirer متلاشی ۔ پوچھنے والا ۔ مستفسر ۔

Quern (kwərn) *n.* A stone hand-mill ہاتھ کی چکی ۔ چھوٹی چکی ۔

Querulous (kwer-ū-ləs) *adj.* Complaining, peevish شکوہ کرنے والا ۔ جو شکایت کرنے کا عادی ہو ۔ بد مزاج ۔ چڑ چڑا ۔

Querulously *adv.* بد مزاجی سے ۔ شکوہ کے طور پر ۔ چڑچڑے پن سے ۔

Querulousness *n.* چڑچڑا پن ۔ بد مزاجی ۔ شکایت ۔ شکوہ ۔

Query (kwē-ri) *n.,v.t. & i.* Inquiry سوال ۔ استفسار ۔ تحقیق ۔ دریافت طلب بات ۔ پوچھ گچھ ۔ پوچھنا ۔ دریافت کرنا ۔ سوال پیش کرنا ۔ شک و شبہ ظاہر کرنا ۔

Quest (kwest) *n.* Search تلاش ۔ جستجو ۔ دیکھ بھال ۔ تفتیش ۔ تحقیقات ۔ جیوری کی تفتیش ۔ مقصود ۔ مطلوب ۔ خواہش ۔ دریافت کرنے والا ۔ متلاشی ۔

Question (kwest-yən) *n.* An inquiry, an interrogation دریافت ۔ استفسار ۔ تفتیش ۔ سوال ۔ تامل ۔ ایزاد ۔ شبہ ۔ امر بحث طلب ۔ مباحثہ ۔ تکرار ۔ موضوع ۔ مسئلہ ۔ مقدمہ ۔ تحقیق طلب مسئلہ ۔ وہ سزا جو مجرم کو اقبال جرم کرنے کے لیے دی جائے ۔

Allowed it without question بلا عذر مان لیا ۔

Call in question اعتراض کرنا ۔

Out of question خارج از بحث ۔

Success is merely a question of time کامیابی یقینی ہے مگر اس کے لیے وقت درکار ہے ۔

Question (kwest-yən) *v.t.* Inquire, call to account سوال کرنا ۔ پوچھنا ۔ جواب طلب کرنا ۔ جرح کرنا ۔ تحقیقات کرنا ۔ سوال جواب کرنا ۔ کسی شخص کے بیان کی صحت میں شک کرنا ۔ معترض ہونا ۔ شک و شبہ کرنا ۔

Questionable *adj.* قابل پرسش ۔ قابل گرفت ۔ مشتبہ ۔ قابل اعتراض ۔

Questioningly *adv.* جرح کرتے ہوئے ۔ استفسار کرتے ہوئے ۔

Questionnaire (kwes-tyən-ar) *n.* A series of questions سوال نامہ ۔ سوال بند ۔ کسی امر کی تحقیقات کا استفسار نامہ ۔

Queue (kū) *v.t. & n.* A file of persons, pigtail گندھے ہوئے بالوں کی چوٹی ۔ آدمیوں کی قطار ۔ ایک کے پیچھے ایک کھڑے ہونا ۔ چوٹی گوندھنا ۔ قطار باندھنا ۔

Quibble (kwib-l) *n. & v.i.* An elusive turning away from the point in question حیلہ ۔ بہانہ ۔ گریز ۔ ٹال مٹول ۔ مغالطہ دہی ۔ فقرہ بازی ۔ تلازمہ ۔ سخن سازی ۔ لطیفہ ۔ جگت بازی کرنا ۔ باتیں بنانا ۔ مغالطہ دینا ۔

Quibbler *n.* فقرہ باز ۔ باتوں میں چکر دینے لطیفہ باز ۔ والا ۔ جگت باز ۔

Quibbling *adj. & n.* سخن سازی ۔ ٹال مٹول ۔ جگت بازی ۔ حیلہ ساز ۔

Quick (kwik) *adj. & adv.* Lively, swift, speedy جیتا ۔ زندہ ۔ جیتا جاگتا ۔ چست ۔ پھرتیلا ۔ تیز ۔ چالاک ۔ جلد باز ۔ جلد بازی سے ۔ فوراً ۔ سریع الحس ۔ تنک مزاج ۔

Quick sight تیز فہمی ۔ ہوشیاری ۔

Has quick wits تیز فہم ہے ۔

Quick lime سفیدی ۔ بغیر بجھا ہوا چونا ۔

Quick-silver متلون مزاج ۔ سیماب ۔ پارہ ۔

Bites his nails to the quick خفا ہو کر ناخن چبانا ۔

Probed it to the quick ایسی بات کہی جس سے سخت تکلیف پہنچی ۔

The insult stung him to the quick اس توہین سے اس کو سخت تکلیف ہوئی ۔

Is a Tory to the quick وہ پکا قدامت پرست ہے -
Quickly *adv.* فی الفور - جلدی سے - فوراً -
Quick-tempered تنک مزاج -
Quick-sighted تیز فہم - ہوشیار -
Quick step ایک قسم کا پھرتیلا ناچ -
Quick-witted ہوشیار - ذہین - حاضر جواب -

Quicken (kwik-ən) *v.t.* & *i.* Stimulate, impart energy جان ڈالنا - تر و تازہ کرنا - تیز کرنا - ہمت دلانا - اکسانا - بھڑکانا - جلدی کرنا - حرکت تیز کرنا - دوڑانا - حاملہ کے پیٹ میں بچے کا پھرنا -
Quickening *adj.* Moving faster تیز کرنے والا - ترو تازہ کرنے والا - حیات رسیدہ - قوت یافتہ - متحرک -

Quickness (kwik-nes) *n.* Alertness جلدی - تیزی - مستعدی - پھرتی - چستی - زیرکی - ذہانت - تلخی - تیزی -

Quicksand (kwik-sand) *n.* A loose watery sand دھسن - ریگ رواں - ایسی ریت جس میں آدمی یا جانور دھنس جائے -

Quid (kwid) *n.* & *v.t.* Something chewed or kept in mouth (بول چال) ایک پونڈ - ایک گنی - تمباکو کی ٹکیا جو منہ میں رکھی جائے - جگالی - جگالی کرنا -

Quiddity (kwid-i-ti) *n.* Essence of any thing خاصہ - خصوصیت - وجہ امتیاز - لغو باریک بینی - عیب جوئی - موشگافی - سخن پروری - لفاظی -

Quidnunc (kwid-nungk) *n.* A news-monger گپ باز - جھوٹی سچی باتیں کہنے والا - افواہیں اڑانے والا - لپاٹیا -

Quid pro quo (kwid-prō-kū) *n.* Blunder made by putting one thing for another ادل بدل - ایک چیز کی جگہ دوسری چیز کا استعمال - مغالطہ - سہو -

Quiescent (kwi-es-ənt) *adj.* & *n.* Resting ساکن - غیر متحرک - بے حرکت - خاطر جمع - خاموش - ٹھہرا ہوا - آسودہ - مطمئن - ساکت -
Quiescence-cy *n.* چین - آرام - سکون - اطمینان - قرار - وقفہ - ٹھہراؤ -
Quiescently *adv.* آرام کے ساتھ - خاموشی کے ساتھ -

Quiet (kwī-ət) *adj.* Calm, at rest خاموش - پر سکون - کم آواز - آہستہ - مسکین - غریب - سیدھا - صوفیانہ - پوشیدہ -

Quiet (kwī-ət) *n.* Tranquillity خاموشی - سکوت - آرام - آسائش - اطمینان - سکھ - طمانیت - سکون قلب - آسودہ دلی -
Quiet resentment خاموش ناراضگی - خاموش احتجاج -
Quietly *adv.* خاموشی سے - چپ چاپ -
Quietness } *n.* سکوت - خاموشی - آہستگی -
Quietude } *n.* اطمینان -

Quiet (kwī-ət) *v.t.* & *i.* Make or become quiet بے حرکت کرنا - خاموش کرنا یا ہونا - روکنا - تھامنا - فرو کرنا - تسکین دینا - اطمینان دلانا - خاموشی اختیار کرنا -

Quietism (kwī-ət-izm) *n.* Mental tranquillity ذہنی سکون - اطمینان قلب - مذہب تسلیم و رضا - رضا بالقضا - توکل - توجہ -
Quietist *n.* متوکل - راضی بہ رضا - تسلیم و رضا کا قائل -

Quietus (kwī-ē-təs) *n.* Discharge from office or life آرام - سکون - قید حیات سے رہائی - موت - خاتمہ - بے باقی - واصل باقی - حساب پاک ہونے کی رسید - چکوتی -

Quihi (kwī-hī) *n.* An Anglo-Indian way of calling a servant کوئی ہے -

Quill (kwil) *n.* A feather, reed, hollow stalk پر جس کا قلم بناتے ہیں - بڑا پر - پر کا قلم - پر کی کھوکھلی ڈنڈی - مچھلی کی ڈور کا ترینڈا - دانت کریدنے کی خلال - جولاہے کی نال - بانسری - بنسی -
To carry a good quill خوش خط لکھنا -
Quill driver محرر - خوش نویس - صاحب قلم -

Quill (kwil) *v.t.* & *i.* Wind on a bobbin لپیٹنا - مروڑی دینا - چنت ڈالنا - جولاہے کی نلکی پر تاگا لپیٹنا -

Quillet (kwi-lit) *n.* A subtelity in argument موشگافی - باریکی -

Quilt (kwilt) *v.t.* & *n.* A bed-cover with padding - توشک - گدا - پلنگ پوش - رضائی - لحاف - توشک کی طرح سینا - اوڑھنے کے کپڑے کی دو تہوں کے درمیان روئی کا پھل لگانا - دوسروں کے خیالات یا کتابوں سے مضمون اڑا کر تالیف کرنا -

Quinary (kwī-nər-i) *adj.* Five-fold, in fives - مخمس پنجہ - پنج گنہ - ایسی چیز جو پانچ اجزا پر مشتمل ہو -

Quince (kwins) *n.* A golden austere fruit fit for jellies بہی - سفر جل - ناشپاتی کی قسم کا ایک پھل جس کی جیلی بناتے ہیں -

Quincunx (kwin-kungks) *n.* An arrangement of five things in a square چاروں کونوں پر ایک ایک اور بیچ میں ایک - چوکور - پنج بوندیا -

Quincentenary (kwin-sen-ten-ər-i) *adj.* & *n.* Five hundredth - پانچ صد سالہ - پانچسواں سال کا - پانچسویں برسی -

Quingentenary (kwin-jen-tē-ner-i) *n.* Five hundredth anniversary - پانچ صد سالہ برسی -

Quinine (kwin-ēn) *n.* A colourless bitter alkaloid سنکونا کی چھال کا جوہر - کنین - بخار کی مشہور دوا - سفوف کنین -

Quinize *v.t.* کونین استعمال کرانا - کونین ملانا -

Quinism *n.* کونین کھانے کا اثر - کونین کے اثرات - کنیانا -

Quinquagenarian (kwin-kwə-ji-nā-ri-ən) *n.* One who is fifty years old - پچاس سالہ آدمی -

Quinquagenary (kwin-kwə-ji-nā-ri) *adj.* & *n.* Fiftieth anniversary - پچاسویں سالگرہ -

Quinquagesima (kwin-kwə-jes-i-mä) *n.* Shrove Sunday, fifty days before Easter ایسٹر سے پچاس دن قبل کا اتوار -

Quin-qu(e) (kwin-kwe) *prefix* Combination form of five - سابقہ بمعنی پانچ -

Quinquennial (kwin-kwen-i-əl) *adj.* Fifth year پانچ سالہ - پانچویں برسی -

Quinquina (kwin-ke-nä) *n.* Cinchona bark ایک درخت جس کی چھال سے بخار کی دوا تیار کی جاتی ہے - سنکونا درخت کی چھال -

Quinsy (kwin-zi) *n.* Suppurative tonsilitis - خناق - حلقوری - کنٹھ مالا -

Quinsied *adj.* - خناق میں مبتلا -

Quint (kwint) *n.* A fifth - باجے میں سر کا ٹھہراؤ - پانچواں - پنج لڑی - (تاش) ایک ہی رنگ کے پانچ مسلسل پتے - رائل فلش -

Quint major بڑے پانچ پتے - یکہ سے لے کر دہلے تک پتے -

Quint minor غلام سے لے کر ستے تک پتے

Quintain (kwin-tin) *n.* A post for tilting at بورا جس پر نیزے مارنے کی مشق کرتے ہیں -

Quintal (kwin-tl) *n.* A measure of hundred kilograms - کنٹل - سو کیلوگرام -

Quintan (kwin-tən) *adj.* & *n.* Occurring every fifth day پانچ دن کی باری کا بخار - وہ بخار جو ہر چوتھے یا پانچویں دن لرزے کے ساتھ آتا ہے -

Quintessence (kwin-tes-əns) *n.* Pure concentrated essence - جوہر - روح - ست - لب لباب - کسی صفت کا نمونہ کامل - مظہر - اُتم - فلسفہ قدیم میں چار عناصر کے علاوہ جو پانچواں عنصر مانا جاتا تھا -

Quintessential *adj.* - منتخب - چیدہ - صفت ذات کا - جوہر کا -

Quintet (kwin-tet) *n.* A group of five singers or a set of five instruments پنج منڈلی - پانچ گانے والوں کا طائفہ - پانچ سازوں کا میل -

Quintillion (kwin-til-yən) *n.* The fifth power of a million دس لاکھ کی پانچ گنی طاقت - وہ عدد جو ایک پر تیس صفر لگا کر ظاہر کیا جائے - سنکھ در سنکھ -

Quintuple (kwin-tū-pl) *v.t.* & *adj* Having five parts, members or divisions - پانچ حصوں والا - پانچ خانوں والا - پنج رکنی - پانچ گنا کرنا - پانچ سے ضرب دینا -

Quintuplet *n.* - پانچ بچے جو بہ یک وقت پیدا ہوں - پانچ چیزوں کا میل -

Quintuplicate *adj.* & *n.* - پانچ نقلیں - پانچ دفعہ -

Quintuplication *n.* - پانچ نقلیں اتارنا - پانچ گنا کرنا - تخمیس -

Quip (kwip) *v.t.* & *n.* A gibe, a repartee طعنہ ۔ طنز ۔ رمز ۔ مزاح ۔ ہنسی کھیل ۔ زبانی چوٹ ۔ چست کیا ہوا فقرہ ۔ طنز کرنا ۔ آوازے کسنا ۔ مذاق اڑانا ۔ منہ چڑانا ۔

Quire (kwīr) *n.* Twentieth part of a ream or 24 sheets چوبیس تختے کاغذ ۔ چوبیس تختوں کی گڈی ۔ چو ورقہ کاغذ ۔

Quire (kwīr) *n.*, *v.t.* & *i.* Choir دیکھو

Quirk (kw-ə-rk) *n.* A sudden turn, a twist طعنہ ۔ آوازہ ۔ چوٹ ۔ ہیر پھیر ۔ سخن سازی ۔ پرواز خیال ۔ انوکھا طرز عمل ۔ چال ۔ استادی ۔ مروڑی ۔ محراب کا کٹاؤ ۔ صحن ۔ آنگن ۔ ہوائی کارآموز ۔ ہوائی محکمہ کا ملازم ۔

Quit (kwit) *v.t.* Pay, release, clear off چھوٹنا ۔ آزاد ہونا ۔ چکانا ۔ دست بردار ہونا ۔ ہاتھ اٹھا لینا ۔ مکان خالی کر دینا ۔ کسی چیز سے پیچھا چھڑانا ۔ ادا کرنا ۔ احسان اتارنا ۔ حساب بے باق کر دینا ۔

Quit (kwīt) *n.* & *adj.* Even, one who gives up easily آزاد ۔ برابر ۔ مبرا ۔ چھٹکارا پانے والا ۔

Quit rent زر معاوضہ جو کاشت کار خدمت سے مستثنیٰ کئے جانے پر ادا کرے ۔ بدل خدمت ۔

Quite (kwit) *adv.* Completely, wholly بالکل ۔ تمام ۔ سراسر ۔ سرتاپا ۔

Was quite by myself میں بالکل تنہا تھا ۔

I quite like him میں اسے پسند کرتا ہوں ۔

Is not quite proper یہ مناسب نہیں ہے ۔

Quits (kwits) *prop.* & *adj.* Even, neither owing nor owed برابر ۔ مساوی ۔ پورا ۔ برابر ہوا ۔

Cry quits یہ اقرار کہ معاملہ برابر پر ختم ہوگیا ۔

Quittance (kwit-əns) *n.* Release, discharge فارغ خطی ۔ چھٹکارا ۔ بھرپائی ۔ عوضانہ ۔ پاداش ۔ مکافات ۔ سزا ۔ انتقام ۔

Quitter (kwit-ər) *n.* One who gives up easily (امریکہ) بھگوڑا ۔ کام چور ۔

Quiver (kwiv-ər) *n.* A case for arrows ترکش ۔ تیر رکھنے کا تھیلا ۔

Have an arrow left in one's quiver } مایوس نہ ہونا ۔ ذریعہ کار باقی رہنا ۔

Quiver full of children بہت سے بچوں والا گھرانہ ۔

Quiver (kwiv-ər) *v.i.*, *t.* & *n.* Shiver, tremble کانپنا ۔ تھرانا ۔ لرزہ آنا ۔ ہلکی مگر تیز حرکت کرنا ۔ پرندوں کا پروں کو تھرتھرانا ۔

Quiveringly *adv,* کانپتے ہوئے ۔ لرزتے ہوئے ۔

Quivive (kē-vīv) *n.* Alert چوکس ۔ ہوشیار ۔ کون ہے ۔ خبردار ۔

Quixote (kwiks-ət) *n.* Visionary شیخ چلی ۔ منصوبہ باز ۔ ناقابل عمل منصوبے باندھنے والا ۔ بلند پرواز ۔ جو عزت اور وفاداری کے مقابلے میں دنیاوی مفاد کی پروا نہ کرے ۔

Quixotic *adj.* خیالی پلاؤ پکانے والا ۔ منصوبے باز ۔

Quixotize *v.t.* & *i.* خیالی منصوبے باندھنا ۔

Quiz (kwiz) *v.t.* & *n.* An odd-looking person, general knowledge test معمہ ۔ امر ۔ پہیلی ۔ معلوماتی آزمائش ۔ مسخرہ ۔ عجیب الوضع آدمی ۔ استحان لینا ۔ مذاق اڑانا ۔ احمق بنانا ۔ حقارت کی نظر سے دیکھنا ۔

Quizzical *adj.* تمسخر آمیز ۔ انوکھا ۔ عجیب ۔ طرفہ ۔

Quizzable *adj.* قابل تضحیک ۔ قابل تمسخر ۔

Quizzingly *adv.* مضحکہ انگیز طور پر ۔ تمسخرانہ ۔

Quo-ad (ko-əd) *prep.* As regards بہ نظر ۔ بلحاظ ۔ نظر بر این ۔

Quo ad hoc بہ نظر اس کے ۔

Quod (kwod) *v.t.* & *n.* Prison (بول چال) قید خانہ ۔ قید کرنا ۔ وہ شے جو کہ ۔

Quoin (ko-in) *v.t.* & *n.* A wedge, internal corner عمارت کا بیرونی زاویہ ۔ نکر ۔ کنارہ ۔ کمرے کا اندرونی زاویہ ۔ گھٹکا ۔ چانپ ۔ سیخ ۔ چاپ یا خانہ لگا کر جمانا ۔ کونہ نکالنا ۔

Quoit (ko-it) *n.* & *v.t.* A heavy flat ring for throwing کڑا ۔ لوہے یا رسے کا چھلا ۔ کڑا پھینکنا ۔ چکر پھینکنا ۔

Quondam (kwon-dam) *adj.* Former آگے کا ۔ پہلا ۔ سابق ۔ پیشین ۔ دیرینہ ۔

A quondam friend of mine میرا سابق دوست ۔

Quorum (kwo-rəm) *n.* A number of members who must be present for a meeting ارکان کی وہ تعداد جو جلسہ کے لیے ضروری ہو ـ کورم ـ لازمی تعداد ـ

Quota (kwō-tȧ) *n.* A part assigned معینہ مقدار ـ حصہ ـ مقدار رسد ـ

Quotation (kwōt-a-shən) *n.* That which is quoted اقتباس ـ حوالہ ـ منقولہ فقرہ یا عبارت ـ شرح ـ نرخ ـ سامان تجارت کی حالیہ قیمتیں ـ

Quotation marks علامات اقتباس ـ قوسین ـ واوین ـ

Quotative (kwōt-a-tiv) *adj.* Given to quoting اقتباس پسند ـ اقتباسی ـ حوالے دینے والا ـ

Quote (kwōt) *v.t.* Refer to, cite حوالہ دینا ـ سند دینا ـ دوسرے کا قول نقل کرنا ـ مثال دینا ـ نرخ بتانا ـ (بول چال) فقرہ منقولہ ـ اقتباس ـ

Quotable } *adj.* حوالہ دینے کے قابل ـ
Quotworthy } لائق اقتباس ـ

Quoth (kwōth) *v.t.* Said, I, he, she کہا ـ بولا ـ میں نے کہا ـ اس نے کہا ـ

Quotedian (kwot-id-i-ən) *adj.* & *n.* Daily, of every day روز مرہ ـ ہر روز ـ یومیہ ـ پامال ـ پیش پا افتادہ ـ روزانہ بخار ـ

Quotient (kwō-shənt) *n.* Number of times one quantity is contained in another حاصل تقسیم ـ خارج قسمت ـ

Quotum (kwo-tum) *n.* Quota, share مقدار معینہ ـ حصہ ـ

R

R (ar) *n.* The eighteenth letter of the English alphabet انگریزی حروف تہجی کا اٹھارواں حرف ـ سال کے ان آٹھ مہینوں میں جن میں حرف R آتا ہے بڑے جھینگوں کا موسم رہتا ہے ـ

Rabbet (rab-t) *n.* & *v.t.* A groove cut to receive an edge چول ـ جھری ـ درز ـ چول کا سوراخ ـ چول بٹھانا ـ درز بند کرنا ـ

Rabbi (rab-i) *n.* Jewish doctor of law یہودی عالم قانون ـ یہودی فقیہ ـ ربی ـ حبر ـ

Rabbin (rab-in) *n.* Jewish scholar of law یہودی فقیہ ـ عالم ـ ماہر قانون شریعت موسوی ـ

Rabbinate منصب فقیہ ـ منصف ربی ـ

Rabbit (rab-it) *n.* & *v.t.* A hare خرگوش (بول چال) کمزور کھلاڑی ـ خرگوش مارنا ـ خرگوش کا شکار کرنا ـ (ٹینس) نکما کھلاڑی ـ

Rabbit hutch خرگوشوں کا دڑبا ـ

Rabbity *adj.* جہاں بہت خرگوش ہوں ـ خرگوش کی طرح ـ

Rabbit (rab-it) *v.t.* Confound بد دعا ـ اسکا ستیاناس ہو ـ

Rabble (rab-l) *n.* A disorderly crowd بھیڑ ـ اژدہام ـ ہجوم ـ انبوہ ـ گنواروں کا اجتماع ـ رذیلوں کی ٹولی ـ لوہے کی چھڑ ـ

Rabelaisian (rab-ə-la-zi-ən) *n.* A follower or admirer of Franco Rabelais ربیلے کے طرز تحریر کا مداح یا مقلد ـ ارزاں لفاظی ـ خیال آرائی ـ ظرافت پسندی ـ بوستان خیالی ـ

Rabid (rab-id) *adj.* Affected with rabies دیوانہ ـ پاگل ـ سودائی ـ سگ گزیدہ ـ تند ـ غضبناک ـ شدید ـ

Rabidity } *n.* باولا پن ـ سگ گزیدگی ـ دیوانگی ـ
Rabidness } غضبناکی ـ

Rabidly *adv.* دیوانے کتے کی طرح ـ پاگل پن سے ـ

Rabies (ra-bi-ez) *n.* Hydrophobia باولے کتے کے کاٹنے سے دیوانگی ـ باولے کتے کے جراثیم کی بیماری ـ ہڑک ـ

Rabious دیوانگی سے متاثر ـ غضبناک ـ

Race (rās) *n.* The descendants of a common ancestor خاندان ـ قبیلہ ـ اولاد ـ نسل ـ طبقہ ـ جماعت ـ شراب کی تیزی ـ بیخ ـ اصل ـ جڑ ـ طریق زندگی ـ روش ـ رفتار ـ تیز روی ـ دوڑ ـ گھڑ دوڑ ـ دھارا ـ بہاؤ ـ زور کا بہاؤ ـ

Race course گھڑ دوڑ کا میدان ـ

Race (rās) *v.i.* & *t.* Run swiftly, scratch, pluck دوڑ میں مقابلہ کرنا ـ گھڑ دوڑ میں گھوڑے شریک کرنا ـ شرط سے دوڑانا ـ دوڑ پر شرط لگانا ـ گھڑ دوڑ میں دولت ضائع کرنا ـ روپیہ اڑانا ـ

A racing man گھوڑوں کے ٹکٹ خریدنے والا - گھوڑوں پر روپیہ لگانے والا - گھڑ دوڑ میں روپیہ لگانے والا -

Raceme (rās-ēm) *n.* A bunch of flowers on main stalk گچھے - گل دستہ - پھولوں کے گچھے - پھلوں کے خوشے -

Racer (rās-ər) *n.* One or that which races گھڑدوڑ کا گھوڑا دوڑنے والا - شرط بد کر دوڑنے والا -

Racial (rāshi-əl) *adj.* Relating to race نسلی - نسل یا خاندان کے متعلق -

Racialism *n.* مختلف نسلوں کی باہمی عداوت - نسل پرستی - نسلی تعصب -

Racially *adv.* نسل کی رو سے - لسلاً - نسلی تعصب کے ساتھ -

Rack (rak) *n.* An instrument for stretching, of torture شکنجہ - کٹ گھر - پنچ شاخہ - تکلیف - اذیت - انگیٹھی - کپڑے ٹانگنے کی کھونٹی - اڑتے ہوئے بادل - نشہ آور عرق - تاڑی -

Rack (rak) *n.* & *v.t.* Strain, stretch تباہی - بربادی - اذیت - مروڑنا - اینٹھنا - شکنجے میں کسنا - تکلیف دینا - دق کرنا - ستانا - گھوڑے کی چارہ کی ناند بھرنا - گھوڑے کا لنگوری چال چلنا - تیز قدم چلنا -

Go to rack غارت ہونا -

Live at rack and manger عیش و عشرت کی زندگی بسر کرنا -

On the rack عذاب میں -

Put to the rack ستانا - تکلیف دینا -

Rack-rent سخت لگان - کمر توڑ لگان -

Racket (rak-it) *n.* A bat with elliptical head ٹینس کا بلا - گیند بلا جو چہار دیواری کے اندر کھیلتے ہیں - برف میں پہننے کا جوتا - برف موزہ -

Racket (rak-it) *n.* & *v.t.* Din, clamour غل غپاڑہ - شورو غل - ہنگامہ - چہل پہل - رنگ رلیاں - سرمستی (بول چال) مزے اڑانا - عیش کرنا - رنگ رلیاں منانا (امریکہ) ڈرا دھمکا کر روپیہ حاصل کرنے کا طریقہ -

Racketeering منظم استحصال بالجبر - جبراً روپیہ وصول کرنا -

Stand the racket اخراجات ادا کرنا - آزمائش میں پورا اترنا -

Racontaur (ra-kōn-tər) *n.* A teller of anecdotes داستان گو - لطیفہ گو -

Racy (rās-i) *adj.* Of distinctive quality or vigour مزیدار - خوش ذائقہ - لطیف - پاکیزہ - چاشنی دار - خالص - اصلی -

Racily *adv.* چوکھے پن سے - چٹ پٹے انداز سے -

Raciness *n.* لطافت - چوکھا پن - چٹ پٹا پن -

Raddle (rad-l) *n.* & *v.t.* Colour coarsely بھدے پن سے رنگنا - سرخ مٹی سے رنگنا - لال غازہ ملنا - لال مٹی - لال رنگ -

Radial (rā-di-əl) *adj.* Pertaining to ray or radius شعاعی - کرنی - نصف قطری - ریڈیم کا -

Radially *adv.* نصف قطر کی صورت میں - شعاعی ترتیب سے -

Radiant (rā-di-ənt) *adj.* Emitting rays شعاع افشاں - نور افشاں - تابندہ - فروزاں - مرکز شعاع - مرکز حرارت -

Radiate (rā-di-āt) *adj.*, *v.i.* & *t.* Emit rays, shine درخشاں ہونا - تاباں ہونا - نور یا حرارت پھیلانا - شعاعیں منتشر کرنا - برق مقناطیسی موجوں کو منتقل کرنا - شعاعی - شعاعی وضع کا -

Radiation *n.* جلوہ - بجلی - شعاع افشانی - نور افشانی - تابانی -

Radiative *adj.* حرارت افشاں - نور افشاں -

Radiator (rā-di-āt-ər) *n.* Apparatus for radiating heat چمکنے والا - گرمی پہنچانے کا آلہ - موٹر کا انجن ٹھنڈا کرنے کا پرزہ - آلہ حرارت ربا -

Radical (rad-i-kl) *adj.* & *n.* Fundamental, original, basic بنیادی - اصلی - طبعی - فطری - انتہا پسندانہ (الجبرا) جزری - الفاظ کے مادے کے متعلق - اصل مادہ - بنیادی اصول - جز و مستقل (سیاست) انتہا پسند گروہ کا رکن -

Radicalism *n.* انتہا پسندی -

Radicalise *v.t.* انتہا پسندی کے رنگ میں رنگنا - انتہا پسند بنا دینا -

Radicalisation *n.* انتہا پسندی کا پروگرام -

Radically *adv.* اساسی طور پر - شدید طور پر - انتہا پسندانہ انداز سے -

Radicel (rad-i-sel) *n.* A rootlet تخم کا وہ حصہ جہاں سے جڑ پھوٹتی ہے - جڑ کی کونپل - چھوٹی جڑ جس سے دانہ پودا بنتا ہے -

Radio (rā-di-ō) *v.t.* & *n.* Rays, radiation, isotope شعاعیں - موجیں - شعاعوں کا استعمال - لاسلکی پیام - ریڈیم سے کام لینا - منفی شعاعوں سے تصویر کھینچنا - ریڈیم کے اثرات ڈالنا -

Radioactivity (rā-di-ō-akti-vi-ti) *n.* Spontaneous disintegration شعاع تابی - گرم تابی - شعاع کا انجذاب -

Radiograph (rā-di-ō-graf) *n.* An instrument for recording radiation, an X-ray photograph حرارت پیما - ایک آلہ جس سے شعاعی حرارت کی پیمائش کی جاتی ہے - شعاعی تصویر -

Radiography شعاعی مصوری -

Radio-telegram بے تار کا پیام - لاسلکی پیام -

Radio-therapy شعاعی علاج -

Radish (rad-ish) *n.* A cruciferous plant مولی -

Radium (rā-di-əm) *n.* A radioactive metallic element ایک شعاعی فلزاتی عنصر - ایک دھات جس سے شعاعیں خارج ہوتی ہیں - شعاعیہ -

Radius (rā-di-əs) *n.* A straight line from centre of a circle to the circumference کہنی سے نیچے ہاتھ کی ہڈی - مرکز دائرہ سے قطر تک خط مستقیم - نصف قطر - پہیے کا دھرا - حلقہ - دائرہ - کنارہ کل -

Radix (rā-diks) *n.* A root, root number, source (ریاضی) اصل عدد - بنیادی عدد - میخ - اصل - مادہ -

Raff (raf) *n.* A riff-raff, a rakish flashy fellow ڈھیر - کمینے لوگ - دھقان - گنوار - بد تہذیب آدمی -

Raffish (raf-ish) *adj.* Flashy اوباش - آوارہ - آوارہ مزاج -

Raffle (raf-l) *n.* A lottery قرعہ اندازی - کسی چیز یا رقم کے لیے قرعہ اندازی - قرعہ اندازی میں شمولیت - قرعہ اندازی کے ذریعے فروخت کرنا -

Raffle (raf-l) *n.* Lumber, rubbish ٹوٹا پھوٹا سامان - کاٹھ کباڑ - غیر ضروری پرانا سامان -

Raft (râft) *n., v.t.* & *i.* A floating mass of logs بیڑا - لکڑیوں کا گٹھا جو کشتی کا کام دیتا ہے - گٹھا کھینا - گٹھے پر بیٹھ کر پانی کا سفر کرنا -

Rafter (râft-ər) *n.* & *v.t.* A beam supporting a roof شہتیر - چھت میں شہتیر لگانا - کڑیاں لگانا - بیچ کی زمین چھوڑ کر ہل چلانا -

Rafter (râft-ər) *n.* Floating log ناٹوں اور شہتیروں کا بیڑا -

Rag (rag) *n.* A worn, torn or waste scrap of cloth چیتھڑا - دھجی - چندی - پرانے کپڑے (تحقیراً) جھنڈی - رومال - اخبار - ردی کاغذ - دندانہ دار چھجا - پرت دار پتھر -

Ragabash نیچ - کمینہ -

Raggery چیتھڑے -

Ragman چیتھڑے بیچنے والا - بنتے والا - گدڑی والا -

Rag (rag) *n.* A rough hard stone of many kinds پرت دار سخت پتھر - سلیٹی پتھر - سلیٹی پتھر کے ٹکڑے جن سے چھت ڈالی جاتی ہے - ہڑبونگ -

Rag (rag) *v.t., i.* & *n.* Rate, banter or assail with questions (بول چال) ڈانٹنا - ڈپٹنا - برا بھلا کہنا - بیہودہ مذاق کرنا - ہڑبونگ مچانا - الٹ پلٹ کرنا - شورو غل - ہنگامہ - گڑ بڑ -

Ragamuffin (rag-ə-muf-in) *n.* A disreputable man میلا کچیلا - پھٹے پرانے کپڑوں والا آدمی - پاجی - بھٹیچر -

Rage (rāj) *n.* Over-mastering desire or anger طیش - تاؤ - غصہ - جوش - خواہش - شدت - تیزی - تندی - بے تاب کرنے والا شوق - وضع - طرز - فیشن - شوق - لت -

Rage (rāj) *v.i.* Behave or speak with passion بگڑنا - بکنا جھکنا - آگ بگولہ ہونا - تندی دکھانا - طیش میں آنا - طوفان برپا کرنا - عالمگیر ہونا - پھیلنا -

Ragged (rag-d) *adj.* Rough, shaggy, hanging in tufts ناہموار - اونچا نیچا - بے ڈھنگا - شکستہ حال - ریختہ لباس -

Raggedness *n.* شکستہ حالی - کھردرا پن -

Ragout (râ-gōōt) *n.* Meat in small pieces, highly seasoned مسالہ دار - گوشت کے پسندے - چٹ پٹا سالن - قلیہ - ترکاری دار سالن -

Raid (rād) *n., v.i.* & *t.* Sudden attack with arms دھاوا - حملہ - لوٹ مار - یورش کرنا - مسلح ہو کر حملہ کرنا - چھاپہ مارنا -

Raider *n.* چھاپہ مارنے والا - دھاوا کرنے والا -

Rail (rāl) *n., v.t. & i.* Continuous series of bars کٹھرا - باڑا - جنگلا - پٹری - ریل کی پٹری - پٹری بچھانا - باڑا تیار کرنا - جنگلہ لگانا - ریل کے ذریعے مال لانا اور لے جانا -

Off the rails راہ راست سے برگشتہ - اُلٹ پلٹ - درھم برھم -

Rail head زیر تعمیر ریل کی پٹری کا آخری سرا -

Railing *n.* باڑ - کٹھرا - جنگلہ -

Rail motor *n.* ریل گاڑی کا ڈبہ - پٹریوں پر چلنے والا ڈبہ -

Rail (rāl) *n.* Kinds of birds ایک قسم کا بری یا بحری پرندہ -

Rail (rāl) *v.i.* Use abusive language - برا بھلا کہنا گالیاں دینا - ملامت کرنا - طعنے دینا -

Railer *n.* برا بھلا کہنے والا - لعن طعن کرنے والا - طعنہ دینے والا -

Railing *adj. & n.* طعنہ زنی - بد زبانی - ملامت آمیز -

Raillery (rāl-ər-i) *n.* Good-humoured ridicule ٹھٹھا - مذاق - فقرہ بازی -

Raiment (rā-mənt) *n.* Clothing, apparel جامہ - کپڑے - پوشاک - لباس -

Rain (rān) *n.* Water from clouds مینہ - بارش - برکھا - جھڑی - بوچھاڑ -

Rain-bird ہدہد - کٹھ پھوڑا -

Rain-doctor جادو کے زور سے بارش کرنے والا -

Rain-worm کیچوا -

The rains برسات کا موسم -

Rainless *adj.* بے برسات کا - سوکھا -

Rain (rān) *v.i. & t.* Shower, fall as like rain مینہ برسنا - بارش ہونا - پانی پڑنا - ترشح ہونا - جھڑی لگ جانا - بوچھاڑ کر دینا - تار باندھ دینا -

It has rained itself out - بادل برس کر کھل گیا ہے

It never rains but it pours جہاں ایک واقعہ ہوا بس اس کا سلسلہ بندھ جاتا ہے -

To rain cats and dogs موسلا دھار تڑیڑا پڑنا -

Rainbow (rān-bo) *n.* The coloured bow caused by refraction - قوس قزح - دھنک - رنگیں کمان رنگم برنگی - ہفت رنگ - ست رنگی -

Rainy (rān-i) *adj.* Characterised by rain - برساتی برسات کا - بارانی -

Rainy day - مشکلات کا وقت - تنگی کا زمانہ - آڑا وقت

Raise (rāz) *v.t.* Make higher, cause to rise اونچا اٹھانا - بلند کرنا - قائم کرنا - تعمیر کرنا - بنانا - ابھارنا - جوش دلانا - سوال اٹھانا - مسئلہ چھیڑنا - اعتراض کرنا - سرفراز کرنا - رتبہ بلند کرنا - ترقی دینا - معیار بلند کرنا - بڑھانا چڑھانا - گراں کرنا - زندہ کرنا - جان ڈالنا - جمع کرنا - اکٹھا کرنا - مزاحمت کرنا - بہم پہنچانا - خمیر اٹھانا -

Raise a seige محاصرہ اٹھا دینا -

Raise Cain, the devil hell, the mischief, etc. } ہنگامہ برپا کرنا - فتنہ و فساد پھیلانا -

Raise the market upon زیادہ دام لینا -

Raise the wind ادھار لینا -

Raise (rāz) *n.* Increment اضافہ - پوکر میں بازی بڑھانا - برج کے کھیل کی بولی -

Raisin (ra-zn) *n.* Dried grape - کشمش - مَنقیٰ - داخ

Raison d-etre (rāzn-d-etre) *n.* Purpose - غائت وجود مقصد تخلیق -

Raja(h) (rā-jā) *n.* An Indian prince - والی ریاست نواب - راجہ -

Rake (rāk) *n.* An instrument for drawing hay گھاس جمع کرنے کا آلہ - کھانچہ - کھڑنچا - چھیکا - جوئے کی میز پر سے روپیہ سمیٹنے کا آلہ - زرگیر - کاہ گیر -

Rake (rāk) *v.t. & i.* Room, range about - کریدنا اکھاڑنا - جندر سے صاف کرنا - ادھر اُدھر پھر کر تلاش کرنا - کتوں کا شکار کی بو لینا - جہاز پر گولے برسانا - گولہ باری کرنا - کھڑکی یا دروازہ کا منظر بند ہونا - ایسی جگہ ہونا جہاں سے کچھ نظر نہ آئے -

Rake (rāk) *n.* A debauched person - لچا - شہدا عیاش - تماش بین -

Rake (rāk) *v.i., t. & n.* Incline, slope جہاز کا آگے بڑھا ہوا ہونا - مستول کا جھکا ہوا ہونا - جھکاؤ - کجی - موڑ -

Rake-hell (rāk-hel) *n.* An utterly debauched person - رنڈی باز - اوباش - زنا کار - لچا - شہدا - بے حیا -

Rakish (rāk-ish) *adj.* Dissolute - رندانہ - عیاشانہ - آوارہ - اوباش مزاج -

Rale (räl) *n.* Sound from a diseased lung - خرخر - شش کی آواز جو خرابی سے پیدا ہو -

Rally (ral-i) *v.t., i. & n.* Gather for one's support or united effort جمع ہونا - اکٹھا ہونا - فوج کو ایک جگہ کرنا - فراہم کرنا - ترتیب دینا - دوبارہ لڑائی کرنا - دوبارہ حملہ کرنا - مدد کے لیے جمع ہونا - حمائتیوں کا جمع ہونا - (کھیل) تیز مقابلہ - سخت مقابلہ - جیت ہار کی الٹ پلٹ -

Rally (ral-i) *n.* Banter - مذاق - دل لگی - ٹھٹھول -

Ram (ram) *n.* A male sheep مینڈھا - دنبہ - برج حمل - میش - دھرمٹ - موگری - قلعہ شکن انجن - جہاز کی بھال جس سے دشمن کے جہاز میں سوراخ کر دیتے ہیں - بھال دار جنگی جہاز - قلابہ -

Ram (ram) *v.t.* Thrust roughly, stuff hard, block کوٹنا - بھرنا - منہ تک بھر دینا - ٹھونک دینا - اڑا دینا - جہاز کو زور سے ٹکر دینا - بھال مارنا - بندوق کو گز سے بھرنا -

Rammer *n.* - موگری - دھرمٹ - ٹھونکنے کوٹنے کی مشین

Ramadan (ram-ə-dan) *n.* Month of fasting ماہ رمضان - رمضان المبارک - رمضان -

Ramble (ram-bl) *v.i. & n.* Wander - گشت کرنا - ادھر اُدھر پھرنا - سیر کرنا - گھومنا - آوارہ گردی کرنا - بے جوڑ باتیں کرنا - اوٹ پٹانگ بکنا - سَر گشت - سیر - آوارہ گردی - تفریحی دورہ -

Rambler (ramb-lər) *n.* One who rambles, a climbing plant - آوارہ گرد - سیلانی - گھومنے پھرنے والا - ایک قسم کی بیل - گلاب کی بیل -

Rambling (ramb-l-ing) *adj.* Roaming - بے ترتیب - غیر مربوط - پیادہ رو - آوارہ گرد - بے قاعدہ (بیلیں) - بے قرینہ (گلی کوچے) -

Ramblingly *adv.* - بے تکے پن سے - بے قاعدگی سے - بہکے بہکے - بے ربطی سے -

Ramification (ram-i-fi-ka-shən) *n.* Branch, offshoot - شاخ در شاخ - شاخوں کا شاخوں سے نکلنا - شاخ - حصہ - شعبہ - فرع - تقسیم -

Ramified *adj.* - شاخدار - شاخیلا -

Ramify (ram-i-fi) *v.t. & i.* Divide into branches شاخیں پھوٹنا - شاخوں میں تقسیم کرنا - شاخیں نکالنا - شاخ در شاخ ہونا -

Rammish (ram-ish) *adj.* Bad-smelling - مست بو والی - بو دار - متعفن -

Ramose (rə-mos) *adj.* Branched - شاخوں والا - شاخدار - گھنا -

Ramp (ramp) *v.i. & t.* Climb, slope, range about wildly (جانور کا) پچھلے پیروں پر کھڑا ہونا - حملہ کرنے کا انداز اختیار کرنا - کودنا - اچھلنا - چڑھنا - کلیل کرنا - (فوجی) فصیل میں ڈھال رکھنا -

Ramp (ramp) *n.* Slope of a wall top, swindle, a loose woman - ڈھلاؤ - جھکاؤ - روک - خم - موڑ - قزاق - لٹیرا - داشتہ - کسبی - رنڈی -

Ramp (ramp) *n. & v.t.* Swindle ناجائز دباؤ ڈال کر روپیہ وصول کرنا - فرضی قرض کا مطالبہ کرنا - بہت زیادہ قیمت مانگنا - لوٹنا - لوٹ -

Rampage (ramp-āg) *v.i. & n.* Aggressive excited behaviour - بگڑنا - غصہ کرنا - آپے سے باہر ہو جانا - طیش - غصہ - مجنونانہ حرکت -

Rampageous *adj.* - از خود رفتہ - دیوانہ وار - مجنونانہ -

Rampageously *adv.* - دیوانگی سے - غضب ناکی سے -

Rampant (ramp-ant) *adj.* Standing on hind legs, attacking - بپھرا ہوا - جست آمادہ - زیادہ - کثیر - شدید - سخت - حاوی - زائد از ضرورت - محرابی - چڑھتی ہوئی -

Rampancy *n.* - کثرت - شدت - غلبہ - زور -

Rampantly *adv.* شدت سے - افراط سے - حملہ کرتے ہوئے - بپھرے ہوئے -

Rampart (ram-pärt) *v.t. & n.* Flat-topped defensive mound - فصیل - دیوار - پشتہ - دھس - مدافعت کا سامان کرنا - مورچہ بندی کرنا -

Rampion (ramp-yən) *n.* A bell flower گھنٹی کی طرح کے پھول والا پودا جس کی جڑ کھائی جاتی ہے - شلغم - مولی - اروی - گڈا - بنڈا -

Ram-rod (ram-rod) *n.* A rod for ramming down a charge or for cleaning gun-barrel بندوق کا گز ۔

Ramshackle (ram-shak-l) *adj.* Tumble down گرا پڑا ۔ ٹوٹا پھوٹا ۔ خراب ۔ خستہ ۔ مرمت طلب ۔ کمزور ۔ بودا ۔

Ramson (ram-zən) *n.* Wild or broad-leaved garlic لہسن ۔ لہسن کی پوتھی ۔

Ramus (ram-əs) *n.* A branch of any thing ۔ شاخ کسی چیز کی شاخ ۔

Ran (ran) *v.i.* Run دیکھو

Rance (rans) *n.* A bar, shore, prop ۔ روک ۔ ٹیلہ کنارہ ۔

Ranch (rân(t)sh) *n.* & *v.i.* A stock farm افزائش نسل کا مویشی باڑہ ۔ ایسا باڑہ جس میں اعلیٰ پیمانے پر مویشیوں کے پالنے کا انتظام ہو ۔ گھاس کا وسیع میدان ۔ مویشی پالنا ۔ مویشی پالنے کا کاروبار کرنا ۔

Rancid (ran-sid) *adj.* Rank in smell or taste سڑا ہوا ۔ اترا ہوا ۔ بو دار ۔ متعفن ۔ بسانده ۔ گنده ۔

Rancidity *n.* سڑاند ۔ ردائت ۔ بدبو ۔

Rancour (rang-kər) *n.* Harboured bitterness بغض ۔ عناد ۔ کینہ ۔ عداوت ۔

Rancorous *adj.* بغض رکھنے والا ۔ کینہ ور ۔

Rand (rand) *n.* A border, margin ۔ کنارہ ۔ حاشیہ جوتے کا تلا ۔ چمڑے کی پٹی ۔ ایڑی ۔ (جنوبی افریقہ) دریا کے دونوں طرف کی اونچی زمین ۔

Randan (ran-dan) *n.* A boat rowed by three کشتی جس کو تین آدمی چلائیں ۔ دوہرے چپو والی کشتی ۔ تکڑ ناؤ ۔

Random (ran-dəm) *adj.* & *n.* Haphazard بے ترتیب ۔ بے تکا ۔ بے سروپا ۔ اوٹ پٹانگ ۔ بے سوچا سمجھا ۔ بے جوڑ بے ترتیب بات یا کام ۔

At random ۔ بے سوچے سمجھے ۔ اٹکل پچو سے

Randy (rand-i) *adj.* Boisterous مستی میں شور مچانے والا ۔ ہڑدنگا ۔ چلبلا ۔ بدمست ۔ شہوت سے بے قابو ۔

Randiness *n.* چلبلا پن ۔ بے چینی ۔ بے قراری ۔ بد مستی ۔

Range (rānj) *v.t.* & *i.* Set in a row, assign a place صف بہ صف کھڑا ہونا ۔ پرا باندھنا ۔ صف بندی کرنا ۔ مرتب کرنا ۔ آراستہ کرنا یا ہونا ۔ قطار در قطار ہونا ۔ آوارہ گردی کرنا ۔ ادھر اُدھر پھرنا ۔ گشت لگانا ۔ گھومنا ۔ کنارے کنارے جانا ۔ کنارے کنارے کشتی چلانا ۔ پھیلا ہوا ہونا ۔ واقع ہونا ۔ مختلف مدارج میں ہونا ۔ ہم پلہ ہونا ۔ زمرے میں ہونا

Range (ranj) *n.* Any thing extending in a line, a row ۔ سلسلہ ۔ قطار ۔ صف ۔ فرقہ ۔ درجہ ۔ قسم گروہ ۔ مدارج ۔ زینے یا سیڑھی کا ڈنڈا ۔ چھلنی ۔ غربال ۔ سیر ۔ گشت ۔ میدان ۔ سیرگاہ ۔ احاطہ ۔ چاند ماری کا میدان ۔ شکارگاہ ۔ چراگاہ ۔ مار ۔ پٹہ ۔ زد ۔ فاصلہ ۔ ولائتی چولھا ۔

Ranger (rānj-ər) *n.* A forest or park officer مہتمم جنگلات ۔ چور ۔ قزاق ۔ ڈاکو ۔ مہتمم شکار ۔ مہتمم باغات ۔ سوار ۔ سوار فوج ۔

Rank (rangk) *n.* A row قطار ۔ صف ۔ پرا ۔ گاڑیوں کی قطار ۔ شطرنج کی آڑی قطار ۔ عہدہ ۔ منصب ۔ مرتبہ ۔ رتبہ ۔ درجہ ۔ مقام ۔ گروہ ۔ جماعت ۔ فرقہ ۔ طبقہ ۔ عظمت ۔ رفعت ۔ شان و شوکت ۔ کسی دیوالیہ جائداد کے قانونی حق داروں کی درجہ واری فہرست ۔

Rank and fashion طبقہ ۔ خواص ۔ اعلیٰ طبقہ ۔

The rank and file عوام ۔ عام لوگ ۔

Rise from the ranks معمولی درجے سے ترقی کرنا ۔

The ranks معمولی سپاہی ۔

Rank (rangk) *v.t.* & *i.* Place in a line, assign to a particular grade قطار باندھنا ۔ صف بندی کرنا ۔ درجہ بندی کرنا ۔ مرتب کرنا ۔ شمار کرنا ۔ ترتیب دینا ۔ (فوج) کوچ کرنا ۔ گزرنا ۔

Rank (rangk) *adj.* Strong, vigorous, excessive بہت زیادہ بڑھنے والا ۔ ضرورت سے زیادہ ۔ بے کار ۔ نکما ۔ سڑا ہوا ۔ متعفن ۔ نفرت انگیز ۔ مکروہ ۔ ناشائستہ ۔ نمایاں ۔ صاف صاف ۔ واضح

Ranker (rangk-ər) *n.* A military officer who rose from rank فوجی عہدے دار جس نے ایک سپاہی کے درجے سے ترقی کی ہو ۔

Rankle (rangk-l) *v.i.* Fester, irritate پکنا ۔ سڑنا ۔ زخم کا بگڑنا ۔ ٹیس ہونا ۔ کھٹک ہونا ۔ خلش ہونا ۔

Ransack (ran-sak) *v.t.* Search thoroughly ڈھونڈنا - چھان مارنا - تلاش کرنا - ٹٹولنا - لوٹنا - تباہ کرنا - تاخت و تاراج کرنا - غارت کرنا - بے چراغ کرنا -

Ransom (ran-səm) *n.* & *v.t.* Redemption from captivity رہائی - آزادی - خلاصی - چھٹکارا - روپیہ جو رہائی کے لیے دیا جائے - ڈنڈ - دیت - خون بہا - فدیہ دے کر چھڑانا - زر رہائی طلب کرنا - تاوان وصول کرنا -

Rant (rant) *v.i.* & *n.* Storm, scold زور بتانا - لمبی چوڑی ہانکنا - باتیں بنانا - ہرزہ گوئی کرنا - ڈینگ مارنا - ناٹکی انداز سے تقریر کرنا - بھاؤ بتا بتا کر گفتگو کرنا - چلا چلا کر وعظ کہنا - لفاظی - لمبی چوڑی تقریر -

Ranter *n.* ڈینگیا - زیٹیا - شیخی باز -

Rap (rap) *v.t., i.* & *n.* Snatch, grab, give a blow مارنا - کھٹکھٹانا - دستک دینا - ضرب لگانا - درشت کلامی کرنا - چھین لینا - سخت کلامی - سوت کا لچھا - انٹی - گٹی -

Rap (rap) *n.* A whit ذرہ بھر - ذرہ - پر کاہ -

Do not care a rap مجھے ذرہ بھر پرواہ نہیں -

Rapacious (rə-pa-shəs) *adj.* Grasping, living by prey غارت گر - لٹیرا - حریص - لوٹنے والا - شکار پر بسر کرنے والا - درندہ -

Rapacity *n.* لوٹ مار - لوبھ - حرص - لوٹ - غارت گری -

Rape (rap) *v.t.* & *n.* Seize, carry off, commit **rape upon** جبراً حاصل کرنا - زنا بالجبر کرنا - عصمت دری کرنا - زنا بالجبر - آبرو ریزی - استحصال بالجبر - کشمش کا پھوک جو شراب بنانے کے بعد بچتا ہے -

Rape (rap) *n.* A plant cultivated for herbage and seeds تلی - گنوار - سویا بین - سرسوں یا دوسرے روغنی تخم کے پودے -

Rapid (rap-id) *adj.* & *n.* Swift تیز - تیز رو - تیز رفتار - سریع - تیزی سے واقع ہونے والا - تیز - تند - سلامی - ڈھلوان - دریا کا بھاؤ - نشیب -

Rapidity *n.* سرعت - تندی - تیزی -

Rapidly *adv.* تندی سے - تیزی سے -

Rapier (ra-pi-ər) *n.* A long slender sword گپتی - پتلی لمبی تلوار - نیمچہ - عباسی - کٹار -

Rapier thrust تیکھا جواب - چبھتی ہوئی بات -

Rapine (rap-īn) *n.* Plundering لوٹ مار - غارت گری - ظلم و ستم - زبردستی -

Rapport (râ-port) *n.* Relation, sympathy, spiritual touch رابطہ - تعلق - نسبت - واسطہ - روحانی اتصال - جذباتی اتصال -

Rapprochement (ra-prosh-mant) *n.* Drawing together مصالحت - مفاہمت - تجدید یاری -

Rapscallion (ras-ka-li-ən) *n.* Rascal کمینہ - بد معاش - شریر - پاجی -

Rapt (rapt) *adj.* Enraptured, transported مگن - مست - بے خود - سر خوش - منہمک - وجد میں - محو - مستغرق -

Rapture (rap-tyər) *n.* Seizing and carrying away, extreme delight بے خود - سرمستی - ناقابل برداشت مسرت - وجد - جوش - جذبہ - کمال مسرت -

Go into raptures روحانی مسرت محسوس کرنا - بے خود ہو جانا -

Raptures روحانی مسرت - انتہائی خوشی -

Rapturous *adj.* دلکش - سرمستانہ - مست کن - وجد آور -

Rapturously *adv.* وجد کے عالم میں - سرمستی سے - بے خودی سے -

Raptured (rap-tyərd) *adj.* Ecstatic حالت وجد میں - بے خود - سر مست - مستغرق -

Rara-avis (rar-â-e-vis) *n.* Rarity عجیب و غریب شے یا شخص - نادر یا انوکھی چیز - عنقا - طرفہ معجون - نایاب چیز -

Rare (rār) *adj.* Uncommon, excellent رقیق - باریک - پتلا - لطیف - غیر معمولی - انوکھی - نرالا - نادر - نایاب - عمدہ -

Rarely *adv.* شاذو نادر - کبھی کبھی -

Rareness *n.* ندرت - کمیابی - ہلکا پن - لطافت - نایابی -

Rarify (rār-fī) *v.t.* & *i.* Make less dense لطیف کرنا - ہلکا کرنا - پتلا کرنا - مہذب بنانا - تزکیہ کرنا -

Rarefaction }
Rarefication } *n.* - پتلاپن - رقت - ہلکاپن - لطافت

Rarity (rār-i-ti) *n.* State of being rare, fineness
نرالا پن - پتلا پن - ہلکا پن - انوکھا پن - ندرت - عجوبہ -

Rascal (râs-kl) *n.* A knave, rogue ایک پتلا دبلا ہرن - بد معاش - بد ذات - غنڈا - شریر آدمی - نابکار - دغا باز - پیار سے بچے کے لیے بھی کہتے ہیں -

Rascalism }
Rascality } *n.* - شیطنت - بد معاشی - پاجی پن

Rascally *adv.* - بد معاشی سے - پاجی پن سے

Rash (rash) *n.* Eruption on the skin - سرخ بادہ
سرخ دانے - احتراق الدم - پتی -

Rash (rash) *adj.* Over hasty - جلد باز - غیر محتاط
ناعاقبت اندیش - جلد بازی کا - بے دھڑک -

Rashly *adv.* - تندی سے - تیزی سے - بے دھڑک
بے سمجھے بوجھے -

Rashness *n.* - جلد بازی - تہور - اجڈ پن - بے باکی

Rasher (rash-ər) *n.* A thin slice of bacon سور کے
نمکین گوشت کا ٹکڑا -

Rasorial (rə-sō-ri-əl) *adj.* Scraping the ground for food - کریدنے والے پرندوں کے متعلق

Rasp (râsp) *n., v.t. & i.* A coarse file - موٹی ریتی
سوہن - ریتی سے رگڑنا - سوہن سے گھس کر صاف کر دینا - نا گوار ہونا - برہم کر دینا -

Raspatory (râsp-a-tə-ri) *n.* A surgeon's rasp
جراحی سوہن -

Raspberry (râz-bər-i) *n.* A fruit-bearing plant
رس بھری کا پودا یا پھل - فرنگی بیر - (بول چال) ناپسندیدگی یا نفرت کے اظہار کے لیے کوئی آواز یا اشارہ - بر طرف -

Rat (rat) *v.i. & n.* A rodent - چوہا - موش - گھونس
فار - فار کبیر - طوطا چشم - غدار - تھوڑی اجرت پر کام کرنے والا - آڑے وقت میں دوستوں کا ساتھ چھوڑ دینے والا - ہڑتالی مزدور کی جگہ کام کرنے والا - چوہے پکڑنا - دغا کرنا - اپنی جماعت کا ساتھ چھوڑنا -

Like a drowned rat - بھیگا ہوا - شرابور آدمی

Rats - لغو - واہیات - خرافات

Ratsbane - چوہوں کا زہر - سم الفار

Smell a rat - کان کھڑے ہونا - سازش کی بو آنا

Ratter *n.* - بلدیہ کا چوہے مار جوان - چوہے مار آدمی

Ratty *adj.* - طوطا چشم - چڑچڑا - غدار

Ratable (rāt-ə-bl) *adj.* Taxable - قابل محصول - محصولی -

Ratability *n.* - قابل محصول ہونا

Ratably *adv.* - حصہ رسدی سے - تناسب سے

Ratafia (rāt-ə-fi-ȁ) *n.* A flavouring essence made with almond oil روغن بادام کی خوشبو - بادام ، شفتالو وغیرہ کی چاشنی دی ہوئی شراب - میوہ دار بسکٹ -

Rataplan (rat-ə-plan) *n.* A drumming sound ڈھول یا تاشے کی آواز -

Ratchet (rach-et) *v.t. & n.* A wheel with inclined teeth - دندانے دار پہیا - کھانچے دار پہیا
روکنے والے کھانچے لگانا -

Rate (rāt) *n.* Estimated amount or value - شرح
نرخ - بھاؤ - قیمت - اندازہ - معیار - درجہ - پایہ - محصول - شہری لگان - راتب - وظیفہ - وجہ معاش - قسم -

At any rate بہرحال - خیر - کچھ ہو یہ تو کرنا ہی ہے -

By no rate - ہرگز نہیں

Rate (rāt) *v.t. & i.* Value, estimate - قدر کرنا
اندازہ لگانا - قیمت لگانا - شمار کرنا - خیال کرنا - سمجھنا - جہازوں کو درجوں میں تقسیم کرنا - شمار کیا جانا - زمرے میں ہونا -

Rate (rāt) *v.t. & i.* Smile, scold - جھڑکنا - دھمکانا
چشم نمائی کرنا - برا بھلا کہنا - غصہ ہونا -

Ratel (rạt-əl) *n.* African badger - افریقی بجو

Rather (rȁ-dher) *adv.* Sooner, more quickly
بلکہ - برخلاف - برعکس - قدرے - کسی قدر - ذرا جلدی - بہتر ہے کہ -

Rather better than - زیادہ تر - بہتر

The rather - جلد - بہتر تو ہے

Ratify (rat-i-fī) *v.t.* Approve and sanction تصدیق کرنا - توثیق کرنا - منظور کرنا - مقرر کرنا - معین کرنا - جائز قرار دینا - نافذ مان لینا -

Ratification *n.* منظوری - تصدیق - توثیق -

Rating (rāt-ing) *n.* Classification according to grades شرح بندی - درجہ بندی - جہازوں کی درجہ بندی - تقسیم - طبقہ - درجہ -

Rating (rāt-ing) *n.* Angry reprimand جھڑکی - گھرکی - ڈانٹ ڈپٹ -

Ratio (ra-shi-ō) *n.* The relation of one thing to another نسبت - نسبت عددی یا حسابی - مقدار - لاگ - حساب - اندازہ - قدر - تناسب -

Ratiocinate (rash-i-os-i-nat) *v.i.* Reason, argue بحث کرنا - مناظرہ کرنا - استدلال کرنا - منطقی قیاس سے کام لینا -

Ratiocination *n.* استنباط - استدلال - مباحثہ - مناظرہ -

Ration (ra-shən) *n.* & *v.t.* A fixed allowance or portion راتب - خوراک - کھانے کا سامان - مقررہ حصہ - مقدار - راتب مقرر کرنا -

Rational (rash-ən-əl) *adj.* & *n.* Of the reason, endowed witn reason صاحب عقل - عاقل - عقلی - ناطق - شائستہ - سمجھدار - معقولی - استدلالی - حیوان ناطق - انسان -

Rational leaning in religion مذہب میں استدلالی رنگ - مذہب میں عقلی رجحان -

Rationality *n.* معقولیت - قوت فیصلہ - قوت مدرکہ - ناطقہ -

Rationally *adv.* عقلی طور پر - شائستگی سے - معقولیت سے -

Rationale (rash-ən-əl) *n.* Underlying principle دلیل - استدلال - بنیادی حقیقت - اصول - توجیہ - علت نمائی - سبب عقلی -

Rationalism (rash-ə-nə-lizm) *n.* System of beliefs regulated by reason معقولیت - یہ نظریہ کہ علم صحیح کی بنیاد عقل پر ہے - یہ اصول کہ مذہب کی بنیاد عقل پر ہونی چاہئے -

Rationalist *n.* عقلیت پسند - عقلی دلائل کا حامی - معقولی -

Rationalistic *adj.* استدلالی - عقلی -

Rationalise (rash-nəl-īz) *v.t.* & *i.* Make rational عقلی یا استدلالی بنانا - عقل کے مطابق تاویل کرنا - عقلیت پسند یا عقلی ہونا -

Rationalization *n.* قومی صنعت کی عقلی تنظیم -

Ratlining (rat-lin) *n.* One of the small lines forming steps of the rigging of ships وہ رسیاں جو طنابوں کے پاس لپٹی رہتی ہیں اور سیڑھی کے ڈنڈوں کا کام دیتی ہیں - رسی کی سیڑھی -

Rattan (rə-tan) *n.* A climbing palm with long thin stems بید - بید کی شاخیں - بید کی چھڑیاں -

Rat-tat (rat-tat) *n.* A knocking sound کھٹ کھٹ - دستک - کھٹکھٹانے کی آواز -

Rattle (rat-l) *v.i.* & *t.* Make a quick succession of hard sound کھڑکھڑانا - کھٹکھٹانا - گڑگڑانا - بکے جانا - نظم یا کہانی تیزی سے پڑھنا - قینچی کی طرح زبان چلنا - گاڑی کو سرپٹ دوڑانا - چھن چھن کرنا - (بول چال) چونکا دینا - گھبرا دینا - بے چین کر دینا -

Rattle the sabre لڑائی کی دھمکی دینا -

Rattling *adj.* تیز - تند -

Rattle (rat-l) *n.* An instrument or toy for rattling جھنجھنا - کھڑکھڑاہٹ - غل غپاڑہ - ہنگامہ - بچوں کی کھڑکھڑی گاڑی - سانپ کی دم کے حلقے جس سے آواز نکلتی ہے - بک بک - یاوہ گوئی -

Rattle-mouse چمگادڑ -

Rattle-plate بکواسی -

Rattle-snake کھڑکھڑ کی آواز پیدا کرنے والا سانپ -

Rattler (rat-lər) *n.* An excellent specimen, a coach, a rattlesnake کھڑکھڑی گاڑی - اعلیٰ درجہ کا نمونہ - کھڑکھڑا سانپ -

Ratty (rat-i) *adj.* Irritable, touchy (بول چال) جھلا چڑچڑا -

Raucous (raw-kəs) *adj.* Hoarse بیٹھی ہوئی آواز - بھاری آواز - بھرائی ہوئی آواز -

Raucously *adv.* بیٹھی ہوئی آواز سے - بھرائی ہوئی آواز سے -

Raucity *n.* آواز کا بھاری پن -

Ravage (rav-ij) *v.t.* & *n.* Lay waste, destroy غارت کرنا - ویران کرنا - پامال کرنا - لوٹنا - اجاڑنا - تباہی - بربادی - پامالی - ویرانی - (جمع) دست برد - تباہی یا خرابی کے آثار -

Rave (rāv) *v.i., t. & n.* Rage, talk as if mad دیوانوں کی طرح بکنا - غل مچانا - دیوانہ ہونا - بھکی بھکی باتیں کرنا - ہذیان بکنا - ہوا یا سمندر کا زور شور - شائیں شائیں کرنا - فراٹا - گرج -

Raving *n.* (جمع) بڑبڑانا - ہذیان - بھکی بھکی باتیں -

Rave (rāv) *n.* Side piece of a wagon گاڑی کا کٹھرا - گاڑی کا مچان - (کوئی چیز جس سے گاڑی کی گنجائش میں اضافہ ہو جائے) -

Ravel (rav-l) *v.i., t. & n.* Disentangle الجھانا - الجھاؤ دور کرنا - سلجھانا - ادھیڑنا - پیچ نکالنا - عقدہ حل کرنا - الجھاؤ - پچیدگی - گانٹھ - الجھن -

The ravelled skein of life زندگی کی الجھی ہوئی تار و پود -

Ravelin (rav-lin) *n.* A detached work with two embankments قلعہ کا بیرونی دمدمہ - باہر کا مورچہ -

Raven (rā-vn) *adj. & n.* A large glossy black species of crow پہاڑی کوا - کالا کاگا - چمکیلا سیاہ کوا - چمکیلا سیاہ -

Raven (ra-vn) *v.i. & t.* Devour hungrily and greedily مر بھوکے کی طرح کھانا - حریص بن کر کھانا - غارتگری کرنا - شکار کی تاک میں چکر کاٹنا - ہڑپ کر جانا - ندیدوں کی طرح کھانا - کسی چیز کا بھوکا ہونا -

Ravenous (rav-en-əs) *adj.* Greedy لالچی - حریص - بے حد بھوکا - بھوک سے بے تاب - خونخوار درندہ - پھاڑ کھانے والا -

Ravenously *adv.* خونخواری سے - ندیدے پن سے - حریصانہ طور پر -

Ravenousness *n.* خونخواری - درندگی - طمع - حرص -

Ravin (rav-in) *n.* Preying لوٹ مار - قزاقی - شکاری زندگی - مال غنیمت -

Ravine (rav-īn) *n.* A deep, narrow gorge پہاڑی نالہ - تنگ گہرا چشمہ -

Ravish (rav-ish) *v.t.* Carry away by violence زبردستی لے جانا - بھگا لے جانا - زنا بالجبر کرنا - عصمت دری کرنا - خوشی سے باغ باغ کر دینا -

Ravisher *n.* بھگا لے جانے والا - زنا بالجبر کرنے والا -

Ravishing *adj.* وجد آور - مست کن - کیف آور - مسرت بخش -

Ravishment *n.* زبردستی اٹھا لے جانا - فرط طرب - بے خودی - پر کیفی

Raw (raw) *adj. & n.* Not cooked, not ripe, not mature خام - کچا - ادھ کچرا - ادھورا - ناسکمل - بغیر پکا ہوا - اناڑی - نوآموز - بے کمایا ہوا (چمڑا) ننگا - چھلا ہوا - دکھتا ہوا - سرد - مرطوب - گیلا - نامعقول - بھدا - ہرا زخم - خراش -

Raw-boned قاق - دبلا پتلا -

Raw hide کچا چمڑا -

Raw head ہوا - بیجا -

Touches one on the raw دکھتی رگ پکڑنا -

Rawish *adj.* گدرا - کچا سا - نیم خام -

Rawness *n.* اناڑی پن - کچا پن - ناتجربہ کاری - خامی -

Ray (rā) *n.* A narrow beam کرن - شعاع - پرتو - ضو - خط شعاعی - چمک - جھلک - نور - ہم مرکز خطوط -

Ray (rā) *v.i. & t.* Radiate شعاع خارج کرنا یا ہونا - روشن ہونا - چمکنا -

Ray (rā) *n.* Thorn back, torpedo or flat-bodied fish شارک سے مشابہ سمندر کی بڑی مچھلیوں کا خاندان - خار پشت مچھلی -

Rayon (rā-ən) *n.* A ray, artificial silk چمکدار لکیر - مصنوعی ریشم -

Raze (rāz) *v.t.* Graze, scrape, erase چھیلنا - زخم ڈالنا - مسمار کرنا - مٹانا - اڑا دینا - مسمار کر دینا - ڈھا دینا - زمین کے برابر کر دینا -

Razee (rā-zē) *n. & v.t.* A ship without decks بغیر عرشے کا جنگی جہاز - کم کرنا - چھانٹنا -

Razor (rā-zər) *v.t. & n.* A keen-edged implement for shaving استرا - استرے سے مونڈنا -

Rasure (rāz-ər) *n.* Same as erasure کاٹ کوٹ - مٹائی ہوئی جگہ - مٹانے والی چیز -

Razzia (raz-yä) *n.* A pillaging in incursion حملہ - چھاپا - دھاوا -

Razzle-dazzle (raz-l-daz-l) *n.* A rowdy frolic or spree (بول چال) چہل پہل - ریل پیل - کھیل کود - ناچ گانا - چکر جھولا - ہنڈولا -

Re (rē) *prep. & prefix* Concerning, again سے بابت - متعلق - پھیر - باز - دوبارہ - پیچھے -

Reabsorb (rē-ab-sor-b) *v.t.* Take in again پھر جذب کر لینا ۔ پھر پی جانا ۔ نگل جانا ۔

Reach (rēch) *v.t.* & *i.* Stretch forth ۔ پھیلنا ۔ بڑھنا ہاتھ بڑھانا ۔ آگے بڑھنے کے لئے ہاتھ پیر مارنا ۔ پکڑنا ۔ ہاتھ بڑھا کر لینا ۔ گھسنا ۔ رسائی پانا ۔ پہنچ جانا ۔ دسترس پانا ۔

Reachable *adj.* پہنچ کے اندر ۔ رسائی کے قابل ۔ ممکن الحصول ۔

Reach me down تیار ۔ بنا بنایا ۔

Reach (rē-ch) *n.* Extent or power of reaching دسترس ۔ مقدرت ۔ رسائی ۔ پہنچ ۔ زد ۔ طاقت ۔ اختیار ۔ پھیلاؤ ۔ لیاقت ۔ استعداد ۔ ذہن کی رسائی ۔

React (rē-akt) *v.t.* & *i.* Act in return جواب میں عمل کرنا ۔ رد عمل کرنا ۔ پلٹ پڑنا ۔ اثر قبول کرنا ۔ متاثر ہونا ۔ اثر ہونا ۔ جوابی حملہ کرنا ۔ پلٹ کر حملہ کرنا ۔ کسی چیز سے متنفر ہونا ۔ دور ہٹنا ۔ پیچھے ہٹنا ۔

Reactive *adj.* تاثیر پذیر ۔ رد عمل کرنے والا ۔ رجعت پذیر ۔

Reaction (rē-ak-shən) *n.* Action resisting other action, mutual action ۔ جوابی عمل ۔ تاثیر و تاثر ۔ مدافعت ۔ مقابلہ ۔ مزاحمت ۔ روک ۔ رد عمل ۔ جوابی حملہ ۔ حملہ کے جواب میں حملہ ۔ مخالف اثر ۔ الٹا اثر ۔ خوشگوار اثر ۔

Reactionary *adj.* ہر نئی چیز کی مخالفت کرنے والا ۔ رجعت پسند ۔ قدامت پسند ۔

Reactionist *n.* & *adj.* نئے پن کا مخالف ۔ قدامت پسند ۔ پرانے طریقے کا حامی ۔ پرانے دھڑے پر چلنے والا ۔

Read (rēd) *v.t.* & *i.* Make out, interpret, advise پڑھنا ۔ مطالعہ کرنا ۔ تلاوت کرنا ۔ کتاب پڑھنا ۔ درس لینا ۔ طالب علمی اختیار کرنا ۔ پڑھکر مفہوم سمجھنا ۔ سمجھ لینا ۔ پیشین گوئی کرنا ۔ آثار سے نتیجہ نکالنا ۔ تاویل کرنا ۔ پڑھتے پڑھتے کسی خاص حالت کو پہنچنا ۔

Read between the lines خفیہ مطلب معلوم کرلینا ۔

Reads like a threat تہدید آمیز تحریر ۔

Read to پڑھکر سنانا ۔

Readable (rēd-əbl) *adj.* Interesting, legible جو پڑھا جا سکے ۔ دلچسپ ۔ قابل مطالعہ ۔

Readably *adv.* خوبی کے ساتھ ۔ قابل مطالعہ طریق پر ۔

Reader (rēd-ər) *n.* A lecturer in a college پڑھنے والا ۔ قاری ۔ مطالعہ کنندہ ۔ نقاد ۔ طباعت کی نقل کا تصحیح کنندہ ۔ کسی کالج یا جامعہ کا لکچرر ۔ درسی کتاب ۔ کسی خاص مضمون کی درسی کتاب ریڈر ۔

Readership *n.* پروف کاپی کا تصحیح کنندہ ۔ نائب پروفیسری کا عہدہ ۔

Readily (red-i-li) *adv.* With full preparation, immediately آسانی سے ۔ جلدی سے ۔ فوراً ۔ پوری تیاری سے ۔ دل سے ۔ خوشی سے ۔ بے تامل ۔

Readiness (red-i-nes) *n.* State of being prepared تیاری ۔ آمادگی ۔ مستعدی ۔ سوجھ بوجھ ۔ جلدی ۔ پھرتی ۔ خوشی ۔ مرضی ۔ چاؤ ۔

Reading (rēd-ing) *n.* Formal presentation of bills پڑھنا ۔ مطالعہ ۔ قرات ۔ درس ۔ تعبیر ۔ معنی ۔ کسی قانون کا ایک ، دو اور تین بار ایوان میں پیش کرنا ۔ مطلب پیدا کرنا ۔ تاویل کرنا ۔

A man of vast reading وسیع المطالعہ شخص ۔

Plenty of reading کافی مطالعہ ۔

What is your reading آپ کی کیا رائے ہے ۔ آپ اس سے کیا سمجھے ۔

Readjust (rē-ad-just) *v.t.* Equip anew پھر سے ترتیب دینا ۔ نئے طور پر بندوبست کرنا ۔ نئے سازوسامان سے آراستہ کرنا ۔ پھر سے توازن درست کرنا ۔

Ready (red-i) *adj.* & *adv.* Prepared, willing تیار ۔ آراستہ ۔ کمر بستہ ۔ لیس ۔ خواہاں ۔ راغب ۔ مائل ۔ راضی ۔ آمادہ ۔ چالاک ۔ تیز ۔ برجستہ ۔ بنا بنایا ۔ نزدیک ۔ جلدی سے ۔ پیش از پیش ۔ نقد دام ۔

Ready-made بنا بنایا ۔ تیار ۔

Ready-money نقد دام ۔

Ready-witted حاضر جواب ۔

Make ready تیار کرنا ۔

Reaffirm (rē-a-furm) *v.t.* Repeat the promise اقرار کی تجدید کرنا ۔ پھر سے اقرار کرنا ۔

Reafforest (rē-a-for-est) *v.t.* Grow forest again on a land پھر سے جنگل لگانا ۔ کسی زمین پر دوبارہ جنگلی درخت لگانا ۔

Real (rē-əl) *n.* A coin equivalent to six pense ایک زر حسابی جو چھ پینس کے برابر ہے ۔

Real (rē-əl) *adj*. Actual, true, genuine - اصلی - واقعی - کھرا - سچا - غیر منقولہ - معتبر - یقینی - خالص -

Realism (rē-əl-izm) *n*. The mediaeval doctrine that general terms stand for real existence یہ عقیدہ کہ عام کلیات یا اسما حقیقتاً خارج میں موجود ہیں - یہ عقیدہ کہ مادی اشیاء کا وجود حقیقی ہے نہ کہ خیالی - حقیقت پسندی - حقیقت بینی - حقیقت نگاری -

Realist *n*. حقیقت سادہ کا قائل - حقیقت میں - اشیاء کے حقیقی ہونے کا قائل -

Realistic *adj*. عملی - حقیقت کے مطابق - ہو بہو - حقیقت پسندانہ - وجودی - حقیقی -

Realistically *adv*. عملی طریقے سے - حقیقی طور پر - ہو بہو - مطابق حقیقت -

Reality (rē-əl-i-ti) *n*. The fact of being real حقیقت - اصلیت - ماہیت - سچائی - نفس الامر - واقعی شے - محسوس و موجود شے - مرئی وجود - ماہیت - فطرت - اصل -

Realize (rē-əl-īz) *v.t.* Make real, accomplish, make واقعیت کا رنگ پیدا کر دینا - پوری طرح سمجھ لینا - ذہن نشین کرنا - کسی منصوبہ کے مطابق عمل کرنا - کر دکھانا - بروئے کار لانا - جائداد بیچ کر رقم حاصل کرنا - روپیہ جمع کرنا -

Realizable *adj*. جو عمل میں لایا جاسکے - جو حاصل کیا جا سکے -

Realization *n*. روپیہ حاصل کرنا - حصول - عمل پذیری -

Really (rē-əl-i) *adv*. In reality, actually - اصل میں - حقیقت میں - حقیقتاً - کیا واقعی - دیکھو میں سچ کہتا ہوں - کیا یہ سچ ہے -

Realm (rēm) *n*. A kingdom, a region - مملکت - ریاست - بادشاہی - ملک - کشور - اقلیم - حلقہ - دنیا -

Realpolitic (re-əl-pol-i-tik) *n*. The good of the nation دوسری تمام باتوں پر قوم کی فلاح کو مقدم رکھنا - فلاح قوم -

Realty (rē-əl-ti) *n*. Landed property, real estate جائداد غیر منقولہ -

Ream (rēm) *n*. 20 quires - کاغذ کے بیس دستے کی گدی - بیس دستہ

Ream (rēm) *v.t.* & *i*. Skim, overflow, enlarge سوراخ بڑا کرنا - چوڑا کرنا - چھید کرنا - الٹنا - ابل آنا - جہاز کی درز کھولنا -

Reanimate (rē-an-i-māt) *v.t.* Infuse new life تازہ جان ڈالنا - نئی روح پیدا کرنا - از سر نو ہمت پیدا کرنا - تازہ دم ہونا -

Reanimation - نئی روح - تازہ دم ہونا - ہمت افروزی - حیات نو -

Reannex (rē-an-eks) *v.t.* Join again - پھر لگانا - پھر جوڑنا -

Reap (rēp) *v.t.* Collect the grain, derive advantage کاٹنا - فصل کاٹنا - غلہ جمع کرنا - کئے کا پھل پانا -

Sow wind and reap whirlwind جیسا عمل ویسا نتیجہ - جیسا کرنا ویسا بھرنا -

Reaper *n*. کاٹنے کا آلہ - کاٹنے والا -

Reappear (rē-ap-e-ər) *v.t.* Appear again پھر ظاہر ہونا - پھر نظر آنا - دوبارہ نمودار ہونا -

Reappoint (rē-ap-o-int) *v.t.* Make afresh appointment - پھر مقرر کرنا - از سر نو تقرر کرنا - دوبارہ متعین کرنا - پھر سے ملازم رکھنا -

Rear (rēr) *n*. The back or hindermost part (بول چال) پشت - پیٹھ - پچھلا حصہ - پچھواڑہ - بیت الخلا -

Rear-admiral نائب امیرالبحر -

Rear-guard فوج کا پچھلا دستہ -

Rear-rank پچھلی قطار -

Rearmost *adj*. سب سے آخری - سب سے پیچھے -

Rearwards *adv*. عقب کی جانب سے - پچھلی طرف - پیچھے کی طرف -

Rear (rēr) *v.t.* & *i*. Raise, cause to set up - پالنا - پوسنا - تربیت کرنا - پرورش کرنا - افزائش نسل کرنا - اٹھانا - کھڑا کرنا - قائم کرنا - تعمیر کرنا - گھوڑے الف ہونا -

Rear-arch (rēr-ärch) *n*. The back part of arch محراب کی پشت - محراب کا اندرونی حصہ -

Rearm (rē-ärm) *v.t.* Arm again - دوبارہ مسلح کرنا - نئے ہتھیاروں سے مسلح کرنا -

Rearouse (re-a-rows) *v.t.* Awaken again دوبارہ بیدار کرنا - دوبارہ روشن کرنا -

Rearrange (re-a-ranj) *v.t.* Arrange afresh دوبارہ ترتیب دینا - از سر نو ترتیب دینا - نئے طریقے سے جمانا - مرمت کرنا -

Reascend (re-as-ənd) *v.t.* Rise again پھر سے بلند ہونا - دوبارہ چڑھنا -

Reason (re-zn) *n.* Justification of an act or belief وجہ - موجب - سبب - واسطہ - دلیل - حجت - نطق - عقل - ادراک - نفس - ناطقہ - شعور - (منطق) - صغریٰ کبریٰ - عقل کل - جوہر - ہوش - دماغ - ہوشمندی - تمیز - معقولیت -

- By reason of اس سبب سے - بہ ایں سبب -
- It stands to reason یہ بات معقول ہے -
- The woman's reason اپنے ہی قول کو بمنزلہ دلیل سمجھنا -

Reason (re-zn) *v.t. & i.* Examine, discuss, debate عقل دوڑانا - عقل لڑانا - کسی مسئلہ کے ہر پہلو پر غور کرنا - غور و فکر کرنا - مباحثہ کرنا - سمجھانا بجھانا - ترغیب دینا - قائل کرنا -

- Reason oneself to perplexity خود اپنی دلیلوں سے الجھن میں پڑ جانا -
- Reasoner *n.* عقل سے کام لینے والا - استدلال کرنے والا -
- Reasoning *n.* مباحثہ - بحث - توجیہہ - دلیل -

Reasonable (re-zn-əbl) *adj.* Rational مناسب - واجب - قرین قیاس - معقول - شائستہ - مطابق عقل - قوقع کے مطابق -

- Reasonableness *n.* اصابت رائے - واجبیت - معقولیت
- Reasonably *adv.* واجبی - مناسب طور پر - معقول حد تک -

Reassemble (rē-a-sem-bl) *v.t. & i.* Collect the parts and fit them دوبارہ ملانا جوڑنا - دوبارہ جمع ہونا -

Reassert (rē-a-sert) *v.t.* Reassure by repeating reasons دوبارہ کہنا - پھر یقین دلانا - دوبارہ جتانا - دلائل کا اعادہ کرنا - اپنا اثر پھر قائم کرنا -

Reassess (rē-a-ses) *v.t.* Revalue دوبارہ اندازہ کرنا - پھر قیمت کا تعین کرنا - پھر جانچنا - پھر تشخیص کرنا - پھر محصول لگانا -

Reassign (rē-ə-sin) *v.t.* Reappoint پھر مقرر کرنا - پھر نامزد کرنا - پھر منسوب کرنا - از سر نو کام دینا -

Reassume (rē-ə-sōōm) *v.t.* Take up again پھر اختیار کرنا - پھر گمان کرنا - پھر مان لینا -

Reassure (rē-ə-shōōr) *v.t.* Assure anew پھر یقین دلانا - پھر اطمینان دلانا - پھر ڈھارس بندھانا -

- Reassuring *adj.* اعتماد افزا - تسکین دہ - اطمینان بخش -

Reave (re-v) *v.t. & i.* Plunder, rob لوٹنا - چھین لینا - اڑا لینا - تباہ کرنا - برباد کرنا -

Rebaptize (rē-bap-tīz) *v.t.* Give baptism a second time, give a fresh name پھر سے بپتسمہ دینا - پھر سے نام رکھنا -

Rebate (re-bāt) *v.t.* Dull, blunt, reduce کند کرنا - دھار مارنا - کم کرنا - دھیما کرنا -

Rebate (ri-bāt) *n.* Discount, reduction منہائی - مجرائی - کٹوتی - وہ منہائی جو واجب الادا رقم سے کی جاتی ہے -

Rabate (ri-bat) *n. & v.t.* Rabbet دیکھو

Rebeck (re-bek) *n.* An old instrument of violin class تاروں کا ایک پرانا ساز - رباب - ستار -

Rebel (reb(ə)l) *n.* One who resists authority باغی - سرکش - منحرف - متمرد - حکم نہ ماننے والا -

Rebel (reb(ə)l) *v.t.* Renounce the authority of law باغی ہونا - سرکش ہونا - حکومت اور قانون کی مخالفت کرنا - منحرف ہونا - نفرت کرنا - گھن آنا -

Rebellion (reb-ə-liy-ə-n) *n.* Revolt بغاوت - سرکشی - انحراف - غدر - بلوہ - دنگا فساد - مسلمہ قوت سے کھلم کھلا مقابلہ -

Rebellious (rib-ə-li-əs) *adj.* Engaged in rebellion سرکش - باغی - باغیانہ - سرکشانہ - قابو سے باہر - جس کا علاج مشکل ہو -

- Rebelliousness *n.* سرکشی - بغاوت - انحراف -

Rebellow (rē-bel-ō) *v.t. & i.* Bellow in return, echo جوابی صدا لگانا - بھاری آواز سے جواب دینا - آواز گونجنا - آواز کا بازگشت ہونا -

Rebind (rē-bīnd) *v.t.* Make a fresh binding دوبارہ نئی جلد بنانا - پھر سے جلد باندھنا -

Rebirth (rē-bərth) *n.* Renewal, reincarnation دوسرا جنم - دوسری بار پیدائش - دوسرا روپ - دوسرا ظہور -

Reboil (re-bo-il) *v.t.* Boil a second time - دوبارہ جوش دینا - دوبارہ ابالنا -

Rebound (ri-bownd) *v.i.* & *t.* Recoil, start back from collision - پلٹنا - ٹکرا کر پیچھے ہٹنا - پھرنا - الٹنا - رد عمل ہونا -

Rebound (re-bownd) *n.* Recoil - باز گشت - رد عمل - خمار - پستی - پسپائی -

Rebuff (ri-buf) *v.t.* & *n.* Sudden check - روک - رکاوٹ - مزاحمت - جھڑکی - جھڑک دینا - روک دینا - دھتکارنا -

Rebuild (re-bild) *v.t.* Build a second time دوبارہ تعمیر کرنا - از سر نو بنانا -

Rebuke (ri-būk) *v.t.* & *n.* Check, restrain, beat back سرزنش کرنا - ملامت کرنا - سخت و سست کہنا - سرزنش - چشم نمائی - زجر و توبیخ -

Rebukingly *adv.* - ملامت کے ساتھ - تنبیہ کے طور پر -

Rebus (re-bəs) *n.* Representation of a name by pictures معمہ - نام کی تصویری شکل - علامتی تصویر - علامت نگاری -

Rebut (ri-but) *v.t.* Repel, refute - ہٹا دینا - الٹ دینا - دور کر دینا - پیچھے ہٹا دینا - تردید کرنا - ابطال کرنا -

Rebuttal, Rebutment } *n.* ابطال - تردید - جواب -

Recalcitrate (ri-kal-si-trāt) *v.t.* & *i.* Kick back اڑنا - ضد کرنا - انحراف کرنا - پرواہ نہ کرنا -

Recalcitrant *adj.* & *n.* - منحرف - ضدی - اڑیل -

Recalcitrance, Recalcitration } *n.* - سرتابی - انحراف - ضد - ہٹ -

Recalesce (re-kal-es) *v.i.* Show anew a state of glowing heat - (لوہے کا) دوبارہ لال انگارہ ہو جانا - دوسرا تاؤ کھا کر سرخ ہو جانا -

Recall (ri-kawl) *v.t.* Call back - واپس بلانا - پلٹانا - مراجعت کرنا - دوبارہ طلب کرنا - ہٹا لینا - معزول کرنا - یاد دلانا - یاد کرنا - یاد تازہ کرنا - احیاء کرنا - منسوخ کرنا - قلم زد کرنا - واپس لینا یا منگوا لینا -

Recallable *adj.* - جو یاد آ سکے - قابل منسوخی - واپس بلانے کے قابل -

Recall (ri-kawl) *n.* The act of calling back منسوخی - تردید - معزولی - جہاز کو واپسی کا اشارہ - واپس آنے کی جھنڈی - واپسی - مراجعت -

Beyond recall - جس کو واپس نہ بلایا جا سکے - مرحوم ہونا -

Past recall - کمان سے نکلا ہوا تیر - گیا گزرا ہوا -

Recant (ri-kant) *v.t.* Retract, revoke پہلے حکم کو منسوخ کرنا - باز آنا - دست بردار ہونا - رد کرنا - اپنی غلطی کا اعلان کر کے دست بردار ہونا -

Recantation *n.* - دست برداری - ترک - انکار - انحراف - توبہ -

Recapitulate (re-kə-pit-u-lat) *v.t.* Go over the chief points, remember past episodes خاص خاص باتوں کو دہرانا - یاد کرنا - خلاصہ بیان کرنا -

Recapitulation *n.* - یاد دہانی - اعادہ - اختصار - خلاصہ کلام -

Recapitulative, Recapitulatory } *adj.* فی الجملہ - مختصر - اعادہ کا - اجمالی - سرسری -

Recast (re-kâst) *v.t.* & *n.* Mould anew پھر سے ڈھالنا - تجدید کرنا - نئے سرے سے تشکیل کرنا - نئے سانچے میں ڈھالنا - نئی شکل - نیا روپ -

Recede (ri-sēd) *v.t.* & *i.* Go, draw or fall back پیچھے ہٹنا - پسپا ہونا - سمٹنا - سکڑنا - چھوڑنا - باز آنا - باز رکھنا - قول سے پھر جانا - رجعت قہقری کرنا - قیمت کم ہونا - گھٹنا -

Receipt (ri-sēt) *n.* & *v.t.* Written acknowledgement رسید - رسید وصولی - قبض الوصول - محصول خانہ - نسخہ - ترکیب - گر - رسید لکھنا - رسید دینا - وصولی کا اقرار کرنا -

Receipt book رسید کی کتاب -

Receive (ri-sēv) *v.t.* Take, get or catch پا لینا ۔ لینا ۔ حاصل کرنا ۔ قبول کرنا ۔ منظور کرنا ۔ ماننا ۔ تسلیم کرنا ۔ یقین کرنا ۔ درست سمجھنا ۔ جائز کرنا ۔ خیر مقدم کرنا ۔ استقبال کرنا ۔ جھیلنا ۔ برداشت کرنا ۔ مقابلہ کرنا ۔ سمانا ۔ گنجائش ہونا ۔ دعوت کا جلسہ کرنا ۔

Received *adj.* معتبر ۔ مسلمہ ۔

Receivable *adj.* قابل منظوری ۔ قابل قبول ۔ معقول ۔ درست ۔

Receiver (ri-sēv-ər) *n.* One appointed by the court to manage property under litigation وصول کرنے والا ۔ قبول کرنے والا ۔ (قانون) جائداد متنازعہ کی دیکھ بھال کے لیے عدالت کا مقرر کردہ عہدہ دار ۔ مال مسروقہ خریدنے والا ۔ عرق کھینچنے کا برتن ۔ ٹیلی فون کا سننے کا آلہ ۔ آواز گیر ۔

Receivership *n.* تولیت ۔ امانت گیری ۔

Recency (ri-sens-i) *n.* Freshness نیا پن ۔ تازگی ۔

Recension (ri-sen-shən) *n.* A critical revision of a text نظر ثانی ۔ تنقید ۔ تنقیح ۔ تصحیح ۔ تصحیح کردہ متن ۔

Recent (re-sənt) *adj.* Of late origin, fresh, modern حالیہ ۔ جدید ۔ تازہ ۔ نیا ۔ حال کا ۔ قریب زمانے کا ۔

Recently *adv.* چند روز میں ۔ ابھی ۔ حال میں ۔

Receptacle (ri-sep-tə-kl) *n.* That in which any thing may be stored ظرف ۔ برتن ۔ خلا ۔ جگہ ۔ مکان ۔ مسکن ۔ کسی چیز کا خانہ ۔

Receptibility *n.* وسعت ظرف ۔ امکان وصولی ۔ استعداد قبولیت ۔

Reception (ri-sep-shən) *n.* The act, fact or manner of receiving ادخال ۔ داخلہ ۔ پہنچ ۔ رسائی ۔ استقبال ۔ پیشوائی ۔ خیر مقدم ۔ وصولی ۔ وصولیابی ۔ استقبالیہ ۔ سپاسنامہ ۔ لاسلکی نشریات کے سننے کی استعداد ۔

Warm reception جوش استقبال ۔

Receptive (ri-sep-tiv) *adj.* Capable of receiving قبول کرنے والا ۔ اخذ کرنے والا ۔ اثر لینے والا ۔ وصول کرنے والا ۔

Receptiveness } *n.* اخذ کرنے کی استعداد ۔
Receptivity } *n.* اثر پذیری ۔ قابلیت ۔

Recess (ri-ses) *v.t.* & *n.* Seclusion, remission of business توقف ۔ وقفہ ۔ مہلت ۔ وقفہ آرام و طعام ۔ چھٹی ۔ طاق ۔ آلہ ۔ موکھا ۔ کھانچہ ۔ کولہ ۔ گوشہ ۔ خلوت کدہ ۔ گوشہ نشینی ۔ جوڑ ۔ جوف ۔ آڑ میں لینا ۔ چھپا لینا ۔ طاق بنانا ۔ خانے چھوڑنا ۔ جوف رکھنا ۔

Recession (ri-sesh-ən) *n.* Withdrawal مراجعت ۔ واپسی ۔ دست برداری ۔ پس روی ۔ کسی چیز کا پیچھے ہٹا ہوا حصہ ۔

Recessive (ri-se-siv) *adj.* Tending to recede ان خصوصیات کے متعلق جو کسی مخلوط نسل کی دوسری پیڑھی میں ظاہر ہوں ۔ اثر باز گشت کا ۔

Recessional (ri-sesh-ən-al) *adj.* & *n.* Tending to move backward مناجات وداعی ۔ قومی ترانہ ۔ سرکاری ترانہ ۔ پارلیمنٹ کے برخواست ہونے کا ۔ چھٹی کا ۔ اگلی پشت کا ۔

Recharge (ri-charj) *n.* & *v.t.* Load, fill, burden a second time دوبارہ بھرائی ۔ دوسری بھرائی ۔ دوسرا بار ۔ بندوق کا دوسرا بار ۔

Recidivist (re-sid-i-vist) *n.* One who relapses into crime وہ شخص جو تائب ہونے کے بعد پھر جرائم میں مبتلا ہو جائے ۔

Recipe (res-i-pi) *n.* Direction for making something نسخہ ۔ ترکیب نسخہ ۔ ترکیب ۔ تدبیر ۔ گر ۔

Recipient (res-i-pi-ənt) *n.* & *adj.* One who receives گیرندہ ۔ لینے والا ۔ حاصل کرنے والا ۔ اخذ کرنے والا ۔ ظرف ۔ برتن ۔

Recipiency *n.* استعداد قبولیت ۔ اثر پزیری ۔ قبولیت ۔

Reciprocal (ri-sip-rō-kl) *adj.* & *n.* Acting in return باری باری ۔ متبادل ۔ بالعوض ۔ بالمقابل ۔ دو طرفہ ۔ باہمی ۔ طرفین کا ۔ جانبین کا ۔ (ریاضی) وہ عدد جو دوسرے کو ضرب دے کر ایک کے برابر ہو ۔

Reciprocally *adv.* دونوں طرف سے ۔ آپس میں مل کر ۔ باہمی طور پر ۔

Reciprocate (ri-sip-rō-kāt) *v.t.* & *n.* Give and receive mutually باہم تبادلہ کرنا ۔ باہم ایک دوسرے سے رعایت کرنا ۔ بدلہ دینا ۔ بدلہ اتارنا ۔ آگے پیچھے ہٹتے ہوئے چلنا ۔ حرکت دینا ۔ چلانا ۔

Reciprocation *n.* آگے پیچھے ہٹنے کی حرکت - مبادلہ - معاوضہ - رعایت باہمی -

Reciprocity (re-sip-rō-si-ti) *n.* Mutual relation رعایت باہمی - عمل رد عمل - لین دین - تبادلہ اشیا - التزام - باہمد گری -

Recital (ri-sīt-l) *n.* Narration, enumeration - بیان تشریح - توضیح - دستاویز کا واقعاتی حصہ - خواندگی - قرأت - تلاوت - (قانون) اظہار - بیان - روئداد - مفصل بیان - تفصیلی حالات -

Recitative (ri-sīt-ə-tiv) *v.t., n.* & *adj.* Resembling speech تقریر سے ملتا جلتا گانا - نغماتی مکالمہ - لحن سے ادا کی ہوئی تقریر - لحنیہ - لحن سے پڑھنا -

Recite (ri-sīt) *v.t.* & *i.* Repeat from memory زبانی پڑھنا - زبانی ادا کرنا - خوش الحانی سے پڑھنا - (قانون) اقتباس سنانا - دستاویز پڑھنا - شمار کرنا - ترتیب سے بیان کرنا - ذکر کرنا -

Recitation *n.* کسی ڈرامے کا اقتباس سنانا - دوسرے کا کلام سنانا - خوش الحانی سے پڑھنا -

Reciter (ri-sīt-ər) *n.* One who recites خوش الحانی سے پڑھنے والا - تحت اللفظ پڑھنے والا - قاری - وہ کتاب جس میں پڑھنے کی چیزیں درج ہوں -

Recivilize (ri-siv-i-līz) *v.t.* Teach new ways of life از سرنو مہذب بنانا - نئے آداب سکھانا -

Reck (rek) *v.t.* & *i.* Regard, care, desire خاطر میں لانا - خیال کرنا - ملحوظ رکھنا - لحاظ کرنا -

Reckless (rek-les) *adj.* Careless - بے احتیاط - بے فکر - ناعاقبت اندیش - لا پرواہ -

Recklessly *adv.* بد احتیاطی سے - لا پروائی سے -

Recklessness *n.* - من چلا پن - بے احتیاطی - لا پروائی -

Reckon (rek-n) *v.t.* & *i.* Count, estimate, judge حساب کرنا - شمار کرنا - کسی عدد تک گننا - اندازہ لگانا - کسی کی سیرت جانچنا - میزان کرنا - رائے قائم کرنا - بھروسہ کرنا - اعتماد کرنا - بھروسے پر رہنا -

Reckon for جواب دہ ہونا -

Reckon upon بھروسہ رکھنا -

Reckon with حساب چکانا -

Reckoner (re-ke-nər) *n.* Accountant محاسب - شمار کرنے والا - جانچنے والا -

Reckoning (rek-ən-ing) *n.* Settlement of accounts حساب - شمار - گنتی - بے باقی - شراب خانہ کا بل - حسابات کی صفائی -

Day of reckoning - روز قیامت - روز جزا - یوم حساب

Reclaim (ri-klām) *v.i., t.* & *n.* Win back from evil, wilderness - سدھارنا - بری عادتیں دور کرنا - زمین زیر کاشت لانا - سمندر کو پاٹ کر زمین حاصل کرنا - سنوارنا - مہذب بنانا - احتجاج کرنا - اصلاح - نجات -

Reclaimable *adj.* - قابل کاشت - درستی کے قابل - قابل اصلاح -

Reclamation *n.* بازیابی - اصلاح - درستی - نئی زمین زیر کاشت لانا - سمندر سے زمین حاصل کرنا -

Reclame (ra-klām) *n.* Art of publicity شہرت حاصل کرنے کا فن -

Reclinate (rek-li-nāt) *adj.* Bent down جھکی ہوئی (شاخیں) جھکا ہوا - سرنگوں -

Recline (ri-klīn) *v.t.* & *i.* Lay on back, incline, bend تکیہ لگانا - تکیہ لگا کر بیٹھنا یا لیٹنا - کسی چیز کا سہارا لینا - بھروسہ کرنا - تکیہ کرنا -

Recluse (ri-kloos) *n.* & *adj.* Enclosed, retired تارک الدنیا - گوشہ نشین - زاہد - سنیاسی - جوگی -

Recognition (rek-əg-ni-shən) *n.* Acknowledgement of status توثیق - تصدیق - تسلیم کرنا - شناخت - معرفت - جان پہچان - اقرار - قدر شناسی -

Recognizance (ri-kog-ni-zəns) *n.* A recognition اقرار شناخت - زر مچلکہ - اقرار نامہ -

Recognizant (ri-kog-ni-zənt) *adj.* One who recognises اقرار کرنے والا - اعتراف کرنے والا - آشنا - واقف کار -

Recognise (rek-əg-nīz) *v.t.* Know again, identify پہچاننا - شناخت کرنا - سمجھنا - اقرار کرنا - اعتراف کرنا - قائل ہونا - تسلیم کرنا - پیش نظر رکھنا -

Recognisable *adj.* قابل شناخت - قابل اعتراف - قابل تسلیم -

Recoil (ri-koil) *v.i., t.* & *n.* Fall back, beat back پیچھے ہٹنا - پسپا ہونا - اچھل کر پیچھے ہٹنا - دھکا دینا - طبیعت کا گریز کرنا - نفرت کرنا - جھجک - باز گشت - دھکا - نفرت -

Recoin (ri-koin) *v.t.* Coin anew پرانے سکوں کو گلا کر نئے سکے تیار کرنا - دوبارہ ڈھالنا - از سر نو ضرب کرنا -

Recollect (rek-əl-ekt) *v.t.* Recall to memory دوبارہ یاد کرنا - دوبارہ یاد آ جانا - دوبارہ اکٹھا یا جمع کرنا - حواس درست ہونا -

Recollection (rek-əl-ek-shən) *n.* Memory, reminiscence یاد داشت - قوت حافظہ - یاد - حافظہ - جو چیز حافظہ میں ہو - حلقہ حافظہ -

Recombine (rek-əm-bīn) *v.t.* Connect again پھر جوڑنا - پھر ملانا - مکرر امتزاج کرنا -

Recommence (rek-om-ens) *v.t. & i.* Begin again پھر شروع کرنا - پھر آغاز کرنا - پھر جاری کرنا -

Recommend (rek-ə-mend) *v.t.* Commend for favour, appointment, etc. سفارش کرنا - تعریف کرنا - کسی عہدے کے لئے پیش کرنا - کسی کے لئے تحریک کرنا - قابل قدر بنانا - پسندیدہ بنانا - سونپنا - سپرد کرنا - صلاح دینا -

Recommendable *adj.* قابل تعریف - قابل سفارش -

Recommendatory *adj.* سفارشی - تعریفی - تعارفی -

Recommendation *n.* تحریک - تعریف - سفارش -

Recommit (rek-əm-it) *v.t.* Put into custody, put before judge پھر حوالے کرنا - چالان کرنا - دوبارہ حوالات میں بند کرنا - پھر جرم کا مرتکب ہونا - کسی تجویز کو دوبارہ حاکم مجاز کے سامنے رکھنا - مزید غور و خوض کے لئے تفویض کرنا -

Recommitment *n.* سپردگی عدالت -

Recompact (ri-kəm-pakt) *v.t.* Refit پھر ملانا - پھر جوڑنا -

Recompense (rek-əm-pens) *v.t. & n.* Repay بدلہ دینا - اجر دینا - معاوضہ ادا کرنا - تاوان دینا - نقصان کا بدلہ دینا - ادا کرنا - چکانا - جزا - تلافی - معاوضہ - ہرجانہ -

Recompile (re-kəm-pīl) *v.t.* Recollect in a volume از سر نو تالیف کرنا - دوبارہ مرتب کرنا -

Recompose (re-kəm-pōs) *v.t.* Make compactible دوبارہ جوڑنا - دوبارہ بنانا - امتزاج کرنا - ملانا - تسلی دینا -

Reconcile (rek-ən-sīl) *v.t.* Restore or bring back to union مان جانا - صلح کرنا - موافقت کرنا - لڑائی کے بعد صلح کرا دینا - کسی مقدس مقام کو خرابی کے بعد پاک کرنا - متضاد بیانات میں توافق پیدا کرنا -

Reconcilable *adj.* موافقت پذیر - صلح پذیر - مصالحت پذیر -

Reconciliation / **Reconcilement** } *n.* تصفیہ - مصالحت - میل - موافقت -

Recondite (rek-ən-dīt) *adj.* Hidden, obscure پوشیدہ - مخفی - پیچیدہ - غیر معروف - پراسرار - دشوار پسند (مصنف) -

Reconditeness *n.* دشوار پسندی - مشکل نویسی - پیچیدگی -

Recondition (re-kən-dish-ən) *v.t.* Repair, refit از سر نو درست کرنا - مرمت کرنا - چالو حالت میں لانا - نئے سرے سے تشکیل دینا -

Reconnaissance (ri-kon-i-sens) *n.* A preliminary survey فوجی دیکھ بھال - جاسوسی - دشمن کی حرکات و سکنات پر نظر رکھنا -

Reconnoitre (rek-ə-noi-tər) *n., v.t. & i.* Examine with a military purpose غنیم کی فوج اور موقع کی دیکھ بھال کرنا - ہراولی کرنا - ابتدائی دیکھ بھال -

Reconquer (re-kong-kər) *v.t.* Regain by force دوبارہ فتح کرنا - طاقت سے قبضہ کرنا -

Reconsider (re-kən-sid-ər) *v.t.* Look carefully into again دوبارہ غور کرنا - نظر ثانی کرنا - غورو فکر کرنا -

Reconstitute (re-ken-sti-tūt) *v.t.* Restore to original condition پھر سے مرتب کرنا - اصلی حالت میں دوبارہ لانا - دوبارہ دستور بند کرنا -

Reconstruct (re-kən-strukt) *v.t.* Rebuild پھر سے بنانا - پھر سے درست کرنا - از سر نو تعمیر کرنا -

Reconstruction *n.* اصلاح - تجدید - از سر نو تعمیر -

Reconvalescence (ri-kon-vəl-es-əns) *n.* Recovery from illness بیماری سے نجات پانا - ازسر نو تندرست ہونا - شفا بعد از مرض -

Reconvert (re-kən-vərt) *v.t.* Convert back to former religion پھر اصلی مذہب پر لانا - پھر بدل جانا - پہلے عقیدے پر لانا -

Record (ri-kord) *v.t.* Repeat, narrate, set down in writing قلم بند کرنا - ضبط تحریر میں لانا - اندراج کرنا - محفوظ کر لینا - یادگار قائم کرنا - ایک معیار قائم کرنا -

Recording angel کاتب اعمال فرشتہ - اعمال لکھنے والا فرشتہ -

Recordable *adj.* لائق تحریر - قابل اندراج - ضبط تحریر میں لانے کے قابل -

Record (ri-kord) *n.* A register, collection of writings رجسٹر - بہی - فرد - کتابچہ - کاغذات - دفتر - سرکاری روئداد - تاریخی شہادت - آثار - نشان - باقیات - گراموفون کی چکری -

Recorder (ri-kord-ər) *n.* One who keeps the record نقل کرنے والا - امثلہ یا کاغذات محفوظ کرنے والا - محافظ دفتر - ناظم بلدیہ - حاکم عدالت - آلہ اندراج - بانسری کی وضع کا ایک قدیم باجہ -

Reçount (ri-kownt) *v.t.* Count over again, narrate دوبارہ گننا - تفصیل بیان کرنا - تشریح کرنا - واقعات کا اعادہ کرنا - نقل کرنا -

Recoup (ri-ko͞op) *v.t.* Make good, recover دوبارہ کمی پوری کر لینا - نقصان کی تلافی کر لینا - کم کر لینا - رقم وضع کر لینا -

Recoupment *n.* معاوضہ - حصول - تلافی -

Recourse (ri-kōrs) *n.* Flow, freedom to return, resort توجہ - رجوع - ترکیب - تدبیر - بندوبست - استمداد - استعانت -

Have recourse to مخصوص بندوبست کرنا - رجوع کرنا -

Have recourse to arms لڑائی کو حصول مقصد کا ذریعہ بنانا - لڑنے پر آمادہ ہونا -

Recover (ri-kuv-ər) *v.t.* & *i.* Regain, bring back پھر پا لینا - پھر حاصل کر لینا - مرض سے نجات پانا - پھر ہاتھ آ جانا - واپس لینا - وصول کرنا - شفا پانا - نقصان کی تلافی کر لینا - واپس پہنچانا یا پہنچنا -

Recoverable *adj.* شفا پذیر - قابل بازیافت - ممکن الحصول -

Recover (ri-kuv-ər) *v.t.* Cover again پھر چھپا دینا - پھر ڈھانک دینا -

Recovery (ri-kuv-əri) *n.* Return to former condition افاقہ - شفا - صحت یابی - شفایابی - وصولی - بازیافت - استحصال -

Recreant (rek-ri-ənt) *adj.* Surrendering, craven نامرد - پست ہمت - بد عہد - غدار - منکر دین - مرتد -

Recreate (rek-ri-āt) *v.t.* & *i.* Invigorate, refresh تجدید کرنا - تازہ دم ہونا - آرام کرنا - سیر و تفریح کرنا - طبیعت کو ترو تازہ کرنا - نئی روح پھونکنا - جی بہلانا - جی لگانا -

Recreation *n.* تفنن - تفریح - سیر - آسائش - آرام -

Recreative *adj.* فرحت افزا - تفریحی -

Recrement (rek-ri-mənt) *n.* Waste, a secretion that is reabsorbed پھوک - فضلہ - کثافت - غلاظت جو پھر جذب ہو جائے -

Recriminate (ri-krim-in-āt) *v.i.* Charge an accuser الٹی تہمت لگانا - الٹا الزام دینا - ترکی بہ ترکی جواب دینا - ایک دوسرے کو برا بھلا کہنا -

Recrimination *n.* الزامی جواب - الٹی تہمت - الٹا الزام -

Recriminative, Recriminatory *adj.* الزامی - طعن آمیز -

Recrudesce (re-kroo-des) *v.i.* Break out afresh پھر پھوٹ پڑنا - پھر زور ہونا - کسی وبا یا مرض کا زور پکڑنا - عود کر آنا -

Recrudescent *adj.* دوبارہ زور پکڑنے والا - عود کرنے والا -

Recrudescence *n.* پھر زور پکڑنا - دوبارہ پھوٹ پڑنا -

Recruit (ri-kro͞ot) *n.* A new supply نئی بھرتی - نیا سپاہی - رنگروٹ - نوآموز - ناتجربہ کار - اناڑی - کسی جماعت میں نیا شریک ہونے والا -

Recruit (ri-kro͞ot) *v.t.* & *i.* Reinforce, restore فوج میں بھرتی کرنا - فراہم کرنا - رنگروٹ جمع کرنا - کسی جماعت میں داخل کرنا - تقویت دینا - تازہ دم کرنا - مرمت یا درستی کرنا - صحتیابی کی کوشش کرنا -

Recruiting party فوج میں بھرتی کرنے والی جماعت -

Recruitment *n.* نئی بھرتی -

Rectangle (rek-tang-gl) *n.* A four-sided plane figure مستطیل - قائم الزاویہ شکل -

Rectangular (rek-tang-glər) *adj.* Right angled قائم الزاویہ شکل کا - مستطیل -

Rectify (rek-ti-fī) *v.t.* Set right درست کرنا - اصلاح کرنا - ٹھیک کرنا - ترمیم کرنا - تلافی کرنا - خرابی یا غلطی دور کرنا - (ہندسہ) برابر کا سیدھا خط نکالنا - خط مستوی بنانا -

Rectifiable *adj.* اصلاح پذیر - قابل تلافی -

Rectification *n.* تصحیح - اصلاح - درستی - تلافی -

Rectifier *n.* تلافی کرنے والا - اصلاح کرنے والا -

Rectilinear-neal (rek-ti-lin-i-ər) *adj.* In a straight line, bounded by straight lines خط مستقیم - خطوط مستقیم سے گھرا ہوا -

Rectitude (rek-ti-tūd) *n.* Straightness راستی - راست بازی - سچائی - دیانت - راست کرداری - صداقت - اصابت - صحت -

Rector (rek-tər) *n.* Clergy man of a parish, head master حلقہ کا پادری - مدرسہ کا صدر - ناظم - حاکم - عامل - مذہبی عہدہ دار -

Rectorate / Rectorship } *n.* رکٹر کا عہدہ - رکٹر کا منصب -

Rectory (rek-tər-i) *n.* Rector's house پادری کا مکان - پادری کا عہدہ -

Rectum (rek-təm) *n.* The terminal part of the large intestine بڑی انتڑی کا آخری حصہ - مقعد -

Recumbent (ri-kum-bənt) *adj.* Reclining تکیہ لگائے ہوئے - جھکا ہوا - لیٹا ہوا - اداس -

Recumbency *n.* لیٹا ہوا ہونا - تکیہ لگانا - استراحت - آرام -

Recuperate (ri-ku-pər-āt) *v.t.* & *i.* Recover صحت یا توانائی حاصل کرنا - تندرست ہوجانا - نقصان کی تلافی کر لینا - سنبھل جانا -

Recuperation *n.* نقصان کی تلافی - شفایابی - صحتیابی -

Recuperative *adj.* تلافی نقصان کے متعلق - بازیابی کا - صحت یابی کا -

Recur (ri-kur) *v.i.* Revert دوبارہ خیال آنا - یاد آنا - عود کرنا - پھر واقع ہونا - اصل مطلب کی طرف پلٹنا - بار بار واقع ہونا -

Recurrence *n.* بار بار واقع ہونا - مراجعت - وقوع - رجوع - اعادہ -

Recurrent (re-kur-ənt) *adj.* & *n.* Returning at intervals رہ رہ کر ہونے والا - متواتر واقع ہونے والا - دورہ کا - باری کا - پیچھے کو مڑنے والی شاخیں - بازگرد -

Recurrently *adv.* پیچھے مڑتے ہوئے - بار بار - متواتر - باری سے -

Recurve (ri-kurv) *v.t.* & *n.* Bend back پھر سے جھکانا - پیچھے مڑنا یا موڑنا - جھکاؤ - خم -

Recurvate *adj.* پیچھے کو جھکا ہوا - خمیدہ ہونا - جھکا ہوا ہونا -

Recurvature *n.* الٹی موڑ - خمیدگی - پیچھے کی طرف جھکاؤ -

Recusant (rek-u-zənt) *n.* & *adj.* One who refused to attend Church of England when it was legally compulsory, a dissenter کلیسائے انگلستان کا منکر - سرکش - گمراہ -

Recusance-ancy *n.* عدولی حکمی - سرکشی - انحراف -

Red (red) *adj.* & *n.* Blood like سرخ - لال - احمری - قرمزی - خون کے رنگ کا - سے گون - انقلابی - اشتراکی - انقلاب پسندانہ - سرخ پوش - سرخی - انتہا پسند انقلابی -

Red book فہرست مضامین -

Red chalk گیرو -

Redden *v.t.* & *i.* لال ہو جانا - سرخ کر دینا -

Reddish, reddy *adj.* سرخ گون - سرخی مائل -

Red-handed جرم کرتے ہوئے - موقعہ پر -

Redness *n.* انقلاب پسندی - لالی - سرخی -

Redact (ri-dakt) *v.t.* Edit اشاعت کے لیے تیار کرنا - کتاب کی تدوین کرنا -

Redaction (ri-dak-shən) *n.* Compilation تدوین - ترتیب - تالیف - نسخہ جدید -

Reddition (red-i-shən) *n.* Making tidy, separating of fighters صفائی ۔ درستی ۔ بچاؤ ۔ لڑنے والوں کو علیحدہ کرنا ۔

Reddle (red-l) *n.* & *v.t.* A kind of red earth لال مٹی ۔ لال مٹی میں رنگنا ۔

Redeem (ri-dēm) *v.t.* Buy back, recover چھڑا لینا ۔ واپس لینا ۔ پھر سے خرید لینا ۔ روپیہ دے کر سمجھوتا کر لینا ۔ بچانا ۔ نجات دلانا ۔ وعدہ پورا کرنا ۔ اخلاق پستی سے نکالنا ۔ تلافی کرنا ۔ ہنڈی کے بدلے نقد روپیہ دینا ۔

Has one redeeming feature اس میں ایک ایسی خوبی ہے جس سے برائیوں کی تلافی ہو جاتی ہے ۔

Redeemable *adj.* قابل انفکاک ۔ اصلاح پذیر ۔

Redeemer *n.* حضرت عیسیٰ علیہ السلام کا لقب ۔ شفیع ۔ نجات دہندہ ۔

Redemption (ri-dem(p)shən) *n.* Atonement معافی ۔ تلافی ۔ خلاصی ۔ کفارہ ۔ چھٹکارا ۔ بچاؤ ۔ نجات ۔ شفاعت ۔ ادائگی زر نقد ۔

Redemptive *adj.* کفارہ گناہ کا ۔ تلافی کا ۔ نجات بخش ۔

Redingote (red-ing-got) *n.* A long overcoat worn by women عورتوں کے پہننے کا لمبا اوور کوٹ ۔

Redintegrate (red-in-ti-grāt) *v.t.* Renew, re-establish دوبارہ مکمل کرنا ۔ مرمت کر کے اصلی حالت پر لانا ۔ تجدید کرنا ۔

Redintegration *n.* عمل ترمیم ۔ اصلی حالت پر لانا ۔ تجدید ۔

Redirect (ri-di-rəkt) *v.t.* Give fresh instructions نئی ہدایات دینا ۔ دوسرے پتہ پر روانہ کرنا ۔ خط پر دوسرا پتہ لکھنا ۔

Rediscover (ri-dis-kə-ver) *v.t.* Find again پھر پا لینا ۔ فراموش کی ہوئی چیز کو حاصل کر لینا ۔ دوبارہ دریافت کر لینا ۔ کھوئی ہوئی چیز پاجانا ۔

Redistribute (ri-dis-tri-bo͞ot) *v.t.* Make a fresh allotment پھر تقسیم کرنا ۔ پھر بانٹنا ۔

Redo (ri-do͞o) *v.t.* Do again دوبارہ کرنا ۔ پھر سے کرنا ۔

Redolent (red-ō-lənt) *adj.* Fragrant کسی کی یاد دلانے والا ۔ معطر ۔ خوشبودار ۔ کسی کی مشابہت رکھنے والا ۔

Redolence *n.* تیز خوشبو ۔ خوشبو ۔

Redouble *v.t.* & *i.* (تاش) ڈبل کو ری ڈبل کرنا ۔ تیز کرنا ۔ دو چند کرنا ۔

Redoubt (ri-dowt) *n.* An inner last retreat قلعہ کا اندرونی حصہ ۔ آخری مورچہ ۔

Redoubtable (ri-dowt-əbl) *adj.* Formidable دہشت انگیز ۔ خوفناک ۔ ہیبت ناک ۔

Redound (ri-downd) *v.i.* Overflow, be in excess فاضل ہونا ۔ سوا ہونا ۔ زیادہ ہونا ۔ اضافہ کرنا ۔ بڑھانا ۔ پلٹا کھانا ۔ لوٹنا ۔ منتج ہونا ۔

Redress (ri-dres) *v.t.* & *n.* Set right, adjust ٹھیک کرنا ۔ درست کرنا ۔ تدارک کرنا ۔ چارہ سازی کرنا ۔ خرابی دور کرنا ۔ تلافی کرنا ۔ داد رسی کرنا ۔ حق دینا ۔ بدلہ دینا ۔ چارہ سازی ۔ اصلاح ۔ علاج ۔ تدبیر ۔ داد رسی ۔ معاوضہ ۔ بدلہ ۔

Red-tape (red-tāp) *n.* Rigid formality of official routine دفتری ضابطہ کی سخت پابندی ۔ رسمی پابندیوں کی وجہ سے کام میں تاخیر ۔

Red-tapism دفتری کاروائی کی رسمی پابندی ۔

Red-tapist دفتری قاعدوں کا پابند ۔ لکیر کا فقیر ۔

Reduce (ri-dūs) *v.t.* Adopt, adjust, restore, bring back گھٹانا ۔ اتارنا ۔ کم کرنا ۔ کمزور کرنا ۔ طاقت کم کرنا ۔ اپنی اصلی حالت پر لوٹانا ۔ مطیع کرنا ۔ سر کرنا ۔ زیر کرنا ۔ قواعد کا پابند کرنا ۔ ترتیب دینا ۔ تفریق کرنا ۔ استخراج کرنا ۔ بڑی رقم کو چھوٹی رقم میں تبدیل کرنا ۔ مطابق کرنا ۔ موزوں بنانا ۔ مجبور ہونا ۔ مجبور ہو کر کرنا ۔ مفلس کرنا ۔ محتاج کرنا ۔ پست کرنا ۔ بری حالت کو پہنچانا ۔

Reduce anomalies to rule بے قاعدہ باتوں کو کسی ضابطہ کے تحت لانا ۔

Reduce rule to practice اصول کو عمل میں لانا ۔

Reducible *adj.* جس کو مغلوب کیا جا سکے ۔ تخفیف کے قابل ۔ قابل استخراج ۔ قابل تحویل ۔

Reduction (ri-duk-shən) *n.* Lowering by force, subjugation تخفیف ۔ تقلیل ۔ کمی ۔ منہائی ۔ تسخیر ۔ مغلوب کرنا ۔ تحویل کسور ۔ ہڈی بٹھانا ۔

Reduction an absurdum / **Reduce to absurdity** — کسی اصول کے غلط ہونے کا ثبوت اس کے منطقی نتائج سے دینا ۔ کسی اصول پر اس طرح عمل کرنا اور زور دینا کہ وہ مہمل ہوجائے ۔

Redundant (ri-dun-dənt) *adj.* Superfluous زائد ۔ فضول ۔ حشو ۔ بھرتی کا ۔ کثیر ۔ وافر ۔ بہت ۔ لبریز ۔ فراواں ۔

Redundance-cy *n.* فضول یا زائد ہونا ۔ بہتات ۔ زیادتی ۔ کثرت ۔

Redundantly *adv.* بھرتی کے طور پر ۔ فراوانی سے ۔ کثرت سے ۔

Reduplicate (ri-du-pli-kāt) *v.t.* Double, repeat دگنا کرنا ۔ دو چند یا دوہرا کرنا ۔ دونی کاپیاں تیار کرنا ۔ تکرار کرنا ۔ (قواعد) حرفی تکرار کرنا ۔

Reduplication (ri-du-pli-ka-shən) *n.* Folding or doubling دو چند یا دونا ہونا ۔ ہو بہو نقلیں ۔ ہو بہو تصویر ۔ حرف کی تکرار ۔ مثنیٰ ۔

Re-echo (re-ek-ō) *v.t. & i.* Repeat like an echo گونجنا ۔ صدا پیدا ہونا ۔ صدا کو دہرانا ۔ بازگشت کرنا ۔ گونج جانا ۔

Reed (rēd) *n. & v.t.* Hollow grass of various kinds نرسل ۔ سرکنڈہ ۔ نے ۔ بانسری ۔ مرلی ۔ سرکنڈے کا تیر ۔ چرواہوں کے گیت ۔ دیہاتی شاعری ۔ منہ سے بجانے کے باجے ۔ سہنال ۔ جولاہوں کی تاگہ صاف کرنے کی کنگھی ۔ سرکنڈے سے چھانا ۔ نلیاں بنانا ۔ سہنال لگانا ۔ کھونٹیاں لگانا ۔

Broken reed بودا سہارا ۔ پھٹا ہوا نرسل ۔

Lean on a reed بودا سہارا لینا ۔ تنکے کا سہارا ڈھونڈھنا ۔

Reeding (rēd-ing) *n.* The bobolink ایک یورپی پرندہ جس کے داڑھی ہوتی ہے ۔

Reedy (rēd-i) *adj.* Abounding with reeds سرکنڈا بھرا ۔ سرکنڈے کے سے پر کا ۔ نے کا ۔ نے کی طرح ۔ کمزور ۔ دبلا پتلا ۔

Reediness *n.* سرکنڈے کی کثرت ۔ گھاس کی کثرت ۔ نرسلوں کی افراط ۔ دبلا پتلا ہونا ۔

Reef (rēf) *n.* A chain of rocks چٹانوں کا سلسلہ ۔ طبقہ حجری ۔ کسی قیمتی دھات کی رگ ۔

Reef (rēf) *n. & v.t.* A portion of sail that may be rolled بادبانی پردہ جو لپیٹا جا سکے ۔ باد بانچہ ۔ باد بانچہ لپیٹنا ۔

Reefer (rēf-ər) *n.* One who reefs, a midshipman بادبانی کا کام کرنے والا ۔ بادبانچی ۔ ناخدا ۔ مدد گار کپتان ۔ موٹی دوہری صدری ۔ دوہرا سینہ بند ۔

Reek (rēk) *v.i.* Emit smoke or fumes بخارات نکلنا ۔ دھواں نکلنا ۔ گیس خارج ہونا ۔ بو آنا ۔ بو دینا ۔ بھاپ نکلنا ۔

Reel (rēl) *n., v.t. & i.* A cylinder پھرکی جس پر تاگہ لپیٹا جائے ۔ چرخی ۔ گٹی ۔ چکر ۔ لٹو ۔ چرخی پر چڑھانا ۔ ریل بھرنا ۔ پھرکی پر دھاگا چڑھانا ۔ فراٹے بھرنا ۔ ایک قسم کا ناچ ۔ دوری ناچ ۔

Reel (rēl) *v.i. & n.* Stagger, waver اٹیرنا ۔ چرخی پر چڑھانا ۔ لڑکھڑانا ۔ ڈگمگانا ۔ بے قابو ہونا ۔ گر پڑنا ۔ چکر آنا ۔ گھومنا ۔ ہلتا نظر آنا ۔ دورہ ۔ لغزش ۔ چکر ۔

Reelingly *adv.* چکراتے یا لڑکھڑاتے ہوئے ۔

Re-elect (rē-elekt) *v.t.* Elect a second time ایک شخص کو دوبارہ منتخب کرنا ۔

Re-embark (rē-em-bârk) *v.t.* Board a ship again جہاز پر پھر سوار ہونا ۔

Re-emerge (re-e-merj) *v.t.* Appear again پھر ظہور کرنا ۔ پھر برآمد ہونا ۔

Re-enact (rē-en-akt) *v.t.* Make laws again, enforce again مکرر قانون بنانا یا جاری کرنا ۔ دوبارہ حکم جاری کرنا ۔ دوبارہ کھیل دکھانا ۔

Reeve (rēv) *v.t. & n.* Pass through any hole جہاز کے کنڈے میں رسی ڈالنا ۔ سیندھنا ۔ جہاز کا پانی کو چیرتے ہوئے چلنا ۔ عامل ۔ حاکم ۔ ضلع کا صدر ۔ منصف ۔ ناظم فوجداری ۔ گاؤں کا چوہدری ۔

Re-examine (ri-egz-am-in) *v.t.* Test again دوبارہ امتحان لینا ۔

Refection (ri-fek-shən) *n.* Refreshment کام کے بعد کا کھانا ۔ آرام ۔ ناشتہ ۔ نقل ۔

Refectory (ri-fek-təri) *n.* A dining hall کھانے کا کمرہ ۔ خانقاہ کا نعمت خانہ ۔ طعام خانہ ۔

Refer (ri-fər) *v.t.* & *i.* Assign, impute, attribute, represent استصواب کرنا - صلاح لینا - مشورہ کرنا - دریافت کرنا - منسوب کرنا - حوالہ دینا - حاکم بالا سے رجوع کرنا - بھیجنا - ہدایت کرنا - حوالے کرنا - سپرد کرنا - فیصلے کے لیے بھیجنا - سند تلاش کرنا - استمداد چاہنا -

Make a reference پوچھنا - دریافت کرنا -

Without reference قطع نظر - بلا لحاظ -

With reference to بہ لحاظ - بحوالہ -

Referable *adj.* حوالہ دینے کے قابل - رجوع کرنے کے لائق -

Referee (ri-fər-ē) *n.* & *v.t.* Umpire, judge - ثالث منصف - کھیل کا نگران - فیصلہ کرنے والا - حاکم بننا - کسی کھیل کا منصف بننا -

Reference (ri-fər-ens) *v.t.* & *n.* Submitting for decision حوالہ - استصواب - رجوع - استمزاج - استفسار - تعلق - لحاظ - سپردگی - نسبت - لگاؤ - علاقہ - حدود تحقیقات - اسناد - مشورہ طلبی - ہدایت - صداقت نامہ - کتاب میں حوالے درج کرنا -

Referendary (ri-fər-end-ə-ri) *n.* A court official, a referee وہ عہدہ دار جو بادشاہ یا پوپ کی طرف سے درخواستوں کا جواب دے - رپورٹ کرنے والا - تنقیح کرنے والا - مشیر عدالت - ریفری -

Referendum (ri-fər-en-dum) *n.* Practice of submitting a question directly to the voters رائے دہندگان سے کسی معاملہ میں براہ راست استصواب -

Refine (ri-fin) *v.t.* & *i.* Purify, clarify صاف کرنا - نتھارنا - مصفا کرنا - خالص بنانا - میل دور کرنا - مانجھنا - آراستہ کرنا - نزاکت پیدا کرنا - سنور جانا - شائستہ ہو جانا - موشگافی کرنا - جلا دینا - چمکانا -

Refinement (ri-fin-ment) *n.* State of being refined شستگی - صفائی - آراستگی - تمیز - نزاکت - موشگافی - نازک خیالی - دقیق بحث - باریک فرق -

Refiner (ri-fin-ər) *n.* One who refines صاف کرنے والا - دقیقہ سنج - باریک بین -

Refinery *n.* تیل صاف کرنے کا کارخانہ - کسی چیز کے صاف کرنے کا کارخانہ -

Refit (re-fit) *v.t.* & *n.* Repair and fit out afresh مرمت کرنا - درست کرنا - پھر سے ٹھیک کرنا - پھر مہیا کرنا - جہاز کا اسباب دوبارہ مہیا کرنا - باز فراہمی -

Reflation (re-fla-shən) *n.* Inflation after deflation مقدار زر یا سکہ جاریہ کو اپنی اصلی حالت میں لا کر پھر مصنوعی طریقوں سے اس میں اضافہ کر دینا -

Reflect (ri-flekt) *v.t.* & *i.* Throw back, send back or aside منعکس کرنا - عکس ڈالنا - مظہر ہونا - ہو بہو ہونا - باعث ہونا - موجب ہونا - بدنام کرنا - رسوا کرنا - سوچنا - غور کرنا - تامل کرنا - سمجھنا - الزام لگانا - طعنہ دینا - چوٹ کرنا -

Shine with reflected light مانگے کی روشنی سے چمکنا -

Reflectingly *adv.* غورو فکر کرتے ہوئے - سوچتے ہوئے -

Reflection-xion (ri-flek-shən) *n.* Reflected light, colour or heat عکس - انعکاس - سایہ - پر تو - سوچ بچار - اندیشہ - فکر - لعن طعن - الزام - ملامت - رسوائی - باعث بدنامی - قول - نکتہ - رائے -

Reflective (re-flek-tiv) *adj.* Meditative - مستغرق متفکر - خیال میں ڈوبا ہوا - پر از غورو فکر - تفکر پسند (قواعد) فعل معکوس - ضمیر معکوس -

Reflectively *adv.* سنجیدگی سے - غورو فکر سے -

Reflectiveness *n.* غورو خوض - سنجیدگی - استغراق - تفکر پسندی -

Reflector (re-flek-tər) *n.* One who or that which casts reflections - عکس انداز - عکس ڈالنے والا آلہ - شخص جو خاص خیال کا آئینہ ہو - مرقع - غور کرنے والا - مفکر -

Reflex (re-fleks) *adj.* Bent or turned back - معکوس بازانداختہ خیال وغیرہ کا جس کا موضوع اپنی ذات ہو - التزامی - اضطراری - ذاتی - غیر شعوری -

Reflex (re-fleks) *n.* An expression, reflected image - عکس - پر تو - تابش - جلوہ - شان - تصویر - مظہر - ہو بہو نقشہ - لازمی نتیجہ - اضطراری عمل -

Reflexible (re-fleks-i-bl) *adj.* Indicating that the action turns on the subject انعکاس پذیر - عکس انداز - جس پر پرتو ڈالا جا سکے -

Reflexibility *n.* عکس اندازی - انعکاس -

Reflexive (re-flek-siv) *adj.* Turning the action on the subject فعل معکوس ۔ جو فاعل کی طرف راجع ہو ۔ ضمیر معکوس ۔

Refloat (re-flōt) *v.t.* & *i.* Float sunken ships after repairs غرق شدہ جہاز یا کشتی کو دوبارہ ترانا ۔ قابل سفر بنانا ۔ دوبارہ بہنا یا تیرنا ۔

Refluent (ref-lōō-ənt) *adj.* Flowing back, ebbing اتار پر ۔ اُترتا ہوا پانی ۔ الٹا بہنے والا ۔

Refluence *n.* جزر ۔ پانی کا اتار ۔ الٹا بہاؤ ۔

Reflux (re-fluks) *n.* Flowing back جزر ۔ بھاٹا ۔ اتار ۔

Reforest (rē-for-əst) *v.t.* Grow forest again پھر سے جنگل اگانا ۔

Reforestation *n.* دوبارہ جنگل بنانا ۔ جہاں درخت ختم ہو گئے ہوں وہاں دوبارہ درخت لگانا ۔

Reform (rē-form) *n.* Amendment, transformation سیاسی اصلاح ۔ ساجی اصلاح ۔ درستی ۔ بہتری ترقی ۔

Reform (rē-form) *v.t.* & *i.* Amend, make better اصلاح کرنا یا ہونا ۔ درست کرنا ۔ مہذب بنانا ۔ اخلاق اصلاح کرنا ۔ پھر مرتب کرنا ۔

Reformation *n.* درستی ۔ اصلاح عمل ۔ نیا سیاسی نظریہ ۔ از سر نو تشکیل ۔ اصلاح ۔ تجدید ۔

Reformative (rē-form-ə-tiv) *adj.* Tending to produce reform تجدیدی ۔ اصلاحی ۔ تادیبی ۔ تہذیبی ۔

Reformatory (rē-form-ə-tari) *n.* & *adj.* An institution for clanning delinquents اصلاحی ۔ تادیبی ۔ تادیب خانہ ۔ جیل خانہ ۔

Reformer (rē-form-ər) *n.* One who reforms اصلاح کا حامی ۔ اصلاح کرنے والا ۔ مصلح ۔ سیاسی اصلاحات کا حامی ۔

Refract (ri-frakt) *v.t.* Deflect into another medium متفرق کرنا ۔ منتشر کرنا ۔ راہ راست سے پھیر دینا ۔ شعاعوں کو موڑ دینا ۔ جھکا دینا ۔

Refraction *n.* انعطاف ۔ شعاعوں کا انتشار ۔

Refractional *adj.*- شعاع کا مڑ جانا ۔ شعاع کا انعطاف

Refractor (ri-frakt-ər) *n.* Anything that refracts شعاع کو موڑ دینے والا شیشہ ۔ شعاع کو منعطف کرنے والا ۔ شعاع کش شیشہ ۔

Refractory (ri-frakt-əri) *adj.* Unmanageable, unruly سرکش ۔ متمرد ۔ منحرف ۔ پھرا ہوا ۔ باغی ۔ دیر میں اچھا ہونے والا ۔ کڑا ۔ سخت ۔ دقت طلب ۔

Refractorily *adv.* سختی سے ۔ متمردانہ ۔ سرکشانہ ۔

Refractoriness *n.* بغاوت ۔ انحراف ۔ تمرد ۔ سرکشی ۔

Refrain (ri-frān) *v.t.* & *i.* Curb, restrain تھامنا ۔ روکنا ۔ باز رکھنا ۔ ضبط کرنا ۔ باز رہنا ۔ پرہیز کرنا ۔ ترک کرنا ۔ منہ پھیرنا ۔ بچنا ۔ ہٹنا ۔ رکنا ۔

Refrain (ri-frān) *n.* A line or phrase recurring at the end of stanza ٹیپ ۔ ٹیپ کا شعر یا مصرعہ ۔ مصرعہ جو ہر بند کے بعد دھرایا جائے ۔ بار بار گایا جانے والا مصرعہ ۔

Refrangible (rj-fran-ji-bl) *adj.* That may be refracted موڑے جانے کے قابل ۔ مڑنے والی ۔ انعطاف پذیر ۔

Refrangibility *n.* انحراف شعاع ۔ منعطف ہونے یا مڑ جانے کی صلاحیت ۔

Refresh (ri-fresh) *v.t.* & *i.* Make fresh again, give new vigour آرام دینا ۔ تازہ دم کرنا ۔ خوش کرنا ۔ شاداب کرنا ۔ جان میں جان آنا ۔ حافظہ کو تازہ کرنا ۔ کوئی بات یاد دلانا ۔ تیز کرنا ۔ تازہ کرنا ۔

Refreshing innocence دلپذیر معصومیت ۔

Refreshingly *adv.* فرحت بخش طور پر ۔ دلکشی سے ۔ تازگی سے ۔

Refresher (ri-fresh-ər) *n.* That which refreshes فرحت بخشنے والا ۔ تازہ دم کرنے والا ۔ طویل مقدمہ میں وکیل کا زائد معاوضہ ۔ تجدید منہ بھرائی ۔ (بول چال) جام شراب ۔ پینے کی چیز ۔

Refreshment (ri-fresh-ment) *n.* That which refreshes آرام ۔ آسائش ۔ ترو تازگی ۔ کھانے پینے کی ہلکی چیزیں ۔ ناشتہ ۔ آسودگی ۔ نقل و شرب ۔

Refrigerate (ri-frij-ə-rat) *v.t.* & *i.* Freeze, make cold منجمد کرنا ۔ جما دینا ۔ سرد کر دینا ۔ ٹھنڈا کرنا ۔ حرارت دور کرنا ۔

Refrigerant *adj.* ٹھنڈا کرنے والا ۔ جمانے والا ۔

Refrigeration *n.* ٹھنڈا ہو جانا ۔ جمنا ۔ سرد کرنے کا عمل ۔

Refrigerator *n.* برادہ ۔ خنک ساز آلہ ۔ ٹھنڈا کرنے والی کل ۔ ٹھنڈا کرنے کی الماری ۔

Refrigeratory (ri·frij-ə-təri) *n.* & *adj.* Cooling ٹھنڈا کرنے والا ۔ ٹھنڈا کرنے کا ظرف ۔

Refuge (ref-ūj) *n.*, *v.t.* & *i.* Shelter, protection from danger جائے پناہ ۔ امن ۔ پناہ ۔ ٹھکانا ۔ سڑک کے وسط کا جزیرہ ۔ بھیڑ سے بچنے کی اُونچی جگہ ۔ پناہ دینا ۔

Refugee (rif-ūj-ē) *n.* One who flees for refuge پناہ گیر ۔ پناہ گزین ۔ مہاجر ۔ مذہبی یا سیاسی تشدد سے بچنے کے لئے ہجرت کرنے والا ۔

Refulgent (ri-ful-jənt) *adj.* Causing a flood of light تاباں ۔ روشن ۔ منور ۔ پر نور ۔

Refulgence *n.* نور ۔ روشنی ۔ درخشانی ۔ تابانی ۔

Refund (ri-fund) *v.t.* & *i.* Restore what was taken, repay واپس کرنا ۔ پھیر دینا ۔ لوٹا دینا ۔ باز ادائی ۔ بے باقی ۔

Refundment *n.* رقم کی واپسی ۔ باز ادائی ۔

Refurbish (ri-fur-bish) *v.t.* Polish again دوبارہ صیقل کرنا ۔ چمکانا ۔ پھر زنگ دور کرنا ۔

Refurnish (ri-fur-nish) *v.t.* Fit or supply afresh نئے سازو سامان سے آراستہ کرنا ۔ نیا سازو سامان مہیا کرنا ۔ نیا سامان جمانا ۔

Refusal (ref-ūz-əl) *n.* Rejection ناپسندیدگی ۔ نامنظوری ۔ کورا جواب ۔ پسند یا نا پسند کا حق ۔

Refuse (ref-ūz) *v.t.* & *i.* Decline, renounce انکار کرنا ۔ نامنظور کرنا ۔ قبول نہ کرنا ۔ نہ ماننا ۔ رد کرنا ۔ (تاش) اپنے ساتھی کا رنگ نہ چلنا ۔ دوبارہ مخلوط کرنا ۔ پگھلانا ۔

Refuser *n.* منکر ۔ انکار کرنے والا ۔

Refusable *adj.* نامنظور کرنے کے لائق ۔ واپس کرنے کے قابل ۔

Refuse (ref-ūz) *adj.* & *n.* Rejected as worthless نکما ۔ ناکارہ ۔ بے کار ۔ فضلہ ۔ ردی ۔ فضول چیز ۔

Refute (ri-fūt) *v.t.* Disprove جھوٹا ثابت کرنا ۔ جھٹلانا ۔ غلط ٹھہرانا ۔ غلط ثابت کرنا ۔ تردید کرنا ۔ باطل ثابت کرنا ۔

Refutable *adj.* جھٹلانے کے قابل ۔ قابل تردید ۔

Refutation, Refutal } *n.* بطلان ۔ تردید ۔

Regain (re-gān) *v.t.* Gain back پھر پانا ۔ پھر حاصل کرنا ۔ پھر لے لینا ۔ پھر منزل پر پہنچنا ۔ پھر سنبھل جانا ۔

Regal (re-gl) *adj.* Royal, kingly شاہانہ ۔ خسروی ۔ تزک و احتشام سے ۔

Regale (ri-gāl) *n.*, *v.t.* & *i.* Feast, gratify دعوت کھانا ۔ پرتکلف دعوت میں شریک ہونا ۔ روحانی ضیافت ۔ خوشبو ۔ ذائقہ ۔ مسرت بخشنا ۔ دعوت کرنا ۔

Regalement *n.* خاطر مدارات ۔ ضیافت ۔ دعوت ۔

Ragalia (ri-gā-li-å) *n.* & *pl.* Royal powers شاہی اختیارات ۔ شاہانہ لوازمات ۔ شاہی سازو سامان ۔ عمدہ قسم کا بڑا سگار ۔

Regalism (re-gəl-izm) *n.* Royal supremacy یہ عقیدہ کہ بادشاہ دینی معاملات میں واجب الاطاعت ہے ۔

Regality (re-gəl-i-ti) *n.* State of being regal شاہی اختیارات ۔ لوازمات سلطنت ۔ حقوق خسروانہ ۔

Regard (ri-gārd) *v.t.* & *i.* Look at, esteem, respect دیکھنا ۔ لحاظ کرنا ۔ ادب کرنا ۔ غور کرنا ۔ دھیان میں لانا ۔ شمار کرنا ۔ قدر کرنا ۔ متعلق ہونا ۔ واسطہ ہونا ۔

Regard (ri-gärd) *n.* Estimation, observation, consideration نگاہ ۔ نظر ۔ ادب ۔ دھیان ۔ توجہ ۔ غور ۔ لحاظ ۔ خیال ۔ محبت ۔ عزت ادب (جمع) آداب ۔ تسلیمات ۔

As regards نسبت ۔ بابتہ ۔ متعلق ۔

In regard of بابت ۔

In this regard اس بارے میں ۔

Regardful *adj.* احترام کرنے والا ۔ عزت کرنے والا ۔ با ادب ۔

Regardless *adv.* & *adj.* بے فکر ۔ بے ادب ۔ قطع نظر ۔ بلالحاظ ۔

Regatta (ri-gat-ä) *n.* Boat race meeting کشتی رانی کا مقابلہ ۔

Regelate (re-ji-lāt) *v.i.* Freeze again پھر جم جانا ۔ برف کا پگھل کر پھر جمنا ۔

Regency (re-jen-si) *n.* The office, term and jurisdiction of a regent نیابت شاہی ۔ منتظمین سلطنت ۔ بادشاہی فرمان کی بنا پر کاروبار ریاست انجام دینا ۔

Regenerate (re-jen-ər-āt) *v.t. & i.* Produce anew پھر پیدا کرنا ۔ نیا جنم دینا ۔ جان ڈالنا یا پڑنا ۔ روحانی زندگی بخشنا ۔ اخلاق اصلاح کرنا یا ہونا ۔ پستی سے ابھرنا یا ابھارنا ۔

Regenerate *adj.* اصلاح شدہ ۔ ہدایت یافتہ ۔ نوزائیدہ ۔

Regeneration *n.* ہدایت یافتگی ۔ اصلاح ۔ نئی زندگی ۔

Regenerative *adj.* روح پرور ۔ اصلاحی ۔ ہادیانہ ۔

Regent (re-jent) *n. & adj.* Invested with sovereign authority نائب ریاست ۔ بادشاہ کا قائم مقام ۔ با اختیارانہ ۔ حاکمانہ ۔

Regerminate (ri-jerm-i-nāt) *v.i.* Grow again پھر پھوٹنا ۔ پھر نکل آنا ۔

Regicide (rej-i-sīd) *n.* Killing or killer of a king شاہ کش ۔ شاہ کشی ۔ بادشاہ کا قتل ۔ بادشاہ کا قاتل ۔

Regie (rā-zhē) *n.* A system of government monopoly حکومت کی اجارہ داری ۔

Regild (re-gild) *v.t.* Give a second coating of gold دوبارہ سونے کا ملمع چڑھانا ۔ ملمع کی دوسری تہہ چڑھانا ۔

Regime (ra-zhem) *n.* Administration حکومت ۔ نظام حکومت ۔ نظام عہد ۔

Regimen (rej-i-men) *n.* System of government, course of treatment ڈھنگ ۔ قاعدہ ۔ علاج کا ایک دور ۔ حکومت ۔ (قواعد) علاقہ نحوی

Regiment (rej-i-mənt) *n. & v.t.* Control, rule, a body of soldiers ایک ہزار سپاہیوں کا دستہ ۔ لشکر ۔ اقتدار ۔ رجمنٹ بنانا ۔ گروہ بندی کرنا ۔

Regimentation *n.* گروہ بندی کرنا ۔ انتظام کرنا ۔ لشکر بنانا ۔ فوج آرائی ۔

Regimental (rej-i-mənt-l) *adj. & n.* Of a regiment فوج کا ۔ رجمنٹ کا ۔ پلٹن کا ۔ فوجی وردی ۔

Regina (ri-ji-nā) *n.* The queen ملکہ وقت ۔ فرمانروا ملکہ ۔

Region (re-jən) *n.* A tract of country اقلیم ۔ دیس ریاست ۔ علاقہ ۔ دیار ۔ خطہ ۔ سرزمین ۔ پانی یا ہوا کے طبقات ۔ عضو کے پاس کا حصہ ۔

Regional *adj.* خطے کا ۔ اقلیم کا ۔ علاقائی ۔

Register (rej-is-tər) *n.* A written record or official list رجسٹر ۔ بہی کھاتہ ۔ مسل ۔ کتابچہ ۔ ارگن باجے کا متحرک پرزہ ۔ آواز کی ٹیپ ۔ راگ کا ٹپہ ۔ ڈھکن ۔ دریچہ ۔ پیمانہ ۔ جہاز کا پروانہ راہ داری (طباعت) جدول ۔ مسطر کی برابری ۔ تطبیق ۔ برابری ۔

Register (rej-is-tər) *v.t. & i.* Record, enter in a record درج کرنا ۔ اندراج کرنا ۔ فہرست میں شامل کرنا ۔ یاد رکھنا ۔ رجسٹری کرانا ۔ رجسٹر میں نام لکھوانا ۔ داخلہ لینا ۔ شمار بتانا ۔ ورق کے دونوں صفحوں کے مسطر کا برابر ہونا یا کرنا ۔

Registrable *adj.* قابل داخلہ ۔ قابل اندراج ۔

Registration *n.* رجسٹری ۔ داخلہ ۔ اندراج ۔

Registrar, **Registrary** *n.* مسجل ۔ رجسٹرار ۔

Registrarship محافظ دفتری ۔ رجسٹراری ۔ عہدہ مسجل ۔

Registry (re-jist-ri) *n.* Registration, an office where a register is kept اندراج ۔ داخلہ ۔ دفتر مسجل ۔ دفتر اندراجات ۔

Regnal (reg-nl) *adj.* Of a reign بادشاہ کے دور حکومت کے متعلق ۔

Regnant (reg-nənt) *adj.* Reigning مقبول عام ۔ مروجہ ۔ فرماں روا ۔ برسر اقتدار ۔

Regnancy *n.* اقتدار ۔ حکومت ۔

Regorge (rē-gorj) *v.t.* Swallow again, gush back نگلنا ۔ پھوٹ پڑنا ۔ ابلنا ۔ دوبارہ ہڑپ کرنا ۔ پھر کھا جانا ۔

Regrant (ri-grant) *v.t.* Bestow again پھر عطا کرنا ۔

Regrate (ri-grāt) *v.t.* Buy and sell again in the same market بازار میں کوئی جنس خرید کر وہیں زیادہ داموں میں بیچنا ۔ ذخیرہ کرنا ۔ غلہ بھر لینا تاکہ اچھے داموں بیچا جائے ۔ پتھر اوپر سے چھیلنا ۔

Regress (re-gres) *n.* Reversion, return واپسی ۔ مراجعت ۔ رجعت ۔

Regress (re-gres) *v.i.* Go back, recede مراجعت کرنا ۔ پھر جانا ۔ پلٹ جانا ۔ رجعت میں آ جانا ۔

Regression (re-gre-shən) *n.* Reversion واپسی ۔ بازگشت ۔ مراجعت ۔ رجعت ۔

Regressive *adj.* رجعت پسندانہ ۔ رجعت میں ۔

Regressiveness *n.* رجعت ۔ واپسی ۔ مراجعت ۔

Regret (ri-gret) *v.t. & n.* Remember with sense of loss افسوس کرنا ۔ پچھتانا ۔ ملول ہونا ۔ اداس ہونا ۔ غم کرنا ۔ یاد کرکے رونا ۔ اظہار افسوس کرنا ۔ رنج ۔ ملال ۔ ندامت ۔ خجالت ۔ دلگیری ۔ آزردگی ۔

Regretable *adj.* قابل افسوس ۔

Regretful *adj.* متاسف ۔ غمگین ۔ رنجیدہ ۔

Regretfully *adv.* ملال سے ۔ دلگیری سے ۔ افسوس کے ساتھ ۔

Regretfulness *n.* حسرت ۔ ملال ۔ تاسف ۔ ندامت ۔ پشیمانی ۔

Regroup (ri-groop) *v.t.* Classify again از سر نو گروہ بندی کرنا ۔ از سر نو ترتیب دینا ۔ نئے گروہوں میں تقسیم کرنا ۔

Regulable (reg-u-lə-bl) *adj.* Which may be grouped جسے ترتیب دیا جا سکے ۔ جس کا بندوبست کیا جا سکے ۔ قابل تنظیم ۔ ترتیب پذیر ۔

Regular (reg-u-lər) *adj. & n.* Subject to a rule باقاعدہ ۔ با ضابطہ ۔ برابر ۔ بلا ناغہ ۔ حسب معمول ۔ باقرینہ ۔ حسب دستور ۔ حسب قاعدہ ۔ حسب آداب ۔ رسمی ۔ مناسب ۔ ہموار ۔ سڈول ۔ خوش اسلوب ۔ (بول چال) ۔ کامل ۔ پکا ۔ پادری ۔ راہب ۔ رہبانی ۔ خانقاہی ۔

Regularity *n.* ہمواری ۔ پابندی وقت ۔ باقاعدگی ۔ یکسانیت ۔

Regularization *n.* با ضابطہ کرنا ۔ باقاعدہ بنانا ۔

Regularize *v.t.* وقت کا پابند کرنا ۔ اصول کے تحت لانا ۔ باقاعدہ بنانا ۔

Regularly *adv.* حسب معمول ۔ باقاعدگی سے ۔

Regulate (reg-ū-lāt) *v.t.* Bring in order باقاعدہ کرنا ۔ پابند کرنا ۔ قانون یا حد کے اندر لانا ۔ ٹھیک کرنا ۔ درست کرنا ۔ ڈھب پر لانا ۔ باقاعدہ کر دینا ۔

Regulative *adj.* ترتیبی ۔ تنظیمی ۔ ضبط میں لانے والا ۔

Regulator *n.* ضابط ۔ حرکت کو منظم رکھنے والا ۔ باقاعدہ رکھنے والا پرزہ ۔

Regulation (reg-u-lā-shən) *n.* Role or order prescribed قانون ۔ ضابطہ ۔ حکم ۔ آئین ۔ باقاعدگی ۔ تنظیم ۔ دستور العمل ۔

Regulus (reg-ū-ləs) *n.* An impure metal کچی دھات ۔ مرکب دھات ۔ برج اسد کا روشن ترین ستارہ ۔

Reguline *adj.* بغیر صاف کی ہوئی دھات ۔ خام دھات ۔

Regurgitate (ri-gur-ji-tāt) *v.t. & i.* Cast out again اگل دینا ۔ پیچھے کو بہنا ۔ الٹا پھیر دینا ۔ پیچھے کی طرف لوٹا دینا ۔

Rehabilitate (re-(h)ə-bi-li-tāt) *v.t.* Reinstate, restore to former status بحال کرنا ۔ سابقہ حالت پر لانا ۔ بدستور قائم کرنا ۔ پھر آباد کرنا ۔

Rehabilitation *n.* سرفرازی ۔ بحالی ۔ باز آبادکاری ۔

Rehandle (re-han-dl) *v.t.* Bring into use again پھر کام لینا ۔ دوبارہ استعمال میں لانا ۔

Rehash (re-hash) *v.t. & n.* Make old thing look like new پرانی چیزوں کو نیا بنا کر پیش کرنا ۔ قدیم ادبی تصانیف کو نئے نام سے پیش کرنا ۔ تالیف ۔ تصنیف ۔

Rehear (re-hēr) *v.t.* Try over again as a law suit مقدمہ کی از سر نو سماعت کرنا ۔

Rehearsal (ri-hərs-al) *n.* Performance for trial or practice باز خوانی ۔ مکرر خوانی ۔ مشق ۔ حفظ کیا ہوا بیان سنانا ۔ آزمائشی تمثیل ۔ اعادہ ۔ بیان ۔ تذکرہ ۔

Rehearse (ri-hərs) *v.t.* Repeat, say or read aloud دوہرانا ۔ دوبارہ کہنا ۔ دوبارہ سنانا ۔ مشق کے لیے بار بار پڑھنا یا دہرانا ۔ کوئی کام پہلے کرکے دیکھنا ۔ آزمائشی طور پر نمائش یا تماشا کرنا ۔

Rehumanize (ri-huma-nīz) *v.t.* Make human afresh پھر سے انسان بنانا ۔ انسانیت پیدا کرنا ۔ پھر سے مہذب بنانا ۔

Reich (rihh) *n.* Federal Republic of Germany جرمنی کی جمہوری حکومت ۔ جمہوریہ جرمنی ۔ ریش ۔

Reicharath (re-hh-rat) *n.* Former Austrian Parliament آسٹریا کی پارلیمنٹ ۔

Reichstag (rish-tahh) *n.* German Parliament ریشتاغ ۔ جرمنی کی پارلیمنٹ ۔

Reify (rē-i-fī) *v.t.* Think of as a material thing کسی غیر مرئی ہستی کو مادی شکل دینا ۔ متشکل کر دینا ۔

Reign (rān) *n.* Realm, domain, rule راج - ریاست - سلطنت - حکومت - عملداری - تسلط - غلبہ - بادشاہی - عہد سلطنت - زمانہ حکومت - ملک - قلمرو -

Reign (rān) *v.i.* Be predominant, be a ruler بادشاہت کرنا - سلطنت کرنا - حکومت کرنا - غالب ہونا - چھایا ہوا ہونا - دور دورہ ہونا - سب سے برتر ہونا -

Reigning beauty حسینہ روز گار - ملکہ جہاں - ملکہ حسن -

Reignite (rē-ig-nīt) *v.t.* & *i.* Inflame anew دوبارہ جلانا - دوبارہ آگ لگانا - دوبارہ سلگانا یا روشن کرنا -

Reimburse (rē-im-burs) *v.t.* Repay واپس کرنا - لوٹا دینا - نقصان کا معاوضہ دینا - پورا کرنا - تلافی کرنا - حساب بے باق کرنا -

Reimbursement *n.* ادائگی - تلافی - بےباقی -

Reimport (rē-im-pōrt) *v.t.* & *n.* Import things exported بھیجے ہوئے مال کو پھر منگانا - برآمد شدہ مال کو پھر درآمد کرنا - دوبارہ درآمد کیا ہوا مال -

Reimpose (rē-im-pōz) *v.t.* Enjoin again پھر عاید کرنا - دوبارہ نافذ کرنا - ہٹا دینے کے بعد پھر لگانا -

Rein (rān) *n.* & *v.t.* Strap of a bridle باگ ڈور - لگام - عنان - راس - باگ - عنان حکومت - اختیار - اقتدار - باگ کھینچنا - قابو میں رکھنا - کسی کام سے باز رکھنا -

Give reign to imagination خیال کو آزاد چھوڑ دینا - تخیل کے گھوڑے دوڑانا -

Reinless *adj.* بے قابو - بے لگام -

Reincarnate (re-in-kar-nat) *v.t.* & *adj.* Reborn دوبارہ جنم دینا - دوبارہ وجود دینا - مجسم کرنا - دوبارہ پیدا کیا ہوا - دو جنمی -

Reincarnation *n.* از سر نو تولید و تجسیم - دوسرا جنم - اوتار -

Reindeer (rān-dēr) *n.* A large heavy deer of northern regions ایک قسم کا قطبی ہرن - قطبی بارہ سنگھا - پالو یا جنگلی رین ڈیر -

Reinforce (rē-in-fōrs) *v.t.* & *n.* Strengthen with new force مدد پہنچانا - کمک دینا - مضبوط کرنا - مدد - کمک -

Reinforced concrete کنکریٹ جس میں لوہے کی سلاخیں دی جائیں -

Reinforcement (rē-in-fōrs-ment) *n.* Additional force or assistance مدد - زائد امداد - کمک - امدادی فوج - باعث تقویت -

Re-ingratiate (rē-in-grat-i-āt) *v.t* Gain favour again دوبارہ رسوخ پانا - پھر منظور نظر ہو جانا -

Re-ink (rē-ink) *v.t.* Soil with ink afresh پھر سیاہی پھیرنا - پھر سیاہی سے لکھنا - پھر روشنی لگانا -

Reins (rānz) *n.* The kidneys گردے - سرین - پٹھا - من - دل - طبعیت -

Reinsert (rē-in-sert) *v.t.* Put in again پھر داخل کرنا - دوبارہ داخل کرنا - دوبارہ لکھنا - دوبارہ روپیہ لگانا -

Reinstate (rē-in-stāt) *v.t.* Re-establish in a former position پھر مقرر کرنا - بحال کرنا - پھر منصب یا عہدہ عطا کرنا - تندرست کرنا -

Reinstatement *n.* صحت یابی - باز تقرر - بحالی

Reinsure (rē-in-shōor) *v.t.* Insure against risk again پھر بیمہ کرانا - بیمہ منتقل کرانا -

Reinvest (rē-in-vest) *v.t.* Endow again از سر نو روپیہ لگانا - کسی دوسرے کام میں سرمایہ منتقل کرنا

Reinvestiture *n.* عطائے خلوت - عطائے منصب -

Reinvestment *n.* از سر نو سرمایہ لگانا - از سر نو روپیہ لگانا -

Re-invigorate (rē-in-vig-ər-āt) *v.t.* Put new vigour into نئی روح ڈالنا - نئی طاقت پیدا کرنا - پھر مضبوط بنانا - دوبارہ تقویت بخشنا -

Re-invigoration *n.* باز مضبوطی - دوبارہ استحکام -

Reissue (rē-ishōo) *v.t.* Put into circulation again پھر جاری کرنا - پھر نافذ کرنا - مکرر شائع کرنا - دوسرا ایڈیشن نکالنا -

Reiterate (rē-it-ər-āt) *v.t.* Repeat again and again دہرانا - مکرر کہنا - بار بار کہنا یا کرنا -

Reject (ri-jekt) *v.t.* Throw away, discard رد کرنا - ناپسند کرنا - نا منظور کرنا - ترک کرنا - قے کرنا - اگل دینا - نکال دینا - چھوڑ دینا -

Reject (ri-jekt) *n.* One who or that which is rejected کوئی شخص یا شے جو رد کر دی گئی ہو - آدمی جو فوجی خدمت کے ناقابل قرار دیا گیا ہو -

Rejectable *adj.* نا پسند ۔ نا اہل ۔ قابل استر داد ۔ نا مقبول ۔

Rejection *n.* انکار ۔ نا مقبولیت ۔ ناپسندیدگی ۔ نامنظوی ۔ تردید ۔

Rejectamenta (re-jekt-əm-e-nt-a) *n.* Refuse, excrement کوڑا کرکٹ ۔ میل کچیل ۔ فضلہ ۔ فضلات بحر ۔ وہ فضلات جو دریا یا سمندر ساحل پر پھینک دیتا ہے ۔

Rejoice (ri-jois) *v.t.* & *i.* Feel joy, make merry خوش ہونا ۔ شادمان ہونا ۔ محظوظ ہونا ۔ مسرور ہونا ۔ باغ باغ ہونا ۔ خوشی سے پھولنا ۔

Rejoicingly *adv.* شادمانی سے ۔ خوشی سے ۔

Rejoicings *n.* جشن ۔ شادی ۔ خوشیاں ۔

Rejoin (ri-join) *v.i.* Retort, say in reply جواب دعوئ داخل کرنا ۔ جواب دینا ۔ تردید کرنا ۔ دوبارہ شامل ہو جانا ۔ فوجی دستے کا فوج سے جدا ہو کر پھر آ ملنا ۔

Rejoin (re-join) *v.i.* & *t.* Join again دوبارہ شامل ہو جانا ۔ متحد ہو جانا ۔ پھر مل جانا ۔ دوبارہ جوڑنا یا ملانا ۔

Rejoinder (ri-join-der) *n.* An answer to a reply جواب الجواب ۔ رد جواب ۔

Rejudge (re-juj) *v.t.* Review tho case تجویز ثانی کرنا ۔ نظر ثانی کرنا ۔

Rejuvenate-nize (ri-joo-vi-nat) *v.t.* Make young again اعادہ شباب کرنا ۔ نئے سرے سے جوان بنا دینا ۔

Rejuvenation *n.* تجدید شباب ۔ اعادہ شباب ۔

Rejuvenator *n.* تجدید شباب کرنے والی ۔ اعادہ شباب کی دوا ۔ اکسیر شباب ۔

Rejuvenesce (ri-joo-vi-nes) *v.i.* Grow young again از سر نو جوان ہونا ۔ نئی جوانی پانا ۔ حیات تازہ پانا ۔ حیات نو حاصل کرنا ۔

Rejuvenescense *n.* نئی جوانی ۔ اعادہ شباب ۔

Rejuvenescent *adj.* از سر نو شباب پانے والا ۔ پھر سے جوان ہونے والا ۔

Rekindle (re-kin-dl) *v.t.* & *i.* Burn again دوبارہ جلانا یا جلنا ۔ دوبارہ روشن کرنا ۔ دوبارہ سلگنا یا سلگانا ۔

Relapse (ri-laps) *v.i.* & *n.* Sink or fall back پھر آنا ۔ پھر مبتلا ہونا ۔ بیماری کا عود کر آنا ۔ بری عادتوں میں پھر پڑ جانا ۔ ارتداد ۔ عود ۔

Relate (ri-lāt) *v.t.* & *i.* Narrate, recount کہنا بیان کرنا ۔ قصہ کہنا ۔ روایت کرنا ۔ نسبت یا علاقہ رکھنا ۔ تعلق ہونا ۔ تعلق پیدا کرنا ۔ رابطہ قائم کرنا ۔

Relation (ri-lā-shən) *n.* Narrative, recital بیان ۔ تذکرہ ۔ داستان ۔ چرچا ۔ قصہ ۔ روایت ۔ رشتہ دار ۔ قرابتی ۔ رو داد مقدمہ ۔

Relational *adj.* نسبتی ۔ رشتہ کا ۔

Relationship *n.* نسبت ۔ تعلق ۔ رشتہ داری ۔

Relative (ri-lə-tiv) *adj.* & *n.* In or having relation (قواعد) موصولہ ۔ (منطق) لازم ملزوم ۔ متناسب ۔ اضافی ۔ اعتباری ۔ متناسب ۔ مشروط ۔ منحصر ۔ موقوف ۔ رشتہ دار ۔ عزیز ۔ قرابت دار ۔

Relatively *adv.* متعلقہ طریقے سے ۔ نسبتی طور پر ۔ اضافی طور پر ۔

Relativism (ri-lə-tiv-izm) *n.* Doctrine of relativity یہ نظریہ کہ علم انسان اضافی ہے ۔

Relativity (ri-lə-tiv-iti) *n.* Fact of being related نظریہ اضافت ۔ یہ نظریہ کہ فاصلہ اور وقت محض اضافی ہیں ۔

Relax (ri-laks) *v.t.* & *i.* Loosen, slacken ڈھیلا کرنا ۔ نرم کرنا ۔ کمزور کرنا ۔ سست کرنا ۔ آرام لینا ۔ سست پڑ جانا ۔ ٹھنڈا پڑ جانا ۔ دل بہلانا ۔ تفریح کرنا ۔ قبض رفع کرنا ۔

Relaxing climate سست کر دینے والی آب و ہوا ۔ جمود اور آب و ہوا ۔

Relaxant *n.* ملین دوا ۔

Relaxation (ri-laks-ə-shən) *n.* Act of relaxing ڈھیلا پن ۔ سستی ۔ کاہلی ۔ تفریح ۔ رعایت ۔ تخفیف ۔ بہلاوا ۔ سستانا ۔

Relay (ri-lā) *v.t.*, *i.* & *n.* Fresh set of dogs in hunting or fresh horses گھوڑوں یا کتوں کی ڈاک چوکی ۔ بدل چوکی ۔ (تار) آلہ جو دور کی رو پہنچانے میں مدد دیتا ہے ۔ ڈاک چوکی بٹھانا ۔ کسی دوسرے اسٹیشن کے پروگرام کو نشر کرنا ۔

Relay race دوڑ جس میں تین یا چار آدمی ایک ٹیم کے حصہ لیتے ہیں ۔

Release (ri-lēs) *v.t.* Let go, set free چھوڑ دینا ۔ دعویٰ ترک کرنا ۔ دست بردار ہو جانا ۔ فارغ خطی لکھنا ۔ رہا کرنا ۔ آزاد کرنا ۔ فلم پہلی بار دکھانا ۔

Releasable *adj.* قابل نمائش ۔ قابل رہائی ۔

Release (ri-les) *n.* Liberation خلاصی ۔ رہائی ۔ چھٹکارا ۔ واگزاشت ۔ بریت ۔ دست برداری ۔ فارغ خطی ۔

Relegate (re-li-gāt) *v.t.* Banish, send away, assign جلا وطن کرنا ۔ ملک سے خارج کرنا ۔ دیس نکالا دینا ۔ دھکیل دینا ۔ پھینک دینا ۔ منتقل کرنا ۔ کسی دوسرے شخص کا حوالہ دینا ۔

Relegable *adj.* جلا وطنی کے قابل ۔ قابل اخراج ۔ انتقال پذیر ۔

Relegation *n.* گرایا جانا ۔ اخراج ۔ جلا وطنی ۔

Relent (ri-lent) *v.t. & i.* Soften, melt نرم ہونا ۔ نرم کرنا ۔ پگھلانا ۔ ہلکا پڑنا ۔ رحم کرنا ۔ ترس کھانا ۔

Relentingly *adv.* ترس کھا کر ۔ رحم کھا کر ۔ نرم ہو کر ۔

Relentless *adj.* سنگدل ۔ بے رحم ۔

Relentlessness *n.* بے رحمی ۔ سنگدلی ۔

Relevant (rel-i-vənt) *adj.* Bearing upon the purpose مناسب ۔ حسب حال ۔ با موقع ۔ چسپاں ہونے والا ۔ مفید مطلب ۔ ضروری ۔ متعلقہ ۔

Relevance-cy *n.* مفید مطلب ہونا ۔ مسئلہ سے متعلق ہونا ۔ باموقع یا بامحل ہونا ۔

Relevantly *adv.* اپنے محل پر ۔ تعلق سے ۔ مناسبت سے ۔

Reliable (re-li-əbl) *adj.* Dependable معتبر ۔ قابل اعتبار ۔ قابل وثوق ۔ بھروسے کا ۔

Reliability }
Reliableness } *n.* معتبر ہونا ۔ قابل اعتماد ہونا ۔ قابل وثوق ہونا ۔ بھروسہ کا ہونا ۔

Reliability trials موٹروں اور سائیکلوں کی لمبی دوڑ جس سے ان کی مضبوطی کی آزمائش ہو ۔

Reliably *adv.* معتبر طریقہ پر ۔ بھروسے سے ۔ وثوق سے ۔

Reliance (re-li-əns) *n.* Trust اعتماد ۔ اعتبار ۔ بھروسہ ۔ توکل ۔ آسرا ۔ سہارا ۔

Relian *adj.* بھروسہ کرنے والا ۔ اعتبار کرنے والا ۔

Relic (rel-ik) *n.* That which is left after decay باقیات ۔ نشان ۔ اثر ۔ کھنڈر ۔ تحفہ ۔ نشانی ۔ یاد گار ۔ تبرک ۔ تبرکات (مقدس ہستیوں کے بال ۔ دانت ۔ ناخن وغیرہ) ۔ لاش ۔ ہڈیاں ۔ قابل قدر چیزیں ۔

Relief (re-lēf) *n.* Removal of any burden or discomfort آرام ۔ سکھ ۔ چین ۔ چارہ سازی ۔ درد میں کمی ۔ دستگیری ۔ نجات ۔ مخلصی ۔ مدد ۔ سہارا ۔ کمک ۔ فوجی امداد ۔ تنوع ۔ تفریح ۔ دلچسپی ۔ پہرے کی تبدیلی ۔

Relief-fund رقم برائے امداد ۔ امدادی رقم ۔

Relief-map وہ طبعی نقشہ جس میں قدرتی چیزیں ابھار کر یا رنگ بھر کر دکھائی جاتی ہیں ۔

Relief work خیراتی کام ۔ امدادی کام ۔ تعمیری کام ۔

Relief (ri-lēf) *n.* Removal of burden, projection منبت کاری ۔ ابھری ہوئی تصویر یا نقش بنانے کا فن ۔ ابھرواں کام ۔

Bring out facts in full relief واقعات کو پوری طرح واضح کرنا ۔

Relieve (ri-lēv) *v.t.* Lift up, release ابھارنا ۔ اونچا کرنا ۔ منبت کاری کرنا ۔ ابھار کر دینا ۔ نمایاں کرنا ۔ کم کرنا ۔ سبکدوش کرنا ۔ اعانت کرنا ۔ دستگیری کرنا ۔ چارہ سازی کرنا ۔

Relievable *adj.* قابل امداد ۔ قابل سبکدوشی ۔ قابل تخفیف ۔

Religion (ri-lij-ən) *n.* Belief in a higher unseen power مذہب ۔ دین ۔ عقیدہ ۔ ایمان ۔ ایمان بالغیب ۔ ایک نادیدہ ہستی برتر پر ایمان ۔ رہبانیت ۔ مذہبی رسوم کی ادائیگی ۔

Religioner (ri-lij-ən-er) *n.* A member of an order کسی مذہبی جماعت کا رکن ۔ پرجوش دیندار آدمی ۔ پکا دیندار ۔

Religionism (ri-lij-ən-izm) *n.* Bigotry مذہبی جنون ۔ تنگدلی ۔ تعصب ۔ مذہب پرستی ۔

Religionist *n.* مذہبی دیوانہ ۔ مذہب پرست ۔

Religionize (ri-lij-ən-īz) Imbue with religion مذہبی رنگ چڑھانا ۔ مذہبی جوش پیدا کرنا ۔

Religiose (ri-lij-i-os) *adj.* Morbidly religious کٹر دیندار ۔ دیوانہ مذہب ۔

Religiosity (ri-lij-i-o-siti) *n.* Religious feeling
مذہبیت ۔ دینداری ۔ مذہبی جنون ۔

Religious (ri-lij-əs) *adj.* & *n.* Devoted to or imbued with religion
دینی ۔ مذہبی ۔ شرعی ۔ مذہب کا ۔ دیندار ۔ ایماندار ۔ خدا ترس ۔ پارسا ۔ متقی ۔ پرہیز گار ۔ محتاط ۔ راہب ۔ کٹر ۔ متعصب ۔

With religious care
بے حد احتیاط سے ۔

Religiously *adv.*
احتیاط سے ۔ ایمان سے ۔ دینداری سے ۔

Religiousness *n.*
مذہبیت ۔ تقویٰ ۔ خدا ترسی ۔

Relinquish (re-ling-kwish) *v.t.* Give up, let go
چھوڑنا ۔ ترک کرنا ۔ دست کش ہونا ۔ ہاتھ اٹھا لینا ۔ باز رہنا ۔ در گزر کرنا ۔ ہاتھ اٹھانا ۔

Relinquishment *n.*
وا گزاشت ۔ دست کشی ۔ دست برداری ۔

Reliquary (re-lik-wer-i) *adj.* & *n.* Of relics, a receptacle for relics
تبرکات رکھنے کا صندوق ۔ آثار محفوظ رکھنے کا صندوق ۔

Relish (rel-ish) *v.t.* & *i.* Like the taste of, enjoy
چکھنا ۔ لطف اندوز ہونا ۔ مزا اٹھانا ۔ خوش ذائقہ کرنا ۔ مزیدار بنانا ۔ چٹ پٹا بنانا ۔ مرغوب بنانا ۔ بو دینا ۔ ذائقہ پر اثر کرنا ۔ مترشح ہونا ۔ مزیدار ہونا ۔ مرغوب ہونا ۔

Relishable *adj.*
ذائقہ دار ۔ مرغوب ۔ دلپسند ۔ مزیدار ۔

Relish (rel-ish) *n.* Appetising flavour, gusto, condiment
ذائقہ ۔ مزا ۔ چاشنی ۔ چٹنی ۔ چاٹ ۔ اچار ۔ مسالے ۔ رغبت ۔ چٹخارہ

Reload (ri-lowd) *v.t.* & *i.* Load again
پھر بھرنا ۔ بندوق کو دوبارہ بھرنا ۔ لادنا ۔

Relucent (ri-l(y)ōō-sənt) *adj.* Shining
شفاف ۔ چمکتا ہوا ۔ صاف ۔ تاباں ۔

Reluct (ri-lukt) *v.i.* Be unwilling
نا پسند کرنا ۔ ناراض ہونا ۔ مخالفت کرنا ۔

Reluctation *n.*
مزاحمت ۔ ناپسندیدگی ۔

Reluctant (ri-lukt-ənt) *adj.* Unwilling
بے دل ۔ بر خاستہ خاطر ۔ نا رضا مند ۔ ناخوش ۔

Reluctance *n.*
نارضامندی ۔ بے دلی ۔ بے اعتنائی ۔

Reluctantly *adv.*
چار و ناچار ۔ نارضامندی سے ۔ بے دلی سے ۔

Reluctate *v.i.*
بد دل ہونا ۔ ناراض ہونا ۔

Relume (ri-l(y)ōōm) *v.t.* Light anew
دوبارہ جلانا ۔ پھر روشن کرنا ۔ پھر منور کرنا ۔

Rely (ri-lī) *v.i.* & *t.* Rest as on a support, depend
تکیہ کرنا ۔ بھروسہ کرنا ۔ اعتبار کرنا ۔ یقین کرنا ۔ اعتماد کرنا ۔

Remain (ri-mān) *v.i.* Stay or left behind
باقی رہنا ۔ رک جانا ۔ پیچھے رہ جانا ۔ ٹھہرے رہنا ۔ چھوٹ جانا ۔ پہلے کی طرح ہونا ۔ بدستور ہونا ۔

Remain (ri-mān) *n.* Stay, abode, that which remains
بقیہ حصہ ۔ بچا ہوا حصہ ۔ آثار ۔ لاش ۔ نشان ۔ کھنڈر ۔

Remainder (ri-mān-der) *v.t.* & *n.* That which is left behind
بچت ۔ بقیہ ۔ بچا ہوا حصہ ۔ پس ماندہ ۔ رہا سہا ۔ (ریاضی) باقی ۔ حاصل ۔ تفریق ۔ فاضل ۔ (قانون) جائداد کا قلیل حصہ جو وصیت کے ذریعے دوسرے کو دے دیا جائے ۔ گزارہ ۔ وراثت ۔ بازگشت ۔ نا فروخت شدہ کتابوں کا ذخیرہ ۔ اس ذخیرے کو اونے پونے بیچنا ۔

Remake (re-māk) *v.t.* Make anew
پھر بنانا ۔ نئی طرح بنانا ۔ از سر نو بنانا ۔

Reman (re-mən) *v.t.* Supply additional manpower
مزید آدمی مہیا کرنا ۔ مزید مدد لگانا ۔ پھر ہمت بندھانا ۔

Remand (ri-mand) *v.t.* & *n.* Send back
واپس بھیج دینا ۔ لوٹا دینا ۔ حوالات میں رکھنا ۔ مزید حراست کا حکم دینا ۔ مزید حراست ۔

Remanent (rem-ən-ənt) *adj.* Remaining
بقیہ ۔ پس ماندہ ۔ بچا کھچا ۔ رہا سہا ۔

Remark (ri-mȧrk) *v.t.* & *i.* Mark out, notice, comment
غور کرنا ۔ دیکھنا ۔ غور سے دیکھنا ۔ فرمانا ۔ ارشاد کرنا ۔ ذکر کرنا ۔ اشارہ کرنا ۔ رائے دینا ۔ کیفیت بتانا ۔

Remark (ri-mȧrk) *n.* Observation, comment
نگاہ ۔ نظر ۔ مشاہدہ ۔ ملاحظہ ۔ نظر فرمائی ۔ کیفیت ۔ شرح ۔ بیان ۔ قول ۔ رائے ۔ گفتگو ۔

Remarkable (ri-mȧrk-əbl) *adj.* Noteworthy, unusual
عجیب ۔ نادر ۔ قابل غور ۔ ممتاز ۔ عجیب و غریب ۔ نمایاں ۔ غیر معمولی ۔

Remarkableness *n.* مخصوصیت - امتیاز - ندرت - انوکھا پن -

Remarkably *adv.* عجیب طور سے - از بس - نمایاں طور پر - بڑی خوبی سے -

Remarry (ri-ma-ri) *v.t* & *i.* Marry again دوبارہ بیاہ کرنا - دوسرا عقد کرنا -

Remedy (rem-i-di) *v.t.* & *n.* Any means of curing a disease علاج - معالجہ - اکسیر - نسخہ - دوا درمان - ترکیب - تدارک - تدبیر کرنا - چارہ کار اختیار کرنا - اصلاح کرنا - تلافی کرنا -

Remediable *adj.* تدارک پذیر - قابل تلافی - قابل علاج -

Remedial *adj.* علاجی - اصلاحی - انسدادی -

Remediless *adj.* بے بس - نا چار - لاعلاج -

Remember (ri-mem-bər) *v.t.* Keep in memory or mind یاد کرنا - خیال کرنا - ذہن میں رکھنا - حافظے میں رکھنا - نہ بھولنا - دعائیں دینا - دعا میں یاد کرنا - آداب پہنچانا - سلام کہنا -

Remember me kindly to him میری طرف سے بہت بہت سلام کہنا -

Rememberable *adj.* یاد رکھنے کے لائق -

Remembrance (ri-mem-brəns) *n.* Memory - یاد یاداشت - حافظہ - یادگار - (جمع) آداب - تسلیمات - سلام دعا -

Remembrancer (ri-mem-brəns-er) *n.* Recorder یاد دلانے والا - سرکاری قرضہ وصول کرنے والا - یاد رکھنے والا -

Remiform (re-mi-form) *adj.* Wing like - پنکھ جیسا چپو جیسا -

Remigrate (rem-i-grāt) *v.i.* Change back جہاں سے ہجرت کی تھی پھر وہیں واپس کرنا - واپس جانا - مراجعت کرنا -

Remind (ri-mīnd) *v.t.* Put in mind - یاد دلانا جتانا - یاد دہانی کرنا -

Remindful *adj.* یاد دلانے والا -

Reminder (ri-mīnd-ər) *n.* That which reminds یاد دہانی - تاکید - دوبارہ یاد دہانی کرانے والا مراسلہ -

Reminiscence (rem-i-nis-əns) *n.* Recollection یاد - تزکرہ - واقعات کی یاد - یاد دہانی - وقائع - سوانح -

Reminiscential *adj.* یاد دلانے والا - یاد تازہ کرنے والا -

Platonic doctrine of reminiscence } افلاطون کا نظریہ کہ انسان کا علم درحقیقت اس علم کو تازہ کرنا ہے جو عالم مثال میں اس کو ملا تھا -

Reminiscent (re-mi-nis-ənt) *adj.* Suggestive, remindful گزرے ہوئے واقعات یاد رکھنےوالا - ان کی طرف اشارہ کرنے والا - حافظہ میں تحریک کرنے والا -

Reminiscently *adv.* گزشتہ واقعات کی یاد تازہ کرتے ہوئے - یاد دلاتے ہوئے -

Remise (ri-miz) *n.* & *v.i.* Surrender of a claim, a coach house بگھی خانہ - ہلکی چوٹ - ہلکی ضرب لگانا - (قانون) حوالے کرنا - ادا کرنا - ہاتھ سے دے دینا -

Remiss (ri-mis) *adj.* Negligent, slack - سست ڈھیلا - کاہل - بودا - کمزور - نا کارہ - نافرض شناس -

Remissly *adv.* - بودے پن سے - لا پرواہی سے - کاہلی سے - سستی سے -

Remissness *n.* - کاہلی - سستی - لا پرواہی - بے احتیاطی -

Remissible (ri-mis-i-bl) *adj.* That may be remitted قابل تخفیف - قابل معافی - قابل در گذر -

Remission (ri-mish-ən) *n.* Pardon, forgiveness تخفیف - رعایت - کمی - معافی - درگزر - دستبرداری -

Remissive *adj.* - قابل معافی - قابل درگزر - مغفرت کا - معافی کا -

Remit (ri-mit) *v.t.* & *i.* Relax, pardon - پھیر دینا چھوڑ دینا - حوالے کرنا - معاف کر دینا - تخفیف کرنا - گھٹانا - کم ہونا - سست پڑ جانا - دھیما ہونا - رعایت کرنا - گھٹنا - کم کرنا -

Remittal *n.* منتقلی مقدمہ - ارسال - ترسیل -

Remitter *n.* تخفیف کرنے والا - چھوڑنے والا - ارسال کرنے والا - بھیجنے والا -

Remittance (ri-mit-əns) *n.* Sending of money, thing sent - ترسیل زر - روپیہ جو دور بھیجا جائے - ترسیل -

Remittant (ri-mit-ənt) *adj.* & *n.* Remitting at intervals باری کا - معینہ وقفہ کے بعد - تھوڑی تھوڑی دیر میں گھٹنے بڑھنے والا بخار -

Remitter (ri-mit-ər) *n.* One who makes a remittance رقم روانہ کرنے والا - ادا کرنے والا - جائداد کا حق دار - واگزاشت کرنے والا - دست بردار ہونے والا -

Remnant (rem-nənt) *n.* A small portion surviving after destruction بقیہ - باقی ماندہ - بچا کھچا - آثار قدیمہ - نشان - ٹکڑا - پارہ - پارچہ -

Remodel (ri-mod-el) *v.t.* Make anew نئے نمونے پر مرتب کرنا - از سرنو بنانا - نئی طرز پر تشکیل کرنا -

Remonstrance (ri-mon-strəns) *n.* Strong or formal protest شکایت - گلہ - احتجاج - رد و قدح - سمجھانا بجھانا -

Remonstrate (ri-mon-strət) *v.t.* Protest اعتراض کرنا - احتجاج کرنا - تردید کرنا -

Remonstrant *adj.* & *n.* احتجاج کرنے والا - معترض - شکایت کرنے والا -

Remonstrative *adj.* شکائتی - احتجاجی -

Remonstrator *n.* رد و قدح کرنے والا - اعتراض کرنے والا -

Remora (ri-mor-ȧ) *n.* The sucking fish ایک قسم کی بحری مچھلی - رس ماہی -

Remorse (ri-mors) *n.* Pain of conscience تاسف - پشیمانی - ندامت - ضمیر کی خلش - انفعال - رحم - درد -

Remorseful *adj.* خجل - نادم - متاسف -

Remorseless *adj.* بے حس - غیر متاسف - بے رحم - بے درد -

Remorselessness *n.* سنگ دلی - بے رحمی -

Remote (ri-mōt) *adj.* Far removed دور - دوردراز - بعید - الگ - پرے - بیگانہ - اجنبی - بے تعلق - شاہراہ سے دور - خفیف - ذرا سا - دھندلا سا -

Remotely *adv.* دوری سے - فاصلے سے - دور سے -

Remoteness *n.* بعد - فاصلہ - تفاوت - دوری -

Remould (ri-mowld) *v.t.* Reshape پھر سے تشکیل کرنا - نئی شکل دینا - نیا قالب تیار کرنا -

Remount (ri-mownt) *n.* A fresh horse گھوڑوں کی نئی بھرتی - منزل کا گھوڑا - ایسا گھوڑا جو منزل پر تیار ملے -

Remount (ri-mownt) *v.t.* & *i.* Mount a fresh horse پھر سوار ہونا - دوبارہ سوار ہونا - نئے گھوڑے پر سوار ہونا - سلسلہ پہنچنا -

Removable (ri-mōōv-əbl) *adj.* & *n.* Able to be withdrawn موقوفی کے قابل - برطرفی کے لائق - (آئرلینڈ) عامل - حاکم - عدالت -

Remove (ri-mōōv) *v.t.* & *i.* Put or take away, displace ایک جگہ سے دوسری جگہ بھیجنا - تبادلہ کرنا - برطرف کرنا - الگ کرنا - موقوف کرنا - معزول کرنا - مکان چھوڑنا - اٹھا لے جانا -

Removal *n.* نتقال - نقل مکانی - تبادلہ - موقوفی - منتقلی - معزولی -

Remover *n.* وہ جس کا پیشہ اسباب اٹھانا ہو -

Remove (ri-mōōv) *n.* Displacing نقل مکان - روانگی - تبدیلی - تغیر - فاصلہ - دوری - درجہ - پایہ - مرتبہ - واسطہ - دوسرا کھانا جو پہلے کھانے کے بعد میز پر لگایا جائے - ایک جماعت سے دوسری جماعت میں طالب علم کی ترقی -

Remunerate (ri-mu-nə-rāt) *v.t.* Recompense, pay for service صلہ یا اجر دینا - معاوضہ دینا - کام کی اجرت دینا -

Remuneration *n.* معاوضہ - صلہ - جزا - اجرت -

Remunerative *adj.* پر منفعت - سود مند - نفع بخش -

Remunerativeness *n.* نفع بخش ہونا - سود مند ہونا - پر منفعت ہونا -

Renaissance (ri-nā-səns) *n.* A new birth نشاۃ ثانیہ - علوم و فنون کے احیاء کا زمانہ - کسی چیز کا احیاء - دور ترقی -

Renascence (ri-nas-əns) *n.* Renewed vitality نیا جنم - نئی توانائی - نئی پیدائش - بعثت ثانیہ - تجدید -

Renascent (ri-nas-ənt) *adj.* Coming into renewed life جو از سر نو توانا ہو گیا ہو - جو از سر نو شاداب ہو رہا ہو -

Recounter (ri-kownt-ər) *n.* A collision, chance meeting مڈ بھیڑ - مقابلہ - ٹکر - آویزش - جھڑپ - تصادم -

Rend (rend) *v.t.* & *i.* Tear asunder چیرنا ۔ پھاڑنا ۔ نوچنا ۔ توڑنا ۔ ٹکرے ٹکڑے کر دینا۔ نوچ کھسوٹ کرنا ۔

Render (ren-dər) *v.t.* & *n.* Give up, return حوالے کرنا ۔ واپس کرنا ۔ پھیر دینا ۔ پیش کرنا ۔ سر انجام دینا ۔ خدمت بجا لانا ۔ انتظام کرنا ۔ حساب سمجھانا ۔ چربہ اتارنا ۔ نقشہ کھینچنا ۔ ادا کرنا ۔ بنا دینا ۔ کر دینا ۔ بدل دینا ۔ پگھلا کر چربی نکالنا ۔ گرم کرکے صاف کرنا ۔ پچارا پھیرنا (قانون) لگان ۔ نذرانہ ۔

Rendering (ren-dər-ing) *n.* An act of rendering ترجمہ ۔ ادا کردگی ۔ نقش کاری ۔ نقش کشی ۔

Rendezvous (ran-di-vo͞o) *n.* An appointed meeting-place ملاقات کا مقررہ مقام ۔ جمع ہونے کی جگہ ۔ جہازوں کے اجتماع کا مقام ۔ اڈا ۔ مجلس ۔ اکھاڑا ۔ بیٹھک ۔ جائے مقررہ ۔

Rendition (ren-di-shən) *n.* Surrender حوالے کر دینا ۔ سپردگی ۔ ترجمہ ۔ ادا کردگی ۔

Renegade (ren-i-gād) *n.* An apostate, one faithless تارک دین ۔ منکر ۔ مرتد خصوصاً وہ عیسائی جو اسلام لے آئے ۔ بد عہد ۔ آوارہ ۔ اوباش ۔ اپنے گروہ یا اصول سے منحرف ہو جانا ۔

Renegation *n.* غداری ۔ دین سے فراری ۔ ارتداد ۔

Renew (ri-nū) *v.t.* & *i.* Renovate تازہ کرنا۔ پھر شروع کرنا ۔ تجدید کرنا ۔ از سر نو زندگی بخشنا ۔ تازہ ہو جانا ۔ نیا ہو جانا ۔ پھر آ جانا ۔

Renewable *adj.* نیا بنانے کے قابل ۔ قابل احیا ۔ قابل تجدید ۔

Renewal *n.* پھر شروع کرانا ۔ احیاء ۔ تازگی ۔ تجدید ۔

Renidify (ri-ni-di-fī) *v.i.* Build a fresh nest نیا گھونسلہ بنانا ۔

Reniform (re-ni-form) *adj.* Kidney-shaped گردے کی شکل کے ۔

Rennet (ren-it) *n.* Any means of curdling milk دودھ جانا ۔ جما ہوا دودھ ۔ پنیر مایہ ۔ ایک قسم کا سیب ۔

Renounce (ri-nowns) *v.t.* Disown, disclaim چھوڑنا ۔ دست بردار ہونا ۔ ہاتھ اٹھانا ۔ ترک کرنا ۔ الگ ہو جانا ۔ قطع تعلق کرنا ۔ فارغ خطی دینا ۔ لادعویٰ لکھنا ۔ مستعفی ہو جانا ۔ (تاش) بے رنگ پتہ ڈالنا ۔

Renouncement *n.* دست برداری ۔ اعتراض ۔ انکار ۔ ترک ۔

Renovate (ren-ō-vāt) *v.t.* Make new نیا کرنا ۔ تازہ کرنا ۔ نئے کی طرح کر دینا ۔ ترمیم کرنا ۔ مرمت کرنا ۔ درست کرنا ۔ پھر سے بنا دینا ۔

Renovation *n.* پہلی حالت پر لانا ۔ درستی ۔ ترمیم ۔ تجدید ۔

Renown (ri-nown) *n.* Fame شہرت ۔ ناموری ۔ امتیاز ۔ نام و نمود ۔

Renowned *adj.* ممتاز ۔ نامور ۔ نامی گرامی ۔ مشہور ۔

Rent (rent) *n.* A fissure درز ۔ چاک ۔ شگاف ۔ لکیر ۔ چیری ۔

Rent (rent) *n., v.t.* & *i.* Periodical payment زر لگان ۔ کرایہ ۔ مالیہ ۔ کرایہ پر دینا ۔ زمین لگان پر اٹھا دینا ۔ پٹے پر لینا ۔ لگان عائد کرنا ۔ محصول لگانا ۔

Rentable *adj.* قابل استجارہ ۔ پٹے پر دینے کے قابل ۔ کرایہ پر دینے کے قابل ۔

Rented *adj.* کرایہ پر اٹھائی ہوئی ۔ پٹے کی ۔

Rental (rent-al) *n.* Annual value نکاسی ۔ جمع بندی ۔ سالانہ ۔ کرایہ کی آمدنی ۔ کرایہ ۔ زر لگان ۔ مالگذاری ۔

Rente (rȧ̃nt) *n.* Annual income (فرانس) سالانہ آمدنی ۔ نفع ۔

Renter (rent-ər) *n.* A theatre share-holder فلمی تجارت کا شریک ۔ وہ جو کرایہ پر مکان یا دوکان وغیرہ دیتا ہے ۔

Rentier (rȧ̃n-tyȧ̈) *n.* A fund holder (فرانس) جسکو جائداد کے کرایہ کی آمدنی ہو ۔ جو کرایہ پر گزارہ کرے ۔

Renunciation (ri-nun-si-a-shən) *n.* Self resignation ترک ۔ انکار ۔ دست برداری ۔ نفس کشی ۔ فارغ خطی ۔ ترک دینا ۔ ترک تعلقات ۔

Renunciant *n.* & *adj.* دست بردار ہونے والا ۔ تارک الدنیا ۔ ترک تعلقات کرنے والا ۔

Renunciative, **Renunciatory** *adj.* ترک دنیا کا ۔ نفس کشی کا ۔ ترک تعلقات کا ۔

Reoccupy (ri-ok-u-pī) *v.t.* Take possession again پھر قبضہ کر لینا ۔ پھر تصرف میں لانا ۔ دوبارہ قابض ہو جانا ۔

Reopen (ri-ō-pn) *v.t. & i.* Open again - پھر کھولنا - پھر شروع کرنا - نیا مسئلہ پیدا کرنا - دوبارہ چھیڑنا -

Reorganize (ri-or-gən-iz) *v.t.* Rearrange نئے سرے سے منظم کرنا - پھر سے ترتیب دینا -

Rep (rep) *n.* A corded cloth - جاجم - دری - شطرنجی - موٹا کپڑا - (بول چال) وہ نظم جو رٹ لی جائے - آوارہ - بدمعاش -

Repaint (ri-pānt) *v.t.* Paint anew دوسری بار رنگ کرنا - پھر رنگ بھرنا -

Repair (ri-pār) *v.t.* Mend, make amends درست کرنا - مرمت کرنا - سنوارنا - سدھارنا - نیا کر دینا - تلافی کرنا - نقصان پورا کرنا -

Repair (ri-pār) *n.* Restoration after injury or decay مرمت - درستی - اصلاح - درستی کی حالت - نقصان کا بدلہ -

Repandous (ri-pan-dəs) *adj.* Slightly wavy اوپر کی طرف مڑا ہوا -

Reparable (ri-par-əbl) *adj.* Capable of being mended قابل مرمت - قابل تلافی - قابل تدارک -

Reparation (re-par-ā-shən) *n.* Repair, amends درستی - مرمت - اصلاح - عوض - بدلہ - تاوان - تلافی -

Reparative *adj.* تلافی کرنے والا - اصلاح بخش - ترمیمی -

Repartee (rep-är-tē) *v.t. & n.* Ready and witty retort معقول اور فی‌البدیہہ جواب - برجستہ جواب - بدیہہ گوئی کرنا - برجستہ جواب دینا -

Repass (re-pâs) *v.t. & i.* Pass again, pass in opposite direction پھر گزرنا - واپس سفر کرنا - پلٹ کر گزرنا -

Repast (ri-pâst) *n.* A meal ناشتہ - کھانا - غذا - صبح شام کا کھانا - کھانے کی چیز -

Repatriate (ri-pât-ri-āt) *v.t.* Send back to one's country کسی قیدی کو اس کے وطن واپس کرنا - وطن واپس بھیجنا -

Repay (re-pā) *v.t.* Pay back, recompense - ادا کرنا - چکانا - پھیر دینا - واپس دینا - بدلہ دینا - جواب دینا - معاوضہ دینا - صلہ دینا - اجر دینا -

Repayable *adj.* - جزا پذیر - قابل معاوضہ - قابل ادائگی - ادا کرنے کے لائق -

Repayment (re-pā-mənt) *n.* Compensation ادائگی - چکوتی - واپسی - ادلا بدلا - معاوضہ -

Repeal (ri-pēl) *v.t. & n.* Revoke, annul موقوف کرنا - منسوخ کرنا - منسوخی - تنسیخ -

Repealable *adj.* موقوف کے قابل - قابل منسوخی -

Repeat (ri-pēt) *v.t. & i.* Say or perform again دہرانا - مکرر کہنا - اعادہ کرنا - رٹ لگانا - گھڑی کا ٹن ٹن کرنا - بندوق کا متواتر چلنا - بار بار ہونا - چند ضربی ہونا - متواتر کرنا یا ہونا -

Repeatable *adj.* مکرر کہنے یا کرنے کے لائق -

Repeatedly *adv.* - تکرار سے - تواتر سے - بار بار - مکرر

Repeater *n.* خود کار پستول یا رائفل - گھڑی جو گھنٹے بجاتی ہو -

Repeat (ri-pēt) *n.* A repetition, a passage repeated اعادہ - تکرار - راگ کا وہ حصہ جو بار بار بجایا یا دہرایا جائے - اسی مال کا دوسرا چالان - اسی مال کی فرمائش -

Repel (ri-pel) *v.t.* Drive off or back دفع کرنا - پیچھے ہٹانا - پسپا کرنا - ناگوار ہونا - کراہت پیدا کرنا -

Repellent *adj.* ناگوار - کراہت پیدا کرنے والا - دور کرنے والا -

Repellently *adv.* ناگوار طریقے سے - کراہت سے - ناگواری سے -

Repent (re-pənt) *adj.* Lying on the ground زمین پر پھیلنے والا - زمین گیر پودا ، بیل یا گھاس -

Repent (re-pənt) *v.t. & i.* Regret, feel sorry for پشیمان ہونا - پچھتانا - افسوس کرنا - نادم ہونا - باز آنا - پھرنا - اظہار ندامت کرنا -

Repentance *n.* ندامت - توبہ - پشیمانی - انفعال - تاسف -

Repentant *adj.* پشیمان - متاسف - نادم -

Repercussion (re-pər-kush-ən) *n.* Echo, reverberation صدائے بازگشت - گونج - لہر - گمک - انجام - رد عمل - عواقب - اثرات -

Repercussive *adj.* گونجتاہوا - لوٹانے والا - بازگشت کرنے والا -

Repertory (rep-ər-tər-i) *n.* Store-house باترتیب چیزیں رکھنے کی جگہ - مخزن -

Repertoire (rep-ər-twor) *n.* A performers' repertory شعبدہ بازوں کا ذخیرہ سامان -

Repertoire company وہ کمپنی جو بہت سے تماشے یکے بعد دیگرے دکھاتی ہے -

Repertory (rep-ər-tər-i) *n.* Homoeopaths book of reference ہو میو پیتھک ڈاکٹر کی کتاب الامراض - گنجینہ - ذخیرہ - مخزن -

Reperuse (rē-per-ūs) *v.t.* Read again دوبارہ مطالعہ کرنا - دوبارہ نظر ڈالنا -

Repetition (rep-i-tish-ən) *n.* Act of repeating دہراؤ - تکرار - اعادہ - خواندگی - حفظ کیا ہوا سبق - مثنیٰ - ہو بہو نقل - (موسیقی) سر کی تیزی - تکرار - سرعت نغمہ -

Repetitional, Repetitionary } *adj.* بار بار آنے والا - تکراری -

Repine (ri-pīn) *v.t.* Feel discontent جلنا - کڑھنا - شکایت کرنا - غم کھانا - ملول ہونا - پیچ و تاب کھانا - پریشان ہونا - غمزدہ ہونا - رونا -

Repiningly *adv.* غمزدہ ہو کر - ملول ہو کر - پیچ و تاب کھاتے ہوئے -

Repique (ri-pek) *n., v.t. & i.* Winning of thirty points in one's own hand (تاش) ایپک کے کھیل میں اپنے ہاتھ پر تیس بوند بنانا - تیسا پانا - تیسا جیتنا -

Replace (re-plās) *v.t.* Put back, provide a substitute کسی کے عوض دوسرے کو رکھنا - قائم مقام کرنا - بدل ہونا - جانشین ہونا - مقام کے لحاظ سے پیچھے ہٹا دینا -

Replaceable *adj.* جس کی جگہ دوسرا لے سکے - جو ہٹایا جاسکے -

Replacement *n.* بدل - قائم مقامی - جانشینی - عوضی -

Replant (re-plant) *v.t.* Plant for a second time کسی جگہ سے لاکر پودا لگانا - دوبارہ لگانا - کسی باغ میں دوبارہ پودے بٹھانا -

Replay (re-plā) *n.* An undecided match played again غیر فیصل شدہ میچ جو دوبارہ کھیلا جائے -

Replenish (ri-plan-ish) *v.t.* Fill again پھر بھر دینا - معمور کر دینا - لبالب بھرنا - لبریز کرنا -

Replenished *adj.* لبریز - بھرا ہوا -

Replenishment *n.* بھرا ہوا ہونا - لبریز ہونا - معمور ہونا -

Replete (ri-plēt) *adj.* Full, completely filled لبریز - بھرا ہوا - منہ تک بھرا ہوا - معمور - شکم سیر -

Repletion *n.* بھرا ہوا ہونا - معمور ہونا - فراوانی - کثرت -

Replevin (ri-plev-in) *n.* Boil, recovery, restoration واگزاشت - قرق - قرق شدہ سامان کی واپسی -

Replevy (ri-plev-i) *v.t.* Bail, recover ضمانت پر چھوڑنا - واگزاشت کرنا - قرق سے آزاد کرنا -

Replica (rep-li-kȧ) *n.* A duplicate تصویر کی نقل - ہو بہو نقل - مثنیٰ -

Replicate (rep-li-kāt) *v.t.* Make a replica of. کسی نقش یا تصویر کی نقل تیار کرنا - تہہ کرنا - لپیٹنا - نقش ثانی تیار کرنا -

Replication *n.* صدائے بازگشت - لپیٹنا - تہہ کرنا - رد کلام - جواب - نقل -

Reply (ri-plī) *v.t.,i. & n.* Say in answer, answer جواب دینا - جواب میں کہنا - وہ بات جو جواب میں کہی جائے - جواب -

Report (ri-pōrt) *v.t. & i.* Convey, bring an account خبر دینا - اطلاع دینا - آگاہ کرنا - بیان کرنا - کیفیت لکھنا - روداد بیان کرنا - رپورٹ دینا یا لکھنا - حاضری کی اطلاع دینا - کسی معاملہ کے متعلق ظاہر کرنا یا لکھ بھیجنا -

Reportable قابل بیان - قابل اطلاع -

Reporter *n.* رپورٹر - نامہ نگار - خبر رساں - وقائع نگار -

Report one's self حاضر ہونا -

Be reported of مشہور ہونا - چرچا ہونا - ذکر ہونا -

Report (ri-pōrt) *n.* A statement of facts حال - بیان - تذکرہ - ماجرا - افواہ - ذکر - چرچا - شہرت - آواز - دھماکا - حقیقت حال - اطلاع - خبر -

Repose (ri-pōz) *v.t.,i.* & *n.* Lay at rest - آرام لینا
آرام سے لیٹنا - آرام کرنا - سستانا - سہارا لینا - آرام
پہنچانا - مبنی ہونا - منحصر ہونا - آرام - استراحت -
اطمینان - سکون - ہم آہنگی - آسودگی -

Repository (ri-poz-i-təri) *n.* A place or receptacle for things وہ جگہ جہاں چیزیں بغرض
حفاظت رکھی جائیں - رکھنے کی جگہ - مال خانہ -
اسباب رکھنے کا کمرہ - توشہ خانہ - حزانہ - عجائب
خانہ - مقبرہ - محرم راز - راز دار -

Repot (ri-pot) *v.t.* Change the pot پودے کو ایک
گملے سے دوسرے گملے میں منتقل کرنا -

Reprehend (rep-ri-hend) *v.t.* Reprove سرزنش
کرنا - برا بھلا کہنا - ملامت کرنا - الزام دینا -

Reprehensible *adj.* قصور وار - قابل الزام -

Reprehension *n.* زجر و توبیخ - تہمت - سرزنش -
الزام -

Represent (rep-ri-zent) *v.t.* Stand for, show an image of نقشہ اتارنا - خاکہ اتارنا - شبیہہ یا مثل
بنانا - بیان کرنا - نمائندگی کرنا - اچھی طرح صورت حال
سمجھانا - کسی خاص رنگ یا شکل میں پیش کرنا -
بھیس بدلنا - سوانگ بھرنا - مطابق ہونا - نمونہ ہونا -
نمائندہ ہونا - قائم مقام ہونا - وکیل ہونا -

Representation (rep-ri-zent-a-shən) *n.* Act, state or fact of representing تصویر - شبیہہ -
خاکہ - روپ - نقل - سوانگ - ناٹک - عرض معروض -
گزارش - بیان - اظہار - ادعا - وکالت - نیابت - مختاری
نمائندگی -

Representative (rep-ri-zent-ə-tiv) *n.* & *adj.* Typical, agent, successor قائم مقام - جانشین -
نمائندہ - کارندہ - گماشتہ - ایجنٹ - علامت - نشان -
صورت - کسی نوع یا جنس کا نمونہ -

Repress (ri-pres) *v.t.* Restrian روکنا - دبانا - فرو
کرنا - منع کرنا - باز رکھنا - انسداد کرنا - زیر کرنا -
تابع کرنا - مغلوب کرنا -

Repression *n.* تشدد - جبر - سختی - زیادتی - روک
تھام - انسداد -

Repressive *adj.* انسدادی - جابرانہ - جابر - روکنے والا -
دبانے والا -

Reprieve (ri-prēv) *v.t.* & *n.* Rescue, give a respite مہلت دینا - سزا ملتوی کرنا - سزائے قتل کو
سزائے قید میں بدلنا - وقفہ دینا -

Reprimand (rep-ri-mand) *n.* & *v.t.* Severe reprove سخت ملامت - تنبیہہ - جھڑکی - سرزنش -
چشم نمائی - دھمکانا - چشم نمائی کرنا - سرزنش کرنا -

Reprint (ri-print) *v.t.* & *n.* Print again, print a new edition دوبارہ چھاپنا - دوسرا ایڈیشن چھاپنا -
طبع ثانی - طبع جدید -

Reprisal (ri-prīz-əl) *n.* Seizure in retaliation
پاداش - بدلہ - انتقام - انتقامی کاروائی -

Reprise (ri-prīz) *v.t.* & *n.* Recapture, annual charge سالانہ محصول لگانا - دوبارہ قید کرنا - لگان
قائم کرنا - سالانہ محصول - لگان -

Reproach (ri-proch) *v.t.* & *n.* Upbraid سرزنش
کرنا - برا بھلا کہنا - آڑے ہاتھوں لینا - الزام -
سرزنش - لعن طعن - فضیحت - بے عزتی - رسوائی -
ملامت - مسیح کی رسم -

Reproachful *adj.* زبون - قبیح - تحقیر آمیز -
ملامت آمیز -

Reproachfulness *n.* حقارت آمیز ہونا - ملامت خیز
ہونا -

Reproachingly *adv.* ملامت آمیز طریقے سے - سرزنش
کے طور پر -

Reproachless *adj.* ناقابل الزام - بے داغ - بے عیب -

Reprobate (rep-ro-bāt) *adj.* Base, rejected by God خراب - خستہ - خراباتی - راندہ درگاہ - فاجر -
بد معاش - رند - لچا - شہدا -

Reproduce (rep-ro-dūs) *v.t.* Produce a copy of, propagate از سرنو پیدا کرنا - نقل پیدا کرنا -
چربہ اتارنا - اولاد پیدا کرنا - نسل بڑھانا -

Reproduction *n.* نسلی تسلسل - پیدائش -

Reproof (ri-proof) *n.* Rebuke ملامت - ڈانٹ ڈپٹ -
زجر و توبیخ - لعن طعن -

Reprovable *adj.* زجر و توبیخ کے قابل - لعنت ملامت
کا مستحق -

Reproof (ri-proof) *v.t.* Rebuke, censure - الزام دینا سرزنش کرنا - ملامت کرنا - تنبیہ کرنا - کوٹ وغیرہ کو ازسرنو بارانی بنانا - کسی کپڑے کو موم جامہ بنانا -

Reprove (ri-prōv) *v.t.* Disprove, refute سر زنش کرنا - ملامت کرنا - تنبیہ کرنا -

Reprovingly *adv.* ملامت کرتے ہوئے - سرزنش کرتے ہوئے - تنبیہ کے طور پر -

Reprovision (ri-pro-vi-zən) *v.t.* Store again دوبارہ ذخیرہ کرنا - دوبارہ سامان مہیا کرنا -

Reptant (rep-tant) *adj.* Creeping رینگنے والا - نیچے نیچے پھیلنے والا -

Reptile (rep-tīl) *adj. & n.* Like a reptile in nature رینگنے والا - رینگنے والا جانور - ذلیل خوشامدی انسان -

Reptile press حکومت کی ہاں میں ہاں ملانے والا - خوشامدی - نیم سرکاری اخبار -

Reptilian *adj.* کیڑے مکوڑوں کی طرح - حشراتی -

Republic (ri-pub-lik) *n.* Democratic state جمہوریہ - جمہوری حکومت - جمہوری سلطنت -

Republican (ri-pub-lik-ən) *adj. & n.* Of the republic party جمہوری پارٹی کا - جمہوری - جمہوریت پسند -

Republicanism *n.* جمہوری دستور - جمہوریت پسندی -

Republicanize *v.t.* جمہوریت پسند بنانا - جمہوری خیال پیدا کرنا - جمہوری بنانا -

Republish (ri-pub-lish) *v.t.* Publish again دوبارہ شائع کرنا - دوبارہ مشتہر کرنا - دوبارہ اعلان کرنا - دوبارہ منادی کرنا -

Republication *n.* اشتہار ثانی - دوسری طباعت - طباعت ثانی -

Repudiate (ri-pū-di-āt) *v.t. & i.* Divorce, reject چھوڑ دینا - طلاق دینا - نکال دینا - ناجائز قرار دینا - رد کر دینا - انکار کرنا - قطع تعلق کرنا -

Repudiation *n.* قطع تعلق - دست برداری - ترک -

Repudiator *n.* تردید کرنے والا - انکار کرنے والا - رد کرنے والا -

Repugn (ri-pun) *v.t. & i.* Oppose, fight against مخالف ہونا - مقابل ہونا - مزاحم ہونا - ناگوار ہونا - مکروہ معلوم ہونا -

Repugnance (ri-pug-nəns) *n.* Aversion - مغائرت تنفر - کراہت - اختلاف - تضاد -

Repugnant (ri-pug-nənt) *adj.* Inconsistent, distasteful مخالف - متضاد - انمل - بے جوڑ - سخت - کٹھن - نامرغوب - خلاف طبیعت - ناگوار -

Repullulate (ri-pul-ū-lāt) *v.i.* Sprout afresh نئے سرے سے اگنا - کونپل پھوٹنا - پھر سے پھوٹنا - دوبارہ شگفتہ ہونا - بیماری کا عود کر آنا -

Repulse (ri-puls) *v.t. & n.* Drive back - پسپا کرنا پیچھے ہٹا دینا - ہرا دینا - جھڑک دینا - جھڑکی - ہزیمت -

Repulsion (ri-pul-shən) *n.* A repelling force or action ہار - ہزیمت - شکست - پسپائی - نفرت - کراہت - تنفر -

Repulsive (ri-pul-siv) *adj.* Disgusting - تنفر آفریں گھناؤنا - مکروہ - نفرت انگیز- روکنے والا - سرد مہری کا - بے رخی کا -

Repulsively *adv.* - نفرت انگیزی سے - گھناؤنے پن سے

Repulsiveness *n.* - نفرت انگیزی - کراہت - تنفر

Reputable (re-put-əbl) *adj.* Respectable - نامور مشہور - معزز - محترم - نیک نام -

Reputably *adv.* - شہرت سے - نیک نامی سے

Reputation (rep-ū-ta-shən) *n.* Estimation, good report نیک نامی - شہرت - ناموری - ساکھ - عزت - حرمت - وقار -

Repute (ri-pūt) *v.t. & i.* Account, deem - شمار کرنا گننا - سمجھنا - جاننا - سمجھا جانا - مشہور ہونا - نیک نام یا بد نام ہونا -

Reputedly *adv.* ساکھ سے - اعتبار سے -

Request (ri-kwest) *v.t. & n.* Asking of a favour گزارش - درخواست - استدعا - عرض - التجا - التماس - مقصد - مطلب - التماس کرنا - استدعا کرنا -

Requiem (rik-wi-em) *n.* A mass for the rest of the soul of the dead - دعائے مغفرت - فاتحہ مرحومین کی روح کو سکون دینے کی دعا - طلب مغفرت - مرثیہ - نوحہ -

Requiescat (rik-wis-kat) *n.* Wish for dead person's repose دعائے مغفرت ۔ خدا مغفرت کرے ۔ اللہ اپنی جوار رحمت میں جگہ دے ۔

Require (ri-kwīr) *v.t.* & *i.* Ask, demand مانگنا ۔ طلب کرنا ۔ مطالبہ کرنا ۔ طلب ہونا ۔ حکم کرنا ۔ تقاضا ہونا ۔ ضرورت ہونا ۔ حاجت ہونا ۔ احتیاج رکھنا ۔

Requirement *n.* ضروری سامان ۔ اقتضا ۔ احتیاج ۔ ضرورت ۔ حاجت ۔

Requisite (rik-wi-zit) *adj.* & *n.* Required ضروری ۔ نا گزیر ۔ ضروری چیز ۔ امر ناگزیر ۔

Requisition (rek-wi-zi-shən) *n.* Formal demand or request طلب ۔ خواہش ۔ مانگ ۔ حکم ۔ فوج کے لیے بےگار ۔ کام میں لانا ۔

Requite (ri-kwit) *v.t.* Repay, pay in return بدلہ دینا ۔ عوض دینا ۔ صلہ دینا ۔ حوصلہ بڑھانا ۔

Requital *n.* بدلہ ۔ نقد معاوضہ ۔ پاداش ۔ جزا ۔ مکافات ۔

Res (res) *n.* Thing, property چیز ۔ شے ۔ جائداد ۔

Res angusta domi ناداری ۔ مفلسی ۔

Rescind (ri-sind) *v.t.* Cut away, abrogate کاٹنا ۔ رد کرنا ۔ منسوخ کرنا ۔

Rescission *n.* تنسیخ ۔ کاٹ ۔ تردید ۔ موقوفی ۔ منسوخی ۔

Rescript (ri-skript) *n.* Official answer to any legal question پوپ یا بادشاہ کا سرکاری جواب ۔ کسی مسئلہ کا سرکاری فیصلہ ۔ دوبارہ لکھی ہوئی تحریر ۔ مثنیٰ ۔ نقل ۔ فرمان شاہی ۔

Rescript (ri-skript) *v.t.* Rewrite دوبارہ لکھنا ۔

Rescue (ris-kū) *v.t.* & *n.* Free from danger or captivity خطرہ یا قید سے رہائی دلانا ۔ چھڑانا ۔ نجات دلانا ۔ آزاد کرانا ۔ (قانون) کسی کو ناجائز طور پر رہا کر دینا ۔ زبردستی جائداد وغیرہ چھین لینا ۔ رہائی ۔ نجات ۔

Rescuer *n.* رہائی دلانے والا ۔ رہا کرانے والا ۔ نجات دہندہ ۔

Research (ri-sərch) *v.t.* & *n.* A careful search تفتیش ۔ تلاش ۔ جستجو ۔ تحقیق کرنا ۔ تلاش کرنا ۔ ڈھونڈھ کر نکالنا ۔ علمی تحقیق کرنا ۔

Researchful کھوجی ۔ راز جو ۔

Resect (ri-sekt) *v.t.* Cut away part of کاٹنا ۔ تراشنا ۔ برابر کرنا ۔

Reseek (ri-sēk) *v.t.* Begin research anew دوبارہ تلاش کرنا ۔ از سر نو تحقیق کرنا ۔ پھر تلاش کرنا ۔ پھر جستجو کرنا ۔

Reseize (ri-sēzh) *v.t.* Take into custody again دوبارہ پکڑ لینا یا گرفتار کر لینا ۔ پھر قبضے میں لے لینا ۔ پھر مال روک لینا ۔

Resemble (ri-zem-bl) *v.t.* Be like مشابہت رکھنا ۔ مشابہ ہونا ۔ مانند ہونا ۔ یکساں ہونا ۔ ہم شکل ہونا ۔ ملتا جلتا ہونا ۔

Resemblance *n.* ہم شکل ہونا ۔ مماثلت ۔ مشابہت ۔

Resent (ri-zent) *v.t.* Take ill برا ماننا ۔ ناراض ہونا ۔ خفا ہونا ۔

Resentful *adj.* آزردہ ۔ کشیدہ خاطر ۔ شاکی ۔ رنجیدہ ۔ زود رنج ۔

Resentment *n.* بیر ۔ غصہ ۔ آزردگی ۔ ناراضگی ۔ خفگی ۔

Reservation (ri-zerv-a-shən) *n.* Act of reserving or keeping back محفوظ کرنے کا عمل ۔ پادری کا حق عفو ۔ (قانون) جملہ شرطیہ ۔ حراست ۔ قید ۔ حوالات ۔

Mental reservation وہ شرط جسے ظاہر نہ کیا جاسکے ۔ ذہنی رکاوٹ ۔

Reserve (ri-zərv) *v.t.* Hold back رکھ چھوڑنا ۔ محفوظ کرنا ۔ بچا رکھنا ۔ مخفی رکھنا ۔ مخصوص ہونا ۔ حصہ ہونا ۔ مقدر میں ہونا ۔ تقدیر میں آنا ۔

Reserve (ri-zərv) *n.* Keeping of something reserved محفوظ چیز ۔ فاضل چیز ۔ بوقت ضرورت کام آنے والی چیز ۔ مقام محفوظ ۔ نشست محفوظ ۔ شرط ۔ قید ۔ حد ۔ رکھائی ۔ کم گوئی ۔ حجاب ۔ ضبط ۔ اعتدال ۔ احتیاط ۔ اخفا ۔ پوشیدگی ۔ سچی بات کو قصداً چھپانا ۔

Without reserve تمام و کمال ۔ بلا تامل ۔ بغیر کسی شرط کے ۔

Reserved (ri-zərv-d) *adj.* Aloof in manner شرمیلا ۔ نامانوس ۔ محجوب ۔ محتاط ۔

Reservedly *adv.* با احتیاط ۔ محتاط طور پر ۔

Reservoir (rez-ər-vwär) *n.* & *v.t.* A receptacle ذخیرہ آب ۔ تالاب ۔ حوض ۔ کسی سیال کا خزانہ ۔ معلومات کا مخزن ۔ ذخیرہ کرنا ۔ ذخیرے کے طور پر رکھنا ۔ خزانے میں رکھنا ۔

Reset (rē-set) *v.t.* & *i.* Receive, harbour مال مسروقہ رکھنا یا بیچنا ۔

Resetter *n.* مال مسروقہ رکھنے والا ۔

Reset (rē-set) *v.t.* Set again نگینہ وغیرہ پھر سے بٹھانا ۔ نگ جڑنا ۔ تیز کرنا ۔

Resettle (ri-set-l) *v.t.* Inhabitate again دوبارہ آباد کرنا ۔ لوگوں سے بسانا ۔ دوبارہ بندوبست کرنا ۔ دوبارہ طے کرنا ۔

Reshape (re-shāp) *v.t.* & *i.* Reform, refashion نئی شکل دینا ۔ دوبارہ گھڑنا ۔ نئے راستے پر لگانا ۔ نئے راستہ پر لگ جانا ۔ ترقی کی نئی راہ پر چلنا ۔

Reshuffle (re-shuf-l) *v.t.* Mix at random, manipulate unfairly ترتیب بدل دینا ۔ دوبارہ تاش ملانا ۔ واقعات کے رجحان کو بدل دینا ۔

Reside (ri-zīd) *v.t.* Dwell permanently بسنا ۔ بودوباش کرنا ۔ سکونت کرنا ۔ رہنا سہنا ۔ موجود ہونا ۔ بس جانا ۔

Residence (re-zid-əns) *n.* A dwelling place اقامت ۔ قیام ۔ مکان ۔ گھر ۔ جائے بودوباش ۔ مسکن ۔

Residency (re-zid-əns-i) *n.* Official abode of a resident ریذیڈنٹ کے رہنے کا مکان ۔ ریذیڈنٹ کی جائے سکونت ۔ ریذیڈنسی ۔

Resident (re-zid-ənt) *adj.* & *n.* Dwelling in a place for sometime پابند سکونت ۔ رہنے والا ۔ مقام سے مختص ۔ وائسرائے کا ایجنٹ جو ریاست میں رہتا تھا ۔

Residential (re-zid-en-shəl) *adj.* Suitable or occupied by houses سکونتی ۔ بودوباش کے قابل ۔ رہنے سہنے کے لائق ۔ سکونت کے متعلق ۔

Residentiary (re-zi-den-shəri) *n.* & *adj.* Officially bound to reside مقیم ۔ باشندہ ۔ پابند اقامت ۔ پادری جو خاص جگہ مقیم رہے ۔ مقیم پادری ۔ مقیم عہدہ دار ۔ پابند اقامت عہدہ دار ۔

Residual (re-zi-dū-əl) *n.* & *adj.* Remaining بقیہ ۔ باقی ۔ پس ماندہ ۔ وہ شخص جو بقیہ جائداد کا مستحق یا وارث ہو ۔ حاصل تفریق ۔

Residuary (re-zi-dū-əri) *adj.* Of the nature of a residence بقیہ جائداد باقی کا ۔ بقیہ کے متعلق ۔ کے متعلق ۔ ما بقی ۔ بقیہ ۔

Residue (rez-i-dū) *n.* Remainder جائداد باقی۔ بچا ہوا۔ کا وہ حصہ جو قرض ادا کرنے کے بعد بچ جائے ۔ فضلہ ۔ تلچھٹ ۔

Residuum (rez-i-dūm) *n.* A residue باقی ۔ بچا کھچا (بہی کھاتہ) وہ رقم جس کا پتہ نہ چلتا ہو ۔ غیر محسوب رقم ۔ رذیلوں کا طبقہ ۔ ادنیٰ درجہ کے لوگ ۔

Resign (ri-zīn) *v.t.* & *i.* Yield up, submit calmly ترک کرنا ۔ مطیع ہو جانا ۔ ہتھیار ڈال دینا ۔ سبکدوش ہونا ۔ استعفٰے دے دینا ۔ تفویض کرنا ۔ حوالے کرنا ۔ تسلیم رضا اختیار کرنا ۔ سر تسلیم خم کرنا ۔ راضی بہ رضا ہو جانا ۔

Resigned *adj.* متوکلانہ ۔ راضی بہ رضا ۔ متوکل ۔ صابر ۔ قانع ۔

Resignedly *adv.* توکل سے ۔ صبر سے ۔ قناعت سے ۔ تسلیم و رضا سے ۔

Resignation (rez-ig-na-shən) *n.* Act of giving up دست برداری ۔ استعفٰے ۔ تابعداری ۔ صبر ۔ قناعت ۔ توکل ۔ تسلیم و رضا ۔

Resile (ri-zīl) *v.i.* Recoil, rebound لچکنا ۔ لپکنا ۔ کھنچ کر سکڑنا ۔ پیچھے ہٹنا ۔ بھاگنا ۔

Resilience-cy *n.* ابھرنے کی قوت ۔ قلابازی ۔ الٹی زقند ۔ بازگشت ۔

Resilient *adj.* لپکنے والا ۔ لوچدار ۔ لچکدار ۔

Resin (rez-in) *v.t.* & *n.* A substance got by distillation رال ۔ گوند ۔ رال یا گوند ملانا ۔

Resinaceous *adj.* رال کی طرح کی ۔ رال نما ۔

Resinate *n.* رال دار چیز ۔

Resiniferous *adj.* رال دینے والی ۔ رال دار ۔

Resiniform *adj.* رال کی شکل کی ۔ رال نما ۔

Resinify *v.t.* & *i.* رال ملانا ۔ رال بنانا ۔

Resinoid *adj.* & *n.* رال نما چیز ۔

Resinous *adj.* رال سے حاصل کی ہوئی ۔ رال صفت ۔ رالدار ۔

Resipiscence (res-i-pis-əns) *n.* Change to a better frame of mind بہتر ذہنی حالت - راہ راست پر آنا - آنکھیں کھلنا - بیدار ہو جانا - اصلاح شدہ حالت -

Resipiscent *adj.* تائب - اپنی غلطی کا احساس کرنے والا - اصلاح شدہ -

Resist (ri-zist) *v.t.* & *n.* Oppose, stand against روکنا - مزاحم ہونا - مانع ہونا - معترض ہونا - باز رکھنا - مقابلہ کرنا - مزاحمت کرنا - رنگ روک مسالہ -

Resistant *adj.* مانع - مزاحم - روکنے والا -

Resister *n.* رکاوٹ پیدا کرنے والا - مقابلہ کرنے والا - مزاحمت کرنے والا -

Resistive *adj.* روکنے کی صلاحیت والا - مزاحم -

Resistible *adj.* جو روکا جا سکے - روکنے کے قابل - مزاحمت کے قابل -

Resistance (ri-zist-əns) *n.* Act or power of resisting مقابلہ - تعرض - مزاحمت - رکاوٹ - مزاحمت کی قوت - برق روک - وہ پودا جو برق رو کی مزاحمت کرتا ہے -

Line of least resistance سب سے سہل طریقہ - آسان راستہ -

Resistibility (ri-zist-i-bi-li-ti) *n.* Power of resistance مزاحمت پذیری - مزاحم ہونے کی قابلیت - قوت مزاحمت - تاب مقاومت -

Resoluble (rez-əl-ū-bl) *adj.* That may be dissolved or analysed پگھلنے کے قابل - حل ہونے کے قابل - تجزیہ کرنے کے قابل - تحلیل پذیر -

Resolute (rez-əl-ōōt) *adj.* Having a fixed purpose استوار - مستقل - مستحکم - مضبوط - کڑا - ثابت قدم - دلیر - جوانمرد - پکے ارادے کا -

Resolutely *adv.* مستقل مزاجی سے - استقلال سے - دلیری سے -

Resolution (rez-əl-ū-shən) *n.* Act of resolving, analysis تحلیل - تجزیہ - تفریق - تشریح - ہمت - ارادہ - استقلال - دلیری - تجویز - تدبیر - تحریک - قرار داد - (عروض) ایک بڑے بول کی جگہ دو چھوٹے بول رکھنا - بے آہنگ - نغمہ کو ہم آہنگ بنانا - تحویل قوت -

Resolutive (rez-əl-ū-tiv) *adj.* & *n.* That can be resolved حل ہونے والا - حل کرنے والا - تجزیہ کرنے والا - تحلیل کرنے والا جز -

Resolve (riz-ol-v) *v.t.*, *i.* & *n.* Separate into components تحلیل کرنا - اجزا جدا جدا کرنا - پگھلانا - عقدہ کشائی کرنا - کھولنا - سلجھانا - طے کرنا - صاف کرنا - رفع کرنا - تجویز منظور کرنا - قصد - ارادہ - عزم - استقلال -

Resolvable *adj.* قابل تجزیہ - قابل تحلیل -

Resolvent (re-zolv-ənt) *adj.* Having power to resolve حل کرنے والا - تحلیل کرنے والا -

Resonant (rez-ən-ənt) *adj.* Resounding, ringing گونجنے والی - گونج دار - گمک دار - گونج پیدا کرنے والی -

Resonance *n.* آواز کی لہر - گونج -

Resonantly *adv.* گمک پیدا کرتے ہوئے - گمک کے ساتھ - گونجتے ہوئے -

Resorb (ri-sorb) *v.t.* Absorb back دوبارہ جذب کر لینا - چوس لینا -

Resorbance *n.* دوبارہ جذب کرنا - انجذاب مکرر -

Resorbant *adj.* دوسری بار جذب کرنے والا -

Resorption (ri-sorp-shən) *n.* Sucking back - چوسنا جذب ہونا - انجذاب -

Resort (ri-zort) *v.i.* Revert, go, be take oneself گزرنا - آنا جانا - آمد و رفت رکھنا - چارہ جوئی کرنا - کام لینا -

Resort (ri-zort) *n.* A place much frequented, a haunt جائے آمد و رفت - گزرگاہ - مرجع - مقام اجتماع - تفریح - صحت گاہ -

Last resort آخری کوشش - آخری حربہ -

Resound (ri-zownd) *v.t.* & *i.* Echo sound or spread the praises of گونجنا - آواز پیدا کرنا - کسی کی تعریف کرنا - جگہ جگہ تعریف کرنا اور شہرت دینا - تعریف کے پل باندھنا - تحسین و تعریف کا شور برپا کرنا -

Resource (ri-sors) *n.* Means, possibility تدبیر - چارہ - ذریعہ - حکمت - حاضر دماغی - سوجھ بوجھ - ذرائع آمدنی - سرمایہ خزانہ - وسائل - ذرائع -

Resourceful *adj.* سوجھ بوجھ رکھنے والا - خوش تدبیر -

Resourcefulness *n.* سوجھ بوجھ - چارہ سازی -

Resourceless *adj.* بے تدبیر - بے وسیلہ - بے چارہ -

Resourcelessness *n.* بے تدبیری - بے چارگی -

Respect (ri-spekt) *n.* Regard, differential esteem توجہ - خیال - دھیان - لحاظ - پاس - ادب - رعایت - علاقہ - لگاؤ - ربط - تعلق - التفات - تعظیم - عزت - قدر - احترام - (جمع) سلام - آداب - تسلیمات -

Respect (ri-spekt) *v.t.* Look to, regard, consider پاس کرنا - لحاظ کرنا - عزت کرنا - احترام کرنا - رعایت ملحوظ رکھنا - دخل نہ دینا - نسبت یا علاقہ رکھنا - لگاؤ رکھنا -

Respectability (ri-spekt-əbi-li-ti) *n.* Differential esteem توقیر - عزت - حرمت - شرافت - بھلے آدمی - شرفا -

Respectable (ri-spekt-ə-bl) *adj.* & *n.* Worthy of respect ذی عزت - واجب التعظیم - معقول - اچھا - معتبر - حیثیت دار - شریفانہ - شریف آدمی -

Respectful *adj.* باتمیز - بااخلاق - شریف - باادب -

Respectfulness *n.* باتمیز ہونا - باادب ہونا -

Respective (ri-spekt-iv) *adj.* Having respect, concerning انفرادی - اپنی اپنی - مخصوص - اپنا اپنا - جداگانہ - اضافی - باادب -

Respectively *adv.* حسب ترتیب - فرداً فرداً -

Respiration (ri-spīr-a-shən) *n.* Breathing سانس - دم کشی - سانس لینا - نفس - آرام - استراحت -

Respirator (ri-spīr-a-tər) *n.* An appliance worn on the mouth and nose ایسا آلہ جس سے اندر جانے والی ہوا گرم ہو جائے - سانس لینے کا آلہ -

Respire (ris-pīr) *v.i.* & *t.* Take breath سانس لینا - دم لینا - آرام لینا - سستانا - دم میں دم آنا - پھر سے ہمت بندھنا -

Respiratory *adj.* سانس کے متعلق - تنفس کا -

Respite (ris-pīt) *n.* & *v.t.* Temporary cessation مہلت - وقفہ - عارضی فرصت - توقف - ملتوی رکھنا - موقوف رکھنا - عارضی طور پر تسکین دینا - (فوجی) تنخواہ روک لینا -

Grant a respite to مہلت دی جائے -

Resplendent (ri-splend-ənt) *adj.* Bright, radiant نورانی - روشن - تاباں - درخشاں -

Resplendence *n.* آب و تاب - ضیا باری - چمک - تابانی -

Resplendently *adv.* نورانی طور پر - جگمگاتے ہوئے - آب و تاب سے -

Respond (ri-spond) *v.i.* Answer, act in answer جواب دینا - جواباً عمل کرنا - متاثر ہونا - محسوس کرنا - گرجا میں پادری کا حاضرین کے سوالوں کا جواب دینا -

Respondence-cy *n.* جوڑ - جواب - تقابل -

Respond (ri-spond) *n.* A half pillar attached to a wall for supporting an arch محراب کو سنبھالنے کا نصف ستون جو دیوار سے ملحق ہو - انجیل خوانی کے بعد کی مناجات - سنگت کی مناجات -

Respondent (ri-spond-ənt) *n.* One who answers جواب دہ - جواب دینے والا - مدعا علیہ -

Response (ri-spons) *n.* An answer جواب - جوابی فعل - تاثر - رد عمل - انجیل کی تلاوت کے بعد کی مناجات - سنگت کی مناجات -

Responsibility (ri-spons-i-bi-li-ti) *n.* State of being responsible جواب دہی - ذمہ داری - فرض منصبی - عہدہ - ذمہ داری کا کام -

Responsible (ri-spons-i-bl) *adj.* Liable to be called to account جواب دہ - ذمہ دار - کفیل - ضامن - معتبر - معزز -

Responsions (ri-spon-siəns) *n.* The first of the three examinations for B.A. of Oxford جامعہ آکسفورڈ میں بی اے کی سند کے تین امتحانوں میں پہلا -

Responsive (ri-spons-iv) *adj.* Ready to respond جواب دہ - اثر پذیر - زود حس - ہمدرد - درد آشنا -

Responsiveness *n.* ہمدردی - جواب دہی - اثر پذیری -

Responsory (ri-spons-əri) n. An anthem sung after a lesson بائبل کی تلاوت کے بعد کا مناجاتی نغمہ - ایک شخص کا پڑھنا اور دوسروں کا دہرانا - سنگت کی مناجات -

Rest (rest) *v.t.* & *i.* Repose, give rest to - ٹھہرنا - بے حرکت ہونا - تھمنا - حالت سکون میں ہونا - دم لینا - آرام لینا - سستانا - تکیہ کرنا - مرنا - لحد میں سونا - لیٹا ہوا ہونا - سہارے پر ہونا - تکیہ لگانا - باقی بچنا -

Rest (rest) *n.* Repose, refreshing inactivity - آرام - استراحت - آسائش - آسودگی - قرار - سکون - امن - چین - اطمینان - ٹیکا - سہارا - آسرا - مسکن - قیام گاہ - وقفہ - وقفہ کی علامت -

Rest house ڈاک بنگلہ -

Resting place قبر - آرام گاہ -

Resting-while فرصت -

At rest آرام میں -

Rest on بھروسہ رکھنا -

Rest with اختیار رکھنا -

Rest (rest) (the rest) *n.* Remaining thing - بقیہ حصہ - باقی لوگ - باقی مقدار - بچا کھچا - (مہاجنی) محفوظ سرمایہ - (تجارت) سال کی جانچ پڑتال - (ٹینس) گیند کا دیر تک حرکت میں رہنا یا تار بندھ جانا -

For the rest - دیگر امور کے لیے - دیگر امور کے لائق -

Restart (ri-stârt) *v.t., i.* & *n.* Start again پھر شروع کرنا - پھر چالو کرنا - دوبارہ جاری کرنا - باز اجرائی -

Restate (ri-stāt) *v.t.* Present in a detailed form زیادہ واضح اور تفصیلی طور پر پیش کرنا - مختلف الفاظ میں دوبارہ پیش کرنا -

Restaurant (res-tə-rän) *n.* A place where meals may be had مکان - ہال یا کمرہ جہاں کھانا کھلایا جاتا ہے - طعام خانہ - ہوٹل -

Restaurateur (res-tə-rə-tər) *n.* The keeper of a restaurant - طعام خانہ کا مالک - ہوٹل کا مالک - ہوٹل والا -

Restem (ri-stem) *v.t.* Force back against the current دھارے کے خلاف لے جانا - مخالف سمت میں لے جانا -

Restful (rest-ful) *adj.* Calm and quiet - پر سکون - شور و غل سے پاک - سکون بخش -

Restfulness *n.* سکون بخش ہونا - پر سکون ہونا -

Restitute (res-ti-tūt) *v.t.* & *i.* Restore حق دار کو واپس دینا - مالک کو واپس کرنا -

Restitution (res-ti-tu-shən) *n.* Act of restituting باز رسی - بحالی - اعادہ - باز دہی - واپسی - عوض - بدلہ - معاوضہ - مکافات - تلافی - کسی چیز کا سکڑ کر اپنی اصلی حالت پر آ جانا۔

Restitution of conjugal rights } حقوق زنا شوئی کی بحالی - ازدواجی حقوق کی بحالی -

Restive (res-tiv) *adj.* Inert, unwilling to go forward - نچلا - اڑیل - بے قابو - سرکش - نا فرمان -

Restless (rest-les) *adj.* Unresting, impatient بے چین - بے کل - بے قرار - مضطرب - بے صبر -

Restlessly *adv.* بے چینی سے - بے قرای سے -

Restlessness *n.* اضطراب - بے چینی - بے کلی - بے قراری -

Restoration (re-stor-a-shən) *n.* Renovation, reconstruction - واپسی - تجدید - بحالی - واگزاشت - احیا - شفا - تندرستی - عود شاہی - چارلس دوم کی تخت نشینی - معدوم جانور یا شکستہ عمارت کا نمونہ جس سے اصلی حالت ظاہر ہو -

Restorationism (re-stor-a-shən-izm) *n.* The doctrine that in the end every one will get salvation یہ عقیدہ کہ بالآخر سب لوگوں کو نجات اور راحت ابدی حاصل ہوگی -

Restorative (re-stor-ə-tiv) *adj.* & *n.* Tending to restore vigour - شفا بخش - قوت بخش - مقوی دوا - مقوی غذا -

Restore (ri-stōr) *v.t.* Repair, bring back واپس کرنا - پھیر دینا - دلا دینا - مرمت کر کے اصلی حالت پر لانا - بحال کرنا - تندرست کرنا - صحت بخشنا - دوبارہ قائم کرنا - تازہ کرنا - قدیم آثار کے نمونے بنانا -

Restrain (ri-strān) *v.t.* Hold back, control روکنا - مزاحمت کرنا - باز رکھنا - حد کے اندر رکھنا - قید میں رکھنا - محصور کرنا - ضبط کرنا - دبانا -

Restrainable *adj.* باز رکھنے کے لائق - روکنے کے قابل - قابل ضبط -

Restraint (ri-strānt) *n.* A restraining influence پابندی ۔ روک ۔ دباؤ ۔ قید ۔ بند ۔ حراست ۔ ممانعت ۔ حکم امتناعی ۔ ضبط نفس ۔ اعتدال ۔ طرز تحریر کی متانت ۔ (قانون) قرق ۔

Restrict (ri-strikt) *v.i.* Limit قید لگانا ۔ پابند کرنا ۔ محدود کرنا ۔ روکنا ۔ باز رکھنا ۔

Restriction *n.* روک ۔ پابندی ۔ قید ۔ حد بندی ۔

Restrictive *adj.* بندش کا ۔ پابند کرنے والا ۔ روکنے والا ۔ مانع ۔

Resty (resti) *adj.* Lazy, indolent آرام طلب ۔ سست ۔ کاہل ۔

Result (re-zult) *v.i.* & *n.* Follow as a consequence نتیجہ ختم ہونا ۔ انجام کو پہنچنا ۔ منتج ہونا ۔ نتیجہ پیدا ہونا ۔ انجام ہونا ۔ مآل کار ہونا ۔ حاصل ۔ نتیجہ ۔ ثمرہ ۔ (ریاضی) عمل کا حاصل ۔

Resultful *adj.* کار آمد ۔ نتیجہ خیز ۔

Resultless *adj.* بے سود ۔ لا حاصل ۔

Resultance *adj.* & *n.* حصول ۔ نتیجہ ۔

Resultant (ri-zult-ənt) *adj.* & *n.* Resulting بارآور ۔ ثمر آور ۔ انجام خیز ۔ چھوٹی بڑی مخالف قوتوں کا ماحصل

Resume (ri-zūm) *v.t.* Take back, assume again واپس لے لینا ۔ دوبارہ حاصل کر لینا ۔ پھر قبضہ کر لینا ۔ پھر اختیار کرنا ۔ پھر کام شروع کرنا ۔ خلاصہ کرنا ۔ خلاصہ بیان کرنا ۔

Resume (ri-zum) *n.* Summary مختصر حال ۔ لب لباب ۔ خلاصہ ۔

Resumption (ri-zump-shən) *n.* Act of resuming باز یافت ۔ بازگیری ۔ دوبارہ قبضہ ۔ دوبارہ حصول ۔ دوبارہ آغاز ۔

Resurge (ri-surj) *v.i.* Rise again پھر زور پکڑنا ۔ پھر جوش میں آنا ۔ جی اٹھنا ۔ پھر زندہ ہو جانا ۔

Resurgence *n.* پھر سے جی اٹھنا ۔ پھر شاداب ہوکر پھوٹنا ۔ پھر زندہ ہونا ۔

Resurgent *n.* & *adj.* پھر زندہ ہونے والا ۔ پھر شاداب ہونے والا ۔ پھر جی اٹھنے والا ۔

Resurrect (ri-zu-rekt) *v.t.* Give new life (بول چال) پھر زندہ کرنا ۔ مردے کو زندہ کرنا ۔ حشر ہونا ۔ کسی چیز کی یاد کو تازہ کرنا ۔ پھر رواج دینا ۔

Resurrection (ri-zu-rek-shən) *n.* Rising from the dead, revival حشر ۔ احیاء ۔ رست خیز ۔ قیامت ۔ حضرت عیسیٰ کے قبر سے اٹھنے کا جلوس ۔

Resurrectional *adj.* قیامت کے بارے میں ۔ حشر کے متعلق ۔

Resurrectionist *n.* One who steals dead bodies from graves مردہ چور ۔ وہ جو لاشوں کو قبر سے نکال کر فروخت کر دیتا ہے ۔ لاش چور ۔

Resuscitate (ri-sus-i-tat) *v.t.* & *i.* Revive زندہ کرنا ۔ از سر نو جان ڈالنا ۔ تازہ کرنا ۔ جان پڑنا ۔ ہوش میں آنا ۔ جی اٹھنا ۔ دوبارہ جاری ہونا ۔

Resuscitation *n.* دوبارہ جان ڈالنا ۔ حیات بخشی ۔

Resuscitative *adj.* جاں بخش ۔ روح افزا ۔ حیات‌بخش ۔

Resuscitator *n.* ہوش میں لانے والا ۔ احیاء کرنے والا ۔ دوبارہ زندہ کرنے والا ۔

Retail (ri-tāl) *n.* Sale in small quantities خوردہ فروشی ۔ چلھر فروشی ۔

Retail (re-tāl) *v.t.* & *i.* Sell by retail خوردہ فروشی کرنا ۔ پھٹکل بیچنا ۔ چلھر بیچنا ۔ تفصیل سے بیان کرنا ۔ شرح و بسط سے پیش کرنا ۔

Retain (ri-tān) *v.t.* Keep, keep in mind or service رکھنا ۔ قائم رکھنا ۔ محفوظ رکھنا ۔ جاری رکھنا ۔ اجرت پر نوکر رکھنا ۔ اجرت دے کر وکیل مقرر کرنا ۔ خدمت کا پابند کرنا ۔ یاد رکھنا ۔ حافظہ میں رکھنا ۔

Retaining fee وکیل کی فیس ۔

Retaining force وہ فوج جو دشمن کو الجھائے رکھے ۔

Retainable *adj.* قائم رکھنے کے قابل ۔

Retainer (ri-tān-ər) *n.* One who or that which retains امین ۔ محافظ ۔ رکھنے والا ۔ ساتھی ۔ رفیق ۔ مصاحب ۔ ملازم ۔ خادم ۔ سیوک ۔

Retaliate (ri-tal-i-āt) *v.t.* Inflict in return بدلہ لینا ۔ جزا دینا ۔ انتقام لینا ۔ الٹا الزام لگانا ۔ ترکی بہ ترکی جواب دینا ۔ جوابی محصول لگانا ۔

Retaliation *n.* مکافات ۔ بدلہ ۔ پاداش ۔ انتقامی کاروائی ۔ انتقام ۔

Retaliatory *adj.* جوابی ۔ الزامی ۔ انتقامی ۔

Retard (rit-ārd) *v.t.,i.* & *n.* Slow down, keep back - مزاحم ہونا - روکنا - موقوف رکھنا - دھیا کرنا - باعث تاخیر ہونا - ترقی روکنا - دیر سے واقع ہونا - مقررہ وقت کے بعد واقع ہونا -

Retardation } *n.* مزاحمت - روک - رکاوٹ -
Retardment }

Retardative *adj.* رکاوٹ پیدا کرنے والا - مزاحم ہونے والا -

Retch (re-ch) *v.i.* & *n.* Strain as if to vomit ابکائی لینا - قے کرنا - قے کرنے کی کوشش کرنا - ابکائی - قے -

Retention (ri-ten-shən) *n.* Act or power of retaining حراست - قید - پابندی - حافظہ - حافظہ میں رہنا - پیشاب یا اورکسی خارج ہونے والے مادے کا بند ہو جانا - قبضہ رکھنا - قبصہ میں رہنا -

Retentive (ri-ten-tiv) *adj.* Tenacious - روکنے والا - اخذ کرنے والا - یاد رکھنے والا - ممسک - قوی - پٹی جو کسی عضو کی حرکت روکنے کے لیے باندھی جائے -

Retentiveness *n.* روکنے یا قائم رکھنے کی قوت - امساک - قوت ماسکہ -

Retenue (ret-i-nū) *n.* Body of retainers - ملازمین - خدمت گار - (فرانس) ضبط نفس -

Retiary (re-shi-ər-i) *adj.* Using net as a weapon جال دار گھڑیال - جال دار مکڑی -

Reticence (ret-i-sens) *n.* Non-communication کم گوئی - سکوت - اخفا - اپنے دل کا حال چھپانا - خاموشی کی عادت - اعتدال - مبالغہ سے پرہیز - تجاہل عارفانہ -

Reticent *adj.* Reserved خاموش - کم سخن - کم آمیز - سکوت پسند -

Reticle (ret-i-kl) *n.* An attachment to an optical instrument ایک باریک جالی -

Reticulate (ret-i-kū-lāt) *v.t.* Form into a net جال یا جالی بنانا - چھوٹے چھوٹے خانوں میں ترتیب دینا -

Reticulate *adj.* خانے دار - جال دار - جالی دار -

Reticulation *n.* جالی بننا - جال بنانا -

Reticule (ret-i-kūl) *n.* A small bag of net-work جالی کا بیگ - دور بین کے دہانے کی جالی - ایک جنوبی ستارہ جو ابھی حال ہی میں دریافت ہوا ہے -

Reticulum (ret-i-kū-ləm) *n.* A network دوسرا معدہ - جگالی کرنے والے جانوروں کا معدہ - جالی دار جھلی -

Retiform (re-ti-form) *adj.* Having the form of a net جالی نما - جالی کی شکل کا -

Retina (ret-i-nȧ) *n.* The sensitive layer of the eye آنکھ کا پہلا پردہ جس میں بصارت کی حس ہوتی ہے - پردہ اول -

Retinitis *n.* آنکھ کے پردے کی جلن - پردہ چشم کی سوزش -

Retinue (ret-i-nū) *n.* A body of retainers - سواری جلو - خدم و حشم - نوکر چاکر - خادموں کا جلو -

Retire (ri-tīr) *v.i., t.* & *n.* Withdraw, retreat کنارہ کش ہونا - گوشہ نشیں ہونا - دست بردار ہونا - چھوڑ بیٹھنا - ہٹ جانا - علیحدہ ہو جانا - پیچھے ہٹنا - الگ ہونا - خانہ نشین ہونا - ملازمت سے وظیفہ لینا - سونے کے لیے جانا - خلوت کرنا - فوج کو واپسی کا حکم دینا - (کرکٹ) آؤٹ ہوئے بغیر کھیل ختم کر دینا -

Retired *adj.* گوشہ نشین - وظیفہ یاب - مستعفی -

Retiring *adj.* خاموش - خلوت پسند -

Retirement (re-tir-mənt) *n.* Act of retiring خلوت - خانہ نشینی - وظیفہ پر علیحدگی - عزلت - تنہائی - روپوشی - خلوت گاہ - تخلیہ - وظیفہ پر ملازمت سے علیحدگی -

Retort (ri-tort) *v.t., i.* & *n.* Throw back - جھکانا پلٹنا - موڑنا - الٹ کر جواب دینا - الزام حریف پر الٹ دینا - دندان شکن جواب دینا - الزامی جواب - بدلہ - انتقام -

Retort (ri-tort) *n.* & *v.t.* Throw back, answer in retaliation عرق کھینچنے کا ظرف - بھبکا - آتشی شیشہ - قرنبیق - پارے کو گرم کرکے صاف کرنا -

Retortion (ri-tor-shən) *n.* Bending, turning or casting - پیچھے کی طرف موڑنا یا مڑنا - انتقامی کاروائی - ایک حکومت کی انتقامی کاروائی جو دوسری حکومت کے خلاف کی جائے -

Retouch (re-tuch) *v.t.* Touch again, improve by new touches درست کرنا ۔ مزین کرنا ۔ آراستہ کرنا ۔ سدھارنا ۔ نظر ثانی کرنا ۔

Retrace (re-trās) *v.t.* Trace back تلاش کرنا ۔ کھوج لگانا ۔ ڈھونڈھنا ۔ حافظہ میں دہرانا ۔ جس راہ سے آنا اسی سے واپس جانا ۔ اپنے کئے کی تلافی کرنا ۔

Retract (ri-trakt) *v.t.* Withdraw, revoke سکیڑنا ۔ سمیٹنا ۔ اندر کھینچنا ۔ واپس لینا ۔ منسوخ کرنا ۔ انکار کرنا ۔ غلطی کا اعتراف کرنا ۔ اپنی رائے کو واپس لینا ۔

Retractor *n.* عضو کو اندر کھینچنے والا عضلہ ۔

Retractable *adj.* قابل منسوخی ۔ پلٹنے کے قابل ۔

Retractive *adj.* سکڑنے والا ۔ ہٹا لینے والا ۔ کھینچنے والا ۔

Retraction *n.* الٹ پھیر ۔ منسوخی ۔ کھچاوٹ ۔

Retranslate (re-trans-lāt) *v.t.* & *n.* Translate back in the original language دوبارہ ترجمہ کرنا ۔ پھر ابتدائی زبان میں ترجمہ کرنا ۔ دوبارہ منتقل کرنا ۔ دوبارہ تبدیل کرنا ۔ دوبارہ منتقلی ۔

Retreat (ri-trēt) *v.t.*, *i.* & *n.* Withdraw پیچھے ہٹنا ۔ واپس ہو جانا ۔ بازگشت ۔ واپسی ۔ پسپائی ۔ گوشہ نشینی ۔ کنج عزلت ۔ اعتکاف ۔ کمین گاہ ۔ جائے پناہ ۔ پاگل خانہ ۔ شرابیوں کی کمین گاہ ۔

Retrench (ri-tren(t)sh) *v.t.* Cut off, reduce ۔ کاٹنا چھانٹنا ۔ کم کرنا ۔ مختصر کرنا ۔ محدود کرنا ۔ اخراجات میں تخفیف کرنا ۔ مورچہ بندی کرنا ۔

Retrenchment *n.* ۔ مورچہ بندی ۔ کاٹ چھانٹ ۔ تخفیف

Retrial (re-tri-əl) *n.* Testing again, investigating a case afresh مقدمہ کی دوبارہ سماعت ۔ از سر نو سماعت مقدمہ ۔

Retribution (ri-tri-bu-shən) *n.* Riquittal ۔ معاوضہ بدلہ ۔ سزا ۔ عذاب ۔ صلہ ۔ تلافی ۔ پاداش ۔ مکافات ۔

Retribute *v.t.* عوض دینا ۔ جزا دینا ۔ واپس دینا ۔

Retributive *adj.* مکافاتی ۔ انتقامی ۔ بطور صلہ ۔

Retrieve (ri-trēv) *v.t.* Recover, rescue ۔ پھر پانا پھر حاصل کرنا ۔ دوبارہ تلاش کر لینا ۔ کوشش کر کے یاد کرنا ۔ پھر سے درست کرنا ۔ نقصان کی تلافی کرنا ۔ پستی سے ابھارنا ۔

Retriever *n.* ڈھونڈھ نکالنے والا ۔ شکار کردہ جانور کو لانے والا کتا ۔

Retrievable *adj.* جو دوبارہ حاصل کیا جا سکے ۔ جس کی تلافی ہو سکے ۔

Retrieval *n.* نجات ۔ درستی ۔ اصلاح ۔ تلافی ۔

Retroact (rē-trō-akt) *v.i.* Act backward جوابی عمل کرنا ۔ پیچھے کی جانب عمل کرنا ۔ گزرے ہوئے زمانے کے حالات کو تازہ کرنا ۔

Retroactive *adj.* پچھلے زمانے سے نافذ ہونے والا ۔ ماضی میں عمل کرنے والا ۔

Retroactivity *n.* مستقدامہ حکم ۔ استقدامی حکم ۔

Retrocede (rē-trō-sēd) *v.i.* Move back ۔ پیچھے ہٹنا مراجعت کرنا ۔ الٹے پاؤں واپس جانا ۔ اندر ہی اندر ہونا ۔

Retrocedence *n.* اندرونی اثر ۔ پیچھے کی طرف حرکت ۔ الٹی حرکت ۔

Retrocedent *adj.* اندرونی ۔ الٹی حرکت کرنے والا ۔

Retrocede (rē-trō-sēd) *v.t.* Give back واپس دینا ۔ لوٹانا ۔ واگزاشت کرنا ۔

Retrocession (rē-trō-se-shən) *n.* Granting back رجعت ۔ لیے ہوئے ملک کی واپسی ۔ بازسپردگی ۔ باز حوالگی ۔

Retrocessive *adj.* باز حوالگی کا ۔ واپسی کا ۔ مستقدمانہ ۔

Retroflected (re-tro-flekt-d) *adj.* Bent back پیچھے مڑا ہوا ۔

Retrogradation (re-trō-grād-a-shən) *n.* Backward motion حرکت معکوس ۔ الٹی حرکت ۔ سیارے وغیرہ کا پیچھے رہ جانا ۔ رجعت ۔

Retrograde (re-tro-grad) *v.i.*, *adj.* & *n.* Moving or lagging back لوٹنا ۔ ہٹنا ۔ پیچھے رہ جانا ۔ رجعت کرنا ۔ مراجعت ۔ الٹی حرکت کرنے والا ۔ تنزل پذیر ۔ بگڑا ہوا آدمی ۔ تنزل ۔ انحطاط ۔

Retrogress (re-trō-gres) *v.i.* Go backward ۔ لوٹنا پلٹنا ۔ مراجعت کرنا ۔ واپس ہونا ۔ انحطاط پذیر ہونا ۔

Retrogressive *n.* زوال پذیر ۔ مراجعت کرنے والا ۔ پیچھے ہٹنے والا ۔

Retrogression (re-trō-gresh-ən) *n.* Going backward, decline in quality حرکت معکوس ۔ پیچھے کی طرف حرکت ۔ مراجعت ۔ انحطاط ۔ زوال ۔ تنزل ۔

Retropulsion (re-trō-pul-shən) *n.* Tendency to walk backward اندر اترنے کا رجحان ۔ کسی خارجی مرض کا اندرونی مرض بن جانا ۔ مرض کا اندر سرایت کرنا ۔

Retrospect (re-trō-spekt) *n.* A backward view ماضی کی یاد ۔ مناظر پیشین ۔ پچھلے واقعات ۔ اگلی یادیں ۔

Retrospection (re-trō-spek-shən) *n.* گذشتہ احوال ۔ ماضی کی طرف ۔ استقدام ۔

Retrospective (re-trō-spek-tiv) *adj.* Looking back مستقدمانہ ۔ گذشتہ زمانے کے متعلق ۔ زمانہ ماضی پر نافذ ہونے والا ۔ ماضی کی طرف راجع ۔

Retrousse (rə-trōōs-a) *adj.* Turned up اوپر کو اٹھی ہوئی ۔ (ناک)

Retrovert (re-tro-vərt) *v.t.* Turn back پیچھے کو ہٹانا ۔ پیچھے کی طرف موڑنا ۔ (عورتوں کا رحم) ۔

Retund (ri-tund) *v.t.* Blunt دھار مار دینا ۔ کند کر دینا ۔

Rettery (ret-e-ri) *n.* Flax-retting place وہ جگہ جہاں پٹ سن صاف کیا جاتا ہے ۔

Returf (re-turf) *v.t.* Cover with grass afresh از سر نو گھاس لگانا ۔ نئی گھاس لگانا ۔ نئی گھاس سے بھر دینا ۔

Return (ri-turn) *v.i.* & *t.* Come or go back ۔ پھرنا پلٹنا ۔ لوٹ جانا ۔ پھر آنا ۔ واپس ہونا ۔ واپس آنا یا جانا ۔ واپس دینا ۔ عوض دینا ۔ معاوضہ دینا ۔ بدلہ دینا ۔ جواب میں کہنا ۔ کسی ممبر کو کسی حلقہ انتخاب سے منتخب کرنا ۔

Returnable *adj.* قابل واپسی ۔ قابل انتخاب ۔

Return (ri-turn) *n.* Reversion, recurrence مراجعت ۔ معاودت ۔ واپسی ۔ بے باقی ۔ ادائگی ۔ معاوضہ ۔ بدلہ ۔ نفع ۔ پیداوار ۔ آمدنی ۔ محاصل ۔ دیوار کا پیچھے ہٹا ہوا حصہ ۔ شریف یا ناظم فوجداری کی رپورٹ (جمع) ایک قسم کا ہلکا تمباکو جو پائپ میں پیتے ہیں ۔

Returnless *adj.* بے منافع ۔ بے حاصل ۔ جس سے کوئی آمدنی نہ ہو ۔

Reunion (rē-ūn-yən) *n.* A meeting after separation جدائی کے بعد پھر ملاقات ۔ ہم خیال یا ہم مشرب کی صحبت ۔ دوبارہ ملنا یا ملانا ۔ جلسہ ۔ صحبت ۔

Reunite (rē-ū-nīt) *v.t.* & *i.* Join after separation فراق کے بعد پھر ملنا ۔ پھر جڑنا یا جوڑنا ۔ پھر ملنا یا ملانا ۔ پھر ملحق ہونا ۔ پھر پیوستہ ہونا ۔

Rev (rev) *n., v.t.* & *i.* A revolution, increase the speed چکر کی رفتار بڑھانا ۔ انجن کو تیزی سے چلانا ۔

Revaccinate (re-vak-si-nāt) *v.t.* Innoculate with vaccine afresh دوبارہ چیچک کا ٹیکہ لگانا ۔

Revalue (re-va-lū) *v.t.* Re-estimate پھر سے قیمت کا اندازہ کرنا ۔ از سرے نو قیمت لگانا ۔ آنکنا ۔

Revalorization (re-val-ər-iz-a-shən) *n.* Restoration of the value of currency سکہ کی پہلی قیمت بحال کرنا ۔

Reveal (ri-vēl) *v.t.* Make known آشکارا ۔ فاش کرنا کرنا ۔ ظاہر کرنا ۔ منکشف کرنا ۔ ظاہر ہونے دینا ۔ تنزلات یا الہام کے ذریعے ظاہر کرنا ۔ وحی نازل کرنا ۔

Revealable *n.* قابل اظہار ۔ قابل افشا ۔

Reveal (ri-vēl) *n.* The side surface of a recess کواڑ اور دیوار کے درمیان کی جگہ ۔ کھڑکی یا دروازے کا شگاف ۔

Reveille (ri-vel-i) *n.* The sound of the bugle to awaken soldiers سپاہیوں کے جگانے کا صباحی بگل ۔ جگانے کا بگل یا نوبت ۔

Revel (rev-l) *v.i., t.* & *n.* Make merry عیش و عشرت کرنا ۔ خوشیاں منانا ۔ رنگ رلیاں کرنا ۔ ناؤ نوش کی محفل جمانا ۔ عیش و نشاط ۔ محفل بادہ نوشی ۔ دھما چوکڑی ۔

Revel rout محفل مے پرستاں ۔ رندوں کا مجمع ۔

Revelry *n.* پینا پلانا ۔ عیش و عشرت ۔

Reveller *n.* مے پرست ۔ بد مست ۔ عیاش ۔

Revelation (rev-i-la-shən) *n.* The act of revealing انکشاف ۔ وحی ۔ الہام ۔ کشف ۔ افشائے حقیقت ۔

Revelationist (rev-i-la-shən-ist) *n.* A believer in divine revelation الہام و وحی کا قائل ۔ وحی الٰہی کا معترف ۔

Revenant (rev-ə-nent) *n.* One who returns after a long absence وہ شخص جو ایک طویل عرصے کے بعد وطن واپس آئے ۔ وہ جو قبر سے اٹھ کر آئے ۔

Revendication (re-ven-di-ka-shən) *n.* Formal suit for lost property کھوئے ہوئے مقبوضات کے لیے باضابطہ دعویٰ ۔

Revenge (ri-venj) *v.t.* & *i.* Inflict injury in return انتقام لینا ۔ بدلہ لینا ۔ معاوضہ لینا ۔ ادلے کا بدلہ دینا ۔ بغض نکالنا ۔

Revenge (ri-venj) *n.* Retaliation بدلہ ۔ انتقام ۔ سزا ۔ جزا ۔ عوض ۔ بغض ۔ عداوت ۔

Revengeful *adj.* کینہ ورانہ ۔ انتقام کا موقع ڈھونڈھنے والا ۔ پر انتقام ۔ کینہ ور ۔

Revengefulness *n.* جذبہ انتقام ۔ انتقام جوئی ۔ کینہ وری ۔

Revenue (rev-in-ū) *n* Receipts from any source, income آمدنی ۔ یافت ۔ مال گزاری ۔ محصول ۔ حکومت کا مالیہ ۔ محاصل ۔ خزانہ ۔

Reverberate (ri-vər-be-rāt) *v.t.* & *i.* Beat, recoil, reflect, echo گونجنا ۔ گونج پیداکرنا ۔ عکس ڈالنا ۔ حرارت یا روشنی کا ارتعاش میں ہونا ۔ حرارت یا روشنی کا لوٹنا یا لوٹانا ۔ لہرانا ۔ رد عمل ہونا ۔

Reverberatory *n.* & *adj.* پلٹنے والا ۔ منعکس ہونے والا ۔ گونجنے والا ۔

Reverberation *n.* انعکاس ۔ صدائے باز گشت ۔ گونج ۔

Reverberative } *adj.* صدا دینے والا ۔ گونجنے
Reverberant } والا ۔ منعکس ہونے والا ۔

Reverberator (ri-vər-bə-rat-ər) *n.* Reflector منعکس کرنے والا آلہ ۔ آلہ انعکاس ۔ عکسی لیمپ ۔

Revere (ri-vēr) *v.t.* Regard with high respect تعظیم کرنا ۔ ادب کرنا ۔ عزت کرنا ۔ احترام کرنا ۔

Reverence (ri-vər-əns) *n.* High respect احترام ۔ تعظیم و تکریم ۔

Do reverence ادب کرنا ۔

Make reverence پرستش کرنا ۔ پوجنا ۔

Saving your reverence عاجزانہ طور پر ۔ با ادب ۔

Reverential *adj.* توقیری ۔ تعظیمی ۔ تکریمی ۔

Reverend (rev-ər-ənd) *adj.* & *n.* Worthy of reverence بزرگ ۔ مکرم ۔ پادریوں کا لقب ۔ مودب ۔ با ادب ۔

Reverent (rev-ər-ənt) *adj.* Showing respect با ادب ۔ مودبانہ ۔ بزرگوں کا ادب کرنے والا ۔

Reverie (rev-ə-ri) *n.* Train of fancies محویت ۔ تصورات کا تسلسل ۔ خیالی پلاؤ ۔ خواب بینی ۔ شیخ چلی کا منصوبہ ۔ کوئی راگ جو محویت پیدا کر دے ۔

Reverse (ri-vərs) *adj.* Opposite معکوس ۔ الٹا ۔ برعکس ۔ الٹی طرف سے ۔

Reversely *adv.* برعکس ۔ الٹا ۔ اوندھا ۔

Reverse (ri-vərs) *v.t.* Bring back, turn aside الٹنا ۔ پھیر دینا ۔ تہہ و بالا کرنا ۔ معاملہ برعکس کر دینا ۔ پیچھے کرنا ۔ منسوخ کرنا ۔ رقص کا رخ مخالف سمت میں پھیر دینا ۔

Reversal *n.* الٹ پلٹ ۔ تبدیلی ۔ منسوخی ۔ استرداد ۔

Reversible *adj.* الٹ دینے کے لائق ۔ قابل منسوخی ۔

Reverse (ri-vərs) *n.* The contrary, the back ضد ۔ عکس ۔ الٹا رخ ۔ سکہ کا دوسرا رخ ۔ پشت ۔ شکست ۔ مصیبت ۔

Reversi (ri-vər-si) *n.* A board game ڈرافٹ کی طرح کا ایک کھیل ۔

Reversion (ri-vər-shən) *n.* Act of returning الٹا رخ ۔ واپسی ۔ حق عود ۔ کسی حق کا قابض دوم سے قابض اول کی طرف واپس ہونا ۔ حق وراثت اولیٰ ۔

Reversioner *n.* وارث مابعد ۔

Reversional } *adj.* عود کا ۔ مابعد کا ۔
Reversionary }

Revert (ri-vərt) *v.i., t.* & *n.* Turn back, reverse باز آنا ۔ پھیر دینا ۔ الٹا دینا ۔ راجع ہونا ۔ عود کرنا ۔ دوبارہ وحشیانہ زندگی اختیار کرنا ۔ چلتے چلتے واپس ہونا ۔ اپنے سابق مذہب کی طرف لوٹنا ۔ اصل مالک کے قبضہ میں آنا ۔ مراجعت ۔ واپسی ۔

Revertible (ri-vert-i-bl) *adj.* Reversible لوٹ آنے قابل ۔ قابل عود ۔ ایسی جائیداد جو اصل مالک یا اس کے ورثا کو واپس ملے ۔

Revet (ri-vet) *v.t.* Face with masonry دیوار کے سامنے پشتی بان تعمیر کرنا ۔

Revetment (ri-vet-ment) *n.* A retaining wall
سہارے کی دیوار ۔ پشتہ ۔

Review (ri-vū) *n.* A viewing again, retrospect
نظر ثانی ۔ تحقیقات مکرر ۔ باز بینی ۔ ملاحظہ ۔ معائنہ ۔
تبصرہ ۔ تنقید ۔

Review (ri-vū) *v.t. & i.* Look back, examine
again   نظرثانی کرنا ۔ معائنہ کرنا ۔ دوبارہ غور کرنا ۔
تحقیقات یا تنقیح کرنا ۔ فوج کا معائنہ کرنا ۔ کتاب پر
تبصرہ یا تنقید کرنا ۔

Reviewer *n.* افسر معائنہ کنندہ ۔ نظر ثانی کرنے والا ۔
ناقد ۔ تبصرہ نگار ۔

Reviewable *adj.* تنقید کے قابل ۔ قابل تبصرہ ۔

Reviewal *n.* دوبارہ غور و خوض ۔ تنقید ۔ نظر ثانی ۔

Revile (re-vīl) *v.t. & i.* Assail with bitter abuse
گالی دینا ۔ دشنام دینا ۔ برا بھلا کہنا ۔ ملامت کرنا ۔
سخت سست کہنا ۔

Reviler *n.* لعنت ملامت کرنے والا ۔ گالیاں بکنے والا ۔
بدزبانی کرنے والا ۔

Reviling *n.* بدزبانی ۔ دشنام ۔ گالی ۔

Revise (ri-vīz) *v.t. & n.* Review and amend دوبارہ
جانچ پڑتال کرکے اصلاح کرنا ۔ دوبارہ غور کرنا ۔
تصحیح کرنا ۔ نظرثانی کیا ہوا فرمہ ۔ تصحیح کے بعد
چھپا ہوا پروف ۔

Revisable *adj.* نظرثانی کے لائق ۔ قابل اصلاح ۔

Revisory
Revisional } *adj.* نظرثانی کے متعلق ۔ اصلاح کے
بارے میں ۔

Revision, revisal *n.* ترمیم ۔ اصلاح مکرر ۔ نظرثانی ۔

Reviser *n.* نظرثانی کرنے والا ۔ اصلاح کرنے والا ۔

Revitalize (ri-vītəl-īz) *v.t.* Put new life دوبارہ جان
ڈالنا ۔ تازہ قوت بخشنا ۔ دوبارہ روح پھونکنا ۔

Revival (ri-vīv-l) *n.* Recovery from depression
اعادہ ۔ احیاء ۔ دوبارہ رواج پانا ۔ مذہبی عقیدت کا احیاء ۔
حیات نو ۔ تقویت ۔

Revivalism *n.* کسی قدیم عقیدہ کا احیاء ۔ مذہب کو
زندہ کرنے کی تحریک ۔

Revivalist *n.* تجدید مذہب کا حامی ۔

Revive (ri-vīv) *v.t. & i.* Bring back to life دوبارہ
زندہ کرنا ۔ جان ڈالنا ۔ پھر سے رائج کرنا ۔ سرسبز ہونا ۔
تجدید ہونا ۔ اصلی حالت پر آنا ۔

Revivable *adj.* رائج ہونے کے قابل ۔ قابل تجدید ۔
قابل احیاء ۔

Reviver (re-vīv-ər) *n.* One who, or that which
revives احیاء کرنے والا ۔ مجدد ۔ مصلح ۔ تازگی بخش
مشروب ۔ وہ مرکب جس سے اڑا ہوا رنگ تازہ ہو
جائے ۔

Revivify (ri-viv-i-fi) *v.t.* Restore to life جلانا ۔
زندہ کرنا ۔ نئی جان ڈالنا ۔ اپنی اصلی حالت پر لانا ۔

Revivification *n.* تقویت ۔ بحالی ۔ تجدید ۔ احیاء ۔

Reviviscence (rev-i-vis-əns) *n.* Revival بحالی ۔
تازگی ۔

Reviviscent *adj.* Reviving دوبارہ زندگی پانے والا ۔
مفرح ۔ حیات بخش ۔

Revoke (ri-vōk) *v.t., i. & n.* Recall منسوخ کرنا ۔
رد کرنا ۔ باطل کرنا ۔ مسترد کرنا ۔ (تاش) رنگ کا
پتہ ہوتے ہوئے بدرنگ پتہ ڈالنا ۔ منسوخی ۔

Revokable *adj.* قابل تردید ۔ قابل منسوخی ۔

Revocatory *adj.* منسوخ کرنے والا ۔ ناسخ ۔

Revocation *n.* تنسیخ ۔ استر داد ۔

Revolt (ri-vōlt) *v.i., t. & n.* Rise in opposition
پھر جانا ۔ رو گردانی کرنا ۔ باغی ہو جانا ۔ منحرف
ہونا ۔ برگشتہ ہونا ۔ غدر مچانا ۔ بیزار ہونا ۔ نفرت کرنا ۔
گھن آنا ۔ بغاوت ۔ سرکشی ۔ کراہت ۔ بیزاری ۔

Revolting *adj.* گھناؤنا ۔ نفرت انگیز ۔

Revolution (rev-əl-oo-shən) *n.* Movement in an
orbit دوران ۔ گردش ۔ دوری حرکت ۔ گردش زمانہ ۔
انقلاب ۔ کایا پلٹ ۔ عرصہ ۔ زمانہ ۔ سیاسی انقلاب ۔

Revolute *v.i.* انقلاب برپا کرنا ۔

Revolutionize *v.t.* انقلاب لانا ۔ بالکل بدل دینا ۔

Revolutionism *n.* انقلابیت ۔ انقلاب پسندی ۔

Revolutionary (rev-əl-ōō-shən-ari) *adj. & n.*
Favouring revolution انقلابی ۔ انقلاب لانے والا ۔
پرآشوب ۔ انقلاب انگیز ۔ گردشی ۔

Revolve (ri-volv) *v.t. & i.* Roll back, ponder
گردش کرنا - چکر کھانا - طواف کرنا - دورہ کرنا - گردش دینا - کسی مسئلہ پر غور کرنا - سوچنا - سوچ کر حل نکالنا -

Revolver (ri-volv-ər) *n.* Pistol with a rotating magazine گھوم کر چلنے والا پستول - گڈے والا پستول - ریوالور -

Revue (ri-vū) *n.* A loose theatrical show ایک معمولی تمثیل - ایسا ناٹک جس میں حالات حاضرہ کا مذاق اڑایا جائے -

Revulsion (ri-vul-shən) *n.* Withdrawal, disgust کھینچ - کشش - احساس - تنفر - جذبات کا فوری تغیر- مرض کا ایک حصے سے دوسرےحصے میں انتقال -

Revulsize (ri-vul-sīz) *adj.* The medicine that shifts the disease ایسی دوا جو مرض کو اپنی جگہ سے ہٹا کر دوسری طرف لے جائے -

Reward (ri-wawrd) *v.t. & n.* That which is given in recognition of merit جزا دینا - صلہ دینا - انعام دینا - معاوضہ دینا- عوض- بدلہ - انعام - پاداش - صلہ - اجر - مکافات - پھل -

Reword (re-wurd) *v.t.* Repeat, echo دوسرے الفاظ میں بیان کرنا - مطلب واضح کرنا -

Rewrite (re-rīt) *v.t.* Write again دوبارہ لکھنا - دوبارہ ترتیب دینا - نظرثانی کرنا - الفاظ بدل کر لکھنا - انداز بدل کر لکھنا - نقل کرنا -

Reynard (ren-ärd) *n.* A fox لومڑی - بی لومڑی -

Rhabdomancy (rab-do-mansi) *n.* Divinition by rod جادو کی چھڑی کے ذریعے معلوم کرنا کہ کسی جگہ سطح زمین کے نیچے پانی ہے یا نہیں -

Rhapsodic (rap-sō-dik) *adj.* Of the nature of rhapsody رزمیہ -

Rhapsodize (rap-so-diz) *v.t. & i.* Piece together رزمیہ نظم پڑھنا - جوڑ لگانا - جوڑنا - جوش و خروش سے پڑھنا -

Rhapsodist (rap-so-dist) *n.* One who rhapsodises رجز خواں - رزمیہ نگار -

Rhapsody (rap-so-di) *n.* An epic or a piece of epic رزمیہ نظم یا اس کا ایک جز جو بہ یک وقت پڑھا جائے - پرجوش تقریر - ولولہ انگیز راگ یا نغمہ -

Rhetoric (ret-ər-ik) *n.* Theory of eloquence علم انشا - فن خطابت - خطیبانہ طرز ادا - مبالغہ آمیز تحریر یا تقریر - لسانی -

Rhetorical (ret-ər-i-kal) *adj.* Pertaining to rhetoric خطیبانہ - فصیح و بلیغ - پرجوش - ولولہ انگیز -

Rhetorician (ret-ər-i-shən) *n.* An orator فن خطابت کا معلم - خطیب - ماہر مقرر -

Rheum (rōōm) *n.* The rhubarb genus, a mucous discharge رطوبت جو جسم سے خارج ہوتے ہیں- آنسو - لعاب دھن - رطوبت نزلہ -

Rheumatic (rōō-ma-tik) *adj. & n.* Of the nature of rheumatism گٹھیا کا مریض - جوڑوں کے درد کا - وجع مفاصل کا -

Rheumatism (rōō-mə-tizm) *n.* Pain and stiffness of joints وجع مفاصل - گٹھیا - بائی -

Rheumy (rōōm-i) *adj.* Discharging پر از رطوبت - نزلے کا -

Rhino (ri-nō) *n.* Abbreviation of rhinoceros (بول چال) گینڈا - مال و زر- روپیہ پیسہ -

Rhinoceros (rino-se-reəs) *n.* A large African and S. Asian quadruped with one or two horns گینڈا - کرگدن -

Rhinocerotic *adj.* گینڈے جیسا - گینڈے کی طرح کا -

Rhodium (rōd-i-um) *n.* A metallic element پلاٹینم کی قسم کی ایک دھات - ایک خوشبودار لکڑی جو جزیرہ کناری میں پائی جاتی ہے -

Rhododendron (rōd-ō-den-drōn) *n.* A shrub of the heath family ایک قسم کی سدا بہار جھاڑی -

Rhomb (rom(b) *n.* Anything that whirls لوز کی شکل کی کوئی چیز - معین شکل - شش پہلو بلورہ جس کا ہر پہلو معین شکل کا ہو -

Rhombic *adj.* شش پہلو - لوزی - معین -

Rhombohedron (rom-bə-hed-ron) *n.* A parallelogram شش پہلو شکل - معین شکل کا بلورہ -

Rhomboidal (rom-bo-i-dal) *adj.* More or less like a rhomboid مشابہ بہ معین ۔ معین نما ۔

Rhombus (rom-bus) *n.* Like a rhomboid ۔ معین شکل معین ۔

Rhubarb (roo-barb) *n.* Any species of the genus Rheum ریوند چینی ۔

Rhumb (rum) *n.* Any point of the compass دائرہ سمت نما ۔ جہاز کے راستے کا خط راست ۔ وہ خط جو طول البلد کے خطوط کو ایک ہی زاویہ پر قطع کرتا ہو ۔

Rhyme (rim) *n.* Identity in sound ۔ تک ۔ قافیہ کلام موزوں ۔ قافیہ بندی ۔

Rhymeless *adj.* بے قافیہ ۔ غیر مقفیٰ ۔

Rhymelessness *n.* بے قافیہ ہونا ۔ غیر مقفیٰ ہونا ۔

Neither rhyme nor reason بے تکی چیز ۔

Rhyme (rim) *v.i. & t.* Put into rhyme ۔ قافیہ لگانا مقفیٰ کرنا ۔ موزوں کرنا ۔ ہم آواز الفاظ لانا ۔ شاعری میں وقت ضائع کرنا ۔ قافیے تلاش کرنا ۔ تک بندی کرنا ۔

Rhymester, Rhymer *n.* تک بند ۔ قافیہ گو ۔ معمولی شاعر ۔

Rhymist *n.* تک بند ۔ قافیہ پیما ۔

Rhythm (ri-dhm) *n.* A regular recurrence ۔ وزن بحر ۔ تال ۔ روانی ۔ لے ۔ موزونیت ۔ ترنم ۔ واقعات کا تواتر ۔ قدرتی اعمال ۔

Rhythmic(al) *adj.* متناسب ۔ تال دار ۔ موزوں ۔ لے دار ۔

Rhythmist *n.* تناسب پسند ۔ لے دار ۔ موزوں طبع ۔

Riant (ri-ənt) *adj.* Gay, laughing ۔ خندہ جبیں ۔ متبسم شگفتہ ۔

Rib (rib) *n. & v.t.* One of the bones that curve from the backbone ۔ پسلی ۔ پنجری ۔ بیوی زوجہ ۔ حوا ۔ حوا کی بیٹی ۔ پتے کی رگ ۔ پر کی ڈنڈی ۔ چھتری کی تیلی ۔ پہاڑ کا آگے نکلا ہوا حصہ ۔ ابھری ہوئی لکیر ۔ محرابدار چھت کی ڈاٹ ۔ جہاز کی خمدار لکڑی یا شہتیر ۔ ریت کی تہہ ۔ ڈاٹ لگانا ۔ ابھری ہوئی لکیریں ڈالنا ۔ کھیت میں اس طرح ہل چلانا کہ نالیوں کے بیچ میں ابھری ہوئی زمین باقی رہے ۔

Ribbing *n.* چھتری کی تیلیاں ۔

Ribald (reb-əld) *n.* A menial of the lowest grade پاجی ۔ کمینہ ۔ لچا ۔ شہدا ۔ بے ادب ۔ مقدس چیزوں کو برا بھلا کہنے والا ۔

Ribaldry *n.* فحش کلامی ۔ مغلظات ۔ برا بھلا کہنا ۔ گالی گلوچ ۔ بے ادبی ۔ قابل احترام چیزوں کو برا بھلا کہنا ۔

Ribband (rib-ənd) *n.* Ribbon, strip لکڑی کی پٹیاں جو جہاز میں استعمال کی جاتی ہیں ۔

Ribbon (rib-ən) *n.* Material woven in narrow bands or strips ۔ ربن ۔ فیتہ ۔ کور ۔ ریشمی بیل ۔ اعزازی فیتہ ۔ دھجی ۔ لمبی پیٹی (جمع) گھوڑے کی لگام ۔ باگ ۔ راس ۔ کسی شاہراہ کے کنارے مکانوں کا سلسلہ ۔ بیرون بلدیہ عمارات کی توسیع ۔

Ribes (ri-bez) *n.* The black and red currant منقیٰ یا داخ کا پودا ۔

Rice (ris) *n.* A grainy grass much grown in the tropics چاول ۔ برنج ۔ دھان ۔

Rice milk کھیر ۔ شیر برنج ۔

Rice water پیچھ ۔

Rich (rich) *adj.* Abounding, wealthy ۔ زرخیز ثمر آور ۔ متمول ۔ مالدار ۔ دولت مند ۔ سیر حاصل ۔ پرتکلف (دعوت) زرق برق (لباس) مرغن (کھانا) گہری اور روشن (آواز) دلچسپ ۔ پرتکلف ۔ قیمتی ۔ گراں بہا ۔ خوبصورت ۔ دلفریب ۔

Richness *n.* تونگری ۔ کثرت ۔ دلفریبی ۔

Riches (rich-iz) *n.* Wealth ۔ مال و متاع ۔ دولت ۔ سیم و زر ۔ مایا ۔ تمول ۔

Richly (rich-li) *adv.* Profusely ۔ بکثرت ۔ اچھی طرح سے ۔ از بس ۔

Rick (rik) *n. & v.t.* A heap, a stack ۔ تودہ ۔ انبار ۔ ذخیرہ ۔ انبار لگانا ۔ ذخیرہ کرنا ۔

Rick-barton *n.* ذخیرہ ۔ گنج ۔ انبار خانہ ۔

Rickets (rik-its) *n.* A disease of children بچوں کا ایک مرض ۔ سوکھے کی بیماری ۔ ہڈیوں کا نرم ہو جانا ۔

Ricketily *adv.* کمزوری سے ۔

Ricketiness *n.* ڈھیلا پن ۔ ضعف ۔ کمزوری ۔

Ricksha(w) (rik-sha) *n.* A two-wheeled light carriage دو پہیوں کی ہلکی گاڑی ۔ رکشا ۔

Rid (rid) *v.t. & i.* Free, deliver رہا کرنا ۔ آزاد کرنا ۔ خلاصی دینا ۔ چھٹکارا پانا ۔ نجات پانا ۔

Riddance *n.* نجات ۔ بریت ۔ چھٹکارا ۔ رہائی ۔

Riddle (rid-l) *v.t., i. & n.* Anything puzzling ۔ پہیلی چیستان ۔ معمہ ۔ پہیلی بجھانا ۔ معمہ حل کرنا ۔ پہیلی بوجھنا ۔

Riddle (rid-l) *n. & v.t.* A coarse sieve اناج کا بھوسہ الگ کرنے کی چھلنی ۔ چھلنا ۔ چھلنے میں چھاننا ۔ سوالات اور اعتراضات کی بوچھاڑ کرنا ۔ چھان بین کرنا ۔ بندی کی چندی کرنا ۔

Ride (rīd) *v.t. & i.* Travel or cross on a horse back or any animal or conveyance ۔ چڑھنا سوار ہونا ۔ سواری کرنا ۔ گاڑی ، گھوڑے ، بائیسکل پر سوار ہونا ۔ پانی کی سطح پر تیرنا (سورج کا) تیرتا رہنا ۔ سر پر یا سینے پر سوار ہو جانا ۔ سختی سے حکومت کرنا۔ سوار ہو کر نکلنا ۔ گھوڑے کی سواری کے لیے زمین کا اچھا یا برا ہونا ۔

Priest-ridden وہ جو پادری یا مولوی کے اشارے پر چلے ۔ ملا زدہ ۔

Ride and tie دو سواروں کا باری باری ایک گھوڑے پر سوار ہونا ۔

Ride for a fall بگ ٹٹ دوڑانا ۔ بے حد دلیری سے کام لینا ۔

Ride one's horse to death گھوڑے کو دوڑا دوڑا کر مار ڈالنا ۔ اپنے اصولوں پر حد سے زیادہ زور دینا ۔ لطیفہ گوئی کو طول دے کر بے لطف بنا دینا ۔

Ride out the storm کسی خطرے سے بچ کر نکل جانا ۔

Ride shanks mare پیدل چلنا ۔

Ridable *adj.* سواری کے قابل ۔

Rider (rīd-ər) *n.* One who rides or can ride راکب ۔ سوار ۔ گھڑ چڑھا ۔ بالائی تختہ ۔ تختہ یا لوہے کی چادر جو مضبوطی کے لیے جہاز میں لگائی جائے ۔ وہ پتھر جو دوسرے کو ہٹا کر اس کی جگہ پر بیٹھ جائے ۔ اضافہ ۔ زائد ۔ مزید اظہار رائے (ریاضی) آزمائشی یا مشقی سوال ۔ بالائی پرزہ ۔

Riderless *adj.* بے حفاظت کے تختہ کا (جہاز) بے سوار (گھوڑا) ۔

Ridge (rij) *v.t., i. & n.* The back, ground between furrows پشت ۔ پیٹھ ۔ ریڑھ ۔ ابھری ہوئی زمین ۔ پہاڑی ۔ ماہی پشت سطح ۔ ابھری ہوئی لکیر ۔ سمندر کی بلند موجیں ۔ موجیں اٹھنا ۔ منڈیر بنانا ۔ زمین کو اس طرح جوتنا کہ نالیوں کے ادھر آدھر ابھری ہوئی مٹی جمع ہو جائے ۔

Ridgy *adj.* ماہی پشت ۔ منڈیر والی ۔ ٹیلہ دار ۔

Ridicule (rid-i-kūl) *n. & v.t.* Mockery تضحیک ۔ ہنسی ۔ مضحکہ ۔ تمسخر ۔ تمسخر کرنا ۔ ہنسی اڑانا ۔ بنانا ۔

Ridiculous (rid-i-kūl-əs) *adj.* Exciting ridicule بے ہودہ ۔ نامعقول ۔ مضحکہ انگیز ۔ قابل تمسخر ۔

Ridiculousness *n.* تمسخر ۔ مضحکہ انگیزی ۔

Riding (rīd-ing) *n.* Mounting a horse, a track گھوڑے کی سواری ۔ سواری کا راستہ ۔ سواری ۔

Riding (rīd-ing) *adj.* Moving in ۔ بندرگاہ میں آنے والا سواری کا ۔

Riding master چابک سوار ۔ سواری سکھانے والا ۔

Rife (rīf) *adj.* Prevalent ۔ غالب ۔ عالمگیر ۔ پھیلا ہوا ۔ چھایا ہوا ۔ متعدی ۔ مروج ۔ بھرا ہوا ۔ مالا مال ۔

Riff-raff (rīf-raf) *n.* Rubbish تیل تنبولی ۔ نیچ ذات کے لوگ ۔ گنوار ۔ بھیڑ ۔ انبوہ ۔

Rifle (rīf-l) *v.t. & i.* Plunder, ransack ۔ لوٹ لینا چھین لینا ۔ صفایا کر دینا ۔ رائفل چلانا ۔ رائفل سے مارنا ۔ بندوق کی خار دار نالی بنانا ۔

Rifle (rīf-l) *n.* Grooved barrel gun خاردار یا چکر دار نالی والی بندوق ۔

Rift (rift) *n. & v.t.* A fissure درز ۔ شگاف ۔ چاک کرنا ۔ چیرنا پھاڑنا ۔

Little rift within the lute ۔ آغاز جنون ۔ خلل دماغ

Riftless *adj.* بے شگاف ۔ بے درز ۔

Rifty *adj.* درز والی ۔ شگاف دار ۔ پھٹی ہوئی ۔

Rig (rig) *v.t., i. & n.* Fit with sails, equip لباس پہنانا ۔ بادبان لگانا ۔ آراستہ کرنا ۔ کیل کانٹے سے لیس کرنا ۔ ضروری سامان مہیا کرنا ۔ مستول وغیرہ لگانا ۔ عمارت کا ڈھانچہ کھڑا کر دینا ۔ سج دھج ۔ وضع قطع ۔ پوشاک ۔ لباس ۔

Rigging *n.* مستول - رسے - تختے وغیرہ - کشتی کا ساز و سامان -

Rig out آراستہ کرنا -

Run a rig داؤں لگانا - چال چلنا -

Run the rig upon ٹھٹھا کرنا - ہنسی اڑانا -

Rig (rig) *n.* & *v.t.* Prank, trick عیاری - مکاری - چالبازی - سٹا بٹا کرنا - عیاری سے کام نکالنا -

Rig the market چال بازی سے بھاؤ گھٹانا بڑھانا -

Rigadoon (ri-gə-dōōn) *n.* A lively dance ایک قسم کا تیز ناچ -

Rigescent (rig-e-sent) *adj.* Growing rigid or stiff اکڑا ہوا - اینٹھا ہوا - سخت -

Rigger (rig-ər) *n.* One who rigs ships جہاز کا سامان درست کرنے والا -

Right (rīt) *adj., v.t., i.* & *n.* Straight, direct سیدھا - راست - مستقیم - صادق - سچا - عادل - منصف - حقیقی - مناسب - معقول - واجب - جائز - لائق - ٹھیک - مطابق واقعہ - صحیح - درست - مفید - قابل اطمینان - صحیح الدماغ - عمدہ - سیدھا کرنا - ٹھیک جگہ پر لانا - شہرت یا عزت برقرار رکھنا - جائز قرار دینا - حق - جائز مطالبہ - داہنا - دایاں ہاتھ یا رخ - براہ راست - سیدھی طرح - آخر تک - بالکل - اچھی طرح - بجا طور پر - سیدھے ہاتھ کی طرف -

Right-about الٹی طرف - مخالفت سمت میں -

Right-angled قائم الزاویہ -

Right-hearted نیک دل -

Right-down صاف صاف -

Right-off فوراً -

At all rights ہر طرف -

By right or rights واجباً - جوازاً - قانوناً -

Put to rights درست کرنا -

The right side جانب حق - مقام عزت -

On the right side of forty - چالیس سال سے کم عمر کا

Right and left چاروں طرف سے - ہر طرف سے -

That serves him right اچھا ہوا وہ اسی قابل تھا

Right-minded *adj.* نیک - راست باز -

Rightable *adj.* قابل اصلاح -

Woman-righter مساوی حقوق نسواں کا حامی - عورتوں کی مساوات کا حامی -

Righteous (rī-ches) *adj.* Just, upright متقی - صالح - نیکو کار - راست باز - عادلانہ - منصفانہ - پارسائی کا - نیک کرداری کا -

Righteousness *n.* نیکو کاری - تقویٰ - پارسائی - ایمانداری -

Rightful (rīt-fl) *adj.* & *n.* Having a just claim مناسب - معقول - واجب - حقدار - حلال - شرعی - مستحق - جائز وارث یا مالک -

Rightfulness *n.* راست بازی - استحقاق - جواز - واجبیت -

Rightly (rīt-li) *adv.* According to justice - راستی سے - انصاف سے - صدق و صفا سے - جائز طور پر - بجا طور پر -

Rigid (rij-id) *adj.* Stiff, unbending سخت - کرخت - کڑا - بے لوچ - سخت گیر - کٹھن - بلا رو رعایت -

Rigidity *n.* جبر - تشدد - درشتی - سختی - کڑا پن -

Rigidly *adv.* سخت گیری سے - بے مروتی سے - شدت سے - سختی سے -

Rigmarole (rig-mə-rōl) *n.* A long rambling discourse بے سروپا بات - لمبی چوڑی بے تکی تقریر - بے ربط لا یعنی بات -

Rigor (ri-gor) *n.* Sense of chilliness لرزہ - سردی - جاڑا -

Rigour (rig-ər) *n.* Stiffness - کرختگی - سختی - کڑا پن - سخت گیری - اخلاق یا مذہبی تشدد - سخت محنت - زہد خشک - ریاضت -

Rigorism *n.* اخلاق یا مذہبی تشدد -

Rigorist *n.* زاہد خشک - تشدد پسند -

Rigorous *adj.* کٹھن - با مشقت - سخت - شدید -

Rigsdag (rigz-dāg) *n.* The parliament of Denmark ڈنمارک کی پارلیمنٹ -

Rile (rīl) *v.t.* Raise anger in غصہ دلانا - خفا کرنا - بر افروختہ کرنا -

Rill (ril) *n.* & *v.i.* A small brook - نالہ - نہر - ندی - چشمے کی طرح ابلنا یا بہنا -

Rillet *n.* چھوٹی ندی - چھوٹا نالہ -

Rilletts-ettes (ril-ets) *n.* Preparation of minced ham, chicken and fat ایک کھانا جو سور کے گوشت ، مرغ اور چربی سے تیار کیا جاتا ہے -

Rim (rīm) *n.* The outermost circular part of a wheel پہیے کا بیرونی حلقہ - کگر - کنارہ - گھیرا -

Rimless *adj.* بے حلقے کا - بے کگر - بے کور -

Rime (rīm) *n.* & *v.t.* Frozen dew پالا - برف - کہر - پالا پڑنا - کہر ہونا -

Rimy *adj.* برف سے اٹا ہوا - کہر آلود -

Rind (rīnd) *v.t.* & *n.* Peel, crust چھلکا - چھال - پوست - خول - چھلکا اتارنا - مقشر کرنا -

Rinderpest (rin-dər-pest) *n.* A malignant disease of cattle چوپایوں کی ایک متعدی اور وبائی بیماری -

Ring (ring) *n.,v.i.* & *t.* A circlet or small hoop چھلا - انگوٹھی - انگشتری - کڑا - کنڈا - احاطہ - گردا - چوک - طائفہ - ٹولی - منڈلی - تاجروں یا سیاسوں کا حلقہ - منڈلانا - چکر کھانا - چکر کھاتے ہوئے اڑنا - حلقے میں لانا - انگوٹھی یا چھلا پہنانا - بیل کو نانتھنا -

Ring-carrier دلال -

Ring-dove فاختہ - قمری -

Ring-streaked گول دھاری والا -

Ring-tail ایک قسم کی چڑیا -

Ring-finger چھنگلیا کے پاس کی انگلی جس میں انگوٹھی پہنتے ہیں -

Ring-leader کسی ٹولی کا سردار - سر گروہ - سرغنہ -

Ring-stand انگشتری دان -

Ring worm خارش - داد کی بیماری -

Ring (ring) *v.i.,t.* & *n.* Give a metallic or bell-like sound بجنا - گونجنا - کھنکنا - گھنٹی بجانا - گھنٹہ بجا کر اعلان کرنا - گھنٹے کی آواز - جھنکار -

Ring at a door کھٹکھٹانا - دستک دینا -

A ringing frost بڑے زور کا پالا -

Ring off گفتگو ختم کر دینا - ٹیلیفون بند کر دینا -

Ring true or false سکہ کا کھرا یا کھوٹا ہونا -

Ring up ٹیلیفون پر باتیں کرنا - ٹیلیفون پر بلانا -

Ringer (ring-ər) *n.* Quoit that falls round pin کوٹ کے کھیل میں وہ چھلا جو کیل میں لٹک جائے - گھنٹی بجانے کا آلہ - وہ لومڑی جو شکاری کتوں کے آگے چکر کاٹتی ہوئی بھاگے -

Ringlet (ring-let) *n.* A curl of hair بالوں کا حلقہ - کاکل - گھونگھر والے بال - چھوٹا حلقہ - چھلا -

Rink (rin-gk) *n.* & *v.t.* A course for tilting or racing اسکیٹنگ کرنے کا تختہ - برف کا تختہ - برف پر پھسلنا - اسکیٹنگ کرنا -

Rinker *n.* اسکیٹنگ کرنے والا -

Rinse (rins) *v.t.* Wash lightly by dipping پانی میں دھونا - پانی میں ڈال کر نکال لینا - کھنگالنا - شراب کے ساتھ کھانا - حلق سے اتارنا -

Riot (ri-ət) *n.,v.t.* & *i.* Wild revelry غل غپاڑہ - عیش و طرب - عیاشی - بدمستی - شراب و کباب کا جلسہ - دنگا - بلوہ - ہنگامہ - ریل پیل - دھما چوکڑی مچانا - دنگا فساد کرنا - عیاشی کی زندگی بسر کرنا - دھوم مچانا -

Run riot بے روک ٹوک کوئی کام کرنا - کھل کھیلنا - شکاری کتوں کا اٹکل پچو دوڑنا - زبان یا تخیل کا بے لگام ہو جانا -

Riotous *adj.* عیاشانہ - خر مست - اوباش - بد مستی کا -

Riotousness } عیش پرستی - عیاشی - اوباشی -
Riotry } خر مستی -

Rioter *n.* خر مست - اوباش - بلوائی - دنگا باز -

Rip (rip) *n.* An inferior horse تباش بین - نکا مریل گھوڑا -

Rip (rip) *v.t.,i.* & *n.* Slash or tear open چاک کرنا - چیرنا - پھاڑنا - ادھیڑنا - چیر کر شگاف ڈالنا - زخم تازہ کرنا - پھر سے جھگڑا کھڑا کرنا - گڑے مردے اکھاڑنا - چھان بین کرنا - ٹٹولنا - ڈھونڈنا -

Rippingly *adv.* (بول چال) اعلیٰ درجہ کا - خوب مزے سے - پر لطف طور پر -

Rip (rip) *n.* Disturbed state of the sea سمندر میں تموج کی حالت -

Riparian (rī-pā-ri-ən) *adj.* & *n.* Of a river bank ساحلی - ساحل کے متعلق - ساحلی زمین کا مالک -

Ripe (rīp) *adj.* & *v.i.* Ready for harvest - پکا - پختہ تیار - لائق - قابل - پختہ مغز - پکنا - پختہ ہونا -

Ripe beauty جوان سال عورت کی خوبصورتی - پختہ حسن -

Soon ripe soon rotten جو جلد جوان ہو اس کا انحطاط بھی شروع ہو جاتا ہے - جلدی پکنا جلدی سڑنا -

Ripen *v.t.* & *i.* پختہ ہونا - پکنا -

Ripenness *n.* پختہ کاری - پختگی -

Riposte (ri-pōst) *n.* & *v.t.* A quick return thrust of sword تلوار کا وہ ہاتھ جو فوراً جواب میں لگایا جائے - جوابی وار - جوابی وار کرنا - ترکی بہ ترکی جواب دینا -

Ripper (rip-ər) *n.* One who rips, a tool for ripping چیڑ پھاڑ کرنے والا - ادھیڑنے کا اوزار - اعلیٰ درجہ کی چیز - اعلیٰ درجے کا انسان -

Ripple (rip-l) *v.t.*, *i.* & *n.* A little wave لہر - ہلکی موج - ہلکورا - ہلکی موجیں پیدا کرنا - اتار چڑھاؤ کی آواز پیدا کرنا -

Ripple cloth ملائم اونی کپڑا -

Ripple (rip-l) *n.* & *v.t.* A toothed implement for removing seeds from hemp or flax سن صاف کرنے کا کنگھا - سن کے بیج صاف کرنا -

Ripplet *n.* ہلکی موج - چھوٹے چھوٹے ہلکورے -

Rip van Winkle (rip-van-vinkl) *n.* An old-fashioned man فرسودہ خیالات کا آدمی - دقیانوسی خیالات رکھنے والا -

Rise (rīz) *v.i.* & *t.* Get up, become hostile - اٹھنا کھڑا ہونا - چڑھنا - طلوع کرنا - بلند ہونا - منور کرنا - نمودار ہونا - ابھرنا - اٹھ بیٹھنا - بیدار ہونا - زندہ ہو جانا - شورش برپا ہونا - فساد کھڑا کرنا - بغاوت کرنا - پھولنا - سوجنا - آغاز ہونا - مہنگا ہونا - ترقی کرنا - عروج حاصل کرنا - اعلیٰ مرتبہ پر پہنچنا - جی اٹھنا - مجلس برخاست کرنا - اڑنا - پرواز کرنا - بلندی پر جانا - زیادہ ہونا - موقع کے مطابق ہمت کرنا - دریا کا نکلنا - (موسیقی) آواز کا چڑھنا -

Gorge rises غصہ آتا ہے - خون کھولتا ہے -

My whole soul rises against مجھ سے یہ برداشت نہیں ہوتا -

Rise above petty jealousies - تنگ ظرفی ترک کرنا رشک و حسد سے بالا تر ہونا -

Rise to the occasion موقع پر جرأت دکھانا -

The rising generation نئی پود - نئی نسل -

Rise (rīz) *n.* Ascent, increase - منور - عروج - اٹھان اضافہ - بلندی - اونچائی - ٹیلہ - پہاڑی - شروع - آغاز - ترقی - زیادتی - افزونی -

Risible (rīz-i-bl) *adj.* Inclined to laugh - ہنسنے والا خندہ آور -

Risibility *n.* ہنسنے کی صلاحیت - ہنسنے کی خاصیت -

Rising (rīz-ing) *n.* A revolt, a swelling اٹھنا - چڑھنا - بغاوت - شورش - ورم - نمود - طلوع -

Risk (risk) *n.* & *v.t.* Hazard, chance of loss or injury خطرہ - خوف - جوکھم - خطرہ میں ڈالنا - خطرہ میں پڑنا - جی کڑا کرکے کوئی کام کر جانا -

Riskful *adj.* پر خطر -

Riskless *adj.* بے خطر -

Run a risk خطرے کا سامنا کرنا -

Take a risk نقصان اٹھانا - خطرے کا مقابلہ کرنا -

Risky (ris-ki) *adj.* Dangerous - نقصان رساں - پر خطر - خطرناک -

Riskiness *n.* خطرناک ہونا -

Risotto (ri-zot-tō) *n.* A dish of rice and onions and cheese چاول ، پیاز اور پنیر کا ایک کھانا -

Risolle (ris-ōl) *n.* Fried ball or cake of minced food مچھلی یا گوشت کا تلا ہوا کوفتہ - پسندہ -

Rite (rīt) *n.* A ceremonial form or observance رسم - ریت - طریقہ - دستور - سماجی یا دینی رسم -

Ritual (rit-ū-əl) *adj.* & *n.* Relating to a rite رسم یا ریت کے متعلق - رسمی - مذہبی - سماجی - آداب رسوم - ارکان عبادت - طریق ادائگی رسوم یا عبادت -

Ritually *adv.* مذہبی رسوم کے لحاظ سے - رسمی طور پر -

Ritualism *n.* رسمی عبادت کو اہم سمجھنا - ظاہری عبادت پر حد سے زیادہ زور دینا - رسوم پرستی -

Ritualist *n.* رسومات کا دلدادہ - رسومات پرست -

Rival (rī-vl) *n.*, *v.t.* & *i.* One who strives to excel another رقیب - ہم چشم - حریف -

مد مقابل ۔ دشمن ۔ مد مقابل ہونا ۔ رقیب ہونا ۔

Rivalry *n.* مقابلہ ۔ ریس ۔ لاگ ڈانٹ ۔ رقابت ۔

Rive (rīv) *v.t.* & *i.* Tear asunder چیرنا ۔ پھاڑنا ۔ دو ٹکڑے کرنا ۔ پھوٹنا ۔ پھٹنا ۔ چیرا جانا ۔

River *n.* لکڑیاں چیرنے والا ۔ آرہ کش ۔

Rivel (riv-l) *v.t.* & *i.* Wrinkle جھری یا شکن ڈالنا ۔ جھریاں پڑنا ۔ سلوٹ پڑنا ۔

River (riv-ər) *n.* A large flowing stream of water دریا ۔ ندی ۔ رود ۔ آب جو ۔

River craft چھوٹے دریائی جہاز ۔

River dragon گھڑیال ۔ مگر مچھ ۔

River horse دریائی گھوڑا ۔

Riverain (riv-ər-ān) *adj.* & *n.* On the bank ساحل کا ۔ دریا کے کنارے کا ۔ ساحل پر رہنے والا شخص ۔

Riverine (riv-ər-īn) *adj.* Of the bank ساحلی ۔ دریائی ۔ لب دریا کا ۔

Rivet (riv-it) *n.* & *v.t.* A bolt fastened by hammering the end سیخ ۔ کھونٹی ۔ کیلا ۔ سیخ گاڑنا ۔ کیل ٹھونکنا ۔ مضبوط کرنا ۔ نظر جمانا ۔ محو کرنا ۔

Riviere (rē-vyer) *n.* A necklace of diamonds ست لڑا ۔ جواہرات کا ہار ۔

Rivulet (riv-ū-lit) *n.* A small river نالہ ۔ آب جو ۔ چھوٹی ندی ۔

Roach (rōch) *n.* A silvery freshwater fish ایک قسم کی چمک دار مچھلی ۔ محراب ۔ قوس ۔

Sound as a roach بالکل تندرست ۔ صحیح و سالم ۔

Road (rōd) *n.* A highway سڑک ۔ راستہ ۔ شاہراہ ۔ شارع عام ۔ کنارے کے قریب ۔ جہازوں کی لنگر گاہ ۔

Road hog *n.* بے دھڑک گاڑی چلانے والا ۔

Road sense *n.* سڑک پر چلنے یا گاڑی چلانے کا شعور ۔

Roadway *n.* شاہراہ ۔ راستہ ۔ سڑک کا درمیانی حصہ ۔

Royal road to آسان طریقہ ۔ سہل نسخہ ۔

Rule of the road جہازوں یا گاڑیوں کے گزرنے کے قواعد ۔

Road (rōd) *v.i.* Run of the hounds on scent شکاری کتوں کا بو پر جانا ۔

Roadster (rōd-ster) *n.* Ship at anchor in roadstead لنگر گاہ میں لنگر انداز جہاز ۔ سڑکوں کی سواری ۔ گھوڑا ۔ گاڑی ۔

Roam (rōm) *v.i.*, *t.* & *n.* Ramble, wander over بے مقصد پھرنا ۔ بھٹکتے پھرنا ۔ سیر گشت کرنا ۔ گھومنا ۔ سیر کرنا ۔ بے مقصد سیر و سیاحت ۔ آوارگی ۔

Roan (rōn) *adj.* & *n.* Bay or dark ابلق ۔ چتکبرا ۔ سرخ بھورے رنگ کا گھوڑا ۔

Roan (rōn) *n.* Grained sheep-skin leather بھیڑ کی نرم کھال ۔ نقل مرا کو چمڑا ۔

Roar (rōr) *v.i.*, *t.* & *n.* Make a full loud sound دھاڑنا ۔ ڈکرانا ۔ چنگھاڑنا ۔ گرجنا ۔ گونجنا ۔ قہقہہ لگانا ۔ پھولنا پھلنا ۔ دھاڑ ۔ گرج ۔ گھوڑے کی ایک بیماری ۔

Set table in a roar ہنسا ہنسا کر پیٹ میں بل ڈالنا ۔

Roast (rōst) *v.t.*, *i.* & *n.* Cook before a fire بھوننا ۔ کباب لگانا ۔ تپانا ۔ گرم کرنا ۔ سکھانا ۔ چٹکی لینا ۔ مذاق اڑانا ۔ نمک مرچ لگانا ۔ کباب ۔ روسٹ ۔ بھنا ہوا گوشت ۔ ہنسی ۔ دل لگی ۔ مذاق ۔

Roaster (rōst-ər) *n.* Apparatus for roasting ٹی ۔ سیخ ۔ کبابیہ ۔

Rob (rob) *v.t.* Plunder, deprive چھیننا ۔ زبردستی لے لینا ۔ لوٹنا ۔ لوٹ مار کرنا ۔ قزاقی کرنا ۔ ڈاکہ ڈالنا ۔

Robber *n.* رہزن ۔ ڈاکو ۔ قزاق ۔

Robbery *n.* رہزنی ۔ سرقہ ۔ چوری ۔ ڈاکہ ۔

Robbing Peter to pay Paul زید کی پگڑی بکر کے سر ۔

Robe (rōb) *n.*, *v.t.* & *i.* A loose outer garment جامہ ۔ لبادہ ۔ قبا ۔ پوشاک ۔ عورتوں کا گون ۔ بچے کا اوورکوٹ ۔ ڈھیلا جامہ ۔ (جمع) خلعت فاخرہ ۔ ملبوس کرنا ۔ خلعت پہنانا ۔

Robe of honour خلعت ۔

Master of the robes داروغہ توشہ خانہ ۔

The robe or the long robe وکالت ۔

Robert (rob-ərt) *n.* Police constable (بول چال) کانسٹیبل ۔

Robin (rob-in) *n.* The red breast ایک چڑیا جس کا سینہ سرخ ہوتا ہے ۔

Robin Good-fellow (rob-in-gud-fel-o) *n.* A tricky English domestic spirit ایک شریر بھوت ۔ ایک پری ۔ گھریلو آسیب ۔

Robot (rō-bot) *n.* A mechanical man - کل کا آدمی - مشینی آدمی -

Robust (rō-bust) *adj.* Stout, strong - موٹا تازہ - تنومند - تہ زور - قوت کا - سمجھ دار -

Robustness *n.* طاقت - مضبوطی - تہ زوری -

Robustious (rō-bust-yəs) *adj.* Robust - شان و شوکت دکھانے والا - بڑبڑیا - نمودیا -

Rocambole (rok-əm-bōl) *n.* A plant like garlic - ایک قسم کا لہسن - اسپین کا لہسن -

Rochet (rochit) *n.* A mantle - پادریوں کا سیاہ لباس - جبہ -

Rock (rok) *n.* A natural mass of stone - چٹان - پہاڑ - ٹیلہ - زمین کا پتھریلا طبقہ -

On the rocks (بول چال) فاقہ مست - تنگ حال -

Rock bottom (بول چال) پست ترین سطح -

Rockery *n.* قدرتی چٹانوں کا سلسلہ - مصنوعی ٹیلا جس پر پودے لگائے جائیں -

Rocklet *n.* چھوٹا ٹیلہ -

Rock garden *n.* مصنوعی چٹانوں میں لگا ہوا باغیچہ -

Rock pigeon جنگلی کبوتر -

Rock (rok) *n.* Rocking apparatus - سوت کاتنے کا تکلا -

Rock (rok) *v.t., i. & n.* Sway, tilt from side to side - ہلنا جلنا - ہلانا جلانا - جھولا جھلانا - جھونکے دینا - پینگ دینا - جھونک - جھولا - جھومنے کی حرکت -

Rocking chair *n.* جھولا کرسی -

Rocking horse *n.* آگے پیچھے ہلنے والا گھوڑا - لکڑی کا گھوڑا -

Rocker (rok-ər) *n.* One who or apparatus that rocks - ہنڈولا - پالنا - جھولے کا کڑا - جھولنے والا - سونا کھودنے والوں کا جھولا -

Off one's rocker (بول چال) پاگل - مجنون - خبطی -

Rocket (rok-it) *n.* A cylinder full of inflammable material - ہوائی - بان - ایٹمی راکٹ - پودوں کی ایک قسم -

Rocket (rok-it) *n., v.t. & i.* Apparatus for propulsion - ہوائی - جو ہری ہوائی - دھکا دے کر اوپر اٹھانے والی ہوائی - حد نگاہ - ہوائی چھوڑنا - جو ہری ہوائی سے کسی چیز کو بلندی پر پہنچانا - کسی چیز کا تیزی سے اوپر اڑنا -

Rocky (rok-i) *adj.* Rock like - چٹان دار - پتھریلا - پتھر کی طرح کا - سنگلاخ - چٹانوں سے بھرا ہوا - ہلتا ہوا - متزلزل -

Rockiness *n.* مضبوطی - سختی - پتھریلا پن -

Rococo (rok-o-ko) *adj. & n.* A debased style of architecture - پرانی طرز کی بھدی عمارت - بھدا فرنیچر - پرانی طرز کی عمارت - بھدی آرائشی چیز -

Rod (rod) *n.* A long slender stick - قمچی - چھڑی - بنسی - ڈالی - پتلی لکڑی - مچھلی پکڑنے کی چھڑی - عصا - عصائے حکومت - اختیار - جریب - زمین ناپنے کی لکڑی - پتلی سلاخ - لوہے کی ڈنڈی -

Make a rod for one's own back { اپنے لیے خود ہی مصیبت پیدا کرنا -

Rodlet *n.* بید - قمچی -

To kiss the rod سزا قبول کرنا -

Rodent (rō-dənt) *adj. & n.* Gnawing - کھودنے والا - کترنے والا - گوشت خور پہوڑا -

Rodential *adj.* کترنے والا - کھودنے والا -

Rodomontade (rod-ō-mon-tad) *n.* Extravagant boasting - لاف زنی - شیخی -

Rodomontader *n.* لاف زن - ڈینگیا - شیخی خورا -

Roe (rō) *n.* A small deer - چھوٹا ہرن - چکارا - مچھلی کے انڈوں کا گچھا -

Roe buck - کالویٹ - نر چکارا -

Rogation (rō-gā-shən) *n.* Supplication - التماس - استدعا - مناجات - دعا -

Rogation week وہ ہفتہ جس میں عیسائی پیر، منگل اور بدھ کو روزہ رکھتے ہیں -

Rogue (rōg) *n.* A vagrant, rascal - لچا - لفنگا - شہدا - آوارہ - بد معاش - دغا باز - شیطان - سرکش جانور - بد مست ہاتھی -

Roguery *n.* بد معاشی - شرارت - بد مستی -

Roguish *adj.* بد معاش - آوارہ گرد - شریر -

Roguishness *n.* لفنگا پن - بد معاشی - شرارت -

Roister (rois-tər) *v.i.* & *n.* Bluster لاف زنی کرنا - ڈینگ مارنا - اودھم مچانا - لاف زن - ڈینگیا -

Roisterer *n.* اودھم مچانے والا - شیخی باز -

Roistering *n.* لاف زنی - دھا چوکڑی - خر مستی -

Role (rōl) *n.* A part played by an actor - کار منصبی - ادا کار کا پارٹ - مفروضہ کام -

Roll (rōl) *n.* A scroll, a sheet of paper لپٹا ہوا بنڈل - کاغذ کا پلندہ - گولا - لڑھکاؤ - گردش - چکر - فرد - فہرست - اسم نویسی - رجسٹر - ٹکیا - بٹ - بٹی - ایک قسم کی چھوٹی ڈبل روٹی - کسی چیز کا مڑا ہوا کنارہ - بیلن - رول -

Roll (rōl) *v.t., i.* & *n.* Move like a ball, perform revolutions لڑھکانا - گول پھرانا - چکر دینا - لپیٹنا - بیلنا - بیلن پھرانا - بیلن سے دبانا - جھومنا - جھومتے ہوئے چلنا - گاڑی میں جانا - لڑکھراتی چال - لغزش - ڈھول کی آواز - بادل کی گرج - آواز کی روانی یا لے -

Roll call حاضری -

Rolling pin بیلن -

Roll of Honour فرد اعزازات - فہرست شہیدان وطن -

Roll up (بول چال) آ دھمکنا -

Rolling stock گاڑیوں یا انجنوں کی تعداد -

Rollable *adj.* جو لپیٹا جا سکے -

Roller (rōl-ər) *n.* One who or that which rolls رولنے والا - سڑک کا رولر - بیلن - لوٹن کبوتر - کوے کی قسم کا پرندہ - زور کی لہر -

Rollick (rol-ik) *v.i.* & *n.* Behave in a careless swaggering manner اودھم مچانا - خر مستی کرنا - رنگ رلیاں منانا - دھا چوکڑی - خر مستی -

Roly-poly (rōl-i-pōl-i) *adj.* & *n.* A pudding covered with jam or fruit ایک قسم کا نرم حلوہ - پڈنگ جس پر ہوائی جمی ہو - گول مول - موٹا تازہ - ایک کھیل -

Rom (rom) *n.* A gypsy man - خانہ بدوش قبیلہ کا مرد - جپسی مرد -

Romaic (rō-mā-ik) *n.* & *adj.* Modern Greek جدید یونانی زبان - جدید یونانی کے متعلق -

Roman (rō-mən) *adj.* & *n.* Pertaining to Rome رومی - روم کا - روم کا باشندہ - رومن کیتھولک کے متعلق - مقدس رومی سلطنت جو ۱۸۰۶ء تک قائم رہی -

Roman nose طوطے جیسی ناک -

Romanism *n.* رومیت - لاطینی زبان کا محاورہ - قدیم یا جدید رومی طرز -

Romanist (rō-mən-ist) *n.* One versed in Roman law and culture - قدیم یا جدید رومی قانون کا ماہر - رومیت کا حامی - رومی طرز کا مصور -

Romanistic (rō-mən-ist-ik) *adj.* Of Roman design رومی طرز کا - رومی ثقافت کا -

Romanize (rō-mən-īz) *v.t.* Make Roman or Roman Catholic رومی رنگ میں رنگنا - رومن کیتھولک بنانا - رومن اصولوں کا پرچار کرنا -

Roman Catholic (rō-mən-katho-lik) *adj.* & *n.* Recognising the supremacy of the Pope رومی کلیسا کا - رومی کلیسا کا پیرو -

Romance (rō-mans) *adj., n.* & *v. i.* A general name for Roman vernaculars فرانس اور اسپین کی مقامی زبانیں - لاطینی زبانیں - قرون وسطیٰ کا رزمیہ فسانہ - رزمیہ داستان - عشقیہ واقعہ - معاشقہ - حیرت انگیز واقعہ - رومانی واقعہ - جھوٹ - بناوٹ - تخیل پرستی - رنگ آمیزی - خیال آرائی - مبالغہ کرنا - رنگ آمیزی کرنا - قصہ گھڑنا - داستان بیان کرنا -

Romancer (rō-mans-ər) *n.* One who writes romances - قرون وسطیٰ کا رزمیہ نگار - افسانہ نگار - داستان گو - فرضی افسانے بنانے والا -

Romanes (rō-man-es) *n.* The languages of the gypsies جپسی زبان -

Romanesque (rō-mən-esk) *adj.* & *n.* Of the Roman art, style or design رومی طرز کا - رومی طرز تعمیر -

Romanic (rō-mən-ik) *adj.* & *n.* Of Roman or Latin origin قدیم رومی نسل یا طرز کا - رومی تمدن کا حامل - لاطینی زبان کا بولنے والا -

Romantic (rō-man-tik) *adj.* & *n.* Of the nature of romance رومانی ۔ جذباتی ۔ رومان پسند ۔ عشق و محبت کا ۔ خیالی دنیا میں رہنے والا ۔ بعید از عقل باتیں کرنے والا ۔ عجیب و غریب ۔ رومانی طرز تحریر جس میں تخیل اور جذبات کا زور ہوتا ہے ۔

Romanticist *n.* رومانی طرز کا انشا پرداز ۔

Romanticism رومانی طرز تحریر ۔ رومانیت ۔

Romanticize ۔ رومانی طرز میں لکھنا ۔ رومانی رنگ دینا ۔

Romany (rō-mən-i) *n.* & *adj.* Gypsy جپسی ۔ مشرق یورپ کی خانہ بدوش قوم ۔ جپسی زبان ۔ جپسی طرز کا ۔

Rome (rōm) *n.* The capital of the Roman Empire ۔ روم ۔ روما ۔ قدیم سلطنت روم کا دارالسطنت ۔ رومی سلطنت ۔

Do in Rome as Romans do ۔ جیسا دیس ویسا بھیس

Rome was not built in a day بڑے کاموں میں دیر لگتی ہے ۔

Romp (romp) *v.i.* & *n.* Move along easily اچھلنا ۔ کودنا ۔ شور و غل مچانا ۔ دھینگا مشتی کرنا ۔ (گھڑ دوڑ) آسانی سے ریس جیت لینا ۔ اودھم مچانے والا ۔ کھلاڑی عورت یا لڑکی ۔ کھیل کود ۔

Rompy *adj.* ۔ ہڑدنگا ۔ ہڑدنگی ۔ چنچل ۔ اودھم مچانے والی ۔

Romper (romp-ər) *n.* One who romps ہڑدنگا ۔ بچوں کا اوپر پہننے کا کوٹ ۔

Rondeau (ron-dō) *n.* A form of poem مقفیٰ ۔ مسجع نظم ۔ آٹھ مصرعوں کی نظم جس کے ہر مصرع میں ایک ہی قافیہ ہو اور آخری مصرع ٹیپ کا ہو ۔

Rondure (rond-yər) *n.* A round object حلقہ ۔ دائرہ ۔ گول چیز ۔

Rood (rōōd) *n.* Christ's cross ۔ صلیب کی تصویر ۔ صلیب ۔ ایکڑ کا چوتھائی حصہ ۔ زمین کا چھوٹا سا قطعہ ۔

Rood tree صلیب ۔

Roof (rōōf) *n.* & *v.t.* The top covering of a building or vehicle چھت ۔ سقف ۔ دھابا ۔ گاڑی کی چھت ۔ چھت ڈالنا ۔ چھت کا کام دینا ۔

Roofage *n.* چھت ڈالنے کا سامان ۔

Roofing *n.* ۔ چھت ڈالنا ۔ چھت کی تعمیر ۔ سقف بندی ۔

Roofer (rōōf-ər) *n.* One who makes or mends roof چھت ڈالنے یا مرمت کرنے والا ۔ (بول چال) وہ خط جو مہمان میز بان کو رخصت ہونے کے بعد شکریہ ادا کرنے کے لیے بھیجتا ہے ۔

Rook (rōōk) *n.* & *v.t.* A gregarious species of crow ایک طرح کا کوا ۔ (شطرنج) رخ ۔ تاش میں بے ایمانی کرنے والا ۔ بے ایمانی سے روپیہ کمانا ۔ ٹھگنا ۔ دھوکا دینا ۔

Rooklet-ling چھوٹا کوا ۔

Rookery *n.* غریبوں کا محلہ ۔ جھونپڑیوں کا جھنڈ ۔ کووں کے جمع ہونے کی جگہ ۔ وہ جگہ جہاں کوے رہتے ہیں ۔

Rooky *adj.* کووں کی کثرت کا ۔ کووں سے بسا ہوا ۔

Rookie (rōōk-i) *n.* Recruit (بول چال) رنگروٹ ۔

Room (rōōm) *v.i.* & *n.* Space, scope گنجائش ۔ وسعت ۔ جگہ ۔ موقع ۔ کمرہ ۔ کوٹھری ۔ حجرہ ۔ رہنا ۔ بسنا ۔ مقیم ہونا ۔ کمرہ لے کر رہنا ۔

Give room جگہ دینا ۔

Make room جگہ کرنا ۔

Roomy *adj.* فراخ ۔ کھلا ہوا ۔ کشادہ ۔ وسیع ۔

Roominess *n.* وسعت ۔ کشادگی ۔ گنجائش ۔

Roomer *n.* کمرہ لے کر رہنے والا ۔

Roost (rōōst) *n.*, *v.t.* & *i.* A place for sleeping bird اڈا ۔ ڈربا ۔ چکس ۔ بسیرا لینے کی جگہ ۔ اڈے پر بیٹھنا ۔ آرام لینا ۔ سونا ۔ سونے کی جگہ ۔ سونے کا انتظام کرنا ۔

At roost بستر میں ۔ بسیرے میں ۔

Curses come home to roost اپنا کوسا اپنے آگے آتا ہے ۔

Roost (rōōst) *n.* Tidal wave near Orkenys and Shetlands آرکنی اور شٹلینڈ کے سمندر میں آنے والا جوار بھاٹا ۔

Rooster (rōōst-ər) *n.* A domestic fowl ۔ پالتو مرغ ۔

Root (rōōt) *n.* Underground part of a plant or tree جڑ ۔ بیخ ۔ اساس ۔ بنیاد ۔ جڑوں کا سلسلہ ۔ جڑیں جو کھانے کے کام آتی ہیں ۔ منبع ۔ سرچشمہ ۔ آبا و اجداد ۔ جد اعلیٰ ۔ معاملہ کی تہہ ۔ اصلیت ۔ لفظ کا مادہ ۔ مصدر ۔ (ریاضی) جذر ۔

Root and branch جڑ مول سے -
Root of the matter معاملہ کی تہہ -
Strike or take root - مستقل ہونا - جمنا - جڑ پکڑنا
Strike at the root جڑ کاٹنا - بیخ کنی کرنا -
Lay axe to root - کسی ادارہ کو نیست و نابود کرنا - بنیاد منہدم کرنا -
Pull up by the roots جڑ سے اکھاڑ پھینکنا -
Root fallacy اصل غلطی - بنیادی غلطی -
Rootage *n.* جڑوں کا جال - جڑیں -
Rooty *adj.* جڑوں کی طرح کا - جڑوں سے بھرا ہوا - جڑ والا -

Root (root) *v.t. & i* Be firmly established - جڑ پکڑنا پکا ہونا - قائم ہونا - جانا - گاڑنا - جمنا - بنیاد مضبوط کرنا - مستحکم کرنا -
Root out جڑ سے اکھاڑ ڈالنا -
Rootedly *adv.* مستحکم طور پر - مضبوطی سے -

Root (rōōt) *v.i. & t.* Pick up food up digging غذا کی تلاش میں زمین کریدنا یا کھودنا - کرید کر نکالنا - کھود کر تلاش کرنا -

Rooty (rōōti) *n.* Bread (اردو سے ماخوذ) روٹی -

Rope (rōp) *n., v.t. & i.* A stout twist of fibre رسہ - رسی - ڈوری - ریسمان - لیسدار تہہ جو شراب وغیرہ پر جم جاتی ہے - قوام کا تار - رسی سے باندھنا - کسنا - رسی سے گھیرنا - رسی سے باڑہ بنانا - (گھڑ دوڑ) گھوڑے کو روکنا تا کہ وہ ہار جائے - لیسدار تہہ جم جانا -
Give one rope رسی دراز کرنا - ڈھیل دینا -
Give one rope enough to hang himself اتنی ڈھیل دینا کہ انسان خود ہی ہلاکت میں پڑ جائے -
On the high rope پھولا ہوا - مغرور -
Put one up to the ropes معاملہ کا نشیب و فراز سمجھانا -
Rope dancer - رسے پر چلنے والا نٹ - رسن باز - بازیگر
Ropemanship رسے پر چلنے کی مہارت -
Rope of sand بے حقیقت آسرا - جھوٹا سہارا -
Rope in اپنا حامی بنا لینا - پھانس لینا -
Rope yard رسیاں بنانے کا کارخانہ -
The ropes باڑ کی رسیاں - رسیوں کی باڑ -
Roping *n.* رسیوں سے پکڑنا - رسیاں بنانا - رسی بٹنا -
Ropy *adj.* جس پر لیسدار تہہ جم گئی ہو -

Roquelaure (rok-ə-lor) *n.* A man's short cloak worn in the 18th century چھوٹا لبادہ جو گھٹنوں تک ہوتا تھا اور اٹھارویں صدی میں پہنا جاتا تھا -

Roquet (rō-kā) *n.* A stroke in croquet کرا کے کھیل میں گیند سے حریف کی گیند کو مارنا -

Rorty, raughty (ror-ti) *adj.* Gay, rowdy (بول چال) چونچال - خوش باش - شوقین -

Rosaceous (rō-zā-shəs) *adj.* Of the rose family گلاب کی نسل کا - گلاب کی طرح کا -

Rosarian (rō-zā-ri-ən) *n.* A rose fancier گلاب کا شوقین - رومن کیتھولک کی تسبیح خوان جماعت کا رکن -

Rosarium (rō-zā-ri-əm) *n.* A plot of roses تختہ گلاب - گلاب کا چمن -

Rosary (rōz-ri) *n.* A rose garden - گلاب باغ - مالا تسبیح -

Rose (rōz) *v.t., i. & n.* Flower of the genus rosa گلاب - شاہ گل - درد - گلاب کا نقش - جانور کے سینگ کے جڑ کا ابھار - پرندے کے آنکھ کی پتلی - سوراخدار ٹونٹی جو پانی چھڑکنے یا پانی دینے کے لیے لگائی جائے - گلابی رنگ - گلابی رنگ دینا - گلابی رنگ کرنا -
Red of roses پھولوں کی سیج - آرام کی نوکری - آرام کی زندگی -
Path strewn with roses سکھ چین کی زندگی -
Rose water تعریف - عرق گلاب -
Rose without a thorn ایسی راحت جس میں رنج کا شائبہ نہ ہو - گل بے خار -
Roseless *adj.* بے رونق - بے مزہ - بے رنگ -
Roselike *adj.* گلاب کی طرح - شگفتہ - مسرور -

Roseat (rōz-i-ət) *adj.* Full of roses گلاب سے لدا ہوا - پھولوں سے بھرا ہوا - گلگوں - خوش نما - رنگین -

Rosemary (rōz-mə-ri) *n.* A small fragrant shrub ایک قسم کی سدا بہار جھاڑی جس کے پھول خوشبو دار ہوتے ہیں -

Roseola (rō-zē-ə-lā) *n.* Rose coloured rash کھسرا کے سرخ دانے -

Rosette (rō-zet) *n.* A knot of loops of ribbon چمکدار فیتے کا بنا ہوا پھول - گلاب کے نقش جو دیوار پر بناتے ہیں -

Rosin (roz-in) *v.t.* & *n.* The residue of turpentine تارپین کی تلچھٹ - تارپین سے دھونا یا ملنا -

Rosiny *adj.* تارپین جیسا - رال کی طرح کا -

Rosolio (rō-zō-lyō) *n.* A sweet cordial made of raisins جنوبی یورپ کا مفرح شربت - کشمش کا شربت -

Roster (rōs-tər) *n.* A list showing order of duties in the army نقشہ - نظام الاوقات - فوجی فرائض کی فہرست -

Rostral (rōst-ral) *adj.* Like a rostrum or beak of a ship جہاز کے منقار نما دہانے کی طرح - منقار کا - جہاز کے رو کا -

Rostrum (rōs-trəm) *n.* A beak, a public platform چونچ - منقار - تھوتھنی - تقریر کرنے کا ممبر یا چبوترہ - عہدہ جس میں تقریر کرنے کا کام ہو - ڈائس - پلیٹ فارم -

Rosy (rōz-i) *adj.* Of rose colour گلفام - گلگوں - گل رنگ - اچھی امید افزا حالت -

Rosily *adv.* شگفتگی سے - امید افزا حالت میں - اچھے حال میں -

Rosiness *n.* امید افزا حالت - گلاب کی خاصیت - سرخی - شگفتگی -

Rot (rot) *v.i.* & *t.* Decay سڑنا - گلنا - بوسیدہ ہونا - گھن لگنا - قیدی کا قید میں تباہ حال ہونا - سڑانا - بوسیدہ کرنا - کھیل بگاڑنا - معاملہ خراب کرنا - جھڑنا - جلی کٹی باتیں کرنا -

Rot (rot) *n.* Decay, corruption سڑنے کی حالت - ابتری - انحطاط - بھیڑوں کے جگر کی حالت - مہمل فضول بات - حماقت کا کام - کھلاڑیوں کا جلد جلد آوٹ ہو جانا -

Rota (rō-tä) *n.* Routine of duties - پادریوں کی عدالت - سپاہیوں کی باری کا نقشہ - فرائض کا نظام العمل - کام کا نقشہ -

Rotary (rō-tā-ri) *adj.* & *n.* Turning like a wheel گھومنے والا - چکر کھانے والا - مغرب کی ایک انجمن کا نام جس کی شاخیں ہر ملک میں ہیں اور جس کا مقصد خدمت خلق ہے -

Rotate (rōt-ət) *v.i.* & *t.* Turn round like a wheel گھومنا - گردش کرنا - ایک محور پر گھومنا - سپاہیوں کی باری مقرر کرنا -

Rotative, Ratatory } *adj.* محوری - گھومنے والا - باری باری کا -

Rotatable *adj.* باری باری کا - گردشی - گھومنے کے قابل -

Rotation (rōt-ā-shən) *n.* Turning دور - گردش - چکر - محوری یا مداری گردش -

Rotational *adj.* - باری باری کا - گردشی - محوری گردش کا - گھومنے کا -

Rotator (rot-a-tər) *n.* Apparatus for turning گھمانے والا - گھومنے والا - گھمانے والا پرزہ -

Rotch(e) (roch) *n.* The little auk بحر شمالی کا ایک چھوٹا پرندہ -

Rote (rōt) *n.* Mechanical memory رٹائی - حافظہ جس میں عقل کو دخل نہ ہو -

Rotograph (rōt-ə-grâf) *n.* Photograph as of a manuscript فوٹوگرافی کے ذریعے سے طباعت - روٹوگراف -

Rotten (rot-n) *adj.* Corrupt, decaying سڑا ہوا - گلا ہوا - متعفن - خراب - ناقص - گندہ - نکما - ردی - نا معقول (تجویز)

Rottenness *n.* - عفونت - تعفن - سراند - ردائت - گندگی -

Rotter (rot-ər) *n.* A depraved person (بول چال) نکما - نالائق - نا معقول آدمی -

Rotund (rō-tund) *adj.* Round, rounded گول - مدور - گولایا ہوا - بیضوی - گول مٹول - ٹھسے دار -

Rotundate *adj.* گول مٹول - موٹا تازہ -

Rotundity *n.* موٹاپا - موٹائی - گولائی -

Rotunda (rō-tun-dä) *n.* A round building or hall گول کمرہ - گول مکان - گول عمارت جس میں گنبد ہو -

Rouble (rub-l) *n.* A Russian coin ایک روسی سکہ - روبل -

Roue (rōō-ā) *n.* A profligate عیاش - تماش بین آدمی -

Rouge (roo-zh) *n., adj., v.t. & i.* A face powder سرخی ۔ گلگونہ ۔ سرخ رنگ ۔ برتن صاف کرنے کا سفوف ۔ غازہ لگانا ۔ چھرے پر سرخی لگانا ۔

Rouge (roo-zh) *n.* A scrimage in football گیند کے پاس فٹ بال کھلاڑیوں کا جمگھٹا جب کہ گیند میدان کے بیچ ہو ۔

Rough (ruf) *adj., adv. & v.t.* Coarse, unrefined کھردرا ۔ کھرکھرا ۔ ناملائم ۔ سخت ۔ نا ہموار ۔ اونچا نیچا ۔ غیر مسطح ۔ بے ڈول ۔ بدشکل ۔ بھونڈا ۔ ناموزوں ۔ نا تراشیدہ ۔ موج زن ۔ پر جوش ۔ موج خیز ۔ دنگا کرنے والا ۔ نا خوش گوار ۔ نامکمل ۔ نا تمام ۔ ان گھڑ ۔ ابتدائی حالت میں ۔ نا ہموارطور پر ۔ سختی سے ۔ درشتی سے ۔ گولف کے میدان میں نا ہموار زمین ۔ گھوڑے کی نال میں لمبی کیلیں لگانا ۔ ابتدائی خاکہ تیار کرنا ۔ پیانو وغیرہ کے سر درست کرنا ۔ جواہرات کو ابتدائی شکل میں تراشنا ۔

- Have a rough time مصیبت اٹھانا ۔ تکلیف میں گزر کرنا
- Ride rough shod حکومت جتانا ۔ زور بتانا ۔
- Rough cast نا ہموار ۔ کھردرا بنانا ۔
- Rough it جوں توں کرکے دن کاٹنا ۔
- Rough one up the wrong way کسی کو غصہ دلانا ۔
- Rough rider گھوڑے سدھانے والا ۔ بگ ٹٹ سوار ۔
- Rough tongue بد کلامی ۔ بد زبانی ۔
- Roughen *v.t. & i.* بد مزاج ہونا یا کرنا ۔ کھردرا ہونا یا کرنا ۔
- Roughish *adj.* بد مزاج سا ۔ نا ہموار سا ۔ کھردرا سا ۔
- Roughly speaking بالعموم ۔ تقریباً ۔ اندازاً ۔ سر سری طور پر ۔
- Roughness *n.* اکھڑ پن ۔ بد مزاجی ۔ رکھائی ۔ کھردرا پن ۔

Rouleau (roo-lo) A roll or coil, a cylendrical pile of coins سکوں کی لپٹی ہوئی گڈی ۔ چھوٹا گول پلندہ ۔ بالوں کا گول لچھا ۔

Roulette (rool-et) *n.* A little roller, a game of chance ۔ چکر کھانے والے گردے کا کھیل ۔ چھوٹا بیلن ۔ بالوں کو گھونگھر والے بنانے والا آلہ ۔ ٹکٹوں میں سوراخ کرنے کا آلہ ۔ نقاشی کا دندانے دار پہیا ۔

Round (rownd) *adj.* Having a circular form گول ۔ مدور ۔ کروی ۔ بیضاوی ۔ سالم ۔ مسلم ۔ ہموار ۔ مسلسل ۔ سادہ ۔ صاف ۔ کھرا ۔ سچا ۔

- Round head عیسائیوں کا ایک فرقہ ۔
- A round oath صاف صریح حلف ۔
- A round style رواں طرز بیان ۔
- Be round with one کھری کھری سنانا ۔
- Bring round حاصل کرنا ۔ اپنا حامی بنانا ۔ منانا ۔
- In round numbers تقریباً ۔ تخمیناً ۔ علی الحساب ۔
- Round cheeks پھولے ہوئے گال ۔
- Round shoulders بھرے ہوئے شانے ۔
- Round unvarnished tale صحیح صحیح واقعہ ۔
- Roundish *adj.* گول سا ۔ گول گول ۔

Round (rownd) *n.* A round thing or part دائرہ ۔ گھیرا ۔ حلقہ ۔ چکر ۔ کرہ ۔ گولا ۔ گیند ۔ گردا ۔ دور ۔ پھیرا ۔ گردش ۔ گشت ۔ روند ۔ قراول ۔ (سنگ تراشی) کھدی ہوئی مورت ۔ (گولف) ہر سوراخ میں گیند داخل کر دینا ۔ گیت جس میں کچھ بول بار بار آتے ہیں ۔ سیڑھی کا ڈنڈا ۔

- Roundabout وہ جگہ جہاں سواریوں کو پھر کر جانا پڑتا ہے ۔ چکر چوک ۔
- Roundsman پھیری والا ۔
- Rounds of ladders سیڑھی کے ڈنڈے ۔

Round (rownd) *adv. & prep.* چاروں طرف ۔ گرداگرد ۔ سب طرف سے ۔ پورے حلقہ میں ۔ پھیر کھا کر ۔ دور کے راستے ۔ چکر سے ۔

- Ask one round کسی کو مدعو کرنا ۔ کسی کو اپنے گھر بلانا ۔
- Lose on the swings what you make on the roundabouts نفع نقصان برابر ہونا ۔ نہ ہارنا نہ جیتنا ۔ لیکھے ڈیوڑھے برابر ۔
- Show one round کسی کو سیر کرانا ۔ کسی کو قابل دید مقامات دکھانا ۔

Round (rownd) *v.t. & i.* Make round گول کرنا ۔ گول شکل بنانا ۔ گھیرنا ۔ گھانا ۔ پورا کرنا ۔ درست کرنا ۔ ہموار کرنا ۔ گرد پھرنا ۔ طواف کرنا ۔ چکر کاٹ کر گزرنا ۔ گھوم جانا ۔

Round up پوری ٹولی کو گرفتار کرنا -

Round (rownd) *v.i.* & *t.* Go round and round گول گول پھرنا - کان میں چپکے سے کہنا - سرگوشی کرنا -

Rounded him in the ear کان میں چپکے سے کہہ دیا -

Roundel (rownd-l) *n.* Any thing circular گول تمغہ - گول بلا - سرود - غزل -

Rounder (rownd-r) *n.* A bat and ball game ایک کھیل جس میں کھلاڑیوں کو ایک بڑا چکر لگانا پڑتا ہے -

Roundly (rownd-li) *adv.* In a round way گول گول - دائرے کی شکل میں - صاف صاف - کھری کھری - بے باکی سے - بے حجابی سے -

Told him roundly صاف صاف کہہ دیا -

Roup (rōōp) *n.* An infectious disease of poultry مرغیوں کی ایک بیماری جس میں گلے سے خرخر کی آواز نکلتی ہے -

Rouse (rowz) *n.* Drunkenness, a bumper مے نوشی کی کثرت - مئےخوری - دور شراب - پروں کی پھڑپھڑاہٹ -

Rouse (rowz) *v.t.*, *i.* & *n.* Shake, awaken, disturb جگانا - اٹھانا - بیدار کرنا - مشتعل کرنا - اکسانا - بھڑکانا - جوش دلانا - ہوشیار کرنا - کفگیر سے ہلانا - جھٹکا دے کر کھینچنا - زور سے چلانا - بیدار کرنے کا بگل -

Rouse (rowz) *v.t.* Salt the herring while they are drying ہیرنگ مچھلی میں سکھاتے وقت نمک لگانا -

Rouser (rowz-ər) *n.* One who rouses, any thing astonishing جگانے والا - اشتعال انگیز جھوٹ - حیرت انگیز چیز - بیر شراب پلانے کا چمچہ -

Rout (rowt) *n.* & *v.t.* A tumultuous crowd جمگھٹا - مجمع - جلسہ - بھیڑ - فسادیوں کا ہجوم - شکست دینا - ہرانا -

Rout (rowt) *v.i.* & *t.* Roar زور سے چلانا - شور مچانا - پریشان کرنا - کھینچ کر باہر نکالنا -

Route (rōōt) *n.* & *v.t.* A way, a course راہ - راستہ - طریق - سفر - دورہ - کوچ کا حکم دینا - راستہ کا تعین کرنا -

En-route سفر میں - راستے میں - دوران سفر -

Routine (rōō-tēn) *n.* Regular unvaried course of action طور - طریق - معمول - دستور العمل - ضابطہ - دستور - قاعدہ -

Routinism *n.* ضابطہ پر چلنے کی عادت - لکیر کا فقیر ہونا -

Routinist *n.* ضابطہ پر چلنے والا - لکیر کا فقیر -

Rove (rōv) *v.t.*, *i.* & *n.* Wander over بھٹکتے پھرنا - مارا مارا پھرنا - مٹرگشت کرنا - چکر لگانا - زندہ چارے سے مچھلی پکڑنا - مٹرگشت - سیر - چکر -

Roving commission تحقیقاتی کمیشن جو دورہ کرکے مواد جمع کرے - گشتی کمیشن -

Rove (rōv) *n.* & *v.t.* Process of twisting the yarn تاگا بٹنے کا عمل - اون یا روئی کی پونی - پونی بنانا -

Rove (rōv) *n.* A small piece of metal or ring for rivet to pass through دھات کا ٹکڑا یا چھلا جس پر رکھ کر پیچ کستے ہیں -

Rover (rōv-ər) *n.* A wanderer آوارہ - مٹرگشت کرنے والا - پھرنے والا - جہاں گشت - رہزن - لٹیرا - قزاق - بوائے اسکاوٹ تنظیم کی ایک شاخ - (چاند ماری) نشانہ - ہدف -

Shoot at rovers بے نشانہ گولی چلانا -

Row (rō) *n.* Line of persons or things صف - قطار - دو رویہ مکانوں والی سڑک -

A hard row to hoe محنت طلب کام - سخت کام -

Row (rō) *v.i.*, *t.* & *n.* Propel with an oar کشتی چلانا - کشتی میں سیر کرنا - دوڑ میں کشتی کھینا - چپو چلانا - کشتی چلانے کا عمل -

Row down (کشتی کی دوڑ کا مقابلہ) پیچھے سے آگے نکل جانا -

Rower *n.* کھینے والا - مانجھی - کھویا -

Row (row) *n.* & *v.t.* A brawl ہنگامہ - شور و غل - مار پیٹ - دھینگا مشتی - ہنگامہ کھڑا کرنا -

Make or kick up a row اودھم مچانا -

Rowdy (row-di) *n.* & *adj.* Noisy, turbulent person جھگڑالو آدمی - پر شور - اودھم مچانے والا -

Rowdy-dowdy فسادی - جھگڑالو -

Rowdiness *n.* دھینگا مشتی - جھگڑالو پن -

Rowdyish *adj.* جھگڑالو طبیعت کا ۔

Rowel (row-əl) *v.t.* & *n.* A knob on a horse bit, a little spiked wheel مہمیز کی پھرکی ۔ آہنی دہانے کی گھنڈی ۔ مہمیز چبھونا ۔ ایڑ لگانا ۔

Rowlock (rul-ək) *n.* An oar hoop چپو آنکڑا ۔ کنڈا جس میں چپو اٹکایا جاتا ہے ۔

Royal (roi-əl) *adj.* & *n.* Kingly شاہانہ ۔ خسروانہ ۔ عظیم الشان ۔ بادشاہی ۔ خسروی ۔

Had a royal time مزے اڑائے ۔ شاہانہ ٹھاٹ سے رہے ۔

Royal blue گہرا نیلا رنگ ۔

Royal charter فرمان شاہی ۔

Royally *adv.* شاہانہ طور پر ۔ بادشاہوں کی طرح ۔

Royalist (roi-əl-ist) *n.* An adherent of royalism شاہ پرست ۔ شخصی حکومت کا حامی ۔

Royalism *n.* شاہی حکومت کی حمایت ۔ شاہ پرستی ۔

Royalty (roi-əl-ti) *n.* Kingship شاہی ۔ بادشاہی ۔ شاہی اقتدار ۔ شاہی خاندان ۔ شاہی خاندان کے افراد ۔ شاہی حق ۔ حق ملکیت ۔ تصنیف یا ایجاد کا معاوضہ ۔

Rub (rub) *v.t., i.* & *n.* Apply friction to گھسنا ۔ رگڑنا ۔ ہاتھ پھیرنا ۔ ملنا ۔ مسلنا ۔ کھرچنا ۔ مانجنا ۔ لیپ پوت کرنا ۔ مل کر گرم کرنا ۔ مالش ۔ اونچ نیچ ۔ ناہمواری ۔ کپڑے وغیرہ کا گھس جانا ۔

Rub one the wrong way کسی کو خفا کر دینا ۔

Rub-stone سلی ۔ پتھری ۔

Rub shoulders with ملنا جلنا ۔ ساتھ اٹھنا بیٹھنا ۔

The rubs and worries of life زندگی کی پریشانیاں ۔

There's the rub یہی تو مشکل ہے ۔

Rub-a-dub (rub-ə-dub) *n.* The sound of a drum ڈھول یا نقارے کی آواز ۔

Rubber (rub-ər) *n.* & *v.t.* One who or that which rubs رگڑنے والا ۔ مالش کرنے والا ۔ سہلانے والا ۔ مالش کرنے کی مشین ۔ جھانواں ۔ حرف مٹانے کا ربڑ ۔ مشین کا پرزہ جو رگڑ سے چلتا ہے ۔

Rubber neck (امریکہ) دوسروں کے راز معلوم کرنے کا شوقین ۔

Rubber (rub-ər) *n.* A set of games (تاش) تین مسلسل بازیاں ۔ کسی آزمائشی کھیل کی تین یا پانچ سٹ یا بازیاں ۔

The rubber تین بازیوں میں سے دو جیت جانا ۔

Rubbish (rub-ish) *n.* Waste matter, nonsense ملبا ۔ کوڑا کرکٹ ۔ خس و خاشاک ۔ آخور ۔ لغویات ۔ مہمل باتیں ۔

Good riddance of bad rubbish بری چیز سے نجات ملی ۔ خس کم جہاں پاک ۔

Rubbishing, rubbishy *adj.* (بول چال) واہیات ۔ مہمل ۔ لغو ۔

Rubble (rub-l) *n.* Loose fragments of rock or ruined building ٹوٹے ہوئے اینٹ پتھر ۔ ملبہ ۔ روڑے ۔ کنکر ۔

Rubefy (ro͞o-bi-fī) *v.t.* Redden سرخ کرنا ۔ لال کرنا ۔ مرہم وغیرہ کا جلد کو سرخ کر دینا ۔

Rubefacient *adj.* & *n.* (جلد پر) سرخی پیدا کرنے والا ۔

Rubicund (ro͞o-bi-kund) *adj.* Ruddy سرخی مائل ۔ سرخ چہرے کا ۔

Rubious (ro͞o-bi-əs) *adj.* Of ruby colour یاقوت کے رنگ کا ۔ یاقوتی ۔

Rubric (ro͞o-brik) *n.* Red ochre لالی ۔ سرخی ۔ عنوان ۔ سرخی میں چھپی ہوئی ۔ ہدایات عبادت ۔ تقویم جس میں مسیحی بزرگوں کے نام لکھے ہوں ۔ دستخط کے بعد کی لہری لکیر ۔

Rubricial *adj.* ہدایات عبادت کے متعلق ۔

Rubrician *n.* عبادات کے طریقوں کا ماہر ۔

Rubricate (rub-ri-kat) *v.t.* Mark with red سرخی سے لکھنا ۔ سرخی سے نشان لگانا ۔ سرخی چھاپنا ۔ عبارت کی سرخیاں لکھنا ۔

Rubrication *n.* سرخیاں لکھنا ۔ عنوان لکھنا ۔

Ruby (ro͞o-bi) *n., adj.* & *v.t.* A precious stone, red corundum لعل ۔ یاقوت زمانی ۔ سرخ ۔ سرخ رنگ ۔ سرخ شراب ۔ ٹائپ کا ایک نمونہ ۔ (مکہ بازی) خون ۔ لہو ۔ سرخ رنگنا ۔ ارغوانی کرنا ۔

Above rubies بیش قیمت ۔ گراں بہا ۔ بے بہا ۔

Ruck (ruk) *n.* Squatter دوڑنے والے جو دوڑ میں حصہ نہ لے سکے ہوں ۔

Ruck-ruckle (ruk) *n., v.t. & i.* A wrinkle, crease شکن - سلوٹ - جھری - سلوٹ ڈالنا - شکن آنا - تہہ کرنا - آلتی پالتی مار کر بیٹھنا -

Ruckle (ruk-l) *v.i., t. & n.* Rattle, gurgle حلق سے خرخر کی آواز نکالنا - خرخراہٹ - حالت نزع کی آواز -

Ruction (ruk-shən) *n.* Disturbance بے تکا مجمع - ہنگامہ - گڑبڑ - غل غپاڑہ -

There will be ructions کچھ نہ کچھ گڑبڑ ہوگی -

Rudd (rud) *n.* The red eye یورپ کی ایک سرخ چشم مچھلی -

Rudder (rud-ər) *n.* A steering apparatus پتوار - سکان - دنبالہ - کشتی چلانے اور رخ بدلنے کا آلہ - شمع ہدایت - زریں اصول - (شراب سازی) شیرہ ہلانے کی کفگیر -

Rudderless *adj.* بے ہدایت - بے راہ - بے پتوار -

Ruddle (rud-l) *n. & v.t.* Red ochre سرخ مٹی - گیرو - سرخ مٹی سے رنگنا - سرخ نشان ڈالنا -

Ruddle man *n.* سرخ مٹی کھودنے والا -

Ruddock (rud-ək) *n.* The red breast لعل - ایک چڑیا جس کا سینہ سرخ ہوتا ہے -

Ruddy (rud-i) *v.t., i. & adj.* Red, reddish سرخ - گلابی - لال لال - سرخ کر دینا یا ہو جانا - (بول چال) قابل نفرت -

Ruddy, health, youth صحت یا جوانی جس میں سرخی جھلکتی ہو -

Rude (rōōd) *adj.* Uncultured کھردرا - ناتراشیدہ - غیر مہذب - جاہل - بد اخلاق - بد لحاظ - بے سلیقہ - بے ادب - بد تمیز - گستاخ - تیز - تند - کڑا - سخت - زور دار - قوی -

Rude chaos بد انتظامی - شدید بد نظمی -

Rudeness *n.* سختی - تندی - بے ہودگی - بد تہذیبی - گستاخی - بد تمیزی -

Rudish *adj.* بیہودہ - بھدا سا - بد تمیز سا -

Rudiment (rōōd-i-mənt) *n.* First principle or element (جمع) بنا - بنیاد - آغاز - شروع - اصل - ابتدائی یا بنیادی حالت - مبادیات - قاعدے - کسی ناقص کام کی ابتدا - عضو جو استعمال نہ کرنے کی وجہ سے بڑھا نہ ہو -

Rudimentary ناسکمل - اصولی - بنیادی - ابتدائی -

Rue (rōō) *n. & v.t.* Repentance پچھتاوا - پشیمانی - افسوس - رحم - ترس - پشیمان ہونا - پچھتانا - کف افسوس ملنا -

Rueful *adj.* اداس - غمگین - غم آلود - پشیمان - متاسف -

Ruefulness *n.* پچھتاوا - پشیمانی - اداسی - غمگینی -

Rue (rōō) *n.* A strong smelling shrubby plant اسپند - کالا دانہ - سداب -

Ruff (ruf) *n.* Starched and plaited frill worn round the neck شکن - سلوٹ - چنت دار گلوبند - پرندوں کے گلے کا پروں کا حلقہ - ایک قسم کا پالتو کبوتر -

Ruff (ruf) *n.* A kind of bird, the male with an erectile ruff during breeding season ایک پرندہ جس کے نر کے گلے میں جفتی کے زمانے میں کنٹھا ابھر آتا ہے - ایک میٹھے پانی کی کانٹے دار مچھلی -

Ruff (ruf) *n., v.t. & i.* Act of trumping (تاش) ترپ لگا کر ہاتھ جیتنا -

Ruffian (ruf-i-ən) *n.* A violent person بدذات آدمی - بد معاش - غنڈہ -

Ruffianism *n.* دغا بازی - بد معاشی - شہدا پن - غنڈا پن -

Ruffle (ruf-l) *v.t., i. & n.* Make uneven, disturb the smoothness of بے ترتیب کرنا - ابتر کرنا - خراب کرنا - پریشان کرنا - شکن ڈالنا - برہم کرنا یا ہونا - سکون میں خلل ڈالنا یا ہونا - اکڑنا - اینٹھنا - جھگڑا پیدا کرنا - برہمی - پریشانی - تموج - موجوں کا بلند ہونا - شکن - سلوٹ - پرندوں کا کنٹھا - طبل کی گونجدار آواز -

Ruffle one's feathers ناراض کرنا -

Ruffler *n.* شیخی باز - جھگڑالو -

Ruffled *adj.* متموج - برہم - کنٹھے دار -

Rug (rug) *n.* A coarse woollen fabric کمبل - دھسا - نمدہ - گلیم - بالوں کا کپڑا -

Rugby (rug-bi) *n.* A kind of football in which ball can be carried by hand ایک قسم کا فٹ بال کا کھیل جس میں کھلاڑی فٹ بال کو ہاتھ میں لے کر بھاگ سکتے ہیں اور کھلاڑی کو پکڑ سکتے ہیں -

Rugged (rug-id) *adj*. Rough, uneven کھردرا - ناہموار - پتھریلا - اونچا نیچا - سنگلاخ - تند - تیز - کٹھن - مشکل - مصیبت کا - سوجن -

Rugged feature بھونڈی صورت - ناہموار شکل - ناہموار چہرا -

Ruggedness *n*. سختی - درشتی - ناہمواری - کھردراپن -

Rugose (rōō-gōs) *adj*. Wrinkled سلوٹ دار - جھریاں پڑا ہوا - پرشکن -

Ruin (rōō-in) *v.t., i. & n*. Downfall, destruction تباہی - بربادی - زوال - (اکثر جمع) کھنڈر - ویرانے - اجاڑ مکانات - ابتری - ویرانی - افلاس - زندگی برباد کرنا - تباہ کرنا - ویران کرنا -

The ruin of our hopes ہماری امیدوں کا خون -

The ruins of Rome روم کے آثار قدیمہ -

Will be the ruin of us یہ چیز ہمیں تباہ کر دیگی -

Ruination زوال - تباہی - بربادی -

Ruinous (rōō-in-əs) *adj*. Decayed, harmful مضر - زبون - خراب کرنے والا - تباہ کن - برباد - خراب حال - شکستہ -

Ruinously *adv*. تباہ کن طریقے سے - تباہی کے ساتھ - تباہ حالی سے -

Ruinousness *n*. زوال - تباہی - بربادی -

Rule (rōōl) *n., v.t. & i*. A straight-edged strip مسطر - جدول کش - رول - خط کھینچنے کی پٹی - طریقہ - ریت - رسم - رواج - سلطنت - فرمانروائی - ضابطہ - آئین - قانون - (طباعت) لوہے کی پٹیاں - حکومت کرنا - قابو میں رکھنا - فیصلہ صادر کرنا -

As a rule عام طور پر - بالعموم -

Hard and fast rule سخت ضابطہ - بلارو رعایت - بلا استثنا -

Rule out بحث سے خارج کرنا - سرے سے قابل غور نہ سمجھنا -

Rule out of order کسی تحریک کو خلاف قاعدہ قرار دینا -

Ruling passion - شوق جو جنون کی حد تک پہنچ جائے - بے پناہ جذبہ -

Ruling *n*. قطعی رائے - فیصلہ -

Ruler (rōōl-r) *n*. Strip for drawing lines - مسطر - رولر - پٹی - حکمران - فرمانروا - ناظم - سردار -

Rulership (rōōl-ər-ship) *n*. Reign - حکمرانی - فرمانروائی - سرداری -

Rum (rum) *n*. A spirit distilled from sugarcane juice or molasses ایک قسم کی مہوے کے گڑ کی شراب - ایک مفرح مرکب -

Rum-runner ایسا جہاز جس میں شراب لائی جائے - وہ شخص جو خفیہ طور پر شراب لاتا ہو -

Rum-rummy (rum) *adj*. - (بول چال) عجیب - انوکھا -

Rum-customer خطرناک آدمی یا جانور -

Rumly, rummily *adv*. نرالے طور پر - انوکھے طریقے سے -

Rumness, rumminess *n*. - انوکھا پن - نرالا پن -

Rumble (rum-bl) *v.i., t. & n*. Make a low rolling noise - گڑگڑانا - گڑ گڑ کرنا - گرج - گڑگڑاہٹ - گاڑی کے پیچھے نوکر کے بیٹھنے کی جگہ (بول چال) تاڑ جانا - تہہ تک پہنچنا -

Rumble-tumble - گاڑی کا ہچکولے کھاتے ہوئے چلنا -

Rumbustious (rum-bust-i-yəs) *adj*. Boisterous اودھم مچانے والا - جھگڑا فساد کرنے والا -

Rumen (rōō-men) *n*. First stomach of a ruminant - جگالی کرنے والے جانوروں کا پہلا معدہ -

Ruminant (rōō-min-ənt) *n. & adj*. Animal that chews the cud جگالی کرنے والا جانور-

Ruminate (rōō-min-āt) *v.t. & i*. Chew - جگالی کرنا - غور کرنا - سوچ بچار کرنا -

Ruminative *adj*. - غور و فکر کا -

Ruminator *n*. - سوچ بچار کرنے والا -

Rumination *n*. - سوچ بچار - غور و خوض -

Rummage (rum-ij) *v.t., i. & n*. Stowage of casks in a ship's hold جہاز کے - ڈھونڈھنا - چھان مارنا - مال خانہ میں سامان بھرنا - کسی چیز کی تلاش میں سامان الٹ پلٹ کرنا - جہاز کی تلاشی -

Rummage out - ڈھونڈھ نکالنا -

Rummage sale خیراتی کاموں کے لئے نیلام - لاوارث چیزوں کا نیلام -

Rummer (rum-ər) *n*. A large drinking glass بڑا گلاس یا پیالہ -

Rumour (rōō-mər) *n.* & *v.t.* General talk افواہ ۔ چرچا ۔ بازاری گپ ۔ افواہ اڑانا ۔ چرچا کرنا ۔ مشہور کرنا ۔

Rump (rump) *n.* Hinder part of an animal's body پیٹھ کا آخری حصہ ۔ پٹھا ۔ چوتڑ ۔ سرین ۔ پارلیمنٹ کا وہ مختصر حصہ جو ارکان کے الگ ہونے کے بعد رہ جائے ۔

Rumpless *adj.* بے دم کی (چڑیا) ۔

Rumple (rum-pl) *v.t.* & *n.* Fold or wrinkle جھری یا شکن ڈالنا ۔ لپیٹنا ۔ جھری ۔ شکن ۔

Rumpus (rum-pəs) *n.* An uproar شور ۔ ہنگامہ ۔ جھگڑا ۔

Rumpy (rum-pi) *n.* Tailless cat of the isle of Manx جزیرہ مین کی بے دم کی بلی ۔

Run (run) *v.t.* & *i.* Go swiftly, cover a distance دوڑنا ۔ بھاگنا ۔ بھاگ جانا ۔ چمپت ہو جانا ۔ (کرکٹ) دوڑ بنانا ۔ گھوڑے کا گھڑ دوڑ میں شریک ہونا ۔ جہاز یا مچھلی کا تیر کی طرح جانا ۔ آسانی سے حرکت کرنا ۔ فاصلہ جلد طے کرنا ۔ رنگ کا کپڑے پر پھیل جانا ۔ بہنا ۔ چلنا ۔ رواں ہونا ۔ مسلسل چلے جانا ۔ واقع ہونا ۔ ایک عام حالت میں رہنا ۔ پیچھا کرنا ۔ عبور کرنا ۔ گزر جانا ۔ خطرہ برداشت کرنا ۔ شکار کا تعاقب کرنا ۔ دوڑ میں مقابلہ کرنا ۔

Candle runs موم بتی تیزی سے ختم ہو رہی ہے ۔

Eyes run آنسو بہہ رہے ہیں ۔

Feeling ran high ہیجان بڑھ گیا ۔ جوش بڑھ گیا ۔

He who runs may read راہ چلتا بھی سمجھ سکتا ہے ۔

How your tongue runs تمہاری زبان قینچی کی طرح چلتی ہے ۔ تم کتنا بکتے ہو ۔

Runaway بھاگا ہوا ۔ مفرور ۔

Runaway marriage کسی عورت کو بھگا کر اس سے شادی کرنا ۔

Run across اتفاقاً ملاقات ہو جانا ۔

Run cattle مویشی چرنے کے لیے چھوڑنا ۔

Run hard لاچار کرنا ۔ مجبور کرنا ۔

Run the show کسی کام کو اچھی طرح چلانا ۔

Run into debt مقروض ہو جانا ۔

Run to meet one's troubles آنے والی مصیبت کا انتظار نہ کرنا بلکہ خود اس کی طرف لپکنا ۔

Running commentary دوران کھیل کا تبصرہ ۔ کھیل کا چشم دید حال بیان کرنا ۔

Running fight بھاگتے جانا اور لڑتے جانا ۔

Running sore بہتا ہوا زخم ۔

The sands are running out مہلت ختم ہو رہی ہے ۔ وقت تیزی سے گزر رہا ہے ۔

Things must run their course } معاملات کو اپنی حالت پر چھوڑ دینا چاہیئے ۔

Run (run) *n.* Act or manner of running, a rush or general demand بھاگ ۔ دوڑ ۔ ندی ۔ نالہ ۔ سوتا ۔ بھاؤ ۔ روانی ۔ رفتار ۔ رخ ۔ ڈھنگ ۔ طریقہ ۔ مانگ ۔ چرا گاہ ۔ جنگل ۔ گانے میں کئی سروں کا میل ۔ اوسط درجہ ۔ تجارتی مال کی قسم ۔ ان جانوروں کا گلہ جو ایک ساتھ پلے ہوں ۔ مچھلیوں کا جھنڈ ۔ مرغیوں کا باڑا ۔ استعمال کی عام اجازت ۔

A run on rubber ہر طرف سے ربر کی مانگ ۔

A run on the bank بنک پر روپیہ نکالنے کا دھاوا ۔

On the run بھاگتا ہوا ۔ دوڑ دھوپ کرتا ہوا ۔

The common run of men معمولی قسم کے لوگ ۔

Runagate (run-ə-gāt) *n.* A vagabond, a renegade آوارہ ۔ مرتد ۔ منکر ۔ کافر ۔

Rundale (run-dāl) *n.* A system of holding land made up of detached pieces زمین کا مشترکہ قبضہ جس میں ہر حصہ دار کے قبضے میں غیر متصل قطعے آئیں ۔

Rune (rōōn) *n.* A letter of the ancient Germanic alphabet قدیم جرمن زبان کے حروف تہجی کا کوئی حرف ۔ کوئی پر اسرار نشان ۔

Rung (rung) *n.* A spoke, a cross bar ڈنڈا ۔ سیڑھی کا ڈنڈا ۔ جہاز کا شہتیر ۔

Runic (rōōn-ik) *adj.* & *n.* Of ancient Germanic language or alphabet قدیم گاتھک زبان کے حروف کے متعلق ۔ قدیم گاتھک حروف تہجی ۔

Runlet (run-lit) *n.* A stream شراب کا ایک پیمانہ ۔ چھوٹی ندی ۔ چشمہ ۔

Runnel (run-l) *n.* A little brook موری - نالی - چشمہ - نالہ -

Runner (run-r) *n.* One who runs دوڑنے والا - بھاگنے والا - ہرکارہ - پیامبر - چکی کا اوپر کا پاٹ - دلال - ایجنٹ - جہاز کا چرخی پر چڑھا ہوا رسہ - پھلیوں والا ایک پودا - ڈھیلا چھلا - چرخی - برف گاڑی کا پھسلوان تختہ - بیلن جس پر بھاری چیزیں دھکیلی جاتی ہیں -

Running (run-ing) *n.* & *adj.* Moving forward دوڑ - بھاگ - متواتر - پے در پے - برابر - مسلسل -

Runt (runt) *n.* A small stunted ox or cow ناٹا بیل - ناٹی گائے - ٹھنگنا - پستہ قد جانور -

Rupee (ro͞o-pi) *n.* Pakistani coin روپیہ -

Rupture (rup-ty-ər) *n.*, *v.i.* & *t.* Branch, breaking or bursting ٹوٹ پھوٹ - شکستگی - بگاڑ - نااتفاق - ناچاقی - فوتوں کا ورم - فتق بڑھ جانا - پھٹ جانا - ٹوٹ جانا - توڑنا - پھاڑنا -

Rural (ro͞o-rl) *adj.* Of the country دیہاتی - دیہی - جنگلی - صحرائی - زراعتی -

Rurality *n.* زرعی حالت - دیہاتی پن -

Ruralize *v.i.* & *t.* آبادی کو دیہات میں پھیلانا - دیہاتی بنانا -

Ruse (ro͞oz) *n.* A trick فریب - چالاکی - حکمت عملی - حیلہ - بہانہ -

Ruse (ro͞oz) *adj.* Tricky, clever فریبی - مکار - چالاک - چالباز -

Rush (rush) *n.* A grasslike plant نگر موتھا - سینٹھا جس کے مونڈھے اور ٹاپے بنتے ہیں - حقیر شے -

Rushy *adj.* Made of grass جہاں نگر موتھا کثرت سے ہو - کثیر سینٹھے کا - سینٹھے کا - نگر موتھے کا -

Rush (rush) *v.t.*, *i.* & *n.* Move forward with haste آگے بڑھنا - دھکیلنا - دوڑ پڑنا - ہلہ کرنا - جھپٹنا - ٹوٹ پڑنا - گھس جانا - دوڑ - جھپٹ - ہلہ - حملہ - نزعہ - کسی چیز کی گرم بازاری -

Rush at ہلہ بولنا - جھپٹنا -

Rush hours - - کاروبار کی کثرت کا وقت - ہجوم کا وقت

Ruskinian (rusk-i-ni-yən) *adj.* & *n.* Of John Ruskin - جان رسکن کا پیرو - رسکن کے اصولوں کا

Ruskinism *n.* معاشیات میں جان رسکن کے اصول -

Ruskinize *v.t.* رسکن کے اصولوں کو رواج دینا -

Russ (rus) *n.* & *adj.* Russian روسی - روس کا - روسی باشندہ یا زبان -

Russify *v.t.* روسی بنانا -

Russophil *n.* روسی دوست -

Russophilism *n.* روس کی دوستی -

Russophobe *n.* روس کا ڈر - روس سے ڈرنے والا -

Russophobia *n.* روسی خوف کی بیماری - روس کا خوف -

Russet (rus-it) *adj.* & *n.* A coarse home-spun cloth سرخ رنگ کا - موٹا کپڑا - بادامی - سرخ رنگ کا سیب -

Russety *adj.* گیروے رنگ کا -

Russian (rush(y)ən) *adj.* & *n.* Of Russia روسی - روس کا - روسی باشندہ -

Russianize (rush(y)ən-īz) *v.t.* Make Russian روسی بنانا -

Russniak (rus-ni-ak) *n.* & *adj.* Ruthinian روس کوچک کا - یوکرین کا باشندہ -

Rust (rust) *n.*, *v.i.* & *t.* Brown coating on iron زنگ - مورچہ - زنگ لگ جانا - زنگ آلود کرنا - مورچہ لگنا - پڑے پڑے بیکار ہو جانا -

Better wear out than rust زنگ لگنے سے گھسنا بہتر ہے -

Rustless *adj.* بے زنگ - جسے کبھی زنگ نہ لگے -

Rustic (rustik) *adj.* & *n.* Country-dweller دہقانی - دیہاتی - دیہات کا - گنوار - اکھڑ - موٹا - بھدا - بھاری - بے ڈھنگا - ناہموار - بے تکلف - بے زیب و زینت - سیدھا سادہ - بھونڈا -

Rustically *adv.* بھونڈے طریقے سے - گنواروں کی طرح -

Rusticity *n.* بھونڈا پن - گنوار پن -

Rusticate (rus-tik-āt) *v.t.*, *i.* & *n.* Send into country دیہات میں بھیجنا - دیہاتی زندگی بسر کرنا - طالب علم کو چند دنوں کے لیے مدرسہ سے نکال دینا - بھدا بنا دینا -

Rustication *n.* کچھ عرصے کے لیے طالب علم کا مدرسہ سے اخراج - دیہات کی بود و باش -

Rustle (rus-l) *v.i., t.* & *n.* Make a soft whispering sound جھرجھرانا ۔ کھرکھرانا ۔ سرسرانا ۔ سرسراہٹ ۔

Rusty (rust-i) *adj.* Covered with rust مورچہ لگا ہوا ۔ زنگ آلود ۔ پرانا ۔ فرسودہ ۔ از کار رفتہ ۔ گہرا بادامی ۔ زنگ کے رنگ کا ۔ کند ۔ سست ۔

Rustily *adv.* زنگ آلود حالت میں ۔ ناکارہ چیز کی طرح ۔

Rustiness *n.* زنگ خوردگی ۔ زنگ آلودگی ۔

Rut (rut) *n.* & *v.t.* A furrow made by wheels لیک ۔ باہن ۔ پہیوں سے بنی ہوئی نالی ۔ پرانا رواج ۔ آبائی رسم ۔ لیک ڈالنا ۔ پہیوں سے نالی بنانا ۔

Rutty *adj.* پہیوں سے کھدی ہوئی ۔ لیک دار ۔

Rut (rut) *v.i.* & *n.* Sexual excitement in male deer نر ہرن کا مستی پر آنا ۔ مستی ۔ ہرن کی جفتی ۔

Ruttish *adj.* مستی پر آیا ہوا ۔ مست ۔

Ruth (ro͞oth) *n.* Pity, remorse رحم ۔ ترس ۔ خوف ۔ درد ۔

Ruthless *adj.* سنگدل ۔ بے رحم ۔

Ruthlessness *n.* بے رحمی ۔ سنگدلی ۔

Rye (rī) *n.* A grass allied to wheat گھٹیا گیہوں ۔ دیو گندم ۔

Rye-grass (rī-gras) *n.* Fodder grass ایک قسم کی چارے کی گھاس ۔

Ryepeck (rī-pek) *n.* A pole used for mooring a punt لوہے کی شام والی بڑی میخ جس سے کشتیوں کو باندھ دیتے ہیں ۔

Rymer (rī-mər) *n.* Locks holding paddles دریا کے بند کے ستون جس میں چپو لگے ہوتے ہیں ۔

Ryot (rī-ət) *n.* A Pakistani peasant کاشتکار ۔ رعایا ۔ کسان ۔

S

S (es) *n.* Nineteenth letter of the English alphabet انگریزی حروف تہجی کا انیسواں حرف ۔ حرف S کی شکل کا ۔ خمیدگی ۔ کجی ۔

The river makes a great S ندی پیچ و خم کھا کر نکلی ہے ۔

'S (ez) *p.* Shortened form of has, is has اور is کی جگہ مستعمل ہے ۔

Sabean (sa-bē-ən) *n.* Of Shiba یمن کے علاقہ سبا کا باشندہ ۔ سبائی ۔ ستارہ پرست ۔

Sabaism (sā-bā-izm) *n.* The worship of heavenly bodies صابیت ۔ اجرام فلکی کو ذی روح سمجھنا ۔ ستارہ پرستی ۔

Sabaoth (sa-bā-oth) *n.* & *p.* Armies خدائے برتر ۔ انسانوں کا خالق ۔ انسانوں کا پرور دگار ۔

Lord of Sabaoth انجیل کی اصطلاح ہے ۔

Sabbatarian (sab-əta-ri-ən) *n.* One who observes Saturday as Sabbath یوم سبت کا ماننے والا ۔ یہودیوں میں ہفتہ کا دن یوم مقدس ہے ۔

Sabbatarianism (sab-əteri-an-izm) *n.* Observance of Sabbath یوم سبت کو ماننا ۔ آرام اور عبادت کے دن کا احترام کرنا ۔ سبتیت ۔

Sabbath (sab-əth) *n.* Day of rest یوم السبت ۔ آرام اور عبادت کا دن ۔

Sabbath day's journey سفر سبت جس میں بارہ سو گز تک چلنے کی اجازت ہے ۔

Break the Sabbath یوم سبت کے احکام کو توڑنا ۔

Sabbathless (sab-əth-les) *adj.* Having no-Sabbath بلا سبت ہونا ۔ لاسبتی ۔

Sabbatic(al) (sab-eta-ik) *adj.* Concerning-Sabbath یوم سبت کے متعلق ۔

Sabbatical year سبتی سال ۔ ہر ساتویں سال بنی اسرائیل کو غلام آزاد کرنے کا حکم تھا ۔ اس سال زمین بھی نہیں جوتی جا سکتی تھی ۔

Sabbatical river یہودیوں کے عقیدہ کے مطابق ندی جو سبت کو نہیں بہتی تھی ۔

Sabbatize (sab-ə-tīz) *v.t.* Observe-Sabbath یوم سبت منانا ۔

Sabellian (sə-bel-i-ən) *n.* & *adj.* Sabian or follower of Sabellius سبیلیس کا پیرو ۔ یہ عقیدہ کہ باپ بیٹا اور روح القدس خدا ہی کے پرتو ہیں ۔

Sabian (sa-bi-ən) *n.* A worshipper of heavenly bodies صابی ۔ ایک ستارہ پرست فرقہ جس کا ذکر قرآن میں آتا ہے اور جو ناجی ہے ۔

Sabine (sāb-īn) *n.* One of an ancient people of Italy - سبینی - ایک قدیم قوم جو اٹلی میں آباد تھی -

Sable (sā-bl) *n.* An arctic animal of lustrous dark fur منطقہ شمالی کا ایک جانور جس کا سمور سیاہ اور چمکدار ہوتا ہے - سموری قلم -

Sable (sā-bl) *adj.* & *n.* Dark, black سیاہ - کالا - سیاہ رنگ - سیاہ لباس - ماتمی لباس - سیاہی مائل - تاریک - مہیب - ڈراؤنا -

Sabled *adj.* سیاہ - ماتمی - مغموم - غم زدہ -

Sably *adv.* ماتمی رنگ سے - مغمومانہ - دل گیر ہو کر -

Sabot (sab-ō) *n.* A wooden shoe کھڑاؤں - لکڑی کے جوتے (فوج) لکڑی کا قرص جو گولوں پر لگایا جاتا ہے - شام جو ستونوں میں لگائی جاتی ہے -

Saboted *adj.* شام دار - کھڑاویں پہنے ہوئے -

Sabotage (sab-ō-täzh) *n.* Damage, destruction کلوں یا دوسرے سامان کو خراب کر دینا - شرارت سے کام خراب کرنا - توڑ پھوڑ -

Sabre (sā-bər) *n.* & *v.t.* Cavalry sword - شمشیر سیف - تلوار - سواروں کا نیمچہ - تلوار چلانا - تلوار سے وار کرنا - قتل کرنا - تہہ تیغ کرنا -

Sabretache (sab-ər-tash) *n.* A bag slung from a cavalry officer's sword belt چرمی تھیلہ جو رسالے کے افسر تلوار کی پیٹی سے لٹکا لیتے ہیں -

Sabreur (sab-re-yər) *n.* A cavalier armed with sword تیغ زن سوار -

Sabulous (sab-ū-ləs) *adj.* Sandy, gritty - ریت کا - ریگ مشانہ کا - ریگستانی -

Sabura (sa-bur-â) *n.* A granular deposit ریگ معدہ - ایک رتیلا مادہ جو ہاضمہ کی خرابی سے معدہ میں جمع ہو جاتا ہے -

Sac (sak) *n.* A pouch تھیلی - زنبیل - تھیلی کا سا غدود - گلٹی - پھوڑا - دنبل -

Saccate *adj.* (نباتات) تھیلی کی طرح کا - پھولا ہوا - جیب نما - ابھرا ہوا -

Saccharin(e) (sak-ä-rin) *adj.* & *n.* Of the nature of sugar کوئلے سے نکالی ہوئی شکر - شکرین - شکر کی سی -

Sacciform (sak-i-form) *adj.* Pouch-like تھیلی کی طرح کا - کیسہ نما -

Saccule (sak-ool) *n.* A small pouch - چھوٹی تھیلی بٹوا -

Sacerdotage (sas-ər-dōt-āg) *n.* Government of priests مذہبی گروہ کی حکومت - حکومت الٰہیہ -

Sacerdotal (sas-ər-dō-tl) *adj.* Priestly - پادریوں کی متبرک - پاک - مولویانہ - مشائخانہ -

Sacerdotalism *n.* - علمائے دین کی حکومت

Sacerdotalist - مشائخ پرست - پیر پرست

Sack (sak) *n.* & *v.t.* A large bag - گٹھا - تھیلا - بورا جامہ - لبادہ - ڈھیلا ڈھالا سایہ - زنانہ کوٹ - بوریوں میں بھرنا - (بول چال) برطرف کرنا - خدمت سے علیحدہ کر دینا - ہرانا - شکست دینا -

Get the sack برطرف ہونا - برخواست ہو جانا -

Sack cloth ماتمی لباده - سن کا کپڑا - ٹاٹ -

Sackful اتنا جتنا ایک بورے میں سما سکے - تھیلا بھر -

Sack (sak) *v.t.* & *n.* Plunder, ravage - لوٹ مار کرنا تاخت و تاراج کرنا - تباہ کر دینا - لوٹ مار - غارتگری -

Sack (sak) *n.* The old name of a Spanish wine ایک ہسپانوی شراب کا قدیم نام -

Sackbut (sak-but) *n.* An old musical instrument ایک قسم کا طنبورہ -

Sacrament (sak-rə-mənt) *n.* A religious rite invoking grace of God حضرت عیسیٰ کی وفات کا یادگاری توشہ - ایک مذہبی رسم جو رحمت خداوندی کو متوجہ کرتی ہے - باطنی معنی رکھنے والی چیز - قسم - حلف - عہد و پیمان - برکت -

Sacramental اصطباغ کے بارے میں - فضل رب کے متعلق - مقدس رسم کے متعلق -

Sacramentalism *n.* اس عقیدہ کا انکار کہ عشائے ربانی کی روٹی اور شراب حضرت مسیح کا جسم اور خون ہے - انکار حضوری -

Sacramentarian (sak-rə-ment-a-riən) *n.* Denier of the Christ's presence in the sacrament of the Lord's Supper منکر حضوری - وہ عیسائی جو کلیسائے روم کے طریق پر نہیں چلتا -

Sacrarium (sa-kra-ri-əm) *n.* A place where holy things are kept گھر کے اندر کا عبادت خانہ جہاں متبرک چیزیں رکھی جاتی ہیں -

Sacred (sa-krid) *adj*. Consecrated پاک - مقدس - متبرک - واجب التعظیم -

He regards it as his sacred duty وہ اسے ایک مقدس فرض سمجھتا ہے -

Sacredly *adv*. احترام و تعظیم کے ساتھ -

Sacredness *n*. پاکیزگی - پاکی - تقدس -

Sacrifice (sak-ri-fīs) *n*., *v.t.* & *i*. Any offering to a god or God قربانی - نیاز - نذر - چڑھاوا - بھینٹ - ایثار - صدقہ

Sacrificial *adj*. قربانی کے متعلق - چڑھاوے کا - نیاز کا -

Sacrilege (sak-ri-lij) *n*. Profanation of any thing holy دینی یا متبرک چیز کی بے حرمتی - مقدس چیز کی بے ادبی - مقدس مقام میں چوری کرنا -

Sacrilegious (sak-ri-lij-əs) *adj*. Unholy, abominable ناپاک - بے ادبی کرنے والا -

Sacrilegist (sak-ri-lij-ist) *n*. One who profanes مقدس مقام یا چیز کی بے حرمتی کرنے والا -

Sacring (sə-kring) *n*. Consecration عشائے ربانی کے اجزا کی تقدیس - اسقفوں کی تقریر کی رسم -

Sacrist (sak-rist) *n*. A person who copies out music for the choir مقدس گانے کے لئے گیتوں کا انتخاب کرنے والا - متبرک چیزوں کا محافظ عہدہ دار-

Sacristan (sak-ris-tan) *n*. An officer in charge of sacred vessels محافظ - مہتمم نوادرات - گرجا میں رہنے والا گورکن -

Sacristy (sak-ris-ti) *n*. An apartment in church where sacred things are kept گرجا میں متبرک چیزوں کے رکھنے کا کمرہ -

Sacrosanct (sak-ro-sangt) *adj*. Inviolable مقدس - متبرک - واجب التعظیم -

Sacrosanctity *n*. واجب الاحترام ہونا - مقدس ہونا - تقدس -

Sad (sad) *adj*. Sorrowful, grave اداس - غمگین - دلگیر - مغموم - اندوہگین - زبون - ناقابل اصلاح - موٹی - بھاری - خمیری (روٹی) دھیا - ہلکا - مدہم (رنگ) -

Sadden *v.t.* & *i*. ملول ہونا - آزردہ کرنا - اداس کرنا یا ہونا - مغموم کرنا یا ہونا -

Sadly *adv*. دلگیر ہو کر - مایوسی سے - آزردگی سے -

Sadness *n*. اداسی - مایوسی - آزردگی - غمگینی -

Saddish *adj*. آزردہ سا - اداس سا -

Saddle (sad-l) *n*. & *v.t.* A seat for a rider کاٹھی - زین - چار جامہ - زین کسنا - بار ڈالنا - ذمہ داری ڈالنا -

Pack saddle *n*. پالان - خوگیر -

Put saddle on the right horse جس کا قصور ہے اس کو پکڑو -

Saddle past شہ سوار - زین پر جم کر بیٹھنے والا -

Saddle horse سواری کا گھوڑا -

Saddler (sad-lər) *n*. One who makes saddles زین ساز - زین فروش -

Saddlery *n*. زین گری - زین سازی -

Sadducee (sad-ū-sē) One of the Jewish sceptical school یہودیوں کا ایک فرقہ جو روحوں کے حشر کا قائل نہ تھا - صدوق -

Sadism (sad-izm) *n*. Sexual perversion ایذا رسان - اغلام - لواطت -

Safe (sāf) *n*. A chest, closet, cupboard نعمت خانہ - ہواداں - تجوری - مضبوط الماری -

Safe (sāf) *adj*. Free from danger محفوظ - صحیح سالم - مامون - بلا خوف و خطر - بے ضرر - نقصان سے پاک - محتاط - قابل اعتماد -

Safe conduct راہداری کا پروانہ -

A safe winner وہ جس کا جیتنا یقینی ہو -

It is safe to say اس بات کے کہنے میں کوئی حرج نہیں - یہ بات بلا خوف تردید کہی جا سکتی ہے -

To err on the safe side ایسی غلطی کرنا جس میں نقصان کا احتمال نہ ہو -

Safely *adv*. بے خوف و خطر - صحیح سلامت - بخیر و خوبی -

Safeness *n*. سلامتی - امن و امان -

Safety (sāf-ti) *n*. State of being safe امن و امان - سلامتی - بچاؤ - حفاظت -

Safety valve *n*. ایسا سوراخ جو بھاپ کو نکال دے - بھبکے کا سوراخ جو بھاپ سے کھل جائے -

To sit on the safety valve ناک میں دم کرنا - بری طرح دبانا -

Safflower (saf-lowr) *n.* A thistle-like plant کسم کا پودا ، پھول یا رنگ - کلڈی - برے -

Saffron (saf-rən) *n.* A species of crocus زعفران - کیسر -

Saffrony *adj.* کیسری - زعفرانی -

Sag (sag) *v.t.,i.* & *n.* Bend, sink or hang down جھک جانا - خم ہو جانا - خم کرنا - قیمتوں کا گھٹنا - کم ہونا - جہاز کا اپنے راستے سے ہٹ جانا - خم - جھکاؤ -

Saggy *adj.* خم دار - جھکا ہوا - خمیدہ -

Saga (sä-gä) *n.* A prose tale in the Iceland literature آئسلینڈ کی قدیم زبان کی داستان - رزمیہ داستان -

Sagacious (sa-gā-shəs) *adj.* Keen in perception and thought تیز فہم - ذہین - دانا - ہو شمند - سمجھدار -

Sagaciously *adv.* دانائی سے - زیرکی سے - عقلمندی سے -

Sagacity *n.* تیز فہمی - فراست - زیرکی -

Sagamore (sag-ə-mōr) *n.* An American Indian chief امریکہ انڈین سردار -

Sage (sāj) *n.* A garden plant as clary خوشبو دار سبزی - ساج -

Sage green ساج کی پتیوں کا رنگ -

Sage and onions ساج اور پیاز -

Sagy *adj.* ساج کی طرح کا - ساج ملا ہوا -

Sage (sāj) *adj.* & *n.* A man of great wisdom عاقل - دانا - ذکی - خرد مند - حکیم - عالم - عارف -

The Seven Sages سات حکماء جن میں سے ہر ایک کا مقولہ مشہور ہے -

Sagely *adv.* دانش مندی سے - مدبرانہ -

Sageness *n.* فرزانگی - دانائی - تدبر -

Sagitta-rus (sa-gi-tä) *n.* A key stone, an arrow-shaped house تیر کی شکل کا ایک شمالی برج قوس -

Sagittarius (sa-gi-ta-riəs) *n.* The Archer, ninth sign of the zodiac برج قوس - نواں برج -

Sagittate (sa-gi-tāt) *adj.* Like an arrow تیر نما - تیر کی طرح کا -

Sago (sā-gō) *n.* A nutritive substance produced from palms بعض درختوں کا گودا - سابو دانہ -

Saha (sä-hä) *interj.* Good bye خدا حافظ -

Sahara (sä-hä-rä) *n.* Famous desert of Africa صحرائے صحارا - صحرائے اعظم - افریقی ریگستان -

Said (sād) *v.i.* Say دیکھو

Saiga (sī-gä) *n.* A west Asian antelope مغربی ایشیا کا ایک ہرن -

Sail (sāl) *n.,v.t.* & *i.* A sheet of canvas, navigate, pass over in a ship بادبان - سمندر میں جانا - بحری سفر کرنا - جہاز چلانا - جہاز کا چلنا - چڑیوں کا ہوا میں اڑنا - عورت کا شان سے چلنا - بحری سفر -

Plain sailing آسان کام -

Sailer (sāl-er) *n.* A boat, a ship جہاز - کشتی -

Good or bad sailer اچھا یا خراب جہاز -

Sailor (sāl-ər) *n.* A mariner, a seaman ملاح - کشتی بان - خلاصی -

Bad sailor وہ شخص جس کو بحری سفر میں متلی ہوتی ہے -

Sailory *adj.* ملاحوں کی طرح - ملاحی -

Saint (sānt) *adj.* & *n.* A holy person ولی - بزرگ - پیر - خدا رسیدہ - ولی اللہ -

This would provoke a saint even یہ بات تو ایک ولی کو بھی بری لگے گی -

Young saints, old devils جوانی کا زہدوتقویٰ بڑھاپے میں الٹا اثر دکھاتا ہے -

Saintdom *n.* حلقہ مشائخ - حلقہ اولیا -

Sainthood-ship پیری - ولایت - بزرگی -

Saintiness *n.* درویشی - ولایت - بزرگی -

Saintly *adv.* ولی کی طرح - بزرگانہ -

Saitic (sa-i-tik) *adj.* Of Sais ancient capital of Egypt مصر کے قدیم دارالسلطنت سائس کے متعلق -

Sake (sāk) *n.* Cause, account غرض - مراد - منشا - مطلب - خاطر - واسطہ - لحاظ - خیال -

For conscience's sake ایمان کی خاطر - ضمیر کا واسطہ -

For my own sake as well as yours اپنی خاطر اور تمہاری خاطر -

For old sake's sake گزشتہ صحبتوں کے خیال سے -

Sake (sāk) *n.* Rice wine of Japan چاول سے بنی ہوئی جاپانی شراب -

Saker (sā-kər) *n.* A species of falcon توپ کی ایک پرانی شکل - باز کی ایک قسم -

Saki (sā-ki) *n.* A South American monkey جنوبی امریکہ کا بندر جس کی دم لمبی ہوتی ہے اور گلے میں کنٹھا ہوتا ہے -

Sakia (sä-ki-(y)e) *n.* Eastern water wheel پانی بھرنے کا چرخ - کنوئیں کا رہٹ -

Sal (sal) *n.* A large gregarious tree سال - ایک عمدہ عمارتی لکڑی -

Salaam (sä-läm) *v.t.* & *n.* A word of salutation سلام - آداب - سلام کرنا -

Salable (sāl-əbl) *adj.* That may be sold قابل فروخت - بکنے کے قابل - بکاؤ -

Salability *n.* بکنے کی صلاحیت - فروخت کی قابلیت -

Salacious (se-lā-shəs) *adj.* Lustful شہوت پرست - عیاش - مست - بد مست - پر شہوت -

Salaciously *adv.* عیاشانہ - شہوت پرستی سے - مستی سے -

Salaciousness *n.* عیاشی - شہوت - مستی -

Salacity *n.* مستی - اوباشی - عیاشی -

Salad (sal-əd) *n.* Dish of uncooked herbs کچا ساگ - سلاد -

Salamander (sal-ə-man-dər) *n.* A genus of tailed amphibious سمندر - آگ کا کیڑا - آگ کا بھوت - بڑا بہادر سپاہی - جانباز - بارود اڑانے کا تیزگرم لوہا - توا یا کڑھائی -

Salamandrine / **Salamandrian** *adj.* بہت گرم - آگ بگولا -

Salangane (sal-əng-gān) *n.* A swiftlet that builds edible nests ایک پرندہ جس کے گھونسلے کھانے کے کام آتے ہیں -

Salariat (sə-lā-ri-ət) *n.* The salary-drawing class تنخواہ یاب طبقہ -

Salary (sal-ə-ri) *n.* & *v.t.* A periodical payment تنخواہ دینا - تنخواہ - ماہوار دینا -

Salaried *adj.* مشاہرہ یاب - ماہوار پانے والا - تنخواہ یاب -

Sale (sāl) *n.* Act of selling بیع - بکری - فروخت - نیلام - نیلام کرنے والا - بیچنے والا - دوکان کا

Salesman *n.* بیچنے والا ملازم -

Saleswoman دوکان کا سودا بیچنے والی عورت -

Salesmanship سودا بیچنے کی مہارت - سودا بیچنے کا کاروبار -

Salep (sal-əp) *n.* Dried orchis tubers ثعلب مصری -

Salian (sā-li-ən) *n.* & *adj.* Pertaining to a tribe of lower Rhine or priests of Mars مریخ پرستوں کے متعلق - مریخی - فرانس کے قبیلہ سال کا رکن -

Salic (sāl-ik) *adj.* Of the law of Salians قبیلہ سال کے قانون کے متعلق -

Salic law قبیلہ سال کا قانون جس کی رو سے صرف مرد وارث تخت ہو سکتا ہے -

Salicin (sāl-i-sin) *n* A bitter crystalline got from willow herb ایک تلخ مادہ جو درختوں کی چھال سے نکلتا اور دواؤں میں استعمال کیا جاتا ہے -

Salient (sa-li-ənt) *adj.* Prominent اچھلتا ہوا - نکلا ہوا - نمایاں - بیرونی - شروع کا - بنیادی - اہم -

Salient characteristics نمایاں خصوصیات -

Salient features نمایاں خد و خال -

Salient points اہم نکات -

Salience-cy *n.* ظاہری حصہ - نمایاں حصہ - ابھار -

Saliently *adv.* بیرونی طور پر - بظاہر - نمایاں طور پر -

Saliferous (sə-lif-ər-əs) *adj.* Salt bearing نمک پیدا کرنے والا (خطہ یا طبقہ) -

Salify (sə-lif-ī) *v.t.* Form into a salt نمک بنا دینا -

Saline (sā-lin) *adj.* & *n.* Salty, salt کھاری - نمکین - شورہ دار - نمک کا مسہل - کھاری دلال - نمک بنانے کا برتن -

Salinity *n.* نمک دار ہونا - کھاری پن -

Salinometer *n.* نمک کی مقدار بتانے والا آلہ - نمک پیما -

Saliva (sə-lī-vä) *n.* Spittle لعاب دہن - رال - تھوک -

Salivary *adj.* لعاب دار -

Salivate (sə-lī-vāt) *v.t.* & *i.* Discharge saliva منہ آنا - منہ سے رال بہنا - تھوکنا -

Salivation *n.* لعاب خیزی - منہ سے رال بہنا - تھوک کی زیادتی -

Salle (sal-e) *n.* Hall, room بڑا کمرہ - ہال - دالان -

Sallenders (sal-ən-dərz) *n.* A skin disease of horses گھوڑوں کے جوڑوں کی خارش ۔

Sallet (sal-t) *n.* A light helmet ہلکا خود ۔

Sallow (sal-ō) *v.i.,t., adj. & n.* Of pale yellowish colour ہلکے زرد رنگ کا ۔ زرد سانولا ۔ پھیکا زرد ۔ زرد پڑ جانا ۔ زرد کرنا ۔ پتلا ہو جانا ۔

Sallow (sal-ō) *n.* A willow بید مجنوں ۔ بید کا درخت ۔ بید کی شاخ ۔

Sallowy *adj.* بے رونق ۔ نرم ۔ کمزور ۔ بید والا ۔ بید کی طرح ۔

Sallowish *adj.* پیلا ۔ زردی مائل ۔

Sallowness *n.* پیلا پن ۔ زردی ۔

Sally (sal-i) *n. & v.i.* A leap, outrush جھپٹ ۔ زقند ۔ هجوم ۔ خروج ۔ نکاس ۔ ظہور ۔ سیر و تفریح ۔ خوش خیالی ۔ بلند پروازی ۔ هنسی مذاق ۔ دل لگی ۔ زنده دلی ۔ نکل کر حملہ کرنا ۔ چڑھ دوڑنا ۔

Sally post قلعہ کا پوشیدہ راستہ ۔

Sally (sal-i) *n.* The woolly grip of bell rope گھنٹی کی رسی کا سرا ۔ گھنٹی کی پہلی جنبش یا آواز ۔

Sally (sal-i) *n.* The wife of the apostle Abraham حضرت ابراہیم کی بیوی سارا ۔ ہلکا میٹھا کیک جو چائے کے ساتھ گرم گرم کھایا جاتا ہے ۔

Salmagundi (sal-mə-gun-di) *n.* A dish of minced meat, eggs, pepper, etc. ایک سالن جو قیمہ ، انڈے ، گرم مسالہ ، پیاز ملا کر پکایا جاتا ہے ۔ مختلف مزاحیہ مضامین کا مجموعہ ۔ کشکول ۔

Salmi (sal-mi) *n.* A ragout specially of game شکار کئے ہوئے جانور کا گوشت جو مسالے لگا کر پکایا گیا ہو ۔

Salmon (sam-ən) *n.* A large, highly esteemed fish سامن مچھلی ۔

Salmon trout شمالی یورپ کی سامن نما مچھلی ۔

Salmonold *n.* نارنگی کے رنگ کی مچھلی ۔ سامن کے رنگ کی مچھلی ۔

Salomonic (sa-lo-mō-nik) *adj.* Of Solomon سلیمانی ۔

Salon (sal-on) *n.* A drawing room ملاقات کا کمرہ ۔

Saloon (sə-lo͞on) *n.* Spacious hall for reception دیوان خانہ ۔ بیٹھک ۔ ہوٹلوں وغیرہ کا بڑا کمرہ ۔ جہاز میں اول درجے کے مسافروں کا کمرہ ۔ (امریکہ) شراب خانہ ۔ انگلستان کی سرائے کا اعلیٰ درجہ کا شراب پینے کا کمرہ ۔

Saloon bar شراب خانہ ۔

Saloon car گاڑی کا آرام دہ آراستہ ڈبہ ۔

Saloon deck اول درجے کے مسافروں کا جہاز کا عرشہ ۔

Saloon keeper شراب فروش ۔ شراب کی دوکان کا مالک ۔

Saloop (sə-loop) *n.* A drink made from salep ثعلب مصری کا شربت ۔

Salop (sə-lop) *n.* دیکھو Salep

Salt (sawlt) *n., adj. & v.t.* Chloride of sodium نمک ۔ لون ۔ مزہ ۔ لذت ۔ جنسی خواہش ۔ تیزی ۔ تندی ۔ نکتہ ۔ ظرافت ۔ چٹکلہ ۔ کھاری ۔ شور ۔ نمکین ۔ چٹپٹا ۔ غیر مہذب ۔ نا شائستہ ۔ نمک لگانا ۔ نمک چھڑکنا ۔ نمک مرچ ملانا ۔ نمک بنانا ۔

Above the salt ذی حیثیت آدمی ۔ اعلیٰ درجے کا ۔

Any one worth his salt رکھنے کے قابل ۔ لائق ۔ اہل ۔

Below the salt ادنیٰ درجہ کا ۔

He is not worth his salt وہ رکھنے کے قابل نہیں ہے ۔ وہ ناکارہ ہے ۔

Salted person وہ جس پر آب و ہوا کا اثر نہ ہو ۔

Take with a grain of salt پورا پورا یقین نہ کر لو ۔

Talk full of salt لطیفہ آمیز گفتگو ۔ چٹپٹی باتیں ۔

True to his salt نمک حلال ۔

Saltless *adj.* بے مزہ ۔ بے نمک ۔

Saltish *adj.* کسی قدر نمکین ۔ سلونا ۔

Saltant (sawl-tənt) *adj.* Leaping, dancing کودتا ہوا ۔ ناچتا ہوا ۔ رقصاں ۔

Saltation (sawl-ta-shən) *n.* A leaping or jumping چوکڑی ۔ جست ۔ اچھل کود ۔

Salter (sawl-tər) *n.* One who makes or deals in salt نمک ساز ۔ نمک فروش ۔ نمک کا تاجر ۔ نمک کے کارخانے کا مزدور ۔

Dry salter *n.* تیل ، اچار ، چٹنی ، نمک ، مرچ بیچنے والا ۔

Saltern (sawlt-ern) *n.* Salt-works, pools for getting salt by evaporation نمک بنانے کے گڑھے ۔ نمک کا کارخانہ ۔ نمک بنانے کی جگہ ۔

Saltigrade (sal-ti-grād) *adj.* & *n.* Going by leaps کودنے والی مکڑی ۔ کودتا ہوا ۔ اچھلتا ۔

Saltimbanco (sal-tim-bank-o) *n.* A quack اشتہاری طبیب ۔ شیخی باز ۔ عطائی ۔ نیم حکیم ۔

Saltpetre (sawlt-pē-tər) *n.* Potassium nitrate شورہ ۔

Saltus (sal-təs) *n.* Jump to conclusion فوری طور پر نتیجہ نکالنا ۔ یکایک تبدیلی ۔

Salubrious (sə-l(y)ōō-bri-əs) *adj.* Health giving خوش گوار ۔ فرحت افزا ۔ صحت بخش ۔

Salubriously *adv.* صحت بخش طریقہ سے ۔ خوش گوار طور پر ۔

Salubrity *n.* صحت آوری ۔ فرحت بخشی ۔ خوش گواری ۔

Saluki (sə-lōō-kē) *n.* Persian or Arabian greyhound تازی نسل کا کتا ۔

Salutary (sal-u-tər-i) *adj.* Wholesome صحت بخش ۔ مفید ۔ فائدہ مند ۔

Salutation (sel-u-ta-shən) *n.* Act of greeting صاحب سلامت ۔ تسلیم ۔ آداب ۔ سلام کرنا ۔

Salutational } *adj.* آداب ملاقات کے متعلق ۔
Salutatory } *adj.* صاحب سلامت کی بابت ۔

Salute (səl(y)ōōt) *v.t., i.* & *n.* Greet with words or gesture سلام کرنا ۔ آداب بجا لانا ۔ سلامی دینا ۔ سلامی اتارنا ۔ سلامی بوسہ لینا یا دینا ۔ استقبال کرنا ۔ سلام ۔ آداب ۔ تسلیم ۔ کورنش ۔

Salutiferous (səl-u-ti-fe-rəs) *adj.* Conducive to health صحت آور ۔ شفا بخش ۔

Salvage (sal-vij) *v.t.* & *n.* Rescue of property from fire or water ڈوبتے ہوئے جہاز کا مال نکال لینا ۔ جلتے ہوئے مکاں سے سامان نکالنا ۔ بچانا ۔ آگ یا پانی سے نکالا ہوا سامان ۔

Salvage money زر رست گاری ۔ ڈوبتے ہوئے مال کے بچانے کا معاوضہ ۔

Salvation (salv-a-shən) *n.* Act of preservation, saving بچاؤ ۔ نجات ۔ رستگاری ۔ مکتی ۔ حفاظت ۔

Find salvation طریق نجات دریافت کرنا ۔ نجات حاصل کرنا ۔

Salvationism *n.* یہ عقیدہ کہ حضرت مسیح نے سب کے گناہوں کا کفارہ ادا کر دیا ۔ کفارہ مسیح کا عقیدہ ۔

Salvationist *n.* کفارہ مسیح کا عقیدہ رکھنے والا ۔

Salve (salv) *n.* & *v.t.* Any thing soothing مرہم ۔ لیپ ۔ سکون بخش دوا ۔ تسکین بخشنا ۔ توجیہہ و تشریح کرنا ۔ محفوظ کرنا ۔ بات بنانا ۔ آگ اور پانی سے نکال لانا ۔

Lip salve چاپلوسی ۔ خوشامد ۔

Salvable *adj.* جو آگ یا پانی سے بچایا جا سکے ۔

Salve (salv) *n.* A greeting روسی کلیسا کا ایک مذہبی گیت ۔

Salver (sal-vər) *n.* A tray طباق ۔ کشتی ۔ لکڑی یا دھات کی کشتی جس پر کوئی چیز رکھ کر پیش کرتے ہیں ۔

Salvo (sal-vō) *n.* A reservation قید ۔ شرط ۔ استثنا ۔ بچاؤ ۔ ٹال مٹول ۔

Salvor (sal-vər) *n.* One who salvages ڈوبے ہوئے مال کو نکالنے والا ۔

Samaritan (sə-mar-i-tən) *adj.* & *n.* A native of Samaria, adherent of the religion of Samaria سامری شہر کا باشندہ ۔ سامری مذہب کا پیرو ۔

Samaritanism *n.* کریم النفسی ۔ ساحری ۔ سامریت ۔

Sambo (sámbo) *n.* Offspring of an American Indian and a negro دوغلا ۔ امریکی انڈین اور حبشی نسل کا ۔

Sam Browne (sam-brown) *n.* A military officer's belt with shoulder strap فوجی افسر کی پیٹی اور شانہ کا تسمہ ۔

Sambur (sam-ber) *n.* A big antelope شاخ دار سینگوں والا ہرن ۔ سانبر ۔

Same (sām) *adj.* Identical وہی ۔ یکساں ۔ ویسا ہی ۔ ہو بہو ۔ ملتا جلتا ۔

At the same time تاہم ۔

It is all the same to me میرے لیے یہ سب برابر ہے ۔

Samian (sa-mi-ən) *n.* & *adj.* Of the island of Samos ساموسی ۔ ساموس (سمرنا) کے جزیرہ کا باشندہ ۔

Samisen (sam-i-sən) *n.* A Japanese guitar جاپانی ستار ۔ جاپانی الغوزہ ۔

Samite (sam-it) *n.* Rich medieval fabric of silk قرون وسطیٰ کا ایک ریشمی کپڑا ۔

Samlet (sam-lit) *n.* A young salmon سامن مچھلی کا بچہ ۔

Samovar (sam-o-var) *n.* A Russian tea-urn چائے بنانے کا روسی بھبکا ۔ سماوار ۔

Samoyed (samo-yed) *n.* One of a Ugrian people of N.W. Siberia سائبریا کی اگری قوم کا رکن ۔ سامویائی زبان ۔ قطب شمالی کے کتوں کی ایک نسل ۔

Sampan (sam-pan) *n.* A Chinese boat ایک چینی کشتی ۔

Samphire (sam-fīr) *n.* A plant growing on sea cliffs ایک پودا جو سمندری چٹانوں پر اگتا ہے اور اس کی پتیاں اچار وغیرہ میں ڈالی جاتی ہیں ۔

Sample (sam-pl) *n.* & *v.t.* A specimen نمونہ ۔ مثال ۔ نظیر ۔ نمونہ دکھانا ۔ جانچنا ۔

Sampler *n.* نمونہ دیکھنے والا ۔ نمونے چھانٹنے والا ۔ نمونے پرکھنے والا ۔

Sampler (samp-lər) *n.* A test piece of embroidery سوزن کاری کا بہترین نمونہ جو دیوار پر لگا دیتے ہیں ۔ جنگل کا ایک، درخت جو جنگل کاٹتے وقت چھوڑ دیا جائے ۔

Sanable (san-əbl) *adj.* Curable قابل علاج ۔

Sanad (san-ad) *n.* A charter, a certificate سند ۔ منشور ۔

Sanative-tory (san-ə-tiv) *adj.* Healing صحت آور ۔ شفا بخش ۔ جسمانی اور اخلاق صحت کے متعلق ۔

Sanatorium (san-ə-tor-i-um) *n.* A health station دارالصحت ۔ صحت افزا مقام ۔

Sanatory (san-a-təri) *adj.* Healing, of healing شفا بخش ۔ درستی صحت کے متعلق ۔

Sanbenito (san-be-nē-tō) *n.* A garment worn by inquisition victim لباس توبہ ۔ یہ لباس ان کو پہنایا جاتا تھا جو ہسپانوی احتساب سے ڈر کر اپنے عقائد سے توبہ کر لیتے تھے ۔ جو تائب نہ ہوتے تھے ان کو اسی قسم کا لباس پہنا کر جلایا جاتا تھا ۔

Sanctify (sang(k)ti-fi) *v.t.* Declare as holy پاک کرنا ۔ مقدس قرار دینا ۔ جواز کا فتوےٰ دینا ۔

Sanctification *n.* پاک قرار دینا ۔ تطہیر ۔ تقدیس ۔

Sanctimonious (sang(k)ti-mo-ni-əs) *adj.* Holy پاک ۔ متبرک ۔ متقی ۔ مقدس ۔ ریاکار ۔

Sanctimoniously *adv.* متقیانہ ۔ درویشانہ ۔ تقوے کے اظہار کے ساتھ ۔

Sanctimony (sang(k)ti-mən-i) *n.* Holiness, affected piety زہد ۔ تقویٰ ۔ پارسائی ۔ ریاکاری ۔

Sanction (sang(k)shən) *v.t.* & *n.* Motive for obedience to a moral law قانون ۔ قاعدہ ۔ اخلاق نصب العین ۔ اخلاق دباؤ ۔ تصدیق ۔ توثیق ۔ اجازت ۔ کسی ریاست پر روکین عائد کرنا ۔ اجازت دینا ۔ سزا مقرر کرنا ۔

Sanctitude (sang(k)ti-tud) *n.* Saintliness ۔ پاکبازی ۔ بزرگی ۔ تقدس ۔

Sanctity (sang(k)ti-ti) *n.* Quality of being sacred صفائی ۔ تقدس ۔ پاکی ۔ بزرگی ۔

Odour of sanctity ۔ بزرگی کا چرچا ۔ نیکی کی شہرت ۔ تقدس کی مہک ۔

Sanctuary (sang(k)tū-ər-i) *n.* A holy place عبادت گاہ ۔ معبد ۔ درگاہ ۔ جائے امن ۔

Sanctum (sang(k)tum) *n.* A sacred place حرم ۔ خلوت کدہ ۔ مقدس مقام ۔ عبادت خانہ ۔

Sand (sand) *v.t.* & *n.* A mass of rounded grains of rock ۔ ریت ۔ ریت کے تودے ۔ ریگ ۔ ریت ۔ بالو ۔ (امریکی بول چال) ثابت قدمی ۔ ریت ڈالنا ۔ ریتی سے بھرنا ۔ ریت میں دفن کرنا ۔ مضبوط کرنا ۔ حملہ روکنا ۔ ریت کے تھیلوں کی روک کھڑی کرنا ۔

Sand-drift بالو کا ڈھیر ۔

Sand-glass ریت گھڑی ۔

Sand-grouse بھڑ تیتر ۔

Sand-hill ریت کا ٹیلہ ۔

Sand-paper ریگ مال ۔

Sand-stone بھربھرا پتھر ۔

Sand-piper ایک چڑیا ۔

Built on sand جس کی بنیاد ریت پر ہو ۔ کمزور ۔ ناپائدار ۔

Plough the sands لاحاصل کام کرنا ۔ ریت میں ہل چلانا ۔

Rope of sand - ناپائدار - کمزور - ڈھول کی رسی -

Sand-bank - ریت کا ٹیلہ - ریت کا ڈھیر -

Sand-shoes - ریت کا جھکڑ -

The sands are running out - وقت گزر رہا ہے -

Sandal (san-dl) *v.t.* & *n.* A sole with straps - چپل چپل پہننا -

Sandal(wood) (san-dl) *n.* A fragrant wood - صندل چندن کی لکڑی -

Sandarac (san-dər-ak) *n.* A resin of a Moroccan tree - مراکشی کے ایک درخت کا گوند -

Sandblind (sand-blīnd) *adj.* Half blind - بھینگا کج بین - کم نظر - کوتاہ بین -

Sanders (san-dərz) *n.* Sandalwood - سرخ صندل - سرخ چندن -

Sandhurst (sand-hurst) *n.* Military College of England - انگلستان کا فوجی مدرسہ -

Sandwich (san(d)wij) *v.t.* & *n.* Any kind of food between slices of bread روٹی کے دو ٹکڑے جنکے بیچ میں گوشت ، انڈا یا سبزی رکھی جائے - ٹھونسنا - سینڈوچ بنانا - دو رخا کام - مخلوط کھانا -

Sandwich boy *n.* اشتہاری لڑکا جس کے سینے اور پیٹھ پر اشتہار چپکا ہو -

Sandy (sand-i) *adj.* Of sand ریتلا - ریت کا - بالو کے رنگ کا - مٹیالا - زردی مائل -

Sandiness *n.* - کرکرا پن - زردی مائل سرخی - ریتلا پن مٹیالا پن -

Sandyish *adj.* - کرکرا - ریت کے رنگ کا - ریت سا - بالو کی مانند -

Sandy (sand-i) *n.* Native of Scotland (تحقیر) اسکاٹلینڈ کا باشندہ -

Sane (sān) *adj.* Rational, sound in mind صحیح الدماغ - سمجھدار - دانا - عاقل - معقول - معتدل -

Sangaree (sang-gə-ri) *n.* West Indian drink of wine - ایک مشروب جو شراب اور مسالے سے بنتا ہے -

Sang-froid (sang-frwd) *n.* Coolness, self possession - خاطر جمعی - سکون - دلی جمعی -

Sangrail-real (sang-grəl) *n.* The holy grail وہ پیالہ جس میں حضرت عیسیٰ کے صلیب پر چڑھانے کے بعد ان کا خون لیا گیا - مقدس خون - حضرت عیسیٰ کے آخری طعام کا پیالہ -

Sanguification (san-gwif-i-kā-shən) *n.* Blood-making - خون کی تولید - غذا کے خون بننے کا عمل -

Sanguinary (sang-gwin-ə-ri) *adj.* Bloody - خون کا لہو کا - خونخوار - سفاک - سخت قانون - معمولی جرائم پر سزائے موت دینے والا -

Sanguinarily *adv.* - استبدادی - ظالمانہ طور پر - جابرانہ

Sanguinariness *n.* خونخواری - سفاکی -

Sanguine (sang-gwin) *adj.* & *v.t.* Of blood - سرخ لال - خون کے رنگ کا - کثیرالدم - جس کے جسم میں بہت خون ہو - سرگرم - جوشیلا - زندہ دل - مضبوط - پختہ - پکا - سرخ رنگ دینا - سرخ تصویر -

Sanguinely *adv.* شوق سے - سرگرمی سے -

Sanguineness *n.* - سرخی - لالی - سرگرمی - جوش - ذوق و شوق - حرارت -

Sanguineous *adj.* - دموی - خون کا - گہرے لال رنگ کا -

Sanhedrim (san-i-drim) *n.* A Jewish council یہودیوں کی صدر مجلس -

Sanies (sā-ni-ēz) *n.* A thin discharge from wounds - زخم سے رستا ہوا پانی -

Sanify (san-i-fī) *v.t.* Make healthy - تندرست کرنا - اچھا کرنا - صفائی کرنا -

Sanitary (san-i-tər-i) *adj.* Pertaining to health حفظان صحت کے متعلق - صفائی کے متعلق -

Sanitary towel - ایام حیض میں استعمال کا تولیہ یا گدی

Sanitarian *n.* - محکمہ صفائی کا رکن - ماہر حفظان صحت

Sanitarily *adv.* حفظان صحت کے رو سے - صحت و صفائی کے پیش نظر -

Sanitarist *n.* - جو صحت و صفائی کا سرگرم حامی ہو

Sanitation (san-i-ta-shən) *n.* Drainage and sewage disposal گندہ پانی اور غلاظت کو دور لے جانے کے نل اور نالیاں - صحت و صفائی -

Sanitationist *n.* حفظان صحت کے اصولوں کا پابند - صحت و صفائی پسند -

Sanitate *v.t.* - حفظان صحت کے قواعد کی پابندی کرنا صفائی رکھنا -

Sanity (san-i-ti) *n.* Soundness of mind, health ثبات عقل ۔ قیام ہوش و حواس ۔ صحیح الحواس ہونا ۔

Sans (sans) *prep.* Without بغیر ۔ بدون ۔ بجز ۔ بن ۔ بلا ۔

Sans ceremonie بلا تکلف ۔

Sans souci بے فکری ۔

Santa Claus (san-ta-klawz) *n.* A fat rosy old fellow who brings Christmas gifts for children ایک فرضی ضعیف شخص جس کے متعلق یہ خیال ہے کہ بڑے دن پر بچوں کے لیے تحفے لاتا ہے ۔

Santon (san-ton) *n.* An Eastern durvesh درویش ۔ فقیر ۔ ولی ۔ خدا رسیدہ ۔

Santonica (san-ton-i-kȧ) *n.* Dried flower heads of a wormwood سنتونیکا ۔ ناگدونی ۔ ایک درخت کے خشک پھول ۔

Santonin (san-to-nin) *n.* ناگدوں کاست ۔ سنتونیکا کا عرق ۔

Saorstat Eireann (sayor-stath-ar-an) *n.* Republic of Ireland جمہوریہ آئرستان ۔

Sap (sap) *n.* & *v.t.* Vital juice, juice دودھ ۔ شیر ۔ رس ۔ عرق ۔ جوہر ۔ چھال ۔ لکڑی ۔ خام لکڑی ۔ جان نکال لینا ۔ رس یا عرق نکال لینا ۔ کمزور کر دینا ۔ چھال نکال لینا ۔

The sap of youth جوانی کا پانی ۔ جوہر شباب ۔

Sapful *adj.* رسیلا ۔ رس بھرا ۔ رس دار ۔

Sapless *adj.* سوکھا ۔ خشک ۔ بے رس ۔

Sappy *adj.* رسیلا ۔ عرق دار ۔

Sappiness *n.* سرسبزی ۔ شادابی ۔

Sap (sap) *n.,v.t.* & *i.* A trench by which approach is made to a hostile position محصور مقام پر پہنچنے کا راستہ ۔ کسی عقیدہ کا استیصال ۔ بیخ کنی کرنا ۔ نقب لگانا ۔ بنیاد کھو کھلی کرنا ۔ آہستہ آہستہ تباہ کرنا ۔ منہدم کرنا ۔

Her health was sapped by damp climate } مرطوب آب و ہوا نے اس کی صحت برباد کر دی ۔

Science is sapping old beliefs سائنس پرانے اعتقادات کو ختم کر رہی ہے ۔

Sap (sap) *v.i.* & *n.* Proceed insidiously جان توڑ محنت کرنا ۔ صبر آزما کام ۔ محنتی ہونا ۔ شدید محنت ۔

It is such a sap / It is too much sap } یہ کام بڑا محنت طلب ہے ۔

Sapajou (sap-ə-joo͞) *n.* A capuchin monkey جنوبی امریکہ کا پالتو بندر ۔

Sapid (sap-id) *adj.* Well-tasted لذیذ ۔ خوش ذائقہ ۔ مزیدار ۔

Sapidity *n.* سواد ۔ ذائقہ ۔ لذت ۔ مزہ ۔

Sapient (sā-pi-ənt) *adj.* Discerning لال بجھکڑ ۔ واقف کار ۔ دانشمند ۔

Sapiently *adv.* دانائی سے ۔ عقلمندی سے ۔

Sapience *n.* قوت امتیاز ۔ شعور ۔ عقل ۔

Sapiential (sā-pi-ən-tiel) *adj.* Discriminating امتیاز کرنے والا ۔ عقلمندی کا ۔ دانائی کا ۔

Sapling (sap-ling) *n.* A young tree چھوٹا پودا ۔ نونہال ۔ نو خیز ۔ نا تجربہ کار نوجوان ۔ ایک سالہ تازی کتا ۔

Saponaceous (sap-ə-na-shəs) *adj.* Soapy صابون کی خاصیت کا ۔ صابون کی صفت کا ۔ صابونی ۔

Saponify (sap-ə-ni-fī) *v.t.* & *i.* Convert into soap صابون بنا نا ۔

Saponification *n.* صابون سازی ۔

Saponifiable *adj.* صابون سازی کے قابل ۔

Sapor (sap-ər) *n.* Taste مزہ ۔ ذائقہ ۔

Sapper (sap-er) *n.* One who draws sap رس چوسنے والا ۔ عرق نکالنے والا ۔ سفر مینا کا سپاہی ۔ فوج کے شعبہ انجینرنگ کا رکن ۔ محنتی ۔ رٹنے والا ۔

Sapphic (saf-ik) *adj.* Of a great Greek poetess Sappho سیفو یا اس کی ایجاد کردہ بحروں کے متعلق ۔

Sapphire (saf-īr) *n.* A brilliant precious stone نیلم ۔ یاقوت ۔ کابود ۔ ایک قسم کا شکر خورہ ۔

Sapphiriene *adj.* نیلگوں ۔ نیلمی ۔ یاقوتی ۔

Sar (sar) *n.* A fish of sweet water سور ۔ میٹھے پانی کی ایک مچھلی ۔

Saraband (sar-ə-band) *n.* A slow Spanish dance ہسپانیہ کا ایک ناچ ۔

Saratoga (sar-ə-tō-gȧ) *n.* A large travelling trunk بڑا سفری صندوق ۔

Sarcasm (sar-kazm) *n.* A satirical remark طنز ۔ تعریض ۔ رمز۔کنایہ ۔ چبھتی ہوئی بات ۔ جلی کٹی بات ۔

Sarcastic *adj.* تعریضی ۔ طنز آمیز ۔ طنزیہ ۔
Sarcastically *adv.* طنز کے طور پر ۔
Sarcast (sar-kast) *n.* Maker for ironical remarks طنز کرنے والا ۔
Saracen (sar-ə-sen) *n.* A Syrian or Arab nomad عرب کے خانہ بدوش ۔ عرب ۔
Saracenic (sar-ə-sən-ik) *adj.* Of Mohammedan design اسلامی ۔ عربی ۔ مشرقی ۔
Sarcenet (sar-se-net) *n.* Sarsenet دیکھو
Sarcology (sār-kol-ə-ji) *n.* The anatomy of fleshy parts انسانی جسم کے گوشت والے حصوں کی تشریح
Sarcode (sār-kōd) *n.* Protoplasm جوہر حیات ۔ حیوانی مادہ حیات ۔
Sarcoma (sȧr-kō-mȧ) *n.* Any fleshy excrescence گوشت کا دنبل یا پھوڑا ۔
Sarcophagus (sȧr-kōf-ə-gus) *n.* A stone used by the Greeks for coffins پتھر کا تابوت ۔ سنگ مزار جس پر کوئی کتبہ ہو ۔
Sarcotic (sȧr-kō-tik) *adj.* Of flesh or muscle گوشت کے متعلق ۔ زخم بھرنے والی ۔ گوشت بڑھانے والی ۔
Sarcous (sȧr-kəs) *adj.* Consisting of flesh or muscle لحمی ۔ اعصابی ۔
Sard (sard) *n.* Yellow or orange cornelian عقیق سرخ ۔ عقیق اصفر ۔
Sardelle (sard-e-l) *n.* Fish like sardine سارڈن سے مشابہ ایک مچھلی ۔
Sardine (sȧr-dīn) *n.* Small fish commonly tinned in oil جزیرہ سارڈینا کے پاس پائی جانے والی چھوٹی مچھلی جو ڈبوں میں روغن زیتون کے ساتھ رکھی جاتی ہے ۔
Packed like sardines سارڈن مچھلیوں کی طرح بھرے ہوئے ۔
Sardonic (sȧr-də-nik) *adj.* Bitter, scornful بناوٹی ۔ نفرت انگیز ۔ مکر کا ۔ جھوٹا ۔
Sardonically *adv.* مضحکہ خیز طور پر ۔ زہر خند سے ۔
Sardonyx (sȧr-də-niks) *n.* Onyx with white layers جواہرات کی ایک قسم ۔ عقیق سلیمانی ۔

Sargasso (sȧr-gas-ō) *n.* Gulf weed بحری کائی وغیرہ کے بہتے ہوئے ڈھیر ۔
Sari (sȧr-ē) *n.* Female dress ساڑی ۔
Sark (sȧrk) *n.* Shirt قمیص ۔ کرتا ۔
Sarking *n.* چھت کی مضبوطی کے لیے کڑیوں کے درمیان کے تختے ۔ چھت کی تختہ بندی ۔
Sarmentose-entous (sȧr-mənt-ōs) *adj.* With long shoots لمبی پتلی شاخوں والا ۔ شاخیلا ۔
Sarong (sȧ-rong) *n.* Malay petti-coat سوتی یا ریشمی دھاری دار چادر یا تہبند ۔
Sarsaparilla (sȧr-sə-pə-ril-ȧ) *n.* Dried roots or extract of a medicinal plant ۔ عرق عشبہ ۔ عشبہ
Sarsenet (sȧr-se-nit) *n.* Fine soft silk نفیس نرم ریشم ۔
Sartorial (sȧr-to-ri-əl) *adj.* Of tailor or tailoring درزی یا خیاطی کے متعلق ۔
Sartorius (sȧr-to-rəs) *n.* A thigh muscle that crosses the leg ران کا ایک عضلہ ۔
Sash (sash) *n.* A turban cloth, band or scarf round waist پٹکا ۔ کمر بند ۔ کمر پٹہ ۔
Sashed *adj.* کمر پٹے والا ۔ کمر بستہ ۔
Sash (sash) *n.* A sliding frame for window panes کھڑکی کا نیچے کھلنے والا چوکھٹا ۔
Sashed *adj.* کھڑکی جس میں کھسکنے والے آئینے دار پٹ ہوں ۔
Sasin (sās-in) *n.* The common Indian antelope بارہ سنگھا ۔
Sassaby (sə-sā-bi) *n.* A South African antelope جنوبی افریقہ کا ایک بڑا بارہ سنگھا ۔
Sassafrass (sas-ə-fras) *n.* A tree of the laurel family شمالی امریکہ کا ایک درخت جس کی چھال دوا کے کام آتی ہے ۔
Sassenach (sas-e-nahk) *n.* Irish name for Englishmen آئرستانی اس نام سے انگریزوں کو یاد کرتے ہیں ۔
Satan (sā-tən) *n.* The fallen angel ۔ ابلیس ۔ شیطان
Satanic (sā-tə-nik) *adj.* Of the devil شیطانی ۔
His Satanic majesty شیطنت مآب ۔
Satanically (sā-tə-nik-əli) *adv.* شیطنت کے ساتھ ۔ شیطانی طور پر ۔

Satanism (sā-tə-nizm) *n.* شیطانی خصائل - شیطان کی پرستش - دانستہ برائی - شیطنت -

Satanize *v.t.* شیطان بنا دینا -

Satanist *n.* شیطان کا پیرو - ابلیس پرست -

Satanology (sā-tə-no-lo-ji) *n.* Characteristics of Satan تاریخ و عقائد شیطان -

Satchel (sach-l) *n.* A small bag جزدان - تھیلہ - بستہ -

Sate (sāt) *v.t.* Satisfy fully آسودہ کرنا - مطمئن کرنا - سیر کرنا -

Sateless *adj.* جو مطمئن نہ ہو سکے - جو سیر نہ ہو -

Sateen (sa-tēn) *n.* A silky cloth ایک ریشمی یا سوتی چمکدار کپڑا - ساٹھن -

Satellite (sat-ə-lit) *n.* A body revolving round a planet ایک چھوٹا جرم جو سیارے کے گرد گردش کرتا ہو - سیارہ - خادم - ملازم -

Sati (sati) *n.* Rite of burning the widow ستی - ستی کی رسم - یہ رسم کہ شوہر کے مرنے پر اس کی بیوی کو بھی اس کی لاش کے ساتھ جلایا جائے -

Satiate (sā-shi-āt) *v.t.* Satisfy fully پیٹ بھر کر کھلانا - سیر کرنا -

Satiate *adj.* پر شکم - پیٹ بھرا -

Satiable *adj.* جس کو سیر کیا جاسکے - جو سیر ہو سکے -

Satiety (sə-ti-əti) *n.* State of being satisfied سیری - آسودگی - شکم سیری -

To satiety حد سے زیادہ - جی بھر کے - بے حد -

Satin (sat-in) *n., adj. & v.t.* A closely woven silk ساٹھن - اطلس - نرم - ملائم - چمکدار - کاغذ کو گھوٹ کر چمکدار بنانا -

Satiny *adj.* اطلسی - ساٹھن کی طرح چمکدار - اطلسی -

Satinette *n.* نقلی اطلس - نقلی ساٹھن -

Satire (sat-īr) *n.* A literary composition criticising some vice ہجویہ تصنیف - طنزیہ نظم - تعریض -

Our lives are satire on our religion ہمارا عمل ہمارے مذہب کے لیے باعث شرم ہے -

Satiric (sat-īr-ik) *adj.* Sarcastic تعریضی - طنز آمیز - ہجویہ -

Satiric intent ہجو کی نیت - تعریضی مقصد -

Satirical (sət-ī-rik-əl) *adj.* Abusive طنزیہ - ہجویہ -

Satirist (sət-ī-rist) *n.* A stire writer ہجویہ اور طنزیہ نظمیں لکھنے والا - ہجو نگار -

Satirize (sət-ī-ərīz) *v.t.* To censure severely ہجو کرنا - طنز کرنا - بدنام کرنا -

Satisfaction (sat-is-fak-shən) *n.* Content, gratification تسکین - اطمینان - دلجمعی - رضامندی - تسلی - بے باقی - چکاؤ - ادائگی - تصفیہ - مکافات - پاداش - بدلہ - عوض - معاوضہ - کفارہ مسیح - توبہ - ڈول اڑنے کا موقع -

Satisfactory (sat-is-fak-tə-ri) *adj.* Gratifying خاطر خواہ - حسب خواہش - تسلی بخش - قابل اطمینان - فائدہ مند -

Satisfactorily *adv.* قابل اطمینان طور پر - حسب دلخواہ -

Satisfactoriness *n.* دلجمعی - تسلی - اطمینان -

Satisfy (sat-is-fi) *v.t. & i.* Give enough, convince راضی کرنا - مطمئن کرنا - خاطر جمعی کرنا - چکانا - بے باق کرنا - قائل کردینا - مانگ پوری کرنا - شبہ رفع کرنا - کفارہ دینا - خوش ہونا - مطمئن ہونا -

Satisfiable *adj.* اطمینان بخش - جس کو مطمئن کیا جا سکے - قابل اطمینان -

Satisfying *adj.* اطمینان بخش - تسلی بخش -

Satisfyingly مطمئن کرتے ہوئے - تسلی بخش طور پر -

Satrangi (sat-ran-ji) *n.* A carpet شطرنجی - دری - معمولی قالین -

Satrap (sat-rap) *n.* A governor of ancient Persian empire قدیم ایرانی سلطنت کا صوبہ دار - ناظم - عامل - عیش پسند ظالم حاکم -

Satsuma (sat-sōō-mä) *n.* A province of S. W. Japan جاپان کا ایک جنوب مغربی صوبہ -

Satsuma ware ست سوما کے ظروف - دودھیا رنگ کے برتن -

Saturate (sat-ū-rāt) *v.i. & t.* Soak, interfuse پر کرنا - شرابور کرنا - بھرنا - پوری طرح بھر دینا - جذب کرنا یا کرانا -

Saturable *adj.* جذب ہونے یا جذب کرنے کے قابل - بھر جانے یا تر ہونے کے قابل -

Saturation *n.* رطوبت کا جذب ہونا - نمی کی بھرائی - انجذاب -

Saturday (sat-ər-di) *n.* The seventh day of the week ہفتہ - شنبہ - سنیچر -

Saturday to Monday ریلوے ٹکٹ کی رعائتی مدت - ہفتہ سے پیر تک -

Saturn (sat-ərn) *n.* A planet of the solar system زحل - کیوان - سنیچر - قدیم روما کا کھیتی باڑی کا دیوتا - سیارہ زحل جس کے آٹھ چاند ہیں - زحل کے زیر اثر پیدا ہونے والا کاہل ، سست اور حزن پسند ہوتا ہے -

Saturnalia (sat-ərn-ā-liā) *n.* A Roman festival of gaity رومیوں کا رنگ رلیوں کا ایک تہوار - عہد نشاط - ہولی -

Saturnian (sat-ərn-i-ən) *adj.* Pertaining to Saturn زحال کا - کیوانی - منسوب بہ زحل - زحل کے زیر اثر -

Saturnic (sat-ərn-ik) *adj.* Affected with lead poison جس پر سیسے کے زہر کا اثر ہو -

Saturnine (sat-ərn-īn) *adj.* Grave, gloomy - کیوانی - زحلی - خاموش - ملول - سیسہ کے زہر کا مریض -

Satyr (sat-ər) *n.* Greek wood god یونانیوں کا ایک دیوتا جس کے کان اور دم گھوڑے کے تھے - رومیوں کا ایک دیوتا جس کی دم اور ٹانگیں بکرے کی اور جسم انسان کا - شہوت پرست - بالہوس -

Satyriasis (sat-ər-ia-sis) *n.* Highly or intense sexual desire مردوں کی حد سے بڑھی ہوئی جنسی خواہش -

Sauce (saws) *n.* & *v.t.* Dressing poured over food چٹنی - اچار - مسالہ - نمک مرچ لگانا - چٹ پٹا بنانا - شوخی کرنا - گستاخی کرنا -

Sauce-box گستاخ - شوخ -

Sauce-pan کڑھائی - دیگچی -

Poor man's sauce بھوک -

Hunger is the best sauce سب سے لذیذ چٹنی بھوک ہے -

Serve with the same sauce - سب کو برابر سمجھنا

Sauceless *adj.* بے مزہ - پھیکا - بے نمک مرچ کا -

Saucer (sau-sər) *n.* A small dish for sauce or salt طشتری - چھوٹی رکابی - گملے کے نیچے رکھنے کا ظرف -

Saucer-eyed بڑی اور گول آنکھوں والا -

Saucy (sas-i) *adj.* Smart and trim - چست چالاک - خوش طبع - زندہ دل - بے باک - دلیر - شوخ چشم - گستاخ -

Saucily *adv.* شوخ چشمی کے ساتھ - گستاخانہ - بے باکانہ -

Sauciness *n.* ڈھٹائی - بے ادبی - بے باکی - گستاخی -

Saul (sal) *n.* A forest tree سال کا درخت - سال کی لکڑی -

Saumur (sa-moor) *n.* White wine of southern France سومور - جنوبی فرانس کی سفید شراب -

Saunter (sawn-tər) *v.t.* & *n.* Wander about idly ہرزہ گردی - آوارہ گردی -

Saunter through life کسی نہ کسی طرح زندگی کے دن کاٹنا -

Saunterer *n.* آوارہ گرد -

Saunteringly *adv.* ہرزہ گردی کرتے ہوئے - ادھر اُدھر پھرتے ہوئے - آوارہ گردی سے -

Sausage (sos-ij) *n.* Minced meat stuffed in entrails قیمہ بھری آنت - مسالہ دار آنت -

Sausage meat *n.* مسالہ دار قیمہ جو سموسوں میں بھرتے ہیں -

Sausage roll مسالہ دار میٹھے قیمے کی پوری -

Saute (sō-tā) *adj.* Fried lightly and quickly جلد اور ہلکا بھنا ہوا -

Savage (sav-ij) *adj.*, *n.* & *v.t.* Wild, uncivilised بیابانی - جنگلی - غیر مہذب - خونخوار - وحشی - ظالم - جابر - جابرانہ - سفاکانہ - بدمزاج - تند - برہنہ تصویر - گھوڑے کا کسی کو کچل دینا یا کاٹ کھانا -

He was savaged by his horse اس کو گھوڑے نے کچل دیا یا کاٹ کھایا -

Savage blow سفاکانہ چوٹ - وحشیانہ حملہ -

Savage criticism جابرانہ یا وحشیانہ تنقید - سفاکانہ تنقید -

Savagely *adv.* خونخواری سے - بے رحمی سے -

Savage revenge *n.* وحشیانہ انتقام -

Savageness *n.* بربریت - سنگدلی - بے رحمی - سفاکی -

Savagery *n.* خونخواری - وحشیانہ حالت -

Savagedom *n.* دور بربریت - دور جہالت - دور وحشت -

Savana(h) (sə-van-ā) *n.* A tract of treeless level plain وسیع میدان - لق و دق میدان - ایسا میدان جس میں درخت نہ ہوں -

Savant (sā-vān) *n.* A learned man فاضل اجل - عالم - فاضل - علامہ -

Save (sāv) *v.t., i. & n.* Rescue, bring safe بچانا - محفوظ کرنا - نجات دینا - سلامت کرنا - باز رکھنا - پس انداز کرنا - جمع کرنا - کافی ہونا - موقع ہاتھ سے نہ جانے دینا - ہاتھ سے جانے نہ دینا - حاصل کرنے میں کامیاب ہونا - موقع سے فائدہ اٹھانا - شرط یا استثنا کرنا -

Shall we save the tide - کیا ہم موقع سے فائدہ اٹھائیں -

I write hurriedly to save the post میں جلد جلد خط لکھ رہا ہوں تاکہ ڈاک نہ نکل جائے -

Save all - ایسا برتن جس میں متفرق چیزیں ڈال دیتے ہیں - خوردہ گیر -

Save appearances - بھرم رکھنا - عزت بنائے رکھنا -

Save the situation - آئی ہوئی مصیبت سے بچ نکلنا -

Savable *adj.* - بچانے کے قابل - قابل حفاظت -

Saver *n.* - کفایت شعار - نقصان سے بچانے والا -

Saving (sāv-ing) *n.* That which is saved or the act of saving - بچائی ہوئی رقم - بچت - جزرسی - کفایت -

Saving (sāv-ing) *suffix* Anything that is saved— 'labour saving' - لاحقہ بمعنی بچانے والا -

Save (sāv) *prep. & conj.* Except - بجز - ماسوا - الا - بہ استثنا - اس کے سوا تمام -

Saveloy (sav-ə-loi) *n.* A highly seasoned sausage چٹ پٹا کھانا - مسالہ دار گوشت -

Saviour (sa-vy-ər) *n.* One who saves from evil شافع - شفاعت کرنے والا - بخشوانے والا - بچانے والا - نجات دلانے والا - رہائی دلانے والا -

Savoir-Faire (saw-wär-fer) *n.* Fact - موقع شناسی - قوت فیصلہ - زود فہمی - ذہن رسا -

Savory (so-vər-i) *n.* A flavouring herb خوشبو دار پتی - پودینے کی طرح کی -

Savour (sa-vər) *v.t., i. & n.* Taste, flavour - لذت - مزہ - ذائقہ - خوشبو - ذائقہ دار ہونا - لطف اندوز ہونا - ذائقہ پیدا کرنا - کوئی شائبہ پایا جانا - علامت ہونا - دلالت کرنا -

You savour too much of youth تم میں بہت زیادہ بچپن ہے -

Savoury (sa-vər-i) *adj. & n.* Tasty - اشتہا خیز - چٹ پٹا - خوش ذائقہ - مزیدار -

Savourily *adj.* - مزے کے ساتھ - خوشگوار طور پر -

Savouriness *n.* - خوشگواری - ذائقہ - لذت -

Savoy (sə-voi) *n.* Cabbage with a closed head گانٹھ گوبھی - کرم کلا -

Savvy (sav-i) *v.t., i. & n.* Know, understand, general ability جاننا - سمجھنا - تیز فہمی - نکتہ رسی - فہم - ذہانت -

No savvy - میں نہیں جانتا -

Saw (saw) *n., v.t. & i.* A toothed cutting instrument آرہ - آری - چیرنے کا دندانہ دار آلہ - آرہ کشی کرنا - لکڑی چیرنا - سوراخ کرنا - چیرہ لگانا - اس طرح ہاتھ چلانا جیسے کوئی آرہ کشی کرتا ہے -

Cross-cut saw - ترچھا چیرنے کا آرہ -

Hack-saw - آہن تراش آری -

Hand-saw - دستی آری -

Jigsaw - چوکھٹے والا آرہ جو دو آدمی چلاتے ہیں -

Jigsaw puzzle - لکڑی کے ٹکڑوں کا مجموعہ جن کو جوڑنا پڑتا ہے -

Let the sawdust out of - ریا کا پردہ چاک کرنا - پردہ فاش کرنا -

Sawdust - لکڑی کا برادہ -

Sawfile - آرے کے دندانے تیز کرنے کی ریتی -

Stone-saw - سنگتراش آرہ -

Saw (saw) *n.* A saying, proverb - مقولہ - ضرب المثل - کہاوت -

Sawder (saw-dər) *v.t. & n.* Flatter - تعریف کرنا - خوشامد کرنا - ستائش - چاپلوسی -

Sawyer (saw-yər) *n.* One who saws timber آرہ کش - لکڑی چیرنے والا -

Saxatile (sak-sə-tīl) *adj.* Rock-dwelling چٹانوں اور پہاڑوں میں رہنے والے -

Saxe (saks) *adj.* & *n.* Made in, blue colour کہیں کا بنا ہوا - تصویر کشی کا کاغذ -

Saxhorn (saks-horn) *n.* A brass wind instrument نرسنگھا - تڑم - تڑھی -

Saxifrage (sak-si-frij) *n.* A plant akin to rose family کوہ الپس کا سرخ، سفید یا زرد پھولوں کا پودا -

Saxon (saks-ən) *n.* & *adj.* One of the North German people ٹیوٹانی (جرمن) نسل کا باشندہ - سیکسن - سیکسنی کا باشندہ -

Saxonism *n.* سیکسن محاورہ - اینگلو سیکسن ثقافت - اینگلو سیکسن خواص -

Saxonist *n.* اینگلوسیکسن زبان کا ماہر -

Saxony (saks-ən-i) *n.* A kind of fine wool ایک قسم کی نفیس اُون اور اس کا کپڑا -

Saxophone (saks-o-fon) *n.* A military and dance band ایک بلند آواز باجا -

Say (sā) *v.t.* & *i.* Utter - بولنا-کہنا - فرمانا - منہ کھولنا بیان کرنا - اظہار کرنا - وعدہ کرنا - عذر یا دلیل پیش کرنا - رائے قائم کرنا - قطعی رائے دینا - فرض کرنا - قیاس کرنا -

Say so *n.* افواہ -

Say yes *n.* اقرار کرنا - حامی بھرنا -

You may well say so آپ یہ کہہ سکتے ہیں - آپ کا ارشاد بجا ہے -

Dare say کہنے کی جرات کرنا -

Hearsay افواہ - سنی سنائی -

It goes without saying اس میں کچھ کہنے کی ضرورت نہیں - بلاشبہ -

Say no more اور کچھ نہ کہو -

They say, it is said - یہ مشہور ہے - لوگ کہتے ہیں

Saying (sā-ing) *n.* Proverb مقولہ - ضرب المثل -

Say(y)id (sā-(y)id) *n.* Descendant of Mohammad's daughter Fatima آل رسول - حضرت فاطمہ کے سلسلے کے لوگ - سید -

Scab (skab) *n.* & *v.t.* A skin disease - پپڑی - کھرنڈ زخم کے داغ - داد - خارش - کھجلی - پودوں کی ایک بیماری - عام ہڑتال میں حصہ نہ لینے والا - میلا ذلیل آدمی - فرومایہ - کمینہ - زخم پر پپڑی آنا - مندمل ہونا -

Scabby / **Scabbed** } *adj.* خارش زدہ - کمینہ - ذلیل -

Scabbily *adv.* کمینہ پن سے - رذالت سے -

Scabbiness *n.* کمینگی - خارش زدگی -

Scabbard (skab-ərd) *n.* A sheath تلوار کی میان - نیام - غلاف -

Fling away the scabbard تلوار کھینچ لینا - کسی معاملہ کو اختتام تک پہنچانے کا ذمہ لینا -

Scabies (ska-bi-ez) *n.* The itch خارش - کھجلی -

Scabious (ska-bi-əs) *adj.* & *n.* Having scabies خارش زدہ - کھجلی والا - ایک پودا جس سے کھجلی کا علاج کیا جاتا ہے -

Scabrous (ska-brəs) *adj.* Rough with projecting points - ناہموار - کھردرا - نوکیلا - گنٹھیلا - نازک دشوار - جس کے بیان میں احتیاط درکار ہو -

Scabrousness *n.* دشواری - ناہمواری - کھردرا پن -

Scaffold (skaf-əld) *n.* A temporary erection for building work پاڑ - مچان - سولی - پھانسی -

Scaffolding *n.* پاڑ باندھنے کا سامان - مچان بنانا - پاڑ باندھنا -

Scalable (skal-ə-bl) *adj.* Which can be climbed جس پر چڑھ سکیں - سیڑھی لگا کر اوپر جانے کے قابل -

Scalawag (ska-li-wag) *n.* An undersized animal پتلا - دبلا - ٹھینگنا جانور - نکما - ناکارہ - بدمعاش - بد ذات - ناعاقبت اندیش -

Scald (skawld) *n., v.t.* & *i.* Injure with heat or hot liquid گرم پانی یا بھاپ سے جلانا - دودھ کو جوش دینا - کھولتے پانی سے دھونا - چرکا - جلن - سوزش -

Scalding tears رنج و غم کے آنسو -

Scalder *n.* وہ شخص جو مرغیوں کو ابال کر صاف کرتا یا برتنوں کو گرم پانی سے صاف کرتا ہے -

Scald-head (skawld-hed) *n.* A diseased scalp - گنج - گنجا سر - بال خورہ -

Scale (skāl) *n., v.t. & i.* A thin plate on a fish or reptile - ورق - تہہ - سپنا - کھپرا - فلس - چھلکا - خول - پرت - پرت اتارنا - سپنے صاف کرنا - پرت اتار کر صاف کرنا - چھیلنا - چھلکا اتارنا -

- Scale beam ترازو کی ڈنڈی -
- Scaleless بے پرت - بے فلس -
- Scaliness *n.* خولدار ہونا - فلسدار ہونا -
- Scaly *adj.* پرت دار - خولدار - فلسدار -

Scale (skāl) *n. & v.t.* A balance pan ترازو کا پلڑا - پلڑا - (جمع) ترازو - میزان - تولنا - وزن کرنا -

- Hold the scales even پورا انصاف کرو - میزان عدل قائم کرو -
- Turn the scale تختہ الٹنا -

Scale (skāl) *n., v.t. & i.* A graduated series or order درجہ - مرتبہ - درجہ واری ترتیب - لکڑی کی چھڑی جس پر پیمائش کے نشانات بنے ہوں - اوپر چڑھنا - کسی مشترک پیمانہ میں تحویل کرنا -

- Scale down پیمانہ میں تخفیف کرنا -
- Scaling ladder رسی کی سیڑھی - کمند -

Scalene (skāl-ēn) *adj.* Of a triangle with three unequal sides مثلث مختلف الاضلاع -

Scall (skawl) *n.* Scabbiness of scalp گنج - داد - خارش - جزام -

- Dry scall خشک کھجلی -
- Moist scall پانی کا داد - تر کھجلی -

Scallion (skal-yən) *n.* An onion with defective bulb ایک قسم کا پیاز -

Scallop (skal-əp) *n. & v.t.* A scaly fish - صدف مچھلی - ایک سپنے دار مچھلی - چھیلنا - تلنا - بھوننا - پکانا -

Scalp (skalp) *n. & v.t.* The skull - کھوپڑی - کاسہ سر - چندیا - پہاڑ کی ننگی چوٹی - وہیل مچھلی کا سر - سر قلم کرنا - سر کی کھال صاف کر دینا - دل آزار نکتہ چینی کرنا -

- Scalpless *adj.* بے کھوپڑی کا - بے سرا - کاسہ سر کے بغیر -

Scalpel (skal-pəl) *n.* A surgeon's knife جراحی نشتر یا چھری -

Scalper (skalp-ər) *n.* An engraver's scauper کندہ کاروں کی چھینی -

Scalping-iron (skalp-ing-i-ərn) *n.* Wound scraping knife کھرچنی -

Scamble (skam-bl) *v.i. & t.* Get together, scatter چلبلانا - جلدی کرنا - دھوم مچانا - ہڑبڑ کرنا - ٹکڑے کرنا - بکھیرنا - ضائع کرنا - کھینچا تانی کرنا -

- Scambler *n.* کھانے کے وقت آنے والا -
- Scambling *n.* جلدی کا کھانا -
- Scambling day گوشت کی کمیابی کا دن -
- Scamblingly *adv.* کشمکش سے -

Scammony (skam-ən-i) *n.* Gum resin obtained from roots of an Anatolian plant - سقمونیا - ایک گوند جو سخت مسہل کے لیے دیا جاتا ہے -

Scamp (skamp) *v.t.* Execute perfunctorily بے دلی سے کام کرنا -

Scamp (skamp) *n.* A rascal, a tricky fellow بد معاش - آوارہ - اٹھائی گیرا - اوباش -

Scamper (skamp-ər) *v.i. & n.* Run or skip about briskly - دوڑنا - کودنا - اچھلنا - بے تحاشا بھاگنا - بھگدڑ - جلدی کا سفر - گھوڑے کی پویا چال -

Scan (skan) *v.t. & i.* Analyse metrically شعر کی تقطیع کرنا - وزن کرنا - جانچنا - موزوں پڑھنا - غور سے دیکھنا -

- The line does not scan - یہ مصرع موزوں نہیں ہوتا

Scandal (skan-dl) *n.* Any thing that brings discredit - بد نامی - رسوائی - بد نامی کا واقعہ - الزام - اتہام - بدگوئی - (قانون) ازالہ حیثیت عرفی -

Scandal monger (skandl-mongər) *n.* One who deals in defamatory reports بد نامی کی باتیں پھیلانے والا - بدنام کرنے والا - تہمت تراش -

- Scandalous *adj.* - بدنام یا رسوا کرنے والا - بدنام کن
- Scandalously *adv.* رسوائی سے - اہانت آمیز طور پر -
- Scandalousness *n.* رسوائی - بدنامی - توہین -

Scandalize (skand-ə-līz) *v.t.* Give offence to بدنام کرنا - رسوا کرنا -

Scandalum magnatum (skand-ə-lum-mag-nə-tum) *n.* Speaking slanderously of high personages بڑے لوگوں کی بدنامی یا رسوائی -

Scansion (skan-si-ən) *n.* Act, mode or art of scaning verse تقطیع - نظم کے وزن کی جانچ -

Scansorial (skan-so-ri-əl) *adj.* Adapted for climbing بلندی پر چڑھنے والا -

Scant (skant) *adj.* & *v.t.* That full or plentiful کم - ناکافی - قلیل - کم کرنا - گھٹانا - تھوڑا تھوڑا دینا - کفایت شعاری کرنا -

Scant of breath پھولی ہوئی سانس - بے دم -

With scant courtesy بداخلاق سے - کج خلقی سے -

Scantle (skan-tl) *v.t.* & *i.* Make scant, shorten کم ہونا - کم کرنا - ٹکڑے کرنا - چھوٹا کرنا - ہوچکنا -

Scanty (skant-i) *adj.* Meagre, deficient قلیل - کم - نا کافی - کم مقدار میں -

Scantily *adv.* تنگی سے - کمی سے - قلت سے -

Scantiness *n.* تنگی - قلت - کمی -

Scape (skāp) *n.* Escape دیکھو

Scape (skāp) *n.* A fruit-bearing stem without foliage تنا جس میں پھل لگتے ہیں مگر پتے نہیں آتے -

Scapegoat (skāp-got) *n.* A goat on which Jewish priests laid the sins of the people یہودیوں کا بھینٹ کا بکرا - بےگناہ شخص جس پر دوسروں کے الزامات تھوپ دیئے جائیں -

Scapegrace (skāp-grās) *n.* Shameless person بے حیا - بے باک - نکما آدمی -

Scaphoid (skaf-oid) *adj.* Boat-shaped کشتی نما -

Scapular (skap-ū-lar) *adj.* & *n.* Of the shoulder blade شانہ کے متعلق - پادریوں کا ایک لباس جس کے دو ٹکڑے شانے پر مل جاتے ہیں - پرندوں کے بازو - شانہ پر باندھنے کی پٹی -

Scar (skar) *n., v.t.* & *i.* Mark left by a wound or sore داغ - زخم کا نشان - نشتر کا نشان - شاخ ٹوٹنے کا نشان - داغ لگانا - نشان لگانا - مندمل ہونا - زخم بھرنا -

Scarred نشان دار - داغ دار -

Scarab (skar-əb) *n.* Dung beetle قدیم مصریوں کا متبرک بھونرا - بھونرا - ایک مصری پتھر جو بھونرے کی شکل کا تراشا جاتا تھا -

Scaramouch (skar-ə-mowch) *n.* A bragging buffoon بھانڈ - مسخرا -

Scarce (skārs) *adj.* & *adv.* Short in supply, sparingly کم - تھوڑا - قلیل - کمی کے ساتھ - کم کم - نا کافی طریقہ پر -

Make oneself scarce خلوت نشین ہونا - چھپ جانا - چمپت ہو جانا -

Scarcity *n.* قلت - کمی - کمیابی - تنگی -

Scarcely (skārs-li) *adv.* Hardly دقت سے - مشکل سے - کبھی نہیں - ہرگز نہیں -

Scarcement *n.* چھجا - کگر -

Scare (skār) *v.t.* & *n.* Drive or keep off چونکانا - ڈرانا - ڈرا کر بھگا دینا - خوف زدہ کرنا - خیالی اور وہمی چیزوں سے ڈرانا - بے بنیاد خوف - دہشت - وہمی خطرہ -

Scare away ڈرا کر بھگا دینا -

Scare-crow ڈراؤنا پتلا جو پرندوں اور جانوروں کو بھگانے کے لیے کھڑا کیا جائے - بد لباس - بد قطع آدمی - ڈراؤنی شکل کا آدمی -

Scarehead(ing) اخبار کی سنسنی خیز سرخی -

Scared face اڑا ہوا رنگ - سہما ہوا چہرہ -

Scare-monger سنسنی خیز خبریں پھیلانے والا -

Scarf (skärf) *n.* A light piece of dress thrown round the shoulder اوڑھنی - انگوچھا - رومال - گلوبند -

Scarfed *adj.* گلوبند سے آراستہ - رومال پوش - چادر اوڑھے ہوئے -

Scarf (skärf) *v.t.* & *n.* Cover or wrap, a muffler دوپٹے کی طرح اوڑھنا - لکڑی یا دھات میں اس طرح جوڑ لگانا کہ سطح برابر رہے - وہیل مچھلی کا کانٹا - دندانہ جوڑ -

Scarificator (skar-i-fik-a-tər) *n.* A surgical instrument for scarifying ایک جراحی آلہ جس سے پچھنے لگائے جاتے ہیں - پچھنا - مشراط -

Scarf-skin (skarf-skin) *n.* The surface skin بدن کا اوپری پوست - بالائی جلد -

Scarify (skar-i-fī) *v.t.* Make slight cuts or scratches پچھنے لگانا - جلد پر خراشیں ڈالنا - سخت تنقید سے دکھ پہنچانا - زمین کریدنا -

Scarification *n.* پچھنا -

Scarlatina (skăr-lə-tēnȧ) *n.* Scarlet fever سرخ باده - لال بخار -

Scarlet (skăr-lit) *n.* & *adj.* Red colour نہایت سرخ رنگ - گلنار - قرمزی رنگ - نارون - قرمزی پوشاک -

Scarlet bean ایک قسم کی سیم پھلی -

Scarlet fever سپاہیوں سے محبت کرنے کا ضابطہ - لال بخار -

Scarp (skărp) *n.* An escarpment کھائی کی اندرونی روک - اندر کی طرف کا پشتہ - سیدھی یا عمودی ڈھلان بنانا -

Scarus (skar-əs) *n.* A parrot-faced fish مچھلی جس کا منہ طوطے کی طرح کا ہوتا ہے - طوطا مچھلی -

Scat (skat) *interj.* & *v.t.* Get away, scare away دور ہو جاؤ - دور کرنا - بھگا دینا -

Scathe (skādh) *n.* & *v.t.* Hurt, injury اذیت - ضرر - نقصان - صدمہ - ضرر پہنچانا - تلف کرنا - آگ کی نذر کرنا -

He shall not be scathed اس کو ذرا بھی تکلیف نہ دی جائے گی -

Unscathed صحیح سالم -

Scathingly *adv.* ایذا دہی کے طور پر - ضرر رسانی سے -

Scathless جس کو ذرا بھی نقصان نہ پہنچا ہو - بے داغ -

Scatophagaus (skat-of-ə-gəs) *adj.* Dung eating insect گوبر خور کیڑا - گوبریلا -

Scatter (skat-ər) *v.t.* & *i.* Disperse, throw loosely بکھیرنا - منتشر کرنا - پھیلانا - پراگندہ کرنا - بھگا دینا - ہزیمت دینا - امیدوں کو پراگندہ کر دینا -

Scattered *adj.* منتشر - پراگندہ -

Scatter brain پراگندہ دماغ -

Scatter good *n.* فضول خرچ آدمی -

Scatteringly *adv.* منتشر طور پر - کہیں کہیں جا بجا -

Scavenger (skav-in-jər) *n.* & *v.t.* One who removes waste خاکروب - جاروب کش - حلال خور - بھنگی - مہتر - فحش نگار - فحش گو شاعر - مہتر کا کام کرنا -

Scavengery *n.* کوڑے کی صفائی - غلاظت برداری - جاروب کشی -

Scavenge *v.t.* & *i.* صفائی کرنا - غلاظت صاف کرنا - کوڑا کرکٹ اٹھانا -

Scenario (shā-nȧ-ri-ō) *n.* A skeleton of a drama scene by scene ناٹک یا فلم کا منظر وار خلاصہ - سینما فلم یا ڈرامے کی عبارت -

Scene (sēn) *n.* The stage, place of action in a play تمثیل کی جگہ - اسٹیج - تماشا گاہ - پردہ - منظر - سین - موقع واردات - ایکٹ کا ایک حصہ - ماجرا - مکالمہ - سانحہ - حادثہ - اشتعال انگیز گفتگو - تو تو میں میں -

Scenery (sēn-e-ri) *n.* Theatrical set up, hangings پردے - بنایا ہوا منظر - تماشا گاہ کی تصاویر - طبعی صورت - سماں - فضا - منظر -

Scenic (sē-nik) *adj.* Dramatic نقل گاہ کا - منظر کا - تصویر کھینچ دینے والا - دلکش - قصہ گو - مصنوعی - تماشی -

Scenic railway میلون وغیرہ میں مختصر ریل گاڑی جو دلکش مناظر سے گزرتی ہے -

Scenography (sēn-ō-grafi) *n.* Scene painting or describing منظر نگاری -

Scenographer *n.* منظر نگار -

Scent (sent) *v.t.*, *i.* & *n.* Discern by smell, perfume سونگھنا - مہک یا بو لینا - سونگھ کر معلوم کرنا - کھوج لگانا - خوشبودار کرنا - معطر کرنا - بسانا - عطر لگانا - کسی امر کا شبہ پیدا ہونا - تاڑ لینا - شکار کے پیچھے جانا - باس - خوشبو - کھوج - پتہ - قوت شامہ - جبلی صلاحیت -

Follow up the scent کھوج لگانا - شکار کی بو پر جانا -

Keen-scented حقیقت شناس - جس کی قوت شامہ تیز ہو -

On the scent سراغ لگانے میں - تعاقب میں -

Scentless جس کا اتا پتہ نہ ہو - بے خوشبو - بے باس -

Scepsis (skep-sis) *n.* Philosophic doubt فلسفیانہ شک - عقلی ریب -

Sceptic (skep-tik) *n.* Follower of Pyrrho who doubted the possibility of knowledge ارتبابی - حکما کا وہ گروہ جس کا نظریہ تھا کہ انسان کو کسی چیز کا قطعی علم نہیں ہو سکتا - منکر - کافر - زندیق - دہریہ - مذہب کی صداقت میں شک کرنے والا -

Scepticism *n.* - اپنے علم و ادراک کو مشتبہ سمجھنا - ارتیابیت -

Sceptical (skep-tik-əl) *adj.* Doubtful, incradulous ریبی - شکی - ہر چیز میں یہاں تک شک کہ اپنے وجود میں شک کرنے والا -

Skeptically *adv.* - غیر یقینی طور پر - شک کے طور پر -

Sceptre (sep-tər) *n.* Staff borne as an emblem of kingship - عصائے سلطانی - نشان خسروی -

Sceptred *adj.* Bearing a sceptre عصا دار - نشان خسروی والا -

Schadenfreude (sha-dən-froi-də) *n.* Pleasure in others' misfortunes - دوسروں کی مصیبت پر خوشی -

Schappe (shap-ə) *n.* Silk with gum - خام ریشم - ریشم جس سے لعاب نہ نکالا گیا ہو -

Schedule (shed-ūl) *n.* & *v.t.* A list, inventory or table فرد - فہرست - جدول - نقشہ - گوشوارہ - گوشوارہ بنانا - فہرست تیار کرنا - فہرست میں اندراج کرنا -

Schema (skē-mä) *n.* A scheme, plan - نقشہ - خاکہ - شکل - قیاس منطقی - تصور عامہ - ہیئت اولیٰ - (قواعد) صنائع بدائع -

Schematic *adj.* - وہمی - خیالی - قیاسی - تصوری -

Schematically *adv.* - خیالی طور پر - قیاسانہ -

Scheme (skēm) *n., v.t.* & *i.* A plan of proposed action - تجویز - تدبیر - حکمت - منصوبہ - چال - ریشہ دوانی - اصول - نقشہ - ڈھانچہ - منصوبہ بنانا - تجویز کرنا - ریشہ دوانی کرنا -

Schemer *n.* - سازشی - حکمتی - منصوبہ باز -

Scheming *adj.* - ترکیبیں بنانے والا - حکمتی - سازشی -

Scherzo (sker-zō) *n.* A lively busy movement رقص کی تیز حرکت - سبک خرامی - نازک خرامی -

Schiedam (skē-dam) *n.* Holland jin made at Schiedam - ہالینڈ کی جن شراب -

Schipperke (skip-ər-kə) *n.* A small tailless breed of dog - بے دم کتوں کی ایک نسل -

Schism (si-zm) *n.* A breach in unity - تفرقہ - پھوٹ - بگاڑ - اختلاف - مذہبی فرقہ بندی -

Schismatic (siz-mə-tik) *adj.* & *n.* - فرقہ بندی کا - تفرقہ انداز - بدعتی - معتزلی -

Schismatical - اختلافی - نزاعی - اعتزالی -

Schismatically *adv.* - فرقہ بندی کی نظر سے -

Schist (shist) *n.* Any crystilline foliated rock پرت دار چٹان - ورق دار پتھر (سنگ سیلو) -

Schmeiz (shmeits) *n.* Glass used in decorative work - آرائشی شیشہ -

Schnauzer (shnowt-sər) *n.* A German breed of terrier - ایک جرمن نسل کا کتا -

Schnorrer (shnor-er) *n.* A Jewish beggar یہودی فقیر -

Scholar (skol-ər) *n.* A pupil, a man of extensive learning - طالب علم - متعلم - شاگرد - مرید - چیلا - عالم - فاضل - محقق - زبان دان - ادیب - وظیفہ یاب طالب علم -

He is a scholar and a gentleman وہ تعلیم یافتہ شریف النفس آدمی ہے -

Scholarly *adj.* - محققانہ - ادیبانہ - عالمانہ -

Scholarship *n.* - وظیفہ - فضیلت - عامیت -

Scholastic (skəl-as-tik) *adj.* & *n.* Subtle. pedantic - علمی - عالمانہ - فاضلانہ - متکلمانہ - عالمانہ انداز - علمی شان -

Scholastically *adv.* - موشگافی کے ساتھ - عالمانہ طور پر -

Scholasticism *n.* - روائتی اصولوں کی اندھی تقلید - مدرسیت -

Scholiast (skol-i-əst) *n.* A writer of commentaries - شرح نویس - حاشیہ نویس -

Scholium (skol-i-əm) *n.* An explanatory note شرح - تفسیر - یونانی کتاب کا حاشیہ -

School (skōōl) *n.* & *v.t.* A place for instruction, those who hold a common doctrine - مدرسہ - مکتب - دبستان - مدرسہ کی عمارت - شاگرد - طالب علم - پڑھنا - مدرسہ میں تعلیم پانا - شعبہ تعلیم - مسلک - مذہب - ہم خیال جماعت - کسی فرقہ یا اصول کا پیرو - مقلد - مدرسہ میں بھیجنا - تعلیم دلانا - ضبط قائم رکھنا - اطاعت کا خوگر بنانا -

He learned his generalship in a severe school اس نے فوجی قیادت بڑی مصیبتیں سہ کر سیکھی ہے -

He must school his temper اسے اپنے غصہ پر قابو رکھنا چاہئے -

He will not be schooled وہ کبھی سیدھا نہ ہوگا -

Ragged school خیراتی مدرسہ -

School boy spirits طالبعلمانہ جوش - طالبعلمانہ امنگ -

School yourself to patience صبر و ضبط کی عادت ڈالو -

Schooling *n.* پڑھانے کی اجرت - تادیب - تربیت - پڑھائی -

School (skōōl) *n.* & *v.t.* A school of fish مچھلیوں کا جھنڈ - مچھلیوں کا اکٹھا ہونا -

Schoolable (skōōl-əbl) *adj.* Of an age to go to school مدرسہ جانے کی عمر کا -

Schooner (skōōn-ər) *n.* A swift sailing vessel بہر کا بڑا گلاس - تیز رو جہاز -

Sciagraphy (si-ə-graf-i) *n.* Art of shading in drawing سایہ اندازی کا فن - مصوری میں سایہ دکھانے کا فن - سائے سے وقت معلوم کرنا - شعاعی فوٹوگرافی -

Sciagraph *n.* & *v.t.* دھوپ گھڑی - نقاشی - شعاعی تصویر -

Sciagrapher *n.* سایہ اندازی کا ماہر - دھوپ سے وقت کا اندازہ کرنے والا -

Sciamachy (si-ə-ma-ki) *n.* Fighting with shadows سایہ سے لڑنا - وہمی جنگ -

Sciatheric (si-ə-the-rik) *adj.* Pertaining to shadows سایہ نگری کے متعلق - سورج کے سائے کا -

Sciatic (si-at-ik) *adj.* In the region of hip کولہے کی بیماری کے متعلق - عرق النسا کا -

Sciatica (si-at-ikȧ) *n.* Neuritis of the great sciatic nerve عرق النسا - ٹانگ کی بڑی رگ کا تناؤ -

Science (sī-əns) *n.* Knowledge obtained by observation and experiment وہ علم جو تجربات اور مشاہدے سے حاصل کیا جائے - علم طبیعیات - علم -

Sciential *adj.* سائنس کے متعلق - علم کے متعلق -

Scientially *adv.* علمی حیثیت سے - علمی طور پر -

Scientist *n.* طبیعیاتی علوم کا ماہر - سائنس دان -

Scientism *n.* علم مزاجی -

Scienter (sī-ən-tər) *adv.* Intentionally (قانون) قصداً - دانستہ -

Scientific (sī-ən-tif-ik) *adj.* Demonstrative اصولی تجرباتی - باقاعدہ - سائنسی -

Scintilla (sin-til-ȧ) *n.* A spark ذرہ - شعلہ - چنگاری -

Scintillate (sin-til-āt) *v.i.* Sparkle, twinkle جھل مل کرنا - چمکنا - دمکنا -

Scintillant *adj.* چمکتا ہوا - ضیا بار -

Scintillation *n.* چمک دمک - ضیا باری -

Sciolist (si-ə-list) *n.* Pretender to knowledge کم دان بسیار گو - خود نما -

Sciolism *n.* سطحی علم - کم دانی بسیار گوئی -

Sciolistic *adj.* خود بین - کم دان - خود نما -

Sciolto (shol-tō) *adj.* & *adv.* Free بے تکلف - پسند کے مطابق - آزادانہ -

Scion (sī-ən) *n.* A detached piece of a plant درخت کی قلم - پیوند - کسی خاندان کا نو عمر رکن - درخت کا بچہ -

Sciopticon (sı-op-ti-kən) *n.* Film showing apparatus تصویریں دکھانے کا آلہ -

Scirrhus (sir-əs) *n.* A hard cancer or swelling سخت رسولی - سرطانی گڈا -

Scirrhous *adj.* سخت - گڈے دار - رسولی کی طرح -

Scissile (sis-il) *adj.* & *n.* Capable of being cut تراش کے قابل - کاٹنے کے قابل - دھات کا برادہ -

Scission (sish-ən) *n.* Cutting, splitting تراش کاٹ چھانٹ - علیحدگی -

Scissor (siz-ər) *v.t.* Clip out, cut کاٹنا - کترنا - کاٹ کر علیحدہ کرنا -

Scissors (siz-ərs) *n.* & *p.* Double-bladed cutting instrument قینچی - مقراض - کترنی - سروتا -

Scissors and paste دوسروں کی کتابوں سے مضامین لے کر کتاب تصنیف کرنا -

Scissor-wise *adj.* قینچی کی طرح -

Sciurine (sī-ūr-īn) *adj.* Squirrel-like گلہری کی طرح -

Sclera (sklēr-ȧ) *n.* Hard part of the eye آنکھوں کا سخت حصہ - صلبیہ -

Scleritis *n.* سوزش چشم - صلبیہ کی سوزش -

Sclerotic *n.* & *adj.* صلب کا - صلابت چشم - آنکھ کا پردہ - صلب -

Scobs (skob-s) *n.* Sawdust, shavings - کترن - چورا - برادہ -

Scoff (skof) *n.* & *v.i.* Mockery - طعن و تشنیع - طنز - چڑانا - مضحکہ اڑانا -

Scoffer *n.* - چڑانے والا - طنز کرنے والا -

Scoffingly *adv.* - چڑانے کے طور پر - طعنہ زنی سے -

Scoff (skof) *v.t.* & *n.* Devour - (بول چال) کھانا کھانا - غذا - خوراک -

Scold (skold) *v.i., t.* & *n.* Brawl, find fault vehemently - جھڑکنا - لتاڑنا - برا بھلا کہنا - ڈانٹنا - زبان دراز عورت -

Scolding *n.* - جھڑکی - ڈانٹ ڈپٹ - دھمکی -

Scolopaceous (skol-e-pa-shəs) *adj.* Of the woodcock - چہے جیسا - چہے کا -

Scolopendra (skol-ə-pen-drä) *n.* A genus of centipades - ہزار پایہ - گھن کھجورا -

Scolopendrine *adj.* - ہزار پائے کا - کھن کھجورے کا -

Scolopendrium (skol-ə-pen-dri-əm) *n.* A kind of fern - فرن گھاس کی ایک قسم -

Scomber (skom-bər) *n.* The mackrel genus ایک قسم کی سرمئی مچھلی -

Sconce (skons) *n.* Candle-stick, lantern - شمع دان - قندیل -

Sconce (skons) *n.* Head - (مزاح) سر - کھوپری -

Sconce (skons) *n.* A small fort - حصار - قلعہ - کوٹ - گڑھی - جائے پناہ -

Sconce (skons) *v.t.* & *n.* Fine, a fine paid in ale جرمانہ کرنا - قواعد کی خلاف ورزی پر بیر سے محروم کر دیا جانا -

Scon (skon) *n.* A plain cake without much butter - تکونی میٹھی ٹکیا - معمولی کیک -

Scoop (skōōp) *n.* & *v.t.* A boiling vessel - کفچہ - کرچھا - کورنی - بڑا - چمچہ - کفگیر - کوئلے ڈالنے کا کفچہ - کفچہ کی حرکت - ایسا منافع جو حریفوں سے چھپا کر فوراً حاصل کیا جائے - نکالنا - اٹھانا - گڑھا کرنا - کھوکھلا کرنا - فوری کاروائی سے نفع کثیر حاصل کرنا -

Scooper (skōōp-ər) *n.* Digger بن مرغی - کندہ کار کی چھینی - گڑھا کھودنے والا -

Scoot (skoot) *v.i.* & *t.* Squirt, slip suddenly دوڑنا - جھپٹنا - نکل بھاگنا -

Scope (skōp) *n.* Range or field and opportunity of activity - موقع - گنجائش - حد - وسعت - آزادی - دسترس - رسائی - نیت - مقصد - مراد -

Scope *suffix* لاحقہ جو دیکھنے کے آلات کے ساتھ لگایا جاتا ہے -

Scorbutic (skor-bū-tik) *adj.* Affected with or like scurvy - خارشی جیسا -

Scorch (skōr-ch) *v.t.* & *n.* Burn slightly - جھلسنا - جلنا - تباہ کرنا - (بول چال) تیز سواری چلانا - سوزش - جلن -

Scorching *adj.* - سوزان - جلانے والی -

Scorchingly *adv.* - برباد کرنے کے طور پر - جلاتے ہوئے -

Scorcher (skorch-ər) *n.* One who burns (بول چال) اپنی طرز کا بہترین نمونہ - جلانے والا -

Score (skor) *n., v.t.* & *i.* A notch, gash, scratch خط لکیر - نشان - کھانچا - دھاری - نشانہ باز یا دوڑ شروع کی لکیر - جہاز میں تسمہ باندھنے کا سوراخ - کھانے پینے کا حساب - کھیل کا حساب - کرکٹ میں دوڑوں کا مجموعہ - نمبر درج کرنے کا رجسٹر - بیس - بیسی - بابت - بارے میں - خط کھینچنا - نشان لگانا - کسی کے حساب میں درج کرنا - حساب رکھنا - کسی کے برے برتاؤ کو یاد رکھنا - کامیاب ہونا - فائدہ حاصل کرنا -

He made a good score اس نے خوب کامیابی حاصل کی -

Scores of people - بیسیوں آدمی -

Score off حاضر جوابی میں مات کرنا - (بول چال) لاجواب کر دینا - ہرا دینا -

Scorer *n.* نشان لگانے کا آلہ - کھیل میں دوڑوں کا حساب لکھنے والا - درختوں پر نشان لگانے والا -

Scoria (skō-ri-ä) *n.* Dross or slag from metal melting دھات کا میل - فضلہ -

Scorify (sko-rī-fī) *v.t.* Reduce to scoria جلا کر راکھ کرنا - تاؤ دینا - کچی دھات کو پگھلانا -

Scorn (skorn) *n.* & *v.t.* Extreme contempt حقارت - نفرت - بیزاری - استہزا - مبتذل - نفرت کرنا - حقیر سمجھنا - ذلیل سمجھنا - برا خیال کرنا -

Think scorn نفرت کرنا -

Scornful (skorn-ful) *adj.* Full of disdain اہانت کرنے والا - ذلت آمیز - حقارت آمیز -

Scornfulness *n.* توہین آمیز ہونا - حقارت آمیزی -

Scorner *n.* نفرت کرنے والا - حقارت کرنے والا -

Scorpio (skor-pi-ō) *n.* Eighth sign of zodiac برج عقرب - برچھک -

Scorpioid (skor-pi-o-id) *adj.* Like a scorpion بچھو کی دم کی طرح کا - عقربی پھول -

Scorpion (skor-pi-ən) *n.* An insect with four legs, pincers, a tail with a sting بچھو - عقرب - چابک جس میں کیلیں لگی ہوں -

Scot (skot) *n.* A payment, a customary tax محصول - لگان - ٹیکس - خراج -

Scot free محصول ادا کئے بغیر نکل جانا -

Go scot free سزا سے محفوظ رہنا - بچ کر نکل جانا -

Scot (skot) *n.* Gaelic speaking people of Ireland اسکاچ - اسکاٹلینڈ کا باشندہ -

Scotch (skoch) *adj.* Form of Scottish اسکاٹلینڈی - اسکاچ - اسکاٹلینڈ کا باشندہ -

Scotch (skoch) *v.t.* & *n.* Gash, score نشان ڈالنا - زخمی کرنا - بچوں کے کھیل میں زمین پر لکیر کھینچنا - کاٹ - زخم - گھاؤ -

Scotch (skoch) *n.* & *v.t.* Wedge, block گاڑی روک کندا جو ڈھلان پر گاڑی کو روکنے کے لئے پیچھے لگایا جاتا ہے تاکہ چڑھائی پر گاڑی لڑھک نہ جائے - لکڑی کا کندا لگانا - گاڑی روک ٹیکن لگانا -

Scotland Yard (skot-lənd-yard) *n.* Headquarters of London police اسکاٹلینڈ یارڈ - لندن کی پولیس کا صدر دفتر -

Scoto-dinia (skōt-ō-di-ni-ä) *n.* Giddiness, darkness اندھیری - دوران سر - چکر -

Scot(t)ice (skot-ise) *adj.* In the language of Scotland اسکاٹلینڈ کی زبان میں -

Scotticism (skot-i-sizm) *n.* Scottish idiom or feeling اسکاٹلینڈ کا محاورہ یا مزاج -

Scotticize (skot-i-sīz) *v.t.* Render Scottish عادات اطوار- معاشرت اور زبان میں اسکاٹلینڈ کی پیروی کرنا -

Scottish (skot-ish) *adj.* Of Scotland اسکاٹلینڈ کے باشندے اسکاچ کہلانا نہیں چاہتے بلکہ اسکاٹش -

Scoundrel (skown-drəl) *n.* A low mean fellow بدمعاش - لچا - شہدا - غنڈہ - بد ذات -

Scoundreldom *n.* شہدا پن - بدمعاشوں کی دنیا -

Scoundrelism *n.* بد ذاتی - بد معاشی -

Scour (skowr) *v.t.* & *n.* Clean, polish رگڑنا - صاف کرنا - مانجنا - چمکانا - جلاب دینا - منجھائی - پالش -

Scourer *n.* مانجنے کا آلہ - مانجنے والا - رگڑنے والا -

Scour (skowr) *v.i.* & *t.* Rush or skurry along بھاگنا - دوڑنا - چل دینا - جلد جلد قدم اٹھانا - تعاقب میں دوڑنا -

Scourge (skurj) *n.* & *v.t.* A whip کوڑا - تازیانہ - خدائی مار - کوڑے لگانا - سزا دینا - عقوبت پہنچانا - جبر کرنا - تعدی کرنا -

The white scourge تپ دق -

Scout (skowt) *n.* & *v.i.* One who watches at a distance مخبر - جاسوس - بھیدی - خبر گیر - دشمن پر نگرانی رکھنے والے سپاہی - بحری جہاز - چھوٹا ہوائی جہاز جو دیکھ بھال کرتا ہے - آکسفورڈ یونیورسٹی کا ملازم - تلاش - جستجو - کھوج - مخبری ، جاسوسی یا دیکھ بھال کرنا - بوائے اسکاؤٹ جماعت کا رکن جس کا مقصد یہ ہے کہ لڑکوں میں خدمت خلق کا جذبہ پیدا ہو -

Scout master اسکاؤٹ جماعت کا قائد -

Scout (skowt) *v.t.* Mock, flout چڑانا - مذاق اڑانا - ہنسی اڑانا -

Scow (skow) *n.* A flat-bottomed boat چپٹے پیندے کی کشتی -

Scowl (skowl) *v.t.* & *n.* Contract the brows with malevolence ناک بھوں چڑھانا - تیوری چڑھانا - غضب آلود نگاہوں سے گھورنا - ترشروئی - بد مزاجی -

Scrabble (skrabl) *v.t.* Scratch پنجوں سے کھرچنا - آڑھی ٹیڑھی لکیریں کھینچنا - بد خطی سے لکھنا - اندھیرے میں ہاتھ پاؤں مارنا -

Scrab *v.t.* کھرچنا -

Scrag (skrag) *n.* & *v.t.* A stump, a rough projection دبلی پتلی چیز ۔ سوکھی ہوئی پتلی چیز ۔ ہڈی دار گوشت ۔ بکری کی گردن ۔ انسان کی گردن ۔ گلا دبانا ۔ پھانسی دینا ۔ (فٹ بال) گردن پکڑ کر گیند روک لینا ۔

Scraggy *adj.* سوکھا ہوا ۔ مریل ۔

Scragginess *n.* مریل پن ۔ ناہمواری ۔ دبلا پن ۔

Scram (skram) *v.t.* Be off اڑنچھو ہو جانا ۔ بھاگ جانا ۔

Scramble (skram-bl) *v.t.* & *i.* Make one's way with disorderly haste ہاتھ پاؤں کے بل چلنا ۔ گھسٹ گھسٹ کر چلنا ۔ پیٹ کے بل چڑھنا ۔ ہاتھ پاؤں مارنا ۔ جد و جہد کرنا ۔ لوٹ میں حصہ لینا ۔ نچھاور کرنا ۔ انڈے تلنا ۔ کش مکش ۔ گھسڑ پسڑ ۔ عمودی چڑھائی ۔

Scran (skran) *n.* Broken vituals بچے کھچے ٹکڑے ۔ کھانا ۔ کھانے کی چیزیں ۔

Scranch (skran(t)sh) *v.t.* Crunch کٹر کٹر چبانا ۔ اس طرح چبا کر کھانا کہ آواز پیدا ہو ۔

Scranny (skran-i) *adj.* Meagre, lean دبلا ۔ پتلا ۔ مریل ۔

Scrap (skrap) *n.* & *v.t.* A small fragment, cutting, left out food ریزہ ۔ ٹکڑا ۔ بچی ہوئی غذا ۔ پرزہ ۔ دھجی ۔ ریزہ ۔ کترن ۔ چھیلن ۔ فضلہ ۔ پھوک ۔ اخبار کا تراشہ ۔ ردی ۔ بیکار چیزیں ۔ ٹوٹی پھوٹی چیزیں ۔ ردی کے ڈھیر میں ڈال دینا ۔ ناکارہ قرار دینا ۔

Scrap-book اخبار یا کتاب کے تراشوں کا مجموعہ ۔

Scrap-heap بیکار چیزوں کا ڈھیر ۔

Scrap-heap policy بیکار چیزوں کو پھینک دینے کا دستور ۔

Scrap of paper بے حقیقت وعدہ ۔ وعدہ جو پورا نہ کیا جائے ۔

Scrappy *adj.* ٹکڑوں سے بنا ہوا ۔ ٹوٹی پھوٹی چیزوں سے بنا ہوا ۔ بے جوڑ ۔

Scrappiness *n.* ناکارہ ہونا ۔ بے جوڑ ہونا ۔

Scrap (skrap) *v.t.*, *i.* & *n.* Discard ناقص اور ناکارہ قرار دینا ۔ ناقص اور ناکارہ چیزیں ۔

Scrap (skrap) *n.* & *v.t.* A fight, scrimmage (بول چال) جھڑپ ۔ کش مکش ۔ الجھ جانا ۔ لڑائی ہو جانا ۔

Scrape (skrāp) *v.t.*, *i.* & *n.* Smooth, clean, reduce in thickness کھرچنا ۔ چھیلنا ۔ چکنا کرنا ۔ رگڑ کر صاف کرنا ۔ داغ مٹانا ۔ ناہمواری دور کرنا ۔ کھودنا ۔ کھرچنے کی سی آواز پیدا کرنا ۔ امتحان میں بمشکل کامیاب ہونا ۔ سخت محنت سے کچھ کما لینا ۔ کھرچنے کی آواز ۔ ناگوار یا بے ڈھب موقع ۔

Scrape acquaintance گھس پیٹھ کر آشنائی پیدا کرنا ۔

Scrape good کنجوس ۔ بخیل ۔

Scrap-penny جزرس ۔

Scraper *n.* مبتدی سارنگیا ۔ زر پرست ۔ بخیل ۔ اناڑی ۔ کھرچنے والا آلہ ۔

Scraping *n.* چھیلنے یا رگڑنے کی آواز ۔

Scratch (skrach) *v.t.*, *i.*, *n.*, & *adj.* Draw a sharp point over the surface of, write in hurry نوچنا ۔ کھرچنا ۔ چھیلنا ۔ ناخن مارنا ۔ پنجہ مارنا ۔ سر کھجانا ۔ کھودنا ۔ قلم زد کرنا ۔ شکست خط میں لکھنا ۔ عجلت میں لکھنا ۔ کفایت شعاری سے دولت جمع کرنا ۔ خراش کی آواز ۔ خفیف زخم ۔ انمل ۔ بے جوڑ ۔ بچ میل ۔ متضاد ۔

Scratch race ایسی دوڑ جس میں داخلہ عام ہو مگر کسی سے رعایت نہ ہو ۔

Scratch-old (skrach) *n.* The Devil شیطان ۔

Scratchy (skrach-i) *adj.* & *n.* Uneven سرسری ۔ معمولی ۔ جلدی کا ۔ لکھتے وقت آواز دینے والا ۔ کھردرا قلم ۔ (جہازی ملازم) بھانت بھانت کے ۔ بے میل ۔ بے جوڑ ۔

Scratchiness *n.* بے جوڑ پن ۔ بچ میل پن ۔

Scrawl (skrawl) *v.t.*, *i.* & *n.* Mark or write irregularly شکست لکھنا ۔ گھسیٹ کر لکھنا ۔ بد خط لکھنا ۔ گھسیٹ ۔ بد خطی ۔ جلدی میں لکھی ہوئی تحریر ۔

Scrawler (skrawl-ər) *n.* One who writes irregularly بد خط ۔ شکست لکھنے والا ۔

Scream (skrēm) *v.t.* & *i.* Cry out in a loud shrill voice چیخنا ۔ چلانا ۔ چلا اٹھنا ۔ انجن کا سیٹی دینا ۔ کوک مارنا ۔ بے اختیار ہنسنا ۔

Screaming farce, fun قہقہہ انگیز تمثیل یا تماشا ۔

Screams of pain درد کی بے قراری ۔ درد کی ہائے ۔

Screamy *adj.* شور مچانے والا ۔ پر شور ۔ چیخنے والا ۔

Screaminess *n.* چیخ پکار کی عادت ۔

Screamer (skrēm-ər) *n.* قہقہہ خیز قصہ یا داستان ۔ چیخیں مارنے والا ۔ چیخ پکار کرنے والا ۔

Screech (skrēch) *v.t.* & *i.* Give forth a sudden cry دفعتاً چلا اٹھنا ۔ چیخنا ۔ خوف یا غصے سے چلا اٹھنا ۔ ہوک مارنا ۔

Screech-owl *n.* چیخنے والا الو ۔ گھگھو ۔

Screed (skrēd) *n.* A shred, a strip پلاسٹر کرنے کی پٹی ۔ طولانی قصہ ۔ شکایت کا طومار ۔

Screen (skrēn) *n.* & *v.t.* Shield against wind, heat, light, etc. پردہ ۔ قنات ۔ چلمن ۔ اوٹ ۔ آڑ ۔ ٹٹی ۔ صحن کے ارد گرد کی دیوار ۔ کسی جذبہ کو چھپانے کے لیے چہرہ کی خاص صورت ۔ تختہ اعلان ۔ اوٹ کھڑی کرنا ۔ پردہ لگانا ۔ چلمن ڈالنا ۔ محفوظ کرنا ۔ پناہ دینا ۔ تصویر لینے کا پردہ ۔ عقبی منظر ۔

Screeve (skrēv) *v.i.* & *t.* Write begging letters, draw on the pavement لکھنا ۔ استدعا کرنا ۔ چاک سے فرش پر لکھنا ۔ فرش پر تصویر بنانا ۔

Screever *n.* فرش پر تصویر بنانے والا ۔ خیرات مانگنے کے خط لکھنے والا ۔

Screw (skrōō) *v.t.* & *n.* A cylinder with a pelical groove پیچ ۔ پیچ کا کیلا ۔ بخیل آدمی ۔ چھوٹا سا مڑا ہوا تمباکو کا کاغذ ۔ تنخواہ ۔ مزدوری ۔ تھکا ہوا گھوڑا ۔ پیچ کسنا ۔ دق کرنا ۔ دباؤ ڈالنا ۔ پریشان کرنا ۔ اینٹھنا ۔ جبراً لینا ۔ کجروی کرنا ۔ انحراف کرنا ۔ نچوڑنا ۔

Screw up one's courage حوصلے سے کام لینا ۔ ہمت کرنا ۔

The management wants screwing up منتظمین کو چست کرنے کی ضرورت ہے ۔

Screwable کسنے کے قابل ۔

Screwy (scrōō-i) *adj.* & *n.* Worthless, exacting سختی کرنے والا ۔ ناکارہ ۔ بد لگام گھوڑا ۔ بوڑھا ٹٹو ۔ شریر گھوڑا ۔

Screwed *adj.* (بول چال) بد مست ۔ ناکارہ ۔ نکما ۔ بد لگام ۔ شریر ۔

Scribble (skrib-l) *n.*, *v.t.* & *i.* Scrawl, write badly بد خط تحریر ۔ بد خط لکھنا ۔ بے پروائی سے گھسیٹ دینا ۔ تک بند ہونا ۔ تک بندی کی شاعری کرنا ۔

Scribble diary یاد داشتیں لکھنے کی بیاض ۔ معمولی روزنامچہ ۔

Scribbler *n.* بد خط ۔ شکست لکھنے والا ۔ تک بند ۔

Scribe (skrīb) *n.* & *v.t.* A teacher of Mosaic law کاتب ۔ خوش نویس ۔ منشی ۔ شریعت موسوی کا معلم یا مبلغ ۔ وقائع نگار ۔ معمار کا گنیا ۔ خط ڈالنا ۔ نشان لگانا ۔

Scribal *adj.* کاتب یا کتاب سے متعلق ۔

Scriber *n.* گنیا لگانے والا ۔ نشان لگانے والا ۔ خط کش ۔

Scrimmage (skrim-ij) *n.* A tussle, a scrum کش مکش ۔ چھینا جھپٹی ۔ گتھم گتھا ۔

Scrum *n.* اسکریمیج کا مخفف ہے ۔

Scrimp (skrimp) *v.t.*, *i.* & *adj.* Scanty, be niggardly سکیڑنا ۔ تنگ کرنا ۔ چھوٹا کرنا ۔ بخیل ہونا ۔ کنجوسی کرنا ۔ تنگ ۔ قلیل ۔

Scrimpy *adj.* بخیل ۔ سخت کفایت شعار ۔

Scrimshank (skrim-shank) *v.i.* Avoid doing work کام چور ہونا ۔ کام سے کترانا ۔

Scrimshaw (skrim-shaw) *v.t.*, *i.* & *n.* A sailor's spare time handicraft فرصت کے اوقات میں نقش و نگار بنانا ۔ گلکاری کرنا ۔ جڑائی کرنا ۔

Scrip (skrip) *n.* A writing, a scrap of paper رقعہ ۔ چٹھی ۔ پرزہ ۔ فقیر کی جھولی ۔ زنبیل ۔ کشکول ۔ بستہ ۔ جزدان ۔ کچی رسید ۔ صداقت نامہ ۔

Script (skript) *n.* A writing تحریر ۔ دستاویز ۔ نوشت ۔ کسی زبان کا طرز تحریر ۔ رسم الخط ۔ تحریری حروف ۔

Scription (skrip-shən) *n.* A written note نوشتہ ۔ تحریر ۔

Scriptorium (skrip-tō-ri-əm) *n.* A writing room لکھنے کا کمرہ ۔ کتابت کا کمرہ ۔

Scriptural (skrip-tu-rəl) *adj.* Warranted by Scripture کتاب مقدس کے مطابق ۔ توریتی ۔ انجیلی ۔

Scripturalist *n.* انجیلی ۔ کتابی ۔ منقولات کا قائل ۔

Scripture (skrip-tyər) *n.* Some thing written, the Bible, the Biblical text انجیل ۔ توریت ۔ زبور ۔ صحیفے ۔ کتاب ۔ تحریر مقدس ۔ کتاب مقدس ۔ کتاب اللہ ۔ الہامی کتاب کا اقتباس ۔ کتبہ ۔ نوشتہ ۔

Scrivener (skriv-nər) *n.* A scribe, a copyist نقل نویس ۔ کاتب ۔ عرائض نویس ۔ نویسندہ ۔ خطاط ۔ خوش نویس ۔ سود پر روپیہ دینے والا ۔ مہاجن ۔ ساہوکار ۔

Scrofula (skrof-ū-lȧ) *n.* Tuberculosis کنٹھ مالا - گھینگھا - خنازیر - تپ دق -

Scrofulous *adj.* تپ دق کی - خنازیری -

Scroll (skrōl) *n., v.t. & i.* A roll of paper or parchment کاغذ کا پلندا - لپٹا ہوا کاغذ - لکھے ہوئے کاغذ کا پلندا - مرغول - سارنگی کا سرا - نقش و نگار - بیل بوٹے - لپیٹنا - بل دینا - پلندا بنانا - بیل بوٹے بنانا - بیل بوٹے کاڑھنا -

Scroop (skro͞op) *n. & v.t.* A scrapping noise کرخت آواز - کرخت آوازیں نکالنا -

Scrotum (skro-təm) *n.* The bag that contains testicles خصیوں کی تھیلی - فوطے -

Scrotal *adj.* خصیوں کا - فوطہ دانی کا -

Scrotitis *n.* خصیہ دانی کا ورم یا سوزش -

Scrounge (skrownj) *v.t. & i.* Cadge, hunt around, sponge قبضہ کرنا - دبا بیٹھنا - مارے مارے پھرنا - بھیک مانگنا - بھیک مانگ کر حاصل کرنا -

Scrounger *n.* مانگنے والا - قبضہ جمانے والا - دبا بیٹھنے والا -

Scrub (skrub) *v.t., i. & n.* Rub hard ملنا - گھسنا - رگڑنا - مانجنا - جھاڑو سے صاف کرنا - گیس کے بعض اجزا خارج کر دینا -

I would rather scrub for my living مجھے جھاڑو دے کر اور برتن مانجھ کر پیٹ پالنا منظور ہے -

Scrubbing board دھوبی کا پٹرا -

Scrubber *n.* گیس کو صاف کرنے کا آلہ - برش - جھٹکن - جھاڑو -

Scruff (skruf) *n.* The nape of the neck گردن کا پچھلا حصہ - گدی -

Take by the scruff of the neck گردن پکڑنا -

Scrumptious (skrump-shəs) *adj.* Delightful (بول چال) پر لطف - مزیدار - لذیذ - عمدہ -

Scruple (skro͞o-pl) *n., v.t. & i.* A small weight چند رتیوں کا وزن - معمولی وزن - ہلکا - پس و پیش - جھجک - احتیاط - اخلاقی عذر - تامل - پس و پیش کرنا - تامل کرنا - احتیاط برتنا -

Scrupulous (skro͞o-pū-ləs) *adj.* Having doubts شکی - وہمی - محتاط - باریک بین - نکتہ چین - احتیاط پسند - صحت پسند - صداقت پسند -

Scrupulous attention انتہائی احتیاط -

Scrupulous methods پر احتیاط طریقے -

Scrupulous respect انتہائی احترام -

Scrupulously *adv.* پورے غور و فکر سے - حزم و احتیاط سے -

Scrutator (skro͞o-tā-tər) *n.* A close examiner تنقیح کرنے والا - تفتیش کرنے والا - وہ شخص جو اخباروں کے مراسلات کی جانچ پڑتال کرتا ہے -

Scrutineer (skroo-ti-nyər) *n.* One who makes scrutiny specially of votes انتخاب میں رایوں کی تنقیح کرنے والا - جانچ پڑتال کرنے والا -

Scrutinize (skroo-ti-nīz) *v.t.* Examine thoroughly امتحان کرنا - دیکھ بھال کرنا - جانچنا - تحقیقات کرنا -

Scrutino (skro͞o-ti-nō) *n.* Test امتحان - آزمائش - جانچ پڑتال -

Scrutoire (skroo-twar) *n.* A writing table لکھنے کی میز -

Scud (skud) *v.i., t. & n.* Slap, spank, drive before the wind, traverse swiftly ہوا ہو جانا - تیزی سے پار کرنا - بھاگ جانا - طمانچہ مارنا - جہاز کا ہوا کے رخ چلا جانا - دوڑ دھوپ - بہتا بادل -

Scuff (skuf) *v.t. & i.* Shuffle, graze لڑکھڑا کر چلنا - گھسٹنا - پاؤں گھسیٹ کر چلنا -

Scuffle (skuf-l) *v.i. & n.* Struggle confusedly دھکم دھکا کرنا - کشتی میں لپٹ جانا - دھینگا مشتی - ہاتھا پائی -

Scug (skug) *n.* One who avoids society گوشہ نشین آدمی - ایسا شخص جو میل جول نہ رکھے - وہ جو مردانہ اخلاق و اطوار سے عاری ہو -

Scull (skul) *n., v.t. & i.* A short light oar ڈانڈ - چپو - ناؤ چلانا - کشتی کھینا -

Sculler (skul-ər) *n.* One who sculls ایک چھوٹی کشتی - مور پنکھی - کھویا - کشتی بان -

Scullery (skul-ər-i) *n.* A room for rough kitchen work برتن صاف کرنے کی جگہ - باورچی خانہ سے ملا ہوا برتنوں کا کمرہ -

Scullion (skul-yən) *n.* A servant for drudgery برتن مانجھنے اور دھونے والا -

Sculp (skulp) *v.t. & i.* Carve, engrave کندہ کرنا ۔ تراشنا ۔

Sculpin (skul-pin) *n.* A dragonet امریکہ کی ایک بحری خاردار بے مزہ مچھلی ۔

Sculptor (skulp-tər) *n.* An artist in carving سنگ تراش ۔ نقاش ۔ بت تراش ۔

Sculpture (skulp-tər) *n. & v.t.* Art of carving سنگ تراشی ۔ نقاشی ۔ مجسمہ سازی ۔ بت تراشی ۔ بت گری کرنا ۔ مجسمے بنانا ۔ نقاشی کرنا ۔

Sculptural *adj.* بت تراشی کے متعلق ۔ مجسمہ سازی کا ۔

Sculpturesque *adj.* بت نما ۔ مورت دار ۔

Sculpturally *adv.* مجسمہ سازی کے فن سے ۔ بتر سازی کے نقطہ نظر سے ۔

Scum (skum) *v..t, i. & n.* Foam or froth کف ۔ جھاگ ۔ پھین ۔ میل ۔ پھپھوندی ۔ فضلہ ۔ تلچھٹ ۔ گاد ۔ ردی یا نکمی چیز ۔ جھاگ آنا یا لانا ۔ کف اتارنا ۔

Scummy *adj.* پھپھوندی لگا ہوا ۔ جھاگ دار ۔ کف دار ۔

Scumble (skum-bl) *v.t.* Soften the effect by lighting the colour or rubbing آہستہ رگڑ کر تصویروں کا رنگ ہلکا کرنا ۔ ہلکے رنگ کا ہاتھ پھیرنا ۔ رنگ ہلکا کرنا ۔

Scupper (skup-ər) *n.* A hole to drain ship's deck جہاز کا پرنالہ ۔ موری یا نالی ۔

Scupper (skup-ər) *v.t.* Slaughter (بول چال) بیڑا غرق کرنا ۔ یک بیک قتل عام کرنا ۔

Scurf (skurf) *n.* Crust of brauny scabs سر کی خشکی ۔ پپڑی ۔ بفا ۔ میل کچیل ۔ پھپھوندی کی تہہ ۔

Scurfy *adj.* پپڑیلا ۔ میلا کچیلا ۔ بھوسی دار ۔

Scurfiness *n.* خشکی کی زیادتی ۔ بفا ۔ بھوسی کی کثرت ۔

Scurril (e) (skur-il) *adj.* Like or worthy of a vulgar buffoon مسخرا ۔ بھانڈ ۔ کمینہ ۔ پاجی ۔ گندہ دہن ۔ بد زبان ۔

Scurrilously *adv.* بد زبانی سے ۔ فحش کلامی سے ۔ گالی گلوچ سے ۔

Scurrility *n.* گالی گلوچ ۔ بد زبانی ۔ فحش گوئی ۔

Scurry (skur-i) *v.t. & n.* Hurry briskly تیز تیز چلنا ۔ فرار ہو جانا ۔ کھسک جانا ۔ تیز روی ۔ سرسراہٹ ۔ مختصر اور تیز گھڑ دوڑ ۔

Scurvy (skur-vi) *adj. & n.* Shabby, contemptible رذیل ۔ کمینہ ۔ سفلہ ۔ قابل نفرت ۔ خون کا ایک مرض جس سے مسوڑے پھول جاتے ہیں اور جسم پر سیاہ داغ پڑ جاتے ہیں ۔ فساد خون ۔ خارش ۔

A scurvy fellow کمینہ آدمی ۔

A scurvy trick کمینہ پن کی چال ۔

Scurvied *adj.* خارش زدہ ۔ اسقربوط کا مریض ۔ فساد خون میں مبتلا ۔

Scut (skut) *n.* A short erect tail ہرن یا خرگوش کی چھوٹی دم ۔ کھڑی دم ۔

Scutage (skū-tij) *n.* A tax on a knight's fee وہ محصول جو بہادروں کی فیس پر قرون وسطیٰ میں لگایا جاتا تھا ۔

Scutch (skuch) *v.t. & n.* Dress by beating کوٹ کر سن صاف کرنا ۔ موٹا یا ادنیٰ درجے کا سن جو بچ رہے ۔ پٹ سن ۔

Scutcheon (skuch-ən) *n.* Ornamental brass round key hole نقشی پٹی جو قفل کے سوراخ کے ارد گرد لگائی جائے ۔ تختی ۔ لوح ۔

Scute (skūt) *n.* A dermal plate بڑی سپر ۔ بھاری ڈھال ۔ قد کے برابر کی سپر ۔ گھٹنے کی چپنی ۔ کھپرا ۔ سخت چپٹی ہڈی ۔

Scutate, scutal *adj.* سپر سے منسوب ۔ سپر کے متعلق ۔ سپری ۔

Scuttle (skut-l) *n.* A shallow basket چھبڑی ۔ ڈلیا ۔ ٹوکری ۔ کوئلہ رکھنے کا ٹوکرا ۔

Scuttle (skut-l) *n. & v.t.* A hole, a trap door روشن دان ۔ ہوا دان ۔ موکھا ۔ سوراخ کرنا ۔ پیندے میں سوراخ کر کے جہاز کو ڈبو دینا ۔

Scuttle (skut-l) *v.i. & n.* Dash with haste بھاگ جانا ۔ فرار ہو جانا ۔ گریز ۔ فراری ۔

Scylla (silȧ) *n.* A six-headed dangerous monster who sat over a rock at Charybdis یونانی افسانوں کی ایک چھ سروں والی بلا جو ایک چٹان پر رہتی تھی اور جہاز والوں کو پکڑ کر کھا جاتی تھی ۔

Between Scylla and Charybdis } نہ جائے ماندن نہ پائے رفتن ۔ دو مصیبتوں میں پھنس جانا ۔

Scythe (skīdh) *v.t.* & *n.* An instrument with a curved blade for mowing - گھاس کاٹنے کی درانتی - ہنسیا - درانتی سے کاٹنا - فصل کاٹنا -

Sea (sē) *n.* A great mass of salt water - بحر - بحیرہ - سمندر - قلزم - موجہ - دریا - کثرت - بہتات - افراط -

A heavy sea طوفانی سمندر -
A sea of care بحر تفکرات -
A sea of troubles بے پناہ مصائب - بحر مصائب -
Mistress of the sea ملکہ بحر - سب سے بڑی بحری طاقت -

Sea-dog ایک قسم کا دریائی بچھڑا - سگ بحری -
Sea-going جہاز جو سمندر میں سفر کے قابل ہو - بڑے سمندروں میں جانے والا جہاز -
Sea-worthy سمندر میں سفر کے قابل -
Sea-farer بحری سیاحت کرنے والا - بحر نورد - ملاح -
Seamanship بحر نوردی - ملاحی - جہاز رانی -
Sea-sick قے - متلی - بحری سفر کی بیماری -

Seal (sēl) *n.* & *v.t.* A sea animal ایک سمندری جانور جو مچھلیاں کھاتا ہے - سگ بحری - سیل کا شکار کرنا -

Seal (sēl) *n.* & *v.t.* A piece of wax - مہر - چھاپ - مہر عدالت - مہر دفتر - تصدیق - ثبوت - ضمانت - ڈاٹ - زخم بند کرنے والی دوا - پانی روکنے والی ڈاٹ - مہر لگانا - سربمہر کرنا - چھپانا - مخفی کرنا -

His fate is sealed اس کی قسمت کا فیصلہ ہو چکا -
Is a sealed book to me - میرے لیے یہ سربستہ راز ہے -
My lips are sealed مجھے بولنے کی اجازت نہیں - میرے لبوں پر مہر لگی ہے -

Sealer (sēl-ər) *n.* Seal-hunter - سگ دریائی کا شکاری -

Seam (sēm) *n.* & *v.t.* A line of junction between two edges - سیون - ٹانکا - دو کوروں کا جوڑ - شکن - لکیر - چیری - پرت - طبقہ - سور کی چربی - داغ - نشان - سیون ملانا - جوڑ ملانا - دھاری بنانا -

Seamed *adj.* کور دار - جوڑ دار - سیون دار -

Seamstress (sēms-tres) *n.* A lady tailor سینے والی عورت - خیاطہ - درزن -

Seamy (sēm-i) *adj.* Having a seam - کور دار - جوڑ دار -

Seamy side زندگی کا ناگوار پہلو - سلائی والا رخ - کپڑے کا الٹا رخ -

Seance (sa-ans) *n.* A sitting of spiritualists روحانی مفکرین کا حلقہ یا جلسہ -

Sear (sēr) *n.* The catch that holds a gun at cock لبلبی روک کھٹکا جو چڑھے ہوئے گھوڑے کو گرنے سے روکتا ہے -

Sear (sēr) *v.t.* & *adj.* Dry and withered - خشک - مرجھایا ہوا - خشک کرنا - داغ لگانا - مردہ کرنا - سخت کر دینا -

Search (sər-ch) *v.i., t.* & *n.* Explore, examine تلاش - جستجو - تجسس - دیکھ بھال - تفتیش کرنا - تحقیق کرنا - کھوج لگانا - دیکھنا بھالنا - سراغ لگانا -

Search men's hearts دلوں کو ٹٹولنا -
Searcher *n.* زخم دیکھنے کا آلہ - نشتر - سلائی - تلاش کرنے والا - ڈھونڈھنے والا -

Searching (sərch-ing) *n.* Examining - تحقیق - تفتیش - تلاش - جستجو -

Searchings of heart - ضمیر کی ملامت - احساس گناہ -

Season (sē-zn) *n.* & *v.t.* One of the four divisions of the year رت - موسم - فصل - سماں - مناسب موقع یا وقت - کچھ مدت تیار کرنا - پختہ کرنا - درست کرنا - عادی کرنا - خشک کرنا - چٹ پٹا بنانا - مزیدار کرنا - دلچسپ بنانا - اعتدال پر لانا -

A word in season بر محل نصیحت - حسب موقع مشورہ -
In season and out of season موقع بے موقع -
Oysters are in season جھینگے سستے داموں مل سکتے ہیں - یہ جھینگوں کی فصل ہے -
Seasoned soldiers - سپاہی جس کو جنگ کا تجربہ ہے - آزمودہ کار سپاہی -
Seasonal *adj.* فصلی - ہنگامی - موسمی -
Seasoner *n.* مسالہ - مسالہ لگانے والا - خشک کرنے والا -
Seasoning *n.* مزہ - چٹ چٹا پن - پختہ ہو جانا - مسالہ لگانا - تیار کرنا - خشک کرنا -
Seasonable *adj.* برمحل - مسالہ لگانے کے قابل - محفوظ کرنے کے قابل - پختہ کرنے کے قابل -

Seasonable aid برمحل امداد ۔
Seasonable arrival بر وقت آمد ۔
Seasonableness *n.* وقت کی مناسبت ۔ موقع محل کی مناسبت ۔

Seat (sēt) *n.* & *v.t.* Any thing used for sitting بیٹھنے کا طریقہ ۔ بیٹھک ۔ نشست گاہ ۔ مونڈھا ۔ کرسی ۔ مسند ۔ چوکی ۔ صدر مقام ۔ دارالقرار ۔ مرکز ۔ مقام ۔ رکنیت ۔ ممبری ۔ نشست مہیا کرنا ۔ مضبوط کرنا ۔ پکا کرنا ۔ تلا چڑھانا ۔ پیندا چڑھانا ۔ زین لگانا ۔ نصب کرنا ۔ قائم کرنا ۔

A deep-seated disease کہنہ مرض ۔
The pindal is seated for 5000 پنڈال میں پانچ ہزار نشستیں ہیں ۔
The seated hills مضبوط جمے ہوئے پہاڑ ۔

Sebaceous (si-ba-shəs) *adj.* Tallowy ۔ روغنی ۔ چربیلا ۔ روغن دار ۔

Sebastan (si-bes-tən) *n.* An oriental fruit-bearing tree لسوڑا ۔ سپستان ۔

Sec (sek) *adj.* Dry, of wines ۔ (شراب) خشک ۔ بے مزہ

Secant (sē-kənt) *adj.* & *n.* Cutting نصف دائرے اور مماس کا وتر ۔ خط قاطع ۔

Secateur (sek-ə-tər) *n.* Pruning shears قینچی ۔

Secede (si-sēd) *v.i.* Withdraw الگ ہونا ۔ قطع تعلق کرنا ۔ علیحدہ ہو جانا ۔

Seceder *n.* وفاق سے نکل جانے والا ۔ کوئی ریاست جو مرکز سے الگ ہو جائے ۔ علیحدہ ہونے والا ۔ خارجی معتزلی ۔

Secernent (si-sərn-ənt) *adj.* & *n.* Separation جسم کی رطوبت خارج کرنے والا ۔ رطوبت خیز ۔

Secession (si-sē-shən) *n.* Separation پھوٹ ۔ افتراق ۔ جدائی ۔ علیحدگی ۔

Secessionism *n.* افتراقیت ۔ علیحدگی کا اصول ۔ افتراق پسندی ۔

Secessionist *n.* افتراق پسند ۔ علیحدگی پسند ۔

Seclude (si-klo͞od) *v.t.* Shut off from association الگ رکھنا ۔ علیحدہ کرنا ۔ کنارہ کرنا ۔ صحبت سے گریز کرنا ۔ مجمع سے پرہیز کرنا ۔

Seclusion (si-klo͞o-zhən) *n.* Retirement, privacy علیحدگی ۔ تنہائی ۔ گوشہ نشینی ۔

Seclusionist *n.* خلوت نشین ۔ تنہائی پسند ۔
Seclusive *adj.* خلوت گیر ۔ کنارہ کش ۔ خلوت کا ۔

Second (sik-ənd) *adj. n.* & *v.t.* Next after or below the first دوسرا ۔ دوم ۔ ثانی ۔ مجازی ۔ نقلی ۔ آنرس کے امتحان کا دوسرا درجہ ۔ مکہ بازی میں فریق کا حامی ۔ ڈول میں لڑنے والے کا حامی یا مدد گار ۔ ثانیہ ۔ سیکنڈ ۔ لمحہ ۔ کم درجے کا سامان ۔ موٹے آٹے کی روٹی یا موٹا آٹا ۔ تائید کرنا ۔ حمایت کرنا (فوجی) برخواست کرنا ۔ معطل کرنا ۔

Second hand پرانا ۔ مستعملہ ۔
Second through غور ثانی ۔
Come off second beat آخری مقابلہ میں ہار جانا ۔
Play the second fiddle کسی کا تابع ہونا ۔
Second adventist حضرت عیسیٰ کے ظہور ثانی کا عقیدہ رکھنے والا ۔
Seconder *n.* حامی ۔ تائید کرنے والا ۔

Secondary (sek-ənd-a-ri) *adj.* & *n.* Subordinate دوسرے درجے کا ۔ ماتحت ۔ تابع ۔ نمائندہ ۔ وکیل ۔ گرجا کا چھوٹا عہدہ دار ۔ کیڑے کا پچھلا پر ۔ زمین کا دوسرا طبقہ ۔

Secondary education فوقانی ۔ وسطانی ۔ ثانوی ۔
Secondary school مدرسہ فوقانیہ ۔

Seconde (sek-ənd) *n.* Fencing position پٹہ بازی یا تیغ زنی کا پینترا ۔

Secondly (sek-ənd-li) *adv.* In the second place دوسرے درجے پر ۔ ثانیاً ۔ دوم ۔

Secrecy (sē-kri-si) Concealment بھید ۔ راز ۔ پردہ ۔ پوشیدگی ۔ اخفا ۔ تنہائی ۔ خلوت ۔ گوشہ گیری ۔ راز داری ۔ پردہ پوشی ۔ سکوت ۔

He promised secrecy اس نے اخفائے راز کا وعدہ کیا ۔
There can be no secrecy about it یہ بات چھپی نہیں رہ سکتی ۔

Secret (sē-krit) *adj.* & *n.* Kept back from knowledge of others مخفی ۔ پوشیدہ ۔ راز ۔ اسرار ۔ مکتون ۔ پادریوں کی عبادت ۔ خلوت ۔ اعضائے مخصوصہ ۔

Secret service رازکی خدمت ۔ محکمہ خفیہ ۔
Secret service money موازنہ محکمہ خفیہ ۔ مخفی اطلاعات کے حصول کے مصارف ۔

Secretly *adv.* خفیہ طور پر -

Secretaire (sē̄k-ri-tar) *n.* A secret repository لکھنے پڑھنے کی میز - کاغذات رکھنے کی الماری -

Secretary (sek-ri-tāri) *n.* Deputy to the minister معتمد - وزیر متعلقہ کا معتمد -

Secretarial (sek-ri-tā-ri-əl) *adj.* Of a secretary معتمد کا - معتمدی کا -

Secretariat (sek-ri-tā-ri-ət) *n.* A body of secretaries or their office - دفتر معتمدین - عہدہ معتمدی وزیر متعلقہ کا دفتر معتمدی -

Secrete (sek-rēt) *v.t.* Give out, hide بدن کی رطوبت نکالنا - چھپانا - چھپا کے رکھنا -

Secretor *n.* نکالنے والا - خارج کرنے والا -

Secretory *adj.* بدن کی رطوبت نکالنے والا - افرازی -

Secretion (sek-rē-shən) *n.* The act of secreting افراز - اخراج - بدن کے رطوبات کا خون سے علیحدہ ہو جانا - ریزش - اخفا -

Secretive (sek-rē-tiv) *adj.* Given to secrecy دیر آشنا - کم گو - اخفا کا دلدادہ - رطوبت خیز - افرازی -

Secretively *adv.* رطوبت خیزی سے - راز داری کے لحاظ سے -

Secretiveness *n.* افرازیت - اخراج - اخفا پسندی -

Sect (sekt) *n.* A body of followers فرقہ - گروہ - طائفہ - جماعت - مذہبی فرقہ -

Sectarian *adj.* خاص جماعت کا - فرقہ بندی کا - فرقہ وارانہ -

Sectarianism *n.* فرقہ پرستی -

Sectarianize *v.t.* فرقوں میں تقسیم کرنا - فرقہ بندی کرنا - فرقہ - فرقہ بنانا -

Sectary (sekt-əri) *adj.* Narrow, exclusive فرقہ پرست - متعصب - تنگ نظر -

Section (sek-shən) *n.* & *v.t.* Division, portion ٹکڑا - قطع - حصہ - باب - فصل - شعبہ - ضمن - سطح - کاٹ - فوجی دستہ - پرا - فرقہ - فریق - گروہ - طائفہ تقسیم کرنا - ٹکڑے کرنا - ابواب یا دفعات میں ترتیب دینا -

Sectional *adj.* دفعہ وار - گروہ - طائفہ یا شعبہ سے متعلق -

Sectionalism *n.* تفریق پسندی - فرقہ بندی - فرقہ پرستی -

Sectionally *adv.* قطعہ بندی کے لحاظ سے - دفعہ وار - فرقہ بندی کے طور پر -

Sector (sek-tər) *n.* A length or section of a fortified line حلقہ - قطعہ - حصہ - ایک ہندسی آلہ - قطعہ دائرہ -

Sectoral *adj.* حلقہ واری - قطعہ دائرہ سے متعلق -

Sectorial (sek-tō̄-ri-əl) *adj.* & *n.* Adopted for cutting کاٹنے اور چبانے کے قابل - نیچے اوپر کے دو دانت جو غذا کو کاٹتے ہیں -

Secular (sek-ū̄-lər) *adj.* Age long, not concerned with religion لادینی - لامذہبی - آزاد - غیر معین مدت کا - دنیاوی - ایسا پادری جو گرجا کے قواعد کا پابند نہ ہو -

Secular change تبدیلی جو دنیاوی حالات سے پیدا ہو - تغیر جو بتدریج ہو -

Secular education تعلیم جو انسانی اقدار پر مبنی ہو - غیر دینی تعلیم - دنیاوی تعلیم -

Secularism *n.* اخلاقیات - انسانیت - لادینیت -

Secularist *n.* اخلاقیات کا موید - غیر مذہبی تعلیم کا حامی -

Secularize *v.t.* اخلاقیاتی اقدار کا پرچار کرنا - غیر مذہبی بنانا -

Secularization *n.* اخلاقیات کو رواج دینے کا عمل - دنیاوی بنانے کا عمل -

Secularity *n.* لادینیت - غیر مذہبی ہونا - دنیا داری -

Secularly *adv.* دنیا داری کی رو سے - دنیاوی اعتبار سے -

Secund (se-kund) *adj.* All turned to the same side یک رخی پودا یا پھول - یک رخی -

Secundum-naturum (se-kundum-na-tu-rum) *adj.* In a natural way فطری طور پر - فطری انداز سے -

Secure (se-kū̄r) *adj.* & *v.t.* Without care or anxiety محفوظ - مامون - بے فکر - سادہ لوح - بھولا - بھروسہ کرنے والا - قابل اطمینان - متیقن - پر امید - محفوظ کرنا - محصور کرنا - نقصان سے بچانا - گرفتار کرنا - حراست میں رکھنا - پکڑ رکھنا - بند کرنا -

Secure existence پرسکون زندگی -

Securely *adv.* بے خطر - حفاظت سے -

Securable *adj.* حاصل کرنے کے لائق - قابل حصول -

Security (si-kur-iti) *n.* State of being safe خاطر جمعی - اطمینان - سکون - حفاظت - محافظت - سلامتی - بچاؤ - ضمانت - کفالت - کفیل - ضامن - وثیقہ - ہنڈی -

Pride is security against meanness غرور کا ہونا کمینہ پن نہ ہونے کی ضمانت ہے -

Sedan(chair) (si-dan) *n.* Covered chair ڈولا - ڈولی - پالکی - میانہ - پینس-(امریکہ) بند موٹر گاڑی جس میں چار نشستیں ہوتی ہیں -

Sedate (si-dat) *adj.* Composed پرسکون - سنجیدہ - حلیم الطبع - متین -

Sedateness *n.* سنجیدگی - تحمل - متانت -

Sedative (si-dat-iv) *adj.* Composing مسکن دوا - سکون بخش -

Sedefendendo (si-di-fen-den-do) *adj.* In self defence خود حفاظت اختیاری میں - اپنے بچاؤ کیلئے -

Sedentary (se-dən-təri) *adj.* & *n.* Sitting much بیٹھا رہنے والا - سست - کاہل -

Sederunt (si-de-r-unt) *n.* In Scotland a sitting as of a court جلسہ - نشست - صحبت - پنچائت -

Sedge (sej) *n.* Any plant of the species of carex ایک قسم کی گھاس جو مرطوب زمین میں ہوتی ہے - سیج - اس گھاس کا تختہ -

Sedgy *adj.* سیج گھاس کی کثرت کا (علاقہ) -

Sediment (sed-i-mənt) *n.* What settles at the bottom گاد - دُرد - تلچھٹ -

Sedimentary *adj.* تلچھٹ ملا - گدلا - تہہ میں بیٹھا ہوا -

Sedition (si-dish-ən) *n.* Insurrection بغاوت - سرکشی - حکومت کی مخالفت - فساد - فتنہ -

Seditious *adj.* پرفتور - مفسدانہ - باغیانہ -

Seditiousness *n.* فسادِ انگیزی - سرکشی - بغاوت پر آمادہ ہونا -

Seduce (si-dus) *v.t.* Lead astray, entice اغوا کرنا - بہکانا - ورغلانا - گمراہ کرنا - بے عصمت کرنا - آبرو ریزی کرنا - (عورت کو) بھگا لے جانا -

Seducible *adj.* جو بہکانے میں آ جائے - اغوا کے لائق - ورغلانے کے قابل -

Seducingly *adv.* ورغلاتے ہوئے - بہکاتے ہوئے -

Seducement *n.* پھسلاوا - بہکاوا - اغوا -

Seducer *n.* بھگا کر لے جانے والا - بہکانے والا -

Seduction (si-duk-shən) *n.* Allurement بہکاوا - ترغیب - اغوا -

Seductive *adj.* بہکانے والا - بھاگنے پر آمادہ کرنے والا - دلکش -

Seductively *adv.* دلکشی سے - دل فریبی سے -

Seductiveness *n.* دل فریبی - دلکشی -

Sedulous (sed-u-ləs) *adj.* Assiduous محنتی - سرگرم - مشقت پسند - جفا کش - ثابت قدم -

With sedulous care تن دہی سے - پوری احتیاط سے -

Sedulity *n.* تن دہی - مشقت - ثابت قدمی - جفا کشی - مستعدی -

See (se) *v.t.* & *i.* Recognise, perceive دیکھنا - نظر کرنا - تاکنا - غور کرنا - سمجھنا بوجھنا - معلوم کرنا - دھیان کرنا - محسوس کرنا - ملاقات کرنا - معائنہ کرنا - خبرداری کرنا - نگرانی کرنا - تصور کرنا - خیال کرنا - پہنچانا - ساتھ دینا - دور کرنا - پرکھنا - تحقیق کرنا - احتیاط کرنا - مناسب سمجھنا - خوشی سے قبول کرنا -

See eye to eye ہم خیال ہونا -

See visions صاحب بصیرت ہونا - روشن ضمیر ہونا -

See the sights قابل دید مقامات کی سیر کرنا -

Seer *n.* صاحب کشف - روشن ضمیر - اہل دل - صاحب بصیرت -

See (se) *n.* Seat of authority, a diocese اسقف اعظم کا علاقہ یا حکومت - اسقف اعظم کا صدر مقام -

Holy See or See of Rome نظام پاپائی - پوپ کا منصب -

Seed (sed) *v.t.*, *i.* & *n.* That which is sown تخم - بیج - نطفہ - منی - اصل - مادہ - بنیاد - جڑ - نسل - اولاد - بیج بونا - تخم ریزی کرنا - پھل سے بیج علیحدہ کرنا - بیج پک کر گرنا - (کھیل) اچھے کھلاڑیوں کو معمولی کھلاڑیوں سے علیحدہ کرنا -

Seedsman بیجوں کا تاجر - تخم فروش -

Seed pearl چھوٹا موتی -

Seed time تخم ریزی کا وقت -

Seeding plough بیج بونے کا ہل - بیج ہل -

Seeder *n.* - انڈے دینے پر تیار مچھلی - بیج بونے کی مشین

Seedling (sēd-ling) *n.* A plant reared from the seed پنیری - روپ - ننھا پودا -

Seedy (sēd-i) *adj.* Full of seeds بیج بھرا - تخم دار - پودا جو پھول نہ دے (بول چال) پھٹا پرانا - بوسیدہ - پھٹے حالوں - علیل - ایک برانڈی جس میں کسی خاص پودے یا گھاس کی خوشبو ہو جو انگور کے باغ میں اُگا ہو -

Seedily *adv.* مریض کی طرح - پھٹے حالوں - خستہ حالی سے -

Seediness *n.* پھٹے حالوں - ناسازی مزاج - علالت -

Seek (sēk) *v.t.* & *i.* Look for ڈھونڈھنا - تلاش کرنا - کھوج لگانا - سراغ لگانا - مانگنا - درخواست کرنا - سوال کرنا - درپے ہونا - کوشش کرنا - پتہ لگانا - کمیاب ہونا -

Politeness is much to seek among them } ان میں خوش خلقی کا مادہ ہی نہیں -

Seeker *n.* ایک چھوٹی دوربین - جوینده - متلاشی -

To seek بے کس -

Seel (sēl) *v.t.* Sew up the eyelids of a hawk باز کے پپوٹے سی دنیا - باز کی آنکھیں بند کر دینا - دھوکا دینا - آنکھوں میں دھول جھونکنا -

Seem (sēm) *v.i.* Appear معلوم ہونا - سوجھنا - سجھائی دینا - نظر آنا - دکھائی دینا -

Do not appear to کسی نہ کسی وجہ سے - نہیں معلوم کیوں -

I do not seem to like him نہیں معلوم کیوں میں اسے پسند نہیں کرتا -

Seeming (sēm-ing) *adj.* Appearing ظاہر - عیاں - ظاہری - ظاہر کا -

A seeming friend دکھاوے کا دوست -

Seemingly *adv.* دکھاوے کے طور پر - دیکھنے میں - بظاہر -

Seemly (sēm-li) *adv.* & *adj.* Becoming, decent خوشنما - زیبا - خوش نمائی سے - خوش اسلوبی سے -

Seemliness *n.* معقولیت - موزونیت - زیبائی - خوش نمائی -

Seep (sēp) *v.i.* Ooze, percolate ٹپکنا - رسنا - قطرہ قطرہ بہنا -

Seer (sēr) *n.* Indian weight of about 2 Lbs سیر - دو پاؤنڈ -

Seerband (sēr-band) *n.* Turban پگڑی - سربند -

Seer-sucker (sēr-suk-ər) *n.* Milk and sugar شیر و شکر -

See-saw (sē-saw) *adv., adj., v.t.,* & *n.* Up and down motion, a balancing plank بچوں کا تختہ کا جھولا - ہنڈولا - لمبے تختے کا دو آدمیوں کا جھولا - نیچے اوپر - ہنڈولے کی طرح نیچے اوپر حرکت کرنا - نیچے اوپر حرکت کرتے ہوئے اپنے برتاؤ میں مذبذب ہونا - ڈھل مل پالیسی -

Seethe (sēdh) *v.t.* Boil ابالنا - جوش دینا - کھولانا - جوش میں آنا - غصہ کرنا -

Segment (seg-mənt) *v.t., i.* & *n.* A part cut off پھانک - قاش - ٹکڑا - قتلا - ٹکڑے کرنا - قاشیں تراشنا - شگوفہ دار ہونا - کلی دار ہونا -

Segmental, Segmentary } *adj.* پھانک کی طرح کا - قاش دار - قتلوں کے متعلق -

Segmentation *n.* ٹکڑے ٹکڑے ٹکڑوں میں تقسیم ہونا - ہونا -

Segnitude (seg-ni-tūd) *n.* Indolence سستی - کاہلی -

Segregate (seg-ri-gāt) *v.t.* & *i.* Set apart جدا کرنا - الگ کرنا - علیحدہ رکھنا - تنہا رہنا -

Segregation *n.* تفریق - علیحدہ رکھنا - جدائی - علیحدگی -

Segregative *adj.* جدا کرنے والا - علیحدگی پسند -

Segregate (seg-ri-gāt) *adj.* Separate, solitary علیحدہ کیا ہوا - علیحدہ - تنہا -

Seidlitz powder (sed-lits-powder) *adj.* & *n.* An aperient powder سڈلٹ کا سفوف - یہ دو سفوف ہوتے ہیں جو الگ الگ پانی میں حل کرنے کے بعد ملائے جاتے ہیں - یہ ایک ملین دوا اور مسہل ہے -

Seigneur (sen-yər) *n.* A title of address, a feudal lord مالک - آقا - تعلقدار - جاگیر دار - رئیس - حضور والا - جناب عالی -

Seigniorial *adj.* تعلقدارانہ - رئیسانہ -

Seigniorage (sen-yər-aj) *n.* King's royalty in minerals or currency چاندی سونے کے سکوں پر شاہی حق -

Seigniory (sen-yər-i) *n.* A domain تعلقہ - علاقہ - جاگیر - جاگیر داری - امارت -

Seine (sān) *n.* & *v.t.* A large vertical fishing net مہا جال - ماہی گیری کا بڑا جال جو پانی میں سیدھا کھڑا رہتا ہے - ایسے جال سے مچھلیاں پکڑنا -

Seiner *n.* مہا جال سے مچھلیاں پکڑنے والا -

Seismic (sēz-mik) *adj.* Pertaining to earthquake زلزلے کا - بھونچال کے متعلق -

Seismograph *n.* زلزلہ پیما - ایک آلہ جس سے زلزلے کی قوت اور مقام معلوم ہوتا ہے -

Seismography *n.* فن زلزلہ پیمائی - زلزلے کی قوت کا پتہ لگانا - زلزلہ پیمائی -

Seismologist *n.* ماہر ارتعاش ارضی - علم زلزلہ کا ماہر -

Seize (sēz) *v.t.* Take possession of, grasp suddenly پکڑ لینا - قبضہ میں کر لینا - تصرف میں لانا - چھین لینا - جبراً لے لینا - قرق یا ضبط کر لینا (جہاز رانی) رسی سے باندھنا اور کوڑے لگانا - سمجھ لینا - تاڑ لینا - مشینوں کا جکڑ جانا - یا رک جانا -

He was seized with panic اس پر دہشت طاری ہو گئی -

He was seized with remorse وہ عرق ندامت میں ڈوب گیا -

Seizable *adj.* لائق گرفت - قرق یا ضبطی کے قابل - قبضہ کرنے کے قابل -

Seizing *n.* ضبطی - قرق - گرفتاری - گرفت -

Seizor *n.* حراست میں لینے والا - قرق کرنے والا -

Seizure (si-zhər) *n.* A sudden fit ضبطی - قرق - گرفتاری - مرض کا دورہ - بیماری -

Sejant (se-jənt) *adj.* Sitting like a cat بلی کی طرح بیٹھا ہوا -

Sekos (sē-kos) *n.* A sacred enclosure معبد - مندر یا درگاہ کا احاطہ -

Seladang (se-lā-dang) *n.* The gaur ملایا کے علاقہ کا بڑا سانڈ -

Selamlik (se-lam-lik) *n.* Men's part of a Muslim house مردانہ بیٹھک - دیوان خانہ - مردوں کے بیٹھنے کا کمرہ جو زنان خانہ سے علیحدہ ہوتا ہے -

Seldom (sel-dəm) *adv.* Rarely بہت کم - شاذو نادر - کبھی کبھار - گاہے گاہے -

Select (si-lekt) *adj.* & *v.t.* Picked out, to pick out by preference منتخب - پسندیدہ - چیدہ - نادر - عمدہ - نفیس - مستثنیٰ - انتخاب کرنا - چھانٹنا - چننا -

Select committee پارلیمنٹ کی منتخبہ کمیٹی - مجلس منتخبہ -

Selective *adj.* انتخاب کے متعلق - انتخابی -

Selector *n.* چننے والا - منتخب کرنے والا -

Selection (si-lek-shən) *n.* Thing or person selected, act of selecting انتخاب - پسندیدگی - منتخب ہونا - چھانٹ - ارتقا میں بہتر اور مضبوط نوع کا باقی رہنا -

Selectivity (se-lek-tiv-iti) *n.* Ability to discriminate, catching correct station کسی خاص نشر کو خاص مقام سے پکڑ لینا - قوت انتخاب -

Selenite (sel-i-nīt) *n.* A moon-dweller کھریا مٹی - کھریا نمک - چاند کا باسی -

Selenium (sel-i-ni-əm) *n.* A non-metallic element ایک غیر معدنی عنصر - سیلی نیم -

Selenography (sel-i-nog-rə-fi) *n.* Study of the moon's surface چاند کا علم - سطع قمر کے طبعی حالات کا علم - علم القمر - چاند کی مساحت -

Selenographer (sel-i-nog-rə-fer) *n.* One who makes study of moon's physical features چاند کے طبعی حالات کا ماہر -

Selenologist (sel-i-no-log-ist) *n.* One who studies moon چاند کے علم کا عالم - چاند کی تحقیق کرنے والا - چاند کی طبعی حالت کا عالم -

Self (self) *n.* Personality, ego خود - آپ - انا - ذات - نفس - خودی - ذاتی اغراض یا مقاصد - یکساں رنگ کا پھول -

Study of the self نفس یا ذات کا مطالعہ -

His former self جیسا کہ وہ پہلے تھا - اگلا وجود - اگلا جنم -

His better self اس کی فطرت کا اچھا پہلو ۔

elf (self) *prefix* By, of, in relation to oneself or itself سابقہ بمعنی : اپنے آپ ، خود ۔

Self-abasement اپنی آپ تذلیل ۔ بے جا انکسار ۔

Self-accuser *n.* خود کو ملزم قرار دینے والا ۔

Self-accusatory *adj.* خود کو ملزم ٹھیرانے والی ۔ خود الزامی ۔

Self-evident *adj.* بدیہی ۔ صریحی ۔ اظہر من الشمس ۔

Self-conceited *adj.* خود بین ۔ متکبر ۔ خود فریب ۔

Self-absorption *n.* اپنی ذات میں محویت ۔ انہاک بالذات ۔

Self-confidence اعتماد بالذات ۔ خود اعتمادی ۔

Self-conscious *adv.* وہ شخص جس کو اپنی ہی فکر ہو ۔ خود نگر ۔ خود فکر ۔ خود احساس ۔

Self-consciousness *n.* اپنے نفس کی فکر کرنا ۔ خود حسی ۔ خود شعوری ۔

Self-righteous *adj.* خود کو پاکباز سمجھنے والا ۔ خود پسند ۔

Self-seeking *adj.* & *n.* خود غرضی ۔ خود مطلبی ۔ خود غرض ۔ خود مطلب ۔

Self-sufficient *adj.* & *n.* جو اپنی ہر چیز کو مکمل سمجھے ۔ بے نیاز ۔ مغرور ۔ خود کفیل ۔

Self-sufficiency *n.* غرور ۔ خود بینی ۔ بے نیازی ۔

Self-abuse *n.* جلق ۔ مشت زنی ۔ غلط کاری ۔

Self-admiration *n.* خود ستائی ۔ خود پسندی ۔

Self-aggrandizement *n.* نامناسب طور پر دولت جمع کرنا ۔ اپنے لیے سب کچھ کرنا ۔ خود پروری ۔

Self-asserting *adj.* اپنی بات زور سے منوانے والا ۔ اپنے آپ پر زور دینے والا ۔ اپنے آپ کو نمایاں کرنے والا ۔

Self-assumed *adj.* خود اختیار کیا ہوا ۔ خود ساختہ ۔

Self-centred *adj.* خود مطلب ۔ محو بالذات ۔

Self-communion *n.* اپنی ذات کی چھان بین ۔ محاسبہ نفس ۔

Self-complacent *adj.* جو تن آسانی سے مطمئن ہو ۔ آسودہ خاطر ۔

Self-conquest *n.* فتح نفس ۔ اپنے نفس پر قابو پانا ۔

Self-contempt *n.* اپنے آپ کو حقیر سمجھنا ۔ خود تذلیلی ۔

Self-control *n.* اپنے نفس پر قابو رکھنا ۔ ضبط نفس ۔

Self-deception *n.* فریب نفس ۔ خود فریبی ۔

Self-defence *n* حفاظت ذات ۔

Self-delusion *n.* اپنے آپ کو کسی وہم میں مبتلا کر لینا ۔ خود فریبی ۔

Self-denying *adj.* نفس کش ۔ من مار ۔

Self-denial *n.* نفس کشی ۔ ایثار ۔

Self-depreciation *n.* اپنے آپ کو کم سمجھنا ۔ خود استخفافی ۔

Self-determination *n.* اپنے متعلق فیصلہ کرنے کا حق ۔ خود مختاری ۔

Self-devotion *n.* اپنے فائدے کے لیے محنت کرنا ۔ کسی امر کے حصول کے لیے جان لڑانا ۔ جان نثاری ۔

Self-discipline *n.* ضبط نفس ۔

Self-disparagement *n.* اپنے عیوب ظاہر کرنا ۔ اپنی ذات کو گھٹانا ۔

Self-educated *adj.* اپنی ذات سے تعلیم حاصل کرنے والا ۔ خود آموختہ ۔

Self-esteem *n.* عُجب ۔ خود پسندی ۔

Self-flattering *adj.* خود ستایانہ ۔

Self-glorification *n.* خود ستائی ۔ اپنی بڑائی ۔ بڑبھس ۔

Self-governing *adj.* سوراجی ۔ خود اختیاری ۔

Self-help *n.* اپنی مدد آپ کرنا ۔ خود کوشی ۔

Self-immolation *n.* اپنی ذات کو لاشے سمجھنا ۔ ایثار ۔ خود نثاری ۔

Self-important *adj.* اپنی ذات کو اہم سمجھنے والا خود پندار ۔

Self-importance *n.* بے جا غرور ۔ خود پنداری ۔

Self-inflicted *adj.* خود عائد کردہ ۔ خود آوردہ ۔

Self-interest *n.* خود غرضی ۔ ذاتی فائدہ ۔

Self-love *n.* انانیت ۔ حبِ ذات ۔

Self-made *adj.* جس نے اپنی محنت سے ترقی کی ہو ۔ خود ساختہ ۔

Self-opinionated *adj.* خود پسند ۔ خود رائے ۔

Self-pleasing *adj.* نفس پرست ۔

Self-possessed *adj.* اپنے آپ پر قابو پانے والا ۔ متحمل ۔ ٹھنڈے مزاج کا ۔

Self praise *n.* خود ستائی ۔

Self-realization *n.* معرفت ذات ۔

Self-reliance *n.* خود اعتمادی ۔

Self-reproach *n.* شماتت ضمیر ۔ ملامت نفس ۔ خود ملامتی ۔

Self-respect *n.* غیرت مندی ۔ خود داری ۔

Self-restrained *adj.* صابر ۔ اپنے نفس پر جبر کرنے والا ۔

Self-sacrifice *n.* نفس کی قربانی ۔ ایثار ۔

Self-same *adj.* ہو بہو وہی ۔ بالکل وہی ۔

Self-satisfaction *n.* اطمینان ذات ۔ خود اطمینانی ۔

Self-starter *n.* (موٹر کا) چال پرزہ ۔ خود چالو ہونے والی ۔

Self-suggestion *n.* خود اپنی ذات کو ہدایت کرنا ۔ اشارہ نفس ۔ تعلیم نفس ۔

Self-supporting *adj.* خود پرور ۔ اپنی ذاتی آمدنی سے گزارہ کرنے والا ۔

Self-sustaining *adj.* خود گزار ۔ اپنا بوجھ خود اٹھانے والا ۔

Self-torture *n.* اپنے آپ کو عذاب دینا ۔ خود آزاری ۔

Self-worship *n.* خود پرستی ۔

Selfish (self-ish) *adj.* Centred in the self خود غرض ۔ خود مطلب ۔ نفس پرور ۔ ابن الغرض ۔ نفس پرست ۔

Selfishness *n.* خود غرضی ۔

Selfless (self-les) *adj.* Self-denying بے غرض ۔ بے نفس ۔ جس کو اپنا فائدہ مقصود نہ ہو ۔

Selflessness *n.* بے نفسی ۔ بے غرضی ۔

Seljuk (sel-jook) *n.* A member of any one of the Turkish dynasties سلجوق ۔ ترکوں کا ایک مشہور شاہی خاندان ۔

Sell (sel) *v.t., i. & n.* Give up for money بیچنا ۔ فروخت کرنا ۔ بیع کرنا ۔ مول دینا ۔ کسی شے کا ذخیرہ کرنا ۔ دکان دار ہونا ۔ روپے یا صلے کی خاطر بے وفائی کرنا ۔ رشوت لے کر ناجائز کام کرنا ۔ دغا دینا ۔ جھانسا ۔ وعدہ خلافی ۔ خوب بکنا ۔ بکری ۔ فروخت ۔

Sell one's self dearly دشمن کو مار کر مارا جانا ۔

Sell one a pup (بول چال) دھوکا دینا ۔ دھوکا دے کر لوٹ لینا ۔

Seller *suffix* حقہ بمعنی بیچنے والا ۔

Selvage-vedge (sel-vij) *n.* A differently finishe edge of cloth ناره ۔ کنی ۔ کور ۔ بیل ۔

Semaphore (sem-ə-for) *n., v.t. & i.* Flag for sig nalling ھنڈی ۔ جھنڈی ہلا کر اشارہ کرنا ۔

Semasiology (si-ma-zi ol-ə-ji) *n.* Science of th meaning of words کسی زبان کے الفاظ کے عنی کا علم ۔

Sematic (si-ma-tik) *adj.* Of deep colour انوروں رنگ ۔ گہرا ۔ روشن ۔

Semblance (sem-bləns) *n.* Likeness لتی ہوئی ورت ۔ میل ۔ مشابہت ۔

Bears the semblance of an angel and the heart of a devil } کل فرشتوں کی ور دل شیطان کا ہے ۔

Semeiology (sem-i-lo-ji) *n.* Study of symptom لم تشخیص امراض ۔ علامات سے مرض تشخیص کرنا ۔

Semen (se-men) *n.* The liquid that carrie spermatozoa نی ۔ نطفہ ۔ دھات ۔ غلیظ پانی ۔

Semester (si-mes-tər) *n.* Half-yearly universit course شش ماہی میقات جامعہ ۔

Semi (sem-i) *prefix* Half ابقہ بمعنی نصف ۔ آدھا ۔

Semi-annual ش ماہی ۔

Semi-circle یم دائرہ ۔

Semi-colon توسط وقف (;) ۔

Semi-detached کان جس کا کچھ حصہ دوسرے مکان سے ملا ہوا ہو ۔ نیم واصل ۔

Semi-final خری کھیل سے پہلے کا کھیل ۔

Semi-official یم سرکاری ۔

Semi-tropical نطقہ حارہ کے قریب ۔ نیم حارہ ۔

Seminal (sem-in-l) *adj.* Pertaining to seed o semen نی یا تخم کے متعلق ۔ نطفے کا ۔ مادہ حیات ا ۔ بنیادی ۔ اصلی ۔ بڑھنے والا ۔

In the seminal state بتدائی حالت میں ۔ نطفے کی حالت میں ۔

Seminal fluid غلیظ پانی ۔ نطفہ ۔ منی ۔

Seminal principles سیاسی اصول ۔ ابتدائی اصول ۔

Seminar (sem-in-ar) *n.* Advanced students carrying on higher studies under a teacher اعلیٰ جماعت کے طلبا جو پروفیسر کی نگرانی میں تحقیقاتی کام کرتے ہیں ۔

Seminary (se-min-ər-i) *n.* A seed plot کم عمر طلبا کا مدرسہ ۔ بیج بونے کا خطہ ۔ نرسری ۔

Semination (sem-i-na-shən) *n.* Sowing, seeding تخم ریزی ۔ تخم ڈالنا ۔ بوائی ۔ پودے تیار کرنا ۔

Seminiferous (sem-in-i-fe-rəs) *adj.* Seed-bearing, carrying semen تخم آور ۔ نطفہ دار ۔

Semiology (sem-io-lo-ji) *n.* Science of diagnoses علم تشخیص امراض ۔

Semite (sem-it) *adj.* & *n.* A member of Semitic race سام کی اولاد ۔ سامی نسل کا ۔ سامی نسل میں عبرانی ، ارمنی ، عرب ، حبشی ، شامی ، مصری شامل ہیں ۔

Semitic *adj.* & *n.* سامی نسل یا زبان کا ۔ سامی ۔

Semitism *n.* سامی زبان کا محاورہ ۔ سامیت ۔

Semitist *n.* سامی ادب اور زبان کا ماہر ۔ سامیات کا ماہر ۔

Semitize *v.t.* سامی تہذیب میں لانا ۔ سامی بنانا ۔

Semolina (sem-ə-le-na) *n.* Hard particles of wheat flour سوجی ۔ روا ۔

Sempstress (semps-tres) *n.* Seamstress دیکھو

Senarius (sen-ə-ri-əs) *adj.* Of six parts شش رکنی بحر ۔ بحر مسدس ۔ چھ رکنی شعر کی بحر ۔

Senary (sen-ə-ri) *adj.* Based on six چھ کا ۔ شش گانہ ۔

Senate (sen-it) *n.* Governing body of ancient Rome, governing body of a university مجلس منتظمین ۔ مجلس رفقائے جامعہ ۔ مجلس وضع قوانین کا ایوان بالا ۔ مجلس قانون ساز ۔

Senator (sen-it-ər) *n.* A member of a governing body مجلس انتظامی کا رکن ۔ مجلس قانون ساز کا رکن ۔

Senatorial *adj.* مجلس انتظامی کا ۔ مجلس اکابرین کا ۔

Senatorship *n.* سینٹ کی رکنیت ، عہدہ اور حقوق ۔

Send (send) *v.t.* & *i.* Cause, direct or tell to go بھیجنا ۔ ارسال کرنا ۔ روانہ کرنا ۔ کہلا بھیجنا ۔ پیام بھیجنا ۔ چلانا ۔ آگے بڑھنا ۔ پھیلنا ۔ ڈالنا ۔ بخشنا ۔ برآمد ہونا ۔ خارج ہونا ۔ خارج کرنا ۔ نام نکال دینا ۔ خیر باد کہنا ۔ الوداع کرنا ۔ مدحیہ تبصرہ کرنا ۔

Sender *n.* بھیجنے والا ۔ ارسال کنندہ ۔

Send off رخصت کرنا ۔

Send word کہلا بھیجنا ۔ پیغام بھیجنا ۔

Send, scend (send) *n.* & *v.i.* Impulse given by the down slope of a wave موج کے اتار کا دھکا جو جہاز کو ہلا دیتا ہے ۔ ایسے دھکے سے جہاز کا ڈانواں ڈول ہونا ۔

Senescent (si-nes-ənt) *adj.* Verging on old age سن رسیدہ ۔ کُہنہ ۔ ضعیف ۔ پیر ۔ مائل بہ ضعیفی ۔

Senescence *n.* ضعیفی ۔ پیرانہ سالی ۔

Sengreen (sen-gren) *adj.* & *n.* Evergreen, the house leek سدا بہار ۔ گھریلو پیاز ۔

Senhor-senhora (se-nyor) *n.* Spanish form of senor (ہسپانوی میں) جناب ۔ صاحب ۔

Senile (se-nil) *adj.* Attendant on old age بڑھاپے کے متعلق ۔ ضعیفی کا ۔ پیرانہ ۔

Senile apathy ضعیفی کی سستی یا مردہ دلی ۔

Senile dementia بڑھاپے کا نسیان ۔ جنون پیری ۔

Senile garrulity پیرانہ بڑ ۔ بڑھاپے کی بکواس ۔

Sanility *n.* پیری ۔ ضعیفی ۔ کہن سالی ۔

Senior (sen-yər) *adj.* & *n.* Older or higher in standing کلاں ۔ بڑا ۔ بزرگ ۔ عمر یا رتبہ میں بڑا ۔ افضل ۔ ریاضی میں اعلیٰ قابلیت حاصل کرنے والا ۔

Seniority *n.* بزرگی ۔ بڑا پن ۔ تقدم ۔ فوقیت ۔

Senna (sen-a) *n.* A purgative herb سنا ۔ سنائے مکی ۔

Senor (se-nyər) *n.* A gentleman (ہسپانوی زبان میں) جناب عالی ۔ صاحب ۔

Senous(s)i (se-noo-si) *n.* A famous sect of African Muslims سنوسی ۔ افریقی مسلمانوں کا ایک مشہور دینی اور سیاسی فرقہ ۔

Sensation (sen-sa-shən) *n.* Awareness of a physical experience حس ۔ احساس ۔ خارجی تجربے کا ذہنی اثر ۔ کیفیت ۔ ہیجان ۔ جوش ۔ ہنگامہ خیز واقعہ ۔

He had a sensation of stupidity اسے دفعتاً اپنی حماقت کا احساس ہوا ۔

Sensational *adj.* متعلق بہ حس ۔ حسی ۔ ہیجان خیز ۔ ہنگامہ خیز ۔

Sensationally *adv.* جوش انگیز طریقے سے ۔ ہیجانی طور سے ۔

Sensationalism (sen-sa-shən-a-lizm) *n.* The doctrine that our ideas originate solely in sensation یہ نظریہ کہ ہمارے تصورات کا ماخذ ہمارے خارجی حسیات ہیں ۔ جذبات انگیزی ۔ ہیجان پسندی ۔ افسانے اور ڈرامے میں ہیجان خیز مناظر ۔

Sensationalist *n.* ہیجان پسند ۔ فلسفہ حیات کا قائل ۔

Sense (sens) *n.* & *v.t.* Faculty of receiving sensations حس ۔ قوت مدرکہ ۔ فہم ۔ سمجھ ۔ عقل ۔ تمیز ۔ شعور ۔ ادراک ۔ رائے ۔ خیال ۔ تجویز ۔ صلاح ۔ مطلب ۔ معنی ۔ منشا ۔ مضمون ۔ مفہوم ۔ ذوق ۔ امتیاز ۔ (جمع) حواس ۔ حواس خمسہ ۔ عقلمندی ۔ ہوشیاری ۔ معلوم کرنا ۔ ادراک کرنا ۔ محسوس کرنا ۔

A man of sense عقلمند انسان ۔ ہوش مند آدمی ۔

Good sense اصابت رائے ۔ عقل سلیم ۔

In a sense ایک اعتبار سے ۔

Make sense out of nonsense نا معقول بات میں بھی کوئی بات نکالنا ۔

Sense of duty احساس فرض ۔

Sense of humour ذوق ظرافت ۔ ظرافت کا مادہ ۔

Take the sense of the meeting حاضرین مجلس کا عندیہ معلوم کرنا ۔

Senseless *adj.* احمقانہ ۔ حواس باختہ ۔ خارج از عقل ۔ بے معنی ۔ بے حس ۔

Senselessness *n.* بے وقوفی ۔ بد حواسی ۔ بے ہوشی ۔

Sensibility (sen-si-bi-li-ti) Sensitiveness حس ۔ ادراک ۔ قوت مدرکہ ۔ زود حسی ۔ حساسی ۔ نازک دماغی ۔ ذہانت ۔ فراست ۔ عقل ۔ شعور ۔

Sensible (sen-si-bl) *adj.* Perceptible by sense قابل احساس ۔ قابل ادراک ۔ محسوس ۔ مدرک ۔ ذی حس ۔ با خبر ۔ آگاہ ۔ ذی ہوش ۔ عاقل ۔ دانا ۔ معاملہ فہم ۔ موقع شناس ۔

Sensibly *adv.* عاقلانہ ۔ خرد مندانہ ۔ معقول طور پر ۔ صریح طور پر ۔

Sensibleness *n.* عقلمندی ۔ نکتہ رسی ۔ محسوسیت ۔ احساس ۔ ادراک ۔

Sensitive (sen-si-tiv) *adj.* Feeling readily ذی حس ۔ حساس ۔ زود رنج ۔ زود اثر ۔ دوسروں کی رائے یا عمل سے جلد متاثر ہونے والا ۔ فوراً اثر قبول کرنے والا ۔

Sensitize *v.t.* اثر قبول کرنے والا بنانا ۔ زود اثر بنانا ۔

Sensitization *n.* جلد متاثر ہونے کی حالت ۔ زود حسی ۔

Sensitively *adv.* زود اثری سے ۔ تیز حسی سے ۔

Sensitiveness *n.* زود حسی ۔ سریع الحسی ۔

Sensitivity *n.* زود حسی ۔ اثر پزیری ۔

Sensorium (sens-o-ri-əm) *n.* Seat of sensation in brain دماغ کا مرکز حس ۔ نظام حسیات ۔ دماغ کا وہ حصہ جو حسیات سے متعلق ہے ۔

Sensory (sens-əri) *adj.* Of the sensation or senses حسی ۔ دماغی ۔ حواس کے متعلق ۔ حسیات کے متعلق ۔

Sensual (sen-su-əl) *adj.* Of the sense as distinct from the mind حواس خمسہ کے متعلق ۔ نفسانی ۔ شہوانی ۔ شہوت پرست ۔ فلسفہ حسیات کا قائل ۔

Sensualize *v.t.* شہوت خیز بنانا ۔ نفسانی جذبات کو ابھارنا ۔

Sensualization *n.* شہوت انگیزی ۔ نفس پرستی ۔

Sensualism *n.* آزادانہ معاشرت ۔ عیاشی ۔ نفس پرستی ۔

Sensualist *adj.* نفس پرور ۔ شہوت پرست ۔

Sensuality *n.* نفس پرستی ۔ ہوس رانی ۔

Sensually *adv.* نفس پرستی کے طور پر ۔ مستی سے ۔ عیاشانہ ۔

Sensuous (sen-su-əs) *adj.* Pertaining to senses حسی ۔ حواس کے متعلق ۔

Sensuousness *n.* حسی ہونا ۔ با حواس ہونا ۔

Sentence (sen-təns) *n.* & *v.t.* Judgement, opinion, number of words making a grammatical structure تجویز ۔ رائے ۔ فیصلہ ۔ حکم ۔ فتویٰ ۔ عدالت کا فیصلہ ۔ کہاوت ۔ ضرب المثل ۔ (گرامر) جملہ ۔ فقرہ ۔ با معنی عبارت ۔ فیصلہ سنانا ۔ سزا کا حکم دینا ۔

Sentententious *adj.* بناوٹی - سہمل - معنی خیز - بلیغ - جامع - پر معنی - شاندار طور پر - شاندار رسمی گفتگو کا عادی - اخلاق تلقین کا عادی -

Sententiously *adv.* فاضلانہ طرز سے - پر مغز طور پر - جامع طور پر -

Sententiousness *n.* مرعوب کن انداز - بلاغت - جامعیت -

Sentential *adj.* فقرے یا جملے سے متعلق -

Sentient (sen-sh(y)ənt) *adj.* Conscious, aware حساس - با حواس - با شعور -

Sentience *n.* حساس ہونا - ذی حس ہونا -

Sentiently *adv.* حواس والے کی طرح - با شعور لوگوں کی طرح -

Sentiment (sen-ti-mənt) *n.* Thoughts tinged with emotion احساس - خیال - جذبہ - (جمع) جذبات - تاثرات - کیفیات - حس - نرم دلی - ادراک -

Sentimental *adj.* حساس - جذباتی -

Sentimentally *adv.* ہمدردانہ - درد مندانہ -

Sentimentality *n.* جذباتیت - رقت قلب -

Sentimentalism *n.* جذبات کو حیات کا جزو اعظم سمجھنا - جذبات کو اہمیّت دینا -

Sentimentalist *n.* جذبات کو اہمیت دینے والا - جذبات پرست -

Sentimentalize *v.t.* سوزوگداز پیدا کرنا - جذباتی بنانا -

Sentinel (sen-ti-nl) *n.* & *v.t.* One posted on guard پاسبان - چوکی دار - پہریدار - پہرہ بٹھانا - پہرہ دینا - چوکسی کرنا -

Sentry (sen-tri) *n.* A soldier on gaurd سنتری - پہرے کا سپاہی -

Sentry-go پہرہ - گشت -

Separate (sep-ə-rat) *v.t.* & *i.* Part, divide جدا کرنا - علیحدہ کرنا - الگ کرنا - تقسیم کرنا - مفارقت کرنا - انتخاب کرنا - چننا - چھانٹنا - حائل ہونا - درمیان میں آنا - جدا ہونا - متفرق ہو جانا -

Separator *n.* افتراق پیدا کرنے والا - علیحدہ کرنے والا -

Separable *adj.* جو جدا کئے جاسکیں - جدا ہونے کے قابل -

Separableness / Separability } *n.* تفریق و تجزیہ کی صلاحیت - علیحدگی کی قابلیت -

Separation (sep-ə-ra-shən) *n.* State of being separate, disunion جدائی - مفارقت - علیحدگی - پھوٹ - تفرقہ - میاں بیوی کی علیحدگی -

Sepoy (se-poi) *n.* An Indian soldier سپاہی - فوج کا جوان -

Sepsis (sep-sis) *n.* Putrefaction - جسم کا سڑنا - ردائت - زخم کی سمیت - مواد پڑ جانا -

Sept (sept) *n.* A family - قبیلے کا ایک حصہ - خاندان - خیل - برادری -

Septa (sep-ta) *preffix* In composition : seven سابقہ بمعنی سات -

Septal (sept-əl) *adj.* For sect اعضا کی بابت - جوڑوں کا - قبیلے کے متعلق - خاندانی -

Septate (sept-ət) *adj.* Partitioned خانہ دار - حصہ دار - متفرق - مختلف - الگ - علیحدہ -

September (sep-tem-bər) *n.* Ninth month of the year سال کا نواں مہینہ - ستمبر -

Septic (sep-tik) *adj.* Putrefactive فساد خون - سمیت خون - سڑنے والا - مواد آلود -

Septically *adv.* فساد خون کے نقطہ نظر سے -

Septicity *n.* سمیت خون - فساد خون -

Septicaemia (sep-ti-se-mi-a) *n.* Presence of bacteria in blood سمیت خون -

Septimal (sep ti-ml) *adj.* Based on seven - سات کا - سات کے متعلق -

Septime (sep-teim) *n.* The seventh position in fencing پٹے بازی کا ساتواں پینترہ -

Septimus (sep-ti-məs) *adj.* The seventh - ہفتم - ساتواں -

Septuagenarian (sep-tu-ə-ji-na-ri-ən) *adj.* & *n.* Seventy years old - ستر برس کا - ستر برس کا شخص

Septuagenary (sep-tu-ə-ji-na-ri) *adj.* Seventy years old ستر کا - ہفتاد سالہ - ستر سالہ -

Septuagint (sep-tu-ə-jint) *n.* The Greek Old Testament - یونانی زبان کی توریت - ہفتادی ترجمہ

Septum (sep-təm) *n.* Screen - پردہ - حجاب - حاجب

Sepulchral (se-pul-krel) *adj.* Of a funeral or grave گور کا - قبر کا - مزار کا - خانقاہی - موت کی یاد دلانے والا - بھیانک - خوف آ گیں -

Sepulchre (se-pəl-kər) *v.t.* & *n.* A tomb تربت - گور - مزار - مزار کا گنبد - قبر میں آتارنا -

Sepulture (se-pul-tər) *n.* Burial قبر میں اتارنا- تدفین -

Sequacious (si-kwa-shəs) *adj.* Compliant پیرو - مقلد - پیچھے چلنے والا - پیروی کرنے والا - جس میں آزادانہ رائے قائم کرنے کا مادہ نہ ہو -

Sequel (se-kwəl) *n.* That which follows خاتمہ - اختتام - قصے کا آخری حصہ - تتمہ-انجام - نتیجہ -

Sequence (se-kwəns) *n.* Succession, order of things سلسلہ - تسلسل - تواتر - ترتیب - علت و معلول کا رابطہ - نتیجہ - ایک ہی بول کی تکرار - دہرانا - کتاب مناجات کی حمد - فلم جو کسی قصے کی مطابقت میں مسلسل دکھائی جائے -

Give the facts in historical sequence واقعات کو تاریخی تسلسل میں پیش کرنا -

Sequent, sequential *adj.* لازم و ملزوم - ایک کے بعد ایک - تسلسل میں- سلسلے میں -

Sequentially *adv.* نتیجے کے طور پر - تسلسل کے ساتھ -

Sequester (si-kwes-tər) *v.t.* & *i.* Set apart جدا کرنا - علیحدہ کرنا - گوشہ تنہائی اختیار کرنا - قرق کرنا - ضبط کرنا - عدالتی تحویل میں رکھنا - بیوہ کا شوہر کی متروکہ جائداد کا لادعویٰ لکھ دینا - حق زوجیت چھوڑ دینا -

Sequestered خلوت گزین - تنہا - علیحدہ کیا ہوا - جدا کیا ہوا -

Sequestration *n.* تنہائی - عزلت - ضبطی - قرق -

Sequestrable *adj.* قابل ضبطی -

Sequestrum (si-kwest-rəm) *n.* Disjointed bone لٹکی ہوئی ہڈی - ایسی ہڈی کی کھال جو جسم سے الگ ہو کر لٹک رہی ہو - بے جان ہڈی یا کھال -

Sequestral *adj.* مردہ - بے جان - معلق - لٹکا ہوا -

Sequestrotomy *n.* جو بے جان ہو چکی ہو - جو جسم سے جدا ہو چکی ہو - ایسی ہڈی پر جراحی عمل -

Sequoia (si-kwoi-a) *n.* The Californian big tree امریکہ کا دیو دار - بڑا جنگلی درخت -

Serac (sa-rak) *n.* Pillar-like broken pieces of glacier برف کے بہتے ہوئے ستون نما ٹکڑے - سمندر میں بہتا ہوا برف کا برج -

Seraglio (se-ral-yo) *n.* Harem, women's quarter in a Muhammadan house سلاطین عثمانی کا حرم - حرم سرا - سلطانی محل -

Serang (se-rang) *n.* A lascar boatsman جہاز کا داروغہ - صدر ملاح -

Seranta (se-ran-ta) *n.* A folk-lore چوپائی گیت - گوالوں کا گیت - چرواہوں کا گیت -

Seraph (ser-əf) *n.* An angel of the highest order عالی مقام فرشتہ - ملاء اعلیٰ کا سب سے اونچا طبقہ - سویڈن کا ایک خطاب اور تمغہ -

Seraphic *adj.* ملکوتی - فرشتہ خصال - ملک مزاج - فرشتہ خو -

Seraphically *adv.* ملکوتی طور پر - فرشتوں کی طرح - فرشتہ خوئی سے -

Seraphina (ser-a-fin-a) *n.* Harmonium ہارمونیم باجے کی ابتدائی شکل - سرافینا -

Seraskier (ser-as-ker) *n.* Turkish commander-in-chief سر عسکر - ترکی سپہ سالار یا وزیر جنگ -

Seraskierat *n.* وزارت جنگ کا دفتر -

Serb-ia (serb) *n.* A native of Serbia سربیا کا باشندہ - سربی -

Serbonian bog (sər-bo-ni-ən-bog) *n.* A lake at the mouth of the Nile دریائے نیل کے دہانے کی دلدل - سربونی دلدل - الجھن - مشکل -

Sere-sear (ser) *n.* A claw بندوق کا آنکڑا جو گھوڑے کو روکے رکھتا ہے -

Serein (se-ran) *n.* Fine rain from a cloudless sky اوس - پھوار - صاف مطلع کی ہلکی ہلکی بارش کی پھوار -

Serenade (ser-i-nad) *n.* A composition like a symphony نغمہ عاشقانہ - غزل - وہ نغمہ جو عاشق اپنے معشوق کے مکان پر گایا کرتے تھے -

Serendipity (ser-ən-dip-i-ti) *n.* The faculty of making happy chance finds راہ چلتے ملنے والوں کو خوش کرنے کی صلاحیت -

Serene (sə-ren) *n., v.t. & adj.* Calm, unclouded پر سکون ۔ غیر مضطرب ۔ بے حرکت ۔ متین ۔ مطمئن ۔ پرسکون فضا یا سمندر ۔ سکون پیدا کرنا ۔

Serenely *adv.* سکون کے ساتھ ۔ متانت سے ۔ آہستگی سے ۔

Serenity *n.* اطمینان ۔ سکون ۔

All serenity (بول چال) سب ٹھیک ۔

Serf (sərf) *n.* A person in modified slavery کمیرا ۔ رعیت ۔ غلام ۔ وہ ہرواہا جس کی خدمات زمین کے ساتھ منتقل ہو سکیں ۔ مظلوم ۔ ستم رسیدہ ۔ بے گاری ۔

Serfage-dom-hood *n.* بیگاری ۔ غلامی ۔

Serge (serj) *n.* A strong twilled woollen fabric سرج ۔ ایک عمدہ اونی کپڑا ۔

Sergeant (sar jənt) *n.* An officer of police بیرسٹر ۔ اول درجے کا وکیل ۔ پولیس افسر ۔

Sergeant Major *n.* فوجی بے کمیشن کا اعلیٰ افسر ۔

Sergeant-at-arms *n.* پارلیمنٹ وغیرہ کا محافظ افسر ۔

Sergeantship *n.* گرز برداری ۔ حوالداری ۔ سرجنٹی ۔

Sergette (sarJ-et) *n.* A fine cloth like serge ایک قسم کا باریک سرج کپڑا ۔

Serial (se-ri-al) *adj. & n.* Forming a series سلسلہ وار ۔ مسلسل ۔ کسی ڈرامے یا فلم کے سلسلہ وار حصے ۔ مسلسل کتاب ۔ مقررہ وقت پر شائع ہونے والا مسلسل افسانہ ۔ جریدہ ۔ رسالہ ۔

Seriality *n.* سلسلہ وار ہونا ۔ تسلسل ۔

Serialist *n.* سلسلہ وار اور قسط وار لکھنے والا ۔

Serially *adv.* تسلسل کے ساتھ ۔ سلسلے سے ۔

Seriate (se-ri-at) *adj.* In rows سلسلہ وار ۔ باترتیب ۔ مسلسل ۔

Seriate *v.t.* مسلسل کرنا ۔ سلسلہ قائم کرنا ۔

Seriation *n.* سلسلہ وار ترتیب ۔ سلسلہ واری ۔

Seriatim (se-ri-a-tim) *adv.* One after another ایک کے بعد دوسرا ۔ باری سے ۔

Seric (ser-ik) *adj.* Of China ملک چین کی ۔ چینی ۔

Sericeous (ser-i-shəs) *adj.* Silky, of shining skin ریشمی ۔ چمکدار پوستین کا ۔

Sericulture (ser-i-kul-tur) *n.* Breeding of silk-worms ریشم کے کیڑوں کی پرورش ۔ خام ریشم بنانے کی صنعت ۔

Sericulturist خام ریشم پیدا کرنے والا ۔ ریشم کے کیڑے پالنے والا ۔

Seriema (ser-i-ema) *n.* A snake-eating bird برازیل کا ایک مار خور پرند ۔ امریکی بگلا ۔

Series (se-ri-ez) *n.* A set of things in a line سلسلہ ۔ دور ۔ تسلسل ۔ زنجیر ۔ قطار ۔ سلسلہ کتاب ۔ طبقات الارض ۔ طبقہ ۔ مورچوں کا سلسلہ ۔ نوع ۔ قسم ۔ ایک ہی قسم کے جانوروں کا گروہ ۔

In series ایک کے بعد ایک ۔ سلسلہ وار ۔

Serin (ser-in) *n.* A smaller species of canary کناری چڑیا ۔

Serinette (ser-in-et) *n.* A small organ for training song birds پرندوں کو گانا سکھانے کا چھوٹا ارگن باجا ۔

Seringa (se-rin-ga) *n.* A Brazilian rubber tree برازیلی ربر کا درخت ۔

Serio-comic (se-ri-o-kə-mik) *adj.* Partly serious and partly comic متانت آمیز مزاحیہ تمثیل ۔

Serio-comically *adv* ظرافت آمیزی سے ۔ نیم مزاحیہ طور سے ۔

Serious (se-ri-əs) *adj.* Grave, earnest سنجیدہ ۔ متین ۔ احساس ذمہ داری کے ساتھ ۔ اہم ۔ بھاری بھرکم ۔ بڑی شان والا ۔ واقعی ۔ بلا تصنع ۔ سچ مچ ۔ قابل فکر ۔ مخدوش ۔ مذہبی یا اخلاقی نوعیت کا ۔ دنیا داری سے ماوراء ۔

Seriously *adv.* متانت سے ۔ سنجیدگی سے ۔

Seriousness *n.* غور و فکر ۔ اہمیت ۔ متانت ۔ سنجیدگی ۔

Sermon (sər-mən) *n. & v.t.* A discourse وعظ ۔ پند ۔ نصیحت ۔ خطبہ ۔ ناصحانہ تقریر ۔ درس ۔ نصیحت کرنا ۔ وعظ کہنا ۔ خطبہ دینا ۔

Sermonet-nette مختصر وعظ یا خطبہ ۔

Sermonize *v.t. & i.* ناصحانہ تقریر کرنا ۔ وعظ کہنا ۔

Sermonizer *n.* خطیب ۔ ناصح ۔ واعظ ۔

Serotine (ser-o-tin) *n.* A small reddish bat یورپ کی لال چمگادڑ ۔

Serotinous (ser-o-tin-əs) *adj.* Late in flowering بے موسم کا ۔ موسم کے بعد پھولنے پھلنے والا ۔

Serous (ser-əs) *adj.* Watery پتلا ۔ رقیق ۔ آب آمیز

Serpent (sər-pənt) *n.* A snake, a reptile - سانپ
افعی - مار - اژدہا - دغا باز -
Old serpent شیطان -
Pharoah's serpent آتش بازی کا سانپ -
Serpentiform *adj.* سانپ کی شکل کا - مار صورت -
Serpent-like *adj.* سانپ جیسا - سانپ کی طرح کا -
Serpentine (sər-pənt-in) *adj.* & *n.* - سانپ کی شکل کا
پرخم - پر پیچ - مکار - دغا باز - سانپ کی طرح کا -
چتکبرا پتھر - سانپ کی طرح بل کھاتا ہوا -
Serpentine windings دم جھانسا - پر فریب باتیں -
سانپ کی طرح کے بل -
Serpentine dance رقص جس میں سانپ کی طرح بل
کھائے جاتے ہیں -
Serpentine motion بل کھاتی ہوئی چال - ٹیڑھی
ترچھی چال -
Serpentine wisdom (انجیل) دور اندیشی -
The serpentines ہائیڈ پارک لندن کی ایک مشہور
بل کھائی ہوئی نہر -
Serpiginous (ser-pij-nəs) *adj.* & *n.* Any skin disease, suffering from skin disease داد کا
مریض - گنجا - خارش زدہ -
Serra (ser-a) *n.* A saw, anything saw-like ایک
مچھلی جو آری جیسی ہوتی ہے -
Serrate (ser-at) *adj.* & *v.t.* Saw-like دنتیلا - دندانے
دار - آرے کی طرح کا - آری کی طرح بنا دینا -
Serration *n.* دندانے لگانا - کھانچے بنانا - دندانے -
آرے کے کھانچے -
Serrefile (ser-ə-fil) *n.* Those who ride behind the army فوج کے پیچھے کے سوار -
Serried (ser-id) *adj.* Close set پیوستہ - ملحق -
دوش بدوش - صف بستہ -
Serrulate-ed (ser-u-lat) *adj.* Having notches دانتے
والا - دندانہ دار -
Serrulation *n.* دانت داری - دندانہ داری -
Serum (se-rəm) *n.* Watery liquid separated from blood دودھ یا خون کا رقیق مادہ - خوناب -
ماءالدم جو دوا کی طور پر استعمال کیا جاتا ہے -
Serval (sər-vl) *n.* A large tiger cat of Africa افریقہ
کا ایک جنگلی بلاؤ -

Servant (sər-vənt) *n.* One who is hired to perform service نوکر چاکر - خدمت گار - ملازم -
مرید - پیرو - مقلد - بندہ -
Public servants سرکاری ملازم -
Civil servants دیوانی کے ملازم - غیرفوجی محکموں کے
ملازم - حکام سرکار -
Domestic servants خانگی ملازم -
Serve (sərv) *v.t., i.* & *n.* Be in the service of
نوکری بجا لانا - خدمت کرنا - ملازمت کرنا - کام آنا -
ضرورت پوری کرنا - دسترخوان چننا - میز پر کھانا لگانا -
بانٹنا - تقسیم کرنا - بہم پہنچانا - فراہم کرنا - پیش آنا -
برتاؤ کرنا - پہلی گیند - پہلی ضرب - باری - وار -
Serve two masters دو متضاد اصولوں کا پابند ہونا -
دو ملاؤں میں مرغی حرام -
Serve with the same sauce ویسا ہی انتقام لینا -
ادلے کا بدلہ دینا -
Serve him right اچھی سزا ملی -
Serve an office منصب ادا کرنا -
Serve a process or writ کاغذات کی تکمیل کرنا -
نوٹس یا اعتراض داخل کرنا -
Serve an attachment }
Serve an execution } قرق یا ضبطی کرنا -
Serve a sentence سزا بھگتنا -
Serve one a trick دھوکا دینا -
Serve one's time کار آموزی کی میعاد پوری کرنا -
Serve the purpose of مطلب برآری کرنا -
Serve the time وقت کے مطابق کام کرنا -
Serve up کھانا کھلانا - کھانا لگانا -
Service (sər-vis) *n.* Employment, mode of serving ملازمت - نوکری - خدمت - حکم کا منتظر ہونا -
فرض منصبی - کار ملازمت - فریضہ - بندگی - عبادت -
کھانا کھلانے کے برتن جو دستر خوان پر چنے جائیں -
کھانا کھلانے کی خدمت - انتظام آمد و رفت - سربراہی -
(ٹینس) گیند کو بلے سے مارکر پہلی یا دوسری بار حریف
کی طرف پھینکنا - پہلی ضرب -
Active service جنگ میں شمولیت -
See service ملازمت کا تجربہ رکھنا -

At your service خدمت کے لیے تیار ۔ خدمت کے لیے حاضر ۔

Will you do me a service کیا آپ میرا ایک کام کریں گے ۔

Service (sər-vis) *n.* A tree very like the rowan ایک درخت جس میں ناخ جیسے پھل آتے ہیں ۔

Serviceable (sər-vis-əbl) *adj.* Useful, willing to serve مفید ۔ سودمند ۔ کار آمد ۔ دیرپا ۔

Serviceably *adv.* خدمت گزاری کی طرح ۔ مفید طورپر ۔

Serviceableness *n.* دیر پائی ۔ کار برآری ۔ فائدہ مندی ۔

Serviette (sər-vi-et) *n.* A table napkin دسترخوان کا تولیا ۔ دستر خوانی رومال ۔

Servile (sər-vil) *adj.* Slavish غلامانہ ۔ غلاموں کی طرح ۔ کمینہ ۔ فرو مایہ ۔ حرف جو آواز نہ دے ۔ خوشامدی ۔ چاپلوس ۔ کاسہ لیس ۔

Servilely *adv.* غلامانہ طور پر ۔

Servility *adj.* فرماں برداری ۔ چاکری ۔ غلامی ۔

Servitor (sər-vi-tər) *n.* One who serves حاضر باش ۔ نوکر ۔ خدمت گار ۔ نوکر طالب علم ۔

Servitorship *n.* ملازم طالب علم کا زمانہ تعلیم ۔ وظیفہ خواری ۔

Servitude (sər-vi-tud) *n.* State of being a slave حلقہ بگوشی ۔ غلامی ۔ حکم برداری ۔ جبری محکومی ۔

Sesame (ses-ə-mi) *n.* A seed-bearing plant تل ۔ کنجد ۔ روغنی اناج ۔

Open sesame ''کھل سم سم'' (الف لیلیٰ کا منتر) ۔

Sesamoid (ses-ə-mo-id) *adj.* Shaped like a seed تل کی طرح ۔ تل کے دانے کی طرح ۔ دانے جیسا ۔ گولی دار ۔ دانے دار ۔

Sesqui (ses-kwi) *prefix* In the meaning of one and a half to one سابقہ بمعنی ڈیوڑھا یا دو تین کی نسبت والا ۔

Sesquialter (ses-kwi-al-tər) *adj.* One and a half to one ڈیوڑھا ۔

Sesquipedal (ses-kwi-pe-dəl) *adj.* A foot and a half long ڈیڑھ فٹا ۔ ڈیڑھ فٹ کا ۔

Sesquiplicate (ses-kwi-pli-kat) *adj.* Of the square roots of the cubes ڈیڑھ کی نسبت ظاہر کرنے والا ۔ مکعب کے جذر کا ۔

Sesquitone *n.* ڈیڑھ تان ۔ ڈیوڑھی تان ۔

Sess (ses) *n.* A tax تاوان ۔ محصول ۔ خراج ۔

Session (sesh-ən) *n.* An act of sitting بیٹھک ۔ نشست ۔ اجلاس ۔ میقات ۔ اجلاس کا وقت ۔ اجلاس عدالت ۔ اجلاس پارلیمنٹ یا اس کی مدت ۔

In session اجلاس کی حالت میں ۔

Sessional *adj.* میقاتی ۔ اجلاسی ۔

Sesterce-tius (ses-tərs) *n.* An old Roman coin چاندی اور پیتل کا رومی سکہ ۔

Set (set) *v.t. & i.* Put, place دھرنا ۔ رکھنا ۔ بٹھانا ۔ جمانا ۔ جڑنا ۔ لگانا ۔ عاید کرنا ۔ تیار رکھنا ۔ مرتب کرنا ۔ جوڑ لگانا ۔ درست کرنا ۔ ٹھیک کرنا ۔ گھڑی ملانا ۔ مقرر کرنا ۔ مامور کرنا ۔ کام پر لگانا ۔ چپکانا ۔ محنت کرانا ۔ نمونہ قائم کرنا ۔ حیران کرنا ۔ مبتلا کرنا ۔ نگینے بٹھانا ۔ پختہ ہو جانا ۔ جذبات کا جوش میں آنا ۔ غلبہ محسوس کرنا ۔ شکاری کتے کا شکار کو دیکھ کر کان کھڑے کرنا ۔

Set eggs سینے کے لیے انڈے رکھنا ۔

Set hen مرغی کو انڈوں پر بٹھانا ۔

Set razor استرے کو سان پر لگانا ۔

Set table دستر خوان پر کھانا رکھنا ۔ میز جمانا ۔

Set eyes on نظر ڈالنا ۔ دیکھنا ۔

Set things in order چیزوں کو قرینے سے رکھنا ۔

Set a person on his feet کام پر لگا دینا ۔ کسی کو اس کے پیروں پر کھڑا کر دینا ۔

Set person by the ear لوگوں میں اختلاف پیدا کر دینا ۔ فساد ڈلوانا ۔

Set on fire آگ لگا دینا ۔ مشتعل کر دینا ۔

Set at nought خاطر میں نہ لانا ۔ کچھ نہ سمجھنا ۔

Opinion is setting against it رائے عامہ اس کے خلاف ہو رہی ہے ۔

Set in رائج ہونا ۔ واقع ہونا ۔

Set off روانہ ہونا ۔ شروع کر دینا ۔ حسن کو چمکا دینا ۔ سنوار دینا ۔ نمایاں کرنا ۔

Set out سنوارنا ۔ نمایاں کرنا ۔ صاف صاف بیان کرنا ۔ سفر پر روانہ ہونا ۔

Set up جسم کو مضبوط بنانا ۔ بنا رکھنا ۔ جاری کرنا ۔ افتتاح کرنا ۔ باعث ہونا ۔ کاروبار میں لگانا ۔ اپنی حیثیت قائم کر لینا ۔ نصب کرنا ۔ چلانا ۔ شور مچانا ۔

Set (set) *n.* Group-series, collection ایک ہی قسم کی اشیا کا مجموعہ - جماعت - قبیلہ - گروہ - جوڑی - ٹولی - سلسلہ - طائفہ - قطار - رو - ساتھ کا سامان - لوازمہ - ٹینس میں ایک بازی چھ کھیلوں کی - مغرب - غروب آفتاب - آراء کا رخ - رجحان - ساخت - وضع - انڈوں کی جھول - ایک بار کی کھیپ - شکار کی نشان دہی - بجو کا بھٹ - (تماشا گاہ) منظر - پردہ -

Toilet set سنگار کا سامان -

Set-back رکاوٹ - پسپائی - خلل -

Set-down دو ٹوک جواب - ڈانٹ ڈپٹ - زجر و توبیخ -

Set-off جواب - پاسنگ - توازن - نمائش - آرائش -

Set to مناظرہ - مباحثہ - مُکّے بازی - لڑائی -

Set up کسی کام کی تیاری - جسم کا انداز - راست قامتی -

Setaceous (si-ta-shəs) *adj.* Bristle کانٹوں بھرا - خار دار -

Seton (set-n) *n.* A thread passed in as a means of drainage (جراحی) ڈورا یا بتی جو زخم میں رکھی جاتی ہے تاکہ زخم کھلا رہے اور مادہ بہتا رہے -

Set square (set-skwa-er) *n.* A builders' instrument زاویے دار فٹا - گنیا -

Sett (set-t) *n.* Set in the language of miners کان کنی کی اصطلاح میں set کا تلفظ -

Settee (se-te) *n.* A long seat with a back دوہری نشست کی پشت دار کرسی یا صوفہ یا بنچ - بحر روم کا دو یا تین مستولی جہاز -

Setter (set-ər) *n.* One who sets bones ایک قسم کا شکاری کتا - ہڈی کا جوڑ بٹھانے والا - بُو لے کر شکار کا تعاقب کرنے والا کتا -

Setter on اکسانے والا - شہ دینے والا -

Setting (set-ing) *n.* Fixation, mounting نگینے کا گھر - نگینے کی جڑائی - گیت کی ترتیب - ماحول - گردوپیش - تماشے کے لوازم - آراستگی -

Settle (set-l) *n.* A long high-backed bench اونچی پشت کی بنچ - تکیے دار چوکی -

Settle (set-l) *v.t.* & *i.* Adjust, fix, establish بٹھانا - ٹھہرانا - جمانا - قائم کرنا - طے کرنا - فیصلہ کرا دینا - تہہ میں بیٹھ جانا - دھنسنا - جہاز کا ڈگمگانا یا ڈوبنے لگنا - حساب بے باق کرنا - ہبہ کرنا - بخشنا -

Settle oneself in a chair کرسی پر آرام سے بیٹھنا -

Settle down to dinner کھانے میں مشغول ہونا -

Let the excitement settle down جوش ٹھنڈا ہو لینے دو -

He is a man of settled convictions اس کا عقیدہ پختہ ہے - وہ پختہ رائے کا آدمی ہے -

That settles the matter چلو قصہ ختم -

Settled ادا شدہ رقم - حساب بے باق -

Settlement (set-l-mənt) *n.* Payment, act of settling انتظام - بندوبست - قیام - وقف - ہبہ - انتقال جائداد - نو آبادی - کارخانہ - تجارتی کوٹھی جو غیر ملک میں بنائی جائے - نیچے دبنا یا بیٹھ جانا - جم جانا -

Settler (setl-ər) *n.* One who settles, a colonist نو آباد باشندہ - آباد کار - کاری ضرب - فیصلہ کن دلیل -

Seven (sev-n) *adj.* & *n.* Number next above six سات - ہفت - سبع - سات کا عدد - سات کا گروہ - (تاش) ستّا -

The seven sleepers سات سونے والے - اصحاب کہف -

The seven virtues حسنات سبعہ - سات خوبیاں -

The seven wonders of the world دنیا کے سات عجائبات -

At sixes and sevens تذبذب میں - شش و پنج میں -

Seventeen *adj.* & *n.* سترہ کا عدد - سترہ -

Sweet seventeen نوجوانی - سترھواں سال - اٹھتی جوانی -

Seventeenth سترھواں -

Seventh (sev-enth) *adj.* & *n.* Of the seven ساتواں حصہ - ہفتم - ساتواں - حضرت عیسٰیؑ کے ظہور ثانی کا عقیدہ رکھنے والوں کا یوم سبت -

Seventhly *adv.* ساتویں بار -

Seventy *n.* ستر کا عدد - ستر سال کا - ستر -

Sever (sev-ər) *v.t.* & *i.* Separate الگ کرنا - جدا کرنا - قطع کر دینا -کاٹنا - (قانون) شرکا سے علیحدہ ہو کر مقدمہ لڑنا - علیحدہ دعویٰ کرنا -

Sever friendship دوستی ختم کر دینا -

Sever connection تعلقات منقطع کر لینا -

Severable *adj.* تفریق پذیر - منقطع ہونے یا کرنے کے قابل -

Severance *n.* علیحدگی - تقسیم - تفریق - انقطاع -

Several (sev-ə-rl) *adj.* Different, various, separate جدا - الگ - علیحدہ - متفرق - چند - کئی - کئی ایک -

Collective and several responsibility اجتماعی اور انفرادی ذمہ داری -

Severalty (sev-ərl-ti) *n.* Separateness ذاتی یا غیر مشترکہ ملکیت - علیحدگی - تفریق - ملک -

Severe (se-ver) *adj.* Rigorous - سخت - شدید - تند - بے رحم - بلا کا سخت - صبر آزما - حوصلہ فرسا - بلا تصنع - سادہ - متین - طنز آمیز - چبھتا ہوا -

Severely *adv.* بے رحمی سے - سختی سے - شدت سے -

Severity *n.* بد سلوکی - برا برتاؤ - سخت گیری - تشدد - سختی -

Seville orange (se-vil-o-renj) *n.* Sour orange for jam مربا بنانے کا ترش سنگترہ -

Sew (so) *v.t.* Work upon with a needle - سینا - ٹانکنا - سلائی کرنا - بخیہ کرنا - سوئی یا سلائی کی مشین سے سینا -

Sew up سی کر بند کر دینا -

Sew up one's stocking خاموش کر دینا -

Be sewed or sewed up تباہ ہو جانا - رک جانا - مدہوش ہو جانا - کنارے پر لگ جانا -

Sewing *n.* سیے ہوئے کپڑے - سلائی کا کام - سلائی -

Sewer *n.* گندے پانی کا نل - سینے والا - درزی -

Sewage (su-ag) *v.t.* & *n.* Refuse carried on by sewers گندے پانی کی نالیاں بنانا - گندگی جو نلوں کے ذریعے بہہ جائے -

Sewellel (si-wel-əl) *n.* An American rodent بھٹ میں رہنے والا ایک امریکی جانور -

Sewer (soo-ər) *n.* An officer who superintends service at table- میر مطبخ - کھانے کا انتظام کرنے والا عہدہ دار - داروغہ دستر خوان -

Sewer (soo-ər) *n.* & *v.t.* Drains of dirty water بدر رو - گندی نالی - موری - موری بنانا - بدر رو نکالنا - غلاظت بہانے کے لیے موری یا نل بنانا -

Sewerage *n.* گندے پانی کی نالیاں - شہر کی گندگی کی نکاسی کا انتظام -

Sex (seks) *n.* The quality of being male or female جنس - تذکیر و تانیث - نر یا مادہ - مرد یا عورت ہونا -

Sexless (seks-les) *adj.* Without distinction of being male or female جس میں نر اور مادہ کا فرق نہ ہو - لا جنس -

Sexlessness لا جنسیت -

The fair sex عورت - صنف نازک -

The gentle sex عورت - صنف شریف -

The sterner sex مرد - جنس قوی -

Sex (seks) *prefix* In composition six سابقہ بمعنی شش - چھ -

Sex appeal جنسی دلکشی -

Sexagenarian (sek-sə-ji-na-ri-ən) *adj.* & *n.* A person sixty years old ساٹھ سالہ - ساٹھ سال کی عمر کا - ساٹھ برس کا آدمی -

Sexagenary (sek-sə-ji-nə-ri) *adj.* Of sixty - ساٹھ کا

Sexagesima (sek-sə-jes-i-ma) *n.* The second Sunday before Lent ساٹھ سال کا - لینٹ سے قبل دوسرا اتوار -

Sextain (seks-tən) *n.* Sestina - چھ مصرعوں کا بند - مسدس -

Sextan (seks-tan) *adj.* Recurring every sixth day چھ دن کی باری کا بخار -

Sextant (seks-tənt) *n.* Sixth part of a circle دائرے کا چھٹا حصہ . زاویہ پیما آلہ -

Sextet (seks-tet) *n.* A song composed for six singers وہ نغمہ جو چھ آوازوں سے مل کر گانے کے لیے یا بجانے کے لیے مرتب کیا گیا ہو -

Sexto (seks-to) *n.* A book of the size made by folding a sheet into six leaves چھ تہی کتاب - ایسی کتاب جس کے اوراق ایک تختے کو چھ بار موڑنے سے بنے ہوں -

Sexto decimo (seko-to-des-i-mo) A book of the size made by folding a sheet sixteen times سولہ تہی کتاب - کتاب جس کے ورق ایک تختہ کاغذ کو سولہ مرتبہ موڑنے سے بنیں -

Sexton (seks-tən) *n.* An official who rings bell, digs graves and attends clergymen گرجا کا ایک ملازم جو گھنٹہ بجاتا ، قبریں کھودتا اور پادری کی خدمت کرتا ہے - کلیسا کا محرر یا گورکن -

Sexual (seks-u-əl) *adj.* Of sex جنسی - مرد عورت یا نر مادہ کے تعلق کے متعلق-

Sexual organs آلات تناسل - اعضائے تناسل -

Sexual intercourse جفتی - جماع - مباشرت -

Sexual appetite شہوانی خواہش - جنسی تقاضا -

Sexual indulgence شہوانی عمل - شہوانی لذت -

Sexualist *n.* جنسیات کا ماہر -

Sexually *adv.* شہوانی طور پر - جنس کے اعتبار سے -

Sexualize (seks-uə-liz) *v.t.* Attribute sex to نر یا مادہ قرار دینا - بے جان چیزوں کی تذکیر و تانیث کرنا -

Sexualization *n.* جنس مقرر کرنے کا عمل -

Shabby (shab-i) *adj.* Dingy, thread-bare پھٹے کپڑوں میں - چیتھڑوں میں - نا چیز - ادنیٰ - ذلیل - خستہ حال - بخیل - ممسک -

Shabby genteel شریف آدمی جس نے اچھے دن دیکھے ہوں اور اپنی حیثیت قائم رکھنے کی کوشش کرتا ہو -

Shabbily *adv.* ذلالت سے - کمینہ پن سے - پھٹے حالوں -

Shabbiness *n.* سفلہ پن - بخل - خستہ حالی -

Shabbyish *adj.* خستہ حال - ناچیز سا - حقیر سا -

Shabrach (shab-rak) *n.* A trooper's saddle cloth فوجی سوار کا زین پوش -

Shack (shak) *n.* A roughly-built hut معمولی جھونپڑی -

Shackle (shak-l) *n.* & *v.t.* Fetter, couple ہتھکڑی پہنانا - زنجیر پہنانا - زنجیر - بندش -

Shad (shad) *n.* A delicious fish ہیرنگ کی طرح کی ایک لذیذ مچھلی -

Shaddock (Shad-ək) *n.* An oriental citrus fruit بڑا سنترہ - رنگترہ - چکوترا -

Shade (shad) *n.* Partial or relative darkness چھاؤں - سایہ - تیرگی - اندھیرا - کنج - گوشہ - خلوت گاہ - تصویر کا دھندلا حصہ - حفاظت - بچاؤ - آڑ - روک - رنگ کی کمی بیشی - کسی قدر فرق - بھاؤ تاؤ - موہوم شے - بھوت - پریت - آسیب -

People of all shades of opinion ہر نقطۂ نظر کے لوگ -

I am a shade better today میں آج قدرے اچھا ہوں -

Shadeless *adj.* جہاں چھاؤں کا پتا نہ ہو - بے سایہ -

Shade (shad) *v.t.* & *i.* Screen, overshadow اندھیرا کرنا - سایہ کرنا - سائے کا رنگ دینا - سایہ افگن ہونا - ارگن باجے کی آواز دھیمی کرنا -

Shading *n.* تصویر میں روشنی مدھم کرنا - تصویر میں تاریک رخ دکھانا - دھندلا رنگ بھرنا -

Shadow (shad-o) *n.* Shade cast obstruction to light سایہ - چھاؤں - روشنی کی روک - تصویر یا کیمرے کا تاریک حصہ - عکس - دھندلا خاکہ - چھلاوہ - دھوکا - وہم - آسیب - بھوت - جن - ہر وقت کا ساتھی - ہم زاد - غیر حقیقی - شائبہ - ذرہ بھر - حفاظت - پناہ - تنہائی - گمنامی - ہلکا بادبان -

Shadow of death نازک وقت - موت کا سایہ -

Under the shadow of misfortune بد بختی کے سایہ میں - سیہ بختی میں -

Catch at a shadow اصل کی بجائے سایہ کو پکڑنا -

Shadowless *adj.* بے سایہ - بے پناہ -

Shadowy *adj.* تاریک - بے اصل - سایہ دار -

Shadow (shad-o) *v.t.* Darken, shade سایہ ڈالنا - عکس ڈالنا - تصویر میں باریک یا دھندلا رنگ بھرنا - سایہ کی طرح ساتھ پھرنا - خفیہ طور پر نگرانی کرنا -

Shady (shad-i) *adj.* Having shade, sheltered سایہ افگن - سایہ گستر - گھنیرا - سایہ دار - مشتبہ - (چال چلن) بدنام -

He is on the shady side of forty اس کی عمر چالیس سال سے کچھ زیادہ ہے ۔
Shadiness *n.* سایہ داری ۔ بدنامی ۔ اشتباہ ۔

haft (shaft) *n.* Anything long and straight چھڑ ۔ ڈنڈا ۔ بلی ۔ تیر ۔ بان ۔ سر ۔ دستہ ۔ مشین کا لمبا دھرا ۔ سرنگ یا کان کا راستہ ۔ دھواں یا گندی ہوا نکلنے کا راستہ ۔ روشنی کی دھار ۔
Shafts of satire, ridicule, envy طنز ۔ رشک و حسد کے تیر ۔ ہجو ۔ تضحیک ۔
Shaftless *adj.* اپنی بجلی کی قوت سے چلنے والی-(مشین) بے دھرے کی ۔
Shaftsman راستہ بنانے والا ۔ سرنگ بنانے والا آدمی ۔

Shafty (shaft-i) *adj.* Of greater length لمبے اور مضبوط ریشوں کی اون ۔

Shag (shag) *n.* A ragged mass of hair الجھے ہوئے بال ۔ بے ترتیب بالوں کا گچھا ۔ روئیں دار موٹا کپڑا ۔ موٹی قسم کا کٹا ہوا تمبا کو ۔
Shagged *adj.* نا تراشیدہ ۔کھردرا ۔ الجھا ہوا ۔ گچھے دار ۔

Shag (shag) *n.* The green cormorant ایک سبز کلغی دار پرندہ ۔

Shaggy (shag-i) *adj.* Rough کھردرا ۔ روئیں دار ۔ بالوں سے ڈھکا ہوا ۔ گچھے دار ۔ موٹے بالوں کا ۔ نا ہموار ۔
Shagginess *n.* روئیں دار ہونا ۔کھردرا پن ۔ ناہمواری ۔

Shake (shak) *v.t. & i.* Move with to and fro motion ہلانا ۔ جھنجھوڑنا ۔ کانپنا ۔ تھرانا ۔ کپکپی پیدا کرنا ۔ پریشان کرنا ۔ دہشت زدہ کرنا ۔ مخل ہونا ۔ متزلزل کرنا ۔ آواز میں ارتعاش ہونا ۔ حالات نا سازگار ہونا ۔
Shake hands ہاتھ ملانا ۔ مصافحہ کرنا ۔
Shake off الگ کرنا ۔ جھٹک دینا ۔
Shake off the dust from one's feet قطع تعلق کرنا ۔
Shake the head انکار کرنا ۔
Great shakes اہم باتیں ۔ بڑی باتیں ۔
Shake the house گھر کی صفائی کرنا ۔
Shake one's fist or stick مُکّا دکھانا ۔ دھمکانا ۔
Shake a leg رقص کرنا ۔ ناچنا ۔
Shake in one's shoes خوف سے کانپنا ۔
Shake down ہلا کر یکجا کرنا ۔ جھٹکنا ۔ ہلا کر پھل گرانا ۔
Shake up رسمی پابندی سے نکالنا ۔ جھنجھوڑنا ۔
Shakable *adj.* ہلنے جلنے والی ۔ جو ہلایا جا سکے ۔
Shake-down عارضی بستر جو فرش پر گھاس بچھا کر تیار کیا جائے ۔
Shaking *adj.* متزلزل ۔ مرتعش ۔ ہلتا ہوا ۔

Shake (shak) *n.* Tremulous motion جنبش ۔ لرزش ۔ ارتعاش ۔ جھٹکا ۔ ہچکولا ۔ شگاف ۔ آواز کی لرزش یا لہر ۔

Shaker (shak-ər) *n.* One who shakes, a contrivance for shaking ہلانے والا ۔ جنبش دینے والا آلہ ۔ عیسائیوں کا ایک فرقہ جو سمجھتا ہے کہ حضرت عیسیٰ علیہ السلام کا ظہور ثانی ہو چکا ہے ۔ رقاص فرقہ ۔

Shakepearian (shak-spe-ri-ən) *adj.* Relating to Shakspeare or his works شیکسپیر کا ۔ شیکسپیر کی تصانیف کے متعلق ۔

Shako (shako) *n.* Nearly cylindrical military cap ایک قسم کی مخروطی فوجی ٹوپی ۔

Shaky (shak-i) *adj.* Moving to and fro کانپتا ہوا ۔ لرزتا ہوا ۔ لرزاں ۔ نا قابل اعتبار ۔
Shakiness بے اعتباری ۔ جنبش ۔ لرزش ۔

Shale (shal) *n.* Clay rock with layers ایک قسم کا پرت دار سلیٹی پتھر۔

Shall (shal) *v. aux.* Used with a verb to form future tense فعل امدادی جو فعل سے مل کر مستقبل کے صیغے بناتا ہے ۔

Shalloon (shə-loon) *n.* A light woollen stuff for lining ہلکا اونی کپڑا جس کا استر دیا جاتا ہے ۔

Shallop (shal-əp) *n.* A small light boat ایک چھوٹی ہلکی کشتی ۔

Shalot-llot (shə-lot) *n.* A garlic-flavoured species of onion ایک قسم کی پیاز جس میں لہسن کی بُو ہوتی ہے ۔

Shallow (shal-o) *adj*. Of no great depth - اتھلا
پایاب - ہلکا - اوچھا - سفلہ - کم ظرف - کم حوصلہ -
خام - چھچھلتا ہوا -

Shallow-brained *adj*. نادان - سادہ لوح - کوڑ مغز -

Shallow-hearted بے حس - جس کو احساس نہ ہو -

Shallowness *n*. کم ظرفی - اتھلا پن - پایابی -

Shalt (shalt) *v. aux*. Old form of shall کا قدیم shall
صیغہ واحد مخاطب -

Sham (sham) *v.t.,i.,n. & adj*. Hoax, a counterfeit
دھوکا - فریب - مصنوعی - بناوٹی - غیر حقیقی -
میل کی - جھوٹ موٹ کی - دھوکے باز - مصنوعی شے -
حیلہ بہانا کرنا - دھوکا دینا - بناوٹ کرنا -

Sham sheet نمائشی چادر جو دن کے وقت پلنگ پر
بچھائی جائے -

Sham pillow مصنوعی تکیہ -

Sham illness بیمار بننا - بیماری کا بہانہ -

This age of shams تصنع اور فریب کا زمانہ - یہ
ریا کاری کا دور -

Sham sleep جھوٹ موٹ کا سونا -

Shammer *n*. حیلہ بہانہ کرنے والا - بننے والا -

Shamanism (sham-an-izm) *n*. Religion of N. Asia
based on magic and sorcery سائبیریا کا ایک
مذہب جس کا عقیدہ ہے کہ انسان کے ارد گرد روحیں
رہتی ہیں جو انسان کو نفع نقصان پہنچانے پر قادر ہیں-
ان کے پیشوا ان کے اثر کو چھومنتر سے زائل کر دیتے
ہیں -

Shamble *v.i. & n*. لڑکھڑاہٹ - گرتے پڑتے چلنا -
لڑکھڑا کر چلنا -

Shambling gait لڑکھڑاتی چال -

Shambles (sham-bls) *n*. Slaughter-house جانوروں کو
ذبح کرنے کی جگہ - مسلخ - مذبح -

Shame (sham) *n*. A humiliating feeling - حیا - شرم
حجاب - شرمندگی - ندامت - ذلت - رسوائی - شرمساری -
باعث ننگ و عار -

Shame on you شرم کرو -

Put one to shame شرمندہ کرنا -

Shameless *adj*. بے شرم - بے حیا -

Shamelessness *n*. بے شرمی - بے حیائی -

Shameful *adj*. قبیح - مذموم - برا - شرمناک -

Shamefulness *n*. ذلت - رسوائی - شرمساری -

Shame (sham) *v.t. & i*. Disgrace, cover with
reproach شرمندہ کرنا - نادم ہونا - شرمسار ہونا -
غیرت دلانا - رسوا کرنا - ذلیل کرنا - خفیف کرنا -

Shamefaced (sham-fa-sd) *adj*. Bashful - جھینپو
خلوت پسند - شرمیلا -

Shamefacedness *n*. حجاب - حیا - شرمیلاپن -

Shampoo (sham-poo) *v.t. & n*. Massage, wash
and rub مالش کرنا - بدن یا سر کی مالش - بالوں
یا سر کو دھونا اور رگڑنا -

Shamrock (sham-rok) *n*. The national emblem
of Ireland تین پتوں والی گھاس جو آئرستان کا قومی
نشان ہے -

Shandrydan (shan-dri-dan) *n*. A rickety vehicle
ہلکی دو پہیوں کی گاڑی - پرانی کمزور گاڑی -

Shandygaff (shan-di-gaf) *n*. A mixture of beer
and ginger بیر اور ادرک کی شراب -

Shanghai (shang-hi) *v.t*. Make drunk and ship as
a sailor کسی کو منشی چیز دے کر جہاز پر بٹھا
لینا اور پھر اس سے ملاح کا کام لینا -

Shank (shangk) *n*. The length from knee to foot
ٹانگ - پنڈلی - ساق . گھٹنے سے ٹخنے تک کا حصہ -
پھول کی ڈنڈی - کسی اوزار کا دستہ - چمچے یا کفگیر
کی ڈنڈی - جوتے کا درمیانی تنگ حصہ -

Shank's mare اپنی ٹانگوں پر -

Shank off - مرجھا کر پھول کا جھڑ جانا - مرجھا جانا

Shanty (shant-i) *n*. A roughly-built hut - جھونپڑی
کٹیا -

Shape (shap) *v.i. & t*. Fashion, give form شکل
بنانا - صورت دینا - سانچے میں ڈھالنا - بنانا - گھڑنا -
خیال کرنا - ترکیب نکالنا - آثار سے کسی ہونے والے
واقعہ کو بھانپ لینا - اندازہ کرنا -

Shapable *adj*. ڈھالنے کے قابل - قابل تشکیل -

Shape (shap) *n*. Form, figure, pattern - شکل
صورت - وضع قطع - رنگ ڈھنگ - ساخت - بناوٹ -
مبہم صورت - قالب - سانچا -

Shapeless *adj*. بد وضع - بے ڈول -

Shapelessness *n*. - بے ڈھنگا پن - بد صورتی - بد شکلی

Shapely (shap-li) *adj*. Of good shape خوش نما - طرح دار - خوش شکل - دیدہ زیب -

Shapeliness *n*. خوش وضعی - طرح داری - دیدہ زیبی -

Shaper (shap-ər) *n*. One who shapes صورت گر - ڈھالنے والا - صنّاع - بنانے والا -

Shard (shard) *n*. A beetle's wing-case بھونرے کے پروں کا غلاف - ٹھیکری - سفال - انڈے کا چھلکا -

Share (shar) *n*. A part allotted حصہ - بخرا - نامزدہ حصہ - بانٹ -

Go shares باہم برابر تقسیم کرنا -

Deferred shares حصے جن پر مقررہ تاریخ تک کوئی منافع نہ دیا جائے یا کم دیا جائے -

Preferred, preference shares وہ ترجیحی حصے جن پر تاریخ خرید سے منافع ملتا ہے -

Shareholder *n*. پتّی دار - ساجھی - شریک - جس کے پاس کسی کارخانے کے حصے ہوں - حصے دار -

Lion's share سب سے بڑا یا بہترین حصہ -

Share (shar) *v.t.* & *i*. Give or take a share بانٹنا - تقسیم کرنا - حصّے دار ہونا - حصّے دار بنانا - دوسروں کو حصص دینا -

Sharer *n*. تقسیم کرنے والا - حصّے دار -

Share (shar) *n*. Plough share پھالی - ہل کا نوک دار حصہ -

Shark (shark) *n*., *v.t.* & *i*. Voracious fish with sharp teeth شارک مچھلی - ہنگ - گھڑیال - مکار - عیار - دغا باز - بے حد حریص - ظالم - خونخوار - ٹھگنا - لوٹنا - تیر تکوں پر گزارا کرنا -

He sharks for living وہ لوٹ مار پر گزارہ کرتا ہے -

Sharking *adj*. لوٹنے والا - دغا باز - ٹھگ - عیار - مکار -

Sharp (sharp) *adj*. & *adv*. Cutting, piercing, precisely, sharply تیز - دھار دار - نکیلا - نوک دار - چُبھتا ہُوا - صاف - روشن - ایکا ایکی - ٹھیک وقت پر - تیزی سے - فوراً -

Sharp incline عمودی نشیب -

Sharp temper جھلّا - تیز مزاج -

As sharp as a needle بہت ذہین - تیز فہم -

Sharp practice عیّاری - چالاکی -

The piano is sharp پیانو کی آواز تیز ہے -

Look sharp جلدی کرو -

Sharpen (sharp-en) *v.t.* & *i*. Make sharp تیز کرنا یا ہونا - سان پر لگانا - اکسانا - شوق دلانا - آواز بلند کرنا - بھوک تیز کرنا - چٹ پٹا بنانا - تیز یا ناگوار بنانا - عجلت کرنا -

Sharpener *n*. تیز کرنے والا - سان رکھنے والا - سان والا -

Sharpness (sharp-nes) *n*. A thin edge, keenness تیزی - دھار - کاٹ - تیز فہمی - چرچراہٹ - شدت - سختی -

Sharply *adv*. جلدی سے - سختی سے - تیزی سے -

Sharp-eyed تیز نظر -

Sharp-set مشتاق - بھوکا -

Sharp-visaged دبلے پتلے منہ والا -

Sharp-witted تیز فہم -

Sharp (sharp) *v.t.* & *i*. Sharpen, shark تیز کرنا - دھار لگانا - سان پر لگانا - آواز کو اونچا یا تیز کرنا - دھوکا دینا - عیاری کرنا -

Sharper *n*. (تاش کے کھیل) پتے لگانے والا - دغا باز - عیار -

Shatter (shat-ər) *v.t.* & *i*. Dash to pieces, wreck ٹکڑے ٹکڑے کر دینا - توڑ دینا - پرخچے اڑا دینا - تباہ و برباد کر دینا - ضائع کر دینا -

Shatter-brained پریشان دماغ - شوریدہ سر -

Shave (shav) *v.t.* & *i*. Scrape or pare off superficial hair چھیلنا - تراشنا - مونڈنا - خط بنانا - پتلے ورق اتارنا - چھوتے ہوئے گزرنا - مونڈ لینا - کپڑے اتارنا - ٹھگنا - لوٹنا -

Shaven *adj*. تراشا ہوا - چھیلا ہوا - منڈا ہوا -

Shaving *n*. چھیلن - حجامت - موتراشی -

Shave (shav) *n*. A narrow mess or escape, a paring اصلاح - حجامت - خط - نزدیکی - بال بال بچ جانا - پھانک - ٹکڑا - دھوکا - مکر - فریب - عیاری -

Shaveling (shav-i-ling) *n*. A tonsured cleric سر منڈا راہب - پادری - قلندر -

Shavian (sha-vi-ən) *adj.* Pertaining to the famous dramatist George Bernard Shaw جارج برنرڈ شا کا مداح - جارج برنرڈ شا کو پسند کرنے والا - جارج برنارڈ شا کے ناٹکوں کے متعلق -

Shawl (shawl) *n.* A loose covering for the shoulders شال - دوشالا -

Shawl dance ایسا ناچ جس میں ناچنے والا دوشالا اوڑھتا اور اس کو لہراتا ہے -

She (she) *pron.* Female, the woman ضمیر واحد غائب مؤنث - وہ عورت -

Shea (she-a) *n.* An African tree yielding butter مغربی افریقہ کا ایک درخت جس کے بیجوں سے مکھن نکلتا ہے -

Sheaf (shef) *n.* A bundle of things مٹھا - گٹھا - پُولی -

Shear (sher) *v.t. & i.* Cut or clip کاٹنا - کترنا - مونڈنا - لوٹنا - دھوکا دینا - عمارت وغیرہ کا بوجھ سے گر جانا - بوجھ ڈال کر توڑ ڈالنا -

Shearer (sher-ər) *n.* One who shears sheep مونڈنے والا - تراشنے والا - بھیڑوں کی اون تراشنے والا -

Shear (sher) *n.* Scissors مقراض - کترنی - قینچی -

Shear steel ایک قسم کا فولاد جس سے قینچیاں بنائی جاتی ہیں -

Shearling (sher-ling) *n.* A sheep which has been sheared only once وہ بھیڑ جس کی اون صرف ایک بار اتاری گئی ہو -

Sheath (sheth) *n.* A case for a sword or blade میان - نیام - غلاف - خول -

Sheathe (sheth) *v.t.* Put sword in a sheath تلوار نیام میں رکھنا -

Sheathing *n.* جہاز کے پیندے کی فولادی چادر - نیام - میان -

Sheath-winged غلاف دار بازو والا کیڑا -

Sheathe the sword تلوار کو میان میں رکھو - جنگ بند کرو -

Sheave (shev) *n. & v.t.* A grooved wheel اناج کے پودے کاٹ کر گٹھے بنانا - چرخی -

Shebeen (shi-ben) *n* An illicit liquor-shop شراب کی دوکان جس کی اجازت نہ لی گئی ہو -

Shed (shed) *v.t.* Cast off جھٹک کر گرانا جھاڑنا - الگ کرنا - پھینکنا - آنسو بہانا - پھیلانا - برسانا -

Shed (shed) *n.* An open outhouse سائبان - چھپر - آسارا - سار -

Shedding *n.* کریز کے پر - بہت سے اسارے -

Sheen (shen) *n. & adj.* Lustre, beautiful آب وتاب - چمک دمک - حسین -

Sheeny *adj.* حسین - نورانی - روشن - منور -

Sheep (shep) *n.* A beardless woolly wild or domestic animal بھیڑ - میش - شرمیلا آدمی - جھجکنے والا انسان - پادری کے علاقے کے لوگ -

Black sheep احمق - پاجی - بد معاش - شریر -

Cast sheep's eyes محبت بھری نظروں سے دیکھنا -

Follow like sheep اندھی تقلید کرنا - بھیڑ چال چلنا -

As will be hanged for a sheep as for a lamb جب چوری کی سزا ایک جیسی ہے تو پھر بچے کی جگہ بھیڑ کیوں نہ چرائیں -

Sheep that have no shepherd بے یار و مددگار -

Sheep-run بھیڑوں کی چرا گاہ -

Sheep-faced شرمیلا -

Sheepish *adj.* جھینپنے والا - بھیڑ جیسا - شرمیلا سا -

Sheepishness *n.* بزدلی - جھجک - شرمیلا پن -

Sheer (sher) *adj. & adv.* Clear, pure, quite بے میل - خالص - نرا - سراسر - فقط - محض - صرف - سیدھا - بالکل - بے کم و کاست -

Sheer (sher) *v.i. & n.* Deviate (جہاز رانی) اصل راستے سے ہٹ جانا - کترا جانا - کسی کے راستے سے الگ ہو جانا - جدا ہو جانا - میل محبت ترک کر دینا - جہاز کا اصل راستے سے انحراف - جہاز کا جھکاؤ -

Sheer (sher) *n.* An apparatus for hoisting heavy weights بھاری بوجھ اٹھانے کا ایک آلہ -

Sheet (shet) *n.* A large broad piece of cloth چادر - پلنگ پوش - کاغذ کا تاؤ - کاغذ کا تختہ - پانی، لوہے یا شیشے وغیرہ کی چادر - کتاب - رسالہ - اخبار - پرچہ - جہاز کا پل - رسی جو بادبان کھولنے کے کام آتی ہے -

He is between the sheets وہ ابھی سو رہا ہے -

The book is in sheets کتاب چھپ چکی لیکن ابھی جلد بندی نہیں ہوئی -

Sheet anchor سب سے بڑا لنگر - بڑی بنیاد - اہم سہارا -

Sheeting *n.* پلنگ کی چادروں کا کپڑا -

Sheet (shēt) *v.t.* Furnish with or form into sheets چادر ڈالنا - چادر اوڑھنا - چادر سے ڈھانکنا - چادر بچھانا - چادریں ڈھالنا -

Sheeted rain زور کی بارش -

Sheikh (shakh) *n.* An Arab chief شیخ -

Shekel (shek-l) *n.* A Jewish weight and a coin ایک یہودی سکہ اور وزن کا پیمانہ - (جمع) مال و دولت - سیم و زر -

Sheldrake (shel-drāk) *n.* A large duck Tudorna ایک بڑی شوخ رنگ کی بطخ -

Shelf (shelf) *n.* A board fixed on a wall دیوار میں لگا ہوا تختہ - الماری کے اندر کا تختہ - دیوار کا طاقچہ - چھجا -

Put it on the shelf اس کو طاق نسیاں پر رکھ دو - بھول جاؤ -

Shell (shel) *n.* A hard outer covering چھلکا - پوست - کھال - کھپرا - خول - گھونگھا - صدف - سیپی - خرمہرہ - کسی منصوبہ کا خاکہ - دوڑ کی ہلکی کشتی - بم کا گولہ - توپ کا گولہ - دھات کا خول - کارتوس - نمائش - دکھاوا - معمولی تابوت - اندرونی تابوت - بربط - چنگ - نامکمل مکان - جہاز کا ڈھانچا -

Come out of one's shell کھل جانا - حجاب ترک کرنا -

Shelled *adj.* خولدار -

Shelly *adj.* سیپی دار - گھونگھوں سے بھرا ہوا -

Shell (shel) *v.t. & i.* Separate from the shell, throw shell چھلکا اتارنا - چھیلنا - خول کے اندر سے بیج یا موتی نکالنا - غلاف یا خول چڑھانا - گولہ باری کرنا - دھات کا پرت پرت نکلنا -

Shell out ادا کرنا -

Shelling *n.* بم باری - گولہ باری -

Shellac (she-lək) *n. & v.t.* Lac melted into thin plates, varnish with لاکھ کی پٹی یا ٹکلی - لاکھ سے وارنش کرنا -

Shelter (shel-tər) *n., v.t. & i.* A place of refuge, screen, shield جائے پناہ - آڑ - پناہ - بچاؤ کی جگہ - پشت پناہ - حامئی - پناہ دینا - حفاظت کرنا - بچانا - دامن پکڑنا - حفاظت میں آنا -

Shelterless بے پناہ - غیر محفوظ -

Shelty-ie (shel-ti) *n.* A Shetland pony جھونپڑی - شٹ لینڈ کا ٹٹو -

Shelve (shelv) *v.t.* Put aside, put on a shelf طاق پر رکھنا - ملتوی کرنا - برآئندہ کرنا - برخاست کرنا - الماری میں تختے لگانا -

Shelving *n.* موقوفی - برآئندگی - التوا - الماری بنانے کا سامان -

Shelve (shelv) *v.i.* Slope, incline ڈھلوان ہونا - نشیبی ہونا -

Shema (shemä) *n.* Jews confession of faith "Hear, O, Israel" یہودیوں کا کلمہ ایمانی "سنو اے بنی اسرائیل" -

Sheol (shē-ōl) *n.* The place of departed spirits عالم برزخ -

Shepherd (shep-ərd) *n. & v.t.* One who tends sheep گڈریا - چرواہا - گلہ بان - محافظ - پادری - بھیڑ بکریاں چرانا - محافظت کرنا - راہ راست دکھانا -

Shepherdess *n.* بھیڑ بکریاں چرانے والی -

Sheppy (shep-i) *n.* Sheep yard بھیڑوں کا باڑا -

Sherbet (sher-bet) *n.* Sweet drink شربت -

Sherif-eef (shə-ref) *n.* A descendant of the Prophet شریف - سید - آل رسول - اولاد علی رضی اللہ عنہ - مکہ معظمہ کا محافظ - شریف مکہ -

Sheriff (sher-if) *n.* An officer of a shire with judicial and executive powers کاؤنٹی یا شائر کا افسر اعلیٰ - ناظم عدالت -

Sheriffdom-hood-ship شریف کا علاقہ - شریف کا عہدہ -

Sherry (sher-i) *n.* A white wine of Spain ایک قسم کی انگریزی شراب - ہسپانیہ کی سفید شراب -

Shiboleth (shib-ə-leth) *n.* Catch word of a group کسی جتھے کا امتیازی کلمہ یا لفظ - دقیانوسی بات - فرسودہ خیال -

Shield (shēld) *n.* & *v.t.* A broad plate to ward off weapons ڈھال - سپر - حفاظت - پناہ - حامی - محافظ - نگہبان - ڈھال سے روکنا - بچانا - پناہ دینا -

The other side of the shield کسی مسئلہ کا غیر نمایاں پہلو -

Shift (shift) *v.t.* & *i.* Change position, remove, evade, transfer بدلنا - پلٹنا - تغیر کرنا - تبادلہ کرنا - منتقل کرنا - گزراں کرنا - کوئی ترکیب نکالنا - جتن کرنا - گول مول جواب دینا - ٹال دینا -

To shift one's ground بحث میں نئی صورت اختیار کرنا - بات کا رخ بدلنا -

He shifts and prevaricates - وہ ٹال مٹول کرتا ہے

Shift (shift) *n.* A change, a set of persons taking turns تبدیلی - نقل مکان - تبادلہ - تغیر - باری - مزدوروں کی بدل باری - نئی ترکیب - چالاکی - عیاری - ٹال مٹول - قمیض - ایک طرح کی اینٹوں کی چنائی -

The shifts and changes of life زندگی کے نشیب و فراز -

Shiftless *adj.* بے تدبیر - بے نوا - بے حکمت -

Shifty *adj.* گھڑی گھڑی بات بدلنے والا - چالاک - عیار -

Shiftiness *n.* چالبازی - چالاکی - مکاری -

Shift about - تلاش معاش میں ادھر اُدھر پھرنا - گھانا پھیرنا -

Shift for one's self اپنے لیے خود مہیا کرنا -

Shift off ٹال دینا - ملتوی کرنا -

Make shift تدبیر کرنا -

Shilling (shil-ing) *n.* A coin of 12 pence بارہ پنس کا سکہ - شلنگ -

Take king's or queen's shilling فوج میں بھرتی ہونا -

Shilly-shally (shil-i-shal-i) *adv.* In silly hesitation تذبذب میں - ڈانوا ڈول - شش و پنج -

Shim (shim) *n.* & *v.t.* A slip of metal or wood پچر - چیپ - پچر لگانا -

Shimmer (shim-ər) *n.*, *v.t.* & *i.* Gleam, glisten ٹمٹمانا - جھمکنا - جھمک - ٹمٹماہٹ -

Shimmy (shim-i) *n.* A shirt - کرتہ - (بول چال) قمیص

Shin (shin) *n.*, *v.t.* & *i.* Lower part of leg - پنڈلی پنڈلی کی ہڈی - پنڈلی کا اگلا حصہ - درخت پر چڑھنا - پنڈلی پر ٹھوکر مارنا -

Shindy (shin-di) *n.* A row - (بول چال) جھگڑا غل غپاڑہ -

Kick up a shindy - جھگڑا کھڑا کرنا - ہنگامہ برپا کرنا

Shine (shīn) *v.t.* & *i.* Glow, give or reflect light روشن ہونا - روشنی دینا - چمکنا - چمکتا ہوا ہونا - ممتاز ہونا - نمایاں ہونا - خوبصورت ہونا - سبقت لے جانا - چمکانا - چمکدار بنانا - پالش کرنا -

It is a shining example - یہ ایک روشن مثال ہے

Shine (shīn) *n.* Brightness, lustre - صاف سطلع چمک - روشنی - کھلا موسم - چاندنی - (بول چال) جھگڑا - فساد - ہنگامہ -

Take the shine of کسی سے سبقت لے جانا - کسی کو ماند کر دینا -

Shiner (shīn-ər) *n.* One who or that which shines - چمکنے والا - چمکانے والا - پالش کرنے والا (بول چال) سکہ - پاؤنڈ - گنی (جمع) سیم و زر - ایک قسم کی مچھلی -

Shingle (shing-gl) *v.t.* & *n.* A wooden slab, a board لکڑی کے تختے - پٹاؤ - چھت پاٹنا - لکڑی کے تختے لگانا - خشخشی بال کاٹنا -

Shingles (shing-gls) *n.* Large rounded stone pebbles, an eruption روڑے - ایک جلدی مرض جس سے کمر کے قریب چتے پڑ جاتے ہیں اور سوزش ہوتی ہے -

Shinto (shin-tō) *n.* The Japanese nature and hero cult عقیدہ فطرت پرستی - جاپان کا قدیم مذہب شنٹو -

Shintoism *n.* جاپانی عقیدہ جو شاہ اور اسلاف پرستی پر مبنی ہے -

Shintoist *n.* جاپانی مذہب شنٹو کا پیرو -

Shiny (shīn-i) *adj.* Clear, unclouded - صاف - روشن تابدار - چمکدار - منجھا ہوا -

Shiny seams گھسی ہوئی سیونیں -
Shininess *n.* آبداری - درخشندگی - چمک دمک -
Ship (ship) *n.* A large vessel جہاز - سفینہ (بول چال) کشتی - دوڑ کی کشتی -
Sister ship دو جہاز جو ساخت میں یکساں ہوں -
Take ship سفر کے لیے جہاز میں سوار ہونا -
Shipmate جہاز کے ہم سفر - جہاز کا ملازم -
Ship-shape ٹھیک ٹھاک -
Ship-wreck تباہی - پامالی - بربادی - جہاز کی تباہی -
Make ship-wreck of تباہ کرنا - برباد کرنا -
Ship of the desert ریگستان کا جہاز - اونٹ -
When my ship comes home جب میرا جہاز ساحل مراد پر پہنچے گا - جب مجھے کامیابی ہوگی -
Ship (ship) *v.t.* & *i.* Load on ship جہاز پر سوار کرنا - جہاز پر لادنا - جہاز کے ذریعے بھیجنا - جہاز پر ملازم رکھنا - جگہ پر رکھنا - ٹھکانے پر رکھنا - نصب کرنا -
Shipment (ship-mənt) *n.* A consignment by ship - جہاز کی لدائی - سامان جو جہاز پر چڑھایا جائے - جہاز پر سامان رکھنا - مال محصولہ جہاز -
Shipper (ship-ər) *n.* One who sends goods by ship جہاز کے ذریعے مال بھیجنے والا -
Shipping (ship-ing) *n.* Cargo loaded on ship جہاز پر سامان کی لدائی - مال جو جہاز پر لادا گیا ہو -
Shipping agent جو جہاز پر مال چڑھاتے اور اتارتے ہیں - جہازی دلال - جن کے ذریعے مال بھیجا اور منگایا جاتا ہے -
Shipping office جہازی دلالوں کا دفتر - مال اتارنے اور چڑھانے والوں کا دفتر -
Shirk (shərk) *v.t.* & *i.* Evade, act evasively پہلوتہی کرنا - بچنا - کام سے جی چرانا - ٹال مٹول کرنا -
Shirker *n.* ذمہ داری سے بچنے والا - پہلوتہی کرنے والا -
Shirt (shərt) *n.* A man's sleeved undergarment قمیص - کرتہ -
Night shirt شب خوابی کا کرتہ -
Near is my shirt but nearer is my skin } اول خویش بعدہ درویش - پہلے اپنی ضرورت پوری کرنا ہے -
In one's shirt sleeves بغیر کوٹ یا شیروانی کے - قمیض میں -
Keep one's shirt on (بول چال) سب مال جوئے میں لگا دینا -
Get one's shirt off (بول چال) کسی کو غصہ دلانا -
Give one a wet shirt کسی سے بہت زیادہ محنت لینا -
Shirting *n.* کرتے یا قمیص کا کپڑا -
Shirty *adj.* (بول چال) بد سلوکی سے پیش آنے والا - غصہ میں - ناراض -
Shit (shit) *v.i.* & *n.* Ease پاخانہ - گوبر - لید - گالی - (بول چال) پاخانہ کرنا -
Shiver (shiv-ər) *v.i.* & *n.* Quiver with cold کانپنا - لرزنا - کپکپانا - سردی سے تھرتھرانا - کپکپی - لرزہ - تھرتھراہٹ -
Shivering fit لرزہ کا دورہ - کپکپی - لرزہ -
Shiveringly *adv.* کانپتے ہوئے - تھرتھراتے ہوئے -
Shivery *adj.* کانپنے والا - لرزہ بر انداز -
Shiver (shiv-ər) *v.t.,i.* & *n.* Shatter ٹکرے ٹکرے کرنا - چور چور کر دینا - ریزہ ریزہ ہونا - ٹوٹنا - ٹکڑا - ذرہ - ریزہ -
The shivers *n.* لرزہ کا بخار - جوڑی کا بخار -
Shoal (shol) *adj.,n.* & *v.t.* Shallow پایاب - اتھلا - مخفی خطرہ یا رکاوٹ - کم گہرا ہونا - اتھلا ہونا -
Shoaly *adj.* پوشیدہ خطروں والا - کم گہرا - پر خطر -
Shoaliness *n.* پایابی - پوشیدہ خطرہ - اتھلا پن -
Shoal (shōl) *n.* & *v.i.* Multitude of fishes, swarm مچھلیوں کے جھنڈ - ہجوم - بھیڑ - مچھلیوں کا ایک جگہ جمع ہونا - جھنڈ بنانا -
Shoal wise جھنڈ میں -
Shoals of people آدمیوں کا اجتماع - ہجوم - بھیڑ بھاڑ -
He gets letters in shoals اس کے پاس بے حساب خط آتے ہیں -
Shock (shok) *n.* A violent impact, a sudden shaking صدمہ - دھکا - جھٹکا - چوٹ - حادثہ - تصادم - مقابلہ - دہشت - مار پیٹ - کسی رنج دہ خبر سے قلبی صدمہ - ہتک - بے اعتباری -
Shock (shok) *v.t.* & *i.* Shake and impair by a shock - صدمہ پہنچانا - ہلا دینا - ٹکر مارنا - برہم کرنا - رنجیدہ کرنا - غضبناک ہونا - دھکا لگنا -

Shocking *adj. & adv.* چونکا دینے والا - رنجیدہ - دہشت انگیز -

Shockingly *adv.* بری طرح سے - دہشت انگیزی سے - نہایت - بے حد -

Shock (shok) *n. & v.t.* A bundle of twelve small bundles بارہ چھوٹی گٹھیوں کا گٹھا - ایسے گٹھے بنانا -

Shock (shok) *n.* A dog with long, shaggy hair لمبے بالوں کا ایک کتا - الجھے ہوئے بال - پریشان زلفیں -

Shocker (shok-ər) *n.* A sensational tale کسی چیز کا بدترین نمونہ - سنسنی خیز ناول -

Shoddy (shod-i) *n. & adj.* Wool from shredded rag پھٹے ہوئے کپڑوں سے نکالا ہوا اون - ایسے اون کا بنا ہوا کپڑا - دیکھنے میں اچھی مگر اصل میں خراب چیز - نمائشی - مصنوعی -

Shoe (shōō) *n.* A stiff outer covering for the foot, a rim of iron to a hoof جوتا - جوتی - پاپوش - زیر پائی - کفش - گھوڑے کے نعل - شام - نعل کی طرح کی کوئی چیز -

Shoe boy جوتے صاف کرنے والا -

That is another pair of shoes یہ اور بات ہے - یہ اور معاملہ ہے -

He is in some one's shoes وہ کسی دوسرے کی مصیبت جھیل رہا ہے -

Where the shoe pinches یہی بات تو تکلیف دہ ہے - یہی تو مشکل ہے -

Shoe-maker جوتے بنانے والا - موچی - کفش ساز -

Shoe (shōō) *v.t.* Put iron rim on hoofs نعل بندی کرنا - نعل جڑنا - شام لگانا - پیندے پر لوہا چڑھانا -

Shoo (shōō) *interj., v.t. & i.* Scare away by calling shoo شو کہکر بھگا دینا - پرندے اڑانے کی آواز شو -

Shook (shŏŏk) *n. & v.t.* Set of stakes and heading for cask مختلف ٹکڑے جن سے پیپا بنایا جاتا ہے - ٹکڑوں کو جوڑ کر پیپا بنانا -

Shoot (shōōt) *v.i. & t.* Discharge, let fly with force کسی چیز کا پھوٹ کر نکلنا - زور سے نکلنا - یک بیک نکل آنا - گولی مارنا - بندوق چلانا - نشانہ لگانا - کشتی کو پل کے نیچے سے تیزی سے نکال لے جانا - گولی کا نکل جانا -

Shooting star ٹوٹنے والا ستارا - شہاب ثاقب -

Shooting range چاند ماری -

Shot مختلف انگ جو مختلف زاویوں سے نظر آئیں - دھوپ چھاؤں -

Shot silk دھوپ چھاؤں کا ریشم - آب رواں ریشم -

Shootable شکار کرنے کے قابل - نشانے کے قابل -

Shoot (shōōt) *n.* A shot, a shooting match, a spruot نئی کونپل یا شاخ جو زمین سے نکلے - ڈھال - دریا کا تیز دھارا - کوڑا کرکٹ بہانے کی بد رو - نشانہ بازی کی مشق - شکاری ٹولی -

Shooter (shōōt-ər) *n.* A twinge of quick pain بندوق چلانے والا - شکار کرنے والا - درد کی تیز لہر - (کرکٹ) وہ گیند جو ٹپ کھانے کے بعد اونچی نہ ہو -

Shooting (shōōt-ing) *n.* Killing of game بندوق سے جانوروں کا شکار - شکار - تیر اندازی - شکار کرنے کا حق - کرانے کی شکار گاہ (ٹینس) تیز ضرب -

Shop (shop) *n. & v.t.* A building or room in which goods are sold دوکان - کارخانہ - (بول چال) محکمہ - ادارہ - پیشہ - کاروبار - دوکان میں جانا - خریداری کرنا - (بول چال) قید کرنا - مخبر کے ساتھی کو قید کرا دینا -

Nation of shopkeepers تجارتی قوم - انگریزی قوم - انگریز -

Shop-lifter *n.* دوکان میں جاکر مال چرانے والا - اٹھائی گیرہ -

The whole shop سراسر - بالکل -

All over the shop (بول چال) چاروں طرف - تتر بتر - ہر سو -

Shop-window دوکان کا دریچہ جہاں چیزیں نمائش کے لیے رکھی جاتی ہیں -

Shop-worn مال جو دوکان میں پڑا پڑا خراب ہو جائے -

Shopping *n.* سودا خریدنے بازار جانا - خریداری -

Shoppy *adj.* محکمہ یا شعبے سے متعلق - دوکان کے متعلق - دوکان کا -

Shore (shōr) *n.* Bank, coast ساحل - دریا کا کنارہ - ساحلی علاقہ -

Shore (shōr) *n. & v.t.* A prop ٹیکن - سہارا - تھونی - تھونی لگانا - ٹیکن لگانا - سہارا دینا -

Short (short) *adj., adv. & n.* Of little length or duration چھوٹا - پستہ قد - ناٹا - ٹھنگنا - مختصر - تھوڑا - کم - قلیل - ناکافی - خفیف - جس پر زور نہ دیا جائے - خستہ - یکایک - جلدی میں - مختصر طور پر - چھوٹا بول یا حرف علت - حرف علت کا نشان -

Cut short چھانٹنا - مختصر کرنا -

Make a short work of چٹکی بجاتے ہرا دینا - کسی شے کا جلد خاتمہ کر دینا -

Short-lived *adj.* نا پائدار - چند روزہ -

Short-temper تنک مزاجی - زود رنجی -

Short-winded *adj.* پھولی ہوئی سانس والا - دم چڑھا -

Short-sightedness *n.* تنگ نظری - ناعاقبت اندیشی -

Short-sightedly *adv.* ناعاقبت اندیشی سے - تنگ نظری سے -

He takes short views وہ صرف موجودہ حالت کا خیال رکھتا ہے - وہ کم نظر ہے -

Short of breath سانس پھولا ہوا - بے دم -

Shortcoming کوتاہی - قصور -

Fall short ضرورت سے کم ہونا - کم پڑنا -

Run short ہو چکنا - کم پڑ جانا -

In short قصہ کوتاہ - مختصر یہ کہ -

He was very short with me وہ مجھ سے رکھائی سے پیش آیا -

Shorthand مختصر نویسی -

Stop short فوراً رک جانا -

The long and short خلاصہ یہ - مختصراً -

Shortage (short-ag) *n.* Dirth قلت - کمی -

Shorten (short-n) *v.t. & i.* Make or become shorter کم کرنا - کم ہونا - گھٹنا - گھٹانا - مختصر ہونا یا کرنا -

Shortly (short-li) *adv.* Very soon مختصراً - عنقریب - جلد - قلیل مدت میں - القصہ -

Shot (shot) *n. & v.t.* Act of shooting, explosive blast, throw, hit فائر یا نشانہ - پھینک - مار - ضرب - بندوق کی گولی - توپ کا گولہ - نشانہ باز - بندوق میں گولی یا چھرے بھرنا -

Random shot اٹکل پچو نشانہ -

Shot proof کوئی چیز جس پر گولی اثر نہ کرے - گولی روک -

Shot (shot) *n.* Drinks bill شراب کا بل -

Should (shud) *v. aux.* Shall دیکھو

Shoulder (shol-dər) *n.,v.t. & i.* The part about junction of the body with the forearm کندھا - کھوا - مونڈھا - شانہ - پیٹھ کا بالائی حصہ - سپاہی کا بندوق کندھے پر رکھ کر کھڑا ہونا - کندھا دینا - کندھے پر اٹھانا - دھکا دینا - گھس کر آگے بڑھنا -

Has broad shoulders وہ بڑی ذمہ داریاں لے سکتا ہے - اس میں بڑی سکت ہے -

Old head on young shoulders چھوٹی عمر بڑی عقل -

Rub shoulders with بڑے آدمیوں کے جلسوں میں جانا - برابری سے ملنا -

Shoulder blade شانے کی ہڈی -

Shoulder slip کندھا اتر جانا -

Shoulder to shoulder - متفقہ کوشش - شانہ بہ شانہ

Put or set one's shoulder to wheel شانہ سے ٹھیلنا - مدد دینا -

Shout (showt) *n., v.t. & i.* A loud cry, a call چیخ - بلند آواز - زور کی پکار - شور - نعرہ بلند کرنا - چیخنا - چیخ کر پکارنا -

All is over but the shouting (کھیل) ختم مگر شور باقی ہے -

Shove (shuv) *v.t.,i. & n.* Thrust, push دھکیلنا - ریلنا - پیلنا - سرکانا - دھکا دینا - گھس کر آگے بڑھنا - (بول چال) ڈالنا - رکھنا - دھکا - ریلا -

Shovel (shuv-l) *n. & v.t.* A broad spadelike tool پھاوڑا - کھرپا - اکڑچھا - پھاوڑے سے اٹھا کر پھینکنا -

Shoveller (shuvl-ər) *n.* One who shovels پھاوڑے اٹھانے والا - ایک قسم کی بطخ -

Show (shō) *v.t. & i.* Present to view دکھانا - ظاہر کرنا - پیش کرنا - ثبوت دینا - برتاؤ یا سلوک کرنا - آگاہ کرنا - سمجھانا - سکھانا - پڑھانا - رہنمائی کرنا راستہ دکھانا - ثابت کرنا - واضح کرنا -

On your own showing تمہارے اپنے بیان سے -

Show (sho) *n.* Display, exhibition تماشا - نظارہ - نمائش - دکھاوا - ظاہری ٹیپ ٹاپ - کاروبار - کارخانہ - (دایہ گری) وہ رطوبت جو وضع حمل سے پہلے نکلتی ہے -

Show-box بھان متی کا پٹارا - شعبدوں کا پٹارا -

Show-case نمائشی چیزوں کی آئینہ دار الماری -

Show a leg بستر سے اٹھنا -

Show forth مشتہر کرنا - اعلان کرنا -

Show of hand تائید میں ہاتھ اٹھانا -

Show one the door نکال باہر کرنا -

Give away the show راز فاش کر دینا -

Showman کسی نمائش یا تماشے کا انتظام کرنے والا -

Showy *adj.* آرائشی - نمائشی -

Showiness *n.* ظاہری شان - نمائش - نمود -

Shower (showr) *n.,v.t & i.* A shortfall as of rain مینہ کا چھینٹا - جھالا - بوچھاڑ - بھرمار کرنا - چھینٹا پڑنا -

Showery *adj.* بوچھاڑ کے ساتھ - بارانی -

Showeriness *n.* زور کی بارش کا سماں - مینہ کا جھلا آنا - چھینٹا پڑنا -

Shrapnel (shrap-nl) *n.* A shell filled with musket balls توپ کے پھٹنے والے گولے کے اندر بھری ہوئی گولیاں - گولیوں کا گولہ - شریپنل گولہ -

Shred (shred) *v.t. & n.* A fragment, a scrap دھجی - پرزہ - چیتھڑا - ٹکڑا - پرزے پرزے کرنا - دھجیاں اڑانا -

Shrew (shrōō) *n.* A small mouse like animal چوہے کی قسم کا ایک جانور - بدمزاج لڑاکا عورت - چڑچڑی عورت - چھچھوندر -

Shrewish *adj.* جھگڑالو - چڑچڑی - تنک مزاج -

Shrewishly *adv.* تنک مزاجی سے - چڑچڑے پن سے -

Shrewishness *n.* بد مزاجی - تنک مزاجی - چڑچڑاپن -

Shrewd (shrōō-d) *adj.* Evil, ill-natured, mischievous شریر - نٹ کھٹ - عیار - چالاک - سیانا - گھاگ - ذہین - ہوشیار - صاحب الرائے -

Shrewdly *adv.* سیانے پن سے - عیاری سے - ہوشیاری سے -

Shrewdness *n.* مکاری - حیلہ سازی - فراست - عیاری -

Shriek (shrēk) *n.,v.t. & i.* A shrill outcry چیخ - کوک - چیخنا - چلانا - چنگھاڑنا - بے تحاشا ہنسنا - ہنسی سے لوٹ پوٹ ہو جانا -

Shrievality (shre-vəl-i-ti) *n.* Office, term and area of a sheriff شیرف کا دفتر، منصب اور علاقہ -

Shrift (shrift) *n.* Absolution, confession گناہ کا اعتراف اور معافی -

Shrike (shrīk) *n.* A butcher bird ایک خونخوار پرندہ جو چڑیوں کو کھاتا ہے -

Shrill (shril) *adj.,v.t. & i.* High-pitched and piercing باریک اور تیز آواز - سیٹی کی طرح کی آواز - سیٹی جیسی آواز نکالنا - چیخ مارنا - تیز آواز سے متوجہ کرنا -

Shrilly *adv.* تیز آواز سے - چیخ کر -

Shrillness *n.* آواز کی تیزی اور باریکی -

Shrimp (shrimp) *n.* A dwarfish person ایک قسم کا جھینگا - ٹھگنا آدمی -

Shrimper *n.* جھینگے پکڑنے والا -

Shrine (shrīn) *n. & v.t.* A casket for relics or an erection over it تبرکات کا ظرف - مزار - آستانہ - مقبرہ - درگاہ - قربان گاہ - مندر - متبرک چیزوں کو محفوظ کرنا - درگاہ بنانا -

Shrink (shringk) *v.i.& t.* Contract, shrivel سکڑنا - سمٹنا - ٹھٹھر جانا - جھجھکنا - کترانا - پیچھے ہٹنا - سکڑنے دینا -

Shrinken سمٹا ہوا - سکڑا ہوا -

Shrink into oneself رک جانا - چپ ہو جانا -

Shrinkable *adj.* کھنچنے اور سکڑنے کی صلاحیت والا -

Shrinkage تنگ ہونے کا عمل - سکڑنا -

Shrinkingly *adv.* رکتے ہوئے - تامل کے ساتھ - ہچکچاتے ہوئے - جھجھکتے ہوئے -

Shrive (shrīv) *v.t.* Hear confession and absolve پادری کے سامنے گناہ کا اعتراف کرنا - پادری کا اقرار گناہ سننا اور معافی دینا - توبہ قبول کرنا -

Shrivel (shriv-l) *v.i. & t.* Contract into wrinkles جھریاں پڑنا - مرجھانا - سوکھ جانا - سوکھ کر جھریوں دار ہو جانا -

Shroud (shrowd) *n. & v.t.* A garment, a winding sheet کفن - کسی چیز پر پڑا ہوا پردہ - رسے جن سے جہاز کا مستول سیدھا کیا جاتا ہے - کفن پہنانا - پردہ ڈالنا - چھپا لینا -

Shroudless *adj.* بے کفن -

Shroud of mystery اخفا - پردہ راز -

Shrub (shrub) *n.* A low woody plant - جھاڑ - جھاڑی - بوٹا -

Shrubby *adj.* جھڑیلا -

Shrubbery *n.* جھاڑیاں -

Shrug (shrug) *v.t.,i. & n.* Shudder, shiver - سمٹنا - کندھے ہلانا - شانوں کو جنبش دینا - حقارت یا خفگی کا اظہار کرنا - بے بسی ، بے پروائی کا اظہار -

Shudder (shud-ər) *v.t. & n.* Shiver as from cold لرزنا - کانپنا - تھرانا - سرسرانا - وحشت ہونا - لرزہ - کپکپی -

Shudderingly *adj.* کانپتے ہوئے -

Shuffle (shuf-l) *v.t,. i. & n.* Mix at random, jumble - گھسٹ کر چلنا - دشواری سے حرکت کرنا - بے ترتیب کرنا - گڈ مڈ کرنا - تاش کے پتے ملانا - بار بار پہلو بدلنا - ایک بات پر قائم نہ رہنا - تاش کا الٹ پھیر - چال - چکمہ -

To shuffle off ملتوی کرنا -

Shuffler *n.* ایک بات پر قائم نہ رہنے والا - گرگٹ کی طرح رنگ بدلنے والا -

Shufflingly *adv.* حیلہ سازی سے - گھسٹتے ہوئے - رگڑتے ہوئے -

Shun (shun) *v.t.* Avoid - بچنا - باز رہنا - کنارا کرنا - اجتناب کرنا -

Shunt (shunt) *v.t., i. & n.* Turn or move aside ریل کی پٹری بدلنا - دوسرے راستے پر چلنا - روک دینا - بند کر دینا - ترک کر دینا - پٹری کی تبدیلی -

Shunter *n.* (بول چال) اعلیٰ درجے کا منتظم - پٹری بدلنے والا -

Shut (shut) *v.t. & i.* Lock, bar, fasten - بند کرنا - سیخنا - زنجیر لگانا - بند ہونا - دروازہ بند کر کے آنے جانے سے روک دینا - محروم کر دینا - مٹھی بھینچنا -

Shut down کارخانہ کا کام بند کر دینا -

Shut up خاموش رہو -

Shut in بند کر دینا -

Shutter (shut-ər) *n. & v.t.* One who or that which shuts, cover for a window, a device for opening and closing گرنے اور اٹھنے والا دروازہ - جھل ملی - پردہ - چق - ارگن باجے کا ڈھکن - دروازہ گرا دینا - در بند کر دینا -

Shutterless *adj.* جھل ملی کے بغیر - بلا ڈھکن -

Shuttle (shut-l) *n.* An instrument for passing the thread جولاہے کی نال جس سے دھاگا ادھر سے ادھر جاتا ہے - نالی - دھرلی -

Shuttle cock پر دار گیند -

Shy (shī) *adj.* Shrinking from notice or approach شرمیلا - جھینپنے والا - دور رہنے والا - بھڑکنے والا - وحشی - باریک -

Look shy at بدگمان کرنا -

Shyness *n.* وحشت - بھڑک - حجاب - شرم -

Shy (shī) *v.t., i. & n.* Fling, toss پھینکنا - نشانہ لگانا - اچھالنا - نشانہ - پھینکنے کی کوشش -

Shy (shī) *v.i. & n.* Recoil, start aside - چونک پڑنا - اچھل پڑنا - چمکنا - بھڑکنا - ڈرنا - بھڑک - جھجک -

Shylock (shī-lok) *n.* A hard-hearted character in one of Shakespeare's drama شیکسپیر کے ڈرامے کا ایک کردار - سنگ دل ساہوکار -

Siamang (sēə-mang) *n.* A monkey of Sumatra and Malaya سماٹرا اور ملایا کا ایک لنگور -

Siamese (si-əm-ez) *n. & adj.* Of Siam سیام کا باشندہ - سیامی قوم یا زبان - سیام کا -

Siamese twins دو دوست جو کبھی جدا نہ ہوں -

Siberian (sī-be-ri-ən) *adj. & n.* Of Siberia سائبیریا کا باشندہ - سائبیریا کا -

Sibilant (sib-i-lənt) *adj. & n.* Hissing - پھنکارنے والا - سسکارنے والا - سی‌سی کی آواز نکالنے والا جانور -
Sibilance *n.* سسکاری -

Sibilate (sib-i-lāt) *v.t. & i.* Hiss بولنے میں سی سی کی آواز نکالنا - پھنکارنا - پھنکار مارنا -
Sibilation *n.* سی سی کی آواز - سسکاری -

Sibyl (sib-il) *n.* An ancient Greek prophetess ایک کاہنہ - بڑھیا جادوگرنی - پیشین گوئیاں کرنے والی -

Sibyline (sib-i-līn) *adj.* Prophetic کسی کاہنہ کے متعلق - کسی کاہنہ کی کہی ہوئی -
The sibyline books فن کہانت کی کتابیں - پیشین گوئیوں کی کتابیں - کاہنوں کی کتابیں -

Sic (sik) *adj.* Suck, what لاطینی لفظ بمعنی ایسا - یہ لفظ قوسین میں لکھتے ہیں ، مراد یہ ہوتی ہے کہ اصل کے مطابق ہے - ایسا ہی ہے -

Siccative (sik-ə-tiv) Drying, drying agent خشک ہونے والی - خشک کرنے والی چیز - رنگ خشک کرنے کا مسالہ -

Sice (sīs) *n.* Number six at dice پانسے کا چھکا -

Sice (sīs) *n.* An attendant who looks after a horse سائیس -

Sicilian (si-sil-yən) *adj. & n.* Of Sicily سسلی کا باشندہ - سسلی کا -

Sick (sik) *adj. & n.* Unwell, diseased - مریض - علیل - بیمار - روگی - بے زار - متنفر - ناراض - آزردہ - متلی یا قے پر مائل - بے چین - اکتایا ہوا - تنگ - دق - مرمت طلب جہاز -
Sickish *adj.* بیمار سا -

Sicken (sik-en) *v.t. & i.* Make sick, be sick بیمار ڈالنا - بیمار ہونا - مرض کے آثار ظاہر ہونا - گھس آنا - دل کھٹا ہونا - بیزار کر دینا - اکتا دینا - عاجز کر دینا - بیزار ہو جانا -
Sickener *n.* بیزار کر دینے والا - اکتا دینے والا -
Sickeningly *adv.* اس طرح کہ متلی ہونے لگے - بیزار کر دینے کے طور پر -

Sickle (sik-l) *n.* A reaping hook برج اسد - ہنسیا - درانتی -

Sickly (sik-li) *adj. & adv.* Inclined to be ailing علیل - بیماروں کا سا - روگی - متلی پیدا کرنے والا - حد سے زیادہ رقت آمیز -
Sickliness *n.* بیمار رہنا - دائم المریض ہونا - روگی پن -
Sickness *n.* بیماری - علالت - روگ -

Side (sīd) *n.* A line forming part of a boundary طرف - جانب - کنارہ - سمت - پہلو - سطح - رخ - فریق - (بلیرڈ) گونے کو رخ دینا - (بول چال) اکڑ - گھمنڈ - بے جا غرور -
Side cousin دور کا رشتہ دار -
Side cut بغلی حملہ - بغلی گھونسہ -
Side glance ترچھی نظر -
Side lock زلف -
Side note حاشیہ کی تحریر -
Side slip حرام زادہ -
Side by side پہلو بہ پہلو -
Choose side جوڑ بدلنا -
Shake one's sides طرف داری کرنا -
Side issue علیحدہ مسئلہ - ضمنی بات -
Take sides طرف داری کرنا -
Sidy *adj.* بے جا غرور کرنے والا -
Side board نعمت خانہ - کھانے کے برتن رکھنے کی میز -
Side dish کوئی خاص چیز جو دوسرے کھانوں کے ساتھ پیش کی جائے -
Side track *n.* شاہراہ سے ہٹا ہوا چھوٹا راستہ - درمیانی پٹری کے علاوہ کنارے کی پٹری -

Side (sīd) *v.i.* Take side - جانبداری کرنا - طرف داری کرنا

Sidelong (sīd-long) *adv. & adj.* Sloping, tilted پہلو کی طرف - بازو کا - ترچھا - نشیبی -

Sidereal (sī-dē-ri-el) *adj.* Relating to stars - فلکیاتی ستاروں سے متعلق - ستاروں کا -

Siderography (sid-rə-gra-fi) *n.* Art of engraving on iron plate - لوہے کی تختی پر کندہ کرنے کا فن

Sideways (sīd-waz) *adv. & adj.* By the side route - پہلو کی طرف سے - بازو کے راستے سے - ترچھا - ٹیڑھا - تڑپتا ہوا -

Siding (sīd-ing) *n.* A short track for shunting ریل کی بغلی پٹری -

Sidle (sid-l) *v.i.* Go by the side دبک کر چلنا - پہلو کے رخ چلنا -

Siege (sēj) *n.* & *v.t.* A seat of dignity گھیرا - محاصرہ - پیچھے پڑ جانا - محاصرہ کرنا - سخت اصرار کرنا -

Lay siege to محاصرہ کرنا -

Raise the siege of محاصرہ اٹھا لینا -

Siege works محاصرہ کرنے والوں کی خندقیں وغیرہ -

Sienna (sī-enä) *n.* A kind of reddish earth گیرو کی قسم کی لال مٹی جو رنگ کی طرح استعمال کی جاتی ہے اور اطالیہ کے شہر سینا میں پائی جاتی ہے -

Sierra (si-er-ä) *n.* A mountain range سلسلہ کوہ - پہاڑی سلسلہ -

Siesta (si-es-tä) *n.* A midday nap قیلولہ - دوپہر کو تھوڑی دیر کے لیے سونا -

Sieve (siv) *n.* & *v.t.* A vessel with perforated bottom چھلنی میں چھاننا - چھلنی - غیر سال - کوئی برتن جس کے پیندے میں سوراخ ہو - ایسا شخص جو راز چھپا نہ سکے -

Sift (sift) *v.t.* & *i.* Separate, examine closely چھاننا - رولنا - پھٹکنا - تحقیق کرنا - چھان بین کرنا - جانچ پڑتال کرنا -

Sigh (sī) *n.*, *v.i.* & *t.* Utter, regret with sighs آہ بھرنا - بے چین ہونا - اطمینان کا سانس لینا - ہوا کی سرسراہٹ - ٹھنڈی سانس -

Sighingly *adv.* ٹھنڈی سانس لے کر - آہ بھر کر -

Sight (sit) *n.* Faculty of seeing, view, estimation نظر - بینائی - بصارت - قابل دید تماشا - (بول چال) بڑی مقدار - بندوق کی شست کی مکھی -

Know by sight معمولی جان پہچان ہونا -

Catch sight of دیکھ لینا - نظر پڑنا -

Lose sight of نظر سے اوجھل ہو جانا -

Payable at sight درشنی ہنڈی -

At first sight پہلی نظر میں -

Make a sight of oneself تماشا بن جانا -

Sightworthy قابل دید - دیکھنے کے قابل -

Sight-seeing مناظر کی سیر - سیر -

Sight (sīt) *v.t.* View, adjust the sight of دیکھنا - نگاہ کرنا - مشاہدہ کرنا - بندوق سے نشانہ کی شست لینا - نشانہ باندھنا -

Sightless (sīt-les) *adj.* Blind جو نظر نہ آئے - مخفی - بے بصر - کور - نابینا - اندھا -

Sightly (sīt-li) *adj.* Attractive قابل دید - دلکش - خوشنما - خوب صورت -

Sightliness *n.* خوبصورتی - خوشنمائی -

Sigil (sij-il) *n.* A seal دستخط - مہر -

Sigillate (sij-il-āt) *adj.* With impressions نقشی - ٹھپے دار -

Sigma (sig-mä) *n.* Greek letter X یونانی حرف X جو S کی آواز دیتا تھا -

Sigmate (sig-māt) *adj.* Shaped like X X کی شکل کا - X کی طرح کا -

Sigmatic (sig-mat-ik) *adj.* Formed with sigma سگما لگا کر بنایا ہوا -

Sigmoid (sig-mo-id) *adj.* S-shaped ٹیڑھا - خمیدہ - S کی شکل کا -

Sign (sīn) *n.* A gesture expressing meaning, a token نشان - علامت - دلیل - آثار - شگون - اشارہ - معجزہ - کرامت - سائن بورڈ - برج -

Sign of the times زمانے کے آثار -

Sign (sin) *v.t.* & *i.* Make by a sign or signature علامت بنانا - نشان کرنا - دستخط کرنا - اشارے سے کہنا - درخواست کرنا یا حکم دینا -

Signal (sig-nl) *n.* & *v.t.* A token, intimation اشارہ - علامت - نشانی - اشاروں میں خبر بھیجنا - اطلاع کرنا یا اعلان کرنا -

Signal (sig-nl) *adj.* Conspicuous نمایاں - ممتاز - عمدہ - نامی - قابل ذکر - غیر معمولی طور پر اچھا یا برا - نہایت سخت - قابل عبرت -

Signal of distress جہاز کا اشارے بھیج کر مدد طلب کرنا -

Storm signal طوفان کی خبر -

Signalise (sig-na-līz) *v.t.* Mark or distinguish signally مشہور کرنا - نمایاں کرنا - اشارے سے بتانا - امتیازی نشان پیدا کرنا -

Signatory (sig-nə-tə-ri) *adj.* & *n.* One who has signed دستخط کنندہ - وہ فریق جو کسی معاہدہ پر دستخط کرے -

Signature (sig-nə-tyər) *n.* A signing - دستخط
نشان - علامت - عدد یا لفظ جو فرموں کے شمار کے لیے چھاپا جاتا ہے - موسیقی کی علامات جو بولوں پر لگائی جاتی ہیں -

Signet (sig-nit) *n.* A small seal - انگوٹھی کی مہر
چھوٹی مہر -

Significance (sig-ni-fi-kens) *n.* Meaning, import
اہمیت - معنی - مراد - مطلب - مفہوم - زور -

Significant (sig-ni-fi-kənt) *adj.* Having a meaning
معنی خیز - پر مطلب - بامعنی -

Significantly *adv.* - معنی خیز انداز سے

Signification (sig-ni-fi-ka-shən) *n.* Importance
مراد - مطلب - اشارہ - اہمیت - مفہوم -

Significative (sig-ni-fi-kə-tiv) *adj.* Indicative
پرمعنی - اشارہ کرنے والا - دلالت کرنے والا -

Signify (sig-ni-fi) *v.t. & i.* Be a sign for - جتانا
بتانا - ظاہر کرنا - پیش خیمہ ہونا - معنی رکھنا - قدر رکھنا -

Signor (se-nyor) *n.* A word of address اٹلی کا
تخاطب کا لقب - جناب - جناب والا -

Signora (se-nyor-ä) *n.* Word of address for married women - بیگم - اہلیہ

Signorina (si-nyo-re-nä) *n.* Word of address for young lady - مس - صاحب زادی

Silence (sī-ləns) *n. & v.t.* Absence of sound
سکوت - خاموشی - سناٹا - ہو کا عالم - منہ بند کر دینا - خاموش کر دینا - لاجواب کر دینا -

Silencer (sī-lens-ər) *n.* A device for reducing sound آواز روک آلہ جو پستول ، بندوق وغیرہ میں لگایا جاتا ہے -

Silent (sī-lənt) *adj.* Noiseless - ساکت - چپ
خاموش - سنسان - بے آواز - کم گو - بے زبان - ذکر سے خالی -

Silently *adv.* - چپ چاپ - خاموشی سے

Silenus (sī-lē-nəs) *n. & adj.* Pot bellied, bald
گنجا - پیٹ نکلا ہوا - رنگیلا بوڑھا آدمی - شراب کا پیپا -

Silesia (sī-le-shä) *n.* A thin cloth made in Silesia
باریک کپڑا جو استر کے کام آتا ہے -

Silhouette (sil-ōō-et) *n. & v.t.* A shadow outline filled in with black - ایک رخی تصویر یا خاکہ

Silica (sil-i-kä) *n.* Silicon dioxide ایک مادہ جو
پتھر اور ریت میں ملتا ہے - سلیکا -

Siliciferous *adj.* - جس میں سلیکا کی کثرت ہو

Silicate *n.* - سلیکا ملا ہوا نمک

Silicated (si-li-kā-ted) *adj.* Mixed with silica
سلیکا ملا ہوا -

Silicify (si-lis-i-fī) *v.t.* Render siliceous سلیکا ملانا
یا بنانا - سخت کر دینا -

Silicification (si-li-si-fi-kā-shən) *n.* Rendering siliceous - سلیکا آمیزی

Siliqua (sil-i-kwä) *n.* A long pod- قبچہ - رائی کی پھلی

Siliquose *adj.* - پھلی دار

Siliquous *adj.* - قبچہ دار - پھلی دار

Silk (silk) *n.* A fibre produced by the larva of silk worm - ریشم - ریشمی کپڑے کے کوے کا کپڑا
آبریشم - ریشمی کپڑا - چمکدار کپڑا -

Silken *adj.* - ریشمی لباس میں ملبوس - ریشمی - چمکدار
نرم -

Silky (silk-i) *adj.* Of silk - ریشمی - نرم - چمکدار

Silkiness *n.* ملائمت - نزاکت - ریشم جیسی نرمی اور
چمک -

Silk worm *n.* - ریشم کا کیڑا

Sill (sil) *n.* Timber, stone چوکھٹ - دروازے کی
دہلیز - داسا -

Sillabube (sil-ə-bub) *n.* A dish of frothed cream
ایک کھانا جو جھاگدار ملائی اور شراب سے بنتا ہے -

Silly (sil·i) *adj.* Simple, foolish, harmless - سادہ لوح
بے وقوف - نادان - بھولا - سیدھا سادا -

Sillily *adv.* - نادانی سے - احمقانہ طور پر

Silliness *n.* - بے وقوفی - نادانی - سادہ لوحی

Silt (silt) *n.,v.t. & i.* Fine sediment تہہ - ریگ - مٹی
میں جمی ہوئی مٹی - گار - ریت یا مٹی جو دریا کی تہہ میں جم جاتی ہے - ریت سے اٹ جانا - بھر جانا - بند ہو جانا -

Silvan-syl-(sil-van) *adj.* Of forest جنگل کا - درختوں
کا - صحرائی -

Silver (sil-vər) *adj.* & *n.* A white precious metal
چاندی - نقرہ - سیم - چاندی کے سکے - چاندی کا بنا ہوا - نقرئی -

Silver leaf چاندی کا ورق -

Every cloud has a silver lining ہر مصیبت میں تسکین کا کوئی نہ کوئی پہلو ہوتا ہے -

Silversmith سنار - چاندی کا سامان بنانے والا -

Silver slandord - چاندی کے سکے کا قانوناً تسلیم کیا جانا

Silvery *adj.* چاندی کا سا -

Silveriness *n.* چاندی کی سی سفیدی اور چمک -

Silver (sil-vər) *v.t.* & *i.* Coat or treat with silver
چاندی چڑھانا - چاندی کی قلعی کرنا - چمکدار بنانا - بالوں کا سفید ہو جانا -

Silviculture (silvi-kul-tur) *n.* Growing of trees
جنگل پیدا کرنے کے لیے درخت اگانا -

Simian (si-mi-ən) *adj.* Ape like میمونی طور پر - بندر کی طرح -

Similar (si-mi-lər) *adj.* Like, resembling - مطابق
مانند - مشابہ - ملتا جلتا - مثل -

Similarity *n.* مماثلت - مشابہت - یکسانیت -

Simile (sim-i-li) *n.* Likening of one thing to another تشبیہ - تمثیل -

Similitude *n.* مشابہت - تشبیہ - تمثیل -

Similize (sim-i-līz) *v.t.* Liken, use simile تشبیہ دینا - تشبیہ استعمال کرنا -

Simmer (sim-ər) *v.i.,t.* & *n.* Boil gently آہستہ آہستہ
کھولنا - ابلنا - ابالنا - ابلنے کے قریب ہونا - غصے سے پیچ و تاب کھانا - پیچ و تاب کی حالت -

Simnel cake (sim-nl-kak) *n.* A sweet cake for Christmas میٹھی کیک - کرسمس کیک -

Simoniac (sim-ə-ni-ak) *n.* One guilty of simony
گرجا کے منصب کی خرید و فروخت کا مجرم -

Simoniacal (sim-ə-ni-a-kal) *adj.* Buying or selling church benefice گرجا کے منصب کے متعلق - گرجا کے منصب کی خرید و فروخت کرنے والا -

Simp (simp) *n.* A simple man (امریکہ) بھولا بھالا نادان آدمی -

Simper (sim-pər) *v.i.* Smile in a silly manner
سادہ لوحی سے مسکرانا - دانت نکالنا - دانت نکال کر رضامندی کا اظہار کرنا - تصنع سے ہنسنا -

Simperingly *adv.* بناوٹی ہنسی سے - سادہ لوحی سے ہنستے ہوئے -

Simple (sim-pl) *adj.* & *n.* Consisting of one thing only, plain, easy مفرد - خالص - غیر مرکب - بسیط - بے ساختہ - بے تکلف - بھولا بھالا - سادہ‌لوح - بے وقوف - ناتجربہ کار - آسان - مفرد دوا - خالص چیز - قطعی - محض - ادنیٰ - خفیف -

Simple-hearted
Simple-minded } سیدھا سادہ - سادہ لوح -

Simple-mindedness *n.* سادہ لوحی - سادہ دلی -

Simpleness, simplicity - بھولا پن - بے تکلفی - سادگی

Simply *adv.* سادگی سے - محض - صرف - فقط -

Simpleton (sim-pli-tən) *n.* & *adj.* A weak and foolish person اناڑی - سادہ لوح - بے وقوف -

Simplify (sim-pli-fī) *v.t.* Make simple and less difficult آسان کرنا - پیچیدگی دور کرنا - کھولنا - واضح کرنا -

Simplification آسان کرنا یا ہونا - تسہیل - توضیح -

Simplism (sim-pli-zm) *n.* Affected simplicity
بناوٹی معصومیت - مصنوعی سادگی -

Simulacrum (sim-u-la-krəm) *n.* An image, a semblance شباہت - ہلکی تصویر - محض نقل -

Simulant *adj.* ایک جیسی - مشابہ - ہم شکل -

Simulate (sim-u-lat) *v.t.* Feign, assume a false appearance مکر کرنا - جھوٹ موٹ ظاہر کرنا - دوسرے کی شکل بنانا - نقل کرنا - روپ بھرنا - تلبیس کرنا -

Simulation *n.* بناوٹ - زمانہ سازی - نقل - تلبیس -

Simultaneous (sim-əl-ta-nyəs) *adj.* Being or happening at the same time ایک ہی وقت میں واقع ہونے والا - ساتھ ساتھ - ہم عصر - ہم عہد -

Simultaneity *n.* ہم وقتی - ہم عصری - ہم عہدی

Simultaneousness *n.* بہ یک وقت واقع ہونا - ہم عہدی -

Simultaneously *adv.* - ساتھ ساتھ - ایک ہی وقت میں -

Sin (sin) *n.* & *v.t.* Moral offence - گناہ - پاپ - خطا - اخلاق غلطی - عصیاں - گناہ کرنا - پاپ کمانا - بد تمیزی - نا زیبا حرکت -

The Seven Deadly Sins - غرور - سستی - حسد - قتال - طمع - شہوت - بسیار خوری - گناہ کبیرہ -

One's besetting sin بری عادت جو انسان کو مغلوب کرے -

Like sin (بول چال) زور سے - جوش و خروش سے -

Sinful *adj* عاصی - گنہگار -

Sinless *adj.* پاک - معصوم -

Sinfulness *n.* پاپ پن - معصیت - گناہ گاری -

Sinlessness *n.* معصومیت -

Sin one's mercies - نا شکری کرنا - کفران نعمت کرنا

Sinner فاجر - فاسق - گناہ گار - خطا کار -

Sinapism (sin-ə-pizm) *n.* A mustard plaster رائی کا لیپ -

Since (sins) *adv.* From that time, after that جب سے - اس وقت سے - اس کے بعد - ازاں بعد - چونکہ - اس لیے - در حالیکہ

Sincere (sin-sēr) *adj.* Pure, unmixed - راست - خالص مخلص - کھرا - صاف دل -

Sincerity *n.* اخلاص - سچائی - راست بازی -

Sincerely *adv.* - مخلصانہ - راست بازی سے - خلوص سے

Sinciput (sin-si-put) *n.* The fore part of the head سر کا اگلا حصہ -

Sine (sīn) *prep.* Without - بغیر - بلا

Sine die - بلا تعین وقت - التوائے غیر محدود

Sine qua non - اس کے بغیر کچھ نہیں - لازمی شرط

Sinecure (sīni-kūr) *n.* An office without work ایسی کام جس میں کام نہ کرنا پڑے - بے فکری کی نوکری - کلیسائی جاگیر جس کے جاگیردار کو خود پادری کا کام نہ کرنا پڑے -

Sinecurism *n.* بے کام کی نوکری کا طریقہ -

Sinecurist *n.* بے کام کا ملازم -

Sinew (sin-ū) *n.* That which joins a muscle to a bone پٹھا - نس - سوتی رگ - (جمع) طاقت - زور - قوت جسمانی - وسائل - ذرائع -

Sinewy *adj.* طاقتور - زور والا - نسیلا -

Sinewiness *n.* مضبوطی - طاقت - نسیلا پن -

Sinews of war ذرائع - روپیہ پیسہ -

Sing (sing) *v.t.* & *i.* Utter musically گانا - الاپنا - نغمہ سرائی کرنا - چہچہانا - ہوا کا سنسنانا - کان بجنا - حمد کرنا - شعر کہنا - گن گانا -

Singable *adj.* گائے جانے کے قابل -

Singer *n.* ڈوم - میراثن - مغنی - مطرب - گویا - قوال -

Sing out للکارنا - پکارنا -

Singe (sinj) *v.t.* & *i.* Burn on surface داغنا - جلانا - جھلسانا -

Single (sing-gl) *adj.* Consisting of one only or one part واحد - مفرد - علیحدہ - تنہا - اکہرا - اکیلا - بن بیاہا - کنوارا - مجرد - سچا - کھرا - (کرکٹ) ایک رن کی ضرب -

Single blessedness تجرد کی زندگی -

Single-heartedness یک رنگی - یک سوئی -

Singleness *n.* ایک - اکیلا پن - اکیلا ہونا -

Singly *adv.* فرداً فرداً - ایک ایک کر کے -

Single (sing-gl) *v.t.* Separate, pick علیحدہ کرنا - انتخاب کرنا - چننا - چھانٹنا -

Singlet (sing-let) *n.* A garment worn below the shirt بنیائن - نیم آستین -

Singleton (sing-gle-tən) *n.* A single card of one colour ایک رنگ کا ایک ہی پتہ -

Sing-song (sing-song) *adj.* & *n.* A monotonous verse یکساں لہجہ - بے مزہ گانا - بے لطف نظم -

Singular (sing-gū-lər) *adj.* Unique, pre-eminent واحد - انوکھا - نرالا - یکتا - لاجواب - لاثانی - بڑا - بے تکا -

Singularly *adv.* انوکھے طریقے سے - نرالے طور پر -

Singularity (sing-gū-la-ri-ti) *n.* Peculiarity انوکھا پن - ندرت -

Singularize (sing-gū-la-rīz) *v.t.* Make singular کسی لفظ کے آخری حرف کو گرا دینا - مفرد بنانا -

Sinister (sin-is-tər) *adj.* Unlucky, malign بایاں - نامبارک - منحوس - خراب - برا - دغاباز - بددیانت - بائیں رخ کا - شرارت آمیز -

Sinisterly *adv.* برے ارادے سے - بد نیتی سے -

Sink (singk) *v.i.* & *t.* Become submerged پانی میں غرق ہو جانا - ڈوبنا - غروب ہونا - دھنسنا - کم ہونا - گھسنا - دل بیٹھ جانا - رفتہ رفتہ کمزور ہونا - غرق کرنا - ڈبونا - نظروں سے اوجھل کرنا - چھپانا - کھودنا - کندہ کرنا -

Prices sink قیمتیں گر رہی ہیں -

Sink in one's estimation نظروں سے گر جانا -

Sinkable *adj.* - پانی میں بیٹھ جانے والا - ڈوبنے کے قابل.

Sink (singk) *n.* Drain for dirty water, a cess pool نالی - موری - بدرو - چہبچا - دلدل یا جوہڑ - اسٹیج کی دراز جہاں سے پردہ گرتا اور اٹھتا ہے -

Sinker (singk-ər) *n.* Weight tied to fishing line مچھلی پکڑنے کی ڈور میں بندھا ہوا وزن - ڈوبنے یا غرق ہونے والا -

Sinking (singk-ing) *adj.* & *n.* Going down دل ڈوبنے کی حالت - پستی کی کیفیت - ڈوبتے ہوئے -

Sin fein (shin-fān) *n.* A political party and movement in Ireland آئرلینڈ کی ایک سیاسی تحریک اور جماعت جس کا مقصد آئری تہذیب کو علیحدہ طور پر زندہ رکھنا ہے -

Sino (si-nō) *adj.* Of China چینی - چین کا -

Sinologue (sin-ə-log) *n.* One versed in Chinese چینی ثقافت اور زبان کا ماہر -

Sinologist *n.* وہ جس نے چینی زبان اور تہذیب کا گہرا مطالعہ کیا ہو -

Sinuate (sīn-ū-at) *adj.* Wavy edged, winding پیچ دار - لہریلا - لہردار -

Sinuation *n.* سانپ کی چال کی طرح ہونا - لہر دار ہونا - پیچ دار ہونا -

Sinuosity (sin-u-ə-si-ti) *n.* Waviness لہر دار ہونا - لہریا پن -

Sinuous (sīn-u-əs) *adj.* Winding پیچ دار - لہر دار -

Sinus (sin-əs) *n.* Cavity of bone or tissue خلا - ہڈی یا عضلہ کا خلا - نلی کی شکل کا لمبا پھوڑا - گہرا پھوڑا - نالی جو پتی کے دونوں حصوں کے بیچ میں بن جاتی ہے -

Sip (sip) *v.t.*, *i.* & *n.* Drink by action of lips ہونٹوں سے تھوڑا تھوڑا پینا - چسکی لینا - چمچے سے پینا - چسکی - گھونٹ -

Siphon (sī-fən) *v.t.*, *i.* & *n.* A bent tube سائفن - بوتل - سائفن سے گزارنا - خم دار نالی جس کا ایک سرا اونچا ہوتا ہے - بعض کیڑوں کے لمبے منہ جس سے وہ غذا کھینچتے ہیں -

Siphonal (sī-fo-nəl) *adj.* Like a siphon سائفن کی طرح -

Siphonage (sī-fo-naj) *n.* Conveying by means of a siphon سائفن سے گزارنا -

Sippet (sip-it) *n.* A morsel of bread with soap شوربہ اور روٹی کا ٹکڑا یا لقمہ - ڈبل روٹی کے ٹکڑے جو قیمے کے ساتھ رکابی میں لگائے جاتے ہیں -

Siquis (sī-kwis) *n.* A public intimation اعلان جو پادری کے تقرر سے پہلے گرجا میں لگایا جاتا ہے -

Sir (sər) *n.* A word of respect صاحب - جناب - جناب والا - جناب عالی -

Sirdar (sər-dar) *n.* A military head سپہ سالار - فوج کا افسر اعلیٰ - سردار -

Sire (sīr) *n.* A senior, elder - بڑا - بزرگ - مورث اعلیٰ - صدر خاندان - حضور -

Siren (sī-rən) *n.* One of sea nymphs, partly bird partly woman آدھی عورت آدھی پرند اور اپنے گانے کے اثر سے مسافروں کو پھانس لے - کوئی دلفریب شکل - حسین عورت - ایک آلہ جس سے بلند آواز پیدا ہوتی ہے -

Sirenian (sī-re-ni-ən) *adj.* & *n.* Of the Sirenia, an order of fish like mammals مچھلی کی طرح کا دودھ پلانے والا - سائرینی -

Sirgang (sər-gang) *n.* A green Asiatic bird سر گنگ - شرق الہند کا ایک سبز پرندہ -

Siriasis (si-ri-ə-sis) *n.* Sun stroke دھوپ لگنا - لو لگنا -

Sirolin (sir-o-lin) *n.* Upper part of a loin of beef گائے کے پٹھے کا گوشت -

Sirocco (si-rok-ō) *n.* A hot, dry and gusty wind of South Italy صحرائے اعظم کی باد سموم - جنوبی اطالیہ کی گرم خشک ہوا کا جھکڑ -

Sirrah (sər-ə) *n.* Sir used in contempt غصہ اور نفرت سے کسی کو جناب کہنا -

Sis (sis) *n.* Abbreviation of sister used for a girl اے بہن -

Sisal-grass (sis-əl-gras) *n.* Agave fibre سیسل گھاس جس سے رسے بنتے ہیں -

Siskin (sis-kin) *n.* A yellowish green finch ایک خوش الحان پرندہ -

Sister (sis-tər) *n.* Daughter of the same parents, a member of sisterhood - بہن - ہمشیرہ - خواہر - ہنیلی - سہیلی - دینی بہن - پیر بہن - عورتوں کی مذہبی جماعت کی رکن - شفاخانہ کی بڑی نرس - ہم جنس - کوئی چیز جو دوسری چیز کی مشابہ ہو -

Sister german حقیقی بہن -

Sister of mercy صلیب احمر کی رضا کار نرس -

Sistet ships ایک ہی نمونے کے جہاز -

Sisterly *adv.* & *adj.* بہن کی طرح - خواہرانہ -

Sisterliness *n.* ہمدردانہ برتاؤ - محبت کا برتاؤ -

Sisterhood *n.* بہن کا سا برتاؤ - بہن ہونا - بہناپا -

Sistrum (sis-trəm) *n.* An ancient Egyptian wire rattle قدیم مصری باجا جو آئسس کی عبادت کے وقت بجایا جاتا تھا -

Sisphean (sis-fi-ən) *adj.* & *n.* Relating to Sisyphus سائی‌سیفس کے متعلق جس کو یہ سزا دی گئی تھی کہ وہ ایک بڑا پتھر لڑھکاتا رہے اور پہاڑ پر چڑھتا اترتا رہے - مشکل اور نہ ختم ہونے والا کام -

Sit (sit) *v.t.* & *i.* Rest on haunches or knees بیٹھنا - تشریف رکھنا - چوتڑ کے بل بیٹھنا - گھٹنوں کے بل بیٹھنا - اکڑوں بیٹھنا - کرسی مونڈھے یا بنچ پر بیٹھنا - بسیرا لینا - انڈوں پر بیٹھنا - (فوجی) محاصرہ کرنے کے لیے خیمہ زن ہونا -

Sit fast قائم - مقیم -

Sits loose بے پرواہ -

Sit tight (بول چال) اپنی جگہ پر مستحکم رہنا -

Sit in judgment دوسروں پر نقطہ چینی کرنا یا فتویٰ دینا -

Sit at home بے کار وقت گزارنا -

Sitting hen انڈوں پر بیٹھی ہوئی مرغی -

Food sits heavy on the stomach } کھانا معدہ میں گرانی پیدا کرتا ہے -

Sit up تن کر بیٹھنا - بیدار ہو جانا - بستر پر اٹھ کر بیٹھ جانا -

Site (sīt) *n.* Situation جگہ - مقام - موقع - محل - بستی کی جگہ -

Sitter (sit-ər) *n.* Easy shot, one who sits for an artist بیٹھنے والا - انڈوں پر بیٹھنے والی - کسی مصور کی ہدایت پر بیٹھنے والا - تصویر کشی کے لیے بیٹھنے والا - (بول چال) آسان نشانہ - آسان کام -

Good sitter اچھی طرح انڈے سینے والی مرغی -

Sitting (sit-ing) *n.* Act of sitting بیٹھک - نشست - نشست گاہ - جلسہ - اجلاس - ایک جھول کے انڈے - گرجے کی ایک نشست -

Sitting room اتنی جگہ جتنی آنے والے آدمیوں کے لیے کافی ہو - بیٹھک - دیوان خانہ -

Situated (se-tū-ā-ted) *adj.* Being at a certain place واقع -

Situation (si-tu-ā-shən) *n.* Location حالت - صورت - موقع محل - محل وقوع - ڈرامے کا اہم مقام - عہدہ - جگہ - ملازمت -

Six (siks) *n.* Cardinal number next above five مفرد عدد پانچ کے اوپر چھ - چھ کا ہندسہ - تاش کا چھکا - موم بتیاں جو آدھے سیر میں چھ چڑھتی ہیں -

Six-footer چھ فٹ لمبا آدمی - چھ فٹ کا -

Six to one بہت امکان ہونا - ایک کو چھ کا بھاؤ -

Six penny چھ پنس کی چیز -

At sixes and sevens خراب حالت میں - پریشان -

Sixain (siks-ān) *n.* A stanza of six lines چھ مصرعوں کا بند -

Sixer (sik-sər) *n.* Over boundary ایک ضرب جس سے چھ رن بنیں -

Sixte (sikst) *n.* A parry of sword تیغ زنی کا ایک داؤ -

Sixteen (siks-tēn) *adj.*, & *n.* Six and ten دس اور چھ - سولہ کا عدد

Sixteenth *adj.* & *n.* سولھویں تاریخ - سولھواں حصہ - سولھواں -

Sixth (siks-th) *adj.* & *n.* Sixth part ششم - چھٹا حصہ - چھٹا -

Sixthly *adv.* چھ کے طور پر - ششم - چھٹے -

Sixty *adj.* & *n.* ساٹھ کا عدد ۔ ساٹھ سال کا ۔
Sixtieth *adj.* & *n.* ساٹھواں ۔

Sixable (siks-əbl) *adj.* Of large size ۔ بڑا ۔ چوڑا ۔ لمبا ۔ قد آور ۔ بڑی ناپ کا ۔ چھ فٹ سے بڑا ۔

Sizar (siz-ər) *n.* A student receiving an allowance at Cambridge or Dublin کیمبرج اور ڈبلن یونیورسٹی کا وہ طالب علم جس کو وظیفہ ملتا ہو ۔

Size (sīz) *v.t., i.* & *n.* Bigness, magnitude ۔ قد ۔ قامت ۔ ضخامت ۔ مقدار ۔ ناپ ۔ کھانے پینے کی چیزوں کا ناپ ۔ کپڑوں کا ناپ ۔ جوتے کا ناپ ۔ راشن منگانا ۔ جسامت کے لحاظ سے کھانا تقسیم کرنا ۔
Size up کسی کی نسبت رائے قائم کرنا ۔ جسامت وغیرہ کا اندازہ کرنا ۔

Size (sīz) *n.* & *v.t.* Gluey material ۔ چپکنے والا مسالہ ۔ مسالہ لگا کر سخت کرنا ۔
Sizy *adj.* چپکنے والا ۔ لیس دار ۔

Sizzle (siz-l) *v.i.* & *n.* Make a hissing sound of frying تلنے کے وقت چھن چھن کی آواز نکلنا ۔ چھن چھن کی آواز ۔

Sjambok (sham-bok) *n.* A whip of dried hide گینڈے کی کھال کا چابک ۔ چمڑے کا چابک ۔

Skate (skāt) *n., v.i.* & *t.* A sandal mounted on rollers برف پر چلنے اور دوڑنے کا کھڑاؤں جس کے نیچے پھرکیاں لگی ہوتی ہیں ۔ ایک قسم کی مچھلی ۔ برف پر اسکیٹ پہن کر چلنا یا پھسلنا ۔
Skate over thin ice نازک مسئلے پر گفتگو کرنا ۔
Skating rink مصنوعی برف یا سیمنٹ کا تختہ جو اسکیٹنگ کے لیے مخصوص ہو ۔
Skater *n.* اسکیٹ کرنے والا ۔

Skean-skein (skēn) *n.* An Irish or Highland dagger بڑا خنجر ۔ پیش قبض ۔ چھرا ۔

Skedaddle (ski-dad-l) *v.i.* & *n.* Scamper off (بول چال) سر پر پاؤں رکھ کر بھاگنا ۔ فراری ۔

Skee (skē) *n.* Ski دیکھو

Skein (skān) *n.* A loosely-tied coil ۔ انٹی ۔ لچھا ۔ ریشم یا سوت کا لچھا ۔ جنگلی بطخوں کا اڑتا ہوا غول ۔ گتھی ۔ الجھاؤ ۔

Skeleton (skel-i-tn) *n.* Hard parts of a body ڈھانچہ ۔ پنجر ۔ ڈھچر ۔ کسی شے کا قالب ۔ خاکہ ۔ خلاصہ ۔ لب لباب ۔ دبلا پتلا قاق آدمی ۔
Skeletal *adj.* پنجر کا ۔ ڈھانچہ کی طرح کا ۔
Skeletography *n.* علم تشریح ۔

Skeletonize (skel-i-to-niz) *v.t.* Reduce to a skeleton صرف ڈھانچہ رہنے دینا ۔

Skep (skep) *n.* A basket, beehive ۔ بید کی ٹوکری ۔ شہد کی مکھیوں کا چھتا ۔

Sketch (skech) *n.,v.t.* & *i.* A drawing without details خاکہ ۔ ڈھانچہ ۔ نقشہ ۔ مسودہ ۔ خلاصہ ۔ واقعات کا مختصر بیان ۔ مختصر ناٹک ۔ خاکہ بنانا ۔ نقشہ کھینچنا ۔ خلاصہ بیان کرنا ۔
Sketchy *adj.* سرسری ۔ مختصر ۔ مجمل ۔
Sketchiness *n.* خاکہ کا سا ہونا ۔ مجمل ہونا ۔ سر سری ہونا ۔

Skew (skū) *adj.* & *n.* Oblique ۔ ترچھا ۔ آڑا ۔ خمیدہ ۔ ٹیڑھا ۔ منحرف شکل ۔ پشتہ کی ڈھلوان شکل ۔ چھت یا دیوار کے تکنے حصے کی منڈیر ۔
Skew bridge مقراضی پل ۔
Skew-eyed احول ۔ بھینگا

Skewer (skū-ər) *n.* & *v.t.* A long pin of wood or metal ۔ لوہے کی سیخ ۔ تلوار ۔ سیخ میں پرونا ۔ ملا کر باندھنا ۔

Ski (skē) *n.* A long narrow wooden shoe ایک لمبا لکڑی کا جوتا جس کو پہن کر برف پر پھسلتے ہیں ۔

Skid (skid) *n.* & *v.t.* A support on which something rests ۔ چوکھٹا ۔ ٹیکن ۔ پہیہ روک کھٹکا ۔ ٹیکن لگانا ۔ روک لگانا ۔

Skier (skē-ər) *n.* One who puts on skis وہ شخص جو اسکائی پہن کر چلتا ہے ۔

Skiff (skif) *n.* A small light boat ۔ ہلکی ناؤ ۔ ڈونگی ۔ چھوٹی کشتی ۔

Skilful (skil-ful) *adj.* Having skill and expert knowledge ہنر مند ۔ ہوشیار ۔ ماہر ۔ مشاق ۔ آزمودہ کار ۔ سلیقہ مند ۔ استادانہ ۔

Skill (skil) *n.* Reason, discrimination ۔ شعور ۔ سلیقہ ۔ مہارت ۔ ہنر مندی ۔ حسن تدبیر ۔ موقع شناسی ۔

Skilled (skil-d) *adj.* Having skill هنر مند ـ کاردان ـ ماہر ـ آزمودہ کار ـ

Skillet (skil-it) *n.* A small long-handled pan کرچھا ـ کڑاہی ـ دستہ دار بھگونا ـ

Skilly (skil-i) *n.* A thin gruel گلتھی ـ جئی کا پتلا دلیا ـ

Skim (skim) *v.t., i.* & *adj.* Remove floating matter from the surface بالائی اتارنا ـ جھاگ یا پھین اتارنا ـ کسی سطح کو چھوتے ہوئے گزرنا یا اڑنا ـ

Skim milk ملائی اتارا ہوا دودھ ـ

Skim the cream off کسی شے کا بہترین حصہ نکال لینا ـ

Skimmer (skim-ər) *n.* A utensil for skimming بالائی اتارنے والا ـ کفگیر ـ کرچھا ـ

Skimp (skimp) *v.t.* & *i.* Scrimp, stint خست سے کام لینا ـ بخیل ہونا ـ ناپ تول کر دینا ـ

Skimpy *adj.* دبلا پتلا ـ قلیل ـ ناکافی ـ تھوڑا ـ

Skimpingly *adv.* تنگ نظری سے ـ کنجوسی سے ـ بخل سے ـ

Skin (skin) *n.* The natural outer covering کھال ـ چمڑا ـ چرم ـ جلد ـ چمڑے کی بنی ہوئی چیزیں ـ جلد کی ایک پرت ـ پھل یا درخت کا چھلکا ـ چھال ـ جہاز کے اندر یا باہر کی چادر ـ

Save one's skin مصیبت سے بچ نکلنا ـ محفوظ رہنا ـ

Is only skin and bones بہت دبلا پتلا ہے ـ وہ ہڈی اور چمڑا ہے ـ

Escape with the skin of one's teeth بال بال بچنا ـ

Thick skin منڈ ـ بے حس ـ

Thin skin زود حس ـ

Near is my shirt, nearer my skin پہلے اپنوں کی فکر ہونا ـ اول خویش بعدہ درویش ـ

Skinny *adj.* دبلا پتلا ـ

Skinless *adj.* بغیر کھال کا ـ

Skin (skin) *v.t.* & *i.* Fleece, cover with a skin زخم کو کھال سے ڈھکنا ـ کھال اتارنا ـ نئی کھال آنا ـ (بول چال) چست لباس اتارنا ـ موس لینا ـ فریب دے کر لینا ـ

Keep your eyes skinned (بول چال) چوکس رہو ـ

Skin flint *adj.* خسیس ـ کنجوس ـ بخیل ـ

Skink (skingk) *n.* Shin bone soup ایک افریقی چھپکلی ـ پنڈلی کی ہڈی کا شوربا ـ

Skinner (skin-ər) *n.* One who skins پوست کش ـ کھال اتارنے والا ـ چمڑا کمانے والا ـ

Skip (skip) *v.i., t.* Spring or hop lightly اچھلنا ـ کودنا ـ اچکنا ـ رسی پر سے کودنا ـ دفعتاً ایک شغل چھوڑ کر دوسرا اختیار کر لینا ـ (بول چال) بھاگ کھڑا ہونا ـ بیچ میں چھوڑ چھاڑ کر بھاگ جانا ـ

Skipping rope پھلانگنے کی ڈوری یا رسی ـ

Skippingly *adv.* کودتے ہوئے ـ اچھلتے ہوئے ـ

Skip (skip) *n.* An attendant کالج کا ملازم یا خدمتگار ـ باولس کے کھیل میں ٹیم کا کپتان ـ

Skip (skip) *n.* Box for raising minerals from a mine کان سے کوئلہ وغیرہ اوپر لانے کا جھولا یا ٹوکرا ـ

Skipper (skip-ər) *n.* Captain of a team کودنے والا ـ ٹیم کا کپتان ـ جہاز کا نا خدا ـ بے فکرا آدمی ـ

Skirl (skirl) *v.t., i.* & *n.* Shriek or sing shrilly چیخنا یا چیخ کر گانا ـ چیخ ـ

Skirmish (skər-mish) *n.* An irregular fight مڈ بھیڑ ـ لڑائی بھڑائی ـ چھوٹی سی بے قاعدہ لڑائی ـ علمی بحث ـ نوک جھونک ـ چھوٹی چھوٹی ٹکڑیوں کی لڑائی ـ

Skirret (skir-it) *n.* A water parsnip ایک قسم کی آبی ترکاری ـ پالک ـ

Skirt (skə-rt) *v.t., i.* & *n.* A woman's garment that hangs from waist لہنگا ـ سایا ـ کنارہ ـ حاشیہ ـ کنارے کنارے چلنا ـ کنارے پر واقع ہونا ـ (بول چال) عورت ـ

On the skirts of London لندن کے مضافات میں ـ

Skirt dance سائے یا لہنگے کا ناچ ـ

Skirting *n.* لہنگے کا کپڑا ـ

Skirtless *adj.* بے سایا ـ لہنگے کے بغیر ـ بے دامن کا ـ

Skit (skit) *n.* A piece of banter (بول چال) بھیڑ بھاڑ ـ مزاح ـ طنز ـ ہجو ـ

Skitter (skit-ər) *v.i.* Go splashing along water پانی پر اترتے یا اڑتے وقت چھینٹیں اڑانا ـ

Skittish (skit-ish) *adj.* Frivolous, light headed
شوخ - چلبلا - چنچل - متلون مزاج - آوارہ - بد وضع -
Skittishness *n.* بے قراری - شوخی - چنچل پن -
Skittle (skit-l) *v.t.* & *n.* A pin for the game of skittles بلیرڈ میں ۹ مہروں کا کھیل - (کرکٹ) مخالف ٹیم کے کھلاڑیوں کو جلد جلد آوٹ کر دینا -
Beer and skittles کھیل تماشا - تفریح -
Skive (skīv) *v.t.* Pare, split جواہر کی سطح کو ہموار کرنا - کھال پھاڑنا یا چاک کرنا -
Skiver (skīv-ər) *n.* A long knife - کٹا ہوا چکنا چمڑا - راپی چمڑا کاٹنے کی چھری -
Skulk (skulk) *v.i.* Sneak out of the way - دبکنا - چھپنا - گھات لگانا - نظروں سے غائب رہنا - جی چرانا - کھسک جانا -
Skulker *n.* دبکنے والا - جی چرانے والا -
Skulk *n.* پوشیدگی - جی چرانا - دبکی -
Skulkingly *adv.* جی چراتے ہوئے - پہلو بچاتے ہوئے - دبکتے ہوئے -
Skull (skul) *n.* The bony case that encloses the brain کھوپڑی - کاسہ سر - سر کی ہڈی - ایک پھول جس کی شکل خود کی سی ہوتی ہے -
Skunk (skunk) *n.* A small American musteline animal ایک امریکی گوشت خور جانور جو چلتے وقت ناقابل برداشت بد بو دار ہوا نکالتا ہے - اس جانور کا سمور - ذلیل شخص -
Sky (skī) *n.* & *v.t.* The apparent canopy over our heads - فلک - چرخ - آسمان - موسم - رت - فضا - آب و ہوا - (کرکٹ) اونچی ہٹ مارنا -
If the sky falls we shall catch larks کسی خیالی مصیبت کی فکر کرنا فضول بات ہے -
Laud to the skies بے حد تعریف کرنا - آسمان پر چڑھانا -
Sky high آسمان سے باتیں کرنے والا - بہت اونچا -
Skylark دل لگی کرنا - اچھلنا - کودنا - لوا - چکور -
Sky pilot (بول چال) پادری -
Sky scape - تصویر جس میں آسمان کا منظر دکھایا گیا ہو -
Sky scraper - دود کش - بہت بلند کئی منزلوں کی عمارت
Skyey *adj.* آسمان کا سا -

Skyer (skī-er) *n.* A high hit (کرکٹ) اونچی ہٹ -
Slab (slab) *n.* & *v.t.* Flat piece of stone, plank of wood - پتھر کی سل - پتھر کا ہموار ٹکڑا - تختہ - پھرا - پتھر یا لکڑی کے ٹکڑے کاٹنا -
Slabe stone پرت دار پتھر - سنگ سیلو - پتھر جس کی سلیں آسانی سے بن جاتی ہیں -
Slab (slab) *adj.* Semi-liquid, viscous - گاڑھا - لیس دار -
Slack (slak) *adj.*, *adv.*, *v.t.*, *i* & *n.* Not eager or diligent, not strict ڈھیلا - کمزور - کاہل - سست - غفلت برتنے والا - تجارت کی سرد بازاری - (جمع) پتلون - پاجامہ - کوئلے کا چورا - رسی ڈھیلی کرنا - ڈھیلا کرنا یا ہونا - ڈھیلی لٹکتی ہوئی رسی - (بول چال) ستانا - گستاخی - چونا بجھانا -
Slack weather سستی پیدا کرنے والا موسم -
Slacken *v.i.* - ڈھیلا ہونا یا کرنا - سست ہونا - الکسانا -
Slackly *adv.* ڈھیلے پن سے - سستی سے -
Slackness *n.* - مندا ہونا - سرد بازاری - سستی - الکسی -
Slacker *n.* کام چور - سست - کاہل -
Slade (slād) *n.* A little valley or dell - چھوٹی گھاٹی - وادی -
Slag (slag) *n.* Scum on melted metal - دھات کا میل - کھنگر -
Slain (slān) *pp.* Slay دیکھو
Slake (slāk) *v.t.* & *i.* Lick, smear, daub - پیاس بجھانا - ترکرنا - نم کرنا - تسکین دینا - جذبہ انتقام کا سرد ہونا - چونے کو پانی میں حل کرنا -
Slam (slam) *v.t.*, *i.* Shut or strike with violence زور سے بند کرنا - پٹکنا - زور سے مارنا - آسانی سے جیت جانا - دھڑ سے بند ہونا -
Slander (slan-dər) *n.* & *v.t.* False and malicious report غیبت - بد گوئی - بہتان - جھوٹا الزام - بے عزتی کرنا - تہمت لگانا -
Slanderous *adj.* - ہتک آمیز - بدنام کن - تہمت آمیز -
Slanderer *n.* بہتان لگانے والا - غیبت کرنے والا -
Slang (slang) *n.* A jargon of disreputable persons - چوروں اور بد معاشوں کی بولی - بازاری بولی - سلاحی زبان - گالی -
Slangy (slang-i) *adj.* Undignified بازاری زبان استعمال کرنے والا - بازاری زبان کا -

Slant 866 Slay

Slant (slânt) *v.i., t., adj. & n.* Slope, turn, strike, fall ڈھلوان ہونا ۔ ترچھا ہونا ۔ ڈھال ۔ ترچھا پن ۔ ڈھلوان ۔ طعن ۔ چوٹ ۔ (امریکی) نقطۂ نظر ۔

Slantingly *adv.* ڈھلوان ۔ طعن و طنز سے ۔ چوٹ دیکر ۔

Slap (slap) *n., v.t. & adj.* A blow with the hand تھپڑ ۔ طانچہ ۔ دھول ۔ تڑ سے ۔ تڑاک سے ۔ طانچہ مارنا ۔ تھپڑ رسید کرنا ۔

Slap in the face ڈانٹ ۔ ذلت ۔ جھڑکی ۔ طانچہ ۔

Slap dash اٹکل پچو ۔ لاابالی پن ۔ زور شور سے ۔ جھٹ پٹ ۔ ریت چونے کا پلاستر ۔ پلاستر کرنا ۔

Slap up (بول چال) نئے سامان سے آراستہ ۔

Slapping اچھا ۔ بڑا ۔ تیز ۔

Slash (slash) *v.t., i. & n.* Make long cuts کاٹنا ۔ چیرنا ۔ پھاڑنا ۔ درخت کاٹ کر گرانا ۔ اندھا دھند وار کرنا ۔ ہاتھ چلانا ۔ چابک مارنا ۔ پتلا لمبا زخم یا شگاف ۔

Slashing criticism پرخچے اڑا دینے والی تنقید ۔ بے پناہ تنقید ۔

Slat (slat) *n.* A thin strip of wood لکڑی کی پچر ۔ پتلی تختی ۔ جھل ملی کا پتلا تختہ ۔

Slat (slat) *v.i. & t.* Flap, beat, strike بادبان کا مستول سے ٹکرانا ۔ کسی چیز کی سطح پر زور سے مارنا ۔ ٹکرا کر آواز پیدا کرنا ۔

Slate (slāt) *n., adj. & v.t.* A fine grained rocky slab پتھر کی تختی یا پرت ۔ سلیٹ ۔ سلیٹ کے چوکے جو چھتوں میں لگائے جاتے ہیں ۔ بچوں کے لکھنے کی تختی ۔ سلیٹوں سے چھت بنانا ۔

Slaty *adj.* سلیٹ کا سا ۔ سلیٹ کے رنگ کا ۔

Slater *n.* سلیٹی پتھر کے پرت اتارنے والا ۔ سلیٹ سے پاٹنے والا ۔

Slate (slāt) *v.t.* Abuse خوب خبر لینا ۔ نکتہ چینی کرنا ۔ لعنت ملامت کرنا ۔

Slating *n.* لعنت ملامت ۔

Slattern (slat-ərn) *n.* A slut میلی کچیلی پھوہڑ عورت ۔

Slatternliness *n.* بد تمیزی ۔ پھوہڑ پن ۔

Slaughter (slaw-tər) *n. & v.t.* Killing of animals جانوروں کو ذبح کرنا ۔ قتل عام ۔ خونریزی ۔ قتل عام کرنا ۔ کشت و خون کرنا ۔ قربانی کرنا

Slaughter-house ایسی جگہ جہاں جانور ذبح کئے جاتے ہیں ۔ مسلخ ۔ مذبح ۔

Slaughterer *n.* قاتل ۔ قصاب ۔ قصائی ۔

Slaughterous *adj.* سفاکانہ ۔ خون چکاں ۔ قاتلانہ ۔

Slav (släv) *n.* One whose language is Slavonic سلاوی زبان ۔ سلاوی بولنے والا ۔ سلاوی نسل کا ۔

Slave (släv) *n.* One who is submissive under domination غلام ۔ بندہ ۔ عبد ۔ حلقہ بگوش ۔ داس ۔ چیلا ۔ بن داسوں کا نوکر ۔ ادنا درجہ کا آدمی ۔ حکم بردار ۔ تابعدار ۔

Slave-hunter انسانوں کو غلام بنا کر بیچنے والا ۔ غلاموں کا تاجر ۔ بردہ فروش ۔

Slave-trader غلاموں کا تاجر ۔

Slaver (slāv-ər) *n.* A slave ship غلاموں کا تاجر ۔ غلاموں کو لے جانے والا جہاز ۔

Slaver (slāv-ər) *v.t., i. & n.* Spittle running from the mouth رال ۔ تھوک ۔ لعاب دہن ۔ رال سے کپڑے آلودہ کرنا ۔ منہ سے رال بہانا ۔ خوشامد ۔ چاپلوسی ۔

Slavery *n. & adj.* غلامی ۔ تابعداری ۔ رال بہاتا ہوا ۔ لعاب دہن سے بھرا ہوا ۔

Slavey (slāv-i) *n.* A female servant (بول چال) ملازمہ ۔ ماما ۔ خواص ۔

Slavic (slȧ̈v-ik) *adj. & n.* Of Slav سلاوی قوم کا ۔

Slavish (slāv-ish) *adj.* Befitting a slave غلامانہ ۔ غلام کا سا ۔ غلام کی طرح ۔

Slavish imitation اندھی تقلید ۔ غلامانہ تقلید ۔

Slavishly *adv.* غلاموں کی طرح ۔ اندھے پن سے ۔ کمینگی سے ۔

Slavishness *n.* غلامانہ ذہنیت ۔ کمینگی ۔ غلامی ۔ حلقہ بگوشی ۔

Slavonian (slâv-o-ni-ən) *adj. & n.* Of Slavonia سلاوی قوم کا ۔ سلاوینا کا باشندہ ۔

Slavonic *adj. & n.* سلاوی زبان ۔ سلاوی نسل کا ۔

Slay (slā) *v.t.* Kill, murder قتل کرنا ۔ مار ڈالنا ۔ حلال کرنا ۔ ذبح کرنا ۔

Slayer *n.* قتل کرنے والا ۔ خونی ۔ قاتل ۔

Sleave (slēv) *n.* & *v.t.* A fine filament that can be separated from silk fibre ریشم کے تار الگ کرنا - ریشم کے تار سلجھانا - الگ کرنا -

Sleazy (slē-zi) *adj.* Flimsy بودا - پتلا - کمزور - بے بنیاد -

Sled-sledge (sled) *n.* A wheelless cart بے پہیے کی گاڑی جو برف پر پھسلتی ہے -

Sledge (slej) *n.* A heavy hammer لوہار کا بڑا ہتھوڑا - گھن -

Sleek (slēk) *adj.* Smooth, glossy صاف - چکنا - چمکدار - نرم - گدگدا -

Sleek stone چکنانے کا پتھر - گھوٹ کا پتھر -

Sleekly *adv.* چکنے پن سے - نرمی سے -

Sleekness *n.* نرم اور چمکدار ہونا - چکنا ہونا -

Sleep (slēp) *n.* State of unconsciousness due to relaxation نیند - خواب - آرام - خاموشی - سکون -

Broken sleep بے چینی کی نیند -

Go to sleep سو جانا -

Sleep walker نیند میں چلنے کا مریض - نیند میں چلنے والا -

Sleepless *adj.* بے چین - بے آرام - بے خواب -

Sleeplessness *n.* بے خوابی -

Sleep (slēp) *v.i.* & *t.* Slumber, take rest سونا - آرام کرنا - آنکھ لگنا - نیند آنا - اونگھنا - بے کار پڑے رہنا - قبر میں سونا - دفن ہونا - بے فکر رہنا - سونے کا انتظام ہونا -

Let sleeping dogs lie سوتے فتنے نہ جگاؤ -

Sleep the clock round بارہ گھنٹے سونا -

Sleep over a question کسی مسئلہ کو ٹالتے چلے جانا -

Sleeping partner شریک کار جو دخل نہ دے -

Sleeping draught خواب آور دوا - نیند کی دوا -

Sleeping suit لباس شب خوابی -

Sleeper (slēp-ər) *n.* One who sleeps سونے والا - خوابیدہ - سست آدمی - ریل کی پٹری کا تختہ - سلیپر - ریل میں سونے کا ڈبہ -

Sleepy (slēp-i) *adj.* Dormant خواب آلودہ - اونگھتا ہوا - سست - کاہل - اتری ہوئی - (ناشپاتی)

Sleepily *adv.* سستی سے - الکسی سے -

Sleepiness *n.* سستی - الکسی - خواب آلودگی -

Sleet (slēt) *n.* Rain mingled with snow ژالہ باری - برف باران - اولوں کی بارش -

It sleets بارش کی جھڑی ہے اور برف باری ہے -

Sleety *adj.* پر از برف - برف آلود -

Sleetiness *n.* برف و باران سے پر ہونا -

Sleeve (slēv) *n.* Covering for the arm آستین - نلکی کے اوپر کی نلکی -

Laugh in one's sleeve منہ چھپا کر چپکے چپکے ہنسنا -

Have a plan up one's sleeves نیا ذہنی منصوبہ - ذہن میں کوئی نئی تدبیر ہونا -

Roll up one's sleeves آستین چڑھانا - لڑنے کو تیار ہونا -

Sleeve link کفوں کی گھنڈیاں - بوتام -

Hang on the sleeve شاکر ہونا - محتاج ہونا - بھروسہ رکھنا -

Sleigh (slij) *n.* Sled دیکھو

Sleight (slīt) *n.* Cunning, dexterity شعبدہ بازی - کرتب - ہاتھ کی صفائی -

Slender (slen-dər) *adj.* Thin, narrow, slim مہین - باریک - تنگ - نازک - دبلا پتلا - نازک اندام - تھوڑا - ناکافی - قلیل -

Slenderly *adv.* کمی سے - قلت سے - نزاکت سے -

Slenderness *n.* تنگی - کمی - قلت - نزاکت -

Sleuth-hound (slōōth-hownd) *n.* A tracker, detective کھوجی کتا - (امریکہ) سراغ رساں -

Slew-slue (slōō) *v.t.*, *i.* & *n.* Swing round پھر جانا - گھوم جانا - پھیرنا - پھرانا - گھمانا -

Slew (slōō) *v.t.* Slay دیکھو

Slice (slīs) *v.t.* & *n.* A thin broad piece قاش - پھانک - قتلا - ٹکڑا - ایک پتلا چاقو - باریک پھل کا اوزار - قتلے کاٹنا - قاشیں اتارنا - ہوا کو کاٹتے ہوئے اڑنا - گولف کی چھڑی یا چپو اس طرح چلانا جیسے کسی چیز کو کاٹتے ہیں -

Slick (slik) *adj.* & *adv.* Sleek, smooth, glibly (بول چال) صاف - صفائی کا ہاتھ - پھرتی کا - صفائی سے - سیدھا - ٹھیک - پورا -

Slide (slīd) *v.i.* & *t.* Slip or glide پھسلنا - کسھکنا - سرکنا - سرکانا - کھسکانا - کسی چیز کی طرف آہستہ آہستہ بڑھنا -

Let things slide جو ہوتا ہے ہونے دینا - لاپروائی کرنا -

Sliding scale گھٹنے بڑھنے والی شرح

Slider *n.* پھسلنے والا -

Slidable *adj.* پھسلنے والا - جو پھسل سکے -

Slide (slīd) *n.* A slippery track on ice راستہ جو برف پر پھسلنے سے بن جائے - پھسلواں راستہ - ڈھلوان - پھسلن تختہ - پھسلنا - پھسلنے والا - خورد بین یا سیر بین کا شیشہ - فلمی تصویر - سلائڈ -

Slight (slit) *adj.* Smooth, flimsy ہلکا - باریک - خفیف - تھوڑا - ذرا سا - دبلا پتلا - نازک - سرسری - ناکافی -

Slightly *adv.* خفیف سا - کسی قدر - ذرا سا -

Slightness *n.* کمزوری - نزاکت - سبکی - ہلکا پن -

Slight (slit) *v.t.* & *n.* Ignore disrespectfully حقیر سمجھنا - نظر انداز کرنا - بے التفاقی سے کام لینا - تحقیر - سبکی - بے التفاتی -

Slightingly *adv.* کج خلقی سے - حقارت سے - بے التفاتی سے -

Slim (slim) *adj.* & *v.i.* Slight, slender, loose weight نازک - دبلا - پتلا - کمزور - ضعیف - موٹاپا کم کرنا - دبلا ہو جانا -

Slimmish *adj.* نازک سا - پتلا سا -

Slimness *n.* چھریرا پن - دبلا پن -

Slime (slīm) *v.t.*, *i.* & *n.* Thin, gluey mud پتلی کیچڑ - تر مٹی - دلدلی زمین - کیچڑ میں لت پت ہو جانا - بچ جانا - کسی مشکل سے نکل جانا -

Slimy (slīm-i) *adj.* Full of thin mud کیچڑ سے بھرا ہوا - لتھڑا ہوا - پھسل جانے والی (چیز) - بے غیرت - بد دیانت - خوشامدی -

Slimily *adv.* چاپلوسی اور خوشامد سے -

Sliminess *n.* ذلت - خوشامد - لجاجت -

Sling (sling) *v.t.*, *i.* & *n.* Throw with a sling, swing by means of a rope گوپھن سے پھینکنا - پھینک کر مارنا - رسی کا حلقہ پھینکنا - رسی پکڑ کر جھولنا - گلے میں پٹی باندھ کر زخمی ہاتھ رکھنا - چھینکے میں لٹکانا - گوپھن - سامان کا جھولا -

Slinger *n.* گوپھن چلانے والا -

Sling (sling) *n.* A kind of toddy (امریکہ) ایک قسم کی تاڑی - سیندھی -

Slink (slink) *v.i.* Move away quietly دبک کر نکل جانا - چپکے سے چل دینا -

Slink (slink) *n.*, *v.t.* & *i.* A prematurely born animal جو جانور پیش از وقت پیدا ہو جائے - ایسے جانور کا گوشت - قبل از وقت پیدا ہونا -

Slip (slip) *v.i.* & *t.* Escape, pass quietly, let pass کھسکنا - سرک جانا - چپکے سے نکل جانا - چوک جانا - لغزش ہونا - بھولنا - ہاتھ سے جاتے رہنا - کھول دینا - جلدی سے کپڑے پہنانا یا اتارنا -

Let slip the dogs of war جنگ چھیڑنا -

Slip off, away آنکھ بچا کر نکل جانا -

Cow slips calf گائے نے قبل از وقت بچہ دیا -

Slip (slip) *n.* A mistake, error, position behind the batsman غلطی - لغزش - بھول چوک - سہو - لہنگا - سایا - غلاف - کتے کا پٹہ - چھاپے خانے کے پروف - شاخ - ٹہنی - کرکٹ میں کھیلنے والے کے پیچھے کی جگہ - کاغذ کا پرزہ -

Give one the slip آنکھ بچا کر چل دینا -

Slip of tongue, pen زبان یا قلم کی لغزش - سہو -

Slip (slip) *prefix* سابقہ جو دوسرے الفاظ میں لگایا جائے -

Slip cover کپڑے کے غلاف جو کرسی یا صوفے پر چڑھاتے ہیں -

Slip knot ڈیڑھ گرہ جو کھینچنے سے تنگ ہوتی ہے -

Slipshod *adj.* بے اصول - لاپرواہ - بے تکا - پھوہڑ -

Slip slop رقت آمیز گفتگو - ہلکی شراب - پھسپھسی چیز - بے تکی عبارت -

Slip way جہاز سازی کی ڈھلوان سطح -

Slipper (slip-ər) *n.* & *v.t.* A heelless shoe بغیر ایڑی کا جوتا - گاڑی کے پہیوں کی بریک - کتوں کو دوڑ میں چھوڑنے والا شخص - سلیپر - زیر پائی - سلیپر سے مارنا -

Slippering *n.* جوتیوں کی مار -

Slippery (slip-əri) *adj.* Hard to stand on پھسلنے والی زمین - ہوشیاری سے کام کرنے والا - ناقابل اعتبار - پھسل کر نکل جانے والا - بے باک - عیار - بے ایمان -

Slipperiness (slip-əri-nəs) *n.* Condition of ground which causes slipping پھسلن - بے ثباتی - بے اعتبار ہونا - بے ایمانی - عیاری -

Slippy (slip-i) *adj.* Tending to slip (بول چال) پھسلی - رپٹنی -

Look or be slippy جلدی کرو -

Slit (slit) *n., v.t. & i.* Cut lengthwise چاک - شگاف - چاک کرنا - چیرنا - لمبے ٹکڑے کرنا -

Slither (slidh-ər) *v.i.* Slide interruptedly (بول چال) رک رک کر پھسلنا -

Sliver (slīv-ər) *n., v.t. & i.* Cut, split کاٹنا - لمبے ٹکڑے کاٹنا - چپٹھیاں بنانا - چھوٹی مچھلی کا ٹکڑا جو چارے کے طور پر کانٹے میں لگایا جائے - لکڑی کا چپٹا ٹکڑا -

Slobber (slob-ər) *n., v.t. & i.* Eat or work in a slovenly way شرابیوں یا بچوں کی طرح رال بہنا - پھوہڑ پن سے کام کرنا - بدتمیزی سے کھانا - بگاڑنا - رال - رقت آمیز گفتگو - بوسہ بازی - رقت کا جذبہ -

Slobbery *adj.* نم - رقت آمیز -

Slobberiness *n.* رقت آمیزی -

Sloe (slō) *n.* The black thorn fruit or bush جھر بیری - جنگلی بیر -

Slog (slog) *v.i. & t.* Hit hard بے تحاشا مارنا - اندھا دھند ہاتھ چلانا - لگا تار کوئی کام کرتے رہنا - (کرکٹ) ٹلہ بازی کرنا -

Slogger *n.* اندھا دھند مارنے والا - ٹلہ باز -

Slogan (slo-gən) *n.* War cry, a party catch word نعرہ جنگ - کسی جماعت کا نعرہ یا مقررہ الفاظ -

Sloop (sloōp) *n.* A light boat ایک ہلکی کشتی - غراب - یک مستولی ناؤ -

Slop (slop) *n., v.i. & t.* Liquid refuse غلیظ پانی - موری کا پانی - شوربا - گاڑھا شربت - گرنا - گرانا - چھلکنا - گندہ پانی بہانا - گندھے پانی میں بھگونا -

Slop dash کمزور - ٹھنڈی چیز -

Slop-pall گندہ پانی پھینکنے کی بالٹی -

Slop over رقت کا جوش - بہہ نکلنا - پھوٹ پڑنا -

Slop (slop) *n.* Loose garment ڈھیلے کپڑے - سلے سلائے کپڑے جو بازار میں بکتے ہیں - بحری فوج میں لباس اور بستر جو ملاحوں کو ملتا ہے -

Slop-seller *n.* سلے سلائے کپڑے بیچنے والا -

Slop shop سلے سلائے کپڑوں کی دکان -

Slope (slop) *n.* An incline ڈھال - ڈھلان - اتار - نشیب - سپاہی کا بندوق کاندھے پر رکھ کر کھڑا ہونا - مٹر گشت -

Slopingly *adv.* نشیب کی جانب - اتار پر -

Slope arms کندھے پر بندوق ترچھی رکھنا -

Sloppy (slōp-i) *adj.* Muddy, filled with water کیچڑ اور پانی کے گڑھوں کی سڑک - میلا دستر خوان جس پر شوربہ وغیرہ گر گیا ہو - بے قاعدہ - ناقص -

Sloppily *adv.* رقت آمیز طریقہ سے - گندے پنے سے - بے ڈھنگے پن سے -

Sloppiness *n.* بھیگا ہوا اور گندہ ہونا -

Slosh (slosh) *v.t. & n.* A slush, a watery mess پانی میں چھپ چھپ کرنا - ادھر ادھر پھرنا - (بول چال) مارنا - پیٹنا - مار - پانی کا ڈبرا -

Slot (slot) *n. & v.t.* A bar or bolt سینے کا درمیانی نشیب - کھٹکے کا دروازہ - سوراخ - شگاف - مشین وغیرہ میں درزیں رکھنا - چھوٹا شگاف جو ڈبے میں پیسے ڈالنے کے لیے رکھا جاتا ہے -

Slot (slot) *n.* A track, a deer's footprints جانوروں کے پیروں کا نشان - لکڑی کی چوڑی پٹی - بلی -

Sloth (sloth) *n.* Laziness سستی - کاہلی - کسل - الکسی - ایک دودھ پلانے والا جانور جس کے پیر پنجوں کی طرح کے ہوتے ہیں -

Slothful *adj.* کاہل - سست -

Slothfulness *n.* آرام طلبی - سستی - کاہلی -

Slouch (slowch) *n.* An awkward clown نا اہل آدمی - (بول چال) اناڑی مسخرہ -

Slouch (slowch) *v.i., t. & n.* Droop, turn down the brim of hat جھکنا - جھک کر چلنا - بھدے اور بے ہنگم طور پر چلنا یا بیٹھنا - بھدی چال -

Slouchingly *adv.* بے ہنگم طریقہ سے -

Slouch hat نیچے مڑے ہوئے کنارے کی ٹوپی -

Slough (slow) *n.* Marsh - کیچڑ پانی کی جگہ - دلدل - پانی کا ڈبرا -

The slough of dispond نجات سے مایوس ہو کر گناہ کی زندگی بسر کرنا -

Sloughy *adj.* کیچڑ کی - دلدلی -

Slough (slow) *n. & v.t.* Cast skin, dead tissues سانپ کی کینچلی - کسی زخم کا مردار حصہ - چھوڑی ہوئی عادت - کینچلی اتارنا -

Sloven (slov-n) *n.* Dirtily-dressed man - میلا کچیلا پھوہڑ - بے سلیقہ آدمی -

Slovenly *adj.* پھوہڑ - بے سلیقہ -

Slovenliness *n.* پھوہڑ پن -

Slovenly *adv.* بد تمیزی سے - پھوہڑ پن سے -

Slow (slō) *v.t., i., adv. & adj.* Not swift, late, not ready or progressive دھیما - ہلکا - آہستہ - ڈھیلا - دھیرا - دیر میں ہونے والا - دیر لگانے والا - کند - مدھم - مٹھا - سست - غیر دلچسپ - بے لطف - آہستہ آہستہ - دھیرے دھیرے - اپنی رفتار کم کرنا - گاڑی کی رفتار گھٹانا - کیمرے کا شگاف کم کرنا -

Slowness *n.* سستی - سست رفتاری -

Slow-witted غبی - کند ذہن -

Slow-coach پرانے خیال کا - سست آدمی -

Slub (slub) *n. & v.t.* Twist after carding اون کو بٹنا - پولی - اون کی پولی بنانا -

Slubber (slub-ər) *v.t.* Smear, soil - گندہ کر دینا - رال سے بھر دینا - پھوہڑ پن سے کرنا -

Sludge (sluj) *n.* Soft mud or mire - سوری کی کیچڑ - چکنی کیچڑ -

Sludgy (sluj-i) *adj.* Full of mud - کیچڑ سے بھرا ہوا

Slug (slug) *n. & v.i.* A lazy fellow - سست آدمی - بھدا آدمی - ایک قسم کا گھونگھا - بندوق کی بے ڈول گولی - ٹائپ کی سطر - باغ کے بعض کیڑے - کیڑوں کو مارنا -

Slug a bed - جو دیر تک بستر پر لیٹے رہنے کا عادی ہو -

Sluggard *n.* آرام طلب شخص -

Sluggish *adj.* مٹھا - سست -

Sluggishly *adv.* کاہلی سے - سستی سے -

Sluggishness *n.* آرام طلبی - سستی - کاہلی -

Sluice (sloos) *v.t., i. & n.* A gate for regulating flow of water پانی کے بند کا دروازہ جس کو کھول کر پانی چھوڑا جاتا ہے - چھوٹی نہر - بند میں دروازہ لگانا - دروازہ کھول کر پانی چھوڑنا - پانی کا دروازے سے بہنا -

Slum (slum) *v.t. & n.* An over-crowded neighbourhood شہر کا گندہ محلہ - شہر کے گندے اور تاریک حصہ میں جا کر رہنے والوں کی خبر گیری کرنا -

Slummer (slum-ər) *n.* One who serves slum dwellers تاریک حصہ میں رہنے والوں کی خبر گیری کرنے والا -

Slumber (slum-bər) *v.t., i. & n.* Sleep lightly اونگھنا - سونا - نیند لینا - آرام لینا - خواب - نیند - خواب راحت -

Slumber away سو کر گزار دینا -

Slumberous *adj.* پر اطمینان - نیند لانے والا - خواب آور -

Slumberously *adv.* سکون سے - خواب آلودگی سے -

Slumberer *n.* اونگھنے والا - سونے والا -

Slummock (slu-mək) *v.i. & n.* Eat like an over-hungry man مر بھوکوں کی طرح کھانا - جلد جلد نگلنا - بے ہنگم طریقے سے چلنا یا گفتگو کرنا - بے تکا کھانا - بے تکی گفتگو -

Slump (slump) Fall suddenly, throw into a lump قیمتوں کا یک بیک گر جانا - ڈھیر لگ جانا - سرد بازاری - انبار -

Slung (slung) *p.p.* Sling دیکھو

Slunk (slunk) *p.p.* Slink دیکھو

Slur (slur) *n., v.t. & i.* Thin mud, a blur حروف کی آوازوں کو اس طرح ملانا کہ سمجھ میں نہ آئیں - مدغم کرنا - بگاڑنا - ٹالنا - برا کہنا - بدنام کرنا - کیچڑ اچھالنا - (موسیقی) ایک بول کئی سروں میں ادا کرنا - الزام - دھبہ - بدنامی -

Slush (slush) *n.* Liquid mud - پہاڑوں کی پگھلی ہوئی برف دلدل - پتلی کیچڑ - بے معنی جزئیات -

Slut (slut) *n.* A dirty untidy woman, a wench بے سلیقہ - بد تمیز عورت - چھنال -

Sluttery (slut-əri) *n.* Untidyness روغن آلودہ کپڑا جس کی بتی جلاتے ہیں - پھوہڑ پن - بے تمیزی -

Sluttish (slut-ish) *adj.* Untidy بے سلیقہ - گندی میلی -

Sluttishly *adv.* پھوہڑ پن سے -

Sluttishness *n.* بے سلیقگی - پھوہڑ پن -

Sly (slī) *adj.* Cunning, expert عیار - چالاک - پہنچا ہوا - مشاق - چھپا ہوا - خفیہ - کائیاں - استاد - شرارت کا - مسخرے پن کا -

Slyly, slily *adv.* خفیہ طور پر - عیاری سے - چپکے سے -

Sly dogs چھپ کر رنگ رلیاں منانے والے - چھپے رستم -

Sly boots شریر مکار بچے یا جانور -

Smack (smak) *n.* & *v.t.* A distinctive flavour چاشنی - ہلکی خوشبو - مزا - شائبہ - ہلکا سا رنگ ہونا - ہلکی خوشبو ہونا - چاشنی ہونا -

Smack (smak) *n., v.t., i.* & *adv.* Taste, kiss چٹخارا - ہونٹ چاٹنے کی آواز - بوسہ کی آواز - تھپڑ - چپت - (کرکٹ) زور کی ہٹ - چٹخارے کے ساتھ بوسہ دینا - ہٹ مارنا - چٹاخ سے - دھڑ سے - چٹخارے سے -

Smack (smak) *n.* A fishing boat مچھلیاں پکڑنے کی کشتی -

Have a smack at (بول چال) امتحان لینا -

Smacker (smak-ər) *n.* A loud kiss چٹخارے کے ساتھ بوسہ - زور کا تھپڑ -

Small (smawl) *adj.* Slight, slender چھوٹا - کوتاہ - ذرا سا - خفیف - ہلکا - چھوٹی قسم کا - تھوڑا - گمنام - کم مایہ - ذلیل - (جمع) آکسفورڈ یونیورسٹی ڈگری حاصل کرنے سے پہلے جو امتحان پاس کرنا پڑتا ہے -

The still small voice ضمیر کی خاموش آواز -

Small beer ہلکی بیر شراب -

Look, feel, small ذلیل ہونا - خفیف ہونا -

Small change ادھر ادھر کی باتیں - معمولی گفتگو - پیسے - اکنی - خوردہ -

Small arms ہلکا اسلحہ - پستول - بندوق -

Small holding تھوڑی سی زرعی زمین -

Small wonder کوئی تعجب نہیں -

Lives in a small way معمولی طور پر زندگی بسر کرنا -

Small minded چھوٹے دل کا آدمی -

Smallpox ماتا - سیتلا - چیچک -

Small wares بساطی کی چیزیں - ادنیٰ جنس -

Smallish *adj.* ہلکا سا - چھوٹا سا -

Smallness *n.* قلت - کمی - ہلکا پن - چھوٹا پن -

Smalt (smawlt) *n.* Glass coloured with cobalt oxide رنگیں شیشہ - رنگ جس سے شیشہ رنگتے ہیں - گہرا نیلا رنگ -

Smart (smärt) *n.* & *v.i.* Quick slinging pain ٹیس اٹھنا - درد کی تیز لہر - ٹیس - دل میں نشتر کی طرح چبھنا - درد - دکھ - روحانی تکلیف -

Smart (smärt) *adj.* Sharp, brisk, witty تیز - شدید - چبھنے والا - ہوشیار - چست و چالاک - دیدہ زیب - تیز طبع - تیز فہم - ذہین - تر و تازہ - خوش منظر - شاداب - بانکا چھیلا - بنا ٹھنا - (امریکی) ہمہ دان -

Smarten *v.t.* چست و چالاک بنانا -

Smartly *adv.* پھرتی سے - تیزی سے -

Smartness *n.* پھرتی - تیز فہمی -

Smash (smash) *v.t., i., n.* & *adj.* Ruin, shatter violently ٹکڑے ٹکڑے کرنا - توڑ ڈالنا - کاری ضرب لگانا - قلع قمع کرنا - زور سے مارنا - جعلی سکے چلانا - تصادم - ٹکراؤ - نہایت زور سے - پوری طاقت سے -

A smashing blow تہس نہس کر دینے والی ضرب - ضرب کاری -

Smash up دیوالہ - کامل تباہی -

Smash and grab raid دروازے کھڑکی توڑ کر دوکان کا مال اڑا لینا -

Smasher (smash-ər) *n.* Breaker ضرب کاری - توڑ پھوڑ کرنے والا -

Smattering (smat-ər-ing) *n.* Superficial knowledge کسی زبان ، علم یا مضمون کی معمولی لیاقت -

Smatterer (smat-er-ər) *n.* One having meagre knowledge سطحی علم رکھنے والا - سدھ بدھ رکھنے والا - شد بد جاننے والا -

Smear (smēr) *n., v.t.* & *i.* Grease, rub with ملنا - لگانا - لیپنا - دھبے ڈالنا - داغ - دھبہ -

Smeary *adj.* دھبے دار -

Smeariness *n* داغ دار ہونا - دھبے دار ہونا -

Smell (smel) *n., v.t. & i.* The sense by which gases, vapours are perceived قوت شامہ ۔ سونگھنے کی قوت ۔ باس ۔ بدبو ۔ سونگھ کر معلوم کرنا ۔ کھوج لگانے کے لیے ادھر ادھر سونگھنا ۔ سراغ لگانا ۔ بو دینا ۔ بو آنا ۔ سڑ جانا ۔

Smelly *adj.* بو دار ۔

Smellable *adj.* جو سونگھا جا سکے ۔

Smell a rat دھوکے کا ۔ فریب کا ۔ شبہ کرنا ۔

Smelling salts چکر یا غشی میں یہ سنگھائے جاتے ہیں ۔ سونگھنے کے نمک ۔

Smeller (smel-ər) *n.* One who smells (بول چال) ناک پر زور کا مکا ۔ ناک ۔ سونگھنے والا ۔

Smelt (smelt) *v.t.* Melt in order to separate metal from ore پگھلا کر دھات کو صاف کرنا ۔ سودھنا ۔

Smelt (smelt) *n.* A small salmon like fish ایک چھوٹی سامن کی طرح کی مچھلی ۔

Smew (smū) *n.* A small species of merganser ماہی خور بطخ ۔ مچھلیاں پکڑ کر کھانے والی بطخ ۔

Smilax (smi-laks) *n.* A kind of creepers مختلف بیلیں ۔ ایک قسم کی انگور کی بیل جو آرائش کا کام بھی دیتی ہے ۔

Smile (smil) *v.t., i. & n.* Express amusement, pleasure or contempt مسکرانا ۔ تبسم کرنا ۔ مسرت ۔ پسندیدگی یا تنفر کا اظہار کرنا ۔ خوش و خرم نظر آنا ۔ تبسم ۔ مسکراہٹ ۔ تر و تازگی ۔ تقدیر کی یاوری ۔

Smilingly *adv.* مسرت سے ۔ مسکراتے ہوئے ۔

Smileless *adj.* افسردہ ۔ اداس ۔

Smirch (smər-ch) *v.t. & n.* Besmear, make dirty میلا کرنا ۔ دھبے لگانا ۔ گندہ کرنا ۔ شہرت کو نقصان پہنچنا ۔ عزت کو بٹہ لگانا ۔

Smirk (smərk) *n. & v.i.* Smile affectedly or foolishly بناوٹ یا حماقت کی ہنسی ۔ بے وقوفوں کی طرح دانت نکالنا ۔ بناوٹ سے ہنسنا ۔

Smite (smīt) *v.t. & i.* Strike, beat مارنا ۔ پیٹنا ۔ مار ڈالنا ۔ شکست فاش دینا ۔ قلع قمع کرنا ۔ سزا دینا ۔ محبت یا مرض میں مبتلا کرنا یا ہونا ۔ یکایک آ کر ٹکرانا ۔ ضرب ۔ وار ۔ ہاتھ ۔ کوشش ۔

Smite off کاٹ دینا ۔

Smite out اکھاڑ دینا ۔

Smite with the tongue لعنت ملامت کرنا ۔ برا بھلا کہنا ۔

Smitten نیش زدہ ۔ کاٹا ہوا ۔ مغلوب ۔ مبتلا ۔

Smiter *n.* ہلاک کرنے والا ۔ ضرب لگانے والا ۔ کاٹنے والا ۔

Smith (smith) *n.* A worker in metals دھات کا کام کرنے والا ۔ لوہار ۔ سنار ۔

Smithereens (smi-dher-ēns) *n.* Small fragments of metal دھات کے چھوٹے چھوٹے ٹکڑے ۔

Smithy (smith-i) *n.* A smith's workshop لوہار کی بھٹی یا دوکان ۔

Smithery (smi-dher-i) *n.* Smith's work or trade لوہاری ۔ لوہار کا کام ۔

Smithfield (smith-fild) *n.* London's meat market لندن کا گوشت کا بازار ۔

Smock (smok) *n. & v.t.* A woman's shift بچے کا لبادہ ۔ زنانہ قمیض ۔ کرتی ۔ کرتی پہننا ۔ لبادہ پہنانا ۔

Smock-faced زنانہ ۔ عورت کی شکل کا ۔

Smoke (smōk) *n.* Gases and vapours of a burning body دھواں ۔ دخان ۔ دود ۔ چتا ۔ سگریٹ ۔ سگار ۔

Smoking (smōk-ing) *n.* Needlework on garments لباس پر کڑھائی ۔ بیل بوٹے ۔

End in smoke ناکام رہنا ۔ اکارت جانا ۔

From smoke into smother بد سے بدتر حالت میں ۔

Like smoke (بول چال) آسانی سے ۔ بلا وقت ۔

Smokeless *adj.* نارلا سارج ۔ بے دھوئیں کی ۔

Smokelessness *n.* بغیر دھوئیں کی حالت ۔

Smoke (smōk) *v.i.* & *t.* Fumigate, suffocate دھواں اٹھنا - سلگنا - دھواں پھیلانا - بھاپ نکلنا - دھوئیں سے دم گھٹنا - دھوئیں سے کیڑوں کو مارنا - دھواں پہنچا کر سوراخ یا بھٹ سے باہر نکالنا - حقہ سگریٹ وغیرہ پینا - دھوئیں میں سکھانا - تمباکو نوشی سے کوئی بیماری پیدا ہو جانا - (مدرسہ) شرمانا - چہرے کا سرخ ہو جانا - ہنسی اڑانا - بنانا - تاڑ جانا - بھانپ لینا -

Smoker (smōk-ər) *n.* One who smokes دھوئیں میں سکھانے والا - تمباکو پینے والا - تمباکو نوشی کا عادی - ریل میں تمباکو پینے کا ڈبہ -

Smoker's heart دل کی کمزوری جو تمباکو نوشی سے ہوتی ہے -

Smoker's throat حلق کی خراش جو تمباکو نوشی سے ہو جاتی ہے -

Smoky (smōk-i) *adj.* Giving out smoke, like smoke دھواں دینے والا - جس میں سے دھواں نکلے - دود آلود - دھندلا - دھوئیں کے رنگ کا - دھوئیں سے کالا -

Smokiness *n.* دھوئیں سے کالا ہونا - دھوئیں سے بھرا ہونا -

Smooth (smōōdh) *adj.* Having an even surface ہموار - برابر - مسطح - چکنا - صاف - سلیس - لطیف - خوشگوار - پر شکون - آسان - شائستہ -

Am now in smooth water میری مشکلات ختم ہوگئیں -

Smooth things چکنی چپڑی باتیں -

Smooth-faced ظاہر داری کرنے والا -

Smoothly *adv.* سیدھے سبھاؤ - صفائی سے - ملائمت سے - خوشامد سے - سلاست سے - لطف سے - روانی سے -

Smoothness *n.* روانی - خوشامد - ملائمت - ہمواری - چکنا پن -

Smooth (smōōdh) *v.t.*, *i.* & *n*, Free from roughness, obstruction ہموار کرنا - برابر کرنا - چکنا کرنا - سکون پر لانا - آسان کرنا - مشکل دور کرنا - غلطی کی پردہ پوشی کرنا - سمندر کا پر سکون ہونا - بالوں کو درست کرنا یا جانا -

Smoothing iron استری -

Smote (smōt) *v.t.* Smite دیکھو

Smother (smudh-ər) *n.*, *v.t.* & *i.* Suffocation گرد و غبار - گرم راکھ - بگولا - گلا گھونٹنا - گلا گھونٹ کر مار ڈالنا - دم گھٹنا - آگ کو راکھ میں دبانا - ظاہر نہ ہونے دینا - گلا گھٹ کر مر جانا - سانس رکنا -

Smothery *adj.* جس سے دم رک جائے -

Smoulder (smol-dər) *v.t.* & *n.* Burn slowly without flame اس طرح جلنا کہ دھواں اور شعلہ نہ نکلے - اندر ہی اندر جلنا - سلگنا - جذبات کا چھپا رہنا - جذبات کا اندر ہی اندر بھڑکتے رہنا -

Smudge (smuj) *n.* A smear, a choking smoke دھواں جو مچھروں اور کیڑوں کو بھگانے کے لیے کیا جائے -

Smug (smug) *adj.* & *n.* Neat, smooth چکنا چپڑا - صاف صاف - خوش حال - تنگ خیال آدمی - (بول چال) وہ شخص جو میل جول اور کھیلوں سے گھبراتا ہو -

Smugness *n.* تنگ خیالی - مردم بیزاری -

Smuggle (smug-l) *v.t.* Import & export illegally خلاف قانون مال کی برآمد درآمد - چوری سے مال لانا یا بیرون ملک بھیجنا - چھپا دینا - غائب کر دینا -

Smuggling *n.* چوری سے مال لانے اور لے جانے کا کاروبار -

Smuggler خلاف قانون مال لانے اور لے جانے والا - چنگی چور -

Smut (smut) *n.*, *v.t.* & *i.* Worthless coal ناقص کوئلہ - دھوئیں کا داغ - کالک - فحش گفتگو یا قصہ - اناج کی ایک بیماری جو بالیوں کو سیاہ کر دیتی ہے - سیاہ دھبے لگانا - کالا کرنا - اناج کو روگ لگنا -

Smutty *adj.* فحش - گندہ - دود آلود - روگی -

Smuttiness *n.* دھواں کھایا ہوا ہونا - جالا لگا ہوا ہونا - کالا روگ -

Smutch (smuch) *n.* Smudge دیکھو

Snack (snak) *n.* A snap-bite ہلکا ناشتہ - حصہ بخرہ - بانٹ - حاضری -

Snaffle (snaf-l) *n.* A jointed bit اکہری لگام جس میں بے خار کا دہانہ ہو -

Snag (snag) *v.t.* & *n.* A stump کھونٹی - گانٹھ - گرہ - ٹوٹا ہوا دانت - ٹہنی - شاخ - جہاز کا زیر آب چٹان سے ٹکرانا - غیر متوقع رکاوٹ - چٹان وغیرہ کاٹنا -

Snagged *adj.* ڈھونٹھ کا سا - ڈھونٹھ والا -
Snaggy *adj.* ڈھونٹھ کے مانند -

Snail (snāl) *v.t., i. & n.* Any shelled gastropod گھونگھا - گھونگھے کی طرح کا کیڑا - ایک پودا جس کی پھلیاں سیپی کی طرح کی ہوتی ہیں - گھونگھے چن کر صاف کرنا - گھونگھے پکڑنا -
Snail slow بے انتہا سست -
Snailery *n.* گھونگھے پکڑنے کا پیشہ -
Snail like *adj.* گھونگھے کی طرح -

Snake (snāk) *n.* A serpent سانپ - مار - کالا - رسی - دھوکے باز - بے مروت آدمی -
Snake in the grass پوشیدہ خطرہ - چھپا دشمن -
Cherish a snake in one's bosom ایسے شخص سے بھلائی کرنا جو آگے چل کر نقصان پہنچائے - مار آستین -
Raise or wake snakes بھڑوں کے چھتے کو چھیڑ دینا -

Snaky (snāk-i) *adj.* Snake like مار سا - سانپ کی طرح کا - پیچیدہ - بل دار - مکار - دغا باز - بے مروت - سانپوں سے بھرا ہوا -
Snakiness *n.* دغا بازی - مکاری - پوشیدہ وار کرنا - سانپ پن -

Snap (snap) *v.t., i. & n.* Make a bite, grasp, speak tortly اچانک کاٹ کھانا - جلدی سے اٹھا لینا - جلدی سے سودا چکانا - تڑاک سے توڑ دینا - چٹکی بجانا - چٹخانا - بے خبری میں تصویر اتار لینا - منہ مارنا - دروازہ بند کرنے کی آواز - پھرتی - جوش - اچانک - فوری -
Snap at دو ٹوک جواب دینا - جھلا کر بات کرنا - منہ مارنا -
Snap at the chance موقع سے فوراً فائدہ اٹھانا -
Snap one's fingers at تضحیک کرنا - ٹھینگا دکھانا -
Snap shot کسی موقع کی تصویر - سرسری تصویر -
Snap dragon ایک طرح کا پھول - ایک کھیل -
Snappish *adj.* جھلا - زود رنج -
Snappishness *n.* جھلا پن - چڑ چڑا پن -
Snappy *adj.* پھرتیلا - تیز - پر جوش - چٹخارے دار -

Snare (snār) *n. & v.t.* A running nook for trapping جال - دام - پھندا - دون - تسمہ - تانت یا چمڑے کی ڈوری - فریب - دلکش چیز - پھانسنا - دام میں لانا یا پکڑنا -

Snarl (snårl) *v.t., i & n.* A tangle, a knot in wood, to make a surly noise گتھی - گرہ - غرانا - بڑبڑانا - دانت نکالنا - بڑبڑا کر شکایت کرنا - بڑبڑانے کی آواز -
Snarl out بڑبڑاتے ہوئے کہنا -

Snarler (snårl-ər) *n.* One who makes a resentful noise غرانے والا - بڑبڑانے والا -
Snarlingly *adv.* غراتے ہوئے - بڑبڑاتے ہوئے -
Snarly *adj.* چڑچڑا - بد زبان - جھلا -

Snarl (snårl) *v.t., i. & n.* Tangle الجھانا - بل دینا - پیچدار کرنا - دھات کے برتن پر ابھرا ہوا نقش بنانا - گتھی - پیچ -

Snatch (snach) *v.t., i. & n.* Seize suddenly چھین لینا - اچک لینا - موت کے منہ سے نکال لینا - چنگل سے چھڑا لینا - چنگل مارنا - جھپٹ - گیت کے چھوٹے بول -
Only works by snatches تھوڑے تھوڑے وقفے سے کام کرنا -
Snatchy *adj.* غیر مسلسل -
Snatchily *adv.* وقفہ دے کر - کبھی کبھی - غیر مسلسل طور پر -

Snathe (snath) *n.* Curved handle of a scythe درانتی کا دستہ -

Sneak (snēk) Slink, go furtively کھسک جانا - چپ کے سے چلے جانا - آنکھ بچا کر نکل جانا - (مدرسہ کی بول چال) چغلی کھانا - چغل خور - (بول چال) لے کر چل دینا - بزدل آدمی - چیر قناتیا - (کرکٹ) چر جو زمین سے لگتی ہوئی جائے -

Sneakers (snēk-ers) *n.* Noiseless shoes جن کو پہن کر چلنے سے آواز نہ ہو - بے آواز کے جوتے -

Sneaking (snēk-ing) *adj.* Mean, secret پوشیدہ دل ہی دل میں - کمینہ -
Has a sneaking kindness for him اس کے ساتھ خواہ مخواہ کا لگاو ہے -
Sneakingly *adv.* دبتے دباتے - خواہ مخواہ - مخفی طور پر -

Snee (snē) *n.* A big knife ایک بڑا چاقو -

Sneck (snek) *n.* A latch, a door latch دروازے کی بلی - بلی لگانا - بیلن لگانا - کھٹکا لگانا -

Sneer (snēr) *v.t., i. & n.* Show contempt by the expression of face ناک چڑھانا ۔ حقارت کی نظر سے دیکھنا ۔ منہ بنانا ۔ حقارت سے مسکرانا ۔ طعنہ ۔ آوازہ ۔ استہزا ۔ حقارت کی نظر یا تبسم ۔

Sneerer (snēr-ər) *n.* One who snears طنز کرنے والا ۔ ہنسی اڑانے والا ۔

Sneeringly (snēr-ing-li) *adv.* With sneering expression طنز سے ۔ حقارت کی ہنسی سے ۔

Sneeze (snez) *v.i. & n.* Make a sudden violent expiration چھینکنا ۔ چھینک ۔

Not to be sneézed at قابل توجہ ۔ ضروری ۔

Snick (snik) *v.t. & n.* Deflect slightly, snip, cut ذرا سا شگاف دینا ۔ دانتا بنانا ۔ بلے سے گیند کو اس طرح چھونا کہ وہ ذرا سا زاویہ بدل دے ۔ ذرا سی درز یا دانتا ۔

Snicker (snik-ər) *v.i.* Snigger آہستہ آہستہ ہنسنا ۔ خی خی کرنا ۔

Snide (snīd) *adj. & n.* Imitation (بول چال) جعلی سکہ ۔ نقلی سکہ ۔ نقلی زیور ۔

Snider (snīd-er) *n.* An old model gun اسنائڈر رائفل قدیم توڑے دار بندوق ۔

Sniff (snif) *v.t.* Draw in with the breath through the nose ۔ سوں سوں کرنا ۔ باس کھینچنا ۔ ناک سے سڑکنا ۔ ناس لینا ۔ سڑکنے کی آواز ۔

Sniff at سونگھ کر دیکھنا ۔ ناک بھوں چڑھانا ۔

Sniffy (snif-i) *adj.* Inclined to be disdainful (بول چال) نک چڑھا ۔ بدبو دار ۔

Snigger (snig-ər) *v.i. & n.* Laugh in a half suppressed broken manner رک رک کر ہنسنا ۔ ٹھی ٹھی کرنا ۔ چپکے چپکے ہنسنا ۔

Sniggle (snig-l) *v.t.* Fish for eels گڑھے میں چارہ ڈال کر بام مچھلی پکڑنا ۔

Snip (snip) *v.t., i. & n.* Cut as with scissors کترنا ۔ قینچی سے تراشنا ۔ کترن (بول چال) درزی ۔

Snip at قینچی چلانا ۔ کترنا ۔

Snipping کترنا ۔ کترا جانا ۔ کترنے کا عمل ۔

Snipe (snīp) *v.t. & n.* A fast flying small bird اسناف ۔ چہا ۔ کمین گاہ سے گولیاں چلانا ۔ دشمن کو اس طرح مارنا یا زخمی کرنا ۔

Snipy *adj.* چہے کی طرح ۔ جہاں چہے کثرت سے ہوں ۔

Sniper *n.* چھپ کر گولی چلانے والا ۔

Snippet (sni-pet) *n.* A little piece snipped off کترن ۔ تراشہ ۔ کٹا ہوا ٹکڑا ۔ متفرق معلومات ۔ متفرق چیزیں ۔

Snippety *adj.* متفرق معلومات والا ۔ بے ربط علم والا ۔

nivel (sniv-l) *v.i. & n.* Mucus of the nose ناک بہنا ۔ جھوٹ موٹ رونا ۔ ٹسوے بہانا ۔ ریا کاری کی باتیں کرنا ۔

Sniveller *n.* ٹسوے بہانے والا ۔ ریا کار ۔

Snivelling *n.* مکاری سے آنسو بہانا ۔ جھوٹ موٹ رونا ۔ ریا کاری کی باتیں ۔

Snob (snob) *n.* A person of low rank دہقان ۔ گنوار ۔ موچی ۔ پیشہ ور ۔ کم اصل ۔ نیچ ذات ۔ وہ جو بڑوں کی خوشامد کرے اور چھوٹوں کو حقیر سمجھے ۔ امارت پسند آدمی ۔

Snobbish *adj.* اپنی حیثیت پر مغرور ۔ امارت پرست ۔

Snobbishly *adv.* بیجا گھمنڈ کرتے ہوئے ۔ غرور کے ساتھ ۔

Snobbishness, Snobbery *n.* امارت پرستی ۔ بیجا غرور ۔

Snobbing *n.* امارت پرست شخص ۔

Snobcracy *n.* امارت پرست گروہ ۔ امارت پرستی ۔

Snood (snōōd) *n.* A fillet for the hair ایک قسم کا موباف جو اسکاٹلینڈ میں دوشیزہ لڑکیاں بالوں میں لگاتی ہیں ۔ سر بند ۔ (ماہی گیری) چھوٹی کانٹے دار شست جو بڑی شست میں لگی رہتی ہے ۔

Snook (snōōk) *n.* A kind of fish ایک قسم کی مچھلی ۔

Snook (snōōk) *n.* The gesture of putting the thumb on the nose ایک حقارت آمیز انداز جس میں ناک پر انگوٹھا رکھ کر انگلیاں ہلائی جاتی ہیں ۔

Snoop (snōōp) *v.i.* Go about sneakingly (امریکی بول چال) دبک دبک کر ادھر ادھر پھرنا ۔ کوئی چیز دکھائی دے تو ہتھیا لینا ۔

Snooze (snōōz) *v.i., t. & n.* Doze قیلولہ کرنا ۔ دن کو سونا ۔ بیکار وقت گزارنا ۔ وقت گزاری ۔

Snooze time وقت ضائع کرنا ۔ وقت برباد کرنا ۔

Snore (snōr) *v.t., i. & n.* Breathe roughly and hoarsely in sleep نیند میں خراٹے لینا ۔ خراٹے لے کر سونا ۔ سو کر وقت گزارنا ۔ خراٹے ۔ خر خر ۔

Snort (snort) *v.i. & t.* Force the air through nostrils like horses گھوڑے کی طرح نتھنوں سے آواز نکالنا ۔ نتھنے پھیلانا ۔ نتھنے پھلا کر کہنا ۔ غصہ کا اظہار کرنا ۔

Snorter (snort-ər) *n.* One who snorts وہ جو نتھنوں سے آواز نکالے ۔

Snot (snot) *n.* Mucus of the nose ناک ۔ ناک کی ریزش ۔ ایک گالی ۔

Snot rag ناک صاف کرنے کی دستی ۔

Snotty (snot-i) *adj. & n.* A midship man ۔ چڑچڑا جہاز کا ایک افسر ۔ جس کی ناک بہتی ہو ۔

Snottiness *n.* گندا پن ۔

Snout (snowt) *n.* The projecting nose of a beast تھوتھنی ۔ سونڈ ۔ کسی چیز کا آگے نکلا ہوا حصہ (حقارت سے) آدمی کی ناک ۔

Snow (snō) *v.t., i. & n.* Atmospheric vapour frozen in crystalline form پالا ۔ ہرف ۔ برف باری ۔ برف کا انبار برف گرنا ۔ برف کی طرح گرنا ۔ برف کی طرح پھیلا دینا (بول چال) کوکین ۔ چاندی ۔

Snowball برف کے گولے جو کھیل میں ایک دوسرے کو مارتے ہیں ۔

Snow-blindness ضعف نظر جو برف پر چلنے والوں کو ہو جاتی ہے ۔ برف کوری ۔

Snow-bound برف سے اٹا ہوا ۔

Snow-clad برف سے ڈھکا ہوا ۔

Snow drop گل چاندنی ۔

Snowflake برف کا گالا ۔

Snow white سفید بھک ۔

Snowy *adj.* برفانی ۔ برف کی طرح سفید ۔ برف کی طرح کا ۔

Snowiness *n.* برف سے ڈھکا ہوا ہونا ۔ برف سے پر ہونا ۔

Snub (snub) *n., v.t. & i.* Rebuke, cut short جھڑک دینا ۔ سرزنش کرنا ۔ ڈانٹ پلانا ۔ بے التفاتی سے تحقیر کرنا ۔ جہاز کا راستہ روکنا ۔ جھڑکی ۔ ڈانٹ ۔ بے رخی ۔

Snubbing *n.* ڈانٹ پھٹکار ۔ جھڑکی ۔

Snubbingly *adv.* ڈانٹ کر ۔ جھڑک کر ۔

Snub (snub) *adj. & n.* A flat nose ناک جو چھوٹی اور اوپر کو اٹھی ہوئی ہو ۔ چھوٹی اور چپٹی ناک ۔

Snub-nosed چپٹی ناک والا ۔

Snuff (snuf) *v.i., t. & n.* Draw in air violently ناک میں لے جانا ۔ زور سے سانس لے کر اندر پہنچانا ۔ ناس لینا ۔ ناس ۔

Snuffy *adj.* ناس کی طرح کا ۔

Snuff (snuf) *v.t., i. & n.* Worthless residue چراغ کا گل ۔ بتی کا جلا ہوا سرا ۔ گل کترنا ۔ جلا ہوا سرا تراشنا ۔

Snuff out گل کتر کر بجھا دینا ۔ مر جانا ۔ چراغ سید گل کر دینا ۔ گل کتر

Snuffers *n.* گل کترنے کی قینچی ۔ گل گیر ۔

Take in snuff ناراض ہونا ۔ خفا ہونا ۔

Give person snuff اکھڑ پن سے پیش آنا ۔

Snuffle (snuf-l) *v.i., t. & n.* Speak through the nose ناک میں بولنا ۔ گنگنانا ۔ ناک میں گنگنانے والا ۔ منمنانے والا ۔

Snuffler (snuf-lər) *n.* One who speaks through the nose ناک میں بولنے والا ۔

Snuffingly *adv.* ناک میں بولتے ہوئے ۔ منمناتے ہوئے ۔

Snug (snug) *adj.* Being worm, comfortable لیٹا ہوا ۔ آرام سے بیٹھا ہوا ۔ سردی سے محفوظ ۔ آرام دہ ۔ اوسط درجہ کی آمدنی والا ۔ اچھا کھانے والا ۔

Snugly *ad* اچھی طرح سے ۔ بڑے آرام سے ۔

Snugness *n.* آرام یابی ۔

Snuggery (snug-ərı) *n.* A snug room or place آرام دہ مقام یا کمرہ ۔

Snuggle (snug-l) *v.i.* Hug close گھس کر بیٹھنا ۔ مل کر بیٹھنا ۔ ہم آغوش ہونا ۔ بغل گیر ہونا ۔

So (sō) *adv.* In this, that or such manner اتنا ۔ اسطرح ۔ اسقدر ۔ ایسے ۔ اسی طرح سے ۔ علیٰ ہذالقیاس ۔ بے حد ۔ پس ۔ چنانچہ ۔ واقعی ۔ دراصل ۔ یہی ۔ وہی ۔ اسی طرح ۔ یونہی سہی ۔

So and so فلاں فلاں ۔

So as تاکہ ۔

So that تاکہ ۔ چنانچہ ۔

So far یہاں تک ۔

So that is that بس یہ بات ہے -
So help me God انشا اللہ - خدا کرے -
So-called جیسا کہ مشہور ہے - نام نہاد -
Quite so, just so بالکل ٹھیک - بالکل درست -
So so معمولی سا - یوں ہی سا -
Soak (sōk) *n.*, *v.t.* & *i.* Drench, steep in liquid بھگونا - ترکرنا - غوطہ دینا - شرابور کرنا - چوسنا - پی لینا - سرایت کرنا - بہت سی شراب پی لینا - شراب کا دور - بلا نوش انسان -
Soaking *n.* بھگونے کا عمل - بھگونا - بھگویا جانا -
Soakage *n.* جذب ہونا - سرایت کرنا -
Soaker (sōk-ər) *n.* One who drinks huge quantity of liquor بہت شراب پینے والا - جذب کرنے والا - زور کی بارش - زور کا جھلا -
Soap (sōp) *v.t.*, *i.* & *n.* Compound of sodium and fatty matter used in washing صابون - صابون مہیا کرنا - صابن ملنا - چاپلوسی کرنا -
Soap boiler صابون ساز -
Soap nut ریٹھا -
Soapy (sōp-i) *adj.* Smeared with soap صابن سے لت پت - صابون لگا ہوا - صابن جیسا - چرب زبان - خوشامدی - چکنی چپڑی باتیں -
Soapiness *n.* صابن کا مزہ -
Soar (sōr) *v.i.* Rise to a great height اُڑنا - بلندی پر جانا - بلند ہونا - بلند پروازی کرنا -
Soaring *adj.* - بلند پروازی کرتے ہوئے - اُونچا اُڑتے ہوئے -
Sob (sob) *n.*, *v.i.* & *t.* Catch the breath convulsively - ہچکی لینا - سبکی بھرنا - سسکی لینا - سسکی سبکی - ہچکی -
Sobbingly *adv.* ہچکی لیتے ہوئے -
Sober (so-bər) *adj.*, *v.t.* & *i.* Not drunk, temperate - پرہیزگار - متقی - شراب کے استعمال میں محتاط - متین - سنجیدہ - قائم مزاج - پرسکون - ہوش میں رہنا - سنجیدگی پیدا کرنا - خام خیالی دور کر دینا -
Sober-blooded سنجیدہ مزاج -
Sober-minded سلیم الطبع -
Soberly *adv.* معقول طریقہ پر - سنجیدگی سے -
Sobriety (so-bri-i-ti) *n.* Calmness - سنجیدگی - متانت نشہ میں نہ ہونا - پرہیز گاری -

Soc (sok) *n.* Right of holding a local court مقد سے فیصل کرنے کا حق - رعایا سے خدمت لینے کا حق -
Soc(c)age (sok-ag) *n.* Tenure of land by service لگان دینے کی بجائے جاگیردار کی خدمت کرنا -
Soccer (sok-ər) *n.* Association football (بول چال) فٹ بال -
Sociable (so-shə-bl) *adj.* & *n.* Inclined to society ملنسار - مجلسی - دوست - بے تکلف - ایک قسم کی آمنے سامنے نشستوں والی بگھی - تین پہیوں کی پیر گاڑی -
Sociability *n.* - صحبت پسندی - میل جول - ملنساری
Social (so-shəl) *adj.* & *n.* Pertaining to life in a community ملنسار - صحبت پسند - مل کر رہنے والے جانور - مل کر اگنے والے پودے - اجتماعی - سماجی - معاشرتی - صحبت -
The social evil حرام کاری - زنا -
Sociality *n.* صحبت پسندی - ملنساری -
Socially *adv.* سماجی طریقے سے - اجتماعی طور پر -
Socialism (so-shel-izm) *n.* Theory, principle or scheme of social organisation اشتراکیت - اشتمالیت - علم معاشرت -
Socialist (so-shə-list) *n.* One who believes in socialism اشتراکی نظریہ کا حامی -
Socialistic (so-shə-list-ik) *adj.* Pertaining to socialism اشتراکیت کا - اشتراکی -
Socialistically (so-shə-list-i-ka-li) *adv.* In the socialistic way اشتراکی طور پر -
Socialize (so-shə-līz) *v.t.* Put on a socialistic footing اشتراکی بنانا - سماج میں اشتراکی نظام جاری کرنا - اشتراکیت کے رنگ میں رنگنا -
Socialisation *n.* اشتراکی نظام کا رائج ہونا -
Society (so-sī-ti) *n.* Social organisation, mode of life, companionship فرقہ - گروہ - قوم - جماعت - سماج - صحبت - رفاقت - میل جول - اجتماعی زندگی - معاشرت - طبقہ امرا - انجمن - مجلس - سبھا -
Sociology (so-shi-ə-loji) *n.* Science of human society علم تمدن - عمرانیات -
Sociological (so-shi-ə-loji-kal) *adj.* Of human society مدنی - عمرانی -

Sociologist (so-shi-ə-loj-ist) *n.* Student of sociology عمرانی مسائل کا مطالعہ کرنے والا ۔ علم عمرانیات کا عالم ۔

Sock (sock) *n.* A short stocking موزہ ۔ جراب ۔ پاتتابہ ۔ پچھلے زمانے کے روسی اداکاروں کے ہلکے جوتے ۔

Pull up your socks اپنی کمر کس لو ۔

Sock (sok) *v.t., n. & adv.* Strike hard, drub (بول چال) زور سے مارنا ۔ زور سے پتھر پھینکنا ۔ پیٹنا ۔ پٹائی ۔ پتھر کا وار ۔ مار سے ۔ پٹائی سے ۔

Sock (sok) *n., v.t. & i.* Sweet, pastry, tuck, grub eaten at odd times in school (اسکول) مٹھائی وغیرہ جو لڑکے مدرسہ میں لے جاتے ہیں اور جب موقع ملا جیب سے نکال کر کھاتے ہیں ۔ مٹھائی کھانا ۔

Sockdologer (sok-dol-ə-jər) *n.* A conclusive argument (بول چال) خاموش کر دینے والی دلیل ۔ برہان قاطع ۔

Socker (sok-ər) *n.* A game like football in which ball cannot be handled فٹ بال کی طرح کا ایک کھیل جس میں گیند کو ہاتھ نہیں لگا سکتے ۔

Socket (sok-it) *n.* A hollow into which something is inserted خانہ ۔ خانہ چشم ۔ کسی چیز کا گھر ۔

Socratic (sō-kra-tik) *n. & adj.* Pertaining to Greek philosopher Socrates سقراطی ۔ سقراط کا ۔ سقراط کا پیرو ۔

Sod (sod) *n. & v.t.* A turf usually of rectangular shape گھاس کا مستطیل ٹکڑا یا تختہ ۔ گھاس کا تختہ لگانا ۔

The old sod جنم دیس ۔ وطن ۔

Soddy (sod-i) *adj.* Covered with turf گھاس سے ڈھکا ہوا ۔ گھاس والا ۔

Sod (sod) *n.* A sodomite (بول چال) لونڈے باز ۔

Soda (sō-dā) *n.* Sodium oxide سوڈا ۔ کھاری مٹی ۔ پانی جو سوڈا ملا کر تیار کیا جائے ۔

Soda water کھاری پانی ۔ سوڈا ۔

Soda fountain وہ برتن جس میں سے سوڈا فوارے کی طرح نکلے ۔ سوڈے کا فوارہ ۔

Sodality (sō-dal-i-ti) *n.* A fellowship or fraternity مذہبی برادری ۔ بھائی چارہ ۔ ہم خیالی ۔

Sodden (sod-n) *v.t., i. & adj.* Soaked thoroughly تر بتر ۔ خوب بھیگا ہوا ۔ کچی روٹی ۔ خوب شراب پی کر بہکی باتیں کرنا ۔ شراب نوشی سے چہرے کی وحشت زدہ حالت ۔

Soddenness (sod-en-nəs) *n.* State of being soaked خوب شراب پیا ہوا ہونا ۔ شرابور ہونا ۔

Sodium (sod-i-əm) *n.* A bluish white alkaline metal سوڈیم ۔

Sodomite (sod-əm-it) *n.* One who practises sodomy لونڈے باز ۔ اغلام باز ۔

Sodomy (sod-əm-i) *n.* Unnatural sexuality ۔ اغلام لواطت ۔

Soever (so-ev-ər) *adj., pro. & adv.* Extending sense of who, what, where ۔ کتنا ہی ۔ کیسا ہی کوئی بھی ۔ کہیں بھی ۔ کچھ ہی ۔

Sofa (sō-fā) *n.* A long upholstered seat صوفا ۔ کوچ ۔

Soft (soft) *adj. & n.* Easily yielding نرم ۔ ملائم ۔ گدگدا ۔ لچکدار ۔ معتدل ۔ خوشگوار ۔ چکنا ۔ ہلکی شراب ۔ مدھم آواز ۔ دوستانہ ۔ عاشقانہ ۔ رحمدل ۔ درد آشنا ۔ درد مند ۔ آرام طلب ۔ سست ۔ سادہ لوح ۔ کم عقل ۔

Soft-bodied نازک بدن ۔

Soften *v.i.* روشنی کم کرنا ۔ تسکین دینا ۔ دھیا یا مدھم کرنا ۔ پگھلانا ۔ ملائم کرنا ۔ نرم کرنا ۔

Soft goods کپڑے ۔

Soft-headed کم عقل ۔

Soft wicket (کرکٹ) نرم گیلی زمین ۔

Soft money کاغذی سکہ ۔ نوٹ ۔

Soft drink بے نشے کے مشروبات ۔

Soft answer تلخ بات کا نرم جواب ۔

Soft nothings عاشقانہ گفتگو ۔ رازو نیاز ۔

Softy *n.* سادہ لوح انسان ۔ کم عقل ۔

Softish *adj.* نرم سا ۔ ملائم سا ۔

Softly *adv.* آہستگی سے ۔ نرمی سے ۔

Softness *n.* ملائمت ۔ نرمی ۔

Soggy (sog-i) *adj.* Soaked, boggy گیلا ۔ تر ۔ مرطوب ۔ دلدلی ۔

Sogginess (sog-i-nəs) *n.* State of being soaked گیلا ہونا - بھیگا ہوا ہونا -

Soho (sō-hō) *interj.* A call from a distance ارے ہوت - ارے ذرا ٹھہرو -

Soil (soil) *n.* The earth which nourishes plants زمین - مٹی - زراعتی زمین - آراضی -

Night-soil غلاظت - پاخانہ -

Soil (soil) *v.t., i. & n.* Make dirty, stain, manure گندہ کرنا - خراب کرنا - ناپاک کرنا - ناپاک ہو جانا - دھبے پڑ جانا - آلودگی - گندگی - ناپاک داغ -

Soil (soil) *v.t.* Feed on fresh green food جانوروں کو سبز چارہ کھلانا -

Sojourn (su-jərn) *v.t. & n.* Stay for a time چند روزہ قیام کرنا - عارضی اقامت

Sojourner *n.* چند روز کے لیے ٹھہرنے والا - عارضی مقیم -

Sol (sol) *n.* The sun سرگم کا پانچواں سر - سورج -

Sola (so-lȁ) *n.* Spong wood منطقہ حارہ کا ایک گودے دار درخت -

Solace (sol-is) *n. & v.t.* Consolation تسلی دینا - دلجوئی کرنا - تسلی - خاطر داری - تسکین -

Solano (sō-lā-nō) *n.* A hot wind in Spain لو - گرم ہوا - سموم -

Solanum (so-la-nəm) *n.* The potato and night shade genus آلو - مکوے وغیرہ پودوں کی جنس -

Solar (sōl-ər) *adj.* Of the sun سورج کا - شمسی - آفتابی -

Solar-eclipse سورج گرہن -

Solar-month شمسی مہینہ -

Solar-system نظام شمسی -

Solarism (sō-lər-izm) *n.* Excessive use of solar myths روایات اور افسانوں میں سب سے زیادہ سورج کا ذکر - شمسیت - واقعات کو سورج سے منسوب کرنا -

Solarium (so-lər-i-əm) *n.* A place for sun bathing آفتابی غسل خانہ - شیشے کا دھوپ گھر جہاں بیٹھ کر دھوپ کھاتے ہیں -

Solarize (sō-lə-rīz) *v.t. & i.* Expose to suns rays کسی چیز کا سورج کی کرنوں سے خراب ہو جانا - دھوپ میں رکھ کر خراب کر دینا -

Solarization *n.* Effect of solarizing دھوپ یا روشنی سے خراب ہو جانا -

Solatium (so-la-shi-əm) *n.* Compensation for inconvenience جذبات کو مجروح کرنے یا اورکسی تکلیف کا رقمی معاوضہ - رقم تلافی - بدل - تاوان -

Sold (sōld) *v.* Sell - دیکھو

Soldering iron ٹانکا لگانے کا اوزار -

Soldier (sōl-jər) *n. & v.i.* A man engaged in military service سپاہی - لشکری - عسکری - فن سپاہ گری کا ماہر - (بول چال) کام چور بحری آدمی - سرخ ہیرنگ مچھلی - ایک سرخ کیڑا - ایک قسم کا کیکڑا - فوجی نوکری کرنا - سپاہی کی خدمت انجام دینا - (بول چال) کام سے جی چرانا -

Soldier of fortune تنخواہ دار سپاہی - قسمت آزما سپاہی -

Play soldiers بچوں کا ایک کھیل - رضا کاروں کا سپاہی بن بن کر دکھانا -

Old soldier شراب کی خالی بوتل - سگار کا بچا ہوا ٹکڑا - پرانا سپاہی -

Soldier ant ایک قسم کی لڑنے والی چیونٹی -

Soldiership سپہ گری -

Soldierly *adv.* بہادری کے ساتھ - جاں بازی کے ساتھ - سپاہیانہ -

Soldiery (sōl-jər-i) *n.* A military body or class سپاہ - فوج - لشکر -

Sole (sōl) *n. & v.t.* Underside of foot پیر کا تلوا - جوتے کا تلا - جوتے میں تلے لگانا -

Sole (sōl) *n.* A Chinese fish - ایک قسم کی چینی مچھلی

Sole (sōl) *adj.* Alone, only, without another تن تنہا - اکیلا - ایک ہی - دوسرے کے بغیر - بن بیاہا - بے یار و مددگار -

Solely *adv.* واحد طور پر - محض - بلا شرکت غیرے -

Solecism (sol-i-sizm) *n.* Any absurdity محاورے کی غلطی - بیہودگی - نا مناسب الفاظ - بد تہذیبی - بدتمیزی - کوئی خراب بات -

Solecistic *adj.* بیہودہ - غلط - خلاف محاورہ -

Solecist *n. & adj.* زبان کی سخت غلطی کرنے والا - جو محاورے کی غلطی کرے -

Solemn (sol-əm) *adj.* Grain, serious, attended with an appeal to God دینی ۔ مذہبی ۔ متبرک ۔ سنجیدہ ۔ دعائیہ ۔ پر ہیبت ۔ با ضابطہ ۔ رسمی ۔

Solemness *n.* متانت ۔ سنجیدگی ۔ اہمیت ۔

Solemnity (sol-em-ni-ti) *n.* A solemn ceremony مذہبی رسم ۔ سنجیدگی ۔ وقار ۔ اہمیت ۔ عظمت ۔ بزرگی ۔

Solemnize (sol-em-niz) *v.t.* Make ceremonial رسومات دینی انجام دینا ۔ دینی تہوار منانا ۔ سنجیدگی پیدا کرنا ۔

Solemnization *n.* دھوم دھام سے انجام دینا ۔ شد و مد سے رسومات پوری کرنا ۔ رسمی تقریب منانا ۔

Solen (sōl-ən) *n.* The razor fish گھونگھا ۔ ایک قسم کی مچھلی ۔

Solfa (sol-fȃ) *v.t.* & *n.* A system of syllables سر میں گانا ۔ سرگم کے اصول پر ترتیب دینا ۔ تحریر نغمہ کا ایک خاص طریقہ ۔

Solferino (sol-fe-rē-nō) *n.* The colour of rosaniline ایک قسم کا سرخ رنگ ۔

Solicit (so-lis-it) *v.t.* & *i.* Urge, allure درخواست کرنا ۔ التجا کرنا ۔ بلانا ۔ بر انگیختہ کرنا ۔ بے قرار ہونا ۔ خواستگار ہونا ۔ طالب ہونا ۔ فاحشہ عورتوں کا خریداروں کو رجھانا ۔

Solicitation *n.* آرزو ۔ درخواست ۔ التماس ۔ التجا ۔

Solicitor (so-lis-it-ər) *n.* One who asks earnestly, one who is legally qualified to act for another درخواست کنندہ ۔ مختار ۔ وکیل ۔ مجاز نمائندگی ۔ وکیل جو مقدمہ تیار کرکے وکیل کے حوالے کرتا ہے ۔

Solicitor-general (sol-is-it-ər-general) *n.* Law officer of the Crown, advocate general حکومت کا صدر ۔ پیرو کار ۔ پیرو کار اعلیٰ ۔

Solicitous (so-lis-it-əs) *adj.* Earnestly asking کسی کام کی التجا کرنے والا ۔ مستعد ۔ خواہاں ۔ طالب ۔ فکر مند ۔ متردد ۔

Solicitude (so-lis-i-tūd) *n.* Uneasiness of mind فکر ۔ اندیشہ ۔ تفکر ۔ خواہش ۔

Solid (sol-id) *adj.* Resisting change of shape کڑا ۔ سخت ۔ مضبوط ۔ مستحکم ۔ جس کی شکل نہ بدلے ۔ جامد ۔ ٹھوس ۔ معقول ۔ قابل یقین ۔ مجسمات کے متعلق ۔

Solid printing جس میں بین السطور جگہ نہ چھوڑی جائے ۔ ٹھوس چھپائی ۔

Solid colour ایک رنگ جس میں دوسرے رنگ کا میل نہ ہو ۔ ایک ہی رنگ ۔

Solid vote استوار رائے ۔ جو عین وقت پر نہ بدلے ۔ قابل اعتماد ووٹ ۔

A solid man سمجھدار آدمی ۔ مالی لحاظ سے مضبوط آدمی ۔

Solidify *v.t.* مضبوط بنانا ۔ ٹھوس کرنا ۔

Solidification *n.* مضبوط ہونا ۔ ٹھوس ہونا ۔

Solidifiable *adj.* جسے ٹھوس بنایا جا سکے ۔

Solidity *n.* سنگینی ۔ مضبوطی ۔ استواری ۔

Solidly *adv.* استواری سے ۔ استحکام سے ۔ مضبوطی سے ۔

Solidarity (sol-i-dar-i-ti) *n.* Oneness of interests باہمی اتفاق ۔ ایکا ۔ استحکام ۔ اغراض ۔ مقاصد اور عمل کا اتحاد ۔

Solidangular (sol-id-ang-u-lər) *adj.* Having solid hoofs ٹھوس کھروں والے ۔

Solifidian (so-li-fid-i-ən) *n.* One who hold that faith alone is necessary وہ جس کا عقیدہ ہے کہ نجات کے لیے صرف ایمان کافی ہے ۔ عمل کی ضرورت نہیں ۔

Soliloquy (so-lil-ə-kwi) *n.* Talking to oneself جو گفتگو اپنے آپ سے کی جائے ۔ خود کلامی ۔

Soliloquize *v.t.* خود کلامی کا رنگ دینا ۔ خود کلامی کرنا ۔

Soliloquist *n.* جو اپنے آپ سے باتیں کرے ۔ خود کلام ۔

Soliped (sol-i-ped) *n.* An animal with uncloven hoofs جانور جن کے کھر پھٹے ہوئے نہ ہوں ۔ ٹھوس کھر والا ۔ گھوڑے کی جنس کا ۔

Solipsism (sol-ip-sizm) *n.* The theory that self existence is the only certainty یہ نظریہ کہ یقینی علم انا یا وجود ذات کا ہے باقی علم مشکوک ہے ۔

Solitary (sol-i-tər-i) *adj.* & *n.* Alone, single تنہا - اکیلا - تنہائی پسند آدمی - بے یار و مددگار - کفوں کے جڑے ہوئے بٹن - خلوت گزیں - گوشہ نشین درویش - پھٹیل جانور -

Solitaire (sol-i-tar) *n.* A recluse - خلوت گزیں تارک الدنیا درویش - امریکہ اور غرب الہند کا ایک پرندہ - ایک کھیل جو گولیوں سے تختے پر کھیلا جاتا ہے۔

Solitarily *adv.* - بے کسی سے - سونے سنسان مقام پر - تنہائی کی حالت میں -

Solitariness *n.* - خلوت پسندی - تنہائی - سنسان پن - بے بسی -

Solitude (sol-i-tud) *n.* Absence of company تنہائی - اکیلا پن - عزلت - ویرانہ - اجاڑ جگہ - سنسان مقام -

Solo (so-lo) *n.* A piece for one voice or instrument ایک شخص کے گانے کی چیز - ایک باجے پر بجانے کا نغمہ - اکیلے ہوائی جہاز میں اڑنا - ایک تاش کا کھیل جس میں ایک شخص تین کے مقابلے میں کھیلتا ہے،اس میں کوئی جوڑی دار نہیں ہوتا -

Soloist *n.* تنہا گانے یا بجانے والا -

Solomon (sol-ə-mən) *n.* A king and prophet حضرت سلیمان علیہ السلام -

Solomonic *adj.* - حضرت سلیمان سے متعلق - سلیمانی

Solon (so-lon) *n.* A famous law-giver of Athens ایتھنز کا مشہور مقنن سولن -

Solstice (sol-stis) *n.* The time when the sun reaches its maximum distance from the equator وہ زمانہ جب سورج خط استوا سے زیادہ سے زیادہ دور ہوتا ہے -

Soloticial *adj.* راس الجدی یا سرطان کا -

Soluble (sol-u-bl) *adj.* Capable of being solved حل ہونے کے قابل - گھلنے کے لائق - جو حل ہو سکے۔

Solute (sol-ut) *n.* & *adj.* A dissolved substance محلول - حل شدہ - ڈھیلا - کھلا - آزاد -

Solution (sol-oo-shən) *n.* Act of solving or dissolving - تحلیل - حل - عقدہ کشائی - محلول - تجزیہ

His ideas are in solution اس کے خیالات غیر معین ہیں -

Solutionist *n.* اخباری معموں کا حل کرنے والا -

Solve (solv) *v.t.* Unbind, dissolve - سلجھانا - کھولنا حل کرنا - تجزیہ کرنا - علیحدہ کرنا -

Solvable *adj.* حل ہونے یا کرنے کے قابل -

Solvent (solv-ənt) *adj.* & *n.* Able to pay all debts گلانے یا حل کرنے والا - وہ چیز جو روایات اور عقائد کے اثر کو زائل کر دے - قرضے ادا کرنے کے قابل -

Solvency (solv-ən-si) *n* Ability to pay - ذمہ داری مقدرت - قرض ادا کرنے کی حیثیت -

Somatic (so-ma-tik) *adj.* Pertaining to body مجسم - جسمی - جسمانی -

Sombre (som-bər) *adj.* Dark and gloomy - دھندلا تاریک - تیرہ و تار - اداس -

Sombrely (som-bər-li) *adv.* Gloomily تاریکی یا دھندلے پن میں - اداسی سے -

Sombreness *n.* غمگینی - اداسی - تاریکی -

Sombrous *adj.* تاریک - اداس -

Sombrero (som-bra-ro) *n* A broad-brimmed hat چوڑے کنارے کی نمدے کی ٹوپی -

Some (sum) *adj.* & *pron.* Certain ones, a great deal کچھ - چند - کسی قدر - تھوڑا سا - متعدد - اچھا خاصا - (امریکہ) اعلیٰ درجے کا - قریباً - اندازاً - کچھ اور -

Somebody ذی وقعت شخص - کوئی شخص -

Some such ویسا - کسی قدر -

Somewhat کسی قدر -

Somewhile گاہے گاہے -

Somehow کسی نہ کسی طرح -

Something تھوڑا سا - کچھ نہ کچھ - کوئی بات - کوئی شے -

Some time تھوڑی دیر - کبھی - کسی وقت -

Sometimes بعض اوقات -

Somewhere جہنم میں - کسی جگہ -

Somersault (sum-ər-sawlt) *n.* & *v.t.* Turning heels overhead قلا بازی - قلا بازی کھانا -

Turn a somersault خیالات بدل دینا - دوسرے فریق سے مل جانا - قلا بازی کھانا -

Somerset (sum-ər-set) *n.* A riding saddle سواری کی گدے دار کاٹھی ۔

Somite (som-īt) *n.* A part of animal body حیوانی جسم کا ٹکڑا ۔

Somnambulism (som-num-bu-lizm) *n.* Walking in sleep خواب خرامی ۔ نیند میں چلنا ۔

Somnambulant *adj.* خواب خرامی کا عادی ۔

Somnambulist *n.* نیند میں چلنے والا ۔

Somnambulate *v.t.* نیند میں چلنا ۔

Somniferous (som-ni-fe-rəs) *adj.* Sleep bringing نیند لانے والی ۔ خواب آور ۔

Somnifacient خواب آور دوا ۔

Somniloquence } *n.* نیند میں باتیں کرنا ۔ نیند میں

Somniloquism } بڑبڑانا ۔

Somniloquist *n.* نیند میں باتیں کرنے والا ۔

Somnolent (som-no-lənt) *adj.* Inclined to sleep اونگھتا ہوا ۔ مائل بہ خواب ۔ نیم خوابی کی حالت میں ۔ نیم خوابیدہ ۔

Somnolence-cy *n.* نیم خوابیدگی ۔ غنودگی ۔

Somnolently *adv.* سونے کی حالت میں ۔ اونگھتے ہوئے ۔

Son (sun) *n.* A male child بیٹا ۔ لڑکا ۔ پسر ۔ فرزند ۔ خلف ۔ ابن آدم ۔ اولاد ۔ نسل ۔ کسی ملک کا باشندہ ۔ وارث ۔ نسبت رکھنے والا ۔

Son-in-law داماد ۔

He is his father's son وہ بالکل اپنے باپ پر گیا ہے ۔

Sonless بے اولاد نرینہ ۔ بے فرزند ۔

Sonship بیٹا پن ۔ فرزندی ۔

Sonant (so-nə-nt) *adj.* & *n.* A voiced sound, voiced پوری آواز سے ۔ پوری آواز سے ادا ہونے والا حرف ۔

Sonancy (so-nən-si) *n.* Sonant character پوری آواز سے ادا ہونے کی حالت ۔ جہریت ۔

Sonata (so-nä-tä) *n.* An instrumental composition ساز پر بجانے کا راگ ۔

Song (song) *n.* A short poem or ballad suitable for singing ۔ راگ ۔ نغمہ ۔ گیت ۔ گانا ۔ گانے کی چیز ۔ غزل ۔ ٹھمری ۔ دادرا ۔ شعر ۔ ایک قسم کا گیت جو تین ٹکڑوں میں ہوتا ہے اور اس کے دو ٹکڑے ایک دوسرے کے برعکس ہوتے ہیں ۔

Sold it for a song کوڑیوں کے دام بیچ دیا ۔

Nothing to make a song about (بول چال) بہت معمولی بات ۔

Songless *adj.* بے لطف ۔ بے نغمہ ۔

Songster (songs-tər) *n.* A singer گویا ۔ قوال ۔ مطرب ۔ مغنی ۔ سرود خوان ۔ ایک خوش الحان پرندہ ۔ گانے والی چڑیا ۔ شاعر ۔

Soniferous (son-i-fe-rəs) *adj.* Conveying or producing sound آواز دینے والا ۔ پر صدا ۔

Sonnet (son-it) *n.* A poem of fourteen lines چودہ مصرعوں والی غزل ۔

Sonneteer چودہ مصرعوں والی غزل لکھنے والا ۔ غزل گو ۔

Sonny (sun-i) *n.* Darling son پیارا بیٹا ۔ برخوردار ۔ لخت جگر ۔

Sonometer (son-ə-meter) *n.* Instrument for measuring sound صدا پیما ۔ آواز ناپنے کا آلہ ۔ آلہ جس سے بہروں کی قوت سامعہ کا امتحان کیا جاتا ہے ۔

Sonorescent (so-nō-ri-sənt) *adj.* Emitting sound (سخت ربڑ) آواز دینے والی ۔

Sonorific (so-no-ri-fik) *adj.* Producing sound آواز دینے والی ۔ صدا دینے والی ۔

Sonorous (so-nō-rəs) *adj.* Sounding, ringing بجنے والی ۔ صدا دینے والی ۔ گونجنے والی ۔ پر آواز ۔ بلند آواز کی ۔

Sonority } *n.* بلند آواز ۔ گونج ۔ شوکت الفاظ ۔

Sonorousness }

Sonorously *adv.* گونج کے ساتھ ۔ بلند آواز سے ۔

Sonsy (sun-si) *adj.* Luck-bringing, comely نیک قدم ۔ خوش ادا ۔

Soon (sōōn) *adv.* In a short time ۔ عنقریب ۔ ابھی ۔ فوراً ۔ اسی وقت ۔

Sooner or later کسی نہ کسی وقت ۔ کبھی تو ۔

As soon as جس وقت ۔ جوں ہی ۔

No sooner than جوں ہی ۔ جیسے ہی ۔

Soot (sōōt) *n.* A black deposit دھواں ۔ دود ۔ جما ہوا دھواں ۔

Sootily *adv.* میلے پن سے ۔ دھوئیں سے ۔

Sootiness *n.* - دھوئیں سے کالا ہونا - دھوئیں کا جم جانا

Sooty *adj.* - دود آلود - میلا - دھوئیں سے کالا

Sooth (sōōth) *n.* Truth - سچ - صدق - سچائی - حق - حق بات -

Soothe (sōōdh) *v.t.* Prove or declare true, flatter - تسکین دینا - سچا قرار دینا - نرم کرنا - محظوظ کرنا - شاد کرنا -

Soother *n.* - بچوں کی چسنی - تسکین دینے والا -

Soothingly *adv.* - چاپلوسی کے ساتھ - دلاسے کے طور پر - تسکین دیتے ہوئے -

Soothfast (sōōth-fast) *adj.* Truthful, honest راست گو - سچا - صادق - وفا دار -

Soothsayer (sōōth-sə-yer) *adj.* Diviner - پیش گو - آئندہ کی بات بتانے والا - نجومی - جوتشی -

Soothsay - فال دیکھنا - پشین گوئی کرنا -

Sop (sop) *v.t., i. & n.* Food soaked in liquid شوربے یا پانی میں بھیگی ہوئی روٹی - تر نوالا - وہ چیز جو کسی خطرناک جانور یا انسان کو پرچانے کے لیے دی جائے - روٹی کو دودھ، پانی یا شوربے میں بھگونا - بھیگ جانا -

Sopping *adv.* - شرابور - بھیگا ہوا -

Soppy *adj.* - رقیق - پر از رقت -

Sophism (sof-i-zm) *n.* A specious fallacy استحالہ سوفسطائیت - دلیل باطل - مغالطہ -

Sophist (sof-ist) *n.* A public teacher of philosophy and rhetoric - فلسفے اور مناظرے کا معلم - منطق دان - سوفسطائی -

Sophistical *adj.* - سوفسطائی - نامعقول - پرفریب - مغالطے سے بھرا ہوا -

Sophistically *adv.* - غلط دلائل سے - فریب سے غلط استدلال کے ساتھ -

Sophistry *n.* - پر شکوہ لفاظی - دلیل باطل - غلط استدلال -

Sophister (sof-is-tər) *n.* A student in his second or third year انگلستان یا امریکہ کے جامعات کا طالبعلم جو دوسرے یا تیسرے سال میں ہو -

Sophisticate (sof-is-ti-kat) *v.t.* Give an air of worldly wisdom غلط استدلال سے کام لینا - غلط استدلال سے کچھ کا کچھ کر دینا - لفاظی یا خطابت سے کام لینا - باطل دلیلیں پیش کرنا - شراب میں آمیزش کرنا -

Sophistication *n.* - مغالطہ - تحریف - آمیزش - کھوٹ - ملاوٹ -

Soporific (so-por-i-fik) *adj.* Inducing sleep خواب آور -

Soporiferous-rose } نیند لانے والی - خواب آور دوا -
Soporous }

Soprano (sə-prä-nō) *n.* The highest voice سب سے بلند آواز - پنچم کا سر - بلند آواز میں گانے والی یا گانے والا -

Sora (sō-rä) *n.* A North American short-billed bird شمالی امریکہ کا چھوٹی چونچ کا پرندہ - انڈین نام سورمی -

Sorb (sorb) *n.* The wild service tree - جنگلی ناشپاتی - جنگلی ناشپاتی کا درخت -

Sorbefacient (sorb-i-fa-shənt) *adj.* Promoting absorption - جذب کرنے کی قوت بڑھانے والی - جذب کرنے والی - جاذب -

Sorbonne (sor-bon) *n.* A theological college of mediaval Paris فرانس کا قرون وسطیٰ کا کلیہ دینیات - شعبہ دینیات -

Sorcerer (sor-sə-rer) *n.* A magician - افسوں گر - جادو گر - ساحر - سیانا -

Sorcery *n.* - افسوں گری - جادو - جنتر منتر - سحر -

Sordamente (sor-da-men-ta) *adv.* Softly, gently دھیمی آواز میں - مدھم میں -

Sordid (sor-did) *adj.* Dirty, mean, avaricious, mercenary - کمینہ - پاجی - خسیس - تنگدل - گندہ - ناپاک - میلے رنگ کا - فرومایہ -

Sordidly *adv.* غلاظت سے - تنگ دلی سے - کمینہ پن سے -

Sordidness *n.* - کمینگی - غلاظت - خست - نجاست -

Sordine (sor-din) *n.* A mute or damper of the sound of an instrument کسی ساز کی آواز کو مدھم کرنے والا آلہ -

Sore (sōr) *n., adj. & adv.* A tender injured spot زخم - خراش - دکھتی جگہ - دل کا زخم - ناخوشگوار واقعہ کی یاد - دکھتا ہوا - پر درد - کچا - سوجا ہوا - جھلایا ہوا - چڑچڑا - ناخوش - برہم - برہمی سے - ناگواری سے - شدید طور پر -

A bear with a sore head جھلائے ہوئے ریچھ کی طرح - جھلایا ہوا -

Sorely *adv.* سختی سے - شدت سے -

Soreness *n.* بیزاری - درد - دکھ - زخم کا کچا پن - خراش - جلن -

Soricine (sor-i-sīn) *adj.* Shrew like چھچھوندر کی طرح - کوم خور موش کے متعلق -

Sorites (sō-rī-tēz) *n.* A sophisticated puzzle منطقی معمہ - قیاس مرکب - قیاس مسلسل - مغالطہ جو کسی قضیہ کو محدود نہ کرنے سے پیدا ہو -

Sorn (sorn) *v.i.* Join a feast as an uninvited guest خیرات کرنا - بن بلائے دعوت میں چلے جانا - مفت کی روٹیاں توڑنا -

Sorner *n.* زبردستی کا مہمان - حرام خور -

Sorra (so-rā) *adv.* Never (آئرستانی بول چال) ہرگز نہیں -

Sorrel (sor-l) *n.* Any of the acid tasting plant چوکا - کھٹی سبزی - کھٹی گھاس - کھٹا ساگ -

Sorrel (sor-l) *adj. & n.* Reddish brown بادامی رنگ کا - سرخ بھورا - سرخی مائل گھوڑا - تیسرے سال کا ہرن -

Sorrow (sor-ō) *n. & v.i.* Mental pain غم - افسوس - رنج - آزردگی - ملال - الم - مصیبت - تکلیف - آہ و زاری - دلگیر ہونا - رنجیدہ ہونا - غم زدہ ہونا - کف افسوس ملنا - آہ و زاری کرنا -

Sorrowful *adj.* آزردہ - ملول -

Sorrowfulness *n.* غمگینی - آزردگی -

Sorrower *n.* آہ و زاری کرنے والا - ماتم کرنے والا -

Sorrowing *adj. & n.* اندوہ - رنج - ماتم کنان - سوگوار -

Sorry (sor-i) *adj.* Regretful رنجیدہ - افسردہ - متاسف - ملول - گھٹیا - ادنیٰ درجے کا -

Sorry معاف کرنا -

Sorriness گھٹیا ہونا - حقیر ہونا -

Sort (sort) *n.* A lot, group, class or kind جنس - قسم - نوع - صف - طریق - طرز - ڈھنگ - ٹائپ کے متفرق حروف -

Of a sort ایک طرح کا -

In some sort ایک حد تک -

Out of sorts مضمحل - افسردہ - سست - ناساز -

Sort (sort) *v.t. & i.* Allot, group, classify قسم وار کرنا - الگ الگ کرنا - چھانٹنا - چھانٹ کر الگ کرنا - مطابقت رکھنا - ٹھیک ترتیب دینا -

Sortable *adj.* ترتیب دینے کے قابل - جو چھانٹا جا سکے - چھانٹنے کے قابل -

Sorter *n.* ڈاک خانہ کا محرر - تقسیم کرنے والا - چھانٹنے والا -

Sortie (sor-tē) *n.* A sally of besieged محصور فوج کا نکل کر حملہ کرنا - محصور فوج کا حملہ - محاصرہ توڑ کر حملہ کرنا - محاصرہ سے نکل کر حملہ کرنا -

Sortilege (sor-ti-lij) *n.* Divination قرعہ اندازی کی فال -

Sortition (sor-ti-shən) *n.* The casting of lots قرعہ اندازی -

S.O.S (es-o-es) *n.* An appeal for help or rescue مدد طلب کرنے کا پیام - مصیبت کی اطلاع - کسی گم شدہ کے نام لاسلکی اطلاع -

Sot (sot) *v.i. & n.* A habitual drunkard دائم الخمر - پرانا شرابی - وہ شخص جو شراب خوری کی وجہ سے بے عقل ہو گیا ہو - شراب پی کر بد مست ہو جانا -

Sottish *adj.* بے وقوف - مدہوش - بد مست - شراب خور -

Sottishly *adv.* مدہوشی سے - احمقانہ - شرابیوں کی طرح -

Sottishness *n.* کند ذہن ہونا - بدمستی - مدہوش ہونا -

Sothic (so-thik) *adj.* Pertaining to Sirius شعرائے یمانی کے متعلق -

Sou (sōō) *n.* A French coin ایک معمولی قیمت کا فرانسیسی سکہ -

Has not a sou اس کے پاس دمڑی بھی نہیں -

Souchong (soo(t)shong) *n.* A fine sort of black tea سیاہ چائے کی ایک نفیس قسم -

Soudanese (soo-də-nez) *adj. & n.* Of Soudan سوڈان کا - سوڈان کا باشندہ -

Souffle (sōō-fl) *n.* & *adj*. A murmuring دل کی آواز جو آلہ سے سنی جاتی ہے - ہلکی پیہم آواز -

Sough (sow) *n.* & *v.i.* A deep sigh - سبکی کی آواز - گہری سبکی - سنسناہٹ - سائیں سائیں کرنا - سائیں سائیں کی آواز پیدا ہونا یا نکلنا -

Sought (sawt) *v.* & *p.t.* p.p. کا Seek

Soul (sōl) *n.* Life, that which feels and thinks روح - نفس - جان - جوہر - ضمیر - طبیعت - باطن - ادراک - ذہن - روح رواں - زندہ نمونہ - پتلا - شخص - نفر - آدمی -

Upon my soul میری جان کی قسم - واللہ - بخدا -

Cannot call her soul his own وہ بالکل دوسرے کے بس میں ہے -

Soulless کم ہمت - مردہ دل - بے جان - مردہ -

Soullessness *n.* بے جان ہونا - مردہ دلی -

Soulful (sōl-ful) *adj.* Having elevated feelings اعلیٰ جذبہ کا حامل - پر از جذبات - پر معنی - دلنشین -

Sound (sownd) *n.*, *v.t.* & *i.* Sensation of hearing صدا - آواز - ندا - نوا - صوت - تلفظ - خالی باتیں - آواز دینا - بجنا - بولنا - آگاہ کرنا - خوف وغیرہ کا اعلان کرنا - ڈنکا بجانا - جانچنا - امتحان کرنا - دیکھ بھال کرنا -

Sounding *adj.* زور دار - شاندار - محض الفاظ کی -

Soundless *adj.* بے صوت - بے آواز -

Sound (sownd) *v.t.*, *i.* & *n.* Measure the depth of, dive deep, discover thoughts گہرائی دریافت کرنا - امتحان کرنا - سمندر کی تہہ کی مٹی نکالنا - جہاز کے پیندے میں پانی کی گہرائی معلوم کرنا - کسی کی رائے - خیال یا جذبہ معلوم کرنا - ٹوہ لینا - مچھلی کا پھکنا - جراح کی سلائی -

Sound (sownd) *n.* A channel - آبنائے - مچھلی کا پھکنا - ایک قسم کی دوشاخی مچھلی -

Sounder (sown-dər) *n.* A herd of swine سوروں کا گلہ - جنگلی سور کا بچہ -

Sounder (sown-dər) *n.* Apparatus for taking soundings عمق پیما آلہ - گہرائی ناپنے کا آلہ -

Soundings (sown-dings) *n. p.* Measurements of depth سمندر کی گہرائی کی پیمائش -

Soup (sōōp) *n.* Liquid obtained by boiling meat یخنی - شوربہ - آبجوش - ماء اللحم -

In the soup (بول چال) مشکلات میں مبتلا -

Soupy *adj.* شوربہ دار -

Soupcon (soop-son) *n.* A hardly perceptible quantity ذرا سی چیز - چکھنے کی چیز -

Sour (sowr) *adj.*, *n.* & *v.t.* Having an acid taste or smell ترش - کھٹا - حامض - خمیر کی سی - چڑچڑا - تیز مزاج - بد خو - ترش کر دینا - بد مزاج کر دینا - چڑچڑا بنا دینا -

Sourish *adj.* چڑچڑا سا - کھٹا سا - بد مزاج سا -

Sourness *n.* بد مزاجی - ترشی - کھٹائی -

Sourly *adv.* بد مزاجی سے - تلخی سے - ترش روئی سے -

Source (sōrs) *n.* A spring, the head of a stream منبع - سرچشمہ - ماخذ - مصدر - جڑ - بنیاد - ذریعہ -

Souse (sows) *v.t.*, *adv.* & *n.* Pickled meat گوشت کا اچار - نمک اور پانی کا اچار - سور کے سری پائے کا اچار - تر کرنا - غوطہ دینا - تیل یا پانی میں ڈالنا - اچار ڈالنا - زناٹے کا - بہت تیزی سے -

Soustache (sows-tach) *n.* A border خوبصورت حاشیہ - گوٹ - بیل -

Soused (sowsd) *adj.* Fully drunk نشہ میں دھت - بد مست -

Soutane (sōō-tan) *n.* A cassock پادریوں کا چغا - جبہ -

Souteneur (soot-nər) *n.* A prostitute's bully or exploiter بھڑوا - رنڈی کی کمائی پر گزارا کرنے والا - قرم ساق -

South (sowth) *adv.*, *n.*, *v.t.* & *i.* Direction contrary to north جنوب - دکھن - جنوب کی طرف - جنوبی رخ پر - جنوب کا رہنے والا - چاند کا جنوب کی طرف حرکت کرنا -

Southdown بھیڑوں کی ایک نسل جو ساؤتھ ڈاؤن میں پیدا ہوتی ہے -

Southward *adj.* & *n.* جنوبی - جنوبی رخ کا - جنوب کی طرف -

South-easter } جنوب مشرقی ہوا -
Souther }

Southerly (sow-dh-erli) *adj.* & *adv.* Towards or from the south جنوب کی طرف - جنوب کی طرف سے چلنے والی ہوا - جو جنوب کی طرف سے آئے -

Southern (sow-dh-ern) *adj.* & *n.* Of the south جنوبی ہوا - جنوب کی - جنوبی -

Southerner امریکہ کی جنوبی ریاستوں کا - جنوب کا باشندہ -

Southing (sow-dh-ing) *n.* Travel southward جنوب کی طرف سفر کرنا -

Southron (sudh-rən) *adj.* & *n.* Southern, English as distinguished from Scots انگریز - جنوب کے - اسکاٹس کے مقابلہ میں انگریز یعنی انگلستانی جنوبی ہیں -

Southwester (sowth-wester) *n.* S. western wind جنوب مغربی ہوا -

Souvenir (sōō-və-nēr) *n.* A keepsake یادگار - نشانی - تحفہ - وہ چیز جو یادگار کے طور پر دی جائے -

Sovereign (sov-rin) *adj.* & *n.* Supreme, head سلطان - بادشاہ - فرمانروا - اعلیٰ - اقتدار اعلیٰ - ایک طلائی سکہ - گنی - سب سے اعلیٰ - تیر بہدف دوا -

Sovereignty *n.* اقتدار - حکومت - بادشاہت - فرمانروائی -

Soviet (sō-vi-et) *n.* A council (روس) کونسل جسے مزدور اور سپاہی منتخب کرتے ہیں - بڑی کونسل جس کو یہ کونسلیں منتخب کرتی ہیں - روسی مجلس نمائندگان -

Sow (sō) *v.t.* Scatter, put in the ground بونا - تخم بکھیرنا - تخم ریزی کرنا - بکھیرنا - فرش سا بچھا دینا -

Sow the seeds of dissension جھگڑے فساد کا بیج بونا -

Must reap what you sow جیسا کروگے ویسا بھروگے -

Sower *n.* تخم ریزی کا اوزار - بونے والا -

Sowing *n.* تخم ریزی - بوائی -

Sow (sow) *n.* A female pig موٹی کاہل عورت - مادہ سور - سورنی - ایک بڑا حوض جس میں لوہا پگھل کر نالیوں سے بہتا ہے - لوہے کا ڈلا جو نالیوں میں جم جاتا ہے -

As drunk as a sow مست - نشے میں چور -

Sowar (sō-wär) *n.* A rider گھڑ سوار - سوار -

Soy (soi) *n.* Sauce made from soy beans مٹر کی چٹنی - گوشت کے ساتھ کھانے کی چٹنی -

Sozzled (soz-ld) *adj.* Intoxicated نشے میں چور -

Spa (spä) *n.* A mineral spring وہ جگہ جہاں معدنی چشمے ہوں - معدنی چشمہ -

Space (spās) *n.* An open or empty place, that in which things exist وسعت - کشادگی - فضا - جگہ - زمان - مکان - وقفہ - سکتہ جو لفظوں کے درمیان لگایا جاتا ہے -

Space writer *n.* اخبار میں اجرت پر مضمون لکھنے والا -

Space writing *n.* اجرت پر مضمون لکھنا -

Space (spās) *v.t.* & *i.* Make, arrange intervals between lines بین السطور جگہ چھوڑنا - الفاظ کے درمیان فصل رکھنا -

Spacer *n.* فاصلہ ٹھیک رکھنے کا پرزہ -

Spacing *n.* سطروں اور لفظوں کے درمیان فاصلہ دینا -

Spacious (spā-shəs) *adj.* Extensive, ample, roomy وسیع - فراخ - کشادہ - گنجائش والا -

Spaciousness *n.* گنجائش - فراخی - کشادگی -

Spade (spād) *n.* & *v.t.* A broad-bladed digging tool پھاوڑا - بیلچہ (تاش) کالے پان کا رنگ - اس رنگ کا پتا - پھاوڑے سے زمین کھودنا - ایک خاص قسم کے چھرے سے مچھلی کی چربی نکالنا -

Spade bone شانے کی ہڈی -

Call a spade a spade صاف صاف کہنا - چور کو چور کہو -

Spade husbandry کاشت کا وہ طریقہ جس میں زمین کو گہرا کھود کر بویا جاتا ہے -

Spadeful پھاوڑا بھر -

Spadger (spə-jer) *n.* A sparrow (بول چال) چڑیا - کنجشک -

Spadix (spā-diks) *n.* A fleshy spike of flowers پھولوں کی شاخ - ایسے پھول جو ایک شاخ کی شکل میں ہوں اور ان پر غلاف لپٹا ہوا ہو -

Spado (spā-dō) *n.* A castrated or impotent person or animal مخنث ۔ زنانہ ۔ آختہ ۔ نا قابل تناسل ۔

Spaghetti (spä-get-ti) *n.* A cord like paste موٹی سیویوں کی طرح کا ایک کھانا ۔

Spale (spāl) *v.t., i. & n.* Make chips, splinters لکڑی کی چپٹھیاں بنانا ۔ لکڑی کے پتلے پتلے ٹکڑے کرنا ۔ چپٹھی ۔

Spalder *n.* چپٹھیاں بنانے والا ۔ لکڑیاں چیرنے والا ۔

Spalpeen (spal-pēn) *n.* A mischievous fellow بد ذات ۔ شریر ۔ بد معاش ۔

Span (span) *v.t., i. & n.* Distance from the end of thumb to the end of little finger ۔ ایک بالشت ایک کنارے سے دوسرے کنارے تک ۔ دریا پر پل بندھا ہوا ہونا ۔ محیط ہونا ۔ احاطہ کرنا ۔ عبور کرنا ۔ پل بنانا ۔ اندازہ کرنا ۔ قیاس کرنا ۔ پروانے کی طرح کودتے ہوئے چلنا ۔

Spangle (spang-l) *n. & v.t.* Sparkling speck ۔ ستارہ سلمہ ۔ چمکتی ہوئی چیز ۔ کپڑے پر سلمہ ستارہ ٹانکنا ۔ دوپٹے میں چمکی ٹانکنا ۔

Spangly *adj.* سلمہ ستارے جڑا ہوا ۔ چمکی والا ۔

Spaniard (span-yərd) *n.* A native of Spain ہسپانیہ کا باشندہ ۔ ہسپانوی ۔

Spaniel (span-yəl) *n.* A kind of dog with long ears ایک قسم کا کتا ۔ ریشمی بالوں اور لٹکتے ہوئے کانوں والا کتا ۔ اسپینیل ۔ درباری کتا ۔ خوشامدی آدمی ۔

Spanish (span-ish) *adj. & n.* Of or pertaining to Spain ہسپانیہ کا ۔ ہسپانوی زبان کا ۔

Spanish fowl ہسپانیہ کی ایک مرغی جس کے پر چمک دار سنہرے ہوتے ہیں ۔

Spank (spangk) *v.t. & i.* Move or drive with speed تھپکی دینا ۔ ہاتھ سے یا چابک سے مارنا ۔ بہت تیز چلانا ۔ چوتڑوں پر مارنا ۔ گھوڑے کا پویا چال چلنا ۔

Spanking *n.* چوتڑوں پر جوتیاں یا تھپڑ مارنا ۔

Spanker (spangk-ər) *n.* One who walks with long strides لمبے لمبے ڈگ بھرنے والا ۔ تیز رو گھوڑا ۔ بڑی جسامت کا آدمی ۔ اگلا پچھلا بادبان ۔

Spanking (spangk-ing) *adj. & adv.* Striking, beyond expectation خلاف توقع ۔ نہایت عمدہ ۔ عجیب و غریب ۔ بڑے لطف کا ۔

Spanner (span-ər) *n.* A wrench for nuts and screws پانا ۔ اسکریو کسنے کا آلہ ۔ پیچ کس ۔ قینچی دار ڈیکن جو پلوں میں لگاتے ہیں ۔ ایک فولادی ڈنڈا جو حرکت کرنے والے پرزوں کو ملاتا ہے ۔

Span-new (span-nū) *adj.* Quite new بالکل نیا ۔

Spar (spär) *n. & v.t.* A rafter, pole, bar or rail جہاز کا مستول ۔ مضبوط بلی ۔ کڑی ۔ جہاز میں مستول لگانا ۔ بلی لگانا ۔ بلیوں کے ذریعے جہاز کو اتھلے پانی سے نکال لے جانا ۔

Spar (spär) *n.* Any bright non-metallic mineral ایک چمک دار معدنی مٹی ۔ معدنی مٹی جس کی پرتیں نکالی جاتی ہیں ۔

Spar (spär) *v.i. & n.* Fight with spurs, box or dispute ۔ گھونسے مارنا ۔ مکہ چلانا ۔ لڑنا ۔ جھگڑنا تو تو میں میں کرنا ۔ مرغوں کی لڑائی ۔

Sparable (spar-əbl) *n.* A small headless nail بغیر گھنڈی کی کیل جو جوتوں میں لگائی جاتی ہے ۔

Spare (spār) *adj. & n.* Kept or available ۔ کم قلیل ۔ تھوڑا ۔ آئندہ کے لیے رکھا ہوا ۔ غیر مستعمل ۔ جو وقت ضرورت کے لیے اٹھا رکھا جائے ۔ مشین کا زائد پرزہ ۔

Sparely *adv.* کفایت کے ساتھ ۔

Spareness *n.* دبلا پن ۔ چھریرا پن ۔

Spare (spār) *v.t. & i.* Use frugally, do without کمی کرنا ۔ کفایت کرنا ۔ کسی چیز کے بغیر کام چلانا ۔ باز رکھنا ۔ ترک کرنا ۔ بچا کر دوسروں کو دینا ۔ چھوڑنا ۔ معاف کرنا ۔ بخش دینا ۔ درگزر کرنا ۔ جذبات کا احترام کرنا ۔ کم خرچ کرنا ۔ کفایت شعاری کرنا ۔

Sparely *adv.* کفایت سے ۔

Sparingly *adv.* ۔ بچاتے ہوئے ۔ احتیاط سے ۔ جز رسی سے

Sparingness *n.* کوتاہی ۔ کفایت شعاری ۔ خست ۔ احتیاط ۔

Spark (spärk) *n.* A glowing or glittering particle چنگاری - شرارہ - شرر - چھوٹی چمکتی ہوئی چیز - رمق - شمہ - جودت طبع - جولانی - برق شرارہ -

Sparkish *adj.* چمکیلا -

Sparkless *adj.* بے شرر -

Sparklet *n.* آگ کا پھول - چنگاری -

Spark (spärk) *v.i.* Emit sparks چنگاری نکلنا - شرارے نکلنا -

Spark (spärk) *n.* & *v.t.* A lover - عاشق مزاج شخص - یار - معاشقہ کرنا - عاشق بننا -

Sparkish *adj.* نظر باز - عاشق مزاج -

Sparkle (spärk-l) *n.* & *v.i.* A little spark جگ مگ کرنا - جھلملانا - جولانی - شرارہ - طبیعت کا جولان ہونا -

Sparkler *n.* جگمگ جگمگ کرنے والا - جس کی آنکھیں چمکتی ہوں -

Sparkling *adj.* نور افشاں - چمکتا ہوا - چمکیلا -

Sparrow (spar-ō) *n.* A plain brown bird - خن چڑی کنجشک - چڑیا -

Sparrow hawk باشا - شکرا -

Sparrow hedge بیا -

Sparse (spars) *adj.* Thinly scattered, scanty منتشر - چھدری - پھیلی ہوئی - یہاں وہاں - چھدرا (پودا) -

Sparsely *adv.* پھیلا ہوا - چھدرا چھدرا - تتر بتر -

Sparseness *n.* کمی - قلت - انتشار -

Spartan (spär-tan) *adj.* & *n.* Of Sparta اسپارٹا کا رہنے والا - اسپارٹا والوں کی سی جفا کشی اور سادگی -

Spasm (spazm) *n.* A violent muscular contraction تشنج - مروڑ - اینٹھن - کسی مرض کا دورہ -

Spasmology *n.* تشنج کا علم -

Spasmodic (spas-mo-dik) *adj.* Convulsive غیر مسلسل - رہ رہ کر - تشنجی -

Spasmodically *adv.* رہ رہ کر - کبھی کبھی - وقفہ وقفہ سے - دورے کی طرح -

Spat (spat) *n.* A large drop, splash بڑا بوند - مینہ کا جھلا - لڑائی جھگڑا - ساق پوش - بغیر پیروں کے موزے -

Spat (spat) *n.*, *v.t.* & *i.* The spawn of shellfish صدف ماہی یا کستورہ - مچھلی کے انڈے - چھوٹے گھونگھے - انڈے دینا -

Spatchcock (spach-kok) *v.t.* & *n.* A fowl killed and cooked at once مرغ جو فوراً ذبح کر کے پکایا جائے - ترنتا - جلدی جلدی لکھنا - دھر گھسیٹنا -

Spate (spāt) *n.* A flood سیلاب - طغیانی -

Spathe (spādh) *n.* A sheathing bract پھول کا غلاف - ورقے جو پھول پر لپٹے ہوتے ہیں -

Spatial (spa-shl) *adj.* Relating to space فضائی - مکانی -

Spatter (spat-ər) *v.t.*, *i.* & *n.* Throw out or scatter upon کیچڑ کے چھینٹے اڑانا - کیچڑ سے آلودہ کرنا - لت پت کرنا - لتھیڑنا - کیچڑ اچھالنا - بدنام کرنا - چھینٹا - چھپکا - چھپ چھپ کی آواز -

Spatula (spat-ū-lä) *n.* A broad blunt blade چوڑے پھل کا چاقو یا چمچہ - مرہم پھیلانے کا چاقو - زبان دبا کر حلق دیکھنے کا دستہ -

Spatule (spat-ūl) *n.* A spatula - مرہم لگانے کی پٹری سرے پر گول چھری - پرندوں کی دم کا سرا - چپٹا جسم -

Spavin (spav-in) *n.* A bone disease of horses ہڈا موتڑا - گھوڑے کے پیر کا مرض -

Spawl (spawl) *v.i.* & *n.* Spittle - تھوک - رال - بلغم کھنکھارنا - تھوکنا -

Spawn (spawn) *v.t.*, *i.* & *n.* A mass of eggs laid in water مچھلیوں کا انڈے دینا - مینڈکوں کا بچے پیدا کرنا - (تحقیراً) انسان کا بچے دینا - بچوں کی جھول - مچھلی - گھونگھوں کے انڈے - مینڈک کے بچے -

Spawn of the Devil - بد معاش لوگ - شیطان کی اولاد

Spawn of cobden آزاد تجارت کے حامی -

Speak (spēk) *v.t.* & *i.* Utter words, talk or discourse بولنا - گویا ہونا - گفتگو کرنا - بات کرنا - کلام کرنا - تقریر کرنا - خطبہ دینا - ثابت کرنا - بتانا - دلالت کرنا - کتے کا بھونکنا - باجا بجنا -

Speak out جرأت سے بیان کرنا -

Speak well for سفارش کرنا -

Strictly speaking حقیقت تو یہ ہے - در حقیقت -

So to speak گویا - ایک طرح سے -

Generally speaking عام طور پر - بالعموم -

Speaker (spēk-ər) *n.* The president of an assembly مقرر - خطیب - دارالعوام کا صدر - مجلس وضع قوانین کا صدر -

Speakership *n.* صدارت -

Speaking (spēk-ing) *n.* Discourse گفتار - گفتگو - بات چیت - بولنا - کلام -

Speaking acquaintance اچھی خاصی ملاقات -

Spear (spēr) *v.t., i.* & *n.* A long pole with a pointed steel head بھالا - برچھی - بلم - نیزہ - سنان - نیزہ بردار - مچھلی مارنے کا برچھا - برچھے سے زخمی کرنا - برچھا چلانا - برچھے کا وار کرنا - برچھے کی طرح لمبا ہونا -

Spearhead (spēr-hēd) *n.* Leader of attack ہراول وہ دستہ جو حملے کے لیے منتخب کیا گیا ہو -

Spec (spek) *n.* Abbreviation of speculation (بول چال) سٹہ - سٹے کا کاروبار -

Special (spesh-l) *adj.* & *n.* Particular خاص - مخصوص - غیر معمولی - غیر معمولی پرچہ یا امتحان -

Specially *adv.* بالخصوص - خاص طور پر -

Specialist (spesh-ə-list) *n.* One who is devoted to a special subject ماہر خصوصی - خاص فن کا ماہر - کسی فن کا ماہر -

Speciality (spesh-i-ali-ti) *n.* Something distinctive خصوصیت - مخصوص صفت - خاص چیز - خاص کام یا شغل -

Specialize (spesh-i-liz) *v.t.* & *i.* Make specific مخصوص کرنا - خاص بنانا - مفہوم کو خاص معنی میں محدود کرنا - انفرادیت پیدا کرنا - ماہر خصوصی بننا -

Specialisation *n.* انفرادیت پیدا کرنا - مہارت خصوصی - تخصیص -

Specialty (spe-shl-ti) *n.* Something distinctive, any special product خاص چیز - مخصوص کام - سر بہ مہر اقرار نامہ یا دستاویز -

Specie (spē-shi) *n.* Coin as opposed to paper money روکڑ - نقدی - روپیہ -

Species (spē-shēz) *n.* Outward appearance, visible form - شکل (قانون) - قسم - فرع - نوع - صنف وضع - ڈھنگ - صورت -

Specific (spi-si-fik) *adj.* & *n.* Particular to a species مقررہ - ٹھیک - معینہ - الگ نوع کا - خاص - مخصوص - خاص دوا - ٹیکہ جو مقدار اور تعداد کے لحاظ سے لگایا جائے -

Specific difference امتیازی وصف -

Specific medicine مخصوص دوا -

Specifically *adv.* نوعی حیثیت سے - از روئے قسم - بالخصوصیت -

Specificness } *n.* خاص نشان - مخصوص ہونا -
Specificity

Specification (spi-si-fik-a-shən) *n.* Any point or particular specified تفصیل - صفات کی تخصیص - وہ حالت جو پیٹنٹ کرانے والا اپنی درخواست میں درج کرتا ہے - امتیازی صفت -

Specify (spes-i-fī) *v.t.* Mention particularly تشریح کرنا - مخصوص کرنا - خصوصیت سے ذکر کرنا - مقرر کرنا - تفصیلات میں شامل کرنا -

Specifiable *adj.* قابل تخصیص - قابل ذکر -

Specimen (spes-i-men) *n.* An objected served as a sample نمونہ - مثال - (بول چال) طرفہ معجون - عجیب شے -

Speciology (spesh-io-lo-ji) *n.* Science of species علم الانواع -

Specious (spe-shəs) *adj.* Beautiful, showy نمائشی - خوشنما - دیکھنے میں اچھا -

Speciousness } *n.* ظاہر میں اچھا ہونا - دیکھنے میں بھلا معلوم ہونا -
Speciosity

Speciously *adv.* ظاہری اچھائی کے ساتھ - بظاہر -

Speck (spek) *n.* & *v.t.* A small spot دھبہ - داغ - چھینٹ - ذرہ - دھبہ ڈالنا -

Specked *adj.* داغ دار -

Speckless *adj.* بے داغ -

Speck (spek) *n.* Bacon چکنا گوشت - سیل یا وہیل کی چربی -

Speckle (spek-l) *n.* & *v.t.* A little spot داغ - چھوٹے دھبے - دھبے ڈالنا -

Specs (speks) *n.* Spectacles (بول چال) عینک - چشمہ -

Spectacle (spek-tə-kl) *n.* A sight, a show - تماشا - نظارہ - وہ چیز جس پر سب کی نظر پڑے - (جمع) عینک۔ چشمہ -

Spectacled (spek-tə-kld) *adj.* Marked by display عینک لگائے ہوئے - عینک کی طرح کے نشان والے - نمایاں نشانات کا -

Spectator (spek-ta-tər) *n.* One who looks on ناظر - دیکھنے والا - تماشائی -

Spectral (spekt-rəl) *adj.* Relating to spectrum ارواح اور آسیب کے متعلق - ان رنگوں کے متعلق جو اندھیرے میں شعاع پڑنے سے نظر آتے ہیں -

Spectre (spek-tər) *n.* An apparition - بھوت - پریت - سایہ - روح - وہمی پیکر - لاغری کے معنی میں بعض جانوروں کے ساتھ آتا ہے -

Spectroscope (spekt-ros-kop) *n.* An instrument for observing spectra ایسے رنگوں کی پیمائش اور مشاہدہ کا آلہ جو اندھیرے میں شعاع پڑنے سے نظر آئیں -

Spectrum (spekt-rəm) *n.* An after image وہ تصویر جو آنکھیں بند کرنے کے بعد بھی نظر آئے -

Specular (spek-ū-lər) *adj.* Mirror like آنکھوں کی مدد کرنے والا - آئینہ کی طرح کا - آئینہ ساں -

Speculate (spek-ū-lāt) *v.i.* Look into, examine خیال کرنا - سوچنا - منصوبہ بنانا - تحقیق کرنا - نفع کی امید پر روپیہ لگانا - سٹہ کا کاروبار کرنا -

Speculative *adj.* - فرضی - خیالی - قیاسی -

Speculativeness *n.* - قیاسی یا خیالی ہونا -

Speculator *n.* - سٹے باز - منصوبہ باز -

Speculation (spek-ū-la-shən) *n.* Contemplation غور و فکر - سوچ بچار - نفع کی امید پر روپیہ لگانا - سٹا - (تاش) پتوں کی خرید و فروخت -

Speculum (spek-ū-ləm) *n.* A mirror, a reflector منعکس کرنے والا آلہ - آئینہ - ایک آلہ جس سے جسمانی گڑھوں کو پھیلا کر دیکھا جاتا ہے - پرندوں کے بڑے پروں کا وہ حصہ جس کا رنگ باقی پروں سے مختلف ہوتا ہے -

Sped (sped) *v.* Speed دیکھو

Speech (spēch) *n.* That which is spoken - گویائی - گفتار - نطق - بیان - زبان - بولی - بات - سخن - تقریر - باجوں کی آواز -

Speech reading بہرے اور گونگے لوگوں کا لبوں کی حرکت سے بات سمجھ لینا -

Speechify (spēch-i-fī) *v.t.* Make speeches تقریر بازی کرنا -

Speechification *n.* - تقریر بازی -

Speechifier *n.* - تقریریا - تقریر باز -

Speechless *adj.* - بے زبان - گونگا -

Speechlessness *n.* - بے زبانی -

Speed (spēd) *n.,v.t.* & *i.* Quickness, velocity جلدی - تیزی - پھرتی - مستعدی - چالاکی - رفتار - مقدار - ترقی - اضافہ - جلد چلا جانا - جلد رخصت کر دینا - کامیاب ہونا یا کرنا - پروان چڑھانا - مقررہ رفتار سے چلانا - خطرناک رفتار سے چلانا -

Speeder *n.* رفتار کو ٹھیک رکھنے یا تیز کرنے کا آلہ - خطرناک طور پر چلانے والا -

Speedometer *n.* - رفتار پیما آلہ -

Speedily (spēd-i-li) *adv.* With speed - تیزی سے - فوراً -

Speediness *n.* - تیزی - جلدی - تیزی -

Spelaean (spi-lē-ən) *adj.* Dwelling in caves غار نشین - غار میں رہنے والا -

Spell (spel) *n.* A magic formula, a magic influence - منتر - ٹونہ - سحر - جادو - کشش - فریبندگی - جواب -

Spell-baker - کوئی مشکل کام کرنا -

Spell-binder - وہ مقرر جو سامعین کو مبہوت کر دے - سحر آفریں مقرر -

Spellbound - نظر بند - مبہوت - مسحور -

Spell (spel) *v.i.* Read letter by letter - ہجے کرنا - ہجے کرکے پڑھنا - حرفوں سے لفظ بنانا - دلالت کرنا - متنبہ ہونا -

Spell (spel) *n.* & *v.t.* A shift, a turn at work ایک باری - ایک باری کا کام - کام کی باری - وقفہ - تھوڑی سی دیر - ہاتھ بٹانا - دوسرے کی جگہ کام کرنا - باری سے کام کرنا -

Spelling (spel-ing) *n.* Letters in a word - ہجے
الفاظ کے حروف - ہجے کرنے کا مقابلہ -

Spelt (spelt) *n.* An inferior species of wheat
ایک معمولی قسم کا گیہوں -

Spence (spens) *n.* A larder, a pantry - بھنڈار
نعمت خانہ - سودی خانہ -

Spencer (spens-ər) *n.* A woman's undergarment, a short coat - صدری - خفتان - فتوحی
مرزائی - نیم آستین - کرتی -

Spencerism (spens-ər-izm) *n.* Herbert Spencer's theory of mechanical universe ہربرٹ اسپنسر
کا نظریہ ارتقا جس کی میکانی عمل حیات سے تشریح کی گئی ہے -

Spend (spend) *v.t.* & *i.* Give, pay out - خرچ کرنا
صرف کرنا - گزارنا - ختم کرنا - زور کم کرنا یا ہونا -
طوفان کی وجہ سے مستول کا ٹوٹ جانا - بالکل ختم ہو جانا -

Spendthrift *n.* مسرف - بے دردی سے خرچ کرنے والا - فضول خرچ -

Spendable *adj.* خرچ کرنے کے قابل -

Spender *n.* خرچ کرنے والا -

Spent (spent) *v.* Spend دیکھو

Sperm (sperm) *n.* Seed or semen - نطفہ - منی - تخم
مادہ حیات - نرکا مادہ تولید - ایک سفید مادہ جو وھیل مچھلی سے نکلتا ہے -

Spermaceti (sperm-ə-seti) *n.* White substance contained in the head of sperm whale
سفید روغنی مادہ جو وھیل کے سر سے نکلتا ہے اور بتی اور مرہم بنانے کے کام آتا ہے -

Spermary (sperm-ə-ri) *n.* The male germ gland
غدود منی - نر کا ایک غدود جس میں تولیدی مادہ ہوتا ہے -

Spermatic (sperm-ə-tik) *adj.* About germ cells
مادہ تولید کے متعلق - منی یا نطفہ کے بابت -

Spermatorrhoea (sperm-ə-to-riā) *n.* Flow of generative matter جریان منی -

Spermatism (sperm-ə-tizm) *n.* Theory that sperm contains all future generations in sperm یہ نظریہ کہ آئندہ نسلوں کے جراثیم مادہ منویہ
میں پائے جاتے ہیں -

Spermism *n.* Study of sperm یہ عقیدہ کہ نر کی
منی میں کامل مادہ حیات موجود ہے -

Spermatist نظریہ مادہ حیات کا قائل -

Spew-spue (spū) *v.t.* & *i.* Vomit قے کرنا - اگلنا - خارج
کرنا - بندوق مسلسل چلانے سے نالی کے اگلے حصہ کا گھس جانا -

Sphacelate (sfas-ə-lāt) *v.t.* & *i.* Affect or be affected with gangrene - جسم کے گوشت کا گلنا
سڑنا - مردہ ہو جانا -

Sphacelus *n.* گوشت کی بوسیدگی - گوشت کا سڑنا -

Sphenoid (sfen-ə-id) *adj.* & *n.* Wedge-shaped
میخ کی شکل کی - میخ کی شکل کی سر کی ہڈی -

Sphere (sfēr) *v.t.* & *n.* A solid figure bounded by a surface of which all points are equidistant from a centre - کرہ - گیند - گولا - مدور
جرم ساوی - زمین کا کرہ - حلقہ اثر - حلقہ اقتدار -
گرد و پیش کے حالات - رتبہ - درجہ منزلت - کرہ سے محیط کرنا - آسمان پر چڑھانا - فوقیت دینا - خاص رتبہ دینا -

Spheric (sfēr-ik) *adj.* & *n.* Of sphere - بیضوی
فلکی - کروی -

Spherical (sfēr-ik-əl) *adj.* Of the shape of a sphere کروی شکل کا - مدور -

Sphericity *n.* State of being spherical مدور
ہونا - کرویت -

Spherograph (sfēr-ō-graf) *n.* Stereographic projection of earth on disc کرہ نگار - ایسا نقشہ
جس پر کرہ کے عرض البلد اور طول البلد کے زاویے دکھائے گئے ہوں -

Spheroid (sfe-ro-id) *n.* A body nearly spherical
تقریباً کروی شکل - کرہ نما - گول شکل -

Spherometer (sfe-ro-meter) *n.* An apparatus for measuring a sphere کرہ پیما - کرہ کی پیمائش کا
آلہ -

Spherule (sfe-rōōl) *n.* A small sphere - چھوٹا کرہ

Spherulite (sfe-rōōl-īt) *n.* Vitreous globules as constituent of some rocks ایک مادہ جو بعض
چٹانوں میں چھوٹی گولیوں کی شکل میں ملتا ہے -

Sphinx (sfingks) *n.* A monster of Greek mythology شہر تھیبس کی ایک دیونی جس کا سر عورت کا اور بدن شیر کا تھا ۔ قدیم مصر کا ایک بت جس کا سر آدمی کا اور بدن شیر کا تھا ۔ ایسا شخص جس کی حقیقت سمجھ میں نہ آئے ۔ ایک پر دار کیڑا ۔ لنگور کی ایک قسم ۔

Sphygmus (sfig-məs) *n.* The pulse نبض کی حرکت ۔ نبض ۔

Spica (spīkȧ) *n.* A spiral bandage of hair suggesting an ear of barley بالوں کا جوڑا باندھنے کی ایک طرز جو گیہوں کی بالی کی طرح کی ہوتی ہے ۔

Spice (spīs) *n.* & *v.t.* An aromatic and pungent vegetable substance used as condiment مسالہ ۔ گرم مسالہ ۔ چاشنی ۔ چٹخارہ ۔ مسالہ دار بنانا ۔ چٹ پٹا بنانا ۔

Spicery *n.* وہ جگہ جو مسالے رکھنے کے لیے ہو ۔ مسالہ خانہ ۔

Spick (spik) *adj.* & *n.* A nail, a spike, smart, new نیا ۔ کورا ۔ تازہ ۔ کیلا ۔ میخ ۔

Spick and span بالکل نیا اور کورا ۔

Spicule (spīk-o͞o-l) *n.* A small sharp-pointed body چھوٹی کیل ۔ سوئی ۔ سلائی ۔ ایک مادہ جو اسفنج کے خول میں ہوتا ہے ۔

Spicy (spīs-i) *adj.* Flavoured with spice مسالہ دار ۔ چٹ پٹا ۔ خوشبودار ۔

Spiciness *n.* چٹ پٹا پن ۔ تیزی ۔

Spider (spī-dər) *n.* Eight-legged animal of the order of Araneida مکڑی ۔ عنکبوت ۔ دو پہیہ گاڑی جس کے پہیے بڑے بڑے اور ہلکے ہوں ۔

Spidery (spī-dər-i) *adj.* Like spider مکڑی کی طرح چالاک ۔ مکڑی جیسا ۔

Spiel (spēl) *n.* & *v.t.* Speech, story (بول چال) قصہ ۔ کہانی ۔ جلسہ عام میں تقریر کرنا ۔

Spiflicate (spif-li-kāt) *v.t.* Handle roughly (بول چال) مارنا پیٹنا ۔ کچلنا ۔ پامال کرنا ۔ تباہ کرنا ۔

Spigot (spig-ət) *n.* A vent peg ڈاٹ ۔ منہ بند کرنے کا ڈھکن ۔ نل کا سرا جو دوسرے نل کے دہانے میں بیٹھ جائے ۔

Spike (spīk) *n.* & *v.t.* A hard thin pointed object کیل ۔ میخ ۔ پھولوں کا گچھا جو ایک ہی ڈنٹھل پر ہو ۔ (بول چال) مذہبی رسوم کی پابندی ۔ میخیں لگا کر مضبوط کرنا ۔ کیل سے توپ کا منہ بند کرنا ۔

Spikelet *n.* کیل ۔ چھوٹی میخ ۔

Spiky *adj.* میخوں جڑا ۔ سخت مذہبی ۔ نوک دار ۔

Spile (spīl) *n.* A plug, a pile for a foundation لکڑی کا کھونٹا ۔ شہتیر جو عمارت کی بنیاد میں سہارے کے لیے گاڑ دیا جائے ۔ پیپے کی ڈاٹ ۔

Spiling (spīl-ing) *n.* A pile شہتیر ۔ ستون ۔ جہاز کے ڈھانچے میں کناروں کے خمیدہ تختے ۔

Spill (spil) *v.t.* & *i.* Shed, waste, allow to run out of a vessel گرنا ۔ بہنا ۔ ٹپکنا ۔ گرانا ۔ پھینکنا ۔ پچھاڑنا ۔ فاش کرنا ۔ ظاہر کرنا ۔ بھانڈا پھوڑنا ۔

Spill (spil) *n.* A thin strip of wood or paper چراغ جلانے کی بتی ۔ کاغذ کی بتی ۔ پتلی لکڑی ۔

Spiller (spil-ər) *n.* A light boat to help the larger fishing boat ایک امدادی کشتی جس کے ذریعے بڑی کشتی کی مچھلیوں کو کنارے پر لایا جاتا ہے تاکہ بڑی کشتی کا وزن ہلکا ہو جائے اور اس کو کنارے لایا جا سکے ۔

Spilt (spilt) *v.* دیکھو Spill

Spilth (spil-th) *n.* Excess, surplus فالتو چیز ۔ وہ چیز جو زیادہ ہونے کی وجہ سے برتن سے باہر آ جائے ، گر جائے یا ابل جائے ۔

Spin (spin) *v.t.* & *i.* Twist کاتنا ۔ بٹنا ۔ جال بننا ۔ برتن بنانا ۔ مضمون لکھنا ۔ طوالت دینا ۔ یکایک مڑ جانا یا موڑ دینا ۔ (کرکٹ) گیند کو موڑ دینا ۔ منہ پھیر دینا ۔ گھومنا یا گھمانا ۔ (بول چال) تھکا ماندہ یا خستہ حال ہونا ۔

Spin a yarn جھوٹی کہانی کہنا ۔

Spin (spin) *n.* & *v.i.* A spurt, a rotatory motion گھماؤ ۔ چکر ۔ تیز دوڑ ۔ ہوائی جہاز کا چکر کھاتے ہوئے نیچے آنا ۔ گیند کی موڑ ۔

Spinach (spin-ij) *n.* A plant of goose foot family پالک ۔ پالک کی قسم کی سبزی ۔

Spinal (spin-əl) *adj.* Of the spine ریڑھ کی ہڈی کے متعلق ۔

Spindle (spin-dl) *n.* & *v.i.* The pin by which thread is twisted تکلہ - تکلی - نلی جس پر جلاہے سوت لپیٹتے ہیں - دھرا - محور - سوت کا لمبا پتلا ہونا - تکلے کی شکل کا ہونا - سوت بٹا جانا -

Spindle shanks لمبی ٹانگوں والا آدمی -

Spindle-shaped تکلے کی شکل کا -

Spindly *adj.* دبلا پتلا - کمزور -

Spindrift (spin-drift) *n.* Spray blown from waves ہلکی جھاگ جو سمندری لہروں سے اڑتی رہتی ہے - لہروں کی پھوار -

Spine (spīn) *n.* The back bone ریڑھ کی ہڈی - کانٹا - سول - خار - ابھار - ابھرا ہوا حصہ - کتاب کی جلد کا پچھلا حصہ جس پر نام لکھ دیتے ہیں - جلد کی پشت -

Spinose *adj.* کٹیلا - خاردار -

Spinous *adj.* کٹھن - ماہی پشت - ریڑھ کی طرح کا -

Spinosity (spīn-ə-siti) *n.* Thorniness بےکار نظریہ - نامعقول بات - کٹیلا پن - خار دار ہونا -

Spinel (spi-nel) *n.* Mineral of various colours مختلف رنگوں کی معدنیات -

Spineless (spīn-les) *adj.* Without spine کمزور - غیر مستقل مزاج - بے ریڑھ کا -

Spinet (spin-et) *n.* A musical instrument ایک باجا -

Spink (sping) *n.* A finch ایک قسم کی چڑیا -

Spinnaker (spink-ə-kər) *n.* A triangular sail مثلث بادبان جو دوڑ کی کشتیوں میں لگایا جاتا ہے -

Spinner (spin-ər) *n.* One who or which spins سوت کاتنے والا - کاتنے کی مشین - چرخہ - (کرکٹ) گیند موڑنے والا - مکڑی کا جالا بننے کا عضو -

Spinny (spin-i) *n.* Small clump of trees کوپ - جھاڑیوں کا جھنڈ -

Spinning (spin-ing) *n.* Act of spinning سوت کاتنا -

Spinning jenny سوت کاتنے کی کل -

Spinning mill تاگہ بنانے کا کارخانہ -

Spinning wheel چرخہ -

Spinster (spin-stər) *n.* An unmarried woman بڑی عمر کی غیر شادی شدہ عورت -

Spiny (spin-i) *adj.* Thorny الجھن میں ڈالنے والا - مشکل - سخت - خار دار -

Spiracle (spīr-ə-kl) *n.* A breathing hole سانس لینے کا سوراخ - نتھنا -

Spiral (spīr-l) *v.t.* & *adj.* Winding پیچ دار - چکر دار - گھومتا ہوا - کمانی دار - چکر دار بنانا - چکر لگا کر بڑھنا -

Spirant (spīr-ənt) *adj.* & *n.* Open, produced by narrowing air passage حرف جو سانس خارج کرنے سے ادا کیا جائے جیسے F.V.

Spire (spīr) *n.* & *adj.* A stalk, tapering گاؤ دم - مخروطی شکل کی چیز - مینار - لاٹ - مینار کی چوٹی - کلس -

Spire (spīr) *n., v.i.* & *t.* A spiral کمانی - کسی چکر دار چیز کا پیچ - پیچ دار بنانا - چکر دار بنانا -

Spiry *adj.* چکر دار - پیچ دار -

Spirit (spir-it) *n.* Vital principle, the soul دم - سانس - نفس - روح - جان - زندگی - حیات - قوت - شخص - فرد - جوہر روحانی - روح مجرد - غیر مادی شخصیت - جن - پری - سایہ - بھوت - پریت - ہمت - حوصلہ - دل گردہ - سرگرمی - جرأت - انداز - خیال - جذبہ - اصل منشا - اصل مفہوم - مغز - رجحان - خصوصیت - زندہ دلی - نشاط - انبساط - تیز شراب -

Spirit (spir-it) *v.t.* Kidnap, convey secretly, give spirit to اڑا لے جانا - خفیہ طور پر کھسکا دینا - ہمت باندھنا - تسلی دینا - خوش کرنا -

Spirited (spir-itd) *adj.* Full of life or fire پرجوش - چست و چالاک - چاق و چوبند - طبیعت کا خاص رنگ ظاہر کرنے والا - خاص مزاج رکھنے والا -

Spiritedness *n.* خوش مزاجی - زندہ دلی -

Spiritless (spir-it-les) *adj.* Without courage and cheerfulness مردہ دل - کم ہمت - کم حوصلہ -

Spiritoso (spir-it-o-so) *adv.* With spirit جوش سے - ولولے سے -

Spiritual (spir-i-tu-əl) *adj.* & *n.* Relating to spirit مقدس - غیر جسمانی - روحانی - ربانی - الہامی - دینی - اچھی عادات والا - امریکی حبشیوں کا مذہبی گیت -

Spiritually *adj.* روحانی طور پر -

Spiritualness *n.* روحانیت -

Spiritualism (spir-i-tu-əl-izm) *n.* The doctrine that nothing is real except the spirit یہ عقیدہ کہ اصل وجود صرف روح کا ہے - یہ عقیدہ کہ موت کے بعد بھی روح زندہ انسانوں سے ملتی اور بات چیت کرتی ہے -

Spiritualist *n.* روحانیت کا قائل -

Spirituality (spir-i-tu-əli-ti) *n.* State of being spiritual روحانی وجود -

Spiritualize (spir-i-tu-ə-liz) *v.t.* Free from sensuality, imbue with spirituality پاکیزہ بنانا - نفسانیت دور کرنا - منزہ کرنا - دنیاوی کدورت سے پاک کرنا - جان ڈالنا - روحانیت پر عقیدہ جمانا -

Spiritualization *n.* روحانیت پر یقین دلانا - روحانیت پیدا کرنا -

Spirituel (spir-i-tu-əl) *adj.* (chiefly of women) Marked by refinement and grace (خاص عورتوں کے لیے) نفیس مزاج - طرح دار - ذکی - فہیم -

Spirituous (spir-i-tuəs) *adj.* Containing much alcohol مقطر - خالص - تیز شراب جس میں الکحل بہت زیادہ ہو -

Spirituousness *n.* گرمی - تیزی - تندی -

Spirt-spurt (spərt) *v.i.* Gush out forcibly زور سے بہہ نکلنا - پھوٹ پڑنا - دھار باندھ کر نکلنا - فوارے کی طرح نکلنا -

Spit (spit) *n.* & *v.t.* A broach for roasting meat سیخ - سلاخ - سیخ پر قیمہ چڑھانا - کباب لگانا - چھیدنا - بھونکنا - برمانا -

Spit (spit) *v.i., t.* & *n.* Throw out from the mouth تھوکنا - اگلنا - پھینک دینا - بلی کا خرخرانا - پھوار پڑنا - ترشح ہونا - خرخر کی آواز - پھنکار - بعض کیڑوں کے انڈے - تھوک -

Spit box *n.* اگالدان -

Spit fire *n.* ایک قسم کا ہوائی جہاز - پھسپھسی بارود - تیز مزاج - غصیلا -

Spit poison *n.* زہر اگلنے والا - ہجو گو شاعر -

Spitter *n.* غصہ میں منہ سے رال بہانے والا - کھنکھارنے والا - تھوکنے والا -

Spit (spit) *n.* A spade's depth پھاوڑے بھر مٹی - پھاوڑے بھر گہرائی -

Spitchcock (spich-kok) *n.* & *v.t.* An eel split and broiled نام مچھلی کا کباب - سیخ پر بام مچھلی کا کباب لگانا -

Spitcher (spich-ər) *v.t.* Sink enemy ship (بحری) دشمن کی کشتی یا جہاز ڈبونا -

Spite (spīt) *v.t.* & *n.* Lasting ill will لاگ - حسد - عداوت - کینہ - بغض - نیچا دکھانا - مخالفت کرنا - نقصان پہنچانا -

In spite of ہر چند - اس کے باوجود -

Spiteful *adj.* حاسد - بد باطن - کینہ پرور -

Spitefulness *n.* حسد - عداوت - کینہ پروری - بغض -

Spittle (spit-l) *n.* Saliva تھوک - لعاب دہن - رال -

Spittoon (spit-ōōn) *n.* Spitting vessel پیک دان - اگالدان -

Splanchnic (splangk-nik) *adj.* Intestinal آنتوں کے متعلق - آنتوں کا -

Splash (splash) *n., v.t.* & *i.* Spatter, print prominently پانی یا کیچڑ کے چھینٹے اڑانا - چھڑکنا - لت پت کرنا - دھبے ڈالنا - کسی بات کو نمایاں طور پر اخبار میں شائع کرنا - داغ - دھبہ - غازہ - پاوڈر - (بول چال) وسکی میں سوڈا واٹر ملانا -

Make a splash دھوم مچانا - مشہور کرنا -

Splashly *adj.* لت پت - گیلا - کیچڑ بھرا -

Splasher (splash-ər) *n.* A guard against splashing گاڑی کے پہیوں کو کیچڑ سے بچانے کا پردہ - کیچ روک - مڈ گارڈ -

Splatter (splat-ər) *v.t.* & *i.* Spatter, splash چھینٹے اڑانا یا اڑنا - چھپ چھپ کرنا - اس طرح بولنا کہ سمجھ میں نہ آئے -

Splay (spla) *v.t., i., n.* & *adj.* Slope, slant, spread out ڈھال نکالنا - ٹیڑھا کرنا - پھیلانا - گھوڑے کا شانہ اترنا - ہڈی الگ ہونا - کشادہ - چپٹا - باہر کو نکلا ہوا -

Spleen (splēn) *n.* Pulpy blood modifying organ تلی - طحال - غصہ - غضب - بد مزاجی - چڑچڑا پن -

Spleenful *adj.* تنک مزاج - زود رنج - تند خو -

Spleenish *adj.* بد مزاج - چڑچڑا -

Spleeny *adj.* نک چڑھا - زود رنج -

Spleenless *adj.* - جس کو غصہ نہ آئے - اچھے مزاج کا -
Splendent (splen-dənt) *adj.* Brightly shining منور - روشن - تاباں - چمکتا ہوا -
Splendid (splen-did) *adj.* Brilliant, excellent شان دار - عالی شان - پر تکلف - قابل تعریف - (بول چال) نہایت عمدہ - بہت اچھا -
Splendidly *adv.* - چمک دمک سے - ٹھاٹھ باٹھ سے - آب و تاب سے -
Splendiferous (splen-di-fe-rəs) *adj.* Magnificent (بول چال) نہایت اعلیٰ - شان دار - بہت خوب -
Splendour (splen-dər) *n.* Brilliance - طمطراق - جلوہ - چمک دمک - درخشانی -
Splenetic (splin-e-tik) *adj.* Affected with spleen زود رنج - چڑچڑا - بد مزاج -
Splenial (sple-ni-əl) *adj.* Splint like کھپچی کا کام دینے والا - کھپچی کی شکل کا -
Splenic (splen-ik) *adj.* Pertaining to spleen تلی کا - طحال کا -
Splenoid *adj.* - طحال کی طرح کا - طحال کی شکل کا -
Splenius (sple-ni-əs) *n.* A large thick muscle on the back of the neck گردن کی پشت کا پٹھا جو گردن کو پیچھے کی طرف ہٹانے میں کام دیتا ہے -
Splice (splis) *v.t.* & *n.* Join together by overlapping جوڑنا - سانٹنا - لڑیوں کو آپس میں بل دے کر گوندھنا - عقد کر دینا - دو رسیوں کے سروں کا جوڑ -
Spline (splin) *n.* A key to make shaft and wheel revolve together ایک چورس پٹی جو دھرے اور پہیے میں دی جاتی ہے تاکہ دونوں ایک ساتھ گھومیں - ایسی پٹی لگانا -
Splint (splint) *n.* A strip, slip of wood لکڑی کی کھپچی - چوڑی پٹی - گھوڑے کے اگلے پاؤں کی دو ہڈیوں میں سے ایک - پنڈلی کے باہر کی طرف کی ہڈی - کھپچی باندھنا - ٹوٹی ہوئی ہڈی کو کھپچیوں سے بٹھانا -
Splinter (splint-er) *n., v.i.* & *t.* A piece of wood لکڑی کی کھپچی - لکڑی کی چپٹی - پرخچے اڑانا - پاش پاش کرنا - لکڑی چیر کر چپٹیاں بنانا - لکڑی کی چھوٹی تختی -

Splintery *adj.* - چپٹی بن جانے والا - چپٹی کی طرح کا -
Split (split) *v.t.* Break in pieces - چیرنا - پھاڑنا - ٹکڑے ٹکڑے کرنا - جدا کرنا - نفاق ڈالنا - اختلاف یا پھوٹ پیدا کرنا - فریقوں میں بٹ جانا -
Split on a rock - نا گہانی آفت آنا - تباہ ہونا -
Split hairs - بال کی کھال اتارنا - ہندی کی چندی کرنا -
Hair splitting - ہندی کی چندی - بال کی کھال - موشگافی -
Split one's sides - ہنستے ہنستے پیٹ میں بل پڑ جانا -
Head is splitting - درد سے سر پھٹا جاتا ہے -
A splitting headache - شدید درد سر -
Splitter *n.* - پھاڑنے والا - چیرنے والا -
Split (split) *n.* A crack, rent, break - شگاف - درز - نفاق - نااتفاقی - تفرقہ - پھوٹ - بید کی چری ہوئی چھڑیاں - (تاش) جو برابر کے پتے نکلنا - شراب کا آدھا گلاس - بازی گر کا ایک کھیل جو ٹانگیں پھیلا کر کھیلا جاتا ہے -
Splosh (splosh) *n.* A quantity of water suddenly dropped (بول چال) پانی کا چھپکا جو دفعتاً گرایا جائے - روپیہ پیسہ -
Splotch (sploch) *n.* A big stain - بڑا دھبہ - بڑا داغ -
Splurge (splurj) *n.* & *v.t.* Any boisterous display دھوم دھام - غل غپاڑہ - دھوم دھام سے کوئی کام کرنا -
Splutter (splut-ər) *v.t.* Eject drops, scatter ink, talk confusedly - جلد جلد اور بے ربط طور پر بولنا - بڑبڑانا - روشنائی چھڑکنا - گھبراہٹ میں کچھ کہنا -
Spode (spōd) *n.* A fine pottery (بنانے والے کے نام کے ساتھ) چینی کے نفیس برتن -
Spoffish (spof-ish) *adj.* Fussy, officious (بول چال) باتونی - بڑھ بڑھ کر باتیں کرنے والا -
Spoil (spoil) *n.* Plunder, booty لوٹ مار - مال غنیمت - کسی منصب کی وجہ سے زائد آمدنی - منافع - فتوحات - مٹی وغیرہ جو کھدائی سے برآمد ہو -
Spoil system (امریکہ) کامیاب جماعت کے حامیوں کو سرکاری منصب عطا کرنا -

Spoil (spoil) *v.t. & i.* Take by force, plunder لوٹنا - تاخت و تاراج کرنا - چھین لینا - خراب کرنا - بگاڑنا - بے لطف کر دینا - لاڈ پیار سے بچوں کی عادت بگاڑ دینا - (بول چال) بیکار کر دینا - سڑ جانا - خراب ہو جانا - بد مزہ ہو جانا -

Spoil one's beauty چہرہ بگاڑ دینا -

Spoil sport بے لطفی پیدا کرنے والا - کھیل بگاڑنے والا شخص -

Spoiler *n.* تباہ کرنے والا - لوٹنے والا - ڈاکو - لٹیرا -

Spoilage (spoil-ag) *n.* Paper spoiled in printing کاغذ جو چھپائی میں خراب ہو جاتے ہیں -

Spoke (spōk) *n. & v.t.* One of the radiating bars of a wheel پہیے کے ڈنڈے جو چکر کھاتے ہیں - سیڑھی کا ڈنڈا - آڑ یا روک - کسی کے کاموں میں روڑے اٹکانا - پہیے میں ارا لگانا -

Spoke bone *n.* ہاتھ کی ہڈی جو کہنی سے کلائی تک جاتی ہے -

Spokesman (spōks-mən) *n.* One who speaks for others وہ شخص جو دوسروں کی طرف سے بولے -

Spoilation (spoil-ə-shən) *n.* Damage, destruction غارت گری - لوٹ کھسوٹ - لوٹ مار - استحصال بالجبر - پادری کا حق کے بہانے رقم معاش وصول کرنا - (قانون) اتلاف یا تحریف دستاویز -

Spoilater *n.* تباہی پھیلانے والا - ڈاکو - غارت گر -

Spoilatory *adj.* قزاقانہ - غارت گرانہ -

Spondee (spon-dē) *n.* A foot of two long syllables دو طویل رکنوں کی بحر -

Spondulicks (spon-dōō-liks) *n.* Money (امریکی بول چال) روپیہ - سیم و زر -

Spond(y) (spond) *n.* Vertebra ریڑھ کی ہڈی کا منکا - مہرہ -

Sponge (spunj) *n.* Sessile aquatic animals of a single cavity اسفنج - اسفنج کا خول - کوئی جاذب شے - خمیر ملا ہوا آٹا - طفیلی - مفت خور -

Throw up the sponge ہار مان لینا -

Spongologist *n.* اسفنجیات کا ماہر -

Spongiform *adj.* اسفنج کی طرح کا -

Sponge (spunj) *v.t., i. & n.* Wipe, soak, remove صاف کرنا - دھونا - اسفنج سے رگڑنا - مٹا دینا - محو کر دینا - چھیل ڈالنا - اسفنج سے جذب کرنا - خوشامد یا چاپلوسی سے کام لینا - مفت خوری کرنا - طفیلی بننا - اسفنج سے رگڑ کر غسل دینا -

Sponger *n.* مفت کی روٹیاں توڑنے والا -

Sponging (spunj-ing) *n.* Cleaning with sponge اسفنج سے صاف کرنا - اسفنج سے جذب کرنا - اسفنج نکالنا - مفت خوری -

Sponging house بیلف کا کمرہ جہاں مقروض لوگوں کو رکھا جاتا ہے -

Spongy (spunj-i) *adj.* Like a sponge اسفنجی ساخت کا - خانہ دار - مسامات والا -

Sponsion (spon-shən) *n.* The act of becoming surety for another ضمانت - کفالت - قول و قرار - ایسا معاہدہ جو مختار ریاست کرنے کا مجاز نہ ہو -

Sponson (spon-sn) *n.* Outward expansion from ship's deck ایک قسم کا چھجا جو جنگی جہازوں پر توپوں کے لیے بنایا جاتا ہے -

Sponsor (spons-ər) *n.* A god-father or god-mother دینی ماں باپ - جو کسی بچہ کی کفالت کریں - ضامن - نشریات میں اشتہار دینے کی اجرت -

Sponsorial *adj.* ضامن یا کفیل کے متعلق - ضمانتی -

Sponsorship *n.* کفالت - ضمانت -

Spontaneous (spon-tā-nyəs) *adj.* Of one's free will خود بخود - بلا تحریک بے ارادی بے اختیاری - بلا جبر و اکراہ - طبعی - فطرتی - ذاتی - بلا ارادہ - خود رو (پودے) -

Spontaneous suggestion اپنا ذاتی تقاضا - اپنے دل کا تقاضا - خود بخود سوجھ جانا -

Spontaneity } خود بخود پیدا ہونے کی حالت -
Spontaneousness } خود بخود ہونا - طبعاً ہونا -

Spontaneously *adv.* خود بخود - طبعی طور پر -

Spontoon (spon-tōōn) *n.* A small-headed halberd چھوٹا بھالا - نیزہ - برچھی -

Spoof (spōōf) *v.t. & n.* A hoaxing game ایک مزاحیہ کھیل - چکمہ دینا - الو بنانا - دم - دھوکہ - فریب -

Spoofer *n.* دھوکہ دے کر روپیہ اینٹھنے والا -

Spook (spook) *n.* Ghost بھوت - پریت - سایہ - جن -

Spookish } *adj.* آسیب زدہ - جہاں آسیب ہو -
Spooky } بھُوت پریت سے متعلّق -

Spool (spool) *n.* & *v.t.* Cylinder, reel for winding yarn پھرکی - چرخی - بابن - چرخی پر تاگا لپیٹنا - فلم لپیٹنا -

Spoon (spoon) *n.*, *v.t.* & *i.* An instrument with a shallow bowl and handle چمچہ - ڈوئی - کفگیر - چمچے یا ڈوئی سے نکالنا - دھات کے چارے سے مچھلی پکڑنا - (کرکٹ) ہلکی ضرب سے گیند کو آہستہ اچھال دینا -

Spoonful *n.* چمچہ بھر -

Spoon (spoon) *n.* & *v.t.* A simpleton سادہ لوح - بیوقوف - پھوہڑ عاشق - ڈورے ڈالنا - عشق بازی کرنا -

Be spoons on کسی کے عشق میں اُلّو بن جانا -

Spoonerism (spoo-nər-izm) *n.* A transposition of letters حروف یا آوازوں کا ادل بدل مثلاً shoving کو جلدی میں loving shepherd leopard کہہ دینا -

Spoony (spoon-i) *adj.* & *n.* Silly, foolishly fond بیوقوف - سادہ لوح - دل پھینک - عاشق مزاج -

Spoonily *adv.* عاشق مزاجی سے - سادہ دلی سے -

Spooniness *n.* سادہ دلی - عاشق مزاجی -

Spoor (spoor) *v.t.*, *i.* & *n.* Track of a hunted animal شکار کے نشانات - نشانات سے شکار کا کھوج لگانا - شکار کا تعاقب کرنا -

Spoorer *n.* پیروں یا پنجوں کے نشانات سے شکار کا پتا لگانے والا -

Sporadic (spor-ad-ik) *adj.* Scattered, occurring casually بیماری جو کبھی کبھی آئے - اکا دکا - یہاں وہاں ہونے والی -

Sporadical *adj.* کہیں کہیں ہونے والی - ہنگامی - موسمی -

Sporadically *adv.* اتفاقاً - خال خال - کہیں کہیں -

Sporadicalness *n.* کبھی کبھی ہونا - کہیں کہیں ہونا - اکا دکا ہونا -

Sport (sport) *n.* & *v.t.* Play, make merry کھیل - ہنسی - تماشا - دل لگی - ٹھٹھا - مذاق-(بول چال) معقول آدمی - دل بہلانا - دکھاوا کرنا - ظاہری ٹیپ ٹاپ دکھانا -

Sportsman - کھلاڑی - کھیل کا شوقین - معقولیت پسند -

Sportsmanship *n.* منصف مزاجی - معقولیت پسندی -

Sporting (sport-ing) *adj.* معقولیت پسند - کھیلوں کا شائق -

Sportingly *adv.* انصاف سے - صاف دلی سے - معقول پسندی سے -

Sportive (sport-iv) *adj.* Playful, merry کھیل پر مائل - خوش طبع - خوش مزاج -

Sportiveness *n.* خوش مزاجی - خوش طبعی -

Spot (spot) *n.* A blot, a discoloured place, a locality قطعہ آراضی - زمین کا چھوٹا ٹکڑا - دھبّا - داغ - نشان - خال - تل- مچھلی اور کبوتر کی ایک قسم - نشان شناخت-(بول چال) ذرا سی چیز - تھوڑی مقدار - بلیر کے میز کا درمیانی نشان -

On the spot فوراً - اسی جگہ -

Spotlight (تھیٹر) روشنی جو کسی خاص اداکار پر ڈالی جائے -

Spotless *adj.* بے داغ -

Spotlessness *n.* پاک صاف ہونا - بے داغ ہونا -

Spotty *adj.* چتلا - دھبوں والا - داغ دار -

Spottiness *n.* چتلا پن - داغ داری -

Spot (spot) *v.t.* Mark, detect, locate, identify چتی ڈالنا - داغ یا نشان ڈالنا - نقص نکالنا - پتا لگانا - نشان دہی کرنا - شناخت کر لینا - تاڑ لینا -

Spottedness *n.* چتیوں والا ہونا - داغ دار یا چتلا ہونا -

Spotter *n.* (فوج) ہوا باز جو دشمن کا مقام معلوم کرنے کے لیے بھیجا جائے -

Spouse (spowz) *n.* & *v.t.* Wife or husband, marry میاں یا بیوی - شادی کرنا -

Spout (spowt) *n.*, *v.t.* & *i.* Throw out in a jet, declaim ٹونٹی - منہ - پرنالہ - پھوٹ کر نکلنا - زور سے بہنا - دھار بن کر بہنا - ہونٹ نکالنا - پرجوش تقریر کرنا - گروی رکھنا - وھیل مچھلی کا سانس لینے کا سوراخ - ہونٹ - تھوتھنی -

Spouter *n.* پرجوش نظمیں پڑھنے والا - ولولہ انگیز مقرر -
Spoutless بے منہ کا - بے ٹونٹی کا -
Sprag (sprag) *n.* A bar inserted to stop a wheel اڑ - گردش روک -
Sprain (spran) *v.t.* & *n.* Over strain the muscles موچ - موچ آنا - مروڑا جانا -
Spraint (sprant) *n.* Otter's dung - اود بلاؤ کا گوبر
Sprang (sprang) *v.t.* Spring دیکھو
Sprat (sprat) *n.* A fish-like herring ہیرنگ کی قسم کی ایک مچھلی -
Throw a sprat to catch a herring } زیادہ فائدے کے لیے تھوڑا سا نقصان برداشت کرنا -
Spratter (sprat-ər) *n.* One who fishes for sprats اسپریٹ مچھلی کا شکاری -
Sprawl (sprawl) *v.t.* & *i.* Lie or crawl with limbs flung about - پاؤں پھیلا کر پیٹ کے بل رینگنا - درخت کا بے قاعدہ طور پر پھیلنا - فوج کا ادھر اُدھر پھیلا دینا -
Spray (spra) *v.t.* & *n.* A cloud of flying small drops - پھوار - ہلکی بوندیں - کسی چیز سے پانی مارنا - ہلکا چھڑکاؤ کرنا - پانی چھڑکنا -
Sprayey *adj.* - پھوار کی طرح کا - پھوار سا
Spray (spra) *n.* A shoot or twig پھولوں بھری ٹہنی - ٹہنی - پتلی شاخ -
Sprayey *adj.* - پتلی پتلی ٹہنیوں والا - شاخوں بھرا - شاخیلا -
Spread (spred) *v.t.* & *i.* Stretch, scatter abroad پھیلانا - بچھانا - کھولنا - تاننا - ڈھانپنا - نگاہ کے سامنے پھیلا ہوا ہونا - پھیلا دینا - بکھیر دینا - سایہ کر دینا -
Spread eagleism *n.* شیخی خوری - فضول گوئی - لاف زنی -
Spread (spred) *n.* Extent, compass - وسعت - پھیلاؤ - اشاعت - (بول چال) کھانا-(امریکہ) لاگت اور قیمت فروخت کا فرق -
Spree (spre) *v.t.* & *n.* A merry frolic - ہنسی مذاق - رنگ رلیاں - مے نوشی کا دور . شراب نوشی میں مصروف ہونا -

Sprig (sprig) *n.* & *v.t.* A small shoot, a young person ڈالی - ٹہنی - بیل بوٹوں کی آرائش - جوان لڑکا - چھوکرا - بیل بوٹوں سے سجانا -
Sprightly (sprit-li) *adj.* Spirited - بشاش - چلبلا - شوخ - خوش مزاج - زندہ دل -
Sprightliness *n.* - شگفتہ خاطری - شوخی - زندہ دلی -
Spring (spring) *v.i.* & *t.* Move suddenly, break-forth - کودنا - پھاندنا - اُچھلنا - لپکنا - چونک اُٹھنا - ظاہر ہونا - وجود میں آنا - جھک جانا - جھکا دینا - تڑک جانا - شکار کو ہانکنا - اچانک کوئی شگوفہ چھوڑنا - سرنگ اڑانا -
Spring (spring) *n.* A leap, elasticity - جست - چھلانگ - موسم بہار - چشمہ - لچک - کمانی - تحریر کی محرک - سر چشمہ - منبع - وہ مقام جہاں سے محراب کا خم شروع ہوتا ہے -
Spring-bed, mattress کمانی دار پلنگ - کمانی دار گدا -
Spring-board - چھلانگ مارنے کا تختہ
Spring-tide - جوار بھاٹا جو ہر مہینے سمندر میں آتا ہے - مدِّ کامل -
Spring-time, spring-tide - موسم بہار
Springlet - چھوٹا چشمہ
Spring-like - موسم بہار کی طرح
Springbok (spring-bok) *n.* South African antelope جنوبی افریقہ کا خوبصورت ہرن - جنوبی افریقہ والے - جنوبی افریقہ کی کرکٹ کی ٹیم -
Springe (sprinj) *adj.* & *n.* Active, nimble - پھندا - پھانسی - چست و چالاک -
Springer (spring-ər) *n.* One who indulges in springing - چھلانگ مارنے والا - اچھلنے والا - کودنے والا - ڈاٹ - محراب دار چھت - بڑی قسم کا سپنیل کتا - وھیل کی قسم کا ایک بحری جانور -
Springy (spring-i) *adj.* Elastic - لچک کر ابھرنے والا - لچکیلا - لچکدار -
Springless *adj.* - بے لچک
Springiness *n.* - لچک
Sprinkle (spring-kl) *v.t.* & *i.* Scatter in small drops چھڑکنا - چھینٹے اڑانا - زمین جس پر چھڑکاؤ کیا جائے - ہلکی بارش - بوندا باندی -

Sprinkling *n.* - تھوڑا سا چھڑکاؤ

Sprint (sprint) *v.t.* & *n.* A short run پوری تیزی سے تھوڑی دور دوڑنا - تیز دوڑ -

Sprinter *n.* - چھوٹی دوڑ دوڑنے والا - تیز دوڑنے والا

Sprit (sprit) *n.* A spar set diagonally to extend fore sail جہاز کے پال کا ایک ڈنڈا - چھوٹی بلی جو بادبان کے بالائی حصّے تک ترچھی ہوتی ہے -

Sprite (sprit) *n.* Spirit, goblin - بھوت - پریت - جن

Sprout (sprowt) *v.t.*, *i.* & *n.* A new growth پھوٹنا - شاخیں نکلنا - اگنا - سوئے نکلنا - شاخیں نکالنا - سوا - آنکڑا -

Spruce (sproos) *adj.* & *v.t.* Smart, neat - صاف ستھرا بنا ٹھنا - بنا سنورا - بناؤ سنگار کرنا - سنوارنا - آراستہ کرنا -

Spruceness *n.* - بناؤ سنگار - آراستگی - صفائی ستھرائی

Spruce (sproos) *n.* Spruce fir صنوبر - جھاؤ - صنوبر کی ایک قسم -

Spruce fir - صنوبر کا درخت

Sprue (sproo) *n.* A passage by which molten metal runs into mould پگھلی ہوئی دھات کی نالی - دھات کا وہ حصہ جو نالی میں رہ جائے -

Sprue (sproo) *n.* A tropical disease affecting mouth, throat, infantile thrush گرم ملکوں کا ایک مرض جس سے حلق میں سوزش ہوتی ہے - بچوں کا گنج -

Sprung (sprung) *v.* Spring دیکھو

Spry (spri) *adj.* Nimble, agile - چست چالاک مستعد - پھرتیلا - تیز -

Spud (spud) *n.* & *v.t.* A small narrow digging tool کھرپی - چھوٹا بیلچہ - کوئی چھوٹی موٹی چیز - کھرپی دینا - نرانا - گوڑنا - (بول چال) آلو -

Spuddy *adj.* - چھوٹی موٹی

Spume (spum) *n.* Foam, scum - جھاگ - پھین - کف

Spuminess *n.* - پھین آنا - جھاگ دار ہونا

Spumous *adj.* - جھاگ دار

Spumescent *adj.* - جھاگدار - کف لانے والا

Spumy *adj.* - جھاگ دار

Spunk (spungk) *n.* Spark, spirit, mettle - شعلہ ایک لکڑی جو فوراً جل اٹھتی ہے - چڑچڑا پن - جوش - غصہ - دلیری - جرأت - دم خم -

Spunky *adj.* - غصیلا - تند مزاج

Spur (spur) *n.*, *v.t.* & *i.* A goading instrument on rider's heel مہمیز - کانٹا - آر - مہمیز کی شکل کی کوئی چیز - مرغ کا خار - جوتے کے تلے کی کیلیں - ایڑ لگانا - گھوڑے کو مہمیز کرنا - تیز دوڑانا - مرغ کا خار نکلنا -

On spur of the moment غور کئے بغیر - اسی وقت - فوراً -

Spur a willing horse - بلاوجہ کسی کے پیچھے پڑنا

Spurge (spurj) *n.* Plants of milky poisonous juice زہریلے رس والے پودے -

Spurious (spur-i-əs) *adj.* Illegitimate - کھوٹا جعلی - مصنوعی - حرامی -

Spuriousness *n.* - مصنوعی ہونا - کھوٹا پن - حرامی پن

Spurn (spurn) *v.t.* & *i.* Kick, tread in contempt ٹھوکر مارنا - ٹھکرانا - حقارت سے دیکھنا - برا سلوک کرنا - رد کرنا -

Spurrier (spur-i-ər) *n.* One who makes spurs مہمیز اور آر بنانے والا -

Spurt (spurt) *v.i.* & *t.* Make a sudden intense effort تھوڑی دور بہت تیز دوڑانا یا دوڑنا - جان فشانی سے کام کرنا -

Sputter *v.t.*, *i.* & *n.* Spit, speak indistinctly تھوکنا - تھو تھو کرنا - منہ سے لعاب خارج کرنا - بڑبڑانا - گھبرا کر بات کہنا - چڑچڑ کی آواز -

Sputterer *n.* - جلد جلد اور بے ربط باتیں کہنے والا

Sputteringly *adv.* - بے ربطی سے - گھبراہٹ سے

Sputum (spu-təm) *n.* Matter spat out - تھوک رال - بلغم جو تھوکا جائے -

Spy (spi) *n.*, *v.t.* & *i.* A secret agent employed to watch others جاسوس - راز جو - مخبر - خفیہ پولیس - دریافت کرنا - پتا لگانا - مشتبہ لوگوں کی نگرانی کرنا - کھوج لگانا - بھید لینا - جاسوسی کرنا -

Spy-glass - دوربین

Spy-money - اجرت

Spy out خفیہ طور پر معلوم کرنا ۔
Spy upon a person کسی پر خفیہ نگرانی رکھنا ۔
Spyhole نظر بچا کر دیکھنے کا سوراخ ۔
Squab (skowb) *adv., adj. & n.* Fat, clumsy جسیم ۔ موٹا ۔ بے ڈول ۔ گڈا ۔ کوتاہ قد موٹا ۔ دھڑ سے گرنا ۔ نو عمر لڑکا ۔ کبوتر کا بچہ جس کے پر نہ پھوٹے ہوں ۔ گدی ۔ گد ے دار چوکی ۔
Squabby *adj.* پستہ قد ۔ گداز جسم کا ۔
Squabble (skowb-l) *v.t., i. & n.* Dispute in a noisy manner تکرار کرنا ۔ جھگڑنا ۔ جھڑپ ہو جانا ۔ جائے ہوئے ٹائپ کو کھولنا ۔ جھگڑا ۔ تکرار ۔ کِل کِل ۔ ٹنٹا ۔
Squabbler *n.* تکرار کرنے والا ۔ جھگڑالُو ۔
Squad (skowd) *n.* A small group of soldiers سواروں کا دستہ ۔ ٹکڑی ۔ جتھا ۔ چھاپا مار جماعت ۔
Squadron (skowd-rən) *n. & v.t.* A detachment, body, group سواروں کا دستہ ۔ منظم جماعت ۔ جنگی جہازوں یا ہوائی جہازوں کا دستہ ۔ دستوں میں ترتیب دینا ۔
Squail (skwal) *n.* A stick for throwing ایک کھیل جو لکڑی کی گولیوں سے کھیلا جاتا ہے ۔
Squailer (skwal-ər) *n.* A throwing stick بھاری موٹھ کی لکڑی جس سے گلہریاں مارتے ہیں ۔
Squalid (skowl-id) *adj.* Filthy, foul گندہ ۔ میلا ۔ غلیظ ۔ حقیر ۔ ذلیل ۔
Squalidity } *n.* غلاظت ۔ گندگی ۔ گھناؤنا پن ۔
Squalidness }
Squall (skwal) *v.i., t. & n.* Cry out violently زور سے چلانا ۔ چیخ پکار کرنا ۔ چیخنے چلانے کی آواز ۔ ہوا کا زور کا جھکڑ ۔ بارش کا جھکڑ ۔
Black squall بارش کا طوفان جس میں سیاہ بادل چھائے ہوں ۔
Look out for squalls چوکنّا رہنا ۔ خطرے کے لیے ہر وقت تیار رہنا ۔
Squaller *n.* چلّانے والا ۔ چیخنے والا ۔
Squally *adj.* جھکڑ کا ۔ طوفانی ۔
Squaloid (skwal-əid) *adj.* Like a gladiator مگرمچھ جیسا ۔ نہنگ کی طرح ۔

Squama (skwa-ma) *n.* A scalelike structure کھپرا ۔ سپنا ۔ کھپرے جیسا ۔
Squamose کھپرے کے مشابہ ۔ سپنے والا ۔ فلس کے مانند ۔
Squamule *n.* چھوٹے سپنے ۔ چھوٹے کھپرے ۔
Squander (skwon-dər) *v.t.* Scatter, disperse برباد کرنا ۔ لٹانا ۔ پھینکنا ۔ فضول خرچی کرنا ۔ اسراف کرنا ۔ اڑا دینا ۔
Squanderer *n.* اڑا دینے والا ۔ فضول خرچ ۔ مُسرِف ۔
Squander-mania *n.* اسراف کا خبط ۔
Square (skwar) *adj., adv., v.t., i. & n.* An equilateral rectangle, anything of that shape مربّع ۔ چوگوشہ ۔ چوکور ۔ چوکھٹا ۔ زاویہ درست کرنے کا آلہ ۔ گُنیا ۔ معیار ۔ اصول ۔ مربع نما شکل ۔ مربع کی شکل میں فوج کو کھڑا کرنا ۔ فرش وغیرہ کا پیمانہ جو سو مربع فٹ کا ہوتا ہے ۔ درست ۔ ٹھیک ۔ لیس ۔ پورا پورا ۔ منصفانہ ۔ ایماندارانہ ۔ برابر کرنا ۔ بے باق کرنا ۔ چکانا ۔ (بول چال) دینا ۔ پیش کرنا ۔ مُکّا تان کر آگے بڑھنا ۔
Square root جذر ۔ وہ عدد جس کا جذر مربع ہوتا ہے ۔
Square-shouldered چوڑا ۔ چکلا ۔
Squarely *adv.* چوکور ۔ بالمقابل ۔ ٹھیک ۔ ایمانداری سے ۔
Squareness *n.* ایمانداری ۔ معاملے کی صفائی ۔ مربع ہونا ۔ چوکور ہونا ۔
Squarish *adj.* مربع سا ۔
On the square ایمانداری سے ۔
Be on the square برابر سرابر ہونا ۔
All square بے باق ۔
Break no square کچھ جھگڑا نہ کرنا ۔
Squash (sk-wosh) *v.t., i. & n.* Crush, press into pulp دبانا ۔ کچلنا ۔ مسلنا ۔ نچوڑنا ۔ لاجواب کر دینا ۔ ہجوم میں گھس کر راستہ نکالنا ۔ کچلی یا نچوڑی ہوئی چیز جیسے عرق ، رس ، شربت وغیرہ ۔ انبوہ ۔ بھیڑ ۔ ہجوم ۔ کسی شے کے گرنے کی آواز ۔ ایک کھیل جو گیند بلّے سے کھیلا جاتا ہے ۔
Squashiness *n.* نچوڑا ہوا ہونا ۔ بھینچا ہوا ہونا ۔
Squashy *adj.* گودے دار ۔ نرم ۔ ملائم ۔ پلپلا ۔
Squash (skwosh) *n.* A kind of gourd ایک قسم کا کدو ۔

Squat (skwot) *v.i., t., adj.* & *n.* Sit down on hams or heels آلتی پالتی مارنا ۔ چار زانو بیٹھنا ۔ پالتی مار کر بیٹھنا ۔ دبکنا ۔ چھوٹا اور موٹا آدمی ۔ آلتی پالتی کی بیٹھک ۔

Squatter (skwot-ər) *n.* One who squats دھرنا دے کر بیٹھنے والا ۔ (آسٹریلیا) آسان شرائط پر چرائی کا حق حاصل کرنے والا ۔ وہ شخص جو غیر زرعی زمین پر بلا استحقاق قابض ہو ۔

Squaw (sk-waw) *n.* An American Indian woman ریڈانڈین عورت یا بیوی ۔

Squawk (skwawk) *v.i.* & *n.* Make a croaky call تیز یا کرخت آواز نکالنا ۔ کرخت آواز ۔

Squeak (skwek) *v.i., t.* & *n.* Give forth a nasal note or cry منمنانا ۔ ناک سے آواز نکالنا ۔ چیں چیں کرنا ۔ چیخ کر ناک سے بولنا ۔ (بول چال) جاسوسی کرنا ۔ تیز چیخ ۔

Narrow squeak خلاف توقع کامیابی ۔ خطرے سے بال بال بچنا ۔

Squeakily *adj.* منمنا کر ۔ چیخ کر ۔ تیز ۔ تند آواز سے ۔

Squeaky *adj.* چیخنے والا ۔ تیز آواز کا ۔

Squeaker *n.* پرندے کا بچہ بالخصوص کبوتر کا ۔ تند آواز والا ۔ چیخنے والا ۔

Squeal (skwel) *v.t., i.* & *n.* Utter a high-pitched cry for some duration چیخنا ۔ چلانا ۔ دیر تک چلانا ۔ چیں چیں کر کے بولنا ۔ (بول چال) احتجاج کرنا ۔ جاسوسی کرنا ۔ سور کے بچے کی چیخ و پکار ۔

Make one squeal راز فاش کرنے کی دھمکی دے کر روپیہ وصول کرنا ۔

Squealer (skwel-ər) *n.* One who squeals چیخنے والا ۔ کبوتر کا بچہ ۔

Squeamish (skwem-ish) *adj.* Easily offended, sickish at stomach نازک مزاج ۔ ضعف معدہ کا مریض ۔ مرزا منش ۔ تنک مزاج ۔ بے حد محتاط ۔

Squeamishness *n.* ضعف معدہ ۔ نازک مزاجی ۔ تنک مزاجی ۔

Squeeze (skwez) *v.t., i.* & *n.* Compress, crush, press hard نچوڑنا ۔ بھینچنا ۔ دبانا ۔ کچلنا ۔ گھس گھسا کر رستہ بنانا ۔ دباؤ ڈال کر حاصل کرنا ۔ مجبور کرنا ۔ تر کر کے کاغذ سے نقش اٹھانا ۔ دھکم دھکا ۔ ریلا ۔ سکہ کے نقش کا چربہ ۔

Squeeze out دبا کر عرق نکالنا ۔ نچوڑنا ۔

Squeezable *adj.* دبا کر نچوڑنے کے قابل ۔

Squeezer (skwez-ər) *n.* A machine that squeezes نچوڑنے والی مشین ۔ نچوڑنے والا ۔ دباؤ ڈال کر روپیہ حاصل کرنے والا ۔ پگھلے ہوئے لوہے سے بلبلے نکالنے کی کل ۔ تاش کے پتوں پر دائیں کنارے کے اعداد ۔

Squelch (skwel(t)sh) *v.t., i.* & *n.* A heavy blow on soft body, sound of walking in wet mud کیچڑ میں بھچ بھچ کرتے ہوئے چلنا ۔ کسی نرم چیز پر سخت ضرب کی آواز ۔ بھد بھد ۔ (بول چال) کچل ڈالنا ۔ ضرب کاری ۔ دندان شکن جواب ۔

Squib (skwib) *v.t., i.* & *n.* Firework (آتش بازی) چھچھوندر ۔ گھن چکر ۔ ہوائی ۔ مضحکہ خیز نظم یا نثر ۔ ہجو لکھنا ۔

Squid (skwid) *n.* & *v.i.* A bait چارہ ۔ چارہ کا کیڑا ۔ مصنوعی کیڑا ۔ چارہ لگا کر مچھلی پکڑنا ۔

Squiffy (skwif-i) *adj.* Tipsy نیم مست ۔ شراب پئے ہوئے ۔

Squill (skwil) *n.* Sea onion آبی پیاز ۔ جنگلی پیاز ۔ سوسن کی قسم کا پودا جس کے استعمال سے اسہال ہوتے ہیں ۔ گھونگے کی ایک قسم ۔

Squint (skwint) *adj., adv., v.t., i.* & *n.* Looking askance, obliquely بھینگا ۔ احول ۔ کج نظر ۔ احول ہونا ۔ آنکھوں کا جلد جلد جھپکنا ۔ بھینگا پن ۔ ترچھی نگاہ ۔ سیلان طبع ۔ رجحان ۔ گرجے کا روزن جس سے قربان گاہ نظر آئے ۔

Squint-eyed بغض رکھنے والا ۔ کینہ توز ۔ ترچھی نظر والا ۔ بھینگا ۔ احول ۔

Squire (skwir) *n.* & *v.t.* An aspirant to knighthood نائٹ کا مددگار ۔ کسی خاتون کا محافظ ۔ جاگیر دار ۔ مرد کا عورت کی خاطر داری میں رہنا ۔ عورت کا ہم رکاب ۔

Squirelet *n.* چھوٹا جاگیر دار ۔

Squireling *n.* زمینداری ۔ زمیندار کا رتبہ ۔

Squire-archy (skwir-arki) *n.* Rule of squires جاگیر داروں کی حکومت ۔

Squireen (skwir-en) *n.* Squire of ordinary rank معمولی حیثیت کا زمیندار ۔

Squirm (skwirm) *v.i.* & *n.* Go writhing ۔ بل کھانا ۔ پیچ و تاب کھانا ۔ رسی کا بل یا پیچ ۔

Squirrel (skwir-əl) *n.* A nimble bushy-tailed rodent گلہری ۔
Squirrel hawk گلہریوں کا شکار کرنے والا باز ۔
Squirrel monkey چھوٹے قد کا بندر ۔

Squirt (skwert) *v.t., i. & n.* Throw out in a jet پچکاری مارنا ۔ فوارے کی طرح چھوٹنا ۔ پچکاری ۔ فوارہ کی طرح کی دھار ۔ (بول چال) خود پسند ۔ بد دماغ ۔ نو دولتا ۔ شیخی باز ۔

Stab (stab) *v.t. & n.* Pierce a pointed weapon چبھونا ۔ بھونکنا ۔ گھسیڑنا ۔ زخمی کرنا ۔ پلاسٹر کرنے کے لیے دیوار کو کھرچنا ۔ زخم ۔ گھاؤ ۔ صدمہ ۔
Stab in the back غیبت کرنا ۔ تہمت لگانا ۔ بدنام کرنا ۔
Stabber *n.* قاتل ۔ خنجر چبھونے والا ۔

Stable (sta-bl) *adj.* Firmly established مستحکم ۔ مضبوط ۔ مستقل ۔ مستقل مزاج ۔ ثابت قدم ۔
Stability, ness *n.* پائداری ۔ استحکام ۔
Stabilize *v.t.* پائدار بنانا ۔ مضبوط کرنا ۔
Stabilizer *n.* ہوائی جہاز کے بازو جو اس کے توازن کو قائم رکھتے ہیں ۔
Stably *adv.* استحکام سے ۔ مضبوطی سے ۔

Stable (sta-bl) *n., v.t. & i.* Building for horses اصطبل ۔ طویلہ ۔ اصطبل میں گھوڑے باندھنا ۔ قیام کرنا ۔

Stabling (sta-bl-ing) *n.* Keeping horses in a stable گھوڑوں کو اصطبل میں رکھنے کا کام ۔ گھوڑوں کے تھان ۔ طویلے ۔

Stack (stak) *n. & v.t.* A large pile of hay گھاس کی گڈی ۔ گنج ۔ ایندھن کی ٹال ۔ (بول چال) فراوانی ۔ افراط ۔ بندوقوں کا ڈھیر ۔ جہاز یا انجن کا دود کش ۔ ڈھیر لگانا ۔ انبار کرنا ۔

Stacte (stak-te) *n.* A Jewish spice ایک مزیدار مسالہ جو یہودی خوشبو میں ملاتے تھے ۔ دار چینی کی طرح کا مسالہ ۔

Stactometer (stakto-meter) *n.* A pippet for counting drops قطرہ پیما ۔ قطرے ناپنے کا آلہ ۔

Staddle (stad-l) *n.* A support for stack سہارا ۔ ٹیکن ۔ ڈنڈا ۔ بیساکھی ۔

Stadium (sta-di-əm) *n.* Sports ground دو سو دو گز کا ایک پیمانہ ۔ جسمانی ورزش یا کھیلوں کا میدان ۔ کسی مرض کا دور یا مدت ۔

Staff (staf) *n.* A stick carried in the hand چھڑی ۔ سونٹا ۔ لاٹھی ۔ ڈنڈا ۔ جریب ۔ سہارا ۔ عصائے حکومت ۔ عصائے منصب ۔ عصائے پیمائش ۔ سمندر میں گہرائی معلوم کرنے کا آلہ ۔ فوج کی حکمران جماعت ۔ اہل کاروں کی جماعت ۔ دفتری عملہ ۔ موسیقی کے پانچ متوازی خطوط جن پر آواز کا چڑھاؤ ظاہر کرنے کے لیے نشان لگا دیتے ہیں ۔
Staffed *adj.* عملہ سے معمور ۔

Stag (stag) *n.* A male deer بارہ سنگھا ۔ بدھیا ۔ خصی سانڈ ۔ وہ شخص جو کسی کمپنی کے حصص خرید کر نفع کے لیے بیچ دے ۔ بے قاعدہ بیوپاری ۔
Stag dance party مردوں کا ناچ ۔
Stag hound تازی شکاری کتوں کی ایک نسل ۔

Stage (staj) *n.* An elevated platform for acting on مچان ۔ چبوترا ۔ تخت گاہ ۔ تماشا گاہ ۔ اکھاڑا ۔ ناٹک کا چبوترا ۔ ناٹک کا علم و فن ۔ ایکٹروں کا پیشہ ۔ میدان عمل ۔ مرحلہ ۔ زمانہ ۔ منزل ۔
Stage-coach گھوڑوں کی گاڑی جو ڈاک لے جاتی ہے ۔ ڈاک گاڑی ۔
Stagecraft ڈرامے کا فن ۔
Stage fever تھیٹر میں شریک ہونے کی دھن ۔
Stage-struck وہ شخص جس پر تھیٹر کی دھن سوار رہتی ہو ۔

Stage (staj) *v.t. & i.* Represent or put on the stage کسی ڈرامے کو اسٹیج پر پیش کرنا ۔ کسی ناٹک کو اسٹیج پر لانا ۔

Stager-old stager (staj-ər) *n.* Experienced actor تجربہ کار ۔ پرانا اداکار ۔ گرگ باراں دیدہ ۔ سرد و گرم چشیدہ ۔

Staggard (stag-gərd) *n.* A male deer four years old چار سال کا بارہ سنگھا ۔

Stagger (stag-ər) *v.i., t. & n.* Reel, go reeling ڈگمگانا ۔ لڑکھڑانا ۔ لغزش ہونا ۔ ہچکچانا ۔ پس و پیش کرنا ۔ پریشان کرنا ۔ چکرا دینا ۔ بد حواس کر دینا ۔ لڑکھڑاتی ہوئی چال ۔ چکر ۔ دوران سر ۔

Staggeringly *adv.* مذبذب حالت میں - ڈگمگاتے ہوئے - لڑکھڑاتے ہوئے -

Staging (staj-ing) *n.* Presenting a drama on the stage ڈرامے کو اسٹیج پر دکھانا - تمثیل پیش کرنا - ڈاک گاڑیاں چلانے کا کام -

Stagnate (stag-nat) *v.i.* Be stagnant, be non-flowing کسی بہنے والی چیز کا رک جانا - کھڑا ہونا - غیر متحرک ہونا - سست پڑنا - مدھم پڑ جانا -

Stagnation / Stagnancy } *n.* ایستادگی - سکون - رکاؤ - جماؤ -

Stagnant *adj.* سست - بند پڑا ہوا - بے حرکت - بند -

Stagnicolous (stog-ni-ko-ləs) *adj.* Living in swamp or stagnant water دلدل یا کیچڑ میں رہنے والا - کھڑے پانی میں رہنے والا -

Stagy (staj-i) *adj.* Theatrical in manner تھیٹر کی وضع کا - اداکاروں کی عادات و اطوار کا - بننے والا - مبالغہ آمیز -

Staid (stad) *adj.* Steady, sober متین - سنجیدہ -

Staidness *n.* قائم مزاجی - متانت - سنجیدگی -

Stain (stan) *v.t., i. & n.* Tarnish, tinge دھبہ ڈالنا - داغ دار کرنا - داغ لگانا - میلا کرنا - ناپاک کرنا - بدنام کرنا - بٹہ لگانا - رنگ چڑھانا - منقش کرنا - داغ - دھبا - کلنک - عیب -

Stainer *n.* رنگریز - رنگنے والا - دھبے ڈالنے والا -

Stainless *adj.* پاک صاف - بے داغ -

Stair (star) *n.* A series of steps سیڑھی - زینہ - زینہ کی سیڑھیاں - (جمع) سیڑھیاں -

Flight of stairs سیڑھیاں -

Cork screw staircase چکر دار سیڑھیاں - چکر دار زینہ -

Staircase زینہ -

Stake (stak) *n. & v.t.* A pole pointed at one end چوب - لکڑی - چھڑی - کھونٹا - میخ - ٹین ساز کی سندان - شرط کا روپیہ جو پہلے سے متعین ہو - گھڑ دوڑ جس میں شرط لگائی جائے - اصول کی اہمیت - بلیوں سے باندھنا - مضبوط کرنا - کسی رقبہ میں حد بندی کر دینا - شرط وغیرہ میں روپیہ لگانا -

At stake جوکھوں میں - خطرے میں -

Have a stake in the country ملک کی خوش حالی سے وابستہ ہونا -

Stale (stal) *v.t., adj. & n.* No longer fresh, altered, old باسی - بے مزہ - اترا ہوا - فرسودہ - پرانا - کہنہ - تھکا ماندہ - خستہ - ناکارہ - گھوڑوں اور مویشیوں کا پیشاب - ذلیل کرنا - بد مزہ کر دینا - گھوڑے کا پیشاب کرنا -

Staleness *n.* کہنگی - بوسیدگی - فرسودگی - باسی پن -

Stalemate (stal-mat) *n.* An inglorious deadlock (شطرنج) زچ ہونا - جب بادشاہ کو چلنے کا کوئی گھر نہ رہے -

Stale (stal) *n.* A decoy bird دوسرے پرندوں کو پھنسانے کے لیے سدھایا ہوا پرندہ - اس کی بولی پر دوسرے پرندے آتے اور پھنس جاتے ہیں - بھولا بھالا - سادہ لوح آدمی -

Stalk (stawk) *v.i., t. & n.* Stride haughtily اکڑ کر چلنا - اینٹھ کر چلنا - دبے پاؤں شکار کو جا لینا - شکار کا تعاقب کرنا - ٹٹی کی آڑ میں شکار کھیلنا - خود نمائی کی چال - گھات کی چال - بہانہ - حیلہ -

Stalker *n.* اترا کر چلنے والا - گھات لگانے والا -

Stalk (stawk) *n.* The stem of a plant ڈنٹھل - ڈالی - ڈنڈی - شراب کے پیالے کی ڈنڈی - ڈنڈی کی شکل کا آرائشی حاشیہ - کارخانوں کی لمبی چمنی -

Stalkless *adj.* بے ڈنڈی کا - بغیر تنے کا -

Stalky *adj.* لمبے ڈنٹھل والا - لمبی ڈنڈی والا -

Stall (stawl) *v.t. & n.* A cowshed, a stable, a booth, a stand for display جانوروں کا تھان - ایک جانور کی جگہ - عارضی دکان - چیزوں کی نمائش اور بیچنے کا اڈا - ساع خانہ کی شامیانے والی نشست - تھیٹر میں سامنے کی مخصوص نشستیں - مویشیوں کو تھان پر باندھنا - طویلے میں رکھنا - کیچڑ یا برف میں دھنس جانا -

Stall feed مویشیوں کو موٹا کرنے کے لیے تھان پر باندھ رکھنا -

Stall fed موٹا کیا ہوا جانور -

Stall (stawl) *n.* Pickpocket's confederate جیب کترے کا ساتھی جو مسافروں کو باتوں میں لگاتا اور جیب کترا اپنا کام کر جاتا ہے ۔

Stallion (stal-yən) *n.* A male horse kept for breeding افزائش نسل کا گھوڑا یا سانڈ ۔

Stalwart (stawl-wərt) *adj.* Stout, strong قوی ۔ زور آور ۔ مضبوط ۔ ہٹا کٹا ۔ موٹا تازہ ۔ پختہ ۔ پکا ۔ کسی جماعت کا زبردست رکن ۔

Stalwartness *n.* پختگی ۔ شہ زوری ۔ تنومندی ۔

Stamen (sta-mən) *n.* The pollen-producing part of a flower نر ۔ زر دار حصہ ۔ حامل زر ۔

Stamineous } زر خیز ۔ زر دار ۔ نرینہ ۔
Stamineal } متعلق بہ نر ۔

Stamina (stam-i-na) *n.* Staying power, germinal elements جان ۔ سکت ۔ طاقت ۔ قوت برداشت ۔ زرخیزی ۔

Staminal (stam-i-nəl) *adj.* Of stamens or stamina زر بردار ۔ زرخیز ۔ طاقتور ۔ پھول کی زر برداری کے متعلق ۔ قوت برداشت کے متعلق ۔

Staminate (stam-i-nat) *adj.* Having stamens but no carpels ایسا پھول جو حامل زر ہو مگر اس میں بقچہ گل نہ ہوں ۔

Stammer (stam-ər) *v.i.* & *n.* Falter in speaking ہکلانا ۔ تتلانا ۔ لکنت کرنا ۔ رک رک کر بولنا ۔ ہکلاہٹ ۔ تتلاہٹ ۔

Stammeringly *adv.* ہکلاتے ہوئے ۔

Stammerer *n.* ہکلا کر بات کرنے والا ۔ ہکلا ۔

Stamp (stamp) *v.t., i.* & *n.* Impress, imprint, bring the foot down upon ۔ ٹھپا لگانا ۔ مہر لگانا ۔ ٹکٹ لگانا ۔ نشان چھاپنا ۔ غصہ کی حالت میں زمین پر پاؤں مارنا ۔ دل پر نقش کرنا ۔ دل میں بٹھانا ۔ مہر ۔ نشان ۔ نقش ۔ ٹکٹ ۔ قسم ۔ وضع ۔ رنگ ڈھنگ ۔ دھات کوٹنے کی مشین ۔

Stamp act اسٹامپ کا قانون ۔

Stamp duty سرکاری کاغذ کی فیس ۔

Stamp out ختم کر دینا ۔ بجھانا ۔ منسوخ کرنا ۔

Stampede (stam-ped) *n., v.t.* & *i.* A sudden rush of a panic-stricken herd بھاگڑ ۔ بھڑک کر دوڑنا ۔ ہڑبڑی (امریکہ) لوگوں کا فوری ہلہ ۔ بھگدڑ پڑنا ۔ ہڑبڑی ڈال دینا ۔ بھڑک کر ادھر ادھر بھاگنا ۔

Stance (stans) *n.* Mode of standing, standing place کھلاڑی کے کھیلتے وقت کھڑے ہونے کا انداز ۔ کھڑے ہونے کی جگہ ۔

Stanch-staunch (stan-(t)sh) *v.t.* Stop the flow of بہتے ہوئے خون کو روکنا ۔ روانی بند کرنا ۔

Stanchion (stan-shən) *n.* & *v. t.* An upright iron bar of a window or screen ۔ سلاخ ۔ سیخ ۔ کھمبا ۔ ستون ۔ تھم ۔ ٹیک ۔ آڑ ۔ سہارا ۔ طویلے کے دروازے کی آڑی بلی ۔ آڑ لگانا ۔ مویشی کو آڑ لگا کر روکنا ۔

Stand (stand) *v. i.* & *t.* Become or remain upright, erect and still ۔ کھڑا ہونا ۔ ایستادہ ہونا ۔ قائم ہونا ۔ اونچا ہونا ۔ بلند ہونا ۔ واقع ہونا ۔ موجود ہونا ۔ کھڑے رہنا ۔ کسی خاص حالت یا درجہ کو پہنچنا ۔ کوئی معین راہ اختیار کرنا ۔ جھیلنا ۔ برداشت کرنا ۔ مقدمہ لڑنا ۔ کتے کا شکار کی نشاندہی کرنا ۔ آزمائش میں پڑنا ۔ امتحان میں پورا اترنا ۔ خرچ برداشت کرنا ۔ لنگر پکڑنا ۔

I stand corrected ۔ میں اصلاح تسلیم کرتا ہوں ۔

It stands to reason ۔ یہ بات معقول ہے ۔

Stand by ساتھ دینا ۔ امداد کرنا ۔ تائید کرنا ۔ قریب رہنا ۔ ۔ تیار رہنا ۔

Stand off دور ہو جانا ۔

Stand on ceremony ۔ رسم و رواج کی پابندی کرنا ۔ تکلف کرنا ۔

Stand one's ground ۔ اپنی بات پر جمے رہنا ۔ اڑے رہنا ۔

Stand over ملتوی کرنا ۔

Stand up to جرأت سے مقابلہ کرنا ۔

Stand (stand) *n.* Act, manner, place of standing, stoppage جگہ ۔ مقام ۔ ٹھکانا ۔ اڈا ۔ قیام ۔ تردد ۔ تشویش ۔ آسرا ۔ تکیہ ۔ بنیاد ۔ میز چوکی وغیرہ ۔ عارضی دوکان ۔ چبوترہ ۔ کھڑی فصل ۔

Stand pipe کھڑا نل ۔

Stand point نظریہ ۔ خیال ۔ نقطہ نظر ۔

Standard (stand-ərd) *n.* A flag - علم - جھنڈا- پھریرا
قومی نشان - فوجی نشان - اجتماعی اصول - معیار -
دستور - رسم - معیاری خوبی - قابل تقلید نمونہ - پانی
یا گیس کا سیدھا نل - اکیلا درخت - قلم جو سیدھے
تنے پر باندھی جائے -

Standard-bearer نشان بردار - سالار - قائد - علم
بردار -

Standardize (stand-ərd-iz) *v.t.* Make or keep of uniform size معیار کے مطابق بنانا - نمونہ کے مطابق
بنانا - تجزیہ کر کے کسی محلول کا وزن اور تناسب
معلوم کرنا -

Standardization *n.* معیار کے مطابق بنانا - کوئی
معیاری نمونہ مقرر کرنا -

Standing (stand-ing) *adj.* & *n.* Established, settled, fixed مقررہ - معینہ - پائیدار - قائم - بے حرکت -
درجہ - رتبہ - حیثیت - مدت - زمانہ -

Standing army مستقل فوج -

Standing orders مستقل احکام -

Stanhope (stan-hop) *n.* A light, open one-seated carriage - ایک ہلکی کھلی ہوئی گاڑی
لوہے کا دستی چھاپا -

Staniel (stan-yəl) *n.* A small hawk ایک قسم کا
چھوٹا شکرا -

Stannary (stan-ə-ri) *n.* A tin mining district ٹین
کی کانوں کا علاقہ - ٹین کی کان -

Stannic (stan-ik) *adj.* Of quadrivalent tin ٹین کا
مرکب -

Stanniferous *adj.* ٹین پیدا کرنے والا -

Stannous *adj.* ٹین کے متعلق - ٹین ملا ہوا -

Stanza (stan-za) *n.* A group of lines of verse
بند - قطعہ - رباعی - چار مصرعوں یا زیادہ کا بند -

Staple (sta-pl) *n., adj.* & *v.t.* A bent rod or wire, wire stitches مڑا ہوا تار - مڑی ہوئی سلاخ - سلائی
کا مڑا ہوا تار- کنڈا لگانا- لکڑی میں کنڈا بٹھانا - ارگن
باجوں کے پردے کی دھات کی نالی -

Stapling machine تار کی سلائی کرنے کی مشین -

Staple (sta-pl) *n., adj.* & *v.t.* Textile fibre, unmanufactured wool پیدا وار - جنس - شے - خام
پیدا وار - کپاس - اون - اون اور کپاس کا ریشہ - ریشہ
دار - الگ الگ کرنا -

Stapler *n.* سوداگر - بیوپاری - ریشوں کے لحاظ سے
ترتیب دینے والا -

Star (star) *n.* Any of the heavenly bodies - ستارہ
کوکب - نجم - ستارہ جیسی کوئی گول چیز - حاشیہ کی
علامت - گھوڑے کی پیشانی کا سفید داغ - (تاش) زائد
بازی (تھیٹر) ممتاز اداکار - کوئی ممتاز شخص - ممتاز
کھلاڑی -

Shooting star شہاب ثاقب -

Star-gazer - ستاروں کا مشاہدہ کرنے والا - نجومی -
اختر شناس -

Starlight تاروں کی روشنی-

Star shell ایک قسم کا گولا جو فضا میں پھٹ کر
دشمن کی نشان دھی کرتا ہے - جہاں دشمن ہوتا ہے وہ
جگہ روشن ہو جاتی ہے - کسی جگہ کو روشن کرنے
کا آتشیں گولہ -

Star-spangled *adj.* ستاروں بھرا -

Starless *adj.* بے ستارہ -

Starlet *n.* چھوٹا ستارہ -

Starry *adj.* ستاروں سے بھرا ہوا -

Star (star) *v.t.* & *i.* Make a star of, have as a star performer ستاروں سے مزین کرنا - ستارے
جڑنا - کسی نام پر ستارے کا نشان لگانا - اسٹیج پر
ممتاز اداکار کی حیثیت سے آنا - کسی ناٹک میں ممتاز
شخصیت کی تمثیل کرنا -

Starblind (star-blind) *adj.* Weak-sighted - نیم کور
کمزور نظر - کم نظر -

Starboard (star-bord) *n.* & *v.t.* Right side of vessel جہاز کا دایاں رخ - جہاز کا دائیں رخ مڑنا
یا موڑنا - دائیں سمت پتوار لگانا -

Starch (starch) *adj., v.t.* & *n.* Food material in plants, formal - تکلف کرنے والا - کلف - نشاستہ
ماوا - آداب کی پابندی - نشاستے سے سخت کرنا - کلف
دینا -

Starched *adj.* کلف دیا ہوا -

Starcher *n.* کلفدار کالر - کلف کی مشین - کلف دینے والا-

Starchedness *n.* کلفدار ہونا -

Starchy کلفدار - کم آمیز - پابند آداب -

Stare (star) *v.i., t. & n.* Look with a fixed gaze ٹکٹکی لگانا ۔ غور سے دیکھنا ۔ تاکنا ۔ آنکھیں پھاڑ کر دیکھنا ۔ گھور گھور کر گھبرا دینا ۔ صاف دکھائی پڑنا ۔ صاف صاف نظر آنا ۔ تاک ۔ ٹکٹکی ۔

Staree *n.* جس کو گھور کر دیکھا جائے ۔

Staringly *adv.* گھورتے ہوئے ۔

Stark (stark) *adj & adv.* Stern, sheer, out and out - مضبوط ۔ سخت ۔ کھرا کھرا ۔ صاف صاف صاف طور پر ۔ بالکل ۔ محض ۔ مطلق ۔

Stark-naked سادر زاد ننگا ۔ ننگ دھڑنگ ۔

Starling (star-ling) *n.* A black brown spotted bird, a mimic ایک جلد سدھ جانے والا مینا کی قسم کا پرندہ ۔

Start (start) *v.i. & t.* Shoot, dart, move suddenly - اٹھنا ۔ بھڑکنا ۔ اچھل پڑنا ۔ چلنا ۔ چالو کرنا ۔ جاری رکھنا ۔ کھولنا ۔ نکالنا ۔ ابتدا کرنا ۔ موجب ہونا ۔ اپنی جگہ سے ہٹ جانا ۔ سفر شروع کرنا ۔ روانہ ہونا ۔ کسی شخص کو کام پر لگانا ۔ دوڑ شروع کرنے کا اشارہ دینا ۔ (جہاز) پیپے میں سے شراب نکالنا ۔

Start after تعاقب کرنا ۔ پیچھا کرنا ۔

Have the start دوسرے سے پہلے شروع کرنا ۔

Start out شروع کرنا ۔ ابتدا کرنا ۔

Start up چونک پڑنا ۔ اچھل پڑنا ۔

Start (start) *n.* A sudden movement ۔ چمک دمک ۔ بھڑک ۔ وحشت ۔ آغاز ۔ ابتدا ۔ دوڑ کے آغاز کا مقام ۔ دوڑ میں فاصلہ کی رعایت (جمع) کام ۔ کوشش ۔ غیر مسلسل کوشش ۔

Starter (start-ər) *n.* One who starts in a race گھڑ دوڑ یا دوڑ شروع کرانے والا ۔ دوڑ میں شریک ہونے والا گھوڑا یا شخص ۔ شکار اٹھانے والا کتا ۔ خشک انجیر ۔

Starting (start-ing) Beginning, a start ۔ چونک پڑنا اچھل پڑنا ۔ روانگی ۔ ابتدا ۔ آغاز کرنے کا عمل ۔

Startle (start-l) *v.i. & t.* Undergo a start, surprise ۔ چونکا دینا ۔ ڈرا دینا ۔ گھبرا دینا ۔ شروع کرنا ۔

Startler *n.* بوکھلا دینے والا ۔ چونکا دینے والا ۔

Startling *adj.* وحشتناک ۔ حیرت انگیز ۔

Starve (starv) *v.i. & t.* Suffer extreme hunger فاقہ کشی کرنا ۔ بھوکوں مرنا ۔ سخت محتاج ہونا ۔ بیحد شوق رکھنا ۔ سردی سے اکڑنا ۔ بھوکا رکھنا ۔ فاقوں سے مار ڈالنا ۔ گھری ہوئی فوج کو ہتھیار ڈالنے پر مجبور کرنا ۔ سردی سے مر جانا یا مار ڈالنا ۔

Starvation *n.* بھوکوں مر جانا ۔ فاقہ کشی ۔

Starvelling (starv-e-ling) *n.* A lean hungry weak person or animal بھوکوں مارا ہوا کمزور آدمی یا جانور ۔

State (stat) *n. & adj.* Condition ۔ ڈھنگ ۔ طور ۔ وضع ۔ حالت ۔ کیفیت ۔ رو داد ۔ درجہ ۔ رتبہ ۔ شکوہ ۔ شان ۔ ریاست ۔ سلطنت ۔ ریاستی ۔ ملکی ۔ سرکاری ۔ مجلس وضع قوانین ۔ مجلس ۔ جماعت ۔

State-monger سیّاس ۔ سیاست دان ۔

State criminal سرکاری مجرم ۔ شاہی مجرم ۔

Keep state رسائی سے باہر ہونا ۔ شان سے رہنا ۔

Lie in state ۔ مردے کا آخری دیدار کے لیے رکھا جانا ۔

State call ۔ (بول چال) رسمی ملاقات ۔ ضابطے کی ملاقات

Statecraft آئین حکومت ۔ فن حکمرانی ۔ مُلکداری ۔

State socialism ، وہ نظام جس میں کارخانے ، بنک ریلیں سرکاری تحویل میں ہوں ۔

State (state) *v.t.* Assert, affirm بیان کرنا ۔ ظاہر کرنا ۔ عرض کرنا ۔ گزارش کرنا ۔ التماس کرنا ۔ مقرر کرنا ۔ معین کرنا ۔ ٹھیرانا ۔ (الجبرا) سوال کو علامات میں لکھنا ۔

Stated *adj.* بیان کیا ہوا ۔ مقررہ ۔ معیّنہ ۔

Stately (stat-li) *adj.* Majestic ۔ عظیم الشان ۔ پر شکوہ عالی شان ۔ پر تکلف ۔ زور آور ۔ قوی ہیکل ۔

Stateliness *n.* تمکنت ۔ شان و شوکت ۔

Statement (stat-mənt) *n.* That which is stated, act of stating ۔ اظہار ۔ بیان ۔ روداد ۔ دعویٰ کیفیت ۔ فرد ۔ گوشوارہ ۔

Statesman (stats-mən) *n.* One skilled in the art of government مدبر ۔ سیاست دان ۔ کارو بار حکومت کا ماہر ۔ صاحب تدبیر ۔ چھوٹا زمیندار جو اپنی زمینداری خود کرتا ہے ۔

Statesmanship سیاست دانی ۔ تدبر ۔ صاحب تدبیر ہونا ۔

Static(al) (stat-ik) *adj.* Pertaining to statics, bodies and forces - قوت ، حجم ، متعلق بہ وزن سکونیاتی -

Statically *adv.* سکونی طور پر - دباؤ سے -

Statics (stat-iks) *n.* The science of forces in equilibrium - علم توازن قوت - علم سکون و اجسام

Station (sta-shən) *n.* Stopping place, mode of standing - ٹھکانا - موقع - جائے قیام - مقام - جگہ اڈا - مستقر - پڑاؤ - منزل - خدمت - عہدہ - منصب - رتبہ - حیثیت - (آسٹریلیا) بھیڑوں کی افزائش نسل کا مقام (مذہب) بدھ اور جمعہ کا روزہ - جاترا - گرجا -

Police station کوتوالی - تھانہ

Station house تھانہ - پولیس کی چوکی -

Stationary (sta-shən-əry) *adj.* & *n.* Standing, unmoving - غیر متحرک - ساکن - ٹھہرا ہوا - مقیم اقامتی - یکساں حالت - مقیم شخص یا فوج -

Stationary diseases بیماریاں جو خاص موسم میں شروع ہوتی اور ختم ہو جاتی ہیں - مقامی بیماریاں -

Stationer (sta-shən-ər) *n.* A book-seller کتابیں ، کاپیاں ، قلم وغیرہ بیچنے والا -

Stationery کاغذ ، قلم ، روشنائی وغیرہ - سامان تحریر -

Statist (sta-tist) *n.* One who collects facts and figures اعداد و شمار کا ماہر - کسی ملک کے اعداد و شمار کا جاننے والا -

Statistics (stə-tis-tiks) *n.* Facts and figures علم اعداد و شمار - اعداد و شمار -

Statistic(al) *adj.* اعداد و شمار کے متعلق -

Statistician *n.* اعداد و شمار کا ماہر

Statistology *n.* علم اعداد و شمار -

Statoscope (stat-əs-kop) *n.* A sensitive barometer - ہوائی دباؤ کے تغیرات معلوم کرنے کا آلہ - بے سائع بادپیما -

Statuary (stat-u-əri) *adj.* & *n.* Of or suitable for sculpture فن بت تراشی کے متعلق - بت تراشی کے لیے موزوں - فنِ بُت تراشی -

Statue (stat-u) *n.* A representation of human or animal form بت - مورت - مجسمہ -

Statued *adj.* مجسمہ کی شکل میں - بتوں سے آراستہ -

Statuette *n.* چھوٹا بت یا مجسمہ -

Statuesque (stat-esk) *adj.* Like a statue - خوبصورت شاندار - بت کی طرح کا -

Stature (stat-yər) *n.* Body height - اونچائی - بلندی قد - قامت - ڈیل ڈول -

Status (sta-təs) *n.* Standing - پایہ - رتبہ - درجہ حیثیت - (قانون کی اصطلاح میں) حیثیتِ عُرفی -

Status quo حسب حال - بدستور - موجودہ حالت -

Status quo ante پچھلی حالت - سابقہ حالت -

Statuteable (sta-tut-əbl) *adj.* Statutory دیکھو

Statute (stat-ut) *n.* A law expressly enacted خاص قانون - آئین - کسی منظم جماعت کا آئین -

Statutory (stat-ut-əri) *adj.* Enacted by statute قانونی - قانون کے متعلق - مطابق دفعاتِ قانون -

Staunch (staw-(t)sh) *adj.* Firm in principle, پکا - پختہ - بھروسہ کا - مخلص - سرگرم - کٹر - پر جوش - پانی روک - ہوا روک -

Staunchly *adv.* - پر جوش طریقے سے - مخلصانہ طور پر -

Staunchness *n.* سرگرمی - استقلال - جوش -

Stave (stav) *n.* One of the pieces of which a cask is made پٹری - پٹرا - تختہ - پہیے کی پٹی - کنویں کا چوبی حلقہ - سیڑھی کا ڈنڈا - بند - بیت -

Stave (stav) *v.t.* Break the staves, drive off, ward off - سوراخ کرنا - توڑنا پھوڑنا - کچل دینا - تختے جوڑنا - دبا کر مضبوط کر دینا -

Stavesacre (stavz-a-kər) *n.* A tall larkspur whose seeds are used against lice ایک درخت جس کے بیج جوئیں مارنے کے کام آتے ہیں -

Stay (sta) *n., v.t.* & *i.* A rope supporting a mast روک - مزاحمت - سہارا - آسرا - قوت - طاقت - برداشت - ٹکنا - ٹھہرنا - قیام کرنا - رک جانا - انتظار کرنا - کھڑا ہونا - روکنا - مانع ہونا - ملتوی کرنا - سہارا دینا - قیام - (قانون) التوائے مقدمہ -

Stay-maker *n.* انگیا سینے والا -

Has come to stay مستقل ہو گیا - مسلم ہو گیا -

Stay-at-home خانہ نشین - گھر گھسنا -

Stayer *n.* طاقت برداشت رکھنے والا - مسلسل محنت کرنے والا -

Stead (sted) *n.* A place, site, a space of time جگہ - عوض - بدل -

Stand person in good stead وقت پر کسی کے کام آنا - مفید ہونا -

Steadfast (sted-fast) *adj.* Firm, constant - پختہ ثابت قدم - پکا - استوار -

Steadfastly *adv.* استواری سے - ثابت قدمی سے -

Steadfastness *n.* پختگی - استحکام - استواری -

Steady (sted-i) *adj.* & *v.t.* Firm - مستحکم - مضبوط - پکا - جا ہوا - ثابت قدم - قائم مزاج - برابر - ہموار - ہوشیار - دیکھو - سنبھلو - میانہ رو - مضبوط کرنا - سنبھالنا - حالت درست کرنا -

Steadily *adv.* قائم مزاجی سے - یکساں طور پر - باقاعدہ طور پر -

Steadiness *n.* یکسانی - پختگی - مستعدی - استواری - استحکام -

Steak (stak) *n.* A slice of meat گوشت یا مچھلی کا ٹکڑا - پسندہ -

Steal (stel) *v.t.* Take by theft, gain by contrivance چرانا - چرا لینا - چوری کرنا - چھپا کر لے جانا - مکاری یا دھوکے سے اڑا لینا - موہ لینا - لبھا لینا - چپ چاپ کھسک جانا - دبے پاؤں آنا جانا - (گاف) ایک لمبی کامیاب ضرب -

Stealing *n.* سرقہ - چوری -

Steal a march on دوسرے پر سبقت لے جانا - بے خبری میں آ جانا -

Stealer (stel-ər) *n.* Thief چور - دزد - سارق - اچکا -

Stealth (stelth) *n.* A theft, secret doing - راز داری پوشیدگی - چوری - خفیہ کارروائی -

By stealth چوری چھپے - مخفی طور پر -

Stealthily *adv.* راز داری سے - خفیہ طور پر -

Stealthy *adj.* پوشیدہ - خفیہ - خاموش - چپ چاپ -

Stealthiness *n.* اخفا - دزدی - پوشیدگی -

Steam (stem) *n.* Water in the form of gas or vapour بھاپ - بخارات - نمی جو بھاپ کے جمنے سے پیدا ہو (بول چال) توانائی - قوت عمل -

Get up steam خاص جدو جہد کے لیے تیار ہونا - بوائلر گرم کرنا -

Let off steam دل کا بخار نکال دینا - زائد بھاپ نکال دینا -

Steam coal - بھاپ پیدا کرنے کے لیے کوئلہ جلانا پتھر کا کوئلہ -

Steam engine دخانی انجن - بھاپ سے چلنے والا انجن -

Steaminess *n.* - بھاپ کی طرح ہونا - بھاپ پن - دخانیت -

Steamy *adj.* دھندلا - دخانی - بھاپ کا -

Steam (stem) *v.t.* & *i.* Exhale, expose to steam, cook by means of steam بھاپ بنانا - بھاپ بنا کر اڑانا - بھاپ کے زور سے چلنا - بھاپ سے کھانا پکانا - (بول چال) مستعدی سے کام کرنا - کام میں روز بروز ترقی کرنا -

Steaming hot خوب گرم - بہت زیادہ گرم -

Steamer (stem-ər) *n.* Steam boat دخانی کشتی یا جہاز - آگ بجھانے کا دخانی انجن - برتن جس میں بھاپ سے کھانا پکایا جاتا ہے -

Stearin (ste-ə-rin) *n.* A mixture of stearic and palmitic acid ایک چربیلا مادہ جو حیوانی اور نباتاتی چربی میں پایا جاتا ہے -

Stearinery (ster-in-əri) *n.* Factory preparing stearin کارخانہ جس میں سٹیرن تیار کیا جاتا ہے -

Steatite (ste-ə-tit) *n.* Soap stone ایک قسم کی ابرق -

Steatitic *adj.* ابرق آمیز - ابرق کی طرح - ابرق کا -

Steed (sted) *n.* A horse, a spirited horse جنگی گھوڑا - گھوڑا - اسپ -

Steel (stel) *n.* & *v.t.* Iron containing a little carbon - فولاد - آہن سخت - ہتھیار - اسلحہ - کڑا پن - سختی - فولادی پٹی سایہ کو پھیلانے کے لیے - تلوار سخت کرنا - دل کو سخت کرنا -

Cold steal تلوار - خنجر -

Muscles of steel آہنی عضلات - سخت اور مضبوط -

Steelify فولاد بنا دینا - سخت بنانا - مضبوط کرنا -

Steely (stel-i) *adj.* Of, like, steel بے درد - سخت - کڑا - فولادی -

Steelyard (stel-yard) *n.* A weighing machine ایک ترازو جس میں چیز رکھنے کے بعد دوسری طرف وزن کے اعداد آ جاتے ہیں - آہنی ترازو -

Steenbok (sten-bok) *n.* A small S. African antelope جنوبی افریقہ کا ایک چھوٹا ہرن -

Steening (sten-ing) *n.* Stone lining of well پتھر سے کنویں کی چنائی ۔ بندش ۔

Steep (step) *adj.* & *n.* Softy, rising or descending with great inclination بہت عمودی ڈھلوان ۔ ڈھلوان یا بلند ۔ کھڑی ڈھلان یا بلندی (بول چال) نا واجب قیمت ۔ بے جا ۔ نا مناسب ۔ مبالغہ آمیز ۔ کھڑی چٹان ۔ ڈھلوان پہاڑی یا جگہ ۔

Steepen *v.t.* & *i.* ڈھلوان ہونا ۔ ڈھلوان بنانا ۔

Steepness *n.* عمودی بلندی یا ڈھال ۔

Steep (step) *v.t.* & *n.* Soak, wet thoroughly بھگونا۔ شرابور کر دینا۔ خیسانده بنانا۔ خیساندے کا پانی۔

Steeper (step-ər) *n.* A vessel for steeping خیسانده بنانے کا برتن ۔ بھگونے کا برتن ۔

Steeple (step-l) *n.* A church or a tower with or wIthout a spire کوئی بلند عمارت ۔ برج یا برجی کلس یا بغیر کلس کی ۔ گاؤدم عمارت ۔ مینار ۔ لاٹ ۔

Steeple chase ایک قسم کی گھڑ دوڑ جس میں ٹٹیاں اور کھائیاں ہوتی ہیں ۔

Steeple jack *n.* وہ کاریگر جو مینار پر چڑھ کر کام کرے ۔ مینار راج ۔

Steepled *adj.* برج نما ۔ مینار دار ۔

Steer (ster) *v.t.* & *i.* Guide, direct or govern جہاز چلانا ۔ کسی خاص رخ چلانا یا پھیرنا ۔ ہدایات دینا ۔ رہنمائی کرنا ۔ حکومت کرنا ۔

Steerable *adj.* کھینے کے قابل ۔ چلانے کے قابل ۔

Steerer *n.* نا خدا ۔ ملاح ۔ کھینے والا ۔

Steermanship *n.* فن جہاز رانی ۔ نا خدائی۔ جہاز رانی ۔

Steer (ster) *n.* A young ox bred for beef بچھڑا ۔ خصی بچھڑا جو گوشت کے لیے پالا جائے ۔

Steerage (ster-ag) *n.* Steering پتوار سے جہاز کھینا ۔ جہاز کا سستا درجہ جس میں چھوٹے افسروں کے حجرے ہوتے ہیں اور معمولی مسافر سفر کرتے ہیں ۔ جہاز رانی ۔

Steeve (stev) *v.t.* & *n.* Stuff, pack close جہاز میں ٹھونس ٹھونس کر مال بھرنا ۔ جہاز کی لدائی اور بھرائی ۔

Steeve (stev) *v.t.*, *i.* & *n.* Make angle with horizon بادبان کے شہتیر کو جھکا ہوا رکھنا ۔ افقی زاویہ بنانا ۔ وہ زاویہ جو شہتیر کے جھکاؤ سے پیدا ہو ۔

Steganography (steg-ən-ə-grafi) *n.* Art of code writing خفیہ اشارات کی تحریر ۔

Steinbock (stin-bok) *n.* The Alpine ibex کوہ آلپس کا بکرا ۔

Stellar (stel-ər) *adj.* Of the stars ستاروں کا ۔ انجم کا ۔ کواکب کا ۔

Stelliferous *adj.* ستاروں بھرا ۔

Stellate(d) (stel-at) *adj.* Like a star ستارے کی مانند ۔

Stellately *adv.* ستارہ کی شکل میں ۔

Stellenbosch (stel-ən-bosh) *v.t.* Relegate (فوجی) (بول چال) کسی فوجی افسر کو بلا تحقیقات کسی معمولی خدمت پر منتقل کر دینا ۔

Stellular (stel-u-lər) *adj.* Shaped like small stars ستاروں کی شکل کا ۔

Stem (stem) *n.* The leaf bearing axis of a plant تنا ۔ شاخ ۔ ڈالی ۔ ڈنڈی ۔ ساق ۔ تمباکو کے پائپ کی نلی ۔ جہاز کا اگلا حصہ ۔ گھڑی کوکنے کی گھنڈی ۔

From stem to stern جہاز کے اگلے حصے سے پچھلے حصہ تک ۔

Stemless بے ساق کا ۔ بے ڈنڈی کا ۔

Stemmed *adj.* تنے والا ۔ ڈنڈی دار ۔

Stemmer *n.* تمباکو صاف کرنے والا ۔

Stem (stem) *v.t.* Provide with a stem, oppose, deprive of روکنا ۔ بند کرنا ۔ ٹھہرانا ۔ روک رکھنا ۔ مقابلہ کرنا ۔

Stemma (stem-a) *n.* A garland, a pedigree نسب نامہ ۔ شجرۂ نسب ۔ آنکھ ۔

Stench (sten(t)sh) *n.* Stink عفونت ۔ بدبو ۔ سڑاند ۔

Stencil (sten-s(i)l) *n.* & *v.t.* A piece of waxed paper موسی کاغذ جس پر لوہے کے قلم سے لکھ کر چھپائی کی مشین پر چھاپتے ہیں ۔ موسی کاغذ پر لکھنا ۔ موسی کاغذ کو رکھکر رنگ پھیرنا ۔ بیل بوٹے بنانا ۔

Stenciller *n.* موسی کاغذ پر لکھنے والا ۔ نقش بنانے والا ۔

Stenochromy (sten-ok-ro-mi) *n.* Printing in several colours ایک ساتھ کئی رنگوں کی چھپائی ۔

Stenograph (sten-o-graf) *n.* Shorthand مختصر نویسی کی علامات ۔ مختصر نویسی کی علامات میں لکھی ہوئی تحریر ۔

Stenographer *n.* - مختصر نویس

Stenography *n.* - مختصر نویسی

Stenographically *adv.* - مختصر نویسی کے طور پر - اختصار کے ساتھ -

Stentor (stent-or) *n.* A loud voiced person بلند آواز شخص -

Stentorian *adj.* - اسٹنٹوری - نہایت بلند آواز والا -

Step (step) *n.* A pace, a movement of the leg in walking - نشان - ایک گام - ایک ڈگ - ایک قدم - قدم اٹھانے کا انداز - تدبیر - کارروائی - عمل - سیڑھی کا ڈنڈا - گاڑی کا پائدان - ترقی کا درجہ - مستول کا چبوترا - دھرے کا نچلا خانہ - ایک چھوٹی کھڑی سیڑھی -

Keep step with a person - قدم ملا کر چلنا -

Out of step - قدم ملے ہوئے نہ ہونا -

Take steps - کارروائی کرنا - اقدام کرنا -

Step (step) *v.i.* & *t.* Advance, retire, perform by stepping - قدم اٹھانا - آگے بڑھنا - پیچھے ہٹنا - سرکنا - ناپنا - ناچنا - مستول کو اپنے خانہ میں جمانا -

Step in - بیچ میں پڑنا - اندر آنا -

Step out - لمبے لمبے قدم اٹھانا - باہر جانا -

Step this way - ذرا ادھر آئیے -

Stepping stone کسی دلدلی زمین میں رکھے ہوئے پتھر - ترقی کا وسیلہ - ترقی کا زینہ -

Step-child (step-child) *n.* A wife's or husband's but not one's own child - سوتیلا بیٹا یا بیٹی -

Step-brother, father or son or sister } سوتیلا بھائی ، بہن ، باپ یا بیٹا -

Stepney (step-ni) *n.* A spare wheel موٹر گاڑی کا فاضل پہیہ -

Steppe (step) *n.* A dry, grassy treeless plain لق و دق میدان - گھاس کا علاقہ - میدان جس میں گھاس ہو مگر درخت نہ ہوں -

Stercoraceous (stərk-ə-ra-shəs) *adj.* Of the nature of dung - بول و براز - لید یا گوبر کے متعلق -

Stereo (ster-i-o) *prefix* In combination solid, hard سابقہ بمعنی سخت ٹھوس - سیسے کی -

Stereotype (ster-i-o-tip) *n.* & *v.t.* Printing by lead plate - سیسے کی تختی سے چھاپنا - سیسے کی تختی کی چھپائی - چھپائی کی پلیٹ - ایک ہی رنگ پر قائم رہنا - لکیر کا فقیر بنادینا - ایک ہی ڈھرے پر چلتے رہنا -

Stereotyped *adj.* - غیر متغیر - رسمی -

Stereotypist *n.* - اس قسم کی چھپائی کا کام کرنے والا -

Stereotypography *n.* سیسے کی تختیوں سے چھپائی کا فن -

Sterile (ster-il) *adj.* Barren - کلر - بنجر - شور - بانجھ - عقیمہ - روکھا پھیکا - بے مزہ - بے جان -

Sterilization *n.* - جراثیم کشی - بانجھ بنانا -

Sterilize *v.t.* - جراثیم مارنا - جراثیم سے پاک کرنا -

Sterilizer *n.* - جراثیم کش دوا -

Sterility *n.* - غیر زرخیزی - بنجر پن - بانجھ پن -

Sterlet (stər-lit) *n.* A small sturgeon ایک قسم کی چھوٹی مچھلی -

Sterling (stər-ling) *adj.* & *n.* English money of standard value - پورے وزن کا - خالص - معیاری - کھرا - جوہر دار - معیاری سکہ -

Stern (stərn) *adj.* Severe, rigorous - کڑا - سخت - بے رحم - بے درد - کڑوا - پھیکا -

Sternly *adv.* - بے دردی سے - سختی سے -

Sternness *n.* - سنگدلی - بے رحمی - سختی -

Stern (stərn) *n.* The hind part of a vessel جہاز کا پچھلا حصہ - دنبالہ - جہاز کا دنبالہ - پشت - سرین - فاکس ہاؤنڈ (کتے) کی دم -

Sterned *adj.* - دنبالہ دار -

Sternmost *adj.* - دنبالہ کے قریب - سب سے پچھلا -

Sternum (stər-nəm) *n.* The breast bone سینے کی ہڈی -

Sternal *adj.* - سینے کی ہڈی کے متعلق -

Sternutation (stər-nu-ta-shən) *n.* Sneezing چھینک آنا - چھینک -

Sternutative (stər-nu-ta-tiv) *adj.* & *n.* That causes sneezing - چھینک لانے والی - ناس - نسوار -

Stertorous (stər-tə-rəs) *adj.* With snoring sound خرخراہٹ کی (سانس) خرخر کی آواز کے ساتھ -

Stertorousness *n.* - خرخراہٹ -

Stet (stet) *n.* & *v.t.* Restore after marking for deletion قلم زد کرنے کے بعد پھر اس کو حسب‌سابق کر دینا - حسب سابق صحیح سمجھنے کی علامت [L

Stethoscope (steth-ə-skop) *v.t.* & *n.* An instrument for auscultation صدر بین - ڈاکٹروں کا ایک آلہ جس سے سینے کی آوازیں سنتے ہیں - سینے میں لگا کر دیکھنا -

Stethoscopist *n.* سینے کا معائنہ کرنے والا - صدربین -

Stethoscopy *n.* معائنہ صدری - صدر بینی-

Stevedore (stev-i-dor) *n.* One who loads and unloads vessels جہازوں پر مال چڑھانے اور اتارنے والا حمال -

Stew (stu) *v.t., i.* & *n.* A boiling pot دم پخت کرنا- نرم آگ پر پکانا - حبس یا گرمی سے بے کل ہو جانا - سخت محنت کا کام - کتابوں کی رٹائی - ذہنی الجھن - چکلا - طوائف - قورمہ - قلیہ - شوربے کا سالن -

In a' stew غم و غصہ میں - فکر میں - پریشانی میں -

Let a person stew in his own juice کسی شخص کو مصیبت میں اس کے حال پر چھوڑ دینا -

The tea is stewed چائے دیر تک آگ پر رہنے سے تلخ ہو گئی ہے -

Steward (stu-ərd) *n.* One who manages an institution or domestic affairs - منتظم - مہتمم - داروغہ - جائداد کا ناظم - کالج یا کلب کا منتظم - جہاز کا ملازم مسافروں کی خدمت کے لیے - گھڑ دوڑ کے نگران کار - محفل رقص و سرود کا مہتمم -

Stewardess *n.* منتظمہ - مہتممہ -

Stewardship *n.* منصب داروغگی - مہتممی - میر سامانی -

Stibial (stib-i-əl) *adj.* Of antimony - سرمہ کی طرح سرمہ آمیز - سرمہ کا -

Stibium (stib-i-əm) *n.* Antimony سرمہ -

Stichomyth (stik-o-myth) *n.* A dialogue in verse ایسی نظم جس میں سوال اور جواب کی ترتیب ہو - ایک مصرع میں سوال دوسرے میں جواب - منظوم مکالمہ -

Stick (stik) *v.t., i.* & *n.* Pierce, stab, insert - چبھونا بھونکنا - گھونپنا - چبھانا - لگنا - لگانا - رکھنا - آگے کو نکلا ہوا ہونا - چسپاں کرنا - ساتھ دینا - ساتھ لگے رہنا - کام رک جانا - ٹہنی - لکڑی - چوب - بینڈ ماسٹر کی چھڑی - حجامت کے صابن کی بٹی -

Stick at بضد ہونا - اصرار کرنا -

Stick by چمٹا رہنا -

Stick out نکلا ہوا ہونا - باہر ہونا -

Stick to پکا ہونا - قائم رہنا

A few sticks of furniture معمولی قسم کی میز کرسیاں وغیرہ -

Any stick to beat a dog نفرت انسان کو اندھا کر دیتی ہے -

Stick at nothing کسی چیز کی پروا نہ کرنا - کسی وجہ سے نہ رکنا -

Stuck up (بول چال) قاصر - مجبور - خلوت گزین - خود پسند -

Sticker (stik-ər) *n.* That which sticks - جمنے والا چپکنے والا - دیر تک کھیلنے والا کھلاڑی - لمبے پھل کا نوک دار چاقو - جم کر کھیلنے والا کھلاڑی - مہمان جو کسی طرح نہ ٹلے -

Stickle back (sti-kl-bak) *n.* A kind of fish ایک قسم کی خار پشت مچھلی -

Stickler (stikl-ər) *n.* A mediator, umpire بیچ بچاؤ کرانے والا - فیصلہ کرنے والا - حامی - موید - اصرار کرنے والا آدمی -

Sticky (stik-i) *adj.* Gluey (کرکٹ) خراب وکٹ - چپکنے والی - لیس دار -

Stickiness *n.* لسلسا پن - چپ چپا پن -

Stiff (stif) *adj.* Rigid, not easily bent - سخت - کڑا - ناسلائم - بے لوچ - سخت مزاج - ضدی - پر تصنع - کھنچا کھنچا - سرد مہر - کم آمیز - مشکل - ہمت شکن -

Stiff-hearted سنگدل -

Keep a stiff upper lip خاموش رہنا - ثابت قدم رہنا -

Stiff market ایسا زمانہ جب نرخوں میں اتار چڑھاؤ نہ ہو - سنجھد نرخ -

Stiff-necked مغرور - سرکش -

Stiffen *v.t.* & *i.* اکڑ جانا - سخت ہو جانا - سخت کرنا - کڑا کرنا -

Stiffness *n.* کڑا پن - سختی - درشتی -

Stiffish *n.* قدرے سخت -

Stiffun *n.* سخت آدمی - کسرتی آدمی - پرانا پہلوان -

Stifle (sti-fl) *v.t.* & *i.* Stop the breath, suffocate گلا گھونٹنا ۔ دم روک دینا ۔ سانس رک جانا ۔ سانس روکنا ۔

Stigma (stig-ma) *n.* A mark of infamy بٹہ ۔ کلنک کا رٹیکا ۔ کالک ۔ بدنامی ۔ تہمت ۔ بہتان ۔ علامت مرض ۔ پودوں میں زرخیز ہونے والا عضو ۔

Stigmatic, Stigmatose } *adj.* داغ دار ۔ رسوائی کا ۔ بدنامی کا ۔

Stigmatize (stig-ma-tiz) *v.t.* Mark with a stigma داغ لگانا ۔ داغ دار کرنا ۔ بدنام کرنا ۔ رسوا کرنا ۔ غیبی داغ پیدا کر دینا ۔ (ایسے داغ جیسے حضرت عیسیٰؑ کے جسم پر آئے تھے) ۔

Stigmatization *n.* انگشت نمائی ۔ رسوائی ۔ بدنامی ۔

Stile (stil) *n.* A set of steps for climbing over a wall دیوار یا باڑ کے دوسری طرف جانے کی سیڑھی ۔ دیوار کے کھانچے ۔ کھڑی سلاخ ۔

Stilleto (sti-let-o) *n.* A dagger with a narrow blade خنجر ۔ چھرا ۔ کٹار ۔ پتلے پھل کا خنجر ۔ چاقو جس سے بادبان میں سوراخ کرتے ہیں ۔

Still (stil) *n., v.t., adj.* & *adv.* Motionless چپ ۔ خاموش ۔ چپ چاپ ۔ بت بنا ہوا ۔ ساکن ۔ عکسی تصویر ۔ دھیما کرنا ۔ فرو کرنا ۔ اب تک ۔ اب بھی ۔ پھر بھی ۔ تاہم ۔ اس کے باوجود ۔

Still life غیر ذی روح اشیاء ۔ بے جان چیزیں ۔

Still birth بچہ کا مردہ پیدا ہونا ۔

Still born تحریک جو ابتدا ہی سے نہ چلے ۔ مردہ بچہ ۔

Stillness *n.* سکوت ۔ سناٹا ۔ گہری خاموشی ۔

Still (stil) *n.* & *v.t.* A distilling vessel قرنبیق ۔ بھبکا ۔ شراب کشید کرنے کا برتن ۔ بھبکے سے شراب کشید کرنا ۔

Still room مودی خانہ ۔ کشید خانہ ۔ وہ کمرہ جس میں شراب کشید کی جاتی ہے ۔

Stillage (stil-ig) *n.* Frame or stool for keeping things off the floor اسباب کی چوکی یا تپائی جس پر کمرہ دھونے سے پہلے چیزیں رکھ دی جاتی ہیں ۔

Stilly (stil-i) *adj.* Motionless بے حس و حرکت ۔ چپکا ۔ خاموش ۔ ساکت ۔

Stilt (stilt) *n.* A tall support بانس جس پر پیروں کو ٹیک کر اونچا ہو کر چلتے ہیں ۔ پاؤں ٹیکن ۔

Stilted *adj.* پاؤں ٹیکن پر کھڑا ہوا ۔ بانس پر سوار ۔

Stimulant (stim-u-lənt) *adj.* Exciting vital action محرک ۔ اکسانے والا ۔ کوئی چیز جو خون کی روانی بڑھائے ۔ نشاط انگیز ۔ کیف آور ۔ ہیجان خیز ۔

Stimulate (stim-u-lat) *v.t.* Incite, instigate اکسانا ۔ ترغیب دینا ۔ تحریک کرنا ۔ آمادہ کرنا ۔ ہیجان پیدا کرنا ۔ ابھارنا ۔ تیز کرنا ۔

Stimulating, Stimulative } *adj.* ابھارنے والا ۔ محرک ۔ نشاط انگیز ۔ تیز کرنے والا ۔

Stimulation, Stimulator } *n.* ہیجان ۔ تحریک ۔ ابھارنے والا ۔ اکسانے والا ۔

Stimulus (stim-u-ləs) *n.* A sting, action, influence that produces a response تحریک ۔ اشتعال ۔ ابھارنے والی چیز ۔ پادری کے عصا کی نوک ۔

Stimulose *adj.* نیش دار ۔ نوک دار ۔

Stimy (stim-i) *n.* & *v.t.* Condition on putting green when a player's ball lay between opponent's ball and hole (گاف) کھیل کا ایک موقع جب کہ ایک فریق کی گیند حریف کی گیند اور گچی کے بیچ میں ہو ۔ حریف کی گیند کو اس شکل میں رکھنا ۔

Sting (sting) *n., v.t.* & *i.* Weapon in some plants and animals which pierces and injects poison ڈنک ۔ کانٹا ۔ ڈسنا ۔ ڈنک مارنا ۔ کاٹنا ۔ چبھونا ۔ شدید درد ہونا ۔ کسی رقم کا نقصان ہونا ۔ جلن یا درد جو کاٹنے سے ہو ۔

Stinging nettle خار والا پودا ۔ بچھو ۔

The bowling has no sting in it گیند میں کوئی خطرناک بات نہیں ہے ۔ گیند میں زور نہیں ہے ۔ گیند سیدھی سادی ہے ۔

Stingingly *adv.* کھٹکتے ہوئے ۔ چبھتے ہوئے ۔

Stingless *n.* بے آزار ۔ بے نیش ۔

Stingaree (sting-ə-ri) *n.* Sting ray, a fish ایک مچھلی جس کی پشت پر تیز کانٹے ہوتے ہیں ۔ نیش ماہی ۔

Stinger (sting-ər) *n.* That which stings نیش زن جانور ۔ ڈنک مارنے والا جانور ۔ زور کا ہاتھ جس سے سخت چوٹ آئے ۔

Stingy (sting-i) *adj.* Niggardly, ill-tempered کنجوس ۔ بخیل ۔
  Stinginess *n.* تنگ دلی ۔ خست ۔ بخل ۔
Stink (stingk) *v.i.* & *t.* Give out a strong offensive smell بدبو دار ہونا ۔ بدبو نکلنا ۔ متعفن ہونا ۔ (بول چال) بدبو سونگھنا ۔ (بول چال جمع) سائنس ۔ علم کیمیا ۔
  Stink one out کسی کو بدبو سے بھگا دینا ۔
  Stink of money بہت زیادہ مالدار ہونا ۔ دولت کی بو آنا ۔
  Stinking *adj.* بدبو دار ۔ نامعقول ۔ نا واجب ۔
  Stinkingly *adv.* تعفن کے ساتھ ۔
Stinkard (stink-ərd) One who stinks گندہ آدمی جس کے جسم سے بو آئے ۔ جاوا کا بجو ۔
Stinker (stink-ər) *n.* One who spreads bad smell بدبو پھیلانے والا ۔ بودار شے ۔ نامعقول آدمی ۔
Stint (stint) *v.t.* & *n.* Stop, restrain روکنا ۔ محدود کرنا ۔ کم کرنا ۔ بند کر دینا ۔ پیٹ بھر کر کھانا نہ دینا ۔ بہت کم دینا ۔ مقررہ مقدار ۔ مقررہ کام ۔ ایک ریگستانی پرندہ جس کی پیٹھ سرخ ہوتی ہے ۔
  Without stint دل کھول کر ۔
  Stintingly *adv.* خست کے ساتھ ۔
  Stinted محدود ۔
Stipe (stīp) *n.* A stalk, a fern leaf ستون ۔ تنا ۔ ڈنٹھل ۔ پر کی ڈنڈی ۔
  Stipiform *adj.* ڈنٹھل کی طرح ستون نما ۔
  Stipitate *adj.* ڈنٹھل کی طرح ۔ ڈنٹھل والا ۔
Stipend (stī-pənd) *n.* Soldier's pay, an allowance محنتانہ ۔ اجرت ۔ مشاہرہ ۔ تنخواہ ۔ وظیفہ ۔ پادری کی تنخواہ ۔
Stipendiary (sti-pənd-i-əri) *adj.* Receiving stipend وظیفہ یاب ۔ مشاہرہ دار ۔ تنخواہ یاب ۔
  Stipple *v.t., i.* & *n.* لفظوں سے تصویر بنانا ۔ نقطوں کی نقاشی کرنا ۔ لفظوں کی تصویر ۔ نقطہ کاری کرنے والا ۔ نقطہ کاری کا آلہ ۔
Stippling (stipl-ing) *n.* Engraving, drawing نقطہ کاری ۔ نقاشی ۔ نقطوں کی مصوری ۔
Stipulate (stip-ū-lāt) *v.t.* & *i.* Set a condition as part of an agreement شرط لگانا ۔ قول و قرار کرنا ۔ مقرر کر لینا ۔ یہ شرط کرنا کہ ۔
  Stipulated *adj.* مسلمہ ۔ طے شدہ ۔ مقررہ ۔
  Stipulation *n.* قول و قرار ۔ معاہدہ ۔ شرط ۔
  Stipulator *n.* شرط لگانے والا ۔ معاہدہ کرنے والا ۔
Stipule (stip-ūl) *n.* A leafy appendage at a leaf base پتی کے ڈنٹھل کی نیچے کی چھوٹی پتی ۔ گوشک ۔
  Stipulaceous *adj.* گوشک دار ۔
  Stipular }
  Stipulate } گوشک کے متعلق ۔
  Stipulation *n.* گوشکوں کی ترتیب ۔
Stir (stər) *n. v.i.* & *i.* Set in motion ہلانا ۔ چلانا ۔ جنبش دینا ۔ حرکت دینا ۔ بھڑکانا ۔ ہنگامہ برپا کرنا ۔ ہل چل ۔ کھلبلی ۔ الٹ پلٹ کرنے کا عمل ۔
  Stir your stumps (بول چال) جلدی کرو ۔ جلدی چلو ۔
  Lead stirring life مصروفیت کی زندگی بسر کرنا ۔
  Stir up the mud گندہ یا آلودہ کرنا ۔
  He needs stirring up اسے ذرا جھنجھوڑنے کی ضرورت ہے ۔
  Stirring events معرکے کے واقعات ۔
  Stirring speech ولولہ انگیز تقریر ۔
  Stirrer *n.* چمچہ چلانے کی ڈنڈی ۔ ہلانے والا ۔
  Stirless *adj.* بے جنبش ۔ بے حرکت ۔
Stir (stir) *n.* Prison (بول چال) قید خانہ ۔ جیل ۔
Stirk (stərk) *n.* a A yearling ox or cow ایک سال کا بچھڑا یا بچھڑی ۔
Stirpiculture (stir-pi-kul-tur) *n.* Selective breeding اعلیٰ نسل پیدا کرنے کے جانور پالنا ۔
Stirrup (stir-əp) *n.* A support for rider's foot رکاب ۔ بادبان لپیٹنے یا کھولنے کی رسی ۔ بادبان کی طناب ۔
Stitch (stich) *v.t., i.* & *n.* A sharp pricking pain, join with stitches زور کا درد ۔ سیون ۔ بخیہ ۔ ٹانکا ۔ سینا ۔ ٹانکے لگانا ۔ بخیہ کرنا ۔ سلائی کرنا ۔ سلائی ۔ سلائی کا طریقہ ۔
Stithy (stidh-i) *n.* Smithy, an anvil آہرن ۔ لوہار کی بھٹی ۔ لوہار خانہ ۔
Stiver (stī-vər) *n.* A Dutch penny سب سے چھوٹا سکہ ۔ پائی ۔

Has not a stiver - پھوٹی کوڑی بھی نہیں

Stoa (stō-ā) *n.* A portico قدیم یونانی عمارتوں کی غلام گردش - برآمدہ -

Stoat (stōt) *n.* A large weasel ایک سموری جانور - ایک قسم کا بڑا نیولہ -

Stoat (stōt) *v.t.* Stitch so fine that stitches can not be seen اتنی باریک بخیہ کرنا کہ ٹانکے نظر نہ آئیں -

Stoccado (stok-ä-dō) *n.* A thrust in fencing تیغ زنی کی ایک ضرب - بھونک دینا -

Stock (stok) *n., v.t. & i.* A trunk, wooden part of a gun کندہ - لکڑی کا ٹکڑا - درخت کا تنا - نسل - خاندان - خام شے - ذخیرہ - ٹکٹکی جس میں مجرموں کے ہاتھ پاؤں جکڑ دیتے ہیں - تجارتی کمپنی کا مشترکہ سرمایہ - کندہ لگانا - دستہ لگانا - ٹکٹکی پر چڑھانا - ذخیرہ جمع کرنا - مویشی جمع کرنا - کاشت کرنا - پیدا کرنا - نئی شاخ پھوٹنا -

Stockist *n.* - مال کا ذخیرہ رکھنے والا - تھوک فروش -

Laughing stock *n.* - وہ شخص جس پر سب ہنسیں -

Gazing stock جو شخص تماشا بن جائے -

Lock, stock and barrel ہر طرح سے مکمل - پوری طرح سے -

A farm with its stock باڑہ مویشی اور سامان کے ساتھ -

Live stock مویشی گائے بیل وغیرہ -

Dead stock ناقابل فروخت مال -

Stock in trade کسی شخص کی کل کائنات - ساز و سامان - تجارتی مال -

Take stock دوکان کے سامان کا جائزہ لینا -

Stock argument ناقابل تردید دلیل - پختہ دلیل -

Stock joke پامال لطیفہ -

Buy stock حصص یا تمسکات خریدنا - مال خریدنا -

Hold stock مال اور سامان کا مالک ہونا -

Stock breeder مویشی پالنے والا -

Stock broker دلال -

Stock dove یورپ کی ایک فاختہ -

Stock exchange لندن کا صرافہ -

Stock farmer مویشی پالنے والا -

Stock list صرافہ میں نرخوں کی رپورٹ -

Stock market صرافہ کا بازار -

Stock still بے حس و حرکت - بت کی طرح -

Stockade (stok-ād) *v.t. & n.* A barrier of stakes باڑہ جو نوک دار بلیوں سے بنایا جائے - باڑہ بنانا - لکڑیاں گاڑ کر مورچہ بنانا -

Stock-fish (stok-fish) *n.* Dried fish - خشک مچھلی

Stockinet (stok-i-net) *n.* Elastic cloth پھیلنے والا کپڑا جس کی بنیائیں وغیرہ بنتی ہیں -

Stocking (stok-ing) *n.* Covering for the foot and lower leg - جراب - موزہ - پائتابہ (بالعموم جمع)

Stocky-stuggy (stok-i) *adj.* Thick set, short and strongly built پستہ قد اور موٹا - گٹھیلا -

Stodge (stoj) *n., v.t. & i.* Heavy food, greedy eater ثقیل غذا - حریص بن کر کھانا -

Stodgy (stoj-i) *adj.* Heavy meal - ثقیل یا بھاری غذا پھولا ہوا بٹوہ - کتاب جس میں تفصیلات زیادہ ہوں مگر دلچسپی کم ہو -

Stoic (stō-ik) *n.* Follower of Zeno فلسفی زینو کے پیرو - زینو کا معقولہ تھا کہ انسان کو چاہیے کہ نیک کام کرے اور خوشی اور رنج کے احساس سے بالاتر ہو -

Stoical *adj.* رنج و مسرت سے بالا تر - ضابط اور مستقل مزاج -

Stoicism - جبریت - رنج و مسرت سے بے نیازی - رواقیت

Stoke (stōk) *v.t. & i.* Feed with fuel - آگ بھڑکانا ایندھن جھونکنا - بھٹی بھڑکانا - (بول چال) جلد جلد کھانا اور نگلنا -

Stoke hole بھٹی کا دہانہ -

Stoker (stōk-ər) *n.* One who feeds a furnace with fuel - بھٹی میں ایندھن جھونکنے والا - بھٹی والا

Stole (stōl) *n.* A long robe لمبا جامہ یا چغہ جو شادی شدہ عورتیں لباس کے اوپر پہنتی تھیں (قدیم روم) ریشم کا دوپٹہ جو کندھے پر ڈالا جاتا تھا اور گھٹنوں تک لٹکتا رہتا تھا - فعلی معنوں کے لیے دیکھو Steal -

Stolid (stol-id) *adj.* Impassive - مٹھا - مست - اڑیل ضدی - بے حس - بھوندو -

Stolidity *n.* بھوندو پن - اڑیل پن -

Stolidly *adv.* - ضد سے - بھوندو کی طرح - بھونڈ پن سے

Stolon (stō-lən) *n.* A shoot from the root of the plant پودے کی وہ شاخ جو جڑ سے نکلتی اور علیحدہ جڑ پکڑتی ہے اور پھولتی پھلتی ہے - پودے کا بچہ -

Stomach (stum-ək) *n.* & *v. i.* The cavity for food and its digestion معدہ - پوٹا - پیٹ - شکم - جگالی کرنے والوں کے معدے - رغبت سے کھانا - معدے کا غذا قبول کرنا اور ہضم کرنا - ذلت برداشت کرنا - توہین گوارا کر لینا -

What a stomach he has got اس کی توند کتنی بڑی ہے -

Stomach tooth کچلی نکلنے سے بچوں کا ہاضمہ خراب ہو جاتا ہے - بچوں کی کچلی -

Stomachal *adj.* معدے سے متعلق -

Stomachful پیٹ بھر -

Stomachic (stum-ək-ik) *adj.* Good for the stomach بھوک لگانے والی - مفید معدہ - ہاضم -

Stone (stōn) *adj., v.t.* & *n.* A detached piece of rock پتھر - سنگ - حجر - روڑا - بٹہ - سل - قیمتی پتھر - جوہر - گوہر - پتھری - سنگ گردہ - سنگ مثانہ - پھلوں کی گٹھلی - انگور کا بیج - خصیہ - بیضہ - اولا - وزن کا پیمانہ (۱۴ پونڈ) - پتھر مارنا - پتھر بنا دینا -

Stone bow غلیل -

Stone chat ایک قسم کی چڑیا -

Stone will cry out یہ ایسا ظلم ہے کہ پتھر بھی چیخ اٹھیں گے -

Give a stone for bread مدد کرنے کی بجائے مذاق اڑانا -

Leave no stone unturned کوئی کسر نہ اٹھا رکھنا -

Break stones پیٹ کے لیے پتھر پھوڑنا - مزدوری کے لیے پتھر پھوڑنا -

Has a heart of stone اس کا دل پتھر ہے -

Harden into stone سخت دل ہو جانا -

Stone-blind بالکل اندھا -

Stone coal پتھر کا کوئلہ -

Stone cold بالکل ٹھنڈا - بے حس -

Stone deaf بالکل بہرہ -

Stone wall نہایت احتیاط سے کھیلنا - پارلیمنٹ کی کاروائی روکنا -

Stone to death سنگسار کرنا -

Stony (stōn-i) *adj., adv.* & *n.* Of or like stone, full of stone پتھریلا - سنگ دار - سنگی - سنگین - گٹھلی دار - پتھرایا ہوا - پتھر کی طرح - بے حس و حرکت -

Stonily *adv.* پتھرائی ہوئی نظر سے - بے حسی سے - پتھر کی طرح سے -

Stoniness *n.* پتھر کی طرح ہونا - بے حسی -

Stool (stōōl) *n., v.t.* & *i.* Chair, seat, throne تپائی - اسٹول - پائدان - نیچی بنچ - اجابت - براز - درخت کی جڑ جس سے شاخیں پھوٹتی ہیں - پالتو سدھائی ہوئی چڑیا جس کی بولی پر چڑیاں آتی ہیں اور پھنس جاتی ہیں - جڑ سے شاخوں کا پھوٹنا - اجابت ہونا -

Fall between two stools تذبذب کی وجہ سے نقصان اٹھانا -

Stool of repentance گرجہ کی تپائی جس پر زانی کو بٹھا کر سر زنش کی جاتی تھی - مقام توبہ -

Stool pigeon فریبی - دوسرے کبوتروں کو پھانسنے والا کبوتر -

Stoop (stōōp) *v.i., t.* & *n.* Bend the body forward جھکنا - اپنی حیثیت سے گرا ہوا کام کرنا - سر اور کندھے جھکا کر چلنا - جھپٹنا - گرنا - لپکنا - جھکا دینا - حملہ - جھپٹا -

Stoop to conquer ذلت اٹھا کر کامیابی حاصل کرنا - دب کر کام نکالنا -

Stoopingly *adv.* عاجزی سے - سر جھکا کر - جھک سر -

Stoop (stōōp) *n.* A high platform in front of the house (کناڈا) مکان کے سامنے کا چبوترا -

Stop (stop) *v.t.* & *i.* Obstruct, block, choke بند کرنا - روکنا - سوراخ بند کرنا - مسدود کرنا - ترقی نہ کرنے دینا - روک رکھنا - ٹھہرائے رکھنا - رک جانا - ٹھہر جانا - بند ہو جانا - (بول چال) ٹھہرنا - قیام کرنا - - رسی کو جکڑنا - کسی چیز سے بھر دینا -

Stop cock ٹونٹی کا پیچ -

Stop a bullet گولی روکنا - گولی کھانا -

Stop a tooth دانت کو مسالے یا سونے وغیرہ سے بھرنا -

Stop-gap عارضی طور پر کام چلانا -

Stop one's ear's کانوں میں انگلیاں دے لینا -

Stop one's mouth منہ بھرائی دینا - رشوت وغیرہ سے منہ بند کر دینا -

Stop thief چور چور پکارنا -

stoppage *n.* ٹھہراؤ - رکاؤ - تعرض - روک -

Stopping *n.* دانت میں سونے وغیرہ کی بھرائی -

Stop (stop) *n.* A halt, a pause, a halting place وقفہ - ٹھہراؤ - توقف - مزاحمت - مدھم سر - موثر لہجہ - حرف ج کی ساکن آواز (فوٹو گرافی) - سیاہ پردہ - رسی - ڈوری -

Stop press اخبار چھپتے وقت کی آخری خبریں -

Stopper (stop-ər) *n.* That which stops, a plug روکنے والا - ڈاٹ - گٹا - پائپ کے تمباکو کو دبانے کی ڈاٹ - رسی کے بند - موٹا رسہ - ڈاٹ لگانا - جہاز کے رسے کو بند سے جکڑنا -

Put a stopper on something کسی چیز کو روک دینا -

Stopple (stop-l) *n.& v. t.* A stopper, a plug بوتل وغیرہ کی ڈاٹ - ڈاٹ لگانا -

Storage (stōr-ag) *n.* Safe keeping, charge for keeping goods مال کو گودام میں رکھنا - گودام میں چیزوں کے رکھنے کا طریقہ - سامان کی حفاظت - گودام میں سامان رکھنے کا محصول - گودام کی گنجائش -

Cold storage کھانے پینے کی چیزیں رکھنے کا برف خانہ -

Storax (stō-raks) *n.* Resin of a tree ایک درخت کا گوند جو دوا کے کام آتا ہے - خوشبو دار گوند -

Store (stōr) *n. & v. t.* A hoard, a stock laid up انبار - ڈھیر - ذخیرہ - گودام - بھنڈار - دکان - کوٹھی - بڑی دکان جس میں ہر چیز ملتی ہو - ذخیرہ کرنا - سامان جمع کرنا - گودام میں رکھنا - گنجائش ہونا -

Set store by قدر کرنا - اہم جاننا - ضروری سمجھنا -

Store house مخزن - گودام - مال خانہ -

Store house of information وسیع معلومات رکھنے والا شخص - مخزن معلومات -

Storable *adj.* ذخیرہ کرنے کے قابل -

Storey (stō-ri) *n.* Part of a building on the same floor منزل - مکان کی منزل - کسی منزل کی عمارت -

Storeyed *adj.* کئی منزلوں والا -

Storiated (stō-ri-ə-td) *adj.* Decorated with designs مرصع - سر ورق جس پر نقش و نگار ہوں -

Storied (stō-rēd) *adj.* Told or celebrated in a story جس کی کہانیاں بنائی گئی ہوں - جس کا ذکر کہانیوں میں ہو - روائتی - تاریخی -

Stork (stork) *n.* A water bird like crane سارس کی طرح کا آبی پرندہ - لق لق - بزہ -

Storm (storm) *n., v.i. & t.* A tempest, a violent wind طوفان - آندھی - جھکڑ - تیز ہوا - طوفان باد و باراں - داروگیر - فساد - ہنگامہ - جنگ و جدل - فوج کا دھاوا - ہوا کا زور شور - جھکڑ چلنا - ہوا کا زور سے چلنا - سخت خفا ہونا - آفت مچا دینا - اکدم حملہ کرکے قبضہ کر لینا -

Storm-beaten طوفان زدہ -

Storm-bound جہاز جو طوفان کی وجہ سے بندرگاہ میں رکا ہوا ہو - طوفان میں گھرا ہوا -

Storm centre جہاں ہوا کا سب سے زیادہ زور ہو - طوفان کا مرکز -

Storm cloud فتنہ و فساد کے آثار -

Storming party حملہ آور دستہ -

Storm signal طوفان کی علامت -

Take by storm اکدم حملہ کرکے قبضہ کرلینا -

Stormer *n.* دھاوا کرنے والا -

Stormless *adj.* پر سکون -

Storm proof جس پر طوفان کا اثر نہ ہو - طوفان روک -

Stormy (storm-i) *adj.* Of marked violence پرشور - ہنگامہ خیز - طوفانی - طوفان کی خبر دینے والا - طوفان کے متعلق -

Stormily *adv.* شدت سے - تیزی سے - تندی سے -

Storminess *n.* ہنگامہ خیزی - تیزی - تندی -

Story (stō-ri) *n.* A narrative, legend حکایت - قصہ - داستان - تاریخ - سر گزشت - واقعات - قابل ذکر واقعہ - من گھڑت بات - گپ -

According to his own story اس کے اپنے بیان کے مطابق -

But that is another story - یہ دوسرا معاملہ ہے - یہ اور بات ہے -

The story goes قصہ یہ ہے - سنا جاتا ہے - کہا جاتا ہے -

To make a long story short القصہ - قصہ مختصر یہ کہ -

Stoup (stōōp) *n.* A drinking vessel - صراحی - پیالہ - جام - کٹورا - بادیا - متبرک پانی رکھنے کا برتن -

Stout (stout) *adj.* Stubborn, resolute - مضبوط - قوی - شہ زور - منچلا - شجاع - بہادر - جفاکش - ضدی - ہٹیلا - ایک قسم کی تیز اور تند بیر شراب -

A stout heart منچلا - شیر دل - بہادر -

Stout-hearted منچلا - ہمت والا - جیوٹ -

Stout-heartedness دلیری - شجاعت - بہادری - ہمت -

Stoutish *adj.* فربہ - جسیم - موٹا تازہ سا -

Stoutness *n.* شجاعت - طاقتوری - تنومندی - مضبوطی -

Stove (stōv) *n.* & *v. t.* A cooking apparatus چولھا - تنور - بھٹی - انگیٹھی - آتش دان - باغ کا حرارت خانہ - چولھے یا آتشدان میں جھونکنا - حرارت خانہ میں پودے اگانا -

Stow (stō) *v.t.* Put away, store جمع کرنا - اکٹھا کرنا - قرینے سے رکھنا - کھچا کھچ بھرنا - ٹھونس دینا - چھوڑو - بند کرو - رہنے دو -

Stowage *n.* سامان رکھنے کا محصول - ذخیرہ کیا ہوا سامان -

Stowaway - جہاز میں بغیر ٹکٹ چھپ کر بیٹھ جانا - وہ شخص جو چھپ کر جہاز میں بیٹھ جائے -

Strabismus (strə-biz-məs) *n.* Squint - ترچھا دیکھنا - احول چشمی - بھینگا پن -

Strabismal *adj.* بھینگے پن کا

Strabismic *adj.* بھینگے پن کا - احولی -

Strabotomy (strə-bo-to-mē) *n.* Surgical operation for the cure of squinting بھینگے پن کو دور کرنے کے لیے عمل جراحی -

Straddle (strad-l) *v.i., t.* & *n.* Sit, stand or walk with legs far apart ٹانگیں پھیلا کر کھڑا ہونا ، بیٹھنا یا چلنا - گھوڑے پر سوار ہونا - دشمن کا ادھر ادھر گولے پھینکنا - تذبذب میں ہونا - معاہدہ اسٹاک کے رو سے کسی شخص کا یہ حق کہ ایک معین قیمت پر خریدے یا بیچے -

Strafe (strāf) *v.t.* & *n.* Punish, bombard, assail (۱۹۱۴ع کی جنگ کی بول چال) گولہ باری کرنا - کمیں گاہ سے گولیاں برسانا - مارنا پیٹنا - گالیاں دینا - ڈانٹ ڈپٹ - مار پیٹ -

Straggle (strag-l) *v.t.* Wander from one's company, be absent without leave - آوارہ پھرنا - بھٹکنا - بغیر اجازت کے غائب ہو جانا - اپنی جماعت سے الگ ہو جانا - تتر بتر ہونا - جا بجا ہونا -

Straggler *n.* بچھڑا ہوا - اپنی جماعت سے پھوٹا ہوا -

Stragglingly *adv.* بھٹک کر - پھوٹ کر - علیحدہ ہو کر - منتشر ہو کر -

Straggly *adj.* بکھرا ہوا - منتشر -

Straight (strāt) *adv., n.* & *adj.* Uncurved, in a right line سیدھا - راست - مستقیم - بے خطا - نشانہ پر بیٹھنے والا - کھرا - بے لاگ - ٹھیک - ہموار - درست - کسی چیز کا سیدھا حصہ - (تاش) پوکر کے کھیل میں ایک سلسلہ کے پانچ پتے - سیڑھی - بلا واسطہ - صحیح طور پر - ٹھیک رخ پر - نشانے پر -

Straight forth فی الفور - فوراً -

A straight back سیدھی کمر -

A straight fight سخت مقابلہ - منصفانہ مقابلہ -

Put things straight معاملات کو درست کرنا -

Straightaway اک دم - اسی وقت - فوراً -

Straight off بلا سوچے سمجھے - بلا تامل -

Straight thinking معقولیت کے ساتھ غور و فکر -

Straightforward بے لاگ - صاف - کھرا -

Straighten *v.t.* درست کرنا - سیدھا کرنا -

Straightness *n.* کھرا پن - استقامت - راستی -

Strain (strān) *v.t.* & *i.* Stretch, draw tight - تاننا - کھینچنا - تان کر کھینچنا - پوری قوت سے کھینچنا - حد سے زیادہ زور لگانا - سخت کوشش کرنا - سینے سے چمٹانا - چھاتی سے لگانا - چھان کر الگ کرنا -

A strained interpretation کھینچ تان کر نکالے ہوئے معنی - بے جا تاویل -

Ship is strained جہاز کے جوڑ ڈھیلے ہوگئے ہیں -

Strain at حد سے زیادہ احتیاط سے کام لینا ۔
Strain a point بے جا طرز عمل اختیار کرنا ۔ ایک بات کو بے جا طول دینا ۔
Strain every nerve ایڑی چوٹی کا زور لگانا ۔
Strain one's authority اپنے اختیار سے بے جا کام لینا ۔
Strain the law, rule قانون کی بے جا تاویل کرنا ۔
Strained sense کھینچ تان کر نکالے ہوئے معنی ۔
Strainable *adj.* قابل تاویل ۔
Strained *adj.* بناوٹی ۔ تناؤ کے ۔ پر تکلف ۔
Strainer *n.* چھلنی ۔

Strain (strān) *n.* Violent effort, pitch, height, a melody, offspring, breed, race کھچاؤ ۔ تناؤ ۔ زور ۔ بے حد کوشش ۔ پٹھوں کا چڑھ جانا ۔ رگوں میں بل آنا ۔ لہجہ ۔ آواز ۔ گیت ۔ نغمہ ۔ رنگ ۔ نسل ۔ اولاد ۔ خاندان ۔

Strait (strāt) *adj. & n.* Tight, close, narrow تنگ ۔ چست ۔ محدود ۔ کٹھن ۔ سخت ۔ مشکل ۔ آبنائے ۔ کشمکش ۔ مصیبت ۔ تنگ دستی ۔
Strait jacket, waistcoat واسکٹ جو دیوانوں کو پہنایا جاتا تھا ۔ تنگ کوٹ یا واسکٹ ۔
Strait-laced سخت محتاط ۔
Straiten *v.t.* جکڑ دینا ۔ تنگ کر دینا ۔
Straitened circumstances افلاس کی حالت ۔ ناداری ۔

Strake (strāk) *n.* Continuous line of planking جہاز کے ایک سرے سے دوسرے سرے تک مسلسل تختہ بندی ۔ تختوں کی جوڑائی ۔

Stramineous (strə-min-i-əs) *adj.* Strawy, worthless خشک گھاس کی طرح ۔ پیال کے رنگ کا ۔ حقیر ۔ ادنیٰ ۔

Straminium (strə-min-i-əm) *n.* The thorn apple ایک قسم کا دھتورا ۔ دمے کی دوا جو دھتورے سے بنتی ہے ۔

Strand (strand) *v.t. & n.* A yard, thread, fibre رسی کی لڑ ۔ ڈوری ۔ تار ۔ دھاگا ۔ کسی مرکب کا جز ۔ رسی کی لڑ توڑ ڈالنا ۔ تار نکال دینا ۔

Strange (strānj) *adj.* Alien, foreign بدیسی ۔ غیر ملک کا ۔ بیرونی ۔ اجنبی ۔ خاندان یا گروہ سے باہر کا ۔ غیر ملکی ۔ پرایا ۔ بیگانہ ۔ نرالا ۔ انوکھا ۔ عجیب ۔ حیرت انگیز ۔
Feel strange جی گھبرانا ۔ اجنبیت محسوس کرنا ۔
Is very strange in his manners وہ عجیب عجیب حرکتیں کرتا ہے ۔
Strangely *adv.* عجیب طرح سے ۔ انوکھے پن سے ۔
Strangeness *n.* بیگانگی ۔ اجنبیت ۔ نرالا پن ۔ انوکھا پن ۔

Stranger (strānj-ər) *n.* A foreigner غیر ملکی ۔ پردیسی ۔ اجنبی ۔ نووارد ۔
Is a stranger to me میں اس سے ناواقف ہوں ۔

Strangle (strang-gl) *v.t.* Kill by compressing the throat گلا گھونٹ کر مار ڈالنا ۔ پھانسی دینا ۔ ٹیٹوا دبانا ۔ زبردستی روکنا ۔ خواہشات کو دبا دینا ۔

Strangulate (strang-gū-lāt) *v.t.* Strangle گلا گھونٹنا ۔ دبنے سے خون کا رک جانا ۔ خون کی روانی روک دینا ۔ بے انتہا تنگ کر دینا ۔
Strangulation *n.* احتناق ۔ حبس دم ۔ رکاوٹ ۔

Strangury (strang-gū-ri) *n.* Painful retention of urine پیشاب رک جانا ۔ قطرے قطرے کرکے تکلیف سے پیشاب ہونا ۔
Strangurious *adj.* جس کو پیشاب رک رک کر ہوتا ہو ۔ احتباس بول کا ۔

Strap (strap) *n. & v.t.* Narrow strip پٹی ۔ تسمہ ۔ فیتہ ۔ چمڑے کی پٹی ۔ پٹی سے کسنا ۔ تسمے سے کسنا ۔ تسمے پر رگڑ کر استرا تیز کرنا ۔ چپکنے والے مرہم کی پٹی لگانا ۔ تسمے سے کسنا یا مارنا ۔
Strap-hanger ریل کا مسافر جو جگہ نہ ملنے کی وجہ سے تسمہ پکڑ کر کھڑا رہے ۔
Strapper *n.* لمبا تڑنگا ۔ مضبوط آدمی ۔
Strapping *n.* تسمہ ۔ ڈوری ۔ فیتہ ۔
Strapping *adj.* لمبا تڑنگا ۔ گٹھیلا ۔

Strappado (strap-ā-dō) *n.* Torture by hoisting رسی سے باندھ کر لٹکانے کی سزا ۔

Strass (stras) *n.* Paste for making false gems مصنوعی نگینے بنانے کا مسالہ ۔

Stratagem (strat-ə-jəm) *n.* A plan for deceiving an enemy داؤں - گھات - چال - دھوکا - فریب - دشمن کو دھوکا دینے کی ترکیب -
Strategic *adj.* فوجی مصلحت کا - لشکر کشی کا - فن حرب کی ضروریات کے مطابق -
Strategical *adj.* فوجی مصلحت رکھنے والا - جنگی -
Strategics *n.* جنگی چالیں - فن حرب -

Strategy (strat-i-ji) *n.* Art of conducting a campaign ترکیب - جنگ - فن حرب - فوجی حکمت - فوجی داؤں - چال -
Strategist *n.* فوجی حکمت عملی کا ماہر -

Straticulate (strat-i-kū-lāt) *adj.* Arranged in thin layers پرت دار - تہہ بہ تہہ -

Stratify (strat-i-fī) *v.t.* Arrange in layers تہہ بہ تہہ جمانا -
Stratification *n.* تہہ بہ تہہ ہونا - پرت دار ہونا -

Stratocracy (strət-ok-rə-si) *n.* Military despotism فوجی آمریت - فوجی حکومت -

Stratum (strā-təm) *n.* A layer of cells, a bed of sedimentary rock تہہ - طبق - پرت - طبقہ -
Stratiform *adj.* پرت دار - طبق دار -
Stratigraphic *adj.* طبقات الارض کے متعلق -
Stratigraphy *n.* علم طبقات الارض -

Stratus (strāt-us) *n.* A thin layer of cloud بادل کی ہلکی پرت -

Straw (straw) *n.* & *v.t.* The stalk of corn پیال - بھوسہ - تنکا - ادنیٰ چیز - گھاس پھوس - چٹائی - پھیلانا - چھڑکنا -
A straw shows which way the wind is blowing } ایک تنکے سے ہوا کا رخ معلوم ہوتا ہے - ذرا سے اشارے سے بہت کچھ معلوم ہو سکتا ہے -
Catch at a straw تنکے کا سہارا لینا -
Make bricks without straw تلوں کے بغیر تیل نکالنا - نا کافی ذرائع سے کام لینا -
The last straw انتہائی بوجھ کے بعد تنکے کا اضافہ بھی ناقابل برداشت ہو جاتا ہے -
Strawy *adj.* پیال کا - بھوسے کا -

Strawberry (straw-bə-ri) *n.* A berry-bearing plant اسٹابری کا پودا - اسٹابری -

Stray (strā) *v.i.*, *adj.* & *n.* Wander away from the right way راہ راست سے ہٹ جانا - گمراہ ہونا - بھٹکنا - بھک جانا - بچھڑ جانا - بھکا ہوا - آوارہ - لاوارث قابل ضبطی جائداد - (لاسلکی) فضائی خلل جو نشریات میں طوفان کی وجہ سے واقع ہو - اکا دکا - اتفاق - بھولا بھٹکا - اتفاق سے آ نکلنے والا -

Streak (strēk) *v.t.* & *n.* An irregular stripe, a scratch لکیر - دھاری - دھاریاں ڈالنا - خط یا لہریں ڈالنا - تیزی سے بہنا -
Has a streak of humour in him اس میں تھوڑا بہت ظرافت کا مادہ ہے -
Like a streak of lightning بجلی کی لہر کی طرح -
Streak of lightning بجلی کی چمک -
Streakiness *n*, لہر دار ہونا - دھاری دار ہونا -
Streaky *adj.* دھاری دار - لہر دار -

Stream (strēm) *n.*, *v.t.* & *i.* A running water دریا - ندی - چشمہ - نالہ - آب جو - بہاؤ - سیلاب - آنسو بہنا - پانی بہنا - بہاؤ کے رخ ہوا میں لہرانا - دھار بہنا -
Go with the stream جو دوسرے کریں وہ کرنا - ہوا کے رخ پر چلنا -
Upstream دریا کے بالائی سمت میں - دریا کے منبع کی طرف -
Streamlet *n.* نالہ - چشمہ -
Streamy *adj.* جس میں بہت سی ندیاں اور چشمے ہوں -

Streamer (strēm-ər) *n.* A ribbon, plume flowing in the wind جھنڈا - پھریرا - شمالی یا قطبی روشنی کی شعاع -

Street (strēt) *n.* A paved road سڑک - راستہ - شارع عام - شاہراہ -
Is on the street پیشہ ور عورت ہے - کسبی ہے -
Live in the street ہمیشہ گھر سے باہر رہنا -
Street cries سودا بیچنے والوں کی بولیاں - پھیری والوں کی آوازیں -
Street walker کسبی - بازاری عورت -

Strength (strength) *n.* Quality, condition or degree of being strong طاقت - قوت - زور - توانائی - جرأت - ہمت - مضبوطی - استواری - استحکام - شراب کی تیزی - بھروسہ - طمانیت - تقویت - قوت کا راز - تعداد -

On the strength of بھروسہ پر - اس کے بل پر -

Strengthless *adj.* کمزور - بے طاقت -

Strengthen (strength-ən) *v.t.* Make strong or stronger مضبوط کرنا - مستحکم کرنا - پکا کرنا - تقویت پہنچانا -

Strengthen one's hands تقویت پہنچانا - ہاتھ مضبوط کرنا -

Strenuous (stren-ū-əs) *adj.* Active, vigorous, zealous سرگرم - پرشوق - مستعد - محنتی - جفاکش - جانفشانی کا - سخت محنت اور استقلال کا -

Strenuously *adv.* محنت اور استقلال سے - سرگرمی سے - تندہی سے -

Strenuousness *n.* نہایت مشکل ہونا - جفاکش ہونا - بے حد محنتی ہونا -

Stress (stres) *n.* & *v.t.* Hardship, strain سختی - تندی - شدت - دباؤ - زور - مشکل - زحمت - صعوبت - جد و جہد - تاکید کرنا - زور ڈالنا - زور دینا -

Stretch (strech) *v.t.*, *i.* & *n.* Extend, make longer or wider تاننا - پھیلانا - کھینچنا - حد سے زیادہ کام لینا - مبالغہ کرنا - بڑھنا - بڑھانا - عرصہ - مدت - عبور دریائے شور کی سزا - کالا پانی - جہاز کے ایک پلٹی کا فاصلہ -

At a stretch مسلسل - متواتر -

Stretch one's legs ٹانگیں پھیلا کر تکان دور کرنا -

Stretch the truth سچ میں جھوٹ ملانا - بے حد مبالغہ کرنا -

Stretchy *adj.* کھینچنے والا - پھیلنے والا -

Stretcher (strech-ər) *n.* A frame for carrying sick or wounded, a frame for stretching painlers canvas پھیلانے والا - تاننے والا - بڑا پتھر یا بڑی اینٹ جو دیوار میں لمبے رخ لگائی جائے - ملاح کا پیر رکھنے کا تختہ - بیمار ڈولی - (بول چال) مبالغہ - گپ شپ -

Strew (stroo) *v.t.* Scatter loosely بکھیرنا - چھڑکنا - پھیلا دینا - نثار کرنا -

Stria (strī-ȧ) *n.* A fine streak, thread like line چھوٹی چھوٹی لکیریں جو سیپیوں اور کوڑیوں پر ہوتی ہیں -

Striate *adj.* & *v.t.* لکیروں والا - لکیریں ڈالنا - خط ڈالنا -

Stricken (strik-ən) *v.t.* دیکھو Strike

Strickle (strik-l) *n.* An instrument for levelling the top of a measure of grain اناج سے بھرے ہوئے برتن کی بالائی سطح برابر کرنے کا گز -

Strict (strikt) *adj.* Tight, narrow, stiff and straight کسا ہوا - کھنچا ہوا - سخت - کڑا - سختی کرنے والا - صحیح - درست - ٹھیک -

Strictly speaking حقیقت میں - سچ پوچھئے تو حقیقت یہ ہے -

Strictly *adv.* سختی سے - صحیح معنی میں - ٹھیک ٹھیک -

Strictness *n.* صحت - درستی - سخت گیری - سختی -

Stricture (strik-tur) *n.* Closure, tightness, adverse remark or criticism اعتراض - حرف گیری - بندش - نکتہ چینی - کسی نالی یا سوراخ کا بند ہو جانا -

Stride (strīd) *v. i.*, *t.* & *n.* Walk with long steps لمبے لمبے قدم اٹھانا - ڈگ بھرنا - پھلانگنا - گھوڑے پر سوار ہونا - لمبا قدم - دونوں پیروں کے درمیان کا فاصلہ -

Get into one's strides کام چل نکلنا -

Strident (stri-dənt) *adj.* Loud and grating تیز اور سخت آواز کا - کرخت آواز کا -

Stridulate (stri-dū-lət) *v.t.* Make a chirping or scraping sound رگڑ سے کھر کھر کی آواز پیدا کرنا - کھڑ کھڑ ہونا - چر چر ہونا -

Stridulant *adj.* چر چر کرتا ہوا - کھڑکڑاتا ہوا -

Stridulation *n.* چر چراہٹ - کھڑ کھڑاہٹ -

Strife (strīf) *n.* Contention, contest جھگڑا - نزاع - بیر - اختلاف - لڑائی - جدل و جدال -

Strigil (strij-il) *n.* A flesh scrapper (قدیم یونان و روما) جھانوا -

Strike (strīk) *v.t.*, & *i.* Delete, cancel, give a blow - مارنا - پیٹنا - ٹھونکنا - ہاتھ چلانا - متاثر کرنا - خیال آنا - سوجھنا - اطاعت قبول کرنا - ہتھیار رکھ دینا - ہڑتال کرنا - کام چھوڑ دینا - خوف پیدا کرنا - کوئی نئی شکل بنا لینا - (امریکہ) تیل یا سونے کی کان دریافت ہونا - بیس بال کے کھیل میں کھلاڑی کا گیند کو ارادتاً مارنا -

A stricken heart مصیبت زدہ دل -

How does it strike you اس معاملہ میں آپ کا کیا خیال ہے -

Match will not strike دیا سلائی نہیں جلتی -

Strike a match دیا سلائی جلانا -

Strike at the root of تباہ کرنے کی کوشش کرنا -

Strike back جوابی وار کرنا -

Strike bargain سودا چکانا -

Strike breakers مزدور جو ہڑتالیوں کی جگہ بلائے جائیں -

Stricken in years سن رسیدہ -

Striking force فوج جو حملے کے لیے تیار ہو -

Strike pay ہڑتالی کا الاؤنس جو مزدوروں کی انجمن دیتی ہے -

Strike up an acquaintance آشنا ہو جانا - دوستی ہو جانا -

Sympathetic strike مزدوروں کی جماعتی ہمدردی میں تائیدی ہڑتال -

Within striking distance زد میں -

Strike work کام چھوڑ دینا -

Striker *n.* ضرب لگانے والا - مارنے والا - ہڑتالی -

String (string) *n., v. t.* & *i.* A small cord or rope رسی - ڈوری - رشتہ - فیتہ - باجوں کی تانت یا تار - گھڑ دوڑ کے گھوڑے جو کسی اصطبل میں سدھائے جا رہے ہوں - ڈوری باندھنا - کمان چڑھانا - ابھارنا - آمادہ کرنا - بے چینی پیدا کرنا - لڑی میں پرونا - چھیلنا - ریشہ نکالنا - بلیرڈ کے کھیل میں گیند مار کر یہ فیصلہ کرنا کہ پہلے کون کھیلے گا (امریکہ) دھوکا دینا -

First string وہ شخص جس پر سب سے زیادہ بھروسہ ہو -

Harp on one's string ایک ہی بات کہے جانا - ایک ہی راگ گائے جانا -

Have a person on a string کسی کی نکیل ہاتھ میں ہونا -

Have two strings to one's bow ایک پنتھ دو کاج - دوہرا فائدہ رکھنا -

Highly strung person جو نہایت بے چین ہو - جس کے اعصاب میں تناؤ ہو -

Pull the strings دوسرے شخص کے افعال کا محرک ہونا -

String up (بول چال) پھانسی دینا -

Touch a string کوئی جذبہ بیدار کر دینا -

Stringent (strin-jənt) *adj.* Tight, rigorous - شدید - قاعدے ضابطے میں سخت - روپیہ کا بازار میں کم ہونا جس کی وجہ سے معاملہ کرنا مشکل ہو -

Stringency *n.* کڑا پن - ضابطہ میں سختی - سختی -

Stringently *adv.* تشدد سے - سختی سے -

Stringer (string-ər) *n.* One who makes strings رسی اور ڈوری بنانے والا - رسیاں بٹنے والا - فیتہ یا بند لگانے والا - شہتیر یا تختہ جس میں سیڑھی کے ڈنڈے جڑے ہوئے ہوں -

Stringy (string-i) *adj.* Consisting of small threads نسیلا - ریشہ دار - لمبے ریشوں کا جس پر لس دار تہہ جم گئی ہو -

Stringiness *n.* لسدار ہونا - ریشہ دار ہونا -

Strip (strip) *v.t.* & *i.* Pull, peel or bar off ادھیڑنا - چھیلنا - کھینچنا - ننگا کرنا - کسی چیز کا ساز و سامان الگ کر دینا - درخت کی چھال اتارنا - تمباکو کے ڈنٹھل الگ کرنا - بیج کا مرغولہ الگ ہو جانا - گائے یا بھینس کا پورا دودھ دوہ لینا - گولی کا رائفل سے سیدھا نکلنا -

Strip cow پورا دودھ نکال لینا -

Strip one to the skin بالکل ننگا کر دینا -

Strip off چھیلنا - اتارنا -

Stripper (strip-ər) *n.* One who strips بے نقاب کرنے والا - ننگا کرنے والا - مشین جس سے چھال اتاری جائے یا تمباکو کے ڈنٹھل الگ کئے جائیں -

Strip (strip) *n.* A long narrow piece - دھجی - پٹی - لمبا پتلا ٹکڑا - کاغذ کی چٹ - زمین یا باغ کا لمبا سا قطعہ -

Stripe (strīp) *n.* A blow with a lash, a striped cloth چوڑی دھاری ۔ موٹی لکیر ۔ کوڑے کی مار ۔ کوڑے کی سزا (بول چال) شیر ۔ پٹنت باگھ ۔

Get one's stripes (فوجی) ترقی پانا ۔ عہدہ کی پٹی پانا

Stripy *adj.* پٹی دار ۔ دھاری دار ۔

Stripling (stripl-ing) *n.* A youth, one yet growing نوجوان لڑکا ۔

Strive (strīv) *v. i.* Contend, struggle محنت کرنا ۔ جانفشانی کرنا ۔ بے حد کوشش کرنا ۔ زور مارنا ۔ مقابلہ کرنا ۔ قابو پانے کی کوشش کرنا ۔

Strode (strōd) *v.t.* Stride دیکھو

Stroke (strōk) *n.* Act or mode of striking چوٹ ۔ ضرب ۔ وار ۔ ہلہ ۔ حملہ ۔ استادی ہاتھ ۔ قلم کی جنبش ۔ شوشہ یا لکیر ۔ گھنٹہ بجنے کی آواز ۔ کھویوں کی ٹولی جو ایک ساتھ ہاتھ چلائے ۔

Stroke of luck خوش نصیبی ۔ حسن اتفاق

With a stroke of pen ایک جنبش قلم سے ۔

Stroke (strōk) *v.t. & n.* Rule gently, smooth, flatter تھپکنا ۔ سہلانا ۔ ہاتھ پھیرنا ۔ غصہ دلانا ۔ ایسی باتیں کہنا کہ غصہ آ جائے ۔ سہلانے تھپکنے کا عمل ۔

Stroke one's hair the wrong way غصہ دلانے والی باتیں کہنا ۔

Strokingly *adv.* سہلاتے ہوئے ۔ تھپکتے ہوئے ۔

Stroll (strōl) *v.i., t. & n.* Wander, walk leisurely سیر کرنا ۔ چہل قدمی کرنا ۔ گشت لگانا ۔ سیر ۔ گشت ۔ چہل قدمی ۔ ہوا خوری ۔

Stroller *n.* سیر کرنے والا ۔ ٹہلنے والا ۔

Strong (strong) *adj. & n.* Powerful, forceful مضبوط ۔ مستحکم ۔ ٹھوس ۔ سخت ۔ پختہ ۔ استوار ۔ طاقتور ۔ قوی ۔ توانا ۔ زبردست ۔ با اثر ۔ با اقتدار ۔ قابل ۔ لائق ۔ مدلل ۔ موثر ۔ گہرا ۔ وہ فعل جس کا صیغہ ماضی حرف علت کے بدلنے سے بنتا ہے ۔

Gave strong support پر زور حمایت کی ۔

Going strong (بول چال) زوروں پر ہے ۔ کام خوب چل رہا ہے ۔ بہت تندرست ہے ۔

Stronghold کسی نظریہ کا مرکز ۔ کوٹ ۔ گڑھ ۔ قلعہ ۔

Strong language ہتک آمیز الفاظ ۔ سخت الفاظ ۔

Strongish *adj.* خاصہ تندرست ۔ کسی قدر مضبوط ۔ قدرے سخت ۔

Strong water شراب ۔

Strop (strop) *n. & v.t.* A strip of leather for sharpening razors چمڑے کا ٹکڑا جس پر استرا تیز کرتے ہیں ۔ استرا تیز کرنے کی مشین ۔ چمڑے پر استرا تیز کرنا ۔

Strophe (strōf-i) *n.* A song sung by two parties in a Greek play ایک قسم کا گیت جو یونانی ناٹک میں دو جماعتیں گاتی تھیں ۔

Strove (strōv) *v.t.* Strive دیکھو

Struck (struk) *v.t* Strike دیکھو

Structure (struk-tyər) *n.* Manner or act of putting together, form ساخت ۔ بناوٹ ۔ وضع ۔ ڈھانچہ ۔ ترکیب ۔ تعمیر ۔ عمارت ۔

Structural *adj.* ساخت یا بناوٹ کے متعلق ۔

Structureless *adj.* بے ہنگم ۔ بے ترکیب ۔ بے وضع ۔

Struggle (strug-l) *v. i. & n.* Strive vigorously جد و جہد کرنا ۔ ہاتھ پاؤں مارنا ۔ سخت کوشش کرنا ۔ ایڑیاں رگڑنا ۔ کشمکش کرنا ۔ کشمکش ۔ جد و جہد ۔ سخت کوشش ۔ گھمسان کی لڑائی ۔

Struggler *n.* ہاتھ پاؤں مارنے والا ۔ جد و جہد کرنے والا ۔

Struggling *adj.* سخت کوشش کرتے ہوئے ۔ جدو جہد کرتے ہوئے ۔

Strum (strum) *v.t. & i.* Play in a haphazard manner پیانو وغیرہ اناڑی پن سے بجانا ۔ بے قاعدہ بجانا ۔

Struma (stroo-mä) *n.* Scrofula خنازیر ۔ کنٹھ مالا ۔ گلٹی ۔

Strumpet (strum-pit) *n.* A whore فاحشہ عورت ۔ رنڈی ۔ کسبی ۔

Strung (strung) *v.t* String دیکھو

Strut (strut) *v. i. & n.* Stand stiffly upright, walk in vanity اکڑ کر چلنا ۔ تن کر کھڑے ہونا ۔ اترانا ۔ اکڑنا ۔

Struttingly *adv.* گھمنڈ کرتے ہوئے ۔ اتراتے ہوئے ۔ اکڑتے ہوئے ۔

Struthious (stroo-thi-əs) *adj.* Like an ostrich شترمرغ کا سا ۔ شترمرغ کی طرح ۔

Strychnia-nine (strik-nen) *n.* A poison got from nux vomica seeds کچلا ۔ ایک زہریلی دوا ۔

Strychnic *adj.* کچلے کا ۔

Stub (stub) *n.* & *v.t.* A short thick nail ٹھونٹھ ۔ کندہ ۔ موٹا کیلا ۔ دانت کی جڑ ۔ پنسل کا ٹکڑا ۔ سگار یا سگریٹ کا ٹکڑا ۔ ٹھونٹھ کو جڑ سے اکھاڑ دینا ۔

Stub one's toe ٹھوکر سے پیر کی انگلی کا زخمی ہو جانا ۔

Stubby *adj.* ٹکڑے کا سا ۔ ٹھونٹھ کا سا ۔

Stubble (stub-l) *n.* A stump of reaped corn پودوں کے ٹھونٹھ جو کھیت میں باقی رہ جاتے ہیں ۔ خشختی بال ۔ خشخشی داڑھی ۔

Stubborn (stub-ərn) *adj.* Obstinate ہٹیلا ۔ ضدی ۔ سرکش ۔ ثابت قدم ۔ مضبوط ۔ اڑیل ۔ سخت ۔ کڑا ۔

Facts are stubborn things واقعات کڑی چیزیں ہیں ان کو توڑا مروڑا نہیں جا سکتا ۔

Stubbornly *adv.* ضد سے ۔ تمرد سے ۔ سختی سے ۔

Stubbornness *n.* اڑیل پن ۔ سرکشی ۔ ضدی ہونا ۔

Stucco (stuk-ō) *n.* A plaster used for coating walls ایک طرح کا استر کاری کا مسالہ ۔ سنگ مرمر کا چونا ۔

Stuck-up (stuk) *n.* A thrust وار ۔ خود رائے آدمی ۔

Stud (stud) *n.*, *v.t.* & *i.* A stump, a spur, link پھولدار کیل ۔ گھنڈی ۔ گل میخ ۔ جہاز کی زنجیروں کی دو نوکی کیل ۔ گلے کا بٹن ۔ میخیں بنانا یا جڑنا ۔ جا بجا ہونا ۔ بکھرا ہوا ہونا ۔

Stud (stud) *n.* A horse-breeding establishment گھوڑوں کی نسل کشی کا ادارہ ۔ جہاں بہت سی گھوڑیاں اور گھوڑے ہوں ۔ ایسے گھوڑوں کے رہنے کا مقام ۔

Student (stū-dənt) *n.* One who studies طالب علم ۔ تلمیذ ۔ شاگرد ۔ پڑھنے والا ۔ کسی علم یا فن کا مطالعہ کرنے والا ۔

Studentship *n.* طالب علمی ۔

Studio (stū-di-ō) *n.* An artist's workshop مصور یا نقاش کی کارگاہ ۔ فوٹوگرافر یا فلم ساز کی دوکان ۔ وہ کمرہ جس میں فلم سازی کے لیے سامان مہیا کیا جاتا ہے ۔ ریڈیو اسٹیشن کا کمرہ جہاں فن کار بٹھائے جاتے ہیں ۔

Studious (stū-di-əs) *adj.* Devoted to study محنت کش ۔ مطالعہ کا شائق ۔ محنت سے پڑھنے والا ۔ سرگرم ۔ خاص کوشش کرنے والا ۔ دل سے چاہنے والا ۔ غیر معمولی ۔

Studiously *adv.* سرگرمی سے ۔ محنت سے ۔

Studiousness *n.* کتب بینی ۔ مطالعہ کا شوق ۔

Study (stud-i) *n.* Acquirement of knowledge مطالعہ ۔ تلاش ۔ تحصیل علم ۔ کتب بینی ۔ غور و فکر ۔ سوچ بچار ۔ مطالعہ کے قابل چیز ۔ مطالعہ گاہ ۔ کام کرنے کا کمرہ ۔

Is in a brown study محویت کے عالم میں ۔

Make a study of مطالعہ کرنا ۔ تحقیق کرنا ۔

Study (stud-i) *v.t.* & *i.* Seek to achieve, consider, scrutinise سوچنا بچارنا ۔ غور و فکر کرنا ۔ تحقیق کرنا ۔ تحصیل علم میں مصروف ہونا ۔ فکر میں ڈوبا ہوا ہونا ۔ کسی چیز میں محو ہونا ۔ اہتمام کرنا ۔ خاص خیال رکھنا ۔

Studied *adj.* تصنع یا توقف کا ۔ قصداً کیا ہوا ۔ ارادتاً کیا ہوا ۔

Stuff (stuf) *n.*, *v.t.* & *i.* Matter, substance, essence اسباب ۔ سامان ۔ مسالہ ۔ چیز ۔ شے ۔ خام جنس ۔ ادنیٰ کپڑا ۔ فضول چیز ۔ مہمل بات ۔ (بول چال) روپیہ پیسہ ۔ ٹھوس ٹھوس کر بھرنا ۔ بہت سا کھا جانا ۔

Food stuffs اشیائے خوردنی ۔

Stuffed fowl مسالہ بھر کر پکایا ہوا مرغ ۔

Stuffing *n.* بھرنے کی چیز ۔

Stuffy (stuf-i) *adj.* Badly ventilated ہوا بند ۔ دم گھٹنے والا ۔ (امریکہ) روٹھا ہوا ۔ ناراض ۔ کبیدہ خاطر ۔

Stultify (stul-ti-fī) *v.t.* Cause to appear foolish بے وقوف بنانا ۔ مضحکہ اڑانا ۔ اپنے قول کی خود تردید کرنا ۔ تضحیک کرنا ۔

Stultification *n.* تضحیک ۔ تردید ۔

Stum (stum) *n. & v.t.* Grape juice unfermented انگور کا رس یا شیرا - کچی انگوری شراب - ایسی شراب جس میں خمیر نہ اٹھے - جوش نہ آنے دینا - جوش ٹھنڈا کرنے کی دوا ڈال دینا -

Stumble (stum-bl) *v.i.* Take a false step, come near to falling ٹھوکر کھانا - چوکنا - الجھنا - بگڑنا - پس و پیش کرنا - تامل کرنا - اتفاق سے معلوم کر لینا -

Stumble along ٹھوکر کھاتے ہوئے چلنا -

Stumbling block اڑچن - رکاوٹ - سنگ راہ -

Stumblingly *adv.* ٹھوکریں کھاتے - گرتے پڑتے -

Stumer (stū-mər) *n.* A counterfeit coin or note جعلی سکہ - جعلی نوٹ -

Stump (stump) *v.t., i. & n.* The part of a felled tree left in the ground ٹھونٹھ - ٹنڈ - پنسل کا ٹکڑا - سگار کا ٹکڑا - پرانا برش - (کرکٹ) وکٹ کے ڈنڈے - چھوٹا بیلن - اکڑی ہوئی ٹانگوں سے کھٹ پٹ کرتے ہوئے چلنا - چکرا دینا - کھلاڑی کو وکٹ میں گیند مار کر آؤٹ کر دینا - (بول چال) وکٹ کیپر - مطالبہ ادا کر دینا - سیاسی تقریر شائع کرنا -

I am stumped مجھے کچھ سجھائی نہیں دیتا - میں چکر میں ہوں -

Stump oratory سیاسی تقریر بازی -

Stumper *n.* مشکل مسئلہ - ٹیڑھا سوال -

Stumpy (stum-pi) *adj. & n.* Short and thick چھوٹی اور موٹی - پستہ قد اور موٹا آدمی -

Stumpiness *n.* پستہ قد اور گٹھیلا ہونا -

Stun (stun) *v.t.* Render unconscious as by a blow چکرا دینا - بے ہوش کر دینا - اس قدر متاثر کرنا کہ چکر کھا کر گر پڑے - کمر توڑ دینا -

Stunner *n.* غضب کا حسین یا قابل - نہایت اعلیٰ درجہ کی چیز -

Stunning *adj.* نہایت اعلیٰ - بلا کا - نہایت عمدہ -

Stunningly *adv.* حیرت زدہ کرتے ہوئے - بے انتہا - بے حد -

Stung (stung) *v.t.* Sting دیکھو

Stunk (stunk) *v.t.* Stink دیکھو

Stunt (stunt) *n.* A difficult and showy performance اعلیٰ کام - حیرت زدہ کرنے والا کام - کمال کا کام جو شہرت کے لیے کیا جائے -

Stupe (stūp) *n. & v.t.* A medicated piece of tow or cloth used in fomentation گرم پانی سے سینکنے کا فلالین کا کپڑا - زخم پر باندھنے کی پٹی - کپڑے سے سینکنا -

Stupe (stūp) *n.* An idiot بے وقوف - احمق - بدھو -

Stupefy (stū-pi-fi) *v.t.* Make stupid بے ہوش کرنا - دماغ مختل کرنا - مد ہوش کرنا -

Stupefacient *adj. & n.* سن کرنے والی - مخدر دوا -

Stupefaction *n.* بد حواسی - بے ہوشی - مد ہوشی -

Stupefactive *adj.* بے ہوش کرنے والی - سن کرنے والی - مخدر -

Stupefier *n.* بے ہوش کرنے والا - مخبوط کرنے والا -

Stupendous (stū-pen-dəs) *adj.* Astounding عظیم الشان - حیرت افزا - عظیم - نہایت سخت - سنگین -

Stupendously *adv.* بے حد - نہایت - حیرت انگیزی سے -

Stupendousness *n.* حیرت انگیزی - بڑائی - عظمت -

Stupid (stū-pid) *adj.* Showing lack of reason or judgement بے خبر - بے خود - مد ہوش - مخبوط - کند ذہن - غبی - کودن - بے وقوف -

Stupidity *n.* کند ذہنی - بے خبری - بے وقوفی -

Stupidly *adv.* نادانی سے - بے ہودگی سے - بے وقوفی سے -

Stupor (stū-pər) *n.* Torpor, lethargy بے ہوشی - بے حسی - استعجاب کی حالت جب منہ کھلا کا کھلا رہ جائے -

Stuporous *adj.* بے ہوشی کرنے والی - مخدر -

Sturdy (stur-di) *adj.* Robust, rough, resolute زور آور - مضبوط جسم کا - گٹھا ہوا - سخت - زبردست -

Sturdily *adv.* زور شور سے - زبردستی سے - سینہ زوری سے -

Sturdiness *n.* زور آوری - مضبوطی -

Sturdy (stur-di) *n.* A disease of sheep بھیڑوں کی دوران سر کی بیماری -

Sturgeon (stur-jən) *n.* A kind of big fish شارک کی طرح کی ایک بڑی مچھلی -

Stutter (stut-ər) *v.i., t. & n.* Stammer اٹک اٹک کر بولنا - ہکلانا - بات کرنے میں رکنا - ہکلانے کی عادت -
  Stutterer *n.* رک رک کر بولنے والا - ہکلا -
  Stutteringly *adv.* رک رک کر بولتے ہوئے - ہکلا ہکلا کر -
Sty (stī) *v.t., i. & n.* A pen for swine سور باڑہ - گندا مقام - چکلا - کسبی خانہ - گندے مکان میں رہنا یا رکھنا -
Sty (stī) *n.* A small inflamed tumour on the eye-lid پھنسی جو آنکھ کے پپوٹے میں نکلتی ہے - کرنجی -
Stygian (stij-i-ən) *adj.* Of the Styx - دوزخی - جہنمی - جہنم کا ایک آتشیں دریا - تاریک - بھیانک -
Style (stīl) *n. & v.t.* A pointed pen for writing on vax tablets - قلم - قدیم زمانہ کی لکھنے کی سلائی - پنسل - طرز تحریر - انداز تقریر - طرز ادا - طرز بیان - پورا نام یا خطاب - نام یا خطاب سے مخاطب کرنا -
  Stylish *adj.* وضع دار - کسی خاص طرز کا -
  Stylishly *adv.* خاص رنگ میں - امتیازی شان سے -
  Stylishness *n.* منفرد رنگ - خاص انداز - امتیازی طرز -
Style (stīl) *n.* Slender part of the gynaeceum بیضہ داں کا تنگ حصہ - لوہے کی چھڑی جس سے دھوپ میں وقت معلوم کرتے تھے -
Stylist (stīl-ist) *adj.* Displaying style - صاحب طرز - ایک خاص اسلوب رکھنے والا -
  Stylistic *adj.* طرز تحریر کے متعلق - اسلوب بیان کے متعلق -
Stylize (stīl-īz) *v.t.* Give a particular style to a work of art فن لطیفہ کی کسی چیز کو خاص طرز پر ڈھالنا - کسی صاحب طرز کی پیروی کرنا -
Stylobate (stī-lo-bāt) *n.* The substructure of a row of columns - ستونوں کی قطار کا بنیادی ڈھانچہ - ستونوں کی کرسی یا بیٹھک -
Stylograph (stī-lo-graf) *n.* A pencil like pen with a needle point سوئی قلم - ایک نوکیلا روشنائی کا قلم -
Styptic (stip-tik) *adj. & n.* Checking bleeding ادرار خون کو روکنے والی دوا -
Styx (sti-ks) *n.* A river of Hades دوزخ کا ایک دریا -

Suable (sōō-əbl) *adj.* That may be sued قابل نالش - دعوے کے قابل -
Suasion (swā-zhən) *n.* Persuasion - سمجھانا بجھانا - فہمائش - تفہیم - ترغیب -
  Suasive *adj.* تفہیمی - ترغیبی -
Suave (swāv) *adj.* Smooth, bland - خوش خلق - شائستہ - نرم - شیریں - لطیف -
  Suavity *n.* لطافت - شائستگی - نرمی -
Sub (sub) *n.* Abbreviation of subscription and substitute قائم مقام - چندہ - (بول چال) فوج کا معمولی افسر - قائم مقام -
Sub (sub) *prefix.* Under, below, away - سابقہ - نیچے - تلے - زیر - تحت میں -
Sub-aerial (sub-a-ri-əl) *adj.* In the open air میدان میں -
Sub-agent (sub-a-gent) *n.* An assistant agent ایجنٹ کا ماتحت - ایجنٹ کا مددگار -
  Sub-agency ذیلی دفتر - مددگار ایجنٹ کا دفتر -
Sub-agitation (sub-aji-ta-shən) *n.* Co-bedding مباشرت -
Sub-alpine (sub-al-pīn) *adj.* Bordering on Alpine کوہ ایلپس کے دامن میں -
Subaltern (sub-al-tern) *adj.* Assistant - ماتحت - مطیع - محکوم -
  Subalternate ماتحت - اپنی باری سے آنے والا -
Sub-apenine (sub-ape-nīn) *adj.* At the foot of Apenine mountain کوہ ایپی نائن کے نشیبی علاقہ کا -
Subbranch (sub-branch) *n.* A lower branch کسی بڑے ادارہ کی ذیلی شاخ -
Subbreed (sub-brēd) *n.* Lower breed ذیلی نسل کی نسل -
Subcentral (sub-sentr-l) *adj.* Below the centre مرکز کے قریب کا - مرکز کے نیچے کا -
Subcommittee (sub-kom-i-tē) *n.* A low committee formed by the higher one بڑی کمیٹی کی بنائی ہوئی ذیلی کمیٹی -
Subconscious (sub-kon-shəs) *adj.* Away from the focus of attention تحت الشعوری -

Sub-consciousness *n.* تحت الشعور ۔

Sub-consciously *adj.* بلا ارادہ ۔ تحت الشعوری طور پر ۔

Sub-continent (sub-konti-nənt) *n.* A big part of the continent ذیلی براعظم ۔

Sub-contract (sub-kon-trakt) *n.* Subletting of work ذیلی ٹھیکہ جو بڑا ٹھیکہ چھوٹے ٹھیکیداروں کو چھوٹے کاموں کے لیے دیتا ہے ۔

Sub-contractor ذیلی ٹھیکیدار ۔

Sub-contrary (sub-kont-rəri) *adj.* Contrary in an inferior degree کسی قدر مختلف ۔ کسی قدر تضاد کا حامل ۔ معمولی تضاد کا ۔

Sub-cordate (sub-kor-dāt) *adj.* Somewhat heart shaped قریب قریب دل کی شکل کا ۔

Sub-corneous (sub-kōr-ni-əs) *adj.* Horn-shaped سینگ کی قسم کا ۔ سینگ کی شکل کا ۔

Sub-costal (sub-kos-təl) *adj.* Near or under the rib پسلیوں کے قریب یا نیچے ۔

Subcutaneous (sub-kū-tā-ni-əs) *adj.* Under the skin جلد کے نیچے ۔

Subcylindrical (sub-si-len-dri-kəl) *adj.* Of the cylindrical shaped قریب قریب استوانی شکل کا ۔

Subdeacon (sub-de-kən) *n.* Assistant to deacon نائب پادری ۔ نیابت ۔

Sub-delerium (sub-de-le-ri-əm) *n.* Slight affect on brain خفیف ہذیان ۔ ہذیان کی ابتدا ۔

Sub-divide (sub-di-vid) *v.t. & i.* Divide into smaller divisions کسی علاقہ کو چھوٹے چھوٹے حلقوں میں تقسیم کرنا ۔ بڑے حصے کو چھوٹے چھوٹے حصوں میں تقسیم کرنا ۔

Sub-division (sub-di-vi-zhən) *n.* Lower division of a division قسمت کی ذیلی تقسیم ۔

Subduct (sub-dukt) *v.t.* Deduct نکال لینا ۔ گھٹانا ۔

Sub-edit (sub-edit) *v.t.* Act as assistant editor ماتحت مدیر کی حیثیت سے کام کرنا ۔

Sub-editor (sub-edit-ər) *n.* Assistant editor مددگار مدیر ۔

Sub-equal (sub-e-kwal) *adj.* Additional تقریباً مساوی ۔ زائد ۔ امدادی ۔

Sub-family (sub-fami-li) *n.* A primary division of family خاندانی تقسیم جو کئی شاخوں پر مشتمل ہو ۔

Sub-genus (sub-je-nəs) *n.* A primary division of genus جنس کی تقسیم جو ادنیٰ انواع پر مبنی ہو ۔

Subglobular (sub-glob-ū-lər) *adj.* Nearly globular قریب قریب کروی ۔

Subgroup (sub-groo͞p) *n.* Lower group بڑی جماعت کی ذیلی جماعت ۔

Sub-head (sub-hed) *n.* A subordinate head or heading ذیلی عنوان ۔ ذیلی سرخی ۔

Sub-heading *n.* ذیلی عنوان ۔ ضمنی سرخی ۔

Sub-human (sub-hu-mən) *adj* Below but near the human انسان سے کم مگر انسان سے قریب ۔

Sub-inspector (sub-in-spekt-ər) *n.* Assistant inspector نائب انسپکٹر ۔ مددگار مہتمم ۔

Sub-joint (sub-jo-i-nt) *n.* An inner joint ذیلی جوڑ جو جوڑ کے اندر ہو ۔

Sub-lease (sub-lēz) *n.* An under lease by the tenant شکمی پٹہ ۔

Sublet (sub-let) *v.t.* Under let by the tenant کرایہ دار یا پٹہ دار کا گھر یا زمین کا کچھ یا پورا حصہ دوسرے کو پٹہ پر دینا ۔

Sub-lieutenant (sub-ləf-ten-ənt) Assistant lieutenant نائب لفٹنٹ ۔ بحری فوج کا ایک چھوٹا افسر ۔

Sub-lingual (sub-ling-ū-əl) *adj.* Under the tongue تحت اللسانی ۔

Subman (sub-mən) *n.* A man whose faculties are not developed وہ انسان جس کے قویٰ نشو و نما سے محروم رہے ہوں ۔

Submarine (sub-ma-rin) *adj. & n.* Under the sea سمندر کے اندر کا ۔ آبدوز کشتی ۔

Submaster (sub-mas-tər) *n.* Assistant master مدگار مدرس ۔

Sub-mental (sub-ment-əl) *adj.* Below the chin ٹھوڑی کے نیچے کا ۔

Sub-mountain (sub-mownt-ən) *n.* Foot of mountain دامن کوہ ۔

Sub-multiple (sub-multi-pl) *n.* An aliquot part وہ عدد جس کو کسی دوسرے صحیح عدد سے ضرب دینے سے عدد معلوم حاصل ہو ۔

Subnarcotic (sub-nar-kō-tik) *adj.* Narcotic in a lower degree کسی قدر قدرے سن کرنے والی ۔ مخدر ۔ کسی قدر خواب آور ۔

Subnormal (sub-normal) *adj.* Below normal معمول سے کم ۔ طبعی حالت سے کم ۔

Subocular (sub-ok-ū-lər) *adj.* Under the eye آنکھ کے نیچے کا ۔

Suborbital (sub-orb-i-təl) *adj.* Below the orbit of the eye خانہ چشم کے نیچے کا ۔

Suboval (sub-o-vəl) *adj.* Slightly oval کسی قدر بیضوی ۔

Subpleural (sub-plū-rəl) *adj.* Below the lungs پھیپھڑے کے پردے کے نیچے کا ۔

Subpolar (sub-pol-ər) *adj.* Nearly polar قطبین کے قریب کا ۔ قطبین کا سا ۔

Subramose (sub-ra-mōs) *adj.* Branchial کسی قدر شاخدار ۔

Subsaturated (sub-sa-tū-ratd) *adj.* Slightly saturated جذب کیا ہوا ۔ کسی قدر پر آب ۔

Subsaturation (sub-sa-tū-rā-shən) *n.* Soaking of the subsoil کسی قدر انجذاب ۔

Subsection (sub-sek-shən) *n.* A division of section کسی شعبہ کا ذیلی شعبہ ۔

Subsoil (sub-so-il) *n.* Broken up rock underlying the soil اوپر کی زمین کے نیچے کی کنکریلی پرت ۔

Substation (sub-sta-shən) *n.* A subordinate station چھوٹا اسٹیشن ۔ ذیلی مرکز ۔

Sub-stratum (sub-stra-təm) *n.* Layer below the surface کسی طبقے کے نیچے کا طبقہ ۔

Substructure (sub-struk-tur) *n.* A foundation عمارت کا بنیادی حصہ ۔ بنیاد ۔

Subtenant (sub-te-nənt) *n.* The tenant of a tenant پٹہ دار کا شکمی دار ۔

Subtenancy (sub-te-nən-si) *n.* The tenancy of a tenant پٹہ دار کی شکمی پٹہ داری ۔

Subterranean (sub-tə-ra-ni-ən) *adj.* Underground خفیہ ۔ زمین دوز ۔ زیر زمین ۔

Subtitle (sub-titl) *n.* An additional or second title ضمنی نام ۔ دوسرا نام ۔

Subtropical (sub-tro-pik-əl) *adj.* Nearly tropical منطقہ حارہ سے ملا جلا ۔ منطقہ حارہ کے قریب کے جانور پودے یا آب و ہوا ۔

Subvariety (sub-var-ī-ti) *n.* A variety of variety ذیلی قسم کی ذیلی قسم ۔

Subvitreous (sub-vit-ri-əs) *adj.* Partly vitreous شیشے سے ملتا جلتا ۔ شیشے کی طرح کا ۔

Subaltern (sub-əlt-ərn) *adj.* & *n.* A lower military officer کم درجہ کا ماتحت افسر ۔ وہ قضیہ جو کسی کلیہ کے ذیل میں آتا ہو ۔ معمولی فوجی افسر ۔

Subaudition (sub-a-di-shən) *n.* Addition in recitation اپنی طرف سے کسی تحریر میں الفاظ کا اضافہ کر کے پڑھنا ۔ مخفی معانی سمجھ لینا ۔

Subduce-ct (sub-dūs) *v.t.* Withdraw نکال دینا ۔ علیحدہ کرنا ۔ الگ کرنا ۔

Subduction *n.* منہائی ۔ تفریق ۔ علیحدگی ۔

Subdue (sub-dū) *v.t.* Overcome, overpower تسخیر کرنا ۔ مطیع کرنا ۔ فتح کرنا ۔ قابو پا جانا ۔ مدھم کرنا ۔ ہلکا کرنا ۔ کم کرنا ۔

Subduable *adj.* قابل تسخیر ۔

Subdual *n.* تسخیر ۔

Subdued *adj.* مغلوب ۔ ہلکا ۔ مسخر ۔

Subduedness *n.* ملائمت ۔ ہلکا پن ۔ دھیما پن ۔

Subduple (sub-du-pl) *adj.* Of one of the two parts دو حصوں میں سے ایک حصہ کا ۔

Subduplicate *n.* جس میں رقوم نسبتی کے جذر کی نسبت ہو ۔ ذیلی مثنیٰ ۔

Subereous (sub-ə-res) *adj.* Corky کارک کی طرح کا ۔ کارک جیسا ۔

Subjacent (sub-ja-sənt) *adj.* Underlying تہہ میں ۔ تلے ۔ نیچے ۔

Subject (sub-jikt) *adj.* & *adv.* Under rule or control ماتحت ۔ محکوم ۔ مطیع ۔ تابع ۔ مغلوب ۔ مشروط ۔ فاسد مادہ رکھنے والی بیماری کا ۔

Subject (sub-jikt) *n.* One who is subject - رعیت رعایا - (قواعد) فاعل - مبتدا - موضوع - ذات - موضوع بحث - چیز ، بات ، شخص -

Subject matter موضوع - امر زیر غور -

Subject of suit بنائے دعویٰ -

Subject for ridicule - مضحکہ خیز شخص یا چیز موضوع تمسخر -

Subject for rejoicing خوش کن بات -

Subject (sub-jikt) *v.t.* Subordinate, make a subject حلقہ بگوش کرنا - مطیع بنانا - مغلوب کرنا - موضوع بنانا - کوئی عمل کرنا -

Subjection *n.* محکوم بنانا - تسلط - محکومی -

Subjective (sub-jikt-iv) *aaj.* Of the subject موضوعی - نفسی - فاعلی - داخلی - ذہنی -

Subjectively *adv.* داخلی طور پر -

Subjectiveness } *n.* ذہنیت - داخلیت -

Subjectivity } *n.* داخلی کیفیت -

Subjectivism (sub-jekt-i-vizm) *n.* Doctrine that all knowledge is subjective یہ نظریہ کہ علم محض داخلی چیز ہے - خارج سے اس کا تعلق نہیں اور نہ خارج اس کا معیار ہے - داخلیت -

Subjoin (sub-jo-in) *v.t.* Make an addition at the end آخر میں اضافہ کرنا - ضمیمہ لگانا - آخر میں شامل کر دینا -

Subjugate (sub-jōō-gāt) *v.t.* Bring under the yoke محکوم بنانا - مغلوب کرنا - تسخیر کرنا - مطیع کرنا -

Subjugable *adj.* محکوم بنانے کے قابل - قابل تسخیر -

Subjugation *n.* تابعداری - محکومی -

Subjugator *n.* مطیع کرنے والا - مغلوب کرنے والا -

Sublimate (sub-lim-āt) *v.t.* Elevate, sublime دوا کا جوہر نکالنا - تبخیر کے بعد پھر منجمد کرنا - پاکیزہ یا برتر بنانا - ترقی دینا - کسی چیز کو پوری شکل میں دیکھنا یا دکھانا -

Sublimation *n.* کسی چیز کا جوہر اڑانا - بہتری - ترقی - ارتقا -

Sublimate (sub-lim-āt) *adj.* & *n.* Changed from solid to vapour اڑایا ہوا جوہر - جوہری - بھاپ بنایا ہوا - جوہر - بھاپ -

Sublime (səb-lim) *adj.* Exalted, lifted high - بلند رفیع - اونچا - برتر - انتہائی - سطح کے قریب -

Sublimely *adv.* نہایت - بے حد - بلند نظری سے - رفعت کے ساتھ -

Sublimity *n.* ارتقائی عروج - بلندی - رفعت -

Sublime (səb-lim) *v.t.* & *i.* Raise aloft, exalt بلند کرنا - جوہر اڑانا - تہذیب ہونا - بلندی پر پہنچنا - رفیع یا برتر ہونا -

Subliminal (sub-lim-in-əl) *adj.* Subconscious تحت الشعوری -

Sub-lunar (sub-loon-ər) *adj.* Earthly - خاکی - دنیاوی زیر فلک -

Submerge (səb-mərj) *v.t.* & *i.* Sink, put under the surface غرق ہونا - ڈوبنا - تہہ آب ہونا - غوطہ لگانا - سمندر کی تہہ میں چلے جانا -

Submergence-sion *n.* تہہ آب ہونا - ڈوبنا - غرقابی -

Submerse (səb-mərs) *v.t.* & *adj.* Submerge, growing under water - تہہ آب ہونا - غرقاب ہونا پانی کے اندر بڑھنا -

Submersed *adj.* جو تہہ آب ہو -

Submersible *adj.* جو تہہ آب ہو سکے - قابل غرقابی -

Submission (səb-mish-ən) *n.* Act of submitting, reference, surrender تسلیم - اطاعت - فرمانبرداری - رضا جوئی - توکل (قانون) گزارش - معروضہ -

Submissive *adj.* اطاعت گزار - فرمانبردار -

Submissively *adv.* اطاعت شعاری سے - فرمانبرداری سے -

Submissiveness *n.* فروتنی - عاجزی - انکسار -

Submit (səb-mit) *v.t.* & *i.* Yield, resign اطاعت اختیار کرنا - اپنے آپ کو حوالے کرنا - عرض کرنا - گزارش کرنا - مان لینا - برداشت کرنا -

Subordinate (səb-ord-i-nāt) *adj.* & *n.* Lower in rank ماتحت - تابع - کم درجہ کا - کم حیثیت کا -

Subordinate (səb-ord-i-nāt) *v.t.* Place in a lower order ماتحت کرنا - زیر حکم کرنا - کم درجہ کا قرار دینا -

Subordination *n.* ماتحتی - انقیاد - اطاعت -

Subordinative *adj.* زیر حکم - تابع - ماتحت -

Suborn (səb-orn) *v.t.* Bribe, procure by stealthy means - رشوت دینا - کوئی خلاف قانون کام کرانا - نا جائز ذرائع سے حاصل کرنا -

Subpoena (sə-pē-nā) *n.* & *v.t.* A writ commanding attendance in court - عدالت کا سمن - حکم عدالت - سمن جاری کرنا - سمن کی تعمیل کرنا -

Subreption (sub-rep-shən) *n.* Procuring an advantage by concealing the truth اخفائے حقیقت سے فائدہ اٹھانا - غلط بیانی سے کوئی چیز حاصل کرنا - فریب سے معافی حاصل کرنا - اخفائے شہادت -

Subrogation (sub-rō-gā-shən) *n.* Substitution (قانون) کسی شخص کی جگہ دوسرے کو حقدار قرار دینا -

Subscribe (səb-skrīb) *v.t.* & *i.* Contribute, declare in writing دستخط کرنا - کسی دستاویز یا فہرست میں اپنا نام لکھنا - اقرار نامے پر دستخط کرنا - حمایت کرنا - تائید کرنا - قائل کرنا یا ہونا - چندہ دینا - چندے سے جمع کرنا -

Subscriber *n.* رسالہ یا اخبار کا خریدار - دستخط کرنے والا - چندہ دینے والا -

Subscription (səb-skrip-shən) *n.* That which is subscribed, signature - دستخط - چند - تصدیق - اخبار کی قیمت -

Subsequent (sub-si-kwənt) *adj.* Following or coming after - آنے والا - بعد میں آنے والا - بعد کا -

Subsequence *n.* انجام - نتیجہ - بعد کا ہونا - متاخر ہونا -

Subsequently *adv.* - آگے چل کر - بعد میں - مابعد - بعد ازیں -

Subserve (sub-sərv) *v.t.* Help forward - ذریعہ ہونا - مددگار ہونا - حکم برداری کرنا -

Subservient (sub-sərv-i-ənt) *adj.* Serving to promote معاون - مددگار - تابع -

Subservience *n.* - مددگاری - حکم برداری - ماتحتی -

Subserviently *adv.* ذلت سے - خوشامدانہ - مددگارانہ طریقے سے - ماتحت کے طور پر -

Subside (səb-sīd) *v.i.* Settle, sink down دریا کا اتر جانا - گھٹ جانا - بیٹھ جانا - دب جانا - دھنس جانا - مدھم ہونا - فرو ہونا -

Sudsidence *n.* بیٹھ جانا - دھنسن - ٹھہراؤ - اتار -

Subsidiary (sub-si-di-ə-ri) *adj.* & *n.* Furnishing additional supplies - ماتحت - ذیلی - ضمنی - زائد - مددگار - معاون - امدادی فوج - ضمنی چیزیں - لوازم -

Subsidiary troops کرائے کے سپاہی -

Subsidize (sub-si-diz) *vt.* Furnish with a regular allowance امداد دینا - روپے سے مدد کرنا - فوجی مدد دینا -

Subsidy (səb-si-di) *n.* Assistance, aid رقم صرف خاص جو بادشاہ کو خزانہ عامرہ سے دی جاتی تھی - محصول خاص - رقم امداد -

Subsist (səb-sist) *v.i.* Have existence, remain ہونا - رہنا - وجود رکھنا - باقی رہنا - ٹھہرنا - گزر کرنا - بسر کرنا - گزر اوقات کرنا - خوراک مہیا کرنا -

Subsistence *n.* خوراک - مدد معاش - وظیفہ - ہستی - وجود -

Subsistent *adj.* جبلی - موجودہ - ہستی کا - ذاتی -

Substance (sub-stəns) *n.* That in which attributes exist وہ جس میں صفات کا ظہور ہو - جوہر - اصل - مغز - نچوڑ - مادہ - ہیولیٰ - مال - جائداد - دولت - املاک -

Man of substance صاحب جائداد -

I agree with you in substance میں حقیقی امور میں تم سے متفق ہوں -

Substantial (səb-stan-shl) *adj.* Essential - معقول - واقعی - اصل - اہم - خاص اہمیت رکھنے والا - محکم - کھاتا پیتا - آسودہ حال - نفس امر کے لحاظ سے کافی -

Substantiality *n.* - اہمیت - حیثیت - واقفیت - اصلیت -

Substantially *adv.* - استواری سے - معقول حد تک - دراصل - در حقیقت -

Substantialize (səb-stan-shi-ə-līz) *v.t.* Give reality to, make real - حقیقی بتانا - حقیقی باور کرنا - اصلیت کا جامہ پہنانا - وجود میں لانا - اصل یا حقیقی بن جانا -

Substantiate (səb-stan-shi-āt) *v.t.* Prove to be real - پیدا کرنا - وجود میں لانا - حقیقی ثابت کرنا - دلائل پیش کرنا -

Substantiation *n.* ثبوت اصلیت - ثبوت -

Substantive *adj.* پختہ - اصلی - پر مغز - اثباتی - مستقل بالذات - وجود یا ہستی ظاہر کرنے والا -

Substantive enactment باقاعدہ قانون - اثباتی ضابطے -

Substantive motion اہم تحریک -

Substantive rank مستقل عہدہ -

Substantial *adj.* ذات حق کا - اسم ذات کا -

Substantially *adv.* در حقیقت - مستقل حیثیت سے بالذات -

Substantively (səb-stan-tiv-li) *adv.* In a substantial manner ذات کے طور پر - مستقل طور پر -

Substitute (sub-sti-tut) *v.t.* & *n.* One put in place of another - بدل - قائم مقام - عوضی - قائم مقام بنانا بدل قرار دینا -

Substitution *n.* تبادلہ - قائم مقامی -

Substitutional *adj.* قائم مقامانہ -

Substitutive *adj.* عوضی کا - قائم مقامی کا -

Subsume (sub-sūm) *v.t.* State as minor premiss, to include in something larger کسی قاعدے کے تحت لانا - قضیہ صغریٰ قائم کرنا - اس ضمن میں دوسری چیزوں کو داخل کرنا -

Substratum (sub-stra-təm) *n.* Lower layer سطح زمین کی نیچے کی تہہ -

Subtend (sub-tend) *v.t.* Be opposite to - مجازی ہونا مخالف ہونا - مقابل ہونا -

Subtense (səb-tens) *n.* A subtending line خط مقابل - وہ خط جو کسی زاویے یا قوس کے مقابل ہو -

Subterfuge (sub-tər-fūj) *v.t.* & *n.* An evasive device - عذر - بہانہ - حیلہ - بات بنانا - بہانہ کرنا - ٹالنے کی ترکیب -

Subterranean (sub-tə-ra-ni-ən) *adj.* & *n.* Underground, dweller underground - زمین کے نیچے - زمین دوز - زمین کے اندر رہنے والا -

Subtile (sub-tīl) *adj.* Subtle دیکھو

Subtilize *v.t.* & *i.* پتلا کرنا - باریک کرنا - سبک بنانا - لطیف بنانا -

Subtility *n.* - نزاکت - لطافت - باریک بینی - موشگافی

Subtilization *n.* - نازک یا باریک بنانے کا عمل

Subtle (sub-tle) *adj.* Fine, delicate, thin - ہلکا - نازک - سبک - لطیف - باریک بین - بلند تخیل - کارگر تدبیر - دیدہ ریزی کرنے والا - عیار - چالاک -

Subtlety (sub-tl-ti) *n.* Quality of being subtle لطافت - نزاکت - باریکی - موشگافی - ہوشیاری - چالاکی -

Subtract (səb-trakt) *v.t.* Withdraw, withhold وضع کرنا - تفریق کرنا - گھٹانا -

Subtraction *n.* تفریق - منہائی -

Subtractive *adj.* منہائی کا - تفریقی -

Suburb (sub-ərb) *n.* A district adjoining town سواد شہر - نواح شہر - مضافات - شہر کے آس پاس کا علاقہ -

Suburbia *n.* لندن کے مضافات کے باشندے - نواح شہر کے رہنے والا -

Suburban *adj.* - تنگ نظر - قصباتی - مضافاتی - نواحی

Subvention (səb-ven-shən) *n.* A grant of money in aid امداد - اعانت - امدادی رقم - جو ریاستیں اپنے اخراجات اپنی آمدنی سے پورا نہیں کر سکتیں ہیں ان کو مرکز امداد دیتا ہے -

Subvert (səb-vərt) *v.t.* Overthrow, overturn تہہ و بالا کرنا - اُلٹ دینا - تہس نہس کرنا - برباد کرنا - مذہب یا اخلاقی اصولوں کو بالائے طاق کرنا -

Subversion *n.* اُلٹ پلٹ - تخریب - بربادی -

Subversive *adj.* اُلٹ پلٹ کرنے والا - مخرب اخلاق -

Succedaneum (suk-si-da-ni-əm) *n.* A substitute قائم مقام - عوض - بدل - وہ چیز جو ضرورت کے وقت کسی دوسری چیز کا کام دے سکے -

Succedaneous *adj.* بدل ہونے کے لائق - قائم مقامی کے قابل -

Succeed (sək-sēd) *v.t.* & *i.* Take the place of, come after - جانشین ہونا - پیچھے آنا - بعد میں آنا - کامیاب ہونا - فروغ پانا - مراد کو پہنچنا - تخت نشین ہونا - کسی تدبیر کا کارگر ہونا -

Success (sək-ses) *n.* Achievement, prosperity کامیابی - بہرہ مندی - حصول مقصد - ترقی - فروغ - کامیاب شخص - رٹا کر امتحان میں کامیاب کرانے والا معلم -

Nothing succeeds like success — جب ایک بار کامیابی ہو گئی تو پھر وہ ہوتی ہی چلی جاتی ہے ۔

Successful *adj.* بہرہ مند ۔ کامیاب ۔

Succession (sək-sesh-ən) *n.* Coming into another's place تسلسل ۔ تواتر ۔ سلسلہ ۔ جانشینی ۔ دوسرے کی جگہ لینا ۔ حق جانشینی ۔

A succession of disasters مصیبتوں کا تانتا ۔ مصائب کا سلسلہ ۔

Law of succession قانون وراثت ۔

Successional *adj.* متواتر ۔ مسلسل ۔ جانشینی کے متعلق ۔

Successive (sək-se-siv) *adj.* One after another مسلسل ۔ پیہم ۔ متواتر ۔

Successively *adv.* یکے بعد دیگرے ۔ پے در پے ۔

Successor (sək-se-sər) *n.* One who comes after جانشین ۔ قائم مقام ۔ وارث ۔

Succinct (suk-singkt) *adj.* Close fitting, concise جامع ۔ چست ۔ مختصر ۔ پورا پورا ۔

Succinctly *adv.* مختصراً ۔ اختصار کے ساتھ ۔ جامع طور پر ۔

Succinctness *n.* ایجاز ۔ اختصار ۔ اجمال ۔

Succiverous (suk-si-ve-rəs) *adj.* Living on plant juice پودوں کے رس پر گزر کرنے والا ۔

Succose (suk-ōōs) *adj.* Full of juice رس سے بھرا ہوا ۔

Succour (suk-ər) *v.t.* & *n.* Aid in distress مصیبت میں مدد کرنا ۔ آڑے وقت میں کام آنا ۔ دست گیری کرنا ۔ مدد ۔ اعانت ۔ دست گیری ۔

Succourless *adj.* بے حامی و ناصر ۔ بے یارو مددگار ۔ بے کس ۔

Succuba (suk-ū-bà) *n.* A devil supposed to assume a female body خبیث روح جو عورت بن کر نیند میں مردوں سے ہم بستر ہوتی ہے ۔

Succulent (suk-u-lənt) *adj.* Juicy شاداب ۔ رسیلا ۔ پر لطف ۔ دلچسپ ۔

Succulence *n.* رس دار ہونا ۔

Succulently *adv.* تازگی سے ۔ پر لطف طور پر ۔

Succumb (sə-kumb) *v.t.* Lie down, sink ۔ مطیع ہونا دب جانا ۔ مغلوب ہونا ۔ شکار ہونا ۔ نذر ہونا ۔ مرنا ۔

Such (such) *adj.* Of that kind, of same kind ۔ ایسا جیسا ۔ ویسا ۔ اس طرح کا ۔ اس قدر ۔ مذکورہ بالا ۔ اعلیٰ درجے کا ۔ یہ بات ۔ یہ ۔ وہ ۔ انہیں ۔ ایسے ۔

All such اس قسم کے سب لوگ ۔

As such اس لحاظ سے ۔

Such a one کوئی شخص ۔ فلاں شخص ۔

Such like اس قسم کی باتیں یا چیزیں ۔ اس قسم کا ۔

Suck (suk) *v.t., i.* & *n.* Draw in with the mouth چوسنا ۔ چسکی لگانا ۔ ہونٹ لگا کر کھینچنا ۔ ہونٹوں سے چوسنا ۔ فائدہ حاصل کرنا ۔ جذب کرنا ۔ پستان یا تھن سے دودھ پینا ۔ بچے کو دودھ پلانے کی باری ۔ چسکی ۔ گھونٹ ۔ (بول چال) بچے ۔ ناکامی ۔ (وعدے کے بعد) ٹائیں ٹائیں فش ۔ بھنور کا کسی شخص یا کشتی کو اندر کھینچنا ۔

Sucked orange وہ چیز جس میں پھوک ہی باقی رہ گیا ہو ۔ رس نہ ہو ۔

Suck dry بالکل چوس لینا ۔

Suck one's brain دوسرے سے دماغی کام لے کر خود فائدہ اٹھانا ۔

Sucking *n.* شیر خوار ۔

Suck in جذب کرنا ۔

Suck out نچوڑنا ۔

Suck up چوسنا ۔

Sucker (suk-ər) *n., v.t.* & *i.* سور یا وہیل کا چھوٹا بچہ ۔ چوسنے والا آدمی یا جانور ۔ (امریکہ) نا تجربہ کار آدمی ۔ چوسنے والی مچھلی ۔ دودھ دوہنے کی پچکاری ۔ شاخ جو جڑ سے پھوٹے ۔ شاخیں پھوٹنا ۔ پچکاری سے کھینچنا ۔

Suckle (suk-l) *v.t.* Give suck to ۔ چسانا ۔ دودھ پلانا

Suckling (sukl-ing) *n.* An unweaned child or animal شیر خوار ۔ دودھ پیتا بچہ ۔ جانور کا بچہ ۔ گود کا بچہ ۔

Babies and sucklings ۔ نا تجربہ کار لوگ ۔ ننھے بچے

Suction (suk-shən) *n.* Act or power of sucking or of drawing دم کشی ۔ کشش ۔ کشش آب ۔ کشش ہوا ۔ بچوں کا دودھ پینا ۔

Suction chamber ۔ پچکاری کی نالی ۔ آب کشی کا خانہ

Suction pipe پچکاری کی نالی ۔

Suction pump کشش سے پانی کھینچنے والا پمپ ۔

Sudarium (s(y)ōō-də-ri-əm) *n.* A handkerchief معجزے کا رومال جس پر حضرت مسیح کی تصویر اتر آئی تھی ۔ حضرت عیسیٰ کا رومال جو سر پر لپیٹتے تھے ۔

Sudatorium (s(y)ōō-də-to-ri-əm) *n.* A sweating room حمام کا گرم کمرہ جہاں خوب پسینہ آتا ہے ۔ عرق خانہ ۔

Sudatory (s(y)ōō-də-tə-ri) *adj.* & *n.* Inducing sweating پسینہ لانے والی دوا ۔ عرق آور ۔

Sudden (sud-n) *adj.* &. *n* Unexpected, without warning نا گاہ ۔ اچانک ۔ فوری ۔ نہایت تیز ۔ ایک دم سے کام کرنے والا ۔

Suddenly *adv.* اک دم سے ۔ یکایک ۔ اچانک ۔

Suddenness *n.* اچانک ہونا ۔ یکایک ہونا ۔

Sudoriferous (s(y)ōō-dor-i-fe-rəs) *adj.* & *n.* Provoking sweat پسینہ لانے والی دوا ۔

Sudorific (s(y)ōō-dor-i-fik) *adj.* Causing sweat پسینہ لانے والی ۔ عرق آور ۔

Suds (sud-z) *n.* Froth of soapy water صابون کے جھاگ ۔

Sue (s(y)ōō) *v.t.* & *i.* Prosecute at law دعویٰ کرنا ۔ نالش کرنا ۔ درخواست کرنا ۔ گزارش کرنا ۔ مقدمہ چلانا ۔

Suede (swād) *n.* Undressed kid بکرے کے بچے کی کھال جو کمائی نہ گئی ہو ۔

Suffer (suf-ər) *v.t.* Undergo, endure سہنا ۔ برداشت کرنا ۔ جھیلنا ۔ مصیبت یا تکلیف اٹھانا ۔ ملزم کا سزا پانا ۔ اجازت دینا ۔ گوارا کرنا ۔ جائز خیال کرنا ۔

Sufferable *adj.* جو گوارا کیا جا سکے ۔ قابل برداشت ۔

Sufferer *n.* نقصان اٹھانے والا ۔ مصیبت زدہ ۔ مظلوم ۔

Suffering *n.* مصیبت ۔ تکلیف ۔ دکھ ۔

Sufferance (suf-ər-ans) *n.* Endurance برداشت ۔ تحمل ۔ عجز ۔ فروتنی ۔

On sufferance چشم پوشی کی بنا پر ۔ بغیر اجازت ۔

Suffice (sə-fīs) *v.t.* Be enough, be adequate کفایت کرنا ۔ کافی ہونا ۔

Sufficingly (sə-fīs-ing-li) *adv.* Adequately کافی طور پر ۔

Sufficiency (səfi-shi-ənsi) *n.* Being enough کافی ہونا ۔ کفایت ۔ قابلیت ۔ لیاقت ۔ استعداد ۔ آسودگی ۔ خوش حالی ۔ کافی مقدار ۔

Sufficient (sə-fi-shənt) *adj.* Enough کافی ۔ وافر ۔ حسب ضرورت ۔ لائق ۔ قابل ۔

Sufficiently *adv.* کافی طور پر ۔ بخوبی ۔

Suffix (suf-iks) *v.t.* & *n.* Make an addition, subjoin لاحقہ ۔ لاحقہ لگانا ۔ لفظ کے آخر میں اضافہ کرنا ۔

Suffocate (suf-ə-kāt) *v.t.* & *i.* Choke by stopping the breath گلا گھونٹنا ۔ گلا گھونٹ کر سانس روک دینا ۔ مار ڈالنا ۔ دم گھٹنا ۔ سانس رکنا ۔

Suffocatingly *adv.* دم رکتے ہوئے ۔ دم گھونٹتے ہوئے ۔

Suffocation *n.* گلا گھونٹنا ۔ حبس دم ۔

Suffragan (suf-rə-gən) *n.* An assistant بڑے پادری کا مددگار ۔ نائب پادری ۔

Suffrage (suf-rij) *n.* Voting power, a prayer قول رائے ۔ ووٹ ۔ دعا ۔ دعائے شفاعت ۔

Manhood suffrage مردوں کی رائے دہندگی ۔

Adult suffrage بالغ رائے دہی ۔

Universal suffrage ہر مرد عورت کی رائے دہی ۔ عام رائے دہی ۔

Suffragette (suf-rə-jət) *n.* Women seeking right of vote حق رائے دہی کی طلب گار عورت ۔

Suffragist (suf-rə-jist) *n.* A believer in universal suffrage عام حق رائے دہی کا حامی ۔

Suffuse (sə-fūz) *v.t.* Pour over کسی رنگ یا رطوبت کا چھا جانا ۔ رنگ کرنا ۔ رنگ پھیلانا ۔

Suffusion *n.* پھیلائی ہوئی چیز ۔ چھا جانا ۔ پھیلانا ۔

Sufi (sōō-fē) *n.* A Muslim mystic صوفی ۔

Sugar (shōōg-ər) *n.*, *v.t.* & *i.* A sweet substance شکر ۔ کھانڈ ۔ چینی ۔ میٹھی باتیں ۔ چرب زبانی ۔ شکر ملانا ۔ شکر سے میٹھا کرنا ۔ چاپلوسی کی باتیں کرنا ۔ سستی سے کام کرنا ۔ بےگار ڈالنا ۔

Sugar basin شکر دانی ۔

Sugar candy قند ۔ مصری ۔

Sugarcane نیشکر ۔ ایکھ ۔ گنا ۔

Sugar waple ایک درخت جس سے شکر نکلتی ہے ۔

Sugar mill شکر سازی کا کارخانہ ۔

Sugar refinery خام شکر صاف کرنے کا کارخانہ ۔

Sugar tongs - شکر گیر ۔ شکر کی ٹکیاں اٹھانے کا چمٹا ۔

Sugarer *n.* بے دلی سے کام کرنے والا ۔

Sugariness *n.* چاپلوسی ۔ شیرینی ۔

Sugary *adj.* خوشامد آمیز ۔ شکر لپٹی ہوئی ۔ شکر آمیز ۔ شیریں ۔

Suggest (sə-jest) *v.t.* Put forward - دل میں ڈالنا ۔ خیال دلانا ۔ سمجھانا ۔

Suggestible (se-jest-ibl) *adj.* Worthy to be suggested پیش کرنے کے قابل ۔ توجہ دلانے کے لائق ۔

Suggestio-falsi (sə-jest-i-o-falsi) *n.* Positive misrepresentation گمراہ کن قول یا بیان ۔ قول جس میں صریح غلط بیانی نہ ہو لیکن سننے والے کے دل میں غلط خیال پیدا کر دے ۔

Suggestion (sə-jest-yən) *n.* Hint, proposal گوش گزاری ۔ صلاح ۔ مشورہ ۔ خیال ۔ قیاس ۔ توجہ ۔ عمل توجہ ۔

Suggestive *adj.* محرک خیال ۔ دل میں خیال پیدا کرنے والا ۔ سمجھانے والا ۔ معنی خیز ۔ اثر آفریں ۔ گندے خیالات پیدا کرنے والا ۔

Suggestively *adv.* معنی خیز طور پر ۔ دل میں بٹھانے ہوئے ۔

Suggestiveness *n.* تحریک خیال ۔ اثر پذیری ۔ خیال آفرینی ۔ معنی خیزی ۔

Suicide (s(y)oo-i-sīd) *n.* Self murder - خود کشی قتل نفس ۔ اپنے آپ کو مارنے والا ۔ فعل جو خودکشی کے مترادف ہو۔

To commit political suicide اپنی سیاسی حیثیت کو نقصان پہنچانا ۔ سیاسی خود کشی کرنا ۔

Suicidal *adj.* خود کشی کے مائل ۔ خود کشی کے متعلق ۔

Suit (s(y)oot) *n., v.t. & i.* An action at law, courtship درخواست ۔ التماس ۔ عرض داشت ۔ دعویٰ ۔ شادی کی بات چیت ۔ استغاثہ ۔ (تاش) ایک رنگ کے متعدد پتے ۔ یکساں کپڑوں کا جوڑا ۔ بادبانوں کا جوڑ ۔ مناسب ہونا ۔ موزوں بنانا ۔ قرین مصلحت ہونا ۔ عمل قول کے مطابق رہنا ۔ غذا یا آب و ہوا موافق آنا ۔ میل کھانا ۔ پہننا ۔ آرام دہ ہونا ۔ باعث سہولت ہونا ۔

Dress suit شام کے کپڑے ۔

Follow suit (تاش) جس رنگ کا پتہ پہلے کھیلا گیا و ہی رنگ کھیلنا ۔

Suitcase چمڑے کا چھوٹا صندوق ۔

Suit yourself جو جی میں آئے کرو ۔

Suiting *n.* جوڑے بنانے کا کپڑا ۔

Suitable (s(y)oot-əbl) *adj.* That suits - ٹھیک مناسب ۔ موزوں ۔ مناسب موقع ۔ مناسب حال ۔

Suitability
Suitableness } *n.* مناسبت ۔ موزونیت ۔

Suitably *adv.* مناسب طریقے سے ۔ موزوں طور پر ۔

Suite (swēt) *n.* A train of followers, a set of rooms نوکر چاکر جو کسی شخص کے جلومیں ہوں ۔ ملحقہ کمرے ۔ ایک قسم کی چیزیں ۔

Suitor (s(y)oot-ər) *n.* A wooer, سائل ۔ مدعی ۔ مستغیث ۔ شادی کا امیدوار ۔

Sukey (suki) *n.* A kettle (بول چال) کیتلی ۔

Sulcate (sul-kāt) *adj.* Grooved, furrowed دھاری دار ۔ گہری لکیروں کا ۔

Sulk (sulk) *n. & v.t.* One who is sullen - روٹھ جانا اداسی ۔ روٹھنا ۔ اینٹھ جانا ۔ اداس اور آزردہ ہونا ۔

To be in sulks روٹھا ہوا ہونا ۔ منہ پھلایا ہوا ہونا ۔

Sulky (sulk-i) *adj. & n.* Sullen - کشیدہ ۔ برہم ۔ مکدر ۔ ترش رو ۔ خفا خفا ۔ روٹھا ہوا ۔ ایک ہلکی دو پہیوں کی گاڑی جس میں ایک آدمی بیٹھتا ہے ۔

Sulkily *adj.* اداسی اور آزردگی سے ۔ تکدر سے ۔ ترش روئی سے ۔

Sulkiness *n.* روٹھا ہوا پونا ۔ تکدر ۔ کشیدگی ۔

Sullage (sul-ij) *n.* Filth, refuse کوڑا کرکٹ ۔ سمری ۔ کی کیچڑ ۔ گندھ پانی ۔

Sullen (sul-ən) *adj. & n.* Gloomily angry and silent خفا ۔ آزردہ ۔ بیزار ۔ بد مزاج ۔ ضدی ۔ تیرہ و تار ۔ زود رنج ۔ آزردگی ۔ خفگی ۔ افسردگی ۔

Sullenly *adv.* آزردگی سے ۔ برہمی سے ۔ ترشروئی سے ۔

Sullenness *n.* کشیدگی ۔ رکھائی ۔ خفگی ۔

Sully (sul-i) *v.t.* Soil, tarnish میلا کرنا ۔ آلودہ کرنا ۔ داغ لگانا ۔ تاریک یا ماند کرنا ۔

Sulphur (sul-fər) *n.* & *v.t.* A yellow non-metallic element گندھک - گوگرد - کبریت - گندھک ملانا - گندھک کی دھونی دینا -

Sulphury *adj.* گندھک کی طرح کا - گندھک کا -

Sulphurate (sul-fər-āt) *v.t.* Combine with sulphur گندھک سے صاف کرنا - گندھک میں ملانا - گندھک میں بسانا -

Sulphuration *n.* گندھک میں بسانا - گندھک میں آمیزش -

Sulphureous *adj.* ہلکے پیلے رنگ کا - گندھک کی طرح کا - گندھک کا -

Sulphuric *adj.* جس میں گندھک زیادہ ہو - گندھک ملا ہوا -

Sulphurize (sul-fər-īz) *v.t.* Purify with sulphur گندھک سے صاف کرنا - گندھک کی دھونی دینا -

Sulphurization *n.* گندھک سے صفائی کا عمل - گندھک سے صاف کرنا -

Sulphurous (sul-fər-əs) *adj.* Resembling or containing sulphur جس میں گندھک آکسیجن کا عنصر کم مقدار میں ہو -

Sultan (sul-tən) *n.* Mohammedan ruler سلطان - بادشاہ - ترکی کا ایک سفید مرغ -

Sultanate *n.* بادشاہت - سلطنت -

Sultana (sul-tən-a) *n.* A lady of Sultan's harem بادشاہ بیگم - سلطانہ - ایک پرندہ - سمرنا کی بے دانہ کشمش -

Sultry (sul-tri) *adj.* Close and oppressive امس کا - بھچی بھچی - بند بند -

Sultrily *adv.* گھمس کے ساتھ -

Sultriness *n.* بند ہوا اور گرمی - امس - گھمس -

Sum (sum) *v.t., i.* & *n.* Total, amount, a quantity of money جمع - میزان - مجموعہ - رقم - خلاصہ - مطلب - غرض - منبع - مقدار - تعداد - حساب کا سوال - میزان لگانا - (تقریر یا بحث کا) خلاصہ کہنا -

Summing up لب لباب - خلاصہ - مطلب -

Sumac(h) (sū-mak) *n.* Any shrub or tree of genus Rhus ساق - ایک پودہ جس کی پتیاں چمڑہ رکھنے کے کام آتی ہیں -

Sumerian (su-me-ri-ən) *adj.* & *n.* Of the non-Semitic culture of Babel بابل کی غیر سامی ثقافت کے متعلق - سمیری -

Summarize (sum-ə-rīz) *v.t.* Give a summary of خلاصہ کرنا - لب لباب بیان کرنا -

Summary (sum-ā-ri) *adj.* & *n.* Summed up or condensed writing اختصار - خلاصہ - مختصر - مجمل - جامع - مناسب - معقول -

Summarily *adj.* عجلت سے - مجمل طور پر - سرسری طور پر -

Summation (sum-ā-shən) *n.* Total جمع - جوڑ - میزان -

Summer (sum-ər) *v.t., i.* & *n.* Warmest season گرمی - موسم گرما - جوانی - گرمی کا موسم گزارنا - گرمیوں میں مویشی چرانا -

Summer time یہ معمولی وقت سے ایک گھنٹہ زیادہ ہوتا ہے - گرمیوں کا وقت -

Summerless *adj.* جہاں گرمی کا موسم ہوتا ہی نہ ہو - بے موسم گرما -

Summerly / Summery } *adj.* موسم گرما کا - گرمیوں کا سا -

Summer-tree (sum-ər-trē) *n.* A horizontal beam, a lintel چھت کا آڑا شہتیر جو کڑیوں کا بوجھ سنبھالتا ہے - لوہے سیمنٹ کا داسا -

Summit (sum-it) *n.* The top انتہائی بلندی - آخری مقام - سرا - چوٹی - اوج - مرکزی اقتدار -

Summon (sum-ən) *v.t.* Call up, order to appear طلب کرنا - بلانا - حاضر عدالت ہونے کا حکم دینا - اطاعت کا مطالبہ کرنا - ہمت دلانا -

Summons (sum-əns) *n.* An authoritative call اطلاع نامہ - حکم نامہ - حاضری -

Summum bonum سب سے اعلیٰ مقصد - بہترین نیکی - خیر اعلیٰ -

Sumpter (sum(p)tər) *n.* A pack horse باربرداری کا ٹٹو - لدو گھوڑا -

Sumptuary (sum(p)tū-ə-ri) *adj.* Pertaining to expenses مصارف کے متعلق - مصارف کو باقاعدہ بنانے کے متعلق -

Sumptuous (sum(p)tū-əs) *adj*. Costly, luxurious, پر تکلف - گراں قدر - بیش قیمت -

Sumptuousness *n*. تعیش - پر تکلف ہونا -

Sun (sun) *n*., *v.t.* & *i*. The body that is the source of light and heat - سورج - خورشید - آفتاب - شمس - سوریا - مہر - سورج کی گرمی یا دھوپ - چھت میں لٹکانے کی بڑی قندیل - دھوپ دینا - دھوپ کھانا -

A place in the sun ممتاز حیثیت -

Hail, adore or worship the rising sun نئے حاکموں کی خوشامد کرنا -

His sun is set اس کا آفتاب اقبال غروب ہو گیا ہے -

Let not the sun go down upon your wrath صبح کا غصہ شام تک اتر جانا چاہیے -

Sunblind کھڑکی کا چھجا یا پردہ -

Sunburn دھوپ میں بیٹھ کر سانولا ہو جانا -

Sundial دھوپ گھڑی -

Sundown شام - غروب آفتاب -

Sundried دھوپ میں سکھایا ہوا -

Sunflower سورج مکھی -

Sunrise طلوع آفتاب - طلوع سحر -

Sunset غروب آفتاب -

Sunshade زنانی چھتری - دوکان کے سامنے کا سائبان -

Sunshine دور شادمانی - اچھا موسم - صاف مطلع - دھوپ -

Sunstroke گرمی یا لو کا اثر -

To rise with the sun سورج نکلتے اٹھنا -

Sunless *adj*. جہاں دھوپ نہ ہوتی ہو - بغیر دھوپ کا - ابر آلود -

Sunproof *adj*. دھوپ روک -

Sunshiny *adj*. نشاط انگیز - مسرت خیز - آفتابی -

Sunward *adj*. & *adv*. سورج کے رخ کا - سورج کی طرف -

Sunday (sun-di) *n*. The first day of the week اتوار - یکشنبہ -

Sunder (sun-dər) *v.i*. Separate, part جدا کرنا - علیحدہ کرنا -

Sunderance *n*. جدائی - علیحدگی -

Sundry (sun-drī) *adj*. & *n*. Several, diverse - متعدد - بعض - چند - متفرق -

Sunna(h) (sun-ȧ) *n*. Mohammedan traditional teaching سنت رسول - سنت ہدی - اسوہ حسنہ -

Sunnad (sun-ad) *n*. A certificate سند -

Sunny (sun-i) *adj*. Lighted and warmed by the sun روشن - منور - آفتاب کی طرح - دھوپ کا - شگفتہ مزاج - خوش دل - فرحت بخش - جانفزا -

Sunny side روشن پہلو - دھوپ کا رخ -

Sunnily *adv*. شگفتہ مزاجی سے - شگفتگی سے -

Sunniness *n*. شگفتگی - دھوپ ہونا - روشن ہونا -

Sup (sup) *v.t*., *i*. & *n*. Take into the mouth تھوڑا تھوڑا کھانا - تھوڑا تھوڑا پینا - رات کو کھانا - گھونٹ - لقمہ - چسکی -

Super (s(y)ōō-pər) *prefix*. Above, beyond, in addition, in excess زائد - اس سے زیادہ - مزید برآں - اضافہ کے ساتھ بطور سابقہ مستعمل ہے -

Super (s(y)ōō-pər) *n*. & *adj*. Extra hand (بول چال) زائد اداکار - زائد آدمی - اعلیٰ درجے کا کپڑا - معمولی آدمی - مرکزی کھیل یا فلم -

Super-abound *v.i*. افراط سے ہونا - کثرت سے ہونا -

Super-abundance *n*. افراط - کثرت - بہتات -

Super-abundant *adj*. کثیر - وافر -

Superaddition *n*. مزید تعداد - اضافہ -

Superangelic *adj*. فرشتوں سے اعلیٰ -

Superannuate *v.t*. زائد عمر کی بنا پر طالب علم کو خارج کرنا - وظیفہ دینا - ضعیفی کی وجہ سے کام کے ناقابل قرار دینا -

Superannuation *n*. پیرانہ سالی - زائد عمر کا ہونا - وظیفہ کے قابل ہونا -

Super cargo *n*. افسر جو جہاز کے مال کی خرید و فروخت کی نگرانی کرتا ہے -

Super-celestial (sōōpər-selest-yəl) *adj*. Above the heavens بالائے فلک - فرشتوں سے برتر - آسمان سے اوپر -

Superciliary (sōōpər-sili-ə-ri) *adj*. Above the eye آنکھ کے اوپر کا - ابرو کا -

Supercilious *adj.* - دوسروں کو حقیر سمجھنے والا - متکبر - خودبین - مغرور -

Superciliousness *n.* - نخوت - غرور - تکبر -

Supercivilized (sōōpər-sivī-lizd) *adj.* Highly cultured - مہذب اور متمدن - اعلیٰ تربیت یافتہ -

Super-columniation (sōōpər-kolum-ni-ə-shen) *n.* Building on columns ستونوں کے اوپر عمارت کی تعمیر -

Super-dreadnought - اعلیٰ درجہ کا جنگی جہاز - زبردست جنگی جہاز

Super-eminent (sōōpər-emi-nənt) *adj.* Excellent beyond others نہایت عمدہ - دوسروں سے بدرجہا بہتر -

Super-erogation *n.* - فرض منصبی سے زیادہ کام کرنا -

Super-ethical *adj.* - اخلاق اصولوں سے بالا تر - اخلاقیات سے ماورا -

Super-excellent (sōōpər-eksi-lənt) *adj.* Excellent in an uncommon degree - نہایت اعلیٰ درجہ کا - غیر معمولی نفیس -

Super-excellence *n.* - نفاست - کمال - انتہائی خوبی -

Superexcitation (sōōpər-eksi-tā-shən) *n.* Excitation of an uncommon degree حد سے زیادہ اشتعال - غیر معمولی بر انگیختگی - بے حد ہیجان -

Superfatted حد سے زیادہ روغنی - حد سے زیادہ چربیلا -

Superficial (sōōpər-fi-si-yəl) *adj.* On the surface سطحی - اوپری - بیرونی - بہت معمولی - دیکھنے کی - ہلکی سی - خفیف سی -

Superficiality *n.* معمولی ہونا - سطحی ہونا - ظاہری ہونا -

Superfine (sōōpər-fīn) *adj.* Over nice نہایت عمدہ - بہت نفیس - بے حد نفاست پسند -

Superfluity *n.* - ضرورت سے زیادہ دولت - فاضل چیز - ضرورت سے زائد ہونا - افراط -

Superfluous (soopər-floo-əs) *adj.* Unnecessary زائد - بے ضرورت - فاضل -

Superflousness *n.* - فاضل ہونا - زائد ہونا -

Superheat (sōōpər-hēt) *v.t.* Heat to excess, heat above boiling point جوش کے درجے سے زیادہ گرم کرنا - ضرورت سے زیادہ گرم کرنا -

Superhuman *adj.* - انسانی سمجھ اور طاقت سے بالاتر - ماورائے ادراک -

Superimpose *v.t.* Set on the top of something else کسی چیز کے اوپر رکھنا - کسی چیز پر قائم کرنا -

Superinduce (sōōpər-in-dōōs) *v.t.* Super add کسی نئی چیز کا اضافہ کرنا - نئی چیز بڑھانا -

Superintend (sōōpər-in-tənd) *v.t.* Control, manage - نگرانی کرنا - انتظام کرنا - دیکھنا -

Superintendence *n.* - دیکھ بھال - نگرانی - انتظام -

Superintendent *n.* - نگران کار - منتظم -

Superlative (sōōpər-lə-tiv) *adj.* Of the highest order - نہایت اعلیٰ - سب سے بہتر -

His talk is all in superlatives وہ بہت مبالغہ کرتا ہے - وہ دوں کی لیتا ہے -

Superman (sōōpər-mən) *n.* A being of higher type than man فوق البشر - وہ شخص جس کا اخلاق تخیل اور کردار بہت بلند ہو -

Supermundane *adj.* - دنیا کی چیزوں سے برتر - عالم بالا کا -

Supernatural (sōōpər-na-tu-rəl) *adj.* Above or beyond nature مافوق الفطرت - فطرتی قوتوں سے بالاتر قوت کا -

Supernaturalism *n.* فطرتی قوتوں سے بالاتر قدرت کا قائل ہونا - معجزات کا قائل ہونا -

Supernumerary (sōōpər-nū-me-rə-ri) *adj.* Over and above the requirement - زائد - فاضل - فالتو - تعداد معین سے زیادہ -

Supernutrition *n.* - ضرورت سے زائد غذا -

Superordinary (sōōpər-or-di-na-ri) *adj.* Above or beyond the ordinary خاص الخاص - غیر معمولی -

Superphysical (sōōpər-fi-zi-kəl) *adj.* Of higher order than physical - طبعی حالت سے بہت بلند - مافوق الطبیعات -

Superscribe (sōōpər-skrib) *v.t.* Write above the writing کسی تحریر کے اوپر لکھنا ۔

Superscription *n.* حاشیہ پر لکھنا ۔ کسی چیز کے اوپر لکھنا ۔ کتبہ ۔

Supersede (sōōpər-sēd) *v.t.* Give preference to one above the other کسی شخص کو دوسرے پر ترجیح دینا ۔ ایک کی جگہ دوسری چیز اختیار کرنا ۔

Supersensitive *adj.* بے حد زود حس ۔

Supersession (sōōpər-se-shən) *n.* Preferring one over another ایک شخص کا استر دار ۔ منسوخ ۔ دوسرے کی جگہ تقرر ۔ ایک شخص کا دوسرے کی جگہ لینا ۔

Superstition (sōōpers-ti-shən) *n.* Irrational fear of the unknown وہم ۔ وہم پرستی ۔ ڈر ۔ خوف نا معلوم کا خوف ۔ باطل عقیدہ ۔ کمزوری ۔

Superstitious *n.* اوہام پرست ۔ نامعلوم طاقت سے ڈرنے والا ۔ وہمی ۔

Supertax (sōōpər-taks) *n.* A tax above the ordinary tax مزید ٹیکس یا محصول ۔ معمولی محصول سے زائد محصول ۔ محصول جو زیادہ آمدنی والوں سے وصول کیا جاتا ہے ۔

Supervene (s(y)ōō-pər-ven) *v.i.* Come closely after ایک واقعہ کا دوسرے میں حائل ہو جانا ۔ ناگہاں واقع ہو جانا ۔

Supervention *n.* بیچ میں واقع ہونا ۔ آ پڑنا ۔ دفعتاً واقع ہونا ۔

Supervise (s(y)ōō-per-vīz) *v.t.* Superintend دیکھ بھال کرنا ۔ نگرانی کرنا ۔

Supervision *n.* انتظام ۔ نگرانی ۔ دیکھ بھال ۔

Supervisory *adj.* منتظم ۔ منتظمانہ ۔ نگرانی کا ۔

Superable (sōōpər-əbl) *adj.* Surmountable قابل عبور ۔ قابل غلبہ ۔ جس پر قابو پایا جا سکے ۔

Superb (soo-perb) *adj.* Magnificent ۔ عالیشان عظیم الشان ۔ عمدہ ۔ نفیس ۔ اعلیٰ درجہ کا ۔

Superbly *adv.* بے حد ۔ نہایت ۔ بڑی شان و شوکت سے ۔ نہایت شاندار طریقے سے ۔

Superior (s(y)oo-pe-ri-ər) *adj.* & *n.* Upper, higher اونچا ۔ بلند ۔ اعلیٰ درجے کا ۔ عمدہ صفات کا ۔ درجہ میں بہتر ۔ زبردست ۔ بالادست ۔ بڑا راہب ۔

A superior person قابل اور تربیت یافتہ انسان ۔

Superiority (s(y)oo-pe-ri-ori-ti) *n.* Quality or state of being superior ۔ برتری ۔ فضیلت ۔ بزرگی فوقیت ۔ بالا دستی ۔ خوبی ۔ عمدگی ۔

Supernal (s(y)-oo-pər-nl) *adj.* On high, celestial, of higher world آسانی ۔ سماوی ۔ فلکی ۔ عالم بالا کا ۔ الٰہی ۔ ربانی ۔ رفیع ۔ بلند ۔

Supinate (s(y)oo-pin-āt) *v.t.* Bring palm upward ہتھیلی اوپر کی طرف رکھنا ۔

Supination *n.* مانگنا ۔ ہاتھ پھیلانا ۔

Supine (s(y)oo-pīn) *adj.* Lying on the back, indolent پیٹھ کے بل ۔ بے خبر ۔ غافل ۔ سست ۔ کاہل ۔

Supinely *adv.* بے خبری سے ۔ غفلت سے ۔ سستی سے ۔

Supineness *n.* غفلت ۔ سستی ۔ الکسی ۔

Supper (sup-ər) *n.* Meal taken during night رات کا کھانا ۔

Supplant (sə-plant) *v.t.* Overthrow, supersede کسی کو ہٹا کر اس کی جگہ لے لینا ۔

Supplanter *n.* وہ شخص جو دوسرے کو ہٹا کر اس کی جگہ لے لے ۔

Supple (sup-l) *v.t.*, *i.* & *adj.* Pliant, yielding ۔ نرم ملائم ۔ لچکدار ۔ دبنے والا ۔ چاپلوسی سے کام نکالنا ۔ دوسروں کے سامنے جھک کر کام بنانا ۔ نرم کرنا ۔ گھوڑے کو لگام کے اشارے پر سدھانا ۔

Suppleness *n.* چاپلوسی ۔ تابعداری ۔ لچک ۔ نرمی ۔

Supply *adv.* چاپلوسی سے ۔ ملائمت سے ۔ نرمی سے ۔

Supplement (sup-li-mənt) *n.* That which supplies or fells up تتمہ ۔ اضافہ ۔ ضمیمہ ۔ وہ چیز جو کمی پوری کرنے کے لیے بڑھائی جائے ۔

Supplemental / **Supplementary** } *adj.* تتمہ ۔ منسلکہ ۔ زائد ۔ ضمیمہ کے طور پر ۔

Suppliant (sup-li-ənt) *adj.* Entrating لجاجت سے مانگنے والا ۔ درخواست کرنے والا ۔ سائل ۔ التجایانہ ۔

Supplicate (sup-lik-āt) *v.t.* & *i.* Pray, entreat ہاتھ پھیلا کر مانگنا ۔ استدعا کرنا ۔ منت سماجت کرنا ۔

Supplicatingly *adv.* ۔ عاجزی سے ۔ التجا کرتے ہوئے ۔ لجاجت سے ۔

Supplication *n.* التجا - منت ساجت -

Supplicatory *adj.* التجایانہ - نیاز مندانہ -

Supply (sə-plī) *v.t.* & *n.* Provide, make good بہم پہنچانا - مہیا کرنا - حاضر کرنا - منگا دینا - پورا کرنا - کمی پوری کرنا - رسد - سامان - اسباب - توشہ - ذخیرہ - فوجی ضروریات - رقم جو پارلیمنٹ حکومت کے لیے منظور کرتی ہے - خرچ کی مقررہ رقم - محکمہ رسد -

Supplier *n.* مہیا کرنے والا - فراہم کرنے والا -

Support (sə-port) *v.t.* & *n.* Bear the weight of, sustain تھامنا - اٹھانا - سہارنا - جھیلنا - برداشت کرنا - بوجھ اٹھانا - پالنا - پرورش کرنا - تائید کرنا - کسی شخصیت کی اچھی ادا کاری کرنا - حمایت - پشتہ - پشت پناہ - سہارا -

Supportable *adj.* سہارا دینے کے قابل - قابل امداد - قابل پرورش -

Supportless *adj.* بے یارو مددگار - بے حمایت - بے سہارا -

Supporter (sə-port-ər) *n.* One who supports معاون - سہارا دینے والا - مدد کرنے والا -

Suppose (sə-pōz) *v.t.* Conceive, imagine, guess فرض کرنا - قیاس کرنا - تصور کرنا - فرض کرو - چلو - شرط ہونا - ضروری ہونا - سمجھنا - توقع کرنا -

I suppose میرا خیال ہے کہ -

Supposable *adj.* قابل قیاس - جو فرض کیا جا سکے -

Supposed *adj.* فرض کیا ہوا - مفروضہ -

Supposedly *adv.* مفروضہ طور پر - قیاس کی رو سے -

Supposition *n.* فرض کر لینا - دعویٰ - گمان - قیاس - مفروضہ -

Suppositional *adj.* فرضی - قیاسی -

Suppositious *adj.* قیاسی - فرضی - مفروضہ -

Supposititious (se-pos-i-tish-əs) *adj.* Put by trick in place of another عیارانہ - نقلی - جعلی - بے اصل - ساختہ -

Supposititiously *adv.* جعلی طور پر - فرضی طور پر -

Supposititiousness *n.* نقلی ہونا - جعلی ہونا - فرضی ہونا -

Suppress (sə-pres) *v.t.* Crush, put down دبانا - زور کرنا - زور توڑنا - روکنا - فرو کرنا - بند کرنا - کسی تحریک کو دبا دینا - اشاعت روک دینا - ضبط کر لینا - پوشیدہ رکھنا - چھپا لینا - ظاہر نہ ہونے دینا -

Suppressible *adj.* ضبطی کے قابل - بند کرنے کے لائق - دبانے کے قابل -

Suppression *n.* بندش - انسداد - دباؤ - روک - پوشیدگی - اخفا -

Suppressor *n.* روکنے والا - انسداد کرنے والا - دبانے والا - چھپانے والا -

Suppressed *adj.* ضبط کیا ہوا - دبایا ہوا - دبا ہوا -

Suppresio veri *n.* اخفائے حق -

Suppurate (sup-u-rāt) *v.i.* Gather pus or matter پیپ پڑنا - پکنا -

Suppuration *n.* پیپ پڑنا - مواد آنا -

Suppurative *adj.* پکانے والی دوا - مواد لانے والی - پکنے والا -

Supra (s(y)ōō-prə) *pref.* Above سابقہ بمعنی اوپر ، ماورا ، ما قبل -

Supremacy (s(y)ōō-prem-ə-si) *n.* Supreme position or power فضیلت - برتری - اقتدار اعلیٰ -

Supreme (s(y)ōō-prēm) *adj.* Greatest سب سے اعلیٰ - اعلیٰ اقتدار رکھنے والا - بلند و برتر -

Supremely *adv.* نہایت - بے حد -

Sura(h) (sōō-rä) *n.* A chapter of the Quran قرآن شریف کی سورۃ -

Surah (sōō-rä) *n.* Fine silk of Surat شہر سورت کا سفید ریشم -

Sural (sū-rl) *adj.* Pertaining to the calf of the leg پنڈلی کا - ساق کا - گھٹنے کا -

Surat (sōō-rat) *n.* Coarse uncoloured cotton سورت کی کپاس -

Surcharge (sər-chärj) *n.* & *v.t.* Overcharge زائد رقم - بجلی کی فاضل قوت - جرمانہ جو قابل محصول چیزوں پر کیا جائے - ڈاک کے ٹکٹ پر قیمت بدلنے کا ٹھپا - رقم جو حساب لکھنے والے کو اپنے پاس سے بھرنی پڑے - حد سے زیادہ بوجھ ڈالنا - جرمانہ کے طور پر وصول کرنا - زائد رقم وصول کرنا -

Surcingle (sər-sing-gl) *v.t.* & *n.* A strap for holding a saddle on horse تنگ - تسمہ جس سے زین گھوڑے کی پیٹھ پر کسی جاتی ہے - بالاتنگ - تنگ کسنا - بالاتنگ سے کسنا -

Surcoat (sər-kot) *n.* A mediaeval outer-garment بالا پوش - زرہ بکتر کے اوپر پہننے کا ڈھیلا کوٹ -

Surd (sərd) *adj.* Deaf, senseless, irrational نا معقول - خلاف عقل - گنگ -

Sure (shoo̅r) *adv.* & *adj.* Safe, secure - یقینی قابل اعتبار - بھروسے کا - محفوظ - حفاظت کا - تیر بہدف - واقعی - حقیقت میں (امریکہ) یقیناً - بے شک -

- **Sure enough** یقینی - بالکل - تقریباً یقینی -
- **Sure thing** ضرور بالضرور -
- **To be sure** کیا یہ سچ ہے - اس میں شبہ نہیں -
- **Sureness** *n.* قابل اعتماد ہونا - حکمی ہونا - یقینی ہونا -

Surely (shoo̅r-li) *adv.* Certainly در حقیقت - یقینی طور پر - خیال تو یہی ہے - میں تو یہی سمجھتا ہوں -

Surety (shoo̅r-ti) *n.* Certainty ضامن - کفالت - ضمانت - تصدیق - یقین - خاطر جمعی -

Surf (sərf) *n.* Sea foam, surging water دریا یا سمندر کا جھاگ - چڑھتا ہوا پانی - موجوں کا تلاطم -

- **Surf-riding** تختہ پر بیٹھ کر موجوں سے کھیلنا -
- **Surfy** *adj.* جھاگ دار -

Surface (sər-fis) *n.* & *vt.* Outer face of any thing سطح - سطحی حالت - اوپری حالت - مسطح کرنا - سطح برابر کرنا -

Surfeit (sər-fit) *v.t., i.* & *n.* Overfulness حد سے زیادہ کھلانا - بھرپور کرنا - خوب کھانا - اکتا دینا یا اکتا جانا - حد سے زیادہ سیری -

Surge (sərj) *v.i.* & *n.* An uprush, a great wave موجزن ہونا - متلاطم ہونا - چڑھنا - امنڈنا - سیلاب کی طرح بڑھنا -

Surgeon (sər-jən) *n.* One who treats injuries جراح - جراحی کرکے علاج کرنے والا - جراحی کی سند رکھنے والا - بری یا بحری فوج کا طبیب جراح -

Surgery (sər-jəri) *n.* The art and practice of a surgeon - جراحی - جراحی کا کام - جراح کا مطب - جراحی کا کمرہ -

Surgical (sər-ji-kəl) *adj.* Partaining to surgery عمل جراحی سے متعلق -

- **Surgical fever** عمل جراحی کے بعد کا بخار - عمل جراحی کا بخار -
- **Surgical operation** عمل جراحی -

Suricate (s(y)o̅o̅-ri-kāt) *n.* African animal of weasel family نیولے کے قسم کا ایک جنوب افریقی جانور -

Surloin (sir-loin) *n.* Sirloin دیکھو

Surley (sər-li) *adj.* Haughty - بد مزاج - بے مروت - ترشرو - مغرور -

- **Surlily** *adv.* بد مزاجی سے - اکڑپن سے - درشتی سے -
- **Surliness** *n.* ترش مزاجی - ترشروئی -

Surmaster (sər-mas-tər) *n.* Second master کسی مدرسہ کا مددگار صدر مدرس -

Surmise (sər-mīz) *v.t., i.* & *n.* Allegation, suspicion - خیال - گمان - قیاس - شک و شبہ - اندازہ کرنا - قیاس آرائی کرنا -

Surmount (sər-mount) *vt.* Go to the top, get the better of - اوپر چڑھنا - اونچا ہونا - غالب آنا - زیر کرنا - غلبہ پانا -

- **Surmountable** *adj.* قابل عبور - قابل تسخیر -

Surmulet (sər-mul-it) *n.* Red mullet - سرخ ماہی ایک قسم کی سرخ مچھلی -

Surname (sər-nām) *n.* Family name عرفیت - خاندانی نام -

Surpass (sər-pâs) *v.t.* Go beyond, exceed سبقت لے جانا - بڑھ جانا - فائق ہونا

- **Surpassing** *adj.* بے مثال - برتر - فائق -
- **Surpassingly** *adv.* بے حد - بے انتہا - نہایت -

Surplice (sər-plīs) *n.* A white linen vestment ڈھیلا ڈھالا سفید لباس - پادریوں کا جبہ -

- **Surpliced** *n.* جبہ پوش -

Surplus (sər-pləs) *n.* That which left over - بیشی زیادتی - بچت - فاضل مقدار -

Surplusage *n.* بچی ہوئی چیزیں - فاضل مقدار -

Surprise (sər-prīz) *n.* & *v.t.* Astonishment یکایک آ لینا - گھبراہٹ - ناگہانی حملہ - حیرانی - باعث حیرت ہونا - یکایک آ کر گھبرا دینا -

Surprisal *n.* بے خبری میں آ لینا - حیران کر دینا -

Surprising *adj.* حیرت انگیز - تعجب خیز -

Surprisingly *adv.* یکایک - دفعتاً - خلاف توقع -

Surprisedly *adv.* حیران ہو کر - تعجب کے ساتھ -

Surrender (sə-ren-dər) *v.t., i.* & *n.* Deliver over حوالے کرنا - دے دینا - سونپ دینا - دست بردار ہونا - اطاعت قبول کرنا - ہتھیار ڈال دینا - دب کر مقابلہ سے باز آنا - دست برداری - اطاعت -

Surrender to one's bail ضمانت پر رہا ہونے کے بعد حاضر عدالت ہونا -

Surreptitious *adj.* جو چور سے لے لیا جائے - مسروقہ - چوری کا -

Surreptitiously *adv.* اندر ہی اندر - چوری چھپے - خفیہ طور پر -

Surrogate (sur-o-gāt) *n.* A substitute نائب - مددگار - قائم مقام -

Surround (sə-rownd) *v.t.* & *n.* Encompass, make a circuit of گھیرنا - احاطہ کرنا - گھیرے ہوئے ہونا - چاروں طرف ہونا - محاصرہ کرنا - فرش کا حاشیہ - حاشیہ پر بچھا ہوا قالین وغیرہ -

Surroundings *n.* & *pl* Environment - گرد و پیش - ماحول -

Surtax (sər-taks) *n.* & *v.t.* An additional tax زائد ٹیکس - زیادہ آمدنی پر معمولی ٹیکس سے زائد محصول - زائد محصول لگانا یا وصول کرنا -

Surveillance (sər-va-ləns) *n.* Spy like watching کڑی نگرانی - حراست - حفاظت -

Survey (sər-vā) *v.t.* Examine in detail - محاسبہ کرنا - پیمائش کرنا - گرداوری کرنا - معائنہ کرنا - بغور ملاحظہ کرنا -

Surveying *n.* فن محاسبت - جریب کشی - پیمائش -

Surveyor (sər-vā-ər) *n.* An overseer گرداور - اوورسیر - پیمائش کرنے والا -

Surveyorship *n.* - پیمائش کا کام - اورسیری - گرداوری

Survival (sər-vīv-əl) *n.* Living after باقی رہ جانا - باقی بچ جانا -

Survival of the fittest جو سب سے زیادہ توانا ہو اس کی بقا - بقائے اصلح - تنومند کی بقا -

Survive (sər-viv) *v.t.* & *i.* Live beyond ہم جنسوں کی فنا کے بعد زندہ رہنا - بچ جانا - نسل جاری رہنا - وجود قائم رہنا -

Survivor *n.* زندہ رہنے والا - بچ جانے والا -

Survivorship *n.* بچ رہنا - باقی رہنا -

Susceptible (sə-sep-ti-bl) *adj.* Capable, impressionable اثر قبول کرنے والا - متاثر ہونے والا - زود حس - زود رنج -

Susceptibility *n.* - خاص طور پر متاثر ہونے کی کیفیت - اثر پذیری -

Susceptibly *adv.* اثر پذیری کے ساتھ - زود حسی کے ساتھ -

Susceptive (sə-sep-tiv) *adj.* Readily admitting اثر پذیری کے قابل -

Suspect (səs-pekt) *v.t.* Mistrust شبہ کرنا - شک کرنا - بے اعتباری کرنا - اندیشہ ہونا - شبہ کی نظر سے دیکھنا - مشکوک سمجھنا - سمجھنا -

Suspectable *adj.* مشکوک - مشتبہ -

Suspect (səs-pekt) *adj.* & *n.* Suspected, suspicion مشکوک - مشتبہ - وہ شخص جس پر شبہ کیا جائے - شبہ - شک -

Suspend (səs-pend) *v.t.* Hang, debar from any privilege لٹکانا - معلق رکھنا - معطل کرنا - ملتوی کرنا -

Suspended animation سکتے کی حالت میں -

Suspensible *adj.* جو معلق رہ سکے - جو معطل کیا جا سکے -

Suspensibility *n.* معلق ہونا - معطل ہونا -

Suspender (səs-pend-ər) *n.* A strap to support a stocking معطل کرنے والا - لٹکائے رکھنے والا - پتلون کا تسمہ - جراب کا تسمہ -

Suspense (səs-pens) *n.* State of indecision التوا - توقف - تعطل - تشویش -

Suspension (səs-pen-shən) *n.* Act of suspending بر آئندگی - التوا - معطلی - توقف - موقوفی - معلق ہونا -

Suspension bridge معلق پل - جھولے کا پل -

Suspensive *adj.* تشویش کا - التوا کا - تعطل کا -
Suspensively *adv.* تشویش میں رکھتے ہوئے - التوا کے طور پر -
Suspensory *adj.* تعطل کی حالت میں - التوا میں ڈالا ہوا -

Suspicion (səs-pish-ən) *n.* Act of suspecting شک و شبہ - بدگمانی - اندیشہ - اشتباہ - شائبہ - خفیف سی جھلک -
Above suspicion شک و شبہ سے بالاتر -
Suspicionless *adj.* بلا شبہ - شبہ سے پاک -

Suspicious (səs-pish-əs) *adj.* Full of suspicion مشتبہ - مشکوک - شبہ کرنے والا - جسے شبہ کرنے کی عادت ہو -
Suspiciously *adv.* شبہ کرتے ہوئے - شبہ کی نظر سے - مشتبہ طور پر -
Suspiciousness *n.* مشکوک ہونا - شبہ رکھنا - سوئے ظن - بدظنی - بدگمانی -

Suspire (səs-pīr) *v.i.* Sigh, breathe آہ کرنا - ٹھنڈی سانسیں بھرنا -

Sustain (səs-tan) *v.t.* Hold up, bear سہارا دینا - سنبھالے رکھنا - برداشت کرنا - دست گیری کرنا - گرنے یا ڈوبنے نہ دینا - صحیح قرار دینا - تاب لانا - حق میں فیصلہ کرنا - تائید کرنا - تصدیق کرنا - جاری رکھنا - کامیابی سے تمثیل پیش کرنا -
Sustaining food طاقت بخش غذا -
Sustainable *adj.* قابل تائید - قابل ثبوت - قابل برداشت -
Sustainment *n.* ثبوت - تائید - برداشت -

Sustenance (sus-te-nəns) *n.* Nourishment پرورش - غذا - خوراک - روحانی غذا -

Sustenation (sus-te-na-shən) *n.* Act of sustaining پرورش - قیام حیات - معاش - روزی -

Sutler (sut-lər) *n.* One who sells provisions to the soldiers لشکر کا بنیا - مودھی - جو سپاہیوں کو شراب اور اجناس وغیرہ مہیا کرتا ہے -

Suttee (sut-i) *n.* A Hindu widow that burns herself on her husband's pyre وہ عورت جو اپنے شوہر کی لاش کے ساتھ جل جاتی ہے - ستی -

Suture (s(y)ōō-tyər) *n.* & *v.t.* A seam, a stitching سلائی - سیون - ٹانکے لگانا -
Sutural *adj.* ٹانکے لگانے کا - دوخت یا درز کا -
Suturation *n.* جوڑنا - زخم میں ٹانکے لگانا -

Suzerain (soo-zə-rān) *n.* A feudal lord جاگیر دار - سردار - وہ بادشاہ جو کسی دوسری ریاست پر برائے نام حکومت کرتا ہو -
Suzerainty *n.* محدود حکمرانی - اقتدار -

Swab (swob) *v.t.* & *n.* A mop for cleaning or drying کوچی - پچارہ - کوچی سے صاف کرنا - پھاہے سے پسینہ وغیرہ پونچھنا - پسینہ لینا - گدی - (بول چال) بھدا آدمی -
Swabber *n.* جہاز صاف کرنے والا - پونچھنے والا - صاف کرنے والا - پسینہ لینے والا -

Swaddle (swod-l) *v.t.* Bandage, bind with cloth لپیٹنا - باندھنا - کپڑوں میں لپیٹنا -

Swag (swag) *n.* & *v.t.* Sway, sag لوہے کے سانچے گھڑنے کی اہرن - اہرن پر لوہے کی چیزیں گھڑنا -

Swag (swag) *n.* Manner, mein or behaviour انداز رفتار - چوری کا مال - وہ رقم جو سیاسی معاملات میں نا جائز طور پر استعمال کی جائے -

Swage (swāj) *n.* & *v.t.* A die or grooved block لوہے کے سانچے گھڑنے کی اہرن - لوہے کی چیزیں گھڑنا - حملہ کرنا -
Swag-bellied بڑے پیٹ والا - توندل -

Swagger (swag-gər) *n.*, *v.t.* & *i.* Walk with an air of superiority اکڑ کر چلنا - اینٹھ کر چلنا - شان دکھانا - شیخی بگھارنا - شیخی - دھونس - بے باکی -
Swagger about اکڑتے پھرنا -
Swagger cane سپاہی کی چھڑی -
Swagger into اکڑتے ہوئے داخل ہونا -
Swagger out اکڑ کر باہر نکل جانا -
Swaggerer *n.* اکڑنے والا - شیخی باز -
Swaggeringly *adv.* خود پسندی سے - اکڑتے ہوئے -

Swain (swān) *n.* A young man, a lover دیہاتی نوجوان - عاشق -

Swallet (swa-lət) *n.* A shallow hole زمین کی سوت - چشمہ - پانی کا گڑھا -

Swallow (swol-ō) *v.t., i. & n.* Take in, engulf نگلنا ۔ ہڑپ کر جانا ۔ ناقابل یقین ۔ بات پر یقین کر لینا ۔ چپ چاپ برداشت کر لینا ۔ وہ مقدار جو ایک مرتبہ نگلی جا سکے ۔ ایک لمبی دم کی چڑیا جو موسم بہار میں انگلستان میں آتی ہے ۔ ابابیل ۔

One swallow does not make a summer } ایک ذرا سی بات سے کوئی نتیجہ نہ نکالنا چاہئے ۔

Swamp (swomp) *n. & v.t.* A tract of wet spongy land دلدل ۔ دھسن ۔ مشکل میں ڈالنا ۔ غرقاب کرنا ۔ ناک میں دم کرنا ۔ ایک چیز کا دوسری چیز کو چھپا لینا ۔

Swampy *adj.* مرطوب ۔ دلدلی ۔

Swan (swon) *n.* Large, graceful big duck ۔ ہنس راج ہنس ۔ قاز ۔ ستاروں کا ایک جھرمٹ ۔

All his geese are swans وہ چیزوں کا اندازہ ان کی قیمت سے بڑھ کر کرتا ہے ۔

Swan song آخری کارنامہ ۔ راج ہنس کا آخری نغمہ ۔

Swan like راج ہنس کی طرح ۔

Swannery *n.* راج ہنسوں کے پالنے کا باڑہ ۔

Swank (swangk) *n., v.t. & adj.* Slender, agile, show off نمائش کرنا ۔ دکھانا ۔ نمائش ۔ دبلا پتلا ۔ چست ۔ شیخی بگھارنا ۔

Swap (swop) *v.t.* Strike, reap close سودا کرنا ۔ ادلا بدلا کرنا ۔ ہاتھ مارنا ۔

Sward (swawrd) *n.* Green turf سبزہ زار ۔ رمنا ۔ دوب کا میدان ۔

Swarm (swawrm) *n. & v.t.* A body of bees or birds پرندوں یا شہد کی مکھیوں کا جھنڈ ۔ جماعت ۔ فوج ۔ بھیڑ ۔ جھنڈ میں اڑنا ۔ ہجوم کرنا ۔ جم غفیر ہونا ۔

Swarm (swawrm) *v.i. & t.* Climb by clasping with arms and legs ہاتھ پیروں کے بل درخت پر چڑھنا ۔ رسی پکڑ کر چڑھنا ۔

Swart (swawrt) *adj.* Black, dusky کالا ۔ سیاہ فام ۔ کالے رنگ کا ۔

Swarthy (swawrthy) *adj.* Dusky, baleful سیاہ ۔ ماتمی ۔ کالے رنگ کا ۔

Swarthiness *n.* ماتمی ہونا ۔ سیاہ فام ہونا ۔

Swash (swash) *v.t., i. & n.* A splash, pigwash, a heavy blow کاری ضرب لگانا ۔ پانی کا ٹکرانا ۔ چھپ چھپ کی آواز ۔ پانی میں گرنے کی آواز ۔

Swash buckler *n.* کرایہ پر لڑنے والا ۔ بھاڑے کا بانکا ۔

Swastika (swas-tika) *n.* An ancient symbol emblematic of the Sun ایک پرانا شمسی نشان جو صلیب میں دو مڑے ہوئے خطوط سے بنتا ہے ۔ نازی پارٹی کا نشان ۔

Swat (swot) *v.t.* Hit heavily with the palm ہتھیلی سے زور سے مارنا ۔ کچل دینا ۔ دھپا مارنا ۔

Swath (swawth) *n.* A band of grass or corn cut by the scythe اناج کی بالیوں کا ڈھیر ۔ گھاس کے گٹھے ۔

Swathe (swadh) *v.t. & n.* Bind, envelop ۔ باندھنا پٹی باندھنا ۔ لپیٹنا ۔

Sway (swā) *v.t., i. & n.* Swing from side to side ہلنا ۔ ہلانا ۔ جھومنا ۔ ڈگمگانا ۔ پس و پیش کرنا ۔ محرک ہونا ۔ اثر ڈالنا ۔ حکومت کرنا ۔ حکمرانی ۔ اثر ۔ قابو ۔

Sweal (swēl) *v.t.* Burn off, singe, roast in the skin پگھلنا ۔ جلنا ۔ کھال میں بھوننا ۔ بہہ نکلنا ۔

Swear (swar) *v.i.* Take or utter an oath حلف اٹھانا ۔ قسم کھانا ۔ تاکید سے کہنا ۔ حلف لینا ۔ بے ادبی سے قسم کھانا ۔

Swear off ترک شراب کی قسم کھانا ۔

Sworn brother or friend جگری دوست ۔ بھائی ۔

Sworn enemies جانی دشمن ۔

Sweat (swēt) *v.i., t. & n.* The moisture excreted by the skin پسینہ ۔ عرق ۔ پسینہ نکلنا ۔ پسینہ پسینہ ہو جانا ۔ پسینہ نکالنا ۔ (بول چال) سخت پریشانی ۔ محنت ۔ عرق ریزی ۔ نمی ۔ تری ۔ نمی ہونا ۔ برائے نام اجرت پر بہت زیادہ کام لینا ۔

By sweat of one's brow پیشانی سے پسینہ بہا کر ۔ بڑی مشقت سے ۔

Sweating bath گرم پانی یا بھاپ کا غسل جو پسینہ نکالے ۔

Sweating iron گھوڑے کا پسینہ صاف کرنے کا کھریرا ۔

Sweatiness *n.* پسینہ کی طرح کا ہونا ۔ عرق آلود ہونا ۔

Sweaty *adj.* پسینے سے تر ۔ عرق آلود ۔

Sweater (swēt-ər) *n.* A heavy jersey پسینہ نکالنے یا پونچھنے والا ۔ ملازم کا خون چوسنے والا آقا ۔ ایک گرم اونی جرسی یا بنیائن ۔

Swede (swēd) *n.* A native of Sweden سویڈن کا باشندہ ۔ سویڈن کا شاجم ۔

Swedenborgian (swē-dn-bor-ji-ən) *adj.* & *n.* A follower of Emanual Swedenborg ایمنول سویڈن برگ کا پیرو جو کلیسائے جدید کا بانی تھا ۔ اس کا عقیدہ تھا کہ خدائی صفات ہر انسان میں موجود ہیں اور ان کا مظہر قوت حضرت عیسیٰ کی ذات ہے ۔ اور عیسائیت نام ہے خدا اور انسان سے محبت کرنے کا ۔

Swedish (swēd-ish) *n.* & *adj.* Of Sweden سویڈن کا ۔ سویڈن کی زبان یا باشندہ ۔

Sweep (swēp) *v.i., t.* & *n.* Pass swiftly, wipe, remove تیزی سے گزر جانا ۔ شان سے چلنا ۔ سبک رفتاری سے اڑنا ۔ فراٹے بھرنا ۔ جھاڑنا ۔ صاف کر دینا ۔ جھاڑو پھیر دینا ۔ سڑک کی موڑ ۔ زد ۔ رسائی ۔ پہنچ ۔ لمبا چپو ۔ دود کش ۔

He swept his audience along with him — وہ سامعین کو زور تقریر سے بہا لے گیا ۔

Make a clean sweep غیر معمولی کامیابی یا جیت ۔ پرانے ملازموں کو برخواست کر دینا ۔

Sweep a constituency حلقہ انتخاب سے سارے ووٹ حاصل کر لینا ۔

Sweep stake گھڑ دوڑ کی انعامی رقم ۔

Sweeper *n.* جھاڑو دینے کی مشین ۔ خاکروب ۔

Sweeping *adj.* & *n.* پوری کامیابی ۔ بنیادی ۔ پوری پوری ۔ وسیع ۔ کامل ۔

Sweet (swēt) *adj.* Having a taste of sugar or honey میٹھا ۔ شیریں ۔ لذیذ ۔ خوش ذائقہ ۔ خوش آواز ۔ سریلا ۔ خوشگوار ۔ دلکش ۔ لطف و عنایت کا ۔ خوش مزاجی کا ۔ میٹھی گولی ۔ (جمع) میٹھا ۔ میٹھا کھانا ۔ مزیداریاں ۔ (خطاب) پیارے ۔ پیاری ۔

A sweet tooth دلربا ۔ پیاری ۔ محبت کرنے والی لڑکی ۔

Sweet bread بچھڑے کے غدود جو کھانے میں لذیذ ہوتے ہیں ۔

Sweet going مزے کا سفر ۔

Sweetheart *n.* جانی ۔ معشوق ۔ عاشق ۔

Sweetmeat *n.* مٹھائی ۔

Sweet oil *n.* میٹھا تیل ۔ زیتون کا تیل ۔

Sweet root *n.* شکر قند ۔ ملیٹھی ۔

Sweet temper خوش مزاجی ۔

Sweet toil محنت جو خوشی سے کی جائے ۔

Sweeten *v.t.* شہد یا شکر ملانا ۔ خوشگوار کرنا ۔ میٹھا کرنا ۔

Sweetish *adj.* کسی قدر میٹھا ۔ قدرے شیریں ۔

Sweetness *n.* میٹھاس ۔ شیرینی ۔

Sweety *n.* میٹھا کھانا ۔ مٹھائی ۔

Sweeting (swēt-ing) *n.* Dear one پیاری ۔ پیارا ۔ میٹھا سیب ۔

Swell (swel) *v.i., t., n.* & *adj.* Increase in volume expand پھولنا ۔ سوجنا ۔ پھیلنا ۔ ابھرنا ۔ ابھار ۔ چڑھاؤ ۔ لہروں کا چڑھنا اترنا ۔ سر کا اتار چڑھاؤ ۔ (بول چال) اعلیٰ درجے کا ۔ بڑھیا ۔ پر تکلف ۔ ٹھاٹھ کا ۔

Swell like a turkey cock شیخی سے پھول جانا ۔

Swell mob سفید پوش ۔

Swell with pride آپے سے باہر ہو جانا ۔ غرور سے پھول جانا ۔

Swellen estimates خرچ سے زیادہ کا تخمینہ ۔ بہت زیادہ رقم کا موازنہ ۔

What a swell you are تم تو چھیلا بنے ہوئے ہو ۔

Swelling *n.* سوجن ۔ ورم ۔

Swellishing (بول چال) بنا ٹھنا ۔ بانکا ۔

Swelter (swel-ter) *v.i.* & *n.* Sweat copiously گرمی سے تنگ آنا ۔ پسینہ سے تر ہو جانا ۔ گرمی سے مضمحل ہونا ۔ نہایت سخت گرمی ۔ تپش ۔

Swerve (swərv) *v.i., t.* & *n.* Deviate, turn aside ترپنا ۔ سیدھے راستے سے ہٹ جانا ۔ جھکنا ۔ خمیدہ ہونا ۔ جھونک کھانا ۔ لغزش ۔ انحراف ۔ ترپن ۔

Swift (swift) *adv., adj.* & *n.* Rapid, speedy تیز ۔ تیز رو ۔ تیز پر ۔ تیز قدم ۔ پھرتیلا ۔ ہاتھوں ہاتھ ۔ پھرتی سے ۔ ابابیل کی قسم کا تیز رو پرندہ ۔ ایک قسم کا کبوتر ۔ ایک پتنگا ۔ ایک قسم کا چھوٹا گرگٹ ۔ ایٹرن ۔

Swift to anger غصے کا تیز - جھلا -

Swift-footed چھلاوہ - تیز رفتار -

Swift-handed پھرتیلا - چابک دست -

Swiftly *adv.* چالاکی سے - پھرتی سے -

Swiftness *n.* پھرتی - تیزی -

Swift-winged تیز پر -

Swig (swig) *v.t., i. & n.* Take a swig (بول چال) شراب کی چسکی لینا - ایک گھونٹ -

Swill (swil) *v.t., i. & n.* Rinse dash water over پانی بہا کر صاف کرنا - کھنگالنا - غٹاغٹ پینا - شراب سے بد مست کرنا - مدہوش کرنا - ادنیٰ درجہ کی شراب - گندہ پانی - موری کا پانی -

Swim (swim) *v.t., i. & n.* Float, move on the surface تیرنا - پیرنا - سطح پر بہنا - تیراکی کے مقابلے میں شریک ہونا - سبک رفتاری سے چلنا - چکرانا - آنسو بھر آنا - دریا کا موڑ جس میں مچھلیاں کثرت سے ہوں - رفتار زمانہ -

In the swim کسی معاملہ میں عملی حصہ لینے والا - واقف کار -

Swim with the tide and stream زمانہ کے ساتھ چلنا -

Swimmer *n.* شناور - تیراک -

Swimmingly (swim-ing-li) *adv.* Easily بڑے مزے سے - عمدگی سے - آسانی سے -

Swindle (swin-dl) *v.t., i. & n.* Cheat, a fraud دھوکا دینا - ٹھگ لینا - خرد برد کرنا - فریب دے کر لوٹنا -

Swindler *n.* دھوکے باز - فریبی -

Swine (swīn) *n.* A pig بے عزت انسان - گندہ آدمی - خنزیر - سور -

Swine herd *n.* سور چرانے والا -

Swinery *n.* سوروں کا باڑہ -

Swinish *adj.* سور کی سی - ناپاک - ذلیل -

Swinishness *n.* طبعی ذلالت - بے غیرتی - سور پن -

Swing (swing) *v.t., i. & n.* Sway or move to and fro ہلنا - ڈولنا - جھومنا - لہرانا - موڑنا - مڑنا - جھولا - پینگ - جھولے کی حرکت -

Swing bridge جھولے کا پل -

Swing the bad (بول چال) کام سے جی چرانا - بیماری کو طول دینا -

Work is in full swing کام زور شور سے ہو رہا ہے -

Swingingly *adv.* لچک کے ساتھ - جھومتے ہوئے - لپکتے ہوئے -

Swinge (swinj) *v.t.* Beat, chastise خوب مارنا - ڈنڈے سے مارنا -

Swinging *adj.* بہت بڑا - بڑا -

Swingle (swing-gl) *n. & v.t.* A scutching tool موگری - موگری سے کوٹنا - لمبی چھڑی کا لٹکتا ہوا اگلا حصہ - چمڑے کا کوڑا -

Swipe (swīp) *v.i. & n.* A sweeping stroke پیروں کی طرف کی نیچی ضرب - ضرب لگانا - (بول چال) چھین کر بھاگ جانا -

Swirl (swərl) *v.i., t. & n.* Whirl, spin پانی کا چکر کھانا - چکرانا - بھنور - گرداب -

Swish (swish) *v.t., i., n. & adj.* Smart, a cane, sound of a cane بید یا چھڑی ہلانا - بید سے مارنا - کوڑے کی ضرب - بنا ٹھنا - چاق چوبند -

Swiss (swis) *n.* A native of Switzerland سوئزر لینڈ کا باشندہ - بانکا -

Switch (swich) *n., v.t. & i.* A long twig, a riding whip, a false tress چھڑی - قمچی - مصنوعی بالوں کی لٹ - برق بٹن - چھڑی سے مارنا - تیزی سے گھمانا - ریل کو ایک پٹری سے دوسری پٹری پر لانا - بٹن دبا کر روشنی کرنا یا بند کرنا - موضوع بدل دینا - (تاش) ایک رنگ سے دوسرے رنگ پر آنا -

Swivel (swiv-l) *n., v.i. & t.* A ring or link that turns on a pin چول پر گھومنے والا چھلا - چول چھلا - چول چھلے پر گھومنا یا گھمانا -

Swivel-eyed *adj.* بھینگا - احول -

Swizzle (swiz-l) *n. & v.i.* A compounded drink, drink to excess ایک مرکب شراب - بہت زیادہ شراب پینا -

Swoon (swoon) *n. & v.i.* A fainting fit, faint غشی - بے ہوشی کا دورہ - غش آنا - بے ہوش ہو جانا - جی ڈوب جانا -

Swooningly *adv.* غشی کی سی حالت میں -

Swoop (swoop) *v.i., t. & n.* Rush suddenly جھپٹ کر آنا ۔ ٹوٹ پڑنا ۔ حملہ کرنا ۔ (بول چال) جھپٹ کر چھین لینا ۔ نا گہانی حملہ ۔

Swop-swap (swop) *v.t., i. & n.* Give in exchange, barter (بول چال) بدلنا ۔ ادلا بدلا کرنا ۔ مبادلہ کرنا ۔ مبادلہ ۔ ادل بدل ۔

Sword (sord) *n.* A weapon with a long blade تلوار ۔ شمشیر ۔ تیغ ۔ تیغہ ۔ (فوجی بول چال) سنگین ۔

Swordcraft *n.* فوجی طاقت ۔ فن تیغ زنی ۔

Sword-knot قبضہ کی گھنڈی ۔ تیغ بند ۔

Sword of honour وہ تلوار جو بطور اعزاز دی گئی ہو ۔ اعزازی تلوار ۔

Swordplay تیغ زنی ۔ شمشیر زنی ۔

Sword-stick وہ چھڑی جس کے اندر پتلی تلوار رہتی ہے ۔ گپتی ۔

Swordmanship شمشیر زنی ۔ تیغ زنی کی مہارت ۔

Swot (swot) *v.t. & i.* Study hard رٹائی کرنا ۔ محنت سے مطالعہ کرنا ۔ سخت محنت کرنا ۔

Sybarite (sib-ə-rit) *n.* An inhabitant of Sybaris سیبارس (اٹلی) کا باشندہ ۔

Sybaritic *adj.* عیش پرست ۔ عیش کا بندہ ۔

Sybaritism *n.* عیش پرستی ۔

Sybil (si-bl) *n.* Sibyl دیکھو

Sycamine (sik-ə-min) *n.* The mulberry tree (انجیل) سیاہ شہتوت کا درخت ۔

Sycamore (sik-ə-mor) *n.* A kind of fig tree مصر اور شام کا انجیر ۔

Syce (sis) *n.* A groom سائیس ۔

Sycee (si-se) *n.* Silver ingots used as Chinese money چاندی کے ڈلے جن پر مہر ہوتی ہے ۔ چینی سکہ ۔

Sycophant (sik-o-fənt) *n.* A servile flatterer خوشامدی ۔ چاپلوس ۔ کاسہ لیس ۔

Sycophancy *n.* چاپلوسی ۔ خوشامد ۔ کاسہ لیسی ۔

Sycophantic *adj.* خوشامدانہ ۔

Syllable (sil-ə-bl) *n.* A word or part of the word uttered by a single effort of the voice لفظ یا لفظ کا کوئی جز جو ایک ہی آواز سے ادا ہو ۔ لفظ کا بہ یک وقت ادا ہونے والا رکن ۔

Syllabic (sil-ə-bik) *adj.* Syllable by syllable رکنی ۔ جس کا ہر رکن علیحدہ ادا کیا جائے ۔

Syllabicate (sil-ə-bik-at) *v.t.* Divide into syllables لفظ کو ارکان تہجی میں تقسیم کرنا ۔ ہر رکن کو الگ الگ ادا کرنا ۔

Not a syllable! خبر دار جو ایک لفظ بھی زبان سے نکلے

Syllabus (sil-ə-bəs) *n.* A programme, a series of subjects خاکہ ۔ نصاب تعلیم ۔ کلیسا کے ممنوعہ عقائد کی فہرست ۔

Syllogism (sil-o-jizm) *n.* A logical argument in three propositions صغریٰ ۔ کبریٰ اور نتیجہ کی منطقی شکل ۔

Syllogistic *adj.* قیاسی ۔ منطقی ۔

Syllogize *v.t.* منطقی شکل میں پیش کرنا ۔

Sylph (silf) *n.* A spirit of the air ہوا کی پری ۔ خیالی صورت ۔ ایک لمبی دم اور سرخ رنگ والا پرندہ ۔

Sylvan (sil-vən) *n.* Silvan دیکھو

Symbol (sim-b(ə)l) *n. & v.t.* An emblem, creed or type نشان ۔ علامت ۔ رمز ۔ اشارہ ۔ وہ چیز جو کسی دوسری چیز کی طرف اشارہ کرے ۔ نشان کے ذریعے ظاہر کرنا ۔ اشاری طرز میں لکھنا ۔

Symbolic-al رمزی ۔ علامتی ۔ اشارے یا علامت کا ۔

Symbolics *n.* علامات کا علم یا مطالعہ ۔ اشارات ۔ نشانات ۔

Symbolism *n.* طرز ادا جس میں خیالات کو تمثیل کے رنگ میں ظاہر کیا جاتا ہے ۔

Symbolist *n.* اشارت دان ۔ تمثیل نگار ۔ اشارت نگار ۔

Symbolize *v.t.* کسی چیز کا نشان مقرر کرنا ۔ کسی چیز کو اشارے اور تمثیل میں پیش کرنا ۔

Symbolization *n.* علامات میں ظاہر کرنا ۔ نشان معین کرنا ۔

Symbolatry *n.* نشان پرستی ۔ علامت پرستی ۔

Symmetrian (sim-i-tri-ən) *n.* One who studies proportions of things تناسب پسند ۔ تناسبات کا مطالعہ کرنے والا ۔

Symmetry (sim-i-tri) *n.* Balance or due proportion تناسب ۔ تناسب اعضا ۔ خوش اندامی ۔ موزونیت ۔ مناسبت ۔

Symmetric *adj.* سڈول ۔ موزوں ۔ متناسب ۔

Symmetrize *v.t.* سڈول بنانا - موزوں بنانا - تناسب پیدا کرنا -

Symmetrization اجزا میں مناسبت ہونا - تناسب پیدا کرنا -

Sympathetic (sim-pə-the-tik) *n. & adj.* Feeling sympathy ہمدرد - شریک غم- تائیدی - دلنشین - تاثر پذیر - وہ شخص جس پر عملی توجہ کا اثر ہو گیا ہو -

Sympathetic ink ایسی روشنائی جو آگ دکھائے بغیر نظر نہ آئے - پوشیدہ روشنائی -

Sympathetic pain ایک عضو کے درد سے آس پاس درد ہونا - درد مشارکت - وہ درد جو دوسرے کی تکلیف دیکھ کر ہو -

Sympathetically *adv.* تائیدی طور پر- غمخواری سے - دلسوزی سے - ہمدردی سے -

Sympathize (sim-pə-thiz) *v.i.* Show sympathy ہمدردی کرنا - کسی کے درد میں شریک ہونا - اظہار ہمدردی کرنا -

Sympathizer *n.* ہم خیال - ہمدردی کرنے والا - غم گسار - ہمدرد -

Sympathy (sim-pə-thi) *n.* Conformity of feelings غم خواری - دلسوزی - ہمدردی -

Symphony (sim-fə-ni) *n.* Name for various musical instruments ہم آہنگی - سازوں کا میل - ہم سازی -

Symphonic *adj.* سروں کے میل کے متعلق - ہم آہنگی کا -

Symposium (sim-po-zi-əm) *n.* A conference, a gathering of poets or thinkers, a drinking party ہم مشرب اور ہم خیال لوگوں کا اجتماع - بزم ہے -

Symposial *adj.* گلدستہ کی طرز کا - مے نوشی کی محفل کا -

Symptom (sim(p)təm) *n.* A sign or indication نشانی - علامت - آثار - علامتِ مرض -

Symptomatic *adj.* اشارے کا - ظاہری علامات کا - علاماتی -

Symptomatically *adv.* علامات مرض کی وجہ سے -

Symptomatology *n.* علم العلامات - علامات مرض کا علم -

Synagogue (sin-ə-gog) *n.* An assembly of Jews for worship یہودیوں کی مسجد - یہودیوں کی عبادت - یہودیوں کا عبادت خانہ -

Synagogical *adj.* آداب عبادت کے بابت - عبادت کے متعلق - عباداتی -

Synchromesh (sing-krə-məsh) *n.* A system of gear changing in motor cars (امریکہ) موٹر کار کا خود بخود بلا آواز گیر بدلنے والا آلہ -

Synchronize (sing-krə-niz) *v.t.* Coincide or agree in time بر وقت مطابقت کرنا - ہم عصر ہونا - ساتھ ساتھ واقع ہونا - گھڑیوں میں ایک ھی وقت ہونا - آواز اور تصویر کا بیک وقت ظاہر ہونا -

Synchronism *n.* ایک ھی وقت ہونا - ہم وقتی -

Synchronization *n.* واقعات کا ہم وقت ہونا - ثابت کرنا -

Synchronous *adj.* ایک ھی زمانہ کا - ہم وقت - ہم عصر -

Synchrony *n.* ہم عصری - ہم وقتی -

Synchronal (sing-krə-nl) *adj.* ہم وقت - ہم عہد - ہم عصر-

Syncopate (sing-ko-pat) *v.t.* Shorten by cutting out لفظ میں کوئی حرف حذف کرنا -

Syncopation *n.* موسیقی کی ایک اصطلاح - حذف -

Syncope (sing-kə-pi) *n.* A cutting short لفظ میں حروف کا حذف - سُر یا تال بدلنا - غشی کا دورہ -

Syndic (sin-dik) *n.* An advocate. delegate or judge قدیم یونان کا ایک وکیل - نمایندہ یا ناظم عدالت - سینیٹ کی مجلس خاص کا رکن -

Syndicalism (sin-dik·ə-lizm) *n.* A movement among workers to transfer the means of production from owners to unions of workers صنعتی مزدوروں کی یہ تحریک کہ کارخانوں کی ملکیت سرمایہ داروں سے لے کر مزدوروں کی انجمن کو سونپ دی جائے -

Syndicate (sin-dik-at) *v.t., i. & n.* A body of syndics, a body of men to watch the interests of a company تاجروں یا کارخانہ داروں کی مجلس - مجلس بنانا - خبریں ، مضامین وغیرہ حاصل کر کے اخباروں ، رسالوں کے ہاتھ بیچنا -

Syndication *n.* سنڈیکیٹ قائم کرنا - مجلس بنانا -

Synod (sin-əd) *n.* An ecclesiastical council ارکان کلیسا کی مجلس جس میں دینی امور کے فیصلے ہوتے ہیں - مجلس مشائخ -

Synodal-dic-dical *adj.* مجلس کلیسا کے متعلق - دینی امور کے فیصلوں کے بابت -

Synonym (sin-ə-nim) *n.* A name to which another is preferred - مترادف یا ہم معنی لفظ قریب قریب ہم معنی نام -

Synonymity *n.* مترادف ہونا - ہم معنی ہونا -

Synonymous *adj.* ہم معنی - مترادف -

Synonymously *adv.* مترادف ناموں کے ساتھ - ہم معنی الفاظ کے طور پر -

Synonymy (sin-ə-nim-i) *n.* A list of synonyms مترادف الفاظ کا مجموعہ -

Synopsis (sin-op-sis) *n.* A complete summary خلاصہ - ایسا خلاصہ جس میں تمام ضروری باتیں شامل ہوں - پورا خاکہ -

Synoptical *adj.* مختصر کیا ہوا - مختصر - ملخّص -

Syntactic (sin-tak-tik) *adj.* Of grammatical structure نحوی - نحوی ترکیب کا - اشیاء کی ترتیب کا -

Syntax (sin-taks) *n.* Grammatical structure of sentences - نحو - علم نحو - جملوں کی نحوی ترکیب -

Synthesis (sin-thi-sis) *n.* Putting together آمیزش - ترکیب - انفرادی واقعات سے کلیات بنانے کا عمل - ترکیب الفاظ (جراحی) دو حصوں کو جوڑ دینا -

Synthetic *adj.* - کیمیاوی ترکیب سے بنا ہوا - ترکیبی -

Synthetist-sist *n.* مرکب کرنے والا - ترکیب دینے والا -

Synthesize *v.t.* & *i.* کلیہ بنانا - ترتیب دے کر نظریہ قائم کرنا - واقعات کو ایک کلیہ کے تحت لانا - مرکب کرنا -

Sypher (si-fer) *v.t.* Join planks with overlapping edges in a flush surface اونچے نیچے تختوں کو اس طرح جوڑنا کہ سطح برابر رہے -

Syphilis (sif-i-lis) *n.* A contagious venereal disease آتشک - باد فرنگ - گرمی -

Siphilous-litic *adj.* آتشک کا (مریض) -

Siphilize *v.t.* آتشک کا مادہ پیدا کرنا - آتشک کا مرض لگا دینا -

Siphilology *n.* مرض آتشک کا علم -

Syphon (si-fən) *n.* Siphon دیکھو

Syriac (sir-i-ak) *adj.* & *n.* The ancient Armaic dialect of Syria - سریانی - قدیم شام کی زبان سریانی کا - آرامی -

Syriacism *n.* قدیم سریانی کی ترکیب - قدیم سریانی زبان کا محاورہ -

Syrian (sir-i-ən) *adj.* Relating to Syria - سریانی شامی - شام کا باشندہ -

Syringe (si-rinj) *v.t.* & *n.* An instrument for injecting - جسم کے اندر دوا پہنچانے کا آلہ - پچکاری پچکاری دینا -

Syrinx (sir-ingks) *n.* The vocal organ of birds پرندوں کی آواز کا عضو - ارگن باجہ - مصری قبروں کا تنگ دالان - (جراحی) ناسور -

Syringitis *n.* ہوا کی نالی کا ورم -

Syringotomy *n.* ناسور کا عمل جراحی -

Syrup (sir-əp) *n.* Any sweet liquid - رُبّ - شربت - شیرہ -

Syrupy *adj.* شیرے کی طرح کا -

Systematic (sis-tim-ə-tik) *adj.* Methodical - دانستہ بالقصد - با اصول - باقاعدہ -

Systematically *adv.* - باقاعدہ طور پر - دیدہ و دانستہ

Systematization *n.* - نظم یا اصول کے مطابق بنانا

Systemic (sis-tim-ik) *adj.* Pertaining to body system نظام جسمانی کا - جس کا تعلق پورے جسم سے ہو -

Systemically *adv.* - انسانی جسم کے نظام کی رو سے نظام جسمانی کے لحاظ سے -

Systole (sis-to-le) *n.* Contraction of the heart انقباض قلب - دل یا شریانوں کا سکڑنا -

Systyle (sis-til) *adj.* With columns set close together طرز تعمیر جس میں ستون قریب قریب ہوتے ہیں -

Systylous (sis-til-əs) *adj.* With styles united گردن پیوستہ (پھول) -

Sythe (si-th) *n.* Scythe دیکھو

Syzygy (siz-i-ji) *n.* Conjunction or opposition چاند یا کسی اور سیّارے کا سُورج کے ساتھ ایک ہی برج میں جمع ہونا یا مقابل برج میں ہونا ۔

T

T (te) *n.* The twentieth letter of the English alphabet ۔ انگریزی حروف تہجی کا بیسواں حرف ۔ کوئی چیز T کی شکل کی ۔

To cross the T's بہ تاکید پیش کرنا ۔ بالکل صحیح ہونا ۔ بے کم و کاست ۔

To a T من کُلِّ الوُجُوہ ۔ بالکل ۔ ہر طرح سے ۔

To be marked with a T چوری کا نشان پڑنا ۔

Tab (tab) *n.* A small tag, flap or strap کپڑے یا چمڑے کا چھوٹا ٹکڑا ۔ جیب کا پردہ ۔ بوٹ لیس کے نیچے کا چمڑا ۔ بند ۔ تکمہ ۔ دم چھلا ۔ ٹوپی کے دونوں طرف کانوں کے حفاظتی پردے ۔ فوجی افسروں کے گریبان پر لگا ہوا فوجی نشان ۔

Tabard (tab-ərd) *n.* A mediaeval peasant's over-coat غریب طبقہ کا قدیم لمبا کرتہ ۔ بے آستین کا جامہ ۔ شاہی نقیب کی وردی ۔

Tabaret (tab-ə-ret) *n.* An upholsterer's silk stuff موٹا ریشمی کپڑا ۔ کرسیوں وغیرہ پر چڑھانے کا موٹا لہر دار کپڑا ۔

Tabasheer (tab-ə-sher) *n.* A concretion found in the hollow of bamboos بنس لوچن ۔ طباشیر ۔

Tabby (tab-i) *v.t.* & *n.* A coarse weaved, watered silk دھاریدار ۔ لہریا کپڑا ۔ رنگ برنگ کپڑا ۔ دھاریدار بلّی ۔ (سن رسیدہ کنواری) بکّی اور بد گو عورت ۔ دھاری دار پتنگے ۔ کپڑے پر دھاریاں ڈالنا ۔ لہریا بنانا ۔

Tabefaction (tab-i-fak-shən) *n.* Weakness due to ailment نقاہت ۔ بیماری سے کمزور ہونا ۔

Tabefy *v.t.* کمزور کر دینا ۔ گھلانا ۔

Tabernacle (tab-ər-nə-kl) *v.t., i.* & *n.* A tent or movable hut ڈیرہ ۔ خیمہ ۔ چھولداری ۔ شامیانہ ۔ چھوٹا اور ہلکا مکان ۔ منقولہ مکان ۔ جسم انسانی ۔ کالبد خاکی ۔ شامیانہ جسے یہودی فلسطین میں آباد ہونے سے پہلے عبادت کے لیے استعمال کرتے تھے ۔ عبادت گاہ ۔ معبد ۔ مندر ۔ ٹک جانا ۔ عارضی طور پر قیام کرنا ۔ پناہ دینا ۔

Tabernacled *adj.* جس میں چھجے اور طاق ہوں ۔ کٹاؤ کے کام کا ۔

Tabernacular *adj.* جالی دار ۔ چھجے دار ۔

Tabes (ta-bez) *n.* Wasting away سوکھا ۔ بیماری جس میں آدمی گھلتا چلا جائے ۔

Tabitic (ta-bi-tik) *adj.* Suffering from tabes سوکھے کا مریض ۔

Tabescence-tude *n.* سوکھے کی بیماری لگنا ۔

Tabescent *adj.* سوکھے کا مریض ۔ سوکھا لگا ۔

Tabidly *adv.* سوکھے کے مریض کی طرح ۔

Tablature (tab-lə-tyər) *n.* A tablet, a painting مصوری جو دیوار اور چھت پر کی جائے ۔ ذہنی نقش یا تصویر ۔ مشرح یا واضح بیان ۔ تمثیل ۔ تصویر یا نقشہ کھینچ دینا ۔

Table (tab-l) *n.* & *v.t.* A slab or board میز ۔ (مجازاً) دسترخوان ۔ ضیافت ۔ سفرہ ۔ مائدہ ۔ جوئے کی میز ۔ تختہ ۔ تختی ۔ پٹری ۔ پٹرا ۔ لوح ۔ لوح کی تحریر ۔ کتبہ ۔ سطح مرتفع ۔ (جواہرات) مسطح پہلو ۔ داسا ۔ چوکی ۔ تراشا ہوا قیمتی پتھر ۔ ہاتھ کی ہتھیلی ۔ کھوپڑی کی ہڈیوں کی تہہ ۔ فہرست ۔ نقشہ ۔ فرد ۔ خانہ ۔ میز پر رکھنا ۔ تجویز جو بحث کے لیے پیش کی جائے ۔ ایک کڑی کو چول بٹھا کر دوسری کڑی سے جوڑنا ۔ بادبان میں جوڑ لگانا ۔ حاشیہ لگانا ۔ درج فہرست کرنا ۔

Table-cloth میز پوش ۔

Table of contents فہرست مضامین ۔

Table-spoon کھانے کا چمچہ ۔ چمچہ ۔

Table-talk گپ شپ ۔ کھانے کے دوران گفتگو ۔

Table-land *n.* بلندی پر ہموار زمین ۔ سطح مُرتفع ۔

Table-water معدنی پانی جو کھانے پر بوتلوں میں میز پر رکھتے ہیں ۔

Turn the tables غالب کو مغلوب کرنا ۔ پانسا پلٹ دینا ۔

Tableful *n.* میز بھر - چیزوں کی مقدار یا مہمانوں کی تعداد جو ایک میز کے لیے کافی ہو -

Tableau (tab-lo) *n.* A picture or vivid pictorial impression تصویر - نقشہ - شبیہ - کسی تاریخی منظر کا نقشہ - کسی خیال کی تصویر - چپ نظارہ -

Tableau curtains تماشا گاہ کی قنات -

Tablet (tab-lit) *n.* A small slab تختی - لوح - ٹکیا - قرص - لوح کی تحریر -

Tabloid *n.* کیمیاوی پیداوار - اخبار جو خبروں کو اختصار کے ساتھ ایک ہی جگہ چھاپ دے -

Tablier (tab-ly-ər) *n.* Apron پیش بند - ایسا کپڑا جو عورتیں کام کرتے وقت اوپر لپیٹ لیں - پیش دامن -

Taboo (tə-boo) *v.t., adj. & n.* Forbidden کسی چیز کو حرام قرار دینا - ممانعت کرنا - ممنوعہ - قابل تحریم - حرام کرنا - ممانعت -

Tabor (ta-bər) *n.* A small drum ڈھولک - طنبورہ - طبلہ - مردنگ -

Tabouret (tab-ə-ret) *n.* A drum-shaped stool اڈا - کشیدہ کاری کا چوکھٹا - اسٹول - مونڈھا - تپائی -

Tabula (tab-u-la) *n.* A writing table, a flattened structure - کسی چیز کی چکنی سطح - لکھنے کی میز -

Ṭabular (tab-u-lər) *adj.* میز نما - نقشہ دار - جدول کی شکل میں مرتب کیا ہوا - مسطح -

Tabulate (tab-u-lat) *v.t. & adj.* Reduce to the form of a table - مرتب کرنا - فہرست تیار کرنا - خاکہ مرتب کرنا - مسطح کرنا - مسطح - جما ہوا - مرتبہ - ورق پر ورق - جدول بنانا

Tabulation *n.* - ترتیب - فرد - خاکہ - فہرست - جدول -

Tac-au-tac (tak-o-tak) *n.* A series of close attacks in fencing تیغ زنی کے مقابلہ میں حریف کا وار روکنا اور وار کرنا - تابڑ توڑ وار -

Tache (tak) *n.* A fastening or clasp - چھٹی - آنکڑا - بک -

Tachometer-y پیمایش کا آلہ - سرعت ناپنے کا آلہ -

Tacit (tas-it) *adj.* Unspoken, silent - چپ - خاموش - چپ چاپ - بن کہے - جو بغیر کہے ہوئے سمجھ میں آ جائے -

Tacit consent خاموشی سے رضامندی کا اظہار کرنا - سکوت سے جواب دینا -

Tacitly *adv.* چپ چاپ - خاموشی سے -

Taciturn (tas-i-turn) *adj.* Disinclined to speak خاموش - کم گو - کم سخن -

Taciturnity خاموشی - پنبہ دہنی - کم سخنی -

Tack (tak) *n., v.t. & i.* A short sharp nail - کوکا - میخچہ - کیل - ڈوب - لمبے لمبے ٹانکے - پال کی رسی - بادبان کی رسی - جہاز کے چلنے کا رخ - جہاز کا ایک طرف موڑنا - کھانا - غذا - خوراک - باندھنا - جوڑنا - گانٹھنا - منسلک کرنا - کوکے جڑنا - کیلیں لگانا - نگندے ڈالنا - جہاز کو ہوا کے رخ موڑنا -

Brass tacks (بول چال) معاملہ کی اصل بات -

Soft tack اچھی غذا - نرم روٹی -

Tack hammer کیلیں نکالنے اور جڑنے کی ہتھوڑی -

Tacker *n.* کیلیں جڑنے والا -

Tackiness *n.* چپ چپ رہنا - خاموشی -

Tacky *adj.* منہ بند - خاموش -

Tacking (tak-ing) *n.* Appending of an extraneous clause to a money bill; priority of a subsequent mortgage to a former of which notice was not given اگر مرتہن اول نے نوٹس نہیں دیا تو مرتہن دوم کا حق مُرجّح ہوگا - کسی ایسی دفعہ کا مالی مسودہ میں منسلک کرنا کہ دارالامرا میں مالی بل پر کوئی اعتراض نہ ہو سکے -

Tackle (tak-l) *v.t., i. & n.* The ropes and riggings, etc., of a ship جہاز پر سامان چڑھانے اور اتارنے کی کل - رسیاں - پردے وغیرہ - سامان حرب - اسلحہ - چرخیاں - آلات جرثقیل - کیل - کانٹا - (فٹ بال - رگبی) حریف کو روکنا - حریف سے گتھ جانا - مقابلہ کرنا - بحث کرنا - سلجھانا - چرخیوں کے ذریعے چڑھانا -

Fishing tackle *n.* ڈور چڑھی ہوئی چرخی - مچھلی کے شکار کا سامان، چھڑی ڈور -

Tackling *n.* جرخیوں کا سلسلہ - کسی کام کا ضروری سامان

Tact (takt) *n.* Sense of judging feelings of other people موقع شناسی - مردم شناسی - حکمت - ہوشیاری - سلیقہ - تمیز - کام لینے کی صلاحیت -

Tactful *adj.* ہوشیاری کا - ہوشیار - معاملہ فہم - موقع شناس - محل شناس

Tactless بے تکے پن کا - پھوہڑ - موقع محل کو نہ سمجھنے والا - نا تجربہ کار - بے سلیقہ -

Tactlessness محل ناشناسی - بے تکا پن -

Tactical (tak-tik-əl) *adj.* Pertaining to tact تدبیر یا جوڑ توڑ کا - موقع کی مناسبت کا - شاطرانہ - اُستادانہ - حکمت سے - مدبرانہ طور پر - موقع

Tactically *adv.* شناسی کے لحاظ سے - جنگی حکمتِ عملی کے ساتھ -

Tactics (tak-tiks) *n.* Art of manoeuvring جنگ کے داؤں پیچ - چالیں - جوڑ توڑ - فوجی نقل و حرکت - موقع کے لحاظ سے فوجی چال -

Tactician *n.* شاطرانہ چالیں چلنے والا - فنونِ جنگ کا ماہر -

Tactile (takt-il) *adj.* Pertaining to the sense of touch چھونے کے قابل - چھو کر معلوم کرنے کے قابل - محسوس - جسمانیت دکھانے یا پیدا کرنے والی

Tactual *adj.* لمس کے قابل -

Tactility *n.* چھونے جانے کی صفت - احساس -

Tadpole (tad-pol) *n.* Larva of a frog مینڈک کے بچے اپنی ابتدائی شکل میں -

Taedium vitae (te-di-əm-vite) *n.* Weariness of life جان سے بیزاری - خودکشی پر آمادگی -

Tael (tal) *n.* A Chinese ounce ایک چینی وزن کوئی چار تولے کے برابر -

Taffeta (taf-i-ta) *n.* A thin glossy silk stuff تافتہ دریائی - ریشم کا چمکدار کپڑا - سادہ بناوٹ کا ریشمی کپڑا -

Taffrail (taf-ril) *n.* The upper part of a ship's stern timbers جہاز کے پچھلے شہتیروں کا بالائی حصہ - جہاز کا عقبی کٹھرا -

Taffy (taf-i) *n.* Toffy دیکھو

Tag (tag) *n.* & *v.t.* A tab, a flap of a garment, any small thing چندی - چٹ - گھنڈی - دنبالہ - شامچہ - (ناٹک) تماشا ختم ہوتے وقت کی تقریر - تتمہ - آنکھ مچولی - ٹیپ لگانا - جوڑ لگانا - تک بندی کرنا - بھیڑ کی اون کترنا - پیچھے لگنا - آنکھ مچولی میں چھو لینا - ہاتھ لگا دینا -

Tagtail *n.* خوشامدی - طفیلی - ایک کیڑا جس کی دم مختلف رنگ کی ہوتی ہے - چچڑی -

Tagger (tag-ər) *n.* A thin sheet iron لوہے کی پتلی چادر - آنکھ مچولی کا چور - پیچھے لگنے والا - سب کے پیچھے بھاگنے والا -

Tail (tal) *v.t., i.* & *n.* The posterior extremity of an animal دم - پونچھ - دنبالہ - پچھلا حصہ - نچلا سرا - سکے کی پشت یا عقبی رخ (بول چال) - ادھر اُدھر کے سرے تراش دینا - کندھے باندھنے کی رسی -

Dog has his tail between his legs "کتے کی دُم ٹانگوں میں" مجازاً خوف زدہ انسان کے لیے بولا جاتا ہے

Tail after پیچھے پیچھے لگا رہنا -

Tail of the eye دُنبالِ چشم - بیرونی گوشہٗ چشم

Turn tail بھاگ کھڑے ہونا -

Tailless *adj.* & *n.* دُم کٹا - لنڈورا - بے دُم کا -

Tail (tal) *n.* & *adj.* Conditional ایسی جائداد جو صرف حقیقی اولاد کو مل سکے - مشروط - (ملکیت) میعادی جاگیر - مشروط قبضہ -

Tailing (tal-ing) *n.* joining of a tail دُنبالہ - دُم چھلا - شہتیر یا اینٹ کا دیوار میں دبا ہوا حصہ - داغ دھبّہ جو چھینٹ کی چھپائی میں غلطی سے رہ گیا ہو -

Tailor (tal-ər) *v.t., i.* & *n.* One who cuts out and makes garments درزی - خیاط - کپڑے سینے والا - (بول چال) پرندے کو اناڑی پن سے مارنا یا ذبح کرنا - درزی کا کام کرنا - کپڑے سینا -

Ride like a tailor گھوڑے پر اناڑی پن سے سوار ہونا -

Tailor bird بیا - وہ چھوٹا پرندہ جو تنکوں سے گھونسلا بناتا ہے -

Tailoring *n.* سینے پرونے کا کام - درزی کا کام -

Tain (tan) *n.* Thin tin place, tin foil for backing mirror ٹین کا پتلا ٹکڑا - آئینہ کی پشت کا پترا -

Taint (tant) *n., v.t.* & *i.* Stain, blemish داغ - دھبّہ - آلائش - گندگی - خراب اخلاق اثر - کلنک کا ٹیکا - کسی مرض یا خرابی کا نشان یا اثر - فاسد ہونا یا کر دینا - آلودہ کرنا - بگاڑنا - داغ لگانا - دھبہ لگانا -

Taintless *adj.* پاک صاف - بے لوث - بے داغ -

Take (tak) *v.t.* & *i.* Lay hold of, seize پکڑنا - تھامنا - لینا - قبضہ کرنا - گرفتار کرنا - فتح کرنا - مطیع کرنا - حاصل کرنا - فریفتہ کرنا - مقبول ہونا - پسند کرنا - جھانٹنا - خیال کرنا - تسلیم کرنا - فرض

کرنا ۔ برداشت کرنا ۔ دوا کا عمل کرنا ۔ کام کرنا ۔ خرید لینا ۔ شریک یا ساتھی بنانا ۔ چاہنا ۔ مانگنا ۔ ہو جانا ۔ بیماری وغیرہ لگ جانا ۔ سمجھ جانا ۔ تصویر لینا ۔ تصویر میں اچھا یا بُرا آنا ۔

Horse will not take fence گھوڑا ٹٹی نہیں کودے گا ۔

Take a fancy to بہت پسند آنا ۔ دِل آ جانا

Take a different view مختلف یا دوسری رائے رکھنا ۔

Take down رسوا کرنا ۔ منہدم کرنا ۔ قلم بند کرنا ۔ لکھنا ۔ حلق سے اُتارنا ۔ نگلنا ۔

Take into one's confidence راز دار بنانا ۔

Take off اڑان کے لیے زمین سے اٹھنا۔تخفیف کرنا۔آتار دینا ۔

Take sides کسی کی طرف داری کرنا ۔ حمایت کرنا ۔

Take in دھوکا دینا ۔

Take advantage of فائدہ اُٹھانا ۔

Take aim شست لینا ۔ نشانہ باندھنا ۔

Take air مشہور ہونا ۔

Take breath سستانا ۔ دم لینا ۔

Take heed to متوجہ ہونا ۔ دھیان دینا ۔

Take in with دھوکا دینا ۔

Take notice متوجہ ہو ۔ مطلع ہو ۔

Take part شریک ہونا ۔

Take the field میدان میں آنا ۔

Take to کسی کی طرح کا ہونا ۔ مصروف ہونا ۔

Take up arms آمادہ جنگ ہونا ۔

Take up with قانع ہونا ۔ راضی رہنا ۔

Take (tak) *n.* A day's bag ایک دن کا شکار مچھلی یا پرندوں کا ۔ (سنیما) منظر جس کا فوٹو لیا گیا ہو ۔ آمدنی جو ٹکٹوں کی فروخت سے ہو ۔

Taker *n.* لینے والا ۔ تشہیر کرنے والا ۔ گرفتار کرنے والا ۔ بازی لگانے والا

Takin (ta-ken) *n.* A large Tibetan animal akin to antelopes ٹاکن ۔ تبت کا ایک ہرن کی طرح کا جانور ۔

Taking (tak-ing) *n.* Grip پکڑ ۔ گرفت ۔ گرفتاری ۔

Taking (tak-ing) *adj.* Contiguous موہنی ۔ دلربا ۔ متعدی ۔ دلچسپ ۔

Takingly *adv.* دلربائی کے ساتھ ۔ متعدی طور پر ۔

Takingness *n.* دلربائی ۔ دلبری ۔ دلکشی ۔

Talapoin (tal-ə-poin) *n.* A Buddhist monk ایک قسم کا بندر ۔ بدھ مت کا راہب ۔ بھکشو

Talaria (tal-ə-ri-a) *n.* A flying sandal پردار چپل جس کو پہن کر دیوی دیوتا اڑتے ہیں ۔ اڑن چپل ۔

Talc (talk) *v.t.* & *n.* A soft silvery compact mineral ابرق ۔ طلق ۔ ابرق سے جلا کرنا ۔ ابرق چڑھانا ۔

Tal(c)ky *adj.* ابرق کا سا ۔ ابرق نما ۔

Talcous *adj.* جس میں ابرق ہو ۔

Talcite بھاری قسم کا ابرق ۔ طلق کبیر ۔

Tale (tal) *n.* A narrative, story حکایت ۔ قصہ ۔ کہانی ۔ داستان ۔ سرگزشت ۔ خبر جو بدنام کرنے کی غرض سے پھیلائی جائے ۔ افواہ ۔ بے بنیاد قصہ ۔ گنتی ۔ شمار ۔ حساب ۔ کل تعداد ۔

Tale-bearer جو شخص بدنامی کی غرض سے افواہیں پھیلائے ۔ غماز ۔ چغل خور ۔

Tell tales افواہیں پھیلانا ۔ ڈھنڈورا پیٹنا ۔

The tale is complete گنتی پوری ہوگئی ۔

The thing tells its own tale یہ چیز تو بالکل عیاں ہے ۔ عیاں را چہ بیاں ؟

Talent (tal-ənt) *n.* Any natural or special gift قابلیت ۔ لیاقت ۔ جوہر ۔ گُن ۔ وصف ۔ استعداد ۔ اعلیٰ درجے کی ذہنیت ۔ ارباب ہنر ۔ (گھڑ دوڑ) اناڑی جو اپنی رائے سے شرط لگائے ۔ یونانیوں اور رومیوں کا ایک وزن اور زر حسابی ۔

Talented *adj.* قابل ۔ لائق ۔ ذہین ۔

Talentless *adj.* نااہل ۔ نالائق ۔ غبی ۔ بے ہُنر ۔

Taliacotian (tal-yə-ko-shən) *adj.* Pertaining to the Italian surgeon Gasparo Taliacotius اطالوی ڈاکٹر کے عمل جرّاحی کا ۔ عمل جراحی جس میں بازو کا گوشت لے کر ناک وغیرہ بنا دی جاتی ہے ۔

Talion (tal-i-ən) *n.* Like for like ناک کے بدلے ناک ، دانت کے بدلے دانت ۔ قصاص ۔ یہ اصول کہ جتنا نقصان کسی کو پہنچا ہے، نقصان پہنچانے والے کو اتنی ہی سزا دی جائے ۔

Taliped (tal-i-ped) *adj.* & *n.* Club-footed مڑے ہوئے پیر کا ۔ جس کا پاؤں مڑا ہوا ہو ۔

Talisman (tal-is-mən) *n.* A magical object, amulet تعویذ - گنڈا - نقش - سحر - جادوئی چیز -
Talismanic *adj.* سحر کا - جادوئی - طلسماتی -

Talk (tawk) *v.t., i. & n.* Speak, converse بولنا - باتیں کرنا - تقریر کرنا - بحث کرنا - دلیل پیش کرنا - گفتگو کرنا - بک بک کرنا - لاسلکی کے ذریعے پیغام بھیجنا - زبانی جمع خرچ - خالی باتیں - بے سود گفتگو - ریڈیائی مختصر تقریر -
People will talk لوگ چہ میگوئیاں کریں گے -
Talk away باتوں میں وقت ضائع کرنا -
Talk back بے دھڑک جواب دینا -
Talk down زور سے بول بول کر مخالف کو خاموش کر دینا - اپنی بات پر اڑنا -
Talk out کسی بحث کو اتنا طویل کر دینا کہ کوئی فیصلہ نہ ہو سکے -
Talk person round کسی کو سمجھا بجھا کر راضی کر لینا -
Talk through one's hat (بول چال) بے پر کی اڑانا - دھونس جمانا -
Talker *n.* ڈینگیا - بکواسی - بکّی -

Talkative (tawk-ə-tiv) *adj.* Given to much talking بکّی - بسیار گو - دریدہ دہن - باتونی -
Talkativeness *n.* باتونی پن - بسیار گوئی - پُر گوئی -

Talkies (tawk-iz) *n.p.* Talking film فلم جس میں مناظر کے ساتھ گفتگو بھی ہو - بولتی فلم -

Tall (tawl) *adv. & adj.* Stout, long, high in stature قد آور - دراز قامت - لمبا - اونچا - مبالغہ آمیز - حد سے بڑھا ہوا - شیخی سے -
Talk tall شیخی بگھارنا - بڑا بول بولنا -
Tallboy دو دکش کے اوپر کا ڈھکن - کپڑے رکھنے کی الماری -
Tall order بے ڈھب فرمائیش - امر محال - نہایت مشکل کام -
Tallness *n.* لمبائی - قد آوری - اونچائی - بلندی -

Tallith (tal-ith) *n.* The Jewish prayer shawl یہودیوں کی نماز پڑھنے کی چادر -

Tallow (tal-o) *v.t. & n.* Fat, grease بھیڑوں کو موٹا کرنا - چربی - چکنائی لگانا - چربی سے تر کرنا -
Tallow-candle چربی کی بتّی -
Tallow-chandler *n.* موم بتیاں بنانے اور بیچنے والا -
Tallower *n.* چربی بیچنے والا -
Tallowish *adj.* چربی ملا ہوا -
Tallowy *adj.* چکنا - چربیلا -

Tally (tal-i) *n., v.t. & i.* A stick marked with numbers for keeping account لکڑی جس پر شمار کے نشان بنے ہوتے ہیں - حساب پٹّی - دو طرفہ کھاتہ - مطابق ہونا - مطابقت کرنا - حساب ملانا - جواب - جوڑ - مثنّیٰ - کھاتوں میں لکھنا - کھاتوں کا مقابلہ کر کے حساب کرنا -
Buy goods by the tally جتنا بیچا اتنا خریدا - سو سو کا حساب کر کے مال خریدنا -
Horticultural tallies درختوں کے نام اور شمار کی تختیاں -
Tallyman وہ دوکان دار جس کے پاس خریداروں کا کھاتہ کھلا ہو - نمونہ دکھا کر مال بیچنے والا -

Tally-ho (tal-i-ho) *n.* The huntsman's cry شکار نظر آنے کے بعد شکاری کا اعلان - کتوں کو شکار پر دوڑانا -

Talmi-gold (tal-mi-gowld) *n.* Brass thinly coated with gold پیتل جس پر سونے کا ہلکا ملمع چڑھا ہو -

Talmud (tal-mood) *n.* The fundamental code of Jewish law فقہ موسوی - فقہ یہود - تلمود -

Talmudist (tal-mood-ist) *n.* One learned in the Talmud فقہ تلمود کا ماہر - پیروِ تالمُود -

Talon (tal-ən) *n.* A hooked claw or finger شکاری پرندوں کا پنجہ - ناخن - چنگل - (تاش) تقسیم کے بعد جو پتے بچ جائیں - قفل کے کھٹکے کا کنارا - تلوار کے قبضہ کا پچھلا سرا -

Talus (ta-ləs) *n.* The ankle bone, slope ٹخنے کی ہڈی - پُشتے کا ڈھلوان حصہ - پہاڑی کے دامن میں چھوٹے چھوٹے پتھروں کا ڈھلوان پشتہ -

Tamarack (tam-ə-rak) *n.* Black larch امریکہ کا مخروطی شکل کا ایک درخت جس کے پتے چمک دار ہوتے ہیں -

Tamarin (tam-ə-rin) *n.* A small S. American squirrel monkey جنوبی امریکہ کا بندر جس کی دم گلہری کی طرح کی گچھے دار ہوتی ہے -

Tamarind (tam-ə-rind) *n.* A large tropical tree اسلی - تمر ہندی -

Tamarisk (tam-ər-isk) *n.* A shrubby seashore plant سمندر کے کنارے کی ایک جھاڑی جس پر سفید اور گلابی پھول آتے ہیں اور جس کے پتے نرم ہوتے ہیں -

Tambour (tam-boor) *v.t.* & *n.* The bass drum دف - رباب - خنجری - مردنگ - لمبی ڈھولک - طنبورہ - کار چوب تیار کرنے کا اڈا - ایک قسم کی مچھلی - طنبور ماہی - لوہے کا حفاظتی کٹھرہ - چوکھٹے میں کس کر کار چوب بنانا -

Tambourin (tam-boor-an) *n.* Shallow single-headed drum مردنگ - طنبورہ - طنبوری ناچ - طنبوری گت جس پر رقاص ناچتے ہیں -

Tame (tam) *v.t.* & *adj.* Domesticated ہلانا - سدھانا - مانوس کرنا - مطیع کرنا - خوگر کرنا - توڑنا - دبانا - ٹھنڈا کرنا - دھیما کرنا - سیدھا کرنا - بل نکال دینا - کمزور - بے اثر - ہلکا - دھیما - پھسپھسا - پھیکا -

Tame cat کاسہ لیس - جی حضوری - طفیلی -

Tamable *adj.* جسے مطیع کیا جا سکے - سدھانے کے قابل -

Tamability *n.* مانوس ہونے کی صلاحیت -

Tameless *adj.* جو مانوس نہ ہو سکے -

Tamely *adv.* بے کان ہلانے - مسکینی سے - فروتنی سے -

Tameness *n.* بودا پن - نامردی - بزدلی -

Tamil (tam-il) *n.* A Dravidian language of South India جنوبی ہند کی تامل زبان - تامل زبان بولنے والا -

Tamp (tamp) *v.t.* & *n.* Pack round سوراخ میں بارود بھر کر ڈاٹ لگانا - سڑک کے پتھر کوٹنا - کٹائی - بھرائی -

Tampan (tamp-an) *n.* A poisonous insect of S. Africa جنوبی افریقہ کی ایک زہریلی چچڑی -

Tamper (tamp-ər) *v.t.* Machinate, have secret or corrupt dealing ہاتھ ڈالنا - چھیڑنا - دست اندازی کرنا - ساز باز کرنا - خفیہ معاملہ کرنا - ناجائز اثر ڈالنا - سانٹھ گانٹھ کرنا -

Tamperer *n.* تصرف کرنے والا - دست اندازی کرنے والا - ساز باز کرنے والا -

Tampion (tam-pi-ən) *n.* A plug نلوں کی ڈاٹ - توپ کے منہ کی ڈاٹ - ڈاٹ -

Tampon (tam-pon) *n.* A pad for stopping bleeding خون روکنے کے لیے روئی یا پٹی کی گدی - ڈاٹ -

Tamponade *n.* خون روکنے کے لیے زخم کی مرہم پٹی -

Tamponage *n.* خون روکنے کے لیے زخم بندی کا عمل -

Tamponment *n.* زخم بندی -

Tan (tan) *v.t.*, *i.*, *n.* & *adj.* Bark or other material used for tanning چمڑا کمانا - کھال پکانا - چمڑے کی دباغت کرنا - مچھلی پکڑنے کے جال کو بلوط کے عرق میں ڈال کر سخت کر دینا - (بول چال) مرمت کرنا - کندی کرنا - شاہ بلوط - کیکر یا ببول کی چھال - کتھے کے رنگ کا -

Tanable *adj.* قابل دباغت -

Tannage *n.* چمڑے کی دباغت کا کام -

Tanner *n.* دبّاغ - چمڑا کمانے والا -

Tannery *n.* چمڑے کی دباغت کا کارخانہ -

Tanning *n.* چمڑا کمانا - فنِّ دباغت

Tandem (tan-dəm) *adv.* & *adj.* Horses harnessed singly one behind the other گاڑی میں گھوڑوں کو آگے پیچھے لگاتے ہوئے - آگے پیچھے جتے ہوئے -

Tandstickor (tand-stikər) *n.* Matches made in Sweden سویڈن کی دیا سلائی -

Tang (tang) *n.*, *v.t.* & *i.* A ringing sound, a sea weed جھنکار - ایک قسم کی سمندری گھاس - ٹن ٹن یا چھن چھن بجانا - گھنٹہ بجا کر بلانا - شہد کی مکھیوں کو بلانا -

Tang (tang) *n.* & *v.t.* A projecting blade چاقو کا پھل - پھل جو دستے میں بیٹھ جاتا ہے - ذائقہ - مزہ - کسی چیز کی خصوصیت - چاشنی پیدا کرنا -

Tangy *adj.* نوکدار - مزیدار -

Tangent (tan-jənt) *adj.* & *n.* Touching without intersecting خط مماس - وہ خط جو کسی سطح کو چھوتا ہوا گزرے مگر قطع نہ کرتا ہو -

Fly off at a tangent اصل معاملہ کو چھوڑ کر کوئی اور ذکر چھیڑنا - یکا یک بات بدل دینا -

Tangency *n.* خط کا کسی سطح کو چھونا -

Tangential *adj.* سطح کو ایک نقطہ پر چھونے والا -

Tangerine (tan-jə-ren) *adj.* Of Tangier on the Morocco coast طنجہ کا باشندہ - ایک چھوٹا سنترہ جو طنجہ میں پیدا ہوتا ہے -

Tangible (tan-jə-bl) *adj.* Perceptible by the touch جس کو چھوا جا سکے - محسوس یا ملمس - واضح - صاف - ٹھوس - حقیقی - واقعی -

Tangibility-ness *n.* محسوسیت -

Tangibly *adv.* واضح طور پر - محسوس طور پر -

Tangle (tang-gl) *v.t., i. & n.* Form into, involve in الجھانا - پھنسانا - الجھن میں ڈالنا - پیچیدہ بنانا - الجھاؤ - پیچیدگی - الجھن - مشکل - ایک خاص طرح کا کانٹا - سمندری پودے -

Tangle foot *n.* (امریکہ) منشیات - وسکی - شراب -

Tanglesome-tangly الجھا ہوا - پیچیدہ -

Tango (tan-go) *n.* A dance of Negro origin جنوبی امریکہ کا ایک حبشی ناچ -

Tangram (tan-gram) *n.* A Chinese toy چینی گورکھ دھندا جس میں مربع کے سات ٹکڑوں سے مختلف شکلیں بنتی ہیں -

Tanist (tan-ist) *n.* A Celtic chief's heir elect قدیم آئرستانی سردار کا ولی عہد -

Tanistry (tan-ist-ri) *n.* System of electing an heir وراثت اور ولی عہد کا انتخاب - ولی عہد کو اہل خاندان منتخب کرتے تھے -

Tank (tangk) *n.* A pond or reservoir of water تالاب - حوض - لوہے یا کنکریٹ کی ٹنکی - خزانہ آب - جنگی آہن پوش گاڑی جس میں توپیں لگی ہوں -

Tank drama غرقابی اور بچاؤ کی تمثیل -

Tankage (tangk-aj) *n.* Storing in tanks حوض میں پانی محفوظ کرنا - حوض کی گنجایش - پانی فراہم کرنے کی اجرت - ایک قسم کی کھاد جو چربی سے نکالتے ہیں -

Tankard (tangk-ərd) *n.* A large mug like vessel بڑا سر پوش - شاہ کاسہ - ڈھکنے دار پیالہ - چاندی کا بڑا سا شراب پینے کا پیالہ -

Tanker (tangk-ər) *n.* A ship that carries oil تیل بردار جہاز یا موٹر گاڑی -

Tanner (tan-ər) *n.* A six pence (بول چال) چھ پنس کا سکّہ -

Tannic (tan-ik) *adj.* Of oak bark کسنے کا - شاہ بلوط کی چھال کا -

Tannate *n.* کسنے وغیرہ کا تیزاب -

Tanniferous *adj.* مرکب جس میں کسنے کا تیزاب ہو - تیزابی -

Tannin شاہ بلوط کی چھال - کسّا -

Tansy (tən-zi) *n.* Bitter and aromatic plant ایک خوشبودار بوٹی -

Tantalize (tan-tə-liz) *v.t.* Torment by presenting something and withdrawing it امید و بیم میں رکھنا - کلپانا - دکھا کر ترسانا - للچانا -

Tantalization *n.* امید و بیم میں رکھنا - للچانا - ترسانا - ترسایا جانا -

Tantalizingly کلپاتے ہوئے - ترساتے ہوئے -

Tantalum (tan-tə-lum) *n.* A metallic element ایک کمیاب دھات - ایک فلزّی جوہر -

Tantalus (tan-tə-lus) *n.* Son of Zeus تنتالوس - یونانی دیوتا زیوس کا بیٹا جس کو دیوتاؤں کے راز بتانے پر پانی میں کھڑے رہنے کی سزا دی گئی تھی - بوتل کی کھلی سلاخدار الماری - لق لق پرندے کی ایک قسم -

Tantamount (tan-tə-mownt) *adj.* Equivalent ہم پلہ - مساوی - برابر - مترادف -

Tantara (tan-ta-ra) *n.* Blast of trumpets ترم یا بگل کی آواز -

Tantivy (tan-tiv-i) *adv., adj. & v.t.* At full gallop, a rapid rush بڑی تیزی سے - تیز - سرپٹ - جلد باز - جلدی کرنا -

Tantra (tan-tra) *n.* Religious books تنتر - سنسکرت کی مذہبی کتاب جس میں سحر اور نیز نجات کا ذکر ہے -

Tantrum (tan-trəm) *n.* A fit of ill temper غصہ - جذبہ - غیظ و غضب -

Taoism (ta-o-izm) *n.* The religious system founded by Chinese philosopher Lao-taze چینی فلسفی لاؤ تازے کا مذہبی نظام جو بدھ مت سے ملتا جلتا ہے -

Tap (tap) *n.* & *v.t.* A peg or stopper ٹونٹی جس سے پیپے سے شراب نکالتے ہیں ۔ ٹونٹی ۔ کلال خانہ وغیرہ میں شراب پینے کا کمرہ ۔ پیچ ڈالنے کا آلہ ۔ کاگ یا ڈاٹ لگانا ۔ برمانا ۔ چھیدنا ۔ شراب نکالنا (جرّاحی) مواد نکالنا ۔ درخت میں شگاف دیکر رس نکالنا ۔ کوئی مضمون چھیڑنا ۔

On tap پیپے میں ۔

Tap room شراب پینے کا کمرہ ۔

Tap (tap) *v.t., i.* & *n.* Pierce, knock کھٹکھٹانا ۔ تھپ تھپانا ۔ دستک دینا ۔ تھپکی دینا ۔ تھپکی ۔ دستک ۔ (امریکہ) روشنی بجھانے کا اشارہ ۔

Tapa (tap-a) *n.* Paper, mulberry bark درخت کی چھال جس سے چٹائی وغیرہ تیار کرتے ہیں ۔ ٹاپا چھال ۔

Tape (tap) *v.t.* & *n.* Material woven in narrow band فیتہ ۔ نواڑ ۔ پٹّی ۔ پٹہ ۔ طباعت کا فیتہ ۔ فیتہ کی شکل کا کپڑا ۔ (بول چال) شراب ۔ فیتہ باندھنا ۔ شیرازہ بندی (بول چال) کسی شخص کو بھانپ لینا ۔

Tapeline-measure ناپنے کا فیتہ ۔

I have got you taped میں نے تم کو سمجھ لیا کہ تم کیسے آدمی ہو اور کیا چاہتے ہو ۔

Tapeworm فیتے کی طرح کا بڑا لمبا کِرم جو معدے میں پیدا ہو جاتا ہے ۔

Taper (ta-pər) *adj., v.t., i.* & *n.* A wax candle شمع ۔ دیا ۔ موم بتی ۔ مخروطی ۔ گاؤ دم شے ۔ مخروطی شکل کا بنانا ۔ پتلا ہوتے چلے جانا ۔

Taperingly *adv.* اس طرح کہ گاؤ دم ہوتا چلا جائے ۔ مخروطی شکل پر ۔

Taperness *n.* گاؤ دم ہونا ۔

Tapestry (tap-is-tri) *n.* Textile used as covering for wall and furniture دیوار کے منقش پردے ۔ میز پوش وغیرہ ۔ مُشجّر ۔ پوت ۔ بوٹا آرایشی کپڑا جس کے پردے بنائے جاتے ہیں ۔

Tapestry carpet غالیچہ ۔ قالین ۔

Tapestried *adj.* مُشجّری ۔ بیل بوٹوں کا ۔

Tapioca (tap-i-o-ka) *n.* A tree that yields a flour like substance ایک درخت جس سے سوجی نکالی جاتی ہے ۔

Tapir (ta-pər) *n.* A hoofed swine like mammal برازیل کا ایک جانور جو کچھ کچھ سؤر سے اور کچھ گینڈے سے ملتا جلتا ہے ۔

Tapis (ta-pe) *n.* A covering, hanging ۔ پردہ ۔ غلاف ۔ میز پوش ۔

Be on the tapis کسی معاملہ کا زیر غور ہونا ۔

Come on the tapis موضوع بحث بننا ۔

Tappet (tap-it) *n.* A projection that transmits motion کھٹکا ۔ ایک پرزہ جو مشینی حرکت کو ایک جگہ سے دوسری جگہ منتقل کرتا ہے ۔

Tap-rate (tap-rat) *n.* Current rate موجودہ شرح ۔

Tapster (taps-tər) *n.* Person employed at a bar to draw and serve liquor شراب فروش جو پیپے سے شراب نکال کر دیتا ہے ۔

Tar (tar) *n.* & *v.t.* A dark viscous mixture تارکول ۔ رال ۔ گندہ بروزہ ۔ قطران ۔ کولتار ۔ تار کول لگانا ۔

A touch of the tar brush حبشی خون کی آمیزش ۔

Tar macadam تارکول ملی ہوئی روڑی ۔

Tarred with the same brush ایک ہی تھیلی کے چٹے بٹے ہونا ۔ (ایک شخص میں) اس قسم کے عیب موجود ہونا (جیسے دوسرے میں) ۔

Tar (tar) *n.* Sailor ملاّح ۔

Taradiddle (tar-ə-did-i) *n.* A file, a lie (بول چال) گپ ۔ جھوٹی بات ۔ بے پر کی بات ۔

Tarantass (ta-ran-tas) *n.* A four-wheeled Russian vehicle چو پہیہ روسی گاڑی ۔ بگھی ۔

Tarantella (tar-ən-tel-a) *n.* A lively Neapolitan dance ایک تیز ناچ ۔ چک پھیری ناچ ۔

Tarantism (tar-ən-tizm) *n.* An epidemic dancing mania ناچ کا جنون ۔ ناچ روگ ۔

Tarantula (tur-an-tu-la) *n.* A poisonous wolf spider ایک زہریلی بڑی مکڑی جس کے کاٹنے سے ناچنے کا جنون پیدا ہو جاتا ہے ۔

Taratantara (tar-a-tan-ta-ra) *n.* The sound of a trumpet تُرم کی آواز ۔ تارا تن تارا ۔

Tarboosh (tar-boosh) *n.* A fez cap اونچی تُرکی ٹوپی ۔

Tardigrade (tur-di-grad) *adj.* Slow-paced سست رفتار ۔ آہستہ رو ۔ سُست خرام ۔

Tardy (tar-di) *adj.* Slow, sluggish - سست - کاہل - دیر کرنے والا - بعد از وقت - ہچکچانے والا -

Tardily *adv.* رکتے ہوئے - کاہلی سے - سستی سے -

Tardiness *n.* تاخیر - سستی - کاہلی - ھچکچاہٹ -

Tare (tar) *n.* A vetch of various kinds موٹھ - موٹا اناج - موٹھ کا پودا -

Tare (tar) *n.* The weight of a vessel کسی ظرف یا گاڑی کا اصل وزن -

Target (tar-git) *n.* A shield like mark for shooting چاند - نشانہ - چاند ماری کا نشان - (لعن طعن کا) ہدف - نشانہ - ریل کا چھوٹا گول سگنل - بھیڑ کا سینہ اور گردن -

Targum (tar-goom)*n.* Any Aramaic version of the Old Testament توریت کا ترجمہ یا اس کی تفسیر -

Targumist (tar-goom-ist) *n.* A writer of Targum توریت کا مفسر ، مترجم یا عالم -

Tariff (tar-if) *v.t.* & *n.* A list of customs duties مال کے محصولات کی فہرست - فرد محاصل - شرح محاصل - محصول لگانا - محصول وصول کرنا -

Preferential tariff رعایتی یا ترجیحی محصول -

Tariff reform نظام محاصل کی اصلاح -

Retaliatory tariff وہ محصول جو دوسرے ممالک کے جواب میں لگایا جائے - انتقامی محصول -

Tariff wall بیرونی تجارت کی روک کے لیے محاصل دیوار -

Tarlatan (tar-lə-tən) *n.* A transparent r aslin باریک ململ -

Tarn (tarn) *n.* A small mountain lake ایک پہاڑی جھیل - پوکھر - جھابر -

Tarnal (tar-nl) *adj.* & *adv.* Eternal, damnation (امریکہ) کم بخت - منحوس - پرلے درجے کا -

Tarnish (tar-nish) *n.*, *v t.* & *i.* Render indecent, discolour آلودہ کرنا - میلا کرنا - دھندلا کرنا - داغ لگانا - بے آبرو کرنا - دھبہ - داغ - بدنامی -

Tarnishable *adj.* میلا ہو جانے والا - کدورت پذیر -

Taroc-ot (ta-ro) *n.* An old kind of playing card ایک قدیم تاش جس میں ۷۸ عام پتے اور ۲۲ تصویر دار پتے ہوتے ہیں -

Tarpan (tar-pan) *n.* Now extinct wild horse of Steppes تاتاری جنگلی گھوڑا جو اب ناپید ہے - قبچاق گھوڑا -

Tarpaulin (tar-paw-lin) *n.* A strong waterproof cloth ترپال - موم جامہ - ملاّح کی تیلیا ٹوپی - (بول چال) ملاّح - جہاز کا ملازم -

Tarpeian (tar-pe-ən) *adj.* Of Tarpeia تارپی چٹان جس پر سے مجرموں کو گرا کر ہلاک کیا جاتا تھا -

Tarpon (tar-pən) *n.* A gigantic fish of Florida امریکہ کی ایک بڑی مچھلی جو کھانے میں بہت لذیذ ہوتی ہے -

Tarragon (tar-ə-gən) *n.* An aromatic plant ایک پودا جس کی پتیاں اچار وغیرہ میں ڈالی جاتی ہیں -

Tarragona (tar-ə-gon-a) *n.* A light wine of Spain اسپین کی ایک ہلکی شراب- مئے ارغوانی -

Tarrock (tar-ək) *n.* Sea birds of various kinds بط - مرغابی - پن ڈبکی - مرغابی کا بچہ -

Tarry (tar-i) *adj.* Smeared with tar رال لگا ہوا - تارکول لگا ہوا -

Tarry (tari) *v.i.* & *t.* Delay, linger ٹھہرنا - اٹکنا - پیچھے رہنا - توقف کرنا - دیر لگانا - رہنا - منتظر رہنا - دیر میں آنا یا پہنچنا -

Tarsia (tar-si-a) *n.* An Italian wood-inlay اطالوی چوبی کام کی ایک وضع -

Tarsier (tar-si-ər) *n.* A spectral looking lemur ایک قسم کا بڑی آنکھوں والا لنگور -

Tarsus (tar-səs) *n.* Part of the foot to which the leg is articulated پاؤں کا ٹخنہ - پیر اور ٹانگ کا جوڑ -

Tarsal *adj.* ٹخنے کی ہڈیوں کا - ٹخنے کا -

Tart (tart) *adj.* Biting کھٹا - تیز - ترش - چڑچڑا - تند - تیز مزاج - کڑوا - تلخ - چبھتا ہوا - دنداں شکن -

Tartly *adv.* جھڑک کر - سختی سے - ترش روئی سے -

Tartness *n.* تلخی - ترش روئی - تیز مزاجی -

Tart (tart) *n.* A dish of pastry میٹھا سموسہ - میوے کی پوری - لونگ چڑا - (بول چال) جوان لڑکی - آوارہ عورت -

Tartlet *n.* چھوٹا سموسہ - لقمی -

Tartan (tar-tən) *n.* A woollen checked stuff چوخانہ اونی کپڑا - اسکاٹلینڈ کے پہاڑی علاقہ کا باشندہ یا اونی کپڑا - گھا گرے والا سپاہی -

Tartan (tar-tən) *n.* A Mediterranean vessel بحیرہ روم کی یک مستولی کشتی -

Tartar (tar-tər) *adj.* & *n.* Tartar, a formidable rough person تاتاری - تاتاری باشندہ - تند مزاج آدمی - ترک -

Catch a Tartar زیادہ طاقتور حریف سے بھڑ جانا -

Tartarian *adj.* تاتاری -

Tartar (tar-tər) *n.* Deposit of calcium on teeth دانت پر جا ہوا میل - شراب کے پیپے میں جا ہوا نمک -

Tartaric *adj.* تلچھٹ کی طرح کا -

Tartarization *n.* تلچھٹ بن جانا - دُرد بن کر جم جانا - شور بن جانا -

Tartarize *v.t.* شراب کی تلچھٹ ملانا -

Tartarus (tar-tə-rəs) *n.* A deep sunless abyss below Hades جہنم - دوزخ - پاتال - جہنم کا نچلا حصہ - بد روحوں کا قید خانہ - سقر -

Tartarean *adj.* دوزخی - جہنمی -

Tartuf (tar-tuf) *n.* A hypocritical pretender to religion ناٹک کا ریا کار زاہد - بگلا بھگت - ناٹک کا ایک کردار -

Tasimeter (ta-sim-i-tər) *n.* An instrument for measuring pressure دباؤ کی تبدیلی معلوم کرنے کا آلہ - موسمی تبدیلی معلوم کرنے کا آلہ -

Task (task) *n.* & *v.t.* Amount of work set or undertaken مقررہ کام - معینہ کام - ذمہ کا کام - ٹھیکے کا کام - روز کا سبق - مدرسہ کا کام - کام تفویض کرنا - کام دینا - دبا کے کام لینا - زیادہ بوجھ ڈالنا -

Take to task ڈانٹ ڈپٹ کرنا - سرزنش کرنا -

Tasmanian (taz-ma-ni-ən) *adj.* Of Tasmania تسمانیہ کا رہنے والا - تسمانیہ کا باشندہ -

Tasmanian devil کالی بلا - بلی کی قسم کا ایک گوشت خور جانور جو درخت پر رہتا ہے - تسمانیہ کا بلاؤ -

Tass (tas) *n.* A drinking cup, a small drink شراب پینے کا پیالہ - ایک گھونٹ شراب - شراب کی چسکی

Tassel (tas-l) *n.* & *v.t.* An ornamental hanging tuft of threads پُھندنا - جھالر - لٹکن - ڈوریوں کا گچھا - کتاب میں نشانی کا فیتہ - پُھندنا لگانا -

Taste (tast) *v.t.* & *i.* Perceive by tongue ذائقہ معلوم کرنا - چکھنا - تھوڑا سا کھانا - کسی چیز کے چکھنے کا کام کرنا - مزہ محسوس کرنا - تجربہ ہونا - معلوم کرنا - آزمانا - لذّت اٹھانا - مزہ لینا -

Tastable *adj.* لذیذ - خوش ذائقہ - جو چکھا جا سکے -

Taste (tast) *n.* Quality or flavour of any thing مزہ ذائقہ - لذت - قوت ذائقہ - سلیقہ - مذاق - پسند - ذوق - شوق -

A man of taste صاحب ذوق آدمی -

The remark was in bad taste یہ بات بد مذاق کی تھی -

True taste ذوق سلیم -

Tasteful (tast-ful) *adj.* Having a pleasant taste مزیدار - خوش ذائقہ - لذیذ - خوشگوار - لطیف - پسندیدہ مذاق والا -

Tastefully *adj.* نفاست سے -

Tastefulness *n.* نفاست - لطافت - نفیس مزاجی -

Tasteless (tast-les) *adj.* Without taste, without good taste بے لطف - بے مزہ - بے ذائقہ - پھیکا - بد ذوق - بد مذاق -

Tastelessly *adv.* نا شایستگی سے - بد ذوقی سے - بد مزگی سے -

Tastelessness *n.* نا شایستگی - بے مزگی - پھیکا پن -

Taster (tast-ər) *n.* One skilful in distinguishing flavours ذائقوں کا ماہر - چکھ کر بتانے والا - کتابوں کے مسودے پڑھنے والا - ساغرِ مئے - شراب چکھنے کا چھوٹا پیالہ -

Tasty (tast-i) *adj.* Savoury خوش ذائقہ - مزیدار -

Tat (tət) *v.i.* & *t.* Make by tatting - جھالر گوتھنا گوتھواں کام کرنا -

Tat (tat) *n.* Pakistani hemp matting ٹاٹ - سن کا کپڑا - ٹٹو - یابو -

Ta-ta (ta-ta) *interj.* Good-bye (بچوں کی بول چال) فی امان اللہ - خدا حافظ -

Tate gallery لندن کا ایک مشہور تصویر خانہ -

Tatter (tat-ər) *n.* A torn shred (عموماً جمع) دھجّی چیتھڑا - ٹکڑا - پرزہ - خستہ حال - چیتھڑے لگا آدمی -

Tattered *adj.* پارہ پارہ - پھٹا ہوا - پھٹا پرانا -

Tatting (tat-ing) *n.* Making of lace edging by hand جھالر یا لیس بنانے کا کام - گوتھواں کشیدہ کا کام -

Tattle (tat-l) *n., v.i. & t.* Trifling talk, chatter گپ - بکواس - گپ مارنا - بکواس کرنا - بے تکی باتیں کرنا - بے سوچے سمجھے کہہ دینا - واہی تباہی باتیں کرنا - بک بک کرنا -

Tattler *n.* - گپّی - زٹلّی - ایک مشہور انگریزی رسالہ بکواس کرنے والا - بکّی -

Tattoo (tə-too) *n. & v.i.* A military fete by night (فوجی) رات کو نقارہ بجانا - کوئی فوجی تقریب جو رات میں ہو - انگلیوں سے کسی چیز پر طبلہ سا بجانا - **Beat the devil's tattoo** شغل کے طور پر انگلیوں سے طبلہ بجانا -

Tattoo (tə-too) *n. & v.t.* Design marked on skin جسم کو گود کر نقش بنانا - گودا ہوا نقش - گودنے کا نشان -

Tatty (tat-i) *n.* Indian mat of bamboo, cus-cus grass, etc. ٹٹی - خس کی ٹٹی - بانس کی ٹٹی -

Taunt (taw-nt) *v.t. & n.* Reproach stingingly طعنہ دینا - ملامت کرنا - طعن و تشنیع کا ہدف - طعنہ -

Tauntingly *adv.* - طعنہ آمیز طریقے سے - طعن و طنز سے

Taunt (tawnt) *adj.* High (جہازی) اونچا - بلند -

Taurine (tawr-in) *adj.* Bull like بیل کی طرح - سانڈ جیسا - ثوری - برج ثور کا -

Tauromachy (tawr-om-ə-ki) *n.* Bull fighting بیلوں کی لڑائی - بیلوں کی لڑائی کا دنگل -

Taurus (taw-rəs) *n.* The Bull, a sign of zodiac برج ثور - ستاروں کا ایک مجموعہ -

Taut (tawt) *adj.* Tense بالکل درست - ٹھیک ٹھیک - تنا ہوا -

Tauten *v.i. & t.* تننا - تاننا - کسنا -

Tautly *adv.* ٹھیک طور پر - کس کر - تان کر -

Tautness *n.* - درست ہونا - کھچا ہوا ہونا - تنا ہوا ہونا

Tautology (tawt-o-l-ə-gi) *n.* Use of words that say the same things ایک ہی بات کو مختلف الفاظ میں بیان کرنے کا فن - تکرار - ہم معنی الفاظ کی بھرتی -

Tautologic-al *adj.* - تکرار معنی کا - تکرار لفظی کا - مکرّر -

Tautologist *n.* ایک ہی بات کو بار بار بیان کرنے والا -

Tautologize *v.t.* تکرار معنی کرنا - ایک ہی بات کو مکرّر بیان کرنا -

Tavern (tav-ə-rn) *n.* A public house - شراب خانہ کلال خانہ - کھانے پینے اور شراب کی دوکان -

Taverner *n.* کلال - مے فروش -

Tavern-hunter *n.* شرابی -

Taw (taw) *v.t.* Prepare and dress skins چمڑا کمانا - دباغت کرنا - سفید چمڑا بنانا -

Tawer (taw-ər) *n.* A maker of white leather سفید چمڑا تیار کرنے والا -

Tawery دباغت کا کارخانہ -

Taw (taw) *n.* A game of marbles - گولیوں کا کھیل انٹا - پالا -

Tawdry (taw-dri) *n. & adj.* Showy without taste or worth - بے ڈھنگا - بھڑکیلا اور بھدّا سستا اور دکھاؤ - جھوٹا زیور - ہلکا گہنا -

Tawdrily *adv.* بھڑک دار اور بھدے طریقے سے - بھدی آرایش کے ساتھ -

Tawdriness *n.* بے ڈھنگا پن - پھوہڑ پن -

Tawny (taw-ni) *adj. & n.* Yellowish brown گندمی رنگ - گندمی رنگ کا - بھورا - سانولا -

Tawniness *n.* سانولا ہونا - گندم گوں ہونا -

Taws(c) (taws) *n.* A leather strap (سکاٹلینڈ) لڑکوں کو سزا دینے کا تسمہ یا چابک -

Tax (taks) *v.t.* Burden, lay a tax on - محصول لگانا لگان مقرر کرنا - بوجھ ڈالنا - زیادہ زور ڈالنا - سخت محنت لینا - الزام دینا - ملزم ٹھیرانا -

Taxibility—bleness *n.* - محصول لگانے کے قابل ہونا قابل محصول ہونا -

Taxable *adj.* ابل محصول -

Taxably *adv.* قابل محصول ہونے کی حد تک ۔

Taxation *n.* محاصل ۔ محصول لگانے کا اصول یا طریقہ ۔ تشخیص محاصل ۔

Tax (taks) *n.* Anything imposed محصول ۔ کر ۔ لگان ۔ بار ۔ بوجھ ۔ الزام ۔ تہمت ۔ جرمانہ ۔ تاوان ۔

Tax farmer *n.* جو حکومت سے محصول وصول کرنے کا ٹھیکہ لیتا ہے ۔ محصول کا ٹھیکہ دار ۔

Tax-payer *n.* محصول دینے والا ۔

Taxless *adj.* جس پر کوئی ٹیکس نہ ہو ۔

Taxi (taksi) *n.*, *v.t.* & *i.* Any car on hire کرایہ کی گاڑی ۔ ٹیکسی چلانا ۔ کرایہ پر گاڑی چلانا ۔ ہوائی جہاز کا اڑان سے پہلے زمین پر دوڑنا ۔

Taxidermy (taks-i-dər-mi) *n.* Art of stuffing, preparing skins جانوروں کی کھال میں بھس بھرنے کا فن ۔ جانوروں کی کھالوں کو محفوظ رکھنے کا فن ۔

Taxidermist *n.* جانوروں کی کھالوں کو بھرنے والا ۔

Taximeter (taks-i-metər) *n.* Meter for indicating distance چلا ہوا فاصلہ بتانے والا ٹیکسی کا آلہ ۔

Taxis (taksis) *n.* Arrangement, manipulative replacement of displaced parts ہاتھ کے دباؤ سے جوڑ بٹھانا ۔ ہڈی بٹھانا ۔ (یونان قدیم) فوج کا دستہ (خطابت) الفاظ کی بندش ۔

Taxonomy (taks-o-nə-mi) *n.* Classification or its principles حیوانات کے جنس اور انواع میں تقسیم کے اصول ۔

Taxology *n.* علم تقسیم حیوانات ۔ تقسیم حیوانات کی بحث ۔

Tea (te) *v.i.*, *t.* & *n.* Leaves of a plant boiled in water چائے کا پودا ۔ چائے کی پتی ۔ جوشاندہ ۔ عرق ۔ دوپہر کا ناشتا ۔ چائے پینا ۔ چائے پلانا ۔

Tea-caddy چائے کا ڈبہ ۔

Tea-cake کیک جو چائے کے ساتھ کھایا جائے ۔

Tea-chest چائے بھیجنے کی پیٹی یا صندوق ۔

Tea-cup چائے کی پیالی ۔

Storm in a tea cup معمولی سی بات کا ہنگامہ ۔ ذرا سی بات کا بتنگڑ ۔

Teach (tech) *v.t.* Impart knowledge, direct سکھانا ۔ لکھانا پڑھانا ۔ تعلیم دینا ۔ ہدایت کرنا ۔ لکھانے پڑھانے کا کام کرنا ۔

Teacher *n.* سکھانے والا یا والی ۔ اُستاد ۔ مُدرّس ۔ مُعلّم ۔ مُعلّمہ ۔

Teachership *n.* مدّرسی ۔ مُعلّمی کا پیشہ ۔

Teachable (tech-əbl) *adj.* Capable of being taught تعلیم پذیر ۔ تربیت پذیر ۔ پڑھائے جانے کے قابل ۔ تربیت کے قابل ۔

Teachability, Teachableness } *n.* تربیت پذیری ۔ قابل تعلیم ہونا ۔

Teaching (tech-ing) *n.* Giving instruction تعلیم ۔ تربیت ۔ درس و تدریس ۔ عقائد اصول یا مضامین جن کی تعلیم دی جائے ۔ پیشہ مُعلّمی ۔ اصول ۔ عقائد ۔ ارشادات ۔

Teak (tek) *n.* A verbenaceous tree ساگوان ۔ ساکھو ۔ ساگوان کا درخت ۔ تعمیری لکڑی ۔ مضبوط لکڑی جس سے جہاز وغیرہ بنتے ہیں ۔

Teal (tel) *n.* A small duck پن ڈبکی ۔ چھوٹی بط ۔ مرغابی ۔

Team (tem) *v.t.* & *n.* A set of persons, brood, a litter دو یا کئی جانور جو ساتھ پیدا ہوئے ۔ جھول ۔ ٹکڑی ۔ کسی کھیل کی جماعت جو بالعموم گیارہ کھلاڑیوں کی ہوتی ہے ۔ گھوڑوں کی جوڑی ۔ کھیل کی جماعت بنانا ۔ گھوڑوں کو جوڑی میں جوتنا ۔ ایسے ٹھیکیدار کو کام دینا جس کے پاس مزدوروں کی جماعت ہو ۔

Team-work منظم کام ۔ اتحاد عمل ۔ متفقہ کوشش ۔

Teaming *n.* ایک جماعت کو کام پر لگانا ۔ جتھے سے کام لینا ۔

Teamster (tems-tər) *n.* One who drives a team جماعت سے کام لینے والا ۔ جوڑی یا چوکڑی چلانے والا ۔

Teapoy (te-poi) *n.* A small table or tripod چھوٹی میز ۔ تپائی ۔

Tear (ter) *v.t.* & *i.* Draw asunder, separate with violence چیرنا ۔ پھاڑنا ۔ چاک کرنا ۔ ٹکڑے ٹکڑے کرنا ۔ اختلاف پیدا کرنا ۔ گھسیٹ لینا ۔ جھپٹنا ۔ دوڑنا ۔ اڑے ہوئے جانا ۔

Country was torn by factions فرقہ بندی سے ملک ٹکڑے ٹکڑے ہو گیا تھا ۔

Tear one's hair ۔ غصے یا مایوسی میں سر کے بال نوچنا

Tear one's self away خلاف مرضی چلے جانا ۔

Tear (ter) *n.* A drop of liquid, a blob, bead ۔آنسو اشک ۔ آنسو کی بوند ۔ قطرہ ۔ بوند کی مثل شے ۔

Teargas اشک آور گیس ۔

Tearful (ter-ful) *adj.* Ready to shed tears ۔ پُر اشک اشکبار ۔ نم ناک ۔

Tearfulness *n.* پُرنم ہونا ۔ اشک آلودگی ۔ اشکباری ۔

Tearless *adj.* جس میں آنسو نہ ہوں ۔ خشک آنکھیں ۔ بے اشک ۔

Tearing (ter-ing) *adj.* & *n.* Terrible rushing پھاڑتے ہوئے ۔ سخت ۔ شدید ۔ چیر ۔ پھاڑ ۔ چاک ۔

Tease (tez) *v.t.* & *n.* Vex, comb, open out the fibres of دق کرنا ۔ تنگ کرنا ۔ ستانا ۔ چھیڑ خانی کرنا ۔ تومنا ۔ صاف کرنا ۔ پیچھے پڑنا ۔ کھرچنا ۔ گلے کا ہار ہو جانا ۔ وہ شخص جس کو چھیڑ خانی کی عادت ہو ۔ شریر ۔ دل لگی باز ۔

Teasingly *adv.* دق کرنے کی غرض سے ۔ چھیڑتے ہوئے ۔

Teasel-zel-zle (tez-l) *v.t.* & *n.* Any species of Dipsacus پودے جس کے سروں پر گوکھرو کے سے گچھے ہوتے ہیں ۔ کپڑے پر رواں اٹھانے کا آلہ ۔ ولائتی گوکھرو سے رواں اٹھانا ۔

Teaser (tez-ər) *n.* One who teases ستانے والا ۔ دل لگی کرنے والا ۔ چھیڑنے والا ۔ پیچیدہ مسئلہ ۔ ٹیڑھی کھیر ۔

Teat (tet) *n.* Nipple چوچی ۔ سرپستان ۔ تھن ۔ بھٹنی ۔

Teatlike *adj.* تھن کی طرح کا ۔ سرپستان کی طرح

Tec (tec) *n.* Detective (abbr-tet) سراغرسان ۔ ڈٹکٹیو کا مخفف ۔

Technic (tek-nik) *adj.* & *n.* Pertaining to art کسی فن یا ہنر کے متعلق ۔ فنی ۔ صنعتی ۔ اصول فن ۔ طریق کار ۔ طرز ادا ۔ عام اصول یا نظریات ۔

Technician *n.* ماہر فن ۔

Technicist *n.* فن کی جزئیات سے واقف ۔ فن دان ۔

Technical (tek-nik-əl) *adj.* Belonging to particular art, department of knowledge or skill کسی خاص فن یا علم کے متعلق۔جو قانون کی نظر میں جرم ہو ۔

Technical terms فنّی اصطلاحیں ۔

Technical skill فنّی قابلیت ۔

Technical difficulty فنّی دشواری ۔

Technically *adv.* اصطلاحی طور پر ۔ فنی طور پر ۔

Technicality (tek-nik-ə-li-ti) *n.* Scientific nature فنّی باریکی ۔ علمی یا فنّی حیثیت ۔

Technique (tek-nik) *n.* Method of performance طریق کار ۔ طرز کار ۔ کاریگری ۔ فنی عمل ۔ آداب فن ۔

Technocracy (tek-nə-kra-si) *n.* Government by technical experts ماہران فن کی حکومت ۔ حکومت جس میں صنعت و حرفت کے ماہرین شریک ہوں ۔

Technology (tek-nə-lo-ji) *n.* Practice of the applied sciences of commercial value دستکاریوں اور صنعتوں کا تفصیلی علم ۔ صنعت و حرفت کی ترقی کا مطالعہ ۔

Technological *n.* فنّی ۔ علوم صنعت کے متعلق ۔

Technologist *n.* صنعت و حرفت کی تاریخ کا ماہر ۔

Techtonic (tek-ton-ik) *adj.* & *n.* Pertaining to building تعمیری ۔ تعمیر کے متعلق ۔ زمین کی ساخت اور اس کی تبدیلیوں کے متعلق ۔ صنّاعی کے متعلق ۔

Techtorial (tek-to-ri-əl) *adj.* Covering غلاف کا کام دینے والی ۔ غلافی ۔

Ted (ted) *v.t.* Spread the grass for drying گھاس کو پھیلا کر خشک کرنا ۔

Teddy bear (tedi-bar) *n.* A woolly toy bear ریچھ کی شکل کا کھلونا ۔ کھلونے کا ریچھ ۔ (تھیوڈر روزولٹ کو ریچھ کے شکار کا شوق تھا انہیں کے نام سے یہ موسوم ہے) ۔

Te Deum (ta-da-oom) *n.* A famous Latin hymn اطالوی زبان کا ترانہ۔حمد ۔ شکرانہ ۔

Tedium (te-di-əm) *n.* Boredom اجیرن ہونا ۔کوفت ۔ الکسی ۔ ناگواری ۔

Tedious (te-di-əs) *adj.* Irksome بھاری ۔ گران ۔ اکتانے والا ۔ اجیرن ۔ ناگوار ۔

Tediously *adv.* اکتا دے والے طریق سے - تکلیف دہ طور پر -

Tediousness *n.* بار خاطر ہونا - نا گوار ہونا -

Tee (tē) *n.* Anything of T shape T کی شکل کی کوئی چیز -

Tee (tē) *n., v.t. & i.* The mark aimed at (گولف) ریت جس پر گیند رکھ کر مارتے ہیں - گیند کا نشانہ جہاں گیند پہنچانا ہے - گیند ریت پر رکھنا - گیند پر ضرب لگا کر نشانہ تک پہنچانا - ٹی سے کھیل شروع کرنا - کسی کام کی ابتدا کرنا -

Tee (tē) *n.* The umbrella shaped finial of a pagoda چھتری کی شکل کا مکس جو بدھ مندروں پر بنایا جاتا ہے -

Teem (tēm) *v.t. & i.* Bring forth, be fruitful معمور ہونا - بھرا ہوا ہونا - حاملہ ہونا - بہتات ہونا - پیدا کرنا - بیانا -

Teem (tēm) *v.t. & i.* Pour, empty بہنا - بہانا - خالی کرنا - انڈیل دینا - خارج کرنا -

Teemless *adj.* بانجھ - بنجر -

Teen (tēn) *n.* Grief, anger, pain رنج - صدمہ - مصیبت - نقصان -

Teens (tēns) *n.* Any age between thirteen and nineteen تیرہ سے انیس سال کی عمر -

In one's teens عنفوان شباب میں ہونا -

Teeth (tēth) *n.* Chewing organs دانت -

Teethe (tēth) *v.t.* Cut teeth دانت نکلنا -

Teething *adj. & n.* دانت نکلتا ہوا - دانت نکلنے کا زمانہ - دانت نکلنا -

Teetotal (tē-tō-tl) *adj.* Abstaining totally from intoxicants منشیات کا مخالف - ترک منشیات کے متعلق (بول چال) پورا - مکمل -

Teetotalism *n.* نشہ آور چیزوں سے پرہیز - نشے سے اجتناب - ترک منشیات -

Teetotaller (tē-tōt-e-lər) *n.* Abstainer from intoxicating drinks نشہ آور چیزوں سے پرہیز کرنے والا - مسکرات سے پورا اجتناب کرنے والا -

Teetotum (tē-tō-təm) *n.* A gambling game of letters ایک کھیل جس میں حروف کی قیمتیں مقرر ہوتی ہیں - کھیل کی چوکور تختی یا لٹو -

Teg (teg) *n.* A sheep in the second year دوسرے سال کی بھیڑ - پوٹلا -

Tegular (teg-u-lar) *adj.* Of the roofing tile کھپرے یا چھت کی تارس کا -

Tegument (teg-u-mənt) *n.* A covering چھال - خول - کھال کا غلاف - جھلی - پوست -

Tehee (tē-hē) *n. & v.i.* A laugh expressing derision حقارت کی ہنسی - نیچی آواز کی ہنسی - حقارت آمیز قہقہہ لگانا -

Teinoscope (ti-nō-skōp) *n.* A magnifying and diminishing apparatus اشیاء کے عرض و طول کو گھٹانے بڑھانے والی دوربین -

Teknonymy (tek-non-i-mi) *n.* Naming of father from child بیٹے کے نام سے - باپ کا نام مشہور ہونا - مثلاً ابوالخیر - ابوالقاسم -

Telamon (tel-ə-mən) *n.* A man's figure as a pillar آدمی کی شکل کا ستون -

Telautograph (tel-aw-tə-grâf) *n.* A telegraph for reproducing movement of pen or pencil تحریر کو ہو بہو منتقل کرنے والا تار - عکسی تار - تلغراف عکسی جو تحریر کو ہو بہو منتقل کرتا ہے -

Telautogram وہ پیام جو تلغراف عکسی سے آیا ہو - عکسی تار -

Teledu (tel-ə-dōō) *n.* The stinking badger of Java جاوا کا بدبو دار بجو -

Telegram (tel-i-gram) *n.* Message sent by telegraph تار کی خبر - وہ پیام جو تار برق سے بھیجا گیا ہو - برقیہ -

Telegraph (tel-i-graf) *n.* An apparatus for transmitting messages تار برق سے اطلاع بھیجنے کا آلہ - تار برق -

Telegraph (tel-i-graf) *v.t. & i.* Convey, signal, send a telegram تار کے ذریعے خبر بھیجنا - تار دینا - برقیہ روانہ کرنا - کسی کو اشارہ دینا -

Telegrapher (tel-i-graf-ər) *n.* One who sends messages by telegraph تار بابو - تار برق سے پیام بھیجنے کا ماہر -

Telegraphist *n.* تار برق پر کام کرنے والا - تار بابو -

Telegraphese (tel-i-graf-ēse) *n.* & *adj.* Contracted language حد سے زیادہ مختصر عبارت -

Telegraphic (tel-i-graf-ik) *adj.* Contracted تار برق کی زبان میں - تار برق کا - بے حد مختصر -

Telegraphically *adv.* تار کے ذریعے سے -

Telegraphy (tel-i-graf-i) *n.* The art of sending messages by telegraph تار برق کا فن - تلغراف -

Wireless telegraphy بے تار کی تار برق - لاسلکی -

Telemechanics (tel-i-me-kə-niks) *n.* Art of working machines by wireless لاسلکی کے ذریعے مشینوں کو چلانے کا فن - لاسلکی میکانک -

Teleology (tel-i-ol-ə-ji) *n.* The doctrine of the final causes of things یہ نظریہ کہ کائنات کے تغیرات کا ایک خاص مقصد ہے اور اسباب ظاہری پر ایک اور نظام اسباب ہے -

Teleologism *n.* فلسفہ غایات -

Teleologist *n.* تقدیر پر یقین رکھنے والا - فلسفہ غایات کا ماننے والا -

Telepathy (ti-lep-ə-thi) *n.* Communication between mind and mind اشراق - تعلق ذہنی - ایک ذہن کا اثر بلا کسی مادی وسیلہ کے دوسرے ذہن پر ہونا - افلاطون پانچ سو میل تک اپنے شاگردوں کے ذہنوں سے ربط رکھتا تھا -

Telepathist *n.* روحانی پیام رسانی کا ماہر - اشراق کا ماہر -

Telepathize *v.t.* ذہن کو متاثر کرنا - اشراق سے اثر ڈالنا -

Telephone (tel-i-fōn) *n.*, *v.t.* & *i.* An instrument for reproduction of sound at a distance آواز کو دور تک پہنچانے کا آلہ - ٹے لی فون سے گفتگو کرنا - ٹے لی فون سے پیام بھیجنا -

Telephonic *adj.* ٹیلی فونی -

Telephonist *n.* وہ شخص جو ٹیلی فون مشین پر کام کرتا ہو -

Telephony *n.* ٹیلی فون سے کام لینے کا طریقہ -

Telephotography (tel-i-fot-o-graf-i) *n.* Photography of distant objects دور عکسی تصویر کشی - دور دراز چیزوں کی تصویر کشی -

Telescope (tel-i-skōp) *n.*, *v.t.* & *i.* An optical instrument for viewing objects at a distance دوربین - ایک نلکی کو دوسری نلکی میں بٹھا دینا - ایک چیز کا دوسرے میں گھس جانا -

Telescopist *n.* دوربین کے استعمال کا ماہر -

Telescopy *n.* دوربین کی ساخت اور اس کے اصولوں کا علم -

Telescopic (tel-i-skōp-ik) *adj.* Like a telescope دوربینی - وہ چیز جو صرف دوربین سے نظر آئے - دوربین کی طرح کی -

Telescopic observation *n.* دوربینی مشاہدات -

Telescopically *adv.* دوربین کے ذریعے سے -

Teleseme (tel-i-sem) *n.* A signalling apparatus بجلی سے اشارہ دینے کا آلہ جو ہوٹلوں میں رکھا جاتا ہے -

Television (tel-i-vizh-ən) *n.* The viewing of distant objects لاسلکی کے ذریعے دور کی اشیاء کا مشاہدہ -

Televize *v.t.* لاسلکی کے ذریعے منتقل کرنا -

Televizor *n.* لاسلکی کے ذریعے منتقل کرنے والی مشین - غائب بین -

Tell (tel) *v.t.* & *i.* Utter, count out کہنا - بیان کرنا - بولنا - سنانا - اظہار کرنا - مشہور کرنا - بتلانا - حکم دینا - فیصلہ کر سکنا - تمیز یا شناخت کر سکنا - کارگر ہونا - رائے شماری کرنا - مامور کرنا - مقرر کرنا -

Tell off (بول چال) افشائے راز کرنا - قلعی کھولنا - کھری کھری سنانا -

Don't tell on me میری شکایت نہ کرنا -

Tell the world ڈنکے کی چوٹ اعلان کرنا -

You never can tell ظاھری حالات پر حکم نہیں لگایا جا سکتا -

Tellable *adj.* قابل بیان -

Telling *adj.* کارگر - کاری - موثر -

Tellingly *adv.* موثر طور پر -

Teller (tel-ər) *n.* One who tells or counts بولنے والا - تبصرہ کرنے والا - بیان کرنے والا - رائے شماری کرنے والا - روپیہ گننے والا -

Tellership *n.* زر شماری کی خدمت - رائے شماری کا عہدہ -

Telltale (tel-tāl) *n.* One who tells the private concern of others چغل خور - غماز - دوسروں کے بھید کھولنے والا - دوسروں کی برائی کرنے والا - لوگوں کے آنے کی اطلاع دینے والی گھنٹی - جہاز کا رخ بتانے والا آلہ -

Tellurian (tel-u-ri-ən) *n.* An inhabitant of the Earth زمین کا باشندہ -

Tellurion (tel-u-ri-ən) *n.* An instrument for determining movement of the Earth زمین کی حرکت معلوم کرنے کا آلہ - ارض پیما - گردش پیما -

Tellurium (tel-u-ri-əm) *n.* The element (T.e) of atomic number 52 ایک عنصر جو چاندی کی طرح چمکدار ہوتا ہے -

Telotype (tel-o-tīp) *n.* Printing by wireless تار چھاپ مشین - ایک مشین جو تار کے مضمون کو چھاپ دیتی ہے -

Telpher (tel-fer) *n.* An electric car or carrier بجلی کے ذریعے حمل و نقل کا آلہ - بجلی کی گاڑی -

Temerarious (tem-ə-rā-ri-əs) *adj.* Rash, reckless بے باک - نڈر - جری - جانباز - بیباکانہ - سرفروشانہ -

Temerity (ti-mer-i-ti) *n.* Rashness ناعاقبت اندیشی - جانبازی - بے باکی -

Tempean (tem-pe-ən) *adj.* Of the vally of Peneus in Thessaly تھسلی کی وادی پینیس کا جو اپنے قدرتی حسن کے لیے مشہور تھی -

Temper (tem-pər) *v.t.* & *i.* Mix in due proportion, modify - ملانا - امتزاج کرنا - آمیزش کرنا - ملائم کرنا - اعتدال پر لانا - پختہ کرنا (موسیقی) سر ٹھیک کرنا -

Temperable *adj.* اعتدال پر لانے کے قابل - نرم کرنے کے قابل -

Temperative *adj.* معتدل کرنے والا - معتدل یا نرم کیا ہوا - امتزاجی -

Temper (tem-pər) *n.* Due mixture, state of hardness, mood ترکیب - آمیزش - امتزاج - مزاج - کسی دھات کی سختی یا نرمی - خفگی - غضب - بد مزاجی - چونے کا مرکب - گارا -

Keep, control temper غصہ کو قابو میں رکھنا -

Lose one's temper غصہ میں آپے سے باہر ہو جانا - آگ بگولہ ہونا -

Out of temper آشفتہ - برہم - جھلایا ہوا -

Show temper بد مزاجی دکھانا -

Temperament (tem-pər-ə-mənt) *n.* State of mind - مزاج - طبیعت - سرشت - خصلت - خمیر - خو - سبھاؤ - پیانو یا دوسرے باجوں کے سروں کا میل -

Artistic temperament شاعرانہ مزاج -

Choleric, bilious temper صفراوی مزاج -

Temperamental *adj.* مزاج کے متعلق - متلون - جذباتی -

Temperance (tem-per-əns) *n.* Moderation, self-restraint - اعتدال - ضبط نفس - پرہیز گاری - میانہ روی -

Temperance hotel - طعام خانہ جہاں شراب نہ بکتی ہو -

Temperate (tem-per-ət) *adj.* Moderate اعتدال پسندانہ - اعتدال پسند - معتدل -

Temperately *adv.* پرہیز گاری سے - اعتدال سے -

Temperateness *n.* اعتدال - ضبط - پرہیز گاری -

Temperature (tem-per-ə-tur) *n.* Degree of hotness - مزاج - درجہ حرارت - سردی یا گرمی کی کیفیت -

Normal temperature طبعی حرارت جو ۹۸٫۴ ڈگری ہے - انسانی جسم کی حرارت طبعی - معمولی حرارت -

Tempest (tem-pist) *n.* A violent wind storm آندھی - جھکڑ - طوفانی ہوا - ہنگامہ - ہلڑ - فساد - ہلچل -

Tempestuous (tem-pist-ū-əs) *adj.* Stormy - طوفانی تند - تیز - ہنگامہ خیز - طوفان خیز -

Tempestuously *adv.* طوفان خیزی کے ساتھ - تندی سے - تیزی سے -

Tempestuousness *n.* - آشفتگی - بے چینی - طوفان خیزی -

Templar (temp-lər) *n.* A member of a religious and military order زائرین بیت المقدس کے حفاظت کرنے والے سورما - محاربات صلیبی میں لڑنے والے بہادر - قانون کا طالبعلم -

Template (tem-plit) *n.* A mould shaped to required outline لوہے یا مٹی کا سانچہ جس میں چیزیں ڈھالی جاتی ہیں -

Temple (tem-pl) *n.* Flat portion of either side of head کنپٹی - شقیقہ -

Temple (tem-pl) *n.* A building dedicated to God مندر - معبد - شوالہ - ٹھاکر باڑی - گرجا - خانہ خدا - عبادت گاہ - کھاد کی ایک کل جس سے کپڑا تنا رہتا ہے -

Templet (temp-lit) *n.* Pattern, metal plate نمونہ کا تختہ یا سانچہ جس کو سامنے رکھ کر پتھر تراشتے ہیں - لکڑی یا پتھر کا تختہ جو دیوار کا وزن تقسیم کرنے کے لیے شہتیر کے نیچے لگاتے ہیں - جہاز کے پیندے کی پچر -

Tempo (tem-pō) *n.* Speed and rhythm رفتار - چال - لے - انداز -

Temporal (tem-pər-l) *adj.* Pertaining to time in this life or world دنیاوی - عرصہ حیات کا - زمانی - سنسار کا - زمانے کے متعلق - کنپٹی کے متعلق -

Temporal lords دنیاوی سردار - ملکی امرا -

Temporal power دنیوی اقتدار -

Temporally *adv.* دنیوی حیثیت سے - دنیاوی طور پر -

Temporality (tem-per-əl-it-i) *n.* Temporal welfare دنیویت - عارضی ہونا - چند روزہ ہونا - بے ثباتی - (جمع) اوقاف کی آمدنی -

Temporality (tem-per-əl-it-i) *n.* Non-ecclesiastical body دنیا دار - غیر کلیسائی جماعت - عام لوگ -

Temporary *adj.* چند روزہ - عارضی -

Temporarily *adv.* تھوڑے دنوں کے لیے - عارضی طور پر -

Temporariness *n.* وقتی ہونا - عارضی ہونا - ہنگامی ہونا -

Temporize (tem-per-īz) *v.i.* Comply with the time and occasion زمانہ کا ساتھ دینا - زمانہ سازی کرنا - جیسا موقع ہو ویسا رنگ اختیار کرنا - عارضی طور پر کوئی بندوبست کر لینا -

Temporization *n.* زمانہ کا ساتھ دینا - ابن الوقتی - زمانہ سازی -

Temporizer *n.* زمانہ کا ساتھ دینے والا - زمانہ ساز -

Tempt (temt) *v.t.* Put to trial, test, persuade آزمانا - ترغیب دینا - امتحان لینا - جانچنا - اکسانا - ابھارنا - رغبت دلانا - طمع دینا - اغوا کرنا - غصہ دلانا - ٹوکنا -

Temptingly *adv.* رغبت دلاتے ہوئے - لالچ کے طور پر - ترغیب دلا کر -

Temptable *adj.* جسے اکسایا جا سکے - جسے ورغلایا جا سکے - جسے ترغیب دی جا سکے -

Temptation (tem-tā-shən) *n.* State of being tempted, that which tempts اشتعال - ترغیب - تحریص - بہکاوا - لالچ - وہ شے جس سے ترغیب دی جائے - حرص کا پھندا - وہ کام جو برے کام پر ابھارے -

Tempter (tem-tər) *n.* One who tempts ورغلانے والا - محرک - لالچ دینے والا - محرک -

The Tempter (de-tem-tər) *n.* The Devil ابلیس - شیطان -

Temptress *n.* محبت کے دام میں پھنسانے والی - بہکانے والی - عورت جو برے کام پر اکساتی ہو -

Temse (tems) *n.* & *v.t.* A sieve چھلنی - چھاننا -

Ten (ten) *adj.* & *n.* The cardinal number next above nine دس - دہ - عشر - دس کا عدد - دہلا -

Ten times as easy کئی درجے - کئی گنا -

Ten to one he forgets it یقین غالب ہے کہ وہ بھول جائے گا -

Tenfold *adj.* & *adv.* دہ چند - دس گنا -

Tenth *adj.* & *n.* دہم - دسواں -

Tenthly *adv.* دسویں -

Tenable (ten-əbl) *adj.* Capable of being kept, defended جسے حملے سے بچایا جا سکے - قابل مدافعت - قابل تسلیم - قابل پیروی - معقول - قرین قیاس -

Tenability } *n.* مضبوطی - استحکام - معقولیت -
Tenableness }

Tenace (ten-ās) *n.* A sequence of cards with gaps (تاش) ایک بڑا اور ایک تیسرا پتہ - مثلاً بادشاہ غلام یا اکا - رانی -

Tenacious (ti-nā-shəs) *adj.* Tough, stubborn محکم - پکا - استوار - مضبوطی سے پکڑ رکھنے والا - مضبوطی سے جما ہوا - کٹر - پکا - چپکنے والا - ہٹیلا - خود رائے - سرکش -

Tenaciously *adv.* چمٹ کر - مضبوطی سے - سختی سے -

Tenaciousness *n.* } سختی - مضبوطی - چسپیدگی -
Tenacity *n.* } استحکام -

Tenant (ten-ənt) *v.t.* & *n.* One who holds under another اجارہ دار - لگان دار - پٹہ دار - کرایہ دار - اسامی جو پٹہ پر زمین لیتا ہے - رہنے والا - مکین - قابض - متصرف - پٹہ دار ہونا یا کرایہ دار کی حیثیت سے رہنا -

Tenancy *n.* کرایہ داری - پٹہ داری -

Tenantless *adj.* جس کا کوئی کرایہ دار یا پٹہ دار نہ ہو - خالی - افتادہ -

Tenantable (ten-ənt-əbl) *adj.* Fit to be tenanted کرایہ یا پٹہ پر دینے کے قابل -

Tenantry (ten-ənt-ri) *n.* A body of tenants لگان‌دار لوگ - کرایہ دار - اسامی -

Tend (tend) *v.i.* & *t.* Attend to, mind خبر گیری کرنا - نگران حال ہونا - تیار داری کرنا - دیکھ بھال کرنا - متوجہ ہونا - دھیان دینا - لنگر کی زنجیر کی نگرانی کرنا -

Tend (tend) *v.i.* Stretch, aim at, move کسی طرف کو جھکنا - مائل ہونا - رخ ہونا - صلاحیت ہونا - باعث ہونا - حرکت کرنا - وسیلہ ہونا -

Tendance *n.* خبر گیری - دیکھ بال -

Tendency (tend-ən-si) *n.* Trend, drift, inclination رغبت - میلان - خواہش - رجحان - جھکاؤ -

Tendencious (ten-den-shəs) Purposely tending کسی مقصد کے لیے - کسی خیال یا تحریک کے تابع -

Tender (ten-dər) *n.* One who tends, a small craft خبر گیری کرنے والا - محافظ - جہاز کے ساتھ کی چھوٹی کشتی جو بوقت ضرورت استعمال ہوتی ہے - ہرکارہ کشتی - انجن کے ساتھ کا حصہ جس میں کوئلہ اور پانی رہتا ہے -

Tender (ten-dər) *v.t.*, *i.* & *n.* Offer for acceptance دینا - پیش کرنا - کسی کام یا مال کے لیے بولی دینا - تحریری درخواست کرنا - ٹھیکہ دار کا تخمینہ - رقم جو قرض کی ادائیگی کے لیے دی جائے - چکوتی کی رقم -

Legal tender سرکاری نوٹ - چالو سکہ - زر قانونی -

Tender (ten-dər) *adj.* Soft, delicate نازک - نرم - ملائم - نازک طبع - سریع الحس - جیسے جلد صدمہ پہنچ جائے - ضعیف - خورد سال - چھوٹا - محبت بھرا - شفیق - ہر وقت خیال رکھنے والا - پھونک پھونک کر قدم رکھنے والا - معاملہ جو احتیاط چاہتا ہو -

Of tender age صغیر سن - چھوٹی عمر کا -

Tender-hearted نرم دل - رقیق القلب -

Tender loin (امریکہ) وہ مقام جہاں عیش کا سامان ہو - گائے کے پٹھے کا گوشت - ران کا نچلا حصہ -

Tenderly *adv.* نرمی سے - شفقت سے -

Tenderness *n.* درد - رقت - نرم دلی - شفقت - نرمی -

Tendon (ten-dən) *n.* Fibrou's, tissue attaching a muscle to a bone نس - پٹھا - عضلہ - نس جو پٹھوں کے سرے پر ہوتی ہے -

Tendinous *adj.* نس کے متعلق - عضلاتی -

Tendril (ten-dril) *n.* A plant's thread like climbing organ پودے کا سوتی ریشہ جس کے سہارے وہ اوپر چڑھتا ہے - پودے کے تار -

Tenebrae (ten-i-bre) *n.* & *pl.* Matins and lauds in Holy Week with gradual extinction of lights مقدس ہفتہ کی آخری تین راتیں جن میں شمعیں گل کر کے مناجاتیں پڑھی جاتی ہیں -

Tenebrous (ten-i-bres) *adj.* Dark تیرہ و تار - تاریک -

Tenement (ten-i-mənt) *n.* Any thing held آراضی جو قبضہ میں ہو - جائداد مقبوضہ - جائداد غیر منقولہ مکان آراضی وغیرہ - جاگیر - امراء کا منصب یا خطاب -

Tenemental *adj.* مقبوضہ - قابل قبضہ - سکونتی - جائداد کے متعلق -

Tenementary *adj.* جائداد جو کرایہ یا لگان پر دی گئی ہو -

Tenesmus (ti-nes-məs) *n.* Painful straining to relieve the bowels مروڑ ۔ درد ۔ اجابت میں زور دینے سے تکلیف ۔ درد کے ساتھ اجابت ۔

Tenet (ten-et) *n.* Principle, doctrine ۔ عقیدہ ۔ رائے ۔ مسئلہ ۔ قول ۔ اصول ۔ کلیہ ۔

Tenner (ten-ər) *n.* A ten pound note (بول چال) دس پونڈ کا نوٹ ۔

Tennis (ten-is) *n.* A game played with ball and rackets ایک مشہور کھیل ٹینس ۔

Tennis arm elbow ہاتھ کا جھٹکا یا موچ جو کھیلنے میں آ جاتی ہے ۔

Tennis court ٹینس کھیلنے کا میدان ۔ قطعہ زمین جس پر ٹینس کھیلتے ہیں ۔

Tenon (ten-ən) *v.t. & n.* A projection at the end of a piece of wood جوڑ کی چول ۔ پٹی کی چول ۔ سرا ۔ چول بٹھانا ۔ چول سے جوڑنا ۔

Tenoner *n.* چول بٹھانے کا آلہ ۔ چول بنانے اور بٹھانے والا ۔

Tenor (ten-ər) *n.* Continuity of state, general run or course قرینہ ۔ وضع ۔ روش ۔ چال ڈھال ۔ منشا ۔ مدعا ۔ مطلب ۔ مقصود ۔ نیت ۔ مردانہ آواز کا سب سے اونچا سر ۔ اونچی آواز میں گانے والا ۔ پنچم کا جو تارا ۔

Tenor voice اونچی آواز ۔ بلند آواز ۔

Tenorist *n.* اونچی سر میں گانے والا ۔ پنچم میں گانے والا ۔

Tenrec (ten-rek) *n.* A large Madagascan insectivore ساہی کے قسم کا ایک کرم خور جانور ۔

Tense (tens) *n.* Time in grammar فعل کا زمانہ ۔ ماضی ۔ حال ۔ مستقبل ۔

Tense (tens) *adj.* Strained کھچا ہوا ۔ تنا ہوا ۔ شدید ۔ سخت ۔ پر جوش ۔ کھچاؤ کا ۔ کشیدگی کا ۔ کشا کش کا ۔

Tense moment کھچاؤ یا تناؤ کا لمحہ ۔

Tensely *adv.* کشا کش کے ساتھ ۔ شدت جوش سے ۔ کھچاؤ کی حالت میں ۔

Tenseness-ity *n.* بے چینی ۔ کشا کش ۔ جوش ۔ تناؤ ۔ کھچاؤ ۔

Tensile (ten-sīl) *adj.* Pulling, stretching کھچاؤ یا تناؤ کا ۔ تننے والا ۔ جو کھینچا جا سکے ۔

Tensible *adj.* تننے والا ۔ کھنچنے والا ۔

Tension (ten-shən) *n.* Stretched or strawed state کھچاؤ ۔ تناؤ ۔ شدت جوش ۔ بے چینی ۔ کشا کش ۔ گیس یا انجرات کے پھیلنے کی قوت ۔

Tensioned *adj.* کھنچا ہوا ۔ تنا ہوا ۔

Tensor (ten-sər) *n.* A muscle that tightens a part عضلہ جو کسی عضو کو تنا ہوا رکھتا ہے ۔

Tent (tent) *n., v.t. & i.* A canvas lodge or shelter خیمہ ۔ ڈیرا ۔ شامیانہ ۔ چھولداری ۔ خیمہ لگانا ۔ خیمہ میں رہنا ۔ ڈیرہ ڈال کر رہنا ۔ ڈھانپنا ۔

Tent fly خیمے کے سامنے کا پردہ ۔ خیمے کے آگے کا چھجا ۔

Tent-pegging سوار کا گھوڑا دوڑا کر برچھے سے میخ اکھاڑنے کا کرتب ۔

Tent (tent) *n. & v.t.* A plug of soft material for keeping open a wound کپڑے کی بتی جو زخم کو کھلا رکھنے کے لیے زخم میں رکھتے ہیں تا کہ مواد بہہ جائے ۔ زخم میں بتی رکھنا ۔

Tent (tent) *n.* A deep red Spanish wine اسپین کی گہری سرخ شراب ۔

Tentacle (tent-ə-kl) *n.* A flexible organ for feeling and grasping جانوروں کے آگے نکلے ہوئے بال یا سخت حصے جن سے وہ محسوس کرتے ہیں اور پکڑتے ہیں ۔ بعض پودوں کا رواں جس میں حس ہوتی ہے ۔ بعض پھولوں کی پتیاں ۔

Tentacled آنکڑے کے جانور ۔

Tentative (ten-tə-tiv) *adj. & n.* Done or made provisionally امتحاناً ۔ آزمائشی ۔ آزمائشی تجویز یا نظریہ ۔ عارضی ۔ وقتیہ ۔

Tentatively *adv.* ۔ تجربہ کے طور پر ۔ امتحان کے طور پر ۔

Tenter (ten-tər) *n.* A frame for stretching cloth کپڑا تاننے کا چوکھٹا ۔ آنکڑی ۔ ایک آلہ جس سے کپڑا سکھایا جاتا ہے ۔

Tenter (ten-tər) *n.* A man who looks after machinery وہ شخص جو کسی کارخانہ میں کلوں کا نگران ہو ۔

Be on the tenterhooks or on the tenter } کشمکش میں پڑنا ۔ خلجان میں پڑنا ۔ کانٹوں پر لوٹنا ۔

Tenuity (ten-ū-i-ti) *n.* Thinness, slenderness باریکی ۔ پتلا پن ۔ رقت ۔ لطافت ۔ (طرز تحریر) ہلکا پن ۔ شوکت الفاظ سے عاری ۔

Tenuous (ten-ū-əs) *adj.* Thin, slender باریک ۔ مہین ۔ ہلکا پتلا ۔ باریک یا نازک فرق ۔

Tenure (ten-yər) *n.* Holding, occupation, time of holding قبضہ ۔ علاقہ ۔ ملکیت ۔ عہدہ ۔ لگان داری ۔ دخل یا قبضہ کا زمانہ ۔ عہد ۔ میعاد ۔

Tepefy (tep-i-fī) *v.t. & i.* Make or become tepid نیم گرم ہونا یا کرنا ۔

Tepefaction *n.* نیم گرم ہونا ۔ شیر گرم ہونا ۔

Tepid (tep-id) *adj.* Moderately warm شیر گرم ۔ نیم گرم ۔

Tepidity, Tepidness } *n.* نیم گرمی ۔ شیر گرمی ۔

Tepidly *adv.* نیم گرم طور پر ۔ بغیر جوش و خروش کے ۔ اعتدال سے ۔

Teraph-teraphin (ter-əf) *n.* An image for divination ٹھاکر ۔ دیوتا ۔ مورتی ۔ قدیم یہودی مورتیوں سے استخارہ کرتے تھے ۔

Tercel (tərs-əl) n. A male hawk نر شاہین ۔ شکرا ۔ نر باز ۔

Tercentenary (ter-sen-ti-nə-ri) *adj. & n.* Of three hundred years تین سو سالہ جشن ۔ تین سو سال کا ۔

Terebene (ter-i-ben) *n.* A light yellow disinfactant ایک جراثیم کش دوا جو تارپین کے تیل اور گندھک سے تیار کی جاتی ہے ۔

Terebinth (ter-i-binth) *n.* Turpentine tree تارپین کا درخت ۔

Terebra (ter-i-brä) *n.* A boring instrument کیڑوں کے سوراخ کرنے والے عضو ۔

Terebrate *adj.* چھید کرنے والا ۔ عضو رکھنے والا ۔ برمے دار ۔

Teredo *n.* A boring warm ایک کیڑا جو کشتیوں میں سوراخ کر دیتا ہے ۔

Tergal (tər-gəl) *adj.* Of the back plate پیٹھ کا ۔ پشت کا ۔

Tergiversate (tər-jiv-er-sāt) *v.i.* Turn one's back حیلہ کرنا ۔ بہانہ کرنا ۔ پیٹھ پھیرنا ۔ رنگ بدلنا ۔ ایک بات پر قائم نہ رہنا ۔ عقیدہ بدلنا ۔ مرتد ہو جانا ۔ پلٹ جانا ۔ پھر جانا ۔

Tergiversation *n.* ارتداد ۔ انحراف ۔

Tergiversator *n.* ایک بات پر قائم نہ رہنے والا ۔ مرتد ۔

Term (term) *n.* Limit, end حد ۔ انتہا ۔ مدت معینہ ۔ وقت مقررہ ۔ میقات ۔ ایام تعلیم ۔ ایام کار عدالت ۔ اصطلاح ۔ (الجبرا) مقدار ۔ رقم ۔ (جیومیٹری) انتہا ۔ (منطق) طرف ۔ مبتدا یا خبر ۔ (جمع) طرز بیان ۔ پیرایہ ۔ شرائط ۔ (جمع) ایام حیض ۔ لین دین ۔ آپس کے تعلقات ۔

Bring to terms شرائط منوا لینا ۔

Come to terms تصفیہ کر لینا ۔ شرائط مان لینا ۔

In the most flattering terms نہایت تعریف کے پیرائے میں ۔

They are not on speaking terms ان کی آپس میں بات چیت نہیں ہے ۔

Term (term) *v.t.* Nominate نامزد کرنا ۔ موسوم کرنا ۔ نام رکھنا ۔

Termagant (tər-mə-gənt) *n.* A boisterous bully لڑاکا ۔ دنگا فساد کرنے والا ۔ بد مزاج یا لڑاکا عورت ۔ خالق شر ۔ اہر من ۔

Termagancy *n.* شورہ پشتی ۔ شرارت ۔ دنگا ۔ فساد ۔

Termagantly *adv.* شورہ پشتی سے ۔ مفسدانہ طور پر ۔

Terminable (ter-min-əbl) *adj.* That may come to an end اختتام پذیر ۔ ختم کرنے کے قابل ۔ معین ۔ جو مقررہ معیاد کے بعد ختم ہو جائے ۔

Terminableness *n.* مقررہ معیاد پر ختم ہو جانا ۔ اختتام پذیری ۔ محدود ہونا ۔

Terminal (term-i-nəl) *adj. & n.* Of, at, marking an end or boundary آخر ۔ آخری ۔ میقاتی ۔ مدت مقررہ پر کیا جانے والا ۔ میعادی ۔ (امریکہ) ریل کا آخری اسٹیشن ۔

Terminal station ریل وغیرہ کا آخری اسٹیشن ۔

Terminally *adv.* خاتمے یا حد پر ۔ آخر میں ۔ میقات پر ۔

Terminate (term-i-nāt) *v.t.* & *i.* Bring to an end حد بندی کرنا ۔ ختم کرنا ۔ انتہا کرنا ۔ تمام کرنا ۔ ختم ہونا ۔ آخر میں ہونا ۔

Terminative *adj.* انتہا کا ۔ خاتمے کا ۔ تمام کرنے والا ۔

Terminatory *adj.* خاتمہ کا ۔

Terminate (term-i-nāt) *adj.* Limited, confined حد بندی کیا ہوا ۔ محدود ۔ جو ایک حد پر ختم ہو جائے ۔

Termination (term-i-na-shən) *n.* Ending لفظ کا آخری حرف ۔ حد ۔ حد بندی ۔ اختتام ۔ انتہا ۔

Terminational *adj.* جو کلمے کے آخر میں ہو ۔ آخری

Terminator (term-i-na-tər) *n.* One who or that which terminates ختم کرنے والا ۔ (ہیئت) نور اور ظلمت کی حد جو اجرام فلکی کے تاریک اور روشن حصوں کو جدا کرتی ہے ۔

Terminism (term-i-ni-zm) *n.* The doctrine that there is a time limit for grace یہ عقیدہ کہ فضل رب کا ایک مقررہ وقت ہے اور توبہ وقت پر ہونی چاہیے ۔ فلسفہ اسمیت ۔

Terminist *n.* عقیدہ فضل کا قائل ۔

Terminology (term-i-no-lə-ji) *n.* Set of terms used in any art or science کسی علم یا فن کی اصطلاحات ۔ علم الاصطلاح ۔

Terminological *adj.* فنی ۔ علمی ۔ اصطلاحی ۔

Terminus (term-i-nəs) *n.* Last stage حد ۔ انتہا ۔ منزل ۔ منزل مقصود ۔ ریل کا آخری اسٹیشن ۔ (قدیم روم) سرحدوں کا دیوتا ۔ مورتی کے نیچے کا چوکور ستون ۔

Termitarium (tər-mi-ta-ri-əm) *n.* A mound of termites دیمک کا گھر ۔

Termite (tər-mīt) *n.* The white ant دیمک ۔

Termly (term-li) *adj.* & *adv.* Of every term ہر میقات پر ۔ میقاتی ۔ جو ختم میقات پر واقع ہو یا ادا کیا جائے ۔

Termor (term-ər) *n.* Lease holder (قانون) میعادی یا دوامی پٹہ دار ۔ لگاندار ۔

Tern-arm (tern) *adj.* & *n.* A three, a set of three تین جوڑ ۔ تین تین کا ۔ قرعہ اندازی کے تین نمبر ۔ یہ نکل آئیں تو بڑا انعام ملتا ہے ۔ دریائی ابابیل ۔

Ternary (tər-nəri) *adj.* Of three, in three components تہرا ۔ تگنا ۔ تین کا ۔ ثلاثی ۔ (ریاضی) جس میں تین مقداریں ہوں ۔

Ternal *adj.* ثلاثی ۔ تین کا ۔

Ternate (tərn-at) *adj.* Grouped in three تین تین کا ۔ تپتیا ۔ سہ برگ ۔

Terne (tərn) *n.* Sheet iron coated with lead گھٹیا قسم کا ٹین جس پر سیسہ چڑھایا گیا ہو ۔

Terpsichorean (tərp-sik-ə-ri-ən) *adj.* Of the muse of song and dance رقص کی دیوی کا ۔ رقص کی دیوی سے منسوب کیا ہوا ۔

Terra (ter-ȧ) *n.* Latin word for earth مٹی ۔ زمین ۔ ارض ۔

Terrace (ter-is) *n.* & *v.t.* A raised level bank or walk چبوترہ ۔ کرسی ۔ بلند مقام ۔ بالا خانہ ۔ بلند مسطح پہاڑی ۔ سمندر کا بلند کنارہ ۔ چبوترہ بنانا ۔ کرسی قائم کرنا ۔

Terraced roof کھلی مسطح چھت ۔

Terracotta (ter-ȧ-ko-tȧ) *n.* A composition of clay and sand ریت اور مٹی کا گارا جو مجسموں کے لیے بنایا جاتا ہے ۔ اس گارے کا مجسمہ یا مورتی ۔

Terrain (ter-ān) *n.* Ground or tract of a particular feature قطعہ زمین ۔ مخصوص وضع یا طرز کا خطہ ۔ (فوجی) موقع کا میدان ۔

Terramara (ter-a-mā-rȧ) *n.* A dark earthy deposit ہڈیوں کی کھاد ۔ ما قبل تاریخ کے زمانہ کی مٹی کی تہہ جس میں ہڈیاں ملی ہوتی ہیں ۔

Terraneous (ter-ā-ni-əs) *adj.* Growing on dry land خشکی میں پیدا ہونے والی روئیدگی ۔ خشکی کی گھاس اور جھاڑیاں ۔

Terrapin (ter-ə-pin) *n.* Tortoise میٹھے پانی کا کچھوا جسکا گوشت لذیذ ہوتا ہے ۔

Terraqueous (ter-ə-ku-əs) *adj.* Of earth and water آب و گل کا ۔ پانی اور مٹی کا ۔ جو پانی اور خشکی دونوں پر مشتمل ہو ۔

Terrene (ti-ren) *adj,* Earthly ۔ زمین کا ۔ جسمی ۔ سفلی ۔ خاکی ۔ ارضی ۔

Terreplein (tār-plān) *n.* The top of a rampart توپ خانہ کا چبوترہ ۔ دھس کا اونچا حصہ ۔

Terrestrial (ti-res-tri-əl) *adj. & n.* Earthly زمین کا باشندہ ۔ آدمی دنیاوی ۔ خاکی ۔ زمین کا ۔ ارضی ۔

Terrestrially *adv.* ۔ ارضی طریق سے ۔ دنیاوی طور پر ۔

Terret (ter-it) *n.* A ring for fastening a chain زین کا حلقہ جس میں لگام اٹکاتے ہیں ۔ کوئی حلقہ ۔ حلقہ زنجیر ۔

Terrible (ter-i-bl) *adj.* Awful, dreadful ۔ ہولناک وحشت ناک ۔ ڈراؤنا ۔ سہیب ۔ سخت ۔ شدید ۔

A terrible bore ۔ اکتا دینے والا ۔ اجیرن ۔ وبال جان ۔

Terribleness *n.* ۔ ہولناکی ۔ وحشت ناکی ۔

Terribly *adv.* (بول چال) بہت ۔ وحشت انگیزی سے ۔ سہیمانہ ۔ بری طرح سے ۔

Terricolous (ter-ik-ə-ləs) *adj.* Living in or on the soil زمینی ۔ ارضی ۔ زمین پر یا اندر رہنے والا ۔

Terrier (ter-i-ər) *n.* A small dog of various breeds ایک نسل کا کتا جو چھوٹے قد کا ہوتا ہے جس کی بو سونگنے کی قوت تیز ہوتی ہے ۔

Terrier (ter-i-ər) *n.* A register of landed estate کھیوٹ ۔ خسرہ ۔ پٹواری کا کھاتہ جس میں زمینداروں کی زمین کا اندراج ہوتا ہے ۔

Terrific (ter-i-fik) *adj.* Creating terror ۔ قیامت کا بلا کا ۔ دہشتناک ۔ ہولناک ۔

Terrifically *adv.* ۔ ہولناک طریقے سے ۔

Terrify (ter-i-fī) *v.t.* Cause terror in ۔ ڈرانا ۔ خوفزدہ کرنا ۔ دہشت پیدا کرنا ۔

Terrigenous (te-rij-i-nəs) *adj.* Earth born ۔ ارضی زائیدہ ارض ۔ جو زمین سے پیدا ہو ۔

Terrine (ter-īn) *n.* An earthan vessel مٹی کا برتن جس میں دبی وغیرہ رکھ کر بیچتے ہیں ۔

Territorial (ter-i-tə-ri-əl) *adj. & n.* A soldier in the Territorial army ملکی ۔ قلمرو کا ۔ ضلع یا صوبے کا ۔ مقابی ۔ علاقائی (امریکہ) کسی امریکی ریاست کا ۔ علاقائی فوج کا سپاہی (کلیسا) ملکی ۔ دیوانی ۔ وطنی ۔

Territorialism *n.* ملکی حکومت کے دینی اقتدار کا نظریہ ۔ علاقائی حکومت کا اصول ۔

Territorially *adv.* ملکی نقطہ نظر سے ۔ مقابی لحاظ سے ۔ علاقہ کے لحاظ سے ۔

Territorialize (ter-i-tə-ria-liz) *v.t.* Make a territory of علاقہ بنانا ۔ ملک میں شامل کر لینا ۔ ملک میں الحاق کر لینا ۔

Territory (ter-i-tər-i) *n.* Portion of land belonging to a state ۔ ملک ۔ کشور ۔ دیار ۔ علاقہ عملداری ۔ سلطنت ۔ ریاست (امریکہ) ریاست جس کو حکومت کے حقوق حاصل نہ ہوں (تجارت) تجارتی نمائندہ کا حلقہ ۔

Terror (ter-ər) *n.* Extreme fear ۔ ہول ۔ ڈر ۔ ہیبت دہشت ۔ وہ شخص جس سے خوف پیدا ہو ۔ ڈراؤنا (بول چال) شریر ۔ شیطان ۔ ڈراؤنا بچہ ۔

King of terrors ملک الموت ۔ موت ۔

Red terror انقلابیوں کا عہد خونریزی ۔

Reign of terror }
The terror } انقلاب فرانس ۔

Terror-stricken ہیبت زدہ ۔ خوف زدہ ۔

Terrorist (ter-ər-ist) *n.* One who intimidates دہشت انگیزی سے مرغوب کرنے والا ۔ خونی انقلاب کا حامی ۔ تخویف پسند ۔ روس کا انقلابی ۔ فرقہ جیکوب کا فرد ۔

Terrorism *n.* دہشت انگیزی سے مرعوب کرنے کا طریقہ ۔

Terroristic *adj.* دہشت یا خوف دلانے والا ۔

Terrorization *n.* کشت و خون ۔ خوفزدہ کرنا ۔ دہشت پھیلانا ۔

Terrorize *v.t.* دہشت پھیلا کر مرعوب کرنا ۔ خوف زدہ کرنا ۔

Terry (ter-i) *n.* A pile fabric ادنیٰ قسم کا کپڑا ۔

Terse (tərs) *adj.* Smooth, clean cut صاف ۔ جامع ۔

Tersely *adv.* اختصار اور جامعیت سے - صفائی سے

Tersiness *n.* اختصار - جامعیت -

Tertian (ter-shi-ən) *adj.* Of the third day - باری کا - تیسرے دن کا - سہ روزہ -

Tertiary (ter-shi-ə-ri) *adj.* & *n.* Of the third order - تیسرے درجے کا - تیسرا - زمین کی تیسری تہہ - تیسرے درجے کا پادری یا راہب -

Tertious (ter-shəs) *adj.* The third of the same name ایک ھی نام کا تیسرا -

Tessellated (tes-i-lātd) *adj.* Marked in squares چوخانہ - چوپڑ کا - شطرنج کی طرح کا -

Tessellated pavement چوپڑ کا فرش - چوخانہ فرش -

Tessellation *n.* چوپڑ کا فرش - پچی کاری - چوپڑ کا کام -

Tessera (tes-ə-rȧ) *n.* A small piece of square shape شیشے کا یا پتھر کا مربع ٹکڑا - ہڈی کے مربع ٹکڑے جو قدیم زمانے میں سکہ کے طور پر استعمال ہوتے تھے -

Test (test) *n.* Any trial, means of trial - پرکھ - امتحان - کسوٹی - معیار - ذریعہ آزمائش - تمیز - جانچ - فرق - کسی چیز کو قبول یا رد کرنے کے اسباب - کیمیاوی جز جس کے ملانے سے دوسرے اجزا کا پتہ چل جائے - آزمائشی مقابلہ -

Test case آزمائشی مقدمہ جس کی غائت کسی اصول کا فیصلہ کرانا ہو -

Test match فٹ بال - ہاکی یا کرکٹ کے مقابلے جو مختلف ملکوں کے درمیان ہوتے ہیں -

Test tube - شیشہ کی نلکی جو تجربوں میں کام آتی ہے -

Test (test) *v.t.* Put to proof, examine critically آزمانا - جانچنا - دھات کو صاف کرنا - کسوٹی پر پرکھنا - امتحان کرنا - کھوٹا کھرا جانچنا - کسی ہر برداشت سے زیادہ بوجھ ڈال دینا - کسی مرکب کے اجزا دریافت کرنا -

Testable *adj.* پرکھنے کے قابل -

Tester *n.* - کسوٹی - امتحان کرنے کا آلہ - جانچنے والا -

Test (test) *n.* Hard covering بعض جانوروں کا سخت خول - صدفہ -

Testaceous (test-ə-shəs) *adj.* Of hard covering صدفدار - سخت خول کا - صدفی - صدف ماہی کے متعلق - اینٹ کے رنگ کا -

Testacy (test-ə-si) *n.* State of being testate وصیت کردگی - قانونی وصیت نامہ -

Testament (tes-tə-mənt) *n.* Solemn declaration وصیت نامہ - منشور خداوندی - عہد نامہ - توریت - انجیل -

New Testament عہد نامہ جدید - انجیل -

Old Testament عہد نامہ قدیم - توریت -

Testamentary *adj.* وصیت کے متعلق - وصیت کے ذریعے مقرر کیا ہوا -

Testamur (tes-tə-mer) *n.* A certificate - سند - سند کامیابی -

Testate (test-ət) *adj.* & *n.* Having made and left a will وصیت کیا گیا - جو وصیت کر گیا ہو -

Testator *n.* موصی - وصیت کنندہ -

Testatrix *n.* موصیہ - وصیت کرنے والی عورت -

Tester (test-ər) A canopy over a bed - مسہری - چھپر کھٹ - مسہری کا نمگیرا -

Tester (tes-tər) *n.* A six pence ہنری ہشتم کے زمانے کا شلنگ - چھ پنس کا سکہ -

Testicle (tes-ti-kl) *n.* A male reproductive gland فوطہ - خصیہ - خایہ -

Testicular *adj.* خصیہ کے متعلق - فوطے کا -

Testiculate (tes-ti-ku-lāt) *adj.* Having testicles دو فوطے پودے - خصیہ نما - فوطہ دار - خصیہ دار -

Testify (tes-ti-fī) *v.t.* & *i.* Declare, bear witness گواہی دینا - تصدیق کرنا - ایمان سے کہنا - اظہار یا بیان لکھنا - حلفاً بیان کرنا - گواہی لینا - دلالت کرنا - دلیل ہونا - ثبوت ہونا -

Testimonial (tes-ti-mən-i-əl) *n.* A certification, declaration - صداقت نامہ - سند - نیک نامی کا پروانہ - صلہ خدمت - تصدیق خدمت -

Testimonialize (tes-ti-mən-i-ə-līz) *v.t.* Certify تصدیق کرنا - صداقت نامہ دینا -

Testimony (tes-ti-mən-i) *n.* Evidence, declaration شہادت - گواہی - تصدیق - توثیق - اعتراف - اقرار - اظہار - حلفی بیان - وحی الٰہی - انجیل کے احکام -

Testudinarious (tes-tū-di-nə-ri-əs) *adj.* Of tortoise shell colour کچھوے کے خول کے رنگ کا جس پر سرخ زرد اور سیاہ چتیاں ہوں -

Testudinate (tes-tū-di-nāt) *adj.* Sloping like tortoise shell - کچھوے کے خول کی طرح ڈھلوان

Testudineous *adj.* - کچھوے کی پیٹھ جیسا

Testudo (tes-tū-dō) *n.* A wheeled shelter used by Roman besiegers رومن سپاہی محاصرہ میں سایہ دار چھتری استعمال کرتے تھے - آڑ ڈھالوں کو ملا کر سایہ کرنا - ایک قسم کا کچھوا -

Testudinal *adj.* - کچھوے کی پیٹھ کا - کچھوے کا

Testy (tes-ti) *adj.* Irritable - تنک مزاج - چڑچڑا - زود رنج -

Testily *adv.* - تنک مزاجی سے

Testiness *n.* - چڑچڑا پن - تنک مزاجی

Tetanic (ti-tan-ik) *adj.* & *n.* Like tetanus تشنج پیدا کرنے والا - اکڑ بائی کی طرح کا -

Tetanus (tet-ə-nəs) *n.* A disease marked by painful spasms of muscles عضلات کا سخت تشنج - اکڑ بائی - کزاز -

Tetanization *n.* کزاز پیدا ہونا - سخت تشنج کا پیدا ہونا -

Tetanize *v.t.* - تشنج پیدا کرنا

Tetchy (tech-i) *adj.* Irritable - تنک مزاج - زود رنج

Tetchiness *n.* - زود رنجی - چڑاچڑا پن - تنک مزاجی

Tete-a-tete (tet-ā-tet) *n.* Private interview رازونیاز کی باتیں - خلوت کی ملاقات -

Tether (te-dhər) *n.* & *v.t.* A rope or chain for confining a beast within certain limits لمبی رسی جس سے جانور کو باندھ دیتے ہیں اور چرنے کے لیے چھوڑ دیتے ہیں - دائرہ - حلقہ علم و اختیار وغیرہ - رسی سے باندھنا -

Is beyond his tether - اس کے دائرہ اختیار سے باہر ہے

Was at the end of his tether آگے اس کا بس نہیں چلتا تھا -

Tetrad (tet-rad) *n.* Four - چار - چوگڈا - چوکڑی چار چیزوں کا - عنصر یا جوہر جو ہائڈروجن کے چار اجزا کے برابر قوت رکھتا ہے -

Tetradactyl (tet-rə-dak-til) *adj.* & *n.* Four fingered - چار انگلیوں والا جانور - چار انگلیوں والا

Tetragram (tet-rə-gram) *n.* An inscription of four letters - چوحرفی لفظ یا کتبہ

Tetrach (tet-rak) *n.* Administrator of one fourth state of ancient Rome قدیم روم کے چوتھائی سلطنت کا حاکم یا عامل - فوجدار -

Tetrahedron (tet-rə-hē-drən) *n.* A solid figure with four plan faces - چومکھا مجسمہ

Tetter (tet-ər) *n.* Skin eruption - جلدی مرض داد - کھجلی - کھاج -

Teuton (tū-tən) *n.* Any speaker of a Germanic language کسی جرمنی زبان کا بولنے والا - جرمن نسل کا - قدیم جرمن قوم کا فرد -

Teutonic *adj.* - ٹیوٹن اقوام کی زبان - قدیم جرمن زبان کا - قدیم جرمن باشندوں کا -

Teutonicism (tū-tən-i-si-zm) *n.* Study of German language, philosophy and culture ٹیوٹنی زبان فلسفہ اور ثقافت کا مطالعہ -

Teutonism (tū-tən-izm) *n.* Germanizm جرمنی زبان کا محاورہ - جرمنی قوم کی خصوصیات -

Teutonization *n.* - ٹیوٹن تہذیب کا رنگ چڑھانا - ٹیوٹنی بنانا -

Teutonize (tū-tə-nīz) *v.t.* Make or become Teutonic - ٹیوٹنی بننا یا بنانا

Text (tekst) *n.* Actual words - اصل عبارت - متن اصل تحریر - انجیل کی آیات جو سنداً پیش کی جاتی ہیں -

Text book - مقررہ درسی کتاب - نصاب کی درسی کتاب

Textile (teks-tīl) *adj.* & *n.* Of weaving - کپڑا پارچہ - بنا ہوا کپڑا - بننے کے متعلق -

Textual (teks-tū-əl) *adj.* Contained in the text اصل کتاب کا - جو متن کتاب میں شامل ہو - متن کتاب کے متعلق - اصل عبارت کے متعلق -

Textually *adv.* اصل کتاب کے لحاظ سے - متن کے لحاظ سے -

Textualist (teks-tū-ə-list) *n.* One learned in the text جسے کتاب خوب یاد ہو - جو الہامی کتاب کا حافظ ہو - جو کتاب کا عالم ہو -

Textualism *n.* الفاظ کے معنی کی پابندی - جو کتاب کے الفاظ پر زور دیتا ہو - الفاظ پرستی -

Texture (teks-tur) *n.* Any thing woven - تار و پود - بناوٹ - بافت - ترکیب - تصویروں میں اشیاء کی سطح - پٹھوں کی ترتیب - نسیج کی ساخت -

Textureless (teks-tur-les) *adj.* Without any structure بے ترتیب - بے شکل - بے ساخت -

Thalamus (thal-ə-məs) *n.* An inner room, nuptial chamber (قدیم یونان) مکان کا اندرونی حصہ - حجلہ عروسی - وہ مقام جہاں اعصاب دماغ سے باہر آتے ہیں - پھول کا خانہ - مسند گل -

Thaler (ta-lər) *n.* An ancient German silver coin جرمنی کا قدیم چاندی کا سکہ -

Thalia (tha-li-ä) *n.* The muse of comedy and pastoral poetry مزاحیہ ناٹک اور دیہاتی شاعری کی دیوی -

Thallium (thal-i-əm) *n.* A lead like metal ایک کمیاب، نرم سفید عنصر جو شیشہ سازی میں کام دیتا ہے - تھالئم -

Thallus (thal-əs) *n.* A plant body not differentiated into leaf stem and root پودا جس میں جڑ تنے اور پتیوں کا امتیاز نہ ہو -

Than (dhan) *conj.* Used after a comparative سے - بہ نسبت - بمقابلہ - از - کہ -

Thanage (dhan-ag) *n.* Courtier, nobleman (قدیم) چودھری کا لقب یا منصب - چودھراہٹ - چودھری کا علاقہ -

Thanatoid (dhan-ə-taw-id) *adj.* Apparently dead مردے کا سا - موت کا سا -

Thane (thān) *n.* A king's companion - تنظیمی لقب - مصاحب شاہ -

Thank (thangk) *n.* Expression of gratitude شکریہ - شکر گذاری - تسلیم - بندگی -

Thank (thangk) *v.t.* Express gratitude - ممنون ہونا - شکریہ ادا کرنا -

Thank-offering قربانی - نیاز - شکر گذاری -

Thanks آپ کا شکریہ -

Thanks to وجہ سے - بدولت -

Thankworthy شکریہ کے قابل -

Thankful (thangk-ful) *adj.* Grateful شکر گذار - احسان مند - ممنون -

Thankfully *adv.* شکریہ کے ساتھ - شکر گزاری سے - احسانمندی سے -

Thankfulness *n.* شکر گزاری - احسانمندی -

Thankless (thangk-les) *adj.* Unthankful جس کو شکریہ بھی نہ ملے - احسان فراموش - ناشکرا -

Thanklessness *n.* احسان فراموشی - ناسپاسی - ناشکری -

Thanksgiving (thangks-giv-ing) *n.* Offering of thanks اقرار نعمت - شکر گزاری - ادائے شکر - دعائے شکر -

That (dhət) *adj., pron. & adv.* وہ - یہ - اتنا - اسقدر - اسوجہ سے - جو کہ -

I was that angry I could have struck him } مجھے اتنا غصہ تھا کہ مارنے کو جی چاہتا تھا -

So that is that یہ قصہ ہے - یہ بات ہے -

This that and the other - مختلف چیزیں - مختلف باتیں

That (dhat) *conj.* For this reason, therefore اسواسطے کہ - کیونکہ - تاکہ - لہذا - اس وجہ سے - اس لیے کہ - چونکہ -

Thatch (thach) *v.t.* & *n.* Cover or roof with straw گھاس پھونس ڈالنا - چھپر ڈالنا - پیال کی چھت ڈالنا - چھپر - گھاس پھونس -

Thaumatrope (thaw-mə-trop) *n.* An optical toy ایک قسم کی دوربین جس میں شیشے پر تصویریں بنی ہوتی ہیں اور شیشہ گھمانے سے تصویریں حرکت کرتی ہوئی نظر آتی ہیں - سیر بین -

Thaumaturge (thaw-mə-turj) *n.* A wonder worker نظر بندی کرنے والا - بازی گر - شعبدہ باز -

Thaumaturgy *n.* نظر بندی - جادو - سحر - شعبدہ بازی -

Thaw (thaw) *v.i., t. & n.* Melt or grow liquid پگھلنا - گھلنا - جمی ہوئی چیز کا پگھلنا - سرد مہری کا دور ہو جانا - گرم جوشی پیدا ہونا - پگھلانا - گھلانا - برف پگھلنے کا موسم - برف پگھلانے والی گرمی -

Thawless *adj.* جو کبھی نہ پگھلے -

Thawy *adj.* پگھلنے والا -

The (dhē) *dem., adj. & adv.* Definite article, by how much, by so much حرف تخصیص جیسے عربی میں ال - اسم نکرہ سے پہلے آنے والا حرف تخصیص - وہ - یہ - وہی - اسقدر - اتنا ہی - اسوجہ سے -

Theandric (thē-an-drik) *adj.* At once divine and human ذات مسیح میں الوہیت اور بشریت کا (عقیدہ) -

Theanthropic (thē-an-trə-pik) *adj.* Embodying deity in human form مظہر الوہیت - یہ عقیدہ کہ حضرت مسیح کی ذات مظہر الوہیت تھی -

Thearchy (thē-ark-i) *n.* A body of divine rulers دیوتاؤں کا راج - حکومت الٰہی -

Theatre (thē-ə-tər) *n.* A structure for drama or other spectacles تماشا گاہ - تمثیل گھر - تھیٹر - بڑا ہال جس میں نشستیں بلند ہوتی جاتی ہیں - کسی قوم یا کسی دور کے ناٹک - ناٹک کا فن -

Operating theatre عمل جراحی کا کمرہ جہاں طلبا بھی ہوتے ہیں -

Theatrical (thē-ə-trik-əl) *adj. & n.* Pertaining to theatre تماشا گاہ کے متعلق - ڈرامائی انداز کا - تصنع کا - ادا کاری کا - ادا کاروں کا -

Theatric *adj.* تماشے کے بارے میں - تماشا گاہ کے متعلق -

Theatricalize *v.t.* تھیٹر بن جانا یا ہو جانا - تھیٹر کا رنگ پیدا کرنا -

Theatrically *adv.* تصنع سے - ڈرامائی انداز میں - تماشے کی طرح -

Thebaid (thē-bā-id) *n.* A poem on "seven against Thebes" نظم جس کا موضوع ہے سات تھیبس کے مقابلے میں -

Theban (thē-bən) *n. & adj.* Of the Thebes تھیبس کا باشندہ - شہر تھیبس کا -

Thee (dhē) *pr.* Thou دیکھو

Theft (theft) *n.* An act of thieving چوری - ڈاکہ - سرقہ -

Theic (thē-ik) *n.* A tea drunkard کثرت سے چائے پینے والا -

Theism *n.* چائے نوشی کی کثرت -

Their (dhār) *p. & pron.* Belonging to them ان لوگوں کا - ان کا - اپنا - اپنے - اپنی -

Theism (thē-izm) *n.* A belief in the existence of God یہ عقیدہ کہ خدا ہر جگہ موجود ہے - توحید - وحدانیت -

Theist *n.* وجود حق کا قائل - توحید پرست - خدا پرست -

Theistic *adj.* وجود باری تعالیٰ کے متعلق -

Them (dhem) *pron.* انہیں کو - ان کو - They دیکھو

Thematic (thi-mat-ik) *adj.* About the shape of words سادہ الفاظ اور شکل کے متعلق - اصلی مادے کا -

Theme (thēm) *n.* A subject proposed for discussion موضوع - تقریر یا تحریر کا موضوع - مشق مضمون نگاری - اصل - مصدر - مضمون - نغمہ کا موضوع - گیت کا راگ - وہ سر جو بار بار آئے - بازنطینی سلطنت کا کوئی صوبہ -

Themis (them-is) *n.* Greek goddess of law and justice قانون اور انصاف کی دیوی - مجسم و قانون انصاف -

Themselves (dhem-selvz) *pl. & pron.* Of himself and herself وہ آپ - وہ خود - خود آپ - آپ ہی - اپنے آپ کو - خود کو -

Then (dhen) *adv., adj. & n.* At that time, by then, afterwards اس وقت - تب - اس زمانے میں - ایسی صورت میں - لہذا - تب تو - خیر - پھر تو - اچھا صاحب - اس وقت کا - اس زمانے کا - پھر کبھی -

By then اس وقت سے پہلے -

Every now and then وقتاً فوقتاً - اکثر اوقات -

Now and then اکثر - کبھی کبھی -

Thenar (thē-nār) *n.* The palm ہاتھ کی ہتھیلی - تلوا - کف پا - کف دست -

Thence (dhens) *adv.* From that place, from that time وہاں سے - اس جگہ سے - اس وقت سے - اس واسطے - پس ازیں -

Thenceforth *adv.* اس مقام سے - اس وقت سے - وہاں سے - بعد ازاں -

Thenceforward *adv.* اس کے بعد سے -

Theocracy (thē-ōk-rə-si) *n.* Sovereignty of God مذہبی حکومت - حکومت الٰہیہ -

Theocratic *adj.* دینوی - اللہ کی -

Theodolite (the-od-ə-līt) *n.* An instrument for measuring horizontal and vertical angles افقی اور عمودی زاویوں کی پیمائش کا آلہ -

Theogony (the-og-ə-ni) *n.* Genealogy of gods دیوتاؤں کا نسب نامہ یا شجرہ -

Theogonist *n.* دیوتاؤں کا نسب نامہ نظم کرنے والا -

Theomachy (thē-om-ə-ki) *n.* War among gods دیوتاؤں کی جنگ -

Theomania (thē-ōm-ā-nia) *n.* Madness that one is a god اپنے آپ کو خدا یا دیوتا سمجھنے کا خبط -

Theomaniac *adj.* اپنے آپ کو خدا سمجھنے والا -

Theophilanthropist (the-o-fil-an-thrə-pist) *n.* Love to God and man خدا کی محبت کے ساتھ بنی نوع انسان کی محبت کا حامی - مذہب محبت -

Theologian (the-o-loji-ən) *n.* One versed in the science of religion الٰہیات کا ماہر - علم دین کا علم -

Theology (the-ol-ə-ji) *n.* Science of divinity علم الٰہی - علم ذات - علم معرفت -

Natural theology یہ عقیدہ کہ خدا کی معرفت کا ذریعہ مشاہدہ فطرت ہے -

Revealed, positive theology وحی سے معلوم کیا ہوا دین - دین جو وحی پر مبنی ہو -

Theological (the-ol-əji-kəl) *adj.* Of theology علم الٰہی کا - علم معرفت کا - دینیات کا -

Theologically *adv.* معرفت حق کے رو سے - علم دین کی رو سے -

Theologize *v.t.* & *i.* خدا پرستی سے رنگنا - مذہب کی عقلی بحث کرنا - دینیاتی بحث کرنا -

Theorbo (thē-orb-ō) *n.* A large double-necked base lute سترہویں صدی کی ایک سارنگی - بین کی طرح کا ایک باجا - دوہرا طنبورہ -

Theorem (the-ə-rəm) *n.* A proposition to be proved دعویٰ جو محتاج ثبوت ہو - کلیہ - اصول شکل ہندسی - جبر و مقابلہ کا مسئلہ -

Theorematist *n.* کلیات قائم کرنے والا -

Theoretic (the-ə-re-tik) *adj.* & *n.* Speculative نظریات - علمی - قیاسی - نظری -

Theoretician *n.* نظریات قائم کرنے والا - سائنس کے نظری حصہ کا ماہر -

Theoretical (the-ə-ri-tik-əl) *adj.* Given to theory, not practical نظری - قیاسی - خالص علمی - جس کو عملی معاملات سے تعلق نہ ہو -

Theoretically *adv.* نظری حیثیت سے - اصولی طور پر -

Theory (the-ə-ri) *n.* An explanation or system of any thing اصول مسئلہ - نظریہ - قیاس - رائے - اصول غور و فکر کا میدان (ریاضی) بحث - اصول - اصول بحث -

Theorist *n.* غیر عملی آدمی - اصول مقرر کرنے والا - نظریات قائم کرنے والا -

Theorization *n.* نظریاتی مباحث - کلیات قائم کرنا -

Theorize *v.t.* نظریہ پیش کرنا -

Theosophy (the-os-ə-fi) *n.* Divine wisdom, divine inspiration یہ نظریہ کہ ہر شخص بلا واسطہ خدا کی معرفت بذریعہ وجدان حاصل کر سکتا ہے - وجدانی معرفت - علم حضوری - حاضرات - تصوف -

Theosoph, Theosopher, Theosophist تصوف کا عقیدہ رکھنے والا -

Theosophic, Theosophical, Theosophistical تصوف کا - صوفیانہ -

Theosophize *v.t.* وجدان سے معرفت حاصل کرنا - صوفی بننا - تھیوسوفی پر عمل کرنا -

Therapeutic (ther-ə-pu-tik) *adj.* & *n.* Curative دافع امراض - امراض کی روک تھام کا علاج امراض سے متعلق -

Therapeutical *adj.* علاج کے متعلق - معالجاتی -
Therapeutist *n.* علاج کا ماہر - طبیب - معالج -
Radiotherapy *n.* شعاعی طریق علاج -

There (dhər) *adv., n. & interj.* In that place اس جگہ - ادہر - وہاں - اس موقع پر - اس مقام پر - وہ - دیکھا - دیکھو - جانے دو -
There, I agree with you اس بات میں مجھے آپ سے اتفاق ہے -
There, it is on the sofa دیکھو - وہ صوفے پر ہے -
You had him there یہاں تم نے اسے زک دے دی -
There, there, never mind جانے دو - پروا نہ کرو -
Thereabouts قریب قریب - آس پاس - وہیں کہیں -
Thereafter اس کے بموجب - اس کے بعد -
Thereat اس کے بعد - تب اس کے لیے - اس پر -
Thereby اس کے باعث - اس وجہ سے -
Therefore بنا بر ایں - بدیں وجہ - لہٰذا -
Therefrom اس کے ذریعے سے - اس سے -
Therein اس مقام سے - اس لحاظ سے -
Thereof اس کے متعلق - اس کا -
Thereon اس پر - جس پر -
Thereupon چنانچہ - اس سبب سے -

Theriac (thē-ri-ak) *n.* An antidote to venomous bites ایک زہر مار دوا - تریاق -

Therianthropic (the-ri-ən-thro-pik) *adj.* Combining human and animal forms انسانی حیوان - حیوانی انسان - مخلوط - نیم حیوان - قیاسی مخلوق -

Therm (thərm) *n.* A hot bath گیس کی اکائی - حرارت کی اکائی -

Thermal (thərm-l) *adj.* Pertaining to heat حرارت کا - گرم حمام کے متعلق -
Thermal springs گرم پانی کے چشمے -
Thermally حرارت کے اعتبار سے -

Thermantidote (therm-anti-dot) *n.* Cooling instrument گرم ہوا کو ٹھنڈا کرنے کا آلہ - کمرے کی ہوا ٹھنڈی کرنے کا سامان -

Thermic (thərm-ik) *adj.* Of heat حرارت کا -

Thermion (thərm-i-ən) An electrically-charged particle برق پارہ جو گرمی سے پیدا ہو - خلا کے برق پارے -

Thermite (thərm-īt) *n.* A mixture of aluminium with an oxide of a metal الومونیم کا سفوف اور لوہے کے زنگ کا مرکب جس سے تیز حرارت پیدا ہوتی ہے - یہ دھات کو جوڑنے اور بم بنانے کے کام آتا ہے -

Thermometer (thərm-o-meter) *n.* An instrument for measuring temperature حرارت پیما - حرارت یا تپش معلوم کرنے کا آلہ -

Thermo-electricity (thərmo-elektrisiti) *n.* Electricity produced by difference of temperature برقی رو جو تپش کے تفاوت سے پیدا ہوتی ہے -

Thermogram (thərmo-gram) *n.* Record made by thermograph خود کار حرارت نما - خود کار تپش پیما کا بتایا ہوا نقشہ حرارت -

Thermos (ther-mos) *n.* A brand of vacuum flask دوہرے شیشے کی بوتل جس میں گرم یا ٹھنڈی چیز اپنی اصلی حالت میں محفوظ رہتی ہے -

Theroid (ther-o-id) *adj.* Having beast like propensities ضعیف العقل - ایسا انسان جس میں جانوروں کی خصوصیات ہوں -

Therology (ther-o-loji) *n.* Science of mammals علم حیوان کی وہ شاخ جس میں دودھ پلانے والے جانوروں کا ذکر ہو -

Thesaurus (thi-saw-rus) *n.* A store house of knowledge مخزن العلوم - قاموس - جامع لغات -

These (dhēz) *adj. & pron.* Plural of this یہ - انہوں نے - ان کو -

Thesis (thē-sis) *n.* A subject for scholastic exercise دعویٰ - مقدمہ - مقالہ - مضمون - کالج کی درسی مشق - شعر کی تقطیع میں لفظ کا وہ جز جس کی آواز نہیں نکلتی - جزو خفی -

Theurgy (thē-ur-ji) *n.* Miraculous divine action معجزہ - عملیات کا فن - غیبی قوت جس کا ظہور ہوتا رہتا ہے -
Theurgist *n.* غیب دان - عامل -

Thews (thūs) *n.* Custom, trait, moral quality رسم - رواج - نسلی خصوصیات - اخلاقی خوبی - دماغی قوت -

Thewy *adj.* اخلاق جرأت والا - قوی - جری -

They (dhā) *pron.* Plural of he, she, it - وہ - وہ لوگ - انہوں نے -

Thick (thik) *adj.* Deep, dense, viscous - گاڑھا - کثیف - غلیظ - گدلا - میلا - مکدر - ابرآلود - دھندلا - گنجان - گھنا - موٹا - بھرا ہوا - ٹھوس - دل دار - غبی - کند ذہن - احمق - لگاتار - متواتر - بیٹھی ہوئی (آواز) - گاڑھی دوستی رکھنے والا -

Lay it on thick (بول چال) موٹا ردا جمانا - زیادہ تعریف یا خوشامد کرنا -

Spread the butter thick بہت سا مکھن لگاؤ -

Through thick and thin مردانہ وار - رنج و راحت میں -

Thick head احمق - بیوقوف -

Thick skinned بے غیرت - بے حس -

Thickish *adj.* کسی قدر گاڑھا - ذرا موٹا -

Thicken *v.i.* & *t.* - افسانہ کا پیچیدہ ہونا - ابر آلود ہونا - موٹا کرنا یا ہونا - گاڑھا کرنا -

Thickening *n.* گاڑھی یا موٹی کی ہوئی چیز - موٹا یا گاڑھا پن -

Thicket (thik-et) *n.* A dense mass of shrubs or trees گنجان جھاڑیاں - جنگل جھاڑی - درختوں کا جھنڈ -

Thickness (thik-nes) *n.* Density - کثافت - گاڑھا پن فربہی - کدورت - کند ذہنی - ضخامت - حجم - گنجان ہونا - ابرآلود ہونا - آواز کا بیٹھا ہوا ہونا -

Thief (thēf) *n.* One who steals - چور - سارق - دزد - چرانے والا -

Thievery *n.* - چوٹا پن - چرانے کی عادت - چوری

Thievishly *adv.* بے ایمانی سے - چوری سے -

Thievishness *n.* اچکا پن - چوری - چوٹا پن -

Thieve (thēv) *v.t.* & *i.* Steal چرانا - چوری کرنا - چوری کا پیشہ کرنا - چور ہونا -

Thigh (thī) *n.* Thick fleshy upper part of leg جانگھ - ران - سانٹھل -

Thill (thil) *n.* The shaft of a vehicle - گاڑی کا بم - جوا -

Thill horse, thiller - گھوڑا جو گاڑی میں جوتا جائے -

Thimble (thim-bl) *n.* A cover for finger - انگشتانہ شام - چھلا - سیتے وقت انگلیوں کی حفاظت کے لیے پہنا جانے والا چھلا -

Thimbleful *adj.* ذرا سی - بہت تھوڑی مقدار میں -

Thimblerigger *n.* عیار - فریبی - ہاتھ کی صفائی کے کرتب دکھانے والا -

Thin (thin) *adj.* Slim, lean - باریک - پتلا - کاغذی - مہین - رقیق - چھریرے بدن کا - لاغر - خالی خالی - پھسپھسا - خفی (تحریر یا ٹائپ) تکلیف دہ - ناگوار -

This is too thin - (بول چال) یہ تو صریح بہانہ ہے

Thin house - جہاں تماشائی کم ہوں - خالی خالی تھیٹر

Thinly *adv.* - ناقص طور پر - ہلکے پن سے - ناکافی طور پر - کم کم - تھوڑا -

Thinness *n.* پتلا پن - دبلا پن - لاغری -

Thinnish *adj.* ہلکا سا - پتلا سا - دبلا سا -

Thin (thin) *v.t.* & *i.* Make less close or crowded پتلا کرنا - چھدرا کرنا - باریک کرنا - گھٹانا یا گھٹنا - حجم کم کرنا - خوشوں کے کچھ پھل توڑ دینا تاکہ باقی خوب بڑے ہوں -

Thine (dhīn) *p.* & *pron.* That which belongs to thee Thy دیکھو - تیرا - تیری - تیرے

Thing (thing) *n.* Matter, affair, circumstance چیز - شے - کار - فعل - واقعہ - معاملہ - حالت - کسی مال کا نمونہ - (جمع) سلک - جائداد - امور - معاملات (تحقیر) بیچارہ - غریب -

Dear old thing پیارا -

Dumb things بے زبان مخلوق -

Knows a thing or two بڑا سیانا ہے -

Think (thingk) *v.t.* & *i.* Exercise the mind خیال کرنا - سوچنا - سمجھنا - قیاس کرنا - ارادہ کرنا - سوچنے یا خیال کرنے سے کوئی حالت پیدا کرنا -

I don't think - اجی توبہ کیجئے - بس رہنے دیجئے یہ ناممکن ہے -

Think better of - کچھ سوچ کر خیال بدل دینا

Think much of عزت کرنا - قدر کرنا -

Think twice before doing جلدی نہ کرو - خوب سوچ سمجھ لو -

Thinkable *adj.* جس کا تصور کیا جا سکے - قابل غور

Thinker *n.* حکیم - فلسفی - مفکر -

Thinking *n.* & *adj.* غور کرنے والا - معقول - غور و فکر - سوچ بچار -

All thinking men - سمجھدار لوگ - سب معقول آدمی

Third (thərd) *adj.* & *n.* The last of three, third part تیسرا - سویم - ثالث - تیسرا حصہ - تہائی - دقیقہ - جائداد یا املاک کا ثلث - جماعت میں تیسرے نمبر پر - غیر متعلق شخص -

Thirdly *adv.* سویم - تیسرے نمبر پر -

Thirst (thə-rst) *n.* & *v.t.* Uneasiness caused by want of water - تشنگی - پیاس - کمال آرزو - خواہش - بے حد طلب - لگن - پیاس لگنا - طلب ہونا - شراب وغیرہ کا جی چاہنا - بے تاب ہونا -

Have a thirst (بول چال) پینے کی خواہش ہے -

Thirstless *adj.* بے آرزو - بے طلب -

Thirsty (thə-rsti) *adj.* Dry, parched - تشنہ - پیاسا خشک - بے آب - خواہش مند - جس سے پیاس لگے -

Thirstily *adv.* - بے تابی سے - پیاس سے - تشنگی سے

Thirteen (thər-tēn) *adj.* & *n.* Three and ten سیزدہ - تیرہ -

The thirteen superstition تیرہ کے منحوس ہونے کا وہم -

Thirteenth *adj.* تیرھواں -

Thirty (thər-ti) *adj.* & *n.* Three times ten تیس - سی -

Thirtieth *adj.* تیسویں تاریخ - تیسواں -

This (dhis) *pron.* & *adj.* Denoting a person or thing near یہ - یہی - اس - موجودہ -

This, that and the other مختلف چیزیں -

This much اتنا - اسقدر -

Thistle (this-l) *n.* A prickly plant - ایک خاردار پودا اونٹ کٹارا - گوکھرو - اسکاٹلینڈ کا قومی نشان -

Thistly *adj.* خار دار - گوکھرو کا سا -

Thither (dhidh-ər) *adv.* To that place - اس طرف ادھر - وہاں - اس طرف کو - اس جگہ میں -

Thitherward - اس طرف - اس جگہ - اس جانب

Hither and thither - یہاں اور وہاں

Thole (thōl) *v.t.* & *n.* Endure - برداشت کرنا - سہنا گوارا کرنا - چپو کو اپنی جگہ رکھنے کی کیل -

Tholus (tho-ləs) *n.* A dome گنبد -

Thomism (to-mizm) *n.* The doctrine of Thomas Aquinas تھامس اکوناس کا عقیدہ جو تقدیر اور رحمت الٰہی کا قائل تھا - مگر حضرت مریم کی معصومیت کا منکر تھا -

Thomist (to-mist) *n.* Follower of Thomas تھامس کے مذھب کا پیرو - تھامسی -

Thong (thong) *n.* & *v.t.* A strap, the lash of a whip تسمہ - چمڑے کا کوڑا - کوڑے مارنا - تسمہ لگانا -

Thor (thor) *n.* The Scandinavian thunder god اہل اسکینڈی نیویا کا خدائے رعد - جنگ کا دیوتا -

Thorax (tho-raks) *n.* Part of the body between neck and abdomen سینہ - چھاتی - صدر - کیڑوں میں ٹانگوں اور پروں کا درمیانی حصہ (قدیم) چار آئینہ - سینہ پوش -

Thorite (thō-rīt) *n.* A black compact mineral found in Norway ایک سیاہ دھات جو ملک ناروے میں ملتی ہے -

Thorium (tho-ri-em) *n.* A radioactive metal ایک شعاع بیز دھات -

Thorn (thorn) *n.* A sharp hard part of a plant, a prickle - کانٹا - خار - جھاڑی - خاردار پودا - زحمت - دکھ - تکلیف -

A thorn in one's side - جس سے ہر وقت تکلیف ہو سوہان روح -

Be on thorns - ہر وقت بے چین رہنا - کانٹوں پر لوٹنا

Thornback برطانیہ کا پتلی ٹانگوں کا کیکڑا - خار پشت مچھلی -

Thorny *adj.* کٹیلا - خاردار -

Thorough (thur-ə) *adj.* Complete, entire - پورا مکمل - پکا - سراسر - پرلے درجے کا -

Policy of thorough چارلس اول شاہ انگلستان کے زمانے میں اسٹینورڈ اور لاوڈ کی تشدد آمیز پالیسی -

Thoroughfare راستہ - راہ - گزرگاہ -

Thorough-faced - پکا - سدھایا ہوا - ہر چال کا گھوڑا -

Thorough-faced rascal - پرلے سرے کا بد معاش - بد ذات -

Thoroughly *adv.* - پوری طرح سے -

Thoroughness *n.* - کوئی چیز باقی نہ رہنا - مکمل ہونا

Those (dhōz) *adv.* & *pron.* Plural of that - وہ - وہ لوگ -

Thou (dhow) *v.i.* & *pron.* Second person singular - تو - کسی کو تو تو کہنا - تو کرکے بلانا - اے تیے کرنا - قدیم زبان کا Thou اب you ہے -

Though (dh-ə) *conj.* Admitting, allowing - اگرچہ - ازبسکہ - حالانکہ - باوجودیکہ - گو - مگر - پھر بھی - خواہ -

Thought (thawt) *n.* Thinking, mind - خیال کا عمل - عقل - ادراک - فہم - غور و فکر - خیال - موضوع - مضمون - ارادہ - منصوبہ - رائے - وہ بات جس کی فکر ہو -

Acts without thought - بے سمجھے بوجھے کے کام -

Second thoughts - مزید غور کرنے کے بعد کا خیال - بعد کا خیال -

Second thoughts are best - اچھی طرح غور کرنے کے بعد کا خیال بہتر ہوتا ہے -

Thought reader - دوسروں کے خیالات معلوم کرنے والا - ضمیر دان -

Thought wave - دفعتاً کسی اچھوتے خیال کا آ جانا - موج خیال -

Thoughtful (thawt-ful) *adj.* Employed in meditation - پر فکر - خیالات میں ڈوبا ہوا - متفکر - صاحب فکر - غور و فکر کا عادی - با مروت شخص - دلجوئی کرنے والا -

Thoughtfulness *n.* - غور و فکر - خاطر داری - فکر مندی -

Thoughtless (thawt-les) *adj.* Careless - بے سوچا سمجھا - بے فکر - بے پروا - بے خبر - ناعاقبت اندیش - بے مروت - بے لحاظ -

Thoughtlessness *n.* - بے فکری - بے مروتی - بے پروائی -

Thousand (thow-zənd) *n.* & *adj.* Ten hundred - ہزار - الف - دس سو - بہت سے -

A thousand apologies - بے حد ندامت کا اظہار -

A thousand thanks - بہت بہت شکریہ -

One in a thousand - بے نظیر آدمی - ہزاروں میں ایک -

Thrall (thrawl) *v.t.* & *n.* A slave, serf - غلام - حلقہ بگوش - مطیع - چاکر - حلقہ بگوش کرنا - غلام بنانا - تابعداری کرنا -

Thraldom *n.* - حلقہ بگوشی - تابعداری - غلامی -

Thrash (thrash) *v.t.* Thresh, discuss thoroughly - غلے کے پودوں کو گاہنا - معاملہ کی چھان بین کرنا - ہر پہلو پر غور کرنا - کٹی ہوئی فصل کو پیٹ کر غلہ الگ کرنا - جہاز کا لہروں سے ٹکرانا - مارنا پیٹنا - کندی کرنا - کوڑے لگانا - شکست دینا -

Thrashing *n.* - مار پیٹ - کٹائی - پٹائی -

Thrasher (thrash-ər) *n.* An American bird, a shark - ایک امریکی پرند - ایک قسم کی شارک مچھلی - غلہ الگ کرنے کی مشین - غلہ نکالنے والا مزدور -

Thrasonical (thrā-son-ik-al) *adj.* Bragging - مغرور - ڈینگیا - شیخی باز - لاف زن -

Thread (thred) *n.* A fibre, a filament - دھاگا - ڈورا - ریشہ - سوت - لڑی - سلسلہ - سلک - رشتہ - درز جس میں دھات بھری ہو - رشتہ حیات -

Gather up the threads - مختلف پہلوؤں پر غور کرنے کے بعد مجموعی طور پر نظر ڈالنا -

Hang by a thread - نازک حالت میں -

Take up the thread - جہاں سے چھوڑا وہیں سے شروع کرنا -

Threadbare - پامال - تارتار - فرسودہ -

Lost the thread of his argument - رشتہ استدلال گم ہو گیا -

Threadiness *n.* - دھاگے کی طرح ہونا -

Thready *adj.* - دھاگے کی طرح کا - ریشہ دار -

Thread and thrum - برے بھلے -

Thread (thred) *v.t.* Pass a thread through - سوئی میں دھاگا ڈالنا - دھاگے میں پروکر لڑی بنانا - کسی چیز میں دھاریاں یا لکیریں ڈالنا -

Threat (thret) *n.* Indication of an intention to hurt - دھمکی - تخویف - تہدید - اندیشہ -

Threaten (thret-n) *v.t.* Intimidate by threats - دھمکانا - دھمکی دینا - آنکھیں دکھانا - ڈرانا - تہدید کرنا - چشم نمائی کرنا -

Clouds threaten - بادلوں سے بارش کے آثار ظاہر ہیں -

The practice threatens to become general ایسا معلوم ہوتا ہے کہ یہ دستور عام ہو جائے گا -
Threateningly *adv.* خوفناک طریقے سے - دھمکا کر -

Three (thrē) *adj.* & *n.* Two and one تین - تین کا عدد - ثلاثہ - اسکیٹنگ کی ایک گردش -
Rule of three اربعہ متناسبہ -
Three ply تین تہوں کا - تین پرتوں کا تختہ -
Three score تین کوڑی - تین بیسی -
Three times three نو مرتبہ (تالیاں بجانا) -
Threefold تگنا - تہرا -

Thremmatology (threm-ə-tol-ə-ji) *n.* The science of breeding domestic animals and plants نباتات یا جانوروں کی افزائش کا فن - پالتو جانوروں کی افزائش نسل -

Threnode-ody (thren-od) *n.* An ode or song of lamentation ماتمی گیت - مرثیہ - نوحہ - آہ و بکا - ماتم - بین -
Threnodist *n.* مرثیہ خواں - سوز خواں - نوحہ خواں -

Threshold (thresh-ōld) *n.* The sill of a house-door دہلیز - چوکھٹ - سنگ آستان - آغاز - ابتدا -

Thrice (thrīs) *adv.* Three times سہ چند - تین بار - تگنا -

Thridace (thrid-es) *n.* Inspissated lettuce juice کاہو کے پتوں کا گاڑھا عرق -

Thrift (thrift) *n.* Frugality کفایت - کفایت شعاری - نفع - برہوتری - سرسبزی - ایک قسم کے پودے - ایک گہرے سرخ رنگ کے پھولوں کا پودا جو سمندر کے کنارے اُگتا ہے -
Thriftless *adj.* اُڑاؤ - مسرف فضول خرچ -
Thriftlessness *n.* اسراف - فضول خرچی -

Thrifty (thrift-i) *adj.* Thriving خوشحالی - کفایت شعار - کم خرچ - سرسبز -
Thriftily *adv.* کفایت شعاری سے -

Thrill (thrill) *v.t.*, *i.* & *n.* Pierce, feel a sharp sensation اثر کرنا - دل میں اُتر جانا - ہیجان پیدا کرنا - جوش میں لانا - دل ہل جانا - لرزنا - جوش کی کیفیت - دھڑکن - تڑپ - لہر - (بول چال) - ہیجان پیدا کرنے والا -
A thrill of joy خوشی کی لہر -
Thriller *n.* سنسنی خیز ناول - جوش پیدا کرنے والا -
Thrilling *adj.* جوش سے لرزتی ہوئی (آواز) - ہیجان خیز - جوشیلا -
Thrillingly *adv.* ہیجان خیز طریقے سے -
Thrillingness *n.* ہیجان خیزی -

Thrive (thrīv) *v.i.* Grow healthily بڑھنا - پھولنا پھلنا - ترقی کرنا - پنپنا - فروغ پانا - دولت کمانا -
Thrivingly *adv.* پھولتے پھلتے - خوشحالی سے - ترقی کرتے ہوئے -
Thrivingness *n.* شادابی - خوشحالی - ترقی - فروغ -

Thro (thrō) *prep* Through دیکھو

Throat (thrōt) *n.* & *v.t.* The passage from mouth to stomach حلق - حلقوم - گلا - گلو - گلے کی شکل بنانا - کسی چیز میں نالی بنانا - گہری دھاریاں کاٹنا -
Cut one another's throat ایک دوسرے کی بربادی کا سامان کرنا -
Cut one's own throat خود اپنی بربادی کا سامان کرنا -
Give one the lie in his throat منہ پر جھوٹ ثابت کر دینا - منہ پر جوتا مارنا -
Sore throat گلے کا ورم - سوزش - گلے کی خراش -
Take by the throat گلا دبانا - ٹیٹوا دبانا -
Thrust thing down one's throat کسی کو زبردستی کسی طرف متوجہ کرنا -

Throaty (thrōt-ti) *adj.* Hoarse, full throated موٹے گلے والا - گلا بیٹھا ہوا - بڑی حلق والا -

Throb (throb) *v.i.* & *n.* Beat strongly دھڑکنا - پھڑکنا - جذبات کی لہر دوڑ جانا - دھڑکن - اہتزاز -
Throbbingly *adv.* جوش کی حالت میں دھڑکتے ہوئے دل کے ساتھ -

Throe(s) (thrō) *n.* & *v.t.* Spasm, pang درد - کرب - درد زہ - کرب میں ہونا -
In the throes of کشمکش میں - تکلیف میں - مصیبت میں -

Thrombosis (throm-bōs-is) *n.* Clotting in a vessel during life شریان میں خون کا جم جانا -

Throne (thrōn) *v.t.* & *n.* King's, pope's chair of state, kingship تخت - راج گدی - مسند - حکومت - اقتدار شاہی - تخت شاہی پر بٹھانا - مسند نشین کرنا - کسی مرتبے پر فائز کرنا -

Throng (throng) *v.t., i.* & *n.* A crowd, a great multitude بھیڑ - ہجوم - مجمع - ہجوم ہونا - ٹھٹ لگ جانا - کسی شخص کو گھیر لینا - نرغہ کرنا -

Throstle (thros-l) *n.* The song thrush ایک خوش الحان پرند - کاتنے کی کل -

Throttle (throt-l) *n.* & *v.t.* The throat or wind-pipe گلا - حلق - حنجر - گلا گھونٹنا - بھاپ نکلنے کی ٹوٹی سے بھاپ کے اخراج کو کم اور زیادہ کرنا -

Through (thrōō) *adj.* & *adv.* *prep.* From end to end ایک سرے سے دوسرے سرے تک - آر پار - سراسر - بیچ میں - بہ توسط - بدولت - ذریعے سے - وجہ سے - ایک سرے سے دوسرے تک پہنچنے والا -

Are you through with the job (بول چال) - کیا تم نے یہ کام ختم کر دیا -

Go through برداشت کرنا -

Looked him thro and thro میں نے خوب غور سے دیکھا -

Throughout (thrōō-owt) *adv.* & *prep* Into, during, the whole of - از سرتاپا - سراسر - تمام - بالکل - ہر لحاظ سے - اس سرے سے اس سرے تک -

Throw (thrō) *v.t.* & *i.* Cast, hurl, fling پھینکنا - چلانا - چھوڑنا - گرانا - ڈال دینا - (کرکٹ) گیند پھینکتے وقت ہاتھ کو جھٹکا دینا جو ناجائز ہے - (امریکہ) مقابلہ یا دوڑ میں ہار جانا - سانپ کا کینچلی اتارنا - خرگوش وغیرہ کا بچے دینا - بل دینا - بٹنا - کمہار کا برتن گھڑنا - جھکانا - موڑنا - جسم کے کسی حصے کو ہلانا -

Throw a chest سینہ تان کر کھڑے ہونا - سینہ تاننا -

Throw a party دعوت دینا - جلسہ کرنا -

Throw away کھو بیٹھنا - ضائع کرنا -

Throw back الٹنا - پلٹنا کر جواب دینا -

Throw by رد کرنا -

Throw light واضح کرنا - روشنی ڈالنا -

Throw in one's lot with کسی کے ساتھ شریک ہو جانا -

Throw one a kiss ہاتھ چوم کر کسی کی طرف اشارہ کرنا -

Throw open داخلہ کی اجازت دینا -

Throw out نا منظور کرنا - اشارے سے کہنا - نکال دینا - خارج کرنا - (کرکٹ) گیند سے لکڑیاں گرا کر کسی کھلاڑی کو آؤٹ کرنا -

Throw over قطع تعلق کر لینا - ساتھ چھوڑ دینا -

Throw over board چھوڑ دینا - ترک کر دینا -

Throw (thrō) *n.* Act of throwing, a cast, پھینکنے کا عمل - پھینک - پانسے کی پھینک - ٹپہ - فاصلہ - بولر کے جھٹکے سے پھینکی ہوئی گیند - تیزی سے چکر دینے کی کل - طبقات کی ساخت کا نقص -

Stone's throw تھوڑا سا فاصلہ - بس قریب ہی -

Throwster (thros-tər) *n.* One who throws silk, a gambier ریشم کا تاگا بٹنے والا - جواری -

Thrum (thrum) *n.* The end of a weaver's thread پلو - جھالر - تھان کا آخری حصہ - تاگوں کی جھالر -

Thread and thrum اچھے برے سب - سب ایک ساتھ -

Thrummy *adj.* چھدرا - پلو دار - جھالر دار -

Thrum (thrum) *v.i. t.* & *n.* Furnish with thrums جھالر چھوڑنا - انگلیوں سے بجانا - طبلہ کی طرح بجانا - کھٹ کھٹ یا تڑم تڑم کی آواز -

Thrush (thrush) *n.* A throat disease بچوں کے حلق کا ایک مرض - قلاع - گھوڑے کے سم کا مرض -

Thrush (thrush) *n.* A song bird یورپ کا ایک خوش الحان پرندہ -

Thrust (thrust) *v.t., i.* & *n.* Push, force دھکیلنا - چلانا - ڈالنا - پیلنا - بھونکنا - آرپار کرنا - گھسیڑنا - زور کا دھکا - ہلہ - حملہ - دباؤ - چوٹ - (کان کنی) - چھت کے ستونوں کا دباؤ سے بیٹھ جانا -

Thrust aside نکال پھینکنا - رد کرنا -

Thrust one self or one's nose in دوسرے کے پھٹے میں ٹانگ اڑانا - خواہ مخواہ دخل دینا -

Thud (thud) *v.i.* & *n.* Make a dull sound, dull sound of a heavy body falling بھد سے گرنا - بھد سے گرنے کی آواز -

Thug (thug) *n.* A cut throat, a ruffian ٹھگ - بد معاش - رہزن - دھوکے سے مار ڈالنے والا -

Thuggee *n.* بد معاشی - ٹھگوں کا پیشہ - ٹھگی -

Thule (thū-lē) *n.* The extreme limit (قدیم جغرافیہ برطانیہ کے شمال کے کسی دور افتادہ جزیرہ کا نام جو دنیا کا آخری شمالی سرا سمجھا جاتا تھا -

Thumb (thum) *v.t.* & *n.* The short thick digit انگوٹھا - نر انگشت - اناڑی پن سے بجانا - انگوٹھے سے گھسنا یا میلا کرنا -

By rule of thumb فوری حساب سے -

Bite one's thumb at انگوٹھا دکھانا - چڑانا -

Thumb latch انگوٹھے سے دبا کر کھلنے اور بند ہونے والی چٹخنی -

Thumb mark نشان انگشت -

Thumb print انگوٹھے کا نشان شناخت کے لیے -

Thumbs up (بول چال) - واہ رے واہ - اہاہاہا -

Under person's thumb کسی کی مٹھی میں - کسی کے قابو میں -

Thump (thump) *n.*, *v.t.* & *i.* A dull heavy blow, beat with a dull blow گھونسہ مارنا - دھپا مارنا - ڈنڈے سے مارنا - مار پیٹ کرنا - گھونسہ - دھپا - تھپڑ -

Thumper (thum-ər) *n.* One who thumps تھپتھپانے والا - گھونسہ مارنے والا - (بول چال) - لمبا تڑنگا - کوئی بڑی چیز - سفید جھوٹ -

Thumping *adj.* بہت بڑا - سخت -

Thunder (thun-dər) *v.t.*, *i.* & *n.* A deep rumbling sound, any loud noise بادل کی گرج - رعد - کڑک - گھڑگھڑاہٹ - تعریف کا شور - ہنگامہ - ہنگامہ خیز واقعہ - معرکے کا ناول - زور شور کے اعتراضات - لعن طعن - بادل کا گرجنا - بجلی کا کڑکنا - دھمکانا - زور سے ڈانٹنا ڈپٹنا -

Steal person's thunder - کسی معرکے کی بات لے اڑنا - کسی کی سوچی ہوئی چال پہلے چل جانا -

Thunder-bolt بجلی کی کڑک - غیبی گولہ - ناگوار خبر -

Thunder-clap ہنگامہ خیز واقعہ -

Thundercloud گرجنے والا بادل -

Thunderstorm گرج کڑک کا طوفان -

Thunder-struck حیرت زدہ - ہکا بکا - جس پر بجلی گری ہو - برق زدہ -

Thunderous-ry ہنگامہ خیز -

Thunderer (thun-der-ər) *n.* A thunder god, an orator, a bull roarer - کڑکنے والا - گرجنے والا - سیارہ مشتری - کوئی ہنگامہ خیز خطیب ، مقرر ، اخبار وغیرہ -

Thundering (thun-der-ing) *adj.*, *adv.* & *n.* Unusually remarkable کڑکتا ہوا - گرجتا ہوا - غیر معمولی - عجیب - غیر معمولی طور پر - شدت سے - سختی سے - کڑک - گرج -

Thunderingly *adv.* کڑکتے ہوئے - گرجتے ہوئے - غیر معمولی طور پر -

Thurible (thū-ri-bl) *n.* A censer - عود دان - اگروٹا - عود سوز -

Thursday (thurz-di) *n.* The fifth day of the week پنجشنبہ - جمعرات -

Thus (dhus) *adv.* In this way - اس طرح - یوں - پس - اس طریق سے - اس ڈھب سے - حسب ذیل طریقے سے - بس - یہاں تک - اس قدر - اتنا - چنانچہ -

Thusness *n.* اس طرح سے ہونا -

Thwaite (thwat) *n.* A piece of reclaimed land بنجر زمین جس کو زیر کاشت لایا گیا ہو - اب یہ نئی بستیوں کے نام کا جز ہے -

Thwart (thwarwt) *adv.*, *prep.*, *adj.* & *n.* Crosswise, cross, adverse آڑا - ترچھا - ترچھے خط میں - مرضی کے خلاف - حکم سے سرتابی - کھویوں کے بیٹھنے کا تختہ جو کشتی میں اڑا لگا ہوتا ہے -

Thwartingly *adv.* سد راہ بن کر - مزاحم ہو کر -

Thy-thine (dhi) *p.*, *pron.* & *adj.* Of thee توکی اضافی صورتیں - تیرا -

Thyme (tīm) *n.* A fragrant garden and wild plant **صعتر** - ایک خوشبو دار پتیوں کا پودا یہ پتیاں کھانے میں استعمال ہوتی ہیں -

Thymol *n.* تائمی پودے کا ست - ایک جراثیم کش دوا -

Thymy *adj.* جراثیم کش - جس میں صعتر ہو -

Thymus (thī-məs) *n.* A gland near the root of the neck ایک غدود جو گردن کی جڑ میں ہوتا ہے -

Thyroid (thī-roid) *adj.* & *n.* Shield shaped, of thyroid gland ڈھال کی شکل کا - درق - غدود درقیہ -

Thyrsus (thər-səs) *n.* The wand of Bacchus شراب کے دیوتا کا عصا - عصائے بیکس - یہ عصا صنوبر کے شکل کا تھا اور اس کے گرد انگور کی بیل لپٹی ہوتی تھی -

Thyself (dhī-self) *pron.* Reflexive for thee تو خود - تو ہی - تو آپ - اپنے آپ -

Tiara (ti-ä-rä) *n.* A lofty ornamental head-dress طرہ - ایک جڑاؤ زیور - طرہ شاہی - پوپ کا تہرا تاج - منصب پاپائی - مرصع طرہ یا مکٹ یا کلاہ -

Tiarad *adj.* کلاہ پوش - تاجدار - طرہ دار -

Tibia (tib-i-ä) *n.* The shin bone مرغ کی ٹانگ کے نیچے کا حصہ - پنڈلی کی ہڈی - کیڑوں کے پیر کا چوتھا جوڑ -

Tibial *adj.* ٹانگ کی بڑی ہڈی کا - پنڈلی کا -

Tic (tik) *n.* A convulsive motion of certain muscles عضلات کا سکڑنا - ایک قسم کا شدید اعصابی درد جس سے چہرے کے عضلات میں اضطراری حرکت ہوتی ہے -

Tical (tikal) *n.* An obsolete Siamese silver coin سیام کا ایک پرانا نقرئی سکہ - برما اور چین کا ایک وزن -

Ticca (ti-kä) *adj.* Hired ٹھیکے کا - کرایہ کا -

Tick (tik) *v.i.*, *t.* & *n.* Light tap, sound of a watch گھڑی کا ٹک ٹک کرنا - گھڑی کی ٹک ٹک اعداد کے شمار میں نشان لگانا -

Tick off (بول چال) تنبیہہ کرنا - ڈانٹنا - ٹک نشان لگانا -

Tick tack (گھڑ دوڑ) ہاتھ کے اشارے سے خبر دینا - دھڑکن کی سی آواز - بیک گیمن کے کھیل کی ایک قسم -

On the tick ٹھیک وقت پر -

Tick (tik) *n.* A blood sucking insect گوچڑی - چچڑی - وہ طفیلی کیڑے جو جانوروں کے جسم میں چپک کر خون چوستے ہیں -

Tick (tik) *n.* The cover of a mattress توشک کا کپڑا - موٹا دھاری دار کپڑا -

Tick (tik) *n.* & *v.i.* Credit ادھار دینا یا لینا - قرض - ادھار -

Buy goods on tick چیزیں ادھار لینا -

Ticker (tik-ər) *n.* One who or which ticks ٹک ٹک کرنے والا - (بول چال) گھڑی - تار چھاپنے کا آلہ - (مزاحاً) دل -

Ticket (tik-it) *n.* A card, slip or any token پروانہ - پرزہ - ٹکٹ جس سے کہیں جانے یا روپیہ وصول کرنے کی اجازت ہو - (فوجی) موقوفی - برطرفی - مناسب چیز - ٹھیک بات - سیاسی پارٹی کا اجازت نامہ - قیمت کی چٹھی جو بکاؤ چیزوں پر لگی رہتی ہے -

Not quite the ticket یہ بات ٹھیک نہیں ہے -

Tickle (tik-l) *v.t.*, *i.* & *n.* Excite, amuse, perplex گدگدانا - سہلانا - گدگدی ہونا - خوش کرنا - لذت حاصل ہونا - لطف آنا - محظوظ ہونا -

This will tickle his palate اس سے اس کی زبان کی لذت بڑھ جائے گی -

Tickler (tik-lər) *n.* One who tickles گدگدانے والے - معمہ - پیچیدہ مسئلہ -

Ticklish (tik-lish) *adj.* Critical, unstable, nice جس سے گدگدی اٹھتی ہو - نازک - پیچیدہ - دشوار - بہت احتیاط کا -

Ticklishly *adv.* پیچیدگی اور نزاکت سے -

Ticklishness *n.* سریع الحسی - گدگدیوں کا زیادہ ہونا - نزاکت - پیچیدگی -

Ticpolanga (tik-po-ləng-gä) *n.* A venomous serpent of India and Ceylon لنکا اور ہندوستان کا ایک زہریلا سانپ -

Tidal (tīd-əl) *adj.* Of or regulated by the tide مد و جزر کا - جوار بھاٹے کے متعلق -

Tidal air ہوا جو سانس سے اندر جاتی اور باہر آتی ہے -

Tidal river دریا جس میں سمندر کے مد و جزر کا اثر ہوتا ہے -

Tidally *adv.* مد و جزر کے اثر سے - مد و جزر کی وجہ سے -

Tiddley (tid-li) *n.* & *adj.* Intoxicated (بول چال) - شراب پئے ہوئے - نشے میں -

Tiddly-winks (tid-li-wingks) *n.* A game of counters کیرم کے قسم کا ایک کھیل -

Tide (tīd) *n.* Weather (قدیم) وقت - موسم -

Meteorological tide موسمی مد و جزر -

Neap-tide مد و جزر اصغر - ساتویں اور اکیسویں تاریخ کا مدو جزر -

Spring tide مد و جزر اعظم - پہلی اور چودھویں تاریخ کا مدو جزر -

Tide gate بند کا پھاٹک جو کشتیوں کے آنے کے لیے مدد کے وقت کھولا جاتا ہے -

Work double tides دن رات کام کرنا -

Tide (tīd) *v.i.* & *t.* Drift with tide, get over بہا لے جانا - مدو جزر کے ساتھ بہنا - مشکل پر قابو پانا - غالب آنا -

Tide over مشکلات پر غالب آنا -

Tidings خوش خبری - نوید - مژدہ - خبر -

Tidy (tī-di) *v.t. i., adj.* & *n.* In good condition صاف ستھرا - آراستہ کیا ہوا - معقول - صاف صوف - اچھا خاصا - بھلا چنگا - کرسی کی آرائشی گدی - گری پڑی چیز ڈالنے کا برتن - صفائی کرنا - ٹھیک ٹھاک کرنا -

Street tidy سڑک کی کوڑا کنڈی -

Tidily سلیقے سے - صفائی سے -

Tidiness سلیقہ مندی - صفائی - ستھرائی -

Tie (tī) *v.t.* & *i.* Blend, fasten, knot باندھنا - کسنا - جکڑنا - پابند کرنا - گانٹھنا - گرہ لگانا - جوڑنا - سانٹھنا - مجبور کرنا - (موسیقی) - سروں کو نشان ربط سے ملانا - (کرکٹ) - اسکور میں برابر ہونا -

Tie a person's tongue زبان بند کر دینا - خاموش کر دینا -

Tie (tie) *n.* a knot, bow گرہ - گانٹھ - رابطہ - رشتہ - عقد - کڑی - ٹیک - ڈنڈا - گلے کا فیتہ - زنجیر - بندھن (موسیقی) نشان ربط جو دوسروں کے درمیان لگایا جاتا ہے - دو شخصوں یا ٹیموں کا مقابلہ - کھیل کا مقابلہ -

Tie up (امریکہ) ریل کے ملازموں کی ہڑتال - کام رک جانا -

Tier (tēr) *n.* & *v.t.* A row, rank or layer قطار - صف - پرت - درجہ - تھیٹر کی قطاریں جو بلند ہوتی جاتی ہیں - قطار در قطار بنانا -

Tierce (tērs) *n.* A third, a sequence of three cards شراب کا تہائی پیپہ - ۴۲ گیلن کا پیپہ جو اجناس کے پیمانہ کے کام آتا ہے - (گرجا) نو بجے کی نماز - (تاش) تین پتوں کی سیڑھی - دو سروں کے درمیان کا فاصلہ -

Tiercel (tēr-sel) *n.* Tercel دیکھو

Tiff (tif) *n., v.t.* & *i.* Lunch, sip, drink - چسکی - گھونٹ - دوپہر کا کھانا - بد مزگی - شکر رنجی - جھگڑا - گھونٹ گھونٹ شراب پینا - خفا ہو جانا - دوپہر کا کھانا کھانا -

Tiffany (tif-ə-ni) *n.* A silk like gauze ایک باریک ریشم کی سی جالی - اکتاری ململ -

Tiffin (tif-in) *v.i.* & *n.* Lunch - دوپہر کا کھانا کھانا - دوپہر کا کھانا -

Tige (tezh) *n.* The shaft of a column - ستون کا پایہ - درخت کا تنا -

Tiger (tī-gər) *n.* A fierce striped beast - شیر - باگ - پلٹن - چیتا - ظالم - سنگدل - بے رحم - فتن گاڑی کا سائیس - (امریکہ) تعریفی نعرہ جو تالیاں بجانے کے بعد بلند کیا جاتا ہے -

Tiger-cat چیتے کا سا بلا - بن بلاؤ -

Tiger's eye ایک چمکدار قیمتی پتھر -

Tiger wood - برطانوی گنیا کی میز کرسی بنانے کی لکڑی -

Tigerism *n.* قابوچی پن - بے رحمی - سنگدلی -

Tig(e)rish (tīg-ə-rish) *adj.* Like a tiger شیر کی طرح کا - سنگدل - خونخوار -

Tight (tīt) *adv., n.* & *adj.* Close, compact کسنا ہوا - جکڑا ہوا - مضبوط - تنگ - کھچا یا تنا ہوا - جو ٹپکتا نہ ہو - جس میں ہوا نہ آئے - سڈول - چست - خوش قطع - (بول چال) شراب پیئے ہوئے - نشہ میں چور - مضبوطی سے - زور سے - کس کر - جکڑ کر -

A tight squeeze زور سے بھینچنا -

Money is tight روپیہ کی کمی ہے -

Tight-fisted بخیل - کنجوس -

Water tight جس میں پانی نہ جا سکے - پن روک -

Tighten *v.t.* & *i.* - چست کرنا - تنگ کرنا - تاننا - بھینچنا - کسنا -

Tike (tīk) *n.* A rustic کتا ۔ معمولی کتا ۔ سفلہ ۔ کمینہ ۔ دھقانی ۔ گنوار ۔

Tilbary (til-bər-i) *n.* A kind of gig for two دو آدمیوں کی ہلکی گاڑی ۔

Tile (tīl) *n.* & *v.t.* A slab of baked clay چکنی مٹی کا کھپرا ۔ تارس ۔ پڑی ۔ نریا ۔ ٹائل ۔ ریشمی ٹوپی ۔ کھپریل ڈالنا ۔ کھپرے چھانا ۔ دربان کو کھڑا کرنا تاکہ کوئی غیر آدمی اندر نہ آ سکے ۔ راز داری کا حلف اٹھانا ۔

Have a tile loose (بول چال) خبطی ہونا ۔ پاگلوں سی باتیں کرنا ۔

Tiling *n.* تارس جمانا ۔ ٹائل جمانا ۔ کھپرے چھانا ۔

Tiler (tīl-ər) *n.* One who makes tiles کھپرے بنانے یا چھانے والا ۔ کھپرے لگانے والا ۔ فری میسن کا دربان ۔

Tilery کھپرے بنانے کا کارخانہ ۔

Till (til) *v.t.* Plough, cultivate زمین جوتنا ۔ قلبہ رانی کرنا ۔ کاشت کرنا ۔ ہل چلانا ۔ کھیتی باڑی کرنا ۔

Tillable *adj.* قابل زراعت ۔ قابل کاشت ۔

Tillage *n.* کھیتی ۔ کھیتی کی زمین ۔ کھیتی باڑی ۔

Till (til) *prep. conj.* To the time of تا ۔ تک ۔ تلک ۔ تاوقتیکہ ۔ یہانتک ۔

Till (til) *n.* A money drawer گلہ ۔ گولک ۔ دوکان کا روپیہ پیسہ رکھنے کی صندوقچی ۔ غلک ۔

Tili (til) *n.* A stiff impervious clay چٹانوں سے دبی ہوئی سخت مٹی ۔

Tiller (til-ər) *n.* One who works in fields ۔ کسان ۔ کاشت کار ۔ برواہا ۔

Tiller (til-ər) *n.* A handle for turning a rudder پتوار کا ھتھا یا دستہ ۔

Tiller (til-ər) *n.* A shoot پودے کی شاخ جو جڑ سے پھوٹتی ہے ۔

Tilly (til-i) *interj.* Showing impatience کسی بات پر نفرت کا اظہار ۔ لاحول ولا قوۃ ۔ تف ۔ دھت ۔

Tilt (tilt) *v.i., t.* & *n.* Heel over, pitch, slope, siant جھکانا ۔ ٹیڑھا کرنا ۔ نیزے کا وار کرنا ۔ ہتھوڑے سے پیٹنا ۔ زمین کا اوپر اٹھا ہوا ہونا ۔ جھکاؤ ۔ خم ۔ سرکنڈا یا تربرا جو مچھلی پکڑنے کی بنسی میں لگا ہوتا ہے ۔

Tilter *n.* نیزہ باز ۔ جھکانے کا آلہ ۔ جھکانے والا ۔

Tilt (tilt) *n.* & *v.t.* A canvass cover پال ۔ کرمچ کا سائبان ۔ کرمچ سے ڈھکنا ۔

Tilth (tilth) *n.* A cultivation ۔ زراعت ۔ کاشت ۔ مزروعہ زمین ۔

Timber (tim-bər) *n.* A wood suitable for building and carpentry عمارت کی لکڑی ۔ فرنیچر وغیرہ بنانے کی لکڑی ۔ جہاز کے ڈھانچہ کی لکڑی (شکار) کھیتوں کی باڑیں ۔

Timbering *n.* لکڑی کا کام ۔ ناٹین ۔ تختے ۔ کڑیاں ۔

Timbrel (tim-brəl) *n.* An ancient tambourine پکھاوج ۔ مردنگ ۔ ڈھولک ۔

Time (tīm) *n.* A duration ۔ ایام ۔ زمانہ ۔ وقت ۔ ہنگام ۔ رت ۔ عہد ۔ دور ۔ معیاد ۔ مدت ۔ موقع ۔ محل ۔ ٹھیک وقت ۔ زمانے کے حالات ۔ مرتبہ ۔ بار ۔ دفعہ ۔ گنا (گرامر) زمانہ (موسیقی) تال ۔ گت ۔

All the time ہر وقت ۔ ہمیشہ ۔ برابر ۔

At the same time ایک ھی وقت میں ۔

At times گاہے گاہے ۔ بعض اوقات ۔

For the time being فی الحال ۔

From time to time وقتاً فوقتاً ۔

Had a good time وقت مزے میں گزرا ۔

I must bide my time میں موقع کی تاک میں رہونگا ۔

In time موقع پر ۔ وقت پر ۔

Is serving his time وہ امید واری کر رہا ہے ۔

How is your time اب تمہارا موقع ہے ۔

Time-honoured قدیم اور مقدس (رسم وغیرہ) ۔

Time-table تقسیم اوقات ۔ اوقات کار ۔ نظام العمل ۔

Time-piece گھڑی ۔

Time out of number بارہا ۔ ہزاروں دفعہ ۔

Time worn دقیانوسی ۔ پرانا ۔

Time (tīm) *v.t.* & *i.* Fix a time, act in time وقت متعین کرنا ۔ وقت کے مطابق کرنا ۔ وقت پر کرنا ۔ وقت کا اندازہ کرنا ۔ موسیقی (تال دینا) ۔

Timer *n.* تعین وقت کا آلہ ۔ وقت کا اندازہ رکھنے والا ۔

Timing *n.* وقت کا شمار ۔ وقت کا تعین ۔ کسی کام کے اوقات ۔

Timely (tīm-li) *adv.* In good time بر وقت ۔ برمحل ۔ بر موقعہ ۔ مناسب وقت پر ۔ بہت موقع کا ۔

Timeness *n.* بر محل ہونا - بر وقت ہونا -

Timid (tim-id) *adj.* Faint hearted ڈرپوک - بزدل - خائف - بودا - بے حد شرمیلا -

Timidity-ness (tim-id-i-ti) *n.* Faint heartedness بے حد شرمیلا پن - بزدلی -

Timidly *adv.* ہچکچاتے ہوئے - بزدلی سے - بودے پن سے -

Timocracy (ti̅-mok-rə-si) *n.* A government in which property is a qualification for office ایسی حکومت جس میں اقتدار مالدار لوگوں کے ہاتھ میں ہو -

Timorous (ti-mər-əs) *adj.* Timid ڈرپوک - بزدل

Timorousness *n.* بودا پن - بزدلی -

Timothy (tim-ə-thi) *n.* Cat's tail grass ایک گھاس جو مقوی ہوتی ہے اور چارے کے کام آتی ہے -

Timous (tim-əs) *adj.* Timely - (سکاٹلینڈ) بر محل موقع کا -

Tin (tin) *v.t.* & *n.* A silvery white easily fusible metal ٹین - رانگا - قلعی - قلعی کی ہوئی لوہے کی پتلی چادر - قلعی کرنا - ٹین کے ڈبوں میں بند کرنا -

Tin-god *n.* وہ شخص جس کی بے جا عزت و حرمت کی جائے - جھوٹا معبود -

Tin hat (فوجی) فولادی ٹوپی -

Tinner *n.* ٹین کی چیزیں بنانے والا - ٹین کی کان میں کام کرنے والا -

Tinny *adj.* رانگے کا - ٹین سے بھرا ہوا - ٹین کا -

Tincal (ting-kl) *n.* A crude borax ٹنکار - کچا سہاگا -

Tinctorial (tingk-to̅-ri-əl) *adj.* & *n.* Of dyeing جس سے رنگ بنے - رنگریزی کے متعلق - رنگ کا -

Tincture (tugt-ur) *n.* & *v.t.* A colouring matter, a quality or slight taste addad to any thing رنگ - ہلکا رنگ - صبغہ - چاشنی - خفیف سا مزا - کسی چیز کا جز - ذرا سا رنگ یا چاشنی دینا - کسی چیز کا خفیف سا رنگ یا مزا ہونا -

Tindal (tin-dəl) *n.* A petty officer of lascars ہندوستانی ملاحوں کا جمعدار -

Tinder (tin-dər) *n.* Dry inflammable matter جلد آگ پکڑنے والی چیز - شتابہ - سوختہ -

Tinder box ڈبیہ جس میں چقاق اور پتھر رکھا جاتا ہے - شتابہ دان -

Tindery جلد آگ پکڑنے والا - آتش گیر -

Tine (ti̅n) *n.* A spike نوک - شاخ - بارہ سنگھے کے سینگ - میز کے کانٹے -

Ting (ting) *v.t.*, *i.* & *n.* Ring - گھنٹی کی آواز - گھنٹی بجانا

Tinge (tinj) *v.t.* & *n.* Tint or colour ہلکا سا رنگ دینا - چاشنی دینا - ہلکی آمیزش کرنا - چاشنی - رنگ -

Tingle (ting-gl) *v.t.*, *i.* & *n.* A small tack or nail, thrill, throb جھنجھنانا - بے چین ہونا - بے تاب ہونا - جھنجھناہٹ - جھوٹا کیلا یا آنکڑا -

Tinker (tingk-ər) *n.*, *v.t.* & *i.* A mender of kettles, pans, etc. دھات کے ٹوٹے پھوٹے برتن جوڑنے والا - ٹھٹھیرا - پھوہڑ پن سے کام کرنے والا - ایک قسم کی مچھلی - ٹوٹے برتن جوڑنا - برتنوں کی مرمت کرنا -

Tinkle (ting-kl) *v.i.*, *t.* & *n.* Make small sharp sound ٹن ٹن بجنا یا بجانا - جھنکارنا - چھوٹی گھنٹی کی آواز -

Tinkler (tingk-lər) *n.* A small bell (بول چال) چھوٹی گھنٹی -

Tinsel (tin-sl) *n.*, *adj.* & *v.t.* Glittering metallic sheets - جھل مل - پنی - جھوٹا مسالہ - جھوٹا کام - مصنوعی شے - بھڑک دار کرنا - جھوٹی چیزوں سے سجانا -

Tint (tint) *n.* & *v.t.* A hue mixed with white ہلکا رنگ - ہلکا روپ - ہلکا رنگ دینا - کسی رنگ کی ہلکی جھلک پیدا کرنا -

Autumn tints - پھیکا رنگ - مرے ہوئے پتوں کا رنگ -

Tintless *adj.* بے رنگ -

Tinter (tint-ər) *n.* One who or that which tints رنگ کرنے والا - رنگ ساز - سیر بین کا رنگین شیشہ -

Tintinnabulation (tin-tin-ə-bu-la-shən) *n.* Bell ringing گھنٹی بجنے کی آواز - گھنٹیوں کی ٹن ٹن -

Tintinnabulum (tin-tin-ə-bu-lam) *n.* Bell, a bell rattle گھنٹی - گھنٹی کی ٹن ٹن -

Tinto-meter (tin-tə-meter) *n.* A colori metre رنگ پرکھنے کا آلہ - مقیاس اللون -

Tinty (tint-i) *adj.* Inharmoniously tinted بے میل رنگوں کا ۔

Tiny (ti̅-ni) *adj.* Very small چھوٹا سا ۔ ننھا منا ۔

Tip (tip) *n. & v.t.* A slender extremity نوک ۔ سرا ۔ کوئی چھوٹی چیز جو کسی چیز کے سرے پر لگی ہو جیسے چھڑی کی شام ۔ نوک بنانا ۔ شام لگانا ۔

Tiptoe پنجوں کے بل ۔

Tiptop نہایت عمدہ طور پر ۔ درجہ کمال ۔ بالکل ٹھیک ۔

Tip (tip) *v.t., i. & n.* Give, convey, give a tip, indicate جھک جانا ۔ ٹیڑھا ہونا ۔ ڈھلک جانا ۔ جھکا دینا ۔ الٹ دینا ۔ انڈیل دینا ۔ سرے پر جڑنا ۔ اشارہ دینا ۔ بتانا ۔ رشوت دینا ۔ انعام دینا ۔ پتہ بتانا ۔ راز کی بات اشارے سے بتانا ۔

Might have tipped me the wink ذرا آنکھ کا اشارہ ھی کر دیا ہوتا ۔

Tipcat گلی ڈنڈا ۔

Will give you straight tip تمھیں ٹھیک ٹھیک اطلاع دیگا ۔

Tip over الٹ دینا ۔

Tipper *n.* اشارہ دینے والا ۔ جھکانے والا ۔

Tip the wink آنکھ مار کر کسی بات کا اشارہ کرنا ۔ آنکھ مارنا ۔

Tippet (tip-it) *n.* A long band of cloth کپڑے کی لمبی پٹی ۔ مذہبی شملہ ۔ زنانہ گلو بند ۔

Tipple (tip-l) *v.t., i. & n.* Drink constantly in small quantities تھوڑی تھوڑی پیتے رہنا ۔ بکثرت شراب پینا ۔ مزے لے لے کر پینا ۔ بہت تیز شراب پینے والا آدمی ۔

Tippler *n.* بلا نوش ۔ بکثرت پینے والا ۔

Tipster (tips-tər) *n.* One whose business is to give tips (گھڑ دوڑ) خفیہ معلومات حاصل کر کے بتانے والا ۔ جیتنے والے گھوڑے بتانے والا ۔ ٹپ دینے والا ۔

Tipsy (tip-si) *adj.* Partially intoxicated مست ۔ متوالا ۔ کسی قدر مدہوش ۔

Tipsify *v.t.* شراب پلا کر مدہوش کرنا ۔ متوالا بنانا ۔

Tipsiness *n.* مدہوشی ۔

Tirade (ti-ra̅d) *n.* A long vehement harangue لعنت ملامت کی تقریر ۔ لمبی چوڑی شکایت آمیز تقریر ۔ طول طویل شکوہ ۔ طنزیہ نظم ۔ (موسیقی) بر انگیختگی کا گیت ۔ آواز کی کشش ۔

Tirailleur (ti̅-ra̅-lyər) *n.* A skirmisher, sharp shooter جھڑالو ۔ قادر انداز ۔

Tire (ti̅r) *v.t. & n.* Equipment, attire, a head dress کلاہ ۔ تاج ۔ مکٹ ۔ سر کی پوشش ۔ خلعت فاخرہ ۔ صف ۔ قطار ۔ زیب تن کرنا ۔ آراستہ کرنا ۔ لباس فاخرہ پہننا ۔

Tire (ti̅r) *v.t. & i.* Weary, become fatigued تھکانا ۔ تھک جانا ۔ اکتا دینا ۔ سیر کر دینا ۔ اکتا جانا ۔ تنگ آ جانا ۔

Tireless *adj.* بے حد محنتی ۔ ان تھک ۔

Tire-tyre (ti̅r) *n.* Rubber band, cushion, tube پہیے کا ھال ۔ موٹر کے پہیے کا ربڑ ٹائر ۔

Tireless بے ربر کا ۔ بے ہال ۔

Tiresome (ti̅r-sum) *adj.* Fatiguing تھکا دینے والا ۔ اکتا دینے والا ۔

Tiresomeness *n.* تکان ہونا ۔ اکتاہٹ ۔

Tiro (ti̅-ro̅) *n.* A beginner, a novice مبتدی ۔ نو آموز ۔

Tirocinium (ti̅-ro̅-si-ni-əm) *n.* Apprenticeship امیدواری کا زمانہ ۔

Tissue (tish(y)o̅o̅) *n.* Anything woven کوئی بنی ہوئی چیز ۔ زربفت ۔ بافت ۔ کمخواب ۔ لیس ۔ ریشہ ۔ رگ ۔ نسیج ۔ مجموعہ ۔ پوٹ (جراثیم وغیرہ کی) ۔

Tissue paper ریشمی کاغذ ۔

Tit (tit) *n.* A small or inferior horse ٹٹو ۔ چھوٹا گھوڑا ۔ چھوٹی لڑکی یا چھوٹا لڑکا ۔ کمسن عورت ۔ ایک قسم کا پرندہ ۔

Tit for tat (tit-for-tat) *n.* Retaliation ترکی بہ ترکی جواب ۔ جیسے کو تیسا ۔ بدلا ۔

Titan (ti-tən) *n.* A son or daughter of Uranus and Gaea (یونانی دیو مالا) یورینس کی اولاد جس کو زیوس نے مغلوب کیا ۔ دیو پیکر مخلوق ۔ ذہنی قوت رکھنے والا شخص ۔ سورج دیوتا ۔

Titanic *adj.* بے حد طاقتور ۔ زبردست ۔ دیو پیکر ۔

Titanium (ti-ta-ni-əm) *n.* A metallic element ایک بھورے رنگ کا مادہ - ایک معدنی عنصر -

Titbit (tit-bit) *n.* A choice delicacy - چٹپٹی خبر - تر نوالہ - مزیدار چیز -

Tithe (tidh) *adj., n. & v.t.* Tenth, a tenth part دسواں حصہ - دسواں - پیداوار کا دسواں حصہ جو کلیسا کے لیے وصول کیا جاتا تھا - دسواں حصہ وصول کرنا -

Tithing (tidh-ing) *n.* Exaction or payment of tithe دسویں حصہ کی وصولی - دس کنبہ دار لوگوں کی نیک چلنی کی ضمانت جو کسی کے لیے داخل کی جائے -

Titian (tish(y)en) *adj. & n.* A red yellow colour, of this colour ایک زردی مائل سرخ رنگ - تیزیانو ویسیلو کا رنگ جو وہ تصویروں میں استعمال کرتا تھا - اسی کی بنائی ہوئی تصویر -

Titillate (tit-il-lat) *v.t.* Tickle سہلانا - گدگدانا - خوشگوار بے چینی کی کیفیت پیدا کرنا -

Titillation خوشگوار حس - خوشگوار بے چینی - گدگدی -

Title (ti-tl) *n.* A chapter heading, a descriptive placard - نام - عنوان - سرخی - سرورق کا مضمون - لقب - خطاب - عہدہ - (قانون) - حق ملکیت - بنائے استحقاق - دستاویزات ملکیت - پادری کا حلقہ اور ذریعہ آمدنی - (روم) ہر گرجے کا حلقہ -

Titled خطاب یافتہ -

Titling (titl-ing) *n.* Giving of a title کتاب کی پشت پر سنہرے حروف میں نام لکھنا -

Titmouse (tit-mows) *n.* A little acrobatic bird ایک قسم کی چھوٹی چڑیا - پھدکی -

Titrate (ti-trat) *v.t.* Measure the strength of a solution کسی مرکب کی طاقت معلوم کرنا - طاقت معلوم کرنے کے لیے مرکب میں ایک دوسرا محلول شامل کرنا -

Titter (tit-ər) *v.i. & n.* Laugh restrainedly منہ دبا کر ہنسنا - دبی ہوئی ہنسی - ٹھی ٹھی کرنا -

Titterer *n.* دبی ہنسی ہنسنے والا -

Tittle (tit-l) *n.* A dot, stroke, smallest part ذرہ - شمہ - نقطہ -

Tittle-bat (tit-l-bat) *n.* A kind of fish ایک خار پشت مچھلی -

Tittle-tattle (tit-l-tət-l) *n.* Idle talk - یاوہ گوئی - بکواس -

Tittup (tit-əp) *v.i. & n.* Skip about gaily - اچھلنا کودنا - طرارے بھرنا - (بول چال) - ایک سکہ اچھال کر فیصلہ کرنا کہ شراب کون پلائے - کود - پھاند - چھلانگ -

Tittupy *adj.* ڈگمگانے والا - شوخ - چلبلا -

Titular (ti-tul-ər) *adj.* Pertaining to a title خطاب کے متعلق - خطاب پر مبنی - صرف کہنے کے لیے - برائے نام - بلا خدمت -

To (too) *Prep.* A sign of infinitive, as far as, towards, besides, near, at طرف - جانب - کو - پر - تئیں - رو برو - مقابلے میں - نسبت سے - مناسبت سے - بموجب - حسب - مع - ساتھ - واسطے - لیے - بہ طور - بہ حیثیت - علامت مصدری نا -

To and fro ادھر اُدھر -

As to بابت -

Would to God that کاش ایسا ہوتا -

To (too) *adv.* In one direction, forward, in or into position اصل حالت یا مقام میں - اصل حالت پر - ایک سمت میں - آگے -

Toad (tod) *n.* A toothless tailless amphibian that crawls ایک قسم کا بھدا مینڈک جو چلنے کی بجائے رینگتا ہے - زہریلا مینڈک - قابل نفرت شخص -

Toad-eater خوشامدی - چیر قناتیہ -

Toadish *adj.* مینڈک کی طرح - کاسہ لیسانہ -

Toad stone ایک معدنی پتھر -

Toad stool کھمبی - چھتری - کٹار - ایک زہریلا پودا -

Toady (tod-i) *n. & v.i.* A toad-eater - چاپلوس - خوشامدی - ذلیل طریقے سے خوشامد کرنا -

Toadish *adj.* خوشامدانہ -

Toadyism *n.* چاپلوسی - ذلیل خوشامد -

Toast (tost) *n., v.t. & i.* A piece of toasted bread روٹی کا سینکا ہوا ٹکڑا - شراب میں پڑا ہوا توس کا ٹکڑا - وہ شخص جس کی سلامتی کا جام پیا جائے - توس بنانا یا سینکنا - ہاتھ پیر سینکنا -

Have one on toast کسی شخص کا قابو میں ہونا ۔
Toast master وہ شخص جو جام صحت تجویز کرتا ہے ۔
Toast rack توس سینکنے کی ٹٹی ۔
Toaster *n.* توس سینکنے والا ۔ کسی کا جام صحت پینے والا ۔

Toasting (tōst-ing) *n.* Proposing, drinking to the health of جام صحت پیا جانا ۔ توس سینکنا ۔

Tobacco (tə-bak-ō) *n.* An American Solanaceous plant تمباکو ۔ تمباکو کی بنائی ہوئی پتیاں ۔ پائپ ۔ چلم کا تمباکو ۔ سگرٹ یا سگار کا تمباکو ۔
Tobacco pouch تمباکو رکھنے کا بٹوہ یا تھیلی ۔
Tobacco stopper تمباکو کو پائپ میں دبانے کی پھرکی ۔
Tobacconist *n.* وہ جو تمباکو کی بنی ہوئی چیزیں بیچتا ہے ۔ تمباکو فروش ۔

Toboggan (to-bog-ən) *n.* & *v.i.* A flat sledge برف پر چلنے کی پھسلواں گاڑی ۔ برف گاڑی میں چلنا ۔
Tobogganing *n.* برف گاڑی میں سفر کرنا ۔ برف گاڑی میں پھسلنا ۔

Toccata (tok-kä-tä) *n.* A fantasia or overture ایک نغمہ جو پیانو پر مشق کے لیے بنایا گیا تھا ۔ مشقی نغمہ ۔ مشقی گیت ۔

Toco (tō-kō) *n.* Punishment (بول چال) ۔ سزا ۔ تکلیف ۔

Tocsin (tok-sin) *n.* An alarm bell ۔ خطرے کی گھنٹی ۔

Tod (tod) *n.* A fox, a sly person, a bush of ivy, an old wool weight of 28 Lbs. لومڑی ۔ عشق پیچاں کی جھاڑی ۔ مکار آدمی ۔ اون تولنے کا چودہ سیر کا ایک وزن ۔

Today *adv.* & *n.* آج کا دن ۔ امروز ۔

Toddle (tod-l) *n.*, *v.i.* & *t.* Walk with infirm steps like a child بچوں کی چال ۔ بچوں کی طرح ڈگمگاتے ہوئے چلنا ۔ ٹہلتے ہوئے چلنا ۔ چہل قدمی ۔ مٹر گشت ۔ (بول چال) بچہ ۔
Toddler *n.* بچہ جو پاؤں چلنا سیکھ رہا ہو ۔ چھوٹے بچوں کی طرح چلنے والا ۔

Toddy (tō-di) *n.* Fermented palm juice تاڑی ۔ سیندھی ۔

Tody (tō-di) *n.* A small West Indian insectivorous bird غرب الہند کی ایک کرم خور چڑیا ۔

Toe (tō) *n.*, *v.t.* & *i.* One of the five small members at the point of the foot, front of a hoof انگشت پا ۔ پنجہ ۔ جوتے یا جراب کا پنجہ ۔ جانور کا ناخن ۔ کھر یا سم کا اگلا سرا ۔ پشتے کی بیٹھک ۔ انجن کے کھل مندن کو اٹھانے والے ڈنڈے کا سرا ۔ دوڑ شروع کرتے وقت لکیر کو پاؤں کی انگلیوں سے چھونا ۔ گولک کی گیند کو ڈنڈے سے مارنا ۔
From top to toe سر سے پاؤں تک ۔ از سر تا پا ۔
Toe the line اپنی پارٹی کا ساتھ دینا ۔
Tread upon ones toe's کسی کے جذبات کو مجروح کرنا ۔

Toff (tof) *n.* Person of better classes (بول چال) اونچے طبقے کا آدمی ۔

Toffee (tof-i) *n.* Hard-baked sweetmeat ایک قسم کی سخت مٹھائی ۔

Tog (tog) *n.* & *v.t.* A garment ۔ کپڑے (بول چال) کپڑے پہنانا ۔
Toggery *n.* پوشاک ۔ کپڑے ۔

Toga (tō-gä) *n.* The mantle of a Roman citizen چوغہ ۔ قدیم روم کا شرفا کا لباس جو کپڑوں کے اوپر پہنا جاتا ہے ۔

Together (too-gedh-ər) *adv.* In or to the same place ایک مقام پر ۔ ایک ہی جگہ ۔ اکٹھے ۔ ساتھ ساتھ ۔ مل کر ۔
Together with ۔ اس کے ساتھ مل کر ۔ ساتھ ہی ساتھ معیت میں ۔

Toil (toil) *v.i.* & *n.* Struggle hard ۔ سخت محنت کرنا ۔ جان مارنا ۔ لہو پسینہ ایک کرنا ۔ بڑی مشکل سے قدم اٹھا کر چلنا ۔ سخت محنت ۔ مشقت ۔
Toiler *n.* سخت محنت کرنے والا ۔ جان مارنے والا ۔
Toilful, Toilsome } *adj.* سخت ۔ مشکل ۔ کٹھن ۔ پر مشقت ۔
Toilsomeness *n.* کٹھن ہونا ۔ صعوبت ۔

Toil (toil) *n.* A net, a snare جال ۔ کمند ۔ پھندا ۔ دون ۔

Toilet (toil-it) *n.* & *v.i.* Articles used in dressing صفائی اور سنگار کا سامان ـ کپڑے بدلنا ـ بال بنانا ـ ہاتھ منہ دھونا ـ (امریکہ) بیت الخلا ـ جائے ضرور ـ عمل جراحی کے بعد زخم کی شست و شو ـ

Toilet cover سنگار میز کا میز پوش ـ

Toilet paper جائے ضرور کے لیے کاغذ ـ

Toilet set کنگا برش آئینہ وغیرہ ـ سنگار کا سامان ـ

Toke (tōk) *n.* Pieces of dry bread (بازاری) سوکھی روٹی ـ کھانا ـ

Token (tō-kn) *n.* A sign, a symbol ـ علامت ـ نشان ـ آثار ـ یادگار ـ نشانی ـ تحفہ ـ چھلا ـ انگوٹھی ـ ایک علامتی سکہ جو تاجر بلا اجازت چلاتے تھے ـ

Token money زر علامتی جو اصل قیمت سے زیادہ پر چلتا ہے ـ

Token payment (سیاسی) غیر ملکی قرضے میں معمولی رقم کی ادائیگی جس سے قرض تسلیم کرنا مراد ہو ـ

Token vote (پارلیمنٹ) رقم کا علامتی ووٹ جس سے مراد یہ ہوتی ہے کہ رقم منظور ہے ـ

Toledo (tō-lē-dō) *n.* A sword blade made at Toledo تلوار جو اسپین کے شہر تولیدو میں بنی ہو ـ

Tolerable (tol-er-əbl) *adj.* Endurable کام چلاؤ ـ اچھا خاصا ـ قابل برداشت ـ

Tolerableness *n.* قابل قبول ہونا ـ غنیمت ہونا ـ اچھا خاصا ہونا ـ

Tolerably *adv.* اچھی خاصی طرح سے ـ

Tolerate (tol-ə-rāt) *v.t.* Endure with patience برداشت کرنا ـ گوارا کرنا ـ جائز یا روا رکھنا ـ سہنا ـ سہارنا ـ دوا وغیرہ پی لینا ـ ضرر نہ ہونا ـ

Tolerance *n.* برداشت ـ تحمل ـ رواداری ـ

Tolerant *adj.* بے تعصب ـ متحمل مزاج ـ صابر ـ بردبار ـ

Toleration (tol-ə-ra-shən) *n.* Act of tolerating برداشت ـ تحمل ـ بردباری ـ رواداری ـ چشم پوشی ـ عقائد کی آزادی کی حمایت ـ

Tolerationist عقائد کی آزادی کا حامی ـ

Toll (tōl) *v.t.* & *n.* A tax ـ محصول ـ کسی جگہ جانے کا محصول ـ کڑوڑ گیری ـ چنگی ـ محصول راہ داری ـ غلہ جو پسائی والا پسائی کے بدلے رکھ لیتا ہے ـ محصول وصول کرنا ـ محصول ادا کرنا ـ

Toller, toll-gatherer ناکہ دار ـ چنگی وصول کرنے والا ـ

Toll (tōl) *v.t., i.* & *n.* Sound a large bell گھنٹہ بجانا ـ رک رک کر اشارے کے لیے گھنٹہ بجانا ـ ماتمی گجر بجانا ـ کسی کی موت کا اعلان کرنا ـ گھنٹے کی ماتمی آواز ـ

Tol-lol (tol-lol) *adj.* Pretty good اچھا خاصہ ـ

Tolly (tōl-i) *n.* School bell (بول چال) مدرسہ کی گھنٹی ـ

Tolu (tōl-ōō) *n.* A balsam-yielding tree of S. America جنوبی امریکہ کے ایک درخت کا گوند جو عطریات اور دواؤں میں استعمال ہوتا ہے ـ

Tom (tom) *n.* A male specially a cat تھامس کا مخفف ـ بلا ـ

Tom, Dick and Harry ایرے غیرے ـ معمولی لوگ ـ ہمہ شما ـ

Pong tom پھرنے والی توپ ـ لمبی نالی کی توپ ـ

Old tom جو کی تیز شراب ـ

Tomboy شوخ چنچل لڑکی ـ

Tomfool لغو باتیں کرنا ـ بیوقوف ـ گاؤدی ـ

Tomfoolery لغو حرکتیں کرنا ـ بکواس ـ حماقت کی باتیں ـ

Toman (to-man) *n.* A Persian gold coin worth 10,000 dinars ایران کا قدیم طلائی سکہ جو دس ہزار دینار کے برابر تھا ـ

Tomato (tə-mā-to) *n.* The love-apple ـ سرخ بینگن ـ ٹماٹر ـ

Tomb (tōōm) *v.t.* & *n.* A grave, a vault ـ گور ـ قبر ـ تربت ـ مزار ـ مقبرہ ـ گنبد ـ مردوں کو تہ خانے میں رکھنا ـ کسی چیز کے اندر دبا دینا ـ

Tomb stone *n.* لوح قبر ـ سنگ مزار ـ

Tombac (tom-bak) *n.* An alloy of copper and zinc تانبے اور جست کا مرکب جس سے سستے زیور بنتے ہیں ـ

Tombola (tom-bō-lä) *n.* A kind of lottery at a fete کسی تقریبی اجتماع کی قرعہ اندازی ۔

Tome (tōm) *n.* A big book or volume مجلد ضخیم کتاب ۔ ضخیم کتاب کی جلد ۔

Tommy (tom-i) *n.* A penny roll ۔ ایک پینی کی روٹی کھانا جو مزدوری کے بدلے دیا جائے ۔ کھانا جو مزدور اپنے ساتھ لے جاتے ہیں ۔ بے تکلفی یا پیار میں ٹام کی جگہ بولتے ہیں ۔

Tommy Atkins برطانوی سپاہی ۔

Tomorrow (too-mor-ō) *n.* The day ofter today کل ۔ فردا ۔ آج کے بعد کا دن ۔

Tomorrow week اب سے آٹھ دن بعد ۔

Tomtom (tom-tom) *n.* & *v.t.* Indian drum ۔ ڈھول گھنٹہ ۔ گھڑیال ۔ تاشہ ۔ گھنٹہ بجانا ۔

Ton (tun) *n.* A measure of capacity or weight ۲۸ من کا ایک وزن ۔ جہاز یا ریل کے ڈبے کی گنجائش کا پیمانہ ۔ (بول چال) بہت بڑی مقدار ۔

Tonal (tōn-əl) *adj.* About tones ۔ سروں کے بابت لہجے کے متعلق ۔

Tondo (ton-dō) *n.* A round picture, a roof picture گول تصویر دیوار یا پردے پر ۔ چھت کی ابھری ہوئی تصویر یا نقش ۔

Tone (tōn) *n.* The character of a sound ۔ آواز صدا ۔ لہجہ ۔ لب و لہجہ ۔ (قواعد) زور جو کسی حرف یا جبر پر دیا جائے ۔ لے ۔ سر ۔ تندرستی کی حالت ۔ صحیح احول ۔ عام اخلاق حالت ۔ عام رنگ ۔ عام روپ ۔

Tone (tōn) *v.i.* & *t.* Give tone, harmonise with صحیح آواز سے بولنا ۔ صحیح سر میں گانا ۔ آواز میں گمک پیدا کرنا ۔ مناسب رنگ بھرنا ۔ تصویر تیار کرنا ۔ ساز کا سر ملانا ۔ میل کھانا ۔ ہم آہنگ ہونا ۔

Tone down تصویر کا رنگ ہلکا کرنا ۔ دھیما کرنا ۔

Tone up ۔ قوت بڑھانا ۔ معیار بلند کرنا ۔ تیز کر دینا سر اونچا کرنا ۔

Tong (tong) *n.* A Chinese guild چین کی ایک خفیہ انجمن ۔

Tonga (tong-gə̈) *n.* A light Pakistani vehicle تانگہ ۔ گھوڑا گاڑی ۔

Tongs (tongz) *n.* A gripping and lifting instrument چمٹا ۔ دست پناہ ۔ سنی ۔ چمٹی ۔

Would not touch with a pair of tongs میں تو ایسی چیز کو ہاتھ بھی نہ لگاؤں ۔

Tongue (tung) *n.* The fleshy organ in the mouth زبان ۔ جیبھ ۔ گویائی ۔ گفتار ۔ انداز گفتگو ۔ کوئی چیز زبان کی شکل کی ۔ راس ۔ بوٹ کا کھلا چمڑا ۔ گھنٹی کا لٹکن ۔ زبان جرس ۔ ترازو کی سوئی ۔ شعلے کی لو ۔

Find one's tongue زبان کھلنا ۔

Furred or dirty tongue میلی زبان ۔

Has lost his tongue شرم سے اس کی زبان بند ہو گئی ہے ۔

Hold one's tongue زبان روکنا ۔

Long tongue بکواس کی عادت ۔ گز بھر کی زبان ۔

Speak with one's tongue in one's cheek } کسی شخص کو بنانا ۔ تضحیک کرنا ۔

Wag one's tongue راز کی باتوں کا چرچا کرنا ۔

Tongueless *adj.* چپ رہنے والا ۔ خاموش ۔ بے زبان ۔

Tongue (tung) *v.t.* & *i.* Utter, pronounce علی الاعلان کہنا ۔ زبان سے کہنا ۔ نوک زبان سے کام لینا ۔ زبان کی نوک سے بجانا ۔

Tonic (ton-ik) *adj.* & *n.* Invigorating ۔ طاقت بخش مقوی ۔ مقوی دوا ۔ حوصلہ افزا کامیابی ۔ تقویت بخش چیز ۔ بنیادی سر ۔

Tonicity (tōn-i-si-ti) *n.* Tone, healthy elasticity of muscles مقوی ہونا ۔ طاقت بخش ہونا ۔ باعث تقویت ہونا ۔ جسمانی صحت ۔

Tonight (tō-nīt) *adv.* & *n.* This night ۔ آج رات کو آج رات ۔ آج کی رات ۔

Tonite (to-nit) *n.* A blasting explosive made from gun-cotton and barium nitrate شورے اور گندھک کے تیزاب سے بنایا ہوا بم جو زور سے پھٹتا ہے ۔

Tonk (tonk) *v.t.* Hit hard گیند کو یا کسی شخص کو زور سے مارنا ۔ ٹھونکنا ۔ کسی کو بری طرح ہرانا ۔

Tonnage (tun-ij) *n.* A charge or payment by ton ٹنوں کے حساب سے برآمد اور درآمد پر محصول ۔ محصول جو جہازوں سے لیا جاتا ہے ۔

Tonneau (ton-o͞) *n.* The rear part of a motor car بعض موٹر کاروں کا پچھلا حصہ جس میں نشستیں ہوتی ہیں ۔

Tonner (ton-ər) *n.* Capacity of a ship in tons ٹنوں کی گنجائش کا جہاز ۔

Tonsil (ton-sl) *n.* Gland at the root of the tongue گلے کا غدود ۔

Tonsilitis *n.* گلے کے غدودوں کا ورم ۔

Tonsorial (ton-sə-ri-əl) *adj.* About barbers (مزاح) حجام کے متعلق ۔ حجامت کا ۔

Tonsure (ton-shər) *n.* & *v.t.* Shaving the head مونڈن کی رسم ۔ راہبوں کے سر مونڈنے کی رسم ۔ پادری بننا یا بنایا جانا ۔ سر مونڈنے کی رسم ادا کرنا ۔

Tontine (ton-te͞n) *n.* A scheme of life annuity مشترکہ قرض کا منصوبہ ۔ اگر قرض خواہوں میں سے کوئی مر جائے تو اس کا حصہ باقی لوگوں کو ملے ۔

Too (to͞o) *adv.* & *adj.* Also, as well, in addition زیادہ ۔ بہت ۔ حد سے زیادہ ۔ (بول چال) بہت ۔ نہایت ۔ علاوہ ازیں ۔ نہایت پرجوش ۔ اور لطف یہ کہ ۔

Too good to be true اتنی اچھی خبر کہ یقین نہیں آتا ۔

Tool (to͞ol) *n.* A working instrument ۔ آلہ ۔ ہتھیار اوزار ۔ اسباب ۔ ذریعہ ۔ وسیلہ ۔ آلہ کار ۔ نقش جو جلد کی پشت پر بناتے ہیں ۔

Tool (to͞ol) *v.t.* & *i.* Chisel the face of پتھر کو چھینی سے ہموار کرنا ۔ مسطح کرنا ۔ لوہا گرم کر کے نقش بنانا ۔ کسی آلہ سے کام کرنا ۔ (بول چال) گاڑی چلانا ۔ ہانکنا ۔ گاڑی یا گھوڑے پر بلا مقصد سوار ہونا ۔

Tooler (to͞ol-ər) *n.* A chisel ۔ سنگ تراشوں کی چھینی رندا ۔

Tooling (to͞ol-ing) *n.* ۔ کتاب کی جلد پر نقش بنانے کا کام پتھر کو چکنا کرنے کا کام ۔

Toon (to͞on) *n.* An Indian tree of mahogany family تن کا درخت جس کی لکڑی فرنیچر وغیرہ بنانے کے کام آتی ہے ۔

Toot (to͞ot) *v.t.*, *i.* & *n.* Make short sounds as on flute ۔ ترم ۔ قرنا یا بگل بجانا ۔ ناقوس پھونکنا قرنا ۔ بگل ۔

Tooth (tooth) *n.* & *v.t.* One of the hard bodies in the mouth دانت ۔ دندان ۔ دانت کی شکل کی کوئی چیز ۔ دندانہ ۔ دانتا ۔ دنکی ۔ دانت لگانا ۔ دندانے بنانا ۔ دندانوں کو ایک دوسرے میں پھنسانا ۔

Armed to the teeth سر سے پیر تک مسلح ۔

Escape by the skin of one's teeth بال بال بچ جانا ۔

Toothache دانت کا درد ۔

Tooth-paste دانت صاف کرنے کا مسالہ ۔

Tooth-pick کریدنی ۔ خلال ۔

Toothless پوپلا منہ ۔ بے دانتوں کا ۔

Tooth and nail تن من سے ۔ دل و جان سے ۔

In the teeth of سخت مخالفت کے باوجود ۔

Show one's teeth دھمکی دینا ۔

Toothful (to͞oth-ful) *n.* A small drink شراب کی چسکی ۔

Toothing (to͞oth-ing) *n.* A denture مصنوعی دانتوں کا چوکا ۔ دندانے ۔ دیوار کے آگے نکلی ہوئی اینٹ یا پتھر ۔ کھا نچا ۔

Toothsome *adj.* مزیدار ۔ خوش ذائقہ ۔

Toothsomeness *n.* مزہ ۔ لذت ۔

Tootle (to͞ot-l) *v.t.* Make feeble sounds بانسری وغیرہ آہستہ آہستہ بجانا ۔

Top (top) *n.* & *adj.* The highest part or place چوٹی ۔ پھننگ ۔ سب سے اونچا سرا ۔ غائت درجہ ۔ مسطح زمین ۔ درخت کی چوٹی ۔ گاڑی کا ٹپ ۔ اعلیٰ مرتبہ ۔ سب سے بلند مرتبہ ۔ چوٹی کے لوگ ۔ مستول کا چبوترہ ۔ بالوں ریشوں کا لچھا ۔ سب سے بلند ۔ سب سے برتر ۔

On top اوپر ۔

Top dog حاکم ۔ زبردست ۔ غالب ۔

Top dress سطح پر کھاد پھیلانا ۔

Top hat اونچی ٹوپی ۔

Top heavy محکمہ جس میں افسر بہت زیادہ تنخواہ کے ہوں ۔

Topmost بالاتر ۔ سب سے اونچا ۔

Top (top) *v.t.* Rise above, surpass اونچا ہونا ۔ سبقت لے جانا ۔ ترقی کرتے کرتے سب سے بالاتر ہو جانا ۔ درخت کی قلمتراشی کرنا ۔ (گولف) گیند کے اوپر ضرب لگانا ۔

Topping *adj.* بڑے مزے کا ۔ بہت خوب ۔ نہایت عمدہ ۔

Top (top) *n.* A kind of wooden or metal toy بھنگی ۔ لٹو ۔

Sleep like a top گہری نیند سونا ۔

Old top (بول چال) ارے یار ۔ ارے دوست ۔

Topaz (tō-päz) *n.* A precious stone ایک قیمتی پتھر ۔ پکھراج ۔ زمرد ۔

Tope (tōp) *v.i.* Drink hard کثرت سے شراب پینا ۔

Tope (tōp) *n.* A Buddhist stopa درختوں کا جھنڈ ۔ بدھ مت کا مندر ۔ گنبد نما تودہ ۔ چھوٹی شارک مچھلی ۔

Tophet (tōp-fet) *n.* An ancient place of human sacrifice in Jerusalem وادی حنام جہاں آگ روشن رہتی ہے ۔ دوزخ ۔

Topiary (tō-pi-əri) *n.* The clipping of trees into fantastic shapes خوش تراشی ۔ جھاڑیوں کو تراش کر خوبصورت بنانے کا فن ۔

Toparist *n.* جھاڑیوں کو خوشنما بنانے والا ۔ خوش تراش ۔

Topic (top-ik) *n.* A subject of discourse of argument مضمون ۔ مبحث ۔ کسی بحث کا موضوع ۔ استدلال ظنی ۔

Topical (top-ik-əl) *adj.* Relating to a subject مسائل کے متعلق ۔ مقامی ۔ کسی مضمون سے متعلق ۔

Topography (top-og-rə-fi) *n.* Detailed study تذکرۃ البلاد ۔ جغرافیائی مطالعہ ۔ جغرافیائی خصوصیات ۔ نقشہ سازی ۔

Topographer *n.* جغرافیہ دان ۔

Toponymy *n.* اعضائے جسم کے نام اور ان کا مطالعہ ۔ مقامات کے نام ۔

Topper (top-ər) *n.* One who goes to the top چوٹی پر پہنچنے والا ۔ (بول چال) اونچی ٹوپی ۔ عمدہ مال جو دکھانے کے لیے اوپر رکھا جاتا ہے ۔

Topple (top-l) *v.i.* Over balance and fall headlong ڈگمگا کر گر جانا یا گرا دینا ۔ گر جانا ۔

Topsyturvy (top-si-tər-vi) *adv., adj., n. & v.t.* Turned upside down, confusion الٹ پلٹ ۔ زیر و زبر ۔ درہم برہم ۔ الٹ پلٹ کر دینا ۔

Topsyturvydom *n.* الٹ پلٹ ۔ طوفان بد تمیزی ۔

Tor (tor) *n.* A hill پہاڑی ۔ پہاڑی کی چوٹی ۔

Torch (torch) *n.* A stick of inflammable material مشعل ۔ فلیتہ ۔

Hand on the torch علوم و فنون کو فروغ دینا ۔

Torch-bearer فروغ دینے والا ۔ راہ نما ۔ مشعل بردار ۔

Torchon (tor-shon) *n.* A paper for water colour drawing تصویر بنانے کاغذ ۔

Tore (tōr) *v.t.* Tear دیکھو

Toreador (tor-i-ə-dōr) *n.* A Spanish bull-fighter سانڈوں سے لڑنے والا ہسپانوی سوار ۔

Torgoch (tor-goh) *n.* A red-bellied char سرخ پیٹ والی ایک مچھلی ۔

Torment (tor-mənt) *n.* Torture, anguish عذاب ۔ عقوبت ۔ اذیت ۔ صعوبت ۔

This child is a positive torment یہ لڑکا تو عذاب جان ہے ۔

Torment (tor-mənt) *v.t.* Put to pain عذاب دینا ۔ تکلیف پہنچانا ۔

Tormentingly *adv.* سخت تکلیف سے ۔ عذاب دہ طریقے سے ۔

Tormentor (tor-mənt-ər) *n.* A torturer, a long meat fork اذیت رسان ۔ جلاد ۔ دیگ سے گوشت نکالنے کا کانٹا ۔ پہیوں والی دندانہ دار سراون ۔

Tormina (tor-mi-nä) *n.p.* Gripes سول کا درد ۔ درد قولنج ۔

Tornado (tor-nā-dō) *n.* A violent wind storm طوفان ۔ جھکڑ ۔ آندھی ۔ تحسین یا نفریں کی بوچھاڑ ۔ چیزوں کے پھینکنے کی بوچھاڑ ۔

Tornadic *adj.* طوفانی ۔

Torpedo (tor-pē-dō) *v.t. & n.* A submarine weapon ایک مچھلی جو برق رو چھوڑ کر شکار کو مار لیتی ہے ۔ جہاز کو تباہ کرنے والا گولا یا سرنگ ۔ تارپیڈو مارنا ۔ تارپیڈو مار کر جہاز کو ڈبو دینا ۔ کسی تحریک یا ادارے کو تباہ کرنا ۔ بےکار کرنا ۔

Torpid (tor-pid) *adj.* & *n.* Having lost the power of motion سن - بے حس و حرکت - سست - کاہل - مجہول - آکسفورڈ کے دوسری ٹیم کے کشتی کھینے والے - کشتی کی دوسری ٹیم -

Torpidity *n.* سستی - کاہلی -

Torpify *v.t.* معطل کر دینا - بے حس کر دینا -

Torpor *n.* کاہلی - سستی - بے حسی کی حالت -

Torps (torps) *n.* A naval officer incharge of torpedos (بول چال) جہاز کا افسر جو تارپیڈو کی نگرانی کرتا ہے -

Torquate (tor-kwat) *adj.* Collared طوق دار - کنٹھ دار -

Torque (tork) *n.* A necklace in the form of a twisted band بل دار مالا - مڑوڑی دار ہار -

Torrify (tor-i-fī) *v.t.* Scorch, parch آگ سے جلانا - خشک کرنا -

Torrent (tor-ənt) *n.* A rushing stream دھارا - تیز دھار - تیز بہنے والی ندی - سیل - سیلاب - گالیوں اور سوالوں کا دھارا - غم و الم کا طوفان -

Torrential *adj.* سیلاب کا سا - بہت زور کا - تند - پر شور -

Torrid (tor-id) *adj.* Scorching حار - بہت گرم -

Torrid zone *n.* گرم کھنڈ - منطقہ حارہ -

Torridity-ness *n.* سخت گرم ہونا - گرمی - حدت -

Torsel (tors-l) *n.* A plate in a brick wall to support a beam شہتیر کے نیچے دیوار میں دینے کا داسا -

Torsion (tor-shən) *n.* Strain of a twist باٹ - مڑوڑی - بٹائی کی تان -

Torsional *adj.* بل یا مڑوڑی دار -

Torsive *adj.* بٹا ہوا - بل دار -

Torso (tor-sō) *n.* The trunk of a statue or body مجسمے کا دھڑ -

Tort (tort) *n.* Wrong, injury (قانون) زیان - نقصان - ضرر - وہ فعل جس سے کسی کو نقصان پہنچے اور اس کا دعویٰ دیوانی میں کیا جا سکے -

Tortile (tor-til) *adj.* Twisted بل کھایا ہوا - بٹا ہوا - مڑوڑی دار -

Tortilla (tor-tē(l)ya) *n.* A maize cake مکئی کی روٹی -

Tortious (tor-shəs) *adj.* Based on tort (قانون) ضرر رساں - نقصان رساں - ایسا فعل جس سے نقصان پہنچے اور ہرجانہ عدالت دیوانی سے مل سکے -

Tortoise (tor-təs) *n.* One of the genus Testudo کچھوا - سنگ پشت - (قدیم روم) سپاہیوں کی ڈھال سے ڈھال ملا کر صف بندی -

Tortuous (tor-tū-əs) *adj.* Full of windings پیچیدہ - پیچ دار - پھیرکا - پیچ در پیچ - فریب آمیز - عیارانہ - کائیاں پن کی -

Tortuosity } *n.* فریب آمیزی - پیچیدگی -

Tortuousness } *n.* کائیاں پن - الجھاؤ -

Tortuously *adv.* کائیاں پن سے - عیاری سے - پیچیدگی -

Torture (tor-tyər) *v.t.* & *n.* Extreme pain عذاب دینا - اذیت پہنچانا - شدید تکلیف پہنچانا - توڑ مڑوڑ دینا - عبارت کو توڑ موڑ کر کچھ کا کچھ بنا دینا -

Torturable *adj.* اذیت دینے کے قابل -

Torturer *n.* اذیت دینے والا -

Torturous *adj.* پر تعذیب - اذیت آمیز -

Torus (to-rəs) *n.* A large moulding at the base of a column ستون کی بیٹھک - ستون کا نچلا حصہ - پھول کی ڈنڈی جہاں سے پھول نکلتا ہے - عضلات کا ابھرا ہوا حصہ - مچھلی -

Tory (to-ri) *n.* A Conservative انگلستان کی قدامت پسند جماعت کا رکن -

Toryism *n.* ٹوری پارٹی کے اصول - قدامت پسندی -

Tosh (tosh) *n.* Bosh (بول چال) فضول باتیں - مہمل گفتگو -

Tosher (tosh-ər) *n.* (جامعاتی بول چال) بیرونی طالب علم جس کا تعلق کسی کالج سے نہ ہو -

Toss (tos) *v.t.* & *i.* Fling, jerk پھینکنا - اچھالنا - جھٹکا دینا - لہریں اٹھنا - اوپر اچھالنا - سکہ کو اچھال کر کسی امر کا فیصلہ کرنا - بے پروائی سے پھینک دینا -

Toss-pot شرابی ۔
Toss up کسی بات کے فیصلے کے لیے سکہ اچھالنا ۔
Toss off چڑھا جانا ۔ جلدی سے پی جانا ۔
Toss for جوا کھیلنا ۔

Tot (tot) *n.* Any thing little چھوٹا بچہ ۔ (بول چال) ایک گھونٹ شراب ۔

Tot (tot) *v.i..t.* & *n.* Add up or total لمبی فرد کی رقمیں جمع کرنا ۔ میزان نکالنا ۔ رقموں یا مدات کا بڑھتا رہنا ۔

Total (tō-tl) *v.t., adj.* & *n.* Whole, complete تمام ۔ کل ۔ سب ۔ مجموعی ۔ میزان نکالنا ۔ سب کو جمع کرنا ۔
Totality *n.* پورا گرہن ۔ جملگی ۔ پوری تعداد ۔ مجموعیت ۔ کلیت ۔

Totalize (tot-ə-līz) *v.t.* & *i.* Find the sum of میزان معلوم کرنا ۔ میزان لگانا ۔
Totalization *n.* میزان لگانا ۔ کل جمع معلوم کرنا ۔

Totalizer (tot-ə-līz-ər) *n.* An automatic betting machine ایک مشین جو تختہ پر ہر گھوڑے کا جو ریس میں دوڑ رہا ہے بھاؤ بتاتی ہے ۔ بعض مشینیں ٹکٹ کی تعداد بھی بتاتی ہیں ۔

Tote (tōt) *v.t.* Carry (امریکہ) پہنچانا ۔ رسد وغیرہ لے جانا ۔ (گھڑدوڑ) گھوڑوں کا بھاؤ بتانا ۔

Tother (tudh-ər) *pro.* & *adj.* The other دو میں سے دوسرا ۔ دوسرا ۔

Totter (tot-ər) *v.i.* Sway, waver بربادی کے قریب ہونا ۔ ڈگمگانا ۔ لڑکھڑانا ۔ گرنے کے قریب ہونا ۔
Tottering *adj.* زوال پذیر ۔ لڑکھڑاتے ہوئے ۔
Totterer *n.* ڈگمگانے والا ۔
Tottery *adj.* مائل بہ زوال ۔ گرتا ہوا ۔ لرزتا ہوا ۔

Touch (tuch) *v.t.* & *i.* Come in contact with چھونا ۔ ہاتھ لگانا ۔ مس کرنا ۔ دو چیزوں کو ایک دوسرے سے مس کرنا ۔ سرو کار رکھنا ۔ ذکر کرنا ۔ تھوڑا سا بیان کرنا ۔ کسی چیز کی طرف اشارہ کرنا ۔ پنسل وغیرہ سے تصویر کو یہاں وہاں درست کرنا ۔ چاشنی دینا ۔ ہلکا سا رنگ پیدا کرنا ۔ وصول کرنا ۔
No one can touch him کوئی اس کا مقابلہ نہیں کر سکتا ۔
It touched him home یہ بات اس کو تیر کی طرح لگی ۔
Touched him to the quick اس کے زخم پر نمک چھڑکا ۔
Would not touch him with a barge pole میں اس کے سائے سے بھی بچتا ہوں ۔

Touch (tuch) *n.* Act, impression or mode of touching چوٹ ۔ لمس ۔ قوت لامسہ ۔ پنسل کا خط ۔ باجے کے پردے کی چھیڑ ۔ میل جول ۔ رابطہ ۔ کسوٹی ۔ امتحان ۔ ٹٹولنا ۔ جسم کا امتحان کرنا ۔
Finishing touches آخری طور پر تصویر کے خال و خد درست کرنا ۔
Keep in touch with ربط قائم رکھنا ۔ ملتے جلتے رہنا ۔

Touching (tuch-ing) *adj.* Moving, pathetic رقت انگیز ۔ پر درد ۔ جس پر ترس آئے ۔
Touchingly *adv.* رقت انگیز طریقے سے ۔
Touchingness *n.* رقت انگیزی ۔

Tough (tuf) *adj.* Stiff and dense مضبوط ۔ سخت ۔ کڑا ۔ جفا کش ۔ ضدی ۔ اڑیل ۔ مشکل ۔ کٹھن ۔ (بول چال) بری قسمت ۔ (امریکہ) بد معاش ۔
Toughen *v.t.* & *i.* سخت ہونا ۔ کڑا ہونا ۔ سخت کرنا ۔
Toughish *adj.* کسی قدر دشوار ۔ قدرے سخت ۔
Toughness *n.* دشواری ۔ سختی ۔ کڑا پن ۔

Toupee (too-pe) *n.* A wig, tuft, lock, fringe مصنوعی بالوں کی ٹوپی ۔ زلف ۔ کاکل ۔ بالوں کا گچھا ۔

Tour (tōōr) *n., v.i.* & *t.* A round, go on a round دورہ ۔ گشت ۔ سیاحتی سفر ۔ سرکاری سفر ۔ (فوج) ایک چھاؤنی میں رہنے کی مدت ۔ دورہ کرنا ۔ گشت کرنا ۔ سرکاری کام پر سفر کرنا ۔
Tourist *n.* سیاحت کرنے والا ۔ سیاح ۔

Tourbillion (tōōr-bil-yən) *n.* A swirl ایک قسم کی آتشبازی ۔ گھن چکر ۔ ہوائی ۔ چرخی ۔

Tourmalin (toor-mə-len) *n.* A blackish mineral ایک سیاہی مائل خوبصورت دھات جو برقیت پذیر ہوتی ہے ۔

Tournament (toor-nə-mənt) *n.* A military sport of the Middle Ages فن سپہ گری کے مقابلے - موجودہ زمانے میں کسی کھیل کے مقابلے -

Tournay (toor-nā) *n.* Printed cotton cloth چھپا ہوا پھول دار کپڑا جس سے رضائی اور گدے بناتے ہیں - چھینٹ -

Tourney (toor-ni) *n.* & *v.t.* A mediaeval tournament فن سپہ گری کی نمائش - اس نمائش میں حصہ لینا -

Tourniquet (toor-ni-ket) *n.* A turnstile - لہو روک بندش جو خون روکنے کے لیے کی جائے -

Tousle (towz-l) *v.t.* Dishevel, tumble - بکھیر دینا نوچنا کھسوٹنا - الجھا دینا -

Tousy (towz-i) *adj.* Unkempt, rough - بکھرا ہوا - الجھا ہوا -

Tout (towt) *v.i.* & *n.* Look out for custom in an obstrusive way گاہک کی تلاش کرنا - گاہک پیدا کرنا - گھردوڑ کی ٹپ دینے والا - دلالی کرنے والا - دلال -

Tow (tō) *n.* & *v.t.* Pull with a rope جہاز یا کشتی کو رسی باندھ کر کھینچنا - گھسیٹ کر لے جانا - جال ڈال کر اوپر کھینچنا - کھینچنے کا عمل -

Tow (to) *n.* Fibre of hemp, flax or jute - موٹا سن سن کی رسی - سن کا موٹا ریشہ -

Towy *adj.* سن کے موٹے ریشوں کا بنا ہوا - پٹ سن کا -

Toward (tō-ərd) *adj.*. Favourable, well disposed, approaching (قدیم) مفید - صلاحیت والا - تربیت پذیر - آنے والا -

Towards (tō-ərds) *adv.* In the direction of کی طرف - کی جانب - درباره - بہ غرض - عنقریب - قریب - نزدیک -

Towel (tow-əl) *v.t.*, *i.* & *n.* A cloth for drying, wiping تولیہ - رومال - انگوچھا - تولیہ سے ہاتھ منہ پونچھنا - بدن صاف کرنا - (بول چال) مارنا پیٹنا - مرمت کرنا -

Towel horse-rack تولیہ لٹکانے کا چوکھٹا یا کھونٹی -

Towelling *n.* تولیے سے بدن پونچھنا -

A lead towel سیسہ کی گولی -

On oaken towel ڈنڈا - لاٹھی -

Tower (tow-ər) *n.* & *v.t.* A lofty building - برج مینار - لاٹ - کوٹ - حصار - بہت بلند ہونا - اونچا اڑنا - تیر کی طرح اوپر جانا -

Tower of strength حامی - پشت پناہ -

Towering *adj.* سر بہ فلک - اونچا - بلند -

A towering anger *n.* جذبہ - سخت غصہ -

Towery *adj.* بلند - برج دار - مینار کی طرح -

Town (town) *n.* A populous place bigger than a village آبادی جس کے گرد فصیل ہو - قصبہ - بلدہ - بستی - آبادی - لندن یا وہ شہر جس کا ذکر کیا جا رہا ہو -

Town hall شہر کا شہری کچہری - شہر کی جلسہ گاہ - شہر کا مرکزی مقام -

Is the talk of the town سارے شہر میں یہ بات مشہور ہے -

Man about the town شہر کا بے فکرا -

Townlet *n.* چھوٹی آبادی - چھوٹا قصبہ -

Townee (town-i) *n.* A man of town - (آکسفورڈ - کیمبرج) شہر والا جو یونیورسٹی کا رکن نہ ہو -

Township (town-ship) *n.* A community or local division کلیسائی حلقے کی آبادی - ایک حلقہ انتخاب - (امریکہ) ایک پرگنہ تا تعلقہ -

Toxaemia (toks-ē-mi-ā) *n.* Blood poisoning خون میں زہر - خون کی سمیت -

Toxic (toks-ik) *adj.* Due to poison خون کے زہر کی وجہ سے - زہر کا - سمی -

Toxicant *adj.* زہریلا - زہر آلود -

Toxicologist *n.* زہر کے علم کا ماہر -

Toxicology *n.* علم سمیات -

Toxin (toks-in) *n.* A poison of organic origin جراثیمی زہر -

Toxophilite (toks-of-i-līt) *n.* A lover of archery فن تیر اندازی سیکھنے والا - تیر اندازی کا شوقین -

Toy (toi) *n.* & *v.t.* A plaything - کھلونا - کٹھ پتلی دل بہلانے کی چیز - کھیل - تماشا - کھیلنا - کھلونوں سے کھیلنا - دل بہلانا - غیر سنجیدہ باتیں کرنا -

Toy soldier اس فوج کا سپاہی جس کو کبھی لڑنا نہ پڑے ۔

Toy with کسی شے سے کھیلنا ۔ بے پروائی سے کوئی کام کرنا ۔

Toyingly *adv.* تفریحی طور پر ۔ پیار سے ۔ بے پروائی سے ۔

Trabeation (trā-bi-ā-shən) *n.* Combination of beams in a structure محراب کی جگہ کڑیوں سے کام لینا ۔ شہتیروں کی ترتیب ۔

Tracasseries (trakə-se-ris) *n.* Petty worries چھوٹی چھوٹی الجھنیں ۔

Trace (trās) *n.* & *v.t.* A way, course چلنا ۔ گزرنا ۔ کھوج لگانا ۔ خاکہ اتارنا ۔ عکس یا چربہ اتارنا ۔ پیروی کرنا ۔ پتہ چلا لینا ۔ اندازہ کر لینا ۔ نقش پا ۔ سراغ ۔ کھوج ۔ علامت ۔ نشانی ۔ آثار ۔ خفیف سی مقدار ۔

Tracing *n.* نقشہ کی نقل ۔ نقشہ ۔ خاکہ ۔

Tracing cloth, paper عکس اتارنے کا کاغذ یا مومی کپڑا ۔

Traceable *adj.* جس کا سراغ ممکن ہو ۔ سراغ کے قابل ۔

Traceability, Traceableness *n.* قابل سراغ ہونا ۔ پتہ لگائے جانے کے قابل ۔

Tracer *n.* سراغ رساں ۔ کھوجی ۔ عکس یا خاکہ اتارنے والا ۔

Traceless *adj.* بے سراغ ۔ بے نشان ۔

Trace (trās) *n.* A vistage, a footprint, a rope, chain or strap جوت ۔ راس ۔ رسی ۔ پٹہ ۔ زنجیر جس سے گھوڑا جوتا جاتا ہے اور وہ گاڑی کھینچتا ہے ۔

Kick over the traces انسان کا سرکشی کرنا ۔ گھوڑے کا بے قابو ہو جانا ۔

Tracery (trās-ri) *n.* Ornamentation in flowing outline دروازے کے اوپر کے نقش و نگار ۔ پتھر کے کٹاؤ کا آرائشی کام ۔

Traceried *adj.* جس پر کٹاؤ کا کام ہو ۔

Trachea (trə-kē-ā) *n.* The wind pipe ۔ (نباتیات) نالی ظرف ۔ کیڑوں کے سانس لینے کا عضو ۔ ہوا کی نالی ۔

Tracheate *adj.* نالی دار ۔ ہوا کی نالی والے ۔

Tracheotomy *n.* ہوا کی نالی پر عمل جراحی ۔

Trachitis *n.* ہوا کی نالی کا ورم ۔

Trachoma (tra-ko-ma) *n.* A disease of the eye with hard pustules on the inner surface of eyelids آنکھ کی ایک بیماری جس میں پپوٹے کے اندر دانے نکل آتے ہیں ۔

Trachomatus *adj.* حشر کا مریض ۔ پپوٹوں کے دانوں کا ۔

Trachyte (tra-ki-t) *n.* Light coloured volcanic rock ہلکے رنگ کی آتش فشانی چٹان ۔

Track (trak) *n.*, *v.t.* & *i.* A beaten path, a course لیکھ ۔ راستہ ۔ پیروں کے نشان ۔ پگڈنڈی ۔ روش ۔ طریقہ ۔ زندگی کی روش ۔ گھڑ دوڑ کا محصور راستہ ۔ پٹری ۔ کھوج لگانا ۔ نشانات دیکھ کر چلنا ۔ گھسیٹنا ۔ کھینچنا ۔ رسی سے کھینچ کر نکالنا ۔

Make tracks رفو چکر ہونا ۔

Am on his tracks میں اس کا پیچھا کر رہا ہوں ۔ میں نے اس کے ارادے کا پتہ چلا لیا ہے ۔

Beaten track پامال زمین ۔ پرانی لکیر ۔

Off the tracks راستے سے ہٹی ہوئی ۔ سڑک سے اتری ہوئی ۔

Track down کھوج لگا کر پکڑ لینا ۔

Tracker *n.* ارگن باجے کا ڈنڈا ۔ کشتی کھینچنے والا ۔ پتہ چلانے والا ۔ کھوجی ۔

Trackless بے سراغ ۔ جس کا اتا پتہ نہ ہو ۔ بے نشان ۔ بے راہ ۔

Trackage (trak-ag) *n.* Towing, provision of railway tracks ریل کی پٹری کا سلسلہ ۔ کشتی کھینچنے کی اجرت ۔

Tract (trakt) *n.* A region, area, a stretch of space or time قطعہ ۔ خطہ ۔ ملک ۔ دیار ۔ مدت ۔ عرصہ ۔ دوری ۔

Tract (trakt) *n.* A pamphlet, a leaflet political or religious رسالہ ۔ کتابچہ ۔ نامہ ۔ رومی کلیسا کی مناجات

Tractable (trakt-əbl) *adj.* Easily drawn, managed or taught

Tractibility, Tractableness *n.* تربیت پذیری ۔ اثر پذیری ۔

Tractably *adv.* فرمانبرداری سے ۔ اطاعت سے ۔

Tractate (trak-tāt) *n.* A treatise کتابچہ - رسالہ -

Traction (trak-shən) *n.* Propulsion of vehicles چلایا جانا - گاڑیوں کا کھینچا جانا -

Traction wheel انجن وغیرہ چلانے کا پہیہ -

Tractional-tive کھینچے جانے کا - کھنچائی کا -

Tractor (trakt-ər) *n.* A motor plough, a traction engine موٹر ہل - کھینچنے والا انجن - ٹریکٹر - ایک طیارہ جس کا پیچدار کیلا آگے ہوتا ہے -

Trade (trād) *v.t., i. & n.* A track, a practice, shop keeping, commerce, buying and selling تجارت - سوداگری - بیوپار - لین دین - کارو بار - حرفہ - پیشہ - لین دین کرنا - تجارت کرنا - بیوپار کرنا - سودا کرنا - مال کا تبادلہ کرنا - سیاست میں ناجائز سودا کرنا -

Be in trade تجارت کا پیشہ اختیار کرنا -

Carrying trade ایک ملک کا مال دوسرے ملک میں پہنچانے کا کارو بار -

Jack of all trades ہر طرح کا بیو پار کرنے والا -

Trade mark رجسٹری شدہ نشان - مصنوعات پر چھاپہ -

Trade on کسی شخص کی نیک نیتی سے ناجائز فائدہ اٹھانا -

Tradesman دوکاندار - بیوپاری -

Trade winds وہ ہوائیں جو بحر اوقیانوس اور بحرالکاہل میں چلتی ہیں - تجارتی ہوائیں - ان ہواؤں سے فائدہ اٹھا کر تجارتی جہاز بھی اسی رخ پر چلائے جاتے ہیں -

Trick of the trade تجارت کے گر -

Trader (trād-ər) *n.* One who is engaged in trade بیوپاری - تاجر - سوداگر - تجارت پیشہ -

Tradition (trə-dish-ən) *n.* Oral transmission from generation to generation نقل - روایت - رسم و رواج - عقیدہ - احکام جو ضبط تحریر میں نہ آئیں مگر ان پر عمل کیا جائے - احکام الٰہی جوفریسیوں کے عقیدے کے مطابق حضرت موسیٰ پر نازل ہوئے تھے - حضور انورحضرت محمد صلعم کے اقوال اور عمل - حدیث و سنت - ادبی روایات - فنی روایات -

Traditional } *adj.* روایات پر مبنی - روایاتی -

Traditionary } قدیم -

Traditionalism (trə-dish-ən-a-lizm) *n* Adhering to tradition قدیم رسوم کا احترام - روایت پرستی - حدیث و سنت کی پیروی - روایات کو اساس مذہب سمجھنا -

Traditionist *n.* اہل حدیث - منقولات پسند - روایات پرست -

Traditionalistic *adj.* روایت پرستانہ - منقولات پسند -

Traduce (trə-dūs) *v.t.* Translate, propagate بدنام کرنا - تہمت لگانا - الزام دینا -

Traducement *n.* بہتان طرازی - بدگوئی - بدنامی -

Traducer *n.* بدنام کرنے والا - عیب گو -

Traducible *adj.* جس پر تہمت لگائی جا سکے - بدنام کرنے کے قابل -

Traducian (trə-dūs-i-ən) *n.* One who believes that child receives body as well as soul from his parents یہ عقیدہ رکھنے والا کہ جسم کی طرح روح بھی توالد و تناسل سے منتقل ہوتی ہے -

Traffic (traf-ik) *n.* Commerce, disgraceful trading, dealings سوداگری - مال کی خرید و فروخت - تجارت - حمل و نقل - تجارتی مال کی منتقلی - مال کی مقدار - مسافروں کی تعداد -

Trafficker *n.* لین دین کرنے والا - سوداگر - بیوپاری -

Tragedian (traj-i-di-ən) *n.* One who writes sad dramas المیہ ڈرامہ نویس - حزنیہ ناٹک لکھنے والا - المیہ اداکار -

Tragedy (traj-i-di) *n.* A sad drama of which the end is tragic المیہ نظم یا نثر - المیہ ناٹک - مصیبت - آفت - المناک واقعہ -

Tragedy queen المیہ ناٹک کی اداکارہ -

Tragic (traj-ik) *adj.* Of the nature of tragedy المناک - حزنیہ - المیہ - پرسوز و گداز -

Tragicalness *n.* المناک ہونا - رنج و ملال - سوزو گداز - المناک -

Tragicomedy (traj-i-kom-i-di) *n.* A play in which grave and comic scenes are blended ملال اور ظرافت آمیز نقل - المیہ مزاحیہ ناٹک -

Tragicomic رنج اور مسرت آمیز واقعہ - المیہ مزاحیہ

Tragicomically *adv.* رنج اور مسرت کے سموئے ہوئے انداز میں -

Trail (trāl) *n., v.t. & i.* Draw along or near the surface, train, tail دم ۔ دنبالہ ۔ سلسلہ ۔ وہ چیز جو کسی دوسری چیز کے پیچھے لگی ہو ۔ لکیر جو کسی چیز کے گھسٹنے سے بن جائے ۔ پگ ڈنڈی ۔ جانور کی آنتیں ۔ پیچھے گھسیٹنا ۔ پیچھے گھسیٹتے ہوئے چلنا ۔ پیچھا کرنا ۔ کھوج لگانا ۔ بیل کا دیوار پر چڑھنا ۔

Trailer (trāl-ər) *n.* One who trails ۔ پیچھے آنے والا ۔ چڑھنے والی بیل ۔ پہیہ دار کرسی یا گاڑی جو موٹر کے پیچھے بندھی ہو ۔ فلم کا نمونہ ۔

Train (trān) *v.t., i. & n.* Instruct and discipline, bring up ۔ سدھانا ۔ ہلانا ۔ تربیت دینا ۔ کام سکھانا ۔ بیل چڑھانا ۔ گھسیٹنا ۔ کھینچ کر لے جانا ۔ (بول چال) ریل گاڑی میں سفر کرنا ۔ دنبالہ ۔ عورتوں کی پوشاک کا دامن ۔ خلعت کا دامن ۔ پرندوں کی لمبی دم ۔ نوکروں اور ہمراہیوں کی جماعت ۔ ریل گاڑی ۔ بارودی سرنگ ۔

Trainable *adj.* تربیت پذیر ۔ سدھانے کے قابل ۔

Trainee *n.* تربیت پانے والا ۔

Trainless *adj.* بے نوکر چاکر ۔ بے دم ۔

Trainer (trān-ər) *n.* One who trains ۔ سدھانے والا ۔ سکھانے والا ۔ گھڑ دوڑ کے گھوڑوں کو دوڑ کے لیے تیار کرنے والا ۔ ورزشی مقابلوں کے لیے کھلاڑیوں کو تیار کرنے والا ۔

Training (trān-ing) *n.* Practical education ۔ تعلیم ۔ تربیت ۔ عملی اسباق ۔ مشق ۔

Be in training زیر تربیت ہونا ۔

Training ship جہاز جس پر لڑکوں کو جہاز رانی کی تربیت دی جاتی ہے ۔

Trait (trāt) *n.* Characteristic ۔ خصوصیت ۔ خد و خال ۔ خاصہ ۔ امتیازی وصف ۔ ہلکا سا خط ۔ ذرا سی جھلک ۔ شوشہ ۔ امتیازی رنگ ۔

Traitor (trāt-ər) *n.* Betrayer ۔ باغی ۔ غدار ۔ بے وفا ۔ نمک حرام ۔ ملک کا دشمن ۔

Traitorous *adj.* غدارانہ ۔ دغا باز ۔ بے وفا ۔ غدار ۔

Traitress *n.* غدار عورت ۔ باغی عورت ۔

Tram (tram) *v.t., i. & n.* A tram-way, tram-way car ٹرام گاڑی ۔ ٹرام کی پٹری ۔ کوئلہ کی کانوں میں کوئلہ لادنے کی چوپہیہ گاڑی ۔ ٹرام گاڑی میں آنا جانا ۔ ٹرام میں سفر کرنا ۔

Tram (tram) *n.* Silk yarn of two or more strands دو تاری ریشمی دھاگہ جو مخمل یا دوسرے کپڑے بننے میں کام آتا ہے ۔

Trammel (tram-l) *n. & v.t.* A net of inner and outer meshes مچھلی پکڑنے کا دو ہرے پھندوں کا جال ۔ کڑا یا زنجیر جو گھوڑے میں باندھ کر اس کو قدم چلنے کے لیے سدھاتے ہیں ۔ روک ۔ اٹکاؤ ۔ قیود ۔ پابندیاں ۔ گھٹی بڑھتی پرکار ۔ جکڑنا ۔ زنجیر یا بیڑیاں ڈالنا ۔

Tramontane (tra-mon-tan) *adj. & n.* From beyond the mountains ۔ الپس پہاڑ کے پرے کا ۔ الپس کے پرے علاقہ کا باشندہ ۔ اجنبی ۔ بدیسی ۔ غیر مہذب ۔

Tramp (tramp) *v.i., t. & n.* Tread heavily بھاری قدم سے چلنا ۔ پیدل چلنا ۔ مشکل سے چلنا ۔ مارا مارا پھرنا ۔ پیدل سفر ۔ آوارہ گردی ۔ مال کا پھٹیل جہاز ۔ جس کا کسی خاص راستے سے تعلق نہ ہو ۔

Trample (tramp-l) *v.t.* Tread roughly under foot پامال کرنا ۔ روندنا ۔ کھندلنا ۔ پیروں سے کچلنا ۔ ذلت کا برتاؤ کرنا ۔ کسی کے جذبات کو پامال کرنا ۔

Trampler *n.* پامال کرنے والا ۔ روندنے والا ۔

Trance (trâns) *n. & v.t.* A dazed ecstatic state بے خودی ۔ وجد ۔ حال ۔ وارفتگی ۔ عالم رویا ۔ حالت نوم ۔ بے خود کر دینا ۔ وارفتہ کر دینا ۔

Tranquil (trangk-wil) *adj.* Calm, peaceful ۔ ساکن ۔ آسودہ ۔ پرسکون ۔ پر اطمینان ۔ بے حس و حرکت ۔

Tranquillity *n.* ۔ خاموشی ۔ سکون ۔ طمانیت ۔ آسائش ۔ اطمینان ۔ آسودگی ۔

Tranquillize *v.t.* طمانیت بخشنا ۔ سکون پیدا کرنا ۔

Tranquillizer *n.* ۔ سکون پیدا کرنے والا ۔ اطمینان بخش

Trans-Caucasian (trânz-kak-ə-si-ən) *adj.* Beyond Caucasia کوہ قاف سے پرے ۔

Transfrontier (trânz-front-i-ər) *adj.* Beyond the frontier سرحد کے پار ۔

Transact (trən-zakt) *v.t. & i.* Conduct, negotiate کام چلانا ۔ کاروبار کرنا ۔ معاملہ کرنا ۔ گفت و شنید کرنا ۔ انجام دینا ۔ کام کرنا ۔

Transaction (trən-zak-shən) *n.* Business performed سر انجام دہی - انصرام - کاروائی - راضی نامہ - سمجھوتا - قانونی معاملہ -

Transalpine (trânz-al-pin) *n. & adj.* Beyond the Alps کوہ الپس کے پرے کا رہنے والا -

Transatlantic (trânz-ət-lan-tik) *adj.* Beyond the Atlantic Ocean بحر اوقیانوس کے پار کا -

Transcend (trân-send) *v.t.* Rise above, exceed چڑھنا - بلند ہونا - حد سے گزرنا - تجاوز کرنا - ماورا ہونا - کمال حاصل ہونا - بڑھ جانا -

Transcendent (trân-send-ənt) *adj.* Surpassing others افضل - بالاتر - اعلیٰ - ماورائے ادراک - عقل و فہم سے بالاتر - لامحدود - ہستی مطلق - جو ماورائے ادراک ہو -

Transcendence *n.* فوقیت - برتری - ماورا ہونا -

Transcendental *adj.* حواس سے پرے - ماورائے عقل - وجدانی - (بول چال) خیالی - مبہم - غیر واضح -

Transcendentalism *n.* یہ عقیدہ کہ تصورات اشیاء انسان کے ذہن کی پیداوار ہیں - خارج سے ان کی توثیق ہوتی ہے - موضوعی نظریہ - علم داخلی اور ذہنی ہے -

Transcendentalist *n.* موضوعیت پسند - موضوعی -

Transcendentalize *n.* موضوعی اور داخلی سمجھنا - علم کو موضوعی قرار دینا -

Transcontinental (trânz-kont-i-nent-l) *adj.* Passing across the continent براعظم کے پرے - براعظم کے پار - جو براعظم کو عبور کرے -

Transcribe (trân-skrīb) *v.t.* Write over from one book into another نقل کرنا - ایک کتاب سے دوسری کتاب میں لکھنا - کتاب کی نقل اتارنا -

Transcription *n.* کسی کتاب کی نقل - نقل -

Transept (trân-sept) *n.* Part of a church at right angle to the nave گرجے کا آڑا حصہ - صلیب نما گرجے کا عرضی حصہ -

Transfer (trâns-fər) *v.t.* Convey from one place to another لے جانا - منتقل کرنا - تبدیل کرنا - تبادلہ کرنا - داخل خارج کرنا - ایک چیز کو دوسری چیز پر اتارنا -

Transferable *adj.* تبادلے کے قابل - قابل انتقال -

Transferee *n.* جس کے نام ملکیت منتقل کی جائے -

Transferor *n.* ملکیت منتقل کرنے والا -

Transferrer *n.* تبادلہ کرنے والا - منتقل کرنے والا -

Transfer (trâns-fər) *n.* Conveyance from one place to another انتقال - تبدیلی - انتقال ملکیت - نقشہ جس کی نقل مقصود ہو - البم کی چھوٹی تصویر - سپاہی جو ایک دستے سے دوسرے دستے میں بدل کر جاتا ہے -

Transfiguration (trâns-fig-ər-a-shən) *n.* Christian festival of transfiguration of Christ falling on 6th August تبدیل ہیئت - تبدیل شکل - حضرت عیسیٰ کی تبدیلی شکل - اس تبدیلی کا یادگار تہوار جو ۶ اگست کو منایا جاتا ہے - عید معجزہ تبدیلی ہیئت -

Transfigure (trâns-fig-ər) *v.t.* Change the appearance of, glorify تبدیل ہیئت کرنا - صورت بدلنا - نورانی بنا دینا -

Transfix (trâns-fiks) *v.t. & i.* Pierce through آر پار کرنا - چھید دینا - وفور جذبات سے مفلوج ہو جانا -

Transfixion *n.* جذبات سے مفلوج ہونا - چھید دینا -

Transform (trâns-form) *v.t.* Change the shape of قلب ہیئت کرنا - صورت بدلنا - کایا پلٹ دینا - بالکل بدل دینا -

Transformable *adj.* تبدیلی ہیئت کے قابل - انقلاب پذیر -

Transformative *adj.* انقلاب پذیر -

Transformation (trâns-form-a-shən) *n.* Change of shape تبدیلی صورت یا ہیئت - ٹھوس چیز کا سیال اور سیال کا گیس بن جانا - ایک قسم کی مقدار کی دوسری رقم میں تبدیلی - تغیر جو خون کے دوران سے ہوتا ہے - پورے سر کے مصنوعی بال -

Transformer (trâns-form-ər) *n.* An apparatus for obtaining an electric current from another of a different voltage ایک برق رو کو دوسری مختلف قوت کی رو میں تبدیل کرنے والا آلہ -

Transformist (trâns-form-ist) *n.* One who believes in the theory of mutability of species یہ عقیدہ رکھنے والا کہ ایک نوع حیوانی دوسری نوع سے نکلتی ہے اور بتدریج شکل بدلتی ہے - تغیر نوعی کا قائل -

Transfuse (trâns-fūz) *v.t.* Pour out into another vessel ایک برتن سے دوسرے برتن میں انڈیلنا - خون ایک شریان سے دوسری میں منتقل کرنا - ایک شخص کا خون دوسرے شخص کی رگوں میں پہنچانا -

Transfusionist *n.* ایک شخص کا خون دوسرے شخص میں منتقل کرنے والا -

Transfusive *adj.* نقل خون کے بارے میں -

Transgress (trânz-gres) *v.t.* Overstep, exceed تجاوز کرنا - خلاف ورزی کرنا - حد سے گزر جانا - ارتکاب جرم کرنا - خطا کرنا - گناہ کرنا -

Transgression *n.* گناہ - جرم - حد سے گزر جانا - خلاف ورزی - انحراف -

Transgressor *n.* حد سے گزر جانے والا - گنہگار - خاطی -

Transient (trân-zi-ənt) *adj.* Passing, of short duration سریع الزوال - جلد گزر جانے والا - وقتیہ - دم بھر کا - سرسری - (موسیقی) جو دو سروں کو ملانے کا کام دے -

Transience-ency *n.* ناپائداری - وقتیہ ہونا - عارضی ہونا -

Transilient (trən-sil-i-ənt) *adj.* Keeping or passing across ایک سرے سے دوسرے سرے تک جانے والا - عصبی ریشہ جو دماغ کی ایک تہہ سے دوسری تہہ تک پہنچتا ہو -

Transillumination (trâns-i-l(y)oo-mi-na-shən) *n.* Throwing of strong light on organs کسی عضو کے اندر تیز روشنی ڈالنا تاکہ مرض کی تشخیص ہو سکے - شعاعی تشخیص مرض -

Transit (trân-zit) *n.* Passing over, across or through عبور - گزر - راہ - راستہ - کسی جرم فلکی کا دوسرے کے مدار پر سے گزرنا -

Transition (trân-zi-shən) *n.* Passage from one state or position to another مرور - عبور - گزر - تبدیلی - تغیر - (موسیقی) بنیادی سر کی تبدیلی -

Transitional *adj.* عارضی - عبوری -

Transitive (trân-zi-tiv) *adj.* & *n.* Passing over (قواعد) متعدی - فعل متعدی -

Transitively *adv.* فعل متعدی کے طور پر -

Transitiveness *n.* متعدی پن -

Transitory (tran-zi-tə-ri) *adj.* Going or passing away چند روزہ - فانی - ناپائدار - عارضی -

Transitoriness *n.* عارضی ہونا - ناپائداری -

Translate (trənz-lāt) *v.t.* Enrapture, render into another language ترجمہ کرنا - ایک زبان کی عبارت دوسری زبان میں لکھنا - تعبیر کرنا - سمجھانا - تبرکات کو ایک جگہ سے دوسری جگہ منتقل کرنا - موت سے پہلے آسمان پر زندہ اٹھا لینا -

Translatable *adj.* قابل ترجمہ -

Translation *n.* تبدیلی - تعبیر - ترجمہ -

Translational *adj.* حرکت مستقیم کا - ترجمہ کا -

Translator *n.* ترجمہ کرنے والا - مترجم -

Transliterate (trânz-lit-ə-rāt) *v.t.* Write in letters of another alphabet ایک زبان کے الفاظ دوسری زبان کے حروف میں لکھنا -

Transliteration *n.* دوسری زبان میں نقل الفاظ - دوسری زبان میں لکھنا -

Transliterator *n.* دوسری زبان میں الفاظ نقل کرنے والا -

Translucent (trânz-loo-sənt) *adj.* Shining through صاف شفاف - جس میں سے روشنی گزر سکے -

Translucence-cy *n.* شفاف ہونا -

Translucid *adj.* نیم شفاف -

Transmarine (trânz-mə-rēn) *adj.* Across the sea سمندر کے بعد کا - سمندر پار -

Transmigrate (trânz-mī-grāt) *v.i.* Move to another country دوسرے ملک میں جا بسنا - دوسرے قالب میں چلے جانا -

Transmigrant *adj.* & *n.* ایک ملک سے دوسرے ملک میں جا کر بسنے والا - غیر ملک کا -

Transmigratory *adj.* تناسخ پذیر - جون بدلنے والی - دوسرے قالب میں جانے والی -

Transmigration (trânz-mī-grā-shən) *n.* Possing into another body تناسخ - آوا گون -

Transmit (trânz-mit) *v.t.* Send or pass on ارسال کرنا - روانہ کرنا - منتقل کرنا - پہنچانا - اندر سے گزرنے دینا - واسطہ ہونا - اپنے جذبات کو دوسرے شخص میں منتقل کرنا - جذبات کا سرایت کر جانا -

Transmissibility *n.* انتقال پذیری -

Transmission *n.* سرایت - ترسیل - ارسال -

Transmissible *adj.* منتقل ہونے والا - سرایت کرنے والا - قابل ارسال -

Transmitter *n.* لاسلکی کا آلہ ترسیل - منتقل کرنے والا - پہنچانے والا -

Transmogrify (tranz-mog-ri-fi) *v.t.* Transform, transmute قلب ماہیت کرنا - ہیئت بدل دینا - حیرت انگیز طریقے سے تبدیل کر دینا -

Transmutation (tranz-mut-a-shən) *n.* A change into a different form or substance قلب ماہیت - انقلاب - ایک چیز کا دوسری چیز میں تبدیل ہو جانا - ادنی دھات کا سونا وغیرہ بن جانا -

Transmute (tranz-mut) *v.t.* Change in another form کسی شے کو کچھ اور بنا دینا - قلب ماہیت کر دینا -

Transmutability *n.* بدل جانے کی قابلیت -

Transmutable *adj.* جس کی قلب ماہیت ہو سکے - جو بدل جانے کے قابل ہو -

Transmuter *n.* قلب ماہیت کرنے والا -

Transnormal (tranz-normal) *adj.* More than natural معمولی یا طبعی سے بڑھ کر -

Transoceanic (tranz-o-shen-ik) *adj.* Beyond or across the ocean سمندر پار کا -

Transom (tran-səm) *n.* A cross piece دروازے کی کھڑکی کے اوپر کی سرول - افقی پٹی جو پتوار کی کڑی میں لگی ہو - شہتیر جو گڑھے کے آر پار رکھا ہوا ہو -

Transparency (trəns-par-ənsi) *n.* That which is transparent شفاف ہونا - تصویر یا کتبہ جس کے پیچھے روشنی رکھ کر منور کیا جائے - مثبت تصویر کا شیشہ جو لالٹین کے ذریعے دکھایا جائے -

Transparence صفائی - شفاف ہونا -

Transparent (trəns-par-ənt) *adj.* Shining through جس میں سے روشنی نظر آئے - صاف - شفاف - کھلی ہوئی - واضح - مجلا -

Transparently *adv.* بین طریقے سے - شفاف طور پر -

Transparentness *n.* کھلا ہوا ہونا - شفاف ہونا -

Transpierce (trans-pers) *v.t.* Pierce through چھیدنا - آر پار کرنا - بیدھنا -

Transpire (tran-spir) *v.t. & i.* Become known, come to light مسامات سے بخارات بن کر نکلنا - صادر ہونا - واقع ہونا - معلوم ہونا -

Transpirable *adj.* جو بھاپ بن کر خارج ہو سکے -

Transpiration *n.* بخارات کا اخراج -

Transplant (trans-plant) *v.t.* Remove from the ground and plant it in another place ایک جگہ سے اکھاڑ کر درخت کو دوسری جگہ لگانا - ایک جگہ سے لے جا کر لوگوں کو دوسری جگہ بسانا - (جراحی) ایک جگہ سے کاٹ کر دوسری جگہ لگانا -

Transplantable *adj.* دوسری جگہ لگانے کے قابل - انتقال پذیر -

Transplantation *n.* کسی پودے کو ایک جگہ سے نکال کر دوسری جگہ لگانا - عضو بندی -

Transplanter (trans-plant-ər) *n.* One who transplants ایک جگہ سے لے جا کر لگانے والا - منتقل کرنے والا -

Transport (trans-port) *v.t. & n.* Carry, convey, remove, send overseas as a convid مال یا مسافروں کو ایک جگہ سے دوسری جگہ لے جانا - بار برداری یا سواری کا جہاز - کالے پانی کی سزا کا مجرم - شدید جذبہ - جوش -

Transportable (trans-port-əbl) *adj.* That may be transported انتقال کے قابل -

Transportability *n.* نقل و حمل کے قابل ہونا -

Transportation (trans-port-a-shen) *n.* Removal دوسری جگہ بھیجا جانا - انتقال مقام - عبور دریائے شور کی سزا -

Transpose (trans-poz) *v.t.* Turn, alter, transform دو یا زیادہ چیزوں کو ایک دوسری کی جگہ پر رکھنا - ادل بدل کرنا - الٹ پلٹ کرنا - (الجبرا) کسی مقدار کو مساوات کی ایک طرف سے دوسری طرف لے جانا (قواعد) جملہ میں کسی لفظ کو ایک جگہ سے دوسری جگہ منتقل کرنا - الفاظ کی ترتیب بدل دینا - (موسیقی) نغمہ کے سر کو بدل دینا -

Transposal *n.* محل یا ترتیب کی تبدیلی -

Transposer *n.* محل یا ترتیب بدلنے والا -

Transposition (trans-pə-zish-ən) *n.* Change, alteration جگہ کی تبدیلی - انقلاب - محل یا ترتیب کی تبدیلی -

Transpositional *adj.* تبدیلی محل یا ترتیب کا -

Trans-ship (trəns-ship) *v.t.* Transfer from one ship to another ایک جہاز سے دوسرے جہاز میں منتقل کرنا یا سوار کرنا -

Trans-shipment *n.* ایک سواری یا جہاز سے دوسرے جہاز میں منتقلی -

Transubstantiate (trân-səb-stan-shi-āt) *v.t.* Change to another substance مادہ تبدیل کرنا - عشائے ربانی میں شراب اور روٹی کو حضرت عیسیٰ کا گوشت اور خون سمجھنا -

Transubstantiation *n.* عشائے ربانی میں روٹی اور شراب کا گوشت اور خون بن جانا - قلب ماہیت -

Transude (tran-sūd) *v.i.* Ooze out لغو ذکر کرنا - مسامات سے پسینہ کا نکلنا -

Transudation *n.* نکاس - نفوذ -

Transversal (trânz-ver-səl) *adj.* & *n.* Cutting a set of lines خطوط کے سلسلہ کو قطع کرتا ہوا - قاطع - وہ عضلہ جو جسم کے مختلف حصوں سے گزرتا ہو - آڑا - ترچھا -

Transverse (trânz-vers) *adj.* & *n.* Crosswise خط قاطع - قطع کرتا ہوا - آڑا - ترچھا -

Transversely *adv.* قطع کرتے ہوئے - عرض میں - عرضاً -

Tranter (trant-ər) *n.* A hawker, a carrier (بول چال) حمال - ہرکارہ - خوانچہ والا -

Trap (trap) *v.t., i.* & *n.* A snare, a device for catching گڑھا - پھندا - دام - جال - جانور پکڑنے کا پنجرا - بند گڑھا - کسی شخص سے چال چلنا - دھوکا - حرف لا کی شکل کا گیس کا نل - ٹم ٹم کی قسم کی گاڑی (بول چال) پولیس کا سپاہی - جانور کو پھانسنا - نعل نما پائپ سے گیس روکنا - بھاپ وغیرہ کا پائپ میں رک جانا -

Trap door دروازہ جو چھت یا فرش میں لگا ہو - چور دروازہ -

Trap (trap) *n.* A dark, fine grained igneous rock سیاہ رنگ کی استوانی چٹان جو آتش فشانی مادے سے بنی ہو - لکڑی یا لوہے کی سیڑھی جو کانوں میں لگائی جاتی ہے -

Trap (trap) *v.t.* & *n.* Deck with trappings گھوڑے کو سجانا - وردی پہننا - سج سجا کر تیار ہونا - ذاتی اسباب - چیز بست - بوریا بدھنا -

Trapes (traps) *v.t.*, . & *n.* Trail, trudge گھسٹتے ہوئے چلنا - پائنچے گھسیٹتے چلنا - مارا مارا پھرنا - سست پھوہڑ عورت -

Trapeze (trə-pez) *n.* A swing of cross bars جمناسٹک کا جھولا - ورزشی جھولا - مربع جس کے کوئی دو ضلعے متوازی نہ ہوں -

Trapezoid (trap-ē-zoid) *n.* A quadrilateral with no sides parallel ایک مستطیل جس کے ضلعے متوازی نہ ہوں -

Trappean (trap-i-ən) *adj.* استوانی ساخت کا - ستون نما - زینہ دار -

Trapper (trap-ər) *n.* One who traps animals جانور پکڑنے والا - سمور کے لیے جانوروں کو پھندے میں پھانسنے والا (کان کنی) روشندانوں کا محافظ -

Trappings (trap-ings) *n.p.* Things with which a horse is decked گھوڑے کا آرائشی ساز و سامان - کسی عہدہ کی خاص وردی -

Trappist (trap-ist) *n.* A Cistercian who remains austere and silent راہبوں کا ایک فرقہ جو ریاضتیں کرتا اور خاموش رہتا ہے -

Trappy (trap-i) *adj.* Full of traps, treacherous دھوکے کی - فریب کی - پھنسانے والی -

Trappiness *n.* دغا بازی - پر فریب ہونا - دھوکا بازی -

Trash (trash) *v.t.* & *n.* Hedge cuttings, scraps, anything worthless نکمی چیز - ردی چیز - الابلا - درختوں کی کتری ہوئی شاخیں - مہمل کتاب - لغویات - بکواس - گنا چھیلنا -

Cane-trash گنے کا چھلکا اور پھوک -

Trash house گنے کا پھوک رکھنے کی جگہ -

Trash ice برف کے ٹکڑے جو پانی ہو رہے ہوں - برف کا چورا -

White trash (امریکہ) جنوبی ریاستوں کے غریب گورے باشندے -

Trashery فضول باتیں -

Trashiness لغویت -

Trashy *adj.* لغو - مہمل - نکمی -

Trauma (traw-mä) *n.* A wound, an injury - زخم چوٹ -

Traumatic (traw-ma-tik) *adj.* Of an injury چوٹ یا زخم کے متعلق -

Travail (trav-āl) *n., v.i., & t.* Cessive labour, toil محنت - مشقت - جانفشانی - درد زہ - درد زہ میں مبتلا ہونا - شدید زحمت اٹھانا - مشقت کرنا -

Travel (trav-l) *v.i. & t.* Journey, go, move, pass سفر کرنا - سیر و سیاحت کرنا - ایجنٹ کی حیثیت سے سفر کرنا - مشین کے پرزوں کا حرکت کرنا - جائزہ لینا - مشاہدہ کرنا - قطع مسافت کرنا - جانوروں کے گلے کو ہانک کر لے جانا - (جمع) سیاحت - سفر - پرزوں کی حرکت - حرکت کی رفتار یا حد -

Travel soiled-stained - لباس پر گرد جمی ہوئی - سفر آلود -

Travel worn سفر سے تھکا ہوا - سفر ماندہ -

Traveller (trav-l-ər) *n.* One who travels or has travelled - راہ گیر - مسافر - راہی - سالک - سیاح - متحرک مشین -

Traveller's tale سیاحوں کا سا من گھڑت قصہ -

Travelogue (trav-ə-log) *n.* Talk, lecture, film on travel سیاحت پر تقریر یا فلم کی نمائش - سیاحت کا بیان -

Traverse (trav-ərs) *adj., n., v.t. & i.* Cross, oblique افقی - عرضی - اڑا - بیڑا - کوئی عارضی شے (قلعہ بندی) پل - تختہ - دمدمہ - جہاز کی ٹیڑھی ترچھی رفتار - (قانون) واقعات کی تردید - حیلہ - حوالہ - ایک سرے سے دوسرے سرے تک - عرضاً سفر کرنا - موضوع کے ہر پہلو پر نظر ڈالنا - توپ کا رخ پھیرنا - گھوڑے کا آڑے آڑے چلنا -

Traverser *n.* چلنے والا - آڑا چلنے والا - تختہ جس کے ذریعے انجن پٹری بدلتا ہے -

Travesty (trav-is-ti) *v.t. & n.* Disguise شکل بدل دینا - توڑ موڑ دینا - بگڑی ہوئی شکل -

Trawl (trawl) *v.t., i. & n.* An open mouthed bag net for dragging along the bottom پانی کی تہہ سے جال کھینچ کر مچھلیاں پکڑنا - (امریکہ) بڑی شست جس میں بہت سی ڈوریں اور کانٹے ہوتے ہیں -

Trawling *n.* بڑے جال میں تہہ کی سہا جال کھینچنا - مچھلیاں پکڑنا -

Trawler (trawl-ər) *n.* A trawling vessel جال کو کھینچنے والی کشتی یا جہاز -

Tray (trā) *n.* A shallow vessel کشتی - سینی - طباق - خوان -

Treacherous (trech-ər-əs) *adj.* Ready to betray دغا باز - ناقابل اعتبار -

Treacherously *adv.* دغا سے - دھوکے سے -

Treacherousness *n.* فریب - دغا بازی - غداری -

Treachery *n.* Betrayal دغا بازی - بے وفائی -

Treacle (tre-kl) *n.* Molasses شیرا - راب - گڑ - گڑ کا میل - بعض درختوں کا رس -

Tread (tred) *v.t. & i.* Set the foot down, step پاؤں رکھنا - کچلنا - روندنا - پاؤں سے مسلنا - چلنے کی آواز - سیڑھی پر جڑنے کا دھات یا ربر کا ٹکڑا - پہیے اور پٹری کا حصہ جو متصل ہو - مرغی کا جوڑا بننا - خال جو انڈے کی زردی پر ہوتا ہے -

Tread in person's footsteps کسی کے نقش قدم پر چلنا -

Tread lightly پھونک کر قدم رکھنا -

Tread on or as on eggs نازک موقع پر نہایت احتیاط سے کام لینا -

Tread on person's corns or toes کسی کی دل‌آزاری کرنا -

Tread or seem to tread on air خوشی سے پھولے نہ سمانا -

Tread under foot حقارت سے پیش آنا - پاؤں تلے روندنا -

Treadle (tre-dl) *n. & v.i.* A cylinder turned by treading on board - پاؤں سے چلنے والی مشین - پاؤں سے مشین چلانا -

Treadler *n.* پاؤں سے چلانے والا -

Treason (trē-zn) *n.* Disloyalty, treachery اپنے ملک یا حکومت کی بد خواہی - بڑی شہزادی یا ولی عہد کی بیوی کی بے حرمتی کرنا - غداری - نمک حرامی - بے وفائی -

Treasonous *adj.* باغیانہ - بے وفائی کا - غداری کا -

Treasonable (trē-zn-əbl) *adj.* Pertaining to treason غداری کا ۔ بغاوت کا ۔

Treasonableness *n.* غدارانہ فعل ۔ باغیانہ ہونا ۔

Treasure (trezh-ər) *n.* & *v.t.* Wealth stored up خزانہ ۔ گنج ۔ مال ۔ دولت کا ذخیرہ ۔ زرو جواہر ۔ بیش بہا چیز ۔ قدر کرنا ۔ عزیز رکھنا ۔ (بول چال) دل آرام ۔ محبوب ۔ بڑے کام کا آدمی ۔ یاد رکھنا ۔

Treasure trove *n.* دفینہ جو زمین سے برآمد ہو اور جس کے مالک کا پتہ نہ ہو ۔

Treasurer (trezh-ər-ər) *n.* Our who has the care of treasure خازن ۔ خزانچی ۔ مہتمم خزانہ کسی کمپنی کی رقومات کا خزانچی ۔

Treasurership *n.* خزانچی کا عہدہ اور کار منصبی ۔

Treasury (trezh-ər-i) *n.* Finance department of government خزانہ ۔ خزانہ کی جگہ ۔ سررشتہ مال ۔ گنجینہ علوم ۔ مخزن معلومات ۔ خزانہ کا عملہ ۔

Treasury bench باب حکومت ۔ حکومتی صف ۔ صف وزرا ۔

Treasury bill سرکاری ہنڈی جو عارضی ضروریات کے لیے خزانے کی طرف سے جاری کی جاتی ہے ۔

Treat (trēt) *v.t.*, *i.* & *n.* Deal with, handle پیش آنا ۔ سلوک کرنا ۔ سمجھنا ۔ خیال کرنا ۔ معالجہ کرنا ۔ تدبیر کرنا ۔ ضیافت کرنا ۔ دعوت دینا ۔ کوئی تماشا دکھانا ۔ ووٹ دینے والوں کی خاطر مدارات کرنا ۔ گفت و شنید کرنا ۔ لطف کی چیز ۔ نعمت ۔ کھانے کی دعوت ۔

Stand treat کھانے یا جلسے کی دعوت کا ذمہ لینا ۔

Treating *n.* رائے دہندوں کی ناجائز تواضع ۔

Treatise (tret-iz) *n.* A written composition صحیفہ ۔ رسالہ جو کسی خاص موضوع پر لکھا جائے ۔

Treatment (tret-mənt) *n.* Behaviour to any one, way of applying remedies برتاؤ ۔ سلوک ۔ معالجہ ۔ تدبیر ۔ اہتمام ۔ انتظام ۔

Treaty (tret-i) *n.* A formal agreement معاہدہ ۔ عہد و پیمان ۔ قول و قرار ۔ صلح نامہ ۔

Treaty port بندرگاہ جس کو بین الاقوامی معاہدہ کے تحت کھلا رکھنا پڑتا ہے ۔

Treble (treb-l) *n.*, *adj.* & *v.t.* Threefold, in the treble سہ چند ۔ تگنا ۔ تین کا ۔ تگنا کرنا ۔ تین سے ضرب دینا ۔ تین دوڑوں میں شرط لگانا ۔ تگنا ہو جانا ۔ سہ چند ہو جانا ۔

Trebuchet (treb-ū-shet) *n.* Military engine for launching stones پتھر پھینکنے والی مشین ۔ منجنیق ۔ سنگ انداز ۔ گوپھن ۔ چیزیں تولنے کا کانٹا ۔

Tree (trē) *n.* & *v.t.* A large plant with a single woody trunk پیڑ ۔ درخت ۔ شجر ۔ روکھ ۔ لکڑی کا ڈھانچہ یا چوکھٹا ۔ (ریاضی) شجرہ ۔ نقشہ جس میں قطار در قطار خطوط ہوں ۔ جانور یا انسان کو درخت پر چڑھانا ۔ جوتے کو قالب پر چڑھا کر ڈھیلا کرنا ۔

Treeless بے اشجار ۔ درختوں سے خالی ۔

Trefoil (trē-foil) *n.* & *adj.* A three-lobed form, ornament or apertuse تپتیا پودا جس میں پھلیاں لگتی ہیں ۔ سہ گوشہ ۔ سہ گوشہ نقش و نگار ۔ تپتیا کٹاؤ کا کام ۔

Trek (trek) *v.t.*& *i.* Journey by ox-wagon بیل گاڑی میں سفر کرنا ۔ نقل وطن کرنا ۔ ایک جگہ کو چھوڑ کر دور بیل گاڑی میں جانا ۔

Trekker *n.* بیل گاڑی میں سفر کرنے والا ۔ نقل وطن کرنے والا ۔

Trellis (trel-is) *n.* & *v.t.* A structure of cross-bars جالی ۔ جھنجری ۔ ۔ جعفری ۔ باغ کے اندر جالی کا چھوٹا سا مکان ۔ انگور کی بیل ٹٹی پر چڑھانا ۔

Tremble (trem-bl) *v.i.* & *n.* Shake as from fear or cold کانپنا ۔ لرزنا ۔ تھرانا ۔ لڑکھڑانا ۔ رعشہ طاری ہونا ۔ خوف یا دہشت سے کانپنا ۔ پتوں کا ہوا سے ہلنا ۔ لرزہ ۔ کپکپی ۔ جوڑی ۔

Hear and tremble سنو اور ڈرو ۔

His fate trembles in the balance اس کے لیے بڑا نازک وقت ہے ۔

I tremble for his safety مجھے اس کی سلامتی کی طرف سے اندیشہ ہے ۔

Was all for a tremble (بول چال) وہ سر سے پاؤں تک کانپ رہا تھا ۔

Trembler (trem-bl-ər) *n.* One who is in a tremulous state کانپنے والا ۔ لرزنے والا ۔ برق کھنٹی ۔ برق رو سے بجنے والی بانسری ۔

Tremendous (tri-men-dəs) *adj*. Huge, awe inspiring ہیبت ناک - مہیب - تند - تیز - شدید - (بول چال) بہت بڑا -

Tremendously *adv*. نہایت - بہت - خوفناک حد تک -

Tremendousness *n*. خوفناک ہونا - بہت بڑا ہونا -

Tremolando (trem-o-lan-do) *adv*. & *n*. A device in an organ producing tremulous effects لرزتی ہوئی آواز - لرزتی ہوئی آواز میں -

Tremolant (trem-o-lənt) *adj*. & *n*. Tremulous ایک پرزہ جو آرگن میں لرزتی آواز پیدا کرتا ہے - لرزتی ہوئی -

Tremolo (trem-ō-lō) *n*. A device for producing tremulous effect آرگن باجے کا ایک پرزہ جس آواز میں ارتعاش پیدا ہوتا ہے -

Tremor (trem-ər) *n*. A quivering تھرتھراہٹ - لرزہ - کپکپی - رعشہ - زمین کا ہلنا - خوشی یا غم کی لہر جو جسم میں دوڑ جائے -

Tremulous (trem-ū-ləs) *adj*. Trembling - کانپتا ہوا مرتعش - لرزاں -

Tremulously *adv*. کانپتے ہوئے -

Tremulousness *n*. ارتعاش - کپکپی - ہچکچاہٹ -

Trench (tren(t)sh) *v.t., i.* & *n*. A long narrow cut in the earth خندق کھودنا - کھائی بنانا - نالی کھودنا - کھودنا - کھدائی کرنا - مورچہ بنانا - مداخلت کرنا - کھائی - خندق -

Mount the trenches خندقوں پر پہرہ دینا -

Open the trenches خندق کی کھدائی شروع کرنا -

Trencher لکڑی کا کٹھلا - لوہے کا ٹکڑا - تختہ - خندق کھودنے والا -

Trechant (trech-ənt) *adj*. Cutting, incisive تیز کاٹنے والا - پر زور - سخت تنقید -

Trechancy *n*. سختی - حدت - زور -

Trechantly *adv*. پر زور طریقے پر - سختی سے -

Trench companion طفیلی رفیق یا دوست - کھانے پینے کے یار -

Trencher cap چوکور ٹوپی جو کالجوں میں پہنتے ہیں -

Trencher-valiant دسترخوان کا شیر -

Trend (trend) *n*. & *v.i*. Tendency کوئی خاص رخ ہونا - واقعات کی نہج - میلان - رخ - رجحان -

Trepan (tri-pan) *n*. & *v.t*. A decoy, a snare دھوکا - دھوکا دینا - پھانسنا -

Trepan (tri-pan) *n*. & *v.t*. A tool for boring ہڈی میں سوراخ کرنے کا جراحی آلہ - کان کنی کا برما - برما کرنا - کھوپری میں سوراخ کرنا -

Trepang (tri-pang) *n*. A holothurian eaten by the Chinese ایک قسم کا گھونگھا جو چین میں کھایا جاتا ہے -

Trephine (tri-fēn) *n*. & *v.t*. An improved trepan ایک جدید آلہ جراحی - سوراخ کرنا - عمل جراحی کرنا -

Trepidation (trep-i-da-shən) *n*. Trembling, agitation خوف - گھبراہٹ - ہیجان - فالج کا رعشہ -

Trespass (tres-pəs) *v.i*. & *n*. Interfere with another's property, encroach مداخلت بے جا کرنا - دخل دینا - مخل ہونا - دوسرے کی زمین میں داخل ہو جانا - مداخلت - قبضہ ناجائز - مداخلت ناجائز کا مقدمہ -

Trespass on one's preserves کسی کے مخصوص علاقہ میں مداخلت کرنا -

Trespasser *n*. مداخلت بے جا کرنے والا - مخل ہونے والا -

Tress (tres) *n*. & *v.t*. A long lock - زلف - کاکل - گیسو زلفیں بنانا -

Tressy *adj*. زلفوں والا -

Trestle (tres-l) *n*. A support of horizontal beam on cross legs قینچی دار گھوڑی جس پر تختہ رکھا جائے - پل کے قینچی دار پایوں کا سلسلہ - مستول کی افقی کڑیاں -

Tret (tret) *n*. An allowance for waste - کردار - بٹہ تحریر - روکن - کسی چیز کی زائد مقدار جو اس لیے دی جاتی ہے کہ حمل و نقل میں ضائع ہونے والی مقدار کی تلافی ہو جائے -

Trews (troo-z) *n*. Trousers of tartan cloth سکاٹلینڈ کی پہاڑیوں کا دھاری دار پتلون -

Trey (trā) *n*. The three in card or dice تاش کی تکی - پانسے کا تیا -

Tri (trī) *prefix* In composition three سابقہ بمعنی تین - تہرا -

Triable (trī-əbl) *adj*. Worthy of trying قابل آزمائش - لائق امتحان - تجربہ کے قابل -

Triad (trī-ad) *n*. A group of three تین کی ٹکڑی - تثلیث - (موسیقی) تین سروں کا نغمہ - ویلس زبان میں نظم و نثر کی صنعت جس میں موضوع تین حصوں میں تقسیم کیا جاتا ہے۔

Triage (trī-ag) *n*. Broken coffee beans کافی کے بیجوں کا چورا جو قہوہ بنانے کے بعد بچ جائے - کافی کی کیٹ -

Trial (tri-əl) *n*. Examination by a test آزمائش - امتحان - تجربہ - مقابلہ - تکلیف وہ چیز - مصیبت - تکلیف -

On trial آزمائشی -

Trial marriage آزمائشی شادی جس میں عورت اور مرد بغیر نکاح میاں بیوی کی طرح رہتے ہیں -

Will give you a trial میں تم کو امتحاناً رکھوں گا -

Will make the trial میں اس کا تجربہ کروں گا -

Trialogue (trī-ə-log) *n*. A dialogue between three persons تین شخصوں کے درمیان گفتگو -

Triangle (trī-ang-gl) *n*. A plane figure with three sides and three angles - تثلیث - سہ زاویائی شکل (موسیقی) تکنا کڑا جو بجایا جاتا ہے - ٹکٹکی جس پر چڑھا کر سزا دی جاتی ہے - (ہیئت) صور شمالیہ میں سے ایک صورت -

The eternal triangle میاں بیوی اور عاشق کی تثلیث - تثلیث نا گزیر -

Triangular (trī-ang-gu-lər) *adj*. Having three angles مثلثی - سہ گوشہ - سہ زاویائی -

Triangularity *n*. مثلثیت -

Triangularly *adv*. مثلث کی صورت پر - مثلث کی شکل میں -

Triangulate (trī-ang-gu-lāt) *v.t*. Survey by means of triangles پیمائش کے لیے مثلثوں میں تقسیم کرنا -

Triangulation *n*. پیمائش کے لیے مثلثوں میں تقسیم کرنا - مثلثی تقسیم -

Triarchy (trī-ȧr-ki) *n*. Government by three persons تین اشخاص کی حکومت - ریاست جس کے تین حکمران ہوں -

Tribadism (trī-bad-izm) *n*. Unnatural vice in women خلاف وضع فطری فعل جو دو عورتیں کرتی ہیں - چپٹی - چپٹی کھیلنا -

Tribalism (trī-ba-lizm) *n*. Tribal organization قبائلی تنظیم -

Tribe (trib) *n*. An aggregate of families قبیلہ - غیر متمدن گروہ - جماعت - گروہ - فرقہ - جتھا - پودوں اور جانوروں کی جنسی اور نوعی تقسیم - کسی خاص پیشہ کے لوگ - ٹولی - قوم -

Tribal *adj*. قبیلے داری - قبیلے کا -

Triblet-bolet (trib-lit) *n*. A tapering mandrel for forging rings, etc. چھلے اور انگوٹھیاں گھڑنے کی سلاخ یا بیلن -

Tribometer (trī-bom-i-tər) *n*. An apparatus for measuring sliding friction دلک پیما - رگڑ ناپنے کا آلہ -

Tribulation (trib-ū-lā-shən) *n*. Severe affliction مصیبت - تکلیف - آفت - ایذا -

Tribunal (trib-ū-nl) *n*. Court of justice or arbitration مسند عدالت - مقرر کی ہوئی عدالت - خصوصی عدالت - دربار - مقامی کمیٹی جو جنگی خدمت سے استثنا پر فیصلہ کرتی تھی -

Tribune (trib-ūn) *n*. A champion of popular rights جمہور کا نمائندہ جو عوام کے حقوق کی حفاظت کرتا تھا - فوجی افسر - مالی افسر - حاکم فوجداری - جمہور کا حامی -

Tribunary *adj*. & *n*. جمہور کا وکیل - جمہور کا نمائندہ -

Tribuneship *n*. - وکیل جمہور کا عہدہ اور کارکردگی -

Tribune (trib-ūn) *n*. A raised stand for magistrate روم کی عدالتوں میں مجسٹریٹ کے بیٹھنے کی شہ نشین - اجلاس عدالت - مجمع عام میں تقریر کرنے کی اونچی جگہ - چبوترہ - ممبر -

Tributary (trib-ūt-ə-ri) *adj.* & *n.* Paying tribute خراج دینے والا - باجگزار - معاونی دریا - امدادی فوج - باجگزار ریاست -

Tributariness *n.* ماتحت ہونا - باجگزاری -

Tribute (trib-ūt) *n.* A payment in acknowledgement of subjection خراج - باج - اقرار ماتحتی - نذر - ہدیہ - (کان کنی) خام دھات جو مزدوروں کو اجرت کے طور پر دی جائے -

Floral tributes پھول جو مزار پر چڑھائے جائیں یا کسی کو عقیدتاً پیش کئے جائیں - گلہائے عقیدت -

Tricar (trī-kår) *n.* A three-wheeled motor car تین پہیوں کی موٹر گاڑی -

Trice (trīs) *v.t.* Haul and make fast بادبان وغیرہ چڑھانا - کھینچنا - باندھنا -

Trice (trīs) *n.* A moment لحظہ - پل - آن - دور - ایک پل -

Tricennial (trī-se-ni-əl) *adj.* Of thirty years تیس سالہ -

Triceps (trī-seps) *adj.* Three-headed تین سر کا عضلہ - بازوں کا عضلہ -

Trichiasis (trik-ī-ə-sis) *n.* Turning in of the eyelashes پپوٹوں میں بال آ جانا - پپوٹے الٹ جانا - پیشاب سے باریک ریشے خارج ہونا - زچہ کے پستان کا ورم -

Trichina (trik-i-nå) *n.* A nematode parasite in rats and pigs بال کے مانند جرثومہ جو سور اور چوہے میں ہوتا ہے اور بد احتیاطی کی وجہ سے انسان کے جسم میں داخل ہو کر مہلک مرض پیدا کر دیتا ہے -

Trichinopoli (trik-nə-pəli) *n.* Cigar made at Trichinopoli ٹرچناپلی کا بنا ہوا سگار -

Trichome (trik-ōm) *n.* Plant hair روئیں جو پودا پر اگتے ہیں -

Trichosis (trik-ō-sis) *n.* Morbid condition of hair بالوں کی بیماری -

Trichotomy (tri-kot-ə-mi) *n.* A division in three parts ثلاثی تقسیم - کسی چیز کی تقسیم تین حصوں میں - تنوک -

Trick (trik) *n., v.t.* & *i.* An artifice, a deceitful device مکر - چال - فریب - داؤں - گھات - کرتب - ہاتھ کی چالاکی - بری حرکت - شیطانی حرکت - فریب دینا - دھوکا کھانا - دھوکا دے کر پھانس لینا - توقع کے مطابق ثابت نہ ہونا - پہنانا - آراستہ کرنا -

That will do the trick اس سے مقصد حاصل ہو جائے گا -

Trick cyclist بائیسکل کے کرتب دکھانے والا -

Trick of the trade کسی پیشے کے گر -

Tricker دھوکا دینے والا - چال باز -

Trickle (trik-l) *n., v.i.* & *t.* Run in drop قطرہ قطرہ ہو کر گرنا - رسنا - بات پھوٹنا - راز ظاہر ہو جانا - قطروں کا سلسلہ - پتلی سی دھار -

Tricklet *n.* ٹپکا - پتلی دھار -

Tricksy (trik-si) *adj.* Playful - چنچل - شوخ - انوکھی - عجیب -

Trick-track (trik-trak) *n.* A form of backgammon چوسر کی طرح کا کھیل -

Tricky (trik-i) *adj.* Clever in tricks پیچدار - دھوکے باز - مشکل - نازک -

Trickiness *n.* چالبازی - دغا بازی -

Tricline (tri-klin) *n.* A cotton cloth باریک سوتی پاپلین -

Tricolour (trı-kul-ər) *adj.* & *n.* Three-coloured ترنگا جھنڈا - ترنگا -

Tricot (tre-ko) *n.* A hand-knitted woollen fabric ایک قسم کا ہاتھ کا بنا ہوا اونی کپڑا - ابھری ہوئی دھاریوں کا کپڑا -

Tricycle (trī-sī-kl) *v.i., t.* & *n.* A three-wheeled cycle تین پہیوں کی بائیسکل - ٹرائیسکل - ٹرائیسکل چلانا -

Trident (trı-dənt) *n.* A three-pronged spear ترسول - تنوکا برچھا - سہ شاخہ نیزہ مچھلیاں مارنے کا -

Tridentine (trī-dənt-in) *adj.* Of Trent in Southern Tirol رومن کیتھولک مذہب کی ایک شاخ - جو کونسل کے احکام کی پابندی کرتے ہیں -

Triennial (trī-en-yəl) *adj.* & *n.* Happening every three years سہ سالہ - جو تین سال کے بعد واقع ہو - تین سال تک روزانہ مردے کے لیے دعائے مغفرت - سہ سالہ جشن -

Triennially *adv.* ہر تین سال کے بعد - سہ سالہ -

Trier (trī-er) *n.* One who tries or makes trials آزمانے والا - تجربہ کرنے والا - جیوری کے الزامات کی تحقیقات کرنے والا -

Trierarch (trī-ər-ärk) *n.* The commander of a trireme قدیم یونان کا جنگی جہازوں کا سالار - افسر جس کا کام یہ تھا کہ وہ جہاز تیار کرانے کے بعد ان کو فوج کے ساتھ روانہ کرے -

Trierarchy (trī-ər-ärk-i) *n.* The obligation of filling out ships جنگی جہازوں کا بیڑا جو امیر بحر کی نگرانی میں تیار کیا جاتا تھا -

Trifarious (trī-fa-ri-əs) *adj.* Arranged in three rows سہ قطاری -

Trifle (trī-fl) *v.t., i. & n.* Anything of little importance ادنیٰ شے - بے حقیقت شے - معمولی سی رقم - کسی قدر - تھوڑا سا - ایک قسم کا شراب اور میوہ کا بنا ہوا کیک - سیسے اور رانگے کا مرکب - فضول باتیں کرنا - فضول حرکتیں کرنا - روپیہ ضائع کرنا -

Trifle ring *n.* پیچدار چھلا - گورکھ دھندا -

Trifle with کھیلنا - کھیل سمجھنا - کسی اہم معاملہ کو معمولی سمجھنا -

Trifler *n.* اوچھا آدمی - خفیف الحرکات - لغو گو -

Trifling *adj.* ادنیٰ سی - ذرا سی - خفیف - ادنیٰ - نا چیز -

Triflingly *adv.* اوچھے پن سے - بیہودگی سے - سبکی سے -

Triflorous (tri-flo-rəs) *adj.* With three flowers تین پھولوں کا -

Trifoliate (trī-fo-li-āt) *adj.* With three leaves تین پتوں کا - تپتیا -

Trifurcate (trī-fur-kāt) *adj.* Three-forked تین شاخوں کا - تشاخہ -

Trig (trig) *n., v.t. & adj.* Trim, neat صاف ستھرا - سجا ہوا - آراستہ - آراستہ کرنا - سجانا - پہیے کو روک لگا کر روکنا - کسی چیز کے سہارے کھڑا کرنا - ڈکانا - چکر روک -

Trigamous (tri-ga-məs) *adj.* Having three husbands or wives تین بیویوں کا خاوند - تین خاوندوں کی بیوی - پودے جن میں نر اور مادہ پھول ایک ھی وقت میں آتے ہیں -

Trigamist تین بیویوں والا - تین شوہروں والی -

Trigamy *n.* بہ یک وقت تین شادیاں کرنے کا طریقہ - سہ زوجی -

Trigeminal (trī-jem-i-nl) *adj.* Threefold, three-branched تین گنا - تگنا - تین شاخوں والا -

Trigger (trig-ər) *n.* A lever that releases a catch and fires a gun بندوق کا گھوڑا - لب لبی جس کے دبانے سے گھوڑا گرتا اور بندوق چلتی ہے - کوئی چیز جس سے کوئی واقعہ ہو جائے -

Trigon (trī-gon) *n.* A set of three signs تین برجوں کا مجموعہ - تین برجوں کا مجموعی فاصلہ ۹۰ درجے گھڑی کا ڈائل بنانے کا اوزار - ایک قسم کا کھیل - ایک قسم کا ستار - مثلث -

Trigonal (trī-gən-l) *adj.* Triangular سہ گوشہ - تکونا - مثلث -

Trigonous *adj.* تکنا - سہ پہلو -

Trigonometer (tri-gən-o-meter) *n.* An instrument for solving triangles مثلث پیما - مثلث کی پیمائش کا آلہ -

Trignometry (trig-ə-nom-i-tri) *n.* Branch of mathematics that deals with triangles and their sides علم ریاضی کی ایک شاخ جس میں ضلعوں اور زاویوں کی باہمی نسبت سے بحث ہوتی ہے - علم مساحت -

Trignometrically *adv.* علم مساحت کی رو سے -

Trigraph (trī-grâf) *n.* A combination of three letters for one sound تین حرفوں کی مخلوط آواز -

Trihedron (tri-hed-ron) *n.* Three-faced statue سہ سطحی مجسمہ -

Trill (tril) *v.i., t. & n.* A tremulous sound, pour in a stream آواز میں کھنک پیدا کرنا - گلے بازی کے ساتھ گانا - آواز کی لرزش - وہ راگ یا لفظ جو کھنکتی ہوئی آواز سے ادا کیا جائے -

Trilling laughter کھنکتا ہوا قہقہہ -

Trilling (tril-ing) *n.* Threefold compound of crystals, one child of triplets تین بلوری قلموں کا مجموعہ ۔ تنواں لڑکوں میں سے ایک ۔ تین بچے جو بہ یک وقت پیدا ہوں ان میں سے ایک ۔

Trillion (tril-yən) *n.* The cube of a million کھرب ۔ پدم ۔

Trim (trim) *adj., v.t., i. & n.* Make tidy and neat درست ۔ ٹھیک ۔ صاف ستھرا ۔ بنا ٹھنا ۔ سجیلا ۔ کیل کانٹے سے لیس ۔ سجانا ۔ سنوارنا ۔ آراستہ کرنا ۔ کانٹ چھانٹ کر درست کرنا ۔ درختوں کو تراشنا ۔ بوجھ برابر کرنا ۔ توازن درست کرنا ۔ ابن الوقت ہونا ۔ مستقل طور پر کسی کا ساتھ نہ دینا ۔ (بول چال) آڑے ہاتھوں لینا ۔ جھاڑنا ۔ ٹھگنا ۔ روپیہ بٹورنا ۔ خوش ترتیبی ۔ پوشاک ۔ لباس ۔ آراستگی ۔

Everything in perfect trim ہر چیز قرینے سے ہے ۔

Am in no trim for rough work میں کسی سخت کام کے قابل نہیں ہوں ۔

In trim درست حالت میں ۔

Trimly *adv.* نفاست سے ۔ سلیقہ سے ۔

Trimness *n.* آراستگی ۔ ٹیپ ٹاپ ۔ درستی ۔ صفائی ۔

Trimeter (tri-meter) *n.* A verse of three measures بحر مثلث ۔

Trimetrical *adj.* ایسی بحر جس کے مصرعوں میں چھ رکن ہوں ۔ شش رکنی ۔

Trimmer (trim-ər) *n.* One who trims, a time server آراستہ کرنے والا ۔ بننے ٹھننے والا ۔ جماعتیں بدلنے والا ۔ ابن الوقت ۔ باغبان کی قینچی ۔

Trimming (trim-ing) *n.* Clipping, balancing کانٹ چھانٹ ۔ کپڑے پر فیتہ یا لیس لگانا ۔ (بول چال) لوازمات ۔ کھانے پینے کی چیزیں ۔

Trine (trīn) *adj.* & *n.* Threefold, 120° apart, benign تہرا ۔ تین اجزا کا ۔ تین ستاروں کی مثلث شکل ۔ نظر سعد ۔

Tringle (tring-gl) *n.* A curtain rod پردا لٹکانے کا ڈنڈا ۔ مسہری کا ڈنڈا ۔ توپ کے دھکے کو روکنے کا پچھلا تختہ ۔

Trinity (trin-i-ti) *n.* Threefoldness, three in one عیسائیوں کا عقیدہ تثلیث ۔ باپ بیٹے اور روح القدس کے ایک ہونے کا عقیدہ ۔ تمثیل جس سے تثلیث کا اظہار ہوتا ہے ۔ پائپ صاف کرنے کا تین تہوں کا آلہ ۔

Trinitarian (trin-i-ta-ri-ən) *n.* One who believes in Trinity تثلیث کا عقیدہ رکھنے والا ۔

Trinket (tring-kit) *n.* A small piece of jewellery, انگوٹھی ۔ چھلا ۔ بندہ ۔ تنکا ۔ کوئی چھوٹا سا زیور ۔

Trinketry *n.* تنکا ۔ چھلا ۔ ٹوم ۔ چھوٹا موٹا زیور ۔

Trio (trē-ō) *n.* A set of three, a song for three singers تین ۔ تگڈم ۔ تین گانے والوں کی چوکی ۔

Trional (trī-ə-nal) *n.* A drug used as a narcotic ایک خواب آور مسکن دوا ۔

Trip (trip) *v.i., t. & n.* Move with short light steps, stumble تیزی اور چھوٹے قدموں سے چلنا ۔ تھرکنا ۔ ٹھوکر کھانا ۔ سیر و سیاحت کرنا ۔ کسی کی غلطی پکڑنا ۔ اڑنگا لگانا ۔ مشین کو حرکت میں لانا ۔ سیر و سیاحت ۔ ٹھوکر ۔ لغزش ۔ کشتی کے ایک پھیرے میں پکڑی ہوئی مچھلیاں ۔

Tripper *n.* سیر و سیاحت کا شوقین ۔

Trippingly *adv.* گرتے پڑتے ۔ تھرکتے ہوئے ۔ تیزی سے ۔ نزاکت سے ۔

Tripartite (tri-par-tīt) *adj.* In three parts, relating to three parties تین حصوں میں ۔ سہ جماعتی ۔ تین جماعتوں کا ۔

Tripartition *n.* تین حصوں میں تقسیم ۔

Tripe (trīp) *n.* Entrails آنت ۔ انتڑی ۔ اوجھڑی ۔ (بول چال) نکمی چیز ۔ بے سود چیز ۔ (کرکٹ) معمولی گیند جس کا کھیلنا آسان ہو ۔

Tripeman اوجھڑی ۔ سردان بیچنے والا ۔

Tripery *n.* اوجھڑی ۔ سردان کی دوکان ۔

Triplane (trī-plān) *n.* An aeroplane with three sets of main planes تین منزلوں والا طیارہ ۔ تین تختوں والا ہوائی جہاز ۔

Triple (trip-l) *v.t., n. & adj.* Threefold, thrice تہرا ۔ تگنا ۔ سہ چند ۔ تگنا ہو جانا ۔ انجن کے بیلن میں بھاپ کو تگنا کر دینا ۔

Triple alliance (trip-l-a-li-əns) *n.* Alliance of three powers اتحاد ثلاثہ ۔ تین ریاستوں کا اتحاد جو مختلف قوتوں کے درمیان یورپ میں ہوتا رہا ہے ۔

Triplet (trip-let) *n.* Three of a kind, three united, three lines rhyming together سہ مصرعی نظم - مثلث - تین چیزوں کا مجموعہ - تین بچے جو ایک ساتھ پیدا ہوں - (بحری) رسی اور لنگر کے حلقے کے درمیان زنجیر کی تین کڑیاں -

Triplex (tri-pleks) *n.* Triple (موسیقی) تہری تال - گانا جو تین حصوں میں منقسم ہو - تین تہوں والا موٹرکار کا شیشہ -

Triplicate (tri-pli-kāt) *adj.* & *n.* Threefold, made thrice as much تہرا - تین نقلیں - تین میں سے ایک -

Triplicate (tri-pli-kat) *v.t.* Make threefold تگنا کرنا - ایک کے تین بنانا -

Triplicity (tri-pli-si-ti) *n.* Tripleness تگنا ہونا - تہرا ہونا -

Tripod (tri-pod) *n.* Anything on three feet or legs تپائی - تین پائے کی میز - ڈیلفی کے مندر کی قربان گاہ - اس کی نقرئی نقل جو کھیلوں میں انعام کے طور پر دی جاتی ہے -

Tripodal *adj.* تین پایوں کا - تپائی کی شکل کا -

Tripoly (trip-ə-li) *n.* A diatomite ایک طرح کی ریت ملی ہوئی مٹی جو سب سے پہلے طرابلس سے لائی گئی -

Tripping (trip-ing) *n.* A light short step تھرکنا - تھمک چال -

Trippingly *adv.* جلد جلد - سبکی سے -

Tripos (trī-pos) *n.* A Cambridge honours examination جامعہ کیمبرج کا امتیازی سند کا امتحان - امتیازی بی اے - کامیاب امیدواروں کی فہرست -

Tripudiate (tri-pū-di-āt) *v.i.* Dance with joy خوشی سے ناچنا -

Triquetra (trī-kwet-rā) *n.* An ornament of three interlaced arcs ایک زیور جس میں تین کمانیں گندھی ہوئی ہوتی ہیں -

Triquetrous (trī-kwet-rəs) *adj.* Triangular تین نوکوں کا - تین شاخوں کا -

Trisect (trī-sekt) *v.t.* Divide in three equal parts تین برابر کے حصوں میں تقسیم کرنا -

Trisection عمل تقسیم - تثلیث -

Trismus (triz-məs) *n.* A titanic spasm اکڑبائی - عضلات کی اکڑن - تشنج - جبڑوں کا جم جانا - دانت کیلی بیٹھ جانا -

Trisyllable (trī-sil-ə-bl) *n.* A word of three syllables تین بولوں کا لفظ -

Trite (trīt) *adj.* Worn, worn out دیرینہ - پرانا - فرسودہ - پامال -

Tritely *adv.* فرسودہ طریقے سے -

Triteness *n.* فرسودگی - عامیانہ پن -

Tritheism (trī-the-izm) *n.* Belief that Father, Son and Holy Ghost are different Beings, belief in three Gods

Tritheist تین کا ماننے والا - تثلیث پرست -

Triton (trī-tən) *n.* A minor sea-god یونانی دیومالا میں ایک چھوٹا سمندری دیوتا -

Triturate (trit-ū-rāt) *v.t.* Grind to a fine powder پیس کر سفوف بنا دینا -

Triturable *adj.* جو باریک پیسا جا سکے -

Trituration *n.* تحلیل - پسائی - سفوف بن جانا - باریک پیسنا -

Triturator *n.* پیسنے کی چکی - پیسنے والا -

Triumph (trī-ə-mf) *n.* & *v.t.* A pageant, exultation for success (روما) جشن فتح - فاتح سپہ سالار کا جلوس - جیت - فتح - کامیابی - کامیاب ہونا - فخر کرنا - غالب آنا - فتح کی خوشی منانا -

Triumphal (trī-əmf-al) *adj.* Pertaining to victory فتح کا - جیت کا -

Triumphant (tri-əmf-ənt) *adj.* Exultant پر افتخار - فتحیاب - کامیابی پر نازاں -

Triumphantly *adv.* فتح مندی سے -

Triumvir (trī-um-vər) *n.* One of three sharing supreme powers روم کی مجلس اعلیٰ کے تین ارکان میں سے ایک - قدیم روم کی مجلس ثلاثہ کا رکن -

Triumvirate (trī-um-vər-āt) *n.* Supreme council of ancient Rome روما کی حکمران مجلس ثلاثہ - تین حکمرانوں کی حکومت -

Triune (trī-ūn) *adj.* Three in one تین بھی ایک ہی ہونا - تثلیث میں توحید -

Trivet (triv-it) *n.* A tripod آتش دان میں لگی ہوئی لوہے کی تپائی - لوہے کی تپائی -

Trivial (triv-i-əl) *adj.* Trifling معمولی - ادنیٰ - خفیف - سطحی - بے کیف - نا اہل - (نباتیات) - مشہور- مخصوص - انفرادی -

The trivial round روز مرہ کی بے کیف زندگی -

Triviality *n.* ادنیٰ چیز - بے حقیقت گفتگو - حقیر ہونا -

Trivialize *v.t.* بے لطف کر دینا - نکما بنا دینا -

Trivially *adv.* سبکی سے - معمولی طریقے سے - سرسری طور پر -

Trivialness *n.* ادنیٰ یا خفیف ہونا - نکما پن -خفت - ہلکا پن -

Troat (trōt) *v.i.* & *n.* Bellow as a buck نر ہرن کی مستی کی آواز- ہرنی کے پاس جا کر مستی کی آواز نکالنا -

Trocar (trō-kär) *n.* A surgical perforator پانی نکالنے کا اوزار- استسقا کے مریض کے جسم سے پانی نکالنے کا اوزار-

Trochaic (tro-ke) *n.* A foot of two syllables دو رکنی بحر - نظم جس کا پہلا بول تاکیدی اور دوسرا غیر تاکیدی ہو-

Trochal (trōk-əl) *adj.* Wheel like (حیوانیات) پہیے کی طرح کا -

Troche (trōk-ē) *n.* A medicinal tablet حب - قرص - دوا کی ٹکیہ -

Trochee (tro-ke) *n.* A foot of two syllables شعر کا ایک وزن جس میں پہلا رکن لمبا اور دوسرا چھوٹا ہوتا ہے -

Trochilus (trok-i-ləs) *n.* A crocodile bird ایک چھوٹا پرندہ جو سگر مچھ کے منہ کے ریشے صاف کرتا ہے -

Trochoid (trok-o-id) *adj.* & *n.* Wheel like اپنے محور پر گردش کرنے والا - لٹو کی شکل کی محراب -

Troglodyt (trog-lə-dīt) *n.* A cave-dweller گوشہ نشین - غار میں رہنے والا - ایک پرندہ - ایک بندر جو انسان سے مشابہ ہوتا ہے -

Troika (troi-kä) *n.* A Russian vehicle for three horses abreast ایک روسی گاڑی جس میں تین گھوڑے پہلو بہ پہلو جوتے جاتے ہیں -

Trojan (tro-jən) *adj.* & *n.* Of Troy ٹرائے کا باشندہ - شہر ٹرائے کی جنگ - شہر ٹرائے کا -

Like a Trojan محنت اور بہادری سے -

Troll (trol) *n.* A goblin of Scandinavian mythology - ناروے اور سویڈن کی دیومالا کا ایک جن - بالشتیا جن جو بہت شریر ہے -

Troll (trol) *v.t.*, *i.* & *n.* Roll, spin گھمانا - پھیرنا - چکر دینا - کئی آدمیوں کا ایک گیت کے ٹکڑوں کو باری باری سے گانا - مچھلی کا شکار کھیلنا - باری کا گیت - ہنسی کی چرخی -

Trolley (trol-i) *n.* A lace with a flat border, a small cart ٹھیلا - ٹھیلا گاڑی - ٹرام گاڑی کی پھرکی جو بجلی کا تار چھوتی ہے - ایک قسم کی سادہ کنارے کی کور یا لیس -

Trallop (trol-əp) *n.* A strumpet - پھوہڑ - آوارہ عورت - کسبی -

Trallopish-py *adj.* پھوہڑ - آزاد - آوارہ -

Tromba (trom-bä) *n.* An obsolete viol generally one stringed (موسیقی) یکتارا - طنبورہ - ترم کی سی آواز دینے والا باجا -

Trombone (trom-bōn) *n.* A musical wind instrument ترم یا شہنائی کی قسم کا باجا -

Trombonist *n.* ترم بجانے والا -

Trommel (trom-əl) *n.* A revolving sieve دھات چھاننے کی چھلنی - چکر چھلنی -

Tromometer (trom-om-i-tər) *n.* An instrument for measuring slight earthquake shocks زلزلے کے خفیف جھٹکوں کی پیائش کا آلہ - زلزلہ پیما -

Trompe (tromp) *n.* An instrument for producing blast by falling water پن دھونکنی -

Troop (troop) *n.*, *v.t.* & *i.* A body of soldiers غول - جھنڈ - ٹولی - فوج - لشکر - رسالہ - فوج کا دستہ - تماشہ دکھانے والوں کی منڈلی - جمع ہونا - اکٹھا ہونا - تیزی سے چلنا - کوچ کرنا - آگے بڑھنا -

Troopship *n.* فوجی بار برداری کا جہاز - سپاہیوں کو لے جانے والا جہاز -

Trooper (troop-ər) *n.* A private cavalry soldier گھڑچڑھا سپاہی - باربرداری کا جہاز- رسالے کا گھوڑا یا سوار - خانگی فوج کا سوار -

Swear like a trooper بات بات پر قسم کھانا -

Trope (trōp) *n.* A figure of speech مجاز - استعارہ - تمثیل جو پادری اپنے وعظ میں استعمال کرتے ہیں -

Trophy (trof-i) *n.* A memorial of victory ہتھیار جو فاتح مغلوب سے چھین کر جمع کرتے ہیں - فتح کی نشانی - فتح کی یادگار - کوئی خوشنما چیز جو فاتح کو دی جائے - کسی بڑے شکار کیے ہوئے جانور کا سر سینگ وغیرہ -

Tropic (trōp-ik) *n.* & *adj.* Part of the earth between the tropics of Cancer and Capricon خط سرطان اور خط جدی کا درمیانی حصہ - منطقہ حارہ کا - گرم ملکوں کا -

The tropics *n.* خط سرطان اور جدی کا درمیانی حصہ - منطقہ حارہ -

Tropical (trop-ik-l) *adj.* Fervidly hot منطقہ حارہ کا - گرم ملکوں کا - گرم - گرم ملکوں کی طرح - پرجوش - شدید -

Tropically *adv.* گرمی کے ساتھ - مجازاً -

Tropicopolitan (trop-iko-pol-i-tən) *adj.* Of hot region گرم ملکوں کا - گرم آب و ہوا کا -

Tropology (trop-o-ləji) *n.* Figurative speech or language مجاز - استعارہ - علم بیان - صنائع و بدائع -

Troposphere (trop-o-sfēr) *n.* The lowest layer of atmosphere ہوا کا کرہ اول جس میں اوپر حرارت کم ہوتی جاتی ہے - سات میل کا کرہ ہوائی -

Troppo (tro-pō) *adv.* Too بھی - زیادہ - بہت زیادہ -

Trot (trot) *v.t., i.* & *n.* Go, ride or drive at a trot, a pace between walking and running دلکی چلنا - بھاگنا - دوڑنا - دلکی چلانا - دوڑ کر طے کرنا - دوڑ دھوپ - محنت اور مستعدی کا کام - چھوٹا بچہ جو ڈگمگا کر چلتا ہو -

Trottoir *n.* سڑک کے ایک طرف پیدل چلنے کا راستہ -

Trot out قدم چلنا -

Troth (troth) *n.* Faith and fidelity دیانت - راستی - وفا - ایمان -

Plight one's troth منگنی کرنا - وفاداری کا اقرار کرنا - قول دینا -

Trotter (trot-ər) *n.* A trotting horse دلکی چلنے والا - قدم چلنے والا گھوڑا - (جمع) جانوروں کے پائے - انسان کے پیر -

Troubadour (troo-bə-door) *n.* A class of lyric poets of Chivalric love قرون وسطیٰ کے غزل گو شاعر -

Trouble (trub-l) *v.t., i.* & *n.* Disturb, agitate, afflict ہلانا - گھنگھولنا - تلاطم پیدا کرنا - پریشان کرنا - ایذا دینا - تکلیف اٹھانا - تکلیف - مصیبت - مرض - پریشانی - شکایت

Ask or look for trouble جھمیلے میں پڑنا -

Troubled waters مشکلات - پریشانیاں - مصائب -

Troublesome *adj.* تکلیف دہ -

Troublesomeness *n.* تکلیف دہ ہونا - پر زحمت ہونا -

Troublous (trub-ləs) *adj.* Full of troubles and disorder پر آشوب - ہنگامہ کا - درہم برہم - بے امن و امان -

Trough (trof) *n.* A long narrow vessel for watering or feeding animals ڈونگی - پانی کی کنڈی - لگن - تشت - کھلا نل دار پانی کا راستہ - حوض کی شکل کی کنڈی -

Trounce (trowns) *v.t.* Harass, punish, beat مارنا پیٹنا - پریشان کرنا - ہرانا - کندی کرنا -

Trouncing *n.* کندی - مار پیٹ - زدوکوب -

Troupe (troop) *n.* A company of performers اداکاروں کی ٹولی - تماشا دکھانے والوں کا طائفہ - نٹوں یا بھانڈوں کا گروہ -

Trousers (trow-zərz) *n.p.* Long breeches, a garment on lower part of body پاجامہ - پتلون - عورتوں کا جھالر دار پاجامہ -

Trousering *n.* پتلون کا کپڑا - پاجامے کا کپڑا -

Trousseau (troo-sō) *n.* A bride's outfit لباس عروسی - دلہن کا جوڑا -

Trout (trowt) *n.* A fresh water fish میٹھے پانی کی ایک لذیذ مچھلی -

Trouty *adj.* جس میں ٹراوٹ مچھلی کثرت سے ہو -

Trouvere (troo-ver) *n.* One of the epic poets of France in mediaval age قرون وسطیٰ کے فرانسیسی رزمیہ شاعر -

Trove (trov) *n.* Treasure دیکھو

Trover (troov-ər) *n.* An action to recover goods from a person to whom they do not belong جائداد منقولہ کی بازیابی کا دعویٰ ایسے شخص کے خلاف جو نا جائز طور پر قابض ہے -

Trow (trō) *v.t.* Believe, trust اعتبار - خیال کرنا - بھروسہ کرنا -

Trowel (trow-əl) *n.* & *v.t.* A flat scooped-shaped tool for plastering and gardening - کرنی کھرپی - اوزار جس سے راج گارا پھیلاتا ہے - مالی کا بیلچہ یا کھرپا - گارا پھیلانا - کھرپی کرنا - تھالے بنانا -

Lay it on with a trowel بھونڈے طریقے سے خوشامد کرنا -

Troy (troi) *n.* A system of weights چاندی سونا تولنے کے باٹ -

Truant (troo-ənt) *adj., n.* & *v.t.* A vagrant, idler کام چھوڑ کر بھاگ جانے والا- بھگوڑا - بد شوق طالب علم - آوارہ گرد - کاہل - سست -

Play truant کام یا مدرسہ سے بھاگ جانا -

Truant school مدرسہ - صنعت جہاں کام چور بچوں کی تعلیم کا خاص انتظام ہوتا ہے -

Truancy *n.* کام چوری - آوارہ گردی - بھگوڑا پن -

Truantly *adv.* - بد شوقی سے - سستی اور کاہلی سے -

Truce (troos) *n.* Suspension of hostility عارضی صلح - جنگ بندی - وقفہ - مہلت - التوائے جنگ -

Trucial *adj.* التوائے جنگ کے بارے میں - عارضی صلح کے متعلق -

Truck (truk) *v.i., t.* & *n.* Exchange, barter, traffic - معاملہ کرنا - سودا کرنا - مال کا تبادلہ کرنا پھیری میں بیچنا - چھوٹا موٹا مال - فضول باتیں - تجارت کا طریقہ جس میں مزدوروں کو نقد کی جگہ مال دیا جاتا ہے یا روپیہ اس شرط سے کہ وہ وہیں چیزیں خریدیں -

Have no truck with دور رہنا - کوئی واسطہ نہ رکھنا -

I shall stand no truck میں لغویات برداشت نہیں کرونگا -

Truck (truk) *n.* & *v.t.* A trolley, a bogie, a lorry مال لے جانے کی لاری - مال گاڑی کا ڈبہ - ٹھیلا - لاری - لاری میں مال لے جانا -

Truckage ٹرک میں مال لے جانا - ٹرک کا کرایہ -

Truckle (truk-l) *v.i.* & *n.* Behave with servility دب جانا - عاجزی کرنا - تابعداری کرنا - نیچا پلنگ جو بڑے پلنگ کے نیچے آ سکے -

Truculent (trook-ū-lent) *adj.* Fierce, cruel جنگ جویانہ - بد مزاج - تند خو -

Truculence-ency *n.* تند خوئی - درشتی - خشونت -

Truculently *adv.* خشونت سے - تند خوئی سے -

Trudge (truj) *v.i., t.* & *n.* Walk with effort بھاری قدم رکھنا - گھسٹنا - ایسی چال جس میں دقت سے قدم اٹھتا ہو -

Trudgen (truj-ən) *n.* A swimming stroke باری باری سے دونوں ہاتھ مارنا - تیراکی کا ایک طریقہ - پیٹ کے بل پانی پر لیٹ کر ہاتھ مارنا - کھوڑی مار کر تیرنا -

True (troo) *adj., adv.* & *v.t.* Faithful, constant, genuine - سچا - صادق - وفادار - ٹھیک - صحیح ہم آہنگ - راسخ - اصل - کھرا - آمیزش یا ملاوٹ سے پاک - ٹھیک کرنا - پہیے وغیرہ کو سیدھا کرنا -

True blue اپنے اصول کا پابند - وضع دار -

True born نجیب - شریف - کھرا - صادق -

True-hearted راست باز - صاف دل -

True love ایک پودا جس کی پتیاں گرہیں بناتی ہیں - وفادار معشوق - محبوب - دلی دوست -

True love knot محبت کی پکی گرہ - سچی محبت کا بیان -

Truffle (troof-l) *n.* A fungus witn edible root ایک کھمبی جس کی گرہیں کھانے میں ملائی جاتی ہیں -

Trug (trug) *n.* A wooden fruit basket میوہ کی ٹوکری -

Truism (troo-izm) *n.* A self evident truth بدیہی امر - مسلمہ حقیقت - سچائی - حق - قول صادق - پیش پا افتادہ بات - فرسودہ مقولہ -

Trull (trul) *n.* A drab فاحشہ - بازاری عورت - کسبی -

Truly (tro͞o-li) *adv.* - ایمانداری سے - نمک حلالی سے حقیقی طور پر - ٹھیک ٹھیک - سچ سچ - فی الحقیقت - خط کے آخر میں ''آپ کا مخلص'' -

Trump (tru-mp) *n.* A trumpet, a blast ترم یا بگل کی آواز -

Trump (trump) *n., v.t.* & *i.* A card of a declared suit ترپ - ترپ کا پتہ - (بول چال) اچھا آدمی - نہایت بہادر - فیاض آدمی - ترپ لگانا - آخری تدبیر یا وسیلہ سے کام لینا -

Put person to his trumps کسی شخص کو اپنے آخری وسیلہ کے استعمال پر مجبور کرنا -

Trump card نہایت عمدہ ترکیب - ترپ کا پتا -

Trump up گھڑ لینا - جھوٹ موٹ بنا لینا -

Turn up trumps (بول چال) توقع سے بڑھ کر اچھا ثابت ہونا - غیر متوقع کامیابی -

Trumpery (trump-eri) *adj.* & *n.* Showy گھٹیا بھڑک دار چیز - محض نمائشی - سطحی - نمائشی - بے حقیقت - نکمی چیزیں -

Trumpet (trum-pit) *n., v.t.* & *i.* A signalling instrument of powerful tone ترم - بگل - قرنا - شہنائی - ترم بجانے والا - بگل بجا کر اعلان کرنا - مشہور کرنا - ہاتھی کا چنگھاڑنا -

Trumpet call دعوت عمل - ترم کی آواز -

Trumpeter (trum-pit-ər) *n.* One who sounds a trumpet ترمچی - بگل بجانے والا - قرنا پھونکنے والا -

Truncate (trungk-āt) *v.t.* & *adj.* Cut short قلم کرنا - تراشنا - چھانٹنا - اوپر کی شاخیں تراشنا - ہاتھ پاؤں کاٹنا - کٹا ہوا - قلم کیا ہوا -

Truncation *n.* قطع برید - کاٹ چھانٹ -

Truncheon (trun-shən) *n.* A short staff, a cudgel عصا - ڈنڈا - جریب - عصائے شاہی - سونٹا - پولیس کے سپاہی کا ڈنڈا -

Trundle (trun-dl) *n., v.t.* & *i.* A roller, a little wheel گول چیز - چکر - رولر - چھوٹا پہیا - چھوٹی چرخی - نیچے پہیوں کا ٹھیلا - لڑھکانا - ٹھیل کر لے جانا - (بول چال) گیند پھینکنا -

Trundler *n.* ٹھیلنے والا - گیند پھینکنے والا - لڑھکانے والا -

Trunk (trunk) *n.* & *v.t.* The stem of a tree, the body of an animal apart from his head and limbs تنا - دھڑ - اصلی حصہ - ریل کی اصلی پٹری - ٹیلیفون کی لمبی لائن - پٹی - کپڑے رکھنے کا صندوق - انجن کا فشارہ - ہاتھی کی سونڈ - دھات کو آبریز کے ذریعے صاف کرنا -

Trunnion (trun-yən) *n.* Either of a pair of side projections on which anything moves vertically توپ گاڑی کا درمیانی شہتیر جس پر توپ نیچے اوپر ہو سکتی ہے اور جو توپ سے دونوں جانب نکلا رہتا ہے - اس کا دو میں سے کوئی سرا - انجن کے بوائلر کا پتلا سا دودکش -

Truss (trus) *v.t.* & *n.* A bundle specially of hay or straw کسنا - جکڑنا - گٹھا باندھنا - مشکیں کسنا - پرندوں کے پنکھ باندھ دینا - لٹکا دینا - پیل پایہ - کھمبا جس میں اڑی ٹیکن لگی ہو - خشک گھاس کا گٹھا - لوہے کا آنکڑا - فتق کے مریض کی پٹی -

Trust (trust) *n., v.t.* & *i.* Worthiness of being relied on اعتبار - بھروسہ - اعتماد - حسن ظن - ساکھ - (قانون) جائداد جو زیر تولیت ہو - امانت - ودیعت - تجارتی کمپنیوں کا مشترکہ کاروبار - اعتماد کرنا - بھروسہ کرنا - امانت رکھنا - گاہک کو مال ادھار دینا -

On trust اعتبار پر - ادھار -

Takes everything on trust ہر چیز میں حسن ظن سے کام لیتا ہے -

Trustingly *adv.* اعتماد کرتے ہوئے - اعتبار پر بھروسہ کرکے -

Trustee (trust-ē) *n.* One to whom anything is entrusted متولی - امین - امانت دار - وہ شخص جو کسی ادارے کا مہتمم ہو -

Trusteeship متولی یا مہتمم کا منصب -

Trustful (trust-ful) *adj.* Trusting بھروسہ کرنے والا - اعتماد کرنے والا -

Trustfulness *n.* بھروسہ - اعتماد -

Trustworthy (trust-wor-thi) *adj.* Worthy of trust لائق اعتماد - قابل اعتبار -

Trustworthiness *n.* قابل اعتبار ہونا - معتبری -

Trusty (trust-i) *adj.* & *n.* Worthy of trust قابل اعتبار - ایماندار - نیک چلن قیدی -

Trustily *adv.* قابل اعتماد طریقے سے -

Trustiness *n.* قابل اعتماد ہونا - معتبری - دیانت داری -

Truth (trooth) *n.* Faithfulness, constancy veracity سچ - سچائی - صحت - دیانت - خلوص - صداقت - راستی - حقیقت - اصلیت - حق -

Home truths چبھتی ہوئی باتیں جو صحیح مگر ناگوار ہوں - کڑوے گھونٹ - کھری کھری باتیں -

Truthful (trooth-ful) *adj.* Habitually telling truth حق گو - راست گو - راست باز - صادق - حقیقت پر مبنی -

Truthfulness *n.* راستی - سچائی - راست گوئی -

Truthless (trooth-les) *adj.* False, without truth ناراست - جھوٹا - بے وفا - دغاباز -

Truthlessness *n.* بے وفائی - جھوٹا پن - ناراستی -

Try (trī) *v.t., i.* & *n.* Separate out, test, render, refine آزمانا - آزمائش کرنا - امتحان کرنا - جانچنا - پرکھنا - جد و جہد کرنا - سعی کرنا - ہاتھ پاؤں مارنا - زبان پر رکھنا - مقدمہ چلانا - تحقیقات کرنا - کھردرے تختے کو رندا کرکے صاف کرنا - تیل وغیرہ کو جوش دے کر صاف کرنا - گیند کو گول کے سامنے رکھ کر ٹھوکر مارنا - کوشش - آزمائش -

Trying *adj.* تکلیف دہ - دشوار - سخت - صبر آزما -

Tryingly *adv.* آزماتے ہوئے - تکلیف دہ طور پر -

Tryst (trīst) *n.* & *v.t.* An appointment to meet ملاقات کا وعدہ - ملاقات کرنا -

Tsar (zär) *n.* دیکھو Czar

Tse-tse (tset-si) *n.* Small flies that transmit parasites and cause sleeping sickness, Nagana افریقہ کی ایک زہریلی مکھی جس کے کاٹنے سے مریض پر نیند کا غلبہ ہو جاتا ہے -

Tub (tub) *n.* & *v.t.* An open wooden or metallic vessel ناند - کونڈا - کٹھرا - کٹھوتی - چھوٹا پیپا - کپڑے دھونے یا نہانے کا ٹب - کوئلہ کا جھابا - چائے - غلہ یا مکھن وغیرہ ناپنے کی پائلی - چھوٹی کشتی - صندق پر لکڑی یا لوہے کا خول چڑھانا -

Let every tub stand on its own bottom } ہر شخص کو آپ اپنی فکر کرنا چاہیے -

Tub-thumper *n.* چلا چلا کر وعظ کہنے والا - عامیانہ مقرر -

Tub-thumping *n.* چیخ چیخ کر وعظ کہنا -

Tuba (tub-ȧ) *n.* A straight trumpet ایک قسم کی لمبی نفیری - آرگن باجے کا پردہ -

Tubby (tub-i) *adj.* Sounding like an empty tub ٹب کی شکل کا - بھدی آواز کا - گول مٹول -

Tube (tub) *n.* A pipe, a long hollow body نالی - نال - نلکی - ٹیوب - ٹیوب ریل گاڑی جو زیر زمین بجلی سے چلتی ہے - نلکی لگانا - ٹیوب میں رکھنا -

Tubewell نل کنواں -

Tubing *n.* نلوں کا سلسلہ - نلکی -

Tuber (tū-bər) *n.* A rounded swelling ورم - گلٹی - گومڑا - بصلہ - آلو پیاز - ادرک کی گانٹھ - ایک قسم کی زیر زمین کھمبی -

Tubercle (tū-bər-kl) *n.* A small tuber گلٹی - پھنسی - دانہ - دق کا دانہ -

Tubercled *adj.* دق کی گلٹیوں والا - دق کے دانوں والا -

Tubercular *adj.* دق کا سا - دق یا سلسلہ میں مبتلا -

Tuberculate *adj.* جس میں دق کی پھنسیاں ہوں -

Tuberculine *n.* ایک دوا جو دق کے جراثیم سے تیار کی جاتی ہے -

Tuberculose }
Tuberculous } *adj.* دق میں مبتلا - جس میں دق کے دانے ہوں -

Tuberculation (tū-bər-klā-shən) *n.* State of having tubercles دق کے دانوں کا نکلنا -

Tuberculize (tū-bər-klīz) *v.t.* Infect with tuberculosis دق کے جراثیم داخل کرنا -

Tuberculization دق کا اثر پہنچنا یا پہنچایا جانا -

Tuberculosis (tū-bər-klōs-is) *n.* Consumption or phthisis دق - سل -

Tuberculosed *n.* دق میں مبتلا - مدقوق -

Tuberose (tū-bə-rōs) *adj.* Tuberous - بصلہ دار پودا - گانٹھ دار - گٹی دار - گل شب بو -

Tuberous *adj.* گانٹھیلا - گرہ دار -

Tubular (tūb-u-lər) *adj.* Tube-shaped نلکی کا بنا ہوا - نل کی شکل کا - نلکیوں میں رکھا ہوا - نلکی سے نکلتی ہوئی ہوا کا سا (تنفس) -

Tubulose *adj.* نل کا سا - نلی کی شکل کا -

Tuck (tuk) *v.t., i. & n.* Stuff, cram, gather or gird up - کپڑے میں پلیٹیں ڈالنا - سکیڑنا - سمیٹنا - چڑھانا - اٹھانا - اچھی طرح ڈھک لینا - مچھلی کو بڑے جال سے نکال کر چھوٹے جال میں ڈالنا - (بول چال) مجرم کو پھانسی دینا - کھانے کی مٹھائی - کیک وغیرہ -

Tuckshop مٹھائی وغیرہ کی دوکان -

Tucker (tūk-ər) *n.* A piece of cloth tucked over the bosom اوڑھنی - دوپٹہ - پلیٹیں ڈالنے والا پرزہ - پلیٹیں ڈالنے والا درزی -

Tucker (tuk-ər) *v.t.* Tire exceedingly (امریکہ) تھکا دینا - تھکا مارنا -

Tucum (too-kum) *n.* A Brazilian palm برازیل کا ایک درخت جس کے ریشے سے رسیاں بنتی ہیں -

Tudor (tu-dər) *adj.* Pertaining to Welsh family of Tudor انگلستان کے شاہی خاندان تیوڈر کے عہد کا -

Tuesday (tuz-di) *n.* The third day of the week ہفتہ کا تیسرا دن - منگل - سہ شنبہ -

Tuft (tuft) *n., v.t. & i.* Lock of hair, bunch, a cluster گچھا - لچھا - بالوں کی لٹ - چھوٹی شریانوں کا جال - جامعہ کا نواب طالبعلم - گچھوں کی شکل میں اُگنا -

Tuft (tuft) *n.* Soft stone آتش فشانی مادے کے پتھر کا ٹکڑا -

Tuft-hunter رئیسوں کی صحبت کا شائق -

Tufty *adj.* گچھے دار -

Tug (tug) *v.t., i. & n.* Pull forcibly, haul - کھینچنا - گھسیٹنا - جھٹکا دے کر کھینچنا - سخت کوشش - گھوڑے کی کاٹھی کا چھلا - (کان کنی) وہ حلقہ جس میں چرخی اٹکاتے ہیں -

Tug of war کھینچا تانی - رسا کشی -

Tuism (tu-izm) *n.* Reference to the interests of a second person یہ نظریہ کہ انسان کے تصورات میں اس کے آئندہ نفس سے خطاب ہوتا ہے -

Tuition (tū-ish-ən) *n.* Guardianship نگرانی - حفاظت - درس - تعلیم - تربیت - معلمی - اتالیقی - معلمی کا وظیفہ - فیس -

Tuitional / **Tuitionary** } *adj.* تعلیمی - نگرانی کا - معلمی کا - اتالیقی کا -

Tulchan (tulhh-ən) *n.* A stuffed calf skin set beside a cow بھس بھری ہوئی بچھڑے کی کھال جو گائے کے پاس رکھی جاتی ہے تاکہ وہ دودھ دے -

Tulip (tū́-lip) *n.* Any bulbous plant, or flower of genus tulipa گل لالہ - شقائق - گھنٹی کی شکل کا پردہ - بندوق کا دہانا -

Tulipomania *n.* گل لالہ اگانے کا شوق جو جنون کی حد تک پہنچ جائے -

Tum-tum-tum (tum) *n.* The sound of banjo ستار - پچ تارے یا اکتارے کی آواز - تم تم - تنا تم تم -

Tumble (tum-bl) *v.i., t. & n.* Roll, wallow, overthrow, toss about - لوٹ پوٹ جانا - لڑھکنا - گر پڑنا - موجوں کا اچھلنا - بیمار کا تڑپنا - بار بار پہلو بدلنا - قلا بازی کھانا - گرا دینا - کپڑے یا بال نوچنا - نٹ بازی - بے ترتیبی - گڑ بڑ -

Tumble car ایک گھوڑے کی گاڑی -

Tumble down لڑھکنا - ڈگمگانا -

Tumble over اوندھا گرنا - گر پڑنا -

Tumble to خیال آنا - سمجھنا -

Tumble up ہڑ بڑا کر اٹھنا - بستر سے اٹھنا -

Tumble in بستر میں سونا -

Tumbler (tum-bl-ər) *n.* An acrobat, a tall glass one that could not stand - قلا بازی کھانے والا - قلا باز کبوتر - چپٹے پیندے کا گلاس - قفل اور بندوق کے گھوڑے کی چاپ -

Tumbrel (tum-brəl) *n.* A tipcart, two-wheeled military cart دو پہیے کی فوجی گاڑی - گوبر اٹھانے کی گاڑی (فرانس) مقتل میں لے جانے والی گاڑی - ایک سزا دینے کا آلہ -

Tumefy (tu-mi-fī) *v.t. & i.* Swell - سوجنا - پھولنا - ورم آنا - غرور سے پھول جانا -

Tumefacient *adj.* سوجنے والا - متورم - سوجا ہوا -

Tumefaction *n.* آماس - ورم - سوجن -

Tumid (tum-id) *adj.* Swollen - لفاظی والی "عبارت" - سوجا ہوا - ابھرا ہوا -

Tumescence *n.* ہلکی سی سوجن -

Tumescent *adj.* قدرے متورم -

Tumidity, Tumidness *n.* ورم - سوجن - بے جا لفاظی -

Tummy (tum-i) *n.* Stomach (بچوں کی زبان) پیٹ -

Tumour (tu-mər) *n.* Swelling گومڑا - سخت ابھار - گلٹی - دنبل -

Tumult (tu-mult) *n.* Violent commotion - ہنگامہ - شورش - بلوہ - دنگا - شور و غوغا - بے چینی - اضطراب -

Tumultuary *adj.* شورش پسندانہ۔ شورش پسند -

Tumultuous *adj.* پر شور - فتنہ انگیز - ہنگامہ خیز -

Tumultuousness *n.* شور انگیزی - ہنگامہ خیزی -

Tumulus (tu-mu-ləs) *n.* A burial mound اونچی قبر جس کے نیچے کوئی عمارت بنی ہو -

Tun (tun) *n. & v.t.* A large cask - شراب کا بڑا پیپا - شراب کا حوض - بڑا پیپا - شراب کو پیپوں میں بھرنا -

Tundish *n.* شراب کی قیف -

Tund (tund) *v.t. & i.* Beat, thump - سونٹے مارنا - ڈنڈے مارنا -

Tundra (tūn-dra) *n.* A frozen Arctic plain قطب شمالی کے میدان جن میں کائی اگتی ہے -

Tune (tun) *n., v.t. & i.* A tone, melody, temper سر - لے - تان - نغمہ - ہم آہنگی - مطابقت - اچھی حالت - خوش مزاجی - سر ٹھیک کرنا- ہم آہنگ ہونا - معیار کے مطابق کرنا - گانا بجانا- نغمہ میں ادا کرنا -

Tune up گانا بجانا شروع کرنا -

In tune سریلا -

Out of tune بے سرا -

To the tune of اس حد تک - اس تعداد تک -

Tunable *adj.* سر ملانے کے قابل - سریلا -

Tuner *n.* سر ملانے والا - سر درست کرنے والا -

Tuneful (tūn-ful) *adj.* Melodious, musical - رسیلا - سریلا -

Tunefulness *n.* رسیلا پن - سریلا پن -

Tuneless (tūn-les) *adj.* بے آہنگ - بے سرا -

Tungsten (tung-stən) *n.* A rare metal got from wolframite ایک کمیاب دھات جو فولاد کے رنگ کی ہوتی ہے -

Tunic (tū-nik) *n.* A Roman shirt like under-garment کرتا - کرتی - نیم آستین - عورتوں کا ڈھیلا کوٹ یا بلوز - فوج یا پولیس کا چھوٹا چست کوٹ - پادری کا لمبا کرتا - کھال - پوست - جھلی -

Tunicate *adj.* غلافی - جس پر غلاف چڑھا ہو - غلاف پوش -

Tunicle (tū-nik-l) *n.* A little tunic پادری کا چھوٹا کرتا - اسقف کا کرتا - پتلا پوست یا چھلکا -

Tuning (tun-ing) *n.* Adjustment of tune - سر ملانا - سر ٹھیک کرنا - ساز درست کرنا -

Tuning crook سر ٹھیک کرنے کی کنجی -

Tuning hammer پیانو کے پردے کسنے اور ڈھیلا کرنے کا آلہ - سر ٹھیک کرنے کی سنسی -

Tunnel (tun-l) *v.t., i. & n.* A passage cut underground زمین دوز راستہ - سرنگ - خرگوش وغیرہ کا بھٹ - دودکش کی چمنی - سرنگ کھودنا - دودکش میں چمنی لگانا -

Tunny (tun-i) *n.* A large fish akin to mackrel سرمئی کی طرح کی ایک بڑی مچھلی -

Tuny (tun-i) *adj.* Tuneful, in a superficial obvious way زور دار لے کے ساتھ - لے کی بلندی کے ساتھ -

Tup (tup) *n. & v.i.* A ram, copulate with a ewe مینڈھا - دخانی ہتوڑے کا سرا - مینڈھے کا جفتی کھانا -

Tuquo-que (tuk-ū-kū) *n.* The retort "so are you" الزامی جواب تم بھی تو ایسے ہی ہو -

Turban (tur-bən) *n.* A head-covering - سر بند
پگڑی - دستار - عمامہ - عورتوں کا سر پیچ رومال -
بے چھجے کی ہیٹ -

Turbaned *adj.* صافہ باندھے ہوئے - پگڑی میں -
عمامہ پوش -

Turbid (tur-bid) *adj.* Muddy, disordered - میلا
گدلا - مکدر - پریشان - الجھا ہوا -

Turbidly *adv.* گدلے پن سے - تکدر سے -

Turbinate (tur-bin-āt) *adj.* Shaped like a top
لٹو کا سا - لٹو کی شکل کا - پیچ در پیچ لپٹا ہوا -
گھومنے والا -

Turbination *n.* لٹو کی طرح گھومنا - چکر کھانا -

Turbine (tur-bīn) *n.* A rotary motor with curved vanes چکر کھانے والی مشین جو پانی کے
زور سے جو پنکھوں پر گرتا ہے گھومتی ہے - پہیا جو
پانی کے زور سے چلتا ہے -

Turbit (tur-bit) *n.* A domestic pigeon ایک
چتکبرا پالتو کبوتر -

Turbot (tur-bət) *n.* A large highly esteemed flat fish ایک بڑی چپٹی مچھلی جو کھانے میں لذیذ
ہوتی ہے -

Turbulent (tur-bu-lənt) *adj.* Disorderly, unruly - پر شور - پر آشوب - مواج - متلاطم - سرکش -
شورش پسند -

Turbulence *n.* سرکشی - شورش - ہنگامہ - فساد -

Turco (tur-kō) *n.* An Algerian infantry man in French army - فرانسیسی فوج کا الجزائری سپاہی -

Turcophil ترک دوست -

Turcophobe ترکوں سے ڈرنے والا -

Turd (turd) *n.* A lump of dung - پاخانے کا لینڈا -

Turdine (turd-īn) *adj.* & *n.* چھپے کی طرح کا - چھپے کی
قسم کا ایک پرندہ -

Tureen (tə-rēn) *n.* A large dish of soup شوربہ
کی گہری قاب - شوربہ کی قاب - سر پوش دار گہری
مشقاب -

Turf (turf) *n.* & *v.t.* The surface of land matted with grass گھاس کی زمین - گھاس کا قطعہ - دوب
تختہ - گھڑ دوڑ کا گھاس کا میدان - کرکٹ کھیلنے
کا قطعہ زمین -

The turf گھڑ دوڑ کا مشغلہ - پیشہ -

Turfman گھڑ دوڑ کا شوقین -

Turfite *adj.* گھڑ دوڑ کا -

Turfy *adj.* گھاس کے تختے کا - گھاس کی طرح کا -

Turgid (tur-gid) *adj.* Swollen, bombastic, pompous - سوجا ہوا - پھولا ہوا - شوکت الفاظ کا -
لفاظی کا - مبالغہ آمیز -

Turgent *adj.* پھولا ہوا - مبالغہ آمیز -

Turgescence *n.* ورم - آماس - سوجن -

Turgescent *adj.* پھولا ہوا - مبالغہ آمیز - متورم -

Turgidity *n.* مبالغہ آمیزی - لفاظی - آماس - سوجن -

Turk (turk) *n.* A native or citizen of Turkey
ترک - ترکی کا باشندہ -

Turn Turk ضدی ہو جانا - مسلمان ہو جانا -

Turkism (turk-izm) *n.* Being a Turk - ترکی ہونا
تورانی ہونا - اسلامیت -

Turkey (turk-i) *n.* A guinea fowl - ایک قسم کا مرغ
پیرو - فیل مرغ - ترکی -

Red as a turkey cock غصہ میں ترکی کے منہ کی طرح
لال پیلا -

Turkey stone فیروزہ -

Turkish (turk-ish) *adj.* & *n.* Of Turkey or Turk - ترک کا - ترکی کا - ترکی مزاج اور خواص کا -

Turkish-bath (turk-ish-bath) *n.* A kind of hot air bath - گرم بھاپ کا غسل -

Turkoman (turk-o-mən) *n.* A member of Turkoman tribe - ترکمان - ترکمانی قبیلہ کا رکن -

Turmeric (tur-mər-ik) *n.* A plant of ginger family - ہلدی - زرد چوب - پطرس -

Turmoil (tur-moil) *v.t.* & *n.* Disquiet, tumult
ہل چل - کھلبلی - ہنگامہ - پریشانی - اضطراب - پریشان
کرنا - شورش برپا کرنا -

Turn (turn) *v.i.* & *t.* Revolve, rotate, spin, change the direction of چکر - گھانا - پھرانا
دینا - رخ بدلنا - موڑنا - پھیرنا - ہر پہلو پر غور کرنا -
مخاطب ہونا - بھیجنا - نکالنا - ہٹانا - کسی چیز کی
ہئیت بدل جانا - دودھ کا پھٹ جانا - متوالا کر دینا -
مغرور کر دینا - خراد پر چڑھانا - سانچے میں ڈھالنا -
اعتقاد یا رائے بدلنا - ترتیب دینا - موزوں کرنا -

Can turn his hand to any thing وہ ہر کام کر سکتا ہے ۔

Milk will turn دودھ پھٹ جائیگا ۔

Turn coat غدار ۔ نمکحرام ۔ زمانہ ساز ۔

Turn cock وہ شخص جو پانی کا نل کھولتا اور بند کرتا ہے ۔

Turn down الٹنا ۔ تہہ کرنا ۔ موڑنا ۔ تجویز رد کرنا ۔

Turn key جیل خانے کا کلید بردار ۔ پانی چھوڑنے کا چوکیدار ۔ کلید بردار ۔

Turn on the water works آنسوؤں کی ندی بہا دینا ۔ رونا شروع کرنا ۔

Turnpike روک چرخ ۔ جہاں محصول دیکر لوگ داخل ہوتے ہیں ۔ روک پھاٹک ۔

Turn (turn) *n.* Act, occasion, or place of turning چکر ۔ گردش ۔ پھیر ۔ موڑ ۔ پیچ پلٹنا ۔ انحراف ۔ کجی ۔ تبدیلی ۔ تغیر ۔ انقلاب ۔ طبیعت ۔ مزاج ۔ ساخت ۔ سیر ۔ گشت ۔ دورہ ۔ باری ۔ نوبت ۔ (موسیقی) زائد سر ۔ (جمع) ایام حیض ۔ (طباعت) الٹا حرف ۔ اعصابی دھچکا ۔

By turn باری باری ۔

Did me a good or bad turn میرے ساتھ اچھائی یا برائی کی ۔

Milk is on the turn دودھ پھوٹ رہا ہے ۔

Turner (turn-ər) *n.* One who uses a lathe خراد پر کام کرنے والا ۔ لوٹن کبوتر ۔ کشتی لڑنے والا ۔

Turnary خراد کی مشین وغیرہ ۔ خراد کا کارخانہ ۔

Turning (turn-ing) *n.* A bend, rotation ۔ چکر ۔ گردش ۔ موڑ ۔ پھیر ۔ خراد کا کام ۔

Turning point ۔ نقطہ عروج ۔ نقطہ تغیر ۔ نقطہ انقلاب

Turnip (tur-nip) *n.* A swollen edible root شلجم کا پودا ۔ شلجم ۔

Turnipy *adj.* شلجم کی طرح ۔

Turpentine (tur-pən-tīn) *v.t.* & *n.* A balsam of conifers ۔ تاڑپین کا تیل ۔ تاڑپین کا تیل ملنا یا لگانا ۔ تیل جو مختلف درختوں سے حاصل کیا جاتا ہے ۔

Turpentive *adj.* تاڑپین کا ۔ تاڑ پینی ۔

Turpitude (tur-pi-tūd) *n.* Baseness, depravity بد طینتی ۔ خباثت ۔ کمینگی ۔ بدنفسی ۔ بدی ۔

Turquoise (tur-kwäz) *n.* A pale green stone فیروزہ ۔

Turret (tur-it) *n.* A small tower with winding stairs ۔ کنگرہ ۔ برج ۔ چکر دار سیڑھیوں کی برجی ۔ پہیہ دار اونچی فوجی باڑ جو قلعہ پر حملے کے کام آتی ہے ۔

Turreted *adj.* مینار دار ۔ برج دار ۔

Turtle dove *n.* کبھلک ۔ جنگی فاختہ ۔

Turtler *n.* ۔ کچھوے کا شکاری ۔ کچھوے پکڑنے والا ۔

Turtling *n.* کچھوے کا شکار ۔

Tuscan (tus-kən) *n.* & *adj.* Of Tuscany in Italy ٹسکنی کا باشندہ ۔ ٹسکنی زبان ۔ ٹسکنی سے متعلق ۔

Tush (tush) *interj.* Pshah, pooh ۔ ہشت ۔ ہش ۔ چھی ۔

Tusk (tusk) *n.* A long protruding tooth ۔ ہاتھی والرس ۔ سور کا دانت ۔

Tusky *adj.* لمبے نوکیلے دانت والا ۔

Tusker (tusk-ər) *n.* A boar or elephant with tusks لمبے دانتوں والا ہاتھی یا جنگلی سور ۔

Tusser (tus-ər) *n* A fawn-coloured silk موٹا ریشم کا کپڑا ۔ ٹسر ۔ ٹسر پیدا کرنے والا کیڑا ۔

Tussle (tus-l) *n.* & *v.t.* A sharp struggle ۔ لڑائی گتھم گتھا ۔ کشمکش ۔

Tussock (tus-ək) *n.* A clump of grass, a tuft گھاس کا گچھا ۔ بالوں کی لٹ ۔ ایک قسم کا پروانہ ۔

Tussocky *adj.* گچھے دار ۔

Tut-tut-tut (tut) *interj.* Exclamation of rebuke چھی ۔ ہٹ ۔ ہشت ۔

Tut (tut) *n.* & *v.t.* Work in mines ۔ کانوں کا کام ۔ کانوں میں مزدوری کرنا ۔

Tutelage (tu-ti-lij) *n.* Guardianship ۔ حفاظت سر پرستی ۔ نگرانی ۔ اتالیقی ۔ کسی ولی کے زیر نگرانی رہنے کا زمانہ ۔

Tutenag (tū-ti-nag) *n.* An alloy of zinc جست کی مخلوط دھات ۔

Tutor (tū-tər) *v.t.*, *i.* & *n.* A guardian, a coach اتالیق ۔ گھر پر پڑھانے والا معلم ۔ ولی ۔ سرپرست ۔ (جامعہ) طالب علموں کا سودب ۔ تعلیم دینا ۔ اتالیقی کرنا ۔

Tutorage *n.* ولایت ۔ نگرانی ۔ اتالیقی ۔

Tutorship *n.* اتالیق کا منصب اور کام ۔

Tutsan (tut-sən) *n.* Park leaves ایک بوٹی جو زخموں کے اندمال کے لیے مفید ہے ۔

Tutti (too(t)e) *adj.* All performers سب ملکر ۔ سب ساتھ ساتھ ۔

Tu-whit (tōō-hwōō) *n.* & *v.t.* An owl's hoot الو کی آواز ۔ الو کی طرح بولنا ۔

Tuxedo (tuk-sē-dō) *n.* A dinner jacket (امریکہ) کھانے کا چھوٹا کوٹ ۔ جیکٹ ۔

Tuyere (twēr) *n.* A nozzle for a blast of air بھٹی کا ہوا کا مخرج ۔

Twaddle (twod-l) *n.* & *v.t.* Senseless talk لاحاصل باتیں کرنا ۔ مہمل گفتگو ۔

Twaddle (twod-l) *n.* A measure of liquids سیال چیزوں کے ناپ کا پیمانہ ۔

Twaddler *n.* بکواس کرنے والا ۔

Twain (twān) *adj.* & *n.* Couple, pair, two دو ۔ دو شخص یا چیزیں ۔

Twang (twang) *n.* A nasal tone, sound of a plucked string شکستہ تار کی آواز ۔ جھنکار ۔ غن غنی آواز جو ناک سے نکلے ۔

Twangle (twang-gl) *v.i.* & *t.* A twang, sound with a twang جھنکارنا ۔ جھن جھن کرنا ۔ اناڑی پن سے بجانا ۔

'T-was It was کا مخفف ۔

Tweak (twēk) *v.t.* & *n.* Pull with a jerk جھٹکا دیکر کھینچنا ۔ مروڑنا ۔ جھٹکا ۔ چال ۔ گر ۔

Tweed (twēd) *n.* A rough woollen cloth ٹویٹ ۔ کھردرا ۔ اونی کپڑا ۔

Tweedle (twē-dl) *v.t.* & *n.* Play casually, pipe as a bird, fiddle سارنگی کی سی آواز ۔ سارنگی کا زوٹا ۔ سارنگی یا چڑیا کی سی آواز نکالنا ۔

Tweedle-dom-dee وہ جو ایک ھی طرح بجائیں ۔ وہ سارنگیے جن میں برائے نام فرق ہو ۔

Tweeny (twē-n-ē) *n.* A between-maid (بول چال) وہ خادمہ جو دوسری خادماؤں کی زیر دست ہو ۔

Tweet (twēt) *n.* & *v.t.* The note of a small bird چھوٹی چڑیا کی آواز ۔ چہچہانا ۔ چوں چوں کرنا ۔

Tweezer *n.* & *v.t.* نک چونٹی ۔ بال نکالنا ۔ چمٹے سے چمٹی ۔ چنا ۔

Twelfth (twelf-th) *adj.* Last of twelve بارھواں ۔

Twelve (twelv) *adj.* & *n.* Ten and two بارہ کا عدد ۔ بارہ ۔

Twenty (twen-ti) *adj.* & *n.* Twice ten بست ۔ ایک کوڑی ۔ بیس ۔

Twentieth *adj.* & *n.* بیسواں حصہ ۔ بیسواں ۔

Twentyfold *adj.* بیس گنا ۔

Twice (twīs) *adv.* Two times, doubly دو بار ۔ دو دفعہ ۔ دگنا ۔ دو چند ۔

Twiddle (twid-l) *v.t.* & *i.* Twirl idly بے سود کام کرنا ۔ انگلی پر گھمانا ۔ تفریحاً گھمانا ۔

Twig (twig) *n.* A small shoot or branch ڈالی شاخ ۔ اکھوا ۔ چھوٹی شاخ ۔ چھوٹی برق رو ۔ شریاں کی شاخ ۔ دو شاخہ لکڑی جس سے پانی دریافت کرتے ہیں ۔

Twigged *adj.* نیوتی کیا ہوا ۔ شاخیلا ۔ شاخدار ۔

Twiggy *adj.* بہت سی شاخوں کا ۔ گھنا ۔

Twig (twig) *v.t.* & *i.* Observe, understand مشاہدہ کرنا ۔ کسی بات کا مفہوم سمجھنا ۔

Twilight (twī-līt) *v.t.* & *n.* Faint light before sunrise and after sunset شام کا جھٹ پٹا ۔ دھندلکا ۔ کچھ اندھیرا کچھ اجالا ۔ مدھم سی روشنی کرنا ۔

Twilight sleep زچگی کا نیا طریقہ جس میں زچہ کو تکلیف نہیں ہوتی ۔

Twill (twil) *n.* & *v.t.* A woven fabric showing diagonal lines سوتی کپڑا جس میں بناوٹ کی لکیریں نمایاں ہوتی ہیں ۔ ٹول کی طرح بننا ۔

Twin (twin) *adj.*, *n.*, *v.t.* & *i.* Twofold, separate, part توام ۔ جڑواں ۔ دو بچے ۔ جوڑ دینا ۔ جڑواں کر دینا ۔

Twining *n.* دو جڑواں بچوں میں سے ایک ۔

Twinship *n.* جڑواں ہونا ۔

Twine (twīn) *n.*, *v.t.* & *i.* Twisted cord ستلی ڈوری ۔ بان ۔ ٹوئن ۔ رسی ۔ چکر ۔ بل ۔ پیچ ۔ بٹنا ۔ بل ڈالنا ۔ ڈوروں سے ہار بنانا ۔ لپیٹنا ۔

Twiner *n.* ایک بلدار پودا - بٹنے والا -

Twinkle (twing-kl) *n., v.i. & t.* Glitter, sparkle, blink پلک جھپکانا - چمکنا - دمکنا - ٹمٹمانا - جھل مل کرنا - چمک اٹھنا - جھپک - دمک - جگمگاہٹ -

Twinkling (twin-kl-ing) *n.* Quick motion - جھلک چمک - جھپک - جھمک -

Twirl (twərl) *v.t., i. & n.* Spin, whirl گھمانا - چکر دینا - جلدی جلدی پھرانا - قلم کی کشش - تیز چکر -

Twirl one's thumb کچھ نہ کرنا - نکما ہو جانا -

Twist (twist) *v.t., i. & n.* Twine, unite by winding together, entangle بل دینا - ملا کر بٹنا - گیند موڑنے کے لیے انگلیوں سے پھرانا - گیند کا مڑنا - بل کھانا - کھینچ تان کر نئے معنی پیدا کرنا - ڈوری - دھاگا - رسی - بل دار تمباکو - پیچ - محور کے گرد چکر کھاتے ہوئے آگے بڑھنے کی حرکت - (بول چال) بھوک - اشتہا -

Twistable *adj.* گونڈھنے کے لائق - بل دینے یا موڑنے کے قابل -

Twister (twist-ər) *n.* ران کا بالائی حصہ - پٹھا - شہتیر - موڑ توڑ کرنے والا - بٹنے والا -

Twit (twit) *v.t.* Taunt, upbraid طعنہ دینا - سرزنش کرنا - ملامت کرنا -

Twittingly *adv.* طعنہ زن ہو کر - ملامت کرتے ہوئے -

Twitch (twich) *v.t., i. & n.* Jerk, pluck, snatch جھٹکا دے کر کھینچنا - چھین لینا - پکڑ کر کھینچنا - پھڑکانا - پھڑکنا - پھڑک - جھٹکا - ایک آلہ جس سے گھوڑے کو عمل جراحی کے وقت جکڑ دیا جاتا ہے -

Twitter (twit-ər) *v.t., i. & n.* Chirp out, make tremulous noises چوں چوں کرنا - آہستہ آہستہ آواز نکالنا - کمزور اور لہری آواز میں بولنا - چیں چیں کرنا - گھبراہٹ - بے چینی -

Two (too) *adj. & n.* One and one دو - دو کا عدد -

Two-decker دو توپوں والا جنگی جہاز -

Two-edged دو دھاری -

Two-faced دغاباز - دو رخا -

Twofold دگنا - دونا - دوہرا -

Be two اختلاف ہونا -

In two آدھوں آدھ - دو ٹکڑے -

Put two and two together جو کچھ معلوم ہے اس سے صحیح نتیجہ نکالو -

Twoness *n.* دو ہونا - دوئیت - دوئی -

Twosome *adj.* دو آدمیوں کا ناچ یا کھیل - دو آدمیوں کا -

Tyburn (ti-bərn) *n.* The historical place of execution in London لندن شہر کا تاریخی مقام جہاں پھانسی کی سزا دی جاتی ہے -

Tycoon (tī-kōōn) *n.* The title by which shoguns of Japan were known to foreigners لقب جو غیر ممالک والے جاپان کے سپہ سالار کے لیے استعمال کرتے ہیں -

Tylopod (ti-lop-əd) *adj. & n.* Of padded toes اونٹ کی طرح کے گدی دار پیر والے - گدی دار پیروں کے جانور اونٹ اور لاما -

Tylosis (tī-lo-sis) *n.* An inflammation of the eyelids پپوٹوں کا ورم -

Tympan (tim-pən) *n.* Any instrument of the drum kind ڈھول کی طرح کا کوئی باجا - جھلی یا کھال کا باجہ - جھلی - کھال -

Tympanic *adj.* پردے کا - جھلی کا -

Tympanist (tim-pən-ist) *n.* One who plays on tympan ڈھول یا تاشہ بجانے والا -

Tympanites (tim-pən-its) *n.* Distension of the belly نفخ شکم - پیٹ کا پھولنا -

Tympanitis (tim-pən-i-tis) *n.* Inflammation of the membrane of ear کان کے پردے کا ورم -

Tympanum (tim-pən-əm) *n.* The middle ear کان کا پردہ - درمیانی کان -

Type (tīp) *n.* A mark or stamp, model, pattern مثال - نمونہ - تمثیل - کسی آنے والی چیز کی نشانی - چھاپ - ٹھپہ - نقشہ - وضع - ساخت - حیوانات کی جنسی تقسیم - قابل تقلید نمونہ - ٹائپ کے حروف - ٹائپ کے اقسام -

Typewriter *n.* لکھنے کی مشین - ٹائپ کرنے کی مشین -

Type (tīp) *v.t.* Be a model ٹائپ کرنا ۔ کسی چیز کی مثال یا نمونہ ہونا ۔

Typhoid (tī-foid) *adj.* & *n.* Enteric fever موتی جھیرا ۔ میعادی بخار ۔ ایک قسم کا میعادی بخار جس میں موتی کے جیسے دانے جسم پر نمودار ہوتے ہیں ۔

Typhoid condition اضمحلال ۔ بے حد ضعف کی حالت ۔

Typhoid fever میعادی بخار ۔

Typhomania (tī-fo-mə-nia) *n.* Delirium of high fever ہذیان جو ٹائفس کی علامت ہو ۔

Typhoon (tī-fōōn) *n.* Dangerous wind طوفانی ہوا ۔ آندھی ۔

Typhonic *adj.* طوفانی ۔

Typhus (tī-fəs) *n.* Dangerous fever with eruption of red spots ایک قسم کا میعادی بخار جس میں سرخ دانے نکلتے ہیں ۔

Typhous *adj.* میعادی بخار کا سا ۔ میعادی بخار کے متعلق ۔

Typic (tī-pik) *adj.* Serving as a type باری کا ۔ میعادی ۔

Typical (ti-pik-əl) *adj.* Representative نمونہ کا ۔ مثالی ۔ آنے والے واقعہ کی خبر دینے والا ۔ علامت یا نشان ظاہر کرنے والا ۔

Typify (tī-pi-fī) *v.t.* Make or be a type نشانی ہونا ۔ نمونہ بنانا ۔

Typification *n.* نمونہ کے طور پر پیش کیا جانا ۔ مثال کے طور پر پیش کرنا ۔

Typist (ti-pist) *n.* One who types on typewriter ٹائپ کرنے والا ۔

Typography (tip-o-grafi) *n.* Art of printing چھپائی ۔ فن طباعت ۔

Typographer *n.* طبع کرنے والا ۔ فن طباعت کا ماہر ۔

Typographic *adj.* چھپائی کے متعلق ۔ طباعت کا ۔

Tyrannic (ti-rə-nik) *adj.* Oppressing جابرانہ ۔ جابر ۔ ظالم ۔

Tyrannicalness *n.* جبر و استبداد ۔

Tyrannous *adj.* استبدادی ۔ جابرانہ ۔

Tyrannicide (ti-rə-ni-sīd) *n.* Killing of a tyrant ظالم کا قاتل ۔ ظالم کشی ۔

Tyrannize (ti-rə-nīz) *v.t.* Act as a tyrant تشدد کرنا ۔ ظلم و استبداد کرنا ۔

Tyrrany (ti-rə-ni) *n.* Oppression, cruelty ظلم ۔ جبر ۔ تشدد ۔

Tyrant (ti-rənt) *n.* An oppressor مردم آزار ۔ ظالم جابر ۔

Tyre (tīr) *n.* Curdled milk or cream جما ہو دودھ ۔ دہی ۔

Tyre (tīr) *n.* Tire دیکھو

Tyro (tīr-ō) *n.* Tiro دیکھو

Tyrolienne (tīr-ō-li-ə-ne) *n.* Dance of Tyrolese peasants آسٹریا کے کسانوں کا ناچ ۔

Tyrotoxicon (tīr-ō-tok-si-kən) *n.* Cheese poison ایک قسم کا زہر جو پنیر میں پیدا ہوتا ہے ۔

Tzar (zär) *n.* Csar دیکھو

Tzetze (tist-se) *n.* Tsetse دیکھو

Tzigany (tsig-ə-ni) *n.* A Hungarian gypsy ہنگری کی جپسی قوم کا

U

U (ū) *n.* Twenty-first letter of the English alphabet انگریزی حروف تہجی کا اکیسواں حرف ۔

U.K. (ū-k) *n.* United Kingdom برطانیہ عظمیٰ ۔

U.N.O. (ū.n.ō) *n.* United Nations Organisation انجمن اقوام متحدہ ۔

U.S.A. (ū.s.ā) *n.* United States of America ریاستہائے متحدہ امریکہ ۔

U.S.I. (ū.s.i) *n.* United States of Indonesia ریاستہائے متحدہ انڈونیشیا ۔

Ubiety (ū-bī-i-ti) *n.* Location کسی معین مقام پر موجود ہونا ۔ تعین مقام ۔

Ubiquitarian (ū-bik-wi-tā-ri-ən) *adj.* & *n.* One who believes that Christ s body is everywhere حضرت عیسیٰ کے ہر جگہ موجود ہونے کا ماننے والا ۔

Ubiquitarianism *n.* حضرت عیسیٰ کے ہر جگہ موجود ہونے کا عقیدہ - حضرت عیسیٰ کی ہمہ حاضریت -

Ubiquity (ū-bik-wi-ti) *n.* Existence everywhere ہر جگہ موجود ہونے کی صفت -

Ubiquity of the king *n.* یہ نظریہ کہ بادشاہ حاکمانہ عدالت کی ذات میں جلوہ گر ہوتا ہے -

Ubiquitous *adj.* ہر جگہ موجود - حاضر و ناظر -

Ubiquitousness *n.* ہر جگہ موجود ہونا -

Ubi supra (ū-bi-sup-rā) *adv.* In the place above-mentioned مذکورہ بالا مقام پر -

Udal (u-dl) *adj.* Without feudal superior جس کا کوئی بالا دست نہ ہو - ایک عرصے تک کسی علاقہ پر قبضہ رکھنے کے بعد وہ شخص اس کا مالک ہو جاتا ہے - جاگیرانہ - مالکانہ -

Udder (ud-ər) *n.* Organ containing mammary glands تھن - پستان -

Udderless *adj* بے تھن کا -

Udometer (ūdō-metər) *n.* Instrument for measuring milk and rain مقیاس الماء - دودھ اور پانی کی مقدار معلوم کرنے کا پیمانہ -

Ugh (u-hh) *interj.* An exclamation of repugnance اظہار نفرت کے موقع پر - چھی - ہش -

Ugly (ug-li) *adj.* Offensive, frightful بد صورت - بد شکل - کریہہ المنظر - مکروہ - قابل نفرت - معیوب - نا گوار -

An ugly customer بد قوارہ انسان - بے ڈھب آدمی -

An ugly job نا گوار واقعہ - بہت بری بات -

An ugly duckling جو شخص خاندان میں سب سے بدتر ہو اور خود کو بہتر سمجھتا ہو -

Uglify *v.t.* بد شکل کرنا - شکل بگاڑ دینا - بد صورت بنانا -

Uglily *adv.* معیوب طریقے سے - بد نمائی سے -

Ugliness *n.* بھونڈا پن - بد صورتی -

Ugrian ((y)ōō-gri-ən) *adj.* Of the Ugrian language and people فنیشی اور میگیاری قوم کا -

Uhlan (ōō-lān) *n.* A Prussian lancer پروشیا کے نیزہ بردار سوار -

Ukase (ū-kāz) *n.* An edict with force of law حکومت روس کا جابرانہ فرمان -

Ukulele (ū-kə-lā-li) *n.* A four-stringed guitar چوتارہ باجا -

Ulcer (ul-sər) *n.* An open sore ناسور - کھلا زخم - اخلاقی ناسور - قرحہ -

Ulcered, ulcerous *adj.* ناسوری - قرحہ دار -

Ulcerousness *n.* قرحہ پڑا ہوا ہونا - ناسوری ہونا -

Ulcerate (ul-sər-āt) *v.t.* & *i.* Cause an ulcer in ناسور ہو جانا - قرحہ بن جانا - فاسد مادہ پیدا کر دینا یا ہو جانا -

Ulcerable *adj.* جس میں ناسور پڑ سکتا ہو -

Ulceration *n.* قرحہ بن جانا - ناسور پڑ جانا -

Ulcerative *adj.* ناسور ڈالنے والا -

Ulema (ōō-li-mā) *n.* Muslim theologians علماء - علمائے دین -

Uliginous (ū-lij-ī-nəs) *adj.* Slimy, swampy - دلدلی گدلا - میلا -

Ulitis (u-li-tis) *n.* Inflammation of gums مسوڑھوں کی سوجن اور سوزش -

Ulosis *n.* Formation of a scar مسوڑے کا زخم - زخم بن جانا -

Ullage (ul-ij) *n.* Loss by evaporation or leakage کمی - وہ مقدار جس سے پیپا بھر سکے - مقدار میں کمی -

Ulna (ul-nā) *n.* The larger of the two bones of forearm ہاتھ کی بڑی ہڈی -

Ulnar *adj.* زندا سفل کا - ہاتھ کی بڑی ہڈی کا -

Ulotrichan (ū-lō-tri-kan) *adj.* Of woolly hair اون جیسے نرم بالوں والا - اس نسل کا انسان جس کے بال نرم اور گھونگھر والے ہوتے ہیں -

Ulster (ul-stər) *n.* A long coat with a strap لمبا کوٹ جس میں بیچ میں کمر کے لیے تسمہ یا پٹی لگی ہو -

Ulterior (ul-tē-ri-ər) *adj.* Beyond what is seen دور کا - زیادہ دور کا - در پردہ - برائی کا - تہہ میں چھپا ہوا -

Ulteriorly *adv.* برے ارادے سے - آگے چل کر - در پردہ -

Ultima (ul-ti-mā) *adj.* In the last لفظ کا آخری - (رکن) آخری - بعید -

Ultimate (ul-ti-māt) *adj.* Last, final آخری - انتہائی - بنیادی - اصلی -

Ultimate cause آخری سبب ۔ سبب بالائے اسباب ۔ علت العلل ۔
Ultimately *adv.* آخری طور پر ۔ آخر الامر ۔ آخرکار ۔
Ultimateness *n.* اولیت ۔ قطعیت ۔

Ultimatum (ul-ti-māt-əm) *n.* Final terms, a last offer or demand آخری شرط ۔ آخری بات ۔ آخری نتیجہ ۔ بنیادی بات ۔ آخری شرط جس کے نہ ماننے پر جنگ چھڑ جاتی ہے ۔

Ultimo (ul-ti-mō) *adj.* In the last (month) ماہ گزشتہ ۔ پچھلا مہینہ ۔ ماہ گزشتہ کا ۔ پچھلے مہینہ کا ۔

Ultimogeniture (ul-ti-mō-jen-i-tər) *n.* Succession of the youngest ۔ سب سے چھوٹے لڑکے کی وراثت یہ اصول کہ سب سے چھوٹا لڑکا وارث ہو ۔

Ultra (ul-trə) *prefix* Beyond سابقہ بمعنی بالاتر ۔ بیش تر ۔ حد سے زیادہ ۔
Ultra conservative حد سے زیادہ قدامت پسند ۔

Ultraist (ul-trə-ist) *n.* Extremist ۔ انتہا پسند شخص
Ultraism *n.* انتہا پسندی ۔

Ultramarine (ul-trə-mə-rēn) *adj.* & *n.* Overseas دریا پار ۔ سمندر پار کا ۔ جو سمندر پار واقع ہو ۔ نیلا لاجوردی رنگ ۔

Ultramontane (ul-trə-mon-tān) *adj.* Beyond the mountains پہاڑوں کے پرے کا ۔ کوہ الپس سے پرے کا ۔ اطالوی ۔ اقتدار پاپائی کا حامی ۔

Ultramundane (ul-trə-mun-dān) *adj.* Beyond the world آخرت کا ۔ آخروی ۔ اس دنیا کے بعد ۔

Ultraviolet (ul-trə-vi-ə-lit) *adj.* Beyond the violet end of the visible spectrum بنفشی شعاعوں سے باہر کا ۔ بالائے بنفشی ۔

Ultravires (ul-trə-vīrs) *adv.* & *prep.* Beyond one's power خارج از اختیار ۔

Ultramotivity (ūl-trə-mot-i-vi-ti) *n.* Ability to move by oneself اپنے آپ حرکت کرنے کی قوت ۔

Ulutate (ūl-ū-tāt) *v.i.* Hoot or screech چیخنا ۔ الو کی طرح بولنا ۔ بھیڑیئے کی آواز نکالنا ۔
Ulutation *n.* ۔ چیخ پکار ۔ فریاد ۔ بھیڑیئے یا الو کی آواز

Umbel (um-bəl) *n.* A flower with numerous stalks ایک چھتری دار پھول جو گچھے کی طرح ہوتا ہے ۔ بزارہ ۔

Umbellar *adj.* چھتر کا سا ۔ چھتر دار ۔
Umbellate *adj.* چھتر نما ۔
Umbellete *n.* چھتری ۔
Umbelliferous *adj.* چھتر کا سا ۔
Umbellub چھوٹی سی چھتری ۔

Umber (um-bər) *adj.*, *n.* & *v.t.* A brown earthly mineral ایک گھرے رنگ کی مٹی جس سے رنگتے ہیں ۔ گھرے رنگ کی ۔ ایک قسم کا کوئلہ ۔ ایک مچھلی ۔ ابر کا رنگ دینا ۔ امبر کی طرح ۔
Umbery *adj.* بھورا ۔ سیاہی مائل ۔ امبری ۔

Umbilical (um-bi-li-kəl) *adj.* Navel like ۔ نانہالی ناف کی شکل کا ۔ ناف کا ۔
Umbilical ancestor نانہالی بزرگ ۔ نانہالی اسلاف ۔
Umbilical cord بچہ کی نال ۔

Umbilicate (um-bi-li-kāt) *adj.* Having a depression like a navel ناف نما ۔ ناف کی شکل کا ۔
Umbilication *n* ناف کی شکل کا گڑھا ۔

Umbilicular (um-bi-li-kū-lər) *adj.* Of navel ناف کا ۔ نانہالی ۔

Umbilicus (um-bi-li-kəs) *n.* Navel ، حیوانوں گھونگھوں اور تخم میں ۔ نافہ ۔ ناف ۔ ناف کی شکل کا گڑھا ۔
Umbiliferous *adj.* ناف دار ۔
Umbiliform *adj.* ناف نما ۔ ناف کی طرح کا ۔

Umbles (um-blz) *n.* Entrails of a deer ہرن کی آنتیں ، دل ، گردہ ، کلیجی وغیرہ ۔

Umbo (um-bō) *n.* The boss of a shield ڈھال کا ابھرا ہوا درمیانی حصہ ۔ ڈھال کے پھول ۔
Umbonate *adj.* گھنڈی دار ۔ گانٹھ دار ۔
Umbonic-nal *adj.* ۔ ابھرے ہوئے پھول کا ۔ گانٹھ کا

Umbra (um-brā) *n.* A shadow سایہ ۔ گرہن ۔ سورج کا داغ ۔ طفیلی مہمان ۔ وہ شخص جو طفیلی بنکر مہمان کے ساتھ آئے ۔

Umbrage (um-brig) *n.* Shadow, darkness ۔ خفگی سایہ ۔ تاریکی ۔ چھاؤں ۔
Take umbrage خفا ہونا ۔ برا ماننا ۔
Umbrageous *adj.* ۔ خفا ۔ آزردہ ۔ تاریک ۔ دھندلا سایہ دار ۔

Umbrella (um·brel-ȁ) *n.* A portable shelter against sun, rain - چھتری - چھاتا - چھتر - آفتابی
وہ سیاسی تجویز جس سے سب جماعتیں متفق ہو سکیں۔ سورج مکھی - چھتری کے شکل کے گھونگھے اور کھمبی -
Umbrella stand چھتری کھڑی کرنے کی تپائی -
Umbrella tree *n.* منگولیا کا ایک درخت جس کی پتیاں چھتری کی سی ہوتی ہیں -
Umbrellad *adj.* چھتری دار -
Umbrian (um-bri-ən) *adj.* Of Umbria اٹلی کے شہر امبریا کا باشندہ یا زبان - امبریا کا -
Umbriferous (um-bri-fe-rəs) *adj.* Umbrella like چھتر دار - سایہ دار -
Umlaut (ōōm-lowt) *n.* & *v.t.* Vowel change جرمن زبان میں حرف علت کی تبدیلی - امالہ جو حرف علت پر لگاتے ہیں - امالہ لگانا -
Umpire (um-pīr) *n.* & *v t.* A third person who gives ruling in a game ثالث - امپائر - ثالث کے فرائض انجام دینا -
Umpirage-ship *n.* ثالثی - امپائری -
Umpteen (um(p)tēn) *adj.* Of an indefinite number (بول چال) کئی - بہت سے - بے شمار -
Un (un-ən) *prefix* Gives negative meaning سابقہ نفی کے معنوں میں -
Unabashed (un-a-ba-shd) *adj.* Shameless - بے شرم غیر محجوب -
Unabated *adj.* بغیر کمی کے - مسلسل -
Unable (un-abl) *adj.* Not able بے بس - لاچار -
Unabridged *adj.* بلا اختصار -
Unaccented (un-asentd) *adj.* Without emphasis بلا زور دئے ہوئے -
Unarmed (un-ārm-d) *adj.* Without arms بے ہتھیار کے - غیر مسلح -
Unbag (un-bag) *v.t.* Take out of bag تھیلے سے نکالنا -
Unbalance (un-ba-lans) *v.t.* Disturb the balance توازن خراب کرنا - توازن میں خلل ڈالنا -
Unbelt (un-belt) *v.t.* Remove the belt پیٹی کھولنا -

Unbend (un-bend) *v.t.* & *i.* Make straight خم نکالنا - سیدھا کرنا - بے تکلف ہو کر بیٹھنا - (جہاز رانی) - رسی کھولنا -
Unbending *adj.* اکڑ باز - نہ جھکنے والا -
Unbind *v.t.* رہائی دینا - رہا کرنا - کھولنا -
Unbolt *v.t.* دروازہ کھولنا - چٹخنی ہٹانا -
Unboot (un-boot) *v.t.* Take out the shoes جوتے اتارنا -
Unbosom (un-boo-zəm) *v.t.* Declare one's ideas حال دل کا اظہار کرنا - اپنے خیالات کو ظاہر کرنا -
Unbridle (un-bri-dl) *v.t.* Take out the bridle آزاد کر دینا - لگام نکال دینا -
Unbuckle (un-bu-kl) *v.t.* Unstrap - تسمہ کھول دینا
Unburden (un-bur-dn) *v.t.* Take off the burden بوجھ اتارنا -
Unbutton *v.t.* بوتام کھولنا -
Uncage *v.t.* پنجرے سے نکالنا -
Unchain (un-chān) *v.t.* Loosen the chain زنجیر کھول دینا -
Unclothe (un-kloth) *v.t.* Remove cloths کپڑے اتارنا -
Uncock (un-kōk) *v.t.* Lower gun-hammer بندوق کا گھوڑا گرانا -
Uncoil *v.t.* کنڈی کھولنا - لچھی کھولنا -
Uncork (un-kork) *v.t.* Open the cork بوتل کی کاگ کھولنا -
Uncover *v.t.* & *i.* سر پوشی الگ کرنا - ظاہر کرنا - کھولنا -
Uncrown (un-krown) *v.t.* Depose بادشاہ کو معزول کرنا -
Uncurl (un-kurl) *v.t.* Remove the curl پیچ کھولنا - بل نکالنا -
Undeceive (un-de-siv) *v.t.* Free from deception اصل حیقت ظاہر کرنا -
Undeceived *adj.* جس کو حقیقت معلوم ہو گئی ہو -
Undo *v.t.* بٹن یا بند کھولنا - کئے ہوئے کو مٹانا -
Undoing *n.* تباہی - بربادی -
Undone *adj.* برباد - تباہ -

Undress (un-dres) *v.t.* & *i.* Take off the dress کپڑے اتارنا ۔ ننگا کرنا یا ہونا ۔

Undressed *adj.* شب خوابی میں ۔ گھر کے کپڑوں میں ۔

Unearth (un-erth) *v.t.* Dig out کھود کر نکالنا ۔

Unfasten (un-fasn) *v.t.* Unstrap بند یا تسمہ کھولنا ۔

Unfeather (un-fe-dher) Pluck the feathers of پر نوچنا ۔

Unfetter (un-fe-ter) *v.t.* Take out the fetters رکاوٹیں دور کرنا ۔ بیڑیاں اتارنا ۔

Unfit (un-fit) *v.t.* Disable ناقابل بنا دینا ۔ ناکارہ کرنا ۔

Unfold (un-fō-ld) *v.t.* & *i.* آشکارا کرنا ۔ بھیڑوں کو باڑے سے باہر کرنا ۔ باڑا کھول دینا ۔

Unfurl (un-furl) *v.t.* Spread out the sails بادبان یا پھریرا کھولنا ۔

Ungild (un-gild) *v.t.* Remove the gild خراب کر کر دینا ۔ قلعی اتارنا ۔ ملمع اتارنا ۔

Unharness (un-har-nes) *v.t.* Take the harness off گھوڑے پر سے چار جامہ اتارنا ۔ گھوڑے کو گاڑی سے علیحدہ کرنا ۔

Unhinge *v.t.* دماغ میں خلل پیدا کرنا ۔ دروازے کو چول میں سے نکالنا ۔

Unhook *v.t.* کھونٹی سے اتارنا ۔ آنکڑے سے الگ کرنا ۔

Unhorse *v.t.* & *i.* گھوڑے سے اترنا یا اتارنا ۔ گھوڑے الگ کر دینا ۔

Unhouse *v.t.* مکان سے بے دخل کرنا ۔ مکان چھین لینا ۔ گھر سے محروم کرنا ۔

Unhusk *v.t.* چھلکا یا بھوسہ الگ کرنا ۔

Unkink (un-kink) *v.t.* Straighten سیدھا کرنا ۔ بل نکالنا ۔

Unknot (un-not) *v.t.* Remove the knot گرہ کھولنا ۔ گرہ نکالنا ۔

Unlatch (un-lach) *v.t.* Remove the bolt پھرکی گھما کر دروازہ کھولنا ۔ بلی ہٹانا ۔

Unlearn (un-lern) *v.t.* Expel from one's memory پڑھا ہوا بھلا دینا ۔

Unleash *v.t.* کتے کی رسی یا زنجیر کھول دینا ۔

Unlink (un-lingk) *v.t.* Break the link کڑی الگ کرنا ۔ سلسلہ توڑنا ۔

Unload (un-lōd) *v.t.* Remove load from بوجھ ہلکا کرنا ۔ مال اتارنا ۔

Unlock (un-lok) *v.t.* Open the lock دل کی بات کہہ دینا ۔ قفل کھولنا ۔

Unmake *v.t.* کئے ہوئے کو مٹانا ۔

Unmask *v.t.* نقاب ہٹانا ۔ قلعی کھولنا ۔

Unmould *v.t.* شکل یا ڈھانچہ بدل دینا ۔

Unmuzzle (un-muzl) *v.t.* Relieve of obligation to remain silent زبان بندی سے آزادی دینا ۔ جانور کے منہ کا چھینکا اتارنا ۔

Unnerve (un-nerv) *v.t.* Deprive of strength ہمت پست کر دینا ۔ چھکے چھڑا دینا ۔

Unpack (un-pak) *v.t.* Open the pack گٹھری کھول کر اسباب نکالنا ۔

Unplume *v.t.* پر یا کلغی دور کر دینا ۔

Unravel *v.t.* عقدہ حل کرنا ۔ گتھی دور کرنا ۔ سلجھانا ۔

Unrein *v.t.* ضبط کی طاقت نہ رہنا ۔ لگام ڈھیلی چھوڑ دینا ۔

Unrivet (un-ri-vet) *v.t.* Unscrew کیل یا پیچ نکال دینا ۔

Unrobe (un-rōb) *v.t.* Remove the robe خلعت لے لینا ۔ کپڑے اتارنا ۔

Unroof (un-rōōf) *v.t.* Remove the roof of چھت اتارنا ۔

Unsaddle (un-sa-dl) *v.t.* Remove the saddle گھوڑے پر سے زین اتارنا ۔

Unsay (un-sā) *v.t.* Take back what was said اپنے الفاظ واپس لینا ۔

Unscrew (un-scrōō) *v.t.* Unfasten by removing the screws پیچ ڈھیلا کرنا ۔ پیچ نکالنا ۔

Unseal (un-sēl) *v.t.* Break the seal of مہر توڑنا ۔ مہر توڑ کر کھولنا ۔

Unseat (un-set) *v.t.* Remove from position جگہ سے ہٹانا ۔ رکنیت سے ہٹانا ۔

Unsettle (un-se-tl) *v.t.* Upset سکون میں خلل ڈالنا ۔ پریشان کرنا ۔

Unsheathe (un-shēth) *v.t.* Take out of sheath نیام سے نکالنا ۔ بے نیام کرنا ۔

Unsinew *v.t.* بے طاقت کر دینا -

Unspeak (un-spēk) *v.t.* Retract کہی ہوئی بات کو ان کہی کرنا -

Unsteel (un-stēl) *v.t.* Unnerve - ڈھیلا یا نرم کر دینا - ارادے کو کمزور کر دینا

Unstitch (un-stich) *v.t.* Undo stitches of ٹانکے ادھیڑنا -

Unstring *v.t.* باجے کا تار ڈھیلا کرنا - اعصاب کا کمزور ہونا -

Unswear *v.t.* قسم واپس لینا - حلفیہ بیان سے منحرف ہو جانا -

Unthink (un-thingk) *v.t.* Remove the thought of ذہن سے خیال دور کر دینا -

Unthread (un-thred) *v.t.* Take the thread out of needle سوئی سے دھاگا نکال لینا - بھول بھلیاں میں سے نکلنا - راستہ نکالنا -

Untie (un-tī) *v.t.* Undo the knot or cords گرہ کھولنا - ڈوری کھولنا - آزاد کرنا - کھول دینا -

Untwine } *v.t.* بل کھولنا - سلجھانا - عقدہ حل کرنا -
Untwist }

Unveil (un-vēl) *v.t.* Remove veil from - نقاب اٹھانا

Unwind (un-wīnd) *v.t.* & *i.* Draw out at length لپٹی ہوئی ڈوری کھولنا - اپٹی ہوئی چیز کا کھلنا -

Unyoke (un-yok) *v.t.* & *i.* Release from yoke آزاد کرنا - جوا اتارنا -

Un (un) *prefix* Gives negative meaning سابقہ نفی کے معنی میں -

Unabashed (un-abashed) *adj.* Shameless - بے باک بے حجاب - بے شرم -

Unabated *adj.* Not diminished بلا تخفیف -

Unabiding (un-abīd-ing) *adj.* Inconstant غیر مستقل - ناپائدار -

Unable (un-əbl) *adj.* Not having sufficient power معذور - لاچار - بے طاقت - بے مقدور -

Unabsorbable (un-absor-əbl) *adj.* That cannot be absorbed - جو جذب نہ ہو سکے - ناقابل انجذاب

Unabsorbent *adj.* - جو جذب نہ کر سکے - غیر جاذب

Unaccentuated (un-ak-sent-ū-ātd) Not marked with an accent جس پر زور نہ دیا گیا ہو -

Unacceptable (un-ak-sept-əbl) *adj.* That cannot be accepted - ناقابل قبول - ناقابل تسلیم - نامنظور - ناپسند -

Unaccommodating (un-ako-mo-dāt-ing) *adj.* Not compliant بے لحاظ - بے مروت -

Unaccompanied *adj.* اکیلا - تنہا -

Unaccomplished *adj.* بے ہنر - ادھورا - ناتمام - نامکمل -

Unaccountable (un-akownt-əbl) *adj.* Not to be accounted for جس کی توضیح نہ ہو سکے -

Unaccredited (un-akre-ditd) *adj.* Having no credit غیر معتبر - غیر مقبول -

Unaccustomed *adj.* غیر مانوس - خلاف معمول - جس کو عادت نہ ہو -

Unachievable *adj.* جس کا ملنا ناممکن ہو - ناقابل حصول -

Unacknowledged *adj.* جس کا جواب نہ آئے - جس کی رسید نہ ملے -

Unacquainted (un-akwant-d) *adj.* Unknown نا آشنا - نا معلوم - نا واقف -

Unacquirable (un-akwir-əbl) *adj.* That cannot be obtained جو مل نہ سکے - جس کو حاصل نہ کیا جا سکے -

Unadaptable *adj.* نا قابل مطابقت - جس کی صلاحیت نہ ہو - جس میں تصرف نہ ہو سکے -

Unadjusted *adj.* نا قابل مطابقت - غیر تصفیہ شدہ - غیر مربوط -

Unadministered (un-ad-minist-ərd) *adj.* Unused بے انتظام - جو استعمال میں نہ ہو -

Unadmired (un-ad-mir-d) *adj* Unappreciated جس کو کوئی پسند نہ کرے - ناپسندیدہ -

Unadmonished *adj.* جس کو سرزنش نہ کی گئی ہو - بے تنبیہ -

Unadorned (un-ador-nd) *adj.* Undecked غیر آراستہ - بے آرائش - بے زینت -

Unadulterated (un-adul-ter-ə-td) *adj*. Unmixed بے آمیزش ۔ بے میل ۔ خالص ۔

Unadventurous *adj*. بے مہم جو ۔ بے امنگ ۔

Unadvised (un-ad-vīs-d) *adj*. Ill-judged نا عاقبت اندیشانہ ۔

Unaffable (un-af-əbl) *adj*. Inconsiderate ۔ کج خلق بے مروت ۔

Unaffected (un-a-fekt-d) *adj*. Not influenced بے تصنع ۔ سیدھا سادا ۔ بے تاثر ۔ غیرمتاثر ۔ غیرمتغیر ۔

Unaggressive (un-ag-res-iv) *adj*. Lacking aggression صلح پسند ۔ بے ضرر ۔ غیر جارحانہ ۔ تشدد سے خالی ۔

Unaided (un-ād-d) *adj*. Unhelped ۔ بے مددگار بے حمایت ۔

Unalarmed (un-alarm-d) *adj*. Not afraid خطرے کے احساس سے خالی ۔ بے خوف ۔

Unallotted (un-alot-d) *adj*. Not given to غیر سپرد شدہ ۔ غیر نامزد شدہ ۔

Unallowable (un-alow-əbl) *adj*. That cannot be allowed جس کی اجازت نہ دی جا سکے ۔ جس کی اجازت نہ ہو ۔

Unalloyed *adj*. کھرا ۔ خالص ۔ بے میل ۔

Unalterable (un-alt-erə-bl) *adj*. That cannot be changed ناقابل تغیر ۔ اٹل ۔ ناقابل تبدیلی ۔

Unambiguous (un-am-bi-gwus) *adj*. Quite clear غیر مبہم ۔ واضح ۔ صریح ۔

Unambitious (un-am-bi-shəs) *adj*. Without ambition غیر ترقی پسند ۔ تمنا سے عاری ۔

Unamenable (un-a-men-əbl) *adj*. Uninfluenced جو اثر قبول نہ کرے ۔ جو متاثر نہ ہو سکے ۔

Unamendable *adj*. ناقابل اصلاح ۔ ناقابل ترمیم ۔

Un-American (un-a-me-rik-ən) *adj*. Not in accordance with American character امریکی خصوصیات اور روایات کے خلاف ۔

Unamiable (un-ami-əbl) *adj*. Not social ۔ بے مروت کج خلق ۔ غیر ملنسار ۔

Unamusing (un-amūs-ing) *adj*. Uninteresting غیر دلچسپ ۔

Unanimated بے جوش ۔ بے امنگ ۔ بے ولولہ ۔

Unanswerable (un-an-ser-əbl) *adj*. That cannot be refuted ناقابل تردید ۔ لاجواب ۔

Unanswered *adj*. بے جواب ۔ جس کا جواب نہ ہو ۔

Unanticipated (un-anti-sip-ə-td) *adj*. That was not foreseen غیر متوقع ۔ اچانک ۔ ناگاہ ۔

Unapocryphal (un-apo-kri-fəl) *adj*. Unauthorised بلا اجازت ۔ غیر مستند ۔

Unappeasable (un-apēz-əbl) *adj*. That cannot be satisfied جو فرو نہ ہو ۔ جس کی تسکین نہ ہو سکے ۔

Unappealable (un-apēl-əbl) *adj*. That cannot be appealed against جس کے خلاف مرافعہ نہ ہوسکے ۔ ناقابل اپیل ۔

Unappetising *adj*. بے ذائقہ ۔ جس سے خواہش پیدا نہ ہو ۔ نا مرغوب ۔

Unappreciated *adj*. جس کو پسند نہ کیا گیا ہو ۔ جس کی قدر نہ ہو ۔

Unappreciative *adj*. بے قدر ۔ ناقدری کا ۔ جو قدر نہ کرے ۔

Unapprehensive *adj*. بے خوف ۔ بے اندیشہ ۔

Unapprised (un-ap-rīz-d) *adj*. Uninformed جس کی پہلے سے اطلاع نہ ہو ۔ بے اطلاع ۔

Unapproachable (un-ap-rōch-əbl) *adj*. That cannot be reached جس تک یا جہاں تک رسائی نہ ہو سکے ۔ نا آشنا ۔ ناقابل اختلاط ۔

Unappropriated *adj*. غیر خرچ شدہ ۔ غیر مقبوضہ ۔

Unapproving *adj*. نا پسندیدگی کا ۔ نا پسند کرنے والا ۔

Unarmoured (un-ar-mərd) *adj*. Without protection of armour بے زرہ بکتر ۔

Unashamed (un-ash-ām-d) *adj*. Without feeling shame بے شرم ۔ غیر نادم ۔

Unasked (un-ask-d) *adj*. Uninvited بغیر دریافت کیا ہوا ۔ بے پوچھا گچھا ۔ بے بلایا ہوا ۔

Unaspiring (un-aspīr-ing) *adj.* Unambitious قناعت پسند -

Unassailable (un-asail-əbl) *adj.* That cannot be invaded جس پر حملہ نہ ہو سکے - مستحکم - ناقابل تردید -

Unassignable (un-asīn-əbl) *adj.* That cannot be handed over ناقابل تفویض - جو کسی کے حوالے نہ کیا جا سکے -

Unassisted (un-asist-d) *adj.* Without help بے معاونت - بلا مدد غیرے -

Unassuming (un-azūm-ing) *adj.* Unpretentious سادہ مزاج - سادہ - بلا تکلف -

Unattainable (un-atən-əbl) *adj.* That cannot be reached غیر ممکن الحصول - جہاں تک رسائی نہ ہو سکے - جس کا حاصل ہونا غیر ممکن ہو -

Unattended *adj.* جس پر کوئی توجہ نہ ہو - تنہا - اکیلا -

Unattested *adj.* غیر مصدقہ -

Unattractive (un-at-rak-tiv) *adj.* Plain جس میں دلکشی نہ ہو - جو حسین نہ ہو -

Unauthentic (un-aw-thent-ik) *adj.* Not attested غیر مصدقہ -

Unauthorized *adj.* ناجائز - بے سند - بلا اجازت - بلا اختیار -

Unavailable (un-awail-əbl) *adj.* Beyond reach غیر دستیاب - دسترس سے باہر -

Unavailing *adj.* بے فائدہ - لاحاصل -

Unavenged *adj.* جس کا انتقام نہ لیا گیا ہو -

Unavoidable *adj* جس سے بچنا نا ممکن ہو - اٹل - ناگزیر -

Unaware (un-awār) *adj.* Unknowing لا علم - بے خبر - ناواقف -

Unawares *adv.* یکا یک - بے خبری میں - ناگہاں -

Unbalanced (un-ba-lənsd) *adj.* Unsteady - مذبذب متزلزل - غیر متوازن -

Unbearable (un-bēr-əbl) *adj.* Intolerable ناقابل برداشت -

Unbeaten (un-bēt-ən) *adj.* Unconquered غیر مغلوب - ناقابل شکست -

Unbeautiful *adj.* - غیر دلکش - بے حسن - بد صورت

Unbecoming *adj.* نا سزا - نا موزوں - نامناسب - غیر شایان شان -

Unbefitting *adj.* نا موزوں - جو زیب نہ دے -

Unbefriended *adj.* بے یارو مددگار -

Unbelievable (un-bliv-əbl) Incredible - ناقابل یقین

Unbelieving *adj.* جو نہ مانے - جو ایمان نہ لائے - کافر - منکر -

Unbinding *adj.* جو نہ جھکے - مستقل مزاج - ضدی - سرکش - تنا ہوا -

Unbias(s)ed (un-bi-əs-d) *adj.* Unprejudiced بے تعصب - بے غرض - بے لوث -

Unbleached (un-blē-ch-d) *adj.* Unwashed جو دھو کر صاف نہ کیا گیا ہو - میلا -

Unblemished *adj.* بے عیب - بے نقص - بے داغ -

Unblest (un-blest) *adj.* Deprived of blessing کم بخت - بد نصیب - رحمت خداوندی سے محروم -

Unblushing (un-blush-ing) *adj.* Shameless بے شرمی کا - بے شرم - بے حیا -

Unblushingly *adv.* بے حیائی سے - بے شرمی سے -

Unborn (un-born) *adj.* Who has not yet come to the world نازائدہ - نا آفریدہ - جو ابھی پیدا نہیں ہوا -

Unbred (un-bred) *adj.* Uncultured - نا تربیت یافتہ اجڈ -

Unbribable (un-brib-əbl) *adj.* Uncorruptible جسے رشوت نہ دی جا سکے -

Unbridled *adj.* بے ضبط - بے روک ٹوک - بے لگام -

Unbrotherly (un-brə-dher-li) *adj.* Unfeelingly نا مہربانی سے - غیر برادرانہ -

Unburdoned *adj.* جس پر بوجھ نہ ہو - فکروں سے آزاد - بوجھ اتارا ہوا -

Unbusinesslike غیر تاجرانہ - کاروباری اصول کے خلاف -

Uncalled (un-kəld) *adj*. Uninvited غیر مدعو - بے بلایا ہوا -

Uncalled for بلا ضرورت - بے تکا - گستاخانہ - بے موقع -

Uncanny (un-kəni) *adj*. Mysterious غیر طبعی - بھیانک - پر اسرار -

Uncarpetted (un-kar-pet-d) *adj*. Bare پتھر یا تختے جن پر فرش نہ ہو - بے فرش -

Unceasing (un-sez-ing) *adv*. Without break دائمی طور پر - مسلسل -

Unceremonious *adj*. غیر رسمی - بے تکلف -

Uncertain (un-ser-tən) *adj*. Not sure غیر یقینی

Uncertainty *n*. ہر وقت رنگ بدلنا - غیر یقینی ہونا - بے اعتباری -

Unchallenged (un-chə-ling-d) *adj*. Undoubted جس کو للکارا نہ گیا ہو - جس میں شبہ نہ ہو - جس کو دعوت مبارزت نہ دی گئی ہو -

Unchangeable (un-chang-əbl) *adj*. Unalterable ناقابل تغیر - جس میں تبدیلی نہ ہو سکے -

Uncharitable (un chə-rit-əbl) *adj*. Lacking in fellow feeling سنگدل - تنگ دل - بے درد- بخیل -

Unchaste (un-chāst) *adj*. Not chaste جو پاکدامن نہ ہو - بے عصمت -

Unchastened *adj*. بے ضبط - جس کے نفس کی صفائی نہ ہوئی ہو - بے تزکیہ -

Unchivalrous *adj*. غیر شجاعانہ - بہادری کے خلاف -

Uncivil (un-si-vil) *adj*. Discourteous - بے مروت - کج خلق - بد اخلاق -

Uncivilized *adj*. یاتربیت یافتہ - اکھڑ - غیر مہذب -

Unclean (un-klēn) *adj*. Dirty - میلا - گندا - ناپاک -

Uncoloured (un-kə-ler-d) *adj*. Plain سادہ - بے رنگ -

Uncomely (un-kəm-li) *adj*. Ugly نازیبا - بھدا - بد صورت -

Uncomfortable (un-kəm-fert-əbl) *adj*. Restless بے آرام - بے چین - بے آسائش -

Uncommercial *adj*. غیر تجارتی - خلاف اصول تجارت -

Uncommon (un-kom-ən) *adj*. Exceptional - کمیاب غیر معمولی - انوکھا - نرالا - خلاف دستور -

Uncommunicative (un-kom-uni-ka-tiv) *adj*. Undisclosing - خاموش - پنبہ دہن - کم گو - کم آمیز - اپنے خیالات کا اظہار نہ کرنے والا -

Uncompanionable (un-kom-pə-ni-ən-əbl) *adj*. Unsociable غیر ملنسار - ناقابل صحبت - جو لوگوں سے دور رہتا ہو - جو مجلس احباب کے قابل نہ ہو -

Uncomplaining *adj*. شکایت نہ کرنے والا - ضابط صابر -

Uncomplaisant *adj*. کج خلق - بے مروت -

Uncomplicated (un-kom-pli-kāt-d) *adj*. Simple, plain واضح - صاف - سلجھا ہوا -

Uncomplimentary *adj*. خلاف ادب - گستاخانہ - خلاف اخلاق -

Uncompromising (un-kom-pro-mīs-ing) *adj*. Unyielding - مصالحت نہ کرنے والا - غیر مصالحت پسند - اپنے اصول سے نہ ہٹنے والا -

Unconcerned *adj*. بے پروا - بے تعلق -

Uncondemned (un-kond-emn-d) *adj*. Declared innocent جو ملزم نہ ٹھہرایا گیا ہو - بے گناہ -

Unconditional (un-kon-dē-shən-al) *adj*. Without any condition قطعی - غیر مشروط -

Unconfirmed (un-kon-ferm-d) *adj*. Not firm or strong, not yet having received confirmation غیر مصدقہ -

Uncongenial (un-kon-gi-ni-əl) *adj*. Unagreeable ناموافق - خلاف مزاج - ناگوار -

Unconnected (un-kon-ek-td) *adj*. Unrelated بے ربط - بے جوڑ - بے تعلق -

Unconquerable *adj*. جو مغلوب نہ ہو سکے - ناقابل ناقابل تسخیر - اجیت -

Unconscientious *adj*. بے احساس - بے اصول - اخلاق اصولوں سے بے حس -

Unconscionable *adj*. اخلاق احساس سے عاری - غیر انسانی - غیر واجبی - بے ضمیر -

Unconscious *adj*. غافل - بیہوش - بے خبر -

Unconsciousness (un-kon-shəs-nes) *n*. Unawareness بے ہوشی - بے خبری -

Unconstitutional (un-kons-ti-tū-shən-l) *adj.* Against constitution غیر قانونی - غیر دستوری - غیر آئینی - اساسی دستور کے خلاف -

Unconsumed (un-kən-zūm-d) *adj.* Unspent جو استعمال نہ کیا گیا ہو - جو خرچ نہ ہوا ہو -

Uncontaminated (un-kən-tam-i-nāt-d) *adj.* Pure, unaffected اچھوتا - خالص - پاک -

Uncontemplated *adj.* غیر متوقع - بے سوچے سمجھے کا - بلا غور و خوض -

Uncontradicted *adj.* جس کی تردید نہ کی گئی ہو - مسلمہ -

Uncontrollable (un-kon-trol-əbl) *adj.* That cannot be controlled جس کو قابو میں نہ رکھا جا سکے - سرکش - بے قابو -

Uncontrolled *adj.* آزاد - بے قابو - بے لگام -

Uncontroversial *adj.* بے نزاع - بلا اختلاف -

Unconventional (un-kon-ven-shən-l) *adj.* Free in one's ways خلاف رواج - غیر رسمی - آزاد -

Unconversant (un-kon-vers-ənt) *adj.* Uninformed بے خبر - بے اطلاع - نا واقف -

Unconverted (un-kon-vert-d) *adj.* Unchanged جو بدلا نہ ہو - غیر متغیر -

Unconvinced *adj.* جو قائل نہ ہوا ہو - جو یقین نہ کرے

Uncorrupted *adj.* جو بگڑا نہ ہو - دیانتدار - بے لوث -

Uncourtly (un-kōrt-li) *adj.* Not courtly بے مروت - کج خلق - بے ادب -

Uncouth (un-kōōth) *adj.* Awkward, ungraceful بے ہنگم - بھونڈا - بھدا -

Uncovenanted (un-kov-e-nənt-d) *adj.* Not promised or bound by a covenant بے قول و قرار - غیر موعود - بلا معاہدہ شرعی -

Uncoveted (un-kov-et-d) *adj.* Undesired جس کی خواہش نہ ہو - غیر مرغوب - غیر مطلوب -

Uncreated (un-krē-ət-d) *adj.* Not produced by creation نا آفریدہ - جو ابھی عالم وجود میں نہیں آیا - جو لم یلد ہو - جو ہمیشہ سے ہو -

Uncrowned (un-krow-nd) *adj.* Not yet formally crowned جس کی رسم تاجپوشی نہ ادا کی گئی ہو -

Uncultivable (un-kult-iv-əbl) That cannot be sown نا قابل کاشت - جو زراعت اور تخم ریزی کے قابل نہ ہو -

Uncultivated *adj.* غیر تربیت یافتہ - افتادہ - پڑت - غیر مزروعہ -

Uncultured *adj.* غیر متمدن - غیر مہذب -

Uncurtailed (un-ker-təl-d) *adj.* Undiminished پورا پورا - جس میں کوئی کمی نہ کی گئی ہو -

Uncushioned (un-kush-ənd) *adj.* Without pads جس پر گدے نہ ہوں - بے گدوں کا -

Undamaged (un-da-mag-d) *adj.* Unharmed صحیح سالم - نقصان سے محفوظ -

Undaunted *adj.* بلا خوف - دلیر - بے باک -

Undeceived *adj.* جو دھوکا نہ کھائے - نا فریب خوردہ -

Undecided (un-de-sid-d) *adj.* Wavering غیر طے شدہ - جو فیصلہ نہ کر سکے - مذبذب -

Undecipherable (un-de-si-fer-əbl) *adj.* Which cannot be read جو پڑھا نہ جا سکے - جس کی تعبیر نہ ہو سکے - نا قابل حل - نا قابل توجیہہ -

Undefiled (un-de-fil-d) *adj.* Untouched اچھوتا - پاک - بے داغ -

Undefined (un-de-fin-d) *adj.* Not defined جس کی تعریف نہ کی گئی ہو - مبہم - غیر معین -

Undelivered (un-de-liv-er-d) *adj.* Which has not been given جو پہنچایا نہ گیا ہو - جو نہ کی گئی ہو (تقریر) جو نہ دیا گیا ہو (خطبہ) -

Undeniable (un-den-i-əbl) *adj.* That cannot be denied مسلمہ - نا قابل انکار -

Undenounced (un-de-nowns-d) *adj.* Unaccused جس پر کوئی الزام نہ لگایا گیا ہو -

Undependable (un-de-pend-əbl) *adj.* Unreliable جس پر بھروسہ نہ کیا سکے - نا قابل اعتبار -

Undeplored (un-dep-lor-d) *adj.* Unremembered جس کو یاد نہ کیا جائے - جس کا ماتم نہ کیا گیا ہو -

Undepressed (un-de-pres-d) *adj.* Buoyant جو بددل نہ ہو - جو افسردہ نہ ہو -
Undeserved *adj.* بلا استحقاق - ناحق - غیر واجب -
Undeserving *adj.* نالائق - نا سزا - غیر مستحق -
Undesigned *adj.* بلا ارادہ - نا دانستہ -
Undesirable (un-de-sir-əbl) *adj.* Not to be desired نا مرغوب - ناروا - ناپسندیدہ -
Undesired *adj.* جس کی کوئی خواہش نہ کرے - ناخواستہ -
Undetermined (un-de-ter-min-d) *adj.* Uncontained مذبذب - بے حد - غیر متعین -
Undeterred *adj.* انجام سے بے پروا - نہ رکنے والا - بے خوف -
Undeveloped (un-deve-lop-d) *adj.* Not developed جس کو پوری طرح تیار نہ کیا گیا ہو - جس کی پوری طرح نشوو نما نہ ہوئی ہو -
Undignified (un-dig-ni-fīd) *adj.* Dishonourable ہلکا - اوچھا - خلاف وقار -
Undiluted (un-dī-lōōt-d) *adj.* Unmixed غیر تحلیل شدہ - بے آمیزش - خالص -
Undiplomatic *adj.* حکمت عملی اور موقع شناسی کے خلاف - سیاسی مصالح کے خلاف - خلاف مصلحت -
Undiscerning *adj.* موٹی عقل کا - بے بصیرت - بلا امتیاز -
Undischarged (un-dis-charg-d) *adj.* Not discharged جو ادا نہ ہوا ہو - جو اپنی جگہ سے ہٹایا نہ گیا ہو - جو ذمہ داری سے بری نہ ہوا ہو -
Undisciplined *adj.* فوجی تربیت سے محروم - نظم و ضبط سے عاری - نا تربیت یافتہ -
Undisclosed *adj.* جو ظاہر نہ ہوا ہو - مخفی -
Undiscoverable (un-dis-kə-ver-əbl) *adj.* نا قابل انکشاف - جو دریافت نہ ہو سکے -
Undiscovered *adj.* نامعلوم - نادیدہ - مخفی - جو دریافت نہ کیا گیا ہو -
Undiscriminating *adj.* تمیز سے محروم - فرق یا تمیز نہ کرنے والا -
Undisguised (un-dis-gīs-d) *adj.* Without disguise واضح - کھلا ہوا - بے ریا -
Undismayed (un-dis-mə-d) *adj.* Without fear جو ہراساں نہ ہو - بے خوف -
Undisplayed (un-dis-plā-d) *adj.* Not shown جس کی نمائش نہ کی گئی ہو - جو ظاہر نہ کیا گیا ہو -
Undisputed (un-dis-pū-td) *adj.* Unc allenged جس میں مخالفت نہ ہو - جس کی تردید نہ کی گئی ہو - مانا ہوا - آشکارا -
Undissembled *adj.* صاف صاف - علانیہ -
Undissolved *adj.* جو قائم ہو - جو ختم نہ ہوا ہو - جو حل نہ ہوا ہو -
Undistinguishable (un-dis-ting-u-ish-əbl) *adj.* Which cannot be discerned نا قابل امتیاز - جو شناخت یا تمیز نہ کیا جا سکے -
Undistributed (un-dis-tri-but-d) *adj.* Undivided جو تقسیم نہ ہوا ہو -
Undisturbed *adj.* جس کو چھیڑا نہ گیا ہو - ساکن - مطمئن -
Undivided (un-di-vid-d) *adj.* Not divided غیر منقسم -
Undivulged (un-div-ulj-d) *adj.* Not open خفیہ - سربستہ - جو ظاہر نہ کیا گیا ہو -
Undone (un-dən) *adj.* Unfinished برباد - تباہ - نا مکمل - نا تمام -
Undoubted *adj.* یقینی - بلا شبہ -
Undressed *adj.* بے مرہم پٹی زخم - بے کمایا ہوا چمڑا - سادے کپڑوں میں - ننگا -
Undrinkable (un-drink-əbl) *adj.* Not fit for drinking جو پینے کے قابل نہ ہو -
Undue *adj* حد سے زیادہ - بے ضرورت - نا واجبی - نا مناسب -
Undurable (un-dūr-əbl) *adj.* Not lasting جو مضبوط نہ ہو - ناپائدار -
Undutiful (un-dū-ti-fl) *adj.* Careless about his duties نا فرض شناس - نا فرمان - سرکش -
Undying (un-dī-ing) *adj.* Living لازوال - امر - لافانی -
Unearned *adj.* بے استحقاق - ناجائز طور پر حاصل کیا ہوا - بے مشقت -

Uneasy (un-ēz-i) *adj*. Restless مضطرب ۔ بے چین ۔
Uneatable (un-ēt-əbl) *adj*. Unfit for eating جو کھانے کے قابل نہ ہو ۔
Uneconomic (un-eko-no-mik) *adj*. Costly بے کفایت ۔ مسرفانہ ۔ گراں قیمت ۔
Uneconomical *adj*. بے اصول ۔ غیر کفایت شعارانہ ۔ مسرفانہ ۔
Uneducated (un-edu-kat-d) *adj*. Illiterate بے علم ۔ غیر تعلیم یافتہ ۔ ناخواندہ ۔
Unelected (un-elekt-d) *adj*. Not elected جو منتخب نہ ہوا ہو ۔
Unemotional *adj*. ضابط ۔ جو جذباتی نہ ہو ۔ جذبات سے عاری ۔
Unemphatic *adj*. جس میں تاکید یا زور نہ ہو ۔ بے تاکید ۔
Unemployed *adj*. جس کو کام نہ ملا ہو ۔ بے روزگار ۔ بے کار ۔
Unending (un-end-ing) *adj*. Everlasting ختم نہ ہونے والا ۔ لا متناہی ۔
Unendowed *adj*. غیر عطا شدہ ۔ کسی صفت سے عاری ۔ غیر وقف شدہ ۔
Unendurable (un-en-dūr-əbl) *adj*. Unbearable ناقابل برداشت ۔
Unenforced *adj*. جس پر عمل درآمد نہ ہو ۔ جس کو نافذ نہ کیا گیا ہو ۔ جس کا نفاذ نہ ہوا ہو ۔
Un-English (un-ing-glish) *adj*. Unlike English ways ۔ انگریزی طرز معاشرت کے خلاف ۔ غیر انگریزی
Unenjoyable *adj*. جس سے خوشی نہ ہو ۔ بے لطف ۔ بے کیف ۔
Unenlightened *adj*. جو روشن خیال نہ ہو ۔ دقیانوسی ۔ تنگ نظر ۔
Unenterprising *adj*. جس کو بڑے کاموں کا حوصلہ نہ ہو ۔ بے حوصلہ ۔
Unentertaining *adj*. خشک ۔ بے مزہ ۔ غیر دلچسپ ۔
Unenthusiastic *adj*. جوش سے خالی ۔ بے ولولہ ۔
Unenviable (un-en-vi-əbl) *adj*. That cannot be envied ۔ جو قابل رشک نہ ہو ۔ مشقت و محنت کا ۔ جس کی کوئی تمنا نہ کرے ۔

Unequal (un-ek-wəl) *adj*. Not uniform چھوٹا بڑا ۔ جو برابر نہ ہو ۔ بے اندازہ ۔ نا کافی ۔
Unequivocal *adj*. صاف ۔ صریح ۔ غیر مبہم ۔
Unerring (un-er-ring) *adj*. Making no mistake ٹھیک ۔ یقینی ۔ بے خطا ۔
Unescapable (un-skep-əbl) *adj*. Unavoidable جس سے بچنا ممکن نہ ہو ۔ نا گزیر ۔
Unessential (un-esen-shi-əl) *adj*. Unimportant غیر لازمی ۔ ضمنی ۔ غیر ضروری ۔
Unestablished (un-stab-lish-d) *adj*. Not on the permanent staff جو مستقل یا مستحکم نہ ہو ۔
Uneven (un-even) *adj*. Rough کھردرا ۔ ناہموار ۔
Uneventful *adj*. غیر معمولی واقعات سے خالی ۔ معمولی ۔ غیر اہم ۔
Unexampled *adj*. لاجواب ۔ بے نظیر ۔
Unexcelled (un-ek-sel-d) *adj*. Unsurpassed جس پر کوئی سبقت نہ لے سکا ۔ سب سے اعلیٰ ۔
Unexceptionable *adj*. ناقابل اعتراض ۔ نا قابل عذر ۔
Unexpected (un-eks-pekt-d) *adj*. No expected غیر متوقع ۔
Unexplored (un-eks-plor-d) *adj*. Undiscovered جس کو دریافت نہ کیا گیا ہو ۔ نامعلوم ۔
Unexpressed (un-eks-pres-d) *adj*. Undeclared غیر مذکور ۔ جس کو ظاہر نہ کیا گیا ہو ۔
Unfading (un-fād-ing) *adj*. Not disappearing جو مٹ نہ سکے ۔ لازوال ۔ جو کبھی نہ مٹے ۔ جو کبھی غائب نہ ہو ۔
Unfailing *adj*. Inexhaustible جو کبھی ختم نہ ہو ۔
Unfair *adj*. بے جا ۔ ناواجب ۔ بد معاملہ ۔ نا مناسب ۔
Unfaithful *adj*. نمک حرام ۔ بے ایمان ۔ بے وفا ۔
Unfamiliar (un-fam-i-li-ər) *adj*. Unusual اجنبی ۔ بیگانہ ۔ نامانوس ۔ غیر معمولی ۔
Unfashionable (un-fa-shən-əbl) *adj*. Not fashionable عام وضع کے خلاف ۔ عام رواج کے خلاف ۔
Unfatherly (un-fə-dher-li) *adj*. Unbefitting a father پدرانہ شفقت کے خلاف ۔ غیر پدرانہ ۔
Unfathomable *adj*. ناقابل فہم ۔ عمیق ۔ اتھاہ ۔

Unfavourable (un-fa·vər-əbl) *adj.* Harmful - خراب - ناسہربان - مضر - ناموافق -
Unfeeling *adj.* بے رحم - سنگ دل - بے حس -
Unfeminine *adj.* عورتوں کے دستور کے خلاف - خلاف نسائیت -
Unfettered (un-fet-ərd) *adj.* Free آزادانہ - آزاد -
Unfinished (un-fin-ish-d) *adj.* Incomplete - ادھورا - ناتمام - نامکمل -
Unfit (un-fit) *adj.* Not fit or suitable ناقابل - جسمانی یا دماغی حیثیت سے ناقابل - جس میں کوئی نقص ہو -
Unflagging (un-flag-ing) *adj.* Untiring ڈھیلا یا سست نہ ہونے والا - ان تھک -
Unflattering (un-flə-ter-ing) *adj.* Impartial غیر خوشامدانہ - کھری کھری - بلا رو رعایت -
Unflinching *adj.* مصمم - پکا - بلا جھجک -
Unforeseen *adj.* غیر متوقع - نا معلوم -
Unforgettable (un-for-get-əbl) *adj.* That cannot be forgotten ناقابل فراموش - جس کو بھلایا نہ جا سکے -
Unforgivable (un-for-giv-əbl) *adj.* That cannot be forgiven ناقابل معافی - ناقابل عفو -
Unforgiving *adj.* جو خطا بخش نہ ہو - معاف نہ کرنے والا -
Unfortunate (un-for-tūn-āt) *adj.* Unlucky بد نصیب - بد بخت -
Unfounded (un-fownd-d) *adj.* Baseless - سراسر غلط - بے سر و پا - بے بنیاد -
Unfrequented (un-fre-kwent-d) *adj.* Unvisited بے رونق - جہاں آمد و رفت نہ ہو -
Unfriendly (un-frend-li) *adj.* Ill-disposed, somewhat hostile معاندانہ - نا مہربان - بے مروت -
Unfruitful (un-frut-fl) *adj.* Without fruits - لاحاصل - بانجھ - بنجر - بے ثمر -
Unfulfilled *adj.* جو پورا نہ ہوا ہو - جو ایفا نہ کیا گیا ہو -
Unfurnished (un-fer-nish-d) *adj.* Unsupplied, not furnished بے اسباب - بے ساز و سامان -
Ungallant *adj.* غیر شجاعانہ -
Ungarbled *adj.* صحیح - سچا - تعریفی -
Ungenerous (un-ge-ne-rəs) *adj.* Narrow-minded کم ظرف - تنگ نظر - تنگ دل -
Ungenial (un-jen-i-əl) *adj.* Unhealthy - خشک - روکھا - ناموافق - غیر صحت بخش -
Ungentle (un-gen-tl) *adj.* Discourteous - بد تہذیب - اکھڑ -
Ungentlemanly *adj.* غیر شریفانہ -
Ungodly (un-gəd-li) *adj.* Not fearing God - بد اعمال - نا خدا ترس -
Ungovernable (un-govern-əbl) *adj.* Uncontrollable سرکش - منہ زور - بے لگام -
Ungraceful (un-grās-ful) *adj.* Not having grace بھونڈا - بھدا - بد نما -
Ungracious *adj.* کج خلق - بے مہر -
Ungrudging (un-gruj-ing) *adj.* Liberal بخوشی - دل کھول کر - بے دریغ -
Unguarded (un-gard-d) *adj.* Open to attack مخدوش - غیر محتاط -
Unguardedly *adv.* بے سمجھے بوجھے - بد احتیاطی سے -
Unhampered (un-hamp-erd) *adj.* Unchecked بے روک ٹوک - بے رکاوٹ -
Unhandsome (un-hand-səm) *adj.* Ugly, ill-made, بھونڈا - بد صورت - غیر شریفانہ -
Unhappy (un-hap-i) *adj.* Miserable - بد قسمت - نا مبارک - نامراد - ناشاد -
Unharmed مضرت سے محفوظ - صحیح سالم -
Unhealthy (un-hel-dhi) *adj.* Ailing, sick غیر تندرست - بیمار - مخرب اخلاق - گولہ باری کی زد میں -
Unheard *adj.* جو ناقابل قبول ہو - ناشنیدہ - مقدمہ جس کی سماعت نہ ہوئی ہو -
Unheeded *adj.* جس پر توجہ نہ کی گئی ہو -
Unheeding *adj.* توجہ نہ دینے والا - بے توجہ - بے پروا -
Unhelpful (un-help-fl) *adj.* Not helping - غیر کارآمد - مدد نہ کرنے والا -

Unhesitating (un-he-zi-tat-ing) *adj.* Prompt بلا جھجک - تیار - فوراً آمادہ -

Unhistoric (un-his-tə-rik) *adj.* Not confirmed by facts of history جو تاریخ سے ثابت نہ ہو - غیر تاریخی -

Unholy (un-holi) *adj.* Devoted to evil گناہ گار - غیر متبرک - ناپاک - (بول چال) بہت شدید - بہت سخت -

Unhonoured (un-o-ner-d) *adj.* Not honoured بے عزت - جس کی کوئی عزت نہ کرے - بے عظمت - بے توقیر -

Unhurt (un-hurt) *adj.* Without injury چوٹ سے محفوظ - بے ضرر -

Unidentified (un-i-dent-i-fi-d) *adj.* Not recognised جس کی شناخت نہ کی گئی ہو -

Unillustrated (un-ilus-trə-ted) *adj.* Without illustration بے تصویر - بے توضیح -

Unimaginable (un-ima-jin-əbl) *adj.* That cannot be imagined بعید از قیاس - ناقابل تصور -

Unimaginative *adj.* کمزور تخیل کا - بے تخیل -

Unimpeachable *adj.* ناقابل مواخذہ - پاک صاف - ناقابل الزام -

Unimportant (un-im-port-ənt) *adj.* Ordinary, insignificant معمولی - ادنیٰ - غیر ضروری - ہلکا -

Unimposing (un-im-poz-ing) Unimpressive جو تعظیم و تکریم کا تقاضا نہ کرے - بلا رعب - جو دیکھنے والے کو مرعوب نہ کرے -

Unimpressionable *adj.* جو اثر قبول نہ کرے - جو جلد متاثر نہ ہو -

Unimpressive (un-im-pres-iv) *adj.* Having no impression غیر موثر - جو متاثر نہ کر سکے -

Uninfluential *adj.* نہایت معمولی - جس کا کسی پر اثر نہ ہو - بے اثر -

Uninformed (un-in-fərm-d) *adj.* Not knowing much انجان - نا واقف - بے خبر -

Uninhabitable *adj.* نا قابل سکونت - جو بود و باش کے قابل نہ ہو -

Uninitiated *adj.* نا واقف اسرار - جو راز سے واقف نہ ہو - نا آشنائے راز - غیر محرم -

Uninspired (un-ins-pīr-d) *adj.* Having no inspiration غیر الہامی - غیر وجدانی -

Uninstructed (un-ins-trukt-d) *adj.* Having received no instructions بے لکھا پڑھا - بے سکھایا پڑھایا - تعلیم سے محروم - ان پڑھ - جاہل -

Uninsured (un-insūr-d) *adj.* Not taken out an insurance policy جس کا بیمہ نہ کرایا گیا ہو -

Unintelligent (un-in-teli-gənt) *adj.* Dull جو ذہین یا عقلمند نہ ہو - غبی - کند ذہن -

Unintelligible *adj.* جو بعید از فہم یا غیر معقول ہو - جو ادراک سے بالاتر ہو - جو سمجھ میں نہ آئے -

Unintentional (un-in-ten-shən-al) *adj.* Involuntary غیر ارادی - بلا ارادہ - جو بلا قصد سر زد ہو -

Uninteresting (un-inter-est-ing) *adj.* Lacking interest بے مزہ - غیر دلچسپ - بے لُطف - جس میں دل نہ لگے -

Uninterpretable (un-inter-pret-əbl) *adj.* That cannot be explained جس کی تشریح نہ ہو سکے - نا قابل تعبیر ہو -

Uninterrupted (un-in-ter-up-td) *adj.* Without break بلا توقف - ناشکستہ - مسلسل -

Uninvited (un-in-vīt-d) *adj.* Unasked بے طلب - جو مدعو نہ ہو - بے بلایا -

Uninviting *adj.* غیر دلکش - بے کشش - غیر دلچسپ -

Unirrigated (un-iri-gat-d) *adj.* Not watered جس کی آب پاشی نہ ہوئی ہو -

Unjust (un-just) *adj.* Against justice بے انصاف - بے جا - غیر منصفانہ - خلاف انصاف -

Unjustifiable *adj.* جس کو حق بجانب نہ قرار دیا جائے - جو بے جا اور نامناسب ہو - جو صحیح اور مناسب نہ ہو -

Unkind (un-kind) *adj.* Unsympathetic ظالم - بے درد - ظالمانہ - بیدردانہ -

Unknowable (un-now-əbl) *adj.* Which cannot be known سمجھ سے بالاتر - فہم و ادراک سے بالاتر - زمان و مکان سے پرے -

Unknowing *adj.* بے خبر - نا واقف -

Unknown *adj.* - جس سے واقفیت نہ ہو - نا معلوم - اجنبی - نا دیدہ -

Unladylike (un-ladi-līk) *adj.* Not becoming a lady غیر شریفانہ - جو ایک شریف خاتون کے شایان شان نہ ہو -

Unlawful (un-law-fl) *adj.* Illegal - نا جائز - حرامی - خلاف شرع - خلاف قانون -

Unlettered (un-let-ərd) *adj.* Illiterate ادبی ذوق سے عاری - بغیر پڑھا لکھا - ان پڑھ -

Unlicked (un-lik-d) *adj.* Unmannerly, uncultured غیر تربیت یافتہ - اجڈ -

Unlike (un-līk) *adj.* Unsimilar - غیر مشابہ -

Unlikely *adv.* غالباً نا ممکن - غیر اغلب - خلاف قیاس -

Unlimited (un-lı-mit-d) *adj.* Without limit بے اندازہ - وسیع - غیر محدود - بے حد - بہت زیادہ -

Unloving (un-lov-ing) *adj.* Having no love for محبت نہ کرنے والا - بے مہر -

Unlucky (un-luk-i) *adj.* Having no luck - بے تکا - بد قسمت - بے نصیب -

Unmailable (un-māl-əbl) *adj.* That cannot be sent by post جو بذریعہ ڈاک نہ بھیجا جا سکے -

Unmaintainable *adj.* جو قائم نہ رکھا جا سکے -

Unmanageable (un-ma-nej-əbl) *adj.* That cannot be managed جس کا انتظام نہ کیا جا سکے - جس پر قابو نہ پایا جائے - سرکش - بد لگام -

Unmanly (un-mən-li) *adj.* Coward جو مرد کو سزا وار نہ ہو - نامرد - بزدل -

Unmannerly (un-mə-ner-li) *adj.* Crudely - گنوار پن سے - غیر مہذب - بد تمیزی سے -

Unmarketable (un-mar-ket-əbl) *adj.* That cannot be sold in the market جو بازار میں فروخت نہ ہو سکے - جو ناقابل فروخت ہو -

Unmarriageable (un-mar-əg-əbl) *adj.* Unfit for marriage جو شادی کے قابل نہ ہو -

Unmarried *adj.* غیر شادی شدہ -

Unmatchable *adj.* لاثانی - لا جواب - بے نظیر -

Unmatured *adj.* - نا تجربہ کار - خام - نیم رس شراب - خام کار -

Unmelodicus (un-mel-o-di-əs) *adj.* Without melody بے لطف گانا - بے کیف - بے سرا -

Unmentionable (un-men-shən-əbl) *adj.* That cannot be mentioned نا قابل بیان - ناگفتنی - نا قابل اظہار - جو بیان نہ کیا جا سکے -

Unmerchantable ناقابل فروخت -

Unmerciful (un-mer-si-fl) *adj.* Devoid of mercy کٹھور - سنگدل - بے رحم -

Unmerited *adj.* ناحق - بے جا - بلا استحقاق -

Unmethodical (un-method-i-kəl) *adj.* Irregular بے ترتیب - بے اصول - بے قاعدہ - بے قاعدگی سے کام کرنے والا - جو کسی قاعدہ کا پابند نہ ہو -

Unmindful *adj.* دھیان نہ دینے والا - بے پرواہ - بے خبر -

Unmistakable (un-mis-tāk-əbl) *adj.* That cannot be mistaken جس میں غلطی نہ ہو سکے - صاف - صریح -

Unmodern (un-mod-ern) *adj.* Old, conservative دقیانوسی - جدید طرز کے خلاف - قدیم وضع کا - پرانا -

Unmodified *adj.* جس میں تبدیلی نہ ہوئی ہو - جو اسی حالت پر ہو - بے تغیر - بلا ترمیم -

Unmolested (un-mol-est-d) *adj.* Undisturbed جو مزاحمت اور چھیڑ چھاڑ سے محفوظ ہو -

Unmotherly (un-modher-li) *adj.* Not befitting a mother مادرانہ شفقت سے بعید - غیر مادرانہ - جس میں ماں کا پیار نہ ہو -

Unmusical (un-mūz-i-kəl) *adj.* Unmelodious بے کیف - بے مزہ - موسیقیت سے خالی -

Unnamable (un-nəm-əbl) *adj.* Unmentionable جس کا نام نہ لیا جا سکے - ناقابل ذکر -

Unnational (un-nā-shən-al) *adj.* Unpatriotic قومیت کے منافی - وطن کے منافی - قوم کے خلاف -

Unnatural (un-nātū-rəl) *adj.* Against nature غیر طبعی - خلاف فطرت - بناوٹی - مصنوعی -

Unnaturalized *adj.* غیر زبان کے الفاظ جن کو اپنایا نہ گیا ہو - جس کو شہرت یا قومیت نہ ملی ہو -

Unnecessary *adj.* بیکار - فضول - غیر ضروری -

Unnegotiable (un-nego-shi-əbl) *adj.* That cannot be negotiated جس میں گفت و شنید کی گنجائش نہ ہو ۔ جس پر گفتگو نہ ہو سکے ۔ جو سکاری نہ جا سکے ۔

Unneighbourly (un-ne·bər-li) *adj.* Like an alien ہمسائگی کا لحاظ نہ کرنے والا ۔ مغائرانہ ۔

Unnoticed (un-not-isd) *adj.* Unmarked جس کا خیال نہ رکھا گیا ہو ۔ جس پر توجہ نہ ہو ۔

Unobjectionable (un-obj-ek-shən-əbl) *adj.* Undisputable جس پر اعتراض نہ ہو سکے ۔

Unobliging *adj.* کج خلق ۔ بے مروت ۔

Unobtainable (un-obtān-əbl) *adj.* That cannot be obtained ناممکن الحصول ۔ جو دستیاب نہ ہو سکے ۔

Unobtrusive *adj.* دوسروں کی صحبت سے دور رہنے والا ۔ محتاط ۔ کم آمیز ۔ الگ تھلگ رہنے والا ۔

Unoffending *adj.* جو ناراض نہ کرے ۔ جو کسی کو تکلیف نہ پہنچائے ۔ بے آزار ۔

Unofficial (un-ofi-shəl) *adj.* Not official خانگی ۔ غیر سرکاری ۔

Unopposed *adj.* بلا مزاحمت ۔ بلا مقابلہ ۔ بلا مخالفت ۔

Unorganized *adj.* بے نام ساخت کا ۔ بے ترتیب ۔ غیر منظم ۔

Unorthodox (un-or-tho-doks) *adj.* Against old order آزاد خیال ۔ جو پرانے عقیدہ پر قائم نہ ہو ۔ مسلمہ عقائد کے خلاف ۔

Unostentatious (un-os-tent-a-shəs) *adj.* Unassuming سیدھا سادہ ۔ بے تمکنت ۔ بے کروفر ۔

Unpaid (un-pād) *adj.* Honorary غیر ادا شدہ ۔ بے تنخواہ کام کرنے والا ۔ اعزازی ۔

Unpalatable (un-palat-əbl) *adj.* Tasteless نامرغوب ۔ ناپسندیدہ ۔ بے مزہ ۔

Unparalleled (un-para-lel-d) *adj.* Unique انوکھا ۔ نایاب ۔ لاثانی ۔ بے نظیر ۔

Unpardonable *adj.* ناقابل معافی ۔

Unparliamentary (un-par-lıə-mənt-əri) *adj.* Contrary to the usages of parliament آداب ایوان کے خلاف ۔ پارلیمنٹ کے ضابطے کے خلاف ۔

Unpatriotic *adj.* حب وطن کے منافی ۔

Unperceived (un-per-sēv-d) *adj.* Unseen ان دیکھا ۔ نظروں سے اوجھل ۔

Unpersuadable (un-per-sū-ād-əbl) *adj.* Who cannot be persuaded جس کو ترغیب نہ دی جا سکے ۔ جس کو آمادہ نہ کیا جا سکے ۔

Unpersuasive *adj.* غیر دلکش ۔ جس میں مائل کرنے کی صلاحیت نہ ہو ۔ غیر محرک ۔

Unperturbed *adj.* غیر مضطرب ۔ مطمئن ۔ پرسکون ۔

Unphilosophical (un-fi-los-ə-fi-kəl) *adj.* Unthinking, unreasoning فلسفہ سے ناآشنا ۔ فلسفیانہ فکر اور طرز استدلال سے بیگانہ ۔

Unplanned (un-plan-d) *adj.* Not thought out جس کا خاکہ پہلے سے تیار نہ کیا گیا ہو ۔ بے منصوبہ ۔

Unplausible (un-plaz-i-bl) *adj.* Unacceptable جو بظاہر ناقابل قبول ہو ۔

Unpleasant (un-ple-zənt) *adj.* Disagreeable ناگوار ۔ ناپسندیدہ ۔

Unpleasing *adj.* بے لطف ۔ ناخوشگوار ۔ غیر دلچسپ ۔

Unpoetical (un-po-e-tik-əl) *adj.* Unimaginative شاعرانہ تخیل سے خالی ۔

Unpolished (un-po-lish-d) *adj.* Having no polish بے صیقل ۔ بے چمک ۔ بے جلا ۔

Unpolitical (un-pol-i-tik-əl) *adj.* That has nothing to do with politics غیر سیاسی ۔ جس کو سیاست سے کوئی تعلق نہ ہو ۔

Unpolluted *adj.* پاک صاف ۔ غیر آلودہ ۔

Unpopular *adj.* جسے قبول عام حاصل نہ ہو ۔ غیر ہر دلعزیز ۔

Unpractical (un-prak-tik-əl) *adj.* Not practical جس پر عمل نہ ہو سکے ۔ ناقابل عمل ۔

Unprecedented (un-pre-si-dent-d) *adj.* Without a precedence بے مثال ۔ جس کی کوئی نظیر موجود نہ ہو ۔

Unpremediated *adj.* بے ساختہ ۔ بے سوچا سمجھا ۔ جس پر پہلے سے غور نہ کیا گیا ہو ۔

Unprepared (un-pre-par-d) *adj.* Not ready جس نے تیاری نہ کی ہو ۔ جو تیار نہ ہو ۔

Unprescribed *adj.* جو شامل نصاب نہ ہو - جس کی تجویز نہ کی گئی ہو -

Unpretending (un-pri-tend-ing) *adj.* Modest بے تصنع - منکسر مزاج - حلیم -

Unpretentious *adj.* سیدھا سادا - بے تکلف - منکسرانہ - بے نام و نمود -

Unpreventable (un-pre-vent-əbl) *adj.* That cannot be stopped جو روکا نہ جا سکے -

Unprincipled (un-prins-i-pld) *adj.* Without good principles بد اطوار - جو کسی اصول کا پابند نہ ہو -

Unprized (un-prīz-d) *adj.* Unappreciated جس کی قدر نہ ہوئی ہو -

Unprocurable (un-pro-kūr-əbl) *adj.* That cannot be obtained جو دستیاب نہ ہو سکے -

Unproductive (un-pro-duk-tiv) *adj.* That does not produce جو کچھ پیدا نہ کرے - بنجر - غیر زرخیز - بے منفعت -

Unprofessional *adj.* بیرونی - خارجی - پیشہ کے آداب کے خلاف - غیر پیشہ ورانہ -

Unprofitable (un-pro-fit-əbl) *adj.* Giving no profit بے منفعت - بے سود - غیر نفع بخش -

Unprogressive *adj.* غیر ترقی پسند - رجعت پسند -

Unpromising *adj.* جس کی ترقی کی توقع نہ ہو - جو ہونہار نہ ہو -

Unpropitious *adj.* ناسازگار - منحوس - نامبارک -

Unprosperous (un-pros-pe-rəs) *adj.* Not prospering مفلس - تنگ دست - جو خوش حال نہ ہو -

Unprovoked *adj.* جس کو کوئی اشتعال نہ دیا گیا ہو - بغیر اشتعال کے -

Unpunctual (un-punk-tū-əl) *adj.* Not observing time جو اوقات کا پابند نہ ہو -

Unpunctuated (un-punk-tū-ə-td) *adj.* Devoid of punctuation رموز اوقاف سے خالی -

Unpunishable (un-punish-əbl) *adj.* That cannot be punished ناقابل تعزیر - جس کو سزا نہ دی جا سکے -

Unqualified (un-kwal-i-fīd) *adj.* Having no proper qualification نا اہل - نا قابل - غیر سند یافتہ - غیر مشروط - قطعی

Unquenchable *adj.* نا قابل تسکین - جو بجھائی نہ جا سکے -

Unquestionable *adj.* نا قابل اعتراض - یقینی - بلا شبہ -

Unquestioned *adj.* جس پر کوئی شبہ نہ ہو - مسلمہ - بے شبہ -

Unquotable (un-kot-əbl) *adj.* Not fit to be quoted جو ناقابل ذکر ہو - جو اتنا فحش ہو کہ اس کا حوالہ نہ دیا جا سکے - خلاف تہذیب -

Unread (un-red) *adj.* Not read جو پڑھا نہ گیا ہو -

Unreadable *adj.* جو پڑھنے کے قابل نہ ہو - غیر دلچسپ - اکتا دینے والا -

Unready (un-rēd-i) *adj.* Not ready جو تیار نہ ہو -

Unreal (un-re-əl) *adj.* Not real وہمی - خیالی - نقلی - غیر حقیقی -

Unreasonable (un-re-zon-əbl) *adj.* Not influenced by reason عقل سے بعید - غیرمعقول - نامناسب -

Unrecallable (un-rek-al-əbl) *adj.* That cannot be recalled جو واپس نہ بلایا جا سکے - جو منسوخ نہ کیا جا سکے -

Unreckoned (un-rek-ənd) *adj.* Not calculated جو شمار نہ کیا گیا ہو - غیر شمار کردہ -

Unrecognizable *adj.* جو پہچانا نہ جا سکے -

Unreconciled *adj.* جن میں موافقت نہ ہو -

Unrecorded (un-rek-ord-d) *adj.* Not taken down جسے قلم بند نہ کیا گیا ہو - جس کا اندراج نہ کیا گیا ہو -

Unredressed (un-red-res-d) *adj.* Not redressed جس کی تلافی نہ کی گئی ہو - بے تلافی - داد رسی سے محروم -

Unrefined *adj.* گنوار - غیر مہذب - بغیر صاف کیا ہوا - نا شائستہ -

Unreflecting *adj.* غور نہ کرنے والا - غیر منعکس -

Unregistered (un-rej-is-tər-d) *adj.* Not registered جسے رجسٹر میں درج نہ کیا گیا ہو -

Unregretted *adj.* جس پر ندامت کا اظہار نہ کیا گیا ہو - جس پر افسوس نہ کیا گیا ہو -

Unregulated (un-reg-u-lāt-d) *adj.* Not corrected بے ضابطہ ۔ غیر منظم ۔ جس کی رفتار ٹھیک نہ کی گئی ہو ۔

Unrelaxed *adj.* بے آرام ۔ بلا سکون ۔ بلا تخفیف ۔

Unrelenting (un-re-lent-ing) *adj.* Who does not relent بے رحم ۔ سنگ دل ۔ بے دردانہ ۔ بے رحمانہ ۔

Unreliable (un-ri-lī-əbl) *adj.* Not to be relied upon ناقابل اعتبار ۔

Unreligious (un-re-li-jəs) *adj.* Not keen about religion مذہب سے بیگانہ ۔

Unremunerative *adj.* جس کی اجرت نہ ملے ۔ جس سے کوئی نفع نہ ہو ۔ بے منفعت ۔

Unrepentant *adj.* غیر نادم ۔ نا پشیمان ۔

Unreported (un-rep-por-td) *adj.* Not reported جس کی اطلاع نہ دی گئی ہو ۔

Unrepresentative (un-rep-re-zent-ə-tiv) *adj.* Not representing غیر نمائندہ ۔ جو کسی کی نمائندگی نہ کرتی ہو ۔ غیر نمائندہ (حکومت) ۔

Unresented (un-re-sənt-d) *adj.* Not taking ill of جس کا برا نہ مانا گیا ہو ۔ جس سے آزردگی نہ پیدا ہوئی ہو ۔

Unresisting *adj.* جو مزاحم نہ ہو ۔ مزاحمت نہ کرنے والا ۔

Unrespected *adj.* ذلیل ۔ بے توقیر ۔ جس کی عزت نہ کی گئی ہو ۔

Unresponsive (un-res-pons-iv) *adj.* Irresponsive جو جواب نہ دے ۔ بے حس ۔ جو ہمدردی نہ رکھے ۔

Unrestrainable (un-res-trān-əbl) *adj.* Who cannot be checked نا قابل انسداد ۔ جو روکا نہ جا سکے ۔ بے قابو ہونے والا ۔

Unrestrained *adj.* چھوٹا ہوا ۔ بے قابو ۔ بے لگام ۔

Unrewarded (un-re-ward-d) *adj.* Who got no reward for his services بے صلہ ۔ بے اجر ۔ بے انعام ۔ اجر یا صلہ سے محروم ۔

Unridable (un-rīd-əbl) *adj.* Unfit for riding جو سواری کے قابل نہ ہو ۔

Unrighteous *adj.* صراط مستقیم سے الگ ۔ بد اعمال ۔ فاجر ۔ فاسق ۔

Unripe (un-rīp) *adj.* Raw, not ripe کچا ۔ خام ۔ نا پختہ ۔ غیر پختہ کار ۔

Unromantic (un-ro-man-tik) *adj.* Devoid of romance رومان سے خالی ۔ جوش سے خالی ۔ گرمی محبت سے نا آشنا ۔

Unruly (un-ru-li) *adj.* Ungovernable متمرد ۔ سرکش ۔ منہ زور ۔

Unsafe (un-sāf) *adj.* Not secure خطرناک ۔ غیر محفوظ ۔

Unsaid *adj.* بے کہا ہوا ۔

Unsaintly *adj.* دنیادار ۔ جس میں ولی کی صفات نہ ہوں ۔

Unsalted *adj.* بے نمک کا ۔

Unsanctioned *adj.* بلا اجازت ۔ غیر منظور شدہ ۔

Unsanitary (un-san-i-tə-ri) *adj.* Unclean حفظان صحت کے خلاف ۔ مضر صحت ۔ میلا ۔ گندہ ۔

Unsatisfactory (un-sat-is-fak-tə-ri) *adj.* Not giving satisfaction غیر اطمینان بخش ۔

Unsayable (un-sā-əbl) *adj.* Not fit to be said جو کہنے کے قابل نہ ہو ۔

Unscathed (un-skath-d) *adj.* Unharmed جس پر آنچ نہ آئی ہو ۔ ضرر سے محفوظ ۔

Unscholarly (un-ske-lar-li) *adj.* Not like a scholar غیر عالمانہ ۔ شان علمیت کے خلاف ۔

Unscientific (un-sin-ti-fik) *adj.* Against scientific principles علمی اصولوں کے خلاف ۔ غیر علمی ۔ غیر اصولی ۔

Unscrupulous (un-scrōō-pōō-ləs) *adj.* Paying no heed to principles وہ شخص جو کسی ضابطہ کا پابند نہ ہو ۔ بے باک ۔ آزاد ۔ غیر محتاط ۔

Unreasonable (un-rez-ən-əbl) *adj.* Out of place بے موقع ۔ بے محل ۔ نامعقول ۔

Unseasoned *adj.* جو موسمی اثرات کو برداشت نہ کر سکے ۔ جو چٹ پٹا نہ ہو ۔ بے مسالہ کا ۔

Unseaworthy (un-sē-wərdhi) *adj.* Not fit for sea journey بحری سفر کے ناقابل ۔

Unseeing *adj.* قوت مشاہدہ سے عاری ۔ بے مشاہدہ ۔

Unseemly *adj.* نامعقول ۔ ناشائستہ ۔

Unseen *adj.* جو نظر نہ آئے ۔ غیبی ۔ نادیدہ ۔

Unselfish (un-self-ish) *adj.* Not self seeking بے غرض - جو خود غرض نہ ہو -

Unsentimental (un-sent-i-ment-əl) *adj.* Not governed by sentiments غیر جذباتی - غیر جذبات پرست - جس کے اعمال جذبات کے زیر اثر نہ ہوں -

Unserviceable *adj.* جو کام کا نہ ہو - غیر کارآمد -

Unshapely *adj.* بد صورت - بھونڈا - بے ڈول -

Unshorn (un-shorn) *adj.* Unsheard جس کی اون نہ تراشی گئی ہو -

Unshut (un-shut) *adj.* Open جو بند نہ ہو - کھلا ہوا -

Unsightly (un-sit-li) *adj.* Ugly بد نما - بد صورت -

Unsisterly *adj.* جو بہن کے لیے نازیبا ہو - ہمشیرگی کے خلاف -

Unskilful (un-skil-ful) *adj.* Not skilled اناڑی - غیر ماہر - بے مہارت -

Unskilled *adj.* اناڑی - نا تربیت یافتہ -

Unsmoked *adj.* بغیر دھوئیں میں پکایا ہوا - بغیر پیا ہوا -

Unsociable (un-so-si-əbl) *adj.* Disinclined to associate with others جو ملنسار نہ ہو - کم آمیز - دیر آشنا -

Unsocial *adj.* صحبت بے زار - جو صحبت پسند نہ ہو -

Unsold (un-sold) *adj.* Not sold بن بکا مال - بن بکا ہوا -

Unsolicited (un-sol-i-sit-d) *adj.* Not asked for بے طلب - بے مانگا -

Unsolicitous *adj.* جو پریشان نہ ہو - غیر متفکر - بے آرزو -

Unsophisticated *adj.* بھولا بھالا - نا تجربہ کار - سادہ مزاج -

Unsought (un-sawt) *adj.* Unasked for بے طلب - ناخواستہ - بے مانگا ہوا -

Unsound (un-sownd) *adj.* Not sound روگی - مریض - خراب - ناقص -

Unsparing (un-spər-ing) *adj.* Not liberal, unmerciful بے رحم - سخت گیر - بے درد -

Unspeakable (un-spēk-əbl) *adj.* Unutterable جو بیان نہ کیا جا سکے - نا گفتنی - ناقابل اظہار - نا گفتہ بہ - بہت برا -

Unspecified *adj.* بے تصریح - جس کی تخصیص نہ کی گئی ہو -

Unspent *adj* جسے خرچ نہ کیا گیا ہو - جو تھکا نہ ہو -

Unsportsmanlike *adj.* کھیل کی غیر جانب داری کے خلاف - بہادری کے خلاف - سچے کھلاڑی کی شان کے خلاف -

Unstable (un-sta-bl) *adj.* Not enduring بدلنے والا - متزلزل - ناپائدار - بے وفا - ناقابل اعتبار -

Unstatesmanlike *adj.* غیر دانشمندانہ - اصول سیاست کے خلاف - غیر مدبرانہ -

Unsteady (un-stēd-i) *adj.* Not steady آوارہ - متلون - متزلزل - بدلتا ہوا -

Unstinted (un-stint-d) *adj.* Unlimited کثیر - وافر - بے دریغ -

Unstirred (un-stir-d) *adj.* Unmoved بے ہلا جلا - غیر متاثر -

Unstudied (un-stud-id) *adj.* Natural, without affectation بے ساختہ - قدرتی حالت میں - بے تکلف - بلا مطالعہ -

Unstung (un-stung) *adj.* Not stung غیر نیش زدہ - جسے ڈنگ نہ لگا ہو -

Unsubdued (un-sub-dōōd) *adj.* Unvanquished جو مغلوب نہ ہوا ہو -

Unsubmissive (un-sub-mis-iv) *adj.* Who does not submit جو اطاعت نہ کرے - جو مطیع نہ ہو -

Unsuccessful (un-suk-ses-fl) *adj.* Who failed نامراد - ناکام -

Unsuggestive *adj.* غیر تصور خیز - جو اشارہ نہ دے - جو کوئی خیال نہ پیدا کرے -

Unsuitable (un-sūt-əbl) *adj.* Unfit جو خاطر خواہ نہ ہو - نا مناسب - نا موزوں -

Unsupportable *adj.* ناقابل برداشت - جس کو سہارا نہ دیا جائے - جس کی تائید نہ کی جا سکے -

Unsurgical *adj.* اصول جراحی کے خلاف ۔

Unsurpassable (un-sur-pas-əbl) *adj.* Who cannot be surpassed جس پر کوئی سبقت نہ لے جا سکے ۔

Unsuspected (un-sus-pekt-d) *adj.* Not suspected ناگہاں ۔ اچانک ۔ غیر مشتبہ ۔

Unsuspicious *adj.* جو شکی نہ ہو ۔ شبہ نہ کرنے والا ۔

Unsustainable (un-sus-tān-əbl) *adj.* Unbearable ناقابل برداشت ۔ ناقابل تصدیق ۔

Unsympathetic *adj.* مخالف ۔ بے دردانہ ۔ غیر ہمدرد ۔

Unsystematic *adj.* جس کا کوئی نظام نہ ہو ۔ بے قاعدہ ۔ بے اصول ۔

Untalented (un-ta-lent-d) *adj.* Having no talent بے استعداد ۔ بے ہنر ۔ بے صلاحیت ۔

Untamable (un-tam-əbl) *adj.* That cannot be tamed وحشی ۔ جو مانوس نہ ہو سکے ۔

Untaught (un-tat) *adj.* Having no instruction ان پڑھ ۔ جاہل ۔ غیر تعلیم یافتہ ۔

Unteachable *adj.* جسے سکھایا یا پڑھایا نہ جا سکے ۔

Untenable *adj.* جس کو تسلیم نہ کیا جائے ۔ جس کو قائم نہ رکھا جا سکے ۔ غیر مستحکم ۔

Untested (un-test-d) *adj.* Not put to test جس کی آزمائش نہ ہوئی ہو ۔ جس کا امتحان نہ کیا گیا ہو ۔

Unthankful (un-thangk-fl) *adj.* Ungrateful نا شکر گزار ۔ نا شکرا ۔

Unthinkable (un-thingk-əbl) That cannot be thought of جس کا تصور نہ کیا جا سکے ۔ جو بعید از قیاس ہو ۔

Unthinking *adj.* مسائل پر غور نہ کرنے والا ۔ بے فکر ۔ بے اعتنا ۔

Unthoughtful *adj.* غور و فکر نہ کرنے والا ۔ بے پروا ۔ بے فکرا ۔

Untidy (un-tī-di) *adj.* Dirty پھوہڑ ۔ بے سلیقہ ۔ میلا کچیلا ۔

Untimely (un-tīm-li) *adj.* Inappropriate بے تکا ۔ بے محل ۔ بے موقع ۔

Untiring (un-tīr-ing) *adj.* Feeling no fatigue نہ تھکنے والا ۔ ان تھک ۔

Untold (un-told) *adj.* Innumerable بے اندازہ ۔ بے حساب ۔ ان گنت ۔

Untouchable (un-tuch-əbl) *adj.* Who may not be touched اچھوت ۔

Untouched *adj.* جس کو ہاتھ نہ لگایا گیا ہو ۔ اچھوتا ۔

Untraceable *adj.* جس کا پتہ نہ لگایا جا سکے ۔

Untrained (un-trān-d) *adj.* Not trained جس کو سدھایا نہ گیا ہو ۔ نا تربیت یافتہ ۔ جس نے تربیت نہ پائی ہو ۔

Untransferable (un-trans-fer-əbl) *adj.* That cannot be transferred ناقابل انتقال ۔

Untranslatable (un-trans-lat-əbl) *adj.* That cannot be translated ناقابل ترجمہ ۔ جس کا ترجمہ نہ کیا جا سکے ۔

Untransportable *adj.* جسے ایک جگہ سے دوسری جگہ نہ لے جایا جا سکے ۔ ناقابل نقل و حمل ۔

Untravelled (un-trav-eld) *adj.* Who has not gone to other countries جس نے دوسرے ملکوں کا سفر نہ کیا ہو ۔

Untried *adj.* نا آزمودہ کار ۔ نا تجربہ کار ۔

Untrodden *adj.* بے آمد و رفت ۔ جس پر آمد و رفت نہ ہوئی ہو ۔

Untroubled *adj.* جس کو اضطراب یا پریشانی نہ ہو ۔ پر سکون ۔ مطمئن ۔

Untrue *adj.* بے وفا ۔ جھوٹا ۔ غلط ۔

Untrustworthy (un-trust-wor-thi) *adj.* Not worthy of trust نا قابل اعتبار ۔

Untruthful (un-truth-fl) *adj.* Not truthful دروغ گو ۔ کاذب ۔ جھوٹا ۔

Unused (un-ūz-d) *adj.* Not used جو عادی نہ ہو ۔ غیر مستعمل ۔

Unusual (un-ūz-ūal) *adj.* Uncommon انوکھا ۔ غیر معمولی ۔

Unutilized (un-ūti-līz-d) *adj.* Unused جس کو استعمال نہ کیا گیا ہو ۔ غیر مستعمل ۔

Unvalued (un-val-ū-d) *adj.* Not prized or highly esteemed جس کی قیمت کا اندازہ نہ ہو - جس کو قیمتی نہ سمجھا جائے -

Unvarnished (un-var-nish-d) *adj.* Unpolished بے وارنش - بے روغن - سادہ -

Unvenomous (un-ve-nom-əs) *adj.* Not poisonous جو زہریلا نہ ہو -

Unventilated (un-ven-til-ətd) *adj.* Unairy جس میں ہوا کا گزر نہ ہو - ایسے امور جن پر بحث نہ کی گئی ہو -

Unverifiable *adj.* نا قابل تصدیق -

Unverified *adj.* غیر مصدقہ -

Unvisited *adj.* جس سے ملاقات نہ ہوئی ہو - جہاں آمد و رفت نہ ہو -

Unwanted (un-want-d) *adj.* Not wanted جس کی خواہش یا ضرورت نہ ہو -

Unwarned (un-warn-d) *adj.* Having received no warning جسے تنبیہ نہ کی گئی ہو - جس کو مطلع نہ کیا گیا ہو -

Unwarranted (un-war-ənt-d) *adj.* Unauthorised جس کا اختیار یا اجازت نہ ہو - غیر مجاز - جس کی ضرورت نہ ہو -

Unwatched (un-wach-d) *adj.* Not watched جس کی نگرانی یا حفاظت نہ کی جاتی ہو -

Unwatered (un-water-d) *adj.* Unirrigated جسے سینچا نہ گیا ہو - جس کو پانی نہ دیا گیا ہو -

Unwelcome (un-wel-kəm) *adj.* Not welcomed جس کے آنے کی خوشی نہ ہو -

Unwell (un-wel) *adj.* Ailing - جس کی طبیعت ناساز ہو

Unwept (un-wept) *adj.* Not wept for جس پر کوئی ماتم نہ کرے -

Unwhitewashed *adj.* جس کی پردہ پوشی نہ کی گئی ہو - جس پر سفیدی نہ کی گئی ہو -

Unwholesome (un-hol-səm) *adj.* Fainted in taste and morals - جس کے اخلاق و اطوار برے ہوں جس کی صحت ٹھیک نہ ہو -

Unwifely (un-wīf-li) *adj.* Unworthy of a wife جو بیوی نہ معلوم ہوتی ہو - جو بیوی کے شایان شان نہ ہو -

Unwilling (un-wil-ing) *adj.* Not willing - نا رضامند ناخوش -

Unwise (un-wīz) *adj.* Injudicious, foolish - بیوقوف ناعاقبت اندیش -

Unwitting (un-wit-ing) *adj.* Without knowing بے جانے بوجھے -

Unwittingly *adv.* - بے جانے بوجھے - نا دانستہ طور پر

Unwomanly (un-woo-mən-li) *adj.* Not like a lady - عورں کی شان کے خلاف - نسائیت کے خلاف

Unworkable (un-work-əbl) *adj.* That cannot be worked - نا قابل عمل - جس پر عمل نہ ہو سکے

Unworthy (un-wor-dhi) *adj.* Unbefitting جو لائق نہ ہو - نا سزا وار -

Unwritable *adj.* جو لکھنے کے قابل نہ ہو - جو تحریر میں نہ آ سکے -

Unwritten *adj.* - بے نوشتہ - غیر کتابی - غیر تحریری

Unyielding *adj.* - اپنی بات پر اڑ جانے والا - سخت جو رعایت نہ کرے -

Unyoked (un-yok-d) *adj.* Not yoked جوئے سے الگ کیا ہوا - جو جوئے میں جوتا نہ گیا ہو -

Unzealous (un-zel-əs) *adj.* Not keen جو سرگرم نہ ہو - جو جوش اور گرمی سے خالی ہو -

Unconcern *n.* بے پروائی - اطمینان -

Undress *n.* گھر پر پہننے کا معمولی لباس -

Unemployment *n.* بیکاری - بے روزگاری -

Unreason *n.* بے عقلی -

Unrest (un-rest) *n.* Disorder - بد امنی - اضطراب بے چینی -

Untruth (un-tru-th) *n.* Falsehood نا راستی - غلط بیانی - جھوٹ -

Unwisdom (un-wiz-dm) *n.* Foolishness - حماقت نا عاقبت اندیشی -

Unanimous (u-nan-i-məs) *adj.* Of one mind متفق الرائے -

Unanimously *adv.* - متفقہ طور پر - یک زبان ہو کر

Uncial (un-shəl) *adj. & n.* Of big letters بڑے حروف کی تحریر - بڑے حروف کی - بڑے حروف میں لکھا ہوا مسودہ -

Uncinate (un-shi-nāt) *adj.* Hooked - آنکڑے کی طرح - خمدار -

Uncle (ung-kl) *n.* Brother of one's father or mother باپ یا ماں کا بھائی - ماموں - چچا - تایا (امریکہ) میاں (بول چال) وہ شخص جو چیزیں رکھ کر قرض دیتا ہے -

Talk to a person like a Dutch uncle محبت آمیز سختی سے گفتگو کرنا -

Uncle Sam - امریکی حکومت - امریکہ یا اس کے لوگ -

Uncleship *n.* چچا یا ماموں کا رشتہ -

Uncouth (un-ko͞oth) *adj.* Strange, unusual, fearsome - بھدا - بدنما - ڈراؤنا - بے ہنگم - انوکھا - نرالا -

Uncouthly *adv.* - بے ہنگم طریقے سے - گنوار پن سے - عجیب طور سے -

Uncouthness (un-ko͞oth-nes) *n.* Remarkability اجڈ پن - انوکھا پن - نرالا پن -

Unction (ungk-shən) *n.* Ointment پاک روغن کی مالش - پاک روغن - چکنی چپڑی باتیں - خوشامدانہ حرکتیں - مصنوعی رقت - بناوٹی جوش -

Told the story with much unction قصہ مزے لیکر بیان کیا -

Unctuous (ungk-tū-əs) *adj.* Oily, greasy مصنوعی جوش یا رقت کا - چرب - چکنا - خوشامدانہ - رقت آمیز-

Unctuousness *n.* - خوشامد - چکناہٹ - جوش - رقت -

Under (un-dər) *adv., adj. & prep.* Beneath, below کم - تھوڑا - تحت - تلے - نیچے - بہ وسیلہ - بذریعہ - زیر نگرانی - زیر تربیت - مطابق - رو سے -

Speak under one's breath آہستہ سے بولنا - چپکے سے کہنا -

Undermost سب سے نیچے کا - زیریں -

Under (un-dər) *prefix* Lower, subordinate سابقہ بمعنی نچلا ' ماتحت -

Underact اپنا پارٹ نا کافی طور پر ادا کرنا -

Underbid دوسرے سے کم دام کی بولی دینا -

Underbred نا تربیت یافتہ - غیر مہذب - کمینہ -

Undercharge - کسی چیز کی اصلی قیمت سے کم دام لینا -

Underclothes جانگیا بنیائن وغیرہ - نیچے پہننے کے کپڑے - زیر جامہ -

Underdone بغیر پورا پکا ہوا - بغیر سنکا ہوا - کچی روٹی - کچا -

Underdoze (دوا کی) نا کافی مقدار یا خوراک -

Underdraw نقشہ یا تصویر ناقص یا نا مکمل طور پر بنانا -

Underdrain زمین دوز موری - بدرو یا نالی -

Underdress بہت ہلکا لباس پہننا - نا کافی لباس پہننا -

Underestimate کم اندازہ لگانا - حقیقی خرچ سے کم تخمینہ کرنا -

Underfeed بھوکا رکھنا - ضرورت سے کم کھلانا - پوری خوراک نہ دینا -

Underfired پوری طرح نہ پکے ہوئے (کمہار کے برتن) -

Undergrown جس کی بالیدگی پوری طرح نہ ہوئی ہو -

Underline ایسے الفاظ جن کے نیچے تاکیدی خط ہو - خط کشیدہ -

Underman کسی کام پر ضرورت سے کم آدمی لگانا -

Undermentioned مندرجہ ذیل -

Underpaid کام کے لحاظ سے کم اجرت پانے والے -

Underplay (تاش) بھاری پتا رکھکر ہلکا پتا ڈالنا -

Underquote دوسروں سے کم قیمت لگانا -

Underrate اصل قیمت سے کم دام لگانا -

Under-ripe ادھ پکا - گدرا -

Under-secretary نائب معتمد -

Undersell اونے پونے بیچ ڈالنا -

Undershirt بنیائن - بنڈی - نیم آستین -

Undersigned دستخطی - دستخط کنندہ -

Undersized ٹھنگنا - پستہ قد - کوتاہ قد -

Understrapper صیغہ دار - معمولی ملازم - کار پرداز -

Understate واقعہ کو گھٹا کر بیان کرنا -

Understock ضرورت سے کم مال رکھنا -

Undertone مدھم - ہلکی آواز - دھیمی آواز -

Under valuation اصل قیمت سے کم دام لگانا یا لگنا -

Underwear نیچے پہننے کے کپڑے -

Underwood جھاڑی -

Underworld عالم برزخ - عالم اسفل - پاتال -

Underarm (undər-ārm) *n. & adj.* With the arm below the shoulder (کرکٹ) ایسی گیند جو ہاتھ نیچا رکھ کر پھینکی جائے ۔

Undercroft (undər-kroft) *n.* A vault زمین دوز کمرہ ۔ چھپا ہوا کمرہ ۔ مخفی تہ خانہ ۔

Undercurrent (undər-ku-rənt) *n.* Current running under the surface of the ocean or underground زیرین رو ۔ زمین کے نیچے یا سمندر کی گہرائی کا دھارا ۔ غیر محسوس مخالف جذبہ ۔

Undercut (undər-kut) *n.* Tender loin or fillet گائے کی ران کے اوپر کا گوشت ۔ مکا جو نیچے سے اوپر کو مارا جائے ۔

Undergo (undər-gō) *v.t. & i.* Endure or suffer سہنا ۔ برداشت کرنا ۔ اٹھانا ۔ جھیلنا ۔ استقلال سے برداشت کرنا ۔ قید کاٹنا ۔

Under-graduate (undər-gra-dū-āt) *n.* A student who has not taken a degree جامعہ کا وہ طالب علم جس کو ابھی ڈگری نہیں ملی ۔

Underground (undər-grownd) *adj., adv. & n.* Secret زمین دوز ۔ زمین کے نیچے ۔ خفیہ ۔

Underhand (undər-hand) *adj. & adv.* Surreptitious, secret, insidious خفیہ ۔ پوشیدہ ۔ چھپا ہوا ۔ سازشی ۔

Underlie (undər-lī) *v.t.* Lie beneath, be subject to نیچے رہنا ۔ سہنا ۔ جھیلنا ۔ کسی چیز کا مستحق ہونا ۔

Underling (undər-ling) *n.* A subordinate, a weakling ۔ ماتحت ۔ زیردست ۔ چھوٹے درجہ کا ملازم ۔

Undermine (undər-mīn) *v.t.* Move the ground from under, destroy ۔ سرنگ کھودنا ۔ جڑ کاٹنا ۔ تباہ کرنا ۔ بنیاد کھوکھلی کر دینا ۔ خفیہ طور پر نقصان پہنچانا ۔

Underneath (undər-nēth) *prep., adv., adj. & n.* Beneath, below ۔ زیر ۔ نیچے ۔ تلے ۔ نیچے کا ۔ نیچے کا حصہ ۔ نیچے کی طرف ۔ نیچے کو ۔

Understand (undər-stand) Be fully aware سمجھنا ۔ بوجھنا ۔ مطلع ہونا ۔ خبر رکھنا ۔ جاننا ۔ مطلب سمجھنا ۔ اہمیت معلوم کرنا ۔

Understanding *n.* مفاہمت ۔ اتفاق رائے ۔ فکر ۔ فہم ۔ عقل ۔ سمجھ بوجھ ۔ سمجھوتا ۔ (بول چال جمع) پیر ۔ ٹانگیں ۔

Understudy (undər-stud-i) *n. & v.t.* Prepare, act as a substitute for کار آموز ۔ وہ شخص جو بہ وقت ضرورت اداکار کا پارٹ کر سکے ۔

Undertake (undər-tāk) *v.t. & i.* Assume, take upon oneself, pledge اختیار کرنا ۔ قبول کرنا ۔ ذمہ لینا ۔ بیڑا اٹھانا ۔ کسی سے بحث یا لڑائی چھیڑنا ۔ (بول چال) تجہیز و تدفین کا انتظام کرنا ۔

Undertaker *n.* تابوت تیار کرنے والا ۔ تجہیز و تکفین کا انتظام کرنے والا ۔

Undertaking (undər-tāk-ing) *n.* Any business or project engaged in ۔ مہم ۔ منصوبہ ۔ عزم ۔ کام ۔ تجہیز و تکفین کا پیشہ ۔

Underwrite (undər-rīt) *v.t. & i.* Subscribe, to accept the risk of insuring بیمہ کا خطرہ قبول کرنا ۔ بیمہ کی ذیلی ذمہ داری لینا ۔ بحری بیمہ کا کارو بار کرنا ۔

Underwriter *n.* بیمہ کا کارو بار کرنے والا ۔ بحری بیمہ قبول کرنے والا ۔ بیمہ کا خطرہ قبول کرنے والا ۔

Undies (un-dīz) *n.* Women's underclothing اندر پہننے کے عورتوں کے کپڑے ۔

Undine (un-dīn) *n.* A water-spirit ایک سمندری پری جس کو انسان سے شادی کرنے اور بچہ پیدا کرنے کے بعد روح انسانی مل جاتی ہے ۔

Undoze (un-doz) *adj.* Wavy لہریا ۔ لہر دار ۔ لہراتا ہوا ۔

Undulate (un-du-lāt) *v.t. & i.* Vibrate, make or be wavy لہریں لینا ۔ لہرا کر چلنا ۔ لہر دار ہونا ۔

Undulant *adj.* لہرانے والا ۔ موجیں مارنے والا ۔ آب رواں کا ۔ لہر دار ۔

Undulate (un-du-lāt) *adj.* Waving ۔ لہر دار ۔ موجزن ۔ لہراتا ہوا ۔

Undulation *n.* دل کی حرکت ۔ لہر یا چال ۔ لہر ۔ تموج ۔

Undulatory (un-du-lat-əri) *adj.* Undulating, wavy لہریا ۔ لہر دار ۔

Undulationist اس نظریہ کو ماننے والا کہ روشنی ایتھر کی لہروں کے ذریعے پھیلتی ہے اور یہ لہریں روشن جسم کے ذرات کی اندرونی حرکت سے پیدا ہوتی ہیں ۔

Ungainly (un-gan-li) *adj.* Awkward, clumsy بھدا ۔ بھونڈا ۔ بد شکل ۔

Ungual (un-gwəl) *adj.* Bearing a claw ناخن دار ۔ پنجہ دار ۔

Unguicular *adj.* سم کی شکل کا ۔ پنجہ نما ۔ ناخن نما ۔

Ungulate *adj.* سم والے (جانور) ۔ سم دار ۔

Uni (u-ni) *prefix* One سابقہ بمعنی ایک ۔

Unicameral یک ایوانی ۔

Unicycle ایک پہیہ کی سائیکل ۔

Uniflorus یک گل ۔ ایک پھول کا پودا ۔

Unilateral یک پہلو ۔ یک رخی ۔ یک طرفہ ۔

Unilateral leaves پتیاں جو ڈنٹھل کے ایک طرف ہوں ۔

Uniparous پودا جس کا ایک تنا ہو ۔ جانور جو ایک وقت میں ایک بچہ دیں ۔

Uniped جس کا صرف ایک پیر ہو ۔ یک پایہ ۔

Unisexual جو صرف ایک جنس والا ہو ۔ یک جنسی ۔

Unicorn (u-ni-korn) *n.* A fabulous animal with the body of a horse and a long horn ایک افسانوی جانور جس کا جسم گھوڑے کا اور ایک لمبا سینگ ہوتا ہے ۔ یک سنگھا ۔ کرگدن ۔ گھوڑوں کی ٹکڑی ۔

Uniform (u-ni-form) *adj.* Alike, unvarying یکساں ۔ ہم شکل ۔ برابر ۔ جن میں کوئی تبدیلی نہ ہو ۔ ایک ہی قاعدے کے مطابق ۔ یکساں رو ۔

Uniformly *adv.* ہموار طور پر ۔ بلا تغیر و تبدل ۔ یکساں طور پر ۔

Uniformity (u-ni-form-i-ti) *n.* Similarity ایک ہی اصول کی پابندی ۔ ہم شکلی ۔ یکسانی ۔ یکسانیت ۔ ہم صورتی ۔

Unify (u-ni-fi) *v.t.* Make into one, consolidate متحد کرنا ۔ ایک کرنا ۔ یک رنگ اور ہم خیال کر دینا ۔

Unification *n.* سب مل کر ایک ہو جانا ۔ ہم خیالی ۔ اتحاد ۔

Union (un-yən) *n.* State of being united, wedlock, a united whole اتحاد ۔ جوڑ ۔ ملاپ ۔ موافقت ۔ عقد ۔ متحدہ جماعت ۔ برطانیہ کے جھنڈے کا وہ حصہ جس پر علامت اتحاد ہو ۔ مخلوط بناوٹ کا کپڑا ۔

Union Jack or flag آئرستان اور برطانیہ کا قومی جھنڈا ۔

Unionist (un-yən-ist) *n.* A member of labour union مزدوروں کی جماعت کا رکن ۔ اس قسم کی انجمنوں کا حامی ۔ برطانیہ اور آئرستان کے اتحاد کا حامی ۔

Uniparous (uni-pə-rəs) *adj.* Giving one at a birth ایک بار ایک بچہ جننے والی ۔

Unique (u-nek) *adj.* Sole, without a like بے مثال ۔ یکتا ۔ ایک وضع کا ایک ہی ۔

Uniquely *adv.* بے مثل کے طور پر ۔ یکتائی کی شان سے ۔

Uniqueness *n.* نرالا پن ۔ انوکھا پن ۔ منفرد ہونا ۔ یکتائی ۔

Unit (u-nit) *n.* A single element, section or item اکائی ۔ واحد ۔ کئی چیزوں کا مجموعہ ۔ ناپ یا شمار کا پیمانہ ۔

Unitarian (u-nit-a-ri-ən) *n.* One who asserts Unity of God as against Trinity تثلیث کا منکر ۔ توحید پرست ۔ موحد ۔

Unitarianism *n.* احدیت ۔ واحدانیت ۔ توحید پرستی ۔

Unitarianize *v.t.* تثلیث کو توحید سے بدل دینا ۔ توحید پرست بنانا ۔

Unitary (u-nit-a-rl) *adj.* Pertaining to Unity or a unit اکائی کا ۔ اتفاق کا ۔ یک جہتی کا ۔ وحدانیت کا ۔

Unite (u-nit) *v.t.* & *i.* Make one, join into one ایک کرنا ۔ متحد کرنا ۔ مل کر ایک ذات ہو جانا ۔ ہم خیال ہونا ۔ مل کر کام کرنا ۔

Unitedly *adv.* متفقہ طور پر ۔

Unitive *adj.* اتفاق پیدا کرنے والی ۔ متحد کرنے والی ۔

Unitizm (u-nit-izm) *n.* The doctrine that there is a single force working in the Universe and the division of matter and soul is wrong یہ عقیدہ کہ کائنات میں ایک ہی قوت کارفرما ہے اور مادے اور روح کی تفریق غلط ہے ۔

Unitize (u-ni-tīz) *v.t.* Combine in one کثرت میں وحدت دیکھنا ۔ کئی چیزوں کو ملا کر واحد قرار دینا ۔

Unity (u-ni-ti) *n.* Oneness توحید ۔ وحدانیت ۔ احدیت ۔ واحد ہونا ۔ اتفاق ۔ یگانگت ۔ ایک کا عدد ۔ مشترکہ لگانداری ۔ (قانون) ایک شخص کا متعدد حقوق اور حیثیتیں رکھنا ۔

Universal (u-ni-vərs-əl) *adj. & n.* Of the universe عالمگیر ۔ آفاق ۔ کائناتی ۔ کلیاتی ۔ جملہ ۔ کل ۔ وہ کلیہ جو کل افراد پر حاوی ہو ۔

Universality *n.* کلیت ۔ عمومیت ۔ آفاقیت ۔

Universalize *v.t.* آفاق قرار دینا ۔ عمومی حیثیت دینا ۔ کلیہ بنانا ۔

Universally *adv.* عالمگیر ۔ عام حیثیت سے ۔ کلی طور پر ۔

Universalist (u-ni-vər-sa-list) *n.* One who believes in the salvation of all وہ جس کا عقیدہ یہ ہے کہ آخرت میں سب انسان نجات پا جائیں گے ۔ نجات کل کا معتقد ۔

Universalism *n.* نجات کل کا عقیدہ ۔

Universe (u-ni-vers) *n.* All that is, the whole system of things جہان ۔ عالم ۔ دنیا ۔ کائنات ۔ آفاق ۔ کل عالم انسانی ۔ کل تصورات ۔

University (u-ni-ver-si-ti) *n.* An institution of higher learning جامعہ ۔ دارالعلوم ۔ اعلیٰ تعلیم کا ادارہ ۔ امتحان لینے اور سند دینے والا ادارہ ۔

Universology (u-ni-ver-sə-loji) *n.* Science of the universe علم عالم انسانی ۔ علم کائنات ۔

Universologist *n.* علم کائنات یا انسان کا ماہر ۔

Univocal (u-niv-ə-kl) *adj.* Of one voice, having one meaning only ایک معنی والا ۔ ایک آواز والا ۔

Unjaundiced (un-jawn-dis-d) *adj.* Unprejudiced بے تعصب ۔ بے حسد ۔

Unjust (un-just) *adj.* Not just ناواجب ۔ بے انصاف ۔ غیر منصف ۔

Unkempt (un-kemt) *adj. & n.* Uncombed, unpolished, rough الجھے ہوئے بال جن میں کنگھی نہ کی گئی ہو ۔ الجھی ہوئی ۔ پریشان ۔ بے ترتیب ۔

Unless (un-les) *conj. & prep* If not اگر نہ ۔ جب تک نہ ۔ بجز اس کے کہ ۔ الا ۔ مگر ۔ بغیر ۔

Unless and until پر تکلف عبارت میں لفاظی کے طور پر آتے ہیں ۔

Until (un-til) *conj. & prep.* Till, as far as تک ۔ تلک ۔ تاوقتیکہ ۔ حتیٰ کہ ۔ جب تک کہ ۔ یہاں تک کہ ۔

Unto (un-to͞o) *prep.* To, until تک ۔ کو ۔ کے ۔ تئیں ۔ کے نزدیک ۔

Unwieldy (un-wēl-di) *adj.* Unmanageable, difficult to move وزنی ۔ بھاری ۔ بوجھل ۔ جو ہٹایا نہ جا سکے ۔ بے ڈول ۔ بے ہنگم ۔

Unwieldiness *n.* بھاری بھرکم ہونا ۔ بھاری پن ۔ بھدا پن ۔

Up (up) *adv., prep., adj. & n.* Towards a higher place, aloft, on high اوپر ۔ بالا ۔ اوپر کی طرف ۔ اوپر تک ۔ سرکشی یا طغیانی کی حالت میں ۔ چڑھاؤ پر ۔ امڈا ہوا ۔ تک ۔ پاس ۔ بالکل ۔ تمام ۔ یک لخت ۔ پوری طرح ۔ اچھی طرح ۔ مستعد ۔

He lives up to his income وہ اپنی ساری آمدنی خرچ کر دیتا ہے ۔

His blood was up اسے غصہ آ گیا ۔

Is up against a hard job اسے سخت کام سے سابقہ پڑا ہے ۔

It is all up with him وہ بالکل نا امید ہو چکا ہے ۔ وہ بالکل مایوس ہے ۔

Speak up زور سے بولو ۔

The cigar is not up to much یہ سگار اچھا نہیں ہے ۔

Ups and downs زندگی کے نشیب و فراز ۔

What is up کیا ہو رہا ہے ۔

Up (up) *prep. & prefix.* Above سابقہ جو اوپر کے معنی دیتا ہے -

Upbringing (up-bring-ing) *n.* Bringing up تربیت - تعلیم -

Upcountry (up-kən-tri) *n. & adj.* The interior, inland part اندرون ملک کا -

Upheavel (up-hēv-əl) *n.* A revolutionary change انقلاب عظیم -

Uphill (up-hil) *adj. & n.* Ascending, difficult بلندی کی طرف - دشوار - کٹھن - مشکل کام -

Upkeep نگہداشت - خبر گیری -

Uplift اخلاق یا دنیاوی ترقی - اصلاح کرنا -

Uprising *n.* شورش - بغاوت -

Uproot *v.t.* استیصال کرنا - جڑ سے اکھاڑ پھینکنا -

Upstairs *n.* بالا خانہ - اوپر کی منزل -

Upstream دریا کے بالائی رخ پر - دریا کے منبع کی طرف -

Uptake *n.* سمجھ - فہم - مال لے جانا - مال اٹھانا - اٹھانا -

Upturn *v.t.* ہل چلانا - جوتنا -

Upas (ū-pəs) *n.* A Javanese poison tree ملک جاوا کا ایک درخت جس سے تیر زہر آلود کیے جاتے ہیں - مہلک اثر - سمیت -

Upbraid (up-brād) *v.t.* Reproach ملامت کرنا - سرزنش کرنا - جھڑکنا -

Upbraiding *n.* سرزنش - ملامت - جھڑکی -

Upbraidingly *adv.* جھڑکیاں دیتے ہوئے -

Uphold (up-hold) *v.t.* Hold up, sustain, maintain اوپر اٹھانا - بلند کرنا - سہارا دیتے رہنا - تائید و حمایت کرنا - برقرار رکھنا - بحال رکھنا - مدد کرنا - تقویت دینا - سہارا دینا -

Upholder *n.* اٹھانے والا - قائم رکھنے والا -

Upholster (up-hols-ter) *v.t.* Furnish with stuffings, springs and covers کرسیوں اور صوفوں میں کمانیاں اور گدے لگانا - غلاف چڑھانا - پردے لگانا -

Upholsterer *n.* صوفے بنانے والا - پردے غلاف بیچنے والا -

Upholstery *n.* صوفہ سازی - صوفے کرسیاں وغیرہ - کمرے کا ساز و سامان -

Upon (ə-pon) *adv.* Thereon, on the surface, thereafter اوپر - سطح کے اوپر - اس کے بعد - اس کے اوپر - مصروف - مشغول -

Upper (up-ər) *adj. & n.* Higher, superior بالا تر - اوپر کا - بالائی - اعلیٰ - اونچے درجہ کا - جوتے کا اوپلا -

Get the upper hand - فوقیت حاصل کرنا - غالب آنا -

The upper ten or ten thousand متمول طبقہ - طبقہ امرا -

Uppermost (up-ər-most) *adj.* Highest, first to come into the mind سب سے اونچا - سب سے پہلا (خیال) جو دماغ میں آئے -

Uppish (up-ish) *adj.* Pretentious, snobbing اچھلا ہوا - مغرور - گستاخ - سرکش -

Uppishly *adv.* (کرکٹ) اچھالتے ہوئے - گستاخی سے - غرور سے -

Uppishness *n.* گستاخی - تمرد - خود سری -

Upright (up-rīt) *adj., adv. & n.* Right or straight up, erect, elevation سیدھا - مستقیم - عمودی - عمودی حالت میں - بلند مقام - راست باز - مقدین - صاف دل - کھرا - ایماندار - عمودی ستون جو سہارے کے لیے کھڑا کیا گیا ہو -

Uprightness *n.* دیانت داری - راست بازی -

Uproar (up-rōr) *n.* Commotion, tumult ہنگامہ - فساد - شور و غل -

Uproarious *adj.* قہقہوں کا - شورش پسند - ہنگامہ کرنے والا - پر شور -

Uproariousness *n.* ہنگامہ خیزی -

Upset (up-set) *v.t., i. & n.* Overturn, spill, disconcert اوندھا کر دینا - الٹ دینا - تلے اوپر کر دینا - پریشان کر دینا - ہاضمہ خراب ہوجانا - رد یا منسوخ کر دینا - الٹ پلٹ - الجھن -

Upset (up-set) *adj.* - اصل یا سرکاری قیمت سے کم - کم

Upshot (up-shot) *n.* Outcome, final issue نتیجہ - خاتمہ - اختتام - انجام - ماحصل -

Upside-down (up-sīd-down) *adv.* & *adj.* In complete confusion اوپر تلے ۔ در ہم بر ہم ۔

Upstart (up-start) *n.* One who has suddenly risen to power جو بہت چھوٹی حیثیت سے امیر یا صاحب اقتدار بن گیا ہو ۔ نو دولتا ۔ چھچھورا ۔ کم ظرف ۔

Upwards (up-wards) *adv.* & *adj.* In the upper part اوپر کی طرف ۔ بلند ۔ زیادہ ۔ اونچا ۔

Uraemia (u-re-mi-ā) *n.* Retention of waste material in blood گردوں اور مثانے کا فعل خراب ہونے کی وجہ سے خون کی سمیت ۔

Uraeus (u-re-əs) *n.* The snake symbol on head dress of Egyptian gods and kings ناگ کا سرپیچ ۔ ناگ کا طرہ ۔

Uranium (u-ra-ni-əm) *n.* A radioactive metal ایک ریڈیائی دھات ۔ ایک وزنی سفید دھات کا عنصر جو رال وغیرہ میں پایا جاتا ہے ۔

Uranous *adj.* مرکب جس میں آکسیجن کم ہو ۔ یوربنیم کا ۔

Uranus (u-ra-nes) *n.* A planet discovered by Herschel in 1781 یورینس ایک سیارہ جس کو ہرشل نے دریافت کیا تھا یہ ہمارے نظام شمسی کا بعید ترین سیارہ ہے صرف نپٹون اس سے زیادہ دور ہے ۔

Urban (ur-bən) *adj.* Of or belonging to a city شہری ۔ شہر کا ۔

Urbanize *v.i.* شہریت پیدا کرنا ۔ شہر بنا دینا ۔

Urbanization *n.* مضافات میں شہر کا رنگ پیدا کرنا ۔

Urbane (ur-bān) *adj.* Refined, civilised خلیق ۔ خوش خلق ۔ مہذب ۔

Urbanity (ur-bān-iti) *n.* The quality of being urbane تہذیب ۔ انسانیت ۔ شائستگی ۔ خوش خلقی ۔ مروت ۔

Urchin (ur-chin) *n.* A mischievous child, a hunchback شریر لڑکا ۔ خار پشت ۔ کبڑا آدمی ۔ بے ہنگم اعضا کا آدمی ۔ چھوکرا ۔

Urdu (ur-doo) *n.* Urdu language اردو زبان ۔ پاکستان کی قومی زبان ۔ ہند و پاک کے شرفا کی زبان ۔

Ureter (u-re-tər) *n.* A duct that conveys urine from kidneys to bladder نالی جو گردوں سے پیشاب مثانہ میں لے جاتی ہے ۔

Ureteritis *n.* ورم اور سوزش مثانہ ۔

Urethra (u-re-thrā) *n.* The canal by which urine is discharged from bladder مثانہ سے پیشاب کے اخراج کی نالی ۔

Uretic (u-re-tik) *adj.* (Medicine) helping urination پیشاب آور (دوا) ۔

Urge (urj) *v.t., i.* & *n.* Press forward, provoke incite آگے بڑھانا ۔ چلانا ۔ اصرار یا تاکید سے کہنا ۔ مجبور کرنا ۔ ترغیب دینا ۔ تقاضا کرنا ۔ لگن ۔ دھن ۔ شوق ۔

Urgency (urj-en-si) *n.* Impulse, prompting ضرورت ۔ لا چاری ۔ فوری تعمیل کی ضرورت ۔ بے حد اصرار ۔ تاکید ۔ زور ۔ دباؤ ۔

Urgent *adj.* فوری تعمیل طلب ۔ لازمی ۔ اشد ضروری ۔ تاکیدی ۔

Urgently *adv.* بالضرور ۔ فوراً ۔ شدید اصرار سے ۔ نہایت تاکید سے ۔

Uric (ur-ik) *adj.* Of or from urine پیشاب کا قارورے کے متعلق ۔

Uric acid پیشاب کا تیزاب یا ترشہ ۔

Urinal (ur-i-nəl) *n.* A vessel for urine پیشاب دان ۔ قارورے کا شیشہ ۔ مریضوں کے پیشاب کرنے کا ظرف ۔

Urinary (ur-i-nə-ri) *adj.* & *n.* Pertaining to urine, reservoir of urine پیشاب کے متعلق ۔ پیشاب جمع کرنے کا حوض ۔

Urinate (ur-i-nat) *v.i.* Discharge urine پیشاب کرنا ۔

Urination *n.* پیشاب ہونا یا کرنا ۔

Urine (u-rin) *n.* The excretory product قارورہ ۔ پیشاب ۔

Urn (urn) *n.* A round vase with narrow mouth تنگ دہانے کا گول برتن ۔ کوزہ ۔ جھجر ۔ خاک دان ۔ پھول دان ۔ وہ ظرف جس میں مردوں کو جلانے کے بعد اس کی خاک رکھی جاتی تھی ۔

Urn flower ایک پودا جس میں کوزہ کی شکل کا پھول آتا ہے ۔

Ursa (ur-sa) *n.* Latin name of two constellations, the Great and Little Bear قطب شمالی کے قریب ستاروں کے جھرمٹ جو چھوٹے بڑے ریچھ کہلاتے ہیں ۔
Ursa Major دب اکبر ۔
Ursa Minor دب اصغر ۔

Ursine (ur-sīn) *adj.* Bear like خرسی ۔ ریچھ کی طرح کا ۔ خار دار پودے جن میں کانٹے ہی کانٹے ہوں ۔

Ursuline (urs-ū-lin) *adj.* Pertaining to St. Ursula, of the female teaching order اس جماعت کی راہبہ جو لڑکیوں کی تعلیم کے لیے سینٹ ارسولا کے نام پر قائم کی گئی تھی ۔

Urticate (ur-ti-kāt) *v.t.* Sting, flog with nettles بچھوا پودے کی شاخ سے مارنا تاکہ سن عضو میں حس پیدا ہو جائے ۔

Urus (ur-us) *n.* Wild bison جنگلی سانڈ ۔ ارنا بھینسا ۔

Us (us) *pron.* Objective of we ہمیں ۔ ہم کو ۔ اپنے آپ کو ۔

Usage (u-zij) *n.* Practice, custom محاورہ ۔ دستور ۔ رسم و رواج ۔

Usance (u-zans) *n.* Time allowed for payment of a debt مدت ۔ میعاد ۔ قرض کی ادائگی کی میعاد ۔ میعاد ادائگی ۔

Use (ūz) *n.* Act of using or putting to a purpose استعمال ۔ عمل میں لانا ۔ کام میں لانا ۔ مصرف ۔ فائدہ ۔ نفع ۔ عادت ۔ مشق ۔ محاورہ ۔ منافع ۔ تصرف ۔

Use (ūz) *v.t. & i.* Observe, practise, behave, resort to کام میں لانا ۔ استعمال کرنا ۔ برتنا ۔ فائدہ اٹھانا ۔ خرچ کرنا ۔ چلانا ۔ مدارات کرنا ۔ پیش آنا ۔ عادی ہونا ۔ معمول ہونا ۔
Of no use نکما ۔ بیکار ۔
Usable *adj.* قابل استعمال ۔
User *n.* کام میں لانے والا ۔

Useful (ūz-fl) *adj.* Serviceable بہت عمدہ ۔ نفع بخش ۔ مفید ۔ کارآمد ۔
Makes himself generally useful بہت سے کام کر دیتا ہے ۔
Usefully *adv.* مفید طریقے سے ۔
Usefulness *n.* فائدہ مندی ۔ سود مندی

Usher (ush-ər) *n. & v.t.* A door-keeper, a scort حاجب ۔ نقیب ۔ دربان ۔ جو مہمانوں کو ان کی نشست تک پہنچاتا ہے ۔ نائب مدرس ۔ خلیفہ ۔ نقیب کی خدمت انجام دینا ۔
Ushership *n.* نقیب کا عہدہ ۔ نقابت ۔

Usual (ū-zhū-əl) *adj.* Common, customary, ordinary معمولی ۔ حسب معمول ۔ حسب رواج ۔ عام ۔
Usually *adv.* عموماً ۔ حسب عادت ۔ معمولاً ۔
Usualness *n.* حسب عادت ہونا ۔ حسب معمول ہونا ۔

Usucaption (ū-zū-kap-shən) *n.* The acquisition of property by long possession طویل قبضہ کی بنا پر حق ملکیت ۔ وہ حق جو بر بنائے قبضہ پیدا ہو جاتا ہے ۔

Usufruct (ū-zū-frukt) *n.* The use and profit but not the property of a thing حق استعمال و استفادہ بلا ملکیت ۔ نزولی جائداد ۔

Usurer (ū-z(h)ū-rer) *n.* A money-lender بھاری شرح سود پر قرض دینے والا ۔

Usurp (ū-zūrp) *v.t. & i.* Take possession of by force قبضہ بالجبر کرنا ۔ بلا استحقاق زبردستی لے لینا ۔ زبردستی کسی جائداد پر قبضہ کر لینا ۔
Usurpation دست درازی ۔ تعدی ۔ قبضہ بالجبر ۔
Usurper دبا بیٹھنے والا ۔ بالجبر قبضہ کرنے والا ۔

Usury (ū-z(h)u-ri) *n.* Taking of illegal interest on loan سود خوری ۔ غیر قانونی شرح سود پر قرض دینا ۔ بھاری سود ۔
Usurious *adj.* بھاری سود پر قرض دینے والا ۔ ناجائز سود لینے والا ۔
Usuriousness *n.* بھاری سود خوار ہونا ۔ ظالمانہ سود خوری ۔

Utensil (u-ten-sil) *n.* Any useful vessel آلہ ۔ اوزار ۔ ظرف ۔ برتن ۔

Uterine (u-tər-īn) *adj.* Of the uterus, of the same mother by different father رحم کے متعلق ۔ رحمی ۔ سگی ماں سے سوتیلے باپ کی (اولاد) ۔

Uterus (u-tər-əs) *n.* The womb رحم ۔ بچہ دانی ۔
Uteritis رحم کا ورم ۔

Utilitarian (u-til-i-ta-ri-ən) *adj*. Looking to usefulness alone افادیت پسند - افادیت کا - نظریہ افادیت کا حامی - افادیت عامہ کا حامی -

Utilitarianism (u-til-i-ta-ri-ən-izm) *n*. The ethical theory based on the utility of actions نظریہ اخلاقیات جس کی بنیاد افادیت پر ہے -

Utility (u-til-i-ti) *n*. Usefulness افادیت - منفعت - افادہ عام -

Utilize (u-til-īz) *v.t.* Make use of استفادہ کرنا - فائدہ اٹھانا - کام میں لانا - استعمال کرنا -

Utilizable *adj*. قابل استفادہ - قابل استعمال -

Utilization *n*. استعمال - کام میں لانا - استفادہ -

Utmost (ut-most) *adj*. In the greatest degree نہایت - از حد - بے حد - انتہائی - حتی المقدور -

One's utmost انتہائی زور لگانا - انتہائی کوشش -

Utopia (u-to-pi-a) *n*. An imaginary ideal state described by Sir Thomas Moore معیاری ریاست جس کا حال سر تھامس مور نے اپنی طنزیہ تصنیف میں بیان کیا ہے - مثالی ریاست -

Utopian (u-to-pi-ən) *adj*. Of utopia بلند تصورات کا بے عمل شخص - خیالی - مثالی -

Utopianism *n*. تصور پرستی - خیال پرستی - مثالیت -

Utter (ut-ər) *adj*. Extreme, total بالکل - سارا - انتہائی - کلی - قطعی -

Utter barrister دوسرے درجے کا وکیل -

Utterly *adv*. بالکل - قطعاً -

Uttermost *adj*. بے حد - انتہائی -

Utterness *n*. انتہائی ہونا - قطعیت -

Utter (ut-ər) *v.t.* Speak, put forth زبان سے نکالنا - قلم سے ادا کرنا - چیخ مارنا - منہ سے کہنا - آہیں بھرنا - جعلی نوٹ چلانا -

Utterance (ut-ər-ans) *n*. Expression, manner of speaking اظہار خیالات - اظہار - تقریر - قوت گفتار - انتہائی کوشش -

Uvula (ū-vū-lȧ) *n*. A fleshy body suspended from the palate حلق کا کوا -

Uxorious (uk-sō-ri-əs) *adj*. Excessively and submissively fond of wife بیوی کا دیوانہ - زن پرست - زن مرید -

Uxoriousness *n*. زن مریدی - زن پرستی -

Uzbeg (uz-beg) *n*. A native of Turkistan ازبک - وسط ایشیا کی ترک قوم - ترکی قوم کا فرد - ترکی نژاد باشندہ - ترکستانی -

V

V (vē) *n*. The twenty-second letter of the English alphabet انگریزی حروف تہجی کا بائیسواں حرف -

V-bomb بم جو جرمنوں نے دوسری عالمگیر جنگ میں استعمال کیا -

V-day یوم فتح ۸ مئی ۱۹۴۵ء -

V-sign فتح کی نشانی جو دو انگلیوں سے بنائی جاتی ہے -

V-neck V کی شکل کا گریبان -

Vacancy (vā-kən-si) *n*. Situation unoccupied, emptiness خلا - بے کاری - تقرر طلب جائداد - بے شغل - خالی جگہ یا اسامی -

Vacant (vā-kənt) *adj*. Empty, unoccupied بے کار - غیر آباد - خالی - بے فکر - غافل - تقرر طلب اسامی - بے مغز - بے معنی -

Vacate *v.t.* فسخ کرنا - منسوخ کرنا - قبضہ اٹھانا - خالی کرنا -

Vacation (vā-kə-shən) *n*. Holidays of schools and courts, leisure وقفہ - مہلت - فراغت - تعطیل - خالی کرنا - چھٹی - تخلیہ -

Vaccinate (vak-sen-āt) *v.t.* Inoculate with vaccine چیچک کا ٹیکہ لگانا - ویکسین کا ٹیکہ لینا -

Vaccination *n*. چیچک بر آری - چیچک کی ویکسین کا ٹیکہ -

Vaccinationist *n*. ٹیکہ لگانے کا حامی - چیچک بر آری کا حامی -

Vaccinator *n*. ٹیکہ لگانے والا - چیچک بر آر -

Vaccine (vak-sēn) *adj*. Derived from the cow گائے کا - چیچک کی دوا کا -

Bovine vaccine گائے سے حاصل کی ہوئی ویکسین -

Humanized vaccine انسانی چیچک سے حاصل کی ہوئی ویکسین -

Ursa (ur-sá) *n.* Latin name of two constellations, the Great and Little Bear قطب شمالی کے قریب ستاروں کے جھرمٹ جو چھوٹے بڑے ریچھ کہلاتے ہیں ۔

Ursa Major دب اکبر ۔

Ursa Minor دب اصغر ۔

Ursine (ur-sīn) *adj.* Bear like خرسی - ریچھ کی طرح کا ۔ خار دار پودے جن میں کانٹے ہی کانٹے ہوں ۔

Ursuline (urs-ū-lin) *adj.* Pertaining to St. Ursula, of the female teaching order اس جماعت کی راہبہ جو لڑکیوں کی تعلیم کے لیے سینٹ ارسولا کے نام پر قائم کی گئی تھی ۔

Urticate (ur-ti-kāt) *v.t.* Sting, flog with nettles بچھوا پودے کی شاخ سے مارنا تاکہ سن عضو میں حس پیدا ہو جائے ۔

Urus (ur-us) *n.* Wild bison جنگلی سانڈ ۔ ارنا بھینسا ۔

Us (us) *pron.* Objective of we ہمیں - ہم کو - اپنے آپ کو ۔

Usage (u-zij) *n.* Practice, custom محاورہ - دستور - رسم و رواج ۔

Usance (u-zans) *n.* Time allowed for payment of a debt مدت - میعاد - قرض کی ادائگی کی میعاد ۔ میعاد ادائگی ۔

Use (ūz) *n.* Act of using or putting to a purpose استعمال - عمل میں لانا - کام میں لانا - مصرف - فائدہ - نفع - عادت - مشق - محاورہ - منافع - تصرف ۔

Use (ūz) *v.t. & i.* Observe, practise, behave, resort to کام میں لانا - استعمال کرنا - برتنا - فائدہ اٹھانا - خرچ کرنا - چلانا - مدارات کرنا - پیش آنا - عادی ہونا - معمول ہونا ۔

Of no use نکما - بیکار ۔

Usable *adj.* قابل استعمال ۔

User *n.* کام میں لانے والا ۔

Useful (ūz-fl) *adj.* Serviceable - بہت عمدہ - نفع بخش مفید - کارآمد ۔

Makes himself generally useful بہت سے کام کر دیتا ہے ۔

Usefully *adv.* مفید طریقے سے ۔

Usefulness *n.* فائدہ مندی - سود مندی

Usher (ūsh-ər) *n. & v.t.* A door-keeper, a scort حاجب - نقیب - دربان - جو مہمانوں کو ان کی نشست تک پہنچاتا ہے - نائب مدرس - خلیفہ - نقیب کی خدمت انجام دینا ۔

Ushership *n.* نقیب کا عہدہ - نقابت ۔

Usual (ū-zhū-əl) *adj.* Common, customary, ordinary - عام - معمولی - حسب معمول - حسب رواج

Usually *adv.* عموماً - حسب عادت - معمولاً ۔

Usualness *n.* حسب عادت ہونا - حسب معمول ہونا ۔

Usucaption (ū-zū-kap-shən) *n.* The acquisition of property by long possession طویل قبضہ کی بنا پر حق ملکیت - وہ حق جو بر بنائے قبضہ پیدا ہو جاتا ہے ۔

Usufruct (ū-zū-frukt) *n.* The use and profit but not the property of a thing حق استعمال و استفادہ بلا ملکیت - نزولی جائداد ۔

Usurer (ū-z(h)ū-rer) *n.* A money-lender بھاری شرح سود پر قرض دینے والا ۔

Usurp (ū-zūrp) *v.t. & i.* Take possession of by force قبضہ بالجبر کرنا - بلا استحقاق زبردستی لے لینا - زبردستی کسی جائداد پر قبضہ کر لینا ۔

Usurpation دست درازی - تعدی - قبضہ بالجبر ۔

Usurper دبا بیٹھنے والا - بالجبر قبضہ کرنے والا ۔

Usury (ū-z(h)u-rī) *n.* Taking of illegal interest on loan سود خوری - غیر قانونی شرح سود پر قرض دینا - بھاری سود ۔

Usurious *adj.* بھاری سود پر قرض دینے والا - ناجائز سود لینے والا ۔

Usuriousness *n.* بھاری سود خوار ہونا - ظالمانہ سود خوری ۔

Utensil (u-ten-sil) *n.* Any useful vessel - آلہ - اوزار ظرف - برتن ۔

Uterine (u-tər-īn) *adj.* Of the uterus, of the same mother by different father رحم کے متعلق - رحمی - سگی ماں سے سوتیلے باپ کی (اولاد) ۔

Uterus (u-tər-əs) *n.* The womb رحم - بچہ دانی ۔

Uteritis رحم کا ورم ۔

Utilitarian (u-til-i-ta-ri-ən) *adj.* Looking to usefulness alone افادیت پسند - افادیت کا - نظریہ افادیت کا حامی - افادیت عامہ کا حامی -

Utilitarianism (u-til-i-ta-ri-ən-izm) *n.* The ethical theory based on the utility of actions نظریہ اخلاقیات جس کی بنیاد افادیت پر ہے -

Utility (u-til-i-ti) *n.* Usefulness افادیت - منفعت - افادہ عام -

Utilize (u-til-īz) *v.t.* Make use of استفادہ کرنا - فائدہ اٹھانا - کام میں لانا - استعمال کرنا -

Utilizable *adj.* قابل استفادہ - قابل استعمال -

Utilization *n.* استعمال - کام میں لانا - استفادہ -

Utmost (ut-most) *adj.* In the greatest degree نہایت - از حد - بے حد - انتہائی - حتی المقدور -

One's utmost انتہائی زور لگانا - انتہائی کوشش -

Utopia (u-to-pi-a) *n.* An imaginary ideal state described by Sir Thomas Moore معیاری ریاست جس کا حال سر تھامس مور نے اپنی طنزیہ تصنیف میں بیان کیا ہے - مثالی ریاست -

Utopian (u-to-pi-ən) *adj.* Of utopia بلند تصورات کا بے عمل شخص - خیالی - مثالی -

Utopianism *n.* تصور پرستی - خیال پرستی - مثالیت -

Utter (ut-ər) *adj.* Extreme, total بالکل - سارا - انتہائی - کلی - قطعی -

Utter barrister دوسرے درجے کا وکیل -

Utterly *adv.* بالکل - قطعاً -

Uttermost *adj.* بے حد - انتہائی -

Utterness *n.* انتہائی ہونا - قطعیت -

Utter (ut-ər) *v.t.* Speak, put forth زبان سے نکالنا - قلم سے ادا کرنا - چیخ مارنا - منہ سے کہنا - آہیں بھرنا - جعلی نوٹ چلانا -

Utterance (ut-ər-ans) *n.* Expression, manner of speaking اظہار خیالات - اظہار - تقریر - قوت گفتار - انتہائی کوشش -

Uvula (ū-vū-lȧ) *n.* A fleshy body suspended from the palate حلق کا کوا -

Uxorious (uk-sō-ri-əs) *adj.* Excessively and submissively fond of wife بیوی کا دیوانہ - زن پرست - زن مرید -

Uxoriousness *n.* زن مریدی - زن پرستی -

Uzbeg (uz-beg) *n.* A native of Turkistan ازبک - وسط ایشیا کی ترک قوم - ترکی قوم کا فرد - ترکی نژاد باشندہ - ترکستانی -

V

V (vē) *n.* The twenty-second letter of the English alphabet انگریزی حروف تہجی کا بائیسواں حرف -

V-bomb بم جو جرمنوں نے دوسری عالمگیر جنگ میں استعمال کیا -

V-day یوم فتح ۸ مئی ۱۹۴۵ء -

V-sign فتح کی نشانی جو دو انگلیوں سے بنائی جاتی ہے -

V-neck V کی شکل کا گریبان -

Vacancy (vā-kən-si) *n.* Situation unoccupied, emptiness خلا - بے کاری - تقرر طلب جائداد - بے شغل - خالی جگہ یا اسامی -

Vacant (vā-kənt) *adj.* Empty, unoccupied بے کار - غیر آباد - خالی - بے فکر - غافل - تقرر طلب اسامی - بے مغز - بے معنی -

Vacate *v.t.* فسخ کرنا - منسوخ کرنا - قبضہ اٹھانا - خالی کرنا -

Vacation (vā-kə-shən) *n.* Holidays of schools and courts, leisure تعطیل - فراغت - مہلت - وقفہ - خالی کرنا - چھٹی - تخلیہ -

Vaccinate (vak-sen-āt) *v.t.* Inoculate with vaccine چیچک کا ٹیکہ لگانا - ویکسین کا ٹیکہ لینا -

Vaccination *n.* چیچک کی ویکسین - چیچک بر آری - کا ٹیکہ -

Vaccinationist *n.* ٹیکہ لگانے کا حامی - چیچک بر آری کا حامی -

Vaccinator *n.* ٹیکہ لگانے والا - چیچک بر آر -

Vaccine (vak-sēn) *adj.* Derived from the cow گائے کا - چیچک کی دوا کا -

Bovine vaccine گائے سے حاصل کی ہوئی ویکسین -

Humanized vaccine انسانی چیچک سے حاصل کی ہوئی ویکسین -

Vaccinal *adj.* ٹیکہ کا - ویکسین کا -

Vaccinia (vak-sen-i-ā) *n.* Cowpox چیچک جو ٹیکہ لگانے سے ابھاری جاتی ہے -

Vacillate (vas-i-lāt) *v.i.* Sway to and fro - جھومنا - لہرانا - ڈھلنا - ادھر ادھر ہلنا - پس و پیش کرنا - مذبذب ہونا - بار بار رائے بدلنا -

Vacillation *n.* تذبذب - شش و پنج -

Vacuole (vak-ol) *n.* Minute cavity in organ کسی عضو کا باریک جوف -

Vacuous (vak-ū-əs) *adj.* Empty, exhausted of air خالی - ہوا سے خالی - خالی دماغ - بے مغز -

Vacuum (vak-u-əm) *n.* Entirely empty space خلا - بالکل خالی جگہ - ہوا سے خالی -

Vacuum brake خلا روک - وہ پرزہ جس سے گاڑی رکتی ہے -

Vacuum flask بوتل جس کے دوہرے حصے میں خلا ہو جس میں دیر تک چیز ٹھنڈی یا گرم رہتی ہے - دوہری بوتل -

Vagabond (vag-ə-bənd) *adj.* Roving, unsettled آوارہ گرد - خانہ بدوش -

Vagabondage *n.* - آوارہ گرد لوگ - آوارہ گردی - خانہ بدوشی -

Vagabondish *adj.* - آوارہ گردوں کا - آوارہ مزاج - آوارہ گرد سا -

Vagabondism *n.* آوارہ مزاجی - آوارہ گردی -

Vagabondize *v.t.* آوارہ گرد بنا دینا -

Vagary (və-gā-ri) *n.* A caprice, a digression or rambling - ترنگ - موج - وہم - بے سروپا خیال - انوکھی حرکت - پریشان خیالی -

Vagina (və-ji-nā) *n.* Female genital passage, a sheath - غلاف - نیام - فرج - رحم کا راستہ -

Vaginal *adj.* غلاف نما - فرج کے متعلق -

Vaginitis *n.* فرج کی سوجن - سوزش -

Vagrant (va-grənt) *adj.* Wandering - خانہ بدوش - آوارہ گرد - سیلانی - پریشان خیال - پراگندہ دماغ -

Vagrancy *n.* پریشان دماغی - خانہ بدوشی - آوارہ گردی -

Vagrantly *adv.* - سیلانیوں کی طرح - آوارہ گرد کی طرح

Vague (vāg) *adj.* Indistinct مبہم - گول مول - غیر واضح -

Vaguely *adv.* غیر واضح طریقہ سے - مبہم طور پر -

Vagueness *n.* - پریشان خیالی - غیر معین ہونا - ابہام -

Vail (vāl) *n.* Tip, doll, bribe بخشش - انعام - کسی نا جائز کام کا انعام -

Vain (vān) *adj.* Empty, devoid - خالی - تہی - بے بنیاد - بے حقیقت - مغرور - خود نما - نازاں -

Vainglorious *adj.* - خود پسند - شیخی باز - لاف زن -

Vainglory *n.* لاف زنی - شیخی -

Vainly *adv.* - بیہودگی سے - خود پسندی سے - بے فائدہ - لا حاصل -

Vainness *n.* بے کار ہونا - بے حقیقت ہونا -

Valance-lence (vā-ləns) *n.* Chemical bond, a hanging border of drapery پردوں کا جھالر دار کپڑا - پلنگ کی جھالر - کیمیاوی امتزاج -

Valanced *adj.* جس میں پردے لٹکتے ہوں - پردوں سے مزین -

Vale (vāl) *n.* A valley - دامن کوہ - درہ - گھاٹی - وادی -

Vale (vāl) *interj.* Goodbye - الوداع - خدا حافظ -

Valediction (val-i-dik-shən) *n.* A bidding farewell - خدا حافظ کہنا - الوداع کہنا -

Valedictory *adj.* (امریکہ) ڈگری لینے کے بعد طالب علم کی الوداعی تقریر - الوداعی -

Valentine (val-ən-tīn) *n.* A person chosen by lot, the name of several saints عام عقیدے کے مطابق ۱۴ فروری کو جو یوم ویلنٹائن ہے پرندے جوڑے بناتے ہیں اور مرد معشوقوں کا انتخاب کرتے ہیں - معشوق - شوق نامہ -

Valerian (və-le-ri-ən) *n.* The plant "all heal" ایک پودا جس کی پتیاں دوا کی طور پر استعمال کی جاتی ہیں اور جس کی خوشبو بلیوں اور چوہوں کو مرغوب ہے -

Valet (val-it) *n.* & *v.t.* A man servant who attends to clothes and toilet خانساماں - پیش خدمت جو آقا کے لباس اور حجامت وغیرہ پر مامور ہو - لوہے کی آر کی چھڑی - خانساماں کا کام کرنا -

Valetudinarian (val-i-tū-di-nā-ri-ən) *adj.* Sickly, weak جنم روگی ۔ دائم المریض ۔ اپنی صحت کے متعلق ہر وقت فکر مند رہنے والا ۔

Valetudinarianism *n.* صحت کا سودا ۔ مراق ۔

Valetudinary *adj.* صحت کی طرف سے فکر مند ۔ صحت کا سودائی ۔

Valhalla (val-hal-ā) *n.* The palace of bliss for the souls of heroes قصر شہدا ۔ وہ عمارت جس میں کسی قوم کے شہیدوں کا مدفن ہو ۔ ایوان ارواح ۔ وہ مقام جہاں شہیدوں کی روحیں رہتی ہیں ۔

Valiant (val-yənt) *adj.* Heroic, brave ۔ بہادرانہ مردانہ ۔ بہادر ۔ شجاع ۔

Valiantly *adv.* جرأت سے ۔ مردانہ وار ۔

Valid (val-id) *adj.* Strong, sound, legally correct مضبوط ۔ درست ۔ ضابطہ کے مطابق ۔ قانوناً مکمل ۔

Validity *n.* درستی ۔ صحت ۔ جواز ۔

Validly *adv.* صحیح طور پر ۔ ضابطہ کے مطابق ۔ جائز طور پر ۔

Validate (val-id-at) *v.t.* Make valid ۔ جائز قرار دینا توثیق کرنا ۔

Validation *n.* درستی ۔ جواز ۔ توثیق ۔

Valise (və-ləz) *n.* A kitbag سپاہیوں کا تھیلا ۔ پیٹھ پر باندھ کر چلنے کا بقچہ ۔

Valley (val-i) *n.* A depression between hills وادی ۔ گھاٹی ۔ دو پہاڑوں کے درمیان کا راستہ ۔ دامن کوہ ۔ وادی نما نشیب ۔

Valley of the shadow of death ۔ وادی مرگ وادی الام ۔ دور الام ۔ انتہائی مصائب کا زمانہ ۔

Vallum (val-əm) *n.* A rampart ۔ فصیل ۔ دیوار دمدمہ ۔ پشتہ ۔

Valorize (val-ə-rīz) *v.t.* Fix the price of سرکاری طور پر کسی چیز کی قیمت مقرر کرنا ۔

Valorization قیمت کا تعین ۔

Valour (val-ər) *n.* Courage, bravery ۔ شجاعت بہادری ۔ دلیری ۔

Valorous *adj.* بہادر ۔ دلیر ۔ با ہمت ۔

Valorously *adv.* دلیرانہ ۔ بہادری سے ۔

Valse (vals) *v.i., t.* & *n.* Waltz والز ناچ میں ناچنے والا جوڑا ۔ والز ناچنا ۔

Valuable (val-u-əbl) *adj.* & *n.* Of high value, a thing of value گراں بہا ۔ بیش قیمت ۔ قیمتی چیز ۔

Valuation (valu-a-shən) *n.* Estimation of value تخمینہ ۔ قیمت کا اندازہ ۔ مالیت ۔ آنکنا ۔

Value (val-ū) *n.* & *v.t.* Worth ۔ قیمت ۔ خوبی ۔ وصف مالیت ۔ قیمت کا تعین کرنا ۔ آنکنا ۔ دام لگانا ۔ قدر کرنا ۔ عزیز رکھنا ۔ فخر کرنا ۔

Valuer *n.* قیمت لگانے والا ۔ آنکنے والا ۔

Valueless *adj.* بے وقعت ۔ ناچیز ۔

Valuelessness *n.* نکما پن ۔ ناکارہ ہونا ۔ بے حقیقت ہونا ۔

Valve (valv) *n.* A device for regulating flow or passage در ۔ دریچہ ۔ راستہ ۔ سوراخ کا ڈھکن ۔ مسام ۔ وہ جھلی جس میں سے خون ایک ہی طرف بہتا رہے ۔ پردہ ۔ چھلکا ۔ خانہ ۔

Safety valve بانسری کے سوراخ کے ڈھکن ۔ وہ سوراخ جو دباؤ سے کھل جائے ۔

Valvate *adj.* جھلی دار ۔ مسام دار ۔ سوراخ دار ۔

Valvelet *n.* چھوٹا سوراخ ۔ چھوٹا مسام ۔

Vambrace (vam-bras) *n.* Armour for the forearm دست پوش زرہ ۔ ساعد پوش زرہ ۔

Vamose (və-mos) *v.i.* Make off (امریکی بول چال) فرار ہونا ۔ بھاگ جانا ۔ بھاگ چلو ۔

Vamp (vamp) *n., v.i.* & *t.* The upper part of the shoe جوتے کا اوپلا ۔ پیوند ۔ جوڑ ۔ پیوند لگانا ۔ جوڑ لگانا ۔ دوسروں کے خیالات لے کر مضمون تیار کرنا ۔

Vamp (vamp) *n.* & *v.t.* Adventurous woman who exploits men, allure بد چلن عورت جو مردوں کو اپنی طرف متوجہ کرے ۔ مردوں پر ڈورے ڈالنا ۔

Vampire (vam-pīr) *n.* A ghost, a Reanimated body بھوت ۔ خونخوار روح جو قبر سے نکل کر لوگوں کا خون پیتی تھی ۔ خونخوار بلا ۔ دوسروں کا خون چوسنے والا ۔ دوسروں کے مال پر ہاتھ صاف کرنے والا ۔ بد قوارہ عورت ۔ خونخوار چمگادڑ ۔

Vampirizm (vam-pir-izm) *n.* Belief in vampires خونخوار بھوتوں کا عقیدہ ۔

Vamplate (vam-plāt) *n.* A guard for the hand on a lance آہنی تختی جو ہاتھ کی حفاظت کے لیے چھڑ پر لگی رہتی ہے ۔

Van (van) *n.* Advance party of soldiers ہراول ۔ فوج کا اگلا دستہ ۔ کسی تحریک میں پیش پیش لوگ ۔

Van (van) *v.t.* & *n.* A large covered wagon بند چھکڑا ۔ سامان کی بڑی گاڑی ۔ مال گاڑی کا ڈبہ ۔ کچی دھات کو دھو کر اس کی ماہیت کا اندازہ کرنا ۔

Vanguard *n.* فوج کا ہراول دستہ ۔

Vanadium (və-na-di-əm) *n.* A silvery metallic element ایک فلزی عنصر ۔

Vandal (van-dəl) *adj.* & *n.* Barberic people وحشی ۔ سنگدل ۔ خانہ بدوش ۔ وہ قوم جس نے فرانس ، روم اور شمالی افریقہ کو تاراج کیا اور گرجاؤں کو ڈھا دیا ۔

Vandalic *adj.* برباد کناں ۔ ونڈالیوں جیسا ۔

Vandalism *n.* ہر اچھی چیز کو تباہ کر دینا ۔ غارت گری ۔

Vandyke (van-dīk) *v.t.* & *n.* A painting of Anthony van Dyck مشہور ولندیزی مصور ۔ اس کی بنائی ہوئی تصویر ۔ وان ڈائک کی پیروی کرنا ۔ وان ڈائک کے طرز کی مصوری کرنا ۔

Vandyke beard نکیلی داڑھی ۔

Vane (vān) *n.* A weather cock باد نما ۔ سمت نما ۔ مرغ باد نما ۔ پانی کے بہاؤ کا رخ بتانے والی چیز ۔ جہاز کا پنکھا ۔ پیمائشی آلہ کا دیدبان ۔

Vanilla (ve-nil-ä) *n.* A plant that yields a flavouring substance ایک خوشبو جو ایک پودے کی پھلیوں سے نکالی جاتی ہے ۔

Vanillism (ve-nil-izm) *n.* Eruptive itching skin disease ہاتھوں کی خارش جو وینیلا کے کارخانے کے مزدوروں کو ہو جاتی ہے ۔

Vanish (van-ish) *v.i.* Disappear معدوم ہو جانا ۔ جاتا رہنا ۔ غائب ہو جانا ۔

Vanity (van-i-ti) *n.* The quality of being vain ہلکا پن ۔ چھچھوا پن ۔ تمرد ۔ خود بینی ۔ خود نمائی ۔ بیجا غرور ۔ بے بنیاد شے ۔ ہیچ ۔

Vanity bag-case عورتوں کا سنگار بٹوا ۔

Vanity Fair دنیا کی بوالعجبیاں ۔ مایا کا کھیل ۔

Vanquish (vangk-wish) *v.t.* Overcome, conquer فتح پانا ۔ فتح کرنا ۔ غالب آنا ۔

Vanquisher *n.* غالب آنے والا ۔ فاتح ۔

Vantage (van-tij) *n.* Advantage, opportunity تفوق ۔ برتری ۔ منفعت ۔ (ٹینس) پہلا پوائنٹ جو ڈیوس کے بعد جیتا جائے ۔

Vapid (vap-id) *adj.* Insipid, dull بے لطف ۔ خشک ۔ بد مزہ ۔ پھیکا ۔ بے ذائقہ ۔

Vapidity *n.* بے لطفی ۔ پھیکا پن ۔ بد مزگی ۔

Vapidly *adv.* بد مزگی سے ۔ بے لطفی سے ۔

Vaporize (va-pər-īz) *v.t.* & *i.* Convert into vapour, spray بھاپ بنانا ۔ بھاپ بننا ۔ بخارات بن جانا ۔ تبخیر ہونا ۔

Vaporization *n.* بھاپ بن جانا ۔ عمل تبخیر ۔

Vapor(iz)able *adj.* جس کو بھاپ میں تبدیل کیا جا سکے ۔ جو بھاپ بن سکے ۔

Vapour (va-pər) *n.* & *v.t.* Substance in the form of mist, fume or smoke بخار ۔ دھواں ۔ بھاپ ۔ کہر ۔ خیال خام ۔ بے بنیاد یا فانی چیز ۔ (جمع) خلل دماغ ۔ خفقان ۔ بخارات اٹھنا ۔ بے معنی گفتگو کرنا ۔

Vaporiferous *adj.* بخارات پیدا کرنے والا ۔ بخار انگیز ۔

Vaporific *adj.* تبخیری ۔

Vapourish *adj.* جیسے خلل دماغ ہو ۔ خفقانی ۔

Vaporose *adj.* بخارات سے معمور ۔

Vaporous *adj.* خام خیال ۔ ہلکا ۔ بخاراتی ۔

Vapourer *n.* شیخی باز ۔ لاف زن ۔ ڈینگیا ۔

Vapoury *adj.* تنک مزاج ۔ بخارات سے پر ۔ کہریلا ۔

Vapulation (vap-ū-lā-shən) *n.* Flogging کوڑے کھانا ۔ کوڑے مارنا ۔

Vaquero (va-kā-rō) *n.* A herdsman گوالیہ ۔ گلہ بان ۔ چرواہا ۔

Varangian (varan-ji-ən) *n.* A member of the bodyguard of the Eastern emperor مشرق بادشاہوں کے محافظ دستہ کا سپاہی - ناروے کا ڈاکو -

Vare (vār) *n.* A wand of authority عصائے اقتدار -

Varec (vār-ek) *n.* Kelp, wrack سوڈا جو صاف نہ کیا گیا ہو - کچا سوڈا -

Variable (va-ri-əbl) *adj.* Changeable بدلنے والا - گھٹنے بڑھنے والا - تغیر پذیر - ستارہ جس کی جسامت اور چمک بدلتی رہے -

Variability *n.* ناپائداری - تغیر - بے قراری -

Variably *adv.* تبدیل ہوتے ہوئے - تغیر کے ساتھ -

Variance (va-ri-əns) Deviation, alteration تغیر تبدیلی - عدم مطابقت - اختلاف - نا اتفاق -

Variant (va-ri-ənt) *adj.* Diversified بدلنے والا - الگ - جدا - مختلف - بدلی ہوئی شکل - کسی لفظ کے دوسرے ہجے -

Variation (va-ri-a-shən) *n.* Change, continuous change کمی بیشی - گھٹنا بڑھنا - اختلاف - تعریف - گردان - اصل نمونے سے انحراف - ایک ھی نغمہ جو مختلف راگ راگنیوں میں گایا جائے -

Variational *adj.* اختلافی -

Varicated (vā-ri-kət-d) *adj.* Having varices صدف جس کے چکروں میں ابھار ہو -

Varicella (var-i-sel-a) *n.* Chickenpox جدیری چھوٹی چیچک - کھسرا - ستیلا -

Varicocele (var-i-ko-sel) *n.* Tumour composed of varicose veins گلٹی جو رگوں کے پھولنے کی وجہ سے بن جاتی ہے - آنت کا بڑھ جانا - فتق -

Varicoloured (va-ri-kul-ərd) *adj.* Diversified in colours رنگ برنگی - رنگ برنگ کا -

Varicose (vā-ri-kōs) *adj.* Affected with varix پھولی ہوئی رگ - بڑھی ہوئی رگ -

Varicosed *adj.* بڑھی ہوئی - متورم -

Varicosity *n.* رگ کا بڑھ جانا - رگ کا سوج جانا -

Variegate (va-ri(e)gāt) *v.t.* Diversify with colours مختلف رنگوں سے بوقلموں بنانا - مختلف رنگوں کے ٹکڑے لگانا -

Variegation *n.* بوقلمونی - گونا گوں ہونا - رنگ برنگ ہونا -

Variety (və-ri-ə-ti) *n.* Diversity, difference رنگ برنگی - بوقلمونی - انواع و اقسام - فرق - تفاوت - اختلاف - مختلف چیزوں کا مجموعہ -

Variety show or entertainment ایسا تماشا جس میں مختلف کرتب ، گانے وغیرہ پیش کئے جائیں -

Variform (və-ri-form) *adj.* Of various forms مختلف شکلوں کا - مختلف النوع -

Variola (və-ri-ə-lā) *n.* Smallpox چیچک -

Variolation (vo-ri-əl-a-shən) *n.* Inoculation with smallpox virus چیچک کا ٹیکہ -

Variole (vā-ri-ōl) *n.* A pock like marking چیچک کا داغ -

Variolite (vā-ri-o-līt) *n.* A fine grained igneous rock with white spots ایک پتھریلی چٹان جس میں سفید چتیاں ہوتی ہیں -

Varioloid (vā-ri-ō-lə-id) *adj.* & *n.* Resembling smallpox کمزور چیچک - چیچک کی طرح کی -

Variometer (va-ri-o-meter) *n.* An instrument for comparing magnetic forces وہ آلہ جس سے مقنا طیسی قوتوں کی پیمائش ہوتی ہے -

Various (va-ri-əs) *adj.* Different, varied گونا گوں - مختلف - طرح طرح کا - متعدد - کئی -

Varix (vā-riks) *n.* Swelling of vein رگ کا پھول جانا - گھونگھے کے چکروں کا ابھار - رگ میں سخت گلٹیاں پڑ جانا -

Varlet (var-lit) *n.* An attendant, a knave خدمتگار - امیر کا ماتحت - شریر - بدماش - دھوکے باز -

Varmint (var-mint) *n.* Troublesome animal or person شریر جانور یا آدمی - لومڑی جس کا تعاقب کیا جا رہا ہو -

Varnish (var-nish) *n.* & *v.t.* A gloss or glaze رنگ روغن - چمک دمک - ملمع - ٹیپ ٹاپ - وارنش - تہذیب کا رنگ روغن - سطحی شائستگی - ملمع کرنا - رنگ روغن کرنا - لیپ پوت کرنا -

Varsity (var-si-ti) *n.* University جامعہ -

Varus (va-rəs) *n.* Inturned club-foot ایک بیماری جس میں پیر اندر کو مڑ جاتا ہے - منہ پر مہاسے نکلنے کی بیماری -

Vary (va-ri) *v.t.* & *i.* Make different, modify بدلنا - تبدیل کرنا - گھٹانا بڑھانا - رنگ برنگ ہونا - گوناگوں ہونا - مختلف ہونا - اختلاف رکھنا - بے راہ ہونا - تجاوز کرنا -

Vascular (vas-ku-lər) *adj.* - رگوں یا نسوں سے بھرا ہوا - عروق اور نالیوں کا - رگوں کا -

Vascularity *n.* رگدار ہونا - نسیلا پن -

Vascularize *v.t.* رگ یا عروق پیدا کرنا -

Vasculose (vas-ku-los) *n.* Chief substance of vessels of plants - پودوں کے ریشوں کا عرق - پودوں کے عرق کا جوہر -

Vasculum (vas-ku-ləm) *n.* A botanist's collecting case نمونہ دان - تھیلا جس میں مختلف نمونے جمع کئے جاتے ہیں - مرد کا عضو تناسل -

Vase (vāz) *n.* A tall round vessel - لمبا گول برتن - گلدان - کلس - آرائشی ظرف -

Vase painting گلدان کی نقاشی - قدیم یونان کی ظرف کی نقاشی -

Flower vase پھول سجانے کا آرائشی ظرف - گلدان -

Vaseline (vas-i-len) *n.* Petroleum jelly ایک قسم کا خوشبو دار گاڑھا روغن -

Vassal (vas-əl) *n.* One who renders homage ملازم - نوکر - چاکر - اسامی - لگاندار - غلام - رعیت -

Vassalage *n.* - اسامی ہونا - لگانداری - حلقہ بگوشی - اسامیوں کی جماعت -

Vast (vast) *adj.* Boundless, exceedingly great وسیع - کشادہ - دور تک پھیلا ہوا - بہت بڑا - لق و دق - بے شمار - (بول چال) وسیع فضا - فضائے بسیط -

Vastness *n.* فراخی - عظمت - پھیلاؤ - کشادگی -

Vat (vat) *n.* A large vessel or tank - حوض - کنڈ - چوبچہ - گڑھا جس میں کوئی سیال چیز تیار کی جائے -

Vatican (vat-i-kən) *n.* Buildings or Vatican hill in Rome - روم کے پاپا کی بارگاہ جو ویٹیکن پہاڑی پر ہے - پاپائی حکومت -

Vaticinate (vat-i-ki-nāt) *v.t.* Prophesy غیب کی خبر دینا - پیشین گوئی کرنا -

Vaudeville (vō-də-vil) *n.* A play with dances and songs ایسا ناٹک جس میں بہت سے گانے اور ناچ ہوں - ہفت رنگی تماشا - عوام کے پسندیدہ گیت -

Vault (vawlt) *n.* & *v.t.* An arched roof - قبہ - گنبد - قوسی چھت - تہہ خانہ - گھوڑے کی جست - قوسی چھت یا محرابی تہہ خانہ بنانا -

The vault of heaven گنبد فلک - آسمان -

Vaulted *adj.* قوسی - محرابی -

Vaulting *n.* محرابوں کا مجموعہ - محراب دار چھت -

Vault (vawlt) *v.i., t.* & *n.* Shape as a vault, roof with an arch محراب نما گنبد بنانا - محراب دار چھت بنانا - چھلانگ لگانا - جست کرنا - جست - چھلانگ -

Vaunt (vaw-nt) *n., v.i.* & *t.* Boast - لاف گزاف - ڈینگ - شیخی بگھارنا - لاف زنی کرنا -

Vaunter *n.* شیخی باز - ڈینگیا -

Vauntful *adj.* لاف زن -

Vauntingly *adv.* شیخی سے - لاف زنی سے -

Vavasour (vav-ə-soor) *n.* One who holds land and gives it to other tenants for cultivation ٹھیکیدار - زمیندار جو سرکار سے لگان پر زمین ایکر کاشت کاروں کو پٹہ پر دیتا ہے -

Veal (vēl) *n.* A calf's flesh as food - بچھڑے کا گوشت -

Vealy *adj.* بچھڑے کے گوشت کا سا - بچھڑے کے گوشت کا -

Vector (vek-tər) *n.* A straight line in space ایک فرضی خط جس کا طول اور جس کی سمت معین ہو - جراثیم جو مرض کو پھیلاتے ہیں -

Veddah (ved-ä) *n.* A member of a primitive race living in Ceylon forests لنکا کی ایک قدیم قوم کا فرد جو جنگلوں میں رہتی ہے -

Vedette (vi-det) *n.* A mounted sentry stationed to watch an enemy سوار جو دشمن کی دیکھ بھال کے لیے مقرر کیا گیا ہو -

Veer (vēr) *v.t.* Change course or direction - مڑنا - رخ بدلنا - پھرنا - ارادہ بدلنا - گفتگو کا موضوع بدلنا - رنگ بدلنا - ڈھیلا کرنا - جہاز کو موڑنا -

Veeringly *adv.* رخ بدلتے ہوئے - پلٹتے ہوئے -

Vega (ve-gā) *n.* The first magnitude star, a low fertile plain لبرا کے جھرمٹ کا سب سے روشن ستارہ ۔ ہسپانیہ یا کیوبا کے نشیبی زرخیز علاقے ۔

Vegetable (vij-i-tə-bl) *adj.* & *n.* A plant, of plant نباتات ۔ سبزی ۔ ترکاری ۔ نباتاتی ۔

Vegetability *n.* نباتاتی غذائیت ۔ نباتیت ۔

Vegetarian (vej-i-tə-ri-ən) *n.* One who lives wholly on vegetable food سبزی خور ۔ صرف ترکاریاں کھانے والا ۔ نباتاتی غذا کھانے کا حامی ۔

Vegetarianism *n.* یہ خیال کہ سب سے بہترین غذا سبزی ترکاری ہے ۔ بقولات پر گزران کرنے کی حمایت ۔

Vegetate (vij-i-tāt) *v.i.* Grow like vegetables اگنا ۔ بڑھنا ۔ نمو پانا ۔ بیکاری کی زندگی گزارنا ۔ بس جیے جانا ۔

Vegetative *adj.* زرخیز ۔ نمو پذیر ۔ اگنے یا اگانے والا ۔

Vegetativeness *n.* بے شغلی ۔ بیکاری ۔ زرخیزی ۔ اگنے اور بڑھنے کی حالت ۔

Vegetation (vij-i-ta-shən) *n.* Vegetable growth روئیدگی ۔ بالیدگی ۔ نباتات ۔ سبزی ۔ کوئی چیز جو کسی مرض کی وجہ سے جسم پر ابھری ہوئی ہو ۔

Vehement (ve(h)ə-mənt) *adj.* Forcible, impetuous تیز ۔ تند ۔ شدید ۔ سخت ۔ پر زور ۔ پر جوش ۔ پر شوق ۔ سرگرم ۔

Vehemence *n.* سرگرمی ۔ جوش ۔ شدت ۔ تندی ۔ تیزی ۔

Vehemently *adv.* پر زور طریقے سے ۔

Vehicle (ve-i-kl) *n.* Means of conveyance سواری ۔ مرکب ۔ وسیلہ ۔ بدرقہ ۔ وہ چیز جس میں کوئی دوا ملا کر استعمال کی جائے ۔ ذریعہ اظہار ۔

Vehicular *adj.* جو سواری کے ذریعے منتقل ہو ۔

Veil (vēl) *n.* & *v.t.* Curtain, covering for the head and face نقاب ۔ گھونگھٹ ۔ مقنع ۔ پردہ ۔ برقعہ ۔ بھیس ۔ آڑ ۔ کسی چیز کو پردے میں چھپانا ۔ نقاب ڈالنا ۔

Under the veil of religion مذہب کی آڑ میں ۔

Veiled resentment چھپی ہوئی ناراضگی ۔

Veilling *n.* نقاب کا کپڑا ۔

Veilless *adj.* بے نقاب ۔ بے پردہ ۔

Vein (vān) *n.* One of the vessels that convey the blood رگ ۔ ورید ۔ شریان ۔ خون لے جانے والی رگیں ۔ کسی خطہ زمین کی معدنی رگ ۔ کسی رنگ کی دھاری ۔ طبیعت ۔ رنگ ۔ انداز ۔

Veinage *n.* رگوں کا سلسلہ ۔

Veined *adj.* رگ دار ۔

Veiny *adj.* ابھری ہوئی رگوں والا ۔

Velar *adj.* جھلی کے پردے کا ۔

Veldt (velt) *n.* Open unforested grass country جنوبی افریقہ کے کھلے ہوئے گھاس کے میدان ۔

Velitation (vel-i-ta-shən) *n.* A skirmish بحث ۔ نزاع ۔ جھڑپ ۔ ہاتھاپائی ۔

Vellicate (vel-i-kāt) *v.t.* & *i.* Twitch پھڑکنا (عضلات کا) ۔ اضطراری حرکت کرنا ۔ خود بخود حرکت کرنا ۔

Vellication *n.* اضطراری حرکت ۔ عضلات کی پھڑکن ۔

Vellicative *adj.* پھڑکنے والا ۔

Vellum (vel-əm) *n.* Leather parchment چمڑے کا کاغذ ۔ چمڑے پر لکھی ہوئی تحریر ۔

Velocipede (vi-los-i-pēd) *n.* A bone shaker, early form of bicycle, a swift-footed person پرانی پیر گاڑی ۔ تیز رفتار آدمی ۔ ہلکی گاڑی جو پیروں سے چلائی جاتی تھی ۔ پرانی بائیسکل ۔

Velocity (vi-los-i-ti) *n.* Swiftness, speed تیزی ۔ رفتار ۔ حرکت رفتار ۔

Velocimeter *n.* رفتار ناپنے کا آلہ ۔ رفتار پیما ۔

Velure (ve-lōōr) *n.* & *v.t.* A polishing pad for silk hats ریشمی ٹوپیوں کو صاف کرنے کی مخملی گدی ۔ گدی سے ٹوپی کے روئیں ہموار کرنا ۔

Velutinous (vel-u-ti-nəs) *adj.* Velvety مخمل کا ۔ مخملی ۔

Velveret (vel-ve-rət) *n.* Ordinary velvet معمولی گھٹیا قسم کا مخمل ۔

Velvet (vel-vit) *n.* A silk fabric with soft close pile مخمل ۔ مخمل کی طرح کا ۔ نرم روئیں دار ریشمی کپڑا ۔

On velvet گھڑ دوڑ جیتنے کی حالت میں ۔ نفع میں ۔

Velvet glove ظاہری نرمی -
Velvety *adj.* مخملی -
Velveteen (vel-vit-en) *n.* Mixed cotton and silk fabric مصنوعی مخمل - ریشم اور سوت کا مخمل -
Velveting *n.* مخملی سامان -
Venal (ven-l) *adj.* About vein شریانی -
Venal (ven-l) *adj.* Corruptly mercenary لالچی - ضمیر فروش - زر پرست - ضمیر فروشانہ -
Venality *n.* زر پرستی - ضمیر فروشی -
Venally *adv.* زر پرستی سے - ضمیر فروشی کے طور پر -
Venation (ven-a-shən) *n.* Arrangement of veins رگوں اور نسوں کی ترتیب -
Vend (vend) *v.t.* Sell or offer for sale بیچنا - فروخت کرنا -
Vendee *n.* مشتری - خریدار -
Vendible *adj.* بکاؤ - قابل فروخت -
Vendor *n.* بیچنے والا -
Vendetta (ven-det-ȧ) *n.* Blood fend انتقامی لڑائیاں جو اکثر قبیلوں میں ہوتی ہیں -
Veneer (və-ner) *v.t.* Overlay لکڑی یا دھات کا پتر چڑھانا - معمولی برتنوں پر قیمتی پتر چڑھا کر خوشنما بنانا - ظاہری تہذیب کا رنگ روغن چڑھانا -
Venerable (vən-er-əbl) *adj.* Worthy of reverence مکرم - قابل احترام - معزز - واجب التعظیم - پاک - مقدس - (آرچ ڈنکن کا لقب) تقدس مآب -
Venerate (ven-ə-rāt) *v.t.* Revere عزت کرنا - احترام کرنا - تعظیم کرنا - عزیز رکھنا -
Venerator *n.* تعظیم کرنے والا -
Veneration (ven-ə-ra-shən) *n.* The act of venerating عزت - توقیر - تعظیم و تکریم -
Venereal (vi-ne-ri-əl) *adj.* Pertaining to sexual intercourse جماعی - شہوانی - جماع سے متعلق - جنسی اتصال کے بابت -
Venereal desire جنسی خواہش - خواہش جماع -
Venereal diseases جماعی امراض -
Venery (ven-ər-i) *n.* Hunting مباشرت - شکار -
Veneset (ven-ə-set) *v.t.* Open a vein for blood-letting فصد کھولنا - خون خارج کرنا - نشتر لگانا -
Venesection (ven-i-sek-shən) *n.* Blood letting فصادی - نشتر زنی -
Venetian (vi-ne-sh(y)ən) *adj.* Of or about Venice شہر وینس کا باشندہ - وینس کے متعلق -
Venetian chalk ایک قسم کی رنگین کھریا مٹی -
Vengeance (venj-əns) *n.* Retribution انتقام - بدلہ مکافات -
With a vengeance شدت سے - زور سے - انتقامی جذبہ سے -
Vengeful (venj-fl) *adj.* Vindictive انتقام خواہ - انتقامی - کینہ پرور -
Vengefulness *n.* کینہ پروری - انتقام خواہی -
Venial (ve-ni-əl) *adj.* Pardonable قابل عفو - لائق درگزر - معافی کے قابل -
Veniality / Venialness *n.* قابل معافی ہونا - درگزر کے قابل ہونا -
Venice (ve-nis) *n.* دیکھو Venetian
Venison (ven(i)zn) *n.* Deer's flesh شکار کا گوشت - ہرن کا گوشت -
Venom (ven-əm) *n.* Poison کینہ - بیر - دشمنی - بغض - جانور کے کاٹے کا زہر - بس - زہر -
Venomed *adj.* زہر آلود.
Venomous *adj.* تلخ - پرکینہ - زہریلا -
Venomousness *n.* تلخی - درشتی - کپٹ - زہریلا پن -
Venosity (ve-nos-i-ti) *n.* The quality of being venous خون کی زیادتی - رگوں میں خون کا بھر جانا - خون کا شریانوں کی طرف بہنا (پھیپھڑوں کے ناقص عمل کی وجہ سے) -
Venous (ve-nəs) *adj.* Veined وریدوں کا - نسوں اور وریدوں کی کثرت کے متعلق -
Venously *adv.* رگوں کی کثرت کے ساتھ -
Vent (vent) *n.* & *v.t.* An opening, aperture سوراخ - راستہ - نکاس - پرندوں کے پیٹ کا منفذ - دودکش کی نالی - مورچے کی دیوار کا روزن - ذریعہ اظہار - اود بلاؤ کا سانس لینے کے لیے سطح آب پر آنا - پیپے میں سوراخ کرنا -
Ventage *n.* بانسری وغیرہ کے سوراخ -
Venter (vent-ər) *n.* One who utters or publishes مقرر - ناشر - پیٹ - شکم - رحم - ماں -

Ventiduct (vent-i-dukt) *n.* A ventillatir passage or pipe ہوا کا سوراخ ۔ ہوا کی نالی ۔ ہوا کی آمد کا راستہ جو زمین کے نیچے ہو ۔

Ventil (ven-til) *n.* Valves of musical instruments باجوں کے سوراخ جو ہوا سے کھلتے اور بند ہوتے ہیں ۔

Ventilate (ven-ti-lāt) *v.t.* Open or expose to the free passage of air ہوا دار کرنا ۔ ہوا کا راستہ بنانا ۔ خون کو ہوا سے صاف کرنا ۔ کسی مسئلہ کو عوام کے سامنے بحث اور اظہار رائے کے لیے پیش کرنا ۔

Ventilation *n.* بحث ۔ ہوا کے آنے جانے کا انتظام ۔ ہوا کا انتظام ۔

Ventilator *n.* روشن دان ۔

Ventral (vent-rəl) *adj.* & *n.* پیٹ کا ۔ شکمی ۔ اندرونی ۔

Ventricle (vent-ri-kl) *n.* Opening جوف ۔ سوراخ ۔ خلو (عضو کا) ۔

Ventricose (ven-tri-kos) *adj.* Swollen in the middle درمیان میں پھولا ہوا ۔

Ventriloquism (ven-tril-ə-kwizm) *n.* The art of speaking so as to give the illusion that the sound comes from some other source ایسی آواز میں باتیں کرنا کہ آواز کی سمت میں دھوکا ہو ۔ سننے والا یہ سمجھے کہ آواز کہیں اور سے آ رہی ہے ۔ انتقال صوت ۔

Ventrilocution, **Ventriloquy** } *n.* انتقال صوت ۔ فریب صوت ۔

Ventriloquial, **Ventriloquous** } انتقال صوت کا ۔ فریب آواز کا ۔

Venture (ven-tyər) *n., v.t.* & *i.* Chance, luck, hazard خطرناک کام ۔ مشکل بات ۔ ایسا سودا جس میں بڑے نقصان اور بڑے نقصان کا امکان ہو ۔ قسمت آزمائی ۔ خطرے میں پڑنا ۔ ہمت کرنا ۔ جرأت کرنا ۔ جسارت کرنا ۔

Venturesome *adj.* من چلا ۔ جانباز ۔ اولوالعزم ۔

Venturesomeness *n.* اولوالعزمی ۔ جانبازی ۔ عالی ہمتی ۔

Venue (ven-ū) *n.* Scene of action جائے وقوع ۔ موقع واردات ۔ ملنے یا جمع ہونے کا مقام ۔

Venus (ve-nəs) *n.* The goddess of love, the most brilliant planet second to the Sun وینس ۔ افرودیتی ۔ محبت کی دیوی ۔ سیارہ زہرہ ۔

Veracious (və-ra-shəs) *adj.* Truthful سچا ۔ راست گو ۔ واقعہ کے مطابق ۔ حقیقی ۔

Veracity *n.* راست گوئی ۔ سچائی ۔ صداقت ۔

Veranda (ve-ran-dȧ) *n.* A roofed gallery, terrace برآمدہ ۔ غلام گردش ۔

Veratrine (ver-ə-trin) *n.* An alkaloid ایک نباتاتی مرکب جو وجع مفاصل اور اعصابی دردوں کی دوا ہے ۔

Verb (vərb) *n.* The part of speech which predicates something (قواعد) فعل ۔

Verbal (vərb-əl) *adj.* Pertaining to a verb فعل سے نکلا ہوا ۔ غیر تحریری ۔ زبانی ۔ لفظی ۔ حرف بہ حرف ۔

Verbal inspiration *n.* یہ عقیدہ کہ مقدس کتابیں لفظ بہ لفظ الہامی ہیں ۔

Verbally *adv.* زبانی طور پر ۔

Verbal noun وہ اسم جو فعل سے بنائے گئے ۔ اسم فعلی ۔

Verbalism (vər-bəl-izm) *n.* Undue attention to words alone الفاظ پر زور دینا ۔ معنی اور مفہوم سے زیادہ الفاظ پر زور دینا ۔ الفاظیت ۔ منقولیات ۔

Verbalist (vər-bəl-ist) *n.* One who looks to words alone الفاظ پر زور دینے والا ۔ الفاظ کی چھان بین کرنے والا ۔

Verbalize (ver-bə-līz) *v.t.* Put into words تحریر میں لانا ۔ الفاظ میں بیان کرنا ۔ طول گوئی اور طول نویسی سے کام لینا ۔

Verbalization *n.* فعل بنانا ۔ الفاظ میں بیان کرنا ۔

Verbatim (ver-bə-tim) *adv.* & *adj.* Word for word لفظ بہ لفظ ۔ حرف بہ حرف ۔ بعینہٖ ویسا ۔

Verbiage (ver-bi-ag) *n.* Superfluity of words الفاظ کی بھرمار ۔ لفاظی ۔

Verbose (ver-bōs) *adj.* Containing more words than are desirable طول طویل ۔ لفاظی کا ۔ طوالت پسند ۔ طول کلام ۔

Verboseness, **Verbosity** } *n.* طول کلامی ۔ لفاظی ۔

Verdant (vər-dənt) *adj.* Fresh green, grass green ہرا - سبز - ہرا بھرا - تر و تازہ - لہلہاتا ہوا - کچا - خام - نا تجربہ کار - بھولا بھالا -

Verdancy *n.* سرسبزی - تازگی -

Verdict (ver-dict) *n.* Decision, judicial decision فیصلہ - جیوری کا فیصلہ - پنچوں کا فیصلہ - رائے - فتویٰ -

Verdigris (vər-di-gris) *n.* The basic cupric acetate زنگار - تانبے کا کساؤ -

Verditer (vər-di-tər) *n.* A blue or green pigment نیلا تھوتھا - توتیا -

Verdure (vər-dər) *n.* Fresh greenness ہریاول - سبزی - تر و تازگی -

Verdurous *adj.* تر و تازہ - شاداب - ہرا - سبز -

Verge (vərj) *n.* Precinct, range, scope - انتہا - حد - علاقہ - کنارہ - منڈیر - چھڑی - تکلا - ساق ستون - نائٹ مارشل کے علاقہ کی حد -

Verge (vərj) *v.i.* Incline, tend downward - جھکنا - میلان ہونا - رجوع ہونا - نیچے کی طرف مائل ہونا -

Verge on حد مل جانا - بالکل قریب ہو جانا -

On the verge قریب ہی - ملا جلا - لگ بھگ -

Verger (vər-jər) *n.* An attendant in a church گرجا کا ملازم جو نشست کا انتظام کرتا ہے -

Veridical (vi-rid-i-kl) *adj.* Truth telling - سچا - راست گو - مطابق واقعہ -

Veridicious *adj.* حق گو - راست گو - سچا -

Verify (ver-i-fī) *v.t.* Ascertain, conform تصدیق کرنا - توثیق کرنا - ثبوت دینا - صحیح ثابت کرنا - کاغذات مقدمہ کے ساتھ حلف نامہ منسلک کرنا - بیان کا ثبوت داخل کرنا -

Verifiable *adj.* جس کا ثابت کرنا ممکن ہو - قابل تصدیق -

Verification *n.* جانچ پڑتال - توثیق - تصدیق -

Verily (ver-i-li) *adv.* Truly, really - دراصل - واقعی - حقیقت میں -

Verisimilitude (ver-i-sim-i-li-tud) *n.* Truth on appearance احتمال - قرینہ - ظاہری امکان - وہ بات جو صحیح معلوم ہو -

Verisimilar *adj.* قرین قیاس - بہ ظاہر صحیح - بادی النظر میں درست -

Veritable (verit-əbl) *adj.* True, genuine, real اصلی - کھرا - فی الواقعی -

Veritably *adv.* واقعی - فی الحقیقت - سچ مچ -

Verity (ver-i-ti) *n.* Truth, sincerity, faithfulness سچائی - حق - حقیقت - راستی - حق الامر - اصلیت - سچا بیان - حقیقی وجود -

Verjuice (vər-jōōs) *n.* Juice of unripe fruit کچے پھل کا رس - ترشہ -

Verjuiced *adj.* کچے پھل کا - ترش -

Vermeil (vər-mil) *n.* Silver gilt, bright red colour چاندی کا ملمع - نارنجی رنگ - سیندور - شنگرف -

Vermian (vər-mi-ən) *adj.* Like worms کیڑوں کی طرح کا -

Vermeologist *n.* کیڑوں کے علم کا ماہر - ماہر حشرات -

Vermeology *n.* علم حشرات الارض -

Vermicular (vər-mi-kū-lər) *adj.* Of, like worm کیڑوں کا - کیڑوں کا سا - کرم خوردہ - کیڑوں کی طرح -

Vermiculation (ver-mi-ku-la-shən) *n.* Worm movement کیڑوں کی حرکت - کلبلاہٹ -

Vermilion (ver-mil-yən) *adj.* & *n.* Bright red pigment تیز سرخ رنگ - شنگرفی -

Vermin (vər-min) *n.* Bugs, lice, fleas ہر طرح کے کیڑے - کھٹمل ، پسو ، جوں وغیرہ - موذی شخص - ذلیل لوگ -

Verminous *adj.* & *n.* ذلیل - حقیر - کیڑوں کی پیدا کی ہوئی - کیڑوں سے بھرا ہوا -

Verminate (vər-min-āt) *v.i.* Breed vermins کیڑے پڑنا - جوئیں پڑ جانا -

Vermination *n.* جوئیں پڑنا - کیڑے پڑنا -

Vermouth (vər-mōōth) *n.* Wine flavoured with worm wood افسنتینی شراب -

Vernacular (vər-nak-ū-lər) *adj.* & *n.* Indigenous, native (language) دیسی - ملکی - وطنی - مقامی زبان -

Vernacularism *n.* دیسی زبان کا محاورہ یا لفظ ۔

Vernacularize *v.t.* الفاظ کو دیسی بنانا ۔ دیسی زبان میں منتقل کرنا ۔

Vernacularization *n.* دیسی زبان میں منتقل کرنے کا عمل ۔

Vernal (ver-nl) *adj* Appearing or happening in spring موسم بہار کا ۔ موسم بہار میں ہونے والا ۔ عہد شباب کا ۔

Vernally *adv.* موسم بہار کی طرح ۔ موسم بہار میں ۔

Vernation (ver-nā-shən) *n.* Arrangement of leaves in a bud شگوفوں میں اوراق کی ساخت اور ترتیب ۔ نیوتی ۔

Veronal (ver-ə-nal) *n.* Trade mark name for barbiton افیون گھولنے کی پیالی ۔

Veronica (ve-ron-i-kä) *n.* The speed well genus ایک قسم کا ارغوانی اور سفید پھولوں کا پودا ۔ وہ رومال جس سے سینٹ ویرونیکا نے حضرت مسیح کا پسینہ پونچھا تھا اور جس پر خدا کی قدرت سے حضرت مسیح کی شبیہہ اتر آئی تھی ۔

Verruca (ve-rōō-kä) *n.* A wart like outgrowth گھنے بالوں کا گچھا ۔

Versant (vər-sənt) *adj. & n.* Versed ڈھلواں زمین ۔ ماہر ۔ واقف ۔

Versatile (vər-sə-tīl) *adj.* Of many-sided ability ہر فن مولا ۔ ہمہ دان ۔ صاحب کمال ۔ پھرنے والا ۔ متلون ۔ غیر مستقل ۔

Versatility *n.* ہفت رنگی ۔ ہر علم پر حاوی ہونا ۔ ہمہ دانی ۔

Verse (vərs) *n.* Metrical composition مصرعہ ۔ فرد ۔ بیت ۔ بند ۔ شعر ۔ بحر ۔ آیت ۔ انجیل کا فقرہ ۔ قرآنی آیت ۔ گیت کا بول ۔

Verse-monger گھٹیا شاعر ۔ قافیہ پیما ۔ تک بند ۔

Versed (və-rsd) *adj.* Thoroughly acquainted منجھا ہوا ۔ مشاق ۔ ماہر ۔

Versicle (vər-si-kl) *n.* A little verse said by the officiant مناجات کا ایک چھوٹا ٹکڑا جس کو پادری اور حاضرین بار بار گاتے ہیں ۔

Versicoloured (və-si-kul-ərd) *adj.* Diversely coloured گونا گوں ۔ رنگ برنگ ۔

Versicular (ver-si-kul-ər) *adj.* In verse آیت میں ۔ شعر میں ۔ مصرعوں میں ۔

Versify (ver-si-fī) *v.t. & i.* Make verses شعر میں کہنا ۔ شعر کہنا ۔ نظم کرنا ۔ نظم میں بیان کرنا ۔ کسی مضمون کو نظم میں ادا کرنا ۔

Versification *n.* شعر گوئی ۔ نظم گوئی ۔ شاعری ۔

Version (vər-shən) *n.* A particular form in which something is embodied ترجمہ ۔ انداز ۔ کسی خاص طرز کا بیان یا روایت ۔ ولادت کے وقت آڑے بچہ کو سیدھا کرنا ۔ قلب ماہیت ۔ تبدیلی ۔ تغیر ۔

Versional *adj.* ترجمہ کا ۔ خاص طرز کا ۔ بیانیہ ۔

Versus (vər-səs) *prep.* Against بنام ۔ بمقابلہ ۔

Vert (vərt) *n.* Power to cut green trees or wood کوئی سبز پودا یا جھاڑی جس میں ہرن چھپ جائے ۔ درخت کاٹنے کا اختیار ۔

Vert (vərt) *n. & v. i.* Convert نو دین والا ۔ جس نے نیا مذہب اختیار کیا ہو ۔ مذہب تبدیل کرنا ۔

Vertebra (vər-ti-brä) *n.* A joint of the back-bone ریڑھ کی ہڈی ۔ ریڑھ کی ہڈی کا جوڑ ۔

Vertebral *adj.* ریڑھ کی ہڈی کے متعلق ۔

Vertebro-comb بطور سابقہ ۔ ترکیبی شکل ۔ جوڑ میں vertebra کی شکل ۔

Vertebrate (ver-ti-brāt) *adj. & n.* Having back-bone ریڑھ کی ہڈی والے جانور ۔

Vertebrated *adj.* ریڑھ کی ہڈی والا ۔

Vertebration (ver-ti-bra-shən) *n.* Vertebral structure ریڑھ کی ہڈی کی ساخت ۔

Vertex (ver-teks) *n.* The top or summit چوٹی ۔ سب سے بلند حصہ ۔ راس ۔ مثلث کا راس ۔ چندیا ۔

Vertical (vər-ti-kl) *adj.* Perpendicular چوٹی کا ۔ راس کا ۔ عمودی ۔

Verticality *n.* راست ہونا ۔ عمود ۔

Vertically *adv.* عمودی حالت میں ۔ عموداً ۔

Vertigo (vər-ti-gō) *n.* Giddiness, dizziness دوران سر ۔ چکر ۔ چکر آنا ۔

Vertiginous *adj.* چکر کھاتا ہوا ۔ گھومتا ہوا ۔

Vertiginousness *n.* دوران سر کی حالت ۔ گھمیری ۔ چکر ۔

Verve (vərv) *n.* Gusto, animation, spirit - جوش ولولہ - ادبی جوش - فنی جوش - فنی امنگ - شاعرانہ جذب -

Vervet (vər-vit) *n.* A South African monkey جنوبی افریقہ کا ایک چھوٹا لنگور -

Vervain (vər-vān) *n.* A kind of weedy plant used as amulet ایک قسم کی گھاس جو بطور تعویذ لوگ رکھتے تھے - سہر گیا -

Very (ver-i) *adv. & adj.* Actual, mere, precise حقیقی - اصلی - وہی - عین - ٹھیک - بہت ہی - نہایت - غایت - زیادہ -

Very (ver-i) *adj. & n.* Made by S. W. Very ویری کا بنایا ہوا -

Verylight روشنی جس سے جہاز اشارہ کرتے ہیں -

Verypistol پستول کی شکل کا لمپ جس سے اشارہ کیا جاتا ہے -

Vesica (vi-si-kā) *n.* The urinary bladder - مثانہ پیشاب کا پھکنا - مچھلی کا پھکنا - تصویروں کا بیضاوی ہالہ -

Vesical *adj.* مثانہ کے متعلق -

Vesication *n.* آبلے ڈالنے کا عمل - چھالے ڈالنا

Vesicatory *adj.* آبلے ڈالنے والا -

Vesicle (vi-si-kl) *n.* Blister, cavity, swelling چھالا - پھپھولا - پھکنا -

Vesicular *adj.* بلبلے کی شکل کا -

Vesiculation *n.* - حبابوں کا مجموعہ - بلبلوں کا سلسلہ -

Vesiculiferous *adj.* جس میں بہت سے بلبلے ہوں -

Vesiculiform *adj.* حباب نما -

Vesiculous *adj.* حباب دار -

Vesper (ves-pər) *n.* Evening, even song - شام شام کا ستارا زہرا - شام کی مناجات - عبادت کے مقررہ وقت کا چھٹا گھنٹہ -

Vespertine (ves-pər-tīn) *adj.* Of the evening شام کو کھلنے والا (پھول) - شام کا - شام کے بعد اڑنے والا پرندہ -

Vespiary (ves-pi-əri) *n.* A wasp-nest - بھڑوں کا چھتا

Vespine (ves-pīn) *adj.* Of wasps بھڑوں کا -

Vessel (ves-l) *n.* Utensil, boat. ship, conducting tube برتن - ظرف - کشتی - جہاز - شریان - رگ - نالی - پیکر -

Vest (vest) *n.* A waistcoat, undershirt - زیر جامہ واسکٹ - صدری - نیم آستین - فتوحی - پوشاک -

Vesting *n.* واسکٹ یا صدری بنانے کا کپڑا -

Vest (vest) *v.t. & i.* Invest, settle, secure - عطا کرنا دینا - بخشنا - اختیارات دینا - لباس پہنانا -

Vest rights مستقل حقوق -

Vest in کسی کے قبضہ میں دینا -

Vesta (ves-tä) *n.* The Roman goddess of the hearth - گھر کی پاک دیوی - راہبہ - دیا سلائی -

Vestal (ves-tl) *adj. & n.* عفیفہ - پاک دامن - وستا کی نام کی کنواری لڑکی -

Vestibule (ves-ti-būl) *n.* A fore-court گرجے کی برساتی - پیش دالان - ڈیوڑھی - وہ گاڑی جس میں ایک سرے سے دوسرے سرے تک جانے کا راستہ ہو -

Vestibule of the ear کان کے بیچ کا حصہ -

Vestibular *adj.* - پیش دالان کا - ڈیوڑھی کا - دھلیز کا

Vestibulate *adj.* دھلیز کا - ڈیوڑھی کی شکل کا -

Vestige (ves-tij) *n.* A foot print, a trace - ذرہ نشان - نقش قدم -

Vestiture (ves-ti-tyər) *n.* Investiture, cloth, covering as hair, feathers - کھپرے - بال و پر - پوشاک -

Vestment (vest-mənt) *n.* A ceremonial garment پوشاک - جامہ - خلعت - قربان گاہ کی چادر - سرود خوانوں کا چغہ -

Vestri (vest-ri) *n.* A cloakroom of church گرجا کا لباس خانہ - توشہ خانہ -

Vestral *n.* کلیسا کے توشہ خانے سے متعلق -

Vestridom (vest-ri-dm) *n.* Governing church council مجلس انتظامیہ کلیسا -

Vesture (vest-yər) *n.* A garb, a garment - پوشاک لباس - جامہ - فرش -

Vesturer (vest-ər-ər) A keeper of vestments کلیسا کے لباس خانہ کا داروغہ -

Vesuvian (vi-sōō-vi-ən) *adj.* Of the volcano Vesuvius آتش فشاں پہاڑ وسوویس کے متعلق - ایک قسم کی موسی دیا سلائی جو رگڑ کر جلائی جاتی ہے -

Vet (vet) *n.* A veterinary surgeon علاج حیوانات کا سرجن -

Vetch (vech) *n.* Any plant of the sweet pea genus پھلی دار پودے جو چارے کے کام آتے ہیں -

Veteran (vet-ə-rən) *adj.* One who has seen long service as a soldier پختہ - پکا - تجربہ کار سپاہی - آزمودہ کار سپاہیوں کا -

Veteranize *v.t.* تجربہ کار بنانا - پختہ بنانا -

Veterinary (vet-ə-rin-ə-ri) *adj.* Concerned with diseases of animals بیطاری کے مطابق - علاج حیوانات کے متعلق -

Veterinarian *n.* بیطار - سلوتری - معالج حیوانات -

Veto (vē-tō) *n.* Power of rejecting and stopping یو - این - او کی سلامتی مجلس کے پانچ بڑوں کا یہ حق کہ وہ کسی تحریک پر رائے شماری یا بحث روک دیں - اس قسم کے حق نا منظوری کا حامی -

Vetoist *n.*

Vex (veks) *v.t.* Harass, distress تنگ کرنا - پریشان کرنا - ناراض کرنا - دق کرنا - آزردہ کرنا -

A vexed question پریشان کن مسئلہ -

Vexedly *adv.* دق ہو کر - تنگ آ کر -

Vexingly *adv.* تکلیف دہ طریقے سے -

Vexation (veks-a-shən) *n.* State of being vexed رنجیدگی - بیزاری - ناراضگی - تکلیف - پریشانی - تکلیف دہ چیز -

Vexatious *adj.* موذی - تکلیف دہ -

Vexatiousness *n.* تکلیف دہ ہونا - ایذارسانی -

Vexillum (vek-sil-əm) *n.* A Roman standard روما کا فوجی نشان - علم - جھنڈا - پھولوں کی اوپر کی پنکھڑی - پرندوں کے پر کا پھیلاؤ -

Via (vi-â) *prep.* By way of ذریعے سے - راستے سے -

Via media درمیانی راستہ -

Viable (vi-ə-bl) *adj.* Capable of, surviving زندہ رہنے والا - پنپنے والا -

Viability *n.* زندہ رہنے کی قابلیت -

Viaduct (vi-ə-dukt) *n.* A structure across a valley پل - ریل یا سڑک کا پل -

Vial (vi-əl) *n.* Phial شیشی -

Vialful *adj.* شیشی بھر -

Viameter (vi-am-i-tər) *n.* A cyclometer آرجو یہ بتاتا ہے کہ گاڑی کتنا چلی - مسافت ناپ -

Viand (vi-ənd) *n.* An article of food کھانا - کھانے کی چیز -

Viaticum (vi-at-ik-əm) *n.* Money, provisions توشہ - زادراہ - سفر خرچ - عشائے ربانی - سفری صلیب -

Vibrant (vi-brənt) *adj.* Thrilling, vibrating لہرانے والا - جھومتا ہوا - تھرتھراتا ہوا -

Vibrate (vi-brāt) *v.i. & t.* Shake, tremble لہرانا - جھومنا - تھرتھرانا - آواز کا گونجنا - احتزاز کرنا - ایک بات پر قائم نہ رہنا - جذبہ سے تھرانا -

Vibrative } *adj.* جھولتا ہوا - لٹکتا ہوا -
Vibratory } مرتعش - جھومتا ہوا - احتزازی -

Vibratile (vi-brə-tīl) *adj.* Capable of vibratory motion جھولنے والا - مرتعش -

Vibration (vi-brə-shən) *n.* Tremulousness ارتعاش - احتزازی حرکت - تیز حرکت -

Vibrational *adj.* احتزازی - ارتعاشی -

Vibrator (vi-bre-tər) *n.* That which vibrates جھولنے والا شخص - جھولنے والا - برق طاقت سے حرکت - باجے کا پردہ - چھپائی کا مرتعش بیلن -

Vibroscope (vi-bres-kop) *n.* An instrument for measuring vibration ارتعاش پیما - وہ آلہ جس سے ارتعاش کی پیمائش ہوتی ہے -

Viburnam (vi-bur-nəm) *n.* The guelder rose ایک قسم کی پھولدار جھاڑی -

Vicar (vik-ər) *n.* A person of a parish حلقہ کا مدد گار پادری -

Vicariate } *n.* مدد گار پادری کا عہدہ -
Vicarship } وکر کی کارکردگی -

Vicarage (vik-ər-ag) *n.* The office and duties of a vicar پادری کا عہدہ اور فرائض -

Vicarial (vik-ər-i-əl) *adj.* Of a vicar پادری کے بابت - وکر کے متعلق -

Vicarious (vik-ər-i-əs) *adj*. Filling the place of another مدد گارانہ - قائم مقامانہ - نیابتی - کسی دوسرے کا دیا ہوا -

Vice (vīs) *n*. A blemish, a fault عیب - نقص - خامی - کھوٹ - بری عادت -

Vice (vīs) *n*. & *v.t*. A screw, a gripping tool زنبور - شکنجہ - شکنجہ میں کسنا - زنبور سے گرفت میں لینا -

Vice (vīs) *prefix* In place of سابقہ بمعنی قائم مقام ، نائب -

Vice (vīs) *prep*. In succession بجائے - جگہ پر -

Vice-admiral نائب امیر البحر -

Vice-chancellor معین امیر جامعہ -

Vicegerent (vīs-je-rənt) *adj*. & *n*. Having delegated authority نائب - خلیفہ -

Vicegerency *n*. نیابت - خلافت -

Vicennial (vī-sen-yəl) *adj*. Coming after twenty years بیس سالہ - جو بیس سال تک رہے یا اس کے بعد واقع ہو -

Viceroy (vīs-roi) *n*. Governor acting in the name of the king نائب السلطنت - وائسرائے -

Viceregal *adj* وائسرائے کے متعلق -

Viceroyalty *n*. نائب سلطنت کا عہدہ یا عہد حکومت -

Vice-versa (vis-versa) *adv*. The other way round اور اس کے برعکس -

He blames his wife and vice-versa وہ اپنی بیوی کو الزام دیتا ہے اور بیوی اس کو -

Vichy (vi-shi) *n*. Mineral water فرانس کے شہر وائشی کے چشمے کا پانی -

Vicinage (vis-i-nij) *n*. Neighbourhood پڑوس - نزدیکی - قرب و جوار -

Vicinity (vis-i-ni-ti) *n*. Nearness قرب و جوار - پڑوس - قربت -

Vicious (vish-əs) *adj*. Immoral, depraved بدکار - شریر - نا اہل - عیبی - بد طینت - کینہ پرور - خباثت کی - بغض و حسد کی -

Vicious circle *n*. استدلال کا چکر - ایک بات کے ثبوت میں دوسری بات پیش کرنا اور دوسری بات سے پہلی بات پر عود کرنا - ایک برائی سے دوسری برائی پیدا ہونا -

Viciously *adv*. خباثت سے - شرارت سے -

Viciousness *n*. بد طینتی - بد خصالی -

Vicissitude (vi-sis-i-tud) *n*. Change of fortune انقلاب - گردش - زمانے کا چکر - انقلابات - نشیب و فراز - تغیر -

Vicissitudinous *adj*. تغیر پذیر - انقلابی -

Victim (vik-tim) *n*. A prey, a sufferer قربانی - صدقہ - کشتہ - آفت رسیدہ - مصیبت کا مارا - شکار -

Victimization *n*. قربانی - جور و تعدی - ظلم -

Victor (vik-tər) *n*. A winner in a contest غالب - فاتح - ظفریاب -

Victoria (vik-to-ri-ä) *n*. A light four-wheeled carriage ایک ہلکی بگھی جس کا ٹاپ گرایا جا سکتا ہے -

Victoria Cross بہادری کا ایک تمغہ -

Victorian (vik-to-ri-ən) *adj*. Of the reign of Victoria ملکہ وکٹوریہ کے عہد کا -

Victorine (vik-to-rin) *n*. A fur tippet with long ends سمور کا گلوبند - ایک قسم کی ناشپاتی -

Victorious (vik-to-ri-əs) *adj*. Having gained a victory فتح مند - مظفر - منصور -

Victoriousness فتح یابی - ظفر یابی - فتح مندی -

Victory (vik-tər-i) *n*. Success against an opponent فتح - نصرت - دشمن پر غلبہ - یونانی فتح کی دیوی -

Victual (vit-l) *v.t*., *i*. & *n*. Human food - خوراک کھانا - سامان خورد و نوش - رسد پہنچانا - کھانا دینا -

Victualler *n*. - کھانے کی چیزیں بیچنے والا - رسد رسان -

Victualling *n*. - رسد پہنچانا - سامان خورد و نوش بیچنا

Vicuna (vi-koo-nä) *n*. A wild species of llama genus جنوبی امریکہ کا لاما -

Vide (vid) *v*. See دیکھو (فلاں مقام) - دیکھو

Vide infra پیچھے دیکھو -

Vide post نیچے دیکھو -

Vide supra اوپر دیکھو -

Vidimus (vi-di-məs) *n.* An attested copy, an inspection حسابات کی تنقیح - جانچ پڑتال - مصدقہ نقل -

Vie (vī) *v.i.* Contend in rivalry ہمسری کرنا - مقابلہ کرنا - مد مقابل ہونا -

Viet armis (vīt-armis) *adv.* Violently, by force جبرو تشدد سے - زبردستی -

View (vū) *v.t.* & *n.* Range or field of sight نظارہ منظر - مطالعہ - رائے - خیال - دیکھنا - نگاہ ڈالنا -

In view of لحاظ کرتے ہوئے - دیکھتے ہوئے -

On view نمائش کے لیے - دیکھنے کے لیے -

Point of view نقطہ نظر -

Viewable *adj.* قابل دید -

Viewy *adj.* (بول چال) وہمی - خبطی - عجیب خیال والا -

Vigil (vig-il) *n.* Watching بیداری - نگرانی - چوکسی -

Vigilance (vij-i-ləns) *n.* Watchfulness بیدار مغزی بیداری - چوکسی -

Vigilant *adj.* چوکس - چوکنا -

Vigilantly *adv.* ہوشیاری سے - خبر داری سے -

Vignette (ven-yət) *n.* & *v.t.* An embellishment without a border سادہ گلکاری - ہلکے نقش و نگار بغیر حاشیے کے - بڑے حروف کی آرائش - کسی شخص کی سیرت جو الفاظ میں بیان کی جائے - ڈھلوان پس منظر کی تصویر بنانا -

Vigour (vig-ər) *n.* Vital power طاقت - مضبوطی - توانائی - استعداد - ہمت - دم خم - زور - قوت - تاثیر - چستی -

Vigorous *adj.* ہٹا کٹا - مضبوط - چاق چوبند - طاقتور -

Vigorously *adv.* طاقت سے - بزور - شہ زوری سے -

Vigorousness *n.* زور - چستی - مضبوطی - طاقت - توانائی -

Viking (vi-king) *n.* A Scandinavian pirate آٹھویں صدی کا بحر شمالی کا ڈاکو -

Vile (vīl) *adj.* Worthless حقیر - ذلیل - خبیث - پاجی - کمینہ - پاجی پن کا - خباثت کا - (بول چال) نہایت خراب - بہت برا -

Vileness *n.* بدمعاشی - خباثت - کمینہ پن - ذلت -

Vilify (vil-i-fi) *v.t.* Defame, disparage بدنام کرنا - ذلیل کرنا - رسوا کرنا - قدر گھٹانا - حقیر کرنا - بگاڑنا -

Vilification *n.* بد گوئی - تذلیل - رسوائی - بدنامی -

Vilifier *n.* بدنام شہرت کو نقصان پہنچانے والا - کرنے والا -

Vilipend (vil-i-pend) *v.t.* Make light of, despise حقیر ٹھہرانا - حقارت سے ذکر کرنا -

Villa (vil-ā) *n.* A country house, a farm house امیروں کا دیہاتی بنگلہ - مضافاتی مکان -

Village (vil-ag) *n.* A parish موضع - گاؤں - بستی - دیہہ - گاؤں کے باشندے -

Villager *n.* گاؤں والا - رو ستائی - دہقانی - گنوار -

Villain (vil-ən) *adj.* & *n.* A violent evildoer بدمعاش - پاجی - غنڈہ - شہدا - ذلیل - زرعی غلام - غلام کا -

Villainous (vil-ən-əs) *adj.* بدمعاش - پاجی - کمینہ - رذیل - بدمعاشوں کا سا - شرارت آمیز - فساد انگیز -

Villainousness *n.* خباثت - پاجی پن - بدمعاشی -

Villainy *n.* نمک حرامی - بد ذاتی - سفلہ پن - کمینگی -

Villein (vi-lən) *n.* A small tenant معمولی پٹہ دار -

Villus (vil-əs) *n.* A long soft hair نرم بالوں کا جوڑا - لمبے بال -

Villiform *adj.* نرم بالوں کا -

Villose, villous روئیں دار - ریشم کی طرح نرم -

Villosity *n.* مخمل کی سی نرمی - نرم بالوں کی سی نرمی -

Vim (vim) *n.* Energy, vigour (بول چال) جوش - تیزی - زور - طاقت -

Viminal (vim-i-nəl) *adj.* Having long shoots لمبی شاخوں کا -

Vimineous *adj.* ٹہنیوں والا - شاخ دار -

Vinaceous (vin-a-shəs) *adj.* Wine-coloured میگوں - انگوری رنگ کا - عنابی -

Vine-garette (vīn-ga-ret) *n.* A bottle of vinegar کافوری سرکے کی شیشی -

Vincible (vin-si-bl) *adj.* That may be overcome قابل تسخیر - جس پر غلبہ پایا جا سکے - جس کو مغلوب کیا جا سکے -

Vinculum (wingk-ū-ləm) n. A bond وہ خط جو دو یا زیادہ رقموں پر یہ ظاہر کرنے کے لیے کھینچا جائے کہ یہ ایک ھی رقم ہے - کسی عضو کی حرکت روکنے والا پٹھا -

Vindicate (vin-di-kāt) v.t. Justify, defend جائز ٹھہرانا - صحیح ٹھہرانا - بول بالا کرنا - لاج رکھ لینا - پر زور تائید کرنا - مدد دے کر کامیاب بنانا - جرم سے بری ثابت کرنا - بدلہ یا انتقام لینا -

Vindicable adj. صیح ٹھہرانے کے لائق - حمایت کے قابل -

Vindication n. پشت پناھی - حمایت - تائید -

Vindicative adj. تعزیری - انتقامی - حمایت کرنے والا - تائید کرنے والا -

Vindicator n. تائید کرنے والا - بدلہ لینے والا - حامی -

Vindicatory (vīn-di-kat-əri) adj. Avenging حمایت کا - بریت کا - انتقامی -

Vindicativeness n. انتقام کا متلاشی ہونا - بغض - کینہ پروری -

Vine (vīn) n. A woody climbing plant انگور کی بیل - تاک - چڑھنے اور پھیلنے والی بیل -

Vinegar (vīn-i-gər) n. A dilute impure acetic acid سرکہ - تنک مزاجی - ترشروئی -

A vinegar countenance چھرہ جس سے ترشروئی ٹپکتی ہو -

Toilet vinegar غسل کا خوشبو دار سرکہ -

Vinegarish adj. سرکہ کا سا - قدرے ترش -

Vinegary adj. سرکے کے مزے کا - تیزابی -

Vineyard (vīn-yərd) n. A plantation of vines بیلوں کا ملا - انگور کا باغ -

Vineri (vīn-əri) n. A hot house for vines بیلوں کا گرم محافظ خانہ -

Vini (vīn-i) prefix Combination form for wine سابقہ بمعنی شراب کا -

Vinometer (vin-o-meter) n. Apparatus for measuring alcohol in wine شراب میں الکحل کی مقدار ،علوم کرنے کا آلہ -

Vinous (vin-əs) adj. Like wine انگوری شراب کی طرح کا -

Vinocity n. شراب کی طرح ہونا - شراب کی کیفیت -

Vint (vint) v.t. Make wine انگوری شراب بنانا -

Vint (vint) n. A card game like bridge برج کی طرح کا پتوں کا کھیل -

Vintage (vint-ij) n. Gathering of grapes for wine making, a season's yield انگور توڑنا - شراب بنانے کا سامان - فصل میں انگوروں کی مقدار -

Vintager n. انگور توڑ کر جمع کرنے والا -

Vintner (vint-nər) n. Wine-seller مے فروش -

Vintnery n. انگوری شراب کی دوکان -

Viol (vi-əl) n. Old violin رباب - قدیم چھ تاری باجا جس سے موجودہ وائلن نکلی ہے -

Viola (vi-əlȁ) A big violin ایک بڑی سارنگی -

Viola (vi-əlȁ) n. A kind of plants including pansy گل بنفشہ - پھول دار پودوں کی ایک قسم -

Violaceous (vi-ə-la-səs) adj. Violet-coloured بنفشی رنگ کا -

Violate (vi-ə-lāt) v.t. Fail to observe, abuse نقصان پہنچانا - خلل ڈالنا - خراب کرنا - بگاڑنا - آلودہ کرنا - بے حرمتی کرنا - عصمت دری کرنا - خلاف ورزی کرنا -

Violable adj. جو توڑا جا سکے - قابل تنسیخ -

Violation n. عصمت دری - خلل اندازی - عدم ایفا - خلاف ورزی -

Violence n. صدمہ - زبردستی - تشدد - زور -

Do violence on حملہ کرنا -

Violence to مضرت پہنچانا - جبر کرنا -

Violently adv. سختی سے - تشدد سے - زبردستی سے -

Violet (vi-ə-lit) adj. & n. Plant of genus viola بنفشہ - بنفشی رنگ کا - بنفشی رنگ -

Violin (vi-ə-lin) n. A musical instrument played with a bow ولائتی سارنگی - چو تارا باجا - وائلن - رباب -

Violinist n. سارنگی نواز - وائلن بجانے والا -

Violist (vi-ə-list) n. One who plays on viola بڑی سارنگی بجانے والا -

Violoncello (vi-ə-len-shel-o) *n.* A bass instrument of violin class ایک قسم کا وایولا جو گھٹنوں میں دبا کر بجایا جاتا ہے ۔

Viper (vi-pər) *n.* The only venomous British snake برطانیہ کا زہریلا سانپ ۔ افعی ۔ ظالم موذی ۔ دغاباز آدمی ۔

Viperine *adj.* افعی جیسا ۔ افعی کی طرح ۔

Viperish *adj.* افعی صفت ۔ موذی صفت ۔

Viperous *adj.* ظالم ۔ موذی ۔

Nourish a viper in one's bosom آستین میں سانپ پالنا ۔

Virago (vi-rā-gō) *n.* A man-like woman لڑاکی عورت ۔ زن مرد صفت ۔

Vireo (vir-i-o) *n.* An American singing bird امریکہ کا ایک سبز رنگ کا خوش الحان پرندہ ۔

Virescent سبزی مائل ۔

Virgate (vər-gāt) *adj.* Rod like, twiggy چھڑی کی طرح کا ۔ پتلا اور سیدھا ۔

Virgate (vir-gat) *n.* An old land measure of 30 acres زمین ناپنے کا انگریزی پیمانہ تقریباً تیس ایکڑ کا ۔

Virgilian (vər-jil-i-ən) *adj.* Of, in the manner of Virgil رومی شاعر ورجل کا ۔ ورجل کی طرز کا ۔

Virgin (vər-gin) *n.* Maiden کنواری ۔ بن بیاہی ۔ ناکتخدا ۔ باکرہ ۔ راہبہ ۔ حضرت مریم ۔ کنواری مریم ۔ بے داغ ۔ پاک دامن ۔ کورا ۔ جو ایک دوشیزہ کے شایان شان ہو ۔

Virginhood, **Virginity** *n.* کنوار پن ۔ دوشیزگی ۔ پاک دامنی ۔

Virginal (vər-gin-l) *adj.* Appropriate to a virgin دوشیزہ کی طرح ۔ کنواریوں کی طرح ۔ سولھویں صدی کا ایک باجا ۔

Virginia (ver-gin-i-ä) *n.* Tobacco grown in Virginia ورجینیا (امریکہ) کا تمباکو ۔

Virgo (vir-gō) *n.* The sixth sign of zodiac چھٹا برج ۔ منطقہ البروج کا چھٹا برج اور اس کی شکل کے ستارے ۔

Viridescent (vi-rid-ə-sent) *adj.* Greenish ہرا ہونے والا ۔ ہرا ۔ سبز ۔

Viridity (vi-rid-i-ti) *n.* Verdure, greenness ہریالی ۔ سبزی ۔ شادابی ۔

Virile (vir-īl) *adj.* Having qualities of a mature male مردانہ ۔ مرد صفت ۔ قوت باہ کا ۔ قوی ۔ پر زور ۔

Virility *n.* مردانگی ۔ مردی ۔ قوت باہ ۔ رجولیت ۔

Virilescent (vir-li-ə-sent) *adj.* Of male character مرد کی سی ۔ نرکی سی ۔ ایسی مادہ جس میں نر کی خصوصیات ہوں ۔ نر صفت مادہ ۔

Virose (vi-rəs) *adj.* Of virus, containing poisonous matter زہریلا ۔ زہر آلود ۔ بدبو دار ۔

Virous *adj.* زہر سے بھرا ہوا ۔

Virtu (vər-tōō) *n.* Love of fine arts فنون لطیفہ کا شوق ۔

Virtual (vər-tu-l) *adj.* Having virtue or efficacy ذاتی ۔ حقیقی ۔ اصلی ۔ باطنی ۔ فی الواقع ۔ حقیقی صفات کا ۔

Virtually *adv.* اصل میں ۔ فی الواقع ۔ حقیقت میں ۔

Virtue (vər-tū) *n.* Moral excellence, good quality جوہر ۔ گن ۔ خوبی ۔ صفت ۔ اچھائی ۔ نیکی ۔ حسن سیرت ۔ راست بازی ۔ اخلاقی خوبی ۔ عصمت ۔ پاک دامنی ۔

By virtue of از روئے ۔ بموجب ۔ بہ سبب ۔

Virtuoso (vər-tū-ōsō) *n.* A person with special taste for arts فنون لطیفہ کا محقق ۔ خاص ذوق رکھنے والا ۔

Virtuous (vər-tu-əs) *adj.* Morally good نیک ۔ صالح ۔ نیکوکار ۔ پاک دامن ۔ با عصمت ۔ پاک باز ۔

Virtuously *adv.* نیکی سے ۔ عفت سے ۔ پاک دامنی سے ۔

Virulent (vir-ū-lənt) *adj.* Highly poisonous زہریلا ۔ زہر آلود ۔ زہر بھرا ۔ سخت ۔ شدید ۔

Virulence *n.* شدت ۔ زہریلا پن ۔ سمیت ۔ تلخی ۔

Virulently *adv.* زیاں کاری سے ۔ زہریلے پن سے ۔ سختی سے ۔

Viruliferous *adj.* زہر آلود ۔

Virus (vīr-əs) *n.* Venom متعدی امراض کا زہر ۔ زہر ۔ زہریلا مادہ ۔ مہلک اثر ۔ سختی ۔ شدت ۔

Vis (vis) *n.* Inactive force - غیر عامل زور ' طاقت غیر انفعالی قوت -

Visa (vē-zä) *n.* Endorsement on a passport پروانہ راہداری - کسی ملک میں داخل ہونے کی اجازت - داخلہ - اجازت نامہ -

Visage (viz-ij) *n.* The face - صورت - شکل - چہرہ -

Vis-a-vis (vē-zâ-vē) *adv.* Face to face - آمنے سامنے بالمقابل - دو بدو -

Viscera (vis-e-rä) *n.* Abdominal organs پیٹ کے اعضا -

Viscerate *v.t.* Disembowel - آنتیں نکالنا -

Viscid (vis-id) *adj.* Semi-fluid, sticky - لیس دار چپچپا - گاڑھا -

Viscidity *n.* چپچپاہٹ - گاڑھا پن -

Viscose (vis-kōs) *n.* The sodium salt of cellulose لیس دار سیلولوز جس سے مصنوعی ریشم بناتے ہیں - مصنوعی ریشم -

Viscosity *n.* - سالمات کو ملائے رکھنے کی قوت - چپچپاہٹ -

Viscount (vi-kownt) *n.* A title of nobility below earl - انگلستان میں ارل سے نیچے کے امرا کا خطاب -

Viscountess *n.* - وائی کاونٹ کی بیوی - نواب بیگم -

Viscountcy *n.* - نواب زادگی - وائی کاونٹ کا رتبہ -

Viscous (vis-kəs) *adj.* Sticky, tenacious - چپچپا لباب دار - لیس دار -

Vise (vī-z) *v.t.* & *n.* Advise, consider پروانہ راہداری - مہر لگانا - تصدیق کرنا -

Visible (viz-i-bl) *adj.* That may be seen - نمودار آشکارا - جو نظر آ سکے -

Visibility *n.* - ظاہر ہونا - نموداری - رویت -

Visibly *adv.* - ظاہری طور پر - صریحاً -

Vision (vizh-ən) *n.* The act of seeing - نظر - نگاہ بینائی - بصارت - جو چیز نظر آئے - سایہ - بھوت - سراب - دھوکا - کشف یا خواب میں دیکھنا -

Visionary (vizh-ən-ari) *adj.* & *n.* Given to reverie or fantasy - وہمی - خیالی - خواب دیکھنے والا - صاحب کشف - بے عمل انسان -

Visional *adj.* مکاشفہ کا - خیالی - موہوم -

Visionist *n.* خیال پرست - صاحب کشف -

Visit (viz-it) *v.t.* & *n.* Go to see, go to stay ملاقات کے لیے جانا - مہمان کے طور پر جانا - معائنہ کرنا - قہر نازل ہونا - عذاب نازل کرنا - رحم کرنا - برکت عطا کرنا - تسکین بخشنا - تشریف آوری - ملاقات - مجرا - معائنہ - ملاحظہ -

Visitable *adj.* - قابل ملاقات - قابل معائنہ - قابل دید -

Visitant (viz-it-ənt) *adj.* & *n.* Paying visit ملنے والا - ملاقاتی - معزز مہمان - استانی راہبہ -

Visitation (viz-it-ə-shən) *n.* A formal visit, inspection معائنہ - تنقیح - غیر ملکی جہاز پر معائنہ کے لیے جانا - نزول رحمت یا عذاب - طویل ملاقات - تہوار جو مقدس الزبیتھ کو حضرت مریم کی زیارت کی یاد میں منایا جاتا ہے - سیلانی پرندوں کا نقل مقام کرنا -

Visiting *n.* آمد و رفت - ملاقات کے لیے جانا -

On visiting terms جن میں آنے جانے کے تعلقات ہوں -

Visiting card ملاقاتی کارڈ -

Visitor (viz-it-ər) *n.* Inspector - مہمان - سیاح معائنہ کنندہ -

Visitorial *adj.* - سرکاری معائنہ کرنے والا - معائنہ کا - معائنہ کنندہ کے متعلق -

Visor (vī-zər) *n.* A part of helmet covering the face لوہے کی ٹوپی - خود - جھلم -

Visored *adj.* مغفر دار - نقاب پوش -

Vista (vis-tä) *n.* View or prospect through درمیان کا منظر - تنگ منظر - خیالی منظر - سلسلہ تصورات -

Vistad *adj.* دو رویہ قطار کا منظر - منظر دار -

Visual (vizh-u-əl) *adj.* Pertaining to sight باصرہ سے متعلق - بصری - بصارت یا نظر کا - نظر آنے والا -

Visuality *n.* نظارہ - منظریت - نظر آنا -

Visually *adv.* بصارت یا نظر کے لحاظ سے -

Visualize (vizh-u-əl-īz) *v.t.* Make visible ذہن میں تصویر قائم کرنا - متشکل کرنا -

Visualization *n.* ذہن میں ایک شکل قائم کرنا ۔ عمل تصور ۔ عمل تشکیل ۔

Vital (vi-təl) *adj.* & *n.* Life-giving بقائے حیات کا ۔ حیاتی ۔ ممد حیات ۔ نہایت اہم ۔ قوت حیات کا مرکز ۔ مہلک ۔

Vital centre ۔ نازک حصہ جسم جس پر زخم مہلک ہو

Vital-force روح حیوانی ۔ قوت حیات ۔

Vital statistics حیات کے متعلق اعداد و شمار ۔

Vitally *adv.* اہمیت سے ۔ مہلک طور پر ۔ ناگزیر طور پر ۔

Vitalism (vit-ə-lizm) *n.* Doctrine that there is a vital force یہ نظریہ کہ زندگی کا انحصار ایک نا قابل فہم روح پر ہے ۔

Vitalist *n.* روح حیوانی کا قائل ۔

Vitality (vit-al-i-ti) *n.* Power of living قوت حیوانی ۔ قوت حیات ۔ کسی فرد یا ادارے کی قوت کارکردگی ۔

Vitalize (vit-al-īz) *v.t.* Stimulate activity قوت حیات پیدا کرنا ۔ روح پھونکنا ۔

Vitamin (vit-ə-min) *n.* Accessory food factors حیاتین ۔ کیمیاوی اجزا جو غذا کے لیے ضروری ہیں ۔

Vitaphone (vit-ə-fon) *n.* A talkie ایک قسم کی بولتی فلمی تصویر ۔

Vitellus (vi-tel-əs) *n.* The yolk of an egg انڈے کی زردی ۔

Vitellary *adj.* انڈے کی زردی کی طرح ۔

Vitiate (vish-i-āt) *v.t.* Render faulty or defective بگاڑنا ۔ خراب کرنا ۔ بے اثر کرنا ۔ بیکار کرنا ۔

Vitiation *n.* فساد ۔ بگاڑ ۔ بربادی ۔ تخریب ۔

Vitiator *n.* بگاڑنے والا ۔

Vitreous (vit-re-əs) *adj.* Glassy سبز شیشے کا ۔ زجاجی ۔ کانچ کی طرح ۔ شیشے کی طرح ۔

Vitreosity, Vitreousness } زجاجی ہونا ۔ شیشے کی طرح ہونا ۔

Vitrescence *n.* شیشہ بننے کی صلاحیت ۔

Vitrescent *adj.* شیشہ بننے کے قابل ۔

Vitrify (vit-ri-fi) *v.t.* & *i.* Convert into glass شیشہ بنانا ۔ کانچ میں تبدیل کرنا ۔

Vitrification *n.* شیشہ بننے کا عمل ۔

Vitrifiable *adj.* شیشہ بنانے کے قابل ۔

Vitriol (vit-ri-əl) *n.* Oil of vitriol, a hydrous sulphate of a metal تیزابی ۔ تیزاب ۔ گندھک کا تیزاب ۔ نمک ۔ جلی کٹی تنقید ۔

Vitriolic *adj.* جلی کٹی ۔ پر جوش ۔ تیزاب کی طرح ۔

Vitrioline *adj.* توتیا کے قسم کا ۔

Blue vitriol نیلا تھوتھا ۔

Green vitriol ہرا کسیس ۔

Red vitriol زنگ ۔

White vitriol ہرا یا سفیدی مائل کسیس ۔

Vitriolize (vit-ri-ə-līz) *v.t.* Injure with vitriol گندھک کے تیزاب سے جلانا ۔ توتیا بنانا ۔ گندھک کا نمک بنانا ۔

Vitriolate *v.t.* گندھک کا تیزاب ملانا ۔

Vitriolation *n.* توتیا بنانا ۔ تیزاب کی آمیزش ۔

Vitriolization *n.* توتیا بنایا جانا ۔

Vitta (vit-ȧ) *n.* A fillet or band for the head سر پیچ ۔ کساوہ ۔ ایک قسم کا تاج ۔

Vituperate (vi-tu-pə-rāt) *v.t.* Revile ملامت کرنا ۔ سخت سست کہنا ۔ سر زنش کرنا ۔ آڑے ہاتھوں لینا ۔ بری طرح خبر لینا ۔ گالیاں دینا ۔

Vituperation *n.* سر زنش ۔ لعنت ملامت ۔

Vituperative *adj.* ملامت آمیز ۔ دشنام آمیز ۔ بد زبان ۔

Viva (vīvā) *interj.* Long live زندہ باد ۔ شاباش ۔ عمرت دراز باد ۔

Vivacious (vi-vā-shəs) *adj.* Full of vitality, lively زندہ دل ۔ شگفتہ خاطر ۔ ہشاش بشاش ۔ پر جوش ۔ زندہ دلانہ ۔

Vivaciously *adv.* زندہ دلی سے ۔ جوش سے ۔

Vivacity *n.* ولولہ ۔ بشاشت ۔ زندہ دلی ۔

Vivandiere (vē-vān-dyer) *n.* A female attendant in a regiment فرانسیسی فوج کی خادمہ ۔ اشیائے خوردنی اور شراب بیچنے والی ۔

Vivarium (vī-vā-ri-əm) *n.* An artificial enclosure for animals باڑا ۔ جانوروں کو رکھنے کی جگہ ۔ چڑیا خانہ ۔ مچھلی پالنے کا حوض ۔

Viva-voce (vīv-ā-vōse) *adj.* & *n.* Oral, oral examination زبانی امتحان ۔ زبانی ۔

Vivers (ve-vərz) *n.* Food, eatables (اسکاٹ لینڈ) کھانے کی چیزیں -

Vivid (viv-id) *adj.* Bright, full of life, vigorous شوخ - روشن - چمک دار - زندہ دل - چنچل - شگفتہ خاطر - واضح - گہرا -

Vividly *adv.* شوخ رنگ کے ساتھ - زندہ دلی سے - واضح طور پر -

Vividness *n.* زندہ دلی سے - چمک - تیزی - شوخی -

Vivify (vī-vi-fī) *v.t.* Endue with life زندہ کرنا - جان ڈالنا - روح پھونکنا -

Viviparous (vi-vip-ə-rəs) *adj.* & *n.* Producing living young of developed stage درخت پیدا کرنے والے درخت - درخت جن سے نئے درخت پھوٹتے ہیں - بچہ دینے والے حیوان -

Viviparity / **Viviparousness** } *n.* درخت زائی - بچہ کشی -

Viviparously *adv.* بچہ زائی کی طرح سے - درخت پیدا کرتے ہوئے -

Vivisect (viv-i-sekt) *v.t.* Make surgical operation جانوروں کی چیر پھاڑ کرنا - زندہ جانوروں پر جراحی کرنا -

Vivisection (viv-i-sek-shən) *n.* Surgical operation of living animals - زندہ جانوروں کی چیر پھاڑ

Vivisectional *adj.* تشریحی - زندہ جانوروں کی تشریح کا - جراحی کا -

Vivisectionist *n.* ماہر علم تشریح - زندہ جانوروں پر عمل جراحی کرنے والا - جراح -

Vivisector *n.* زندہ جانوروں کی شرح کرنے والا -

Vixen (vik-sn) *n.* A she fox, an ill-tempered woman مادہ لومڑی - بد مزاج عورت -

Vixenish / **Vixenly** } *adj.* بد مزاج - کینہ پرور -

Viz (viz) *adv.* That is to say, namely یعنی - جس کے نام یہ ہیں - جس کی تفصیل یہ ہے -

Vizier (vi-zer) *n.* A minister, a prime minister وزیر -

Vizierial *adj.* وزیر کا -

Vocable (vo-kə-bl) *n.* That which is sounded کلمہ - نام - شبد - بول -

Vocabulary (vo-kə-bul-ə-ri) *n.* List of words فرہنگ - لغت - کسی زبان کے الفاظ کا مجموعہ -

Vocabulist *n.* فرہنگ نویس -

Vocal (vo-kəl) *adj.* & *n.* Uttered by the voice, having a voice - آواز دار - ناطق - نطقی - صوتی اپنے خیالات کا اظہار آواز سے کرنے والا - گفتگو کرنے والا - الحانی - پوری طرح آواز دینے والا -

Vocality (vo-kə-li-ti) *n.* Vocal expression اپنے خیالات تحریر یا تقریر میں ظاہر کرنا - حروف کا پوری طرح آواز دینا - صوتی اظہار -

Vocally *adv.* صوتی طریقے سے - الفاظ کے ذریعے -

Vocalism (vo-ke-lizm) *n.* Exercise of the vocal organs اعضائے صوت سے کام لینا - آواز میں ادا کرنا -

Vocalist (vo-kə-list) *n.* A singer زبان سے ادا کرنے والا - گانے والا -

Vocalize (vo-kə-liz) *v.t.* Form into voice, articulate زبان سے ادا کرنا - پوری طور پر ادا کرنا - اعراب لگانا - گانا - چیخنا -

Vocalization *n.* گانا - آواز میں ادا کرنا -

Vocation (vo-ka-shən) *n.* Calling, a way of living طلب - بلاوا - پیشہ - صلاحیت - طرز زندگی -

Mistook his vocation - اس نے غلط پیشہ اختیار کیا

Vocational *adj.* پیشہ یا شغل کے متعلق -

Vocationally (vo-ka-shən-ali) *adv.* In the way of calling - پیشہ کے طور پر - پیشہ کے نقطہ نظر سے

Vocative (vok-ə-tiv) *adj.* Pertaining to the act of calling (قواعد) ندائیہ - حالت ندائیہ - جو ندا کے طور پر استعمال ہو -

Vociferate (vo-sif-ə-rāt) *v.t.* Cry with a loud voice چیخنا - چلانا - بلند آواز سے چیخنا - گلا پھاڑ کر بولنا -

Vociferance *n.* شور - چیخ پکار -

Vociferant *adj.* چیخ پکار کرنے والا - غل مچاتا ہوا - چیختا ہوا -

Vociferation *n.* چیخ پکار - شور و غوغا -

Vociferous (vo-sif-ə-rəs) *adj.* Making a loud outcry ہنگامہ خیز - پر شور -

Vociferously *adv.* شور مچا کر - چلا کر -

Vociferousness *n.* شور مچانے کی عادت - ہنگامہ خیزی -

Vodka (vodkā) *n.* A Russian wine ودکا - تیز روسی شراب -

Vogue (vōg) *n.* Mode or fashion راستہ - ڈھنگ - وضع - طور - طریقہ - دستور - رواج - فیشن - مروجہ روش - مقبولیت -

Voice (vois) *v.t.* & *n.* Sound produced by vocal organs آواز - صدا - صوت - ندا - اظہار - لہجہ - اظہار رائے - رائے دینے کا حق - پوری آواز سے ادا کرنا - بیان کرنا - ساز کا سُر ملانا -

Voiceless (vois-les) *adj.* Speechless سکتے میں - سناٹے میں - بے زبان - بے آواز -

Voicelessness *n.* سکتے کے عالم میں ہونا - خاموشی - بے زبانی -

With one voice اتفاق رائے سے - یک زبان ہو کر -

Void (void) *v.t., adj.* & *n.* Containing nothing خالی - تہی - خالی جگہ - صاف - بری - بیکار - بے فائدہ - کالعدم - باطل - بے اثر - باطل یا کالعدم کرنا - فضلہ خارج کرنا - نکالنا -

Voidable *adj.* جو کالعدم کیا جا سکے - قابل تنسیخ -

Voidly *adv.* بے اثر طریقے سے -

Voidness *n.* باطل یا بے اثر ہونا - خالی ہونا - خلا -

Voidance (void-əns) *n.* The state of a benefice being vacant پادری کی جائداد یا اسامی خالی ہونا - خارج کیا جانا -

Voile (voil) *n.* A thin semi-transparent material باریک ریشمی یا سوتی کپڑا - وائل -

Volant (vō-lənt) *adj.* Flying تیزی سے بلند ہونے والا - اڑنے والا - تیز پر -

Volapuk (vol-ə-pūk) *n.* A universal language invented by Johann Schleyer about 1879 شلر کی ایجاد کردہ جگت بھاشا جو مقبول نہ ہو سکی -

Volar (vol-ər) *adj.* Of the palm or sole ہتھیلی یا تلوے کے متعلق -

Volatile (vol-ə-tīl) *adj.* Evaporating quickly کافور صفت - اڑ جانے والا - شوخ -

Volatileness *n.* شوخی - تلون - اڑ جانے کی خاصیت -

Volatilize (vol-ə-til-īz) *v.t.* Cause to evaporate بخار بنا کر اڑا دینا -

Volatilizable *adj.* اڑ جانے والا -

Volatilization *n.* بخار بنا کر اڑانے کا عمل - بخار بن کر اڑ جانے کی قابلیت -

Volcanic (vol-kan-ik) *adj.* Produced or caused by a volcano کوہ آتش فشاں کے متعلق - آتش فشانی -

Volcanically *adv.* آتش فشانی سے -

Volcanicity *n.* آتش فشانی کی حالت -

Volcano (vol-ka-no) *n.* A centre of eruption with a crater کوہ آتش فشاں - آتش فشاں دہانا - جوالا مکھی -

Volcanism *n.* آتش فشاں قوت - اسباب آتش فشانی -

Volcanist *n.* پہاڑوں کی آتش فشانی کا ماہر -

Volcanology *n.* آتش فشاں پہاڑوں کا علم -

Vole (vōl) *n.* & *v.t.* Winning of all the tricks in a game (تاش) کل ہاتھ جیت لینا - پوری جیت -

Vole (vōl) *n.* Any of the mouse like rodents چوہے کی قسم کے جانور -

Volery (vol-əri) *n.* A place for keeping birds چڑیا خانہ -

Volitant (vol-i-tənt) *adj.* Flying, moving about اڑنے والا - پرواز رکھنے والا -

Volition (vo-lish-ən) *n.* Act for willing and choosing اختیار - ارادہ - مرضی - خوشی - پسند - قوت ارادی -

Volley (vol-i) *v.t., i.* & *n.* Flight of missiles بندوق یا توپ کی باڑھ - بوچھاڑ - بھرمار - (ٹینس) گیند پر زمین پر گرنے سے پہلے ضرب لگانا - (کرکٹ) گیند اس طرح پھینکنا کہ وکٹ پر گرے - باڑھ مارنا - گالیوں کی بوچھاڑ -

Volplane (vōl-plān) *n.* & *v.i.* Plane's coming down after stopping the engine ہوائی جہاز کا انجن بند کرکے زمین پر اترنا - جھونک سے اترنا -

Volt (vōlt) *n.* A sudden leap in fencing to avoid a thrust - شمشیر زنی میں جست کرکے وار خالی دینا - گھوڑے کا پہلو دینا -

Volt (volt) *n.* The unit of electricity برق قوت کی اکائی -

Voltage (volt-ag) *n.* Electromotive force in volts برق قوت کی مقدار جو وولٹ میں ظاہر کی جائے -

Voltaic (vol-taik) *adj.* Pertaining to an electrical battery - بجلی کی کیمیاوی بیٹری کے متعلق -

Voltairizm (vol-tar-izm) *n.* Doctrines of French philosopher Voltaire - مذہبی اصولوں کا تمسخر - والٹیر کی لا دینیت -

Volte-face (volt-fās) *n.* A sudden and complete change of ideas پلٹ کر دوسری طرف منہ کر لینا - سیاسی عقیدہ میں فوری تبدیلی - متضاد رویہ -

Voluble (vol-u-bl) *adj.* Fluent, changeable طرار - چرب زبان - لسان - پرگو - باتونی - جلد جلد باتیں کرنے والا - پیچاں - لپٹ جانے والا -

Volubilate } *adj.* پیچاں - کسی چیز کے گرد لپٹ جانے والی -
Volubile }

Volubility *n.* - پر گوئی - چرب زبانی - تقریر کی تیزی -

Volume (vol-ūm) *n.* A book, a roll or scroll - جلد - کتاب - پیچ - پلندہ - بگولہ - جسامت - ضخامت - مقدار - حجم - آواز کی گونج کی حد -

Volumenometer (vol-um-enə-meter) *n.* An instrument for measuring the volume of a solid body by the quantity of fluid it displaces آلہ جس سے ٹھوس چیز کا حجم سیال میں رکھ کر دریافت کیا جاتا ہے -

Volumeter (vol-u-me-tər) *n.* An instrument for measuring volume of gases آلہ جس سے گیس کا حجم دریافت کیا جاتا ہے -

Voluminous (vol-u-mi-nəs) *adj.* In many volumes, coils or folds پیچیدہ - کتاب جو کئی جلدوں میں ہو - پر نویس - بڑی جسامت کا - ڈھیلا ڈھالا (لباس) -

Voluminosity } *n.* ضخیم ہونا - بڑے حجم کا -
Voluminousness }

Voluntary (vol-ən-tə-ri) *adj.* & *n.* Proceeding from the will - اپنی خوشی سے کام کرنے والا - بالارادہ - بالقصد - عمداً - اختیاری - خوشی کا - اپنی مرضی کا - آرگن باجے کا ایک نغمہ - طریق رضا کاری کا حامی -

Voluntariness *n.* اپنی خوشی کا ہونا - خود اختیاری ہونا -

Voluntaryism *n.* یہ طریقہ کہ فوجی یا مذہبی تعلیم لوگوں کی مرضی پر منحصر ہو -

Volunteer (vol-ən-tēr) *v.t., i.* & *n.* One who enters any service of his own free choice رضا کار - اپنی خوشی سے فوجی یا کوئی اور خدمت انجام دینا - رضا کار بننا - اپنی خدمات پیش کرنا -

Voluptuary (və-lup-tu-ər-i) *n.* One excessively given to body enjoyment - شہوت پرست - نفس پرست - عیاش -

Voluptuous (və-lup-tu-əs) *adj.* Sensuous شہوت پرست - عیاش - شہوت انگیز - خواہش نفس سے بھری ہوئی -

Voluptuousness *n.* - عیش پسندی - عیاشی -

Volute (vo-lūt) *n.* A spiral scroll مرغول - چکردار بیل جو کارنتھی ستونوں پر بنائی جاتی تھی - گھونگھے کے قسم کا ایک کیڑا -

Volution (vo-lū-shən) *n.* A revolving movement پیچ - چکر - دوری حرکت -

Vomit (vom-it) *v.t.* & *n.* Throw up the contents of the stomach by mouth - قے کرنا - استفراغ کرنا - اگلنا - قے کے ذریعے خارج کرنا - خارج شدہ مادہ -

Vomitory (vom-it-ə-ri) *n.* & *adj.* Causing to vomit, an emetic قے آور - قے آور دوا - رومیوں کے گول تماشا گاہ کا راستہ -

Vomitive *adj.* - قے آور -

Voodoo (vōō-dōō) *n.* & *v.t.* Superstitious beliefs and practices of African people - سفلی جادو - سفلی عمل کرنا -

Voracious (vō-rā-shəs) *adj.* Eating greedily or in large quantities پیٹو - بسیار خور - بے حد بھوکا - جس کو کھانے کا ہوکا ہو -

Voraciousness } *n.* بے حد حرص - پیٹو پن - ندیدہ پن -
Voracity

Vorago (vor-ā-gō) *n.* A gulf خلیج - کھاڑی -

Voraginous *adj.* بھنور کے متعلق - بھنور کا -

Vortex (vor-teks) *n.* Whirling motion of a fluid forming a cavity in the centre بھنور - گرداب - چکر - ورطہ - کوئی مشغلہ جو انسان کی ساری توجہ جذب کر لے -

Vortical *adj.* چکر کھانے والا - چکر دار -

Vorticose *adj.* گردابی -

Vorticular *adj.* چکر کی شکل کا -

Vortiginous (vor-ti-ji-nəs) *adj.* Vortical گردش کرتا ہوا - چکر کھاتا ہوا -

Votary (vō-ta-ri) *n.* One devoted as by a vow جان نثار - پرستار - بھگت - زبردست حامی - پر جوش پیرو -

Vote (vōt) *n., v.i.* & *t.* An expression of a wish or opinion رائے - ووٹ - ووٹ سے کسی تحریک کا فیصلہ کرنا - حق رائے دہندگی - رائے دینا - ووٹ دینا - (بول چال) بالاتفاق قرار دینا - تجویز کرنا -

Casting vote جب دو رائیں برابر ہوں تو صدر اپنا فیصلہ کن ووٹ ڈالتا ہے - فیصلہ کن ووٹ -

Votable *adj.* جو ووٹ دے سکتا ہو - جس پر ووٹ لیا جا سکے - قابل رائے شماری -

Voter *n.* رائے دہندہ -

Voting (vōt-ing) *n.* Taking of votes رائے دینا - رائے شماری -

Voting paper ووٹ - رائے کا پرچہ -

Votive (vōt-iv) *adj.* On account of a vow منت کا مانا ہوا - نذر کا - جو منت کے پورا ہونے پر نذر کیا جائے -

Vouch (vowch) *v.t.* & *i.* Call upon to witness تصدیق کرنا - شہادت دینا - ضامن ہونا - ذمہ دار ہونا -

Voucher (vowch-ər) *n.* A certificate of correctness تصدیق کرنے والا - تصدیق ادائی - رسید - فرد حساب -

Vouchsafe (vowch-sāf) *n.* & *v.t.* Guarantee, allow مہربانی کرنا - عنایت کرنا - ضمانت - ضامن ہونا -

Vow (vow) *n.* & *v.t.* A voluntary promise made to God اقرار - عہد - اقرار - منت - عہد و پیمان - اقرار کرنا - قسم کھانا - عہد کرنا - منت ماننا - وثوق سے کہنا -

Vowel (vow-əl) *n.* Sound produced by the unimpeded passage of the breath حرف علت -

Vowelly *adj.* حرف علت کی طرح -

Vowelize (vow-əl-īz) *v.t.* Insert vowel signs حروف علت داخل کرنا - علامات حروف علت لفظ میں داخل کرنا - اعراب لگانا -

Voyage (voi-ij) *n., v.t.* & *i.* Journey by sea بحری سفر - دریائی سفر - سفر کرنا -

Voyageable *adj.* بحری سفر کے قابل - قابل عبور -

Voyager *n.* سفر کرنے والا - مسافر -

Vulcanite (vul-kən-it) *n.* A general name for any igneous rock آتشیں پتھر - پتھر جو آتش فشانی عمل سے بنے - ربڑ اور گندھک کا مرکب -

Vulcanize (vul-kən-īz) *v.t.* Treat with sulphur compounds ربڑ میں اس طرح گندھک ملانا کہ اس کی مضبوطی بڑھ جائے -

Vulcanizable *adj.* گندھک ملا کر جوڑنے کے قابل -

Vulcanization *n.* گندھک ملا کر مضبوط کرنے کا عمل -

Vulgar (vul-gər) *adj.* Commonplace عامیانہ - بازاری - غیر مہذب -

Vulgarism *n.* گری ہوئی حرکت - بازاریت -

Vulgarity *n.* سفلہ پن - اوچھا پن -

Vulgar fraction کسور عام -

The vulgar عوام - عامی -

Vulgarian (vul-gər-yən) *n.* A vulgar person سفلہ - رذیل - بد تہذیب - اوچھا -

Vulgarize (vul-gə-rīz) *v.t.* Make common سفلہ پن پیدا کر دینا - عامیانہ رنگ پیدا کر دینا - نفاست زائل کر دینا -

Vulnerable (vul-nər-əbl) *adj.* Capable of being wounded جو مجروح کیا جا سکے - جس پر زخم لگ سکے - کمزور - غیر محفوظ - جو حملے کی زد میں ہو - (برج کا کھیل) ایک گیم بنایا ہوا -

Vulnerability, Vulnerableness *n.* حملے کی زد میں ہونا - کمزوری - غیر محفوظ حالت -

Vulnerary (vul-nər-a-ri) *adj.* & *n.* Useful in healing wounds زخم کو مندمل کرنے والا - زخم بھرنے والا مرہم - زخم کی دوا -

Vulpine (vul-pīn) *adj.* Like a fox, cunning روباہ صفت - مکار - چالاک -

Vulture (vul-tur) *n.* Any large rapacious birds of prey گدھ - کرگس - حریص اور موذی شخص -

Vulturous, Vulturish *adj.* گدھ کی طرح -

Vulvar (vul-var) *adj.* Of the female organ of generation اندام نہانی کے متعلق -

Vulvate (vul-vāt) *adj.* Having a passage - سوراخدار

Vulviform *adj.* سوراخ کی شکل کا - سوراخ دار - راہ نما -

W

W (dub-l-ū) *n.* The twenty-third letter of the English alphabet انگریزی حروف تہجی کا تیئیسواں حرف -

Wabble (wob-l) *v.i.* Move unsteadily from side to side گھومنا - ادھر سے ادھر حرکت کرنا - ڈگمگانا -

Waac (wak) *n.* The women's auxiliary corps (بول چال) عورتوں کی امدادی فوج -

Wacke (wak-e) *n.* Decomposed basalt جوالا - مٹی - مٹی جو آتش فشانی چٹانوں سے ٹوٹ کر جمع ہو جاتی ہے -

Wad (wod) *n.* & *v.t.* A pad of loose material بندوق کی ڈاٹ - نمدہ کا گول ٹکڑا - گدی - گٹھا - (بول چال) نوٹوں کی گڈی - زر - روپیہ - نمدہ کی ڈاٹ بنانا - گٹھا بنانا - ڈاٹ لگانا - بھر دینا -

Well-wadded with conceit خود فریبی سے معمور -

Wadding (wod-ing) *n.* Stuffing نمدے کی ڈاٹ - روئی کی بھرائی - بھرائی -

Waddle (wod-l) *v.t.* & *n.* Take short steps and sway مٹکنا - مٹکتے ہوئے چلنا - اٹھلا کر چلنا - بطخ کی چال چلنا - مٹک - اترائی ہوئی چال -

Waddingly *adv.* جھومتے ہوئے - مٹکتے ہوئے -

Waddy (wod-i) *n.* Australian war club آسٹریلوی باشندوں کا جنگی ڈنڈا -

Wade (wōd) *n.*, *v.i.* & *t.* Go through water دقت سے گزرنا - عبور کرنا - ایسی جگہ چلنا جہاں پاؤں دھنس جائے - بہ دشواری عبور کرنا -

Wade through a book کسی خشک اور غیر دلچسپ کتاب کو پڑھ ڈالنا -

Wade through slaughter and blood قتل و غارت کرتے ہوئے بڑھنا -

Wading bird لمبی ٹانگوں والا بگلا -

Wadable *adj.* قابل عبور -

Wader (wod-ər) Wading bird, high waterproof boots پانی میں چلنے والا - لم ٹنگا - پانی کے اونچے جوتے -

Wadi (wod-i) *n.* Dry bed of a stream خشک ندی جو صرف برسات میں بہتی ہے - دریا کا خشک پیٹھا -

Wafd (wafd) *n.* Nationalist party of Egypt مصر کی سیاسی جماعت وفد جو اب ختم ہو چکی ہے -

Wafdist *n.* جماعت وفد کا رکن -

Wafer (wa-fər) *v.t.* & *n.* A thin crisp cake or biscuit, wrapping for powders ایک قسم کا پتلا کرکرا بسکٹ - عشائے ربانی کی روٹی - کاغذ یا نمدے کی ٹکیا - گدی - کاغذی مہر لگانا - بسکٹ کی گدی بنانا -

Wafery *adj.* ٹکیا سا - پاپڑ سا -

Waffle (wof-l) *n.* A kind of batter cake روغنی روٹی - میٹھی ٹکیا -

Waft (woft) *v.t.* & *n.* Bear, convey بہا لے جانا - لے جانا - ہاتھ سے اشارہ کرنا - پھیلانا - خوشبو کی لپٹ - نغمہ - جھونکا - خوشی کی ہلکی لہر -

Wag (wag) *n., v.i.* & *t.* Move or be moved from side to side ہلانا ۔ ہلنا ۔ لہرانا ۔ دم ہلانا ۔ لٹکتی ہوئی چیز کو حرکت دینا ۔ گزرنا ۔ گردش زمانہ ۔ حرکت ۔ جنبش ۔

Dog wags his tail کتا خوش ہو کر دم ہلاتا ہے ۔

Tail wags dog ادنیٰ شخص جماعت کا رہنما بن گیا ہے ۔

Wag one's finger at انگلی کے اشارے سے دھمکانا ۔

Wagtail *n.* ایک قسم کی چڑیا جس کی دم ہلتی رہتی ہے ۔ ممولا ۔

Wag (wag) *n.* A habitual joker ظریف ۔ مسخرا ۔ ہنسوڑ ۔ دل لگی باز ۔ (بول چال) مدرسہ سے بھاگ جانے والا لڑکا ۔ بھگوڑا ۔

Waggery *n.* طرفہ حرکتیں ۔ مسخرے پن کی باتیں ۔

Waggish *adj.* مسخرہ ۔ مسخرے پن کا ۔ ظریفانہ ۔

Wage (wāj) *n.* Payment for service ۔ اجرت ۔ مزدوری معاوضہ ۔ بدلہ ۔ جزا ۔ تنخواہ ۔

Wage (wāj) *v.t.* Engage in, pay wages, contend جنگ کرنا ۔ لڑنا ۔ جوکھوں میں ڈالنا ۔ مزدوری دینا ۔ اختیار کرنا ۔

Wager (waj-ər) *n.* & *v.t.* A bet بازی لگانا ۔ شرط باندھنا ۔ شرط ۔ بازی ۔

Waggle (wag-l) *v.t., i.* & *n.* Wag in an unsteady manner ہلانا جھلانا ۔ ہلکی سی جنبش ۔

Waggly *adj.* جھولتا ہوا ۔ ڈگمگاتا ہوا ۔

Wagon-gg (wag-ən) *n.* Vehicle for carrying heavy goods جھکڑا ۔ باربرداری کی گاڑی ۔ مال گاڑی کا ڈبہ ۔

Hitch one's wagon to a star بڑوں کا سہارا لینا ۔

Wag(g)oner (wag-nər) *n.* One who drives a wagon گاڑی ہانکنے والا ۔

Wagonet (wag-ə-net) *n.* An open carriage of two seats ایک قسم کی ٹپ دار بگھی ۔

Wagonlit (wä-gon-lē) *n.* A sleeping carriage in a continental train یورپی ریل گاڑیوں میں سونے کا ڈبہ ۔

Wahabi (wä-hä-bē) *n.* A Muslim sect ایک اسلامی فرقہ ۔ وہابی ۔

Waif (wāf) *n.* Ownerless property or animal ایسا مال جو بہہ کر آ گیا ہو یا جانور جس کا کوئی مالک اور وارث نہ ہو ۔ لاوارث مال ۔

Waifs and strays متفرق چیزیں ۔ لاوارث بچے ۔

Wail (wāl) *v.t., i.* & *n.* Lament loudly ۔ واویلا کرنا ماتم کرنا ۔ آہ و زاری کرنا ۔ نوحہ کرنا ۔ ماتم ۔ ہوا کی سنسناہٹ ۔ دردناک آواز ۔

Wailing Wall ۔ جہاں یہودی کھڑے ہو کر روتے ہیں دیوار گریہ ۔

Wailful *adj.* غم انگیز ۔ دردناک ۔

Wailingly *adv.* دردناک آواز میں ۔ سینہ کوبی کے ساتھ ۔ آہ و زاری کرتے ہوئے ۔

Wain (wān) *n.* A wagon بگھی ۔ چھکڑا ۔ گاڑی ۔

Wainscot (wān-skot) *n.* & *v.t.* Wood work تختہ بندی ۔ فرش یا چھت میں تختے جڑنا ۔ تختوں کا حاشیہ لگانا ۔

Wainscoting *n.* تختہ بندی ۔ لکڑی کا حاشیہ ۔

Waist (wāst) *n.* Middle part of human trunk کمر ۔ میان ۔

Waistcoat واسکٹ ۔ بن آستین کی صدری جو کوٹ کے نیچے پہنتے ہیں ۔

Waist deep or high کمر تک ۔ کمر کمر ۔

Wait (wāt) *v.i.* & *t.* Keep watch, remain in expectation انتظار کرنا ۔ توقف کرنا ۔ منتظر رہنا ۔ کھانے کی میز پر خدمت انجام دینا ۔ کھانا کھلانا ۔ کھانے کے لیے کسی کا انتظار کرنا ۔

Always has to be waited for وہ ہمیشہ دیر سے آتا ہے ۔

Waiting room انتظار کا کمرہ ۔

Wait (wat) *n.* A party of singers گانے والوں کی ٹولی جو کرسمس میں گھر گھر جا کر گاتی ہے ۔ انتظار ۔ گھات ۔ کمین ۔

Lie in wait تاک میں رہنا ۔ گھات لگانا ۔

Waiter (wāt-ər) *n.* One who waits at the table, custom officer, watchman ملازم ۔ خدمت گار ۔ ملازم جو کھانا کھلاتا ہے ۔ چنگی کا اہل کار ۔ چوکیدار ۔ خوان ۔ کشتی ۔

Waitress *n.* ہوٹل کی ملازمہ جو کھانا کھلاتی ہے ۔

Waive (wāv) *v.t.* Put away, reject, abandon چھوڑنا - دست کش ہونا - تیاگنا - دست بردار ہونا - دعویٰ چھوڑنا -

Wake (wāk) *v.i. & t.* Remain awake, active or vigilant جاگتے رہنا - بیدار رہنا یا کرنا - غفلت سے بیدار کرنا - چونکا دینا - زندہ کرنا - جی اٹھنا - شور و غل سے گونج جانا - برانگیختہ ہونا - متحرک ہونا -

Waking dream خیالی پلاؤ - محویت کا عالم -

Waking hours اوقات بیداری -

Waking or sleeping ہر دم - سوتے جاگتے -

Wake (wāk) *n.* Streak of foamy water left in the track of a ship پانی کی لکیر جو جہاز چلتے وقت پیچھے بن جاتی ہے - پن لیکھ - رت جگے کا میلہ - گرجے کی سالگرہ -

In the wake of نتیجتاً - پیچھے پیچھے -

Wakeful (wāk-ful) *adj.* Waking, vigilant بیدار - چوکس - ہوشیار -

Wakefulness *n.* چوکسی - بیداری - بے خوابی -

Waken (wāk-ən) *v.t. & i.* Be or become awake, excite, stir جاگنا - جگانا - چونکنا - چونکانا - اٹھنا - اٹھانا -

Wale (wāl) *n. & v.t.* Raised streak left by a blow بدھی - اول - برت - مار کے نشان - تیلیوں کی ٹوکری بنانا - کپڑے کی بنت میں ابھرا ہوا دھاگا -

Waler (wā-lər) *n.* A horse imported from Australia in India آسٹریلیا کا دوغلا گھوڑا جو ہندوستان میں درآمد کیا جائے - ویلر -

Wales (wāl-z) *n.* The Wales region of Britian ویلز - برطانیہ کا وہ علاقہ جہاں ولش قوم آباد ہے -

Prince of Wales شہزادہ ویلس - ولی عہد برطانیہ -

Walk (wawk) *v.i.* Move along leisurely چلنا - چہل قدمی کرنا - معمولی چال چلنا - چل کر جانا یا آنا - بھوت نظر آنا - زندگی بسر کرنا - گزارنا - گزر کرنا - ساتھ لے کر چلنا - پیدل چلنے کا مقابلہ کرنا -

Please walk in تشریف لائیے -

Walk about ٹہلنا - مٹر گشت کرنا - ادھر اُدھر پھرنا -

Walk off فوراً چل دینا -

Walk out جلسہ سے اٹھ کر چلے جانا -

Walk over حریف کے نہ آنے کی وجہ سے فاتح قرار دیا جانا -

Walk tall غرور سے پیش آنا -

Walked me off my legs مجھے چلاتے چلاتے تھکا مارا -

Walkable *adj.* پیدل چلنے کے قابل -

Walk (wawk) *n.* A spell of walking for pleasure چہل قدمی - گلگشت - ہوا خوری - سیر - رفتار - چال - روش - پٹری - خیابان - خوانچے والے کی پھیری کا علاقہ -

Walk of life شعبہ حیات - پیشہ - شغل -

Walker (wawk-ər) *n.* One who walks چلنے والا - سیر کرنے والا - پیروں سے چلنے والا پرندہ -

Walker (wawk-ər) *interj.* It is all right اجی رہنے بھی دو - ٹھیک ہے - جی ہاں -

Wall (wawl) *v.t. & n.* An erection of brick stone دیوار - فصیل - مورچہ - پناہ - دھس - دیوار اٹھانا - فصیل بنانا - اینٹوں سے چننا -

Blank wall سپاٹ دیوار -

See through the brick wall نہایت تیز نظر رکھنا -

The weakest goes to tl e wall کمزور کی کوئی وقعت نہیں ہوتی -

Wall flower وہ عورت جس کو رقص کا ساتھی نہ ملے - ایک پودا جس میں خوشبو دار پھول آتے ہیں -

Walls have ears ہوشیار کوئی کان لگا کر نہ سن لے - دیوار ہم گوش دارد -

With one's back to the wall بڑی مشکل میں - مرتا کیا نہ کرتا - جان ہتھیلی پر رکھ کر -

Wallaroo (wol-ə-rōō) *n.* A large kangaroo آسٹریلیا کا ایک بڑا کینگرو -

Wallet (wol-it) *n.* A bag for carrying necessaries in a journey فقیروں کی جھولی - سفری تھیلہ - اوزار رکھنے کا تھیلہ - زنبیل - بٹوا -

Wall-eye (wawl-ī) *n.* A disease in which the iris pales ایک بیماری جس میں آنکھیں پیلی ہو جاتی ہیں - پیلہ - گھوڑے کی کرنجی آنکھ -

Wall-eyed جس کو پیلے کی بیماری ہو - پیلی آنکھ والا -

Walloon (wol-o͞on) *adj.* & *n.* Pertaining to a people living in southern Belgium جنوبی بلجیم کی ایک قوم۔ والونی قوم یا زبان ۔

Wallop (wol-əp) *v.i.* & *t.* Move quickly but clumsily ۔ لڑکھڑاتے ہوئے چلنا ۔ ابلنا ۔ جوش کھانا ۔ ڈھیلا ڈھالا ہونا ۔ کوڑے مارنا ۔ چابک لگانا ۔ (بول چال) کندی کرنا ۔

Wallow (wol-ō) *v.i.* & *t.* Roll about in mud کیچڑ میں لوٹنا ۔ غلاظت میں رہنا ۔ جانوروں کی طرح مست رہنا ۔

Wallow in money ۔ بہت مالدار ہونا ۔ دھن میں لوٹنا ۔

Wall Street (wawl-stret) *n.* New York money market نیو یارک کا صرافہ ۔

Walnut (wawl-nut) *n.* A beautiful tree yielding nuts and wood ۔ اخروٹ ۔ اخروٹ کا درخت ۔ اخروٹ کے درخت کی لکڑی ۔ اخروٹ کا پھل ۔

Over the walnuts and the wine کھانا کھانے کے بعد پھل اور شراب ۔

Walrus (wol-rəs) *n.* Sea horse دریائی گھوڑا ۔

Waltz (wowl(t)s) *n.* & *v.i.* A German dance performed by couples ایک رقص جس میں جوڑے جوڑے ناچتے ہیں ۔ ساز جو اس ناچ کے لیے بجایا جاتا ہے ۔ والز ناچنا ۔ خوشی سے ناچنے لگنا ۔

Wampee (wom-pē) *n.* An Asiatic fruit چین اور شرق الہند کا ایک سخت چھلکے کا میوہ جو انگور سے بڑا ہوتا ہے ۔ وامپی ۔

Wampum (wom-pəm) *n.* Beads of shell سیب کے گول دانے جو امریکہ کے دیسی باشندے زر کے طور پر استعمال کرتے تھے ۔

Wan (won) *adj* Gloomy, pale and sickly ۔ زرد رو ۔ مریض ۔ بے نور ۔ پھیکا ۔ نقیہ ۔

Wanly *adv.* افسردگی کے ساتھ ۔ نقاہت سے ۔

Wanness *n.* نقاہت ۔ پیلا پن ۔ زردی ۔

Wand (wond) *n.* A walking cane, a shoot of a willow ۔ عصا ۔ پتلی ٹہنی ۔ جریب ۔ قمچی ۔ چھڑی ۔ جادو کی چھڑی ۔

Wander (won-dər) *v.i.* Move about with no definite object ۔ ادھر ادھر پھرنا ۔ بے مقصد پھرنا ۔ آوارہ گردی کرنا ۔ خانہ بدوشوں کی طرح مارا مارا پھرنا ۔ بھٹکنا ۔ بہکنا ۔ گمراہ ہونا ۔ بہکی بہکی باتیں کرنا ۔ کھویا ہوا ہونا ۔ محو ہونا ۔

Wandering abscess جو ایک جگہ دب کر دوسری جگہ ابھرے ۔ متحرک پھوڑا ۔

Wandering Jew حضرت مسیح کی بے حرمتی کرنے والا ۔ جس کے متعلق آپ نے ارشاد فرمایا تھا کہ جب تک میں واپس نہ آؤں تو دنیا میں مارا مارا پھرے گا ۔ وہ شخص جو ہمیشہ سفر میں رہے ۔

Wanderer *n.* ۔ خانہ بدوش ۔ آوارہ گرد ۔ جہاں گرد ۔

Wandering *n.* ۔ بہکی باتیں ۔ ہذیان ۔ خانہ بدوشی ۔ آوارہ گردی ۔

Wanderoo (won-də-ro͞o) *n.* Tiger-tailed monkey لنکا کا شیر کی دم والا بندر ۔

Wane (wān) *v.i.* & *t.* Decrease in size ۔ گھٹنا ۔ کم ہونا ۔ زوال پذیر ہونا ۔ انحطاط ہونا ۔ چاند کا گھٹنا ۔

Wangle (wang-gl) *v.t.* & *i.* Obtain by craft (بول چال) چالاکی سے حاصل کرنا ۔ دم دے کر حاصل کرنا ۔ جوڑ توڑ کر کے فائدہ اٹھانا ۔ جعل کرنا ۔

Want (wont) *n.* Poverty ۔ توڑا ۔ قلت ۔ کمی ۔ ضرورت ۔ احتیاج ۔ افلاس ۔ خواہش ۔ ضرورت کی چیز ۔

Wantless *adj.* مستغنی ۔ بے نیاز ۔

Want (wont) *v.i.* & *t.* Lack, be without ۔ نہ رکھنا ۔ حاجتمند ہونا ۔ خالی ہونا ۔ معیار سے کم ہونا ۔ چاہنا ۔ ضرورت ہونا ۔ خواہش کرنا ۔ طلب کرنا ۔

Wanting *adj.* & *n.* مطلوب ۔ غائب ۔ مقررہ معیار سے کم ۔ ناقص ۔ بغیر ۔ کم ۔ درکار ۔

Wanton (won-tən) *adj.*, *n.* & *v.i.* Undisciplined, unruly, self-indulgent شوخ ۔ چنچل ۔ اچھلنے کودنے والا ۔ آزاد ۔ بے روک ۔ بے لگام ۔ بے قاعدہ ۔ بے ڈھنگا ۔ مخمور ۔ عیاش ۔ اوباش ۔ بدکار عورت ۔ شوخی کرنا ۔ شہوت انگیز حرکات کرنا ۔

Wantonly *adv.* شوخی سے ۔ آزادی سے ۔

Wantonness *n.* رندی ۔ بدکاری ۔ آوارگی ۔ آزادی ۔

Wapiti (wap-i-ti) *n.* A species of large-sized deer شمالی امریکہ کا بارہ سنگھا - بڑا ہرن -

War (wawr) *n.* A state of conflict - رزم - محاربہ
لڑائی - جنگ - خصومت - پیکار - پر خاش - آویزش -

Art of war فن جنگ -

Be, go, on the war path جنگ کا آغاز کرنا - لڑائی چھیڑنا -

Carry the war into the enemy's country دشمن کے ملک کے اندر جا کر لڑنا -

Civil war خانہ جنگی -

Old war سیاسی جنگ -

Declaration of war اعلان جنگ -

Holy war مذہبی جنگ -

Laws of war آداب جنگ -

Man of war جنگی جہاز -

Sinews of war روپیہ پیسہ - سامان -

The dogs of war لڑائی کی تباہ کاریاں -

The war to end war جنگ کے خاتمے کے لیے جنگ -

Wage war جنگ کرنا -

War cloud آثار جنگ -

War cry نعرہ جنگ -

Warlords قائدین جنگ - ماہرین جنگ -

War of the elements زور عناصر -

War song رجز - رزمیہ گیت -

War to the knife مارنے مرنے کی لڑائی -

War (wawr) *v.i.* & *t.* Make war جنگ کرنا -
لڑ کر شکست دینا -

Warring *adj.* مخالف - متضاد -

Warble (wawr-bl) *n.* Sing in a quavering way
چہچہانا - چہکنا - لہک لہک کر گانا - دلکش آواز سے گانا - مترنم آواز - دریا کا بہاؤ -

Warblingly *adv.* چہچہاتے ہوئے -

Warble (wawr-bl) *n.* A singing bird, a hard swelling on horse's back - ایک خوش الحان پرندہ
گھوڑے کی پیٹھ کا گٹھا جو زین کی رگڑ سے پڑ جاتا ہے -

Warbler (wawr-blər) *n.* Singer - چہکنے والا
گانے والا -

Ward (wawrd) *n.* Act of watching, guarding
نگرانی - نگہبانی - حفاظت - چوکسی - پاسبان -
نگہبان - حراست - قید - نا بالغ - زیر ولایت - شہر کا حلقہ - جیل یا ہسپتال کا کمرہ -

Ward (wawrd) *v.t.* Guard, protect - حفاظت کرنا
حملہ روکنا - توڑ کرنا - رد کرنا - بچنا - بچانا -

Warden (wawrd-ən) *n.* One who guards or keeps - پاسبان - نگہبان - مہتمم - داروغہ - سنتری
حاکم - گورنر - ایک قسم کی ناشپاتی -

Wardenship نگران کے فرائض - مہتمم کا عہدہ -

Warder (wawrd-ər) *n.* One in charge of prisoners قیدیوں کا نگران - عصائے حکومت -
محافظ - داروغہ - لڑائی موقوف کرنے کا عصا -

Wardrobe (wawrd-rob) *n.* Stock of wearing apparels, a piece of furniture for containing clothes توشہ خانہ - شش درہ - کپڑوں کا پورا ذخیرہ -

Wardship (wawrd-ship) *n.* Office of a guardian
ولایت - نگرانی - نابالغ کی محافظت -

Ware (wār) *n.* Articles of merchandise - سودا
مال - مال تجارت - دوکان کا سامان - مال و اسباب -
شے - چیز - جنس - مصنوعات -

Hardware لوہے ، لکڑی کا سامان -

Tinware ٹین کا سامان -

Warehouse کوٹھی - گودام - مال خانہ -

Ware (wār) *v.t.* Be aware - ہوشیار رہو - دور رہو
بچتے رہو -

Warfare (war-fār) *n.* Armed contest - جنگ و جدل
لڑائی بھڑائی - محاربہ -

Warlike (war-līk) *adj.* Martial - جنگ جو - جرار
رزم پیشہ - جنگی - فوجی - لڑائی کا -

Warlock (wawr-lōk) *n.* A wizard, a magician
جادو گر - ساحر -

Warm (wawrm) *adj.* Having moderate heat
گرم - قدرے گرم - گرمی کا - سرگرم - پر شوق -
پر جوش - جذباتی - تند - سخت - تیز - مشتعل - گرم مزاج - ہمدردی کا - دلسوزی کا - (جذبہ) شوخ - شکار کی تازہ بو - خوش حال - دولت مند - تجربہ کار - پختہ کار -

A warm temperament عاشقانہ مزاج -

Make things warm for one کسی کی ناک میں دم کر دینا -

Warm descriptions شہوت انگیز بیان -

Warm-blooded جذباتی مزاج کا -

Warm-hearted دلسوز - ہمدرد -

Warmly *adv.* گرم جوشی سے

Warmth *n.* غصہ - حرارت - گرم مزاجی - جوش -

Warm (wawrm) *v.t.* & *n.* A heating - تپانا - اشتعال گرمی -

Warmer *n.* Warming pot گرم کرنے کا برتن -

Warming *n.* کندی - مرمت - زد و کوب - مار -

Warn (wawrn) *v.t.* Give notice of danger آگاہ کرنا - خبردار کرنا - ہوشیار کرنا - فہمائش کرنا - حکم دینا -

Warningly *adv.* خطرے سے آگاہ کرتے ہوئے -

Warning (wawrn-ing) *n.* Caution against danger تنبیہ - انتباہ - خطرے کی اطلاع - خطرے کی علامت -

Take warning خبردار ہونا - ہوشیار ہو جاؤ -

Warp (wawrp) *v.t.* & *i.* Cast, throw, twist, distort موڑنا - ٹیڑھا کرنا - خم دینا - منحرف کرنا - الٹے معنی نکالنا - کسی کی رائے کو نقطہ اعتدال سے ہٹا دینا - تعصب پیدا کر دینا - جہاز کو رسی باندھ کر کھینچنا - زمین کو نئی مٹی سے زرخیز بنانا -

Warp (wawrp) *n.* Distortion of timber, mental bias, lengthwise threads in a loom تانا - کپڑے کے امبان کے تار - جہاز کا رسہ - اینٹھن - جم - کجی - انحراف - تعصب - دریائی مٹی کی تہہ جو سیلاب کے بعد کھیتوں میں جم جاتی ہے -

Warrant (wor-ənt) *n.* Guarantee, pledge, assurance سند اختیار - کسی کام کی معقول وجہ - جواز - پروانہ گرفتاری یا تلاشی - پروانہ ادائی زر - مختار نامہ - پیروی مقدمہ کی تحریری اجازت - (فوج) پروانہ تقرر -

Warrant of attorney مختار نامہ -

Warrant officer (فوجی) غیر کمشن ملازموں سے بڑا عہدہ دار -

Warrant (wor-ənt) *v.t.* Secure, guarantee, be convinced, be bound وجہ جواز ہونا - تصدیق کرنا - ضامن ہونا - یقین دلانا - کہنا - دلجمعی کرنا - اختیار دینا - روا رکھنا -

Warrantable *adj.* قابل شکار (بارہ سنگھا) معقول - جائز - واجب - مناسب -

Warranty (wor-ənt·i) *n.* Guarantee دلجمعی - اطمینان - کفالت - ضمانت - وعدہ - اقرار - عہد نامہ - تصدیق - اصلیت و ملکیت -

Warren (wor-ən) *n.* A piece of ground for breeding game شکار گاہ - جہاں شکار کے جانوروں کی افزائش کا انتظام ہو - خرگوشوں یا ہرنوں کا جنگل -

Warrior (wawr-i-ər) *n.* A skilled fighting man سپاہی - مجاہد - تجربہ کار فوجی - جنگ جو - جنگ دیدہ - عسکری -

Wart (wawrt) *n.* A small protuberance on the skin مسا - گمڑی - سخت دانہ - گمڑا جو درخت کے تنے پر ہو -

Point one with his warts ایسی تصویر بنانا جس میں عیب بھی نمایاں ہوں -

Warty *adj.* مسوں سے بھرا ہوا -

Wary (wari) *adj.* Guarding against danger چوکس - چوکنا - ہوشیار - خبردار - محتاط - چوکسی کا -

Warily *adv.* دیکھ بھال کر - احتیاط کے ساتھ - ہوشیاری سے -

Wariness *n.* ہوشیاری - چوکسی -

Was (was) *n.* Past tense of be تھا -

Wash (wosh) *v.t.* & *i.* Cleanse with water دھونا - نہلانا - نہانا - پاک صاف کرنا - ہاتھ منہ دھونا - غسل کرنا - کپڑے دھونا - دھلائی کا کام کرنا - دریا یا ساحل کو چھونا یا چھوتے ہوئے بہنا - پانی سے دھو کر نتھارنا - ہلکا رنگ کرنا - قلعی کرنا - پانی چڑھانا - جھول پھیرنا -

Wash one's hands of کسی معاملے سے الگ ہو جانا -

Washed out (رنگ رلیاں منانے سے) تھکا ہارا - خراب خستہ -

Won't wash یہ دلیل کام نہ دے گی ۔
Washable *adj* پکے رنگ کا کپڑا ۔ دھونے کے قابل ۔
Washing *adj.* & *n.* دھلائی کے متعلق ۔ دھلائی ۔ شست و شو ۔ دھلنے والے کپڑوں کا ڈھیر ۔

Wash (wosh) *n.* Process of washing, sound of waves غسل ۔ شست و شو ۔ کپڑوں کا ڈھیر جو دھلنے کے لیے لگایا جائے ۔ لادی ۔ موجوں کا تلاطم ۔ پانی کی ہلچل ۔ باورچی خانے کا دھوون ۔ ہلکی شراب ۔ فضول اور بے لطف گفتگو ۔ دھونے یا رنگ صاف کرنے کا مرکب ۔ ہلکا ملمع ۔ ہلکی قلعی ۔
The wash دھوبی کی لادی ۔

Wash (wosh) *prefix* Washing سابقہ بمعنی دھونے کا ۔
Wash basin ہاتھ منہ دھونے کا طشت ۔ سلفچی ۔
Washball ہاتھ منہ دھونے کا صابون ۔
Washday یوم غسل ۔ کپڑے دھونے کا دن ۔
Washhouse کپڑے دھونے کا کارخانہ ۔
Wash leather برتن وغیرہ صاف کرنے کا چمڑا ۔
Wash out (بول چال) نکما ۔ ناکام شخص ۔ ٹائیں ٹائیں فش ۔ لا حاصل کام ۔
Washpot کپڑے دھونے کا طشت ۔ کنگال ۔
Wash tub کپڑے دھونے یا نہانے کا ٹب ۔

Washer (wosh-ər) *n.* A ring of metal, rubber or leather دھونے والا ۔ دھونے کی مشین ۔ ربر یا لوہے کا چمڑے کا چھلا جو پیچ کے نیچے مضبوطی کے لیے لگایا جاتا ہے ۔ چینڈی ۔
Washing *n.* دھلائی کے کپڑے ۔ لادی ۔

Washington (wosh-ing-tən) *n.* Capital of U.S.A. USA Government ریاست ہائے متحدہ امریکہ کی حکومت ۔ ریاست ہائے متحدہ امریکہ کا دارالسلطنت ۔

Washingtonia (wosh-ing-tō-ni-ā) *n.* A kind of fan palm کیلی فورنیا کا پام کا درخت ۔

Washy (wosh-i) *adj.* Watery پانی کا سا ۔ بالکل پتلا (شوربا ۔ شراب) ہلکا ۔ ہلکی (چائے) بے مزہ ۔ پھسپھسا ۔ (انداز بیان یا تحریر) ۔
Washiness *n.* ہلکا پن ۔ پتلا پن ۔ پھیکا پن ۔

Wasp (wosp) *n.* An insect, vespa vulgaris بھڑ ۔ زنبور ۔
Wasp-waisted بھڑ جیسی کمر والا ۔ پتلی کمر والا یا والی ۔

Waspish (wosp-ish) *adj.* Spiteful چڑچڑا ۔ بد مزاج ۔ جھلا ۔
Waspishness *n.* ضد ۔ تلخی ۔ تنک مزاجی ۔

Wassail (wos(ā)l) *n.* Salutation uttered in drinking a person's health جام صحت نوش کرتے وقت کا سلام ۔ جس کا جام صحت پیا جاتا ہے اس کا نام لینا ۔ شراب نوشی ۔ بزم طرب ۔ تیز شراب ۔

Wast (wost) *v.* Past tense of be used with "thou" only تھا ۔ تھے ۔

Wastage (wāst-āj) *n.* Loss by use or natural decay

Waste (wāst) *adj.* Uncultivated, devastated اجاڑ ۔ ویران ۔ پامال ۔ بے چراغ ۔ غیر مزروعہ ۔ غیر آباد ۔ فضول ۔ نکما ۔ غیر دلچسپ ۔
Lay waste پامال کرنا ۔ اجاڑ دینا ۔
Wasteland بنجر زمین ۔ پڑت ۔
Waste paper بیکار کاغذ ۔ ردی ۔

Waste (wāst) *v.t.* & *i.* Impair, spend too lavishly, consume برباد کرنا ۔ تباہ کرنا ۔ پامال کرنا ۔ ضائع کرنا ۔ تلف کرنا ۔ فضول خرچی کرنا ۔ پھوہڑ پن سے استعمال کرنا ۔ گھلانا ۔ برباد ہونا ۔ ضائع ہونا ۔
Wasteful *adj.* مسرف ۔ فضول خرچ ۔
Waste not want not نہ فضول خرچی کرو نہ محتاج بنو ۔

Waste (wāst) *n.* A devastated region, a vast expanse expenditure تباہی ۔ بربادی ۔ اسراف ۔ نقصان ۔ ویرانہ ۔ دشت ۔ وسیع فضا یا سمندر ۔ کترن ۔ نقصان (جو لگاندار زمین کو پہنچائے) ۔

Waster (wāst-ər) *n.* One who squanders فضول خرچ ۔ مسرف ۔ ضائع کرنے والا ۔ کھاؤ اڑاؤ ۔ ناقص مال ۔ نکما آدمی ۔ لکڑی کی مشقی تلوار ۔

Wastrel (wāst-rl) *n.* Refuse, a neglected child ردی نکما مال ۔ آوارہ بچہ جس کا کوئی نگران نہ ہو ۔ فضول خرچ ۔ مسرف ۔

Watch (woch) *n.* Act of remaining on the alert, state of being awake چوکسی ۔ بیداری ۔ پاسبانی ۔ چوکیدار ۔ نگہبان ۔ چوکیداری ۔ رکھوالی ۔ پہرہ ۔ گھڑی ۔

Watch and ward چوکسی - چوکی پہرہ -
Watchdog رکھوالا کتا -
Watchman چوکیدار -
Watch tower پہرے کا مینار - دیدبان -
Watchful *adj.* ہوشیار - چوکس -
Watchfulness *n.* چوکسی - خبرداری -

Watch (woch) *v.t.* & *i.* Remain awake, keep in view چوکسی کے لیے جاگتے رہنا - خبردار رہنا - نظر میں رکھنا - موقع کے انتظار میں رہنا - انتظار کرنا -
Watched pot never boils انتظار میں وقت پہاڑ ہو جاتا ہے - جو چوکس رہتا ہے اس کا کام خراب نہیں ہوتا -
Watch one's time مناسب موقع کا انتظار کرنا -

Water (waw-tər) *n.* Clear transparent fluid, state of purity پانی - آب - ماء - ندی - دریا - جھیل - سمندر - پیشاب - پسینہ - آنسو - جواہرات کی چمک - موتی کی آب - کسی کمپنی کے سرمایہ میں ظاہری اضافہ -
Brings water to one's mouth اسے دیکھ کر منہ میں پانی بھر آتا ہے -
Cast one's bread upon the water نیکی کر اور دریا میں ڈال -
Fish out of water تکلیف میں - خلاف طبع ماحول میں -
Get into hot water مصیبت میں مبتلا ہو جانا - مشکلات میں پھنس جانا -
Go through fire and water ہر طرح کی مشکلات کا مقابلہ کرنا -
In deep water or waters مصائب میں مبتلا -
Keep one's head above water کسی نہ کسی طرح خرچ پورا کرنا -
Still waters run deep خاموش آدمی بڑے گھرے ہوتے ہیں -
Throw cold water on کسی تحریک کو نقصان پہنچانا -
Turned on the waters (بول چال) زار و قطار ہونا -
Water biscuit بغیر گھی کے بنا ہوا سخت بسکٹ -
Water borne سمندری راستے سے لایا ہوا -
Water closet فلش کا طہارت خانہ -
Water colour آب رنگ تصویر - پانی کے رنگ -
Waterfall جھرنا - آبشار -
Water-finder وہ شخص جو زیر زمین پانی کا پتہ چلاتا ہے -
Water level سطح آب -
Waterman ملاح - کشتی بان - بھشتی -
Water mark کاغذ کے اندر کا نشان -
Waterproof پن روک -
Water side سمندر کے کنارے - لب دریا -
Water tight جس پر پانی اثر نہ کرے - پن روک -
Water tight compartment ایسے شعبے جن کو ایک دوسرے سے تعلق نہ ہو - الگ الگ خانے -
Is on the water wagon شراب سے پرہیز کرتا ہے -
Water works محکمہ یا سرشتہ آب رسانی -

Water (waw-tər) *v.t.* & *i.* Wet, overflow, irrigate, supply چھڑکاؤ کرنا - بھگونا - پانی دینا - آبپاشی کرنا - پانی ملانا - منہ میں پانی آ جانا - انجن یا جہاز کا پانی لینا - کپڑے میں لہریا ڈالنا - کمپنی کے سرمائے میں ظاہری اضافہ کرنا -
Water down ہلکا کرنا -
Watering place مویشیوں کے پانی پینے کی جگہ -
Watering pot جھارا - کندلی -
Waterbury امریکہ کی بنی ہوئی سستی گھڑی -

Waterloo (waw-tər-loo) *n.* A final defeat آخری شکست - فیصلہ کن شکست - معرکہ واٹرلو جس میں نپولین کو بری شکست ہوئی تھی -

Watery (waw-tər-i) *adj.* Full of water, thin حد سے زیادہ پانی کا - پتلا - بیحد پتلا - پن چھٹا - پھیکا - بے مزہ - پرنم -
Wateriness *n.* تری - نمی - رطوبت -

Watt (wot) *n.* Unit of power برق قوت کا پیمانہ -

Wattle (wot-l) *n.* & *v.t.* A twig or a flexible rod ٹٹی - جعفری - ڈالی - لچکدار چھڑی - بید - جعفری بنانا - ٹٹی لگانا - ٹہنیوں سے ٹھاٹر بنانا -

Wattle (wot-l) *n.* Coloured flesh under the throat of some birds مرغ کا پوٹا - پرندوں کا لٹکتا ہوا گلے کا گوشت - پرندوں کے سر کا گوشت - مچھلی کے خار -

Wattled *adj.* جس کے گلے کا گوشت لٹکا ہوا ہو -

Wave (wav) *n.* A ridge on the surface of water لہر - موج - ترنگ - ہوا - پانی کا تموج - کسی جذبہ کا عارضی طور پر بڑھ جانا - لا سلکی لہروں کی لمبائی - ہاتھ کا اشارہ -

Wave length لا سلکی لہروں کی لمبائی - موج کا طول -

Waverer *n.* ڈگمگانے والا - متلون مزاج -

Waveringly *adv.* ڈگمگاتے ہوئے - پس و پیش کرتے ہوئے -

Wavy (wav-i) *adj.* Full of, rising, in waves لہریں مارتا ہوا - متموج - لہر دار - پر شکن - پر خم -

Waviness *n.* لہر دار ہونا - پر پیچ و خم ہونا -

Wax (waks) *n.* & *v.t.* Any of a class of substances consisting of esters of monohydric alcohols - موم - مومی مادہ - کان کا میل - موم رگڑنا - موم کی تہہ دینا - موم ملانا -

Mould one like wax اپنی مرضی پر چلانا - موم کی طرح سانچے میں ڈھال لینا -

Waxworks مومی مجسمہ سازی - مومی چیزیں -

Wax (waks) *v.i.* Grow or increase بڑھنا - زیادہ ہونا - بڑا ہونا - پھیلنا - ترقی کرنا - نشو و نما پانا -

Wax and wane بڑھنا گھٹنا -

Wax (waks) *n.* Fit of anger - (بول چال) غصہ - خفگی -

Waxen (waks-n) *adj.* Made of wax - موم کا بنا ہوا -

Waxy (waks-i) *adj.* Soft, impressible - موم سا - نرم - پیلا سا - (بول چال) غصیلا - تیز مزاج -

Waxiness *n.* موم پن - نرمی -

Way (wa) *n.* Passage, road, street, track, condition - راستہ - راہ - رہگذر - سڑک - لیک - شارع - خیابان - طور - طریقہ - طرز - طرز زندگی - طریق عمل - تدبیر - فاصلہ - سمت - ترقی - بہبودی - حکمت - سبیل - منصوبہ - ارادہ - نیت - عقیدہ -

Be in the family way حاملہ ہونا -

Clear the way - راستہ صاف کر دینا - راستہ چھوڑ دینا -

Look the other way - کنی کاٹنا - آنکھیں چار نہ کرنا -

Make the best of one's way - حتی الامکان تیز چلنا -

In no way inferior کسی لحاظ سے کم نہیں -

The way of the world - دنیا کا دستور - دنیا کی ریت -

Way lay *v.t.* رہزنی کرنا - راستہ میں روکنا - گھات لگانا -

Wayside سر راہ -

Way worn سفر کا تھکا ماندہ -

Ways and means تدبیر اور وسائل -

Where there is will there is way ہمت مرداں مدد خدا - ارادہ پختہ ہو تو کامیابی کی راہ نکل ہی آتی ہے -

Wayward (wā-wərd) *adj.* Wilful, capricious خود پسند - خود رائے - ضدی - شوخ - من موجی - کسی کی نہ ماننے والا - بد دماغ -

Waywardness *n.* - ضد - سرکشی - بد دماغی - خود رائی -

We (wē) *pron.* & *p.* I and others ہم - بادشاہ اپنے لیے ما بدولت اور ہم -

Weak (wēk) *adj.* Wanting strength and health کمزور - نا طاقت - بودا - ملائم - نرم - ڈھیلا - ہلکا - پتلا - ضعیف العقل - غبی - کمزور ارادے کا -

Weak kneed کمزور ارادے کا - بودا -

Weak-minded ضعیف العقل - کم عقل - کمزور -

Weaken *v.t.* طاقت کم کرنا - کمزور کرنا - زور گھٹانا - قوت ارادی کو گھٹانا -

Weakish *adj.* قدرے کمزور - کمزور سا -

Weakly *adv.* کمزوری کے ساتھ -

Weakling (wēk-ling) *n.* A weak or feeble creature ضعیف یا کمزور انسان - مریل آدمی - ارادے کا کچا -

Weakness (wēk-nes) *n.* Feebleness - کمزوری - نا طاقتی - ارادے کی کمزوری - بزدلی - نقص - عیب - کھوٹ - بے جا رغبت -

Weal (wēl) *n.* A sound and prosperous state خوش حالی - برتری - بہبودی - رفاہ - ترقی -

Wealth (welth) *n.* Prosperity - مال - دولت - فراوانی - کثرت - تونگری -

Wealth of words is not eloquence لفاظی فصاحت نہیں ہے -

Wealthiness *n.* دولت مندی - تونگری - امیری -

Wealthy *adj.* دولتمند - امیر - مالدار -

Wean (wēn) *v.t.* Keep away from mother's milk دودھ چھڑانا ۔ مشکل سے الگ کرنا ۔ محبت سے الگ کرنا ۔

Weanling (wēn-ling) *n.* A newly-weaned child وہ بچہ حال ہی میں جس کا دودھ چھڑایا گیا ہو ۔ دودھ چھوٹا بچہ ۔

Weapon (wēp-n) *n.* Any instrument of offence ہتھیار ۔ آلہ حرب ۔ آلہ جارحہ ۔ وہ چیز جس سے مقابلہ کرنے میں کام لیا جائے ۔

Wear (wār) *v.t. & i.* Be dressed in, carry on the body پہننا ۔ زیب تن کرنا ۔ اوڑھنا ۔ گھسنا ۔ رگڑنا ۔ فرسودہ کرنا ۔ خستہ کر دینا ۔ عاجز کر دینا ۔ چلنا ۔ کام دینا ۔ قابل استعمال رہنا ۔

Person wears well ابھی تک جوان معلوم ہوتا ہے ۔

Wear down opposition رفتہ رفتہ مخالفت ختم کردینا ۔

Wear out one's welcome کثرت ملاقات سے بار ہو جانا ۔

Wear the breeches بیوی کا شوہر پر حکومت کرنا ۔

Wear through the day کسی طرح دن کاٹنا ۔

Won't wear یہ زیادہ دن نہیں چلے گا ۔

Wearable *adj.* پہننے کے قابل ۔

Wear (wār) *n.* Durability, articles worn, clothes پہننا ۔ استعمال ۔ لباس ۔ پوشاک ۔ پہننے کی چیز ۔ پائداری ۔

Footwear جوتے ۔

Is the worse for wear استعمال سے خراب ہوگیا ہے ۔

Wear and tear گھسنا ۔ فرسودگی ۔

Wear (wār) *v.t. & i.* Be brought to another course by turning the helm windward جہاز کا گھومنا ۔ جہاز کا گھوم کر رخ بدل دینا ۔

Weary (we-ri) *adj., v.t. & i.* Very tired, make tired تھکا ہوا ۔ تھکا ماندہ ۔ تھکا دینا ۔ اکتا دینا ۔ بیزار کر دینا ۔ عاجز کر دینا ۔ تھکا دینے والا ۔

Weariness *n.* تکان ۔ ماندگی ۔ سستی ۔

Wearisome *adj.* ناگوار ۔ تکلیف دہ ۔ اجیرن ۔ بھاری ۔

Wearisomeness *n.* بار خاطر ہونا ۔ ناگواری ۔ دشواری ۔ دقت ۔

Weasel (wē-zl) *n.* A small carnivore with long slender body نیولا ۔ راسو ۔ منگس ۔

Catch a weasel asleep کائیاں آدمی کو دھوکا دینا ۔

Weasel-faced وہ شخص جس کا لانبا اور پتلا چہرہ ہو ۔

Weather (wēdh-ər) *n. & adj.* Atmospheric conditions as to heat, cold, wetness, cloudiness and dryness سردی ۔ گرمی خشکی اور نمی کی حالت ۔ فصل ۔ موسم ۔ مطلع ۔ موسم کا تغیر اور تبدل ۔ موسمی حالت (جہاز رانی) ہوا کے رخ کا ۔

April weather کبھی ہنسنا کبھی رونا ۔ کبھی دھوپ کبھی بارش ۔ دھوپ چھاؤں ۔

Have one's weather eye open ہوشیار رہنا ۔ چوکس رہنا ۔

Under the stress of weather شدت طوفان کی وجہ سے ۔

Weather-beaten آزمودہ کار ۔ گرم و سرد چشیدہ ۔ طوفان زدہ ۔

Weather cock مرغ باد نما ۔

Weather forecast موسمی پیشین گوئی ۔

Weather most ہوا کے رخ پر ۔ سب سے دور کا ۔

Weather (wēdh-ər) *v.t. & i.* Come safely through مشکلات سے بچ کر آنا ۔ طوفان جھیلنا ۔ ہوا دینا ۔ ہوا میں رکھنا ۔ جہاز کا ہوا کے رخ پر پہنچ جانا ۔ تختوں کو کھپروں کی طرح لگانا ۔

Weatherly (wēdh-ər-li) *adj.* Making little leeway when close hauled تیز ہوا کا مقابلہ کرنے والا ۔ جسے ہوا سے بچنے کی ضرورت نہ ہو ۔

Weave (wēv) *v.t., i. & n.* Make by crossing threads تاگے سے کپڑا بننا ۔ ترتیب دینا ۔ تیار کرنا ۔ بناوٹ ۔

Weaver (wev-ər) *n.* One who weaves بننے والا ۔ جولاہا ۔ پارچہ باف ۔ کولی ۔ مومن ۔ بننے والی چڑیا ۔ بیا ۔

Web (web) *n.* That which is woven بافتہ ۔ پارچہ ۔ مکڑی کا جالا ۔ پرندوں کے پیروں کی جھلی ۔ کاغذ کا لپٹا ہوا تختہ (چھاپہ مشین) پتلا چپٹھا پرزہ جو بڑے پرندوں کو جوڑتا ہے ۔

A web of lies جھوٹی باتیں ۔ جھوٹ کا جالا ۔

Web-eyed آنکھ کے جالے پھولے کا مریض

Web-footed جھلی دار پاؤں والا ۔

Webbed *adj.* جھلی دار پنجوں کا ۔

Wed (wed) *v.t. & i.* Marry, unite closely شادی کرنا ۔ بیاهنا ۔ عقد کرنا ۔ نکاح کرنا ۔ بیاہ دینا ۔ گٹھ بندھن کرنا ۔ امتزاج کرنا ۔ ایک جگہ جمع کرنا ۔

Wedded bliss ازدواجی زندگی کی مسرتیں ۔ ازدواجی زندگی ۔

Wedded to اٹل ۔ اپنے اصول پر جما ہوا ۔

Wedding (wed-ing) *n.* Marriage شادی ۔ بیاہ ۔ شادی کی تقریب ۔

Wedding breakfast ولیمہ ۔ دعوت عروسی ۔

Wedding cake کیک جو اعزا و احباب میں تقسیم ہوتا ہے ۔ شادی کا کیک جو دولھا دلھن کاٹتے ہیں ۔

Wedding card شادی کا رقعہ ۔

Wedge (wej) *v.t. & n.* Piece of wood or metal پھانہ ۔ پچر ۔ لوہے یا لکڑی کا پتلا ٹکڑا ۔ خانہ کی شکل میں فوجی صف آرائی ۔ پچر ٹھونکنا ۔ پچر یا نکل لگا کر چیرنا ۔ پچر کی طرح چیرنا ۔

Thin end of the wedge معمولی آغاز جو آگے چل کر اہم نتائج پیدا کرے ۔

Wedgewise پچر کی طرح ۔ پچر کی شکل کا ۔

Wedgwood (wej-wood) *n.* Superior kind of pottery خوشنما چینی کے برتن ۔ چینی کے عمدہ برتن جن کا موجد وج وڈ تھا ۔

Wedlock (wed-lok) *n.* Matrimony عقد ۔ نکاح ۔ ازدواجی بندھن ۔

Wednesday (wenz-di) *n.* The fourth day of the week بدھ ۔ چہار شنبہ ۔

Wee (wē) *n. & adj.* A short "distance or time" ذرا سا فاصلہ یا وقت ۔ چھوٹا ۔ ذرا سا ۔

Weed (wēd) *v.t., i. & n.* Any useless plant of small growth گھاس پھونس ۔ گھاس پات ۔ خس و خاشاک ۔ نکمی چیز ۔ (بول چال) سگار ۔ تمباکو ۔ مریل گھوڑا ۔ زمین کو خس و خاشاک سے پاک کرنا ۔ نکمے شخص کو چھانٹ دینا ۔

Ill weeds grow apace گھاس پھوس جلد بڑھتی ہے ۔

Weediness *n.* گھاس پھونس سے پر ہونا ۔

Weedy *adj.* گھاس پھونس سے اٹا ہونا ۔

Weeds (weds) *n.* A widow's mourning dress بیوہ کا ماتمی لباس ۔

Week (wēk) *n.* The space of seven days اٹھواڑہ ۔ سات دن ۔ ہفتہ ۔

Friday week جمعہ سے ایک ہفتہ بعد ۔

Today week آج ہی کے دن ۔ آج سے ایک ہفتہ بعد ۔ آٹھویں دن ۔

Week day اتوار کے علاوہ کوئی دن ۔

Weekend ہفتہ کا آخری دن ۔ ہفتہ کے بعد ۔

Weekly (wēk-li) *adj. & adv.* Every week ہفتہ میں ایک بار ۔ آٹھویں دن ۔ ہفتہ وار ۔

Ween (wēn) *v.t.* Think or fancy سوچنا بچارنا ۔ خیال کرنا ۔ توقع کرنا ۔

Weep (wēp) *v.i.* Express grief by shedding tears رونا ۔ آنسو بہانا ۔ گریہ و زاری کرنا ۔ شکوہ کرنا ۔ شکایت کرنا ۔ پسینہ نکلنا ۔ درخت کی شاخوں کا کمزور ہو کر جھک جانا ۔

Weep away رو رو کر وقت گزارنا ۔

Weep oneself out رو کر دل کی بھڑاس نکالنا ۔ جی بھر کر رونا ۔

Weeping eczema داد جس سے رطوبت خارج ہو ۔

Weeping willow بید مجنوں ۔

Weeper (wēp-ər) *n.* One who weeps, a white border of a mourning dress رونے والا ۔ ماتم کرنے والا ۔ ماتمی لباس کا سفید حاشیہ ۔ بیوہ کی سیاہ نقاب ۔

Weever (wē-vər) *n.* A kind of fish ایک مچھلی جس کی پشت پر کانٹا ہوتا ہے ۔ خار ماہی ۔

Weevil (wēv-l) *n.* A beetle لمبی تھوتھنی والا کیڑا ۔ گھن ۔ پروانہ ۔ سبزی خورہ ۔

Weft (weft) *n.* Thread woven into warp بانے کا تار ۔ بھرنی ۔ جالا ۔ بنی ہوئی چیز ۔ بافتہ کپڑا ۔

Weigh (wā) *v.t., i. & n.* Find the weight of وزن کرنا ۔ تولنا ۔ وزن معلوم کرنا ۔ مقابلہ کرنا ۔ موازنہ کرنا ۔ وزنی ہونا ۔ اہمیت کا اندازہ کرنا ۔ خیال کرنا ۔ سوچنا ۔ تولنے کا طریقہ ۔ تولائی ۔

Weigh anchor لنگر اٹھانا ۔

Weigh bridge واگن تولنے کی مشین ۔ گاڑی تولنے کی مشین ۔

Weigh out تول کر علیحدہ کرنا ۔ تول لینا ۔

Weighing machine مشین تکڑ - تولنے کی مشین -

Weighage *n.* تولنے کی اجرت - وزن کرائی - تلائی -

Weight (wat) *n.* The heaviness of a thing بار - وزن - بوجھ - تول - داب - گرانی - وقعت - قدر - بھاری چیز - ذمہ داری کا بوجھ -

Weightlessness *n.* زمین سے پانچ سو میل اوپر جانے کے بعد انسان بے وزن ہو جاتا ہے - بے وزنی کی حالت -

Weight (wāt) *v.t.* Ascertain the weight پہلوان کا وزن معلوم کرنا - دوڑ کے بعد گھوڑے کا وزن کرنا - کسی چیز کے ساتھ وزن باندھنا - مچھلی کی ڈور میں وزن باندھنا - بوجھل کر دینا - دھات میں میل کرنا -

Weighty (wāt-i) *adj.* Heavy بھاری - بوجھل - وزنی - گراں - اہم - با اثر - اثر انداز ہونے والا - با وقار - بھاری بھر کم -

Weightness *n.* بھاری پن - وقعت - بوجھ -

Weir (wēr) *n.* A dam across a river, a fence of stakes set in a stream to catch fish بند جو دریا پر بنایا جائے تاکہ پانی کی سطح اونچی ہو جائے - ٹاٹے جو ندی میں مچھلی پکڑنے کے لیے لگائے جاتے ہیں -

Weird (wērd) *n.* One's lot, fate نصیب - تقدیر - قسمت - جادو - سحر - منتر -

Weirdly *adv.* پر اسرار طریقے سے -

Weirdness *n.* ہیبت ناکی - انوکھا پن - پرانی وضع - پر اسرار حالت -

Welcome (wel-kəm) *interj., n., v.t. & adj.* Received with gladness خوش آمدید - خیر مقدم - خوش آمدید کہنا - استقبال کرنا - مہمان جس کا خیر مقدم کیا جائے - خوشگوار - مبارک -

Bid one welcome خیر مقدم کرنا -

Give warm welcome گرم جوشی سے استقبال کرنا -

Make one welcome خاطر مدارات کرنا -

Welcome as snow in harvest سخت تکلیف دہ ہونا -

Welcomeness *n.* خوشگواری - خوش آئندگی -

Weld (weld) *n.* A tree yielding yellow dye ایک درخت جس سے زرد رنگ نکالا جاتا تھا -

Weld (weld) *v.t., i. & n.* Join by raising the temperature لوہے کے ٹکڑوں کو گرم کرکے جوڑنا - لوہے کا جوڑ -

Weldable *adj.* گرم ہو کر جڑنے کے قابل -

Welfare (wel-fār) *n.* State of doing well خیریت - خیر و عافیت - خوش حالی - بہتری - بہبودی -

Welk (welk) *v.i.* Wither, shrivel مرجھانا - سکڑنا - پژمردہ ہونا - سوکھ جانا -

Welkin (wel-kin) *n.* The sky بادلوں کی دنیا - انبر - اکاس - آسمان -

Well (wel) *n.* A spring, a lined shaft sunk in the earth چشمہ - سوتا - فوارہ - دہانہ - سر چشمہ - کنواں - زمین میں لگایا ہوا نل - تیل کا کنواں - لفٹ کا گھر - دوات - عدالت کا کٹہرا -

Well (wel) *v.i.* Issue forth ابلنا - فوارہ چھوٹنا - پانی کا پھوٹ کر نکلنا -

Well (wel) *adj., adv., prep. & n.* Good in condition ٹھیک - درست - صحیح - مناسب طور سے - اچھی طرح سے - نہایت احتیاط سے - بجا طور پر - مناسب طریقے سے - قابل اطمینان - ٹھیک - مناسب - بھلا - خاص چیز -

Come off well کامیاب رہنا -

I stand well with him میرے اس کے تعلقات اچھے ہیں - وہ مجھ پر مہربان ہے -

It is all very well یہ تو سب ٹھیک ہے مگر -

That is just as well یہ بھی اچھا ہی ہے -

Well and good بہت اچھا ہے -

Well done شاباش - بہت خوب -

Well met یار خوب ملے -

Well (wel) *interj* Oh, what, thank God ارے - ہائیں - کیا خوب - شکر ہے - اچھا خیر - ہاں بھائی - اچھا صاحب - کیوں صاحب -

Well (wel) *comp.* Better مرکب اسماء بنانے کے لیے -

Well-being *n.* فلاح و بہبود - خیر و عافیت -

Well-wisher *n.* بہی خواہ - خیر اندیش - خیر خواہ -

Well-advised دانش مندانہ - مناسب - معقول -

Well-armed پوری طرح مسلح -

Well-behaved خوش رویہ - با تمیز - مہذب -

Well-born عالی خاندان - عالی نسب -

Well-bred شائستہ - تربیت یافتہ -

Well-connected با وسیلہ - عالی سلسلہ -

Well-defined بالکل واضح ۔
Well-directed خوش اسلوبی سے کیا ہوا ۔
Well-dressed خوش لباس ۔
Well-educated اعلیٰ تعلیم یافتہ ۔
Well-fed خوب کھلایا پلایا ہوا ۔ خوش خوراک ۔
Well-furnished آراستہ ۔ سجایا ہوا ۔
Well-informed با خبر ۔
Well-intentioned خوش ارادہ ۔ نیک نیت ۔
Well-looking خوب رو ۔ خوش رو ۔
Well-mannered خوش رویہ ۔ مہذب ۔
Well-meaning نیک نیت ۔ نیک خیال ۔
Well-paid معقول اجرت کا ۔ خوش مشاہرہ ۔
Well-read خوب پڑھا ہوا ۔ وسیع المطالعہ ۔
Well-spoken نیک نام ۔
Well-timed مناسب وقت پر ۔ بر محل ۔
Well-to-do خوش حال ۔

Welladay (wel-ə-dā) *interj* Woe, lo ہائے ۔ وائے ۔ افسوس ۔

Wellingtons (wel-ing-təns) *n.* Long riding boots covering the knee گھٹنوں کے اوپر تک کے لمبے جوتے ۔ لمبے جوتے ۔

Welsh (wel-sh) *adj., n. & v.i.* Run away from race course without paying one's bets شرط کا روپیہ ادا کئے بغیر ریس کورس سے چلے جانا ۔ ویلز کا باشندہ ۔ ویلز کا ۔

Welsher *n.* بازی کا روپیہ ادا کئے بغیر بھاگ جانے والا ۔ نا دہندہ ۔

Welt (welt) *n. & v.t.* An ornamental band مغزی ۔ گوٹ ۔ بیل ۔ حاشیہ ۔ کور ۔ چمڑے کی گوٹ ۔ جوتے میں گوٹ لگانا ۔ کوڑے مار کر بدھیاں ڈالنا ۔ اول ڈالنا ۔

Welter (wel-tər) *v.t. & n.* Roll or tumble about لوٹنا ۔ اچھلنا ۔ تڑپنا ۔ افراتفری ۔ ابتری ۔ گڑبڑ ۔

Welter (wel-tər) *n.* A boxer over nine stones بھاری جسم کا مکہ باز ۔ بھاری جسم کے شرکا کی دوڑ ۔ (بول چال) بھاری چوٹ ۔ بڑا سا آدمی ۔

Wen (wen) *n.* A cyst بے تکی گنجان آبادی کا شہر ۔ گومڑی ۔ دنبل ۔

The great wen لندن کا شہر ۔

Wench (wen(t)sh) *n. & v.i.* A girl, mistress, a whore جوان عورت ۔ چھوکری ۔ کسبی ۔ فاحشہ عورت ۔ خادمہ ۔ عیاشی کرنا ۔ زنا کا عادی ہونا ۔

Wencher *n.* زنا کار ۔ عیاش ۔ کسبی ۔ زانیہ ۔

Wend (wend) *v.t. & i.* Turn, change, direct one's course جانا ۔ چلنا ۔ پھرنا ۔ قدم اٹھانا ۔ بڑھنا ۔

Wentletrap (wen-tl-trap) *n.* A genus of gasteropod molluscs ایک قسم کی ابھرے ہوئے خول والی صدف ماہی ۔

Werewolf (wēer-woolf) *n.* A member of an underground Nazi organisation خفیہ نازی تنظیم کا رکن ۔ انسان جو بھیڑیوں کی سی حرکتیں کرے ۔ دہشت پسند نازی ۔

Wertherism (wer-dher-izm) *n.* Morbid sentimentality as of Werther in Goethe's "Sorrows of Werther" وردر کی طرح کی جذبات پرستی ۔

Wesleyan (wes-li-ən) *adj.* Pertaining to Wesleyanism ویزلی فرقہ کا ۔ ویزلی فرقہ کا پیرو ۔

West (west) *n. & adj.* The quarter where the sun sets مغرب ۔ پچھم ۔ مغرب کی طرف ۔ مغربی حصہ کا ۔ کسی ملک کا مغربی حصہ ۔ دنیا کا مغربی حصہ ۔ مغربی ہوا ۔ مغرب کی طرف واقع ۔

West End *n.* لندن کا مغربی حصہ جہاں امراء رہتے ہیں ۔

Westward مغرب کی طرف ۔ پچھم اور ۔

Westering (west-ər-ing) *adj.* Moving towards west مائل بہ مغرب ۔

Westerly (west-ər-li) *adj. & adv.* From the west پچھمی ۔ پچھم سے چلنے والی ۔ پچھم کی طرف ۔

Western (west-ərn) *adj. & n.* Situated in the west مغربی ۔ مغرب کا ۔ مغرب میں واقع ۔ یورپ اور امریکہ کا ۔ امریکی طرز معاشرت ۔ مغربی طرز معاشرت ۔

Westerner *n.* جنگ عظیم میں مغربی محاذ پر فوجیں بھیجنے کا حامی ۔ مغرب کا رہنے والا ۔

Westernize *v.t.* مغربی طرز معاشرت اختیار کرنا ۔ مغربی خیالات اور معاشرت کو رائج کرنا ۔

Westing (west-ing) *n.* Movement towards west مغرب کی جانب سفر - مغرب کی جانب پیش قدمی -

Westminster (west-min-stər) *n.* British parliament برطانوی پارلیمنٹ - میدان سیاست - لندن کا ایک محلہ - وسٹ منسٹر اسکول کا طالب علم -

Westminster Abbey لندن کا گرجا جہاں تاجپوشی ہوتی ہے اور جس کے قبرستان میں مشاہیر دفن کئے جاتے ہیں -

Wet (wet) *v.t., n. & adj.* Containing, or soaked with, water تر - بھیگا ہوا - مرطوب - پر آب - شرابور - (امریکہ) شراب نوشی کا حامی - برساتی - بارش کا - گیلا کرنا - تر کرنا - (بول چال) جام شراب -

Am wet to the skin - میں سر سے پیر تک شرابور ہوں

Wet nurse دودھ پلانی دائی - انا -

Wetness *n.* رطوبت - تری - نمی -

Wetting *n.* گیلا کیا جانا - شرابور ہو جانا -

Wettish *n.* کسی قدر گیلا - قدرے نم -

Wey (wā) *n.* A weight for dry goods خشک چیزوں کا ایک وزن مثلاً چار پائلی اناج یا نمک -

Whack (hwak) *v t. & n.* Strike hard and smartly تیزی سے مارنا - مارنا پیٹنا - چھڑی سے مارنا - (بول چال) آپس میں بانٹ لینا - حصہ بخرا کرنا - ڈنڈے کی مار -

Whacking *adj.* Very large, astounding - بہت بڑا زبردست -

Whale (hwāl) *n. & v.t.* A big water mammal دودھ پلانے والی مچھلی - وہیل - وہیل مچھلی کا شکار کھیلنا -

Whaler (hwāl-ər) *n.* A whaleman وہیل کے شکار کا جہاز یا کشتی - وہیل کا شکاری -

Whang (whang) *v.t., i. & n.* A leather thong, flog with whang چمڑے کے تسمے سے مارنا - دھڑ سے مارنا - ڈھول پیٹنا - دھڑا کا - دھڑاکے کی چوٹ -

Whangee (hwang-ē) *n.* A cane, a bamboo cane چھڑی - چینی بانس کی چھڑی -

Wharf (hwawrf) *n. & v.t.* A landing stage built on shore - گھاٹ - لکڑی کا ، پتھر کا ساحلی چبوترہ گھاٹ جہاں جہاز ٹھہرتا ہے - گھاٹ پر مسافر اور سامان جمع کرنا - گھاٹ پر ٹھہرانا -

Wharfage *n.* گھاٹ کا محصول -

Wharfinger (hwawrf-in-gər) *n.* One who has the care of or owns a wharf - گھاٹ والا گھاٹ کا پاسبان یا داروغہ - گھاٹ کا مالک -

What (hwot) *interj. & pron.* Of what number, nature or value کیا - کون - کسی - کونسا - کیسا - کس قدر - کتنا - جتنا - کیا چیز - کیا بات - کیا معاملہ -

Come what will جو کچھ بھی ہو - جو ہونا ہو ہو جائے -

I will tell you what دیکھو میں بتاتا ہوں -

Know what is what - معاملے کو اچھی طرح سمجھنا

What next - اب اس سے بڑھ کر کیا ہوگا - یہ انتہا ہے

What not اور بہت کچھ -

Whatever (hwot-ever) *adj. & pro.* Any thing which, no matter what - جو کچھ بھی - جس قدر جو بھی - ذرا بھی (بول چال) آخر کیا -

Whatman (hwot-mən) *n.* Fine quality paper ایک قسم کا ڈرائنگ کا کاغذ جو اپنے موجد کے نام سے موسوم ہے - واٹ مین کاغذ -

Whatsoever (hwot-sə-ever) *adj. & p.* Whatever کیسا ھی - کسی - جو کچھ بھی - چاہے جو کچھ - جو بھی - مطلق - ذرا بھی -

Whaup (hwawp) *n.* A water hen (اسکاٹلینڈ) ایک قسم کی لمبی گردن کی پن مرغی -

Wheal (hwēl) *n.* A Cornish name for mine معدن - کان -

Wheat (hwēt) *n.* Any cereal grass of the genus Triticum گیہوں - گندم -

Wheaten *adj.* گندمی - گیہوں کا -

Wheedle (hwēd-l) *v.t. & i.* Entice by soft words میٹھی باتوں سے ورغلانا - خوشامد کرنا - راضی کرنا -

Wheedle out of خوشامد کرکے اینٹھ لینا -

Wheedler *n.* - چکنی چپڑی باتیں کرنے والا - خوشامدی

Wheedling *adj.* خود غرضانہ - خوشامدانہ -

Wheel (hwēl) *n.* A circular frame turning on an axle پہیہ - چرخی - چکر - دور - گردش - گردش تقدیر - دھرے پر پھرنے والا پہیہ یا چاک - موٹر چلانے کا پہیہ -

Break butterfly on wheel ذرا سے کام کے لیے زیادہ قوت صرف کرنا ۔

Break on the wheel (سزا کا قدیم طریقہ) ملزم کو پہیے سے باندھ کو پھرانا ۔

Fortune's wheel نیرنگی تقدیر ۔ گردش تقدیر ۔ تقدیر کا چکر ۔

The wheels of life اعمال جن پر زندگی کا دارو مدار ہے ۔ وظائف حیات ۔

Wheel-wright گاڑی کے چاک بنانے والا ۔

Wheels within wheels *n.* پیچ در پیچ معاملہ ۔

Wheel (hwēl) *v.t.* & *i.* Turn, revolve, encircle گھومنا ۔ گھمانا ۔ چکر دینا ۔ رخ بدلنا ۔ فوج کی پوری صف کو گھمانا ۔ پہیہ دار کرسی کو کھینچنا ۔ چکر کاٹتے ہوئے چلنا ۔ گھیرا ڈالنا ۔

Wheeler (hwēl-ər) *n.* One who wheels, a maker of wheels ۔ گھمانے والا ۔ چاک بنانے والا ۔ چار پہیوں کی گاڑی ۔ چوکڑی کا وہ گھوڑا جو بم میں جوتا جائے ۔

Wheeze (hwēz) *v.i.* & *n.* Breathe with a hissing sound ۔ خر خراہٹ کے ساتھ سانس لینا ۔ خر خر کرنا ۔ سوں سوں کرنا ۔ خر خراہٹ ۔ خر خر کی آواز ۔ (بول چال) فی البدیہہ لطیفہ یا پھبتی ۔

Wheezy *adj.* خرخر یا سوں سوں کرنے والا ۔

Whelk (welk) *n.* A kind of marine gastropods ایک قسم کا گھونگھا ۔ پھنسی ۔ ددوڑا ۔ دنبل ۔

Whelm (hwelm) *v.t.* & *n.* Turn as a hollow vessel ۔ غرق کرنا ۔ ڈبونا ۔ بوجھ سے کچل ڈالنا ۔ ڈھک دینا ۔ بند کر دینا ۔

Whelp (hwelp) *n.* & *v.t.* Young of dog or lion پلا ۔ شیر کا پلہ ۔ کتے کا پلہ ۔ شیر ۔ بھیڑیے ، چیتے وغیرہ کا بچہ ۔ بدتمیز چھوکرا ۔ بچے جننا ۔ گھڑنا ۔ بنا ڈالنا ۔

When (hwen) *adv.* & *conj.* At what time, at which time ۔ کب ۔ کس وقت ۔ جب ۔ جس وقت ۔ جونہی ۔ جب کہ ۔ ہر گاہ ۔ جس کے بعد ہی ۔ در حالیکہ ۔ کس تاریخ کو ۔

Whence (hewens) *adv.* & *pron.* From what place کہاں سے ۔ کس جگہ سے ۔ کدھر سے ۔ کیسے ۔ کیوں ۔ جہاں سے ۔ جس طرح سے ۔ جس وجہ سے ۔

Whenever (hwen-ever) *adv.* At every time when, as soon as ۔ جب ۔ جس وقت ۔ جب کبھی ۔ ہر گاہ ۔ جوں ہی ۔

Where (hwar) *adv.* & *conj.* At or to which place ۔ کہاں ۔ کدھر ۔ کس جگہ ۔ کہاں کو ۔ کس طرف ۔ جہاں ۔ جدھر ۔ جس جگہ ۔ جگہ ۔ موقع ۔

Where at جس بات پر ۔ جس پر ۔

Whereby ۔ جس کے سبب سے ۔ کس سے ۔ جس سے ۔ کاہے سے ۔

Wherefore ۔ جس سبب سے ۔ جس واسطے ۔ کس لیے ۔ کیوں ۔

Wherefrom ۔ جہاں سے ۔ کس جگہ سے ۔ کہاں سے ۔

Wherein ۔ جس بات میں ۔ کس بات میں ۔ کس میں ۔

Whereof جس کا ۔ کس کا ۔

Whereon کس پر ۔ جس پر ۔

Whereto کس لیے ۔ کہاں تک ۔ کہاں کو ۔

Whereupon ۔ بعد ازاں ۔ تب ۔ جس کے بعد ۔ جس پر ۔

Wherewith جس سے ۔ کس سے ۔ جس کے ساتھ ۔ کس کے ساتھ ۔

Wherewithal ۔ خرچ ۔ روپیہ ۔ وسائل ۔ کس کے ساتھ ۔

Whereabouts *adv.* & *n.* ۔ نشان ۔ پتہ ۔ ٹھکانا ۔ مقام ۔ کس مقام پر ۔ کس جگہ ۔

Wherever *adv.* خواہ کہیں ہو ۔ جس جگہ ۔ جہاں کہیں ۔

Wheresoever *adv.* ۔ خواہ کہیں ۔ جہاں کہیں بھی ۔

Wherry (hwer-i) *n.* Shallow light boat ۔ ڈونگی ۔ کشتی ۔ پن سوئی ۔ ہلکی ناؤ ۔

Whet (hwet) *v.t.* & *n.* Sharpen by rubbing رگڑ کر تیز کرنا ۔ سنگ چٹانا ۔ دھار لگانا ۔ اکسانا ۔ بھڑکانا ۔ کوئی چیز جو خواہش کو بھڑکائے ۔

Whetstone عقل تیز کرنے والی چیز ۔ اوزار تیز کرنے کا پتھر ۔ سان ۔

Whether (hwedh-ər) *conj.* In any case ۔ خواہ ۔ یا ۔ آیا ۔ کیا ۔ چاہے ۔ دو میں سے کوئی ایک ۔

Whether or no ۔ ہر صورت میں ۔ دونوں صورتوں میں ۔

Whew (hū) *interj.* Expressing wonder or dismay ہو ہو ۔ اوہو ۔ ارے غضب ۔ یہ کیا غضب ہے ۔

Whey (hwā) *n.* The watery part of milk دودھ کا پانی ۔ آب شیر ۔ چھانچھ ۔

Which (hwich) *int. & pron.* What, what sort or kind کون سا ۔ کون ۔ جو ۔ جس ۔ کون شخص ۔ کون چیز ۔

Which is which ان میں سے کس کا کیا نام ہے ۔

Whichever } *adj. & pron.* ان میں سے جو بھی ۔

Whichsoever جون سا ۔ جو کوئی ۔

Whiff (hwif) *n., v.i. & t.* Sudden puff of air پھونک ۔ دم ۔ کش ۔ ہلکا سا جھونکا ۔ مہک ۔ ۔ چھوٹا سگار ۔ ہلکی سیر کی کشتی ۔ آہستہ کش لینا ۔ آہستہ پھونکنا ۔ ایک قسم کی چپٹی مچھلی ۔

Whig (hwig) *n.* A political party of England ایک قدیم سیاسی فرقہ جو اقتدار شاہی کو پارلیمنٹ کے ماتحت کرنا چاہتا تھا ۔ موجودہ لبرل پارٹی اس کی قائم مقام ہے ۔

Whiggery *n.* وہگ پارٹی کے اصول ۔

Whiggish *adj.* عوامی اقتدار کا ۔ عوامی آزادی کا ۔ وہگ کا ۔

Whiggism *n.* یہ نظریہ کہ عوامی اقتدار بادشاہ سے بالاتر ہے ۔

While (hwīl) *adv., n. & v.t.* A space of time, as long as وقت ۔ عرصہ ۔ مدت ۔ جب تک کہ ۔ وقت گزارنا ۔ وقت کاٹنا ۔

He will make it worth your while وہ تمہیں اس کا معقول معاوضہ دیگا ۔

Once in a while گاہے ماہے ۔ کبھی کبھی ۔

Worth my while جو میرے وقت کا صحیح مصرف ہو ۔ جو میری محنت کا معاوضہ ہو ۔

Worthwhile وقت کا صحیح مصرف ۔ کار آمد ۔

Whilst (hwīlst) *conj. & n.* While, in the meantime جب کہ ۔ جس وقت ۔

Whim (hwim) *n.* A caprice, a fancy لہر ۔ موج ۔ ترنگ ۔ خیال ۔ وہم ۔ من کی موج ۔ کان سے کچی دھات اٹھانے کا چرخ ۔

Whimbrel (hwim-brəl) *n.* A species of small curlew ایک قسم کی مرغابی ۔ پن ککڑی ۔

Whimper (hwim-pər) *v.i., t. & n.* Cry feebly and brokenly بسور بسور کر ۔ روں روں کرنا ۔ بسورنا ۔ رہ رہ کر کہنا ۔ روں روں کی آواز ۔

Whimperer *n.* ریں ریں ۔ روں روں کرنے والا ۔ بسورنے والا ۔

Whimperingly *adv.* روں روں کرتے ہوئے ۔ بسورتے ہوئے ۔

Whimsical (hwim-si-kəl) *adj.* Full of whim, fantastical لہری ۔ موجی ۔ ترنگی ۔ وہمی ۔ خبطی ۔ متلون مزاج ۔ نرالا ۔

Whimsicality *n.* انوکھا پن ۔ تلون مزاجی ۔

Whimsically *adv.* انوکھے طریقے سے ۔ تلون سے ۔

Whine (hwin) *v.t., i. & n.* Utter a plaintive cry کراہنا ۔ دھیمی آواز سے رونا ۔ آہ آہ کرنا ۔ کتے کا رونا ۔ شکایت کرنا ۔ فریاد کرنا ۔ رو رو کر کہنا ۔ شکایت ۔ فریاد ۔ رونا ۔

Whiner *n.* فریاد کرنے والا ۔ دھیمی آواز سے رونے والا ۔

Whiningly *adv.* بسورتے ہوئے ۔ روتے ہوئے ۔ شکوہ کرتے ہوئے ۔ فریاد کرتے ہوئے ۔

Whinger (hwing-ər) *n.* A dirk ۔ کٹری ۔ چھوٹی تلوار

Whinny (hwin-i) *v.i. & n.* Neigh ۔ ہنہنانے کی آواز ۔ ہنہنانا ۔

Whip (hwip) *v.t. & i.* Lash, strike with a lash چابک مارنا ۔ کوڑا مارنا ۔ جھپٹنا ۔ تیزی سے چلے جانا ۔ تلوار کھینچنا ۔ ہجو کرنا ۔ برا کہنا ۔ ٹانکے لگانا ۔ (بول چال) شکست دینا ۔ سبقت لے جانا ۔ چرخی میں رسی ڈال کر اٹھانا ۔

Whip faults out of persons کوڑے مار کر نقائص یا برائیاں دور کرنا ۔

Whip stream بنسی سے ندی میں مچھلیاں پکڑنا ۔

Whipping post ٹکٹکی ۔

Whipping top وہ لٹو جس کو رسی اپیٹ کر پھرایا جاتا ہے ۔

Whipping *n.* کوڑوں کی سزا ۔ سزائے تازیانہ ۔

Whip (hwip) *n.* Lash چابک - کوڑا - چمڑے کا تسمہ - دُرّہ - قمچی - بید - گاڑی بان - شکاری کتوں کا چابکدار - ایک عہدہ دار جو کسی سیاسی جماعت کو ووٹ دینے یا نہ دینے کا حکم دیتا ہے - حاضری کا حکم -

Whippiness *n.* لچکدار ہونا -

Whippy *adj.* لچکدار -

Whipper (hwip-ər) *n.* One who whips کوڑے مارنے والا ملازم -

Whipper-snapper بچہ یا کم علم آدمی جو قابلیت کے زعم میں دخل در معقولات کرے -

Whippet (hwip-it) *n.* A cross between grey hound and spaniel مخلوط نسل کا شکاری کتا - تازی اور اسپینیل کے میل کا کتا -

Whipster (hwips-tər) *n.* A clever fellow چھوٹا بچہ - عیّار - چُست و چالاک آدمی -

Whir(r)(hwer) *n.* A sound from whirling motion پھرنے یا چکر کھانے کی آواز - گھر گھر کی آواز - سن سن کی آواز -

Whirl (hwərl) *v.t., i. & n.* Turn with rapidity گھومنا - پھرنا - پھرانا - گھمانا - گھما کر پھینکنا - سن سے گھمانا - خیالات کا تیزی سے دماغ میں گزرنا - تیز چکّر -

Sow wind and reap whirlwind برے کام کا نتیجہ برا ہی ہوتا ہے -

Whirlpool *n.* وُرطہ - گِرداب - بھنور -

Whirlwind چکر کھاتی ہوئی تیز ہوا - گرد باد - بگولہ -

Whirligig (hwirl-i-gig) *n.* A toy that is spun rapidly, merry-go-round ایک کھلونا جو تیزی سے گھومتا ہے - چکّر - گردش - چکّر کھانے والا - چکّر دار جھولا جس میں گھوڑے اونٹ وغیرہ لگے ہوتے ہیں -

Whisk (hwisk) *v.t., i. n.* Sweep rapidly, move quickly جھاڑو دینا - جھپٹنا - تیزی سے ہٹا لینا - تیزی سے لے جانا - تیزی سے چھڑی گھمانا - جھاڑو - مورچھل - بُہاری - جانوروں کے دُم کی حرکت - جھکولا - جھپٹا -

Whisker (hwisk-ər) *n.* Hair on the upper lip or the sides of face مونچھیں - وہ بال جو ہونٹ پر نکلتے ہیں - گل مُچھے -

Whisky (hwisk-i) *n.* Spirit obtained by distillation اناج یا گُڑ وغیرہ یا پھلوں کے رس سے کشید کی ہوئی شراب - وہسکی -

Whisper (hwis-pər) *v.t., i. & n.* Speak with a low sound کانا پُھوسی - سرگوشی - کُھسر پُھسر - زیر لب بولنا - کان میں کہنا - چپکے چپکے بدگوئی کرنا - خفیہ خفیہ مشہور کرنا - کانوں کان چلانا -

Whispering gallery وہ گنبد جس میں ایک جگہ آہستہ کہی ہوئی بات دوسرے مقام پر سنائی دے -

Whisperer *n.* بدگو - غیبت کرنے والا - سرگوشی کرنے والا -

Whispering *n.* بد گوئی - کانا پُھوسی - سرگوشی -

Whisperingly *adv.* چُپکے چُپکے - زیرِ لب - سرگوشی کرتے ہوئے -

Whist (hwist) *n.* A card game تاش کا ایک کھیل -

Whist (hwist) *interj* Hush, silence ہش - خاموش -

Whistle (hwis-l) *v.t., i. & n.* Make a sound with an instrument or with lips سیٹی بجانا - سیٹی کی آواز نکالنا - سیٹی دینا - ہونٹوں سے سیٹی کی سی آواز نکالنا - کوئی گیت سیٹی میں بجانا - سیٹی - سیٹی کی آواز -

Pay for one's whistle اپنی اٹھکیلیوں کی سزا بُھگتنا -

Steam whistle دخانی سیٹی - انجن کی بھاپ کی سیٹی -

Whistle for a wind ملاّحوں کا یہ عقیدہ ہے کہ جب ہوا بند ہو تو سیٹی بجانے سے ہوا چلنے لگتی ہے - ہوا کے لیے سیٹی بجانا -

You may whistle for it تم سیٹی بجاتے رہو تمہاری یہ خواہش پوری نہ ہوگی -

Whistler (hwis-lər) *n.* One who whistles سیٹی بجانے والا - ایک قسم کی گلہری - سیٹی بجانے والا پرندہ -

Whit (hwit) *n.* The smallest particle imaginable ذرّہ - ریزہ - بہت چھوٹی چیز -

Whit Sunday *n.* اس اتوار کو رسم اصطباغ ادا ہوتی تھی - ایسٹر کے بعد ساتواں اتوار - سفید اتوار -

Whit Monday سفید دو شنبہ - ساتویں اتوار کے بعد دو شنبہ -

Whit Tuesday سفید منگل - ساتویں اتوار کے بعد کا سہ شنبہ -

Whitsuntide سفید اتوار کا زمانہ -

Whit week اس ہفتہ میں رسم اصطباغ کے بعد سفید کپڑے پہنے جاتے تھے - سفید ہفتہ -

White (hwit) *adj.* & *n.* Of the colour of snow سفید - سپید - اُجلا - پاک صاف - کافوری - معصوم - بے عیب - گوری قوموں کا - شاہ پسند - مخالفِ انقلاب -

Bleed white مال و دولت لے کر محتاج کر دینا - خون چوس لینا -

White alloy مصنوعی چاندی -

White-ant دیمک -

Whitebait چھوٹی مچھلیاں جو تل کر کھائی جاتی ہیں -

Whitebeam ایک چھوٹا پودا جس کی پتیاں چاندی کی طرح چمکتی ہیں -

White-beard ضعیف آدمی -

White-caps سمندر کی لہریں -

White ensign برطانوی جہازوں کا سفید جھنڈا -

White-faced خوف یا علالت سے چہرہ سفید پڑ جانا - بیمار -

White lie دروغ مصلحت آمیز -

White-livered ڈرپوک - بُزدل -

White-slave ایسی لڑکی جس سے جبراً پیشہ کرایا جائے - لڑکی جو پیشہ کرتی ہو -

White-slavery پیشہ کرانے کی غرض سے لڑکیاں فراہم کرنا -

White-slave traffic طوائف اور پیشہ ور لڑکیوں کی تجارت -

Whitesmith ٹین کا کام کرنے والا - قلعی گر -

White squall سمندر کا ناگہانی تموج - سفید جھکّڑ -

Whitewash الزام دور کرنے کی کوشش کرنا - سفیدی پھیرنا - چُونا ڈالنا - تلخ شراب کے بعد میٹھی شراب پینا -

Whiten *v.t.* & *i.* قلعی کرنا - چونا ڈالنا - سفیدی پھیرنا - سفید کرنا -

Whiteness *n.* صفائی - پاکیزگی - سفیدی -

Whitish *adj.* سفیدی مائل -

White (hwit) *n.* Any thing white سفید رنگ - سفیدی - سفید چیز - انڈے یا آنکھ کی سفیدی - گوری نسل کا آدمی -

White-chapel (hwit-chap-l) *n.* & *v.i.* Light two-wheeled spring cart for loading goods دو پہیوں کی چھوٹی گاڑی جس پر دوکاندار سامان بھیجتے ہیں - (تاش) کسی رنگ کا ایک ہی پتہ ہو اور وہ چلایا جائے تاکہ اس کے بعد ترپ لگایا جا سکے -

Whitehall (hwit-hawl) *n.* Government offices سرکاری دفاتر - سڑک جس پر دفاتر واقع ہیں -

Whither (hwidh-ər) *adv.* & *conj.* To what place کس جگہ - کہاں - کدھر - جہاں - جس طرف کو - کہاں تک -

Whitherward *adv.* کس طرف کو -

Whiting (hwit-ing) *n.* Process of making white, substance used in whiting قلعی - چونا - سفید سفوف - کھریا مٹی - کثرت سے کھائی جانے والی ایک مچھلی -

Whitleather (hwit-le-dhər) *n.* White leather dressed with alum پھٹکری سے صاف کیا ہوا سفید چمڑا -

Whitlow (hwit-lo) *n.* Inflammatory tumour on finger tip انگلی کی سوجن -

Whittle (hwit-l) *n.* A large knife چُھرا - چاقو - چُھری - قصائی کا چُھرا -

Whittle (hwit-l) *v.t.* & *i.* Cut with knife, diminish gradually چاقو یا چُھری سے چھیلنا یا کاٹنا - پتلی ہو جانا - پتلی کر دینا - قاشیں تراشنا -

Whity (hwit-i) *adj.* Of white colour - سفیدی مائل - سفید رنگ کی -

Whiz (hwiz) *v.i.*, *t.* & *n.* Make a hissing sound سائیں سائیں یا فوں فوں کرنا - سن سن کی آواز پیدا کرنا - فوں فوں - سن سن - سائیں سائیں -

Who (hoo) *inter.* & *rel pron.* What person, which person کون - کس نے - جو - جس نے - کون شخص -

Who's who ایک کتاب جس میں مشاہیر کا حال ہوتا ہے - کون کیا ہے -

Knows who's who ہر شخص سے واقف ہے -

Whoever (hoo-ever) *int. & pron.* Every one who, whatever person جو کوئی - جو بھی - جس کسی کو - چاہے کوئی بھی -

Whosoever جو بھی ہو - کوئی بھی ہو - جو کوئی -

Whoever جس کسی کا - جو بھی -

Whole (hol) *adj. & n.* Undamaged, entire, all سب - سارا - تمام - جملہ - پورا - کامل - مکمل - پورا کا پورا - سب کا سب - سموچا - صحیح - تندرست - بھلا چنگا - مکمل نظام - سگا - حقیقی -

The whole truth ساری حقیقت - اصل واقعہ -

Wholesale بڑے پیمانے پر - تھوک کا - تھوک بھاؤ -

Wholesaler تھوک فروش -

With one's whole heart دل و جان سے - بڑی خوشی سے -

Whole-heartedly *adv.* پوری توجہ سے - دل و جان سے - پُورے طور پر -

Whole-heartedness *n.* پوری توجہ - پورا خلوص -

Wholeness *n.* سموچا پن - کُلّیت - کاملیت -

Wholesome (hol-səm) *adj.* Healthy in body, taste and morals خوشگوار - صحت بخش - توانا - تندرست - صاحبِ ذوق - صاحب اخلاق -

Wholesomeness *n.* خوش ذوقی - خوشگواری -

Wholly (hol-i) *adv.* Fully, completely پوری طرح سے - سراسر - مطلق -

Whom (hoom) *pron.* Objective case of who کسے - کس کو - جسے - جس کو -

Whoop (hoop) *n.* A loud eager cry چیخ - پکار - للکار -

Whoopee (hwoop-i) *n.* An exclamation of delight خوشی کا شور - (امریکہ) دھا چوکڑی - خرمستی -

Whop (hwop) *n. & v.t.* Whip, thrash کندی - مرمت - شکست - کندی کرنا - پیٹنا - مارنا -

Whopper *n.* بہت بڑا جھوٹ - بڑی یا عمدہ چیز -

Whore (hor) *n. & v.i.* Any unchaste woman کسبی - رنڈی - فاحشہ - چھنال عورت - زنا کرنا - بے انصافی کرنا - بت پرستی کرنا -

Whore-monger *n.* رنڈی باز - زِنا کار -

Whore son حرام زادہ -

Whorish *adj.* زنا کار - بد مست -

Whorl (hworl) *n.* A bunch of leaves, a single turn پتوں کا گچھا جو ایک ہی جگہ تنے سے پھوٹے - صدف کا ابھرا ہوا گول حلقہ -

Whose (hooz) *pron.* Possessive case of who کس کا - کن لوگوں کا - جس کا -

Whosoever جو کوئی - جس کسی کا -

Why (hwi) *adv. & conj.* For what reason کیوں - کس لیے - کس واسطے - کس وجہ سے - کس بنا پر - جس وجہ سے -

Whys and wherefore علل - وجوہ - اسباب -

Why (hwi) *interj* Call a person ہائیں - ارے - ارے ہاں - ارے بھائی - تو پھر - تو - کیسے - کس طرح -

Wick (wik) *n.* Twisted threads of cotton چراغ کی بتّی - فتیلہ - بتی جو زخم میں رکھی جائے - قصبہ - ضلع - قریہ -

Wicked (wik-id) *adj.* Vicious, ungodly, sinful, very bad بُرا - پاپی - بے دین - بد اعمال - بد کار - شریر - حرام زادہ - ظالم - فاسد -

Wickedly *adv.* خباثت سے - شرارت سے -

Wickedness *n.* بد کاری - فسق و فجور - بد اعمالی -

Wicker (wik-ər) *n.* A small twig بید کی کرسی - نے یا سیٹھے کا ٹوکرا - تیلیوں کا چھابا -

Wicker-work بید - تیلیوں یا کاڑیوں کی چیزیں -

Wicket (wik-it) *n.* A small gate دریچہ - کھڑکی - چور کھڑکی - چور دروازہ - چھوٹا پھاٹک - (کرکٹ) تین تین لکڑیاں جو بائیس گز پر گاڑھی جاتی ہیں اور جن پر گیند پھینکی جاتی ہے - آؤٹ ہونے والے کھلاڑی -

Good, bad, wicket جہاں گیند پھینکی جاتی ہے اس قطعہ کی اچھی یا بری حالت -

Keep one's wicket up لکڑیوں کو بچانا - آؤٹ نہ ہونا -

Wide (wid) *adj., adv. & n.* Broad, extending far کھلا - کشادہ - چوڑا - بہت بڑا - عریض - دُور - بعید - آزادانہ - بے تعصبانہ - ہمہ گیر - دُور دُور - پوری کھلی ہوئی - (کرکٹ) گیند جو بلّا باز سے بہت دور پھینکی جائے -

Give wide berth to بچتے رہنا - دُور رہنا -
Is of wide distribution بہت سے مقامات پر پایا جاتا ہے -
Wide-awake چوکس - چوکنا -
Wide of the mark بے تکا - نشانہ سے دُور -
Widespread عالمگیر - دُور تک پھیلا ہوا -
Wide world ہر جگہ - وسیع دنیا -
Widely *adv.* وسیع دائرے میں - دُور دُور تک -
Widen *v.t.* پھیلانا - چوڑا کرنا -
Widish *adj.* قدرے کشادہ - کسی قدر چوڑا -

Widgeon (wig-ən) *n.* Any duck of the genus Mareca بڑی بط کی ایک قسم - سُرخاب - جنگلی بط -

Widow (wid-o) *n.* & *v.t.* A woman who has lost her husband بیوہ - رانڈ - کسی عورت کے شوہر کو مار ڈالنا - بیوہ کر دینا - دوست وغیرہ سے جدا کر دینا -
Widowhood رنڈاپا - بیوگی -
Widow's weeds ماتمی لباس -

Widower (wid-o-ər) *n.* A man whose wife is dead رنڈوا - مرد جس کی بیوی مر گئی ہو -

Width (width) *n.* Breadth چوڑائی - عرض - پاٹ - وسعتِ نظر - آزاد خیالی -

Wield (weld) *v.t.* Rule, possess, control قابو میں رکھنا - قبضے میں رکھنا - حکومت کرنا - ہاتھ میں لینا - ہتھیار وغیرہ استعمال کرنا - گھانا - پھرانا - کام میں لانا -
Wield the sceptre حکمرانی کرنا - عصائے حکومت ہاتھ میں رکھنا -

Wife (wif) *n.* A married woman بیوی - جورو - استری - گھر والی - اہلیہ - گنوار یا جاہل عورت -
Old wive's tale من گھڑت باتیں - بے بنیاد قصّہ -
Wifehood بیوی ہونا - جورو پن - زوجیت -
Wifelike-ly *adj.* بیوی کا - بیوی کے مناسب - زوجہ کے شایانِ شان -
Wifie *n.* عورت کے لیے پیار کا خطاب - پیاری بیوی -

Wig (wig) *n.* An artificial covering of hair مصنوعی بالوں کی ٹوپی - وکیلوں اور ججوں کے لباس منصبی کا جز -
There will be wigs on the green خوب لڑائی ہوگی -

Wig (wig) *v.t.* Scold ڈانٹنا - ڈپٹنا - بُرا بھلا کہنا -
Wigging *n.* زجر و توبیخ - ڈانٹ - ڈپٹ -

Wigan (wig-ən) *n.* A stiff canvas-like fabric بُکرم - کرمچ کی طرح کا سخت کپڑا جو گلے میں لگایا جاتا ہے جس سے کالر کھڑا رہتا ہے -

Wigwam (wig-wom) *n.* An Indian hut شمالی امریکہ کے دیسی باشندوں کی جُھگی یا جھونپڑا -

Wild (wild) *adj., adv.* & *n.* Undomesticated, uncultivated وحشی - جنگلی - بنجر - بیابانی - غیر مزروعہ - خود رو - خود سر - بے لگام - نا تربیت یافتہ - خیالی - وہمی - بے بنیاد - بے چینی کا - مجنونانہ - اندھا دُھند - بے سوچے سمجھے - جنگل - بِڑت - ویرانہ -
Wild-cat اندھا دھند - جنگلی بِلّا - بن بلاؤ -
Wild-fire جنگل کی آگ - ایک آتش گیر مادہ یا مُرکّب -
Like wildfire جنگل کی آگ کی طرح - نہایت تیزی سے -
Wild-goose جنگلی قاز -
Wild-goose chase نا ممکن چیز کی کوشش - بے سُود کام - کارِ لا حاصل -
Wild times بد امنی کا زمانہ -
Wildwork فتنہ و فساد - شور و شغب -
Wildish *adj.* مضطرب - کسی قدر وحشی - قدرے خود سر - وحشیانہ -
Wildly *adv.* بے تابی سے - شوریدہ سری سے - وحشیانہ طور پر -
Wildness *n.* نا شائستگی - درندہ خصلتی - وحشت -

Wilde-beest (wild-i-bast) *n.* A wild ox پاڑا - جنوبی افریقہ کا ہرن جو بیل سے مشابہ ہوتا ہے -

Wilderness (wil-dər-nəs) *n.* A region uncultivated and uninhabited اُجاڑ - ویران جگہ - غیر آباد - بیابان - بیابانی - زندگی کی ویرانی - جنگل کا جنگل - لق و دق صحرا -
Voice in the wilderness بے اثر نصیحت - صدا بہ صحرا -

Wilding (wild-ing) *n.* Plants grown wild خود رو پودا یا درخت - جنگلی سیب -

Wile (wil) *n.* & *v.t.* Trick, deceit حیلہ ۔ بہانا ۔ چال ۔ دھوکا ۔ مکر ۔ فریب ۔ دھوکا دینا ۔ پھسلانا ۔ ورغلانا ۔ پھانسنا ۔

Wilful (wil-fl) *adj.* Obstinate خود سر ۔ ضدی ۔ خود رائے ۔ بالمقصد ۔ دیدہ و دانستہ ۔ خود سری کا ۔

  Wilfully *adv.* خود رائی سے ۔ سرکشی سے ۔

  Wilfulness *n.* ضد ۔ خود رائی ۔ سرکشی ۔

Will (wil) *v.t.* & *aux.* Wish for, desire ۔ خواہش کرنا ۔ چاہنا ۔ آرزو رکھنا ۔ (قواعد) مستقبل کی علامت "گا" حکم کرنا ۔ فرمانا ۔ ارادہ کرنا ۔ وصیت کرنا ۔ ضرور کرنا ۔ ضرور ہونا ۔

Will (wil) *n.* Choice, determination, disposition of one's effects at death ۔ قصد ۔ ارادہ ۔ مرضی ۔ مشیت ۔ عزم ۔ خواہش ۔ حکم ۔ شے مطلوبہ ۔ وصیت نامہ ۔

  With a will بالارادہ ۔ دل و جان سے ۔

  Tenant at will غیر میعادی پٹہ دار جسے حسب مرضی نکالا جا سکتا ہے ۔

Will (wil) *v.t.* Wish, desire, command, order دل سے چاہنا ۔ مرضی ہونا ۔ حکم دینا ۔ قوت ارادی کا اثر ڈال کر کوئی کام کرانا ۔ اپنی جائداد اور املاک کے متعلق وصیت کرنا ۔

Willing (wil-ing) *adj.* Eager, ready, prompt to act خواہاں ۔ مشتاق ۔ متمنی ۔ رضامند ۔ آمادہ ۔ جو خوشی سے دیا یا کیا جائے ۔

  Willingness *n.* رضا و رغبت ۔ رضامندی ۔ آمادگی ۔

Will-o'-the-wisp (wil-o-thə-wisp) *n.* Any deceptive person or thing ۔ چھلاوا ۔ دھوکا دینے والا ۔ رنگ بدلنے والا ۔ ایسا شخص جس کی صورت کبھی کچھ کبھی کچھ ہو ۔ پُر فریب چیز ۔

Willow (wil-o) *n.* Any tree having slender pliant branches بید کا درخت ۔ کرکٹ کا بَلّا ۔ روئی دھنکنے اور صاف کرنے کی کل ۔

  Handle the willow bat ۔ بَلّے سے کھیلنا ۔ بَلّا پکڑنا

Willow (wil-o) *n.* & *v.t.* Clean in a willowing machine دھنکنے کی کل سے روئی صاف کرنا ۔ دھننے کی مشین ۔

Willowy (wil-o-i) *adj.* Abounding with willow جہاں بید کثرت سے ہوں ۔ پتلا ۔ لچک دار ۔

Wilt (wilt) *aux.* & *v.* Will دیکھو

Wilt (wilt) *v.i.* & *t.* Droop, loose energy or courage مرجھانا ۔ پژمردہ ہونا ۔ کمھلانا ۔ افسردہ ہونا ۔ ہمت ہار دینا ۔

Wilton (wil-tən) *n.* A carpet واٹن شہر کا قالین جس کے حاشیے گُچھے دار ہوتے ہیں ۔

Wily (wil-i) *adj.* Cunning عیّار ۔ مکّار ۔ چالاک ۔ حیلہ باز ۔

  Wilily *adv.* مکّاری سے ۔ عیّاری سے ۔

  Wiliness *n.* روباہ خصلتی ۔ حیلہ بازی ۔ عیاری ۔ مکاری ۔

Wimbledon (wim-beld-ən) *n.* The lawn tennis championship which is held at Wimbledon دنیا کا ٹینس ٹورنمنٹ جو ومبلڈن میں ہوتا ہے ۔

Wimple (wim-pl) *v.t.*, *i.* & *n.* A veil folded round the head برقعہ ۔ نقاب ۔ نقاب ڈالنا ۔ تہہ در تہہ ہونا ۔ دریا کا چکّر کھاتے ہوئے بہنا ۔ لہریں اٹھنا ۔

Win (win) *v.t.*, *i.* & *n.* Gain in contest, be the victor in ۔ فتح کرنا ۔ سر کرنا ۔ جیتنا ۔ حاصل کرنا ۔ کوشش کر کے پہنچنا ۔ آمادہ کر لینا ۔ اپنے اوپر مہربان کرنا ۔ گرویدہ کر لینا ۔ جیت ۔ فتح ۔ کامیابی ۔

  Winning post گھڑ دوڑ کا پالا ۔ گھڑ دوڑ کی آخری حد ۔ جیت کا مقام ۔

  Winningly *adv.* دلربائی سے ۔ دل فریبی سے ۔

  Winnings *n.* جیتی ہوئی رقم ۔ بُرد ۔ جیت ۔

Wince (win-s) *v.i.* & *n.* Shrink or start back جھجھکنا ۔ پیچھے ہٹنا ۔ چونک اٹھنا ۔ جھر جھری آنا ۔ جسمانی یا دماغی تکلیف کا اظہار ہونا ۔

Wincey (win-si) *n.* A cotton cloth with woollen filling ۔ ایک مضبوط کپڑا سوت اور اون سے بنا ہوا ۔

  Winceyette *n.* نقلی ونسی کپڑا ۔

Winch (win(t)sh) *n.* A reel or roller ۔ رولر کا ہتھا ۔ دُھرے کی چکر کیل ۔ بوجھ اٹھانے کی کل ۔

Winchester (win-chəs-tər) *n.* A rifle made at Winchester ونچسٹر رائفل جو بڑے شکار کے لیے استعمال ہوتی ہے ۔

Wind (wind) *n.* A current of air ہوا ۔ باد ۔ تیز ہوا ۔ جھکّڑ ۔ پون ۔ سانس ۔ دم ۔ ریاح ۔ بھیڑوں کی ایک بیماری ۔ بے معنی یا بے اصل بات ۔ وہ رخ جدھر کی ہوا ہو ۔ دوسرے سے بہتر موقع ۔ محض لفّاظی ۔ خبر ۔ پتہ ۔ سُن گُن ۔

Break wind - ریاح خارج کرنا ۔

Find out how the wind blows واقعات یا رائے عامہ کا اندازہ کرنا ۔ ہوا کا رخ معلوم کرنا ۔

Get the wind up (بول چال) بھونک سرک جانا ۔ ڈر جانا ۔

Get wind of - سُن کُن ہانا ۔

Go like the wind بہت تیز چلنا ۔ ہوا کی طرح جانا ۔

Take the wind out of one's sails دوسرے کی بات اس سے پہلے ہی کہہ دینا ۔

There is something in the wind دال میں کچھ کالا ہے ۔ کچھ خفیہ کاروائی ہو رہی ہے ۔

Windbag جو بے معنی باتوں میں وقت ضائع کرے ۔ باتونی مقرر ۔ بکّی مُقرّر ۔

Windfall - غیر متوقع فائدہ ۔

Windscreen *n.* - موٹر کار کا اگلا شیشہ ۔

Windless *adj.* - ہوا کا بند ہونا ۔ بے ہوا ۔

Wind (wind) *v.t. & i.* Turn, twist, coil, encircle لپیٹنا ۔ گھیرنا ۔ چکر دینا ۔ کوک بھرنا ۔ کھُمانا ۔ کترانا ۔ چکّر کھانا ۔ دل میں گھر کر لینا ۔ پیچ و خم کے ساتھ جانا ۔ بیل کا چڑھنا ۔ لچّھا بنانا ۔

Wind (wind) *v.t.* Play with breath wind بجانا ۔ پھونک کر بجانا ۔ سانس کے زور سے بجانا ۔ کسی شخص یا چیز کی بو سے اس کی موجودگی کا پتہ چلانا ۔ بیدم کر دینا ۔ سانس پہلا دینا ۔ تازہ دم کرنا ۔

Wind person round one's fingers انگیوں پر نچانا ۔ کسی کو بالکل قابو میں کر لینا ۔

Wind up company کمپنی کا حساب کتاب ختم کر دینا ۔ کمپنی کو توڑ کر کاروبار ختم کر دینا ۔

Winding staircase - چکّر دار زینہ ۔

Windlass (wind-ləs) *n.* Hauling and hoisting machine بوجھ اٹھانے کی کل ۔

Windlestraw (win-dl-straw) *n.* A thin dry stalk of grass گھاس کی کاڑی ۔ بیال ۔ پھونس ۔

Window (wind-do) *n.* An opening in the wall کھڑکی ۔ دریچہ ۔ غُرفہ ۔ جھروکا ۔

Have all one's goods in the window اوچھا ہونا ۔ ہر چیز دکھانا ۔

Window-dressing - کھڑکی میں پر فریب نمائش ۔

Window-shopping دوکان کی کھڑکیوں میں چیزیں دیکھنا ۔

Windsor (win-zər) *n.* Town in Berk, style of British Royal family انگلستان کا ایک قصبہ ۔ برطانیہ کے شاہی خاندان کا طور طریقہ' لباس وغیرہ ۔ **House of Windsor** انگلستان کے شاہی خاندان کا لقب ۔

Windy (wind-i) *adj.* Of strong breeze تیز ہوا کا ۔ ہوا سے بھرا ہوا ۔ جہاں تیز ہوا چلتی ہو ۔ ہوا کے رخ کا ۔ ریاح پیدا کرنے والا ۔ ریاحی ۔ (بول چال) خوف زدہ ۔ ڈرا ہوا ۔

On the windy side of the law قانون کی زد سے بچا ہوا ۔

Windily *adv.* بادی پن سے ۔ لفّاظی سے ۔ تیزی کے ساتھ ۔

Wine (win) *n.* The fermented juice of grapes or other fruits and cereals انگور یا کسی اور پھل کی شراب (جامعہ آکسفورڈ اور کیمبرج) کھانے کے بعد سے نوشی کی صحبت ۔ گہرا سرخ رنگ ۔ عنابی رنگ ۔

New wine in old bottles نئی انداز ۔ نئی روح جو پرانے رسم و رواج سے آزاد ہے ۔

Wine bag - پکّا شرابی ۔

Wine fat-press انگور کا رس نکالنے کی کل ۔

Wine glass - ساغر ۔ جام ۔

Winy *adj.* شراب کے رنگ یا مزے کا ۔

Adam's wine - پانی ۔

Wing (wing) *v.t., i. & n.* The organ of a bird پرندے کا بازو ۔ پنکھ ۔ بال و پر ۔ فوج کا میمنہ ، میسرہ ۔ اڑان ۔ پرواز ۔ اڑنے کے قابل بنانا ۔ اڑا لے جانا ۔ اڑ کر جانا ۔ پرندے کا بازو زخمی کرنا ۔

Winged words وہ الفاظ جو تیر کی طرح نشانے پر بیٹھیں ۔ پُر معنی الفاظ ۔

Winglet *n.* چھوٹا سا پنکھ یا پَر ۔

Wink (wingk) *v.i., t. & n.* Move the eyelids پلک جھپکانا ۔ آنکھ مارنا ۔ آنکھ سے اشارہ کرنا ۔ اغماض کرنا ۔ چشم پوشی کرنا ۔ ستارے یا روشنی کا ٹمٹمانا ۔ رہ رہ کر چمکنا ۔ آنکھ کا اشارہ ۔

Forty winks - ہلکی نیند ۔ جھپکی ۔

Tip one the wink (بول چال) آنکھ مارنا ۔ اشارہ کرنا ۔

Wink at نغافل کرنا ۔ اغماض کرنا ۔

Winkle (wing-kl) *n.* Edible sea snail ایک قسم کا جھینگا جو کھایا جاتا ہے ۔

Winnow (win-o) *v.t.* Separate the chaff from, by wind پچھوڑنا ۔ پھٹک کر بھوسا الگ کرنا ۔ ہوا کے زور سے بھوسا الگ کرنا ۔ حق کو باطل سے الگ کرنا ۔ پنکھ یا پر مارنا ۔ پسارنا ۔

Winsome (win-səm) *adj.* Cheerful, pleasant دلکش ۔ دلفریب ۔ دلآویز ۔

Winsomely *adv.* خندہ پیشانی سے ۔

Winsomeness *n.* دلآویزی ۔ دلکشی ۔

Winter (win-ter) *v.t. & n.* Cold season جاڑا ۔ سردی ۔ سردی کا موسم ۔ سرما ۔ زمستان ۔ کسی مقام پر جاڑے کا موسم گزارنا ۔ موسم سرما بسر کرنا ۔ جاڑے میں پودوں اور مویشیوں کی حفاظت کرنا ۔

Wintry (win-tri) *adj.* Of winter جاڑے کا ۔ سرمائی ۔ پھیکا ۔ بے لطف ۔ جوش سے خالی ۔

Wintriness *n.* سرد مہری ۔ بے لطفی ۔ سردی ۔

Wipe (wip) *v.t., i. & n.* Clean or dry by rubbing پونچھنا ۔ صاف کرنا ۔ مٹا ڈالنا ۔ دھو ڈالنا ۔ (بول چال) لمبی زد کا وار کرنا ۔ لمبی زد کا وار ۔ (بول چال) رومال ۔ سبقت لے جانا ۔

Wipe out نیست و نابود کر دینا ۔ برباد کر دینا ۔ مٹا دینا ۔

Wipe out disgrace بدنامی دور کرنا ۔ ذِلّت کا داغ دھونا ۔

Wire (wir) *n., v.t. & i.* A telegram, a piece of wire تار ۔ تار برق ۔ تارکا پیغام ۔ لوہے کا، پیتل کا تار ۔ تار سے باندھنا ۔ پرندوں کو تار کے پھندے میں پھنسانا ۔ مکان میں بجلی کے تار لگوانا ۔ تار دینا (کرکٹ) میدان کی حد کے اندر گیند روکنا ۔

Barbed wire خار دار تار ۔

Pull the wires ریشہ دوانی کرنا ۔ خُفیہ پیروی کرنا ۔ کٹھ پتلی نچانا ۔

Wire entanglement (فوج) حفاظت کا انتظام ۔ الجھے ہوئے تار کی باڑ ۔

Wirepuller *n.* ریشہ دوانی کرنے والا ۔

Wireless (wir-les) *adj., n., v.t. & i.* Without wires, wireless telegraphy بے تار کی ۔ لا سلکی ۔ لا سلکی پیام ۔ لا سلکی پیام بھیجنا ۔

Wiry (wir-i) *adj.* Of metal thread تار کا ۔ تار کا بنا ہوا ۔ بہت مضبوط ۔ گٹھے ہوئے جسم کا ۔ چُست ۔ ان تھک ۔

Wirily *adv.* بہت مضبوطی سے ۔

Wiriness *n.* مستعدی ۔ مضبوطی ۔

Wis (wis) *v.t.* Know, believe (قدیم) میں جانتا ہوں ۔ میں مانتا ہوں ۔

Wisdom (wiz-dəm) *n.* Quality of being wise عقل ۔ دانش ۔ دانائی ۔ فہم ۔ فراست ۔ دور اندیشی ۔ علم ۔ حکمت ۔ حکیمانہ اقوال ۔

Wise (wiz) *adj.* Having knowledge دانا ۔ دانشمند ۔ عقل مند ۔ عاقل ۔ خرد مند ۔ دانائی کا ۔ مدبّرانہ ۔ دانشمندانہ ۔ واقف ۔ با خبر ۔ سیانا ۔ جادوگر ۔

None the wiser اس واقعہ سے اس کی آنکھیں نہیں کھلیں ۔ اتنا ہی نا واقف جتنا پہلے تھا ۔

Put one wise to (امریکہ) آگاہ کرنا ۔ خبردار کرنا ۔

Wise after the event مشتے بعد از جنگ ۔ جس کو پہلے سے اندازہ نہ ہو ۔

Wisely *adv.* عقلمندی سے ۔ ہوشیاری سے ۔

Wise (wiz) *n.* Wise course طور ۔ طریقہ ۔ ڈھنگ ۔ انداز ۔

Any wise کسی طرح سے ۔

No wise کسی طرح نہیں ۔

Wise (wiz) *suffix.* In combination, way, manner لاحقہ بمعنی صورت ، طرز ، طرح ۔

Clockwise گھڑی کی طرح ۔

Wiseacre (wiz-a-kər) *n.* One who assumes an air of superior wisdom حکمت چھانٹنے والا ۔ لال بُجھکڑ ۔ عقلمند بننے والا ۔

Wish (wish) *v.t., i. & n.* Have a desire, long for چاہنا ۔ آرزو کرنا ۔ خواہش کرنا ۔ تمنّا کرنا ۔ طلب کرنا ۔ مائل ہونا ۔ برا یا بھلا چاہنا ۔ خیر مقدم کرنا یا خدا حافظ کہنا ۔ آرزو ۔ تمنّا ۔ چاہ ۔ منشا ۔ مراد ۔ مطلب ۔

Good wishes نیک تمنائیں ۔ دعائے خیر ۔

Wish person joy of طنزاً کسی سے کہنا آپ ہی کو مبارک ہو ۔

Wishful *adj.* دلپسند ۔ پسندیدہ ۔ تمنائی ۔ خواہش مند

Wish-wash (wish-wosh) *n.* Anything poor, weak ہلکی ۔ پتلی ۔ پھیکی بے مزہ گفتگو ۔

Wishy-washy *adj.* ۔ بے مزہ ۔ پانی سی ۔ بے مزہ ۔ پتلی ۔

Wisp (wisp) *n.* A small bundle of straw گھاس کا چھوٹا سا مُٹھا ۔ پتلی جھاڑو ۔ چھپوں کا جھُنڈ ۔

Wist (wist) *n.* Knowledge, wisdom ۔ عقل ۔ سمجھ فہم ۔

Wistful (wist-fool) *adj.* Intent, earnest ۔ پُرحسرت سنجیدہ ۔ تمنائی ۔ متفکر ۔ سوچ میں محو ۔

Wistfully *adv.* ۔ فکر مندی سے ۔ توجہ سے ۔ اشتیاق سے ۔

Wistfulness *n.* حسرت ۔ توجہ ۔ شوق ۔ دھیان ۔

Wit (wit) *v.t. & i.* Be aware of, know جاننا ۔ معلوم ہونا ۔

Witting دیدہ و دانستہ ۔

Wittingly *adv.* جان بوجھ کر ۔

Wit (wit) *n.* Understanding, the mind عقل سمجھ ۔ ذہن ۔ ہوش و حواس ۔ تمیز ۔ فراست ۔ حاضر جوابی ۔ بذلہ سنجی ۔

At one's wit's end حواس باختہ ۔ متحیر ۔

Have one's wits about him ہوش و حواس قائم رکھنا ۔ چوکس رہنا ۔

Live by one's wits اپنی چالاکی سے روزی کمانا ۔

Out of one's wits بد حواس ہونا ۔

Witless *adj.* ۔ کوڑھ مغز ۔ کُند ذہن ۔ غبی ۔ بیوقوف ۔

Witlessness *n.* نا سمجھی ۔ بیوقوفی ۔ کُند ذہنی ۔

Wittiness *n.* حاضر جوابی ۔ ذہانت ۔

Witty *adj.* ذہین ۔ تیز فہم ۔ نکتہ سنج ۔

The five wits حواس خمسہ ۔

Wit (wit) A mental faculty, a person endowed with wit ۔ دانشمند ۔ عقل مند ۔ صاحب عقل و فراست بذلہ سنج ۔

Witch (wich) *n. & v.t.* A woman regarded as having magical powers ۔ جادوگرنی ۔ ساحرہ ۔ ڈائن چڑیل ۔ بد عورت ۔ دلربا عورت ۔ جادو کرنا ۔ سحر کرنا مسحور کرنا ۔ لُبھانا ۔ ایک قسم کی چھٹی مچھلی ۔

Witchcraft فسوں گری ۔ جُھمسنتر ۔ ٹونا ۔ جادو ۔ سحر ۔

Witchery *n.* جادو ٹونا ۔ عشوہ طرازی ۔ ساحری ۔ دلفریبی ۔

Witching *adj.* دل کش ۔ پُرکشش ۔ دلآویز ۔ دلربا ۔

Witchingly *adv.* عشوہ طرازی سے ۔ دلربائی سے ۔ دلفریبی سے ۔

With (widh) *prep.* By, beside, among, in the company of ساتھ ۔ سنگ ۔ مع ۔ شمول میں ۔ موافقت میں ۔ پاس ۔ قبضے میں ۔ ذِمے ۔ میں ۔ سے ۔ ساتھ ساتھ ۔ مدد سے ۔ ذریعے سے ۔ باوجود ۔ بہ مقابل ۔ رُو بُرو ۔

Can do anything with him میں اس سے ہر کام لے سکتا ہوں ۔

Withal (widh-awl) *adv. & prep.* With all or the rest, besides, thereupon نیز ۔ بھی ۔ اس کے ساتھ ۔ مع ۔ علاوہ ۔ مزید برآں ۔

Withdraw (widh-draw) *v.t. & i.* Take back واپس لینا ۔ نکال لینا ۔ ہٹا لینا ۔ جدا کرنا ۔ لوٹا لینا ۔ اُٹھا لینا ۔ ہٹ جانا ۔ چلے جانا ۔

Withdrawal *n.* علیحدگی ۔ دست برداری ۔ مراجعت ۔ واپسی ۔

Withe (widh) *n.* A flexible twig بید کی ٹہنی ۔ شاخ لچکدار ڈالی جس سے گٹھا باندھتے ہیں ۔

Wither (widh-ər) *v.t. & i.* Fade or become dry مرجھانا ۔ پژمردہ کرنا ۔ سُوکھنا ۔ خشک کرنا ۔ مٹنا برباد ہونا ۔

Withering *adj.* جانکاہ ۔ افسردہ ۔ خشک ۔ مرجھایا یا ہوا ۔

Withers (widh-ərs) *n.* The ridge between shoulder bones of a horse گھوڑے کے شانے کی کوب ۔ شانہ ۔ شانوں کے درمیان کی ابھری ہوئی ہڈی ۔

Withhold (with-hold) *v.t.* Keep back, refuse to give روکنا ۔ باز رکھنا ۔ الکانا ۔ نہ دینا ۔ روکے رکھنا ۔ برآوندہ رکھنا ۔ ملتوی کرنا ۔ دبانے رکھنا ۔

Within (widh-in) *adv. & prep.* In, inside, in the inner part اندر ۔ اندرونی حصّہ میں ۔ اندر کی طرف اندرونی طور پر ۔ اندر کا رُخ ۔ حد میں ۔ عرصے میں من میں ۔ دل میں ۔ ذہن میں ۔

Without (with-owt) *adv., prep. & n.* Outside, beyond باہر ۔ بیرون ۔ باہر کی طرف ۔ خارجی ذریعہ ۔ ظاہر ۔ اِدھر ۔ علیحدہ ۔ بغیر ۔ بِن ۔ سوائے بجُز ۔ جب تک کہ ۔

Goes without saying مسلمہ بات ہے ۔ مشہور بات ہے ۔

Withstand (with-stand) *v.t.* Resist, stand against سامنا کرنا ۔ مقابلہ کرنا ۔

Withy (widh-i) *adj.* Willowy ۔ کسی لچکدار شاخ کا ۔ بید کا بنا ہوا ۔ بید کا ۔

Witness (wit-nis) *v.t., i.* & *n.* Knowledge brought in proof ۔ گواہی ۔ شہادت ۔ گواہ ۔ عینی شاہد ۔ گواہی دینا ۔ اظہار دینا ۔ علامت دینا ۔ ثبوت ہونا ۔ دستخط کی تصدیق کرنا ۔

Eye-witness چشم دید گواہ ۔ عینی گواہ ۔

Witness-box عدالت میں گواہ کے کھڑے ہونے کی جگہ ۔ گواہ کا کٹھرا ۔

Witticism (wit-i-si-zm) *n.* A witty remark مذاق کا فقرہ ۔ چٹکلا ۔ لطیفہ ۔

Wive (wiv) *v.t.* & *i.* Provide with a wife, take for a wife ۔ شادی کرنا ۔ شادی کرانا ۔ بیاہ کرا دینا ۔ جورو دلوا دینا ۔

Wizard (wiz-ərd) *n.* A magic man, a wise man جادوگر ۔ ساحر ۔ دانا ۔ عقلمند ۔

Wizardry *n.* دانائی ۔ افسوں گری ۔ جادوگری ۔

Wizened *adj.* ۔ پُر شکن ۔ سُکڑا ہوا ۔ چھوارا سا ۔ سُوکھا ہوا ۔

Woad (wod) *n.* Plant yielding good permanent dye ایک درخت جو بحیرہ روم کے اطراف میں ہوتا ہے اس سے پکّا نیلا رنگ نکلتا ہے ۔

Wobble (wob-l) *v.i.* & *n.* Move unsteadily ڈگمگاتے ہوئے چلنا ۔ ڈگمگانا ۔ لڑکھڑانا ۔ تلوّن سے کام لینا ۔ کبھی کچھ کبھی کچھ کہنا ۔ بار بار رنگ بدلنا ۔ گردش ۔ ڈگمگاہٹ ۔ تلوّن ۔ لڑکھڑاہٹ ۔

Wobbler *n.* ۔ تھالی کا بینگن ۔ کمزور ارادے کا آدمی ۔ متلوّن مزاج ۔

Woe (wo) *n.* Grief, misery ۔ رنج ۔ غم ۔ سوگ ۔ الم ۔ مصیبت ۔ (جمع) آلام ۔ مصائب ۔

Weal and woe ۔ خوش حالی اور بد حالی ۔ بپتا ۔ سمپتا

Woeful *adj.* ۔ الم ناک ۔ آفت رسیدہ ۔ رنجیدہ ۔ غمگین

Wold (wold) *n.* An open tract of country غیر مزروعہ زمین ۔ کھلا میدان ۔

Wolf (woolf) *n.* & *v.t.* Common name for gregarious and rapacious species of the genus Canis ۔ بھیڑیا ۔ گرگ ۔ ظالم آدمی ۔ بے درد ۔ بے رحم انسان ۔ انسان کی شکل میں بھیڑیا ۔ نگل جانا ۔ چیر پھاڑ کر کھا جانا ۔

Cry wolf too often اعتبار کھو دینا ۔ بار بار بھیڑیا آیا بھیڑیا آیا کہنا ۔ بلا وجہ شور مچانا ۔

Hold wolf by the ears ایسی حالت کہ نہ رک سکیں نہ بھاگ سکیں ۔

Keep the wolf from the door ۔ فاقے سے بچنا

Wolf in sheep's clothing ریا کار انسان ۔ بگلا بھگت ۔

Wolfish *adj.* ظالم ۔ گُرگ صفت ۔

Wolfishness *n.* ۔ ظالم اور لالچی ہونا ۔ گُرگ سیرتی

Wolverene (wool-və-ren) *n.* & *v.t.* An American carnivorous mammal امریکہ کا ایک گوشت خور نیولے کی قسم کا جانور ۔ نیولا پالنا ۔

Woman (woom-ən) *n.* An adult female جوان عورت ۔ زن ۔ لگائی ۔ عورت ذات ۔ نسوانی جذبات ۔ نوکرانی ۔ ماما ۔

Make an honest woman of عورت سے ناجائز تعلق پیدا کرنے کے بعد اس سے شادی کر لینا ۔

Play the woman ۔ رونا یا خوف کا اظہار کرنا

Tied to woman's apron کسی عورت کا محتاج ہونا ۔

Woman of the world تجربہ کار عورت ۔ جہاں دیدہ عورت ۔

Woman with a past ۔ عورت جس کا ماضی بدنام ہو

Womenfolk ۔ گھر کی عورتیں ۔ مستورات

Womanhood *n.* ۔ نِسوانی طبیعت ۔ نِسوانیت

Womanlike *adj.* ۔ نسوانی

Womanish *adj.* ۔ عورتوں کا سا ۔ زن صفت

Womanize (woom-ən-iz) *v.t.* Make, become effiminate نسوانی صفات پیدا کرنا ۔ مرد کو زن صفت بنانا ۔ عورتوں میں حقیقی زنانہ صفات پیدا کرنا ۔ عیّاشی کرنا ۔

Womanly (woom-mən-li) *adj.* Like a woman زنانہ ۔ عورتوں کا سا ۔ نِسوانی صفت کا ۔

Womanliness *n.* ۔ عورت پن ۔ نسوانیت

Womb (woom) *n.* The organ in which young of mammals are developed رحم - بچہ دانی -

Wonder (wun-dər) *n.* Admiration, astonishing thing تعجب - اچنبھا - حیرت - عجوبہ - کرامات - معجزہ - حیرت انگیزی -

A nine-day's wonder کوئی دلچسپ واقعہ جس کا چرچا چند ہی دن رہے -

Did wonders حیرت انگیز کامیابی حاصل کی -

Child is a wonder بچہ عجوبہ ہے -

Wonderland طلسمات - پرستان -

Work wonders معجزہ دکھانا - کرامات دکھانا -

Wonder-worker کرامات دکھانے والا -

Wonder (wun-dər) *v.i. & t.* Feel wonder, speculate تعجب کرنا - متعجب ہونا - اچنبھے میں ہونا - معلوم کرنے کا اشتیاق ہونا - سوچ میں پڑ جانا - شبہ کرنا -

I wonder at you - مجھے تمہاری حرکت پر تعجب ہے -

I wonder what the time is نہ جانے کیا وقت ہے -

Wonderingly *adv.* تعجب کے ساتھ - حیرت سے -

Wonderment *n.* حیرانی - تعجب - حیرت -

Wonderful (wun-der-fl) *adj.* Astonishing تعجب خیز - حیرت انگیز - عجیب - انوکھا - نرالا - نہایت عمدہ - قابل تعریف -

Wondrous (wun-dər-əs) *adv. & adj.* Amazing حیرت انگیز - عجیب - حیرت انگیز طور پر - نہایت عمدہ طریقے سے -

Wondrously *adv.* حیرت انگیز طور پر -

Wondrousness *n.* تعجب انگیزی - حیرت انگیزی -

Wonky (wongk-i) *adj.* Unsound, shaky (بول چال) ڈگمگاتا ہوا - بیمار - ناقابل اعتبار -

Wont (wont) *adj.* Used, accustomed معمول کے مطابق - عادی - خوگر -

Wont (wont) *v. & aux.* Will not Will دیکھو

Wont (wont) *n.* Habit, custom عادت - خو - دستور - رسم و رواج -

Wonted (wont-d) *adj.* Habitual خوگر - عادی - معمول کے مطابق -

Wooer (woo-ər) *n.* One who tries to win the affection of عاشق - شادی کا طالب - اظہار عشق کرنے والا -

Wooingly *adv.* عاشقانہ انداز سے - عجز و نیاز سے -

Wood (wood) *n.* A tree, the Cross, timber, forest جنگل - بن - لکڑی - کاٹھ - چوب - ایندھن - عارق لکڑی - شراب کا پیپا - ہوا کے باجے ، بانسری وغیرہ -

Cannot see wood for trees پتیاں گنتے ہیں مگر درخت دکھائی نہیں دیتا - جُز میں کُل غائب -

Do not halloo till you are out of the wood } وقت سے پہلے ہمت مت سمجھو کہ سب مشکلیں آسان ہو گئیں -

Woodman لکڑ ہارا - داروغۂ جنگلات -

Wood-pecker ایک پرندہ (کٹھ پھوڑا) -

Woodsman صحرائی - جنگل باسی -

Wood work لکڑی کی نقاشی - لکڑی کا کام -

Woodchuck (wood-chuk) *n.* North American marmot شمالی امریکہ کی گلہری -

Wooden (wood-en) *adj.* Made of wood چوبی - بھدا - لکڑی کا بنا ہوا -

Wooden-headed *adj.* احمق - بیوقوف - چوب سر -

Wooden-headedness *n.* چوب سری - بے وقوفی -

Woodenly *adv.* حماقت سے - بھونڈے پن سے -

Woodenness *n.* بھدا پن - افسردگی - سختی -

Woody (wood-i) *adj.* Full of trees جنگل کا - لکڑی کا - چوبی - درختوں سے بھرا ہوا -

Woodiness *n.* چوبی ہونا - درختوں کی کثرت -

Wool (wool) *n.* Short and soft hair اُون - پشم - صُوف - اُونی دھاگا - رُواں - اُون کے کپڑے -

Go for wool and come home shorn اُلٹی آنتیں گلے پڑنا -

Much cry and little wool بہت شور سنتے تھے پہلو میں دل کا - ٹائیں ٹائیں فش -

Wool-gathering بیہودہ منصوبے - محویت کے عالم میں - کھویا ہوا -

Woollen (wool-n) *adj.* Made of wool اُونی - اُون کا - اُونی کپڑا -

Woollenette پتلا اُونی کپڑا ۔

Woolly (wool-i) *adj.* & *n.* Of wool پھیکے رنگ کی تصویر ۔ دُھندلی ۔ اُونی ۔ پشمی ۔ الجھا ہوا ۔ پریشان دماغ ۔ روئیں دار ۔

Woolliness *n.* ۔ الجھا ہوا ہونا ۔ دُھندلا اور پھیکا ہونا ۔ اُون کا ہونا ۔

Woolwich (wool-wij) *n.* Woolwich arsenal for naval and military stores and cadets of Royal Engineers and Artillery ولوچ کا بحری اور بری اسلحہ خانہ ۔ ولوچ کا فوجی کالج جہاں فوجی انجینئر اور توپ خانہ کے لیے سپاہی تیار کیے جاتے ہیں ۔

Wootz (woot-s) *n.* Steel made in India ہندوستان کا بنا ہوا فولاد ۔ فولادِ ہندی ۔

Wop (wop) *n.* A derogatory term for an Italian (امریکہ) اطالیہ کا باشندہ ۔ اطالوی ۔ (تحقیر کے طور پر) ووپ ۔

Word (wurd) *n.* A unit of spoken language ۔ لفظ کلمہ ۔ تقریر ۔ قول ۔ بات چیت ۔ حکم ۔ فرمان ۔ اقرار ۔ اظہار ۔ وعدہ ۔ بحث ۔ نزاعِ لفظی ۔ تکرار ۔ مقولہ ۔ اصولِ عمل ۔ کلامِ الٰہی ۔

A word in season بر وقت نصیحت ۔

A word out of season بے وقت نصیحت ۔

A word with you ۔ آپ سے ذرا بات کرنا چاہتا ہوں

Be as good as one's word ۔ جو کہنا وہ پورا کرنا

Big words دھونس ۔ شیخی ۔

Burning words پُر جوش الفاظ ۔

Eat one's words ۔ مجبور ہو کر اپنے الفاظ واپس لینا

Fair and good words خوشامدانہ گفتگو ۔

God's word کلامِ الٰہی ۔ کتابِ الٰہی ۔

Hard words break no bones
Fine words butter no parsnips
Words are but wind
} محض باتوں سے کیا ہوتا ہے ۔

Hasn't a word to throw at a dog یہ غرور کہ کسی سے بات تک نہیں کرتا ۔

His word is as good as a bond اس کا زبان دینا دستاویز سے کم نہیں ۔

I have a word to sa, مجھے ایک ضروری بات کہنا ہے ۔

Say a good word for ۔ کسی کے لیے کلمۂ خیر کہنا کسی کی سفارش کرنا ۔

Take one at his word کسی کے کہنے کو صحیح سمجھنا ۔

The last word قولِ فیصل ۔

Word-blind پڑھ سکے مگر سمجھ نہ سکے ۔ معنی کا اندھا ۔

Word (wurd) *v.t.* Say in words ۔ لفظوں میں ادا کرنا لفظوں میں بیان کرنا ۔ الفاظ لانا ۔ ظاہر کرنا ۔ باتیں گھڑنا ۔ الفاظ کا جامہ پہنانا ۔

Wording *n.* ترتیب ۔ الفاظ کی بندش ۔ طرزِ ادا ۔ طرزِ بیان ۔

Wordy (wurd-i) *adj.* Verbose, containing too many words طول طویل ۔ لمبی چوڑی ۔

Wordy warfare ۔ بے سُود بحث ۔ لفظی بحث ۔ حجت ۔ تکرار ۔

Wordiness *n.* طوالتِ کلام ۔ لفّاظی ۔

Work (wurk) *n.* Effort directed to an end ۔ کار کام ۔ شغل ۔ خاص کام ۔ تیار شدہ شے ۔ کوئی تصنیف یا تالیف شدہ کتاب ۔ گلکاری ۔ نقاشی ۔ بیل بوٹے ۔ نقش و نگار ۔ کشیدہ کاری ۔ نیک اعمال ۔ (جمع) فوجی استحکامات ۔ تعمیر کا کام ۔ آرائشی کام ۔

Make short work of شکست دینا ۔ دم بھر میں ختم کر دینا ۔

Workdays ۔ اتوار اور تعطیل کے علاوہ کام کے دن

Workhouse محتاج خانہ ۔ تعزیر خانہ ۔

Workmanship صنّاعی ۔ کاریگری ۔

Workshop کارخانہ ۔

Work-shy کام چور ۔

Workless *adj.* بے کار ۔ بے روزگار ۔

Work (wurk) *v.t.* & *i.* Be occupied, keep employed کام کرنا ۔ محنت کرنا ۔ سعی کرنا ۔ چلنا ۔ حرکت کرنا ۔ چالو ہونا ۔ چلانا ۔ کارو بار کرنا ۔ مصروف ہونا ۔ اثر کرنا ۔ عمل کرنا ۔ پیدا کرنا ۔ عمل میں لانا ۔ آٹے میں خمیر اٹھنا ۔ آٹے وغیرہ کو گوندھنا ۔ اُکسانا ۔ بھڑکانا ۔ کشیدہ کاڑھنا ۔ ریاضی کا سوال حل کرنا ۔ جہاز کے کرائے کے بدلے جہاز پر کام کرنا ۔

Hard to work with جس سے نباہنا مشکل ہو بے ڈھب

Work to rule قواعد کی بیجا پابندی سے کام خراب کرنا ۔

Workable (wurk-əbl) *adj.* Practicable کرنے کے لائق ۔ قابلِ عمل ۔

Workability *n.* قابلِ عمل ہونا ۔ عمل پذیری ۔

Worker (wurk-ər) *n.* One who works, a toiler محنت کرنے والا ۔ مزدور ۔

Working (wurk-ing) *adj.* & *n.* Making, solving بناتا ہوا ۔ کام کرتا ہوا ۔ جاری ۔ چالو حالت میں ۔ جدّ و جہد ۔ عمل ۔ طریقِ کار ۔

The working class مزدوروں کا طبقہ ۔

World (wurl-d) *n.* The earth, the universe ۔ دنیا جہان ۔ عالم ۔ زندگی ۔ دنیا کے دھندے ۔ کائنات ۔ کون و مکاں ۔ کرہ ارض ۔ دنیا کے لوگ ۔ سماج ۔ طبقہ امرا ۔ حلقہ ۔ دائرہ ۔ دنیاوی معاملات ۔

Citizen of the world پردیسی جو ساری دنیا کو اپنا وطن سمجھے ۔

Let the world slide دنیا جیسے چلتی ہے چلنے دو ۔

Man of the world ۔ دنیا دار ۔ تجربہ کار ۔ عملی آدمی

Take the world as it is اپنی زندگی دنیا کے حالات کے مطابق بناؤ ۔ تو بازمانہ بساز ۔

Worldling (wurl-dl-ing) *n.* One who is devoted to worldly pursuits ۔ دنیا طلب ۔ دنیا پرست دنیادار ۔

Worldly (wurld-li) *adj.* Pertaining to the world دنیا کا ۔ دنیاوی ۔ دُنیا پرست ۔ عیش پرست ۔

Worldly-minded جاہ و حشم کا طالب ۔ دنیاوی چیزوں کا طالب ۔

Worldly wise دنیا کے دھندوں کا ماہر ۔

Worldly wisdom ۔ دُنیا میں کامیاب ہونے کی عقل

Worldliness *n.* ۔ مادّیت ۔ ہوا و ہوس ۔ دُنیا طلبی دنیا داری ۔

Worm (wurm) *n.* Any creeping or crawling animal ۔ رینگنے والا کیڑا ۔ کِرْم ۔ کیچوے ۔ سانپ پیٹ کے کیڑے ۔ ادنیٰ یا حقیر آدمی ۔ چیونٹی ۔ زبان کے نیچے کی نس ۔

A worm will turn زیادہ ستانے سے کمزور سے کمزور بھی بدلہ لینے پر تیار ہو جاتا ہے ۔

I am a worm today ۔ آج میری طبیعت ناساز ہے

Worminess *n.* ۔ کیڑوں سے بھرا ہونا ۔ کِرْم خوردہ ہونا

Wormy *adj.* کِرْم خوردہ ۔ گھن لگا ۔

Worm (wurm) *v.t.* & *i.* Rid of worm, cause to be eaten by worms, work secretly کیڑے ختم کرنا ۔ کیڑوں کے حوالے کر دینا ۔ خفیہ طور پر کام کرنا ۔ خوشامد یا چالاکی سے تقرب حاصل کرنا ۔ عیاری سے کسی چیز کا پتہ لگا لینا ۔ فصل کو کیڑوں سے پاک کرنا ۔

Wormwood (wurm-wood) *n.* A bitter plant افسنتین ۔ ایک قسم کی تلخ بُوٹی ۔ سوہانِ روح ۔ روحانی تکلیف کا باعث ۔

Worry (wur-i) *v.t.*, *i.* & *n.* Tear with teeth, harass, pester, trouble oneself ۔ دق کرنا تنگ کرنا ۔ پریشان کرنا ۔ کتے کا بار بار کاٹنا ۔ ناک میں دم کرنا ۔ پریشان ہونا ۔ فکروں میں گھلنا ۔ پریشانی ۔ تشویش ۔

Wears a worried look ۔ پریشان نظر آتا ہے

Worriless *adj.* ۔ مطمئن ۔ پُرسکون ۔ فکروں سے پاک

Worriment *n.* ۔ تشویش ۔ دِقّت ۔ فکر ۔ پریشانی

Worryingly *adv.* ۔ فکروں میں مبتلا کرتے ہوئے پریشان کرتے ہوئے ۔

Worse (wurs) *adj.* & *adv.* Bad or evil in a greater degree بد تر ۔ بہت برا ۔ زیادہ خراب ۔ بد تر حالت میں ۔

Worsen *v.t.* & *i.* زیادہ خراب کرنا ۔ زیادہ خراب ہونا ۔ بد تر ہونا ۔

Worship (wur-ship) *n.*, *v.t.* & *i.* Profound affection ۔ پُوجا ۔ پرستش ۔ عبادت ۔ بندگی ۔ پرستش کرنا عزت کرنا ۔ احترام کرنا ۔ مقدس و اقدس سمجھنا ۔

Worshipful *adj.* ۔ واجب التعظیم ۔ معظّم ۔ مکرّم

Worshipfulness *n.* ۔ واجب التعظیم ہونا ۔ عظمت

Worshipper *n.* ۔ بندہ ۔ عابد ۔ پرستار ۔ پُجاری

Worst (wurst) *adj.*, *adv.* & *v.t.* Bad or evil in the highest degree ۔ بدترین ۔ بہت ہی خراب بدترین حالت میں ۔ بدترین طور پر ۔ غالب آنا ۔ جیتنا ۔ شکست دینا ۔ زک دینا ۔

At the worst ۔ بری سے بری حالت میں

If it comes to the worst اگر بدترین صورت پیش آئے ۔

Let him do his worst وہ جتنی برائی کر سکتا ہے کر دیکھے ۔

Worsted (woost-id) *n.* Fine woollen fabric اُون کا دھاگا ۔ بٹی ہوئی اُون ۔ کاتی ہوئی اُون ۔

Wort (wurt) *n.* Any vegetable پودا ۔ جڑی بُوٹی ۔ سبزی ۔ آش یا زلال جس کی شراب بنتی ہے ۔

Worth (wurth) *adj.* & *n.* Value, price مول کا ۔ قیمت کا ۔ قابل ۔ مستحق ۔ لائق ۔ سزا وار ۔ حیثیت دار ۔ ملکیت دار ۔ مالیت ۔ قیمت ۔ دام ۔ خوبی ۔ جوہر ۔ وصف ۔ لیاقت ۔ فضیلت ۔ بزرگی ۔

You must take it for what it is worth } تم خود سمجھ لو میں اس کا ذمہ دار نہیں ہوں ۔

Worth one's salt اپنے معاوضہ کے لحاظ سے کافی محنت کرنے والا ۔

Worthwhile صحیح مصرف ۔ بامصرف ۔ کار آمد ۔

Worthless *adj.* نکّما ۔ ناقص ۔ بے کار ۔

Worthlessness *n.* نا اہلیت ۔ نکّما پن ۔

Worth (wurth) *v.t.* Make worthy, honour قابل بنانا ۔ احترام کرنا ۔

Worthy (wurth-i) *adj.* Valuable, deserving ۔ قابل لائق ۔ سزا وار ۔ مستحق ۔ واجب ۔ شایانِ شان ۔ موزوں ۔ مناسب ۔

Worthiness *n.* (خطاب) بندہ پرور ۔ حضور ۔ قدر و قیمت ۔ اہلیت ۔ قابلیت ۔

Would-be (wood-be) *adj.* & *n.* Aspiring ہونے کی کوشش کرنے والا ۔ ہونے والا ۔

Wound (woond) *n.* & *v.t.* Cut, bruise, hurt or injury زخم ۔ گھاؤ ۔ چوٹ ۔ قرح ۔ صدمہ ۔ زخم دل ۔ زخمی کرنا ۔ گھاؤ ڈالنا ۔ مجروح کرنا ۔ صدمہ پہنچانا ۔

Wound (woond) *v.p.* دیکھو Wind

Wove (wov) *n.* دیکھو Weave

Wow (wow) *interj* & *n.* An exclamation of wonder اخاہ ۔ اوہو ۔ (امریکی بول چال) نہایت کامیاب ناٹک ۔

Wowser (wow-zər) *n.* A puritanical person- کٹّر پرہیزگار جو دوسروں کی مسرتوں میں بیجا مداخلت کرتا ہے ۔

Wrack (rak) *n.* A wreck, vengeance, devastation تباہی ۔ بربادی ۔ ایک دریائی گھاس جس کی کھاد بنتی ہے ۔ تباہ حال آدمی ۔

Wraith (rath) *n.* A spectre انسان کا ہمزاد ۔

Wrangle (rang-gl) *v.i.* & *n.* Argue, debate حجت کرنا ۔ بحث کرنا ۔ تکرار کرنا ۔ جھگڑنا ۔ توتو میں میں ۔ حجت ۔ تکرار ۔

Wrangler (rang-glər) *n.* One who disputes بحث کرنے والا ۔ وہ طالب علم جو جامعہ کیمبرج میں ریاضی میں درجہ اول میں کامیاب ہوا ہو ۔ جو ٹرائی پاس میں درجہ اول میں کامیاب ہوا ہو ۔

Senior Wrangler جو امتحان میں درجہ اول میں اول آیا ہو ۔

Wranglership رینگلر کا اعزاز یا درجہ ۔

Wrap (rap) *v.t., i.* & *n.* Roll or fold together تہہ کرنا ۔ لپیٹنا ۔ ڈھکنا ۔ ملفوف کرنا ۔ گھیرنا ۔ چھپانا ۔ (جمع) گلوبند ۔ شال ۔ لبادہ ۔ لپیٹنے کے کپڑے ۔

Wrapping *n.* شال ۔ چادر ۔ لپیٹنے کا کاغذ وغیرہ ۔

Wrappage (rap-ag) *n.* Covering کپڑا یا کاغذ جس میں کوئی چیز لپیٹی جائے ۔ اوڑھنے لپیٹنے کی چیزیں ۔

Wrapper (rap-ər) *n.* One who or that which wraps لپیٹنے والا ۔ چُغہ ۔ جُبّہ ۔ لبادہ ۔ اخبار وغیرہ لپیٹنے کا کاغذ ۔ کتاب کا گرد پوش ۔ عمدہ تمباکو کی پتّی جو سگار کے اوپر لپیٹی جاتی ہے ۔ سگریٹ کا کاغذ ۔

Wrath (rawth) *n.* Violent anger غَیظ ۔ غضب ۔ قہر ۔ غصہ ۔

Slow to wrath ۔ متحمل مزاج ۔ ٹھنڈے مزاج کا آدمی ۔

Wrathful *adj.* غصہ ور ۔ قہر آلود ۔ غضب ناک ۔

Wreak (rek) *v.t.* Drive out, vent, punish انتقام لینا ۔ بدلہ لینا ۔ سزا دینا ۔ نکال باہر کرنا ۔ پھینکنا ۔ کسی پر غصہ اُتارنا ۔

Wreath (reth) *n.* A circlet of flowers or interwoven material پھولوں کا ہار ۔ سنہرے تاروں کا ہار ۔ ریشم کا ہار ۔ دھوئیں کا ہالہ ۔ بادل کا حلقہ ۔ ناچنے والوں یا تماشائیوں کا حلقہ ۔

Wreathe (reth) *v.t.* & *i.* Form by twisting ہار گوندھنا ۔ بٹ کر ہار بنانا ۔ ہار لپیٹنا ۔ ہار پہنانا ۔ ہار سے آراستہ کرنا ۔ گلے میں باہیں ڈالنا ۔ دھوئیں کے حلقے بنانا ۔

Wreathed in smiles باچھیں کِھلی ہوئی - مسکراتا ہوا -

Wreck (rek) *n., v.t. & i.* Destruction تباہی - بربادی - جہاز کی تباہی - شکستہ عمارت - کھنڈر - تباہ حال شخص - مفلوک الحال - مریض - تباہ کرنا یا ہونا - غارت ہونا -

Wrecking amendment ایسی ترمیم جس سے تجویز کا مقصد ہی فوت ہو جائے -

Wreckage (rek-ag) *n.* Wrecked material تباہ شدہ جہاز - اس کا ٹوٹا پھوٹا سامان - تباہ شدہ عمارت کے کھنڈر - متفرق ٹکڑے -

Wrecker (rek-ər) *n.* A person who purposely causes a wreck تباہ شدہ سامان تلاش کرنے والا - برباد کرنے والا - کنارے پر رہ کر جہازوں کو تباہ کرنے کی کوشش کرنے والا تاکہ ان کا مال ہاتھ آئے - کسی تجویز کو ناکام بنانے والا -

Wren (ren) *n.* A singing bird of Europe یورپ کی ایک گانے والی چڑیا -

Wrench (ren(t)sh) *v.t. & n.* Wring or pull with a twist مروڑنا - مروڑ کر الگ کرنا - مروڑ کر توڑنا - زور کا دھچکا - جدائی کا صدمہ - جھٹکا دینا - جھٹکا دے کر چھین لینا - توڑنا - مروڑنا -

Wrest (rest) *v.t. & n.* Turn, twist, extract, take away مروڑنا - اینٹھنا - کھینچ تان کر مطلب نکالنا - واقعات کو مبہم عبارت سے مسخ کر دینا - جھٹکا دے کر چھین لینا - اینٹھن - مروڑ - جھٹکا -

Wrestle (res-l) *v.i., t. & n.* Contend by grappling, struggle کُشتی لڑنا - لپٹنا - پوری طاقت سے مقابلہ کرنا - پورا پورا زور لگانا - شدید مقابلے کے بعد حاصل کرنا - کشمکش - سخت مقابلہ -

Wrestler *n.* دنگل لڑنے والا - کُشتی گیر - کُشتی باز - پہلوان -

Wrestling *n.* - کُشتی کا فن - کُشتی لڑنا - داؤں پیچ - پہلوانی -

Wretch (rech) *n.* A worthless or despicable person کم بخت - بدنصیب - منحوس - مصیبت کا مارا - قابل نفرت آدمی - ملعون - بے شرم - بے حیا -

Wretched (rech-id) *adj.* Very miserable - کم بخت - بد نصیب - آفت زدہ - پاجی - نالائق - شدید - سخت -

Wretchedly *adv.* - پاجی پن سے - خباثت کے ساتھ - کم بختی سے -

Wretchedness *n.* - کم بختی - نکّما پن - اِفلاس - بد نصیبی - خباثت -

Wriggle (rig-l) *v.i., t. & n.* Twist, use evasive tricks کیڑے وغیرہ کا بل کھانا - بل پڑنا - تڑپ کر نکل جانا - عیّاری کرنا - دھوکا دینا -

Wright (rit) *n.* A maker, a carpenter - کاریگر - دستکار - بڑھئی -

Wring (ring) *v.t. & i.* Twist, expel moisture, force out by twisting مروڑنا - اینٹھنا - اینٹھ کر پانی نکال دینا - مروڑ کر توڑ ڈالنا - سخت اذیت پہنچانا - نچوڑنا - معنی بدلنا - تاویل کرنا -

Wring one's hand-پچھتانا - ہاتھ ملنا-کفِ افسوس مَلنا

Wrinkle (ring-kl) *n., v.t. & i.* Crease or furrow شکن - جُھرّی - سلوٹ - جُھرّیاں ڈالنا - جُھرّیاں پڑنا - شکن پڑنا -

Wrinkly *adj.* جُھرّی پڑا ہوا - پُر شکن -

Wrinkle (ring-kl) *n.* A tip, a hint اشارہ - خُفیہ امر کی اطّلاع -

Wrist (rist) *n.* The joint by which the hand is united to arm کلائی - ساعد - کلائی کی لچک - مشین جس کے دُھرے پر جوڑنے والا ڈنڈا پھرتا ہے -

Wristlet (rist-lt) *n.* A strap for the wrist, a bracelet - کلائی بند - کلائی کا تسمہ - دست بند - کنگن - کڑا - ہتھکڑی -

Writ (rit) *n.* A writing, a legal document - نوشتہ - تحریر - درخواستِ سماعت - حکم نامۂ عدالت - فرمانِ شاہی - کتاب - الہام -

Holy Writ انجیلِ مقدّس -

Writ of attachment ضبطی یا قُرقی کا پروانہ -

Write (rit) *v.t. & i.* Form words by pen or pencil لکھنا - تحریر کرنا - قلم بند کرنا - تصنیف و تالیف کرنا - خط لکھنا - نقش کرنا - کندہ کرنا - خط میں لکھنا - دستاویز لکھنا - تحریر میں لانا -

Write off قرض معاف کر دینا - ناقابل ادا رقم کو منسوخ کرنا - قلم زد کرنا - منسوخ کرنا -

Write out اپنے خیالات قلم بند کر دینا - سب کچھ لکھ ڈالنا -

Write up کسی کی تعریف لکھنا - کسی چیز کے متعلق تفصیل سے لکھنا -

Writer (rit-ər) n. One who writes, a professional scribe - منشی - نویسنده - مُنیم - مُحرّر - مُصنّف - مؤلّف - انشا پرداز - انشا سکھانے کا معلم- پیشہ مُحرّر -

Writership n. کتابت - کاتب کا کام - منشی گیری - مُحرّری -

Writhe (ridh) v.i., t. & n. Coil, twist violently, distort, be in pain - درد سے پہلو بدلنا - اینٹھنا - تشنّج ہونا- جسم کو ادھر ادھر جھکانا - تشنّج - اینٹھن-

Writing (rit-ing) n. Written matter - تحریر - نوشتہ - کتابت - کتاب - مسودہ - مضمون - دستاویز - و ثیقہ - The writing on the wall واقعات جو آئندہ کی خبر دیتے ہیں -

Written (rit-n) adj.   Write دیکھو

Wrong (rong) n., adj. & v.t. Incorrect, erroneous غلط - نا درست - بگڑا ہوا - نا حق - بیجا - نا مناسب - غیر واجب - غیر صحیح - غلطی پر - بُرا کام - گناہ - شرّ - بے انصافی - حق تلفی - نقصان - چُوک - زیادتی - بُھول - ظلم کرنا - زیادتی کرنا - نقصان پہنچانا - بدنام کرنا - رُسوا کرنا - قصور وار سمجھنا - غلط الزام لگانا -

Get in wrong with person (امریکہ) کسی شخص کو ناراض کر دینا -

In the wrong box نقصان میں - مشکل میں -

Go wrong صراط مستقیم سے ہٹ جانا - بِگڑ جانا - بد راہ ہونا -

On the wrong side of forty چالیس سال سے زیادہ عمر کا -

Put one in the wrong کسی کو قصور وار ٹھہرانا -

Wrong-headed ضدّی آدمی - کج فہم -

You do me wrong تم مجھ پر ظلم کرتے ہو - تم مجھ پر بیجا الزام لگاتے ہو-

You are in the wrong قصور تمھارا ہے -

Wrong-doer زیادتی کرنے والا - قصور وار - گنہگار -

Wrong-doing ظلم - تعدی - گناہ - قصور - خطا -

Wrongful adj. غیر منصفانہ - بیجا - ناحق -

Wrongfulness n. زیادتی - بے انصافی - ظلم -

Wrongly adv. غلط طریقی پر - ناحق - غلطی سے -

Wroth (roth) adj. Wrathful ناراض - برہم - غضب ناک -

Wry (ri) adj. Twisted or turned to one side ٹیڑھا - خمیدہ - مُڑا ہوا - ترچھا - بِگڑا ہوا - کجرو - نا درست -

Make a wry face تُرش رُو ہونا - مُنہ بنانا -

Wry-mouthed تعریضی منہ بنانے والا - طنزیہ خوشامد کرنے والا -

Wryness n. ترچھا پن - ٹیڑھا پن -

Wye (wi) n. Any thing shaped like the letter Y حرف Y کی شکل کی کوئی چیز - دو شاخی چیز -

Wykehamist (wik-əm-ist) n. A pupil of Winchester college ونچسٹر کالج کا سابق طالب علم یا مُعلّم

Wynd (wind) n. A narrow lane کسی شہر یا قصبے کی گلی -

Wyvern (wi-vern) n. A fictitious monster کہانیوں کا عجیب و غریب اُڑنے والا اژدہا -

X

X (eks) n. The twenty-fourth letter of the English alphabet انگریزی حروف تہجی کا چوبیسواں حرف - رومن اعداد میں دس کا ہندسہ - (جبر و مقابلہ) نامعلوم مقدار - پُراسرار چیز - شراب کی قُوّت کی علامت - یک آتشہ x - دو آتشہ xx -

Xanth (zanth) adj. & n. Yellow, a salt of xanthic acid زرد - زانتھن کی ترکیبی صورت - صفوری تیزاب کا نمک -

Xanthate صفوری تیزاب کا نمک -

Xanthic adj. پیلا سا - بسنتی - زردی مائل -

Xanthein ایک مادّہ جو خون اور پیشاب میں ہوتا ہے - پھولوں میں زرد رنگ پیدا کرنے والا مادہ -

Xanthous adj. منگولی نسل کا - زرد رنگ کا -

Xanthippe (zan-tip-i) n. Wife of Socrates سقراط کی بیوی کا نام جو چڑچڑی تھی - چڑچڑی عورت - لڑاکا بیوی -

Xebec (ze-bek) *n.* A small three-masted vessel much used by Algerians بحیرہ روم کا سہ مستولی جہاز جو الجزائری بناتے اور چلاتے تھے ۔

Xenelasia (zen-i-ləz-ia) *n.* Custom of sending foreigners out of the state اجنبیوں کو ملک بدر کرنے کا رواج ۔ دیس نکالا ۔

Xen-o (zen-o) *prefix* Meaning strange سابقہ بمعنی اجنبی ۔

Xenial مہمانی ۔ میزبانی کا ۔

Xenogamy مخلوط نباتاتی پیدائش ۔ دو جنسی قلم بندی ۔ دو جنسی میل ۔

Xenophobia *n.* غیر ملک والوں سے نفرت ۔ اجنبیوں سے بیزاری ۔

Xenium (zen-i-əm) *n.* A present made to a guest تحفہ ۔ نذرانہ ۔ تحفہ جو مہمان کو دیا جائے ۔ نذرِ عقیدت ۔

Xenon (zen-on) *n.* A heavy gastric element ایک وزنی گیسی عنصر جس کو ۱۸۹۸ء میں سر ولیم ریمزے نے دریافت کیا تھا ۔

Xer-(zer) *prefix* In combination meaning dry سابقہ بمعنی خشک ۔

Xeransis *n.* خشک ہو جانا ۔ سوکھ جانا ۔

Xeranthemum *n.* ایک پھول دار سدا بہار پودا ۔

Xerophilous *adj.* گرم اور خشک آب و ہوا میں پھولنے والا ۔

Xiph (zif) *prefix* In combination meaning sword سابقہ بمعنی شمشیر ۔ تیغ نما ۔ تیغ کی شکل کا ۔

Xiphoid تلوار کی شکل کا ۔

Xoanon (zo-ə-nan) *n.* Wooden image of deity supposed to have fallen from heaven زمانۂ قدیم کا چوبی یا حجری بُت جس کے متعلق یہ خیال تھا کہ یہ عرش سے گرا ہے ۔

Xylem (zi-ləm) *n.* Woody tissue مادہ یا ریشے جس سے لکڑی بنتی ہے ۔

Xyl-(zil) *prefix* In combination meaning wood سابقہ بمعنی چوب ۔ چوبی ۔

Xylobalsamum *n.* ایک درخت کی خشک شاخوں کا جوشاندہ ۔ بلسان کا درخت ۔ بلسان ۔

Xylocarp *n.* ایک درخت جس میں سخت لکڑی کی طرح کا پھل آتا ہے ۔

Xylograph *n.* لکڑی کے ابھرے ہوئے نقوش پر کاغذ دبا کر چھاپنا ۔ چوبی کندہ کاری ۔

Xylographer *n.* لکڑی پر چھپائی کا کام کرنے والا ۔

Xylophagous *adj.* لکڑی کھانے والا کیڑا ۔ چوب خورہ ۔

Xylophone *n.* چوبی پردوں کا باجا جو لکڑی مار کر بجایا جاتا ہے ۔

Xyster (zis-tər) *n.* Bone scraper ایک آلہ جراحی جس سے ہڈی کھرچ کر صاف کرتے ہیں ۔

Xystus (zis-təs) *n.* A covered portico قدیم یونان کا ورزش کرنے کا برآمدہ ۔ چبوترہ ۔ برآمدہ ۔

Y

Y (wi) *n.* The twenty-fifth letter of the English alphabet انگریزی حروف تہجی کا پچیسواں حرف ۔ (جبر و مقابلہ) نا معلوم مقدار ۔ کوئی دو شاخی چیز ۔

Y-branch دو شاخہ ٹہنی ۔

Y-cross وہ نشان جو لباس عبادت پر بناتے ہیں ۔ دو شاخہ صلیب ۔

Y-gun تار پیڈو مارنے کی دو شاخہ توپ ۔

Y-moth ایک پتنگا جس کے پروں پر Y کی شکل کا نشان ہوتا ہے ۔

Y-track ریل کی پٹریوں کا وہ حصہ جہاں دو شاخیں بیچ کی پٹریوں سے ملتی ہیں ۔

Yacht (yot) *n.* A light fast-sailing vessel بجرا ۔ ڈونگی ۔ ہلکی بادبانی یا دُخانی کشتی ۔ امیرانہ سیر و سیاحت کے لیے چھوٹی اگن بوٹ ۔

Yacht-club *n.* ناؤ دوڑ کلب ۔ ایسا کلب جہاں کشتیوں کی دوڑیں ہوتی ہیں ۔

Yachtsman *n.* ناؤ دوڑ میں شریک ہونے والا ۔ ناؤ چلانے والا ۔

Yachting *n.* کشتی دوڑ کے مقابلے کے لیے مشق کرنا ۔ بجرے میں سفر کرنا ۔

Yaffle (yaf-l) *n.* The green wood-pecker سبز ہُدہُد ۔ سبز رنگ کا کٹھ پھوڑ پرندہ ۔

Yager (ya-gər) *n.* A soldier of German army جرمن فوجی پلٹن کا سپاہی ۔

Yah (ya) *interj.* An exclamation of derision ۔ اونہہ چل ہٹ ۔ پرے ہٹ ۔ دُور ہو ۔

Yahoo (ya-hoo) *n.* A name given to brutes which resemble man بن مانس ۔ جنگلی آدمی ۔ انسانی شکل کا حیوان ۔ گوریلا ۔ وحشی آدمی ۔

Yak (yak) *n.* Species of ox found in Tibet ملک تبت کا بیل ۔ یاک ۔

Yak lace لیس جو یاک کے بالوں سے بنائی جاتی ہے ۔

Yam (yam) *n.* A large tuberous root like potato ایک قسم کی ترکاری ۔ اروی ۔ رتالُو ۔

Yama (yum-a) *n.* The first mortal, god of the underworld پہلا فانی انسان ۔ پاتال کا دیوتا ۔ ملک الموت ۔ مُردوں کی روحوں کا محافظ ۔

Yamen (ya-mən) *n.* The official residence of a mandarin چینی حاکم کی سرکاری قیام گاہ ۔

Yank (yangk) *v.t., i. & n.* Carry, move with a jerk (امریکہ) جھٹکا دے کر کھینچنا ۔ جھٹکا ۔

Yankee (yangk-i) *n.* A citizen of northern States امریکہ کی شمالی ریاست نیو انگلینڈ کا باشندہ ۔

Yankee doodle امریکہ کا قومی گیت ۔

Yankee notions امریکہ والوں کے خیالات ۔

Yankeedom *n.* ۔ اہل امریکہ ، ان کی زبان ، طرزِ معاشرت ۔

Yankeefied *adj.* جس پر امریکی تہذیب کا رنگ ہو ۔

Yankeeism *n.* امریکی دستور ۔ امریکی معاشرت ۔ امریکیت ۔

Yap (yap) *v.i. & n.* Bark sharply and constantly دفعتاً تیز آواز سے بھونکنا ۔ بھونکتے رہنا ۔ رہ رہ کر بھونکنا ۔ کُتّے کی گھبرائی ہوئی آواز ۔

Yapock (yap-ək) *n.* The S. American water opossum جنوبی امریکہ کا تھیلی دار اود بلاؤ ۔

Yapp (yap) *n.* A leather binding in which the cover overlaps the edges نرم چمڑے کی جلد جس کا چمڑا کناروں کو ڈھک لیتا ہے اور کتاب کے کناروں سے آگے نکلا ہوا ہوتا ہے ۔

Yarborough (yar-bər-ə) *n.* A hand of cards having no honour card تاش کا ہاتھ جس میں کوئی پتہ نہلے سے بڑا نہ ہو ۔

Yard (yard) *n.* A straight thin branch, a rod for measuring پتلی شاخ ۔ گز ۔ درعہ ۔ احاطہ ۔ باڑا ۔ زمین کا قطعہ جو عمارتوں سے گھرا ہو ۔ پال پھیلانے کی لکڑی ۔ ذکر ۔ آلۂ تناسل ۔

Yard (yard) *n. & v.t.* Enclose in a yard صحن ۔ آنگن ۔ چوک ۔ مویشی کو باڑے میں بند کرنا ۔

Brickyard باڑا جہاں اینٹیں جمع کی جاتی ہیں ۔ بھٹے کا باڑا ۔

Railway-yard اسٹیشن کا وہ میدان جہاں ریلیں اور ڈبے رکھے اور جوڑے جاتے ہیں ۔

Stockyard مویشی باڑا ۔

The Yard اسکاٹ لینڈ یارڈ ۔ لندن کی خفیہ پولیس کا دفتر ۔

Yard-master ریلوے باڑے کا محافظ ۔

Yardage *n.* باڑے میں مویشی رکھنے کا محصول ۔

Yarn (yarn) *n. & v.t.* Spun thread, thread سُوت تاگا ۔ تار ۔ ڈوری ۔ (بول چال) قصہ ۔ کہانی ۔ گپ ۔ من گھڑت قصہ ۔ رام کہانی کہنا ۔ گپ مارنا ۔ کوئی فرضی قصہ بیان کرنا ۔

Yarrow (yar-o) *n.* A strong-scented plant ایک سدا بہار تیز بُو کا پودا ۔

Yashmak (yash-mak) *n.* The double veil worn by Muslim women in public دوہری نقاب جو مسلمان عورتیں گھر کے باہر چہرے پر ڈالتی ہیں ۔

Yataghan (yat-ə-gan) *n.* A long Turkish dagger ایک لمبا خنجر ۔ تیغا جو ترک استعمال کرتے ہیں ۔

Yaw (yaw) *v.i.* Deviate from its course جہاز کا اپنے سیدھے راستے سے ہٹ جانا ۔ عارضی طور پر جہاز کا راستہ چھوڑ دینا ۔

Yawl (yawl) *v.i. & n.* Howl چیخنا ۔ چلّانا ۔ چیخ پُکار ۔ ایک چار یا چھ چپّوؤں والی کشتی ۔ دو مستولوں والی بادبانی کشتی ۔

Yawn (yawn) *v.i. & n.* Take a deep involuntary breath سُستی کی وجہ سے گہری سانس لینا ۔ جمائی لینا ۔ منہ کھلا ہوا ہونا ۔ منہ ۔ موکھا ۔ شگاف ۔ جمائی ۔

Yawningly *adv.* جمائی لیتے ہوئے ۔

Yaws (yawz) *n.* A contagious disease of the skin گرم ملکوں کی ایک متعدی بیماری جس میں جلد پر گُمڑے پڑ جاتے ہیں ۔

Yclept (i-klept) *adj.* Called کہلانے والا - جو اس نام سے موسوم ہے - کہلاتا ہے -

Ye (ye) *pron.* Nominative plural of 2nd person تم - آپ - آپ لوگ - شعر یا مذہبی ادب میں مستعمل ہوتا ہے -

Yea (ya) *adv.* Yes, verily, indeed ہاں - البتہ - یقیناً - در حقیقت -

Yegg (yeg) *n.* Travelling burglar (بول چال) سفری چور - تجوری توڑ کر چوری کرنے والا -

Yean (yen) *v.t. & i.* Of a sheep, to bring forth young بھیڑ یا بکری کا بچہ دینا ، بیانا -

Yeanling (yen-ling) *n.* A lamb or a kid بھیڑ بکری کا چھوٹا بچہ -

Year (yer) *n.* A period of time, twelve months برس - سال - ۳۶۵ یا ۳۶۶ دن - وہ مُدّت جس میں زمین اپنے مدار پر ایک گردش پوری کرتی ہے - عمر - کہن سالی - سِن و سال -

A year and a day ایک سال ایک دن کی قانونی مُدّت جو مقرر کی جاتی ہے -

Fiscal year مالی سال - حسابی سال -

From year to year / Year by year سال بہ سال - ہر سال -

In years کہن سال - عمر میں -

Lunar year قمری سال -

Of tender years کم سِن -

The school year - جتنے مہینے تعلیم ہوتی ہے - تعلیمی سال -

Year book ایسی کتاب جس میں ایک سال کی ساری معلومات ہوں - سالنامہ -

Year in year out سال بھر - تمام سال -

Year-long سال بھر کا -

Young for his years اپنی عمر سے بہت کم معلوم ہوتا ہے -

Year of Grace سن عیسوی -

Yearling (yer-ling) *n.* An animal a year old ایک سال کا جانور-

Yearly (yer-li) *adj. & adv.* Annually ہر سال ہونے والا - ہر سال - سالانہ -

Yearn (yərn) *v.t.* Desire strongly - شوق سے چاہنا - بے حد شوق ہونا - دلی آرزو ہونا - دلی خواہش ہونا -

It yearns me میرا دل تڑپتا ہے -

Yearning *n.* اشتیاق - خواہش - چاہ -

Yearning *adj.* مشتاق - پُر آرزو -

Yearningly *adv.* اشتیاق کے ساتھ -

Yeast (yest) *n.* A substance used in brewing خمیر - بیر شراب کا جھاگ - پھین -

Yeast powder خمیر اٹھانے کا سفوف -

Yeasty (yest-i) *adj.* Frothy, foamy خمیر آیا ہوا - جھاگ دار - پُر اضطراب - باتونی - سطحی اور چھچھوری باتیں کرنے والا -

Yeastiness *n.* - خمیر آنا - فضول گوئی - چھچھورا پن - ہیجان -

Yell (yel) *v.i.* Howl, cry out with a sharp noise چیخنا - چلّانا - غُل مچانا - نعرہ لگانا (امریکہ) ہمت افزائی کا نعرہ جو طلبا اپنے ساتھیوں کے لیے لگاتے ہیں -

Yellow (yel-o) *v.t., i., adj. & n.* Of the colour of sulphur - پیلا - زرد - بسنتی - شک و شبہ کی نظر - حاسدانہ - رقیبانہ (بول چال) نا مرد - بُزدل - تیتری کی ایک قسم - (امریکہ) شفتالُو کا ایک روگ -

Yellow-gum شیر خوار بچوں کا یرقان -

Yellow-hammer - ایک زرد رنگ کا پرندہ - پیلی چڑیا

The yellow peril یہ خطرہ کہ ایک دن منگول نسل کے لوگ دنیا پر چھا جائیں گے -

The yellow press ہیجان خیز خبریں شائع کرنے والے اخبار-

Yellow fever or Jack ایک بخار جس کے ساتھ یرقان بھی ہو جاتا ہے -

Yellow men or races چینی ، جاپانی وغیرہ - منگولی نسل - منگول نسل کی قومیں -

Yellow metal دھات جس میں ۶۰ فیصد تانبا اور ۴۰ فیصد جست ہوتا ہے -

Yellowish *adj.* پیلا سا - زردی مائل -

Yellowly *adv.* رقیبانہ انداز سے -

Yellowness *n.* پیلا پن - زردی -

Yellowy *adj.* زردی مائل - زرد -

Yelp (yelp) *v.i. & n.* Boast, bark بھونکنا - کُتّے کی طرح چلّانا - بھونکنے کی آواز -

Yen (yen) *n.* The Japanese monetary unit ایک جاپانی سکہ ۔ بے تاب کر دینے والی خواہش ۔

Yeoman (yo-mən) *n.* A gentleman serving in a royal or noble household ۔ داروغہ ۔ مہتمم ۔ زمیندار ۔ لگاندار ۔ رضا کار رسالے کا سپاہی ۔ رائے دھی کا حقدار ۔

Yeoman of the guard لندن بُرج کا محافظ سپاہی ۔

Yeoman's service ضرورت کے وقت امداد ۔

Yeomanry (yo-mən-ri) *n.* Collective body of free holders, a cavalry volunteer force معافی داروں کی جماعت ۔ رضا کار رسالہ ۔ محافظ فوج جو زراعت پیشہ آبادی سے بھرتی کی گئی ہو ۔

Yes (yes) *adv.* A word of consent ۔ اچھا ۔ ہاں ۔ بہت اچھا ۔ بسر و چشم ۔

Say yes راضی ہو جانا ۔ مان لینا ۔

Yes ? کیا واقعی ؟

Yester (yes-ter) *adj.* Relating to yesterday گزرے ہوئے کل کا ۔

Yesterday (yes-tər-da) *n.* & *adv.* On the day last past کل یا گزشتہ دن ۔ گزشتہ دن میں ۔ دیروز ۔

Yet (yet) *adv.* & *conj.* In addition, besides, still اس کے سوا ۔ اس کے علاوہ ۔ ماسوا ۔ اور زیادہ ۔ اس پر بھی ۔ تا حال ۔ تاہم ۔ ابھی تک ۔ فی‌الواقع ۔ باوجودیکہ ۔ گو کہ ۔ پر ۔ لیکن ۔ اِلّاَ ۔ مگر ۔

Yew (u) *n.* A tree of elastic wood, usually planted in graveyards ایک سدا بہار درخت جو اکثر قبرستانوں میں لگایا جاتا ہے ۔ اس کی لکڑی لچکدار ہوتی ہے اور کمان بنانے کے کام آتی ہے ۔

Yggdrasil (ig-drə-sil) *n.* The ashtree binding earth, heaven and hell ایک افسانوی درخت جس کی شاخیں جنت ، دوزخ اور دُنیا پر پھیلی ہوئی ہیں اور ان تینوں کو ملاتی ہیں ۔

Yiddish (yid-ish) *adj.* & *n.* A compound of corrupt Hebrew ایک مخلوط یا بگڑی ہوئی عبرانی زبان جو جرمنی اور پولینڈ کے یہودی بولتے ہیں ۔ بدیشی زبان کا ۔

Yield (yeld) *v.t., i.* & *n.* Pay, produce, concede مہیّا کرنا ۔ پیدا کرنا ۔ حاصل کرنا ۔ فصل دینا ۔ پیدا وار ۔ فصل ۔ منافع ۔ نکاسی ۔ حوالے کرنا ۔ قبول کرنا ۔ تسلیم کرنا ۔ منظور کرنا ۔ کمتر ہونا ۔ کم ہونا ۔ پیٹا ہونا ۔

Yield the palm پیچھے رہ جانا ۔ مغلوب ہو جانا ۔ کسی سے ہار جانا ۔

Yield the point بات مان لینا ۔

Yield up the ghost جان دے دینا ۔

Yielding *adj.* رضا مند ۔ بات مان لینے والا ۔ دینے والا ۔ لچکدار ۔ ملائم ۔

Ylang-ylang (e-lang-e-lang) *n.* A flowering tree of Malaya ملایا کا ایک درخت جس کے پھول خوشبو دار ہوتے ہیں اور ان کا عطر کشید کیا جاتا ہے ۔

Yodel (yo-dl) *v.t., i.* & *n.* Sing or shout ۔ گانا مدھم سے پنچم اور پھر مدھم میں آواز کو اٹھانا اور گرانا ۔ ٹیرل کے پہاڑی باشندوں کی طرح گانا ۔ الاپ تان ۔ سم سے سم تک ۔ سمپُورن تان ۔

Yoga (yo-ga) *n.* A system of emancipation of soul from further migration رُوح کا آواگون سے نجات حاصل کرنے کا طریقہ ۔ ایک طریقۂ ریاضت ۔

Yogi (yo-gi) *n.* One who practises yoga ۔ یوگی جوگی ۔ یوگ کی مشقوں کا عامل ۔

Yoicks (yoks) *n.* & *interj.* Fox hunters cry, urge hounds on یوک یوک ۔ لینا لینا ۔ لومڑی کے شکاریوں کی للکار ۔ لینا لینا کہہ کے کُتّوں کو لومڑی کے پیچھے بھگانا ۔

Yoke (yok) *n., v.t.* & *i.* Frame of wood joining draught oxen ۔ جُوا ۔ زنجیر ۔ کڑی ۔ محکومی ۔ حلقہ بگوشی ۔ غلامی ۔ بیلوں کی جوڑی ۔ جوئے میں جوتنا ۔ نتّھی کرنا ۔ جوڑنا ۔ عقد کر دینا ۔ جوڑ ہونا ۔ جوڑی دار ہونا ۔

Yokel (yokl) *n.* A country bumpkin ۔ دہقانی دیہاتی ۔ گنوار ۔

Yolk (yok) *n.* The yellow part of the egg انڈے کی رطوبت ۔ انڈے کی زردی ۔ بھیڑ کی کھال کی رطوبت ۔ ارن کا تیل ۔

Yolky *adj.* ایسی چیز جس میں انڈے کی زردی شامل ہو ۔ زردی کی طرح ۔ انڈے کی زردی کا ۔ زردی دار ۔

Yon (yon) *adj., adv.* & *pron.* That, that thing, yonder وہ شخص ۔ وہ چیز ۔ وہ ۔ اس طرف ۔

Yonder *adj.* & *adv.* آگے - آگے کا - مقابلہ کا - سامنے کا - سامنے - وہاں پر -

Yore (yor) *adv.* & *n.* Long ago پُرانا زمانہ - زمانۂ سابق میں - سلف میں -

Of yore پُرانے زمانے کا - اگلے وقتوں کا -

York (york) *v.t.* Pitch a ball at a point directly under the bat (کرکٹ) گیند اس طرح پھینکنا کہ وہ بلاّ باز کے بلّے کے ٹھیک نیچے ٹپ کھائے - یارکر گیند پھینکنا جس سے اکثر کھلاڑی آؤٹ ہو جاتے ہیں -

Yorker *n.* (کرکٹ) ایسی گیند جو ٹھیک بلّے کے نیچے ٹپ کھائے - یارکر گیند -

Yorkshire (york-shir) *n.* A county of England انگلستان کا ایک ضلع -

Come Yorkshire on }
Put Yorkshire on } دھوکا دینا - ٹھگنا -

Yorkshire terrier ایک چھوٹے اور ریشمی بالوں کے کُتّے کی نسل -

You (u) *pr.* & *pron.* Plural and singular - تم - تم لوگ - آپ - آپ لوگ - تم کو - آپ کو - تمہیں -

Get you gone چلتے بنو - بھاگ جاؤ - چلو -

You're another - (گالی کا جواب) تم خود ایسے ہو

You there ارے میاں ، سنتے ہو ؟

Young (yung) *adj.* & *n.* Not long born, of tender age, vigorous - جوان - نو عمر - کمسن - خُرد سال - نا تجربہ کار - کم عمر کا بچّہ -

A young man in a hurry نو عمر اور پُرجوش قومی کارکن -

My young man میرا منگیتر - میرا عاشق -

My young woman - میری منگیتر - میری پیاری

The night is yet young ابھی رات نہیں بھیگی - ابھی بہت رات نہیں گزری -

You young rascal - (پیار سے) ارے ننّھے بدمعاش

Young ambition جوانی کے حوصلے - ولولے -

Young love نئی نئی محبت - جوانی کی محبّت -

Young people - شادی کے قابل نوجوان لڑکے اور لڑکیاں

Young things نا تجربہ کار نوجوان -

Youngish *adj.* - ادھیڑ عمر سے کم کا - قریب قریب جوان - ابھی جوان -

Youngling جانور کا بچہ - بچہ - لڑکا - لڑکی -

Youngster (yungs-ter) *n.* A vigorous young man لڑکا - تنومند - نوجوان -

Younker (yung-ker) *n.* A young gentleman or knight تنومند شریف لڑکا - نوجوان ویر -

Your (ur) *poss.* & *adj.* Belonging to you - تمہارا - آپ کا - آپ لوگوں کا - تم لوگوں کا -

Yours (urs) *pron.* & *adj.* Of you, belonging to you تمہارا - آپ کا - آپ کا مخلص -

It is yours if you will accept it اگر قبول کرو تو یہ چیز تمہاری ہے -

You and yours آپ اور آپ کے اہل و عیال -

Yours is the only way - آپ کا طریق کار بہترین ہے

Yours truly آپ کا خادم - آپ کا خیر طلب - آپ کا مخلص -

Yourself (ur-self) *pro.* In your real character تم آپ - تم خود - تم ہی - اپنے تئیں - اپنے آپ - اپنے آپ سے -

Be yourself ذرا ہوش میں آؤ - (امریکہ) اپنے آپ کو سنبھالو -

By yourself اکیلے - تن تنہا -

How's yourself آپ کیسے ہیں -

You are not quite yourself tonight آج آپ کچھ بے کیف ہیں - آج آپ کا رنگ بدلا ہوا ہے -

Youth (yooth) *n.* State of being young, early life عالم شباب - نوجوانی - نوجوان نسل - نوجوان لوگ - نا تجربہ کار لوگ -

Youthful *adj.* - نوجوانی کا - چالاک - تیز - نو عمر - نوجوان -

Youthfully *adv.* جوانوں کے انداز سے - نوجوانوں کی طرح -

Youthfulness *n.* - سِنِ بلوغ - جوانی - شباب - نو عمری

Yo-yo (yo-yo) *n.* A toy consisting of a reel attached to it - ڈوری دار لٹّو - چک پھرنی

Yowl (yowl) *v.i.* Cry mournfully like a dog کُتّے کی طرح رونا -

Ytterbium (i-tər-bi-əm) *n.* A metallic element ایک فلزی عنصر - ایک کمیاب دھات -

Yucca (yuk-a) *n.* Cassava ایک سوسن نُما پھولوں کا امریکی پودا ۔

Yule (yool) *n.* The season or feast of Christmas بڑا دن ۔ بڑے دن کا تہوار ۔ بڑے دن کی تقریب ۔

Yule tide یول یا تہوار کا زمانہ ۔

Yule log *n.* لکڑی کا کُندا جو بڑے دن کو جلایا جاتا ہے ۔

Z

Z (zed) *n.* The twenty-sixth and last letter of the English alphabet انگریزی زبان کا چھبیسواں اور آخری حرف تہجی ۔ (جبر و مقابلہ) مقدار مجہول ۔

Zadkiel (zad-ki-əl) *n.* The name assumed by Richard James Morrison compiler of an almanac رچرڈ جیمس موریسن کی جنتری جو اس نے فرضی نام سے شائع کی تھی ۔

Zaffre (zaf-ər) *n.* The impure oxide of cobalt کوبالٹ کا غیر خالص اکسائڈ جس سے نیلا رنگ تیار کیا جاتا ہے ۔

Zany (za-ni) *n.* An assistant clown or buffoon نقال ۔ مسخرہ ۔ بھانڈ ۔ تماشے کا نو آموز مسخرہ جو بھدّی نقلیں کرتا ہے ۔

Zaptieh (zap-ti-e) *n.* A Turkish policeman ضبطیہ ۔ ترکی پولیس کا سپاہی ۔

Zariba (zə-re-ba) *n.* In Sudan a stockade سوڈانی باڑا ۔ مویشیوں کا احاطہ ۔

Zeal (zel) *n.* Strong feeling as love, anger ۔ سرگرمی جوش ۔ ولولہ ۔ غصہ ۔ محبت ۔ انہاک ۔

Zealous *adj.* پُر شوق ۔ پُر جوش ۔ سر گرم ۔

Zealously *adv.* سر گرمی سے ۔ جوش اور ولولے سے ۔

Zealot (zel-ət) *n.* A fanatic متعصب ۔ تشدّد پسند ۔ کٹر ۔ سر گرم ۔ مستعد ۔

Zealotry *n.* سر گرمی ۔ مجنونانہ جوش ۔ تعصّب ۔

Zebra (ze-bra) *n.* A striped animal زیبرا۔ پٹے دار نیل گائے یا گورخر ۔

Zebu (ze-bu) *n.* A humped domestic ox شرق الہند کا کوہان دار بیل ۔ سانڈ ۔

Zedoary (zed-o-ə-ri) *n.* Aromatic roots of curcuma ایک گھاس کی خوشبودار جڑ ۔ بالچھڑ ۔

Zelanian (zə-la-ni-ən) *adj.* Pertaining to Newzealand نیوزی لینڈ کا باشندہ ۔ نیوزیستانی ۔

Zeloso (zel-o-so) *adv.* With fervour (موسیقی) جوش کے ساتھ ۔

Zemindar (zem-in-dar) *n.* Land holder زمیندار ۔ زمین کا مالک جو حکومت کو لگان ادا کرتا ہے اور کاشتکاروں کو پٹہ پر اپنے کھیت دیتا ہے ۔

Zemstvo (zems-tvo) *n.* Local councils of Russia روس میں دیہات کا انتظام کرنے والی مقامی مجلس ۔

Zenana (ze-na-na) Part of the house for women مکان کا زنانہ حصہ جو مردانے سے الگ ہوتا ہے ۔

Zenana mission عیسائی مشن جس کی ارکان عورتوں کے پاس جا کر ان کی سماجی اور معاشرتی اصلاح کا کام کرتی ہیں ۔

Zend (zend) *n.* The Avesta or Zend Avesta زند اوستا ۔ ایران کی قدیم زبان ۔

Zenith (zen-ith) *n.* The highest point about the observer's head سمت الراس ۔ نقطۂ عُروج ۔ وہ نقطہ جو اوپر دیکھنے والے کے سر کی سیدھ میں ہو ۔ اوَج کمال ۔

Zeolite (ze-o-lit) *n.* Any of the large group of alumina silicates ایک معدنی شے جو آتش فشاں چٹانوں سے دستیاب ہوتی ہے ۔

Zephyr (zef-ər) *n.* The west wind پچھوا ہوا ۔ نسیم ۔ فرحت بخش ہلکی ہوا ۔ ورزش کرنے والوں کا باریک بنیان ۔

Zeppelin (zep-el-in) *n.* A dirigible, airship designed by Count Zeppelin of Germany جرمنی کا ہوائی جہاز جس میں جھولے تھے اور اوپر گیس کا تھیلا ۔

Zero (ze-ro) *n.* A cipher, nothing صفر۔ بندی ۔ خالی ۔ کچھ نہیں ۔ ندارد ۔ (فوج) وہ وقت جب سے فوجی کارروائی کے مقررہ اوقات شروع کیے جاتے ہیں ۔ سب سے نیچا نقطہ۔ حدِ عدم ۔ انتہائی زوال ۔

Zest (zest) *n.* Any thing that gives a relish enthusiasm سواد ۔ مزہ ۔ ذائقہ ۔ چٹخارہ ۔ رغبت ۔ دلچسپی ۔ چاؤ ۔ چسکا ۔

Zetetic (ze-tit-ik) *adj.* Proceeding by enquiry تحقیقاتی - متلاشی - عارفانہ -

Zeugma (zug-ma) *n.* An adjective or verb applied to two nouns (قواعد) صنعتِ حذفِ صِفَت یا حذفِ فِعَل - ایک صفت یا ایک فعل کو دو اسماء سے منسُوب کرنا اور ایک جگہ صفت یا فعل حذف کر دینا -

Zeus (zus) *n.* The greatest of the deities of Greece یونان کا سب سے بڑا دیوتا -

Zibet (zib-it) *n.* An Asiatic civet ایک ایشیائی مشک بلاؤ -

Zigzag (zig-zag) *adj., n.* & *v.t.* A short sharp turning ٹیڑھا - پُر پیچ - پیچ دار - بُھول بُھلیّاں کی طرح - پیچ دار راستہ - پیچ و خم کھاتے ہوئے چلنا - پیچ دار بنانا -

Zinc (zin-gk) *n.* & *v.t.* A bluish white metallic element جست - جست کی قلعی - تانبے اور جرمن سلور کا مرکب - جست کی قلعی کرنا -

Zincic *adj.* جست کا -

Zinciferous *adj.* جہاں جست کی کان ہو - جست پیدا کرنے والا -

Zincify *v.t.* جست شامل کرنا -

Zincous *adj.* جست کی طرح کا -

Zinky *adj.* جست کی طرح کا - جست کا -

Zincograph (zing-ko-grəf) *n., v.t.* & *i.* جست کی تختی جس پر نقوش یا حروف ابھرے ہوں - جست کاری - جست کی تختیاں بنانا - جست کی تختی پر ابھرے حروف یا نقوش بنانا - جست کاری سے چھاپنا -

Zincographer *n.* جست کی تختی پر نقش و نگار بنانے والا -

Zincography *n.* جست کی نقاشی -

Zingaro (zing-gə-ro) *n.* Italian name for a gypsy خانہ بدوش - جپسی قوم کا اطالوی نام - زنگارو -

Zinnia (zin-i-a) *n.* Genus of American composite plants زینیا - ایک پودا جس میں مختلف رنگوں کے کرن دار پھول آتے ہیں -

Zion (zi-ən) *n.* Jerusalem یروشلم کی ایک پہاڑی - یروشلم - اسرائیلی حکومت - کلیسائی حکومت -

Zionist *n.* یہودیوں کو پھر سے فلسطین میں آباد کرنے کا حامی -

Zionism *n.* یہودیوں کو فلسطین میں آباد کرنے کا منصوبہ - صیہونیت -

Zip (zip) *n.* The ping or sound of a bullet striking an object کسی چیز پر بندوق کی گولی لگنے کی آواز - بندوق کی گولی کی ہوا میں گزرنے کی آواز - سنسناہٹ - زِپ - چستی - مستعدی -

Zip-fastener کسی بستے ، تھیلے یا کپڑے پر شگاف کو کھولنے اور بند کرنے کی زنجیر -

Zircon (zər-kən) *n.* A tetragonal mineral سنگ زرقون - ایک معدنی شے جس کے بعض اقسام جواہرات کے طور پر مستعمل ہیں -

Zirconium (zer-ke-ni-əm) *n.* A mineral of which jacinth and jargoon are varieties - سنگ زرقون

Zither (zith-ər) *n.* A stringed musical instrument تاروں کا ایک باجا ، بربط یا ستار کی قسم کا -

Zloty (zlot-i) *n.* Franc of Poland پولینڈ کا ایک سکّہ -

Zoar (zo-ər) *n.* Place of refuge, sanctuary - پناہ گاہ مامن - وہ متبرّک مقام جہاں پناہ لینے کے بعد ہر شخص کی جان محفوظ ہو جاتی ہے -

Zodiac (zo-di-ak) *n.* An imaginary belt in heaven منطقۃ البروج - راس چکر -

Signs of zodiac اسماء بروج - راس - بروج -

Zodiacal (zo-di-ak-l) *adj.* Of the houses - راس کا بروج سے متعلق -

Zohar (zo-har) *n.* A cabalistic textbook called Bible of the Mystics انجیل مشائخین - رموزِ تصوّف کی ایک کتاب -

Zoic (zo-ik) *adj.* Pertaining to animals جانوروں کے متعلق -

Zoilism (zo-i-lizm) *n.* Unjust criticism نامناسب تنقید - عُریاں نگاری - فُحش گوئی -

Zoilesque *adj.* بیجا تنقید کا - عُریاں نگاری کا -

Zoilist *n.* عریاں نگار - زبان دراز نقاد -

Zollverein (tsol-fər-in) *n.* A customs union ریاستوں کا معاہدۂ محصول - چنگی ایکا - ایسا معاہدہ جس کی رو سے درآمد و برآمد پر محصول نہ لیا جائے یا مقررہ شرح سے کم لیا جائے -

Zone (zon) *n.* A girdle, a belt پٹکا - پٹی - منطقہ - کُرہ - علاقہ - کُرۂ ارض کے مختلف طبقے جو خطِ استوا کے دونوں طرف واقع ہیں -

Zonal *adj.* طبقوں میں منقسم - منطقوں کا -

Zonary *adj.* پٹی وار - پٹکے کی شکل کا -

Zonate *adj.* جس میں پٹیاں یا دھاریاں ہوں - پٹی دار -

Zonular *adj.* طبقہ واری - پیٹی کی طرح -

Zoo (zoo) *n.* Collection of animals چڑیا گھر - حیوان گھر - بطور لاحقہ ترکیبی صورت میں بھی آتا ہے -

Zoo-chemistry حیوانی کیمیا -

Zoo-geography جغرافیۂ حیوانات -

Zoolatry حیوان پرستی -

Zoology علم حیوانات -

Zoological garden ایسا مقام جہاں مختلف جانور بطور نمائش رکھے جاتے ہیں - حیوان خانہ - چڑیا گھر -

Zoologist علم حیوانات کا عالِم -

Zootheism حیوانات کو دیوتا سمجھنا - حیوان پرستی -

Zoom (zoo-m) *v.i.* Make a loud persistent noise (بول چال) طیارے کو سیدھا اوپر کو اڑانا - زوں زوں کی مسلسل آواز -

Zoril (sor-l) *n.* S. American fox or foxlike dog جنوبی امریکہ کی لومڑی یا لومڑی سے ملتا ہوا جنگلی گوشت خور چوپایہ -

Zoroastrian (zor-o-as-tri-ən) *adj.* Follower of Zoroaster زرتشی - زرتشت کا پیرو - آتش پرست -

Zoroastrianism *n.* زرتشت کے احکام و عقائد - آتش پرستی -

Zouave (zwav) *n.* One of a body of French infantry فرانس کی اس فوج کا سپاہی جس میں الجزائر کے بہادر بھرتی کیے جاتے تھے اور وہ اپنا قومی لباس ہی پہنتے تھے -

Zounds (zownd-z) *interj.* An exclamation of astonishment and anger جوش ، غضب اور حیرت کا اظہار - لاحول ولا قوّۃ - و اللہ - اخوہ -

Zucchetto (tsoo-ket-o) *n.* The skull cap of a priest رومن کیتھولک پادریوں کی چُست گول ٹوپی -

Zulu (zoo-loo) *n.* A branch of the great Bantu family of S. Africa زولو - جنوبی افریقہ کی ایک قوم جو بنتو نسل کی ایک شاخ ہے - اس قبیلہ کا فرد یا زبان - ایک مخروطی شکل کی ٹوپی -

Zwieback (tsve-bak) *n.* Biscuit rusk توس نما بسکٹ جو خوب سینکے ہوئے ہوں -

Zwinglian (zwing-gli-ən) *adj.* Pertaining to Swiss reformer Helderic Zwingli سوئٹزرلینڈ کے مذہبی مُصلح زوئنگلی کا پیرو - زوئنگلی کے متعلق -

Zygoma (zi-go-ma) *n.* Cheek bone رُخسار کی ہڈی -

Zygomatic *adj.* رُخسار کی ہڈی کا -

Zymosis (zim-o-sis) *n.* The morbid process constituting a disease جراثیمی بیماری - جراثیمی افزائش - تخمیر -

Zymotic *adj.* جراثیمی مرض کے متعلق - خارجی جراثیم کا - جراثیمی - تخمیری -

ABBREVIATIONS

A

A. adult, alto, answer, air.

A.A. Automobile Association: Anti-aircraft.

A.A.F. Auxiliary Air Force.

A.A.G. Asst. Adjutant-General.

A.B.C. the alphabet, alphabetical train time-table.

ab init. from the beginning.

Abp. Archbishop.

A.B.S. American Bible Society.

A.C. Alpine Club, ante Christum (before Christ.), alternating current.

A.D. anno Domini (in the year of our Lord).

A.D.C. aide-de-camp: Amateur Dramatic Club.

ad fin (em). towards the end.

ad init (ium). at the beginning.

Adj. adjective.

ad lib (itum). to the extent desired.

Adm. Admiral, Admiralty.

Adv. adverb.

A.E.C. Army Educational Corps.

A.F. Admiral of the Fleet

A.F.A. Amateur Football Association.

A.F.B.S. American and Foreign Bible Society.

A.F.C. Air Force Cross : Australian Flying Corps.

A.F.M. Air Force Medal.

A.F.S. Auxiliary Army Fire Service.

A.F.V. Armoured Fighting Vehicle.

A.G. Adjutant General :

Ala. Alabama.

A.M. M. A.

a.m. ante meridiem (before noon). anno-mundi (in the year of the world.)

A.M.D.G. ad majorem Del gloriam (to the greater glory of God).

A.M.P.C. Auxiliary Military Pioneer Corps.

A.M.S. Army Medical Staff.

Anacr. anacreon.

Anat. anatomy.

Anon. anonymous.

antiq. antiquities.

anthrop. anthropology.

A.O.C. Army Ordnance Corps.

A.O.D. Advance Ordnance Depot.

A.P.D. Army Pay Department.

Apocr. Aprocrypha.

app. appendix.

appro. approval.

Apr. April.

A.Q.M.G. Assistant Quarter Master General.

A.R. Annual return.

A.R.A. Associate of the Royal Academy.

arch. architecture.

archaeol. archaeology.

A.R.C.M. : A.R.C.O. Associate of the Royal College of Music : Associate of the Royal College of Organists.

A.R.I.B.A. Associate of the Royal Institute of British Architects.

Arist. Aristotle.

arith. arithmetic.

A.R.P. air raid precautions.

arr. arrives etc.

A.S. Anglo Saxon.

A.S.C. Army Service Corps.

A.S.D.I.C. Allied Submarine Detection In- vestigation Committee.

A.S.E. : Amalgamated Society of Engineers.

A.S.R.S. Associated Society of Locomotive Engineers and Firemen : Amalgamated Society of Railway Servants.

A.S.L.I.B. Association of Special Libraries and Information Bureaux.

Assoc. Association.

Asst. Assistant.

A.S.S.U. American Sunday School Union.

astrol. astrology.

astron. astronomy.

A.T.C. Air Training Corps, automatic train control.

A.T.S. American Temperance Society ; American Tract Society : Auxiliary Terri- torial Service.

Aug. August.

a.u.n. absque ulla nota (unmarked).

A.V. Authorized version (of the Bible)

A.V.C. Army Veterinary Corps.

A.V.M. Air Vice Marshal.

B

b. Born, bowled (in cricket).

B.A. Bachelor of Arts : British Academy ; British Association.

Bart. Baronet.

B.B. : B.B.B. Double black, treble black (of pencil lead)

B.B.C. British Broadcasting Corporation. Bromo-benzyl-cyanide (a poison gas)

B.C. before Christ.

B.C.A. Bureau of Current Affairs.

B.C.L. Bachelor of Civil Law.

B.Com. Bachelor of Commerce.

B.D. Bachelor of Divinity.
Bdr. Bombardier.
B.D.S. Bachelor of Dental Surgery.
bds. boards (in book-binding).
B.E. (Order of the) British Empire.
B.E.A.C. British European Airways Corporation.
B.E.F. British Expeditionary Force.
B.F.B.S. British & Foreign Bible Society.
b.h.p. brake horse power.
bibl. Biblical.
B.I.F. British Industries Fair.
Biog. biography.
biol. biology.
B.I.S. Bank of International Settlements.
B.L. Bachelor of Law.
b.l. bill of lading.
Bn. battalion.
B.O.A.C. British Overseas Airways Corporation.
B.O.T. Board of Trade.
bot. botany.
B.p. British Pharmacopoeia.
b.p. boiling point.
Bp. Bishop.
Bros. brothers.
B.Sc. Bachelor of Science
B.th.u. British thermal unit
B.W. Board of Works.
B. & S. brandy and soda.

C

C. Centigrade, Conservative.
c. caught, cents, century, chapter, circa, circiter, colt, cubic.
C.A. Chartered Accountant.
C.A.G. Civil Air Guard.
Can. Canada.
Cantab. of Cambridge.
Cap. Chapter.
Caps. capital letters.
Capt. Captain.
C.B. Companion of the Bath, confinement to barracks.
C.B.E. Commander of (the Order of) the British Empire.
C.C. County Councillor, cricket Club.
c.c. cubic centimetres, chapters.
C.C.C. Corpus Christi College : Civilian Conservative Corps (U.S.).
C.C.S. casualty clearing station.
C.E. Civil Engineer, Church of England.
C.E.A. Central Electricity Authority.
Cent. Centigrade.
cf. confer. compare

C.G. Coast Guard, Cold Stream Guards.
c.g. centigram.
C.G.M. Conspicuous gallantry Medal.
c.g.s. centimetre, gramme, second (as elements in a system of scientific measurements).
C.G.T. Confederation Generate de Travail (France : General Confederation of Labour).
C.H. Companion of Honour.
ch. chap. chapter.
Ch. Ch. Christ Church.
chem. chemical.
chron. chronicles.
C.I.D. Criminal Investigation Department.
C.I.E. Companion of (the Order of) the Indian Empire.
C.I.G.S. Chief of Imperial General Staff.
C.in.C. Commander in Chief.
C.I.O. Congress of Industrial Organizations. (U.S.).
C.J. Chief Justice.
C.M. Common Metre.
C.M.B. (Certificate by) Central Midwife Board.
C.N.R. Civil Nursing Reserve.
C.O. Colonial Office, Commanding Officer, conscientious objector.
Co. Company, County in Ireland.
C/o. care of.
C.O.D. cash on delivery.
C of E. Church of England.
cogn. cognate.
Col. **Colonel, Colorado, Colossians.**
Coll. college.
Colloq. Colloquial.
Comdr. Commander.
Comdt. Commandant.
Comp. comparative.
Compl. complement.
Conj. conjunction.
Constr. construction.
Co-op. Co-operative Society.
Corp. Corporal.
C.O.S. Charity Organisation Society.
C.P. candle power.
cp. compare.
C.P. Clerk of the Peace.
cpl. Corporal.
Cr. creditor.
Cres. Crescendo.
crim. con. criminal conversation.
C.S.A. Confederate State Army.
C.S.C. Conspicuous Service Cross.
C.S.I. Companion of (the order of) the Star of India.
C.S.M. Company Sergt.-Major.
C.S.N. Confederate States Navy.
C.T.C. Cyclists' Touring Club.

C.U. Cambridge University.
C.U.A.C. C.U. Athletic Club.
C.U.A.F.C. C.U. Association Football Club.
C.U.B.C. C.U. Boat Club.
cum. cumulative.
Cumb. Cumberland.
C.U.R.F.C. C.U. Rugby Football Club.
C.V.O. Commander of the Victoria Order.
C.W.A. Civil Works Administration (U.S.).
C.W.S. Co-operative Wholesale Society.
Cwt. hundredweight.

D

d. daughter, delete (expunge), density, department, denarious, died.
D.A.A.G. Deputy Assistant Adjutant-General.
D.A.G. Deputy Adjutant-General.
Dag. decagram.
Dal. decalitre.
Dam. deca metre.
dat. dative.
D.C. De Capo, (repeat from the beginning), direct current, Deputy (District) Commissioner.
D.C.L. Doctor of Civil Law.
D.C.M. Distinguished Conduct Medal.
D.D. Doctor of Divinity, dono dedit (gave as a gift).
D.D.T. dichloro-diphenyl-trichloroethane.
Dec. December.
deg. degree.
dep. departs.
Dept. department.
Deriv. derivation.
D.F.C. Distinguished Flying Cross.
D.F.M. Distinguished Flying Medal.
D.G. Dei gratia (by God's grace.)
dg. decigram.
dial. dialect.
dim. diminutive.
div. divide, devine.
dl. decilitre.
D.L. Deputy Lieutenant.
D.Lit. Doctor of Literature.
D.Litt. Doctor of Letters.
D.L.O. Dead Letter Office.
D.M.I. Director Military Intelligence.
D.N.B. Dictionary of National Biography.
do. ditto.
D.O.R.A. Defence of the Realm Act.
D.O.W.B. Department of Works and Buildings.
doz. dozen.
D.P. Director of Public Instruction.
D.Phil. Doctor of Philosophy.

Dr. Doctor.
Dram Pers. Dramatis personae (characters of the play.)
D.S. Distinguished Service.
D.Sc. Doctor of Science.
D.S.M. Distinguished Service Medal.
D.S.O. Distinguished Service Order.
D.V. Deo Volente (God willing).
dyn. dynamics.

E

E. East.
E. & O.E. errors and omissions excepted.
eccl. Ecclesiastical .
Ed. Editor.
E.D.D. English Dialect Dictionary.
E.E.T.S. Early English Text Society.
eg. example gratia (— for example).
E.I. East Indies : East Indian.
E.I.S. Educational Institute of Scotland.
electr. electrical.
ellipt. elliptical.
E. Long. East Longitude.
E.N.E. East-north-east.
entom. entomology.
E.P.T. Excess Profits Tax.
E.R.P. European Recovery Programme.
eschat. eschatology.
E.S.E. East-south-east.
esp. especially.
Esq. esquire.
etc. et cetera .
eth. ethics.
ethn. ethnology.
et seq, et sq. et sequentia (and what follows).
E.T.U. Electrical Trades Union.
etym. etymology.
euphem. euphemism.
Co-op. Co-operative.
Exam. examination.
exc. except, excudit (engraved this)
ex. div. ex dividend.
Exod. Exodus.
exors. executors.

F

F. Fahrenheit.
f. feet, female, filly, foot, folio, free, from.
F.A. Football Association.
F.A.A. Fleet Air Arm.
Fahr. Fahrenheit.
F.A.P. First Aid Post.
F.B.A. Fellow of the British Academy.

F.B.I. Federal Bureau of Investigation (U.S.) Federation of British Industries

F.C. Football Club.

fcap. foolscap.

F.C.I.S. Fellow of the Chartered Institute of Secretaries.

F.C.S. Fellow of the Chemical Society.

F.D. Fidel Defensor (Defender of the Faith).

Feb. February.

F.E.S. Fellow of the Etomological Society.

fem. feminine.

ff. fortissimo (very loud).

F.F.A. Fellow of the Faculty of Actuaries.

F.F.P.S. Fellow of the Faculty of Physicians and Surgeons.

F.G. Foot Guards.

F.G.S. Fellow of the Geological Society.

F.H. fire hydrant.

F.H.S. Fellow of the Historical Society.

F.I.A. Fellow of the Institute of Actuaries.

F.I.C. Fellow of the Institute of Chemistry.

fig. figuratively, figure.

fin. ad finem (—towards the end).

f.l. falsa lectio (false reading).

flor. flourished.

F.M. Field Marshal.

F.O. Foreign Office, Flying Officer.

fo. folio.

f.o.b. free on board.

fol. folio.

foll. following words.

f.o.r. free on rail.

F.P. field punishment : fire plug.

F.P.S. Fellow of the Phiological Society.

Fr. Father.

Fr. French.

fr. Francs

F.R.A.S. Fellow of the Royal Astronomical Society.

F.R.C.O. Fellow of the Royal College of Organists.

F.R.C.P. Fellow of the Royal College of Physicians.

F.R.C.S. Fellow of the Royal College of Surgeons.

F.R.G.S. Fellow of the Royal Geographical Society.

F.R.I.B.A. Fellow of the Royal Institute of British Architects.

Frl. Fraulein (Miss).

F.R.S. Fellow of the Royal Society.

F.R.S.E. Fellow of the Royal Society of Edinburgh.

F.R.S.G.S. Fellow of the Royal Scottish Geographical Society

F.R.S.L. Fellow of the Royal Society of Literature.

F.S. Fleet Surgeon.

F.S.A. Fellow of the Society of Antiquaries.

F.S.S. Fellow of the Royal Statical Society.

ft. feet, foot.

fur. furlong.

fut. future.

F.Z.S. Fellow of the Zoological Society.

G

G. grammes.

gal. gallons.

G.B.E. Knight (Dame) Grand Cross of the British Empire.

G.C.F. greatest common factor.

G.C.I.E. Grand Commander of the Indian Empire.

G.C.M. greatest common measure.

G.C.S.I. Grand Commander of the Star of India.

G.C.V.O. Grand Cross of Royal Victorian Order.

Gen. General, Genitive, Genesis.

Geog. geography.

Geol. geology.

Geom. geometry.

G.H.Q. General Headquarters.

G.I. government issue (U.S.)

Gk. Greek.

gm. grammes.

G.M. George Medal : Grand Master.

G.M.B. Great Master of the Bath.

G.M.T. Greenwich mean time.

G.O.C. General Officer Commanding.

G.O.M. grand old man.

G.P. general practitioner.

G.P.I. general paralysis of the insane.

G.P.O. General Post Office.

G.R. general reserve : Georgius Rex (King George.)

gr. grains, grammar.

gs. Guineas.

Gym. gymnasium, gymnastic.

H

h. hours.

H. hard (of pencil-lead).

H. & C. hot and cold (water).

H.A.C. Honourable Artillery Company.

HB. hard black (of pencil-lead).

H.B.M. His or Her Brittanic Majesty.

H.C.F. highest common factor.

H.E. His Excellency, high explosive.
Heb. Hebrew.
hectog. hectogram.
hectol. hectolitre.
hectom. hectometre.
H.F. high frequency.
hf, bd. half bound.
hf. cf. hal calf.
H.G. High German ; Holy Ghost ; Home Guard; Horse Guards.
hg. hectogram.
H.H. His or Her Highness.
HH. double-hard (of pencil-lead).
hh.d. hogshead.
H.I.H. His or Her Imperial Highness.
H.I.M. His or Her Imperial Majesty.
H.L. House of Lords.
hl. hectolitre.
H.M. His or Her Majesty.
H.M.I.(s). His or Her Majesty's Inspector of Schools.
H.M.S. His or Her Majesty's Ship.
Hon. Honorary, Honourable.
h.p. horse power, hire purchase, high pressure.
H.Q. Headquarters.
hrs. hours.
H.R.H. His or Her Royal Highness.
H.S.H. His or Her Serene Highness..
h.t. high tension.
ht. wkt. hit wicket.

I

i. Islands, isle.
i. Intransitive.
I.A. Indian Army.
ib, ibid. Ibidem (in the same place).
I.C.B.M. inter-continental ballistic missile.
I.C.S. Indian Civil Service.
id. (em.). the same.
i.e. id. est. (that is to say).
i.h.p Indicated horse power.
IHS. Jesus.
I.L.O. Independent Labour Organization.
imperat. imperative.
imperf. imperfect.
in. Inches.
Inc. Incorporated.
incl. inclusive.
incog. incognito.
Ind. Indiana, India (n).
ind. indicative.
inf. infinitive, infra (below).
Infin. Infinitive.
init, initio. at the beginning.
inst. instant (of the present month).

Int. interjection.
Intr. intransitive.
inv (enit.) designed this.
I. Q. intelligence quotient.
I.R.A. Irish Republican Army.
I.R.B. Irish Republican Brotherhood.
I.R.B.M. intermediate range ballistic missile.
I.R.O. International Refugee Organization.
ireg. irregular.
I.S.O. Imperial Service Order.
ital. italics (type).

J

J. Judge, Justice.
Jan. January.
Jn. junction.
J.P. Justice of the Peace.
Jr. junior.
Judg. Judges.
Jun. junior.

K

K.B.E. Knight Commander of the Order of the British Empire.
K.C. King's Counsel, King's College.
K.C.I.E. Knight Commander of the indian Empire.
K.C.S.I. Knight Commander of the Star of India.
K.C.V.O. Knight Commander of the Royal Victorian Order.
K.G. Knight of the Garter.
Kg. kilogram.
Km. kilometre.
Knt. Knight.
K.R.R. King's Royal Rifles.
Kt. Knight.

L

L. learner, Latin, Roman numeral-50, Liberal.
l. left, line, librae, lira, lire, litres.
L.A.C. leading aircraftman.
lat. latitude.
l.b. Leg bye.
lb. librae, pounds in weight
l.b.w. leg before wicket
L.C. lower case
L.C.M. lowest common multiple
L.C.P. Licentiate of the College of Preceptors
L.cpl. Lance Corporal
L.D.S. Licentiate in Dental Surgery
L.E.A. Local Education Authority

Lexicog. lexicography
L.F. low frequency
L.G. Low German, Life Guards
L.G.B. Local Government Board
L.I. Light Infantry, Long island
Lieut. Lieutenant
Lieut-Col. Lieutenant.-Colonel.
Lieut.-Gen. Lieutenant-General
Lieut-Gov. Lieutenant-Governor
lit. literal
Lit. Hum. Littrae humaniores (more human Studies)
Litt. D. literaum doctor (Doctor of Letters)
Liv. Livy
L.J. Lord Justice
L.L.B. Legum baccalaureus (Bachelor of Laws)
LL.D. Legum Doctor (Doctor of Laws)
LL. J.J. Lord Justices
L.M. long metre
L.M.S. London Missionary Society
L.N.U. League of Nations Union
loc cit, loco citato. In the place quoted
Long. longitude.
L.P. large paper, low pressure
L.R.A.M. Licentiate of the Royal Academy of music.
L.R.C. Leander, London, Rowing Club.
L.R.C.P. Licentiate of the Royal College of Physicians.
L.R.C.S Licentiate of Royal College of Surgeons.
L.S.D. Lightermen, Stevedores and Dockers.
L .S.E. London School of Economics.
L.T. low tension.
L.T.A. London Teachers Association.
Lt.-Col. Lieutenant-Colonel.
Lt.-Com. Lieutenant-Commander.
Ltd. Limited.
Lt.-Gov. Lieutenant.-Governor.
LXX. Septuagint.
£. Librae (Pounds Sterling).
£.E. Pounds Egyptian.
£.T. Pounds Turkish.

M

M. Monsieur.
m. maiden (over), marks, married, masculine, miles, metres, minutes.
M.A. Master of Arts.
M.A.B. Metropolitan Asylums Board.
Magn. magnetism.
Maj. Major.
Maj-Gen. Major-General.
Mar. March.
Mart. Martial.

Masc. masculine.
Math. mathematics.
Matric. matriculation.
M.B. Medicinae baccalaureus (Bachelor of medicine).
M.B.E. Member of the British Empire
M.C. Master of Ceremonies, Military Cross.
M.C.C. Marylebone Cricket Club.
M. Com. Master of Commerce.
M.Comm. Master of Commerce and Administration.
M.D. Medicinae doctor (Doctor of Medicine).
Md. Maryland.
Mddx. Middlesex.
M.E. Middle English.
Mech. mechanical.
med. medicine.
mem. memento (remember).
memo. memorandum.
Messrs. Messieurs, Sirs, Gentlemen.
metaph. metaphorical, metaphysics.
Metaphys. metaphysics.
Meteor. meteorology.
M.E.W. Ministry of Economic Warfare.
m.g. machine gun.
mg. miligram.
M.G.C. Machine Gun Corps.
Mgr. Monseigneur.
M.I. Mounted Infantry.
mil. military.
min. mineralogy.
M. Inst. C.E. Member of the Institute of Civil Engineers.
M.I.E.E. Member of the Institute of Electrical Engineers.
M. I. Mech. E. Member of the Institution of Mining Mechanical Engineers.
ml. millilitre.
Mlle. Mademoiselle.
Mlles. Mesdemoiselles.
M.M. Military medal.
MM. Messieurs.
mm. millimetre.
Mme. Madame.
Mmes. Mesdames.
M.O. Medical Officer, money order.
mod. modern.
mods. moderations.
M.O.H. Medical Officer of Health. Ministry of Health.
M.O.I. Ministry of Information.
morphol. morphology.
M.P. Member of parliament.
m.p. melting point.
m.p.g. miles per gallon.
m.p.h. miles per hour.

M.P.S. Member of the Pharmaceutical Society.
M.R. Master of the Rolls.
M.R.A.S. Member of the Royal Asiatic Society.
M.R.C.P. Member of the Royal College of physicians.
M.R.C.S. Member of the Royal College of Surgeons.
M.R.I.A. Member of the Royal Irish Academy.
Mrs. Mistress.
M.R.S.T. Member of the Royal Society of Teachers.
Ms. manuscript.
M.Sc. Master of Science.
M.S.L. mean sea-level.
M.SS. manuscripts.
M.T. Motor Transport.
Mt. Mount.
M.T.B. Motor Torpedo Boat.
M.T.O. Mechanical Transport Officer.
Mus.B. Musicae baccalaureus (Bachelor of Music). Mus D. (Docor of Music).
M.V. motor vessel.
M.V.O. Member of the Royal Victorian Order.
MW.B. Metropolitan Water Board.
Myth. mythology.

N

N. North.
n. neuter, nominative, noon.
N.A.A.F.I. Navy, Army and Air force Institutes.
N.A.L.G.O. National and Local Government Officer's Association.
N.A.(S). Nursing Auxiliary Service.
N.A.T.O. North Atlantic Treaty Organization.
nav. naval.
N.B. nota bene (note well.)
n.b. no ball (cricket)
N.C.B. National Coal Board.
N.C.O. Non-Commissioned Officer.
n.d. no date, not dated.
N.C.W. National Council of Women.
N.D.C. National Defence Contribution.
NE. North-east.
N.E.D. New English Dictionary.
nem. con. nem. dis. no one objecting, dissenting.
N.E.R.A. National Emergency Relief Administration (U.S.).
N.F.S. National Fire Service.
N.H.S. National Health Service.
N. lat. north latitude.
N.L.C. National Liberal Club.
N.N.E. North-north-east.
N.N.W. North-North west.
N.O. natural order.

N . numero. In number. number.
N.O.D. Naval Ordnance Department.
nom. nominative.
non. com. non-commissioned.
Nos. numbers.
Nov. November.
n.p. new paragraph.
n.p. or d. no place or date.
nr. near.
N.R.A. National Rifle Association, National Recovery Act (U.S.).
N.S. new style, Nova Scotia.
N.S.A. National Skating Association.
N.S.E.C. National Service Entertainment Council.
N.S.P.C.C. National Society for the prevention of cruelty to children.
N.T. New Testament.
Num. Numbers.
N.U.R. National Union of Railwaymen.
N.U.S.E.C. National Union of Societies for Equal Citizenship.
N.W. North-West.
N. Y. New York.

O

ob (obiit). died.
O.B.E. Officer of the (Order of the) British Empire.
obj. object
obs. obsolete
O.C. Officer Commanding.
Oct. October
O.C.T.U. Officer Cadets Training Unit.
O.E. Old English
O.E.D. Oxford English Dictionary
O.E.E.C. Organization for European Economic Co-operation
O.F. Old French
O.F.S. Orange Free State
O.K. all correct
ol. Olympiad
O.M. Order of Merit.
O.P. opposite prompt : observation post.
O.P. out of print
op. cit. opere citato (in the work cited)
Opp. opposite, opposed.
opt. opties, oplative
orig. original
O.S. Olstyle, Ordinary Seamen
O.T. Old Testament
O.T.C. Officers Training Corps
O.U. Oxford University
Oxon. Of Oxford
oz. ounces.

P

P. Park (cars).

p. page, past, partical,

Palaeog. Palaeography.

Palaeont. Palaeontology.

Par. Paragraph.

Pass. Passive

Path. Pathology.

P.A.Y.E. Pay as you earn (income-tax payment).

P.C. Police Constable, privy Councillor, post card.

p.c. Per cent.

p.d. Potential difference.

pd. Paid.

P.E.N. (International Association of) poets, Playwrights, Essayists, Novelists.

per pro. by proxy.

pf. piano-forte (soft then loud)

P.G. Paying guest.

Ph.D. Philosophiae doctor. (Doctor of Philosophy).

philol. Philology.

photog. photography.

phr. phrase.

Phys. Physics.

Physiol. Physiology.

P.I.A. Pakistan International Airlines.

Pl. plural

P.L.A. Port of London Authority.

P.L.C. Poor Law Commissioners.

P.M. Prime Minister, Police Commissioner. Provost Martial

p.m. post meridiem (after noon) ; post mortem (after death).

P.M.G. Post Master General ; Pay Master General.

P.N.E.U. Parent's National Educational Union.

P.O. Postal Order, Post Office, Pilot Officer.

Pol. Politics.

Pol. econ. Political economy.

Pop. population.

P.O.S.B. Post Office Saving Bank.

P.O.W. Prisoner of War.

p.p. past participle.

pp. pages.

P.P.C. Pour prendre conge (to take leave).

P.P.S. Post postscriptum (furt' postscript)

P.P.U. Peace Piedge Union.

P.R. Proportional representatic

P.R.A. President of the Royal ademy

preb. prebendary.

pred. predicate

pref. preface

pref. preference, prefix.

prep. preposition.

pres. present.

prob. probably.

Prof. professor,

Prol. prologue.

pron. pronoun.

prop. properties.

pros. prosody.

protem. protempore (for the time).

prov. proverb.

prov. proverbial provincial.

prox. proximo (in next month)

P.S. postscript

ps. Psalms.

Psych. Psychology.

pt. Pint.

P.T. Physical training.

P.T.O. Please turn over.

P.W.A. Public Works Administration (U.S.)

P.W.D. Public Works Department.

Q

q. query.

q.e.d., q.e.f., q.e.i. quoderat demonstrandum, faciundum, inveniendum. (which was to be proved, done, tound).

Q.M. Quartermaster.

Q.M.G. Quartermaster-General.

qr. quaries.

qr. quarters.

qt. quarts.

q.t. quiet.

qu. quasi (as it were).

Quant suf quantum sufficit (as much as suffices).

Quot. quotation.

qv. quod vide (which see)

R

R. Reaumur, Regina Queen, Rex, river, railway, retarder (on watch regulator).

r. right, rupee.

R.A. Royal Artillery, Royal Academician.

R.A.C. Royal Automobile Club,

R.A.F. Royal Air Force, Royal Aircraft Factory.

R.A.M. Royal Academy of Music.

R.A.M.C. Royal Army Medical Corps.

R.A.O.C. Royal Army Ordnance Corps.

R.A.P.C. Royal Army Pay Corps.

R.A.S.C. Royal Army Service Corps.

R.A.S. Royal Asiatic Society. R. Agricultural Society.

R.B. Rifle Brigade.

R.B.A. Royal Society of British Artists.

R.C. Roman Catholic.
R.C.D. Regional Cooperation for Development.
R.C.M. Royal College of Music.
R.C.P., R.C.S. Royal College of Physicians, R.C. of Surgeons.
R.D. refer to drawer, Royal (Naval Reserve) Decoration.
R.D.C. Royal Defence Corps, Rural District Council.
R.E. Royal Engineers.
recd. received.
ref. reference.
rel. pron. relative pronoun.
Rep. repertory.
Rev. Revelation, Reverend.
R. Hist. S. Royal Historical Society.
R.H.S. Royal Horticulture Society.
R.I.B.A. Royal Institute of British Architects.
R.I.I.A. Royal Institute of International Affairs.
R.I.P. requiescant in pace (may he, she or they rest in peace).
R.M. Resident magistrate
R.M.A. Royal Marine Artillery : Royal Military Academy.
R:M.C. Royal Military College.
R.M.S. Royal Mail Steamer.
R.N. Royal Navy.
R.N.A.S. Raval Naval Air Service.
R.N.C. Royal Naval College.
R.N.L.I. Royal National Life Boat Institution.
Rom. Romans.
R.P.S. Royal Photographic Scciety.
R.R.C. Royal Red Cross.
Rs. Rupees.
Rt. Hon. Right Honourable.
R.S.P.V. repondez s'ib vousplait (please answer).
R/T. radio telegraphy.
R.T.O. Railway Transport Officer.
Rt. Rev. Right Reverend.
R.T.C. Royal Tank Corps.
R.T.S. Religious Tract Society.
R.U. Rugby Union.
R.V. Revised version.
Ry. railway.
Rx. tens of rupees.

S

S. (air raid) shelter, Signor, Soprano, South.
s. second, shilling, singular, son.
S.A. Salvation army. South Africa, Sturm Abteiling (Nazi-Storm Troops).
S.A.T.B. sopravc, alto, tenor, bass.

S.C. Special constable, South Carolina.
SCAPA. Society for Checking the Abuses of Public Advertising.
S.C.M. State Certified Midwife : Student Christian Movement.
s.d. several dates.
S.D.F. Social Democratic Federation.
SEATO. South-East Asia Treaty Organization.
sec. Second.
sec. Secretary.
Sect. Section.
Sen. Senator, Senior.
Sept. September, Septuagint.
Sergt. Sergeant.
s.f. Sub finem (towards the end.)
S.G. specific gravity.
s, g, d, g. Sans garantie du gouvernement (without Govt. guarantee.)
Sgt. Sergeant.
S.H. School House.
S.H.A.E.F. Supreme Headquarters Allied Expeditionary Force
sh. shilling
Sing. Singular
S.J.A.B. St. John Ambulance Brigade
Skr. Sanskrit
S.lat. South latitude
S.M. Sergeant Major
Soc. society
Sociol. sociology
Sov. sovereigns (coins)
S.P.E. Society for Pure English
S.P.R. Society for Psychical Research.
Sr. Senior.
S.R.N. State Registered Nurse.
S.R.O. Statutory Rules and Orders.
S.S.U. Sunday School Union.
St. Saint, Street.
St. stone weight, stumped.
Stat. Statics.
St. Ex. Stock Exchange.
Stg. sterling.
Subj. Subject, subjunctive.
Suf. Suffix.
Sup (ra). above.
Superl. superlative.
Suppl. supplement.
Supt. Superintendent.
Surg. Surgeon.
S.V. sub voce (under that word).
S.W. South-west.
Syn. synonym.
S. & M. Sodar and Man.

T

T. tenor, Turkish (pounds).
T.A. Territorial Army.
T.B. tuberculosis, torpedo boat.
Temp. tempore (in the period of).
T.F. Territorial Force.
Theos. theosophy.
T.I.H. Their Imperial Highness.
T.O. turn over.
trans. transitive.
Trig. trigonometry.
T.U.C. Trades Union Congress.
Typ. typography.
t & o. taken and offered.

U

u.c. upper case.
U.D.C. Urban District Council.
U.K. United Kingdom.
ult. ultimo (in last month).
U.N.O. United Nations Organization.
U.N.E.S.C.O. U.N's. Educational, Scientific and Cultural Organization.
U.N.R.R.A. United Nations Relief and Rehabilitation Administration.
U.P. United Provinces ; United Presbyterian.
U.S. United States of America
U.S.M.A. U.S. Military Academy.
U.S.N. U.S. Navy.
U.S.N.A. U.S. Naval Academy.
U.S.S. U.S. Senate.
U.S.S.R. Union of Soviet Socialist Republics.

V

V. verb, versus, vide.
va. verb active.
V.A.D. Voluntary Aid Detachment.
V. aux. verb auxiliary.
V.C. Vice Chancellor, Victoria Cross.
Ven. Venerable.
verb. sap, verb sat, Verbam satis sapienti (a word to the wise is enough).
V.G. Vicar General.
vg. very good.
V.I.P. Very important person.
vi. verb intransitive.
voc. vocative.

vol. volume.
V.R. Victoria Regina (Queen Victoria) Volunteer Reserve.
V.S. Veterinary Surgeon.
vt. verb transitive.
vulg. Vulgate, vulgar.
vv. Verses.

W

W. West, Welsh.
w. wide, with, watt, wicket.
W.A.A.F. Women's Auxilliary Air Force.
W.D. War Department.
W.D.C. War Damage Contribution.
W.E.A. Workers Educational Association.
W.I. West Indies, women's institute.
wk. week.
w/L. wave length.
W. long. West longitude.
W.O. War Office, Warrant Officer.
W.P. weather permitting.
W.P.A. Works Progress Administration (U.S.).
W.P.B. waste paper basket.
W.R. War Reserve (Police).
W.R.I. War risk insurance.
W.S. Writer to the Signet.
W.SW. West-south-west.
W/T. wireless telegraphy.
W.V.S. Women's Voluntary Services.

X

xd, x d. ex dividend.
xi. ex interest.
Xmas Christmas.
Xt. Christ.
Xtian. Christian.

Y

Y.M.C.A. Young Men's Christian Association.
Y.W.C.A. Young Women's Christian Association.

Z

Zn. Zinc
Zool. Zoology.

R.C. Roman Catholic.

R.C.D. Regional Cooperation for Development.

R.C.M. Royal College of Music.

R.C.P., R.C.S. Royal College of Physicians, R.C. of Surgeons.

R.D. refer to drawer, Royal (Naval Reserve) Decoration.

R.D.C. Royal Defence Corps, Rural District Council.

R.E. Royal Engineers.

recd. received.

ref. reference.

rel. pron. relative pronoun.

Rep. repertory.

Rev. Revelation, Reverend.

R. Hist. S. Royal Historical Society.

R.H.S. Royal Horticulture Society.

R.I.B.A. Royal Institute of British Architects.

R.I.I.A. Royal Institute of International Affairs.

R.I.P. requiescant in pace (may he, she or they rest in peace).

R.M. Resident magistrate

R.M.A. Royal Marine Artillery : Royal Military Academy.

R.M.C. Royal Military College.

R.M.S. Royal Mail Steamer.

R.N. Royal Navy.

R.N.A.S. Raval Naval Air Service.

R.N.C. Royal Naval College.

R.N.L.I. Royal National Life Boat Institution.

Rom. Romans.

R.P.S. Royal Photographic Society.

R.R.C. Royal Red Cross.

Rs. Rupees.

Rt. Hon. Right Honourable.

R.S.P.V. repondez s'ib vousplait (please answer).

R/T. radio telegraphy.

R.T.O. Railway Transport Officer.

Rt. Rev. Right Reverend.

R.T.C. Royal Tank Corps.

R.T.S. Religious Tract Society.

R.U. Rugby Union.

R.V. Revised version.

Ry. railway.

Rx. tens of rupees.

S

S. (air raid) shelter, Signor, Soprano, South.

s. second, shilling, singular, son.

S.A. Salvation army. South Africa, Sturm Abteiling (Nazi-Storm Troops).

S.A.T.B. sopravo, alto, tenor, bass.

S.C. Special constable, South Carolina.

SCAPA. Society for Checking the Abuses of Public Advertising.

S.C.M. State Certified Midwife : Student Christian Movement.

s.d. several dates.

S.D.F. Social Democratic Federation.

SEATO. South-East Asia Treaty Organization.

sec. Second.

sec. Secretary.

Sect. Section.

Sen. Senator, Senior.

Sept. September, Septuagint.

Sergt. Sergeant.

s.f. Sub finem (towards the end.)

S.G. specific gravity.

s, g, d, g. Sans garantie du gouvernement (without Govt. guarantee.)

Sgt. Sergeant.

S.H. School House.

S.H.A.E.F. Supreme Headquarters Allied Expeditionary Force

sh. shilling

Sing. Singular

S.J.A.B. St. John Ambulance Brigade

Skr. Sanskrit

S.lat. South latitude

S.M. Sergeant Major

Soc. society

Sociol. sociology

Sov. sovereigns (coins)

S.P.E. Society for Pure English

S.P.R. Society for Psychical Research.

Sr. Senior.

S.R.N. State Registered Nurse.

S.R.O. Statutory Rules and Orders.

S.S.U. Sunday School Union.

St. Saint, Street.

St. stone weight, stumped.

Stat. Statics.

St. Ex. Stock Exchange.

Stg. sterling.

Subj. Subject, subjunctive.

Suf. Suffix.

Sup (ra). above.

Superl. superlative.

Suppl. supplement.

Supt. Superintendent.

Surg. Surgeon.

S.V. sub voce (under that word).

S.W. South-west.

Syn. synonym.

S. & M. Sodar and Man.

T

T. tenor, Turkish (pounds).
T.A. Territorial Army.
T.B. tuberculosis, torpedo boat.
Temp. tempore (in the period of).
T.F. Territorial Force.
Theos. theosophy.
T.I.H. Their Imperial Highness.
T.O. turn over.
trans. transitive.
Trig. trigonometry.
T.U.C. Trades Union Congress.
Typ. typography.
t & o. taken and offered.

U

u .c. upper case.
U.D.C. Urban District Council.
U.K. United Kingdom.
ult. ultimo (in last month).
U .N.O. United Nations Organization.
U.N.E.S.C.O. U.N's. Educational, Scientific and Cultural Organization.
U.N.R.R.A. United Nations Relief and Re-habilitation Administration.
U.P. United Provinces ; United Presbyterian.
U.S. United States of America
U.S.M.A. U.S. Military Academy.
U.S.N. U.S. Navy.
U.S.N.A. U.S. Naval Academy.
U.S.S. U.S. Senate.
U.S.S.R. Union of Soviet Socialist Republics.

V

V. verb, versus, vide.
va. verb active.
V.A.D. Voluntary Aid Detachment.
V. aux. verb auxiliary.
V.C. Vice Chancellor, Victoria Cross.
Ven. Venerable.
verb. sap, verb sat, Verbam satis sapienti (a word to the wise is enough).
V.G. Vicar General.
vg. very good.
V.I.P. Very important person.
vi. verb intransitive.
voc. vocative.

vol. volume.
V.R. Victoria Regina (Queen Victoria) Volunteer Reserve.
V.S. Veterinary Surgeon.
vt. verb transitive.
vulg. Vulgate, vulgar.
vv. Verses.

W

W . West, Welsh.
w. wide, with, watt, wicket.
W.A.A.F. Women's Auxilliary Air Force.
W.D. War Department.
W.D.C. War Damage Contribution.
W.E.A. Workers Educational Association.
W.I. West Indies, women's institute.
wk. week.
w/L. wave length.
W. long. West longitude.
W.O. War Office, Warrant Officer.
W.P. weather permitting.
W.P.A. Works Progress Administration (U.S.).
W.P.B. waste paper basket.
W.R. War Reserve (Police).
W.R.I. War risk insurance.
W.S. Writer to the Signet.
W.SW. West-south- west.
W/T. wireless telegraphy.
W.V.S. Women's Voluntary Services.

X

xd, x d. ex dividend.
xi . ex interest.
Xmas Christmas.
Xt. Christ.
Xtian. Christian.

Y

Y .M.C.A. Young Men's Christian Association.
Y.W.C.A. Young Women's Christian Association.

Z

Zn. Zinc
Zool. Zoology.

THE METRIC SYSTEM

The Greek prefixes deca, hecto, kilo denote multiplication. یونانی سابقون ڈیکا - ہکٹو - کیلو سے عمل ضرب کا اظہار ہوتا ہے -

The Latin prefixes deci, centi, milli denote division. لاطینی سابقون ڈیسی - سنٹی - ملی سے تقسیم مراد ہے -

MEASURES OF LENGTH لمبائی کی ناپ

لمبائی کی اکائی Metre ہے جو ابتدا میں قطب سے خط استوا تک ایک خط مستقیم کا کروڑواں حصہ تھا - 1963 میں اسکے متعلق پارلیمنٹ میں ایک قانون منظور ہوا جس کی رو سے ایک گز 0.9144 میٹر کے مساوی قرار دیا گیا - اب یہی میٹر تقریباً ہر ملک میں رائج ہے -

1. Metre = حسب بالا میٹر میٹر
2. Decametre = 10 Metre دس میٹر ڈیکا میٹر
3. Hectometre = 100 Metre سو میٹر ہکٹو میٹر
4. Kilometre = 1000 Metre ہزار میٹر کیلو میٹر

1. Decimetre = $\frac{1}{10}$ میٹر ڈیسی میٹر
2. Centimetre = $\frac{1}{100}$ میٹر سنٹی میٹر
3. Millimetre = $\frac{1}{1000}$ میٹر ملی میٹر

Comparison of British inches and centimetre
سنٹی میٹر اور انچ کا تقابل -

MEASURES OF WEIGHT وزن کے پیمانے

The gramme, the original unit of weight was defined as the weight of a cubic centimetre of distilled water at 40 centigrade.

گرام جو وزن کی اکائی ہے ، ابتدا میں ایک مکعب میٹر پانی کے برابر تھا - اب اس سے کچھ زائد ہے -

ekagram = 10 grms ڈیکا گرام
ectogram = 100 grms ہکٹو گرام.
3. Kilogram or Kilo. = 1000 gramm کیلو گرام

1. Decigram = $\frac{1}{10}$ gramme ڈیسی گرام
2. Centigram = $\frac{1}{100}$ gramme سنٹی گرام
3. Milligram = $\frac{1}{1000}$ gramme ملی گرام

Tonne or metric ton = 1000 kilos = میٹرک ٹن ایک ہزار کیلو

MEASURES OF CAPACITY

کسی طرف کی گنجائش کا پیمانہ

The litre, the unit of capacity, dry and liquid is the volume of a Kilogram of pure air free water. لیٹر جو گنجائش کا پیمانہ ہے ایک کیلو گرام بغیر ہوا کے پانی کے برابر ہے -

1. Litre ایک کیلو گرام پانی کے برابر لیٹر
2. Dekalitre = 10 litre ڈیکا لیٹر
3. Hectolitre = 100 litre ہکٹو لیٹر

1. Decilitre = $\frac{1}{10}$ litre ڈیسی لیٹر
2. Centilitre = $\frac{1}{100}$ litre سنٹی لیٹر
3. Millilitre = $\frac{1}{1000}$ litre ملی لیٹر

SQUARE MEASURE مربع سطح کی ناپ

سطح کی پیمائش کی ناپ کی اکائی آر ہے جو سو مربع میٹر کے برابر ہے ، یعنی دس میٹر لمبا اور چوڑا -

1. Are = 100 square metres
2. Decare = 10 are
3. Hektare = 100 are

1. Deciare = $\frac{1}{10}$ are
2. Centiare = $\frac{1}{100}$ are or one square metre یا ایک مربع میٹر

METRIC LINEAR MEASURES

خط کی میٹرک ناپ

Centimetre	= 0.39370 inches	سنٹی میٹر
Metre	= 1.0936143 yards	میٹر
Kilometre	= 0.62137 mile	کیلو میٹر
Square	*Square*	مربع
Sq. centimetre	= 0.155 مربع انچ	مربع سنٹی میٹر
Sq. metre	= 1.19599 مربع گز	مربع میٹر
Sq. Kilometre	= 0.386103 مربع میل	
	مربع کیلو میٹر = 247 ایکڑ	
Are	= 119.6 مربع گز	
Hectare	= 2.47105 acres	

British Linear measure.	*Metric system*
Inch	= 2.54 centimetre
	ایک انچ = 2.54 سنٹی میٹر
Yard	= 0.9144 metre 0.9144 = ایک گز
Chain (22 yards)	= 20.1168 metre
	زنجیر = 20.1168 میٹر
Furlong	= 201.168 metre
	فرلانگ = 201.168 میٹر
Mile	= 1.609344 kilometre
	میل = 1.609344 کیلو میٹر.
Square inch	= 6.4516 centimetre
	مربع انچ = 6.4516 سنٹی میٹر
Square Acre	= 0.404686 Hectare
	مربع ایکڑ = 0.404686 ہکٹر
Square Mile	= 2.58998 sq kilometre.
	مربع میل = 2.58998 کیلو میٹر

BRITISH WEIGHTS TO METRIC SYSTEM

British	*Metric.*
Grain	= 0.0648 gramme
	گرین = 0.0648 گرام
Ounce	= 28.3495 gramme
	اونس = 28.3495 گرام
Pound	= 0.45359237 kilos
	پونڈ = 0.45359237 کیلو گرام
Cwt.	= 50.8023 kilos.
	ہنڈرڈ ویٹ = 55.8023 کیلو
Ton	= 1016.047 kilos ٹن = 1016.047 کیلو

BRITISH LIQUID AND CORN MEASURES TO METRIC SYSTEM

British.	*Metric*
Pint	= 0.568245 Litres تقریباً ½ لٹر
Gallon	= 4.54596 litres.
	11 گیلن 50 لٹر کے مساوی ہیں۔
Bushel (8 gallons)	= 36.368 Litres.
	36½ لٹر کے مساوی ہے۔
Quarter (8 bushels)	= 2.909 Hectolitres.
	کوارٹر تقریباً 3 ہکٹولٹر کے مساوی ہے۔
Metric liquid and corn	*British system*
Litre لٹر	= 1.7598 pints
Hectolitre ہکٹولٹر	= 21.9975 gallons

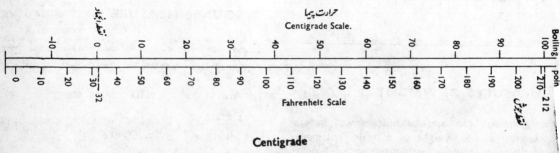

Centigrade Scale.
Fahrenheit Scale

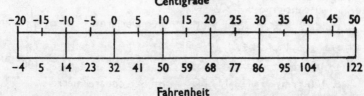

Centigrade
-20 -15 -10 -5 0 5 10 15 20 25 30 35 40 45 50
-4 5 14 23 32 41 50 59 68 77 86 95 104 122
Fahrenheit